GWB Vergaberecht
Kommentar

MWK
MÜLLER-WREDE **KOMMENTAR**

GWB

Vergaberecht Kommentar

herausgegeben von

Malte Müller-Wrede, Berlin

unter Mitarbeit von

Steffen Amelung,
Rechtsanwalt, Frankfurt am Main

Elisabeth Badenhausen-Fähnle,
Richterin, Stuttgart

Frank Bastius,
Richter, Dresden

Hans-Werner Behrens,
Vergabekammer des Bundes beim Bundeskartellamt, Bonn

Dr. Christian Braun,
Rechtsanwalt, Leipzig

Gunnar Conrad,
Rechtsanwalt, Berlin

Dr. Alexander Csaki,
Rechtsanwalt, Düsseldorf

Tomas Damaske,
Richter, Berlin

Ingeborg Diemon-Wies,
Vergabekammer Westfalen, Münster

Norbert Dippel,
Rechtsanwalt, Bonn

Dr. Benjamin Baron von Engelhardt,
Bundesministerium für Wirtschaft und Energie, Berlin

Prof. Dr. Michael Eßig,
Universität der Bundeswehr München

Dr. Gundula Fehns-Böer,
Richterin, Frankfurt am Main

Dr. Daniel Fülling,
Bundesministerium für Wirtschaft und Energie, Berlin

Michael Gaus,
Vergabekammer Niedersachsen, Lüneburg

Julia Gielen,
Rechtsanwältin, Berlin

Katja Gnittke
Rechtsanwältin, Berlin

Oliver Hattig,
Rechtsanwalt, Köln

Dr. Hans Heller,
Rechtsanwalt, Berlin

Jakob Hofmann,
Landesdirektion Sachsen, Dresden

Dr. Lutz Horn,
Rechtsanwalt, Frankfurt am Main

Mirko Jularic,
Ministerium für Wirtschaft, Energie, Industrie, Mittelstand und Handwerk des Landes Nordrhein-Westfalen, Düsseldorf

Wiltrud Kadenbach,
Vergabekammer des Freistaates Sachsen, Leipzig

Dr. Hendrik Kaelble,
Bundeskanzleramt, Berlin

Prof. Dr. Matthias Knauff,
Friedrich-Schiller-Universität Jena

Sebastian Lischka,
Richter, Brandenburg

Dr. Johannes Lux,
Richter, Berlin

Dr. Ute Mockel,
Richterin, Frankfurt am Main

Hans-Peter Müller,
Bundesministerium für Wirtschaft und Energie, Berlin

Malte Müller-Wrede,
Rechtsanwalt, Berlin

Benjamin Pfohl,
Richter, Aachen

Magnus Radu,
Richter, Berlin

Dr. Heike Rieder,
Ministerium für Wirtschaft, Energie, Industrie, Mittelstand und Handwerk des Landes Nordrhein-Westfalen, Düsseldorf

Dr. Marc Röbke,
Rechtsanwalt, Berlin

Dr. Kai-Uwe Schneevogl,
Rechtsanwalt, Frankfurt am Main

Holger Schröder,
Rechtsanwalt, Nürnberg

Dr. Frank Sterner,
Rechtsanwalt, Überlingen

Dr. Jörg Stoye,
Rechtsanwalt, Frankfurt am Main

Christian Sudbrock,
Verband kommunaler Unternehmen, Berlin

Dr. Tobias Traupel,
Vertretung des Landes Rheinland-Pfalz beim Bund und bei der Europäischen Union, Brüssel

Dr. Bettina Tugendreich,
Rechtsanwältin, Berlin

Dr. Christian-David Wagner,
Rechtsanwalt, Leipzig

Bundesanzeiger
Verlag

Bibliografische Information der Deutschen Nationalbibliothek
Die Deutsche Nationalbibliothek verzeichnet diese Publikation in der Deutschen Nationalbibliografie; detaillierte bibliografische Daten sind im Internet über http://dnb.d-nb.de abrufbar.

Bundesanzeiger Verlag GmbH
Amsterdamer Straße 192
50735 Köln
Internet: www.bundesanzeiger-verlag.de

Weitere Informationen finden Sie auch in unserem Themenportal unter
www.das-vergabeportal.de

Beratung und Bestellung:
Tel.: +49 (0) 221 97668-240
Fax: +49 (0) 221 97668-271
E-Mail: vergabe@bundesanzeiger.de

ISBN (Print): 978-3-8462-0550-1

ISBN (E-Book): 978-3-8462-0551-8

Herstellung: Günter Fabritius
Lektorat: Frederic Delcuvé und Sven-Steffen Schulz
Satz: Cicero Computer GmbH, Bonn
Druck und buchbinderische Verarbeitung: Medienhaus Plump GmbH, Rheinbreitbach

Printed in Germany

Vorwort

Der Gesetzgeber hat die vergaberechtlichen Bestimmungen des GWB mit dem Vergaberechtsmodernisierungsgesetz vom 17.02.2016 erheblich überarbeitet. Neben den Grundsätzen des Vergabeverfahrens und den Regelungen zum Anwendungsbereich enthält das GWB nunmehr zahlreiche konkrete Vorgaben zur Verfahrensdurchführung. Die Bedeutung des GWB für die Vergabepraxis ist damit spürbar gestiegen. Gleichwohl hat der Gesetzgeber die Struktur der vergaberechtlichen Bestimmungen deutlich verkompliziert und durch die zahlreichen Neuregelungen eine Fülle neuer Rechtsfragen aufgeworfen.

Diese Entwicklung war Anlass, den Leserinnen und Lesern mit dem vorliegenden Werk eine umfassende und praktische Unterstützung zur Auslegung und Anwendung der neugefassten GWB-Vergabevorschriften zu geben. Dabei berücksichtigt das Werk die aktuelle Rechtsprechung und erteilt konkrete Handlungsempfehlungen für die Anwendungspraxis. Es soll zugleich einen Beitrag zu aktuellen vergaberechtlichen Diskussionen leisten.

Die Autorinnen und Autoren stehen für diesen hohen Anspruch. Ihnen danke ich herzlich für die gute Zusammenarbeit, den fachlichen Austausch und das große Engagement. Ich danke auch Herrn Sven-Steffen Schulz, Frau Gabriele Heymann-Heß sowie Herrn Hartmut Wintrich vom Bundesanzeiger Verlag für die engagierte Betreuung des Werks. Besonderer Dank gilt schließlich Herrn Frederic Delcuvé, der den Herausgeber mit viel Einsatz unterstützt hat.

Berlin, September 2016 Der Herausgeber

Inhaltsverzeichnis

Vorwort V
Autoren XI
Abkürzungsverzeichnis XXI
Literaturverzeichnis XXXIII

Teil 4 Vergabe von öffentlichen Aufträgen und Konzessionen

Kapitel 1 Vergabeverfahren

Abschnitt 1 Grundsätze, Definitionen und Anwendungsbereich

§ 97 Grundsätze der Vergabe 5
§ 98 Auftraggeber 61
§ 99 Öffentliche Auftraggeber 65
§ 100 Sektorenauftraggeber 95
§ 101 Konzessionsgeber 111
§ 102 Sektorentätigkeiten 123
§ 103 Öffentliche Aufträge, Rahmenvereinbarungen und Wettbewerbe 135
§ 104 Verteidigungs- oder sicherheitsspezifische öffentliche Aufträge 169
§ 105 Konzessionen 181
§ 106 Schwellenwerte 211
§ 107 Allgemeine Ausnahmen 219
§ 108 Ausnahmen bei öffentlich-öffentlicher Zusammenarbeit 231
§ 109 Ausnahmen für Vergaben auf der Grundlage internationaler Verfahrensregeln 261
§ 110 Vergabe von öffentlichen Aufträgen und Konzessionen, die verschiedene Leistungen zum Gegenstand haben 265
§ 111 Vergabe von öffentlichen Aufträgen und Konzessionen, deren Teile unterschiedlichen rechtlichen Regelungen unterliegen 271
§ 112 Vergabe von öffentlichen Aufträgen und Konzessionen, die verschiedene Tätigkeiten umfassen 279
§ 113 Verordnungsermächtigung 287
§ 114 Monitoring und Pflicht zur Übermittlung von Vergabedaten 295

Abschnitt 2 Vergabe von öffentlichen Aufträgen durch öffentliche Auftraggeber

Unterabschnitt 1 Anwendungsbereich

§ 115 Anwendungsbereich 309
§ 116 Besondere Ausnahmen 311
§ 117 Besondere Ausnahmen für Vergaben, die Verteidigungs- oder Sicherheitsaspekte umfassen 335
§ 118 Bestimmten Auftragnehmern vorbehaltene öffentliche Aufträge 347

Unterabschnitt 2 Vergabeverfahren und Auftragsausführung

§ 119 Verfahrensarten 359
§ 120 Besondere Methoden und Instrumente in Vergabeverfahren 391
§ 121 Leistungsbeschreibung 403
§ 122 Eignung 427
§ 123 Zwingende Ausschlussgründe 455
§ 124 Fakultative Ausschlussgründe 473
§ 125 Selbstreinigung 513

§ 126 Zulässiger Zeitraum für Ausschlüsse ... 545
§ 127 Zuschlag ... 555
§ 128 Auftragsausführung ... 601
§ 129 Zwingend zu berücksichtigende Ausführungsbedingungen ... 611
§ 130 Vergabe von öffentlichen Aufträgen über soziale und andere besondere Dienstleistungen ... 613
§ 131 Vergabe von öffentlichen Aufträgen über Personenverkehrsleistungen im Eisenbahnverkehr ... 629
§ 132 Auftragsänderungen während der Vertragslaufzeit ... 653
§ 133 Kündigung von öffentlichen Aufträgen in besonderen Fällen ... 677
§ 134 Informations- und Wartepflicht ... 687
§ 135 Unwirksamkeit ... 719

Abschnitt 3 Vergabe von öffentlichen Aufträgen in besonderen Bereichen und von Konzessionen

Unterabschnitt 1 Vergabe von öffentlichen Aufträgen durch Sektorenauftraggeber

§ 136 Anwendungsbereich ... 759
§ 137 Besondere Ausnahmen ... 765
§ 138 Besondere Ausnahme für die Vergabe an verbundene Unternehmen ... 777
§ 139 Besondere Ausnahme für die Vergabe durch oder an ein Gemeinschaftsunternehmen ... 787
§ 140 Besondere Ausnahme für unmittelbar dem Wettbewerb ausgesetzte Tätigkeiten ... 791
§ 141 Verfahrensarten ... 799
§ 142 Sonstige anwendbare Vorschriften ... 803
§ 143 Regelung für Auftraggeber nach dem Bundesberggesetz ... 807

Unterabschnitt 2 Vergabe von verteidigungs- oder sicherheitsspezifischen öffentlichen Aufträgen

§ 144 Anwendungsbereich ... 817
§ 145 Besondere Ausnahmen für die Vergabe von verteidigungs- oder sicherheitsspezifischen öffentlichen Aufträgen ... 819
§ 146 Verfahrensarten ... 829
§ 147 Sonstige anwendbare Vorschriften ... 831

Unterabschnitt 3 Vergabe von Konzessionen

§ 148 Anwendungsbereich ... 837
§ 149 Besondere Ausnahmen ... 861
§ 150 Besondere Ausnahmen für die Vergabe von Konzessionen in den Bereichen Verteidigung und Sicherheit ... 897
§ 151 Verfahren ... 909
§ 152 Anforderungen im Konzessionsvergabeverfahren ... 917
§ 153 Vergabe von Konzessionen über soziale und andere besondere Dienstleistungen ... 937
§ 154 Sonstige anwendbare Vorschriften ... 957

Kapitel 2 Nachprüfungsverfahren

Abschnitt 1 Nachprüfungsbehörden

§ 155 Grundsatz ... 973
§ 156 Vergabekammern ... 987
§ 157 Besetzung, Unabhängigkeit ... 999

§ 158 Einrichtung, Organisation 1009
§ 159 Abgrenzung der Zuständigkeit der Vergabekammern 1013

Abschnitt 2 Verfahren vor der Vergabekammer

§ 160 Einleitung, Antrag 1025
§ 161 Form, Inhalt 1055
§ 162 Verfahrensbeteiligte, Beiladung 1069
§ 163 Untersuchungsgrundsatz 1081
§ 164 Aufbewahrung vertraulicher Unterlagen 1091
§ 165 Akteneinsicht 1097
§ 166 Mündliche Verhandlung 1109
§ 167 Beschleunigung 1115
§ 168 Entscheidung der Vergabekammer 1123
§ 169 Aussetzung des Vergabeverfahrens 1137
§ 170 Ausschluss von abweichendem Landesrecht 1151

Abschnitt 3 Sofortige Beschwerde

§ 171 Zulässigkeit, Zuständigkeit 1155
§ 172 Frist, Form, Inhalt 1175
§ 173 Wirkung 1185
§ 174 Beteiligte am Beschwerdeverfahren 1199
§ 175 Verfahrensvorschriften 1203
§ 176 Vorabentscheidung über den Zuschlag 1221
§ 177 Ende des Vergabeverfahrens nach Entscheidung des Beschwerdegerichts 1235
§ 178 Beschwerdeentscheidung 1239
§ 179 Bindungswirkung und Vorlagepflicht 1251
§ 180 Schadensersatz bei Rechtsmissbrauch 1267
§ 181 Anspruch auf Ersatz des Vertrauensschadens 1283
§ 182 Kosten des Verfahrens vor der Vergabekammer 1319
§ 183 Korrekturmechanismus der Kommission 1353
§ 184 Unterrichtungspflichten der Nachprüfungsinstanzen 1357

Teil 6 Übergangs- und Schlussbestimmungen

§ 186 Übergangsbestimmungen 1361

Stichwortverzeichnis 1363

Autoren

Steffen Amelung

§§ 120, 130

Steffen Amelung ist Rechtsanwalt und Counsel im Frankfurter Büro von Clifford Chance. Er ist dort seit 2002 im Bereich des deutschen und europäischen Vergaberechts tätig und leitet seit 2007 die deutsche Vergaberechtspraxis von Clifford Chance. Er berät und vertritt Bieter ebenso wie öffentliche Auftraggeber schwerpunktmäßig in den Bereichen Public Private Partnerships, Healthcare, Energiewirtschaft und ÖPNV. Steffen Amelung ist Lehrbeauftragter an der Deutschen Universität für Verwaltungswissenschaften Speyer auf dem Gebiet der Public Private Partnerships und publiziert regelmäßig in namhaften Fachzeitschriften.

Elisabeth Badenhausen-Fähnle

§§ 98, 99

Elisabeth Badenhausen-Fähnle ist Richterin am Verwaltungsgericht Stuttgart. Als Juristin schloss sie ihr Studium an der Universität Würzburg ab und arbeite als Wissenschaftliche Mitarbeiterin am Lehrstuhl für Öffentliches Recht, insbesondere Öffentliches Wirtschaftsrecht von Herrn Professor Dr. Matthias Knauff LL.M. Eur. an der Friedrich-Schiller-Universität Jena.

Hans-Werner Behrens

§§ 161, 165

Nach dem Studium der Rechtswissenschaften und Referendariat (Abschluss 2. Staatsexamen) wurde zunächst eine zweijährige Tätigkeit in der Industrie aufgenommen. Anschließend Eintritt das Bundesministerium für Wirtschaft in Bonn mit vorwiegender Tätigkeit in der Europaabteilung sowie einer achtmonatigen Abordnung an die Ständige Vertretung der EU in Brüssel. Anfang des Jahres 2000 Wechsel in das Bundeskartellamt; dort seit 2009 Vorsitzender der 1. Vergabekammer des Bundes.

Dr. Christian Braun

§§ 101, 105, 153, 154

Rechtsanwalt Dr. Christian Braun ist Fachanwalt für Verwaltungsrecht und Fachanwalt für Vergaberecht. Er ist Partner der Sozietät Braun & Zwetkow in Leipzig. Zum Vergaberecht ist er über das Verwaltungsrecht gekommen, wobei er gleichermaßen Auftraggeber und Auftragnehmer vertritt. Ein Tätigkeitsschwerpunkt liegt seit vielen Jahren in der forensischen Tätigkeit im Vergabe- und Konzessionsrecht. Er referiert und publiziert zahlreich regelmäßig zu der gesamten Breite dieser Rechtsgebiete. Dr. Christian Braun ist zudem Prüfer im Zweiten Juristischen Staatsexamen und Dozent an verschiedenen Fortbildungsakademien. Er ist Mitglied in der Arbeitsgemeinschaft Verwaltungsrecht, der Arbeitsgemeinschaft für Vergaberecht des DAV.

Gunnar Conrad

§ 124

Gunnar Conrad ist Rechtsanwalt bei Müller-Wrede & Partner. Im Rahmen seiner anwaltlichen Tätigkeit betreut er schwerpunktmäßig vergaberechtliche Beratungs- und Prozessmandate. Er studierte Rechtswissenschaften an der Freien Universität Berlin und der Humboldt-Universität zu Berlin. Bereits während seines Studiums spezialisierte sich Herr Conrad auf das Vergaberecht, unter anderem durch die Tätigkeit als wissenschaftlicher Mitarbeiter in mehreren auf das Bau- und Vergaberecht spezialisierten Rechtsanwaltskanzleien. Während seines Referendariats in Berlin absolvierte Herr Conrad zudem mehrere vergaberechtliche Stationen. Nach Abschluss des zweiten juristischen Staatsexamens nahm Herr Conrad im Jahr 2009 seine Tätigkeit als Rechtsanwalt bei Müller-Wrede & Partner auf.

Dr. Alexander Csaki

§§ 110, 111, 112

Dr. Alexander Csaki ist seit August 2007 für Bird & Bird als Rechtsanwalt tätig. Er gehört der Praxisgruppe Öffentliches Wirtschaftsrecht an und ist Mitglied der internationalen Sektorengruppe life science. Er berät sowohl private Unternehmen als auch die öffentliche Hand umfassend in vergabe-, sozial- und europarechtlichen Fragen. Dabei beschäftigt er sich insbesondere mit dem Abschluss von Selektivverträgen durch Gesetzliche Krankenkassen sowie Fragen der Arzneimittelzulassung, der Austauschbarkeit von Arzneimitteln und deren Preisfindung.

Herr Dr. Csaki studierte Rechtswissenschaften an den Universitäten Bayreuth und Münster. Vor und während seines Referendariats arbeitete er im Europäischen Parlament in Brüssel und Straßburg sowie in der Staatskanzlei des Landes Nordrhein-Westfalen. Er promovierte nach Abschluss des Referendariats an der Universität Münster im Europa- und Völkerrecht und arbeitete promotionsbegleitend bei einer internationalen Anwaltssozietät im Vergabe- und Kommunalrecht.

Herr Dr. Csaki ist regelmäßig Autor von vergaberechtlichen Beiträgen. Er hält Vorträge zum Vergabe- und Gesundheitsrecht.

Tomas Damaske

§§ 178, 179, 182

Tomas Damaske ist seit 1994 Richter in Berlin. Seit 2006 ist er Richter am Kammergericht und dort u.a. im Vergabesenat tätig gewesen.

Ingeborg Diemon-Wies

§§ 155, 156, 157, 158, 159

Frau Diemon-Wies ist seit dem Jahre 1987 im Landesdienst NRW tätig und war u.a. als juristische Dezernentin für den Bereich der nationalen Vergaben im Regierungsbezirk Münster zuständig. Seit 2001 ist sie Vorsitzende der Vergabekammer Münster im Regierungsbezirk Münster. Im Jahre 2015 erfolgte der Zusammenschluss der Vergabekammern Arnsberg, Detmold und Münster, wobei diese unter der Bezeichnung „Vergabekammer Westfalen" weitergeführt wird und für alle genannten Regierungsbezirke zuständig ist.

Frau Diemon-Wies ist Autorin zahlreicher Fachvorträge zum Vergaberecht sowie Mitkommentatorin des Praxiskommentars zum Kartellvergaberecht. Zudem hat sie eine Reihe von Beiträgen zu Themen aus dem Vergaberecht in Fachzeitschriften zum Vergaberecht veröffentlicht.

Norbert Dippel

§§ 104, 146, 147

Norbert Dippel ist seit 2005 Leiter der Abteilung Recht und Vergabe der HIL Heeresinstandsetzungslogistik GmbH. Davor war er jeweils drei Jahre in einer vergaberechtlich spezialisierten Kanzlei in Bonn sowie bei einem eVergabe-Anbieter tätig. Norbert Dippel ist Mitherausgeber der Zeitschrift Vergabenavigator, Mitautor des juris Praxiskommentars zum Vergaberecht sowie des im Bundesanzeiger Verlag erschienenen Kommentars zum Kartellvergaberecht. Er hatte mehrere Jahre einen Lehrauftrag für europäisches Vergaberecht an einer Fachhochschule inne und hält regelmäßig Seminare zu vergaberechtlichen Themen.

Dr. Benjamin Baron von Engelhardt

§§ 103, 108, 132

Dr. Benjamin von Engelhardt ist seit 2016 Referent im Bundeskanzleramt, zuvor war er Referent im Bundesministerium für Wirtschaft und Energie. Von 2011 bis 2015 war er abgeordnet an die Ständige Vertretung der Bundesrepublik Deutschland bei der EU in Brüssel und verhandelte dort u.a. die neuen EU-Vergaberechtsrichtlinien und die EU-Strukturfonds-Verordnungen für die Förderperiode 2014-2020 und betreute das Beihilfe- und Wettbewerbsrecht sowie als Rechtsberater Vertragsverletzungsverfahren. Er studierte Rechtswissenschaften mit wirtschaftswissenschaftlicher Zusatzausbildung in Bayreuth, Grenoble und Freiburg. Nach Referendariat in Berlin und New York sowie einem Forschungsaufenthalt an der Harvard Law School wurde er mit einer Arbeit über die WTO an der Humboldt-Universität zu Berlin promoviert.

Prof. Dr. Michael Eßig

§ 127

Prof. Dr. Michael Eßig ist seit 2003 Professor für Materialwirtschaft und Distribution sowie Vizepräsident für Forschung an der Universität der Bundeswehr München. Daneben hat er Lehraufträge unter anderem an der University of San Diego sowie der Universität St. Gallen.

Dr. Gundula Fehns-Böer

§§ 97, 118

Dr. Gundula Fehns-Böer ist Mitglied des Vergabesenats beim Oberlandesgericht Frankfurt am Main.

Dr. Daniel Fülling

§ 133

Dr. Daniel Fülling studierte Rechtswissenschaften an der Europa-Universität Viadrina in Frankfurt (Oder) und absolvierte sein Rechtsreferendariat in Berlin. Im Anschluss promovierte er bei Herrn Prof. Dr. Heinrich Amadeus Wolff zum Thema „Korruptionsregister". Nach einer Tätigkeit im Bundesministerium des Innern wechselte er in das Bundesministerium für Wirtschaft und Energie. Er ist Referent in der für Wirtschafspolitik zuständigen Abteilung des Bundesministeriums für Wirtschaft und Energie und ist mit der Umsetzung der neuen EU-Vergaberichtlinien sowie mit EU-Pilot- und Vertragsverletzungsverfahren befasst.

Michael Gaus

§§ 162, 163

Michael Gaus ist seit 2010 einer der Vorsitzenden der Vergabekammer Niedersachsen beim Niedersächsischen Ministerium für Wirtschaft, Arbeit und Verkehr. Zuvor war er acht Jahre Leiter der Außenstelle Lüneburg des Landesliegenschaftsfonds Niedersachsen im Finanzministerium.

Herr Gaus schloss 1988 sein Jurastudium mit den Themenschwerpunkten Umweltrecht und Gesellschaftsrecht an der Justus Liebig Universität in Gießen ab. Während und nach seinem Referendariat arbeitete er in einer Celler Kanzlei mit umweltrechtlichem Schwerpunkt. 1991 erhielt er die Zulassung als Rechtsanwalt. 1992 nahm er seinen Dienst bei der Bezirksregierung Lüneburg auf, bis er 2002 in das Finanzministerium wechselte.

Er befasst sich verstärkt mit der Berücksichtigung des Umweltschutzes bei der öffentlichen Vergabe sowie der Vergabe von Leistungen im Zusammenhang mit der Infrastruktur der Energieversorgung. Daneben hat er sich lange in der Referendarausbildung engagiert. Heute prüft er im Justizprüfungsamt.

Julia Gielen

§§ 173, 175

Julia Gielen ist als Rechtsanwältin in der überregionalen Sozietät HFK Rechtsanwälte LLP mit Sitz in Berlin tätig. Der Schwerpunkt ihrer Tätigkeit liegt im nationalen und europäischen Vergaberecht. Sie ist auf die vergaberechtliche Begleitung von öffentlichen Auftraggebern und Sektorenauftraggebern bei der Beschaffung von Bau-, Liefer- und Dienstleistungen von der Vergabekonzeption bis zum Zuschlag spezialisiert. Zu ihren Tätigkeiten gehört auch die Vertretung von öffentlichen Auftraggebern und bietenden Unternehmen in Nachprüfungsverfahren vor den Vergabekammern und den Oberlandesgerichten.

Katja Gnittke

§§ 122, 123, 134, 135, 180, 181

Rechtsanwältin Katja Gnittke ist Partnerin der Kanzlei WMRC Rechtsanwälte Wichert und Partner mbB in Berlin. Ihr Schwerpunkt ist das Vergaberecht. Frau Gnittke ist seit dem Jahr 2000 im Vergaberecht tätig. Zu ihren Mandanten zählen vorwiegend öffentliche Auftraggeber, darunter viele Kommunen und kommunale Gesellschaften aber auch Bundesländer. Sie unterstützt ihre Mandanten bei der Durchführung und Vorbereitung von Vergabeverfahren und vertritt diese in Nachprüfungs- und Beschwerdeverfahren. Die Tätigkeit von Frau Gnittke betrifft eine Vielzahl von Beschaffungsgegenständen (von ÖPNV- und SPNV-Leistungen über Abfallentsorgungsleistungen und freiberufliche Leistungen bis hin zu Leistungen der Subventionsmittlung). Zu den vergaberechtlichen und haushaltsrechtlichen Anforderungen, die sich aus Nebenbestimmungen zum Zuwendungsbescheid ergeben, berät Frau Gnittke Zuwendungsempfänger. Sie nimmt zu aktuellen vergaberechtlichen Themen in Veröffentlichungen und Vorträgen Stellung.

Oliver Hattig

§§ 122, 123, 134, 135, 180, 181

Rechtsanwalt Oliver Hattig ist Partner der Sozietät Hattig und Dr. Leupolt Rechtsanwälte in Köln. Zuvor war er im Kölner und Brüsseler Büro einer auf das öffentliche Wirtschaftsrecht spezialisierten Kanzlei tätig sowie Wissenschaftlicher Mitarbeiter am Lehrstuhl für Deutsches und Europäisches Öffentliches Recht (Prof. Jarass) an der Universität Münster. Sein Tätigkeitsschwerpunkt liegt im Vergaberecht. Als Experte für das europäische Vergaberecht ist Oliver Hattig in verschiedenen Projekten der Europäischen Kommission tätig. Er hält regelmäßig Vorträge zu vergaberechtlichen Themen und ist Autor zahlreicher Veröffentlichungen auf diesem Gebiet.

Dr. Hans Heller

§§ 148, 149, 151, 152

Dr. Hans Heller ist Rechtsanwalt in der Kanzlei RAUE LLP in Berlin. Seine Schwerpunkte umfassen das Vergaberecht, Kartellrecht, Energierecht, Europarecht und das allgemeine Öffentliche Wirtschaftsrecht. Sein Studium absolvierte er an der Humboldt-Universität zu Berlin sowie der Université Montesquieu Bordeaux IV. Er war Wissenschaftlicher Mitarbeiter am EWeRK – Institut für Energie- und Wettbewerbsrecht in der kommunalen Wirtschaft e.V. (2010-2013). Im Anschluss an das Referendariat nahm er im Februar 2015 seine Tätigkeit bei RAUE LLP auf.

Jakob Hofmann

§§ 160, 164

Jakob Hofmann war bis 2015 hauptamtliches Mitglied bei der Vergabekammer, seit 2012 auch stellvertretender Vorsitzender. Die Zuständigkeit erstreckte sich auf Verfahren aus sämtlichen Vergabe- und Vertragsordnungen. Seit 2016 ist er als Rechtsreferent in der Landesdirektion Sachsen tätig.

Dr. Lutz Horn

§§ 166, 167

Dr. Lutz Horn ist Partner im Frankfurter Büro der Sozietät GÖRG Partnerschaft von Rechtsanwälten mbB. Er ist im Bereich Verwaltungsrecht sowie im deutschen und europäischen Vergaberecht tätig. Er ist spezialisiert auf die Beratung von Behörden, anderen öffentlichen Auftraggebern sowie Auftragnehmern bei der Vergabe öffentlicher Aufträge. Lutz Horn hat zu diesem Themenkreis umfangreich publiziert und Vorträge gehalten. Ferner ist er ehrenamtlicher Beisitzer der Vergabekammer des Landes Hessen und Lehrbeauftragter der Deutschen Universität für Verwaltungswissenschaften in Speyer.

Mirko Jularic

§§ 106, 170, 186

Mirko Jularic hat nach dem rechtswissenschaftlichen Studium in Münster einige Zeit in Österreich und Kroatien verbracht. Im Anschluss an ein Master-Programm zum europäischen Recht mit Schwerpunkt Südosteuropa in Graz (LL.M.) absolvierte er sein Rechtsreferendariat in Münster und war in dieser Zeit als wissenschaftliche Hilfskraft bei Herrn Prof. Dr. Dörner mit versicherungsrechtlichen Fragestellungen betraut. Aus dieser Zeit stammen einige versicherungsrechtliche Veröffentlichungen. Auf das Referendariat folgte eine Tätigkeit als Berater der Rechtsabteilung der AHK Kroatien, welche ihren Schwerpunkt in wirtschaftsbezogenen Fragen des Beitritts Kroatiens zur EU hatte. Während dieser Zeit schloss er den Masterstudiengang „Versicherungsrecht" (LL.M.) in Münster ab. Nach Abschluss der Tätigkeit in Zagreb begann Mirko Jularic seine Tätigkeit im Wirtschaftsministerium NRW. Dort war er zunächst mit Grundsatzfragen der Branchen- und Industriepolitik befasst, bevor er zum Vergaberecht wechselte.

Wiltrud Kadenbach

§§ 168, 169

Frau Regierungsoberrätin Wiltrud Kadenbach war zwischen 1996 und 2003 als Justiziarin in einer kommunalen Wohnungsbaugesellschaft in den Bereichen des Miet-, Bau- und Vergaberechts tätig. 2003 wechselte sie zum Freistaat Sachsen, wo sie zunächst als Referentin im Bereich „Wasserrechtliche Planfeststellungsverfahren, Hochwasserschutz" tätig war.

Frau Kadenbach ist seit Januar 2006 Vorsitzende der 1. Vergabekammer des Freistaats Sachsen bei der Landesdirektion Sachsen, Dienststelle Leipzig, der sie seit September 2004 angehört.

Frau Kadenbach ist Mitautorin mehrerer Kommentare zum Vergaberecht.

Dr. Hendrik Kaelble

§§ 103, 108, 132

Dr. Hendrik Kaelble ist Referent in der Europaabteilung des Bundeskanzleramtes. Zuvor arbeitete er im Bundesministerium für Wirtschaft und Technologie im Referat EU-Binnenmarkt und als Rechtsanwalt in der Kanzlei Müller-Wrede & Partner mit den Tätigkeitsschwerpunkten Vergaberecht, Public Private Partnerships. Dr. Kaelble promovierte nach seinem Studium der Rechtswissenschaften an der Humboldt-Universität zu Berlin im Bereich des Vergabe- und Beihilfenrechts.

Prof. Dr. Matthias Knauff

§ 119

Prof. Dr. Matthias Knauff, LL.M. Eur., ist Inhaber des Lehrstuhls für Öffentliches Recht, insbesondere Öffentliches Wirtschaftsrecht, sowie geschäftsführender Direktor des Instituts für Energiewirtschaftsrecht an der Friedrich-Schiller-Universität Jena. Nach Studium, Promotion und Habilitation an der Universität Würzburg sowie Lehrstuhlvertretungen an der Universität Freiburg und der LMU München nahm er im Jahr 2011 einen Ruf auf eine Professur an der EBS Universität für Wirtschaft und Recht in Wiesbaden an. Seit dem Sommersemester 2013 lehrt und forscht er in Jena. Das Vergaberecht bildet einen seiner Forschungsschwerpunkte.

Sebastian Lischka

§§ 171, 172

Sebastian Lischka ist Richter am Landgericht Neuruppin. Zuvor war er als Rechtsanwalt in der Kanzlei Müller-Wrede & Partner mit dem Beratungsschwerpunkt Vergaberecht tätig. Er veröffentlicht regelmäßig zu vergaberechtlichen Themen.

Dr. Johannes Lux

§§ 97, 176, 177

Dr. Johannes Lux ist Richter am Verwaltungsgericht Berlin.

Nach dem Abschluss seines rechtswissenschaftlichen Studiums an der Humboldt-Universität zu Berlin im Jahr 2004 arbeitete er mehrere Jahre als wissenschaftlicher Mitarbeiter im Vergaberechtsteam von Rechtsanwalt Müller-Wrede in Berlin. Während des Referendariats absolvierte er sodann unter anderem Stagen bei der Vergabekammer Berlin und einer amerikanischen Großkanzlei in New York. Im Jahr 2009 promovierte ihn die Ruhr-Universität Bochum (Lehrstuhl Prof. Burgi) mit einer vergaberechtlichen Arbeit („Bietergemeinschaften im Schnittfeld von Gesellschafts- und Vergaberecht"). Seit 2010 ist er Richter im Land Berlin. 2013/2014 war er an die Senatsverwaltung für Justiz abgeordnet und dort im u.a. für das Vergaberecht zuständigen Zivilrechtsreferat tätig.

Dr. Lux veröffentlicht regelmäßig zu vergabe- und verwaltungsrechtlichen Themen in Fachzeitschriften und ist u.a. Mitautor eines Handbuchs zum Versammlungsrecht sowie mehrerer Kommentare zum Vergaberecht.

Dr. Ute Mockel

§§ 174, 175

Dr. Ute Mockel ist Richterin am Oberlandesgericht Frankfurt am Main und dort seit 2010 in dem u.a. für Urheberrecht zuständigen 11. Zivilsenat sowie im Kartell- und Vergabesenat tätig.

Hans-Peter Müller

§§ 114, 183, 184

Jahrgang 1956, Abitur 1976. 1983 absolvierte er an der Fachhochschule des Bundes für öffentliche Verwaltung, Mannheim, sein Examen als Dipl. Verwaltungswirt.

Im Oktober 1988 wechselte er nach 5 jähriger Abteilungsleitertätigkeit beim Kreiswehrersatzamt Neuwied zum Bundeswirtschaftsministerium. Von dort wurde er von 1996 bis 2001 zur Deutschen NATO-Vertretung, Brüssel abgeordnet und vertrat die Bundesrepublik als Vizepräsident im NATO-Industrieplanungsausschuss (Civil Emergency Planning).

Im August 2001 kehrte er ins Bundeswirtschaftsministerium, Dienstort Bonn, zurück und ist seitdem Mitarbeiter im Vergaberechtsreferat und zuständig insbesondere für das Sektorenvergaberecht, die Vergabe freiberuflicher Leistungen sowie das Preisrecht bei öffentlichen Aufträgen.

Berufsbegleitend schloss er ein Zusatzstudium Wirtschafts- und Arbeitsrecht an der Fernuniversität Hagen ab und studierte ebenfalls berufsbegleitend Rechtswissenschaften an der Friedrich-Wilhelm-Universität, Bonn.

Schließlich ist er Autor diverser Fachveröffentlichungen zum VergabeR und PreisR bei öffentlichen Aufträgen.

Malte Müller-Wrede

§§ 97, 127

Malte Müller-Wrede ist Rechtsanwalt und Gründungspartner der Sozietät Müller-Wrede & Partner in Berlin. Zu seinen Tätigkeitsschwerpunkten zählen das Vergaberecht, das Recht der öffentlich-privaten Partnerschaften, das Recht des ÖPNV und SPNV, das Architekten- und Ingenieurrecht, das private Baurecht und Vertragsgestaltungen. Er vertritt Auftraggeber und Unternehmen in Nachprüfungs- und Beschwerdeverfahren und hat hierbei zahlreiche vergaberechtliche Grundsatzentscheidungen erstritten.

Herr Müller-Wrede ist Vorsitzender des Fachanwaltsausschusses Vergaberecht der Rechtsanwaltskammer Berlin. Er referiert und publiziert regelmäßig zu vergaberechtlichen Themen. Er ist Herausgeber mehrerer vergaberechtlicher Standardwerke und Mitglied des Herausgeberbeirates der Fachzeitschrift Vergaberecht.

Benjamin Pfohl

§§ 128, 129

Benjamin Pfohl ist Richter am Aachener Verwaltungsgericht. Sein Studium der Rechtswissenschaften schloss er im Januar 2011 an der Eberhard-Karls-Universität Tübingen ab und arbeitete danach als wissenschaftlicher Mitarbeiter an der Universität Tübingen. Sein Rechtsreferendariat schloss er im April 2013 mit dem Zweiten Juristischen Staatsexamen ab. Danach war er bis Dezember 2014 als Anwalt in einer internationalen Wirtschaftskanzlei vor allem im Bereich des Vergaberechts und des Umweltrechts beschäftigt. Seit Dezember 2014 ist er nunmehr als Richter am Aachener Verwaltungsgericht tätig. Er ist zudem Autor von Veröffentlichungen insbesondere zum Vergaberecht.

Magnus Radu

§§ 125, 126

Magnus Radu ist seit 2012 Mitglied des für Staats- und Notarhaftungsrecht sowie das Notarkostenrecht zuständigen 9. Zivilsenats des Kammergerichts; seit 2013 ist er zugleich Mitglied des Vergabesenats des Kammergerichts und seit 2014 dort auch als Güterichter tätig.

Er war seit 1997 zunächst als Staatsanwalt bei der Staatsanwaltschaft am Landgericht Berlin tätig und dann seit 1999 als Richter am Amtsgericht insbesondere mit allgemeinen Zivilsachen und Wohnungseigentumssachen befasst. Von 2007 bis 2011 war er an die Senatsverwaltung für Justiz des Landes Berlin abgeordnet, wo er zunächst als Dezernent im Zivilrechtsreferat und in den Jahren 2010 und 2011 als Leiter des Büros der Senatorin tätig war.

Dr. Heike Rieder

§ 113

Dr. Heike Rieder arbeitete mehrere Jahre in Deutschland und in der Schweiz als Rechtsanwältin und hat an der Universität Zürich promoviert. Seit 2011 ist sie als Referentin im Ministerium für Wirtschaft, Energie, Industrie, Mittelstand und Handwerk in Düsseldorf tätig.

Dr. Marc Röbke

§§ 100, 102, 136, 137, 138

Dr. Marc Röbke ist Rechtsanwalt und Partner bei BEITEN BURKHARDT in. Er berät öffentliche Auftraggeber und Unternehmen vergaberechtlich und zu Fragen des Beihilfe- und des Zuwendungsrechts. Dr. Marc Röbke verfügt über besondere Erfahrung in der Beratung von Projekten des öffentlichen Nahverkehrs, der Verkehrsinfrastruktur und der Energiewirtschaft sowie von IT-Beschaffungsvorhaben.

Dr. Marc Röbke studierte Rechtswissenschaften an den Universitäten Potsdam und Toulouse, Frankreich und wurde im Jahr 2007 zur Anwaltschaft in Deutschland zugelassen. Vor seinem Wechsel zu BEITEN BURKHARDT im Jahr 2013 war er in nationalen und internationalen Wirtschaftskanzleien und in der Rechtsabteilung der Deutschen Bahn AG tätig.

Dr. Kai-Uwe Schneevogl

§§ 115, 116

Dr. Kai-Uwe Schneevogl ist Partner im Frankfurter Büro der Sozietät GÖRG Partnerschaft von Rechtsanwälten mbB. Er ist im Bereich des deutschen und europäischen Vergaberechts sowie im Immobilien- und Spezialanlagenbau tätig. Er ist spezialisiert auf die Beratung von Behörden, anderen öffentlichen Auftraggebern sowie Auftragnehmern bei der Vergabe öffentlicher Aufträge und Realisierung von Industriebauvorhaben. Dr. Kai-Uwe Schneevogl hat zu diesem Themenkreis umfangreich publiziert und hält dazu regelmäßig Vorträge. Ferner ist er Mitmentor und Kommentator an verschiedenen vergaberechtlichen Standardwerken.

Holger Schröder

§§ 131, 143

Rechtsanwalt Holger Schröder verantwortet als Partner bei Rödl & Partner in Nürnberg den Bereich der vergaberechtlichen Beratung. Er betreut seit vielen Jahren zahlreiche Verfahren zur Vergabe von gewerblichen und freiberuflichen Dienstleistungen sowie von Bau- und Lieferleistungen öffentlicher Auftraggeber und Sektorenauftraggeber von der Bekanntmachung bis zur Zuschlagserteilung und vertritt hauptsächlich die öffentliche Hand in Nachprüfungsverfahren sowie in zivilgerichtlichen Streitverfahren. Er ist Autor zahlreicher Fachveröffentlichungen und referiert regelmäßig zu vergaberechtlichen Themen. Herr Schröder ist Lehrbeauftragter an der Hochschule für Wirtschaft und Umwelt Nürtingen-Geislingen (HfWU) und unterrichtet dort Vergaberecht. Er ist ständiges Mitglied im gemeinsamen Prüfungsausschuss „Fachanwalt für Vergaberecht" der Rechtsanwaltskammer Nürnberg und der Rechtsanwaltskammer Bamberg.

Dr. Frank Sterner

§§ 107, 109, 117, 144, 145, 150

Dr. Frank Sterner ist Rechtsanwalt und seit 2001 in der Diehl Gruppe tätig. Er hat sich u.a. auf das Vergabe- und Vertragsrecht im Verteidigungsbereich spezialisiert. Dr. Frank Sterner berät bei Geschäften mit der Bundeswehr, Systemherstellern, Lieferanten und Kooperationspartnern sowie zu Fragen des Außenwirtschaftsrechts. Nach dem Studium der Rechtswissenschaften an der Universität Marburg studierte er Europarecht an der Université Libre de Bruxelles (Licence spéciale en droit européen) und promovierte 1996 zum Thema „Rechtsbindungen und Rechtsschutz bei der Vergabe öffentlicher Aufträge" an der Universität Mannheim, an der er auch als wissenschaftlicher Mitarbeiter tätig war. Dr. Frank Sterner ist Mitherausgeber des Praxiskommentars Beschaffung im Verteidigungs- und Sicherheitsbereich (Bundesanzeiger Verlag, 2013) und Mitautor des Taschenkommentars zum GWB-Vergaberecht (Werner Verlag, 2014).

Dr. Jörg Stoye

§§ 173, 175

Dr. Jörg Stoye ist Gesellschafter bei HFK Rechtsanwälte LLP und leitet dort das Büro des Frankfurter Standorts. Er ist seit 15 Jahren auf das Recht der öffentlichen Auftragsvergabe spezialisiert und berät überwiegend öffentliche Auftraggeber, aber auch Unternehmen insbesondere bei Verkehrsinfrastrukturprojekten und sonstigen Bauvorhaben sowie in den Bereichen der IT-/TK-Beschaffung und der gebäudenahen Dienstleistungen. Dabei übernimmt Dr. Stoye auch die Federführung in interdisziplinären Beraterteams, etwa zu Fragen des Claim-Managements, der Compliance und des Zuwendungsrechts. Ein weiterer Schwerpunkt seiner Tätigkeit als Fachanwalt für Vergaberecht ist die Führung von Vergabenachprüfungsverfahren und vergaberechtlichen Schadensersatzprozessen.

Christian Sudbrock

§§ 139, 140, 141, 142, 149

Christian Sudbrock ist seit 2008 in der Rechtsabteilung des Verbandes kommunaler Unternehmen e. V. (VKU) in Berlin als Fachgebietsleiter Wirtschaftsrecht tätig. Zu den Schwerpunkten seiner Tätigkeit gehört die Beratung kommunaler Unternehmen aus den Bereichen der Energie- und Trinkwasserversorgung, der Abfallwirtschaft und der Abwasserbeseitigung zu Fragen des Vergaberechts und anderen Bereichen des Öffentlichen Wirtschaftsrechts. Vor seiner Tätigkeit beim VKU war er für einen anderen großen Wirtschaftsverband ebenfalls in der Rechtsabteilung tätig.

Herr Sudbrock hat nach dem Studium der Rechtswissenschaften in Münster und Referendariat u. a. in Brüssel und in Speyer ein Master of Laws-Studium in Wellington/Neuseeland mit dem Schwerpunkt Inernational Economic Law absolviert.

Dr. Tobias Traupel

§ 121

Dr. Tobias Traupel betreut seit 01.01.2013 das europäische Beihilferecht in der Vertretung des Landes Rheinland – Pfalz bei der Europäischen Union. Zuvor leitete er viele Jahre die Gruppe „Wirtschaftsrecht" im Ministerium für Wirtschaft, Energie, Industrie, Mittelstand und Handwerk des Landes Nordrhein – Westfalen. Nach einer Tätigkeit als Richter am Landgericht Düsseldorf und einer Abordnung zum Bundesministerium der Justiz, wo er in den völkerrechtlichen Referaten tätig war, war Dr. Traupel seit 1993 in den für Wirtschaft zuständigen Ressorts der Landesregierung von Nordrhein –Westfalen bis zu seiner Ernennung zum Gruppenleiter u. a. langjährig als Justiziar und zuletzt als Referatsleiter für das materielle Vergaberecht federführend in der nordrhein – westfälischen Landesregierung tätig.

Er ist als Experte für das europäische Beihilferecht und PPP in den Twinning – Projekten der Europäischen Union für die Beitrittskandidaten tätig und war mehrere Jahre Vertreter der Bundesländer im Kommissionsgremium „Multilaterale Sitzungen zu beihilferechtlichen Fragen". Er ist Mitherausgeber der „European Procurement & Public Private Partnership Law Review" und war Prüfungsvorsitzender für Wirtschaftsprüfer in Nordrhein – Westfalen.

Dr. Bettina Tugendreich

§§ 148, 149, 151, 152

Dr. Bettina Tugendreich ist Rechtsanwältin und Partnerin in der Kanzlei RAUE LLP in Berlin. Ihre Schwerpunkte umfassen das Vergaberecht, Kartellrecht, Energierecht und das allgemeine Öffentliche Wirtschaftsrecht. Ihr Studium absolvierte sie an der Humboldt-Universität zu Berlin sowie der Hofstra University in New York. Sie war wissenschaftliche Mitarbeiterin am Lehrstuhl für Bürgerliches Recht, Handels-, Wirtschafts- und Europarecht von Prof. Dr. Hans-Peter Schwintowski an der Humboldt-Universität zu Berlin. Im Anschluss an das Referendariat nahm sie ihre anwaltliche Tätigkeit im Berliner Büro der US-amerikanischen Kanzlei Hogan & Hartson RAUE LLP auf, aus der im Jahr 2010 die Kanzlei

RAUE LLP hervorging. Sie ist Autorin zahlreicher Veröffentlichungen und Lehrbeauftragte an der Hochschule für Technik und Wirtschaft Berlin (HTW) im Vergabe- und Beihilfenrecht.

Dr. Christian-David Wagner

§ 97

Rechtsanwalt Dr. Christian-David Wagner ist Fachanwalt für Vergaberecht und Lehrbeauftragter für Beschaffungswesen und Vergaberecht an der Hochschule Harz. Dr. Wagner ist seit Beginn seiner Berufstätigkeit (2003) auf das Vergaberecht spezialisiert. Er begleitet öffentliche Auftraggeber international agierende Unternehmen in sämtlichen Phasen des Vergabeverfahrens mit besonderer Expertise in den Bereichen IT- und Telekommunikation, Daseinsvorsorge, Tourismus und Bau. Darüber hinaus berät Dr. Wagner Unternehmen und öffentliche Auftraggeber im Rahmen von Umstrukturierungsmaßnahmen oder im Zusammenhang mit der Implementierung von neuen Organisationsstrukturen.

Abkürzungsverzeichnis

A

a.A.	anderer Ansicht
a.a.O.	am angegebenen Ort
ABl.	Amtsblatt
abl.	ablehnend
Abs.	Absatz
Abschn.	Abschnitt
a.E.	am Ende
AEG	Allgemeines Eisenbahngesetz
AEntG	Gesetz über zwingende Arbeitsbedingungen für grenzüberschreitend entsandte und für regelmäßig im Inland beschäftigte Arbeitnehmer und Arbeitnehmerinnen (Arbeitnehmer-Entsendegesetz)
AEUV	Vertrag über die Arbeitsweise der Europäischen Union
a.F.	alte Fassung
AG	Aktiengesellschaft
AGB	Allgemeine Geschäftsbedingungen
AGVO	Allgemeine Gruppenfreistellungsverordnung
AktG	Aktiengesetz
Alt.	Alternative
a.M.	anderer Meinung
Anh.	Anhang
Anm.	Anmerkung
ARD	Arbeitsgemeinschaft der öffentlich-rechtlichen Rundfunkanstalten der Bundesrepublik Deutschland
ARGE	Arbeitsgemeinschaft
Art.	Artikel
AufenthG	Gesetz über den Aufenthalt, die Erwerbstätigkeit und die Integration von Ausländern im Bundesgebiet
Aufl.	Auflage

B

BAnz.	Bundesanzeiger
BauR	Zeitschrift für das gesamte öffentliche und zivile Baurecht
BayObLG	Bayerisches Oberstes Landesgericht
BayRDG	Bayerisches Rettungsdienstgesetz
BayVerfGH	Bayerischer Verfassungsgerichtshof
BB	Der Betriebs-Berater
BBankG	Gesetz über die Deutsche Bundesbank
Bd.	Band
BerlAVG	Berliner Ausschreibungs- und Vergabegesetz
BeurkG	Beurkundungsgesetz
BGB	Bürgerliches Gesetzbuch
BGBl.	Bundesgesetzblatt
BGG	Behindertengleichstellungsgesetz
BGH	Bundesgerichtshof
BGHZ	Entscheidungen des Bundesgerichtshofs in Zivilsachen
BHO	Bundeshaushaltsordnung
BMI	Bundesministerium des Innern
BMJ	Bundesministerium der Justiz
BMWi	Bundesministerium für Wirtschaft und Energie
BR	Bundesrat
BR-Drs.	Bundesrats-Drucksache
Bsp.	Beispiel
bspw.	beispielsweise
BT-Drs.	Bundestags-Drucksache

BuchPrG	Gesetz über die Preisbindung für Bücher (Buchpreisbindungsgesetz)
BVerfG	Bundesverfassungsgericht
BVerfGE	Entscheidungen des Bundesverfassungsgerichts
BVergG	Österreichisches Bundesvergabegesetz
BVerwG	Bundesverwaltungsgericht
BVwKostG	Bundesverwaltungskostengesetz
BWGZ	Die Gemeinde – Zeitschrift für die Städte und Gemeinden
bzgl.	bezüglich
bzw.	beziehungsweise

C

ca.	circa
c.i.c.	culpa in contrahendo
CEN	Comité Européen de Normalisation = Europäisches Komitee für Normung
CENELEC	Europäisches Institut für Elektrotechnische Normung
CMLRev	Common Market Law Review
CN	Combined Nomenclature
CPA	Classification of Products by Activity
CPC	Central Product Classification
CPV	Common Procurement Vocabulary

D

d.	der, die, das, den, des, diesem, diesen
DAWI	Dienstleistungen von allgemeinem wirtschaftlichem Interesse
DB	Der Betrieb
d.h.	das heißt
DIN	Deutsches Institut für Normung
DNotZ	Deutsche Notar-Zeitschrift
DÖV	Die Öffentliche Verwaltung – Zeitschrift für Öffentliches Recht und Verwaltungswissenschaften
Drs.	Drucksache
DVA	Deutscher Vergabe- und Vertragsausschuss für Bauleistungen
DVAL	Deutscher Vergabe- und Vertragsausschuss für Liefer- und Dienstleistungen
DVBl.	Deutsches Verwaltungsblatt

E

ECU	European currency unit, Europäische Währungseinheit
EDV	Elektronische Datenverarbeitung
EFTA	European Free Trade Association
EG	Europäische Gemeinschaft
EGV	EG-Vertrag
EG-ABl.	Amtsblatt der Europäischen Gemeinschaft
EGovG	Gesetz zur Förderung der elektronischen Verwaltung
Einl.	Einleitung
EMRK	Europäische Menschenrechtskonvention
EN	Europäische Normen
endg.	endgültig
Entscheidung 93/327/EWG	Entscheidung der Kommission vom 13. Mai 1993 zur Festlegung der Voraussetzungen, unter denen die öffentlichen Auftraggeber, die geographisch abgegrenzte Gebiete zum Zwecke der Suche oder Förderung von Erdöl, Gas, Kohle oder anderen Festbrennstoffen nutzen, der Kommission Auskunft über die von ihnen vergebenen Aufträge zu erteilen haben, ABl. L 129/25 v. 27.5.1993

Entscheidung 2004/73/EG	Entscheidung der Kommission vom 15. Januar 2004 über einen Antrag Deutschlands das spezielle Regime in Artikel 3 der Richtlinie 93/38/EWG anzuwenden, ABl. L 16/57 v. 23.1.2004
EnWG	Gesetz über die Elektrizitäts- und Gasversorgung
EPPPL	European Procurement & Public Private Partnership Law Review
ESFS	Europäische Finanzstabilisierungsfazilität
ESM	Europäische Stabilitätsmechanismus
EStG	Einkommensteuergesetz
EU	Europäische Union
EU-ABl.	Amtsblatt der Europäischen Union
EuG	Europäisches Gericht 1. Instanz
EuGH	Europäischer Gerichtshof
EuGVVO	Verordnung über die gerichtliche Zuständigkeit und die Anerkennung und Vollstreckung von Entscheidungen in Zivil- und Handelssachen
EuR	Europarecht
EURATOM	Europäische Atomgemeinschaft
EUV	Vertrag über die Europäische Union
EuZW	Europäische Zeitschrift für Wirtschaftsrecht
E-Vergabe	elektronische Vergabe
EVM	Einheitliches Verdingungsmuster
evtl.	eventuell
EWeRK	Zeitschrift für Energie- und Wettbewerbsrecht
EWG	Europäische Wirtschaftsgemeinschaft
EWGV	Vertrag zur Gründung der Europäischen Wirtschaftsgemeinschaft
EWR	Europäischer Wirtschaftsraum

F

f.	und die folgende Seite
ff.	und die folgenden Seiten
FFV	Verordnung über die Förderung von Frauen und die Vereinbarkeit von Beruf und Familie bei der Vergabe öffentlicher Aufträge (Frauenförderverordnung) vom 23. August 1999, GVBl 1999, 498
FKVO	Verordnung (EG) Nr. 139/2004 des Rates vom 20. Januar 2004 über die Kontrolle von Unternehmenszusammenschlüssen, ABl. L 24/1 v. 29.1.2004
Fn.	Fußnote
FS	Festschrift

G

GA	Generalanwalt, Generalanwältin beim EuGH
GBl.	Gesetzblatt
GbR	Gesellschaft bürgerlichen Rechts
gem.	gemäß
GewArch	Gewerbearchiv
GewO	Gewerbeordnung
GG	Grundgesetz
ggf.	gegebenenfalls
GKG	Gerichtskostengesetz
GKV-WSG	Gesetz zur Stärkung des Wettbewerbs in der gesetzlichen Krankenversicherung
GlüStV	Staatsvertrag zum Glücksspielwesen in Deutschland (Glücksspielstaatsvertrag) vom 15. Dezember 2011

GmbH	Gesellschaft mit beschränkter Haftung
GmbH & Co. KG	Gesellschaft mit beschränkter Haftung & Compagnie Kommanditgesellschaft
GmbHG	Gesetz betreffend die Gesellschaften mit beschränkter Haftung
GmbHR	Die GmbH-Rundschau
GO	Gemeindeordnung
GPA	Agreement on Government Procurement
GRCh	Charta der Grundrechte der Europäischen Union
grds.	grundsätzlich
GRUR	Gewerblicher Rechtsschutz und Urheberrecht
GRW	Grundsätze und Richtlinien für Wettbewerbe auf den Gebieten der Raumplanung, des Städtebaus und des Bauwesens
GVBl.	Gesetz- und Verordnungsblatt
GVG	Gerichtsverfassungsgesetz
GWB	Gesetz gegen Wettbewerbsbeschränkungen

H

HeilBerG	Heilberufsgesetz
HGB	Handelsgesetzbuch
HGrG	Gesetz über die Grundsätze des Haushaltsrechts des Bundes und der Länder (Haushaltsgrundsätzegesetz)
h.M.	herrschende Meinung
HOAI	Honorarordnung für Architekten und Ingenieure
Hrsg.	Herausgeber
Hs.	Halbsatz

I

IBR	Immobilien- & Baurecht
ICLR	International Construction Law Review
i.d.F.	in der Fassung
i.d.R.	in der Regel
i.d.S.	in diesem Sinne
i.E.	im Ergebnis
IHK	Industrie- und Handelskammer
IKT	Informations- und Kommunikationstechnik
insbes.	insbesondere
InvG	Investmentgesetz
IR	InfrastrukturRecht – Energie, Verkehr, Abfall, Wasser
i.S.	Informationstechnik
IT	im Übrigen
ITRB	Der IT-Rechtsberater
i.Ü.	im Übrigen
IWF	Internationaler Währungsfond
i.V.m.	in Verbindung mit

J

JR	Juristische Rundschau

K

Kap.	Kapitel
KdB	Kaufhaus des Bundes
KG	Kammergericht, Kommanditgesellschaft
KMU	kleine und mittlere Unternehmen
KommJur	Kommunaljurist
KonzVgV	Verordnung über die Vergabe von Konzessionen (Konzessionsvergabeverordnung)

KWG	Gesetz über das Kreditwesen
KrWaffKontrG	Gesetz über die Kontrolle von Kriegswaffen
KrWG	Gesetz zur Förderung der Kreislaufwirtschaft und Sicherung der umweltverträglichen Bewirtschaftung von Abfällen

L

LG	Landgericht
LHO	Landeshaushaltsordnung
lit.	littera(e) = Buchstabe(n)
LKreisO	Landkreisordnung
LKV	Landes- und Kommunalverwaltung – Verwaltungsrechts-Zeitschrift

M

MediationsG	Mediationsgesetz
MiLoG	Gesetz zur Regelung eines allgemeinen Mindestlohns
MitbestG	Gesetz über die Mitbestimmung der Arbeitnehmer
MMR	MultiMedia und Recht – Zeitschrift für Informations-, Telekommunikations- und Medienrecht
m.w.A.	mit weiteren Angaben
m.w.N.	mit weiteren Nachweisen

N

NACE	Nomenclature générale des activités économiques dans les Communautés Européens
NATO	North Atlantic Treaty Organization
ND	Niedersachsen
n.F.	neue Fassung
NGA-RR	Rahmenregelung der Bundesrepublik Deutschland zur Unterstützung des Aufbaus einer flächendeckenden Next Generation Access-Breitbandversorgung
NJOZ	Neue Juristische Online-Zeitschrift
NJW	Neue Juristische Wochenschrift
NRW	Nordrhein-Westfalen
Nr.	Nummer
NUTS	Nomenclature des unités territoriales statistiques
NVwZ	Neue Zeitschrift für Verwaltungsrecht
NW	Nordrhein-Westfalen
NZA	Neue Zeitschrift für Arbeitsrecht
NZBau	Neue Zeitschrift für Baurecht und Vergaberecht
NZS	Neue Zeitschrift für Sozialrecht

O

OCCAR	Organisation Conjointe de Coopération en Matière d'Armement
OHG	Offene Handelsgesellschaft
OLG	Oberlandesgericht
ÖPP	öffentlich-private Partnerschaft
OVG	Oberverwaltungsgericht

P

PBefG	Personenbeförderungsgesetz
PPP	Public Private Partnership

R

RdE	Recht der Energiewirtschaft
RL	Richtlinie
RL 77/249/EWG	Richtlinie des Rates v. 22.3.1977 zur Erleichterung der tatsächlichen Ausübung des freien Dienstleistungsverkehrs der Rechtsanwälte, ABl. L 78/17 v. 26.3.1977

RL 89/665/EWG	Richtlinie des Rates vom 21. Dezember 1989 zur Koordinierung der Rechts- und Verwaltungsvorschriften für die Anwendung der Nachprüfungsverfahren im Rahmen von der Vergabe von öffentlichen Liefer- und Bauaufträgen, geändert durch Art. 1 RL 2007/66/EG, ABl. L 395/33 v. 30.12.1989
RL 90/531/EWG	Richtlinie des Rates vom 17. September 1990 betreffend die Auftragsvergabe durch Auftraggeber im Bereich der Wasser-, Energie- und Verkehrsversorgung sowie im Telekommunikationssektor, ABl. L 297/1 v. 29.10.1990
RL 92/13/EWG	Richtlinie 92/13/EWG des Rates vom 25. Februar 1992 zur Koordinierung der Rechts- und Verwaltungsvorschriften für die Anwendung der Gemeinschaftsvorschriften über die Auftragsvergabe durch Auftraggeber im Bereich der Wasser-, Energie- und Verkehrsversorgung sowie im Telekommunikationssektor, ABl. L 76/14 v. 23.3.1992
RL 93/6/EWG	Richtlinie 93/6/EWG des Rates vom 15. März 1993 über die angemessene Eigenkapitalausstattung von Wertpapierfirmen und Kreditinstituten, ABl. L 141/1 v. 11.6.1993
RL 93/22/EWG	Richtlinie 93/22/EWG des Rates vom 10. Mai 1993 über Wertpapierdienstleistungen, ABl. L 141/27 v. 11.6.1993
RL 97/52/EG	Richtlinie 97/52/EG des Europäischen Parlaments und des Rates vom 13. Oktober 1997 zur Änderung der Richtlinien 92/50/EWG, 93/36/EWG und 93/37/EWG über die Koordinierung der Verfahren zur Vergabe öffentlicher Dienstleistungs-, Liefer- und Bauaufträge, ABl. L 328/1 v. 28.11.1997
RL 2001/23/EG	Richtlinie 2001/23/EG des Rates vom 12. März 2001 zur Angleichung der Rechtsvorschriften der Mitgliedstaaten über die Wahrung von Ansprüchen der Arbeitnehmer beim Übergang von Unternehmen, Betrieben oder Unternehmens- oder Betriebsteilen, ABl. L 82/16 v. 22.3.2001
RL 2002/21/EG	Richtlinie 2002/21/EG des Europäischen Parlaments und des Rates vom 7. März 2002 über einen gemeinsamen Rechtsrahmen für elektronische Kommunikationsnetze und -dienste (Rahmenrichtlinie), ABl. L 108/33 v. 24.4.2002
RL 2004/18/EG	Richtlinie 2004/18/EG des Europäischen Parlaments und des Rates vom 31. März 2004 über die Koordinierung der Verfahren zur Vergabe öffentlicher Bauaufträge, Lieferaufträge und Dienstleistungsaufträge, ABl. L 134/114 v. 30.4.2004
RL 2004/39/EG	Richtlinie 2004/39/EG des Europäischen Parlaments und des Rates vom 21. April 2004 über Märkte für Finanzinstrumente, zur Änderung der Richtlinien 85/611/EWG und 93/6/EWG des Rates und der Richtlinie 2000/12/EG des Europäischen Parlaments und des Rates und zur Aufhebung der Richtlinie 93/22/EWG des Rates, ABl. L 145/1 v. 30.4.2004
RL 2006/123/EG	Richtlinie 2006/123/EG des Europäischen Parlaments und des Rates vom 12. Dezember 2006 über Dienstleistungen im Binnenmarkt, ABl. L 376/36 v. 27.12.2006
RL 2007/66/EG	Richtlinie 2007/66/EG des Europäischen Parlaments und des Rates vom 11. Dezember 2007 zur Änderung der Richtlinien 89/665/EWG und 92/13/EWG des Rates im Hinblick auf die Verbesserung der Wirksamkeit der Nachprüfungsverfahren be-

	züglich der Vergabe öffentlicher Aufträge, ABl. L 335/31 v. 20.12.2007
RL 2009/81/EG	Richtlinie 2009/81/EG des Europäischen Parlaments und des Rates vom 13. Juli 2009 über die Koordinierung der Verfahren zur Vergabe bestimmter Bau-, Liefer- und Dienstleistungsaufträge in den Bereichen Verteidigung und Sicherheit und zur Änderung der Richtlinien 2004/17/EG und 2004/18/EG, ABl. L 216/76 v. 20.8.2009
RL 2010/13/EU	Richtlinie 2010/13/EU des Europäischen Parlaments und des Rates vom 10. März 2010 zur Koordinierung bestimmter Rechts- und Verwaltungsvorschriften der Mitgliedstaaten über die Bereitstellung audiovisueller Mediendienste (Richtlinie über audiovisuelle Mediendienste), ABl. L 95/1 v. 15.4.2010
RL 2014/23/EU	Richtlinie 2014/23/EU des Europäischen Parlaments und des Rates vom 26. Februar 2014 über die Konzessionsvergabe, ABl. L 94/1 v. 28.3.2014
RL 2014/24/EU	Richtlinie 2014/24/EU des Europäischen Parlaments und des Rates vom 26. Februar 2014 über die öffentliche Auftragsvergabe und zur Aufhebung der Richtlinie 2004/18/EG, ABl. L 94/65 v. 28.3.2014
RL 2014/25/EU	Richtlinie 2014/25/EU des Europäischen Parlaments und des Rates vom 26. Februar 2014 über die Vergabe von Aufträgen durch Auftraggeber im Bereich der Wasser-, Energie- und Verkehrsversorgung sowie der Postdienste und zur Aufhebung der Richtlinie 2004/17/EG, ABl. L 94/243 v. 28.3.2014
RL 2014/65/EU	Richtlinie 2014/65/EU des Europäischen Parlaments und des Rates vom 15. Mai 2014 über Märkte für Finanzinstrumente sowie zur Änderung der Richtlinien 2002/92/EG und 2011/61/EU, ABl. L 173/349 v. 12.6.2014
Rn.	Randnummer
RPA	Zeitschrift für Vergaberecht, Recht und Praxis der öffentlichen Auftragsvergabe
Rs.	Rechtssache
Rspr.	Rechtsprechung
RVG	Rechtsanwaltsvergütungsgesetz

S

S.	Seite, Satz
s.	siehe
SächsBRKG	Sächsisches Gesetz über den Brandschutz, Rettungsdienst und Katastrophenschutz
SchwarzArbG	Gesetz zur Bekämpfung der Schwarzarbeit und illegalen Beschäftigung
SektVO	Verordnung über die Vergabe von öffentlichen Aufträgen im Bereich des Verkehrs, der Trinkwasserversorgung und der Energieversorgung (Sektorenverordnung)
SGB	Sozialgesetzbuch
SIMAP	Système d'Information pour les Marchés Publics
Slg.	Amtliche Sammlung der Rechtsprechung des EuGH
s.o.	siehe oben
sog.	so genannt
Spiegelstr.	Spiegelstrich
st.	ständige
StGB	Strafgesetzbuch
str.	streitig
s.u.	siehe unten
SÜG	Sicherheitsüberprüfungsgesetz

T

TED	Tenders Electronic Daily
TEHG	Gesetz über den Handel mit Berechtigungen zur Emission von Treibhausgasen
TKG	Telekommunikationsgesetz
TS	Technische Spezifikation

U

u.a.	unter anderem
UAbs.	Unterabsatz
UN	United Nations
USA	Vereinigte Staaten von Amerika
usw.	und so weiter
u.U.	unter Umständen
UWG	Gesetz gegen den unlauteren Wettbewerb

V

v.	von/vom
VG	Verwaltungsgericht
vgl.	vergleiche
verb.	verbundene
VergStatVO	Verordnung zur Statistik über die Vergabe öffentlicher Aufträge und Konzessionen (Vergabestatistikverordnung)
VergabeR	Vergaberecht – Zeitschrift für das gesamte Vergaberecht
VergabeNav	Zeitschrift VergabeNavigator
VergRModG 2016	Gesetz zur Modernisierung des Vergaberechts (Vergaberechtsmodernisierungsgesetz) v. 17.2.2016, BGBl. I Nr. 8 v. 23.2.2016, S. 203
VergRModG 2009	Gesetz zur Modernisierung des Vergaberechts v. 20.4.2009, BGBl. I Nr. 20 v. 23.4.2009, S. 790
VergRModVO	Verordnung zur Modernisierung des Vergaberechts v. 12.4.2016, BGBl. 2016 I Nr. 16 v. 14.04.2016, S. 624
VERIS	Vergaberecht Informationssystem
VersorgW	Versorgungswirtschaft – Monatszeitschrift für Betriebswirtschaft, Wirtschaftsrecht und Steuerrecht der Elektrizitäts-, Gas- und Wasserwerke
VF	Zeitschrift VergabeFokus
VGH	Verwaltungsgerichtshof
VgRÄG	Gesetz zur Änderung der Rechtsgrundlagen für die Vergabe öffentlicher Aufträge, BGBl. 1998 I Nr. 59 v. 2.9.1998, S. 2512
VgV	Verordnung über die Vergabe öffentlicher Aufträge (Vergabeverordnung)
v.H.	vom Hundert
VHB	Vergabehandbuch für die Durchführung von Bauaufgaben des Bundes im Zuständigkeitsbereich der Finanzbauverwaltungen
VK	Vergabekammer
VN	Informationsdienst Vergabe-News
VO	Verordnung
VO (EWG/Euratom) 1182/71	Verordnung (EWG/Euratom) Nr. 1182/71 des Rates vom 3.6.1971 zur Festlegung über die Fristen, Daten und Termine, ABl. L 124/1 vom 8.6.1971
VO (EG) 2195/2002	Verordnung (EG) Nr. 2195/2002 v. 05.11.2002 über das Gemeinsame Vokabular für Öffentliche Aufträge (CPV), ABl. L 340/1 v. 16.12.2002
VO (EG) 1059/2003	Verordnung (EG) Nr. 1059/2003 des Europäischen Parlaments und des Rates vom 26.5.2003 über die Schaffung einer gemeinsamen Klassifikation der Gebietsein-

	heiten für die Statistik (NUTS), ABl. 2003 L 154/1
VO (EG) 1564/2005	Verordnung (EG) Nr. 1564/2005 der Kommission vom 7. September 2005 zur Einführung von Standardformularen für die Veröffentlichung von Vergabebekanntmachungen im Rahmen von Verfahren zur Vergabe öffentlicher Aufträge gemäß der Richtlinie 2004/17/EG und der Richtlinie 2004/18/EG des Europäischen Parlaments und des Rates, ABl. L 257/1 v. 1.10.2005
VO (EG) 1370/2007	Verordnung (EG) Nr. 1370/2007 des Europäischen Parlaments und des Rates vom 23. Oktober 2007 über öffentliche Personenverkehrsdienste auf Schiene und Straße und zur Aufhebung der Verordnungen (EWG) Nr. 1191/69 und (EWG) Nr. 1107/70 des Rates über öffentliche Personenverkehrsdienste auf Schiene und Straße und zur Aufhebung der Verordnungen (EWG) Nr. 1191/69 und (EWG) Nr. 1107/70 des Rates, ABl. L 315/1 v. 3.12.2007
VO (EG) 1008/2008	Verordnung (EG) Nr. 1008/2008 des Europäischen Parlaments und des Rates vom 24. September 2008 über gemeinsame Vorschriften für die Durchführung von Luftverkehrsdiensten in der Gemeinschaft, ABl. L 293/3 v. 31.10.2008
VO (EG) 1150/2009	Verordnung (EG) Nr. 1150/2009 der Kommission vom 10. November 2009 zur Änderung der Verordnung (EG) Nr. 1564/2005 zur Einführung von Standardformularen für die Veröffentlichung von Vergabebekanntmachungen im Rahmen von Verfahren zur Vergabe öffentlicher Aufträge gemäß den Richtlinien 89/665/EWG und 92/13/EWG des Rates, ABl. L 313/3 v. 10.11.2009
VO (EU) 407/2010	Verordnung (EU) Nr. 407/2010 des Rates vom 11. Mai 2010 zur Einführung eines europäischen Finanzstabilisierungsmechanismus, ABl. L 118/1 v. 12.5.2010
VO (EU/EURATOM) 966/2012	Verordnung (EU, EURATOM) Nr. 966/2012 des Europäischen Parlaments und des Rates vom 25. Oktober 2012 über die Haushaltsordnung für den Gesamthaushaltsplan der Union und zur Aufhebung der Verordnung (EG, Euratom) Nr. 1605/2002 des Rates, ABl. L 298/1 v. 26.10.2012
VO (EU) 2015/1986	Durchführungsverordnung (EU) 2015/1986 der Kommission vom 11. November 2015 zur Einführung von Standardformularen für die Veröffentlichung von Vergabebekanntmachungen für öffentliche Aufträge und zur Aufhebung der Durchführungsverordnung (EU) Nr. 842/2011, ABl. L 296/1 v. 12.11.2015
VO (EU) 2015/2170	Delegierte Verordnung (EU) 2015/2170 der Kommission vom 24. November 20 zur Änderung der Richtlinie 2014/24/EU des Europäischen Parlaments und des Rates im Hinblick auf die Schwellenwerte für Auftragsvergabeverfahren, ABl. L 307/5 v. 24.11.2015
VO (EU) 2015/2171	Delegierte Verordnung (EU) 2015/2171 der Kommission vom 24. November 2015 zur Änderung der Richtlinie 2014/25/EU des Europäischen Parlaments und des Rates im Hinblick auf die Schwellenwerte für Auftragsvergabeverfahren, ABl. L 307/7 v. 24.11.2015

VO (EU) 2015/2172	Delegierte Verordnung (EU) 2015/2172 der Kommission vom 24. November 2015 zur Änderung der Richtlinie 2014/23/EU des Europäischen Parlaments und des Rates im Hinblick auf die Schwellenwerte für Vergabeverfahren
VO (EU) 2015/2340	Verordnung (EU) 2015/2340 der Kommission vom 15. Dezember 2015 zur Änderung der Richtlinie 2009/81/EG des Europäischen Parlaments und des Rates im Hinblick auf die Schwellenwerte für Auftragsvergabeverfahren, ABl. L 330/14 v. 16.12.2015
VO PR 30/53	Verordnung PR Nr. 30/53 über die Preise bei öffentlichen Aufträgen
VOB	Vergabe- und Vertragsordnung für Bauleistungen
VOB/A	Allgemeine Bestimmungen für die Vergabe von Bauleistungen
VOB/B	Allgemeine Vertragsbedingungen für die Ausführung von Bauleistungen
VOB/C	Allgemeine Technische Vertragsbedingungen für Bauleistungen
VOF	Vergabeordnung für freiberufliche Dienstleistungen
VOL	Vergabe- und Vertragsordnung für Leistungen
VOL/A	Allgemeine Bestimmungen für die Vergabe von Leistungen
VOL/B	Allgemeine Vertragsbedingungen für die Ausführung von Leistungen
VP	Datenbank VergabePortal
VSVgV	Vergabeverordnung für die Bereiche Verteidigung und Sicherheit zur Umsetzung der Richtlinie 2009/81/EG des Europäischen Parlaments und des Rates vom 13. Juli 2009 über die Koordinierung der Verfahren zur Vergabe bestimmter Bau-, Liefer- und Dienstleistungsaufträge in den Bereichen Verteidigung und Sicherheit und zur Änderung der Richtlinien 2004/17/EG und 2004/18/EG v. 12.7.2012 (Vergabeverordnung Verteidigung und Sicherheit), BGBl. I Nr. 33 v. 18.7.2012
VÜA	Vergabeüberwachungsausschuss
VwGO	Verwaltungsgerichtsordnung
VwKostG	Verwaltungskostengesetz
VwVfG	Verwaltungsverfahrensgesetz

W

WM	Zeitschrift für Wirtschafts- und Bankrecht
WRP	Wettbewerb in Recht und Praxis
WuW	Wirtschaft und Wettbewerb
WuW/E	Wirtschaft und Wettbewerb/Entscheidungssammlung

Z

ZAR	Zeitschrift für Ausländerrecht und Ausländerpolitik
ZBB	Zeitschrift für Bankrecht und Bankwirtschaft
z.B.	zum Beispiel
ZDF	Zweite Deutsche Fernsehen
ZfBR	Zeitschrift für deutsches und internationales Bau- und Vergaberecht
ZfWG	Zeitschrift für Wett- und Glücksspielrecht
Ziff.	Ziffer
ZIP	Zeitschrift für Wirtschaftsrecht
ZLW	Zeitschrift für Luft- und Weltraumrecht
ZPO	Zivilprozessordnung
z.T.	zum Teil

ZVB	Zeitschrift für Vergaberecht und Bauvertragsrecht
ZVgR	Zeitschrift für deutsches und internationales Vergaberecht
ZWeR	Zeitschrift für Wettbewerbsrecht
z.Zt.	zur Zeit

Literaturverzeichnis

Abate, Die rechtssichere Umsetzung sozialer und ökologischer Zwecke in der Vergabepraxis, KommJur 2012, 41.

Adams, Die Pflicht zur eVergabe als Herausforderung begreifen, VergabeFokus 2015, 12.

Alexander, Vergaberechtlicher Schadensersatz gemäß § 126 GWB, WRP 2009, 28.

Amelung/Heise, Zuständigkeit der Sozialgerichtsbarkeit für die Überprüfung von Vergabekammer-Entscheidungen, NZBau 2008, 489.

Amelung/Janson, Vergabe von Rettungsdienstleistungen: Keine generelle Freistellung vom Vergaberecht, NZBau 2016, 23.

André/Sailer, Zwischen Stillstand und Erneuerung – vergabespezifischer Unterschwellenrechtsschutz in der rechtspolitischen Debatte, NZBau 2011, 394.

Antweiler, Anmerkung zu OLG Celle, EuGH-Vorlage vom 17.12.2014 – 13 Verg 3/13, VergabeR 2015, 191.

ders., Ausschreibungspflicht und „Bereichsausnahme" bei der Vergabe von Rettungsdienstleistungen, VergabeR 2015, 275.

ders., Bieterrechtsschutz unter Zumutbarkeitsvorbehalt?, VergabeR 2011, 306.

ders., Chancen des Pimärrechtsschutzes unterhalb der Schwellenwerte, VergabeR 2008, 352.

ders., Erledigung des Nachprüfungsverfahrens i. S. von § 114 II 2 GWB, NZBau 2005, 35.

Appel, Bundesfachplanung versus landesplanerische Ziele der Raumordnung, NVwZ 2013, 457.

Aumont/Kaelble, Die Vergabe von Dienstleistungen von allgemeinem wirtschaftlichen Interesse an Private, NZBau 2006, 280.

Ax/Schneider/Bischoff, Vergaberecht 2006. Kommentar zu den Regierungsentwürfen, Berlin 2005.

Badenhausen/Knauff, Die neue Richtlinie über die Konzessionsvergabe, NZBau 2014, 395.

Badenhausen-Fähnle, Die neue Vergabeart der Innovationspartnerschaft. Fünftes Rad am Wagen?, VergabeR 2015, 743.

Bamberger/Roth, Kommentar zum Bürgerlichen Gesetzbuch: BGB, 3. Aufl., München 2012.

Bark/Gilles, Der ESM in der Praxis: Rechtsgrundlagen und Funktionsweise, EuZW 2013, 367.

Bartsch/v. Gehlen, Keine zutreffende Ermittlung des besten Preis-Leistungs-Verhältnisses mit Interpolationsformeln, NZBau 2015, 523.

Bartsch/v. Gehlen/Hirsch, Mit Preisgewichtung vorbei am wirtschaftlichsten Angebot?, NZBau 2012, 393.

Baumann, Zertifikate und Gütezeichen im Vergabeverfahren, VergabeR 2015, 367.

Baumbach/Hopt, Handelsgesetzbuch: HGB, 36. Aufl., München 2014.

Baumbach/Lauterbach/Albers/Hartmann, Zivilprozessordnung, 72. Aufl., München 2014.

Bayreuther, Betriebs-/Beschäftigtenübergang und Tariftreueverlangen nach Neuvergabe eines Dienstleistungsauftrages im ÖPNV, NZA 2014, 1171.

ders., Konzessionsvergabe im öffentlichen Personenverkehr – Betriebsübergang durch behördliche Anordnung?, NZA 2009, 582.

Bechtold/Bosch, Gesetz gegen gegen Wettbewerbsbeschränkungen, 8. Aufl., München 2015.

dies., Gesetz gegen gegen Wettbewerbsbeschränkungen, 7. Aufl., München 2013.

Begenisic/Fritz, Angebote mit unterschiedlichen Umsatzsteuersätzen im Vergabeverfahren, VergabeR 2016, 32.

Behrens, Zulassung zum Vergabewettbewerb bei vorausgegangener Beratung des Auftraggebers – Zur Projektantenproblematik auf der Grundlage der Neuregelung des § 4 V VgV, NZBau 2006, 752.

Benedict, „Vergabefremde" Aspekte nach Beentjes und Nord-Pas-de-Calais: Europarechtliche Vorgaben für die Anwendung von § 97 IV GWB, NJW 2001, 947.

Berstermann/Petersen, Das Preisrecht – Bedeutungsloses Relikt aus dem letzten Jahrtausend oder praxisrelevante Ergänzung des Vergaberechts?, ZfBR 2007, 767.

Bischof, Vergaberechtsreform 2016. Ein erster Überblick, ITRB 2015, 211.

Bitterich, Rechtsschutz bei Verletzung aus dem EG-Vertrag abgeleiteten „Grundanforderungen" an die Vergabe öffentlicher Aufträge, NVwZ 2007, 890.

ders., Kündigung vergaberechtswidrig zu Stande gekommener Verträge durch öffentliche Auftraggeber, NJW 2006, 1845.

ders., Einschränkung der Abschlussfreiheit öffentlicher Auftraggeber nach Einleitung eines Vergabeverfahrens, NZBau 2006, 757.

Boesen, Getrennt oder zusammen? – Losaufteilung und Gesamtvergabe nach der Reform des GWB in der Rechtsprechung, VergabeR 2011, 364.

ders., Vergaberecht, Kommentar zum 4. Teil des GWB, Köln 2000.

Bogdanowicz, Cross-border Interest and Concession Contracts: a Critical Approach, EPPPL 2015, 83.

Börner, Keine Ausschreibungspflicht kommunaler Versorgungsunternehmen für den Bezug von Erdgas, DB 1998, 610.

Bornheim/Flitterer, Sind Landesentwicklungsgesellschaften öffentliche Auftraggeber?, VergabeR 2006, 37.

Bosch/Colbus/Harbusch, Berücksichtigung von Compliance-Programmen in Kartellbußgeldverfahren, WuW 2009, 740.

Brackmann/Berger, Die Bewertung des Angebotspreises, VergabeR 2015, 313.

Brauer, Das Verfahren vor der Vergabekammer, NZBau 2009, 297.

Braun, Insolvenzordnung (InsO), Kommentar, 6. Aufl., 2014.

Braun, Direktvergabe von Krankentransportleistungen an Freiwilligenorganisationen, Anmerkung zu EuGH, Urteil v. 28.1.2016 – Rs. C 50/14, EuZW 2016, 304.

ders., Konzessionsvergaben für Sportwetten – Maßstab für alle verwaltungsrechtlichen Konzessionsauswahlverfahren?, NZBau 2016, 266.

ders., Anmerkung zu OLG Jena, Beschluss v. 22.7.2015 – 2 Verg 2/15, VergabeR 2015, 793.

ders., Die zutreffende Gebotsrechtsprechung des BGH, NZBau 2015, 355.

ders., Die neuen Vergaberichtlinien – Änderungen zum bisherigen Stand, KommunalPraxis spezial 3/2014 zu Vergaberecht und Konzessionen, 9.

ders., Materielle Vorgaben für ein Vergabeverwaltungsrecht, VergabeR 2014, 324.

ders., Anmerkung zu OLG Hamburg, Beschluss v. 31.3.2014 – 1 Verg 4/13.

ders., Vergaberecht in den Koalitionsverträgen (hier: Hessen), NZBau aktuell 2014, Heft 2, IX.

ders., Ausschreibungen vor dem Verwaltungsgericht, Festschrift für Fridhelm Marx 2013, S. 39.

ders., Vergaberecht in den Koalitionsverträgen (hier: Bund), NZBau aktuell 2013, Heft 12, VIII.

ders., Vergaberecht in den Koalitionsverträgen (hier: Niedersachsen), NZBau aktuell 2013. Heft 3, VIII.

ders., Anmerkung zu OLG Naumburg, Beschluss v. 22.12.2011 – 2 Verg 10/11, VergabeR 2012, 456.

ders., Dienstleistungskonzessionen im europäischen Wandel, EuZW 2012, 451.

ders., Rechtsweg bei Dienstleistungskonzessionen, Rettungsdienstleistungen III, NZBau 2012, 251.

ders., Vergaberecht in den Koalitionsverträgen in NRW und Schleswig-Holstein, NZBau aktuell 2012, Heft 8, IX.

ders., Vergaberecht in den Koalitionsverträgen: Saarland, NZBau aktuell 2012, Heft 6, VII.

ders., Anmerkung zu EuGH, Urteil v. 18.11.2010 – Rs. C-226/09 (Kommission/Irland), VergabeR 2011, 194.

ders., Der Retter in der Not: Dienstleistungskonzessionen?, NZBau 2011, 400.

ders., Standpunkt: Dienstleistungskonzessionen gehören vor das Verwaltungsgericht!, NZBau aktuell 2011, Heft 8, VI.

ders., Vergabe von Rettungsdienstleistungen, VergabeR 2011, 384.

ders., Vergaberecht in den Koalitionsverträgen, NZBau aktuell 2011, Heft 12, VII.

ders., Vergaberecht in den Koalitionsverträgen, NZBau aktuell 2011, Heft 5, VII.

ders., Nur teilweise Richtungsvorgabe durch den EuGH – Zu den rechtlichen Vorgaben bei der Auswahl der Leistungserbringer im Rettungsdienst, NZBau 2010, 549.

ders., Vergaberecht in den Koalitionsverträgen, KommJur 2010, 1.

ders., Vergaberecht in den neuen Koalitionsverträgen: Streit um vergabefremde Kriterien vorprogrammiert, Forum neue Länder Dezember 5/09, 105.

ders., Zulassung auf Märkten und Veranstaltungen, NVwZ 2009, 747.

ders., Entscheidungsanmerkung zu BSG, Beschluss vom 22. April 2008 – Az. B 1 SF 1/08; OLG Düsseldorf, Beschluss vom 16. April 2008 – VII-Verg 57/07, VergabeR 2008, 693.

ders., Sekundärrechtsschutz unterhalb der Schwellenwerte?, VergabeR 2008, 360.

ders., Zivilrechtlicher Rechtsschutz bei Vergaben unterhalb der Schwellenwerte, NZBau 2008, 160.

ders., Europarechtlicher Vergaberechtsschutz unterhalb der Schwellenwerte, VergabeR 2007, 17.

ders., Besprechung der Mitteilung der Kommission zu Auslegungsfragen, EuZW 2006, 683.

ders., Verwaltungsrechtlicher Rechtsschutz bei Vergaben unterhalb der Schwellenwerte, SächsVBl. 2006, 249.

ders., Beschleunigungsgebot und Ablehnungsfiktion im Vergaberegime des GWB, NZBau 2003, 134.

Braun/Buchmann, Beleihung als Ausstiegsmöglichkeit aus der Ausschreibungsverpflichtung?, NZBau 2007, 691.

Braun/Zwetkow, Beschaffungsfreiheit versus Technologieneutralität bei Breitbandausschreibungen, VergabeR 2015, 521.

Brauser-Jung, Europäisches Vergaberecht 3.0, VergabeR 2013, 285.

Brockhoff, Öffentlich-öffentliche Zusammenarbeit nach den neuen Vergaberichtlinien, VergabeR 2014, 625.

Brüning, Die Dienstleistungskonzession im Nachprüfungsverfahren, NVwZ 2012, 216.

ders., Zum Verhältnis von öffentlichem Preisrecht und Vergaberecht, ZfBR 2012, 642.

ders., Interkommunale Zusammenarbeit in der Entsorgungswirtschaft aus vergaberechtlicher Sicht, DVBl. 2009, 1539.

Brüning/Pfannkuch, Neuausschreibungspflicht bei Vertragsänderung, VergabeR 2015, 144.

Buhr, Die Richtlinie 2004/18/EG und das deutsche Vergaberecht, Berlin 2009.

Bulla/Schneider, Rechtliche Probleme der kommunalen Außenwerbung, ZfBR 2011, 657.

dies., Das novellierte Vergaberecht zwischen Beschleunigungsgrundsatz und effektivem Bieterschutz, VergabeR 2011, 664.

Bultmann, Dienstleistungskonzession und Dienstleistungsvertrag – warum kompliziert, wenn es auch einfach geht?, NVwZ 2011, 72.

ders., Beschaffungsfremde Kriterien: Zur „neuen Formel" des Europäischen Gerichtshofes, ZfBR 2004, 134.

Bultmann/Hölzl, Die Entfesselung der Antragsbefugnis – zum effektiven Rechtsschutz im Vergaberecht, NZBau 2004, 651.

Bundesbeauftragter für Wirtschaftlichkeit in der Verwaltung, Gutachten zu Öffentlich Privaten Partnerschaften (ÖPP) im Bundesfernstraßenbau, 2009.

Burbulla, Aufhebung der Ausschreibung und Vergabenachprüfungsverfahren, ZfBR 2009, 134.

Burgi, Ökologische und soziale Beschaffung im künftigen Vergaberecht: Kompetenzen, Inhalte, Verhältnismäßigkeit, NZBau 2015, 597.

ders., Ausschluss und Vergabesperre als Rechtsfolgen von Unzuverlässigkeit, NZBau 2014, 595.

ders., Das Vergaberecht als Vorfrage in anderen Rechtsgebieten, NZBau 2013, 601.

ders., Anwendungsbereich und Gouvernanceregeln der EU-Auftragsvergabereformrichtlinie: Bewertung und Umsetzungsbedarf, NZBau 2012, 601.

ders., Privatisierung und Rekommunalisierung aus rechtswissenschaftlicher Sicht, NdsVBl. 2012, 225.

ders., Die Entscheidung über die Auftragsvergabe – Ein Ausblick auf das künftige Unionsrecht, NZBau 2012, 729.

ders., Die Förderung sozialer und technischer Innovationen durch das Vergaberecht, NZBau 2011, 577.

ders., Die Bedeutung der allgemeinen Vergabegrundsätze Wettbewerb, Transparenz und Gleichbehandlung, NZBau 2008, 29.

ders., Die Beleihung als kartellvergaberechtlicher Ausnahmetatbestand (am Beispiel des Subventionsmittlers nach § 44 III BHO), NVwZ 2007, 383.

ders., Mittelstandsfreundliche Vergabe – Möglichkeiten und Grenzen (Teil 2), NZBau 2006, 693.

ders., Warum die „kommunale Zusammenarbeit" kein vergaberechtspflichtiger Beschaffungsvorgang ist, NZBau 2005, 208.

ders., Rechtsschutz ohne Vergabeverfahren?, NZBau 2003, 16.

ders., Vergabefremde Zwecke und Verfassungsrecht, NZBau 2001, 64.

Burgi/Gölnitz, Die Modernisierung des Vergaberechts als Daueraufgabe, DÖV 2009, 829.

Byok, Die Entwicklung des Vergaberechts seit 2013, NJW 2014, 1492.

ders., Reformierter Rahmen für Beschaffung im Sicherheits- und Verteidigungssektor, NVwZ 2012, 70.

ders., Die Entwicklung des Vergaberechts seit 2008, NJW 2009, 644.

Byok/Jaeger, Kommentar zum Vergaberecht, Erläuterungen zu den vergaberechtlichen Vorschriften des GWB und der VgV, 3. Aufl., Frankfurt am Main 2011.

Callies/Ruffert, EUV/AUV, 4. Aufl., München 2011.

Classen, Zur Abgrenzung von Dienstleistungskonzessionen gegenüber Miet- und Pachtverträgen nach der Richtlinie 2014/23/EU, VergabeR 2016, 13.

Conrad, Das Konzernprivileg bei Sektorenaufträgen, AnwZert BauR 12/2015, Anm. 2.

ders., Rechtsfragen des Vergleichs im Vergabenachprüfungsverfahren, ZfBR 2014, 658.

ders., Der Rechtsschutz gegen die Aufhebung eines Vergabeverfahrens bei Fortfall des Vergabewillens, NZBau 2007, 287.

Craven, The EU's 2014 Concessions Directive, PPLR 2014, 188.

Csaki, Die Auskömmlichkeitsprüfung nach § 19 VI VOL/A-EG, NZBau 2013, 342.

Dabringhausen, Die europäische Neuregelung der Inhouse-Geschäfte – Fortschritt oder Flop?, VergabeR 2014, 512.

ders., Horizontale Inhouse-Geschäfte, NZBau 2009, 616.

Dageförde/Dross, Reform des europäischen Vergaberechts – Umweltkriterien in den neuen Vergaberichtlinien, NVwZ 2005, 19.

Danner/Theobald, Energierecht, 88. EL, München 2016.

Daub/Eberstein, Kommentar zur VOL/A, 5. Aufl., Düsseldorf 2000.

Däubler, Der vergaberechtliche Mindestlohn im Fadenkreuz des EuGH – auf dem Weg zu Rüffert II, NZA 2014, 694.

Degenhart, Rundfunkanstalten als öffentliche Auftraggeber, Anmerkung zum Urteil des EuGH vom 13.12.2007 , JZ 2008, 568.

Deling, Kriterien der Binnenmarktrelevanz und ihre Konsequenzen unterhalb der Schwellenwerte, NZBau 2012, 17.

Dicks, Nebenangebote nach der Vergabemodernisierung 2016: Lösung oder Perpetuieren eines Dilemmas?, VergabeR 2016, 309.

ders., Ungewöhnliche und unzumutbare Wagnisse, NZBau 2014, 731.

ders., Mehrfachbeteiligungen von Unternehmen am Ausschreibungswettbewerb, VergabeR 2013, 1.

ders., Nochmals: Primärrechtsschutz bei Aufträgen unterhalb der Schwellenwerte, VergabeR 2012, 531.

ders., Die mangelhafte, insbesondere unvollständige Leistungsbeschreibung, IBR 2008, 1360.

Deutscher Anwaltverein, Stellungnahme des Deutschen Anwaltsvereins durch den Ausschuss Vergaberecht, VergabeR 2014, 384.

Dieckert/Kesselring, VOF und VOB/A, 54. Aktualisierungs- und Ergänzungslieferung, April 2016.

Dieckmann/Scharf/Wagner-Cardenal, Vergabe- und Vertragsordnung für Leistungen (VOL) Teil A: VOL/A, München 2013.

Diederichs, Wirtschaftlichkeitsuntersuchungen bei PPP-Projekten, NZBau 2009, 547.

Diemer/Meier, Rechtsanwaltsgebühren im Vergabenachprüfungsverfahren nach altem und neuem Kostenrecht, NZBau 2004, 536.

Diemon-Wies, Vergabe von Konzessionen – Überblick über die neuen Regelungen im GWB-Entwurf, VergabeR 2016.

dies., Die Vergabe von Busdienstleistungen im ÖPNV nach der VO (EG) 1370/200, dem GWB oder dem PBefG?, VergabeR 2014, 305.

dies., Soziale und ökologische Kriterien in der Vergabepraxis, VergabeR 2010, 317.

Diemon-Wies/Graiche, Vergabefremde Aspekte – Handhabung bei der Ausschreibung gem. § 97 Abs. 4 GWB, NZBau 2009, 409.

Diemon-Wies/Hesse, Präzisierte Kriterien für die Abgrenzung von Dienstleistungsauftrag und Dienstleistungskonzession, NZBau 2012, 341.

Dierkes/Scharf, Die interkommunale Zusammenarbeit – Zum nachträglichen Wegfall ihrer Privilegierungsvoraussetzungen sowie zu den Folgen bei der Einbindung Dritter im Rahmen der Leistungserfüllung, VergabeR 2014, 752–760.

Dierkes/Skrobanek, Neue europäische Vorgaben für Wasserkonzessionen?, ZFW 2013, 183.

Dietlein, VK Düsseldorf: Messegesellschaft kein öffentlicher Auftraggeber – „Kongressbetreuung und -vermarktung", NZBau 2013, 534.

ders., Anteils- und Grundstücksveräußerungen als Herausforderung für das Vergaberecht, NZBau 2004, 472.

ders., Der Begriff des „funktionalen" Auftraggebers nach § 98 Nr. 2 GWB, NZBau 2002, 136.

ders., Der Begriff des „funktionalen" Auftraggebers nach § 98 Nr. 2 GWB, NZBau 2002, 136.

Dietlein/Peters, Das Sportwetten-Konzessionsmodell auf dem unionsrechtlichen Prüfstand, ZfWG 2015, 158.

Dippel/Zeiss, Vergabefremde Aspekte – Rechtsschutz im Vergabenachprüfungsverfahren wegen Verstoßes gegen das EG-Beihilfenrecht, NZBau 2002, 376.

Diringer, Die Beteiligung sog. Projektanten am Vergabeverfahren, VergabeR 2010, 361.

Dirksen, Fristablauf nach § 107 Abs. 3 Satz 1 Nr. 4 GWB, Muss der Auftraggeber auf die 15-Tage-Frist hinweisen?, VergabeR 2013, 410.

Dirksen/Schellenberg, Mehrfachbeteiligungen auf Nachunternehmerebene, VergabeR 2010, 17.

Dittmann, Qualität durch Eignungs- und/oder Zuschlagskriterien?, NZBau 2013, 746.

Dobmann, Das Verhandlungsverfahren. Eine Bestandsaufnahme, VergabeR 2013, 175.

Donhauser, Ausschreibungspflichten bei Lieferverträgen für Strom und Gas, VergabeR 2013, 531.

Donhauser/Hölzlwimmer, Die neue Richtlinie über die Konzessionsvergabe und ihre Auswirkungen auf die Vergabe von Wegenutzungskonzessionen nach § 46 EnWG, VergabeR 2015, 509.

Dörr, Das deutsche Vergaberecht unter dem Einfluss von Art. 19 IV GG, DÖV 2001, 1014.

Dreher, NZBau-Editorial: Landesvergabegesetze ohne Landeskompetenz, NZBau 2014, 1.

ders., Andere Rechtsgebiete als Vorfrage im Vergaberecht, NZBau 2013, 665.

ders., Die Berücksichtigung mittelständischer Interessen bei der Vergabe öffentlicher Aufträge, NZBau 2005, 427.

ders., Öffentlich-rechtliche Anstalten und Körperschaften im Kartellvergaberecht – Der Auftraggeberbegriff vor dem Hintergrund von Selbstverwaltung, Rechtsaufsicht und Finanzierung durch Zwangsbeiträge, NZBau 2005, 297.

ders., Kartellrechtscompliance, ZWeR 2004, 75.

ders., Das In-house-Geschäft – Offene und neue Rechtsfragen der Anwendbarkeit der In-house-Grundsätze, NZBau 2004, 14.

ders., Public Private Partnership und Kartellvergaberecht, NZBau 2002, 245.

ders., Rechtsschutz nach Zuschlag, NZBau 2001, 244.

ders., Die Zukunft des untergesetzlichen Vergaberechts. Zur Neuordnung von Vergabeverordnung und Verdingungsordnungen, NVwZ 1999, 1265.

Dreher/Glöckle, Der Vergleich im Vergabenachprüfungsverfahren, NZBau 2015, 459 (Teil 1), 529 (Teil 2).

Dreher/Hoffmann, Die erfolgreiche Selbstreinigung zur Wiedererlangung der kartellvergaberechtlichen Zuverlässigkeit und die vergaberechtliche Compliance, NZBau 2014, 67 (Teil 1), 150 (Teil 2).

dies., Sachverhaltsaufklärung und Schadenswiedergutmachung bei der vergaberechtlichen Selbstreinigung, NZBau 2012, 265.

dies., Schlusswort: Vergaberechtliche Fremdreinigung zur Schadenswiedergutmachung, NZBau 2012, 426.

dies., Die schwebende Wirksamkeit nach § 101b I GWB, NZBau 2010, 201.

dies., Die Informations- und Wartepflicht sowie die Unwirksamkeitsfolge nach den neuen §§ 101a und 101b GWB, NZBau 2009, 216.

Dreher/Motzke, Beck'scher Vergaberechtskommentar, 2. Aufl., München 2013.

Dreher/Opitz, Die Vergabe von Bank- und Finanzdienstleistungen, WM 2002, 413.

Drömann, Das Konzernprivileg im Lichte der neuen Sektorenkoordinierungsrichtlinie, NZBau 2015, 202.

ders., Wettbewerblicher Dialog und ÖPP-Beschaffungen – Zur „besonderen Komplexität" so genannter Betreibermodelle, NZBau 2007, 751.

Drügemöller/Conrad, Anteilsverkauf und De-facto-Vergabe öffentlicher Aufträge, ZfBR 2008, 651.

Ebenroth/Boujong/Joost/Strohn, Handelsgesetzbuch: HGB, 3. Aufl., München 2014.

Egger, Europäisches Vergaberecht, Baden-Baden 2008.

Egidy, Das GWB-Vergaberecht nach der Novelle 2009: Flexibel, europarechtskonform und endlich von Dauer?, DÖV 2009, 835.

Eibel, Reichweite der vergaberechtlichen Figur des „In-House-Geschäfts" im öffentlich-rechtlichen „Konzern", VergabeR 2011, 185.

Eichhorn/Mark, Das Prinzip Wirtschaftlichkeit: Basiswissen der Betriebswirtschaftslehre, 4. Aufl., Wiesbaden 2015.

Einsele, Münchener Kommentar zum BGB, 7. Aufl., München 2015.

Emme/Schrotz, Mehr Rechtsschutz bei Vergaben außerhalb des Kartellvergaberechts, NZBau 2012, 216.

Endler, Privatisierungen und Vergaberecht, NZBau 2002, 125.

Epping/Hillgruber, Beck'scher Online-Kommentar Grundgesetz, Edition 26, München, Stand: 1.3.2015.

Erbs/Kohlhaas, Strafrechtliche Nebengesetze, 204. EL, September 2015.

Erdl, Rügefrist ein Tag – das Ende des effektiven Rechtsschutzes?, VergabeR 2007, 450.

dies., Rechtsschutz für öffentliche Auftraggeber: Die Schutzschrift im Vergaberecht?, VergabeR 2001, 270.

Erdmann, Die Interessenabwägung im vergaberechtlichen Eilrechtsschutz gem. §§ 115 Abs. 2 Satz 1, 118 Abs. 2 Satz 2 und 121 Abs. 1 Satz 2 GWB, VergabeR 2008, 908.

Eschenbruch/Hunger, Selbstverwaltungskörperschaften als öffentliche Auftraggeber – Unterliegen Selbstverwaltungsinstitutionen der Freiberufler wie Rechtsanwalts- und Ärztekammern und deren Versorgungseinrichtungen dem Kartellvergaberecht?, NZBau 2003, 471.

Eschenbruch/Opitz, Sektorenverordnung: SektVO, Kommentar, München 2012.

Eyermann, Verwaltungsgerichtsordnung: VwGO, Kommentar, 14. Aufl., München 2014.

Fandrey, Direktvergabe von Verkehrsleistungen – Beauftragung ohne Durchführung eines vorherigen Vergabeverfahrens im Bereich straßengebundener Beförderung nach den Vorgaben der Verordnung (EG) Nr. 1370/2007, Langenfeld 2010.

Faßbender, Die neuen Regelungen für eine mittelstandsgerechte Auftragsvergabe, NZBau 2010, 529.

ders., Die Bindungswirkung technischer Normen der Europäischen Gemeinschaft bei der Vergabe öffentlicher Aufträge, VergabeR 2003, 381.

Fehling, Forschungs- und Innovationsförderung durch wettbewerbliche Verfahren, NZBau 2012, 673.

Fehling/Kastner/Störmer, Verwaltungsrecht, 4. Aufl., Baden-Baden 2016.

Fehling/Niehnus, Der europäische Fahrplan für einen kontrollierten Ausschreibungswettbewerb im ÖPNV – Zündfunke für eine Modernisierung des PBefG und neues Vergabemodell für Dienstleistungskonzessionen, DÖV 2008, 662.

Fenzel/Biesecke, Konzessionsmodelle als materielle Privatisierungsform in der Abwasserbeseitigung?, LKV 2007, 296.

Ferber, Bewertungskriterien und -matrizen im Vergabeverfahren, Köln 2015.

Fett, Die Hauptsacheentscheidung durch die Vergabekammer im Eilverfahren, NZBau 2005, 141.

ders., Rechtsschutz unterhalb der Schwellenwerte, VergabeR 2007, 298.

ders., Rechtsschutz unterhalb der Schwellenwerte, VergabeR 2007, 298.

Fink, Vergabe „Stadion Waidmannsdorf" – Eine Einschätzung der Zuständigkeitsfrage, RPA 2005, 158.

Fleckenstein, Abbau von Hemmnissen für Public Private Partnership: Das ÖPP-Beschleunigungsgesetz, DVBl. 2006, 75.

Franke, Rechtsschutz bei der Vergabe von Rahmenvereinbarungen, ZfBR 2006, 546.

Franke/Höfler, Die Vergabe von Versicherungsdienstleistungen durch private Sektorenauftraggeber, BB 1998, 433.

dies., Vergabe; Freiberufliche Leistungen, ZVgR 1997, 277.

Franke/Kemper/Zanner/Grünhagen, VOB-Kommentar, 5. Aufl., München 2012.

Frenz, Bildung, Vorauswahl und Wertung von Aufträgen nach § 97 Abs. 3 bis 5 GWB n. F. im Lichte des Europarechts und aktueller Judikatur, VergabeR 2011, 13.

ders., Soziale Vergabekriterien im Spiegel aktueller Judikatur von EuGH und BVerfG, NZS 2011, 321.

ders., Handbuch Europarecht, Bd. 3, 1. Aufl., Berlin/Heidelberg/New York 2007.

ders., Unterschwellenvergaben, VergabeR 2007, 1.

Freund, Korruption in der Auftragsvergabe, VergabeR 2007 (Sonderheft 2a), 311.

ders., Sonstige Verfahrensbeteiligte und ihre Rechtsstellung – Rechtsfragen der Beiladung im Vergabenachprüfungsverfahren, NZBau 2005, 266.

Freund/Kallmeyer/Kraft, Korruption und Kartelle bei Auftragsvergaben, Prävention – Sanktionen – Verteidigung, München 2008.

Fritz, Erfahrungen mit dem Wettbewerblichen Dialog in Deutschland, VergabeR 2008, 379.

Fritz/Seidler, Vergabe von Konzessionen – Rechtsklarheit ja oder nein?, EuZW 2010, 933.

Gabriel, Der persönliche Anwendungsbereich des primären EG-Vergaberechts, VergabeR 2009, 7.

ders., Vergaberechtliche Vorgaben beim Abschluss von Verträgen zur integrierten Versorgung (§§ 140a ff. SGB V), NZS 2007, 344.

ders., Abfallrechtliche Pflichtenübertragungen als Ausnahme von der Ausschreibungspflicht? – Zu Folgen der „Stadt Halle"-Entscheidung des EuGH über unzulässige In-House-Vergaben aus Sicht der Abfallwirtschaft, LKV 2005, 285.

Gabriel/Krohn/Neun, Handbuch des Vergaberechts, München 2014.

Gabriel/Voll, Das Ende der Inländerdiskriminierung im Vergabe(primär)recht, NZBau 2014, 155.

Gaier, Verfassungsrecht – Fesseln und Freiheiten für das (Kartell-) Vergaberecht, NZBau 2008, 289.

Gallwas, Verfassungsrechtliche Kompetenzregelungen – ungelöste Probleme des Vergaberechts, VergabeR 2001, 1.

Gass/Ohle, Sicherheit vor Wettbewerb? § 100 Abs. 2 lit. d GWB – ein Ausnahmetatbestand im Wandel, ZfBR 2006, 655.

Gass/Willenbruch, Neue Fristen: Chancen und Risiken, BehördenSpiegel 2/2010, 21.

Geppert/Schütz/Attendorn/et al., Beck'scher TKG-Kommentar, 4. Aufl., München 2013.

Gesterkamp, Rechtsfragen zur Zuschlags- und Bindefrist – Rechtsfolgen ihres Ablaufs, VergabeR 2002, 454.

Giedinghagen/Schoop, Zwingendes Ende vor dem OLG? – Zu den Rechtsschutzmöglichkeiten gegen eine ablehnende Entscheidung des OLG im Beschwerdeverfahren gem. §§ 116 ff. GWB, VergabeR 2007, 32.

Giesberts, „Flughafenparks" durch Outsourcing – Anzeige- und Genehmigungspflicht nach LuftVG?, ZLW 2005, 553.

Giesberts/Reinhardt, Beck'scher Online-Kommentar Umweltrecht, München 2007.

Glahs, Akteneinsichts- und Informationsfreiheitsansprüche im Vergabe- und Nachprüfungsverfahren, NZBau 2014, 75.

dies., Die Antragsbefugnis im Vergabenachprüfungsverfahren, NZBau 2004, 544.

Goldbrunner, Anmerkung zu OLG Düsseldorf, Beschluss v. 19.6.2013 – VII-Verg 55/12, VergabeR 2014, 167 (168).

Goodarzi, Ausschreibungspflichtigkeit des Erwerbs von Emmissionszertifikaten durch Stadtwerke und andere öffentliche Anlagenbetreiber, NVwZ 2004, 949.

Goodarzi/Junker, Öffentliche Ausschreibungen im Gesundheitswesen, NZS 2007, 632.

Gorn, Alternative Finanzierungen für die öffentliche Hand und das Defizitverfahren nach Art. 104 EGV, Marburg 2009.

Grabitz/Hilf, Das Recht der Europäischen Union, Bd. IV, 58. EL, München 2016.

dies., Das Recht der Europäischen Union, Kommentar, Bd. IV, 40. EL, München 2009.

dies., Das Recht der Europäischen Union, Bd. I, 57. EL, München 2015.

dies., Das Recht der Europäischen Union, Bd. I, 50. EL, München 2013.

Graef, Rechtsfragen zur Kommunikation und Informationsübermittlung im neuen Vergaberecht, NZBau 2008, 34.

ders., Rahmenvereinbarungen bei der Vergabe von öffentlichen Aufträgen de lege lata und de lege ferenda, NZBau 2005, 561.

Graef/Haberstroh, Das vergaberechtliche Konzernprivileg für Sektorenauftraggeber, VersorgW 2011, 309.

Grams, Glaubhaftmachung des Anordnungsanspruches im einstweiligen Verfügungsverfahren bei unterschwelligen Vergaben, VergabeR 2008, 474.

Grasböck, Anmerkung zu BVA 16N-9/05-19 v. 22.3.2005, ZVB 2005, 189.

Greb, Inhouse-Vergabe nach aktuellem und künftigem Recht, VergabeR 2015, 289.

ders., Das Konzernprivileg für Sektorenauftraggeber, VergabeR 2009, 140.

Greb/Müller, Kommentar zur SektVO, Köln 2010.

Greb/Rolshoven, Die „Ahlhorn"-Linie – Grundstücksverkauf, Planungs- und Vergaberecht, NZBau 2008, 163.

Greb/Stenzel, Die nachträgliche Vertragsanpassung als vergaberechtsrelevanter Vorgang, NZBau 2012, 404.

Griem, Das Recht der Akteneinsicht nach § 111 GWB, WuW 1999, 1182.

Groeben/Schwarze/Hatje, Europäisches Unionsrecht, 7. Aufl., Baden-Baden 2015.

Gröning, Anwendbarkeit und Ausnahmebestimmungen im künftigen Vergaberecht, NZBau 2015, 690.

ders., Die neue Richtlinie für die öffentliche Auftragsvergabe – ein Überblick, VergabeR 2014, 339.

ders., Methodik und Bekanntgabe von Wertungsverfahren zur Ermittlung des wirtschaftlichsten Angebots, NZBau 2011, 75.

ders., Rechtsschutzqualität und Verfahrensbeschleunigung im Entwurf für ein Vergaberechtsänderungsgesetz, ZIP 1998, 370.

Grube/Wahrendorf, SGB XII, Sozialhilfe, Kommentar, 5. Auflage 2014.

Grünbuch, Das öffentliche Auftragswesen in der Europäischen Union: Überlegungen für die Zukunft, Europäische Kommission v. 27.11.1996, Punkt VI.5.51.

Gruneberg/Wilden, Höhere Hürden für In-House-Geschäfte – Verschärfung des Wesentlichkeitskriteriums, VergabeR 2012, 149.

Gruneberg/Wilden-Beck, Möglichkeiten interkommunaler Kooperation nach der Piepenbrock-Entscheidung des EuGH, VergabeR 2014, 99.

Guckelberger, Bundeswehr und Vergaberecht, ZfBR 2005, 34.

Gyulai-Schmidt, Entwicklung der europäischen Rechtsprechung zum Vergaberecht im Bereich der Dienstleistungen von allgemeinem wirtschaftlichem Interesse, VergabeR 2012, 809.

Haak, Vergaberecht in der Energiewende – Teil I und Teil II, Energieeffiziente Beschaffung und Ausschreibungsmodelle nach dem EEG 2014, NZBau 2015, 11 und 64.

Haak/Degen, Rahmenvereinbarungen nach dem neuen Vergaberecht. Zur Umsetzung der Regelungen über Rahmenvereinbarungen der Richtlinien 2004/17/EG und 2004/18/EG durch die geplante Verordnung über die Vergabe öffentlicher Aufträge, VergabeR 2005, 164.

Hailbronner, Die Anwendbarkeit des öffentlichen Vergaberechts auf die Vergabe von Finanzdienstleistungen, WM 2002, 1674.

Hammacher, Die Konfliktlösung durch die VOB/B Stelle nach § 18 Abs. 2 VOB/A, NZBau 2012, 335.

Hardraht, Die Kosten des Nachprüfungsverfahrens und der sofortigen Beschwerde, NZBau 2004, 189.

Harms/Schmidt-Wottrich, Ausschreibungspflichten bei kommunalen Grundstücksverkäufen und städtebaulichen Verträgen, LKV 2011, 537.

Hartmann, HOAI 2009, Loseblatt-Kommentar, München 2008.

Hattig/Maibaum, Praxiskommentar Kartellvergaberecht, 2. Aufl., Köln 2014.

Hattig/Ruhland, Die Rechtsfigur der Dienstleistungskonzession, NZBau 2005, 626.

dies., Kooperationen der Kommunen mit öffentlichen und privaten Partnern und ihr Verhältnis zum Vergaberecht, VergabeR 2005, 425.

Häublein/HoffmannTheinert, Beck'scher Online-Kommentar HGB, 6. Edition, München 2014

Hauck/Noftz, Sozialgesetzbuch (SGB) IX, Rehabilitation und Teilhabe behinderter Menschen, Stand 11/15, Berlin 2015.

Hausmann, Ausschreibung von Dienstleistungskonzessionen – Chancen und Risiken, VergabeR 2007, 325.

Hausmann/Queisner, Die Zulässigkeit von Bietergemeinschaften im Vergabeverfahren, NZBau 2015, 402.

dies., Autonomie trotz mittelbarer staatlicher Finanzierung?, VergabeR 2014, 1.

Heegemann, Der Begriff der „Einrichtung des öffentlichen Rechts" im EG-Vergaberecht – am Beispiel öffentlicher Finanzdienstleistungsunternehmen, ZBB 1995, 387.

Heiermann, Der vergaberechtliche Grundsatz der Unveränderlichkeit der Bietergemeinschaft im Lichte der neueren Rechtsprechung des Bundesgerichtshofes zur Rechtsfähigkeit der Gesellschaft bürgerlichen Recht, ZfBR 2007, 759.

ders., Der wettbewerbliche Dialog, ZfBR 2005, 766.

Heiermann/Englert, Baurecht als Herausforderung, Festschrift für Horst Franke zum 60. Geburtstag, Köln 2009, S. 31.

Heiermann/Riedl/Rusam, Handkommentar zur VOB, 13. Aufl., Wiesbaden 2013.

Heiermann/Tschäpe, Die Dezentralisierung der Energieversorgung durch lokale Windenergieanlagen – Gemeinden und Gemeindebürger werden zu Öffentlichen Auftraggebern, ZfBR 2012, Sonderausgabe, 110.

Heiermann/Zeiss, juris PraxisKommentar Vergaberecht, 4. Aufl., Saarbrücken 2013.

Heise, Der Begriff des „Öffentlichen Auftraggebers" im neuen Vergaberecht, LKV 1999, 210.

Heiß, Die neue EG-Verordnung für den öffentlichen Personenverkehr – ein Überblick unter Berücksichtigung der Situation in Deutschland, VerwArch 2009, 113.

Herten-Koch, Die Vergabe von Wasserkonzessionen, EWerK 2013, 248.

Hertwig, Praxis der öffentlichen Auftragsvergabe, 5. Aufl., München 2014.

ders., Die Abgrenzung Öffentlich-Öffentlicher Partnerschaften von bloßen Auftragsverhältnissen, NZBau 2013, 278.

ders., Vergaberecht und staatliche (Grundstücks-)Verkäufe, NZBau 2011, 9.

ders., Öffentliche Unternehmen und Einrichtungen im europäischen Beihilfe- und Vergaberecht, VergabeR 2008, 589.

Hesshaus, Schadensersatzansprüche des Auftraggebers wegen Blockierung der Auftragsvergabe durch Nachprüfungsverfahren, VergabeR 2008, 372.

Hettich/Soudry, Das neue Vergaberecht – Eine systematische Darstellung der neuen EU-Vergaberichtlinien, Köln 2014.

Heuvels, Mittelbare Staatsfinanzierung und Begriff des funktionalen Auftraggebers, NZBau 2008, 166.

Heuvels/Höß/Kuß/Wagner, Vergaberecht, Stuttgart 2013.

Heuvels/Kaiser, Die Nichtigkeit des Zuschlags ohne Vergabeverfahren, NZBau 2001, 479.

Heyne, Vergaberechtliche Auftraggebereigenschaft der Kammern trotz „Nein" des EuGH?, NVwZ 2014, 621.

dies., Die Verfolgung von Umweltschutzzielen im öffentlichen Beschaffungswesen, ZUR 2011, 578.

Höfer/Nolte/Eifert, Das neue EU Vergaberecht und die Erbringung sozialer Dienstleistungen, NZS 2015, 441.

von Hoff, Rekommunalisierung – nur scheinbar kein Thema für das Vergaberecht, VergabeR 2013, 395.

Hoffmann-Riem/Eifert, Innovationsfördernde Regulierung, Berlin 2009.

Höfler, Beschaffung und Betrieb von Waffensystemen im Spannungsfeld von Vergabe- und Beihilferecht, NZBau 2015, 736.

ders., Auswirkungen der aktuellen Rechtsprechung des BGH zur Aufhebung öffentl. Ausschreibung, ZfBR 2000, 148.

Höfler/Braun, Private Banken als öffentliche Auftraggeber – Vergaberechtliche Implikationen des staatlichen Rettungspakets, NZBau 2009, 5.

Hofmann/Zimmermann, Rechtsrahmen für die Vergabe von Wegenutzungsverträgen im Energiebereich nach der neuen Konzessionsvergaberichtlinie, NZBau 2016, 71.

Hök, Zum Vergabeverfahren im Lichte des Internationalen Privatrechts, ZfBR 2010, 440.

Holle/Wohlrab, Die Delle im Ei des Kolumbus, NZBau 2009, 432.

Hölzl, Rechtsschutz im Sicherheits- und Verteidigungsbereich, Bd. 41, Schriftenreihe, Köln 2013.

ders., Verhandlungsverfahren: Was geht? Zu den Möglichkeiten und Grenzen der Flexibilität in einem Verhandlungsverfahren, NZBau 2013, 558.

ders., Der Konkurrent im Sicherheits- und Verteidigungsbereich – Zu den praktischen Auswirkungen des „Gesetzes zur Änderung des Vergaberechts für die Bereiche Verteidigung und Sicherheit", VergabeR 2012, 141.

ders., EuGH: Keine Ausschreibungspflicht für militärisch und zivil nutzbares Produkt – „InsTiimi Oy", NZBau 2012, 509.

Hölzl/Eichler, Rechtsweg für die Überprüfung der Vergabe von Rabattverträgen – Alea iacta est: Der Gesetzgeber hat gewürfelt, NVwZ 2009, 27.

Hölzl/Ritzenhoff, Compliance leicht gemacht!, NZBau 2012, 28.

Hörich/Bergmann, §§ 98b, 98c AufenthG – Ein Beispiel misslungener 1:1-Umsetzung von Richtlinien!, ZAR 2012, 327.

Hormanns, Zur Rechtsnatur des Vergaberechts, VergabeR 2007, 431.

Horn, Vergabe von Breitbandkabelnetzen, VergabeR 2013, 337.

ders., Losweise Vergabe – neue Spielregeln auch für die Gesamtvergabe?, NZBau 2011, 601.

ders., Ausschreibungspflichten bei Grundstücksgeschäften der öffentlichen Hand, VergabeR 2008, 158.

ders., Projektantenstatus im VOF-Verfahren?, NZBau 2005, 28.

Horn/Graef, Die Geltung des Spruchrichterprivilegs des § 839 II BGB für die Mitglieder der Vergabekammern, NZBau 2002, 142.

Horváth/Gleich/Seiter, Controlling, 13. Aufl., München 2015.

Hövelberndt, Übernahme eines wirtschaftlichen Risikos als Voraussetzung der Dienstleistungskonzession, NZBau 2010, 599.

Hübner, Öffentliche Lieferaufträge über fair gehandelte und Bio- Produkte, VergabeR 2012, 545.

ders., Effektiver vergaberechtlicher Primärrechtsschutz nach dem „Koppensteiner"-Urteil des EuGH?, NZBau 2005, 438.

Hucko, Schadensersatzrecht: Nicht ganz ohne!, VergabeR 1998, 15.

Huerkamp, Gleichbehandlung und Transparenz als gemeinschaftsrechtliche Prinzipien der staatlichen Auftragsvergabe, Dissertation, Tübingen 2010.

ders., Technische Spezifikationen und die Grenzen des § 97 IV 2 GWB, NZBau 2009, 755.

Immenga/Mestmäcker, Wettbewerbsrecht, Bd. 2, 5. Aufl., München 2014.

Ingenstau/Korbion, Kommentar zur VOB, 18. Aufl., Köln 2013.

dies., Kommentar zur VOB, 15. Aufl., Köln 2004.

Irmer, Sekundärrechtsschutz und Schadensersatz im Vergaberecht, Haftungs- und Versicherungsrecht, Bd. 6, Frankfurt am Main 2004.

Jaeger, Die neue Basisvergaberichtlinie der EU vom 26.2.2014 – ein Überblick, NZBau 2014, 259.

ders., Public Private Partnership und Vergaberecht, NZBau 2001, 6.

ders., Neuerungen zur Rügeobliegenheit (§ 107 III GWB) durch das Vergaberechtsmodernisierungsgesetz, NZBau 2009, 558.

Jäger/Graef, Bildung von Bietergemeinschaften durch konkurrierende Unternehmen, NZBau 2012, 213.

Jansen/Geitel, Rügen und richten auch außerhalb des Kartellvergaberechts – Plädoyer für einen bundeseinheitlichen Primärrechtsschutz, VergabeR 2015, 117.

Jasper, Anmerkung zu BGH, Urteil v. 8.9.1998 – X ZR 109/96, VergabeR 2010, 775.

Jennert, Der Begriff der Dienstleistungskonzession im Gemeinschaftsrecht, NZBau 2005, 131.

ders., Vergabefremde Kriterien – keine Beihilfen, sondern gemeinwirtschaftliche Pflichten, NZBau 2003, 417.

Jennert/Räuchle, Beendigungspflicht für vergaberechtswidrige Verträge, NZBau 2007, 555.

Jochum, Die deutschen Landesbanken und Girozentralen am Ende einer langen Tradition? – Ein Beitrag zur vergabe- und wettbewerbsrechtlichen Stellung der deutschen Landesbanken und Girozentralen, NZBau 2002, 69.

Jürschik, „Aufhebung der Aufhebung" und Kontrahierungszwang, VergabeR 2013, 663.

Just, Von Halle über Brixen und Brabant nach Hamburg – eine Reise an die Grenzen vergabefreier Inhousegeschäfte, 10 Jahre nach „Teckal", EuZW 2009, 879.

Kaelble, „Vergabeentscheidung und Verfahrensgerechtigkeit – Zur wirtschaftslenkenden Auftragsvergabe gemessen an der Berufsfreiheit, dem Beihilfenverbot und den Grundfreiheiten", Dissertation, Berlin 2008.

ders., Anspruch auf Zuschlag und Kontrahierungszwang im Vergabeverfahren, ZfBR 2003, 657.

Kahl/Gärditz, Konkurrenzfragen zwischen Sozial- und Vergaberechtsschutz, NZS 2008, 337.

Kaiser, Der EuGH und der Anspruch auf rechtliches Gehör, NZBau 2004, 139.

ders., Die Berechnung des Gegenstandswerts vor der Vergabekammer, NZBau 2002, 315.

Kalinowsky, Der Anspruch der Bieter auf Einhaltung des Vergaberechts nach § 97 Abs. 7 GWB, Schriftenreihe, Bd. 11, Berlin 2000.

Kallerhoff, Zur Begründetheit von Rechtsschutzbegehren unterhalb der vergaberechtlichen Schwellenwerte, NZBau 2008, 97.

Kämper/Heßhaus, Möglichkeiten und Grenzen von Auftraggebergemeinschaften, NZBau 2003, 303.

Kappellmann/Messerschmidt, VOB-Kommentar, 5. Aufl., München 2015.

Kasper, Sponsoring und Vergaberecht, DÖV 2005, 11.

Kau, Vergaberechtliches Kaskadenprinzip und europäisches Gemeinschaftsrecht, EuZW 2005, 492.

Kau/Hänsel, Verzögerte Vergabe – Schadensersatz für die Verzögerung des Zuschlags?, NJW 2011, 1914.

Kaufmann/Lübbing/Prieß/Pünder, VO (EG) 1370/2007, Verordnung über öffentliche Personenverkehrsdienste auf Schiene und Straße, München 2010.

Kermel, Praxishandbuch der Konzessionsverträge und Konzessionsabgaben, Berlin 2012.

Kermel/Wagner, Rechtsschutz bei Konzessionierungen nach § 46 EnWG – Parallelen zum Kartellvergaberecht?, RdE 2014, 222.

Kerssenbrock, Ist der Verkauf von Geschäftsanteilen oder Aktienmehrheiten kommunaler Stromversorger einem Vergabeverfahren gemäß §§ 97 ff. GWB zu unterziehen?, WuW 2001, 122.

Kilian/Heussen, Computerrechts-Handbuch, 32. EL, München 2013.

Kingreen, Sozialhilferechtliche Leistungserbringung durch öffentliche Ausschreibungen (1), VergabeR 2007 (Sonderheft Heft 2a), 354.

Kiser, Emissionshandel und Vergaberecht, VergabeR 2004, 683.

Klees, Welcher Unternehmensbegriff gilt im GWB?, EWS 2010, 1.

Klimisch/Ebrecht, Stellung und Recht der Dialogteilnehmer im wettbewerblichen Dialog, NZBau 2011, 203.

Kling, Die Zulässigkeit vergabefremder Regelungen, Berlin 2000.

Klöck, Die Anwendbarkeit des Vergaberechts auf Beschaffungen durch die gesetzlichen Krankenkassen, NZS 2008, 178.

Kment, Energiewirtschaftsgesetz, Baden-Baden 2015.

Knauff, Zurück zur kommunalen Daseinsvorsorge in der Energieversorgung?, EnWZ 2015, 51.

ders., Neues zur Inhouse-Vergabe, EuZW 2014, 486.

ders., Die Vergabe von Dienstleistungskonzessionen: Aktuelle Rechtslage und zukünftige Entwicklungen, VergabeR 2013, 157.

ders., Das Kaskadensystem des Vergaberechts – ein Regelungsmodell mit Zukunft? NZBau 2010, 657.

ders., Der Kommissionsvorschlag für eine Novelle der VO 1191/69 – Grundaussagen, Probleme und Auswirkungen im ÖPNV, DVBl. 2006, 339.

ders., Im wettbewerblichen Dialog zur Public Private Partnership?, NZBau 2005, 249.

ders., Dispositionsfreiheiten öffentlicher Auftraggeber nach der Ausschreibung öffentlicher Aufträge. Vorgaben des europäischen und des europäisierten deutschen Vergaberechts unter Berücksichtigung der EU-Vergaberechtsreform, Baden-Baden 2004.

ders., Neues europäisches Vergabeverfahrensrecht: Der wettbewerbliche Dialog, VergabeR 2004, 287.

Knauff/Badenhausen, Die neue Richtlinie über die Konzessionsvergabe, NZBau 2014, 395.

Koenig/Hentschel, Der Public Private Partnership-Infrastrukturträger als öffentlicher Auftraggeber (§ 98 GWB), ZfBR 2005, 442.

dies., Die Auswahl des Insolvenzverwalters – nationale und EG-vergaberechtliche Vorgaben, ZIP 2005, 1937.

Koenig/Kühling, Diskriminierungsfreiheit, Transparenz und Wettbewerbsoffenheit des Ausschreibungsverfahrens – Konvergenz von EG-Beihilfenrecht und Vergaberecht, NVwZ 2003, 779.

Köhler, Anmerkung zu OLG München, Beschluss v. 20.3.2014 – Verg 17/13, VergabeR 2014, 714.

ders., Anmerkung zu OLG Düsseldorf, Beschluss v. 8.6.2011 – VII-Verg 49/11, VergabeR 2011, 847.

ders., Anmerkung zu KG, Beschluss v. 21.12.2009 – 2 Verg 11/09, VergabeR 2010, 508.

ders., Anmerkung zu OLG Karlsruhe, Urteil v. 17.4.2008 – 8 U 228/06, VergabeR 2009, 114.

Köhler/Bornkamm, Gesetz gegen den unlauteren Wettbewerb: UWG mit PAngV, UKlaG, DL-InfoV, 34. Aufl., München 2016.

dies., Gesetz gegen den unlauteren Wettbewerb: UWG mit PAngV, UKlaG, DL-InfoV, 33. Aufl., München 2015.

Kokew, Ärztekammer kein öffentlicher Auftraggeber iSv § 98 Nr. 2 GWB, NZBau 2014, 96.

Kolpatzik, „Berater als Bieter" vs. „Bieter als Berater". „Projektanten" und „wettbewerblicher Dialog" als Instrumente zur Einführung externen Know-hows in die Vorbereitung und Durchführung einer formellen Auftragsvergabe, VergabeR 2007, 279.

Konopka/Acker, Schuldrechtsmodernisierung: Anwendungsbereich des § 651 BGB im Bau- und Anlagenbauvertrag, BauR 2004, 251.

Kopp/Ramsauer, Verwaltungsverfahrensgesetz: VwVfG, Kommentar, 16. Aufl., München 2015.

Kopp/Schenke, Verwaltungsgerichtsordnung: VwGO, 21. Aufl., München 2015.

Korthals, Sind öffentliche Rundfunkanstalten öffentliche Auftraggeber im Sinne des Vergaberechts?, NZBau 2006, 215.

Köster, Primärrechtsschutzschwellen und Rechtswegwirrwarr, NZBau 2006, 540.

Krajewski/Wethkamp, Die vergaberechtsfreie Übertragung öffentlicher Aufgaben, DVBl. 2008, 355.

Kramer, Abwehrrechte gegen das Marktverhalten interner Betreiber und privilegierter Unternehmer nach der neuen VO (EG) 1370/2007, IR 2010, 80.

ders., Gleichbehandlung im Verhandlungsverfahren nach der VOL/A, NZBau 2005, 138.

Krämer, Nicht immer leicht zu handhaben – Die Vorinformation nach § 101a GWB, VergabeNavigator 3/2013, 7.

Krampen-Lietzke, Folgen der (Teil-)Rechtsfähigkeit der Wohnungseigentümergemeinschaft, RNotZ 2013, 575.

Kratzenberg, Der Begriff des „Öffentlichen Auftraggebers" und der Entwurf des Gesetzes zur Modernisierung des Vergaberechts, NZBau 2009, 103.

ders., Die Neufassung der Vergabeverordnung, NZBau 2001, 119.

Kratzenberg/Wönicker, Kein Ausschluss von HOAI-widrigen Angeboten ohne Nachverhandlungen?, NZBau 2008, 491.

Kraus, Anmerkung zu EuGH, Urteil v. 10.11.2011 – Rs. C-348/10 (Norma-A und Dekom), SVergabeR 2012, 171.

Kreßner, Die Auftragssperre im Vergaberecht, Köln 2006.

Krist, Vergaberechtsschutz unterhalb der Schwellenwerte, VergabeR 2011, 163.

ders., Zur Verfassungswidrigkeit des schwellenwertabhängigen Vergaberechtsschutzes nach §§ 97 ff. GWB, VergabeR 2003, 17.

Krohn, Öffentliche Auftragsvergabe und Umweltschutz, Köln u. a. 2003.ders., Vertragsänderungen und Vergaberecht – Wann besteht eine Pflicht zur Neuausschreibung?, NZBau 2008, 619.

ders., Ende des Rechtswirrwarrs: Kein Verwaltungsrechtsschutz unterhalb der Schwellenwerte, NZBau 2007, 493.

ders., Umweltschutz als Zuschlagskriterium: Grünes Licht für „Ökostrom", NZBau 2004, 92.

Krutisch, Materielle Privatisierung – Wann unterliegen Veräußerungen von Geschäftsanteilen dem Vergaberecht?, NZBau 2003, 650.

Kühn, Rügefristen bei nachträglich verlängerter Angebotsfrist, VergabeR 2015, 22.

Kühnen, Das Verfahren vor dem Vergabesenat, NZBau 2009, 357.

ders., Die Rügeobliegenheit, NZBau 2004, 427.

Kulartz/Kus/Portz, Kommentar zum GWB-Vergaberecht, 3. Aufl., Köln 2014.

dies., Kommentar zum GWB-Vergaberecht, 1. Aufl., Neuwied 2006.

Kulartz/Marx/Portz/Prieß, Kommentar zur VOB/A, 2. Aufl., Köln 2014.

dies., Kommentar zur VOL/A, 3. Aufl, Köln 2014.

Kulartz/Scholz, Zuschlagskriterien – Grenzen bei der Gewichtung?, VergabeR 2014, 109.

Kus, Losvergabe und Ausführungskriterien, NZBau 2009, 21.

ders., Die richtige Verfahrensart bei PPP-Modellen, insbesondere Verhandlungsverfahren und Wettbewerblicher Dialog, VergabeR 2006, 851.

ders., Das Zuschlagsverbot, NZBau 2005, 96.

ders., Akteneinsichtsrecht: Darlegungslasten der Beteiligten und Begründungszwänge der Nachprüfungsinstanzen, VergabeR 2003, 129.

Kupczyk, Die Projektantenproblematik im Vergaberecht, NZBau 2010, 21.

Landmann/Römer, Umweltrecht, 79- Aufl., München 2016.

Langen/Bunte, Kommentar zum deutschen und europäischen Kartellrecht, Bd. 1, 12. Aufl., Köln 2014.

Latzel, Soziale Aspekte bei der Vergabe öffentlicher Aufträge nach der Richtlinie 2014/24/EU, NZBau 2014, 673.

Latzenhofer, „Haltet den Auftraggeber!" Probleme des Auftraggeberwechsels im Vergabeverfahren, RPA 2005, 147.

Lausen, Kosten im Nachprüfungsverfahren, NZBau 2005, 440.

dies., Die Beiladung im Nachprüfungsverfahren, VergabeR 2002, 117.

Laux, Wirksamkeit der Nutzung von E-Vergabe im Beschaffungsmanagement der öffentlichen Verwaltung, Kassel 2010.

Lechleuthner, Ausschreibungen im Rettungsdienst – Praktische Erfahrungen, VergabeR 2007, 366.

Leinemann, Anmerkung zu OLG Düsseldorf, Beschluss v. 16.9.2003 – Verg 52/03, VergabeR 2003, 693.

Leinemann/Maibaum, Die neue europäische einheitliche Vergabekoordinierungsrichtlinie für Lieferaufträge, Dienstleistungsaufträge und Bauaufträge – ein Optionsmodell, VergabeR 2004, 275.

Loewenheim/Meessen/Riesenkampff, Kartellrecht, Bd. 2, 2. Aufl., München 2009.

Loewenheim/Meessen/Riesenkampff/Kersting/Meyer-Lindemann, Kartellrecht, 3. Aufl., München 2016 (angekündigt).

Losch, „Inhouse in der Klemme? – Wege zur Gestaltung ausschreibungsfreier Auftragsvergaben", VergabeR 2012, 687.

dies., Die Konzession im Lichte der Rechtsprechung – ein stetiger Wandel, VergabeR 2010, 163.

dies., Brennpunkt „Rechtsschutz unterhalb der Schwellenwerte" – Der status quo, VergabeR 2006, 298.

Lutz, Die Mitteilung der Europäischen Kommission zur Vergabe von Aufträgen, die nicht unter die europäischen Vergaberichtlinien fallen, VergabeR 2007, 372.

ders., Vergaberegime außerhalb des Vergaberechts? – Die Mitteilung der Europäischen Kommission zur Vergabe öffentlicher Aufträge, die nicht oder nur teilweise unter die Vergaberichtlinien fallen, WuW 2006, 890.

Lux, Gesellschaftsrechtliche Veränderungen bei Bietern im Vergabeverfahren, NZBau 2012, 680.

ders., Bietergemeinschaften im Schnittfeld von Gesellschafts- und Vergaberecht, Baden-Baden 2009.

Maaßen/Schreiber, Vergaberechtliche Fragen der Einrichtung von GeoTLDs, MMR 2011, 363.

Macht/Städtler, Die Informationspflichten des Auftraggebers für ausgeschiedene Bewerber – Sinn oder Unsinn?, NZBau 2012, 143.

Machwirth, Rahmenvereinbarungen nach der neuen VOL/A, VergabeR 2007 (Sonderheft 2a), 385.

Mager, Neue Maßgaben zur Inhouse-Vergabe und zu den Anforderungen vergabefreier Vertragsänderungen, NZBau 2012, 25.

Mager/Lotz, Grundsätzliche Unzulässigkeit von Bietergemeinschaften?, NZBau 2014, 328.

Maier, Bedarf es einer Frist zwischen Rüge und Nachprüfungsantrag?, NZBau 2004, 196.

ders., Die prozessualen Grundsätze des Nachprüfungsverfahrens, NZBau 2004, 667.

ders., Zur Frage des Nachweises der positiven Kenntnis bzw. der Erkennbarkeit von Vergaberechtsverstößen als Bedingung des Entstehens der Rügeobliegenheit nach § 107 Abs. 3 GWB, VergabeR 2004, 176.

Maimann, Der kartellvergaberechtliche Rechtsweg, NZBau 2004, 492.

Mantler, Die Nachprüfung der Aufhebung, VergabeR 2003, 119.

Manz/Schönwalder, (No) Limits in der Vergabe? – Rechte- und Pflichtenprogramm bei der Loslimitierung als vergaberechtlichem Instrument, VergabeR 2013, 852.

dies., Die vergaberechtliche Gretchenfrage: Wie hältst Du's mit dem Mittelstand? – Der Mittelstandsschutz des § 97 III GWB bei der Vergabe von PPP- und Totalunternehmerleistungen, NZBau 2012, 465.

Marx, Vergaberecht für Versorgungsbetriebe, Baden-Baden 2011.

ders., Verlängerung bestehender Verträge und Vergaberecht, NZBau 2002, 311.

Marx/Hölzl, Interimsaufträge – Schneller als das Vergaberecht erlaubt? – Zu den Voraussetzungen und Möglichkeiten der Vergabe von Interimsaufträgen, NZBau 2010, 535.

Mathey, Das Recht der Auftragsvergabe in den Sektoren, Baden-Baden 2001.

Mayen, Durchführung von Förderprogrammen und Vergaberecht, NZBau 2009, 98.

Mehlitz, Der Verkauf von Geschäftsanteilen durch öffentliche Auftraggeber unterliegt nicht dem Vergaberecht!, WuW 2001, 569.

Meißner, Landesvergabegesetze und (k)ein Ende?, ZfBR 2014, 453.

dies., Ökologische und soziale Aspekte der Landesvergabegesetze, VergabeR 2012, 301.

Michaels/Kohler, Gründung öffentlich-privater Partnerschaften im Vorfeld von Konzessionsverfahren nach § 46 II EnWG, NZBau 2013, 282.

Michallik, Problemfelder bei der Berücksichtigung mittelständischer Interessen im Vergaberecht, VergabeR 2011, 683.

Michel, Das Vergabeverfahren zwischen Kooperation, Wettbewerb, Transparenz und Gleichbehandlung, Hamburg 2011.

ders., Die Projektantenregelung des ÖPP-Beschleunigungsgesetzes – ein Reparaturfall im „Reparaturgesetz"?, NZBau 2006, 689.

Michels/Rude, Bewerberauswahl und Auftragserteilung nach VOF in der aktuellen Rechtsprechung, VergabeR 2008, 183.

Montag/Säcker, Münchener Kommentar zum Europäischen und Deutschen Wettbewerbsrecht (Kartellrecht), Bd. 2, 2. Aufl., München 2015.

dies., Münchener Kommentar zum Europäischen und Deutschen Wettbewerbsrecht (Kartellrecht), Bd. 3, München 2011.

Mösinger, Die Dienstleistungskonzession: Wesen und Abgrenzung zu ausschreibungsfreien Verträgen, NZBau 2015, 545.

ders., Gleichbehandlung der Teilnehmer am Wettbewerblichen Dialog, NZBau 2009, 695.

Mösinger/Thomas, Verteidigungs- und Sicherheitsvergaben, München 2014.

Motzke, Die HOAI im Klammergriff der EU, NZBau 2016, 323.

Motzke/Pietzcker/Prieß, Beck'scher VOB-Kommentar, Verdingungsordnung für Bauleistungen Teil A mit Gesetz gegen Wettbewerbsbeschränkungen 4. Teil: Vergabe öffentlicher Aufträge, München 2001.

Müller, Das dynamische elektronische Verfahren, NZBau 2011, 72.

ders., Das Preisrecht bei öffentlichen Aufträgen – vorbeugendes Instrumentarium gegen Wettbewerbsverstöße, NZBau 2011, 720.

Müller, Öffentlich-rechtliche Dienstleistungskonzessionen künftig ein Beschaffungsvorgang?, NVwZ 2016, 266.

Müller, Elektronische Auktionen und dynamische Beschaffungssysteme, Vergaberecht im Wandel, Berlin 2006, 125.

Müller/Ernst, Elektronische Vergabe ante portas – Übersicht über aktuelle und zukünftige Rechtsfragen, NJW 2004, 1768.

Müller/Klostermann, Die neuen Vergaberichtlinien – Besteht eine rechtliche oder faktische Vorwirkung der Richtlinien vor Ablauf der Frist zur Umsetzung durch die Mitgliedsstaaten?, ZfBR 2014, 347.

Müller/Veil, Wettbewerblicher Dialog und Verhandlungsverfahren im Vergleich, VergabeR 2007, 298.

Müller-Wrede, Taschenkommentar GWB-Vergaberecht, 2. Aufl., Köln 2014.

ders., Anmerkung zu OLG Düsseldorf, Beschluss v. 11.12.2013 – VII-Verg 22/13, VergabeR 2014, 407.

ders., Vergabe- und Vertragsordnung für Leistungen – VOL/A, Kommentar, 4. Aufl., Köln 2014.

ders., Kompendium des Vergaberechts, 2. Aufl., Köln 2013.

ders., Nachhaltige Beschaffung, VergabeR 2012, 416.

ders., Die Wertung von Unterpreisangeboten – Das Ende einer Legende, VergabeR 2011, 46.

ders., Kommentar zur VOF, 4. Aufl., Köln 2011.

ders., Das Verhandlungsverfahren im Spannungsfeld zwischen Beurteilungsspielraum und Willkür, VergabeR 2010, 754.

ders., Vergabe- und Vertragsordnung für Leistungen – VOL/A, Kommentar, 3. Aufl., Köln 2010.

ders., Sektorenverordnung – SektVO, Kommentar, Köln 2010.

ders., Kompendium des Vergaberechts, 1. Aufl., Köln 2008.

ders., ÖPP-Beschleunigungsgesetz, Köln 2006.

ders., Sponsoring und Vergaberecht, Festschrift für Prof. Dr. Reinhold Thode zum 65. Geburtstag, S. 431.

ders., Örtliche Präsenz, Ortsnähe und Ortsansässigkeit als Wertungskriterien – eine Verletzung des Diskriminierungsverbots?, VergabeR 2005, 32.

ders., Grundsätze der Losvergabe unter dem Einfluss mittelständischer Interessen, NZBau 2004, 643.

ders., Preisrechtliche Bindung bei Überschreitung des höchsten Tafelwertes, BauR 1996, 322.

Müller-Wrede/Braun, KonzVgV-Kommentar, Köln 2016 (Planungsstand August 2016).

Müller-Wrede/Kaelble, Primärrechtsschutz, Vorabinformation und die Rechtsfolgen einer De-facto-Vergabe, VergabeR 2002, 1.

Müller-Wrede/Lux, Die Behandlung von Projektanten im Vergabeverfahren, ZfBR 2006, 327.

Müller-Wrede/Schade, Anspruch ausgeschlossener Bieter auf Aufhebung, VergabeR 2005, 460.

Musielak/Voit, Zivilprozessordnung: ZPO, mit Gerichtsverfassungsgesetz, Kommentar, 12. Aufl., München 2015.

Mutschler-Siebert/Dorschfeldt, Die Vergabe von SPNV-Leistungen nach der Vergaberechtsreform, VergabeR 2016, 385.

Nassall, Reichweite des § 141 S. 1 SGB IX bei der Vergabe von Aufträgen der öffentlichen Hand („Bevorzugung einer Behindertenwerkstatt"), juris-PP-BGHZivilR 24/2007 Anm. 4.

Nettesheim, Das neue Dienstleistungsrecht des ÖPNV – Die Verordnung (EG) Nr. 1370/2007, NVwZ 2009, 1449.

Neun/Otting, Die EU-Vergaberechtsreform 2014, EuZW 2014, 446.

Niestedt/Hölzl, Um Kleinigkeiten kümmert sich der Prätor nicht! Relevanz und Konsequenz der Änderung laufender Verträge im Lichte des Vergaberechts, NJW 2008, 3321.

Noch, Vergaberecht kompakt, 4. Aufl., Köln 2014.

ders., Begriff des öffentlichen Auftraggebers, NVwZ 1999, 1083.

Odendahl, Die Berücksichtigung vergabefremder Kriterien im öffentlichen Auftragswesen – Rechtslage nach EG-und WTO-Recht, EuZW 2004, 647.

Ohle/Gregoritza, Grenzen des Anwendungsbereichs von Auftragssperren der öffentlichen Hand- am Beispiel der Gesetzes- und Verordnungslage des Landes Berlin, ZfBR 2003, 16.

Ohrtmann, Compliance im Beschaffungswesen, VergabeR 2015, 327.

dies., Bietergemeinschaften. Chancen und Risiken, VergabeR 2008, 426.

dies., Korruption im Vergaberecht, NZBau, 2007, 201 (Teil 1), 278 (Teil 2).

dies., Vom Vergaberecht befreit – Private Energieerzeuger sind keine Sektorenauftraggeber mehr, VergabeR 2007, 565.

Olfert/Rahn, Einführung in die Betriebswirtschaftslehre, 11. Aufl., Herne 2013.

Ollmann, Die kleine Vergaberechtsreform. Zum Referentenentwurf des BMWi, VergabeR 2008, 447.

ders., Wettbewerblicher Dialog eingeführt. Änderungen des Vergaberechts durch das ÖPP-Beschleunigungsgesetz, VergabeR 2005, 685.

ders., Das neue Vergaberecht, VergabeR 2004, 669.

Opitz, Die Zukunft der Dienstleistungskonzession, NVwZ 2014, 753.

ders., Was bringt die neue Sektorenvergaberichtlinie?, VergabeR 2014, 369.

ders., Die neue Sektorenverordnung, VergabeR 2009, 689.

ders., Wie funktioniert der wettbewerbliche Dialog? Rechtliche und praktische Probleme, VergabeR 2006, 450.

ders., Das Eilverfahren, NZBau 2005, 213.

ders., Die Entwicklung des EG-Vergaberechts in den Jahren 2001 und 2002 – Teil 1, NZBau 2003, 183.

ders., Vergaberechtliche Staatsgebundenheit des öffentlichen Rundfunks?, NVwZ 2003, 1087.

ders., Vertrauensschutz gegenüber dem relativen Sektorenauftraggeber, NZBau 2002, 19.

ders., Der Wirtschaftlichkeitsbegriff des Kartellvergaberechts, NZBau 2001, 12.

Orlowski, Zulässigkeit und Grenzen der In-house-Vergabe, NZBau 2007, 80.

Ortner, Neuvergabe von Konzessionsverträgen – Ausschreibungsverfahren, Inhouse-Geschäft und interkommunale Zusammenarbeit, EWeRK 2011, 111.

ders., Energierechtliche Wegenutzungsverträge und Vergaberecht, VergabeR 2008, 608.

Otting, Eignungs- und Zuschlagskriterien im neuen Vergaberecht, VergabeR 2016, 316.

ders., Anmerkung zu EuGH, Urteil v. 11.10.2007 – Rs. C-241/06 (Lämmerzahl), VergabeR 2008, 68.

ders., Die neue Vergabeverordnung, NVwZ 2001, 775.

Otting/Scheps, Direktvergabe von Eisenbahnverkehrsdienstleistungen nach der neuen Verordnung (EG) Nr. 1370/2007, NVwZ 2008, 499.

Otting/Tresselt, Grenzen der Loslimitierung, VergabeR 2009, 585.

Pache, Der Staat als Kunde – System und Defizite des neuen deutschen Vergaberechts, DVBl. 2001, 1781.

Pattar, Sozialhilferechtliches Dreiecksverhältnis – Rechtsbeziehungen zwischen Hilfebedürftigen, Sozialhilfeträgern und Einrichtungsträgern, Sozialrecht aktuell 2012, 85.

Pauka, Entbürokratisierung oder Mehraufwand? Die Regelungen der Einheitlichen Europäischen Eigenerklärung (EEE) in der VKR, VergabeR 2015, 505.

ders., Ein bisschen „Mehr an Eignung" – Personenbezogene Zuschlagskriterien nach der 7. ÄVOVgV, NZBau 2015, 18.

Peters, Die Vergabe ohne Ausschreibung und die vorzeitige Vergabe nach Ausschreibung, NZBau 2011, 7.

Petersen, Vergaberechtliche Zulässigkeit personenbezogener Zuschlagskriterien, VergabeR 2015, 8.

Pfannkuch, Beihilferechtliche Risiken bei der Inhouse-Vergabe, NZBau 2015, 743.

ders., Landesrechtlicher vergabespezifischer und bundesweiter Mindestlohn im Vergabeverfahren, VergabeR 2015, 631.

Pielow/Bootz, Industrie- und Handelskammern als öffentliche Auftraggeber?, GewArch 2015, 12.

Pieroth/Schlink/Kingreen/Poscher, Grundrechte. Staatsrecht II, 31. Aufl., Heidelberg 2015.

Pietzcker, Auf der Suche nach den Grenzen des Vergaberechts, VergabeR 2010, 735.

ders., Gerichtsschutz im Unterschwellenbereich und Tariftreueklauseln, ZfBR 2007, 131.

ders., Grenzen des Vergaberechts, NVwZ 2007, 1225.

ders., Vergabeverordnung und Kaskadenprinzip aus verfassungsrechtlicher und europarechtlicher Sicht, NZBau 2000, 64.

Pippke/Gaßner, Neuabschluss, Verlängerung und Änderung von Konzessionsverträgen nach dem neuen EnWG, RdE 2006, 33.

Pitschas/Ziekow, Vergaberecht im Wandel, Berlin 2006.

Plagemann, Münchener Anwaltshandbuch Sozialrecht, 4. Aufl., München 2013.

Pollmann, Der verfassungsrechtliche Gleichbehandlungsgrundsatz im öffentlichen Vergaberecht, Berlin 2009.

Portz, Flexible Vergaben durch Rahmenvereinbarungen: Klarstellungen durch die EU-Vergaberichtlinie 2014, VergabeR 2014, 523.

ders., Eine Reform mit Widersprüchen, VergabeNavigator Sonderausgabe 2013, 3.

ders., Kein „pacta sunt servanda" bei vergaberechtswidrigen Verträgen – Anmerkung zu EuGH, Urteil v. 18.7.2007 – C-503/04 (Kommission/Deutschland), KommJur 2007, 335.

Poschmann, Vertragsänderungen unter dem Blickwinkel des Vergaberechts, Dissertation, Berlin 2010.

Posser/Wolff, Beck'scher Online Kommentar VwGO, 36. Aufl., München 2015.

dies., Beck'scher Online-Kommentar VwGO, 35. Aufl., München 2014.

Präsidentinnen und Präsidenten der Rechnungshöfe des Bundes und der Länder, Gemeinsamer Erfahrungsbericht zur Wirtschaftlichkeit von ÖPP-Projekten, 2011.

Prieß, Die Vergabe von Rettungsdienstleistungen nach den neuen Vergaberichtlinien, NZBau 2015, 343.

ders., Lupenreiner Rechtsschutz, NZBau 9/2013, Editorial.

ders., Warum die Schadenswiedergutmachung Teil der vergaberechtlichen Selbstreinigung ist und bleiben muss, NZBau 2012, 425.

ders., Exclusio corruptoris? – Die gemeinschaftrechtlichen Grenzen des Auschlusses vom Vergabeverfahren wegen Korruptionsdelikten, NZBau 2009, 587.

ders., Handbuch des europäischen Vergaberechts, 3. Aufl., Köln/Berlin/München 2005.

ders., Zur Frage der Antragsbefugnis eines einzelnen Mitglieds einer Bietergemeinschaft, VergabeR 2005, 751.

Prieß/Friton, Auschluss bleibt Ausnahme, NZBau 2009, 300.

Prieß/Gabriel, Beendigung des Dogmas durch Kündigung: Keine Bestandsgarantie für vergaberechtswidriger Verträge, NZBau 2006, 219.

Prieß/Hölzl, Causa non finita: Pecunia non est procuranda!, NZBau 2011, 45.

Prieß/Lau/Kratzenberg, Wettbewerb – Transparenz – Gleichbehandlung, Festschrift für Fridhelm Marx, München 2013.

Prieß/Marx/Hölzl, Unternehmen des Schienengüterverkehrs: Auftraggeber i.S. von § 98 GWB?, VergabeR 2012, 425.

dies., Kodifizierung des europäischen Rechtes zur Vergabe von Dienstleistungskonzessionen nicht notwendig – Überlegungen am Beispiel der europäischen Regeln für die Trinkwasserversorgung, NVwZ 2011, 65.

Prieß/Simonis, Die künftige Relevanz des Primärvergabe- und Beihilfenrechts, NZBau 2015, 731.

Prieß/Stein, Die neue EU-Konzessionsvergaberichtlinie, VergabeR 2014, 499.

dies., Die neue EU-Sektorenrichtlinie, NZBau 2014, 323.

dies., Nicht nur sauber, sonder rein: Die Wiederherstellung der Zuverlässigkeit durch Selbstreinigung, NZBau 2008, 230.

Probst/Tews, Ausschreibung von (nachrangigen) Sicherheitsdienstleistungen auf deutschen Flughäfen, VergabeR 2011, 818.

Puhl, Grundfragen des kartellvergaberechtlichen Auftraggeberbegriffs, Baden-Baden 2012.

Pünder, Beschränkungen der In-house-Vergabe im öffentlichen Personenverkehr, NJW 2010, 263.

ders., Die Vergabe von Personenverkehrsdienstleistungen in Europa und die völkerrechtlichen Vorgaben des WTO-Beschaffungsübereinkommens, EuR 2007, 564.

Pünder/Franzius, Auftragsvergabe im wettbewerblichen Dialog, ZfBR 2006, 20.

Pünder/Schellenberg, Vergaberecht, 2. Aufl., Baden-Baden 2015.

Quilisch, Das Verhandlungsverfahren – ein Irrgarten?, NZBau 2003, 249.

Raabe, Öffentliche Auf- und Vergabe: Ausschreibung öffentlich-öffentlicher Zusammenarbeit? VergabeR 2012, 697.

Ramm, Akteneinsicht und Untersuchungsgrundsatz im Vergabeverfahren, VergabeR 2007, 739.

Rechten, Der Auftraggeberbegriff im Wandel, NZBau 2014, 667.

ders., Die Novelle des EU-Vergaberechts, NZBau 2004, 366.

Rechten/Junker, Das Gesetz zur Modernisierung des Vergaberechts – oder: nach der Reform ist vor der Reform, NZBau 2009, 490.

Rechten/Röbke, Sozialstandards bei der Vergabe öffentlicher Aufträge in Berlin und Brandenburg, LKV 2011, 337.

Redeker/von Oertzen, Verwaltungsgerichtsordnung: VwGO, 16. Aufl., Stuttgart 2014.

Regler, Anmerkung zu EuGH, Urteil v. 25.3.2010 – Rs. C-451/08, DNotZ 2010, 540.

Reidt/Stickler/Glahs, Vergaberecht, Kommentar, 3. Aufl., Köln 2011.

Reimnitz, Der neue Wettbewerbliche Dialog. Eine Alternative zum Verhandlungsverfahren unter Berücksichtigung von Public Private Partnership-Modellen, Frankfurt am Main 2009.

Remmert, Rechtsfragen des Verwaltungssponsorings, DÖV 2010, 583.

Renner/Rubach-Larsen/Sterner, Rechtsschutz bei der Vergabe von Rüstungsaufträgen, NZBau 2007, 407.

Reuber, Kein allgemeines Bewerbungsverbot wegen Vorbefassung, VergabeR 2005, 271.

Riese, Vergaberecht, Berlin 1998.

Riese/van den Eikel, Der Handel von Emmissionszertifikaten durch Stadtwerke: Ein vergaberechtliches Problem?, NVwZ 2005, 758.

Rittner, Die „sozialen Belange" i. S. der EG-Kommission und das inländische Vergaberecht, EuZW 1999, 677.

Röbke, Unmittelbare Anwendbarkeit des Vergabesekundärrechts gegenüber privatrechtlich organisierten öffentlichen Auftraggebern, NZBau 2014, 609.

ders., Hilfsmittel- und Arzneimittelrabattverträgen im Spannungsfeld zwischen GWB und dem Recht der GKV, NZBau 2010, 346.

ders., Besteht eine vergaberechtliche Ausschreibungspflicht für Rabattverträge nach § 130a VIII SGB V?, NVwZ 2008, 726.

ders., Vergaberechtliche Ausschreibungspflicht für Rettungsdienstleistungen, NZBau 2008, 702.

Rittwage, Vergleichsvereinbarungen bei der Vergabe öffentlicher Aufträge, NZBau 2007, 484.

ders., Einzel- und Gesamtrechtsnachfolge bei öffentlichen Aufträgen, VergabeR 2006, 327.

Rödl, Bezifferte Mindestentgeltvorgaben im Vergaberecht, EuZW 2011, 292.

Rojahn, Die Kosten des Nachprüfungsverfahrens nach dem Kostenrechtsmodernisierungsgesetz, VergabeR 2004, 454 ff.

Rols/Giesen/Kreikebohm/Udsching, Beck'scher Online-Kommentar Sozialrecht, 39. Edition, Stand 1.9.2015.

Römermann, 2014 – ein Jahr im Zeichen der Compliance: nun auch für mittelständische GmbH, GmbHR 2014, 1.

Rosenkötter, Die Verteidigungsrichtlinie 2009/81/EG und ihre Umsetzung, VergabeR 2012, 267.

dies., Rahmenvereinbarungen mit Miniwettbewerb – Zwischenbilanz eines neuen Instruments, VergabeR 2010, 368.

Rosenkötter/Fritz, Vertragsänderungen nach den neuen Richtlinien, VergabeR 2014, 290.

Rosenkötter/Plantiko, Die Befreiung der Sektorentätigkeiten vom Vergaberechtsregime, NZBau 2010, 78.

Rosenkötter/Seidler, Praxisprobleme bei Rahmenvereinbarungen, NZBau 2007, 684.

Roth, Das öffentliche Preisrecht im Spannungsfeld zwischen Zivilrecht und Vergaberecht, NZBau 2015, 209.

ders., Private Projektgesellschaften als öffentliche Auftraggeber?, NZBau 2013, 685.

ders., Methodik und Bekanntgabe von Wertungsverfahren zur Ermittlung des wirtschaftlichsten Angebots, NZBau 2011, 75.

ders., Reform des Vergaberechts – der große Wurf?, VergabeR 2009, 404.

Roth/Erben, Scientology-Schutzklausel im Vergaberecht, NZBau 2013, 409.

Roth/Lamm, Die Umsetzung der Verteidigungsgüter-Beschaffungsrichtlinie in Deutschland, NZBau 2012, 609.

Roth/Lamm/Weyand, Zur Zulässigkeit der Bevorzugung von anerkannten Werkstätten für behinderte Menschen im Vergabeverfahren, DÖV 2011, 545.

Ruhland, Die Dienstleistungskonzession, Baden-Baden 2006.

Ruthig, Vergaberechtsfreier Bevölkerungsschutz – Die Bereichsausnahme des § 107 Abs. 1 Nr. 4 GWB und ihre Konsequenzen für den Rettungsdienst, NZBau 2016, 3.

ders., Vergaberechtsnovelle ohne Gesetzgeber. Zum deutschen Vergaberecht nach Ablauf der Umsetzungsfrist, NZBau 2006, 137/208.

Sachs, Grundgesetz, 7. Aufl., München 2014.

Säcker, Berliner Kommentar zum Energierecht, 3. Aufl., Frankfurt am Main 2014.

Säcker/Mohr, Reintegration von Dienstleistungskonzessionen in das Vergaberecht am Beispiel der Wasserversorgung, ZWeR 2012, 417.

Sanchez Graells, The Continuing Relevance of the General Principles of EU Public Procurement Law After the Adoption of the 2014 Concessions Directive, EPPPL 2015, 130.

Sauer, Die Vergabe von Strom- und Gas-Konzessionsverträgen nach den BGH-Urteilen „Stromnetz Heiligenhafen" und „Stromnetz Berkenthin", EWeRK 2014, 159.

ders., Das Recht der Vergabe von Strom- und Gaskonzessionsverträgen, Baden-Baden 2012.

Saxinger/Winnes, Recht des öffentlichen Personenverkehrs, 9. EL, Köln 2015.

Schabel, Vergaberechtskontrolle außerhalb der Nachprüfung nach §§ 102 ff. GWB, VergabeR 2012, 333.

ders., Anmerkung zu EuGH, Urteil v. 16.10.2003 – Rs. C-283/00, VergabeR 2004, 188.

Schäfer, Perspektiven der eVergabe, NZBau 2015, 131.

Schäfer/Uechtritz/Zuber, Rechtsgestaltung in der kommunalen Praxis, Baden-Baden 2015.

Scharen, Rechtsschutz unterhalb der Schwellenwerte, VergabeR 2011, 653.

ders., Patentschutz und öffentliche Vergabe, GRUR 2009, 345.

ders., Vertragslaufzeit und Vertragsverlängerung als vergaberechtliche Herausforderung?, NZBau 2009, 679.

Scharf/Dierkes, Zur Frage der Ausschreibungspflicht von Anteilsverkäufen durch die öffentliche Hand, VergabeR 2011, 543.

Scheffler, Zur Frage des Unternehmensbegriffs im Sinne des Art. 82 EG, EuZW 2006, 601.

Schellenberg, Make or buy? Die Vergabestelle darf wählen, Berliner Behördenspiegel 2/2007, S. 20.

Schenek, Dienstleistungs- und Baukonzession – Neue EU-Konzessionsvergaberichtlinie, BWGZ 2014, 327.

Schenke/Klimpel, Verhandlungsverfahren versus wettbewerblicher Dialog: Neuere Entwicklungen im Vergaberecht Öffentlich Privater Partnerschaften (ÖPP)/Public Private Partnership (PPP), DVBl. 2006, 1492.

Scherer-Leydecker, Verteidigungs- und sicherheitsrelevante Aufträge – eine neue Auftragskategorie im Vergaberecht, NZBau 2012, 533.

Schimanek, Die Ausschreibungspflicht von Privatisierungen, NZBau 2005, 304.

Schindler, Zulässigkeit der Beschränkung der Angebotsabgabe auf elektronische Form durch öffentlichen Auftraggeber, NZBau 2008, 746.

Schmidt, Münchener Kommentar zum Handelsgesetzbuch: HGB, Bd. 2, 4. Aufl., München 2016.

Schmidt, Wider den Ausschlussautomatismus – Kein zwingender Ausschluss einer Bietergemeinschaft bei Insolvenz eines Mitgliedsunternehmens, NZBau 2008, 41.

Schneevogl/Horn, Das Vergaberechtsänderungsgesetz, NVwZ 1998, 1242.

Schneider, Der Wettbewerbliche Dialog im Spannungsfeld der Grundsätze des Vergaberechts, Berlin 2009.

ders., Umweltschutz im Vergaberecht, NVwZ 2009, 1057.

ders., Die Rechtswidrigkeit der UfAB II-Formel im Vergabeverfahren, NZBau 2002, 555.

Schneider/Theobald, Recht der Energiewirtschaft, 4. Aufl., München 2013.

Schnieders, Anmerkung zu EuGH, Urteil v. 17.11.2015 – Rs. C-115/14 (Regio Post/Stadt Landau in der Pfalz), NVwZ 2016, 216.

Schnorbus, Der Schadensersatzanspruch des Bieters bei der fehlerhaften Vergabe öffentlicher Aufträge, BauR 1999, 77.

Schoch/Schneider/Bier, Verwaltungsgerichtsordnung, Loseblatt-Kommentar, 29. EL, München Oktober 2015.

dies., Verwaltungsgerichtsordnung, Loseblatt-Kommentar, 28. EL, München März 2015.

Schotten, Praxisrelevante Einzelfragen bei der Ausschreibung von Strom- und Gaskonzessionen, VergabeR 2013, 352.

Schreyer-Leydecker, Verteidigungs- und sicherheitsrelevante Aufträge – Eine neue Auftragskategorie im Vergaberecht, NZBau 2012, 533.

Schröder, Das Konzessionsvergabeverfahren nach der RL 2014/23/EU, NZBau 2015, 351.

ders., Die neue Konzessionsvergabe-Richtlinie 2014/23/EU im Überblick, KommunalPraxis spezial 2014, 122.

ders., „Grüne" Zuschlagskriterien, NZBau 2014, 467.

ders., Rechtlich privilegierte Sektorenauftraggeber nach § 98 Nr. 4 GWB, NZBau 2012, 541.

ders., Das so genannte Wesentlichkeitskriterium beim In-House-Geschäft, NVwZ 2011, 776.

ders., Die elektronische Auktion nach § 101 IV 1 GWB – Rückkehr des Lizitationsverfahrens?, NZBau 2010, 411.

ders., Inhalt, Gestaltung und Praxisfragen des wettbewerblichen Vergabeverfahrens nach der neuen europäischen ÖPNV-Verordnung, NVwZ 2008, 1288.

ders., Ausschreibungen bei der Grundsicherung für Arbeitsuchende (SGB II), VergabeR 2007, 418.

ders., Voraussetzungen, Strukturen und Verfahrensabläufe des Wettbewerblichen Dialogs in der Vergabepraxis, NZBau 2007, 216.

Schrotz/Ahlhaus, Keine In-House-Vergabe bei Vertragsschluss mit Tochtergesellschaft („Stadtwerke B-GmbH"), NVwZ 2012, 63.

Schrotz/Raddatz, Anmerkung zu EuGH, Urteil v. 13.6.2013 – Rs. C-286/11, NVwZ 2013, 931.

Schulte/Just, Kartellrecht, 2. Aufl., Köln 2015.

Schulte/Voll, Das Bietergemeinschaftskartell im Vergaberecht – Drum prüfe, wer sich (ewig) bindet, ZfBR 2013, 223.

Schütte, Verhandlungen im Vergabeverfahren, ZfBR 2004, 237.

Schüttpelz, Wegenutzungsverträge Strom und Gas aus der Sicht der Rechtsprechung, VergabeR 2013, 361.

Schwab, Das neue Arbeitnehmer-Entsendegesetz, NZA-RR 2010, 225.

Schwab/Giesemann, Mit mehr Regeln zu mehr Rechtssicherheit? Die Überarbeitung des europäischen Vergaberechts, VergabeR 2014, 351.

Seidel, Anmerkung zu OLG Düsseldorf, Beschluss v. 28.7.2011 – VII Verg 20/11, VergabeR 2012, 45.

ders., Anmerkung zu EuGH, Urteil v. 26.9.2000 – Rs. C-225/98, EuZW 2000, 762.

Sellmann/Augsberg, Beteiligteninduzierte Beendigung vergaberechtlicher Nachprüfungsverfahren, NVwZ 2005, 1255.

Shirvani, Zur unionsrechtskonformen Auslegung des § 101b GWB, VergabeR 2013, 669.

Siebler/Wellmann, Vorzeitige Verlängerung von Wasserkonzessionen?, VersorgW 2015, 172.

Sieder/Zeitler, Wasserhaushaltsgesetz, Abwasserabgabengesetz: WHG AbwAG, 49. Aufl., München 2016.

Siegel, Der neue Rechtsrahmen für die Vergabe von Dienstleistungskonzessionen, VergabeR 2015, 265.

ders., Wie fair ist das Vergaberecht? – Der faire Handel vor dem EuGH, VergabeR 2013, 370.

Sitsen, Vergaben im Verteidigungs- und Sicherheitsbereich – Rechtsschutzmöglichkeiten übergangener Bieter, Bd. 44, Schriftenreihe forum vergabe e.V. 2012.

Sonder, Neuere EuGH-Rechtsprechung zum Verhältnis von interkommunaler Zusammenarbeit und Vergaberecht, LKV 2014, 207.

Spießhofer/Sellmann, Rechtsschutz im „Unterschwellenbereich" – zur begrenzten Tragweite der Entscheidung des Bundesverfassungsgerichts, VergabeR 2007, 159.

Stammkötter, „Outhouse" durch Wettbewerb. Die Konkretisierung der Anforderungen an eine Inhouse-Vergabe nach der „Carbotermo"-Entscheidung des EuGH, ZfBR 2007, 245.

Steiff/André, Konsequenzen aus dem EuGH-Urteil zur Tariftreue, NZBau 2008, 364.

Steiling, Die Auftraggebereigenschaft der Ärztekammern, NZBau 2012, 146.

Stein/Friton, Internationale Korruption, zwingender Ausschluss und Selbstreinigung, VergabeR 2010, 151.

Stein/Friton/Huttenlauch, Kartellrechtsverstöße als Ausschlussgründe im Vergabeverfahren, WuW 2012, 38.

Steinberg, Die neue Vergabe- und Vertragsordnung für Bauleistungen – europarechtliche Genese und nationale Umsetzung, NVwZ 2006, 1349.

ders., Die Flexibilisierung des neuen europäischen Vergaberechts, NZBau 2005, 85.

Steinert/Kohler, Anmerkung zu OLG Hamburg, Beschluss v. 14.12.2010 – Verg 5/10, VergabeR 2011, 621.

Stelkens, Verwaltungsprivatrecht, Berlin 2005.

ders., Primärrechtsschutz trotz Zuschlagserteilung?, NZBau 2003, 654.

Stelkens/Bonk/Sachs, Verwaltungsverfahrensgesetz: VwVfG, Kommentar, 8. Aufl., München 2014.

Stickler, Bedarf die Vergabe von Darlehensvertägen durch die öffentliche Hand einer europaweiten Ausschreibung?, VergabeR 2008, 177.

Stickler/Feske, Die In-House-Vergabe von ÖSPV-Dienstleistungen nach der VO (EG) 1370/2007, VergabeR 2010, 1.

Stober, Stand und Perspektiven des Sicherheitswirtschaftsrechts. Berliner Professorengespräch zum Sicherheitswirtschaftsrecht, Köln 2013.

Stolz, Die Einheitliche Europäische Eigenerklärung, VergabeR 2016, 155.

ders., Die Vergabe von Architekten- und Ingenieurleistungen nach der Vergaberechtsreform 2016, VergabeR 2016, 351.

Stolz/Kraus, Sind Rabattverträge zwischen gesetzlichen Krankenkassen und pharmazeutischen Unternehmern öffentliche Aufträge nach § 99 GWB?, VergabeR 2008, 1.

Stoye/Freiherr von Münchhausen, Primärrechtsschutz in der GWB-Novelle – Kleine Vergaberechtsreform mit großen Einschnitten im Rechtsschutz, VergabeR 2008, 871.

Stoye/Plantiko, Der reine Preiswettbewerb – wann ist er sinnvoll, wann verboten?, VergabeR 2015, 309.

Stoye/von Münchhausen, Primärrechtsschutz in der GWB-Novelle – Kleine Vergaberechtsreform mit großen Einschnitten im Rechtsschutz, VergabeR 2008, 871.

Strenge, Auftraggebereigenschaft wegen Beherrschung durch ausländische Gebietskörperschaften, NZBau 2011, 17.

Sudbrock, Wasserkonzessionen, In-House-Geschäfte und interkommunale Kooperationen nach den neuen EU-Vergaberichtlinien, KommJur 2014, 41.

Sule, „Recht auf Wasser" – Zur ersten der Europäischen Kommission vorgelegten Europäischen Bürgerinitiative nach dem Lissabonner Vertrag, EuZW 2014, 725.

Summa, Die Umsetzung der neuen Vergaberichtlinien – ein erster Eindruck, NZBau 2015, 329.

ders., Primärrechtsschutz im Unterschwellenbereich – quo vadis?, Vergabenews 2010, 26.

ders., § 26 VOB/A – Notwendigkeit einer vergabespezifischen Auslegung und Anwendung im Nachprüfungsverfahren?, VergabeR 2007, 734.

Tausendpfund, Gestaltungs- und Konkretisierungsmöglichkeiten des Bieters im Vergaberecht, Baden-Baden 2009.

Tegeler, Das neue Hessische Vergabe- und Tariftreuegesetz, VergabeR 2015, 402.

Templin, Wettbewerb um Konzessionen durch Richterrecht, NZBau 2014, 487.

Terwiesche/Lompa, Neues Vergaberecht – Keine Ausschreibungspflicht der Kommunen für Rechtsdienstleistungen unterhalb des Schwellenwerts, KommJur 2015, 407.

Teufel, Die Dienstleistungskonzession als Erleichterung für öffentliche Auftraggeber bei der Vergabe von Abfallsammlungen, KommJur 2012, 87.

Theurer/Trutzel/Braun/Weber, Die Pflicht zur Losaufteilung: Von der Norm zur Praxis – Forschungsgutachten der Auftragsberatungsstellen in Deutschland, VergabeR 2014, 301.

Thieme/Corell, Deutsches Vergaberecht zwischen nationaler Tradition und europäische Integration, DVBl. 1999, 884.

Thommen/Achleitner, Allgemeine Betriebswirtschaftslehre, 7. Aufl., Wiesbaden 2012.

Thüsing/Granetzny, Der Rechtsweg in Vergabefragen des Leistungserbringungsrechts nach dem SGB V, NJW 2008, 3188.

Tietje, Die Verfassungsmäßigkeit eines Tariftreueverlangens bei Bauauftragsvergabe, NZBau 2007, 23.

Tilmann, Rechtsfragen des gerichtlichen Vergabe-Kontrollverfahrens, WuW 1999, 342.

Tödtmann/Schauer, Aktuelle Rechtsfragen zum öffentlichen Personennahverkehr – Nationale und europäische Rechtsentwicklung sowie Konsequenzen für die Praxis, NVwZ 2008, 1.

Tomerius, Drittgeschäfte kommunaler Entsorgungsunternehmen und Inhouse-Fähigkeit, VergabeR 2015, 373.

ders., Kommunale Flächenentwicklung in öffentlich-privater Partnerschaft und Vergaberecht: Entwicklungslinien in Literatur und Rechtsprechung zwei Jahre nach dem EuGH-Urteil „Helmut Müller", ZfBR 2012, 332.

Tomerius/Kiser, Verwaltungsgerichtlicher Rechtsschutz bei nationalen Auftragsvergaben – auf dem Weg zur „unterschwelligen" Rechtswegspaltung?, VergabeR 2005, 551.

Trybus, Buying Defence and Security in Europe, Cambridge 2014.

Tschäpe, Zur Anzahl der Teilnehmer während des Verhandlungsverfahrens, ZfBR 2014, 538.

Tugendreich, Mindestlohnvorgaben im Kontext des Vergaberechts, NZBau 2015, 395.

dies., Strategische Partnerschaften im Zusammenhang mit der Vergabe von Wegenutzungsverträgen nach § 46 EnWG – Möglichkeiten und Grenzen im Lichte des Vergabe-, Energiewirtschafts- und Kartellrechts, ZfBR 2014, 547.

dies., Der Anwendungsbereich von Präqualifikationsverfahren im deutschen Vergaberecht, NZBau 2011, 467.

Ullrich, Rechtsschutz in den Vergabeverfahren zwischenstaatlicher Organisationen in Deutschland, VergabeR 2002, 331.

Ulmer, Die höchstrichterlich „enträtselte" Gesellschaft bürgerlichen Rechts, ZIP 2001, 585.

Varga, Berücksichtigung sozialpolitischer Anforderungen nach dem neuen § 97 Abs. 4 Satz 2 GWB – europarechtskonform?, VergabeR 2009, 535.

Vavra, Binnenmarktrelevanz öffentlicher Aufträge, VergabeR 2013, 384.

Vill, Das vorläufige Verbot der Zuschlagserteilung gemäß § 115 Abs. 1 GWB ein Verbotsgesetz im Sinne von § 124 BGB?, BauR 1999, 971.

Voll, Der novellierte Regelungsrahmen zur Vergabe verteidigungs- und sicherheitsrelevanter öffentlicher Aufträge – Wertungswidersprüche und Zirkelschlüsse, NVwZ 2013, 120.

Vollkommer, Grenzen der Rückwirkung im Zivilprozeß. Kritische Bemerkungen zum Beschluß des BGH vom 8.10.1986 – VIII ZR 41/86, JR 1987, 225.

Voppel, Anmerkung zu OLG Brandenburg, Beschluss vom 8.1.2008 – Verg W 16/07, VergabeR 2008, 983.

ders., Anmerkung zu OLG Jena, Beschluss v. 16.7.2007 – 9 Verg 4/07, VergabeR 2008, 269.

Voppel/Osenbrück/Bubert, VOF, Kommentar, 3. Aufl., München 2013.

Wachinger, Direktvergabe und Wettbewerb im Busverkehr nach der novellierten EU-Marktöffnungsverordnung, IR 2007, 265.

Wagner, Beschaffung von Emissionszertifikaten durch öffentliche Auftraggeber, NZBau 2007, 623.

Wagner/Pfohl, Vergabefremde Aspekte in den Landesvergabegesetzen – ein Überblick, VergabeR 2015, 389.

dies., Die neue Richtlinie 2014/23/EU über die Konzessionsvergabe: Anwendungsbereich, Ausnahmevorschriften und materielle Regelungen, ZfBR 2014, 745.

Wagner/Piesbergen, Neue Entwicklungen zur vergabefreien öffentlich-öffentlichen Zusammenarbeit, NVwZ 2012, 653.

Wagner/Raddatz, Ausschreibungspflicht mittelbar staatlich finanzierter Einrichtungen – Zur Reichweite des § 98 Nr. 2 GWB, NZBau 2010, 731.

Wagner/Wiegand, Auftraggebereigenschaft gemischtwirtschaftlicher Gesellschaften und Nichtigkeit von De-facto-Vergaben, NZBau 2003, 369.

Wagner-Cardenal/Dierkes, Die Direktvergabe von öffentlichen Personenverkehrsdiensten, NZBau 2014, 738.

Wagner-Cardenal/Scharf/Dierkes, Zur Zurechnung von Drittumsätzen bei der Inhouse-Vergabe, NZBau 2011, 271.

Waldhorst-Kahnau, Die Nichtanwendbarkeit des Vergaberechts im Leistungserbringungsrecht der §§ 75 ff. SGB XII bei stationären und teilstationären Leistungen, Gemeindehaushalt 2015, 115.

Wegener/Hahn, Ausschreibung von Öko- und Fair- Trade – Produkten mittels Gütezeichen, NZBau 2012, 684.

Werner/Köster, Die Auslegung des Tatbestandsmerkmals „entgeltlich“ i. S. von § 99 I GWB, NZBau 2003, 420.

Weyand, Vergaberecht, 4. Aufl., München 2013.

Wieddekind, Das dynamische elektronische Verfahren gem. § 101 Abs. 6 GWB, § 5 VOL/A-EG, VergabeR 2011, 412.

Wiegand, SGB IX, Teil 2 – Schwerbehindertenrecht, 04/14, Berlin 2014.

Wilke, Ausschreibungen in der beruflichen Rehabilitation, NZS 2012, 444.

ders., Zweckverbände und Vergaberecht, ZfBR 2007, 23.

ders., Das Beschwerdeverfahren vor dem Vergabesenat beim OLG, NZBau 2005, 326.

ders., Die Beschwerdeentscheidung im Vergaberecht, NZBau 2005, 380.

Willems, Die Förderung des Mittelstandes, Köln u. a. 2003.

Willenbruch, Eignungskriterien: Neuere Rechtsprechung zu Möglichkeiten und Grenzen in rechtlicher und praktischer Hinsicht, VergabeR 2015, 322.

Willenbruch/Bischoff, Vergaberecht, Kompaktkommentar, 2. Aufl., Köln 2011.

Willenbruch/Wieddekind, Vergaberecht, Kompaktkommentar, 3. Aufl., Köln 2014.

Wimmer, Zuverlässigkeit im Vergaberecht, Baden-Baden 2012.

Witte/Wagner, Die Gesetzesinitiative Nordrhein-Westfalens zur Einführung eines Unternehmensstrafrechts, BB 2014, 643.

Wittig/Schimanek, Sondervergaberecht für Verkehrsdienstleistungen – Die neue EU-Verordnung über öffentliche Personenverkehrsdienste auf Schiene und Straße, NZBau 2008, 222.

Wollenschläger, Verteilungsverfahren – Die staatliche Zuteilung knapper Güter, verfassungs- und unionsrechtlicher Rahmen, Verfahren im Fachrecht, bereichsspezifische verwaltungsrechtliche Typen und Systembildung, Tübingen 2010.

ders., Das EU-Vergaberegime für Aufträge unterhalb der Schwellenwerte, NVwZ 2007, 388.

ders., Die Bindung gesetzlicher Krankenkassen an das Vergaberecht, NZBau 2004, 655.

Würfel, Dienstleistungskonzession und Betriebsrisiko, NZBau 2012, 752.

Zeiss, Energieeffizienz in der Beschaffungspraxis, NZBau 2012, 201.

ders., Sektorenverordnung verfassungswidrig – Gebührenerhebung durch Bundeskartellamt unzulässig?, NVwZ 2010, 556.

ders., Beleihung – Ende einer lieb gewonnenen Ausnahme von der Ausschreibungspflicht?, DVBl. 2003, 435.

Ziekow, Soziale Aspekte in der Vergabe, DÖV 2015, 897.

ders., Die Wirkung von Bereichsausnahmen im Vergaberecht, VergabeR 2007, 711.

ders., Ausschreibungspflicht bei Auftragnehmerwechsel, VergabeR 2004, 430.

ders., Der funktionelle Auftraggeberbegriff des § 98 Nr. 2 GWB. Der persönliche Anwendungsbereich des Vergaberechts – ein Arkanum?, VergabeR 2003, 483.

ders., Vergabefremde Zwecke und Europarecht, NZBau 2001, 72.

Ziekow/Siegel, Das Vergabeverfahren als Verwaltungsverfahren, ZfBR 2004, 30.

Ziekow/Völlink, Vergaberecht, Kommentar, 2. Aufl., München 2013.

dies., Vergaberecht, Kommentar, 1. Aufl., München 2011.

Zöller, ZPO, Kommentar, 31. Aufl., Köln 2016.

Kommentar

zum Gesetz gegen Wettbewerbsbeschränkungen (GWB)

In der Fassung der Bekanntmachung vom 26. Juni 2013 (BGBl. I S. 1750, 3245), das zuletzt durch das Gesetz zur Modernisierung des Vergaberechts (Vergaberechtsmodernisierungsgesetz – VergRModG) vom 17. Februar 2016 (BGBl. I S. 203) geändert worden ist.

Teil 4

Vergabe von öffentlichen Aufträgen und Konzessionen

Kapitel 1
Vergabeverfahren

Abschnitt 1
Grundsätze, Definitionen und Anwendungsbereich

§ 97
Grundsätze der Vergabe

(1) Öffentliche Aufträge und Konzessionen werden im Wettbewerb und im Wege transparenter Verfahren vergeben. Dabei werden die Grundsätze der Wirtschaftlichkeit und der Verhältnismäßigkeit gewahrt.

(2) Die Teilnehmer an einem Vergabeverfahren sind gleich zu behandeln, es sei denn, eine Ungleichbehandlung ist aufgrund dieses Gesetzes ausdrücklich geboten oder gestattet.

(3) Bei der Vergabe werden Aspekte der Qualität und der Innovation sowie soziale und umweltbezogene Aspekte nach Maßgabe dieses Teils berücksichtigt.

(4) Mittelständische Interessen sind bei der Vergabe öffentlicher Aufträge vornehmlich zu berücksichtigen. Leistungen sind in der Menge aufgeteilt (Teillose) und getrennt nach Art oder Fachgebiet (Fachlose) zu vergeben. Mehrere Teil- oder Fachlose dürfen zusammen vergeben werden, wenn wirtschaftliche oder technische Gründe dies erfordern. Wird ein Unternehmen, das nicht öffentlicher Auftraggeber oder Sektorenauftraggeber ist, mit der Wahrnehmung oder Durchführung einer öffentlichen Aufgabe betraut, verpflichtet der öffentliche Auftraggeber oder Sektorenauftraggeber das Unternehmen, sofern es Unteraufträge vergibt, nach den Sätzen 1 bis 3 zu verfahren.

(5) Für das Senden, Empfangen, Weiterleiten und Speichern von Daten in einem Vergabeverfahren verwenden Auftraggeber und Unternehmen grundsätzlich elektronische Mittel nach Maßgabe der aufgrund des § 113 erlassenen Verordnungen.

(6) Unternehmen haben Anspruch darauf, dass die Bestimmungen über das Vergabeverfahren eingehalten werden.

Übersicht Rn.

A. Allgemeines ... 1
B. Allgemeine Vergabegrundsätze (Abs. 1 und Abs. 2) ... 6
I. Wettbewerb, Transparenz, Wirtschaftlichkeit und Verhältnismäßigkeit (Abs. 1) ... 9
1. Wettbewerb ... 10
a) Anwendungsfälle ... 12
aa) Verfahrensarten ... 13
bb) Leistungsbeschreibung und Anforderungen an Unternehmen ... 15
cc) Wettbewerbswidrige Verhaltensweisen von Unternehmen ... 16
b) Einschränkungen ... 19
c) Rechtsschutz ... 21
2. Transparenz ... 22
a) Transparente Vergabe ... 23
b) Angebotstransparenz ... 26
c) Rechtsschutz ... 27
3. Wirtschaftlichkeit ... 28
4. Verhältnismäßigkeit ... 33
II. Gleichbehandlung (Abs. 2) ... 36
1. Anwendungsfälle ... 42
a) Bevorzugung ortsansässiger oder einheimischer Unternehmen ... 43
b) Wissensvorsprünge und Beteiligung von Projektanten ... 45
c) Zuschneiden von Eignungsanforderungen und Leistungsbeschreibung ... 47
d) Ausschluss von Angeboten ... 49
e) Angebotsaufklärung, Nachforderung und (Nach-)Verhandlung ... 50
f) Behandlung von Bietergemeinschaften ... 52
2. Rechtsschutz ... 55
C. Strategische Ziele (Abs. 3) ... 56
I. Allgemeines ... 56
1. Terminologie ... 59
2. Europarechtliche Vorgaben ... 62
3. Vergleich zur Vorgängerregelung ... 65
II. Anwendungsbereich ... 69
III. Regelungsgehalt ... 70
1. Aspekte ... 71
a) Die einzelnen Aspekte ... 73
aa) Soziale Aspekte ... 74
bb) Umweltbezogene Aspekte ... 81
cc) Aspekte der Innovation ... 87
dd) Aspekte der Qualität ... 92
b) Kein abschließender Charakter ... 94
c) Öffnungsklausel für die Länder ... 98
2. Anknüpfungspunkte für die Berücksichtigung der Aspekte ... 99

a) Leistungsbeschreibung 100
b) Eignung 105
aa) Ausschlussgründe 107
bb) Eignungskriterien 110
c) Zuschlagskriterien 116
d) Ausführungsbedingungen 120
3. Verbindung zum Auftrag 125
a) Grundsätze 125
b) Einzelne Anknüpfungspunkte 127
4. Weitere Anforderungen 136
a) Verhältnismäßigkeit 137
b) Wirksamer Wettbewerb 140
c) Transparenz 142
d) Einhaltung der europarechtlichen Grundfreiheiten 146
e) Beihilfeverbot 149
f) Verfassungsrechtliche Grenzen 152
IV. Rechtsschutz 153
D. Mittelstandsschutz (Abs. 4) 154
I. Allgemeines 154
1. Anwendungsbereich 157
2. Vergleich zur Vorgängerregelung 161
3. Europarechtlicher Hintergrund 163
II. Berücksichtigung mittelständischer Interessen (S. 1) 165
III. Grundsatz der Losvergabe (S. 2 und S. 3) 171
1. Teil- und Trennbarkeit 177
a) Teillos 179
b) Fachlos 181
aa) Einzelfälle 182
bb) Splitterlose 185
2. Wirtschaftliche oder technische Gründe 188
3. Loslimitierung 195
4. Koppelungsnachlass 201
IV. Verpflichtung von Unterauftragnehmern (S. 4) 203
V. Rechtsschutz 209
E. Grundsatz der elektronischen Kommunikation (Abs. 5) 212
I. Allgemeines 212
II. Anwendungsbereich 219
III. Entstehungsgeschichte 222
IV. Umsetzung 227
1. Strukturelle Umsetzung 227
2. Pflicht zur elektronischen Vergabeakte 231
3. Definition elektronischer Mittel 234
V. Umsetzungsfrist 236
F. Anspruch auf Einhaltung der Vergabebestimmungen (Abs. 6) 237
I. Anspruch 240
II. Anspruchsinhaber 243
III. Anspruchsgegner 246
IV. Bestimmungen über das Vergabeverfahren 249
V. Teleologische Reduktion 251
Anlage
Gesetzesbegründung (BT-Drs. 18/6281)

A. Allgemeines

1 § 97 GWB – enthält wie bereits die Vorgängerregelung in § 97 GWB a.F. – die wesentlichen Grundsätze des Vergabeverfahrens und ist damit die **zentrale Vorschrift des materiellen Vergaberechts**.[1] Die Grundsätze sind bei der Anwendung und Auslegung der vergaberechtlichen Vorschriften zu beachten.

2 Die **Grundsätze des Vergabeverfahrens** – Gleichbehandlung, Transparenz, Wettbewerb, Wirtschaftlichkeit und Verhältnismäßigkeit – sind in Abs. 1 und Abs. 2 geregelt. **Strategische Ziele** können i.R.d. Abs. 3 in das Vergabeverfahren eingebracht werden. Aus Abs. 4 folgt die Vorgabe einer **mittelstandsfreundlichen Ausrichtung** des Vergabeverfahrens. Abs. 5 regelt den Grundsatz der **elektronischen Kommunikation**. Abs. 6 schließlich gibt den Unternehmen ein **subjektives Recht** auf Einhaltung der Bestimmungen des Vergabeverfahrens.

3 § 97 Abs. 4 S. 1 GWB a.F. enthielt den Grundsatz der Vergabe öffentlicher Aufträge an **geeignete Unternehmen**. Danach waren Aufträge an fachkundige, leistungsfähige sowie gesetzestreue und zuverlässige Unternehmen vergeben werden. Eine entsprechende Regelung ist in § 97 GWB nicht mehr enthalten. Der Regelungsgehalt findet sich nunmehr in **§ 122 Abs. 1 GWB** wieder.[2] Die Ausgliederung des Grundsatzes der Vergabe öffentlicher Aufträge an geeignete Unternehmen aus § 97 GWB ist eine systembedingte Entscheidung des Gesetzgebers.

---

1 Vgl. Gesetzesbegründung, BT-Drs. 18/6281, 67.
2 Vgl. Gesetzesbegründung, BT-Drs. 18/6281, 67, 100.

Für eine Herabsetzung der Bedeutung dieses Grundsatzes bieten die Gesetzesmaterialien keinen Anhaltspunkt.

Nach § 97 Abs. 4 S. 2 und S. 3 GWB konnten Auftraggeber **zusätzliche Anforderungen** an Auftragnehmer stellen, die insbesondere soziale, umweltbezogene oder innovative Aspekte betreffen, wenn sie im sachlichen Zusammenhang mit dem Auftragsgegenstand stehen und sich aus der Leistungsbeschreibung ergeben; andere oder weitergehende Anforderungen durften nur an Auftragnehmer gestellt werden, wenn dies durch Bundes- oder Landesgesetz vorgesehen ist. Eine entsprechende Regelung enthält § 97 GWB nicht mehr. Die Zulässigkeit der Vorgabe von Ausführungsbedingungen richtet sich nunmehr nach **§ 128 Abs. 2 und § 129 GWB**.[3] 4

§ 97 Abs. 6 GWB a.F. enthielt die **Verordnungsermächtigung**. Danach wurde die Bundesregierung ermächtigt, durch Rechtsverordnung mit Zustimmung des Bundesrates nähere Bestimmungen über das bei der Vergabe einzuhaltende Verfahren zu treffen, insbesondere über die Bekanntmachung, den Ablauf und die Arten der Vergabe, über die Auswahl und Prüfung der Unternehmen und Angebote, über den Abschluss des Vertrages und sonstige Fragen des Vergabeverfahren. Die Vorschrift wurde durch § 127 GWB a.F. ergänzt, der weitere Details der Verordnungsermächtigung enthielt. **§ 113 GWB** fasst die Verordnungsermächtigung nunmehr in einer zentralen Vorschrift zusammen.[4] 5

B. Allgemeine Vergabegrundsätze (Abs. 1 und Abs. 2)

Die in § 97 Abs. 1 und Abs. 2 zum Ausdruck kommende Trias von Wettbewerb, Gleichbehandlung und Transparenz bestimmt ganz praktisch jedes Vergabeverfahren. Aber auch die anderen in Abs. 1 geregelten Grundsätze – Wirtschaftlichkeit und Verhältnismäßigkeit – sind von nicht zu unterschätzender Bedeutung. 6

§ 97 Abs. 1 und Abs. 2 GWB sind mit dem **VergRModG 2016** in einigen Punkten verändert worden. Zunächst sind nunmehr – entsprechend der generellen Ausweitung des Anwendungsbereichs des Vierten Teils des GWB – neben öffentlichen Aufträgen auch Konzessionen ausdrücklich in § 97 Abs. 1 GWB erfasst worden. Zudem hat der Gesetzgeber die Wahrung der Grundsätze der Wirtschaftlichkeit und der Verhältnismäßigkeit in § 97 Abs. 1 S. 2 GWB ausdrücklich aufgenommen. In § 97 Abs. 2 GWB ist darüber hinaus der Begriff der Benachteiligung durch den Begriff der Ungleichbehandlung ersetzt worden, ohne dass dies inhaltlich eine Änderung bedeutete. Denn die Benachteiligung eines Teilnehmers ist zwangsläufig mit der Bevorzugung anderer Teilnehmer und umgekehrt verbunden. Der Begriff der Ungleichbehandlung als Oberbegriff umfasst nunmehr unzweifelhaft von vorneherein beide Konstellationen. 7

Dem **europäischen Primärrecht** kann mit den Art. 8, 10 und 18 f. AEUV der Grundsatz der Gleichbehandlung beziehungsweise Nichtdiskriminierung entnommen werden. Die übrigen in § 97 Abs. 1 GWB aufgeführten Grundsätze können dem Primärrecht zwar nicht expressis verbis entnommen werden. Jedoch sehen die neuen Vergaberichtlinien neben dem Gleichbehandlungsgebot[5] auch die Grundsätze des Wettbewerbs[6], der Transparenz[7] und der Verhältnismäßigkeit[8] sowie der Wirtschaftlichkeit[9] vor. 8

---

3 Vgl. Gesetzesbegründung, BT-Drs. 18/6281, 113 f.
4 Vgl. Gesetzesbegründung, BT-Drs. 18/6281, 67, 88.
5 Vgl. Art. 18 Abs. 1 RL 2014/24/EU; Art. 36 Abs. 1 UAbs. 1 RL 2014/25/EU; Art. 3 Abs. 1 RL 2014/23/EU.
6 Vgl. Art. 18 Abs. 1 UAbs. 2 RL 2014/24/EU; Art. 36 Abs. 1 UAbs. 2 RL 2014/25/EU; abgeschwächt u.a. in Erwägungsgründen 8 und 51 und Art. 37 Abs. 3 S. 2 RL 2014/23/EU; Erwägungsgrund 15 Abs. 2 und Art. 18 Abs. 2 RL 2009/81/EG.
7 Vgl. Art. 18 Abs. 1 RL 2014/24/EU; Art. 36 Abs. 1 UAbs. 2 RL 2014/25/EU; Art. 3 RL 2014/23/EU.
8 Vgl. Art. 18 Abs. 1 RL 2014/24/EU; Art. 36 Abs. 1 UAbs. 2 RL 2014/25/EU; Art. 3 Abs. 1 RL 2014/23/EU.
9 Vgl. u.a. Erwägungsgründe 89 ff. und Art. 67 Abs. 1 RL 2014/24/EU; Erwägungsgründe 94 ff. und Art. 82 Abs. 1 RL 2014/25/EU; Erwägungsgrund 73 und Art. 41 Abs. 1 RL 2014/23/EU.

I. Wettbewerb, Transparenz, Wirtschaftlichkeit und Verhältnismäßigkeit (Abs. 1)

9 § 97 Abs. 1 GWB kann als **Überschrift des modernen Vergaberechts** verstanden werden. Denn in Abkehr von der früheren, rein haushaltsrechtlich determinierten und damit häufig wenig wettbewerblichen Vergabe sind öffentliche Aufträge (vgl. die Legaldefinition in § 103 GWB) und nunmehr auch Konzessionen (vgl. § 105 GWB) im Wettbewerb und im Wege transparenter Vergabeverfahren zu vergeben. Wirtschaftlichkeit und Verhältnismäßigkeit sind dabei zu wahren.

1. Wettbewerb

10 Nach § 97 Abs. 1 S. 1 GWB werden Aufträge „im Wettbewerb" vergeben. Was unter Wettbewerb zu verstehen ist, definiert das GWB nicht. Einzelnen Vorschriften des GWB ist allerdings zu entnehmen, welche Anforderungen an eine Vergabe im Wettbewerb zu stellen sind. Daraus kann wiederum auf den **Wettbewerbsbegriff** im Sinne des GWB rückgeschlossen werden, der sich von der allgemeinen Definition nicht unterscheiden dürfte. Danach wird Wettbewerb als Konkurrenz alternativer Anbieter verstanden. Demzufolge ist das Kriterium für das Bestehen von Wettbewerb auf einem bestimmten Markt das Vorhandensein von Alternativen für die Marktgegenseite.[10]

11 In der Formulierung des § 97 Abs. 1 S. 1 GWB steckt mithin zweierlei: Zum einen wird damit das in den §§ 119 Abs. 2, 141 Abs. 1, 146 S. 1 GWB zum Ausdruck kommende Regel-Ausnahme-System der Verfahrensarten begründet, wonach wettbewerbliche Verfahren grundsätzlich Vorrang genießen. Zum anderen soll damit aber ebenfalls deutlich gemacht werden, dass auch innerhalb der jeweiligen Vergabeverfahren die Konkurrenz der Unternehmen nicht behindert werden soll.

a) Anwendungsfälle

12 Im Einzelnen hat der Wettbewerbsgrundsatz unter anderem Einfluss in **folgenden Bereichen**:[11]

aa) Verfahrensarten

13 Die Betonung des Wettbewerbs findet nicht zuletzt ihren Ausdruck darin, dass das Vergaberecht nach Abkehr von der sog. haushaltsrechtlichen Lösung nunmehr im **Wettbewerbsrecht** verankert ist. Zweifelsohne verlangt der Wettbewerbsgrundsatz daher zunächst, dass öffentliche Aufträge überhaupt nach den §§ 97 ff. GWB vergeben werden. Damit geht zugleich das Ende des sog. Hoflieferantentums einher.[12] Ein Zwang zur Privatisierung ist damit freilich nicht verbunden.[13]

14 Nach dem Willen des Gesetzgebers des GWB soll der Wettbewerbsgrundsatz allerdings – sobald sein Anwendungsbereich durch die Entscheidung zur Vergabe eröffnet ist – einen **breitestmöglichen Wettbewerb** unter den Unternehmen eröffnen.[14] Ausfluss dieser Absicht ist die insbesondere in § 119 Abs. 2 GWB verankerte **Hierarchie der Verfahrensarten**. Danach sind – wenngleich unter Abschwächung der bisherigen, grundsätzlich das offene Verfahren präferierenden Rechtslage – das offene oder das nicht offene Verfahren mit Teilnahmewettbewerb vorrangig anzuwenden, welche einer unbeschränkten Vielzahl von Unternehmen die Möglichkeit der Teilnahme bieten. Die Anwendbarkeit anderer, in der Regel weniger wettbe-

---

10 Vgl. *Köhler*, in: Köhler/Bornkamm, UWG, Einl. Rn. 1.3.

11 Im Folgenden findet sich nur eine Auswahl möglicher Einflussbereiche des Wettbewerbsgrundsatzes, zumal eine trennscharfe Abgrenzung zum Transparenz- und Gleichbehandlungsgrundsatz ohnehin nicht immer möglich ist. Zur auch unter Wettbewerbsgesichtspunkten relevanten Projektanten-Konstellation vgl. unten Rn. 45 f. Weitergehende Übersichten finden sich etwa bei *Weyand*, Vergaberecht, § 97 GWB.

12 Vgl. OLG Düsseldorf, Beschluss v. 17.11.2008 – VII-Verg 53/08.

13 Vgl. etwa *Burgi*, NZBau 2005, 208 (210); *Pietzcker*, NVwZ 2007, 1225 (1227). Zu Konzessionen vgl. nunmehr insbesondere Art. 2 und Art. 4 RL 2014/23/EU.

14 Vgl. OLG Düsseldorf, Beschluss v. 17.11.2008 – VII-Verg 53/08. An dieser Absicht hat auch die Gleichstellung von offenem und nicht offenem Verfahren nichts geändert, vgl. Gesetzesbegründung, BT-Drs. 18/6281, 67: „Organisation größtmöglichen Wettbewerbs".

werblicher Verfahrensarten steht hingegen unter dem Vorbehalt des Vorliegens der jeweiligen Tatbestandsmerkmale der aufgrund des GWB erlassenen Ausnahmevorschriften.[15] Über diese bereits begrenzten Ausnahmetatbestände hinaus kann aus dem Wettbewerbsgrundsatz wegen dessen bloßer Auffangfunktion[16] aber keine Pflicht zu einer möglichst wettbewerblichen Vergabeverfahrensart abgeleitet werden. Öffentliche Auftraggeber sind vielmehr berechtigt, das Vorliegen eines Ausnahmetatbestandes zur Anwendung des weniger wettbewerblichen Verfahrens zu nutzen, auch wenn es ihnen im konkreten Einzelfall möglich wäre, bspw. ein offenes Verfahren durchzuführen. Selbstverständlich steht es ihnen aber frei, gleichwohl das wettbewerblichere Verfahren zu wählen.[17]

bb) Leistungsbeschreibung und Anforderungen an Unternehmen

Es liegt auf der Hand, dass die Bestimmung des Auftragsgegenstandes, die konkrete Leistungsbeschreibung und die vom Auftraggeber an die Unternehmen gestellten Anforderungen maßgeblichen Einfluss auf die Verwirklichung eines echten Wettbewerbs haben.[18] Denn je enger der Auftraggeber die Anforderungen an den Auftragsgegenstand und die Unternehmen formuliert, desto weniger Unternehmen werden in der Lage sein, diese zu erfüllen.[19] Insofern ist allerdings zu bedenken, dass die Bestimmung des Auftragsgegenstandes grundsätzlich das Kernrecht des Auftraggebers darstellt und in dessen souveräne Entscheidungsgewalt fällt.[20] Ihre Grenzen findet diese allerdings in den auf dem Diskriminierungsverbot und dem Wettbewerbsgrundsatz beruhenden Regelungen insbesondere zur **Gleichwertigkeit angebotener Produkte** und zur **Produktneutralität** der Ausschreibung, die Art. 42 RL 2014/24/EU umsetzen.[21] Diese Vorschriften sind entsprechend wettbewerbsfreundlich auszulegen. Gleiches gilt hinsichtlich der **Anforderungen an die Eignung** der Unternehmen. Auch insofern liegt es zunächst im Ermessen des Auftraggebers, welche konkreten auftragsbezogenen (vgl. § 122 Abs. 4 S. 1 GWB) Anforderungen er an die Unternehmen stellt und welche Nachweise er fordert.[22] Begrenzt wird sein Ermessen allerdings durch die Vorschriften, die sich mit den Anforderungen an die Eignung der Unternehmen beschäftigen und selbst wiederum wettbewerbsfreundlich auszulegen sind. 15

cc) Wettbewerbswidrige Verhaltensweisen von Unternehmen

Ein breites Anwendungsfeld ergibt sich für den Wettbewerbsgrundsatz im Hinblick auf die Sicherstellung der Konkurrenz unter den Unternehmen vor allem bezüglich **wettbewerbswidriger Verhaltensweisen der beteiligten Akteure**. § 124 Abs. 1 Nr. 4 GWB sieht etwa einen fakultativen Ausschlussgrund für den Fall vor, dass der öffentliche Auftraggeber über hinreichende Anhaltspunkte dafür verfügt, dass ein Unternehmen Vereinbarungen mit anderen Unternehmen getroffen hat, die eine Verhinderung, Einschränkung oder Verfälschung des Wettbewerbs bezwecken oder bewirken. Ebenso hat der Auftraggeber nach § 124 Abs. 1 Nr. 6 GWB gegebenenfalls von ihm mitverursachten Wettbewerbsverzerrungen wegen der Vorbefassung eines Unternehmens durch einen Ausschluss zu begegnen. 16

Im Ergebnis wird damit dem öffentlichen Auftraggeber das Mandat erteilt, **Wettbewerbsbeschränkungen** unter den Unternehmen vergaberechtlich zu sanktionieren.[23] Letztlich inkor- 17

---

15 Vgl. dazu im Einzelnen *Knauff* zu § 119 Rn. 41 ff.
16 Vgl. *Burgi*, NZBau 2008, 29 (31 ff.).
17 Vgl. OLG Düsseldorf, Beschluss v. 20.10.2008 – VII-Verg 46/08.
18 Vgl. OLG Naumburg, Beschluss v. 20.9.2012 – 2 Verg 4/12.
19 Vgl. etwa OLG Düsseldorf, Beschluss v. 9.7.2012 – VII-Verg 18/12.
20 Vgl. OLG Jena, Beschluss v. 25.6.2014 – 2 Verg 2/14; OLG Karlsruhe, Beschluss v. 15.11.2013 – 15 Verg 5/13; OLG Düsseldorf, Beschluss v. 27.6.2012 – VII-Verg 7/12; sowie besonders anschaulich OLG Koblenz, Beschluss v. 5.9.2002 – 1 Verg 2/02: *„Verlangt ein Aufgabenträger die Ausstattung der Zugtoiletten mit goldenen Armaturen, so ist das mit hoher Wahrscheinlichkeit ein Fall für Aufsichtsbehörde oder Rechnungshof. Vergaberechtlich wäre dagegen nichts einzuwenden, weil allein der Auftraggeber entscheidet, was er haben will und wie er es haben will."*
21 *Antweiler*, VergabeR 2011, 306 (324) weist zu Recht darauf hin, dass nicht der Wettbewerbsgrundsatz durch das Leistungsbestimmungsrecht des Auftraggebers, sondern umgekehrt das Leistungsbestimmungsrecht durch die vergaberechtlichen Vorschriften wie den Wettbewerbs- und Gleichbehandlungsgrundsatz eingeschränkt wird.
22 Vgl. OLG Karlsruhe, Beschluss v. 4.5.2012 – 15 Verg 3/12.
23 Vgl. auch *Just*, in: Schulte/Just, Kartellrecht, § 97 GWB Rn. 5.

poriert die Vorschrift auf diese Weise auch die allgemeinen kartellrechtlichen Vorgaben (§ 1 GWB) in den Bereich des Vergaberechts.[24] Es ergeben sich insofern jedoch gewisse **Einschränkungen**: Zum einen kann ein Ausschluss im Vergabeverfahren unter Berücksichtigung des Grundsatzes der Verhältnismäßigkeit (§ 97 Abs. 1 S. 2 GWB) nur in Betracht kommen, wenn ein Bezug des wettbewerbswidrigen Verhaltens **zum Vergabeverfahren** auszumachen ist. Dies bedeutet jedoch nicht, dass die Wettbewerbsbeschränkung gerade im konkreten Vergabeverfahren erfolgt sein müsste. Zu verlangen ist aber, dass zumindest insofern eine Verbindung zum Vergabeverfahren besteht, als die Zuverlässigkeit und Gesetzestreue des betroffenen Unternehmens[25] aufgrund seines wettbewerbswidrigen Handelns in anderem Zusammenhang auch bezüglich des in Rede stehenden Auftrags zumindest fragwürdig erscheint.[26] Zum anderen fordert § 124 Abs. 1 Nr. 4 GWB ausdrücklich eine **Vereinbarung**, d.h. eine Abrede unter mindestens zwei Unternehmen. Während beispielsweise Preisabsprachen von zwei Unternehmen somit unzweifelhaft von dem Tatbestand erfasst sind, unterfällt ein ggf. kartellrechtswidrig in Marktverdrängungsabsicht abgegebenes Angebot („Dumping") schon nach dem Wortlaut nicht der Ausschlussnorm.[27]

18 Gleiches gilt für das Problem der **Kenntnis fremder Angebotsinhalte**: Erfolgt eine gemeinsame Angebotsabstimmung oder ermöglicht ein Unternehmen einem anderen Unternehmen jedenfalls Kenntnis von seinem Angebot beziehungsweise wesentlichen Angebotsteilen, so stellt dies eine wettbewerbsbeschränkende Abrede dar.[28] Erlangt ein Unternehmen hingegen ohne Mitwirkung des anderen Unternehmens auf sonstige Weise – etwa durch Diebstahl – Kenntnis von dem fremden Angebot, so ist der Tatbestand des § 124 Abs. 1 Nr. 4 GWB nicht erfüllt. Nichtsdestotrotz liegt hierin ein klarer Verstoß gegen den Wettbewerbsgrundsatz. Denn Voraussetzung jedes Wettbewerbs ist es, dass die Unternehmen ihre Angebote in Unkenntnis der jeweils anderen Angebote abgeben.[29] Dieser als **Geheimwettbewerb** bezeichnete Grundsatz findet in den Vergabevorschriften allerdings keine ausdrückliche Stütze.[30] Daraus resultiert das Folgeproblem, dass bei bloß einseitigen Verstößen dagegen ein Ausschluss des betreffenden Unternehmens besonders begründet werden muss. Aufhänger dafür könnte beispielsweise eine „schwere Verfehlung" im Sinne des § 124 Abs. 1 Nr. 3 GWB sein.

b) Einschränkungen

19 Auch wenn es sich um einen der wichtigsten Pfeiler des Vergaberechts handelt, findet auch das Wettbewerbsprinzip nicht uneingeschränkt Anwendung. Zum einen muss der Grundsatz nicht bemüht werden, **wenn es keines (weiteren) Wettbewerbs bedarf**. Dies ist etwa in den Konstellationen des § 100 Abs. 2 S. 2 GWB (vorbehaltene Rechte aufgrund eines vorangegangenen wettbewerblichen Verfahrens) oder des § 140 GWB (unmittelbar dem Wettbewerb ausgesetzte Tätigkeiten) der Fall. Auf der anderen Seite wird der Wettbewerbsgrundsatz auch dort eingeschränkt, wo Wettbewerb generell oder zumindest ein breiter **Wettbewerb abträglich wäre**. So soll beispielsweise mit der Regelung des § 118 GWB ermöglicht werden, Behindertenwerkstätten oder Integrationsunternehmen öffentliche Aufträge zur Erfüllung ihrer sozialen Aufgaben zu erteilen, die sie in einer Wettbewerbssituation mit Wirtschaftsunternehmen etwa wegen bestehender Effizienzunterschiede nicht erhalten könnten. Auch die Tatbestände zur Anwendbarkeit beispielsweise des Verhandlungsverfahrens ohne Teilnahmewettbewerb beruhen vor allem auf dem Gedanken, dass es in diesen Fallgestaltungen eines (breiten) Wettbewerbs nicht bedarf oder jener zumindest gegenüber übrigen Zielen, etwa der

24 Vgl. Gesetzesbegründung, BT-Drs. 18/6281, 103; ferner OLG Düsseldorf, Beschluss v. 29.7.2015 – VII-Verg 5/15: *„Behauptete Verstöße gegen Kartellrecht sind im Vergabeverfahren und in Nachprüfungsverfahren grundsätzlich zu überprüfen und zwar im Wege einer Inzidentprüfung innerhalb einer vergaberechtlichen Anknüpfungsnorm"*.

25 Die Begriffe der Zuverlässigkeit und Gesetzestreue aus § 97 Abs. 4 GWB werden nunmehr zwar nicht mehr ausdrücklich vom GWB verwendet, finden sich implizit aber in den §§ 123 ff. GWB.

26 Zum Sonderfall der sog. Selbstreinigung vgl. *Radu* zu § 125 sowie Gesetzesbegründung, BT-Drs. 18/6281, 104 f.

27 Vgl. zu Unterpreisangeboten auch *Müller-Wrede*, VergabeR 2011, 46.

28 Vgl. etwa VK Bund, Beschluss v. 23.1.2015 – VK 1-122/14.

29 Vgl. etwa OLG Düsseldorf, Beschluss v. 13.4.2011 – VII-Verg 4/11; OLG München, Beschluss v. 11.8.2008 – Verg 16/08.

30 Vgl. OLG Düsseldorf, Beschluss v. 4.2.2013 – VII-Verg 31/12: *„dem Wettbewerbsprinzip immanent"*.

Wirtschaftlichkeit der Beschaffung ausnahmsweise abträglich wäre. So kann die Organisation eines breiten Wettbewerbs durch ein offenes oder nicht offenes Verfahren bei besonders dringlichen Beschaffungen (vgl. Art. 32 Abs. 2 lit. c RL 2014/24/EU) ausscheiden, um den Beschaffungszweck nicht zu vereiteln.

20 Eine umstrittene Einschränkung des Wettbewerbs stellt auch die sog. Loslimitierung dar. Denn um eine möglichst breite Streuung unter den Auftragnehmern zu erreichen – was insbesondere im Hinblick auf mögliche Insolvenzrisiken o.Ä. sinnvoll sein kann[31] – und zugleich kleinen und mittleren Unternehmen eine denkbar weitgehende Beteiligungsmöglichkeit einzuräumen, kann eine sog. **Loslimitierung** zulässig sein.[32] Dabei gibt der Auftraggeber bei Vergabeverfahren nach Losen vor, dass jedes sich bewerbende Unternehmen nur mit einer bestimmten Maximalzahl von Losen beauftragt werden darf. Zu beachten ist, dass verbundene Unternehmen diesbezüglich als ein Unternehmen gewertet werden.[33] Aufgrund der mit der Loslimitierung verbundenen Beschränkung des Wettbewerbs sowie der Gefahr einer unwirtschaftlichen Vergabe durch die Verhinderung von Rabatteffekten durch Mehrlos-/Gesamtvergaben ist eine solche allerdings nur zulässig, wenn sie durch sachliche Gründe – etwa die Vermeidung der Abhängigkeit von nur einem Auftragnehmer[34] – gerechtfertigt ist.[35]

c) Rechtsschutz

21 Wettbewerb ist kein Selbstzweck. Indem er die Ermittlung des wirtschaftlichsten Angebotes ermöglicht, dient er vielmehr öffentlichen Auftraggebern, effizient zu beschaffen. Spiegelbildlich profitieren aber auch die Unternehmen von einer wettbewerblichen Vergabe, indem sie sich darauf verlassen können, der Marktgegenseite ihr Angebot unter einheitlichen Rahmenbedingungen unterbreiten zu können. Insofern der Wettbewerbsgrundsatz demnach auch die wirtschaftliche Entfaltung der Unternehmen fördert, kommt ihm **bieterschützender Charakter** im Sinne des § 97 Abs. 6 GWB zu.[36] Unternehmen haben demzufolge Anspruch darauf, dass Auftraggeber die aus dem Wettbewerbsgrundsatz resultierenden konkreten Vorgaben einhalten.

2. Transparenz

22 Nach § 97 Abs. 1 S. 1 GWB sind öffentliche Aufträge und Konzessionen im Wege transparenter Verfahren zu vergeben. Im Bereich der staatlichen Auftraggeber beruht die Verpflichtung zur Transparenz bereits auf dem aus Art. 20 Abs. 3 GG abgeleiteten rechtsstaatlichen Erfordernis der **Vorhersehbarkeit und Messbarkeit** staatlichen Handelns.[37] Dieses überkommene Prinzip ist durch die europäischen Vorgaben und die Rechtsprechung des EuGH zu einem der bedeutendsten Vergabegrundsätze der letzten Jahre avanciert. Im Wesentlichen soll der Grundsatz der Transparenz die Gefahr einer Günstlingswirtschaft oder willkürlicher Entscheidungen des Auftraggebers ausschließen.[38] Er erschöpft sich darin jedoch nicht, ihm werden mittlerweile vielmehr zwei Stoßrichtungen zugesprochen: Die Pflicht des öffentlichen Auftraggebers, transparent zu vergeben, wird gespiegelt von der Pflicht der Unternehmen, transparent anzubieten.

---

31 Vgl. dazu etwa OLG Düsseldorf, Beschluss v. 7.12.2011 – VII-Verg 99/11.

32 Vgl. OLG Karlsruhe, Beschluss v. 25.7.2014 – 15 Verg 4/14; *Müller-Wrede*, NZBau 2004, 643 (647); *Röbke*, NZBau 2010, 346 (350 f.); a.A. *Burgi*, NZBau 2006, 693 (697), demzufolge es an der gesetzlichen Grundlage dafür fehle.

33 Vgl. OLG Düsseldorf, Beschluss v. 15.6.2000 – Verg 6/00.

34 Dies entspricht auch dem Ziel des Kartellvergaberechts, Hoflieferantentum zu verhindern, vgl. VK Bund, Beschluss v. 11.11.2011 – VK 2-133/11.

35 Vgl. VK Brandenburg, Beschluss v. 23.2.2010 – VK 8/10; *Dreher*, NZBau 2005, 427 (431); in diese Richtung wohl auch OLG Düsseldorf, Beschluss v. 7.11.2012 – VII-Verg 24/12, das allerdings eine Dokumentation dieser Gründe wegen ihrer allgemeinen Bekanntheit *„in den mit Vergaberecht befassten Kreisen"* zu Unrecht nicht für notwendig erachtet; a.A. zu Recht VK Südbayern, Beschluss v. 25.6.2010 – Z3-3-3194-1-30-05/10.

36 Vgl. u.a. BGH, Beschluss v. 1.2.2005 – X ZB 27/04; OLG Düsseldorf, Beschluss v. 4.2.2013 – VII-Verg 31/12; OLG Frankfurt, Beschluss v. 5.3.2012 – 11 Verg 3/12; VK Sachsen, Beschluss v. 4.2.2013 – 1/SVK/039-12; *Wagner*, in: Langen/Bunte, Kartellrecht, § 97 GWB Rn. 7.

37 Vgl. dazu BVerfG, Beschluss v. 9.8.1978 – 2 BvR 831/76 m.w.N.

38 Vgl. EuGH, Urteil v. 29.4.2004 – Rs. C-496/99 P (CAS Succhi di Frutta); BGH, Urteil v. 22.7.2010 – VII ZR 213/08.

a) Transparente Vergabe

23 Die Pflicht zur Transparenz richtet sich zuvörderst an den Auftraggeber. Dieser soll sein gesamtes Handeln für die beteiligten Unternehmen sichtbar und nachvollziehbar machen. Dabei wird zwischen *Ex-ante-* und *Ex-post-*Transparenz unterschieden.

24 Die Verpflichtung zur Herstellung von **Transparenz ex-ante** nimmt die Vorhersehbarkeit des Ablaufs des Vergabeverfahrens in den Blick. Ausfluss dessen sind vor allem die auf Verordnungsebene zu findenden Regelungen zur **Bekanntmachungspflicht** sowie die Bestimmungen zur Abfrage von Nachweisen und zur Angebotsgestaltung. Kerngehalt dieser Vorschriften ist, dass die Prüfung und Wertung der Teilnahmeanträge und Angebote nur auf solche Kriterien gestützt werden darf, die vorher bekannt gemacht (vgl. §§ 122 Abs. 4 S. 2, 127 Abs. 5 GWB) worden sind.[39] Auch ein Ausschluss eines Unternehmens wegen fehlender Nachweise darf nur auf eine klare und unmissverständliche Anforderung derartiger Unterlagen gestützt werden.[40] Denn alle Unternehmen sollen durch die Verlautbarungen des Auftraggebers in die Lage versetzt werden, dessen Forderungen an sie gleich zu verstehen[41] und ihre Bewerbung beziehungsweise ihr Angebot daran auszurichten.[42] Insofern ist der Transparenzgrundsatz in erster Linie als Gebot der Klarheit und Widerspruchsfreiheit der Bekanntmachung und der Vergabeunterlagen zu verstehen.[43] Denn stehen mehrere, in Einzelheiten hinsichtlich der angebotenen Leistung voneinander abweichende Angebote auf der Grundlage missverständlicher Vergabeunterlagen miteinander im Wettbewerb, so kann daraus eine dem Transparenz- und Gleichbehandlungsgrundsatz entsprechende Vergabeentscheidung nicht mehr abgeleitet werden.[44] Allein aus dem Umstand, dass Vergabeunterlagen ausgelegt werden müssen, folgt allerdings noch kein Verstoß gegen den Transparenzgrundsatz, sofern das Ergebnis der Auslegung eindeutig ist.[45]

25 Die Verpflichtung zur Schaffung von **Ex-post-Transparenz** dient demgegenüber insbesondere der Nachprüfbarkeit der Einhaltung der Vergabebestimmungen durch den öffentlichen Auftraggeber.[46] Dabei sind vor allem zwei Bereiche von überragender Bedeutung. Zum einen ist dies die jetzt in § 134 GWB zu findende Regelung zur **Vorabinformation**, mit der die Unternehmen über die beabsichtigte Zuschlagserteilung informiert werden und damit überhaupt erst die Möglichkeit erhalten, Primärrechtsschutz zu suchen.[47] Auf der anderen Seite wirkt die auf Verordnungsebene geregelte Pflicht zur zeitnahen **Dokumentation** des Vergabeverfahrens möglichen Manipulationen entgegen.[48]

b) Angebotstransparenz

26 Die als Angebotstransparenz bezeichnete Pflicht der Unternehmen, ihrerseits den Vergabeunterlagen entsprechende sowie für den Auftraggeber unmissverständliche und damit **vergleichbare Angebote** einzureichen, ist die Kehrseite der Pflicht des Auftraggebers, für alle Unternehmen gültige Anforderungen aufzustellen, die eine objektive Vergleichbarkeit der Angebote gewährleisten. Besondere Relevanz erlangt die Angebotstransparenz vor allem in zwei Bereichen. Zum einen folgt daraus, dass die Unternehmen jeden in der Leistungsbeschreibung vorgesehenen Preis so wie gefordert vollständig und mit dem Betrag anzugeben haben, der für die betreffende Leistung beansprucht wird.[49] Diesen Grundsatz hat der Bun-

39 Vgl. schon BGH, Urteil v. 3.6.2004 – X ZR 30/03; VK Schleswig-Holstein, Beschluss v. 20.7.2012 – VK-SH 16/12; VK Bund, Beschluss v. 29.3.2012 – VK 2-175/11.
40 Vgl. BGH, Urteil v. 3.4.2012 – X ZR 130/10; OLG Düsseldorf, Beschluss v. 31.10.2012 – VII-Verg 17/12.
41 Vgl. OLG Düsseldorf, Urteil v. 22.6.2010 – 21 U 54/09.
42 Vgl. VK Bund, Beschluss v. 3.3.2015 – VK 1-4/15.
43 Vgl. VK Bund, Beschluss v. 4.7.2011 – VK 2-61/11.
44 Vgl. BGH, Urteil v. 10.9.2009 – VII ZR 82/08; OLG Frankfurt, Beschluss v. 24.7.2012 – 11 Verg 6/12.
45 Vgl. BGH, Urteil v. 22.7.2010 – VII ZR 213/08; OLG Düsseldorf, Beschluss v. 5.11.2014 – VII-Verg 21/14.
46 Vgl. etwa EuGH, Urteil v. 11.1.2005 – Rs. C-26/03 (Stadt Halle); Urteil v. 7.12.2000 – Rs. C-324/98 (Telaustria); EuG, Urteil v. 20.5.2010 – T-258/06 (Unterschwellenmitteilung), Rn. 77; *Koenig/Kühling*, NVwZ 2003, 779 (783).
47 Vgl. schon BGH, Urteil v. 22.2.2005 – KZR 36/03.
48 Vgl. etwa BGH, Beschluss v. 8.2.2011 – X ZB 4/10 (Abellio).
49 Vgl. BGH, Beschluss v. 18.5.2004 – X ZB 7/04.

desgerichtshof insbesondere zu sog. **Mischkalkulationen** entwickelt.[50] Auf der anderen Seite spielt die Angebotstransparenz auch eine Rolle bei dem Ausschluss von Angeboten, die unter Beifügung eigener Allgemeiner Geschäftsbedingungen der anbietenden Unternehmen eingereicht werden. Zwar bedingt die **Beifügung eigener AGB** regelmäßig, dass das Angebot von den Vorgaben der Vergabeunterlagen abweicht und schon aus diesem Grund mangels übereinstimmender Willenserklärungen von Auftraggeber und Unternehmen ausgeschlossen werden muss.[51] Nach zutreffender Auffassung des Kammergerichts kann es dem Auftraggeber allerdings auch nicht zugemutet werden zu überprüfen, inwieweit sich bei der Geltung der AGB eines Bieters tatsächlich Änderungen ergeben beziehungsweise ob diese wirtschaftlich ins Gewicht fallen oder nicht.[52] Denn der mit der Beifügung der AGB verbundene Verstoß gegen die Pflicht zur Angebotstransparenz genügt bereits für sich genommen den Anforderungen an einen Ausschluss vom Vergabeverfahren.

c) Rechtsschutz

27 In jeder seiner vorgenannten Gestalten dient das Transparenzgebot vorrangig den **Interessen der beteiligten Unternehmen**, sodass es selbst sowie seine Ausprägungen in konkreten Vergabevorschriften zu den Bestimmungen gehören, auf deren Einhaltung Unternehmen nach § 97 Abs. 6 GWB einen Anspruch haben.[53] Zwar mag die sog. Angebotstransparenz vorrangig die Interessen des Auftraggebers an einer wirtschaftlichen Vergabe stützen. Sie dient auf der anderen Seite aber auch dem Schutz der beteiligten Unternehmen vor Wettbewerbsverzerrungen durch intransparente Angebotsgestaltung.

3. Wirtschaftlichkeit

28 Auch wenn mit dem Abschied von der sog. haushaltsrechtlichen Lösung und der Einführung des Kartellvergaberechts[54] die haushaltsrechtlichen Vorgaben jedenfalls oberhalb der Schwellenwerte etwas in den Hintergrund geraten sind, beanspruchen die in § 6 Abs. 1 HGrG und § 7 Abs. 1 S. 1 BHO sowie den entsprechenden Regelungen der Landeshaushaltsordnungen verankerten Grundsätze der **Wirtschaftlichkeit und Sparsamkeit** auch in diesem Bereich weiterhin Geltung.[55] Mit der aktuellen Reform ist der Grundsatz der Wirtschaftlichkeit nunmehr sogar ausdrücklich als solcher in § 97 Abs. 1 S. 2 GWB aufgenommen und damit hervorgehoben[56] worden, während er sich zuvor lediglich in Einzelbestimmungen insbesondere zur Zuschlagserteilung wiederfand. Insofern etwas konträr deutet jedoch der Sprachgebrauch der Neuregelung („gewahrt") darauf hin, dass die Wirtschaftlichkeit der Beschaffung jedenfalls kein vorrangiges Ziel im Vergabeverfahren darstellen soll.

29 Naturgemäß ist der Grundsatz der Wirtschaftlichkeit[57] insbesondere im Rahmen der **Zuschlagsentscheidung**, die nach § 127 Abs. 1 GWB und den entsprechenden Regelungen der aufgrund des GWB erlassenen Verordnungen auf das wirtschaftlichste Angebot gerichtet sein muss, relevant. Rechtswirkungen entfaltet er aber schon im Vorfeld der Vergabe und kann vor allem auf die **Ermittlung des zu vergebenden Bedarfs** Einfluss nehmen. Denn wenngleich die Bestimmung des Bedarfs ein Kernrecht des öffentlichen Auftraggebers gegenüber den Bietern darstellt, so befreit sie ihn nicht von seiner haushalterischen Verantwortung, die von dem Bundes- und den Landesrechnungshöfen überprüft wird. So ist beispielsweise die Frage,

---

50 Vgl. dazu aus jüngerer Zeit etwa OLG Rostock, Beschluss v. 9.10.2013 – 17 Verg 6/13; OLG Koblenz, Beschluss v. 18.9.2013 – 1 Verg 6/13; VK Niedersachsen, Beschluss v. 10.9.2015 – VgK-32/15.

51 Vgl. OLG München, Beschluss v. 21.2.2008 – Verg 01/08; VK Bund, Beschluss v. 6.6.2013 – VK 3-35/13.

52 Vgl. KG, Beschluss v. 9.12.2004 – 2 Verg 18/04.

53 Vgl. u.a. BGH, Beschluss v. 1.2.2005 – X ZB 27/04; OLG Düsseldorf, Beschluss v. 21.10.2015 – VII-Verg 28/14; OLG Naumburg, Beschluss v. 30.4.2014 – 2 Verg 2/14 (mehrdeutiger Bekanntmachungstext); OLG München, Beschluss v. 20.3.2014 – Verg 17/13 (unklare Vergabeunterlagen); KG, Beschluss v. 24.10.2013 – Verg 11/13 (zum Vergabevermerk); OLG Frankfurt, Beschluss v. 24.7.2012 – 11 Verg 6/12; Beschluss v. 5.3.2012 – 11 Verg 3/12.

54 Vgl. zur Rechtsentwicklung etwa *Dörr*, in: Dreher/Motzke, Vergaberecht, Einl. Rn. 45.

55 Vgl. etwa *Wagner*, in: Langen/Bunte, Kartellrecht, § 97 GWB, Rn. 4; *Bartsch/v. Gehlen/Hirsch*, NZBau 2012, 393 (402); *Zeiss*, NZBau 2012, 201 (203).

56 So ausdrücklich die Gesetzesbegründung, BT-Drs. 18/6281, 64.

57 Der als Oberbegriff auch des Grundsatzes der Sparsamkeit anzusehen ist, vgl. BVerwG, Urteil v. 13.9.2005 – 2 WD 31/04.

ob Aufträge konventionell oder als öffentlich-private Partnerschaft vergeben werden, bereits Gegenstand zahlreicher Untersuchungen und Diskussionen gewesen.[58]

30 Zumindest im Rahmen der **Bedarfsermittlung** kann daher auch keinesfalls von einem Nachrang des Grundsatzes der Wirtschaftlichkeit etwa gegenüber dem Wettbewerbsprinzip ausgegangen werden. In dieser Phase gilt vielmehr, dass nur im Wettbewerb vergeben werden soll, was auch wirtschaftlich ist. Projekte, die sich die öffentliche Hand aus eigenen Mitteln nicht leisten kann, darf sie sich unter haushalterischen Gesichtspunkten somit ebenso wenig alternativ finanziert über die Vergabe im Wettbewerb in einer ÖPP leisten.[59]

31 In seiner konkreten Anwendung wirkt das Wirtschaftlichkeitsgebot wie folgt: Das Prinzip der Wirtschaftlichkeit im engeren Sinne gebietet, stets die **günstigste Relation** zwischen dem verfolgten Zweck und den einzusetzenden Mitteln anzustreben, während nach dem Grundsatz der Sparsamkeit die aufzuwendenden Mittel auf den zur Erfüllung der jeweiligen Aufgaben **notwendigen Umfang** zu beschränken sind.[60] Das Handeln staatlicher Stellen soll mithin allgemein danach ausgerichtet sein, die bestmögliche Ausnutzung von Ressourcen zu bewirken.[61] Jedoch findet sich das Sparsamkeitsgebot in den vergaberechtlichen Vorschriften nicht ausdrücklich wieder, da es sich ausschließlich an die öffentliche Hand richtet. Dagegen ist der Grundsatz der Wirtschaftlichkeit im engeren Sinne in mehreren Bestimmungen anzutreffen. So regelt § 127 Abs. 1 S. 3 GWB ausdrücklich, dass sich das wirtschaftlichste Angebot nach dem besten Preis-Leistungs-Verhältnis bestimmt.[62]

32 Für sich genommen ist der Grundsatz der Wirtschaftlichkeit **regelmäßig nicht bieterschützend**. Er dient vielmehr allein der haushaltsrechtlichen Verpflichtung der Auftraggeber zu einem wirtschaftlichen Einkauf. Hat die (Un-)Wirtschaftlichkeit der Beschaffung hingegen **Rückwirkungen auf den Wettbewerb**, so können die Unternehmen daraus in Verbindung mit dem Gleichbehandlungs-, Transparenz- und Wettbewerbsgrundsatz **durchaus subjektive Rechte** im Sinne des § 97 Abs. 6 GWB ableiten. Exemplarisch zeigt sich dies an der seit Jahren geführten Diskussion über Unterpreisangebote. Die wohl herrschende Auffassung nimmt zu Recht einen bieterschützenden Charakter der Vorschriften zur Preisprüfung und Wirtschaftlichkeit im Hinblick auf in Marktverdrängungsabsicht abgegebene Unterpreisangebote an, da dadurch einerseits die Wirtschaftlichkeit der Beschaffung in Frage steht – der Anbieter könnte infolge des Angebots in wirtschaftliche Schwierigkeiten geraten, die wiederum Rückwirkungen auf den Auftraggeber hätten – und andererseits auch die Gefahr einer – gegebenenfalls kartellrechtswidrigen – Wettbewerbsbeschränkung besteht.[63]

4. Verhältnismäßigkeit

33 Bei dem nunmehr erstmalig im GWB-Vergaberecht ausdrücklich aufgeführten Grundsatz der Verhältnismäßigkeit handelt es sich um ein sowohl europa- als auch verfassungsrechtlich determiniertes Gebot. Nach der Rechtsprechung des EuGH handelt es sich bei der Verhältnismäßigkeit um einen **allgemeinen Grundsatz des Gemeinschaftsrechts**, wonach vergaberechtliche Maßnahmen nicht über das hinausgehen dürfen, was zur Erreichung des angestrebten Ziels erforderlich ist.[64] Dieser Formulierung entspricht die auch als **Übermaßverbot** aus dem **Rechtsstaatsprinzip** abgeleitete verfassungsrechtliche Vorgabe, wonach Grundrechtseingriffe – und um solche handelt es sich regelmäßig bei vergaberechtlichen Maßnah-

---

58 Vgl. etwa *Präsidentinnen und Präsidenten der Rechnungshöfe des Bundes und der Länder*, Gemeinsamer Erfahrungsbericht zur Wirtschaftlichkeit von ÖPP-Projekten; *Bundesbeauftragter für Wirtschaftlichkeit in der Verwaltung*, Gutachten zu Öffentlich Privaten Partnerschaften (ÖPP) im Bundesfernstraßenbau; dazu *Diederichs*, NZBau 2009, 547.

59 Vgl. ausdrücklich *Präsidentinnen und Präsidenten der Rechnungshöfe des Bundes und der Länder*, Gemeinsamer Erfahrungsbericht zur Wirtschaftlichkeit von ÖPP-Projekten, S. 43.

60 Vgl. OVG Münster, Beschluss v. 26.10.1990 – 15 A 1099/87 m.w.N.

61 Vgl. ausführlich BVerwG, Urteil v. 13.9.2005 – 2 WD 31/04 m.w.N.

62 Vgl. ausführlich *Eßig* und *Müller-Wrede* zu § 127 Rn. 31 ff.

63 Vgl. etwa OLG Bremen, Beschluss v. 24.5.2006 – Verg 1/06; OLG Düsseldorf, Beschluss v. 4.9.2002 – Verg 37/02; VK Sachsen, Beschluss v. 18.3.2015 – 1/SVK/001-15; VK Bund, Beschluss v. 19.7.2013 – VK 1-54/13.

64 Vgl. EuGH, Urteil v. 23.12.2009 – Rs. C-376/08 (Serrantoni) m.w.N.

men öffentlicher (staatlicher) Auftraggeber[65] – geeignet, erforderlich und angemessen zur Erreichung des angestrebten Zwecks sein müssen.[66]

Besondere Bedeutung dürfte der Verhältnismäßigkeitsgrundsatz vor allem im Hinblick auf die an die Unternehmen zu stellenden Anforderungen und den **Ausschluss von Unternehmen** aus dem Vergabeverfahren haben. Bei Letzterem handelt es sich um den massivsten Eingriff in die Rechte der beteiligten Unternehmen. Der Auftraggeber ist daher – zumindest bei fakultativen Ausschlussgründen im Sinne von § 124 GWB – stets gehalten, mögliche mildere Maßnahmen zu prüfen, bevor er einen Ausschluss aus dem Vergabeverfahren ausspricht. Bezüglich der an die Unternehmen zu stellenden Anforderungen konkretisiert § 122 Abs. 4 GWB den Verhältnismäßigkeitsgrundsatz dahin, dass Eignungskriterien in einem angemessenen Verhältnis zum Auftragsgegenstand stehen müssen. Die Forderung nach einem bisherigen Mindestumsatz im Milliardenbereich widerspräche bei einem niedrig siebenstelligen Auftragsvolumen mithin beispielsweise dieser Maßgabe (vgl. auch § 45 Abs. 2 S. 1 VgV). 34

Der Verhältnismäßigkeitsgrundsatz hat allein die Interessen der beteiligten Unternehmen im Blick, die vor überzogenen Anforderungen der Auftraggeber geschützt werden sollen. Das Verhältnismäßigkeitsgebot ist daher ebenso wie seine konkreten Ausprägungen **individualschützend** im Sinne des § 97 Abs. 6 GWB. 35

II. Gleichbehandlung (Abs. 2)

Nach § 97 Abs. 2 GWB sind die Teilnehmer an einem Vergabeverfahren **gleich zu behandeln**, es sei denn, eine Ungleichbehandlung ist aufgrund des GWB ausdrücklich geboten oder gestattet. Mit dem VergRModG 2016 ist dabei der bisherige Begriff der Benachteiligung durch den Begriff der Ungleichbehandlung ersetzt worden, ohne dass dies inhaltlich eine Änderung bedeutete. 36

Der Gleichbehandlungsgrundsatz ist nicht nur europa- und verfassungsrechtlich verankert, er spielt auch im Vergaberecht eine überragende Rolle.[67] Denn er selbst kann zwar auch isoliert herangezogen werden. Jedenfalls die anderen Vergabegrundsätze sind ohne ihn aber kaum denkbar. Denn die Beachtung des Gleichbehandlungsgrundsatzes ist zum einen **Grundvoraussetzung** für das Entstehen echten Wettbewerbs, seine Folge zum anderen die Verpflichtung zur Transparenz.[68] 37

Ganz allgemein gebietet der **Gleichbehandlungsgrundsatz**, im Wesentlichen gleich gelagerte Sachverhalte gleich und wesentlich ungleiche Sachverhalte ungleich zu behandeln.[69] Negativ formuliert *„verbietet der Gleichheitssatz nur, dass wesentlich Gleiches ungleich, nicht dagegen, dass wesentlich Ungleiches entsprechend der bestehenden Ungleichheit ungleich behandelt wird."*[70] Dementsprechend ist der Gleichbehandlungsgrundsatz *„verletzt, wenn eine Gruppe von Normadressaten im Vergleich zu anderen Normadressaten anders behandelt wird, obwohl zwischen beiden Gruppen keine Unterschiede von solcher Art und solchem Gewicht bestehen, dass sie die ungleiche Behandlung rechtfertigen könnten"*.[71] 38

Insofern ist § 97 Abs. 2 Hs. 2 GWB, wonach eine **Ungleichbehandlung** nur **zulässig** ist, wenn sie aufgrund des GWB ausdrücklich geboten oder gestattet ist, missverständlich. Denn dadurch könnte der Eindruck erweckt werden, dass nur, wenn das GWB oder die aufgrund des GWB im Verordnungswege erlassenen Regelungen eine Differenzierung ausdrücklich vorsähen, eine solche zulässig wäre. Dies ist aber mitnichten der Fall und würde anderenfalls auch zu einer unsinnigen Überregulierung führen. Es genügt vielmehr, dass **hinreichende tatsäch-** 39

65 Vgl. BVerfG, Beschluss v. 13.6.2006 – 1 BvR 1160/03; *Dörr*, DÖV 2001, 1014.
66 Vgl. etwa *Sachs*, in: Sachs, GG, Art. 20 Rn. 149 ff. m.w.N.
67 Vgl. etwa EuGH, Urteil v. 29.3.2012 – Rs. C-599/10 (NDS) m.w.N.
68 Vgl. EuGH, Urteil v. 19.6.2008 – Rs. C-454/06 (pressetext) m.w.N.
69 Vgl. OLG Karlsruhe, Beschluss v. 25.7.2014 – 15 Verg 4/14; VK Schleswig-Holstein, Beschluss v. 20.7.2012 – VK-SH 16/12.
70 BVerfG, Urteil v. 23.10.1951 – 2 BVG 1/51.
71 BVerfG, Beschluss v. 22.3.2000 – 1 BvR 1136/96 m.w.N.

liche Unterschiede bestehen, um eine Ungleichbehandlung von zwei Konstellationen zu rechtfertigen.[72] Echte Ungleichbehandlungen, d.h. abweichende Beurteilungen vergleichbarer Sachverhalte, bedürfen hingegen einer Regelung im GWB bzw. in den aufgrund des GWB erlassenen Verordnungen. Beispielhaft kann insofern die auf Art. 85 RL 2014/25/EU basierende Regelung im Sektorenbereich zur Diskriminierung von Angeboten von Waren genannt werden, die überwiegend aus Drittländern stammen.

40 Personell erfasst der Gleichbehandlungsgrundsatz nicht nur die Unternehmen, die bereits durch die Abgabe eines Teilnahmeantrags oder eines Angebots am Vergabeverfahren beteiligt sind. Er wirkt vielmehr bereits **im Vorfeld** der Beteiligung der Unternehmen – etwa im Hinblick auf die Formulierung der Anforderungen der Bekanntmachung oder der Leistungsbeschreibung – und untersagt dem Auftraggeber, durch diskriminierende Vergabebedingungen bestimmte möglicherweise interessierte Unternehmen ohne sachlichen Grund von vorneherein von einer Beteiligung abzuhalten.[73]

41 In sachlicher Hinsicht erfasst der Gleichbehandlungsgrundsatz **sämtliche Stadien des Vergabeverfahrens**. Dies beginnt mit der Aufstellung der Anforderungen an die Leistung und an die Unternehmen, geht über die Prüfung und Wertung der Teilnahmeanträge und Angebote und mündet schließlich in der Vergabeentscheidung des Auftraggebers. Zusammenfassend ist es für den öffentlichen Auftraggeber generell entscheidend, den Unternehmen die gleichen Informationen zukommen zu lassen, gleiche Anforderungen an sämtliche Unternehmen zu stellen, die Teilnahmeanträge und Angebote gleichmäßig zu bewerten und allen Unternehmen die gleichen Fristen einzuräumen.[74]

1. Anwendungsfälle

42 Im Einzelnen sind insbesondere folgende Konstellationen praxisrelevant:[75]

a) Bevorzugung ortsansässiger oder einheimischer Unternehmen

43 Es dürfte offenkundig sein, dass die Bevorzugung ortsansässiger oder einheimischer Unternehmen im diametralen **Widerspruch zu** dem Ziel der Vergaberichtlinien stünde, eine **Öffnung des Marktes** öffentlicher Aufträge für sämtliche europäische Unternehmen zu erreichen. Es kann mithin nicht rechtmäßig sein, eine Vergabeentscheidung zwischen mehreren Unternehmen alleine damit zu rechtfertigen, dass das ausgewählte Unternehmen aus der eigenen Region/dem eigenen Land stammt.[76] Insofern ist auch zu berücksichtigen, dass ortsansässige Unternehmen ohnehin vielfach **(natürliche) Wettbewerbsvorteile** genießen, da sie beispielsweise kürzere Lieferwege haben.

44 Nichtsdestotrotz gibt es auf der anderen Seite **kein generelles Verbot**, ortsbezogene Kriterien zu berücksichtigen. Entscheidend ist insofern vielmehr, ob eine bestimmte Anforderung durch den Gegenstand des Auftrags **gerechtfertigt** und **verhältnismäßig** ist.[77] So begegnet beispielsweise bei der Vergabe von Serviceverträgen die Forderung nach einer kurzfristigen Verfügbarkeit, die in der Regel nur mit einer **Präsenz vor Ort** machbar sein wird, keinen Bedenken – bei der Vergabe eines Auftrags zur Wartung, Instandhaltung und gegebenenfalls Reparatur von Fahrstühlen etwa dürfte sowohl die Auftragsbezogenheit als auch die Notwendigkeit einer derartigen Forderung auf der Hand liegen.

---

72 Selbstverständlich bleibt allerdings der Vorbehalt des Gesetzes im Einzelfall zu beachten.
73 Vgl. etwa OLG Karlsruhe, Beschluss v. 25.7.2014 – 15 Verg 4/14; OLG Naumburg, Beschluss v. 16.9.2002 – 1 Verg 2/02; VK Sachsen, Beschluss v. 27.6.2014 – 1/SVK/020-13; *Just*, in: Schulte/Just, Kartellrecht, § 97 GWB Rn. 18.
74 Vgl. etwa OLG Frankfurt, Beschluss v. 5.3.2014 – 11 Verg 2/14.
75 Ausführliche Darstellungen weiterer Anwendungsfälle z.B. auch bei *Weyand*, Vergaberecht, § 97 GWB.
76 Vgl. ausführlich *Müller-Wrede*, VergabeR 2005, 32.
77 Vgl. auch EuGH, Urteil v. 27.10.2005 – Rs. C-234/03 (Insalud).

b) Wissensvorsprünge und Beteiligung von Projektanten

Unter Gleichbehandlungsgesichtspunkten kann es ebenfalls problematisch sein, wenn einzelne Unternehmen **Wissensvorsprünge** gegenüber anderen Unternehmen haben. Insofern muss allerdings nach der Quelle des Wissensvorsprungs differenziert werden. Hat sich ein Unternehmen beispielsweise durch eigene Forschung einen Technologievorsprung vor anderen Unternehmen erarbeitet, so ist dies Ausdruck des freien Wettbewerbs auf dem Markt und generell erwünscht. Stammt das überlegene Wissen allerdings aus der **Sphäre des Auftraggebers**, so stellt dies in der Regel eine nicht gerechtfertigte Benachteiligung anderer Unternehmen dar. In diesem Fall muss der Auftraggeber dafür sorgen, dass der Wissensvorsprung ausgeglichen wird, etwa durch entsprechende Information auch der anderen am Vergabeverfahren beteiligten oder interessierten Unternehmen. 45

Ein praktisch besonders relevantes Beispiel ist insofern die Beteiligung von **Projektanten** am Vergabeverfahren.[78] Dabei handelt es sich um Unternehmen, die den Auftraggeber bereits im Vorfeld der Vergabe unterstützt haben, etwa durch Erarbeitung des Leistungsverzeichnisses oder Ähnlichem. Naturgemäß wissen diese Unternehmen besonders genau, welche Anforderungen der Auftraggeber dementsprechend erfüllt sehen möchte. Anlass für einen **Ausschluss** dieser Unternehmen vom Wettbewerb besteht gleichwohl im Regelfall nicht.[79] Der Auftraggeber hat die Leistung des Projektanten vielmehr sorgfältig zu überwachen und zu dokumentieren und die **Dokumentation** sämtlichen interessierten Unternehmen zur Verfügung zu stellen, um den Wettbewerbsvorteil des Projektanten **auszugleichen**.[80] 46

c) Zuschneiden von Eignungsanforderungen und Leistungsbeschreibung

Zwar kommt dem Auftraggeber bei der Bestimmung der Anforderungen an die Eignung der Unternehmen und die zu erbringende Leistung ein weiter Spielraum zu.[81] Dieser wird aber sowohl vom Wettbewerbs- und Transparenzgrundsatz als auch vom Gleichbehandlungsgrundsatz begrenzt. Letzterer verlangt, dass der Auftraggeber die **Anforderungen** nicht so formuliert, dass einzelne Unternehmen bereits dadurch ohne sachlichen Grund bevorzugt oder benachteiligt werden.[82] 47

Denkbar ist dies beispielsweise für den Fall eines bis ins Detail auf das Fabrikat eines Anbieters zugeschnittenen **Leistungsverzeichnisses**, ohne dass insofern eine etwa auf Art. 42 Abs. 4 RL 2014/24/EU (Verweis auf bestimmte Marken, Produktionen etc.) gestützte Rechtfertigung nach den aufgrund des GWB erlassenen Verordnungen vorläge. Ebenso sind besondere **Mindestanforderungen** im Bereich der Eignungsnachweise, die ersichtlich nur von einem Unternehmen erfüllt werden können, problematisch.[83] Insofern ist aber stets zu fragen, ob eine derartige Anforderung gegebenenfalls durch den Auftragsgegenstand gerechtfertigt ist.[84] Dann handelte es sich zwar um eine Ungleichbehandlung der Unternehmen, diese wäre jedoch durch Sachgründe gerechtfertigt. 48

d) Ausschluss von Angeboten

Der Gleichbehandlungsgrundsatz gebietet, dass der öffentliche Auftraggeber Ausschlusstatbestände **gleichmäßig anwendet**. So kann eine nicht gerechtfertigte Diskriminierung insbesondere darin liegen, dass der Auftraggeber ein Unternehmen wegen des Fehlens eines 49

78 Ausführlich dazu *Michel*, Das Vergabeverfahren zwischen Kooperation, Wettbewerb, Transparenz und Gleichbehandlung, S. 29 ff.

79 Vgl. EuGH, Urteil v. 3.3.2005 – Verb. Rs. C-21/03 und C-34/03 (Fabricom); *Müller-Wrede/Lux*, ZfBR 2006, 327 m.w.N. Gleiches gilt für den bisherigen Auftragnehmer einer erneut ausgeschriebenen Leistung, vgl. OLG Bremen, Beschluss v. 9.10.2012 – Verg 1/12.

80 Vgl. OLG München, Beschluss v. 19.12.2013 – Verg 12/13; OLG Brandenburg, Beschluss v. 19.12.2011 – Verg W 17/11; *Michel*, Das Vergabeverfahren zwischen Kooperation, Wettbewerb, Transparenz und Gleichbehandlung, S. 124 ff.

81 Vgl. oben Rn. 15.

82 Vgl. OLG Naumburg, Beschluss v. 20.9.2012 – 2 Verg 4/12.

83 Vgl. etwa OLG Düsseldorf, Beschluss v. 9.7.2012 – VII-Verg 18/12.

84 Vgl. etwa OLG Düsseldorf, Beschluss v. 27.6.2012 – VII-Verg 7/12.

Nachweises ausschließt und ein anderes Unternehmen mit vergleichbarem Mangel in seinem Angebot im Verfahren belässt.[85] Denn der Auftraggeber unterliegt im Rahmen des Vergabeverfahrens einer **Selbstbindung** dahin gehend, dass er die Entscheidung, wem er den Auftrag erteilt, und die hierzu nötigen Wertungen selbst nach einheitlichem Maßstab zu treffen hat.[86] Dementsprechend ist es ihm versagt, nachträglich auf einzelne in den Ausschreibungsunterlagen verlangte Nachweise zu verzichten und weniger strenge Anforderungen gegenüber bestimmten Unternehmen zu stellen.[87]

e) Angebotsaufklärung, Nachforderung und (Nach-)Verhandlung

50 Auch im Hinblick auf eine mögliche **Aufklärung eines unklaren Angebots** sowie bei einer zulässigen **Nachforderung von Unterlagen** (vgl. § 56 Abs. 2 VgV, § 51 Abs. 2 SektVO) ist der Auftraggeber zu einer einheitlichen Handhabung gegenüber allen Unternehmen verpflichtet.[88] Denn insofern kommt dem Auftraggeber hinsichtlich des Obs der Aufklärung beziehungsweise Nachforderung ein Ermessen zu, welches er pflichtgemäß auszuüben hat.[89]

51 Gleiches gilt hinsichtlich möglicher **(Nach-)Verhandlungen**. Soweit diese zulässig sind, hat der Auftraggeber darauf zu achten, stets sämtliche noch beteiligten Unternehmen gleichberechtigt in die Verhandlungen einzubeziehen.[90] Dies bedeutet auch im Verhandlungsverfahren, dass es grundsätzlich unzulässig ist, nur einem Unternehmen die Möglichkeit einzuräumen, sein Angebot im Wege von Nachverhandlungen nachzubessern.

f) Behandlung von Bietergemeinschaften

52 Bietergemeinschaften, d.h. Zusammenschlüsse von zwei oder mehr Unternehmen zur gemeinsamen Bewerbung um den Auftrag, haben ebenso wie andere Unternehmereinsatzformen auch einen **Anspruch auf Gleichbehandlung** im Vergabeverfahren.[91]

53 Nach einer vielfach auch in der Rechtsprechung vertretenen Auffassung soll eine **Änderung im Mitgliederbestand** einer Bietergemeinschaft während eines laufenden Vergabeverfahrens allerdings zu einem zwingenden Ausschluss der Bietergemeinschaft führen.[92] Dabei wird jedoch übersehen, dass es sich bei Bietergemeinschaften in der Regel um Gesellschaften bürgerlichen Rechts handelt.[93] Stellt man dies in den Vordergrund, so lässt sich die vorstehend geschilderte Behandlung von Bietergemeinschaften nicht begründen. Denn sie führt zu einer mangels sachlichen Grundes nicht gerechtfertigten Schlechterstellung von Bietergemeinschaften gegenüber anderen Gesellschaften bürgerlichen Rechts. Nach zutreffender Auffassung kommt es vielmehr generell – und damit auch bei Bietergemeinschaften – darauf an, wie der Wechsel im Mitgliederbestand des am Vergabeverfahren beteiligten Unternehmens genau gestaltet ist. Nur bei einem identitätsändernden Wechsel hat ein Ausschluss vom Vergabeverfahren zu erfolgen.[94]

54 Auch im Hinblick auf die Anforderungen an die **Eignung** der Unternehmen und deren Nachweis sind Bietergemeinschaften anderen Gesellschaften gleichzustellen. Dies bedeutet, dass nur die Bietergemeinschaft selbst als Subjekt der Eignungsprüfung zu beurteilen ist, nicht hin-

---

85 Vgl. OLG Karlsruhe, Beschluss v. 6.2.2007 – 17 Verg 5/06; OLG Düsseldorf, Beschluss v. 14.10.2005 – VII-Verg 40/05.

86 Vgl. BGH, Beschluss v. 26.9.2006 – X ZB 14/06.

87 Vgl. OLG Frankfurt, Beschluss v. 26.10.2011 – 11 Verg 7/11.

88 Vgl. EuGH, Urteil v. 10.10.2013 – Rs. C-336/12 (Manova A/S), Rn. 30 ff. m.w.N.

89 Vgl. OLG München, Beschluss v. 17.9.2015 – Verg 3/15; OLG Karlsruhe, Beschluss v. 23.3.2011 – 15 Verg 2/11.

90 Vgl. OLG Düsseldorf, Beschluss v. 19.7.2006 – VII-Verg 27/06.

91 Zur generellen vergaberechtlichen Zulässigkeit von Bietergemeinschaften vgl. einerseits etwa OLG Düsseldorf, Beschluss v. 17.12.2014 – VII-Verg 22/14; andererseits KG, Beschluss v. 24.10.2013 – Verg 11/13; ferner *Hausmann/Queisner*, NZBau 2015, 402; *Mager/Lotz*, NZBau 2014, 328. Zur besonderen Konstellation konzernverbundener Unternehmen als Bietergemeinschaftsmitglieder vgl. OLG Düsseldorf, Beschluss v. 29.7.2015 – VII-Verg 5/15.

92 Vgl. OLG Düsseldorf, Beschluss v. 24.5.2005 – VII-Verg 28/05; Beschluss v. 26.1.2005 – VII-Verg 45/04; VG Köln, Urteil v. 21.11.2013 – 16 K 6287/11; *Prieß*, VergabeR 2005, 751 (754); *Rittwage*, NZBau 2007, 484; *Schmidt*, NZBau 2008, 41.

93 Vgl. ausführlich *Lux*, Bietergemeinschaften im Schnittfeld von Gesellschafts- und Vergaberecht, S. 46 ff.

94 Vgl. OLG Celle, Beschluss v. 5.9.2007 – 13 Verg 9/07; *Heiermann*, ZfBR 2007, 759; *Lux*, NZBau 2012, 680 (682).

gegen die einzelnen an ihr beteiligten Unternehmen jeweils einzeln.[95] Im Ergebnis kommt es allerdings gleichwohl regelmäßig auf deren Eignung an. Entscheidend ist dabei, dass eine Zusammenrechnung der Fachkunde und Leistungsfähigkeit der beteiligten Unternehmen stattfindet.[96] Insofern dürfen Bietergemeinschaften gegenüber anderen Unternehmen nicht benachteiligt werden. Spiegelbildlich kann allerdings auch die Unzuverlässigkeit nur eines an der Bietergemeinschaft beteiligten Unternehmens die Unzuverlässigkeit der Gemeinschaft insgesamt zur Folge haben.

2. Rechtsschutz

Das Gebot, alle Teilnehmer am Vergabeverfahren grundsätzlich gleich zu behandeln und nur in dem Vorbehalt des Gesetzes genügenden Ausnahmefällen einzelne Unternehmen zu diskriminieren, ist **insgesamt bieterschützend** im Sinne von § 97 Abs. 6 GWB.[97] 55

C. Strategische Ziele (Abs. 3)

I. Allgemeines

§ 97 Abs. 3 GWB öffnet der erstmals mit dem VergRModG 2009[98] gesetzlich normierten Möglichkeit einer sog. **politikorientierten Vergabe**[99] weiteren Raum. Der Gesetzgeber betont mit dieser Vorschrift die erhebliche wirtschaftliche Bedeutung der öffentlichen Beschaffung für die Stärkung und Förderung der in § 97 Abs. 3 GWB aufgeführten politisch motivierten Aspekte. Jährlich werden öffentliche Aufträge mit einem Volumen von ca. 18 % des europäischen Bruttoinlandsprodukts vergeben.[100] Nachhaltigkeit und Innovationen sollen, so der Wille des Richtlinien- und des Gesetzgebers, mit diesem Potenzial durch die öffentlichen Auftraggeber gefördert und weiterentwickelt werden.[101] Der öffentlichen Auftragsvergabe werden dabei als marktwirtschaftliches Instrument eine Schlüsselrolle und eine Vorbildfunktion[102] zur Erzielung intelligenten, nachhaltigen und integrativen Wachstums zugemessen.[103] 56

§ 97 Abs. 3 GWB ist ein weiterer Baustein zur Verwirklichung der von der Europäischen Kommission erarbeiteten Strategie „**Europa 2020**: Eine Strategie für intelligentes, nachhaltiges und integratives Wachstum".[104] 57

Der **zwingende Charakter** von § 97 Abs. 3 GWB bezieht sich dabei allein auf die – an sich selbstverständliche – Feststellung, bei der Berücksichtigung der aufgeführten Aspekte gemäß den im Teil 4 des GWB normierten Regelungen zu verfahren. Sofern die in § 97 Abs. 3 GWB aufgeführten Aspekte nicht bereits Gegenstand von verpflichtenden Regelungen im Sinne von §§ 128 Abs. 1, 129 GWB sind, bleibt es jedoch weiterhin die gestalterische Entscheidung des einzelnen öffentlichen Auftraggebers, ob und, wenn ja, in welcher Form er diese Aspekte in sein Beschaffungsvorhaben integriert. 58

---

95 Vgl. ausführlich *Lux*, Bietergemeinschaften im Schnittfeld von Gesellschafts- und Vergaberecht, S. 127 ff.
96 Vgl. VK Niedersachsen, Beschluss v. 10.7.2012 – VgK-21/2012.
97 Vgl. u.a. BGH, Beschluss v. 1.2.2005 – X ZB 27/04; VGH Kassel, Beschluss v. 23.7.2012 – 8 B 2244/11; OLG Frankfurt, Beschluss v. 5.3.2012 – 11 Verg 3/12; OLG Karlsruhe, Beschluss v. 15.10.2008 – 15 Verg 9/08.
98 § 97 Abs. 4 S. 2 GWB a.F.: „Für die Auftragsausführung können zusätzliche Anforderungen an Auftragnehmer gestellt werden, die insbesondere soziale, umweltbezogene oder innovative Aspekte betreffen, wenn sie im sachlichen Zusammenhang mit dem Auftragsgegenstand stehen und sich aus der Leistungsbeschreibung ergeben."
99 Zur Terminologie siehe unter Rn. 56 ff.
100 Presseerklärung des Europäischen Parlaments v. 15.1.2014: http://www.europarl.europa.eu/news/de/news-room/content/20140110IPR32386/html/%C3%96ffentliche-Auftragsvergabe-Bessere-Qualit%C3%A4t-und-mehr-Leistung-f%C3%BCr-den-Preis, 19.10.2015.
101 Gesetzesbegründung, BT-Drs. 18/6281, 82.
102 Pressemitteilung des Bundesministeriums für Wirtschaft und Energie v. 8.7.2015; http://www.bmwi.de/DE/Presse/pressemitteilungen,did=719158.html, 23.11.2015.
103 Erwägungsgrund 3 RL 2014/23/EU; Erwägungsgründe 2 und 95 RL 2014/24/EU; Erwägungsgrund 4 RL 2014/25/EU.
104 Mitteilung der Kommission v. 3.3.2010, KOM (2010) 2020 endg. – nicht im Amtsblatt veröffentlicht; http://eur-lex.europa.eu/legal-content/DE/TXT/?uri=uriserv:em0028, 15.10.2015.

1. Terminologie

59 Der Gesetzgeber verwendet – im Einklang mit der EU-Kommission[105] – zur Umschreibung der in § 97 Abs. 3 GWB aufgeführten Aspekte den Begriff der **„strategischen Ziele"**.[106] Vergleichbar sind die in Literatur gebräuchlichen Bezeichnungen als vergaberechtliche „Sekundär-Zwecke",[107] Ziele einer „politikorientierten Vergabe"[108] bzw. „nicht-einzelwirtschaftliche Kriterien".[109] Diese Formulierungen sollen zum Ausdruck bringen, dass es sich um nicht primär an einer sparsamen Mittelverwendung orientierte Zielsetzungen handelt, die gleichwohl mit den vergaberechtlichen Grundsätzen nicht im Widerspruch stehen. Soziale, ökologische und innovative Aspekte sollen vielmehr – nach dem Willen des Gesetzgebers – im Einklang mit dem das Vergaberecht prägenden Wirtschaftlichkeitsgrundsatz gestärkt werden.[110]

60 Demgegenüber werden die in § 97 Abs. 3 GWB erwähnten Aspekte in Rechtsprechung[111] und Literatur[112] überwiegend weiterhin als sogenannte **vergabefremde Kriterien** bezeichnet. Mit dieser Formulierung soll zwar nicht – mehr – die Frage ihrer rechtlichen Zulässigkeit umschrieben werden. Diese ist im Hinblick auf die europarechtlichen Grundlagen[113] und die schon früh hierzu ergangene Rechtsprechung des EuGH[114] nicht ernsthaft zu bezweifeln. Der Begrifflichkeit wohnt jedoch weiterhin eine kritische Konnotation inne.[115] Es wird zum einen befürchtet, dass die Integration der in § 97 Abs. 3 GWB benannten Aspekte in ein Vergabeverfahren zu Zielkonflikten führt: Die Förderung politisch motivierter Aspekte kann insbesondere mit dem Grundsatz der sparsamen Haushaltsführung kontrastieren oder aber der Mittelstandsförderung gemäß § 97 Abs. 4 GWB abträglich sein.[116] Die Eingliederung politikorientierter Vorgaben in ein Beschaffungswesen wird zum anderen in vielen Fällen mit einem finanziellen Mehraufwand für den Bieter und erhöhten bürokratischen Prüfungen seitens des Auftraggebers verbunden sein.[117] Schließlich wird die Gefahr einer Wettbewerbsverfälschung gesehen, sofern im Vergaberecht verdeckt politische Ziele verfolgt werden, statt transparent durch entsprechende Gesetzgebung in die Wirtschaftsabläufe einzugreifen.[118]

61 **Vorzugswürdig** erscheinen die Bezeichnungen der in § 97 Abs. 3 GWB aufgeführten Zwecke als strategische Ziele bzw. politikorientierte Vergabegrundsätze. Sie bringen hinreichend zum Ausdruck, dass den Aspekten des § 97 Abs. 3 GWB primär politische Zielsetzungen zugrunde liegen, ohne gleichzeitig eine – negative – Wertung zur Frage der Vereinbarkeit dieser strategischen Aspekte mit den übrigen Grundsätzen des Vergaberechts auszudrücken. Das gesetzgeberische Ziel, die in § 97 Abs. 3 GWB aufgeführten Aspekte im Einklang mit dem Wirtschaftlichkeitsgrundsatz zu verwirklichen, findet seinen ausdrücklichen Niederschlag in § 127 Abs. 1 S. 1 GWB. Im Hinblick auf die weiten Gestaltungsmöglichkeiten bei der Ermittlung des güns-

---

105 Erwägungsgrund 123 RL 2014/24/EU.

106 Eckpunkte zur Reform des Vergaberechts, Beschluss des Bundeskabinetts v. 7.1.2015, https://www.bmwi.de/BMWi/Redaktion/PDF/E/eckpunkte-zur-reform-des-vergaberechts,property=pdf,bereich=bmwi2012,sprache=de,rwb=true.pdf, 22.12.2015.

107 *Benedict*, NJW 2001, 947; *Latzel*, NZBau 2014, 673.

108 *Dreher*, in: Immenga/Mestmäcker, Wettbewerbsrecht, § 99 GWB Rn. 26.

109 *Wiedemann*, in: Kulartz/Marx/Portz/Prieß, VOL/A, § 16 Rn. 310.

110 Eckpunkte zur Reform des Vergaberechts, Beschluss des Bundeskabinetts v. 7.1.2015, https://www.bmwi.de/BMWi/Redaktion/PDF/E/eckpunkte-zur-reform-des-vergaberechts,property=pdf,bereich=bmwi2012,sprache=de,rwb=true.pdf, 22.12.2015; auch Erwägungsgrund 3 RL 2014/23/EU, Erwägungsgründe 2 und 92 RL 2014/24/EU, Erwägungsgrund 4 RL 2014/25/EU.

111 Vgl. nur EuGH, Urteil v. 17.9.2002 – Rs. C-513/99 (Concordia), Rn. 57, 64; OLG Koblenz, Beschluss v. 4.2.2015 – 1 Verg 7/13; OLG Rostock, Beschluss v. 30.5.2005 – 17 Verg 4/05; BayObLG, Beschluss v. 20.12.1999 – Verg 8/99; OLG Jena, Beschluss v. 13.10.1999 – 6 Verg 1/99.

112 *Opitz*, in: Dreher/Ohly, § 97 Rn. 85; *Wagner*, in: Langen/Bunte, Kartellrecht, § 97 GWB Rn. 91; *Frenz*, in Willenbruch/Wiedekind, Vergaberecht, § 97 GWB Rn. 57; *Latzel*, NZBau 2014, 673; *Odendahl*, EuZW 2004, 647; *Roth/Erben*, NZBau 2013, 409 (412); *Wagner/Pfohl*, VergabeR 2015, 389. Zur Entstehung des Begriffs ausführlich *Burgi*, NZBau 2001, 64; *Ziekow*, NZBau 2001, 72.

113 Art. 38 S. 2 RL 2004/17/EG; Art. 26 S. 2 RL 2004/18/EG; nunmehr u.a. Art. 18 Abs. 2 RL 2014/24/EU; Art. 30 Abs. 3 RL 2014/23/EU und Art. 36 Abs. 2 RL 2014/25/EU.

114 EuGH, Urteil v. 4.12.2003 – Rs. C-448/01 (Wienstrom), Rn 40; Urteil v. 20.9.1988 – Rs. 31/87 (Beentjes), Rn. 30 ff.

115 *Burgi*, NZBau 2015, 597 (598).

116 *Dreher*, in: Immenga/Mestmäcker, Wettbewerbsrecht, § 97 GWB Rn. 236, 237.

117 Vgl. auch Kritik bei *Wiedemann*, in: Kulartz/Marx/Portz/Prieß, VOL/A, § 16 Rn. 313.

118 *Dreher*, in: Immenga/Mestmäcker, Wettbewerbsrecht, § 97 GWB Rn. 238.

tigsten Preis-Leistungs-Verhältnisses[119] erscheint die gleichzeitige Verfolgung strategischer Ziele unter Beibehaltung des Wirtschaftlichkeitsgrundsatzes grundsätzlich möglich. Der erstmals in § 97 Abs. 3 GWB normierte Aspekt der Qualität, der auf die Beschaffung hochwertiger und damit prinzipiell auch langlebiger Produkte/Leistungen gerichtet ist, ist in besonderer Weise geeignet, nicht nur das strategische Ziel der Nachhaltigkeit zu fördern, sondern auch dem Ziel der langfristig sparsamen Mittelverwendung zu dienen.[120] Denkbare Konflikte mit anderen vergaberechtlichen Zielsetzungen – etwa dem Mittelstandsschutz – können insbesondere durch die strikte Anwendung des Verhältnismäßigkeitsgrundsatzes entschärft werden.[121] Die unstreitig mit der Einbindung strategischer Ziele erhöhten Anforderungen an die Nachweisführung sollen durch eine großzügige Anwendung der Einheitlichen Europäischen Eigenerklärung[122] abgemildert werden.

2. Europarechtliche Vorgaben

§ 97 Abs. 3 GWB beruht auf der Umsetzung der **allgemeinen Vorgaben** der Richtlinie über die öffentliche Auftragsvergabe (RL 2014/24/EU), der Richtlinie über die Vergabe von Aufträgen in den Bereichen Wasser-, Energie- und Verkehrsversorgung sowie der Postdienste (RL 2014/25/EU) und der Richtlinie über die Vergabe von Konzessionen (RL 2014/23/EU), deren Ziel u.a. darin liegt, arbeitsrechtliche, soziale und ökologische Überlegungen effektiver in die Vergabeverfahren einzubeziehen.[123] 62

Die nunmehr in § 97 Abs. 3 GWB aufgeführten Aspekte sollen **in allen relevanten Phasen des Vergabeverfahrens** Anwendung finden.[124] Bereits im Rahmen der allgemeinen „Grundsätze über die Auftragsvergabe" werden die Mitgliedstaaten verpflichtet, „geeignete Maßnahmen (zu treffen), um dafür zu sorgen, dass die Wirtschaftsteilnehmer bei der Ausführung öffentlicher Aufträge die geltenden umwelt-, sozial- und arbeitsrechtlichen Verpflichtungen einhalten (...)";[125] bei der Bestimmung des für die Zuschlagserteilung maßgeblichen Kriteriums des wirtschaftlich günstigsten Angebots können „qualitative, umweltbezogene und/oder soziale Aspekte" bewertet werden;[126] schließlich können die besonderen Bedingungen für die Ausführung eines Auftrages „wirtschaftliche, innovationsbezogene, umweltbezogene, soziale oder beschäftigungspolitische Belange" umfassen.[127] 63

§ 97 Abs. 3 GWB liegt **keine eigenständige Regelung** der Vergabemodernisierungsrichtlinien zugrunde. Die Regelung ist Ausdruck des Bemühens des deutschen Gesetzgebers, das Vergaberecht durch klare Regeln einfacher zu gestalten.[128] Da die in § 97 Abs. 3 GWB genannten Aspekte nunmehr das gesamte Vergaberecht durchziehen, untermauert § 97 Abs. 3 GWB im Rahmen des allgemeinen Teils an prägnanter Stelle und in klaren Worten die grundsätzliche Bedeutung der strategischen Ziele. 64

3. Vergleich zur Vorgängerregelung

§ 97 Abs. 3 GWB ersetzt formal **§ 97 Abs. 4 S. 2 GWB a.F.**,[129] unterscheidet sich inhaltlich indes weitreichend von § 97 Abs. 4 S. 2 GWB a.F. 65

Mit der Normierung der strategischen Ziele in einem eigenen Absatz korrigiert der Gesetzgeber zunächst die **systematisch verfehlte Stellung** der Berücksichtigungsfähigkeit von „so- 66

119 Gesetzesbegründung, BT-Drs. 18/6281, 138.
120 Siehe auch Erwägungsgrund 94 RL 2014/24/EU zum Zusammenhang zwischen Qualität und wirtschaftlichem Wert.
121 Siehe hierzu unten Rn. 137 ff.
122 Grundlage Art. 59 RL 2014/24/EU; Art. 80 Abs. 3 RL 2014/25/EU; zur erhofften Vereinfachung: *Neun/Otting,* EuZW 2014, 4446 (450).
123 Erwägungsgrund 55 RL 2014/23/EU; Erwägungsgrund 2 RL 2014/24/EU; Erwägungsgrund 52 RL 2014/25/EU.
124 Erwägungsgrund 58 RL 2014/23; Erwägungsgrund 40 RL 2014/24/EU; Erwägungsgrund 55 RL 2014/25/EU.
125 Art. 30 Abs. 3 RL 2014/23/EU; Art. 18 Abs. 2 RL 2014/24/EU; Art. 36 Abs. 2 RL 2014/25/EU.
126 Art. 41 Abs. 2, UAbs. 1 S. 2 RL 2014/23/EU; Art. 67 Abs. 2 RL 2014/24/EU; Art. 82 Abs. 2 RL 2014/25/EU; Art. 41 Abs. 2, UAbs. 1 S. 2 RL 2014/23/EU.
127 Art. 36 RL 2014/23/EU; Art. 70 S. 2 RL 2014/24/EU; Art. 87 RL 2014/25/EU.
128 Gesetzesbegründung, BT-Drs. 18/6281, 1.
129 § 97 Abs. 4 S. 2 GWB diente der Umsetzung von Art. 26 RL 2004/18/EG bzw. Art. 38 RL 2007/17/EG.

zialen, umweltbezogenen oder innovativen Aspekten" im Rahmen der besonderen Auftragsbedingungen gemäß § 97 Abs. 4 S. 2 GWB 2009.[130] § 97 Abs. 4 S. 1 GWB a.F. befasste sich mit der Eignung der Bieter. Die in § 97 Abs. 4 S. 2 GWB a.F. erwähnten Anforderungen betrafen dagegen ausschließlich die Auftragsausführung und standen in keinem Zusammenhang zur Eignungsprüfung.[131]

67 Die Stellung innerhalb eines eigenen Absatzes von § 97 GWB betont nunmehr auch die **hohe Priorität** der strategischen Ziele im Vergaberecht. Die Aspekte des § 97 Abs. 3 GWB erhalten einen vergleichbaren Rang wie die in § 97 Abs. 1 GWB genannten Grundsätze der Transparenz, der Verhältnismäßigkeit und des Wettbewerbsgrundsatzes, des in § 97 Abs. 2 GWB aufgeführten Gebots der Gleichbehandlung sowie des weiterhin in § 97 Abs. 4 GWB normierten Mittelstandsschutzes.

68 Die Formulierung des § 97 Abs. 3 GWB unterstreicht zudem das gesetzgeberische Ziel, den in § 97 Abs. 3 GWB genannten Aspekten **in jeder Phase des Vergabeverfahrens** von der Definition der Leistung über die Festlegung von Eignungs- und Zuschlagskriterien bis hin zur Vorgabe von Ausführungsbedingungen Bedeutung zu verschaffen.[132]

II. Anwendungsbereich

69 § 97 Abs. 3 GWB findet gemäß seiner Stellung im – neu geschaffenen – allgemeinen Teil der vergaberechtlichen Vorschriften (Abschnitt 1) sowohl auf die Vergabe von öffentlichen Aufträgen durch öffentliche Auftraggeber (Abschnitt 2) als auch auf die Vergabe von öffentlichen Aufträgen in besonderen Bereichen und von Konzessionen (Abschnitt 3) Anwendung. Neben der Vergabe **öffentlicher Aufträge durch öffentliche Auftraggeber** i.S.v. §§ 115 ff. GWB gelten die Grundsätze damit auch für die Vergabe von öffentlichen Aufträgen **durch Sektorenauftraggeber** gemäß §§ 136 ff. GWB sowie für die Vergabe von verteidigungs- oder sicherheitsspezifischen öffentlichen Aufträgen i.S.v. §§ 144 ff. GWB und schließlich die Vergabe von **Konzessionen** gemäß §§ 148 ff. GWB.

III. Regelungsgehalt

70 § 97 Abs. 3 GWB beschränkt sich auf die Formulierung eines **allgemeinen Grundsatzes des Vergabeverfahrens**. Die erwähnten Aspekte sollen im Vergabeverfahren Berücksichtigung finden, soweit dies in den nachfolgenden Regelungen – und gemäß § 113 GWB erlassener Rechtsverordnungen – vorgesehen ist.[133] § 97 Abs. 3 GWB selbst sind keine eigenständigen Vorgaben zu entnehmen, in welchem Stadium eines Vergabeverfahrens, in welcher Form und unter welchen Voraussetzungen die genannten Aspekte Relevanz erlangen.

1. Aspekte

71 Der Gesetzgeber behält die bereits in § 97 Abs. 4 S. 2 GWB a.F. verwendete – und auf Art. 38 S. 2 RL 2004/17/EG, Art. 26 S. 2 RL 2004/18/EG zurückgehende – Bezeichnung der einzelnen strategischen Ziele als **„Aspekte"** in § 97 Abs. 3 GWB bei. Diese weite Formulierung verdeutlicht, dass es nicht – nur – um die Beachtung bereits geltender verpflichtender Regelungen gemäß §§ 128 Abs. 1, 129 GWB geht. Den erwähnten Aspekten kann vielmehr aufgrund einer eigenen Gestaltungsentscheidung des öffentlichen Auftraggebers – korrespondierend zur Finanzierungshoheit – im Rahmen des einzelnen Beschaffungsvorhabens Bedeutung verliehen werden. Die Auftraggeber erhalten durch die nunmehrigen Regelungen des Vierten Teils das gesamte Vergabeverfahren umfassende Optionen, strategische Ziele unabhängig von parlamentarisch legitimierten Vorgaben individuell auftragsbezogen zu fördern.

130 *Dreher,* in: Immenga/Mestmäcker, Wettbewerbsrecht, § 97 GWB Rn. 233; *Just,* in: Schulte/Just, Kartellrecht, § 97 GWB Rn. 38.
131 *Dreher,* in: Immenga/Mestmäcker, Wettbewerbsrecht, § 97 GWB Rn. 233.
132 Gesetzesbegründung, BT-Drs. 18/6281, 81.
133 Gesetzesbegründung, BT-Drs. 18/6281, 81.

Dieser **Spielraum** des Auftraggebers bezieht sich zum einen auf die Möglichkeit, bereits bestehende Regelungen effektiver durchzusetzen. Denkbar wäre etwa, dass ein Auftraggeber Verstöße eines Bieters gegen das MiLoG in der Vergangenheit über die Sollvorgabe einer Vergabesperre gemäß § 19 MiLoG, § 124 Abs. 2 GWB hinaus zum zwingenden Ausschlussgrund erklärt. Zum anderen besteht die Möglichkeit, noch nicht als Verpflichtungen geltende Standards – etwa in Form von umweltbezogenen Anforderungen – in das konkrete Vergabeverfahren zu integrieren.[134] 72

a) Die einzelnen Aspekte

§ 97 Abs. 3 GWB bezieht sich ausdrücklich auf **vier konkret bezeichnete Aspekte**. Die Reihenfolge der in § 97 Abs. 3 GWB aufgeführten Aspekte wurde gegenüber § 97 Abs. 3 GWB-Ref-E geändert,[135] ohne dass Anhaltspunkte dafür bestehen, dass dies auf eine verschobene inhaltliche Gewichtung zurückzuführen ist. 73

aa) Soziale Aspekte

Die Berücksichtigungsfähigkeit sozialer Gesichtspunkte war Ausgangspunkt der Entwicklung, strategische Ziele in öffentliche Beschaffungsvorhaben zu integrieren.[136] Schon 1988 erkannte der EuGH im Rahmen des „Beentjes"-Urteil, dass das Erfordernis der **Einstellung von Langzeitarbeitslosen** als Kriterium in einem Vergabeverfahren keinen grundsätzlichen Bedenken unterliegt.[137] Dies bestätigte er mit dem Urteil „Kommission/Frankreich".[138] Entsprechend konnten gemäß Art. 26 S. 2 RL 2004/18/EG bzw. Art. 38 S. 2 RL 2004/17/EG soziale Kriterien zusätzliche Bedingungen für die Ausführung eines Auftrages bilden. Auch § 97 Abs. 4 S. 2 GWB a.F. nahm bereits auf die Berücksichtigungsfähigkeit sozialer Aspekte Bezug. 74

Zu diesen sozialen Aspekten zählen etwa **Maßnahmen zum Schutz der Gesundheit** der am Produktionsprozess beteiligten Arbeitskräfte, zur **Förderung der sozialen Integration** von benachteiligten Personen oder Angehörigen sozial schwacher Gruppen unter dem für die Ausführung des Auftrags eingesetzten Personen oder zur **Schulung** im Hinblick auf die für den betreffenden Auftrag benötigten Fähigkeiten.[139] Auch die **Umsetzung von Ausbildungsmaßnahmen für Arbeitslose** oder Jugendliche im Zuge der Ausführung des zu vergebenden Auftrags unterfällt dem Bereich der sozialen Aspekte.[140] 75

Eine Ausführungsbedingung, wonach der zu liefernde Tee und Kaffee von **kleinen Erzeugern aus Entwicklungsländern** stammen soll, kann eine zulässige Berücksichtigung sozialer Aspekte darstellen.[141] Demgegenüber ist die Bevorzugung einheimischer Produkte im Hinblick auf eine den Grundfreiheiten der EU zuwiderlaufende Inländerbevorzugung unzulässig.[142] Den Bereich der sozialen Aspekte tangieren auch die sog. **Scientology-Klauseln bzw. Sektenfilter**.[143] Hierunter fallen insbesondere Eigenerklärungen der Bieter, mit denen sie sich verpflichten, nicht die „Technologie von L. Ron Hubbard" zu verwenden. 76

Dem sozialen Bereich sind schließlich auch Vorgaben eines öffentlichen Auftraggebers bezogen auf die **Bekämpfung illegalen Verhaltens**[144] oder die Förderung der Vorgaben aus den 77

---

134 *Latzel,* NZBau 2014, 673: *„Was über „hard law" nicht erreicht wird, soll wenigstens bei der Vergabe bzw. Ausführung öffentlicher Aufträge gelten."*

135 RefE VergRModG 2016 erwähnte die Aspekte der Qualität und der Innovation hinter den sozialen und umweltbezogenen Aspekten.

136 *Frenz,* NZS 2011, 321.

137 EuGH, Urteil v. 20.9.1988 – 31/87 (Beentjes), Rn. 30 ff. als besondere Ausführungsbedingung.

138 EuGH, Urteil v. 26.9.2000 – Rs. C-225/98 (Kommission/Frankreich), Rn. 50, als Zuschlagskriterium.

139 Erwägungsgründe 64 und 66 RL 2014/23/EU; Erwägungsgrund 99 RL 2014/24/EU; Erwägungsgründe 98 und 104 RL 2014/25/EU.

140 Erwägungsgrund 66 RL 2014/23/EU; Erwägungsgrund 99 RL 2014/24/EU; Erwägungsgrund 104 RL 2104/25/EU; so bereits auch die Gesetzesbegründung zu § 97 Abs. 4 S. 2 GWB a.F. (VergRModG 2009, BT-Drs. 16/10117, 16 f.).

141 EuGH, Urteil v. 10.5.2012 – Rs. C-368/10 (Max Havelaar), Rn. 89 f; *Wiedemann,* in: Kulartz/Marx/Portz/Prieß, VOL/A, § 16 Rn. 329

142 VK Bund, Beschluss v. 12.11.2009 – VK 3-208/09.

143 Im Einzelnen: *Roth/Erben,* NZBau 2013, 409 (410).

144 *Odendahl,* EuZW 2004, 647.

acht **ILO-Kernarbeitsnormen**[145] zuzurechnen.[146] Hinsichtlich der Länder, die – wie die Bundesrepublik Deutschland[147] – alle Übereinkommen ratifiziert haben, sollen auf die Einhaltung der ILO-Kernarbeitsnormen bezogene Verpflichtungserklärungen zu einer Effektuierung der tatsächlichen Durchsetzung führen.[148] Wird die Einhaltung der Kernarbeitsnormen als besondere Auftragsbedingung formuliert, kann sowohl im Rahmen der Eignungsentscheidung prognostisch erfasst werden, ob der Bieter diese Vorgabe erfüllen wird, als auch bei Auftragsausführung auf vertragliche Mittel zur Durchsetzung und/oder Sanktion zurückgegriffen werden.[149]

78 Ein weiterer Anwendungsbereich für die Einbindung sozialer Aspekte in einen Beschaffungsvorgang sind Fragen des **Mindestlohnes** bzw. der **Tariftreueerklärungen**. Nach dem MiLoG hat jeder Arbeitnehmer in Deutschland ab dem 1.1.2015 einen Anspruch auf Mindestentgelt von EUR 8,50 brutto pro Stunde. § 128 Abs. 1 GWB nimmt ausdrücklich auf diese Verpflichtung Bezug.[150] Soweit in den Landesvergabegesetzen gemäß § 129 GWB eigenständige Regelungen zum Mindestlohn und/oder zu Tariftreueerklärungen vorhanden sind,[151] ist im Einzelfall zu prüfen, ob die Vorschriften insbesondere mit den Vorgaben der Arbeitnehmerentsende-Richtlinie[152] und der Dienstleistungsfreiheit gemäß Art. 56 AEUV[153] im Hinblick auf die mit derartigen Regelungen verbundenen prohibitiven Wirkungen – unter Berücksichtigung des Verhältnismäßigkeitsgrundsatzes[154] – vereinbar sind.[155]

79 Das auf die Gleichbehandlung von Mann und Frau nach Art. 8 AEUV gestützte Kriterium der **Frauenförderung** fällt ebenfalls unter den Bereich der sozialen Aspekte.[156] Die Kriterien der **Zugänglichkeit für Personen mit einer Behinderung** oder aber eines **„Designs für alle"**[157] können als soziale Anforderung unmittelbar die betreffende Ware oder Dienstleistung charakterisieren.[158] Gemäß § 121 Abs. 2 GWB ist bei der Beschaffung von Leistungen, die zur Nutzung durch natürliche Personen vorgesehen sind, auf die allgemeine Zugänglichkeit zu achten, sofern kein begründeter Ausnahmefall vorliegt.[159] Dies umfasst etwa die Barrierefreiheit von Gebäuden und Internetauftritten.[160]

80 Schließlich berücksichtigt der Gesetzgeber mit § 118 GWB explizit soziale Aspekte, indem er es öffentlichen Auftraggebern ermöglicht, das Recht zur Teilnahme an Vergabeverfahren **geschützten Werkstätten oder Sozialunternehmen** vorzubehalten oder aber zu bestimmen, dass öffentliche Aufträge im Rahmen geschützter Beschäftigungsverhältnisse durchzuführen sind.

---

145 Übereinkommen Nr. 87 über die Vereinigungsfreiheit und den Schutz des Vereinigungsrechtes; Übereinkommen Nr. 98 über die Anwendung der Grundsätze des Vereinigungsrechtes und des Rechtes zu Kollektivverhandlungen; Übereinkommen Nr. 29 über Zwangs- oder Pflichtarbeit; Übereinkommen Nr. 105 über die Abschaffung der Zwangsarbeit; Übereinkommen Nr. 138 über das Mindestalter für die Zulassung zur Beschäftigung; Übereinkommen Nr. 111 über die Diskriminierung in Beschäftigung und Beruf; Übereinkommen Nr. 100 über die Gleichheit des Entgelts männlicher und weiblicher Arbeitskräfte für gleichwertige Arbeit und Übereinkommen Nr. 182 über das Verbot und unverzügliche Maßnahmen zur Beseitigung der schlimmsten Formen der Kinderarbeit.

146 Siehe dazu *Pfohl* zu § 128 Rn. 34 ff.

147 http://www.ilo.org/berlin/arbeits-und-standards/kernarbeitsnormen/lang--de/index.htm, 5.10.2015.

148 *Burgi*, NZBau 2015, 597 (598); *Summa*, NZBau 2015, 219.

149 Vertragsstrafe, Kündigung, Vergabesperre für künftige Ausschreibungen.

150 Siehe dazu im Einzelnen *Pfohl* zu § 128 Rn. 15 ff.

151 *Wagner*, in Langen/Bunte, Kartellrecht, § 97 GWB Rn. 98; *Wagner/Pfohl*, VergabeR 2015, 389 ff.

152 Hierzu EuGH, Urteil v. 3.4.2008 – Rs. C-346/06 (Rüffert), Rn. 20 bis 35.

153 Zur Zulässigkeit von § 3 Abs. 1 LTTG Rheinland-Pfalz nach Art. 26 RL 2004/18/EG EuGH, Urteil v. 17.11.2015 – Rs. C-115/14 (RegioPost); zur Unzulässigkeit von § 4 Abs. 3 TVgG NRW, EuGH, Urteil v. 18.9.2014 – Rs. C-549/13 (Bundesdruckerei), Rn. 36; ähnlich bereits Urteil v. 24.1.2002 – Rs. C-164/99 (Portugaia Construções); alle jedoch vor Inkrafttreten des MiLoG.

154 Siehe dazu Rn. 137.

155 Siehe dazu *Pfohl* zu § 128 Rn. 10.

156 Erwägungsgrund 65 RL 2014/23/EU; Erwägungsgrund 98 RL 2014/24/EU; Erwägungsgrund 98 RL 2014/25: verstärkte Beteiligung von Frauen im Erwerbsleben, Vereinbarkeit von Arbeit und Privatleben, Gleichstellung von Frauen und Männern; siehe hierzu auch *Pfohl* zu § 128 Rn. 39.

157 Definition des „Design für alle" in Anhang VII RL 2014/24/EU.

158 Erwägungsgrund 67 RL 2014/23/EU; Erwägungsgrund 99 RL 2014/24/EU; Erwägungsgrund 84 RL 2014/25.

159 Vgl. auch Verordnung zur Schaffung barrierefreier Informationstechnik nach dem Behindertengleichstellungsgesetz vom 12.9.2011, BGBl I, 1843.

160 Siehe auch § 31 Abs. 5 VgV.

bb) Umweltbezogene Aspekte

§ 97 Abs. 3 GWB dient auch der „Ökologisierung" von Beschaffungsaufträgen.[161] Es geht um nachhaltige, energieeffiziente und ressourcenschonende „grüne"[162] Beschaffung.[163] Umweltbezogene Aspekte i.S.d. § 97 Abs. 3 GWB ermöglichen es unter anderem, Zielvorgaben aus dem „EU-2030-Klima- und Energierahmen"[164] zu berücksichtigen bzw. effektiver anzuwenden, sowie die bereits in Art. 11 AEUV niedergelegte Verpflichtung, die Erfordernisse des Umweltschutzes und einer nachhaltigen Entwicklung zu fördern, umzusetzen.[165] 81

Auch dieser Gesichtspunkt ist seit Langem europarechtlich anerkannt. Der EuGH hielt es bereits 2002 für zulässig, im Rahmen der Zuschlagsentscheidung für städtische Busverkehrsdienstleistungen Umweltschutzkriterien in Form der Höhe der **Stickoxidimmissionen und des Lärmpegels** von Bussen zu bewerten.[166] Auch die Festlegung eines Zuschlagskriteriums, wonach **Strom aus erneuerbaren Energieträgern** zu verwenden ist, begegnete keinen Bedenken.[167] Bereits nach Art. 38 S. 2 RL 2004/17/EG, Art. 26 S. 2 RL 2004/18/EG konnten Ausführungsbedingungen unter Berücksichtigung von umweltbezogenen Aspekten aufgestellt werden. 82

Die nunmehr in § 97 Abs. 3 GWB geregelte Möglichkeit, umweltbezogene Aspekte zu berücksichtigen, erweitert diesen Spielraum. Die Anforderungen können sich auf das Produkt selbst oder aber den **Produktionsprozess** beziehen.[168] Auch lediglich mittelbar mit dem zu beschaffenden Produkt in Verbindung stehende **Lebenszykluskosten**[169] können ausdrücklich berücksichtigt werden; neu ist die Bezugnahme auf sog. Klimaleistungsstufen.[170] 83

Umweltbezogene Aspekte i.S.d. § 97 Abs. 3 GWB sind bereits Bestandteil zahlreicher europäischer[171] und nationaler[172] Regelungen und Maßnahmen-Pakete zum Thema **Energiewende**, die im Fall ihres verpflichtenden Charakters unmittelbar § 128 Abs. 1 GWB unterfallen. Ihr Ziel ist insbesondere der Wechsel der Bereitstellung von fossilen Brenn- und Kernbrennstoffen auf erneuerbare Energiequellen sowie der Reduktion des Stromverbrauchs durch Energieeffizienz und Energieeinsparung.[173] In Umsetzung dieser Vorgaben sehen etwa § 67 VgV[174] und § 8c EU VOB/A vor, dass der öffentliche Auftraggeber bei **energieverbrauchsrelevanten Liefer-,** 84

161 *Haak*, NZBau 2015, 11 (12).
162 *Wiedemann,* in: Kulartz/Marx/Portz/Prieß, VOL/A, § 16 Rn. 330.
163 Gesetzesbegründung, BT-Drs. 18/6281, 68, 82; auch *Haak*, NZBau 2015, 11 (13).
164 Mitteilung der Kommission an das Europäische Parlament, den Rat, den Europäischen Wirtschafts- und Sozialausschuss und den Ausschuss der Regionen: „Ein Rahmen für die Klima- und Energiepolitik im Zeitraum 2020–2030" SWD (2017) 15 final.
165 Erwägungsgrund 91 RL 2014/24/EU; Erwägungsgrund 96 RL 2014/25/EU.
166 EuGH, Urteil v. 17.9.2002 – Rs. C-513/99 (Concordia), Rn. 57, 64.
167 EuGH, Urteil v. 4.12.2003 – Rs. C-448/01 (Wienstrom), Rn. 40.
168 Siehe auch *Müller-Wrede* zu § 127 Rn. 224.
169 Siehe auch *Müller-Wrede* zu § 127 Rn. 203; § 53 SektVO, § 59 VgV.
170 Art. 36 Abs. 1 RL 2014/23/EU.
171 Vgl. etwa RL 2009/28/EG (Erneuerbare-Energien-Richtlinie); RL 2009/29/EG (Emissionshandels-Richtlinie); RL 2009/33/EG (Richtlinie über die Förderung sauberer und energieeffizienter Straßenfahrzeuge; RL 2009/125/EG (Ökodesign-Richtlinie); RL 2009/125/EG (Ökodesign-Richtlinie); RL 2010/30/EU (Energieverbrauchskennzeichnungs-Richtlinie); RL 2010/31/EU (EU-Gebäuderichtlinie EPBD); RL 2012/27/EU (Energieeffizienzrichtlinie); VO (EG) 106/2008 (Energy-Star-Verordnung).
172 Vgl. etwa Reformiertes Erneuerbare-Energien-Gesetz (EEG 2014); Verordnung zur Kennzeichnung von energieverbrauchsrelevanten Produkten mit Angaben über den Verbrauch an Energie und an anderen wichtigen Ressourcen (Energieverbrauchskennzeichnungsverordnung, BGBl I 2013, 3221); Verordnung über Verbraucherinformationen zu Kraftstoffverbrauch, CO2-Emissionen und Stromverbrauch neuer Personenkraftwagen (PKW-EnVKV, BGBl. I 2015, 1474); „Eckpunkte für eine erfolgreiche Umsetzung der Energiewende" v. 1.7.2015, https://www.bmwi.de/BMWi/Redaktion/PDF/E/eckpunkte-energiewende,property=pdf,bereich=bmwi2012,sprache=de,rwb=true.pdf.
173 Eckpunkte zur Reform des Vergaberechts, Beschluss des Bundeskabinetts vom 7.1.2015, https://www.bmwi.de/BMWi/Redaktion/PDF/E/eckpunkte-zur-reform-des-vergaberechts,property=pdf,bereich=bmwi2012,sprache=de,rwb=true.pdf, 22.12.2015; *Haak*, NZBau 2015, 11.
174 Auch § 58 SektVO; zuvor § 4 Abs. 4 bis 9 VgV a.F.

Dienst- oder Bauleistungen in der Leistungsbeschreibung Anforderungen zur Energieeffizienz stellen und der Bieter Angaben zum Energieverbrauch tätigen muss.[175]

85 Zum Bereich der umweltbezogenen Aspekte zählen auch Vorgaben zur **Herstellung** der zu beschaffenden Ware ohne giftige Chemikalien, die **Lieferung** oder **Verwendung** fair gehandelter Waren, Anforderungen an die Anlieferung, Verpackung und **Entsorgung** von Waren und sowie die Abfallminimierung und Ressourceneffizienz.[176] Denkbar sind Verpflichtungen zur Verwendung von Recyclingstoffen, von FSC-zertifizierten Hölzern oder nachhaltig erzeugtem Palmöl zum Schutz der Tropenwälder. Umweltbezogene Aspekte können sich auch darauf beziehen, den Schadstoffausstoß von Dienst-[177] oder Transportfahrzeugen[178] zu begrenzen, die Brennstoffzellentechnologie zu fördern oder die Verwendung von Strom aus erneuerbaren Energiequellen vorzuschreiben.[179]

86 Es bleibt abzuwarten, in welchem Umfang die Auftraggeber den Spielraum zu weiteren umweltbezogenen Anforderungen nutzen werden. Bereits jetzt stellt sich das Geflecht der zwingenden Vorgaben als **unübersichtlich** und **kostenintensiv** dar. Die Bereitschaft, weitere Anforderungen in ein Beschaffungsvorhaben zu integrieren, dürfte voraussichtlich mit der sinkenden Spürbarkeit der damit bewirkten Erfolge abnehmen.

cc) Aspekte der Innovation

87 Aspekte der Innovation hatte der deutsche Gesetzgeber ebenfalls – über die ausdrücklichen Vorgaben der damals umzusetzenden Richtlinien[180] hinaus – bereits in **§ 97 Abs. 4 S. 2 GWB a.F.** integriert.[181] An diesem Aspekt hält § 97 Abs. 3 GWB fest.

88 Innovation als Förderung von Neuem[182] wird seitens des Richtliniengebers als Motor für Veränderungen bezeichnet.[183] Insbesondere soll die Beschaffung von Forschungs- und Entwicklungsleistungen für neue Lösungen gestärkt werden.[184] Es besteht ein enger Bezug zwischen Innovation und Nachhaltigkeit.[185] **Nachhaltigkeit** wiederum bezieht sich häufig auf umweltbezogene oder soziale Kriterien; in den Richtlinienerwägungen werden Begriffskombinationen in Form der „Öko-Innovationen"[186] und auch der „sozialen Nachhaltigkeit"[187] verwendet. Der in § 97 Abs. 3 GWB enthaltene Aspekt der Innovation weist damit Überschneidungen insbesondere zu den ebenfalls in § 97 Abs. 3 GWB ausdrücklich erwähnten umweltbezogenen und sozialen Aspekten auf.

89 Innovationen sollen nicht nur zu einem optimalen Preis-Leistungs-Verhältnis beitragen, sondern – so der Wunsch des Richtliniengebers – auch helfen, den „großen gesellschaftlichen Herausforderungen" zu begegnen.[188] Dabei wird unter **Innovation** gemäß Art. 5 Nr. 13 RL 2014/23/EU, Art. 2 Nr. 22 RL 2014/24/EU, Art. 2 Nr. 18 RL 2014/25/EU „die Realisierung von neuen oder deutlich verbesserten Waren, Dienstleistungen oder Verfahren, einschließlich

175 Gesetzesbegründung, BT-Dr. 18/6281, 82; zu den einzelnen Produktgruppen und dem Stand der Verabschiedung von Durchführungsmaßnahmen für die Ökodesign-Richtlinie (2009/125/EG) und die Energieverbrauchskennzeichnungs-Richtlinie (210/30/EG) vgl. Umweltbundesamt, Übersicht über den Stand der Prozesse zur Verabschiedung von Durchführungsmaßnahmen, Stand 18.12.2014, http://www.umweltbundesamt.de/sites/default/files/medien/376/dokumente/energieverbrauchsrelevante-produkte-richtlinie_uebersicht_ueber_den_stand_der_prozesse_zur_verabschiedung_von_durchfuehrungsmassnahmen_12_2014.pdf, 9.11.2015.

176 Erwägungsgrund 97 RL 2014/24/EU; Erwägungsgrund 102 RL 2014/25/EU.

177 Etwa durch die Anforderung, Fahrtstrecken und Emissionen zu minimieren; vgl. auch *Wiedemann,* in: Kulartz/Marx/Portz/Prieß, VOL/A, § 16 Rn. 330.

178 OLG Rostock, Beschluss v. 30.5.2005 – 17 Verg 4/05.

179 Schon Gesetzesbegründung, VergRModG 2009, BT-Drs. 16/10117, 16 f. (zu § 97 Abs. 4 S. 2 GWB a.F.).

180 Art. 38 S. 2 RL 2004/17/EG und Art. 26 S. 2 RL 2004/18/EG erwähnten „insbesondere soziale und umweltbezogene Aspekte".

181 RL 2004/17/EG und RL 2004/18/EG.

182 Erwägungsgrund 47 RL 2014/24/EU, Erwägungsgrund 57 RL 2014/25/EU: „neue Ideen".

183 Erwägungsgrund 95 RL 2014/24/EU; Erwägungsgrund 100 RL 2014/25/EU.

184 *Dreher,* in: Immenga/Mestmäcker, Wettbewerbsrecht, § 97 GWB Rn. 245.

185 Gesetzesbegründung, BT-Drs. 18/6281, 82: Hinter der Formulierung der innovativen Aspekte findet sich dort der Klammerzusatz „nachhaltig".

186 Erwägungsgrund 47 RL 2014/24/EU; Erwägungsgrund 57 RL 2014/25/EU.

187 Erwägungsgrund 95 RL 2014/24/EU.

188 Erwägungsgrund 47 RL 2014/24/EU; Erwägungsgrund 57 RL 2014/25/EU.

– aber nicht beschränkt auf – Produktions-, Bau- oder Konstruktionsverfahren, eine neue Vermarktungsmethode oder ein neues Organisationsverfahren in Bezug auf Geschäftspraxis, Abläufe am Arbeitsplatz oder externe Beziehungen, unter anderem mit dem Ziel, zur Bewältigung gesellschaftlicher Herausforderungen beizutragen oder die Strategie Europa 2020 für intelligentes, nachhaltiges und integratives Wachstum zu unterstützen" verstanden.

Flankierend zur Förderung von Aspekten der Innovation im Rahmen eines Beschaffungsvorhabens sollen bei der Verfahrensgestaltung „so oft wie möglich" Varianten, d.h. **Nebenangebote**, [189] zugelassen werden.[190] Zudem wurde die sogenannte **Innovationspartnerschaft** gemäß § 119 Abs. 7 GWB neu geschaffen,[191] die zur Anwendung kommen kann, wenn der Bedarf an der Entwicklung eines innovativen Produkts bzw. einer innovativen Dienstleistung nicht durch bereits auf dem Markt verfügbare Lösungen befriedigt werden kann.[192] Zur Förderung innovativer Aspekte ermöglicht zudem § 14 Abs. 3 Nr. 2, Abs. 4 Nr. 4 VgV Durchbrechungen des Grundsatzes nach § 119 Abs. 2 GWB, Aufträge im offen oder nicht offenen Verfahren mit Teilnahmewettbewerb zu vergeben. Gemäß Art. 41 Abs. 3 RL 2014/23/EU kann schließlich ausnahmsweise die Reihenfolge der Zuschlagsbedingungen geändert werden, um einer nicht vorhersehbaren innovativen Lösung Rechnung zu tragen. 90

Integriert der Auftraggeber Aspekte der Innovation in sein Beschaffungsvorhaben, stehen nicht konkrete Beschaffungsgegenstände bzw. Leistungen im Vordergrund der Ausschreibung, sondern die **Entwicklung (teilweiser) neuer Lösungen bzw. Lösungskonzepte**.[193] Je größer dabei der den Bietern eingeräumte Spielraum ist, desto größer kann die Innovationswirkung ausfallen.[194] Um die am Markt möglichen Umsetzungsmöglichkeiten zu nutzen, könnte ein öffentlicher Auftraggeber etwa eine Ausschreibung auf die Verpflichtung zur Entwicklung einer Energiedienstleistung für Raumklima beschränken, statt eine konkrete Klimaanlage auszuschreiben.[195] 91

dd) Aspekte der Qualität

Neu und ohne weitere nähere gesetzgeberische Begründung wurden in § 97 Abs. 3 GWB die Aspekte der Qualität aufgenommen. 92

Der Gesetzgeber greift mit dieser Formulierung indes ebenfalls auf Zielsetzungen in den Vergabemodernisierungsrichtlinien zurück. Mit der Vergaberechtsreform soll eine stärkere Ausrichtung der öffentlichen Auftragsvergabe auf die Qualität gefördert werden.[196] Dies kann etwa durch die Festlegung **angemessener Qualitätsstandards** in Form von technischen Spezifikationen oder von Bedingungen für die Auftragsausführung erfolgen.[197] Die nicht abschließend aufgeführten möglichen Zuschlagskriterien sollen die öffentlichen Auftraggeber ermutigen, „qualitativ hochwertige" Leistungen bzw. Produkte zu erhalten.[198] Vorgaben zur Einhaltung eines Qualitätsniveaus bei den im Rahmen der Auftragsausführung eingesetzten Mitarbeitern sollen etwa gemäß § 58 Abs. 2 S. 2 Nr. 2 VgV und § 52 Abs. 2 S. 2 Nr. 2 SektVO nunmehr unter bestimmten Voraussetzungen ein zulässiges Zuschlagskriterium darstellen können.[199] Zugrunde liegt die Erwägung, dass **Erfahrung, Qualifikation** und **Organisation** des bei der Auftragsausführung einzusetzenden Personals das Niveau der Auftragsausfüh- 93

189 Art. 45 RL 2014/24/EU; Art. 64 RL 2014/25/EU.
190 Erwägungsgrund 48 RL 2014/24/EU; Erwägungsgrund 58 RL 2014/25/EU; auch § 19 VgV; § 18 SektVO; kritisch *Summa,* in: Heiermann/Zeiss, Vergaberecht, § 97 GWB Rn. 190.
191 Hierzu ausführlich *Badenhausen-Fähnle*, VergabeR 2015, 743; *Neun/Otting,* EuZW 2014, 446 (449); Grundlage ist Art. 31 RL 2014/24/EU und Art. 49 RL 2014/25/EU.
192 Siehe auch *Knauff* zu § 119 Rn. 71 ff.; Erwägungsgrund 49 RL 2014/24/EU.
193 *Burgi,* in: NZBau 2011, 577 (579).
194 *Burgi,* in: NZBau 2011, 577 (579).
195 *Burgi,* in: NZBau 2011, 577 (579) mit weiteren Beispielen.
196 Etwa Erwägungsgründe 90, 94 und 104 RL 2014/24/EU; Erwägungsgründe 95 und 97 RL 2014/25/EU.
197 Erwägungsgrund 90 RL 2014/24/EU; Erwägungsgrund 95 RL 2014/25/EU.
198 Erwägungsgrund 92 RL 2014/24/EU; Erwägungsgrund 97 RL 2014/25/EU.
199 Art. 67 Abs. 2 lit. b RL 2014/24/EU; siehe auch Erwägungsgrund 94 RL 2014/24/EU; Erwägungsgrund 99 RL 2014/25/EU; so auch schon zu § 97 GWB a.F. *Wagner,* in: Langen/Bunte, Kartellrecht, § 97 GWB Rn. 64; a.A. *Latzel,* NZBau 2014, 673 (678), wonach es sich weiterhin um ein Eignungskriterium handeln sollte.

rung und damit den wirtschaftlichen Wert der Leistung maßgeblich bestimmen.[200] Die Schwierigkeit, dass Anforderungen an die Qualifikation des Personals zur unzulässigen Vermengung von Eignungs- und Zuschlagskriterien führen können,[201] bleibt indes bestehen. Im Einzelnen werden die Voraussetzungen, unter denen Aspekte der Qualität in die Vergabeverfahren integriert werden können, im Rahmen der nach § 113 GWB erlassenen Rechtsverordnungen geregelt.[202]

b) Kein abschließender Charakter

94 Die Aufzählung der konkret benannten vier Aspekte in § 97 Abs. 3 GWB vermittelt den Eindruck der Abgeschlossenheit. Der in § 97 Abs. 4 S. 2 GWB a.F.[203] enthaltene Zusatz **„insbesondere"** findet sich nicht mehr. Die Erwägungen des Richtlinien- und des Gesetzgebers sowie die Regelungen in Teil 4 des GWB sprechen jedoch dafür, dass über die in § 97 Abs. 3 GWB bezeichneten strategischen Ziele hinaus weitere politikorientierte Aspekte im Vierten Teil Berücksichtigung finden können.

95 Dies bezieht sich zunächst auf die in § 97 Abs. 3 GWB nicht erwähnten **arbeitsrechtlichen Aspekte**. die zwar Überschneidungen mit den sozialen Aspekte aufweisen, jedoch sowohl aus Sicht des Gesetzgebers[204] als auch des EU-Richtliniengebers[205] neben diesen Aspekten stehen. Die Vergabemodernisierungsrichtlinien bezwecken u.a. eine sogenannte verschärfte Arbeitsrechtstreue.[206] Auch im Rahmen der Gesetzesbegründung wird darauf hingewiesen, dass ein Anreiz geschaffen werden soll, internationale Standards zur Unternehmensverantwortung einzuhalten.[207] Entsprechend findet sich in § 128 Abs. 1 GWB die explizite Forderung, dass Unternehmen bei der Ausführung des öffentlichen Auftrags die geltenden Verpflichtungen unter anderem im Bereich des Arbeitsrechts einzuhalten haben. Gemäß § 124 Abs. 1 Nr. 1, Abs. 2 GWB können Verstöße gegen arbeitsrechtliche Verpflichtungen zudem zum Ausschluss führen. Denkbar wäre darüber hinaus, dass die Auftraggeber zur Effektuierung der Durchsetzung einen Verstoß gegen arbeitsrechtliche Vorschriften zum obligatorischen Ausschlussgrund erklären.[208] Schließlich erstreckt sich die Prüfung ungewöhnlich niedriger Angebote gemäß § 60 Abs. 2 S. 2 Nr. 4 VgV und § 54 Abs. 2 S. 2 Nr. 4 SektVO ausdrücklich auch auf die Einhaltung der Verpflichtungen nach § 128 Abs. 1 GWB, insbesondere der geltenden umwelt-, sozial- und arbeitsrechtlichen Vorschriften. Soweit die Bundesrepublik Deutschland zudem die in Art. 30 Abs. 3 RL 2014/23/EU, Art. 18 Abs. 2 RL 2014/18/EU, Art. 36 Abs. 2 RL 2014/25/EU ausdrücklich in Bezug genommenen internationalen arbeitsrechtlichen Vorschriften gemäß Anhang X (**ILO-Kernarbeitsnormen**) ratifiziert und in deutsche Gesetze umgesetzt hat, bleibt es erklärtes Ziel, ihre Einhaltung durch die Unternehmen zu verbessern. Es erscheint insoweit wenig kohärent, dass in § 97 Abs. 3 GWB auf einen Verweis des strategischen Ziels der arbeitsrechtlichen Aspekte bzw. einen Hinweis auf den allein beispielhaften Charakter verzichtet wurde.

96 Aus § 128 Abs. 2 S. 3 GWB folgt ebenfalls, dass das Gebiet möglicher, in ein Vergabeverfahren zu integrierender strategischer Ziele nicht auf die vier in § 97 Abs. 3 GWB genannten Aspekte beschränkt ist. § 128 Abs. 2 S. 3 GWB nennt als denkbare Regelungsgegenstände der Ausführungsbedingungen über § 97 Abs. 3 GWB hinaus explizit **wirtschaftliche und beschäftigungspolitische Belange** sowie den **Schutz der Vertraulichkeit von Informationen**. Zu-

200 Erwägungsgrund 94 RL 2014/24/EU; Erwägungsgrund 99 RL 2014/25/EU.
201 Hierzu EuGH, Urteil v. 12.11.2009 – Rs. C-199/07 (ERGA OSE), Rn. 56; OLG Celle, Beschluss v. 12.1.2012 – 13 Verg 9/11; ausführlich *Wagner*, in: Langen/Bunte, Kartellrecht, § 97 GWB Rn. 64.
202 Etwa §§ 46, 49, 58 Abs. 2 VgV; §§ 49, 52 Abs. 2 SektVO.
203 Entsprechend Art. 38 S. 2 RL 2004/17/EG; Art. 26 S. 2 RL 2004/18/EG.
204 Vgl. § 128 Abs. 2 S. 3 GWB.
205 Vgl. Art. 18 Abs. 2 RL 2014/24/EU.
206 Gesetzesbegründung, BT-Drs. 18/6281, 1; vgl. auch *Burgi*, NZBau 2015, 597 (600); *Latzel*, NZBau 2014, 673 (680).
207 Gesetzesbegründung, BT-Drs. 18/6281, 1.
208 Vgl. auch *Latzel*, NZBau 2014, 673 (675); Die grundsätzliche Verpflichtung zur Einhaltung der ILO-Kernarbeitsnormen im Rahmen der besonderen Ausführungsbedingungen kann im Hinblick auf den erforderlichen Auftragsbezug dagegen problematisch sein.

dem verdeutlicht der dort vorhandene „insbesondere"-Zusatz, dass diese Aufzählung – wie bereits in § 97 Abs. 4 S. 2 GWB a.F.[209] – nicht abschließend ist.

97 Schließlich eröffnet der in § 97 Abs. 3 GWB genannte Aspekt der **Innovation** Raum für die Einbindung vielfältiger Aspekte. Diesem Aspekt ist keine inhaltliche Beschränkung auf bestimmte Ziele zu entnehmen; einzige Voraussetzung für das Vorliegen eines innovativen Aspekts ist der Bezug auf etwas – teilweise – Neues.[210] Der Formulierung kommt damit ein weiter, einer Öffnungsklausel vergleichbarer Anwendungsbereich zu.[211]

c) Öffnungsklausel für die Länder

98 § 97 Abs. 3 GWB enthält keine der früheren Regelung in § 97 Abs. 4 S. 3 GWB entsprechende Öffnungsklausel für ergänzende Regelungen der Länder mehr. Diese Möglichkeit findet sich nunmehr in § 129 GWB im Zusammenhang mit der Formulierung von zwingend zu berücksichtigenden Ausführungsbedingungen.[212]

2. Anknüpfungspunkte für die Berücksichtigung der Aspekte

99 § 97 Abs. 3 GWB bezieht sich auf die Feststellung, dass die genannten Aspekte nach Maßgabe des Teil 4 des GWB Berücksichtigung finden; dies schließt das gesamte – im Ablauf erstmals im GWB skizzierte – Vergabeverfahren von der Bedarfsfestlegung bis zur Auftragsausführung ein. Neben der Möglichkeit, bereits durch Beschränkungen des Bieterkreises gemäß § 118 GWB sozialen Aspekten nach § 97 Abs. 3 GWB Geltung zu verschaffen, bietet sich insbesondere die Einbindung strategischer Aspekte im Rahmen der Leistungsbeschreibung, der Abfassung von Eignungs- und Zuschlagskriterien und der Formulierung besonderer Ausführungsbedingungen an.

a) Leistungsbeschreibung

100 Nach der internen und grundsätzlich der Privatautonomie unterliegenden Bedarfsfeststellung seitens des öffentlichen Auftraggebers[213] eröffnet die Leistungsbeschreibung gemäß § 121 GWB[214] den **zeitlich ersten Anknüpfungspunkt** für die Einbindung strategischer Ziele im Sinne des § 97 Abs. 3 GWB. Die Leistungsbeschreibung dient als *„Kernstück der Vergabeunterlagen"*[215] der Definition der Beschaffenheit bzw. des Ergebnisses der auftragsgegenständlichen Ware oder Leistung.[216]

101 Der erstmals in das GWB integrierten Regelung zur Leistungsbeschreibung in § 121 GWB lässt sich keine ausdrückliche Bezugnahme auf die Aspekte des § 97 Abs. 3 GWB entnehmen. Die Berücksichtigungsfähigkeit folgt jedoch aus den gemäß § 113 GWB zur Konkretisierung der in Teil 4 des GWB verfassten Regelungen erlassenen VergRModVO.

102 Die in der Leistungsbeschreibung zu formulierenden Merkmale des Auftragsgegenstandes können in Form von **Leistungs- oder Funktionsanforderungen**, die sich ausdrücklich auf Umweltmerkmale oder die Beschreibung einer zu lösenden Aufgabe (innovative Aspekte) beziehen können, formuliert werden.[217] In § 31 Abs. 3 VgV, § 28 Abs. 3 SektVO und § 15 Abs. 2 KonzVgV wird zudem darauf verwiesen, dass – entsprechend § 127 Abs. 3 GWB – die Merkmale der Leistungsbeschreibung keine materiellen Bestandteile der Leistung umschreiben müssen, sondern insbesondere auch den Herstellungsprozess oder Lebenszyklus betreffen

---

209 Vgl. auch *Ziekow,* in: Ziekow/Völlink, Vergaberecht, § 97 GWB Rn. 86.
210 Kritisch zum Begriff der Innovation *Wagner,* VergabeR 2015, 389 (391).
211 Kritisch hierzu *Summa,* in: Heiermann/Zeiss, Vergaberecht, § 97 GWB Rn. 190.
212 Siehe dazu *Pfohl* zu § 129. Die erhoffte Abkehr von der „Kleinstaaterei" ist damit nur so weit gelungen, wie der Bund unter großzügiger Auslegung von Art. 74 Abs. 1 Nr. 11 GG von seiner Gesetzgebungskompetenz in Teil 4 des GWB Gebrauch gemacht hat; vgl. hierzu auch *Burgi,* NZBau 2015, 567 (599, 601, 602); *Summa,* NZBau 2015, 329 (330).
213 Hierzu *Dreher,* in: Immenga/Mestmäcker, Wettbewerbsrecht, § 99 GWB Rn. 13 ff.
214 Siehe dazu *Traupel* zu § 121 GWB.
215 VK Niedersachsen, Beschluss v. 12.4.2002 – 203-VgK-05/02.
216 *Diehrs, in:* Reidt/Stickler/Glahs, Vergaberecht, § 97 GWB Rn. 91.
217 § 31 Abs. 2 S. 1 Nr. 1 VgV entsprechend Art. 42 Abs. 3 lit. a RL 2014/24/EU i.V.m. Anhang VII sowie § 28 Abs. 2 S. 1 Nr. 1 SektVO entsprechend Art. 60 RL 2014/25/EU.

können.[218] Ausweislich der Gesetzesbegründung dienen diese Regelungen ausdrücklich der Klarstellung, dass bei einer Leistungsbeschreibung auch zusätzliche Kriterien wie etwa soziale, umweltbezogene und qualitative Aspekte Berücksichtigung finden können.[219]

103 Durch das Instrument der **funktionalen Leistungsbeschreibungen** werden zudem innovative Konzepte angeregt, da der Bieter selbst Lösungskonzepte für die vorgegebenen Funktionen entwickeln muss.[220] Dem Willen des Richtliniengebers nach soll – insbesondere zur Förderung der Innovation – gerade das Instrument der funktionalen Leistungsbeschreibung breit angewendet werden.[221] Die geforderten Eigenschaften müssen zudem weiterhin gemäß § 121 Abs. 1 GWB eindeutig und erschöpfend beschrieben werden.[222]

104 Ausweislich der Begründung zur VergRModVO ist nunmehr eine **Öffnung der Leistungsbeschreibung** für alle in § 97 Abs. 3 GWB genannten strategischen Aspekte beabsichtigt.[223] Die Formulierung, dass in die Leistungsbeschreibung „auch zusätzliche Kriterien wie etwa soziale, umweltbezogene und qualitative Aspekte" aufgenommen werden können, dürfte zu einer signifikanten Erweiterung des bisherigen Rahmens führen. Bislang[224] war es lediglich möglich, technische Spezifikationen insbesondere in Form von Leistungs- und Funktionsanforderungen zu formulieren und über dieses Instrument Innovationen zu fördern.[225] Ausdrücklich geregelt war zudem die Option, technische Spezifikationen hinsichtlich konkret zu benennender Umwelteigenschaften[226] und nutzerbezogene sozialpolitische orientierte Spezifikationen – insbesondere in Form der Zugänglichkeit für Behinderte – aufzustellen.[227]

b) Eignung

105 **Zeitlich nächster Anknüpfungspunkt** für die Einbindung strategischer Aspekte gemäß § 97 Abs. 3 GWB in das Vergabeverfahren ist die Eignungsprüfung, die nunmehr erstmals in §§ 122 bis 126 im GWB-Vergaberecht normiert wird.

106 Bedeutung erlangen die Aspekte des § 97 Abs. 3 GWB hier einerseits bei der **Vorauswahl**, ob die Eignung eines Bieters infolge eines absoluten oder fakultativen Ausschlussgrundes von vornherein zu verneinen ist, und andererseits bei der **Bestimmung positiver Eignungskriterien**.

aa) Ausschlussgründe

107 Die in § 97 Abs. 3 GWB genannten Aspekte erlangen prägnant im Rahmen des **fakultativen Ausschlussgrundes** nach § 124 Abs. 1 Nr. 1 GWB Bedeutung. Gemäß § 124 Abs. 1 Nr. 1 GWB können Unternehmen zu jedem Zeitpunkt des Vergabeverfahrens von der Teilnahme ausgeschlossen werden, wenn sie nachweislich bei der Ausführung öffentlicher Aufträge gegen umwelt-, sozial- oder arbeitsrechtliche Verpflichtungen verstoßen haben. Derartige Verstöße stellen die zu fordernde Gesetzestreue des Bieters nachhaltig in Frage. Soweit der Wortlaut des § 124 Abs. 1 GWB dem öffentlichen Auftraggeber ein Ermessen einräumt, ob er diesen Verstoß zum Anlass eines Ausschlusses nimmt, ist im Hinblick auf die Forderungen des Richtliniengebers, auf die Einhaltung bestehender Verpflichtungen zu achten,[228] von einem

218 Entsprechend Art. 36 Abs. 1 UAbs. 2 RL 2014/23/EU; Art. 42 Abs. 1 UAbs. 2 RL 2014/44/EU; Art. 60 Abs. 1 UAbs. 2 RL 2014/25/EU.
219 Gesetzesbegründung, BT-Drs. 18/6281,166.
220 *Burgi*, NZBau 2015, 597 (600).
221 Erwägungsgrund 74 RL 2014/24/EU; Erwägungsgrund 83 RL 2014/25/EU.
222 Siehe dazu *Traupel* zu § 121 Rn. 24 ff.
223 Verordnungsbegründung, VergRModVO, BR-Drs. 87/16, 184.
224 Ausführlich zur Rechtslage vor Inkrafttreten der Vergaberechtsreform *Dreher*, in: Immenga/Mestmäcker, Wettbewerbsrecht, § 97 GWB Rn. 239 und § 99 GWB Rn. 26 ff.
225 Vgl. § 7 EG Abs. 4 Nr. 2 VOB/A 2012; § 8 EG Abs. 2 Nr. 3 VOL/A; näher *Burgi*, NZBau 2011, 577 (581), wonach diese Möglichkeit indes stets unterschätzt wurde.
226 Vgl. Art. 23 Abs. 3 lit. b RL 2004/18/EG nebst Anhang VI Nr. 1 RL 2004/18/EG, Art. 34 Abs. 3 lit. b RL 2004/17/EG; § 8 EG Abs. 5 VOL/A, § 4 Abs. 6 Nr. 1 VgV a.F. verweist auf § 8 EG VOL/A; § 7 EG Abs. 7 VOB/A 2012; auch *Burgi*, NZBau 2015, 597 (600).
227 Art. 23 Abs. 1 RL 2004/18/EG; Art. 34 Abs. 1 RL 2004/17/EG.
228 Art. 30 Abs. 3 RL 2014/23/EU; Art. 18 Abs. 2 RL 2014/24/EU; Art. 36 Abs. 2 RL 2014/25/EU.

weitgehend gebundenen Ermessen auszugehen. Ein nachgewiesener Verstoß dürfte regelmäßig zum Ausschluss führen.[229]

Zum anderen kann gemäß § 124 Nr. 8 GWB ein Bieter vom Verfahren ausgeschlossen werden, wenn er die **erforderlichen Nachweise nicht vorlegen kann**. Diese Nachweise können sich etwa auf Angaben beziehen, die zur Berücksichtigung von Aspekten des § 97 Abs. 3 GWB aufgestellt wurden. 108

Schließlich sind Bieter von einer Teilnahme am Vergabeverfahren gemäß § 124 Abs. 2 GWB ausgeschlossen, soweit dies **spezialgesetzlich** geregelt ist. Dies umfasst insbesondere die im Falle eines Verstoßes gegen die Vorgaben der §§ 1, 3 MiLoG in § 19 MiLoG vorgesehene Vergabesperre.[230] 109

bb) Eignungskriterien

Die Berücksichtigung der in § 97 Abs. 3 GWB genannten Aspekte kann zudem bei der positiven Abfassung der Eignungskriterien gemäß § 123 Abs. 2 GWB erfolgen. Eignungskriterien legen fest, welche **persönlichen und fachlichen Anforderungen** öffentliche Auftraggeber an die Bieter stellen, damit diese sich überhaupt an einem Wettbewerb um öffentliche Aufträge beteiligen können. In **Abgrenzung zu den Zuschlagskriterien** beziehen sie sich – jedenfalls im Schwerpunkt[231] – auf Eigenschaften des Unternehmers, nicht der Wirtschaftlichkeit der angebotenen Leistung.[232] Ebenso wie im Rahmen der Leistungsbeschreibung gemäß § 121 GWB findet sich auch in § 122 GWB kein ausdrücklicher Hinweis auf die in § 97 Abs. 3 GWB genannten Aspekte. 110

Im Hinblick auf den **abschließenden Charakter** der zulässigen Eignungskriterien[233] des § 122 Abs. 2 GWB besteht weiterhin nur beschränkter Raum für die Einbindung strategischer Aspekte in die Eignungsprüfung. Anknüpfungspunkte bieten insbesondere zu formulierende Anforderungen an die **technische Leistungsfähigkeit** i.S.d. § 122 Abs. 2 Nr. 3 GWB. Welche Kriterien konkret zulässig sind, ergibt sich erst aus den gemäß § 113 GWB erlassenen Vergabeverordnungen.[234] 111

Qualitative Aspekte gemäß § 97 Abs. 3 GWB soll etwa § 46 Abs. 1 S. 1 VgV aufgreifen, wonach der öffentliche Auftraggeber u.a. Anforderungen stellen kann, die sicherstellen, dass der Bieter über die erforderlichen Mittel und ausreichenden Erfahrungen verfügt, um den Auftrag in angemessener Qualität auszuführen. § 46 Abs. 3 Nr. 2 und Nr. 3 VgV sowie § 49 Abs. 1 SektVO beziehen sich auf Anforderungen hinsichtlich der Qualitätskontrolle, Qualitätssicherung sowie entsprechender Qualitätssicherungssysteme.[235] 112

Die Regelungen in § 46 Abs. 3 Nr. 1 und Nr. 2 VgV betreffen im Hinblick auf zu fordernde Referenzen u.a. die **Erfahrungen** und hinsichtlich der Angabe zu technischen Fachkräften die **Qualifikationen** der Mitarbeiter.[236] Beide Gesichtspunkte werden ausdrücklich – in Umsetzung von Art. 67 Abs. 2 lit. b RL 2014/24/EU, Art. 82 Abs. 2 lit. b RL 2014/25/EU – auch im Rahmen von § 58 Abs. 2 S. 2 Nr. 2 VgV und § 52 Abs. 2 S. 2 Nr. 2 SektVO als mögliche Zuschlagskriterien benannt. Die Problematik der Abgrenzung bzw. unzulässigen Vermengung von Eignungs- und Zuschlagskriterien bleibt damit bestehen.[237] Wesentlich für die Einordnung ist nach der Judikatur des EuGH insbesondere, ob es um das Personal und die Erfahrung der Bieter im Allgemeinen geht (Eignungskriterium), oder aber um das Personal und die Erfahrung 113

229 So schon für § 97 Abs. 4 S. 1 GWB a.F.: *Frenz,* in: Willenbruch/Wieddekind, Vergaberecht, § 97 GWB Rn. 35.
230 § 124 Abs. 2 GWB nimmt zudem Bezug auf § 21 AEntG, § 98 AufenthG, § 21 SchwarzArbG.
231 OLG Celle, Beschluss v. 12.1.2012 – 13 Verg 9/11.
232 *Wagner,* in: Langen/Bunte, Kartellrecht, § 97 GWB Rn. 63.
233 Grundlegend hierzu bereits EuGH, Urteil v. 20.9.1988 – Rs. 31/87 (Beentjes), Rn. 17.
234 Gesetzesbegründung, BT-Drs. 18/6281, 124.
235 Vgl. Art. 62 RL 2014/24/EU; zuvor schon § 7 EG Abs. 3 lit. b und lit. c VOL/A.
236 Art. 58 Abs. 4 RL 2014/24/EU.
237 Vgl. EuGH, Urteil v. 26.3.2015 – Rs. C-601/13 (Ambisig), Rn. 35; Urteil v. 12.11.2009 – Rs. C-199/07 (Kommission/Hellenische Republik), Rn. 51 ff.; Urteil v. 24.1.2008 – Rs. C-532/06 (Lianakis), Rn. 26 ff.; OLG Düsseldorf, Beschluss v. 29.4.2014 – VII-Verg 35/14; Beschluss v. 16.5.2011 – VII-Verg 44/11; vgl. auch *Latzel,* NZBau 2014, 673 (678); *Willenbruch,* VergabeR 2015, 322 (326).

der Personen, die ein bestimmtes Team bilden, welche ganz konkret den Auftrag auszuführen haben (Zuschlagskriterien).[238]

114 Die **umweltbezogenen Eignungskriterien** finden sich in § 46 Abs. 3 Nr. 7 VgV und § 49 Abs. 2 SektVO, wonach Angaben zu Umweltmanagementmaßnahmen,[239] die das Unternehmen während der Auftragsausführung anwendet, gefordert werden dürfen. Schließlich verweist § 46 Abs. 3 Nr. 4 VgV durch die dort erwähnten Angaben zu einem Lieferkettenmanagement- und -überwachungssystem darauf, dass neben umweltbezogenen Aspekten auch **soziale Aspekte** die Eignung des Bieters mitbestimmen können. Dies gilt auch für die Forderung nach dem Vorhandensein eines Arbeitsschutzmanagementsystems.[240]

115 Im Bereich möglicher Eignungskriterien wird die Vergaberechtsreform 2016 insgesamt voraussichtlich nicht zu einer signifikanten Erweiterung der Einbindung strategischer Aspekte führen.[241]

c) Zuschlagskriterien

116 Eine maßgebliche Bedeutung kommt den Aspekten des § 97 Abs. 3 GWB bei der Zuschlagserteilung zu. Gemäß § 127 Abs. 1 S. 1 GWB wird der Zuschlag – wie bereits gemäß § 97 Abs. 5 GWB a.F. – auf das wirtschaftlichste Angebot erteilt. Grundlage der Ermittlung des wirtschaftlichsten Angebots ist die Bewertung, ob und wieweit das Angebot die aufgestellten Zuschlagskriterien erfüllt. Die Aufzählung der Zuschlagskriterien in § 127 GWB ist – dies betont der Gesetzgeber ausdrücklich – **nicht abschließend**; es bleibt dem freien Ermessen des öffentlichen Auftraggebers überlassen, auf welche Kriterien für die Erteilung des Zuschlags er tatsächlich abstellen möchte.[242]

117 Gemäß § 127 Abs. 1 S. 4 GWB kann das wirtschaftlichste Angebot, d.h. das beste Preis-Leistungs-Verhältnis im Sinne von § 127 Abs. 1 S. 3 GWB, ausdrücklich unter Berücksichtigung qualitativer, umweltbezogener oder sozialer Aspekte ermittelt werden.[243] Damit wird erstmals explizit formuliert, dass die genannten strategischen Aspekte die Zuschlagsentscheidung beeinflussen können. Auch hier soll die **weitere Konkretisierung auf Ebene der Rechtsverordnungen** erfolgen;[244] Anknüpfungspunkte sind etwa § 58 Abs. 2 S. 2 Nr. 1 VgV, § 52 Abs. 2 S. 2 Nr. 1 SektVO, § 31 Abs. 1 KonzVgV. Erstmals[245] findet sich in § 58 Abs. 2 S. 2 Nr. 1 VgV, § 52 Abs. 2 S. 2 Nr. 2 SektVO und § 16d EU Abs. 2 Nr. 2 S. 2 lit. b VOB/A die Bestimmung, dass die **Qualifikation des konkret einzusetzenden Personals**[246] ein zulässiges Zuschlagskriterium darstellt, sofern die Qualität des Personals erheblichen Einfluss auf das Niveau der Auftragsausführung haben kann.[247] In – im Einzelfall problematischer – Abgrenzung zu Eignungskriterien dürfte sich dies unter Berücksichtigung der Rechtsprechung des EuGH[248] nicht auf allgemeine Vorerfahrungen des Bieters, sondern die Qualifikation der tatsächlich nachfolgend mit der Auftragsausführung zu betrauenden Mitarbeiter beziehen. Die Regelung ist nicht dahin gehend zu verstehen, dass die Qualifikation der Mitarbeiter stets ein zulässiges Zuschlagskriterium darstellt. Die ausdrückliche Erwähnung im Rahmen der Zuschlagskriterien

---

238 EuGH, Urteil v. 26.3.2015 – Rs. C-601/13 (Ambisig), Rn. 26.

239 Hierzu auch Erwägungsgrund 67 RL 2014/23; Erwägungsgrund 88 RL 2014/24/EU; Erwägungsgrund 93 RL 2014/25; vgl. auch § 7 EG Abs. 10 und Abs. 11 VOL/A; *Opitz,* in: Dreher/Motzke, Vergaberecht, § 97 GWB Rn. 86; *Ziekow,* in: Ziekow/Völlink, Vergaberecht, § 97 GWB Rn. 153.

240 VK Bund, Beschluss v. 11.6.2012 – VK 3-51/12.

241 Vgl. Beispiele nach alter Rechtslage bei *Weyand,* Vergaberecht, § 97 GWB Rn. 744 ff.

242 Gesetzesbegründung, BT-Drs. 18/6281, 138.

243 Siehe hierzu *Müller-Wrede* zu § 127 Rn. 192.

244 Gesetzesbegründung, BT-Drs. 18/6281, 137.

245 Mit sehr eingeschränktem Anwendungsbereich bestanden zuvor in § 4 Abs. 2 S. 2 bis 4 und § 5 Abs. 1 S. 2 bis 4 VgV a.F.

246 Art. 67 Abs. 2 lit. b RL 2014/24/EU; § 58 Abs. 2 S. 2 Nr. 2 VgV.

247 Vgl. auch EuGH, Urteil v. 26.3.2015 – Rs. C-601/13 (Ambisig), Rn. 26 ausdrücklich zur Zulässigkeit als Zuschlagskriterien, sofern es sich um das im konkreten Auftrag einzusetzende Team handelt; OLG Düsseldorf, Beschluss v. 21.10.2015 – VII-Verg 28/14.

248 EuGH, Urteil v. 26.3.2015 – Rs. C-601/13 (Ambisig), Rn. 26.

könnte jedoch zu einer **Lockerung der strikten Trennung zwischen Eignungs- und Zuschlagskriterien** führen.[249]

118 Im Übrigen beschränken sich § 58 Abs. 2 S. 2 VgV, § 52 Abs. 2 S. 2 SektVO, § 31 Abs. 1 KonzVgV und § 16d EU Abs. 2 Nr. 1 S. 3 VOB/A im Wesentlichen auf eine Wiederholung von § 127 GWB, soweit betont wird, dass „auch qualitative, umweltbezogene oder soziale Zuschlagskriterien berücksichtigt werden" können, „insbesondere die Qualität (...), Zugänglichkeit der Leistung insbesondere für Menschen mit Behinderungen, ihrer Übereinstimmung mit Anforderungen des Designs für alle, soziale, umweltbezogener und innovativer Eigenschaften sowie Vertriebs- und Handelsbedingungen". Es bleibt der **Gestaltungsentscheidung** des einzelnen Auftraggebers überlassen, ob und wie er diese strategischen Aspekte als Zuschlagskriterien berücksichtigen möchte.

119 Der Regelung des § 127 GWB dürfte damit **überwiegend klarstellender Charakter** zukommen. Schon die in § 97 Abs. 4 S. 1 GWB a.F. aufgeführten Grundsätze für die Auftragsvergabe umfassten unter Berücksichtigung der Vorgaben in Art. 55 Abs. 1 lit. a RL 2004/17/EG, Art. 53 Abs. 1 lit. a RL 2004/18/EG u.a. „Qualität (...), Umwelteigenschaften,[250] Betriebskosten, Rentabilität, Kundendienst und technische Hilfe (...)". Erwägungsgrund 46 RL 2004/18/EG wies zudem darauf hin, dass Kriterien zur Erfüllung **sozialer Anforderungen**, etwa in Bezug auf die Bedürfnisse besonders benachteiligter Bevölkerungsgruppen, im Rahmen der Zuschlagserteilung berücksichtigt werden konnten.[251] Gemäß klarstellender Rechtsprechung des EuGH handelte es sich zudem nicht um eine abschließende Auflistung.[252]

d) Ausführungsbedingungen

120 Schließlich besteht ein letzter Anknüpfungspunkt für die Einbeziehung der strategischen Aspekte des § 97 Abs. 3 GWB in der Abfassung besonderer Ausführungsbedingungen gemäß § 128 Abs. 2 GWB. Diese Bedingungen stellen **Verhaltensanweisungen** an das ausführende Unternehmen für die Ausführung des Auftrages dar; sie beziehen sich auf die Art und Weise der Durchführung des Auftrages. Regelungstechnisch handelt es sich um Vertragsbedingungen, die dem Auftragnehmer zwingend zur Beachtung und Einhaltung vorgegeben werden.[253] Die **Abgrenzung zu Leistungsanforderungen** i.S.v. § 121 GWB, die ebenfalls die Auftragsausführung betreffen, bleibt im Einzelfall problematisch.[254] Gleiches gilt für eine Trennung zum Bereich der **Eignungskriterien**.[255]

121 § 128 Abs. 2 S. 2 GWB erwähnt explizit, dass derartige besondere Bedingungen für die Ausführung eines Auftrages „insbesondere wirtschaftliche, innovationsbezogene, umweltbezogene, soziale oder beschäftigungspolitische Belange oder den Schutz der Vertraulichkeit von Informationen umfassen" können. Dem insoweit deutlichen Wortlaut nach handelt es sich um eine lediglich **beispielhafte Aufzählung**. Der Gesetzgeber misst Ausführungsbedingungen eine „wichtige Steuerungswirkung zu",[256] von der die öffentlichen Auftraggeber durch eigene gestalterische Entscheidungen in weitem Umfang Gebrauch machen können.

122 Die Eingliederung der Aspekte nach § 97 Abs. 3 GWB in die Ausführungsbedingungen verschafft dem öffentlichen Auftraggeber – über die vergaberechtliche Möglichkeit eines Ausschlusses im Fall der Verweigerung der entsprechenden Verpflichtungserklärung hinaus[257] – vertragliche Sanktionsmittel für den Fall der Nichterfüllung. Wird etwa die Beschäftigung eines festgelegten Anteils Langzeitarbeitsloser oder die Umsetzung einer Ausbildungsmaß-

249 *Petersen,* VergabeR 2015, 8 (19).
250 Vgl. auch § 19 EG Abs. 9 VOL/A; § 16 EG Abs. 7 VOB/A 2012.
251 Kritisch *Frenz,* in: Willenbruch/Wieddekind, Vergaberecht, § 97 GWB Rn. 60 m.w.N.
252 EuGH, Urteil v. 10.5.2012 – Rs. C-368/10 (Max Havelaar), Rn. 84.
253 Gesetzesbegründung, BT-Drs. 18/6281, 140.
254 Schon zu § 97 Abs. 4 S. 2 GWB a.F. kritisch *Dreher,* in: Immenga/Mestmäcker, Wettbewerbsrecht, § 97 GWB Rn. 261; *Diehr,* in: Reidt/Stickler/Glahs, Vergaberecht, § 97 GWB Rn. 88 ff.
255 EuGH, Urteil v. 10.5.2012 – Rs. C-368/10 (Max Havelaar), Rn. 103 ff.; VK Bund, Beschluss v. 24.6.2014 – VK 2-39/14 zur sog. „No-Spy-Klausel" gemäß Erlass des Bundesinnenministeriums vom 30.4.2014, die als Ausführungsbedingung, mangels Bieterbezogenheit jedoch nicht als Eignungskriterium eingeordnet wurde.
256 Gesetzesbegründung, BT-Drs. 18/6281, 140.
257 OLG Düsseldorf, Beschluss v. 15.7.2015 – VII-Verg 11/15.

nahme für Arbeitslose während der Auftragsausführung gefordert, kann sich der Auftraggeber für den Fall der Pflichtverletzung das Fordern einer **Vertragsstrafe** oder die Ausübungen eines **außerordentlichen Kündigungsrechts** vorbehalten. Denkbar ist auch eine **Vergabesperre** für zukünftige Verfahren.

123 Der Gesetzgeber knüpft mit § 128 Abs. 2 GWB an die frühere Regelung in **§ 97 Abs. 4 S. 2 GWB a.F.** an. Ausführungsbedingungen boten schon nach Art. 38 S. 2 RL 2004/17/EG und Art. 26 S. 2 RL 2004/18/EG einen Regelungsort für die Berücksichtigung strategischer Ziele.[258] Der in § 97 Abs. 4 S. 2 GWB a.F. vorhandene Zusatz „insbesondere" verdeutlichte dabei auch, dass die ausdrückliche Erwähnung sozialer und umweltbezogener Aspekte nicht abschließend aufzufassen war.

124 Die weitergehende Anregung der Ausschüsse des Bundesrates, öffentliche Auftraggeber zu verpflichten, in besonderen Ausführungsbedingungen allen offensichtlich durch die Ausführung nachteilig berührten **umweltbezogenen Belangen** im Rahmen des wirtschaftlich Vertretbaren Rechnung zu tragen,[259] wurde nicht übernommen.

3. Verbindung zum Auftrag

a) Grundsätze

125 Da § 97 Abs. 3 GWB auf die Darstellung der konkreten Anforderungen an die Verfolgung strategischer Ziele innerhalb eines Beschaffungsvorhabens verzichtet, finden sich – anders als in § 97 Abs. 4 S. 2 GWB a.F. – auch keine Angaben, ob eine Verbindung zwischen den Aspekten des § 97 Abs. 3 GWB und dem Auftrag erforderlich ist. Dies ergibt sich jedoch aus den **einzelnen Vorschriften**, die sich mit Anknüpfungspunkten für die Einbindung der strategischen Ziele befassen.

126 Grundsätzlich ist an die Stelle des Bezugs zum Auftrag[260] /Auftragsgegenstand[261] bzw. des sachlichen Zusammenhangs[262] der Begriff der **Verbindung** getreten.[263] Diese Verbindung muss sich nicht auf das Produkt bzw. die Leistung selbst beziehen; die aus § 97 Abs. 3 GWB abgeleiteten Kriterien müssen insbesondere nicht dazu dienen, die Leistung näher zu bestimmen oder zwingende Voraussetzung für die Erbringung der Leistung sein.[264] Die strategische Anforderung kann vielmehr auch produktions- bzw. unternehmensbezogen formuliert werden.[265] Ausreichend ist jeglicher Bezug zwischen den auf § 97 Abs. 3 GWB gestützten Kriterien und dem Inhalt der ausgeschriebenen Leistung.[266] Mit dieser Erweiterung verliert die frühere Frage, wieweit der Bezug zum Auftragsgegenstand reichen muss, an Bedeutung.[267] Ein enger, unmittelbarer Zusammenhang der Kriterien zum Auftragsgegenstand selbst ist nicht mehr erforderlich.[268]

---

258 Die Bestimmungen dienten der Kodifizierung des „Beentjes"-Urteils des EuGH v. 20.9.1988 – Rs. 31/87, Rn. 37.
259 Empfehlungen der Ausschüsse, BR-Drs. 367/1/15, 10 f.
260 Art. 26 RL 2004/18/EG bzw. Art. 38 RL 2004/17/EG.
261 Art. 55 Abs. 1 lit. a RL 2004/17/EG; Art. 53 Abs. 1 lit. a RL 2004/18/EG.
262 So § 97 Abs. 4 S. 2 GWB a.F.
263 Vgl. nur Art. 36 Abs. 1 UAbs. 2, Art. 41 Abs. 2 RL 2014/23/EU; Art. 43 Abs. 1 lit. a; Art. 58 Abs. 1 S. 4; Art. 67 Abs. 2 S. 1 RL 2014/24/EU; Art. 60 Abs. 1 UAbs. 2, 82 Abs. 2 RL 2014/25/EU sowie §§ 127 Abs. 3 S. 1 GWB, 128 Abs. 2 S. 1 GWB.
264 OLG Rostock, Beschluss v. 6.3.2009 – 17 Verg 1/09.
265 *Wagner/Pfohl*, VergabeR 2015, 389 (390).
266 OLG Düsseldorf, Beschluss v. 19.11.2014 – VII-Verg 30/14; *Wiedemann*, in: Kulartz/Marx/Portz/Prieß, VOL/A, § 19 EG VOL/A Rn. 281.
267 Im Einzelnen auch *Burgi*, NZBau 2015, 597 (601 f.).
268 So aber für § 97 Abs. 4 S. 2 GWB a.F. OLG Düsseldorf, Beschluss v. 17.1.2013 – VII-Verg 35/12; OLG Rostock, Beschluss v. 6.3.2009 – 17 Verg 1/09; *Fehling*, in: Pünder/Schellenberg, Vergaberecht, § 97 GWB Rn. 162; *Weyand*, Vergaberecht, § 97 GWB Rn. 1044; *Frenz*, in: Willenbruch/Widdekind, Vergaberecht, § 97 GWB Rn. 60.

b) Einzelne Anknüpfungspunkte

Im Einzelnen gilt für die Anknüpfungspunkte zur Einbeziehung der strategischen Aspekte Folgendes: 127

Hinsichtlich der **Leistungsbeschreibung** gemäß § 121 GWB lässt sich § 121 Abs. 1 S. 2 GWB zunächst nur entnehmen, dass sich die Funktions- oder Leistungsanforderungen nicht auf das Produkt selbst, sondern auch auf den Produktionsprozess beziehen können. Den Richtlinienvorgaben gemäß dürfen Anforderungen an den Produktionsprozess und die Produktionsmethoden jedoch nicht losgelöst vom Auftragsgegenstand gefordert werden; sie sind vielmehr konkret auf den „spezifischen Prozess" oder die „spezifische Methode zur Produktion" bezogen zu formulieren;[269] die geforderten Merkmale müssen – so die Richtlinienvorgaben[270] – „in Verbindung" mit dem Auftragsgegenstand stehen.[271] 128

Positiv gefasste **Eignungskriterien** müssen gemäß § 122 Abs. 4 S. 1 GWB ebenfalls ausdrücklich mit dem Auftragsgegenstand in Verbindung stehen.[272] Auch hier gilt grundsätzlich ein weites Verständnis für die Bestimmung der erforderlichen Verbindung.[273] 129

Der **fakultative Ausschlussgrund** nach § 124 Abs. 1 Nr. 1 GWB enthält dagegen keinen Verweis auf eine geforderte Verbindung zwischen dem Verstoß des Unternehmens gegen geltende umwelt-, sozial- oder arbeitsrechtliche Verpflichtungen bei der Ausführung eines öffentlichen Auftrages und dem nunmehr zu vergebenden Auftrag. Folgen aus einem nachgewiesenen Verstoß entsprechend § 124 Abs. 1 Nr. 1 GWB Anhaltspunkte für die Unzuverlässigkeit des Bieters, soll den Erwägungsgründen der Richtlinien gemäß der Ausschluss eines Bieters nach § 124 Abs. 1 Nr. 1 GWB immer möglich sein, ohne dass es darauf ankommt, ob ein gleichartiger Verstoß erneut zu befürchten ist.[274] Gleiches gilt für die Sollvorgabe einer Vergabesperre gemäß § 124 Abs. 2 GWB, § 19 MiLoG. 130

Wird ein Bieter gemäß § 124 Abs. 1 Nr. 8 GWB dagegen infolge fehlender Vorlage von **Eignungsnachweisen**, die sich auf die Aspekte des § 97 Abs. 3 GWB beziehen, vom Verfahren ausgeschlossen, liegt zwingend eine Verbindung zum Auftrag vor. Eignungsnachweise dürfen gemäß § 122 Abs. 4 S: 1 GWB nur gefordert werden, wenn sie in Verbindung zum Auftragsgegenstand stehen. 131

Auch die **Zuschlagskriterien** müssen dem eindeutigen Wortlaut des § 127 Abs. 3 S. 1 GWB nach „mit dem Auftragsgegenstand in Verbindung stehen".[275] Diese Verbindung ist gemäß § 127 Abs. 3 S. 2 GWB bereits anzunehmen, wenn sich ein Zuschlagskriterium auf den Herstellungs-, Bereitstellungs- oder Entsorgungsprozess, den Handel mit der Leistung oder ein anderes Stadium im Lebenszyklus der Leistung bezieht.[276] In § 127 Abs. 3 S. 2 GWB wird zudem klargestellt, dass die Anforderung sich nicht unmittelbar auf die materielle Eigenschaft des Auftragsgegenstandes auswirken muss.[277] 132

Besondere **Bedingungen für die Auftragsausführung** dürfen schließlich gemäß § 128 Abs. 2 S. 1 GWB ebenfalls nur festgelegt werden, wenn sie mit dem Auftragsgegenstand in Verbindung stehen. Hinsichtlich des Vorliegens einer derartigen Verbindung verweist § 128 133

---

269 Art. 36 Abs. 1 UAbs. 2 RL 2014/23/EU; Art. 42 Abs. 1 UAbs. 2 RL 2014/24/EU; Art. 60 Abs. 1 UAbs. 2 RL 2014/25/EU.

270 Art. 36 Abs. 1 UAbs. 2 RL 2014/23/EU; Art. 42 Abs. 1 UAbs. 2 RL 2014/24/EU; Art. 60 Abs. 1 UAbs. 2 RL 2014/25/EU.

271 Demnach dürften weiterhin Bedingungen, unter denen der Lieferant die zu beschaffenden Produkte/Leistungen vom Erzeuger erworben hat, allein über besondere Auftragsbedingungen zu regeln sein; vgl. schon EuGH, Urteil v. 10.5.2012 – Rs. C-368/10 (Max Havelaar), Rn. 70, 74f.

272 Entsprechend Art. 58 Abs. 1 S. 4 RL 2014/24/EU; unzulässig bleiben dürfte ein Eignungskriterium, welches sich auf die Straffreiheit des einzusetzenden Reinigungspersonals bezieht, vgl. OLG Düsseldorf, Beschluss v. 5.12.2012 – Verg 29/12; siehe im Einzelnen hierzu *Gnittke/Hattig* zu § 122 Rn. 86.

273 Siehe oben Rn. 125.

274 Erwägungsgrund 70 RL 2014/23/EU; Erwägungsgrund 101 RL 2014/24/EU; Erwägungsgrund 106 RL 2014/25/EU.

275 Schon Art. 55 RL 2004/17/EU und Art. 53 RL 2004/18/EG forderten, dass die Zuschlagskriterien mit dem Auftragsgegenstand zusammenhängen müssen.

276 Siehe hierzu *Müller-Wrede* zu § 127 Rn. 124.

277 EuGH, Urteil v. 10.5.2012 – Rs. C-368/10 (Max Havelaar), Rn. 89, 91. Nunmehr auch Erwägungsgrund 64 RL 2014/23/EU; Erwägungsgrund 93 RL 2014/24/EU; Erwägungsgrund 102 RL 2014/25/EU.

Abs. 2 S. 1 GWB auf die Regelungen in § 127 Abs. 3 GWB. Die Zulässigkeit von Zuschlagskriterien wird mithin am gleichen Maßstab geprüft wie die Zulässigkeit zusätzlicher Bedingungen für die Auftragsausführung. Dies entspricht der bereits geltenden Praxis.[278] Auch hier tritt der Begriff der Verbindung nunmehr an die Stelle des nach § 97 Abs. 4 S. 2 GWB a.F. geforderten „sachlichen Zusammenhangs".[279]

134 Grundsätzlich ist demnach die erforderliche Verbindung zwischen den geforderten strategischen Kriterien und dem Auftrag **wesentlich weniger restriktiv** als zuvor zu verstehen. Abzugrenzen ist aber weiterhin zu – unzulässigen – Kriterien, die lediglich die allgemeine Betriebsorganisation betreffen.[280] Dem öffentlichen Auftraggeber ist es weiterhin nicht gestattet, von den Bietern eine bestimmte Politik der sozialen oder ökologischen Verantwortung zu verlangen.[281] Vom Auftrag losgelöste Vorgaben hinsichtlich allgemeiner Tariftreue,[282] zur Gleichstellung von Männern und Frauen festgelegter Beschäftigungsquoten[283] oder aber grundsätzliche umweltbezogene Organisationsmaßnahmen bleiben unzulässig.[284] Nicht das allgemeine Umwelt- und Sozialverhalten eines Bieters oder seine Betriebsorganisation, sondern nur bei der Auftragsausführung eingesetzte Produktionsfaktoren dürfen Berücksichtigung finden.[285]

135 Die Grenzziehung zwischen allgemeinen produktbezogenen Anforderungen der Leistungsbeschreibung und zulässigen Anforderungen infolge einer Verbindung zum Auftrag wird in Einzelfällen allerdings **problematisch** sein: Soll etwa Fisch aus nachhaltiger Fischwirtschaft geliefert werden oder Strom aus erneuerbaren Energien verwendet werden, dürfte ein Bieter kaum allein für den konkreten Auftrag seinen Produktionsprozess entsprechend ausrichten.[286] Dennoch lässt sich auch bei einer vollständigen Betriebsumstellung formal ein konkreter Auftragsbezug nicht verneinen lassen: Gerade der konkret zu beschaffende Fisch bzw. die für die Produktion des zu beschaffenden Gegenstandes verwendete Energie müssen den aufgestellten Anforderungen genügen. Zukünftig dürfte nur noch in seltenen Fällen die geforderte Verbindung zum Auftrag fehlen; ein Korrektiv zur Eindämmung weitgefasster strategischer Aspekte bietet jedoch der Verhältnismäßigkeitsgrundsatz.[287]

4. Weitere Anforderungen

136 Die Einbindung der strategischen Ziele in einen Beschaffungsvorgang ist zudem an die Einhaltung **allgemeiner vergaberechtlicher Grundsätze** gebunden. In den Erwägungsgründen der Richtlinien wird ausdrücklich darauf hingewiesen, dass die Vergabe stets im Einklang mit den „Grundsätzen des freien Warenverkehrs, der Niederlassungsfreiheit und der Dienstleistungsfreiheit sowie den sich daraus ableitenden Grundsätzen wie Gleichbehandlung, Nichtdiskriminierung, gegenseitige Anerkennung, Verhältnismäßigkeit und Transparenz" zu erfolgen hat.[288] § 97 GWB betont entsprechend die Grundsätze der Verhältnismäßigkeit, des Wettbewerbsgebots und der Transparenz bereits im ersten Absatz; § 97 Abs. 2 GWB verweist auf das Gleichbehandlungsgebot.

278 *Opitz,* in: Dreher/Motzke, Vergaberecht, § 97 GWB Rn. 41.

279 Vgl. dazu OLG Düsseldorf, Beschluss v. 15.7.2015 – VII-Verg 11/15; OLG Schleswig, Beschluss v. 29.4.2010 – 1 Verg 2/08; OLG Saarbrücken, Beschluss v. 13.11.2002 – 5 Verg 1/02.

280 Erwägungsgrund 65 RL 2014/23/EU; Erwägungsgrund 97 RL 2014/24/EU; Erwägungsgrund 102 RL 2014/25/EU; entsprechend sind weiterhin Vorgaben unzulässig, die die allgemeine Einkaufspolitik der Bieter betreffen, vgl. schon EuGH, Urteil v. 10.5.2012 – Rs. C-368/10 (Max Havelaar), Rn. 90.

281 Erwägungsgrund 65 RL 2014/23/EU; Erwägungsgrund 97 RL 2014/24/EU; Erwägungsgrund 102 RL 2014/25/EU.

282 OLG Düsseldorf, Beschluss v. 30.12.2010 – VII-Verg 24/10.

283 Vgl. auch *Ziekow,* in: Ziekow/Völlink, Vergaberecht, § 97 GWB Rn. 153.

284 *Dreher,* in: Immenga/Mestmäcker, Wettbewerbsrecht, § 97 GWB Rn. 263 zu § 97 Abs. 4 S. 2 GWB a.F.: Unzulässig ist die Forderung, dass das Produkt selbst in einem energetisch vorteilhaft gebautem Standort hergestellt wurde; *Ziekow,* in: Ziekow/Völlink, Vergaberecht, § 97 GWB Rn. 153: Unzulässig bleibt etwa die Forderung, ein bestimmtes jährliches Gesamtemissionsvolumen zu unterschreiten.

285 *Opitz,* in: Dreher/Motzke, Vergaberecht, § 97 GWB Rn. 40 (zu § 97 Abs. 4 S. 2 GWB a.F.).

286 *Dreher,* in: Immenga/Mestmäcker, Wettbewerbsrecht, § 99 GWB Rn. 33.

287 Vgl. auch *Latzel,* NZBau 2014, 673 (681) regt demgegenüber den Erlass ermessensleitender Regeln an.

288 Erwägungsgrund 3 RL 2014/23/EU; Erwägungsgrund 1 RL 2014/24/EU; Erwägungsgrund 2 RL 2014/25/EU.

a) Verhältnismäßigkeit

Der in § 97 Abs. 1 S. 2 GWB erstmals ausdrücklich erwähnte Verhältnismäßigkeitsgrundsatz prägt seiner systematischen Stellung nach **alle Schritte des Vergabeverfahrens**. Im Zusammenwirken mit der Berücksichtigung strategischer Ziele nach § 97 Abs. 3 GWB kommt ihm maßgebliche Bedeutung bei der Bestimmung der erforderlichen Schranken dieser Option zu.[289] So betont § 122 Abs. 4 S. 1 GWB ausdrücklich, dass Eignungskriterien im angemessenen Verhältnis zum Auftragsgegenstand stehen müssen; dies erstreckt sich auch auf das Maß der geforderten Nachweise.[290] Art. 36 Abs. 1 UAbs. 2 RL 2014/23/EU, Art. 42 Abs. 1 UAbs 2 RL 2014/24/EU und Art. 60 Abs. 1 UAbs. 2 RL 2014/25/EU verweisen explizit darauf, dass technische Spezifikationen zu Wert und Zielen des Auftragsgegenstandes verhältnismäßig sein müssen. 137

Im Rahmen der Einbindung strategischer Aspekte ist demnach stets zu prüfen, ob das geforderte Kriterium zur Erreichung des Zwecks **geeignet**, den Bietern **zumutbar** und **verhältnismäßig im engeren Sinne** ist. Fordert der öffentliche Auftraggeber etwa zur Vermeidung einer Infiltration mit Inhalten der „Technologie von L. Ron Hubbard" eine Erklärung, dass diese Methoden bei der Auftragsausführung keine Anwendung finden, erscheint dies im Rahmen eines Auftrags zur Ausstattung mit IT-Geräten weder geeignet noch zumutbar, im Rahmen eines auf Beratung oder Schulungsleistungen gerichteten Auftrages dagegen durchaus.[291] Mindestlohnklauseln innerhalb der Landesvergabegesetze dürfte es nach Inkrafttreten des bundesweiten Mindestlohngesetzes – unabhängig von Kompetenzfragen – an der Erforderlichkeit fehlen.[292] Soweit der EuGH zudem Mindestlohnklauseln und Tariftreueerklärungen in Landesvergabegesetzen in früheren Entscheidungen als nicht geeignetes Mittel eingestuft hat, da das mit ihnen verfolgte Ziel des Arbeitnehmerschutzes nicht erreicht werden könne, sofern derartige Klauseln nur Arbeitnehmer innerhalb öffentlicher Aufträge, nicht jedoch der privaten Wirtschaft erfassten,[293] hält er daran allerdings offensichtlich nicht mehr fest. Der Vorbildfunktion des öffentlichen Auftraggebers entsprechend sowie gemäß den Regelungen im Rahmen der Vergabemodernisierungsrichtlinien sind demnach – so jüngst der EuGH – auch allein im Rahmen öffentlicher Aufträge anwendbare Regelungen geeignet, das Ziel des Arbeitnehmerschutzes zu fördern.[294] 138

Die Verhältnismäßigkeitsprüfung erlaubt es auch, bei Konflikten der Einbindung strategischer Aspekte in ein Vergabeverfahren mit anderen Zielen des Vergaberechts zu einem **Ausgleich** zu gelangen.[295] Eine technische Spezifikation etwa, die auf einen lückenlosen Nachweis der Lieferkette hinsichtlich fair gehandelter Materialien gerichtet ist, dürfte für kleinere und mittlere Unternehmen mit erheblichem Mehraufwand verbunden sein. Eine Abwägung zwischen den erhofften Vorteilen mit dem Nachteil möglicher mittelstandsunfreundlicher Auswirkungen könnte dazu führen, dass erst ab einem bestimmten Leistungs-/Umsatzvolumen derart umfangreiche Nachweisketten als angemessen anzusehen sind. 139

b) Wirksamer Wettbewerb

Zu berücksichtigen ist zudem der allgemeine **Wettbewerbsgrundsatz** gemäß § 97 Abs. 1 S. 2 GWB. § 127 Abs. 4 S. 1 GWB fordert ausdrücklich, die nach § 97 Abs. 3 GWB aufgestellten Merkmale so festzulegen, dass weiterhin die Möglichkeit eines wirksamen Wettbewerbs gewährleistet wird. 140

Der **Zuschlag** muss auf der Grundlage objektiver Kriterien im effektiven Wettbewerb erteilt werden.[296] Für die Formulierung **technischer Spezifikationen** normieren dies ausdrücklich 141

289 *Burgi*, NZBau 2015, 597 (600); *Willenbruch*, VergabeR 2015, 322 (324).
290 Hierzu auch *Müller-Wrede*, in: Müller-Wrede, VOL/A, § 7 EG Rn. 26 m.w.N.
291 *Roth/Erben*, NZBau 2013, 409 (413).
292 So jedenfalls mittelbar EuGH, Urteil v. 17.11.2015 – Rs. C-115/14 (RegioPost) Rn. 62.
293 EuGH, Urteil v. 18.9.2014 – Rs. C-549/13 (Bundesdruckerei), Rn. 32.
294 EuGH, Urteil v. 17.11.2015 – Rs. C-115/14 (RegioPost), Rn. 71 ff.
295 Erwägungsgrund 4 RL 2014/23/EU; Erwägungsgrund 1 RL 2014/24/EU; Erwägungsgrund 2 RL 2014/25/EU.
296 Erwägungsgrund 67 RL 2014/23/EU; Erwägungsgrund 90 RL 2014/24/EU; Erwägungsgrund 95 RL 2014/25/EU.

Art. 36 Abs. 2 2014/23/EU, Art. 42 Abs. 2 RL 2014/24/EU, Art. 60 Abs. 2 RL 2014/25/EU. In der Praxis bedeutet dies insbesondere, dass nicht durch spezielle produkt- oder produktionsspezifische Anforderungen nur noch ein denkbarer Bieter den Zuschlag erhalten kann.

c) Transparenz

142 Zu beachten ist zudem der Grundsatz der Transparenz gemäß § 97 Abs. 1 S. 1 GWB.[297] Dieser hat in **mehrfacher Weise** Auswirkungen auf die Möglichkeiten, strategische Aspekte i.S.d. § 97 Abs. 3 GWB im Vergabeverfahren zu berücksichtigen:

143 Der Grundsatz der Transparenz erfordert es, allen Bietern in gleicher Weise **Zugang zu den Informationen**, die sich auf die Einbindung strategischer Aspekte beziehen, zu gewähren.[298] Entsprechend sind die Leistungsbeschreibung gemäß § 121 Abs. 3 GWB, Eignungskriterien gemäß § 123 Abs. 4 S. 2 GWB, Zuschlagskriterien gemäß § 127 Abs. 5 GWB und besondere Bedingungen für die Auftragsausführungen nach § 128 Abs. 2 S. 2 GWB in der Auftragsbekanntmachung[299] oder den Vergabeunterlagen bekannt zu machen. Sie sind zudem umfassend und verständlich zu umschreiben.

144 Zur Transparenz gehört auch der Grundsatz der **Rückverfolgbarkeit**[300] und einer **möglichen Überprüfbarkeit** der geforderten strategischen Kriterien. Umweltbezogene, soziale oder sonstige spezifische Merkmale eines Beschaffungsverfahrens dürfen nur auf der Grundlage objektiv überprüfbarer Kriterien und unter Anwendung eines Verfahrens, in dem sich die Akteure beteiligen können, definiert und angenommen werden. Ausdrücklich fordert dies § 127 Abs. 4 S. 1 GWB für die Zuschlagsentscheidung;[301] dies gilt jedoch auch für die Leistungsbeschreibung und die Eignungskriterien.[302] Zulässig bleiben jedoch Kriterien, bei deren Anwendung ein der Nachprüfung nur begrenzt zugänglicher Beurteilungsspielraum verbleibt.[303]

145 Ob **nach der Zuschlagserteilung** die gestellten besonderen Ausführungsbedingungen bei der Vertragsdurchführung tatsächlich eingehalten werden, richtet sich dagegen nicht mehr nach dem GWB-Vergaberecht, sondern allgemein zivilrechtlichem Vertragsrecht.[304]

d) Einhaltung der europarechtlichen Grundfreiheiten

146 Die Kriterien im Sinne von § 97 Abs. 3 GWB dürfen schließlich nicht zu einer Beschränkung der **europäischen Grundfreiheiten** führen.[305] Zu achten sind insbesondere die Grundsätze des freien Warenverkehrs, der Niederlassungs- und der Dienstleistungsfreiheit sowie der Nichtdiskriminierung.[306]

147 Wirtschaftsteilnehmer aus anderen Mitgliedstaaten oder aus Drittstaaten, die Partei des GPA oder der Freihandelsübereinkommen sind, denen die Union angehört, dürfen nicht unmittelbar oder mittelbar entgegen Art. 18 AEUV diskriminiert werden.[307] Eine unmittelbar an die Staatsangehörigkeit anknüpfende **Diskriminierung** dürfte selten sein; denkbar wäre sie am

---

297 Vgl. auch Erwägungsgrund 73 RL 2014/23/EU; Erwägungsgründe 1 und 90 RL 2014/24/EU; Erwägungsgründe 2 und 95 RL 2014/25/EU; zuvor bereits EuGH, Urteil v. 10.5.2012 – Rs. C-368/10 (Max Havelaar), Rn. 62; Urteil v. 4.12.2003 – Rs. C-448/01 (Wienstrom), Rn. 38; Urteil v. 17.9.2002 – Rs. C-513/99 (Concordia), Rn. 62 und 64.

298 Schon zuvor EuGH, Urteil v. 10.5.2012 – Rs. C-168/10 (Kommission/Niederlande), Rn. 87, 88.

299 Bzw. der Vorinformation gemäß Art. 48 RL 2014/24/EU oder Aufforderung zur Interessenbestätigung; ausdrücklich hierzu auch Erwägungsgrund 104 RL 2014/24/EU im Zusammenhang mit den Ausführungsbedingungen.

300 Erwägungsgründe 67 und 68 RL 2014/23/EU; Erwägungsgründe 75 und 126 RL 2014/24/EU; Erwägungsgrund 95 RL 2014/25/EU.

301 Hierzu schon EuGH, Urteil v. 4.12.2003 – Rs. C-448/01 (Wienstrom), Rn. 33; *Diemon-Wies/Graiche*, NZBau 2009, 409 (413).

302 Zur alten Rechtslage bereits *Diemon-Wies/Graiche*, NZBau 2009, 409 (413).

303 Schon OLG München, Beschluss v. 2.11.2012 – Verg 26/12.

304 *Fehling*, in: Pünder/Schellenberg, Vergaberecht, § 97 GWB Rn. 161; *Ziekow*, in: *Ziekow*/Völlink, Vergaberecht, § 97 GWB Rn. 149; a.A *Diemon-Wies/Graiche*, NZBau 2009, 409 (413).

305 Erwägungsgrund 55 RL 2014/23/EU; Erwägungsgrund 1 RL 2014/24/EU; Erwägungsgrund 52 RL 2014/25/EU.

306 Art. 3 Abs. 1 RL 2014/23/EU; Art. 18 Abs. 1 RL 2014/24/EU; Art. 36 Abs. 1 RL 2014/25/EU; zuvor schon EuGH, Urteil v. 10.5.2012 – Rs. C-368/10 (Max Havelaar), Rn. 56; Urteil v. 17.9.2002 – Rs. C-513/99 (Concordia), Rn. 64.

307 Erwägungsgründe 66 und 73 RL 2014/23/EU; Erwägungsgrund 98 RL 2014/24/EU; Erwägungsgrund 95 RL 2014/25/EU; vor der Reform schon EuGH, Urteil v. 10.5.2012 – Rs. C-368/10 (Max Havelaar), Rn. 95; *Dreher*, in: Immenga/Mestmäcker, Wettbewerbsrecht, § 97 GWB Rn. 290 (zu § 97 Abs. 4 S. 2 GWB a.F.); *Latzel*, NZBau 2014, 673 (674).

ehesten bei der Bevorzugung ortsansässiger oder regional verwurzelter Unternehmen.[308] Als **versteckte Diskriminierung** wäre etwa eine auf soziale Aspekte gestützte Anforderung unzulässig, wonach ein festgelegter Prozentsatz der ausgeschriebenen Arbeiten von Unternehmen mit Sitz im Inland zu erbringen ist.[309]

Zu berücksichtigen ist zudem das Verbot der Beschränkung der **Niederlassungs- und Dienstleistungsfreiheit** gemäß Art. 49, 56 AEUV. Grundsätzlich ist jede Anwendung nationaler Regelungen, die – wie im Fall der Einbindung strategischer Aspekte – zusätzliche administrative und wirtschaftliche Kosten und Belastungen verursacht, geeignet, Dienstleistungen von in anderen Mitgliedstaaten ansässigen Personen oder Unternehmen zu unterbinden, zu behindern oder weniger attraktiv zu machen;[310] der Niedriglohnvorteil anderer Mitgliedstaaten kann durch derartige Klauseln eliminiert werden.[311] Der EuGH hat deshalb bereits wiederholt die in zahlreichen Landesvergabegesetzen enthaltenen Regelungen zum Mindestlohn bzw. zur Tariftreue unter dem Gesichtspunkt ihrer Vereinbarkeit mit der Dienstleistungsfreiheit überprüft.[312] Maßstab ist dabei insbesondere, ob eine derartige Maßnahme durch die Ziele des Arbeitnehmerschutzes – unter Einhaltung der Vorgaben der Arbeitnehmerentsenderichtlinie – gerechtfertigt und verhältnismäßig ist.[313] 148

e) Beihilfeverbot

Zu prüfen ist zudem, ob die Berücksichtigung der strategischen Aspekte im Einzelfall mit einer Begünstigung entgegen dem in Art. 107 AEUV verankertem Beihilfeverbot verbunden ist.[314] 149

Der EuGH fasst unter **Beihilfen** alle staatlichen *„Maßnahmen, die in verschiedener Form Belastungen vermindern, welche ein Unternehmen normalerweise zu tragen hat"*.[315] Bedeutung erlangt demnach, ob es an einer äquivalenten Gegenleistung fehlt, d.h. ein Unternehmen eine wirtschaftliche Vergünstigung erhält, die es unter normalen Marktbedingungen nicht erhalten hätte.[316] Bedenken begegnet dabei die Ansicht, dass jede Beachtung von politischen und sozialen Sekundärzwecken in Höhe der Differenz zu einem Angebot, welches derartige Aspekte nicht berücksichtigt, eine derartige wirtschaftliche Begünstigung beinhaltet.[317] 150

Eine **Begünstigung** im Sinne von Art. 107 Abs. 1 AEUV dürfte nur vorliegen, wenn es sich um eine marktunübliche Zahlung handelt.[318] Verursacht die zu beschaffende Leistung unter Berücksichtigung der strategischen Aspekte eine Mehrvergütung, ist demnach zu prüfen, ob und wieweit es sich um einen finanziellen Ausgleich für die durch die Erfüllung der auferlegten Pflichten entstandenen Mehrkosten handelt.[319] Gemäß Art. 107 Abs. 3 lit. b AEUV ist zudem eine Vergünstigung jedenfalls dann als mit dem Binnenmarkt vereinbar anzusehen, wenn sie der Förderung wichtiger Vorhaben von gemeinsamem europäischem Interesse dient. Hierzu dürften gemäß den Erwägungen der Vergabemodernisierungsrichtlinien die zur Forcierung der Strategie 2020 in ein Vergabeverfahren integrierten Vorgaben zur Berücksichtigung strategischer Aspekte zählen. 151

308 *Ziekow*, in: Ziekow/Völlink, Vergaberecht, § 97 GWB Rn. 13.
309 EuGH, Urteil v. 3.6.1992 – Rs. C-360/89 (Kommission/Italien), Rn. 11; OLG Düsseldorf, Beschluss v. 25.6.2014 – VII-Verg 38/13 zur Anforderung verbindlicher Lieferzusagen im Fall des Einsatzes von Reimporten.
310 EuGH, Urteil v. 24.1.2002 – Rs. C-164/99 (Portugaia Construções), Rn. 18.
311 EuGH, Urteil v. 17.11.2015 – Rs. C-115/14 (RegioPost), Rn. 69; Urteil v. 18.9.2014 – Rs. C-549/13 (Bundesdruckerei), Rn. 30; Urteil v. 3.4.2008 – Rs. C-306/06 (Rüffert), Rn. 37; näher hierzu *Latzel*, NZBau 2014, 673 (674).
312 EuGH, Urteil v. 17.11.2015 – Rs. C-115/14 (RegioPost); Urteil v. 18.9.2014 – Rs. C-549/13 (Bundesdruckerei); Urteil v. 3.4.2008 – Rs. C-306/06 (Rüffert).
313 EuGH, Urteil v. 17.11.2015 – Rs. C-115/14 (RegioPost), Rn. 70.
314 *Opitz*, in: Dreher/Motzke, Vergaberecht, § 97 GWB Rn. 44; *Dippel/Zeiss*, NZBau 2002, 376; *Jennert*, NZBau 2003, 417.
315 EuGH, Urteil v. 23.2.1961 – Rs. 30/59 (De Gezamenlijke Steenkolenmijnen), Rn. 42.
316 EuGH, Urteil v. 26.9.1999 – Rs. C-256/97 (Demenagements-Manutention Transport SA), Rn. 19.
317 So *Dippel/Zeiss*, NZBau 2002, 376 (377 ff.).
318 *Opitz*, in: Dreher/Motzke, Vergaberecht, § 97 GWB Rn. 44.
319 *Jennert*, NZBau 2003, 417 (419).

f) Verfassungsrechtliche Grenzen

152 Die Zulässigkeit der Einbindung strategischer Aspekte kann schließlich am **Gleichbehandlungsgebot** gemäß Art. 3 GG, § 97 Abs. 2 GWB sowie am Maßstab der **Glaubens- und Religionsfreiheit** nach Art. 4 Abs. 1 GG[320] sowie der über Art. 9 GG geschützte **Vereinigungsfreiheit** – insbesondere im Zusammenhang mit den Tariftreueerklärungen – zu prüfen sein.[321]

IV. Rechtsschutz

153 § 97 Abs. 3 GWB kommt **kein bieterschützender Charakter** i.S.d. § 97 Abs. 6 GWB zu. Die Vorschrift verweist lediglich allgemein auf die Maßgeblichkeit der Berücksichtigung der strategischen Aspekte in Teil 4 des GWB; sie enthält indes keine eigenständigen im Interesse der Unternehmen formulierten Regelungen. Der Rechtsschutz im Zusammenhang mit der Implementierung strategischer Zielsetzungen in ein konkretes Vergabeverfahren richtet sich nach dem jeweiligen Anknüpfungspunkt der Einbindung strategischer Aspekte; insbesondere der Leistungsbeschreibung, der Formulierung der Eignungs- und Zuschlagskriterien sowie besonderer Ausführungsbestimmungen.

D. Mittelstandsschutz (Abs. 4)

I. Allgemeines

154 § 97 Abs. 4 GWB enthält einen für das öffentliche Auftragswesen **grundlegende Anforderung**: Die Berücksichtigung mittelständischer Interessen. Die zu fördernden mittelständischen Interessen zielen auf den Schutz **kleiner und mittlerer Unternehmen (KMU)**.

155 Für die **Vergabe von Bauleistungen** sind wegen der zentralen Bedeutung der Vorschrift in § 5 EU Abs. 2 Nr. 1 und § 5 VS Abs. 2 VOB/A mit § 97 Abs. 4 GWB inhaltlich entsprechende Sonderregelungen enthalten. Sie dienen lediglich der Klarstellung.

156 Die Erleichterung der Teilnahme kleiner und mittelständischer Unternehmen an Vergabeverfahren entspricht den **Zielen des europäischen Vergaberechts**.[322]

1. Anwendungsbereich

157 § 97 Abs. 4 S. 1 GWB ist ausweislich seines Wortlauts („Vergabe öffentlicher Aufträge") ausschließlich auf die Vergabe **öffentlicher Aufträge** i.S.v. § 103 Abs. 1 GWB anzuwenden.

158 Dies gilt auch für **§ 97 Abs. 4 S. 2 bis 4 GWB**. Zwar ist dies für diese Regelungen nicht ausdrücklich vorgesehen. Es ergibt sich jedoch daraus, dass § 97 Abs. 4 S. 1 GWB systematisch die übergeordnete Regelung enthält, an welche die folgenden Regelungen in § 97 Abs. 4 S. 2 bis 4 GWB anknüpfen.

159 Nach § 103 Abs. 1 GWB sind **öffentliche Aufträge** entgeltliche Verträge zwischen öffentlichen Auftraggebern oder Sektorenauftraggebern und Unternehmen über die Beschaffung von Leistungen, welche die Lieferung von Waren, die Ausführung von Bauleistungen oder die Erbringung von Dienstleistungen zum Gegenstand haben. Da auch verteidigungs- oder sicherheitsspezifische öffentliche Aufträge nach § 104 Abs. 1 GWB öffentliche Aufträge sind, werden auch sie von § 97 Abs. 4 GWB erfasst. Entsprechendes gilt für die Vergabe von öffentlichen Aufträgen über soziale und andere besondere Dienstleistungen nach § 130 GWB und über Personenverkehrsleistungen im Eisenbahnverkehr nach § 131 GWB.

---

320 Sektenfilter, siehe Rn. 76.

321 Zur Vereinbarkeit von § 1 Abs. 1 S. 2 Berliner Vergabegesetz 1999 mit Art. 9 Abs. 3 GG siehe BVerfG, Beschluss v. 11.7.2006 – 1 BvL 4/00; Vorlage zu Art. 9 Abs. 3 GG derzeit vom VG Düsseldorf, Beschluss v. 27.8.2015 – 6 K 2793/13 zum VerfGH NRW (VerfGH NRW 10/15).

322 Vgl. Erwägungsgründe 2 und 78 RL 2014/24/EU; Kommission, Europäischer Leitfaden für bewährte Verfahren (Code of Best Practice) zur Erleichterung des Zugangs Kleiner und Mittlerer Unternehmen (KMU) zu öffentlichen Aufträgen, SEC(2008) 2193 v. 25.6.2008.

Konzessionen nach § 105 GWB sind demgegenüber keine öffentlichen Aufträge. Im Umkehrschluss ergibt sich hieraus, dass sie von der Beachtung des Grundsatzes der Berücksichtigung mittelständischer Interessen nach § 97 Abs. 4 GWB freigestellt sind. Konzessionsgeber sind gleichwohl nicht daran gehindert, eine Konzession in Lose aufzuteilen. Zwar fehlt es an einer ausdrücklichen Regelungen zur Zulässigkeit der Losvergabe bei der Konzessionsvergabe. Aus § 2 Abs. 6 KonzVgV und Art. 8 Abs. 5 und Abs. 6 RL 2014/23/EU ergibt sich aber, dass der Verordnungs- und Richtliniengeber von der Zulässigkeit der Losaufteilung bei der Konzessionsvergabe ausgehen. 160

2. Vergleich zur Vorgängerregelung

Vor der Vergaberechtsreform 2009 lautete die Vorgängerregelung in § 97 Abs. 3 GWB lediglich: „Mittelständische Interessen sind vornehmlich durch Teilung der Aufträge in Fach- und Teillose angemessen zu berücksichtigen." Die Regelung ist durch das **VergRModG 2009** stark verändert worden. Der reformierte Wortlaut sollte Ausdruck eines besonders mittelstandsfreundlichen Verständnisses sein und nach dem Willen des Gesetzgebers zur Verstärkung der Wirkung der Mittelstandsklausel festschreiben, „dass eine Losvergabe stattzufinden hat".[323] 161

Die Neuregelung entspricht **nahezu wortgleich** der Vorgängerregelung in § 97 Abs. 3 GWB.[324] Lediglich in S. 4 nennt der Gesetzgeber neben dem öffentlichen Auftraggeber nun auch den **Sektorenauftraggeber**. Sektorenauftraggeber waren aber auch von der Vorgängerregelung erfasst. Die ausdrückliche Erwähnung in § 97 Abs. 4 S. 3 GWB ist lediglich Folge der neuen Terminologie in § 98 GWB, wonach zwischen öffentlichem Auftraggeber, Sektorenauftraggeber und Konzessionsgeber zu unterscheiden ist. 162

3. Europarechtlicher Hintergrund

Die Berücksichtigung mittelständischer Interessen und das Gebot der Aufteilung des Auftrags in Lose waren seit jeher Angelegenheiten des deutschen und **weniger des europäischen Vergaberechts**. Dementsprechend enthalten die früher geltenden europäischen Vergaberichtlinien 2004/17/EG und 2004/18/EG keine zentrale Regelung zur Berücksichtigung mittelständischer Interessen oder über die Entscheidung des öffentlichen oder Sektorenauftraggebers zur losweisen Vergabe. Lediglich aus einzelnen Regelungen, insbesondere zur Schätzung des Auftragswerts in Art. 17 Abs. 6 RL 2004/17/EG und Art. 9 Abs. 5 RL 2004/18/EG, ist abzuleiten, dass eine losweise Vergabe von Aufträgen unionsrechtlich bereits auf Grundlage der RL 2004/18/EG und 2004/17/EG zulässig war.[325] Ein Grundsatz der Berücksichtigung mittelständischer Interessen und der Losvergabe ließ sich hieraus aber nicht ableiten. 163

Demgegenüber sind in den **neuen europäischen Vergaberichtlinien** in Art. 46 RL 2014/24/EU und Art. 65 RL 2014/25/EU ausdrückliche Regelungen zur Entscheidung des öffentlichen Auftraggebers bzw. des Sektorenauftraggebers über die Losentscheidung enthalten. 164

II. Berücksichtigung mittelständischer Interessen (S. 1)

Eine **Definition** des Begriffs der mittelständischen Interessen ist weder § 97 Abs. 4 GWB noch sonstigen vergaberechtlichen Bestimmungen zu entnehmen.[326] 165

Umstritten ist, ob hinsichtlich der mittelständischen Interessen von einem **relativen Mittelstandsbegriff** auszugehen ist, der durch die Struktur des jeweiligen Marktes geprägt ist.[327] 166

323 Vgl. Gesetzesbegründung, VergRModG 2009, BT-Drs. 16/10117, 15.
324 Vgl. Gesetzesbegründung, BT-Drs. 18/6281, 68, wonach die Regelung „wortgleich" der Vorgängerregelung in § 97 Abs. 3 GWB a.F. entspreche, was für § 97 Abs. 4 S. 3 GWB allerdings nicht zutrifft.
325 Vgl. *Antweiler*, in: Dreher/Motzke, Vergaberecht, § 97 Abs. 3 Rn. 11.
326 So auch VK Bund, Beschluss v. 12.12.2014 – VK 2-101/14.
327 Vgl. Für eine Berücksichtigung der konkreten Marktverhältnisse: OLG Düsseldorf, Beschluss v. 21.3.2012 – VII-Verg 92/11, NZBau 2012, 515 (516 f.); Beschluss v. 21.7.2010 – VII-Verg 19/10, VergabeR 2010, 955 (968); widersprüchlich OLG Karlsruhe, Beschluss v. 6.4.2011 – Verg 3/11, NZBau 2011, 567 (571); VK Bund, Beschluss v. 4.3.2009 – VK 2-202/08.

Für die Berücksichtigung der konkreten Marktverhältnisse spricht die Verwirklichung des Ziels der wettbewerblichen Vergabe. Jedenfalls als Anhaltspunkt[328] für den Mittelstandsbegriff lässt sich daneben die Definition der Kommission[329] heranziehen. Danach sind kleine und mittlere Unternehmen solche, die weniger als 250 Personen beschäftigen und die entweder einen Jahresumsatz von höchstens 50 Mio. Euro erzielen oder deren Jahresbilanzsumme sich auf höchstens 43 Mio. Euro beläuft.[330] Neben der Definition der Kommission enthalten auch landesgesetzliche Regelungen zur Mittelstandsförderung Begriffsbestimmungen hinsichtlich kleiner und mittlerer Unternehmen.[331]

167 Die mittelständischen Interessen sind **vornehmlich** zu berücksichtigen. Hieraus darf nicht geschlossen werden, dass diese gegenüber anderen Interessen vorrangig zu beachten seien. Insbesondere ist von der Bezuschlagung des wirtschaftlichsten Angebotes zugunsten eines mittelständischen Unternehmens nicht schon deshalb abzusehen, weil das wirtschaftlichste Angebot von einem Großunternehmen stammt. Letzteres stünde in krassem Gegensatz zu dem das gesamte Vergaberecht dominierenden Wirtschaftlichkeitsgrundsatz und kann daher schlechterdings nicht gewollt sein. Das in § 97 Abs. 4 S. 1 GWB verwendete „vornehmlich" ist in seiner adverbialen Verwendung somit vielmehr als **„insbesondere"** zu verstehen. Bei einer derartigen Auslegung besagt die Regelung lediglich, dass insbesondere auch mittelständische Interessen bei der Vergabe zu berücksichtigen sind, wobei die losweise Vergabe nach § 97 Abs. 4 S. 2 und S. 3 GWB eines von mehreren Mitteln zur Berücksichtigung mittelständischer Interessen ist.[332]

168 Aus § 97 Abs. 4 GWB ergibt sich, dass die Berücksichtigung mittelständischer Interessen sich nicht auf die Vergabe in Losen beschränkt. Für mittelständische Unternehmen kann vor allem die **Beteiligung in einer Bewerber- oder Bietergemeinschaft** ein probates Mittel sein, um Wettbewerbsvorteile von Großunternehmen durch Bündelung von Ressourcen wettzumachen.[333] Gleichwohl gilt es zu berücksichtigen, dass mittelständische Unternehmen angesichts der gewollten Mittelstandsförderung nicht per se auf die Möglichkeit verwiesen werden dürfen, Bewerber- oder Bietergemeinschaften zu gründen.[334] Vielmehr ist auch ihnen grundsätzlich die Möglichkeit zu geben, sich mit einem eigenen Angebot am Vergabeverfahren zu beteiligen. Die Auftraggeber sind nach dem Gleichbehandlungsgrundsatz verpflichtet, Bewerber- und Bietergemeinschaften wie Einzelbewerber und -bieter zu behandeln. Insbesondere darf der Auftraggeber Bewerber- und Bietergemeinschaften nicht vorschreiben, bereits für das Vergabeverfahren eine bestimmte Rechtsform anzunehmen.[335]

169 Neben der Bietergemeinschaftsbildung, die aufgrund der gesamtschuldnerischen Haftung auch ein Risiko für mittelständische Unternehmen bedeuten kann, besteht eine weitere Möglichkeit der Beteiligung mittelständischer sowie z.T. sehr kleiner Unternehmen in der **Einbindung als Unterauftragnehmer**. Denn auch Großunternehmen werden regelmäßig einige Teile des zu vergebenden Auftrags an spezialisierte Nachunternehmer weitervergeben.

170 Während sowohl die Bildung von Bewerber- oder Bietergemeinschaften als auch die Beteiligung als Unterauftragnehmer zulässige und in fast allen Vergabeverfahren anzutreffende Möglichkeiten der Einbeziehung kleiner und mittlerer Unternehmen darstellen, ist es dem

328 Vgl. OLG Düsseldorf, Beschluss v. 21.3.2012 – VII-Verg 92/11, NZBau 2012, 515 (516 f.); OLG Karlsruhe, Beschluss v. 6.4.2011 – Verg 3/11, NZBau 2011, 567 (571); VK Bund, Beschluss v. 12.12.2014 – VK 2-101/14.

329 Vgl. EU-ABl. Nr. L 124/36 v. 20.5.2003.

330 Vgl. Art. 2 des Anhangs der Empfehlung der Kommission vom 6. Mai 2003 betreffend die Definition der Kleinstunternehmen sowie der kleinen und mittleren Unternehmen, EU-ABl. L 124/36 v. 20.5.2003.

331 Vgl. hierzu die Mittelstandsförderungs- und Vergabegesetze der Länder, z.B. Nordrhein-Westfalen, Mittelstandsförderungsgesetz v. 18.12.2012, GV.NRW S. 673; Rheinland-Pfalz, Mittelstandsförderungsgesetz v. 9.3.2011, GVBl. S. 66; Schleswig-Holstein, Mittelstandsförderungs- und Vergabegesetz v. 19.7.2011, GVOBl. S. 244; Thüringer Mittelstandsförderungsgesetz v. 18.4.2011, GVBl. S. 74; Bremen, Mittelstandsförderungsgesetz v. 28.3.2006, Brem.GBl. S. 151.

332 Vgl. auch OLG Düsseldorf, Beschluss v. 24.11.2011 – VII-Verg 62/11.

333 Vgl. auch *Burgi*, NZBau 2006, 693 (696).

334 Vgl. OLG Schleswig, Beschluss v. 30.10.2012 – Verg 5/12; OLG Düsseldorf, Beschluss v. 8.9.2004 – VII-Verg 38/04, NZBau 2004, 688 (690).

335 Vgl. auch Art. 4 Abs. 2 RL 2004/18/EG, Art. 11 Abs. 2 RL 2004/17/EG sowie *Müller-Wrede*, in: Müller-Wrede, ÖPP-Beschleunigungsgesetz, S. 114.

Auftraggeber nicht gestattet, diese Unternehmen direkt zu **bevorzugen**.[336] Eine derartige Bevorzugung stellt vielmehr einen Verstoß gegen den allgemeinen **Gleichbehandlungsgrundsatz** dar. Auch die in § 97 Abs. 4 GWB vorgesehene Losvergabe bedeutet keine Bevorzugung mittelständischer Unternehmen. Denn ebenso wie bei der Möglichkeit zur Bietergemeinschaftsbildung oder der Zulassung von Nachunternehmervergaben eröffnet auch die Losvergabe allen Unternehmen unabhängig von ihrer Größe die gleichen Möglichkeiten.

III. Grundsatz der Losvergabe (S. 2 und S. 3)

Nach § 97 Abs. 4 S. 2 GWB sind Leistungen in der Menge aufgeteilt (**Teillose**) und getrennt 171 nach Art oder Fachgebiet (**Fachlose**) zu vergeben. Gemäß § 97 Abs. 4 S. 3 GWB dürfen mehrere Teil- oder Fachlose zusammen vergeben werden, wenn **wirtschaftliche oder technische Gründe** dies erfordern.

Die Regelung ist wesentlicher Ausdruck des Grundsatzes der Berücksichtigung mittelständi- 172 scher Interessen und enthält das **zwingende Gebot der Losvergabe** („sind ... zu vergeben"). Hiervon darf der öffentliche Auftraggeber oder Sektorenauftraggeber nur ausnahmsweise abweichen, wenn wirtschaftliche oder technische Gründe dies erfordern.

Der **Sinn und Zweck** des Grundsatzes der Losvergabe ist es, die Chancen für eine erfolgrei- 173 che Teilnahme von kleinen und mittelständischen Unternehmen am Vergabeverfahren zu verbessern.[337] Nach der Rechtsprechung des OLG Düsseldorf[338] werde durch den Grundsatz der Fachlosvergabe außerdem eine fachlich hochstehende Auftragsausführung durch spezialisierte Unternehmen bezweckt.[339]

Der Grundsatz der losweisen Vergabe eines öffentlichen Auftrags ergibt sich nunmehr – wenn 174 auch nicht ausdrücklich – auch aus dem **europäischen Recht**: Nach Art. 46 Abs. 1 UAbs. 1 RL 2014/24/EU und Art. 65 Abs. 1 UAbs. 1 RL 2014/25/EU *können* öffentliche Auftraggeber bzw. Sektorenauftraggeber einen Auftrag in Form mehrerer Lose vergeben. Verzichten sie allerdings auf eine Losaufteilung, ist dies nach Art. 46 Abs. 1 UAbs. 1 RL 2014/24/EU und Art. 65 Abs. 1 UAbs. 1 RL 2014/25/EU begründungs- und dokumentationspflichtig.

Das Gebot der losweisen Vergabe besteht hinsichtlich der **Fach- und Teillose** unabhängig 175 voneinander. Der öffentliche Auftraggeber oder der Sektorenauftraggeber sind nach dem Wortlaut („und") daher grundsätzlich verpflichtet, öffentliche Aufträge sowohl in Teil- als auch in Fachlose aufzuteilen. Das bedeutet, dass die Aufteilung eines öffentlichen Auftrags in Teillose die Aufteilung in Fachlose nicht zwangsläufig entbehrlich macht.[340]

Das Gebot der losweisen Vergabe erfährt aber **Einschränkungen in zweierlei Hinsicht**, die 176 sich unterschiedlichen Ebenen zuordnen lassen.[341] Zum einen muss der Auftrag in mengenmäßiger und in fachlicher Hinsicht überhaupt (wirtschaftlich) **trenn- und teilbar** sein. Erst wenn eine solche Teilbarkeit festgestellt werden kann, ist zu prüfen, ob die Gesamtvergabe durch **wirtschaftliche oder technische Gründe** zu rechtfertigen ist.

---

336 Vgl. auch *Burgi*, NZBau 2006, 606; *Kus*, NZBau 2009, 21 (22); *Michallik*, VergabeR 2011, 683 (691).

337 Vgl. Gesetzesbegründung, VergRModG 2009, BT-Drs. 16/10117, 15; VK Südbayern, Beschluss v. 12.8.2013 – Z3-3-3194-1-18-07/13.

338 OLG Düsseldorf, Beschluss v. 23.3.2011 – VII-Verg 63/10.

339 Diese Zielstellung lässt sich dem systematischen Zusammenhang von § 97 Abs. 4 S. 2 GWB indes nicht entnehmen. Bei der Verbesserung der Qualität der Auftragsausführung handelt es sich vielmehr lediglich um einen bloßen Reflex.

340 Vgl. OLG Schleswig, Beschluss v. 25.1.2013 – 1 Verg 6/12; OLG Koblenz, Beschluss v. 4.4.2012 – 1 Verg 2/11.

341 Zur zweistufigen Prüfung durch die Rechtsprechung vgl. OLG Celle, Beschluss v. 26.4.2010 – 13 Verg 4/10, VergabeR 2010, 661 (663); OLG Brandenburg, Beschluss v. 27.11.2008 – Verg W 15/08; NZBau 2009, 337 (339 f.); OLG Jena, Beschluss v. 6.6.2007 – 9 Verg 3/07, NZBau 2007, 730 (731 f.); VK Niedersachsen, Beschluss v. 8.8.2014 – VgK-22/2014; zurückhaltend VK Brandenburg, Beschluss v. 3.9.2014 – VK 14/14.

1. Teil- und Trennbarkeit

177 Eine Losvergabe kommt nicht in Betracht, wenn der Auftrag nicht teil- bzw. trennbar ist.

178 Unmittelbaren Einfluss auf die Frage der Teil- bzw. Trennbarkeit des Auftrags hat die vorausgehende **Ermittlung und Bestimmung des Beschaffungsbedarfs** durch den öffentliche Auftraggeber oder Sektorenauftraggeber.[342] Diese Beschaffungsentscheidung ist der vergaberechtlich zu beurteilenden Frage nach der Art und Weise der Beschaffung vorgelagert.[343] Sie muss auf sachgerechten und auftragsbezogenen Gründen beruhen.[344] Dagegen ist der öffentliche Auftraggeber oder Sektorenauftraggeber bei der Ausübung seines Leistungsbestimmungsrechts grundsätzlich nicht gehalten, seine Beschaffungsentscheidung so auszugestalten, dass sich bestimmte Unternehmen an der Ausschreibung beteiligen oder ihre Zuschlagschancen erhöhen können.[345]

a) Teillos

179 Die Teilbarkeit des Auftrags in der Menge ist problematisch. Denn theoretisch könnte bei einem öffentlichen Bauauftrag jeder einzelne Stein ausgeschrieben werden. Auf die **theoretische Teilbarkeit** kann es zur Bemessung der Pflicht zur Losvergabe nach dem Willen des Gesetzgebers nicht ankommen. Allgemein wird in diesem Zusammenhang darauf abgestellt, dass eine **marktunübliche Trennung** der Aufträge in Einzelteile nicht verlangt[346] und eine unwirtschaftliche Zersplitterung des Auftrags nicht gefordert ist.[347] Während gerade das Kriterium der Marktüblichkeit im Hinblick auf die Teilbarkeit von Fachlosen zu befriedigenden Ergebnissen führt, lässt sich die Marktüblichkeit einer bestimmten Menge (Teillose) häufig nur schwer feststellen.

180 Da dem Gesetz **keine weiteren Vorgaben** zu entnehmen sind, müssen in der Praxis Kriterien gebildet werden, ab welchem Umfang eine Leistung als teilbar i.S.d. § 97 Abs. 4 S. 2 GWB gilt.[348] Für Bauleistungen wird eine Teilbarkeit regelmäßig nur bei größeren Einzel- oder Gesamtprojekten in Betracht kommen.[349] Im Einzelnen bleibt es jedoch nur anhand des konkreten Projekts und der involvierten Wirtschaftssparten festzustellen, wann ein **hinreichender Umfang** gegeben ist[350] und üblicherweise eine Teilung des Auftrags in Betracht zu ziehen ist. Teilbarkeit ist zudem nur dann gegeben, wenn eine eindeutige **Abgrenzbarkeit** der einzelnen zu vergebenden Leistungen möglich ist.

b) Fachlos

181 Die Trennbarkeit des Auftrags lässt sich hinsichtlich der Aufteilung in Fachlose danach beantworten, ob für die jeweilige Leistung ein eigener Markt mit spezialisierten Fachunternehmen besteht.[351] Die Abgrenzung bestimmt sich nach einer Gesamtschau anhand **gefestigter Spezialisierungen** und der **gewerblichen Vorschriften** unter Berücksichtigung der **allgemein**

---

342 Vgl. *Manz/Schönwälder*, NZBau 2012, 465.

343 Vgl. OLG Düsseldorf, Beschluss v. 1.8.2012 – VII-Verg 10/12, NZBau 2012, 785 (789); Beschluss v. 27.6.2012 – VII-Verg 7/12; Beschluss v. 17.2.2010 – VII-Verg 42/09; OLG München, Beschluss v. 9.9.2010 – Verg 10/10; OLG Celle, Beschluss v. 26.4.2010 – Verg 4/10, *Scharen*, GRUR 2009, 345.

344 Vgl. zu den zulässigen Grenzen des Leistungsbestimmungsrechts des öffentlichen Auftraggebers: OLG Düsseldorf, Beschluss v. 1.8.2012 – VII-Verg 10/12, NZBau 2012, 785 (789 f.); Beschluss v. 27.6.2012 – VII-Verg 7/12.

345 Vgl. OLG Düsseldorf, Beschluss v. 25.4.2012 – VII-Verg 100/11; Beschluss v. 21.3.2012 – VII-Verg 92/11, NZBau 2012, 515 (516); OLG Karlsruhe, Beschluss v. 6.4.2011 – Verg 3/11, VergabeR 2011, 722 (728); VK Bund, Beschluss v. 27.9.2011 – VK 2-100/11; *Scharen*, GRUR 2009, 345 ff.

346 Vgl. Beschlussempfehlung und Bericht des Ausschusses für Wirtschaft und Technologie VergRModG 2009, BT-Drs. 16/11428, 33, als Beispiel einer marktüblichen Trennung wird die Aufteilung von Autobahnen in Streckenabschnitte benannt; das Kriterium der Marktüblichkeit ablehnend: *Faßbender*, NZBau 2010, 529 (532).

347 Vgl. VK Bund, Beschluss v. 27.8.2012 – VK 2-83/12.

348 Siehe für eine Formel zur Berechnung der optimalen Losgröße: *Theurer/Trutzel/Braun/Weber*, VergabeR 2014, 301.

349 Vgl. VK Sachsen-Anhalt, Beschluss v. 24.2.2000 – VK Hal 02/00, ZVgR 2000, 124 (128).

350 Vgl. *Willems*, Die Förderung des Mittelstandes, 248.

351 Vgl. OLG München, Beschluss v. 9.4.2015 – Verg 1/15; OLG Koblenz, Beschluss v. 16.9.2013 – 1 Verg 5/13; OLG Naumburg, Beschluss v. 14.3.2013 – 2 Verg 8/12; OLG Düsseldorf, Beschluss v. 11.1.2012 – VII-Verg 52/11; VK Bund, Beschluss v. 7.12.2015 – VK 2-105/15.

oder regional üblichen Arbeitsteilung.[352] Von wesentlicher Bedeutung ist, ob ein Anbietermarkt mit Fachunternehmen existiert, die sich auf eine bestimmte Tätigkeit spezialisiert haben und ohne eine Losvergabe keinen Zugang zu öffentlichen Aufträgen hätten. Außerdem muss es eine hinreichend große Anzahl von Fachunternehmen geben, damit jeder öffentliche Auftraggeber, der Lose bildet, diese auch jederzeit im Wettbewerb vergeben kann.[353]

aa) Einzelfälle

Das OLG Naumburg hat die Trennbarkeit von Leistungen der **Notfallrettung** und des **qualifizierten Krankentransports** in einer Entscheidung verneint.[354] Zwar haben nach den landesgesetzlichen Regelungen für beide Leistungen unterschiedliche Mindestanforderungen an die technische Ausstattung und personelle Besetzung bestanden. Der Senat erkannte allerdings keine sich aus diesen unterschiedlichen Anforderungen an die technische und personelle Leistungsfähigkeit bei der Losbildung zu berücksichtigende Spezialisierung. 182

Leistungen der **Paket- und Päckchenbeförderung** auf der einen und der **Briefbeförderung** auf der anderen Seite seien nach der Rechtsprechung des OLG Schleswig[355] aufgrund der unterschiedlichen logistischen und technischen Anforderungen trennbar. Denn die Verbindung der Paket- und Päckchenbeförderung mit modernen Systemen des Versandhandels oder der sonstigen Warendistribution erfordere eine Leistungsstruktur, die sich stark von derjenigen für die Briefbeförderung unterscheide. 183

Bei Leistungen der **Gebäudereinigung** ist nach der Rechtsprechung[356] davon auszugehen, dass Glasreinigungsleistungen von den Unterhaltsreinigungsleistungen trennbar seien. Für die Glasreinigung habe sich ein eigener, von den allgemeinen Reinigungsleistungen abgrenzbarer Markt herausgebildet. Die Gebäudereinigung teile sich in organisatorischer Hinsicht, im Hinblick auf Qualifikation und Entlohnung des eingesetzten Personals sowie im Marktauftritt in zwei voneinander getrennte Fachbereiche der Glas- und Unterhaltsreinigung. Das Segment der Unterhaltsreinigung werde im Wesentlichen von den großen Unternehmen der Branche abgedeckt, während Kleinunternehmen sich im Allgemeinen auf die Glasreinigung beschränken. 184

bb) Splitterlose

Keine Teilbarkeit ist im Sinne von § 97 Abs. 4 S. 2 GWB ist gegeben, wenn die Losaufteilung zu einer unwirtschaftlichen Zersplitterung des Auftrags führen würden (sog. **Splitterlos**).[357] Ein Auftraggeber kann deshalb von der Losvergabe absehen, weil die gesonderte Wertung des Loses, der Vertragsschluss und die gesonderte Abwicklung des Vertrages im Verhältnis zu einer Gesamtausschreibung erfahrungsgemäß zu unverhältnismäßigem Aufwand führt und damit unwirtschaftlich ist. 185

Der zusätzliche Aufwand ist **umso eher als unverhältnismäßig anzusehen**, je mehr Lose der Auftraggeber ohnehin schon gebildet hat und je kleiner ein zusätzliches Los (absolut gesehen) ist. 186

Eine Zersplitterung ist in der Regel anzunehmen, wenn der Anteil des Fachloses lediglich **wenige Prozentpunkte** an dem Gesamtauftragswert beträgt. Das OLG Schleswig[358] hat eine solche Zersplitterung bei der Vergabe von Brief- und Paketdienstleistungen angenommen, bei der die Paketdienstleistungen lediglich 0,7 % des gesamten Sendungsaufkommens ausma- 187

352 Vgl. OLG Schleswig, Beschluss v. 25.1.2013 – 1 Verg 6/13; OLG Koblenz, Beschluss v. 16.9.2013 – 1 Verg 5/13; OLG Düsseldorf, Beschluss v. 23.3.2011 – VII-Verg 63/10.
353 Vgl. OLG Koblenz, Beschluss v. 16.9.2013 – 1 Verg 5/13; VK Niedersachsen, Beschluss v. 8.8.2014 – VgK-22/2014.
354 OLG Naumburg, Beschluss v. 14.3.2013 – 2 Verg 8/12 (obiter dictum).
355 OLG Schleswig, Beschluss v. 25.1.2013 – 1 Verg 6/12.
356 OLG Koblenz, Beschluss v. 4.4.2012 – 1 Verg 2/11; OLG Düsseldorf, Beschluss v. 11.1.2012 – VII-Verg 52/11; Beschluss v. 23.3.2011 – VII-Verg 63/10.
357 Vgl. OLG Schleswig, Beschluss v. 25.1.2013 – 1 Verg 6/12; OLG Koblenz, Beschluss v. 4.4.2012 – 1 Verg 2/11; OLG Düsseldorf, Beschluss v. 11.1.2012 – VII-Verg 52/11; Beschluss v. 23.3.2011 – VII-Verg 63/10; VK Sachsen, Beschluss v. 30.4.2008 – 1/SVK/020-08.
358 OLG Schleswig, Beschluss v. 25.1.2013 – 1 Verg 6/12.

chen. Im Übrigen ist nach der Rechtsprechung[359] zumindest ab einem Anteil des Loses von **6 %** des Gesamtauftragsvolumens nicht mehr von einem Splitterlos auszugehen.

2. Wirtschaftliche oder technische Gründe

188 Ist die vom Auftraggeber im Rahmen seiner Gestaltungskompetenz festgelegte Leistung teilbar, so kann unter der Voraussetzung des § 97 Abs. 4 S. 3 GWB gleichwohl von einer Losvergabe abgesehen werden. Nach dem Wortlaut der Vorschrift dürfen **mehrere Lose zusammen vergeben** werden, wenn wirtschaftliche oder technische Gründe dies erfordern.

189 § 97 Abs. 4 S. 2 GWB geht über die **europarechtliche Vorgaben** in Art. 46 Abs. 1 UAbs. 2 RL 2014/24/EU und Art. 65 RL 2014/25/EU hinaus.[360] Nach Art. 46 Abs. 1 UAbs. 2 RL 2014/24/EU geben öffentliche Auftraggeber bzw. Sektorenauftraggeber die wichtigsten Gründe für ihre Entscheidung, keine Unterteilung in Lose vorzunehmen, in den Vergabeunterlagen oder dem Vergabevermerk an. Hierdurch wird ausdrücklich festgelegt, dass öffentliche Auftraggeber und Sektorenauftraggeber die Begründung für eine Gesamtvergabe dokumentieren sollen. Eine Spezifizierung derjenigen Gründe, die eine Gesamtvergabe rechtfertigen, enthalten die europarechtlichen Vorgaben nicht. In Art. 65 RL 2014/25/EU findet sich schon nicht eine solche Begründungs- und Dokumentationspflicht. Ein Verstoß gegen die europarechtlichen Vorgaben ergibt sich hieraus allerdings nicht, da der Gesetzgeber nicht daran gehindert, strengere Maßstäbe zugunsten des Wettbewerbs aufzustellen.[361]

190 Wirtschaftliche oder technische Gründe müssen eine Gesamtlosvergabe **erfordern**. Es bedarf nicht zwingend eines unabweisbaren Grundes, vielmehr ist das Erfordern als *„vernünftigerweise Gebotensein"*[362] auszulegen. Es ist nicht erforderlich, dass eine Gesamtvergabe *„unausweislich"* ist.[363] Ob wirtschaftliche oder technische Gründe eine Gesamtlosvergabe erfordern, ist durch den Auftraggeber im Rahmen einer einzelfallbezogenen Interessenabwägung festzustellen.[364]

191 Bei dieser Einschätzung verbleibt dem Auftraggeber nach der Rechtsprechung[365] ein **Beurteilungsspielraum**, der nur beschränkt durch die Nachprüfungsinstanzen zugängig ist. Die Entscheidung des Auftraggebers für eine Gesamtvergabe ist nur darauf zu überprüfen, ob sie auf vollständiger und zutreffender Sachverhaltsermittlung und nicht auf einer Ermessensfehlbetätigung, namentlich auf Willkür, beruhe.

192 Die wirtschaftlichen oder technischen Gründe müssen im konkreten **Einzelfall** allerdings **tatsächlich vorliegen** und angesichts des Ausnahmecharakters der Gesamtvergabe **überwiegen**.[366] Für das Maß des Überwiegens lassen sich keine allgemein gültigen Regeln benennen.[367] Typischerweise mit einer Losvergabe verbundene Gesichtspunkte wie z.B. ein erhöhter Koordinierungsaufwand aufseiten des Auftraggebers, oder eine erschwerte Durchsetzung von Mängelhaftungsansprüchen können aufgrund der mittelstandsfördernden Entscheidung des § 97 Abs. 4 GWB zugunsten des Vorrangs der Losvergabe nicht berücksichtigt werden.[368] Die besonderen wirtschaftlichen oder technischen Gründe müssen sich demnach gerade aus dem Gegenstand der ausgeschriebenen Leistung ergeben.

---

359 OLG Düsseldorf, Beschluss v. 11.1.2012 – VII-Verg 52/11; siehe auch OLG Koblenz, Beschluss v. 4.4.2012 – 1 Verg 2/11 (7 %).

360 Vgl. Gesetzesbegründung, BT-Drs. 18/6281, 68.

361 Fragwürdig ist insoweit die Gesetzesbegründung, BT-Drs. 18/6281, 68, nach der Art. 46 Abs. 4 RL 2014/24/EU klarstelle, dass strengere Anforderungen an die Losaufteilung zulässig seien. Nach der Regelung können die Mitgliedstaaten allerdings nur Bedingungen für eine Losaufteilung festlegen, nicht für deren Verzicht.

362 VK Brandenburg, Beschluss v. 5.8.2015 – VK 11/15.

363 VK Bund, Beschluss v. 4.1.2016 – VK 2-125/15.

364 Vgl. auch *Boesen*, VergabeR, 2011, 364 (367).

365 Vgl. OLG Düsseldorf, Beschluss v. 11.1.2012 – VII-Verg 52/11, NZBau 2012, 324 (324); Beschluss v. 8.9.2011 – VII-Verg 48/11; VK Bund, Beschluss v. 4.1.2016 – VK 2-125/15; VK Münster, Beschluss v. 7.10.2009 – VK 18/09; a.A. *Frenz*, VergabeR 2011, 13 (15).

366 Vgl. OLG Düsseldorf, Beschluss v. 8.9.2004 – VII-Verg 38/04.

367 Vgl. OLG Düsseldorf, Beschluss v. 11.1.2012 – VII-Verg 52/11, NZBau 2012, 324 (324).

368 Vgl. OLG Düsseldorf, Beschluss v. 11.1.2012 – VII-Verg 52/11, NZBau 2012, 324 (324); Beschluss v. 25.11.2009 – VII-Verg 27/09; Beschluss v. 11.7.2007 – VII-Verg 10/07; OLG Koblenz, Beschluss v. 4.4.2012 – 1 Verg 2/11, NZBau 2012, 598 (599); VK Bund, Beschluss v. 12.12.2014 – VK 2-101/14.

193 Nach der Rechtsprechung[369] ist eine Gesamtvergabe gerechtfertigt, wenn die Aufteilung **unverhältnismäßige Kostennachteile** mit sich bringen oder zu einer **starken Verzögerung des Vorhabens** führen würde. Entsprechende Kostennachteile hat das OLG Düsseldorf[370] bei einer Verteuerung um 50 % angenommen.

194 Will der Auftraggeber einen teilbaren Auftrag als Gesamtleistung vergeben, so hat er sowohl die seiner Beschaffungsentscheidung zugrunde liegenden Gründe, als auch die **Gründe für das Abweichen von dem Prinzip der Losvergabe zu dokumentieren**. In die Vergabeakte sind dementsprechend die wirtschaftlichen oder technischen Gründe aufzunehmen, die eine Gesamtvergabe erfordern. Ist der Auftrag hingegen schon nicht teilbar, ist der Auftraggeber auch nicht dokumentationspflichtig. Gleichwohl empfiehlt es sich auch in diesem Fall, im Vergabevermerk festzuhalten, weshalb der Auftrag nicht teilbar ist.

3. Loslimitierung

195 Aus Sicht des Auftraggebers kann es gute **Gründe** dafür geben, die Anzahl der Lose zu limitieren, für die ein einzelnes Unternehmen in Betracht kommt. Solche Gründe können darin liegen, dass der Auftraggeber die Abhängigkeit zu einzelnen Unternehmen zu meiden oder wirtschaftliche Risiken zu streuen sucht.[371] Sie kann auch einer mittel- und langfristigen Sicherstellung einer wirtschaftlichen Beschaffung im Wettbewerb dienen.[372]

196 Die Zulässigkeit einer Loslimitierung war nach früherer Rechtslage mangels einer Rechtsgrundlage nicht abschließend geklärt.[373] Durch die VergRModVO hat das Rechtsinstitut der Loslimitierung in **§ 30 VgV und § 27 SektVO** eine rechtliche Grundlage erhalten. Die Regelungen setzen Art. 46 RL 2014/24/EU und Art. 65 RL 2014/25/EU um.

197 Nach § 30 Abs. 1 S. 1 VgV und § 27 Abs. 1 S. 1 SektVO können öffentliche Auftraggeber und Sektorenauftraggeber festlegen, dass die Angebote nur für ein oder für mehrere Lose eingereicht werden dürfen (sog. **Angebotslimitierung**). Gemäß § 30 Abs. 1 S. 2 VgV und § 27 Abs. 1 S. 2 SektVO können öffentliche Auftraggeber und Sektorenauftraggeber auch die Zahl der Lose auf eine Höchstzahl beschränken, für die ein einzelner Bieter den Zuschlag erhalten kann (sog. **Zuschlagslimitierung**).

198 Öffentliche Auftraggeber und Sektorenauftraggeber sind nicht verpflichtet, eine Loslimitierung vorzusehen. Nach dem Wortlaut der Regelungen („kann") steht es in ihrem **Ermessen**, ob sie von der Möglichkeit der Angebots- oder Zuschlagslimitierung Gebrauch machen und welche Form der Loslimitierung (Angebots- oder Zuschlagslimitierung) sie wählen.

199 Gemäß § 30 Abs. 2 S. 1 VgV müssen öffentliche Auftraggeber in der **Auftragsbekanntmachung** oder der **Aufforderung zur Interessensbestätigung** und Sektorenauftraggeber nach § 27 Abs. 2 S. 1 SektVO in der Auftragsbekanntmachung, der Aufforderung zur Interessensbestätigung oder der Aufforderung zu Verhandlungen oder Angebotsabgabe angeben, ob und welche Form der Loslimitierung vorgesehen ist.

200 Öffentliche Auftraggeber und Sektorenauftraggeber haben nach § 30 Abs. 2 S. 2 VgV und § 27 Abs. 2 S. 2 SektVO im Falle der Zuschlagslimitierung **objektive und nichtdiskriminierende Kriterien** anzugeben, wenn die Anwendung der Zuschlagskriterien dazu führen würde, dass ein einzelner Bieter den Zuschlag für eine größere Zahl von Losen als die Höchstzahl erhalten würde.

---

369 OLG Düsseldorf, Beschluss v. 11.7.2007 – VII-Verg 10/07; Beschluss v. 8.9.2004 – VII-Verg 38/04; VK Sachsen, Beschluss v. 30.4.2008 – 1/SVK/020-08; bezüglich Bauzeitverzögerung siehe OLG München, Beschluss v. 9.4.2015 – Verg 1/15.

370 OLG Düsseldorf, Beschluss v. 8.9.2011 – VII-Verg 48/11.

371 Vgl. OLG Düsseldorf, Beschluss v. 15.6.2000 – Verg 6/00; VK Bund, Beschluss v. 30.11.2012 – VK 2-131/12.

372 Vgl. VK Bund, Beschluss v. 11.11.2011 – VK 2-133/11.

373 Für eine grundsätzliche Zulässigkeit *Manz/Schönwalder*, VergabeR 2013, 852 (860); hierfür im Einzelfall OLG Düsseldorf, Beschluss v. 7.11.2012 – VII-Verg 24/12; Beschluss v. 15.6.2000 – Verg 6/00; VK Bund, Beschluss v. 30.11.2012 – VK 2-131/12; Beschluss v. 11.11.2011 – VK 2-133/11; VK Sachsen, Beschluss v. 14.3.2007 – 1/SVK/006–07; hiergegen *Burgi*, NZBau 2006, 693 (697); *Otting/Tresselt*, VergabeR 2009, 585 (594) einschränkend auch VK Südbayern, Beschluss v. 25.6.2010 – Z3-3-3194-1-30-05/10 (wenn keine Wettbewerbsbeschränkung vorliegt); offen gelassen von LSG Baden-Württemberg, Beschluss v. 23.1.2009 – L 11 WB 5971/08.

4. Koppelungsnachlass

201 Auch wenn ein Auftrag in Losen ausgeschrieben ist, so zwingt dies den Auftraggeber noch nicht, den Auftrag tatsächlich an **unterschiedliche Unternehmen** zu vergeben.[374] Denn oberstes Gebot und Daseinsberechtigung des Vergaberechts bleibt die Sicherstellung der Wirtschaftlichkeit der Beschaffung. Der Auftraggeber hat daher stets unabhängig von der Aufteilung in Lose das wirtschaftlichste Angebot zu wählen.[375] Daraus ergibt sich, dass einzelne Interessenten **kein subjektives Recht auf eine Beschränkung der Losanzahl je Bieter** haben können, wenn dies zu einer unwirtschaftlichen Vergabe führen würde.[376]

202 Die Auftraggeber sind vielmehr berechtigt, die Unternehmen aufzufordern anzugeben, inwieweit sich der Preis bei Beauftragung mehrerer oder aller Lose reduziert (sog. **Koppelungsnachlass**). Teilweise[377] wird in diesem Zusammenhang vertreten, dass der vom Gesetzgeber verfolgte Mittelstandsschutz es verbiete, ein solches Mehrfachangebot zu bezuschlagen, sofern dies nicht auch bezogen auf jedes einzelne Teillos das wirtschaftlichste (günstigste) Angebot sei. Diese Auffassung ist abzulehnen. Die vom Gesetzgeber verfolgte Förderung des Mittelstands durch Herstellung einer Chancengleichheit gegenüber Großunternehmen[378] gebietet kein Verbot der Bezuschlagung von Mehrfachangeboten. Der Mittelstand erhält durch den grundsätzlichen Vorrang der Losvergabe die Möglichkeit, sich am Vergabeverfahren zu beteiligen. Darauf beschränkt sich der Förderaspekt der Losvergabe aber auch.[379] Ein Schutz vor Wettbewerb durch Bevorzugung mittelständischer Unternehmen ist nicht zu gewähren. Der Auftraggeber ist angesichts des haushaltsrechtlichen Grundsatzes der wirtschaftlichen Leistungsbeschaffung nicht gehalten, ein in der Gesamtschau unwirtschaftlicheres Angebot zu bezuschlagen. Ein Zuschlag auf das Gesamtangebot ist gerechtfertigt, wenn das Gesamtangebot im Vergleich zur Summe der wirtschaftlich günstigsten Einzellosangebote das wirtschaftlichste Angebot ist.[380]

IV. Verpflichtung von Unterauftragnehmern (S. 4)

203 Nach § 97 Abs. 4 S. 4 GWB verpflichtet der öffentliche Auftraggeber oder Sektorenauftraggeber diejenigen Unternehmen, die nicht öffentlicher Auftraggeber oder Sektorenauftraggeber und mit der Wahrnehmung oder Durchführung einer öffentlichen Aufgabe betraut sind, nach § 97 Abs. 4 S. 1 bis 3 GWB zu verfahren, wenn es Unteraufträge vergibt.

204 **Hintergrund** dieser Regelung ist der Wunsch, eine mittelstandsfreundliche Vergabe auch im Rahmen von **öffentlich-privaten Partnerschaften** sicherzustellen.[381] Bei genauer Betrachtung allerdings wird diese Zielvorstellung nicht erreicht. Denn einerseits schießt der Wortlaut der Vorschrift zwar deutlich über dieses Ziel hinaus. Auf der anderen Seite aber ist die Regelung derart gestaltet, dass sie regelmäßig ins Leere geht.

205 Die Regelung beschränkt sich nach dem **Wortlaut** entgegen der gesetzgeberischen Intention nicht auf **öffentlich-private Partnerschaften**, sondern greift immer dann ein, wenn ein Unternehmen, das nicht öffentlicher Auftraggeber oder Sektorenauftraggeber ist, mit der Wahrnehmung oder Durchführung einer öffentlichen Aufgabe betraut wird. Dies wird aber regel-

---

374 Von der Ausnahme einer Loslimitierung einmal abgesehen, vgl. dazu *Müller-Wrede*, NZBau 2004, 643 (647).

375 Vgl. BGH, Urteil v. 17.2.1999 – X ZR 101/97, BauR 1999, 736 (740).

376 Zur Zulässigkeit der Loslimitierung vgl. OLG Düsseldorf, Beschluss v. 17.1.2013 – VII-Verg 35/12; Beschluss v. 7.11.2012 – VII-Verg 24/12 m.w.N.; ablehnend: *Burgi*, NZBau 2006, 693 (697); *Otting/Tresselt*, VergabeR 2009, 585 mit Überblick über den Streitstand.

377 Kritisch hierzu VK Bund, Beschluss v. 5.2.2008 – VK 3-08/08; die VK Bund stellt u.a. darauf ab, ob das Angebot eines Bieters bei Berücksichtigung des Preisnachlasses nicht nur in der Gesamtschau sondern auch bezogen auf die einzelnen Lose das jeweils günstigste (bzw. wirtschaftlichste) ist; offen lassend: OLG Naumburg, Beschluss v. 14.3.2013 – 2 Verg 8/12.

378 Vgl. Gesetzesbegründung, VergRModG 2009, BT-Drs. 16/10117, 15.

379 Vgl. *Müller-Wrede*, NZBau 2004, 643 (648).

380 *Roth*, in: Müller-Wrede, VOL/A, 3. Auflage, § 2 EG Rn. 98.

381 Vgl. Beschlussempfehlung und Bericht des Ausschusses für Wirtschaft und Technologie, VergRModG 2009, BT-Drs. 16/11428.

mäßig der Fall sein, da öffentliche Auftraggeber üblicherweise Leistungen zur Erfüllung ihrer öffentlichen Aufgaben ausschreiben.[382]

Der **Begriff der öffentlichen Aufgabe** ist dem Vergaberecht fremd, wird aber beispielsweise in § 56 Abs. 1 S. 1 VwVfG verwendet. Dort wird angenommen, dass „öffentliche Aufgabe" nicht auf die öffentlich-rechtliche Verwaltungstätigkeit im Sinne von § 1 VwVfG beschränkt ist, sondern etwa auch Aufgaben der Daseinsvorsorge sowie solche Aufgaben, die zum Verwaltungsprivatrecht gehören und mit privatrechtlichen Formen und Handlungsmitteln im öffentlichen Interesse wahrgenommen werden, erfasst.[383] 206

Angesichts dieser Begriffsbestimmung ist davon auszugehen, dass zumindest öffentliche Auftraggeber auch **stets öffentliche Aufgaben** wahrnehmen. Vergeben öffentliche Auftraggeber einen öffentlichen Auftrag, um ihrer öffentlichen Aufgabe nachzukommen, betrauen sie den Auftragnehmer folglich mit der Wahrnehmung oder Durchführung einer öffentlichen Aufgabe. Legt man dies zugrunde, so ist nach § 97 Abs. 4 S. 4 GWB stets eine vertragliche Verpflichtung des im Vergabeverfahren ausgewählten Unternehmens zur Einhaltung der Grundsätze der Losvergabe bei der Beauftragung von Subunternehmern anzunehmen. Eine im Bereich der Daseinsvorsorge tätige Behörde, deren öffentliche Aufgabe in der Bereitstellung und Aufrechterhaltung von Infrastruktur besteht, müsste bei der Vergabe von Straßenbauarbeiten demnach den Auftragnehmer verpflichten, bei einer Unterbeauftragung den Grundsatz der Losvergabe anzuwenden. 207

Diese sehr weit gehende generelle **Verpflichtung läuft aber regelmäßig ins Leere**. Denn der öffentliche Auftraggeber oder Sektorenauftraggeber wäre bereits selbst zu einer Losteilung verpflichtet, wenn eine solche im konkreten Fall nach § 97 Abs. 4 GWB geboten wäre. Ist dies hingegen nicht der Fall, so kann auch der Auftragnehmer kaum zu einer solchen verpflichtet sein, da auch er nur dem Maßstab von § 97 Abs. 4 S. 1 bis 3 GWB und damit keinem strengeren als der öffentliche Auftraggeber oder der Sektorenauftraggeber unterliegt. Andernfalls entstünde auch die paradoxe Situation, dass der dem öffentliche Auftraggeber oder Sektorenauftraggeber zukommende Vorteil einer Gesamtvergabe beispielsweise aus wirtschaftlichen Gründen nicht an den Auftragnehmer weitergegeben wird, was in der Konsequenz wiederum zu einer Verteuerung der Leistung und damit im Ergebnis zu einer unwirtschaftlichen Vergabe führen könnte. 208

V. Rechtsschutz

Die **Unternehmen haben** gemäß § 97 Abs. 6 GWB grundsätzlich einen **Anspruch** darauf, dass der Auftraggeber das in § 97 Abs. 4 S. 2 GWB zum Ausdruck kommende Gebot der Losaufteilung beachtet.[384] 209

Eine subjektive Rechtsposition verleiht die Regelung allerdings nach richtiger Ansicht nur Unternehmen, die vom Schutzzweck der Vorschrift erfasst sind.[385] **Großunternehmen** scheiden als Anspruchsteller daher aus. 210

Einen **konkreten Loszuschnitt**, der einem bestimmten Unternehmen die Teilnahme am Vergabeverfahren eröffnet, können die Unternehmen nicht durchsetzen.[386] Dem Auftraggeber verbleibt vielmehr auch weiterhin das Recht, den Auftrag nach seinem Bedarf zuzuschnei- 211

382 Vgl. zum Begriff der öffentlichen Aufgabe § 56 Abs. 1 Satz 1 VwVfG. Dort wird angenommen, dass »öffentliche Aufgabe« nicht auf die öffentlich-rechtliche Verwaltungstätigkeit im Sinne von § 1 VwVfG beschränkt ist, sondern etwa auch Aufgaben der Daseinsvorsorge sowie solche Aufgaben, die zum Verwaltungsprivatrecht gehören und mit privatrechtlichen Formen und Handlungsmitteln im öffentlichen Interesse wahrgenommen werden, erfasst.

383 Vgl. *Bonk*, in: Stelkens/Bonk/Sachs, VwVfG, § 56 Rn. 53 m.w.N.

384 Vgl. OLG Düsseldorf, Beschluss v. 21.3.2012 – VII-Verg 92/11; Beschluss v. 11.7.2007 – VII-Verg 10/07.

385 *Antweiler*, in: Dreher/Motzke, Vergaberecht, § 97 Abs. 3 Rn. 55; *Müller-Wrede*, NZBau 2004, 643 (647); a.A. OLG Düsseldorf, Beschluss. v. 11.7.2007 – VII-Verg 10/07; VK Sachsen, Beschluss. v. 4.2.2013 – 1/SVK/039-12; VK Baden-Württemberg, Beschluss. v. 18.2.2011 – 1 VK 02/11.

386 Vgl. OLG Schleswig, Beschluss v. 30.10.2012 – 1 Verg 5/12, und VK Sachsen, Beschluss v. 4.2.2013 – 1/SVK/039-12 (kein „*Wunschzuschnitt*"); siehe auch *Horn*, NZBau, 2011, 601 (602).

den.[387] Es besteht insbesondere **kein Anspruch auf den kleinstmöglichen Loszuschnitt**. Auftraggeber sind auch nicht verpflichtet, die Losaufteilung so einzurichten, dass sich jedes tatsächlich am Markt vorhandene kleine Unternehmen an dem Vergabeverfahren beteiligen kann.[388]

E. Grundsatz der elektronischen Kommunikation (Abs. 5)

I. Allgemeines

212 Ein Kernpunkt der Vergaberechtsreform 2016 ist die verpflichtende Einführung der elektronischen Kommunikation im Vergabeverfahren. § 97 Abs. 5 GWB verpflichtet gleichermaßen Auftraggeber und Unternehmen, dass sie für „das Senden, Empfangen, Weiterleiten und Speichern von Daten in einem Vergabeverfahren **grundsätzlich elektronische Mittel** verwenden".

213 § 97 Abs. 5 GWB setzt **Art. 22 Abs. 1 UAbs. 1 S. 1 RL 2014/24/EU und Art. 40 Abs. 1 UAbs. 1 S. 1 RL 2014/25/EU** um. Danach „gewährleisten die Mitgliedsstaaten, dass die gesamte Kommunikation und der gesamte Informationsaustausch nach dieser Richtlinie, insbesondere die elektronische Einreichung von Angeboten, unter Anwendung elektronischer Kommunikationsmittel gemäß den Anforderungen dieses Artikels erfolgen."

214 In der Gesetzesbegründung wird hinsichtlich des verpflichtenden Charakters nochmals ausdrücklich herausgestellt, dass die Umstellung auf die elektronische Kommunikation **zwingend** ist, und zwar unabhängig vom Liefer- oder Leistungsgegenstand, der der Vergabe zugrunde liegt. Ebenso ist es im Zusammenhang mit der Einführung der elektronischen Kommunikation unerheblich, ob im Einzelfall eine Bau- oder Dienstleistung oder eine Lieferung vergeben wird.[389]

215 Für die Vergabepraxis bedeutet die in § 97 Abs. 5 GWB normierte Pflicht zur E-Vergabe, dass von wenigen Ausnahmen abgesehen

- die Bekanntmachung,
- die Bereitstellung der Vergabeunterlagen,
- ergänzende Bieterinformation,
- die Kommunikation zwischen Vergabestelle und Bietern, zum Beispiel im Hinblick auf Bieterfragen oder im Zusammenhang mit der Aufklärung von Angeboten, sowie
- die Einreichung der Teilnahmeanträge und Angebote

auf elektronischem Wege zu erfolgen hat.

216 Die **Wahlfreiheit der Kommunikationsmittel**, wie sie zum Beispiel in § 13 EG VOL/A zum Ausdruck kam, ist damit abgeschafft.[390] Lediglich in Bezug auf die Übersendung des **Informationsschreibens** gemäß § 134 GWB haben Auftraggeber weiterhin eine echte Wahl zwischen einer postalischen Übersendung des Informationsschreibens und dessen Übersendung auf elektronischem Wege. Dies ist auch zutreffend, als nach Art. 22 Abs. 1 UAbs. 1 S. 1 RL 2014/24/EU und Art. 40 Abs. 1 UAbs. 1 S. 1 RL 2014/25/EU lediglich der Informationsaustausch „nach diese(n) Richtlinie(n)" unter Verwendung elektronischer Kommunikationsmittel erfolgen muss. § 134 GWB beruht hingegen auf Art. 2a Abs. 2 RL 2007/66/EG.

217 Die mit der verpflichtenden Einführung der elektronischen Kommunikation verbundenen **Zwecke und Ziele** werden in den Erwägungsgründen der Richtlinien RL 2014/24/EU[391];

---

387 Vgl. OLG Düsseldorf, Beschluss v. 11.1.2012 – VII-Verg 52/11, NZBau 2012, 324 (325).

388 Vgl. OLG Düsseldorf, Beschluss v. 11.1.2012 – VII-Verg 52/11, NZBau 2012, 324; OLG Karlsruhe, Beschluss v. 6.4.2011 – 15 Verg 3/11, VergabeR 2011, 722 (729 f.), darauf abstellend, dass sich die Mehrheit mittelständischer Unternehmen bewerben kann; VK Bund, Beschluss v. 8.1.2004 – VK 1-117/03.

389 Vgl. Gesetzesbegründung, BT-Drs. 18/6281, 65.

390 *Schäfer*, NZBau 2015, 131 ff.

391 Erwägungsgründe 52 ff. RL 2014/24/EU.

RL 2014/23/EU[392] und RL 2014/25/EU[393], deren Umsetzung § 97 Abs. 5 GWB dient, nahezu wortgleich dargestellt. Demzufolge können elektronische Informations- und Kommunikationsmittel die Bekanntmachung von Aufträgen erheblich vereinfachen. Somit können Effizienz, Schnelligkeit und Transparenz von Vergabeverfahren gesteigert werden. Entsprechend sollten diese Informations- und Kommunikationsmöglichkeiten zum Standard von Vergabeverfahren gemacht werden, da sie die Möglichkeit von Wirtschaftsteilnehmern zur Teilnahme an Vergabeverfahren im gesamten Binnenmarkt stark verbessern. Auch der Gesetzgeber sieht als vorwiegendes Ziel der E-Vergabe, dass elektronische Kommunikationsmittel Vergabeverfahren vereinfachen und die Effizienz und Transparenz der Verfahren steigern können. Eine medienbruchfreie öffentliche Auftragsvergabe biete zugleich erhebliche Einsparpotenziale für Unternehmen und öffentliche Auftraggeber.[394]

Flankiert werden die europäischen Regelungen zur E-Vergabe von den Regelungen zur elektronischen Rechnungsstellung (sog. **e-Invoicing**).[395] Gemäß Art. 1 RL 2014/55/EU gilt diese Richtlinie für elektronische Rechnungen, die nach Erfüllung von in den Anwendungsbereich der neuen Vergaberichtlinien (RL 2014/23/EU, RL 2014/24/EU, RL 2014/25/EU sowie RL 2009/81/EG) fallenden öffentlichen Aufträgen ausgestellt wurden. Öffentliche Auftraggeber werden entsprechend verpflichtet, elektronische Rechnungen für öffentliche Aufträge zu akzeptieren. Auf diese Weise soll eine vollständige Digitalisierung der öffentlichen Auftragsvergabe (sog. **end-to-end e-procurement**) möglich werden. Die Mitgliedstaaten haben die RL 2014/55/EU bis spätestens 27.11.2018 in nationales Recht umzusetzen (vgl. Art. 11 RL 2014/55/EU). 218

II. Anwendungsbereich

Bereits aus der Stellung im Teil 4 des GWB folgt, dass die elektronische Kommunikation „nur" für den **Oberschwellenbereich** verpflichtend vorgegeben wird. Sind die Schwellenwerte des § 106 GWB erreicht oder überschritten, müssen Auftraggeber die Regelungen zur elektronischen Kommunikation zwingend beachten. Anderenfalls liegt ein Vergaberechtsverstoß vor. 219

Im Umkehrschluss heißt dies, dass **keine Pflicht zur Durchführung elektronischer Vergabeverfahren** dort besteht, wo das Vergaberecht nicht anwendbar ist, sei es, dass kein öffentlicher Auftrag bzw. keine Konzession im Sinne von § 103 und § 105 GWB Gegenstand des Beschaffungsvorhabens ist, oder dass das Beschaffungsvorhaben von keinem Auftraggeber im Sinne des § 98 GWB durchgeführt wird. 220

Ebenso wenig finden die Vorschriften über die elektronische Kommunikation im **Unterschwellenbereich** Anwendung. Zwar soll gemäß dem Eckpunktepapier zur Reform des Vergaberechts des Bundesministeriums für Wirtschaft und Energie nach Umsetzung der EU-Vergaberichtlinien zeitnah der Anpassungsbedarf für Vergaben unterhalb der EU-Schwellenwerte geprüft werden. Bislang ist allerdings offen, ob – wie von einigen Berufsverbänden zutreffenderweise gefordert[396] – am Ende des Anpassungsprozesses sowohl für den Oberschwellenbereich als auch für den Unterschwellenbereich in Bund und Ländern eine einheitliche Regelung zur E-Vergabe stehen wird. 221

III. Entstehungsgeschichte

Die **Anfänge** der nunmehr verbindlichen elektronischen Vergabe sind bereits in der RL 97/52/EG zu erblicken. Durch selbige wurden die Vorschriften über die Angebotsübermittlung unter anderem insoweit ergänzt, als die Mitgliedstaaten fortan zulassen konnten, dass 222

392 Erwägungsgrund 74 RL 2014/23/EU.
393 Erwägungsgründe 63 ff. RL 2014/25/EU.
394 Vgl. BT-Drs. 18/6281, 1, 53.
395 Vgl. Erwägungsgrund 10 RL 2014/55/EU über die elektronische Rechnungsstellung bei öffentlichen Aufträgen.
396 BITKOM e.V., Stellungnahme zur Vergaberechtsmodernisierung: https://www.bitkom.org/Bitkom/Publikationen/Bitkom-Stellungnahme-zur-Vergaberechtsmodernisierung-insbesondere-Referentenentwurf-einer-Verordnung-zur-Modernisierung-des-Vergaberechts-VgV-E.html, zuletzt abgefragt am 17.1.2016.

Angebote auf andere Weise (als die herkömmlich bekannten Arten) übermittelt werden konnten (vgl. Art. 1 Nr. 7, Art. 2 Nr. 5 und Art. 3 Nr. 5 RL 97/52/EG). Nähere Bestimmungen, wie dies konkret auszugestalten sei, enthielt die Richtlinie hingegen nicht.

223 National wurde von dieser Möglichkeit durch die Umsetzung in **§ 15 VgV a.F.**[397] Gebrauch gemacht. § 15 VgV a.F. war als „elektronische Angebotsabgabe" überschrieben und bildete damit quasi den Grundstein für die nationale E-Vergabe. Inhaltlich enthielt aber auch § 15 VgV a.F: – wie die ihr zugrunde liegende europäische Norm – lediglich die Möglichkeit, Angebote auch in anderer Form als schriftlich per Post oder direkt einzureichen, sofern dabei die Vertraulichkeit der Angebote gewahrt blieb. Konkrete Ausgestaltungen der „anders gearteten" Übermittlung wurden also auch auf nationaler Ebene offengelassen.

224 In einem zweiten Schritt führten die **Richtlinien 2004/17/EG und 2004/18/EG** für Auftraggeber die **optionale Verwendung** elektronischer Kommunikationsmittel ein (vgl. Art. 48 RL 2004/17/EG sowie Art. 42 RL 2004/18/EG). Damit wurden elektronische Mittel den klassischen Mitteln zur Kommunikation und Informationsübermittlung erstmals ausdrücklich gleichgesetzt. Ferner wurde die Verwendung elektronischer Kommunikationsmittel dahin gehend konkretisiert, als die Richtlinien bereits Grundsätzliches zur Ausgestaltung der elektronischen Übermittlung von Informationen regelten (vgl. Art. 42 Abs. 4 RL 2004/18/EG und Art. 48 Abs. 4 RL 2004/17/EG). Parallel zu den Regelungen der Richtlinien 2004/17/EG sowie 2004/18/EG veröffentlichte die Kommission den „Aktionsplan zur Umsetzung und Anwendung der Rechtsvorschriften über die elektronische Vergabe öffentlicher Aufträge"[398]. Er sollte den Mitgliedstaaten entsprechend seinem Titel quasi als „Leitlinie" bei der Umsetzung der E-Vergabe-Regelungen der Vergaberichtlinien dienen.

225 Die europäischen Vorgaben hinsichtlich elektronischer Kommunikation und Informationsübermittlung wurden auf nationaler Ebene **teilweise im GWB**, **teilweise in den Vergabeordnungen** umgesetzt (vgl. § 13 EG Abs. 2 und Abs. 3 VOL/A sowie § 11 EG VOB/A 2012 – die Grundsätze zur Informationsübermittlung aufstellen).

226 Obwohl der rechtliche Rahmen für die Durchführung elektronischer Vergabeverfahren geschaffen war, verlief die Umsetzung nicht im erhofften Umfang. Gemessen am Gesamtbeschaffungsvolumen wurden im Jahre 2010 wertmäßig weniger als 5 % des gesamten Beschaffungsvolumens auf elektronischem Wege beschafft.[399] Vor diesem Hintergrund sah sich die Kommission veranlasst, im Jahre 2010 zunächst das Grünbuch zum Ausbau der e-Beschaffung in der EU[400] herauszugeben. Dem folgte im Jahre 2012 die Mitteilung „Eine Strategie für die e-Vergabe"[401]. Unter Ziff. 6 der Mitteilung[402] zog die Kommission den Schluss, dass die Umstellung auf die vollständige E-Vergabe vorwiegend keine technische oder technologische Herausforderung sei. Es handele sich dabei vielmehr um eine **wirtschaftliche und politische Herausforderung**, die ohne ein starkes Engagement auf oberster politischer Ebene nicht zu bewältigen sei. Insbesondere durch die Verabschiedung des überarbeiteten Legislativpakets zum öffentlichen Auftragswesen sollte von den Mitgliedstaaten und dem Europäischen Parlament ein klares politisches Signal ihrer Entschlossenheit, sich der Herausforderung stellen zu wollen, ausgehen. Selbiges wurde schließlich am 28.3.2014 gesetzt, als die neuen europäischen Vergaberichtlinien im Amtsblatt der Europäischen Union veröffentlicht wurden.[403]

---

397 BGBl. I 2001 S. 110.
398 Mitteilung der Europäischen Kommission v. 29.12.2004, KOM(2004) 841 endgültig.
399 Vgl. Mitteilung der Europäischen Kommission v. 20.9.2011, KOM(2010) 571 endgültig, S. 11.
400 Mitteilung der Europäischen Kommission v. 18.10.2010, KOM(2010) 571 final.
401 Mitteilung der Europäischen Kommission v. 20.4.2012, COM(2012) 179 final.
402 Mitteilung der Europäischen Kommission v. 20.4.2012, COM(2012) 179 final, S. 13.
403 Vgl. ABl. EU Nr. L 94/65, L 94/1 und L 94/243 v. 28.3.2014.

IV. Umsetzung

1. Strukturelle Umsetzung

§ 97 Abs. 5 GWB formuliert lediglich den Grundsatz der elektronischen Kommunikation. Die **konkrete Ausgestaltung erfolgt in den Verordnungen**, die auf der Grundlage von § 113 S. 2 Nr. 4 GWB erlassen werden. Dementsprechend werden Art und Umfang und die technischen Anforderungen an die elektronische Kommunikation in der Vergabeverordnung, der Sektorenverordnung sowie der Konzessionsverordnung geregelt. 227

Hierbei ist die **strukturelle Umsetzung nahezu gleich** gewählt. Zunächst werden in einem jeweils eigenen Zweiten Unterabschnitt „Kommunikation" zu Abschnitt 1 die Grundsätze der Kommunikation, die Anforderungen sowohl an die verwendeten elektronischen Mittel als auch der Einsatz der elektronischen Mittel im Vergabeverfahren sowie der Einsatz alternativer elektronischer Mittel bei der Kommunikation geregelt (vgl. §§ 9 ff. VgV, §§ 9 ff. SektVO, §§ 7 ff. KonzVgV). Im Unterschied zur Sektorenverordnung kann die Bundesregierung mit Zustimmung des Bundesrats gemäß der wortgleichen § 13 VgV sowie § 11 KonzVgV allgemeine Verwaltungsvorschriften über die zu verwendenden elektronischen Mittel sowie über die einzuhaltenden technischen Standards (Basisdienste für die elektronische Auftragsvergabe) erlassen. 228

Weitergehende Regelungen finden sich in der VgV im Vierten Unterabschnitt „Veröffentlichung, Transparenz" (vgl. §§ 37 ff. VgV) und Fünften Unterabschnitt „Einreichung, Form und Umgang mit Angeboten, Teilnahmeanträgen, Interessenbekundungen und Interessenbestätigungen" (vgl. §§ 52 ff. VgV) zu Abschnitt 2. In der SektVO werden die Anforderungen an die E-Vergabe allein im Vierten Unterabschnitt „Veröffentlichung, Transparenz" zu Abschnitt 2 geregelt (vgl. §§ 35 ff. SektVO). Die Konzessionsvergabeverordnung trifft weitergehende Bestimmungen zur Durchführung elektronischer Vergabeverfahren wiederum im Zweiten Unterabschnitt „Vorbereitung des Vergabeverfahrens" (vgl. § 14 ff. KonzVgV) sowie im Vierten Unterabschnitt „Auswahlverfahren und Zuschlag" (vgl. § 28 KonzVgV) zu Abschnitt 2. 229

Die Regelungen zur E-Vergabe im Rahmen der **KonzVgV** zeigen, dass der Gesetzgeber von der in Art. 29 Abs. 1 UAbs. 2 RL 2014/23/EU eröffneten Option Gebrauch gemacht hat, über die dort gemachten Vorgaben hinauszugehen und die Verwendung elektronischer Mittel für die Konzessionsvergabe insgesamt verbindlich vorzuschreiben. Nach Art. 29 Abs. 1 RL 2014/23/EU wäre der nationale Gesetzgeber lediglich verpflichtet gewesen, die elektronische Bekanntmachung und die elektronische Verfügbarkeit von Vergabeunterlagen vorzuschreiben. Ansonsten lässt Art. 29 Abs. 1 RL 2014/23/EU die Wahl zwischen elektronischen Mitteln, Post, Fax, mündlicher Mitteilung oder persönlicher Übermittlung. 230

2. Pflicht zur elektronischen Vergabeakte

§ 97 Abs. 5 GWB setzt die Regelungen der Art. 22 Abs. 1 UAbs. 1 S. 1 RL 2014/24/EU sowie Art. 40 Abs. 1 UAbs. 1 S. 1 RL 2014/25/EU jedoch **nicht eins zu eins** um. Während Art. 22 Abs. 1 UAbs. 1 S. 1 RL 2014/24/EU sowie der gleichlautende Art. 40 Abs. 1 UAbs. 1 S. 1 RL 2014/25/EU Auftraggeber lediglich dazu verpflichtet, dass „die gesamte Kommunikation und der gesamte Informationsaustausch [...] unter Anwendung elektronischer Kommunikationsmittel [...] erfolgen", müssen Auftraggeber nach § 97 Abs. 5 GWB auch für das „Speichern von Daten in einem Vergabeverfahren [...] elektronische Mittel verwenden". 231

Damit statuiert § 97 Abs. 5 GWB nicht nur die Pflicht zur E-Vergabe. Die inhaltliche Erweiterung auf die Speicherung von Daten kann dahin gehend verstanden werden, dass Auftraggeber gemäß § 97 Abs. 5 GWB nunmehr auch verpflichtet sind, eine **elektronische Vergabeakte** zu führen. 232

In Anlehnung an § 6 S. 1 EGovG ist eine **elektronische Akte** eine logische Zusammenfassung eines sachlich zusammengehörigen oder verfahrensgleichen Vorganges und/oder Dokuments, die alle bearbeitungs- und akten-relevanten E-Mails, sonstigen elektronisch erstellten Unterlagen sowie gescannten Papierdokumente umfasst und so eine vollständige Information 233 über die Geschäftsvorfälle eines Sachverhalts ermöglicht).[404] Der vergaberechtlich relevante Inhalt folgt dabei aus § 8 VgV, § 8 SektVO und § 6 KonzVgV.

3. Definition elektronischer Mittel

234 Was unter dem Begriff der „elektronischen Mittel" zu verstehen ist, wird **weder im GWB** selbst **noch in der zugehörigen Gesetzesbegründung** näher definiert. In der Gesetzesbegründung heißt es lediglich, dass mit der Pflicht zur Einführung der elektronischen Kommunikation nicht die Pflicht zur Verwendung spezifischer Programme oder Hilfsmittel verbunden ist, wie zum Beispiel das Programm zur Gebäudedatenmodellierung.

235 Es ist insoweit auf die dem § 97 Abs. 5 GWB zugrunde liegenden **Richtlinien** zurückzugreifen. Danach sind unter „elektronischen Mitteln" der nahezu wortgleichen Definitionen der Richtlinien elektronische Vorrichtungen für die Verarbeitung (einschließlich digitaler Kompression) und Speicherung von Daten, die über Kabel, per Funk oder auf optischem oder einem anderen elektromagnetischen Weg übertragen, weitergeleitet und empfangen werden, zu verstehen (Art. 2 Nr. 19 RL 2014/24/EU; Art. 5 Nr. 9 RL 2014/23/EU; Art. 2 Nr. 15 RL 2014/25/EU). Da § 97 Abs. 5 GWB der Umsetzung dieser Richtlinien dient, sind die hier genannten „elektronischen Mittel" in eben diesem Sinne zu verstehen.

V. Umsetzungsfrist

236 Gemäß §§ 81 VgV, 64 SektVO können zentrale Beschaffungsstellen im Sinne von § 120 Abs. 4 S. 1 GWB bis zum **18.4.2017**, andere öffentliche Auftraggeber, einschließlich Konzessionsauftraggeber (vgl. § 34 KonzVgV), bis zum **18.10.2018** die Übermittlung der Angebote, Teilnahmeanträge und Interessenbestätigung auch auf dem Postweg, anderem geeigneten Weg, Telefax oder durch die Kombination dieser Mittel verlangen. Dasselbe gilt für die sonstige Kommunikation, soweit sie nicht die Übermittlung von Bekanntmachungen und die Bereitstellung der Vergabeunterlagen betrifft. Danach gilt die Vorgabe zur E-Vergabe diesbezüglich uneingeschränkt.

F. Anspruch auf Einhaltung der Vergabebestimmungen (Abs. 6)

237 Gemäß § 97 Abs. 6 GWB haben die Unternehmen einen Anspruch darauf, dass die Bestimmungen über das Vergabeverfahren eingehalten werden.

238 Die Regelung ist die Reaktion des deutschen Gesetzgebers auf die Forderungen der **Europäischen Kommission** und des **EuGH**.[405] Diese bemängelten die **haushaltsrechtliche Lösung**, nach der den Unternehmen einklagbare Ansprüche gerade nicht zustehen sollten.[406]

239 § 97 Abs. 6 GWB entspricht weitestgehend[407] der **Vorgängerregelung** in § 97 Abs. 7 GWB a.F. Lediglich der Wortlaut hat sich geringfügig dahingehend verändert, dass § 97 Abs. 6 GWB nicht benennt, gegen wen die Unternehmen einen Anspruch auf Einhaltung der Vergabebestimmungen haben.

I. Anspruch

240 Der Anspruch der Unternehmen auf die Einhaltung der Vergabebestimmungen ist ein **subjektives Recht**. Dieses Recht können Unternehmen unter den Voraussetzungen der §§ 160 ff. GWB vor den **Vergabekammern** geltend machen. Die Vergabekammer kann im Fall eines

404 Vgl. *Bundesministerium des Inneren, Referat O2*, Mini-Kommentar zum Gesetz zur Förderung der elektronischen Verwaltung sowie zur Änderung weiterer Vorschriften, Art. 1 § 6 Ziff. 1.

405 Vgl. dazu EuGH, Urteil v. 11.8.1995 – Rs. C-433/93 (Kommission/Deutschland), EuZW 1995, 5635; sowie die Dokumente in: Schriftenreihe des Forums Vergabe e.V., Heft 6, 10.2.

406 Vgl. Beschlußempfehlung und Bericht des Ausschusses für Wirtschaft, Zweites Gesetz zur Änderung des Haushaltsgrundsätzegesetzes, BT-Drs. 12/4636, 12.

407 Ungenau insoweit die Gesetzesbegründung, die von einer wortgleichen Übereinstimmung spricht, vgl. BT-Drs. 18/6281, 69.

festgestellten Verstoßes mittels geeigneter Maßnahmen den Auftraggeber zur Einhaltung der Bestimmungen des Vergabeverfahrens zwingen (§ 168 Abs. 1 S. 1 GWB).

Das subjektive Recht ist nach der Gesetzesbegründung **konstitutiv**.[408] Der Anspruch der Unternehmen folgt daher nicht aus den objektiven Verfahrenspflichten der Auftraggeber nach den vergaberechtlichen Bestimmungen. Erst § 97 Abs. 6 GWB verleiht den Unternehmen eine subjektive Rechtsposition. **241**

Die Verletzung subjektiver Rechte ist auch Voraussetzung für die Geltendmachung von **Schadensersatz** gemäß § 181 GWB. **242**

II. Anspruchsinhaber

Nach der Regelung haben die **Unternehmen** einen Anspruch auf die Einhaltung der Vergabebestimmungen. **243**

Der Begriff ist weit und umfasst **sämtliche wirtschaftlich tätigen Rechtsträger**.[409] Hierzu können insbesondere auch öffentliche Einrichtungen gehören, die sich auf dem Markt betätigen.[410] **244**

Anspruchsinhaber sind nicht allein die **Verfahrensteilnehmer**.[411] Die formale Bewerber- oder Bietereigenschaft ist nicht erforderlich.[412] Vielmehr muss der Rechtsschutz durch ein Nachprüfungsverfahren und mithin auch eine subjektive Rechtsposition auch jedem potentiellen Teilnehmer zur Verfügung stehen.[413] **245**

III. Anspruchsgegner

§ 97 Abs. 6 GWB teilt nicht mit, **gegen wen** der Auftraggeber den Anspruch auf Einhaltung der Vergabebestimmungen hat. Die Vorgängerregelung in § 97 Abs. 7 GWB a.F. benannte hierzu noch ausdrücklich den „Auftraggeber". **246**

Der Anspruch richtet sich gegen den jeweiligen Pflichtenträger. Nach §§ 98 ff. GWB sind die Auftraggeber verpflichtet, öffentliche Aufträge und Konzessionen nach den Bestimmungen des Teil 4 des GWB zu vergeben. Hieraus ergibt sich zwanglos, dass der Anspruch **gegen den Auftraggeber** gerichtet ist, auch wenn dies nicht mehr ausdrücklich geregelt ist. **247**

Der Auftraggeber bleibt zur Einhaltung der Vergabebestimmungen auch dann verpflichtet, wenn er sich bei der Verfahrensdurchführung eines **Dritten** bedient, beispielsweise bei der Zuschlagserteilung. Der Anspruch ist nicht gegen die Dritten gerichtet. **248**

IV. Bestimmungen über das Vergabeverfahren

Zu den **Bestimmungen über das Vergabeverfahren** im Sinne des § 97 Abs. 6 GWB zählen neben den Vorschriften der §§ 97 ff. GWB und den europäischen Vergaberichtlinien auch die Vergabeverordnungen VgV, VSVgV, SektVO und KonzVgV sowie die VOB/A mit Rechtssatzqualität, die das Verfahren betreffenden Gebote des Wettbewerbs, der Transparenz und der Gleichbehandlung (vgl. § 97 Abs. 1 und Abs. 2 GWB) sowie bestimmte ungeschriebene Vergaberegeln die sich nicht zuletzt aus allgemeinen Verwaltungsgrundsätzen ergeben können (z.B. das Gebot der Fairness).[414] **249**

408 Vgl. Gesetzesbegründung, BT-Drs. 18/6281, 69.
409 Vgl. Art. 1 Abs. 8 UAbs. 1 RL 2004/18/EG.
410 Vgl. zur Frage der Beteiligung solcher Einrichtungen am Vergabeverfahren: EuGH, Urteil v. 6.10.2015 – Rs. C-203/14; Urteil v. 18.12.2014 – Rs. C-568/13; OLG Düsseldorf, Beschluss v. 7.8.2013 – VII-Verg 14/13.
411 So aber die Gesetzesbegründung, BT-Drs. 18/6281, 69.
412 Vgl. EuGH, Urteil v. 11.1.2005 – Rs. C-26/03 (Stadt Halle), Rn. 40;
413 EuGH, Urteil v. 11.1.2005 – Rs. C-26/03 (Stadt Halle), Rn. 40; Urteil v. 24.6.2004 – Rs. C-212/02 (Kommission/Österreich), Rn. 24.
414 OLG Karlsruhe, Beschluss v. 1.4.2011 – 15 Verg 1/11; OLG Brandenburg, Beschluss v. 7.10.2010 – Verg W 12/10; vgl. auch VK Münster, Beschluss v. 8.6.2012 – VK 6/12; Beschluss v. 17.6.2011 – VK 5/11.

250 **Außervergaberechtliche Normen** sind im Vergabenachprüfungsverfahren grundsätzlich nicht zu prüfen.[415] Nur ausnahmsweise können sie bei Vorliegen einer vergaberechtlichen Anknüpfungsnorm zu berücksichtigen sein.[416]

V. Teleologische Reduktion

251 Die vom Wortlaut her sehr weit gefasste Norm, ist nach ihrem Sinn und Zweck zu begrenzen. Der in § 97 Abs. 6 GWB festgelegte Anspruch kann nur so weit gehen, wie das jeweilige Unternehmen durch die Missachtung vergaberechtlicher Bestimmungen in seinen **berechtigten Belangen nachteilig betroffen** ist. Einen objektiven Rechtsschutz soll § 97 Abs. 6 GWB gerade nicht eröffnen.[417]

252 Der gegen eine derartige Beschränkung vereinzelt vorgebrachten **Kritik**[418], kommt kaum praktische Relevanz zu.[419] So können Gegenstand eines Nachprüfungsverfahrens ohnehin nur solche Beanstandungen sein, mit denen behauptet wird, der öffentliche Auftraggeber habe in einem Vergabeverfahren (§ 156 Abs. 2 S. 2 GWB) gegen Bestimmungen über das Vergabeverfahren (§ 97 Abs. 6 GWB) verstoßen und den Antragsteller durch Nichtbeachtung von Vergabevorschriften in seinen Rechten verletzt (§ 156 Abs. 2 S. 1 GWB).[420]

253 Dies führt zu der Frage, welche Bestimmungen über das Vergabeverfahren rechtschutzfähig sind. Grundsätzlich gilt, dass § 97 Abs. 7 GWB **weit auszulegen** ist und insofern alle Bestimmungen über das Vergabeverfahren erfasst, soweit es sich nicht um bloße Ordnungsvorschriften oder Programmsätze handelt.[421]

254 Unerheblich ist, ob die Bestimmung der Umsetzung einer **unionsrechtlichen Vorgabe** dient oder auf nationale Rechtsetzung zurückzuführen ist.[422]

255 Im Ergebnis kann **fast jeder Verstoß** gegen die Verfahrensbestimmungen zu einer Ungleichbehandlung der einzelnen Bieter führen. Somit kommt den vergaberechtlichen Vorschriften bis auf wenige Ausnahmen[423] bieterschützender Charakter zu.

256 Nicht abschließend geklärt ist der bieterschützende Gehalt bei Vorschriften zur Aufklärung **ungewöhnlich niedriger Angebote** und zum Ausschluss von Angeboten, deren Preis in offenbarem Missverhältnis zur Leistung steht. Nach zutreffender h.M.[424] dienen die Vorschriften der wirtschaftlichen Haushaltsführung und sollen somit in erster Linie den Auftraggeber schützen.

257 Gleichwohl kann mit der h.M. in zwei Konstellationen ausnahmsweise eine bieterschützende Wirkung angenommen werden: Zum einen kann sich ein Bieter auf die Norm berufen, wenn

415 OLG Düsseldorf, Beschluss v. 7.11.2012 – VII-Verg 69/11; OLG Karlsruhe, Beschluss v. 1.4.2011 – 15 Verg 1/11.

416 Vgl. BGH, Beschluss v. 18.6.2012 – X ZB 9/11 (zu § 16 Abs. 1 KrW-/AbfG); OLG Düsseldorf, Beschluss v. 7.11.2012 – VII-Verg 69/11; Beschluss v. 1.8.2012 – VII-Verg 105/11 (ebenfalls zum KrW-/AbfG); Beschluss v. 6.2.2013 – VII-Verg 32/12 (zu § 4 Nr. 11b. UStG); VK Sachsen, Beschluss v. 6.3.2014 – 1/SVK/047-13 (zu § 31 SächsBRKG).

417 Ähnlich wohl auch die gesetzgeberische Begründung, VgRÄG, BT-Drs. 13/9340, 14; vgl. auch *Brauer*, in: Kulartz/Kus/Portz, GWB-Vergaberecht, § 97 Rn 148.

418 Vgl. *Dreher*, in: Immenga/Mestmäcker, Wettbewerbsrecht, § 97 GWB Rn. 402 ff. m.w.N.

419 Vgl. auch *Diehr*, in Reidt/Stickler/Glahs, Vergaberecht, § 97 GWB Rn. 135.

420 OLG Düsseldorf, Beschluss v. 7.11.2012 – VII-Verg 69/11.

421 Siehe eingehend zum Anspruch der Bieter: *Kalinowsky*, Der Anspruch der Bieter auf Einhaltung des Vergaberechts nach § 97 Abs. 7 GWB.

422 Vgl. hierzu Gesetzesbegründung, VgRÄG, BT-Drs. 13/9340, 14 f.; vgl. auch *Diehr*, in: Reidt/Stickler/Glahs, Vergaberecht, § 97 GWB, Rn. 132; *Müller-Wrede/Kaelble*, VergabeR 2002, 1 (2 f.).

423 Vgl. etwa zu § 5 EU Abs. 1 VOBA: KG, Beschluss v. 7.8.2015 – Verg 1/15; zu § 127 Abs. 1 SGB V: VK Bund, Besch 17.4.2014 – VK 1-22/14; Beschluss v. 2.4.2014 – VK 1-14/14; zu § 39 VgV: OLG Jena, Beschluss v. 16.1.2002 – 6 7/01, und LG Leipzig, Urteil v. 24.1.2007 – 6 HK O 186/06 (zu § 39 VgV).

424 OLG Brandenburg, Beschluss v. 14.1.2013 – Verg W 12/12; OLG Düsseldorf, Beschluss v. 31.10.2012 – VII-Verg BayObLG, Beschluss v. 12.9.2000 – Verg 04/00, VergabeR 2001, 65 (69); VK Niedersachsen, Beschluss v. 10.9.2015 – 32/2015; VK Baden-Württemberg, Beschluss v. 29.1.2015 – 1 VK 59/14; VK Mecklenburg-Vorpommern, Beschl 17.11.2014 – 2 VK 16/14; VK Rheinland-Pfalz, Beschluss v. 28.2.2014 – VK 1-35/13; VK Nordbayern, Beschl 6.2.2014 – 21.VK-3194-60/13; VK Bund, Beschluss v. 14.10.2013 – VK 2-86/13; VK Sachsen, Beschluss v. 15.8.2 1/SVK/024-13; VK Hessen, Beschluss v. 30.1.2013 – 69d – VK-52/2012; hiergegen OLG Celle, Beschluss v. 18.12.2 13 Verg 22/03; *Csaki*, NZBau 2013, 342 (345).

das Unterangebot eines Konkurrenten in der zielgerichteten Absicht abgegeben wird oder zumindest die Gefahr begründet, dass ein oder mehrere bestimmte Mitbewerber vom **Markt verdrängt** werden. Zum anderen gehören dazu solche Unterkostenangebote, bei deren Ausführung der Bieter voraussichtlich in solch **große wirtschaftliche Schwierigkeiten** gerät, dass er die Auftragsdurchführung abbrechen muss, und andere Bieter – z.B. infolge anderweiter Dispositionen – nicht mehr in der Lage sind, den Auftrag weiter auszuführen.

Anlage

Gesetzesbegründung (BT-Drs. 18/6281)

Seite 67

Zu Beginn des Teils 4 führt § 97 wie bisher in die wesentlichen Grundsätze der Vergabe ein. Dabei wurde die Vorschrift zur Umsetzung der Richtlinie 2014/23/EU um Aspekte der Konzessionsvergabe ergänzt. Im Unterschied zu früher sind die bislang in § 97 Absatz 6 und § 127 GWB enthaltenen Verordnungsermächtigungen und die bislang in § 97 Absatz 4 bis 6 GWB enthaltenen Vorgaben zu Eignung, Zuschlag und Ausführungsbedingungen öffentlicher Aufträge nunmehr in § 113 und §§ 122 ff. geregelt.

Zu Absatz 1

§ 97 Absatz 1 entspricht zu Wettbewerb und Transparenz der bisherigen Regelung und wurde zum Zwecke der Klarstellung um den Grundsatz der Wirtschaftlichkeit und Verhältnismäßigkeit ergänzt. Gemäß § 97 Absatz 1 Satz 1 werden öffentliche Aufträge und Konzessionen im Wettbewerb und im Wege transparenter Verfahren vergeben. Nach wie vor gewährleistet die Organisation größtmöglichen Wettbewerbs die breite Beteiligung der Wirtschaft an der Versorgung der öffentlichen Hand und sorgt für einen sparsamen, effizienten und effektiven Einsatz von öffentlichen Mitteln. Die Einhaltung transparenter Verfahren dient zugleich auch der Korruptionsprävention und der Verhinderung anderer unlauterer Verhaltensweisen. In § 97 Absatz 1 Satz 2 wird nunmehr klargestellt, dass bei der Vergabe die Grundsätze der Wirtschaftlichkeit und der Verhältnismäßigkeit gewahrt

Seite 68

werden. Damit wird der Grundsatz der Wirtschaftlichkeit, der bislang im Hinblick auf verschiedene Aspekte der Zuschlagserteilung in § 97 Absatz 5 und § 101 Absatz 6 GWB („wirtschaftlichstes Angebot") und § 115 Absatz 2 Satz 1, § 118 Absatz 2 Satz 1, § 121 Absatz 1 Satz 2 GWB („wirtschaftliche Erfüllung der Aufgaben des Auftraggebers") berücksichtigt war, als allgemeiner Grundsatz des Vergabeverfahrens hervorgehoben. Auch Artikel 41 der Richtlinie 2014/23/EU, Artikel 67 der Richtlinie 2014/24/EU, Artikel 82 der Richtlinie 2014/25/EU stellen im Zusammenhang mit dem Zuschlag auf das wirtschaftlich günstigste Angebot bzw. auf den wirtschaftlichen Gesamtvorteil ab. Dass öffentliche Auftraggeber bei ihren Beschaffungsaktivitäten auch den Grundsatz der Verhältnismäßigkeit wahren müssen, insbesondere bei den Anforderungen an die Leistungsbeschreibung, die Eignung, den Zuschlag und die Ausführungsbedingungen, folgt ausdrücklich aus Artikel 3 Absatz 1 der Richtlinie 2014/23/EU, Artikel 18 Absatz 1 der Richtlinie 2014/24/EU und Artikel 36 der Richtlinie 2014/25/EU. Durch die klarstellende Aufnahme des Verhältnismäßigkeitsgrundsatzes mit Blick auf die Anforderungen an das Vergabeverfahren wird das umfassende Leistungsbestimmungsrecht des öffentlichen Auftraggebers nicht angetastet; dieser bestimmt auch weiterhin selbst, welche konkrete Leistung seinem Beschaffungsbedarf am besten entspricht.

Zu Absatz 2

§ 97 Absatz 2 greift den Regelungsgehalt des bisherigen § 97 Absatz 2 GWB fast wörtlich auf. Danach gehört die Gleichbehandlung der Bieter zu den elementaren Grundsätzen des deutschen Vergaberechts. Nach dem Gleichbehandlungsgrundsatz müssen etwa alle am Verfahren beteiligten Unternehmen denselben Zugang zu Informationen haben; an sie sind dieselben Bewertungsmaßstäbe zu legen. Eine Ungleichbehandlung ist nur dann gestattet, wenn sie aufgrund dieses Gesetzes ausdrücklich geboten oder gestattet ist. Eine Diskriminierung aufgrund der Herkunft eines Bieters ist auszuschließen, wobei nicht zwischen Bietern aus Deutschland, aus EU-Staaten oder aus Nicht-EU-Staaten unterschieden wird.

Zu Absatz 3

Durch die Richtlinien 2014/23/EU, 2014/24/EU und 2014/25/EU wird die Einbeziehung strategischer Ziele bei der Beschaffung umfassend gestärkt. In jeder Phase eines Verfahrens, von der Definition der Leistung über die Festlegung von Eignungs- und Zuschlagskriterien bis hin zur Vorgabe von Ausführungsbedingungen, können qualitative, soziale, umweltbezogene oder innovative (nachhaltige) Aspekte einbezogen werden. Mit Blick auf die Beschaffung energieverbrauchsrelevanter Waren oder die Berücksichtigung der Belange von Menschen mit Behinderung bei der Definition der Leistung sind vom öffentlichen Auftraggeber sogar zwingende Vorgaben zu machen. Diesem Umstand trägt § 97 Absatz 3 Rechnung, indem bereits bei den Grundsätzen der Auftragsvergabe auf diese Möglichkeit für den Auftraggeber hingewiesen wird. Die konkrete Ausgestaltung der Möglichkeiten zur Einbeziehung strategischer Ziele erfolgt bei den jeweiligen gesetzlichen Einzelvorschriften sowie in den Rechtsverordnungen, die auf der Grundlage dieses Teils erlassen werden.

Zu Absatz 4

§ 97 Absatz 4 entspricht wortgleich dem bisherigen § 97 Absatz 3 GWB. Danach sind die Interessen mittelständischer Unternehmen vornehmlich zu berücksichtigen, indem öffentliche Aufträge in Form von Losen vergeben werden müssen, sofern nicht eine Gesamtvergabe aus wirtschaftlichen oder technischen Gründen erforderlich ist. Damit geht Absatz 4 zwar über die von Artikel 46 der Richtlinie 2014/24/EU geforderte bloße Begründungspflicht zur Losaufteilung hinaus. Artikel 46 Absatz 4 der Richtlinie 2014/24/EU stellt aber klar, dass strengere Anforderungen an die Losaufteilung – wie sie im GWB vorgesehen werden – zulässig sind.

Zu Absatz 5

§ 97 Absatz 5 setzt den Grundsatz der elektronischen Kommunikation im Vergabeverfahren des Artikels 29 Absatz 1 der Richtlinie 2014/23/EU, Artikels 22 Absatz 1 Unterabsatz 1 Satz 1 der Richtlinie 2014/24/EU und Artikels 40 Absatz 1 Unterabsatz 1 Satz 1 der Richtlinie 2014/25/EU um. In jedem Stadium eines Vergabeverfahrens sollen sowohl die Auftraggeber als auch die Unternehmen grundsätzlich elektronische Mittel nutzen. Mit dieser grundsätzlichen Vorgabe zur Nutzung elektronischer Mittel sind Ausnahmen wie zum Beispiel im Anwendungsbereich der Richtlinie 2009/81/EG ebenso erfasst wie die in den Richtlinien 2014/24/EU und 2014/25/EU vorgesehenen Übergangsfristen. Die elektronische Kommunikation betrifft insbesondere die elektronische Erstellung und Bereitstellung der Bekanntmachung und der Vergabeunterlagen, die elektronische Angebotsabgabe sowie die elektronische Vorbereitung des Zuschlags.

Die Umstellung auf die elektronische Kommunikation ist zwingend, und zwar unabhängig vom Liefer- oder Leistungsgegenstand, der der Vergabe zugrunde liegt. Es ist im Zusammenhang mit der Einführung der elektronischen Kommunikation unerheblich, ob im Einzelfall eine Bau- oder Dienstleistung oder eine Lieferung vergeben wird.

Seite 69

Mit der Pflicht zur Umstellung auf den Einsatz von IKT im Vergabeverfahren ist nicht die Pflicht zur Verwendung spezifischer Programme oder Hilfsmittel der IKT, wie zum Beispiel Programmen zur Gebäudedatenmodellierung (so genannte BIM-Systeme), verbunden. Die Entscheidung über den Einsatz solcher spezifischen Programme oder Hilfsmittel der IKT treffen allein die Auftraggeber. Die öffentlichen Auftraggeber müssen, von spezifischen Sonderfällen abgesehen, elektronische Kommunikationsmittel nutzen, die nichtdiskriminierend, allgemein verfügbar sowie mit den allgemein verbreiteten Erzeugnissen der Informations- und Kommunikationstechnologien kompatibel sind und den Zugang der Wirtschaftsteilnehmer zum Vergabeverfahren nicht einschränken. Dabei ist den besonderen Bedürfnissen von Menschen mit Behinderungen hinreichend Rechnung zu tragen.

Ab dem 18. April 2016 dürfen EU-weite Bekanntmachungen nur noch elektronisch beim Amt für Veröffentlichungen der Europäischen Union eingereicht werden. Die Bekanntmachungen müssen zwingend eine Internetadresse enthalten, unter der sämtliche Vergabeunterlagen unentgeltlich, uneingeschränkt und vollständig direkt mithilfe von IKT abgerufen werden können. Ausnahmen gelten ausschließlich für diejenigen Bestandteile der Vergabeunterlagen, die nicht mithilfe allgemein verfügbarer IKT elektronisch abgebildet werden können oder hinsichtlich derer durch die neuen EU-Vergaberichtlinien eng umrissene Sicherheitsbedenken geltend gemacht werden können.

Im weiteren Verfahren ist bis spätestens 18. April 2017 (zentrale Beschaffungsstellen) bzw. 18. Oktober 2018 (andere als zentrale Beschaffungsstellen) auch das Einreichungsverfahren ausnahmslos IKT-basiert auszugestalten. Andere als elektronische Angebote dürfen nach den vorgenannten Stichtagen, außer in wenigen Ausnahmefällen, nicht mehr entgegengenommen und im Vergabeverfahren berücksichtigt werden. Es wird in diesem Zusammenhang nicht zwischen zentralen und anderen als zentralen Beschaffungsstellen auf den verschiedenen Verwaltungsebenen unterschieden.

§ 97 Absatz 5 beschränkt sich auf den Grundsatz der elektronischen Kommunikation, die Ausgestaltung erfolgt in den Verordnungen, die auf der Grundlage von § 113 Satz 2 Nummer 4 erlassen werden. Die unterschiedlichen Umsetzungsfristen für die Einführung der elektronischen Kommunikation, die die EU-Richtlinien ermöglichen, werden dabei voll ausgeschöpft. Auch die Ausnahmen von der elektronischen Kommunikation werden auf Verordnungsebene geregelt.

Zu Absatz 6

§ 97 Absatz 6 entspricht wortgleich dem bisherigen § 97 Absatz 7 und vermittelt den Verfahrensteilnehmern ein konstitutiv wirkendes subjektives Recht auf Einhaltung der Bestimmungen des Vergabeverfahrens.

§ 98
Auftraggeber

Auftraggeber im Sinne dieses Teils sind öffentliche Auftraggeber im Sinne des § 99, Sektorenauftraggeber im Sinne des § 100 und Konzessionsgeber im Sinne des § 101.

Übersicht Rn.

A. Bedeutung und Tragweite der Vorschrift 1
B. Allgemeine Vorgaben 7
Anlage
Gesetzesbegründung (BT-Drs. 18/6281)

A. Bedeutung und Tragweite der Vorschrift

§ 98 GWB enthält als „Ausgangsnorm" eine übersichtliche Zusammenfassung sämtlicher Auftraggeberbegriffe des GWB. Der Auftraggeberbegriff wird abschließend in den § § 98–101 GWB normiert. Er bestimmt den **subjektiven Anwendungsbereich des Vergaberechts**. Die den §§ 98 bis 101 GWB unterfallenden Stellen müssen bei Auftrags- oder Konzessionsvergaben (§§ 103 ff. GWB), welche die jeweils einschlägigen Schwellenwerte erreichen oder überschreiten, die Vorschriften des Vergaberechts anwenden. **1**

Materiellrechtliche Vorgaben des Auftraggebers finden sich in den Folgevorschriften. Das Gesetz unterscheidet zwischen dem öffentlichen Auftraggeber (§ 99 GWB), dem Sektorenauftraggeber (§ 100 GWB) und dem Konzessionsgeber (§ 101 GWB). Die §§ 99 bis 101 GWB enthalten ihrerseits nähere Konkretisierungen und Tatbestandsvoraussetzungen der verschiedenen in § 98 GWB aufgeführten Auftraggeberbegriffe. § 99 GWB bezieht sich ausschließlich auf **öffentliche Auftraggeber** (bisher § 98 Nr. 1 bis 3 und Nr. 5 GWB a.F.) und beinhaltet auch den „projektbezogenen" Auftraggeber (§ 99 Nr. 4 GWB), der im Zusammenhang mit bestimmten Bauvorhaben Aufträge vergibt und sich ebenfalls auf Private beziehen kann. Regelungen über den **Sektorenauftraggeber** (bisher § 98 Nr. 4 GWB a.F.), der bestimmte Versorgungsleistungen erbringt und auch von Privaten erfüllt werden kann (§ 102 GWB), finden sich in § 100 GWB. Neu hinzugekommen ist in Umsetzung der RL 2014/23/EU der Begriff des **Konzessionsgebers** im Rahmen der Vergabe von Bau- und Dienstleistungskonzessionen (§ 105 GWB), der in § 101 GWB normativ verankert ist. Eine solche systematische Trennung zwischen den verschiedenen Begriffen des Auftraggebers nimmt auch die RL 2014/23/EU vor, die in Art. 6 und Art. 7 einerseits von öffentlichen Auftraggebern und andererseits von Auftraggebern, die eine Sektorentätigkeit wahrnehmen und zu diesem Zweck eine Konzession vergeben, spricht. **2**

Durch die **Neustrukturierung und „Ausdehnung"** der einzelnen Auftraggeberbegriffe auf vier Vorschriften wird der Anwendungsbereich des GWB wesentlich übersichtlicher ausgestaltet. Dies führt einerseits zu einer verbesserten Lesbarkeit und Erfassung des persönlichen Anwendungsbereichs des Vergaberechts für den Rechtsanwender[1] und trägt andererseits der durch die neuen Richtlinien für die Vergabe im Sektoren- und Konzessionsbereich angestiegenen Regelungsdichte Rechnung. **3**

Die bisherige Vorschrift des **Art. 98 Nr. 6 GWB a.F.** entfällt ersatzlos. Die neue RL 2014/23/EU über die Vergabe von Konzessionen enthält keine entsprechende Regelung, dass natürliche oder juristische Personen des privaten Rechts, die mit Stellen, die unter die § 98 Nr. 1 bis 3 GWB a.F. fallen, eine Baukonzession abgeschlossen haben, hinsichtlich der Aufträge an Dritte öffentliche Auftraggeber sind. **4**

1 Gesetzesbegründung, BT-Drs. 18/6281, 66.

5 Eine Bezugnahme auf den Begriff des öffentlichen Auftraggebers findet sich in **§ 1 Abs. 1 VgV**. Der Anwendungsbereich der VgV erstreckt sich danach auf Vergaben, die in den Anwendungsbereich des Teil 4 des GWB fallen, der auch den Begriff des öffentlichen Auftraggebers enthält. § 1 VgV stellt klar, dass öffentliche Auftraggeber i.S.d. § 99 GWB die Vorschriften der VgV bei der Vergabe öffentlicher Aufträge im Oberschwellenbereich des § 106 GWB einhalten müssen. Demgegenüber ist gemäß § 1 Abs. 2 Nr. 1 und Nr. 3 VgV die Verordnung nicht auf die Vergabe von öffentlichen Aufträgen durch Sektorenauftraggeber zum Zweck der Ausübung einer Sektorentätigkeit und auf die Vergabe von Konzessionen durch Konzessionsgeber anzuwenden.

6 Ebenso knüpft **§ 1 VergStatVO** an § 98 GWB an. Der persönliche Anwendungsbereich der VergStatVO erstreckt sich auf alle Auftraggeber i.S.d. § 98 GWB. Danach haben Auftraggeber i.S.d. § 98 GWB bei der Vergabe öffentlicher Aufträge oder einer Konzession Informationen im Umfang des § 2 VergStatVO an das Bundesministerium für Wirtschaft und Energie zu übermitteln.

B. Allgemeine Vorgaben

7 Die nationalen Behörden und Gerichte sind verpflichtet, die in den Richtlinien definierten Kriterien des Auftraggeberbegriffs **europarechtskonform auszulegen**. Dabei sind auch der Zusammenhang und die Ziele zu berücksichtigen, die die Regelung verfolgt.[2] In Übereinstimmung mit der europäischen Rechtsprechung muss gewährleistet sein, dass sich die vom Anwendungsbereich erfassten Auftraggeber bei Beschaffungsvorgängen nicht von anderen als wirtschaftlichen Erwägungen leiten lassen.[3]

8 Eine Einordnung zu einem bestimmten Auftraggeberbegriff i.S.d. § 98 GWB hat für den jeweils konkreten **Einzelfall und für jedes Rechtssubjekt** gesondert zu erfolgen.[4] Wegen seines abschließenden Charakters steht der Auftraggeberbegriff **nicht zur Disposition** der öffentlichen Auftraggeber. Ein Irrtum über die Auftraggebereigenschaft ist unerheblich.[5] Als Auftraggeber kommt stets nur ein Rechtssubjekt in Betracht, da für den Abschluss von Beschaffungsverträgen Rechtsfähigkeit vorliegen muss.[6] Davon unberührt bleibt die Möglichkeit der öffentlichen Auftraggeber, sich zu einer Einkaufskooperation zusammenzuschließen, die selbst kein Rechtssubjekt ist.[7]

9 Unter bestimmten Umständen ist eine **Zurechnung** einer fremden Auftraggebereigenschaft geboten, wenn andernfalls eine Umgehung des Vergaberechts droht. Ein solcher Fall kann bei einer In-House-Vergabe vorliegen, wenn die Tochtergesellschaft Aufträge weitervergibt.[8] Nach Sinn und Zweck der Vergaberichtlinien, welcher in der Vermeidung der Bevorzugung einheimischer Bieter oder Bewerber bei der Vergabe liegt, ist sie *„wie eine eigene Dienststelle"* zu behandeln.[9] Auch bei einer De-facto-Vergabe an ein Gemeinschaftsunternehmen des Auftraggebers mit einem privaten Partner und einer darauffolgenden Weitervergabe ohne Ausschreibung[10] sowie dem Fall einer mittelbaren Stellvertretung[11] ist eine solche Zurechnung von

2 EuGH, Urteil v. 4.3.1999 – Rs. C-258/97 (Landeskrankenanstalten), Rn. 25.
3 EuGH, Urteil v. 10.4.2008 – Rs. C-393/06 (Fernwärme Wien), Rn. 37; Urteil v. 13.12.2006 – Rs. C-337/06 (Bayerischer Rundfunk), Rn. 36; Urteil v. 22.5.2003 – Rs. C-18/01 (Korhonen), Rn. 52; Urteil v. 27.2.2003 – Rs. C-373/00 (Adolf Truley), Rn. 42 f.; Urteil v. 12.12.2002 – Rs. C-470/99 (Universale-Bau), Rn. 52 f.; Urteil v. 3.10.2000 – Rs. C-380/98 (University of Cambridge), Rn. 17.
4 *Dörr,* in: Dreher/Motzke, Vergaberecht, § 98 GWB Rn. 21.
5 *Dreher,* in: Immenga/Mestmäcker, Wettbewerbsrecht, § 98 GWB Rn. 15; *Eschenbruch,* in: Kulartz/Kus/Portz, GWB-Vergaberecht, § 98 Rn. 33 ff.
6 *Dörr,* in: Dreher/Motzke, Vergaberecht, § 98 GWB Rn. 25.
7 Zu den Möglichkeiten und Grenzen der Bildung von Einkaufsgemeinschaften *Kämper/Heßhaus,* NZBau 2003, 303 ff.
8 Zur Inhouse-Vergabe umfassend *Knauff,* EuZW 2014, 486 ff.
9 *Wagner,* in: Langen/Bunte, Kartellrecht, § 98 GWB Rn. 4.
10 KG, Beschluss v. 27.7.2006 – 2 Verg 05/06; kritisch *Wagner,* in: Langen/Bunte, Kartellrecht, § 98 GWB Rn. 3.
11 VK Bund, Beschluss v. 8.6.2006 – VK 2-114/05.

der Rechtsprechung angenommen worden. Im Rahmen eines Beschaffungsvorgangs ist auch die rechtsgeschäftliche Vertretung öffentlicher Auftraggeber möglich.[12]

Nach Art. 2 Abs. 1 Nr. 16 und Art. 37 RL 2014/24/EU können die Mitgliedstaaten festlegen, dass die öffentlichen Auftraggeber Lieferungen und/oder Dienstleistungen von **zentralen Beschaffungsstellen** erwerben dürfen, die zentralisierte Beschaffungstätigkeiten nach Art. 2 Abs. 1 Nr. 14 lit. a RL 2014/24/EU anbieten. Die zentralen Beschaffungsstellen, die für öffentliche Auftraggeber Lieferungen und/oder Dienstleistungen erwerben, öffentliche Aufträge vergeben oder Rahmenvereinbarungen für Bauleistungen, Lieferungen oder Dienstleistungen schließen, sind selbst öffentliche Auftraggeber gemäß Art. 2 Abs. 1 Nr. 16 RL 2014/24/EU, § 120 Abs. 4 S. 1 GWB. Sie bündeln die Nachfrage und können so durch effizientes Vergabemanagement Größenvorteile erzielen.[13] Den mit der Etablierung zentraler Beschaffungsstellen in der Praxis verbundenen positiven Effekten der Verbesserung des Wettbewerbs und Rationalisierung des Beschaffungswesens[14] stehen grundsätzlich negative Auswirkungen einer übermächtigen Zentralbeschaffung wie die Verringerung der Chancen für mittelständische Unternehmen gegenüber.[15] Die Zentralisierung von Beschaffungen darf deshalb zu keiner unzulässigen Konzentration des Marktsegments führen. Zentrale Beschaffungsstellen sind nach wie vor nur in den Grenzen des Kartellrechts zulässig. Wettbewerb und Transparenz und die Möglichkeit des Marktzugangs für KMU sind aufrechtzuerhalten. § 120 Abs. 4 GWB stellt klar, dass die zentrale Beschaffungsstelle unter zwei Gesichtspunkten ins Spiel kommen kann. Einerseits kann diese selbst Liefer- und Dienstleistungen beschaffen und an den öffentlichen Auftraggeber weiterveräußern. Andererseits kann sie als Vermittler auftreten, bei der die Beschaffungsstelle im Namen und auf Rechnung anderer öffentlicher Auftraggeber das Vergabeverfahren durchführt. Sofern die Durchführung der Vergabeverfahren ausschließlich bei der zentralen Beschaffungsstelle liegt, ist auch sie allein für die Rechtmäßigkeit des Verfahrens verantwortlich. Andernfalls bleibt die Verantwortung beim öffentlichen Auftraggeber für Maßnahmen, die er selbst durchführt oder anweist.[16] 10

Anlage

Gesetzesbegründung (BT-Drs. 18/6281)

Seite 69

Der neue § 98 definiert als übergeordnete Kategorie den Begriff der Auftraggeber im Sinne des Teils 4. Der Begriff umfasst alle Auftraggeber im Sinne der folgenden §§ 99 bis 101, nämlich öffentliche Auftraggeber im Sinne des § 99, Sektorenauftraggeber im Sinne des § 100 und Konzessionsgeber im Sinne des § 101.

---

12 *Dörr,* in: Dreher/Motzke, Vergaberecht, § 98 GWB Rn. 27.
13 *Bungenberg,* in: Loewenheim/Meesen/Riesenkampf, Kartellrecht, vor § § 97 ff. Rn. 80.
14 Vgl. Erwägungsgrund 73 RL 2014/24/EU; Gesetzesbegründung, BT-Drs. 18/6281, 99.
15 *Hailbronner,* in: Grabitz/Hilf, Das Recht der Europäischen Union, B 6 Rn. 12; *Rechten,* NZBau 2004, 366 (372).
16 Gesetzesbegründung, BT-Drs. 18/6281, 99.

§ 99
Öffentliche Auftraggeber

Öffentliche Auftraggeber sind

1. Gebietskörperschaften sowie deren Sondervermögen,

2. andere juristische Personen des öffentlichen und des privaten Rechts, die zu dem besonderen Zweck gegründet wurden, im Allgemeininteresse liegende Aufgaben nichtgewerblicher Art zu erfüllen, sofern

a) sie überwiegend von Stellen nach Nummer 1 oder 3 einzeln oder gemeinsam durch Beteiligung oder auf sonstige Weise finanziert werden,

b) ihre Leitung der Aufsicht durch Stellen nach Nummer 1 oder 3 unterliegt oder

c) mehr als die Hälfte der Mitglieder eines ihrer zur Geschäftsführung oder zur Aufsicht berufenen Organe durch Stellen nach Nummer 1 oder 3 bestimmt worden sind;

dasselbe gilt, wenn diese juristische Person einer anderen juristischen Person des öffentlichen oder privaten Rechts einzeln oder gemeinsam mit anderen die überwiegende Finanzierung gewährt, über deren Leitung die Aufsicht ausübt oder die Mehrheit der Mitglieder eines zur Geschäftsführung oder Aufsicht berufenen Organs bestimmt hat,

3. Verbände, deren Mitglieder unter Nummer 1 oder 2 fallen,

4. natürliche oder juristische Personen des privaten Rechts sowie juristische Personen des öffentlichen Rechts, soweit sie nicht unter Nummer 2 fallen, in den Fällen, in denen sie für Tiefbaumaßnahmen, für die Errichtung von Krankenhäusern, Sport-, Erholungs- oder Freizeiteinrichtungen, Schul-, Hochschul- oder Verwaltungsgebäuden oder für damit in Verbindung stehende Dienstleistungen und Wettbewerbe von Stellen, die unter die Nummern 1, 2 oder 3 fallen, Mittel erhalten, mit denen diese Vorhaben zu mehr als 50 Prozent subventioniert werden.

Übersicht Rn.

A. Institutionelle Auftraggeber (Nr. 1) 1
I. Gebietskörperschaften 3
II. Sondervermögen 10
B. Funktionelle Auftraggeber (Nr. 2) 14
I. Entwicklung zum funktionalen Auftraggeberbegriff 14
II. Änderungen durch das VergRModG 2016 16
III. Voraussetzungen 22
1. Rechtspersönlichkeit 28
a. Juristische Personen des öffentlichen Rechts 31
b. Juristische Personen des privaten Rechts 35
2. Besonderer Organisationszweck ... 38
a. Besonderer Gründungszweck 39
b. Erfüllung im Allgemeininteresse liegender Aufgaben 44
c. Nichtgewerblicher Art 51
3. Staatliche Beherrschung 58
a. Überwiegende Finanzierung (lit. a.) 61
b. Aufsicht über die Leitung (lit. b) ... 70
c. Bestimmung der Mitglieder eines zur Geschäftsführung oder zur Aufsicht berufenen Organs (lit. c) 77
IV. Sonstige gemeinsame Beherrschung (Hs. 2) 81
V. Praxisentscheidungen 83
C. Verbände (Nr. 3) 85
D. Subventionierte Auftraggeber (Nr. 4) 89
I. Änderungen durch das VergRModG 2016 89
II. Voraussetzungen 91
1. Rechtspersönlichkeit 92
2. Geförderte Maßnahme 93
a. Tiefbaumaßnahmen oder Errichtung bestimmter Bauwerke 94
b. In Verbindung stehende Dienstleistungen und Wettbewerbe 99
3. Subvention in Höhe von mehr als 50 Prozent 102
Anlage
Gesetzesbegründung (BT-Drs. 18/6281)

A. Institutionelle Auftraggeber (Nr. 1)

1 Die Vorschrift entspricht dem bisherigen **§ 98 Nr. 1 GWB a.F.** Mit dem VergabRModG gehen keine Änderungen im Vergleich zur bisherigen Gesetzeslage einher. § 99 Nr. 1 GWB normiert die **klassischen öffentlichen Auftraggeber** (auch staatliche Auftraggeber genannt[1]). Ihre Bindung an das Vergaberecht ergibt sich aus ihrer institutionellen Zugehörigkeit zur öffentlichen Hand.[2] Nach § 99 Nr. 1 GWB sind Gebietskörperschaften und deren Sondervermögen als öffentliche Auftraggeber zu qualifizieren.

2 § 99 Nr. 1 GWB knüpft an die Formulierungen der **RL 2014/24/EU** (Art. 2 Abs. 1 Nr. 1), der **RL 2015/25/EU** (Art. 3 Nr. 1) und der **RL 2014/23/EU** (Art. 6 Abs. 1) an, wonach der Staat und die Gebietskörperschaften öffentliche Auftraggeber sind. Die neuen Richtlinien konkretisieren den Begriff der Gebietskörperschaften erstmals näher. Im Sektorenbereich stellt Art. 3 Nr. 2 RL 2014/25/EU klar, dass von den „‚Gebietskörperschaften' … alle Behörden der Verwaltungseinheiten [umfasst sind,] die nicht erschöpfend gemäß der Bezugnahme der Verordnung (EG) Nr. 1059/2003 des Europäischen Parlaments und des Rates unter NUTS 1 und 2 aufgeführt sind." Eine entsprechende Regelung findet sich in Art. 2 Abs. 2 RL 2014/24/EU. Gleiches regelt auch Art. 6 Abs. 2 RL 2014/23/EU für Konzessionsvergaben bei der Erläuterung des Begriffs der „Regionale[n] Gebietskörperschaften". Nach dessen Abs. 3 sind „‚Lokale Gebietskörperschaften' … alle Behörden der Verwaltungseinheiten der NUTS-Ebene 3 und kleinerer Verwaltungseinheiten im Sinne der Verordnung (EG) Nr. 1059/2003."

I. Gebietskörperschaften

3 Wenn eine Gebietskörperschaft als Vergabestelle auftritt, ist diese als öffentlicher Auftraggeber einzuordnen.[3] Der Begriff der Gebietskörperschaften betrifft die territorial bezogenen staatlichen Erscheinungsformen.[4] Zu den Gebietskörperschaften i.S.d. § 99 Nr. 1 GWB zählen die **institutionellen, rechtsformabhängigen Auftraggeber** wie Bund, Länder und Kommunen.[5] Diese waren durch das Haushaltsrecht schon immer zur Anwendung des Vergaberechts verpflichtet.[6]

4 Eine Vergabe durch eine Gebietskörperschaft ist auch dann gegeben, wenn ihre **unabhängigen Staatsorgane** wie die Parlamente sowie die für den Staat handelnden Organe und Untergliederungen wie etwa Ministerien, Behörden, nicht rechtsfähige Eigenbetriebe und kommunale nicht rechtsfähige Stiftungen – wenn sie nicht Sondervermögen sind – eine Auftragsvergabe durchführen.[7] Jedenfalls oberhalb der Schwellenwerte fallen Eigenbetriebe auch dann in den Anwendungsbereich des § 99 Nr. 1 GWB, wenn das diesem gegenüber niederrangige Kommunalrecht des Landes diese von dem Vergaberecht ausschließt.[8]

5 Ebenso als Gebietskörperschaften einzuordnende **Gemeindeverbände** werden demgegenüber von dem Auftraggeberbegriff des § 99 Nr. 3 GWB erfasst.

6 Auch **Landkreise** werden teils dem Auftraggeberbegriff des § 99 Nr. 3 GWB zugeordnet.[9] Unter Berücksichtigung, dass die Landkreise zu den Gemeindeverbänden i.S.d. Art. 28 Abs. 2 S. 2 GG zählen, ist dies auf der einen Seite folgerichtig.[10] Auf der anderen Seite sprechen die Landkreisordnungen von den Kreisen als Gebietskörperschaften.[11] In der Praxis kann eine Ein-

1 *Eschenbruch,* in: Kulartz/Kus/Portz, GWB-Vergaberecht, § 98 Rn. 74.
2 *Werner,* in: Byok/Jaeger, Vergaberecht, § 98 GWB Rn. 15.
3 EuGH, Urteil v. 18.11.2004 – Rs. C-126/03 (Heizkraftwerk München), Rn. 18.
4 *Bungenberg,* in: Loewenheim/Meesen/Riesenkampff, Kartellrecht, § 98 GWB Rn. 6.
5 *Werner,* in: Byok/Jaeger, Vergaberecht, § 98 GWB Rn. 17; *Dörr,* in: Dreher/Motzke, Vergaberecht, § 98 GWB Rn. 31.
6 Siehe § 55 Abs. 1 BHO.
7 EuGH, Urteil v. 17.9.1998 – Rs. C-323/96 (Kommission/Belgien), Rn. 27; *Reider,* in: Montag/Säcker, MüKo Kartellrecht, § 98 GWB Rn. 11; zur Auftraggebereigenschaft von Gemeinden bei dem Betrieb von Windenergieanlagen *Heiermann/Tschäpe,* ZfBR 2010, Sonderausgabe, 110 ff.
8 *Zeiss,* in: Heiermann/Zeiss, Vergaberecht, § 98 GWB Rn. 17.
9 OLG Düsseldorf, Beschluss v. 6.7.2011 – VII-Verg 39/11; *Werner,* in: Byok/Jaeger, Vergaberecht, § 98 GWB Rn. 17.
10 *Pünder,* in: Pünder/Schellenberg, Vergaberecht, § 98 GWB Rn. 14.
11 § 1 Abs. 2 LKreisO NW, § 1 Abs. 1 LKreisO ND.

ordnung unter § 99 Nr. 1 GWB und Nr. 3 dahinstehen. Die Regelungen des § 99 Nr. 1 und Nr. 3 GWB sind gleichrangig und ziehen keine unterschiedlichen Rechtsfolgen nach sich.[12]

Keine öffentlichen Auftraggeber i.S.d. § 99 Nr. 1 GWB stellen die von den Gebietskörperschaften zu trennenden **Personal-, Real- und Verbandskörperschaften** dar. Der als Bundkörperschaft einzuordnende **Zweckverband** leitet seine Rechte von den Mitgliedern ab und ist ebenfalls kein Auftraggeber i.S.d. § 99 Nr. 1 GWB.[13] Auch die als öffentliche Körperschaften korporierten **Religionsgemeinschaften** sind keine öffentlichen Auftraggeber i.S.d § 99 Nr. 1 GWB.[14] Es fehlt an deren Zuordnung zum Staat. 7

Die Gebietskörperschaft bleibt auch dann Auftraggeber, wenn sie die Beschaffungsentscheidung selbst trifft, die Durchführung der **Auftragsvergabe** aber auf ein privates Unternehmen **überträgt**, welches diese im eigenen Namen auf Kosten des Auftraggebers ausführt. Die öffentliche Hand wird nur „mittelbar" vertreten und bleibt Zahlender der Leistung.[15] Handelt es sich bei dem „Beauftragten" ebenfalls um einen öffentlichen Auftraggeber, so kann der dahinter stehende Verwaltungsträger ebenfalls öffentlicher Auftraggeber sein.[16] Bei der Zusammenarbeit von mehreren Gebietskörperschaften, die rechtlich nicht zu der Begründung einer neuen Rechtspersönlichkeit führen („**Einkaufskooperationen**"[17], etwa bei einer Zusammenfassung von Eigenbetrieben mehrerer Gebietskörperschaften in interkommunale Kooperation in Verbänden)[18], bleiben die beteiligten öffentlichen Auftraggeber jeweils eigenständige Auftraggeber. Es handelt sich lediglich um eine verwaltungsorganisatorische Ausgliederung der dem öffentlichen Auftraggeber obliegenden Aufgabe und nicht um einen dem Vergaberecht unterfallenden Beschaffungsvorgang.[19] Etwas anderes gilt freilich dann, wenn die Gebietskörperschaft mit einer von ihr formal zu trennenden und mit Entscheidungsautonomie ausgestatteten Einrichtung einen Vertrag abschließt. Die vergaberechtliche Bindung der Auftraggeber nach § 99 Nr. 1 GWB ist nicht auftragsgebunden und besteht daher unabhängig von einer Zwecksetzung.[20] 8

Für den Begriff der **Gebietskörperschaft** nimmt die RL 2014/24/EU in Art. 2 Abs. 2 und die RL 2014/25/EU in Art. 3 Nr. 2 und Nr. 3 erstmals Bezug auf die VO (EG) 1059/2003 und stellt klar, dass dieser Begriff alle Behörden der Verwaltungseinheiten umfasst, die nicht erschöpfend gemäß der VO (EG) 1059/2003 unter NUTS 1 und 2 aufgeführt sind, sowie sämtliche Behörden, die unter NUTS 3 fallen, und kleinere Verwaltungseinheiten i.S.d. VO (EG) 1059/2003. Gleiches regelt Art. 6 Abs. 2 RL 2014/23/EU für Konzessionsvergaben. 9

II. Sondervermögen

Sondervermögen i.S.d. § 99 Nr. 1 GWB ist das von dem sonstigen Vermögen der Gebietskörperschaften getrennte, im Außenrechtsverhältnis rechtlich unselbstständige,[21] aber haushaltsrechtlich und organisatorisch verselbstständigte Vermögen.[22] Sie sind Ausdruck einer bloß organisationsrechtlichen Dekonzentration. Die Vergabe von Aufträgen muss daher auch 10

---

12 *Reider,* in: Montag/Säcker, MüKo Kartellrecht, § 98 GWB Rn. 10.
13 *Brüning,* DVBl. 2009, 1539 (1540).
14 *Weyand,* Vergaberecht, § 98 GWB Rn. 18.
15 Vgl. z B. VK Rheinland-Pfalz, Beschluss v. 11.12.2008 – VK 38/08; VK Bund, Beschluss v. 8.6.2006 – VK 2-114/05, Rn. 41; a.A. OLG Dresden, Urteil v. 9.3.2004 – 20 U 1544/03, Rn. 14, wonach ein privates Unternehmen, das eine *„Ausschreibung im Auftrag"* und *„in enger Abstimmung"* mit einer Gemeinde vorgenommen hat, selbst öffentlicher Auftraggeber ist.
16 *Eschenbruch,* in: Kulartz/Kus/Portz, GWB-Vergaberecht, § 98 Rn. 66; *Wieddekind,* in: Willenbruch/Wieddekind, Vergaberecht, § 98 GWB Rn. 6.
17 Beispiele zur koordinierten Beschaffung finden sich bei *Zeiss,* in: Heiermann/Zeiss, Vergaberecht, § 98 GWB Rn. 23 ff.
18 *Dörr,* in: Dreher/Motzke, Vergaberecht, § 98 GWB Rn. 28.
19 *Werner,* in: Byok/Jaeger, Vergaberecht, § 98 GWB Rn. 22.
20 *Dörr,* in: Dreher/Motzke, Vergaberecht, § 98 GWB Rn. 34.
21 OLG Düsseldorf, Beschluss v. 2.6.2010 – VII-Verg 7/10; *Dreher,* in: Immenga/Mestmäcker, Wettbewerbsrecht, § 98 GWB Rn. 19.
22 Vgl. z.B. VK Niedersachsen, Beschluss v. 30.9.2015 – VgK-30/15; *Dreher,* in: Immenga/Mestmäcker, Wettbewerbsrecht, § 98 GWB Rn. 18.

die Gebietskörperschaften binden.[23] Das Handeln der Sondervermögen ist ihnen rechtlich zuzurechnen.[24]

11 Die ehemaligen Sondervermögen wie **Deutsche Bundesbahn** und **Deutsche Bundespost** stellen nach ihrer Privatisierung kein Sondervermögen mehr dar. Etwas anderes gilt für das „**Bundeseisenbahnvermögen**", das die nicht bahnnotwendigen Bahnliegenschaften verwaltet.[25]

12 Zu den **Sondervermögen der Länder** zählen etwa deren Bau- und Liegenschaftsbetriebe.[26] Demgegenüber werden nach Landesrecht ausgestaltete, nicht rechtsfähige („fiduziarische") Stiftungen als Sondervermögen eingeordnet.[27]

13 Auch **Eigen- und Regiebetriebe**, wie etwa kommunale Versorgungswerke[28], zählen zu den Sondervermögen. Bei rechtlicher Verselbstständigung stellen sie jedoch nur öffentliche Auftraggeber dar, wenn sie unter eine der anderen Kategorien des § 99 GWB fallen.

B. Funktionelle Auftraggeber (Nr. 2)

I. Entwicklung zum funktionalen Auftraggeberbegriff

14 Den Begriff des öffentlichen Auftraggebers unterzogen Rechtsprechung und Gesetzgebung im Laufe der Jahre einem Wandel.[29] Vorgaben zum Auftraggeberbegriff fanden sich in Deutschland zunächst nur im Haushaltsrecht des Bundes (§ 55 BHO), der Länder (jeweils § 55 LHO) und der kommunalen Gebietskörperschaften.[30] Ursprünglich fand eine **rein institutionelle Bestimmung** des Auftraggeberbegriffs statt. Erfasst waren lediglich staatliche Institutionen und seine Untergliederungen wie Gebietskörperschaften, sonstige Körperschaften und Einrichtungen des öffentlichen Rechts. Für juristische Personen des Privatrechts bestand keine Pflicht zur Ausschreibung öffentlicher Aufträge und zur Anwendung der Verdingungsverordnungen.[31] Der Grund für die Beschränkung auf öffentlich-rechtliche Organisationsformen bestand in der Schwierigkeit, eine für alle Mitgliedstaaten passende Regelung zu finden.[32]

15 Um einer „Flucht ins Privatrecht" entgegenzuwirken und eine diskriminierungsfreie Beschaffung zu erreichen, entschied der EuGH im Jahr 1988 in der Rechtssache „Beentjes", dass der Begriff des „Staates" in der RL 71/305/EWG **funktional** zu verstehen sei.[33] Der funktionale Auftraggeberbegriff findet in § 99 Nr. 2 GWB seinen Niederschlag.[34] Die vergaberechtliche Bindung erstreckt sich auf privatrechtlich organisierte Stellen, wenn sie zu dem besonderen Zweck gegründet worden sind, im Allgemeininteresse liegende Aufgaben zu erfüllen, und eine besondere Staatsverbundenheit aufweisen.[35]

II. Änderungen durch das VergRModG 2016

16 Abgesehen von **punktuellen strukturellen und textuellen Änderungen** zur besseren Lesbarkeit entspricht die Regelung der Vorgängervorschrift des § 98 Nr. 2 GWB a.F.

23 *Pünder,* in: Pünder/Schellenberg, Vergaberecht, § 98 GWB Rn. 16.
24 *Werner,* in: Byok/Jaeger, Vergaberecht, § 98 GWB Rn. 20.
25 *Bungenberg,* in: Loewenheim/Meesen/Riesenkampff, Kartellrecht, § 98 GWB Rn. 8.
26 VK Düsseldorf, Beschluss v. 29.3.2007 – VK-08/2007-B, Rn. 44.
27 *Diehr,* in: Reidt/Stickler/Glahs, Vergaberecht, § 98 GWB Rn. 12.
28 *Heiermann/Zschäpe,* ZfBR Sonderausgabe 2012, 110 (111).
29 Umfassend zum Auftraggeberbegriff im Wandel *Rechten,* NZBau 2014, 667 ff.
30 Zur Entwicklungsgeschichte umfassend *Werner,* in: Byok/Jaeger, Vergaberecht, § 98 GWB Rn. 1 ff.
31 *Pünder,* in: Pünder/Schellenberg, Vergaberecht, § 98 GWB Rn. 10.
32 *Reider,* in: Montag/Säcker, MüKo Kartellrecht, § 98 GWB Rn. 1.
33 EuGH, Urteil v. 20.9.1988 – Rs. 31/87 (Beentjes), Rn. 8 und 11.
34 Als projektbezogene Auftraggeber können ebenfalls Private den Bindungen des Vergaberechts unterliegen (§ 99 Nr. 4 GWB).
35 Vgl. auch OLG Düsseldorf, Beschluss v. 19.6.2013 – VII-Verg 55/12, Rn. 21; dazu *Goldbrunner,* VergabeR 2014, 167 ff.

Statt der bisherigen durchgehenden **Aufzählung der Tatbestandsmerkmale** im Fließtext der Norm werden diese mit Buchstaben (lit. a bis c) optisch voneinander getrennt. 17

S. 2, der den Fall der **vermittelten Staatsverbundenheit** regelt, bei dem die Beherrschung durch einen öffentlichen Auftraggeber nach §99 Nr. 2 Hs. 1 GWB erfolgt, wird ergänzt und erstreckt sich anders als bisher auf den in §99 Nr. 2 Hs. 1 lit. b GWB enthaltenen Beherrschungstatbestand. 18

Mit Blick darauf, dass Art. 2 Abs. 1 Nr. 4 RL 2014/24/EU keine Unterscheidung trifft, und zur Angleichung an §99 Nr. 2 Hs. 1 GWB erfasst der Anwendungsbereich des **§99 Nr. 2 Hs. 2 GWB** neben dem Beherrschungstatbestand der „überwiegenden Finanzierung" (lit. a) und der „Bestimmung der Mehrheit der Mitglieder eines zur Geschäftsführung oder Aufsicht berufenen Organs" (lit. c) nun auch das Merkmal „über deren Leitung die Aufsicht ausübt" (lit b). 19

Zugleich wird der Wortlaut dieser Bestimmung klarer gefasst. Die bisherige Nennung der beiden „**Stellen**" in §99 Nr. 2 Hs. 2 GWB wird einerseits durch „diese juristische Person" und andererseits durch „einer anderen juristischen Person des öffentlichen oder privaten Rechts" ersetzt. Damit wird zumindest verdeutlicht, dass die Auftraggeber i.S.d. Nr. 2 gemeint sind, wenngleich es noch klarer gewesen wäre, Nr. 2 wörtlich zu erwähnen. 20

Auch nach dem VergRModG 2016 weiterhin nicht geregelt ist der Fall, wenn Auftraggeber i.S.v. §99 Nr. 1 und Nr. 3 GWB **gemeinsam eine Beherrschung ausüben**. Diesbezüglich sind die Regelungen des VergRModG 2016 unvollständig. 21

III. Voraussetzungen

Die Vorschrift des §99 Nr. 2 GWB knüpft an den aus den RL 2004/18/EG und 2004/17/EG stammenden Begriff der **Einrichtungen des öffentlichen Rechts** an, der ausdrücklich in Art. 2 Abs. 1 Nr. 1 RL 2014/24/EU sowie Art. 3 Nr. 1 RL 2014/25/EU beibehalten und in Art. 6 RL 2014/23/EU aufgenommen wird.[36] Umgesetzt wird der Begriff der Einrichtung des öffentlichen Rechts in §99 Nr. 2 GWB mit der Wendung „andere juristische Personen des öffentlichen und des privaten Rechts". Insgesamt stellt die Einordnung als Einrichtung des öffentlichen Rechts i.S.d. EU-Richtlinien aufgrund der unbestimmten Rechtsbegriffe nach wie vor eines der Hauptprobleme im Kartellvergaberecht dar.[37] 22

§99 Nr. 2 GWB übernimmt die drei nach dem EuGH und in Art. 2 Abs. 1 Nr. 4 lit. a bis c RL 2014/24/EU für das Vorliegen einer Einrichtung des öffentlichen Rechts erforderlichen Voraussetzungen **der Rechtspersönlichkeit, des besonderen Organisationszwecks und der staatlichen Beherrschung**.[38] Diese müssen kumulativ vorliegen.[39] Ein Unternehmen wird nicht schon deshalb zum öffentlichen Auftraggeber, wenn es durch die öffentliche Hand finanziert wird oder diese die Mehrheit der Anteile hält.[40] Es bedarf entsprechend der Richtlinien neben dem einflussbezogenen Kriterium der Beherrschung überdies eines aufgabenbezogenen Kriteriums der Gründung der juristischen Person zu dem Zweck, im Allgemeininteresse liegende Aufgaben nichtgewerblicher Art zu erfüllen.[41] 23

36 Erwägungsgrund 10 RL 2014/24/EU.

37 *Dreher,* in: Immenga/Mestmäcker, Wettbewerbsrecht, §98 GWB Rn. 20; *Pünder,* in: Pünder/Schellenberg, Vergaberecht, §98 GWB Rn. 18; *Kratzenberg,* NZBau 2009, 103 (105).

38 EuGH, Urteil v. 16.10.2003 – Rs. C-283/00 (SIEPSA), Rn. 69, 74; Urteil v. 10.11.1998 – Rs. C-360/96 (BFI Holding), Rn. 29.

39 EuGH, Urteil v. 11.6.2009 – Rs. C-300/07 (Oymanns), Rn. 48; Urteil v. 10.4.2008 – Rs. C-393/06 (Fernwärme Wien), Rn. 36; Urteil v. 10.11.1998 – Rs. C-360/96 (BFI Holding), Rn. 29; Urteil v. 15.1.1998 – Rs. C-44/96 (Mannesmann Anlagenbau), Rn. 21; Urteil v. 16.10.2003 – Rs. C-283/00 (SIEPSA), Rn. 69, 74; Urteil v. 22.5.2003 – Rs. C-18/01 (Korhonen), Rn. 32.

40 EuGH, Urteil v. 15.1.1998 – Rs. C-44/96 (Mannesmann Anlagenbau), Rn. 39.

41 *Dörr,* in: Dreher/Motzke, Vergaberecht, §98 GWB Rn. 37; *Dreher,* in: Immenga/Mestmäcker, Wettbewerbsrecht, §98 GWB Rn. 21; *Eschenbruch,* in: Kulartz/Kus/Portz, GWB-Vergaberecht, §98 Rn. 88; *Bungenberg,* in: Loewenheim/Meesen/Riesenkampff, Kartellrecht, §98 GWB Rn. 10.

24 Die Zuordnung der Einrichtung des öffentlichen Rechts als öffentlicher Auftraggeber beruht auf dem von dem EuGH in der Rechtssache „Beentjes"[42] angestoßenen **funktionalen Begriffsverständnis**.[43] Der Auftraggeber soll seine Bindung an das Vergaberecht nicht durch die Verlagerung seiner Aufgaben auf selbstständige Rechtsträger insbesondere durch Privatisierung[44] auf solche in Privatrechtsform umgehen können.[45] Die Erfüllung der Aufgabe in privatrechtlicher Rechtsform der Einrichtung stellt kein Kriterium dar, das die Einstufung als öffentlicher Auftraggeber entfallen lässt.[46]

25 Unter Berücksichtigung der mit den Richtlinien verfolgten Ziele einer Öffnung für den Wettbewerb und der Gewährleistung von Transparenz bei Beschaffungsvorgängen sind die einzelnen Merkmale nach dem EuGH **weit auszulegen**.[47] Das Vergaberecht soll jede Auftragsvergabe erfassen, bei der sich der Auftraggeber von anderen als wirtschaftlichen und wettbewerblichen Erwägungen leiten lässt.[48]

26 Für die Beurteilung der Auftraggebereigenschaft ist auf das im **Zeitpunkt** der Vergabehandlung maßgebliche Recht abzustellen und zu prüfen, ob der in Zukunft liegende Sachverhalt dem Vergaberecht unterliegt.[49] Demgegenüber kommt es für das Merkmal der überwiegenden Finanzierung auf den Beginn des jeweiligen Haushaltsjahres an.[50]

27 Die nach § 99 Nr. 2 GWB begründete Auftraggebereigenschaft kann während des Vergabeverfahrens – etwa durch materielle Privatisierung – wieder **entfallen**. Bei mehrstufigen Privatisierungsprozessen ist auf den Gesamtvorgang abzustellen.[51] Im Fall von Verschmelzungen, Spaltungen und Umwandlungsvorgängen geht die öffentliche Auftraggebereigenschaft nur dann auf den neuen Rechtsträger über, wenn dieser die Voraussetzungen des § 99 GWB selbst erfüllt.[52]

1. Rechtspersönlichkeit

28 Nach Art. 2 Abs. 1 Nr. 4 lit. b RL 2014/24/EU bedarf es für das Vorliegen einer Auftraggebereigenschaft einer Einrichtung mit „**Rechtspersönlichkeit**". Diese ist auch nach deutschem Recht Voraussetzung dafür, dass eine Partei einen mit der Auftragsvergabe gleichbedeutenden Beschaffungsvertrag abschließen kann.[53] Das Merkmal der „Rechtspersönlichkeit" hat der deutsche Gesetzgeber mit der „juristischen Person" des öffentlichen oder privaten Rechts umgesetzt.[54] Beide Begriffe sind nicht identisch. Vielmehr ist der Begriff der Rechtspersönlichkeit weiter, da dieser auch die rechtsfähige Personengesellschaft erfasst (§ 14 Abs. 2 BGB), die gerade keine juristische Person ist.[55]

29 **Juristische Personen des öffentlichen und des privaten Rechts** unterscheiden sich durch ihre Entstehung. Während Erstere auf einem staatlichen Hoheitsakt beruhen, sind Letztere re-

---

42 EuGH, Urteil v. 20.9.1988 – Rs. 31/87 (Beentjes), Rn. 11

43 *Werner,* in: Byok/Jaeger, Vergaberecht, § 98 GWB Rn. 26; *Dörr,* in: Dreher/Motzke, Vergaberecht, § 98 GWB Rn. 36; *Dietlein,* NZBau 2002, 136 (137 f.); zu den Voraussetzungen im Überblick *Noch,* NVwZ 1999, 1083 (1084 ff.).

44 Zur Privatisierung und Vergaberecht *Endler,* NZBau 2002, 125 ff.; zur Privatisierung und ÖPP *Dreher,* in: Immenga/Mestmäcker, Wettbewerbsrecht, § 99 GWB Rn. 150 ff.; zur Privatisierung und Ausschreibungspflicht *Schimanek,* NZBau 2005, 304 (304 ff.); vgl. auch zur Privatisierung und Rekommunalisierung *Burgi,* NdsVBl. 2012, 225 ff.

45 *Reider,* in: Montag/Säcker, MüKo Kartellrecht, § 98 GWB Rn. 13.

46 EuGH, Urteil v. 13.1.2005 – Rs. C-84/03 (Kommission/Spanien), Rn. 28; vgl. *Eschenbruch,* in: Kulartz/Kus/Portz, GWB-Vergaberecht, § 98 Rn. 84.

47 EuGH, Urteil v. 15.5.2003 – Rs. C-214/00 (Kommission/Spanien), Rn. 53; *Noch,* NVwZ 1999, 1083 (1085).

48 EuGH, Urteil v. 12.9.2013 – Rs. C-526/11 (Ärztekammer Westfalen-Lippe), Rn. 20; Urteil v. 16.10.2003 – Rs. C-283/00 (SIEPSA), Rn. 73;Urteil v. 27.2.2003 – Rs. C-373/00 (Adolf Truley), Rn. 43.

49 *Eschenbruch,* in: Kulartz/Kus/Portz, GWB-Vergaberecht, § 98 Rn. 90; *Wieddekind,* in: Willenbruch/Wieddekind, Vergaberecht, § 98 GWB Rn. 13.

50 EuGH, Urteil v. 3.10.2000 – Rs. C-380/98 (University of Cambridge), Rn. 44.

51 EuGH, Urteil v. 10.11.2005 – Rs. C-29/04 (Kommission/Österreich), Rn. 38 ff.

52 OLG Naumburg, Urteil v. 17.3.2005 – 1 Verg 3/05, Leitsatz.

53 *Dörr,* in: Dreher/Motzke, Vergaberecht, § 98 GWB Rn. 40.

54 *Dreher,* in: Immenga/Mestmäcker, Wettbewerbsrecht, § 98 GWB Rn. 26.

55 Kritisch zur in diesem Kontext auch verwendeten Rechtsfigur der Teilrechtsfähigkeit vgl. bei *Bungenberg,* in: Loewenheim/Meesen/Riesenkampff, Kartellrecht, § 98 GWB Rn. 15; *Krampen-Lietzke,* BRNotZ 2013, 575 (578 f.); *Schmidt,* in: Schmidt, MüKo HGB, § 105 Rn. 7; *Ulmer,* ZIP 2001, 585 (588).

gelmäßig auf einen privatrechtlichen Gründungsakt zurückzuführen.[56] Die Form der Errichtung durch formelles Gesetz, verwaltungsrechtliche Vorschriften oder andere Errichtungsakte ist unerheblich.[57]

Nicht von § 99 Nr. 2 GWB erfasst sind **natürliche Personen**, auch wenn diese zur öffentlichen Aufgabenerfüllung etwa als Beliehene ermächtigt sind[58] oder sich an einer Gesamtausschreibung öffentlicher Auftraggeber mit einem eigenen Los beteiligen.[59] 30

a. Juristische Personen des öffentlichen Rechts

Neben den Gebietskörperschaften zählen zu den **juristischen Personen des öffentlichen Rechts** die Träger der mittelbaren Staatsverwaltung, d.h. Körperschaften, Anstalten – soweit ihnen Außenrechtsfähigkeit zukommt[60] – und Stiftungen des öffentlichen Rechts[61].[62] Unter Anstalten sind organisatorische Zusammenfassungen sachlicher und personeller Mittel zu verstehen, die vom sonstigen Behördenaufbau losgelöst und einem bestimmten Nutzungszweck gewidmet sind.[63] Als Körperschaften bezeichnet man gemeinschaftlich strukturierte juristische Personen. § 99 Nr. 2 GWB bezieht sich nicht auf die Gebietskörperschaften, da diese bereits unter § 99 Nr. 1 GWB fallen.[64] Unter Stiftungen des öffentlichen Rechts sind Vermögensbestände zu fassen, die mit eigener Rechtspersönlichkeit ausgestattet sind und einem bestimmten Stiftungszweck dienen. 31

Eine nicht abschließende Aufzählung verschiedener Kategorien juristischer Personen des öffentlichen Rechts fand sich vormals in **Anhang III RL 2004/18/EG**. Dazu zählten etwa Einrichtungen wie Hochschulen, Kammern, Wirtschaftsvereinigungen, Sozialversicherungen, Versorgungsanstalten, Kultur-, Wohlfahrts- und Hilfsstiftungen sowie Genossenschaften. Mit der Vergaberechtsnovelle ist Anhang III entfallen. Die Auflistung einer Vergabestelle in dem Verzeichnis entbehrte eine Einzelfallprüfung der Auftraggebereigenschaft ohnehin nicht.[65] Ihr kam lediglich eine Indizwirkung zu.[66] Künftig bedarf es daher auch weiterhin einer Prüfung der materiellen Kriterien im konkreten Einzelfall.[67] 32

Von praxisrechtlicher Bedeutung im Rahmen des § 99 Nr. 2 GWB sind **Kommunalunternehmen** in der Rechtsform der Anstalt des öffentlichen Rechts.[68] Zu den rechtsfähigen Anstalten zählen darüber hinaus auch die **öffentlichen Rundfunkanstalten**.[69] 33

Ob Kirchen und öffentlich-rechtliche Religionsgemeinschaften zu den Rechtsträgern in diesem Sinne gehören, ist streitig.[70] Sofern die **Religionsgemeinschaften** Bedarfsdeckungsgeschäfte mit Außenstehenden eingehen und hierdurch in den weltlichen Wirtschaftsbereich des staatlichen Rechts vordringen, unterliegen sie den vergaberechtlichen Bindungen.[71] Die ihnen verfassungsrechtlich garantierte Staatsferne steht dem nicht entgegen, da sie im Be- 34

56 *Schöpflin,* in: Bamberger/Roth, BGB, § 21 Rn. 4.
57 EuGH, Urteil v. 10.11.1998 – Rs. C-360/96 (BFI Holding), Rn. 59 und 63.
58 *Eschenbruch,* in: Kulartz/Kus/Portz, GWB-Vergaberecht, § 98 Rn. 101; *Bungenberg,* in: Loewenheim/Meesen/-Riesenkampff, Kartellrecht, § 98 GWB Rn. 11.
59 VK Sachsen, Beschluss v. 16.11.2006 – 1/SVK/97/06.
60 Anderenfalls sind sie „Sondervermögen" i.S.d. § 99 Nr. 1 GWB; *Pünder,* in: Pünder/Schellenberg, Vergaberecht, § 98 GWB Rn. 20.
61 VK Niedersachsen, Beschluss v. 25.2.2011 – VgK-70/2010 und VgK-72/2010 (Stiftung des öffentlichen Rechts nach § 55 Nds. HochschulG).
62 *Mansel,* in: Jauernig, BGB, § 98 Rn. 1; *Dörner,* in: Schulze/Dörner/Ebert/Hoeren/Kemper/Saenger/Schreiber/Schulte-Nölke/Staudinger, BGB, § 89 Rn. 1; *Maurer,* Allgemeines Verwaltungsrecht, § 23 Rn. 30 bis 55.
63 *Arnold,* in: Säcker/Rixecker/Oetker/Limperg, MüKo BGB, § 89 Rn. 11.
64 *Werner,* in: Byok/Jaeger, Vergaberecht, § 98 GWB Rn. 318.
65 EuGH, Urteil v. 12.9.2013 – Rs. C-526/11 (Ärztekammer Westfalen-Lippe), Rn. 18.
66 EuGH, Urteil v. 11.6.2009 – Rs. C-300/07 (Oymanns), Rn. 45; BayObLG, Beschluss v. 24.5.2004 – Verg 6/04, Rn. 20; KG, Beschluss v. 11.11.2004 – 2 Verg 16/04, Rn. 21; *Dörr,* in: Dreher/Motzke, Vergaberecht, § 98 GWB Rn. 43.
67 Zu bisher diskutierten Einzelfällen der öffentlichen Auftraggebereigenschaft *Eschenbruch,* in: Kulartz/Kus/Portz, GWB-Vergaberecht, § 98 Rn. 83.
68 Zur landesrechtlichen Ausgestaltung der Kommunalunternehmen als Anstalt des öffentlichen Rechts im Überblick *Schröder,* NZBau 2003, 596 ff.
69 *Pünder,* in: Pünder/Schellenberg, Vergaberecht, § 98 GWB Rn. 20.
70 Differenzierend *Dörr,* in: Dreher/Motzke, Vergaberecht, § 98 GWB Rn. 44; ablehnend *Pünder,* in: Pünder/Schellenberg, Vergaberecht, § 98 GWB Rn. 30.
71 So auch *Dörr,* in: Dreher/Motzke, Vergaberecht, § 98 GWB Rn. 44.

reich des „*weltlichen Rechtsverkehrs*" ihren innerkirchlichen Bereich gerade verlassen.[72] Auch hier bedarf es einer Einzelfallprüfung.

b. Juristische Personen des privaten Rechts

35 Im Hinblick auf den in der RL 2014/24/EU enthaltenen Wortlaut der Einrichtungen des öffentlichen Rechts erfasst § 99 Nr. 2 GWB auch **juristische Personen des privaten Rechts**. Bei den juristischen Personen des Privatrechts handelt es sich etwa um Aktiengesellschaften, Gesellschaften mit beschränkter Haftung, Genossenschaften und eingetragene Vereine.[73]

36 Nicht zu den juristischen Personen des Privatrechts zählen die **Handelsgesellschaften** wie OHG, KG und Mischformen wie die GmbH & Co. KG. Im Hinblick auf den Sinn und Zweck der RL 2014/24/EU und unter Berücksichtigung der funktionalen Auslegung des Auftraggeberbegriffs, alle dem Staat zurechenbare Rechtsträger zu erfassen, muss der Begriff der juristischen Person des Privatrechts weit ausgelegt werden.[74] Die Unterscheidung zwischen juristischen Personen und anderen Rechtsträgern ist eine Besonderheit des deutschen Rechts. Der Begriff der juristischen Person muss dahin gehend verstanden werden, dass auch eine „Teilrechtsfähigkeit"[75] bzw. eine „rechtsfähige Personengesellschaft" nach § 14 Abs. 2 BGB genügt, andernfalls wäre eine einheitliche Auslegung des Unionsrechts gefährdet.[76] Für die Erfüllung des Merkmals der „juristischen Person" nach § 99 Nr. 2 GWB reicht es demzufolge aus, wenn der Rechtsträger in der Lage ist, Rechte und Pflichten zu begründen.

37 Auch **Personengesellschaften** können unter ihrer Firma Rechte und Verbindlichkeiten eingehen (§ § 124 Abs. 2, 161 Abs. 2 HGB). Diese ist eine Gesamthand mit der Fähigkeit selbstständiger Rechtsträgerschaft.[77] Um einer Umgehung des Vergaberechts entgegenzuwirken, sind entgegen des Wortlauts des GWB insofern auch Gesellschaftsformen wie die KG, GmbH & Co. KG etc. von dem Begriff der juristischen Person umfasst.[78] Häufig bedienen sich die klassischen öffentlichen Auftraggeber gerade solcher Rechtsformen zur Übertragung öffentlicher Aufgaben. In Anlehnung daran sind **Vor- und Gründungsgesellschaften** Adressaten des Vergaberechts.[79] Auf sie findet grundsätzlich das Recht der später eingetragenen Gesellschaft Anwendung.[80] Sie können bereits Träger von Rechten und Pflichten sein.[81] Ebenso können **gemischt-wirtschaftliche Unternehmen** als öffentliche Auftraggeber nach § 99 Nr. 2 GWB eingestuft werden.[82] Nachdem der BGH die „Rechtsfähigkeit" der **GbR** anerkannt hat[83], kann auch diese öffentlicher Auftraggeber i.S.d. § 99 Nr. 2 GWB sein.[84] Insofern kommt es auf die konkrete Rechtsform nicht an. Auch in einem anderen EU-Mitgliedstaat gegründete Gesellschaften, deren Rechtsfähigkeit in Deutschland anerkannt werden muss, können daher als Auftraggeber erfasst werden.[85]

---

72 *Ehlers,* in: Sachs, GG, Art. 140/Art. 37 WRV Rn. 7.

73 Zum eingetragenen Verein VK Brandenburg, Beschluss v. 28.3.2008 – VK 6/08; Beschluss v. 7.4.2008 – VK 7/08.

74 So auch *Pünder,* in: Pünder/Schellenberg, Vergaberecht, § 98 GWB Rn. 22.

75 Der Begriff der „Teilrechtsfähigkeit" wird missverständlich verwendet; *Wertenbruch,* in: Ebenroth/Boujong/Joost/Strohn, Handelsgesetzbuch, § 105 Rn. 13.

76 *Dreher,* in: Immenga/Mestmäcker, Wettbewerbsrecht, § 98 GWB Rn. 44.

77 *Roth,* in: Baumbach/Hopt, Handelsgesetzbuch, § 124 Rn. 1.

78 Vgl. OLG Bremen, Beschluss v. 24.5.2006 – Verg 1/2006, Rn. 80 für eine GmbH & Co. KG; VK Münster, Beschluss v. 24.6.2002 – K 03/02; *Werner,* in: Byok/Jaeger, Vergaberecht, § 98 GWB Rn. 38; *Diehr,* in: Reidt/Stickler/Glahs, Vergaberecht, § 98 GWB Rn. 21.

79 *Werner,* in: Byok/Jaeger, Vergaberecht, § 98 GWB Rn. 35; *Wagner,* in: Langen/Bunte, Kartellrecht, § 98 GWB Rn. 17; *Reider,* in: Montag/Säcker, MüKo Kartellrecht, § 98 GWB Rn. 16.

80 Vgl. BGH, Beschluss v. 16.3.2002 – II ZB 17/91, Rn. 4; Urteil v. 29.10.1992 – I ZR 264/90, Rn. 16 f.

81 Vgl. *Schäfer,* in: Hessler/Strohn, Gesellschaftsrecht, § 11 Rn. 7; *Roth,* in: Roth/Altmeppen, GmbHG, § 11 Rn. 39.

82 OLG Düsseldorf, Beschluss v. 30.4.2003 – VII-Verg 67/02; das OLG Düsseldorf, Beschluss v. 19.6.2013 – VII-Verg 55/12, ordnete auch eine zur Ausführung eines öffentlich ausgeschriebenen ÖPP-Projekts vom privaten Partner gegründete Projektgesellschaft als öffentlichen Auftraggeber nach § 98 Nr. 2 GWB ein; kritisch und im Ergebnis ablehnend *Roth,* NZBau 2013, 685 ff.

83 BGH, Urteil v. 29.1.2001 – II ZR 331/00.

84 OLG Düsseldorf, Beschluss v. 6.7.2005 – VII-Verg 22/05, Rn. 17; OLG Celle, Beschluss v. 14.9.2006 – 13 Verg 3/06, Rn. 11; VK Bremen, Beschluss v. 20.6.2012 – 16 VK 1/12, Rn. 72.

85 *Dörr,* in: Dreher/Motzke, Vergaberecht, § 98 GWB Rn. 47.

2. Besonderer Organisationszweck

Nach Art. 2 Nr. 4 lit. a RL 2014/24/EU und § 99 Nr. 2 GWB bedarf es zusätzlich zu dem Merkmal der Rechtspersönlichkeit auch der Gründung der juristischen Person zu dem Zweck, eine im Allgemeininteresse liegende Aufgabe nichtgewerblicher Art wahrzunehmen. 38

a. Besonderer Gründungszweck

Ebenso wie das Merkmal der juristischen Person ist das Vorliegen eines besonderen Gründungszwecks nach dem funktionalen Verständnis des Auftraggeberbegriffs **weit auszulegen**.[86] Die Errichtung des Unternehmens ist also mit der betreffenden Aufgabenerfüllung verknüpft.[87] Diese objektive Ausrichtung auf eine bestimmte Tätigkeit und eine bestimmte Wettbewerbsform erfordert die **objektiv nachweisbare Festlegung und Übernahme der Tätigkeiten**. Der Gründungszweck ist daher auf der Grundlage ausdrücklicher Festlegungen zu folgern, die sich aus einem Gründungsvertrag, einer Satzung, einer Verwaltungsrichtlinie, einem Verwaltungsakt oder einem Gesetz ergeben können.[88] 39

Unter Berücksichtigung einer weiten Auslegung des Tatbestandsmerkmals ist auch eine **faktische bzw. tatsächliche Übernahme** ausreichend, sofern diese feststellbar ist.[89] Würde allein eine objektiv nachweisbare Festlegung des Gründungszwecks genügen, bestünde die Gefahr einer Umgehung des Vergaberechts. Es kann jedoch für die Anwendung dessen gerade nicht darauf ankommen, ob der Gründungszweck in dem Errichtungsgesetz, der Satzung oder dem Gesellschaftsvertrag festgelegt wird oder das Unternehmen den Organisationszweck nur tatsächlich ausführt.[90] 40

Aus diesem Grund kann die Zwecksetzung auch **nachträglich** erfolgen.[91] Die Auftraggebereigenschaft kann dadurch begründet werden, dass das Unternehmen eine Zeit nach seiner Gründung ihren Organisationszweck ändert und eine Gemeinwohlaufgabe wahrnimmt. Dies gilt selbst dann, wenn die ursprüngliche Grundlage der Gründung nicht an den neuen Zweck angepasst wird.[92] Ein Vergleich der verschiedenen Sprachfassungen der RL 2014/24/EU ergibt, dass die inhaltliche Ausgestaltung des Rechtsträgers nicht an einen bestimmten Zeitpunkt anknüpft.[93] Gleichbedeutend mit einer „Gründung" bzw. Errichtung eines Unternehmens ist damit auch die Übernahme durch einen Mehrheitsgesellschafter, eine Umfirmierung sowie der Beschluss eines neuen Gesellschaftsvertrages.[94] 41

Unerheblich ist es für das Vorliegen der Auftraggebereigenschaft, wenn der öffentliche Auftraggeber im Nachhinein **auch gewerbliche Tätigkeiten** wahrnimmt, sofern daneben weiterhin auch im Allgemeininteresse liegende Aufgaben erbracht werden.[95] Dies gilt selbst dann, wenn die gemeinwohlorientierten Tätigkeiten nur zu einem geringen Teil bestehen bleiben.[96] Sobald im Allgemeininteresse liegende Tätigkeiten wahrgenommen werden, wird die Einrichtung ***„infiziert"***.[97] Für die Auftraggebereigenschaft spielt es keine Rolle, ob die in Rede 42

---

86 *Bungenberg,* in: Loewenheim/Meesen/Riesenkampff, Kartellrecht, § 98 GWB Rn. 17.
87 *Dörr,* in: Dreher/Motzke, Vergaberecht, § 98 GWB Rn. 66.
88 *Diehr,* in: Reidt/Stickler/Glahs, Vergaberecht, § 98 GWB Rn. 26; *Dietlein,* NZBau 2002, 136 (138).
89 EuGH, Urteil v. 12.12.2002 – Rs. C-470/99 (Universale-Bau), Rn. 63; OLG Düsseldorf, Beschluss v. 9.4.2003 – VII-Verg 66/02, Rn. 11; a.A. *Dietlein,* NZBau 2002, 136 (138).
90 Vgl. VK Bund, Beschluss v. 4.9.2000 – VK A 2/00, im Hinblick auf die tatsächliche Wahrnehmung von Gemeinwohlaufgaben durch die Deutsche Bahn.
91 VK Bund, Beschluss v. 8.6.2006 – Verg 2-14/05, Rn. 36; *Werner,* in: Byok/Jaeger, Vergaberecht, § 98 GWB Rn. 42; *Weyand,* Vergaberecht, § 98 Rn. 44.
92 EuGH, Urteil v. 12.12.2002 – Rs. C-470/99 (Universale-Bau), Rn. 57.
93 *Dörr,* in: Dreher/Motzke, Vergaberecht, § 98 GWB Rn. 67 in Bezug auf die RL 2004/18/EG. Für die RL 2014/24/EU gilt mangels textueller Änderungen in Art. 2 Nr. 4 das Gleiche.
94 VÜA Bund, Beschluss v. 17.11.1998 – 1 VÜ 15/98.
95 *Werner,* in: Byok/Jaeger, Vergaberecht, § 98 GWB Rn. 45; *Dörr,* in: Dreher/Motzke, Vergaberecht, § 98 GWB Rn. 67; *Pünder,* in: Pünder/Schellenberg, Vergaberecht, § 98 GWB Rn. 26.
96 EuGH, Urteil v. 10.4.2008 – Rs. C-393/06 (Fernwärme Wien), Rn. 47; Urteil v. 12.12.2002 – Rs. C-470/99 (Universale-Bau), Rn. 54 f.; Urteil v. 10.11.1998 – Rs. C-360/96 (BFI Holding), Rn. 55; Urteil v. 15.1.1998 – Rs. C-44/96 (Mannesmann Anlagenbau Austria), Rn. 25; OLG Dresden, Urteil v. 9.3.2004 – 20 U 1544/03 (Stadtreinigung); OLG Düsseldorf, Beschluss v. 30.4.2003 – VII-Verg 67/02 (Bekleidungsmanagement der Bundeswehr); *Zeiss,* in: Heiermann/Zeiss, Vergaberecht, § 98 GWB Rn. 100; *Dietlein,* NZBau 2002, 136 (138).
97 *Pünder,* in: Pünder/Schellenberg, Vergaberecht, § 98 GWB Rn. 26.

stehende Tätigkeit in einem nicht gemeinwohlorientierten Geschäftsfeld vollzogen wird. Auch die nur teilweise Wahrnehmung von gemeinwohlorientierten Tätigkeiten genügt.[98] Einer solchen Infektion kann der Auftraggeber nur entgegenwirken, wenn er die Wahrnehmung der Aufgaben rechtlich verselbstständigt und diese von selbstständigen Tochterunternehmen oder sonstigen verbundenen Unternehmen erbracht werden.[99] Beschränkt sich die Trennung der Aufgabenerfüllung auf den rein internen Bereich, genügt dies jedoch nicht.[100] In Bezug auf den Umfang der Aufgabenwahrnehmung ist eine gewisse „***Bagatellgrenze***"[101] bzw. „*Spürbarkeit*" der Marktverhältnisse[102] zu verlangen.[103] Anderenfalls käme es zu einer übermäßigen Konzern- und Holdingbildung.

43 Problematischer ist der Fall zu behandeln, indem eine gemeinwohlorientierte Zwecksetzung ausdrücklich erfolgt ist, das Unternehmen jedoch tatsächlich **nur Aufgaben aus anderen Zwecken erbringt oder der Gründungszweck nachträglich wegfällt**. Der aufgrund des funktionalen Begriffsverständnisses einzuordnende öffentliche Auftraggeber wird also rein gewerblich tätig. Nach strikter Anwendung der Rechtsprechung des EuGH, die auf die tatsächliche Tätigkeit abstellt, käme es zu einem Wegfall der Auftraggebereigenschaft. Dagegen spricht jedoch der Aspekt der Rechtssicherheit.[104] Ohne jegliche Dokumentation und Kenntnis von Außenstehenden könnte der öffentliche Auftraggeber den im Allgemeininteresse liegenden Zweck nach Belieben aufgeben und unter Umgehung des Vergaberechts wieder aufnehmen. Das Vorliegen eines gemeinwohlorientierten Gründungszwecks ist daher rein formal zu betrachten.[105] Der ursprünglich festgelegte Gründungszweck wird dem Unternehmen zugerechnet.[106] Entscheidend ist der objektiv niedergelegte Zweck in den Rechtsquellen der Errichtung, zumal dieser nach wie vor wahrgenommen werden kann. Dem gemeinwohlorientierten Zweck kann sich das Unternehmen ohne Weiteres durch förmliche Änderung etwa in der Satzung oder im Handelsregister entledigen.[107]

b. Erfüllung im Allgemeininteresse liegender Aufgaben

44 Der ursprünglich aus der Baukoordinierungsrichtlinie stammende Begriff der im Allgemeininteresse liegenden Aufgabe stellt einen **autonomen Rechtsbegriff des Unionsrechts** dar und findet sich in Art. 2 Nr. 4 lit. a RL 2014/24/EU sowie § 99 Nr. 2 GWB.[108] Entsprechend der Ziele der RL 2014/24/EU, Wettbewerb zwischen den Mitgliedstaaten zu gewährleisten und Transparenz zu schaffen, ist der Begriff **weit auszulegen**.[109] Eine allgemeingültige Definition trifft die RL 2014/14/EU gleichwohl nicht.[110] Es handelt sich vielmehr – mitunter aufgrund des unterschiedlichen Verständnisses der Mitgliedstaaten – um einen schillernden und schwer greifbaren Begriff.[111]

---

98 EuGH, Urteil v. 15.1.1998 – Rs. C-44/96 (Mannesmann Anlagenbau), Rn. 25; *Eschenbruch,* in: Kulartz/Kus/Portz, GWB-Vergaberecht, § 98 Rn. 114 f.; *Crass,* Der öffentliche Auftraggeber, S. 78.

99 EuGH, Urteil v. 10.11.1998 – Rs. C-360/96 (BFI Holding), Rn. 56; *Dreher,* in: Immenga/Mestmäcker, Wettbewerbsrecht, § 98 GWB Rn. 51; *Ziekow,* in: Ziekow/Völlink, Vergaberecht, § 98 GWB Rn. 194.

100 EuGH, Urteil v. 10.4.2008 – Rs. C-393/06 (Fernwärme Wien), Rn. 49 ff.

101 *Pünder,* in: Pünder/Schellenberg, Vergaberecht, § 98 GWB Rn. 26.

102 *Eschenbruch,* in: Kulartz/Kus/Portz, GWB-Vergaberecht, § 98 Rn. 114 f.; *Crass,* Der öffentliche Auftraggeber, S. 78.

103 Kritisch *Diehr,* in: Reidt/Stickler/Glahs, Vergaberecht, § 98 GWB Rn. 30.

104 *Dreher,* in: Immenga/Mestmäcker, Wettbewerbsrecht, § 98 GWB Rn. 50.

105 Vgl. auch KG, Beschluss v. 6.2.3003 – 2 Verg 1/03; *Crass,* Der öffentliche Auftraggeber, S. 77; *Werner,* in: Byok/Jaeger, Vergaberecht, § 98 GWB Rn. 330; *Eschenbruch,* in: Kulartz/Kus/Portz, GWB-Vergaberecht, § 98 Rn. 113; *Reider,* in: Montag/Säcker, MüKo Kartellrecht, § 98 GWB Rn. 22; a.A. *Pünder,* in: Pünder/Schellenberg, Vergaberecht, § 98 GWB Rn. 25.

106 *Werner,* in: Byok/Jaeger, Vergaberecht, § 98 GWB Rn. 44.

107 Vgl. KG, Beschluss v. 6.2.2003 – 2 Verg 1/03; *Dörr,* in: Dreher/Motzke, Vergaberecht, § 98 GWB Rn. 69.

108 EuGH, Urteil v. 27.2.2003 – Rs. C-373/00 (Adolf Truley), Rn. 45; *Reider,* in: Montag/Säcker, MüKo Kartellrecht, § 98 GWB Rn. 20.

109 *Dreher,* in: Immenga/Mestmäcker, Wettbewerbsrecht, § 98 GWB Rn. 69; *Bungenberg,* in: Loewenheim/Meesen/Riesenkampff, Kartellrecht, § 98 GWB Rn. 20.

110 Umfassende Beispiele, in denen das Allgemeininteresse von der Rechtsprechung bejaht wurde, finden sich bei *Weyand,* Vergaberecht, § 98 GWB Rn. 50; *Wieddekind,* in: Willenbruch/Wieddekind, Vergaberecht, § 98 GWB Rn. 23.

111 *Dietlein,* NZBau 2002, 136 (138); *Pietzecker,* ZHR 162 (1998), 437 (445).

45 Unter Anwendung systematischer Überlegungen sind Tätigkeiten erfasst, **die über private oder Einzelinteressen hinausgehen und der Befriedigung kollektiver Bedürfnisse dienen.**[112] Juristische Personen des öffentlichen Rechts werden zur Erfüllung von Gemeinwohlbelangen gegründet und nehmen daher per definitionem im Allgemeininteresse liegende Aufgaben wahr.[113] Wenn Gebietskörperschaften privatwirtschaftlich tätig werden, kann auch das Kommunalrecht eine Rolle spielen.[114] Eine Vielzahl von Kommunal- und Gemeindeordnungen knüpft die Gründung wirtschaftlich geprägter Unternehmen an die Voraussetzung des Vorliegens eines öffentlichen Zwecks[115], sodass diese Voraussetzungen auch noch zu prüfen sind.

46 Die Bestimmung, welche Tätigkeiten im **Einzelfall** als im Allgemeininteresse liegend angesehen werden, bereitet als wohl umstrittenstes Tatbestandsmerkmal Schwierigkeiten.[116] Wie im Rahmen des Art. 106 Abs. 2 AEUV erschweren auch mitgliedstaatliche Traditionen und Gegebenheiten eine allgemeingültige Definition. Die Bestimmung dessen, was unter das Allgemeininteresse fällt, liegt nach dem Prinzip der begrenzten Einzelermächtigung in den Grenzen der Berücksichtigung unionsrechtlicher Vorgaben bei jedem Mitgliedstaat selbst.[117] Etwas anderes gilt freilich für die durch Unionsrecht harmonisierten Bereiche. Insofern spielen auch im Rahmen des § 99 Nr. 2 GWB nicht selten **politische Entscheidungen der Mitgliedstaaten** eine Rolle.[118] Dies bestätigt auch die umfangreiche Spruchpraxis.[119] Anders als im Rahmen des Art. 106 Abs. 2 AEUV weist der EuGH nicht darauf hin, dass die Entscheidung darüber, ob eine Tätigkeit eine Dienstleistung von allgemeinem wirtschaftlichem Interesse darstellt, dem mitgliedstaatlichen Gericht vorbehalten sei.[120] Vielmehr befindet der EuGH in dem Urteil „Agorà" in Bezug auf Messeveranstaltungen und im Urteil „BFI-Holding" hinsichtlich der Behandlung von Haushaltsabfällen selbst über das Vorliegen einer *„unbestreitbar"* im Allgemeininteresse liegenden Aufgabe.[121] Ebenso erkennt er die Beheizung eines städtischen Ballungsgebiets mittels eines umweltfreundlichen Verfahrens und die Aufgaben der gesetzlichen Krankenkassen als im Allgemeininteresse liegende Tätigkeiten an.[122] Im Bereich des Vergaberechts sieht der EuGH sich also – zumindest auch – selbst für die Bestimmung des Allgemeininteresses zuständig.[123]

47 Nach dem EuGH geht es bei den im Allgemeininteresse liegenden Aufgaben um solche, die *„eng mit der **öffentlichen Ordnung** und dem **institutionellen Funktionieren** des Staates verknüpft sind"* und eine *„**Versorgungsgarantie**"* verlangen.[124] Erfasst sind Tätigkeiten, die der Staat „aus Gründen des Allgemeininteresses selbst erfüllen oder bei denen er einen entscheidenden Einfluss behalten möchte".[125] Dies sind im Allgemeinen Aufgaben, die *„auf andere Art als durch das Anbieten von Waren oder Dienstleistungen auf dem Markt erfüllt wer-*

112 *Bungenberg,* in: Loewenheim/Meesen/Riesenkampff, Kartellrecht, § 98 GWB Rn. 55; *Reider,* in: Montag/Säcker, MüKo Kartellrecht, § 98 GWB Rn. 20; *Wieddekind,* in: Willenbruch/Wieddekind, Vergaberecht, § 98 GWB Rn. 18.
113 *Heise,* LKV 1999, 210 (211).
114 *Werner,* in: Byok/Jaeger, Vergaberecht, § 98 GWB Rn. 51.
115 Vgl. § 102 Abs. 1 Nr. 1 bis 3 GO BW; Art. 87 Abs. 1 S. 1 Nr. 1 und Nr. 2 sowie Nr. 4 BayGO; § 91 Abs. 2 Nr. 1 und Nr. 2, Abs. 3 S. 1 BbgKVerf; § 121 Abs. 1 S. 1 Nr. 1 bis 3 HGO; § 68 Abs. 2 S. 1 Nr. 1 bis 3 KV MV; § 136 Abs. 1 S. 2 Nr. 1 bis 3 NKomVG; § 107 Abs. 1 S. 1 Nr. 1 bis 3 GO NRW; § 85 Abs. 1 S. 1 Nr. 1 bis 3 GO RP; § 108 Abs. 1 Nr. 1 bis 3 SaarlKSVG; § 94a Abs. 1 S. 1 Nr. 1 bis 3 SächsGO; § 128 Abs. 1 S. 1 Nr. 1 bis 3 KVG LSA; § 101 Abs. 1 Nr. 1 bis 3 GO SH; § 71 Abs. 2 Nr. 1 und Nr. 2 sowie Nr. 4 ThürKO.
116 *Werner,* in: Byok/Jaeger, Vergaberecht, § 98 GWB Rn. 46; *Schlette,* EuR 2000, 119.
117 *Dietrich,* Dienstleistungen von allgemeinem wirtschaftlichem Interesse, S. 166 f.
118 Vgl. *Pünder,* in: Pünder/Schellenberg, Vergaberecht, § 98 GWB Rn. 28; *Dietlein,* NZBau 2002, 136 (139).
119 Beispielsfälle aus der Rechtsprechung im Hinblick auf das Vorliegen eines Allgemeininteresses finden sich bei *Eschenbruch,* in: Kulartz/Kus/Portz, GWB-Vergaberecht, § 98 Rn. 133.
120 EuGH, Urteil v. 19.5.1993 – Rs. C-320/91 (Corbeau), Rn. 19 f.
121 EuGH, Urteil v. 10.5.2011 – Rs. C-223/99 (Agorà und Excelsior), Rn. 33; Urteil v. 10.11.1998 – Rs. C-360/96 (BFI Holding), Rn. 52.
122 EuGH, Urteil v. 10.4.2008 – Rs. C-393/06 (Fernwärme Wien), Rn. 39; Urteil v. 11.6.2009 – Rs. C-300/07 (Oymanns), Rn. 49.
123 *Dreher,* in: Immenga/Mestmäcker, Wettbewerbsrecht, § 98 GWB Rn. 67.
124 EuGH, Urteil v. 15.1.1998 – Rs. C-44/96 (Mannesmann Anlagenbau), Rn. 24.
125 EuGH, Urteil v. 10.5.2011 – Rs. C-223/99 (Agorà und Excelsior), Rn. 37; Urteil v. 27.2.2003 – Rs. C-373/00 (Adolf Truley), Rn. 50; Urteil v. 10.11.1998 – Rs. C-360/96 (BFI Holding), Rn. 51.

den".[126] Dazu zählen – ähnlich wie bei Art. 106 Abs. 2 AEUV – insbesondere Aufgaben, die auch dann erfüllt werden müssen, wenn deren Erbringung unwirtschaftlich ist. Von der individuellen Aufgabenerfüllung grenzen sie sich auch durch ihre Zweckverfolgung ab, *„nicht nur im Interesse dieses [bestimmten] Personenkreises"* zu stehen, sondern überdies **Kollektivinteressen** zu verfolgen.[127] Es geht um Aufgaben, für deren Erfüllung der Staat eine besondere Pflicht und bei Privaten eine Gewährleistungsverantwortung trägt, auch wenn deren Ausführung aus wirtschaftlichen Gesichtspunkten unrentabel ist.[128] Es genügt, wenn zumindest ein Teil des „Ob" und des „Wie" der Aufgabenerfüllung im Verantwortungsbereich des Staates liegt.[129] Die Pflicht zur Aufgabenerfüllung kann sich aus der Verfassung, insbesondere aus Grund- und Schutzpflichten ergeben.[130] Nach diesen Erwägungen ist auf im Allgemeininteresse liegende Aufgaben zu schließen, wenn diese auf eine rechtliche Entscheidung des Gemeinwesens zurückzuführen sind.[131] Durch Gesetze wie etwa das Kreislaufwirtschaftsgesetz, das Rundfunkgesetz, die Gemeindeordnungen etc. wird dieser Wille nach außen getragen.

48 Für **juristische Personen des öffentlichen Rechts** besteht aufgrund ihres Gründungszwecks und Anforderungen des Grundgesetzes, der Landesverfassungen, des Haushaltsrechts sowie der Gemeindeordnungen[132] bereits eine Vermutung, dass sie gemeinwohlbezogene Tätigkeiten erfüllen.[133] Genuin staatliche Aufgaben liegen damit im Allgemeininteresse.[134] Eine solche Vermutung gilt auch für Private, wenn der Staat ihnen zur Überwindung des Wettbewerbs- und Gleichheitsprinzips Sonderrechte einräumt.[135] Die Einräumung dieses Sonderstatus kann nur gerechtfertigt werden, wenn diese zur Erbringung von gemeinwohlbezogenen Tätigkeiten erforderlich ist.

49 **Kriterien** für die Einordnung einer im Allgemeininteresse liegenden Aufgabe können daher sein, wenn:

- die Einrichtung hoheitlich handelt,
- die Einrichtung Aufgaben der Daseinsvorsorge erfüllt,
- es um Aufgaben geht, die über Privatinteressen hinausgehen,
- die Aufgabe eng mit dem institutionellen Funktionieren des Staates und der öffentlichen Ordnung verknüpft ist,
- mit den Aufgaben Belange des Staates wahrgenommen werden oder
- der Staat sich bei der Aufgabenerfüllung eine Einflussnahme vorbehalten will.[136]

50 Die Erbringung einer im Allgemeininteresse liegenden Aufgabe ist **für jedes selbstständige Rechtssubjekt** zu prüfen.[137] Die „Infizierungstheorie" findet auf dieses tätigkeitsbezogene Merkmal in Bezug auf ein anderes Rechtssubjekt keine Anwendung.[138] Dies bedeutet, dass ein Unternehmen, das von einem öffentlichen Auftraggeber gegründet wurde, nicht bereits aus diesem Umstand zum öffentlichen Auftraggeber wird. Das Tochter- oder Schwesterunter-

---

126 EuGH, Urteil v. 10.5.2011 – Rs. C-223/99 (Agorà und Excelsior), Rn. 37; Urteil v. 27.2.2003 – Rs. C-373/00 (Adolf Truley) Rn. 50.
127 EuGH, Urteil v. 10.5.2011 – Rs. C-223/99 (Agorà und Excelsior) Rn. 33 f.; *Diehr,* in: Reidt/Stickler/Glahs, Vergaberecht, § 98 GWB Rn. 33.
128 VK Münster, Beschluss v. 22.6.2002 – VK 03/02; *Ziekow,* NZBau 2004, 181 (182).
129 Vgl. BayObLG, Beschluss v. 10.9.2002 – Verg 23/02, Rn. 8.
130 *Pünder,* in: Pünder/Schellenberg, Vergaberecht, § 98 GWB Rn. 28.
131 *Dietlein,* NZBau 2002, 136 (139).
132 *Eschenbruch,* in: Kulartz/Kus/Portz, GWB-Vergaberecht, § 98 Rn. 125; *Pünder,* in: Pünder/Schellenberg, Vergaberecht, § 98 GWB Rn. 29.
133 So schon VÜA Bund, Beschluss v. 12.4.1995 – 1 VÜ 1/95; BayObLG, Beschluss v. 10.9.2002 – Verg. 23/02; BayObLG, Beschluss v. 21.10.2004, Verg 17/04, Rn. 12; sowie etwa *Wagner,* in: Langen/Bunte, Kartellrecht, § 98 GWB Rn. 24; *Puhl,* Grundfragen des kartellvergaberechtlichen Auftraggeberbegriffs, S. 64 f.; *Dreher,* DB 1998, 2579 (2582).
134 *Eschenbruch,* in: Kulartz/Kus/Portz, GWB-Vergaberecht, § 98 Rn. 124; *Weyand,* Vergaberecht, § 98 Rn. 46.
135 *Dreher,* in: Immenga/Mestmäcker, Wettbewerbsrecht, § 98 GWB Rn. 73.
136 *Diehr,* in: Reidt/Stickler/Glahs, Vergaberecht, § 98 GWB Rn. 37; *Wieddekind,* in: Willenbruch/Wieddekind, Vergaberecht, § 98 GWB Rn. 21.
137 *Dörr,* in: Dreher/Motzke, Vergaberecht, § 98 GWB Rn. 56.
138 *Eschenbruch,* in: Kulartz/Kus/Portz, GWB-Vergaberecht, § 98 Rn. 128.

nehmen muss selbst im Allgemeinwohl liegende Aufgaben erfüllen.[139] Letzteres ist zu bejahen, wenn die Muttergesellschaft ihre Pflicht zur Erbringung gemeinwohlbezogener Aufgaben auf die Tochtergesellschaft überträgt.[140] Etwas anderes gilt jedoch im Hinblick auf den Umfang der Tätigkeiten der Einrichtung selbst. Diese bleibt auch dann öffentlicher Auftraggeber, wenn sie neben den im Allgemeininteresse liegenden Aufgaben auch noch andere Tätigkeiten erbringt.[141] Es genügt, wenn ein geringer Teil der von der Einrichtung ausgeführten Aufgaben im Allgemeininteresse liegt, solange sie weiterhin eine besondere Pflicht ausführt.[142]

c. Nichtgewerblicher Art

Das Merkmal der Nichtgewerblichkeit nach § 99 Nr. 2 GWB geht auf **Art. 2 Nr. 4 lit. a RL 2014/24/EU** zurück. Während der EuGH zunächst das Merkmal „nichtgewerblicher Art" mit demjenigen der „im Allgemeininteresse liegenden Aufgabe" zusammen geprüft hatte, stellte er im Urteil „Korhonen" ausdrücklich fest, dass es sich um **selbstständig zu prüfende Tatbestandsmerkmale** handelt.[143] Im Gegensatz zum tätigkeitsbezogenen Merkmal der im Allgemeininteresse liegenden Aufgabe ist die Nichtgewerblichkeit objektiv zu bestimmen und bezieht sich auf die Wettbewerbsstellung des Unternehmens im Hinblick auf die gemeinwohlbezogene Aufgabe.[144] Das Merkmal der Nichtgewerblichkeit dient der Präzisierung der im Allgemeininteresse liegenden Aufgabe.[145] 51

Für die Frage der Nichtgewerblichkeit ist eine **Gesamtbetrachtung** anzustellen, im Rahmen derer *„alle erheblichen rechtlichen und tatsächlichen Gesichtspunkte, wie etwa die Umstände, die zur Gründung der betreffenden Einrichtung geführt haben, und die Voraussetzungen, unter denen sie ihre Tätigkeit ausübt, zu berücksichtigen [sind]"*.[146] Die Gesamtbetrachtung ist auf das wirtschaftliche Umfeld, d.h. den Sektor, für den die Gesellschaft gegründet wurde, zu richten.[147] Für die Beurteilung, ob das Unternehmen eine nichtgewerbliche Tätigkeit ausführt, kann es alternativ oder kumulativ auf die drei Kriterien einer **Gewinnerzielung**, eines Vorliegens **entwickelten Wettbewerbs** und einer Übernahme eines **wirtschaftlichen und finanziellen Risikos** ankommen.[148] Es handelt sich um eine Einzelfallprüfung, die entsprechend einer teleologisch-europarechtlichen Auslegung des Merkmals der „Nichtgewerblichkeit" durchzuführen ist.[149] 52

Entsprechend dem Sinn und Zweck der Vergaberichtlinien soll die Bevorzugung inländischer Unternehmen bei der öffentlichen Auftragsvergabe vermieden und verhindert werden, dass *„eine vom Staat, von Gebietskörperschaften oder sonstigen Einrichtungen des öffentlichen Rechts finanzierte oder kontrollierte Stelle sich* ***von anderen als wirtschaftlichen Überlegungen leiten lässt.****"*[150] Nur solche Einrichtungen, die sich an Leistungs-, Effizienz- und Wirtschaftlichkeitskriterien nicht orientieren, gefährden eine wettbewerbsorientierte und transparente Auftragsvergabe.[151] In Erwägungsgrund 10 RL 2014/24/EU wird klargestellt, dass eine Einrichtung, die „gewinnorientiert ist und die mit der Ausübung ihrer Tätigkeit einhergehenden Verluste trägt, nicht als ‚Einrichtung des öffentlichen Rechts' angesehen werden 53

139 EuGH, Urteil v. 15.1.1998 – Rs. C-44/96 (Mannesmann Anlagenbau), Rn. 39; siehe zur vergaberechtlichen Auftraggebereigenschaft konzernverbundener Unternehmen auch *Ziekow*, NZBau 2004, 181 ff.
140 OLG Düsseldorf, Beschluss v. 30.4.2003 – VII-Verg 67/02 (Bekleidungsmanagement der Bundeswehr); *Eschenbruch,* in: Kulartz/Kus/Portz, GWB-Vergaberecht, § 98 Rn. 130.
141 *Wagner,* in: Langen/Bunte, Kartellrecht, § 98 GWB Rn. 20; *Wieddekind,* in: Willenbruch/Wieddekind, Vergaberecht, § 98 GWB Rn. 22.
142 *Werner,* in: Byok/Jaeger, Vergaberecht, § 98 GWB Rn. 45.
143 EuGH, Urteil v. 22.5.2003 – Rs. C-18/01 (Korhonen), Rn. 40.
144 *Eschenbruch,* in: Kulartz/Kus/Portz, GWB-Vergaberecht, § 98 Rn. 136; *Weyand,* Vergaberecht, § 98 GWB Rn. 53.
145 *Wieddekind,* in: Willenbruch/Wieddekind, Vergaberecht, § 98 GWB Rn. 24.
146 EuGH, Urteil v. 10.4.2008 – Rs. C-393/06 (Fernwärme Wien), Rn. 41.
147 EuGH, Urteil v. 10.4.2008 – Rs. C-393/06 (Fernwärme Wien), Rn. 43.
148 VK Düsseldorf, Beschluss v. 21.3.2013 – VK-33/2012-L; *Werner,* in: Byok/Jaeger, Vergaberecht, § 98 GWB Rn. 58.
149 *Dreher,* in: Immenga/Mestmäcker, Wettbewerbsrecht, § 98 GWB Rn. 77.
150 EuGH, Urteil v. 27.2.2003 – Rs. C-373/00 (Adolf Truley), Rn. 42; Urteil v. 12.12.2002 – Rs. C-470/99 (Universale-Bau), Rn. 52; Urteil v. 3.10.2000 – Rs. C-380/98 (University of Cambridge), Rn. 17.
151 *Dörr,* in: Dreher/Motzke, Vergaberecht, § 98 GWB Rn. 61; *Wagner,* in: Langen/Bunte, Kartellrecht, § 98 GWB Rn. 31; *Bungenberg,* in: Loewenheim/Meesen/Riesenkampff, Kartellrecht, § 98 GWB Rn. 23.

sollte, da die im Allgemeininteresse liegenden Aufgaben, zu deren Erfüllung sie geschaffen oder mit deren Erfüllung sie beauftragt worden ist, als von gewerblicher Art anzusehen sind."

54 **Nichtgewerblichkeit** erfordert mithin ein Tätigwerden ganz oder zumindest teilweise außerhalb der Marktmechanismen.[152] Dies ist entsprechend der Argumentation des EuGH der Fall, wenn der Staat einerseits die Erbringung der Tätigkeit aus Gründen des Allgemeininteresses entweder selbst erfüllen oder bei dieser einen entscheidenden Einfluss behalten möchte und diese andererseits auf andere Art als durch das Anbieten von Waren oder Dienstleistungen auf dem Markt erfüllt.[153] An einem Wettbewerb kann es fehlen, wenn dem Unternehmen eine Sonderstellung auf dem Markt oder sonstige Privilegien eingeräumt werden, die den Wettbewerb verfälschen.[154] Eine Wettbewerbsbeschränkung kann etwa bei der Einräumung von ausschließlichen Rechten zur Leistungserbringung vorliegen.[155] Bei dem Bestehen eines Monopols, das jegliche Konkurrenz ausschließt, ist das Merkmal der Nichtgewerblichkeit jedenfalls anzunehmen.[156] Übt die Einrichtung die Tätigkeit unter Wettbewerbsbedingungen aus, so kann dies auf der anderen Seite darauf hinweisen, dass es sich um eine gewerbliche Tätigkeit handelt.[157] Allein das **Vorliegen von Wettbewerb** genügt jedoch nicht, die Tätigkeit als gewerblich einzuordnen.[158] Die Existenz von Wettbewerb zieht lediglich eine Indizwirkung in Bezug auf das Bestehen einer gewerblichen Tätigkeit nach sich.[159]

55 Unter Berücksichtigung der anzustellenden Gesamtbetrachtung schließt allein das Vorhandensein einer **Gewinnerzielungsabsicht** der juristischen Person die Nichtgewerblichkeit nicht von vornherein aus, sondern lässt diese lediglich weniger wahrscheinlich werden.[160] Ebenso wenig lässt aber das Fehlen einer Gewinnorientierung auf eine nichtgewerbliche Tätigkeit schließen.[161] Als einziges Kriterium ist das Merkmal der Gewinnerzielung mitunter auch schon deshalb untauglich, weil bei privatwirtschaftlichem Handeln, etwa in Form einer GmbH, eine Gewinnerzielung regelmäßig zu bejahen sein wird.[162] Die Gewinnerzielungsabsicht kann dann keine Rolle spielen, wenn diese nicht Hauptziel, sondern allenfalls mittelbarer Unternehmenszweck sein soll.[163] An ihr fehlt es auch, wenn das Unternehmen mit der Tätigkeit unmittelbar gemeinnützige und mildtätige Motive verfolgt.[164] Ob ein Unternehmen gewinnorientiert handelt, ergibt sich aus dem Tätigkeitsgegenstand oder ggf. aus dem in der Satzung oder dem Gesellschaftsvertrag festgelegten Tätigkeitszweck.[165]

56 Das dritte Indiz zur Bejahung der Nichtgewerblichkeit stellt die **Übernahme des wirtschaftlichen Risikos** durch die öffentliche Hand dar.[166] Dieses ist in jedem Einzelfall gesondert zu

152 OLG Düsseldorf, Beschluss v. 30.4.2003 – VII-Verg 67/02 (Bekleidungsmanagement der Bundeswehr), Rn. 27; *Dörr,* in: Dreher/Motzke, Vergaberecht, § 98 GWB Rn. 61; *Zeiss,* in: Heiermann/Zeiss, Vergaberecht, § 98 GWB Rn. 54; *Dreher,* in: Immenga/Mestmäcker, Wettbewerbsrecht, § 98 GWB Rn. 77.

153 OLG Düsseldorf, Beschluss v. 13.8.2007 – VII-Verg 16/07, Rn. 10 (Endlager Konrad).

154 OLG Hamburg, Beschluss v. 25.1.2007 – 1 Verg 5/06; KG, Beschluss v. 27.7.2006 – 2 Verg 5/06; VK Baden-Württemberg, Beschluss v. 19.4.2005 – 1 VK 11/05; *Dreher,* in: Immenga/Mestmäcker, Wettbewerbsrecht, § 98 GWB Rn. 78.

155 Vgl. z.B. für die Endlagerung radioaktiver Abfälle OLG Düsseldorf, Beschluss v. 13.8.2007 – VII-Verg 16/07 (Endlager Konrad), Rn. 10.

156 EuGH, Urteil v. 10.4.2008 – Rs. C-393/06 (Fernwärme Wien), Rn. 44; *Bungenberg,* in: Loewenheim/Meesen/Riesenkampff, Kartellrecht, § 98 GWB Rn. 25.

157 EuGH, Urteil v. 10.11.1998 – Rs. C-360/96 (BFI Holding), Rn. 49; Urteil v. 22.5.2003 – Rs. C-18/01 (Korhonen), Rn. 49.

158 EuGH, Urteil v. 22.5.2003 – Rs. C-18/01 (Korhonen), Rn. 50; *Weyand,* Vergaberecht, § 98 Rn. 52.

159 *Wagner,* in: Langen/Bunte, Kartellrecht, § 98 GWB Rn. 30; *Diehr,* in: Reidt/Stickler/Glahs, Vergaberecht, § 98 GWB Rn. 42.

160 EuGH, Urteil v. 10.5.2011 – Rs. C-223/99 (Agorà und Excelsior), Rn. 39 f.; Urteil v. 16.10.2003 – Rs. C-283/00 (SIEPSA), Rn. 82; OLG Düsseldorf, Beschluss v. 13.8.2007 – VII-Verg 16/07 (Endlager Konrad), Rn. 10; *Goldbrunner,* VergabeR 2014, 167; *Wieddekind,* in: Willenbruch/Wieddekind, Vergaberecht, § 98 GWB Rn. 26.

161 EuGH, Urteil v. 10.5.2011 – Rs. C-223/99 (Agorà und Excelsior), Rn. 40; unklar insofern EuGH, Urteil v. 11.6.2009 – Rs. C-300/07 (Oymanns), Rn. 49.

162 Missverständlich *Dreher,* in: Immenga/Mestmäcker, Wettbewerbsrecht, § 98 GWB Rn. 76, 79.

163 EuGH, Urteil v. 16.10.2003 – Rs. C-283/00 (SIEPSA), Rn. 88 ff.

164 BayObLG, Beschluss v. 10.9.2002 – Verg 23/02 (Bayerisches Rotes Kreuz), Rn. 9; VK Baden-Württemberg, Beschluss v. 17.6.2011 – 1 VK 29/11 (Kreisklinik), Rn. 81.

165 *Dreher,* in: Immenga/Mestmäcker, Wettbewerbsrecht, § 98 GWB Rn. 78.

166 *Wieddekind,* in: Willenbruch/Wieddekind, Vergaberecht, § 98 GWB Rn. 28.

prüfen.[167] An einem Insolvenz- und Verlustrisiko für die öffentliche Einrichtung und damit der Gewerblichkeit fehlt es, wenn dieses durch Verlustausgleich oder Patronatserklärungen durch den Staat aufgefangen wird.[168] Gleiches gilt, wenn die Satzung der Einrichtung für deren Verluste Ausgleichsmechanismen festlegt.[169]

Nicht entscheidend für das Vorliegen der Nichtgewerblichkeit ist, ob die Tätigkeit dem klassischen **Gewerbebegriff des Verwaltungsrechts** entspricht, als gemeinnützig einzuordnen ist oder als **Gewerbebetrieb oder gemeinnütziger Betrieb in steuerrechtlicher Hinsicht** anzusehen ist. Dies ergibt sich schon daraus, dass es sich bei diesen Aspekten um aus der deutschen Rechtsordnung stammende Begrifflichkeiten handelt, die aufgrund der autonomen und einheitlichen Auslegung des Unionsrechts nicht ohne Weiteres herangezogen werden können. Unerheblich für die Beurteilung der Gewerblichkeit ist überdies, ob die Tätigkeit auch von einem Privatunternehmen durchgeführt werden kann.[170]

57 Bei dem Merkmal der Nichtgewerblichkeit kommt die **„Infizierungstheorie"** zur Anwendung. Dies bedeutet, dass es für das Vorliegen dieses Tatbestandsmerkmals genügt, wenn das Unternehmen in einem Bereich nichtgewerblich tätig wird.[171] Unerheblich ist, ob die die gewerbliche Tätigkeit ausführende juristische Person mit einer anderen juristischen Person verbunden ist.[172] Für jede juristische Person ist das Kriterium der Nichtgewerblichkeit gesondert festzustellen.[173]

3. Staatliche Beherrschung

58 Als weitere Voraussetzung der Auftraggebereigenschaft verlangt § 99 Nr. 2 GWB eine **besondere Staatsverbundenheit** der Rechtsträger.[174] Es sollen solche Einrichtungen erfasst werden, auf die der Staat bei vergaberechtlichen Entscheidungen einen besonderen Einfluss ausüben kann.[175] Eine potenzielle Einflussnahme ist ausreichend.[176]

59 Diese Voraussetzung knüpft an **Art. 2 Nr. 4 RL 2014/24/EU** an, die drei Fallgestaltungen der engen Beziehung der staatlichen Einrichtung mit der staatlichen Sphäre kennt.[177] Eine enge Verbundenheit kann sich alternativ[178] aus einer **überwiegenden Finanzierung** (lit. a), einer **Aufsicht über die Leitung** (lit. b) oder durch eine **mehrheitliche Organbesetzung** (lit. c) der Einrichtung ergeben. Das Vorliegen einer der Tatbestandsvariante führt zu einer unwiderleglichen Vermutung im Hinblick auf die vergaberechtliche Zurechnung der Einrichtung zum Staat.[179] Nach § 99 Nr. 2 Hs. 2 GWB können **mehrere öffentliche Auftraggeber** in Übereinstimmung mit Art. 2 Nr. 4 RL 2014/24/EU den Beherrschungstatbestand auch zusammen erfüllen. Diese müssen nicht auch klassische Auftraggeber nach § 99 Nr. 1 oder Nr. 3 GWB sein. Mit dem Tatbestand soll verhindert werden, dass die Bindung an das Vergaberecht etwa durch Gründung von Tochter- oder Enkelgesellschaften umgangen wird, weshalb auch Holdingstrukturen die Auftraggebereigenschaft nicht ohne Weiteres entfallen lassen.[180]

---

167 *Braun,* VergabeR 2014, 674 (675); *Goldbrunner,* VergabeR 2014, 167 (168).
168 EuGH, Urteil v. 10.5.2011 – Rs. C-223/99 (Agorà und Excelsior), Rn. 40; Urteil v. 22.5.2003 – Rs. C-18/01 (Korhonen), Rn. 51; Urteil v. 16.10.2003 – Rs. C-283/00 (SIEPSA), Rn. 91; OLG Hamburg, VergabeR 2007, 358 – (Messegesellschaft Hamburg); *Reider,* in: Montag/Säcker, MüKo Kartellrecht, § 98 GWB Rn. 21; *Pünder,* in: Pünder/Schellenberg, Vergaberecht, § 98 GWB Rn. 33.
169 *Werner,* in: Byok/Jaeger, Kommentar zum Vergaberecht, § 98 GWB Rn. 62.
170 EuGH, Urteil v. 10.5.2011 – Rs. C-223/99 (Agorà und Excelsior), Rn. 38.
171 *Eschenbruch,* in: Kulartz/Kus/Portz, GWB-Vergaberecht, § 98 Rn. 146.
172 EuGH, Urteil v. 10.11.1998 – Rs. C-360/96 (BFI Holding), Rn. 57.
173 *Wieddekind,* in: Willenbruch/Wieddekind, Vergaberecht, § 98 GWB Rn. 29.
174 *Werner,* in: Byok/Jaeger, Vergaberecht, § 98 GWB Rn. 64, *Dörr,* in: Dreher/Motzke, Vergaberecht, § 98 GWB Rn. 71
175 EuGH, Urteil v. 1.2.2001 – Rs. C-237/99 (Kommission/Frankreich), Rn. 48.
176 *Dreher,* NZBau 2005, 297 (302); vgl. auch OLG Düsseldorf, Beschluss v. 30.4.2003 – VII-Verg 67/02 (Bekleidungsmanagement der Bundeswehr).
177 EuGH, Urteil v. 27.2.2003 – Rs. C-373/00 (Adolf Truley), Rn. 68; Urteil v. 3.10.2000 – Rs. C-380/98 (University of Cambridge), Rn. 20; Urteil v. 15.1.1998 – Rs. C-44/96 (Mannesmann Anlagenbau), Rn. 20.
178 EuGH, Urteil v. 27.2.2003 – Rs. C-373/00 (Adolf Truley), Rn. 68; Urteil v. 1.2.2001 – Rs. C-237/99 (Kommission/Frankreich), Rn. 44.
179 *Pünder,* in: Pünder/Schellenberg, Vergaberecht, § 98 GWB Rn. 41.
180 Vgl. auch *Wieddekind,* in: Willenbruch/Wieddekind, Vergaberecht, § 98 GWB Rn. 48.

60 Insgesamt muss bei jedem Tatbestandsmerkmal der Einfluss gleichrangig sein. Dies erfordert eine **Kausalität** zwischen dem Einfluss auf die Auftragsvergabe und einer besonderen Verbundenheit zwischen Staat und Einrichtung.[181] Entsprechend dem Sinn und Zweck der Vergaberichtlinien ist auch dieses Tatbestandsmerkmal funktional und autonom auszulegen.[182] Als dem Anwendungsbereich des § 99 Nr. 2 GWB unterfallende öffentliche Auftraggeber sind daher auch von Gebietskörperschaften anderer EU-Mitgliedstaaten beherrschte Einrichtungen anzusehen.[183] Zwar ist dies dem Wortlaut nicht explizit zu entnehmen, die europarechtlichen Vorgaben beschränken sich in ihrem Wortlaut jedoch nicht auf die Körperschaften des jeweiligen Mitgliedstaats.[184] Anders als das Merkmal der Gewerblichkeit ist die Staatsgebundenheit nicht tätigkeitsbezogen, sondern bezieht sich auf den Aufgabenträger als solchen.[185]

a. Überwiegende Finanzierung (lit. a.)

61 Nach § 99 Nr. 2 Hs. 2 lit. a GWB liegt ein Beherrschungstatbestand vor, wenn die Einrichtung überwiegend von Stellen nach § 99 Nr. 1 oder Nr. 3 GWB einzeln oder gemeinsam durch Beteiligung oder auf sonstige Weise finanziert wird. In Anknüpfung an das Urteil des EuGH in der Rechtssache „University of Cambridge" setzt dieser Beherrschungstatbestand voraus, dass **mehr als die Hälfte der Finanzmittel** der Einrichtung von der öffentlichen Hand stammen.[186]

62 Der Begriff der „Finanzierung" ist entsprechend der funktionalen Auslegung weit zu verstehen. Er umfasst jeden *„Transfer von Finanzmitteln ..., der ohne spezifische Gegenleistung mit dem Ziel vorgenommenen wird, die Tätigkeiten der betreffenden Einrichtung zu unterstützen."*[187] Hierunter können jegliche finanzielle Vorteile, die zur Sicherstellung des Geschäftsbetriebs der Einrichtung beitragen, fallen, wie etwa Darlehen[188], verlorene Zuschüsse, indirekte Zuwendungen[189], Bürgschaften, Garantien oder auch unentgeltliche Überlassungen von Personal oder Sachmitteln[190],[191]

63 Umstritten ist, ob die von § 99 Nr. 2 GWB erfassten Finanzmittel sich auch auf **Subventionen** erstrecken oder diese bereits von § 99 Nr. 4 abgedeckt werden. Mit Blick darauf, dass § 99 Nr. 4 GWB die Einbeziehung von privaten Personen und juristischen Personen, die keine im Allgemeininteresse liegenden Aufgaben wahrnehmen, bezweckt, sind auch Subventionen öffentlicher Auftraggeber als Finanzquellen i.S.d. § 99 Nr. 2 GWB einzubeziehen.[192]

64 Voraussetzung dieses Tatbestandsmerkmals ist stets, dass die Finanzierung der Einrichtung **ohne spezifische Gegenleistung** erfolgt.[193] Bei Leistungen, die auf eine Gegenleistung bezogen sind, wie etwa solche der Krankenversicherung an private Leistungserbringer, ist diese Anforderung gerade nicht erfüllt.[194] Für die Feststellung des Vorliegens einer Gegenleistung bietet sich ein Rückgriff auf die im europäischen Beihilferecht bekannte Prüfung eines auf dem Markt adäquaten Entgelts an.[195] Erhält die Einrichtung ein Entgelt, das über demjenigen eines

181 *Dreher,* in: Immenga/Mestmäcker, Wettbewerbsrecht, § 98 GWB Rn. 92.
182 *Reider,* in: Montag/Säcker, MüKo Kartellrecht, § 98 GWB Rn. 23; vgl. auch EuGH, Urteil v. 13.12.2006 – Rs. C-337/06 (Bayerischer Rundfunk), Rn. 40 zum Merkmal der überwiegenden Finanzierung.
183 Umfassend *von Strenge,* NZBau 2011, 17 (18 ff.).
184 *Wieddekind,* in: Willenbruch/Wieddekind, Vergaberecht, § 98 GWB Rn. 50.
185 *Werner,* in: Byok/Jaeger, Vergaberecht, § 98 GWB Rn. 65.
186 EuGH, Urteil v. 3.10.2000 – Rs. C-380/98 (University of Cambridge), Rn. 27 ff.; ein Berechnungsmodell findet sich bei *Zeiss,* in: Heiermann/Zeiss, Vergaberecht, § 98 GWB Rn. 131.
187 EuGH, Urteil v. 12.9.2013 – Rs. C-526/11 (Ärztekammer Westfalen-Lippe), Rn. 22.
188 *Dörr,* in: Dreher/Motzke, Vergaberecht, § 98 GWB Rn. 74.
189 EuGH, Urteil v. 3.10.2000 – Rs. C-380/98 (University of Cambridge), Rn. 22.
190 OLG Düsseldorf, Beschluss v. 30.4.2003 – VII-Verg 67/02 (Bekleidungsmanagement der Bundeswehr), Rn. 35; *Dietlein/Heinemann,* NVwZ 2003, 1080 ff.; *Wagner/Wiegand,* NZBau 2003, 369 ff.
191 Näher *Dietlein,* NZBau 2002, 136 (140).
192 *Dietlein,* NZBau 2002, 136 (140).
193 EuGH, Urteil v. 11.6.2009 – Rs. C-300/07 (Oymanns), Rn. 53; Urteil v. 13.12.2006 – Rs. C-337/06 (Bayerischer Rundfunk), Rn. 45; Urteil v. 3.10.2000 – Rs. C-380/98 (University of Cambridge), Rn. 21.
194 OLG Naumburg, Beschluss v. 17.3.2005 – 1 Verg 3/05, Rn. 34; VK Nordbayern, Beschluss v. 23.7.2009 – 21.VK-3194-25/09, Rn. 58.
195 *Dörr,* in: Dreher/Motzke, Vergaberecht, § 98 GWB Rn. 75.

marktadäquaten liegt, fehlt es an einer spezifischen Gegenleistung.[196] Gleiches gilt, wenn der Beitrag unabhängig von der Inanspruchnahme der Leistung erfolgt.[197]

Umstritten war lange Zeit, ob eine staatliche Finanzierung auch dann gegeben ist, wenn die Finanzmittel auf gesetzlicher Grundlage beruhten und unmittelbar von den Bürgern durch Zwangsbeiträge erbracht wurden. Gegen eine solche Form der **mittelbaren Finanzierung** wandten Stimmen aus der Literatur[198] ein, es fehle an einer Kontrolle über die Vergabeentscheidung und der unmittelbaren Herkunft der Finanzmittel aus dem staatlichen Haushalt entsprechend der unionsrechtlichen Vorgaben für die Bestimmung von Beihilfen.[199] Für die Erfassung auch mittelbarer Finanzierungen spricht jedoch, dass die Möglichkeit der direkten Einflussnahme des Staates auf die Vergabeentscheidung für das Vorliegen des Tatbestandsmerkmals der Finanzierung durch den Staat nach § 99 Nr. 2 GWB unerheblich ist.[200] Das Ausreichen einer indirekten Finanzierung für § 99 Nr. 2 GWB hat der EuGH in dem Urteil zu den deutschen **Rundfunkgebühren** nunmehr ausdrücklich anerkannt. Danach genügt es für die Bejahung einer Zurechnungsbasis, wenn die Garantie der Finanzierung durch gesetzlich eingeführte hoheitliche Zwangsmittel sichergestellt wird.[201] Entsprechend stellen auch die Beitragsfinanzierung der **gesetzlichen Krankenkassen**[202] sowie die Zwangsbeiträge berufsständischer Kammern[203] eine für § 99 Nr. 2 Hs. 1 lit. a GWB ausreichende mittelbare Finanzierung dar. Einer mittelbaren Finanzierung steht es mithin nicht entgegen, wenn die Einrichtung die Höhe der Beiträge, aus denen sie sich überwiegend finanziert, formal selbst festlegt.[204] 65

Voraussetzung ist jedoch, dass bei einer mittelbaren Finanzierungsweise noch eine ausreichend ***„enge Verbindung"*** zu einer staatlichen Stelle besteht, die es ihr ermöglicht, die Beschaffungsentscheidungen der betreffenden Einrichtung zu beeinflussen, und die Möglichkeit eröffnet, dass diese sich von anderen als wirtschaftlichen Überlegungen leiten lässt.[205] Für die Frage einer engen Verbindung kommt es maßgeblich auf den Einfluss der staatlichen Stelle bei der Finanzierung bzw. bei der Bestimmung der Beiträge und Gebühren der Einrichtung an. Ein ausreichender Einfluss ist nach dem Urteil des EuGH zu den Rundfunkanstalten jedenfalls zu bejahen, wenn die Einziehung der Gebühr durch hoheitliche Befugnisse erfolgt und Grund und Höhe der Gebühr, d.h. die Finanzierung der Einrichtung, gesetzlich festgelegt sind.[206] In dem Urteil zu den Krankenkassen ging der EuGH im Hinblick auf die Beteiligung der Einrichtung bei der Beitragsfestsetzung noch weiter.[207] Einer Staatsverbundenheit steht es danach nicht entgegen, wenn die zwangsweise eingezogenen Beiträge von der Einrichtung selbst und nicht von dem öffentlichen Auftraggeber festgelegt werden, sofern jedoch dem Beitragsempfänger bei der Bestimmung der Beitragshöhe nur ein geringer Spielraum verbleibt.[208] Entscheidend ist insofern, dass der **Spielraum des Beitragsempfängers** bei der Bestimmung des Leistungsumfangs „äußerst begrenzt" ist. Dies ist anzunehmen, wenn der Gebührensatz in „gewissem Umfang" gesetzlich vorgegeben ist.[209] Von einer solchen engen Verbindung ist 66

---

196 Vgl. auch *Puhl,* Grundfragen des kartellvergaberechtlichen Auftraggeberbegriffs, S. 130 ff.; *Koenig/Hentschel,* ZfBR 2005, 422 ff.
197 EuGH, Urteil v. 13.12.2006 – Rs. C-337/06 (Bayerischer Rundfunk), Rn. 45.
198 Vgl. *Buhr,* Die Richtlinie 2004/18/EG und das deutsche Vergaberecht, S. 84; *Dreher,* NZBau 2005, 297 (301 f.); *Eschenbruch/Hunger,* NZBau 2003, 471 (474 f.); vgl. aber *Opitz,* NVwZ 2003, 1087 (1090). Für Nachweise aus der Spruchpraxis *Weyand,* Vergaberecht, § 98 Rn. 85.
199 EuGH, Urteil v. 13.3.2001 – Rs. C-379/98 (Preussen-Elektra), Rn. 58.
200 EuGH, Urteil v. 13.12.2006 – Rs. C-337/06 (Bayerischer Rundfunk), Rn. 52.
201 EuGH, Urteil v. 13.12.2006 – Rs. C-337/06 (Bayerischer Rundfunk), Rn. 41 ff.; hierzu *Degenhart,* JZ 2008, 568 ff.; *Heuvels,* NZBau 2008, 166 ff.
202 EuGH, Urteil v. 11.6.2009 – Rs. C-300/07 (Oymanns), Rn. 50 ff.; vgl. auch OLG Düsseldorf, Beschluss v. 23.5.2007 – VII-Verg 50/06.
203 *Steiling,* NZBau 2012, 146 (148).
204 VK Südbayern, Beschluss v. 7.3.2014 – Z3-3-3194-1-02-01/14, Rn. 96.
205 EuGH, Urteil v. 12.9.2013 – Rs. C-526/11 (Ärztekammer Westfalen-Lippe), Rn. 20.
206 EuGH, Urteil v. 13.12.2006 – Rs. C-337/06 (Bayerischer Rundfunk), Rn. 48.
207 Im Überblick *Hausmann/Queisner,* VergabeR 2014, 1 (4).
208 EuGH, Urteil v. 11.6.2009 – Rs. C-300/07 (Oymanns), Rn. 48; vgl. auch KG, Beschluss v. 29.2.2012 – Verg 8/11, im Hinblick auf die Finanzierung eines kommunalen Versorgungsunternehmens durch gesetzlich angeordnete Zwangsbeiträge für Straßenanlieger.
209 Vgl. § 6 Abs. 4 HeilBerG NRW.

nach dem EuGH in dem Urteil zur **Ärztekammer Westfalen-Lippe** demgegenüber nicht mehr auszugehen, wenn die Aufgaben der Einrichtung zwar im Gesetz aufgezählt sind, ihr dieses jedoch eine erhebliche Autonomie bei der „*Bestimmung des Wesens, des Umfangs und der Durchführungsmodalitäten der von ihr zur Erfüllung ihrer Aufgaben ausgeübten Tätigkeiten, somit bei der Festsetzung des dafür erforderlichen Haushalts und infolgedessen bei der Festlegung der Höhe der Beiträge einräumt, die sie von ihren Mitgliedern erhebt.*"[210] An der fehlenden Verbindung ändere auch die notwendige Genehmigung der Beitragssatzung durch die Aufsichtsbehörde nichts, da diese lediglich prüfe, ob der Haushalt ausgeglichen sei. Damit schränkt der EuGH das Tatbestandsmerkmal der überwiegenden Finanzierung ein, indem er für die Staatsverbundenheit ein „**qualifiziertes Näheverhältnis**" fordert. Erforderlich ist, dass der öffentliche Auftraggeber die Vergabeentscheidung entsprechend dem Sinn und Zweck der Vergaberichtlinien dahin gehend beeinflussen kann, dass diese sich von anderen als wirtschaftlichen Erwägungen leiten und damit der Bevorzugung einheimischer Bieter oder Bewerber bei der Auftragsvergabe einen Boden bereiten kann. Dabei ist eine tatsächliche Einflussnahme nicht notwendig. Vielmehr genügt die Gefahr einer solchen. Ausreichend ist danach, dass die Einrichtung eine durch vergabefremde Zwecke geprägte Haltung einnimmt.[211] Eine **organisatorische und haushaltsrechtliche Autonomie** der Einrichtung steht einer Staatsverbundenheit jedoch entgegen.[212] Mit dem Urteil Ärztekammer Westfalen-Lippe erteilt der EuGH einer formellen Prüfung der Staatsverbundenheit eine Absage. Vielmehr muss in jedem Einzelfall materiell geprüft werden, ob der Institution bei einem staatlich eingeführten Finanzierungssystem eine Autonomie bei der Ausgestaltung der Beitragssetzung zukommt.[213]

67 Unter Anwendung der Rechtsprechung des EuGH können nunmehr auch **andere, durch staatlich festgelegte Zwangsbeiträge finanzierte Einrichtungen** unter den Auftraggeberbegriff des Art 99 Nr. 2 Hs. 1 lit. a GWB fallen.[214] Dabei ist jedoch auf Grundlage der Rechtsprechung des EuGH in jedem Einzelfall zu prüfen, ob es sich um eine hoheitliche Beitragsbemessung handelt, die das Maß an Selbstbestimmung der Einrichtung zumindest einschränkt. Im Hinblick auf Kammerorganisationen wird eine jeweils gesonderte Prüfung erforderlich sein, wohingegen Sozialversicherungsträger die Kriterien einer mittelbaren staatlichen Finanzierung regelmäßig erfüllen werden.[215]

68 Die Finanzierung muss **zugunsten des Rechtsträgers** erfolgen, d.h. bei privaten Rechtsträgern gesellschaftsbezogen sein.[216] Die besondere Staatsnähe wird nicht schon durch die Finanzierung eines konkreten Auftrages begründet, sondern muss an die Aktivitäten der juristischen Person als Ganzes anknüpfen.[217] Eine Finanzierung einzelner Aufgabenbereiche genügt gerade nicht.[218]

Entsprechend Erwägungsgrund 10 RL 2014/24/EU ist nach der Rechtsprechung des EuGH[219] unter „**überwiegend**" finanziert „eine Finanzierung in Höhe von mehr als der Hälfte zu verstehen ..., worunter auch Zahlungen von Nutzern fallen können, die nach den Vorschriften des öffentlichen Rechts auferlegt, berechnet und erhoben werden." Für die Berechnung der

---

210 EuGH, Urteil v. 12.9.2013 – Rs. C-526/11 (Ärztekammer Westfalen-Lippe), Rn. 27; dazu *Hausmann/Queisner,* VergabeR 2014, 1 ff.; *Heyne,* NVwZ 2014, 621 ff.; *Kokew,* NZBau 2014, 96 ff.; zuvor *Steiling,* NZBau 2012, 146 ff.

211 *Hausmann/Queisner,* VergabeR 2014, 1 (3).

212 EuGH, Urteil v. 12.9.2013 – Rs. C-526/11 (Ärztekammer Westfalen-Lippe), Rn. 27.

213 Zur Einordnung der Rechtsanwaltskammern und IHKs als öffentliche Auftraggeber nach den Kriterien des EuGH-Urteils zu den Ärztekammern *Hausmann/Queisner,* VergabeR 2014, 1 (6 ff.); zu IHKs auch *Pielow/Bootz,* GewArch 2015, 12 (12 ff.).

214 *Wagner/Raddatz,* NZBau 2010, 731 (733 f.).

215 *Wagner,* in: Langen/Bunte, Kartellrecht, § 98 GWB Rn. 40.

216 *Werner,* in: Byok/Jaeger, Vergaberecht, § 98 GWB 66; *Dreher,* in: Immenga/Mestmäcker, Wettbewerbsrecht, § 98 GWB Rn. 95.

217 VK Nordbayern, Beschluss v. 31.7.2014 – 21.VK-3194-25/14, Rn. 56; *Diehr,* in: Reidt/Stickler/Glahs, Vergaberecht, § 98 GWB Rn. 52.

218 BayObLG, Beschluss v. 10.9.2002 – Verg 23/02 (Bayerisches Rotes Kreuz), Rn. 10.

219 EuGH, Urteil v. 13.12.2006 – Rs. C-337/06 (Bayerischer Rundfunk), Rn. 33; Urteil v. 3.10.2000 – Rs. C-380/98 (University of Cambridge), Rn. 33.

Finanzierung des laufenden Betriebs der Einrichtung ist die Gesamtheit der Mittel einzubeziehen, über die die Einrichtung verfügt. Die aus gewerblicher Tätigkeit stammenden Mittel werden eingeschlossen.[220] Als **Berechnungszeitraum** ist auf das Wirtschaftsjahr abzustellen, in dem der Auftrag erteilt wird.[221] Unter den Gesichtspunkten der Rechtssicherheit und Transparenz sind die zu Beginn des Haushaltsjahres veranschlagten Finanzierungsgrundlagen der Berechnung zugrunde zu legen.[222] Dies gilt auch dann, wenn die Finanzierungsbeiträge sich später ändern oder die Laufzeit des Auftrags über das Wirtschaftsjahr hinausgeht.[223]

Im Fall der Gesellschafterstellung öffentlicher Auftraggeber muss der staatliche **Gesellschaftsanteil mehr als 50 %** ausmachen.[224] Eine öffentliche Stammeinlage von genau 50 % ist nicht genügend.[225] Aus Gründen des eindeutigen Wortlauts sowie der praktischen Wirksamkeit ist auch eine Mehrheitsbeteiligung der öffentlichen Hand ausreichend, wenn die Einrichtung in sonstiger Weise durch privates Kapital finanziert wird.[226] 69

b. Aufsicht über die Leitung (lit. b)

Eine besondere Staatsnähe ist auch dann gegeben, wenn die Leitung der Einrichtung einer Aufsicht durch Stellen nach § 99 Nr. 1 oder Nr. 3 GWB unterliegt. Das Merkmal ist **funktional** und damit unabhängig von den formellen Modalitäten seiner Anwendung zu verstehen.[227] Voraussetzung ist, dass die öffentliche Hand durch die Ausübung von Aufsichtsbefugnissen **auf das Vergabeverhalten** des Unternehmens **einwirken** kann.[228] Für die Frage der Aufsicht ist auf den Rechtsträger selbst und nicht auf die einzelne, von der juristischen Person durchgeführte Vergabe abzustellen.[229] 70

Besonders in dieser Variante muss der Einfluss **gleichwertig** zu den im Rahmen der anderen Tatbestandsmerkmale der „Finanzierung" oder „überwiegenden Organbesetzung" erlangten Verbindungen sein.[230] Es bedarf einer Einflussmöglichkeit des Auftraggebers auf die Geschäftstätigkeit der Einrichtung, die der öffentlichen Hand eine Beeinflussung der Beschaffungsentscheidung eröffnet.[231] Schon die Möglichkeit der staatlichen Einflussnahme durch die konkrete Gestaltung der staatlichen Aufsicht impliziert eine ständige Kontrolle und die Einwirkung auf die Beschaffungsentscheidungen.[232] 71

An einer solchen Einflussnahme in Bezug auf öffentliche Aufträge fehlt es im Fall einer **nachträglichen Überprüfung**.[233] Eine Einwirkung auf die Beschaffungsentscheidungen ist dann nicht mehr möglich.[234] Die öffentliche Hand muss eigene Entscheidungen gerade auch gegen den Willen der unternehmerischen Entscheidungsträger durchsetzen können.[235] Erforderlich 72

---

220 EuGH, Urteil v. 3.10.2000 – Rs. C-380/98 (University of Cambridge), Rn. 36; *Wagner,* in: Langen/Bunte, Kartellrecht, § 98 GWB Rn. 35.

221 VK Nordbayern, Beschluss v. 23.7.2009 – 21.VK-3194-25/09; VK Düsseldorf, Beschluss v. 18.6.2007 – VK-14-2007-L; *Diehr,* in: Reidt/Stickler/Glahs, Vergaberecht, § 98 GWB Rn. 55.

222 EuGH, Urteil v. 3.10.2000 – Rs. C-380/98 (University of Cambridge), Rn. 41.

223 EuGH, Urteil v. 3.10.2000 – Rs. C-380/98 (University of Cambridge), Rn. 42 ff.; *Pünder,* in: Pünder/Schellenberg, Vergaberecht, § 98 GWB Rn. 42.

224 *Dörr,* in: Dreher/Motzke, Vergaberecht, § 98 GWB Rn. 78.

225 Vgl. VK Baden-Württemberg, Beschluss v. 16.12.2009 – 1 VK 63/09, Rn. 39.

226 *Dörr,* in: Dreher/Motzke, Vergaberecht, § 98 GWB Rn. 78.

227 EuGH, Urteil v. 1.2.2001 – Rs. C-237/99 (Kommission/Frankreich), Rn. 43.

228 *Eschenbruch,* in: Kulartz/Kus/Portz, GWB-Vergaberecht, § 98 Rn. 161.

229 VK Südbayern, Beschluss v. 27.3.2014 – Z3-3-3194-1-01-01/14, Rn. 167.

230 EuGH, Urteil v. 27.2.2003 – Rs. C-373/00 (Adolf Truley), Rn. 69; Urteil v. 1.2.2001 – Rs. C-237/99 (Kommission/Frankreich), Rn. 49.

231 *Wieddekind,* in: Willenbruch/Wieddekind, Vergaberecht, § 98 GWB Rn. 40.

232 EuGH, Urteil v. 1.2.2001 – Rs. C-237/99 (Kommission/Frankreich), Rn. 56.

233 EuGH, Urteil v. 12.9.2013 – Rs. C-526/11 (Ärztekammer Westfalen-Lippe), Rn. 29; Urteil v. 27.2.2003 – Rs. C-373/00 (Adolf Truley), Rn. 70; Urteil v. 1.2.2001 – Rs. C-237/99 (Kommission/Frankreich), Rn. 53 ff.; BayObLG, Beschluss v. 24.5.2004 – Verg 6/04 (AOK Bayern); *Werner,* in: Byok/Jaeger, Vergaberecht, § 98 GWB Rn. 79; *Dietlein,* NZBau 2002, 136 (141).

234 EuGH, Urteil v. 27.2.2003 – Rs. C-373/00 (Adolf Truley), Rn. 70.

235 *Reider,* in: Montag/Säcker, MüKo Kartellrecht, § 98 GWB Rn. 25; *Pünder,* in: Pünder/Schellenberg, Vergaberecht, § 98 GWB Rn. 49.

sind Aufsichtsrechte über *„die laufende Gebarung auf ihre ziffernmäßige Richtigkeit, Ordnungsmäßigkeit, Sparsamkeit, Wirtschaftlichkeit und Zweckmäßigkeit"*.[236]

73 Die **Fachaufsicht** erfüllt diese Vorgaben in der Regel unproblematisch, da sie eine aktive Gestaltung der Leitung der beaufsichtigten juristischen Person und der Erteilung von Zweckmäßigkeitserwägungen getragenen Weisungen ermöglicht.[237] Demgegenüber ist bei der **Rechtsaufsicht** nur die Überprüfung der Rechtmäßigkeit von Entscheidungen möglich. Die Aufsicht beschränkt sich auf eine nachträgliche Rechtmäßigkeitskontrolle oder die Verhinderung von rechtswidrigen Handlungen. Mangels einer gestaltenden Wirkung auf unternehmerische Entscheidungen wird die erforderliche Staatsgebundenheit bei dem Vorliegen einer Rechtsaufsicht teils per se verneint.[238] Allerdings ist die Einordnung als Fach- oder Rechtsaufsicht für die Bejahung des Tatbestandsmerkmals nicht entscheidend, da es auf eine autonome unionsrechtliche Auslegung ankommt und auf das konkrete Aufsichtsverhältnis unter Berücksichtigung aller zur Verfügung stehenden Aufsichtsmittel abzustellen ist.[239] Auch eine **qualifizierte Rechtsaufsicht** kann genügen, sofern diese sich auf die Wirtschaftlichkeit der Geschäftsführung erstreckt und durch Eingriffsmöglichkeiten eine laufende Einflussnahme eröffnet.[240] Umgekehrt kann eine ausreichende Aufsicht über die Leitung auch bei einer Fachaufsicht fehlen.[241] Die Voraussetzung einer tatsächlichen Einflussmöglichkeit ist anhand einer Gesamtbetrachtung im Einzelfall festzustellen. Der Unterscheidung zwischen Fach- und Rechtsaufsicht kommt hierbei allenfalls Indizcharakter zu.[242]

74 Ein ausreichender Einwirkungsgrad ist gegeben, wenn die Befugnis besteht, Leitungsorgane ihres Amtes zu entheben und einen Verwalter zu ernennen, da sie zur **Geschäftspolitik** und nicht zur bloßen Rechtmäßigkeitskontrolle gehören.[243] Die Möglichkeit der Einwirkung auf die Vergabepolitik des Unternehmens insgesamt ist ausreichend.[244] Dazu kann auch die Überwachung hinreichend detaillierter Regelungen für die Geschäftsführung zählen, sofern dies zu einer ständigen Kontrolle führt.[245] Nicht erforderlich ist eine *„Kontrolle wie über eine eigene Dienststelle"*, wie sie im Rahmen der In-House-Vergabe vorliegen muss.[246]

75 Die Frage nach dem Bestehen von für § 99 Nr. 2 Hs. 1 lit. b GWB ausreichenden Aufsichtsbefugnissen wird teils unter Rückgriff auf die **Vermutungsregelung des § 17 Abs. 2 AktG** beantwortet.[247] Bei Vorliegen der Voraussetzungen wird in der Regel bereits § 99 Nr. 2 Hs. 1 lit. a GWB gegeben sein. Möglich ist auch die Heranziehung von **Art. 3 Abs. 2 lit. b FKVO**. Dieser stellt auf den „bestimmenden Einfluss" ab, der gegeben ist, wenn auf die geschäftspolitischen Entscheidungen in Form der Durchsetzung und Anordnung von Maßnahmen Einfluss

---

236 EuGH, Urteil v. 27.2.2003 – Rs. C-373/00 (Adolf Truley), Rn. 73.

237 *Werner,* in: Byok/Jaeger, Vergaberecht, § 98 GWB Rn. 76; *Zeiss,* in: Heiermann/Zeiss, Vergaberecht, § 98 GWB Rn. 141; *Wagner,* in: Langen/Bunte, Kartellrecht, § 98 GWB Rn. 44; *Bungenberg,* in: Loewenheim/Meesen/Riesenkampff, Kartellrecht, § 98 GWB Rn. 31; *Pünder,* in: Pünder/Schellenberg, Vergaberecht, § 98 GWB Rn. 51; *Weyand,* Vergaberecht, § 98 Rn. 91.

238 BayObLG, Beschluss v. 24.5.2004 – Verg 6/04; *Dietlein,* NZBau 2002, 136 (141); wohl auch *Werner,* in: Byok/Jaeger, Vergaberecht, § 98 GWB Rn. 78; a.A. OLG Düsseldorf, Beschluss v. 6.7.2005 – VII-Verg 22/05.

239 *Heyne,* GewArch 2010, 54 (56); *Steiling,* NZBau 2012, 146 (148); dagegen jedoch noch *Dreher,* NZBau 2005, 297 (299); *Eschenbruch/Hunger,* NZBau 2003, 471 (474).

240 Vgl. z.B. für die gesetzlichen Krankenkassen OLG Düsseldorf, Beschluss v. 23.5.2007 – VII-Verg 50/06; vgl. VK Bund, Beschluss v. 26.5.2009 – VK 2-30/09; *Gabriel,* NZS 2007, 344 (347); *Klöck* NZS 2008, 178 (181 f.); a.A. BayObLG, Beschluss v. 24.5.2004 – Verg 6/04; für Rentenversicherungsträger z.B. BayObLG, Beschluss v. 21.10.2004 – Verg 17/04; für Unfallversicherungsträger OLG Düsseldorf, Beschluss v. 22.6.2005 – VII-Verg 22/05.

241 *Eschenbruch,* in: Kulartz/Kus/Portz, GWB-Vergaberecht, § 98 Rn. 175.

242 VK Südbayern, Beschluss v. 27.3.2014 – Z3-3-3194-1-01-01/14, Rn. 163 f.; *Zeiss,* in: Heiermann/Zeiss, Vergaberecht, § 98 GWB Rn. 150; *Wagner,* in: Langen/Bunte, Kartellrecht, § 98 GWB Rn. 45; *Wieddekind,* in: Willenbruch/Wieddekind, Vergaberecht, § 98 GWB Rn. 45.

243 EuGH, Urteil v. 1.2.2001 – Rs. C-237/99 (Kommission/Frankreich), Rn. 54 f.

244 OLG Düsseldorf, Beschluss v. 19.6.2013 – VII-Verg 55/12, Rn. 38; Beschluss v. 30.4.2003 – VII-Verg 67/02, Rn. 29.

245 EuGH, Urteil v. 1.2.2001 – Rs. C-237/99 (Kommission/Frankreich), Rn. 52.

246 EuGH, Urteil v. 18.11.1999 – Rs. C-107/98 (Teckal), Rn. 50; umfassend zur In-House-Vergabe *Knauff,* EuZW 2014, 486 ff.

247 *Ziekow,* VergabeR 2003, 483 (501); zurückhaltend *Eschenbruch,* in: Kulartz/Kus/Portz, GWB-Vergaberecht, § 98 Rn. 164; *Bungenberg,* in: Loewenheim/Meesen/Riesenkampff, Kartellrecht, § 98 GWB Rn. 29; *Buhr,* Die Richtlinie 2004/18/EG und das deutsche Vergaberecht, S. 85; *Dietlein,* NZBau 2002, 136 (141); *Dreher,* DB 1998, 2579 (2583); dazu *Werner,* in: Byok/Jaeger, Vergaberecht, § 98 GWB Rn. 67 f.

genommen werden kann.[248] Diese Vermutung muss auch für das Vergaberecht gelten.[249] Damit steht es der Verwirklichung des Merkmals der Leitung über die Aufsicht nicht entgegen, wenn die öffentliche Hand nur eine Minderheitenbeteiligung an dem Unternehmen innehat.[250] Insgesamt ist auf eine Zusammenschau an bestehenden Einflussmöglichkeiten abzustellen.[251]

Bei **juristischen Personen des privaten Rechts** kommt die Variante des § 99 Nr. 2 Hs. 1 lit. b GWB nur selten zur Anwendung. Die Aufsicht über die Leitung erfolgt durch die gesetzlichen Organe.[252] Üben öffentliche Auftraggeber eine Allein- oder Mehrheitsgesellschafterstellung aus, werden bereits die Tatbestandsvarianten i.S.d. § 99 Nr. 2 Hs. 1 lit. a und lit. c GWB vorliegen. Ist die öffentliche Hand jedoch nur Minderheitsgesellschafter, kann die Aufsichtsbefugnis über die Leitung auch aus vertraglichen Gestaltungen folgen.[253] Daneben können sich Einwirkungsmöglichkeiten aus dem Gesetz ergeben.[254] Die Voraussetzung des § 99 Nr. 2 Hs. 1 lit. b GWB kann auch im Fall der Beleihung juristischer Personen des Privatrechts mit Hoheitsrechten gegeben sein.[255] 76

c. Bestimmung der Mitglieder eines zur Geschäftsführung oder zur Aufsicht berufenen Organs (lit. c)

Ein Zurechnungstatbestand ist auch gegeben, wenn „mehr als die Hälfte der Mitglieder eines ihrer zur Geschäftsführung oder zur Aufsicht berufenen Organe [der Einrichtung] durch Stellen nach Nummer 1 oder 3 bestimmt worden sind". Die Vorschrift regelt Fälle, in denen der potenzielle staatliche Einfluss sich aus der Besetzung der wesentlichen Organe ergibt.[256] Erfasst sind einerseits die **gesetzlichen Vertretungs- und Aufsichtsorgane** (Aufsichtsrat, Geschäftsführung) und andererseits **fakultative Aufsichts- oder Beiräte**, sofern sie nach der Satzung oder dem Gesellschaftsvertrag Einfluss auf die Geschäftspolitik und insbesondere das Vergabeverfahren ausüben können.[257] Ein Einbezug Letzterer gebietet schon die funktionale Auslegung des Tatbestandsmerkmals. Die Bestimmung rein beratender Organe genügt nicht.[258] 77

Nach dem Wortlaut bedarf es **einer tatsächlichen Bestimmung** der Mitglieder, d.h. eines Auswahlaktes der Gremienbesetzungen.[259] Die bloße vertragliche oder gesetzliche Möglichkeit einer Bestimmung, ohne dass hiervon Gebrauch gemacht wurde, ist nicht ausreichend.[260] Mehrere öffentliche Auftraggeber können die Mitglieder auch gemeinsam bestimmen, vorausgesetzt, die bestimmten Organmitglieder stellen die Mehrheit dar.[261] 78

Nach dem Wortlaut genügt eine **Besetzung der Leitungs- oder der Aufsichtsebene**.[262] Einer Weisungsabhängigkeit bedarf es nicht.[263] 79

---

248 Vgl. dazu *Immenga* in: Immenga/Mestmäcker, Wettbewerbsrecht, Art. 3 FKVO Rn. 27 ff.
249 *Bungenberg* in: Loewenheim/Meessen/Riesenkampff, § 98 Rn. 32; *Pünder,* in: Pünder/Schellenberg, Vergaberecht, § 98 GWB Rn. 50; *Buhr,* Die Richtlinie 2004/18/EG und das deutsche Vergaberecht, S. 85 f.
250 *Eschenbruch,* in: Kulartz/Kus/Portz, GWB-Vergaberecht, § 98 Rn. 166; *Pünder,* in: Pünder/Schellenberg, Vergaberecht, § 98 GWB Rn. 50.
251 EuGH, Urteil v. 1.2.2001 – Rs. C-237/99 (Kommission/Frankreich), Rn. 48, 59; *Dreher,* NZBau 2005, 297 (300 Fn. 27); ausführlich *Puhl,* Grundfragen des kartellvergaberechtlichen Auftraggeberbegriffs, S. 165 ff.
252 *Dreher,* in: Immenga/Mestmäcker, Wettbewerbsrecht, § 98 GWB Rn. 101.
253 OLG Düsseldorf, Beschluss v. 19.6.2013 – VII-Verg 55/12, Rn. 38 ff.; Beschluss v. 13.8.2007 – VII-Verg 16/07 (Endlager Konrad), Rn. 11 ff.; Beschluss v. 30.4.2003 – VII-Verg 67/02, Rn. 30 f.
254 EuGH, Urteil v. 1.2.2001 – Rs. C-237/99 (Kommission/Frankreich), Rn. 53.
255 *Dreher,* in: Immenga/Mestmäcker, Wettbewerbsrecht, § 98 GWB Rn. 101.
256 *Dörr,* in: Dreher/Motzke, Vergaberecht, § 98 GWB Rn. 83.
257 *Dörr,* in: Dreher/Motzke, Vergaberecht, § 98 GWB Rn. 83; *Eschenbruch,* in: Kulartz/Kus/Portz, Vergaberecht, § 98 Rn. 179; *Dietlein,* NZBau 2002, 136 (141).
258 *Pünder,* in: Pünder/Schellenberg, Vergaberecht, § 98 GWB Rn. 56.
259 *Dörr,* in: Dreher/Motzke, Vergaberecht, § 98 GWB Rn. 84; *Diehr,* in: Reidt/Stickler/Glahs, Vergaberecht, § 98 GWB Rn. 66.
260 *Dörr,* in: Dreher/Motzke, Vergaberecht, § 98 GWB Rn. 84; *Reider,* in: Montag/Säcker, MüKo Kartellrecht, § 98 GWB Rn. 26; *Dietlein,* NZBau 2002, 136 (141).
261 *Dörr,* in: Dreher/Motzke, Vergaberecht, § 98 GWB Rn. 94; *Dreher,* in: Immenga/Mestmäcker, Wettbewerbsrecht, § 98 GWB Rn. 101.
262 *Reider,* in: Montag/Säcker, MüKo Kartellrecht, § 98 GWB Rn. 26.
263 *Eschenbruch,* in: Kulartz/Kus/Portz, GWB-Vergaberecht, § 98 Rn. 180.

80 Die öffentlichen Auftraggeber müssen die „**Mehrheit**" der Mitglieder des zur Geschäftsführung oder Aufsicht berufenen Organs bestimmen. Die Voraussetzung ist erfüllt, wenn mehr als die Hälfte der vorgesehenen Mitgliederzahl bestimmt wird.[264] Liegt eine mehrheitliche Organbesetzung vor, so wird vermutet, dass die öffentlichen Auftraggeber auf die Beschaffungsentscheidung Einfluss nehmen können.[265] Auf die tatsächliche Ausübung der Aufsichtsbefugnisse kommt es nicht an.[266] Das Merkmal der mehrheitlichen Organmitglieder erfordert im Hinblick auf das deutsche Gesellschafts- und Mitbestimmungsrecht einer teleologischen Auslegung.[267] Wenn nach § 7 Abs. 1 MitbestG die Anteilseigner die Hälfte der Aufsichtsratsmitglieder benennen, genügt dies wegen des Zweitstimmenrechts des Aufsichtsratsvorsitzenden (§ 29 Abs. 2 S. 1 MitbestG).[268]

IV. Sonstige gemeinsame Beherrschung (Hs. 2)

81 § 99 Nr. 2 Hs. 2 GWB regelt die Fälle, in denen ein öffentlicher Auftraggeber nach § 99 Nr. 2 Hs. 1 GWB einem anderen Auftraggeber einzeln oder gemeinsam mit anderen öffentlichen Auftraggebern die überwiegende Finanzierung gewährt, über deren Leitung die Aufsicht ausübt oder die Mehrheit eines zur Geschäftsführung oder Aufsicht berufenen Organs bestimmt hat. Die besondere Staatsbezogenheit der juristischen Person ergibt sich nicht durch eine unmittelbare Beherrschung durch einen institutionellen öffentlichen Auftraggeber i.S.d. § 99 Nr. 1 oder Nr. 3 GWB, sondern mittelbar durch die **Zwischenschaltung eines funktionalen Auftraggebers** i.S.d. § 99 Nr. 2 GWB, über den die institutionellen Auftraggeber ihre Beherrschung ausüben.[269] Dieser Tatbestand verhindert, dass die Qualifikation eines Auftraggebers nach § 99 Nr. 2 GWB durch gesellschaftliche Ausgliederungen umgangen wird.[270]

82 Mit der Aufnahme der von § 99 Nr. 2 Hs. 1 lit. b GWB in den Text der Vorschrift bedarf es nunmehr keiner Entscheidung mehr darüber, ob die Vorschrift wegen des Wortlauts von Art. 2 Abs. 1 Nr. 4 lit. c RL 2014/24/EU einer **richtlinienkonformen Auslegung** dahin gehend zugänglich ist, dass auch der Fall einbezogen ist, in dem der öffentliche Auftraggeber nach § 99 Nr. 2 GWB eine Aufsicht über die Leitung der juristischen Person ausübt[271] oder die Richtlinie diesbezüglich unmittelbar anzuwenden ist[272]. Nach wie vor ist jedoch § 99 Nr. 2 Hs. 2 GWB dahin gehend richtlinienkonform auszulegen, dass die Beherrschung nur zusammen durch öffentliche Auftraggeber i.S.d. § 99 Nr. 1 und/oder Nr. 3 GWB erfolgt. Eine richtlinienkonforme Auslegung scheitert nicht am engen Wortlaut der deutschen Norm des § 99 Nr. 2 Hs. 2 GWB.[273]

---

264 *Dörr,* in: Dreher/Motzke, Vergaberecht, § 98 GWB Rn. 85.
265 *Pünder,* in: Pünder/Schellenberg, Vergaberecht, § 98 GWB Rn. 56.
266 *Wagner,* in: Langen/Bunte, Kartellrecht, § 98 GWB Rn. 45.
267 *Dörr,* in: Dreher/Motzke, Vergaberecht, § 98 GWB Rn. 85; *Dreher,* in: Immenga/Mestmäcker, Wettbewerbsrecht, § 98 GWB Rn. 106.
268 *Dörr,* in: Dreher/Motzke, Vergaberecht, § 98 GWB Rn. 85.
269 *Dreher,* in: Immenga/Mestmäcker, Wettbewerbsrecht, § 98 GWB Rn. 108; *Pünder,* in: Pünder/Schellenberg, Vergaberecht, § 98 GWB Rn. 58.
270 *Eschenbruch,* in: Kulartz/Kus/Portz, GWB-Vergaberecht, § 98 Rn. 183.
271 *Dreher,* in: Immenga/Mestmäcker, Wettbewerbsrecht, § 98 GWB Rn. 109; *Eschenbruch,* in: Kulartz/Kus/Portz, GWB-Vergaberecht, § 98 Rn. 183; *Pünder,* in: Pünder/Schellenberg, Vergaberecht, § 98 GWB Rn. 59; *Diehr,* in: Reidt/Stickler/Glahs, Vergaberecht, § 98 GWB Rn. 69.
272 *Dörr,* in: Dreher/Motzke, Vergaberecht, § 98 GWB Rn. 87; *Bungenberg,* in: Loewenheim/Meesen/Riesenkampff, Kartellrecht, § 98 GWB Rn. 34.
273 A.A. noch *Dörr,* in: Dreher/Motzke, Vergaberecht, § 98 GWB Rn. 87; ebenso *Dreher,* in: Immenga/Mestmäcker, Wettbewerbsrecht, § 98 GWB Rn. 109; *Bungenberg,* in: Loewenheim/Meesen/Riesenkampff, Kartellrecht, § 98 GWB Rn. 34.

V. Praxisentscheidungen

Als öffentliche Einrichtungen i.S.d. Voraussetzungen des § 99 Nr. 2 GWB hat die Rechtsprechung etwa eingeordnet: 83

Das Bayerische Rote Kreuz[274]; das Bekleidungsmanagement Bundeswehr[275]; Berufsgenossenschaften[276]; ein Bestattungsunternehmen[277]; die privatrechtliche Betreibergesellschaft eines Krankenhauses[278]; der Betrieb einer kommunalen EDV-Zentrale zur Unterstützung der Verwaltungstätigkeit der beteiligten Unternehmen[279]; die DB-Netz AG[280]; die Deutsche Gesellschaft für Technische Zusammenarbeit mbH[281]; Deutsche Welle[282]; eine Einrichtung zur Sportausübung[283]; Gemeinde-Unfallversicherungen[284]; die deutsche Gesellschaft zum Bau und Betrieb von Endlagern für Abfallstoffe[285]; staatliche Glücksspielunternehmen[286], insbesondere Gemeinsame Klassenlotterie der Länder[287]; die bremische Großmarkt-GmbH[288]; Handwerkskammern[289]; Hochschulen[290]; ein Informationstechnik-Unternehmen für die Bundeswehr[291]; das Institut für das Entgeltsystem im Krankenhaus[292]; ein Krankenhaus, dessen Anteile von einer Stadtgemeinde gehalten werden[293]; eine griechische Krankenhausgesellschaft[294]; gesetzliche Krankenkassen[295]; bis zum Jahr 2005 Landesbanken[296], heute kann es wegen der grundlegenden Neuordnung des Banksektors an der Nichtgewerblichkeit fehlen[297]; Landesentwicklungsgesellschaften[298]; Landesversicherungsanstalten[299]; Landwirtschaftskammern[300]; ein akademisches Lehrkrankenhaus[301]; Messegesellschaften[302]; kommunale Nahver-

274 VK Südbayern, Beschluss v. 27.3.2014 – Z3-3-3194-1-01-01/14, Rn. 160, 185; anders noch BayObLG , Beschluss v. 10.9.2002 – Verg 23/02, Rn. 10, 12.
275 OLG Düsseldorf, Beschluss v. 30.4.2003 – VII-Verg 67/02 (Bekleidungsmanagement der Bundeswehr), Rn. 23–37.
276 VK Südbayern, Beschluss v. 7.3.2014 – Z3-3-3194-1-02-01/14, Rn. 88.
277 EuGH, Urteil v. 27.2.2003 – Rs. C-373/00 (Adolf Truley).
278 OLG Naumburg, Beschluss v. 17.2.2004 – 1 Verg 15/03; vgl. auch OLG Saarbrücken, Beschluss v. 20.9.2006 – 1 Verg 3/06; VG München, Urteil v. 17.10.2007 – M 7 K 05.5966 (Kreisklinik); VK Baden-Württemberg, Beschluss v. 17.6.2011 – 1 VK 29/11 (Kreisklinik).
279 OLG Celle, Beschluss v. 14.9.2006 – 13 Verg 3/06, Rn. 10–15.
280 OLG Düsseldorf, Beschluss v. 30.11.2009 – VII-Verg 41/09; VK Bund, Beschluss v. 21.1.2004 – VK 2–126/03.
281 VK Bund, Beschluss v. 11.9.2002 – VK 2-42/02.
282 VK Bund, Beschluss v. 19.10.2004 – VK 3-191/04; Beschluss v. 3.4.2006 – VK 2-14/06.
283 VK Düsseldorf, Beschluss v. 11.2.2004 – VK 43/2003.
284 VK Rheinland-Pfalz, Beschluss v. 1.2.2005 – VK 1/05.
285 OLG Düsseldorf, Beschluss v. 13.8.2007 – VII-Verg 16/07, Rn. 7.
286 VK Münster, Beschluss v. 24.6.2002 – VK 03/02. Zur Unionsrechtswidrigkeit des deutschen Glücksspielmonpols aber EuGH, Urteil v. 8.9.2010 – Rs. C-46/08 (Carmen Media Group).
287 OLG Hamburg, Beschluss v. 31.3.2014 – 1 Verg 4/13, Rn. 43.
288 VK Bremen, Beschluss v. 23.8.2001 – VK 3/01, Rn. 66–82.
289 VK Rheinland-Pfalz, Beschluss v. 22.10.2010 – VK 2-34/10; VK Baden-Württemberg, Beschluss v. 28.12.2009 – 1 VK 61/09; zum aktuellen Meinungsstand und im Hinblick auf die aktuelle EuGH-Rechtsprechung ablehnend *Pielow/Booz*, GewArch 2015, 12 ff.; siehe zum Meinungsstand auch *Steiling*, NZBau 2012, 146 (147) m.w.N.
290 Vgl. VK Niedersachsen, Beschluss v. 1.2.2008 – VgK 48/07.
291 OLG Düsseldorf, Beschluss v. 19.6.2013 – VII-Verg 55/12, Rn. 21.
292 OLG Düsseldorf, Beschluss v. 29.4.2015 – VII-Verg 35/14.
293 VK Niedersachen, Beschluss v. 17.8.2009 – VgK-36/2009.
294 EuGH, Urteil v. 14.6.2007 – Rs. C-6/05 (Medipac-Kazantzidis).
295 EuGH, Urteil v. 11.6.2009 – Rs. C-300/07 (Oymanns), Rn. 50 bis 57; OLG Düsseldorf, Beschluss v. 23.5.2007 – VII-Verg 50/06 (EuGH-Vorlage); vgl. auch OLG Düsseldorf, Beschluss v. 19.12.2007 – VII-Verg 51/07; LSG Nordrhein-Westfalen, Beschluss v. 28.4.2009 – L 21 KR 40/09 SFB; VK Bund, Beschluss v. 18.12.2009 – VK 1–209/09; Beschluss v. 12.11.2009 – VK 3-193/09; Beschluss v. 27.8.2008 – VK 1-102/08; Beschluss v. 14.9.2007 – VK 1-101/07; Beschluss v. 9.5.2007 – VK 1-26/07; Beschluss v. 5.9.2001 – VK 1-23/01; VK Mecklenburg-Vorpommern, Beschluss v. 25.1.2008 – 2 VK 5/07; Beschluss v. 12.11.2007 – 1 VK 6/07; VK Düsseldorf, Beschluss v. 31.10.2007 – VK-31/07; Beschluss v. 31.8.2006 – VK-38/2006; VK Hamburg, Beschluss v. 21.4.2004 – VgK FB 1/04; dagegen noch BayObLG, Beschluss v. 24.5.2004 – Verg 6/04.
296 Vgl. z.B. VK Münster, Beschluss v. 24.6.2002 – VK 03/02; VK Baden-Württemberg, Beschluss v. 6.6.2001 – 1 VK 6/01; weitere Nachweise *Eschenbruch,* in: Kulartz/Kus/Portz, GWB-Vergaberecht, § 98 Rn. 198.
297 Z.B. für Sparkassen OLG Rostock, Beschluss v. 15.6.2005 – 17 Verg 3/05.
298 VK Baden-Württemberg, Beschluss v. 6.6.2001 – 1 VK 6/01.
299 BayObLG, Beschluss v. 21.10.2004 – Verg 17/04; VK Niedersachsen, Beschluss v. 10.3.2003 – 203-VgK-01/2003, zit. nach *Eschenbruch* in: Kulartz/Kus/Portz, GWB-Vergaberecht, § 98 Rn. 224; grundsätzlich auch VK Baden-Württemberg, Beschluss v. 27.12.2004 – 1 VK 79/04.
300 OLG Düsseldorf, Beschluss v. 2.6.2010 – VII-Verg 7/10.
301 OLG Naumburg, Beschluss v. 17.2.2004 – 1 Verg 15/03 (Krankenhaus-Catering).
302 OLG Hamburg, Beschluss v. 25.1.2007 – 1 Verg 5/06; KG, Beschluss v. 27.7.2006 – 2 Verg 5/06.

kehrsunternehmen[303]; eine private Projektgesellschaft zur Ausführung eines öffentlich ausgeschriebenen ÖPP-Projekts, die auf der Unterauftragsebene tätig wurde (BWI-Services)[304]; Projektgesellschaften zur Realisierung von Bauvorhaben[305]; öffentlich-rechtliche Religionsgemeinschaften[306]; öffentlich-rechtliche Rundfunkanstalten[307]; Spitzenverband Bund der Krankenkassen; Strafvollzugsanstalten[308]; Studentenwerke[309]; kommunale Unfallversicherungsträger[310]; Universitäten[311]; Universitätsklinikum[312]; Verband der privaten Krankenversicherung und Deutsche Krankenhausgesellschaft[313]; Wirtschaftsförderungsgesellschaften zur wirtschaftlichen und sozialen Entwicklung einer Gemeinde[314]; Wohnungsunternehmen[315] und Wohnungsbaugesellschaften in Privatrechtsform[316].

84 Eine Auftraggebereigenschaft nach § 99 Nr. 2 GWB lehnte die Rechtsprechung dagegen ab bei:

Berufskammer der Ärzte[317]; Diakoniewerk[318]; eine Kreisvereinigung der Lebenshilfe e.V.[319]; Messegesellschaften[320]; Religionsgemeinschaften[321].

C. Verbände (Nr. 3)

85 Der neue § 99 Nr. 3 GWB entspricht der Vorgängernorm des **§ 98 Nr. 3 GWB a.F.** Nach § 99 Nr. 3 GWB sind **Verbände**, deren Mitglieder unter § 99 Nr. 1 oder Nr. 2 GWB fallen, auch öffentliche Auftraggeber. Es handelt sich um Verbände der Gebietskörperschaften sowie der juristischen Personen des öffentlichen und des privaten Rechts.[322]

86 Der **Verbandsbegriff** erfordert eine gewisse verfestigte Kooperation von öffentlichen Auftraggebern i.S.d. § 99 Nr. 1 oder Nr. 2 GWB.[323] Der Verband muss zudem zumindest „Rechtsfähigkeit" besitzen, da anderenfalls keine Beschaffungsverträge abgeschlossen werden können. Damit ist er von den formlosen Einkaufskooperationen mehrerer Auftraggeber zu unterscheiden.

Der Anwendungsfall des § 99 Nr. 3 GWB ist **rechtsformunabhängig**.[324] Ebenso wenig kommt es entsprechend der Infizierungstheorie auf die **konkrete Mitgliederzahl** im Fall der

303 Vgl. nur BGH, Beschluss v. 19.12.2000 – X ZB 14/00; BayObLG, Beschluss v. 5.11.2002 – Verg 22/02; VK Düsseldorf, Beschluss v. 2.3.2007 – VK – 5/2007.
304 OLG Düsseldorf, Beschluss v. 19.6.2013 – VII-Verg 55/12; kritisch und im Ergebnis ablehnend *Roth*, NZBau 2013, 685 ff.
305 EuGH, Urteil v. 22.5.2003 – Rs. C-18/01 (Korhonen).
306 EuGH, Urteil v. 12.12.2002 – Rs. C-470/99 (Universale-Bau), Rn. 56 ff.
307 EuGH, Urteil v. 22.5.2003 – Rs. C-337/06 (Bayerischer Rundfunk); OLG Düsseldorf, Beschluss v. 21.7.2006 – VII-Verg 13/06 (EuGH-Vorlage).
308 EuGH, Urteil v. 16.10.2003 – Rs. C-283/00 (SIEPSA).
309 VK Niedersachsen, Beschluss v. 14.6.2005 – VgK-22/2005.
310 OLG Düsseldorf, Beschluss v. 22.6.2005 – VII-Verg 22/05; VK Rheinland-Pfalz, Beschluss v. 1.2.2005 – VK 1/05.
311 EuGH, Urteil v. 3.10.2000 – Rs. C-380/98 (University of Cambridge).
312 VK Baden-Württemberg, Beschluss v. 16.11.2004 – VK 69/04; Beschluss v. 23.12.2009 – 1 VK 63/09.
313 VK Bund, Beschluss v. 24.10.2014 – VK 2-85/14.
314 EuGH, Urteil v. 10.5.2001 – Verb. Rs. C-223/99 und C-260/99 (Agorà und Excelsior), Rn. 34; Urteil v. 22.5.2003 – Rs. C-18/01 (Korhonen), Rn. 45.
315 EuGH, Urteil v. 1.2.2001 – Rs. C-237/99 (Kommission/Frankreich), Rn. 47; OLG Schleswig, Beschluss v. 15.2.2005 – 6 Verg 6/04; KG, Beschluss v. 11.11.2004 – 2 Verg 16/04; Beschluss v. 6.2.2003 – 2 Verg 1/03; LG Schwerin, Urteil v. 13.11.2003 – 4 O 78/03; VK Brandenburg, Beschluss v 3.4.2009 – VK 8/09.
316 VK Brandenburg, Beschluss v. 27.7.2015 – VK 12/15; VK Schleswig-Holstein, Beschluss v. 3.11.2004 – VK-SH 28/04
317 EuGH, Urteil v. 12.9.2013 – Rs. C-526/11 (Ärztekammer Westfalen-Lippe), Rn. 30 f.; differenzierend *Heyne*, NVwZ 2014, 621 ff.
318 VK Nordbayern, Beschluss v. 25.10.2001 – 320.VK-3194-35/01 zitiert nach *Eschenbruch*, in: Kulartz/Kus/Portz, GWB-Vergaberecht, § 98 Rn. 187.
319 VK Nordbayern, Beschluss v. 31.7.2014 – 21.VK-3194-25/14, Rn. 50 ff.
320 EuGH, Urteil v. 10.5.2011 – Rs. C-223/99 (Agorà und Excelsior), Rn. 38 ff.; VK Düsseldorf, Beschluss v. 21.3.2013 – VK-33/2012; hierzu *Dietlein*, NZBau 2013, 536.
321 OLG Celle, Beschluss v. 25.8.2011 – 13 Verg 5/11 (Bistum); siehe dazu im Überblick auch *Zeiss*, in: Heiermann/Zeiss, Vergaberecht, § 98 GWB Rn. 78 ff.
322 *Wagner*, in: Langen/Bunte, Kartellrecht, § 98 GWB Rn. 367.
323 *Dörr*, in: Dreher/Motzke, Vergaberecht, § 98 GWB Rn. 116.
324 OLG München, Beschluss v. 20.3.2014 – Verg 17/13, Rn. 119.

gemischten Verbandsmitgliedschaft an. Bereits bei der Mitgliedschaft von zwei Auftraggebern nach § 99 Nr. 1 oder Nr. 2 GWB besteht die Gefahr, dass Beschaffungsvorgänge von anderen als wirtschaftlichen Erwägungen getragen sind.[325] In qualitativer Hinsicht setzt die Vorschrift voraus, dass öffentliche Auftraggeber i.S.d. § 99 Nr. 1 und Nr. 2 GWB den Verbandszweck prägen.[326]

Verbände i.S.d. § 99 Nr. 3 GWB sind **kommunale Zweckverbände**, etwa Abwasser-, Abfall-, Wasserversorgungs- und Planungsverbände, Schulverbände und Caritasverbände[327] sowie **öffentlich-rechtliche Verbände** wie Bundesrechtsanwaltskammer, Bundesnotarkammer, kassenärztliche Vereinigungen als auch **privatrechtliche Verbände,** etwa Bundesärztekammer und Bundesarchitektenkammer.[328] Auch eine BGB-Gesellschaft[329] oder ein eingetragener Verein[330], bestehend aus Gebietskörperschaften, kann selbst öffentlicher Auftraggeber i.S.d. § 99 Nr. 3 GWB sein. 87

Abgrenzungsschwierigkeiten können im Verhältnis zu § 99 Nr. 1 GWB bestehen, wenn der Verband ein Zusammenschluss von Gebietskörperschaften ist.[331] Werden die Gebietskörperschaften demokratisch durch die Bewohner legitimiert, wie bei den Landkreisen, handelt es sich um öffentliche Auftraggeber i.S.d. Nr. 1. Andernfalls liegen die Voraussetzungen des § 99 Nr. 3 GWB vor.[332] Möglich ist auch, dass sowohl die Voraussetzungen der § 99 Nr. 2 GWB als auch der§ 99 Nr. 3 GWB vorliegen. In diesem Fall geht § 99 Nr. 3 GWB – allerdings wegen der Geltung gleicher Vergabevorschriften für die Auftraggeber nach § 99 Nr. 1 bis 3 GWB ohne rechtliche Konsequenzen nach sich zu ziehen – als speziellere Norm vor.[333] 88

D. Subventionierte Auftraggeber, (Nr. 4)

I. Änderungen durch das VergRModG 2016

In Angleichung an den Wortlaut des Art. 13 RL 2014/24/EU spricht § 99 Nr. 4 GWB nun auch von „**subventionieren**" und nicht mehr von „finanzieren". Damit wird die nationale Rechtslage auch inhaltlich an die Richtlinie angepasst, nach der es gerade nicht entscheidend ist, ob eine direkte Finanzierung durch einen öffentlichen Auftraggeber erfolgt, sondern darauf abgestellt wird, ob die Leistung eine Subvention i.S.e. sonstigen Begünstigung darstellt. 89

Statt des bisherigen Wortlauts der Dienstleistungen und „Auslobungsverfahren" heißt es nunmehr in Angleichung an Art. 2 Abs. 1 Nr. 21 RL 2014/24/EU Dienstleistungen und „**Wettbewerbe**". Inhaltliche Änderungen sind damit nicht verbunden. 90

II. Voraussetzungen

Um zu verhindern, dass die Bindungen an das Vergaberecht durch die Verlagerung der Beschaffungsvorgänge an private Dritte umgangen werden, erfasst § 99 Nr. 4 GWB entsprechend des Art. 2 Abs. 1 Nr. 5 RL 2014/24/EU den Fall, in dem öffentliche Auftraggeber Dritte subventionieren, die ihrerseits Aufträge im eigenen Namen vergeben, welche im öffentlichen Interesse liegen.[334] Die Vergabe erfolgt also nicht unmittelbar selbst durch den öffentlichen 91

---

325 *Köhler,* VergabeR 2014, 714.
326 So *Dreher,* in: Immenga/Mestmäcker, Wettbewerbsrecht, § 98 GWB Rn. 168.
327 *Werner,* in: Byok/Jaeger, Vergaberecht, § 98 GWB Rn. 83.
328 *Zeiss,* in: Heiermann/Zeiss, Vergaberecht, § 98 GWB Rn. 182; *Pünder,* in: Pünder/Schellenberg, Vergaberecht, § 98 GWB Rn. 119; eine Übersicht über Praxisbeispiele findet sich bei *Eschenbruch,* in: Kulartz/Kus/Portz, GWB-Vergaberecht, § 98 Rn. 253.
329 VK Bremen, Beschluss v. 22.6.2012 – 16 VK 1/12, Rn. 73; *Wieddekind,* in: Willenbruch/Wieddekind, Vergaberecht, § 98 GWB Rn. 74.
330 OLG München, Beschluss v. 20.3.2014 – Verg 17/13, Rn. 119.
331 *Eschenbruch,* in: Kulartz/Kus/Portz, GWB-Vergaberecht, § 98 Rn. 251.
332 *Dörr,* in: Dreher/Motzke, Vergaberecht, § 98 GWB Rn. 118.
333 *Eschenbruch,* in: Kulartz/Kus/Portz, GWB-Vergaberecht, § 98 Rn. 251; *Diehr,* in: Reidt/Stickler/Glahs, Vergaberecht, § 98 Rn. 99; *Weyand,* Vergaberecht, § 98 GWB Rn. 144.
334 *Werner,* in: Byok/Jaeger, Vergaberecht, § 98 GWB Rn. 103; *Bungenberg,* in: Loewenheim/Meesen/Riesenkampff, Kartellrecht, § 98 GWB Rn. 50.

Auftraggeber, sondern durch von diesem finanzierte Dritte. Letztere werden selbst als öffentliche Auftraggeber eingestuft, wenn die für das Gesamtprojekt erforderlichen Mittel zu **mehr als 50 % von Auftraggebern i.S.d. § 99 Nr. 1 bis 3 GWB** stammen und es sich um **geförderte Projekte** i.S.d. § 99 Nr. 4 GWB handelt. Aufträge des Dritten, die unabhängig von den dort aufgeführten Projekten vergeben werden, unterliegen den Bindungen des Vergaberechts nicht. Die sich durch die Finanzierung ergebende besondere Staatsverbundenheit ist damit „projektbezogen".

1. Rechtspersönlichkeit

92 Auftraggeber i.S.d. § 99 Nr. 4 GWB können alle juristischen Personen des privaten sowie seit der Vergaberechtsreform 2009 ausdrücklich des öffentlichen Rechts sein, soweit diese nicht schon unter Nr. 2 fallen. Daneben gilt die Vorschrift auch für natürliche Personen.[335]

2. Geförderte Maßnahme

93 Es werden nur die in der Norm aufgeführten **Bauaufträge** und mit ihnen **in Verbindung stehende Dienstleistungsaufträge und Wettbewerbe** erfasst. Lieferaufträge sind von vornherein ausgenommen. Die Definitionen der Begriffe finden sich in Art. 2 RL 2014/24/EU und § 103 GWB. Für „Bauaufträge" ist diese in Art. 2 Abs. 1 Nr. 6 RL 2014/24/EU (mit Anhang II) und § 103 Abs. 3 GWB, für „Dienstleistungsaufträge" in Art. 2 Abs. 1 Nr. 9 RL 2014/24/EU (mit Anhang XIV) und § 103 Abs. 4 GWB sowie für „Wettbewerbe" in Art. 2 Abs. 1 Nr. 21 RL 2014/24/EU und § 103 Abs. 6 GWB geregelt. Auf die konkrete Überschrift des Vertrages oder dessen Ausgestaltung kommt es nicht an, wenn es sich um ein einschlägiges Bauprojekt oder eine damit in Verbindung stehende Dienstleistung handelt.[336] Tendenziell werden die Tatbestandsmerkmale weit ausgelegt.[337]

a. Tiefbaumaßnahmen oder Errichtung bestimmter Bauwerke

94 Entsprechend der Regelung des Art. 13 RL 2014/24/EU finden die Bindungen des Vergaberechts nur auf **Bauaufträge** i.S.d. § 103 Abs. 3 GWB Anwendung, die Tiefbaumaßnahmen oder die Errichtung bestimmter Einrichtungen von Krankenhäusern, Sport-, Erholungs- oder Freizeiteinrichtungen, Schul-, Hochschul- und Verwaltungsgebäuden zum Gegenstand haben. Die Aufzählung der Bauvorhaben ist abschließend.[338]

95 Ferner muss der Bauauftrag den von der Kommission in der VO (EU) 2015/2170 festgesetzten **Schwellenwert** von 5.225.000 EUR überschreiten, den das deutsche Recht in § 106 Abs. 2 Nr. 1 GWB übernimmt. Sofern die nächste Überprüfung der Schwellenwerte durch die Kommission nach Ablauf von zwei Jahren eine Erhöhung der Schwellenwerte zur Folge hat, sind die unionsrechtlichen Schwellenwerte wegen der nur statischen Übernahme im deutschen Recht unmittelbar anzuwenden.[339]

96 Für die Bestimmung der erfassten **Tiefbauarbeiten** kann nach Art. 13 lit. a sublit. i RL 2014/24/EU auf die Auflistung in Anhang II RL 2014/24/EU zurückgegriffen werden. Dieser führt entsprechend der „statischen Systematik der Wirtschaftszweige" NACE[340] alle Tätigkeiten des Baugewerbes auf. Unter Tiefbaumaßnahmen sind die Planung und Errichtung von Bauwerken an oder unter der Erdoberfläche zu verstehen. Dazu zählen etwa Brunnen- und

335 *Werner,* in: Byok/Jaeger, Vergaberecht, § 98 GWB Rn. 100.
336 *Eschenbruch,* in: Kulartz/Kus/Portz, GWB-Vergaberecht, § 98 Rn. 317.
337 *Rechten,* NZBau 2014, 667 (670).
338 Vgl. OLG Düsseldorf, Beschluss v. 13.1.2014 – VII-Verg 11/13 (Seniorenhaus B.); BayObLG, Beschluss v. 29.10.2004 – Verg 22/04; VK Brandenburg, Beschluss v. 7.12.2010 – VK 60/10; Beschluss v. 11.3.2009 – VK 7/09; Beschluss v. 13.12.2006 – 1 VK 53/06; VK Bund, Beschluss v. 8.6.2006 – VK 2-114/05; VK Niedersachsen, Beschluss v. 8.11.2002 – 203-VgK-24/2002; VK Berlin, Beschluss v. 15.1.2002 – VK-B2-40/01; *Wagner,* in: Langen/Bunte, Kartellrecht, § 98 GWB Rn. 75.
339 *Dörr,* in: Dreher/Motzke, Vergaberecht, § 98 GWB Rn. 163; allgemein zur unmittelbaren Anwendbarkeit des Vergabesekundärrechts gegenüber privatrechtlich organisierten öffentlichen Auftraggebern EuGH, Urteil v. 12.12.2013 – Rs. C-425/12 (Portgás), Rn. 38; siehe dazu *Röbke,* NZBau 2014, 609 ff.
340 Nomenclature statistique des activités économiques dans les Communautés européennes.

Schachtbau, Wasserbau, Straßenbau, Erdbau, Eisenbahnbau, Brücken- und Tunnelbau.[341] Tätigkeiten, die im Bergbau anfallen, gehören nicht zu Tiefbaumaßnahmen i.S.d. § 99 Nr. 4 GWB.[342] Auch spezielle Sanierungsmaßnahmen bei der Neuerschließung von Grundstücken können erfasst sein.[343]

Daneben beinhaltet § 99 Nr. 4 GWB die Errichtung von **Krankenhäusern, Sport-, Erholungs- oder Freizeiteinrichtungen, Schul-, Hochschul- oder Verwaltungsgebäuden**. Die Begriffe sind anhand ihres Nutzungszwecks, unabhängig von einer bestimmten Gebäudeart zu bestimmen und extensiv auszulegen.[344] Zu den Krankenhäusern zählen auch Altenpflegeheime, die pflegerische und medizinische Versorgung gewährleisten.[345] Unter die Schulgebäude fallen auch Berufsschulen.[346] Betroffen sind ebenso Gebäude, die in einem untrennbaren Zusammenhang mit den aufgeführten Projekten stehen. Der Bau eines Studentenwohnheims, der eng mit einem Hochschulbetrieb verbunden ist, ist etwa als Hochschulgebäude zu qualifizieren.[347] Bühnen, Opernhäuser oder Museen, Ausstellungszentren, Bibliotheken oder Theater sind unter die Kategorie der Freizeit- oder Bildungseinrichtungen zu subsumieren.[348] Als Verwaltungsgebäude sind alle Bauwerke zu verstehen, die in Abgrenzung zum rein privaten und wirtschaftlichen Interesse, einem Allgemeininteresse zu dienen bestimmt sind.[349] **97**

Der Begriff der **Errichtung** bezieht sich nicht nur auf die Schaffung eines Neubaus, sondern beinhaltet entsprechend dem Oberbegriff des Bauauftrags nach Art. 13 RL 2014/24/EU sämtliche Bauaufträge und damit auch An- und Umbauten oder Renovierungsarbeiten.[350] Nach dem Sinn und Zweck der Richtlinie, Transparenz und Wettbewerb zu gewährleisten, ist es ohne Belang, ob die Gebäude neu errichtet oder erneuert werden.[351] **98**

b. In Verbindung stehende Dienstleistungen und Wettbewerbe

Dienstleistungsaufträge und Wettbewerbe unterfallen nur dann der Vorschrift des § 99 Nr. 4 GWB, wenn diese mit den aufgezählten Bauvorhaben in Verbindung stehen. Hierunter sind etwa die Vergabe von Architekten- oder Ingenieurleistungen zu verstehen.[352] Demgegenüber heißt es in Art. 13 lit. b RL 2014/24/EU, dass die Dienstleistungsaufträge mit einem aufgelisteten Bauauftrag verbunden sind. **99**

Das Merkmal der **bestehenden Verbindung** bedeutet, dass auch das Bauvorhaben überwiegend subventioniert sein muss. Die Vorschrift findet keine Anwendung auf isolierte Dienstleistungsaufträge, die zu mehr als 50 % von einem öffentlichen Auftraggeber subventioniert sind.[353] Die überwiegende Subventionierung muss sich also sowohl auf das Bauvorhaben als auch auf die Dienstleistung beziehen.[354] **100**

---

341 VK Brandenburg, Beschluss v. 21.12.2004 – VK 64/04.
342 VK Thüringen, Beschluss v. 6.2.2015 – 250-4004-8454/2014-E-069-WE, Rn. 107, 121.
343 *Dörr,* in: Dreher/Motzke, Vergaberecht, § 98 GWB Rn. 165.
344 VK Nordbayern, Beschluss v. 30.9.2015 – 21.VK-3194-33/15, Rn. 39; *Zeiss,* in: Heiermann/Zeiss, Vergaberecht, § 98 GWB Rn. 242; *Wagner,* in: Langen/Bunte, Kartellrecht, § 98 GWB Rn. 75.
345 So OLG Düsseldorf, Beschluss v. 13.1.2014 – VII-Verg 11/13.
346 Vgl. BayObLG, Beschluss v. 29.10.2004 – Verg 022/04.
347 OLG München, Beschluss v. 10.11.2010 – Verg 19/10 (Baustelleneinrichtung); VK Nordbayern, Beschluss v. 30.9.2015 – 21.VK-3194-33/15, Rn. 39.
348 *Eschenbruch,* in: Kulartz/Kus/Portz, GWB-Vergaberecht, § 98 Rn. 336; *Diehr,* in: Reidt/Stickler/Glahs, Vergaberecht, § 98 GWB Rn. 124; a.A. *Werner,* in: Byok/Jaeger, Vergaberecht, § 98 GWB Rn. 102.
349 *Pünder,* in: Pünder/Schellenberg, Vergaberecht, § 98 GWB Rn. 93.
350 OLG Jena, Beschluss v. 30.5.2002 – 6 Verg 3/02; VK Niedersachsen, Beschluss v. 28.7.2011 – VgK 27/2011; *Werner,* in: Byok/Jaeger, Vergaberecht, § 98 GWB Rn. 102; *Bungenberg,* in: Loewenheim/Meesen/Riesenkampff, Kartellrecht, § 98 GWB Rn. 51; *Reider,* in: Montag/Säcker, MüKo Kartellrecht, § 98 GWB Rn. 73; kritisch mit Blick auf den Willen des europäischen Verordnungsgebers *Wieddekind,* in: Willenbruch/Wieddekind, Vergaberecht, § 98 GWB Rn. 102.
351 *Dörr,* in: Dreher/Motzke, Vergaberecht, § 98 GWB Rn. 167.
352 *Diehr,* in: Reidt/Stickler/Glahs, Vergaberecht, § 98 GWB Rn. 125.
353 *Eschenbruch,* in: Kulartz/Kus/Portz, GWB-Vergaberecht, § 98 Rn. 317.
354 Vgl. VK Nordbayern, Beschluss v. 23.7.2009 – 21.VK-3194-25/09; *Wieddekind,* in: Willenbruch/Wieddekind, Vergaberecht, § 98 GWB Rn. 112.

101 In Anknüpfung an Art. 13 RL 2014/24/EU unterfallen der Vorschrift nur Dienstleistungsaufträge, die einen **Schwellenwert** von 207.000 EUR überschreiten.

3. Subvention in Höhe von mehr als 50 Prozent

Die von § 99 Nr. 4 GWB erfassten Bauprojekte müssen zu mehr als 50 Prozent durch öffentliche Auftraggeber nach § 99 Nr. 1 bis 3 GWB subventioniert werden. Seit der Neufassung des § 98 GWB durch das VergRModG 2016 spricht die deutsche Regelung nunmehr auch von „subventionieren" und passt sich dem Art. 13 RL 2014/24/EU an. Es muss eine mehr als hälftige Subventionierung vorliegen.

102 Der Begriff der **Subvention** ist mithilfe des in Art. 107 Abs. 1 AEUV manifestierten Beihilfebegriffs und der dazu ergangenen Rechtsprechung zu bestimmen.[355] Eine Beihilfe ist als Begünstigung bestimmter Unternehmen oder Produktionszweige zu verstehen, die den Wettbewerb verfälschen oder zu verfälschen drohen.[356] Dazu zählen Maßnahmen, durch die Unternehmen einen wirtschaftlichen Vorteil erhalten, den sie unter normalen Marktbedingungen nicht erhalten hätten.[357] Auch im Rahmen des § 99 Nr. 4 GWB ist maßgeblich, ob der Auftraggeber einen Vorteil ohne entsprechende Gegenleistung erhält. Diese Voraussetzung ist bei verlorenen Zuschüssen, Krediten zu marktunüblichen Zinsen[358], der Gewährung von Bürgschaften zu niedrigeren Zinssätzen und Garantien sowie der Übernahme von Bonitätsrisiken des Auftraggebers erfüllt.[359]

103 Es bedarf nach Art. 13 RL 2014/24/EU einer **direkten Subventionierung** des konkreten Bauvorhabens.[360] Die Unterstützung des Unternehmens mit öffentlichen Mitteln als solches ist dagegen unerheblich.[361] Der Vorteil muss sich überdies unmittelbar negativ im Haushalt des fördernden öffentlichen Auftraggebers niederschlagen, sodass mittelbare Begünstigungen über die Finanzierung Dritter nicht zu berücksichtigen sind.[362]

104 Anknüpfungspunkt der überwiegenden Finanzierung ist der **einzelne Bauauftrag in seiner Gesamtheit** und damit sämtliche Projektkosten unter Einschluss der Kosten für die Indexierung, Vorfinanzierung sowie die Umsatzsteuerbeträge.[363] Es kommt einerseits nicht auf die nach dem Zuwendungsbescheid benannten „förderfähigen Kosten" an, andererseits ist der Begriff des Auftragswertes i.S.d. § 3 VgV a.F. unbeachtlich, da der Vorhabenbegriff i.S.d. § 99 Nr. 4 GWB weiter ist.[364] Bei Fördermitteln müssen diese bereits veranschlagt sein, wobei auch die Auskunft des Auftraggebers, Fördermittel voraussichtlich in entsprechender Höhe bereitzustellen, genügt.[365] Umfasst sind auch EU-Fördermittel.[366]

105 Bei der Finanzierung durch **mehrere öffentliche Auftraggeber** werden die Subventionsbeträge addiert.

---

355 *Werner,* in: Byok/Jaeger, Vergaberecht, § 98 GWB Rn. 103 f.; *Dreher,* in: Immenga/Mestmäcker, Wettbewerbsrecht, § 98 GWB Rn. 212; *Eschenbruch,* in: Kulartz/Kus/Portz, GWB-Vergaberecht, § 98 Rn. 321.

356 *von Wallenberg/Schütte,* in: Grabitz/Hilf/Nettesheim, Das Recht der Europäischen Union, Art. 107 AEUV Rn. 46.

357 EuGH, Urteil v. 11.7.1996 – Rs. C-39/94 (SFEI u.a./La Poste), Rn. 60; Urteil v. 29.4.1999 – Rs. C-342/96 (Spanien/Kommission), Rn. 41.

358 Siehe VK Rheinland-Pfalz, Beschluss v. 11.12.2008 – VK 38/08 (Containerterminal); *Puhl*, Grundfragen des kartellvergaberechtlichen Auftraggeberbegriffs, S. 224 ff.

359 *Dörr,* in: Dreher/Motzke, Vergaberecht, § 98 GWB Rn. 168; *Wieddekind,* in: Willenbruch/Wieddekind, Vergaberecht, § 98 GWB Rn. 114.

360 *Weyand,* Vergaberecht, § 98 Rn. 187.

361 *Eschenbruch,* in: Kulartz/Kus/Portz, GWB-Vergaberecht, § 98 Rn. 321.

362 *Dreher,* in: Immenga/Mestmäcker, Wettbewerbsrecht, § 98 GWB Rn. 213.

363 OLG Celle, Beschluss v. 25.8.2011 – 13 Verg 5/11 (Bistum); VK Niedersachsen, Beschluss v. 28.7.2011 – VgK 27/2011.

364 VK Nordbayern, Beschluss v. 30.9.2015 – 21.VK-3194-33/15, Rn. 41 f.

365 VK Hamburg, Beschluss v. 27.9.2006 – VK BSU 3/06; *Wagner,* in: Langen/Bunte, Kartellrecht, § 98 GWB Rn. 76.

366 VK Bund, Beschluss v. 3.7.2007 – VK 2-45/2007 und 2-57/2007.

Maßgeblicher Zeitpunkt für die Berechnung ist die Ausschreibung.[367] Ergeben sich im Laufe des Vergabeverfahrens Änderungen, berührt dies die Auftraggebereigenschaft nicht mehr.[368] **106**

Anlage

Gesetzesbegründung (BT-Drs. 18/6281)

Seite 69

§ 99 definiert nunmehr ausschließlich die öffentlichen Auftraggeber. Die Begriffe Sektorenauftraggeber und Konzessionsgeber werden in § 100 bzw. § 101 definiert.

Die Neustrukturierung der Definitionen des öffentlichen Auftraggebers verbessert die Übersichtlichkeit und Lesbarkeit für den Rechtsanwender. Im Sinne einer übersichtlichen und klar strukturierten Regelung ist eine Trennung zwischen den Begriffen des öffentlichen Auftraggebers nach § 99 und des Sektorenauftraggebers nach § 100 angezeigt. Der bisherige § 98 Nummer 4 wird deshalb in § 100 überführt.

Die Neustrukturierung wird zudem erforderlich durch die Umsetzung der neuen Richtlinie über die Vergabe von Konzessionen (Richtlinie 2014/23/EU). Die Richtlinie 2014/23/EU unterscheidet in ihren Artikeln 6 und 7 zwischen „öffentlichen Auftraggebern" einerseits und „Auftraggebern", die einer Sektorentätigkeit nachgehen und zum Zwecke dieser Tätigkeit Konzessionen vergeben, andererseits. Die Richtlinie 2014/23/EU behält diese Unterscheidung auch in den materiellen Regelungen bei. Diese Systematik erfordert auch im nationalen Recht eine klare Trennung zwischen diesen beiden Kategorien von Konzessionsgebern.

Der bisherige § 98 Nummer 6 GWB kann künftig entfallen. Die Regelung diente bislang der Umsetzung des Artikel 63 Absatz 1 der Richtlinie 2004/18/EG des Europäischen Parlaments und des Rates vom 31.3.2004 über die Koordinierung der Verfahren zur Vergabe öffentlicher Bauaufträge, Lieferaufträge und Dienstleistungsaufträge (ABl. L 134 vom 30.4.2004, S. 114). Eine vergleichbare Regelung ist in der neuen Richtlinie 2014/24/EU nicht mehr enthalten. Die Vergabe von Konzessionen ist nun abschließend in der Richtlinie 2014/23/EU geregelt, die ebenfalls nicht normiert, dass natürliche oder juristische Personen des privaten Rechts, die mit Stellen nach

Seite 70

§ 99 Nummern 1 bis 3 eine Baukonzession geschlossen haben, hinsichtlich der Aufträge an Dritte öffentliche Auftraggeber sein sollen.

Zu Nummer 1

§ 99 Nummer 1 entspricht dem bisherigen § 98 Nummer 1 GWB.

Zu Nummer 2

§ 99 Nummer 2 entspricht im Wesentlichen dem bisherigen § 98 Nummer 2 GWB. Die Vorschrift wurde zum besseren Verständnis neu strukturiert. Darüber hinaus wurde zum Zwecke der Angleichung der Halbsätze 1 und 2 das Tatbestandsmerkmal „oder über die Leitung die Aufsicht ausübt" in Halbsatz 2 ergänzt. Halbsatz 2 regelt den Fall der vermittelten Staatsverbundenheit, in dem die Beherrschung nicht durch Gebietskörperschaften nach § 99 Nummer 1 oder deren Verbände nach § 99 Nummer 3, sondern durch einen öffentlichen Auftraggeber nach § 99 Nummer 2 Halbsatz 1 erfolgt. Nach dem bisherigen Wortlaut des § 98 Nummer 2 Satz 2 GWB waren als Beherrschungstatbestände lediglich die „überwiegende Finanzierung" und die „Bestimmung der Mehrheit der Mitglieder eines zur Geschäftsführung oder Aufsicht berufenen Organs" vorgesehen. Der in dem bisherigen § 98 Nummer 2 Satz 1 GWB darüber hinaus vorgesehene Beherrschungstatbestand der „Ausübung der Aufsicht über die Leitung" war bislang in § 98 Nummer 2 Satz 2 GWB nicht enthalten. Da die Richtli-

367 *Dörr,* in: Dreher/Motzke, Vergaberecht, § 98 GWB Rn. 169; *Weyand,* Vergaberecht, § 98 Rn. 188.
368 OLG München, Beschluss v. 10.11.2010 – Verg 19/10; VK Niedersachsen, Beschluss v. 28.7.2011 – VgK 27/2011, Umdruck S. 9.

nie 2014/24/EU in Artikel 2 Absatz 1 Nummer 4 hierbei keinen Unterschied macht, wird der neue Halbsatz 2 in § 99 Nummer 2 entsprechend angepasst.

Zu Nummer 3

§ 99 Nummer 3 entspricht dem bisherigen § 98 Nummer 3 GWB.

Zu Nummer 4

§ 99 Nummer 4 entspricht im Wesentlichen dem bisherigen § 98 Nummer 5 GWB und betrifft bestimmte Bauvorhaben, die überwiegend von öffentlichen Auftraggebern gemäß § 99 Nummer 1 bis 3 subventioniert werden. Das Verb „finanzieren" wird durch „subventionieren" ersetzt. Damit wird § 99 Nummer 4 an den Wortlaut des Artikel 13 der Richtlinie 2014/24/EU angepasst, der insofern weiter zu verstehen ist als die bisherige Regelung in § 98 Nummer 5 GWB. Nach Artikel 13 der Richtlinie 2014/24/EU kommt es nämlich in erster Linie nicht auf eine direkte Finanzierung durch einen öffentlichen Auftraggeber an. Entscheidend ist vielmehr, ob die Leistung als Subvention betrachtet werden kann. Der Begriff „subventionieren" beschränkt sich dabei nicht auf positive Leistungen, sondern umfasst auch sonstige Begünstigungen (z. B. Steuernachlässe, so EuGH, Urteil vom 26.9.2013, C 115/12, Frankreich / Kommission). Die Richtlinie über die Vergabe von Konzessionen (Richtlinie 2014/23/EU) und die Richtlinie über die Vergabe von Aufträgen im Bereich der Wasser- Energie- und Verkehrsversorgung (Richtlinie 2014/25/EU) enthalten keine vergleichbare Regelung zu Artikel 13 der Richtlinie 2014/24/EU, so dass eine Umsetzung nur im Rahmen des § 99 erforderlich ist.

§ 100
Sektorenauftraggeber

(1) Sektorenauftraggeber sind

1. öffentliche Auftraggeber gemäß § 99 Nummer 1 bis 3, die eine Sektorentätigkeit gemäß § 102 ausüben,

2. natürliche oder juristische Personen des privaten Rechts, die eine Sektorentätigkeit gemäß § 102 ausüben, wenn

a) diese Tätigkeit auf der Grundlage von besonderen oder ausschließlichen Rechten ausgeübt wird, die von einer zuständigen Behörde gewährt wurden, oder

b) öffentliche Auftraggeber gemäß § 99 Nummer 1 bis 3 auf diese Personen einzeln oder gemeinsam einen beherrschenden Einfluss ausüben können.

(2) Besondere oder ausschließliche Rechte im Sinne von Absatz 1 Nummer 2 Buchstabe a sind Rechte, die dazu führen, dass die Ausübung dieser Tätigkeit einem oder mehreren Unternehmen vorbehalten wird und dass die Möglichkeit anderer Unternehmen, diese Tätigkeit auszuüben, erheblich beeinträchtigt wird. Keine besonderen oder ausschließlichen Rechte in diesem Sinne sind Rechte, die aufgrund eines Verfahrens nach den Vorschriften dieses Teils oder aufgrund eines sonstigen Verfahrens gewährt wurden, das angemessen bekannt gemacht wurde und auf objektiven Kriterien beruht.

(3) Die Ausübung eines beherrschenden Einflusses im Sinne von Absatz 1 Nummer 2 Buchstabe b wird vermutet, wenn ein öffentlicher Auftraggeber gemäß § 99 Nummer 1 bis 3

1. unmittelbar oder mittelbar die Mehrheit des gezeichneten Kapitals des Unternehmens besitzt,

2. über die Mehrheit der mit den Anteilen am Unternehmen verbundenen Stimmrechte verfügt oder

3. mehr als die Hälfte der Mitglieder des Verwaltungs-, Leitungs- oder Aufsichtsorgans des Unternehmens bestellen kann.

Übersicht Rn.

A. Allgemeines ... 1
B. Öffentliche Auftraggeber (Abs. 1 Nr. 1) ... 6
C. Natürliche oder juristische Personen des privaten Rechts (Abs. 1 Nr. 2) ... 12
I. Sektorentätigkeit auf der Grundlage von besonderen oder ausschließlichen Rechten (lit. a, Abs. 2) ... 13
1. Besondere oder ausschließliche Rechte (Abs. 2 S. 1) ... 13
2. Gewährung durch zuständige Behörde ... 18
3. Negativabgrenzung ... 26
II. Beherrschender Einfluss durch öffentliche Auftraggeber (lit. b, Abs. 3) ... 31
1. Beherrschungsmöglichkeit ... 32
2. Widerlegbarkeit ... 40
3. Hoheitsträger aus anderen EU-Mitgliedstaaten ... 42
Anlage Gesetzesbegründung (BT-Drs. 18/6281)

A. Allgemeines

§ 100 GWB definiert die Sektorenauftraggeber. Die Regelung soll der Umsetzung von **Art. 4 RL 2014/25/EU** dienen.[1] 1

Neben öffentlichen Auftraggebern im Sinne von § 99 Nr. 1 bis 3 GWB können auch **natürliche oder juristische Personen des privaten Rechts** Sektorenauftraggeber sein. Voraussetzung ist neben der Ausübung einer Sektorentätigkeit im Sinne von § 102 GWB, dass die Ausübung eines beherrschenden Einflusses durch öffentliche Auftraggeber gemäß 2

1 Gesetzesbegründung, BT-Drs. 18/6281, 70.

§ 99 Nr. 1 bis 3 GWB auf die natürliche oder juristische Person des Privatrechts einzeln oder gemeinsam möglich ist (§ 100 Abs. 1 Nr. 2 lit. a GWB) oder dass die Sektorentätigkeit auf der Grundlage von besonderen oder ausschließlichen Rechten ausgeübt wird, die von einer zuständigen Behörde gewährt wurden (§ 100 Abs. 1 Nr. 2 lit. b GWB). **Hintergrund und Ziel** der Erstreckung des Anwendungsbereichs des Vergaberechts auf private Auftraggeber ist die Durchbrechung bestehender Monopole in den Versorgungssektoren, die auf staatlich verliehenen besonderen oder ausschließlichen Rechten beruhen. Diejenigen Unternehmen, von denen vermutet wird, dass sie sich bei der Beschaffung von Waren, Bau- und Dienstleistungen aufgrund ihrer staatlich begründeten Vorzugsstellung in dem jeweiligen Versorgungssektor nicht ausschließlich von markt- oder betriebswirtschaftlichen Erwägungen leiten lassen, sollen zu einem eben solchen Einkaufsverhalten angehalten werden.[2] Damit tritt neben die grundfreiheitenrechtliche Ausrichtung des europäischen Vergaberechts[3] ein durch Art. 106 AEUV begründeter wettbewerbsrechtlicher Zweck.[4]

3 § 100 GWB erweitert den Begriff des Sektorenauftraggebers gegenüber § 98 Nr. 4 GWB a.F. dahin gehend, **dass öffentliche Auftraggeber im Sinne von § 99 Nr. 1 bis 3 GWB**, die eine Sektorentätigkeit ausüben, nunmehr nach dem Wortlaut der Regelung ausdrücklich in den Anwendungsbereich einbezogen werden.[5] Das ist mehr eine Frage des sachlichen als des persönlichen Anwendungsbereichs,[6] die bislang durch das Verordnungsrecht gelöst wurde.[7] Diese Erweiterung ist freilich der Neugestaltung des Auftraggeberbegriffs in §§ 98 ff. GWB geschuldet. Während Sektorenauftraggeber nach altem Recht auch öffentliche Auftraggeber im Sinne von § 98 GWB a.F. waren, führt das neue Recht erstmals einen Auftraggeberbegriff ein, der öffentliche Auftraggeber, Sektorenauftraggeber und Konzessionsgeber umfasst und gleichzeitig in §§ 99 ff. GWB voneinander abgrenzt. Damit folgt der Gesetzgeber der Definitionssystematik des Richtliniengebers, der in Art. 4 RL 2014/25/EU öffentliche Auftraggeber im Sinne der RL 2014/24/EU dem Auftraggeberbegriff des Sektorenvergaberechts unterordnet.

4 **§ 100 Abs. 2 S. 2 GWB** soll in Umsetzung von Art. 4 Abs. 3 UAbs. 2 RL 2014/24/EU[8] nunmehr klarstellen, dass Rechte, die in einem angemessen bekannt gegebenen und auf objektiven Kriterien beruhenden Verfahren gewährt wurden, keine besonderen oder ausschließlichen Rechte im Sinne von § 100 Abs. 2 S. 1 GWB begründen.

5 **§ 100 Abs. 3 GWB** enthält eine Bestimmung, nach der die Ausübung eines beherrschenden Einflusses vermutet wird, wenn ein öffentlicher Auftraggeber gemäß § 99 Abs. 1 bis 3 GWB unmittelbar oder mittelbar die Mehrheit des gezeichneten Kapitals des Unternehmens besitzt, über die Mehrheit der mit den Anteilen am Unternehmen verbundenen Stimmrechte verfügt oder mehr als die Hälfte der Mitglieder des Verwaltungs-, Leitungs- oder Aufsichtsorgans des Unternehmens bestellen kann. Damit soll die bereits in Art. 2 Abs. 1 lit. b RL 2004/17/EG[9] enthaltene Vermutungsregel im GWB umgesetzt werden.[10]

B. Öffentliche Auftraggeber (Abs. 1 Nr. 1)

6 Erstmals hat der Gesetzgeber öffentliche Auftraggeber im Sinne von § 99 Nr. 1 bis 3 GWB ausdrücklich in den persönlichen Anwendungsbereich des Sektorenvergaberechts einbezogen. Sektorenauftraggeber sind demnach[11]

---

2 *Dörr*, in: Dreher/Motzke, Vergaberecht, § 98 GWB Rn. 120 ff.
3 Erwägungsgrund 1 RL 2014/24/EU.
4 Erwägungsgrund 2 RL 2014/25/EU und bereits Erwägungsgrund 3 RL 2004/17/EG; vgl. auch *Dreher*, in: Immenga/Mestmäcker, Wettbewerbsrecht, § 98 GWB Rn. 178.
5 Vgl. zum bisherigen Recht etwa VK Hessen, Beschluss v. 28.2.2011 – 69d-VK-47/2010.
6 Vgl. insoweit auch Gesetzesbegründung, BT-Drs. 18/6281, 70.
7 Vgl. § 1 Abs. 1 S.1 und S.2 SektVO.
8 Gesetzesbegründung, BT-Drs. 18/6281, 71 (zu § 100 Abs. 2 GWB).
9 Nunmehr Art. 4 Abs. 2 UAbs. 2 RL 2014/25/EU.
10 Gesetzesbegründung, BT-Drs. 18/6281, 72 (zu § 100 Abs. 3 GWB).
11 Wegen der Einzelheiten siehe *Badenhausen-Fähnle* zu § 99.

- Gebietskörperschaften sowie deren Sondervermögen,
- andere juristische Personen des öffentlichen und des privaten Rechts, die zu dem besonderen Zweck gegründet wurden, im Allgemeininteresse liegende Aufgaben nichtgewerblicher Art zu erfüllen, sofern sie überwiegend von Stellen nach § 99 Nr. 1 oder Nr. 3 GWB einzeln oder gemeinsam durch Beteiligung oder auf sonstige Weise finanziert werden, ihre Leitung der Aufsicht durch Stellen nach § 99 Nr. 1 oder Nr. 3 GWB unterliegt oder mehr als die Hälfte der Mitglieder eines ihrer zur Geschäftsführung oder zur Aufsicht berufenen Organe durch Stellen nach § 99 Nr. 1 oder Nr. 3 GWB bestimmt worden sind; dasselbe gilt, wenn diese juristische Person einer anderen juristischen Person des öffentlichen oder privaten Rechts einzeln oder gemeinsam mit anderen die überwiegende Finanzierung gewährt, über deren Leitung die Aufsicht ausübt oder die Mehrheit der Mitglieder eines zur Geschäftsführung oder Aufsicht berufenen Organs bestimmt hat, und
- Verbände, deren Mitglieder unter § 99 Nr. 1 oder Nr. 3 GWB fallen.

Die Einbeziehung öffentlicher Auftraggeber geht auf die bis zur Entscheidung des EuGH in der Rechtssache „Fernwärme Wien"[12] umstrittene Frage zurück, ob öffentliche Auftraggeber, die zumindest **auch im Bereich der Versorgungssektoren** tätig sind, das Vergaberecht der RL 2004/18/EG oder das Sektorenvergaberecht der RL 2004/17/EG anwenden müssen.[13] Der EuGH entschied, dass öffentliche Auftraggeber alle Aufträge, die mit der Ausübung einer Sektorentätigkeit in einem Zusammenhang stehen, nach den Verfahrensregeln des Sektorenvergaberechts vergeben, und alle Aufträge, die einen solchen Zusammenhang nicht aufweisen, nach den Verfahrensregeln der RL 2004/18/EG.[14] Eine „Infizierung" von Aufträgen ohne Zusammenhang mit der Ausübung einer Sektorentätigkeit findet nicht statt.[15] 7

Dabei handelt es sich weniger um eine Frage des persönlichen als des **sachlichen Anwendungsbereichs**, weshalb die Lösung nach altem Recht über § 1 Abs. 1 SektVO a.F., der öffentliche Auftraggeber im Sinne von § 98 Nr 1 bis 3 GWB a.F. sachlich zur Anwendung des Sektorenvergaberechts für die Vergabe von Aufträgen im Zusammenhang mit Sektorentätigkeiten verpflichtete, gelungener erscheint. Der Gesetzgeber vermischt, dem Beispiel des Richtliniengebers folgend, den persönlichen und den sachlichen Anwendungsbereich des Sektorenvergaberechts. 8

Der daraus abgeleiteten Theorie vom **relativen Sektorenauftraggeberbegriff**[16] ist entgegenzuhalten, dass Auftraggeber selbst dann Sektorenauftraggeber im Sinne von § 100 Abs. 1 GWB ebenso wie nach altem Recht gemäß § 98 Nr. 4 GWB a.F. sind, wenn sie Aufträge außerhalb der Versorgungssektoren vergeben, solange sie aktuell und aktiv in einem der in § 102 GWB genannten Versorgungssektoren tätig sind.[17] Das Tätigkeitserfordernis des § 100 Abs. 1 GWB stellt gerade nicht auf einen konkreten Auftrag ab. Öffentliche Auftraggeber gemäß § 99 Nr. 1 bis 3 GWB sind, ebenso wie natürliche oder juristische Personen des Privatrechts, unter den in § 100 Abs. 1 GWB genannten Voraussetzungen Sektorenauftraggeber, selbst wenn sie auch Aufträge außerhalb des Versorgungssektors vergeben, in dem sie im Übrigen tätig sind. Die Eigenschaft als Sektorenauftraggeber entfällt erst und nur, wenn die Sektorentätigkeit vollständig auf einen Dritten übertragen worden ist.[18] Aus diesem Grund sind auch Konzernholdinggesellschaften, die die Sektorentätigkeit operativ durch ihre Töchterunternehmen erbringen lassen, selbst nicht Sektorenauftraggeber.[19] 9

---

12 EuGH, Urteil v. 10.4.2008 – Rs. C-393/06 (Fernwärme Wien).

13 Vgl. die Nachweise bei *Opitz*, in: Eschenbruch/Opitz, SektVO, Einleitung – Teil 1 Rn. 15.

14 EuGH, Urteil v. 10.4.2008 – Rs. C-393/06 (Fernwärme Wien), Rn. 58; siehe hierzu schon *Opitz*, NZBau 2002, 19 (21).

15 EuGH, Urteil v. 10.4.2008 – Rs. C-393/06 (Fernwärme Wien), Rn. 31; vgl. *Werner*, in: Byok/Jaeger, Vergaberecht, § 98 GWB Rn. 99, sowie auch *Matthey*, Das Recht der Auftragsvergabe in den Sektoren, S. 117.

16 *Opitz*, in: Eschenbruch/Opitz, SektVO, Einleitung – Teil 1 Rn. 14; *ders.* VergabeR 2009, 689 (690); *ders.* NZBau 2002, 19 (21).

17 OLG Frankfurt, Beschluss v. 30.8.2011 – 11 Verg 3/11.

18 OLG Frankfurt, Beschluss v. 30.8.2011 – 11 Verg 3/11; vgl. auch VK Niedersachsen, Beschluss v. 15.11.1999 – 203-VgK-12/99.

19 *Dörr*, in: Dreher/Motzke, Vergaberecht, § 98 GWB Rn. 129.

10 Während die Qualifizierung als Sektorenauftraggeber daher absolut ist, bedarf die Frage, welches Vergaberegime Sektorenauftraggeber anzuwenden haben, einer Einzelfallbetrachtung.[20] §§ 136 GWB und § 1 SektVO stellen klar, dass Sektorenauftraggeber nur dann die speziellen Regelungen der §§ 137 ff. GWB und der Sektorenverordnung anwenden, wenn der Auftrag zum Zweck der Ausübung einer **Sektorentätigkeit** vergeben werden soll.[21] Daraus ergibt sich im Umkehrschluss nicht nur, dass öffentliche Auftraggeber, die eine Sektorentätigkeit ausüben, Aufträge außerhalb des Sektorenbereichs nach dem allgemeinen Vergaberegime der RL 2014/24/EU zu vergeben haben. Aus §§ 136 GWB, 1 SektVO folgt auch, dass private Sektorenauftraggeber, die Aufträge für andere Zwecke als die Ausübung einer Sektorentätigkeit vergeben, dabei nicht an das Verfahrensrecht der SektVO gebunden sind. Die Befreiung auch von einer Pflicht zur Vergabe von Aufträgen nach den allgemeinen Grundsätzen des Teil 4 des GWB und von der Nachprüfung nach den §§ 155 ff. GWB folgt aus § 137 Abs. 2 Nr. 1 GWB.[22]

11 Im **Einzelfall** ist der für die sachliche Anwendbarkeit des Sektorenvergaberechts erforderliche Zweck der Ausübung einer Sektorentätigkeit zu prüfen. Dieser wird für sog. **Sektorenhilfstätigkeiten** bereits dann anzunehmen sein, wenn der Leistungsgegenstand die Sektorentätigkeit ermöglicht, erleichtert, fördert oder sonst unterstützt.[23] Beispiele sind etwa die Beschaffung von Büromaterial, von Dienstleistungen zur Sicherung des Betriebsgeländes[24], von Versicherungsleistungen,[25] von Ingenieurleistungen für die technische Gebäudeausrüstung eines Verwaltungsgebäudes[26], von Ingenieurleistungen zur Bauüberwachung von Flugbetriebsflächen[27], einer übergeordneten Leittechnik zur Steuerung von Wasserkraftwerken[28] oder die Suche eines strategischen Partners zum Betrieb von Energieversorgungsnetzen.[29] Andere Zwecke als die Ausübung einer Sektorentätigkeit und damit eine Freistellung vom Sektorenvergaberecht werden nur in seltenen und eng auszulegenden Ausnahmefällen anzunehmen sein,[30] wenn der Auftrag einer Aufgabe dient, die ganz losgelöst von der Versorgung der Allgemeinheit mit Energie, Trinkwasser oder Verkehrsleistungen wahrgenommen wird.[31] Ein mögliches Beispiel sind Immobilienentwicklungen für Dritte auf nicht mehr betriebsnotwendigen Grundstücken.[32] Auch werden Tätigkeiten, die nicht zu einem funktionierenden Ablauf eines Flughafenbetriebes gehören, wie etwa der Betrieb eines Hotels oder Speditionstätigkeiten, ebenfalls für andere Zwecke als für die Sektorentätigkeit im Bereich Flughäfen[33] ausgeführt.[34]

---

20 EuGH, Urteil v. 16.6.2005 – Verb. Rs. C-462/03 und C-463/03 (ÖBB); vgl. auch *Dreher*, in: Immenga/Mestmäcker, Wettbewerbsrecht, § 98 GWB Rn. 180.

21 Vgl. auch Art. 19 RL 2014/25/EU.

22 Siehe hierzu § 137 Rn. 53.

23 OLG Düsseldorf, Beschluss v. 9.1.2013 – Verg 26/12; *Dreher*, in: Immenga/Mestmäcker, Wettbewerbsrecht, § 100b GWB Rn. 14.; *Opitz*, in: Eschenbruch/Opitz, SektVO, Einleitung – Teil 1 Rn. 14; siehe aber *ders.*, VergabeR 2014, 369 (371), wonach der Anwendungsbereich des Sektorenvergaberechts aufgrund der Verwendung des Präsens in Art. 4 RL 2014/25/EU (ausüben) für Stellen, die noch keine Sektorentätigkeit ausüben, Aufträge aber im Hinblick auf die Aufnahme einer solchen Tätigkeit vergeben, weiterhin ungeklärt sei.

24 OLG Düsseldorf, Beschluss v. 24.3.2010 – VII-Verg 58/09: Abschlepp- und Inkassodienstleistungen für das Gelände des Düsseldorfer Flughafens; VK Sachsen, Beschluss v. 19.10.2010 – 1/SVK/037/10: Bauüberwachungsleistungen – Flugbetriebsflächen.

25 *Franke/Höfler*, BB 1998, 433 (434).

26 OLG Düsseldorf, Beschluss v. 21.5.2008 – VII-Verg 19/08.

27 OLG Brandenburg, Beschluss v. 16.1.2007 – Verg W 7/06.

28 OLG München, Beschluss v. 12.5.2011 – Verg 26/10.

29 OLG Düsseldorf, Beschluss v. 9.1.2013 – Verg 26/12.

30 *Dreher*, in: Immenga/Mestmäcker, Wettbewerbsrecht, § 100b GWB Rn. 14.

31 *Opitz*, in: Eschenbruch/Opitz, SektVO, Einleitung – Teil 1 Rn. 14; *Matthey*, Das Recht der Auftragsvergabe in den Sektoren, S. 117.

32 *Eschenbruch*, in: Kulartz/Kus/Portz, GWB-Vergaberecht, § 98 Rn. 311.

33 Siehe hierzu § 102 Rn. 35 ff.

34 *Matthey*, Das Recht der Auftragsvergabe in den Sektoren, S. 117.

C. Natürliche oder juristische Personen des privaten Rechts (Abs. 1 Nr. 2)

Sektorenauftraggeber sind ferner natürliche oder juristische Personen des privaten Rechts, die eine Sektorentätigkeit gemäß § 102 GWB ausüben, wenn diese Tätigkeit auf der Grundlage von besonderen oder ausschließlichen Rechten ausgeübt wird, die von einer zuständigen Behörde gewährt wurden, oder öffentliche Auftraggeber gemäß § 99 Nr. 1 bis 3 GWB auf diese Personen einzeln oder gemeinsam einen beherrschenden Einfluss ausüben können. 12

I. Sektorentätigkeit auf der Grundlage von besonderen oder ausschließlichen Rechten (lit. a, Abs. 2)

1. Besondere oder ausschließliche Rechte (Abs. 2 S. 1)

Besondere oder ausschließliche Rechte sind nach der Definition in § 100 Abs. 2 S. 1 GWB Rechte, die dazu führen, dass die Ausübung der Sektorentätigkeit einem oder mehreren Unternehmen vorbehalten wird und dass die Möglichkeit anderer Unternehmen, diese Tätigkeit auszuüben, erheblich beeinträchtigt wird. Besondere unterscheiden sich von ausschließlichen Rechten dadurch, dass ausschließliche Rechte eine exklusive Stellung am Markt vermitteln, während über besondere Rechte mehreren Unternehmen mehreren Unternehmen eine Vorzugsstellung verliehen wird.[35] 13

Aus Erwägungsgrund 20 RL 2014/25/EU[36] folgt, dass der Unionsgesetzgeber den Begriff der besonderen oder ausschließlichen Rechte und damit den persönlichen Anwendungsbereich des Sektorenvergaberechts im Vergleich zu der früheren Rechtslage nach den RL 90/531/EWG und 93/38/EWG **einschränken** wollte.[37] Während unter Geltung der RL 90/531/EWG (dort Art. 2 Abs. 3 UAbs. 2 lit. a und lit. b und 93/38/EWG (dort Art. 2 Abs. 1 lit. b und Abs. 3) als Beispiele für besondere oder ausschließliche Rechte ausdrücklich die rechtliche Begünstigung zum Bau von Netzen und Einrichtungen auf, unter oder über öffentlichen Wegenetzen, und die Versorgung eines Netzes mit Trinkwasser, Elektrizität, Gas oder Wärme, das seinerseits von rechtlich privilegierten Auftraggebern betrieben wird, genannt wurden, bedeuten derartige Rechte seit Inkrafttreten der RL 2004/17/EG keine besonderen oder ausschließlichen Rechtspositionen mehr.[38] 14

Demgemäß begründen auch die durch das **EnWG** verliehenen Möglichkeiten und Rechte, insbesondere die Möglichkeit der Enteignung gemäß § 45 EnWG oder Wegenutzungsrechte gemäß § 46 EnWG grundsätzlich keine besonderen oder ausschließlichen Rechte im Sinne von § 100 Abs. 2 S. 1 GWB.[39] 15

Zu weitgehend erscheint die Auffassung der VK Niedersachsen, nach der jedes **Monopol** oder **Oligopol** ein besonderes oder ausschließliches Recht begründet.[40] Dabei wird übersehen, dass die Möglichkeit anderer Unternehmen, eine Sektorentätigkeit auszuüben, auch aus anderen als aus Rechtsgründen erheblich beeinträchtigt sein kann. Monopole und Oligopole können, müssen aber nicht zwingend rechtlich begründet sein.[41] Erforderlich ist tatbestandlich aber stets eine Rechtsposition, aus der heraus der Rechteinhaber die Sektorentätigkeit ausübt und die Möglichkeit anderer Unternehmen, diese Tätigkeit auszuüben, beschränken kann. § 100 Abs. 2 S. 1 GWB ist insoweit auch im Lichte von Art. 4 Abs. 3 RL 2014/25/EU auszulegen, wonach besondere oder ausschließliche Rechte Rechte sind, die eine zuständige Behörde eines Mitgliedstaats gewährt hat, um die Ausübung einer Sektorentätigkeit auf eine 16

35 *Eschenbruch*, in: Kulartz/Kus/Portz, GWB-Vergaberecht, § 98 Rn. 303.
36 Siehe auch bereits Erwägungsgrund 25 RL 2004/17/EG.
37 *Dörr*, in: Dreher/Motzke, Vergaberecht, § 98 GWB Rn. 151 f. m.w.N.; *Ohrtmann*, VergabeR 2007, 565 (572); zur Historie siehe insbesondere *Schröder*, NZBau 2012, 541; a.A. VK Niedersachsen, Beschluss v. 30.9.2015 – VgK-30/2015: *„Tatsächlich wurden nur die erläuternden Beispielsfälle in den Regelwerken verändert."*
38 Vgl. Erwägungsgrund 25 RL 2004/17/EG.
39 OLG Celle, Beschluss v. 8.8.2013 – 13 Verg 7/13 m.w.N.; ebenso *Ohrtmann*, VergabeR 2007, 565 (569 f.).
40 VK Niedersachsen, Beschluss v. 30.9.2015 – VgK-30/2015.
41 Vgl. zum Monopolbegriff *Berg*, in: von der Groeben/Schwarze/Hatje, Europäisches Unionsrecht, Art. 37 AEUV Rn. 10 ff.

oder mehrere Stellen zu beschränken, wodurch die Möglichkeit anderer Stellen zur Ausübung dieser Tätigkeit wesentlich eingeschränkt wird. Daraus folgt, dass eine Monopol- oder Oligopolstellung allein nicht ausreicht. Sie muss ursächlich auf eine Rechtsposition zurückzuführen sein. Daraus wird der Rechteinhaber auch andere potenzielle Marktteilnehmer ggf. auch im Klagewege auf Unterlassung in Anspruch nehmen können.[42]

17 Ob eine besondere oder ausschließliche Rechtsposition auch aus allgemeinen **Tätigkeitsgenehmigungen** abgeleitet werden kann, ist fraglich. Wenn grundsätzlich jedermann, der bestimmte sachliche und personelle Voraussetzungen erfüllt, Anspruch auf Erteilung einer Tätigkeitsgenehmigung hat, werden durch die Genehmigung allein keine besonderen oder ausschließlichen Rechte begründet.[43] Wenn aber einem oder einzelnen Unternehmen durch behördliche Entsceidung[44] in einem bestimmten geografischen Gebiet vorbehalten wurde, eine nur begrenzt nutzbare Ressource zu verwenden, hierauf entsprechende Investitionen getätigt wurden und damit für eine Region das Potenzial der Nutzung weitgehend erschöpft ist, wenn dem oder den Unternehmen dadurch[45] eine Vorzugsstellung auf dem Markt eingeräumt wird, sodass ein freier Wettbewerb insoweit also nicht stattfindet oder erheblich eingeschränkt ist, liegt es nahe, das Vorliegen besonderer oder ausschließlicher Rechte anzunehmen. Beispiele hierfür sind die Nutzung von Wasserkraft auf österreichisch-bayerischen Grenzflüssen aufgrund eines Staatsvertrages, der gleichzeitig die Erteilung von wasserrechtlichen Erlaubnissen an Dritte ausschließt,[46] der Betrieb von Verkehrsflughäfen aufgrund von § 38 Abs. 2 Nr. 1 LuftVZO,[47] weil Flughäfen nur unter Berücksichtigung der Belange der Raumordnung (§ 6 Abs. 2 S. 1 LuftVG) genehmigt werden und daher auf bestimmte geographische Bereiche in Deutschland beschränkt sind,[48] oder Linienverkehrsgenehmigungen nach § 13 PBefG aufgrund der damit einhergehenden, andere Verkehrsunternehmen ausschließenden Wirkung.[49]

2. Gewährung durch zuständige Behörde

18 Die Definition des Begriffs der besonderen oder ausschließlichen Rechte nach § 100 Abs. 2 S. 1 GWB ist dem früheren **Art. 86 Abs. 1 EGV** (jetzt Art. 106 Abs. 1 AEUV) entnommen und auch in diesem Sinne auszulegen.[50] Entscheidend ist demnach insbesondere, ob dem betreffenden Unternehmen von einer zuständigen Behörde eines Mitgliedstaats besondere oder ausschließliche Rechte gewährt worden sind. Nicht ausreichend ist es, wenn andere Unternehmen aus anderen Gründen als einem staatlich gewährten besonderen oder ausschließlichen Recht von einer Sektorentätigkeit abgehalten werden und dadurch ein oder mehrere Unternehmen reflexartig bevorteilt werden.[51] Das ergab sich bereits aus Erwägungsgrund 3 RL 2004/17/EG. Sinn und Zweck des Sektorenvergaberechts und der wesentliche Grund dafür, die Auftragsvergaben in diesem Bereich zu regeln, ist die Abschottung der Märkte, die darauf zurückzuführen ist, dass die Mitgliedstaaten für die Versorgung, die Bereitstellung oder das Betreiben von Netzen, mit denen die betreffenden Dienstleistungen erbracht werden, besondere oder ausschließliche Rechte gewähren. Dieselbe Erwägung ist in S. 1 des Erwägungsgrundes 1 RL 2014/25/EU enthalten.

19 Art. 4 Abs. 3 RL 2014/25/EU definiert **besondere oder ausschließliche Rechte** im Sinne der Richtlinie als Rechte, die eine zuständige Behörde eines Mitgliedstaates im Wege einer Rechts- oder Verwaltungsvorschrift gewährt hat, um die Ausübung einer Sektorentätigkeit auf eine

42 A.A. VK Niedersachsen, Beschluss v. 30.9.2015 – VgK-30/2015.
43 *Pünder*, in: Pünder/Schellenberg, Vergaberecht, § 98 GWB Rn. 85; vgl. auch *Ohrtmann*, VergabeR 2007, 565 (567).
44 Siehe hierzu Rn. 18 ff.
45 Siehe hierzu Rn. 21 ff.
46 OLG München, Beschluss v. 12.5.2011 – Verg 26/10.
47 OLG Düsseldorf, Beschluss v. 24.3.2010 – VII-Verg 58/09.
48 *Schröder*, NZBau 2012, 541 (545).
49 *Schröder*, NZBau 2012, 541 (545).
50 OLG München, Beschluss v. 12.5.2011 – Verg 26/10; OLG Düsseldorf, Beschluss v. 24.3.2010 – VII-Verg 58/09; VK Niedersachsen, Beschluss v. 8.11.2002 – VgK-24/2002.
51 *Schröder*, NZBau 2012, 541 (543).

oder mehrere Stellen zu beschränken, wodurch die Möglichkeit anderer Stellen zur Ausübung dieser Tätigkeit wesentlich eingeschränkt wird.[52]

§ 100 Abs. 2 S. 1 GWB ist daher im Lichte der RL 2014/25/EU dahin gehend auszulegen, dass alle drei **Voraussetzungen**: 20

- Verleihung eines besonderen oder ausschließlichen Rechtes durch die zuständige Behörde eines Mitgliedsstaates,
- Ausübung der Sektorentätigkeit ist einem oder mehreren Unternehmen vorbehalten und
- die Möglichkeit anderer Unternehmen, diese Tätigkeit auszuüben, ist erheblich beeinträchtigt,

kumulativ erfüllt sein müssen.[53]

Nach Art. 4 Abs. 3 RL 2014/25/EU muss die Gewährung des besonderen oder ausschließlichen 21 Rechts durch die zuständige Behörde eines Mitgliedsstaates zudem **ursächlich** dafür sein, dass die Möglichkeit anderer Stellen zur Ausübung der Sektorentätigkeit wesentlich eingeschränkt wird („wodurch"). Alle Tatbestandsvorrausetzungen müssen also durch eine Kausalkette miteinander verbunden sein.[54] Auch daraus folgt, dass allgemeine Tätigkeitsgenehmigungen in der Regel selbst dann keine besonderen oder ausschließlichen Rechtspositionen verleihen, wenn der Genehmigungsinhaber mit anderen, insbesondere wirtschaftlichen und damit nicht-rechtlichen Mitteln die Möglichkeit anderer Unternehmen, die Sektorentätigkeit auszuüben, erheblich beeinträchtigt.[55]

Auch nach der überwiegenden vergaberechtlichen Spruchpraxis und Literatur ist eine bloße 22 faktische Vorzugsstellung im Markt allein nicht ausreichend. Die Vorzugsstellung muss nicht nur rechtlich begründet, sondern auch **durch den Staat** gewährt worden sein.[56] Dabei ist die **Form des Begründungsaktes** ohne Bedeutung. Möglich ist die gesetzliche ebenso wie die Übertragung per Verwaltungsakt oder im Vertragswege.[57]

Eine andere Auffassung vertritt in diesem Zusammenhang die VK Niedersachsen zur Frage, ob 23 die **Übertragungsnetzbetreiber,** gemäß § 3 Nr. 10 EnWG, ihre Tätigkeit aufgrund von besonderen oder ausschließlichen Rechten ausüben und daher bei der Vergabe von Bau-, Liefer- oder Dienstleistungsaufträgen an das Sektorenvergaberecht gebunden sind.[58] Die VK Niedersachsen erkennt zwar ausdrücklich, dass das in diesem Bereich bestehende Oligopol nicht auf einer hoheitlichen Gewährung durch Rechts- oder Verwaltungsvorschrift beruht. Der Staat habe die vorgefundenen Netzstrukturen mit dem EnWG von 1935 entsprechend dem gesetzgeberischen Ziel, volkswirtschaftlich schädliche Auswirkungen des Wettbewerbs zu verhindern, schützen und aus Gründen der Versorgungssicherheit den Marktzutritt anderer Unternehmen durch eine Genehmigungspflicht für den Bau von Energieanlagen erschweren wollen. Auch die Liberalisierung des Energiemarktes ab dem Jahr 1998 habe nicht zu einer Marktöffnung geführt. Vielmehr habe der Gesetzgeber das natürliche Monopol der Netzbetreiber unberührt gelassen.[59] Die durch das EnWG verliehenen Pflichten und Befugnisse, insbesondere zum Netzausbau, seien nicht auf eine staatliche Gewährung zurückzuführen, sondern an die bestehende gebietsbezogene Sachherrschaft über die Netzinfrastruktur gebunden und würden damit an die bereits bestehende Stellung als Übertragungsnetzbetreiber anknüpfen. Die Kammer neige aber zu der Auffassung, dass die dauerhaft lenkende und för-

52 So bereits Art. 2 Abs. 3 RL 2004/17/EG.
53 *Dörr*, in: Dreher/Motzke, Vergaberecht, § 98 GWB Rn. 155.
54 *Dörr*, in: Dreher/Motzke, Vergaberecht, § 98 GWB Rn. 155; *Schröder*, NZBau 2012, 541 (543).
55 Siehe hierzu bereits Rn. 17.
56 *Dörr*, in: Dreher/Motzke, Vergaberecht, § 98 GWB Rn. 151 f.; *Schröder*, NZBau 2012, 541 (543).
57 OLG München, Beschluss v. 12.5.2011 – Verg 26/10: Herausgehobene und privilegierte Marktstellung infolge eines Staatsvertrages zwischen der Republik Österreich und dem Freistaat Bayern zum Betrieb von Wasserkraftwerken aus österreichisch-bayerischen Grenzflüssen; VK Niedersachsen, Beschluss v. 8.11.2002 – VgK-24/2002: Sonderrechte aufgrund eines Betriebs- und Überlassungsvertrages mit dem Land Niedersachsen zum Betrieb eines Mehrzweckterminals in einem Landeshafen; vgl. auch *Schröder*, NZBau 2012, 541 (542).
58 VK Niedersachsen, Beschluss v. 30.9.2015 – VgK-30/2015.
59 VK Niedersachsen, Beschluss v. 30.9.2015 – VgK-30/2015.

dernde Duldung eines bestehenden Oligopols der staatlichen Gewährung durch Rechts- oder Verwaltungsvorschriften inhaltlich gleichstehe.[60]

24 Die Auffassung der VK Niedersachsen ist weder mit dem **Wortlaut** von Art. 4 Abs. 3 RL 2014/25/EU zu vereinbaren noch ist eine **erweiternde Auslegung** aus Rechtsgründen geboten. Wesentlicher Grund für die Regulierung der Auftragsvergaben in den Versorgungssektoren ist die staatlich gelenkte Abschottung der betreffenden Märkte.[61] Wenn grundsätzlich wie im Bereich des Betriebs von Übertragungsnetzen jedermann Anspruch auf Erteilung einer Genehmigung zur Ausübung der jeweiligen Sektorentätigkeit hat, ist die Annahme einer staatlich gelenkten, auf einen staatlichen Gewährungsakt zurückzuführenden Marktabschottung verfehlt.[62] Insoweit geht die VK Niedersachsen von unzutreffenden Prämissen aus. Mag der Gesetzgeber unter Geltung des EnWG 1935 die faktische Marktstellung der Übertragungsnetzbetreiber noch dauerhaft lenkend und fördernd geduldet haben, kann davon nach der Energiemarktliberalisierung nicht mehr ausgegangen werden. Die Vorhabenträgerschaft für ein bestimmtes Leitungsbauvorhaben wird in der Konsequenz ebenfalls nicht durch staatliche Verleihung eines besonderen oder ausschließlichen Rechtes erworben, sondern folgt aus der Verantwortung des jeweiligen Übertragungsnetzbetreibers für den Ausbau der bestehenden Netzinfrastruktur in seiner Regelzone.[63]

25 Für **grundversorgende Energieversorgungsunternehmen** gilt gleichermaßen: Der Grundversorgerstatus wird nicht im Sinne von § 100 Abs. 1 Nr. 2 lit. a GWB durch eine zuständige Behörde gewährt. Er folgt gemäß § 36 Abs. 2 S. 1 EnWG aus den objektiven Marktgegebenheiten, ist daher grundsätzlich jedem Versorger zugänglich und wird nicht staatlich verliehen.[64]

3. Negativabgrenzung

26 Erstmals ist eine Negativabgrenzung in das Gesetz aufgenommen worden. **Keine besonderen oder ausschließlichen Rechte** sind nach § 100 Abs. 2 S. 2 GWB Rechte, die aufgrund eines Verfahrens nach den Vorschriften des Teil 4 des GWB oder aufgrund eines sonstigen Verfahrens gewährt wurden, das angemessen bekannt gemacht wurde und auf objektiven Kriterien beruht. Diese Regelung geht auf Erwägungsgrund 20 und Art. 4 Abs. 3 UAbs. 2 und 3 RL 2014/25/EU zurück.[65] Nach Art. 4 Abs. 3 UAbs. 3 RL 2014/25/EU zählen zu diesen Verfahren diejenigen Vergabeverfahren mit einem vorherigen Aufruf zum Wettbewerb gemäß den RL 2014/23/EU, 2014/24/EU, 2014/25/EU, 2009/81/EG und Verfahren gemäß anderen in Anhang II RL 2014/25/EU aufgeführten Rechtsakten der Union, die im Hinblick auf eine auf objektiven Kriterien beruhende Erteilung von Genehmigungen vorab eine angemessene Transparenz sicherstellen.

27 Für die Vergabe öffentlicher Aufträge über Waren, Bau- und Dienstleistungen nach Maßgabe des Teil 4 des GWB und des daraus abgeleiteten untergesetzlichen Vergabeverfahrensrechts, aber auch für die Vergabe von Bau- und Dienstleistungskonzessionen im Wege wettbewerblicher Verfahren und unter Beachtung des Transparenz- und des Gleichbehandlungsgebots war schon bislang zweifelhaft, dass aus der Rechtsstellung als **Auftragnehmer** oder **Konzessionär** besondere oder ausschließliche Rechtsposition im Sinne von § 100 Abs. 1 Nr. 2 lit. a, Abs. 2 S. 1 GWB abgeleitet werden können. Wenn der Staat insoweit wie ein Privater Leistungen am Markt beschafft, begründet ein öffentlicher Auftrag oder eine Dienstleistungs- oder

60 VK Niedersachsen, Beschluss v. 30.9.2015 – VgK-30/2015 (obiter dictum); vgl. auch VG Düsseldorf, Urteil v. 11.2.2009 – 20 K 2335/08, das besondere oder ausschließliche Rechte im entschiedenen Fall aus Gewohnheitsrecht („*kraft Herkommens*") ableitet.

61 Erwägungsgrund 1 RL 2014/25/EU.

62 VK Arnsberg, Beschluss v. 17.11.2014 – VK 16/14; *Schröder*, NZBau 2012, 541 (544); vgl. auch EuGH, Urteil v. 12.12.2013 – Rs. C-327/12 (SOA Nazionale Costruttori – Organismo di Attestazione SpA), Rn. 42; *Ziekow*, in: Ziekow/Völlink, Vergaberecht, § 98 GWB Rn. 140; *Matthey*, Das Recht der Auftragsvergabe in den Sektoren, S. 92 m.w.N.; *Ohrtmann*, VergabeR 2007, 565 (568).

63 *Appel*, NVwZ 2013, 457 (459)

64 *Schröder*, NZBau 2012, 541 (544).

65 Siehe bereits Erwägungsgrund 25 RL 2004/17/EG.

Baukonzession allein keine spezifisch staatliche verliehene Vorzugsstellung des Auftragnehmers oder Konzessionärs.[66] Wenn der Staat dabei die grundlegenden Verfahrensprinzipien des Wettbewerbs, der Transparenz und der Gleichbehandlung beachtet, fehlt es darüber hinaus an der für die Annahme besonderer oder ausschließlicher Rechte konstitutiven Marktabschottung.[67]

Missverständlich ist daher auch die **Gesetzesbegründung**,[68] wonach „trotz Vorliegens besonderer oder ausschließlicher Rechte" das Vergaberecht nicht zur Anwendung kommen solle, wenn bereits die Gewährung besonderer oder ausschließlicher Rechte in einem wettbewerblichen Vergabeverfahren nach Teil 4 des GWB erfolgt ist. Rechtspositionen haben schon keinen andere Unternehmen ausschließenden Charakter, wenn andere Unternehmen in einem transparenten und nach objektiven Kriterien durchgeführten Verfahren die Möglichkeiten hatten, die betreffende Rechtsposition zu erwerben. Präziser ist daher Art. 4 Abs. 3 UAbs. 2 RL 2014/25/EU, wonach Rechte, die in einem angemessen bekannt gegebenen und auf objektiven Kriterien beruhenden Verfahren gewährt wurden, schon keine besonderen oder ausschließlichen Rechte sind.

Bei den in **Anhang II RL 2014/25/EU** genannten Verfahren handelt es sich – soweit für Deutschland relevant[69] – um: 28

- das Verfahren über die Erteilung und Nutzung von Genehmigungen zur Prospektion, Exploration und Gewinnung von Kohlenwasserstoffen nach der RL 94/22/EG
- das Genehmigungsverfahren für den Bau neuer Stromerzeugungsanlagen gemäß der RL 2009/72/EG
- das Genehmigungsverfahren für den Betrieb von Erdgasanlagen nach Art. 4 RL 2009/73/EG
- das Verfahren zur Vergabe öffentlicher Dienstleistungsaufträge im Bereich des öffentlichen Personennahverkehrs gemäß Art. 5 Abs. 3 VO (EG) 1370/2007.

Diese Liste ist **nicht abschließend**.[70] Auch das Verfahren zur Vergabe von Wegenutzungsverträgen nach § 46 EnWG wird in der Regel den Anforderungen des § 100 Abs. 2 S. 2 GWB entsprechen.[71] 29

Die Frage der **angemessenen Bekanntmachung und Objektivität eines Verfahrens** zur Gewährung ausschließlicher oder besonderer Rechte im Sinne von § 100 Abs. 2 S. 2 GWB kann relevant werden, wenn ein Hoheitsträger die Mehrheit der Geschäftsanteile an einer Kapitalgesellschaft, die in einem der Versorgungssektoren tätig ist, an einen privaten Dritten veräußert. Wenn mit der Veräußerung auch die Übertragung besonderer oder ausschließlicher Rechtspositionen verbunden ist, wird der Erwerber nur dann vergaberechtlich nicht gebunden sein, wenn der Erwerbsvorgang unter Beachtung der Vorgaben des § 100 Abs. 2 S. 2 GWB vollzogen wird. Das **Fusionskontrollverfahren** nach der FKVO dient zwar auch der Überprüfung, ob ein Erwerbsvorgang zu einer ggf. sektorenvergaberechtlich relevanten Marktabschottung führt. Es ist jedoch nicht die Grundlage für die Übertragung der relevanten besonderen oder ausschließlichen Rechtspositionen. Vergaberechtlich maßgeblich ist nach § 100 Abs. 2 S. 2 GWB und Art. 4 Abs. 3 UAbs. 2 RL 2014/25/EU allein der Erwerbsvorgang.[72] 30

---

66 Zutreffend *Dreher*, in: Immenga/Mestmäcker, Wettbewerbsrecht, § 98 Rn. 198; zweifelnd auch *Holle/Wohlrab*, NZBau 2009, 432; offengelassen VK Rheinland-Pfalz, Beschluss v. 11.12.2008 – VK 38/08; a.A. *Eschenbruch*, in: Kulartz/Kus/Portz, GWB-Vergaberecht, § 98 Rn. 309; *Ziekow*, in: Ziekow/Völlink, Vergaberecht, § 98 GWB Rn. 139; *Schröder*, NZBau 2012, 541 (542).

67 *Dörr*, in: Dreher/Motzke, Vergaberecht, § 98 GWB Rn. 157: *„Vergaberecht verhindert neue vergaberechtliche Bindungen."*

68 Gesetzesbegründung, BT-Drs. 18/6281, 71.

69 Da die Erbringung von Postdienstleistungen in Deutschland keine Sektorentätigkeit ist, bleibt es ohne Bedeutung, ob die postrechtliche Genehmigung besondere oder ausschließliche Rechte begründet; siehe aber auch § 102 Rn. 2.

70 Erwägungsgrund 20 UAbs. 3 S. 1 RL 2014/25/EU.

71 Vgl. *Pünder*, in: Pünder/Schellenberg, Vergaberecht, § 98 GWB Rn. 84.

72 VK Niedersachsen, Beschluss v. 30.9.2015 – VgK-30/2015 (obiter dictum).

II. Beherrschender Einfluss durch öffentliche Auftraggeber (lit. b, Abs. 3)

31 § 100 Abs. 3 GWB dient der Umsetzung von Art. 4 Abs. 2 UAbs. 2 RL 2004/25/EU und enthält eine **Vermutungsregel**, wann von der Möglichkeit eines beherrschenden Einflusses öffentlichen Auftraggeber im Sinne des § 100 Abs. 1 Nr. 2 lit. b GWB auszugehen ist. Diese bereits in Art. 2 Abs. 1 lit. b RL 2004/17/EG enthaltene Vermutungsregel wird damit erstmals im GWB umgesetzt.[73]

1. Beherrschungsmöglichkeit

32 **Hintergrund** der durch § 100 Abs. 1 Nr. 2 lit. b GWB geforderten staatlichen Beherrschungsmöglichkeit ist die Überlegung, dass eine natürliche oder juristische Person des Privatrechts nur dann einem staatlichen Auftraggeber gleichgestellt werden soll, wenn sie, obwohl rechtlich eigenständig, bei wertender Betrachtung gleichsam verlängerter Arm der sie beherrschenden staatlichen Stelle ist.

33 Der Begriff der **Beherrschung** ist unionsrechtlich geprägt und entsprechend auszulegen. Er ist darüber hinaus ein originär vergaberechtlicher Begriff. Entscheidend sind daher weder die Voraussetzungen von § 17 AktG und die dazu ergangene Kasuistik[74] noch ist die Anwendungspraxis der Kommission zum Kontrollbegriff im Sinne der FKVO eins zu eins übertragbar.[75] Eine grobe Orientierung daran erscheint gleichwohl möglich.[76]

34 Unklar ist zwar, ob und inwieweit die Beherrschungsklausel des Sektorenvergaberechts nach § 100 Abs. 3 GWB von den in § 99 Nr. 2 GWB genannten Voraussetzungen der **Staatsverbundenheit eines funktionalen Auftraggebers** materiell entspricht.[77] In der Praxis werden sich etwaige Unterschiede meist nicht auswirken.[78]

35 Aus dem Wortlaut des § 100 Abs. 1 Nr. 2 lit. b GWB folgt zunächst, dass es zur Begründung der Stellung als Sektorenauftraggeber ausreicht, wenn für öffentliche Auftraggeber allein die **Möglichkeit** besteht, einen beherrschenden Einfluss auszuüben.

36 Beherrschender Einfluss öffentlicher Auftraggeber gemäß § 99 Nr. 1 bis 3 GWB auf eine natürliche oder juristische Person des privaten Rechts wird **gemäß § 100 Abs. 3 GWB vermutet**, wenn ein öffentlicher Auftraggeber unmittelbar oder mittelbar die Mehrheit des gezeichneten Kapitals des Unternehmens besitzt, über die Mehrheit der mit den Anteilen am Unternehmen verbundenen Stimmrechte verfügt oder mehr als die Hälfte der Mitglieder des Verwaltungs-, Leitungs- oder Aufsichtsorgans des Unternehmens bestellen kann.

37 Beherrschender Einfluss kann auch **über die ausdrücklich in § 100 Abs. 3 GWB genannten Fälle hinaus** vorliegen.[79] Das folgt unmittelbar aus § 100 Abs. 1 Nr. 2 lit. b GWB selbst, der sich ausdrücklich nicht auf die in § 100 Abs. 3 GWB genannten Fälle beschränkt. Beherrschender Einfluss in diesem Sinne ist anzunehmen, wenn der alleinige oder gemeinsame Einfluss auf das im Sektorenbereich tätige Unternehmen die Möglichkeit eröffnet, diesem gegenüber die eigenen Vorstellungen über das Unternehmensverhalten, insbesondere das Beschaffungs-

73 Gesetzesbegründung, BT-Drs. 18/6281, 72; zur Herleitung nach altem Recht siehe *Dörr*, in: Dreher/Motzke, Vergaberecht, § 98 Rn. 147; *Eschenbruch*, in: Kulartz/Kus/Portz, GWB-Vergaberecht, § 98 GWB Rn. 294; *Dreher*, in: Immenga/Mestmäcker, Wettbewerbsrecht, § 98 GWB Rn. 204.

74 *Dreher*, in: Immenga/Mestmäcker, Wettbewerbsrecht, § 98 GWB Rn. 207; *Pünder*, in: Pünder/Schellenberg, Vergaberecht, § 98 GWB Rn. 87; a.A. *Werner*, in: Byok/Jaeger, Vergaberecht, § 98 GWB Rn. 70.

75 Vgl. Konsolidierte Mitteilung der Kommission zu Zuständigkeitsfragen gemäß der Verordnung (EG) Nr. 139/2004 des Rates über die Kontrolle von Unternehmenszusammenschlüssen, ABl. EU C 43/10 v. 21.2.2009, Tz. 23.

76 *Werner*, in: Byok/Jaeger, Vergaberecht, § 98 GWB Rn. 70, 95; im Ergebnis hinsichtlich § 17 AktG ebenso *Dreher*, in: Immenga/Mestmäcker, Wettbewerbsrecht, § 98 GWB Rn. 207.

77 *Hackstein*, in: Eschenbruch/Opitz, SektVO, § 1 Rn. 116; *Krohn/Schneider*, in: Gabriel/Krohn/Neun, Handbuch des Vergaberechts, Kap. 1, § 3 Rn. 30; *Pünder*, in: Pünder/Schellenberg, Vergaberecht, § 98 GWB Rn. 87.

78 *Dörr*, in: Dreher/Motzke, Vergaberecht, § 98 GWB Rn. 146; vgl. auch VK Sachsen, Beschluss v. 9.12.2014 – 1/SVK/032-14.

79 *Dörr*, in: Dreher/Motzke, Vergaberecht, § 98 GWB Rn. 149; a.A. *Ziekow*, in: Ziekow/Völlink, Vergaberecht, § 98 GWB Rn. 144.

verhalten durchzusetzen.[80] Dabei ist es ohne Bedeutung, ob diese Beherrschung aus finanziellen Beziehungen oder personeller Besetzung abgeleitet wird.[81] Entscheidend ist vielmehr, dass sich aus der rechtlichen Gesamtkonstellation einschließlich relevanter schuldrechtlicher Verträge[82] des Unternehmens ergibt, dass es einer Aufsicht der öffentliche Hand untersteht, die es dieser ermöglicht, die Entscheidungen des Unternehmens in Bezug auf öffentliche Aufträge zu beeinflussen, sodass die Willensbildung des insoweit beherrschten Unternehmens nicht mehr autonom erfolgt.[83]

Eine **nachträgliche Rechtmäßigkeitskontrolle** reicht hierbei in der Regel nicht aus.[84] Das gilt auch für eine bloß paritätische oder gar eine Minderheitsbeteiligung eines öffentlichen Auftraggebers.[85] Die Möglichkeit, beherrschenden Einfluss ausüben zu können, setzt grundsätzlich voraus, positiv über das Einkaufsverhalten eines anderen Unternehmens bestimmen zu können. Ausnahmsweise kann eine Einflussnahmemöglichkeit aber auch vorliegen, wenn der öffentliche Auftraggeber das Beschaffungsverhalten über ein **Vetorecht** negativ beeinflussen kann.[86] 38

Die Einflussnahmemöglichkeit muss unternehmerischer Natur sein. Die Ausübung **gesetzlich verankerter Regulierungsbefugnisse** genügt daher regelmäßig nicht, um einen beherrschenden Einfluss des Staates auf das Einkaufsverhalten eines Unternehmens annehmen zu können.[87] Eine staatliche Einflussnahmemöglichkeit liegt daher dann nicht vor, wenn das Beschaffungsverhalten des Unternehmens nur reflexartig von der Ausübung hoheitlicher Befugnisse zum Schutz des Gemeininteresses betroffen ist. Es fehlt insoweit an einer zielgerichteten Einflussnahmemöglichkeit „auf diese Personen".[88] 39

2. Widerlegbarkeit

Die durch das Vorliegen der Voraussetzungen des § 100 Abs. 3 GWB begründete Vermutung eines beherrschenden Einflusses ist widerlegbar. Ebenso wenig wie zur Begründung der Vermutung ist es für ihre Widerlegung allein entscheidend, ob **aktienrechtliche Voraussetzungen** wie der Abschluss eines Entherrschungsvertrages oder sonstige vertraglich vereinbarte Stimmrechtsbeschränkungen erfüllt sind.[89] 40

Stattdessen ist zur Widerlegung der **Nachweis** erforderlich, dass ein beherrschender Einfluss auf die unternehmerischen Entscheidungen, insbesondere auch auf Vergabeentscheidungen aus Rechtsgründen ausgeschlossen ist[90] und auch tatsächlich nicht stattfindet.[91] 41

3. Hoheitsträger aus anderen EU-Mitgliedstaaten

Nach einer in der Literatur vertretenen Auffassung kommen als Inhaber des beherrschenden Einflusses auch Hoheitsträger aus anderen EU-Mitgliedstaaten in Betracht. Das gebiete die **unionsrechtlich vorgegebene binnenmarktorientierte Zielsetzung** des Vergaberechts.[92] Diese Zielsetzung werde besser erreicht, wenn auch die von ausländischen Gebietskörperschaften beherrschten Unternehmen in den Anwendungsbereich des Vergaberechts fallen. Aus europäischer Sicht mache es keinen Unterschied, ob das staatlich beherrschte Un- 42

---

80 *Pünder*, in: Pünder/Schellenberg, Vergaberecht, § 98 GWB Rn. 87; *Eschenbruch*, in: Kulartz/Kus/Portz, GWB-Vergaberecht, § 98 Rn. 297.
81 VK Sachsen, Beschluss v. 9.12.2014 – 1/SVK/032-14.
82 *Eschenbruch*, in: Kulartz/Kus/Portz, GWB-Vergaberecht, § 98 Rn. 297.
83 VK Sachsen, Beschluss v. 9.12.2014 – 1/SVK/032-14.
84 *Eschenbruch*, in: Kulartz/Kus/Portz, GWB-Vergaberecht, § 98 Rn. 297.
85 *Eschenbruch*, in: Kulartz/Kus/Portz, GWB-Vergaberecht, § 98 Rn. 297.
86 *Werner*, in: Byok/Jaeger, Vergaberecht, § 98 GWB Rn. 70.
87 *Dörr*, in: Dreher/Motzke, Vergaberecht, § 98 GWB Rn. 149.
88 Vgl. auch *Matthey*, Das Recht der Auftragsvergabe in den Sektoren, S. 90.
89 *Eschenbruch*, in: Kulartz/Kus/Portz, GWB-Vergaberecht, § 98 Rn. 296; ebenso *Werner*, in: Byok/Jaeger, Vergaberecht, § 98 GWB Rn. 95; *Dörr*, in: Dreher/Motzke, Vergaberecht, § 98 GWB Rn. 148; unklar *Dreher*, in: Immenga/Mestmäcker, Wettbewerbsrecht, § 98 GWB Rn. 206.
90 *Ziekow*, in: Ziekow/Völlink, Vergaberecht, § 98 GWB Rn. 144.
91 *Dreher*, in: Immenga/Mestmäcker, Wettbewerbsrecht, § 98 GWB Rn. 206; *Eschenbruch*, in: Kulartz/Kus/Portz, GWB-Vergaberecht, § 98 Rn. 296.
92 *Dörr*, in: Dreher/Motzke, Vergaberecht, § 98 GWB Rn. 73a, 150.

ternehmen seinen Sitz im Mitgliedstaat selbst oder in einem anderen Mitgliedstaat hat. Ohne die Unterwerfung von ausländisch beherrschten Unternehmen unter das jeweilige nationale Vergaberecht bestünde die Gefahr einer Umgehung des europäischen Vergaberechts. Ausländische Gebietskörperschaften könnten sich nämlich zielgerichtet an deutschen Unternehmen beteiligen. Mit dem Sitz im Ausland würden diese Unternehmen eine Unterwerfung unter das Heimatvergaberecht vermeiden, gleichzeitig aber auch nicht unter das deutsche Vergaberecht fallen. Dadurch würde eine Regelungslücke entstehen, die mit den Zielen der EU-Vergaberichtlinien nicht vereinbar wäre.[93]

43 Gegen eine Einbeziehung von Gebietskörperschaften anderer EU-Mitgliedstaaten könnte jedoch die **haushaltsrechtliche Zielsetzung** des deutschen Vergaberechts sprechen. Die Anwendung des Vergaberechts bei der Beschaffung von Leistungen soll danach eine wirtschaftliche Haushaltsführung der öffentlichen Hand und den sparsamen Umgang mit Steuergeldern gewährleisten. Juristische Personen des Privatrechts sind in den Anwendungsbereich des Gesetzes einbezogen, weil auch diese mittelbar mit Steuergeldern umgehen. Es macht sich unmittelbar im Haushalt der jeweiligen Gebietskörperschaft bemerkbar, wenn eine von ihr beherrschte Gesellschaft unwirtschaftlich handelt. Das Ziel des sparsamen Umgangs mit Steuergeldern beschränkt sich im GWB aber nur auf die Steuergelder der deutschen Gebietskörperschaften.[94] Ziel des deutschen Vergaberechts ist es nicht, Steuergelder anderer Staaten zu sparen. Folglich ist es nicht erforderlich, ausländische Gebietskörperschaften in den Anwendungsbereich einzubeziehen.[95] Ein Grund für die Einführung des Vergaberechts war zudem die hohe Nachfragemacht der öffentlichen Hand und die Gefahr ihres Missbrauchs, die durch das Vergaberecht gebändigt werden soll. Aus diesem Grund wird § 185 Abs. 2 GWB als weiteres Argument gegen eine Einbeziehung von Gebietskörperschaften aus anderen EU-Mitgliedstaaten angeführt.[96] Danach ist das GWB auf Wettbewerbsbeschränkungen anwendbar, die sich im Geltungsbereich dieses Gesetzes auswirken, auch wenn sie außerhalb des Geltungsbereichs dieses Gesetzes veranlasst werden.

44 Die **Rechtsprechung** hat sich mit der Frage bislang kaum befasst. Bekannt ist lediglich eine Entscheidung des OLG Celle, die eine Auftragsvergabe einer durch das Königreich der Niederlande mittelbar beherrschten GmbH zum Gegenstand hatte. Der Senat erachtete es ohne nähere Begründung für *„sehr zweifelhaft"*, dass das Königreich der Niederlande eine Gebietskörperschaft im Sinne von § 99 Nr. 1 GWB sein könne, konnte diese nicht entscheidungserhebliche Frage aber offen lassen.[97] Die VK Niedersachsen geht dagegen davon aus, dass es sich bei dem Königreich der Niederlande um eine Gebietskörperschaft handele. Der Begriff der Gebietskörperschaft sei kein spezifisch deutscher Begriff. Er werde schon in Art. 2 Abs. 1 lit. a RL 2004/17/EG erwähnt und in Art. 3 Nr. 2 RL 2014/24/EU in umfassender Weise definiert. Gebietskörperschaften würden durch das Gebiet definiert und seien unabhängig vom Wechsel ihrer Mitglieder. Die Mitgliedschaft einer Person zu einer Gebietskörperschaft ergebe sich nicht durch freiwilligen Beitritt, sondern durch Gesetz. Der vergaberechtliche Begriff der Gebietskörperschaften sei daher nicht auf deutsche Gebietskörperschaften zu beschränken. Bei der Anwendung einer europarechtlichen und europaweit gültigen Norm, die dazu dienen soll, einen grenzüberschreitenden Wettbewerb nach einheitlichen Kriterien zu ermöglichen, erscheine es nicht angemessen, einen darin verwendeten Begriff auf ein nationales Verständnis zu begrenzen.[98]

45 Bei **richtlinienkonformer Auslegung** von §§ 99, 100 Abs. 1 Nr. 2 lit. b, Abs. 3 GWB erscheint die Auffassung vorzugswürdig, nach der durch Gebietskörperschaften anderer EU-Mitgliedstaaten beherrschte juristische Personen des Privatrechts in den persönlichen Anwen-

93 *Strenge*, NZBau 2011, 17 (20).
94 *Eschenbruch*, in: Kulartz/Kus/Portz, GWB-Vergaberecht, § 98 Rn. 2; *Prieß*, Handbuch des europäischen Vergaberechts, S. 99.
95 *Strenge*, NZBau 2011, 17 (19).
96 *Strenge*, NZBau 2011, 17 (19).
97 OLG Celle, Beschluss v. 8.8.2013 – 13 Verg 7/13.
98 VK Niedersachsen, Beschluss v. 30.9.2015 – VgK-30/2015.

dungsbereich des Teil 4 des GWB einzubeziehen sind.[99] Die praktische Wirksamkeit („effet utile") des EU-Vergaberechts wäre gefährdet, wenn EU-Mitgliedstaaten und den durch sie beherrschten juristischen Personen des Privatrechts ermöglicht würde, die Anwendung ihres heimatstaatlichen Vergaberechts durch Ausgründung geschäftlicher Aktivitäten im EU-Ausland zu umgehen.[100]

Anlage

Gesetzesbegründung (BT-Drs. 18/6281)

Seite 70

Der neue § 100 definiert die Auftraggeber für die Vergabe von Aufträgen auf dem Gebiet der Trinkwasser- und Energieversorgung sowie des Verkehrs. Er dient der Umsetzung des Artikel 4 der Richtlinie 2014/25/EU. Entscheidend für die Auftragsvergabe im Sinne dieser Richtlinie ist gemäß Artikel 1 Absatz 2, dass die Liefer-, Bau- oder Dienstleistungen für eine Sektorentätigkeit bestimmt sind.

Zu Absatz 1

Gemäß § 100 Absatz 1 können Sektorenauftraggeber sowohl öffentliche Auftraggeber (Nummer 1) als auch private Auftraggeber (Nummer 2) sein.

Zu Nummer 1

§ 100 Absatz 1 Nummer 1 betrifft öffentliche Auftraggeber gemäß § 99 Nummer 1 bis 3. Vergeben diese Aufträge im Zusammenhang mit Tätigkeiten auf dem Gebiet der Trinkwasser- oder Energieversorgung oder des Verkehrs, finden die Vorschriften über die Sektorenauftragsvergabe Anwendung.

Zu Nummer 2

§ 100 Absatz 1 Nummer 2 richtet sich an Auftraggeber, die bislang unter § 98 Nummer 4 GWB fielen. Der besseren Übersicht halber wird künftig unterschieden zwischen Sektorenauftraggebern kraft Einräumung besonderer oder ausschließlicher Rechte (Buchstabe a) und Sektorenauftraggebern kraft beherrschenden Einflusses (Buchstabe b).

Seite 71

Zu Buchstabe a

§ 100 Absatz 1 Nummer 2 Buchstabe a entspricht der bisherigen Formulierung in § 98 Nummer 4 Satz 1 Halbsatz 1 Alternative 1 GWB. Die Definition zu besonderen und ausschließlichen Rechten findet sich nun in einem neuen § 100 Absatz 2.

Zu Buchstabe b

§ 100 Absatz 1 Nummer 2 Buchstabe b entspricht der bisherigen Formulierung in § 98 Nummer 4 Satz 1 Halbsatz 1 Alternative 2 GWB. Die Auftraggebereigenschaft für den privaten Auftraggeber ergibt sich aus dem beherrschenden Einfluss durch einen öffentlichen Auftraggeber gemäß § 99 Nummer 1 bis 3. Neu geregelt ist die Definition des beherrschenden Einflusses in § 100 Absatz 3.

Zu Absatz 2

§ 100 Absatz 2 definiert die ausschließlichen und besonderen Rechte im Sinne des § 100 Absatz 1 Nummer 2 Buchstabe a. Satz 1 entspricht dabei der bisherigen Definition des § 98 Nummer 4, 2. Halbsatz GWB.

---

99 Ebenso *Strenge*, NZBau 2011, 17 (19).
100 EuGH, Urteil v. 19.11.1991 – Verb. Rs. C-6/90 u. 9/90 (Francovich), Rn. 33; *Eschenbruch*, in: Eschenbruch/Opitz, SektVO, § 1 Rn. 32.

Der Begriff der besonderen oder ausschließlichen Rechte ist insofern von besonderer Bedeutung für die Definition des Anwendungsbereichs der Richtlinie 2014/25/EU, als Auftraggeber, bei denen es sich weder um öffentliche Auftraggeber noch um von öffentlichen Auftraggebern beherrschte Unternehmen handelt, den Bestimmungen der Richtlinie 2014/25/EU nur unterliegen, insoweit sie eine aufgrund besonderer oder ausschließlicher Rechte vorbehaltene Tätigkeit ausüben.

Neu ist die Ausnahme davon in Satz 2, wonach in bestimmten Fällen trotz Vorliegens besonderer oder ausschließlicher Rechte das Vergaberecht nicht zur Anwendung kommen soll. Damit wird Artikel 4 Absatz 3 der Richtlinie 2014/25/EU umgesetzt. Im Kern wird damit klargestellt, dass Rechte, die im Wege eines Verfahrens gewährt wurden, das auf objektiven Kriterien beruht und bei dem eine angemessene Publizität gewährleistet wurde, keine besonderen oder ausschließlichen Rechte im Sinne dieser Richtlinie darstellen. Die Anwendung des Vergaberechts ist in diesen Fällen insofern entbehrlich, da schon bei der Gewährung der ausschließlichen und besonderen Rechte den Anforderungen an ein wettbewerbliches Verfahren genügt wurde.

Dies betrifft insbesondere den Fall, wenn bereits die Gewährung besonderer oder ausschließlicher Rechte in einem wettbewerblichen Verfahren nach dem Viertem Teil des GWB erfolgt ist. In Anhang II der Richtlinie 2014/25/EU werden beispielhaft weitere Genehmigungsverfahren aufgrund bestimmter EU-Rechtsakte aufgeführt, die nicht zu besonderen oder ausschließlichen Rechten im obigen Sinne führen. Darunter fallen:

- Erteilung einer Genehmigung für den Betrieb von Erdgasanlagen nach Artikel 4 Richtlinie 2009/73/EG des Europäischen Parlaments und des Rates vom 13. Juli 2009 über gemeinsame Vorschriften für den Erdgasbinnenmarkt und zur Aufhebung der Richtlinie 2003/55/EG (ABl. Nr. L 211 S. 94).
- Genehmigung oder Aufforderung zur Angebotsabgabe für den Bau neuer Stromerzeugungsanlagen gemäß der Richtlinie 2009/72/EG des Europäischen Parlaments und des Rates vom 13. Juli 2009 über gemeinsame Vorschriften für den Elektrizitätsbinnenmarkt und zur Aufhebung der Richtlinie 2003/54/EG (ABl. Nr. L 211 S. 55).

Beide Richtlinien waren Bestandteil des 3. Energiepaketes der EU und hatten zum Ziel die Trennung des Netzbetriebes von Versorgung und Erzeugung. Sie sind umgesetzt im Energiewirtschaftsgesetz (EnWG).

- Genehmigungen in Bezug auf Postdienste, die nicht reserviert sind oder nicht reserviert werden dürfen nach Artikel 9 der Richtlinie 97/67/EG des Europäischen Parlaments und des Rates vom 15. Dezember 1997 über gemeinsame Vorschriften für die Entwicklung des Binnenmarktes der Postdienste der Gemeinschaft und die Verbesserung der Dienstequalität (ABl. 1998 Nr. L 15 S. 14, berichtigt ABl. 1998 Nr. L 23, S. 39). Die Richtlinie ist umgesetzt im Postgesetz (PostG) sowie der Postuniversaldienstleistungsverordnung (PUDLV).
- Richtlinie 94/22/EG des Europäischen Parlaments und des Rates vom 30. Mai 1994 über die Erteilung und Nutzung von Genehmigungen zur Prospektion, Exploration und Gewinnung von Kohlenwasserstoffen (ABl. Nr. L 164 S. 3). Die Richtlinie ist im Bundesberggesetz (BBergG) umgesetzt.
- Vergabe öffentlicher Dienstleistungsaufträge auf der Grundlage eines wettbewerblichen Vergabeverfahrens gemäß Artikel 5 Absatz 3 der Verordnung (EG) Nummer 1370/2007 des Europäischen Parlaments und des Rates vom 23. Oktober 2007 über öffentliche Personenverkehrsdienste auf Schiene und Straße (ABl. Nr. L 315 S. 1). Die Verordnung ist in Teilen im Personenbeförderungsgesetz (PBefG) umgesetzt. Ansonsten gilt sie als EU-Verordnung unmittelbar.

  Seite 72

Zu Absatz 3

§ 100 Absatz 3 dient der Umsetzung von Artikel 4 Absatz 2 Unterabsatz 2 der Richtlinie 2004/25/EU und enthält eine Vermutungsregel, wann von einem beherrschenden Einfluss im Sinne des § 100 Absatz 1 Nummer 2 Buchstabe b durch einen öffentlichen Auftraggeber auszugehen ist. Die bereits in

Artikel 2 Absatz 1 Buchstabe b der Richtlinie 2004/17/EG des Europäischen Parlaments und des Rates vom 31.3.2004 zur Koordinierung der Zuschlagserteilung durch Auftraggeber in den Bereichen der Wasser-, Energie- und Verkehrsversorgung sowie der Postdienste (ABl. Nr. L 134 vom 30.4.2004, S. 1) enthaltene Vermutungsregel wird nunmehr im GWB umgesetzt.

§ 101
Konzessionsgeber

(1) Konzessionsgeber sind

1. **öffentliche Auftraggeber gemäß § 99 Nummer 1 bis 3, die eine Konzession vergeben,**
2. **Sektorenauftraggeber gemäß § 100 Absatz 1 Nummer 1, die eine Sektorentätigkeit gemäß § 102 Absatz 2 bis 6 ausüben und eine Konzession zum Zweck der Ausübung dieser Tätigkeit vergeben,**
3. **Sektorenauftraggeber gemäß § 100 Absatz 1 Nummer 2, die eine Sektorentätigkeit gemäß § 102 Absatz 2 bis 6 ausüben und eine Konzession zum Zweck der Ausübung dieser Tätigkeit vergeben.**

(2) § 100 Absatz 2 und 3 gilt entsprechend.

Übersicht

	Rn.
A. Allgemeines	1
B. Regelungsinhalt	6
I. Konzessionsvergabe durch den Konzessionsgeber	15
II. Konzessionsvergabe durch den öffentlichen Auftraggeber (Abs. 1 Nr. 1)	24
III. Konzessionsvergabe durch öffentliche Sektorenauftraggeber (Abs. 1 Nr. 2)	26
IV. Konzessionsvergabe durch private Sektorenauftraggeber (Abs. 1 Nr. 3)	31
V. Besondere oder ausschließliche Rechte und beherrschender Einfluss (Abs. 2)	34
C. Rechtsschutz	38
D. Konzessionsgeber unterhalb der Schwellenwerte?	42
I. Zivilrechtlicher Konzessionsgeber	44
II. Verwaltungsrechtlicher Konzessionsgeber	46
Anlage Gesetzesbegründung (BT-Drs. 18/6281)	

A. Allgemeines

1 Die Definition des **Konzessionsgebers** ist in das deutsche Recht erstmalig aufgenommen worden. Während die RL 2014/23/EU vom „öffentlichen Auftraggeber" oder „Auftraggeber" spricht, verwendet die deutsche Umsetzung den neu geschaffenen und durchaus einprägsameren Begriff des „Konzessionsgebers". Sektorenauftraggeber und öffentliche Auftraggeber werden zum Konzessionsgeber, wenn sie eine Konzession vergeben.

2 Für die Begriffswahl des deutschen Gesetzgebers spricht, dass eine bisher gesetzlich nicht belegte Formulierung gefunden wurde, die erstmalig mit rechtlichen Inhalten gefüllt werden kann. Infolgedessen könnte sich die Frage stellen, ob damit eine eigene **neue Regelungsabsicht** – außerhalb der geplanten Vereinfachungsabsicht – verbunden ist. Dies ist jedoch nicht der Fall. Der Gesetzgeber will – wie aus der Gesetzesbegründung zu entnehmen ist – die unionsrechtlichen Vorgaben umsetzen und keine neuen Regelungsoptionen kreieren.[1] **Systematisch zwingend** scheint die Schaffung des Konzessionsgebers als eigentliche Begrifflichkeit somit nicht, da eine neue Wortwahl nicht aus einer Eins-zu-eins-Umsetzung der EU-Richtlinien folgte.

3 Bisher regelte § 98 Nr. 6 GWB a.F. die Eigenschaft des sog. **Baukonzessionärs** als öffentlicher Auftraggeber, ohne dass der Begriff des Konzessionsgebers verwandt wurde. Jetzt sind Sektorenauftraggeber und öffentliche Auftraggeber jedoch nach dem Willen des Gesetzgebers Konzessionsgeber, wenn sie diese Konzessionen nach dem Teil 4 des GWB förmlich auszuschreiben haben.[2] Den Begriff des „Baukonzessionärs" gibt es im GWB und den Verordnun-

1 RegE VergRModG, BT-Drs. 18/6281, 1; Begründung zur VergRModVO, BT-Drs. 87/16, 1.
2 Begründung zur VergRModVO, BR-Drs. 87/16, 277.

gen nicht, auch wenn die Rechtsprechung mit diesem Begriff gearbeitet hat.[3] In § 105 Abs. 1 Nr. 1 GWB wird nur von der „Baukonzession" als entgeltlichem Vertrag zur Betrauung von Bauleistungen gesprochen. Eine Baukonzession wird auch vom Konzessionsgeber und nicht vom „Baukonzessionsgeber" vergeben. Die Vergabe von Baukonzessionen wird jetzt über die Bestimmungen der §§ 101, 105 GWB geregelt. Soweit die Baukonzessionsvergabe durch den Konzessionsgeber Besonderheiten aufweist, sind diese im KonzVgV geregelt.[4]

4 Der Regelungswille des EU-Gesetzgebers bezog sich auf die Ausschreibung von Bau- und Dienstleistungskonzessionen, weil er das Fehlen klarer Bestimmungen bemängelte.[5] National wird die Konzessionsrichtlinie 2014/23/EU durch das GWB und die **KonzVgV** umgesetzt. Mit der letztgenannten Verordnung werden erstmals die Verfahrensregeln zur Vergabe von Konzessionen (sowohl Dienstleistungs- als auch Baukonzessionen) in einer Rechtsverordnung zusammengeführt. Die KonzVgV ist für alle Konzessionen im Sinne des § 105 GWB anwendbar, die durch Konzessionsgeber im Sinne des § 101 GWB vergeben werden und die dem neuen Teil 4 des GWB unterfallen. Die GWB-Regelungen ziehen allgemeine Definitionen vor die Klammer – einschließlich der neuen Definition des Konzessionsgebers in § 105 GWB.

5 Der Konzessionsgeber gemäß § 101 GWB ist eine **Unterkategorie des Auftraggebers** gemäß § 98 GWB. Der neue § 98 GWB definiert als übergeordnete Kategorie den Begriff der Auftraggeber. Der Auftraggeberbegriff gemäß § 98 GWB umfasst dabei alle Auftraggeber im Sinne der §§ 99 bis 101 GWB. Dies betrifft den öffentlichen Auftraggeber gemäß § 99 GWB, den Sektorenauftraggeber gemäß § 100 GWB und den Konzessionsgeber im Sinne des § 101 GWB.[6]

B. Regelungsinhalt

6 Den Begriff des Konzessionsgebers kannte der europäische Gesetzgeber in dieser Form bisher nicht. Er wird aber **in anderen Zusammenhängen** verwandt, bspw. in der Mitteilung der Kommission zu Auslegungsfragen im Bereich der Konzessionen im Gemeinschaftsrecht[7], in Art. 7h lit. b RL 2011/76/EU[8], in den einschlägigen deutschen Kommentierungen[9] und in der deutschen Übersetzung von EuGH-Entscheidungen[10].

7 Durch die Novellierung[11] kann auf den **Regelungsmechanismus der VOB/A 2012**, die in § 20 VOB/A 2012 und § 22 EG VOB/A 2012 die Konzessionen geregelt hatte, nur noch mit Einschränkungen zurückgegriffen werden.[12] Dies gilt umso mehr, als mit § 23 VOB/A eine eigenständige (wenngleich auch inhaltlich identische) Konzessionsvergabenorm für den Bereich unterhalb der Schwellenwerte geschaffen wurde.[13] In der KonzVgV ist die Vergabe der Baukonzession durch den Konzessionsgeber nur noch in § 33 Abs. 3 und Abs. 4 KonzVgV geregelt. Der Konzessionsnehmer einer Baukonzession, der im Rahmen dieser Baukonzession Aufträge an Dritte vergibt, deren Gegenstand die Erbringung von Bauleistungen i. S. d. § 103 Abs. 3 GWB ist, hat in der Regel die VOB/B, VOB/C und die Allgemeinen Technischen Vertragsbedingungen für Bauleistungen zum Vertragsgegenstand zu machen. § 33 Abs. 4 KonzVgV schreibt für den Konzessionsgeber verschiedene Mitteilungspflichten vor.

---

3 Vgl. OLG München, Beschluss v. 5.4.2012 – Verg 3/12.
4 Gesetzesbegründung, BT-Drs. 18/6281, 72; Sonderregelung in § 33 Abs. 3 und Abs. 4 KonzVgV.
5 Erwägungsgrund 1 RL 2014/23/EU.
6 Gesetzesbegründung, BT-Drs. 18/6281, 66.
7 EG-ABl. 2000/C 121/02, 2.2.
8 Richtlinie 2011/76/EU des Europäischen Parlaments und des Rates vom 27.9.2011 zur Änderung der Richtlinie 1999/62/EG über die Erhebung von Gebühren für die Benutzung bestimmter Verkehrswege durch schwere Nutzfahrzeuge.
9 Vgl. z.B. *Ziekow*, in: Ziekow/Völlink, Vergaberecht, § 98 GWB Rn. 170.
10 So zum Beispiel: EuGH, Urteil v. 15.12.2009 – Rs. T-156/04 (EDF/Kommission), Rn. 47.
11 Bisher bestimmte § 98 Nr. 6 GWB a.F., dass öffentliche Auftraggeber natürliche oder juristische Personen des privaten Rechts sind, die mit Stellen, die unter die Nr. 1 bis 3 fallen, einen Vertrag über eine Baukonzession abgeschlossen haben, hinsichtlich der Aufträge an Dritte.
12 Vgl. für die bisherige Rechtslage *Reidt/Stickler*, in: Dreher/Motzke, Vergaberecht, § 22 EG VOB/A Rn. 11 ff.
13 Vgl. *Braun*, in: Müller-Wrede/Braun, KonzVgV, § 23 VOB/A.

Zur weiteren Umsetzung der Konzessionsvergaberichtlinie hat der nationale Gesetzgeber eine eigenständige **Konzessionsvergabeverordnung** (KonzVgV) beschlossen, die künftig umfassend für alle Konzessionen oberhalb der Schwellenwerte (auch für Baukonzessionen) gelten wird.[14] 8

§ 101 GWB definiert den Auftraggeber für die Vergabe von Konzessionen[15] als „Konzessionsgeber". Die Regelung dient dem gesetzgeberischen Willen nach der nationalrechtlichen Umsetzung der Definitionen von **Art. 6 RL 2014/23/EU** („Öffentlicher Auftraggeber") und **Art. 7 RL 2014/23/EU** („Auftraggeber").[16] Die RL 2014/23/EU betrifft gemäß Art. 1 Abs. 2 RL 2014/23/EU die Vergabe von Konzessionen sowohl durch „öffentliche Auftraggeber" als auch durch „Auftraggeber" (nach deutscher Terminologie „Sektorenauftraggeber"), welche zum Zwecke ihrer Tätigkeit Konzessionen vergeben. In dieser Vorschrift wird unterschieden zwischen „öffentlichen Auftraggebern" und „Auftraggeber, wenn die Bau- oder Dienstleistungen für die Ausübung einer der in Anhang II genannten Tätigkeiten bestimmt sind". Die Unterscheidung zwischen „öffentlichen Auftraggebern" i.S.d. Art. 6 RL 2014/23/EU und „Auftraggebern" i.S.d. Art. 2014/23/EU hat den Grund, dass „öffentlichen Auftraggebern" (im Gegensatz zu „Auftraggebern") umfassendere Verpflichtungen auferlegt werden.[17] Es besteht ein Stufenverhältnis der Verpflichtungen, was sich beispielsweise bei der Freiheit bezüglich der Verfahrenswahl ausdrücken kann. Die größten Wahlmöglichkeiten sollen die Konzessionsgeber haben, was sich zum einen in dem hohen Schwellenwert und zum anderen in den reduzierten Verfahrensverpflichtungen im GWB und der KonzVgV ausdrückt. 9

Die deutsche Regelung bestimmt gemäß § 98 GWB, dass **„Auftraggeber"** im nationalrechtlichen Sinne öffentliche Auftraggeber i.S.d. § 99 GWB, Sektorenauftraggeber i.S.d. § 100 GWB oder Konzessionsgeber i.S.d. § 101 GWB sind. Insofern sind Sektorenauftraggeber i.S.d. GWB „Auftraggeber" i.S.d RL 2014/23/EU. Der deutsche Gesetzgeber hat insofern von der wörtlichen Umsetzung Abstand genommen. 10

Vor allem der Begriff der **„Einrichtung des öffentlichen Rechts"** hat im deutschen Verwaltungsrechtssystem bisher keine Entsprechung gefunden.[18] Dieser Begriff wird in den RL 2014/23/EU und 2014/25/EU verwendet. § 99 Nr. 4 GWB verwendet zwar den deutschen Begriff der „juristischen Person des öffentlichen Rechts", dieser ist aber nicht deckungsgleich mit dem unionsrechtlichen Begriff der „Einrichtung des öffentlichen Rechts" gemäß Art. 6 Abs. 4 RL 2014/23/EU. Die nicht deckungsgleichen Begrifflichkeiten sind hier aber irrelevant, da es nur auf die materielle Verpflichtung der öffentlichen Auftraggeber ankommt, Vergabeverfahren nach § 97 Abs. 6 GWB gemäß den Grundsätzen des Vergaberechts durchzuführen. Eine weiter gehende begriffliche Differenzierung ist diesbezüglich nicht notwendig. 11

Da auf Ebene des Gemeinschaftsrechts unterschiedliche Definitionen des „öffentlichen Auftraggebers" in den Richtlinien existieren (vgl. Art. 2 Abs. 1 Nr. 1 RL 2014/24/EU und Art. 6 Abs. 1 RL 2014/23/EU), erschien nach Auffassung des deutschen Gesetzgebers die Schaffung eines **eigenständigen Begriffes** – des Konzessionsgebers – sinnvoll. Gemäß Art. 2 Abs. 1 Nr. 1 RL 2014/24/EU bezeichnet der Ausdruck „öffentliche Auftraggeber" den Staat, die Gebietskörperschaften, die Einrichtungen des öffentlichen Rechts oder die Verbände, die aus einer oder mehreren dieser Körperschaften oder Einrichtungen des öffentlichen Rechts bestehen. Nach Art. 6 Abs. 1 RL 2014/23/EU sind als „öffentliche Auftraggeber" zum einen der Staat, die Gebietskörperschaften sowie die Einrichtungen des öffentlichen Rechts zu verstehen. Zudem unterfallen diesem Begriff aber auch solche Verbände, welche aus einer oder mehreren Körperschaften, Einrichtungen oder Verbänden bestehen, die nicht einer der in An- 12

---

14 Begründung zur VergRModVO, BR-Drs. 87/16, 277.

15 Zum Begriff der Konzession und ihren Tatbestandsmerkmalen etwa OLG Naumburg, Beschluss v. 15.4.2016 – 7 Verg 1/16; OLG Jena, Beschluss v. 22.7.2015 – 2 Verg 2/15 mit weiteren Anmerkungen; *Braun*, in: Hettich/Soudry, Das neue Vergaberecht, S. 155; *Braun*, VergabeR 2015, 793; *Diemon-Wies*, VergabeR 2016, 162; *Mösinger*, NZBau 2015, 545; vgl. *Knauff/Badenhausen*, NZBau 2014, 395; *Opitz*, NVwZ 2014, 753; *Siegel*, VergabeR 2015, 265 (267 ff.).

16 Vgl. ausführlich *Braun*, in: Hettich/Soudry, Das neue Vergaberecht, S. 155.

17 Vgl. Erwägungsgrund 26 RL 2014/23/EU im Bereich des Kältesektors.

18 Vgl. *Dörr*, in: Dreher/Motzke, Vergaberecht, § 98 GWB Rn. 17.

hang II RL 2014/23 genannten Tätigkeiten nachgehen bzw. eine Konzession zum Zwecke der Ausübung einer solchen Tätigkeit vergeben.

13 Der gewichtige Unterschied zwischen den Definitionen der RL 2014/23/EU und RL 2014/24/EU besteht indessen darin, dass die in Art. 6 Abs. 1 RL 2014/23/EU genannten Stellen eine **Konzession** vergeben müssen, um „öffentliche Auftraggeber" i.S.d. RL 2014/23/EU zu sein. Dies ist im Hinblick auf die Eigenschaft als „öffentlicher Auftraggeber" gemäß RL 2014/24/EU nicht der Fall, vgl. Art. 2 Abs. 1 Nr. 1 RL 2014/24/EU. Mithin knüpft der Richtliniengeber hinsichtlich der Eigenschaft als „öffentlicher Auftraggeber" i.S.d. der Konzessionsvergaberichtlinie an den „Akt" der Vergabe einer Konzession an. Anknüpfungspunkt ist damit nicht die Frage, „wer" beschafft, sondern „was" im Rahmen des Beschaffungsvorgangs vergeben werden soll. Je nach Vergabegegenstand kann sonach dieselbe Stelle einmal „öffentlicher Auftraggeber" i.S.d. RL 2014/23/EU und einmal nur i.S.d. RL 2014/24/EU sein. Damit hat sich der Richtliniengeber für eine funktionelle Beschreibung des Auftraggebers entschieden. Diesem Weg ist der deutsche Gesetzgeber gefolgt, indem er den (öffentlichen) Auftraggeber seinem Handeln entsprechend – nach der Vergabe einer Konzession – als Konzessionsgeber definiert hat.

14 Wenn die Eigenschaft als Konzessionsgeber bejaht wird, dann treffen den Konzessionsgeber direkt **organisatorische Verhaltensverpflichtungen**, wie beispielsweise gemäß § 5 KonzVgV. Danach dürfen Organmitglieder und Mitarbeiter des Konzessionsgebers oder eines im Namen des Konzessionsgebers handelnden Beschaffungsdienstleisters in einem Vergabeverfahren nicht mitwirken, wenn bei diesen ein Interessenkonflikt besteht.

I. Konzessionsvergabe durch den Konzessionsgeber

15 Ausgehend von einer primär **funktionellen Sichtweise** des Gesetzgebers, wonach ein Auftraggeber durch seine Tätigkeit dem Vergaberecht unterworfen wird,[19] wird die Eigenschaft als Konzessionsgeber von der Auftragsvergabe her begründet. Nur wer eine Konzession vergibt, ist Konzessionsgeber.[20]

16 Die **Differenzierung** der RL 2014/23/EU zwischen „öffentlichen Auftraggebern" nach Art. 6 Abs. 1 und „Auftraggebern, die einer [Sektorentätigkeit] nachgehen und zum Zwecke dieser Tätigkeit eine Konzession vergeben" nach Art. 7 Abs. 1 wird vom deutschen Gesetzgeber in § 99 und § 100 GWB beibehalten, da einzelne Vorschriften der Konzessionsrichtlinie zwischen beiden Kategorien von Auftraggebern unterscheiden. Die Konzessionsvergaberichtlinie differenziert konkret zum einen im Rahmen der Konzessionsvergabe an ein verbundenes Unternehmen zwischen dem öffentlichen Auftraggeber und dem Sektorenauftraggeber. So ist die RL 2014/23/EU gemäß Art. 13 Abs. 3 lit. a und lit. b RL 2014/23/EU nicht auf Konzessionsvergaben anzuwenden, die von „Auftraggebern" als Sektorenauftraggeber an ein mit ihnen verbundenes Unternehmen vergeben werden. Entsprechendes gilt gemäß Art. 14 RL 2014/23/EU auch für Konzessionsvergaben an ein Gemeinschaftsunternehmen durch einen „Auftraggeber".

17 Dies wurde durch den deutschen Gesetzgeber in § 154 Nr. 5 und Nr. 6 GWB umgesetzt. Danach sind die **§ 138 und § 139 GWB** entsprechend für die Vergabe von Konzessionen durch Konzessionsgeber nach § 101 Abs. 1 Nr. 2 und 3 GWB (Sektorenauftraggeber) anzuwenden, wonach der Vierte Teil des GWB auf solche Vergabeverfahren keine Anwendung findet. Mithin sind Vergaben von Konzessionen in solchen Konstellationen von den Vorgaben des GWB und der KonzVgV befreit, sodass **„In-House"-Konzessionsvergaben** möglich sind. Diese Ausnahme vom förmlichen Vergaberecht ist sinnvoll, weil die Konzessionsvergabe mit größeren Freiheiten verbunden sein soll. Wenn also ein Ausnahmetatbestand im Auftragsvergaberecht gilt, dann muss dieser Ausnahmetatbestand auch im Konzessionsvergaberecht gelten. Die Grenze für die Gestaltungsmöglichkeiten für den Konzessionsgeber ist jedoch § 14

---

19 Vgl. *Ziekow*, in: Ziekow/Völlink, Vergaberecht, § 98 GWB Rn. 30 bis 33.
20 Gesetzesbegründung, BT-Drs. 18/6281, 72.

KonzVgV. Das Konzessionsvergabeverfahren darf gemäß § 14 KonzVgV nicht in einer Weise ausgestaltet werden, dass es vom Anwendungsbereich des Teil 4 des GWB ausgenommen wird oder bestimmte Unternehmen oder bestimmte Bauleistungen, Lieferungen oder Dienstleistungen auf unzulässige Weise bevorzugt oder benachteiligt werden.

Ferner differenziert die deutsche Regelung auch im Rahmen der **öffentlich-öffentlichen Zusammenarbeit** nach § 108 GWB noch weiter gehend zwischen „öffentlichen" Sektorenauftraggebern i.S.d. § 100 Abs. 1 Nr. 1 GWB und „privatrechtlichen" Sektorenauftraggebern i.S.d. § 100 Abs. 1 Nr. 2 GWB. So sind die Regelungen zur öffentlich-öffentlichen Zusammenarbeit des § 108 GWB gemäß § 108 Abs. 8 GWB nicht auf die Vergabe von Konzessionen durch Konzessionsgeber i.S.d. § 101 Abs. 1 Nr. 3 GWB und damit durch „privatrechtliche" Sektorenauftraggeber nach § 100 Abs. 1 Nr. 2 GWB anwendbar. 18

Wenn eine **direkte private Kapitalbeteiligung** an der kontrollierten juristischen Person mit Ausnahme nicht beherrschender Formen der privaten Kapitalbeteiligung und Formen der privaten Kapitalbeteiligung ohne Sperrminorität besteht, die in Übereinstimmung mit den Verträgen durch nationale gesetzliche Bestimmungen vorgeschrieben sind und die keinen ausschlaggebenden Einfluss auf die kontrollierte juristische Person vermitteln, ist eine Konzession zwischen öffentlich-rechtlichen Körperschaften gemäß Art. 17 Abs. 3d RL 2014/23/EU nicht möglich. Die direkte private Beteiligung an der kontrollierten juristischen Person (Konzessionsnehmer) ist entscheidend. Dies schließt die In-House-Konzessionsvergabe aus. Eine private Kapitalbeteiligung an dem oder den kontrollierenden Konzessionsgebern schließt daher die Vergabe öffentlicher Aufträge an die kontrollierte juristische Person (Konzessionsnehmer) ohne Anwendung eines förmlichen Vergabeverfahrens nicht aus, da solche Beteiligungen den Wettbewerb zwischen privaten Wirtschaftsteilnehmern nicht nachteilig beeinflussen.[21] 19

Die Vergabe einer Konzession durch einen Konzessionsgeber erfolgt in **zwei Schritten**:[22] Zunächst wird gemäß § 101 Nr. 1 GWB zwischen dem öffentlichen Auftraggeber nach § 99 Nr. 1 bis 3 GWB oder § 101 Abs. 1 Nr. 2 und Nr. 3 GWB oder dem Sektorenauftraggeber nach § 100 Abs. 1 Nr. 1 und Nr. 2 GWB und einer natürlichen oder juristischen Person des Privatrechts ein Vertrag im Sinne des **§ 105 Abs. 1 GWB** geschlossen.[23] Die Konzessionsgebereigenschaft wird durch den nach außen tretenden Willen bezüglich der Vergabe einer Konzession (§ 101 Abs. 1 Nr. 1 GWB) bzw. der Vergabe einer Konzession zum Zweck der Ausübung einer Sektorentätigkeit (§ 101 Abs. 1 Nr. 2 und Nr. 3 GWB) begründet. 20

Ein Konzessionsvergabeverfahren hat dann begonnen, wenn zwei Elemente kumulativ gegeben sind: 21

- interner Beschaffungsentschluss: Der Konzessionsgeber entschließt sich, einen (gegenwärtigen oder künftigen) Bedarf nicht durch Eigenleistung, sondern durch Beschaffen von Lieferungen oder Leistungen als Nachfrager auf dem Markt zu decken.
- externe Umsetzung: Der Konzessionsgeber trifft darüber hinaus zweckbestimmt äußerlich wahrnehmbar Anstalten, den Auftragnehmer mit dem Ziel eines Vertragsabschlusses auszuwählen (nicht notwendig durch eine vorherige Bekanntmachung).[24]

Im Ergebnis bleibt festzuhalten, dass eine funktionelle Sichtweise mit einer **materiellen Prüfung kombiniert** wird. Die Eigenschaft als Konzessionsgeber hängt funktionell von der Frage ab, ob durch den jeweiligen Auftraggeber gemäß § 98 GWB bloß ein Auftrag gemäß § 103 Abs. 1 GWB vergeben werden soll oder vielmehr eine Konzession gemäß § 105 Abs. 1 GWB. Falls im jeweiligen Fall die Eigenschaft als Konzessionsgeber gemäß § 101 Abs. 1 GWB bejaht wurde, ist dann in materieller Hinsicht zu prüfen, ob eine „gewöhnliche" Konzession gemäß § 101 Abs. 1 Nr. 1 GWB oder die spezielle Form der Konzession zur Ausübung der Sektorentätigkeit des Sektorenauftraggebers vergeben werden soll (§ 101 Abs. 1 Nr. 1 und Nr. 2 GWB). 22

21 Vgl. Erwägungsgrund 49 RL 2014/23/EU.
22 Näher eingehend auf das gesamte Verfahren *Mösinger*, NZBau 2015, 351; vgl. *Prieß/Stein*, VergabeR 2014, 499.
23 Vgl. *Ziekow*, in: Ziekow/Völlink, Vergaberecht, § 98 GWB Rn. 168, 170.
24 OLG Düsseldorf, Beschluss v. 17.12.2014 – VII-Verg 26/14.

Innerhalb dessen ist klärungsbedürftig, ob weiter gehende Spezialregelungen für öffentliche oder privatrechtliche Sektorenauftraggeber existieren.

23 Zudem ist noch zu beachten, dass die Eigenschaft als Konzessionsgeber eine **zusätzliche institutionelle Komponente** hat: Nur wenn die jeweilige Stelle öffentlicher Auftraggeber i.S.d. § 99 Nr. 1 bis 3 GWB oder Sektorenauftraggeber i.S.d. § 100 Abs. 1 Nr. 1 und Nr. 2 GWB ist, kann sie (bei Vergabe einer Konzession) Konzessionsgeber i.S.d. § 101 Abs. 1 GWB sein. Dies wird vor allem anhand folgender Beispiele deutlich: Das Kartellvergaberecht trifft die Unterscheidung, dass keine Eigenschaft als Sektorenauftraggeber vorliegt, wenn ein privatrechtlicher Sektorenauftraggeber i.S.d. § 100 Abs. 1 Nr. 2 GWB Tätigkeiten ausübt, die unter die Regelungen des § 102 Abs. 1 S. 2, Abs. 2 Nr. 2 lit. a und lit. b sowie Abs. 3 Nr. 2 lit. a und lit. b GWB fallen. Bei Vorliegen dieser Bereichsausnahmen hat die jeweilige Stelle nicht die Eigenschaft als Sektorenauftraggeber inne, womit sie erst recht nicht Konzessionsgeber i.S.d. § 101 Abs. 1 Nr. 3 GWB (selbst bei tatsächlicher Vergabe einer Konzession) ist. Dadurch wird sichergestellt, dass nicht jedwede juristische Person nur durch die Vergabe einer Konzession zu einem Konzessionsgeber wird. Die Anwendung des Vergaberechts ist in diesen Fällen insofern entbehrlich, da schon bei der Gewährung der ausschließlichen und besonderen Rechte den Anforderungen an ein wettbewerbliches Verfahren genügt wurde.[25]

II. Konzessionsvergabe durch den öffentlichen Auftraggeber (Abs. 1 Nr. 1)

24 Konzessionsgeber sind gemäß § 101 Abs. 1 Nr. 1 GWB öffentliche Auftraggeber i.S.d. § 99 Nr. 1 bis 3 GWB, sofern sie nicht Konzessionsgeber nach § 101 Abs. 1 Nr. 2 oder Nr. 3 GWB sind. § 101 Abs. 1 Nr. 1 GWB betrifft damit solche öffentlichen Auftraggeber, die nicht zu denjenigen Auftraggebern gehören, die eine Tätigkeit auf dem Gebiet der Energieversorgung oder des Verkehrs ausüben und eine Konzession zum Zweck der Ausübung dieser Tätigkeit vergeben. Mithin fallen unter § 101 Abs. 1 Nr. 1 GWB die Konzessionsvergaben **außerhalb der Sektorentätigkeiten**.

25 Aus dem Zusatz „die eine Konzession vergeben" ist zu schließen, dass **jede Art der Konzessionsvergabe oberhalb der Schwellenwerte** einen öffentlichen Auftraggeber zu einem Konzessionsgeber macht. Dabei muss nicht notwendigerweise nachgewiesen werden, dass die Konzessionsvergabe der Aufgabe des öffentlichen Auftraggebers dienlich sein muss. Dies folgt daraus, dass (im Gegensatz zu § 101 Abs. 1 Nr. 2 und Nr. 3 GWB) der öffentliche Auftraggeber i.S.d. § 101 Abs. 1 Nr. 1 GWB die Konzession nicht zur Ausübung seiner eigenen Tätigkeit vergeben muss. Auf der anderen Seite darf die Konzessionsvergabe nicht mit einem Gesetzesverstoß verbunden sein.[26] Die Konzessionsvergabe durch den Konzessionsgeber kann dann gemäß §§ 155 ff. GWB vor den Vergabekammern überprüft werden.

III. Konzessionsvergabe durch öffentliche Sektorenauftraggeber (Abs. 1 Nr. 2)

26 Konzessionsgeber nach § 101 Abs. 1 Nr. 2 GWB sind Sektorenauftraggeber gemäß § 100 Abs. 1 Nr. 1 GWB, wenn sie eine Sektorentätigkeit gemäß § 102 Abs. 2 bis 6 GWB ausüben und eine Konzession zum Zweck der Ausübung dieser (Sektoren-)Tätigkeit vergeben. In diesem Fall sind solche Auftraggeber gemäß § 98 GWB bei Vergabe einer Konzession nicht mehr unter **§ 101 Abs. 1 Nr. 1 GWB** zu fassen.

27 Je nachdem können öffentliche Auftraggeber gemäß § 99 Nr. 1 bis 3 GWB im Rahmen der Vergabe von Konzessionen somit Konzessionsgeber nach § 101 Abs. 1 Nr. 1 GWB oder nach § 101 Abs. 1 Nr. 2 GWB sein.[27] Aus der Formulierung in § 101 Abs. 1 Nr. 2 GWB, wonach eine Konzession zum Zweck der Ausübung dieser Tätigkeit vergeben werden muss, ist zu schließen, dass nicht jede Konzessionsvergabe oberhalb der Schwellenwerte einen Sektorenauftraggeber zum Konzessionsgeber werden lässt. Vergibt der Sektorenauftraggeber eine **Kon-**

---

25 Gesetzesbegründung, BT-Drs. 18/6281, 68.
26 OLG Naumburg, Beschluss v. 15.4.2016 – 7 Verg 1/15, OLG Celle, Beschluss v. 19.6.2014 – 13 Verg 5/14.
27 Gesetzesbegründung, BT-Drs. 18/6281, 72.

zession außerhalb seiner Sektorentätigkeit, so ist er kein Konzessionsgeber. Wenn er aber dann kein Konzessionsgeber mehr ist und auch nicht als Sektorenauftraggeber tätig wird (oder auch keine Sektorentätigkeit gemäß § 102 GWB ausübt), dann unterliegt der Sektorenauftraggeber keinen vergaberechtlichen Verpflichtungen nach dem Vierten Teil des GWB.

Ob eine Konzession ausgeschrieben werden muss, hängt davon ab, ob diese Beschaffung (noch) der Erreichung von Unternehmensleistungen im **Sektorentätigkeitsbereich** dient und somit als öffentlicher Auftrag angesehen werden muss. Es findet insofern **keine „Infizierung"** aller Sparten eines Unternehmens durch eine Sektorentätigkeit statt, wenn die Tätigkeit abgrenzbar ist.[28] Diesbezüglich ist aber der Sektorenauftraggeber einer erheblichen Prüfungspflicht unterworfen. Wenn der Sektorenauftraggeber sich bei dieser Prüfung irren sollte, dann kann ein rechtswidriger De-facto-Vertrag vorliegen, dessen Unwirksamkeit gemäß § 135 GWB im Nachprüfungsverfahren gemäß § 155 GWB festgestellt werden kann. **28**

§ 101 Abs. 1 Nr. 2 GWB verweist auf die **Sektorentätigkeiten** gemäß § 102 Abs. 2 bis 6 GWB. Für die Definition der Sektorentätigkeiten kann auch im Rahmen der Vergabe von Konzessionen grundsätzlich auf § 102 GWB als einheitliche Vorschrift und auf die dortige Kommentierung[29] verwiesen werden, da Art. 8 bis 14 RL 2014/25/EU sowie Anhang II RL 2004/23/EU so weit übereinstimmen. **29**

Ausgenommen vom Anwendungsbereich der RL 2014/23/EU sind gemäß Art. 12 RL 2014/23/EU allerdings Tätigkeiten auf dem Gebiet der **Trinkwasserversorgung**.[30] Aus diesem Grund sind Sektorentätigkeiten im Bereich Wasser nach § 102 Abs. 1 GWB nicht vom Verweis im Rahmen des § 101 GWB umfasst. **30**

IV. Konzessionsvergabe durch private Sektorenauftraggeber (Abs. 1 Nr. 3)

§ 101 Abs. 2 Nr. 3 GWB erfasst als Konzessionsgeber private Sektorenauftraggeber gemäß § 100 Abs. 1 Nr. 2 GWB, die eine Sektorentätigkeit gemäß § 102 Abs. 2 bis 6 GWB ausüben und eine Konzession zum Zweck der Ausübung dieser Tätigkeit vergeben. **31**

Aus der Formulierung in § 101 Abs. 1 Nr. 3 GWB, wonach eine Konzession zum Zweck der Ausübung dieser Tätigkeit vergeben werden muss, ist – wie aus der Regelung des § 101 Abs. 1 Nr. 2 GWB – zu schließen, dass nicht jede Konzessionsvergabe einen Sektorenauftraggeber zum Konzessionsgeber werden lässt, da eine **Konzession außerhalb des Sektorengebiets** die Konzessionsgebereigenschaft eben nicht begründet. Wenn die Behörde dann aber kein Konzessionsgeber mehr ist und auch nicht als Sektorenauftraggeber tätig wird (oder auch keine Sektorentätigkeit gemäß § 102 GWB vorliegt), dann unterliegt der Sektorenauftraggeber keinen vergaberechtlichen Verpflichtungen nach Teil 4 des GWB. Öffentlich-rechtliche Körperschaften, Anstalten oder Stiftungen bleiben unabhängig davon noch allgemeinen gesetzlichen Regelungen, z.B. aus Art. 3 Abs. 1 GG oder der Selbstbindung der Verwaltung, unterworfen. Auch daraus können für diese Institutionen Verfahrensverpflichtungen erwachsen.[31] **32**

Wie bei den Sektorenauftraggebern ist für die Eigenschaft als Konzessionsgeber erforderlich, dass dem privaten Auftraggeber entweder **besondere oder ausschließliche Rechte** (§ 100 Abs. 1 Nr. 2 lit. a GWB) gewährt wurden oder der private Auftraggeber vonseiten öffentlicher Auftraggeber i.S.d § 99 Nr. 1 bis 3 GWB einem **beherrschenden Einfluss** unterliegt (§ 100 Abs. 1 Nr. 2 lit. b GWB). **33**

28 Vgl. VK Sachsen, Beschluss v. 9.12.2014 – 1/SVK/032-14.
29 *Röbke* zu § 102 Rn. 16 ff.
30 Gesetzesbegründung, BT-Drs. 18/6281, 73.
31 Vgl. *Dörr*, in: Dreher/Motzke, Vergaberecht, Einleitung Rn. 70 ff.

V. Besondere oder ausschließliche Rechte und beherrschender Einfluss (Abs. 2)

34 § 101 Abs. 2 GWB bestimmt, dass **§ 100 Abs. 2 und Abs. 3 GWB** im Rahmen des § 101 GWB entsprechend gilt, und schränkt damit den Anwendungsbereich ein.

35 **Besondere oder ausschließliche** Rechte i.S.v. § 100 Abs. 1 Nr. 2 lit. a GWB sind nach § 100 Abs. 2 S. 1 GWB Rechte, die dazu führen, dass die Ausübung dieser Tätigkeit einem oder mehreren Unternehmen vorbehalten wird und dass die Möglichkeit anderer Unternehmen, diese Tätigkeit auszuüben, erheblich beeinträchtigt wird.

36 **Keine besonderen oder ausschließlichen Rechte** in diesem Sinne sind gemäß § 100 Abs. 2 S. 2 GWB Rechte, die aufgrund eines Verfahrens nach den Vorschriften dieses Teils oder aufgrund eines sonstigen Verfahrens gewährt und angemessen bekannt gemacht wurden sowie auf objektiven Kriterien beruhen. Die Anwendung des Vergaberechts ist in diesen Fällen insofern entbehrlich, als schon bei der Gewährung der ausschließlichen und besonderen Rechte den Anforderungen an ein wettbewerbliches Verfahren genügt wurde.[32] Wenn einmal der Wettbewerb in diesem Bereich eröffnet wurde, gibt es keinen Grund für die Anwendung einer staatlichen Wettbewerbsverpflichtung. Wenn also der Auftraggeber die besonderen oder ausschließlichen Rechte selbst in einem Vergabeverfahren erhalten hat, trifft ihn keine Ausschreibungsverpflichtung. Es gibt in diesem Zusammenhang eine Sperrwirkung der Erstvergabe.[33]

37 § 100 Abs. 3 GWB betrifft Bestimmungen für den **beherrschenden Einfluss** von öffentlichen Auftraggebern bei Sektorenauftraggebern. Mit dieser Regelung erzielt der Auftraggeber Deckungsgleichheit des Auftraggeber- mit dem Konzessionsgeberbegriff. Nur wenn die Ausübung eines beherrschenden Einflusses gegeben ist, dann liegt auch im Anschluss daran eine Konzessionsgebereigenschaft vor.

C. Rechtsschutz

38 § 101 GWB ist stets im Zusammenhang mit den §§ 97 Abs. 6, 105 GWB zu sehen. Nur die Vergabe einer Konzession begründet die Eigenschaft als Konzessionsgeber. Wenn dies bejaht wird, dann sind die Verfahrensregelungen direkt **drittschützend**.

39 Konzessionsgeber haben gemäß § 105 GWB auszuschreiben. Unternehmen haben gemäß § 97 Abs. 6 GWB **Anspruch** darauf, dass die Bestimmungen des § 97 Abs. 1 und Abs. 2 GWB über das Vergabeverfahren eingehalten werden.

40 Wenn Konzessionsgeber diese Pflichten verletzen, können unterlegene Bewerber um Vergaberechtschutz ersuchen. Ihnen stehen **subjektiv-öffentliche Abwehrrechte** zu.[34]

41 Unternehmen können die **Vergabekammer** mit der Behauptung anrufen, dass eine öffentliche Institution Konzessionsgeber ist und die Regeln des GWB und der KonzVgV einzuhalten sind. Ob dies der Fall ist, hat die Vergabekammer – nach hiesiger Auffassung – dann in der Begründetheitsprüfung festzustellen. Der Nachprüfung unterliegt nicht nur die Art und Weise der Einleitung oder Durchführung einer Konzessionsvergabe, sondern auch die Überprüfung der Frage, ob ein nach Maßgabe des § 97 ff. GWB geregeltes Konzessionsvergabeverfahren bislang – zu Unrecht – unterblieben ist.[35]

---

32 Gesetzesbegründung, BT-Drs. 18/6281, 71.

33 Es ist nicht Sinn des Vergaberechts, z.B. einzelne Gewerke doppelt auszuschreiben, vgl. OLG Celle, Beschluss v. 5.9.2002 – 13 Verg 9/02; OLG Rostock, Vorlagebeschluss v. 5.2.2003 – 17 Verg 14/02; VK Bund, Beschluss v. 8.6.2006 – VK 2-114/05.

34 Vgl. weiter gehend zum subjektiv-öffentlichen Drittschutz des Bieters *Braun,* in: Prieß/Lau/Kratzenberg, Festschrift für Marx, S. 45; *ders.*, NZBau 2016, 266; *ders.*, VergabeR 2014, 324 (328); *ders.*, NZBau 2011, 400.

35 OLG Schleswig, Beschluss v. 7.11.2011 – 1 Verg 1/ 1 mit Hinweis auf BGH, Beschluss v. 1.2.2005 – X ZB 27/04.

D. Konzessionsgeber unterhalb der Schwellenwerte?

Eine allgemeine Definition des Konzessionsgebers unterhalb der Schwellenwerte **gibt es noch nicht**, wobei unterhalb der Schwellenwerte die Konzession in § 23 VOB/A (allerdings ohne Bezugnahme auf den Begriff des Konzessionsgebers) geregelt wurde. 42

Der Begriff des Konzessionsgebers könnte gleichwohl **landesrechtlich** eingeführt werden. 43
Wenn landesrechtlich neue Vergabegesetze geschaffen werden, ist dies unterhalb der Schwellenwerte möglich, wenn nicht sogar im Hinblick auf eine einheitliche Rechtslage oberhalb und unterhalb der Schwellenwerte geboten. Letztendlich ist zu erwarten, dass der für Vergaben oberhalb der Schwellenwerte geprägte Begriff sich auch unterhalb der Schwellenwerte durchsetzen wird.

I. Zivilrechtlicher Konzessionsgeber

Baukonzessionen werden in der Regel auf dem Gebiet des Privatrechts vergeben. Verwal- 44
tungsrechtliche Baukonzessionen haben in der Rechtsprechung bisher – soweit ersichtlich – keine Rolle gespielt.

Die **VOB/A** regelt in § 23 VOB/A die Baukonzession. Eine Baukonzession ist nach § 23 Abs. 1 45
VOB/A ein Vertrag über die Durchführung eines Bauauftrages, bei dem die Gegenleistung für die Bauarbeiten statt in einem Entgelt in dem befristeten Recht auf Nutzung der baulichen Anlage, gegebenenfalls zuzüglich der Zahlung eines Preises, besteht. Für die Vergabe von Baukonzessionen sind gemäß § 23 Abs. 1 VOB/A die §§ 1 bis 22 VOB/A sinngemäß anzuwenden.

II. Verwaltungsrechtlicher Konzessionsgeber

Das GWB trennt nicht zwischen verwaltungs- und zivilrechtlichen Konzessionen. Die Verwal- 46
tungsrechtsprechung verwendet den vergaberechtlichen Begriff des Konzessionsgebers auch bisher schon.[36]

Verwaltungsrechtliche Konzessionen werden z.B. in **folgenden Bereichen** vergeben: 47

- Vergabe von Konzessionen zu Standplätzen und Durchführungsrechten im Hinblick auf Märkte und Veranstaltungen nach der GewO;
- Vergabe von Personenbeförderungskonzessionen nach § 8b PBefG i.V.m. Art. 5 Abs. 3 VO (EG) 1370/2007, Vergabe nach Art. 4 Abs. 1 lit. b, 6 Abs. 1 S. 2 VO (EG) 1370/2007;[37]
- Vergabe von Breitbandkonzessionen nach der AGVO und der NGA-RR;[38]
- Vergabe von Konzessionen zum Betrieb von Altkleidercontainer nach § 18 Abs. 5 KrWG;[39]
- Vergabe von Konzessionen zur Durchführung von Bodenabfertigungsdienstleistungen nach § 7 Abs. 1 BADV i.V.m. Anlage 2 zur BADV;[40]
- Vergabe von Stromkonzessionen nach § 46 Abs. 3 i.V.m. Abs. 1 S. 1 EnWG;[41]
- Vergabe von Konzessionen zur Schilderprägung;[42]

---

36 VGH Baden-Württemberg, Beschluss v. 22.8.2013 – 1 S 1047/13; VG Darmstadt, Beschluss v. 10.9.2015 – 4 L 1180/15.DA; VG Karlsruhe, Urteil v. 10.3.2015 – 6 K 1327/13; VG Bayreuth, Urteil v. 11.12.2012 – B 1 K 12.445; vgl. auch *Braun*, NVwZ 2009, 747.

37 OLG Koblenz, Beschluss v. 25.3.2015 – Verg 11/14.

38 OLG Karlsruhe, Beschluss v. 14.11.2014 – 15 Verg 10/14; OLG München, Beschluss v. 25.3.2011 – Verg 4/11; VK Baden-Württemberg, Beschluss v. 25.7.2014 – 1 VK 29/14; vgl. auch *Braun/Zwetkow*, VergabeR 2015, 521.

39 OVG Lüneburg, Urteil v. 19.2.2015 – 7 LC 63/13; VG Braunschweig, Urteil v. 26.11.2014 – 6 A 322/13.

40 BVerwG, Beschluss v. 18.3.2016 – 3 B 16.15.

41 BGH, Urteil v. 7.10.2014 – EnZR 86/13; *Braun*, NZBau 2015, 355.

42 OVG NRW, Beschluss v. 21.9.2004 – 15 B 1709/04; keine Dienstleistungskonzession nach OLG Karlsruhe, Urteil v. 24.9.2014 – 6 U 89/12 (Kart.); vgl. auch *Brünig*, NVwZ 2012, 674.

- Vorvertragliches Vertrauensverhältnis infolge Ausschreibung einer Konzession, Anspruch auf Unterlassung der Abgabe eines Zuschlags gemäß § 241 Abs. 2, § 311 Abs. 2 BGB;[43]
- Vergabe von Konzessionen zur Errichtung und dem Betrieb von Nebenbetrieben an Autobahnen nach § 15 Abs. 3 FStrG;
- Vergabe von Taxikonzessionen gemäß § 2 Abs. 2, § 13 Abs. 4 Nr. 4 PBefG;§ Abs. [44]
- Vergabe von Konzessionen zur Erhebung von Gebühren nach § 21 SächsStrG;
- Vergabe von Werbekonzessionen gemäß den Straßengesetzen der Länder;[45]
- Vergabe von Rettungsdienstleistungskonzessionen gemäß den Rettungsdienstgesetzen der Länder;[46]
- Vergabe von Glücksspielkonzessionen nach § 4a Abs. 1 S. 1 GlüStV.[47]

48 Verwaltungsrechtliche Konzessionen können **immer nur unterhalb der Schwellenwerte** vergeben werden. Oberhalb der Schwellenwerte greift Teil 4 des GWB ein, sofern die Anwendung des Vierten Teils des GWB nicht z.B. gemäß §§ 137 ff. GWB ausgeschlossen ist. Bei vom GWB ausgeschlossenen Konzessionen können verwaltungsgerichtliche Konzessionen auch oberhalb der Schwellenwerte vergeben werden. Wenn es offen ist, ob eine verwaltungsrechtliche oder eine vergaberechtliche Konzession vorliegt, dann dürfte es sinnvoll sein, zunächst die Vergabekammer anzurufen. Wenn die Vergabenachprüfungsinstanz nicht zuständig ist, dann wird die Sache an das zuständige Verwaltungsgericht verwiesen.[48]

Anlage

Gesetzesbegründung (BT-Drs. 18/6281)

Seite 72

§ 101 definiert die Auftraggeber für die Vergabe von Konzessionen und dient der Umsetzung von Artikel 6 und 7 der Richtlinie 2014/23/EU. Die Konzessionsrichtlinie betrifft sowohl die Vergabe von Konzessionen durch öffentliche Auftraggeber als auch durch Auftraggeber, die einer Sektorentätigkeit nachgehen und zum Zwecke dieser Tätigkeit Konzessionen vergeben. Die in der Konzessionsrichtlinie dafür vorgesehene Differenzierung ist auch im deutschen Recht beizubehalten, da einzelne Vorschriften der Konzessionsrichtlinie zwischen beiden Kategorien von Auftraggebern unterscheiden (z. B. bei der Regelung zur öffentlich-öffentlichen Zusammenarbeit und zu verbundenen Unternehmen).

Zu Absatz 1

Zu Nummer 1

Konzessionsgeber sind gemäß § 101 Absatz 1 Nummer 1 öffentliche Auftraggeber im Sinne des § 99 Nummer 1 bis 3, sofern sie nicht Konzessionsgeber nach § 101 Absatz 1 Nummer 2 sind. § 101 Absatz 1 Nummer 1 betrifft damit solche öffentlichen Auftraggeber, die nicht zu denjenigen Auftraggebern gehören, die eine Tätigkeit auf dem Gebiet der Energieversorgung oder des Verkehrs ausüben und eine Konzession zum Zweck der Ausübung dieser Tätigkeit vergeben. Im Ergebnis fallen unter § 100 Absatz 1 Nummer 1 die Konzessionsvergaben außerhalb der Sektorentätigkeiten.

---

43 OLG Dresden, Urteil v. 13.8.2013 – 16 W 439/13; vgl. *Braun*, in Müller-Wrede/Braun, KonzVgV, §§ 241, 311 BGB.
44 VG Sigmaringen, Urteil v. 11.11.2015 – 1 K 3511/14; VG Köln, Urteil v. 3.6.2013 – 18 K 6314/11; VK Südbayern, Beschluss v. 24.9.2015 – Z3-3-3194-1-42-07/15.
45 OLG Bremen, Beschluss v. 4.11.2014 – 2 W 53/14.
46 EuGH, Urteil v. 28.1.2016 – Rs. C-50/14 (Casta u.a.); VG Darmstadt, Beschluss v. 10.9.2015 – 4 L 1180/15.DA; VG Magdeburg, Beschluss v. 30.10.2014 – 1 B 1078/14; VG Bayreuth, Urteil v. 11.12.2012 – B 1 K 12.445; vgl. *Braun*, EuZW 2016, 304; *ders.*, SächsVBl. 2012, 221; *ders.*, NZBau 2012, 251; *ders.*, VergabeR 2011, 384; *ders.*, NZBau 2010, 549.
47 EuGH, Urteil v. 4.2.2016 – Rs. C-336/14 (Ince); OVG Berlin-Brandenburg, Beschluss v. 12.5.2015 – OVG 1 S 102/14; VGH Kassel, Beschluss v. 16.10.2015 – 8 B 1028/15; VGH München, Beschluss v. 30.9.2013 – 10 CE 13.1371; vgl. aber auch EuGH, Urteil v. 22.1.2015 – Rs. C-463/13 (Stanley International Betting und Stanleybet Malta); *Braun*, NZBau 2016, 266.
48 Vgl. z.B. OLG Naumburg, Beschluss v. 15.4.2016 – 7 Verg 1/16.

Zu Nummer 2

Konzessionsgeber nach § 101 Absatz 1 Nummer 2 sind Sektorenauftraggeber gemäß § 100 Absatz 1 Nummer 1, wenn sie eine Sektorentätigkeit gemäß § 102 Absatz 2 bis 6 ausüben und eine Konzession zum Zweck der Ausübung dieser Tätigkeit vergeben. In diesem Fall fallen solche öffentlichen Auftraggeber somit nicht mehr unter § 101 Absatz 1 Nummer 1. Je nach Vorliegen dieser Voraussetzungen können öffentliche Auftraggeber gemäß § 99 Nummer 1 bis 3 im Rahmen der Vergabe von Konzessionen somit Konzessionsgeber nach § 101 Absatz 1 Nummer 1 oder nach § 101 Absatz 1 Nummer 2 sein.

§ 101 Absatz 1 Nummer 2 verweist auf die Sektorentätigkeiten gemäß § 102 Absatz 2 bis 6. Für die Definition der Sektorentätigkeiten kann auch im Rahmen der Vergabe von Konzessionen grundsätzlich auf § 102 als einheitlicher Vorschrift verwiesen werden, da die Artikel 8 bis 14 der Richtlinie 2014/25/EU sowie Anhang II der Richtlinie 2004/23/EU übereinstimmen. Ausgenommen vom Anwendungsbereich der Richtlinie 2014/23/EU sind gemäß Artikel 12 allerdings Tätigkeiten auf dem Gebiet der Trinkwasserversorgung, siehe § 149 Nummer 9. Aus diesem Grund sind Sektorentätigkeiten im Bereich Wasser gemäß § 102 Nummer 1 nicht von dem Verweis im Rahmen des § 101 umfasst.

Zu Nummer 3

§ 101 Absatz 2 Nummer 3 erfasst als Konzessionsgeber private Sektorenauftraggeber gemäß § 100 Absatz 1 Nummer 2, die eine Sektorentätigkeit gemäß § 102 Absatz 2 bis 6 ausüben und eine Konzession zum Zweck der Ausübung dieser Tätigkeit vergeben.

Wie bei den Sektorenauftraggebern ist für die Eigenschaft als Konzessionsgeber erforderlich, dass dem privaten Auftraggeber entweder besondere oder ausschließliche Rechte (Buchstabe a) gewährt wurden oder der private Auftraggeber einem beherrschenden Einfluss öffentlicher Auftraggeber gemäß § 99 Nummer 1 bis 3 unterliegt (Buchstabe b).

Zu Absatz 2

§ 101 Absatz 2 bestimmt, dass § 100 Absatz 2 und 3 im Rahmen des § 101 entsprechend gilt.

§ 102
Sektorentätigkeiten

(1) Sektorentätigkeiten im Bereich Wasser sind

1. die Bereitstellung oder das Betreiben fester Netze zur Versorgung der Allgemeinheit im Zusammenhang mit der Gewinnung, der Fortleitung und der Abgabe von Trinkwasser,
2. die Einspeisung von Trinkwasser in diese Netze.

Als Sektorentätigkeiten gelten auch Tätigkeiten nach Satz 1, die im Zusammenhang mit Wasserbau-, Bewässerungs- oder Entwässerungsvorhaben stehen, sofern die zur Trinkwasserversorgung bestimmte Wassermenge mehr als 20 Prozent der Gesamtwassermenge ausmacht, die mit den entsprechenden Vorhaben oder Bewässerungs- oder Entwässerungsanlagen zur Verfügung gestellt wird oder die im Zusammenhang mit der Abwasserbeseitigung oder -behandlung steht. Die Einspeisung von Trinkwasser in feste Netze zur Versorgung der Allgemeinheit durch einen Sektorenauftraggeber nach § 100 Absatz 1 Nummer 2 gilt nicht als Sektorentätigkeit, sofern die Erzeugung von Trinkwasser durch den betreffenden Auftraggeber erfolgt, weil dessen Verbrauch für die Ausübung einer Tätigkeit erforderlich ist, die keine Sektorentätigkeit nach den Absätzen 1 bis 4 ist, und die Einspeisung in das öffentliche Netz nur von dem Eigenverbrauch des betreffenden Auftraggebers abhängt und bei Zugrundelegung des Durchschnitts der letzten drei Jahre einschließlich des laufenden Jahres nicht mehr als 30 Prozent der gesamten Trinkwassererzeugung des betreffenden Auftraggebers ausmacht.

(2) Sektorentätigkeiten im Bereich Elektrizität sind

1. die Bereitstellung oder das Betreiben fester Netze zur Versorgung der Allgemeinheit im Zusammenhang mit der Erzeugung, der Fortleitung und der Abgabe von Elektrizität,
2. die Einspeisung von Elektrizität in diese Netze, es sei denn,
   a) die Elektrizität wird durch den Sektorenauftraggeber nach § 100 Absatz 1 Nummer 2 erzeugt, weil ihr Verbrauch für die Ausübung einer Tätigkeit erforderlich ist, die keine Sektorentätigkeit nach den Absätzen 1 bis 4 ist, und
   b) die Einspeisung hängt nur von dem Eigenverbrauch des Sektorenauftraggebers ab und macht bei Zugrundelegung des Durchschnitts der letzten drei Jahre einschließlich des laufenden Jahres nicht mehr als 30 Prozent der gesamten Energieerzeugung des Sektorenauftraggebers aus.

(3) Sektorentätigkeiten im Bereich von Gas und Wärme sind

1. die Bereitstellung oder das Betreiben fester Netze zur Versorgung der Allgemeinheit im Zusammenhang mit der Erzeugung, der Fortleitung und der Abgabe von Gas und Wärme,
2. die Einspeisung von Gas und Wärme in diese Netze, es sei denn,
   a) die Erzeugung von Gas oder Wärme durch den Sektorenauftraggeber nach § 100 Absatz 1 Nummer 2 ergibt sich zwangsläufig aus der Ausübung einer Tätigkeit, die keine Sektorentätigkeit nach den Absätzen 1 bis 4 ist, und
   b) die Einspeisung zielt nur darauf ab, diese Erzeugung wirtschaftlich zu nutzen und macht bei Zugrundelegung des Durchschnitts der letzten drei Jahre einschließlich des laufenden Jahres nicht mehr als 20 Prozent des Umsatzes des Sektorenauftraggebers aus.

(4) Sektorentätigkeiten im Bereich Verkehrsleistungen sind die Bereitstellung oder das Betreiben von Netzen zur Versorgung der Allgemeinheit mit Verkehrsleistungen per Eisenbahn, automatischen Systemen, Straßenbahn, Trolleybus, Bus oder Seilbahn; ein Netz gilt als vorhanden, wenn die Verkehrsleistung gemäß den von einer zuständigen Behörde festgelegten Bedingungen erbracht wird; dazu gehören die Festlegung der Strecken, die Transportkapazitäten und die Fahrpläne.

(5) Sektorentätigkeiten im Bereich Häfen und Flughäfen sind Tätigkeiten im Zusammenhang mit der Nutzung eines geografisch abgegrenzten Gebiets mit dem Zweck, für Luft-, See- oder Binnenschifffahrtsverkehrsunternehmen Flughäfen, See- oder Binnenhäfen oder andere Terminaleinrichtungen bereitzustellen.

(6) Sektorentätigkeiten im Bereich fossiler Brennstoffe sind Tätigkeiten zur Nutzung eines geografisch abgegrenzten Gebiets zum Zweck

1. der Förderung von Öl oder Gas oder

2. der Exploration oder Förderung von Kohle oder anderen festen Brennstoffen.

(7) Für die Zwecke der Absätze 1 bis 3 umfasst der Begriff „Einspeisung" die Erzeugung und Produktion sowie den Groß- und Einzelhandel. Die Erzeugung von Gas fällt unter Absatz 6.

Übersicht Rn.

A. Allgemeines ... 1
B. Sektorentätigkeiten ... 8
I. Wasser (Abs. 1) ... 8
II. Elektrizität, Gas und Wärme (Abs. 2 und Abs. 3) ... 16
III. Verkehrsleistungen (Abs. 4) ... 23
IV. Häfen und Flughäfen (Abs. 5) ... 35
V. Fossile Brennstoffe (Abs. 6) ... 42
VI. Einspeisung (Abs. 7) ... 45
Anlage
Gesetzesbegründung (BT-Drs. 18/6281)

A. Allgemeines

1 § 102 Abs. 1 bis 6 GWB dient der Umsetzung der Art. 8 bis 14 RL 2014/25/EU sowie des Anhangs II RL 2014/23/EU und *definiert die Sektorentätigkeiten* in den Bereichen Wasser, Elektrizität, Gas und Wärme, Verkehr, Häfen und Flughäfen sowie fossile Brennstoffe. Die materiellen Regelungen zu diesen Tätigkeiten werden anstelle in einer Anlage nunmehr in § 102 GWB erfasst. Zum Zwecke einer besseren Übersichtlichkeit wollte sich der Gesetzgeber dabei an der Struktur der jeweiligen Artikel der RL 2014/25/EU orientieren.[1]

2 Der Bereich der **Postdienste** wurde – wie bereits bei der Umsetzung der RL 2004/17/EG – nicht in den Katalog der Sektorentätigkeiten aufgenommen. Zur Begründung verweist der Gesetzgeber zum einen auf die Liberalisierung des Marktes der Postdienstleistungen in Deutschland und zum anderen darauf, dass sich in Deutschland keine Auftraggeber finden, die im Bereich der Postdienste die Voraussetzungen der Definition der verschiedenen Auftraggeber gemäß §§ 98 ff. GWB erfüllen.[2] Da das nach Art. 34, 35 RL 2014/25/EU[3] vorgesehene Verfahren für die Befreiung des Postsektors von der Anwendung des Sektorenvergaberechts nicht durchlaufen wurde, ist der Postsektor jedoch auch in Deutschland grundsätzlich dem Sektorenvergaberecht unterworfen. Rechtsfolge des Umsetzungsdefizits ist die unmittelbare Anwendbarkeit der entsprechenden Richtlinienbestimmungen, die sich freilich solange praktisch nicht auswirkt, wie kein Auftraggeber im Postsektor die übrigen Voraussetzungen des § 100 GWB erfüllt, insbesondere nicht die Deutsche Post AG.[4] Sobald ein durch einen ausländischen Hoheitsträger beherrschtes[5] Postunternehmen in den deutschen Postmarkt eintritt, kann eine andere Beurteilung geboten sein.

3 Der **Katalog an Sektorentätigkeiten** ist abschließend.[6] Eine Freistellung ist über das Verfahren nach Art. 34, 35 RL 2014/25/EU[7] möglich, welches in Deutschland in § 3 SektVO umgesetzt worden ist. Hintergrund ist die Überlegung des Richtliniengebers, dass die durch das Sek-

1 Gesetzesbegründung, BT-Drs. 18/6281, 72 f.
2 Gesetzesbegründung, BT-Drs. 18/6281, 73.
3 Art. 30 RL 2004/17/EG.
4 *Dörr*, in: Dreher/Motzke, Vergaberecht, § 98 GWB Rn. 143; *Pünder*, in: Pünder/Schellenberg, Vergaberecht, § 98 GWB Rn. 82.
5 Siehe hierzu § 100 Rn. 42 ff.
6 *Bungenberg*, in: Loewenheim/Meessen/Riesenkampff, Kartellrecht, § 98 GWB Rn. 40.
7 Ausführlich zu diesem Verfahren *Rosenkötter/Plantiko*, NZBau 2010, 78.

torenvergaberecht zu verhindernde staatliche Abschottung der Märkte in den monopolitisch geprägten Versorgungssektoren nicht zu befürchten ist, wenn die Sektorentätigkeit auf **Märkten mit freiem Zugang** unmittelbar dem Wettbewerb ausgesetzt ist. Da sich die Märkte in den Versorgungssektoren dynamisch fortentwickeln, sollte die Möglichkeit eine Entlassung einer Sektorentätigkeit aus dem Sektorenvergaberecht auch außerhalb des langwierigen Rechtsetzungsprozesses auf Ebene der EU und der Mitgliedstaaten eröffnet werden. Mit Art. 34 und Art. 35 RL 2014/25/EU behält der Richtliniengeber die bereits durch Art. 30 RL 2004/17/EG geschaffene Befreiungsmöglichkeit bei.[8]

Nach Art. 35 Abs. 3 RL 2014/25/EU kann die Kommission auf Antrag eines Mitgliedstaats[9] oder eines Sektorenauftraggebers[10] feststellen, dass eine der in Art. 8 bis 14 RL 2014/25/EU genannten Tätigkeiten **unmittelbar dem Wettbewerb ausgesetzt** ist. Der Antrag kann sich auf Teile des betreffenden Versorgungssektors oder auf den Sektor insgesamt beziehen.[11] So hat die Kommission mit Beschluss vom 24.4.2012 festgestellt, dass Auftragsvergaben, die die Erzeugung und den Erstabsatz von Strom aus konventionellen Quellen in Deutschland betreffen, von der Anwendung der Sektorenvergaberichtlinie freigestellt sind. Demgegenüber unterliegen Auftragsvergaben, die die Erzeugung und den Erstabsatz von Strom, der nach dem Erneuerbare-Energien-Gesetz (EEG) vergütet wird, zum Gegenstand haben, nach wie vor dem Sektorenvergaberecht.[12] 4

§ 3 Abs. 2 S. 3 SektVO erweitert das Antragsrecht auf **Auftraggeberverbände**.[13] Bislang war in Art. 30 Abs. 5 S. 1 RL 2004/17/EG ausdrücklich vorgesehen, dass die Kommission auch auf eigene Initiative tätig werden kann. Art. 35 RL 2014/25/EU hat dieses Initiativrecht der Kommission nicht übernommen. Der deutsche Verordnungsgeber geht gleichwohl davon aus, dass ein solches Initiativrecht fortbesteht.[14] 5

Freistellungsvoraussetzung ist der **Nachweis** eines freien Zugangs zu dem relevanten Markt und eines unmittelbaren Wettbewerbs. Der Marktzugang gilt als frei, wenn die in Anhang III RL 2014/25/EU genannten sektorspezifischen Regelungen umgesetzt und angewendet werden. Ansonsten muss der Antragsteller nachweisen, dass der freie Marktzugang faktisch und rechtlich besteht. *Rosenkötter/Plantiko* weisen im Übrigen zu Recht darauf hin, dass in der Praxis insoweit kein nennenswerter Unterschied bestehen wird.[15] Sofern Erwägung 43 S. 2 RL 2014/25/EU auch auf die Auswirkungen einer künftigen Liberalisierung des betreffenden Marktes abstellt, wird sich der Nachweis des freien Marktzugangs kaum führen lassen. Der Antragsteller hat seinem Antrag neben einer Stellungnahme des Bundeskartellamtes alle sachdienlichen Informationen beizufügen, insbesondere Gesetze, Verordnungen, Verwaltungsvorschriften oder Vereinbarungen.[16] Die Kommission entscheidet innerhalb von 90 Arbeitstagen, wenn der freie Zugang zu dem betreffenden Markt als gegeben angesehen wird, im Übrigen innerhalb von 120 Arbeitstagen.[17] 6

Die RL 2014/25/EU enthält – anders als die Vorgängerrichtlinie 2004/17/EG – kein **Verzeichnis der Auftraggeber** in den Versorgungssektoren. Diese Verzeichnisse waren nach Art. 8 S. 1 RL 2004/17/EG weder erschöpfend noch folgte aus einer Nennung in den Anhängen I bis X RL 2004/17/EG, dass der persönliche Anwendungsbereich des Sektorenvergaberechts für die dort genannten Auftraggeber eröffnet war. Wenngleich die Nennung in den Anhängen als Indiz herangezogen werden konnte, war stets eine Einzelfallprüfung anhand der für die 7

8 Erwägungsgrund 43 RL 2014/25/EU.
9 In Deutschland ist gemäß § 3 Abs. 5 S. 1 SektVO das Bundesministerium für Wirtschaft und Energie zuständig.
10 § 3 Abs. 1 S. 1 SektVO.
11 Art. 34 Abs. 1 S. 2 RL 2014/25/EU.
12 *Europäische Kommission*, Beschluss v. 24.4.2012, C(2012) 2426, EU-ABl. L 114 v. 26.4.2012, 21.
13 Diese Erweiterung begrüßend *Rosenkötter/Plantiko*, NZBau 2010, 78 (80).
14 § 3 Abs. 5 S. 4 SektVO.
15 *Rosenkötter/Plantiko*, NZBau 2010, 78 (79 f.).
16 § 3 Abs. 1 S. 2 und S. 3 SektVO.
17 Anhang IV Nr. 1 RL 2014/25/EU.

Auftraggebereigenschaft festgelegten Voraussetzungen erforderlich.[18] Das gilt nach neuem Recht umso mehr.

B. Sektorentätigkeiten

I. Wasser (Abs. 1)

8 Sektorentätigkeiten im Bereich Wasser sind nach § 102 Abs. 1 S. 1 Nr. 1 und Nr. 2 GWB die Bereitstellung oder das Betreiben fester Netze zur Versorgung der Allgemeinheit im Zusammenhang mit der Gewinnung, der Fortleitung und der Abgabe von Trinkwasser und die Einspeisung von Trinkwasser in diese Netze.

9 **Feste Netze** sind ober- oder unterhalb der Erdoberfläche fest mit dem Erdboden verbunden und nicht nur vorübergehend errichtet.[19] Bereitstellen ist die Errichtung, Unterhaltung und Instandsetzung der Netze, unter den Begriff des Betreibens fällt die eigentliche Versorgungsleistung.[20] Für die Bereitstellung und den Betrieb der Versorgungsnetze kommt es auf die tatsächliche Versorgungstätigkeit, nicht auf ihre Rechtsgrundlage an. Der Auftraggeber muss daher nicht Eigentümer des jeweiligen Netzes sein, solange und soweit er das Netz tatsächlich betreibt.[21] Die Eigentümergesellschaft, die das Netz einem Dritten vollständig zur Nutzung übertragen hat, ist daher kein Sektorenauftraggeber, wenn sie das Netz nicht selbst unterhält oder instand setzt und auch die Versorgungsleistung nicht selbst erbringt.[22].

10 Sektorenauftraggeber im Bereich Wasser betreiben feste Netze oder stellen sie **zur Versorgung der Allgemeinheit** bereit. Versorgung der Allgemeinheit ist die öffentliche Wasserversorgung i.S.v. § 50 Abs. 1 WHG und als solche eine Aufgabe der Daseinsvorsorge.[23] Versorgung umfasst das Sammeln, Fördern, Reinigen, Aufbereiten, Bereitstellen, Speichern, Weiterleiten, Beliefern, Zu- und Verteilen von Wasser.[24] Die öffentliche, der Allgemeinheit dienende Wasserversorgung ist dadurch gekennzeichnet, dass sie einen unbestimmten Kreis der Belieferten betrifft.[25] Größe und Bedeutung des Versorgungsgebiets und die Rechtsform der Belieferung spielen keine Rolle.[26] Öffentliche Wasserversorgung ist daher z. B. auch die Versorgung eines Ortsteils von fünf Anwesen durch eine gemeinsame Anlage, nicht dagegen die Wasserversorgung eines Sportvereins oder eines Jugendfreizeitheims durch jeweils eine Quelle.[27] An dem besonderen Zweck des Bereitstellens zur Versorgung der Allgemeinheit fehlt es z.B. auch dann, wenn lediglich einzelne Baumaßnahmen versorgt werden.[28]

11 Schließlich wird nach § 102 Abs. 1 S. 1 Nr. 1 GWB ein Zusammenhang mit der **Gewinnung, Fortleitung und Abgabe von Trinkwasser** vorausgesetzt. Damit wird die Anwendung des Sektorenvergaberechts im Bereich Wasser grundsätzlich auf Tätigkeiten im Bereich Trinkwasser begrenzt. Das sektorenspezifische Konzessionsvergaberecht nimmt gemäß § 149 Nr. 9 GWB auch diesen Bereich von seinem Anwendungsbereich aus.[29]

12 Der Anwendungsbereich wird mit § 102 Abs. 1 S. 1 Nr. 1 GWB gleichzeitig **negativ abgegrenzt**. Maßnahmen, die anderen Zwecken der Wasserwirtschaft dienen, sind keine Maßnahmen, die im Zusammenhang mit der Gewinnung, Fortleitung und Abgabe von Trinkwas-

18 OLG Düsseldorf, Beschluss v. 24.3.2010 – VII-Verg 58/09; VK Südbayern, Beschluss v. 25.11.2013 – Z3-3-3194-1-33-09/13; unklar allerdings OLG Brandenburg, Beschluss v. 16.1.2007 – Verg W 7/06; siehe auch *Matthey*, Das Recht der Auftragsvergabe in den Sektoren, S. 105.
19 *Weiß/Sudbrock*, in: Eschenbruch/Opitz, SektVO, § 1 Rn. 71.
20 OLG Frankfurt, Beschluss v. 30.8.2011 – 11 Verg 3/11.
21 OLG Frankfurt, Beschluss v. 30.8.2011 – 11 Verg 3/11.
22 Vgl. *Dörr*, in: Dreher/Motzke, Vergaberecht, § 98 GWB Rn. 249; *Eschenbruch*, in: Kulartz/Kus/Portz, GWB-Vergaberecht, § 98 Rn. 268.
23 *Hasche*, in: Giesberts/Reinhardt, Umweltrecht, § 50 WHG Rn. 3 ff.
24 *Hünnekens*, in: Landmann/Römer, Umweltrecht, § 50 WHG Rn. 5.
25 *Hünnekens*, in: Landmann/Römer, Umweltrecht, § 50 WHG Rn. 5.
26 OVG Münster, Urteil v. 17.12.1985 – 20 A 831/83.
27 *Gößl*, in: Sieder/Zeitler, WHG AbwAG, § 50 WHG Rn. 10.
28 *Weiß/Sudbrock*, in: Eschenbruch/Opitz, SektVO, § 1 Rn. 71.
29 Kritisch hierzu *Prieß/Stein*, NZBau 2014, 423.

ser stehen.[30] Das betrifft zum einen die Versorgung der Allgemeinheit mit Brauch- bzw. Betriebswasser, zum anderen den gesamten Bereich der Abwasserwirtschaft sowie Wasserbauvorhaben oder Vorhaben auf dem Gebiet der Be- und Entwässerung, wenn nicht die Voraussetzungen von § 102 Abs. 1 S. 2 GWB erfüllt sind.[31]

Sektorentätigkeit ist gemäß § 102 Abs. 1 S. 1 Nr. 2 GWB auch die **Einspeisung von Trinkwasser** in die in Nr. 1 genannten Netze. Gemäß § 102 Abs. 7 S. 1 GWB umfasst der Begriff der „Einspeisung" die Erzeugung und Produktion sowie den Groß- und Einzelhandel von Trinkwasser. Die Einspeisung von Trinkwasser in die Netze übernimmt grundsätzlich jedes Unternehmen, das Trinkwasser mit Zustimmung des Netzinhabers zur Verfügung stellt. Die Einspeisung zur Nutzung für die Allgemeinheit wird dabei im Ausgangspunkt nicht vorausgesetzt.[32] 13

Allerdings gilt die **Einspeisung** nach § 102 Abs. 2 S. 2 GWB **ausnahmsweise nicht als Sektorentätigkeit**, sofern die Erzeugung von Trinkwasser durch den betreffenden Auftraggeber zur Ausübung einer anderen als einer Sektorentätigkeit, z.B. zur Lebensmittel- oder Getränkeproduktion, erforderlich ist, die Einspeisung in das öffentliche Netz nur von dem Eigenverbrauch des betreffenden Auftraggebers abhängt und bei Zugrundelegung des Durchschnitts der letzten drei Jahre einschließlich des laufenden Jahres nicht mehr als 30 Prozent der gesamten Trinkwassererzeugung des betreffenden Auftraggebers ausmacht. Die Voraussetzungen müssen kumulativ erfüllt sein. Ist der Auftraggeber keine drei Jahre operativ tätig, ist eine Schätzung der erzeugten Trinkwassermenge erforderlich und vergaberechtlich möglich.[33] Öffentliche Auftraggeber können sich nicht auf diese Ausnahme berufen. 14

Wasserbau-, Bewässerungs- oder Entwässerungsvorhaben sind ebenso wenig Sektorentätigkeiten im Bereich Wasser wie **Abwasserbeseitigung oder -behandlung**. Ausnahmsweise fallen jedoch auch diese Tätigkeiten in den Anwendungsbereich des Sektorenvergaberechts, wenn sie einen Zusammenhang mit den in § 102 Abs. 1 S. 1 Nr. 1 und Nr. 2 GWB genannten Tätigkeiten aus dem Bereich Trinkwasser aufweisen. Ein solcher Zusammenhang wird regelmäßig bei bautechnisch-struktureller Verbindung der Tätigkeitsbereiche anzunehmen sein, insbesondere wenn Trinkwasser in entsprechenden Aufbereitungsanlagen gewonnen wird, oder jedenfalls dann, wenn die Tätigkeiten organisatorisch in einem Unternehmen gebündelt werden.[34] Weitere Voraussetzung ist, dass die zur Trinkwasserversorgung bestimmte Wassermenge mehr als 20 Prozent der Gesamtwassermenge ausmacht, die mit den entsprechenden Vorhaben oder Bewässerungs- oder Entwässerungsanlagen zur Verfügung gestellt wird oder die im Zusammenhang mit der Abwasserbeseitigung oder -behandlung steht. 15

II. Elektrizität, Gas und Wärme (Abs. 2 und Abs. 3)

Sektorentätigkeiten in den Bereichen Elektrizität, Gas und Wärme sind gemäß § 102 Abs. 2 und Abs. 3 GWB die Bereitstellung oder das Betreiben fester Netze zur Versorgung der Allgemeinheit im Zusammenhang mit der Erzeugung, der Fortleitung und der Abgabe von Elektrizität, Gas und Wärme sowie die Einspeisung von Elektrizität, Gas und Wärme in diese Netze. 16

Einspeisung liegt gemäß § 102 Abs. 7 GWB wiederum bei Erzeugung und Produktion sowie Groß- und Einzelhandel von Elektrizität, Gas und Wärme vor. 17

Elektrizität ist durch das Auftreten einer messbaren Spannung zwischen zwei Polen gekennzeichnet.[35] Unter **Gas** sind alle Energieträger zu verstehen, die unabhängig von ihrer jeweiligen spezifischen Beschaffenheit jedenfalls in normalem Zustand gasförmig und geeignet sind, in der Energieversorgung durch Verbrennung Verwendung zu finden. Auf die Herkunft bzw. 18

30 *Weiß/Sudbrock*, in: Eschenbruch/Opitz, SektVO, § 1 Rn. 71.
31 Hierzu Rn. 15.
32 A.A. *Dörr*, in: Dreher/Motzke, Vergaberecht, § 98 GWB Rn. 130.
33 *Weiß/Sudbrock*, in: Eschenbruch/Opitz, SektVO, § 1 Rn. 82.
34 *Weiß/Sudbrock*, in: Eschenbruch/Opitz, SektVO, § 1 Rn. 79.
35 *Hackstein*, in: Eschenbruch/Opitz, SektVO, § 1 Rn. 105.

die Produktion des Gases kommt es ebenso wenig an wie auf den Aggregatzustand.[36] **Wärme** ist thermische Energie.[37] **Feste Netze zur Versorgung der Allgemeinheit** werden unter denselben Voraussetzungen bereitgestellt oder betrieben wie im Bereich der Wasserwirtschaft.[38] Hier wie dort ist Eigentum zur Ausübung der Sektorentätigkeit nicht erforderlich.[39]

19 **Einspeisung** ist gemäß § 102 Abs. 2 Nr. 2 Hs. 2 GWB **keine Sektorentätigkeit**, wenn Elektrizität erzeugt wird, weil ihr Verbrauch für die Ausübung einer anderen Tätigkeit als einer Sektorentätigkeit erforderlich ist und die Einspeisung nur von dem Eigenverbrauch des Sektorenauftraggebers abhängt und bei Zugrundelegung des Durchschnitts der letzten drei Jahre einschließlich des laufenden Jahres nicht mehr als 30 Prozent der gesamten Energieerzeugung des Auftraggebers ausmacht.[40] Diese Ausnahme wie auch die Ausnahme gemäß § 102 Abs. 3 Nr. 2 GWB in den Bereichen Gas und Wärme gilt wiederum nur für Auftraggeber, die nicht öffentliche Auftraggeber gemäß § 99 Nr. 1 bis 3 GWB sind.

20 In den Bereichen **Gas und Wärme** liegt nach § 102 Abs. 3 Nr. 2 Hs. 2 GWB bei Einspeisung keine Sektorentätigkeit vor, wenn sich die Erzeugung von Gas oder Wärme zwangsläufig aus der Ausübung einer Tätigkeit als einer Sektorentätigkeit ergibt, wenn die Einspeisung nur darauf abzielt, diese Erzeugung wirtschaftlich zu nutzen, und wenn sie unter Zugrundelegung des Durchschnitts der letzten drei Jahre einschließlich des laufenden Jahres nicht mehr als 20 Prozent des Umsatzes des Sektorenauftraggebers ausmacht.

21 **Selbstversorger im Bereich Elektrizität** stellen ihre Netze nicht zur Versorgung der Allgemeinheit bereit, betreiben sie nicht zu diesem Zweck und speisen Elektrizität grundsätzlich auch nicht in diese Netze ein. Wenn z.B. eine lokale Windenergieanlage ein geschlossenes Netz mit Elektrizität versorgt und damit lediglich einem Nutzungsinteresse des lokalen Eigenbedarfs dient, etwa der Versorgung von kommunalen Einrichtungen, liegt zwar im Ausgangspunkt keine Sektorentätigkeit im Bereich Elektrizität vor.[41] Um Unterkapazitäten ausgleichen und Überkapazitäten wirtschaftlich sinnvoll nutzen zu können, wird ein Anschluss lokaler, zur Selbstversorgung errichteter Netze an das öffentliche Netz jedoch unumgänglich sein.[42] In diesem Fall hängen der Anschluss an und die Einspeisung von Überkapazitäten in das öffentliche Netz nicht mehr nur vom Eigenbedarf ab, sondern erfolgen als Bestandteil der kommunalen Elektrizitätsversorgung, sodass die Ausnahme nach § 102 Abs. 2 Nr. 2 Hs. 2 GWB nicht greift.[43]

22 Der Ausnahmetatbestand des § 102 Abs. 2 Nr. 2 Hs. 2 GWB kann erfüllt sein, wenn beispielsweise eine **Abfallverbrennungsanlage** Strom zum Eigenverbrauch produziert und Überkapazitäten unter Beachtung der Grenze von 30 Prozent in das öffentliche Netz einspeist. Das gilt gleichermaßen, sofern bei der Abfallverbrennung Wärme als Nebenprodukt erzeugt wird. Die Befreiung nach § 102 Abs. 3 Nr. 2 GWB greift in diesem Fall allerdings nur bis zu einer Grenze von 20 Prozent des durchschnittlichen Jahresumsatzes.

III. Verkehrsleistungen (Abs. 4)

23 Eine Sektorentätigkeit im Bereich **Verkehrsleistungen** liegt gemäß § 102 Abs. 4 GWB vor, wenn Netze zur Versorgung der Allgemeinheit mit Verkehrsleistungen per Eisenbahn, automatischen Systemen, Straßenbahn, Trolleybus, Bus oder Seilbahn Eisenbahninfrastruktureinrichtungen betrieben oder bereitgestellt werden. Ein Netz gilt als vorhanden, wenn die Ver-

36 *Theobald*, in: Danner/Theobald, Energierecht, § 3 EnWG Rn. 101.
37 Vgl. *Wustlich*, in: Danner/Theobald, Energierecht, § 2 EEWärmeG Rn. 12.
38 Siehe oben Rn. 8 ff.
39 *Theobald*, in: Danner/Theobald, Energierecht, § 3 EnWG Rn. 23; *Dörr*, in: Dreher/Motzke, Vergaberecht, § 98 GWB Rn. 132.
40 Siehe oben Rn. 14.
41 *Heiermann/Tschäpe*, ZfBR-Beil. 2012, 110 (118).
42 *Heiermann/Tschäpe*, ZfBR-Beil. 2012, 110 (118).
43 *Heiermann/Tschäpe*, ZfBR-Beil. 2012, 110 (118).

kehrsleistung gemäß den von einer zuständigen Behörde festgelegten Bedingungen erbracht wird; dazu gehören die Festlegung der Strecken, die Transportkapazitäten und die Fahrpläne.

Aufgrund des von Art. 5 RL 2004/17/EG abweichenden Wortlauts von Nr. 4 des Anhangs zu § 98 Nr. 4 GWB a.F. **bestanden zahlreiche Auslegungsfragen**.[44] Nunmehr hat der Gesetzgeber in § 102 Abs. 4 GWB die zugrunde liegende Richtlinienbestimmung des Art. 11 RL 2014/25/EU nahezu wortgleich übernommen. Er wollte damit klarstellen dass er auch weiterhin nicht beabsichtigt, eine im Vergleich zum Richtlinienrecht strengere Regelung zu schaffen.[45] 24

Die Liste der in § 102 Abs. 4 Hs. 1 GWB genannten **Verkehrsträger** ist abschließend. **Eisenbahnen** sind gemäß § 2 Abs. 1 AEG Eisenbahnverkehrsunternehmen und Eisenbahninfrastrukturunternehmen. **Straßenbahnen** sind gemäß § 4 Abs. 1 PBefG Schienenbahnen, die den Verkehrsraum öffentlicher Straßen benutzen oder einen besonderen Bahnkörper haben und sich mit ihren baulichen und betrieblichen Einrichtungen sowie in ihrer Betriebsweise der Eigenart des Straßenverkehrs anpassen und ausschließlich oder überwiegend der Beförderung von Personen im Orts- oder Nachbarschaftsbereich dienen. Als Straßenbahnen gelten nach § 4 Abs. 2 PBefG auch Bahnen, die als Hoch- und Untergrundbahnen, Schwebebahnen oder ähnliche Bahnen besonderer Bauart angelegt sind oder angelegt werden, ausschließlich oder überwiegend der Beförderung von Personen im Orts- oder Nachbarschaftsbereich dienen und nicht Bergbahnen oder Seilbahnen sind. **Seilbahnen** sind in den jeweiligen Landesgesetzen definiert als Anlagen aus mehreren Bauteilen, die geplant, gebaut, montiert und in Betrieb genommen werden, um Personen[46] oder – zusätzlich[47] – Güter zu befördern. **Trolleybusse** sind Oberleitungsbusse i.S.v. § 4 Abs. 3 PBefG, also elektrisch angetriebene, nicht an Schienen gebundene Straßenfahrzeuge, die ihre Antriebsenergie einer Fahrleitung entnehmen. **Kraftomnibusse** sind in § 4 Abs. 4 Nr. 2 PBefG definiert. Es handelt sich dabei um Kraftfahrzeuge, die nach ihrer Bauart und Ausstattung zur Beförderung von mehr als neun Personen (einschließlich Führer) geeignet und bestimmt sind. **Automatische Systeme** sind fahrerlose Verkehrsträgersysteme. 25

Ausgangspunkt ist wie auch in den übrigen Versorgungssektoren ein **Netz zur Versorgung der Allgemeinheit**. Gemeint sind Netze, die nicht einem bestimmten Nutzerkreis vorbehalten sind. So sind insbesondere Netze zur Erbringung von Werksverkehrsleistungen von vornherein vom Anwendungsbereich ausgeklammert.[48] Der Netzbegriff des § 102 Abs. 4 GWB umfasst Einrichtungen der Verkehrsinfrastruktur. Das sind die Betriebsanlagen mit Schienennetzen, Stromleitungen sowie Serviceeinrichtungen, soweit diese technisch-funktional mit dem Verkehrsbetrieb in Verbindung stehen.[49] 26

Eine solche **technisch-funktionale Verbindung** wird in der Regel auch bei Einrichtungen bestehen, die den Verkehrsbetrieb lediglich mittelbar dadurch betreffen, dass sie ihn erleichtern oder fördern, was insbesondere auch auf Parkplätze und Parkhäuser für die Bahnreisenden, aber auch auf Verkaufsflächen in Bahnhofsgebäuden zutreffen wird.[50] Der von *Opitz*[51] insoweit angeführte Gedanke aus § 3 Abs. 1 SektVO, mit dem er begründen will, dass derartige **Serviceeinrichtungen** nicht vom Netzbegriff des § 102 Abs. 4 GWB umfasst sind, überzeugt nicht. Wenn derartige Serviceeinrichtungen auf Märkten mit freiem Zugang nachweislich unmittelbar dem Wettbewerb ausgesetzt sind, steht es ihren Betreibern frei, bei der Kommission einen Antrag auf Befreiung nach § 3 SektVO zu stellen. Solange ein solcher Antrag 27

---

44 Siehe hierzu *Opitz*, in: Eschenbruch/Opitz, SektVO, § 1 Rn. 142 ff.
45 Siehe zum Anhang zu § 98 Nr. 4 GWB a.F. Gesetzesbegründung, VergRModG 2009, BT-Drs. 16/10117, 26.
46 Vgl. § 2 Abs. 1 S. 1 Landesseilbahngesetz des Freistaates Sachsen, § 2 Abs. 1 S. 1 Landesseilbahngesetz Baden-Württemberg.
47 Zum Beispiel in Bayern gemäß Art. 20 Abs. 1 S. 1 Bayerisches Eisenbahn- und Seilbahngesetz oder in Rheinland-Pfalz gemäß § 2 Abs. 1 S. 1 Landesseilbahngesetz Rheinland-Pfalz.
48 *Opitz*, in: Eschenbruch/Opitz, SektVO, § 1 Rn. 143.
49 *Opitz*, in: Eschenbruch/Opitz, SektVO, § 1 Rn. 147.
50 A.A. *Opitz*, in: Eschenbruch/Opitz, SektVO, § 1 Rn. 147.
51 *Opitz*, in: Eschenbruch/Opitz, SektVO, § 1 Rn. 147.

nicht gestellt und positiv beschieden ist, sind auch diese Serviceeinrichtungen einem Netz i.S.v. § 102 Abs. 4 GWB zuzuordnen.[52]

28 **Bereitstellung** und **Betrieb** von Netzen zur Versorgung der Allgemeinheit mit Verkehrsleistungen ist wie im Bereich der Versorgungssektoren Wasser, Elektrizität, Gas und Wärme auch jede Form des Baus, der Unterhaltung, der Weiterentwicklung und der Betriebsführung. Auch im Verkehrsbereich muss der Netzbetreiber nicht Netzeigentümer sein. Die tatsächliche Verfügungsmacht ist ausreichend. Die rechtliche Gewährleistungsverantwortung für die Netzinfrastruktur begründet die Sektorenauftraggebereigenschaft nicht.[53] Der Bund ist daher nicht schon deswegen Sektorenauftraggeber, weil er gemäß Art. 87e Abs. 3 S. 2 GG Eigentümer der Eisenbahnen des Bundes ist und nach Art. 87e Abs. 4 GG den Ausbau und Erhalt des Schienennetzes der Eisenbahnen des Bundes verantwortet. Diese Aufgabe hat er den Eisenbahnen des Bundes übertragen, die ihrerseits insoweit eine Sektorentätigkeit ausüben.[54] Da Sektorenauftraggeber auch im Verkehrsbereich nur ist, wer die Sektorentätigkeit tatsächlich ausübt, ist die Auftraggebereigenschaft von der **Deutschen Bahn AG** auf die operativ tätigen Tochtergesellschaften mit ihrer Ausgründung übergegangen.[55] Auch hier gilt, dass reine Konzernholdinggesellschaften keine Sektorentätigkeit i.S.v. § 100 GWB ausüben.[56]

29 Ungeachtet der Infrastruktureinrichtungen wird ein Verkehrsnetz gemäß § 102 Abs. 4 Hs. 2 GWB fingiert, wenn die Verkehrsleistung gemäß den von einer **zuständigen Behörde festgelegten Bedingungen** erbracht wird. Grund für diese Fiktion ist, dass sich insbesondere im straßengebundenen ÖPNV die relevante Netzinfrastruktur regelmäßig nicht von dem allgemeinen öffentlichen Straßenraum abgrenzen lässt.

30 Die **Erbringung der jeweiligen Verkehrsleistung** wird zwar– anders als noch in Nr. 4 der Anlage zu § 98 Nr. 4 GWB a.F. – nicht mehr ausdrücklich als Sektorentätigkeit genannt. Insoweit erscheint es zweifelhaft, dass die Eins-zu-eins-Übernahme des Richtlinientextes zu einem Mehr an Übersichtlichkeit und Klarheit für den Rechtsanwender geführt hat. Da der Gesetzgeber materiell im Vergleich zum bisherigen Recht keine Änderungen vornehmen wollte,[57] dürfte es sich um ein Redaktionsversehen handeln. Dass die Erbringung von Verkehrsleistungen zur Versorgung der Allgemeinheit weiterhin Sektorentätigkeit im Bereich Verkehr ist, folgt auch aus einer Auslegung im Lichte der englischen, französischen, spanischen und italienischen Fassungen von Art. 11 Abs. 2 RL 2014/25/EU, die anders als die missglückte deutsche Fassung[58] ausdrücklich auf die Verkehrsleistung selbst abstellen.[59] Missglückt ist erst recht die Umsetzung in § 102 Abs. 4 Hs. 2 GWB, die insoweit keinerlei Bezug aufweist.

31 Die **Erbringung von Verkehrsleistungen** ist gemäß § 102 Abs. 4 Hs. 2 GWB allerdings – anders als die Bereitstellung und der Betrieb der Netzinfrastruktur – nur dann Sektorentätigkeit, wenn sie aufgrund behördlicher Festlegungen zum operativen Betrieb erfolgt.[60] Dazu gehören nach § 102 Abs. 4 Hs. 3 GWB die Strecken, die Transportkapazitäten und die Fahrpläne. Die Festlegung dieser Bedingungen kann auf beliebige Art und Weise erfolgen, wobei insbesondere die Vereinbarung im Rahmen eines Verkehrsvertrages oder einer Dienstleistungskonzession oder die Auferlegung als Notmaßnahme i.S.v. Art. 5 Abs. 5 VO (EG) 1370/2007 in Betracht kommen.

52 Für ein weites Verständnis in Bezug auf Flughäfen siehe auch OLG Düsseldorf, Beschluss v. 24.3.2010 – VII-Verg 58/09.

53 *Opitz*, in: Eschenbruch/Opitz, SektVO, § 1 Rn. 148.

54 Ausführlich zur Stellung der Personenverkehrsunternehmen der Deutschen Bahn AG als Sektorenauftraggeber siehe *Günther*, ZfBR 2008, 454; vgl. auch *Opitz*, in: Eschenbruch/Opitz, SektVO, § 1 Rn. 154 ff.

55 Für die zwischenzeitlich mit Blick auf einen Börsengang gegründete DB Mobility Logistics AG ebenso *Dörr*, in: Dreher/Motzke, Vergaberecht, § 98 GWB Rn. 139; a.A. *Günther*, ZfBR 2008, 454 (456 f.).

56 Siehe § 100 Rn. 9.

57 Gesetzesbegründung, BT-Drs. 18/6281, 73.

58 „Im Verkehrsbereich".

59 „As regards transport services", „En ce qui concerne les services de transport", „En cuanto a los servicios de transporte", „Nei servizi di trasporto".

60 So zum alten Recht schon *Prieß/Marx/Hölzl*, VergabeR 2012, 425 (435 f.).

Grundsätzlich sind **weitere als die in § 102 Abs. 4 Hs. 3 GWB genannten Bedingungen** für den operativen Betrieb denkbar. Die Aufzählung ist nicht abschließend. Sie müssten aber mit Blick auf erforderliche Versorgung der Allgemeinheit mit Verkehrsleistungen eine gleichwertige bedarfssteuernde Zweckrichtung haben. Das ist hinsichtlich der gemäß § 6 Abs. 1 S. 1 Nr. 1 AEG zur Erbringung von Eisenbahnverkehrsleistungen erforderlichen eisenbahnrechtlichen Genehmigung ebenso wenig der Fall wie hinsichtlich der Beförderungspflicht nach § 10 AEG, § 22 PBefG oder der Genehmigungspflicht für die Beförderungsbedingungen nach § 12 Abs. 3 AEG. Dabei handelt es sich vielmehr um klassische Instrumente des besonderen Gewerberechts des PBefG und des AEG.[61] Auch die Regulierung des Zugangs zur öffentlichen Netzinfrastruktur, auf den Eisenbahnverkehrsunternehmen nach § 14 Abs. 1 AEG gegenüber Eisenbahninfrastrukturunternehmen einen Anspruch haben, ist keine behördliche Festlegung von Bedingungen i.S.v. § 102 Abs. 4 Hs. 2 GWB. Die Trassen werden auf Antrag nach Verfügbarkeit vergeben.[62] Schließlich sind auch Linienverkehrsgenehmigungen keine Festlegungen i.S.v. § 102 Abs. 4 Hs. 2 GWB. Obwohl mit der Genehmigungserteilung eine Kontingentierung einhergehen kann, hat das Genehmigungserfordernis ausschließlich einen gewerberechtlichen Hintergrund.[63] 32

Aus alledem folgt, dass tatsächlich nur diejenigen Leistungen des öffentlichen Personennahverkehrs und des Schienenpersonennahverkehrs Erbringung von Verkehrsleistungen i.S.v. § 102 Abs. 4 Hs. 2 GWB und damit Sektorentätigkeit sind, die die zuständigen Aufgabenträger in den Bundesländern **zur Erfüllung der ihnen nach den ÖPNV-Gesetzen der Länder obliegenden Aufgabe** einer bedarfsgerechten Bedienung der Bevölkerung durch den ÖPNV[64] beauftragen, nicht dagegen Schienengüterverkehrsleistungen[65] sowie sämtliche bedarfsunabhängig erbrachten eigenwirtschaftlichen Leistungen des Personennah- und -fernverkehrs.[66] Dieses Ergebnis entspricht auch der generellen **Zweckrichtung des Sektorenvergaberechts**, staatliche und staatlich begründete Monopole im Bereich der Versorgungswirtschaften aufzubrechen[67] und die in diesen Bereichen tätigen Auftraggeber dazu anzuhalten, ihre Nachfragemärkte zu öffnen und Leistungen im Wege transparenter, nicht diskriminierender und wettbewerblicher Vergabeverfahren zu beschaffen. Dort, wo staatliche Vorgaben zum operativen Betrieb fehlen und wo die nachfragenden Verkehrsunternehmen aufgrund bestehender wettbewerblicher Strukturen ohnehin zum wirtschaftlichen Leistungseinkauf gehalten sind, um im Wettbewerb zu bestehen, verliert das Sektorenvergaberecht seine Daseinsberechtigung. 33

Schließlich sind die nach den ÖPNV-Gesetzen der Bundesländer für die Planung, Organisation und Sicherstellung ÖPNV und SPNV **zuständigen Aufgabenträger** selbst nicht Sektorenauftraggeber.[68] Sie betreiben insbesondere nicht etwa deshalb ein Netz zur Versorgung der Allgemeinheit mit Verkehrsleistungen, weil sie die Strecken, die Transportkapazitäten und die Fahrpläne festlegen.[69] Diese Sichtweise wäre ein Zirkelschluss. Wenn Fiktion eines Verkehrsnetz gemäß Art. 11 Abs. 2 RL 2014/25/EU und § 102 Abs. 4 Hs. 2 und Hs. 3 GWB erst voraussetzt, dass die operativen Rahmenbedingungen für den Netzbetrieb festgelegt werden, kann in der 34

61 *Opitz*, in: Eschenbruch/Opitz, SektVO, § 1 Rn. 151 f.; *Kramer*, Allgemeines Eisenbahngesetz, § 6 Rn 1; *Prieß/Marx/Hölzl*, VergabeR 2012, 425 (436).
62 Vgl. §§ 6 ff. EIBV.
63 Unklar *Opitz*, in: Eschenbruch/Opitz, SektVO, § 1 Rn. 152.
64 Siehe etwa § 2 Abs. 3 ÖPNVG NRW, § 2 Abs. 1 S. 4 ÖPNVG Sachsen, § 2 Abs. 1 ÖPNVG Brandenburg, § 2 Abs. 4 S. 1 ÖPNVG Berlin, Art. 4 Abs. 1 S. 1 ÖPNVG Bayern.
65 *Opitz*, in: Eschenbruch/Opitz, SektVO, § 1 Rn. 157; *Diehr*, in: Reidt/Stickler/Glahs, Vergaberecht, Anl. zu § 98 Nr. 4 GWB Rn. 28; *Prieß/Marx/Hölzl*, VergabeR 2012, 425 (437).
66 *Diehr*, in: Reidt/Stickler/Glahs, Vergaberecht, Anl. zu § 98 Nr. 4 GWB Rn. 28.
67 Siehe hierzu § 100 Rn. 2.
68 OLG Düsseldorf, Beschluss v. 7.11.2012 – VII-Verg 11/12; Beschluss v. 2.3.2011 – VII-Verg 48/10; Beschluss v. 21.7.2010 – VII-Verg 19/10; VK Südbayern, Beschluss v. 15.10.2015 – Z3-3-3194-1-37-06/15; Beschluss v. 22.12.2014 – Z3-3-3194-1-51-11/14; Beschluss v. 24.7.2014 – Z3-3-3194-1-22-05/14; VK Münster, Beschluss v. 25.2.2015 – VK 23/14; VK Rheinland-Pfalz, Beschluss v. 17.11.2014 – VK1-28/14; *Opitz*, in: Eschenbruch/Opitz, SektVO, § 1 Rn. 153.
69 A.A. in Abkehr von der bisherigen einhelligen Rechtsprechung (siehe Fn. 68) und ohne Begründung nunmehr OLG Düsseldorf, Beschluss v. 23.12.2015 – VII-Verg 34/15.

Festlegung dieser Bedingungen nicht gleichzeitig auch der Netzbetrieb gesehen werden. Der Netzbetrieb ist daher, wie in den anderen Sektoren auch,[70] auf die Erbringung der Versorgungsleistung beschränkt. Die Aufgabenträger stellen Verkehrsnetze i.S.v. Art. 11 Abs. 2 RL 2014/25/EU und § 102 Abs. 4 Hs. 2 und Hs. 3 GWB auch nicht bereit. Indem sie die operativen Rahmenbedingungen für den Netzbetrieb durch die Verkehrsunternehmen festlegen, nehmen sie lediglich die ihnen nach § 1 Abs. 2 RegG i.V.m. den Landesgesetzen übertragene Aufgabe wahr, eine ausreichende Bedienung der Bevölkerung mit Verkehrsleistungen im ÖPNV sicherzustellen. Auch insoweit reicht die Erfüllung einer rechtlichen Gewährleistungsverantwortung nicht aus,[71] solange die relevante Tätigkeit nicht zusätzlich auch durch den Aufgabenträger selbst erbracht wird.[72]

IV. Häfen und Flughäfen (Abs. 5)

35 Nach § 102 Abs. 5 GWB sind Sektorentätigkeiten im Bereich Häfen und Flughäfen Tätigkeiten im Zusammenhang mit der Nutzung eines geografisch abgegrenzten Gebiets mit dem Zweck, für Luft-, See- oder Binnenschifffahrtsverkehrsunternehmen Flughäfen, See- oder Binnenhäfen oder andere Terminaleinrichtungen bereitzustellen.

36 Die Regelung setzt **Art. 12 RL 2014/25/EU** mit nahezu identischem Wortlaut um.

37 Ein **Hafen** i.S.v. § 102 Abs. 5 GWB umfasst die Gesamtheit der Hafeninfrastruktur zur Ein- und Ausschiffung von Personen und zum Be- und Entladen auf dem Seeweg beförderter Güter.[73] Häfen sind in Art. 3 Abs. 1 RL 2005/65/EG als ein Gebiet mit Land- und Wasseranteilen definiert, dessen Grenzen von dem Mitgliedstaat, in dem der Hafen liegt, festgelegt werden und dessen Befestigungen und Anlagen den gewerblichen Seeverkehr erleichtern sollen. Im Bereich Häfen sind Auftraggeber auch dann tätig, wenn sie nicht einen gesamten Hafen, sondern nur Teile davon betreiben.[74]

38 **Flughäfen** sind gemäß § 38 Abs. 1 LuftVZO Flugplätze, die nach Art und Umfang des vorgesehenen Flugbetriebs einer Sicherung durch einen Bauschutzbereich nach § 12 LuftVG bedürfen. Darunter fallen daher nur Flughäfen, auf denen grundsätzlich jedermann mit Luftfahrzeugen landen und starten darf. Sonderflughäfen wie beispielsweise der Werksflughafen von Airbus in Hamburg Finkenwerder und militärische Flughäfen sind daher ausgenommen. Zu den Tätigkeiten im Zusammenhang mit der Nutzung eines geografisch abgegrenzten Gebiets mit dem Zweck, für Luftverkehrsunternehmen Flughäfen oder andere Terminaleinrichtungen bereitzustellen, gehören nicht nur die in § 12 Abs. 1 LuftVG aufgeführten Start- und Landebahnen (einschließlich Sicherheitsflächen), sondern sämtliche Tätigkeiten zur Nutzung des betreffenden Gebiets als Flughafen. Damit zählen nicht nur der eigentliche Flugbetrieb auf den Start- und Landebahnen zu den Sektorentätigkeiten, sondern auch die Hilfstätigkeiten auf dem geografisch abgegrenzten Gebiet.[75] Umfasst ist nicht nur der Betrieb eines inländischen Verkehrsflughafens, sondern auch von Flughäfen auf dem Gebiet anderer EU-Mitgliedstaaten.[76]

39 Der Gesetzgeber hat den noch in Nr. 4 Hs. 1 Anlage zu § 98 Nr. 4 GWB a.F. enthaltenen Zusatz gestrichen, nach dem die Sektorentätigkeit im Bereich Flughäfen auf **Flughafenunternehmen** begrenzt ist, die insbesondere eine Genehmigung nach § 38 Abs. 2 Nr. 1 LuftVZO erhalten haben oder einer solchen bedürfen. Dieser Zusatz hatte in der Praxis die Frage aufgeworfen, ob und inwieweit mit dem Genehmigungsinhaber gesellschaftsrechtlich verbundene Unternehmen, die ihrerseits zwar keine Genehmigung haben, denen der Genehmigungsinhaber den Flughafenbetrieb aber teilweise übertragen hat, Sektorenauftraggeber im Bereich Flughä-

70 Siehe oben Rn. 9.
71 Siehe oben Rn. 28.
72 Vgl. OLG Frankfurt, Beschluss v. 30.8.2011 – 11 Verg 3/11.
73 EuGH, Urteil v. 9.3.2006 – Rs. C-323/03 (Seekabotage Ria de Vigo), Rn. 33; *Eschenbruch*, in: Eschenbruch/Opitz, SektVO, § 1 Rn. 129.
74 VK Niedersachsen, Beschluss v. 8.11.2002 – 203-VgK-24/2002; vgl. auch *Badoreck*, TranspR 2001, 117 (118).
75 OLG Düsseldorf, Beschluss v. 24.3.2010 – VII-Verg 58/09; VK Sachsen, Beschluss v. 13.9.2010 – 1/SVK/031-10.
76 *Dörr*, in: Dreher/Motzke, Vergaberecht, § 98 GWB Rn. 140.

fen sind. Da Art. 7 RL 2004/17/EG eine solche Beschränkung auf Genehmigungsinhaber nicht enthielt, erstreckte sich der persönliche Anwendungsbereich des Sektorenvergaberechts schon nach altem Recht grundsätzlich auch auf mit dem Genehmigungsinhaber verbundene Unternehmen.[77] Dies gilt nach neuem Recht unverändert.

Voraussetzung bleibt aber auch weiterhin, dass das die jeweilige Betriebsleistung ausführende Unternehmen die Tätigkeit, wenn es nicht staatlich beherrscht ist, auf der Grundlage eines staatlich verliehenen **besonderen oder ausschließlichen Rechts**[78] erbringt. Für den Genehmigungsinhaber ist das in der Regel unproblematisch.[79] Für die Auftraggebereigenschaft operativ tätiger Töchter des Genehmigungsinhabers dürfte es darauf ankommen, ob sie über eine Änderung nach § 6 Abs. 4 S. 2 LuftVG in den Regelungsbereich der Genehmigung einbezogen werden oder einbezogen werden müssen. Das wird jedoch dann nicht der Fall sein, wenn und weil der Flughafenunternehmer seine Betriebspflicht aus § 45 Abs. 1 S. 1 LuftVZO gerade nicht überträgt, sondern sie durch die Einbindung Dritter vielmehr erfüllt. In diesem Fall ist möglicherweise von einer Anzeigepflicht nach § 41 Abs. 1 LuftVZO, nicht jedoch von einer genehmigungsrechtlich relevanten wesentlichen Änderung i.Sv. § 6 Abs. 4 S. 2 LuftVG auszugehen.[80] Das gilt jedenfalls, solange der Genehmigungsinhaber maßgeblichen Einfluss auf den Dritten behält, dem er die Betriebsleistung überträgt.[81] 40

Ein besonderes oder ausschließliches Recht eines **Tochterunternehmens** des Genehmigungsinhabers ist daher nicht ohne Weiteres anzunehmen. Es kann insbesondere nicht aus der Genehmigung des Flughafenunternehmers abgeleitet werden, da die Genehmigung an subjektive Voraussetzungen gebunden und daher nicht, auch nicht teilweise übertragbar ist.[82] Daher erscheint es zweifelhaft, besondere oder ausschließliche Rechte eines Tochterunternehmens aus einem einfachen Leistungsvertrag dem Flughafenunternehmer abzuleiten. Eine andere Unternehmen ausschließende Wirkung ist insbesondere dann nicht anzunehmen, wenn dieser Vertrag selbst dem sachlichen Anwendungsbereich des Sektorenvergaberechts unterfällt und daher grundsätzlich EU-weit ausgeschrieben werden muss. Auch eine Direktbeauftragung der Tochter aufgrund des Konzernprivilegs steht dieser Einschätzung nicht entgegen. Sie ist unter den Voraussetzungen des § 138 GWB ausdrücklich erlaubt und aus diesem Grund ebenfalls keine Grundlage für die Verleihung besonderer oder ausschließlicher Rechte der Tochter des Flughafenunternehmers über den Abschluss eines einfachen Leistungsvertrages.[83] 41

V. Fossile Brennstoffe (Abs. 6)

Da Art. 14 RL 2014/25/EU – wie bereits Art. 7 lit. a RL 2004/17/EG – Tätigkeiten zur Nutzung eines geografisch abgegrenzten Gebiets zum Zwecke der Förderung von Öl oder Gas, der Exploration oder Förderung von Kohle oder anderen festen Brennstoffen als Sektorentätigkeit definiert, hat sich der Gesetzgeber aufgrund der intendierten Eins-zu-eins-Umsetzung des Richtlinienrechts nunmehr – anders als noch bei der Umsetzung der RL 2004/17/EG – dazu entschlossen, diesen Bereich in den Katalog der Sektorentätigkeiten nach § 102 GWB aufzunehmen.[84] 42

Der Mehrwert im Vergleich zum bisherigen Recht erscheint fraglich, da dieser Bereich aufgrund einer **Entscheidung der Kommission** seit dem 15.1.2004 ausdrücklich nicht mehr als 43

---

77 OLG Düsseldorf, Beschluss v. 24.3.2010 – VII-Verg 58/09; VK Südbayern, Beschluss v. 25.11.2013 – Z3-3-3194-1-33-09/13; VK Sachsen, Beschluss v. 13.9.2010 – 1/SVK/031-10; *Eschenbruch*, in: Eschenbruch/Opitz, SektVO, § 1 Rn. 133.

78 Siehe hierzu § 100 Rn. 13.

79 OLG Düsseldorf, Beschluss v. 24.3.2010 – VII-Verg 58/09; VK Baden-Württemberg, Beschluss v. 21.12.2000 – 1 VK 32/00; differenzierend *Schröder*, NZBau 2012, 541 (545).

80 *Giesberts*, ZLW 2005, 553 (568).

81 *Giesberts*, ZLW 2005, 553 (568).

82 Vgl. *Giesberts*, ZLW 2005, 553 (565 f.); OLG Düsseldorf, Beschluss v. 24.3.2010 – VII-Verg 58/09 leitet besondere oder ausschließliche Rechte einer Tochter der Flughafen Düsseldorf GmbH im entschiedenen Fall dagegen ohne nähere Begründung aus der Genehmigung der Flughafen Düsseldorf GmbH ab; ebenso VK Südbayern, Beschluss v. 25.11.2013 – Z3-3-3194-1-33-09/13.

83 A.A. VK Düsseldorf, Beschluss v. 24.11.2009 – VK-26/2009-L.

84 Zum Wertungswiderspruch hinsichtlich des nicht aufgenommenen Bereichs der Postdienste siehe Rn. 2.

Sektorentätigkeit gilt, und die Unternehmen, die in diesem Bereich tätig sind, gelten nach der Entscheidung auch nicht als Inhaber besonderer oder ausschließlicher Rechte.[85]

44 Die in diesem Bereich tätigen Auftraggeber, die trotz der Freistellungsentscheidung der Kommission in § 143 Abs. 1 GWB nunmehr als Sektorenauftraggeber bezeichnet werden, haben lediglich die **Grundsätze der Nichtdiskriminierung und der wettbewerbsorientierten Auftragsvergabe** zu beachten und unterliegen insoweit auch der vergaberechtlichen **Nachprüfung** nach §§ 155 ff. GWB, sind im Übrigen aber verfahrensrechtlich nicht gebunden, insbesondere nicht an die Bestimmungen der SektVO.

VI. Einspeisung (Abs. 7)

45 § 102 Abs. 7 GWB dient der Umsetzung von Art. 7 RL 2014/25/EU. Dieser stellt klar, dass der Begriff **„Einspeisung"** die Erzeugung bzw. Produktion von Wasser, Gas und Wärme sowie Elektrizität sowie den Groß- und Einzelhandel umfasst.

46 Die **Erzeugung von Gas** fällt freilich bereits unter § 102 Abs. 6 GWB und die in diesem Bereich tätigen Auftraggeber unterliegen daher lediglich dem vereinfachten Vergaberegime des § 143 Abs. 1 GWB.

47 Eine Erweiterung des Anwendungsbereichs des Sektorenvergaberechts ist mit der erstmaligen Aufnahme des Begriffs der Einspeisung nach Erwägungsgrund 25 RL 2014/15/EU ausdrücklich nicht verbunden. Die Aufnahme dient insoweit lediglich der **Klarstellung**.

Anlage

Gesetzesbegründung (BT-Drs. 18/6281)

Seite 72

§ 102 Absatz 1 bis 6 dient der Umsetzung der Artikel 8 bis 14 der Richtlinie 2014/25/EU sowie des Anhangs II der Richtlinie 2014/23/EU und definiert die Sektorentätigkeiten.

Seite 73

Die materiellen Regelungen zu diesen Tätigkeiten werden anstelle in einer Anlage nunmehr in einem gesonderten Paragrafen erfasst. Zur besseren Übersichtlichkeit wurde im Wesentlichen die Struktur der jeweiligen Artikel der Richtlinie 2014/25/EU übernommen. Inhaltlich hat sich zur Vorgängerrichtlinie 2004/17/EG nichts geändert.

Das Sektorenvergaberecht knüpft an die in Artikel 8 bis 14 der Richtlinie 2014/25/EU geregelten Tätigkeiten an, um den Anwendungsbereich des Sektorenvergaberechts zu umschreiben. Im Rahmen der Konzessionsvergabe sind diese Tätigkeiten Voraussetzungen zur Erfüllung der Definition des Auftraggebers nach Artikel 7 der Richtlinie 2014/23/EU.

Der Bereich der Postdienste wurde – wie bereits bei der Umsetzung der Vorgängerrichtlinie – nicht aufgenommen. Zum einen ist der Markt der Postdienstleistungen in Deutschland liberalisiert und zum anderen finden sich in Deutschland keine Auftraggeber, die im Bereich der Postdienste die Voraussetzungen der Definition der verschiedenen Auftraggeber gemäß §§ 98 ff. erfüllen.

Für die Konzessionsvergabe ist zu beachten, dass der Bereich der Trinkwasserversorgung von der Richtlinie 2014/23/EU ausgenommen wurde.

§ 102 Absatz 7 dient der Umsetzung des Artikels 7 der Richtlinie 2014/25/EU. Dieser stellt klar, dass der Begriff „Einspeisung" die Erzeugung bzw. Produktion von Wasser, Gas und Wärme sowie Elektrizität sowie den Groß und Einzelhandel umfasst, wobei die Erzeugung von Gas allerdings unter Absatz 6 fällt.

85 Art. 1 Entscheidung v. 15.1.2004, EU-ABl. L 16 v. 23.1.2004, S. 57 ff.

§ 103
Öffentliche Aufträge, Rahmenvereinbarungen und Wettbewerbe

(1) Öffentliche Aufträge sind entgeltliche Verträge zwischen öffentlichen Auftraggebern oder Sektorenauftraggebern und Unternehmen über die Beschaffung von Leistungen, die die Lieferung von Waren, die Ausführung von Bauleistungen oder die Erbringung von Dienstleistungen zum Gegenstand haben.

(2) Lieferaufträge sind Verträge zur Beschaffung von Waren, die insbesondere Kauf oder Ratenkauf oder Leasing, Mietverhältnisse oder Pachtverhältnisse mit oder ohne Kaufoption betreffen. Die Verträge können auch Nebenleistungen umfassen.

(3) Bauaufträge sind Verträge über die Ausführung oder die gleichzeitige Planung und Ausführung

1. **von Bauleistungen im Zusammenhang mit einer der Tätigkeiten, die in Anhang II der Richtlinie 2014/24/EU des Europäischen Parlaments und des Rates vom 26. Februar 2014 über die öffentliche Auftragsvergabe und zur Aufhebung der Richtlinie 2004/18/EG (ABl. L 94 vom 28.3.2014, S. 65) und Anhang I der Richtlinie 2014/25/EU des Europäischen Parlaments und des Rates vom 26. Februar 2014 über die Vergabe von Aufträgen durch Auftraggeber im Bereich der Wasser-, Energie- und Verkehrsversorgung sowie der Postdienste und zur Aufhebung der Richtlinie 2004/17/EG (ABl. L 94 vom 28.3.2014, S. 243) genannt sind, oder**
2. **eines Bauwerkes für den öffentlichen Auftraggeber oder Sektorenauftraggeber, das Ergebnis von Tief- oder Hochbauarbeiten ist und eine wirtschaftliche oder technische Funktion erfüllen soll.**

Ein Bauauftrag liegt auch vor, wenn ein Dritter eine Bauleistung gemäß den vom öffentlichen Auftraggeber oder Sektorenauftraggeber genannten Erfordernissen erbringt, die Bauleistung dem Auftraggeber unmittelbar wirtschaftlich zugutekommt und dieser einen entscheidenden Einfluss auf Art und Planung der Bauleistung hat.

(4) Als Dienstleistungsaufträge gelten die Verträge über die Erbringung von Leistungen, die nicht unter die Absätze 2 und 3 fallen.

(5) Rahmenvereinbarungen sind Vereinbarungen zwischen einem oder mehreren öffentlichen Auftraggebern oder Sektorenauftraggebern und einem oder mehreren Unternehmen, die dazu dienen, die Bedingungen für die öffentlichen Aufträge, die während eines bestimmten Zeitraums vergeben werden sollen, festzulegen, insbesondere in Bezug auf den Preis. Für die Vergabe von Rahmenvereinbarungen gelten, soweit nichts anderes bestimmt ist, dieselben Vorschriften wie für die Vergabe entsprechender öffentlicher Aufträge.

(6) Wettbewerbe sind Auslobungsverfahren, die dem Auftraggeber aufgrund vergleichender Beurteilung durch ein Preisgericht mit oder ohne Verteilung von Preisen zu einem Plan oder einer Planung verhelfen sollen.

Übersicht

		Rn.
A.	Allgemeine Grundlagen	1
B.	Öffentlicher Auftrag (Abs. 1)	6
I.	Grundsätze	6
II.	Außengrenzen des Anwendungsbereichs	11
1.	Ausübung öffentlicher Gewalt (Art. 51 i.V.m. Art. 62 AEUV)	12
2.	Sicherheitsrelevante und Verteidigungsbeschaffungen (Art. 346 AEUV)	20
3.	Beihilfe (Art. 106 Abs. 1 AEUV)	23
4.	Dienstleistungen von allgemeinem wirtschaftlichen Interesse (Art. 14 AEUV)	24
5.	Konzessionen	25
III.	Vertrag	26
1.	Grundsätze	26
2.	Hoheitliche Handlungsformen	30
3.	Öffentlich-rechtlicher Vertrag	33
4.	Beleihung	34
IV.	Unternehmen als Vertragspartner	37
1.	Grundsätze	37
2.	Beihilfenempfänger	40
3.	Auftragnehmer von In-House-Vergaben	41
4.	Unternehmen aus Drittstaaten	42

V. Beschaffung ... 45
1. Grundsätze ... 45
2. Veräußerung, Vermietung oder Verpachtung von öffentlichen Gütern ... 48
3. Veräußerung von Unternehmensanteilen im Rahmen von Privatisierungen ... 54
4. Reverstaatlichung öffentlicher Aufgaben ... 59
5. Kauf von Unternehmensanteilen ... 63
6. Handel mit Emissionszertifikaten ... 66
7. Finanzhilfen, Beihilfen, Ausgleichszahlungen ... 71
VI. Entgeltlichkeit ... 77
1. Grundsätze ... 77
2. Sponsoring ... 81
VII. Auswahlentscheidung ... 83
C. Lieferaufträge (Abs. 2) ... 92
D. Bauaufträge (Abs. 3) ... 97
I. Grundsätze ... 97
II. Bauvorhaben und Bauwerk (S. 1) ... 102
III. Bauleistungen gemäß den vom Auftraggeber genannten Erfordernissen (S. 2) ... 109
E. Dienstleistungsaufträge (Abs. 4) ... 121
F. Rahmenvereinbarungen (Abs. 5) ... 126
G. Wettbewerbe (Abs. 6) ... 131
Anlage
Gesetzesbegründung (BT-Drs. 18/6281)

A. Allgemeine Grundlagen*

1 § 103 GWB ist das zentrale **Eingangstor** zum Vergaberecht. § 97 GWB bestimmt, dass öffentliche Aufträge im Wettbewerb und in transparenten Verfahren vergeben werden. Was ein öffentlicher Auftrag ist, regelt im Grundsatz § 103 GWB. § 103 GWB verweist sodann weiter, unter anderem auf die Auftraggeberbegriffe der §§ 98 bis 100 GWB, einschließlich der Sektorenauftraggeber. Öffentliche Aufträge sind damit auch Aufträge im **Sektorenbereich**, obgleich die Sektorenrichtlinie 2014/25/EU diese nicht als „öffentliche" Aufträge bezeichnet. Dieser begriffliche Unterschied bleibt jedoch ohne Konsequenz für das Regelungsprogramm und kann daher getrost vernachlässigt werden.

2 § 103 GWB setzt die entsprechenden Regelungen der **RL 2014/24/EU und 2014/25/EU** in nationales Recht um. Die Regelungen des § 103 GWB und deren europarechtliche Vorgaben korrelieren wie folgt:

§ 103 GWB	RL 2014/24/EU	RL 2014/25/EU
Abs. 1	Art. 2 Abs. 1 Nr. 5	Art. 2 Nr. 1
Abs. 2	Art. 2 Abs. 1 Nr. 8	Art. 2 Nr. 4
Abs. 3 S. 1 Nr. 1	Art. 2 Abs. 1 Nr. 6 lit. a	Art. 2 Nr. 2 lit. a
Abs. 3 S. 1 Nr. 2	Art. 2 Abs. 1 Nr. 6 lit. b und Nr. 7	Art. 2 Nr. 2 lit. b und Nr. 3
Abs. 3 S. 2	Art. 2 Abs. 1 Nr. 6 lit. c	Art. 2 Nr. 2 lit. c
Abs. 4	Art. 2 Abs. 1 Nr. 9	Art. 2 Nr. 5
Abs. 5	Art. 33 Abs. 1 UAbs. 2	Art. 51 Abs. 1 UAbs. 2
Abs. 6	Art. 2 Abs. 1 Nr. 21	Art. 2 Nr. 17

3 Gegenüber seiner Vorgängerregelung in **§ 99 GWB a.F.** hat sich der Regelungsumfang des § 103 GWB reduziert: § 103 GWB regelt deutlich weniger Sachverhalte, als zuvor in § 99 ausdrücklich normiert waren bzw. anhand des Auftragsbegriffs des § 99 GWB-alt in der Rechtsprechung entwickelt wurden. Dies liegt daran, dass mit der Neufassung der Vergabericht-

* Nachfolgende Ausführungen geben allein die persönliche Auffassung der Autoren wieder.

linien einige Fragestellungen konkreter geregelt oder klarer definiert (Erwägungsgrund 4 RL 2014/24/EU) wurden als bislang:

- **Konzessionen** sind nunmehr ausdrücklich in § 105 und § 101 GWB geregelt; sie sollen auch begrifflich keine öffentlichen Aufträge mehr sein (bisher waren nur Baukonzessionen geregelt, § 99 Abs. 6 GWB a.F.).
- **Öffentlich-öffentliche Kooperationen** sowie **In-House-Vergaben** werden nun in § 108 GWB geregelt und müssen nicht mehr anhand des Begriffs des öffentlichen Auftrags und abgeleiteter Rechtsprechung beurteilt werden.
- Bestimmte **Rettungsdienstleistungen** sind gemäß § 107 Abs. 1 Nr. 4 GWB vom Anwendungsbereich des Vergaberechts ausgenommen.
- Vergaben **internationaler Organisationen** – einschließlich der EU-Organe – sowie Kooperationen mit solchen werden von § 109 GWB erfasst.
- Bestimmte **Rechtsdienstleistungen** sind gemäß § 116 Abs. 1 GWB von der Anwendung des Abschnitts über die Vergabe öffentlicher Aufträge ausgenommen.
- **Verteidigungs- und sicherheitsrelevante Aufträge** (§ 99 Abs. 7 bis 9 GWB a.F.) sind nunmehr in § 104 GWB geregelt.
- Der Umgang mit **gemischten Aufträgen** (§ 99 Abs. 10 bis 13 GWB a.F.) wurde jetzt in §§ 110 bis 112 GWB geregelt.
- Fragen der **Vertragsverlängerung** sind nunmehr in § 132 GWB geregelt.

Erwägungsgrund 4 RL 2014/24/EU stellt dabei klar, dass die Definition des öffentlichen Auftrages zwar präzisiert werden, damit aber **keine Erweiterung des Anwendungsbereichs der Richtlinien** einhergehen sollte. Darauf nimmt auch die Begründung zum neuen § 103 GWB Bezug.[2] Daraus lässt sich schlussfolgern, dass der Gesetzgeber auch die bisherige Rechtsprechung nach der RL 2004/18/EG und RL 2004/17/EG sowie dem bisherigen § 99 GWB a.F. zur Definition des öffentlichen Auftrages nur punktuell regeln oder korrigieren wollte und deren Feststellungen daher – soweit nicht ausdrücklich anders geregelt – auch weiter Geltung beanspruchen werden. 4

§ 103 Abs. 1 GWB definiert den Begriff des öffentlichen Auftrags. In § 103 Abs. 2 bis 6 GWB werden die verschiedenen Arten des öffentlichen Auftrags aufgeführt. Der Zuordnung des öffentlichen Auftrags zu einer **Auftragsart** kommt wegen unterschiedlicher Schwellenwerte und der jeweils anzuwendenden Regelungen weichenstellende Bedeutung für das weitere Verfahren zu. Deshalb steht die Zuordnung auch nicht zur Disposition der Vertragsparteien. Nicht die Bezeichnung des Vertrages durch den Auftraggeber oder die Parteien, sondern Art und Inhalt der vereinbarten Leistungen entscheiden über die Zuordnung („falsa demonstratio non nocet").[3] Für die Zuordnung ist der Vertrag als einheitliches Ganzes zu betrachten. Mischfälle, die eher regelmäßig denn ausnahmsweise auftreten, sind mithilfe der in §§ 110 bis 112 GWB enthaltenen Bestimmungen zuzuordnen. 5

B. Öffentlicher Auftrag (Abs. 1)

I. Grundsätze

Als Eingangstor in das Vergaberecht entscheiden die Regeln des § 103 GWB nicht nur über die Anwendung einzelner vergaberechtlicher Regelungen, sondern über den ganzen die öffentlichen Aufträge betreffenden Abschnitt 2 (vgl. § 115 GWB). Auch der Zugang zum Vergaberechtsschutz richtet sich nach dem Begriff des öffentlichen Auftrags (vgl. §§ 155, 160 Abs. 2 GWB). 6

2 Gesetzesbegründung, BT-Drs. 18/6281, 73.
3 Vgl. OLG Düsseldorf, Beschluss v. 27.10.2004 – VII-Verg 41/04.

7 Da § 103 GWB zugleich der Umsetzung von Europarecht dient, steht und fällt dessen Wirksamkeit mithin mit der Art und Weise, wie § 103 GWB ausgelegt wird. Die **europarechtskonforme Auslegung** des § 103 GWB ist daher die wichtigste Leitschnur bei seiner Anwendung: § 103 GWB muss dergestalt europarechtskonform ausgelegt werden, dass die praktische Wirksamkeit der Vergaberichtlinien und des Europäischen Primärrechts sichergestellt wird.[4]

8 Grundsätzlich ist der Begriff des öffentlichen Auftrags dabei als Anwendungsvoraussetzung des Vergaberechts **weit auszulegen**.[5] Der Begriff des öffentlichen Auftrags ist ein **funktionaler Rechtsbegriff**,[6] sodass formale Abgrenzungskriterien wie etwa Handlungsformen nachrangig sind.[7] Stellt ein Teil eines Vertrages einen öffentlichen Auftrag dar, so fällt zudem in der Regel der gesamte Vertrag in den Anwendungsbereich des Vergaberechts, sofern der öffentliche Auftraggeber auf eine Abtrennung des öffentlichen Auftrags verzichtet (**eingekapselter Beschaffungsvorgang**).[8] Damit wird sichergestellt, dass ein Beschaffungsvorgang nicht durch Kombination mit anderen Vorgängen der praktischen Wirksamkeit der Vergaberichtlinien entzogen wird. Etwa bei Grundstücksveräußerungen oder der Veräußerung von Unternehmensanteilen ist dies zu beachten.

9 Ist zu **Beginn der Vertragsverhandlungen** noch **unklar**, ob der Auftrag die Gestalt eines öffentlichen Auftrags oder einer nicht dem Vergaberecht unterliegenden Rechtsbeziehung annehmen wird, sollte dies zuvor geklärt oder das GWB-Vergaberecht präventiv beachtet werden. Denn wenn sich die Vertragsbeziehung nachträglich als öffentlicher Auftrag herausstellt, wäre die unterlassene Durchführung eines Vergabeverfahrens rechtswidrig.[9]

10 Allerdings hat der öffentliche Auftraggeber die Wahl zwischen einer Beschaffung am Markt oder der **Deckung des Bedarfs durch Eigenleistungen**. Letztere erfordert grundsätzlich kein Vergabeverfahren.[10] Von der Möglichkeit, einen Bedarf durch Eigenleistung zu decken, kann der Auftraggeber auch in Zusammenarbeit mit anderen Auftraggebern Gebrauch machen (vgl. § 108 GWB). Dabei kann die Eigenleistungserbringung aus haushaltsrechtlichen Gründen grundsätzlich Vorrang genießen.[11] Eine Pflicht zur Beschaffung am Markt ist § 103 GWB jedenfalls nicht zu entnehmen.

II. Außengrenzen des Anwendungsbereichs

11 Der Begriff des öffentlichen Auftrags kennt Außengrenzen, die sich nicht unmittelbar aus seinem Wortlaut ableiten lassen. Sie folgen zumeist aus dem **EU-Primärrecht des AEUV** in Verbindung mit einer europarechtskonformen Auslegung des § 103 Abs. 1 GWB.

1. Ausübung öffentlicher Gewalt (Art. 51 i.V.m. Art. 62 AEUV)

12 Art. 51 AEUV begrenzt den Anwendungsbereich des europäischen Primärrechts und damit auch des europäischen Vergaberechts der RL 2014/24/EU und 2014/25/EU. Gemäß Art. 51 AEUV sind Tätigkeiten, die dauernd oder zeitweise mit der Ausübung öffentlicher Gewalt verbunden sind, vom Anwendungsbereich der Niederlassungs- und Dienstleistungsfreiheit ausgeschlossen. Dieser Ausnahmetatbestand schlägt auf die Vergaberichtlinien durch, sodass diese auf Tätigkeiten, die eine unmittelbare Teilhabe an der Ausübung öffentlicher Gewalt zum Gegenstand haben, keine Anwendung finden.[12]

---

4 Vgl. zum Beispiel EuGH, Urteil v. 18.1.2007 – Rs. C-220/05 (Auroux), Rn. 40; Urteil v. 20.10.2005 – Rs. C-264/03 (Kommission/Frankreich), Rn. 36.
5 Vgl. zum Beispiel EuGH, Urteil v. 12.7.2001 – Rs. C-399/98 (Teatro alla Bicocca), Rn. 55.
6 Vgl. zum Beispiel EuGH, Urteil v. 18.11.1999 – Rs. C-107/98 (Teckal), Rn. 46 ff.
7 Vgl. *Hausmann*, in: Pünder/Prieß, Vergaberecht im Umbruch, S. 67.
8 Vgl. nur BayObLG, Beschluss v. 27.2.2003 – Verg 1/03; OLG Düsseldorf, Beschluss v. 20.6.2001 – Verg 3/01; anders etwa bei Verteidigungsbeschaffungen, siehe Erwägungsgrund 13 und Art. 1 Abs. 3 RL 2014/24/EU.
9 Vgl. zum Beispiel BayObLG, Beschluss v. 23.1.2003 – Verg 2/03.
10 Vgl. Erwägungsgrund 5 RL 2014/24/EU.
11 Für das Land Berlin etwa AV-LHO, zu § 55 Pkt. 5.
12 Vgl. EuGH, Urteil v. 20.10.2005 – Rs. C-264/03 (Kommission/Frankreich), Rn. 34; Urteil v. 26.4.1994 – Rs. C-272/91 (Kommission/Italien), Rn. 6 ff.; Urteil v. 5.12.1989 – Rs. 3/88 (Kommission/Italien), Rn. 11 ff.; OLG Düsseldorf, Beschluss v. 5.4.2006 – VII-Verg 7/06; *Burgi*, NVwZ 2007, 383 (385); *Egger*, Europäisches Vergaberecht, Rn. 178.

Die Anwendung des Art. 51 AEUV setzt indes die Ausübung öffentlicher Gewalt voraus. Dabei sind drei **Auslegungsgrundsätze** zu beachten: 13

- Art. 51 AEUV ist zur Sicherung der praktischen Wirksamkeit des Gemeinschaftsrechts (effet utile) **eng auszulegen**.
- In **funktionaler Betrachtung** ist der Inhalt der nachgefragten Tätigkeit und nicht die Handlungsform der Beauftragung maßgebend.
- Und die Voraussetzungen des Art. 51 AEUV müssen im **konkreten Einzelfall**, insbesondere anhand der konkret übertragenen Aufgaben und Befugnisse geprüft werden.

Eine **Ausübung öffentlicher Gewalt** i.S.d. Art. 51 Abs. 1 AEUV liegt daher nach der Recht- 14
sprechung des EuGH nur dann vor, wenn mit der betreffenden Tätigkeit die unmittelbare und spezifische Teilnahme an der Ausübung der öffentlichen Gewalt verbunden ist.[13] Im Ergebnis können allenfalls bestimmte Tätigkeiten und nur ausnahmsweise ganze Berufsgruppen von der Bereichsausnahme erfasst werden.[14]

Die Ausnahme des Art. 51 Abs. 1 AEUV kann daher eingreifen, wenn die **Wahrnehmung der** 15
Aufgabe selbst mit der Ausführung öffentlicher Gewalt, etwa in Form von exekutiven Zwangsbefugnissen, Durchsuchungsrechten, oder mit besonderen Rechten zur technischen Überwachung verbunden ist oder mit hoheitlich-notariellen bzw. richterlichen Befugnissen erfolgt.[15]

Aus dem Anwendungsbereich des Art. 51 AEUV heraus fallen hingegen **Hilfstätigkeiten** wie 16
die logistische Unterstützung der Ausübung öffentlicher Gewalt. Auch straßenverkehrsrechtliche Sonderrechte, wie sie etwa den Rettungstransportdiensten durch landesrechtliche Regelungen regelmäßig verliehen werden, reichen nicht aus, um ein hoheitliches Gewaltverhältnis zu begründen.[16] Dementsprechend wurden die Tätigkeit des Rechtsanwalts,[17] des „zugelassenen" Wirtschaftsprüfers,[18] des Beraters in Steuerangelegenheiten,[19] des privaten Sicherheits- und Bewachungsdienstes,[20] des gerichtlich bestellten Kfz-Sachverständigen,[21] die Planung, Entwicklung und Verwaltung von EDV-Systemen für die öffentliche Verwaltung[22] sowie die Tätigkeiten in Privatschulen und der Privatlehrer[23] nicht als Ausübung öffentlicher Gewalt anerkannt.

Nach wie vor instruktiv ist auch die Rechtsprechung zu **Rettungsdienstleistungen**, obgleich 17
diese Fallgruppe nunmehr spezialgesetzlich in § 107 Abs. 1 Nr. 4 GWB geregelt ist: Der EuGH hatte in Bezug auf die Vergabe von Rettungsdienstleistungen die Ausübung öffentlicher Gewalt im Sinne des Art. 51 Abs. 1 AEUV abgelehnt.[24] Unerheblich sei danach insbesondere, dass die Aufträge öffentlich-rechtlicher Natur seien und die betreffenden Tätigkeiten für Rechnung von Einrichtungen des öffentlichen Rechts ausgeübt würden, die Träger des Rettungsdienstes sind.[25]

---

13 Vgl. EuGH, Urteil v. 29.4.2010 – Rs. C-160/08 (Kommission/Deutschland), Rn. 78; Urteil v. 31.5.2001 – Rs. C-283/99 (Kommission/Italien), Rn. 20; Urteil v. 9.3.2000 – Rs. C-355/98 (Kommission/Belgien), Rn. 25; Urteil v. 29.10.1998 – Rs. C-114/97 (Kommission/Spanien), Rn. 35.

14 Vgl. EuGH, Urteil v. 21.6.1974 – Rs. 2/74 (Reyners), Rn. 46 f.

15 Vgl. EuGH, Urteil v. 29.4.2010 – Rs. C-160/08 (Kommission/Deutschland), Rn. 79; Urteil v. 29.10.1998 – Rs. C-114/97 (Kommission/Spanien), Rn. 37; *Egger*, Europäisches Vergaberecht, Rn. 179.

16 Vgl. dazu eingehend *Röbke*, NZBau 2008, 702 (703) unter Hinweis auf die landesrechtlichen Regelungen.

17 Vgl. EuGH, Urteil v. 21.6.1974 – Rs. 2/74 (Reyners), Rn. 46.

18 Vgl. EuGH, Urteil v. 13.7.1993 – Rs. C-42/92 (Thisjssen), Rn. 22.

19 Vgl. EuGH, Urteil v. 30.3.2006 – Rs. C-451/03 (Calafiori).

20 Vgl. EuGH, Urteil v. 31.5.2001 – Rs. C-283/99 (Kommission/Italien), Rn. 20; Urteil v. 9.3.2000 – Rs. 355/98 (Kommission/Belgien), Rn. 26; Urteil v. 29.10.1998 – Rs. C-114/97 (Kommission/Spanien), Rn. 36 f.

21 Vgl. EuGH, Urteil v. 10.12.1991 – Rs. C-306/89 (Kommission/Griechenland), Rn. 7.

22 Vgl. EuGH, Urteil v. 26.4.1993 – Rs. C-272/91 (Kommission/Italien), Rn. 12 mit Verweis auf EuGH, Urteil v. 5.12.1989 – Rs. 3/88 (Kommission/Italien), Rn. 13.

23 Vgl. EuGH, Urteil v. 15.3.1988 – Rs. 147/86 (Kommission/Griechenland), Rn. 9.

24 Vgl. EuGH, Urteil v. 29.4.2010 – Rs. C-160/08 (Kommission/Deutschland), Rn. 86; zuvor bereits in Bezug auf Rettungstransporte in Österreich EuGH, Urteil v. 24.9.1998 – Rs. C-76/97 (Tögel), Rn. 40.

25 Vgl. EuGH, Urteil v. 29.4.2010 – Rs. C-160/08 (Kommission/Deutschland), Rn. 85.

18 Vergleichbare Probleme stellen sich auch im Bereich der Übertragung der Trägerschaft der **Ambulanten-Hilfe-Zentren** (AHZ). Die nationale Rechtsprechung hat diesbezüglich das Vergaberecht für nicht anwendbar erachtet, da sich die Verpflichtung zur Vorhaltung einer ausreichenden pflegerischen Versorgungsstruktur als eine öffentliche Aufgabe der Daseinsvorsorge darstelle.[26] Diese Frage dürfte mit den Entscheidungen des BGH und des EuGH insoweit geklärt sein, als dass Art. 51 i.V.m. Art. 62 AEUV als Bereichsausnahme nach nationalem Recht auch für diese Fälle nicht in Betracht kommt.

19 Zu beachten ist schließlich, dass Art. 51 AEUV den Mitgliedstaaten lediglich die **Möglichkeit** eröffnet, eine entsprechende Bereichsausnahme auch nach nationalem Recht vorzusehen. Zwingend ist dies laut BGH in einer Entscheidung zu Rettungsdienstleistungen aber nicht.[27] Ist ein öffentlicher Auftrag also mit der Ausübung öffentlicher Gewalt im Sinne des Art. 51 AEUV verbunden, so muss immer auch geprüft werden, ob das GWB-Vergaberecht auf diese Art von Leistungen anwendbar sein sollte.

2. Sicherheitsrelevante und Verteidigungsbeschaffungen (Art. 346 AEUV)

20 Primärrechtliche Grenzen des Anwendungsbereichs des Vergaberechts ergeben sich auch für Verteidigungsbeschaffungen. Art. 346 AEUV sieht insofern eine Ausnahme vom Anwendungsbereich des Unionsrechts vor,[28] auf die in Art. 1 Abs. 3 RL 2014/24/EU („Die Anwendung dieser Richtlinie unterliegt Artikel 346 AEUV"), RL 2009/81/EG und § 107 Abs. 2 Nr. 2 GWB Bezug genommen wird.[29] Die Mitgliedstaaten können hiernach bei **Beschaffungen, die spezifisch militärischen Zwecken dienen**, unter den in Art. 346 AEUV genannten Voraussetzungen von der Anwendung des Vergaberechts absehen.[30]

21 Wie jede Bereichsausnahme von den Vorschriften des Unionsrechts ist auch Art. 346 AEUV grundsätzlich **eng auszulegen**.[31] Insbesondere muss der Auftraggeber, der sich auf den Ausnahmetatbestand des Art. 346 Abs. 1 AEUV berufen will, **darlegen**, warum die durch die RL 2009/81/EG eröffneten und ins nationale Recht umgesetzten Möglichkeiten zur Berücksichtigung nationaler Verteidigungs- und Sicherheitsinteressen nicht ausreichen. Darüber hinaus darf die Anwendung des Art. 346 Abs. 1 lit. b AEUV nach dessen Wortlaut nicht dazu führen, dass die Wettbewerbsbedingungen hinsichtlich der nicht eigens für militärische Zwecke bestimmten Waren beeinträchtigt werden.[32] Demzufolge ist die Bereichsausnahme nicht auf die Beschaffungen von Gegenständen mit **doppeltem Verwendungszweck** in militärischen und zivilen Bereichen (sog. Dual-Use-Güter) anwendbar.[33] Gemischte Aufträge mit Gütern nach Art. 346 AEUV und solchen, die unter die RL 2014/24/EU fallen, sollen jedoch nach dem Willen des Richtliniengesetzgebers nicht der RL 2014/24/EU unterfallen, wenn die Zusammenfassung der Leistungen in einem Auftrag objektiv gerechtfertigt war und keine Umgehungsabsicht vorlag.[34]

22 Darüber hinaus ist zu beachten, dass weder Art. 346 AEUV noch die Regelungen der Art. 36, 45, 52, 65, 72 und 346 AEUV Ausdruck eines allgemeinen Vorbehalts sind, der jede Maßnahme, die im Interesse der öffentlichen Sicherheit getroffen wird, vom Anwendungsbereich des Unionsrechts ausnimmt.[35] Art. 346 Abs. 1 lit. b AEUV erfasst nur **„Waffen, Muni-**

---

26 Vgl. VK Rheinland-Pfalz, Beschluss v. 20.3.2003 – VK 31/02.
27 Vgl. BGH, Beschluss v. 1.12.2008 – X ZB 31/08, Rn. 19 bis 24.
28 Art. 346 AEUV richtet sich insbesondere auf „die Erzeugung von Waffen, Munition und Kriegsmaterial oder den Handel damit", vgl. Art. 346 Abs. 1 lit. b AEUV.
29 Vgl. hierzu *Sterner* zu § 107 Rn. 33 ff.
30 Vgl. EuGH, Urteil v. 8.4.2008 – Rs. C-337/05 (Agusta); Urteil v. 11.1.2000 – Rs. C-285/98 (Kreil), Rn. 16 jeweils m.w.N.
31 Vgl. EuGH, Urteil v. 7.6.2012 – Rs. C-615/10 (InsTiimi), Rn. 35; Urteil v. 2.10.2008 – Rs. C-157/06 (Kommission/Italien), Rn. 23; Urteil v. 17.11.1993 – Rs. C-71/92 (Kommission/Spanien), Rn. 36.
32 Vgl. EuGH, Urteil v. 7.6.2012 – Rs. C-615/10 (InsTiimi), Rn. 38; Urteil v. 2.10.2008 – Rs. C-157/06 (Kommission/Italien), Rn. 25; Urteil v. 8.4.2008 – Rs. C-337/05 (Agusta), Rn. 46.
33 Vgl. EuGH, Urteil v. 7.6.2012 – Rs. C-615/10 (InsTiimi), Rn. 39; Urteil v. 2.10.2008 – Rs. C-157/06 (Kommission/Italien), Rn. 26; Urteil v. 8.4.2008 – Rs. C-337/05 (Agusta), Rn. 47 ff.
34 Erwägungsgrund 13 RL 2014/24/EU.
35 Vgl. EuGH, Urteil v. 8.4.2008 – Rs. C-337/05 (Agusta), Rn. 43.

tion und Kriegsmaterial". Andernfalls würde die Wirksamkeit des Unionsrechts beeinträchtigt.[36] Hinsichtlich sicherheitsrelevanter Leistungen sind daher vor allem die Voraussetzungen des § 104 GWB zu berücksichtigen.

3. Beihilfe (Art. 106 Abs. 1 AEUV)

Die **Beihilfe** im Sinne des Art. 106 Abs. 1 AEUV bildet grundsätzlich keine Außengrenze des Begriffs des öffentlichen Auftrags. Dies liegt daran, dass der Beihilfenbegriff des Art. 106 Abs. 1 AEUV weit auszulegen ist und auch wechselseitige Vertragsbeziehungen zwischen Staat und Privaten erfassen kann, wenn damit ein marktferner wirtschaftlicher Vorteil verbunden ist. Vergabe- und Beihilferecht liegen unterschiedliche Zielsetzungen, Tatbestände und Rechtsfolgen zugrunde, sodass sie grundsätzlich gesondert zu betrachten sind und auch parallel angewendet werden können.[37] Daher kann eine öffentliche Auftragsvergabe sowohl dem Beihilferecht als auch dem Vergaberecht unterliegen. Ein wettbewerbliches Vergabeverfahren wird jedoch zumeist Beleg für eine marktkonforme Beschaffung sein und eine Beihilfe ausschließen. Im Falle von Zuwendungen und Finanzhilfen wird überdies zumeist der Beschaffungsbezug fehlen, sodass § 103 Abs. 1 GWB nicht einschlägig ist. 23

4. Dienstleistungen von allgemeinem wirtschaftlichen Interesse (Art. 14 AEUV)

Keine pauschale Befreiung vom Vergaberecht kann aus der Qualifizierung einer Leistung als Dienstleistung von allgemeinem wirtschaftlichen Interesse abgeleitet werden. Solche Dienstleistungen werden zwar durch Art. 14 AEUV besonders geschützt. Im Protokoll zu Art. 14 AEUV heißt es: 24

> „Zu den gemeinsamen Werten der Union in Bezug auf Dienste von allgemeinen wirtschaftlichen Interesse [...] zählen [...] – [...] der weite Ermessensspielraum der [...] regionalen Behörde, wie Dienste von allgemeinen wirtschaftlichen Interesse [...] in Auftrag zu geben sind."

Im Sinne der praktischen Wirksamkeit des Europarechts bedeutet dies jedoch nur, dass die öffentliche Hand, in Deutschland insbesondere die Kommunen, in der Entscheidung frei sind, wie sie ihre Aufgaben der Daseinsvorsorge organisieren. Sie können diese Aufgaben insbesondere durch Eigenleistungen erbringen. Entscheiden sie sich aber, Leistungen am Markt zu beschaffen, so gilt das Vergaberecht. Aus Art. 14 AEUV kann keine Ausnahme der Vergabe von Diensten der Daseinsvorsorge von den unionsrechtlichen Bindungen der Vergaberichtlinien abgeleitet werden.

5. Konzessionen

Kein öffentlicher Auftrag ist die Vergabe von Leistungen im Wege einer Konzession. Diese Ausnahme regelt nunmehr § 105 GWB spezialgesetzlich, sowohl für Bau- als auch Dienstleistungskonzessionen.[38] 25

III. Vertrag

1. Grundsätze

Voraussetzung eines öffentlichen Auftrags im Sinne des § 103 Abs. 1 GWB ist das Vorliegen eines **Vertrages**. Dies ist dem Wortlaut des § 103 Abs. 1 GWB ebenso wie jenem der Art. 2 Abs. 1 Nr. 5 RL 2014/24/EU und Art. 1 Nr. 1 RL 2014/25/EU zu entnehmen. Dabei ist der Begriff des Vertrages funktional zu verstehen.[39] Auftraggeber und Auftragnehmer müssen sich in einem Gleichordnungsverhältnis gegenüberstehen. Beide Vertragsparteien müssen dabei einen 26

---

36 Vgl. EuGH, Urteil v. 11.3.2003 – Rs. C-186/01 (Dory), Rn. 31; Urteil v. 11.1.2000 – Rs. C-285/98 (Kreil), Rn. 16; Urteil v. 26.10.1999 – Rs. C-273/97 (Sidar), Rn. 16; Urteil v. 15.3.1986 – Rs. 222/84 (Johnston), Rn. 26.

37 Vgl. EuG, Urteil v. 26.6.2008 – Rs. T-442/03 (SIC), Rn. 147; *Kaelble*, in: Müller-Wrede, Kompendium des Vergaberechts, Kap. 32 Rn. 8 m.w.N.

38 Zu Abgrenzungsfragen siehe *Braun* zu § 105 Rn. 24 ff.

39 Vgl. OLG Karlsruhe, Beschluss v. 12.11.2008 – 15 Verg 4/08; VK Bund, Beschluss v. 12.11.2009 – VK 2-193/09.

gewissen Einfluss auf den Inhalt des Vertragsverhältnisses ausüben können und das Vertragsverhältnis im gegenseitigen Einverständnis eingehen.

27 Kein Vertrag liegt infolge dieses funktionalen Verständnisses vor, wenn die Beauftragung **einseitig** durch den Auftraggeber angeordnet wird und der Auftragnehmer weder über den konkreten Inhalt der zu erbringenden Leistung noch über die Preise verhandeln kann und für ihn keine Möglichkeit besteht, sich einseitig der Verpflichtung, etwa durch Kündigung, zu entziehen.[40]

28 Auf die **Form** des Vertrages kommt es hingegen nach § 103 Abs. 1 GWB nicht an. Auch mündliche Verträge können daher öffentliche Aufträge sein. § 103 Abs. 1 GWB geht insofern zulässigerweise[41] über die Anforderungen der RL 2014/24/EU und RL 2014/25/EU hinaus, die nur schriftliche Verträge erfassen.

29 Schließlich muss die Verknüpfung der Pflichten von Auftraggeber und Auftragnehmer nicht notwendig **synallagmatisch** sein. Die Verknüpfung kann auch durch Vereinbarung einer Bedingung oder durch die Abrede, dass eine Leistung den Rechtsgrund für die andere darstellt, hergestellt werden.[42]

2. Hoheitliche Handlungsformen

30 Macht der Auftraggeber von hoheitlichen Handlungsformen Gebrauch, schließt dies einen öffentlichen Auftrag nicht automatisch aus. Denn die Qualifizierung der Handlungsform nach nationalem Recht ist für die Eröffnung des Anwendungsbereichs der europäischen Vergaberichtlinien unerheblich.[43] Das europäische Vergaberecht findet jedoch dann keine Anwendung, wenn die Beauftragung in Form eines einseitigen Verwaltungsakts erfolgt, der lediglich einseitige Verpflichtungen aufseiten des Empfängers begründet und der deutlich von den normalen Bedingungen eines kommerziellen Angebotes des Empfängers abweicht.[44]

31 Maßgeblich ist dabei, ob der Empfänger die Möglichkeit hat, den konkreten Inhalt der zu erbringenden Leistungen und die für diese geltenden Tarife **auszuhandeln**, und ob für ihn die Möglichkeit besteht, sich einseitig von seiner Leistungspflicht – etwa durch Kündigung – **zu lösen**.[45] Die Möglichkeit, den Vertragsinhalt aushandeln zu können, ist daher konstitutives Merkmal des Vertragsbegriffes der Vergaberichtlinien.[46] Allerdings hindert die gesetzliche Festlegung von Preisen, etwa bei der Buchpreisbindung, nicht die Anwendung des Vergaberechts, auch soweit dadurch eine Verhandlung über den Preis ausgeschlossen ist.[47]

32 Nach diesen unionsrechtlichen Maßstäben sind nationale hoheitliche Handlungsformen (Gesetze, Verordnungen, Satzungen und Verwaltungsakte) **i.d.R. nicht als öffentliche Aufträge i.S.d. Vergaberichtlinien anzusehen**,[48] da sie regelmäßig einseitig ergehen. Gleichwohl kommt es auf eine am Einzelfall orientierte Betrachtungsweise an. Haben die Beteiligten vorab den Inhalt der hoheitlichen Handlungsform vertragsähnlich ausgehandelt, liegt eine

---

40 Vgl. EuGH, Urteil v. 18.12.2007 – Rs. C-220/06 (Asociación Profesional), Rn. 54 f.; ähnlich OLG Düsseldorf, Beschluss v. 4.3.2009 – VII-Verg 67/08.

41 Vgl. BayObLG, Beschluss v. 10.10.2000 – Verg 5/00; *Pünder*, in: Müller-Wrede, Kompendium des Vergaberechts, Kap. 6 Rn. 56 m.w.N.; a.A. *Thieme/Corell*, DVBl. 1999, 884.

42 Vgl. OLG Düsseldorf, Beschluss v. 22.9.2005 – VII-Verg 44/04; Beschluss v. 8.9.2005 – VII-Verg 35/04; BayObLG, Beschluss v. 27.2.2003 – Verg 1/03.

43 Vgl. EuGH, Urteil v. 18.12.2007 – Rs. C-220/06 (Asociación Profesional), Rn. 50 m.w.N.

44 Vgl. EuGH, Urteil v. 18.12.2007 – Rs. C-220/06 (Asociación Profesional), Rn. 54.

45 Vgl. EuGH, Urteil v. 18.12.2007 – Rs. C-220/06 (Asociación Profesional), Rn. 55.

46 Vgl. auch *Frenz*, Handbuch Europarecht, Bd. 3 Rn. 2078 m.w.N.

47 OLG München, Beschluss v. 9.12.2007 – Verg 12/07; allerdings müssen selbstverständlich die Vorgaben des BuchPrG eingehalten werden.

48 Dies entspricht auch der herrschenden Ansicht zum Vertragsbegriff des § 99 Abs. 1 GWB: BGH, Beschluss v. 12.6.2001 – X ZB 10/01 zur Beleihung durch Verwaltungsakt; OLG Düsseldorf, Beschluss v. 4.3.2009 – VII-Verg 67/08 zu einem Bebauungsplan; OLG Celle, Beschluss v. 24.11.1999 – 13 Verg 7/99; *Eschenbruch*, in: Kulartz/Kus/Portz, GWB-Vergaberecht, § 99 Rn. 28; *Thieme*, in: Langen/Bunte, Kartellrecht, § 99 GWB Rn. 2; *Pünder*, in: Müller-Wrede, Kompendium des Vergaberechts, Kap. 6 Rn. 55; *Frenz*, Handbuch Europarecht, Bd. 3 Rn. 2077.

Qualifizierung als öffentlicher Auftrag i.S.d § 103 Abs. 1 GWB nahe.[49] In solchen Fällen entfällt die charakteristische Einseitigkeit der hoheitlichen Handlungsform. Auch ein Gesetz kann in einem solchen Fall als öffentlicher Auftrag zu bewerten sein. Andernfalls könnten öffentliche Auftraggeber die Beschaffung allein durch den Einsatz einer hoheitlichen Handlungsform dem Anwendungsbereich des Vergaberechts entziehen.[50] Auch Genehmigungen ohne Verpflichtung zur Leistungserbringung sind von einer Beauftragung durch Vertrag abzugrenzen.[51]

3. Öffentlich-rechtlicher Vertrag

Darüber hinaus können auch öffentlich-rechtliche Verträge als öffentliche Aufträge i.S.d. § 103 Abs. 1 GWB einzustufen sein. Die noch im Gesetzgebungsverfahren zum VgRÄG vertretene Auffassung, dass öffentlich-rechtliche Verträge grundsätzlich nicht erfasst seien,[52] ist überholt. Maßgeblich ist der Vertragsbegriff der unionsrechtlichen Richtlinien, denn diese bilden das höherrangige Recht. Ein öffentlich-rechtliche Verträge per se ausschließendes Verständnis liegt dem Vertragsbegriff der Art. 2 Abs. 1 Nr. 5 RL 2014/2/EU und Art. 2 Nr. 1 RL 2014/25/EU jedoch nicht zugrunde.[53] Auch der Wortlaut des § 103 Abs. 1 GWB, nach dem der Vertragsbegriff lediglich durch das Adjektiv „entgeltliche" eingeschränkt wird, lässt eine dementsprechende Auslegung ohne Weiteres zu.[54] Für die Einstufung als öffentlicher Auftrag i.S.d. § 103 Abs. 1 GWB kommt es deshalb nicht auf die Rechtsnatur des Vertrages an. Maßgeblich ist vielmehr, dass der öffentliche Auftraggeber Leistungen durch einen Dritten auf vertraglichem Wege und nicht in anderer Weise erbringen lässt.[55] 33

4. Beleihung

Wird durch oder aufgrund eines Gesetzes materiell ein Teil einer Staatsfunktion auf ein Subjekt des Privatrechts mit der Befugnis übertragen, selbstständig und im eigenen Namen öffentlich-rechtliche Verwaltungstätigkeiten auszuüben, spricht man von **Beleihung**.[56] 34

Für die Frage, ob eine Beleihung vergaberechtlich als Beschaffungsvorgang zu bewerten ist, kommt es auf die oben dargestellten allgemeinen Grundsätze zum Auftragsbegriff an. Danach ist der Beleihungsakt im engeren, verwaltungsrechtlichen Sinne – isoliert betrachtet – eine einseitige hoheitliche Handlung, die **i.d.R. nicht dem Auftragsbegriff des § 103 Abs. 1 GWB entspricht**.[57] Bei der gebotenen funktionalen Gesamtbetrachtung kann ein Beschaffungsvorgang i.S.d. § 103 Abs. 1 GWB allerdings dann vorliegen, wenn neben dem Beleihungsakt im engeren Sinne **vertragliche oder vertragsähnliche Abreden** bestehen,[58] die die Einseitigkeit des Beleihungsaktes in den Hintergrund treten lassen.[59] Sofern dabei keine vergaberechtsfreie In-House-Vergabe vorliegt,[60] ist in diesen Fällen das Vergaberecht zu beachten. Allein die Tatsache, dass mit der Beleihung hoheitliche Befugnisse übertragen werden, führt jedenfalls nicht nach Art. 51 i.V.m. Art. 62 AEUV aus dem Anwendungsbereich des Vergaberechts heraus.[61] 35

---

49 Vgl. BGH, Beschluss v. 1.12.2008 – X ZB 31/08; OVG Hamburg, Urteil v. 27.8.2010 – 1 Bf 149/09; vgl. auch *Burgi*, NVwZ 2007, 383 (385); *Frenz*, Handbuch Europarecht, Bd. 3 Rn. 2079.
50 Vgl. *Frenz*, Handbuch Europarecht, Bd. 3, Rn. 2079.
51 Vgl. OLG Naumburg, Beschluss v. 22.12.2011 – 2 Verg 10/11 zur Genehmigung von Rettungsdienstleistungen.
52 Vgl. hierzu Gesetzesbegründung, VgRÄG, BT-Drs. 13/9340, 15; dem folgend OLG Celle, Beschluss v. 24.11.1999 – 13 Verg 7/99.
53 So EuGH, Urteil v. 12.7.2001 – Rs. C-399/98 (Teatro alla Bicocca), Rn. 73 zu Art. 1 lit. a RL 93/37/EWG.
54 Vgl. BayObLG, Beschluss v. 28.5.2003 – Verg 7/03.
55 Vgl. BGH, Beschluss v. 1.12.2008 – X ZB 31/08; OLG Dresden, Beschluss v. 4.7.2008 – WVerg 3/08; OLG Düsseldorf, Beschluss v. 5.4.2006 – VII-Verg 7/06; so auch *Burgi*, NVwZ 2007, 383 (384 f.) m.w.N.; *Pünder*, in: Müller-Wrede, Kompendium des Vergaberechts, Kap. 3 Rn. 57 m.w.N.
56 Vgl. BGH, Beschluss v. 12.6.2001 – X ZB 10/01.
57 Vgl. BGH, Beschluss v. 1.12.2008 – X ZB 31/08; Beschluss v. 12.6.2001 – X ZB 10/01.
58 Vgl. BGH, Beschluss v. 1.12.2008 – X ZB 31/08.
59 So auch *Braun/Buchmann*, NZBau 2007, 691 (693 f.); zur Beleihung durch Verwaltungsakt auch *Burgi*, NVwZ 2007, 383 (385); a.A. *Hattig/Ruhland*, VergabeR 2005, 425 (430).
60 Vgl. BGH, Beschluss v. 12.6.2001 – X ZB 10/01; zur In-House-Vergabe siehe § 108 Rn. 14 ff.
61 Vgl. BGH, Beschluss v. 1.12.2008 – X ZB 31/08; a.A. *Burgi*, NVwZ 2007, 383 (386 ff.) m.w.N.

36 Als Beleihungsakte, die **vom Kartellvergaberecht befreit** sind, kommen demnach in Betracht:

- reine, nicht von vertraglichen oder vertragsähnlichen Abreden begleitete Beleihungsakte im engeren Sinne[62] oder
- Beleihungsakte in der Gestaltungsform der In-House-Vergabe.

IV. Unternehmen als Vertragspartner

1. Grundsätze

37 Das Vergaberecht findet nach § 103 Abs. 1 GWB Anwendung, sofern eine Vereinbarung zwischen öffentlichen Auftraggebern oder Sektorenauftraggebern und „Unternehmen" vorliegt.[63]

38 Der **Unternehmensbegriff** ist in einem funktionalen Verständnis weit auszulegen.[64] Er umfasst grundsätzlich jede eine wirtschaftliche Tätigkeit ausübende Einheit, unabhängig von ihrer Rechtsform und der Art ihrer Finanzierung.[65] Grundsätzlich können daher alle natürlichen und juristischen Personen, die selbstständig am Rechtsverkehr teilnehmen, Unternehmen i.S.d. § 103 Abs. 1 GWB sein.[66] Dies gilt auch für **juristische Personen des öffentlichen Rechts**[67] und **Wohlfahrtsverbände**.[68] Der Auftraggeber darf insbesondere für Bieter aus anderen Staaten nicht verlangen, dass diese nach deutschem Recht eine natürliche oder juristische Person sind (vgl. § 43 Abs. 1 VgV). Auch für Bewerber- und Bietergemeinschaften darf gemäß § 43 Abs. 2 VgV keine besondere Rechtsform verlangt werden. Erst nach Zuschlagserteilung ist dies möglich, sofern dies für die ordnungsgemäße Durchführung des Auftrags erforderlich ist (§ 43 Abs. 3 VgV).

39 Entscheidend für die Konkretisierung als Unternehmen ist in jedem Einzelfall[69] der **wirtschaftliche Charakter** des infrage stehenden Handelns.[70] Eine wirtschaftliche Tätigkeit ist dabei anzunehmen, wenn sie auf das Angebot von Gütern oder Leistungen am Markt gerichtet ist.[71] Nicht darunter fallen Tätigkeiten, die in Ausübung hoheitlicher Befugnisse erfolgen.[72] Die wirtschaftliche Tätigkeit muss hingegen nicht unmittelbar erbracht werden.[73] Auch die Einordnung als Unternehmen nach nationalem Recht ist danach unerheblich.[74] Ebenso unerheblich ist, ob das Unternehmen mit Gewinnerzielungsabsicht handelt, nicht unternehmerisch strukturiert ist oder nicht ständig auf dem Markt tätig ist.[75]

---

62 Die Entscheidung darüber, wer in einem solchen Fall beliehen wird, ergeht gleichwohl nicht im rechtsfreien Raum; vgl. dazu *Burgi*, NVwZ 2007, 383 (388) m.w.N. in den Fn. 53 und 54.

63 In Art. 1 Abs. 2 RL 2014/24/EU wird synonym der Begriff des „Wirtschaftsteilnehmers" verwandt.

64 Vgl. ebenso *Pünder*, in: Müller-Wrede, Kompendium des Vergaberechts, Kap. 6 Rn. 5.

65 Vgl. st. Rspr. seit EuGH, Urteil v. 23.4.1991 – Rs. C-41/90 (Höfner und Elser), Rn. 21.

66 Vgl. zu natürlichen Personen EuGH, Urteil v. 12.7.2001 – Rs. C-399/98 (Teatro alla Bicocca), Rn. 88 ff.; *Egger*, Europäisches Vergaberecht, Rn. 556 f.

67 Vgl. EuGH, Urteil v. 23.12.2009 – Rs. C-305/08 (CoNISMa), Rn. 45; Urteil v. 16.3.2004 – Rs. C-264/01(AOK); für die Anstalt des öffentlichen Rechts und Gebietskörperschaften OLG Frankfurt, Beschluss v. 7.9.2004 – 11 Verg 11/04; *Egger*, Europäisches Vergaberecht, Rn. 557 f.

68 VK Westfalen, Beschluss v. 1.6.2015 – VK 2-7/15; VK Arnsberg, Beschluss v. 18.7.2012 – VK 09/12.

69 Vgl. EuGH, Urteil v. 16.3.2004 – Rs. C-264/01 (AOK).

70 Vgl. EuGH, Urteil v. 11.7.2006 – Rs. C-205/03P (FENIN); Urteil v. 16.3.2004 – Rs. C-264/01 (AOK); siehe auch *Knispel*, Zur Bedeutung des europäischen Wettbewerbsrechts für die gesetzliche Krankenversicherung, S. 10.

71 Vgl. EuGH, Urteil v. 11.7.2006 – Rs. C-205/03P (FENIN).

72 Vgl. EuGH, Urteil v. 12.12.2013 – Rs. C-327/12 (SOA Nationale Costruttori).

73 Vgl. EuGH, Urteil v. 10.1.2006 – Rs. C-222/04 (Italienische Bankenstiftung), Rn. 110 bis 114.

74 Vgl. *Egger*, Europäisches Vergaberecht, Rn. 556; *Pünder*, in: Müller-Wrede, Kompendium des Vergaberechts, Kap. 6 Rn. 5.

75 Vgl. EuGH, Urteil v. 18.12.2014 – Rs. C-568/13 (Data Medical Service); Urteil v. 11.12.2014 – Rs. C-113/13 (Spezzino); Urteil v. 13.6.2013 – Rs. C-386/11 (Piepenbrock).

2. Beihilfenempfänger

40 Auch Unternehmen, die staatliche Beihilfen erhalten haben, sind grundsätzlich nicht von öffentlichen Auftragsvergaben ausgeschlossen. Die Gewährung einer Beihilfe stellt die Eigenschaft des Unternehmens, Vertragspartner eines öffentlichen Auftraggebers zu sein, nicht infrage.[76] Mit der Beihilfe erlangt das Unternehmen zwar einen wirtschaftlichen Vorteil gegenüber Konkurrenten. Sofern die Beihilfe ordnungsgemäß notifiziert und von der Europäischen Kommission genehmigt wurde, liegt in diesem Vorteil jedoch keine unzulässige Wettbewerbsverzerrung.[77] Damit besteht auch kein Anlass für vergaberechtliche Sanktionen wie den Ausschluss von Vergabeverfahren.[78]

3. Auftragnehmer von In-House-Vergaben

41 Ebenfalls nicht von öffentlichen Aufträgen ausgeschlossen sind Auftragnehmer von In-House-Vergaben.[79] Denn aus der vergaberechtlichen Privilegierung von In-House-Vergaben folgt kein Wettbewerbsverbot für den Auftragnehmer.[80] Nimmt allerdings die Tätigkeit für andere Auftraggeber als die Anteilseigner einen mit dem Wesentlichkeitskriterium nicht mehr zu vereinbarenden Umfang an, so wird die In-House-Privilegierung ex nunc entfallen.[81]

4. Unternehmen aus Drittstaaten

42 Das GWB-Vergaberecht gilt unterschiedslos auch für Unternehmen, die in Staaten niedergelassen sind, die **nicht zur Europäischen Union gehören**.[82] Gemäß § 97 Abs. 2 GWB enthält insoweit ein allgemeines Gleichbehandlungsgebot, das Ungleichbehandlungen nur aufgrund des GWB zulässt. Solche Ungleichbehandlungen von Drittstaatenunternehmen sind im GWB allerdings nur in Bezug auf einzelne Formfragen (wie Nachweisregeln) vorgesehen. Anders als Art. 85 f. RL 2014/25/EU, die für den Sektorenbereich Sondervorschriften für Angebote aus Drittstaaten vorsehen, sieht das GWB **keine Drittstaatenangebote benachteiligenden Vorschriften** vor. Zudem ergibt sich implizit aus Vorschriften, die dem Umstand Rechnung tragen, dass Unternehmen auch in anderen Staaten als Deutschland und der EU niedergelassen sind, dass das GWB von einer grundsätzlichen Geltung für Unternehmen unabhängig von ihrer Ansässigkeit ausgeht. So regelt § 44 Abs. 1 VgV den Befähigungsnachweis je nach Ansässigkeit in Drittstaaten und EU-Mitgliedstaaten unterschiedlich und macht damit deutlich, dass a priori alle Unternehmen vom GWB-Vergaberecht erfasst sind. VgV und GWB-Vergaberecht gilt daher für deutsche und EU-Unternehmen ebenso wie für Unternehmen aus Drittstaaten.

43 Für das EU-Vergaberecht wird dagegen in der Literatur vertreten, dass dieses nur insoweit auf Unternehmen auf Drittstaaten anwendbar sei, als entsprechende **völkerrechtliche Verpflichtungen** (insbesondere über das GPA und bilaterale Abkommen) bestehen.[83] Allerdings ließe sich auch hier vertreten, dass die Tatsache, dass nur für die Sektorenaufträge in § 85 RL 2014/25/EU beschränkende Vorschriften vorgesehen sind, den Umkehrschluss zulässt, dass auch das EU-Vergaberecht grundsätzlich von einer Gleichbehandlung unabhängig von der Ansässigkeit der Unternehmen ausgeht. Unabhängig davon ist ein weiter gehender Schutz durch das GWB ohne Weiteres zulässig.

---

76 Vgl. *Pünder*, in: Müller-Wrede, Kompendium des Vergaberechts, Kap. 6 Rn. 20.

77 Vgl. EuGH, Urteil v. 7.12.2000 – Rs. C-94/99 (ARGE Gewässerschutz), Rn. 32; OLG Düsseldorf, Beschluss v. 26.7.2002 – Verg 22/02, VergabeR 2002, 607 (610 f.); zuletzt zur Beihilfe auch VK Sachsen, Beschluss v. 24.4.2008 – 1/SVK/015-08.

78 Vgl. EuGH, Urteil v. 23.12.2009 – Rs. C-305/08 (CoNISMa), Rn. 33 f.

79 Zur In-House-Vergabe siehe § 108 Rn. 15 ff.

80 Vgl. OLG München, Beschluss v. 21.5.2008 – Verg 5/08.

81 Vgl. hierzu § 108 Rn. 98 ff.

82 Ebenso *Dreher*, in: Immenga/Mestmäcker, Wettbewerbsrecht, § 97 ff. GWB Rn. 76, unter Hinweis auf Entscheidungen der VÜA Bund v. 12.4.1995 WuW/E VergAB 32 (Kraftwerkskomponenten) und VÜA Bayern v. 25.9.1998 – VÜA 25/98 S. 6 (Thermische Behandlungsanlage).

83 Vgl. *Egger*, Europäisches Vergaberecht, Rn. 566 ff.; *Dreher*, in: Immenga/Mestmäcker, Wettbewerbsrecht, Vor §§ 97 ff. GWB Rn. 213 ff.

44 Die Europäische Kommission hat allerdings 2012 einen 2016 noch einmal überarbeiteten Vorschlag einer EU-Verordnung vorgelegt, der zu Preisaufschlägen bei Angeboten aus Drittstaaten, die der EU keinen Marktzugang gewähren, verpflichten soll (**Marktzugangsinstrument** oder „International Procurement Instrument", IPI).[84] Der Vorschlag hat jedoch bisher im Rat der Europäischen Union keine Mehrheit gefunden und wird auch von Deutschland abgelehnt.[85] Zu Recht wird dabei darauf hingewiesen, dass derartige Einschränkungen nicht nur aus handelspolitischer Sicht von zweifelhaftem Nutzen sind, sondern auch zu erheblichen vergaberechtlichen Problemen, Verwaltungslasten für Unternehmen und öffentliche Auftraggeber, die die Herkunft der Unternehmen und der Angebotsteile nach komplizierten Ursprungsregelungen prüfen müssten, und letztlich Rechtsrisiken führen würde.[86]

V. Beschaffung

1. Grundsätze

45 § 103 Abs. 1 GWB definiert öffentliche Aufträge als entgeltliche Aufträge von öffentlichen Auftraggebern mit Unternehmen **„über die Beschaffung"** von Leistungen, die die Lieferung von Waren, die Ausführung von Bauleistungen oder die Erbringung von Dienstleistungen zum Gegenstand haben. Die Vorschrift verlangt somit ausdrücklich einen Beschaffungsbezug.[87] Die Vorschriften des Vergaberechts sollen „nicht alle Formen öffentlicher Ausgaben abdecken, sondern nur diejenigen, die für den Erwerb von Bauleistungen, Lieferungen oder Dienstleistungen im Wege eines öffentlichen Auftrags getätigt werden"[88].

46 Der Beschaffungsbezug ist dabei **im Lichte der unionsrechtlichen Vorgaben** auszulegen. Denn die praktische Wirksamkeit der Vergaberichtlinien darf durch das nationale Recht nicht beeinträchtigt werden. Insofern ist zu berücksichtigen, dass die Vergaberichtlinien grundsätzlich nicht zwischen Aufträgen unterscheiden, die ein öffentlicher Auftraggeber vergibt, um seine im Allgemeininteresse liegenden Aufgaben zu erfüllen, und Aufträgen, die keinen Zusammenhang mit derartigen Aufgaben aufweisen.[89] Damit ist unerheblich, zu welchem Zweck ein Auftrag vergeben wird. So erfordert der Auftragsbegriff der Richtlinien etwa nicht zugleich den Erwerb des Eigentums an einer Lieferung oder einem zu errichtenden Bauwerk, was Erwägungsgrund 4 RL 2014/24/EU nun ausdrücklich klarstellt. Vielmehr kann es genügen, dass dieses den beauftragten Erfordernissen des öffentlichen Auftraggebers entspricht.[90] Insofern können auch wirtschafts- und gesellschaftspolitische Zwecksetzungen zur Begründung eines Beschaffungsvorgangs i.S.d. § 103 Abs. 1 GWB dienen.[91] Auch das Fehlen eines

84 Vorschlag für eine Verordnung des Europäischen Parlaments und des Rates über den Zugang von Waren und Dienstleistungen aus Drittländern zum EU-Binnenmarkt für das öffentliche Beschaffungswesen und über die Verfahren zur Unterstützung von Verhandlungen über den Zugang von Waren und Dienstleistungen aus der Union zu den öffentlichen Beschaffungsmärkten von Drittländern, KOM(2012) 124 endg.; sowie geänderter Vorschlag für eine Verordnung des Europäischen Parlaments und des Rates über den Zugang von Waren und Dienstleistungen aus Drittländern zum EU-Binnenmarkt für öffentliche Aufträge und über die Verfahren zur Unterstützung von Verhandlungen über den Zugang von Waren und Dienstleistungen aus der Union zu den Märkten für öffentliche Aufträge von Drittländern, KOM(2016) 34 endg.

85 Vgl. Bericht des Bundeskartellamtes über seine Tätigkeit in den Jahren 2011/2012 sowie über die Lage und Entwicklung auf seinem Aufgabengebiet und Stellungnahme der Bundesregierung, BT-Drs. 17/13675, XIV.

86 Siehe auch Begründung für den geänderten Vorschlag der Europäischen Kommission, COM/(2016) 34 final, S. 3 f.

87 Der Beschaffungsbezug wurde im Zuge der GWB-Reform im Jahr 2009 ausdrücklich aufgenommen, vgl. Beschlussempfehlung und Bericht des Ausschusses für Wirtschaft und Technologie, VergRModG 2009, BT-Drs. 16/11428, 8 f.; vgl. schon zur alten Rechtslage etwa OLG Koblenz, Beschluss v. 20.12.2001 – 1 Verg 4/01, VergabeR 2002, 148 (150).

88 Erwägungsgrund 4 RL 2014/24/EG.

89 Vgl. EuGH, Urteil v. 18.11.2004 – Rs. C-126/03 (Heizkraftwerk München), Slg. 2004, I-11197, Rn. 18; Urteil v. 15.1.1998 – Rs. C-44/96 (Mannesmann Anlagenbau), Slg. 1998, I-73, Rn. 32.

90 Vgl. EuGH, Urteil v. 18.1.2007 – Rs. C-220/05 (Auroux), Rn. 42 und 47; Urteil v. 12.7.2001 – Rs. C-399/98 (Teatro alla Bicocca), Rn. 71.

91 Vgl. EuGH, Urteil v. 18.1.2007 – Rs. C-220/05 (Auroux), Rn. 42 und 47; Urteil v. 12.7.2001 – Rs. C-399/98 (Teatro alla Bicocca), Rn. 71; vgl. auch OLG Karlsruhe, Beschluss v. 13.6.2008 – 15 Verg 3/08; OLG Düsseldorf, Beschluss v. 13.6.2007 – VII-Verg 2/07.

unmittelbaren Austauschverhältnisses zwischen Auftraggeber und Auftragnehmer[92] steht einer Einordnung als öffentlicher Auftrag grundsätzlich nicht entgegen.

Angesichts dessen bezeichnet der Beschaffungsbegriff vielmehr die **Art und Weise des Marktauftritts** des Auftraggebers, ohne dass es auf das dahinterstehende Motiv, den Beschaffungszweck, ankommt. Eine Beschaffung i.S.d. § 103 Abs. 1 GWB liegt dagegen nicht vor, wenn der Auftraggeber nicht als Nachfrager, sondern etwa als Anbieter an den Markt herantritt.[93] 47

2. Veräußerung, Vermietung oder Verpachtung von öffentlichen Gütern

Der Verkauf, die Vermietung oder die Verpachtung von Immobilien oder anderen Gütern durch einen Auftraggeber unterfallen grundsätzlich nicht dem Vergaberecht.[94] Denn der öffentliche Auftrag i.S.d. § 103 GWB setzt einen nachfragenden Marktauftritt, einen **Beschaffungsbezug** des Auftraggebers voraus. Tritt der Auftraggeber hingegen anbietend an den Markt heran, so liegt kein öffentlicher Auftrag vor.[95] 48

Allenfalls kann in diesen Fällen infolge eines **vorvertraglichen Vertrauensverhältnisses** eine verhaltene Übertragung der Grundsätze der Gleichbehandlung und Transparenz erwogen werden,[96] allerdings nicht als Ausfluss des Vergaberechts. Bei Grundstücksverkäufen wird etwa ein Vergabeverfahren, das einen Verkauf zu Marktpreisen sicherstellt, das Vorliegen einer Beihilfe ausschließen. 49

Dessen ungeachtet liegt ein öffentlicher Auftrag jedoch dann vor, wenn mit dem anbietenden Marktauftritt des Auftraggebers eine **Leistungspflicht des Vertragspartners** verbunden wird, die bei isolierter Betrachtung einen öffentlichen Auftrag bildet. Ein solcher eingekapselter Beschaffungsvorgang führt zur Vergabepflichtigkeit des Gesamtgeschäfts, einschließlich des bei isolierter Betrachtung vergaberechtsfreien Veräußerungsgeschäfts.[97] Dabei wird eine Konzession vorliegen, wenn die vergabepflichtigen Leistungen des Auftragnehmers über die Erträge des übertragenen Nutzungsrechts vergütet werden. Die Leistungspflicht muss dabei indes einen eigenständigen Charakter haben und darf sich nicht in dem für die Veräußerung üblichen Eigenbeitrag des Käufers erschöpfen, wie etwa einer vereinbarten Abholung einer gekauften Maschine.[98] 50

In der Praxis und Rechtsprechung häufig anzutreffen sind **Grundstücksgeschäfte mit eingekapseltem Beschaffungsvorgang**, die vergaberechtlich als Baukonzession einzustufen sind (z. B. „Ahlhorn"-Rechtsprechung).[99] Allerdings besteht eine Ausschreibungspflicht bei Grundstückgeschäften nach der Rechtsprechung des EuGH nur dann, wenn die Bauleistung dem Auftraggeber unmittelbar wirtschaftlich zugutekommt.[100] Dies ist nach der Rechtsprechung des EuGH etwa dann der Fall, wenn der öffentliche Auftraggeber Eigentümer von Bauleistungen und Bauwerk wird oder über ein Rechtsmittel verfügt, mit dem er die öffentliche 51

92 Im Fall des ÖPV erbringt der Auftragnehmer die Leistung nicht unmittelbar an den Auftraggeber, sondern an einen Dritten; vgl. auch für Rettungsdienstleistungen BGH, Beschluss v. 1.12.2008 – X ZB 31/08.

93 Vgl. BGH, Urteil v. 22.2.2008 – V ZR 56/07; OLG Bremen, Beschluss v. 13.3.2008 – Verg 5/07; VGH Hessen, Beschluss v. 20.12.2005 – 3 TG 3035/05; LG Berlin, Urteil v. 19.10.2007 – 13 O 479/07; VK Brandenburg, Beschluss v. 15.2.2008 – VK 2/08.

94 Vgl. im Zusammenhang mit dem Verkauf von bebauten und unbebauten Grundstücken EuGH, Urteil v. 25.3.2010 – Rs. C-451/08 (Helmut Müller); OLG München, Beschluss v. 27.9.2011 – Verg 15/11; OLG Düsseldorf, Beschluss v. 9.6.2010 – VII-Verg 9/10.

95 Vgl. BGH, Urteil v. 22.2.2008 – V ZR 56/07; OLG Bremen, Beschluss v. 13.3.2008 – Verg 5/07; VGH Hessen, Beschluss v. 20.12.2005 – 3 TG 3035/05; LG Berlin, Urteil v. 19.10.2007 – 13 O 479/07; VK Brandenburg, Beschluss v. 15.2.2008 – VK 2/08.

96 Vgl. BGH, Urteil v. 22.2.2008 – V ZR 56/07.

97 Vgl. etwa BGH, Beschluss v. 1.2.2005 – X ZB 27/04; OLG Düsseldorf, Beschluss v. 9.1.2013 – VII-Verg 26/12.

98 Grenzwertig daher VK Bund, Beschluss v. 24.7.2007 – VK 2-69/07.

99 Vgl. OLG Düsseldorf, Beschluss v. 2.10.2008 – VII-Verg 25/08; Beschluss v. 14.5.2008 – VII-Verg 27/08; Beschluss v. 6.2.2008 – VII-Verg 37/08; Beschluss v. 12.12.2007 – VII-Verg 30/07; Beschluss v. 13.6.2007 – VII-Verg 2/07; Beschluss v. 13.2.2007 – VII-Verg 2/07; OLG Koblenz, Beschluss v. 13.6.2008 – 15 Verg 3/08; OLG Bremen, Beschluss v. 13.3.2008 – Verg 5/07.

100 Vgl. EuGH, Urteil v. 25.3.2010 – Rs. C-451/08 (Helmut Müller), NZBau 2010, 321 ff.; vgl. auch § 103 Abs. 3 S. 2 GWB und hierzu § 103 Rn. 116 ff.

Zweckbestimmung sicherstellen kann.[101] Gleiches gilt, wenn sich der öffentliche Auftraggeber entweder finanziell an den Kosten der Bauwerkerstellung beteiligt, für die Risiken im Falle eines wirtschaftlichen Fehlschlags eintritt oder wirtschaftliche Vorteile aus der zukünftigen Nutzung oder späteren Veräußerung des Bauwerks hat.[102] Allein die Tatsache, dass mit dem Verkauf von Grundstücken bestimmte städtebauliche Pläne oder Maßnahmen verfolgt werden, genügt insofern nicht.[103]

52 Ob ein **eingekapselter Beschaffungsvorgang** vorliegt, ist dabei durch **Auslegung** der Vergabeunterlagen und Verträge zu ermitteln. Dabei sind im Wege einer Gesamtbetrachtung auch die Begleitumstände, mithin alle einschlägigen Vergabeunterlagen, Verträge, Hoheitsakte und sonstigen Dokumente heranzuziehen, wie etwa städtebauliche Verträge, Vorhaben- und Erschließungspläne sowie planungsrechtliche Hoheitsakte wie Flächennutzungspläne oder vorhabenbezogene Bebauungspläne.[104] Zudem können der Veräußerer und derjenige, der wirtschaftlich von der Leistung des Käufers profitiert, durchaus auseinanderfallen, vorausgesetzt allerdings, dass beide in enger Abstimmung gegenüber dem Käufer auftreten.[105] Zu beachten ist jedoch, dass durch Auslegung der wahre Wille des Erklärenden zu ermitteln ist (§ 133 BGB) und kein vermeintlicher Wille fingiert werden darf.[106] Daher liegt kein öffentlicher Auftrag vor, wenn der ursprüngliche Wille zur Vereinbarung eines öffentlichen Auftrags aufgegeben wird, selbst wenn dies der Vermeidung einer Ausschreibungspflicht dient.[107]

53 Ergänzt sei, dass sich der **Auftragswert** in vorgenannten Fällen nach hier vertretender Auffassung nur nach dem Wert des Vertragsteils bestimmt, der als öffentlicher Auftrag einzuordnen ist.[108] Die Pflicht zur Durchführung kleinerer Erschließungsmaßnahmen wird daher regelmäßig schon mangels Überschreitung der Schwellenwerte keinen öffentlichen Auftrag auslösen.

3. Veräußerung von Unternehmensanteilen im Rahmen von Privatisierungen

54 Auch Anteilsveräußerungen im Rahmen von Privatisierungsmaßnahmen stellen grundsätzlich keine staatliche Beschaffung dar.[109] Insofern werden Leistungen nicht nachgefragt, sondern angeboten.[110] Die Durchführung eines Bieterverfahrens kann ungeachtet dessen jedoch aus beihilferechtlichen Gründen angeraten sein.[111]

55 Ein Anteilsverkauf durch die öffentliche Hand kann allerdings vergaberechtliche Relevanz erlangen, wenn in die Suche nach privaten Mitgesellschaftern eine **Beschaffung eingekapselt** ist. Im Wege einer funktionellen Gesamtbetrachtung beider Vorgänge tritt der Anteilsverkäufer in diesem Fall als Nachfragender am Markt auf. Dies wird im Grundsatz die Ausschreibungspflicht des Gesamtvorgangs zur Folge haben, in den der Anteilsverkauf integriert ist.[112]

---

101 Vgl. EuGH, Urteil v. 25.3.2010 – Rs. C-451/08 (Helmut Müller), Rn. 50 f.

102 Vgl. EuGH, Urteil v. 25.3.2010 – Rs. C-451/08 (Helmut Müller), Rn. 52.

103 Vgl. OLG München, Beschluss v. 27.9.2011 – Verg 15/11; OLG Düsseldorf, Beschluss v. 9.6.2010 – VII-Verg 9/10.

104 Vgl. OLG Koblenz, Beschluss v. 13.6.2008 – 15 Verg 3/08; OLG Bremen, Beschluss v. 13.3.2008 – Verg 5/07; OLG-Düsseldorf, Beschluss v. 13.6.2007 – VII-Verg 2/07; Beschluss v. 13.2.2007 – VII-Verg 2/07.

105 Vgl. OLG Düsseldorf, Beschluss v. 2.10.2008 – VII-Verg 25/08, und VK Düsseldorf, Beschluss v. 31.10.2008 – VK-22/2008-B.

106 Vgl. BGH, Urteil v. 19.1.2000 – VIII ZR 275/98.

107 Vgl. in diesem Sinne OLG Brandenburg, Beschluss v. 27.6.2008 – Verg W 4/08; VK Baden-Württemberg, Beschluss v. 15.8.2008 – 1 VK 27/08; Beschluss v. 5.6.2008 – 1 VK 16/08; VK Hessen, Beschluss v. 5.3.2008 – 69d-VK-06/2008; VK Brandenburg, Beschluss v. 15.2.2008 – VK 2/08.

108 OLG Brandenburg, Beschluss v. 27.6.2008 – Verg W 4/08; OLG Düsseldorf, Beschluss v. 27.9.2007 – VII-Verg 2/07.

109 EuGH, Urteil v. 22.12.2010 – Rs. C-215/09 (Mehiläinen).

110 Vgl. grundlegend zu Anteilsveräußerungen und deren rechtlicher Einordnung, insbesondere im Hinblick auf die europäischen Grundlagen, *Pünder*, in: Müller-Wrede, Kompendium des Vergaberechts, Kap. 6 Rn. 28; *Braun*, VergabeR 2006, 657 (659 ff.); *Dietlein*, NZBau 2004, 472 (475); *Krutisch*, NZBau 2003, 650; *Scharf/Dierkes*, VergabeR 2011, 543.

111 Vgl. etwa EG-Kommission, Entscheidung v. 11.4.2000 – 2000/628/EG (Centrale del Latte di Roma), EG-ABl. L 265/15 v. 19.10.2000, Rn. 86, und Grundstücks-Mitteilung, EG-ABl. 1997, C 209/3.

112 Vgl. EuGH, Urteil v. 10.11.2005 – Rs. C-29/04 (Kommission/Österreich); VK Baden-Württemberg, Beschluss v. 16.7.2007 – 1 VK 23/07; VK Brandenburg, Beschluss v. 17.9.2002 – VK 50/02; VK Niedersachsen, Beschluss v. 26.4.2002 – 203-VgK-06/2002.

56 Allerdings hat der EuGH in der Rechtssache „Loutraki" entschieden, dass eine Ausschreibungspflicht dann ausnahmsweise nicht besteht, wenn der **Beschaffungsvorgang** im Verhältnis zur Anteilsveräußerung nur **von untergeordneter Bedeutung** ist.[113] Im konkreten Fall sah das Gericht bei einem Erwerb von 49 % des Kapitals die Aktienveräußerung ohne Zweifel als Hauptgegenstand des Vertrages an. Eine Ausschreibungspflicht bestand danach nicht. Allerdings gilt dies nur, sofern die verschiedenen Teile des Vertrages ein untrennbares Ganzes bilden.[114] Dies ist etwa dann der Fall, wenn die Notwendigkeit besteht, den gemischten Vertrag an einen einzigen Partner zu vergeben.[115]

57 Auch der **Verkauf von Unternehmensanteilen** an einem gemischtwirtschaftlichen Unternehmen ist ausschreibungspflichtig, wenn dieses Leistungen für den öffentlichen Auftraggeber erbringt und durch den Anteilsverkauf die Voraussetzung eines vergaberechtsfreien In-House-Geschäfts nicht mehr gegeben sind.

58 Auslöser einer Ausschreibungspflicht kann ferner ein **enger sachlich-zeitlicher Zusammenhang** zwischen der Beauftragung und dem Anteilsverkauf sein.[116] Allein maßgeblich ist dieses Kriterium jedoch nicht.[117] Bei wirtschaftlicher Betrachtungsweise kann die Anteilsveräußerung auch ohne einen solchen Zusammenhang als Auftragsneuerteilung bewertet werden. Dabei ist auch zu prüfen, ob der Anteilsverkauf als Mittel einer unzulässigen Umgehung eines ansonsten vergaberechtspflichtigen Vorgangs missbraucht worden ist.[118] Eine Ausschreibungspflicht besteht daher dann, wenn allein durch den Anteilsverkauf die Liquidität des bereits beauftragten Unternehmens wiederhergestellt wird und der Auftrag andernfalls neu hätte ausgeschrieben werden müssen.[119]

4. Reverstaatlichung öffentlicher Aufgaben

59 Mit der **Reverstaatlichung** führt die öffentliche Hand eine vormals an Private übertragene Aufgabe an sich selbst zurück und entzieht den Auftrag damit dem Markt. Wird die Aufgabe an eine Kommune zurückgeführt, spricht man von **Rekommunalisierung**.[120] Ein Bedürfnis zur Reverstaatlichung kann sich etwa ergeben, wenn sich die Erbringung einer öffentlichen Aufgabe durch den Auftraggeber selbst oder mithilfe einer Tochtergesellschaft als wirtschaftlicher darstellt.

60 Die Reverstaatlichung im Sinne einer bloßen Rückführung öffentlicher Aufgaben ist **grundsätzlich vergaberechtsfrei**. Sie stellt gerade keinen öffentlichen Beschaffungsvorgang i.S.d. § 103 Abs. 1 GWB dar,[121] sondern führt zur Aufgabenerledigung durch Eigenleistung. An einer Reverstaatlichung fehlt es zudem bereits begrifflich, wenn bei der vorangegangenen formellen Privatisierung die Voraussetzungen eines In-House-Geschäfts vorlagen.[122] Denn in diesem Fall wurde die Aufgabe bei materieller Betrachtung zu keiner Zeit aus der staatlichen Sphäre ausgegliedert.

---

113 Vgl. EuGH, Urteil v. 6.5.2010 – Rs. C-145/08 und 149/08 (Club Hotel Loutraki), Rn. 55 ff.; dazu auch *Scharf/Dierkes*, VergabeR 2011, 543 (546 f.); *Tomerius*, ZfBR 2012, 332 (333).

114 Vgl. EuGH, Urteil v. 22.12.2010 – Rs. C-215/09 (Mehiläinen), Rn. 45 f.; Urteil v. 6.5.2010 – Rs. C-145/08 und 149/08 (Club Hotel Loutraki), Rn. 62; dazu eingehend *Scharf/Dierkes*, VergabeR 2011, 543 (546 ff.).

115 Vgl. EuGH, Urteil v. 22.12.2010 – Rs. C-215/09 (Mehiläinen), Rn. 45 f.

116 Vgl. *Burgi*, NVwZ 2001, 601 (605); anders *Braun*, VergabeR 2006, 657 (661), der zudem noch auf den Veräußerungszweck abstellt; vgl. hierzu auch OLG Naumburg, Beschluss v. 29.4.2010 – 1 Verg 3/10; VK Niedersachsen, Beschluss v. 17.5.2005 – VgK-16/2005 (Zeitspanne von fünf Jahren wohl zu lang, im Ergebnis aber offenlassend); siehe auch VK Baden-Württemberg, Beschluss v. 16.7.2007 – 1 VK 23/07.

117 Im Ergebnis wohl ebenso *Braun*, VergabeR 2006, 657 (661); *Endler*, NZBau 2002, 125 (133); *Jaeger*, NZBau 2001, 6 (11).

118 Vgl. *Drügemöller/Conrad*, ZfBR 2008, 651 (657); *Braun*, VergabeR 2006, 657 (661) m.w.N.

119 Vgl. OLG Brandenburg, Beschluss v. 3.8.2001 – Verg 3/01.

120 Vgl. zum Begriff der Rekommunalisierung OLG Düsseldorf, Beschluss v. 15.10.2003 – Verg 50/03; OLG Naumburg, Beschluss v. 3.11.2005 – 1 Verg 9/05.

121 Vgl. hierzu OLG Naumburg, Beschluss v. 3.11.2005 – 1 Verg 9/05; OLG Frankfurt am Main, Beschluss v. 7.9.2004 – 11 Verg 11/04.

122 Vgl. OLG Düsseldorf, Beschluss v. 15.10.2003 – Verg 50/03; OLG Naumburg, Beschluss v. 3.11.2005 – 1 Verg 9/05; siehe auch *Eschenbruch*, in: Kulartz/Kus/Portz, GWB-Vergaberecht, § 99 Rn. 281.

61 Gleichwohl kann in eine Reverstaatlichung eine **Beschaffung eingekapselt** sein. Überträgt der Auftraggeber den Auftrag nicht auf sich selbst, sondern auf einen Dritten (etwa eine andere Gebietskörperschaft), ist Vergaberechtsfreiheit nur gegeben, sofern die engen Voraussetzungen eines In-House-Geschäfts oder einer horizontalen Zusammenarbeit vorliegen und der Vorgang unter Beachtung der vergaberechtlichen Bestimmungen vollzogen werden kann.[123] Kauft der Auftraggeber zudem im Zuge der Reverstaatlichung Unternehmen, so sind die Grundsätze der Vergabepflichtigkeit öffentlicher Akquisitionen zu beachten.[124]

62 Sofern es sich bei der (Rück-)Verlagerung der Aufgabe um eine echte **Verlagerung der öffentlich-rechtlichen Kompetenz** von einer kommunalen oder staatlichen Stelle zu einer anderen ohne finanzielle Gegenleistung handelt, liegt lediglich ein dem Vergaberecht entzogener Akt der Verwaltungsorganisation vor.[125] Mangels Beschaffungsbezugs ist dieser Vorgang ebenfalls vergaberechtsfrei.[126]

5. Kauf von Unternehmensanteilen

63 Ob der Kauf von Unternehmen oder Unternehmensanteilen durch öffentliche Auftraggeber als öffentlicher Auftrag einzustufen ist, entscheidet sich an seinem Beschaffungsbezug:

64 Erwirbt der Auftraggeber das Unternehmen oder Anteile an demselben **um des Bestandes des Unternehmens willen**, etwa zur Rettung vor drohender Insolvenz, zur Sicherung von Arbeitsplätzen oder strategischer Produktionskapazitäten oder aus anderen Gründen des Gemeinwohls, so fehlt i.d.R. der Beschaffungsbezug: Der Auftraggeber hat zumeist kein Interesse an den Leistungen des Unternehmens und nimmt sie auch weder selbst in Empfang noch sollen sie Dritten in Erfüllung einer Aufgabe der Daseinsvorsorge zuteilwerden. Ein solches Vorgehen wird beihilferechtlich an dem Verhalten eines privaten Investors zu messen sein, unterliegt jedoch nicht einer vergaberechtlichen Ausschreibungspflicht.

65 Wenn der Auftraggeber das Unternehmen gerade **wegen der Dienstleistungen oder Produkte erwirbt**, die das Unternehmen anbietet, kann der Unternehmenskauf dagegen einen Beschaffungsbezug haben. Sollen mit dem Kauf bei wirtschaftlicher Betrachtung letztlich Leistungen beschafft werden, so ist ein Beschaffungsvorgang eingekapselt und das Vergaberecht anwendbar. Feststellen lässt sich dies zumeist daran, ob mit dem Kauf zugleich auch Leistungspflichten über die Produkte und Dienstleistungen des Unternehmens vereinbart werden. Zu beachten ist: Selbst wenn ein Beschaffungsbezug vorliegt, sind die weiteren Voraussetzungen der Anwendbarkeit des Vergaberechts zu prüfen, insbesondere § 108 GWB.

6. Handel mit Emissionszertifikaten

66 **Emissionszertifikate** verleihen ihrem Inhaber die Befugnis, eine bestimmte Menge von Treibhausgasen, insbesondere Kohlendioxid, in einem bestimmten Zeitraum zu emittieren.[127]

67 Nach dem der gemeinschaftsrechtlichen Emissionshandelsrichtlinie 2003/87/EG[128] und dem TEHG zugrunde liegenden System des **cap and trade** werden durch die Verknappung der handelbaren Emissionszertifikate für die Emittenten wirtschaftliche Anreize zur Reduzierung ihres Treibhausgasausstoßes gesetzt. Emittenten, die weniger Treibhausgase freisetzen, als ihnen Emissionsberechtigungen zustehen, genießen den Vorteil, durch den Verkauf der überschüssigen Zertifikate Einnahmen zu erzielen, und entgehen darüber hinaus der wirtschaftlichen Belastung, weitere Zertifikate kaufen zu müssen. Emittenten, die mehr Treibhausgase freisetzen, als ihnen Berechtigungen zustehen, müssen hingegen Berechtigungen nachkaufen.[129] Sofern öffentliche Auftraggeber i.S.d. § 98 GWB, wie etwa Stadtwerke oder öffentlich

---

123 Vgl. OLG Frankfurt, Beschluss v. 30.8.2011 – 11 Verg 3/11; OLG Naumburg, Beschluss v. 3.11.2005 – 1 Verg 9/05.
124 Siehe hierzu Rn. 63 ff.
125 Vgl. Art. 1 Abs. 6 RL 2014/24/EU; zu den Voraussetzungen siehe § 108 Rn. 10.
126 Vgl. VK Saarland, Beschluss v. 24.10.2008 – 3 VK 2/2008.
127 Vgl. § 3 Nr. 3 Treibhausgas-Emissionshandelsgesetz (TEHG) v. 21.6.2011, BGBl. I 2011, S. 3044.
128 Zuletzt geändert durch RL 2009/29/EG v. 23.4.2009, EU-ABl. 2009, L 140, S. 63 ff.
129 Vgl. zur Funktionsweise des Emissionsrechtehandels *Wagner*, NZBau 2007, 623 (623) m.w.N.

beherrschte Anlagenbetreiber, an diesem Handel teilnehmen wollen, stellt sich die Frage nach der vergaberechtlichen Bewertung dieses Vorgehens.[130]

Nicht als öffentlicher Auftrag i.S.d. § 103 Abs. 1 GWB ist mangels Beschaffungsbezug der **Verkauf von Emissionszertifikaten** zu qualifizieren, da der öffentliche Auftraggeber in diesem Fall nicht als Nachfrager, sondern als Anbieter einer Leistung in Erscheinung tritt.[131] 68

Ob der **Kauf der Zertifikate** als öffentlicher Auftrag i.S.d. § 103 Abs. 1 GWB zu bewerten ist, wird unterschiedlich beantwortet.[132] Abzulehnen ist jedenfalls die Gleichstellung des Kaufes von Emissionszertifikaten mit einer Dienstleistungskonzession.[133] Allenfalls der Kauf eines Konzessionsrechtes[134] könnte in dieser personellen Konstellation diskutiert werden. In keinem Fall aber räumt eine Vertragspartei der anderen als Gegenleistung für die Erbringung einer Dienstleistung das Recht zur Verwertung dieser Dienstleistung ein, wie dies in Art. 5 Ziff. 1 lit. b RL 2014/23/EU vorgesehen ist. Beim Kauf von Emissionszertifikaten handelt es sich vielmehr um einen **Rechtskauf**, der nach § 453 Abs. 1 BGB materiell-rechtlich wie ein Sachkauf behandelt wird.[135] Ob ein solcher Rechtskauf als Warenlieferung i.S.d. § 103 Abs. 2 GWB zu qualifizieren ist oder vom Auffangtatbestand des § 103 Abs. 4 GWB erfasst wird, ist ebenfalls umstritten.[136] Da Lieferaufträge i.S.d. § 103 Abs. 2 GWB nur bei der Beschaffung beweglicher Sachen vorliegen und die Emissionszertifikate lediglich unkörperlich auf den Zertifikatkonten der handelnden Vertragsparteien transferiert werden (vgl. § 16 TEHG), spricht mehr für eine Einordnung als Dienstleistungsauftrag i.S.d. § 103 Abs. 4 GWB. 69

Teilweise wird vertreten, dass der vergaberechtliche Auftragsbegriff **teleologisch zu reduzieren** sei, sodass der Kauf von Emissionszertifikaten grundsätzlich nicht darunter falle.[137] Eine solche grundsätzliche Ausnahme des Emissionshandels vom Vergaberecht überzeugt nicht. Insbesondere widerspricht das mit dem Vergaberecht angestrebte Prinzip der Wirtschaftlichkeit nicht dem Ziel des Emissionshandels, durch Verknappung eine Verteuerung der Zertifikate als Anreiz zur Anlagenmodernisierung herbeizuführen, da diese Verteuerung durch Verknappung des Angebots und nicht durch überteuerten Erwerb der öffentlichen Auftraggeber herbeigeführt werden soll, zumal ein solcher unwirtschaftlicher Erwerb dem Verkäufer, der über Marktpreis verkauft, und nicht der Emissionsreduzierung zugutekommt. Auch dass der öffentliche Auftraggeber im Emissionsrechtehandel keine besondere marktbeherrschende Stellung innehat, ist keine Besonderheit des Emissionshandels, sondern entspricht der Situation beim Erwerb sonstiger allgemein auf dem Markt angebotener Leistungen. Vielmehr nehmen die Vorschriften über Vergabeverfahren bereits Rücksicht auf entsprechende Marktkonstellationen, insbesondere den Verkauf über Warenbörsen. So kann bei einem Kauf über eine Börse die Möglichkeit des **Verhandlungsverfahrens ohne Teilnahmewettbewerb** nach § 14 Abs. 4 Nr. 6 VgV, die für „eine auf einer Warenbörse notierte und gekaufte Lieferleistung" offensteht, genutzt werden. Zwar handelt es sich um keine Lieferleistung, jedoch zeigt die Begründung des Art. 32 RL 2014/24/EU,[138] der durch § 14 VgV umgesetzt wurde, dass die Ausnahme ein breites Warenverständnis voraussetzt. Die dort angeführte Begründung, das 70

130 Vgl. zur vergaberechtlichen Bewertung des Emissionsrechtekaufs durch öffentliche Auftraggeber *Goodarzi*, NVwZ 2004, 949; *Kiser*, VergabeR 2004, 683; *Riese/van den Eikel*, NVwZ 2005, 758; *Wagner*, NZBau 2007, 623.

131 So auch *Frenz*, Handbuch Europarecht, Bd. 3, Rn. 2127.

132 Für eine Bewertung als öffentlicher Auftrag *Goodarzi*, NVwZ 2004, 949 (951); *Kiser*, VergabeR 2004, 683 (686); *Wagner*, NZBau 2007, 623 (624 ff.); dagegen *Riese/van den Eikel*, NVwZ 2005, 758 (760 ff.).

133 So aber *Riese/van den Eikel*, NVwZ 2005, 758 (761 f.).

134 Ob in der Befugnis zur Emission von Treibhausgasen eine Konzession für eine Dienstleistung gesehen werden kann, ist bereits höchst fraglich; vgl. dazu näher *Wagner*, NZBau 2007, 623 (625).

135 So auch *Goodarzi*, NVwZ 2004, 949 (951); *Wagner*, NZBau 2007, 623 (624); ohne nähere Begründung auch *Kiser*, VergabeR 2004, 683 (686).

136 Für eine Einordnung als Lieferauftrag ohne Begründung *Kiser*, VergabeR 2004, 683 (686); für die Einordnung als Dienstleistungsauftrag *Goodarzi*, NVwZ 2004, 949 (951); *Wagner*, NZBau 2007, 623 (624).

137 Vgl. *Riese/van den Eikel*, NVwZ 2005, 758 (762), der vor allem auf den mit der RL 2003/87/EG und dem TEHG verfolgten zügigen Zertifikatshandel abstellt; mit anderer Begründung auch *Frenz*, Handbuch Europarecht, Bd. 3, Rn. 2127, der die mit dem Vergaberecht verfolgten Ziele der Transparenz, Gleichbehandlung und Wirtschaftlichkeit schon dadurch als erfüllt ansieht, dass der Emissionsrechtehandel ohnehin einem Marktsystem mit börsengebildetem Preis unterliege, der dem Vergaberecht fremd sei.

138 Erwägungsgrund 50 RL 2014/24/EU.

Vergabeverfahren sei nicht sinnvoll, da bei Warenbörsen „aufgrund der regulierten und überwachten multilateralen Handelsstruktur Marktpreise garantiert sind", gilt gleichermaßen für den Kauf von Emissionszertifikaten an entsprechenden Börsen.[139] Voraussetzung ist jedoch, dass die Emissionszertifikate auch tatsächlich an der Börse eingekauft werden. Ist dies nicht der Fall, muss der öffentliche Auftraggeber ein formelles Vergabeverfahren durchführen.

7. Finanzhilfen, Beihilfen, Ausgleichszahlungen

71 Nicht vom Vergaberecht erfasst werden sollen in der Regel Finanzhilfen. In Erwägungsgrund 4 RL 2014/24/EU wird dies klargestellt. Jenseits dieses Grundsatzes ist die **Abgrenzung** jedoch schwierig: Öffentliche Aufträge beinhalten einen Finanztransfer (die Zahlung des Preises) und Finanzhilfen/Subventionen werden selten ohne Gegenleistung vergeben. Dementsprechend ist auch der Begriff der Beihilfe gemäß Art. 107 Abs. 1 AEUV weit gefasst und kann sich auf öffentliche Aufträge erstrecken, wenn die Leistungsbeziehung nicht Marktbedingungen entspricht. Finanzhilfen und Subventionen können vielfache Formen annehmen wie Zuwendungen oder verlorene Zuschüsse. Allein das Vorliegen einer Finanzhilfe oder Beihilfe schließt daher einen öffentlichen Auftrag nicht per se aus.[140] Angemerkt sei, dass abweichend hiervon für Unionsorgane ein Entweder-oder-Verhältnis von Finanzhilfen und öffentlichen Aufträgen in Art. 101 Nr. 3 VO (EU/EURATOM) 966/2012 ausdrücklich geregelt ist.

72 Folgende **Voraussetzungen** sind für einen öffentlichen Auftrag maßgeblich:

- Die Gegenleistung für den Finanztransfer muss eine **Lieferung, Dienstleistung oder Bauleistung** im Sinne von § 103 Abs. 2 bis 4 GWB sein. Hat die Gegenleistung nicht diesen Charakter oder erreicht sie nicht diesen Grad an Konkretisierung, liegt kein öffentlicher Auftrag vor.
- Die Gegenleistung muss einem **Erwerbszweck** des Auftraggebers dienen; einen Bedarf auf seiner Seite decken. Der Auftraggeber kann dabei eine Leistung an sich wollen oder eine Leistung an andere in Erfüllung einer eigenen öffentlichen Aufgabe.
- Ergänzend ist eine **wirtschaftliche Schwerpunktbetrachtung** anzustellen: Steht im Mittelpunkt die Leistung, liegt ein öffentlicher Auftrag vor. Steht die Finanzhilfe im Mittelpunkt, so liegt kein öffentlicher Auftrag vor.

73 Kein öffentlicher Auftrag liegt daher vor, wenn die Gegenleistung für eine Finanzhilfe/Subvention eine **Bedingung** ist, die z.B. einem erneuten Bedarf nach Finanzhilfen/Subventionen vorbeugen soll. Gleiches gilt im Falle einer bloßen **Hoffnung, Erwartung oder Absichtserklärung**, die den Empfänger des Finanztransfers nicht rechtlich verpflichtet.

74 Keine öffentlichen Aufträge sind zudem **institutionelle, nicht erwerbsbezogene Unterstützungen für Körperschaften** (z. B. Rettung einer Infrastrukturgesellschaft vor Insolvenz), Subventionen verbunden mit der Verpflichtung, die Mittel bei nicht bestimmungsgemäßer Verwendung zurückzuzahlen[141], und Finanzhilfen verbunden mit politischen Konditionalitäten (z.B. Ansiedlungshilfe verknüpft mit der Schaffung von Arbeitsplätzen, Konditionalitäten bei der Zuteilung von EU-Strukturfonds). Gleiches gilt für **Zuwendungen** nach § 23 BHO: Gewährt eine öffentliche Körperschaft einem Unternehmen eine Zuwendung, etwa weil es dessen Tätigkeiten insgesamt oder auch eine spezielle Tätigkeit fördern will, verpflichtet sich das Unternehmen im Gegenzug aber nicht zur Erbringung einer spezifischen Leistung, liegt ein reines Zuwendungsverhältnis vor.[142] Ein derart einseitiges Zuwendungsverhältnis, in dem der Zuwendungsempfänger sich nicht zu einer ausreichend bestimmten oder bestimmbaren Ge-

---

139 Vgl. zum bisherigem Recht auch *Frenz*, Handbuch Europarecht, Bd. 3 Rn. 2127, der börsengebildete Marktpreise zu Recht als vollwertigen Ersatz für in Vergabeverfahren gebildete Marktpreise ansieht; a.A. *Kiser*, VergabeR 2004, 683 (688).

140 Vgl. instruktiv OLG München, Beschluss v. 25.3.2011 – Verg 4/11.

141 Erwägungsgrund 4 RL 2014/24/EU.

142 Vgl. VK Bund, Beschluss v. 3.8.2006 – VK 1-49/06; zur Abgrenzung siehe auch OLG München, Beschluss v. 25.3.2011 – Verg 4/11.

genleistung verpflichtet, stellt keinen öffentlichen Auftrag i.S.d. Vergaberechts dar.[143] Auch eine Vereinbarung, die lediglich eine **Neuregelung von Ausgleichszahlungen** in einem personenbeförderungsrechtlichen Genehmigungstatbestand oder einem anderen nicht selektiven Zulassungssystem bezweckt und keine Vergütung vorsieht, unterliegt nicht dem öffentlichen Auftragsbegriff des § 103 GWB.[144]

Öffentliche Aufträge bzw. Konzessionen sind hingegen zumeist Verträge, bei denen Dienste der **Daseinsvorsorge** am Markt nachgefragt werden und hierfür eine Ausgleichszahlung angeboten wird, zum Beispiel in den Bereichen Abfallentsorgung, der Gesundheitsfürsorge oder der Breitbandversorgung. Häufig empfangen die Leistung in diesen Fällen zwar unmittelbar die Nutzer, nicht der Auftraggeber. Ausreichend für einen öffentlichen Auftrag ist aber, dass der öffentliche Auftraggeber sich die Erfüllung einer ihm obliegenden Aufgabe beschafft, selbst wenn die Leistung unmittelbar Dritten zugutekommt.[145] 75

Auch wenn Beschaffungen am Markt mittels Finanzhilfen finanziert werden, kann ein öffentlicher Auftrag vorliegen. Entscheidend ist in diesen Fällen, ob der Auftraggeber eine öffentlicher ist. Für die Anwendung des gesetzlichen Vergaberechts genügt eine bloße Vereinbarung oder Vorgabe im Zuwendungsverhältnis indes nicht. 76

VI. Entgeltlichkeit

1. Grundsätze

Unter den Begriff des öffentlichen Auftrags im Sinne des § 103 Abs. 1 GWB fallen nur entgeltliche Verträge. Somit stellen die nach deutschem Zivilrecht unentgeltlichen Vertragstypen Schenkung, Leihe und Auftrag keine öffentlichen Aufträge dar. 77

Der Begriff der **Entgeltlichkeit** ist weit auszulegen und nicht nur bei finanziellen Gegenleistungen anzunehmen. Grundsätzlich ist jede geldwerte Vergütung ausreichend ungeachtet ihrer Form,[146] auch ein Mitgliedsbeitrag zu einem Verein.[147] 78

Nicht ausschlaggebend ist, ob das Entgelt **vom Auftraggeber** stammt oder nicht.[148] So ist ein Vertrag nach der Rechtsprechung des BGH auch dann entgeltlich, wenn der Auftragnehmer sich in anderer Weise eine Gegenleistung verschafft, ohne dabei ein übermäßiges finanzielles Risiko einzugehen, etwa durch Verkauf des zu entsorgenden Altpapiers.[149] Entscheidend ist dabei, dass die Leistung des Auftragnehmers und die Gegenleistung des öffentlichen Auftraggebers Teile eines einheitlichen Leistungsaustausches sind.[150] 79

Unerheblich ist zudem die **Höhe der Vergütung**, ob sie Gewinne des Auftragnehmers enthält oder eine bloße Kostendeckung ermöglicht.[151] 80

---

143 Vgl. VK Bund, Beschluss v. 3.8.2006 – VK 1-49/06 mit dem Hinweis, dass auch die Falschbezeichnung als „Rahmenvertrag" an dieser Einschätzung nichts ändert; zudem unter Verweis auf OLG Düsseldorf, Beschluss v. 27.10.2004 – VII-Verg 41/04.

144 Vgl. OLG Karlsruhe, Beschluss v. 13.7.2005 – 6 W 35/05 (Verg).

145 Vgl. instruktiv OLG München, Beschluss v. 25.3.2011 – Verg 4/11, nachfolgend OLG Karlsruhe, Beschluss v. 14.11.2014 – 15 Verg 1/14.

146 Vgl. EuGH, Urteil v. 18.11.2004 – Rs. C-126/03 (Heizkraftwerk München), Rn. 20; BGH, Beschluss v. 1.12.2008 – X ZB 31/08; Beschluss v. 1.2.2005 – X ZB 27/04; OLG Celle, Beschluss v. 8.9.2014 – 13 Verg 7/14; OLG Naumburg, Beschluss v. 17.2.2014 – 2 Verg 6/13; OLG Düsseldorf, Beschluss v. 7.3.2012 – VII-Verg 78/11; Beschluss v. 5.5.2004 – VII-Verg 78/03.

147 Vgl. BGH, Beschluss v. 3.7.2008 – I ZR 145/05.

148 Vgl. z.B. EuGH, Urteil v. 18.1.2007 – Rs. C-220/05 (Auroux), Rn. 45, wonach der EuGH auch die Einnahmen des Auftragnehmers aus der Veräußerung der Grundstücke an Dritte mit einbezieht; nachfolgend etwa OLG Düsseldorf, Beschluss v. 13.6.2007 – VII-Verg 2/07.

149 Vgl. BGH, Beschluss v. 1.2.2005 – X ZB 27/04; nachfolgend etwa OLG Celle, Beschluss v. 8.9.2014 – 13 Verg 7/14.

150 Vgl. BGH, Beschluss v. 1.2.2005 – X ZB 27/04.

151 Vgl. EuGH, Urteil v. 11.12.2014 – Rs. C-113/13 (ANPAS), Rn. 37; Urteil v. 19.12.2012 – Rs. C-159/11 (Lecce), Rn. 29; OLG Celle, Beschluss v. 17.12.2014 – 13 Verg 3/13.

2. Sponsoring

81 Zweifelhaft ist ferner, ob auch **Verwaltungssponsoringverträge** entgeltliche Verträge i.S.d. § 103 GWB bilden.[152] Beim Verwaltungssponsoring wendet ein Unternehmen Geld-, Sach- oder Dienstleistungen der öffentlichen Hand (Gesponserte) zu, um deren sportliche, kulturelle, wissenschaftliche oder sonstige Ziele zu fördern. Der Gesponserte gewährt im Gegenzug meist Rechte zur (kommunikativen) Nutzung auf Basis einer vertraglichen Vereinbarung. Daher wird vertreten, dass diese Verträge das Merkmal der Entgeltlichkeit nicht erfüllen, da der Sponsor keine Zahlungen, sondern sonstige wirtschaftliche Vorteile erlangt.[153] Nach hiesiger Auffassung bilden diese Rechte jedoch ein Entgelt, da der Begriff des Entgelts auch geldwerte Vorteile umfasst.[154] Durch die Sponsoringvereinbarung erlangt der Sponsor die Möglichkeit zur Erzielung geldwerter Vorteile und sei es nur eines Marketingvorteils.[155] Anderes kann nur dann gelten, wenn der Sponsor neben der sozialen Anerkennung keine weiter gehende Gegenleistung erhält.

82 Folglich handelt es sich bei Sponsoringvereinbarungen je nach der Art der Sponsoringleistung um öffentliche **Liefer-, Bau- oder Dienstleistungsaufträge** i.S.d. § 103 GWB.[156] Nutzt der Sponsor ausschließlich die von ihm selbst erbrachte Dienstleistung und nicht – wie beim Sponsoring üblich – allgemeine öffentlichkeitswirksame Vorteile, liegt unter Umständen eine **Dienstleistungskonzession** vor.[157] Eine **Baukonzession** kann hingegen vorliegen, wenn die Leistung des Sponsors in einer Bauleistung besteht und als Gegenleistung ein Nutzungsrecht an den errichteten Gebäuden eingeräumt wird (etwa in Form der kommerziellen Nutzung von Werbeflächen am Gebäude).[158]

VII. Auswahlentscheidung

83 Weiteres Tatbestandsmerkmal des öffentlichen Auftrages ist, wie nun in der Definition in § 103 GWB ausdrücklich klargestellt, dass das oder die Unternehmen **„ausgewählt werden"** (Art. 1 Abs. 2 RL 2014/24/EU). Der EuGH hat im Fall „Falk Pharma"[159] bereits für die alten Vergaberichtlinien bestätigt, dass die Auswahlentscheidung ein eigenes Tatbestandsmerkmal des öffentlichen Auftrages ist, und damit den Meinungsstreit in der deutschen Literatur und Rechtsprechung geklärt.[160]

84 Um keine Auftragsvergabe handelt es sich daher, wenn **alle Unternehmen**, die festgelegte Bedingungen erfüllen, **zur Erbringung bestimmter Leistungen berechtigt sind**. Voraussetzung ist, dass dies nicht nur für bestimmte, sondern alle Wirtschaftsteilnehmer gilt (mangelnde Selektivität).[161] Dabei kann es sich nach dem Erwägungsgrund 4 RL 2014/24/EU beispielsweise um Kundenwahlsysteme oder Dienstleistungsgutscheinsysteme, wie sie in einigen Mitgliedstaaten gebräuchlich sind, handeln. Als konkrete Beispiele nennt der Erwägungsgrund die Zulassung von Arzneimitteln oder ärztlichen Dienstleistungen.

85 Zu beachten ist, dass auch bei solchen **vergaberechtsfreien Zulassungssystemen** die **primärrechtlichen Grundsätze** der Nichtdiskriminierung und Gleichbehandlung und das sich daraus ergebende Transparenzgebot eingehalten werden müssen, sofern sie angesichts der Bedeutung ihres Gegenstandes ein grenzüberschreitendes Interesse aufweisen. Auch Zulas-

152 Vgl. hierzu *Kasper*, DÖV 2005, 11 ff.; *Müller-Wrede*, in: FS Thode, 431 ff.; *Remmert*, DÖV 2010, 583 ff.
153 Vgl. etwa *Burgi*, NZBau 2004, 594 (598); *Schröder*, LKV 2007, 207 (210).
154 Vgl. *Pünder*, in: Müller-Wrede, Kompendium des Vergaberechts, Kap. 6 Rn. 52; *Müller-Wrede*, in: FS Thode, 431 (441).
155 Vgl. *Müller-Wrede*, in: FS Thode, 431 (440) mit Verweis auf OLG Naumburg, Beschluss v. 4.12.2001 – 1 Verg 10/01, VergabeR 2002, 309.
156 Ebenso *Pünder*, in: Müller-Wrede, Kompendium des Vergaberechts, Kap. 6 Rn. 52.
157 Vgl. *Müller-Wrede*, in: FS Thode, 431 (446); ebenso *Pünder*, in: Müller-Wrede, Kompendium des Vergaberechts, Kap. 6 Rn. 54; a.A. *Burgi*, NZBau 2004, 594 (599).
158 Vgl. *Müller-Wrede*, in: FS Thode, 431 (445); *Pünder*, in: Müller-Wrede, Kompendium des Vergaberechts, Kap. 6 Rn. 53.
159 EuGH, Urteil v. 2.6.2016 – Rs. C-410/14 (Falk Pharma), Rn. 32 ff.
160 Vgl. OLG Düsseldorf, Beschluss v. 13.8.2014 – VII-Verg 13/14 mit Übersicht über den damaligen Meinungsstand.
161 Erwägungsgrund 4 RL 2014/24/EU.

sungssysteme müssen daher so bekannt gemacht werden, dass interessierte europäische Anbieter davon Kenntnis erlangen und teilnehmen können.[162]

In vielen Fällen von reinen Zulassungssystemen dürfte dabei schon **kein Vertrag** vorliegen. 86
Das Vorliegen eines Vertrages ist jedoch unschädlich, da auch dann keine Auswahlentscheidung vorliegt, wenn der öffentliche Auftraggeber mit jedem Unternehmen während der gesamten Laufzeit des Systems einen Vertrag schließt, das sich verpflichtet, die vorab festgelegten Bedingungen einzuhalten.[163]

Der deutsche Gesetzgeber nennt als Beispiele insbesondere das **sozialhilferechtliche Dreiecksverhältnis** und „die Zulassung von Pflegeeinrichtungen sowie die Feststellung der fachlichen Eignung im Rahmen der Zulassung besonderer Dienste oder besonderer Einrichtungen".[164] Bewusst bezieht sich dies nur auf das Dreiecksverhältnis in der **Sozialhilfe** (sozial*hilfe*rechtliches Dreiecksverhältnis), nicht jedoch auf alle sozialrechtlichen Dreiecksverhältnisse, bei dem es auf die Gestaltung im Einzelfall ankomme.[165] Bei den Leistungen der Sozialhilfe nach SGB XII sei der Träger nicht zur selektiven Verträgen ermächtigt.[166] Richtig daran ist, dass die Vereinbarungen im Dreiecksverhältnis nicht bereits deshalb vom Vergaberecht ausgenommen sind, weil der Leistungsempfänger selbst den Leistungserbringer wählen kann,[167] sondern allenfalls wegen einer mangelnden Auswahlentscheidung. Die vertraglich vereinbarte Leistung liegt in der vom Leistungserbringer dem Leistungsträger zugesicherten Leistung gegenüber dem Leistungsempfänger, unter bestimmten Bedingungen kann es sich auch um einen Konzessionsvertrag handeln.[168] Auch die Annahme eines **Vorrangs des Sozialrechts** gegenüber dem Vergaberecht lässt sich nicht begründen.[169] Zwar sieht das Sozialrecht selbst Verfahrensvorschriften vor und verweist nur teilweise (z.B. § 69 Abs. 2 S. 1 SGB V) ausdrücklich auf das Vergaberecht, jedoch wäre ein solcher Vorrang nur möglich, wenn die sozialrechtlichen Vorgaben selbst den Anforderungen der RL 2014/24/EU genügten, da diese keine Ausnahme für sozialrechtliche Dienstleistungen vorsieht.[170] 87

Es hängt deshalb stets von der **konkreten Rechtsbeziehung** zwischen Leistungsträger, -erbringer und -empfänger ab, ob die oben genannten Voraussetzungen eines reinen Zulassungssystems erfüllt sind. Nur dann handelt es sich nicht um einen öffentlichen Auftrag. Wird wie bei der Zulassung von Arzneimitteln, ärztlichen Dienstleistungen, Pflegeeinrichtungen etc. keinerlei Auswahlentscheidung getroffen, liegt ein reines Zulassungssystem vor. In welchen Fällen sozialrechtlicher Dreiecksverhältnisse eine Zulassungssystem und in welchen Fällen ein öffentlicher Auftrag vorliegt, kann nur im Einzelfall festgestellt werden. Zum Teil ist rechtlich eine selektive Auswahl ausdrücklich vorgesehen (insbesondere im SGB V), zum Teil hängt es davon ab, wie das System vom Träger konkret gestaltet wird. Dies gilt auch für das **sozialhilferechtliche Dreiecksverhältnis**. Die Annahme des Gesetzgebers, in der Sozialhilfe sei der Träger nicht zu selektiven Verträgen ermächtigt, lässt sich nach hiesiger Ansicht gesetzlich nicht begründen. Auch bei der Sozialhilfe nach SGB XII kommt es auf die konkrete Ausgestaltung im Einzelfall an. So ist bei der Auswahl des Trägers einer Sozialhilfeeinrichtung bzw. von Sozialhilfediensten nach § 75 Abs. 2 S. 2 SGB XII eine Auswahl nach Wirtschaftlichkeitskriterien ausdrücklich vorgesehen. Danach sollen die Vereinbarungen „vorrangig" mit solchen Trägern abgeschlossen werden, „deren Vergütung bei vergleichbarem Inhalt, Umfang und Qualität der Leistung nicht höher ist als die anderer Träger" (§ 75 Abs. 2 S. 2 SGB XII). Dies 88

---

162 EuGH, Urteil v. 2.6.2016 – Rs. C-410/14 (Falk Pharma), Rn. 47.
163 EuGH, Urteil v. 2.6.2016 – Rs. C-410/14 (Falk Pharma), Rn. 42.
164 Gesetzesbegründung, BT-Drs. 18/6281, 73.
165 Vgl. die Antwort auf die Kleine Anfrage der Abgeordneten Sabine Zimmermann (Zwickau), Michael Schlecht, Klaus Ernst, weiterer Abgeordneter und der Fraktion DIE LINKE, BT-Drs. 18/6492; ebenso auch Beschlussempfehlung und Bericht des Ausschusses für Wirtschaft und Energie, BT-Drs. 18/7086, 13.
166 Vgl. die Antwort auf die Kleine Anfrage der Abgeordneten Sabine Zimmermann (Zwickau), Michael Schlecht, Klaus Ernst, weiterer Abgeordneter und der Fraktion DIE LINKE, BT-Drs. 18/6492.
167 So aber *Grube/Wahrendorf,* SGB XII, § 75 Rn. 21.
168 Zur Abgrenzung siehe EuGH, Urteil v. 11.6.2009 – Rs. C-300/07 (Oymanns), Rn. 67 ff.; *Höfer/Nolte*, NZS 2015, 441, 444 ff.
169 *Wilke,* NZS 2012, 444, 445.
170 *Höfer/Nolte*, NZS 2015, 441.

setzt eine Auswahlentscheidung voraus, weil nicht notwendigerweise mit jedem Träger zu vorab festgelegten Bedingungen eine entsprechende Vereinbarung getroffen wird.

89 Ein weiterer Anwendungsfall sind sog. **Open-House-Modelle** beim Abschluss von **Arzneimittelrabattverträgen**. Arzneimittelrabattverträge sind Verträge, die Krankenkassen mit pharmazeutischen Unternehmen schließen, um Rabatte für die zu ihren Lasten abgegebenen Arzneimittel zu vereinbaren (vgl. § 130a Abs. 8 S. 1 SGB V). Dabei verpflichtet sich der Hersteller gegenüber der Krankenkasse zur Lieferung der Medikamente und gewährt zudem einen bestimmten Rabatt. Dieser wird als Differenzbetrag ausbezahlt, da die Kassen zunächst den gesamten Betrag an die Apotheken erstatten.[171] Kennzeichnend ist dabei ein **Dreiecksverhältnis** zwischen Krankenkasse, Hersteller und Apotheke, wobei Letztere nur als Vertreter der Krankenkasse handeln.[172] Nach herrschender und vorzugswürdiger Meinung, die sich auch in der nationalen Gesetzgebung niedergeschlagen hat,[173] ist die Gestaltung in diesem sozialrechtlichen Dreiecksverhältnis unerheblich für die Einordnung als **öffentlicher Auftrag** i.S.d. § 103 Abs. 1 GWB.[174] Maßgebend ist insoweit, dass der öffentliche Auftraggeber als Nachfrager am Markt auftritt und somit einen entsprechenden Bedarf aufweist, welcher mit dem abgeschlossenen Vertrag gedeckt werden soll.[175] Damit weist der Vertrag den notwendigen Beschaffungsbezug auf, da die Krankenkassen mit dem Abschluss von Rabattverträgen ihrem gesetzlichen Versorgungsauftrag nach § 2 SGB V gegenüber den Versicherten nachkommen.[176] Zudem liegt auch ein entgeltlicher Vertrag vor, da die pharmazeutischen Unternehmen von den Krankenkassen eine Vergütung erhalten. Dass der Preis nur indirekt über die Rückvergütung auf den Apothekenpreis geregelt ist, ist dabei ebenso unerheblich wie die Frage, wer die Ware wann körperlich liefert und aushändigt und wie, wann und an wen das Eigentum an den Medikamenten übergeht. Maßgebend ist allein, dass die gesetzlichen Krankenkassen die pharmazeutischen Unternehmen mit der Lieferung beauftragen und diese für die Lieferung bezahlen.[177] Es handelt sich daher grundsätzlich um einen Lieferauftrag nach § 103 Abs. 2 GWB,[178] zum Teil wird auch von einer Rahmenvereinbarung im Sinne des § 103 Abs. 5 GWB ausgegangen.[179] Die gleichen Prinzipien gelten auch für **andere Verträge im sozialrechtlichen Dreiecksverhältnis**, z. B. nach § 127 SGB V über die Versorgung von Versicherten von Krankenkassen mit Hilfsmitteln.[180] § 127 SGB V kann allenfalls für den von den europäischen Richtlinien nicht erfassten Unterschwellenbereich ein dort nicht zugelassenes vereinfachtes Verfahren vorsehen.[181]

90 Entscheidend für die Einordnung des Arzneimittelrabattvertrages und ähnlicher sozialrechtlicher Dreiecksverhältnisse als öffentlicher Auftrag und nicht nur dem Primärrecht unterliegendes Zulassungssystem ist aber, ob **zusätzlich auch eine Auswahlentscheidung** vorliegt. Dies muss nach der konkreten Ausgestaltung des vom öffentlichen Auftraggeber gewählten Systems beurteilt werden. Handelt es sich wie in der Rechtssache „Falk Pharma" um ein

171 Vgl. dazu *Burgi*, NZBau 2008, 480 (483).
172 Vgl. VK Bund, Beschluss v. 15.11.2007 – VK 2-102/07; zur Auftraggebereigenschaft der Krankenkassen siehe *Badenhausen-Fähnle* zu § 99 Rn. 46 und 65 f.
173 Vgl. Gesetzesbegründung, GKV-WSG, BT-Drs. 16/3100, 144 (zu Nr. 97).
174 Bestätigt nun durch EuGH, Urteil v. 2.6.2016 – Rs. C-410/14 (Falk Pharma), Rn. 33; bejahend bereits etwa OLG Düsseldorf, Beschluss v. 13.8.2014 – VII-Verg 13/14; Beschluss 11.1.2012 – VII-Verg 57/11; Beschluss v. 19.12.2007 – VII-Verg 51/07; Beschluss v. 19.12.2007 – VII-Verg 48/07; LSG NRW, Beschluss v. 14.4.2010 – L 21 KR 69/09 SFB; VK Bund, Beschluss v. 15.11.2007 – VK 2-102/07; a.A. LSG Baden-Württemberg, Beschluss v. 28.10.2008 – L 11 KR 4810/08 ER-B; vgl. auch Begründung zu dem von der Europäischen Kommission eingeleiteten Vertragsverletzungsverfahren Dokument 2007/4410 K (2007) 4883; zitiert nach BSG, Beschluss v. 22.4.2008 – B 1 SF 1/08 R.
175 Vgl. BGH, Beschluss v. 1.2.2005 – X ZB 27/04.
176 Vgl. OLG Düsseldorf, Beschluss v. 19.12.2007 – VII-Verg 48/07; VK Bund, Beschluss v. 15.11.2007 – VK 2-102/07; ebenso *Goodarzi/Junker*, NZS 2007, 632 (634).
177 Vgl. OLG Düsseldorf, Beschluss v. 20.2.2008 – VII-Verg 7/08; Beschluss v. 17.1.2008 – VII-Verg 57/07; Beschluss v. 19.12.2007 – VII-Verg 51/07; Beschluss v. 19.12.2007 – Verg 48/07; ebenso *Burgi*, NZBau 2008, 480 (483); *Hölzl/Eichler*, NVwZ 2009, 27 (30 f.).
178 OLG Düsseldorf, Beschluss v. 19.11.2014 – VII-Verg 30/14; Beschluss v. 25.6.2014 – VII-Verg 38/13 m.w.N.
179 VK Bund, Beschluss v. 6.7.2011 – VK 3-80/11.
180 VK Bund, Beschluss v. 12.11.2009 – VK 3-193/09; VK Bund, Beschluss v. 21.12.2009 – VK 1-212/09.
181 VK Bund, Beschluss v. 21.12.2009 – VK 1-212/09.

Open-House-System, in dem der öffentliche Auftraggeber mit jedem Pharmaunternehmen einen Rabattvertrag abschließt, der am Anfang oder während der Laufzeit des Systems die vorab festgelegten und nicht verhandelbaren Bedingungen des Vertrages zu erfüllen bereit ist, liegt keine Selektivität und damit auch kein öffentlicher Auftrag vor. Das Gleiche gilt für Verträge zur Durchführung einer **hausarztzentrierten Versorgung** gemäß § 73b Abs. 4 S. 1 SGB V, die grundsätzlich trotz sozialrechtlichen Dreiecksverhältnisses als entgeltliche Verträge anzusehen sind,[182] aber nach § 73b Abs. 4 S. 1 SGB V bei Vorliegen der Voraussetzungen mit allen Vertragspartnern abzuschließen sind[183] und deshalb als nicht selektive Zulassungssysteme vergaberechtsfrei sind.

Im Hinblick auf den **Rechtsweg für die Überprüfung der Vergabe von Rabattverträgen** besteht nunmehr eine gesetzliche Regelung, wonach in der ersten Instanz die Vergabekammern und in der zweiten Instanz die Landessozialgerichte zuständig sind.[184] 91

C. Lieferaufträge (Abs. 2)

Lieferaufträge im Sinne des § 103 Abs. 2 GWB dienen der „Beschaffung von Waren". 92

Der Begriff der **Ware** ist entsprechend dem unionsrechtlichen Verständnis der Warenverkehrsfreiheit weit auszulegen. Waren i.S.d. Art. 28 AEUV sind alle beweglichen Sachen, die Gegenstand von Handelsgeschäften sein können.[185] Ihr Aggregatzustand ist irrelevant.[186] Waren in diesem Sinne sind auch Energieträger, wie Gas oder Strom,[187] und Computerprogramme. 93

Ob auch **Immobilien** unter den Begriff der Waren fallen, ist ohne weiter gehende praktische Bedeutung.[188] Denn die Beschaffung (etwa Kauf, Miete oder Pacht) vorhandener Immobilien (Grundstücke, Gebäude) ist gemäß § 107 Abs. 1 Nr. 2 GWB vom Vergaberecht ausgenommen. In allen anderen Fällen immobilienbezogener Geschäfte liegt zudem kein Lieferauftrag, sondern eine andere Auftragsart vor. So sind Verträge zur Finanzierung des Immobiliengeschäfts (Leasing, Darlehen) gesondert als Bau- oder Dienstleistungsaufträge vergabepflichtig. Dies wurde früher ausdrücklich in Art. 16 lit. a RL 2004/18/EG klargestellt und gilt weiterhin (soweit keine der besonderen Bereichsausnahmen greifen), da eine Änderung des Auftragsbegriffs durch die Neuregelung der RL 2014/24/EU nicht erfolgen sollte.[189] Muss das Gebäude noch errichtet oder vollendet werden, so liegt ein Bauauftrag i.S.d. § 103 Abs. 3 GWB vor. 94

Eine **Beschaffung** von Waren liegt in jeder Form der Gebrauchsüberlassung. Sowohl Kauf, Ratenkauf, Leasing, Miete als auch Pacht mit oder ohne Kaufoption sind ausdrücklich einbezogen, vgl. § 103 Abs. 2 S. 1 GWB. Eine Übereignung oder endgültige Übertragung der Ware ist folglich nicht notwendig.[190] Fehlt es allerdings an einer Gebrauchsüberlassung und wird eine Dienstleistung unter Zuhilfenahme von Sachmitteln angeboten, so ist § 103 Abs. 2 GWB nicht einschlägig. Das Überlassen von Lagerräumen wird daher zwar als Lieferauftrag einzustufen sein,[191] nicht aber die Verwahrung von Gegenständen entsprechend § 688 BGB. Darüber hinaus kann ein Lieferauftrag – wie etwa bei Arzneimittel-Rabattverträgen gemäß § 130a 95

182 OLG Düsseldorf, Beschluss v. 7.12.2011 – VII-Verg 79/11; VK Bund, Beschluss v. 2.7.2010 – VK 1-52/10.
183 VK Bund, Beschluss v. 2.7.2010 – VK 1-52/10, die allerdings von einem Verstoß gegen das deutsche und europäische Kartellvergaberecht ausgeht, dies mangels Vorlageberechtigung der VK an den EuGH aber unberücksichtigt lässt.
184 Vgl. Gesetz zur Weiterentwicklung der Organisationsstruktur der gesetzlichen Krankenversicherungen (GKV-OrgWG), BGBl. I 2008 S. 2426. Die Gesetzesänderung erfolgte als Reaktion auf die divergierende Rechtsprechung zwischen dem BSG und dem BGH: BSG, Beschluss v. 22.4.2008 – B 1 SF 1/08 R, VergabeR 2008, 693 (701); BGH, Beschluss v. 15.7.2008 – X ZB 17/08.
185 Vgl. *Pünder*, in: Müller-Wrede, Kompendium des Vergaberechts, Kap. 6 Rn. 70 m.w.N.; OLG München, Beschluss v. 28.9.2005 – Verg 19/05 (bzgl. Beleuchtungsmitteln); VK Hessen, Beschluss v. 24.3.2004 – 69d-VK-09/2004 (bzgl. Wohncontainern).
186 Vgl. *Eschenbruch*, in: Kulartz/Kus/Portz, GWB-Vergaberecht, § 99 Rn. 163.
187 Vgl. EuGH, Urteil v. 13.3.2001 – Rs. C-379/98 (PreussenElektra), Rn. 71 f.
188 Vgl. *Pünder*, in: Müller-Wrede, Kompendium des Vergaberechts, Kap. 6 Rn. 71.
189 Vgl. Erwägungsgrund 4 RL 2014/24/EU.
190 Vgl. EuGH, Urteil v. 26.4.1994 – Rs. C-272/91 (Kommission/Italien), Rn. 25; Erwägungsgrund 4 RL 2014/24/EU.
191 Vgl. *Dreher*, in: Immenga/Mestmäcker, Wettbewerbsrecht, § 99 GWB Rn. 92.

Abs. 8 SGB V – auch Bestandteil eines Dreiecksgeschäfts sein.[192] Der Umstand, dass die Ware nicht an den Auftraggeber, sondern an Dritte geliefert wird, steht der Qualifizierung als öffentlicher Liefervertrag i.S.d. § 103 Abs. 2 GWB nicht entgegen.[193]

96 Gemäß § 103 Abs. 2 S. 2 GWB können die Verträge auch **Nebenleistungen** umfassen. Wird die gelieferte Ware beispielsweise verlegt oder anderweitig angebracht, so ist dies für die Einordnung als Lieferauftrag nicht relevant. Im Einzelfall ist allerdings danach zu unterscheiden, ob in erster Linie eine Lieferung mit der Nebenleistung der Installation oder die Herstellung eines Zustandes an einem Bauwerk, mithin ein Erfolg, geschuldet ist.[194] Liegt das Schwergewicht nicht mehr unzweifelhaft auf der Lieferung, so ist die weitere Leistung keine Nebenleistung.[195] Die zivilrechtliche Rechtsprechung zur Abgrenzung von Kauf- und Werkvertrag kann insofern grundsätzlich als Indiz herangezogen werden.[196] Entscheidend ist die funktionale Bedeutung für den Gesamtauftrag, nicht allein der jeweilige Wertanteil.[197]

D. Bauaufträge (Abs. 3)

I. Grundsätze

97 § 103 Abs. 3 GWB definiert den Begriff des Bauauftrags. Drei **Fallgruppen** von Bauaufträgen werden in § 103 Abs. 3 GWB unterschieden:

1. die Ausführung oder gleichzeitige Planung und Ausführung eines Bauvorhabens (S. 1 Alt. 1),
2. die Ausführung oder gleichzeitige Planung und Ausführung eines Bauwerks, das Ergebnis von Tief- oder Hochbauarbeiten ist und eine wirtschaftliche oder technische Funktion erfüllen soll (S. 1 Alt. 2) und
3. die Ausführung oder die gleichzeitige Planung und Ausführung einer Bauleistung durch Dritte gemäß den vom Auftraggeber genannten Erfordernissen (S. 2).

98 Mit der Definition des Bauauftrags setzt § 103 Abs. 3 GWB Unionsrecht um, namentlich Art. 2 Abs. 1 Nr. 6 RL 2014/24/EU und Art. 2 Nr. 2 RL 2014/25/EU. Auch die VOB/A enthält abermals eine Definition des öffentlichen Bauauftrags. Bei der Auslegung dieser Regelungen ist die allgemeine Normenhierarchie zu beachten. Das heißt, im Zweifel sind die Normen des deutschen Rechts **europarechtskonform auszulegen**.[198] Sie sind dabei nicht notwendig deckungsgleich mit Bauleistungsbegriffen anderer Rechtsgebiete wie jenem des Steuerrechts (§§ 48 ff. EStG).

99 **Gemischte Verträge**, die sowohl Bau- als auch andere Leistungen enthalten, sind nach den Regeln des § 110 GWB nach dem Hauptgegenstand des Auftrags abzugrenzen.

100 Neben der bloßen Ausführungsleistung liegt ein Bauauftrag gemäß § 103 Abs. 3 GWB auch dann vor, wenn **Planung und Ausführung** gemeinsam vergeben werden. Isolierte Planungsleistungen werden hingegen nicht von § 103 Abs. 3 GWB erfasst, sondern stellen Dienstleistungsaufträge i.S.d. § 103 Abs. 4 GWB dar. Dies gilt ungeachtet der hiermit verbundenen Umgehungsgefahr auch, wenn die Aufspaltung in Planung und Ausführung zur Folge hat, dass die Schwellenwerte der Verdingungsordnungen nicht erreicht werden. § 103 Abs. 3 GWB gibt

192 Vgl. zur Einstufung von Rabattverträgen als öffentliche Aufträge auch die Ausführungen unter Rn. 85 ff.
193 Vgl. OLG Düsseldorf, Vorlagebeschluss v. 19.12.2007 – VII-Verg 51/07.
194 Vgl. EuGH, Urteil v. 21.2.2008 – Rs. C-412/04 (Kommission/Italien); BayObLG, Beschluss v. 23.7.2002 – Verg 17/02; KG, Beschluss v. 24.3.2004 – 2 Verg 19/03.
195 Vgl. *Marx*, in: Kulartz/Marx/Portz/Prieß, VOL/A, § 1 Rn. 37.
196 Vgl. *Sprau*, in: Palandt, BGB, § 651 Rn. 4.
197 Vgl. OLG Düsseldorf, Beschluss v. 30.4.2014 – VII-Verg 35/13, das trotz eines Bauleistungsanteils von nur ca. 30 % des Werts einen Bau- und keinen Lieferauftrag angenommen hat, da die Montageleistung für die Funktion des Gesamtauftrags von entscheidender Bedeutung war.
198 Vgl. etwa EuGH, Urteil v. 10.7.2014 – Rs. C-213/03; Urteil v. 29.10.2009 – Rs. C-536/07; OLG Brandenburg, Beschluss v. 25.5.2010 – Verg W 15/09.

Auftraggebern insofern lediglich die Möglichkeit zu einer einheitlichen Ausschreibung nach den für Bauaufträge geltenden Regeln, ohne aber eine entsprechende Pflicht aufzustellen.[199]

Wird neben der Bauleistung auch eine Liegenschaft zur Verfügung gestellt (**schlüsselfertiger Bau**), besteht ungeachtet des Wortlauts in § 107 Abs. 2 GWB eine Ausschreibungspflicht. 101
Dies folgt in unionsrechtskonformer Auslegung aus Art. 10 lit. a RL 2014/24/EU und Art. 21 lit. a RL 2014/25/EU. Demnach ist dieser Ausnahmetatbestand im Zusammenhang mit Immobilien auf Dienstleistungsaufträge begrenzt. Bauaufträge werden hingegen nicht erfasst. Obgleich der Sinn und Zweck des § 107 Abs. 2 GWB – die Unangemessenheit des Vergabeverfahrens wegen des Rechts des Auftraggebers zur freien Standortwahl – auch Mischformen von Immobiliengeschäften und Bauleistungen prägen kann, ordnen die Vergaberichtlinien damit ausdrücklich die Anwendung des Vergaberechts an, der wettbewerblichen Vergabe des Bauleistungsanteils wegen.

II. Bauvorhaben und Bauwerk (S. 1)

Als **Bauvorhaben** (Alt. 1) werden Leistungen bezeichnet, die nicht die Errichtung eines voll- 102
ständigen Bauwerkes, sondern allein eine Arbeitsleistung am Bauwerk zum Gegenstand haben.[200]

Zur näheren Beschreibung von Bauvorhaben verweisen die unionsrechtlichen Richtlinienvor- 103
gaben auf das Verzeichnis von Bautätigkeiten in **Anhang II RL 2014/24/EU bzw. Anhang I RL 2014/25/EU**. Diese Listen sind in unionsrechtskonformer Auslegung auch für § 103 Abs. 3 GWB verbindlich.[201] Zwar ist die Aufzählung der in der Liste genannten Tätigkeiten grundsätzlich abschließend. Indes sind auch Tätigkeiten, die für die Ausführung der aufgelisteten Tätigkeiten erforderlich sind, mit einzubeziehen.[202] Auch die weit gefasste Umschreibung einiger der in der Liste enthaltenen Tätigkeiten führt zu einem weiten Verständnis von § 103 Abs. 3 S. 1 Alt. 1 GWB. Dies zeigt sich etwa in den Kategorien „Sonstige Baufertigstellung und Ausbauarbeiten" (Punkt 45.45 der Liste) und „Sonstige Bauinstallation" (Punkt 45.34 der Liste).

Als Ausführung eines Bauvorhabens können im Ergebnis alle Arbeiten angesehen werden, die 104
für ein Bauwerk oder an einem solchen erbracht werden. Vorbereitungs-[203] und Ausbauarbeiten sind ebenso hiervon umfasst wie nachträgliche Umbauarbeiten an existierenden Gebäuden mit nennenswertem Eingriff in die Substanz des Bauwerkes.[204] Auch die **Vermietung** von Baumaschinen und -geräten stellt eine Bautätigkeit dar, soweit auch das Personal vom Vermieter gestellt wird (Punkt 45.50 der Liste). Gleiches gilt für die **Lieferung und Montage** von Gegenständen, die den konkreten baulichen Verhältnissen angepasst, vor Ort eingebaut oder montiert werden. Zentral ist die funktionale Verbindung mit dem Bauvorhaben. Werden Gegenstände nicht individualisiert eingebaut, so liegt hingegen keine Bauleistung vor.[205]

Ein **Bauwerk** definiert § 103 Abs. 3 S. 1 Alt. 2 GWB – im Einklang mit Art. 1 Abs. 1 Nr. 7 105
RL 2014/24/EU, Art. 2 Nr. 3 RL 2014/25/EU – als das Ergebnis einer Gesamtheit von Tief- und/oder Hochbauarbeiten, die nach ihrem Wesen eine technische oder wirtschaftliche Funktion erfüllen soll.[206] Entscheidendes Merkmal ist also die Herstellung oder Erhaltung der Funk-

199 Vgl. Erwägungsgrund 8 RL 2014/24/EU.
200 Vgl. OLG München, Beschluss v. 5.11.2009 – Verg 15/09; Beschluss v. 28.9.2005 – Verg 19/05.
201 Vgl. Gesetzesbegründung, BT-Drs. 18/6281, 74; OLG Düsseldorf, Beschluss v. 30.4.2014 – VII-Verg 35/23; OLG München, Beschluss v. 5.11.2009 – Verg 15/09; Beschluss v. 28.9.2005 – Verg 19/05.
202 Erwägungsgrund 8 RL 2014/24/EU.
203 Instruktiv KG, Beschluss v. 21.12.2009 – 2 Verg 11/09 zur vorbereitenden Reinigung des Erdreiches, und OLG Düsseldorf, Beschluss v. 2.1.2006 – VII Verg 93/05 zur Kampfmittelberäumung.
204 Instruktiv OLG Düsseldorf, Beschluss v. 14.4.2010 – VII-Verg 60/09 bzgl. Wartung einer Brandmeldeanlage; VK Berlin, Beschluss v. 26.4.2011 – VK B 2-3/11 bzgl. Wartung von Leuchten.
205 Vgl. OLG München, Beschluss v. 5.11.2009 – Verg 15/09; im Ergebnis ähnlich OLG Brandenburg, Beschluss v. 25.5.2010 – Verg W 15/09 zu Richtfunkstationen; OLG Dresden, Beschluss v. 2.11.2004 – Wverg 11/04; BayObLG, Beschluss v. 23.7.2002 – Verg 17/02.
206 Vgl. OLG Düsseldorf, Beschluss v. 30.4.2014 – VII-Verg 35/14, bzgl. Webeanlagen, Fahrradständern, Deponieabdichtungen und Photovoltaikanlagen; VK Sachsen, Beschluss v. 10.8.2001 – 1/SVK/74-01, für Regalsysteme einer Bibliothek.

tion einer Einrichtung.[207] Dem Merkmal der technischen oder wirtschaftlichen Funktion kommt in der Praxis allerdings eher geringe Bedeutung zu, da schon ein mittelbarer wirtschaftlicher Nutzen genügt.[208] Lediglich rein künstlerische Bauten ohne wirtschaftlichen Nutzen fallen aus dem Anwendungsbereich des § 103 Abs. 3 GWB heraus. Ein Bauauftrag kann zudem auch bei der Überlassung und Montage von Anlagen und Maschinen vorliegen, sofern diese für ein funktionsfähiges Bauwerk erforderlich sind.[209] Anlagenverträge stellen daher regelmäßig Bauaufträge dar. Zu beachten ist dabei weiter, dass der Auftraggeber nicht zwingend Eigentümer des Bauwerks sein oder werden muss.[210]

106 Anhand einer funktionalen Betrachtung zu entscheiden ist auch, welche einzelnen Bauleistungen **Bestandteil eines einheitlichen Bauvorhabens oder Bauwerks** sind.[211] Dies wird etwa für die Überschreitung des Schwellenwertes und den Zugang zum Vergaberechtsschutz wichtig. Entscheidend ist ein Verständnis der Funktion des Bauwerks/Bauvorhabens: Teil des einheitlichen Bauwerkes/Bauvorhabens sind alle Leistungen, die bei objektiver Betrachtung erforderlich sind, damit dieses seine zugedachte Funktion erfüllen kann.[212] Kein einheitliches Bauwerk liegt jedenfalls vor, wenn die Aufträge unterschiedliche wirtschaftliche und technische Funktionen erfüllen und sie ohne Beeinträchtigung der ihnen zugedachten Funktion auch getrennt oder gar nicht errichtet werden könnten.[213]

107 Gewisse **Indizien** geben:

- die Funktionsdefinition des Auftraggebers, die Einheitlichkeit der Planung und der Koordinierung des Vorhabens. Allerdings kann ein einheitliches Bauvorhaben auch Zug und Zug gebaut, sukzessive finanziert, schrittweise geplant oder um ursprünglich nicht bedachte Leistungen ergänzt werden.
- Auch ein bloß ästhetischer oder stadtplanerischer Zusammenhang zweier Bauten erzwingt nicht ein einheitliches Bauwerk/Bauvorhaben.[214]
- Nur ein Indiz unter vielen ist der Zuschnitt der Vergabeverfahren durch den Auftraggeber: Mehrere getrennte Vergabeverfahren können durchaus auch ein einheitliches Bauvorhaben/Bauwerk bilden. Fasst der Auftraggeber allerdings Leistungen in einer Bauvergabe zusammen, so bilden sie ein einheitliches Bauvorhaben/Bauwerk.
- Eine Umgehungsabsicht spricht gegen getrennte Vorhaben, ist aber zugleich nicht zwingende Voraussetzung, um bei getrennter Vergabe ein einheitliches Vorhaben anzunehmen.[215]

108 Darüber hinaus setzen jedenfalls § 103 Abs. 3 S. 1 Alt. 1 und Alt. 2 GWB die Vereinbarung einer **Bauverpflichtung** voraus.[216] Ob eine Bauverpflichtung vereinbart werden soll, ist dabei durch Auslegung unter Einbeziehung der Begleitumstände zu ermitteln. Darüber hinaus hat

---

207 Vgl. EuGH, Urteil v. 18.1.2007 – Rs. C-220/05 (Auroux), Rn. 41; Urteil v. 27.10.2005 – Rs. C-187/04 u.a., Rn. 26; EuG, Urteil v. 11.7.2013 – Rs. T-358/08.

208 Vgl. EuGH, Urteil v. 18.1.2007 – Rs. C-220/05 (Auroux), Rn. 41; Urteil v. 27.10.2005 – Rs. C-187/04 (Kommission/Italien), Rn. 26 f.

209 Vgl. BayObLG, Beschluss v. 23.7.2002 – Verg 17/02; OLG Jena, Beschluss v. 31.7.2002 – 6 Verg 5/01.

210 Vgl. EuGH, Urteil v 18.1.2007 – Rs. C-220/05 (Auroux), Rn. 47; OLG Düsseldorf, Beschluss v. 6.2.2008 – VII-Verg 37/07.

211 Vgl. EuGH, Urteil v. 5.10.2000 – Rs. C-16/98; OLG Düsseldorf, Beschluss v. 11.2.2009 – VII-Verg 69/08; Beschluss v. 31.3.2004 – VII-Verg 74/03; OLG Brandenburg, Beschluss v. 20.8.2002 – Verg W 4/02; KG Beschluss v. 17.10.2013 – Verg 9/13.

212 Vgl. EuG, Urteil v. 29.5.2013 – T-384/10; KG Beschluss v. 17.10.2013 – Verg 9/13.

213 Vgl. EuGH, Urteil v. 5.10.2000 – Rs. C-16/98; EuG, Urteil v. 29.5.2013 – Rs. T-384/10 bzgl. eines Abwassernetzes; OLG Brandenburg, Beschluss v. 20.8.2002 – Verg W 4/02; KG Beschluss v. 17.10.2013 – Verg 9/13, und etwa VK Bund, Beschluss v. 13.10.2009 – VK 1 – 173/09 zur Erweiterung einer Waschanlage; VK Baden-Württemberg, Beschluss v. 21.10.2010 – 1 VK 50/10; Beschluss v. 22.10.2002 – 1 VK 52/02; VK Schleswig-Holstein, Beschluss v. 19.1.2005 – VK-SH-37/04 (zu Bauabschnitten im Straßenbau); VK Brandenburg, Beschluss v. 25.4.2003 – VK 21/03; VK Münster, Beschluss v. 6.6.2001 – VK 12/01.

214 Vgl. VK Düsseldorf, Beschluss v. 10.4.2008 – VK 05/2008; VK Baden-Württemberg. Beschluss v. 13.11.2008 – 1 VK 45/08.

215 Vgl. EuG, Urteil v. 29.5.2013 – Rs. T-384/10.

216 Vgl. nur OLG Bremen, Beschluss v. 13.3.2008 – Verg 5/07, und ausdrücklich OLG Düsseldorf, Beschluss v. 2.10.2008 – VII-Verg 25/08; zur Alt. 3 siehe unten.

der EuGH entschieden, dass ein Bauauftrag eine einklagbare Bauverpflichtung voraussetzt.[217] Obsolet ist damit die Rechtsprechung des OLG Düsseldorf, wonach die Vereinbarung eines Rücktrittsrechts oder eines Rückkaufsrechts des Verkäufers oder Verpächters für den Fall der Nichterrichtung spezifischer Bauwerke eine Bauverpflichtung indiziert,[218] ohne dass die Bauverpflichtung selbst einklagbar sein müsste.[219]

III. Bauleistungen gemäß den vom Auftraggeber genannten Erfordernissen (S. 2)

§ 103 Abs. 3 S. 2 GWB erstreckt den öffentlichen Bauauftrag auf Bauleistungen durch Dritte nach vom Auftraggeber auferlegten Erfordernissen (**Bestellbau**). Voraussetzung ist nach der Regelung: 109

- Der Auftragnehmer erbringt eine Bauleistung nach § 103 Abs. 1 S. 1 Alt. 1 oder Alt. 2 GWB;
- der Auftraggeber hat entscheidenden Einfluss auf Art und Planung der Bauleistung; sie wird gemäß den von ihm genannten Erfordernissen erbracht
- und die Bauleistung kommt dem Auftraggeber unmittelbar wirtschaftlich zugute.

Gemeint sind mit § 103 Abs. 3 S. 2 GWB **Bauträger-, Miet- oder Leasing-Modelle**, bei denen der Auftraggeber die Bauherrenfunktion etwa einer Objektgesellschaft überträgt. Derartige Aufträge sind Bau-, nicht aber Dienstleistungs- oder Lieferaufträge, sofern die Bauleistungen eingedenk der späteren Nutzung nach den Vorgaben des öffentlichen Auftraggebers ausgeführt werden. 110

§ 103 Abs. 3 S. 2 GWB soll **Umgehungen** des Vergaberechts durch die Zwischenschaltung eines Privaten **verhindern**, der als Bauherr Bauleistungen nach den Vorgaben der öffentlichen Hand ausführt oder ausführen lässt. In § 103 Abs. 3 S. 2 GWB eingegangen sind dabei die Entscheidungen der deutschen Rechtsprechung zur Abgrenzung von Grundstückskäufen (insbesondere die „Ahlhorn"-Rechtsprechung des OLG Düsseldorf[220]) wie auch die „Helmut Müller"-Rechtsprechung des EuGH.[221] 111

Ist nach diesem Maßstab ein Bauauftrag gegeben, unterfällt dem Vergaberecht nur die erste Stufe, d.h. die Auswahl des Auftragnehmers durch den öffentlichen Auftraggeber. Dessen anschließende **Bau- und Subunternehmerauswahl** ist dagegen vergaberechtlich selbstständig und nur dann ausschreibungspflichtig, wenn der Bauträger selbst öffentlicher Auftraggeber ist.[222] 112

Zentrales Kriterium von § 103 Abs. 3 S. 2 GWB ist der **entscheidende Einfluss des Auftraggebers** auf die Bauleistung. Der Auftraggeber muss „Maßnahmen zur Definition der Art des Vorhabens getroffen oder zumindest einen entscheidenden Einfluss auf dessen Planung gehabt haben".[223] Die Bauleistungen müssen gezielt für den Auftraggeber auf dessen Auftrag hin erbracht werden; der Auftraggeber muss gleichsam bauen lassen.[224] Wird nach Maßgabe einer Leistungsbeschreibung des Auftraggebers gebaut, liegt, auch sofern diese funktionelle Elemente enthält, ein Bauauftrag vor. Gleiches gilt für den Bau nach spezifischen Funktionsanforderungen, etwa einer Raumliste, selbst wenn weder Bauplanung noch Bauausführung vorgegeben wird.[225] Denn nach dem Wortlaut des § 103 Abs. 3 GWB genügt grundsätzlich bereits der Bau nach den vom Auftraggeber vorgegebenen *Erfordernissen*. 113

---

217 Vgl. EuGH, Urteil v. 25.3.2010 – Rs. C-451/08 (Helmut Müller), Rn. 62 f.
218 Vgl. OLG Düsseldorf, Beschluss v. 14.5.2008 – VII-Verg 27/08; Beschluss v. 6.2.2008 – VII-Verg 37/08.
219 Vgl. OLG Düsseldorf, Beschluss v. 2.10.2008 – VII-Verg 25/08, 3. Vorlagefrage.
220 Vgl. OLG Düsseldorf, Beschluss v. 2.10.2008 – VII-Verg 25/08.
221 Vgl. EuGH, Urteil v. 25.3.2010 – Rs. C-451/08 (Helmut Müller).
222 Vgl. OLG Celle, Beschluss v. 5.9.2002 – 13 Verg 9/02.
223 Erwägungsgrund 9 RL 2014/24/EU.
224 Vgl. VK Niedersachsen, Beschluss v. 20.7.2004 – 203-VgK-25/2004; Beschluss v. 16.7.2004 – 203-VgK-24/2004; Beschluss v. 8.3.2004 – 203-VgK-03/2004.
225 Vgl. etwa EuGH, Urteil v. 10.7.2014 – Rs. C-213/13; Urteil v. 29.10.2009 – Rs. C-536/07; OLG Düsseldorf, Beschluss v. 7.8.2013 – VII-Verg 14/13.

114 Plant hingegen der Private das Bauvorhaben nach den **allgemeinen Anforderungen des Marktes** unter Einfluss baurechtlicher Vorgaben und/oder **kauft der Auftraggeber eine Immobilie**, so liegt kein Bauauftrag vor.[226] Dies zugrunde gelegt sind die Außengrenzen von § 103 Abs. 3 S. 2 GWB nicht immer einfach zu bestimmen.[227]

115 Nach wie vor nützlich ist die Differenzierung des OLG Düsseldorf in der „Ahlhorn"-Rechtsprechung zwischen **abstrakten Nutzungsanforderungen** und **konkreten Vorgaben** an Funktion und Gestaltung zu errichtender Bauwerke.[228] Konkrete Vorgaben des Auftraggebers an die Bauwerke sollen einen Bauauftrag begründen, denn in diesem Fall würde nach den „Erfordernissen des Auftraggebers" gebaut. Auf die Bedeutung der Vorgaben für das Gesamtbauvorhaben soll es nicht ankommen.[229] Dem sollen etwa durch Rückübertragungsanspruch gesicherte Zustimmungsvorbehalte für die Gestaltung, Verpflichtungen zu kleineren Bauleistungen und Nutzungsbeschränkungen für das Bauwerk genügen.[230] Der EuGH fordert insofern jedoch einschränkend, dass der Auftraggeber die Planung und die Nutzung des Bauwerks beherrscht.[231] Hingegen sollen allgemeine Nutzungsvorgaben für das Grundstück, wie etwa eine nicht weiter beschriebene *„gewerblich-fliegerische Nutzung"*, nicht ausreichen, um einen Bauauftrag zu begründen. Dementsprechend lehnt das OLG Düsseldorf einen Bauauftrag ab, wenn sich die öffentliche Hand darauf beschränkt, *„eine Planung des Geländes nach den Vorschriften des BauGB aufzustellen, die einerseits die gemeindlichen Interessen, andererseits der vorgesehenen Nutzung des Investors Rechnung trägt und schließlich einen möglichst günstigen Kaufpreis der Antragsgegnerin zufließen lässt"*[232].

116 Neben dem entscheidenden Einfluss des Auftraggebers muss ihm die Bauleistung auch **unmittelbar wirtschaftlich zugutekommen**. Damit wollte der deutsche Gesetzgeber die Rechtslage nach der „Helmut Müller"-Entscheidung des EuGH klarstellen und ein weiteres Instrument bieten, um Bauaufträge von bloßen baurechtlichen Vorgaben abzugrenzen. Im Kern bedeutet dies:

- An den Leistungen muss der Auftraggeber nicht nur ein allgemeines öffentliches Interesse haben, z.B. eine stadtplanerisches, sondern ein konkretes wirtschaftliches Beschaffungsinteresse.
- Mit dem Bauauftrag muss der Auftraggeber die Verfügungsgewalt erhalten, um das Bauwerk der von ihm geplanten (öffentlichen) Zweckbestimmung zuzuführen.
- Daraus abgeleitet muss der Auftragnehmer rechtlich verpflichtet sein, das Bauwerk zu bauen (Bauverpflichtung).

117 Das Kriterium des **wirtschaftlichen Vorteils** der Leistung für den Auftraggeber dient dazu, Beschaffungsvorgänge von anderweitiger Verfolgung öffentlicher Interessen abzugrenzen. Zum Beispiel stadtplanerische Anforderungen lösen daher noch keinen Beschaffungsvorgang aus.[233] Bauverpflichtungen aus einem städtebaulichen Vertrag sind im Einzelfall und in ihrem wirtschaftlichen Kontext zu prüfen, bringen aber in der Regel keinen unmittelbaren wirtschaftlichen Vorteil für den Auftraggeber und keinen Beschaffungsvorgang mit sich.[234]

---

226 Vgl. EuGH, Urteil v. 25.3.2010 – Rs. C-451/08 (Helmut Müller), Rn. 41; BGH, Urteil v. 22.2.2008 – V ZR 56/07; OLG Brandenburg, Beschluss v. 27.6.2008 – Verg W 4/08.

227 Vgl. OLG Düsseldorf, Beschluss v. 2.10.2008 – VII-Verg 25/08; Beschluss v. 6.2.2008 – VII-Verg 37/07; OLG München, Beschluss v. 4.4.2008 – Verg 4/08; VK Hessen, Beschluss v. 4.9.2008 – 69d-VK-30/2008; Beschluss v. 5.3.2008 – 69d-VK-06/2008.

228 Vgl. ausdrücklich OLG Düsseldorf, Beschluss v. 2.10.2008 – VII-Verg 25/08.

229 Vgl. OLG Düsseldorf, Beschluss v. 2.10.2008 – VII-Verg 25/08.

230 Vgl. OLG Düsseldorf, Beschluss v. 6.2.2008 – VII-Verg 37/07; Beschluss v. 12.12.2007 – VII-Verg 30/07.

231 Vgl. EuGH, Urteil v. 12.7.2001 – Rs. C-399/98 (Teatro alla Bicocca), Rn. 67 (*„Herrschaft der zuständigen Behörde"*), und OLG Bremen, Beschluss v. 13.3.2008 – Verg 5/07, das auf das Zu-eigen-Machen der Planung abstellt; im Sinne eines Zuschneidens auf den öffentlichen Zweck auch OLG Düsseldorf, Beschluss v. 12.12.2007 – VII-Verg 30/07.

232 Vgl. OLG Düsseldorf, Beschluss v. 13.6.2007 – VII-Verg 2/07; Beschluss v. 13.2.2007 – VII-Verg 2/07.

233 Vgl. EuGH, Urteil v. 25.3.2010 – Rs. C-451/08 (Helmut Müller), und etwa OLG München, Beschluss v. 27.9.2011 – Verg 15/11.

234 Vgl. hierzu OLG Brandenburg, Urteil v. 24.4.2012 — 6 W 149/11; OLG München, Beschluss v. 27.9.2011 — Verg 15/11; OLG Düsseldorf, Beschluss v. 9.6.2010 – VII-Verg 9/10, sowie OLG Karlsruhe, Beschluss v. 13.6.2008 – 15 Verg 3/08.

Darüber hinaus folgt aus § 103 Abs. 3 S. 2 GWB, dass der Auftrag dem Auftraggeber die rechtliche Befugnis verleihen muss, die **Verfügbarkeit** eines herzustellenden Bauwerks für die öffentliche Zweckbestimmung sicherzustellen.[235] Diese Befugnis muss auch rechtlich verbindlich vereinbart werden.[236] Hingegen können bloße Absichtserklärungen keinen öffentlichen Auftrag begründen. 118

Schließlich erfordert ein Bauauftrag i.S.d. § 103 Abs. 3 S. 2 GWB die Vereinbarung einer Pflicht zur Errichtung des Bauwerks (**Bauverpflichtung**).[237] Denn der Auftraggeber kann die Verfügbarkeit des Bauwerks für die öffentliche Zwecksetzung nur sicherstellen, wenn er auch die Errichtung des Bauwerks fordern kann. Die Errichtung des Bauwerks ist insofern Voraussetzung der Verfügbarkeit.[238] Dementsprechend hatte der EuGH in der „Helmut Müller"-Entscheidung klargestellt, dass eine Bauverpflichtung Voraussetzung für das Vorliegen eines ausschreibungspflichtigen Bauauftrags ist.[239] Die Erwägungsgründe zur RL 2014/24/EU[240] und die Gesetzesbegründung[241] setzen ebenfalls voraus, dass „der Auftragnehmer eine direkte oder indirekte rechtswirksame Verpflichtung zur Gewährleistung der Erbringung der Bauleistungen übernimmt." Nicht ausreichend ist dabei allerdings ein Rückkauf- oder Widerrufsrecht des Auftraggebers im Falle der Nicht-Bebauung eines verkauften Grundstückes, da dies einen Bauanreiz, aber keine rechtliche Baupflicht begründet.[242] 119

Zu beachten ist allerdings, dass das Kriterium des unmittelbaren wirtschaftlichen Vorteils in den § 103 Abs. 3 GWB zugrunde liegenden europarechtlichen Normen nicht ausdrücklich geregelt ist. Im Sinne einer **unionsrechtskonformen Auslegung** kann dieses Kriterium daher nur Abgrenzungsmaßstäbe der zugrunde liegenden europarechtlichen Rechtsprechung wiedergeben, nicht jedoch einen eigenständigen, weiter gehenden Charakter entwickeln. Nicht gänzlich ausgeschlossen werden kann daher, dass auch spezielle Bauleistungen, die dem Auftraggeber nicht unmittelbar wirtschaftlich zugutekommen, von der EuGH-Rechtsprechung dem Bauauftrag zugeordnet werden. In diesem Fall wäre § 103 Abs. 3 S. 2 GWB verengend auszulegen. 120

E. Dienstleistungsaufträge (Abs. 4)

Als **Dienstleistungsauftrag** ist ausweislich des Wortlauts von § 103 Abs. 4 GWB jeder Vertrag i.S.d. § 103 Abs. 1 GWB anzusehen, der weder als Liefer- noch als Bauauftrag einzustufen ist. 121

Die Regelung in § 103 Abs. 4 GWB bildet einen **Auffangtatbestand**, der **weit auszulegen** ist.[243] 122

Ob der Vertrag **zivilrechtlich** Dienste i.S.d. § 611 BGB oder etwa die Herstellung eines Werkes i.S.d. § 631 BGB beinhaltet, ist unerheblich. 123

---

235 Vgl. OLG Düsseldorf, Beschluss v. 2.10.2008 – VII-Verg 25/08 m.w.N.
236 Vgl. EuGH, Urteil v. 12.7.2001 – Rs. C-399/98 (Teatro alla Bicocca), Rn. 67; OLG Bremen, Beschluss v. 13.3.2008 – Verg 5/07. Das OLG Düsseldorf setzt jedenfalls die rechtliche Verbindlichkeit der vom Auftraggeber genannten Erfordernisse voraus, vgl. OLG Düsseldorf, Beschluss v. 6.2.2008 – VII-Verg 37/07; Beschluss v. 12.12.2007 – VII-Verg 30/07; Beschluss v. 13.6.2007 – VII-Verg 2/07; Beschluss v. 13.2.2007 – VII-Verg 2/07.
237 Erwägungsgrund 9 RL 2014/24/EU.
238 Vgl. OLG Brandenburg, Beschluss v. 27.6.2008 – Verg W 4/08; VK Hessen, Beschluss v. 4.9.2008 – 69d-VK-30/2008; Beschluss v. 5.3.2008 – 69d-VK-06/2008; VK Baden-Württemberg, Beschluss v. 15.8.2008 – 1 VK 27/08; Beschluss v. 5.6.2008 – 1 VK 16/08; Beschluss v. 7.3.2008 – 1 VK 1/08; VK Brandenburg, Beschluss v. 15.2.2008 – VK 2/08.
239 Vgl. EuGH, Urteil v. 25.3.2010 – Rs. C-451/08 (Helmut Müller), Rn. 62 f.; a.A. zuvor OLG Düsseldorf, Beschluss v. 2.10.2008 – VII-Verg 25/08; Beschluss v. 14.5.2008 – VII-Verg 27/08; Beschluss v. 30.4.2008 – VII-Verg 23/08; Beschluss v. 6.2.2008 – Verg 37/07; Beschluss v. 12.12.2007 – VII-Verg 30/07; Beschluss v. 13.6.2007 – VII-Verg 2/07; Beschluss v. 13.2.2007 – VII-Verg 2/07.
240 Erwägungsgrund 9 RL 2014/24/EU.
241 Gesetzesbegründung, BT-Drs. 18/6281, 74.
242 Vgl. etwa VK Baden-Württemberg, Beschluss v. 12.1.2011 – 1 VK 67/10.
243 Vgl. OLG Brandenburg, Beschluss v. 15.5.2007 – Verg W 2/07; OLG Düsseldorf, Beschluss v. 12.1.2004 – Verg 71/03.

124 Der Begriff ist **gemeinschaftsrechtlich auszulegen** und kann auch Dienstleistungen, die über einen längeren Zeitraum hinweg zu leisten sind, umfassen.[244]

125 Unter Dienstleistungsaufträgen werden **beispielsweise** gefasst Arbeitnehmerüberlassungen, sofern dabei nicht nur die Personalübernahme, sondern auch das „Übergangsmanagement" geschuldet ist,[245] Versicherungsdienstleistungen,[246] Realisierung und Organisation des Ganztageskonzepts an vier Grundschulen,[247] Essensversorgung,[248] Kooperationen mit Arztpraxen,[249] Verkehrsdienstleistungen[250] und Leistungen nach § 93 ff. Bundessozialhilfegesetz (jetzt § 75 SGB XII)[251].

F. Rahmenvereinbarungen (Abs. 5)

126 Rahmenvereinbarungen stellen eine **besondere Form öffentlicher Beschaffungsvorgänge** dar und finden ihre europarechtliche Grundlage in Art. 33 RL 2014/24/EU und Art. 51 RL 2014/25/EU.[252]

127 Bei **Rahmenvereinbarungen** handelt es sich nach § 103 Abs. 5 GWB um vertragliche Abreden zwischen einem oder mehreren öffentlichen Auftraggebern oder Sektorenauftraggebern und einem oder mehreren Unternehmen, die dazu dienen, die Bedingungen für die öffentlichen Aufträge, die während eines bestimmten Zeitraums vergeben werden sollen, festzulegen. Die Festlegung kann sich insbesondere auf den Preis und ggf. auch auf die in Aussicht stehende Menge beziehen.[253]

128 Die Beschaffung mithilfe einer Rahmenvereinbarung findet damit in einem **zweistufigen Verfahren** statt, welches mit dem Abschluss der eigentlichen Rahmenvereinbarung auf der ersten Stufe beginnt, dem die Vergabe der Einzelaufträge auf der zweiten Stufe folgt.

129 Auch wenn sich Rahmenvereinbarungen streng genommen nicht unter den Begriff des **öffentlichen Auftrages** i.S.d. § 103 Abs. 1 GWB subsumieren lassen,[254] weil es insoweit an der Unmittelbarkeit des Beschaffungsvorganges fehlt, sieht § 103 Abs. 5 GWB in Übereinstimmung mit Art. 33 Abs. 1 UAbs. 1 RL 2014/24/EU die Ausschreibungspflicht vor, da die aufgrund der Rahmenvereinbarung vergebenen Aufträge in einem vereinfachten Verfahren (Art. 33 Abs. 2 bis 4 RL 2014/24/EU, umgesetzt in § 21 VgV) vergeben werden können.

130 Bei der Vergabe von Rahmenvereinbarungen und der auf ihrer Grundlage zu vergebenden Einzelaufträge sind die **unionsrechtlichen Vorgaben** der Art. 33 RL 2014/24/EU und Art. 51 RL 2014/25/EU sowie deren nationale Umsetzung in **§ 21 VgV** zu beachten. Die bisherige Regelung der Art. 32 RL 2004/18/EG und Art. 14 RL 2004/17/EG wurde im Wesentlichen übernommen, an einigen Stellen jedoch präzisiert. Die Rahmenvereinbarung darf mit Ausnahme angemessener Sonderfälle maximal für vier Jahre abgeschlossen werden (vgl. Art. 33 Abs. 1 UAbs. 3 RL 2014/24/EU). Will der Auftraggeber diese zeitliche Grenze durchbrechen, muss dies durch einen sachlichen Grund, der sich insbesondere aus einer Besonderheit des Auftragsgegenstandes ergeben kann, gerechtfertigt sein.

---

244 EuGH, Urteil v. 10.5.2012 – Rs. C-357/10 bis C-359/19 (Duomo Gpa), Rn. 32.
245 VK Münster, Beschluss v. 5.8.2014 – VK 10/14.
246 BGH, Beschluss v. 3.7.2008 – I ZR 145/05.
247 VK Arnsberg, Beschluss v. 18.7.2012 – VK 09/12.
248 VK Sachsen, Beschluss v. 13.8.2009 – 1/SVK/034/09, 1/SVK/034-09G.
249 VK Niedersachsen, Beschluss v. 17.8.2009 – VgK 36/2009.
250 OLG Düsseldorf, Beschluss v. 26.7.2002 – Verg 22/02.
251 VK Münster, Beschluss v. 28.5.2004 – VK 10/04; a.A. VK Hamburg, Beschluss v. 3.8.2004 – VgK FB 4/04.
252 Vgl. zu den Begriffen der Rahmenvereinbarung und des Rahmenvertrages *Egger*, Europäisches Vergaberecht, Rn. 693 ff.
253 Vgl. *Frenz*, Handbuch Europarecht, Bd. 3 Rn. 3049; *Poschmann*, in: Müller-Wrede, Kompendium des Vergaberechts, Kap. 16 Rn. 1.
254 Vgl. Gesetzesbegründung, BT-Drs. 18/6281, 74.

G. Wettbewerbe (Abs. 6)

Als **Wettbewerbe** i.S.d. § 103 Abs. 5 GWB gelten Auslobungsverfahren, die unter Zuhilfenahme eines Preisgerichts eine vergleichende Markterkundung und nachfolgende Planerstellung ermöglichen sollen.[255] 131

Die Regelung stimmt mit der **bisherigen Regelung in § 99 Abs. 5 GWB** überein, neu ist lediglich die Bezeichnung als „Wettbewerbe" in Übereinstimmung mit den Vergaberichtlinien. 132

Zur besseren Abgrenzung vom „Wettbewerb" im Sinne des unternehmerischen Wettbewerbs am Markt (§ 1 GWB) sowie dem Teilnahmewettbewerb nach § 18 Abs. 2 VgV werden Wettbewerbe i.S.d. § 103 Abs. 5 GWB in § 69 Abs. 1 VgV als „**Planungswettbewerbe**" bezeichnet. 133

Wettbewerbe sind keine öffentlichen Aufträge, sondern **eigenständige Verfahren**, für die die Vergaberichtlinien eigene – in §§ 69 ff. VgV umgesetzte – Vorgaben enthalten.[256] In den Vergaberichtlinien werden Wettbewerbe als Verfahren definiert, die dazu dienen, dem öffentlichen Auftraggeber insbesondere auf den Gebieten der Raumplanung, der Stadtplanung, der Architektur und des Bauwesens oder der Datenverarbeitung einen Plan oder eine Planung zu verschaffen (vgl. Art. 2 Abs. 1 Nr. 21 RL 2014/24/EU). Maßgebende Merkmale sind dass die Auswahl durch ein Preisgericht aufgrund vergleichender Beurteilung mit oder ohne Vergabe von Preisen erfolgt und dass der Auftraggeber im Gegenzug einen Plan oder eine Planung erhält. 134

Anwendung finden Wettbewerbe nach § 103 Abs. 5 GWB vorwiegend im Vorfeld oder im Rahmen der Vergabe von **Dienstleistungsaufträgen** (eingeschlossener Wettbewerb), etwa bei der Stadt- und Raumplanung sowie bei Architektenleistungen[257] sowie im IT-Bereich. 135

Anlage

Gesetzesbegründung (BT-Drs. 18/6281)

Seite 73

Zu Absatz 1

§ 103 Absatz 1 definiert den Begriff des öffentlichen Auftrags und entspricht insofern inhaltlich dem bisherigen § 99 Absatz 1 GWB. Kern der Definition des öffentlichen Auftrags ist, dass es sich um die Beschaffung von Leistungen durch öffentliche Auftraggeber oder Sektorenauftraggeber handeln muss. Der Unionsgesetzgeber hat in Erwägungsgrund 4 der Richtlinie 2014/24/EU darauf hingewiesen, dass die zunehmende Vielfalt öffentlicher Tätigkeiten es erforderlich mache, den Begriff der Auftragsvergabe selbst klarer zu definieren. Diese Präzisierung als solche sollte jedoch den Anwendungsbereich der neuen EU-Vergaberichtlinie im Verhältnis zu dem der Richtlinie 2004/18/EG nicht erweitern. Nicht alle Formen öffentlicher Ausgaben sollten abgedeckt werden, sondern nur diejenigen, die für den Erwerb von Bauleistungen, Lieferungen oder Dienstleistungen im Wege eines öffentlichen Auftrags getätigt werden. Fälle, in denen alle Wirtschaftsteilnehmer, die bestimmte Voraussetzungen erfüllen, zur Wahrnehmung einer bestimmten Aufgabe – ohne Selektivität – berechtigt sind, sollten nicht als Auftragsvergabe verstanden werden, sondern als einfache Zulassungssysteme (z. B. Zulassungen für Arzneimittel oder ärztliche Dienstleistungen). Daraus lässt sich schließen, dass die Zulassung von Dienstleistungserbringern im sozialhilferechtlichen Dreiecksverhältnis nicht der Richtlinie 2014/24/EU unterfällt. Gleiches gilt für die Zulassung von Pflegeeinrichtungen sowie die Feststellung der fachlichen Eignung im Rahmen der Zulassung besonderer Dienste oder besonderer Einrichtungen. Weiterhin hat der Unionsgesetzgeber in Erwägungsgrund 6 hervorgehoben, dass es den Mitgliedstaaten freistehe, die Erbringung von sozialen oder anderen Dienstleistungen entweder als Dienstleis-

255 Vgl. Art. 78 ff. RL 2014/24/EU.
256 Vgl. Nebeneinander von öffentlichen Aufträgen und Wettbewerben in Art. 1 Abs. 1 RL 2014/24/EU sowie die Verfahrensvorgaben in Art. 78 ff. RL 2014/24/EU.
257 Zu Architektenwettbewerben siehe ausführlich *Müller-Wrede*, Der Architektenwettbewerb.

tungen von allgemeinem wirtschaftlichem Interesse oder als nichtwirtschaftliche Dienstleistungen von allgemeinem Interesse oder als eine Mischung davon zu organisieren. Der Unionsgesetzgeber stellt in diesem Zusammenhang klar, dass nichtwirtschaftliche Dienstleistungen von allgemeinem Interesse nicht in den Geltungsbereich der Richtlinie 2014/24/EU fallen.

Da künftig zwischen öffentlichen Auftraggebern nach § 99, Sektorenauftraggebern nach § 100 und Konzessionsgebern nach § 101 unterschieden werden muss, ist die bisherige Definition entsprechend anzupassen. Öffentliche Aufträge sind demgemäß Verträge sowohl von öffentlichen Auftraggebern nach § 99 als auch von Sektorenauftraggebern nach § 100. § 103 Absatz 1 verweist nicht auf § 101, da Auftraggeber nach § 101 keine öffentlichen Aufträge im Sinne des §103 Absatz 1, sondern Konzessionen im Sinne des § 105 vergeben.

Im Unterschied zur bisherigen Definition fallen zudem Baukonzessionen künftig nicht mehr unter den Begriff des öffentlichen Auftrags. Vielmehr wird künftig zwischen der Vergabe von öffentlichen Aufträgen und der Vergabe von Konzessionen unterschieden. Konzessionen, einschließlich der Baukonzessionen, werden nunmehr abschließend in § 105 definiert.

Im Gegensatz zur Formulierung des bisherigen § 99 Absatz 1 GWB unterfallen Auslobungsverfahren, die zu Dienstleistungsaufträgen führen sollen, nicht mehr dem öffentlichen Auftragsbegriff. Damit wird im Einklang mit den Vergaberichtlinien klargestellt, dass es sich bei „Wettbewerben", die im Sinne des Bürgerlichen Gesetzbuchs (BGB) Auslobungsverfahren darstellen, um ein eigenes Verfahren handelt, welches dazu dient, dem öffentlichen

Seite 74

Auftraggeber einen Plan oder eine Planung zu verschaffen (s. Artikel 2 Absatz 1 Nummer 21 Richtlinie 2014/24/EU). Solche Wettbewerbe sind nunmehr in § 103 Absatz 6 definiert.

Formerfordernisse werden auf Verordnungsebene geregelt.

Zu Absatz 2

§ 103 Absatz 2 entspricht dem bisherigen § 99 Absatz 2 GWB.

Zu Absatz 3

§ 103 Absatz 3 definiert den Begriff des Bauauftrags und passt den bisherigen § 99 Absatz 3 GWB an den neuen Richtlinientext an (Artikel 2 Absatz 1 Nummer 6 der Richtlinie 2014/24/EU).

§ 103 Absatz 3 sieht für die Definition des Bauauftrags entsprechend dem Richtlinientext wie bislang drei Alternativen vor. Alternative 1 betrifft Bauleistungen, die in Anlage II der Richtlinie 2014/24/EU abschließend aufgenommen werden. Die dort aufgeführten Bauleistungen sind in der Praxis für die Abgrenzung von Bau- und Lieferaufträgen entscheidend. Schon heute zieht die Rechtsprechung vielfach den bisherigen Anhang I der Richtlinie 2004/18/EG (entspricht dem Anhang II der Richtlinie 2014/24/EU) zur Abgrenzung zwischen Bau- und Lieferaufträgen heran (z. B. OLG Düsseldorf, Beschluss vom 30.04.2014, VII-Verg 35/13).

In der dritten Alternative (Erbringung der Bauleistung durch Dritte) wird nunmehr entsprechend Artikel 2 Absatz 1 Nummer 6 Buchstabe c der Richtlinie 2014/24/EU klargestellt, dass die Erbringung der Bauleistung gemäß den von einem öffentlichen Auftraggeber oder Sektorenauftraggeber genannten Erfordernissen voraussetzt, dass der betreffende Auftraggeber Maßnahmen getroffen hat, um die Art des Vorhabens festzulegen, oder zumindest einen entscheidenden Einfluss auf dessen Planung haben musste. Ob der Auftragnehmer das Bauvorhaben ganz oder zum Teil mit eigenen Mitteln durchführt oder dessen Durchführung mit anderen Mitteln sicherstellt, ist – wie in Erwägungsgrund 9 der Richtlinie 2014/24/EU klargestellt wird – unerheblich für die Einstufung der entsprechenden Bauleistung als Bauauftrag, solange der Auftragnehmer eine direkte oder indirekte rechtswirksame Verpflichtung zur Gewährleistung der Erbringung der Bauleistungen übernimmt.

Zu Absatz 4

§ 103 Absatz 4 entspricht dem bisherigen § 99 Absatz 4 GWB.

Zu Absatz 5

§ 103 Absatz 5 dient der Umsetzung der Definition der Rahmenvereinbarung gemäß Artikel 33 Absatz 1 Unterabsatz 2 der Richtlinie 2014/24/EU und Artikel 51 Absatz 1 Unterabsatz 2 der Richtlinie 2014/25/EU. Die Rahmenvereinbarung stellt selbst zwar keinen Beschaffungsprozess dar. Die Vergabe einer Rahmenvereinbarung im Wege eines Vergabeverfahrens hat jedoch zur Folge, dass die auf ihrer Grundlage erteilten Einzelaufträge einem vereinfachten Vergabeverfahren unterliegen können. Wie ein öffentlicher Auftrag unterliegt die Rahmenvereinbarung also wettbewerblichen Verfahrensregeln, vergleiche Artikel 33 Absatz 1 Unterabsatz 1 Richtlinie 2014/24/EU: „Die öffentlichen Auftraggeber können Rahmenvereinbarungen abschließen, sofern sie die in dieser Richtlinie genannten Verfahren anwenden" und die Regelung der Einzelheiten eines Verzichts auf den Teilnahmewettbewerb in Artikel 33 Absatz 4 Buchstabe a) bis c). Aus systematischen Gründen empfiehlt es sich daher, die Rahmenvereinbarung im Zusammenhang mit dem Begriff des öffentlichen Auftrags zu regeln.

Zu Absatz 6

§ 103 Absatz 6 entspricht dem bisherigen § 99 Absatz 5 GWB. Im Einklang mit den Vergaberichtlinien findet nun aber der Begriff „Wettbewerbe" Verwendung. Die Einzelheiten für das Verfahren zur Ausrichtung von Wettbewerben gemäß Artikel 78 bis 82 der Richtlinie 2014/24/EU sowie Artikel 95 bis 99 der Richtlinie 2014/25/EU werden durch die aufgrund von § 113 erlassenen Verordnung der Bundesregierung mit Zustimmung des Bundesrates umgesetzt.

§ 104
Verteidigungs- oder sicherheitsspezifische öffentliche Aufträge

(1) Verteidigungs- oder sicherheitsspezifische öffentliche Aufträge sind öffentliche Aufträge, deren Auftragsgegenstand mindestens eine der folgenden Leistungen umfasst:

1. die Lieferung von Militärausrüstung, einschließlich dazugehöriger Teile, Bauteile oder Bausätze,

2. die Lieferung von Ausrüstung, die im Rahmen eines Verschlusssachenauftrags vergeben wird, einschließlich der dazugehörigen Teile, Bauteile oder Bausätze,

3. Liefer-, Bau- und Dienstleistungen in unmittelbarem Zusammenhang mit der in den Nummern 1 und 2 genannten Ausrüstung in allen Phasen des Lebenszyklus der Ausrüstung oder

4. Bau- und Dienstleistungen speziell für militärische Zwecke oder Bau- und Dienstleistungen, die im Rahmen eines Verschlusssachenauftrags vergeben werden.

(2) Militärausrüstung ist jede Ausrüstung, die eigens zu militärischen Zwecken konzipiert oder für militärische Zwecke angepasst wird und zum Einsatz als Waffe, Munition oder Kriegsmaterial bestimmt ist.

(3) Ein Verschlusssachenauftrag im Sinne dieser Vorschrift ist ein Auftrag im speziellen Bereich der nicht-militärischen Sicherheit, der ähnliche Merkmale aufweist und ebenso schutzbedürftig ist wie ein Auftrag über die Lieferung von Militärausrüstung im Sinne des Absatzes 1 Nummer 1 oder wie Bau- und Dienstleistungen speziell für militärische Zwecke im Sinne des Absatzes 1 Nummer 4, und

1. bei dessen Erfüllung oder Erbringung Verschlusssachen nach § 4 des Gesetzes über die Voraussetzungen und das Verfahren von Sicherheitsüberprüfungen des Bundes oder nach den entsprechenden Bestimmungen der Länder verwendet werden oder

2. der Verschlusssachen im Sinne der Nummer 1 erfordert oder beinhaltet.

Übersicht

	Rn.
A. Allgemeines	1
B. Regelungsinhalt	8
I. Lieferung von Militärausrüstung (Abs. 1 Nr. 1 und Abs. 2)	9
1. Kriegswaffenliste	19
2. Bestimmung zum Einsatz als Kriegsmaterial	24
II. Lieferung von Ausrüstung im Rahmen eines Verschlusssachenauftrages (Abs. 1 Nr. 2 und Abs. 3)	31
1. Lieferung von Ausrüstung	32
2. Verschlusssachenauftrag (Abs. 3)	34
a) Merkmale und Schutzbedürftigkeit (Hs. 1)	38
b) Verschlusssache (Hs. 2)	43
III. Verbundene Leistung (Abs. 1 Nr. 3)	49
IV. Bau- und Dienstleistungen für militärische Zwecke oder im Rahmen eines Verschlusssachenauftrages (Abs. 1 Nr. 4)	55
Anlage	
Gesetzesbegründung (BT-Drs. 18/6281)	

A. Allgemeines

§ 104 GWB entspricht inhaltlich dem **bisherigen § 99 Abs. 7 bis 9 GWB**. Allerdings wird die Bezeichnung als „verteidigungs- oder sicherheitsspezifische öffentliche Aufträge" neu eingeführt. § 99 Abs. 7 GWB erfasste diese Aufträge bislang unter der Bezeichnung „verteidigungs- oder sicherheitsrelevant", was der Diktion des Art. 2 RL 2009/81/EG entsprach. **1**

Hintergrund dieser Begriffsänderung ist, dass mit Art. 15 bis 17 RL 2014/24/EU und Art. 24 bis 26 RL 2014/25/EU eine neue Kategorie von Aufträgen eingeführt wurde, die sog. öffentlichen Aufträge und Wettbewerbe mit „Verteidigungs- oder Sicherheitsaspekten". **2**

Art. 15 Abs. 1 RL 2014/24/EU und Art. 24 Abs. 1 RL 2014/25/EU stellen klar, dass die **RL 2014/24/EU und 2014/25/EU** auch im Bereich Verteidigung und Sicherheit anzuwenden **3** sind, soweit ein Auftrag Verteidigungs- oder Sicherheitsaspekte beinhaltet, wenn der Auftrag nicht in den Anwendungsbereich der RL 2009/81/EG fällt. Ebenso sind die RL 2014/24/EU und 2014/25/EU nach Art. 15 Abs. 1 lit. b RL 2014/24/EU und Art. 24 Abs. 1 lit. b RL 2014/25/EU für diejenigen Fälle nicht anwendbar, in denen die Bestimmungen der RL 2009/81/EG wegen Unterschreitung der Schwellenwerte oder dem Vorliegen besonderer Ausnahmetatbestände nicht zur Anwendung kommen. Damit bleibt als Anwendungsbereich der Aufträge mit „Verteidigungs- und Sicherheitsaspekten" beispielsweise die Erbringung von Dienstleistungen für das Militär ohne Bezug zu militärischer Ausrüstung (Waschen von Bettwäsche) oder die Lieferung von Lebensmitteln in eine Kaserne.

4 Zudem enthalten Art. 15 Abs. 2 und Abs. 3, Art. 17 RL 2014/24/EU sowie Art. 24 Abs. 2 und Abs. 3, Art. 27 RL 2014/25/EU **weitere Ausnahmetatbestände** für Beschaffungen und Wettbewerbe mit Verteidigungs- und Sicherheitsaspekten, die in **§ 117 GWB** in deutsches Recht umgesetzt wurden.[1]

5 Um eine bessere Abgrenzung zu dieser neuen Kategorie von Aufträgen, die **Verteidigungs- oder Sicherheitsaspekte** umfassen, gewährleisten zu können, sollen Aufträge im Anwendungsbereich des Art. 2 RL 2009/81/EG im GWB nunmehr als „verteidigungs- oder sicherheitsspezifische öffentliche Aufträge" bezeichnet werden.[2]

6 In § 104 GWB werden die Aufträge, die verteidigungs- oder sicherheitsspezifische Aspekte enthalten, **legal definiert**. Damit wird gleichzeitig der sachliche Anwendungsbereich des Kartellvergaberechts für derartige Aufträge festgelegt und diese Aufträge in der Folge dem Sonderregime der VSVgV unterworfen.

7 Die **begriffliche Unterscheidung** in verteidigungs- und sicherheitsspezifische Aufträge rührt daher, dass verteidigungsspezifische Aufträge militärische Einsatzbereiche erfassen, wohingegen Auftraggeber der sicherheitsspezifischen Aufträge zivile Stellen (Bundesnachrichtendienst, Polizei etc.) sind.

B. Regelungsinhalt

8 **Verteidigungs- und sicherheitsspezifisch** sind nach § 104 Abs. 1 GWB:

- Lieferung von Militärausrüstung, einschließlich dazugehöriger Teile, Bauteile oder Bausätze (Nr. 1);
- Lieferung von Ausrüstung im Rahmen von Verschlusssachenaufträgen, einschließlich dazugehöriger Teile, Bauteile oder Bausätze (Nr. 2);
- Liefer-, Bau- und Dienstleistungen im unmittelbaren Zusammenhang mit der in den beiden vorhergehenden Spiegelstrichen benannten Militärausrüstung bzw. Ausrüstung (Nr. 3);
- Bau- und Dienstleistungen speziell für militärische Zwecke (Nr. 4 Alt. 1);
- Bau- und Dienstleistungen, die im Zusammenhang mit einem Verschlusssachenauftrag vergeben werden (Nr. 4 Alt. 2).

I. Lieferung von Militärausrüstung (Abs. 1 Nr. 1 und Abs. 2)

9 § 104 Abs. 1 Nr. 1 GWB erfasst die Lieferung von Militärausrüstung, einschließlich dazugehöriger Teile, Bauteile oder Bausätze.

10 Der Begriff der **Lieferung** ist dabei im Sinne eines Lieferauftrages gemäß § 103 Abs. 2 GWB zu verstehen. Erfasst sind damit Verträge zur Beschaffung von Waren, die insbesondere Kauf oder Ratenkauf oder Leasing, Mietverhältnisse oder Pachtverhältnisse mit oder ohne Kaufoption betreffen.

1 Siehe für Einzelheiten *Sterner* zu § 117.
2 Gesetzesbegründung zu § 104 GWB, BT-Drs. 18/6281, 74.

Nach der Legaldefinition des § 104 Abs. 2 GWB ist **Militärausrüstung** jede Ausrüstung, 11

- die eigens zu militärischen Zwecken konzipiert oder
- für militärische Zwecke angepasst wird und
- zum Einsatz als Waffe, Munition oder Kriegsmaterial bestimmt ist.

Eine **Konzeption für militärische Zwecke** ist dann gegeben, wenn das entsprechende Produkt ausschließlich für die Nutzung durch die Streitkräfte konstruiert und produziert wurde und eine zivile Nutzung ausgeschlossen ist. Dies ist regelmäßig bei harten Rüstungsgütern der Fall. 12

Eine **Anpassung für militärische Zwecke** liegt vor, wenn ein ursprünglich für den zivilen Gebrauch entwickeltes Produkt für die Verwendung als Militärausrüstung militärspezifisch abgeändert wurde. Dies kann z.B. bei Fahrzeugen der Fall sein, wenn zivile Fahrzeuge u.a. mit einem verstärkten Schutz ausgerüstet werden oder die Kabinen im Hinblick auf Gasdichtigkeit nachgerüstet werden. 13

Während die ersten beiden Voraussetzungen **alternativ** vorliegen können, ist die **Bestimmung als Waffe, Munition oder Kriegsmaterial** immer Voraussetzung des Vorliegens von Militärausrüstung. 14

Der Gesetzgeber hat den Begriff der **Waffe** nicht definiert. In diesem Kontext wird man darunter alle Gegenstände fassen können, die dazu bestimmt und geeignet sind, Lebewesen physisch (meist durch mechanische Einwirkung) infolge Verwundung oder Tod bzw. psychisch in ihrer Handlungsfähigkeit zu beeinträchtigen oder handlungsunfähig zu machen. Dazu zählen auch Mittel, die Gegenstände oder immaterielle Güter beschädigen, zerstören oder gebrauchsunfähig machen können. 15

Munition ist im militärischen Umfeld definiert als Gegenstände und Komponenten, die 16

- Explosionsstoffe enthalten oder aus Explosivstoffen bestehen,
- Explosivstoffe und sonstige gefährliche Stoffe (z. B. Brand-, Nebel-, Reiz- oder Rauchstoffe) enthalten,
- keinen Explosionsstoff, jedoch andere gefährliche Stoffe enthalten oder aus diesen bestehen und als Kampf-, Darstellungs-, Beobachtungs-, Markierungs- oder Signalmittel verwendet werden,
- weder Explosionsstoffe noch andere gefährliche Stoffe enthalten oder aus solchen bestehen, aber aus/mit Waffen verschossen bzw. eingesetzt werden.[3]

Die Legaldefinition ist identisch mit der europarechtlichen Regelung in **Art. 1 Abs. 6 RL 2009/81/EG** und war bislang in **§ 99 Abs. 7 GWB a.F.** enthalten. 17

Gemäß Erwägungsgrund 10 RL 2009/81/EG sind unter **Militärausrüstung** insbesondere die Arten von Produkten zu verstehen, die in der vom Rat in der Entscheidung 255/58 vom 15.4.1958[4] angenommenen Liste von Waffen, Munition und Kriegsmaterial aufgeführt sind. Diese Liste enthält ausschließlich Produkte, die speziell zu militärischen Zwecken konzipiert, entwickelt und hergestellt werden. Es handelt sich jedoch um eine generische Liste, die unter Berücksichtigung der sich weiterentwickelnden Technologie, Beschaffungspolitik und militärischen Anforderungen, die die Entwicklung neuer Arten von Produkten nach sich ziehen, beispielsweise auf der Grundlage der gemeinsamen Militärgüterliste der Union[5], weit auszulegen ist. Der Begriff „Militärausrüstung" soll auch Produkte einschließen, die zwar ursprünglich für zivile Zwecke konzipiert wurden, später aber für militärische Zwecke angepasst werden, um als Waffen, Munition oder Kriegsmaterial eingesetzt zu werden. In der Entscheidungspraxis der Nachprüfungsinstanzen wird ebenfalls auf die Militärgüterliste zurückgegriffen.[6] 18

---

3 Zentrale Dienstvorschrift der Bundeswehr – ZDv 30/41 Begriffe der Logistik und Rüstung.

4 Entscheidung zur Festlegung der Produkte (Waffen, Munition und Kriegsmaterial), für die Art. 223 Abs. 1 lit. b EWGV (heute Art. 346 Abs. 2 lit. b AEUV) des Vertrags gilt (Dok. 255/58). Protokoll v. 15.4.1958: Dok. 368/58.

5 Derzeitiger Stand vom Februar 2012, vgl. EU-Abl. v. 22.3.2012 – C 85/01.

6 A. A. siehe Nachweise bei VK Bund, Beschluss v. 21.8.2014 – VK 2-59/14.

1. Kriegswaffenliste

19 In der Kriegswaffenliste wurde gemäß Art. 296 Abs. 2 EGV aufgelistet, was unter „Waffen, Munition und Kriegsmaterial" zu verstehen ist. Sie wurde seitdem offiziell nicht geändert oder ergänzt und wird deshalb teilweise für technologisch veraltet gehalten.[7]

20 Die Kriegswaffenliste enthält folgende **Aufzählung**[8]:

1. Handfeuerwaffen, auch automatisch wie

   Gewehre, Karabiner, Revolver, Pistolen, Maschinenpistolen und Maschinengewehre, mit Ausnahme von Jagdwaffen, Kleinkaliberpistolen und anderen Kleinkaliberwaffen mit einen Kaliber unter 7 mm.
2. Artilleristische Waffen, Nebel-, Gas- und Flammenwerfer wie
   a) Kanonen, Haubitzen, Mörser, Geschütze, Panzerabwehrwaffen, Raketenwerfer, Flammenwerfer, rückstoßfreie Kanonen,
   b) Kriegsgerät wie Nebel- und Gaswerfer.
3. Munition für die unter 1. und 2. genannten Waffen.
4. Bomben, Torpedos, Raketen und ferngesteuertes Kriegsgerät:
   a) Bomben, Torpedos, Granaten, einschließlich Nebelgranaten, Rauschtöpfe, Raketen, Minen, ferngesteuertes Kriegsgerät, Wasserbomben, Brandbomben,
   b) Apparate und Vorrichtungen für militärische Zwecke, eigens konstruiert für die Handhabung, das Scharfmachen, die Entschärfung, die Detonation und den Nachweis der unter a) aufgeführten Geräte.
5. Feuerleitungsmaterial für militärische Zwecke:
   a) Flugbahnprüfungsgeräte, Infrarot-Zielgeräte und anderes Nachtzielmaterial,
   b) Entfernungsmesser, Ortungsgeräte, Höhenmesser,
   c) elektronische, gyroskopische, optische und akustische Beobachtungsvorrichtungen,
   d) Visiergeräte für Bombenabwurf und Höhenrichtwerke für Kanonen, Periskope für die in dieser Liste aufgeführten Geräte.
6. Panzerwagen und eigens für militärische Zwecke konstruierte Fahrzeuge:
   a) Panzerwagen,
   b) Militärfahrzeuge, bewaffnet oder gepanzert, einschließlich Amphibienfahrzeugen,
   c) Panzerzüge,
   d) Militärfahrzeuge (Halbkettenfahrzeuge),
   e) Militärfahrzeuge zur Reparatur von Panzerwagen,
   f) besonders für den Transport der unter 3. und 4. aufgeführten Munition konstruierte Anhänger.
7. Toxische oder radioaktive Wirkstoffe:
   a) biologische und chemische toxische Wirkstoffe und radioaktive Wirkstoffe zur Vernichtung von Menschen, Tieren oder Ernten im Kriegsfalle,
   b) militärische Geräte zur Verbreitung, Feststellung und Identifizierung der unter a) aufgeführten Stoffe,
   c) Material zum Schutz gegen die unter a) aufgeführten Stoffe.
8. Pulver, Explosivstoffe und flüssige oder feste Treibmittel:
   a) Pulver und flüssige oder feste Treibmittel, besonders für die unter 3., 4. und 5. aufgeführten Geräte entwickelt oder hergestellt,

---

7 Siehe *Prieß*, Handbuch des europäischen Vergaberechts, S. 315; a.A. *Trybus*, in: Müller-Wrede, Kompendium des Vergaberechts, 1. Auflage, Kap. 7 Rn. 23.

8 Siehe EG-Abl. C 364 E v. 20.12.2001, 85 f.

b) Explosivstoffe für militärische Zwecke,
c) Brandsätze und Geliermittel für militärische Zwecke.

9. Kriegsschiffe und deren Sonderausrüstungen:
   a) Kriegsschiffe aller Art,
   b) Sonderausrüstungen zum Minenlegen, Minensuchen und Minenräumen,
   c) U-Boot-Netze.
10. Luftfahrzeuge und ihre Ausrüstungen zu militärischen Zwecken.
11. Elektronenmaterial für militärische Zwecke.
12. Eigens für militärische Zwecke konstruierte Aufnahmeapparate.
13. Sonstige Ausrüstungen und sonstiges Material:
    a) Fallschirme und Fallschirmmaterial,
    b) eigens zu militärischen Zwecken entwickeltes Material zum Überqueren von Wasserläufen,
    c) elektrisch betätigte Scheinwerfer zu militärischen Zwecken.
14. Teile und Einzelteile des in dieser Liste aufgeführten Materials, soweit sie einen militärischen Charakter haben.
15. Ausschließlich für die Entwicklung, Herstellung, Prüfung und Kontrolle der in dieser Liste aufgeführten Waffen, Munition und rein militärischen Geräte entwickelte Maschinen, Ausrüstungen und Werkzeuge.

Die Kriegswaffenliste von 1958 zählt die Gegenstände **abschließend** auf. Außer im vorgesehenen Verfahren kann sie nicht erweitert werden. Gemäß Art. 346 Abs. 2 AEUV kann die Liste nur einstimmig auf Vorschlag der Kommission geändert werden. 21

Sie betrifft nach dem Wortlaut des Art. 346 Abs. 1 lit. b AEUV explizit nur den **Handel und die Erzeugung** der aufgelisteten Güter. Es besteht jedoch Einigkeit darüber, dass auch **Instandsetzungs- und Wartungsarbeiten** an diesen Gütern nach Sinn und Zweck der Vorschrift erfasst sind.[9] Dies korrespondiert mit der Regelung in § 104 Abs. 1 Nr. 3 GWB, wonach auch Dienstleistungen, die im unmittelbaren Zusammenhang mit Kriegsmaterial stehen, zum Kreis der verteidigungs- oder sicherheitsspezifischen Aufträge gehören. 22

Aufgrund ihrer technologischen Überalterung ist die Kriegswaffenliste **weit zu interpretieren**, um auch neuere technologische Entwicklungen darunter fassen zu können. 23

2. Bestimmung zum Einsatz als Kriegsmaterial

Im Hinblick auf die erforderliche Zweckbestimmung als Kriegsmaterial hat der EuGH anlässlich der Beschaffung von Hubschraubern zunächst im Rahmen der „Agusta"-Entscheidung[10] einen **subjektiven**, d.h. an dem speziellen Einsatzzweck ausgerichteten **Ansatz** verfolgt. Gefolgert wurde dies aus der Formulierung des Art. 346 Abs. 1 lit. b AEUV, wonach die betreffenden Beschaffungsgegenstände eigens für militärische Zwecke „bestimmt" sein müssten. Die Verwendung der Hubschrauber war auf alle Fälle für zivile Zwecke (Zivilkorps) gedacht, wohingegen der Einsatz im Militär ungewiss war. Im Ergebnis konnte sich der Auftraggeber aufgrund des ungewissen militärischen Verwendungszweckes nach Ansicht des EuGH nicht auf Art. 346 AEUV berufen. Damit hätte der Auftrag entsprechend den vergaberechtlichen Bestimmungen vergeben werden müssen. Diese subjektive, auf den konkreten Einsatzzweck ausgerichtete Betrachtung wurde dennoch insgesamt als Ausweitung des Anwendungsbereiches gesehen, die sich insbesondere im Bereich der sowohl zivil als auch militärisch verwendbaren Güter, der sog. Dual-Use-Güter, auswirkt.[11] 24

---

9 *Boesen*, Vergaberecht, § 100 GWB Rn. 60; *Guckelberger*, ZfBR 2005, 34 (35).
10 EuGH, Urteil v. 8.4.2008 – Rs. C-337/05 (Agusta).
11 *Hölzl*, NZBau, 2012, 509 (512).

25 Diesen subjektiven Ansatz hat der EuGH in der neueren **„InsTiimi"-Entscheidung**[12] geändert. Es ging um einen Auftrag zur Beschaffung von Drehtischanlagen, die zur Verwendung als Träger von Objekten bestimmt waren, an denen elektromagnetische Messungen durchgeführt werden. Die Drehtische wurden zwar aus zivilen Komponenten zusammengesetzt, sind allerdings militärspezifisch abgeändert worden. Unzweifelhaft sollten sie militärischen Zwecken im Bereich der Simulation elektronischer Kriegsführung dienen. Zu entscheiden war, ob diese Drehtische der Kriegswaffenliste zuzuordnen sind. Der EuGH stellte darauf ab, dass aus den Worten „für militärische Zwecke" in Nr. 11 der Kriegswaffenliste sowie den Worten „soweit sie einen militärischen Charakter haben" und „ausschließlich für... entwickelte" in Nr. 14 und 15 der Liste hervorgehe, dass die dort genannten Produkte **objektiv** einen spezifisch militärischen Charakter aufweisen müssten.[13] Eine spezifisch militärische Zweckbestimmung im Sinne von Art. 346 AEUV könne nur in denjenigen Fällen zuerkannt werden, in denen nicht nur eine militärische Verwendung vorgesehen ist. Zusätzlich muss sich die militärische Verwendung aus den Eigenschaften eines **speziell zu solchen Zwecken konzipierten, entwickelten oder substanziell veränderten Ausrüstungsgegenstands** ergeben.[14] Gleiches folge aus dem Erwägungsgrund 10 RL 2009/81. Darin sei klargestellt, dass für die Zwecke dieser Richtlinie der Begriff „Militärausrüstung" auch Produkte einschließen sollte, die zwar ursprünglich für zivile Zwecke konzipiert wurden, später aber für militärische Zwecke angepasst werden, um als Waffen, Munition oder Kriegsmaterial eingesetzt zu werden. Insgesamt stellt der Gerichtshof damit auf die objektive Beschaffenheit und den objektiven Verwendungszweck eines Gegenstandes ab.[15]

26 Wie der EuGH in der „InsTiimi"-Entscheidung[16] konsequent herausgearbeitet hat, war diese objektive Betrachtungsweise schon in der **Kriegswaffenliste** von 1958 angelegt. Diese Betrachtungsweise dürfte bei Großgeräten wie Panzern und Kriegsschiffen kaum Auswirkungen haben. Anderes gilt beispielsweise in den folgenden Fällen.

27 **Ersatzteile und Baugruppen**: Nach Ziff. 14 der Kriegswaffenliste fallen Teile und Einzelteile des in dieser Liste aufgeführten Materials nur dann in den Anwendungsbereich der Liste, soweit sie einen militärischen Charakter haben. Im Vergabevermerk wäre zu dokumentieren, worin beispielsweise der militärische Charakter eines Motors, Getriebes oder einer elektronischen Schaltanlage besteht. Dabei können konstruktive Merkmale, beispielsweise die leichte Auswechselbarkeit oder auch das technische Anforderungsprofil, relevant sein.

28 **Werkzeuge und Sonderwerkzeuge**: Maschinen, Ausrüstungen und Werkzeuge müssten nach Ziff. 15 der Kriegswaffenliste ausschließlich für die Entwicklung, Herstellung, Prüfung und Kontrolle von hartem Kriegsgerät speziell hergestellt worden sein. Damit scheidet eine parallele zivile Verwendung aus. Gerade im Bereich der Werkzeuge und Sonderwerkzeuge verengt sich durch diese Sichtweise der Anwendungsbereich erheblich. Die Herstellung für diesen besonderen militärischen Zweck müsste ebenfalls in dem Vergabevermerk dokumentiert werden.

29 **Dual-Use-Güter**: Können die zu beschaffenden Gegenstände im Wesentlichen bauartgleich sowohl zivil als auch militärisch genutzt werden, fehlt ihnen die objektiv militärische Zweckbestimmung; allerdings kann der betreffende Auftrag auch in Bezug auf Dual-Use-Güter als Verschlusssachenauftrag im Sinne des § 104 Abs. 3 GWB zu qualifizieren sein.[17] Sie unterfallen dem allgemeinen EU-Vergaberecht, wobei sie dort ggf. in die neue Kategorie der Aufträge und Wettbewerbe mit *„Verteidigungs- oder Sicherheitsaspekten"* fallen können. Erst wenn sie durch eine substanzielle konzeptionelle oder bauartbedingte Abweichung für militärische Zwecke abgeändert werden, können sie den Kriegswaffen zugeordnet werden. Gerade bei der Übernahme zivil entwickelter Komponenten in militärische Fahrzeuge, Waffensysteme

12 EuGH, Urteil v. 7.6.2012 – Rs. C-615/10 (InsTiimi).
13 EuGH, Urteil v. 7.6.2012 – Rs. C-615/10 (InsTiimi), Rn. 39.
14 EuGH, Urteil v. 7.6.2012 – Rs. C-615/10 (InsTiimi), Rn. 40.
15 *Hölzl*, NZBau, 2012, 509 (512).
16 EuGH, Urteil v. 7.6.2012 – Rs. C-615/10 (InsTiimi).
17 Siehe zu dieser Konstellation VK Bund, Beschluss v. 9.5.2014 – VK 1-26/14.

etc. muss sowohl die militärische Zwecksetzung als auch die militärische Besonderheit der konstruktiven Abweichung im Vergabevermerk festgehalten werden.

In der **Entscheidungspraxis** der Nachprüfungsinstanzen wurde beispielsweise die Beschaffung geschützter Sonderfahrzeuge inklusive der anschließenden Instandsetzung,[18] die Beschaffung von BiV-Nachtsichtbrillen[19], von Scharfschützengewehren inklusive Zubehör und Munition[20], die Beschaffung von Ersatzteilen gepanzerter Fahrzeuge[21] und die Beschaffung von Außenlastnetzen von Transporthubschraubern[22] als Lieferung von Militärausrüstung angesehen. **30**

II. Lieferung von Ausrüstung im Rahmen eines Verschlusssachenauftrages (Abs. 1 Nr. 2 und Abs. 3)

Nach § 104 Abs. 1 Nr. 2 GWB wird die Lieferung von Ausrüstungsgegenständen im Zusammenhang mit einem Verschlusssachenauftrag einschließlich der dazugehörigen Teile, Bauteile und Bausätze dem Kreis der verteidigungs- und sicherheitsspezifischen Aufträge zugerechnet. **31**

1. Lieferung von Ausrüstung

Als **erste Voraussetzung** von § 104 Abs. 1 Nr. 2 GWB muss es sich zunächst um die Lieferung von Ausrüstung handeln. **32**

Dieser **Begriff** ist im Gegensatz zur Militärausrüstung nicht legal definiert. Aus dem Gesamtkontext ist jedoch zu schließen, dass darunter – mit Ausnahme der Militärausrüstung – grundsätzlich sämtliche Sachmittel zu fassen sind, auf die Behörden (Polizei, Katastrophenschutz, Feuerwehr, Verfassungsschutz etc.) im Rahmen ihrer Aufgabenerfüllung zurückgreifen. **33**

2. Verschlusssachenauftrag (Abs. 3)

Die eigentliche Eingrenzung erfolgt durch die **zweite Voraussetzung**, wonach es sich um einen Verschlusssachenauftrag handeln muss. **34**

Nach der **Legaldefinition** des § 104 Abs. 3 GWB ist dies ein Auftrag **35**

1. im speziellen Bereich der nicht militärischen Sicherheit, der ähnliche Merkmale aufweist und ebenso schutzbedürftig ist wie ein Auftrag über die Lieferung von Militärausrüstung im Sinne von § 104 Abs. 1 Nr. 1 GWB oder wie Bau- und Dienstleistungen speziell für militärische Zwecke im Sinne von § 104 Abs. 1 Nr. 4 GWB, und
2. bei dessen Erfüllung oder Erbringung Verschlusssachen nach § 4 SÜG oder den entsprechenden Bestimmungen der Länder verwendet werden oder der Verschlusssachen im Sinne von § 104 Abs. 3 Nr. 1 GWB erfordert oder beinhaltet.

Die Legaldefinition in § 104 Abs. 3 GWB entspricht weitestgehend der bisherigen aus **§ 99 Abs. 9 GWB a.F.** Sie basiert auf der Begriffsbestimmung in **Art. 1 Nr. 8 RL 2009/81/EG**. Für die Begriffsbestimmung im nationalen Recht ist auf § 4 SÜG zurückzugreifen. Zum Zwecke der Klarstellung wurde der Wortlaut der Definition des Verschlusssachenauftrages im Hinblick auf Erwägungsgrund 11 RL 2009/81/EG („Im speziellen Bereich der nichtmilitärischen Sicherheit sollte diese Richtlinie für Beschaffungen gelten, die ähnliche Merkmale aufweisen wie Beschaffungen im Verteidigungsbereich und ebenso sensibel sind") ergänzt.[23] **36**

Im Rahmen eines **Nachprüfungsverfahrens** kann die vorgenommene Einstufung als Verschlusssachenauftrag nur eingeschränkt dahin gehend überprüft werden, ob die Festlegung **37**

---

18 VK Bund, Beschluss v. 10.9.2015 – VK 2-77/15.
19 VK Bund, Beschluss v. 31.7.2015 – VK 1-59/15.
20 VK Bund, Beschluss v. 26.6.2015 – VK 1-47/15; siehe zur Munitionsbeschaffung auch VK Bund, Beschluss v. 27.10.2014 – VK 1-80/14.
21 VK Bund, Beschluss v. 21.8.2014 – VK 2-59/14.
22 VK Bund, Beschluss v. 17.3.2014 – VK 1-12/14.
23 Gesetzesbegründung zu § 104 GWB, BT-Drs. 18/6281, 75.

frei von sachfremden Erwägungen, aufgrund eines zutreffend ermittelten Sachverhalts und ohne eine ersichtliche grundsätzliche Fehlbeurteilung der Dinge vorgenommen wurde.[24]

a) Merkmale und Schutzbedürftigkeit (Hs. 1)

38 Voraussetzung für einen Verschlusssachenauftrag nach § 104 Abs. 3 GWB ist, dass der Auftrag im speziellen Bereich der nicht militärischen Sicherheit **ähnliche Merkmale** aufweist und **ebenso schutzbedürftig** ist wie ein Auftrag über die Lieferung von Militärausrüstung im Sinne des § 104 Abs. 1 Nr. 1 GWB oder wie Bau- und Dienstleistungen speziell für militärisch Zwecke im Sinne des § 104 Abs. 1 Nr. 4 GWB.

39 Die **Kriterien**, nach denen diese Sensibilität zu bemessen ist, werden durch den Gesetzgeber nicht explizit vorgegeben. Anhaltspunkte ergeben sich aus den **verschiedenen Definitionen** von Verschlusssachen.

40 Nach **Abs. 1 Nr. 8 RL 2009/81/EG** sind Verschlusssachen Informationen bzw. Material, denen (dem) unabhängig von Form, Beschaffenheit oder Art der Übermittlung ein Geheimhaltungsgrad zugewiesen ist oder für die (das) eine Schutzbedürftigkeit anerkannt wurde und die (das) im Interesse der nationalen Sicherheit und nach den in dem betreffenden Mitgliedstaat geltenden Rechts- und Verwaltungsvorschriften gegen Missbrauch, Zerstörung, Entfernung, Bekanntgabe, Verlust oder Zugriff durch Unbefugte oder jede andere Art der Preisgabe an Unbefugte geschützt werden müssen (muss).

41 Im **deutschen Recht** sind Verschlusssachen beispielsweise als im öffentlichen Interesse geheimhaltungsbedürftige Tatsachen, Gegenstände oder Erkenntnisse unabhängig von ihrer Darstellungsform (z. B. Schriftstücke, Zeichnungen, Karten, Fotokopien, Lichtbildmaterial, elektronische Dateien und Datenträger, elektrische Signale, Geräte, technische Einrichtungen oder das gesprochene Wort) definiert.[25]

42 Dem **Erwägungsgrund 11 RL 2009/81EG** ist zu entnehmen, dass die Richtlinie von Fällen ausgeht, in denen militärische und nicht militärische Einsatzkräfte bei der Erfüllung derselben Missionen zusammenarbeiten. Ebenso, wenn die Beschaffung dazu dient, die Sicherheit der Union und/oder der Mitgliedstaaten auf ihrem Hoheitsgebiet oder darüber hinaus vor ernsten Bedrohungen durch nicht militärische und/oder nicht staatliche Akteure zu schützen. Dies kann beispielsweise den Grenzschutz, polizeiliche Tätigkeiten und Kriseneinsätze einschließen.[26] Maßstab wären demnach insbesondere im öffentlichen Interesse liegende, vergleichbare Schutzgüter, ein besonderes Sicherheitsbedürfnis und nicht zuletzt die konkrete Gefährdungslage.

b) Verschlusssache (Hs. 2)

43 Erforderlich ist weiterhin, dass bei der Erfüllung oder Erbringung des Auftrags Verschlusssachen nach § 4 SÜG oder den entsprechenden Bestimmungen der Länder verwendet werden oder der Auftrag solche Verschlusssachen erfordert oder beinhaltet.

44 In § 4 Abs. 2 SÜG werden die folgenden **Geheimhaltungsgrade** unterschieden:

1. STRENG GEHEIM, wenn die Kenntnisnahme durch Unbefugte den Bestand oder lebenswichtige Interessen der Bundesrepublik Deutschland oder eines ihrer Länder gefährden kann;
2. GEHEIM, wenn die Kenntnisnahme durch Unbefugte die Sicherheit der Bundesrepublik Deutschland oder eines ihrer Länder gefährden oder ihren Interessen schweren Schaden zufügen kann;

24 Siehe VK Bund, Beschluss v. 14.7.2005 – VK 3-55/05; *Homann*, in: Leinemann/Kirch, VSVgV, § 99 GWB Rn. 29.

25 § 2 Abs. 1 Allgemeine Verwaltungsvorschrift des Bundesministeriums des Innern zum materiellen und organisatorischen Schutz von Verschlusssachen (VS-Anweisung – VSA) v. 31.3.2006.

26 Erwägungsgrund 11 RL 2009/81/EG.

3. VS-VERTRAULICH, wenn die Kenntnisnahme durch Unbefugte für die Interessen der Bundesrepublik Deutschland oder eines ihrer Länder schädlich sein kann;
4. VS-NUR FÜR DEN DIENSTGEBRAUCH, wenn die Kenntnisnahme durch Unbefugte für die Interessen der Bundesrepublik Deutschland oder eines ihrer Länder nachteilig sein kann.

Für das Vorliegen eines Verschlusssachenauftrages ist es unerheblich, welcher Geheimhal- **45**
tungsgrad vorliegt.

In der **Rechtsprechung** wird es für die Annahme eines Verschlusssachenauftrages schon als **46**
ausreichend erachtet, dass die Vergabeunterlagen zum großen Teil als **„VS-nur für den Dienstgebrauch"** bezeichnet worden sind und im Vergabeverfahren nach den Bestimmungen der Vergabeunterlagen Vertraulichkeit gelten soll sowie für die Phase der Vertragsausführung ebenfalls strikte Vertraulichkeit vereinbart wurde.[27]

§ 104 Abs. 3 Hs. 2 Nr. 2 GWB erweitert den Kreis auf Lieferungen und Leistungen, die Ver- **47**
schlusssachen **„erfordern"** oder **„beinhalten"**. Die in § 104 Abs. 3 Nr. 1 und Nr. 2 GWB enthaltene Differenzierung in Aufträge, bei denen Verschlusssachen verwendet werden, und solche, die Verschlusssachen erfordern oder beinhalten, geht zurück auf die entsprechende Regelung in Art. 1 Nr. 7 RL 2009/81/EU. Inhaltlich erscheint sie nicht trennscharf, denn wenn die Kenntnisnahme erforderlich ist (Nr. 2), findet die Verschlusssache auch Verwendung im Sinne der Nr. 1. Teilweise wird gefolgert, dass der Variantenbildung kein erkennbarer Regelungsgehalt beizumessen ist.[28] Allenfalls könnte man sprachlich dahin gehend differenzieren, dass eine Verschlusssache dann erforderlich ist, wenn deren Kenntnisnahme Bedingung für die Auftragserfüllung ist. Demgegenüber sind Verschlusssachen nur beinhaltet, wenn die Auftragserfüllung auch ohne Kenntnisnahme der Verschlusssache erfolgen könnte, deren Kenntnisnahme aber eine Folge des Auftrages ist. So z. B., wenn es Bewachungsleistungen in der konkreten Situation mit sich bringen, dass von Verschlusssachen Kenntnis genommen wird.

Letztlich kommt es darauf an, dass Verschlusssachen bei der Auftragserfüllung **verwendet** **48**
werden bzw. deren **Kenntnisnahme** im Zusammenhang mit der Auftragserfüllung **erfolgt**. Kennzeichnend ist, dass die Möglichkeit besteht, dass Beschäftigte des Auftragnehmers in Einrichtungen des Auftraggebers, der die Verschlusssachenbearbeitung veranlasst hat, oder auf andere Weise Kenntnis von Verschlusssachen erhalten können (Bewachung[29], Wartung, Transport, Bearbeitung technischer Anlagen etc.). Ausreichend ist, dass der zukünftige Leistungserbringer potenziell, sei es körperlich oder elektronisch, bei Auftragsausführung Kontakt zu Verschlusssachen erhält.[30] In negativer Abgrenzung liegt ein entsprechender Verschlusssachenauftrag nicht vor, wenn die Kenntnisnahme von Verschlusssachen ausgeschlossen werden kann.[31]

III. Verbundene Leistung (Abs. 1 Nr. 3)

§ 104 Abs. 1 Nr. 3 GWB stellt klar, dass Bauleistungen, Lieferungen und Dienstleistungen in **49**
unmittelbarem Zusammenhang mit der Lieferung von Militärausrüstung (§ 104 Abs. 1 Nr. 1 GWB) und Ausrüstung, die im Rahmen eines Verschlusssachenauftrages vergeben wird (§ 104 Abs. 1 Nr. 2 GWB), in allen Phasen des Lebenszyklus unter den Begriff der verteidigungs- und sicherheitsspezifischen Aufträge fallen.

Während der Beschaffungsauftrag für den Ausrüstungsgenstand unter **§ 104 Abs. 1 Nr. 1** **50**
oder Nr. 2 GWB fällt, werden von § 104 Abs. 1 Nr. 3 GWB auch die damit verbundenen Dienstleistungen, Lieferungen und Bauleistungen erfasst.

27 OLG Düsseldorf, Beschluss v. 21.10.2015 – VII-Verg 28/14; VK Bund, Beschluss v. 20.11.2014 – VK 1-92/14 unter dem Hinweis, dass für Vertragsabwicklung VS-nfD gelten soll.
28 *Homann,* in: Leinemann/Kirch, VSVgV, § 99 GWB Rn. 31.
29 VK Bund, Beschluss v. 25.3.2014 – VK 1-16/14.
30 VK Bund, Beschluss v. 3.6.2013 – VK 2-31/13, im Hinblick auf die Beschaffung eines Virenschutzes.
31 *Homann,* in: Leinemann/Kirch, VSVgV, § 99 GWB Rn. 31.

51 Erforderlich ist, dass der Zusammenhang zwischen der zu vergebenden Leistung und der Militärausrüstung bzw. der Ausrüstung, die im Rahmen eines Verschlusssachenauftrags vergeben wird, **„unmittelbar"** ist. Dies ist dann der Fall, wenn sich die beiden Auftragsgegenstände ergänzen und die Militärausrüstung bzw. Ausrüstung ohne diese Ergänzung sinnvoll nicht nutzbar ist.

52 In der **Praxis** dürfte diese Regelung insbesondere bei Dienstleistungen zur Instandsetzung, Wartung, Beratung zu Kampfwertsteigerungen oder auch bei der Lieferung von Ersatzteilen und Verbrauchsgütern der Fall sein. Zusammenhängende Bauleistungen können sich beispielsweise bei stationären Wartungseinrichtungen oder Aufbewahrungshallen ergeben.

53 Darüber hinaus stellt die Vorschrift klar, dass sich der verteidigungs- bzw. sicherheitsspezifische Auftrag auf alle **Phasen des Lebenszyklus** erstrecken kann. Der Begriff des Lebenszyklus erfasst dabei alle aufeinanderfolgenden Phasen, die ein Produkt durchläuft, d. h. Forschung und Entwicklung, industrielle Entwicklung, Herstellung, Reparatur, Modernisierung, Änderung, Instandhaltung, Logistik, Schulung, Erprobung, Rücknahme und Beseitigung.[32]

54 In der **Rechtsprechung** wurden beispielsweise die Lieferungen von Treibstoff sowie die Vornahme der Betankung als Lieferungen und Dienstleistungen, die in unmittelbarem Zusammenhang mit Militärausrüstung stehen, angesehen.[33] Gleiches gilt beispielsweise für die Betriebsstoffversorgung, da die Militärfahrzeuge sonst nicht einsatzfähig wären.[34]

IV. Bau- und Dienstleistungen für militärische Zwecke oder im Rahmen eines Verschlusssachenauftrages (Abs. 1 Nr. 4)

55 § 104 Abs. 1 Nr. 4 GWB rechnet auch Bau- und Dienstleistungen speziell für militärische Zwecke oder die im Rahmen eines Verschlusssachenauftrages vergeben werden zu dem Kreis der verteidigungs- und sicherheitsspezifischen Aufträge.

56 In Abgrenzung zu § 104 Abs. 1 Nr. 3 GWB, der einen Zusammenhang mit der Beschaffung von (Militär-)Ausrüstung voraussetzt, erfasst § 104 Abs. 1 Nr. 4 Alt. 1 GWB **eigenständige Vorhaben** in Form von Bau- und Dienstleistungsaufträgen, bei denen speziell auf die militärische Zweckerfüllung abgestellt wird. Gleiches gilt gemäß § 104 Abs. 1 Nr. 4 Alt. 2 GWB, wenn sie im Rahmen eines Verschlusssachenauftrages vergeben werden.

57 Die **spezielle militärische Zwecksetzung** dürfte im Sinne einer negativen Abgrenzung immer dann zu bejahen sein, wenn die entsprechende Leistung und der damit verfolgte Zweck in diesem Leistungszuschnitt nicht im zivilen Bereich nachgefragt werden.

58 Hierbei kann es zu **schwierigen Abgrenzungsfragen** kommen. Beispielsweise werden Bewachungsleistungen auch von zivilen Unternehmen vergeben. Bedingen die Bewachungsleistungen aber, dass sich die Dienstleister in besonders sabotagegefährdeten Bereichen aufhalten oder Kenntnis von Verschlusssachen erhalten (können), dürfte dies unter § 104 Abs. 1 Nr. 4 GWB fallen.[35]

59 Im Bereich der Bauleistungen wäre gemäß § 104 Abs. 1 Nr. 4 Alt. 2 GWB zu prüfen, ob die Bauleistung **im Rahmen eines Verschlusssachenauftrages** vergeben wird. Maßstab hierfür ist wieder § 104 Abs. 3 GWB. Würden Baupläne eingestufte Hinweise auf das Sicherheitskonzept, den materiellen Sabotageschutz etc. enthalten, ist regelmäßig vom Vorliegen eines entsprechenden Verschlusssachenauftrages auszugehen.

---

32 Art. 1 Nr. 26 RL 2009/81/EG.
33 Zur alten Rechtslage VK Bund, Beschluss v. 12.12.2014 – VK 1-98/14.
34 VK Bund, Beschluss v. 12.12.2014 – VK 1-98/14.
35 OLG Düsseldorf, Beschluss v. 13.11.2013 – VII-Verg 19/13; siehe VK Bund, Beschluss v. 25.3.2014 – VK 1-16/14; Beschluss v. 5.3.2014 – VK 1-8/14.

Anlage

Gesetzesbegründung (BT-Drs. 18/6281)

Seite 74

§ 104 Absatz 1 bis 3 entspricht inhaltlich dem bisherigen § 99 Absatz 7 bis 9 GWB. Neu ist die Bezeichnung als „verteidigungs- oder sicherheitsspezifische öffentliche Aufträge". Bislang waren die Aufträge im Anwendungsbereich des Artikel 2 der Richtlinie 2009/81/EG über die Koordinierung der Verfahren zur Vergabe bestimmter Bau-, Liefer- und Dienstleistungsaufträge in den Bereichen Verteidigung und Sicherheit in § 99 Absatz 7 GWB als „verteidigungs- oder sicherheitsrelevant" umschrieben worden. Durch Artikel 15 bis 17 der Richtlinie 2014/24/EU und Artikel 24 bis 26 der Richtlinie 2014/25/EU wurde allerdings eine neue Kategorie von Aufträgen eingeführt, die Verteidigungs- oder Sicherheitsaspekte umfassen, ohne die Definition des Artikel 2 der Richtlinie

Seite 75

2009/81/EG zu erfüllen. Um eine bessere Abgrenzung zu dieser neuen Kategorie von Aufträgen, die Verteidigungs- oder Sicherheitsaspekte umfassen, gewährleisten zu können, sollen Aufträge im Anwendungsbereich des Artikel 2 der Richtlinie 2009/81/EG im GWB nunmehr als „verteidigungs- oder sicherheitsspezifische Aufträge" bezeichnet werden.

Zu Absatz 1

§ 104 Absatz 1 entspricht dem bisherigen § 99 Absatz 7 GWB. Die Definition der verteidigungs- oder sicherheitsspezifischen Aufträge ergibt sich aus Artikel 1 Nummer 6, 7 und Artikel 2 der Richtlinie 2009/81/EG.

Zu Absatz 2

§ 104 Absatz 2 entspricht dem bisherigen § 99 Absatz 8 GWB. Die Definition der Militärausrüstung folgt aus Artikel 1 Nummer 6 der Richtlinie 2009/81/EG.

Zu Absatz 3

§ 104 Absatz 3 entspricht weitestgehend dem bisherigen § 99 Absatz 9 GWB. Die Definition des Verschlusssachenauftrags im Anwendungsbereich der Richtlinie 2009/81/EG folgt aus Artikel 1 Nummer 8 dieser Richtlinie. Für die Bestimmung einer Verschlusssache ist im nationalen Recht auf § 4 des Gesetzes über die Voraussetzungen und das Verfahren von Sicherheitsüberprüfungen des Bundes (SÜG) zurückzugreifen. Zum Zwecke der Klarstellung wurde der Wortlaut der Definition des Verschlusssachenauftrags im Hinblick auf Erwägungsgrund 11 der Richtlinie 2009/81/EG („Im speziellen Bereich der nicht-militärischen Sicherheit sollte diese Richtlinie für Beschaffungen gelten, die ähnliche Merkmale aufweisen wie Beschaffungen im Verteidigungsbereich und ebenso sensibel sind.") ergänzt.

Anhang

§ 105
Konzessionen

(1) Konzessionen sind entgeltliche Verträge, mit denen ein oder mehrere Konzessionsgeber ein oder mehrere Unternehmen

1. **mit der Erbringung von Bauleistungen betrauen (Baukonzessionen); dabei besteht die Gegenleistung entweder allein in dem Recht zur Nutzung des Bauwerks oder in diesem Recht zuzüglich einer Zahlung; oder**
2. **mit der Erbringung und der Verwaltung von Dienstleistungen betrauen, die nicht in der Erbringung von Bauleistungen nach Nummer 1 bestehen (Dienstleistungskonzessionen); dabei besteht die Gegenleistung entweder allein in dem Recht zur Verwertung der Dienstleistungen oder in diesem Recht zuzüglich einer Zahlung.**

(2) In Abgrenzung zur Vergabe öffentlicher Aufträge geht bei der Vergabe einer Bau- oder Dienstleistungskonzession das Betriebsrisiko für die Nutzung des Bauwerks oder für die Verwertung der Dienstleistungen auf den Konzessionsnehmer über. Dies ist der Fall, wenn

1. **unter normalen Betriebsbedingungen nicht gewährleistet ist, dass die Investitionsaufwendungen oder die Kosten für den Betrieb des Bauwerks oder die Erbringung der Dienstleistungen wieder erwirtschaftet werden können, und**
2. **der Konzessionsnehmer den Unwägbarkeiten des Marktes tatsächlich ausgesetzt ist, so dass potenzielle geschätzte Verluste des Konzessionsnehmers nicht vernachlässigbar sind.**

Das Betriebsrisiko kann ein Nachfrage- oder Angebotsrisiko sein.

Übersicht Rn.

A. Allgemeines ... 1
B. Europarechtlicher Hintergrund ... 6
I. Ausgangspunkt: EuGH-Rechtsprechung ... 10
II. Allgemeine Überlegungen im Gesetzgebungsverfahren ... 12
III. Entgeltlicher, schriftlich geschlossener Vertrag ... 17
IV. Keine Konzession bei einseitigem Verwaltungsakt ... 21
C. Regelungsinhalt ... 24
I. Baukonzession (Abs. 1 Nr. 1) ... 25
1. Legaldefinition ... 26
2. Abgrenzung zu Bauaufträgen („Betrauen" versus „Beschaffen"?) ... 29
3. Recht zur Nutzung, Beschaffungsvorgang ... 31
4. Beschränkte Laufzeit von Baukonzessionen ... 35
II. Dienstleistungskonzession (Abs. 1 Nr. 2) ... 37
1. Legaldefinition ... 37
2. Begriff der Dienstleistung ... 39
3. Abgrenzung zu Dienstleistungsaufträgen ... 43
4. Abgrenzung zu Baukonzessionen ... 44
5. Recht auf gesetzeskonforme Nutzung ... 46
III. Übertragung des Betriebsrisikos (Abs. 2) ... 49
1. Amortisationsrisiko (S. 2 Nr. 1) ... 51
a) Normale Betriebsbedingungen ... 52
b) Investitionsaufwendungen und Betriebskosten ... 55
c) Umfang des wirtschaftlichen Risikos ... 57
2. Unwägbarkeiten des Marktes (S. 2 Nr. 2) ... 63
3. Nachfrage- und Angebotsrisiko (S. 3) ... 73
IV. Beschaffungsvorgang ... 77
V. Negativabgrenzungen ... 83
1. Finanzierung ... 85
2. Soziale Auswahlverhältnisse ... 87
3. Lizenzen für Wirtschaftsausübung ... 94
4. Nutzung öffentlicher Bereiche oder Ressourcen ... 97
5. Netzbereitstellungen ... 100
6. Notwendigkeit der Unterstützung bei der öffentlichen Daseinsvorsorge ... 102

D. Keine Verpflichtung zur Privatisierung und keine Regelung der Eigentumsordnung ... 105
E. Konzessionen unterhalb der Schwellenwerte ... 107
I. Konzessionsvergaben ohne Binnenmarktrelevanz ... 110
II. Konzessionsvergaben mit Binnenmarktrelevanz ... 113
III. Baukonzessionen unterhalb der Schwellenwerte ... 119
IV. Rechtsweg unterhalb der Schwellenwerte ... 126
F. Drittschutz oberhalb der Schwellenwerte ... 127
Anlage
Gesetzesbegründung (BT-Drs. 18/6281)

A. Allgemeines

1 Kaum ein Rechtsinstitut hat im Vergaberecht eine derartige Aufwertung erfahren wie die Konzession. Während der Normierungswille des Gesetzgebers die Konzession bei der letzten Gesetzgebungsrunde noch nicht umfasst hat, musste der EU-Gesetzgeber zwischenzeitlich anerkennen, dass die Konzession sehr viele Lebensbereiche betrifft, sodass eine **förmliche Normierung unumgänglich** erschien. Das Fehlen klarer Bestimmungen zur Vergabe von Konzessionen auf Unionsebene führte zu Rechtsunsicherheit, Behinderungen des freien Dienstleistungsverkehrs und Verzerrungen des Binnenmarkts.[1] Während Baukonzessionen z.B. den Bau und Betrieb eines Mautsystems auf Autobahnen, von Stadthallen, Parkhäusern und kommunalen Schwimmbädern betreffen, umfassen Dienstleistungskonzessionen fast alle Bereiche der entgeltlichen Daseinsvorsorge. Ausgeschrieben werden über das EU-Amtsblatt z.B. der Betrieb einer Alarmempfangsstelle eines Landkreises, von Häfen, Abfallentsorgungsanlagen, Sportstätten, Intensivtransporthubschraubern, Breitbandnetzen, Feuerbestattungsanlagen, Kantinen- und Verpflegungsdienste, Verkehrs- und Personenbeförderungswesen, Verbesserung des Entlassungsmanagements und Stadtmöblierung des Rettungsdienstes sowie des Krankentransports.[2]

2 Der Konzessionsbegriff taucht erstmalig in der verwaltungsrechtlichen Rechtsprechung in den **Fünfzigerjahren** des letzten Jahrhunderts bei der Konzessionierung neuer **Apotheken** auf.[3] Nach preußischen Vorschriften aus der Mitte des 19. Jahrhunderts bedurften Apotheker, die sich nicht im Besitz des Realprivilegiums einer bestehenden Apotheke befanden, einer Konzession durch den Oberpräsidenten der zuständigen Behörde. Unter einer Mehrzahl von Bewerbern sollte dann bei gleicher Eignung derjenige Bewerber das Betriebsrecht erhalten, der das höchste Betriebsberechtigungsalter hatte. Diese Vorschriften schotteten den Konzessionsmarkt ab. Sie stellten zudem Neuvergaben zur Apothekenkonzessionierung ausschließlich in das Ermessen der Verwaltungsbehörde.[4] Dennoch fand auch unter diesem Rechtsregime eine detaillierte Prüfung und Abwägung der unterschiedlich betroffenen Rechtsgüter statt.

3 Die Vergabe von **Taxikonzessionen** wird seit Langem durch die (Verwaltungs-)Gerichtsbarkeit überprüft. Ausgehend von der Prüfung der Existenzbedrohung des örtlichen Droschkengewerbes[5] beschäftigen sich die Verwaltungsgerichte mit der Frage der rechtskonformen Vergabe von Taxikonzessionen sehr intensiv.[6] Die vorherige Bekanntmachung des Bedarfes zur Deckung der öffentlichen Nachfrage war früher in Deutschland nicht üblich. Konzessionen wurden regelmäßig ohne jegliches transparentes wettbewerbliches Verfahren vergeben, da in der Regel ordnungspolitische oder regulative Gesichtspunkte im Vordergrund standen, wettbewerbliche Gesichtspunkte jedenfalls nicht. Dies bedeutet nicht, dass kein Wettbewerb

---

1 Erwägungsgrund 1 RL 2014/23/EU.
2 Vgl. ausführlich *Braun*, in: Hettich/Soudry, Das neue Vergaberecht, S. 155; *ders.*, Festschrift für Marx, S. 39; *ders.*, VergabeR 2014, 324; *ders.*, EuZW 2012, 451; *ders.*, NZBau 2011, 400; vgl. *Opitz*, NVwZ 2014, 753 (754).
3 Vgl. BVerwG, Urteil v. 22.11.1956 – I C 221.54.
4 Vgl. BVerwG, Urteil v. 22.11.1956 – I C 221.54; so auch bei *„Badekonzessionen"*, OVG Lüneburg, Urteil v. 19.1.2016 – 10 LC 87/14, juris, Rn. 117.
5 VGH München, Urteil v. 14.2.1962 – 171 II 60.
6 VG Sigmaringen, Urteil v. 11.11.2015 – 1 K 3511/14; VG Karlsruhe, Urteil v. 27.5.2014 – 1 K 1748/12; vgl. Übersicht *Wahl/Schütz*, in: Schoch/Schneider/Bier, VwGO, § 42 Rn. 313 ff.

stattgefunden hat. Der Wettbewerb war aber eher zufällig und von dem eigenen Willen des Konzessionsgebers abhängig.

Die Feststellung des Richtliniengebers, wonach das Fehlen klarer Bestimmungen zur Vergabe von Konzessionen auf Unionsebene zu **Rechtsunsicherheit**, **Behinderungen** des freien Dienstleistungsverkehrs und **Verzerrungen** des Binnenmarkts führe, kann nicht ohne Weiteres auf die deutsche Rechtsprechungstradition übertragen werden.[7] Richtig ist aber zunächst an dieser Feststellung, dass die Vergabenachprüfungsinstanzen – mangels Rechtsgrundlagen – für die Überprüfung von Dienstleistungskonzessionen nicht zuständig gewesen sind.[8] Dies wird zwischenzeitlich im Hinblick auf die Direktwirkung der Richtlinien anders gesehen.[9] Deutschland verfügt schon bisher über eine **differenzierte verwaltungs- und zivilgerichtliche Rechtsprechungstradition** zu Dienstleistungskonzessionen, die allerdings nicht über die Detailtiefe der vergaberechtlichen Prüfung hinausgeht.[10] In dieses ausdifferenzierte System wird durch die Novellierung oberhalb der Schwellenwerte erheblich eingegriffen. Dies wird zu einem gewichtigen Strukturwandel im Verteilungsverwaltungsverfahren führen. Rein tatsächlich wird – wie auch die Vergaben unterhalb der Schwellenwerte durch die Rechtsprechung der Vergaben oberhalb der Schwellenwerte beeinflusst werden – es insgesamt zu einer Formalisierung und Bürokratisierung des Auswahlverfahrens führen. 4

Die wesentlichen Vorschriften der RL 2014/23/EU werden im GWB umgesetzt. Dort soll – wie sich auch aus der Begründung zum KonzVgV ergibt – eine **„Eins-zu-eins-Umsetzung"** des Unions- in das nationale Konzessionsrecht erfolgen. Die KonzVgV konkretisiert die in den §§ 97 bis 114 und §§ 148 bis 154 GWB festgelegten wesentlichen Vorgaben für das Konzessionsauswahlverfahren. Die Einhaltung der Vorschriften ist in einem vergaberechtlichen **Nachprüfungsverfahren** überprüfbar. 5

B. Europarechtlicher Hintergrund

Der Gesetzgeber betont, dass § 105 GWB neben der Begriffsdefinition auch der Umsetzung von **Art. 5 Nr. 1 RL 2014/23/EU** dient.[11] Der Richtliniengeber sieht in dieser Tätigkeit auch eine Fortführung der EuGH-Rechtsprechung.[12] Für die Interpretation der deutschen Norm ist es daher sinnvoll, sich zunächst die gemeinschaftsrechtliche Bestimmung zu vergegenwärtigen. Gemäß Art. 5 Nr. 1 lit. a RL 2014/23/EU ist die **„Baukonzession"** ein entgeltlicher, schriftlich geschlossener Vertrag, mit dem ein oder mehrere öffentliche Auftraggeber oder Auftraggeber einen oder mehrere Wirtschaftsteilnehmer mit der Erbringung von Bauleistungen beauftragen, wobei die Gegenleistung entweder allein in dem Recht zur Nutzung des vertragsgegenständlichen Bauwerks oder in diesem Recht zuzüglich einer Zahlung besteht. Nach Art. 5 Nr. 1 lit. b RL 2014/23/EU ist eine **„Dienstleistungskonzession"** ein entgeltlicher, schriftlich geschlossener Vertrag, mit dem ein oder mehrere öffentliche Auftraggeber oder Auftraggeber einen oder mehrere Wirtschaftsteilnehmer mit der Erbringung und der Verwaltung von Dienstleistungen betrauen, die nicht in der Erbringung von Bauleistungen (nach Art. 5 Abs. 1 Nr. 1 lit. a RL 2014/23/EU) bestehen, wobei die Gegenleistung entweder allein in dem Recht zur Verwertung der vertragsgegenständlichen Dienstleistungen oder in diesem Recht zuzüglich einer Zahlung besteht. 6

Sind die Definitionsmerkmale der Bau- oder Dienstleistungskonzession erfüllt, kommen die **Verfahrensvorschriften für Bau- oder Dienstleistungsaufträge** nicht zur Anwendung, 7

7 Erwägungsgrund 1 RL 2014/23/EU; vgl. ausführlich *Braun*, in: Hettich/Soudry, Das neue Vergaberecht, S. 155.
8 Vgl. OLG Düsseldorf, Beschluss v. 7.3.2012 – VII-Verg 78/11 (Anhängige Verfahren sind an die zuständige Gerichtsbarkeit zu verweisen); zur Abgrenzung z.B. KG, Beschluss v. 16.9.2013 – Verg 4/13; OLG Brandenburg, Beschluss v. 28.8.2012 – Verg W 19/11; OLG Düsseldorf, Beschluss v. 19.10.2011 – VII-Verg 51/11.
9 OLG Frankfurt, Beschluss v. 10.11.2015 – 11 Verg 8/15; OLG Schleswig, Beschluss v. 28.8.2015 – 1 Verg 1/15; OLG Düsseldorf, Beschluss v. 28.1.2015 – VII-Verg 31/14, Rn. 34; Beschluss v. 19.11.2014 – VII-Verg 30/14.
10 Vgl. z.B. zuletzt VGH Baden-Württemberg, Beschluss v. 22.8.2013 – 1 S 1047/13, Rn. 27 m.w.N. auf die EuGH-Rspr.; vgl. *Braun*, EuZW, 2012, 451 ff.
11 Gesetzesbegründung, BT-Drs. 18/6281, 72; vgl. Beschlussempfehlung und Bericht des Ausschusses für Wirtschaft und Energie, BT-Drs. 18/7086, 8, 16.
12 Erwägungsgrund 65 RL 2014/23/EU.

sondern die weniger formalen Verfahrensvorschriften für Konzessionen. Ob und inwieweit die Konzessionen rein tatsächlich nach weniger strengen Regeln zu vergeben sein werden, wird die Praxis erweisen. Im Hinblick auf die Vielzahl der Verfahrensoptionen, die der Konzessionsgeber dann auch nachvollziehbar begründen muss, bestehen daran erhebliche Zweifel. Weiterhin werden auch die Verfahrenskriterien unterhalb der Schwellenwerte durch die Rechtsprechung verschärft.[13]

8 Bislang war in § 99 Abs. 6 GWB a.F. lediglich die Vergabe von Baukonzessionen geregelt. Binnenmarktrelevante Dienstleistungskonzessionen unterlagen lediglich den Anforderungen des EU-Primärrechts (Transparenzgebot, Gleichbehandlungsgebot, Diskriminierungsverbot). Das deutsche wie das Unionsrecht erfasst nunmehr **alle Konzessionsarten oberhalb der Schwellenwerte.** § 105 Abs. 1 GWB definiert die Konzession umfassend, es soll – bis auf die gesetzlich definierten Bereiche – keine Ausnahmen mehr geben. Ausnahmetatbestände sind, z.B. in § 149 GWB, ausdrücklich geregelt, wobei der Umfang und die Reichweite von Ausnahmeregelungen bereits jetzt im Streit stehen.[14] Gleichzeitig passt § 105 Abs. 1 GWB die Begriffsbestimmung jeweils an die neue Definition der Bau- und Dienstleistungskonzession gemäß Art. 5 Nr. 1 UAbs. 1 lit. a und b RL 2014/23/EU an.

9 § 105 Abs. 2 GWB dient der Umsetzung der Anforderungen an den Übergang des Betriebsrisikos gemäß Art. 5 Nr. 1 UAbs. 2 RL 2014/23/EU. Im Ergebnis wird der Inhalt von Art. 5 Nr. 1 RL 2014/23/EU durch die deutsche Sprachfassung in § 105 Abs. 1 und Abs. 2 GWB **nahezu wortgleich** in das nationale Recht übernommen.[15]

I. Ausgangspunkt: EuGH-Rechtsprechung

10 Ausgangspunkt für die Novellierung ist neben allgemeinen Modernisierungsgedanken die Rechtsprechung des EuGH, die zahlreich in den Erwägungsgründen der RL 2014/23/EU[16] und der Gesetzesbegründung[17] zitiert wird.[18] Der EuGH wird, auch wenn dies von den europäischen Verträgen in dieser Form nicht so vorgesehen war, damit zum **Ideengeber** und zur Antriebsfeder der europäischen Rechtsetzung, die im Anschluss national umgesetzt wird.

11 Der EuGH[19] analysierte im Jahr 2000 das damalige europäische Gesetzgebungsverfahren und hob hervor, dass der Rat im Gesetzgebungsverfahren zu diesem Zeitpunkt **alle Bezugnahmen auf Dienstleistungskonzessionen gestrichen** habe. Hintergrund sei gewesen, dass in den einzelnen Mitgliedstaaten hinsichtlich der Übertragung von Befugnissen bei der Verwaltung von öffentlichen Dienstleistungen und hinsichtlich der Zugangsmöglichkeiten zu diesen Konzessionsaufträgen eine große **Unausgewogenheit** entstehen würde.[20] Nachdem aber der EuGH verbindlich geklärt hatte, dass Konzessionsgeber die Grundregeln des Vertrages im Allgemeinen und das Verbot der Diskriminierung aus Gründen der Staatsangehörigkeit im Besonderen auch bei binnenmarktrelevanten Konzessionen zu beachten haben, gewährten auch die deutschen Gerichte zunehmend Rechtsschutz. Konzessionsgeber müssen – auch ohne eine förmliche Regelung – nach der EuGH-Rechtsprechung bei binnenmarktrelevanten Dienstleistungskonzessionen transparent vergeben. Danach muss der Konzessionsgeber zugunsten potenzieller Bieter einen angemessenen Grad von Öffentlichkeit sicherstellen, der

13 OLG Celle, Urteil v. 10.3.2016 – 13 U 148/15.
14 Vgl. *Hofmann/Zimmermann*, NZBau 2016, 71; *Müller*, NVwZ 2016, 266.
15 Gesetzesbegründung, BT-Drs. 18/6281, 75.
16 So z.B. in den Erwägungsgründen 4, 18, 21, 29, 45, 64, 65 und 75 RL 2014/23/EU.
17 Gesetzesbegründung, BT-Drs. 18/6281, 75 ff.
18 Vgl. *Braun*, in: Hettich/Soudry, Das neue Vergaberecht, S. 158 ff.
19 EuGH, Urteil v. 7.12.2000 – Rs. C-324/98 (Telaustria), Rn. 48.
20 EuGH, Urteil v 7.12.2000 – Rs. C-324/98 (Telaustria), Rn. 48.

den Dienstleistungsmarkt dem Wettbewerb öffnet und die Nachprüfung ermöglicht, ob das Vergabeverfahren unparteiisch durchgeführt wurde.[21]

II. Allgemeine Überlegungen im Gesetzgebungsverfahren

Der EU-Gesetzgeber sah durch die wirtschaftliche, soziale und politische Entwicklung und die aktuellen Haushaltszwänge auch eine Konzessionsrechtsreform für notwendig an. Die Reform soll einerseits zu **Vereinfachungen** führen und das Auswahlverfahren soll **praxisgerechter** gestaltet werden. Die neu geregelte Konzessionsvergabe soll eine öffentliche Beschaffung zum besten Preis-Leistungs-Verhältnis und unter Achtung der Transparenz- und Wettbewerbsgrundsätze ermöglichen. Diese Vorgaben sind auch für die Auslegung des GWB zugrunde zu legen, sodass dem Konzessionsgeber mehr Freiräume als bei der klassischen Auftragsvergabe gegeben werden. Dies wird aber nicht dazu führen, dass die Konzessionsvergabe völlig willkürlich durchgeführt werden darf. Äußere Grenzen der völlig beliebigen, grenzenlosen Konzessionsvergabe sind der Verhältnismäßigkeits- und Wirtschaftlichkeitsgrundsatz des § 97 Abs. 1 S. 2 GWB, das Umgehungsverbot des § 14 KonzVgV und die Verfahrensgarantien des § 13 VgV. 12

Der Richtliniengeber ist überzeugt, dass es erforderlich ist, die Grundsätze des AEUV in allen Mitgliedstaaten auf Unionsebene einheitlich anzuwenden, um hartnäckigen **Verzerrungen des Binnenmarkts** ein Ende zu setzen.[22] Mit der deutschen Umsetzung soll ein geeignetes Verfahren für die Konzessionsvergaben eingeführt werden, um die Wahrung der Grundsätze der Transparenz und der Gleichbehandlung der Wirtschaftsteilnehmer sicherzustellen. Gleichzeitig soll aber den Besonderheiten der jeweiligen Dienstleistungen Rechnung getragen werden.[23] Diesen Besonderheiten hat der Richtliniengeber durch zahlreiche Ausnahmen Rechnung getragen. 13

Gleich zwei EU-Bestimmungen widmen sich den **allgemeinen Grundsätzen**. Der Auftraggeber behandelt zunächst gemäß Art. 3 Abs. 1 S. 1 RL 2014/23/EU alle Wirtschaftsteilnehmer gleich[24] und in nicht diskriminierender Weise[25] und wahrt in seinem Handeln Transparenz[26] und Verhältnismäßigkeit[27]. Ähnlich wie im deutschen Recht wird beim Verhältnismäßigkeitsgrundsatz vom EuGH die Erforderlichkeit geprüft. Es wird gefragt, ob das Ziel nicht ebenso wirksam durch andere Maßnahmen erreicht werden kann, die das zu schützende Gut weniger beeinträchtigen.[28] Das Konzessionsvergabeverfahren – einschließlich der Schätzung des Vertragswertes – darf gemäß Art. 3 Abs. 1 S. 2 RL 2014/23/EU, § 14 KonzVgV nicht mit der Absicht konzipiert werden, es vom Anwendungsbereich dieser Richtlinie auszunehmen oder bestimmte Wirtschaftsteilnehmer, bzw. bestimmte Bauleistungen, Lieferungen oder Dienstleistungen, auf unzulässige Weise zu bevorzugen oder zu benachteiligen. 14

Die vergebende Stelle kann gemäß Art. 30 Abs. 1 RL 2014/23/EU (§ 12 KonzVgV) das Verfahren zur Wahl des Konzessionsnehmers vorbehaltlich der Einhaltung der RL 2014/23/EU **frei gestalten**. Das Konzessionsvergabeverfahren wird gemäß Art. 30 Abs. 2 S. 1 RL 2014/23/EU 15

21 Vgl. EuGH, Urteil v. 14.11.2013 – Rs. C-221/12 (Belgacom), Rn. 28 ff.; Urteil v. 10.3.2011 – Rs. C-274/09 (Stadler), Rn. 24 ff.; Urteil v. 3.6.2010 – Rs. C-258/08 (Ladbrokes Betting & Gaming und Ladbrokes International), Rn. 33; Urteil v. 13.4.2010 – Rs. C-91/08 (Wall), Rn. 40, 41; Urteil v. 18.6.2002 – Rs. C-92/00 (Hospital Ingenieure), Rn. 47; Urteil v. 7.12.2000 – Rs. C-324/98 (Telaustria), Rn. 61; vgl. *Braun*, NZBau 2011, 400; vgl. auch *Gabriel/Voll*, NZBau 2014, 155.

22 Erwägungsgründe 4, 6 und 8 RL 2014/23/EU. Diese Feststellungen zu den Verzerrungen basieren u.a. auf einer Online-Konsultation aus dem Jahr 2010, vgl. Vorschlag für die Richtlinie, KOM(2011), 897 endg.

23 Erwägungsgrund 53 RL 2014/23/EU.

24 Der Grundsatz der Gleichbehandlung wird in den Erwägungsgründen 4, 6, 24, 53, 55, 61, 67, 68, 73 und 77 RL 2014/23/EU hervorgehoben.

25 Der Grundsatz der „Nichtdiskriminierung" oder „diskriminierungsfrei" wird in den Erwägungsgründen 1, 4, 6, 13, 54, 55, 63 und 65 RL 2014/23/EU hervorgehoben.

26 Der Grundsatz der „Transparenz" wird in den Erwägungsgründen 4, 6, 33, 53, 54, 61, 67, 68, 72, 73, 74 und 77 RL 2014/23/EU hervorgehoben.

27 Der Grundsatz der „Verhältnismäßigkeit" bzw. des „verhältnismäßigen" Verhaltens wird in den Erwägungsgründen 4, 9 und 87 RL 2014/23/EU hervorgehoben.

28 Vgl. *Calliess/Ruffert*, EUV/AEUV, Art. 5 EUV Rn. 44.

unter Einhaltung der Grundsätze nach Art. 3 RL 2014/23/EU (Gleichbehandlung, Nichtdiskriminierung, Transparenz und Verhältnismäßigkeit) konzipiert. Insbesondere enthält sich der öffentliche Auftraggeber oder der Auftraggeber gemäß Art. 30 Abs. 2 S. 2 RL 2014/23/EU während des Konzessionsvergabeverfahrens jeder diskriminierenden Weitergabe von Informationen, durch die bestimmte Bewerber oder Bieter gegenüber anderen begünstigt werden könnten. Die RL 2014/23/EU löst den Konflikt jedoch nicht auf, den Art. 42 S. 2 RL 2014/23/EU schafft.

16 Wenn nach Art. 42 S. 2 RL 2014/23/EU die Zuschlagskriterien auch ökologische, soziale oder innovationsbezogene Aspekte (**strategische Kriterien**) beinhalten können und diese von den Vergabestellen als gleichrangig zu den in Art. 3 Abs. 1 RL 2014/23/EU genannten Grundsätzen angesehen werden, so besteht die Gefahr einer „erlaubten" Diskriminierung unter dem Deckmantel der Verfolgung strategischer Kriterien. Eine Bevorzugung innovativer oder ökologischer Produkte bzw. Dienstleistungen benachteiligt dementsprechend weniger innovative oder ökologische Produkte bzw. Dienstleistungen, auch wenn diese womöglich preiswerter sind. Zudem kann auch die Wirtschaftlichkeit der Beschaffung leiden. Das Konzessionsvergabeverfahren – einschließlich der Schätzung des Vertragswerts – darf gemäß Art. 3 Abs. 1 S. 2 RL 2013/23/EU nicht mit der Absicht konzipiert werden, bestimmte Wirtschaftsteilnehmer bzw. bestimmte Bauleistungen, Lieferungen oder Dienstleistungen auf unzulässige Weise zu bevorzugen oder zu benachteiligen. Diese Regelung hat der nationale Verordnungsgeber in dem **Umgehungsverbot** gemäß § 14 KonzVgV umgesetzt.[29] Nach dieser Vorschrift dürfen die Zuschlagskriterien nicht in der Weise bestimmt werden, dass dadurch eine (unbillige) Benachteiligung bestimmter Unternehmen besteht. Diese Regel ist freilich bloß eine äußerste Grenze des Leistungsbestimmungsrechts des Konzessionsgebers. Sie darf demgemäß nur als Evidenzgrenze verstanden werden. Darüber hinaus hat der Konzessionsgeber stets den **Verhältnismäßigkeitsgrundsatz** des § 97 Abs. 1 S. 2 GWB zu beachten.

III. Entgeltlicher, schriftlich geschlossener Vertrag

17 Konzessionen sind gemäß § 105 Abs. 1 GWB entgeltliche Verträge, mit denen ein oder mehrere Konzessionsgeber (in der RL 2014/23/EU: öffentliche Auftraggeber oder Auftraggeber) ein oder mehrere Unternehmen (in der RL 2014/23/EU: Wirtschaftsteilnehmer) mit der Erbringung von Bauleistungen (Baukonzessionen) oder der Erbringung und der Verwaltung von Dienstleistungen (Dienstleistungskonzessionen) beauftragen.

18 Konzessionsverträge werden vom europäischen Gesetzgeber in Art. 5 Abs. 1 Nr. 1 lit. a und lit. b RL 2014/23/EU zudem als **„schriftlich geschlossener Vertrag"** definiert. Der Begriff der „Schriftlichkeit" wird in Art. 5 Nr. 6 RL 2014/23/EU definiert. Diese Definition sieht unter anderem „eine aus Wörtern oder Ziffern bestehende Darstellung" vor, „die gelesen, reproduziert und mitgeteilt werden kann". Eine Unterschrift bzw. Signatur sieht sie nicht vor. Obgleich diese Definition keiner der bestehenden Formdefinitionen des BGB vollständig entspricht, kommt sie (abgesehen vom Erfordernis der Signatur) noch der Textform gemäß § 126b BGB am nächsten.

19 Der Abschluss eines Konzessionsvertrages muss deshalb nach der RL 2014/23/EU zumindest in der Form des **§ 126b BGB** erfolgen. Dies hat zwar der deutsche Gesetzgeber so in seiner Definition des Konzessionsvertrages in § 105 Abs. 1 GWB nicht übernommen, gleichwohl ergibt sich aus der Zusammenschau der Regelungen der KonzVgV letztendlich dasselbe Ergebnis. Nach § 6 Abs. 1 S. 1 KonzVgV hat der Konzessionsgeber das Vergabeverfahren vollständig in der Textform des § 126b BGB zu dokumentieren. Hierunter fallen nach S. 2 auch die Angebote der Bieter i.S.d. § 145 BGB sowie der Zuschlag als Annahme i.S.d. § 147 BGB. § 28 Abs. 1 KonzVgV bestätigt dies nochmals für die Abgabe der Angebote durch die Bieter. Insofern sind Konzessionsverträge auch nach deutschem Recht in der Textform des § 126b BGB abzuschließen und zu dokumentieren.

29 Verordnungsbegründung, VergRModVO, BR-Drs. 87/16, 288.

20 Ziel von Konzessionsverträgen ist nach der ständigen Rechtsprechung die Beschaffung von **Bau- oder Dienstleistungen** durch eine Konzession, wobei die **Gegenleistung** entweder in dem Recht zur Nutzung des Bauwerks beziehungsweise der Verwertung der Dienstleistungen oder in diesem Recht zuzüglich einer Zahlung besteht.[30] Solche Verträge können, müssen aber nicht notwendigerweise einen Eigentumsübergang auf den Konzessionsgeber vorsehen, doch steht diesen stets der Nutzen der betreffenden Bau- oder Dienstleistungen zu.[31]

IV. Keine Konzession bei einseitigem Verwaltungsakt

21 Bereits vor dem Beginn einer Konzessionsvergabe kann der Konzessionsgeber Einfluss auf die gerichtliche Überprüfbarkeit – auch nach der RL 2014/23/EU – nehmen. Ein entgeltlicher Vertrag i.S.d. § 105 Abs. 1 GWB liegt nicht vor, wenn der Konzessionsgeber durch einseitigen **Verwaltungsakt** die Konzession hoheitlich verfügt. Dadurch wird zwar die Zuständigkeit der Verwaltungsgerichtsbarkeit auftragswertunabhängig begründet,[32] eine Konzession liegt – mangels Vertrag – nicht vor.

22 Nach der Verwaltungsrechtsprechung ist der Vergaberechtsweg nur bei einem **Auftrag** und einem **Vertrag** gegeben, nicht jedoch bei **einseitigen Verwaltungsakten**. Eine Vereinbarung ist dann kein Vertrag, wenn sie in Wirklichkeit ein einseitiger Verwaltungsakt ist, der eine Verpflichtung allein für den Auftragnehmer vorsieht und der deutlich von den normalen Bedingungen eines kommerziellen Angebotes abweicht. Wesentliches Kriterium für das Vorliegen eines Vertrages ist die Existenz eines gewissen Maßes an Spielraum für den Auftragnehmer bei der Ausgestaltung der Auftragsbedingungen. Bei der Konkretisierung einer gesetzlich bestehenden Leistungspflicht durch Verwaltungsakt ist kein Vergaberecht anwendbar. Wenn die erteilte Genehmigung zur Durchführung einer Leistung nicht das Ergebnis einer konsensualen Verhandlung über die Vertragsbedingungen ist, sondern die einseitige hoheitliche Regelung eines Lebenssachverhaltes durch die öffentlich-rechtliche Körperschaft, ist das materielle Verwaltungsrecht und nicht das materielle Vergaberecht anzuwenden.[33] Diese Rechtsprechung gilt nicht für die **Umgehungstatbestände**, also wenn z.B. ein Vertrag rechtsmissbräuchlich in die Gestalt eines Verwaltungsaktes gekleidet würde. Fiskalische Verträge mit zivilrechtlichem Beschaffungsgegenstand unterhalb der Schwellenwerte verbleiben weiterhin bei der Überprüfung der ordentlichen Gerichtsbarkeit.[34]

23 Existiert keine zwingende gesetzliche Vorgabe, dann kann der Konzessionsgeber **weitgehend frei** zwischen Verwaltungsakt und Vergabeverwaltungsvertrag wählen. Er kann seinen Einkauf stets im Rahmen eines zivilrechtlichen Vertrages mit Antrag gemäß § 145 BGB und Annahme gemäß § 147 BGB regeln. Dann liegt eine Konzession gemäß § 105 GWB vor. Sie kann auch einen öffentlich-rechtlichen Vertrag gemäß § 54 VwVfG wählen, der auch der vergaberechtlichen Überprüfung unterliegt. Auf den Rechtscharakter des Vertrages als ein öffentlich-rechtlich geprägtes Rechtsverhältnis kommt es aus vergaberechtlicher Sicht nicht an. Das europäische Konzessionsvergaberecht unterscheidet nicht zwischen privatrechtlichen und öffentlich-rechtlichen Verträgen.[35]

---

30 Vgl. z.B. EuGH, Urteil v. 21.5.2015 – Rs. C-269/14 (Korkein hallinto-oikeus); Urteil v. 14.11.2013 – Rs. C-221/12 (Belgacom); Urteil v. 10.3.2011 – Rs. C-274/09 (Stadler); Urteil v. 10.9.2009 – Rs. C-206/08 (Eurawasser); Erwägungsgrund 11 RL 2014/23/EU.

31 Erwägungsgrund 11 RL 2014/23/EU.

32 Vgl. z.B. OVG Sachsen-Anhalt, Urteil v. 22.2.2012 – 3 L 259/10; vgl. ausführlich *Braun*, Festschrift für Marx, S. 39; *Braun*, VergabeR 2014, 324 ff.; vgl. *Müller*, NVwZ, 2016, 255.

33 EuGH, Urteil v. 18.12.2007 – Rs. C-220/06 (Asociación Profesional); OVG Magdeburg, Urteil v. 22.2.2012 – 3 L 259/10.

34 Vgl. z.B. LG Leipzig, Urteil v. 12.11.2013 – 05 O 2530/13.

35 BGH, Beschluss v. 1.12.2008 – X ZB 31/08, Rn. 17; OLG Naumburg, Beschluss v. 22.12.2011 – 2 Verg 10/11B.

C. Regelungsinhalt

24 Ausgangspunkt für den deutschen Gesetzgeber ist die Begriffsdefinition in der RL 2014/23/EU. Nach Auffassung des Richtliniengebers haben Schwierigkeiten bei der Auslegung der Begriffe „Konzession" und „öffentlicher Auftrag" zu einer anhaltenden Rechtsunsicherheit unter den Beteiligten geführt und zahlreiche Urteile des EuGH nach sich gezogen. Der **Begriff der „Konzession"** wird in § 105 Abs. 1 GWB legal definiert, im Rahmen dessen trifft der Gesetzgeber auch eine Erläuterung des konstitutiven Merkmals des Betriebsrisikos.[36] Als Oberbegriff wird vom Begriff der Konzession ausgegangen, der sowohl Dienstleistungskonzessionen als auch Baukonzessionen umfasst (Art. 5 S. 1 Nr. 1 lit. a und b RL 2014/23/EU). Diese Systematik hat der Gesetzgeber beibehalten, um gemeinschaftsrechtliche Vorgaben möglichst „eins zu eins" umzusetzen. Die nationalen Umsetzungsnormen sind dementsprechend europarechtskonform auszulegen.

I. Baukonzession (Abs. 1 Nr. 1)

25 Die Baukonzession wird in § 105 Abs. 1 Nr. 1 GWB definiert. Bisher war die Baukonzession in der VOB/A nur rudimentär geregelt. Jetzt hat sich der deutsche Normgeber für eine **Quasigleichbehandlung aller Konzessionen** entschieden. Soweit Baukonzessionen Besonderheiten aufweisen, wird diesen nunmehr auf Ebene der KonzVgV oberhalb der Schwellenwerte Rechnung getragen.[37]

1. Legaldefinition

26 Die **RL 2014/23/EU** definiert sowohl die Baukonzession als auch die Dienstleistungskonzession legal. Eine „Baukonzession" ist gemäß Art. 5 S. 1 Nr. 1a RL 2014/23/EU ein entgeltlicher, schriftlich geschlossener Vertrag, mit dem ein oder mehrere öffentliche Auftraggeber oder Auftraggeber einen oder mehrere Wirtschaftsteilnehmer mit der Erbringung von Bauleistungen betrauen, wobei die Gegenleistung entweder allein in dem Recht zur Nutzung des vertragsgegenständlichen Bauwerks oder in diesem Recht zuzüglich einer Zahlung besteht.

27 Zwischen § 105 Abs. 1 Nr. 1 GWB und der Definition in der RL 2014/23/EU besteht damit weitestgehend **Deckungsgleichheit**. Statt „ein oder mehrere Unternehmen" spricht die Richtlinie von „einen oder mehrere Wirtschaftsteilnehmer", statt „Konzessionsgeber" spricht die Richtlinie von „öffentliche Auftraggeber oder Auftraggeber". Inhaltliche Änderungen sind damit nicht verbunden.[38] Inhaltlich besteht weitestgehend Übereinstimmung mit der bislang in Art. 1 Abs. 3 und Abs. 4 RL 2004/18/EG und Art. 1 Abs. 3 RL 2004/17/EG enthaltenen Definition der Bau- und Dienstleistungskonzession. Nunmehr stellt Art. 5 Nr. 1 RL 2014/23/EU auch klar, dass es sich bei Bau- und Dienstleistungskonzessionen jeweils um entgeltliche Verträge handelt, was auch in § 105 Abs. 1 Nr. 1 GWB aufgenommen wurde. Im Hinblick auf den Begriff der Bauleistung kann auf die für das Auftragsvergaberecht geschaffenen Regelungen in § 103 Abs. 3 Nr. 1 und Nr. 2 GWB abgestellt werden. Da sich Auftrags- und Konzessionsvergabe bei Bauleistungen nicht beim Vergabegegenstand, sondern im Hinblick auf die Rahmenbedingungen unterscheiden, kann die Norm entsprechend auch für Baukonzessionen herangezogen werden. Bauleistungen sind danach Verträge über die Planung oder gleichzeitige Ausführung und Planung von Bauleistungen im Zusammenhang mit einer der Tätigkeiten, die in Anhang II RL 2014/24/EU im Bereich der Wasser-, Energie- und Verkehrsversorgung sowie der Postdienste genannt sind. Zudem unterfallen der Bauleistung die klassische Errichtung von Bauwerken im Rahmen von Hoch- und Tiefbauarbeiten.

---

36 Vgl. Erwägungsgründe 1 und 18 RL 2014/23/EU.

37 Gesetzesbegründung, BT-Drs. 18/6281, 75 f. mit Hinweis auf z.B. den Übergang des Betriebsrisikos bei Dienstleistungskonzessionen EuGH, Urteil v. 13.10.2005 – Rs. C-458/03 (Parking Brixen), Rn. 40.

38 Gesetzesbegründung, BT-Drs. 18/6281, 76, vgl. zur bisherigen Rechtslage: BGH, Urteil v. 18.12.2014 – VII ZR 60/14.

Die **Baukonzession** ist noch in § 33 Abs. 3 und Abs. 4 KonzVgV erwähnt. Der Baukonzessionär hat gemäß § 33 Abs. 3 KonzVgV in der Regel Teil B der Vergabe- und Vertragsordnung für Bauleistungen, die Allgemeinen Vertragsbedingungen für die Ausführung von Bauleistungen, und Teil C der Vergabe und Vertragsordnung für Bauleistungen, die Allgemeinen Technischen Vertragsbedingungen für Bauleistungen, zum Vertragsgegenstand zu machen. § 33 Abs. 4 KonzVgV schreibt Verfahrens- und Mitteilungspflichten in Umsetzung von Art. 42 Abs. 3 UAbs. 1 und UAbs. 2 RL 2014/23/EU vor. 28

2. Abgrenzung zu Bauaufträgen („Betrauen" versus „Beschaffen"?)

Das Gesetz verwendet in § 105 Abs. 1 Nr. 1 GWB den Begriff des „Betrauens" im Gegensatz zur „Beauftragung" bezüglich der Erbringung von Bauleistungen. Der Begriff des **Betrauens** findet sich in § § 97 Abs. 4 S. 3 GWB, wonach ein Unternehmen mit der Wahrnehmung oder Durchführung einer öffentlichen Aufgabe *betraut* werden kann. Auch in § 108 Abs. 1 Nr. 2 und Abs. 4 Nr. 2 GWB wird der Begriff eingesetzt. Der Begriff könnte in bewusster Verwendung zur Abgrenzung von Baukonzessionen von der Vergabe von Bauaufträgen verstanden werden. Die Vergabe von Bauaufträgen bemisst sich gemäß § 103 Abs. 1 und Abs. 3 GWB nach dem Recht der Auftragsvergabe und fällt nicht unter den Regelungsbereich der Konzessionsvergaberichtlinie. Der Unterschied zwischen beiden Vergabegegenständen besteht freilich bloß insoweit, als dass die Gegenleistung für die Bauarbeiten statt in einer Vergütung im Recht des Konzessionärs auf Nutzung der baulichen Anlage (ggf. zuzüglich der Zahlung eines Preises) besteht[39] und der Konzessionär das wirtschaftliche Risiko des Geschäfts als das Betriebsrisiko i.S.d. § 105 Abs. 2 GWB übernimmt.[40] Das Recht zur Nutzung und das Betriebsrisiko stehen sich dabei spiegelbildlich gegenüber. Das Betriebsrisiko besteht bei Baukonzessionen aus dem Baurisiko und insbesondere dem zweckbestimmten Nutzungsrisiko (Risiko der Verwaltung, Auslastung und Amortisation).[41] Verbleibt das Nutzungsrisiko überwiegend beim Auftraggeber, liegt keine Konzession vor. Das Gleiche gilt, wenn der Auftraggeber das Baurisiko und einen Großteil der Baukosten übernimmt. 29

In der **Gesetzesbegründung** zu § 122 Abs. 4 S. 1 GWB wird der Begriff des „Betrauens" aber parallel zum Begriff der Beauftragung verwandt.[42] Der Begriff des Betrauens ist im Sinne eines Beschaffungselementes zu verstehen.[43] Die schlichte Gestattung oder die Erteilung einer Genehmigung reicht nicht aus. 30

3. Recht zur Nutzung, Beschaffungsvorgang

Die Übertragung des Nutzungsrechts hat funktionell den **Charakter des Entgelts** bei der Baukonzession.[44] An einer Verschaffung des Nutzungsrechts – und damit am entgeltersetzenden Charakter des Vertrages – fehlt es hingegen, wenn der Investor sein Eigentum nicht von der öffentlichen Hand, sondern von einem privaten Dritten ableitet.[45] In dem Fall beruht die Nutzungsmöglichkeit (und damit auch die Möglichkeit der Refinanzierung) ausschließlich auf privatem Eigentum.[46] Auch muss sich die Nutzung der baulichen Anlage durch den Konzessionär streng im Rahmen des vorgesehenen öffentlichen Zwecks halten.[47] Der Konzessionär hat kein Recht darauf, bspw. aus wirtschaftlichen Gründen heraus die ihm eingeräumte Nutzung einseitig abzuändern.[48] 31

39 BayObLG, Beschluss v. 19.10.2000 – Verg 9/00.
40 EuGH, Urteil v. 25.3.2010 – Rs. C-451/08 (Helmut Müller), Rn. 75; OLG Düsseldorf, Vorlagebeschluss v. 2.10.2008 – VII-Verg 25/08; mehr zum Betriebsrisiko unter Kapitel C.III.
41 *Herrmann*, in: Ziekow/Völlink, Vergaberecht, § 22 VOB/A Rn. 3; *Regler*, DNotZ 2010, 528 (540).
42 Vgl. Gesetzesbegründung, BT-Drs. 18/6281, 101 (zu § 122 Abs. 4 GWB).
43 Vgl. *Krönke*, NVwZ 2016, 568 (575).
44 OLG Düsseldorf, Beschluss v. 2.10.2008 – VII-Verg 25/08.
45 *Ganske*, in: Kapellmann/Messerschmidt, VOB, § 22 VOB/A Rn. 18.
46 *Ganske*, in: Kapellmann/Messerschmidt, VOB, § 22 VOB/A Rn. 19.
47 *Ganske*, in: Kapellmann/Messerschmidt, VOB, § 22 VOB/A Rn. 20.
48 *Ganske*, in: Kapellmann/Messerschmidt, VOB, § 22 VOB/A Rn. 20.

32 Der Konzessionär verwertet sein Nutzungsrecht am Bauwerk in der Regel durch die **Erhebung von Entgelten** als Gegenleistung für die funktionsgemäße Nutzung der baulichen Anlage durch private Dritte. Ein Beispiel ist hierfür die Erhebung einer Maut für die Nutzung von Straßen, Autobahnen oder Tunnelanlagen zur Finanzierung von Fernstraßen i.S.d. FernstrPrivFinG. Bei der Erhebung ist auf die Eigenheit der verwendeten Rechtsform zu achten: Öffentlich-rechtliche Gebühren dürfen nur dann erhoben werden, wenn entsprechende gesetzliche Ermächtigungsgrundlagen bestehen. Ansonsten kommen nur private Entgelte in Betracht, die zwischen Konzessionsgeber und Konzessionär zu vereinbaren sind. Besteht das Baukonzessionsentgelt ausschließlich in dem Recht, die bauliche Anlage zu nutzen, und ist der Konzessionär frei in der Gestaltung des Nutzungsrechts, kann möglicherweise eine Anlehnung an die Grundsätze des § 2 Nr. 5 VOB/B ausgeschlossen sein, wenn durch die Einräumung des Nutzungsrechts das wirtschaftliche Risiko vollständig auf den Konzessionär verlagert wird.[49]

33 Es muss auch ein **Beschaffungsvorgang** vorliegen, wobei die Beschaffung eines körperlichen oder gegenständlichen Objekts nicht zwingend erforderlich ist.[50] Die Tatsache, dass z.B. das mit einem Hotel zu bebauende Grundstück nicht mehr im Eigentum des Konzessionsgebers stehen wird, steht somit der Annahme einer Baukonzession nicht entgegen. Die Erbringung der Bauleistung, zu der sich der Vertragspartner verpflichtet und die den Erfordernissen des öffentlichen Auftraggebers entspricht, muss in einem solchen Fall aber im unmittelbaren wirtschaftlichen Interesse des Konzessionsgebers liegen. Ein nur mittelbares wirtschaftliches Interesse oder nur mittelbare wirtschaftliche Vorteile reichen nicht aus.[51] Diese Absolutheit ist aber für Dienstleistungskonzessionen nicht gegeben. Eine mittelbare Beschaffung reicht bei der Dienstleistungskonzession im Zusammenhang mit der Daseinsvorsorge aus, da ansonsten Dienstleistungskonzessionen in weiten Bereichen schlicht leer laufen würden.[52]

34 Ein **unmittelbares wirtschaftliches Interesse** des Konzessionsgebers kann angenommen werden, wenn er Eigentum an den Bauwerken oder einen Rechtstitel zur Sicherung einer öffentlichen Zweckbestimmung der Bauwerke erwirbt, er wirtschaftliche Vorteile aus deren Nutzung oder Veräußerung ziehen kann oder Risiken für den Fall eines wirtschaftlichen Fehlschlags übernimmt.[53]

4. Beschränkte Laufzeit von Baukonzessionen

35 Die beschränkte **Laufzeit** der Konzession wird nach dem Vorbild des Art. 18 RL 2014/23/EU nicht mehr als Bestandteil der Definition im GWB, sondern bloß in § 3 Abs. 1 KonzVgV geregelt. Bei Konzessionen mit einer Laufzeit von über fünf Jahren darf gemäß § 3 Abs. 2 KonzVgV die Laufzeit nicht länger sein als der Zeitraum, innerhalb dessen der Konzessionsnehmer nach vernünftigem Ermessen die Investitionsaufwendungen für die Errichtung, die Erhaltung und den Betrieb des Bauwerks oder die Erbringung der Dienstleistungen zuzüglich einer Rendite auf das investierte Kapital unter Berücksichtigung der zur Verwirklichung der spezifischen Vertragsziele notwendigen Investitionen wieder erwirtschaften kann.

36 In **§ 33 KonzVgV** ist eine Sonderregelung für Baukonzessionen enthalten. Der Konzessionsnehmer einer Baukonzession, der im Rahmen dieser Baukonzession Aufträge an Dritte vergibt, deren Gegenstand die Erbringung von Bauleistungen im Sinne des § 103 Abs. 3 GWB ist, hat gemäß § 33 Abs. 3 KonzVgV in der Regel die VOB/B und die VOB/C zum Vertragsgegenstand zu machen. Der Konzessionsgeber kann gemäß § 33 Abs. 4 S. 2 KonzVgV die Mitteilungspflichten auch als Vertragsbedingungen für die Vergabe von Dienstleistungskonzessionen vorsehen, bei denen die Dienstleistungen nicht in der Einrichtung des Konzessionsgebers unter dessen direkter Aufsicht zu erbringen sind. Des Weiteren können gemäß § 33 Abs. 4 S. 3 KonzVgV die Mitteilungspflichten auch auf Lieferanten, die bei Bau- oder Dienstleistungskon-

49 Vgl. BGH, Urteil v. 18.12.2014 – VII ZR 60/14.
50 Vgl. OLG Schleswig, Beschluss v. 15.3.2013 – 1 Verg 4/12; VK Baden-Württemberg, Beschluss v. 2.2.2015 – 1 VK 65/14; siehe auch unten Kapitel C. IV.
51 Vgl. VK Baden-Württemberg, Beschluss v. 2.2.2015 – 1 VK 65/14; siehe auch unten Kapitel C. IV.
52 Siehe auch unten Kapitel C. V 6.
53 OLG Schleswig, Beschluss v. 15.3.2013 – 1 Verg 4/12.

zessionen beteiligt sind, sowie auf weitere Stufen in der Kette der Unterauftragnehmer ausgeweitet werden.

II. Dienstleistungskonzession (Abs. 1 Nr. 2)

1. Legaldefinition

Eine „**Dienstleistungskonzession**" ist gemäß Art. 5 S. 1 Nr. 1 lit. b RL 2014/23/EU ein entgeltlicher, schriftlich geschlossener Vertrag, mit dem ein oder mehrere öffentliche Auftraggeber oder Auftraggeber einen oder mehrere Wirtschaftsteilnehmer mit der Erbringung und der Verwaltung von Dienstleistungen betrauen, die nicht in der Erbringung von Bauleistungen nach Art. 5 S. 1 Nr. 1a RL 2014/23/EU bestehen, wobei die Gegenleistung entweder allein in dem Recht zur Verwertung der vertragsgegenständlichen Dienstleistungen oder in diesem Recht zuzüglich einer Zahlung besteht.[54] Zwischen § 105 Abs. 1 Nr. 2 GWB und der Definition in Art. 5 Abs. 1 lit. a RL 2014/23/EU besteht damit große Übereinstimmung. Statt „ein oder mehrere Unternehmen" spricht die RL 2014/23/EU von „einen oder mehrere Wirtschaftsteilnehmer", statt von „Konzessionsgeber" spricht die Richtlinie von „öffentliche Auftraggeber oder Auftraggeber". Inhaltliche Änderungen sind damit nicht verbunden. 37

Bis auf kleine Unterschiede ist die jetzige Definition nicht weit weg von der bisher gebräuchlichen Formel in der **deutschen Rechtsprechung**. Nach dieser liegt eine Dienstleistungskonzession vor, wenn der Vertragspartner des öffentlichen Auftraggebers ein Entgelt ganz oder z.T. nur in Form eines Rechts zur vorübergehenden Nutzung seiner Dienstleistung erhält, also eine geldwerte Verwertungsmöglichkeit statt einer unmittelbaren Zahlung durch den Auftraggeber oder einen Dritten. Erforderlich ist, dass der Vertragspartner des öffentlichen Auftraggebers trotz der Vertragsbindungen den Risiken des Marktes derart ausgesetzt bleibt, dass er das damit einhergehende Betriebsrisiko zumindest zu einem wesentlichen Teil übernimmt.[55] Diese Definition kann mit den vorgenannten sprachlichen Änderungen weiter verwandt werden. 38

2. Begriff der Dienstleistung

Was begrifflich unter die Erbringung und Verwaltung von Dienstleistungen i.S.d. § 105 Abs. 1 Nr. 2 GWB fällt, wird in § 103 Abs. 4 GWB nur unzureichend mittels einer **Negativabgrenzung** festgelegt. Dienstleistungsaufträge sind danach solche Leistungen, die weder unter Liefer- noch Bauaufträge fallen. 39

Im Gegensatz zu den **Baukonzessionen** kann allerdings beim Begriff der Dienstleistung nicht vollständig auf die Regelungssystematik des Auftragsvergaberechts in § 103 GWB zurückgegriffen werden, da die Konzessionsvergaberichtlinie hier einer anderen Begriffssystematik folgt. Dienstleistungen sind nach Art. 5 Nr. 1 lit. b RL 2014/23/EU solche Tätigkeit, die (wiederum negativ abgegrenzt) „nicht in der Erbringung von Bauleistungen nach Buchstabe a bestehen" – konzessionsvergaberechtlich unterfällt somit alles dem Dienstleistungsbegriff, was keine Bauleistung i.S.d. § 105 Abs. 1 Nr. 1 i.V.m. § 103 Abs. 3 GWB ist. Demgemäß unterfallen auch **Lieferleistungen** mangels eines Ausschlusses in der Richtlinie dem konzessionsrechtlichen Begriff der Dienstleistung. 40

Diese negative Abgrenzung kann dadurch in der Rechtsanwendung konkretisiert werden, dass innerhalb der einzelnen Leistungstypen positiv auf die **Regelungen des deutschen Zivilrechts** Bezug genommen wird.[56] Bei Bauaufträgen handelt es sich grob gesehen im Wesentlichen um Werkverträge i.S.v. §§ 631 ff. BGB, bei Lieferverträgen um Käufe i.S.v. §§ 433 ff. BGB und bei Dienstleistungen um dienstvertragliche Tätigkeit i.S.d. §§ 611 ff. 41

54 Vgl. Erwägungsgrund 11 RL 2014/23/EU.

55 Vgl. z.B. jüngst OLG Frankfurt, Beschluss v. 10.11.2015 – 11 Verg 8/15; OLG Naumburg, Beschluss v. 22.12.2011 – 2 Verg 10/11; OVG Lüneburg, Urteil v. 19.2.2015 – 7 LC 63/13; vgl. *Braun*, VergabeR 2012, 456; *ders.*, VergabeR 2011, 384; *ders.*, NZBau 2011, 400; *ders.*, VergabeR 2011, 199.

56 *Schabel*, in: Ziekow/Völlink, Vergaberecht, § 1 VOF Rn. 2.

BGB.[57] Unter „Dienstleistungen" im weitestgehenden Sinne können aber auch Mietverträge, Versicherungsverträge oder Leasing- und Franchise-Verträge fallen.[58] Unter dem Strich fällt jede Tätigkeit unter den Dienstleistungsbegriff, der im Rahmen eines vertraglichen Austauschverhältnisses zwischen dem Konzessionsgeber und dem Konzessionär erbracht wird.[59] Obgleich Werkverträge oft die Errichtung eines Bauwerkes i.S.v. § 103 Abs. 3 GWB zum Gegenstand haben, unterfallen sie dennoch dem Dienstleistungsbegriff, wenn der Vertragsgegenstand in der Herstellung eines anderen Objektes besteht.

42 **Klassische Beispiele** für Dienstleistungskonzessionen im Bereich der öffentlichen Daseinsvorsorge sind Taxikonzessionen nach § 2 Abs. 2 und § 13 Abs. 4 Nr. 4 PBefG, Rettungsdienstleistungskonzessionen nach den jeweiligen Landesgesetzen (vgl. Art. 13 Abs. 1 S. 1 BayRDG), Breitbandkonzessionen gemäß der AGVO und der NGA-RR sowie Stromkonzessionen nach § 46 Abs. 3 i.V.m. Abs. 1 S. 1 EnWG.

3. Abgrenzung zu Dienstleistungsaufträgen

43 Dienstleistungskonzessionen sind entsprechend wie Baukonzessionen **anhand der zu erbringenden Gegenleistung** der Vergabestelle von Dienstleistungsaufträgen abzugrenzen. Bei solchen erhält der Auftragnehmer das Entgelt für seine Leistung unmittelbar vom Auftraggeber, wohingegen bei der Dienstleistungskonzession der Konzessionär bloß das Recht zur Nutzung der erbrachten Leistung verliehen bekommt.[60] Er muss sich damit selbst durch Erbringung dieser Leistungen refinanzieren. Wie bei der Baukonzession muss mit der Verleihung des Nutzungsrechts zudem der wesentliche Teil des Betriebsrisikos als *„Verwertungsrisiko"* auf den Konzessionär übergehen.[61]

4. Abgrenzung zu Baukonzessionen

44 Wenn innerhalb eines Vertrages sowohl Bau- als auch Dienstleistungen zu erbringen sind, ist zu ermitteln, welcher Leistungstyp den **Schwerpunkt** der Leistungsanteile ausmacht[62] oder welcher den beabsichtigten Konzessionsvertrag zumindest wesentlich prägt.[63] Wenn Bauleistungen nur eine untergeordnete Rolle spielen oder es nur um die Nutzung eines bereits bestehenden Bauwerks geht, so liegt bspw. eine Dienstleistungskonzession vor.[64] Ebenso bleiben Bauleistungen als Instandhaltungsarbeiten auch nachrangig, wenn das vordergründige Leistungsziel eine Dienstleistung ist.[65] Trennbare Leistungen sind entsprechend nach den für diese geltenden Regelungen als Bau- oder Dienstleistungskonzession zu vergeben.[66]

45 Der **Betrieb einer Tank- und Rastanlage** wird in Form einer Dienstleistungskonzession vergeben und nicht als Baukonzession. Wie die bauliche Anlage danach im Detail genutzt wird, ist nicht Gegenstand der Baukonzession, sondern der Freiheit des Baukonzessionsnehmers überlassen. Die Konzessionsverträge enthalten Regelungen sowohl zum Bau als auch zum Betrieb der Raststätte bzw. der Tankstelle, wobei der Schwerpunkt bei der Dienstleistung liegt.[67]

57 *Schabel*, in: Ziekow/Völlink, Vergaberecht, § 1 VOF Rn. 2.
58 *Hermann*, in: Ziekow/Völlink, Vergaberecht, § 1 VOL/A Rn. 2.
59 *Hermann*, in: Ziekow/Völlink, Vergaberecht, § 1 VOL/A Rn. 2.
60 *Schrotz*, in: Pünder/Schellenberg, Vergaberecht, § 4 EG VOL/A, Rn. 46; *Ziekow*, in: Ziekow/Völlink, Vergaberecht, § 99 GWB Rn. 196.
61 *Ziekow*, in: Ziekow/Völlink, Vergaberecht, § 99 GWB Rn. 196; ausführlich zum Betriebsrisiko Kapitel C. III.
62 OLG Brandenburg, Beschluss v. 3.8.1999 – 6 Verg 1/99.
63 OLG Brandenburg, Urteil v. 30.5.2008 – Verg W 5/08.
64 *Hermann*, in: Ziekow/Völlink, Vergaberecht, § 22 VOB/A Rn. 4.
65 OLG Brandenburg, Urteil v. 30.5.2008 – Verg W 5/08.
66 Nr. 2.3 der Mitteilung der Kommission, NZBau 2000, 413 (416).
67 OLG Karlsruhe, Beschluss v. 6.2.2013 – 15 Verg 11/1; VK Baden-Württemberg, Beschluss v. 19.10.2012 – 1 VK 35/12.

5. Recht auf gesetzeskonforme Nutzung

Der Konzessionär erhält das Recht zur Verwertung seiner Dienstleistung. In der Regel erfolgt dies durch Entgeltzahlungen Dritter für die Nutzung der betreffenden Dienstleistung. Diese Zahlungen können sowohl **privatrechtlich** als auch **öffentlich-rechtlich** als Gebühren erbracht werden. 46

Bei der Erhebung ist auf die Eigenheit der verwendeten **Rechtsform** zu achten: Öffentlich-rechtliche Gebühren dürfen nur dann erhoben werden, wenn entsprechende gesetzliche Ermächtigungsgrundlagen bestehen. Die Beschaffung der Leistung durch den Konzessionsgeber im Wege einer Dienstleistungskonzession darf nicht gesetzeswidrig sein.[68] Eine Dienstleistungskonzession ist im Abfallrecht dann nicht zulässig, wenn die entsorgungspflichtige Stelle einen Dritten beauftragt und dem Dritten dadurch Entgeltansprüche gegen den Nutzer zustehen sollen.[69] 47

Wenn im Rahmen der Konzession mit **Abtretungen** gearbeitet wird, dann ist darauf zu achten, dass die durch den Konzessionsgeber gewählte Konstruktion zivilrechtlich wirksam ist. Generell verpflichtende Voraus-Abtretung der Forderungen können unwirksam sein.[70] 48

III. Übertragung des Betriebsrisikos (Abs. 2)

Die Übertragung des Betriebsrisikos wird in § 105 Abs. 2 GWB geregelt. Das Betriebsrisiko ist weit gefasst und kann gemäß § 105 Abs. 2 S. 3 GWB ein **Nachfrage- oder Angebotsrisiko** sein. Die Definition dessen, was unter der Übertragung des Betriebsrisikos zu verstehen ist, gehört zu den zentralen Anliegen der EU-Reform. Dies wird auch durch die Erörterung in den Erwägungsgründen 18, 19, 20 und 52 RL 2014/23/EU deutlich. Die Detailtiefe der Diskussion zeigt auf, dass es immer um Klärung tatsächlicher Einzelfragen geht. Ob mit der jetzigen Regelung abschließend geklärt ist, wann eine Risikoübertragung vorliegt, wird zumindest angezweifelt.[71] 49

Ein Betriebsrisiko wird als das Risiko, den **Unwägbarkeiten des Marktes** ausgesetzt zu sein, verstanden. **Nachfragerisiko** ist das Risiko der tatsächlichen Nachfrage nach den Bau- oder Dienstleistungen, die Gegenstand des Vertrags sind. **Angebotsrisiko** ist das mit der Erbringung der Bau- oder Dienstleistungen, die Gegenstand des Vertrags sind, verbundene Risiko, insbesondere das Risiko, dass die bereitgestellten Dienstleistungen nicht der Nachfrage entsprechen. Zur Einschätzung des Betriebsrisikos ist daher der Nettogegenwartswert aller Investitionen, Kosten und Einkünfte des Konzessionsnehmers in kohärenter und einheitlicher Weise heranzuziehen.[72] 50

1. Amortisationsrisiko (S. 2 Nr. 1)

Der Übergang des Betriebsrisikos liegt gemäß § 105 Abs. 2 S. 2 Nr. 1 GWB vor, wenn unter normalen Betriebsbedingungen nicht gewährleistet ist, dass die Investitionsaufwendungen oder die Kosten für den Betrieb des Bauwerks oder die Erbringung der Dienstleistungen **wieder erwirtschaftet** werden können und der Konzessionsnehmer nach § 105 Abs. 2 S. 2 Nr. 2 GWB den Unwägbarkeiten des Marktes tatsächlich ausgesetzt ist. Diese Norm setzt Art. 5 Nr. 1 UAbs. 2 S. 2 RL 2014/23/EU um.[73] 51

---

68 Vgl. OLG Naumburg, Beschluss v. 15.4.2016 – 7 Verg 1/16 mit Hinweisen auf BGH, Beschluss v. 18.6.2012 – X ZB 9/ 11.
69 Vgl. OLG Celle, Beschluss v. 19.6.2014 – 13 Verg 5/14.
70 Vgl. für eine Unwirksamkeit der Abtretung im Bereich der Ölspurbeseitigung BGH, Urteil v. 28.6.2011 – VI ZR 184/10.
71 Vgl. z.B. *Hövelberndt*, NZBau 2010, 599; *Teufel*, KommJur 2012, 87.
72 Erwägungsgrund 20 RL 2014/23/EU.
73 Gesetzesbegründung, BT-Drs. 18/6281, 74.

a) Normale Betriebsbedingungen

52 Unter „normalen Betriebsbedingungen" i.S.d. § 105 Abs. 2 Nr. 1 GWB sind die gewöhnlichen, sprich nach **allgemeiner Betriebserfahrung** zu erwartenden Umstände im Rahmen der Erbringung einer bestimmten Tätigkeit zu verstehen. Ob bestimmte Bedingungen im Hinblick auf eine bestimmte Tätigkeit als gewöhnlich anzusehen sind, muss stets bei jedem Betrieb unter Heranziehung aller Umstände und Gesichtspunkte des Einzelfalles sowie hinsichtlich des Betriebstyps gesondert geprüft werden. Dabei kann einerseits auf eine typisierte Betrachtungsweise abgestellt werden, sodass zu untersuchen ist, ob gewisse Ereignisse und Umstände sich in dem Rahmen halten, die für einen bestimmten Betriebstyp noch typisch und damit gewöhnlich sind. Zugleich sind aber auch die Rahmenbedingungen des einzelnen Betriebs (konkrete Ausgestaltung des Betriebs und der Tätigkeiten im Einzelfall) an sich in die Betrachtung mit einzubeziehen. Bei Rettungsdienstkonzessionen kann dies zweifelhaft sein, weil die normalen Betriebsbedingungen auf eine Kostenerstattung ausgerichtet sind. Das Betriebsrisiko ist dann nicht mehr sehr hoch.[74]

53 Ereignisse im Zusammenhang mit **höherer Gewalt** fallen im Allgemeinen nicht mehr unter die typischen Umstände und Vorgänge eines Betriebs – es sei denn, die Tätigkeit wird gerade typischerweise von solchen Ereignissen begleitet bzw. wird im Zusammenhang mit diesen erbracht.

54 Beim Begriff der „normalen Betriebsbedingungen" ist insofern **keine starre Sichtweise** angebracht, sondern eine dynamische, welche sowohl den typisierten „äußeren" Rahmen des jeweiligen Betriebstyps als auch „innere" Gesichtspunkte und Umstände des jeweiligen Einzelfalles in die Betrachtung mit einstellt. Einschränkend unterfallen solche Aspekte des jeweiligen Einzelfalles nicht mehr der Betrachtung, die mit dem vorliegenden Betriebstypus unter keinem erdenklichen Gesichtspunkt im Zusammenhang stehen. Dies ist beispielsweise dann der Fall, wenn die konkret vorgenommene Tätigkeit des Konzessionärs unter keinen Umständen unter den jeweiligen Typ des Betriebs subsumiert werden kann – von „normalen" Betriebsbedingungen kann dann nämlich nicht die Rede sein.

b) Investitionsaufwendungen und Betriebskosten

55 Unter **Investitionsaufwendungen** sind sämtliche geldwerte Aufwendungen des Konzessionärs in Bezug auf die Aufnahme und Ausübung der jeweiligen betrieblichen Tätigkeit zu verstehen. In Abgrenzung zum Begriff der Betriebskosten handelt es sich bei den Investitionsaufwendungen um Kosten, die der Konzessionär im Vorfeld vor der Aufnahme der eigentlichen Betriebstätigkeit auf sich genommen hat, um überhaupt betriebsfähig zu sein.

56 Bei den **Betriebskosten** handelt es sich dagegen um die Kosten des laufenden Betriebs, diese entstehen somit erst ab Beginn der eigentlichen Konzessionstätigkeit.

c) Umfang des wirtschaftlichen Risikos

57 Das Konzessionsrecht schließt stets die Übertragung eines Betriebs- bzw. Amortisationsrisikos wirtschaftlicher Art auf den Konzessionsnehmer ein. Dieses Risiko beinhaltet die Möglichkeit, dass die Investitionsaufwendungen und die Kosten für den Betrieb des Bauwerks oder die Erbringung der Dienstleistungen unter normalen Betriebsbedingungen **nicht wieder erwirtschaftet** werden können,[75] sodass es sich insgesamt um ein Zuschussgeschäft für den Konzessionär handelt. Ein Amortisationsrisiko kann sich beispielsweise daraus ergeben, dass sein Vergütungsanspruch ausfällt, seine Leistungen nicht bzw. nicht in erwartetem Maße in Anspruch genommen werden, die Konkurrenz anderer Wirtschaftsteilnehmer zu stark ist, die Betriebsausgaben nicht vollständig gedeckt werden oder bei der Erbringung von Dienstleistungen Haftungsansprüche Dritter aufgrund von Schädigungen durch den Konzessionär entste-

74 Vgl. das Betriebsrisiko für den Rettungsdienst in Thüringen bejahend OLG Jena, Beschluss v. 22.7.2015 – 2 Verg 2/15; vgl. auch *Müller*, NVwZ 2016, 266 (269).
75 Erwägungsgrund 18 RL 2014/23/EU.

hen.[76] Nicht mehr unter den Betriebsrisikobegriff des § 105 Abs. 2 S. 2 Nr. 1 GWB fallen hingegen Faktoren, die sich dem Einfluss der Vertragsparteien entziehen.

Nicht ausschlaggebend sind für die Einstufung als Konzession solche Risiken, die sich aus einer **mangelhaften Betriebsführung** bzw. aus **Beurteilungsfehlern** des Wirtschaftsteilnehmers ergeben[77] sowie im Zusammenhang mit **vertraglichen Ausfällen** des Wirtschaftsteilnehmers oder Fällen **höherer Gewalt** stehen.[78] Solche Risiken wohnen stets jedem Vertrag inne und stellen daher kein spezifisches „Betriebsrisiko" dar. Dieses Risiko muss substanziell sein, damit die Konturen der Dienstleistungskonzession nicht völlig verwässert werden. 58

Bei der Prüfung des Bestehens des Betriebsrisikos ist eine **Gesamtbetrachtung** aller Umstände des Einzelfalls einschließlich der für den Vertragsgegenstand maßgeblichen Marktbedingungen und der gesamten vertraglichen Vereinbarung anzustellen.[79] 59

Ein Betriebsrisiko besteht nicht, wenn dem Konzessionär durch den Konzessionsgeber vertraglich **Konkurrenzfreiheit** zugesichert worden ist[80] oder weil Dritte, welche die Dienstleistung nutzen und Vergütung dafür schulden, aufgrund besonderer Umstände **nicht insolvent** werden können und die Anzahl der Nutzungsvorgänge angemessen kalkulierbar ist.[81] 60

Quantitativ kommt es hinsichtlich der Beurteilung des Betriebsrisikos nicht auf die Höhe des übernommenen Risikos an, sondern insbesondere auf die quotale Verteilung zwischen Konzessionsgeber und Konzessionär. Es kommt darauf an, dass der Konzessionär zu einem maßgeblichen Teil dasjenige Risiko übernimmt, dem sich der Auftraggeber ausgesetzt sähe, wenn er die betreffende Tätigkeit selbst ausüben würde.[82] Hierbei ist allerdings zu beachten, dass der Konzessionsgeber nicht mehr Risiken übertragen kann, als er selbst trägt. So ist es unschädlich, wenn dem Konzessionär bloß ein beschränktes Amortisationsrisiko übertragen wird, weil bereits das Risiko des Konzessionsgebers begrenzt war – beispielsweise aufgrund eines Anschluss- und Benutzungszwanges.[83] 61

Erforderlich ist daher nicht die Tragung eines hohen Risikos, sondern des **wesentlichen tätigkeitspezifischen Risikos** durch den Konzessionär.[84] Nichtsdestoweniger kann kein *„Null-Risiko"* übertragen werden.[85] Ferner liegt keine Konzession vor, wenn der Konzessionsgeber einen beträchtlichen Teil des Risikos zurückbehält, der nach Vergabe der Konzession weiterhin bestehen bleibt.[86] Bei einer rechtsmissbräuchlichen Umgehungskonstruktion zur maximalen Risikoverminderung greift das Umgehungsverbot des § 14 KonzVgV ein mit der Konsequenz, dass dann von einem Dienstleistungsauftrag und nicht von einer Dienstleistungskonzession auszugehen ist. Dies haben Vergabestellen stets zu beachten. 62

2. Unwägbarkeiten des Marktes (S. 2 Nr. 2)

Der Übergang des Betriebsrisikos liegt gemäß § 105 Abs. 2 S. 2 Nr. 2 GWB zudem nur dann vor, wenn der Konzessionsnehmer den Unwägbarkeiten des Marktes tatsächlich ausgesetzt ist, sodass potenzielle geschätzte Verluste des Konzessionsnehmers nicht vernachlässigbar sind. § 105 Abs. 2 S. 2 Nr. 2 GWB setzt Art. 5 Nr. 1 UAbs. 2 S. 3 RL 2014/23/EU um.[87] Im 63

76 Vgl. EuGH, Urteil v. 10.11.2011 – Rs. C-348/10 (Norma-A), Rn. 48; Urteil v. 10.3.2011 – Rs. C-274/09 (Stadler), Rn. 37; OLG Naumburg, Beschluss v. 15.4.2016 – 7 Verg 1/16; OLG Celle, Beschluss v. 8.9.2014 – 13 Verg 7/14.
77 EuGH, Urteil v. 10.11.2011 – Rs. C-348/10 (Norma-A), Rn. 48 m.w.A; Urteil v. 10.3.2011 – Rs. C-274/09 (Stadler), Rn. 38; *Kraus*, VergabeR 2012, 164 (171).
78 Erwägungsgrund 20 RL 2014/23/EU.
79 BGH, Beschluss v. 8.2.2011 – X ZB 4/10 (Abellio).
80 VK Baden-Württemberg, Beschluss v. 25.7.2012 – 1 VK 20/12.
81 EuGH, Urteil v. 11.6.2009 – Rs. C-300/07 (Oymanns), Rn. 74.
82 EuGH, Urteil v. 10.9.2009 – Rs. C-206/08 (Eurawasser), Rn. 70 ff.; *Kulartz*, in: Kulartz/Marx/Portz/Prieß, VOB/A, § 22 Rn. 6.
83 *Ziekow*, in: Ziekow/Völlink, Vergaberecht, § 99 GWB Rn. 196b.
84 Etwa EuGH, Urteil v. 10.11.2011 – Rs. C-348/10 (Norma-A), Rn. 48; Urteil v. 10.3.2011 – Rs. C-274/09 (Stadler), Rn. 37; Urteil v. 10.9.2009 – Rs. C-206/08 (Eurawasser), Rn. 77; OLG Naumburg, Beschluss v. 15.4.2016 – 7 Verg 1/16; OLG Brandenburg, Beschluss v. 12.10.2010 – Verg W 7/09.
85 *Ziekow*, in: Ziekow/Völlink, Vergaberecht, § 99 GWB Rn. 196b.
86 Vgl. OLG Düsseldorf, Beschluss v. 21.7.2010 – VII-Verg 19/10.
87 Gesetzesbegründung, BT-Drs. 18/6281, 77.

Grundsatz hat der Gemeinschaftsgesetzgeber darin in **Übereinstimmung mit der ständigen Rechtsprechung des EuGH** konkretisiert, welche einzelnen Anforderungen an den Übergang des Betriebsrisikos zu stellen sind, insbesondere dass der Dienstleistungserbringer den Unwägbarkeiten des Marktes ausgesetzt sein muss.[88]

64 Unter **Unwägbarkeiten des Marktes** ist wieder nichts anderes zu verstehen als das Bestehen des Amortisationsrisikos des Konzessionärs, in dessen Folge er einem Verlustrisiko ausgesetzt ist, wenn sich der Markt zu seinen Ungunsten entwickelt und er dadurch die Investitionsaufwendungen und Betriebskosten nicht wieder erwirtschaften kann. Für die Bestimmung des Risikogrades ist eine **Ex-ante-Prognose** zu erstellen und zu entscheiden, ob der Bieter mit einer wirtschaftlich risikolosen Ausführung rechnen kann.[89]

65 Der EuGH verwendet den Begriff der Unwägbarkeiten des Marktes zur Erläuterung des **Betriebsrisikos**. Unter dem Betriebsrisiko ist das Risiko zu verstehen, den Unwägbarkeiten des Marktes ausgesetzt zu sein, das sich im Risiko der Konkurrenz durch andere Wirtschaftsteilnehmer, dem Risiko eines Ungleichgewichts zwischen Angebot und Nachfrage, dem Risiko der Zahlungsunfähigkeit derjenigen, die die Bezahlung der erbrachten Dienstleistungen schulden, dem Risiko einer nicht vollständigen Deckung der Betriebsausgaben durch die Einnahmen oder dem Risiko der Haftung für einen Schaden im Zusammenhang mit einem Fehlverhalten bei der Erbringung der Dienstleistung äußern kann.[90] Verpflichtet sich der Auftraggeber zur Zahlung eines Ausgleichsbetrages, dann trägt der Leistungserbringer nicht mehr überwiegend das Nutzungsrisiko und ist nicht den Unwägbarkeiten des Marktes ausgesetzt.[91]

66 Den Unwägbarkeiten des Marktes ist der Konzessionsnehmer bei **folgenden Risiken** ausgesetzt:

- dem Risiko der Konkurrenz anderer Wirtschaftsteilnehmer;
- dem Risiko eines Ungleichgewichts zwischen Angebot und Nachfrage;
- dem Risiko der Zahlungsunfähigkeit derjenigen, die die Bezahlung der erbrachten Dienstleistungen schulden;
- dem Risiko einer nicht vollständigen Deckung der Betriebsausgaben durch die Einnahmen oder
- dem Risiko der Haftung für einen Schaden im Zusammenhang mit einem Fehlverhalten bei der Erbringung der Dienstleistung.[92]

67 **„Tatsächlich ausgesetzt"** ist der Konzessionär den Unwägbarkeiten des Marktes – sprich dem Amortisationsrisiko –, wenn potenzielle geschätzte Verluste des Konzessionsnehmers nicht rein nominell bestehen,[93] sondern echte Einbußen ohne entsprechende Kompensation darstellen. Das Merkmal des „Tatsächlich-ausgesetzt"-Seins stellt die Anforderung an das Betriebsrisiko, dass dieses Risiko qualitativ besteht und nicht durch etwaige automatische Kompensations- oder Abfederungsmechanismen nachträglich wieder negiert wird. Ein solcher Abfederungsmechanismus ist beispielsweise in einer vertraglich zugesicherten Konkurrenzfreiheit zu erblicken. Andere Beispiele sind branchenspezifische Regelungen, die den Wegfall des Risikos durch einen garantierten Ausgleich der Investitionen und Betriebskosten des Konzessionärs vorsehen.[94] Der Konzessionsnehmer trägt z.B. bei der Alttextilentsorgung das betriebswirtschaftliche Risiko dann, wenn er vor allem die Personal- und Sachkosten für das Aufstellen und Instandhalten der Container, für deren Leerung, für den Transport der Alttextilien sowie ggf. die Entsorgungskosten übernimmt.[95]

---

88 Gesetzesbegründung, BT-Drs. 18/6281, 77 mit Hinweis auf EuGH, Urteil v. 10.11.2011 – Rs. C-348/10 (Norma-A), Rn. 48, 51, und Urteil v. 10.3.2011 – Rs. C-274/09 (Stadler), Rn. 37, 48.
89 *Eschenbruch*, in: Kulartz/Kus/Portz, GWB-Vergaberecht, § 99 Rn. 584.
90 EuGH, Urteil v. 10.11.2011 – Rs. C-348/10 (Norma-A), Rn. 48.
91 OLG Düsseldorf, Beschluss v. 23.12.2015 – VII-Verg 34/15, Rn. 15.
92 OLG Celle, Beschluss v. 8.9.2014 – 13 Verg 7/14.
93 Siehe Begriffsdefinition des Art. 5 Nr. 1 RL 2014/23/EU.
94 Erwägungsgrund 19 RL 2014/23/EU.
95 OLG Celle, Beschluss v. 8.9.2014 – 13 Verg 7/14.

Eine Fallgruppe betrifft Dienstleistungen der **Daseinsvorsorge**, die einen hohen Sicherheitsfaktor für die Bevölkerung haben. Die Erwägungsgründe der RL 2014/23/EU treffen hierzu teils widersprüchliche Aussagen. So sieht Erwägungsgrund 17 RL 2014/23/EU vor, dass keine Konzession vorliegen würde, wenn der Konzessionär Vergütungen gemäß vorgeschriebener Tarife erhält. Dabei müssen diese so berechnet sein, dass sie sämtliche Betriebskosten und Investitionsaufwendungen des Konzessionärs decken.[96] Erwägungsgrund 19 RL 2014/23/EU betont wiederum, dass die Vergabe von Konzessionen in Branchen mit vorgeschriebenen Tarifen nicht ausgeschlossen sein soll. Wie bereits im Hinblick auf den quantitativen Umfang des zu übernehmenden Amortisationsrisikos ausgeführt, kommt es nicht auf das Gewicht des Risikos an, sondern auf die Quotelung zwischen Konzessionsgeber und Konzessionär.[97] 68

Ein teilweise gewährter Ausgleich und damit eine Beschränkung des Risikos[98] ist unschädlich, solange der Konzessionär dem wesentlichen Teil des Gesamtrisikos ausgesetzt ist.[99] Dies kann innerhalb von Branchen mit abgemilderten Betriebsrisiken (**öffentliche Daseinsvorsorge**) der Fall sein, wenn trotz vorgesehener Amortisationsmechanismen der Konzessionär keine Gewähr für die vollständige Deckung seiner Betriebsrisiken erhält[100] oder er Schuldnern gegenübersteht, die dem Risiko der Zahlungsunfähigkeit unterliegen.[101] Es kommt auf das Element der „Vorhersehbarkeit" an – dieses darf nicht vollständig zugunsten des Konzessionärs gegeben sein.[102] 69

Alles in allem darf generell kein Mechanismus im Raum stehen, welcher das wirtschaftliche Risiko des Konzessionärs im Ergebnis auf null reduziert bzw. auf eine vernachlässigbare Größe schrumpfen lässt. Mithin reicht es nicht aus, wenn der Konzessionär das Amortisationsrisiko bloß pro forma – sprich nur zum Schein – übertragen bekommt. Die Übernahme des Betriebsrisikos darf nicht in einer rein formellen Betrachtungsweise festgestellt werden, sondern bedarf der **funktionellen Betrachtung**. 70

In diesen Kontext reiht sich auch das Merkmal des **„nicht vernachlässigbar"** ein im Hinblick auf die potenziell geschätzten Verluste. Gemäß diesem Wortlaut dürfen die Verlustrisiken des Konzessionärs, denen er tatsächlich ausgesetzt sein muss, auch nicht den Charakter von Platzhaltern in seiner Buchführung haben, sondern wahrnehmbare Abzugsposten darstellen. Dieses Erfordernis ist wohl erfüllt, wenn ein *„spekulatives"* Element hinsichtlich der Investitionen und Kosten des Konzessionärs verbleibt.[103] Wenn der Bieter hingegen seine Kosten so vorhersehbar kalkulieren kann, dass er kein Verlustrisiko, sondern bloß ein Erlösrisiko trägt, so ist dieses vernachlässigbar und stellt damit kein Betriebsrisiko dar.[104] 71

Im Hinblick auf **zusätzlich gewährte Zahlungen** durch den Konzessionsgeber an den Konzessionär nebst der Verleihung des Nutzungsrechts gilt Folgendes: Grundsätzlich ist die Zahlung eines zusätzlichen Entgeltes hinsichtlich der Einordnung des Vertrages als Konzession unschädlich.[105] Gleichwohl kann ein Vertrag spätestens dann nicht mehr als Konzession angesehen werden, wenn der zusätzlichen Vergütung ein solches Gewicht zukommt, dass ihr bei wertender Betrachtung kein bloßer Zuschusscharakter mehr beigemessen werden kann.[106] Finanziert sich das Verkehrsunternehmen teilweise aus den Fahrgeldeinnahmen und erhält es zusätzlich Ausgleichszahlungen, ist dann nicht mehr von einer Konzession auszugehen, wenn die zusätzliche Ausgleichszahlung ein solches Gewicht hat, dass ihr kein bloßer Zuschusscha- 72

96 Erwägungsgrund 17 RL 2014/23/EU.
97 Vgl. auch Erwägungsgrund 19 RL 2014/23/EU.
98 Erwägungsgrund 19 RL 2014/23/EU.
99 EuGH, Urteil v 10.3.2011 – Rs. C-274/09 (Stadler), Rn. 29; Urteil v. 10.9.2009 – Rs. C-206/08 (Eurawasser), Rn. 77, 80.
100 EuGH, Urteil v 10.3.2011 – Rs. C-274/09 (Stadler), Rn. 48.
101 EuGH, Urteil v 10.3.2011 – Rs. C-274/09 (Stadler), Rn. 46.
102 *Bultmann*, NVwZ 2011, 72 (74).
103 *Bultmann*, NVwZ 2011, 72 (74); *Opitz*, NVwZ 2014, 753 (756).
104 *Bultmann*, NVwZ 2011, 72 (74).
105 EuGH, Urteil v. 10.9.2009 – Rs. C-206/08 (Eurawasser), Rn. 51; OLG Naumburg, Beschluss v. 15.4.2016 – 7 Verg 1/16; *Eschenbruch*, in: Kulartz/Kus/Portz, GWB-Vergaberecht, § 99 Rn. 583.
106 BGH, Beschluss v. 8.2.2011 – X ZB 4/10 (Abellio); OLG Karlsruhe, Beschluss v. 9.10.2012 – 15 Verg 12/11; OLG München, Beschluss v. 25.3.2011 – Verg 4/11.

rakter mehr beigemessen werden kann.[107] Die tatsächlichen Gründe, die trotz direkter Zahlungen des Landes eine Einschränkung der Rechte der Antragstellerin erfordern, sind vom Konzessionsgeber tunlichst in einem Vergabevermerk zu dokumentieren. Für die Gründe obliegt dem Konzessionsgeber im Streitfall die Darlegungs- und im Fall einer Nichterweislichkeit die Beweislast.[108]

3. Nachfrage- und Angebotsrisiko (S. 3)

73 § 105 Abs. 2 S. 2 GWB setzt Art. 5 Nr. 1 UAbs. 2 S. 1 Hs. 2 RL 2014/23/EU um und stellt klar, dass es sich beim Betriebsrisiko um ein Nachfrage- oder Angebotsrisiko handeln kann.[109] Das Betriebsrisiko ist der Oberbegriff, der wiederum in das Angebots- und Nachfragerisiko zerfällt.[110] In diesem Zusammenhang wird auch der Begriff des Nutzungsrisikos verwandt.[111]

74 **Nachfragerisiko** ist das Risiko der tatsächlichen Nachfrage nach den Bau- oder Dienstleistungen, die Gegenstand des Vertrags sind.[112] **Angebotsrisiko** ist das mit der Erbringung der Bau- und Dienstleistungen, die Gegenstand des Vertrags sind, verbundene Risiko, insbesondere das Risiko, dass die bereitgestellten Dienstleistungen nicht der Nachfrage entsprechen.[113] Insgesamt stellen sich beide Begriffe wieder nur als Aspekte ein und desselben Phänomens dar: des **Amortisationsrisikos**.

75 Der Unterschied zwischen beiden Begriffen besteht daher auch bloß hinsichtlich der Frage, ob das **Verlustrisiko** im konkreten Einzelfall bezüglich der Nachfrage- oder der Angebotssituation besteht. Eine zu tief gehende Unterscheidung ist hierbei unnötig, da beide Begriffe in der Praxis wohl Hand in Hand gehen werden. Als klassische Beispiele seien hier trotzdem genannt als Nachfragerisiko der Fall, dass der Konzessionär mit seiner Leistung keinen hinreichenden Absatz findet; als Angebotsrisiko der Fall, dass der Konzessionär eine größere Nachfrage (als zunächst angenommen) mangels entsprechender Leistungsbereitschaft nicht gänzlich befriedigen kann. Die Prüfung, ob eine Risikoübernahme vorliegt, erfordert eine Gesamtbetrachtung aller Umstände des Einzelfalls einschließlich der für den Vertragsgegenstand maßgeblichen Marktbedingungen und der gesamten vertraglichen Vereinbarungen.[114]

76 Die Möglichkeit zu **Nachverhandlungen** reduziert zwar das Nachfragerisiko, beseitigt es aber nicht.[115]

IV. Beschaffungsvorgang

77 Das Ziel von Konzessionsverträgen ist die Beschaffung von **Bau- oder Dienstleistungen** durch Vergabe einer Konzession zugunsten der öffentlichen Hand.[116] Hierbei soll den Konzessionsgebern stets der **Nutzen** der betreffenden Bau- oder Dienstleistung zustehen.[117]

78 Dies ist grundsätzlich immer dann gegeben, wenn dem Konzessionsgeber die Leistung **unmittelbar zugutekommt**.[118] Aber auch Leistungen, die ihm bloß **mittelbar** – beispielsweise bei der Erfüllung der ihm obliegenden Aufgaben – zugutekommen, unterfallen dem Begriff der Beschaffung.[119] Die Definition der Dienstleistungskonzession in Art. 5 Abs. 1 lit. b

---

107 OLG Frankfurt, Beschluss v. 10.11.2015 – 11 Verg 8/15; VK Brandenburg, Beschluss v. 27.7.2015 – VK 12/15.
108 Vgl. OLG Düsseldorf, Beschluss v. 30.4.2003 – VII-Verg 61/02.
109 Gesetzesbegründung, BT-Drs. 18/6281, 77.
110 Erwägungsgründe 18, 19 und 20 RL 2014/23/EU.
111 OLG Celle, Beschluss v. 8.9.2014 – 13 Verg 7/14.
112 Erwägungsgrund 20 RL 2014/23/EU.
113 Erwägungsgrund 20 RL 2014/23/EU.
114 OLG Celle, Beschluss v. 8.9.2014 – 13 Verg 7/14 mit Hinweisen auf BGH, Beschluss v. 8.2.2011 – X ZB 4/10 (Abellio), Rn. 32 – juris.
115 OLG Celle, Beschluss v. 8.9.2014 – 13 Verg 7/14.
116 Erwägungsgründe 1 und 11 RL 2014/23/EU; vgl. umfassend *Müller*, NVwZ 2016, 266.; VK Nordbayern, Beschluss v. 19.1.2011 – 21.VK-3194-48/10.
117 Erwägungsgrund 11 RL 2014/23/EU.
118 OLG München, Beschluss v. 25.3.2011 – Verg 4/11.
119 OLG München, Beschluss v. 25.3.2011 – Verg 4/11; VK Nordbayern, Beschluss v. 19.1.2011 – 21.VK-3194-48/10; *Opitz*, NVwZ 2014, 753 (757).

RL 2014/23/EU setzt keine Inanspruchnahme der Dienstleistung durch den Konzessionsgeber voraus. Da der Konzessionär den Unwägbarkeiten des Marktes begriffsnotwendig ausgesetzt sein muss, wird er die Leistung insbesondere auch Dritten gegenüber erbringen müssen. Insofern ist der Beschaffungsvorgang auch bei bloß mittelbarem Nutzen des Konzessionsgebers gegeben. Insbesondere muss die Beschaffung dem Konzessionsgeber nicht *„körperlich"* zugutekommen.[120]

Vielmehr beschafft sich der Konzessionsgeber daher nicht nur dann eine Leistung, wenn sie ihm *„irgendwie"* wirtschaftlich zugutekommt, sondern auch dann, wenn er mit der Leistung ihm obliegende **Pflichten gegenüber der Bevölkerung erfüllt**.[121] Dies ist typischerweise bei den Aufgaben der öffentlichen Daseinsvorsorge der Fall – der Konzessionsgeber „beschafft" sich auch dann Leistungen, wenn er mittels der Konzessionsvergabe die ihm obliegende Daseinsvorsorge sicherstellt. Beispiele hierfür sind Dienstleistungen im Bereich der Abfallentsorgung, im Krankenhausbereich, der Rettungsdienstleistungen sowie Verkehrsdienstleistungen. Eine engere Auslegung des Merkmals des Beschaffungsvorgangs verkennt die Eigenheit der Konzession, die bereits begriffsnotwendig nicht ausschließlich dem Konzessionsgeber unmittelbar zugutekommen kann. **79**

Einen Nutzen im Sinne des Erwägungsgrundes 11 RL 2014/23/EU zieht der Konzessionsgeber insofern immer bereits dann, wenn die Leistung des Konzessionärs der **öffentlichen Daseinsvorsorge zugutekommt**. Einschränkend liegt kein Beschaffungsvorgang vonseiten des Konzessionsgebers bei einer **bloßen Genehmigung oder Gestattung** von gewissen Tätigkeiten vor, ohne dass zugleich eine verbindliche Leistungspflicht des Leistungserbringers vorgesehen wird.[122] Ein Konzessionsgeber beschafft sich dann eine Leistung, wenn ihm die Gegenleistung entweder unmittelbar zugutekommt oder mittelbar, wenn sie ihn bei der Erfüllung der ihm obliegenden Aufgaben und insbesondere bei der Daseinsvorsorge für die Bevölkerung unterstützt, unabhängig davon, ob der Auftragnehmer eine Beihilfe in Form einer Anschubfinanzierung erhält. Die Versorgung der Bevölkerung mit flächendeckender Telekommunikation ist ein Teil der Daseinsvorsorge.[123] **80**

In solchen Fällen kann sich der Leistungserbringer auch wieder freiwillig zurückziehen und die Dienstleistung pausieren – von einer effektiven Gewährleistung der öffentlichen Daseinsvorsorge und damit von einem „Nutzen" des Konzessionsgebers könnte dann nicht mehr gesprochen werden. Es muss mithin eine **durchsetzbare Leistungspflicht** bestehen, um die Vergabe einer Konzession anzunehmen.[124] Zudem weisen umgekehrt Bereiche, bei denen nicht einmal mittelbar der öffentliche Auftraggeber einen Nutzen aus der Tätigkeit des Konzessionärs ziehen kann, keinen Beschaffungsvorgang auf und sind demgemäß vollständig vergabefrei.[125] So unterfällt eine **reine Betrauung** z.B. durch Verwaltungsakt ohne ein Beschaffungselement nicht dem GWB. **81**

Eine **Widmung von Stellplätzen** ist keine Beschaffung im Rahmen einer Baukonzession. Der Rechtstitel, der die öffentlich-rechtliche Zweckbestimmung – straßenrechtlicher Gemeingebrauch – von Stellplätzen sicherstellt, ist die Widmung. Diesen Rechtstitel *„erwirbt"* ein Konzessionsgeber nicht, sondern schafft ihn selbst – eben durch die Widmung (ein Verwaltungsakt).[126] **82**

120 OLG München, Beschluss v. 25.3.2011 – Verg 4/11, vgl. auch obige Ausführungen zu Kapitel C.I.2.
121 OLG München, Beschluss v. 25.3.2011 – Verg 4/11; VK Nordbayern, Beschluss v. 19.1.2011 – 21.VK-3194-48/10.
122 Erwägungsgrund 14 RL 2014/23/EU.
123 OLG Karlsruhe, Beschluss v. 14.11.2014 – 15 Verg 10/14.
124 Erwägungsgrund 14 RL 2014/23/EU.
125 Vgl. OLG München, Beschluss v. 22.1.2012 – Verg 17/11.
126 Vgl. OLG Schleswig, Beschluss v. 15.3.2013 – 1 Verg 4/12; vgl. auch Kapitel B IV.

V. Negativabgrenzungen

83 Die Rechtsprechung hatte sich vielfach bereits mit der Frage beschäftigt, was keine Dienstleistungskonzession ist.[127] Die Negativabgrenzungen dürften weiter Bestand haben, da die **bisherige EuGH-Rechtsprechung fortgeführt** wird. Diese geht nach oben zum Dienstleistungsvertrag und nach unten dahin gehend, dass überhaupt nichts vergaberechtlich Relevantes vorliegt.

84 Der Unionsgesetzgeber hat im Zusammenhang mit der Definition der Bau- und Dienstleistungskonzession in den **Erwägungsgründen 11 bis 16 RL 2014/23/EU** verschiedene Negativabgrenzungen vorgenommen. Ein Eigentumsübergang auf den Konzessionsgeber ist keine Voraussetzung für eine Konzession. Dem Konzessionsgeber steht stets der Nutzen der Bau- oder Dienstleistung (Erwägungsgrund 11 RL 2014/23/EU) zu.

1. Finanzierung

85 Erwägungsgrund 12 RL 2014/23/EU verdeutlicht, dass die **bloße Finanzierung** – insbesondere durch öffentliche Zuschüsse – von Tätigkeiten, die häufig mit der Verpflichtung verbunden ist, erhaltene Beträge bei nicht bestimmungsgemäßer Verwendung zurückzuzahlen, nicht in den Geltungsbereich der RL 2014/23/EU fällt.[128] Der Zweck des **ÖPNV-Finanzierungsvertrages** besteht daher nicht in der Vergabe von Verkehrsleistungen, sondern darin, den beihilfenrechtlichen Kontext im Rahmen des personenbeförderungsrechtlichen Genehmigungstatbestandes zu regeln.[129] Auch eine **Anschubfinanzierung** kann ein Beschaffungselement enthalten.

86 Da der öffentliche Auftraggeber sich demnach eine Leistung nicht nur dann beschafft, wenn sie ihm irgendwie wirtschaftlich zugutekommt, sondern auch dann, wenn er mit der Leistung ihm obliegende **Pflichten gegenüber der Bevölkerung** erfüllt, beschafft er sich Leistungen auch dann, wenn er die ihm obliegende Daseinsvorsorge für die Bevölkerung sicherstellt, wie zum Beispiel Abfallentsorgung oder Gesundheitsfürsorge. Nicht ausschlaggebend ist insoweit, ob die übertragene Aufgabe ausdrücklich als der Gemeinde zugewiesene öffentliche Aufgabe deklariert ist.[130]

2. Soziale Auswahlverhältnisse

87 Dienstleistungskonzessionsvergaben im Gesundheitswesen sind stets etwas Besonderes. Das liegt an der **Kollision disparater Gesetze und Wirtschaftsbereiche**.[131]

88 Erwägungsgrund 13 RL 2014/23/EU weist darauf hin, dass Regelungen, nach denen **ohne gezielte Auswahl** alle Unternehmen, die bestimmte Voraussetzungen erfüllen, berechtigt sind, eine bestimmte Aufgabe wahrzunehmen, nicht als Konzessionen gelten.

89 Es gibt zwei **Grundstrukturen der Erbringung sozialer Dienstleistungen**:

- die direkte Leistungsgewährung durch einen Sozialleistungsträger und
- die Erbringung auf Kosten des Leistungsträgers durch einen Dritten im so genannten Dreiecksverhältnis.

90 Die **direkte Leistungsgewährung** durch den Sozialleistungsträger ist in der Arbeitsförderung immer noch der primäre Fall. Auch wenn die Arbeitgeber und Maßnahmeträger dazu veranlasst werden sollen, Arbeitslose einzustellen oder auszubilden, liegt keine Leistungsbeziehung im Dreiecksverhältnis vor, daher ist Anspruchsberechtigter allein der Arbeitgeber oder Maßnahmeträger. Im SGB XII werden soziale Dienstleistungen überwiegend durch Dritte er-

---

127 Vgl. z.B. KG, Urteil v. 22.1.2015 – 2 U 14/14; OLG Karlsruhe, Urteil v. 24.9.2014 – 6 U 89/12 (Kart.); OLG Brandenburg, Urteil v. 30.5.2008 – Verg W 5/08; *Mösinger*, NZBau 2015, 545.

128 Gesetzesbegründung, BT-Drs. 18/6281, 73.

129 Vgl. OLG Karlsruhe, Beschluss v. 9.19.2012 – 15 Verg 12/11; Beschluss v. 13.7.2005 – 6 W 35/05 (Verg.).

130 Vgl. für die Anschubfinanzierung bei der Breitbandversorgung OLG München, Beschluss v. 25.3.2011 – Verg 4/11.

131 Vgl. *Goodarzi/Skorbek*, NZS 2014, 804.

bracht,[132] sodass im Einzelfall zu prüfen ist, ob die KonzVgV-Regeln beim Überschreiten des Schwellenwertes anzuwenden sind.

Derartige Systeme beruhen nach den Ausführungen im Erwägungsgrund 13 RL 2014/23/EU typischerweise auf der Entscheidung einer Behörde, mit der transparente und nicht diskriminierende Voraussetzungen für den kontinuierlichen Zugang von Unternehmen zur Erbringung bestimmter Dienstleistungen, wie soziale Dienstleistungen, festgelegt werden. Daraus lässt sich schließen, dass die Zulassung von Dienstleistungserbringern im **sozialhilferechtlichen Dreiecksverhältnis** nicht der RL 2014/23/EU unterfällt. Gleiches gilt für die Zulassung von Pflegeeinrichtungen sowie die Feststellung der fachlichen Eignung im Rahmen der Zulassung besonderer Dienste oder besonderer Einrichtungen. Die Festsetzung eines Vertrags zur hausarztzentrierten Versorgung durch Schiedsstelle kann mit dem Argument angegriffen werden, dass ein Verfahren zur Vergabe einer Dienstleistungskonzession nicht durchgeführt wurde. Bei diesem Verfahren fehlt die Wahlmöglichkeit zwischen verschiedenen Vertragspartnern.[133] Wenn aber eine Auswahlentscheidung getroffen wird, ist es unabdingbar, dass dies nach einem transparenten, diskriminierungsfreien Procedere geschieht.[134] 91

Weiterhin hat der Unionsgesetzgeber in Erwägungsgrund 6 RL 2014/23/EU hervorgehoben, dass Mitgliedstaaten gemäß den Grundsätzen der Gleichbehandlung, Nichtdiskriminierung, Transparenz und des freien Personenverkehrs im AEUV nach wie vor entscheiden können, ob Dienstleistungen als Dienste von **allgemeinem wirtschaftlichem Interesse** oder als nicht wirtschaftliche Dienstleistungen von allgemeinem Interesse oder in Form einer Kombination aus beiden erbracht werden.[135] 92

Der Begriff der Dienstleistungen von **allgemeinem wirtschaftlichen Interesse** ist nicht begrenzt auf Dienstleistungen im Sinne des Art. 57 AEUV, sondern erfasst darüber hinaus auch Sachleistungen wie die Lieferung von Waren. Er ist identisch mit dem Begriff der „Dienste" von allgemeinem wirtschaftlichem Interesse, wie er in Art. 14 AEUV verwandt wird. Als ein Begriff der Unionsrechtsordnung ohne Verweis auf nationale Rechtsordnungen ist er autonom auszulegen.[136] Der seit 2002 unveränderten Definition der Kommission zufolge werden unter Dienstleistungen von allgemeinem wirtschaftlichem Interesse marktbezogene Tätigkeiten verstanden, die im Interesse der Allgemeinheit erbracht und daher von den Mitgliedstaaten mit besonderen Gemeinwohlverpflichtungen verbunden werden können.[137] 93

3. Lizenzen für Wirtschaftsausübung

Die Konzessionsrichtlinie geht für die Erteilung einer Konzession von der Handlungsform des Vertrags aus und grenzt Konzessionen begrifflich von **Erlaubnissen, Genehmigungen oder Lizenzen** ab.[138] Erwägungsgrund 14 RL 2014/23/EU hebt hervor, dass die Erteilung von Genehmigungen oder Lizenzen für die Ausübung einer Wirtschaftstätigkeit nicht als Konzession im Sinne des RL 2014/23/EU gilt. Es wird auf die vorrangige Anwendung der RL 2006/123/EG verwiesen. 94

Wie bereits im Hinblick auf das Merkmal des Beschaffungsvorgangs erläutert, liegt kein Beschaffungsvorgang und damit auch keine Konzession vor, wenn dem Konzessionsvertrag **keine Leistungsverpflichtung** gegenüber dem Konzessionär zukommt.[139] 95

Lizenzen können nach deutschen Verständnis mit der Erteilung von Verwaltungsakten verknüpft werden, wie es bei der Erteilung von Sportwetten der Fall ist. Der EuGH spricht in die- 96

132 Vgl. *Bieback*, NZS 2007, 505.
133 BSG, Urteil v. 25.3.2015 – B 6 KA 9/14, Rn. 88; vgl. dazu auch OLG Düsseldorf, Vorlagebeschluss v. 13.8.2014 – VII-Verg 13/14; vgl. allgemein *Goodarzi/Skrobek*, NZS 2014, 804.
134 VK Bund, Beschluss v. 23.11.2015 – VK 2-103/15 (Spezialisierte ambulante Palliativleistungen ohne Durchführung eines Vergabeverfahrens).
135 Gesetzesbegründung, BT-Drs. 18/6281, 76.
136 Vgl. *Wernicke*, in: Grabitz/Hilf/Nettesheim, Das Recht der Europäischen Union, 58. EL 2016, Rn. 37.
137 Vgl. *Wernicke*, in: Grabitz/Hilf/Nettesheim, Das Recht der Europäischen Union, 58. EL 2016, Rn. 38.
138 Vgl. *Müller*, NVwZ, 2016, 255.
139 Gesetzesbegründung, BT-Drs. 18/6281, 73; vgl. *Kröhnke*, NVwZ 2016, 568 (575).

sem Zusammenhang ganz ausdrücklich von der Erteilung von Lizenzen.[140] Wie oben unter Kapitel B. III. ausgeführt liegt ein entgeltlicher Vertrag im Sinne des § 105 Abs. 1 GWB vor, wenn der Konzessionsgeber durch einseitigen **Verwaltungsakt** die Konzession hoheitlich verfügt. Dadurch wird zwar die Zuständigkeit der Verwaltungsgerichtsbarkeit auftragswertunabhängig begründet,[141] eine Konzession liegt – mangels Vertrag – nicht vor. Die **Platzvergabe auf Volksfesten und Weihnachtsmärkten** fällt unter den Konzessionsbegriff, wenn damit der Konzessionsgeber eine Dienstleistung im Rahmen der Daseinsvorsorge beschafft.[142] Zu berücksichtigen ist aber, dass selbst wenn das (förmliche) Konzessionsrecht für Lizenzvergaben nicht gelten sollte, die Lizenzvergabe dennoch nicht regelfrei verlaufen darf.[143]

4. Nutzung öffentlicher Bereiche oder Ressourcen

97 Vereinbarungen, die das Recht eines Unternehmens zur privat- oder öffentlich-rechtlichen Nutzung öffentlicher Bereiche oder Ressourcen regeln, gelten nach Erwägungsgrund 15 RL 2014/23/EU nicht als Konzessionen im Sinne der Konzessionsvergaberichtlinie.

98 Bei **öffentlichen Bereichen** handelt es sich beispielsweise um Land oder öffentliche Liegenschaften, insbesondere auf dem Gelände von See-, Binnen- oder Flughäfen. Dies betrifft in der Regel Pachtverträge über öffentliche Liegenschaften oder Land, die meist Klauseln enthalten, die die Besitzübernahme durch den Pächter, die vorgesehene Nutzung und die Pflichten von Pächter und Eigentümer hinsichtlich der Instandhaltung der Liegenschaft, die Dauer der Verpachtung und die Rückgabe des Besitzes an den Eigentümer, den Pachtzins sowie die vom Pächter zu zahlenden Nebenkosten regeln.[144]

99 Wenn mit Nutzung der privat- oder öffentlich-rechtlichen Nutzung öffentlicher Bereiche oder Ressourcen jedoch auch ein **Beschaffungsbezug** (wenn auch ein mittelbarer) vorliegt, dann liegt eine Dienstleistungskonzession vor. **Pachtverträge** waren auch schon nach bisheriger Rechtslage vom Begriff der Dienstleistungskonzession ausgenommen.[145] Eine **Widmung** von Stellplätzen ist keine Baukonzession.[146]

5. Netzbereitstellungen

100 Erwägungsgrund 16 RL 2014/23/EU macht deutlich, dass die Gewährung von **Wegerechten** hinsichtlich der Nutzung öffentlicher Liegenschaften für die Bereitstellung oder den Betrieb fester Leitungen oder Netze, über die eine Dienstleistung für die Allgemeinheit erbracht werden soll, ebenfalls nicht als Konzession im Sinne der RL 2014/23/EU gelten, sofern derartige Verpflichtungen weder eine Lieferverpflichtung auferlegen noch den Erwerb von Dienstleistungen durch den Konzessionsgeber für sich selbst oder für den Endnutzer vorsehen.

101 Diese Ausführungen betreffen vor allem **Wegenutzungsverträge** im Sinne des § 46 EnWG sowie Wegenutzungsverträge zu Fernwärmeleitungen.[147] Ob diese dem Konzessionsrecht unterfallen oder nicht, ist umstritten.[148]

6. Notwendigkeit der Unterstützung bei der öffentlichen Daseinsvorsorge

102 Auch im Bereich der Daseinsvorsorge liegen regelmäßig ausschreibungspflichtige Dienstleistungskonzessionsverträge vor. Ein Vertrag lässt sich nur dann nicht als Dienstleistungskonzession einordnen, wenn er dem Konzessionär keine eigentlich dem Konzessionsgeber obliegenden öffentlichen Aufgaben überlässt.

---

140 EuGH, Urteil v. 4.2.2016 – Rs. C-336/14 (Ince), Rn. 65; vgl. auch *Braun*, NZBau 2016, 266.
141 Vgl. z.B. OVG Sachsen-Anhalt, Urteil v. 22.2.2012 – 3 L 259/10; vgl. ausführlich *Braun*, Festschrift für Marx, S. 39; *ders.*, VergabeR 2014, 324 ff.; vgl. *Müller*, NVwZ, 2016, 255.
142 A.A. *Kröhnke*, NVwZ 2016, 568 (575).
143 Vgl. für Messen und Märkte *Braun*, NZBau 2009, 747.
144 Erwägungsgrund 15 RL 2014/23/EU.
145 Vgl. z.B. KG, Urteil v. 22.1.2015 – 2 U 14/14; *Mösinger*, NZBau 2015, 545.
146 Vgl. OLG Schleswig, Beschluss v. 15.3.2013 – 1 Verg 4/12.
147 Gesetzesbegründung, BT-Drs. 18/6281, 76.
148 *Braun*, NZBau 2015, 535; vgl. *Hofmann/Zimmermann*, NZBau 2016, 71; *Weiß*, NVwZ 2014, 1415; *Wieland*, DÖV 2015, 169.

Es muss ein Akt der Betrauung in der Form eines **Beschaffungsvorganges** vorliegen. Bei der Daseinsvorsorge reicht ein mittelbarer Beschaffungsvorgang auf einem Gebiet der öffentlichen Daseinsvorsorge aus, wobei ein irgendwie geartetes öffentliches Interesse nicht ausreichend ist.[149] Ein Konzessionsgeber beschafft sich dann eine Leistung, wenn ihm die Gegenleistung entweder unmittelbar zugutekommt oder mittelbar, wenn sie ihn bei der Erfüllung der ihm obliegenden Aufgaben und insbesondere bei der Daseinsvorsorge für die Bevölkerung unterstützt, unabhängig davon, ob der Auftragnehmer eine Beihilfe in Form einer Anschubfinanzierung erhält. Die Versorgung der Bevölkerung mit flächendeckender Telekommunikation ist ein Teil der Daseinsvorsorge.[150] 103

Die übernommene Dienstleistung muss eindeutig dem Kreis der öffentlichen **Daseinsvorsorge im eigentlichen Sinn** zuzuordnen sein, wobei eine mittelbare Beschaffungsabsicht ausreicht. Wird der Dienstleistungserbringer **ausschließlich von Dritten vergütet**, genügt für die Annahme einer Dienstleistungskonzession die Übertragung eines erheblich eingeschränkten Betriebsrisikos durch den Auftraggeber. Das liegt daran, dass im Bereich der öffentlichen Daseinsvorsorge Regelungen bestehen können, welche eine Begrenzung des wirtschaftlichen Risikos bewirken können. Bei einer Tätigkeit im Rahmen der Daseinsvorsorge kann die Konkurrenz mit anderen Wirtschaftsteilnehmern eingeschränkt sein. Es ist üblich, dass für bestimmte Tätigkeitsbereiche, insbesondere Bereiche, die die öffentliche Daseinsvorsorge betreffen, wie z.B. die Wasserversorgung und die Abwasserbeseitigung, Regelungen gelten, die eine Begrenzung der wirtschaftlichen Risiken bewirken können.[151] Das mögliche Ungleichgewicht zwischen Angebot und Nachfrage, das Risiko der Insolvenz, das Risiko der nicht vollständigen Deckung der Betriebsausgaben durch die Einnahmen und das Risiko der Haftung für einen Schaden bei Durchführung der Dienstleistung kann nicht dergestalt ausgeprägt sein, dass eine Dienstleistungskonzession vorliegt.[152] 104

D. Keine Verpflichtung zur Privatisierung und keine Regelung der Eigentumsordnung

Durch die Konzessionsregelungen sollen **keine Verpflichtungen zu einer Privatisierung** geschaffen werden (Art. 2 Abs. 2 RL 2014/23/EU).[153] In Art. 1 Abs. 4 RL 2014/23/EU wird klargestellt, dass Vereinbarungen, Beschlüsse oder andere Rechtsinstrumente, die die Übertragung von Befugnissen und Zuständigkeiten für die Ausführung öffentlicher Aufgaben innerhalb der öffentlichen Hand regeln und die keine Vergütung für vertragliche Leistungen vorsehen, als Angelegenheit der **internen Organisation** des betreffenden Mitgliedstaats (und nicht als vergabepflichtig) betrachtet werden. Sie werden in keiner Weise von dieser Richtlinie berührt. In diese Richtung geht auch die Regelung des Art. 2 Abs. 1 RL 2014/23/EU. 105

Zudem ist gemäß Art. 345 AEUV dafür zu sorgen, dass die **Eigentumsordnungen** in den Mitgliedstaaten unberührt bleiben.[154] Auch diese Bestimmungen sind rein deklaratorisch und haben im deutschen Recht keinen Niederschlag gefunden. 106

E. Konzessionen unterhalb der Schwellenwerte

Gemäß Art. 1 Abs. 1 i.V.m. Art. 8 Abs. 1 RL 2014/23/EU und § 106 Abs. 2 Nr. 4 GWB sind vom **Anwendungsbereich des Kartellvergaberechts** und damit des GWB und der KonzVgV bloß solche Konzessionen erfasst, deren Vertragswert ohne Umsatzsteuer den aktuell maßgeblichen Schwellenwert erreicht oder überschreit. 107

149 Vgl. VK Südbayern, Beschluss v. 27.5.2015 – Z3-3-3194-1-15-03/15.
150 OLG Karlsruhe, Beschluss v. 14.11.2014 – 15 Verg 10/14.
151 EuGH, Urteil v. 10.9.2009 – Rs. C-206/08 (Eurawasser), Rn. 72.
152 Ausdrücklich z.B. Erwägungsgrund 7 RL 2014/23/EU.
153 Ausdrücklich z.B. Erwägungsgrund 7 RL 2014/23/EU.
154 Erwägungsgrund 24 RL 2014/23/EU.

108 Dieser Schwellenwert wird von der Kommission gemäß Art. 9 Abs. 1 RL 2014/23/EU **alle zwei Jahre überprüft** und erforderlichenfalls angepasst. Das Bundesministerium für Wirtschaft und Energie gibt den geltenden Schwellenwert gemäß § 106 Abs. 3 GWB unverzüglich, nach Veröffentlichung im Amtsblatt der EU, im Bundesanzeiger bekannt.

109 Für Konzessionsvergaben unterhalb der Schwellenwerte existieren noch keine Regelungen (weder bundes- noch landesrechtlich). Es ist aber zu erwarten, dass **landesrechtliche Regelungen** in die Landesvergabegesetze mit aufgenommen werden. Hinsichtlich prozeduraler Vorgaben ist bei Konzessionsvergabeverfahren unterhalb der Schwellenwerte zwischen Konzessionen mit oder ohne Binnenmarktrelevanz zu unterscheiden.

I. Konzessionsvergaben ohne Binnenmarktrelevanz

110 Für Konzessionsvergaben unterhalb der Schwellenwerte und ohne Binnenmarktrelevanz existieren weder aus dem einfachen Gesetzesrecht (GWB, KonzVgV) noch dem europäischen Primärrecht **förmliche Vorgaben**, was die Durchführung des Verfahrens bzw. die Ausgestaltung des Rechtsschutzes der Bieter betrifft. In diesen (mittlerweile seltenen Fällen) trifft gleichwohl der **verfassungsrechtliche Teilhabeanspruch** der Bieter aus Art. 12 Abs. 1 i.V.m. Art. 3 Abs. 1 GG nichtsdestoweniger zwingend zu beachtende Aussagen zur Verfahrensgestaltung, sofern die zu vergebende Konzession kontingentiert ist. Dieser grundrechtliche Teilhabeanspruch auf gerechte Beteiligung an vorhandenen quantitativ begrenzten Positionen schlägt sich einfach-rechtlich als subjektiv öffentlich-rechtlicher Anspruch des Bieters auf Durchführung eines verfahrensfehlerfreien Auswahlverfahrens nieder.[155] Eine Konzession ist – auch unterhalb der Schwellenwerte oder außerhalb des Vergaberechts – nicht ohne rechtliche Bindungen zu vergeben.[156]

111 Ein gesetzeskonformes Konzessionsauswahlverfahren letzter Konsequenz liegt erst dann vor, wenn die **Grundsätze des Vergabeverfahrens** (Transparenz, Gleichbehandlung/Nichtdiskriminierung, Wettbewerb, Verhältnismäßigkeit, Objektivität) ebenso im unterschwelligen Bereich auf verwaltungsrechtliche Auswahlverfahren eins zu eins angewandt werden wie im Geltungsbereich des GWB. Damit entfaltet der Teilhabeanspruch gemäß Art. 12 Abs. 1 GG i.V.m. Art. 3 Abs. 1 GG i.V.m. den vergaberechtlichen Grundsätzen nicht nur eine objektivrechtliche Verpflichtung des Staates,[157] das Vergabeverfahren fehlerfrei durchzuführen, sondern zugleich das subjektiv-öffentliche Recht der Teilnehmer, tatsächlich Berücksichtigung in einem fehlerfreien Verfahren zu finden.[158] Mithin müssen Auswahlverfahren in diesem Bereich prozedural entsprechend ausgestaltet werden, sodass völlig „freie" Vergabeverfahren hier ebenso wenig möglich sind.

112 Soweit **Spezialregelungen** in den jeweiligen Vergabe-Fachbereichen existieren, wie z.B. nach der GewO, dem EnWG oder dem GlüStV, sind diese zusätzlich zu beachten. Diese gehen den allgemeinen Grundsätzen vor, soweit sie bereichsspezifische Aussagen treffen, die den Anforderungen des Fachbereichs stärker Rechnung tragen als die allgemeinen Grundsätze.

---

155 OVG Lüneburg, Beschluss v. 12.11.2012 – 13 ME 231/12; VGH Mannheim, Urteil v. 1.10.2009 – 6 S 99/09; VG Darmstadt, Beschluss v. 10.9.2015 – 4 L 1180/15.DA; *Braun,* Festschrift für Marx, S. 45.

156 Vgl. jüngst BVerwG, Beschluss v. 18.3.2016 – BVerwG 3 B 16.15; OLG Celle, Urteil v. 23.2.2016 – 13 U 148/15.

157 So der VGH Kassel, Urteil v. 23.2.2011 – 5 K 128/08.KS.

158 Vgl. OLG Celle, Urteil v. 23.2.2016 – 13 U 148/15 – im Ergebnis für die rechtsschützende Geltung der Vergabegrundsätze auch im Unterschwellenbereich; VGH Kassel, Beschluss v. 16.10.2015 – 8 B 1028/15 – dieser bezieht sich zwar auf § 4b Abs. 1 S. 1 GlüStV, der Gedanke kann aber entsprechend auf jedes Vergabe- und Auswahlverfahren übertragen werden; VGH München, Urteil v. 22.7.2015 – 22 B 15.620; Beschluss v. 12.8.2013 – 22 CE 13.970; *Braun,* in: Prieß/Lau/Kratzenberg, Festschrift für Marx, S. 45; *ders.*, NZBau 2016, 266; *ders.*, VergabeR 2014, 324 (328); *ders.*, NZBau 2011, 400.

II. Konzessionsvergaben mit Binnenmarktrelevanz

Bei Vorliegen eines grenzüberschreitenden Interesses[159] an der Vergabe haben Konzessionsgeber im Unterschwellenbereich (neben den verfassungsrechtlichen) zudem die Vorgaben des **europäischen Primärrechts** zu beachten.[160] Konzessionsgeber müssen – auch ohne eine förmliche Regelung – bei binnenmarktrelevanten Dienstleistungskonzessionen diese öffentlich ausschreiben und transparent sowie nicht diskriminierend vergeben.[161] 113

Danach muss der Konzessionsgeber zugunsten potenzieller Bieter einen angemessenen Grad von **Öffentlichkeit** sicherstellen, der den Dienstleistungsmarkt dem Wettbewerb öffnet und die Nachprüfung ermöglicht, ob das Vergabeverfahren unparteiisch durchgeführt worden ist.[162] Auch außerhalb des Anwendungsbereiches der RL 2014/24/EU sind hiernach alle Bedingungen und Modalitäten des Vergabeverfahrens klar, präzise und eindeutig u.a. in der **Konzessionsbekanntmachung** zu formulieren, sodass zum einen alle gebührend informierten und mit der üblichen Sorgfalt handelnden Bieter die genaue Bedeutung dieser Bedingungen und Modalitäten verstehen und sie in gleicher Weise auslegen können und zum anderen der Auftraggeber tatsächlich überprüfen kann, ob die Angebote der Bieter die für den betreffenden Auftrag geltenden Kriterien erfüllen.[163] Je höher die Binnenmarktrelevanz der zu vergebenden Konzession einzustufen ist, desto stärker erfordert der Transparenzgrundsatz eine überregionale, landesweite wenn nicht gar europaweite Bekanntmachung.[164] 114

Zudem sind die „**Hilfsgrundsätze**" des Wettbewerbs sowie der Verhältnismäßigkeit ebenfalls im Rahmen des Auswahlverfahrens von der vergebenden Stelle zu beachten.[165] 115

An diesen Anforderungen ändert auch die **Vergaberechtsreform 2016** nichts, denn hartnäckige Verzerrungen des Binnenmarkts gibt es auch bei Vergaben unterhalb des hohen Schwellenwerts für Dienstleistungskonzessionen.[166] 116

Aus § 311 Abs. 2 Nr. 1 i. V. m. § 241 Abs. 2 BGB folgt ferner ein **vorvertragliches Schuldverhältnis**, das darauf gerichtet ist, dass die Vergabestelle ihr obliegende Pflichten betreffend die Durchführung des Vergabeverfahrens einhält. 117

Unterhalb der Schwellenwerte wird der erfolglose Bewerber auf die **ordentliche Gerichtsbarkeit** verwiesen. 118

III. Baukonzessionen unterhalb der Schwellenwerte

Baukonzessionen unterhalb der Schwellenwerte sind in **§ 23 VOB/A** geregelt. Die in § 23 Abs. 1 VOB/A enthaltene Definition der Baukonzession unterscheidet sich nicht von der Definition im Bereich oberhalb des Schwellenwertes. Für die Vergabe von Baukonzessionen sind nach § 23 Abs. 1 VOB/A die §§ 1 bis 22 VOB/A sinngemäß anzuwenden. Soweit Baukonzessionen Besonderheiten oberhalb der Schwellenwerte aufweisen, wird diesen nunmehr auf Ebene der KonzVgV Rechnung getragen.[167] 119

---

159 Zu den Voraussetzungen des grenzüberschreitenden Interesses *Prieß/Simonis*, NZBau 2015, 731 (732); *Vavra*, VergabeR 2013, 384.

160 OLG Celle, Urteil v. 10.3.2016 – 13 U 148/15.

161 EuGH, Urteil v. 28.1.2016 – Rs. C-50/14 (CASTA ua/ASL TO4 ua), Rn. 47, 49 m.w.A.; Urteil v. 14.11.2013 – Rs. C-221/12 (Belgacom), Rn. 28; Urteil v. 10.3.2011 – Rs. C-274/09 (Stadler), Rn. 49; Urteil v. 13.10.2005 – Rs. C-458/03 (Parking Brixen), Rn. 49; OLG Celle, Urteil v. 10.3.2016 – 13 U 148/15; *Braun*, EuZW, 2016, 304; *Gabriel/Voll*, NZBau 2014, 155; *Jansen/Geitel*, VergabeR 2015, 117; *Prieß/Simonis*, NZBau 2015, 731 (732).

162 EuGH, Urteil v. 14.11.2013 – Rs. C-221/12 (Belgacom), Rn. 28 ff.; Urteil v. 10.3.2011 – Rs. C-274/09 (Stadler), Rn. 24 ff. und 40, 41; Urteil v. 3.6.2010 – Rs. C-258/08 (Ladbrokes Betting & Gaming und Ladbrokes International), Rn. 33; Urteil v. 13.4.2010 – Rs. C-91/08 (Wall); Urteil v. 18.6.2002 – Rs. C-92/00 (Hospital Ingenieure), Rn. 47; Urteil v. 7.12.2000 – Rs. C-324/98 (Telaustria); vgl. *Braun*, NZBau 2011, 400; vgl. auch *Gabriel/Voll*, NZBau 2014, 155.

163 Offen gelassen OLG Celle, Urteil v. 10.3.2016 – 13 U 148/15.

164 *Prieß/Simonis*, NZBau 2015, 731 (734).

165 *Prieß/Simonis*, NZBau 2015, 731 (735).

166 Vgl. für den Rettungsdienst *Braun*, NZBau 2011, 400.

167 Gesetzesbegründung, BT-Drs. 18/6281, 75 f. Hinweis auf z.B. den Übergang des Betriebsrisikos bei Dienstleistungskonzessionen EuGH, Urteil v. 13.10.2005 – Rs. C-458/03 (Parking Brixen), Rn. 40.

120 § 23 Abs. 2 VOB/A regelt, dass für die Vergabe von Baukonzessionen die §§ 1 bis 22 VOB/A sinngemäß anzuwenden sind. Damit wird klargestellt, dass die Vergabe von Baukonzessionen im Unterschwellenbereich nicht vollständig vergaberechtsfrei möglich ist, sondern an die **Vorgaben der VOB/A** gebunden ist. In Anbetracht der sinngemäßen Anwendung der Vorschriften der VOB/A ist stets zu prüfen, ob und inwieweit die jeweilige Vorschrift im Hinblick auf den Charakter der Baukonzession Anwendung finden kann.[168] Da die Baukonzession als Gegenleistung ein Nutzungsrecht und keine (zusätzliche) Vergütung vorsieht, passen diejenigen Paragrafen, welche die Vergütung des Anbieters regeln, nicht und sind somit nicht anwendbar.[169] Hierbei handelt es sich um die §§ 4, 9d und 16c Abs. 2 und Abs. 3 VOB/A.

121 Ebenso sind die Anforderungen an die **Leistungsbeschreibung** im Sinne des § 7 VOB/A nur eingeschränkt anzuwenden: Die Bedeutung der Leistungsbeschreibung für die Kalkulation der Preise entfällt bei Konzessionen, weshalb § 7 Abs. 1 Nr. 2 VOB/A hier nicht gilt.[170] Auch kann § 7 Abs. 1 Nr. 3 VOB/A keine vollumfängliche Regelungswirkung bei Konzessionen entfalten, weil dem Konzessionsnehmer mit dem Nutzungsrecht grundsätzlich alle sich aus der Natur der jeweiligen Nutzung ergebenden Risiken sowie die Verantwortung für alle technischen und finanziellen Aspekte der Errichtung eines Bauwerkes übertragen werden.[171]

122 Soweit die Bestimmungen der §§ 1 bis 22 VOB/A jedoch grundsätzliche Aussagen hinsichtlich eines ordnungsgemäßen Vergabeverfahrens treffen und die Entscheidung zur Auswahl des Konzessionsnehmers regeln, gelten sie grundsätzlich auch für die Konzessionsvergabe.[172] Auch Konzessionen sind gemäß § 2 Abs. 1 Nr. 1 VOB/A an **fachkundige, leistungsfähige und zuverlässige Unternehmer** in **transparenten Verfahren** zu vergeben. Dies gilt umso mehr, als dass die Konzession im Gegensatz zu einem gewöhnlichen Bauauftrag über einen erheblichen Zeitraum hinweg läuft.

123 **Landesrechtliche Regelungen** für Baukonzessionsvergaben unterhalb der Schwellenwerte existieren in einigen Landesvergabegesetzen insoweit, als dass die VOB/A für anwendbar erklärt wird.[173] Damit müssen solche Vergabeverfahren in den jeweiligen Ländern jedenfalls den Vorgaben der VOB/A entsprechen. Die Vergabe von Baukonzessionen unterhalb der Schwellenwerte unterfällt gemäß § 106 Abs. 2 Nr. 4 GWB i.V.m. Art. 8 Abs. 1 RL 2014/23/EU nicht dem förmlichen Kartellvergaberecht, sodass die KonzVgV gemäß § 1 KonzVgV auf das Vergabeverfahren keine Anwendung findet.

124 Bei Binnenmarktrelevanz des jeweiligen Vergabeverfahrens hat der Konzessionsgeber nichtsdestotrotz auch im Unterschwellenbereich das **Primärrecht der Europäischen Union** zu beachten.[174] Es sind mithin die Grundfreiheiten sowie die Grundsätze der Transparenz, der Gleichbehandlung und des Wettbewerbs bei der Vergabe strikt einzuhalten.[175] Dementsprechend muss der Auftraggeber zugunsten potenzieller Bieter einen angemessenen Grad von Öffentlichkeit sicherstellen, der den Markt dem Wettbewerb öffnet und die Nachprüfung ermöglicht, ob das Konzessionsvergabeverfahren unparteiisch durchgeführt wurde.[176]

125 Die Vergabestellen haben unterhalb der Schwellenwerte insbesondere das **Transparenzgebot** zu beachten.[177] Aus diesen Grundsätzen ergibt sich die Verpflichtung der vergebenden Stellen, den Auftragsgegenstand möglichst präzise und transparent sowie diskriminierungs-

---

168 *Herrmann*, in: Ziekow/Völlink, Vergaberecht, § 22 VOB/A Rn. 11.
169 *Herrmann*, in: Ziekow/Völlink, Vergaberecht, § 22 VOB/A Rn. 11.
170 *Kulartz*, in: Kulartz/Marx/Portz/Prieß, VOB/A, § 22 Rn. 14.
171 Nr. 2.1.2 der Mitteilung der Kommission, NZBau 2000, 413 (414).; *Kulartz*, in: Kulartz/Marx/Portz/Prieß, VOB/A, § 22 Rn. 15.
172 *Herrmann*, in: Ziekow/Völlink, Vergaberecht, § 22 VOB/A Rn. 12.
173 Siehe § 6 Abs. 1 Bremisches TtVG, § 2a Abs. 1 HmbVgG, § 1 Abs. 4 HVgG, § 2 Abs. 1 Nr. 2 VgG M-V, § 3 Abs. 2 NTVergG, § 1 Abs. 2 und § 6 Abs. 2 Nr. 3 SächsVergabeG, § 1 Abs. 2 LVG LSA, § 1 Abs. 2 ThürVgG.
174 OLG Celle, Urteil v. 10.3.2016 – 13 U 148/15.
175 *Prieß/Simonis*, NZBau 2015, 731 (732).
176 EuGH, Urteil v. 14.11.2013 – Rs. C-221/12 (Belgacom), Rn. 28 ff.; Urteil v. 10.3.2011 – Rs. C-274/09 (Stadler), Rn. 24 ff., 40, 41; Urteil v. 3.6.2010 – Rs. C-258/08 (Ladbrokes Betting & Gaming und Ladbrokes International), Rn. 33; Urteil v. 13.4.2010 – Rs. C-91/08 (Wall); Urteil v. 18.6.2002 – Rs. C-92/00 (Hospital Ingenieure), Rn. 47.
177 OLG Celle, Urteil v. 10.3.2016 – 13 U 148/15.

frei zu beschreiben,[178] das Verfahren ergebnisoffen und nur anhand objektiver, zuvor festgelegter Kriterien zu beurteilen[179] und bestehende Beurteilungsspielräume frei von Willkür sowie sachgerecht auszuüben.[180] Die maßgeblichen Entscheidungskriterien müssen so klar, präzise und eindeutig formuliert werden, dass alle interessierten Bewerber mit der üblichen anzulegenden Sorgfalt die genaue Bedeutung dieser Kriterien verstehen und beurteilen können, was von ihnen im Hinblick auf den Erfolg einer Bewerbung verlangt werden wird.[181] Nicht nur die Kriterien, von denen sich eine Behörde bei Entscheidungen leiten lässt, müssen transparent und nachvollziehbar sein. Auch der konkrete Auswahlvorgang selbst muss diesen Erfordernissen genügen.[182] Dies ist besonders bedeutsam bei einem Auswahlkriterium, wenn dieses bei der Gewichtung einzelner Merkmale subjektive Elemente enthält und letztlich das Ergebnis höchstpersönlicher Wertungen ist.[183] Diese Anforderungen werden auch durch die Verbürgung des Grundrechts auf Berufsfreiheit aus Art. 12 Abs. 1 GG und des Gleichbehandlungsgebots gemäß Art. 3 Abs. 1 GG zugunsten des potenziellen Bieters bestätigt.

IV. Rechtsweg unterhalb der Schwellenwerte

Welcher Rechtsweg für Streitigkeiten aus der Vergabe von Konzession unterhalb der Schwellenwerte eröffnet ist, richtet sich danach, ob das **streitige Rechtsverhältnis** dem öffentlichen oder dem bürgerlichen Rechtszug zuzuordnen ist. Für die Zuordnung ist nicht das Ziel, sondern die Rechtsform staatlichen Handelns maßgeblich. Ist diese privatrechtlich, so ist es grundsätzlich auch die betreffende Streitigkeit; dagegen ist prinzipiell der Verwaltungsrechtsweg eröffnet, wenn sich das staatliche Handeln in den Bahnen des öffentlichen Rechts vollzieht.[184] **126**

F. Drittschutz oberhalb der Schwellenwerte

Oberhalb des Schwellenwertes gemäß Art. 8 Abs. 1 RL 2014/23/EU i.V.m. § 106 Abs. 1, Abs. 2 Nr. 4 GWB statuiert § 97 Abs. 6 GWB den **Anspruch der Bieter auf Einhaltung der Bestimmungen** über das Vergabeverfahren. Unter Bestimmungen sind die Grundsätze der Transparenz, der Gleichbehandlung/Nichtdiskriminierung, des Wettbewerbs und der Verhältnismäßigkeit[185] (einschließlich ihrer Konkretisierungen durch die Rechtsprechung sowie im GWB und der KonzVgV) zu verstehen. Die Grundsätze sind allgemein in § 97 Abs. 1 und Abs. 2 GWB und in Art. 30 Abs. 2 i.V.m. Art. 3 Abs. 1 RL 2014/23/EU sowie in manchen landesrechtlichen Vorschriften normiert. Der Anspruch aus § 97 Abs. 6 GWB lässt die verfahrensregelnden Vorschriften des GWB und der KonzVgV subjektiv öffentlich-rechtlichen Drittschutz des Bieters auf Einhaltung der Regeln und Durchführung eines fehlerfreien, den Grundsätzen genügenden Konzessionsvergabeverfahrens entfalten. Wenn ein Konzessionsgeber diese Pflicht verletzt, können sich unterlegene Bewerber und Bieter dagegen gerichtlich wehren. Interessierte Wirtschaftsteilnehmer können sich gegen vermutete De-facto-Konzessionsvergaben zur Wehr setzen. Das Konzessionsvergabeverfahren darf gemäß § 14 KonzVgV nicht in einer Weise ausgestaltet werden, dass es vom Kartellvergaberecht ausgenommen wird oder bestimmte Unternehmen oder bestimmte Bauleistungen, Lieferungen oder Dienstleistungen auf unzulässige Weise bevorzugt oder benachteiligt werden. Diese Regelung ist umfassend drittschützend.[186] **127**

---

178 OLG Celle, Urteil v. 10.3.2016 – 13 U 148/15.

179 *Prieß/Simonis*, NZBau 2015, 731 (734).

180 Vgl. VGH München, Urteil v. 22.7.2015 – 22 B 15.620.

181 VGH Kassel, Beschluss v. 16.10.2015 – 8 B 1028/15.

182 Vgl. OLG Celle, Urteil v. 23.2.2016 – 13 U 148/15; VG Freiburg, Beschluss v. 11.11.2014 – 4 K 2310/4.

183 VGH München, Urteil v. 22.7.2015 – 22 B 15.620 m.w.N.

184 OLG Karlsruhe, Beschluss v. 14.11.2014 – 15 Verg 10/14 mit Hinweis auf BGH, Beschluss v. 23.1.2012 – X ZB 5/11 (Breitbandkonzession an das Verwaltungsgericht verwiesen); OLG Naumburg, Beschluss v. 15.4.2016 – 7 Verg 1/16 (Ölspurkonzession an das ordentliche Gericht verwiesen).

185 Vgl. die Grundsätze weiter ausführend: *Braun*, VergabeR 2014, 324 (328 ff.); *ders.*, NVwZ 2011, 400 (402); *Prieß/Simonis*, NZBau 2015, 731 (734 ff.).

186 Verordnungsbegründung, VergRModVO, BR-Drs. 87/16, 288.

128 Die Einhaltung der Vorschriften des GWB und der KonzVgV sind im vergaberechtlichen **Nachprüfungsverfahren** vor den Vergabekammern gemäß §§ 155, 156 GWB überprüfbar.[187] Für das Vorliegen von Ausnahmetatbeständen, Ausnahmesituationen und alle Tatsachen, die nicht zur Anwendung des Vergaberechts führen, trifft den Konzessionsgeber die Darlegungs- und Beweislast.[188] Den Konzessionsgeber trifft allgemein die Darlegungs- und Beweislast für Tatsachen, die für ihn günstig sind.[189]

Anlage

Gesetzesbegründung (BT-Drs. 18/6281)

Seite 75

§ 105 definiert den Begriff der Konzessionen und dient der Umsetzung von Artikel 5 Nummer 1 der Richtlinie 2014/23/EU. Sind die Definitionsmerkmale der Bau- oder Dienstleistungskonzession erfüllt, kommen die Verfahrensvorschriften für Bau- oder Dienstleistungsaufträge nicht zur Anwendung, sondern die weniger strengen Verfahrensvorschriften für Konzessionen. Bislang war in § 99 Absatz 6 GWB lediglich die Definition der Baukonzession geregelt. Dienstleistungskonzessionen unterlagen lediglich den Anforderungen des EU-Primärrechts (Transparenzgebot, Gleichbehandlungsgebot, Diskriminierungsverbot).

Die neue Richtlinie 2014/23/EU erfasst nunmehr sowohl Baukonzessionen als auch Dienstleistungskonzessionen. Damit regelt das europäische Sekundärrecht nunmehr die Verfahren zur Vergabe von Bau- und Dienstleistungskonzessionen. § 105 Absatz 1 greift infolgedessen die Definition sowohl der Bau- als auch Dienstleistungskonzession auf. Gleichzeitig passt § 105 Absatz 1 die Begriffsbestimmung jeweils an die neue Definition der Bau und Dienstleistungskonzession gemäß Artikel 5 Nummer 1 Unterabsatz 1 Buchstabe a) und b der Richtlinie 2014/23/EU an. § 105 Absatz 2 dient der Umsetzung der Anforderungen an den Übergang des Betriebsrisikos gemäß Artikel 5 Nummer 1 Unterabsatz 2 Richtlinie 2014/23/EU. Im Ergebnis wird der Inhalt von Artikel 5 Nummer 1 der Richtlinie 2014/23/EU der deutschen Sprachfassung in § 105 Absatz 1 und 2 nahezu wortgleich in das deutsche Recht übernommen.

Vor dem Hintergrund der lediglich rudimentär geregelten Vergabe von Baukonzessionen nach der Vorgängerrichtlinie 2004/18/EG hatte sich der deutsche Gesetz- und Verordnungsgeber für eine quasi-Gleichbehandlung mit den Bauaufträgen entschieden (siehe insbesondere § 22 EG VOB/A in der Fassung der Bekanntmachung vom 24. Oktober 2011 – BAnz. Nr. 182a vom 2. Dezember 2011; BAnz AT 07.05.2012 B1). Begründung hierfür war der deutliche Schwerpunkt des Baukonzessionsvertrags auf der (zunächst erfolgenden) Errichtung eines Bauwerks. Soweit Baukonzessionen Besonderheiten aufweisen, wird diesen nunmehr auf Verordnungsebene Rechnung getragen.

Zu Absatz 1

§ 105 Absatz 1 Nummer 1 regelt die Definition der Baukonzession und § 105 Absatz 1 Nummer 2 die Definition der Dienstleistungskonzession. Inhaltlich besteht weitestgehend Übereinstimmung mit der bislang in Artikel 1 Absatz 3 und Absatz 4 der Richtlinie 2004/18/EG und Artikel 1 Absatz 3 der Richtlinie 2004/17/EG enthaltenen Definition der Bau- und Dienstleistungskonzession. Nunmehr stellt Artikel 5 Nummer 1 der Richtlinie 2014/23/EU auch klar, dass es sich bei Bau- und Dienstleistungskonzessionen jeweils um entgeltliche Verträge handelt. Die beschränkte Laufzeit der Konzession wird nach dem Vorbild des Artikel 18 der Richtlinie 2014/23/EU nicht mehr als Bestandteil der Definition im GWB, sondern neu im Rahmen der Vorschriften zur Auftragsausführung in der auf Grundlage dieses Gesetzes erlassenen Verordnung zur Vergabe von Konzessionen (Konzessionsverordnung) geregelt.

187 Vgl. hierfür näher *Diemon-Wies* zu § 155 und § 156.
188 Vgl. OLG Celle, Beschluss v. 10.3.2016 – 13 Verg 5/1, Rn. 21; KG, Beschluss v. 27.1.2015 – Verg 9/14.
189 Vgl. OLG Naumburg, Urteil v. 23.12.2014 – 2 U 74/14; OLG Düsseldorf, Beschluss v. 30.4.2003 – Verg 61/02; VK Baden-Württemberg, Beschluss v. 13.11.2013 – 1 VK 38/13.

Seite 76

Der Unionsgesetzgeber hat im Zusammenhang mit der Definition der Bau- und Dienstleistungskonzession in den Erwägungsgründen 11 bis 16 der Richtlinie 2014/23/EU verschiedene Negativabgrenzungen vorgenommen:

Erwägungsgrund 11 stellt klar, dass ein Eigentumsübergang auf den Konzessionsgeber keine Voraussetzung der Definition ist, doch stehe dem Konzessionsgeber stets der Nutzen der Bau- oder Dienstleistung zu. Weiterhin verdeutlicht Erwägungsgrund 12, dass die bloße Finanzierung – insbesondere durch öffentliche Zuschüsse – von Tätigkeiten, die häufig mit der Verpflichtung verbunden ist, erhaltene Beträge bei nicht bestimmungsgemäßer Verwendung zurückzuzahlen, nicht in den Geltungsbereich der Richtlinie 2014/23/EU fällt.

Erwägungsgrund 13 weist darauf hin, dass Regelungen, nach denen ohne gezielte Auswahl alle Unternehmen, die bestimmte Voraussetzungen erfüllen, berechtigt sind, eine bestimmte Aufgabe wahrzunehmen, nicht als Konzessionen gelten. Derartige Systeme beruhen nach den Ausführungen im Erwägungsgrund 13 typischerweise auf der Entscheidung einer Behörde, mit der transparente und nichtdiskriminierende Voraussetzungen für den kontinuierlichen Zugang von Unternehmen zur Erbringung bestimmter Dienstleistungen, wie soziale Dienstleistungen, festgelegt werden. Daraus lässt sich schließen, dass die Zulassung von Dienstleistungserbringern im sozialhilferechtlichen Dreiecksverhältnis nicht der Richtlinie 2014/23/EU unterfällt. Gleiches gilt für die Zulassung von Pflegeeinrichtungen sowie die Feststellung der fachlichen Eignung im Rahmen der Zulassung besonderer Dienste oder besonderer Einrichtungen. Weiterhin hat der Unionsgesetzgeber in Erwägungsgrund 6 hervorgehoben, dass Mitgliedstaaten gemäß den Grundsätzen der Gleichbehandlung, Nichtdiskriminierung, Transparenz und des freien Personenverkehrs im AEUV nach wie vor entscheiden können, ob Dienstleistungen als Dienste von allgemeinem wirtschaftlichem Interesse oder als nichtwirtschaftliche Dienstleistungen von allgemeinem Interesse oder in Form einer Kombination aus beiden erbracht werden.

Erwägungsgrund 14 hebt hervor, dass die Erteilung von Genehmigungen oder Lizenzen für die Ausübung einer Wirtschaftstätigkeit nicht als Konzession im Sinne der Richtlinie 2014/23/EU gilt. Es wird auf die vorrangige Anwendung der Dienstleistungsrichtlinie 2006/123/EG verwiesen. In diesem Zusammenhang wird deutlich, dass dem Konzessionsvertrag eine wechselseitige Bindungswirkung zukommt.

Erwägungsgrund 15 stellt klar, dass Vereinbarungen, die das Recht eines Unternehmens zur privatrechtlichen oder öffentlich-rechtlichen Nutzung öffentlicher Bereiche oder Ressourcen, wie z. B. Land oder öffentliche Liegenschaften, insbesondere in See-, Binnen- oder Flughäfen regeln, nicht als Konzessionen im Sinne der Richtlinie 2014/23/EU gelten.

Erwägungsgrund 16 macht deutlich, dass die Gewährung von Wegerechten hinsichtlich der Nutzung öffentlicher Liegenschaften für die Bereitstellung oder den Betrieb fester Leitungen oder Netze, über die eine Dienstleistung für die Allgemeinheit erbracht werden soll, ebenfalls nicht als Konzession im Sinne der Richtlinie 2014/23/EU gelten, sofern derartige Verpflichtungen weder eine Lieferverpflichtung auferlegen noch den Erwerb von Dienstleistungen durch den Konzessionsgeber für sich selbst oder für den Endnutzer vorsehen. Diese Ausführungen betreffen vor allem Wegenutzungsverträge im Sinne des § 46 des Energiewirtschaftsgesetzes zu Strom- und Gasleitungen sowie Wegenutzungsverträge zu Fernwärmeleitungen.

Zu Absatz 2

§ 105 Absatz 2 setzt Artikel 5 Nummer 1 Unterabsatz 2 der Richtlinie 2014/23/EU um und regelt im Einzelnen, dass eine Konzession begrifflich einen Übergang des Betriebsrisikos auf den Konzessionsnehmer voraussetzt und welche Anforderungen an den Übergang des Betriebsrisikos auf den Konzessionsnehmer zu stellen sind. Artikel 5 Nummer 1 Unterabsatz 2 der Richtlinie 2014/23/EU kodifiziert im Wesentlichen die durch den Europäischen Gerichtshof in ständiger Rechtsprechung entwickelten einzelnen Kriterien zum Übergang des Betriebsrisikos. Es entspricht der ständigen Rechtsprechung des Europäischen Gerichtshofes, dass der Konzessionsnehmer das Betriebsrisiko der fraglichen Bau- oder Dienstleistung übernimmt (grundlegend z. B. für den Übergang des Betriebsrisikos bei Dienstleistungskonzessionen EuGH, Rs. C-458/03, Urteil vom 13.10.2005, „Parking Brixen", Rn. 40). Zu Einzelfragen des Übergangs des Betriebsrisikos hat der Unionsgesetzgeber in den Erwägungsgründen 17 bis 20 der Richtlinie 2014/23/EU Stellung genommen.

Der Übergang des Betriebsrisikos ist das wesentliche Kriterium für die Entscheidung über die Einordnung des jeweiligen Vertrags als Konzessionsvertrag. Während der Dienstleistungsauftrag eine Gegenleistung in Geld umfasst, die vom öffentlichen Auftraggeber unmittelbar an den Dienstleistungserbringer gezahlt wird, besteht im Fall einer Dienstleistungskonzession die Gegenleistung für die Erbringung der Dienstleistung in dem Recht zur Nutzung der Dienstleistung (ständige Rechtsprechung des EuGH, grundlegend EuGH, Rs. C-458/03, Urteil vom 13.10.2005, „Parking Brixen", Rn. 40). Die Ausübung dieses Nutzungsrecht unterliegt dem Betriebsrisiko des

Seite 77

Konzessionärs. Das Recht zur Nutzung der Dienstleistung kann sich insbesondere als Entgeltzahlung Dritter auswirken, die Nutzer der betreffenden Dienstleistung sind (ständige Rechtsprechung des EuGH, grundlegend EuGH, Urteil vom 10.9.2009, Rs. C-206/08, „Wasser- und Abwasserzweckverband Gotha", Rn. 53). Artikel 5 stellt nunmehr in Nummer 1 jeweils unter den Buchstaben a) und b) klar, dass die Gegenleistung in dem Recht zur Nutzung des vertragsgegenständlichen Bauwerks bzw. in dem Recht zur Verwertung der Dienstleistung oder in diesem Recht zuzüglich einer Zahlung besteht.

Zu Satz 1 Nummer 1

§ 105 Absatz 2 Satz 1 Nummer 1 setzt Artikel 5 Nummer 1 Unterabsatz 2 Satz 2 der Richtlinie 2014/23/EU um.

Zu Satz 1 Nummer 2

§ 105 Absatz 2 Satz 1 Nummer 2 setzt Artikel 5 Nummer 1 Unterabsatz 2 Satz 3 der Richtlinie 2014/23/EU um. Im Grundsatz hat der Unionsgesetzgeber darin in Übereinstimmung mit der ständigen Rechtsprechung des Europäischen Gerichtshofes konkretisiert, welche einzelnen Anforderungen an den Übergang des Betriebsrisikos zu stellen sind, insbesondere, dass der Dienstleistungserbringer den Unwägbarkeiten des Marktes ausgesetzt sein muss (vergleiche EuGH, Urteil vom 10.3.2011, Rs. C-274/09, „Rettungsdienste Stadler", Rn. 37, 48, und EuGH, Urteil vom 10.11.2011, Rs. C-348/10, „Norma-A SIA", Rn. 48, 51). Der Europäische Gerichtshof hat in ständiger Rechtsprechung auch klargestellt, dass das Betriebsrisiko auf der Grundlage öffentlich-rechtlicher Vorschriften erheblich eingeschränkt sein kann und für die Einordnung als Dienstleistungskonzession allerdings erforderlich ist, dass der öffentliche Auftraggeber das volle von ihm getragene Risiko oder zumindest einen wesentlichen Teil davon auf den Konzessionsnehmer überträgt (grundlegend EuGH, Urteil vom 10.9.2009, Rs. C-206/08, „Wasser und Abwasserzweckverband Gotha", Rn. 77).

Zu Satz 2

§ 105 Absatz 2 Satz 2 setzt Artikel 5 Nummer 1 Unterabsatz 2 Satz 1 letzter Halbsatz um und stellt klar, dass es sich bei dem Betriebsrisiko um ein Nachfrage- oder Angebotsrisiko handeln kann.

§ 106
Schwellenwerte

(1) Dieser Teil gilt für die Vergabe von öffentlichen Aufträgen und Konzessionen sowie die Ausrichtung von Wettbewerben, deren geschätzter Auftrags- oder Vertragswert ohne Umsatzsteuer die jeweils festgelegten Schwellenwerte erreicht oder überschreitet. § 114 Absatz 2 bleibt unberührt.

(2) Der jeweilige Schwellenwert ergibt sich

1. **für öffentliche Aufträge und Wettbewerbe, die von öffentlichen Auftraggebern vergeben werden, aus Artikel 4 der Richtlinie 2014/24/EU in der jeweils geltenden Fassung; der sich hieraus für zentrale Regierungsbehörden ergebende Schwellenwert ist von allen obersten Bundesbehörden sowie allen oberen Bundesbehörden und vergleichbaren Bundeseinrichtungen anzuwenden,**
2. **für öffentliche Aufträge und Wettbewerbe, die von Sektorenauftraggebern zum Zweck der Ausübung einer Sektorentätigkeit vergeben werden, aus Artikel 15 der Richtlinie 2014/25/EU in der jeweils geltenden Fassung,**
3. **für verteidigungs- oder sicherheitsspezifische öffentliche Aufträge aus Artikel 8 der Richtlinie 2009/81/EG des Europäischen Parlaments und des Rates vom 13. Juli 2009 über die Koordinierung der Verfahren zur Vergabe bestimmter Bau-, Liefer- und Dienstleistungsaufträge in den Bereichen Verteidigung und Sicherheit und zur Änderung der Richtlinien 2004/17/EG und 2004/18/EG (ABl. L 216 vom 20.8.2009, S. 76) in der jeweils geltenden Fassung,**
4. **für Konzessionen aus Artikel 8 der Richtlinie 2014/23/EU des Europäischen Parlaments und des Rates vom 26. Februar 2014 über die Konzessionsvergabe (ABl. L 94 vom 28.3.2014, S. 1) in der jeweils geltenden Fassung.**

(3) Das Bundesministerium für Wirtschaft und Energie gibt die geltenden Schwellenwerte unverzüglich, nachdem sie im Amtsblatt der Europäischen Union veröffentlicht worden sind, im Bundesanzeiger bekannt.

Übersicht Rn.

A. Allgemeines ... 1
B. Anwendungsbereich (Abs. 1) ... 4
C. Schwellenwerte (Abs. 2) ... 10
I. Dynamische Verweisung ... 11
II. Höhe der Schwellenwerte ... 14
1. Schwellenwerte gemäß RL 2014/24/EU ... 17
2. Schwellenwerte gemäß RL 2014/25/EU ... 20
3. Schwellenwerte gemäß RL 2009/81/EG ... 21
4. Schwellenwerte gemäß RL 2014/23/EU ... 22
D. Bekanntmachung (Abs. 3) ... 23
Anlage
Gesetzesbegründung (BT-Drs. 18/6281)

A. Allgemeines

1 Die Vorschrift zu den Schwellenwerten befindet sich im Abschnitt 1 „Grundsätze, Definitionen und Anwendungsbereich" des Kapitels 1 „Vergabeverfahren". § 106 GWB enthält dabei die **zentrale Regelung für den sachlichen Anwendungsbereich** von Teil 4 des GWB.[1] Sie schließt sich entsprechend der Überschrift des Abschnitt 1 an die Grundsätze in § 97 GWB und Definitionen in §§ 98 bis 105 GWB an. Die Ausnahmen folgen in §§ 107 bis 109 GWB.[2]

2 Die **bisherige Regelung** der Schwellenwerte erfolgte in § 100 GWB a.F. i.V.m. § 2 Abs. 1 VgV a.F., § 1 Abs. 2 SektVO a.F. und § 1 Abs. 2 VSVgV a.F.[3] Das GWB verwies auf die jeweiligen Verordnungen und die dortigen Regelungen, welche dynamische Verweisungen auf die jewei-

1 Gesetzesbegründung, BT-Drs. 18/6281, 77.
2 Vgl. für weitere Erläuterungen zu Abschnitt 1: Gesetzesbegründung, BT-Drs. 18/6281, 77.
3 Gesetzesbegründung, BT-Drs. 18/6281, 77.

ligen Regelungen in der RL 2004/18/EG, der RL 2004/17/EG sowie der RL 2009/81/EG auf europäischer Ebene enthielten.

3 Die Regelungen der Schwellenwerte haben mit § 106 GWB aufgrund der legislativen Entscheidung zum Gesetz zur Modernisierung des Vergaberechts aus dem Jahr 2015 ihren Eingang in das GWB erhalten. Der Gesetzgeber beabsichtigte mit der Überführung in das GWB eine Regelung auf gesetzlicher Ebene, welche dem Rechtsanwender die Anwendung erleichtern sollte.[4] Die Absicht einer inhaltlichen Änderung ist darin nicht erkennbar. Die bisherigen Wertungen können daher **grundsätzlich beibehalten** werden.

B. Anwendungsbereich (Abs. 1)

4 Mit § 106 Abs. 1 GWB wird der **Anwendungsbereich** des Teil 4 des GWB eröffnet. § 106 Abs. 1 S. 1 betrifft die Vergabe von öffentlichen Aufträgen i.S.v. § 103 Abs. 1 GWB und Konzessionen i.S.v. § 105 GWB. Daneben wird die Ausrichtung von Wettbewerben i.S.v. § 103 Abs. 6 GWB aufgeführt. Sofern der jeweilige Auftrags- oder Vertragswert die in § 106 Abs. 2 GWB geregelten Schwellenwerte erreicht oder überschreitet, gilt Teil 4 des GWB.

5 Maßgeblich ist die **Schätzung des Auftrags- oder Vertragswerts**. Dies ergibt sich nun ausdrücklich aus dem Wortlaut von § 106 Abs. 1 GWB. Der Auftrags- oder Vertragswert wird ohne Umsatzsteuer berücksichtigt. Nähere Regelungen zur Schätzung sind nicht im GWB, sondern in § 3 VgV, § 2 SektVO, § 2 KonzVgV und § 3 VSVgV zu finden. Ihre Grundlage haben die dortigen Regelungen in Art. 6 RL 2014/24/EU, Art. 16 RL 2014/25/EU, Art. 10 RL 2009/81/EG und Art. 8 Abs. 2 bis 6 RL 2014/23/EU. Das GWB trifft mit § 113 S. 2 Nr. 1 GWB die entsprechende Verordnungsermächtigung.

6 Mit der Eröffnung des sachlichen Anwendungsbereichs durch **Erreichen oder Überschreiten der jeweiligen Schwellenwerte** ist das europäische Vergaberecht der Richtlinien in der Form des Teil 4 des GWB sowie der entsprechenden Vergabeverordnungen in nationales Recht zu beachten. Neben dieser materiellen Wirkung für das Vergabeverfahren wird damit die Grundlage für den Rechtsschutz vor den Vergabekammern im Nachprüfungsverfahren geschaffen. Die Regelungen zum Nachprüfungsverfahren befinden sich insbesondere in Kapitel 2 des Teil 4 des GWB (§§ 155 ff. GWB). Sowohl die materiellen Regelungen als auch der Rechtsschutz unterhalb der Schwellenwerte weisen deutliche Unterschiede zu den Regelungen des Vergaberechts im GWB auf.[5]

7 **Unterhalb der Schwellenwerte** bestehen Vorgaben insbesondere aufgrund haushaltsrechtlicher Regelungen (insbesondere § 55 BHO/LHO) oder aufgrund sonstiger Verpflichtungen (z.B. Zuwendungsrecht).[6] Daneben sind primärrechtliche Grundsätze (Nichtdiskriminierung, Gleichbehandlung, Transparenz)[7] sowie grundgesetzliche Wertungen der Grundrechte[8] durch Auftraggeber zu berücksichtigten.

8 Der **Rechtsschutz** oberhalb der Schwellenwerte findet seine europäischen Grundlagen insbesondere in der RL 2007/66/EG. Ein vergleichbares System ist in der Unterschwelle nicht zu finden.[9] In der Unterschwelle beschränkt sich der Rechtsschutz i.d.R. auf den ordentlichen Rechtsweg.[10]

---

4 Vgl. Gesetzesbegründung, BT-Drs. 18/6281, 77.

5 Vgl. hierzu ausführlich *Masing*, in Dreher/Motzke, Vergaberecht, § 100 GWB Rn. 6 ff.; kritisch hinsichtlich der unterschiedlichen Behandlung von Ober- und Unterschwelle *Dreher*, in: Immenga/Mestmäcker, Wettbewerbsrecht, Vor § 97 ff. GWB Rn. 59 ff. sowie Rn. 75 ff.

6 Vgl. *Fehling*, in: Pünder/Schellenberg, Vergaberecht, § 97 GWB Rn. 31 f; *Ziekow*, in: Ziekow/Völlink, Vergaberecht, Einl. GWB Rn. 21 ff.; *Greb*, in: Ziekow/Völlink, Vergaberecht, § 2 VgV Rn. 2.

7 Vgl. *Antweiler*, in: Ziekow/Völlink, Vergaberecht, § 100 GWB Rn. 56 ff.; *Ziekow*, in: Ziekow/Völlink, Vergaberecht, Einl. GWB Rn. 9 ff.

8 Vgl. *Alexander*, in: Pünder/Schellenberg, Vergaberecht, § 2 Rn. 9 ff.; *Fehling*, in: Pünder/Schellenberg, Vergaberecht, § 97 GWB Rn. 40 ff.; *Antweiler*, in: Ziekow/Völlink, Vergaberecht, § 100 GWB Rn. 59 ff.; *Ziekow*, in: Ziekow/Völlink, Vergaberecht, Einl. GWB Rn. 12 ff.

9 Vgl. *Greb*, in: Ziekow/Völlink, Vergaberecht, § 2 VgV Rn. 3; kritisch *Dreher*, in: Immenga/Mestmäcker, Wettbewerbsrecht, Vor § 97 ff. GWB Rn. 77 ff.

10 Vgl. *Fehling*, in: Pünder/Schellenberg, Vergaberecht, § 97 GWB Rn. 39.

In Teil 4 des GWB befindet sich eine **Regelung zur Unterschwelle**, welche von der Vorschrift des § 106 GWB unberührt bleibt. Die Pflicht zur Übermittlung von Vergabedaten gemäß § 114 Abs. 2 GWB besteht aufgrund von § 106 Abs. 1 S. 2 GWB auch unterhalb der jeweils geltenden Schwellenwerte (vgl. § 114 Abs. 2 S. 3 GWB). Auf der Grundlage der Verordnungsermächtigung des § 114 Abs. 2 S. 4 GWB wurde die **VergStatVO** erlassen, welche entsprechende Regelungen für die Unterschwelle in § 2 Abs. 2 i.V.m. § 4 VergStatVO enthält.[11] 9

C. Schwellenwerte (Abs. 2)

Die Richtlinien bestimmen – spätestens nach dem Ablauf der Umsetzungsfrist – den Anwendungsbereich der europäischen Vergaberichtlinien in den Mitgliedsstaaten und sind unmittelbar anwendbar[12], soweit die einzelnen Regelungen unbedingt und hinreichend bestimmt sind.[13] Die Vorgabe der Schwellenwerte – einschließlich der Vorgaben zur Schätzung des Auftragswerts – erfüllen grundsätzlich diese Voraussetzungen, was selbst ohne einen nationalen Umsetzungsakt für die Zeit nach dem Ablauf der Umsetzungsfrist eine unmittelbare Anwendbarkeit ab Erreichen des Schwellenwerts bedeuten würde. 10

I. Dynamische Verweisung

Das GWB als wesentlicher Umsetzungsakt orientiert sich an den europäischen Schwellenwerten und nutzt **dynamische Verweisungen auf die jeweilige Vergaberichtlinie**, um den Anwendungsbereich des Teil 4 des GWB zu konkretisieren. Die Konkretisierung auf Verordnungsebene entfällt.[14] Eine solche dynamische Verweisung ist allerdings grundsätzlich nur in engen Grenzen möglich.[15] Richtlinientexte der Europäischen Union „eignen sich für Verweisungen nur, wenn sie hinreichend bestimmt sind".[16] Bei den europäischen Vorgaben zu den Schwellenwerten besteht eine solche hinreichende Bestimmtheit. Zudem besteht für den deutschen Gesetzgeber keine Wahl hinsichtlich der Mindesthöhe der Schwellenwerte, welche die Anwendbarkeit des europäischen Vergaberechts begründen.[17] 11

Der Gesetzgeber verzichtet auf die **Vorgabe eines geringeren Schwellenwerts**, was ebenso wie ein gänzlicher Verzicht europarechtskonform wäre.[18] Die dynamische Verweisung bewirkt einen Gleichlauf zwischen deutschem und europäischem Vergaberecht in der Oberschwelle. Damit bestimmt sich der Anwendungsbereich des Teil 4 des GWB nach den jeweils aktuellen europäischen Regelungen. Ein weiterer nationaler Umsetzungsakt ist damit bei dynamischen Verweisungen nicht mehr erforderlich.[19] Mit einer dynamischen Verweisung kann man die möglichen Folgen einer unterbliebenen Aktualisierung der Rechtssetzung vermeiden.[20] 12

---

11 Die Übergangsregelung des § 8 VergStatVO enthält keine Verpflichtung für öffentliche Auftraggeber unter dem jeweils geltenden Schwellenwert (Umkehrschluss aus § 8 Abs. 2 VergStatVO).

12 Zur unmittelbaren Anwendbarkeit der europäischen Vergaberichtlinien: *Dreher*, in: Immenga/Mestmäcker, Wettbewerbsrecht, Vor § 97 ff. GWB Rn. 32 ff.

13 Vgl. *Dreher*, in: Immenga/Mestmäcker, Wettbewerbsrecht, Vor § 97 ff. GWB Rn. 35.

14 Vgl. Gesetzesbegründung, BT-Drs. 18/6281, 77.

15 Vgl. *Debus*, in: Ziekow/Völlink, Vergaberecht, § 1 SektVO Rn. 18; BMJ, Handbuch der Rechtsförmlichkeit, Teil B, Ziff. 4.3, Rn. 243 ff.

16 BMJ, Handbuch der Rechtsförmlichkeit, Teil B, Ziff. 4.3, Rn. 248

17 Vgl. zum Zwang einer Übernahme europäischer Vorgaben sowie zur Ersparnis häufiger Anpassungen: BMJ, Handbuch der Rechtsförmlichkeit, Teil B, Ziff. 4.3, Rn. 248.

18 Ebenso *Masing*, in Dreher/Motzke, Vergaberecht, § 100 GWB Rn. 4, sowie *Greb*, in: Ziekow/Völlink, Vergaberecht, § 2 VgV Rn. 4, welcher der dynamischen Verweisung eine deklaratorische Bedeutung zuschreibt; auch *Dreher*, in: Immenga/Mestmäcker, Wettbewerbsrecht, § 100 GWB Rn. 8, nimmt eine deklaratorische Wiederholung an. Da das GWB grundsätzlich auch niedrige Schwellenwerte vorsehen könnte, kommt der dynamischen Verweisung insoweit konstitutive Wirkung zu.

19 BMJ, Handbuch der Rechtsförmlichkeit, Teil B, Ziff. 4.3, Rn. 248

20 Vgl. zur Anwendbarkeit niedrigerer Schwellenwerte bei statischer Verweisung *Greb*, in: Ziekow/Völlink, Vergaberecht, § 2 VgV Rn. 35.

13 Die Europäische Kommission überprüft die Schwellenwerte und setzt diese **alle zwei Jahre** fest. Hintergrund sind Verpflichtungen, welche sich aus dem GPA ergeben.[21] Die rechtliche Verankerung erfolgt in Art. 6 RL 2014/24/EU, Art. 17 RL 2014/25/EU und Art. 9 RL 2014/23/EU. Für die RL 2009/81/EG ergibt sich die Neufestsetzung der Schwellenwerte aus Art. 68 RL 2009/81/EG, welcher die RL 2004/17/EG als Bezugspunkt aufführt.

II. Höhe der Schwellenwerte

14 Die Richtlinien treffen in §§ 4 ff. RL 2014/24/EU, §§ 15 ff. RL 2014/25/EU, §§ 8 f. RL 2009/81/EG und § 8 RL 2014/23/EU Regelungen zu den Schwellenwerten. Dies greift § 106 Abs. 2 GWB auf.[22]

15 Die Europäische Kommission hat die Befugnis zum **Erlass delegierter Verordnungen zur Festsetzung der Schwellenwerte**.[23] Delegierte Verordnungen haben gemäß Art. 288 Abs. 2 i.V.m. Art. 290 AEUV allgemeine Geltung. Sie sind in allen ihren Teilen verbindlich und gelten unmittelbar in jedem Mitgliedstaat. Mit den delegierten Verordnungen VO (EU) 2015/2170 für die öffentliche Auftragsvergabe, VO (EU) 2015/2171 für die Vergabe von Aufträgen durch Auftraggeber im Bereich der Wasser-, Energie- und Verkehrsversorgung sowie der Postdienste und VO (EU) 2015/2172 für die Konzessionsvergabe hat die Europäische Kommission ihre Ermächtigung genutzt. Aufgrund der delegierten Verordnungen traten für die entsprechenden Richtlinien zum 1.1.2016 neue Schwellenwerte in Kraft.

16 Für den **Bereich Verteidigung und Sicherheit** bedeutete die VO (EU) 2015/2340 zum 1.1.2016 eine Anpassung der Schwellenwerte. Die diesbezügliche Ermächtigung für die Europäische Kommission ergibt sich aus Art. 68 RL 2009/81/EG.

1. Vergabe von öffentlichen Aufträgen und Wettbewerben durch öffentliche Auftraggeber (Nr. 1)

17 Für öffentliche Aufträge und Wettbewerbe, die von öffentlichen Auftraggebern vergeben werden (§ 106 Abs. 2 Nr. 1 GWB), ergeben sich – voraussichtlich bis zum 31.12.2017 – gemäß Art. 4 RL 2014/24/EU i.d.F. der VO (EU) 2015/2170 folgende Schwellenwerte:

öffentliche Bauaufträge	5.225.000 EUR
öffentliche Liefer- und Dienstleistungsaufträge[24]	209.000 EUR
öffentliche Dienstleistungsaufträge betreffend soziale und andere besondere Dienstleistungen (vgl. § 130 GWB)	750.000 EUR

Der Schwellenwert für öffentliche Dienstleistungsaufträge betreffend soziale und andere besondere Dienstleistungen[25] wurde durch die VO (EU) 2015/2170 nicht geändert. Es bleibt daher beim ursprünglichen Schwellenwert i.d.F. des Art. 4 lit. d RL 2014/24/EU.

18 Neben diesen Schwellenwerten gelten besondere Regelungen für **„zentrale Regierungsbehörden"**. „Zentrale Regierungsbehörden" müssen gemäß Art. 4 lit. b RL 2014/24/EU bei öf-

21 Vgl. zum GPA: *Masing*, in Dreher/Motzke, Vergaberecht, § 2 VgV Rn. 2; *Fehling*, in: Pünder/Schellenberg, Vergaberecht, § 97 GWB Rn. 25.

22 Es kommt zu folgenden Verweisungen:
- § 106 Abs. 2 Nr. 1 GWB verweist auf die RL 2014/24/EU,
- § 106 Abs. 2 Nr. 2 GWB auf die RL 2014/25/EU,
- § 106 Abs. 2 Nr. 3 GWB auf die RL 2009/81/EG und
- § 106 Abs. 2 Nr. 4 GWB auf RL 2014/23/EU.

23 Diese ergeben sich aus Art. 6 Abs. 5 bis 7 i.V.m. Art. 87 RL 2014/24/EU, Art. 17 Abs. 4 und Abs. 5 i.V.m. Art. 103 RL 2014/25/EU sowie Art 9 Abs. 4 und Abs. 5 i.V.m. Art. 48 RL 2014/23/EU.

24 Art. 4 lit. b RL 2014/24/EU: 209.000 EUR bei öffentlichen Liefer- und Dienstleistungsaufträgen, die von subzentralen öffentlichen Auftraggebern vergeben werden, und bei von diesen Behörden ausgerichteten Wettbewerben; dieser Schwellenwert gilt auch bei öffentlichen Lieferaufträgen, die von zentralen Regierungsbehörden im Verteidigungsbereich vergeben werden, sofern diese Aufträge Waren betreffen, die nicht in Anhang III RL 2014/24/EU aufgeführt sind.

25 Diese sind laut Gesetzesbegründung ausdrücklich von der Verweisung umfasst, vgl. BT-Drs. 18/6281, 77.

fentlichen Liefer- und Dienstleistungsaufträgen und bei von diesen Behörden ausgerichteten Wettbewerben einen Schwellenwert von 135.000 EUR beachten.[26] Gemäß Art. 2 Nr. 2 RL 2014/24/EU sind „zentrale Regierungsbehörden" diejenigen öffentlichen Auftraggeber, die in Anhang I der RL 2014/24/EU aufgeführt sind, und, soweit auf innerstaatlicher Ebene Berichtigungen oder Änderungen vorgenommen wurden, die Stellen, die ihre Nachfolger sind. Anhang I der RL 2014/24/EU nennt für Deutschland die Bundesministerien. Gemäß § 106 Abs. 2 GWB haben alle obersten Bundesbehörden sowie alle oberen Bundesbehörden und vergleichbaren Bundeseinrichtungen den vorgesehenen Schwellenwert zu beachten.[27] Eine vergleichbare Regelung war bisher in § 2 Nr. 1 VgV a.F. zu finden.[28]

In Art. 4 lit. b und lit. c RL 2014/24/EU werden zu den Schwellenwerten Regelungen für öf- 19
fentliche Lieferaufträge, die von „zentralen Regierungsbehörden" im **Verteidigungsbereich**[29] vergeben werden, getroffen. Es findet eine Unterscheidung zwischen Aufträgen betreffend Waren, die in Anhang III RL 2014/24/EU aufgeführt sind[30], und solchen Aufträgen, die nicht in Anhang III RL 2014/24/EU aufgeführt sind[31], statt. Mangels einer Übernahme in das GWB gilt der niedrige Schwellenwert für „zentrale Regierungsbehörden" i.H.v. 135.000 EUR in beiden Fällen.

2. Vergabe von öffentlichen Aufträgen und Wettbewerben durch Sektorenauftraggeber (Nr. 2)

Für öffentlichen Aufträge und Wettbewerbe, die von Sektorenauftraggebern zum Zweck der 20
Ausübung einer Sektorentätigkeit vergeben werden (§ 106 Abs. 2 Nr. 2 GWB), ergeben sich – voraussichtlich bis zum 31.12.2017 – gemäß Art. 15 RL 2014/25/EU i.d.F. der VO (EU) 2015/2171 folgende Schwellenwerte:

Liefer- und Dienstleistungsaufträge sowie Wettbewerbe	418.000 EUR
Bauaufträge	5.225.000 EUR
Dienstleistungsaufträge betreffend soziale und andere besondere Dienstleistungen (vgl. § 130 GWB)	1.000.000 EUR

Der Schwellenwert für öffentliche Dienstleistungsaufträge betreffend soziale und andere besondere Dienstleistungen[32] wurde durch die VO (EU) 2015/2171 nicht geändert. Es bleibt daher beim ursprünglichen Schwellenwert i.d.F. des Art. 15 RL 2014/25/EU.

3. Vergabe von verteidigungs- oder sicherheitsspezifischen öffentlichen Aufträgen (Nr. 3)

Für verteidigungs- und sicherheitsspezifische öffentliche Aufträge (§ 106 Abs. 2 Nr. 3 GWB) 21
gelten – voraussichtlich bis zum 31.12.2017 – gemäß Art. 8 RL 2009/81/EG i.d.F. der VO (EU) 2015/2340 folgende Schwellenwerte:

Liefer- und Dienstleistungsaufträge	418.000 EUR
Bauaufträge	5.225.000 EUR

26 Der Schwellenwert von 135.000 EUR gilt laut Art. 4 lit. b RL 2014/24/EU bei öffentlichen Lieferaufträgen, die von öffentlichen Auftraggebern im Verteidigungsbereich vergeben werden, nur für Aufträge über Waren, die in Anhang III RL 2014/24/EU aufgeführt sind.
27 Vgl. Gesetzesbegründung, BT-Drs. 18/6281, 78.
28 Vgl. *Alexander*, in: Pünder/Schellenberg, Vergaberecht, § 2 VgV Rn. 19 ff.; *Greb*, in: Ziekow/Völlink, Vergaberecht, § 2 VgV Rn. 8 ff.
29 Vgl. zu Verteidigung und Sicherheit auch Art. 15 ff. RL 2014/24/EU.
30 In diesen Fällen gilt ein Schwellenwert i.H.v. 209.000 EUR.
31 In diesen Fällen gilt ein Schwellenwert i.H.v. 135.000 EUR.
32 Diese sind laut Gesetzesbegründung ausdrücklich von der Verweisung umfasst, vgl. BT-Drs. 18/6281, 77.

4. Vergabe von Konzessionen (Nr. 4)

22 Für Konzessionen (§ 106 Abs. 2 Nr. 4 GWB) gilt gemäß Art. 8 Abs. 1 RL 2014/23/EU ein Vertragswert von mindestens 5.225.000 EUR.

D. Bekanntmachung (Abs. 3)

23 Aufgrund der dynamischen Verweisung und der unmittelbaren Anwendbarkeit der europäischen Vorgaben zu den Schwellenwerten ist die Bekanntmachung in erster Linie deklaratorisch. § 106 Abs. 3 GWB verpflichtet das BMWi zu einer **unverzüglichen Bekanntmachung im Bundesanzeiger** nach Veröffentlichung im Amtsblatt der Europäischen Union.[33] Die Veröffentlichung der Schwellenwerte für die RL 2014/24/EU die RL 2014/25/EU sowie die RL 2014/23/EU erfolgte gemäß § 103 Abs. 3 GWB unverzüglich nach Inkrafttreten des GWB.[34]

Anlage

Gesetzesbegründung (BT-Drs. 18/6281)

Seite 77

§ 106 regelt eine wesentliche Voraussetzung für den sachlichen Anwendungsbereich des Teils 4 des GWB in Form einer dynamischen Verweisung auf die jeweils in den Richtlinien 2014/24/EU, 2014/25/EU, 2009/81/EG und 2014/23/EU geregelten Schwellenwerte, deren Höhe regelmäßig vom Unionsgesetzgeber oder der EU-Kommission im Wege der delegierten Rechtssetzung angepasst wird. Der Regelungsinhalt der bisherigen § 2 Absatz 1 VgV, § 1 Absatz 2 VSVgV und § 1 Absatz 2 SektVO wird als Grundsatzbestimmung in das GWB übernommen. Damit entfällt zukünftig der Bedarf für eine weitere Konkretisierung auf Verordnungsebene.

Zu Absatz 1

§ 106 Absatz 1 übernimmt die bisherige Regelung des § 100 Absatz 1 Satz 1 GWB und bestimmt mit dem Erfordernis, dass der geschätzte Auftrags- oder Vertragswert die jeweils geltenden Schwellenwerte erreicht oder überschreitet, eine wesentliche Voraussetzung für die Anwendung des Teils 4 des GWB auf öffentliche Aufträge, Konzessionen und Wettbewerbe.

Zu Absatz 2

Der konkrete Verweis auf die jeweiligen geltenden Schwellenwerte der unterschiedlichen Vergaberegime folgt in Absatz 2 Nummern 1 bis 4. Diese enthalten eine dynamische Verweisung auf die in den jeweiligen Artikeln der Richtlinien 2014/24/EU, 2014/25/EU, 2009/81/EG und 2014/23/EU geregelten Schwellenwerte („in der jeweils geltenden Fassung"). Die einheitliche Regelung im GWB ersetzt die bisher in § 2 Absatz 1 Vergabeverordnung (VgV), § 1 Absatz 2 Sektorenverordnung (SektVO) und § 1 Absatz 2 Vergabeverordnung für die Bereiche Verteidigung und Sicherheit (VSVgV) enthaltenen dynamischen Verweisungen auf die jeweiligen Schwellenwertvorschriften.

Die Verweisungen umfassen auch die jeweils besonderen Schwellenwerte für die Regelungen zur Vergabe von Aufträgen über soziale und andere besondere Dienstleistungen.

Die Regelungen aus der VgV, der SektVO und der VSVgV werden ins GWB überführt, da es sich hierbei um die Festlegung des sachlichen Geltungsbereiches der vergaberechtlichen Regelungen handelt, welcher einheitlich auf gesetzlicher Ebene erfolgen sollte. Für den Rechtsanwender erleichtert dies zudem die Anwendung, da sich die Fundstellen für die jeweiligen Schwellenwerte nunmehr unmittelbar aus dem Gesetz ergeben und die zusätzliche Verweisung auf die jeweiligen Verordnungen entfällt.

33 Vgl. Gesetzesbegründung, BT-Drs. 18/6281, 78.
34 Vgl. Bekanntmachung des Bundesministerium für Wirtschaft und Energiegemäß § 106 Absatz 3 des Gesetzes gegen Wettbewerbsbeschränkungen vom 18.04.2016 (BAnz AT 27.4.2016 B1).

Seite 78

Zu Nummer 1

§ 106 Absatz 2 Nummer 1 übernimmt die in Artikel 4 der Richtlinie 2014/24/EU vorgesehene Regelung der Höhe des Schwellenwertes für öffentliche Aufträge und Wettbewerbe, die von öffentlichen Auftraggebern vergeben werden. Diese Vorschrift war bislang in § 2 Absatz 1 VgV enthalten. Zudem wird in Nummer 1 im letzten Halbsatz klargestellt, dass die sich für zentrale Regierungsbehörden aus der jeweils maßgeblichen Richtlinie ergebende Verpflichtung zur Anwendung des niedrigeren Schwellenwertes bei der Vergabe von Liefer- und Dienstleistungsaufträgen nicht nur für Bundesministerien, sondern für alle obersten Bundesbehörden einschließlich aller oberen Bundesbehörden sowie vergleichbaren Einrichtungen gilt. Die EU-Schwellenwerte gelten unmittelbar und werden durch das Bundesministerium für Wirtschaft und Energie nach Änderung nur noch im Bundesanzeiger bekannt gegeben.

Zu Nummer 2

§ 106 Absatz 2 Nummer 2 übernimmt die in Artikel 15 der Richtlinie 2014/25/EU vorgesehene Regelung der Höhe des Schwellenwertes für öffentliche Aufträge und Wettbewerbe, die von Sektorenauftraggebern zum Zweck der Ausübung einer Sektorentätigkeit vergeben werden. Diese Vorschrift war bislang in § 1 Absatz 2 SektVO enthalten.

Zu Nummer 3

§ 106 Absatz 2 Nummer 3 übernimmt die in Artikel 8 der Richtlinie 2009/81/EG vorgesehene Regelung der Höhe des Schwellenwertes für verteidigungs- oder sicherheitsspezifische öffentliche Aufträge. Diese Vorschrift war bislang in § 1 Absatz 2 VSVgV enthalten.

Zu Nummer 4

§ 106 Absatz 2 Nummer 4 übernimmt die in Artikel 8 der Richtlinie 2014/23/EU vorgesehene Regelung der Höhe des Schwellenwertes für Konzessionen.

Zu Absatz 3

§ 106 Absatz 3 entspricht der bislang in § 2 Absatz 1 Satz 2 VgV und § 1 Absatz 2 VSVgV vorgesehenen Verpflichtung des Bundesministeriums für Wirtschaft und Energie, die Schwellenwerte unverzüglich nach Veröffentlichung im Amtsblatt der Europäischen Union im Bundesanzeiger bekannt zu geben.

§ 107
Allgemeine Ausnahmen

(1) Dieser Teil ist nicht anzuwenden auf die Vergabe von öffentlichen Aufträgen und Konzessionen

1. zu Schiedsgerichts- und Schlichtungsdienstleistungen,

2. für den Erwerb, die Miete oder die Pacht von Grundstücken, vorhandenen Gebäuden oder anderem unbeweglichem Vermögen sowie Rechten daran, ungeachtet ihrer Finanzierung,

3. zu Arbeitsverträgen,

4. zu Dienstleistungen des Katastrophenschutzes, des Zivilschutzes und der Gefahrenabwehr, die von gemeinnützigen Organisationen oder Vereinigungen erbracht werden und die unter die Referenznummern des Common Procurement Vocabulary 75250000-3, 75251000-0, 75251100-1, 75251110-4, 75251120-7, 75252000-7, 75222000-8, 98113100-9 und 85143000-3 mit Ausnahme des Einsatzes von Krankenwagen zur Patientenbeförderung fallen; gemeinnützige Organisationen oder Vereinigungen im Sinne dieser Nummer sind insbesondere die Hilfsorganisationen, die nach Bundes- oder Landesrecht als Zivil- und Katastrophenschutzorganisationen anerkannt sind.

(2) Dieser Teil ist ferner nicht auf öffentliche Aufträge und Konzessionen anzuwenden,

1. bei denen die Anwendung dieses Teils den Auftraggeber dazu zwingen würde, im Zusammenhang mit dem Vergabeverfahren oder der Auftragsausführung Auskünfte zu erteilen, deren Preisgabe seiner Ansicht nach wesentlichen Sicherheitsinteressen der Bundesrepublik Deutschland im Sinne des Artikels 346 Absatz 1 Buchstabe a des Vertrags über die Arbeitsweise der Europäischen Union widerspricht, oder

2. die dem Anwendungsbereich des Artikels 346 Absatz 1 Buchstabe b des Vertrags über die Arbeitsweise der Europäischen Union unterliegen.

Übersicht

	Rn.
A. Allgemeines	1
B. Die einzelnen Ausnahmetatbestände	6
I. Schiedsgerichts- und Schlichtungsdienstleistungen (Nr. 1)	6
II. Grundstücksbezogene Geschäfte (Nr. 2)	9
III. Arbeitsverträge (Nr. 3)	16
IV. Rettungsdienstleistungen (Nr. 4)	22
V. Schutz wesentlicher Sicherheitsinteressen (Abs. 2)	26
1. Preisgabe von Auskünften (Nr. 1)	27
2. Verteidigungsaufträge (Nr. 2)	33
C. Rechtsschutz	42
Anlage Gesetzesbegründung (BT-Drs. 18/6281)	

A. Allgemeines

Die bisher in **§§ 100a, 100b und 100c GWB a.F.** geregelten Ausnahmetatbestände wurden im Rahmen des VergRModG 2016 völlig **neu gegliedert**. Die Ausnahmebestimmungen der umzusetzenden RL 2014/23/EU, 2014/24/EU, 2014/25/EU und der RL 2009/81/EG sind nunmehr über verschiedene Abschnitte und Unterabschnitte des Teil 4 des GWB verteilt und werden in allgemeine und besondere Ausnahmen unterschieden: §§ 107 bis 109 GWB enthalten allgemeine Ausnahmen, die in allen drei neu umzusetzenden Vergaberichtlinien vorgesehen sind und für alle Arten von Auftrags- und Konzessionsvergaben gelten. §§ 116, 117 GWB dienen im Wesentlichen der Umsetzung der Ausnahmebestimmungen der RL 2014/24/EU und der RL 2014/25/EU; sie sind als besondere Ausnahmen gekennzeichnet, die bei der Vergabe von öffentlichen Aufträgen durch öffentliche Auftraggeber zum Tragen kommen. §§ 137 bis 140 GWB enthalten besondere Ausnahmen im Sektorenbereich; sie dienen der Umsetzung der RL 2014/25/EU. § 145 GWB ist eine besondere Ausnahme für verteidigungs- oder sicherheitsspezifische öffentliche Aufträge, und §§ 149 bis 150 GWB setzen die besonderen Ausnahmen der RL 2014/23/EU für Konzessionen um. Die Komplexität der Neuregelung resultiert 1 nicht zuletzt aus dem Umstand, dass der Katalog der Ausnahmebestimmungen in den umzusetzenden Richtlinien teils unterschiedlich, in Teilbereichen aber auch übereinstimmend ist, weshalb bestimmte Ausnahmeregelungen mehrfach, zum Teil mit leicht unterschiedlichem Wortlaut, aufgeführt sind.[1] Die in § 107 GWB zusammengefassten allgemeinen Ausnahmen waren bisher in § 100 Abs. 2 bis 8 GWB geregelt.

2 Die Gründe, die den einzelnen Ausnahmen zugrunde liegen, sind **heterogen**. Teils handelt es sich um Klarstellungen zur Definition des öffentlichen Auftrags i.S. des § 103 GWB. Teils geht es um Bereiche, in denen der EU die Regelungszuständigkeit fehlt, andere Verfahrensregeln gelten, vorrangige staatliche Interessen zu berücksichtigen sind oder eine Vergabe im Wettbewerb aus anderen Gründen nicht in Betracht kommt bzw. nicht sachgerecht erscheint.

3 Die Ausnahmetatbestände sind **abschließend aufgeführt** und nicht analogiefähig.[2] Sie dürfen in Anbetracht der grundsätzlichen Entscheidung des europäischen Vergaberechts für eine Öffnung der Beschaffungsmärkte und für eine transparente, wettbewerbliche Vergabe nicht durch den nationalen Gesetzgeber ergänzt oder erweitert werden.[3]

4 Als Ausnahmebestimmungen sind die Regelungen **eng auszulegen**, wobei das Gebot enger Auslegung im Sinne einer eng am jeweiligen Zweck des Ausnahmetatbestandes orientierten Auslegung zu verstehen ist.[4] Eine den Anwendungsbereich der Bereichsausnahmen möglichst weit zurückdrängende Auslegung ist nicht statthaft.[5]

5 Liegt ein Ausnahmetatbestand nach § 107 GWB vor, sind die §§ 97 ff. GWB sowie das gesamte nachrangige Verordnungsrecht (VgV, SektVO, KonzVgV, VSVgV) auf den Auftrag bzw. die Konzession nicht anwendbar. Dies bedeutet nicht, dass der Auftraggeber bei der Vergabe keinen Rechtsbindungen unterliegt. In den ausgenommenen Bereichen sind regelmäßig das **allgemeine Diskriminierungsverbot und die Grundfreiheiten der EU**, insbesondere die Warenverkehrs- und Dienstleistungsfreiheit, zu beachten.[6] Letztere sehen ihrerseits Einschränkungen aus Gründen der öffentlichen Sicherheit und Ordnung vor, die z.B. bei verteidigungs- und sicherheitsrelevanten Vergaben einschlägig sind.[7] Ferner gelten die **Vorschriften des Haushaltsrechts** (§ 30 HGrG, § 55 BHO), sofern der Auftraggeber dem Haushaltsrecht unterworfen ist. Gemäß § 55 BHO muss der Auftragsvergabe eine öffentliche Ausschreibung vorausgehen, sofern nicht die Natur des Geschäfts oder besondere Umstände eine Ausnahme rechtfertigen. Die Vergabe erfolgt dann regelmäßig nach den Basisparagrafen der VOB/A und VOL/A, die für viele – aber nicht alle – der freigestellten Bereiche eine Freihändige Vergabe ohne Teilnahmewettbewerb ermöglichen.[8] Im Einzelfall kann der Rückgriff auf haushaltsrechtliche Ausschreibungspflichten zu Wertungswidersprüchen führen. So sehen die Basisparagrafen der VOB/A und VOL/A für manche der freigestellten Bereiche Ausschreibungspflichten vor (z.B. für Aufträge aufgrund internationaler Abkommen), obwohl die ratio legis der Ausnahmetatbestände (speziellere Verfahrensregeln aufgrund internationaler Abkommen) auch gegen eine Ausschreibung nach haushaltsrechtlichen Grundsätzen spricht. Hier sollte ein Rückgriff auf die Freihändige Vergabe ohne Öffentlichen Teilnahmewettbewerb statthaft sein.

---

1 Doppelungen finden sich insbesondere zwischen § 107 GWB und § 117 GWB sowie zwischen § 145 GWB und § 150 GWB.
2 Vgl. BGH, Urteil v. 1.12.2008 – X ZB 31/08, Rn. 21; VK Sachsen, Beschluss v. 29.8.2008 – 1/SVK/042-08; *Ziekow*, VergabeR 2007, 711 (712) m.w.N.
3 EuGH, Urteil v. 17.11.1993 – Rs. C-71/92 (Kommission/Spanien), Slg. 1999, I-5923 (5982); OLG Düsseldorf, Beschluss v. 5.5.2004 – Verg 78/03.
4 *Ziekow*, VergabeR 2007, 711 (713).
5 A.A. *Hölzl*, VergabeR 2012, 141 (144), der unter Verweis auf OLG Düsseldorf, Beschluss v. 8.6.2011 – VII-Verg 49/11, fordert, dass die *„Ausnahmetatbestände noch enger als bislang auszulegen sind"*.
6 Dies gilt nicht, wenn die Ausnahme zur Nichtanwendung des EU-Rechts führt, wie z.B. bei Art. 346 AEUV.
7 *Ziekow*, VergabeR 2007, 711 (719).
8 § 3a Abs. 4 VOB/A und § 3 Abs. 5 VOL/A.

B. Die einzelnen Ausnahmetatbestände

I. Schiedsgerichts- und Schlichtungsdienstleistungen (Nr. 1)

§ 107 Abs. 1 Nr. 1 GWB nimmt Schiedsgerichts- und Schlichtungsleistungen vom Anwendungsbereich des GWB-Vergaberechts aus. 6

Erwägungsgrund 26 RL 2014/24/EU begründet die Ausnahme damit, dass „Schiedsgerichts- und Schlichtungsdienste und vergleichbare Formen alternativer Streitbeilegung normalerweise von Organisationen oder Personen übernommen werden, deren Bestellung oder Auswahl in einer Art und Weise erfolgt, die sich nicht nach Vergabevorschriften für öffentliche Aufträge richten kann." Schiedsrichter und Schlichter werden von den Parteien üblicherweise nach Gesichtspunkten wie persönliches Vertrauen sowie sachliche und persönliche Unabhängigkeit ausgewählt, die sich nur schwer objektivieren lassen. Schiedsgerichts- und Schlichtungsleistungen sind daher nicht für eine Vergabe im Wettbewerb geeignet. 7

Die Ausnahmebestimmung bezieht sich nicht auf die Tätigkeit von **Rechtsanwälten** in Schiedsverfahren. 8

II. Grundstücksbezogene Geschäfte (Nr. 2)

Gemäß § 107 Abs. 1 Nr. 2 GWB sind bestimmte grundstücksbezogene Geschäfte von den Vorschriften des Teil 4 des GWB ausgenommen, nämlich Verträge über den Erwerb oder die Miete bzw. Pacht von Grundstücken, vorhandenen Gebäuden oder anderem unbeweglichen Vermögen sowie Rechten daran, und zwar ungeachtet der Finanzierung. 9

Die Ausnahme war **bislang in § 100 Abs. 5 GWB** geregelt. 10

Hintergrund der Ausnahme ist, dass die Nachfrage des Auftraggebers regelmäßig auf ein konkretes, örtlich bestimmtes, nicht austauschbares Objekt (bzw. ein Recht an diesem) gerichtet ist, sodass ein Vergabewettbewerb ausscheidet. Die freie Standortwahl des Auftraggebers steht einer wettbewerblichen Vergabe entgegen. 11

Rechte an Grundstücken, vorhandenen Gebäuden oder anderem unbeweglichen Vermögen können sein: Eigentum, Nutzungsrechte (wie Miete, Grundstückspacht, Erbbaurechte, Dienstbarkeiten), Verwertungsrechte (wie Reallasten, Grundpfandrechte) und Erwerbsrechte (wie dingliche Vorkaufsrechte, Anwartschaftsrechte). 12

Typische Beispiele sind der Ankauf eines Grundstücks durch die öffentliche Hand, die Miete von Gebäuden oder Büroraum, die Pacht von Nutzflächen. Auch sog. Sale-and-lease-back-Grundstücksgeschäfte, bei denen der Auftraggeber ein bebautes Grundstück zunächst veräußert und dann zurückleast, um die Immobilie zu nutzen, sind gemäß § 107 Abs. 1 Nr. 2 GWB vergaberechtsfrei.[9] 13

Reine **Grundstücksverkäufe** durch die öffentliche Hand sind demgegenüber nicht Gegenstand des Vergaberechts.[10] Anders ist es, wenn der Verkauf mit einer Bauverpflichtung für den Erwerber verbunden ist und die öffentliche Hand ein unmittelbares wirtschaftliches Interesse an dem zu errichtenden Bauwerk hat. Hiervon ist auszugehen, wenn die öffentliche Hand selbst Eigentümerin des Bauwerks werden will, wenn sie es mitfinanziert oder wenn sie es für ihre öffentlichen Zwecke nutzen will.[11] 14

Problematisch kann im Einzelfall die Behandlung von **Mischverträgen** sein, die neben der Rechteübertragung an einem Grundstück eine Leistungsbeschaffung enthalten – z.B. die Erbringung von Bauleistungen oder Finanzdienstleistungen. Hier gilt, dass § 107 Abs. 1 Nr. 2 GWB nur den grundstücksbezogenen Teil des Geschäfts vergaberechtsfrei stellt; damit 15

---

9 *Dreher*, in: Immenga/Mestmäcker, Wettbewerbsrecht, § 99 GWB Rn. 13.

10 Vgl. BGH, Urteil v. 22.2.2008 – V ZR 56/07, VergabeR 2008, 649 (650) zum Grundstücksverkauf mit *„Bieterverfahren"*; *Horn*, VergabeR 2008, 158 (161) m.w.N.

11 EuGH, Urteil v. 25.3.2010 – Rs. C-451/08 (Helmut Müller); OLG München, Beschluss v. 27.9.2011 – Verg 15/11, VergabeR 2012, 59 (62); OLG Brandenburg, Urteil v. 24.4.2012 – 6 W 149/11.

verbundene Leistungsbeschaffungen unterliegen den vergaberechtlichen Regeln.[12] Bei Gebäuden muss sich der Erwerb bzw. die Miete dementsprechend auf den vorhandenen Gebäudebestand beziehen. Soll das Gebäude erst nach den Vorgaben des Auftraggebers gebaut (oder umgebaut) und dann erworben oder gemietet werden, liegt ein Bauauftrag i.S. des § 103 Abs. 3 GWB vor.[13] Container und vorübergehend auf einem Grundstück errichtete Bauwerke sind keine *„vorhandenen Gebäude"*.[14] Die Finanzierung des Objekts ist ebenfalls nicht von der Ausnahmebestimmung erfasst (*„ungeachtet ihrer Finanzierung"*). Finanzdienstleistungsverträge, die vor oder nach dem Kauf- oder Mietvertrag abgeschlossen werden, sind nach den für Dienstleistungsaufträge geltenden Regeln zu behandeln.

III. Arbeitsverträge (Nr. 3)

16 Das Kartellvergaberecht gilt gemäß § 107 Abs. 1 Nr. 3 GWB nicht für Arbeitsverträge.

17 **Arbeitsverträge** sind Dienstverträge, bei denen der Dienstverpflichtete in die Arbeitsorganisation des Auftraggebers eingegliedert wird, dessen Weisungen unterliegt und als Gegenleistung eine Vergütung erhält.[15]

18 Im **Unterschied zum Dienstleistungsauftrag** gemäß § 103 Abs. 4 GWB, der die Erbringung einer Dienstleistung durch einen Dritten umfasst, beschafft der Auftraggeber durch den Abschluss von Arbeitsverträgen Personal für seine eigenen Tätigkeiten. Hierdurch entsteht ein wesentlich engeres Pflichtenverhältnis als durch die Vergabe eines Dienstleistungsauftrages an einen freien Dienstleister.[16] Personalauswahl und -beschaffung sind deshalb etwas anderes als die Vergabe von Aufträgen.[17]

19 Bei der **Abgrenzung** zwischen einem Dienstleistungsvertrag und einem Arbeitsvertrag kommt es darauf an, ob der Dienstverpflichtete als selbstständiger Unternehmer Dienstleistungen weisungsfrei erbringt oder ob er in den Betrieb bzw. die Behörde des Auftraggebers eingegliedert wird und Leistungen nach Weisungen eines anderen erbringt.

20 Der Begriff „Arbeitsvertrag" i.S.d. § 107 Abs. 1 Nr. 3 GWB umfasst auch die **Begründung von öffentlich-rechtlichen Beschäftigungsverhältnissen** (z.B. die Bestellung von Beamten und Richtern)[18] sowie die **Bestellung von Organen** einer juristischen Person.

21 Nicht vom Anwendungsbereich des Kartellvergaberechts ausgenommen ist die **Arbeitnehmerüberlassung** nach dem Arbeitnehmerüberlassungsgesetz, da das Arbeitsverhältnis dort nicht mit dem beschaffenden Entleiher, sondern mit dem Verleiher besteht.[19] Auftragsgegenstand ist eine Dienstleistung des Verleihers, weshalb es sich um einen Dienstleistungsauftrag gemäß § 103 Abs. 4 GWB handelt.

---

12 Gemäß OLG Frankfurt, Beschluss v. 30.8.2011 – 11 Verg 3/11, VergabeR 2012, 47 (53), ist ein Mischvertrag insgesamt vergaberechtsfrei, wenn es sich bei der nicht grundstückbezogenen Leistung *„um eine ganz unwesentliche Nebenabrede handelt"*.

13 Siehe hierzu nunmehr ausdrücklich § 103 Abs. 3 S. 2 GWB; EuGH, Urteil v. 10.7.2014 – Rs. C-213/13; VK Sachsen, Beschluss v. 19.6.2015 – 1/SVK/009-15; VK Hessen, Beschluss v. 5.3.2008 – 69d-VK-06/2008; VK Schleswig-Holstein, Beschluss v. 2.12.2009 – VK-SH21/09.

14 VK Hessen, Beschluss v. 24.3.2004 – 69d-VK-09/04.

15 Vgl. EuGH, Urteil v. 21.6.1988 – Rs. 197/86, Slg. 1988, 3205, Rn. 21; Urteil v. 26.2.1992 – Rs. C-357/89. Gemäß OLG Düsseldorf, Beschluss v. 8.5.2002 – VII-Verg 8-15/01, ist Arbeitnehmer, *„wer Dienstleistungen in persönlicher Abhängigkeit verrichtet, hierbei in Bezug auf Zeit, Ort und Art der zu verrichtenden Arbeit dem Weisungsrecht des Arbeitgebers unterliegt und in eine fremde Herrschafts- und betriebliche Risikosphäre – nämlich die des Arbeitgebers – eingegliedert ist."*

16 Vgl. *Boesen*, Vergaberecht, § 100 GWB Rn. 45.

17 Für Konzessionen hat die Ausnahme keine praktische Bedeutung, da Arbeitsverträge als Konzession nicht denkbar sind, vgl. Gesetzesbegründung, BT-Drs. 18/6281, 79.

18 *Marx*, in: Motzke/Pietzcker/Prieß, VOB/A, 1. Auflage, § 100 GWB Rn. 8.

19 *Höß*, in: Heuvels/Höß/Kuß/Wagner, Vergaberecht, § 100 GWB Rn. 8.

IV. Rettungsdienstleistungen (Nr. 4)

§ 107 Abs. 1 Nr. 4 GWB enthält eine Ausnahme für **bestimmte Rettungsdienstleistungen**, die von gemeinnützigen Organisationen und Vereinigungen erbracht werden. Die jeweiligen Dienstleistungen des Katastrophenschutzes, des Zivilschutzes und der Gefahrenabwehr werden durch eine Auflistung der betroffenen CPV-Nummern konkretisiert. Im Ergebnis findet das EU-Sekundärrecht auf die Vergabe von Notfallrettungsdiensten[20] und den Einsatz von Krankenwagen in der Notfallrettung[21] keine Anwendung. 22

Voraussetzung ist, dass diese Dienste **von gemeinnützigen Organisationen oder Vereinigungen** erbracht werden. Gemeinnützige Organisationen oder Vereinigungen sind Hilfsorganisationen, die nach Bundes- oder Landesrecht als Zivil- und Katastrophenschutzorganisationen etwa im Sinne des § 26 Abs. 1 S. 2 des Gesetzes über den Zivilschutz und die Katastrophenhilfe des Bundes (ZSKG) anerkannt sind, wie zum Beispiel in Deutschland Arbeiter-Samariter-Bund (ASB), Deutsche Lebens-Rettungs-Gesellschaft (DLRG), Deutsches Rotes Kreuz (DRK), Johanniter-Unfall-Hilfe und Malteser-Hilfsdienst.[22] 23

Erwägungsgrund 28 RL 2014/24/EU begründet die **Privilegierung** gemeinnütziger Organisationen damit, dass deren spezieller Charakter nur schwer gewahrt werden könnte, wenn sich die Organisationen dem Vergabewettbewerb stellen müssten.[23] 24

Demgegenüber unterfallen **Krankentransporte zur reinen Patientenbeförderung** dem vereinfachten Verfahren gemäß § 130 GWB. **Gemischte Aufträge** für Dienste von Krankenwagen fallen generell unter die Sonderregelung des § 130 GWB, sofern der Wert des Einsatzes von Krankenwagen zur reinen Patientenbeförderung höher ist als der Wert anderer Rettungsdienste.[24] 25

V. Schutz wesentlicher Sicherheitsinteressen (Abs. 2)

§ 107 Abs. 2 GWB übernimmt die bisher in § 100 Abs. 6 GWB geregelten Ausnahmen des **Art. 346 Abs. 1 AEUV**, bei deren Vorliegen die Auftragsvergabe zum Schutz wesentlicher Sicherheitsinteressen der Bundesrepublik Deutschland nicht den Bestimmungen des Kartellvergaberechts unterliegt.[25] Auf eine Konkretisierung der Ausnahmen anhand von Anwendungsbeispielen (bislang § 100 Abs. 7 GWB) hat der Gesetzgeber verzichtet. 26

1. Preisgabe von Auskünften (Nr. 1)

Gemäß Art. 346 Abs. 1 lit. a AEUV ist ein Mitgliedstaat nicht verpflichtet, Auskünfte zu erteilen, deren Preisgabe seines Erachtens seinen wesentlichen Sicherheitsinteressen widerspricht. 27

Die dabei implizit vorausgesetzten **Auskunftspflichten** bestehen vor allem gegenüber den Gemeinschaftsorganen[26], können sich aber auch im Verhältnis zu anderen Mitgliedstaaten und – in Vergabeverfahren – zu Wirtschaftsteilnehmern ergeben. Dementsprechend nimmt § 107 Abs. 2 Nr. 1 GWB Aufträge vom Anwendungsbereich des Kartellvergaberechts aus, bei denen die Anwendung der Vergaberegeln „den Auftraggeber dazu zwingen würde, im Zusammenhang mit dem Vergabeverfahren oder der Auftragsausführung Auskünfte zu erteilen, deren Preisgabe seiner Ansicht nach wesentlichen Sicherheitsinteressen der Bundesrepublik Deutschland" widerspricht. 28

---

20 75250000-3 – Dienstleistungen der Feuerwehr und von Rettungsdiensten, 75251000-0 – Dienstleistungen der Feuerwehr, 752511100-1 – Brandbekämpfung, 75251110-4 – Brandverhütung, 75251120-7 – Waldbrandbekämpfung, 75252000-7 – Rettungsdienste, 75222000-8 – Zivilverteidigung, 98113100-9 – Dienstleistungen im Bereich der nuklearen Sicherheit.
21 85143000-3 – Einsatz von Krankenwagen.
22 Gesetzesbegründung, BT-Drs. 18/6281, 79.
23 Kritisch hierzu *Gröning*, NZBau 2015, 690 (693).
24 Gesetzesbegründung, BT-Drs. 18/6281, 79 unter Verweis auf die Erwägungsgründe 36 RL 2014/23/EU, 28 RL 2014/24/EU und 36 RL 2014/25/EU.
25 Vgl. Art. 1 Abs. 3 RL 2014/23/EU, 2014/24/EU, 2014/25/EU sowie Art. 2 RL 2009/81/EG.
26 Z.B. gemäß Art. 337 AEUV oder nach den Bekanntmachungspflichten der Vergaberichtlinien.

29 Bei der Inanspruchnahme dieses Ausnahmetatbestandes hat der Auftraggeber einen **Ermessensspielraum** („seiner Ansicht nach"), dessen Ausübung lediglich einer Plausibilitätskontrolle durch die Nachprüfungsinstanzen unterliegt.[27]

30 Ferner ist der **Verhältnismäßigkeitsgrundsatz** zu beachten.[28] Der Auftraggeber hat zu prüfen, ob den Sicherheitsbelangen mit den Mitteln des Vergaberechts entsprochen werden kann, z.B. durch entsprechende Anforderungen an die Eignung der Bewerber und Bieter.[29]

31 Ähnlich wie die Ausnahme für Verteidigungsaufträge[30] handelt es sich um eine Ausnahme, auf die sich der Auftraggeber im Einzelfall berufen muss und deren tatbestandliche Voraussetzungen **eng auszulegen** sind.[31]

32 Als **Beispiel** kommen Aufträge in Betracht, die so sensibel sind, dass sogar deren Existenz geheim gehalten werden muss[32] oder bei denen ein äußerst hohes Maß an Vertraulichkeit erforderlich ist (z.B. Beschaffung von Verschlüsselungstechnologie; Beschaffungen für sensible Tätigkeiten wie die Bekämpfung des Terrorismus, der organisierten Kriminalität oder verdeckte Ermittlungen etc.)[33]. Dieser Ausnahmetatbestand hat insbesondere Relevanz für Vergaben im nicht militärischen Sicherheitsbereich[34], weshalb dort vergleichbare Ausnahmen vorgesehen sind (§§ 117 Nr. 2, 150 Nr. 1 GWB).

2. Verteidigungsaufträge (Nr. 2)

33 Gemäß Abs. 2 Nr. 2 gilt das Kartellvergaberecht nicht für die Vergabe von Aufträgen, die dem Anwendungsbereich des **Art. 346 Abs. 1 lit. b AEUV** unterliegen. Art. 346 Abs. 1 lit. b AEUV bestimmt, dass jeder Mitgliedstaat die Maßnahmen ergreifen kann, „die seines Erachtens für die Wahrung seiner wesentlichen Sicherheitsinteressen erforderlich sind, soweit sie die Erzeugung von Waffen, Munition und Kriegsmaterial oder den Handel damit betreffen".

34 Der Ausnahmetatbestand ist **insbesondere für die Beschaffung von Waffensystemen, Munition und sonstigem wehrtechnischen Gerät** durch das Bundesamt für Ausrüstung, Informationstechnik und Nutzung der Bundeswehr (BAAINBw) relevant.

35 Art. 346 Abs. 1 lit. b AEUV ist Ausdruck eines Kompetenz- bzw. Souveränitätsvorbehalts der Mitgliedstaaten im Verteidigungsbereich. Es liegt in der Zuständigkeit der Mitgliedstaaten, ihre **Sicherheitsinteressen** zu definieren und zu schützen. Art. 346 Abs. 1 lit. b AEUV erkennt dies an und sieht eine Ausnahmeregel für den Fall vor, dass die Einhaltung europäischen Rechts die wesentlichen Sicherheitsinteressen eines Mitgliedstaates beeinträchtigen würde. Da die Inanspruchnahme des Art. 346 Abs. 1 lit. b AEUV zur Nichtanwendung der Binnenmarktprinzipien führt, ist sie an bestimmte Voraussetzungen geknüpft, die sicherstellen sollen, dass die Regelung tatsächlich nur ausnahmsweise in Anspruch genommen wird und sich auf Fälle beschränkt, in denen die Mitgliedstaaten keine andere Wahl haben, als ihre Sicherheitsinteressen über einzelstaatliche Maßnahmen zu gewährleisten. Dementsprechend müssen sowohl der Anwendungsbereich als auch die Bedingungen für die Inanspruchnahme des Art. 346 Abs. 1 lit. b AEUV nach ständiger Rechtsprechung des EuGH eng ausgelegt werden.[35] Ferner müssen sich die Mitgliedstaaten im Einzelfall auf den Ausnahmetatbestand berufen und im Streitfall nachweisen, dass seine Voraussetzungen vorliegen.[36] Da die tatsächliche Praxis in vielen Mitgliedstaaten diesen Vorgaben häufig nicht entspricht, hat die Kommission eine

27 *Sitsen*, Vergaben im Verteidigungs- und Sicherheitsbereich – Rechtsschutzmöglichkeiten übergangener Bieter, in: forum vergabe Jahrbuch 2012, Schriftenreihe des forum vergabe e.V., S. 118 f.
28 *Kommission*, Guidance Note „Defence- and security-specific exclusions", S. 5.
29 Vgl. *Höfler*, NZBau 2015, 736 (739).
30 Siehe hierzu Rn. 33 ff.
31 *Trybus*, Buying Defence and Security in Europe, S. 133.
32 Erwägungsgrund 20 RL 2009/81/EG.
33 Erwägungsgrund 27 RL 2009/81/EG; vgl. auch *Rosenkötter*, VergabeR 2012, 267 (271).
34 Vgl. *Trybus*, Buying Defence and Security in Europe, S. 278.
35 EuGH, Urteil v. 15.3.1986 – Rs. 222/84 (Johnston), Slg. 1986, 1651 (1684) Rn. 26; Urteil v. 16.9.1999 – Rs. C-414/97 (Kommission/Spanien), Slg. 1999, I-5585 (5606) Rn. 21 f.
36 EuGH, Urteil v. 16.9.1999 – Rs. C-414/97 (Kommission/Spanien), Slg. 1999, I-5585 Rn. 22; *Trybus*, Buying Defence and Security in Europe, S. 127 f.; *Dippel*, in: Dippel/Sterner/Zeiss, Beschaffung im Verteidigungs- und Sicherheitsbereich, § 100 GWB Rn. 43.

Auslegungsmitteilung zur Anwendung des Art. 346 AEUV (vormals Art. 296 EGV) auf die Beschaffung von Verteidigungsgütern veröffentlicht.[37] Die Mitteilung enthält Leitlinien, nach denen die Mitgliedstaaten entscheiden sollen, ob die Inanspruchnahme der Ausnahmeregelung gerechtfertigt ist. Sie basiert allerdings auf dem Rechtsstand vor Erlass des Defence Package und ist heute nicht mehr ganz aktuell.[38] Bei missbräuchlicher Inanspruchnahme kann die Kommission gemäß Art. 348 Abs. 1 AEUV angerufen werden.[39]

Art. 346 Abs. 1 lit. b AEUV findet nur auf **Verteidigungsgüter** („Waffen, Munition und Kriegsmaterial") Anwendung, die in der vom Rat festgelegten Warenliste vom 15.4.1958 aufgeführt sind.[40] Die Liste enthält eine abschließende und konstitutive Aufzählung der erfassten Verteidigungsgüter.[41] Güter, die nicht auf der Liste aufgeführt werden, sind nicht von Art. 346 AEUV erfasst. Für sie gilt das GWB-Vergaberecht. Die in der Warenliste genannten Güter und der Wortlaut des Art. 346 AEUV („eigens für militärische Zwecke") legen nahe, dass die Güter speziell für militärische Zwecke konzipiert und entwickelt sein müssen.[42] Art. 346 Abs. 1 lit. b AEUV kann deshalb nicht für zivile Güter oder Beschaffungen zu nichtmilitärischen Sicherheitszwecken (wie z.B. Polizeiausrüstung) in Anspruch genommen werden.[43] Auch Güter mit doppeltem Verwendungszweck in militärischen und zivilen Bereichen (**Dual-Use-Güter**) sind nicht erfasst.[44] Güter, die zwar für militärische Zwecke verwendet werden sollen, aber auch weitgehend gleichartige zivile Nutzanwendungen ermöglichen, haben nur dann einen militärischen Charakter, wenn sie – z.B. infolge substanzieller Veränderungen – als speziell für militärische Zwecke konzipiert und entwickelt angesehen werden können.[45] Maßgeblich ist eine objektive Betrachtungsweise.[46] Da die Warenliste seit ihrer Verabschiedung nicht aktualisiert wurde, stellt sich die Frage, ob auch vergleichbare moderne Verteidigungsgüter erfasst sind. Nach Auffassung der Kommission ist die Liste allgemein genug gehalten, um aktuelle und zukünftige Entwicklungen abzudecken. Sie ist deshalb im Rahmen zulässiger Wortlautauslegung auf vergleichbare moderne Waffensysteme und Technologien anzuwenden. In ähnlicher Weise kann Art. 346 Abs. 1 lit. b AEUV auch auf fähigkeitsorientierte Beschaffungsmethoden sowie Dienstleistungen, die in direktem Zusammenhang mit den in der Liste aufgeführten Waren stehen, angewendet werden.[47] Die Warenliste umfasst nicht nur komplette Waffensysteme (wie z.B. Raketen, Panzer, Kriegsschiffe und Luftfahrzeuge), son- 36

---

37 *Kommission*, Mitteilung zu Auslegungsfragen bezüglich der Anwendung des Art. 296 EG auf die Beschaffung von Verteidigungsgütern vom 7.12.2006, KOM (2006) 779 endg.; hierzu *Renner/Rubach-Larsen/Sterner*, NZBau 2007, 407 (409); *Trybus*, Buying Defence and Security in Europe, S. 125 ff.

38 Vgl. *Trybus*, Buying Defence and Security in Europe, S. 127.

39 Hierzu näher: *Trybus*, Buying Defence and Security in Europe, S. 117 ff.

40 Die Warenliste wurde nicht amtlich veröffentlicht, ist aber in z.T. unterschiedlichen Fassungen inzwischen öffentlich zugänglich. Sie ist z.B. wiedergegeben bei *Dippel*, in: Dippel/Sterner/Zeiss, Beschaffung im Verteidigungs- und Sicherheitsbereich, § 100 GWB Rn. 38; *Marx*, in: Motzke/Pietzcker/Prieß, VOB/A, 1. Auflage, § 100 GWB Rn. 16 und *Trybus*, Buying Defence and Security in Europe, S. 90 ff. *Trybus* verweist sowohl auf eine vom Rat 2001 auf Anfrage eines Mitglieds des Europäischen Parlaments mitgeteilte Liste als auch auf den vom Rat am 26.11.2008 veröffentlichten „Extract of Council Decision 255/58 of 15 April 1958". Letzterer wird von der Kommission in der Guidance Note „Field of Application", S. 4, für maßgeblich erklärt, obwohl es sich offenbar nur um einen Auszug der Liste und nicht um die Liste selbst handelt. Eine amtlich veröffentlichte vollständige Liste liegt damit weiterhin nicht vor.

41 VK Bund, Beschluss v. 28.8.2000 – VK1 21/00. *Trybus*, Buying Defence and Security in Europe, S. 94 f.; ferner *Boesen*, Vergaberecht, § 100 Rn. 56; a.A. *Prieß*, Handbuch des europäischen Vergaberechts, S. 543, der dafür plädiert, der technisch überholten Liste keinen konstitutiven Charakter mehr beizumessen.

42 EuGH, Urteil v. 2.10.2008 – Rs. C-157/06, Rn. 26 und Urteil v. 8.4.2008 – Rs. C-337/05, VergabeR 2008, 769 (774), Rn. 47 f.: Beim Erwerb von Hubschraubern, deren Nutzung für militärische Zwecke nur eine von mehreren Möglichkeiten darstellt, muss das Vergaberecht zwingend beachtet werden.

43 *Kommission*, Mitteilung zu Auslegungsfragen bezüglich der Anwendung des Art. 296 EGV auf die Beschaffung von Verteidigungsgütern vom 7.12.2006, KOM (2006) 779 endg., S. 6.

44 EuGH, Urteil v. 7.6.2012 – Rs. C-615/10, (InsTiimi) Rn. 44; Urteil v. 8.4.2008 – Rs. C-337/05, Rn. 47; *Trybus*, Buying Defence and Security in Europe, S. 96 ff.

45 EuGH, Urteil v. 7.6.2012 – Rs. C-615/10 (InsTiimi), VergabeR 2012, 711 (715). Es ging um eine Drehtischanlage zur Simulation von Kampfeinsätzen. Hierzu: *Dippel*, in: Dippel/Sterner/Zeiss, Beschaffung im Verteidigungs- und Sicherheitsbereich, § 100 GWB Rn. 41 ff.

46 *Höfler*, NZBau 2015, 736 (739).

47 *Kommission*, Mitteilung zu Auslegungsfragen bezüglich der Anwendung des Art. 296 EG auf die Beschaffung von Verteidigungsgütern vom 7.12.2006, KOM (2006) 779 endg., S. 6.

dern auch Teile von Waffensystemen, Baugruppen sowie Anlagen und Werkzeuge zur Entwicklung, Herstellung und Prüfung solcher Systeme.

37 Die Inanspruchnahme der Ausnahmeregelung muss zur Wahrung wesentlicher Sicherheitsinteressen der Bundesrepublik Deutschland **erforderlich** sein. Der Auftraggeber muss darlegen und – im Streitfall – nachweisen können, dass die Anwendung des Kartellvergaberechts auf das spezielle Beschaffungsvorhaben seine wesentlichen Sicherheitsinteressen gefährden würde. Die besondere militärische Natur der auf der Warenliste verzeichneten Güter reicht für sich genommen jedoch nicht aus, um die Nichtanwendung der Vergaberegeln zu rechtfertigen. Industrielle oder wirtschaftspolitische Interessen genügen für sich allein betrachtet ebenfalls nicht. Aufgrund der nachdrücklichen Wortwahl („wesentliche") ist der Anwendungsbereich des Art. 346 Abs. 1 lit. b AEUV nach Auffassung der Kommission auf Beschaffungen beschränkt, die von höchster Wichtigkeit für die militärischen Fähigkeiten der Mitgliedstaaten sind.[48] Hierzu können auch Beschaffungsvorhaben zählen, die für den Erhalt nationaler wehrtechnischer Kernfähigkeiten erforderlich sind.[49]

38 Nach Inkrafttreten der **VSVgV**, die in Umsetzung der RL 2009/81/EG verteidigungs- und sicherheitsrelevante Aufträge einem modifizierten, auf die spezifischen Belange des Verteidigungs- und Sicherheitsbereichs abgestimmten Vergabeverfahren unterstellt, das insbesondere dem Interesse des Auftraggebers an Informationssicherheit Rechnung trägt, stellt sich die Frage, inwieweit eine Berufung auf Art. 346 Abs. 1 lit. b AEUV rechtlich noch möglich bzw. praktisch noch relevant ist. Aufgrund des Vorrangs europäischen Primärrechts können sich die Mitgliedstaaten auch bei Vergaben im Verteidigungs- und Sicherheitsbereich weiterhin auf ihre wesentlichen Sicherheitsinteressen (Art. 346 Abs. 1 lit. b AEUV) berufen. Allerdings wird der Auftraggeber im Hinblick auf die ihm zur Verfügung stehenden Verfahrensregeln der VSVgV eingehender begründen müssen, weshalb er seine Sicherheitsinteressen nicht im Rahmen eines Vergabeverfahrens nach der VSVgV hinreichend wahren kann. Hier bedarf es einer eingehenderen Darlegung, welches wesentliche Sicherheitsinteresse konkret betroffen ist, worin der Zusammenhang zwischen dem Sicherheitsinteresse und der konkreten Beschaffung besteht und weshalb die Nichtanwendung der VSVgV in diesem speziellen Fall für den Schutz des wesentlichen Sicherheitsinteresses erforderlich ist.

39 Der Schutz wesentlicher staatlicher Sicherheitsinteressen muss die Nichtanwendung der Vergabevorschriften im Einzelfall **„rechtfertigen"**. Dies ist der Fall, wenn die zu erwartende Beeinträchtigung der staatlichen Sicherheitsinteressen objektiv so schwerwiegend ist, dass demgegenüber das Bieterinteresse an einem mit subjektivem Rechtsschutz ausgestatteten Vergabeverfahren zurückzutreten hat. Hier ist eine Abwägung der Sicherheitsbelange gegen die Interessen der Bieter zu treffen und der Grundsatz der **Verhältnismäßigkeit** zu beachten.[50] Der Auftraggeber hat im Einzelfall zu prüfen, ob den Sicherheitsbelangen unter Umständen mit den Mitteln des Vergaberechts entsprochen werden kann, z.B. durch ein nicht offenes Verfahren oder Verhandlungsverfahren mit Teilnahmewettbewerb oder eine entsprechende Eignungsprüfung und Bieterauswahl. Im Einzelfall mag, sofern praktikabel, auch eine Aufteilung des Auftrages in einen sicherheitsrelevanten Teil und einen anderen Teil geboten sein.[51]

40 Der Auftraggeber muss die tatsächlichen Gründe, die im Interesse der staatlichen Sicherheitsinteressen eine Einschränkung der Bieterrechte erfordern, in einem **Vergabevermerk** dokumentieren.[52]

41 § 100 Abs. 7 GWB a.F. nannte drei **Beispielsfälle** mit hoher Sicherheitsrelevanz, bei denen wesentliche Sicherheitsinteressen betroffen sein können, die die Nichtanwendung des Kartellvergaberechts rechtfertigen: (i) Beschaffungen im Zusammenhang mit dem Betrieb oder

---

48 Vgl. *Kommission*, Mitteilung zu Auslegungsfragen bezüglich der Anwendung des Art. 296 EG auf die Beschaffung von Verteidigungsgütern vom 7.12.2006, KOM (2006) 779 endg., S. 8.
49 Vgl. *Trybus*, Buying Defence and Security in Europe, S. 104.
50 OLG Düsseldorf, Beschluss v. 30.4.2003 – Verg 61/02 (Bundeswehrlufttransport), VergabeR 2004, 371 (372 f.) mit Anm. *Hölzl*, VergabeR 2004, 376; *Trybus*, Buying Defence and Security in Europe, S. 113 ff.
51 Vgl. VK Bund, Beschluss v. 14.7.2005 – VK 3-55/05 (BOS-Digitalfunk).
52 VK Niedersachsen, Beschluss v. 9.10.2015 – VgK-39/2015.

Einsatz der Streitkräfte, (ii) Beschaffungen im Zusammenhang mit der Umsetzung von Maßnahmen der Terrorismusbekämpfung und (iii) die Beschaffung von Informationstechnik oder Telekommunikationsanlagen.[53] Der Gesetzgeber hat im Rahmen des VergRModG 2016 auf die Übernahme dieser Beispielsfälle verzichtet, da die Berufung auf „wesentliche Sicherheitsinteressen" jeweils eine Prüfung im Einzelfall erfordere.[54] Gleichwohl dürfte es sich auch weiterhin um typische Anwendungsfälle handeln, die die Nichtanwendung des Vergaberechts rechtfertigen können, soweit spezifische militärische Sicherheitsbelange betroffen sind, z.B. der Schutz der Soldaten bei Auslandseinsätzen, die Geheimhaltung militärischer Operationen, die Organisation und Arbeitsweise der Sicherheitsbehörden oder die Einsatzplanung der Ermittlungsbehörden im Zusammenhang mit der Terrorismusbekämpfung.

C. Rechtsschutz

Im Nachprüfungsverfahren ist das Vorliegen der Voraussetzungen einer der in § 107 GWB genannten Ausnahmen seitens der Nachprüfungsinstanzen **von Amts wegen** zu prüfen. Es kommt nicht darauf an, ob sich der Auftraggeber auf einen Ausnahmetatbestand beruft; ihm steht hinsichtlich der Anwendbarkeit der Bereichsausnahme kein Ermessen zu.[55] 42

Liegen die Voraussetzungen eines Ausnahmetatbestandes vor, gilt der Teil 4 des GWB **für den gesamten Auftrag** nicht.[56] Der Nachprüfungsantrag ist unzulässig.[57] 43

Der Rechtsschutz ist auf eine Kontrolle durch die Nachprüfungsinstanzen darauf **beschränkt**, ob die Voraussetzungen des Ausnahmetatbestandes von der Vergabestelle zutreffend angenommen worden sind.[58] Dazu gehört es auch, zu prüfen, ob die Vergabestelle bei der Anwendung unbestimmter Rechtsbegriffe die Grenzen ihres (weiten) Beurteilungsspielraums überschritten bzw. sachfremde Erwägungen angestellt hat.[59] 44

Sofern das Nachprüfungsverfahren nicht statthaft ist, können Unternehmen um Rechtsschutz vor den **Zivilgerichten** bzw. in Einzelfällen auch vor den **Verwaltungsgerichten** nachsuchen.[60] 45

Anlage

Gesetzesbegründung (BT-Drs. 18/6281)

Seite 78

Mit § 107 enthält das GWB nunmehr eine eigene Vorschrift für allgemeine Ausnahmen von der Anwendung des Vergaberechts. Bislang waren die allgemeinen Ausnahmen in § 100 Absatz 2 bis 8 GWB geregelt. Die jetzt in § 107 geregelten Ausnahmen sind somit Ausnahmen, die in allen vier EU-Vergaberichtlinien vorgesehen sind. Im Einzelnen betrifft dies die Richtlinie 2014/23/EU, die Richtlinie 2014/24/EU, die Richtlinie 2014/25/EU und die Richtlinie 2009/81/EG (Vergaben in den Bereichen Verteidigung und Sicherheit).

Zu Absatz 1

Zu Nummer 1

§ 107 Absatz 1 Nummer 1 betrifft die Ausnahme für die Vergabe von Schiedsgerichts- und Schlichtungsleistungen, die bislang inhaltsgleich in § 100 Absatz 4 Nummer 1 GWB geregelt war. Die Vor-

53 Siehe hierzu *Sterner*, in: Müller-Wrede, Taschenkommentar GWB-Vergaberecht, § 100 Rn. 26 f.
54 Gesetzesbegründung, BT-Drs. 18/6281, 79.
55 VK Sachsen, Beschluss v. 12.6.2009 – 1/SVK/011-09 (BOS Digitalfunk Sachsen).
56 OLG Düsseldorf, Beschluss v. 30.3.2005 – VII-Verg 101/04 (Neubau BND).
57 VK Sachsen, Beschluss v. 29.8.2008 – 1/SVK/042-08; VK Bund, Beschluss v. 3.2.2006, VK 1-01/06.
58 *Höß*, in: Heuvels/Höß/Kus/Wagner, Vergaberecht, § 100 GWB Rn. 2.
59 *Hölzl*, in: von Wietersheim, Vergaben im Bereich Verteidigung und Sicherheit, S. 183 f.
60 *Hölzl*, in: von Wietersheim, Vergaben im Bereich Verteidigung und Sicherheit, S. 177, 184 ff.; *Renner/Rubach-Larsen/Sterner*, NZBau 2007, 407.

schrift dient der Umsetzung von Artikel 10 Absatz 8 Buchstabe c der Richtlinie 2014/23/EU, Artikel 10 Buchstabe c der Richtlinie 2014/24/EU, Artikel 21 Buchstabe b der Richtlinie 2014/25/EU sowie Artikel 13 Buchstabe g der Richtlinie 2009/81/EG.

Zu Nummer 2

§ 107 Absatz 1 Nummer 2 betrifft die Ausnahmen für den Erwerb, die Miete oder die Pacht von Grundstücken, vorhandenen Gebäuden oder anderem unbeweglichen Vermögen sowie Rechten daran, welche bislang in § 100 Absatz 5 GWB geregelt waren. Die Vorschrift dient der Umsetzung von Artikel 10 Buchstabe a der Richtlinie 2014/24/EU, Artikel 10 Absatz 8 Buchstabe a der Richtlinie 2014/23/EU, Artikel 21 Buchstabe a der Richtlinie 2014/25/EU sowie Artikel 13 Buchstabe e der Richtlinie 2009/81/EG. Inhaltliche Änderungen sind mit der neuen Vorschrift nicht verbunden.

Zu Nummer 3

§ 107 Absatz 1 Nummer 3 betrifft die Ausnahme für Arbeitsverträge, die bislang in § 100 Absatz 3 GWB geregelt war. Sie dient der Umsetzung von Artikel 10 Buchstabe g der Richtlinie 2014/24/EU, Artikel 21 Buchstabe f der

Seite 79

Richtlinie 2014/25/EU sowie Artikel 13 Buchstabe i der Richtlinie 2009/81/EG. Die Ausnahme findet für Konzessionen keine praktische Anwendung, da Arbeitsverträge als Konzession nicht denkbar sind.

Zu Nummer 4

§ 107 Absatz 1 Nummer 4 betrifft die Ausnahme für Rettungsdienstleistungen, die in Artikel 10 Absatz 8 Buchstabe g der Richtlinie 2014/23/EU, Artikel 10 Buchstabe h der Richtlinie 2014/24/EU und Artikel 21 Buchstabe h der Richtlinie 2014/25/EU vorgesehen ist. In den drei Richtlinien werden die jeweils gleichlautenden Ausnahmen für „Dienstleistungen des Katastrophenschutzes, des Zivilschutzes und der Gefahrenabwehr", die von gemeinnützigen Organisationen oder Vereinigungen erbracht werden, durch eine Auflistung der betroffenen CPV-Nummern konkretisiert. Im Ergebnis findet das EU-Sekundärrecht auf die Vergabe von Notfallrettungsdiensten (75250000-3 – „Dienstleistungen der Feuerwehr und von Rettungsdiensten", 75251000-0 – „Dienstleistungen der Feuerwehr", 752511100-1 – Brandbekämpfung, 75251110-4 – Brandverhütung, 75251120-7 – Waldbrandbekämpfung, 75252000-7 – „Rettungsdienste", 75222000-8 – Zivilverteidigung, 98113100-9 – Dienstleistungen im Bereich der nuklearen Sicherheit) und den Einsatz von Krankenwagen bestehend in allgemeinen und fachspezifischen ärztlichen Dienstleistungen in einem Rettungswagen (85143000-3 – „Einsatz von Krankenwagen") keine Anwendung unter der Voraussetzung, dass diese Dienste von gemeinnützigen Organisationen oder Vereinigungen erbracht werden. Gemeinnützige Organisationen oder Vereinigungen sind insbesondere die Hilfsorganisationen, die nach Bundes- oder Landesrecht als Zivil- und Katastrophenschutzorganisationen etwa im Sinne des § 26 Absatz 1 Satz 2 des Gesetzes über den Zivilschutz und die Katastrophenhilfe des Bundes (ZSKG) anerkannt sind, wie zum Beispiel in Deutschland der Arbeiter-Samariter-Bund, die Deutsche Lebensrettungsgesellschaft, das Deutsche Rote Kreuz, die Johanniter-Unfall-Hilfe und der Malteser-Hilfsdienst. Demgegenüber unterfallen reine Krankentransporte einem vereinfachten Verfahren für die Vergabe von sozialen und anderen besonderen Dienstleistungen der EU-Vergaberichtlinien (siehe beispielsweise Artikel 10 Buchstabe h der Richtlinie 2014/24/EU „mit Ausnahme des Einsatzes von Krankenwagen zur Patientenbeförderung"), umgesetzt im neuen § 130. Die Erwägungsgründe 36 der Richtlinie 2014/23/EU, 28 der Richtlinie 2014/24/EU und 36 der Richtlinie 2014/25/EU stellen darüber hinaus klar, dass gemischte Aufträge für Dienste von Krankenwagen generell unter die Sonderregelung fallen, falls der Wert des Einsatzes von Krankenwagen zur reinen Patientenbeförderung höher wäre als der Wert anderer Rettungsdienste.

Zu Absatz 2

§ 107 Absatz 2 übernimmt die bisher in § 100 Absatz 6 GWB geregelten Ausnahmen. Auch hier müssen Auftraggeber bei der Vergabe öffentlicher Aufträge im Einzelfall prüfen, ob die Voraussetzungen des § 107 Absatz 2 Nummer 1 oder Nummer 2 erfüllt sind. Daher wurde auf eine Konkretisierung bestimmter Bereiche (bislang § 100 Absatz 7 GWB) verzichtet.

Zu Nummer 1

§ 107 Absatz 2 Nummer 1 übernimmt aus Gründen der Klarstellung die Ausnahme des Artikels 346 Absatz 1 Buchstabe a des Vertrags über die Arbeitsweise der Europäischen Union gemäß Artikel 1 Absatz 3 der Richtlinien 2014/23/EU, 2014/24/EU, 2014/25/EU sowie Artikel 2 der Richtlinie 2009/81/EG in das deutsche Vergaberecht. § 107 Absatz 2 Nummer 1 greift den Wortlaut des bisherigen § 100 Absatz 6 Nummer 1 GWB auf.

Zu Nummer 2

§ 107 Absatz 2 Nummer 2 übernimmt aus Gründen der Klarstellung die Ausnahme des Artikels 346 Absatz 1 Buchstabe b des Vertrags über die Arbeitsweise der Europäischen Union gemäß Artikel 1 Absatz 3 der Richtlinien 2014/23/EU, 2014/24/EU, 2014/25/EU sowie Artikel 2 der Richtlinie 2009/81/EG in das deutsche Vergaberecht. § 107 Absatz 2 Nummer 2 greift den Wortlaut des bisherigen § 100 Absatz 6 Nummer 2 GWB auf.

§ 108
Ausnahmen bei öffentlich-öffentlicher Zusammenarbeit

(1) Dieser Teil ist nicht anzuwenden auf die Vergabe von öffentlichen Aufträgen, die von einem öffentlichen Auftraggeber im Sinne des § 99 Nummer 1 bis 3 an eine juristische Person des öffentlichen oder privaten Rechts vergeben werden, wenn

1. **der öffentliche Auftraggeber über die juristische Person eine ähnliche Kontrolle wie über seine eigenen Dienststellen ausübt,**
2. **mehr als 80 Prozent der Tätigkeiten der juristischen Person der Ausführung von Aufgaben dienen, mit denen sie von dem öffentlichen Auftraggeber oder von einer anderen juristischen Person, die von diesem kontrolliert wird, betraut wurde, und**
3. **an der juristischen Person keine direkte private Kapitalbeteiligung besteht, mit Ausnahme nicht beherrschender Formen der privaten Kapitalbeteiligung und Formen der privaten Kapitalbeteiligung ohne Sperrminorität, die durch gesetzliche Bestimmungen vorgeschrieben sind und die keinen maßgeblichen Einfluss auf die kontrollierte juristische Person vermitteln.**

(2) Die Ausübung einer Kontrolle im Sinne von Absatz 1 Nummer 1 wird vermutet, wenn der öffentliche Auftraggeber einen ausschlaggebenden Einfluss auf die strategischen Ziele und die wesentlichen Entscheidungen der juristischen Person ausübt. Die Kontrolle kann auch durch eine andere juristische Person ausgeübt werden, die von dem öffentlichen Auftraggeber auf gleiche Weise kontrolliert wird.

(3) Absatz 1 gilt auch für die Vergabe öffentlicher Aufträge, die von einer kontrollierten juristischen Person, die zugleich öffentlicher Auftraggeber im Sinne des § 99 Nummer 1 bis 3 ist, an den kontrollierenden öffentlichen Auftraggeber oder an eine von diesem öffentlichen Auftraggeber kontrollierte andere juristische Person vergeben werden. Voraussetzung ist, dass keine direkte private Kapitalbeteiligung an der juristischen Person besteht, die den öffentlichen Auftrag erhalten soll. Absatz 1 Nummer 3 zweiter Halbsatz gilt entsprechend.

(4) Dieser Teil ist nicht anzuwenden auf die Vergabe von öffentlichen Aufträgen, bei denen der öffentliche Auftraggeber im Sinne des § 99 Nummer 1 bis 3 über eine juristische Person des privaten oder öffentlichen Rechts zwar keine Kontrolle im Sinne des Absatzes 1 Nummer 1 ausübt, aber

1. **der öffentliche Auftraggeber gemeinsam mit anderen öffentlichen Auftraggebern über die juristische Person eine ähnliche Kontrolle ausübt wie jeder der öffentlichen Auftraggeber über seine eigenen Dienststellen,**
2. **mehr als 80 Prozent der Tätigkeiten der juristischen Person der Ausführung von Aufgaben dienen, mit denen sie von den öffentlichen Auftraggebern oder von einer anderen juristischen Person, die von diesen Auftraggebern kontrolliert wird, betraut wurde, und**
3. **an der juristischen Person keine direkte private Kapitalbeteiligung besteht; Absatz 1 Nummer 3 zweiter Halbsatz gilt entsprechend.**

(5) Eine gemeinsame Kontrolle im Sinne von Absatz 4 Nummer 1 besteht, wenn

1. **sich die beschlussfassenden Organe der juristischen Person aus Vertretern sämtlicher teilnehmender öffentlicher Auftraggeber zusammensetzen; ein einzelner Vertreter kann mehrere oder alle teilnehmenden öffentlichen Auftraggeber vertreten,**
2. **die öffentlichen Auftraggeber gemeinsam einen ausschlaggebenden Einfluss auf die strategischen Ziele und die wesentlichen Entscheidungen der juristischen Person ausüben können und**
3. **die juristische Person keine Interessen verfolgt, die den Interessen der öffentlichen Auftraggeber zuwiderlaufen.**

(6) Dieser Teil ist ferner nicht anzuwenden auf Verträge, die zwischen zwei oder mehreren öffentlichen Auftraggebern im Sinne des § 99 Nummer 1 bis 3 geschlossen werden, wenn

1. **der Vertrag eine Zusammenarbeit zwischen den beteiligten öffentlichen Auftraggebern begründet oder erfüllt, um sicherzustellen, dass die von ihnen zu erbringenden öffentlichen Dienstleistungen im Hinblick auf die Erreichung gemeinsamer Ziele ausgeführt werden,**

2. die Durchführung der Zusammenarbeit nach Nummer 1 ausschließlich durch Überlegungen im Zusammenhang mit dem öffentlichen Interesse bestimmt wird und

3. die öffentlichen Auftraggeber auf dem Markt weniger als 20 Prozent der Tätigkeiten erbringen, die durch die Zusammenarbeit nach Nummer 1 erfasst sind.

(7) Zur Bestimmung des prozentualen Anteils nach Absatz 1 Nummer 2, Absatz 4 Nummer 2 und Absatz 6 Nummer 3 wird der durchschnittliche Gesamtumsatz der letzten drei Jahre vor Vergabe des öffentlichen Auftrags oder ein anderer geeigneter tätigkeitsgestützter Wert herangezogen. Ein geeigneter tätigkeitsgestützter Wert sind zum Beispiel die Kosten, die der juristischen Person oder dem öffentlichen Auftraggeber in dieser Zeit in Bezug auf Liefer-, Bau- und Dienstleistungen entstanden sind. Liegen für die letzten drei Jahre keine Angaben über den Umsatz oder einen geeigneten alternativen tätigkeitsgestützten Wert wie zum Beispiel Kosten vor oder sind sie nicht aussagekräftig, genügt es, wenn der tätigkeitsgestützte Wert insbesondere durch Prognosen über die Geschäftsentwicklung glaubhaft gemacht wird.

(8) Die Absätze 1 bis 7 gelten entsprechend für Sektorenauftraggeber im Sinne des § 100 Absatz 1 Nummer 1 hinsichtlich der Vergabe von öffentlichen Aufträgen sowie für Konzessionsgeber im Sinne des § 101 Absatz 1 Nummer 1 und 2 hinsichtlich der Vergabe von Konzessionen.

Übersicht

	Rn.
A. Allgemeines	1
B. In-House-Vergabe (Abs. 1 bis 5)	14
I. Grundsätze	14
II. Öffentlicher Auftraggeber	16
III. Vergabe an juristische Personen	17
IV. Kriterien der In-House-Vergabe	20
1. Kontrollkriterium (Abs. 1 Nr. 1 und Abs. 2)	21
2. Wesentlichkeitskriterium (Abs. 1 Nr. 2)	31
3. Ausschluss privater Kapitalbeteiligung (Abs. 1 Nr. 3)	41
C. Inverse und horizontale In-House-Vergabe (Abs. 3)	49
I. Kontrollkriterium	51
II. Wesentlichkeitskriterium	52
III. Ausschluss privater Kapitalbeteiligung	54
D. In-House-Vergabe bei gemeinsam ausgeübter Kontrolle (Abs. 4 und Abs. 5)	56
I. Gemeinsame Kontrolle	58
1. Zusammensetzung der beschlussfassenden Organe	59
2. Ausschlaggebender Einfluss	62
3. Keine zuwiderlaufenden Interessen	64
II. Wesentlichkeitskriterium	66
III. Ausschluss privater Kapitalbeteiligung	67
E. Inverses In-House-Geschäft bei gemeinsamer Kontrolle	68
F. Öffentlich-öffentliche Zusammenarbeit (Abs. 6)	71
I. Grundsätze	71
II. Zusammenarbeit (Nr. 1)	77
III. Ausschließlich im öffentlichen Interesse (Nr. 2)	85
IV. Wesentlichkeitsschwelle (Nr. 3)	90
G. Vorwirkung	95
H. Späterer Wegfall von Voraussetzungen	97
I. Berechnung des Anteils der Markttätigkeit (Abs. 7)	100
J. Anwendung auf Sektorenauftraggeber und Konzessionsgeber (Abs. 8)	104
Anlage Gesetzesbegründung (BT-Drs. 18/6281)	

A. Allgemeines

1 § 108 GWB regelt Ausnahmen vom Anwendungsbereich des Vergaberechts für öffentliche Aufträge zwischen öffentlichen Einrichtungen auf vertikaler Ebene (**In-House-Vergabe**) und horizontaler Ebene (**öffentlich-öffentliche Zusammenarbeit**). Er setzt Art. 12

RL 2014/24/EU sowie die im Wesentlichen gleichlautenden[1] Art. 28 RL 2014/25/EU und Art. 17 RL 2014/23/EU um.

Damit werden erstmals die in der Rechtsprechung entwickelten *„ungeschriebenen"*[2] Ausnahmen für zwei Arten der Zusammenarbeit öffentlicher Einrichtungen **kodifiziert**. Diese vom EuGH entwickelten Ausnahmen haben erhebliche Bedeutung für die Organisation der Erledigung insbesondere kommunaler Aufgaben wie Abfall- und Abwasserversorgung und Wasserversorgung, aber auch für die Vergabe von Hilfsdienstleistungen wie im IT-Bereich oder der Gebäudereinigung, die Kommunen und andere öffentliche Auftraggeber nicht selbst oder nicht allein erledigen können oder wollen, bei denen sie aber gleichzeitig nach Wegen suchen, eine Ausschreibung zu vermeiden. Der EuGH hatte zunächst in der Rechtssache **„Teckal"** die Vergabe an eine zwar rechtlich eigenständige, aber wie eine eigene Dienststelle kontrollierte Einrichtung vom Vergaberecht freigestellt, sofern diese im Wesentlichen für den kontrollierenden Auftraggeber tätig ist.[3] Aus dem Auftragsbegriff leitete der EuGH ab, dass eine Vertragsbeziehung zwischen zwei verschiedenen Personen vorliegen muss, was bei diesem In-House- oder Eigengeschäft im weiteren Sinne nicht der Fall sei. Im Urteil **„Stadtreinigung Hamburg"** hat der EuGH dann auch eine Vereinbarung zwischen mehreren öffentlichen Einrichtungen freigestellt, mit denen eine Zusammenarbeit zur Wahrnehmung einer ihnen allen obliegenden öffentlichen Aufgabe (hier der Abfallentsorgung) vereinbart wird. Unter der Bedingung, dass die Vereinbarung ausschließlich zwischen öffentlichen Stellen ohne Beteiligung Privater geschlossen und keine über die Erstattung der Kosten hinausgehenden Finanztransfers zwischen den öffentlichen Stellen vereinbart wird,[4] handele es sich bei der interkommunalen Zusammenarbeit um eine Erfüllung von Aufgaben *„mit eigenen Mitteln"*, bei denen keine Vergabe an externe Einrichtungen vorliege und damit kein Vergabeverfahren durchzuführen sei.[5] 2

Die neue Regelung dürfte in einigen Bereichen zu mehr **Rechtssicherheit** führen. Auf der anderen Seite wirft gerade die kasuistische Herangehensweise, mit der offenbar aus der einschlägigen EuGH-Rechtsprechung so viele Elemente wie möglich aufgegriffen werden sollten, eine **Reihe neuer Fragen** auf, die Gegenstand zukünftiger Rechtsprechung sein werden. 3

Aus dem erklärten Willen, die bisherige Rechtsprechung zu kodifizieren[6] und die unionsrechtlichen Ausnahmen „möglichst eins zu eins" zu übernehmen,[7] lässt sich schließen, dass im Zweifelsfall die vom EuGH aufgestellten Grundsätze weiter gelten, soweit sie nicht ausdrücklich durch abweichende Regelung in den Richtlinien sowie im GWB überholt sind. § 108 GWB ist daher **im Lichte der unionsrechtlichen Vorgaben und der bisherigen EuGH-Rechtsprechung** zu den damals ungeschriebenen Ausnahmen auszulegen. Da es sich um Ausnahmen von primärrechtlichen Anforderungen handelt, sind sie eng auszulegen.[8] 4

Die Voraussetzungen für den klassischen Fall der vergaberechtsfreien In-House-Vergabe von Mutter an Tochter (**Mutter-Tochter-Vergabe**) sind in § 108 Abs. 1 und Abs. 2 GWB geregelt. 5

---

1 Bei einzelnen Wortlautabweichungen (wie „maßgeblichen" in Art. 12 Abs. 1 lit. c RL 2014/24/EU gegenüber „ausschlaggebenden" in Art. 17 Abs. 1 lit. c RL 2014/23/EU und Art. 28 Abs. 1 lit. c RL 2014/25/EU handelt es sich lediglich um inkohärente Übersetzungen der gleichlautenden englischen Fassungen.

2 GA *Trstenjak*, Schlussanträge v. 23.5.2012 – Rs. C-159/11 (Lecce), Rn. 57.

3 St. Rspr. seit EuGH, Urteil v. 18.11.1999 – Rs. C-107/98 (Teckal), Rn. 50, wiederholt in EuGH, Urteil v. 13.6.2013 – Rs. C-386/11 (Piepenbrock), Rn. 31; Urteil v. 19.12.2012 – Rs. C-159/11 (Lecce), Rn. 32; Urteil v. 11.1.2005 – Rs. C-26/03 (Stadt Halle), Rn. 49.

4 EuGH, Urteil v. 9.6.2009 – Rs. C-480/06 (Stadtreinigung Hamburg), Rn. 37 ff. Seither werden beide Formen als die *„zwei Arten von Aufträgen"* bezeichnet, die nicht in den Anwendungsbereich des Vergaberechts der Union fallen; vgl. EuGH, Urteil v. 13.6.2013 – Rs. C-386/11 (Piepenbrock), Rn. 33; Urteil v. 19.12.2012 – Rs. C-159/11 (Lecce), Rn. 31.

5 EuGH, Urteil v. 9.6.2009 – Rs. C-480/06 (Stadtreinigung Hamburg), Rn. 45; aufgegriffen in Erwägungsgrund 31 RL 2014/24/EU.

6 Gesetzesbegründung, BT-Drs. 18/6281, 80: „Im Wesentlichen wird damit die Rechtsprechung des EuGH kodifiziert." Erwägungsgrund 31 RL 2014/24/EU spricht von „Präzisierung", die „sich auf die Grundsätze stützen" sollte, „die in der einschlägigen Rechtsprechung des Gerichtshofs der Europäischen Union dargelegt wurden".

7 Gesetzesbegründung, BT-Drs. 18/6281, 80.

8 Vgl. EuGH, Urteil v. 13.10.2005 – Rs. C-458/03 (Parking Brixen), Rn. 63; Urteil v. 11.1.2005 – Rs. C-26/03 (Stadt Halle), Rn. 46; BGH, Urteil v. 3.7.2008 – I ZR 145/05.

§ 108 Abs. 3 GWB sieht unter den gleichen Bedingungen die vergaberechtsfreie Auftragserteilung im umgekehrten Fall von kontrollierter Tochter an Mutter (**Tochter-Mutter-Vergabe**) sowie von einer Tochter an eine andere Tochter des gleichen kontrollierenden Auftraggebers (**Schwester-Schwester-Vergabe**) vor. Unter den Bedingungen von § 108 Abs. 4 und 5 GWB sind auch In-House-Vergaben an eine von mehreren Auftraggebern gemeinsam kontrollierte Tochter freigestellt (**Eltern-Tochter-Vergabe**). Nach § 108 Abs. 6 GWB sind gewisse Formen der **horizontalen öffentlich-öffentlichen Zusammenarbeit** vergaberechtsfrei. § 108 Abs. 7 GWB bestimmt, wie der **Anteil der Tätigkeit am Markt**, der für alle Formen der Zusammenarbeit relevant ist, bestimmt wird.

6 Da § 108 Abs. 1 bis 7 GWB nur für öffentliche Auftraggeber im Sinne des § 99 Nr. 1 bis 3 GWB gilt, ist in § 108 Abs. 8 GWB die entsprechende Anwendung auf **öffentliche Sektorenauftraggeber** nach § 100 Abs. 1 Nr. 1 GWB und **öffentliche Konzessionsgeber** nach § 101 Abs. 1 Nr. 1 und Nr. 2 GWB vorgesehen.

7 § 108 GWB fasst beide Arten in der Überschrift als **„öffentlich-öffentliche Zusammenarbeit"** zusammen, obwohl es bei der In-House-Vergabe nicht um eine Zusammenarbeit im engeren Sinne geht. Art. 12 RL 2014/24/EU trägt dagegen den sperrigeren, aber treffenderen Titel „Öffentliche Aufträge zwischen Einrichtungen des öffentlichen Sektors". Der Änderung des Titels im GWB dürfte keine Bedeutung für die Auslegung des Paragrafen zukommen, insbesondere ist das Zusammenarbeitselement weiterhin nur bei der öffentlich-öffentlichen Zusammenarbeit im engeren Sinne und nicht beim In-House-Geschäft relevant.

8 Grundsätzlich gilt, dass auch **öffentliche Unternehmen oder Gebietskörperschaften sowie interkommunale Zweckverbände**, die sich wirtschaftlich betätigen, dem von § 99 Abs. 1 GWB erfassten Unternehmenskreis zuzuordnen sind,[9] selbst wenn sie selbst nicht unternehmerisch strukturiert sind oder nicht ständig auf dem Markt tätig sind.[10] Denn die Einstufung als öffentlicher Auftraggeber schließt nicht aus, zugleich auch Unternehmen i.S.d. § 99 GWB zu sein.[11] Daher war schon nach bisheriger Rechtslage eine nationale Regelung unionsrechtswidrig, die Kooperationsvereinbarungen zwischen öffentlichen Auftraggebern von vornherein von der Anwendung des Vergaberechts ausnimmt.[12] Unter den Anwendungsbereich des Vergaberechts fallen daher im Grundsatz alle öffentliche Aufträge, die ein öffentlicher Auftraggeber an eine von ihm rechtlich getrennte Einrichtung vergibt, unabhängig davon, ob diese selbst ein öffentlicher Auftraggeber ist oder nicht.[13]

9 Die **Kommunen** werden im Rahmen von interkommunalen Kooperationen auch nicht aufgrund der Garantie der kommunalen Selbstverwaltung vom Vergaberegime ausgenommen. Zwar ist das Recht der Kommunen, Aufgaben im Rahmen kommunaler Kooperationen zu erfüllen, Ausfluss der Organisationshoheit der Kommunen und wird den Gemeinden in Art. 28 Abs. 2 GG garantiert.[14] Die Vergaberichtlinien stehen jedoch als Ausfluss des primären Unionsrechts[15] in der Normenhierarchie über den grundgesetzlichen Garantien, begrenzen diese und leiten damit deren Auslegung.[16] Im Übrigen wird die Garantie des Art. 28 Abs. 2 GG „im Rahmen der Gesetze" gewährt, zu denen auch das GWB-Vergaberecht zählt;[17] ein Eingriff in den Wesensgehalt liegt jedenfalls nicht vor.[18] Eine Befreiung der Gemeinden vom Vergaberegime ergibt sich auch nicht aus dem Unionsrecht. Zwar gewährt Art. 4 EUV die Achtung des

9 Vgl. OLG Düsseldorf, Beschluss v. 21.6.2006 – VII-Verg 17/06; Beschluss v. 5.5.2004 – VII-Verg 78/03, ZfBR 2004, 591 (592); OLG Frankfurt am Main, Beschluss v. 7.9.2004 – 11 Verg 11/04, VergabeR 2005, 80 (85).

10 EuGH, Urteil v. 13.6.2013 – Rs. C-386/11 (Piepenbrock), Rn. 29; Urteil v. 19.12.2012 – Rs. C-159/11 (Lecce), Rn. 26.

11 Vgl. EuGH, Urteil v. 7.12.2000 – Rs. C-94/99 (ARGE Gewässerschutz), Rn. 40.

12 Vgl. EuGH, Urteil v. 13.1.2005 – Rs. 84/03 (Kommission/Spanien), Rn. 40, VergabeR 2005, 176 (182); vgl. hierzu auch die Anm. von *Müller-Wrede/Greb*, VergabeR 2005, 184.

13 St. Rspr. seit EuGH, Urteil v. 18.11.1999 – Rs. C-107/98 (Teckal), Rn. 50 und 51.

14 Vgl. OLG Düsseldorf, Beschluss v. 21.6.2006 – VII-Verg 17/06; OVG Nordrhein-Westfalen, Beschluss v. 1.4.2008 – 15 B 122/08.

15 Vgl. *Frenz*, Handbuch Europarecht, Bd. 3, Rn. 2524.

16 *Nierhaus*, in: Sachs, GG, Art. 28 Rn. 36.

17 OLG Celle, EuGH-Vorlage v. 17.12.2014 – 13 Verg 3/13, Rn. 131.

18 Vgl. *Krohn*, NZBau 2006, 610 (615) m.w.N.

Rechts der kommunalen Selbstverwaltung. Darüber hinaus heißt es im **Protokoll zu Art. 14 AEUV**: „Zu den gemeinsamen Werten der Union in Bezug auf Dienste von allgemeinen wirtschaftlichen Interesse [...] zählen [...] – [...] der weite Ermessensspielraum der [...] regionalen Behörde, wie Dienste von allgemeinen wirtschaftlichen Interesse [...] in Auftrag zu geben sind." Im Sinne der praktischen Wirksamkeit des Unionsrechts kann hieraus jedoch keine Ausnahme der Vergabe kommunaler Dienste der Daseinsvorsorge von den unionsrechtlichen Bindungen der Vergaberichtlinien abgeleitet werden.[19]

§ 108 GWB gilt nur für Maßnahmen, die alle Voraussetzung eines öffentlichen Auftrages nach 10
§ 103 GWB erfüllen. Rein **interne Organisationsmaßnahmen** sind daher nicht erst unter den Voraussetzungen des § 108 GWB vergaberechtsfrei. Vielmehr stellt Art. 1 Abs. 6 RL 2014/24/EU klar,[20] dass es sich bei Übertragungen von Befugnissen und Zuständigkeiten für die Ausführung öffentlicher Aufgaben ohne Vergütung um vergaberechtsfreie interne Organisationsmaßnahmen handelt. So ist die Gründung eines Zweckverbandes mit der Übertragung von Aufgaben u. U. – aber nicht grundsätzlich[21] – kein öffentlicher Auftrag. Voraussetzung nach Art. 1 Abs. 6 RL 2014/24/EU ist, dass nicht nur die Aufgabenerfüllung, sondern Befugnisse und Zuständigkeiten übertragen werden, dies durch eine Vereinbarung, Beschluss oder ein anderes Rechtsinstrument erfolgt und keine Vergütung für vertragliche Leistungen vorgesehen ist. Unerheblich ist, ob es sich bei der Vergütung um eine gewinnbringende Erstattung oder nur eine reine Kostenerstattung[22] handelt. Die Auffassung, dass überhaupt irgendein finanzieller Ausgleich für die Kompetenzübertragung schon schädlich sei,[23] ist demgegenüber zu weitgehend, da Kompetenzverschiebungen auch mit der Übertragungen von Finanzmitteln einhergehen können müssen, solange es sich um eine echte Kompetenzübertragung handelt, nach der die Aufgabenerfüllung nicht mehr als „vertragliche Leistung" im Sinne des Art. 1 Abs. 6 RL 2014/24/EU angesehen werden kann, da die Leistung wegen der Übertragung nicht mehr für die andere öffentliche Einrichtung erfüllt wird. Behält sich der Auftraggeber eine Kontrollbefugnis vor, etwa durch Kündigungsrecht, handelt es sich nicht um einen rein internen Organisationsakt, auch wenn im Rahmen einer **„delegierenden" Vereinbarung** anders als bei der sogenannten **mandatierenden Vereinbarung** formal neben der Aufgabenerledigung auch die Zuständigkeit übertragen wird.[24] Entscheidend ist nicht die in der deutschen Rechtsprechung bisher vorgenommene formale Unterscheidung zwischen delegierender und mandatierender Vereinbarung,[25] sondern eine materielle Betrachtung, ob eine endgültige und nicht nur zeitweise Übertragung der Befugnisse und Zuständigkeiten erfolgt ist. Bedürfnis für weitere Ausnahmen vergaberechtsfreier entgeltlicher Kompetenzverlagerungen besteht nach hiesiger Ansicht nicht.[26]

Liegt nach § 108 GWB eine In-House-Vergabe oder öffentlich-öffentliche Zusammenarbeit 11
vor, so ist der Vorgang nicht als öffentlicher Auftrag, sondern als **Eigenleistung** einzustufen. Das GWB-Vergaberecht findet daher keine Anwendung. Aus der dogmatischen Begründung

19 EG-Kommission, Mitteilung v. 20.11.2007, KOM (2007) 725, 11; a.A. *Zimmermann*, KommJur 2008, 41 (45).; offen lassend *Frenz*, NZBau 2008, 673 (680).

20 Eine bloße Klarstellung sehen darin auch *Gruneberg/Wilde-Beck*, VergabeR 2014, 99 (105). Dies dürfte auch der Grund sein, weshalb der deutsche Gesetzgeber die Vorschrift nicht ins GWB umgesetzt hat.

21 So aber die früher überwiegende Auffassung; vgl. OLG Düsseldorf, Beschluss v. 21.6.2006 – VII-Verg 17/06; *Ziekow*, in: Ziekow/Völlink, Vergaberecht, § 99 GWB Rn. 140.

22 EuGH, Urteil v. 13.6.2013 – Rs. C-386/11 (Piepenbrock), Rn. 31; Urteil v.19.12.2012 – Rs. C-159/11 (Lecce), Rn. 29.

23 OLG Celle, EuGH-Vorlage v. 17.12.2014 – 13 Verg 3/13; OLG Koblenz, Beschluss v. 3.12.2014 – Verg 8/14; *Brockhoff*, VergabeR 2014, 625 (633); *Gruneberg/Wilden-Beck,* VergabeR 2014, 99 (105).

24 EuGH, Urteil v. 13.6.2013 – Rs. C-386/11 (Piepenbrock), Rn. 27.

25 Vgl. OLG Düsseldorf, Beschluss v. 21.6.2006 – VII-Verg 17/06; OLG Frankfurt, Beschluss v. 7.9.2004 – 11 Verg 11/04; anders aber bereits OLG Naumburg, Beschluss v. 2.3.2006 –1 Verg 1/06; Beschluss v. 3.11.2005 – 1 Verg 9/05.

26 Ebenso OLG Celle, zwar zur Rechtslage vor Inkrafttreten der GWB-Novelle, aber bereits unter Berücksichtigung des Art. 1 Abs. 6 RL 2014/24/EU, das die Frage dem EuGH vorgelegt hat; vgl. OLG Celle, EuGH-Vorlage v. 17.12.2014 – 13 Verg 3/13; ebenso *Schrotz/Raddatz*, NVwZ 2013, 933 (934); *Brockhoff,* VergabeR 2014, 625 (633); *Gruneberg/Wilden-Beck*, VergabeR 2014, 99 (105).

in der Rechtsprechung[27] sowie der Gesetzesbegründung[28] für die beiden Formen der Ausnahmen, der zufolge es sich um eine Erledigung „mit eigenen Mitteln"[29] handelt, durch die „kein privates Unternehmen besser gestellt wird als sein Wettbewerber",[30] lässt sich schließen, dass es sich dogmatisch nicht nur um Ausnahmen vom Vergaberecht handelt, sondern eigentlich um Vorgänge, die bereits keine Auftragsvergabe im eigentlichen Sinne darstellen, sodass die Ausnahmen **auch für nur dem Primärrecht unterliegende Aufträge** gelten.[31] Auch wenn die jetzt kodifizierten Ausnahmen in einzelnen Bereichen wie etwa der großzügigen 80 %-Wesentlichkeitsschwelle von der bisherigen Rechtsprechung abweichen, dürfte der Entscheidungsspielraum des Gesetzgebers noch gewahrt sein,[32] sodass davon auszugehen ist, dass der EuGH keine strengeren Anforderungen an nur dem Primärrecht unterliegende Beschaffungsvorgänge stellt als an solche, die vergaberechtlich geregelt sind. Auch lässt sich daraus schließen, dass die unter § 108 GWB fallenden Aufträge auch von den primärrechtlichen Verfahrensanforderungen befreit sind, insbesondere dem Grundsatz der Transparenz.[33] Für eine In-House-Beauftragung und eine öffentlich-öffentliche Zusammenarbeit gilt folglich kein Vergaberecht „light", insbesondere sind **keine Bekanntmachungspflichten** zu beachten.[34] Für eine analoge Anwendung der Bekanntmachungspflicht bei vergaberechtsfreien Auftragsänderungen während der Vertragslaufzeit gemäß § 132 Abs. 5 GWB besteht kein Anlass. Diese gilt nur für zwei besondere Fälle der Auftragsänderung und stellt daher kein allgemeines Prinzip dar, dass aufgrund von Ausnahmen vergaberechtsfreie Vorgänge durch Veröffentlichungspflichten überprüfbar sein müssen.

12 Wenn die **Voraussetzungen** der In-House-Vergabe oder öffentlich-öffentlichen Zusammenarbeit **kurz nach der Auftragsvergabe wegfallen**, kann eine unzulässige Umgehung vorliegen. So hat der EuGH in der Rechtssache „Stadt Mödling" im Wege einer Gesamtschau entschieden, dass keine vergabefreie In-House-Vergabe vorliegt, wenn kurz nach Auftragserteilung die Anteile am Auftragnehmer an ein privates Unternehmen veräußert werden. Die bloße Möglichkeit einer späteren Veräußerung ist dagegen unschädlich.[35] Auch eine **Unterauftragsvergabe** kann zu einer unzulässigen Umgehung führen.[36]

13 Für Kooperationen von **Verwaltungseinheiten der Europäischen Institutionen** sehen die für sie einschlägigen vergaberechtlichen Bestimmungen der EU-Haushaltsordnung eine eigenständige Ausnahme vor.[37] Bei gemeinsam von einer Verwaltungseinheit der EU und einem nationalen öffentlichen Auftraggeber durchgeführten Maßnahmen können notwendige Aufträge auch gemeinsam vergeben werden. Dabei ist in der Regel das Vergaberecht der EU-Haushaltsordnung anwendbar.[38]

---

27 EuGH, Urteil v. 13.6.2013 – Rs. C-386/11 (Piepenbrock), Rn. 37; Urteil v. 19.12.2012 – Rs. C-159/11 (Lecce), Rn. 35; Urteil v. 9.6.2009 – Rs. C-480/06 (Stadtreinigung Hamburg), Rn. 45 ff.

28 Erwägungsgrund 31 RL 2014/24/EU; ähnlich die Gesetzesbegründung, BT-Drs. 18/6281, 80.

29 EuGH, Urteil v. 9.6.2009 – Rs. C-480/06 (Stadtreinigung Hamburg), Rn. 45, 47; Erwägungsgrund 31 RL 2014/24/EU.

30 Ähnlich Erwägungsgrund 31 RL 2014/24/EU; Gesetzesbegründung, BT-Drs. 18/6281, 80.

31 Vgl. EuGH, Urteil v. 18.12.2007 – Rs. C-220/06 (Asociación Profesional), Rn. 86; Urteil v. 6.4.2006 – Rs. C-410/04 (ANAV), Rn. 24; Urteil v. 13.10.2005 – Rs. C-458/03 (Parking Brixen), Rn. 61 f.; *Ziekow,* in: Ziekow/Völlink, Vergaberecht, § 99 GWB Rn. 93 f.; *Greb,* VergabeR 2015, 289; *Sudbrock,* KommJur 2014, 41 (43); ähnlich *Pietzcker,* VergabeR 2010, 735 (739), demnach können die Vergaberichtlinien nur in Konstellationen zur Anwendung kommen, in denen der Staat den Markt betritt und die Gefahr einer Diskriminierung von Unternehmen droht.

32 Ebenso *Knauff,* EuZW 2014, 486 (488).

33 *Greb,* VergabeR 2015, 289 (292).

34 *Greb,* VergabeR 2015, 289 (292); anders *Dabringhausen,* VergabeR 2014, 512 (515 ff.).

35 EuGH, Urteil v. 10.9.2009 – Rs. C-573/07 (Sea), Rn. 51.

36 OLG Düsseldorf, Beschluss v. 2.3.2011 – VII-Verg 48/10.

37 Vgl. Art. 121 Abs. 5 Delegierte VO Nr. 1268/2012 der Kommission v. 29.10.2012 i.V.m. Art. 101 VO Nr. 996/2002 des EP und des Rates v. 25.10.2012.

38 Vgl. Art. 133 Delegierte VO Nr. 1268/2012 der Kommission v. 29.10.2012 i.V.m. Art. 104 VO Nr. 996/2002 des EP und des Rates v. 25.10.2012.

B. In-House-Vergabe (Abs. 1 bis 5)

I. Grundsätze

§ 108 Abs. 1 bis 5 GWB regeln die In-House-Vergabe oder „vertikale Zusammenarbeit". Bisher wurde aus der Definition des Auftrages als Vertrag zwischen Auftraggeber und Unternehmen abgeleitet, dass Austauschbeziehungen innerhalb einer Rechtsperson keinen öffentlichen Auftrag begründen (Eigengeschäfte)[39] und dass dies auch dann gilt, wenn es sich zwar um zwei formal getrennte Einrichtungen handelt, diese jedoch so eng miteinander verbunden sind, dass kein wesentlicher Unterschied zu einer Austauschbeziehung innerhalb einer Rechtsperson besteht. In diesen Fällen erledigt der Auftraggeber den Auftrag mit eigenen Mitteln.[40] Diese **dogmatische Begründung** für die In-House-Ausnahme gilt fort, auch wenn § 108 GWB sowie die dadurch umgesetzten Richtlinien im Wortlaut einen „öffentlichen Auftrag" voraussetzen. Dabei handelt es sich jedoch lediglich um eine redaktionelle Ungenauigkeit, mit der ausgedrückt werden soll, dass ansonsten alle Voraussetzungen eines öffentlichen Auftrages erfüllt sein sollen. Denn ausweislich des Erwägungsgrundes 31 RL 2014/24/EU soll die Ausnahme auf den Grundsätzen der bisherigen Rechtsprechung aufbauen.[41] 14

Ausgehend von den in der Rechtsprechung entwickelten Kriterien legt § 108 Abs. 1 GWB **drei Bedingungen** anhand der Grundkonstellation eines Auftrages der Mutter an die Tochter fest: Kontrolle wie über eigene Dienststellen, Tätigkeit im Wesentlichen für den Auftraggeber, keine direkte private Kapitalbeteiligung. § 108 Abs. 3 GWB erklärt auch die umgekehrte Konstellation eines Auftrages der Tochter an die Mutter und § 108 Abs. 4 GWB die Situation eines Auftrages mehrerer öffentlicher Auftraggeber an eine gemeinsame Tochter für vergabefrei. § 108 Abs. 2 und Abs. 5 GWB konkretisieren jeweils das Kontrollkriterium. 15

II. Öffentlicher Auftraggeber

Erfasst vom In-House-Privileg sind ausschließlich öffentliche Auftraggeber im Sinne des **§ 99 Nr. 1 bis 3 GWB**. Nicht auf die In-House-Ausnahme berufen können sich daher natürliche und juristische Personen des privaten und öffentlichen Rechts, soweit sie erst wegen des § 99 Nr. 4 GWB aufgrund von öffentlichen Subventionen unter das Vergaberecht fallen. Anders als für Sektorenauftraggeber und -konzessionsgeber sieht das GWB für diesen Personenkreis auch keine Ausnahme für verbundene Unternehmen (§ 138 GWB) vor. 16

III. Vergabe an juristische Personen

Der Wortlaut des § 108 Abs. 1 GWB erfasst nur In-House-Geschäfte mit **juristischen Personen**. 17

Aufträge an **natürliche Personen** sind daher in jedem Fall ausschreibungspflichtig. Anderes kann nur gelten, wenn es sich um die Erledigung von Aufträgen im Rahmen weisungsgebundener Arbeitsverhältnisse handelt, die nach § 107 Nr. 3 GWB nicht vom Vergaberecht erfasst sind. Erhält ein Arbeitnehmer darüber hinaus Aufträge seines Arbeitnehmers, kann dies keine ausschreibungsfreie In-House-Vergabe sein. 18

Auch **Gesellschaften bürgerlichen Rechts** und ähnliche Zusammenschlüsse ohne eigene vollständige Rechtspersönlichkeit sind daher nicht In-House-fähig.[42] 19

---

39 Vgl. EuGH, Urteil v. 9.6.2009 – Rs. C-480/06 (Stadtreinigung Hamburg), Rn. 45; Urteil v. 13.11.2008 – Rs. C-324/07 (Coditel), Rn. 48; Urteil v. 11.1.2005 – Rs. C-26/03 (Stadt Halle), Rn. 48; Urteil v. 18.11.1999 – Rs. C-107/98 (Teckal), Rn. 49 f.

40 Vgl. EuGH, Urteil v. 8.5.2014 – Rs. C-15/13 (TU Hamburg-Harburg), Rn. 26.

41 Ebenso *Dabringhausen,* VergabeR 2014, 512 (515 f.).

42 So bereits zur alten Rechtslage *Ziekow,* in Ziekow/Völlink, Vergaberecht, § 99 GWB Rn. 99; anders *Brockhoff,* VergabeR 2014, 625 (629).

IV. Kriterien der In-House-Vergabe

20 Entsprechend der bisherigen Rechtsprechung[43] müssen alle drei Kriterien von § 108 Abs. 1 Nr. 1 bis 3 GWB **kumulativ** vorliegen.

1. Kontrollkriterium (Abs. 1 Nr. 1 und Abs. 2)

21 Für ein vergaberechtsfreies In-House-Geschäft muss der Auftraggeber über den Auftragnehmer gemäß § 108 Abs. 1 Nr. 1 GWB eine **ähnliche Kontrolle wie über eine eigene Dienststelle** ausüben (Kontrollkriterium). Diese Kontrolle muss einer Kontrolle wie über eine eigene Dienststelle nur ähneln, ohne mit ihr identisch zu sein.[44] § 108 Abs. 2 GWB stellt eine widerlegbare[45] Vermutungsregelung zur Kontrollausübung auf. Entscheidend ist demnach, dass der öffentliche Auftraggeber einen „ausschlaggebenden Einfluss auf die strategischen Ziele und die wesentlichen Entscheidungen der juristischen Person ausübt".[46] Die Gesetzesformulierung entspricht der bisherigen ständigen Rechtsprechung des EuGH, sodass die bisherige Rechtsprechung zum Kontrollkriterium auch zur Auslegung des § 108 Abs. 1 Nr. 1 GWB herangezogen werden kann.

22 Maßgebend sind insofern die **gesellschaftsrechtlichen Regelungen und Vereinbarungen** im konkreten Einzelfall. Mittel der Kontrolle sind dabei regelmäßig Weisungsrechte und Aufsichtsbefugnisse sowie Ernennungsrechte. Die Kontrolle muss *„wirksam, strukturell und funktionell"* sein.[47] Nicht gleichzusetzen ist das Kriterium mit dem kartellrechtlichen Fusionsbegriff nach Art. 3 EG-Fusionskontroll-VO.[48]

23 Der Auftraggeber übt grundsätzlich keine Kontrolle wie über eine eigene Dienststelle aus, wenn der Auftragnehmer **seine Geschäfte selbständig führt**, ohne dass er vom Auftraggeber effektiv kontrolliert wird. In der Rechtssache „Parking Brixen" hat der EuGH als Indizien für eine die Kontrolle ausschließende Marktausrichtung und Selbständigkeit herangezogen:[49]

- die Natur dieser Gesellschaftsform als AG;
- die Ausweitung des Gesellschaftszwecks auf bedeutende neue Bereiche;
- die vorgeschriebene baldige Öffnung der Gesellschaft für Fremdkapital;
- die Ausweitung des geografischen Tätigkeitsbereichs;
- beträchtliche Vollmachten des Leitungsorgans der Gesellschaft, die praktisch ohne Kontrolle durch den Auftraggeber ausgeübt werden können.

24 Insbesondere dem letztgenannten Indiz – der **Selbstentscheidungsbefugnis** ohne effektive Kontrolle des Auftraggebers – kommt eine entscheidende Bedeutung zu. So hat der EuGH in der Rechtssache „Carbotermo" maßgeblich darauf abgestellt, dass die in den Satzungen enthaltenen Befugnisse des öffentlichen Auftraggebers keine Kontrollbefugnisse und keine besonderen Stimmrechte vorsahen, die die Handlungsfreiheiten der Geschäftsführung begrenzten.[50] Diese Argumentation hat der BGH auf den Versicherungsverein auf Gegenseitigkeit übertragen. Denn für die Organe des Versicherungsvereins auf Gegenseitigkeit gelten die aktienrechtlichen Bestimmungen entsprechend.[51]

---

43 Vgl. EuGH, Urteil v 8.4.2008 – Rs. C-337/05 (Agusta), Rn. 41; Urteil v 18.12.2007 – Rs. C-220/06 (Asociación Profesional), Rn. 59.

44 Der Gesetzeswortlaut greif damit die st. Rspr. auf; vgl. EuGH, Urteil v. 11.1.2005 – Rs. C-26/03 (Stadt Halle), Rn. 49, unter Hinweis auf EuGH, Urteil v. 18.11.1999 – Rs. C-107/98 (Teckal), Rn. 50; BGH, Beschluss v. 12.6.2001 – X ZB 10/01; OLG Düsseldorf, Beschluss v. 12.1.2004 – Verg 71/03; OLG Naumburg, Beschluss v. 8.1.2003 – 1 Verg 7/02; BayObLG, Beschluss v. 22.1.2002 – Verg 18/01.

45 Ebenso *Knauff*, EuZW 2014, 486 (487).

46 So bereits EuGH, Urteil v. 29.11.2012 – Verb. Rs. C-182/11 und C-183/11 (Econord), Rn. 27; Urteil v. 10.9.2009 – Rs. C-573/07 (Sea), Rn. 65; Urteil v. 13.11.2008 – Rs. C-324/07 (Coditel), Rn. 28; Urteil v. 11.5.2006 – Rs. C-340/04 (Carbotermo), Rn. 35; Urteil v. 13.10.2005 – Rs. C-458/03 (Parking Brixen), Rn. 65.

47 Vgl. EuGH, Urteil v. 8.5.2014 – Rs. C-15/13 (TU Hamburg-Harburg), Rn. 31 f.; Urteil v. 29.11.2012 – Rs. C-182/11 und C-183/11 (Econord), Rn. 27.

48 VK Bund, Beschluss v. 21.12.2012 – VK 3-129/12.

49 Vgl. EuGH, Urteil v. 13.10.2005 – Rs. C-458/03 (Parking Brixen), Rn. 66.

50 Vgl. EuGH, Urteil v. 11.5.2006 – Rs. C-340/04 (Carbotermo), Rn. 37.

51 Vgl. BGH, Urteil v. 3.7.2008 – I ZR 145/05.

Der EuGH hat sich gleichwohl nicht dahin gehend positioniert, dass die Vergabe eines Auftrages an eine Eigengesellschaft in Form einer **AG** grundsätzlich nach den Regeln des Vergaberechts erfolgen muss.[52] Denn die Rechtsform der Gesellschaft ist nur ein Bewertungskriterium.[53] Darüber hinaus kann eine umfassende Kontrolle bei AG durch Beherrschungsverträge nach § 291 Abs. 1 S. 1 Alt. 1 AktG, mittels derer die Leitung der AG dem öffentlichen Auftraggeber unterstellt wird, sichergestellt werden. Aus dem Beherrschungsvertrag folgen gemäß § 308 Abs. 1 AktG Weisungsbefugnisse, welche die Vorschrift des § 76 Abs. 1 AktG verdrängen.[54] 25

Das Erfordernis der „Kontrolle wie über eigene Dienststellen" ist dagegen im Rahmen der Beauftragung einer **GmbH** i.d.R. gegeben.[55] Denn die Geschäftsführung einer GmbH ist grundsätzlich weisungsgebunden (vgl. § 37 GmbHG sowie § 46 Nr. 5 und Nr. 6 GmbHG). Gleichwohl kann im Einzelfall insbesondere bei Einrichtung eines fakultativen Aufsichtsrates und je nach Ausgestaltung der Arbeitnehmermitbestimmung die Kontrolle geschwächt werden und nicht mehr mit derjenigen vergleichbar sein, die über eine eigene Dienststelle ausgeübt würde. Daher sind auch im Fall einer GmbH der Gesellschaftsvertrag und – soweit zugänglich – die Geschäftsordnungen der Organe in jedem Einzelfall zu überprüfen.[56] Ebenso kann trotz umfangreicher Befugnisse des Handlungsorgans einer **kommunalen Genossenschaft** der eine In-House-Vergabe ausschließende Grad an Selbständigkeit nicht erreicht sein, wenn es dem Auftragnehmer am kommerziellen Charakter fehlt und er ausschließlich Interessen der ihm angeschlossenen öffentlichen Stellen verfolgt.[57] 26

Die Kontrolle muss sich auf **sämtliche Tätigkeiten** des Unternehmens beziehen. Es genügt nicht, wenn nur der Beschaffungsbereich kontrolliert wird.[58] 27

Das in der oben genannten Rechtssache „Parking Brixen" genannte Kriterium der baldigen **Öffnung für Fremdkapital** ist nach der Kodifizierung der In-House-Vergabe zwar in der Sache von § 108 Abs. 1 Nr. 3 GWB erfasst. Da die Kontrolle jedoch nach den verschiedensten Umständen des Einzelfalls zu beurteilen ist, muss nach hier vertretener Auffassung die private Kapitalbeteiligung auch weiterhin als schädliches Indiz für die Beurteilung des Kontrollkriteriums angesehen werden. Denn selbst wenn eine private Kapitalbeteiligung wegen der in § 108 Abs. 1 Nr. 3 GWB vorgesehenen Ausnahmen zum Beispiel als mittelbare Kapitelbeteiligung zulässig sein kann, kann sie sich im Rahmen einer Gesamtbetrachtung im Zusammenspiel mit anderen Indizien so stark auf die Kontrollmöglichkeiten auswirken, dass diese nicht mehr mit denen über eigene Dienststellen verglichen werden kann.[59] 28

Umgekehrt deutet der Umstand, dass der öffentliche Auftraggeber allein oder zusammen mit anderen öffentlichen Stellen **das gesamte Kapital** einer beauftragten Gesellschaft hält, zwar grundsätzlich darauf hin, dass er über diese Gesellschaft eine Kontrolle wie über seine eigenen Dienststellen ausübt. Allein entscheidend ist dieser Umstand jedoch nicht.[60] 29

§ 108 Abs. 2 S. 2 GWB stellt klar, dass die Kontrolle nicht nur direkt, sondern auch über eine ihrerseits kontrollierte andere juristische Person ausgeübt werden kann. Das bedeutet, dass auch ein Auftrag an eine **Enkelgesellschaft** vergabefrei vergeben werden kann, wenn auf beiden Ebenen das Kontrollkriterium erfüllt ist, sodass die Kontrolle der Großmutter über die 30

---

52 Vgl. EuGH, Urteil v. 10.9.2009 – Rs. C-573/07 (Sea), Rn. 63; Urteil v. 6.4.2006 – Rs. C-410/04 (ANAV); dazu auch *Knauff*, EuZW 2013, 110 (113).

53 Vgl. EuGH, Urteil v. 13.10.2005 – Rs. C-458/03 (Parking Brixen), Rn. 67.

54 Vgl. *Krajewski/Wethkamp*, DVBl., 2008, 355 (358); *Orlowski*, NZBau 2007, 80 (81).

55 Vgl. auch BGH, Urteil v. 12.6.2001 – X ZB 10/01; OLG Düsseldorf, Beschluss v. 21.6.2006 – VII-Verg 17/06; Beschluss v. 12.1.2004 – Verg 71/03; Beschluss v. 15.10.2003 – Verg 50/03.

56 Vgl. etwa OLG Düsseldorf, Beschluss v. 30.1.2013 – VII-Verg 56/12.

57 Vgl. EuGH, Urteil v. 13.11.2008 – Rs. C-324/07 (Coditel), Rn. 37 bis 39.

58 Vgl. EuGH, Urteil v. 8.5.2014 – Rs. C-15/13 (TU Hamburg-Harburg), Rn. 31 f., zur Aufsicht einer Stadt über ihre Universität, die sich nur auf deren Beschaffungstätigkeit bezog.

59 So hatte der BGH die mittelbare Kapitelbeteiligung, die sich durch die Mitgliedschaft eines gemischtwirtschaftlichen Unternehmens an einem Versicherungsverein auf Gegenseitigkeit ergibt, als schädlich für die Kontrolle angesehen; vgl. BGH, Urteil v. 3.7.2008 – I ZR 145/05, Rn. 28.

60 Vgl. EuGH, Urteil v. 13.11.2008 – Rs. C-324/07 (Coditel), Rn. 31; Urteil v. 19.4.2007 – Rs. C-295/05 (Tragsa), Rn. 57; Urteil v. 11.5.2006 – Rs. C-340/04 (Carbotermo), Rn. 37.

Enkelin gewährleistet ist.[61] Die abnehmende Kontrolle in derartigen Kettenkonstellationen wird sich aber auf die Gesamtbetrachtung der erforderlichen Kontrolle auswirken, insbesondere wenn über die bloß mittelbare Kapitalbeteiligung keine zusätzlichen Kontrollmechanismen zum unmittelbaren Zugriff auf den Auftragnehmer vorgesehen sind.[62] Dies gilt erst recht, wenn AGen als Mittler auftreten. Letztlich ist eine **Gesamtbetrachtung** unter Berücksichtigung der Kontrolle des Auftraggebers über die Mittlergesellschaften und der Mittlergesellschaften über den Auftragnehmer angezeigt. Die vermittelte Kontrolle darf dabei nicht weniger effizient sein als eine unmittelbare Kontrolle über eine eigene Dienststelle.[63] Auf die weiteren Kriterien der In-House-Vergabe wirkt sich die Konstellation insoweit aus, als sich gemäß § 108 Abs. 1 GWB das **Wesentlichkeitskriterium** entweder auf die Mutter oder die Großmutter beziehen kann, je nachdem für wen die Enkelin zu mehr als 80 % tätig ist.[64]

2. Wesentlichkeitskriterium (Abs. 1 Nr. 2)

31 Die vergabefreie In-House-Vergabe setzt gemäß § 108 Abs. 1 Nr. 2 GWB weiterhin voraus, dass die beauftragte juristische Person zu **„mehr als 80 Prozent"** für den Auftraggeber tätig ist. Damit wird das quantitative Element des in der Rechtsprechung entwickelten Wesentlichkeitskriteriums[65] mit einem gesetzlich verbindlichen Prozentsatz konkretisiert. Während die EU-Kommission in Anlehnung an die in diese Richtung zumindest deutende Rechtsprechung[66] noch eine Wesentlichkeitsschwelle von „mindestens 90 %" vorgeschlagen hatte[67], hat der EU-Gesetzgeber die Schwelle auf großzügigere „mehr als 80 %" herabgesetzt. Da der EuGH nach primärrechtlichen Grundsätzen eine analoge Anwendung der 80 %-Regel des Art. 23 Abs. 3 RL 2004/17/EG abgelehnt hatte,[68] einigten sich die Mitgesetzgeber Europäisches Parlament und Rat schließlich auf die Formulierung „mehr als 80 %" anstelle des vom Parlament vorgeschlagenen „mindestens 80 %".[69] Daraus lässt sich nach hiesiger Ansicht schließen, dass die 80 %-Schwelle deutlich überschritten sein muss und mindestens ab Erreichen von genau 20 % Drittgeschäft das In-House-Privileg entfällt.

32 Während die **Berechnung** der Tätigkeiten in § 108 Abs. 7 GWB geregelt ist, ergibt sich der **Umfang** der einzubeziehenden Tätigkeiten aus § 107 Abs. 1 Nr. 2 GWB selbst. Danach müssen die Tätigkeiten der juristischen Person „der Ausführungen von Aufgaben dienen, mit denen sie von dem öffentlichen Auftraggeber oder von einer anderen juristischen Person, die von diesem kontrolliert wird, betraut wurde". Damit wurde das qualitative Element des Wesentlichkeitskriteriums kodifiziert, ohne jedoch eine darunter zum Teil diskutierte wertende Gewichtung unterschiedlicher Tätigkeiten[70] zu übernehmen.

33 Mit **„Tätigkeiten"** ist sämtliches Handeln der juristischen Person gemeint.[71] Weder können durch interne Maßnahmen wie getrennte Buchführung einzelne Tätigkeitsbereiche einer juris-

---

61 EuGH, Urteil v. 11.5.2006 – Rs. C-340/04 (Carbotermo), Rn. 60; so bereits BGH, Urteil v. 3.7.2008 – I ZR 145/05, Rn. 28; *Greb*, VergabeR 2015, 289 (293).

62 Vgl. EuGH, Urteil v. 11.5.2006 – Rs. C-340/04 (Carbotermo), Rn. 38 f.; *Frenz*, VergabeR 2007, 304 (308); *Knauff*, EuZW 2014, 486 (487); *Krajewski/Wethkamp*, DVBl., 2008, 355 (358) m.w.N.

63 Vgl. OLG Düsseldorf, Beschluss v. 15.10.2003 – Verg 50/03, in welchem das Gericht auf eine *„originär[e] und unmittelbar[e]"* Kontrolle abstellt; zum Kontrollkriterium bei gestuften Beteiligungsverhältnissen auch OLG Hamburg, Beschluss v. 14.12.2010 – 1 Verg 5/10.

64 *Greb*, VergabeR 2015, 289 (292).

65 Vgl. EuGH, Urteil v. 18.11.2008 – Rs. C-107/98 (Teckal), Rn. 50; Urteil v. 17.7.2008 – Rs. C-371/05 (Kommission/Italien), Rn. 22; Urteil v. 8.4.2008 – Rs. C-337/05 (Agusta), Rn. 36.

66 Vgl. EuGH, Urteil v. 19.4.2007 – Rs. C-295/05 (Tragsa), Rn. 63, hielt 90 % jedenfalls für ausreichend; als 90%-Wesentlichkeitsschwelle interpretiert von OLG Celle, EuGH-Vorlage v. 17.12.2014 – 13 Verg 3/13, Rn. 65, das zuvor bereits bei 7,5 % Drittgeschäft die Wesentlichkeitsschwelle überschritten sah; vgl. OLG Celle, Beschluss v. 29.10.2009 – 13 Verg 8/09; ebenso *Greb*, VergabeR 2015, 289 (290); als *„überraschend"* wird denn auch die Ausweitung auf 80 % bezeichnet, vgl. *Müller/Klostermann*, ZfBR 2014, 347 (350).

67 Vgl. Art. 11 des Vorschlags der EU-Kommission für eine Richtlinie über die öffentliche Auftragsvergabe, KOM (2011) 896/2.

68 Vgl. EuGH, Urteil v. 11.5.2006 – Rs. C-340/04 (Carbotermo), Rn. 55 f., zu Art. 13 RL 93/98/EWG; vgl. *Stammkötter*, ZfBR 2007, 245 (246), mit Verweis auf die Gegenstimmen aus der Literatur vor „Carbotermo".

69 Vgl. *Schwab/Giesemann*, VergabeR 2014, 351 (354).

70 Vgl. dazu *Schröder*, NVwZ 2011, 776 (778 f.) m.w.N.

71 So bereits zur alten Rechtslage GA *Stix-Hackl*, Schlussanträge v. 12.1.2006 – Rs. C-340/04 (Carbotermo), Rn. 101 ff.; *Schröder*, NVwZ 2011, 776 (778).

tischen Person abgetrennt werden,[72] noch erfolgt eine geografische Eingrenzung. Im Umkehrschluss zur ausdrücklichen Begrenzung auf den EU-internen Umsatz in § 138 GWB ergibt sich, dass die weltweite Tätigkeit entscheidend ist.

34 Zu berücksichtigen ist dabei, dass für die Beurteilung nur die **tatsächlichen Tätigkeiten** maßgebend sind und nicht die nach Gesetz oder Unternehmenssatzung möglichen Tätigkeiten oder gar nur solche Tätigkeiten, zu deren Verrichtung die kontrollierte Einrichtung verpflichtet ist.[73]

35 Nur solche Tätigkeiten zählen zu den erforderlichen 80 %, bei denen eine **Betrauung** vorliegt. Eine solche Betrauung kann, wie in der Rechtssache „Carbotermo"[74] schon ausgeführt, eine Vergabeentscheidung oder eine andere Rechtsbeziehung sein.[75] Neben Vergabe- und Konzessionsentscheidungen kommen auch vergaberechtsfreie interne Rechtsverhältnisse wie andere In-House-Geschäfte in Betracht.

36 Unerheblich ist, wer der **Begünstigte** der Tätigkeiten ist. Sofern die Tätigkeit auf eine Betrauung zurückgeht, kann sie auch Dritten, etwa den Bürgern einer Stadt, zugutekommen.[76] Deshalb spielt es auch keine Rolle, ob der Auftragnehmer durch den Auftraggeber oder zum Beispiel durch einen dritten Nutzer im Rahmen beispielsweise eines Konzessionsvertrages für diese Aufgaben vergütet wird.[77] Auch der Ort der Tätigkeit, etwa das Gebiet der auftraggebenden Gemeinde, hat keine Bedeutung.[78] Voraussetzung ist, dass die Tätigkeit „der Ausführung [...] dient", also auf die Beauftragung und nicht ein sonstiges Ereignis zurückzuführen ist. Dies setzt nach hier vertretener Auffassung wie in der bisherigen Rechtsprechung einen **Kausalzusammenhang** zwischen der Tätigkeit und der Betrauung voraus.[79] An diesem fehlt es, wenn Umsätze im Wettbewerb mit anderen Anbietern aus Geschäften mit Privatkunden, wie beispielsweise im liberalisierten Energiemarkt, erwirtschaftet werden.[80] Zwar „dienen" solche Tätigkeiten auch öffentlichen Zwecken, jedoch eben nur auch und nicht in erster Linie. Andernfalls wäre beispielsweise auch der Anschluss oder die Reparatur eines Wasserhahns eine Tätigkeit, die der Ausführung der Aufgabe Wasserversorgung dient, weil ohne diesen keine Versorgung erfolgen kann.

37 Die gegenteilige Auffassung, **sämtliche Daseinsvorsorgeangebote** auf dem Hoheitsgebiet des öffentlichen Auftraggebers seien Tätigkeiten, die in dessen Auftrag erbracht werden,[81] ist zu weitgehend und angesichts der gebotenen engen Auslegung der Ausnahmevorschrift abzulehnen.[82] Insbesondere die **Energiegrundversorgung** erfolgt nicht wegen einer Betrau-

72 *Schröder,* NVwZ 2011, 776 (778). Dies ergibt sich auch aus dem Wortlaut der Vorschrift, die mit der im Plural verwendeten Formulierung „Tätigkeiten" deutlich macht, dass auch bei verschiedenen Tätigkeiten eines Unternehmens eine Gesamtbetrachtung vorzunehmen ist. Anders wohl *Tomerius,* VergabeR 2015, 373 (378 ff.), der unwesentliches Drittgeschäft in Bezug auf eine Tätigkeit nicht auf das In-House-schädliche Drittgeschäft anrechnen will, jedenfalls sofern es zur Auslastung einer Anlage dient, die für die Erfüllung eines öffentlichen Auftrags errichtet wurde.

73 Vgl. GA *Stix-Hackl,* Schlussanträge v. 12.1.2006 – Rs. C-340/04 (Carbotermo), Rn. 79, sowie Schlussanträge v. 23.9.2004 – Rs. C-26/03 (Stadt Halle), Rn. 83; anders noch BGH, Urteil v. 12.6.2001 – X ZB 10/01 (bezieht sich auf den Unternehmensgegenstand).

74 EuGH, Urteil v. 11.5.2006 – Rs. C-340/04 (Carbotermo), Rn. 65.

75 Der Begriff der Betrauung greift die Betrauung mit Daseinsvorsorgeaufgaben gemäß Art. 106 Abs. 2 AEUV auf.

76 Vgl. Erwägungsgrund 32 RL 2014/24/EU; Gesetzesbegründung, BT-Drs. 18/6281, 80; EuGH, Urteil v. 11.5.2006 – Rs. C-340/04 (Carbotermo), Rn. 65; vgl. auch OLG Düsseldorf, Beschluss v. 12.1.2004 – Verg 71/03.

77 EuGH, Urteil v. 11.5.2006 – Rs. C-340/04 (Carbotermo), Rn. 67.

78 EuGH, Urteil v. 11.5.2006 – Rs. C-340/04 (Carbotermo), Rn. 67.

79 A.A. *Dabringhausen,* VergabeR 2014, 512 (519), nach dem die Kausalitätsbedingung durch das Wort „dienen" aufgeben wurde und das *„Tätigkeitskriterium jede Kontur"* verloren habe.

80 OLG Frankfurt, Beschluss v. 30.8.2011 – 11 Verg 3/11; OLG Hamburg, Beschluss v. 14.12.2010 – 1 Verg 5/10; dazu auch *Gruneberg/Wilden,* VergaR 2012, 149 (152 ff.); a.A. *Tomerius,* VergabeR 2015, 373 (382), zumindest für den Fall, dass Fernwärme- und Stromlieferungen nur der rentablen Ausnutzung einer im öffentlichen Auftrag betriebenen Müllverbrennungsanlage dient. Dies überzeugt nicht, sofern damit ermöglicht werden soll, über die 20 %-Schwelle hinaus Markttätigkeiten als Tätigkeiten im Auftrag des öffentlichen Auftraggebers zu definieren. Sinn und Zweck der Wesentlichkeitsgrenze ist gerade, solche unwesentlichen Nebentätigkeiten auf dem Markt zu erfassen. Ob darüber hinaus Marktätigkeiten *„nur"* der Rentabilität oder Ausnutzug von Kapazitäten dienen, wie *Tomerius* argumentiert, ist irrelevant für die Frage, ob es dadurch zu Wettbewerbsverzerrungen kommen kann.

81 *Schröder,* NVwZ 2011, 776 (779).

82 Ebenso *Greb,* VergabeR 2015, 289 (292).

ung durch einen kommunalen Auftraggeber, sondern muss aufgrund der gesetzlichen Pflicht der §§ 36 ff. EnWG zur Verfügung gestellt werden.[83] Daran änderte sich auch nichts, würde eine Gemeinde ein kommunales Unternehmen zusätzlich zu solchen gesetzlich bereits bestehenden Pflichten betrauen. Entscheidend muss nach objektiver Betrachtung sein, ob die Tätigkeit einer betrauten Aufgabe oder einem anderen Rechtsverhältnis und damit dem Markt zuzuordnen ist. Dementsprechend wurden auch die Abnahme von Abfällen, für die keine Abnahmepflicht nach § 20 KrWG besteht, und die Nutzung des ÖPNV, bei dem der Nutzer anders als etwa bei der Wasserversorgung die freie Wahl hat,[84] zum Drittgeschäft gezählt.[85] Auf der anderen Seite muss es sich nicht um Daseinsvorsorgeaufgaben handeln, solange eine Betrauung seitens des Auftraggebers vorliegt.

38 Tätigkeiten, die **für andere öffentliche Auftraggeber** erfolgen, zählen nur unter den Voraussetzungen der gemeinsamen Kontrolle nach § 108 Abs. 4 GWB nicht zum Drittgeschäft.[86] Anderes kann nur gelten, wenn es sich dabei um Umsätze handelt, die auf der Rechtsfigur der interkommunalen Zusammenarbeit beruhen,[87] vorausgesetzt die Zusammenarbeit erfasst im Wesentlichen öffentliche Aufgaben.[88] Dies ist jedoch nicht der Fall, wenn die beauftragte Einheit in nicht unerheblichem Umfang im Wettbewerb tätig ist und von Dritten Aufträge akquiriert.

39 Durch den EuGH noch nicht abschließend geklärt ist ferner die Frage, unter welchen Umständen auch **Fremdumsätze von Tochtergesellschaften** zu berücksichtigen sind. Eine derartige wirtschaftliche Gesamtbetrachtung war jedoch bereits Gegenstand der nationalen Rechtsprechung.[89] Vor diesem Hintergrund lässt sich derzeit nicht ausschließen, dass unter besonderen Umständen auch eine gewerblich agierende Tochtergesellschaft dazu führt, dass die Mutter ihre In-House-Fähigkeit verliert. Dies kann etwa dann der Fall sein, wenn für beide Gesellschaften ein gemeinsamer konsolidierter Jahresabschluss vorliegt, der Geschäftsbericht die Ertragslage beider Gesellschaften zusammenfasst, gruppeninterne Vorgänge eliminiert und die Tochter nur mit personeller und sachlicher Ausstattung der Mutter arbeitsfähig ist.

40 Die **Beweislast** für die Einhaltung der Wesentlichkeitsgrenze trägt der öffentliche Auftraggeber, der sich auf die In-House-Ausnahme beruft.[90]

3. Ausschluss privater Kapitalbeteiligung (Abs. 1 Nr. 3)

41 Gemäß § 108 Abs. 1 Nr. 3 GWB ist eine vergabefreie In-House-Vergabe bei direkter privater Kapitalbeteiligung an der juristischen Person, der der Auftrag erteilt wird, grundsätzlich ausgeschlossen. Dieses Kriterium wurde bereits in der Rechtsprechung[91] entwickelt und einerseits damit begründet, dass eine Beteiligung Privater aufgrund der grundsätzlich andersartigen Zielsetzungen die Kontrolle über den Auftragnehmer derart schwächt, dass sie mit derjenigen über die eigenen Dienststellen nicht zu vergleichen ist – was auch heute noch für das Kontrollkriterium von § 108 Abs. 1 Nr. 1 GWB von Bedeutung sein kann –[92], andererseits mit dem Ver-

83 Hierauf stellt aber ab *Schröder,* NVwZ 2011, 776 (779).

84 Vgl. OLG Hamburg, Beschluss v. 14.12.2010 – 1 Verg 5/10; zustimmend *Greb,* VergabeR 2015, 289 (290).

85 OLG Celle, EuGH-Vorlage v. 17.12.2014 – 13 Verg 3/13, Rn. 69. Noch weitergehender hält OLG Düsseldorf, Beschluss v. 28.7.2011 – VII-Verg 20/11, nur solche Geschäfte für unschädlich, wo nicht nur Abnahmepflicht, sondern auch Überlassenspflicht der Erzeuger oder Besitzer von Abfällen besteht; anders *Tomerius,* VergabeR 2015, 373 (378 ff.), sofern das Fremdgeschäft der besseren Auslastung einer im öffentlichen Auftrag betriebenen Anlage dient.

86 Vgl. OLG München, Beschluss v. 21.2.2013 – Verg 21/12.

87 So in einem obiter dictum OLG Düsseldorf, Beschluss v. 28.7.2011 – VII-Verg 20/11.

88 Vgl. OLG Düsseldorf, Beschluss v. 28.7.2011 – VII-Verg 20/11, zur Frage, ob der Umsatz, der zu ca. 28 % mit einem Abfallzweckverband erwirtschaftet wurde, als In-house-schädlicher Drittumsatz einzustufen ist; Anm. *Seidel,* VergabeR 2012, 45 ff.; *Schrotz/Ahlhaus,* NVwZ 2012, 63 ff. Zu den Voraussetzungen der interkommunalen Zusammenarbeit unten unter Rn. 71 ff.

89 Vgl. OLG Düsseldorf, Beschluss v. 28.7.2011 – VII-Verg 20/11; bejahend im konkreten Fall OLG Celle, Beschluss v. 29.10.2009 – 13 Verg 8/09; Rn. 129; zustimmend *Ziekow,* in Ziekow/Völlink, Vergaberecht, § 99 GWB Rn. 135; ablehnend *Schröder,* NVwZ 2011, 776.; *Dreher,* in Immenga/Mestmäcker, Wettbewerbsrecht, § 99 GWB Rn. 129; siehe auch *Losch,* VergabeR 2012, 687 (690); *Mager,* NZBau 2012, 25 (27).

90 OLG Celle, EuGH-Vorlage v. 17.12.2014 – 13 Verg 3/13; zustimmend *Antweiler,* VergabeR 2015, 191.

91 Vgl. EuGH, Urteil v. 11.1.2005 – Rs. C-26/03 (Stadt Halle), Rn. 42 ff.

92 Siehe oben Rn. 28.

stoß gegen den Gleichbehandlungsgrundsatz wegen eines Wettbewerbsvorteils des beteiligten Privaten.[93] Auf letzteres Ziel stellt § 108 Abs. 1 Nr. 3 GWB ab.[94]

Erfasst ist lediglich eine **direkte** Kapitalbeteiligung. Gegenüber der bisherigen Rechtsprechung ist dies eine Abschwächung des Verbots der privaten Kapitalbeteiligung, da indirekte Kapitalbeteiligungen im Umkehrschluss unschädlich sind. 42

Offen ist, welche **Formen der indirekten Kapitalbeteiligungen** davon erfasst sind. Bestimmend für die Auslegung ist die in Erwägungsgrund 32 RL 2014/24/EU festgehaltene Zielsetzung des Ausschlusses privater Kapitalbeteiligung, dass dem direkt beteiligten privaten Unternehmer durch die ausschreibungsfreie Vergabe kein unzulässiger Vorteil gegenüber seinen Wettbewerbern verschafft werden soll. Zulässig ist insbesondere eine Kapitalbeteiligung am öffentlichen Auftraggeber selbst, auch wenn dies indirekt zu einer Beteiligung an der Tochtergesellschaft führt. Unternehmen, die nicht ausschließlich der öffentlichen Hand gehören, nach § 99 GWB aber gleichwohl als öffentliche Auftraggeber anzusehen sind, können daher ebenfalls vom In-House-Privileg profitieren.[95] Anders gelagert wäre eine indirekte Beteiligung über eine Beteiligungsgesellschaft oder andere Formen der Verschleierung, da diese weiterhin zu einer Wettbewerbsverzerrung führen. Denkbar ist schließlich auch, dass private Kapitalbeteiligungen von Mitarbeitern eines öffentlichen Unternehmens oder Mietern öffentlicher Wohnungsbaugesellschaften unter den Begriff der indirekten Kapitalbeteiligung fallen, wenn sich daraus kein schädlicher Wettbewerbsvorteil ergibt. 43

Nicht erfasst von indirekter Kapitalbeteiligung sind Minderheitsbeteiligungen wie **stille Beteiligungen**[96], die nur unter den Voraussetzungen des zweiten Halbsatzes zulässig wären (dazu sogleich). Auch Kapitalbeteiligungen **ohne Gewinnerzielungsabsicht** sind unzulässig.[97] 44

Unschädlich sind gemäß § 108 Abs. 1 Nr. 3 Hs. 2 GWB darüber hinaus **nicht beherrschende Formen der Kapitalbeteiligung** sowie Formen der privaten Kapitalbeteiligung ohne Sperrminorität, die durch gesetzliche Bestimmungen vorgeschrieben sind und die keinen maßgeblichen Einfluss auf die kontrollierte juristische Person vermitteln. Es handelt sich dabei nicht um alternative Formen zulässiger Kapitalbeteiligungen. Vielmehr sind alle Voraussetzungen **kumulativ** zu erfüllen,[98] wie sich aus anderen Sprachfassungen des Art. 12 RL 2014/24/EU[99] deutlicher als aus der im GWB übernommenen deutschen Satzkonstruktion ergibt, nach der zwei Formen der Kapitalbeteiligung zulässig erscheinen (nicht beherrschende Formen der Kapitalbeteiligung *und* Formen der privaten Kapitalbeteiligung ohne Sperrminorität) und sich theoretisch der Nebensatz („die in Übereinstimmung mit den Verträgen ...") nur auf die Kapitalbeteiligung ohne Sperrminorität beziehen könnte. Erwägungsgrund 32 zeigt die in der englischen und französischen Sprachfassung eindeutige Systematik dagegen klar auf: eine Kapitalbeteiligung soll zulässig sein, wenn sie durch „nationale gesetzliche Bestimmung im Einklang mit den Verträgen vorgeschrieben ist, sofern es sich nicht um eine beherrschende Form der Beteiligung oder eine Form der Beteiligung mit Sperrminorität handelt und sofern die Beteiligung keinen maßgeblichen Einfluss auf die Entscheidungen der kontrollierenden juristischen Person ausübt." Eine andere Auslegung wäre zudem mit dem Ziel des Vergaberechts, Wettbewerbsverfälschungen zu vermeiden, sowie der deshalb gebotenen engen Aus- 45

93 EuGH, Urteil v. 11.1.2005 – Rs. C-26/03 (Stadt Halle), Rn. 49 ff.
94 Vgl. Gesetzesbegründung, BT-Drs. 18/6281, 80.
95 Motiv für die Regelung war der soziale Wohnungsbau in Frankreich, bei dem private Kapitalbeteiligungen auf Ebene der Muttergesellschaften möglich sind.
96 Ebenso *Greb*, VergabeR 2015, 289 (292); anders *Dabringhausen*, VergabeR 2014, 512 (516).
97 Vgl. EuGH, Urteil v. 19.6.2014 – Rs. C-574/12 (Centro Hospitalar de Setúbal EPE), Rn. 44, zur Beteiligung privater sozialer Sozialträger ohne Gewinnerzielungsabsicht.
98 Ebenso *Brockhoff*, VergabeR 2014, 625 (630).
99 „à l'exception des formes de participation de capitaux privés sans capacité de contrôle ou de blocage requises par les dispositions législatives nationales, conformément aux traités, qui ne permettent pas d'exercer une influence décisive sur la personne morale contrôlée" sowie „with the exception of non-controlling and non-blocking forms of private capital participation required by national legislative provisions, in conformity with the Treaties, which do not exert a decisive influence on the controlled legal person." So auch die Gesetzesbegründung, BT-Drs. 18/6281, 81.

legung von Ausnahmen[100], nicht zu vereinbaren.Demnach muss es sich um eine Kapitalbeteiligung handeln,

- die gesetzlich vorgeschrieben ist,
- nicht beherrschend ist,
- keine Sperrminorität erreicht und zudem
- keinen maßgeblichen Einfluss auf die kontrollierende juristische Person erlaubt.

46 Ausweislich des Erwägungsgrundes 32 genügt es nicht, dass eine private Kapitalbeteiligung an sich gesetzlich vorgeschrieben ist, vielmehr muss sie sich die gesetzliche Vorschrift auf die **Beteiligung „bestimmter privater Wirtschaftsteilnehmer"** beziehen.

47 **Stille Beteiligungen**, die nicht gesetzlich vorgeschrieben sind, sind daher auch dann unzulässig, wenn sie keinen maßgeblichen Einfluss vermitteln.

48 Hintergrund für die gesetzliche Ausnahmevorschrift waren gesetzlich vorgeschriebene Zwangsmitgliedschaften in öffentlich-rechtlichen Verbänden wie Wasserverbänden in NRW[101]. Die Möglichkeit, solche Minderheitsbeteiligungen gesetzlich vorzuschreiben, ist indes durch das **Primärrecht** beschränkt, weil sie eventuell die Grundfreiheiten einschränken. Art. 12 Abs. 1c RL 2014/24/EU enthält daher die im GWB nicht aufgeführte Einschränkung, dass nur „in Übereinstimmung mit den Verträgen" gesetzlich vorgeschriebene Beteiligungen unschädlich sind. Insbesondere, aber nicht nur diskriminierende Vorschriften sind demnach ausgeschlossen. Auch wenn dies als Selbstverständlichkeit nicht ins GWB übernommen wurde, dürfte die Einschränkung Gegenstand zukünftiger Rechtsprechung zur In-House-Ausnahme werden.

C. Inverse und horizontale In-House-Vergabe (Abs. 3)

49 Die bisher umstrittene[102] Möglichkeit eines vergaberechtsfreien Auftrages der Tochter an die kontrollierende Mutter (**inverse In-House-Vergabe**) oder eine andere von der gleichen Mutter kontrollierte Tochter **(Schwester-Schwester-Geschäft** oder **horizontales In-House-Geschäft)**[103] wird nun unter den Voraussetzungen des § 108 Abs. 3 GWB ebenfalls als In-House-Geschäft vom Vergaberecht frei gestellt.

50 Die Möglichkeit des inversen und horizontalen In-House-Geschäfts gilt für § 108 Abs. 1 GWB und nicht für den Fall der **gemeinsamen Kontrolle** nach § 108 Abs. 4 GWB.[104]

I. Kontrollkriterium

51 Wie bei der normalen In-House-Vergabe muss ein Kontrollverhältnis vorliegen, im Falle der **horizontalen Vergabe** seitens der Mutter über beide Töchter, bei der inversen In-House-Vergabe wie im Normalfall seitens der Mutter über die Tochter. § 108 Abs. 3 GWB setzt dies voraus, indem er von einer „kontrollierten juristischen Person" und einem „kontrollierenden öffentlichen Auftraggeber" ausgeht. Die Kriterien für die Kontrolle entsprechen denen der normalen In-House-Vergabe.

---

100 EuGH, Urteil v. 11.1.2005 – Rs. C-26/03 (Stadt Halle), Rn. 42.

101 *Greb,* VergabeR 2015, 289 (292); *Schwab/Giesemann,* VergabeR 2014, 351 (354). siehe dazu aber einschränkend *Dabringhausen,* VergabeR 2014, 512 (517 f.).

102 Dagegen *Ziekow,* in: Ziekow/Völlink, Vergaberecht, § 99 GWB Rn. 111.; dafür *Dreher,* in: Immenga/Mestmäcker, Wettbewerbsrecht, § 99 GWB Rn. 135.

103 Offengelassen in EuGH, Urteil v. 8.5.2014 – Rs. C-15/13 (TU Hamburg-Harburg), Rn. 33; nach alter Rechtslage dafür *Dreher,* NZBau 2004, 18; dagegen *Schröder,* NZBau 2005, 127.

104 Siehe dazu unten Rn. 68 ff.

II. Wesentlichkeitskriterium

52 In beiden Fällen gilt über den Verweis auf § 108 Abs. 1 GWB auch das Wesentlichkeitskriterium, da es sich dabei nicht um eine bloße Rechtsfolgenverweisung handelt.[105] Zwar regelt § 108 Abs. 3 GWB selbst nur den Ausschluss der privaten Kapitalbeteiligung, sodass der Schluss naheliegen könnte, auf das Wesentlichkeitskriterium habe der Gesetzgeber bewusst verzichtet.[106] Es würde jedoch nicht dem Sinn und der Systematik des § 108 GWB entsprechen, gerade bei der inversen In-House-Vergabe auf das Wesentlichkeitskriterium zu verzichten, bei der es sich um eine Ausweitung der normalen In-House-Vergabe handelt. Zudem sind erkennbar die Tatbestandsvoraussetzungen der inversen In-House-Vergabe nicht abschließend in § 108 Abs. 3 GWB geregelt, da auch das Kriterium der Kontrolle in § 108 Abs. 3 GWB nur genannt wird, für dessen Auslegung aber auf § 108 Abs. 1 und 2 GWB zurückgegriffen werden muss. Die ausdrückliche Regelung des Verbots der privaten Kapitalbeteiligung erklärt sich vielmehr aus dem Umstand, dass es sich hier zusätzlich[107] auf die auftragnehmende Mutter oder Schwester bezieht.[108]

53 Unklar ist allerdings, **auf wen sich das Wesentlichkeitskriterium bezieht**. Nach dem Wortlaut des § 108 Abs. 1 Nr. 2 GWB bezieht es sich auf die kontrollierte juristische Person, deren Tätigkeiten zu mehr als 80 % für die Mutter oder Schwester ausgeübt werden muss.[109] Nach Sinn und Zweck des Wesentlichkeitskriteriums, das eine Verfälschung des Wettbewerbs durch Bevorteilung eines nicht nur unwesentlich am Markt tätigen Auftragnehmers verhindern soll,[110] muss das Wesentlichkeitskriterium hier jedoch im umgekehrten Verhältnis erfüllt sein, d.h., der Auftragnehmer, und damit entweder die kontrollierende Mutter oder die Schwester, muss zu mehr als 80 % für die kontrollierte juristische Person, die in diesem Fall Auftraggeber ist, bzw. im Fall der Schwester alternativ für die Mutter, tätig sein. Im Falle der horizontalen Vergabe ist dies ohne Weiteres mit dem Wortlaut des § 108 Abs. 1 Ziff. 2 GWB vereinbar, da beide Schwestern „kontrollierte juristische Personen" sind. Im Falle der inversen Vergabe ist eine entsprechende Anwendung des § 108 Abs. 1 Nr. 2 GWB geboten, da es sich vermutlich lediglich um eine gesetzgeberische Ungenauigkeit handelt.

III. Ausschluss privater Kapitalbeteiligung

54 Wie beim normalen In-House-Geschäft ist eine direkte private Kapitalbeteiligung ausgeschlossen. Über den Verweis auf § 108 Abs. 1 GWB gilt dies zunächst für die **kontrollierte juristische Person** selbst.[111]

55 Gemäß § 108 Abs. 3 GWB ist zusätzlich aber auch eine – bei der normalen In-House-Vergabe ansonsten ggf. zulässige – direkte private Kapitalbeteiligung **bei der Mutter oder Schwester**, die den Auftrag erhalten soll, unzulässig. Wie bei der normalen In-House-Vergabe ist nur die direkte Kapitalbeteiligung ausgeschlossen und wie dort gilt auch hier die Ausnahme der gesetzlich vorgeschriebenen Minderheitsbeteiligung.

---

105 So aber *Dabringhausen*, VergabeR 2014, 512 (521).
106 So *Dabringhausen*, VergabeR 2014, 512 (521).
107 Vgl. dazu Rn. 55.
108 Ebenso *Greb*, VergabeR 2015, 289 (293).
109 So wohl *Greb*, VergabeR 2015, 289 (293 f.).
110 EuGH Urteil v. 11.5.2006 – Rs. C-340/04 (Carbotermo), Rn. 59 ff.; *Dreher*, in: Immenga/Mestmäcker, Wettbewerbsrecht, § 99 GWB Rn. 122; *Tomerius*, VergabeR 2015, 373 (375).
111 Anders *Dabringhausen*, VergabeR 2014, 512 (520), der in Art. 12 Abs. 2 RL 2014/24/EU nur einen Rechtsfolgenverweis sieht, deshalb den Ausschluss der privaten Kapitalbeteiligung nur beim Auftraggeber für anwendbar hält und wegen der problematischen Auswirkungen auf den Wettbewerb die Geltung eines Vergaberechts „light" aus dem Primärrecht annimmt. Diese Konsequenzen werden durch die korrekte doppelte Anwendung des Verbots privater Kapitalbeteiligungen vermieden.

D. In-House-Vergabe bei gemeinsam ausgeübter Kontrolle (Abs. 4 und Abs. 5)

56 § 108 Abs. 4 und Abs. 5 GWB erweitern die In-House-Vergabe auf Fälle, in denen die **Kontrolle von mehreren öffentlichen Auftraggebern** ausgeübt wird. Eine vergaberechtsfreie In-House-Vergabe ist danach auch in Fällen möglich, in denen der Auftraggeber nur einen kleinen Einfluss auf das gemeinsam kontrollierte Unternehmen ausübt und dieses Unternehmen im Wesentlichen für den oder die anderen gemeinsam kontrollierenden Auftraggeber tätig ist. Diese Regelung entspricht der Rechtsprechung, die bereits in der Rechtssache „Coditel Brabant" die In-House-Ausnahme entsprechend ausgeweitet hatte.[112]

57 Die Voraussetzungen entsprechen weitgehend denen der einfachen In-House-Vergabe, jedoch ist das Kriterium der gemeinsamen Kontrolle in § 108 Abs. 5 GWB nicht ausschließlich über den „ausschlaggebenden Einfluss auf die strategischen Ziele und die wesentlichen Entscheidungen" definiert. Vielmehr ist zusätzlich eine **gemeinsame Besetzung** der beschlussfassenden Organe notwendig (§ 108 Abs. 5 Nr. 1 GWB) und die kontrollierte Person darf keine **Interessen** verfolgen, die den Interessen der öffentlichen Auftraggeber zuwiderläuft (§ 108 Abs. 5 Nr. 3 GWB). Damit wird der Gefahr Rechnung getragen, dass über rein formale Beteiligungen an von anderen öffentlichen Auftraggebern kontrollierte Unternehmen eine uferlose Ausweitung des In-House-Geschäftes erfolgt. So hatte der EuGH über mehrere Konstellationen zu entscheiden, bei denen die Beteiligung an der juristischen Person minimal war, dies aber durch gesellschaftsrechtliche Nebenvereinbarungen über die Besetzung von beschlussfassenden Organen ausgeglichen wurde.[113]

I. Gemeinsame Kontrolle

58 Im Falle der gemeinsamen Kontrolle muss der Auftraggeber die Kontrolle nicht wie beim einfachen In-House-Geschäft selbst ausüben, sondern kann sie gemeinsam **mit anderen öffentlichen Auftraggebern** ausüben. Die Voraussetzungen für eine gemeinsame Kontrolle, die jedem der öffentlichen Auftraggeber ausreichend Einfluss gewährt, sind in § 108 Abs. 5 GWB definiert.

1. Zusammensetzung der beschlussfassenden Organe

59 Alle kontrollierenden Auftraggeber müssen in den beschlussfassenden Organen der kontrollierten Person vertreten sein. Dabei ist aus praktischen Gründen eine Stellvertretung möglich, wobei nicht zulässig sein dürfte, dem Stellvertreter unbeschränkte Vollmachten zu erteilen, da dann eine tatsächliche Kontrolle nicht mehr möglich wäre.[114]

60 Welche die **beschlussfassenden Organe** sind, richtet sich nach der Rechtsform der kontrollierten juristischen Person. Der Gesetzgeber ist mit dem Begriff der beschlussfassenden Organe von der Begrifflichkeit des EuGH abgewichen, der in der Rechtssache „Econord" noch die Beteiligung an den *„Leitungsorganen"* voraussetzte.[115] Dies dürfte damit zusammenhängen, dass der Begriff „Leitungsorgan" sich im deutschen Recht beispielsweise bei der AG auf den Vorstand aber nicht den Aufsichtsrat bezieht, da ersterem nach § 76 AktG die Leitung, letzterem nach § 111 AktG die Überwachung der Geschäftsführung zukommt, eine solche Begrenzung auf den Vorstand einer AG aber weder Ziel der Regelung ist noch der Begründung in der Rechtssache „Econord" zu entnehmen ist. Denn darin ist zum einen von *„den Leitungsorganen"* im Plural die Rede und zum anderen lag in der zugrundeliegenden Fallkonstellation einer italienischen AG (SpA) eine Beteiligung sowohl am Aufsichtsrat als auch am Verwaltungsrat vor.[116] Der EuGH dürfte daher beide Organe als Leitungsorgane verstanden

112 EuGH, Urteil v. 13.11.2008 – Rs. C-324/07 (Coditel), Rn. 47 und 50.
113 EuGH, Urteil v. 29.11.2012 – verb. Rs. C-182/11 und C-183/11 (Econord), Rn. 28 ff.; Urteil v. 19.4.2007 – Rs. C-295/05 (Tragsa), Rn. 58.
114 *Dabringhausen,* VergabeR 2014, 512 (521).
115 EuGH, Urteil v. 29.11.2012, Rs. C-182/11 und C-183/11 (Econord), Rn. 33 f.
116 EuGH, Urteil v. 29.11.2012, Rs. C-182/11 und C-183/11 (Econord), Rn. 12.

haben. Der Begriff „beschlussfassende Organe" spiegelt vielmehr die große Bandbreite unterschiedlichster Gesellschaftsorganisationsformen in den EU-Mitgliedstaaten wider.

Letztlich wird es, wie den Ausführungen der Rechtssache „Econord" zu entnehmen ist,[117] darauf ankommen, ob eine Vertretung in denjenigen Organen des Unternehmens vorliegt, welche unter Berücksichtigung der Umstände des Einzelfalls eine **effektive Kontrolle des Unternehmens** innehaben. In der Regel dürfte daher, wie der Plural der „beschlussfassenden Organe" nahelegt, eine Vertretung in allen Organen notwendig sein, die relevante Beschlüsse fassen. Bei der AG müsste daher eine Vertretung sowohl im Vorstand als auch im Aufsichtsrat vorliegen.[118] Bei einer GmbH kann dagegen bei Weisungsgebundenheit der Geschäftsführung eine Vertretung in der Gesellschafterversammlung ausreichen.[119] 61

2. Ausschlaggebender Einfluss

Die Auftraggeber müssen **gemeinsam** einen ausschlaggebenden Einfluss auf die strategischen Ziele und die wesentlichen Entscheidungen ausüben können. Insofern kann auf die bisherige Rechtsprechung zurückgegriffen werden, nach der bei Dominanz eines Mehrheitseigentümers eine solche „gemeinsame" Einflussnahme ggf. nicht mehr gegeben ist, wenn die anderen Auftraggeber auch gemeinsam keinerlei Einfluss ausüben können.[120] 62

Im Übrigen gelten zur Bestimmung des ausschlaggebenden Einflusses die gleichen Kriterien wie bei der **einfachen In-House-Vergabe**. 63

3. Keine zuwiderlaufenden Interessen

Die dritte Bedingung für eine gemeinsame Kontrolle ist nach § 108 Abs. 5 Nr. 3 GWB, dass „die juristische Person keine Interessen verfolgt, die den Interessen der öffentlichen Auftraggeber zuwiderlaufen". Was zunächst als Selbstverständlichkeit[121] bzw. Redundanz gegenüber den sonstigen Bedingungen erscheint,[122] könnte sich gerade wegen der Unbestimmtheit der Formulierung zum Gegenstand der Rechtsprechung entwickeln. 64

Der Richtlinienvorschlag der EU-Kommission enthielt noch in Anlehnung an die Rechtssache „Coditel"[123] die Formulierung „die kontrollierte juristische Person verfolgt keine Interessen, die sich von mit ihr zusammen arbeitenden öffentlichen Behörden **unterscheiden**". Mit der Entscheidung für den weiteren Wortlaut, der andere, aber nicht „zuwiderlaufende" Interessen zulässt, hat der Gesetzgeber zum Ausdruck gebracht, dass auch kommerzielle Interessen verfolgt werden dürfen, jenseits der rein quantitativen Wesentlichkeitsschwelle dabei aber Grenzen bezüglich der inhaltlich zulässigen Tätigkeitsbereiche einzuhalten sind. 65

II. Wesentlichkeitskriterium

Das Wesentlichkeitskriterium entspricht dem der einfachen In-House-Konstellation. Zu den 80 % zählen jedoch nicht nur die Tätigkeiten, die für den das In-House-Geschäft vornehmenden Auftraggeber erfüllt werden, sondern die Tätigkeiten **für sämtliche der kontrollierenden Auftraggeber**.[124] Selbst wenn das beauftragte Unternehmen nur zu einem kleinen Teil für den Auftraggeber selbst tätig ist, kann dieser über die gemeinsame Kontrolle vom In-House-Privileg profitieren. 66

---

117 EuGH, Urteil v. 29.11.2012, Rs. C-182/11 und C-183/11 (Econord), Rn. 31 f.
118 Anders *Sudbrock*, KommJur 2014, 41 (45), der den Aufsichtsrat und nicht den Vorstand einer AG für relevant hält.
119 So zur alten Rechtslage OLG Düsseldorf, Beschluss v. 30.1.2013 – VII-Verg 56/12.
120 OLG Düsseldorf, Beschluss v. 30.1.2013 – VII-Verg 56/12.
121 *Knauff*, EuZW 2014, 486 (489), im Anschluss an *Sudbrock*, KommJur 2014, 41 (45).
122 So *Greb*, VergabeR 2015, 289 (294); ähnlich *Dabringhausen*, VergabeR 2014, 512 (522).
123 EuGH, Urteil v. 13.11.2008 – Rs. C-324/07 (Coditel), Rn. 38; näher an der jetzigen Formulierung aber dann EuGH, Urteil v. 10.9.2009 – Rs. C-573/07 (Sea), Rn. 77.
124 So bereits EuGH, Urteil v. 11.5.2006 – Rs. C-340/04 (Carbotermo), Rn. 70.

III. Ausschluss privater Kapitalbeteiligung

67 Der Ausschluss der privaten Kapitalbeteiligung unterscheidet sich nicht von dem beim **einfachen In-House-Geschäft** nach § 108 Abs. 1 GWB.

E. Inverses In-House-Geschäft bei gemeinsamer Kontrolle

68 Eine ausschreibungsfreie inverse Vergabe ist anders als beim einfachen In-House-Geschäft für den Fall der gemeinsamen Kontrolle (d.h. im Konzernverbund) nach dem Wortlaut des § 108 GWB nicht vorgesehen. § 108 Abs. 3 GWB bezieht sich nur auf das einfache In-House-Geschäft. Nicht erfasst vom Wortlaut ist daher der Fall, in dem eine von mehreren Auftraggebern kontrollierte Tochter einen Auftrag an eine ihrer Mütter vergibt.

69 Die **Begründung des Regierungsentwurfs** zu § 108 Abs. 4 GWB geht dagegen davon aus, dass die Vorschrift „wegen ihrer systematischen Stellung nach § 108 Absatz 3" auch die Vergabe an eine kontrollierende Mutter erfasst. Der Wille des deutschen Gesetzgebers spricht daher dafür, die Vorschrift auch auf inverse Konstellationen bei gemeinsamer Kontrolle anzuwenden.

70 Dies überzeugt jedoch nicht, vielmehr sprechen Wortlaut, Systematik sowie Sinn und Zweck der Vorschrift dafür, die Möglichkeit des inversen In-House-Geschäfts nicht auf die Konzernkonstellationen auszuweiten. Entscheidend für die Auslegung ist eine **unionsrechtskonforme Auslegung**. Den Erwägungsgründen der RL 2014/27/EU ist das in der Begründung zum Regierungsentwurf enthaltene Verständnis einer wortlauterweiternden Auslegung nicht zu entnehmen. Als Ausnahmevorschrift ist § 108 GWB grundsätzlich eng auszulegen.[125] Auch spricht, anders als im Regierungsentwurf angeführt, gerade die systematische Stellung der Konzernverbundregelung, die auf die Regelung zur inversen Konstellation folgt und ihr nicht vorangeht, eher gegen eine entsprechende Anwendung. Entscheidend ist jedoch, dass die Zulässigkeit der inversen Vergabe einer kontrollierten Tochter an eine ihrer Mütter eine **Umgehung** der Voraussetzungen der öffentlich-öffentlichen Zusammenarbeit ermöglichen würde, indem die beteiligten Auftraggeber eine gemeinsame Tochter gründen, die auf Weisung der einen sie kontrollierenden Mutter ohne Ausschreibung einen Auftrag an die andere Mutter erteilt. Allenfalls in Betracht käme in Analogie zur inversen einfachen In-House-Vergabe die wohl rein theoretische Möglichkeit einer Vergabe der Tochter an alle gemeinsam kontrollierenden Mütter zusammen. Eine gegenseitige Beauftragung zwischen mehreren Müttern und einer Tochter, wie beispielsweise die Zusammenarbeit von Jobcentern und ihren Trägern nach § 44b SGB II, ist daher nur nach den Voraussetzungen von § 108 Abs. 6 GWB zulässig.

F. Öffentlich-öffentliche Zusammenarbeit (Abs. 6)

I. Grundsätze

71 § 108 Abs. 6 GWB regelt die horizontale Zusammenarbeit **zwischen mehreren öffentlichen Auftraggebern** (öffentlich-öffentliche Zusammenarbeit). In vielen Fällen handelt es sich dabei um Kooperationen mehrerer Gemeinden zur gemeinsamen Erbringung von Daseinsvorsorgeleistungen wie regelmäßig in Landesgesetzen zur kommunalen Zusammenarbeit vorgesehen (**interkommunale Kooperation**). Es sind jedoch vielfältige weitere Konstellationen der Zusammenarbeit aller möglichen öffentlichen Stellen denkbar, die bereits bisher ausschreibungsfrei gehandhabt wurden und nun unter die ausdrückliche Ausnahme nach § 108 Abs. 6 GWB fallen.

72 Die Vergaberechtsfreiheit derartiger Vereinbarungen wurde erstmals in der Rechtssache **„Stadtreinigung Hamburg"**[126] als ungeschriebener[127] Freistellungstatbestand anerkannt. In

125 Vgl. nur EuGH, Urteil v. 11.1.2005 – Rs. C-26/03 (Stadt Halle), Rn. 46; BGH, Urteil v. 3.7.2008 – I ZR 145/05.
126 EuGH, Urteil v. 9.6.2009 – Rs. C-480/06 (Stadtreinigung Hamburg).
127 GA *Trstenjak*, Schlussanträge v. 23.5.2012 – Rs. C-159/11 (Lecce), Rn. 57.

den beiden Urteilen „Lecce"[128] und „Piepenbrock"[129] bestätigte der EuGH diese Rechtsprechung und beeinflusste zugleich sichtlich den damals parallel laufenden EU-Gesetzgebungsprozess, indem der EuGH die Voraussetzungen der öffentlich-öffentlichen Zusammenarbeit präzisierte und damit eine Begründung lieferte, einzelne Bedingungen wie das Verbot privater Kapitalbeteiligungen wieder zu streichen, die die EU-Kommission in ihrem Vorschlag ursprünglich vorgesehen hatte.

Anders als bei der In-House-Vergabe fehlt es an einem Kontrollverhältnis, das entscheidend für deren Vergaberechtsfreiheit ist. An dessen Stelle tritt das **Zusammenarbeitselement** zur Abgrenzung von einem einfachen Auftrag eines öffentlichen Auftraggebers an einen anderen öffentlichen Auftraggeber. Solche Zusammenarbeiten erfolgen in der Regel im Rahmen einer Vereinbarung ohne eigene Rechtspersönlichkeit, weshalb auch keine In-House-Vergabe an eine gemeinsam kontrollierte juristische Person möglich ist. 73

Unter die Ausnahme der öffentlich-öffentlichen Zusammenarbeit fallen dem Wortlaut nach nur **vertragliche Vereinbarungen**. Erwägungsgrund 33 RL 2014/24/EU stellt jedoch klar, dass die Rechtsform der Zusammenarbeit ohne Belang ist. Institutionalisierte Vereinbarungen dürften allerdings in der Regel entweder als (gemeinsames) In-House-Geschäft oder als rein interne Organisationsmaßnahme einer Zuständigkeitsübertragung ohne vertragliches Entgelt[130] freigestellt sein. 74

Weitere Voraussetzung ist eine Vereinbarung **zwischen öffentlichen Auftraggebern**, was im Umkehrschluss die Beteiligung weiterer (privater) Personen ausschließt, wie sich eindeutig aus dem Richtlinientext („ausschließlich zwischen") ergibt.[131] Gleichzeitig ist anders als im Entwurf der Kommission eine **private Kapitalbeteiligung** an einem der Auftraggeber nicht mehr ausgeschlossen, da unter bestimmten Bedingungen auch gemischtwirtschaftliche juristische Personen noch unter den Begriff des öffentlichen Auftraggebers nach § 99 Abs. 1 bis 3 GWB fallen, aber nicht vom Privileg der öffentlich-öffentlichen Zusammenarbeit ausgeschlossen werden sollen. Dies stellt Erwägungsgrund 32 RL 2014/24/EU ausdrücklich klar, weist jedoch auch darauf hin, dass dies nur der Fall ist, wenn trotz der privaten Kapitalbeteiligung noch „alle anderen Bedingungen im Zusammenhang mit der horizontalen Zusammenarbeit" erfüllt sind. Dieser Zusatz weist auf die Problematik hin, die sich durch eine solche indirekte private Kapitalbeteiligung für das Kriterium der ausschließlichen „Überlegungen im Zusammenhang mit dem öffentlichen Interesse"[132] ergeben können. 75

Die Vereinbarung kann zwischen **zwei oder mehr Auftraggebern** geschlossen werden, eine Grenze nach oben existiert nicht. 76

II. Zusammenarbeit (Nr. 1)

Der Vertrag muss nach § 108 Abs. 6 Nr. 1 GWB eine „Zusammenarbeit" begründen oder erfüllen, „um sicherzustellen, dass die von ihnen zu erbringenden öffentlichen Dienstleistungen im Hinblick auf die Erreichung gemeinsamer Ziele ausgeführt werden". 77

Die Formulierung führt eine Reihe von Unklarheiten gegenüber der EuGH-Rechtsprechung ein. Diese setzte zum einen noch klar voraus, dass die Zusammenarbeit die *„Wahrnehmung einer diesen Einrichtungen gemeinsam obliegenden öffentlichen Aufgabe zum Gegenstand hat"*[133]. Die Zusammenarbeit muss nun nicht mehr die **Wahrnehmung der öffentlichen Aufgaben** selbst zum Gegenstand haben, sondern die „Sicherstellung", „dass die von ihnen zu erbringenden öffentlichen Dienstleistungen im Hinblick auf die Erreichung gemeinsamer 78

128 EuGH, Urteil v. 19.12.2012 – Rs. C-159/11 (Lecce).
129 EuGH, Urteil v. 13.6.2013 – Rs. C-386/11 (Piepenbrock).
130 Siehe dazu oben Rn 10.
131 Siehe auch Gesetzesbegründung, BT-Drs. 18/6281, 82; so bereits EuGH, Urteil v. 9.6.2009 – Rs. C-480/06 (Stadtreinigung Hamburg).
132 Siehe dazu unten Rn. 85 ff.
133 EuGH, Urteil v. 19.12.2012 – Rs. C-159/11 (Lecce), Rn. 40.

Ziele" ausgeführt werden. Zur „Sicherstellung" können auch Tätigkeiten notwendig sein, die selbst keine öffentlichen Aufgaben darstellen.

79 Fraglich ist daher, ob auch eine Zusammenarbeit ausschließlich in Bezug auf reine **Hilfsdienstleistungen**, die wiederum die Erbringung öffentlicher Aufgaben „sicherstellen" – wie zum Beispiel Reinigungs-, IT- oder Abrechnungsdienstleistungen – nun anders als in der bisherigen EuGH-Rechtsprechung[134] erfasst sein sollen. Auch wenn der Gesetzeswortlaut offenbar bewusst von der EuGH-Rechtsprechung abweicht, spricht gegen den Willen des Gesetzgebers, die Voraussetzungen derart auszuweiten, dass auch eine Zusammenarbeit ausschließlich in Bezug auf Hilfsdienstleistungen erfasst wäre, der Erwägungsgrund 33 RL 2014/24/EU, nach dem öffentliche Auftraggeber beschließen können sollen, „ihre öffentlichen Dienstleistungen gemeinsam im Wege der Zusammenarbeit zu erbringen". Die Zusammenarbeit soll zudem nicht darauf ausgerichtet sein, dass die Wahrnehmung öffentlicher Aufgaben überhaupt „sichergestellt" wird, sondern soll sicherstellen, dass sie „im Hinblick auf die Erreichung gemeinsamer Ziele ausgeführt werden".[135] Gegenstand der Zusammenarbeit müssen in jedem Fall daher **öffentliche Dienstleistungen aller beteiligten öffentlichen Auftraggeber** sowie **gemeinsame Ziele** sein.[136] Dies ist nicht der Fall bei Aufgaben, die überwiegend von Ingenieuren und Architekten ausgeübt werden,[137] Reinigungsaufgaben,[138] Apothekerleistungen an öffentlichen Krankenhäusern,[139] Hilfsdienstleistungen wie das IT-Hochschul-Management-System,[140] der Entwicklung und Pflege von Software[141] oder Aufgaben, die nur einem der beteiligten Auftraggeber obliegen.[142] Sie mögen die Ausführung öffentlicher Aufgaben sicherstellen, beziehen sich jedoch nicht auf das Ziel, dass dies im Hinblick auf gemeinsame Ziele erfolgt.

80 Der gegenüber der Rechtsprechung erweitere Wortlaut bringt allerdings mit der Formulierung, die Zusammenarbeit solle **die Ausführung der gemeinsamen öffentlichen Aufgaben „sicherstellen"**, zum Ausdruck, dass die Zusammenarbeit nicht nur die öffentlichen Dienstleistungen selbst, sondern auch sonstige Tätigkeiten umfassen kann, die zu deren Ausführung erforderlich sind. Erwägungsgrund 33 fährt daher damit fort, dass die Zusammenarbeit alle Tätigkeiten „in Verbindung mit der Ausführung der Dienstleistungen und Zuständigkeiten [...] erfasst". Die Ausweitung der Tätigkeiten betrifft deshalb nur die Frage, welche Tätigkeiten neben den gemeinsam erbrachten öffentlichen Dienstleistungen noch erfasst sein können – der Erwägungsgrund listet „gesetzliche oder freiwillige Aufgaben der Gebietskörperschaften oder Dienste, die bestimmten Einrichtungen durch das öffentliche Recht übertragen werden", auf –, bedeutet jedoch nicht, dass sich eine Zusammenarbeit ausschließlich auf eventuelle Hilfsdienstleistungen beziehen kann.

81 Die öffentlichen Aufgaben müssen von den beteiligten Auftraggebern „zu erbringen" sein. Dies setzt voraus, dass sie ihnen **kraft Gesetzes obliegen**. Die Zusammenarbeit kann sich daher nicht auf Aufgaben beziehen, zu denen nur einer der beteiligten Auftraggeber gesetzlich verpflichtet ist, die aber durch die Zusammenarbeit einem anderen Auftraggeber übertragen werden soll.[143]

82 Dabei muss es sich nach dem Wortlaut um **Dienstleistungen** handeln. Eine vergaberechtsfreie Zusammenarbeit in Bezug auf Bau- oder Liefertätigkeiten ist demnach nicht erfasst.

---

134 Vgl. zu Reinigungstätigkeiten EuGH, Urteil v. 13.6.2013 – Rs. C-386/11 (Piepenbrock).

135 Unmissverständlich der englische Wortlaut von Art. 12 Abs. 4 RL 2014/24/EU: „the contract establishes or implement a cooperation between contracting authorities with the aim of ensuring that public services they have to perform are provided with a view to achieving objectives they have in common."

136 Ebenso *Sudbrock,* KommJur 2014, 41 (46).

137 EuGH, Urteil v. 19.12.2012 – Rs. C-159/11 (Lecce), Rn. 37.

138 OLG Düsseldorf, Beschluss v. 6.11.2013 – VII-Verg 39/11.

139 OLG München, Beschluss v. 21.2.2013 – VII-Verg 21/12.

140 Vgl. EuGH, Urteil v. 8.5.2014 – Rs. C-15/13 (TU Hamburg-Harburg), Rn. 35.

141 KG, Beschluss v. 16.9.2013 – Verg 4/13.

142 OLG Düsseldorf, 7.11.2012 – VII-Verg 69/11, zu einem Vertrag zwischen Kommune und Zweckverband über Klärschlammbeseitigung, da dies nur Aufgabe der Kommune sei; ähnlich VK Baden-Württemberg, Beschluss v. 31.1.2012 – 1 VK 66/11.

143 VK Baden-Württemberg, Beschluss v. 31.1.2012 – 1 VK 66/11; VK Münster, Beschluss v. 22.7.2011 – VK 07/11.

Der zu beurteilende Vertrag kann die Zusammenarbeit entweder **begründen** oder **erfüllen**. Erfasst sind daher auch im Rahmen einer bestehenden Zusammenarbeit ergänzend geschlossene Verträge. 83

Unklar bleibt, wie stark das **kooperative Konzept** der Zusammenarbeit ausgestaltet sein muss.[144] Der EU-Gesetzgeber hat sich gegen den Vorschlag der Europäischen Kommission im Richtlinienentwurf entschieden, eine „echte Zusammenarbeit" mit „gegenseitigen Rechten und Pflichten" vorauszusetzen. Dass es sich gleichwohl nicht nur um den Austausch von Leistung gegen Entgelt handeln kann, ergibt sich bereits aus dem Begriff der Zusammenarbeit sowie dem Erwägungsgrund 33, nach dem ein „kooperatives Konzept" vorliegen muss, bei dem alle Beteiligten „einen Beitrag zur gemeinsamen Ausführung der betreffenden öffentlichen Dienstleistung" leisten müssen.[145] Eine solche „gemeinsame Ausführung" liegt jedoch nicht mehr vor, wenn sich ein Beteiligter auf die Zahlung eines Entgeltes beschränkt, dies wäre auch kein „Beitrag", sondern eine Gegenleistung. Zwar sind, wie der nächste Satz des Erwägungsgrundes klarstellt, Finanztransfers nicht schädlich („einschließlich etwaiger Finanztransfers"), jedoch genügt dies alleine nicht.[146] Allerdings müssen die Beiträge nicht identisch sein, sie können sich auch lediglich ergänzen.[147] Auch ist zulässig, dass einer der Beteiligten die Hauptlast trägt, andere nur einen unwesentlichen Beitrag leisten.[148] 84

III. Ausschließlich im öffentlichen Interesse (Nr. 2)

Die Durchführung der Zusammenarbeit darf weiterhin „ausschließlich durch Überlegungen im Zusammenhang mit dem öffentlichen Interesse bestimmt" werden. Die Voraussetzung wurde bereits im Fall **„Stadtreinigung Hamburg"** aufgestellt.[149] 85

Die Voraussetzung bezieht sich insbesondere auf eventuelle **Finanztransfers** zwischen den Beteiligten.[150] Diese dürfen, um ausschließlich mit Überlegungen im öffentlichen Interesse zusammenzuhängen, nicht über reine Kostenerstattungen hinausgehen.[151] 87

Nicht zulässig ist zudem, bei der Durchführung der Leistungen **auf private Unternehmen zurückzugreifen**.[152] Zwar ist die in der Rechtsprechung in diesem Zusammenhang genannte Voraussetzung, dass durch die Zusammenarbeit *„kein privates Unternehmen bessergestellt wird als seine Wettbewerber"*[153], nicht ausdrücklich in § 108 Abs. 6 GWB aufgeführt. Dies liegt jedoch daran, dass dieses Ziel im Wesentlichen durch das Verbot einer wesentlichen Markttätigkeit nach § 108 Abs. 6 Nr. 3 GWB erreicht wird. Der Erwägungsgrund 33 RL 2014/24/EU sowie die Begründung des Regierungsentwurfs[154] setzen das Verbot einer Besserstellung jedoch in Übereinstimmung mit dieser Rechtsprechung allgemein voraus. Deshalb ist davon auszugehen, dass die in der EuGH-Rechtsprechung aufgestellte Bedingung durch die Kodifizierung nicht aufgegeben wurde. Eine öffentlich-öffentliche Zusammenarbeit, bei 88

---

144 Auf die unklare Definition von „Zusammenarbeit" hat bereits der Bundestag selbst bei Verabschiedung des VergRModG 2016 hingewiesen, vgl. Beschlussempfehlung und Bericht des Ausschusses für Wirtschaft und Energie, BT-Drs. 18/7086, 13.

145 Ebenso OLG Koblenz, Beschluss v. 3.12.2014 – Verg 8/14.

146 So auch Erklärung der Regierungsfraktionen CDU/CSU und SPD bei der Beratung des VergRModG 2016, vgl. BT-Drs. 18/7086, 13: „Dazu kann als Teil auch ein etwaiger Finanztransfer zwischen den teilnehmenden öffentlichen Auftraggebern gehören"; ebenso *Brockhoff,* VergabeR 2014, 625 (633); *Gruneberg/Wilden-Beck,* VergabeR 2014, 99 (107).

147 Erwägungsgrund 33 RL 2014/24/EU.

148 Erwägungsgrund 33 RL 2014/24/EU.

149 EuGH, Urteil v. 9.6.2009 – Rs. C-480/06 (Stadtreinigung Hamburg), Rn. 47: *„solange die Umsetzung dieser Zusammenarbeit nur durch Überlegungen und Erfordernisse bestimmt wird, die mit der Verfolgung von im öffentlichen Interesse liegenden Zielen zusammenhängen"*.

150 Erwägungsgrund 33 RL 2014/24/EU.

151 EuGH, Urteil v. 9.6.2009 – Rs. C-480/06 (Stadtreinigung Hamburg), Rn. 43; OLG München, Beschluss v. 21.2.2013 – Verg 21/12.

152 EuGH, Urteil v. 13.6.2013 – Rs. C-386/22 (Piepenbrock), Rn. 40; Urteil v. 19.12.2012 – Rs. C-159/11 (Lecce), Rn. 38; OLG Celle, Beschluss v. 17.12.2014 – 13 Verg 3/13.

153 EuGH, Urteil v. 9.6.2009 – Rs. C-480/06 (Stadtreinigung Hamburg), Rn. 47.

154 Gesetzesbegründung, BT-Drs. 18/6281, 82.

der auf private Unternehmen zurückgegriffen werden darf, dürfte demnach nicht allein durch öffentliche Interessen bestimmt sein.

89 Auch die an sich zulässige **Beteiligung Privater** an einem der öffentlichen Auftraggeber kann unter diesem Gesichtspunkt problematisch sein. Insbesondere bei einer signifikanten privaten Kapitalbeteiligung – vor allem wenn diese an dem öffentlichen Auftraggeber besteht, der die wesentliche Auftragsleistung erbringt – wird der Nachweis schwerfallen, dass die Zusammenarbeit ausschließlich durch Überlegungen im Zusammenhang mit dem öffentlichen Interesse bestimmt wird. Insofern stellt sowohl Erwägung 32 RL 2014/24/EU als auch die Begründung des Regierungsentwurfs[155] klar, dass eine private Kapitalbeteiligung nur dann zulässig ist, wenn die übrigen Voraussetzungen der öffentlich-öffentlichen Zusammenarbeit noch gewahrt sind. Ersichtlich wollte der Gesetzgeber dabei den Eindruck vermeiden, durch die Streichung des im Richtlinienvorschlag der Europäischen Kommission noch enthaltenen Verbots privater Kapitalbeteiligung auch bei der öffentlich-öffentlichen Zusammenarbeit sei eine solche nunmehr schrankenlos zulässig.

IV. Wesentlichkeitsschwelle (Nr. 3)

90 Wie bei der In-House-Vergabe sieht § 108 Abs. 6 GWB ausdrücklich auch eine **Wesentlichkeitsschwelle für zulässiges Drittgeschäft** vor. Da hier kein Über-Unterordnungsverhältnis vorliegt, musste dabei das Drittgeschäft selbst (mit „weniger als 20 Prozent") beziffert werden. In der Sache besteht jedoch kein Unterschied zur Wesentlichkeitsschwelle nach § 108 Abs. 1 Nr. 2 und Abs. 4 Nr. 2 GWB. Wie dort dient die Grenze dem Ausschluss von Wettbewerbsverzerrungen zugunsten privater Unternehmen. Kein Privater soll einen Vorteil gegenüber seinen Wettbewerbern erhalten.[156]

91 Die Wesentlichkeitsschwelle ergab sich bisher **nicht eindeutig aus der EuGH-Rechtsprechung**, wurde aber vereinzelt von deutschen Vergabesenaten vorausgesetzt.[157] Insofern handelt es sich um eine begrüßenswerte Klarstellung des Gesetzgebers.

92 Die Abgrenzung von am Markt und nicht am Markt erbrachten Tätigkeiten richtet sich nach den gleichen Grundsätzen wie beim In-House-Geschäft.[158] Mit **„Tätigkeiten am Markt"** ist das Gegenstück dessen gemeint, was beim In-House-Geschäft die Ausführung von Aufgaben, die durch öffentliche Auftraggeber beauftragt wurden, ist. Erfasst ist wie dort jede Tätigkeit am liberalisierten wettbewerblichen Markt.[159]

93 Wie dort[160] dürfte auch hier der Einbezug von Tätigkeiten von **Tochterunternehmen** nur in engen Grenzen zu berücksichtigen sein. Die Berechnung der Tätigkeitsanteile erfolgt nach § 108 Abs. 7 GWB.

94 Dabei darf die Wesentlichkeitsgrenze von **keinem der beteiligten öffentlichen Auftraggeber** überschritten werden. Es erfolgt also keine Zusammenrechnung aller Tätigkeiten. Andernfalls würde das Ziel verfehlt, Wettbewerbsverzerrungen auszuschließen, da eine Zusammenrechnung ermöglichen würde, dass einzelne, überwiegend am Markt tätige öffentliche Auftraggeber durch die Zusammenarbeit mit überhaupt oder fast nicht am Markt tätigen ihr Drittgeschäft in der Summe verringern und dadurch ausschreibungsfrei beauftragt werden.

---

155 Gesetzesbegründung, BT-Drs. 18/6281, 82.

156 Erwägungsgrund 33 RL 2014/24/EU; Gesetzesbegründung, BT-Drs. 18/6281, 82.

157 OLG Celle, EuGH-Vorlage v. 17.12.2014 – 13 Verg 3/13; OLG München, Beschluss v. 21.2.2013 – Verg 21/12; OLG Düsseldorf, Beschluss v. 28.7.2011 – VII-Verg 20/11.

158 Siehe oben Rn. 31 ff.

159 Art. 12 Abs. 4 RL 2014/24/EU spricht vom „offenen Markt" bzw. „open market" und „marché concurrentiel". Der Weglassung des im Deutschen insoweit redundanten Adjektivs „offen" in der deutschen Umsetzung dürfte keine Bedeutung zukommen, da nicht ersichtlich ist, dass der deutsche Gesetzgeber, dem eine Eins-zu-eins-Umsetzung vorschwebte, mehr Tätigkeiten als europarechtlich vorgesehen zum schädlichen Drittgeschäft zählen wollte.

160 Siehe oben Rn. 39.

G. Vorwirkung

Die in § 108 GWB vorgesehenen Ausnahmen gelten erst ab dessen **Inkrafttreten**. Für vertragliche Beziehungen zwischen öffentlichen Einrichtungen in der Zeit davor ist ausschließlich auf die damals geltenden Ausnahmen zurückzugreifen, wie sie in der EuGH-Rechtsprechung entwickelt wurden. 95

Auch die EU-Richtlinien entfalten insofern anders als teilweise angenommen[161] **keine Vorwirkung**.[162] Eine unmittelbare Wirkung der Richtlinie scheidet schon wegen der noch nicht abgelaufenen Umsetzungsfrist aus, zudem kann sich auf den europarechtlichen Grundsatz der unmittelbaren Wirkung von Richtlinien nicht die öffentliche Hand, sondern nur der Einzelne berufen.[163] Auch die Möglichkeit einer „dynamischen Verweisung" auf das EU-Recht, die sich aus dem Gesetzeszweck der Umsetzung der geltenden europäischen Vergaberichtlinien durch das GWB ergeben soll,[164] überzeugt nicht. Gesetzeszweck des GWB ist die Umsetzung der jeweils geltenden Vergaberichtlinien. Es steht dem Gesetzgeber frei, die ihm gewährte Umsetzungsfrist ganz oder teilweise auszunutzen. Eine in Einzelfällen grundsätzlich mögliche Vorwirkung[165] könnte sich hier allenfalls aus der Annahme ergeben, dass die neuen Richtlinien insoweit die EuGH-Rechtsprechung kodifizieren und dies deshalb bei einer gebotenen unionsrechtskonformen Auslegung zu berücksichtigen wäre.[166] Dies ist jedoch insbesondere bei der 80 %-Schwelle nicht der Fall, aber auch andere erstmals ausdrücklich zugelassene Ausnahmen wie das horizontale In-House-Geschäft stellen keine Kodifizierung bestehender Rechtsprechung dar, zumal diese vorwirkende Auslegung zulasten von Rechten Einzelner gehen würde.[167] Im Übrigen besteht auch kein Anlass, eine zulässige strengere nationale Auslegung der damals ungeschriebenen Ausnahmen unionsrechtskonform im Nachhinein weiter auszulegen.[168] Daraus lässt sich jedoch nicht schließen, dass vor Umsetzung der Richtlinie im deutschen Recht die Ausnahme der öffentlich-öffentlichen Zusammenarbeit nicht existierte,[169] da der EuGH dies als ungeschriebene Ausnahme bereits anerkannt hatte, die im Wege einer unionsrechtskonformen Auslegung des Auftragsbegriffs auch auf die Zeit vor der Umsetzung übertragen werden kann. 96

H. Späterer Wegfall von Voraussetzungen

Grundsätzlich ist über die Voraussetzung der vergaberechtsfreien In-House-Vergabe oder öffentlich-öffentlichen-Zusammenarbeit **zum Zeitpunkt der Vergabe bzw. Begründung** der Zusammenarbeit zu entscheiden. Nur im Ausnahmefall sind dabei bereits bekannte, später eintretende Umstände, wie etwa eine unmittelbar nach Auftragsvergabe erfolgende private Kapitalbeteiligung, wegen der Gefahr einer Umgehung zu berücksichtigen.[170] 97

Davon zu unterscheiden ist die Frage, ob bei einer **späteren Änderung** der Bedingung eine zunächst vergaberechtsfreie Zusammenarbeit zum Zeitpunkt der Änderung ausgeschrieben werden muss. In Betracht kommen insbesondere spätere Kapitalbeteiligungen oder Überschreitungen der Wesentlichkeitsschwelle durch Zunahme des Drittgeschäfts. Der ursprüngli- 98

---

161 Problematisiert vom OLG Koblenz im Beschluss v. 3.12.2014 – Verg 8/14; tendenziell angenommen OLG Celle, EuGH-Vorlage vom 17.12.2014 – 13 Verg 3/13, Rn. 74. Dafür *Müller/Klostermann*, ZfBR 2014, 347 (353 f.).
162 Ebenso *Greb*, VergabeR 2015, 289 (294 f.).
163 Zu den Voraussetzungen der unmittelbaren Wirkungen von Richtlinien *Ruffert*, in: Callies/Ruffert, EUV/AEUV, Art. 288 AEUV Rn. 47 ff.
164 OLG Celle, EuGH-Vorlage v. 17.12.2014 – 13 Verg 3/13, Rn. 74.
165 Grundsätzlich BGH, Urteil v. 5.2.1988 – I ZR 211/95; zu anderen Vorschriften der neuen Vergaberichtlinien OLG Düsseldorf, Beschluss v. 19.11.2014 – VII-Verg 30/14; OLG Schleswig, Beschluss v. 4.11.2014 – 1 Verg 1/14.
166 *Müller/Klostermann*, ZfBR 2014, 347 (353), gehen von einem Recht der öffentlichen Auftraggeber aus, bereits vor Umsetzung das deutsche Vergaberecht richtlinienkonform auszulegen.
167 Anders *Müller/Klostermann*, ZfBR 2014, 347 (354), die nur eine *„faktische Benachteiligung"* annehmen, da nur die öffentliche Verwaltung selbst Normadressat sei, was vor dem Hintergrund des Richtlinienzwecks, Wettbewerbsverzerrungen zu vermeiden, nicht zu überzeugen vermag.
168 Ebenso *Antweiler*, VergabeR 2015, 192.
169 So aber wohl OLG Koblenz, Beschluss v. 3.12.2014 – Verg 8/14.
170 Siehe oben Rn. 12.

che Richtlinien-Vorschlag der Kommission enthielt eine Regelung, die sich allerdings nur auf spätere Kapitalbeteiligungen bei der In-House-Vergabe bezog und für diesen Fall eine Ausschreibungspflicht vorsah.[171] Deren Wegfall im Laufe des Gesetzgebungsverfahrens ergibt insoweit Sinn, als die auf Kapitalbeteiligung beschränkte Regelung die Rechtsunsicherheit für andere Änderungen noch vergrößert hätte, weil der Umkehrschluss nahegelegen hätte, dass der Gesetzgeber diese Änderungen für irrelevant gehalten hätte. Die Streichung bedeutet dagegen nicht, dass eine spätere Änderungen der Voraussetzungen nicht mehr zur Ausschreibungspflicht führt. Vielmehr würde die spätere Veräußerung von Kapital oder eine Überschreitung der Wesentlichkeitsschwelle zu diesem Zeitpunkt eine Ausschreibungspflicht auslösen. Dies hatte der EuGH bereits für die In-House-Ausnahme festgestellt,[172] der gleiche Grundsatz muss aber für die dogmatisch gleichermaßen gerechtfertigte Ausnahme der öffentlich-öffentlichen Zusammenarbeit gelten.[173]

99 Dabei gibt es **keine Schwellen**, die z. B. erst bei einem wesentlichen Überschreiten der Wesentlichkeitsschwelle oder wesentlichen privaten Kapitalbeteiligung eine Ausschreibungspflicht nach sich ziehen würden. § 132 GWB ist weder direkt noch analog anwendbar, da es sich bei den Änderungen der Umstände nicht um eine Änderung eines zuvor nach Vergaberecht vergebenen Auftrages handelt. In derartigen Fällen wurde zunächst das Vergaberecht eingehalten, weshalb unwesentliche spätere Änderungen im Rahmen des ursprünglichen Auftrags bleiben und gemäß § 132 GWB nicht ausgeschrieben werden müssen. Vielmehr handelt es sich bei dem Wegfall einer der Voraussetzung eines In-House-Geschäfts oder der öffentlich-öffentlichen Zusammenarbeit stets um eine so wesentliche Änderung, dass eine Ausschreibung zwingend zu erfolgen hat.[174]

I. Berechnung des Anteils der Markttätigkeit (Abs. 7)

100 Die Berechnung der anteiligen Tätigkeit ist einheitlich für die verschiedenen In-House-Konstellationen sowie die horizontale öffentlich-öffentliche Zusammenarbeit in § 108 Abs. 7 GWB geregelt.

101 In der Regel ist der durchschnittliche **Gesamtumsatz der letzten drei Jahre** vor Vergabe des öffentlichen Auftrages oder ein anderer **geeigneter tätigkeitsgestützter Wert** heranzuziehen, wobei auch für Letzteren der Dreijahreszeitraum entscheidend ist, wie sich aus dem insoweit klareren Wortlaut des Art. 12 Abs. 5 RL 2014/24/EU ergibt. Beide Berechnungsformen können alternativ herangezogen werden, ein Vorrang der Umsatzberechnung gegenüber der tätigkeitsgestützten Berechnung ist dem Gesetz nicht zu entnehmen.

102 Der tätigkeitsgestützte Wert muss **„geeignet"** sein. § 108 Abs. 7 S. 2 GWB zählt als nicht abschließende Beispiele die Kosten auf, die in Bezug auf Liefer-, Bau- und Dienstleistungen in dem Dreijahreszeitraum entstanden sind. Nicht herangezogen werden können Gewinnanteile, die weder tätigkeitsgestützt noch geeignet sind, zu bestimmen, ob ein Unternehmen im Wesentlichen für den kontrollierenden Auftraggeber tätig ist.

103 Wenn für die letzten drei Jahre keine entsprechenden Angaben über Umsatz oder tätigkeitsgestützte Werte vorliegen oder wenn diese nicht aussagekräftig sind, kann nach § 108 Abs. 7 S. 3 GWB ein tätigkeitsgestützter Wert insbesondere durch **Prognosen über die Geschäftsentwicklung** glaubhaft gemacht werden. Die Fälle, in denen die Angaben nicht vorliegen oder nicht aussagekräftig sind, sind **abschließend** in Art. 12 Abs. 5 UAbs. 2 RL 2014/24/EU, der zur gebotenen richtlinienkonformen Auslegung heranzuziehen ist, aufgeführt. Demnach

171 Art. 11 Abs. 5 UAbs. 2 des Richtlinienvorschlages der Kommission.

172 Vgl. EuGH, Urteil v. 10.9.2009 – Rs. C-573/07 (Sea), Rn. 53, zur späteren Beteiligung Privater; übertragen auf Überschreitung der Wesentlichkeitsschwelle von OLG Celle, EuGH-Vorlage v. 17.12.2014 – 13 Verg 3/13, und OLG Düsseldorf, Beschluss v. 28.7.2011 – VII-Verg 20/11.

173 Ebenso *Dierkes/Scharf*, VergabeR 2014, 752 (758).

174 Ebenso *Dierkes/Scharf*, VergabeR 2014, 752 (758); für den Fall der In-House-Vergabe vgl. EuGH, Urteil v. 10.9.2009 – Rs. C-573/07 (Sea), Rn. 53, zur späteren Beteiligung Privater; übertragen auf Überschreitung der Wesentlichkeitsschwelle von OLG Celle, EuGH-Vorlage v. 17.12.2014 – 13 Verg 3/13, und OLG Düsseldorf, Beschluss v. 28.7.2011 – VII-Verg 20/11.

ist eine Glaubhaftmachung möglich, wenn keine Angaben vorliegen oder „nicht mehr relevant" sind, „weil die betreffende juristische Person oder der betreffende öffentliche Auftraggeber gerade erst gegründet wurde oder erst vor kurzem ihre beziehungsweise er seine Tätigkeiten umstrukturiert hat"[175]. Andere Begründungen für nicht aussagekräftige Werte, die eine Glaubhaftmachung ermöglichen würden, können daher bei richtlinienkonformer Auslegung nicht vorgebracht werden.

J. Anwendung auf Sektorenauftraggeber und Konzessionsgeber (Abs. 8)

Die **RL 2014/23/EU und 2014/25/EU** sehen fast gleichlautende Vorschriften wie Art. 12 RL 2014/24/EU vor. Der deutsche Gesetzgeber hat sich daher für eine einheitliche Umsetzung entschieden, musst aber wegen der anderen Adressatenkreise über § 108 Abs. 8 GWB einen Verweis für Sektorenauftraggeber und Konzessionsgeber vorsehen. **104**

§ 108 Abs. 1 bis 7 GWB erfassen zunächst nur klassische **öffentliche Auftraggeber** nach § 99 Nr. 1 bis 3 GWB in Umsetzung von Art. 12 RL 2014/24/EU. § 108 Abs. 8 GWB schreibt dann die entsprechende Anwendung auf solche **Sektorenauftraggeber** und **Konzessionsgeber** vor, die selbst auch öffentliche Auftraggeber sind (§ 100 Abs. 1 Nr. 1 und § 101 Abs. 1 Nr. 1 und Nr. 2 GWB). **105**

Damit stehen **privaten Auftraggebern** nach § 100 Abs. 1 Nr. 2 und § 101 Abs. 1 Nr. 3 GWB die Ausnahmen des In-House-Geschäfts und der öffentlich-öffentlichen Zusammenarbeit nicht zur Verfügung. Diese können sich jedoch auf die Ausnahme für verbundene Unternehmen nach § 138 GWB berufen. **106**

Anlage

Gesetzesbegründung (BT-Drs. 18/6281)

Seite 79

§ 108 regelt erstmals den Bereich der von der Anwendung des Vergaberechts ausgenommenen öffentlich-öffentlichen Zusammenarbeit. Damit wird nunmehr gesetzlich Klarheit geschaffen, unter welchen Voraussetzungen zwischen öffentlichen Auftraggebern geschlossene Verträge von der Anwendung des Teils 4 des GWB ausgenommen sind. Bislang basierten die Vorgaben hierzu auf den von der Rechtsprechung des EuGH entwickelten Grundsätzen. § 108 dient der Umsetzung von Artikel 17 der Richtlinie 2014/23/EU, Artikel 12 der Richtlinie 2014/24/EU und Artikel 28 der Richtlinie 2014/25/EU.

Grundsätzlich soll das Vergaberecht öffentliche Auftraggeber nicht in ihrer Freiheit beschränken, die ihnen übertragenen öffentlichen Aufgaben gemeinsam mit anderen öffentlichen Auftraggebern oder eigenen Unternehmen zu erfüllen. Allerdings ist der Umstand, dass beide Parteien einer Vereinbarung selbst öffentliche Auftraggeber

Seite 80

sind, allein nicht ausreichend, um die Anwendung des Vergaberechts auszuschließen. Hierfür müssen vielmehr weitere Voraussetzungen erfüllt sein. Dadurch sollen insbesondere Wettbewerbsverzerrungen im Verhältnis zu privaten Unternehmen vermieden werden. Über Art und Umfang herrschte bislang allerdings mangels gesetzlicher Regelungen oftmals Ungewissheit. Die neuen EU-Vergaberichtlinien schaffen insofern durch die neuen Vorschriften zur öffentlich-öffentlichen Zusammenarbeit Rechtssicherheit für öffentliche Auftraggeber und Auftragnehmer. Im Wesentlichen wird damit die Rechtsprechung des EuGH kodifiziert. Im Rahmen der Umsetzung ins deutsche Recht sollen die europäischen Vorgaben möglichst eins-zu-eins übernommen werden.

§ 108 unterscheidet entsprechend der Vorgaben der EU-Richtlinien grundsätzlich zwischen der Zusammenarbeit auf vertikaler und horizontaler Ebene. Während die Zusammenarbeit auf vertikaler

175 Die Fälle wurden in der Gesetzesbegründung, BT-Drs. 18/6281, 82, aufgegriffen.

Ebene die verschiedenen Inhouse-Konstellationen betrifft und in den Absätzen 1 bis 5 geregelt ist, ist die horizontale Zusammenarbeit von öffentlichen Auftraggebern (bei Beteiligung von Kommunen oftmals auch interkommunale Kooperation genannt) in Absatz 6 geregelt.

§ 108 regelt nicht die Fälle, in denen Befugnisse und Zuständigkeiten für die Ausführung öffentlicher Aufgaben zwischen öffentlichen Auftraggebern oder Gruppen von öffentlichen Auftraggebern durch Vereinbarungen, Beschlüsse oder auf anderem Wege übertragen werden, ohne dass insoweit eine Vergütung für vertragliche Leistungen vorgesehen ist. Diese Fälle unterfallen – ungeachtet der in § 108 geregelten Ausnahmen – von vornherein nicht diesem Teil, da es sich, wie auch Artikel 1 Absatz 6 der Richtlinie 2014/24/EU festhält, um Angelegenheiten der internen Organisation handelt.

Zu Absatz 1

§ 108 Absatz 1 dient der Umsetzung von Artikel 12 Absatz 1 der Richtlinie 2014/24/EU und betrifft die klassischen Inhouse-Konstellationen, in denen ein öffentlicher Auftraggeber gemäß § 99 Nummer 1 bis 3 eine von ihm kontrollierte juristische Person des privaten oder öffentlichen Rechts beauftragt. Die Voraussetzungen hierfür finden sich in den Nummern 1 bis 3.

Zu Nummer 1

Gemäß § 108 Absatz 1 Nummer 1 ist zunächst erforderlich, dass der öffentliche Auftraggeber über die juristische Person eine ähnliche Kontrolle wie über seine eigenen Dienststellen ausübt. Damit wird die inzwischen langjährige Rechtsprechung des EuGH zum sogenannten Kontrollkriterium übernommen (erstmals EuGH, Urteil vom 18.11.1999, C-107/98, „Teckal", Rn. 50). Die Ausübung einer Kontrolle wie über eine eigene Dienststelle wird nach § 108 Absatz 2 vermutet, wenn der öffentliche Auftraggeber einen ausschlaggebenden Einfluss auf die strategischen Ziele und die wesentlichen Entscheidungen der kontrollierten juristischen Person ausübt. Dies entspricht den vom EuGH in seiner Rechtsprechung entwickelten Erfordernissen (ständige Rechtsprechung seit EuGH, Urteil vom 13.10.2005, C-458/03, „Parking Brixen", Rn. 65; EuGH, Urteil vom 11.5.2006, C-340/04, „Carbotermo", Rn. 36).

Zu Nummer 2

Gemäß § 108 Absatz 1 Nummer 2 ist weiterhin erforderlich, dass die kontrollierte juristische Person mehr als 80 Prozent ihrer Tätigkeiten in Ausführung der Aufgaben ausführt, mit denen sie von dem kontrollierenden öffentlichen Auftraggeber oder von anderen durch diesen öffentlichen Auftraggeber kontrollierten juristischen Personen betraut worden ist. Damit wird das durch die Rechtsprechung entwickelte Wesentlichkeitskriterium, wonach die beauftragte juristische Person im Wesentlichen für den öffentlichen Auftraggeber tätig sein muss, präzisiert (ständige Rspr. des EuGH seit EuGH, Urteil vom 18.11.1999, C-107/98, „Teckal", Rn. 50). Bislang bestand im Einzelnen jedoch Unsicherheit über den erforderlichen Umfang der Tätigkeiten, die für den öffentlichen Auftraggeber erbracht werden müssen. Die nun normierte 80-Prozent-Grenze sorgt insofern für Rechtssicherheit. Unerheblich ist in diesem Zusammenhang, ob der Begünstigte der Ausführung des Auftrags der Auftraggeber selbst oder ein davon abweichender Nutzer der Leistungen ist.

Zu Nummer 3

§ 108 Absatz 1 Nummer 3 stellt entsprechend der langjährigen Rechtsprechung des EuGH klar, dass bei einer privaten Beteiligung an der beauftragten juristischen Person eine Inhouse-Vergabe grundsätzlich ausgeschlossen ist (ständige Rechtsprechung seit EuGH, Urteil vom 11.1.2005, C- 26/03, „Stadt Halle", Rn. 49). Grund dafür ist, dass die Vergabe eines öffentlichen Auftrags ohne Wettbewerbsverfahren einem privaten Unternehmen, das am Kapital der kontrollierten juristischen Person beteiligt ist, einen unzulässigen Vorteil gegenüber seinen Wettbewerbern verschaffen würde.

Seite 81

Ungeachtet einer direkten privaten Kapitalbeteiligung findet Teil 4 keine Anwendung auf eine nicht beherrschende Form der privaten Kapitalbeteiligung und eine Form der privaten Kapitalbeteiligung ohne Sperrminorität, wenn diese gesetzlich vorgeschrieben sind und keinen ausschlaggebenden Einfluss auf die kontrollierte juristische Person vermitteln.

Zu beachten ist zudem, dass § 108 Absatz 1 Nummer 3 allein auf die direkte private Beteiligung an der kontrollierten juristischen Person abstellt. Unschädlich für eine Inhouse-Vergabe ist eine private Kapitalbeteiligung am kontrollierenden öffentlichen Auftraggeber. Solche Beteiligungen führen in der Regel nicht zu einer nachteiligen Beeinflussung des Wettbewerbs zwischen privaten Unternehmen.

Zu Absatz 2

§ 108 Absatz 2 ist eine Vermutungsregelung hinsichtlich des Kontrollkriteriums im Sinne von Absatz 1 Nummer 1 (siehe Erläuterungen zu § 108 Absatz 1 Nummer 1) und dient der Umsetzung von Artikel 12 Absatz 1 Unterabsatz 2 der Richtlinie 2014/24/EU. Zur besseren Lesbarkeit wird der Unterabsatz 2 in einem gesonderten Absatz 2 umgesetzt.

Zu Absatz 3

§ 108 Absatz 3 erstreckt die erlaubten Inhouse-Vergaben des Absatz 1 auf weitere Konstellationen. Die erste Alternative betrifft Konstellationen, in denen eine kontrollierte juristische Person einen Auftrag an ihren kontrollierenden öffentlichen Auftraggeber gemäß § 99 Nummer 1 bis 3 erteilt (Auftrag der Tochter an die Mutter). Die zweite Alternative betrifft Formen der horizontalen Inhouse-Vergabe, in denen eine kontrollierte juristische Person einen Auftrag an eine andere juristische Person vergibt, die von demselben öffentlichen Auftraggeber kontrolliert wird (Auftrag im Schwesternverhältnis). Die Voraussetzungen des Absatz 1 Nummer 1 bis 3 sind in beiden Alternativen entsprechend anzuwenden.

Zu Absatz 4

§ 108 Absatz 4 erstreckt die erlaubten Inhouse-Vergaben auf Konstellationen, in denen die Kontrolle des Auftragnehmers abweichend von Absatz 1 durch mehrere Auftraggeber gemeinsam erfolgt. Durch die Vorschrift werden – aufgrund ihrer systematischen Stellung nach § 108 Absatz 3 – auch solche öffentlichen Aufträge erfasst, die von einer kontrollierten juristische Person, die zugleich öffentlicher Auftraggeber im Sinne des § 99 Nummer 1 bis 3 ist, an einen von mehreren sie kontrollierenden öffentlichen Auftraggeber vergeben werden.

Zu Nummer 1

Nach § 108 Absatz 4 Nummer 1 kann abweichend von Absatz 1 Nummer 1 die Kontrolle des Auftragnehmers auch gemeinsam mit anderen Auftraggebern erfolgen. Die Voraussetzungen für eine gemeinsame Kontrolle ergeben sich aus Absatz 5.

Zu Nummer 2

§ 108 Absatz 4 Nummer 2 überträgt den Wesentlichkeitsgrundsatz des Absatz 1 Nummer 2 auf die Konstellationen einer gemeinsamen Kontrolle. Abweichend von Absatz 1 Nummer 2 bezieht sich das Wesentlichkeitskriterium in diesem Fall auf alle kontrollierenden Auftraggeber. Der Auftragnehmer muss also 80 Prozent seiner Tätigkeiten nicht allein für den Auftraggeber im konkreten Fall, sondern für alle ihn kontrollierenden Auftraggeber oder andere von diesen Auftraggebern kontrollierte juristische Personen erbringen.

Zu Nummer 3

§ 108 Absatz 4 Nummer 3 entspricht der Voraussetzung des Absatz 1 Nummer 3.

Zu Absatz 5

§ 108 Absatz 5 nennt die Voraussetzungen, die kumulativ erfüllt sein müssen, um eine gemeinsame Kontrolle im Sinne des Absatz 4 Nummer 1 zu bejahen.

Zu Absatz 6

§ 108 Absatz 6 betrifft die Zusammenarbeit zwischen zwei oder mehr öffentlichen Auftraggebern auf horizontaler Ebene (oftmals auch interkommunale Kooperation genannt) und dient der Umsetzung des Artikel 12 Absatz 4 der Richtlinie 2014/24/EU. Anders als in den Absätzen 1 bis 5 fehlt es in diesen Fällen an einem Über-/Unterordnungsverhältnis und der damit verbundenen Kontrolle des Auftraggebers über den Auftragnehmer. Stattdessen soll § 108 Absatz 6 öffentlichen Auftraggebern die Möglichkeit einräumen, öffentliche Dienstleistungen unter bestimmten Voraussetzungen gemeinsam im Wege der Zusammenarbeit zu erbringen, ohne dass das Vergaberecht zur Anwendung kommt.

Seite 82

Aufträge für die gemeinsame Erbringung öffentlicher Dienstleistungen sollen nach § 108 Absatz 6 dann von der Anwendung des Vergaberechts ausgenommen sein, wenn die Aufträge ausschließlich zwischen öffentlichen Auftraggebern geschlossen werden, die Durchführung dieser Zusammenarbeit ausschließlich von Erwägungen des öffentlichen Interesses bestimmt wird und kein privater Dienstleister einen Vorteil gegenüber seinen Wettbewerbern erhält (siehe im Einzelnen Erläuterungen zu Nummer 1 bis 3). Im Wesentlichen kodifizieren die EU-Richtlinien damit die Rechtsprechung des EuGH (vgl. EuGH, Urteil vom 13.6.2013, Rs. C-386/11, „Piepenbrock"; EuGH, Urteil vom 19.12.2012, Rs. C-159/11, „Lecce" und EuGH, Urteil vom 9.6.2009, Rs. C-480/06, „Kommission/ Deutschland").

Unerheblich ist nach § 108 Absatz 6, ob an den öffentlichen Auftraggebern nach § 99 Nummer 1 bis 3 eine private Kapitalbeteiligung besteht. Sofern der Auftrag ausschließlich zwischen öffentlichen Auftraggebern nach § 99 Nummer 1 bis 3 geschlossen wird und die übrigen Voraussetzungen des § 108 Absatz 6 Nummer 1 bis 3 erfüllt sind, können somit auch öffentliche Auftraggeber mit einer privaten Kapitalbeteiligung die Ausnahmeregelung für die horizontale Zusammenarbeit in Anspruch nehmen.

Zu Nummer 1

Aus § 108 Absatz 6 Nummer 1 ergibt sich, dass öffentliche Auftraggeber grundsätzlich frei sind, ihre öffentlichen Dienstleistungen gemeinsam im Wege der Zusammenarbeit zu erbringen, ohne zur Einhaltung einer bestimmten Rechtsform verpflichtet zu sein. Die Zusammenarbeit ist dabei nicht auf bestimmte Dienstleistungen beschränkt, sondern kann alle Arten von Tätigkeiten erfassen. Die im Wege der Zusammenarbeit erbrachten Dienstleistungen müssen dabei nicht identisch sein, sondern können sich auch ergänzen.

Im Hinblick auf die Anforderung an die Zusammenarbeit zwischen den öffentlichen Auftraggebern bestimmt die Richtlinie 2014/24/EU (Artikel 12 sowie Erwägungsgrund 33), dass die Zusammenarbeit auf einem kooperativen Konzept beruhen muss. Dies erfordert jedoch nicht, dass alle teilnehmenden Stellen die Ausführung wesentlicher vertraglicher Pflichten übernehmen, solange sie sich verpflichtet haben, einen Beitrag zur gemeinsamen Ausführung der betreffenden öffentlichen Dienstleistung zu leisten.

Zu Nummer 2

Nach § 108 Absatz 6 Nummer 2 darf die Zusammenarbeit zwischen den öffentlichen Auftraggebern ausschließlich durch Überlegungen im Zusammenhang mit dem öffentlichen Interesse bestimmt werden. Dies gilt insbesondere auch für etwaige Finanztransfers zwischen den teilnehmenden öffentlichen Auftraggebern.

Zu Nummer 3

Nach § 108 Absatz 6 Nummer 3 dürfen die öffentlichen Auftraggeber auf dem offenen Markt weniger als 20 Prozent der Tätigkeiten erbringen, die durch die Zusammenarbeit nach Nummer 1 erfasst wird. Ähnlich wie durch das Wesentlichkeitskriterium in Absatz 1 Nummer 2 und Absatz 4 Nummer 2 soll damit sichergestellt werden, dass die öffentlich-öffentliche Zusammenarbeit nicht zu Wettbewerbsverzerrungen gegenüber privaten Unternehmen führt.

Zu Absatz 7

Sowohl bei den Inhouse-Vergaben (Absätze 1 bis 5) als auch bei der horizontalen Zusammenarbeit sollen durch eine prozentuale Begrenzung des Umfangs der Tätigkeiten auf dem Markt Wettbewerbsverzerrungen zulasten privater Unternehmen vermieden werden. § 108 Absatz 7 bestimmt, wie die prozentualen Angaben in Absatz 1 Nummer 2, Absatz 4 Nummer 2 und Absatz 6 Nummer 3 berechnet werden sollen. Maßgeblich sind hierfür der durchschnittliche Gesamtumsatz oder andere tätigkeitsgestützte Werte, wie z. B. die entstandenen Kosten, der vergangenen drei Jahre (entsprechend Artikel 12 Absatz 5 Richtlinie 2014/24/EU. § 108 Absatz 7 Satz 3 regelt den Fall, dass keine entsprechenden Angaben vorliegen oder diese nicht aussagekräftig sind. Dies kommt insbesondere dann in Betracht, wenn die betreffende juristische Person oder der betreffende öffentliche Auftraggeber gerade gegründet wurde oder erst vor Kurzem ihre beziehungsweise seine Tätigkeit aufgenommen hat oder weil sie ihre beziehungsweise er seine Tätigkeiten umstrukturiert hat. In diesem Fall sind die erforderlichen Werte glaubhaft zu machen.

Zu Absatz 8

Die drei neuen EU-Vergaberichtlinien enthalten im Wesentlichen identische Regelungen zur öffentlich-öffentlichen Zusammenarbeit sowohl hinsichtlich der Vergabe von öffentlichen Aufträgen als auch hinsichtlich der Vergabe von Konzessionen. Es ist deshalb angezeigt, eine einheitliche Regelung im GWB vorzusehen. Unterschiede innerhalb der Richtlinien gibt es allerdings beim Adressatenkreis. So sollen sich nach den Richtlinien nur öffentliche Auftraggeber auf die Ausnahme berufen können. § 108 Absatz 1 bis 7 betrifft deshalb in Umsetzung

Seite 83

von Artikel 12 der Richtlinie 2014/24/EU zunächst nur öffentliche Auftraggeber nach § 99 Nummer 1 bis 3. § 108 Absatz 8 erstreckt den Anwendungsbereich des § 108 auf die Vergaben von öffentlichen Aufträgen durch Sektorenauftraggeber gemäß § 100 Absatz 1 Nummer 1 sowie auf die Vergabe von Konzessionen durch Konzessionsgeber gemäß § 101 Absatz 1 Nummer 1 und § 101 Absatz 1 Nummer 2. Dadurch wird sichergestellt, dass sich private Auftraggeber nach § 100 Absatz 1 Nummer 2 oder § 101 Absatz 1 Nummer 3 nicht auf die Ausnahmeregelungen der öffentlich-öffentlichen Zusammenarbeit berufen können. Allerdings kommt in diesen Fällen eine Ausnahme vom GWB-Vergaberecht bei verbundenen Unternehmen im Sinne des § 138 in Betracht.

§ 109
Ausnahmen für Vergaben auf der Grundlage internationaler Verfahrensregeln

(1) Dieser Teil ist nicht anzuwenden, wenn öffentliche Aufträge, Wettbewerbe oder Konzessionen

1. nach Vergabeverfahren zu vergeben oder durchzuführen sind, die festgelegt werden durch

a) ein Rechtsinstrument, das völkerrechtliche Verpflichtungen begründet, wie eine im Einklang mit den EU-Verträgen geschlossene internationale Übereinkunft oder Vereinbarung zwischen der Bundesrepublik Deutschland und einem oder mehreren Staaten, die nicht Vertragsparteien des Übereinkommens über den Europäischen Wirtschaftsraum sind, oder ihren Untereinheiten über Liefer-, Bau- oder Dienstleistungen für ein von den Unterzeichnern gemeinsam zu verwirklichendes oder zu nutzendes Projekt, oder

b) eine internationale Organisation oder

2. gemäß den Vergaberegeln einer internationalen Organisation oder internationalen Finanzierungseinrichtung bei vollständiger Finanzierung der öffentlichen Aufträge und Wettbewerbe durch diese Organisation oder Einrichtung zu vergeben sind; für den Fall einer überwiegenden Kofinanzierung öffentlicher Aufträge und Wettbewerbe durch eine internationale Organisation oder eine internationale Finanzierungseinrichtung einigen sich die Parteien auf die anwendbaren Vergabeverfahren.

(2) Für verteidigungs- oder sicherheitsspezifische öffentliche Aufträge ist § 145 Nummer 7 und für Konzessionen in den Bereichen Verteidigung und Sicherheit ist § 150 Nummer 7 anzuwenden.

Übersicht Rn.

A. Allgemeines 1
B. Die einzelnen Ausnahmetatbestände (Abs. 1) 4
I. Vergabeverfahren nach internationalen Verträgen für gemeinsame Projekte mit Nicht-EWR-Staaten (Nr. 1 lit. a) 4
II. Vergabeverfahren internationaler Organisationen (Nr. 1 lit. b) 7
III. Vergabeverfahren internationaler Organisationen oder internationaler Finanzierungseinrichtungen bei Finanzierung (Nr. 2) 12
C. Rechtsschutz 16
Anlage
Gesetzesbegründung (BT-Drs. 18/6281)

A. Allgemeines

§ 109 GWB dient der **Umsetzung** von Art. 9 RL 2014/24/EU, Art. 20 RL 2014/25/EU und Art. 10 Abs. 4 RL 2014/23/EU. Nach diesen Vorschriften kommen die Richtlinien für nach internationalen Regeln vergebene Aufträge und Konzessionen sowie ausgerichtete Wettbewerbe nicht zur Anwendung. 1

Hintergrund ist, dass der Auftraggeber aufgrund von internationalen Vereinbarungen verpflichtet ist, die Vergabe nach anderen als den in den Richtlinien festgelegten Verfahren zu vergeben. 2

Die Ausnahme gilt nicht für **verteidigungs- oder sicherheitsspezifische öffentliche Aufträge** (§ 104 GWB) und **Konzessionen in den Bereichen Verteidigung und Sicherheit**, die nach internationalen Regeln vergeben werden. Für diese verweist § 109 Abs. 2 GWB auf die speziellen Ausnahmetatbestände der §§ 145 Nr. 7 und 150 Nr. 7 GWB. Sie gilt ferner nicht für öffentliche Aufträge und Wettbewerbe, die Verteidigungs- oder Sicherheitsaspekte umfassen und nach internationalen Regeln vergeben werden. Für diese enthält § 117 Nr. 4 GWB speziellere Regelungen. 3

B. Die einzelnen Ausnahmetatbestände (Abs. 1)

I. Vergabeverfahren nach internationalen Verträgen für gemeinsame Projekte mit Nicht-EWR-Staaten (Nr. 1 lit. a)

4 Gemäß § 109 Abs. 1 Nr. 1 lit. a GWB gilt das GWB-Vergaberecht nicht für öffentliche Aufträge, Wettbewerbe und Konzessionen, bei denen der öffentliche Auftraggeber verpflichtet ist, die Vergabe nach Verfahrensregeln zu vergeben, die durch ein „Rechtsinstrument, das völkerrechtliche Verpflichtungen begründet", festgelegt sind. Gemeint ist hierbei eine „im Einklang mit den EU-Verträgen geschlossene internationale Übereinkunft oder Vereinbarung zwischen der Bundesrepublik Deutschland und einem oder mehreren Staaten, die nicht Vertragsparteien des Übereinkommens über den Europäischen Wirtschaftsraum sind, oder ihren Untereinheiten über Liefer-, Bau- oder Dienstleistungen für ein von den Unterzeichnern gemeinsam zu verwirklichendes oder zu nutzendes Projekt".

5 Die **Begriffe „Rechtsinstrument", „Übereinkunft" und „Vereinbarung"** werden synonym verwendet: Es muss sich um eine verbindliche vertragliche Vereinbarung zwischen Staaten handeln. Freigestellt sind Auftragsvergaben im Zusammenhang mit zwischenstaatlichen Gemeinschaftsprojekten, für die andere Verfahrensregeln vereinbart sind. Zweck dieser Bestimmung ist, dass Drittstaaten im Rahmen von Abkommen mit EU-Mitgliedstaaten nicht gezwungen sein sollen, eine Auftragsvergabe nach den Vergaberichtlinien der EU zu akzeptieren, wenn ein EU-Mitgliedstaat die Projektdurchführung übernommen hat.[1] Derartige Aufträge können nach den in dem zwischenstaatlichen Abkommen vereinbarten Verfahren vergeben werden.

6 Voraussetzung ist, dass die Verfahrensregeln in einem Abkommen zwischen der **Bundesrepublik Deutschland** (und ggf. weiterer EU-Mitgliedstaaten) und **mindestens einem Staat, der nicht dem EWR angehört**, vereinbart sind. Das zwischenstaatliche Abkommen muss seinerseits mit EU-Recht vereinbar sein, darf also nicht unter Verstoß gegen die Kompetenzordnung der EU oder materielles EU-Recht zustande gekommen sein. Das Abkommen ist seitens der Bundesrepublik Deutschland (bzw. eines anderen beteiligten Mitgliedstaates) der Kommission mitzuteilen, die hierzu den Beratenden Ausschuss für öffentliche Aufträge anhören kann.[2] Beispiele sind gemeinsame Bau- oder Infrastrukturprojekte in Drittländern.

II. Vergabeverfahren internationaler Organisationen (Nr. 1 lit. b)

7 § 109 Abs. 1 Nr. 1 lit. b GWB stellt öffentliche Aufträge, Wettbewerbe und Konzessionen, die aufgrund des besonderen Verfahrens einer internationalen Organisation vergeben werden, von der Anwendung des GWB-Vergaberechts frei.

8 Wie die Ausnahmebestimmung in § 109 Abs. 1 Nr. 1 lit. a GWB soll auch § 109 Abs. 1 Nr. 1 lit. b GWB **Kollisionen** zwischen gemeinschaftsrechtlichem Vergaberecht und spezielleren Vergabeverfahrensregeln, die ein Auftraggeber in Deutschland aufgrund internationaler Abkommen anzuwenden hat, verhindern und damit dem Anwendungsvorrang der spezielleren Regeln zur Wirkung verhelfen.

9 Die Bestimmung gilt nicht für Auftragsvergaben durch eine internationale Organisation, sondern für Aufträge, die **von einem Auftraggeber** in Deutschland vergeben werden, aber den besonderen Vergabevorschriften einer internationalen Organisation unterliegen.[3] Gemeint sind also Aufträge, die für eine in Deutschland ansässige internationale Organisation vergeben werden.

---

1 *Müller*, in: Daub/Eberstein, VOL/A, § 1a, Rn. 159.
2 Art 9 Abs. 1 UAbs. 2 RL 2014/24/EU, Art. 20 Abs. 1 UAbs. 2 RL 2014/25/EU, Art. 10 Abs. 4 UAbs. 3 RL 2014/23/EU.
3 *Kommission*, Leitfaden zu den Gemeinschaftsvorschriften für die Vergabe von öffentlichen Lieferaufträgen, 1997, S. 20; *Aicher*, in: Müller-Wrede, Kompendium des Vergaberechts, Kap. 8, Rn. 19; allgemein zum Vergabeverfahren internationaler Organisationen *Ullrich*, VergabeR 2002, 331 ff.

Die Bestimmung ermöglicht es Auftraggebern, das **bei einer internationalen Organisation geltende Verfahren** anzuwenden.[4] Internationale Organisationen selbst sind keine Auftraggeber i.S. der Vergaberichtlinien[5] bzw. des § 98 GWB. Sie sind kraft Völkerrecht befugt, ihr Vergabeverfahren autonom zu regeln.[6] Voraussetzung ist, dass die Statuten der internationalen Organisation spezielle Verfahrensregeln für die Vergabe von Aufträgen enthalten. Dies ist – zumindest in Form allgemeiner haushaltswirtschaftlicher Grundsätze – regelmäßig der Fall.[7] 10

Der **Begriff „internationale Organisation"** ist im völkerrechtlichen Sinne zu verstehen. Gemeint sind durch völkerrechtliche Verträge geschaffene zwischenstaatliche Organisationen mit eigener Rechtsfähigkeit, wie z.B. die Vereinten Nationen und ihre Unterorganisationen, NATO, Europäische Verteidigungsagentur (EDA) und Europäisches Patentamt. Nichtstaatliche internationale Organisationen (NGOs) sowie Vereinigungen ohne Rechtsfähigkeit fallen nicht hierunter. 11

III. Vergabeverfahren internationaler Organisationen oder internationaler Finanzierungseinrichtungen bei Finanzierung (Nr. 2)

§ 109 Abs. 1 Nr. 2 GWB stellt öffentliche Aufträge, Wettbewerbe und Konzessionen frei, die „gemäß den Vergaberegeln einer internationalen Organisation oder internationalen Finanzierungseinrichtung bei vollständiger Finanzierung (...) durch diese (...) zu vergeben sind; für den Fall einer überwiegenden Kofinanzierung (...) einigen sich die Parteien auf die anwendbaren Vergabeverfahren." 12

Gemeint sind öffentliche Aufträge, Wettbewerbe und Konzessionen, die ein öffentlicher Auftraggeber an sich nach den Regeln des GWB-Vergaberechts zu vergeben hätte, die er jedoch nach den Vergaberegeln einer internationalen Organisation[8] oder internationalen Finanzierungseinrichtung (z.B. IWF) vergibt, weil diese das Vorhaben vollständig finanziert. 13

Hintergrund dieser aufgrund der Art. 9 Abs. 2 RL 2014/24/EU, Art. 20 Abs. 2 RL 2014/25/EU und Art. 10 Abs. 4 UAbs. 2 RL 2014/23/EU neu in das GWB aufgenommenen Ausnahme ist, dass der öffentliche Auftraggeber bei vollständiger Drittfinanzierung durch internationale Organisationen oder Finanzierungseinrichtungen nicht gezwungen sein soll, die Vergabe nach den Bestimmungen des EU-Vergaberechts durchzuführen. Der öffentliche Auftraggeber soll die Vergabe nach den Regeln der das Vorhaben vollständig finanzierenden internationalen Organisation oder Finanzierungseinrichtung durchführen dürfen, die ihre Finanzierungszusage möglicherweise von der Anwendung ihrer Verfahren abhängig macht. 14

Im Unterschied zu § 109 Abs. 1 Nr. 1 lit. b GWB ist der öffentliche Auftraggeber nach § 109 Abs. 1 Nr. 2 GWB **nicht bereits von Rechts wegen verpflichtet**, die Vergaberegeln einer internationalen Organisation anzuwenden. Während die Auftragsvergabe bei **vollständiger Drittfinanzierung** und entsprechenden Vergaberegeln der finanzierenden internationalen Einrichtung von den Bestimmungen des GWB-Vergaberechts freigestellt ist, gilt dies bei einer **überwiegenden Kofinanzierung** (> 50 %) nur, wenn dies zwischen der kofinanzierenden Einrichtung und dem öffentlichen Auftraggeber so vereinbart ist. Fehlt es an einer diesbezüglichen Vereinbarung, gilt das Vergaberecht der §§ 97 ff. GWB. Wenn der Finanzierungsbeitrag der internationalen Organisation oder Finanzierungseinrichtung weniger als 50 % beträgt, muss die Vergabe hingegen nach den Bestimmungen des GWB-Vergaberechts erfolgen (sofern kein anderer Ausnahmetatbestand einschlägig ist). 15

---

4 *Hailbronner*, in: Byok/Jäger, Vergaberecht, § 100 GWB, Rn. 551.
5 Erwägungsgrund 22 RL 2014/24/EU; *Kommission*, Leitfaden zu den Gemeinschaftsvorschriften für die Vergabe von öffentlichen Lieferaufträgen, 1997, S. 20.
6 *Ullrich*, VergabeR 2002, 331 (342).
7 *Ullrich*, VergabeR 2002, 331 (335).
8 Siehe hierzu Rn. 7 ff.

C. Rechtsschutz

16 Im Nachprüfungsverfahren ist das Vorliegen der Voraussetzungen einer der in § 109 GWB genannten Ausnahmen seitens der Nachprüfungsinstanzen **von Amts wegen** zu prüfen.

17 Liegen die Voraussetzungen eines Ausnahmetatbestandes vor, gilt der Teil 4 des GWB **für den gesamten Auftrag** nicht.[9] Der Nachprüfungsantrag ist unzulässig.[10]

18 Der Rechtsschutz ist auf eine Kontrolle durch die Nachprüfungsinstanzen darauf **beschränkt**, ob die Voraussetzungen des Ausnahmetatbestandes vom Auftraggeber zutreffend angenommen worden sind.

Anlage

Gesetzesbegründung (BT-Drs. 18/6281)

Seite 83

§ 109 dient der Umsetzung von Artikel 9 der Richtlinie 2014/24/EU, Artikel 20 der Richtlinie 2014/25/EU und Artikel 10 Absatz 4 der Richtlinie 2014/23/EU. Nach diesen Vorschriften kommen die Richtlinien für nach internationalen Regeln vergebene Aufträge und ausgerichtete Wettbewerbe nicht zur Anwendung.

Gemäß Artikel 9 Absatz 1 Unterabsatz 2 der Richtlinie 2014/24/EU und Artikel 20 Absatz 1 Unterabsatz 2 der Richtlinie 2014/25/EU ist die Bundesregierung verpflichtet, der Europäischen Kommission alle Rechtsvorschriften im Sinne des Absatzes 1 Nummer 1 Buchstabe a zu übermitteln.

Artikel 9 Absatz 3 der Richtlinie 2014/24/EU und Artikel 20 Absatz 3 der Richtlinie 2014/25/EU regeln ausdrücklich, dass diese Vorschriften nicht auf Aufträge und Wettbewerbe mit Verteidigungs- oder Sicherheitsaspekten Anwendung finden. Die zugehörigen Ausnahmen sind in Artikel 17 der Richtlinie 2014/24/EU und Artikel 27 der Richtlinie 2014/25/EU geregelt und in § 117 Nummer 4 umgesetzt. Für verteidigungs- oder sicherheitsspezifische Aufträge im Sinne des § 104 GWB ergeben sich die Ausnahmen aufgrund internationaler Vergaberegeln aus § 145 Nummer 7, der Artikel 12 der Richtlinie 2009/81/EG umsetzt; für Konzessionen in den Bereichen Verteidigung und Sicherheit aus § 150 Nummer 7, der Artikel 10 Absatz 5 der Richtlinie 2014/23/EU umsetzt.

Zu Absatz 1

Zu Nummer 1

§ 109 Absatz 1 Nummer 1 Buchstabe a) und b) setzt Artikel 9 Absatz 1 Buchstabe a) und b) der Richtlinie 2014/24/EU um.

Zu Nummer 2

§ 109 Absatz 1 Nummer 2 setzt Artikel 9 Absatz 2 der Richtlinie 2014/24/EU um. Im Sinne des § 109 Absatz 1 Nummer 2 sind Parteien, die sich auf die anwendbaren Vergabeverfahren für den Fall einer überwiegenden Kofinanzierung öffentlicher Aufträge und Wettbewerbe durch eine internationale Organisation oder eine internationale Finanzeinrichtung einigen, der öffentliche Auftraggeber und die internationale Organisation bzw. Finanzierungseinrichtung, die den öffentlichen Auftrag oder Wettbewerb kofinanziert.

Zu Absatz 2

§ 109 Absatz 2 verweist für verteidigungs- oder sicherheitsspezifische öffentliche Aufträge im Sinne des § 104 auf § 145 Nummer 7.

---

9 OLG Düsseldorf, Beschluss v. 30.3.2005 – VII-Verg 101/04 (Neubau BND).

10 VK Sachsen, Beschluss v. 29.8.2008 – 1/SVK/042-08; VK Bund, Beschluss v. 3.2.2006 – VK 1-01/06.

§ 110
Vergabe von öffentlichen Aufträgen und Konzessionen, die verschiedene Leistungen zum Gegenstand haben

(1) Öffentliche Aufträge, die verschiedene Leistungen wie Liefer-, Bau- oder Dienstleistungen zum Gegenstand haben, werden nach den Vorschriften vergeben, denen der Hauptgegenstand des Auftrags zuzuordnen ist. Dasselbe gilt für die Vergabe von Konzessionen, die sowohl Bau- als auch Dienstleistungen zum Gegenstand haben.

(2) Der Hauptgegenstand öffentlicher Aufträge und Konzessionen, die

1. teilweise aus Dienstleistungen, die den Vorschriften zur Vergabe von öffentlichen Aufträgen über soziale und andere besondere Dienstleistungen im Sinne des § 130 oder Konzessionen über soziale und andere besondere Dienstleistungen im Sinne des § 153 unterfallen, und teilweise aus anderen Dienstleistungen bestehen oder

2. teilweise aus Lieferleistungen und teilweise aus Dienstleistungen bestehen,

wird danach bestimmt, welcher geschätzte Wert der jeweiligen Liefer- oder Dienstleistungen am höchsten ist.

Übersicht Rn.

A. Allgemeines ... 1
B. Ermittlung der anzuwendenden Vergabevorschriften (Abs. 1) ... 8
C. Bestimmung des Hauptgegenstandes (Abs. 2) ... 13
D. Weitere gemischte öffentliche Aufträge ... 17
Anlage
Gesetzesbegründung (BT-Drs. 18/6281)

A. Allgemeines

§ 110 GWB regelt, nach welchen Vorschriften **gemischte öffentliche Aufträge bzw. Konzessionen** zu vergeben sind, die verschiedene Leistungen beinhalten, welche jedoch unterschiedlichen Vergaberechtsregimen unterfallen (Liefer-, Bau-, oder Dienstleistungen), dies jedoch im Anwendungsbereich ein- und derselben Richtlinie. Der Anwendungsbereich ist beispielsweise dann eröffnet, wenn ein öffentlicher Auftrag eines Sektorenauftraggebers Liefer- und Bauleistungen umfasst oder aber eine Konzession sowohl Bau- als auch Dienstleistungen beinhaltet. 1

Umgesetzt werden mit § 110 Abs. 1 GWB die europäischen Vorgaben in Art. 3 Abs. 1 UAbs. 1, Abs. 2 UAbs. 1 RL 2014/24/EU, Art. 5 Abs. 1 UAbs. 1, Abs. 2 UAbs. 1 RL 2014/25/EU sowie Art. 20 Abs. 1 UAbs. 1 RL 2014/23/EU. § 110 Abs. 2 GWB folgt den europarechtlichen Vorgaben in Art. 3 Abs. 2 UAbs. 2 RL 2014/24/EU sowie Art. 5 Abs. 2 UAbs. 2 RL 2014/15/EU und Art. 20 Abs. 1 UAbs. 2 RL 2014/23/EU. 2

In Anwendung dieser Vorschrift erfolgt die Einordnung eines öffentlichen Auftrages mit verschiedenen Leistungsteilen **innerhalb einer Richtlinie** erstmalig nun **einheitlich nach dem Hauptgegenstand der Leistung**. 3

Bisher war die Abgrenzung in den **RL 2004/18/EG und 2004/17/EG** nicht einheitlich geregelt. Lieferungen wurden von Dienstleistungen nach dem jeweiligen Wert abgegrenzt[1], die Abgrenzung zwischen Dienstleistungen und Bauleistungen hingegen erfolgte unabhängig vom Wert nach dem Hauptgegenstand des Auftrags.[2] Umgesetzt waren diese europäischen Vorgaben in der **bisherigen Fassung des § 99 Abs. 10 GWB**. Die Abgrenzung zwischen Lie- 4

1 Art. 1 Abs. 2 lit. d RL 2004/18/EG und RL 2004/17/EG.
2 Erwägungsgrund 10 RL 2004/18/EG.

fer- und Bauleistungen war hingegen in der Vergangenheit – anders als nun nach der neuen Rechtslage durch § 110 Abs. 1 GWB – nicht explizit gesetzlich geregelt. Nach der Rechtsprechung des EuGH[3] bestimmte aber der Hauptgegenstand der Leistung generell die anzuwendenden vergaberechtlichen Normen, *„wenn ein Vertrag zugleich Elemente eines öffentlichen Bauauftrags und Elemente eines öffentlichen Auftrags anderer Art aufweist"*. Mithin galten auf europäischer Ebene die gleichen Maßgaben für die Abgrenzung eines Bauleistungs- von einem Lieferauftrag wie für die Abgrenzung eines Bauleistungs- von einem Dienstleistungsauftrag. Dieser Ansatz spiegelte sich ebenfalls in der nationalen Rechtsprechungspraxis wieder.[4]

5 **Relevant** ist die Einordnung des öffentlichen Auftrages als Liefer-, Dienst- oder Bauleistung für die Ermittlung des für das jeweilige Vergaberechtsregime maßgeblichen EU-Schwellenwertes gemäß § 106 GWB ab welchem die Regelungen des Teil 4 des GWB anzuwenden sind sowie der Bestimmung ergänzender Verfahrensregelungen (VOB/A).

6 § 110 GWB trifft keine Entscheidung für oder gegen eine **getrennte oder zusammengefasste Vergabe** von Bau- und Planungsleistungen.[5] In Erwägungsgrund 8 RL 2014/24/EU und Erwägungsgrund 10 RL 2014/25/EU stellt der Richtliniengeber klar, dass die Richtlinie nicht bezweckt, eine gemeinsame oder eine getrennte Vergabe vorzuschreiben.

7 Sowohl der Normenwortlaut von § 110 GWB als auch die europäischen Erwägungsgründe zu den Richtlinien zeigen daher an, dass gemischte Aufträge, welche in den Anwendungsbereich des § 110 GWB unterfallen, grundsätzlich **in ihrer Gesamtheit zu beurteilen** sind.[6] Grenzen dürfte eine Gesamtauftragsvergabe und damit eine einheitliche Beurteilung nach § 110 GWB weiterhin aber dann finden, wenn die Schwellenwerte für mehrere Auftragsarten erfüllt sind und Aufträge dieser Art sowohl typischerweise getrennt vergeben als auch im konkreten Einzelfall ohne zwingende sachliche Gründe kombiniert werden.[7]

B. Ermittlung der anzuwendenden Vergabevorschriften (Abs. 1)

8 Die Ermittlung der anzuwendenden Vergaberechtsvorschriften sowohl bei gemischten öffentlichen Aufträgen als auch bei gemischten Konzessionen erfolgt einheitlich nach dem **Hauptgegenstand** des Auftrags.

9 In Bezug auf die Einordnung von gemischten Verträgen mit **Bauleistungs- und Dienstleistungskomponenten** stellt der Richtliniengeber in Erwägungsgrund 8 RL 2014/24/EU sowie Erwägung 10 RL 2014/25/EU klar, dass ein Auftrag nur dann als öffentlicher Bauauftrag gelten soll, wenn er speziell die Ausführung der in Anhang II aufgeführten Tätigkeiten zum Gegenstand hat, und zwar auch dann, wenn er sich auf andere Leistungen erstreckt, die für die Ausführung dieser Tätigkeiten erforderlich sind. Sofern die Bauleistungen jedoch nur Nebenarbeiten im Verhältnis zum Hauptgegenstand des Vertrages darstellen, rechtfertigt die Tatsache, dass der Vertrag diese Bauleistung umfasst, nicht eine Einstufung eines öffentlichen Dienstleistungsauftrags als öffentlicher Bauauftrag. Diese Abgrenzung fand sich allerdings bereits in § 99 Abs. 10 S. 2 GWB a.F. und stellt mithin keine echte Neuerung dar.

10 In Bezug auf die Einordnung von gemischten Verträgen mit **Bauleistungs- und Lieferleistungskomponenten** bestimmen Art. 2 Abs. 1 Nr. 8 RL 2014/24/EU und Art. 2 Abs. 1 Nr. 4 RL 2014/25/EU, dass ein öffentlicher Lieferauftrag als Nebenarbeiten Verlege- und Installationsarbeiten umfassen kann.

11 Entscheidend für die **Einordnung als Bauauftrag** bleibt augenscheinlich auch nach neuer Rechtslage also, ob beim Zusammentreffen mit Dienstleistungs- oder Lieferanteilen in einem

3 EuGH, Urteil v. 21.2.2008 – Rs. C-412/04.
4 OLG Düsseldorf, Beschluss v. Beschluss v. 30.4.2014 – VII-Verg 35/13; Beschluss v. 5.7.2000 – Verg 5/99; OLG Brandenburg, Beschluss v. 29.3.2012 – Verg W 2/12.
5 Vgl. Gesetzesbegründung, BT-Drs. 18/6281, 81 mit Verweis auf Erwägungsgrund 8 RL 2014/24/EU.
6 So bereits zu alten Rechtslage *Eschenbruch*, in: Kulartz/Kus/Portz, GWB-Vergaberecht, § 99 Rn. 717
7 *Dreher*, in: Immenga/Mestmäcker, Wettbewerbsrecht, § 99 GWB, Rn. 281 unter Verweis auf EuGH, Urteil v. 22.12.2010 – Rs. C-215/09.

Auftrag die Bauleistungen nur als Nebenleistungen oder aber hauptgegenständlich ausgeschrieben sind.[8] Die von der Rechtsprechung unter alter Rechtslage entwickelten Maßgaben finden daher weiterhin Anwendung.

Hinsichtlich der **Bestimmung des Hauptgegenstandes** war bereits unter Geltung der bisherigen Rechtslage für gemischte Aufträge mit Bauleistungselementen, ebenso wie für die Abgrenzung von Bauleistungs- von Dienstleistungskonzessionen anerkannt, dass die Ermittlung des Hauptgegenstandes nicht allein nach den Werteverhältnissen der verschiedenen Elemente vorzunehmen ist, sondern dass auf die wesentlichen und vorrangigen Verpflichtungen abzustellen ist, die den Auftrag als solchen prägen. Der jeweilige Wert der dabei erbrachten Einzelleistung ist insoweit nur ein Kriterium unter anderen, die bei der Ermittlung des Hauptgegenstandes zu berücksichtigen sind.[9] Bei der Bestimmung des Hauptgegenstandes kommt es entscheidend darauf an, auf Grund einer Analyse der kennzeichnenden rechtlichen und wirtschaftlichen Gesamtumstände den **Schwerpunkt** des Auftrages zu ermitteln. Die Wertanteile der verschiedenen Leistungselemente erfüllen dabei lediglich eine Orientierungs- und Kontrollfunktion.[10] Verpflichtungen untergeordneter oder ergänzender Art, die zwingend aus dem eigentlichen Gegenstand des Vertrages folgen, prägen den Vertrag nicht.[11] Noch bei einem **Wertanteil der Bauleistungen von nur 30 Prozent** können diese im Einzelfall die Einordnung als Bauauftrag begründen, wenn die Bauleistungen einen die ordnungsgemäße Vertragserfüllung prägenden Charakter haben. In dem vom OLG Düsseldorf entschiedenen Fall, in welchem in einem öffentlichen Auftrag Bau- und Lieferleistungen zusammentrafen, konnte nicht schon die – wertmäßig höhere – Lieferung der Bauteile, sondern erst deren fachgerechte Montage der Anlage, welche sich aus zahlreichen Elementen und komplexen Einzelleistungen zusammensetzte, die vorausgesetzten Funktionen gewährleisten. 12

C. Bestimmung des Hauptgegenstandes (Abs. 2)

In denjenigen Fällen, in denen der Auftrag oder die Konzession entweder teilweise aus Dienstleistungen, die den Vorschriften zur Vergabe von öffentlichen Aufträgen für soziale und andere besondere Dienstleistungen im Sinne des § 131 GWB bzw. des § 153 GWB und teilweise aus anderen Dienstleistungen besteht oder teilweise aus Dienstleistungen und teilweise aus Lieferleistungen besteht, bestimmt sich der Hauptgegenstand nach dem geschätzten Wert der jeweiligen Liefer- oder Dienstleistung. 13

In diesen Fällen erfolgt die Bestimmung des Hauptgegenstandes also anhand einer rein quantitativen Betrachtung, d.h.,– anders als bei gemischten Verträgen mit Bauleistungskomponenten, auf welche § 110 Abs. 1 GWB anzuwenden ist – ist hier **allein auf den Wert der Gegenleistung abzustellen**, die als Vergütung für den Bestandteil „Waren" und den Bestandteil „Dienstleistungen" geschuldet wird, die in den fraglichen Auftrag einbezogen sind.[12] Es kommt darüber hinaus nicht darauf an, welche Teilleistung dem Vertrag das entscheidende Gepräge gibt.[13] 14

Hinsichtlich der **Schätzung des Auftragswertes** kann auf die in § 3 VgV, § 2 SektVO und § 2 KonzVgV normierten Maßgaben zur Auftragswertschätzung zurückgegriffen werden. 15

§ 110 Abs. 2 GWB ist **abschließend**. 16

---

8 So bereits zur alten Rechtslage: EuGH, Urteil v. 29.10.2009 – Rs. C-536/07.

9 EuGH, Urteil v. 21.2.2008 – Rs. C-412/04; vgl. dazu auch EuGH, Urteil v. 26.5.2011 – Rs. C-306/08; Urteil v. 29.10.2009 – Rs. C-536/07; OLG Düsseldorf, Beschluss v. 30.4.2014 – VII-Verg 35/13; Beschluss v. 11.2.2009 – VII-Verg 69/08; Beschluss v. 12.10.2006 - VII-Verg 35/06; OLG Brandenburg, Beschluss v. 10.2.2012 – Verg W 19/11; OLG Karlsruhe, Beschluss v. 6.2.2013 – 15 Verg 11/12, für die Abgrenzung von Dienstleistungs- und Baukonzessionen.

10 OLG Düsseldorf, Beschluss v. 18.10.2006 – VII-Verg 35/06.

11 EuGH, Urteil v. 15.10.2009 – Rs. C-196/08; Urteil v. 19.4.1994 – Rs. C-331/92; OLG Karlsruhe, Beschluss v. 6.2.2013 – 15 Verg 11/12.

12 EuGH, Urteil v. 11.6.2009 – Rs. C-300/07 (Oymanns).

13 OLG Naumburg, Beschluss v. 23.12.2014 – 2 Verg 5/14.

D. Weitere gemischte öffentliche Aufträge

17 Die Bestimmung des Hauptgegenstandes des Auftrages in dem Fall, dass dieser neben Dienstleistungen, die den Vorschriften zur Vergabe von öffentlichen Aufträgen für **soziale und andere besondere Dienstleistungen** im Sinne des § 131 GWB bzw. des § 153 GWB unterfallen, teilweise **Lieferleistungen** umfasst, ist ebenfalls von § 110 Abs. 2 Nr. 2 GWB umfasst, erfolgt also nach dem geschätzten Werteverhältnis zwischen Liefer- und Dienstleistungsanteil.

18 Umfasst der Gesamtauftrag neben **Dienstleistungs- und Lieferelementen** Elemente einer **Bauleistung** erfolgt die Bestimmung der anzuwendenden vergaberechtlichen Vorschriften gegebenenfalls in zwei Schritten. In einem ersten Schritt wird im Rahmen einer qualitativen Betrachtung gemäß § 110 Abs. 1 GWB der Hauptgegenstand des Auftrages ermittelt. Liegt der qualitative Schwerpunkt des Vertrages auf den Bauleistungen, ist ein öffentlicher Bauauftrag gegeben und die Prüfung findet hier ihr Ende. Stellen die Bauleistungen im Ergebnis aber nur eine reine Nebenleistung dar, so dass das Vorliegen eines Bauauftrages verneint wird, kommt in einem zweiten Schritt § 110 Abs. 2 GWB zum Tragen. Der Hauptgegenstand des aus Liefer- und Dienstleistungselementen kombinierten Auftrags wird quantitativ nach dem geschätzten höchsten Wert der jeweiligen Liefer- und Dienstleistungen bestimmt.

19 Unterliegt ein Auftrag über Bau-, Liefer- oder Dienstleistungen teilweise den **verteidigungs- und sicherheitsspezifischen Vorschriften**, erfolgt die Bestimmung der anzuwendenden vergaberechtlichen Vorschriften grundsätzlich nicht in Anwendung des § 110 Abs. 1 GWB nach dem Hauptgegenstand des Auftrags. Vielmehr wird der Gesamtauftrag in diesen Fällen – selbst wenn der verteidigungs- und sicherheitsrelevante Leistungsteil von untergeordneter Bedeutung ist – bei objektiver Trennbarkeit gemäß § 111 Abs. 3 Nr. 2 GWB über die Vergabe von verteidigungs- und sicherheitsspezifischen Aufträgen (VSVgV, VOB/A-VS) vergeben, wenn die Gesamtvergabe aus objektiven Gründen gerechtfertigt ist. Bei objektiver Untrennbarkeit des Vertrages erfolgt die Vergabe gemäß § 111 Abs. 4 Nr. 2 GWB einheitlich ohne Anwendung der Vorschriften des Teil 4 des GWB oder gemäß den Vorschriften über die Vergabe von verteidigungs- oder sicherheitsspezifischen Aufträgen (VSVgV, VOB/A-VS), wenn der Auftrag Elemente enthält, auf die § 107 Abs. 2 Nr. 1 oder Nr. 2 GWB anzuwenden ist.

Anlage

Gesetzesbegründung (BT-Drs. 18/6281)

Seite 83

§ 110 bestimmt, nach welchen Vorschriften gemischte öffentliche Aufträge oder gemischte Konzessionen zu vergeben sind, deren verschiedene Leistungen unterschiedlichen Vergaberechtsregimen im Anwendungsbereich ein und derselben Richtlinie unterfallen. Eine solche gemischte Vergabe kann im Falle eines öffentlichen Auftrags eines öffentlichen Auftraggebers oder Sektorenauftraggebers eine Kombination von Liefer-, Bau- oder Dienstleistungen umfassen. Im Falle der Konzessionsvergabe kann eine Kombination von Bau- oder Dienstleistungen in Betracht kommen.

Zu Absatz 1

§ 110 Absatz 1 dient der Umsetzung von Artikel 3 Absatz 1 Unterabsatz 1 und Absatz 2 Unterabsatz 1 der Richtlinie 2014/24/EU sowie von Artikel 5 Absatz 1 Unterabsatz 1 und Absatz 2 Unterabsatz 1 der Richtlinie 2014/25/EU und Artikel 20 Absatz 1 Unterabsatz 1 der Richtlinie 2014/23/EU. Die Vorschrift betrifft gemischte Aufträge und Konzessionen, die unterschiedliche Leistungen (Liefer-, Bau-, Dienstleistungen) zum Gegenstand haben. Bislang war die Abgrenzung in den Richtlinien 2004/18/EG und 2004/17/EG für Liefer-, Bau- oder Dienstleistungen nicht einheitlich geregelt. Die Abgrenzung zwischen Lieferleistungen und Dienstleistungen erfolgte nach dem Wert (Artikel 1 Absatz 2 Buchstabe d) Unterabsatz 2 der Richtlinie 2004/18/EG und 2004/17/EG),

Seite 84

während sich die Abgrenzung zwischen Dienstleistungen und Bauleistungen nach dem Hauptgegenstand des Auftrags richtete (Erwägungsgrund 10 der Richtlinie 2004/18/EG und Erwägungsgrund 16 der Richtlinie 2004/17/EG). Umgesetzt wurde diese Abgrenzung im bisherigen § 99 Absatz 10 GWB. Für gemischte Aufträge aus sogenannten A- und B-Dienstleistungen richtete sich die Abgrenzung in Artikel 22 der Richtlinie 2014/18/EG nach dem höchsten Wert der jeweiligen Dienstleistungen. Bislang geregelt war die Abgrenzung in § 4 Absatz 2 Satz 1 Nummer 3 VgV. Nunmehr bestimmen sich die für die Gesamtvergabe anwendbaren Vorschriften einheitlich nach dem Hauptgegenstand des Auftrags oder der Konzession.

Der Unionsgesetzgeber stellt im Erwägungsgrund 8 der Richtlinie 2014/24/EU und Erwägungsgrund 10 der Richtlinie 2014/25/EU heraus, dass ein Auftrag nur dann als öffentlicher Bauauftrag gelten sollte, wenn er speziell die Ausführung der in Anhang II der Richtlinie 2014/24/EU bzw. Anhang I der Richtlinie 2014/25/EU aufgeführten Tätigkeiten zum Gegenstand hat, und zwar auch dann, wenn er sich auf andere Leistungen erstreckt, die für die Ausführung dieser Tätigkeiten erforderlich sind. Öffentliche Dienstleistungsaufträge, insbesondere im Bereich der Grundstücksverwaltung, können unter bestimmten Umständen Bauleistungen umfassen. Sofern diese Bauleistungen jedoch nur Nebenarbeiten im Verhältnis zum Hauptgegenstand des Vertrags darstellen und eine mögliche Folge oder eine Ergänzung des Letzteren sind, rechtfertige die Tatsache, dass der Vertrag diese Bauleistungen umfasst, nicht eine Einstufung des öffentlichen Dienstleistungsauftrags als öffentlicher Bauauftrag. Abschließend stellt der Unionsgesetzgeber klar, dass angesichts der für die öffentlichen Bauaufträge kennzeichnenden Vielfalt der Aufgaben die öffentlichen Auftraggeber sowohl die getrennte als auch die gemeinsame Vergabe von Aufträgen für die Planung und die Ausführung von Bauleistungen vorsehen können. Die EU-Vergaberichtlinien bezweckten nicht, eine gemeinsame oder getrennte Vergabe vorzuschreiben.

Zu Absatz 2

§ 110 Absatz 2 dient der Umsetzung von Artikel 3 Absatz 2 Unterabsatz 2 der Richtlinie 2014/24/EU sowie von Artikel 5 Absatz 2 Unterabsatz 2 der Richtlinie 2014/25/EU und Artikel 20 Absatz 1 Unterabsatz 2 der Richtlinie 2014/23/EU. Die Vorschrift regelt die Bestimmung des Hauptgegenstandes eines gemischten Auftrags oder einer gemischten Konzession für den Fall, dass der Auftrag oder die Konzession entweder teilweise aus Dienstleistungen, die den Vorschriften zur Vergabe von öffentlichen Aufträgen für soziale und andere besondere Dienstleistungen im Sinne des § 131 bzw. des § 153 unterfallen und teilweise aus anderen Dienstleistungen besteht, oder teilweise aus Dienstleistungen und teilweise aus Lieferleistungen besteht. Der Hauptgegenstand bestimmt sich in diesen Fällen nach dem geschätzten Wert der jeweiligen Liefer- oder Dienstleistung.

§ 111
Vergabe von öffentlichen Aufträgen und Konzessionen, deren Teile unterschiedlichen rechtlichen Regelungen unterliegen

(1) Sind die verschiedenen Teile eines öffentlichen Auftrags, die jeweils unterschiedlichen rechtlichen Regelungen unterliegen, objektiv trennbar, so dürfen getrennte Aufträge für jeden Teil oder darf ein Gesamtauftrag vergeben werden.

(2) Werden getrennte Aufträge vergeben, so wird jeder einzelne Auftrag nach den Vorschriften vergeben, die auf seine Merkmale anzuwenden sind.

(3) Wird ein Gesamtauftrag vergeben,

1. kann der Auftrag ohne Anwendung dieses Teils vergeben werden, wenn ein Teil des Auftrags die Voraussetzungen des § 107 Absatz 2 Nummer 1 oder 2 erfüllt und die Vergabe eines Gesamtauftrags aus objektiven Gründen gerechtfertigt ist,
2. kann der Auftrag nach den Vorschriften über die Vergabe von verteidigungs- oder sicherheitsspezifischen Aufträgen vergeben werden, wenn ein Teil des Auftrags diesen Vorschriften unterliegt und die Vergabe eines Gesamtauftrags aus objektiven Gründen gerechtfertigt ist,
3. sind die Vorschriften zur Vergabe von öffentlichen Aufträgen durch Sektorenauftraggeber anzuwenden, wenn ein Teil des Auftrags diesen Vorschriften unterliegt und der Wert dieses Teils den geltenden Schwellenwert erreicht oder überschreitet; dies gilt auch dann, wenn der andere Teil des Auftrags den Vorschriften über die Vergabe von Konzessionen unterliegt,
4. sind die Vorschriften zur Vergabe von öffentlichen Aufträgen durch öffentliche Auftraggeber anzuwenden, wenn ein Teil des Auftrags den Vorschriften zur Vergabe von Konzessionen und ein anderer Teil des Auftrags den Vorschriften zur Vergabe von öffentlichen Aufträgen durch öffentliche Auftraggeber unterliegt und wenn der Wert dieses Teils den geltenden Schwellenwert erreicht oder überschreitet,
5. sind die Vorschriften dieses Teils anzuwenden, wenn ein Teil des Auftrags den Vorschriften dieses Teils und ein anderer Teil des Auftrags sonstigen Vorschriften außerhalb dieses Teils unterliegt; dies gilt ungeachtet des Wertes des Teils, der sonstigen Vorschriften außerhalb dieses Teils unterliegen würde und ungeachtet ihrer rechtlichen Regelung.

(4) Sind die verschiedenen Teile eines öffentlichen Auftrags, die jeweils unterschiedlichen rechtlichen Regelungen unterliegen, objektiv nicht trennbar,

1. wird der Auftrag nach den Vorschriften vergeben, denen der Hauptgegenstand des Auftrags zuzuordnen ist; enthält der Auftrag Elemente einer Dienstleistungskonzession und eines Lieferauftrags, wird der Hauptgegenstand danach bestimmt, welcher geschätzte Wert der jeweiligen Dienst- oder Lieferleistungen höher ist,
2. kann der Auftrag ohne Anwendung der Vorschriften dieses Teils oder gemäß den Vorschriften über die Vergabe von verteidigungs- oder sicherheitsspezifischen öffentlichen Aufträgen vergeben werden, wenn der Auftrag Elemente enthält, auf die § 107 Absatz 2 Nummer 1 oder 2 anzuwenden ist.

(5) Die Entscheidung, einen Gesamtauftrag oder getrennte Aufträge zu vergeben, darf nicht zu dem Zweck getroffen werden, die Auftragsvergabe von den Vorschriften zur Vergabe öffentlicher Aufträge und Konzessionen auszunehmen.

(6) Auf die Vergabe von Konzessionen sind die Absätze 1, 2 und 3 Nummer 1 und 2 sowie die Absätze 4 und 5 entsprechend anzuwenden.

Übersicht

	Rn.
A. Allgemeines	1
B. Trennbarer Auftrag (Abs. 1)	4
C. Getrennter Auftrag (Abs. 2)	6
D. Gesamtauftrag (Abs. 3)	7
I. Verteidigungs- oder Sicherheitsrelevanz (Nr. 1 bis 2)	8
II. Sektorenvergaberecht (Nr. 3)	11
III. Konzessionsvergaberecht (Nr. 4)	13
IV. Außerhalb des Kartellvergaberechts (Nr. 5)	14
E. Untrennbarer Auftrag (Abs. 4)	15
F. Umgehungsverbot (Abs. 5)	23
G. Anwendbarkeit auf Konzessionen (Abs. 6)	24
Anlage Gesetzesbegründung (BT-Drs. 18/6281)	

A. Allgemeines

1 § 111 GWB regelt, nach welchen Vorschriften **gemischte öffentliche Aufträge bzw. gemischte Konzessionen** zu vergeben sind, deren Teile jeweils in den Anwendungsbereich unterschiedlicher Richtlinien fallen. Die Norm regelt auch die Fälle, in denen einzelne Beschaffungskomponenten für sich genommen gar nicht dem Vergaberechtsregime unterfallen.[1] Im Unterschied dazu betrifft § 110 GWB die Kombination verschiedener Leistungen im Anwendungsbereich ein und derselben Richtlinie.[2]

2 Der **Anwendungsbereich** des § 111 GWB ist eröffnet, wenn ein öffentlicher Auftrag vergeben wird, der verschiedene Beschaffungskomponenten umfasst, von denen z.B. eine den Vorschriften zur Vergabe öffentlicher Aufträge und eine den Vorschriften zur Konzessionsvergabe unterfällt. Der europäische Gesetzgeber führt hierzu exemplarisch die Errichtung eines Gebäudes an, von dem ein Teil vom öffentlichen Auftraggeber selbst genutzt werden soll und der andere Teil im Wege einer Konzession als öffentliches Parkhaus bewirtschaftet werden soll.[3]

3 § 111 GWB dient der **Umsetzung** von Art. 3 und Art. 16 RL 2014/24/EU, Art. 5 und Art. 25 RL 2014/25/EU sowie Art. 20 und Art. 21 RL 2014/23/EU.

B. Trennbarer Auftrag (Abs. 1)

4 Werden öffentliche Aufträge vergeben, die objektiv trennbare Beschaffungskomponenten beinhalten, welche jeweils für sich genommen aufgrund ihrer Beschaffenheit oder der vorgesehenen Nutzung **unterschiedlichen Vergaberechtsregimen** unterfallen, z.B. den Regelungen über die Vergabe öffentlicher Aufträge auf der einen und der Konzessionsvergabe auf der anderen Seite, so steht es im **Ermessen** des Auftraggebers, getrennte Aufträge oder einen Gesamtauftrag zu vergeben.

5 Bei der Beurteilung, ob eine **objektive Trennbarkeit** der Auftragsteile gegeben ist, ist darauf abzustellen, ob diese selbstständig bestehen können oder aber kraft Sachzusammenhangs als untrennbares Ganzes anzusehen sind.[4] Eine Untrennbarkeit liegt des Weiteren in den Fällen vor, in denen die Auftragsvergabe aufgrund der Natur des Ausschreibungsgegenstands nur an einen einzigen Auftragnehmer erfolgen kann.[5]

---

1 Gesetzesbegründung zu § 111 GWB, BT-Drs. 18/6281, 84.
2 Siehe hierzu § 110 Rn. 1 ff.
3 Erwägungsgrund 11 RL 2014/24/EU, Erwägungsgrund 13 RL 2014/25/EU, Erwägungsgrund 29 RL 2014/23/EU.
4 Vgl. EuGH, Urteil v. 29.10.2009 – Rs. C-536/07, Rn. 28.
5 Vgl. EuGH, Urteil v. 6.5.2010 – Rs. C-145/08, Rn. 51 bis 54.

C. Getrennter Auftrag (Abs. 2)

6 Entscheidet sich der Auftraggeber, die Auftragsteile getrennt zu vergeben, richten sich die anwendbaren vergaberechtlichen Vorschriften nach dem jeweiligen Einzelauftrag. Ist eine der Beschaffungskomponenten z.B. als Dienstleistungsauftrag zu qualifizieren, so finden auf diesen entsprechend die Vorschriften zur Vergabe öffentlicher Aufträge Anwendung.

D. Gesamtauftrag (Abs. 3)

7 Die Notwendigkeit für eine Gesamtvergabe kann sich sowohl aus technischen Gründen als auch aus Gründen wirtschaftlicher Art ergeben.[6] § 111 Abs. 3 GWB bestimmt für diese Fälle der Gesamtvergaben, bei denen die einzelnen Auftragsteile verschiedenen Vergaberichtlinien unterfallen, die anwendbaren Vergaberegelungen.

I. Verteidigungs- oder Sicherheitsrelevanz (Nr. 1 bis 2)

8 Nach § 111 Abs. 3 Nr. 1 GWB kann ein öffentlicher Auftrag, welcher **wesentliche Sicherheitsinteressen** der Bundesrepublik Deutschland betrifft und die Voraussetzungen für eine Ausnahme gemäß § 107 Abs. 2 Nr. 1 oder Nr. 2 GWB erfüllt, ohne Anwendung des Teil 4 des GWB vergeben werden.[7]

9 § 111 Abs. 3 Nr. 2 GWB bestimmt, dass ein Auftrag insgesamt gemäß den Vorschriften über die Vergabe **verteidigungs- oder sicherheitsspezifischer öffentlicher Aufträge** – mithin gemäß §§ 104, 144 bis 147 GWB sowie den Regelungen der VSVgV – vergeben werden kann, wenn ein Auftragsteil in den Anwendungsbereich dieser Vorschriften fällt.

10 Voraussetzung ist in beiden Fällen, dass die Vergabe eines Gesamtauftrages aus **objektiven Gründen** gerechtfertigt ist.[8]

II. Sektorenvergaberecht (Nr. 3)

11 § 111 Abs. 3 Nr. 3 GWB betrifft die Vergabe öffentlicher Aufträge, bei denen die verschiedenen Teile des Auftrags für ein und dieselbe Tätigkeit bestimmt sind, ein Auftragsteil jedoch in den Anwendungsbereich der Vorschriften zur Vergabe von öffentlichen Aufträgen **im Bereich der Trinkwasser- oder Energieversorgung sowie des Verkehrs** fällt und ein anderer Auftragsteil anderen vergaberechtlichen Vorschriften des Teil 4 des GWB unterliegt.

12 § 111 Abs. 3 Nr. 3 GWB folgt der **früheren Regelung des § 99 Abs. 12 GWB.** Nach der alten Regelung richtete sich die Abgrenzung grundsätzlich nach dem Hauptgegenstand (§ 99 Abs. 11 GWB a.F.). Konnte ein Hauptgegenstand nicht festgestellt werden, so war die jeweils anspruchsvollere vergaberechtliche Regelung des § 99 Abs. 12 GWB a.F. heranzuziehen. Die Neuregelung in § 111 Abs. 3 Nr. 3 GWB vereinfacht dies deutlich. Diesbezüglich bestimmt die Vorschrift, dass die Vergabe eines Gesamtauftrags den Vorschriften zur Vergabe von öffentlichen Aufträgen im Bereich der Trinkwasser- oder Energieversorgung sowie des Verkehrs unterliegt, wenn der einschlägige Schwellenwert für diesen Teil erreicht oder überschritten ist, ungeachtet des Werts derjenigen Teile, die anderen rechtlichen Regelungen unterliegen würden. Dies gilt ebenso für den Fall, dass auf den anderen Auftragsteil die Vorschriften über die Vergabe von Konzessionen anwendbar sind.

---

6 Erwägungsgrund 11 RL 2014/24/EU, Erwägungsgrund 13 RL 2014/25/EU, Erwägungsgrund 29 RL 2014/23/EU.
7 Zu den Voraussetzungen des § 107 Abs. 2 Nr. 1 oder Nr. 2 GWB siehe *Sterner* zu § 107 Rn. 26 ff.
8 Siehe hierzu Rn. 4 f.

III. Konzessionsvergaberecht (Nr. 4)

13 § 111 Abs. 3 Nr. 4 GWB betrifft die Vergabe eines öffentlichen Auftrags, bei dem ein Auftragsteil den Vorschriften zur Vergabe von Konzessionen unterliegt und ein anderer Teil des Auftrags in den Anwendungsbereich der Vorschriften zur Vergabe öffentlicher Aufträge fällt. Die Vergabe des Gesamtauftrags hat gemäß den Vorschriften zur Vergabe öffentlicher Aufträge zu erfolgen, sofern der Wert des Auftragsteils, welcher diesen Vorschriften unterliegt, den geltenden Schwellenwert erreicht oder überschreitet. Wird der Schwellenwert nicht erreicht, so finden die Vorschriften über die Vergabe von Konzessionen Anwendung.

IV. Außerhalb des Kartellvergaberechts (Nr. 5)

14 § 111 Abs. 3 Nr. 5 GWB regelt den Fall, dass ein Teil des öffentlichen Auftrags in den Anwendungsbereich des Teil 4 des GWB fällt und ein anderer Auftragsteil Vorschriften außerhalb des Kartellvergaberechts unterliegt. Die Vorschrift bestimmt, dass der Gesamtauftrag in einem solchen Fall ungeachtet des Wertes der Auftragsteile, die sonstigen Regelungen außerhalb des Teil 4 des GWB unterliegen würden, nach den Vorschriften der §§ 97 ff. GWB zu vergeben ist.

E. Untrennbarer Auftrag (Abs. 4)

15 § 111 Abs. 4 GWB bestimmt, nach welchen Vorschriften ein öffentlicher Auftrag zu vergeben ist, wenn dessen Teile in den Anwendungsbereich verschiedener vergaberechtlicher Vorschriften fallen, diese jedoch objektiv nicht trennbar sind.

16 Die **Untrennbarkeit des öffentlichen Auftrags** kann sich nach Rechtsprechung des EuGH aus der Natur des Beschaffungsgegenstandes ergeben.[9] Die Feststellung, ob eine Trennung der unterschiedlichen Teile eines öffentlichen Auftrags möglich ist, sollte auf Grundlage einer Einzelfallprüfung erfolgen.[10] Für die Annahme einer Untrennbarkeit eines Auftrags genügt jedoch nicht die bloße Absicht der Vertragsparteien, die verschiedenen Auftragsteile als untrennbar zu betrachten; vielmehr muss sich die Absicht auf objektive Gesichtspunkte stützen, welche sie rechtfertigen und die Notwendigkeit begründen können, einen Gesamtvertrag abzuschließen.[11]

17 § 111 Abs. 4 Nr. 1 GWB bestimmt, dass sich die anwendbaren Vorschriften zur Vergabe eines gemischten öffentlichen Auftrags, der objektiv nicht trennbar ist, grundsätzlich nach dem **Hauptgegenstand des Auftrags** richten. Der Hauptgegenstand ist anhand der Höhe des geschätzten Werts der jeweiligen Liefer- oder Dienstleistungen zu bestimmen.[12] Für den besonderen Fall, dass ein Auftrag sowohl Elemente einer Dienstleistungskonzession als auch eines Lieferauftrages beinhaltet, ist der Hauptgegenstand anhand des geschätzten Wertes der Dienstleistungen oder der Lieferungen zu ermitteln.

18 §111 Abs. 4 Nr. 2 GWB regelt den Fall der Vergabe eines öffentlichen Auftrages, bei dem ein oder mehrere Auftragsteile entweder **wesentliche Sicherheitsinteressen** der Bundesrepublik Deutschland betreffen und daher in den Anwendungsbereich der Ausnahmevorschrift des § 107 Abs. 2 Nr. 1 oder Nr. 2 GWB fallen **oder** aber den Vorschriften über die Vergabe von **verteidigungs- oder sicherheitsspezifischen öffentlichen Aufträgen** unterliegen.[13] Im ersten Fall ist der öffentliche Auftrag ohne Anwendung der Vorschriften des Teil 4 des GWB und im zweiten Fall gemäß den Vorschriften zur Vergabe verteidigungs- oder sicherheitsspezifischer öffentlicher Aufträge – mithin gemäß §§ 104, 144 bis 147 GWB sowie den Regelungen der VSVgV – zu vergeben.

---

9 Siehe hierzu Rn. 4 f.
10 Erwägungsgrund 11 RL 2014/24/EU.
11 Vgl. EuGH, Urteil v. 22.12.2010 – Rs. C-215/09; Erwägungsgrund 11 RL 2014/24/EU.
12 Vgl. hierzu auch § 110 Rn. 13 ff.
13 Zu den Voraussetzungen des § 107 Abs. 2 Nr. 1 oder Nr. 2 GWB siehe *Sterner* zu § 107 Rn. 26 ff.

Umfasst ein öffentlicher Auftrag sowohl Elemente, die in den **Anwendungsbereich des § 107 Abs. 2 Nr. 1 oder Nr. 2 GWB** fallen, **als auch verteidigungs- oder sicherheitsspezifische Elemente**, so steht es im Ermessen des Auftraggebers, den Auftrag ohne Anwendung der Vorschriften des GWB oder aber nach den Vorschriften über die Vergabe von verteidigungs- oder sicherheitsspezifischen öffentlichen Aufträgen zu vergeben.[14] Dabei kommt es nicht darauf an, ob die Auftragsteile den Hauptgegenstand des Auftrages ausmachen. 20

Voraussetzung ist jedoch stets, dass die Auftragsteile **objektiv nicht trennbar** sind.[15] Auch bei untergeordneten, aber im Sinne von § 107 Abs. 2 Nr. 1 und Nr. 2 GWB die wesentlichen Sicherheitsinteressen berührenden Auftragsteilen kann eine Vergabe außerhalb des Anwendungsbereiches des GWB erfolgen. Dadurch soll gewährleistet werden, dass z.B. ein Auftrag, der Verschlusssachen umfasst, auch dann nach den Bestimmungen für verteidigungs- und sicherheitsrelevante Aufträge vergeben werden kann, wenn dieser Auftragsgegenstand nur den kleineren Teil des Auftrags ausmacht. 21

§ 111 Abs. 4 Nr. 2 GWB entspricht der **früheren Regelung des § 99 Abs. 13 GWB**. Auch dort war bereits geregelt, dass der gesamte Auftrag, ohne dass eine Abgrenzung nach dem Hauptgegenstand des Auftrags erforderlich war, einheitlich nach den Vergabeverordnungen für sicherheits- und verteidigungsrelevante Leistungen (§ 99 Abs. 13 S. 1 GWB a.F.) oder außerhalb dieses Teils des GWB (§ 99 Abs. 13 S. 2 GWB a.F.) vergeben werden konnte, wenn die Beschaffung in Form eines einheitlichen Auftrages aus objektiven Gründen gerechtfertigt war. 22

F. Umgehungsverbot (Abs. 5)

§ 111 Abs. 5 GWB stellt klar, dass die Entscheidung zur Gesamtauftragsvergabe oder einer Vergabe einzelner Aufträge nicht zur Umgehung vergaberechtlicher Vorschriften erfolgen darf. 23

G. Anwendbarkeit auf Konzessionen (Abs. 6)

§ 111 Abs. 1 und Abs. 2, Abs. 3 Nr. 1 und Nr. 2 sowie Abs. 4 und Abs. 5 GWB, welche sich aus Gründen der Verständlichkeit und Übersichtlichkeit lediglich auf die Vergabe öffentlicher Aufträge beziehen, sind gemäß § 111 Abs. 6 GWB auf Konzessionen entsprechend anwendbar. 24

Anlage

Gesetzesbegründung (BT-Drs. 18/6281)

Seite 84

§ 111 bestimmt, welchen Vorschriften die Vergabe gemischter öffentlicher Aufträge oder gemischter Konzessionen unterliegt, wenn diese aus mehreren Teilen bestehen und diese Kombination verschiedener Beschaffungskomponenten für sich genommen entweder gar nicht dem Vergaberecht oder einem erleichterten Regime einer anderen Richtlinie unterfallen. Im Unterschied dazu betrifft § 110 lediglich die Kombination verschiedener Leistungen im Anwendungsbereich ein und derselben Richtlinie.

Im Rahmen des Anwendungsbereichs des § 111 können die verschiedenen Beschaffungskomponenten dazu führen, dass die Vorschriften zur Vergabe öffentlicher Aufträge durch öffentliche Auftraggeber mit den Vorschriften zur Vergabe öffentlicher Aufträge durch Sektorenauftraggeber, zur Vergabe verteidigungs- oder sicherheitsspezifischer öffentlicher Aufträge oder zur Vergabe von Konzessionen durch Konzessionsgeber zusammenfallen. Exemplarisch verweist der europäische Richtliniengeber sowohl in Erwägungsgrund 11 der Richtlinie 2014/24/EU als auch in Erwägungsgrund 13 der Richtlinie 2014/25/EU sowie in Erwägungsgrund 29 der Richtlinie 2014/23/EU auf die Errichtung eines einzi-

14 Art. 16 Abs. 4 RL 2014/24/EU; Vgl. Art. 23. Abs. 2 lit. b sublit. ii S. 2 RL 2014/23/EU.
15 Siehe hierzu Rn 4 f.

gen Gebäudes, von dem ein Gebäudeteil direkt vom Auftraggeber genutzt und ein anderer Gebäudeteil auf der Basis einer Konzession, zum Beispiel als öffentliches Parkhaus, bewirtschaftet werden soll.

Zu Absatz 1

§ 111 Absatz 1 betrifft öffentliche Aufträge, deren Auftragsteile jeweils unterschiedlichen vergaberechtlichen Vorschriften unterliegen und objektiv trennbar sind. In diesem Fall hat der Auftraggeber die Wahl, entweder getrennte Aufträge für jeden Teil oder einen Gesamtauftrag zu vergeben.

Zu Absatz 2

§ 111 Absatz 2 dient der Umsetzung von Artikel 3 Absatz 3 Unterabsatz 1 und Absatz 4 Unterabsatz 1 der Richtlinie 2014/24/EU sowie von Artikel 5 Absatz 3 Unterabsatz 1 und Absatz 4 Unterabsatz 1 der Richtlinie

Seite 85

2014/25/EU und sieht für den Fall der Vergabe getrennter Aufträge vor, dass sich die anwendbaren vergaberechtlichen Vorschriften nach den Merkmalen des jeweiligen Einzelauftrags bestimmen.

Zu Absatz 3

§ 111 Absatz 3 bestimmt unter den Nummern 1 bis 5, welche Regelungen in unterschiedlichen Konstellationen auf die Vergabe eines Gesamtauftrags Anwendung finden. Wie der europäische Richtliniengeber in Erwägungsgrund 11 der Richtlinie 2014/24/EU, Erwägungsgrund 13 der Richtlinie 2014/25/EU und Erwägungsgrund 29 der Richtlinie 2014/23/EU ausdrücklich klargestellt hat, kann sich die Notwendigkeit für die Vergabe eines Gesamtauftrags sowohl aus Gründen technischer als auch wirtschaftlicher Art ergeben.

Zu Nummer 1 und 2

§ 111 Absatz 3 Nummer 1 und 2 dient der Umsetzung von Artikel 3 Absatz 3 Unterabsatz 2 und Artikel 16 Absatz 2 Unterabsatz 3 der Richtlinie 2014/24/EU sowie von Artikel 5 Absatz 3 Unterabsatz 2 und Artikel 25 Absatz 2 Unterabsatz 3 der Richtlinie 2014/25/EU. Nummer 1 bestimmt, dass ein Auftrag, bei dem ein Auftragsteil die Voraussetzungen für eine Ausnahme gemäß § 107 Absatz 2 Nummer 1 oder 2 erfüllt, ohne Anwendung des Teils 4 des GWB vergeben werden kann. Nach Nummer 2 kann ein Auftrag insgesamt gemäß den Vorschriften über die Vergabe verteidigungs- oder sicherheitsspezifischer öffentlicher Aufträge vergeben werden, wenn ein Auftragsteil in den Anwendungsbereich dieser Vorschriften fällt. Voraussetzung ist in beiden Fällen, dass die Vergabe eines Gesamtauftrags aus objektiven Gründen gerechtfertigt ist.

Zu Nummer 3

§ 111 Absatz 3 Nummer 3 dient der Umsetzung von Artikel 3 Absatz 5 der Richtlinie 2014/24/EU sowie Artikel 5 Absatz 4 Unterabsatz 2 und 3 der Richtlinie 2014/25/EU und Artikel 20 Absatz 4 der Richtlinie 2014/23/EU. Die Vorschrift betrifft die Vergabe öffentlicher Aufträge, bei denen die verschiedenen Teile des Auftrags für ein und dieselbe Tätigkeit bestimmt sind, ein Auftragsteil jedoch in den Anwendungsbereich der Vorschriften zur Vergabe von öffentlichen Aufträgen im Bereich der Trinkwasser- oder Energieversorgung sowie des Verkehrs fällt und ein anderer Auftragsteil anderen vergaberechtlichen Vorschriften dieses Teils unterliegt. Für einen solchen Fall bestimmt die Vorschrift grundsätzlich, dass die Vergabe eines Gesamtauftrags den Vorschriften zur Vergabe von öffentlichen Aufträgen im Bereich der Trinkwasser- oder Energieversorgung sowie des Verkehrs unterliegt, ungeachtet des Werts derjenigen Teile, die an sich anderen rechtlichen Regelungen unterliegen würden. Unterliegt ein Auftragsteil den Vorschriften zur Vergabe von öffentlichen Aufträgen im Bereich der Trinkwasseroder Energieversorgung sowie des Verkehrs und ein anderer Auftragsteil den Vorschriften über die Vergabe von Konzessionen, gilt dies allerdings nur, wenn der Wert des Auftragsteils, der unter die Vorschriften zur Vergabe von öffentlichen Aufträgen im Bereich der Trinkwasser- oder Energieversorgung sowie des Verkehrs fällt, den geltenden Schwellenwert erreicht oder überschreitet. Andernfalls finden die Vorschriften über die Vergabe von Konzessionen Anwendung.

Zu Nummer 4

§ 111 Absatz 3 Nummer 4 dient der Umsetzung von Artikel 3 Absatz 4 Unterabsatz 3 der Richtlinie 2014/24/EU und von Artikel 20 Absatz 4 der Richtlinie 2014/23/EU. Die Vorschrift betrifft die Vergabe eines Auftrags, bei dem ein Auftragsteil den Vorschriften zur Vergabe von Konzessionen und ein anderer Auftragsteil den Vorschriften zur Vergabe öffentlicher Aufträge unterliegt. Die Vergabe des Gesamtauftrags erfolgt gemäß den Vorschriften zur Vergabe öffentlicher Aufträge, wenn der Wert des Auftragsteils, der unter diese Vorschriften fällt, den geltenden Schwellenwert erreicht oder überschreitet. Andernfalls finden die Vorschriften über die Vergabe von Konzessionen Anwendung.

Zu Nummer 5

§ 111 Absatz 3 Nummer 5 dient der Umsetzung von Artikel 3 Absatz 4 Unterabsatz 2 der Richtlinie 2014/24/EU, Artikel 5 Absatz 4 Unterabsatz 2 der Richtlinie 2014/25/EU und von Artikel 20 Absatz 3 Unterabsatz 2 der Richtlinie 2014/23/EU. Die Vorschrift betrifft öffentliche Aufträge, bei denen ein Auftragsteil dem Teil 4 des GWB unterliegt und ein anderer Auftragsteil sonstigen Vorschriften unterliegt. Die Vorschrift bestimmt, dass der Auftrag in einem solchen Fall ungeachtet des Wertes der Auftragsteile, die an sich sonstigen rechtlichen Regelungen außerhalb des Teils 4 unterliegen würden, gemäß den jeweils einschlägigen Bestimmungen des Teils 4 vergeben werden.

Zu Absatz 4

§ 111 Absatz 4 betrifft öffentliche Aufträge, die nicht objektiv trennbar sind.

Seite 86

Zu Nummer 1

§ 111 Absatz 4 Nummer 1 dient der Umsetzung von Artikel 3 Absatz 6 der Richtlinie 2014/24/EU sowie von Artikel 5 Absatz 5 der Richtlinie 2014/25/EU und von Artikel 20 Absatz 5 der Richtlinie 2014/23/EU. Die anwendbaren Vorschriften zur Vergabe eines gemischten öffentlichen Auftrags, der nicht objektiv trennbar ist, bestimmen sich grundsätzlich nach dem Hauptgegenstand des Auftrags. Für den besonderen Fall, dass ein Auftrag sowohl Elemente einer Dienstleistungskonzession als auch eines Lieferauftrags umfasst, wird der Hauptgegenstand anhand des geschätzten Wertes der Dienstleistungen oder der Lieferungen ermittelt.

Zu Nummer 2

§ 111 Absatz 4 Nummer 2 dient der Umsetzung von Artikel 16 Absatz 4 der Richtlinie 2014/24/EU sowie von Artikel 25 Absatz 4 der Richtlinie 2014/25/EU und von Artikel 21 Absatz 3 der Richtlinie 2014/23/EU. Die Vorschrift bestimmt, dass ein Auftrag, bei dem ein Auftragsteil entweder in den Anwendungsbereich der Ausnahmevorschrift des § 107 Absatz 2 Nummer 1 oder 2 oder der Vorschriften zur Vergabe von verteidigungs- oder sicherheitsspezifischen öffentlichen Aufträgen fällt, im ersten Fall ohne Beachtung der Vorschriften des Teils 4 des GWB und im zweiten Fall gemäß den Vorschriften zur Vergabe verteidigungs- oder sicherheitsspezifischer öffentlicher Aufträge vergeben werden kann.

Zu Absatz 5

§ 111 Absatz 5 dient der Umsetzung von Artikel 16 Absatz 2 Unterabsatz 4 der Richtlinie 2014/24/EU sowie von Artikel 25 Absatz 2 Unterabsatz 4 der Richtlinie 2014/25/EU und Artikel 21 Absatz 2 Unterabsatz 4 der Richtlinie 2014/23/EU. Die Vorschrift stellt klar, dass die Entscheidung, einen Gesamtauftrag zu vergeben, nicht zur Umgehung von vergaberechtlichen Vorschriften erfolgen darf.

Zu Absatz 6

§ 111 Absatz 6 erklärt die Regelungen des Absatzes 1 und 2 und Absatz 3 Nummer 1 und 2 sowie des Absatzes 4 und 5, die sich aus Gründen der Verständlichkeit und der Übersichtlichkeit nur auf die Vergabe öffentlicher Aufträge beziehen, auf die Vergabe von Konzessionen für entsprechend anwendbar. Insofern dient Absatz 6 der Umsetzung von Artikel 20 Absatz 2 bis 5 und Artikel 21 der Richtlinie 2014/23/EU.

§ 112
Vergabe von öffentlichen Aufträgen und Konzessionen, die verschiedene Tätigkeiten umfassen

(1) Umfasst ein öffentlicher Auftrag mehrere Tätigkeiten, von denen eine Tätigkeit eine Sektorentätigkeit im Sinne des § 102 darstellt, dürfen getrennte Aufträge für die Zwecke jeder einzelnen Tätigkeit oder darf ein Gesamtauftrag vergeben werden.

(2) Werden getrennte Aufträge vergeben, so wird jeder einzelne Auftrag nach den Vorschriften vergeben, die auf seine Merkmale anzuwenden sind.

(3) Wird ein Gesamtauftrag vergeben, unterliegt dieser Auftrag den Bestimmungen, die für die Tätigkeit gelten, für die der Auftrag hauptsächlich bestimmt ist. Ist der Auftrag sowohl für eine Sektorentätigkeit im Sinne des § 102 als auch für eine Tätigkeit bestimmt, die Verteidigungs- oder Sicherheitsaspekte umfasst, ist § 111 Absatz 3 Nummer 1 und 2 entsprechend anzuwenden.

(4) Die Entscheidung, einen Gesamtauftrag oder getrennte Aufträge zu vergeben, darf nicht zu dem Zweck getroffen werden, die Auftragsvergabe von den Vorschriften dieses Teils auszunehmen.

(5) Ist es objektiv unmöglich, festzustellen, für welche Tätigkeit der Auftrag hauptsächlich bestimmt ist, unterliegt die Vergabe

1. **den Vorschriften zur Vergabe von öffentlichen Aufträgen durch öffentliche Auftraggeber, wenn eine der Tätigkeiten, für die der Auftrag bestimmt ist, unter diese Vorschriften fällt,**
2. **den Vorschriften zur Vergabe von öffentlichen Aufträgen durch Sektorenauftraggeber, wenn der Auftrag sowohl für eine Sektorentätigkeit im Sinne des § 102 als auch für eine Tätigkeit bestimmt ist, die in den Anwendungsbereich der Vorschriften zur Vergabe von Konzessionen fallen würde,**
3. **den Vorschriften zur Vergabe von öffentlichen Aufträgen durch Sektorenauftraggeber, wenn der Auftrag sowohl für eine Sektorentätigkeit im Sinne des § 102 als auch für eine Tätigkeit bestimmt ist, die weder in den Anwendungsbereich der Vorschriften zur Vergabe von Konzessionen noch in den Anwendungsbereich der Vorschriften zur Vergabe öffentlicher Aufträge durch öffentliche Auftraggeber fallen würde.**

(6) Umfasst eine Konzession mehrere Tätigkeiten, von denen eine Tätigkeit eine Sektorentätigkeit im Sinne des § 102 darstellt, sind die Absätze 1 bis 4 entsprechend anzuwenden. Ist es objektiv unmöglich, festzustellen, für welche Tätigkeit die Konzession hauptsächlich bestimmt ist, unterliegt die Vergabe

1. **den Vorschriften zur Vergabe von Konzessionen durch Konzessionsgeber im Sinne des § 101 Absatz 1 Nummer 1, wenn eine der Tätigkeiten, für die die Konzession bestimmt ist, diesen Bestimmungen und die andere Tätigkeit den Bestimmungen für die Vergabe von Konzessionen durch Konzessionsgeber im Sinne des § 101 Absatz 1 Nummer 2 oder Nummer 3 unterliegt,**
2. **den Vorschriften zur Vergabe von öffentlichen Aufträgen durch öffentliche Auftraggeber, wenn eine der Tätigkeiten, für die die Konzession bestimmt ist, unter diese Vorschriften fällt,**
3. **den Vorschriften zur Vergabe von Konzessionen, wenn eine der Tätigkeiten, für die die Konzession bestimmt ist, diesen Vorschriften und die andere Tätigkeit weder den Vorschriften zur Vergabe von öffentlichen Aufträgen durch Sektorenauftraggeber noch den Vorschriften zur Vergabe öffentlicher Aufträge durch öffentliche Auftraggeber unterliegt.**

Übersicht

	Rn.
A. Allgemeines	1
B. Trennbarer Auftrag (Abs. 1)	6
C. Getrennter Auftrag (Abs. 2)	10
D. Gesamtauftrag (Abs. 3)	13
E. Umgehungsverbot (Abs. 4)	17

F. Nichtfeststellbarkeit der Haupttätigkeit (Abs. 5) 18
G. Gemischte Konzession (Abs. 6) 23
Anlage
Gesetzesbegründung (BT-Drs. 18/6281)

A. Allgemeines

1 § 112 GWB regelt wie § 111 GWB die Vergabe gemischter öffentlicher Aufträge oder Konzessionen, welche **unterschiedlichen Vergaberichtlinien** unterfallen.

2 **Umgesetzt** werden in Abs. 1 bis 5 die Art. 6 Abs. 1 bis 3 RL 2014/25/EU sowie Art. 26 Abs. 1 und Abs. 2 RL 2014/25 EU. Abs. 6 dient der Umsetzung von Art. 22 und Art. 23 RL 2014/23/EU.

3 Bislang fanden sich Regelungen zu mehreren Tätigkeiten betreffenden Aufträgen in **§ 99 Abs. 11 und Abs. 12 GWB a.F.**

4 Im **Unterschied zu § 111 GWB** resultiert hier die Anwendbarkeit der unterschiedlichen Vergaberechtsregime nicht aus verschiedenen Beschaffungskomponenten ein und desselben Auftrags oder ein und derselben Konzession, sondern es handelt sich um ein und dieselbe Beschaffung, die für verschiedene Tätigkeiten des Auftraggebers bestimmt ist.[1]

5 So kann ein Auftrag oder eine Konzession **zum Teil einer Sektorentätigkeit** im Sinne von § 102 GWB dienen, darüber hinaus aber **auch anderen Tätigkeiten**, die entweder dem Anwendungsbereich der RL 2014/23/EU, der RL 2014/24/EU oder der RL 2009/81/EG unterfallen oder aber außerhalb des Anwendungsbereiches dieser Richtlinien liegen.[2]

B. Trennbarer Auftrag (Abs. 1)

6 § 112 Abs. 1 GWB regelt den Fall, dass ein öffentlicher Auftrag vergeben wird, welcher für die Ausführung verschiedener Tätigkeiten des öffentlichen Auftraggebers bestimmt ist, von denen eine Tätigkeit als Sektorentätigkeit gemäß § 102 GWB zu qualifizieren ist.

7 Die Vorschrift dient der Umsetzung von **Art. 6 und Art. 26 RL 2014/25/EU**.

8 Unter einer **Sektorentätigkeit** ist generell eine Tätigkeit zu verstehen, welche in den Bereich der Trinkwasser- oder Energieversorgung sowie des Verkehrs fällt.[3] Das Sektorenvergaberecht knüpft an die in § 102 GWB geregelten Tätigkeiten an, um den Anwendungsbereich des Sektorenvergaberechts zu umschreiben. In diesen Anwendungsbereich fallen somit die dort benannten Tätigkeiten in den Bereichen Gas und Wärme, Elektrizität, Wasser, Verkehrsleistungen, Häfen und Flughäfen, Postdienste sowie Förderung von Öl und Gas und Exploration oder Förderung von Kohle oder anderen festen Brennstoffen.

9 Wie bei der Regelung des § 111 Abs. 1 GWB stellt es der Gesetzgeber in das Ermessen des Auftraggebers, den Auftrag **getrennt oder** im Wege einer **Gesamtvergabe** zu vergeben. Anders als in § 111 Abs. 1 GWB ergibt sich die Trennbarkeit des öffentlichen Auftrages jedoch nicht aus der Aufspaltbarkeit in unterschiedliche Beschaffungskomponenten, sondern daraus, dass eine einzige Beschaffung der Ausführung verschiedener Tätigkeiten des öffentlichen Auftraggebers dienen soll. Um den Anwendungsbereich des § 111 Abs. 1 GWB zu eröffnen, muss es sich bei zumindest einer dieser Tätigkeiten um eine Sektorentätigkeit i.S.d. § 102 GWB handeln.

1 Gesetzesbegründung, BT-Drs. 18/6281, 86.
2 Gesetzesbegründung, BT-Drs. 18/6281, 86.
3 Siehe für Näheres *Röbke* zu § 102.

C. Getrennter Auftrag (Abs. 2)

10 Entscheidet sich der öffentliche Auftraggeber, den Auftrag entsprechend der von diesem umfassten unterschiedlichen Tätigkeiten in mehrere Teile aufzutrennen und diese jeweils einzeln zu vergeben, so richten sich die anwendbaren vergaberechtlichen Vorschriften gemäß § 112 Abs. 2 GWB nach dem jeweiligen Einzelauftrag.

11 Die Vorschrift dient der Umsetzung von **Art. 6 Abs. 1 und Art. 26 Abs. 1 RL 2014/25/EU**.

12 Als **Anwendungsfall** der Regelung denkbar wäre beispielsweise die Beschaffung von Bohrtechnik, welche einerseits der Nutzung eines geografisch abgegrenzten Gebiets zum Zweck der Exploration von festen Brennstoffen, zusätzlich jedoch noch einer weiteren, nicht in § 102 GWB bzw. den Art. 6 bis 14 RL 2014/25/EU geregelten Tätigkeit dienen soll. Trifft der Auftraggeber in diesem Fall die Wahl, getrennte Aufträge zu vergeben, so richtet sich der Auftrag zur Beschaffung von Bohrtechnik zum Zwecke der Brennstofferkundung, welche gemäß § 102 Abs. 6 Nr. 2 GWB eine Sektorentätigkeit darstellt, nach den Vorschriften zur Vergabe von öffentlichen Aufträgen im Bereich der Trinkwasser- oder Energieversorgung sowie des Verkehrs, mithin den §§ 100, 102, 112 und 136 ff. GWB sowie der SektVO. Daneben könnte entsprechend ein weiterer Auftrag zur Beschaffung von Bohrtechnik nach den Vorschriften über die öffentliche Auftragsvergabe vergeben werden, sofern die hierfür vorgesehene Tätigkeit in den Anwendungsbereich dieser Vorschriften fällt.

D. Gesamtauftrag (Abs. 3)

13 Bei einem mehrere Tätigkeiten betreffenden Gesamtauftrag sind nach § 112 Abs. 3 S. 1 GWB die Vorschriften anzuwenden, die auf die Tätigkeit anzuwenden sind, für die der Auftrag hauptsächlich bestimmt ist.

14 **Terminologisch** weicht diese Formulierung nur unwesentlich von derjenigen der einschlägigen RL 2014/25/EU ab, welche in Art. 6 Abs. 2 und Abs. 3 sowie in Erwägungsgrund 16 Tätigkeiten beschreibt, für die ein Auftrag „hauptsächlich vorgesehen" ist bzw. auf die dieser „in erster Linie abzielt".

15 In Erwägungsgrund 16 RL 2014/25/EU stellt der Unionsgesetzgeber klar, dass die Ermittlung der Tätigkeit, auf die der Auftrag in erster Linie abzielt, auf einer **Analyse der Erfordernisse** beruhen kann, zu deren Erfüllung der betreffende Auftrag vergeben werden soll.[4] Begrifflich ist somit diejenige Tätigkeit des öffentlichen Auftraggebers gemeint, deren Bedarf durch die Ausschreibung gedeckt werden soll, auch wenn andere Bedarfe für andere Tätigkeiten des öffentlichen Auftraggebers gleichfalls mit gedeckt werden. Der Begriff der Tätigkeit, für die der Auftrag hauptsächlich bestimmt ist (**Haupttätigkeit**), unterscheidet sich daher von dem Begriff des Hauptgegenstandes i.S.d. § 110 Abs. 2 GWB dadurch, dass bei der Haupttätigkeit nicht die auszuschreibende Leistung betrachtet wird, sondern die Tätigkeit des Auftraggebers, für die die ausgeschriebene Leistung verwendet werden soll.

16 Für den Spezialfall, dass der zu vergebende Auftrag neben der **Sektorentätigkeit** auch **Verteidigungs- und Sicherheitsaspekte** erfasst, verweist § 112 Abs. 3 S. 2 GWB dem Grunde nach auf die Regelungen in § 111 Abs. 3 Nr. 1 und Nr. 2 GWB. In diesen Fällen ist nicht maßgeblich, für welche Tätigkeiten der Auftrag hauptsächlich bestimmt ist. Würde das Vergabeverfahren wesentlichen Sicherheitsinteressen der Bundesrepublik Deutschland widersprechen, kann danach der Auftrag ohne Durchführung eines Vergabeverfahrens nach den Vorschriften des Teil 4 des GWB durchgeführt werden, § 111 Abs. 3 Nr. 1 i.V.m. § 107 Abs. 2 Nr. 1 oder Nr. 2 GWB. Sind Verteidigungs- und Sicherheitsaspekte berührt, ohne dass die Wesentlichkeitsschwelle von § 107 Abs. 2 Nr. 1 oder Nr. 2 GWB überschritten wird, kann der Gesamtauftrag nach den Vorschriften über die Vergabe von verteidigungs- oder sicherheitsspezifischen Aufträgen vergeben werden. Bedingung für diese vergaberechtliche Privilegierung ist

4 Erwägungsgrund 16 RL 2014/25/EU.

jedoch, dass die Gesamtvergabe aus objektiven Gründen gerechtfertigt ist, z.B. wenn eine Untrennbarkeit des Auftrages gegeben ist. [5]

E. Umgehungsverbot (Abs. 4)

17 Der Ermessensspielraum hinsichtlich der Entscheidung über die getrennte oder Gesamtauftragsvergabe findet seine Grenze in § 112 Abs. 4 GWB, wonach die Entscheidung nicht getroffen werden darf, um den Gesamtauftrag oder einzelne Auftragsteile dem Anwendungsbereich des Kartellvergaberechts zu entziehen.

F. Nichtfeststellbarkeit der Haupttätigkeit (Abs. 5)

18 § 112 Abs. 5 GWB bestimmt die anwendbaren Vorschriften für diejenigen Sachverhaltskonstellationen, in denen es objektiv unmöglich ist, festzustellen, welcher Tätigkeit der Auftrag hauptsächlich dienen soll.

19 Eine entsprechende Regelung fand sich bisher zumindest in **§ 99 Abs. 12 GWB a.F.**

20 Der europäische Gesetzgeber führt als Beispiel für eine **objektive Unmöglichkeit** eine Situation an, in welcher der künftige Auslastungsgrad eines zu beschaffenden Gerätes aufgrund fehlender Informationen nicht veranschlagt werden kann, sodass die Haupttätigkeit, also diejenige Tätigkeit, auf die der Auftrag in erster Linie abzielt, nicht ermittelt werden kann.[6]

21 **Grundsätzlich** setzen sich gemäß § 112 Abs. 5 Nr. 1 GWB die Vorschriften zur **Vergabe von öffentlichen Aufträgen durch öffentliche Auftraggeber** durch, wenn eine der Tätigkeiten, für die der Auftrag bestimmt ist, unter diese Vorschriften fällt. Dies gilt auch in den Fällen, in denen eine weitere Tätigkeit, für die der Auftrag bestimmt ist, eine Sektorentätigkeit i.S.d. § 102 GWB darstellt.

22 Ist ein Auftrag jedoch sowohl für **Sektorentätigkeiten** als auch für Tätigkeiten bestimmt, die in den Anwendungsbereich der Vorschriften zur Konzessionsvergabe fallen oder aber die weder dem Vergaberechtsregime für Konzessionsvergaben noch für öffentliche Aufträge unterfallen, so setzt sich nach § 112 Abs. 5 Nr. 2 und Nr. 3 GWB die Anwendung der Vorschriften für die Sektorentätigkeit durch. Etwas anderes gilt nach § 112 Abs. 3 S. 2 GWB nur, wenn der Auftrag sowohl für eine Sektorentätigkeit bestimmt ist als auch **Verteidigungs- und Sicherheitsaspekte** umfasst.[7]

G. Gemischte Konzession (Abs. 6)

23 § 112 Abs. 6 GWB trifft in Umsetzung von Art. 22 und Art. 23 RL 2014/23/EU für gemischte Konzessionen entsprechende Regelungen und verweist in S. 1 diesbezüglich und zur Vermeidung von Wiederholungen auf § 122 Abs. 1 bis 4 GWB.

24 Demnach gilt in entsprechender Anwendung von § 112 Abs. 1 GWB, dass in denjenigen Fällen, in denen eine Konzession mehrere Tätigkeiten umfasst, von denen eine Tätigkeit eine **Sektorentätigkeit** i.S.d. § 102 GWB darstellt, der Konzessionsgeber nach seinem Ermessen entweder für jede einzelne Tätigkeit getrennte Konzessionen oder eine Gesamtkonzession vergeben kann.

25 Entscheidet sich der Konzessionsgeber, die Konzession in mehrere Teile aufzutrennen und diese jeweils einzeln zu vergeben, so richten sich die anwendbaren vergaberechtlichen Vorschriften in entsprechender Anwendung von § 112 Abs. 2 GWB nach der jeweiligen **Einzelkonzession**. Für den Fall, dass eine **Gesamtkonzession** vergeben wird, unterliegt diese den

5 Siehe hierzu § 111 Rn. 15 ff.
6 Erwägungsgrund 16 RL 2014/25/EU.
7 Siehe hierzu Rn. 16.

Bestimmungen, die für die Tätigkeit gelten, welcher die Konzession hauptsächlich dienen soll.[8]

Ebenso wie bei der Vergabe eines Gesamtauftrags darf die Entscheidung, eine Gesamtkonzession zu vergeben, nicht zum Zwecke der **Umgehung des Kartellvergaberechts** erfolgen; dies folgt aus der entsprechenden Anwendung von § 112 Abs. 4 GWB. 26

Ist es **objektiv unmöglich**, festzustellen, auf welche Tätigkeit die Konzession in erster Linie abzielt,[9] regelt § 112 Abs. 6 Nr. 1 bis 3 GWB in Umsetzung von Art. 22 Abs. 3 lit. a und lit. b RL 2014/23/EU, welche vergaberechtlichen Vorschriften in verschiedenen Konstellationen Anwendung finden. 27

Gemäß § 112 Abs. 6 Nr. 1 GWB genießen die Vorschriften zur Vergabe von Konzessionen durch Konzessionsgeber grundsätzlich Vorrang vor den Vorschriften zur Vergabe von Konzessionen durch **Sektorenauftraggeber**. Dies gilt jedoch nicht für Konzessionsvergaben durch öffentliche Auftraggeber gemäß § 99 Nr. 4 GWB sowie Sektorenauftraggeber gemäß § 100 Abs. 1 Nr. 1 und Nr. 2 GWB, die eine Sektorentätigkeit gemäß § 102 Abs. 1 GWB im Bereich Wasser ausüben. 28

§ 112 Abs. 6 Nr. 2 GWB bestimmt, dass die Vorschriften zur **Vergabe von öffentlichen Aufträgen durch öffentliche Auftraggeber** anwendbar sind, sofern eine der Tätigkeiten, für welche die Konzession bestimmt ist, in den Anwendungsbereich dieser Vorschriften fällt. 29

Unterliegt eine der Tätigkeiten, für welche die Konzession bestimmt ist, den Vorschriften zur **Vergabe von Konzessionen**, so finden nach § 112 Abs. 6 Nr. 3 GWB diese Vorschriften Anwendung, wenn die andere Tätigkeit weder dem Vergaberechtsregime für öffentliche Aufträge durch öffentliche Auftraggeber noch demjenigen für öffentliche Aufträge durch Sektorenauftraggeber unterliegt. Etwas anderes gilt in entsprechender Anwendung von § 112 Abs. 3 S. 2 GWB nur, wenn die Konzession sowohl einer Sektorentätigkeit dienen soll als auch **Verteidigungs- und Sicherheitsaspekte** umfasst.[10] 30

Anlage

Gesetzesbegründung (BT-Drs. 18/6281)

Seite 86

§ 112 bestimmt, welche Vorschriften auf die Vergabe gemischter öffentlicher Aufträge oder gemischter Konzessionen Anwendung finden, wenn diese in den Anwendungsbereich unterschiedlicher Vergaberechtsregime verschiedener Richtlinien fallen. Im Unterschied zu § 111 dieses Gesetzes betrifft § 112 allerdings Sachverhaltskonstellationen, in denen die Anwendbarkeit unterschiedlicher Vergaberechtsregime nicht daraus resultiert, dass verschiedene Beschaffungskomponenten umfasst sich, sondern ein und dieselbe Beschaffung im Rahmen eines öffentlichen Auftrags oder einer Konzession für die Ausübung verschiedener Tätigkeiten des Auftraggebers bestimmt ist.

Das ist der Fall, wenn die Auftrags- oder Konzessionsvergabe zwar teilweise zum Zwecke einer Sektorentätigkeit im Sinne des § 102 GWB erfolgt, diese darüber hinaus aber auch für die Ausübung einer anderen Tätigkeit bestimmt ist. Denn gemäß Artikel 1 Absatz 2 der Richtlinie 2014/25/EU bezeichnet die Auftragsvergabe im Sinne der Sektorenrichtlinie den Erwerb von Liefer-, Bau- oder Dienstleistungen durch einen oder mehrere Auftraggeber bereits dann, sofern die betreffenden Liefer-, Bau- oder Dienstleistungen für einen der in Artikel 8 bis 14 genannten Zweck bestimmt ist. Gleiches gilt für Artikel 7 Absatz 1 der Richtlinie 2014/23/EU, der für die Eigenschaft als Auftraggeber im Sinne der Konzessionsrichtlinie darauf abstellt, dass eine Konzession zum Zwecke der Ausübung einer der in Anhang II genannten Tätigkeiten vergeben wird. Auf dieser Grundlage enthält der Erwägungsgrund 16 der Richtlinie 2014/25/EU die ergänzende Erläuterung durch den Unionsgesetzgeber, dass Sektoren-

8 Siehe hierzu entsprechend Rn. 15.
9 Siehe hierzu Rn. 18 ff.
10 Siehe hierzu entsprechend Rn. 16.

auftraggeber Aufträge vergeben können, die unterschiedlichen rechtlichen Regelungen unterworfen sein können, um die Erfordernisse in mehreren Tätigkeitsbereichen zu erfüllen.

Zu Absatz 1

§ 112 Absatz 1 regelt die Abgrenzung der anzuwendenden Vorschriften bei der Vergabe von Aufträgen, die neben einer Sektorentätigkeit im Sinne des § 102 zumindest eine weitere Tätigkeit umfassen, die entweder dem Anwendungsbereich der Richtlinie 2014/23/EU, der Richtlinie 2014/24/EU oder der Richtlinie 2009/81/EG unterfallen oder außerhalb des Anwendungsbereichs dieser Richtlinien liegen. Die Vorschrift dient der Umsetzung von Artikel 6 und 26 der Richtlinie 2014/25/EU. Entsprechende Aufträge dürfen grundsätzlich entweder nach der jeweiligen Tätigkeit getrennt oder als Gesamtauftrag vergeben werden.

Seite 87

Zu Absatz 2

§ 112 Absatz 2 dient der Umsetzung von Artikel 6 Absatz 1 und Artikel 26 Absatz 1 der Richtlinie 2014/25/EU. Wird ein Auftrag, der neben einer Sektorentätigkeit eine andere Tätigkeit umfasst, in Form getrennter Aufträge vergeben, sieht die Regelung vor, dass sich die anwendbaren Vorschriften für die einzelnen Aufträge nach den Merkmalen der jeweils betroffenen Tätigkeit bestimmen.

Zu Absatz 3

§ 112 Absatz 3 betrifft den Fall, dass ein Gesamtauftrag vergeben wird.

§ 112 Absatz 3 Satz 1 dient der Umsetzung von Artikel 6 Absatz 1 und Absatz 2 der Richtlinie 2014/25/EU. Die Vorschrift bestimmt, dass die Vergabe eines Gesamtauftrags, der neben einer Sektorentätigkeit im Sinne des § 102 noch mindestens eine weitere Tätigkeit umfasst, im Regelfall denjenigen Bestimmungen unterliegt, die für die Tätigkeit gelten, für die der Auftrag hauptsächlich bestimmt ist. In Erwägungsgrund 16 der Richtlinie 2014/25/EU stellt der Unionsgesetzgeber klar, dass die Ermittlung der Tätigkeit, auf die der Auftrag in erster Linie abzielt, auf einer Analyse der Erfordernisse beruhen kann, zu deren Erfüllung der betreffende Auftrag vergeben werden soll.

§ 112 Absatz 3 Satz 2 dient der Umsetzung von Artikel 26 Absatz 2 der Richtlinie 2014/25/EU. Die Vorschrift betrifft die Vergabe eines Gesamtauftrags, der sowohl für eine Sektorentätigkeit als auch für eine Tätigkeit bestimmt ist, die Verteidigungs- oder Sicherheitsaspekte umfasst. Die Vorschrift verweist zur Bestimmung der anwendbaren Vergaberegeln dem Grunde nach auf § 111 Absatz 3 Nummer 2 Buchstabe a und b. Diese Bestimmungen entsprechen inhaltlich der zugrunde liegenden Regelung des Artikels 26 Absatz 2 der Richtlinie 2014/25/EU.

Zu Absatz 4

§ 112 Absatz 4 dient der Umsetzung von Artikel 6 Absatz 1 Unterabsatz 3 und Artikel 26 Absatz 2 Unterabsatz 3 der Richtlinie 2014/25/EU sowie Artikel 22 Absatz 1 Unterabsatz 3 und Artikel 23 Absatz 2 Unterabsatz 3 der Richtlinie 2014/23/EU. Die Regelung stellt klar, dass die Entscheidung einen Gesamtauftrag zu vergeben, nicht zur Umgehung der Vorschriften des Teils 4 des GWB genutzt werden darf.

Zu Absatz 5

§ 112 Absatz 5 dient der Umsetzung von Artikel 6 Absatz 3 der Richtlinie 2014/25/EU. Die Vorschrift betrifft den Fall, dass bei der Vergabe eines Gesamtauftrags für verschiedene Tätigkeiten nicht objektiv bestimmbar ist, welcher Tätigkeit dieser hauptsächlich dienen soll. Nummer 1, 2 und 3 bestimmen für einen solchen Fall die anwendbaren Vorschriften für unterschiedliche Tätigkeitskombinationen.

Zu Nummer 1

§ 112 Absatz 5 Nummer 1 sieht vor, dass der Gesamtauftrag nach den Vorschriften für die Vergabe öffentlicher Aufträge durch öffentliche Auftraggeber vergeben wird, wenn ein Auftrag nicht nur für eine Sektorentätigkeit, sondern darüber hinaus für eine weitere Tätigkeit bestimmt ist, die für sich genommen unter die Vorschriften zur Vergabe öffentlicher Aufträge durch öffentliche Auftraggeber fallen würde.

Zu Nummer 2

§ 112 Absatz 5 Nummer 2 bestimmt, dass der Gesamtauftrag nach den Vorschriften zur Vergabe von öffentlichen Aufträgen im Bereich der Trinkwasser- oder Energieversorgung sowie des Verkehrs vergeben wird, wenn eine solche weitere Tätigkeit für sich genommen unter die Vorschriften zur Vergabe von Konzessionen fallen würde.

Zu Nummer 3

§ 112 Absatz 5 Nummer 3 sieht ebenfalls vor, dass der Gesamtauftrag nach den Vorschriften zur Vergabe von öffentlichen Aufträgen im Bereich der Trinkwasser- oder Energieversorgung sowie des Verkehrs vergeben wird, wenn eine solche weitere Tätigkeit für sich genommen weder den Vorschriften zur Vergabe öffentlicher Aufträge durch öffentliche Auftraggeber noch den Vorschriften zur Vergabe von Konzessionen unterfallen würde.

Zu Absatz 6

§ 112 Absatz 6 dient der Umsetzung von Artikel 22 und Artikel 23 der Richtlinie 2014/23/EU. Die Vorschrift regelt die Abgrenzung der anzuwendenden Vorschriften bei der Vergabe von Konzessionen, die neben einer Sektorentätigkeit im Sinne des § 102 zumindest eine weitere Tätigkeit umfassen, die entweder dem Anwendungsbereich der Richtlinie 2014/24/EU oder der Richtlinie 2009/81/EG unterfallen oder außerhalb des Anwendungsbereichs dieser Richtlinien liegen. Zur Vermeidung von Wiederholungen werden die vorstehenden Absätze grund-

Seite 88

sätzlich für anwendbar erklärt. Schließlich entsprechen die in Absatz 1 umgesetzten Artikel 6 und 26 der Richtlinie 2014/25/EU inhaltlich weitgehend den Artikeln 22 und 23 der Richtlinie 2014/23/EU. Lediglich im Hinblick auf die Vergabe von Gesamtkonzessionen für mehrere Tätigkeiten, bei denen es objektiv unmöglich ist, zu bestimmen, für welche Tätigkeit sie hauptsächlich vorgesehen sind, sieht Artikel 22 Absatz 3 der Richtlinie 2014/23/EU abweichende Regelungen vor. Deren Umsetzung dient Absatz 2 Nummer 1 bis 3.

Zu Nummer 1

§ 112 Absatz 6 Nummer 1 dient der Umsetzung von Artikel 22 Absatz 3 Buchstabe a der Richtlinie 2014/23/EU. Die Vorschrift sieht vor, dass die Vergabe einer Gesamtkonzession, die sowohl für eine Tätigkeit, die für sich genommen in den Anwendungsbereich der Vorschriften zur Vergabe von Konzessionen durch Konzessionsgeber im Sinne des § 101 Absatz 1 Nummer 2 und Nummer 3 fallen würde, als auch für eine Tätigkeit bestimmt ist, die für sich genommen in den Anwendungsbereich der Vorschriften zur Vergabe von Konzessionen durch Konzessionsgeber im Sinne des § 101 Absatz 1 Nummer 1 fallen würde, nach diesen Bestimmungen vergeben wird.

Zu Nummer 2

§ 112 Absatz 6 Nummer 2 dient der Umsetzung von Artikel 22 Absatz 3 Buchstabe b der Richtlinie 2014/23/EU. Die Vorschrift bestimmt, dass die Vergabe einer Gesamtkonzession nach den Vorschriften zur Vergabe von öffentlichen Aufträgen durch öffentliche Auftraggeber erfolgt, wenn eine der Tätigkeiten, für die die Konzession bestimmt ist, diesen Vorschriften unterliegt.

Zu Nummer 3

§ 112 Absatz 6 Nummer 3 dient der Umsetzung von Artikel 22 Absatz 3 Buchstabe b der Richtlinie 2014/23/EU. Die Vorschrift stellt klar, dass die Vergabe einer Gesamtkonzession nach den Vorschriften zur Vergabe von Konzessionen erfolgt, wenn eine der Tätigkeiten, für die sie bestimmt ist, weder diesen Vorschriften noch den Vorschriften zur Vergabe von öffentlichen Aufträgen durch öffentliche Auftraggeber oder den Vorschriften zur Vergabe von öffentlichen Aufträgen im Bereich der Trinkwasser- oder Energieversorgung sowie des Verkehrs unterliegt.

§ 113
Verordnungsermächtigung

Die Bundesregierung wird ermächtigt, durch Rechtsverordnungen mit Zustimmung des Bundesrates die Einzelheiten zur Vergabe von öffentlichen Aufträgen und Konzessionen sowie zur Ausrichtung von Wettbewerben zu regeln. Diese Ermächtigung umfasst die Befugnis zur Regelung von Anforderungen an den Auftragsgegenstand und an das Vergabeverfahren, insbesondere zur Regelung

1. **der Schätzung des Auftrags- oder Vertragswertes,**
2. **der Leistungsbeschreibung, der Bekanntmachung, der Verfahrensarten und des Ablaufs des Vergabeverfahrens, der Nebenangebote, der Vergabe von Unteraufträgen sowie der Vergabe öffentlicher Aufträge und Konzessionen, die soziale und andere besondere Dienstleistungen betreffen,**
3. **der besonderen Methoden und Instrumente in Vergabeverfahren und für Sammelbeschaffungen einschließlich der zentralen Beschaffung,**
4. **des Sendens, Empfangens, Weiterleitens und Speicherns von Daten einschließlich der Regelungen zum Inkrafttreten der entsprechenden Verpflichtungen,**
5. **der Auswahl und Prüfung der Unternehmen und Angebote sowie des Abschlusses des Vertrags,**
6. **der Aufhebung des Vergabeverfahrens,**
7. **der verteidigungs- oder sicherheitsspezifischen Anforderungen im Hinblick auf den Geheimschutz, auf die allgemeinen Regelungen zur Wahrung der Vertraulichkeit, auf die Versorgungssicherheit sowie auf die besonderen Regelungen für die Vergabe von Unteraufträgen,**
8. **der Voraussetzungen, nach denen Sektorenauftraggeber, Konzessionsgeber oder Auftraggeber nach dem Bundesberggesetz von der Verpflichtung zur Anwendung dieses Teils befreit werden können, sowie des dabei anzuwendenden Verfahrens einschließlich der erforderlichen Ermittlungsbefugnisse des Bundeskartellamtes und der Einzelheiten der Kostenerhebung; Vollstreckungserleichterungen dürfen vorgesehen werden.**

Die Rechtsverordnungen sind dem Bundestag zuzuleiten. Die Zuleitung erfolgt vor der Zuleitung an den Bundesrat. Die Rechtsverordnungen können durch Beschluss des Bundestages geändert oder abgelehnt werden. Der Beschluss des Bundestages wird der Bundesregierung zugeleitet. Hat sich der Bundestag nach Ablauf von drei Sitzungswochen seit Eingang der Rechtsverordnungen nicht mit ihnen befasst, so werden die unveränderten Rechtsverordnungen dem Bundesrat zugeleitet.

Übersicht Rn.

A. Allgemeines ... 1
B. Regelungsstruktur ... 5
C. Konkretisierungen der Verordnungsermächtigung (S. 2) ... 6
I. Einleitung ... 6
II. Schätzung des Auftrags- oder Vertragswertes (Nr. 1) ... 7
III. Leistungsbeschreibung, Bekanntmachung, Verfahrensarten und -ablauf, Nebenangebote, Unteraufträge sowie besondere Dienstleistungen (Nr. 2) ... 8
IV. Besondere Methoden und Instrumenten (Nr. 3) ... 9
V. Kommunikation (Nr. 4) ... 10
VI. Auswahl und Prüfung der Unternehmen und Angebote sowie Vertragsschluss (Nr. 5) ... 11
VII. Aufhebung des Vergabeverfahrens (Nr. 6) ... 12
VIII. Verteidigungs- und sicherheitsspezifische Anforderungen (Nr. 7) ... 13
IX. Freistellungsverfahren (Nr. 8) ... 14
D. Verordnungen auf Grundlage der Verordnungsermächtigung ... 15
Anlage
Gesetzesbegründung (BT-Drs. 18/6281)

A. Allgemeines

1 Wie bislang insbesondere in den §§ 97 Abs. 6, 127, 127a GWB a.F.[1] enthält jetzt § 113 GWB die Verordnungsermächtigung für die Bundesregierung, Rechtsverordnungen mit Zustimmung des Bundesrates betreffend der Vergabe von öffentlichen Aufträgen zu erlassen. Die Neuregelung umfasst nun auch die Befugnis, Einzelheiten zur Vergabe von Konzessionen sowie zur Ausrichtung von Wettbewerben zu regeln.

2 Gegen Ende des Gesetzgebungsverfahrens[2] wurde zusätzlich ein **Parlamentsvorbehalt**[3] aufgenommen, sodass die Bundesregierung künftig die Rechtsverordnungen dem Bundestag zuleiten muss, bevor diese dem Bundesrat zugeleitet werden dürfen. Der Bundestag kann durch Beschluss die Rechtsverordnungen ablehnen oder ändern. Für den Fall, dass sich der Bundestag nicht innerhalb von drei Wochen mit der Verordnung befasst, gilt eine Verschweigensfrist und die Verordnung wird dem Bundesrat unverändert zugeleitet.

3 Für § 113 GWB gilt eine besondere Regel hinsichtlich des **Inkrafttretens**: Er tritt bereits am Tag nach der Verkündung des Gesetzes in Kraft und nicht erst mit Ablauf der Umsetzungsfrist für die EU-Richtlinien am 18.4.2016. Dies ist besonders mit Blick auf die künftig das GWB ergänzenden Rechtsverordnungen relevant, die sich auf diese Ermächtigungsnorm stützen und die Einzelheiten der Verfahren zur Vergabe von öffentlichen Aufträgen und Konzessionen regeln werden. Das GWB selbst enthält keine detaillierten Verfahrensregeln für die Vergabe von öffentlichen Aufträgen und Konzessionen in den einzelnen Phasen des Vergabeverfahrens. Deshalb ist es von großer Bedeutung, dass die ergänzenden Verordnungen bereits vor Ablauf der Umsetzungsfrist auf Basis dieser Verordnungsermächtigung geschaffen werden und mit dem restlichen GWB in Kraft treten können.[4]

4 Der neue § 113 GWB ist für die Gestaltung des Vergaberechts von **enormer Bedeutung**, da das neue GWB zwar viele grundlegende Rahmenbedingungen setzt, aber erst durch die auf § 113 GWB gestützten Rechtsverordnungen die Einzelheiten der Vergabeverfahren geregelt werden. Auch der Gesetzgeber scheint dies so eingestuft zu haben und hat sich seine Möglichkeit zur Mitgestaltung der Verordnungen nun durch einen ausdrücklichen Parlamentsvorbehalt gesichert.

B. Regelungsstruktur

5 Der neue § 113 GWB ist so strukturiert, dass **S. 1** zunächst grundlegend festlegt, welche Verordnungen auf seiner Basis geregelt werden dürfen. Dies sind Verordnungen zu den Einzelheiten der Vergabe von öffentlichen Aufträgen, der Vergabe von Konzessionen und der Ausrichtung von Wettbewerben. Die Regelung in **S. 2** stellt weiter klar, dass einerseits verfahrensbezogene Regelungen festgelegt und andererseits auch materiell-rechtliche Anforderungen an den Auftragsgegenstand in einer Verordnung geregelt werden können.[5] Diese ergänzende Klarstellung wird durch eine nicht abschließende Auflistung in § 113 S. 2 Nr. 1 bis 8 GWB weiter präzisiert. Diese Nummern bilden jedoch keine eigenständigen Ermächtigungsnormen, sondern dienen der Klarstellung, welche Inhalte insbesondere durch die Ermächtigungsgrundlage des § 113 GWB gedeckt sind.

---

1 Vgl. zur alten Rechtslage *Rieder*, in: Müller-Wrede, GWB, §§ 127, 127a, Rn. 1 ff.

2 Vgl. Beschlussempfehlung und Bericht des Ausschusses für Wirtschaft und Energie (9. Ausschuss), BT-Drs. 18/7096, 6, 15.

3 Vgl. auch *Huster/Rux*, in: Epping/Hillgruber, Grundgesetz, Art. 20 Rn. 105 bis 107 grundlegend zum Parlamentsvorbehalt.

4 Vgl. Beschlussempfehlung und Bericht des Ausschusses für Wirtschaft und Energie (9. Ausschuss), BT-Drs. 18/7096, 16.

5 Vgl. Gesetzesbegründung, BT-Drs. 18/6281, 88 f.

C. Konkretisierungen der Verordnungsermächtigung (S. 2)

I. Einleitung

6 Manche Regelungen finden sich im **Vergleich zu den Vorgängerregelungen** nicht mehr bei den Konkretisierungen der Verordnungsermächtigung[6], da sie an anderer Stelle im novellierten GWB geregelt wurden und eine entsprechende Verordnung nicht mehr erforderlich ist: So entfällt die Regelung in § 127 Nr. 1 GWB a.F., da § 106 GWB nun einen dynamischen Verweis auf die EU-Schwellenwerte enthält. Ebenso ist die Regelung in § 127 Nr. 7 GWB a.F. obsolet geworden, indem nun § 183 GWB einen Korrekturmechanismus enthält. Die Regelungen in § 127 Nr. 2 und Nr. 3 GWB a.F. sind weggefallen, da die Unterscheidung zwischen öffentlichen Auftraggebern und Sektorenauftraggebern bei der neuen Verordnungsermächtigung nicht mehr von Belang ist. Vielmehr wird nur noch nach dem Auftragsgegenstand unterschieden, nämlich der Vergabe öffentlicher Aufträge und der Vergabe von Konzessionen. Auch für die Regelung in § 127 Nr. 6 GWB a.F. gab es keinen Handlungsbedarf mehr, denn diese Ermächtigungsnorm betraf die Regelung eines Verfahrens, nachdem öffentliche Auftraggeber durch unabhängige Prüfer eine Bescheinigung erhalten können, dass ihr Verfahren vergaberechtskonform ist.

II. Schätzung des Auftrags- oder Vertragswertes (Nr. 1)

7 § 113 S. 2 Nr. 1 GWB nimmt aus Gründen der Klarstellung die Befugnis zur Regelung der Schätzung des Auftragswertes von öffentlichen Aufträgen und des Vertragswertes von Konzessionen in die Verordnungsermächtigung auf.[7]

III. Leistungsbeschreibung, Bekanntmachung, Verfahrensarten und -ablauf, Nebenangebote, Unteraufträge sowie besondere Dienstleistungen (Nr. 2)

8 § 113 S. 2 Nr. 2 GWB greift die in § 97 Abs. 6 GWB a.F. enthaltene Befugnis zur Regelung der Bekanntmachung, der Verfahrensarten und des Ablaufs des Vergabeverfahrens auf. Zusätzlich werden Regelungen zur Leistungsbeschreibung, zu Nebenangeboten, zur Vergabe von Unteraufträgen sowie zur Vergabe öffentlicher Aufträge und Konzessionen, die soziale und andere besondere Dienstleistungen betreffen, genannt.[8]

IV. Besondere Methoden und Instrumenten (Nr. 3)

9 § 113 S. 2 Nr. 3 GWB nimmt die Befugnis zur Regelung der von den Richtlinien 2014/24/EU und 2014/25/EU vorgesehenen besonderen Methoden und Instrumente im Vergabeverfahren und für Sammelbeschaffungen sowie die zentrale Beschaffungstätigkeit gemäß § 120 Abs. 4 GWB und deren Anforderungen in die Verordnungsermächtigung auf. In Bezug auf die **elektronische Auftragsvergabe** betrifft dies das dynamische Beschaffungssystem, die elektronische Auktion und den elektronischen Katalog. Unter den Begriff **Sammelbeschaffungen** fallen Regelungen über Rahmenvereinbarungen und die gelegentliche gemeinsame Auftragsvergabe sowie die Auftragsvergabe durch öffentliche Auftraggeber aus verschiedenen Mitgliedstaaten. Darüber hinaus werden von der Verordnungsermächtigung auch die Einzelheiten zur zentralen Beschaffungstätigkeit umfasst.[9]

---

6 Vgl. dazu *Rieder*, in: Müller-Wrede, Taschenkommentar GWB-Vergaberecht, §§ 127, 127a Rn. 1 ff.
7 Gesetzesbegründung, BT-Drs. 18/6281, 89.
8 Gesetzesbegründung, BT-Drs. 18/6281, 89.
9 Gesetzesbegründung, BT-Drs. 18/6281, 89.

V. Kommunikation (Nr. 4)

10 § 113 S. 2 Nr. 4 GWB konkretisiert auf der Grundlage von § 97 Abs. 5 GWB die Verordnungsermächtigung im Hinblick auf die Befugnis zur Regelung der Einzelheiten des Sendens, Empfangens, des Weiterleitens und Speicherns von Daten in einem Vergabeverfahren, einschließlich der Kommunikation. Damit wird die Bundesregierung ermächtigt, die in den Richtlinien 2014/23/EU, 2014/24/EU und 2014/25/EU jeweils enthaltene Verpflichtung zur elektronischen Kommunikation durch Rechtsverordnungen umzusetzen. Genannt werden auch die auf Verordnungsebene zu treffenden Übergangsbestimmungen. Seit dem 18.4.2016 dürfen **EU-weite Bekanntmachungen** nur noch elektronisch beim Amt für Veröffentlichungen der Europäischen Union eingereicht werden. Die Bekanntmachungen müssen zwingend eine Internetadresse enthalten, unter der sämtliche Vergabeunterlagen unentgeltlich, uneingeschränkt und vollständig direkt mithilfe von IKT abgerufen werden können. Im weiteren Verfahren ist bis spätestens 18.4.2017 (zentrale Beschaffungsstellen) bzw. 18.10.2018 (andere als zentrale Beschaffungsstellen) auch das **Einreichungsverfahren** ausnahmslos IKT-basiert auszugestalten. Diese unterschiedlichen Zeitpunkte, ab wann bestimmte Verpflichtungen einzuhalten sind, werden auf Verordnungsebene festgelegt. Die unterschiedlichen Umsetzungsfristen für die Einführung der elektronischen Kommunikation, die die EU-Richtlinien ermöglichen, werden dabei voll ausgeschöpft. Auch die Ausnahmen von der elektronischen Kommunikation werden auf Verordnungsebene geregelt.[10]

VI. Auswahl und Prüfung der Unternehmen und Angebote sowie Vertragsschluss (Nr. 5)

11 § 113 S. 2 Nr. 5 GWB greift die in § 97 Abs. 6 GWB a.F. enthaltene Befugnis zur Regelung der Auswahl und Prüfung der Unternehmen und Angebote sowie des Abschlusses des Vertrags auf. Dies gilt insbesondere für Regelungen zu Vorgaben zu Eignungs- und Zuschlagskriterien, zu deren Ausgestaltung und zur Nachweisführung darüber. Im Rahmen der Nachweisführung wird (in Umsetzung von Art. 43 RL 2014/24/EU) auch die Möglichkeit der Verwendung von Gütezeichen zur Nachweisführung geregelt werden.[11]

VII. Aufhebung des Vergabeverfahrens (Nr. 6)

12 § 113 S. 2 Nr. 6 GWB nimmt aus Gründen der Klarstellung die Befugnis zur Regelung der Aufhebung des Vergabeverfahrens in die Verordnungsermächtigung auf.[12]

VIII. Verteidigungs- und sicherheitsspezifische Anforderungen (Nr. 7)

13 § 113 S. 2 Nr. 7 GWB übernimmt die in § 127 Nr. 3 GWB a.F. enthaltene Verordnungsermächtigung zur Regelung des Vergabeverfahrens für verteidigungs- oder sicherheitsspezifische Aufträge im Sinne des § 104 GWB. Die beispielhafte Aufzählung zur Konkretisierung der Verordnungsermächtigung dient der Klarstellung und konzentriert sich dabei auf die besonderen Aspekte des Vergabeverfahrens von verteidigungs- oder sicherheitsspezifischen Aufträgen.[13]

IX. Freistellungsverfahren (Nr. 8)

14 § 113 S. 2 Nr. 8 GWB fasst die in § 127 Nr. 9 GWB a.F. enthaltene Befugnis zur Regelung des Freistellungsverfahrens für Sektorenauftraggeber, Konzessionsgeber und Auftraggeber nach dem Bundesberggesetz sowie im bisherigen § 127a Abs. 2 GWB enthaltene Befugnis zur Regelung der Einzelheiten der Kostenerhebung einschließlich von Vollstreckungserleichterungen zusammen. Dabei wird im Hinblick auf die Vergabe von Konzessionen der in Art. 16

10 Gesetzesbegründung, BT-Drs. 18/6281, 89.
11 Gesetzesbegründung, BT-Drs. 18/6281, 90.
12 Gesetzesbegründung, BT-Drs. 18/6281, 90.
13 Gesetzesbegründung, BT-Drs. 18/6281, 90.

RL 2014/23/EU vorgesehene Ausschluss von Tätigkeiten, die unmittelbar dem Wettbewerb ausgesetzt sind, berücksichtigt.[14]

D. Verordnungen auf Grundlage der Verordnungsermächtigung

Die VgV, die SektVO, die KonzVgV und die Änderung der VSVgV stützen sich auf § 113 GWB.[15] In diesen vier Verordnungen sind die **Einzelheiten der Verfahren** zur Vergabe von öffentlichen Aufträgen und Konzessionen geregelt. Die Verordnungen spiegeln in ihrer Struktur den jeweiligen Ablauf der Vergabeverfahren wider, um es künftig der Praxis zu erleichtern, die für den jeweiligen Verfahrensschritt im Vergabeprozess anzuwendenden Vorschriften zu ermitteln. 15

Bei einzelnen Vorschriften der Verordnungen kann – über die grundlegende Ermächtigungsnorm des § 113 S. 1 f. GWB hinaus – **zusätzlich** der **Bezug zu bestimmten klarstellenden Nummern des § 113 S. 2 GWB** hergestellt werden. Dies ist beispielsweise bei § 4 Abs. 3 VgV der Fall, der an § 113 S. 2 Nr. 3 GWB anknüpft, wonach Regelungen zu besonderen Methoden und Instrumenten in Vergabeverfahren und für Sammelbeschaffungen einschließlich der zentralen Beschaffung auf Verordnungsebene erlassen werden können. Dazu regelt § 4 Abs. 3 VgV, dass die Bundesregierung für Dienststellen des Bundes allgemeine Verwaltungsvorschriften über die Einrichtung und die Nutzung zentraler Beschaffungsstellen sowie die durch die zentralen Beschaffungsstellen bereitzustellenden Beschaffungsdienstleistungen erlassen kann. Auch hinsichtlich der Änderungen der VSVgV besteht ein solcher Bezug, da hier auch § 113 S. 2 Nr. 7 GWB betroffen ist, der aus Gründen der Klarstellung die besonderen Anforderungen verteidigungs- und sicherheitsspezifischer öffentlicher Aufträge aufgreift. Gleichwohl ist angesichts der detaillierten Regelungen betreffend das Vergabeverfahren in den jeweiligen Verordnungen offensichtlich, dass wiederholt verschiedenste klarstellende Nummern des § 113 GWB berührt sind. 16

Anlage

Gesetzesbegründung (BT-Drs. 18/6281)

Seite 88

§ 113 regelt die Verordnungsermächtigung der Bundesregierung neu. Bislang waren die Verordnungsermächtigungen der Bundesregierung in den bisherigen § 97 Absatz 6 und § 127 enthalten. So sind die bisherigen § 97 Absatz 6 und § 127 GWB die Grundlage der Verordnung über die Vergabe von Aufträgen im Bereich des Verkehrs, der Trinkwasserversorgung und der Energieversorgung vom 23.9.2009 (SektVO), der Verordnung über die Vergabe öffentlicher Aufträge (Vergabeverordnung – VgV) vom 11.2.2003 und der Vergabeverordnung Verteidigung und Sicherheit (VSVgV) vom 12.07.2012.

Die Inhalte der bisherigen §§ 97 Absatz 6, 127 GWB werden nunmehr vereinfacht und in § 113 zusammengeführt. Dabei ergibt sich der Inhalt der Verordnungsermächtigung aus der Abgrenzung zum neuen Regelungsgehalt des Teils 4 des Gesetzes gegen Wettbewerbsbeschränkungen. Wesentliche Inhalte der Richtlinien 2014/23/EU, 2014/24/EU und 2014/25/EU, die nunmehr einer Regelung im Gesetz selbst zugeführt werden, wie zum Beispiel der dynamische Verweis auf die EU-Schwellenwerte, sind folgerichtig nicht mehr Gegenstand der Verordnungsermächtigung. Damit entfällt die bislang in § 127 Nummer 1 geregelte Ermächtigung zur Umsetzung der vergaberechtlichen Schwellenwerte der Richtlinien der Europäischen Union. Auf der Grundlage der in § 183 aufgenommenen Regelung zum Korrekturmechanismus bedarf es auch nicht mehr der in § 127 Nummer 7 enthaltenen Ermächtigung zur Regelung eines freiwilligen Streitschlichtungsverfahrens der Europäischen Kommission. Weiterhin

14 Gesetzesbegründung, BT-Drs. 18/6281, 90.
15 Vgl. Verordnungsbegründung, VergRModVO, BR-Drs. 87/16, 153. Die ebenfalls in der VergRModVO geregelte VergStatVO stützt sich hingegen auf § 114 GWB.

entfällt die bislang in § 97 Abs. 6 und § 127 Nummer 2 und 3 GWB systematisch angelegte Unterscheidung zwischen der Auftragsvergabe durch öffentliche Auftraggeber und Sektorenauftraggeber. Die Verordnungsermächtigung differenziert nur noch nach dem Auftragsgegenstand zwischen der Vergabe öffentlicher Aufträge – die auch die Vergabe von öffentlichen Aufträgen durch Sektorenauftraggeber umfasst – und der Vergabe von Konzessionen. Aus Gründen der Klarstellung greift die Ermächtigung lediglich gesondert die besonderen Anforderungen verteidigungs- oder sicherheitsspezifischer öffentlicher Aufträge in § 113 Satz 2 Nummer 7 auf. Schließlich entfällt mangels Handlungsbedarfs die bislang in § 127 Nummer 6 GWB enthaltene Verordnungsermächtigung zur Regelung eines Verfahrens, nach dem öffentliche Auftraggeber durch unabhängige Prüfer eine Bescheinigung erhalten können, dass ihr Vergabeverfahren vergaberechtskonform ist. Auch der Vertragsabschluss selbst unterliegt nicht dem Vergabe-, sondern dem Zivilrecht, so dass es der bislang in § 97 Absatz 6 GWB enthaltenen Verordnungsermächtigung zur Regelung des Vertragsabschlusses nicht mehr bedarf.

Seite 89

§ 113 bestimmt gemäß Artikel 80 Absatz 1 S. 2 GG Inhalt, Zweck und Ausmaß der bislang in §§ 97 Absatz 6, 127 GWB geregelten Verordnungsermächtigungen. In § 113 Satz 1 wird die Bundesregierung ermächtigt, durch Rechtsverordnung mit Zustimmung des Bundesrates die näheren Bestimmungen zur Vergabe öffentlicher Aufträge und Konzessionen sowie der Ausrichtung von Wettbewerben zu regeln. § 113 Satz 2 Halbsatz 1 konkretisiert diese Ermächtigung dahin gehend, dass davon zum einen die Befugnis zur Regelung von Anforderungen an den Auftragsgegenstand und zum anderen die Befugnis zur Regelung von Anforderungen an das Vergabeverfahren erfasst ist. Klargestellt wird dadurch, dass sich die Verordnungsermächtigung nicht allein auf verfahrensmäßige Vorgaben, sondern auch auf materiell-rechtliche Anforderungen an den Auftragsgegenstand bezieht. Solche Anforderungen an den Auftragsgegenstand können zum Beispiel die bislang in § 4 Absatz 4 bis 6b und § 6 Absatz 2 bis 6 VgV geregelte Berücksichtigung der Energieeffizienz zu energieverbrauchsrelevanten Waren, technischen Geräten und Ausrüstungen im Rahmen der Beschaffung von Liefer-, Bau- und Dienstleistungen und die bislang in § 4 Absatz 7 bis 9 VgV geregelte Berücksichtigung von Energieverbrauch und Umweltauswirkung bei der Beschaffung von Straßenfahrzeugen sein. Diese Anforderungen an den Auftragsgegenstand können sich selbstverständlich zugleich als Anforderung an das Unternehmen im Vergabeverfahren (Eignungs- oder Zuschlagskriterien, Inhalt der Leistungsbeschreibung, Ausführungsbedingungen) auswirken. Weiterhin enthält § 113 Satz 2 Nummer 2, wie die Vorgängerregelung in § 97 Absatz 6 GWB, eine ergänzende Aufzählung, welche die Verordnungsermächtigung zur Regelung der Anforderungen an das Vergabeverfahren weiter konkretisiert.

Zu Nummer 1

§ 113 Satz 2 Nummer 1 nimmt aus Gründen der Klarstellung die Befugnis zur Regelung der Schätzung des Auftragswertes von öffentlichen Aufträgen und des Vertragswertes von Konzessionen in die Verordnungsermächtigung auf.

Zu Nummer 2

§ 113 Satz 2 Nummer 2 greift die bislang in § 97 Absatz 6 GWB enthaltene Befugnis zur Regelung der Bekanntmachung, der Verfahrensarten und des Ablaufs des Vergabeverfahrens auf. Zusätzlich werden Regelungen zur Leistungsbeschreibung, zu Nebenangeboten, zur Vergabe von Unteraufträgen sowie zur Vergabe öffentlicher Aufträge und Konzessionen, die soziale und andere besondere Dienstleistungen betreffen, genannt.

Zu Nummer 3

§ 113 Satz 2 Nummer 3 nimmt die Befugnis zur Regelung der von den Richtlinien 2014/24/EU und 2014/25/EU vorgesehenen besonderen Methoden und Instrumente im Vergabeverfahren und für Sammelbeschaffungen sowie die zentrale Beschaffungstätigkeit gemäß § 120 Absatz 4 und deren Anforderungen in die Verordnungsermächtigung auf. In Bezug auf die elektronische Auftragsvergabe betrifft dies das dynamische Beschaffungssystem, die elektronische Auktion und den elektronischen Katalog. Unter den Begriff Sammelbeschaffungen fallen Regelungen über Rahmenvereinbarungen und die gelegentliche gemeinsame Auftragsvergabe sowie die Auftragsvergabe durch öffentliche Auftraggeber aus verschiedenen Mitgliedstaaten. Darüber hinaus werden von der Verordnungsermächtigung auch die Einzelheiten zur zentralen Beschaffungstätigkeit umfasst.

Zu Nummer 4

§ 113 Satz 2 Nummer 4 konkretisiert auf der Grundlage von § 97 Absatz 5 die Verordnungsermächtigung im Hinblick auf die Befugnis zur Regelung der Einzelheiten des Sendens, Empfangens, des Weiterleitens und Speicherns von Daten in einem Vergabeverfahren, einschließlich der Kommunikation. Damit wird die Bundesregierung ermächtigt, die in den Richtlinien 2014/23/EU, 2014/24/EU und 2014/25/EU jeweils enthaltene Verpflichtung zur elektronischen Kommunikation durch Rechtsverordnungen umzusetzen. Genannt werden auch die auf Verordnungsebene zu treffenden Übergangsbestimmungen. Ab dem 18. April 2016 dürfen EU-weite Bekanntmachungen nur noch elektronisch beim Amt für Veröffentlichungen der Europäischen Union eingereicht werden. Die Bekanntmachungen müssen zwingend eine Internetadresse enthalten, unter der sämtliche Vergabeunterlagen unentgeltlich, uneingeschränkt und vollständig direkt mithilfe von IKT abgerufen werden können. Im weiteren Verfahren ist bis spätestens 18. April 2017 (zentrale Beschaffungsstellen) bzw. 18. Oktober 2018 (andere als zentrale Beschaffungsstellen) auch das Einreichungsverfahren ausnahmslos IKT-basiert auszugestalten. Diese unterschiedlichen Zeitpunkte, ab wann bestimmte Verpflichtungen einzuhalten sind, werden auf Verordnungsebene festgelegt. Die unterschiedlichen Umsetzungsfristen für die Einführung der elektronischen Kommunikation, die die EU-Richtlinien ermöglichen, werden dabei voll ausgeschöpft. Auch die Ausnahmen von der elektronischen Kommunikation werden auf Verordnungsebene geregelt.

Seite 90

Zu Nummer 5

§ 113 Satz 2 Nummer 5 greift die bislang in § 97 Absatz 6 GWB enthaltene Befugnis zur Regelung der Auswahl und Prüfung der Unternehmen und Angebote sowie des Abschlusses des Vertrags auf. Dies gilt insbesondere für Regelungen zu Vorgaben zu Eignungs- und Zuschlagskriterien, zu deren Ausgestaltung und zur Nachweisführung darüber. Im Rahmen der Nachweisführung wird (in Umsetzung von Art. 43 der Richtlinie 2014/24/EU) auch die Möglichkeit der Verwendung von Gütezeichen zur Nachweisführung geregelt werden.

Zu Nummer 6

§ 113 Satz 2 Nummer 6 nimmt aus Gründen der Klarstellung die Befugnis zur Regelung der Aufhebung des Vergabeverfahrens in die Verordnungsermächtigung auf.

Zu Nummer 7

§ 113 Satz 2 Nummer 7 übernimmt die bislang in § 127 Nummer 3 GWB enthaltene Verordnungsermächtigung zur Regelung des Vergabeverfahrens für verteidigungs- oder sicherheitsspezifische Aufträge im Sinne des § 104. Die beispielhafte Aufzählung zur Konkretisierung der Verordnungsermächtigung dient der Klarstellung und konzentriert sich dabei auf die besonderen Aspekte des Vergabeverfahrens von verteidigungs- oder sicherheitsspezifischen Aufträgen.

Zu Nummer 8

§ 113 Satz 2 Nummer 8 fasst die bislang in § 127 Nummer 9 GWB enthaltene Befugnis zur Regelung des Freistellungsverfahrens für Sektorenauftraggeber und Auftraggeber nach dem Bundesberggesetz sowie im bisherigen § 127 a Absatz 2 GWB enthaltene Befugnis zur Regelung der Einzelheiten der Kostenerhebung einschließlich von Vollstreckungserleichterungen zusammen. Dabei wird im Hinblick auf die Vergabe von Konzessionen der in Artikel 16 der Richtlinie 2014/23/EU vorgesehene Ausschluss von Tätigkeiten, die unmittelbar dem Wettbewerb ausgesetzt sind, berücksichtigt.

§ 114
Monitoring und Pflicht zur Übermittlung von Vergabedaten

(1) Die obersten Bundesbehörden und die Länder erstatten in ihrem jeweiligen Zuständigkeitsbereich dem Bundesministerium für Wirtschaft und Energie über die Anwendung der Vorschriften dieses Teils und der aufgrund des § 113 erlassenen Rechtsverordnungen bis zum 15. Februar 2017 und danach alle drei Jahre jeweils bis zum 15. Februar schriftlich Bericht.

(2) Auftraggeber im Sinne des § 98 übermitteln an das Bundesministerium für Wirtschaft und Energie Daten zu öffentlichen Aufträgen im Sinne des § 103 Absatz 1 und zu Konzessionen im Sinne des § 105 zur Gewinnung flächendeckender Daten im Vergabewesen. Die zu übermittelnden Daten umfassen für öffentliche Aufträge im Sinne des § 103 Absatz 1 und für Konzessionen im Sinne des § 105 oberhalb der jeweils geltenden Schwellenwerte maximal Daten, die in den Bekanntmachungen über vergebene öffentliche Aufträge und Konzessionen enthalten sind. Die zu übermittelnden Daten umfassen für öffentliche Aufträge durch öffentliche Auftraggeber im Sinne des § 99 unterhalb der jeweils geltenden Schwellenwerte und oberhalb einer durch die Verordnung nach Satz 4 festzulegenden Bagatellgrenze Daten zur Art und zur Menge der Leistung sowie zum Wert des erfolgreichen Angebots. Die Bundesregierung wird ermächtigt, durch Rechtsverordnung mit Zustimmung des Bundesrates die Einzelheiten der Datenübermittlung einschließlich des Umfangs der zu übermittelnden Daten und des Zeitpunkts des Inkrafttretens der entsprechenden Verpflichtungen zu regeln.

Übersicht Rn.

A. Allgemeines ... 1
I. Europarechtliche Vorgaben ... 5
II. Gesetzgebungskompetenz unterhalb der EU-Schwellenwerte (bezüglich Abs. 2) ... 14
B. Melde- und Berichtspflichten der obersten Bundesressorts und der Länder (Abs. 1) ... 21
C. Statistikpflicht der Auftraggeber (Abs. 2) ... 26
I. Anwendungsbereich (S. 1 und S. 3) ... 31
1. Bereich ab den EU-Schwellenwerten (S. 1) ... 32
2. Bereich unterhalb der EU-Schwellenwerte (S. 3) ... 37
II. Mitteilungsinhalt (S. 2 und S. 3) ... 41
1. Bereich ab den EU-Schwellenwerten (S. 2) ... 41
2. Bereich unterhalb der EU-Schwellenwerte (S. 3) ... 43
III. Ermächtigung zum Erlass einer Rechtsverordnung (S. 4) ... 49
D. Rechtsschutz ... 53
Anlage
Gesetzesbegründung (BT-Drs. 18/6281)

A. Allgemeines

1 Um die Wirksamkeit seiner Vergaberegeln überprüfen zu können, sind **Überprüfungsinstrumentarien** für den europäischen Richtliniengeber unerlässlich. Nur so kann er sich einen Überblick über mögliche strukturelle Probleme und allgemeine Muster des Auftragswesens der Mitgliedstaaten verschaffen, um in der Folge einerseits eine einheitliche und effiziente Anwendung der europäischen Vergaberichtlinien[1] zu gewährleisten und andererseits für deren Verbesserung zu sorgen.[2]

2 Die Ziele der Strategie **„Europa 2020"** für ein intelligentes, nachhaltiges und integratives Wachstum, die „strategische Beschaffung" mit den Inhalten Umweltschutz, Berücksichtigung sozialer Aspekte und innovative Beschaffung sowie die Stärkung der Beteiligung von kleinen und mittleren Unternehmen (KMU) stehen dabei im Fokus der Europäischen Kommission.[3]

1 RL 2014/23/EU, RL 2014/24/EU und RL 2014/25/EU.
2 Vgl. Erwägungsgrund 121 RL 2014/24/EU.
3 Vgl. Erwägungsgründe 123 und 124 RL 2014/24/EU.

3 In den neuen **Vergaberichtlinien** wurden mit Art. 45 RL 2014/23/EU, Art. 83 und 85 RL 2014/24/EU sowie Art. 99 und 101 RL 2014/25/EU geeignete Berichts- und Monitoringinstrumente geschaffen, die die Europäische Kommission ermächtigen, einerseits von den Mitgliedstaaten bestimmte Berichte abzufordern sowie andererseits die Mitgliedstaaten zur Bereitstellung der relevanten Informationen verpflichten.

4 Über diese Vorgaben hinaus hat der bundesdeutsche Gesetzgeber mit § 114 Abs. 2 GWB eine allgemeine, bundesweite vergaberechtliche **Statistikpflicht** für öffentliche Auftraggeber eingeführt. Sie umfasst die Bereitstellung bestimmter auf die öffentliche Auftragsvergabe bezogener flächendeckender Daten durch Auftraggeber und ist unabhängig vom EU-Schwellenwert.

I. Europarechtliche Vorgaben

5 Die **bisherigen europäischen Vergaberichtlinien** einschließlich der Richtlinie für Verteidigungs- und Sicherheitsaufträge[4] verpflichteten die Mitgliedstaaten zu jährlichen Statistik- und Berichtspflichten jeweils spätestens zum 31.10. Inhalt und Umfang der jährlichen Meldungen betreffen im Wesentlichen Anzahl und Wert der vergebenen Aufträge, getrennt nach den Kategorien Bau-, Liefer- und Dienstleistungen sowie den jeweils angewendeten Vergabearten.

6 Die **neuen europäischen Vergaberichtlinien** einschließlich der Richtlinie über die Konzessionsvergabe[5] sehen eine jährliche Statistik- und Berichtspflicht der Mitgliedstaaten in der bisherigen Form nicht mehr vor. Die Art. 75, 76 RL 2004/18/EG sowie Art. 67 RL 2004/17/EG wurden in den neuen Vergaberichtlinien nicht mehr fortgeführt.

7 Künftig überprüft die Europäische Kommission die Qualität und Vollständigkeit der Daten **anhand der Veröffentlichungen der Ausschreibungen**, die die Mitgliedstaaten über die europäische Plattform TED[6] bekannt zu machen[7] haben. Nur in Fällen, in denen die so gewonnenen Daten nicht der geforderten Qualität entsprechen, wird die Europäische Kommission, von dem betreffenden Mitgliedstaat zusätzliche Informationen anfordern, die dieser zusammenzustellen und zu übermitteln hat.[8]

8 Ein **regelmäßiger statistischer Bericht** ist von den Mitgliedstaaten gemäß Art. 85 Abs. 2 RL 2014/24/EU sowie Art. 101 Abs. 2 RL 2014/25/EU nur noch alle drei Jahre (erstmals zum 18.4.2017) an die Europäische Kommission zu übermitteln. Mit dieser Neuregelung kam die Kommission Forderungen der Mitgliedstaaten bezüglich einer Verringerung der statistischen Meldepflichten und damit der Reduzierung von bürokratischen Belastungen nach.

9 Die Europäische Kommission war im Laufe der Evaluierung der Vergaberichtlinien aus dem Jahr 2004 zu der Auffassung gelangt, dass die einheitliche Anwendung der Richtlinien infolge fehlender oder unzureichender Überwachung in den Mitgliedstaaten gefährdet sei. Daher sah der ursprüngliche Vorschlag der Europäischen Kommission für eine Richtlinie des Europäischen Parlaments und des Rates über die öffentliche Auftragsvergabe[9] sogenannte „**Governance-Regelungen**" in dessen Teil IV (Art. 83–88) vor. Der Teil regelte insbesondere in Art. 84 detaillierte Vorschriften über eine öffentliche Aufsichtsbehörde zum öffentlichen Auftragswesen, die die Mitgliedstaaten benennen sollten.

10 Der Vorschlag konnte im Laufe der Verhandlungen von der Europäischen Kommission wegen des Widerstandes der Mitgliedstaaten in der vorgesehenen Strenge nicht aufrechterhalten werden. Dies betraf insbesondere die Benennung oder Einrichtung einer nationalen Aufsichtsbehörde. Übrig blieb die Verpflichtung der Mitgliedstaaten, nach Art. 83 Abs. 3 RL

---

4 Siehe Art. 75, 76 RL 2004/18/EG; Art. 67 RL 2004/17EG; Art. 65, 66 RL 2009/81/EG.
5 Siehe Art. 85 RL 2014/24/EU; Art. 101 RL 2014/25/EU; Art. 45 RL 2014/23/EU.
6 Tenders Electronic Daily, Online-Version des Supplement zum Amtsblatt der Europäischen Union (ted.europa.eu).
7 Vergabebekanntmachungen gemäß Art. 50 RL 2014/24/EU, Art. 70 RL 2014/25/EU; Zuschlagsbekanntmachung gemäß Art. 32 RL 2014/23/EU.
8 Siehe Erwägungsgrund 127 RL 2014/24/EU.
9 Vorschlag für Richtlinie des Europäischen Parlaments und des Rates vom 20.12.2011, KOM (2011) 896/2.

2014/24/EU sowie Art. 99 Abs. 3 RL 2014/25/EU erstmals zum 18.4.2017 und danach alle drei Jahre einen sogenannten **Überwachungsbericht** an die Europäische Kommission zu übermitteln.

Inhalt dieses Berichtes sollen unter anderem Informationen über die häufigsten Ursachen einer falschen Anwendung oder Rechtsunsicherheit einschließlich möglicher struktureller Probleme bei der Anwendung der europäischen Vergabevorschriften sein. Außerdem soll der Bericht das Maß an Beteiligung von kleinen und mittleren Unternehmen (KMU) sowie der Vorbeugung gegen Compliance-Verstöße (z.B. Betrug, Bestechung, Interessenkonflikte) enthalten. Auf der Grundlage der mit diesen Berichten übermittelten Daten veröffentlicht die Europäische Kommission regelmäßig einen Bericht über die Umsetzung der nationalen Beschaffungsmaßnahmen. 11

Die **Konzessionsvergaberichtlinie** (2014/23/EU) kennt konkret keine vergleichbaren Meldepflichten. Allerdings sind die Mitgliedstaaten verpflichtet sicherzustellen, dass die Vorgaben der Konzessionsvergaberichtlinie eingehalten und überwacht werden.[10] Hierüber kann die Europäische Kommission höchstens alle drei Jahre einen Bericht mit einer Übersicht über die häufigsten Ursachen einer mangelhaften Anwendung der Konzessionsvergaberichtlinie von den Mitgliedstaaten verlangen.[11] 12

Eine Änderung der statistischen Berichtspflichten aufgrund der **Richtlinie für Verteidigungs- und Sicherheitsaufträge** (RL 2009/81/EG) ist mit der europäischen Vergaberechtsreform nicht erfolgt, da diese Richtlinie nicht von der Reform erfasst war. Es bleibt hier bei der jährlichen Berichtspflicht der Mitgliedstaaten gemäß Art. 65 RL 2009/81/EG jeweils spätestens zum 31.10. über die durchgeführten Vergaben des Vorjahres. 13

II. Gesetzgebungskompetenz unterhalb der EU-Schwellenwerte (bezüglich Abs. 2)

Art. 70 Abs. 1 GG geht von der **grundsätzlichen Gesetzgebungskompetenz der Länder** aus. Der Bund hat nur dann die Gesetzgebungskompetenz, wenn das GG ihm diese ausdrücklich zuweist. 14

Traditionell stellte allein das **Haushaltsrecht** Vorgaben für die Vergabe öffentlicher Aufträge auf, sodass § 55 BHO sowie den entsprechenden Regelungen in den Landeshaushaltsordnungen zentrale Bedeutung für das Vergaberecht zukam.[12] Die europarechtlichen Regelungen wurden mit der sechsten GWB-Novelle vom 26.8.1998[13] im vierten Teil des GWB umgesetzt. Damit existiert eine Zweiteilung des Vergaberechts: Ab Erreichen der europäischen Schwellenwerte ist der vierte Teil des GWB sowie die dazu ergangenen untergesetzlichen Regelungen zur Vergabe öffentlicher Aufträge anzuwenden. Das GWB ist dem Wirtschaftsrecht zugeordnet. Für das Recht der Wirtschaft weist das GG dem Bund die Gesetzgebungskompetenz zu. Sie ergibt sich aus Art. 74 Abs. 1 Nr. 11 GG. 15

Auf nationaler Ebene findet im **Unterschwellenbereich** das haushaltsrechtlich geprägte nationale Vergaberecht Anwendung.[14] Die Gesetzgebungskompetenz für das Recht des eigenen Haushalts und damit für die Landeshaushaltsordnungen liegt (naturgemäß) bei dem jeweiligen Bundesland. Dem Bund steht die Gesetzgebungskompetenz nur für seinen eigenen Haushalt zu. Vergaberechtliche Regelungen unterhalb der EU-Schwellenwerte fallen demnach (auch) in die Gesetzgebungskompetenz der jeweiligen Länder. 16

Es stellt sich also die Frage, ob der Bund für den Unterschwellenbereich überhaupt Regelungen erlassen darf. 17

10 Vgl. Erwägungsgrund 83 RL 2014/23/EU.
11 Siehe Art. 45 Abs. 3 RL 2014/23/EU.
12 *Pache*, in: Pünder/Schellenberg, Vergaberecht, § 55 BHO Rn. 88.
13 BGBl. I 1998 S. 2512 ff.
14 *Reichling*, in: Gabriel/Krohn/Neun, Handbuch des Vergaberechts, Kapitel 1, § 2 Rn. 99.

Der Bund hätte in der Tat dann **keine bundesweite Regelungskompetenz**, wenn es sich bei der Regelung des § 114 Abs. 2 GWB um eine solche handelt, die dem Haushaltsrecht und damit nach Art. 70 Abs. 1 GG der grundsätzlichen Ländergesetzgebungskompetenz zuzuordnen ist. Dies wäre unstreitig der Fall, wenn es sich um eine unterschwellige vergaberechtliche Regelung handelte. Dies erscheint jedoch fraglich.

18 Mit der vorliegenden Regelung erlegt der Bundesgesetzgeber den Auftraggebern die **Pflicht zur Meldung** bestimmter Daten zwecks Sammlung und Auswertung auf. Zwar ergeben sich die Daten aus dem Vergabeverfahren, aber die Regelung selbst gestaltet das Vergabeverfahren in keiner Weise, noch nimmt sie sonst Einfluss auf das Vergabeverfahren. Ihr Zweck ist ein rein statistischer.

19 Damit ist die Regelung **nicht unmittelbar dem Vergaberecht zuzuordnen**. Eine Ländergesetzgebungskompetenz lässt sich haushaltsrechtlich nicht herleiten. Vielmehr handelt es sich um eine in die Bundesgesetzgebungskompetenz fallende Regelung zur Statistik für Bundeszwecke nach Art. 73 Abs. 1 Nr. 11 GG. Statistik ist die methodische Erhebung, Sammlung, Darstellung und Auswertung von Daten und Fakten.[15] Es sind diejenigen Statistiken zu verstehen, die der Bewältigung einer Bundesaufgabe dienen.[16] Dabei kann es sich um Maßnahmen zur Gesetzesvorbereitung oder um Maßnahmen der Exekutive handeln. Die Norm ermächtigt den Bund auch, Vorschriften zu erlassen, durch die die Länder verpflichtet werden, dem Bund Zahlenmaterial zur Erfüllung einer Bundesaufgabe zur Verfügung zu stellen.

20 **Zweck** der Regelung ist es, die Gesetz- und Verordnungsgebung des Bundes vorzubereiten, indem durch die Statistikpflicht eine flächendeckende belastbare Datengrundlage durch Sammlung der geforderten Daten für künftige Regelungen zum Vergaberecht geschaffen wird. Zudem dient die Statistikpflicht der Obliegenheit des Bundes, der Europäischen Kommission regelmäßig zum öffentlichen Vergabewesen zu berichten.

B. Melde- und Berichtspflichten der obersten Bundesressorts und der Länder (Abs. 1)

21 § 114 Abs. 1 GWB dient der Umsetzung von Richtlinienvorgaben zu Berichtspflichten der Mitgliedstaaten gegenüber der Europäischen Kommission. Um seinen Verpflichtungen aus den Richtlinien nachzukommen hat der Gesetzgeber den obersten Bundesbehörden sowie den Ländern eine dreijährige Berichtspflicht (erstmals zum 15.2.2017) gegenüber dem für das Vergaberecht federführenden Bundesministerium für Wirtschaft und Energie auferlegt. Der **sachliche Anwendungsbereich** ist auf die öffentliche Auftragsvergabe ab den europäischen Schwellenwerten begrenzt. Verpflichtet durch die Regelung sind die obersten Bundesbehörden sowie die Länder (**persönlicher Anwendungsbereich**). Der **Berichtsturnus** von drei Jahren entspricht den Richtlinienvorgaben.

22 Der **Inhalt der Pflicht** betrifft Angaben über die Anwendung der Vorschriften des Teil 4 des GWB sowie der nach § 113 GWB zu erlassenden Rechtsverordnungen. Ausweislich der Gesetzesbegründung wird das zuständige Bundesministerium für Wirtschaft und Energie praktische Hinweise zum Aufbau der Berichte geben.[17]

23 Die Erfüllung der Berichtspflichten erfordert eine **Mitwirkung der Länder** im Wege der Rechts- und Fachaufsicht. Damit setzt der Bundesgesetzgeber auf die freiwillige Mitarbeit der Länder. Da in den Ländern die notwendige Fach- und Rechtsaufsichten ohnehin existieren, erscheint dieser Weg ohne zusätzliche Bürokratie gangbar.

---

15 *Seiler*, in: Epping/Hillgruber, GG, Art. 73 Rn 53.

16 BVerfG, Urteil v. 20.7.1958 – 2 BvF 3/58, 6/58 (Volksbefragung), BVerfGE 8, 119; Urteil v. 15.12.1983 – 1 BvR 209/831, BvR 484/83, 1 BvR 440/83, 1 BvR 420/83, 1 BvR 362/83, 1 BvR 269/83 (Volkszählung), BVerfGE 65, 39.

17 Siehe Gesetzesbegründung zu § 114 Abs. 1 GWB, BT-Drs. 18/6281, 90.

Inhaltlich sollen die Berichte **drei Elemente** spiegeln: 24

- Informationen über falsche Anwendung und Rechtsunsicherheiten,
- Umfang der Beteiligung kleiner und mittlerer Unternehmen (KMU) an der Auftragsvergabe,
- Informationen über Vorbeugung und Aufdeckung von Vergaberechtsverstößen wie Betrug, Bestechung, Interessenkonflikte oder sonstige Unregelmäßigkeiten.

Die vorgesehenen Inhalte der Berichte spiegeln das besondere Interesse der Europäischen 25
Kommission an der **Wirksamkeit der Vergaberegeln** wider. Bereits im Grünbuch über die Modernisierung der europäischen Politik im Bereich des öffentlichen Auftragswesens wurden eigens zwei Kapitel mit besonderem Blick auf die bessere Zugänglichkeit des europäischen Beschaffungsmarktes[18] sowie zur Gewährleistung ordnungsgemäßer Verfahren[19] angelegt.

C. Statistikpflicht der Auftraggeber (Abs. 2)

Mit § 114 Abs. 2 GWB wird erstmalig im deutschen Vergaberecht zweierlei normiert: 26

1. eine umfassende und flächendeckende Statistikpflicht im öffentlichen Auftragswesen,
2. eine vergaberechtliche Pflicht der Auftraggeber durch ein Bundesgesetz, die auch für den Bereich unterhalb der EU-Schwellenwerte Geltung beansprucht.

Damit existiert erstmals im nationalen Vergaberecht eine Bundesvorschrift, die übergreifend 27
schwellenwertunabhängig für alle Auftragsvergaben gilt. Die Bundesregierung setzt damit konsequent ihre Ankündigung des Eckpunktepapiers zur Reform des Vergaberechts,[20] eine verlässliche Datengrundlage zur öffentlichen Auftragsvergabe zu schaffen, um.

Mit der Schaffung einer bundesweiten umfassenden vergaberechtlichen Statistikpflicht geht 28
die Bundesregierung allerdings **über die Vorgaben der Vergaberichtlinien hinaus**, die gerade den umgekehrten Schritt gegangen sind und den Turnus der Statistik- und Berichtspflichten reduziert haben. Die Regelung steht auch in einem gewissen Widerspruch zu den Aussagen der Leitlinien der Eckpunkte, die besagen, dass der bürokratische Aufwand durch die Modernisierung des Vergaberechts so gering wie möglich gehalten werden soll und dass die nationale Umsetzung grundsätzlich eins zu eins erfolgt. Man wollte nicht über das Maß der Vergaberichtlinien hinausgehen.[21]

Gleichwohl ist die Argumentation der Bundesregierung[22] nachvollziehbar: Es existieren **keine** 29
bundesweiten belastbaren Daten zum öffentlichen Vergabewesen. Weder die jährliche Anzahl aller Auftragsvergaben noch deren Volumen ist bekannt. Die gehandelten Zahlen beruhen allermeist auf Annahmen oder Schätzungen auf der Basis von Erhebungen die für sich nicht den Anspruch erheben können, repräsentativ zu sein. Diesen Zustand will die Bundesregierung mit der vorgelegten Vorschrift beseitigen. In einem Atemzug sollen so auch die regelmäßigen Berichte an die Europäische Kommission optimiert werden.

Am Ende von § 114 Abs. 2 S. 1 GWB wird der **Zweck** der Vorschrift klargestellt. Es geht um 30
die Gewinnung flächendeckender Daten im Vergabewesen. Auf welche Weise die Datengewinnung erfolgen soll, wird in § 114 Abs. 2 S. 2 und S. 3 GWB festgelegt. Hierzu machen § 114 Abs. 2 S. 2 und S. 3 GWB für die Bereiche ab den Schwellenwerten und unterhalb der Schwellenwerte unterschiedliche Vorgaben.

---

18 Kapitel 3, Grünbuch über die Modernisierung der europäischen Politik im Bereich des öffentlichen Auftragswesens vom 27.1.2011, Kom (2011)15 endgültig, S. 31 ff.

19 Kapitel 5, Grünbuch über die Modernisierung der europäischen Politik im Bereich des öffentlichen Auftragswesens vom 27.1.2011, Kom (2011)15 endgültig, S. 55 ff.

20 Beschluss des Bundeskabinetts v. 7.1.2015, Eckpunkte zur Reform des Vergaberechtes, S. 5 unten.

21 Beschluss des Bundeskabinetts v. 7.1.2015, Eckpunkte zur Reform des Vergaberechtes, S. 2.

22 Siehe Gesetzesbegründung zu § 114 Abs. 2 GWB, BT-Drs. 18/6281, 91.

I. Anwendungsbereich (S. 1 und S. 3)

31 § 114 Abs. 2 S. 1 GWB legt zunächst schwellenwertübergreifend den grundsätzlichen Anwendungsbereich der Vorschrift fest. Der **persönliche Anwendungsbereich** betrifft alle Auftraggeber i.S.d. § 98 GWB. Vom **sachlichen Anwendungsbereich** sind öffentliche Aufträge nach § 103 Abs. 1 GWB sowie Konzessionen gemäß § 105 GWB erfasst.

1. Bereich ab den EU-Schwellenwerten (S. 1)

32 Der Statistikpflicht unterworfen sind ab den europäischen Schwellenwerten entgeltliche Verträge zwischen Auftraggebern und Unternehmen über die Beschaffung von Bau-, Liefer- und Dienstleistungen sowie entgeltliche Verträge zwischen Konzessionsgebern und Konzessionsnehmern über die Erbringung von Bau- und Dienstleistungskonzessionen.

33 Nicht geklärt ist, ob Aufträge, die zwar per definitionem als öffentliche Aufträge im Sinne des § 103 Abs. 1 GWB gelten, aber infolge einer **Ausnahmevorschrift** nicht den Regeln des vierten Teils des GWB unterfallen, gleichwohl der Statistikpflicht unterliegen. Gleiches gilt für Konzessionen. Mit Blick auf den genannten Zweck der Vorschrift wird man sagen können, dass nur solche Aufträge und Konzessionen der Statistikpflicht unterliegen, die nicht einer Ausnahme zuzurechnen sind und nach den Regeln des Teil 4 des GWB bzw. nach den Regeln des Unterschwellenbereichs vergeben worden sind.

34 Der **persönliche Anwendungsbereich** des § 114 Abs. 2 S. 2 GWB umfasst alle Auftraggeber im Sinne des § 98 GWB, also Öffentliche Auftraggeber, Sektorenauftraggeber und Konzessionsgeber.

35 Nach dem Wortlaut der Vorschrift haben Auftraggeber gemäß § 98 GWB bei der Vergabe öffentlicher Aufträge oder Konzessionen **„oberhalb"** der vergaberechtlichen EU-Schwellenwerte die Vorschrift zu beachten.

36 Der Wortlaut ist **missverständlich**. § 106 Abs. 1 GWB bestimmt richtlinienkonform[23] den Anwendungsbereich des Teil 4 des GWB für die Vergabe öffentlicher Aufträge und Konzessionen, die den jeweiligen Schwellenwert erreichen oder überschreiten. Auch Aufträge, die exakt dem Wert des jeweiligen EU-Schwellenwertes entsprechen, sind in den Anwendungsbereich des vierten Teils des GWB einbezogen. Nach dem Wortlaut des § 114 Abs. 2 S. 2 GWB allerdings blieben öffentliche Aufträge oder Konzessionen, die **exakt dem jeweiligen EU-Schwellenwert** entsprechen, unberücksichtigt. Erfasst sind lediglich Aufträge oberhalb und Aufträge unterhalb des jeweiligen EU-Schwellenwertes. Für beispielsweise einen öffentlichen Lieferauftrag von exakt 209.000 Euro (ohne Mehrwertsteuer) müsste keine statistische Meldung abgegeben werden. Der Gesetzgeber wollte gerade, „flächendeckend" den gesamten Bereich unabhängig vom Schwellenwert statistisch erfassen. Sowohl das Gesamtvolumen als auch die Anzahl aller öffentlicher Aufträge und Konzessionen bundesweit waren im Fokus des Gesetzgebers.[24] Richtig muss es deshalb heißen „... *ab* den jeweils geltenden Schwellenwerten ..." Man wird die Regelung auch in diesem Sinne verstehen müssen und Aufträge mit genau dem jeweiligen Schwellenwert in die Statistikpflicht einzubeziehen haben. Allerdings dürfte dieser „Lapsus" sich in der Praxis wohl kaum auswirken.

2. Bereich unterhalb der EU-Schwellenwerte (S. 3)

37 § 114 Abs. 2 S. 3 GWB erfasst unterhalb der jeweiligen Schwellenwerte **„öffentliche Aufträge"** durch öffentliche Auftraggeber i. S. d. § 99 GWB. Konzessionen sind nicht erwähnt. Die Statistikpflicht betrifft damit unterhalb der europäischen Schwellenwerte ausschließlich die Beschaffung von Bau-, Liefer- und Dienstleistungen.

38 Während § 114 Abs. 2 S. 2 GWB ausdrücklich klarstellt, dass es um öffentliche Aufträge nach § 103 Abs. 1 GWB geht, fehlt diese Klarstellung in § 114 Abs. 2 S. 3 GWB. Es bleibt offen, ob

23 Siehe Art. 8 Abs. 1 RL 2014/23/EU, Art. 4 RL 2014/24/EU, Art. 15 RL 2014/25/EU.
24 Siehe Gesetzesbegründung zu § 114 Abs. 2 GWB, BT-Drs. 18/6281, 91.

unterhalb der Schwellenwerte derselbe oder möglicherweise ein anderer **Auftragsbegriff** von der Statistikpflicht umfasst sein soll. Schließlich ist der umfasste Auftraggeberkreis ja auch ein anderer als ab der Schwellenwerte. Die **Hinzuziehung von § 114 Abs. 2 S. 1 GWB** als übergreifende Regelung zur Klärung hilft nicht weiter. Da dieser ausdrücklich alle Auftraggeber, nämlich nach § 98 GWB, benennt, § 114 Abs. 2 S. 3 GWB aber nur öffentliche Auftraggeber nach § 99 GWB umfasst, dürfte sich § 114 Abs. 2 S. 1 GWB lediglich auf § 114 Abs. 2 S. 2 GWB beziehen. Der Bezug zu § 114 Abs. 2 S. 3 GWB bleibt offen. Dennoch ist **nicht von einem unterschiedlichen Auftragsbegriff auszugehen**. Obwohl der Begriff des öffentlichen Auftrags unterhalb der europäischen Schwellenwerte und damit außerhalb des GWB nicht definiert wird, dürfte seine Bedeutung mit der des § 103 Abs. 1 GWB identisch sein. Danach ist ein öffentlicher Auftrag definiert als ein entgeltlicher Vertrag zwischen einem öffentlichen Auftraggeber (oder Sektorenauftraggeber) und einem Unternehmen über die Beschaffung von Leistungen. Der Begriff hat sich seit den 1990er Jahren dynamisch entwickelt und ist mit diesem Rechtsgehalt im Vergaberecht insgesamt verankert und wird auch außerhalb des GWB, wie etwa im Haushaltsrecht sowie den Landesvergabegesetzen, mit diesen Merkmalen angewendet.[25]

Erfasst von der Übermittlungspflicht bezüglich vergebener öffentlicher Aufträge unterhalb der jeweiligen Schwellenwerte sind **ausschließlich öffentliche Auftraggeber** im Sinne des § 99 GWB. Damit wird klargestellt, dass weder Sektorenauftraggeber noch Konzessionsgeber von der Übermittlungspflicht erfasst werden sollen. 39

Fraglich könnte allerdings sein, ob **Sektorenauftraggeber** gemäß § 100 Abs. 1 Nr. 1 GWB von der Übermittlungspflicht erfasst werden, da diese per definitionem öffentliche Auftraggeber im Sinne des § 99 Nr. 1 bis 3 GWB sind. Allerdings wird bei der Eigenschaft als Sektorenauftraggeber zusätzlich auf eine Sektorentätigkeit nach § 102 GWB abgestellt. Damit dürfte eine Übermittlungspflicht für vergebene öffentliche Aufträge unterhalb der jeweiligen Schwellenwerte, soweit sie im Zusammenhang mit einer Sektorentätigkeit vergeben werden und somit der Auftraggeber als Sektorenauftraggeber betroffen ist, ausgeschlossen sein. 40

II. Mitteilungsinhalt (S. 2 und S. 3)

1. Bereich ab den EU-Schwellenwerten (S. 2)

Inhaltlich verpflichtet § 114 Abs. 2 S. 2 GWB die Auftraggeber „oberhalb" der jeweiligen Schwellenwerte maximal diejenigen **Daten** an das Bundesministerium für Wirtschaft und Energie übermitteln zu müssen, die bereits **in den Bekanntmachungen** über vergebene öffentliche Aufträge (Vergabebekanntmachung) und Konzessionen (Zuschlagsbekanntmachung) enthalten sind. 41

Das Volumen der zu übermittelnden Daten und damit der Aufwand wird also begrenzt auf die Übermittlung derjenigen Daten, die von den Auftraggebern ohnehin schon in die genannten Standardformulare einzutragen sind. Damit wird ein eindeutiger **Bezug zu den Bekanntmachungsformularen** für europaweite Auftragsvergaben, nämlich dem Standardformular 3 und dem Standardformular 25 hergestellt. Daraus folgt, dass einzig die Daten des konkret vergebenen öffentlichen Auftrags bzw. der vergebenen Konzession zu übermitteln sind und nicht auch solche über weitere Angebote des jeweiligen Vergabeverfahrens. 42

2. Bereich unterhalb der EU-Schwellenwerte (S. 3)

Die Verpflichtung zur Übermittlung von Daten über öffentliche Aufträge unterhalb der jeweiligen EU-Schwellenwerte – gemeint ist auch hier der konkret „vergebene" öffentliche Auftrag – ist begrenzt auf **Daten zur Art und zur Menge** der vergebenen Leistung sowie **zum Wert des erfolgreichen Angebots**. 43

---

25 Vgl. *Doerr*, in: Die Bedeutung der Verordnung PR Nr. 30/53 über die Preise bei öffentlichen Aufträgen, S. 85 m.w.N.; http://www.bmwi.de/DE/Themen/Wirtschaft/Oeffentliche-Auftraege-und-Vergabe/vergabeverfahren,did=693564.html, Abruf: 27.2.2016.

44 Unter dem Begriff „**Leistung**" sind die Leistungsarten Bau-, Liefer- und Dienstleistungen zusammengefasst.[26] Mit der Art der Leistung ist demnach anzugeben, um welche der genannten Leistungsarten es sich bei dem vergebenen öffentlichen Auftrag konkret handelt.

45 Mit der **Menge** der vergebenen Leistung wird deren Umfang bezeichnet. Mengenangaben sind nur dann zu übermitteln, wenn die Lieferung oder Leistung eindeutig nach Stückzahlen quantifizierbar ist.[27] Dabei ist auf die einzelne Liefer- und Leistungseinheit abzustellen. Nach Gewichts- oder Volumeneinheiten (z.B. Schüttgut) bemessene Leistungen sind als ein Auftrag zu werten. Dies gilt auch bei Lieferungen, die zwar quantifizierbar wären, aber zum Zweck der dauerhaften Verbindung mit einem Bauwerk erworben werden. Sie dürften in der Regel ohnehin einem Bauauftrag zuzuordnen und damit als Bauleistung im Sinne des § 103 Abs. 3 Nr. 1 GWB zu klassifizieren sein.

46 Der **Wert des erfolgreichen Angebots** ist in aller Regel mit der vertraglich vereinbarten Vergütung für die Leistung identisch. Hier stellt sich die Frage, ob nicht berechtigte Geschäftsinteressen des Auftragnehmers einer Weitergabe solcher Daten entgegenstehen. Dem mag zunächst formell entgegengehalten werden, dass auch die besagten Standardformulare (z.B. Standardformular 3 unter Abschnitt II („Gegenstand") Punkt 1.7) die Angabe des (Gesamt-)Wertes der Beschaffung vorsehen. Allein dies vermag aber kein überzeugendes Argument für eine Weitergabe darzustellen.

47 Es ist zu klären, ob die Weitergabe des Auftragswertes tatsächlich **berechtigte geschäftliche Interessen** oder gar **Geschäftsgeheimnisse** des betroffenen Auftragnehmers verletzt. Geschäftliche Interessen können verletzt werden, wenn bestimmte Angaben, z.B. der gezahlte Preis, Rückschlüsse auf die Kalkulation, Produktionsabläufe oder Marktstrategien zulassen.[28] Als Betriebs- und Geschäftsgeheimnisse werden alle auf ein Unternehmen bezogene Tatsachen, Umstände und Vorgänge verstanden, die nicht offenkundig, sondern nur einem begrenzten Personenkreis zugänglich sind und an deren Nichtverbreitung der Rechtsträger ein berechtigtes Interesse hat. Betriebsgeheimnisse umfassen im Wesentlichen technisches Wissen im weitesten Sinne; Geschäftsgeheimnisse betreffen vornehmlich kaufmännisches Wissen. Zu derartigen Geheimnissen werden etwa Umsätze, Ertragslagen, Marktstrategien, Kalkulationsunterlagen gezählt, durch welche die wirtschaftlichen Verhältnisse eines Betriebs maßgeblich bestimmt werden können.[29] Es steht schon infrage, ob der Wert des Auftrages als isoliertes statistisches Datum Rückschlüsse auf die Kalkulation oder Marktstrategien ermöglicht. Keinesfalls aber geht es um die Offenlegung von Daten. Oberste Bundesbehörden und Länder werden verpflichtet, dem Bundesministerium für Wirtschaft und Energie gegenüber bestimmte Daten zu statistischen Zwecken zu übermitteln, die ausschließlich einer internen Ermittlung des bundesweiten Gesamtauftragsvolumens dienen.Insoweit kann sich der Auftraggeber nicht auf Betriebs- und Geschäftsgeheimnisse berufen. Er hat die Daten zu übermitteln.

48 Um den Bürokratieaufwand in Grenzen zu halten, sorgt eine in der Rechtsverordnung nach § 114 Abs. 2 S. 4 GWB festzulegende **Bagatellgrenze** dafür, dass nicht jeder Kleinauftrag von der Statistikpflicht erfasst wird.

III. Ermächtigung zum Erlass einer Rechtsverordnung (S. 4)

49 § 114 Abs. 2 GWB regelt den Grundsatz der Statistikpflicht der Auftraggeber. Nicht geregelt wird u.a. das **„Wann" und „Wie" der Datenübermittlung**. Deshalb verleiht § 114 Abs. 2 S. 4 GWB der Bundesregierung das Recht, mit Zustimmung des Bundesrates zur Regelung dieser Einzelheiten eine Rechtsverordnung zu erlassen. Sie wurde in die Mantelverordnung zur Modernisierung des Vergaberechts[30] eingebettet.

---

26 Siehe Gesetzesbegründung zu § 114 Abs. 2 GWB, BT-Drs. 18/6281, 92.
27 Siehe Gesetzesbegründung zu § 114 Abs. 2 GWB, BT-Drs. 18/6281, 92.
28 Vgl. *Portz*, in: Kulartz/Marx/Portz/Prieß, VOL/A, § 19 Rn 49.
29 Siehe BVerfG, Beschluss v. 14.3.2006 – 1 BvR 2087/03, Rn 87.
30 Dort Art. 4 VergRModVO.

Eine zusätzliche Ermächtigungsnorm war erforderlich, da der Erlass einer Rechtsverordnung zur Erhebung und Sammlung statistischer Daten des öffentlichen Auftragswesens **nicht von dem neuen § 113 GWB gedeckt** ist. 50

Damit die zu erlassende Rechtsverordnung auf einer gültigen Rechtsgrundlage erlassen werden kann, ist § 114 Abs. 2 S. 4 GWB (ebenso wie die Ermächtigungsnorm des § 113 GWB) gemäß Art. 3 VergRModG **vorzeitig am 24.2.2016 in Kraft getreten**. 51

Bezüglich des Erlasses von Rechtsverordnungen nach § 113 Nr. 1 bis 8 GWB hat sich der Bundestag nach § 113 S. 3 GWB deren Änderung oder Ablehnung vorbehalten. Eine Ausweitung dieses Vorbehaltes auf die nach § 114 Abs. 2 S. 4 GWB ergibt sich aus dem Wortlaut nicht. Da § 114 Abs. 2 S. 4 auch **keinen gesonderten Vorbehalt des Bundestages** enthält, unterliegt die nach § 114 Abs. 2 S. 4 GWB zu erlassende Rechtsverordnung keinem Vorbehalt des Parlamentes gemäß § 113 S. 3 GWB.[31] 52

D. Rechtsschutz

§ 114 GWB regelt Verpflichtungen oberster Bundesbehörden und der Bundesländer (Abs. 1) sowie der Auftraggeber (Abs. 2) und somit deren Beziehung gegenüber dem Bundesministerium für Wirtschaft und Energie. Die Norm beeinflusst weder das Vergabeverfahren selbst, noch sind Bewerber- oder Bieterbelange berührt. Es geht um Berichts- und Statistikpflichten, die sich lediglich mittelbar aus dem Vergabeverfahren ableiten. Somit kommt § 114 GWB **keine drittschützende Wirkung** zu. Bewerbern oder Bietern ist die Norm für einen Nachprüfungsantrag nicht zugänglich. 53

Anlage

Gesetzesbegründung (BT-Drs. 18/6281)

Seite 90

Zu Absatz 1

§ 114 Absatz 1 dient der Umsetzung der Vorgaben der drei neuen EU-Vergaberichtlinien zum Monitoring der Anwendung des Vergaberechts durch die jeweils zuständigen Stellen gemäß Artikel 83 der Richtlinie 2014/24/EU, Artikel 99 der Richtlinie 2014/25/EU und Artikel 45 der der Richtlinie 2014/23/EU.

Gemäß Artikel 83 Absatz 2 Satz 1 der Richtlinie 2014/24/EU, Artikel 99 Absatz 2 Satz 1 der Richtlinie 2014/25/EU und Artikel 45 Absatz 2 Satz 1 der Richtlinie 2014/23/EU stellen die Mitgliedstaaten sicher, dass die Anwendung der Vorschriften über die öffentliche Auftragsvergabe und die Konzessionsvergabe überwacht werden. Die Richtlinien fordern keine zentrale Aufsichtsstelle, sondern überlassen es den Mitgliedstaaten im Rahmen der bestehenden Strukturen ein Monitoring sicherzustellen. Gemäß Artikel 83 Absatz 3 Unterabsatz 2 der Richtlinie 2014/24/EU und Artikel 99 Absatz 3 Unterabsatz 2 der Richtlinie 2014/25/EU übermitteln die Mitgliedstaaten der Kommission bis zum 18. April 2017 und danach alle drei Jahre einen Überwachungsbericht. Gemäß Artikel 45 Absatz 3 Unterabsatz 2 der Richtlinie 2014/23/EU kann die Kommission höchstens alle drei Jahre von den Mitgliedstaaten verlangen, ihr einen Überwachungsbericht vorzulegen. In dem Überwachungsbericht sollen die Mitgliedstaaten über die Ursachen falscher Rechtsanwendung, Rechtsunsicherheiten sowie strukturelle und wiederkehrende Anwendungsprobleme berichten. Zudem soll über die Beteiligung kleinerer und mittlerer Unternehmen an Vergabeverfahren informiert werden. Außerdem soll über Vorbeugung, Aufdeckung und angemessene Berichtserstattung von Betrug, Bestechung, Interessenkonflikten oder sonstigen schwerwiegenden Unregelmäßigkeiten berichtet werden. Im Rahmen der Richtlinie 2014/23/EU (Artikel 45 Absatz 3 Unterabsatz 2) ist ebenfalls ein Überwachungsbericht in einem dreijährigen Turnus – allerdings nur zu einem eingeschränkten Kanon an Themen – zu übermitteln.

31 Siehe Beschlussempfehlung und Bericht des Ausschusses für Wirtschaft und Energie, BT-Drs. 18/7086.

§ 114 Absatz 1 sieht eine Berichtspflicht der obersten Bundesbehörden und der Länder an das innerhalb der Bundesregierung federführende Bundesministerium für Wirtschaft und Energie im Drei-Jahres-Turnus vor. Diese Berichte ermöglichen es dann dem Bundesministerium für Wirtschaft und Energie, der EU-Kommission die in den Richtlinien geforderten Überwachungsberichte zu übermitteln. § 114 Absatz 1 setzt dabei voraus, dass von den jeweils zuständigen Bundes- und Landesbehörden im Rahmen bestehender Rechtsaufsicht auch die Frage der Übereinstimmung der Vergabepraxis mit den Anforderungen dieses Teils und der aufgrund § 113 erlassenen Rechtsverordnungen geprüft wird. Das Bundesministerium für Wirtschaft und Energie wird frühzeitig vor dem jeweiligen Berichtstermin praktische Hinweise zum empfohlenen Aufbau der Berichte geben.

Seite 91

Zu Absatz 2

Zum öffentlichen Auftragswesen existieren in Deutschland keine einheitlichen und belastbaren Daten. Ebenso fehlt ein einheitliches Erhebungs- und Auswertungsinstrument. Derzeit melden die einzelnen Vergabestellen verschiedene Daten in sehr unterschiedlicher Form und Vollständigkeit im Rahmen der bestehenden Regelungen an das für Meldungen an die EU-Kommission zuständige Bundesministerium für Wirtschaft und Energie. Aufgrund des fehlenden Datenmaterials sind derzeit valide Aussagen zum öffentlichen Beschaffungswesen in Deutschland nur eingeschränkt möglich. Weder das Gesamtvolumen der öffentlichen Beschaffungen in Deutschland noch die Zahl der Vergabestellen kann zuverlässig angegeben werden.

Schätzungen gehen von einem Volumen der jährlich durch die Behörden des Bundes, der Länder und der Gemeinden vergebenen öffentlichen Aufträge zwischen 160 und 360 Milliarden Euro aus. Das entspricht je nach Schätzung einem Anteil von rund 5,9 beziehungsweise von rund 13,2 Prozent am Bruttoinlandsprodukt der Bundesrepublik Deutschland. Die vergebenen öffentlichen Aufträge haben daher erhebliche Auswirkungen auf den Wirtschaftsstandort Deutschland. Eine abschließend valide Datenlage für die Bundesrepublik Deutschland existiert allerdings zurzeit nicht. Das Fehlen valider Daten über vergebene öffentliche Aufträge gefährdet insofern den gezielten und damit auch den wirtschaftlichen Einsatz von Haushaltsmitteln. Daneben lässt die mangelhafte Datenlage keine Wertungen zu, inwieweit strategische Ziele beim öffentlichen Einkauf verfolgt werden und inwieweit ein rationaler, am effizienten und effektiven Einsatz von Steuermitteln orientierter staatlicher Einkauf gewährleistet ist. Die zu übermittelnden Daten sind unverzichtbar für die Beobachtung des Einkaufsverhaltens der öffentlichen Hand sowie für die Vorbereitung und Kontrolle gesetzgeberischer und strategischer Entscheidungen, Maßnahmen und Planungsvorhaben. Zudem sind Daten über die vergebenen öffentlichen Aufträge sowohl für die öffentliche Hand als auch für die als Bieter an Vergabeverfahren teilnehmenden Wirtschaftsunternehmen hilfreich oder sogar erforderlich.

Ferner enthalten die EU-Richtlinien 2014/23/EU mit Artikel 45 Absatz 3, 2014/24/EU mit Artikel 83 Absatz 3 und Artikel 85 sowie 2014/25/EU mit Artikel 99 Absatz 3 und Artikel 101 mehrere Berichtspflichten der Bundesrepublik Deutschland gegenüber der Europäischen Kommission.

In Satz 1 wird daher eine Verpflichtung aller Auftraggeber im Sinne des § 98 aufgenommen, die für die Gewinnung flächendeckender Daten zum Vergabewesen unterhalb und oberhalb der jeweils geltenden Schwellenwerte erforderlichen Daten an das Bundesministerium für Wirtschaft und Energie zu übermitteln.

Die Einbeziehung der öffentlichen Aufträge unterhalb der jeweils geltenden Schwellenwerte ist notwendig und erforderlich, um einen hohen Grad an Genauigkeit der erhobenen Daten sicherzustellen. Zahl und Wert der öffentlichen Auftragsvergaben unterhalb der jeweils geltenden Schwellenwerte sind so umfangreich, dass fehlende Daten zu diesen öffentlichen Auftragsvergaben die Berechnung der gesamtstaatlichen Ausgaben und deren Zuordnung zu bestimmten Lieferungs- beziehungsweise Leistungsgruppen sowie die Planung von Investitionen beeinträchtigen würden.

Die Gesetzgebungskompetenz des Bundes – auch im Hinblick auf die Einbeziehung der öffentlichen Aufträge unterhalb der jeweils geltenden Schwellenwerte – beruht auf Artikel 73 Absatz 1 Nummer 11 des Grundgesetzes (Statistik für Bundeszwecke). Das Bundesministerium für Wirtschaft und Energie beabsichtigt, die statistische Aufbereitung der übermittelten Daten gemäß § 8 Absatz 1 des

Bundesstatistikgesetzes dem Statistischen Bundesamt zu übertragen. Dies soll der Gewinnung allgemein akzeptierter Daten über das Einkaufsverhalten der Auftraggeber im Sinne des § 98 dienen. In der Bundesrepublik Deutschland existiert zurzeit keine Statistik zum öffentlichen Auftragswesen und somit auch keine valide Datenlage zu diesem. Die Bundesregierung arbeitet seit mehreren Jahren intensiv an einer Verbesserung der Datenlage, denn erst valide Daten ermöglichen es dem Gesetzgeber, das Vergaberecht den tatsächlichen Bedürfnissen der Auftraggeber und der Wirtschaft anzupassen. Die Erhebung dieser Daten schafft außerdem die notwendigen Voraussetzungen, damit die Bundesrepublik Deutschland ihre Berichtspflichten gegenüber der Europäischen Kommission erfüllen kann, die sich aus den neuen EU-Vergaberichtlinien ergeben. Derartige Berichtspflichten bestehen auch in Bezug auf öffentliche Auftragsvergaben unterhalb der jeweils geltenden Schwellenwerte. Die an die Europäische Kommission diesbezüglich zu übermittelnden Schätzwerte können nur auf der Basis valider Daten zur Gesamtheit der Vergaben zuverlässig gewonnen werden. Diese Daten müssen daher zumindest die Zahl der vergebenen Aufträge, die Art und Menge der jeweils vergebenen Leistung und die entsprechenden Auftragswerte für öffentliche Aufträge bzw. Vertragswerte für Konzessionen umfassen. Die Zahl der vergebenen Aufträge wird im Rahmen der Aufbereitung der übermittelten Daten errechnet. Eine auf einer Zufallsauswahl beruhende ex-ante-Erhebung von Daten zu öffentlichen Auftragsvergaben unterhalb der jeweils geltenden Schwellenwerte wäre unverhältnismäßig aufwändig und würde nicht zu

Seite 92

einer validen Datengrundlage führen. Zahl und Wert der öffentlichen Auftragsvergaben unterhalb der jeweils geltenden Schwellenwerte sind zudem so beträchtlich, dass ihre Nichtberücksichtigung die Informationsgrundlage stark verzerren würde. Eine bundesgesetzliche Regelung ermöglicht es, einheitliche Vorgaben für die Datenerhebung bei allen Auftraggebern im Sinne des § 98 zu machen. Das ist insbesondere im Hinblick auf die besondere Bedeutung des öffentlichen Einkaufs für den Wirtschaftsstandort Deutschland und die Erfüllung der verschiedenen Berichtspflichten sinnvoll und erforderlich.

Satz 2 bestimmt, dass die von den Auftraggebern an das Bundesministerium für Wirtschaft und Energie zu übermittelnden Daten zu vergebenen Aufträgen oberhalb der jeweils geltenden Schwellenwerte höchstens eine Teilmenge der mithilfe der Vergabe- und Zuschlagsbekanntmachungen elektronisch an das Amt für Veröffentlichungen der Europäischen Union zu übermittelnden Daten umfassen. Diese Daten werden automatisch und vollelektronisch übermittelt. Den Auftraggebern entsteht durch die Datenübermittlung kein Erfüllungsaufwand.

Satz 3 begrenzt den Kreis der in Bezug auf Vergaben unterhalb der jeweils geltenden Schwellenwerte zur Datenübermittlung Verpflichteten auf öffentliche Auftraggeber gemäß § 99. Betroffen sind damit ausschließlich Vergaben von Liefer-, Bau- und Dienstleistungen. Außerdem regelt Satz 3, dass auf dem Verordnungswege eine Bagatellgrenze eingeführt wird, unterhalb derer keine Daten zu Auftragsvergaben zu übermitteln sind. Schließlich grenzt Satz 3 die zu übermittelnden Daten auf Daten zur Art und zur Menge der vergebenen Liefer-, Bau- und Dienstleistungen sowie zum Wert des jeweils erfolgreichsten Angebots ein.

Eine Mengenangabe ist nur bei solchen Lieferungen und Leistungen zu übermitteln, die eindeutig der Stückzahl nach quantifizierbar sind. Abhängig von der jeweils vergebenen Leistung ist bei der Mengenangabe auf einzelne Liefer- und Leistungseinheiten, z. B. bei Kraftfahrzeugen oder Rechentechnik, oder auf handelsübliche Abpackungen, z. B. bei Büroverbrauchsmaterial oder Sanitär- und Reinigungsbedarf, abzustellen. Schüttgüter oder andere Liefergegenstände, die nach Gewichts- oder Volumeneinheiten bemessen werden (z. B. in Kilogramm, Tonnen oder Kubikmetern), sind nicht der Menge nach anzugeben, sondern als eine Lieferung zu werten. Dasselbe gilt für Liefergegenstände, die zwar eindeutig der Stückzahl nach quantifizierbar sind, jedoch ausschließlich zum Zweck der dauerhaften Verbindung mit einem Bauwerk erworben werden, z. B. Elektroinstallationsmaterial, Fenster, Stahlträger oder Türen. Vergebene Bau- und Dienstleistungen sind jeweils als eine Leistung zu werten. Wertungsmaßstab ist hierbei das jeweils konkret in Bezug genommene Bauobjekt bzw. die jeweilige Art der Dienstleistung.

Die Einzelheiten der Datenübermittlung einschließlich des Umfangs der zu übermittelnden Daten und des Zeitpunkts des Inkrafttretens der entsprechenden Verpflichtungen sollen durch eine von der Bundesregierung mit Zustimmung des Bundesrates zu erlassende Rechtsverordnung geregelt werden. Satz 4 enthält daher eine entsprechende Ermächtigung für die Bundesregierung.

Teil 4

Vergabe von öffentlichen Aufträgen und Konzessionen

Kapitel 1
Vergabeverfahren

Abschnitt 2
Vergabe von öffentlichen Aufträgen durch öffentliche Auftraggeber

Unterabschnitt 1
Anwendungsbereich

§ 115
Anwendungsbereich

Dieser Abschnitt ist anzuwenden auf die Vergabe von öffentlichen Aufträgen und die Ausrichtung von Wettbewerben durch öffentliche Auftraggeber.

Übersicht Rn.

Regelungsinhalt 1
Anlage
Gesetzesbegründung (BT-Drs. 18/6281)

Regelungsinhalt

§ 115 GWB definiert den Anwendungsbereich des neuen Zweiten Abschnitts des Teil 4 des GWB. 1

Die **wesentlichen Grundsätze**, die bei der Vergabe von öffentlichen Aufträgen und der Ausrichtung von Wettbewerben durch öffentliche Auftraggeber im Sinne des § 99 GWB zu beachten sind, werden nunmehr einheitlich im neuen Zweiten Abschnitt gebündelt. Im Übrigen werden (einzelne) Regelungen im Wege der Verweisung auch in den Anwendungsbereich des Dritten Abschnitts inkorporiert (vgl. etwa §§ 142, 147 und 154 GWB). 2

Der Zweite Abschnitt setzt damit wesentliche strukturelle Vorgaben der **RL 2014/24/EU** um. 3

Zentrale Elemente des Vergabeverfahrens werden erstmals im GWB in einem **eigenen Abschnitt für (klassische) öffentliche Auftraggeber** zusammengefasst. 4

Der Abschnitt untergliedert sich in **zwei Unterabschnitte**. Unterabschnitt 1 regelt insbesondere den Anwendungsbereich im Wege eines Regel(§ 115 GWB)-Ausnahme(§ 116 GWB)-Verhältnisses. Unterabschnitt 2 regelt das Vergabeverfahren und die Auftragsausführung. 5

Anlage

Gesetzesbegründung (BT-Drs. 18/6281)

Seite 92

§ 115 legt den Anwendungsbereich des Abschnitts 2 fest. Danach findet Abschnitt 2 Anwendung auf die Vergabe von öffentlichen Aufträgen und die Ausrichtung von Wettbewerben durch öffentliche Auftraggeber im Sinne des § 99. Auf alle übrigen Vergaben findet Abschnitt 2 nur insoweit Anwendung als auf die jeweiligen Vorschriften gesondert verwiesen wird (z. B. in den §§ 142, 147 und 154). Abschnitt 2 dient damit im Kern der Umsetzung der wesentlichen Vorgaben der Richtlinie 2014/24/EU und bündelt erstmals alle zentralen Elemente des Vergabeverfahrens im GWB. Abschnitt 2 ist untergliedert in den Unterabschnitt 1 zum Anwendungsbereich und den Unterabschnitt 2 zu Vergabeverfahren und Auftragsausführung.

§ 116
Besondere Ausnahmen

(1) Dieser Teil ist nicht anzuwenden auf die Vergabe von öffentlichen Aufträgen durch öffentliche Auftraggeber, wenn diese Aufträge Folgendes zum Gegenstand haben:

1. Rechtsdienstleistungen, die eine der folgenden Tätigkeiten betreffen:
   a) Vertretung eines Mandanten durch einen Rechtsanwalt in
      aa) Gerichts- oder Verwaltungsverfahren vor nationalen oder internationalen Gerichten, Behörden oder Einrichtungen,
      bb) nationalen oder internationalen Schiedsgerichts- oder Schlichtungsverfahren,
   b) Rechtsberatung durch einen Rechtsanwalt, sofern diese zur Vorbereitung eines Verfahrens im Sinne von Buchstabe a dient oder wenn konkrete Anhaltspunkte dafür vorliegen und eine hohe Wahrscheinlichkeit besteht, dass die Angelegenheit, auf die sich die Rechtsberatung bezieht, Gegenstand eines solchen Verfahrens werden wird,
   c) Beglaubigungen und Beurkundungen, sofern sie von Notaren vorzunehmen sind,
   d) Tätigkeiten von gerichtlich bestellten Betreuern, Vormündern, Pflegern, Verfahrensbeiständen, Sachverständigen oder Verwaltern oder sonstige Rechtsdienstleistungen, deren Erbringer durch ein Gericht dafür bestellt oder durch Gesetz dazu bestimmt werden, um bestimmte Aufgaben unter der Aufsicht dieser Gerichte wahrzunehmen, oder
   e) Tätigkeiten, die zumindest teilweise mit der Ausübung von hoheitlichen Befugnissen verbunden sind,
2. Forschungs- und Entwicklungsdienstleistungen, es sei denn, es handelt sich um Forschungs- und Entwicklungsdienstleistungen, die unter die Referenznummern des Common Procurement Vocabulary 73000000-2 bis 73120000-9, 73300000-5, 73420000-2 und 73430000-5 fallen und bei denen
   a) die Ergebnisse ausschließlich Eigentum des Auftraggebers für seinen Gebrauch bei der Ausübung seiner eigenen Tätigkeit werden und
   b) die Dienstleistung vollständig durch den Auftraggeber vergütet wird,
3. den Erwerb, die Entwicklung, die Produktion oder die Koproduktion von Sendematerial für audiovisuelle Mediendienste oder Hörfunkmediendienste, wenn diese Aufträge von Anbietern von audiovisuellen Mediendiensten oder Hörfunkmediendiensten vergeben werden, die Ausstrahlungszeit oder die Bereitstellung von Sendungen, wenn diese Aufträge an Anbieter von audiovisuellen Mediendiensten oder Hörfunkmediendiensten vergeben werden,
4. finanzielle Dienstleistungen im Zusammenhang mit der Ausgabe, dem Verkauf, dem Ankauf oder der Übertragung von Wertpapieren oder anderen Finanzinstrumenten, Dienstleistungen der Zentralbanken sowie mit der Europäischen Finanzstabilisierungsfazilität und dem Europäischen Stabilitätsmechanismus durchgeführte Transaktionen,
5. Kredite und Darlehen, auch im Zusammenhang mit der Ausgabe, dem Verkauf, dem Ankauf oder der Übertragung von Wertpapieren oder anderen Finanzinstrumenten oder
6. Dienstleistungen, die an einen öffentlichen Auftraggeber nach § 99 Nummer 1 bis 3 vergeben werden, der ein auf Gesetz oder Verordnung beruhendes ausschließliches Recht hat, die Leistungen zu erbringen.

(2) Dieser Teil ist ferner nicht auf öffentliche Aufträge und Wettbewerbe anzuwenden, die hauptsächlich den Zweck haben, dem öffentlichen Auftraggeber die Bereitstellung oder den Betrieb öffentlicher Kommunikationsnetze oder die Bereitstellung eines oder mehrerer elektronischer Kommunikationsdienste für die Öffentlichkeit zu ermöglichen.

Übersicht Rn.

A. Allgemeines 1
B. Besondere Ausnahmen für bestimmte Dienstleistungen (Abs. 1) 4
I. Rechtsdienstleistungen (Nr. 1) 8
1. Anwaltliche Vertretung in laufenden Verfahren (lit. a) 12
2. Verfahrensvorbereitende anwaltliche Tätigkeiten (lit. b) 16
a) Anwendungsbereich 17
b) Vorbereitung eines Verfahrens (Alt. 1) 19
c) Hohe Wahrscheinlichkeit der Überleitung in ein Verfahren (Alt. 2) 25
3. Notarielle Beglaubigung und Beurkundung (lit. c) 32
4. Öffentlich bestellte Sachkundige (lit. d) 33
5. Teilweise hoheitliche Rechtsdienstleistung (lit. e) 35
II. Forschungs- und Entwicklungsdienstleistungen (Nr. 2) 38
1. Grundsätzlicher Anwendungsbereich der Ausnahme (Hs. 1) 41
2. Rückausnahme (Hs. 2) 43
III. Audiovisuelle Mediendienste oder Hörfunkmediendienste (Nr. 3) 50
IV. Finanzielle Dienstleistungen (Nr. 4) 60
1. Kapitalmarktbezogene Finanzdienstleistungen (Var. 1) 65
2. Dienstleistungen der Zentralbanken (Var. 2) 72
3. Transaktionen mit der EFSF und dem ESM (Var. 3) 75
4. Darlehen und Kredite 79
V. Kredite und Darlehen (Nr. 5) 80
VI. Dienstleistungsaufträge an andere Auftraggeber mit ausschließlichem Recht (Nr. 6) 84
C. Besondere Bereiche auf dem Gebiet der Telekommunikationsinfrastruktur (Abs. 2) 95
Anlage
Gesetzesbegründung (BT-Drs. 18/6281)

A. Allgemeines

1 § 116 GWB enthält besondere Ausnahmen für die Vergabe von **öffentlichen Aufträgen** durch öffentliche Auftraggeber und teilweise (Abs. 2) für die Ausrichtung von **Wettbewerben**. § 116 GWB setzt dabei – gemeinsam mit § 107 GWB – die wesentlichen Vorgaben aus Art. 10 RL 2014/14/EU um. Die Vorschrift entspricht somit mit Blick auf den Regelungsgegenstand den früheren §§ 100a, 100b GWB.

2 § 116 GWB untergliedert sich in **zwei Absätze**. Abs. 1 statuiert besondere Ausnahmen für bestimmte (vergaberechtlich) privilegierte Dienstleistungen. Abs. 2 nimmt sich gesondert des Bereichs der öffentlichen Telekommunikationsinfrastruktur an. § 116 GWB bündelt damit alle für die Vergabe von öffentlichen Aufträgen durch öffentliche Auftraggeber geltenden besonderen Ausnahmen erstmals in einer einzigen Norm. Neben einigen wenigen inhaltlichen Neuerungen (z.B. Erweiterung der Privilegierungen für Forschungs- und Entwicklungsleistungen oder ausgewählte Rechtsdienstleistungen etc.) finden sich hier Ausnahmetatbestände wieder, die vormals über viele eigenständige Regelungen verstreut waren.

3 Wird einer der Ausnahmetatbestände erfüllt, so ist der öffentliche Auftraggeber von den Restriktionen des unionsrechtlich geprägten Vergaberechts befreit. Die Privilegierung befreit ihn darüber hinaus von der Nachprüfung im Verfahren nach § 155 GWB.[1] § 116 GWB privilegiert allerdings **nur bestimmte Dienstleistungen**, die aufgrund ihres Gegenstandes dem Kartellvergaberecht nicht oder nur sehr eingeschränkt zugänglich sind.[2] Für **Liefer- oder Bauleis-**

1 *Summa*, in: Heiermann/Zeiss, Vergaberecht, § 100a GWB Rn. 9; *Willenbruch*, in: Willenbruch/Wieddekind, Vergaberecht, § 100 GWB Rn. 11.

2 Vgl. Erwägungsgründe 23 bis 27 RL 2004/18/EG; *Aicher*, in: Müller-Wrede, Kompendium des Vergaberechts, Kap. 11 Rn. 1 ff.

tungen findet § 116 GWB keine Anwendung. Unverändert geblieben ist, dass die Vorschrift als vergaberechtliche Ausnahmevorschrift stets **restriktiv** zu verstehen und anzuwenden ist.[3]

B. Besondere Ausnahmen für bestimmte Dienstleistungen (Abs. 1)

§ 116 Abs. 1 GWB nimmt öffentliche Aufträge, die bestimmte Dienstleistungen zum Gegenstand haben, vom Anwendungsbereich der Regularien der klassischen Auftragsvergabe aus. 4

Die Regelung dient im Wesentlichen der Umsetzung von **Art. 10 RL 2014/24/EU**. 5

In den §§ 137, 145 und 150 GWB wird auf die jeweiligen Ausnahmen des § 116 GWB verwiesen, sofern diese auch für die **besonderen Bereiche des Dritten Abschnitts** anwendbar sind. 6

Im Gegensatz zu § 115 und § 116 Abs. 2 GWB benennt § 116 Abs. 1 GWB **Wettbewerbe** im Sinne des § 103 Abs. 6 GWB nicht. Im Umkehrschluss hierzu könnte man die Annahme vertreten, dass die Durchführung von Wettbewerben über Dienstleistungen, die einer Dienstleistung im Sinne des § 116 Abs. 1 GWB entsprechen, nicht durch die Ausnahmeregelung privilegiert sein soll. Dies hätte im Ergebnis ein letztendlich strenges Vergaberegime für üblicherweise wenig formal, mithin frei geführte Wettbewerbe zur Folge. Anhaltspunkt, dass eine solche Verschärfung bei Wettbewerben nach den europarechtlichen Grundlagen erforderlich wäre, ergeben sich aus den Richtlinien nicht. Die Gesetzesbegründung[4] spricht eher dagegen und dafür, dass es sich hierbei nur um einen redaktionellen Fehler handelt. In jedem Fall wäre der Anwendungsbereich der Ausnahmeregelung des § 116 Abs. 1 GWB im Hinblick auf Wettbewerbe wohl ohnehin nur sehr gering. 7

I. Rechtsdienstleistungen (Nr. 1)

§ 116 Abs. 1 Nr. 1 GWB kodifiziert erstmals Ausnahmen für bestimmte Rechtsdienstleistungen. Eine generelle Privilegierung für Rechtsdienstleistungen ist damit aber nicht verbunden. Die Ausnahme beschränkt sich ausschließlich auf die in § 116 Abs. 1 Nr. 1 lit. a bis e GWB genannten Fälle. Hierbei handelt sich im Wesentlichen um Rechtsdienstleistungen, die von **gerichtlich bestellten Dienstleistern** erbracht werden, die die anwaltliche Vertretung von Mandanten in Gerichts- oder Verwaltungsverfahren oder deren konkrete Vorbereitung betreffen, durch Notare erbracht werden müssen oder mit der Ausübung hoheitlicher Befugnisse verbunden sind. 8

§ 116 Abs. 1 Nr. 1 GWB dient der Umsetzung von **Art. 10 lit. d RL 2014/24/EU**. Entsprechende Ausnahmen finden sich ebenfalls in Art. 10 Abs. 8 lit. d RL 2014/23/EU sowie in Art. 21 lit. c RL 2014/25/EU. Insofern verweisen auch § 137 Nr. 1 und § 149 Nr. 1 GWB auf die Ausnahme für Rechtsdienstleistungen im Sinn des § 116 Abs. 1 Nr. 1 GWB. Die RL 2009/81/EG enthält demgegenüber keine Ausnahmen für Rechtsdienstleistungen. Besondere Ausnahmen für verteidigungs- oder sicherheitsspezifische öffentliche Aufträge finden sich daher unmittelbar in § 145 GWB. 9

Für die Vergabe von **sonstigen Rechtsdienstleistungen**, die nicht unter die Ausnahme des § 116 Abs. 1 Nr. 1 GWB fallen, kommt hingegen auch nicht das allgemeine Vergabeverfahren des Zweiten Abschnitts zur Anwendung. Für diese, früher als sogenannte nachrangige Dienstleistungen bezeichneten Dienstleistungen ist das vereinfachte Verfahren im Sinne des § 130 GWB vorgesehen. In diesem Verfahren gilt ein höherer Schwellenwert in Höhe von 750.000 Euro netto und vor allem die freie Wahl der Vergabeverfahrensart. Die Neuregelung hat zur Folge, dass auch Rechtsdienstleistungen im Sinne von Anhang XIV RL 2014/24/EU zukünftig – wenn auch nach dem Sondervergaberecht der §§ 130 f. GWB – ausgeschrieben 10

3 EuGH, Urteil v. 10.3.1987 – Rs. C-199/85 (Kommission/Italien-Müllverwertung Mailand), Rn. 14; VK Bund, Beschluss v. 18.5.1999 – VK 2-8/99; *Aicher*, in: Müller-Wrede, Kompendium des Vergaberechts, Kap. 11 Rn. 9; *Willenbruch*, in: Willenbruch/Wieddekind, Vergaberecht, § 100 GWB Rn. 11.

4 Gesetzesbegründung, BT-Drs. 18/6281, 92.

werden müssen. Die vormalige Unterscheidung zwischen nicht prioritären Dienstleistungen, die nur teilweise für das Vergaberecht relevant waren, und prioritären Dienstleistungen ist damit aufgegeben worden. Das Sondervergaberechtsregime der §§ 130 f. GWB gilt nach streitiger Ausfassung auch für forensische Rechtsdienstleistungen.[5]

11 **Kritik**: Trotz Geltung dieser weitgehenden Privilegierung ist die Unterwerfung von Rechtsdienstleistungen unter das Vergaberecht und damit die Gleichstellung mit klassischen Dienstleistungsaufträgen kritisch zu sehen. Bereits aufgrund der unterschiedlichen Rechtsordnungen können Rechtsdienstleistungen in der Regel keine derart hohe Binnenmarktrelevanz aufweisen, als dass der Sinn und Zweck einer europaweiten Ausschreibung in diesen Fällen überhaupt zum Tragen kommen könnte.[6] Auch der Richtliniengeber räumt in Erwägungsgrund 116 RL 2014/24/EU ein, dass „bestimmte Rechtsdienstleistungen ausschließlich Fragen des nationalen Rechts" betreffen und „daher in der Regel nur von Wirtschaftsteilnehmern in dem betreffenden Mitgliedstaat angeboten" werden. Trotz dieser Erwägung besteht eine Vermutung, dass ein Auftrag ab einem Schwellenwert von 750.000 Euro wettbewerbsrelevant sei. Ab diesem Schwellenwert wird augenscheinlich unterstellt, dass gegebenenfalls ein Interesse von Rechtsberatern an einer Beteiligung in grenzüberschreitenden Vergabeverfahren besteht. Dies überzeugt nicht, da es letztendlich hier – unbeschadet einiger international agierender Großkanzleien – keinen echten grenzüberschreitenden Leistungswettbewerb gibt. Hinzu kommt, dass der Schwellenwert aber keinesfalls eine Aussage darüber trifft, ob der Beratungsgegenstand rein nationalem, transnationalem oder internationalem Recht unterliegt. Auch international tätige Anwaltssozietäten können (und werden in der Regel häufig) mit der Beratung rein national-rechtlicher Gegenstände beauftragt. Selbst über Ländergrenzen hinweg durchgeführte Großtransaktionen unterliegen regelmäßig nur dem Recht eines(!) der beteiligten Länder, das gleichsam das Rechtsstatut für das anwaltliche Mandat begründet. Es besteht insoweit auch kein Bedürfnis, das Kartellvergaberecht auf diese besonderen Beratungsgegenstände der öffentlichen Hand zu erstrecken, da die haushälterischen Verpflichtungen der Auftraggeber auch ohne das Kartellvergaberecht bestehen bleiben. In der Praxis werden bereits heute anwaltliche Beratungen oder Prozesstätigkeiten im Wettbewerb vergeben.

1. Anwaltliche Vertretung in laufenden Verfahren (lit. a)

12 § 116 Abs. 1 Nr. 1 lit. a GWB betrifft die Vertretung eines Mandanten durch einen Rechtsanwalt in laufenden gerichtlichen, behördlichen oder bestimmten institutionellen Verfahren. Hierzu gehören (1) Gerichts- oder Verwaltungsverfahren vor nationalen oder internationalen Gerichten, Behörden oder Einrichtungen sowie (2) Verfahren vor nationalen oder internationalen Schiedsgerichten oder Schlichtungsstellen. Die Verfahren können in Deutschland, anderen EU-Mitgliedstaaten, Drittstaaten oder vor internationalen Organisationen und Einrichtungen stattfinden.

13 Maßgebliches Kriterium für die Anwendung des § 116 Abs. 1 Nr. 1 lit. a GWB ist, dass es sich um eine Dienstleistung **in einem bereits laufenden Verfahren** handelt. Rein vorbereitende Beratungsleistungen unterfallen ggf. § 116 Abs. 1 Nr. 1 lit. b GWB.

14 § 116 Abs. 1 Nr. 1 lit. a GWB sagt über den geforderten **Umfang** der anwaltlichen Beratungs-/Vertretungsstätigkeit nichts aus. Gemäß den Ausführungen der Gesetzesbegründung ergebe sich der Umfang der Vertretung aus dem jeweiligen Mandatsvertrag und könne fallspezifisch variieren.[7] Hieraus kann aber nicht gefolgert werden, dass jegliche anwaltliche Tätigkeit für einen Beteiligten eines solchen Verfahrens unter den Ausnahmetatbestand zu subsumieren ist. § 116 Abs. 1 Nr. 1 lit. a GWB meint vielmehr Tätigkeiten im Rahmen einer umfassenden Prozessverantwortung des jeweiligen Rechtsbeistands.[8] Unter Beachtung von Sinn und Zweck

5 A.A. Gesetzesbegründung, BT-Drs. 18/6281, 116.
6 Stellungnahme der Bundesrechtsanwaltskammer Nr. 23/2015, Juni 2015, http://www.brak.de/zur-rechtspolitik/stellungnahmen-pdf/stellungnahmen-europa/2015/juni/stellungnahme-der-brak-2015-23.pdf, (abgerufen: 2.2.2016).
7 Gesetzesbegründung, BT-Drs. 18/6281, 93.
8 Gesetzesbegründung, BT-Drs. 18/6281, 93.

des Ausnahmetatbestandes und dem stets restriktiv zu verstehenden Anwendungsbereich muss dabei letztendlich aber die tatsächliche Tätigkeit des anwaltlichen Beraters entscheidend sein. Dem Wortlaut des Mandatsvertrages kann insoweit nur indizielle Bedeutung zukommen.

Auf die Art und Weise, wie das Mandatsverhältnis zustande gekommen ist, kommt es nicht an. Es kann sowohl auf **rechtsgeschäftlicher Bestellung** als etwa auch auf **gerichtlicher Beiordnung** beruhen.[9]

Die Vergabe von öffentlichen Aufträgen zu **Schiedsgerichts- und Schlichtungsdienstleistungen** fällt bereits unter die allgemeine Ausnahme des § 107 Abs. 1 Nr. 1 GWB. Dies gilt auch dann, wenn Rechtsanwälte zu Schiedsrichtern bestellt werden. 15

2. Verfahrensvorbereitende anwaltliche Tätigkeiten (lit. b)

Nach § 116 Abs. 1 Nr. 1 lit. b GWB sind Rechtsberatungsleistungen durch einen Rechtsanwalt, sofern diese zur Vorbereitung eines Verfahrens im Sinne von § 116 Abs. 1 Nr. 1 lit. a GWB dienen oder wenn konkrete Anhaltspunkte dafür vorliegen und eine hohe Wahrscheinlichkeit besteht, dass die Angelegenheit, auf die sich die Rechtsberatung bezieht, Gegenstand eines solchen Verfahrens wird, vergaberechtsfrei. 16

a) Anwendungsbereich

Entgegen dem weiten Wortlaut des § 116 Abs. 1 Nr. 1 lit. b GWB enthält die Vorschrift keine allgemeine Ausnahme für sämtliche anwaltliche Beratungsleistungen. Vielmehr dehnt die Norm die Privilegierung für anwaltliche Rechtsberatungsdienstleistungen auf solche Handlungen aus, die in einem gewissen **Näheverhältnis** zu den Verfahren im Sinne des § 116 Abs. 1 Nr. 1 lit. a GWB stehen. Bei Rückgriffen auf den Ausnahmetatbestand bedarf es somit stets einer – im Zweifel auch im Vergabevermerk zu dokumentierenden – Abgrenzung zu § 130 GWB. 17

§ 116 Abs. 1 Nr. 1 lit. b GWB findet sowohl auf **rechtsgeschäftlich** bestellte als auch auf **gerichtlich beigeordnete Rechtsanwälte** Anwendung. 18

b) Vorbereitung eines Verfahrens (Alt. 1)

Gemäß § 116 Abs. 1 Nr. 1 lit. b Alt. 1 GWB sollen Aufträge öffentlicher Auftraggeber, die anwaltliche Vorbereitungshandlungen für ein Verfahren im Sinne des § 116 Abs. 1 Nr. 1 lit. a GWB zum Gegenstand haben, vergaberechtsfrei sein. Der **Vorbereitung eines Verfahrens** dienen Maßnahmen, die mittelbar oder unmittelbar die Einmündung in ein formelles Verfahren nach sich ziehen. Der Anwendungsbereich des Ausnahmetatbestandes bedarf somit einer Prüfung und Bewertung des Tätigkeitsfeldes des anwaltlichen Beraters auf tatsächlicher Ebene (Beurteilungsspielraum des Auftraggebers). Gleichzeitig bedarf es einer Prognoseentscheidung über den Umfang des konkret zu erteilenden Mandats sowie über die Eintrittswahrscheinlichkeit eines streitigen (Gerichts-, Verwaltungsstreit- oder sonstigen) Verfahrens. 19

Die Ausnahmeregelung umfasst zumindest **offensive Handlungen**, also solche eines Klägers, Rechtsbehelfsführers oder Antragstellers (aktive Verfahrensführung), die auf die Einleitung eines Verfahrens gerichtet sind. Dies können etwa die Einlegung von Rechtsbehelfen, Einreichung von Klageschriften oder die Erhebung von Widersprüchen sein. Ob hingegen eine letztmalige Aufforderung unter Androhung der Einleitung eines streitigen Verfahrens bereits der Vorbereitung eines Verfahrens dient, kann bezweifelt werden, da es sich hierbei um den letzten Versuch handelt, ein solches Verfahren abzuwenden. 20

Offen bleibt nach dem Wortlaut der Vorschrift, ob und welche **Verteidigungshandlungen** von dem Ausnahmetatbestand betroffen sein können. In den allermeisten Fällen wird eine Vorbereitungshandlung aufseiten des Angriffsführers eindeutiger unter den Ausnahmetatbestand zu fassen sein, denn am Ende seiner Vorbereitungen wird ein für das förmliche Verfah- 21

9 Gesetzesbegründung, BT-Drs. 18/6281, 93.

ren konstitutiver Schriftsatz (Klageschrift, Rechtsbehelf, Antrag) stehen. Die Erwiderung auf einen solchen Schriftsatz stellt hingegen bereits eine Handlung in einem laufenden Verfahren im Sinne des § 116 Abs. 1 Nr. 1 lit. a GWB dar. Schon allein aus Gründen der Waffengleichheit muss es dem sich verteidigenden öffentlichen Auftraggeber aber auch möglich sein, schnell und flexibel auf solche Angriffe reagieren zu können. Richtigerweise muss daher § 116 Abs. 1 Nr. 1 lit. b GWB auch für Verteidigungshandlungen zur Abwehr eines Verfahrens im Sinne von § 116 Abs. 1 Nr. 1 lit. a GWB Anwendung finden.

22 Muss für das Verfahren im Sinne des § 116 Abs. 1 Nr. 1 lit. a GWB der streitentscheidende Spruchkörper erst gebildet werden, so umfasst § 116 Abs. 1 Nr. 1 lit. b Alt. 1 GWB auch Bemühungen, die der **Konstituierung des Spruchkörpers** dienen. Dies kann in einem Ad-hoc-Schiedsverfahren beispielsweise der Abschluss eines Schiedsrichtervertrages sein. Beratungsleistungen im Zusammenhang mit dem Abschluss einer Schiedsvereinbarung werden allerdings von dem Ausnahmetatbestand nicht erfasst. Schiedsvereinbarungen sollen lediglich die Zuständigkeit der staatlichen Gerichte für den – zu diesem Zeitpunkt noch ungewissen – Fall einer Streitigkeit zugunsten eines Schiedsgerichts ausschließen.

23 Unstreitig werden dem Ausnahmetatbestand des § 116 Abs. 1 Nr. 1 lit. a GWB dabei auch Rechtsdienstleistungen im Zusammenhang mit einem **Verfahren vor einem institutionellem Schieds-** (DIS, AAA, ICC) oder **Schlichtungsgremium** unterfallen. Auch weitere anerkannte Stellen, die eine alternative Streitbeilegung fördern, wie etwa verfahrensspezifisch gebildete **Schiedsgerichte** eines Ad-hoc-Schiedsverfahrens (§§ 1025 ff. ZPO) oder anerkannte **Gütestellen** (vgl. § 794 Abs. 1 Nr. 1 ZPO), werden konsequenterweise hiervon umfasst sein. Nicht umfasst sind nach der hier vertretenen Auffassung aber Leistungen im Rahmen eines – anwaltlich moderierten – **Mediationsverfahrens** im Sinne des MediationsG. Hier sollen die Parteien mithilfe eines oder mehrerer Mediatoren freiwillig und eigenverantwortlich eine einvernehmliche Beilegung ihres Konflikts anstreben (§ 1 Abs. 1 MediationsG). Der Mediator – häufig ein Anwalt – hat im Hinblick auf Streitgegenstand und Streitentscheidung keine Befugnisse. Vor dem Hintergrund der restriktiven Anwendung des Ausnahmetatbestandes können richtigerweise solche Verfahren nicht umfasst sein, da sie nicht zwingend oder gar von Rechts wegen ein überparteiliches Ergebnis hervorbringen. Mediatoren sind nicht aufgerufen, als „unabhängiges Organ" eine objektiv richtige Entscheidung zu treffen (Schiedsrichter) oder einen für alle Beteiligten annehmbaren Kompromiss zu vermitteln (Schlichter).

24 Soll bzw. wird im Zuge eines Mandats ein Auftrag, der zunächst eine aufgrund der Vorschrift privilegierte Rechtsberatungsleistung zum Gegenstand hat, dergestalt erweitert (**Auftragserweiterung**), dass hiervon zukünftig auch Gegenstände erfasst werden, die sich nicht auf die Privilegierung berufen können, ist zu differenzieren: Handelt es sich bei dem Auftrag in seiner Gesamtheit um einen solchen, der den Schwellenwert von 750.000 Euro nicht überschreitet, bleibt es bei den allgemeinen Regeln des Haushaltsvergaberechts, mit der Folge, dass (mangels Anwendbarkeit der VgV und zwischenzeitlichen Wegfalls der VOF) eine Ausschreibungspflicht nicht besteht.[10] Führt die Auftragserweiterung zu einer solchen Verteuerung, die ein Überschreiten des Schwellenwerts nach sich zieht, ist im Einzelfall unter Beachtung sowohl des Gesamtcharakters des bestehenden Mandats als auch der konkret in Rede stehenden Auftragserweiterung zu differenzieren. Vor dem Hintergrund des Sinns und Zwecks des Vergaberechts und der restriktiven Anwendung der Ausnahmetatbestände erscheint es mit guten Gründen vertretbar, dass eine solche nachträgliche Überschreitung des Schwellenwerts eine Pflicht zur Neuausschreibung nach sich zieht. Dies ist jedenfalls dann der Fall, wenn es sich um eine wesentliche Änderung des Mandats handelt (§ 132 Abs. 1 GWB)[11]. Aus Gründen der Vorsicht sollten rechtsberatende Tätigkeiten im Zusammenhang mit unterschiedlichen Angelegenheiten in der Praxis daher getrennt vergeben bzw. mandatiert werden. Anhaltspunkte, was als eine Angelegenheit angesehen werden kann, können etwa § 16 RVG entnommen

10 Siehe hierzu *Terwiesche/Lompa*, KommJur 2015, 407 ff.
11 Vgl. auch EuGH, Urteil v. 19.6.2008 – Rs. C-454/06 (pressetext).

werden. Hierdurch kann eine Überschreitungsgefahr minimiert werden, ohne dass ein für die separate Vergabe zwingender sachlicher Grund fehlt.

c) Hohe Wahrscheinlichkeit der Überleitung in ein Verfahren (Alt. 2)

Nach § 116 Abs. 1 Nr. 1 lit. b Alt. 2 GWB sind Rechtsberatungen durch einen Rechtsanwalt vergaberechtsfrei, wenn konkrete Anhaltspunkte dafür vorliegen und eine hohe Wahrscheinlichkeit besteht, dass die Angelegenheit, auf die sich die Rechtsberatung bezieht, Gegenstand eines Verfahrens im Sinne des § 116 Abs. 1 Nr. 1 lit. a GWB wird. 25

§ 116 Abs. 1 Nr. 1 lit. b GWB fordert von dem öffentlichen Auftraggeber eine auf konkrete Tatsachen abstellende **Prognose** hinsichtlich der Wahrscheinlichkeit einer Überleitung eines schwelenden Streits in ein Verfahren im Sinne des § 116 Abs. 1 Nr. 1 lit. a GWB. Zwar ist die Prognose der gerichtlichen Kontrolle nicht gänzlich entzogen. Da die Prognose aber eine Aussage über künftige noch ungewisse Tatsachen fordert, steht der Verwaltung bzw. dem öffentlichen Auftraggeber eine Einschätzungsprärogative zur Seite.[12] Die Beurteilung hat aus einer Ex-ante-Sichtweise eines umsichtigen und vernünftigen Auftraggebers auf objektiver Tatsachengrundlage (objektive Ex-ante-Sichtweise) zu erfolgen. 26

Eine **„hohe Wahrscheinlichkeit"** ist dann anzunehmen, wenn nach dem bisherigen Sach- und Streitstand in seiner Gesamtheit der Eintritt in ein Verfahren im Sinne des § 116 Abs. 1 Nr. 1 lit. a GWB eher zu erwarten ist als eine gütliche Einigung oder sonstige außergerichtliche Beilegung der Streitigkeit. Zumindest setzt die Überleitung in ein solches Verfahren eine Uneinigkeit bzw. ein Streitpotenzial von gewissem Gewicht voraus. Im Hinblick auf den zu fordernden Grad an Wahrscheinlichkeit muss aus Sicht des öffentlichen Auftraggebers die Überleitung in ein Verfahren mit mehr als 50-prozentiger Wahrscheinlichkeit zu erwarten sein. Die Prognose setzt eine einzelfallabhängige Bewertung voraus. Der Zweck, dem öffentlichen Auftraggeber eine schnelle und flexible Reaktion auf eine bestehende Streitlage zu ermöglichen, ist hierbei zu berücksichtigen. 27

Die Wahrscheinlichkeitsprognose hat auf Grundlage **„konkreter Anhaltspunkte"** zu erfolgen. Reine Vermutungen sind hierzu nicht ausreichend. Konkrete Anhaltspunkte sind gegeben, wenn im Einzelfall oder nach allgemeiner Erfahrung öffentlicher Auftraggeber Umstände dafür sprechen, dass eine Uneinigkeit nicht ohne Einschaltung einer un- bzw. überparteilichen Instanz ausgeräumt werden kann. Dies ist zumindest dann der Fall, wenn die Überleitung in ein Verfahren bereits konkret (vor allem durch einen etwaig bereits von der Gegenseite eingeschalteten anwaltlichen Vertreter) angedroht wurde. Weiterhin wird eine solche hohe Wahrscheinlichkeit auch dann gegeben sein, wenn ernsthafte Versuche, den Streit außerhalb eines Verfahrens beizulegen, gescheitert sind. 28

Diese Alternative kommt grundsätzlich für diejenigen öffentlichen Auftraggeber in Betracht, die sich im Hinblick auf das Verfahren in der Position des Angegriffenen sehen (**Verteidigungshandlungen**). Der Verteidigende kann in der Regel nicht darüber bestimmen, ob ein Verfahren im Sinne des § 116 Abs. 1 Nr. 1 lit. a GWB eingeleitet werden soll oder nicht; im Zweifel will er die Durchführung eines streitigen Verfahrens ja gerade verhindern. Befindet sich der öffentliche Auftraggeber demgegenüber in einer der Position des Angreifenden, wird diese Tatbestandsalternative nur ausnahmsweise in Betracht kommen. Denkbar wäre etwa, dass ein nicht zum Angriff entschlossener öffentlicher Auftraggeber sich aufgrund von Handlungen der Gegenseite zu einem Angriff veranlasst sieht; beispielsweise wenn mit der Erhebung einer negativen Feststellungs- oder Widerklage zu rechnen ist. 29

Für den Bereich des vergaberechtlichen Primärschutzes ist zunächst festzustellen, dass **Nachprüfungsverfahren** als Verfahren im Sinne von § 116 Abs. 1 Nr. 1 lit. a GWB anzusehen sind. Daraus folgt, dass für die Vertretung in Nachprüfungsverfahren für einen angreifenden öffentlichen Auftraggeber grundsätzlich auf § 116 Abs. 1 Nr. 1 lit. a GWB zurückgegriffen werden kann. Diese Fallkonstellation wird aber regelmäßig nur in Ausnahmefällen relevant sein. Pra- 30

12 Allgemein zu Prognoseentscheidungen *Schwarz*, in: Fehling/Kastner/Störmer, Verwaltungsrecht, § 114 VwGO Rn. 8 f.

xisrelevanter ist der Rückgriff auf § 116 Abs. 1 Nr. 1 lit. a GWB zunächst in der Verteidigungsposition des öffentlichen Auftraggebers, der sich mit einem Nachprüfungsantrag konfrontiert sieht. Gleichsam wird § 116 Abs. 1 Nr. 1 lit. b GWB relevant werden, wenn sich die öffentlichen Auftraggeber mit einer Rüge eines Bieters im Sinne von § 160 Abs. 3 GWB konfrontiert sehen. In diesem Kontext vergebene anwaltliche Beratungsleistungen, die zur Abwehr und/oder Bewertung der Erfolgsaussichten/Handlungsoptionen des Auftraggebers zur Absicherung des Vergabeverfahrens erforderlich sind, dürften ohne Weiteres von § 116 Abs. 1 Nr. 1 lit. b GWB umfasst sein. Die Fiktionswirkung des § 160 Abs. 3 Nr. 4 GWB indiziert dabei bereits die gemäß § 116 Abs. 1 Nr. 1 lit. b GWB erforderliche „Wahrscheinlichkeit" eines drohenden bzw. unmittelbar drohenden Streitverfahrens im Sinne von bzw. gemäß § 116 Abs. 1 Nr. 1 lit. a GWB.

31 Ist der öffentliche Auftraggeber **zugleich Entscheidungsträger/Spruchkörper** (u.U. Widerspruch, Rüge im Vergabeverfahren), kommt § 116 Abs. 1 Nr. 1 lit. b GWB nicht zur Anwendung. In diesem Fall ist ausgeschlossen, dass der rechtsberatende Anwalt jedenfalls in diesem Verfahrensstadium die Stellung eines mit umfassender Prozessverantwortung ausgestatteten Rechtsbeistandes erreicht. Erst dann, wenn die rechtsberatende Dienstleistung auf ein möglicherweise anschließendes Rechtsbehelfs- bzw. Rechtsmittelverfahren vor einem anderen Entscheidungsträger/Spruchkörper gerichtet ist, steht der Anwendungsbereich des § 116 Abs. 1 Nr. 1 lit. b GWB unter Umständen wieder offen.

3. Notarielle Beglaubigung und Beurkundung (lit. c)

32 § 116 Abs. 1 Nr. 1 lit. c GWB betrifft Beglaubigungen und Beurkundungen, sofern sie von einem Notar vorzunehmen sind. Die Vorschrift betrifft Beglaubigungen und Beurkundungen im Sinne des BeurkG oder entsprechender Regelungen.

4. Öffentlich bestellte Sachkundige (lit. d)

33 § 116 Abs. 1 Nr. 1 lit. d GWB umfasst Tätigkeiten von gerichtlich bestellten oder gesetzlich bestimmten Personen, die bestimmte Aufgaben unter der Aufsicht dieser Gerichte wahrnehmen sollen.

34 Den Tätigkeiten im Sinne dieser Regelung ist gemein, dass zwischen dem Tätigen und einem Gericht durch oder aufgrund eines Gesetzes ein öffentlich-rechtliches Verhältnis[13] begründet wurde. Erfasst werden insbesondere Tätigkeiten von Ergänzungs- und Umgangspflegern, Verfahrens- und Nachlasspflegern, Insolvenzverwaltern, Sachwaltern und Treuhändern sowie von Zwangsverwaltern und Sequestern in Zwangsvollstreckungsverfahren.[14] Darüber hinaus findet diese Ausnahme auch für Rechtsdienstleistungen von gerichtlich bestellten Sachverständigen Anwendung.[15]

5. Teilweise hoheitliche Rechtsdienstleistung (lit. e)

35 § 116 Abs. 1 Nr. 1 lit. e GWB umfasst Tätigkeiten, die zumindest teilweise mit der **Ausübung von hoheitlichen Befugnissen** verbunden sind. Die Vorschrift kann als Auffangregelung verstanden werden, ist aber dennoch restriktiv auszulegen. Die Ausnahme gilt unter anderem für die Gerichtsvollzieher, die einerseits ihre Tätigkeit als selbstständiges Organ der Rechtspflege hoheitlich ausüben, andererseits aufgrund des Vollstreckungsauftrages an die Weisungen des Gläubigers insoweit gebunden sind, wie sich diese im Rahmen der gesetzlichen Vorschriften halten und den Dienstanweisungen des Gerichtsvollziehers nicht widersprechen.[16]

36 Man könnte der Auffassung sein, dass unter diese Ausnahmeregelung auch Rechtsdienstleistungen von sonstigen Beliehenen[17] zu fassen sind. Dies ist aber nicht der Fall. Wie die Ausnah-

---

13 Gesetzesbegründung, BT-Drs. 18/6281, 93.
14 Gesetzesbegründung, BT-Drs. 18/6281, 93.
15 Vgl. Gesetzesbegründung, BT-Drs. 18/6281, 93.
16 Vgl. Gesetzesbegründung, BT-Drs. 18/6281, 93.
17 Zum Begriff BGH, Urteil v. 4.6.1992 – III ZR 93/91, NJW 1992, 2882 (2883); VGH Mannheim, Beschluss v. 18.3.1985 – 9 S 991/84, NVwZ 1987, 431 (432).

meregelung des § 116 Abs. 1 Nr. 3 GWB zeigt, sollen im Hinblick auf die Dienstleistungen von Notaren, bei denen es sich – mit Ausnahme der Amtsnotare – auch um **Beliehene** handelt, nur bestimmte rechtsberatende/rechtliche Dienstleistungen privilegiert und vom Anwendungsbereich des Vergaberechts ausgenommen sein. Vor diesem Hintergrund scheint die hier in Rede stehende teilweise hoheitliche Rechtsdienstleistung im Sinne dieser Regelung eher im Grenzbereich zu den notwendigen Staatsaufgaben, wie der Durchsetzung des staatlichen Gewaltmonopols oder des Justizgewährungsanspruchs, zu suchen zu sein.

Nicht unter die Ausnahmevorschrift fallen Dienstleistungen von **Verwaltungshelfern**, da diese dem Auftraggeber unmittelbar als eigene Handlungen zugerechnet werden.[18] **37**

II. Forschungs- und Entwicklungsdienstleistungen (Nr. 2)

Verträge öffentlicher Auftraggeber über Forschungs- und Entwicklungsdienstleistungen (F&E-Dienstleistungen/-Aufträge) fallen gemäß § 116 Abs. 1 Nr. 2 GWB grundsätzlich nicht in den Anwendungsbereich der Vergabe von öffentlichen Aufträgen durch öffentliche Auftraggeber. Nur ausnahmsweise können F&E-Aufträge dem Vergaberecht über die klassische Auftragsvergabe unterliegen, nämlich dann, wenn (i) es sich um F&E-Dienstleistungen handelt, die unter die Referenznummer des Common Procurement Vocabulary[19] 73000000-2 bis 73120000-9, 73300000-5, 73420000-2 und 73430000-5 fallen und bei denen (ii) die Ergebnisse ausschließlich Eigentum des Auftraggebers für seinen Gebrauch bei der Ausübung seiner eigenen Tätigkeit werden und (iii) die Dienstleistung vollständig durch den Auftraggeber vergütet wird. **38**

Die Ausnahmeregelung dient der Umsetzung von **Art. 14 RL 2014/24/EU**. Art. 22 RL 2014/23/EU und Art. 32 RL 2014/25/EU enthalten entsprechende Regelungen. Dementsprechend wird in §§ 137 Abs. 1 Nr. 2, 149 Nr. 2 GWB hierher verwiesen. Da die neuen EU-Vergaberichtlinien einen weiteren Ausnahmebereich für F&E-Dienstleistungen vorsehen, als er bislang vom deutschen Gesetzgeber vorgesehen war, ist mit der Neuregelung die vergaberechtliche Privilegierung auch inhaltlich deutlich erweitert worden. **39**

Die neue Vorschrift des § 116 Abs. 1 Nr. 2 GWB unterstreicht das Verständnis des EU-Normgebers, dass staatliche Forschungsförderung (im Gegensatz zur Auftragsforschung) generell nicht Gegenstand der Vergaberichtlinien sein soll.[20] Aufträge mit **überwiegendem Forschungsförderungscharakter** sollen nicht durch das Vergaberecht betroffen werden. Aufträge, bei denen der Charakter der Forschungsförderung überwiegt, liegen vor, wenn die Forschungsergebnisse in erster Linie dem Auftragnehmer bzw. der Allgemeinheit zur Verfügung stehen (Förderzweck des Auftrags) oder der Auftraggeber den Auftrag nur teilweise finanziert (als „Förderzuschuss"). Aufträge, deren Ergebnisse ausschließlich dem Auftraggeber zugutekommen und die der Auftraggeber dementsprechend voll vergütet (**Auftragsforschung**), sollen demgegenüber Gegenstand eines Vergabeverfahrens sein. Darüber hinaus soll durch die Neufassung der Vorschrift die **Kofinanzierung** von Forschungs- und Entwicklungsprogrammen durch die Industrie gefördert werden. Denn sobald eine entsprechende Kofinanzierung durch private Partner vorliegt (und damit wenn die F&E-Dienstleistungen und/oder die Ergebnisse nicht mehr allein dem öffentlichen Auftraggeber zugutekommen), ist der Dienstleistungsauftrag privilegiert und vom Kartellvergaberecht freigestellt.[21] **40**

1. Grundsätzlicher Anwendungsbereich der Ausnahme (Hs. 1)

Forschung und Entwicklung heißt[22] Gewinnung neuer Kenntnisse.[23] In Anlehnung an die Definition in § 4 Abs. 5 VSVgV a.F. umfasst das **Begriffspaar „Forschung und Entwicklung"** **41**

---

18 Statt vieler *Reimer*, in: Posser/Wolff, VwGO, § 40 Rn. 80.
19 VO (EG) 2195/2002.
20 So bereits Erwägungsgrund 23 RL 2004/18/EG; *Summa*, in: Heiermann/Zeiss, Vergaberecht, § 100 GWB Rn. 37; vgl. auch *Aicher*, in: Müller-Wrede, Kompendium des Vergaberechts, Kap. 11 Rn. 21.
21 Erwägungsgrund 35 RL 2014/24/EU.
22 Instruktiv *Aicher*, in: Müller-Wrede, Kompendium des Vergaberechts, Kap. 11 Rn. 22 ff.
23 *Dreher*, in: Immenga/Mestmäcker, Wettbewerbsrecht, § 100 GWB Rn. 38.

Grundlagenforschung, angewandte Forschung und experimentelle Entwicklung[24], wobei Letztere die Herstellung von technologischen Demonstratorsystemen einschließen kann.

42 Im **Verhältnis zu der Vorgängerregelung** in § 100 Abs. 4 Nr. 2 GWB a.F. hat sich der Anwendungsbereich der Ausnahmeregelung aufgrund seiner systematischen Stellung im Zweiten Abschnitt auf den ersten Blick verschmälert. Sie findet lediglich Anwendung auf die Vergaben im Sinne des Zweiten Abschnitts, also Vergaben von öffentlichen Aufträgen durch öffentliche Auftraggeber. Im Gegensatz hierzu war § 100 Abs. 4 Nr. 2 GWB a.F. noch als „allgemeine Ausnahme" ausgestaltet. Die Verweisungen in §§ 137 Abs. 1 Nr. 2, 149 Nr. 2 GWB relativieren die „Degradierung" aber wieder. Da die neuen EU-Vergaberichtlinien einen weiteren Ausnahmebereich für F&E-Dienstleistungen vorsehen als bislang und für Vergaben in den Bereichen Verteidigung und Sicherheit die bisherige Vorschrift des Art. 13 lit. j RL 2009/81/EG unverändert fortgilt, war eine Einordnung unter die „allgemeinen Ausnahmen" des § 107 GWB gesetzestechnisch nicht möglich.[25]

2. Rückausnahme (Hs. 2)

43 § 116 Abs. 2 GWB regelt ein **Ausnahme-Rückausnahme-Verhältnis**. F&E-Dienstleistungen sollen aufgrund der Ausnahmeregelung grundsätzlich privilegiert werden. Solche F&E-Dienstleistungen, die aber den Tatbestand der Rückausnahme erfüllen, sollen dem Vergaberechtsregime unterfallen.

44 Im Vergleich zu § 100 Abs. 4 Nr. 2 GWB a.F. ist der Anwendungsbereich der Rückausnahme schmaler geworden, woraus sich die Reichweite der Privilegierung zwangsläufig erweitert hat. Nicht mehr zwei, sondern drei **kumulativ** zu erfüllende Kriterien müssen vorliegen, um den Tatbestand der Rückausnahme zu erfüllen. Warum der Gesetzgeber sich dazu entschieden hat, die Voraussetzungen der Rückausnahme nicht einheitlich aufzuzählen, ist unerklärlich. Deutlicher strukturiert ergibt sich nämlich, dass die Rückausnahme einschlägig ist, wenn

- eine nicht privilegierungswürdige F&E-Dienstleistung vorliegt und
- der Auftraggeber ausschließliches Eigentum an den mit seinen Mitteln erarbeiteten Forschungs- und Entwicklungsergebnissen erhalten soll (lit. a) und
- die Dienstleistung allein durch den Auftraggeber vollständig vergütet wird (lit. b).

Die beiden letztgenannten Voraussetzungen entsprechen der überkommenen Regelung. Neu ist die erstgenannte Voraussetzung, nach der nur bestimmte F&E-Dienstleistungen von der Rückausnahme betroffen sein können.

45 **Nicht privilegierungswürdig** sind die folgenden F&E-Dienstleistungen gemäß dem Common Procurement Vocabulary: 73000000-2 (Forschungs- und Entwicklungsdienste und zugehörige Beratung), 73100000-3 (Dienstleistungen im Bereich Forschung und experimentelle Entwicklung), 73110000-6 (Forschungsdienste), 73111000-3 (Forschungslabordienste), 73112000-0 (Meeresforschung), 73120000-9 (experimentelle Entwicklung), 73300000-5 (Planung und Ausführung von Forschung und Entwicklung), 73420000-2 (Vordurchführbarkeitsstudie und technologische Demonstration) und 73430000-5 (Test und Bewertung). Bei gemischten F&E-Aufträgen kommt es auf den Schwerpunkt des Auftrages an, der vom Auftraggeber nach Maßgabe der Grundsätze des § 110 Abs. 1 GWB zu ermitteln ist.

46 **Alle übrigen F&E-Dienstleistungen**, die unter andere Referenznummern des Common Procurement Vocabulary fallen, sind im Zweifel vergaberechtsfrei. Dies betrifft z.B. F&E-Dienstleistungen in den Bereichen Verteidigung und Sicherheit, z.B. Referenznummern des Common Procurement Vocabulary 73400000-6 (Forschung und Entwicklung für Sicherheits- und Verteidigungsgüter) oder 73410000-9 (Militärforschung und -technologie).[26]

47 Weiteres maßgebliches Kriterium für die Anwendung der Rückausnahme ist nach § 116 Abs. 1 Nr. 2 Hs. 2 lit. a GWB, dass der Auftraggeber **„ausschließliches Eigentum"** an den mit

24 Vgl. auch BayObLG, Beschluss v. 27.2.2003 – Verg 25/02, VergabeR 2003, 669.
25 Vgl. Gesetzesbegründung, BT-Drs. 18/6281, 93.
26 Vgl. Gesetzesbegründung, BT-Drs. 18/6281, 94.

seinen Mitteln erarbeiteten Forschungs- und Entwicklungsergebnissen erhalten muss. Der Begriff des „ausschließlichen Eigentums" kann nicht rein zivilrechtlich bestimmt werden. Er ist europarechtskonform in einem übertragenen Sinne zu verstehen, d.h. als *„wem das Ergebnis gehört", „wem das Nutzungsrecht zusteht"* bzw. *„wem die Verwertung (am Markt) zukommt"*[27]. Wenn das Ergebnis des F&E-Auftrags eindeutig dem Dienstbetrieb des Auftraggebers dient, sollte es der Qualifikation als vergabepflichtiger Auftragsforschung nicht entgegenstehen, wenn sich der Auftraggeber nicht ein auch den Dienstleistungserbringer von der Nutzung ausschließendes exklusives Verwertungsrecht einräumen lässt, sich also z.B. mit einer Werknutzungsbewilligung begnügt und nicht ein Werknutzungsrecht vereinbart.[28]

Allein durch den Auftraggeber **vollständig vergütet** im Sinne von § 116 Abs. 1 Nr. 2 Hs. 2 lit. b GWB bedeutet, dass er vollständig gezahlt hat bzw. aufgrund vertraglicher Vereinbarung zahlen muss.[29] Wesentlich ist, dass der Auftraggeber zum Zeitpunkt der Auftragsvergabe die Absicht hat, die Leistung vollumfänglich zu übernehmen, und diese Absicht auch erfüllt. Er muss insofern auf eigene Rechnung handeln.[30] Marktübliche Bedingungen für die Erbringung derartiger Leistungen sind dabei im Einzelfall unter Beachtung des Auftragsgegenstandes anzulegen. Zahlungen bis zu einem Betrag, der den marktüblichen Bedingungen entspricht, sind für die Erfüllung der tatbestandlichen Voraussetzungen der Ausnahme unschädlich. Leistet der öffentliche Auftraggeber für den F&E-Auftrag nur einen Teil der Vergütung, sind die Voraussetzungen der Rückausnahme nicht erfüllt, und zwar selbst dann nicht, wenn es sich um eine Auftragsforschung handelt.[31] 48

In der **Praxis** kann die eng gefasste Rückausnahmeregelung zu einer sehr weitgehenden Freistellung staatlicher Forschungs- und Entwicklungsaufträge führen. Der staatliche Auftraggeber wird sich bei Forschungs- und Entwicklungsvorhaben, die seinem Dienstbetrieb dienen, häufig mit einem nicht ausschließlichen Nutzungsrecht begnügen.[32] Auf der anderen Seite wird der Auftragnehmer durchaus zu einer teilweisen Eigenfinanzierung bereit sein. Er kann auf diese Weise das Recht sichern, die Ergebnis seiner Arbeit für eigene Zwecke nutzen zu können. Dies zeigt, dass der Auftraggeber es in der Hand hat, bei einer entsprechenden vertraglichen Gestaltung Forschungs- und Entwicklungsaufträge freihändig zu vergeben. 49

III. Audiovisuelle Mediendienste oder Hörfunkmediendienste (Nr. 3)

Nach § 116 Abs. 1 Nr. 3 GWB sollen vergaberechtsfrei sein: 50

- der Erwerb, die Entwicklung, die Produktion oder die Koproduktion von Sendematerial für audiovisuelle Mediendienste oder Hörfunkmediendienste, wenn diese Aufträge von Anbietern von audiovisuellen Mediendiensten oder Hörfunkmediendiensten vergeben werden, sowie
- die Ausstrahlungen oder die Bereitstellung von Sendungen, wenn diese Aufträge an Anbieter von audiovisuellen Mediendiensten oder Hörfunkmediendiensten vergeben werden.

Die Ausnahmeregelung gilt der Umsetzung von **Art. 10 lit. b RL 2014/24/EU**. Im Wesentlichen entspricht sie dem überholten § 100a Abs. 2 Nr. 1 GWB. Entsprechend den Vorgaben von Art. 10 lit. b RL2014/24/EU wurde der Wortlaut der Ausnahmeregelung an den heutigen Stand der technischen Entwicklung angepasst. 51

---

27 BayObLG, Beschluss v. 20.2.2003 – Verg 15/02, NZBau 2003, 634 (635); vgl. auch *Summa*, in: Heiermann/Zeiss, Vergaberecht, § 100a GWB Rn. 38; *Dreher*, in: Immenga/Mestmäcker, Wettbewerbsrecht, § 100 GWB Rn. 41; *Willenbruch*, in: Willenbruch/Wieddekind, Vergaberecht, § 100 GWB Rn. 35.

28 *Aicher*, in: Müller-Wrede, Kompendium des Vergaberechts, Kap. 11 Rn. 26; a.A. (h.L.) *Frenz*, Europarecht, Band 3: Beihilfe- und Vergaberecht, Rn. 2254.

29 *Summa*, in: Heiermann/Zeiss, Vergaberecht, § 100a GWB Rn. 38, *Willenbruch*, in: Willenbruch/Wieddekind, Vergaberecht, § 100 GWB Rn. 45.

30 *Dreher*, in: Immenga/Mestmäcker, Wettbewerbsrecht, § 100 GWB Rn. 40.

31 *Aicher*, in: Müller-Wrede, Kompendium des Vergaberechts, Kap. 11 Rn. 26; so bereits *Antweiler*, in Ziekow/Völlink, Vergaberecht, § 100 GWB Rn. 62.

32 *Aicher*, in: Müller-Wrede, Kompendium des Vergaberecht, Kap. 11 Rn. 55.

52 **Ziel** der Ausnahmevorschrift ist, dass besondere kulturelle und gesellschaftspolitische Erwägungen von öffentlichen Auftraggebern im Rahmen der Informationspflicht bzw. ihres kulturellen Auftrages angemessen berücksichtigt werden können, ohne dabei den wirtschaftlich motivierten Restriktionen des Kartellvergaberechts zu unterliegen. Vor diesem Hintergrund wäre die Anwendung des Vergaberechts unangemessen, da wettbewerbliche und wirtschaftliche Motive in der Regel nicht mit kulturellen und gesellschaftspolitischen Erwägungen Hand in Hand gehen.[33] Im Übrigen liegen derartigen Aufträgen freilich bewusst auch sonstige Präferenzen und Einschätzungen zugrunde, die für eine pluralistische Medien- und Kulturlandschaft unvereinbar sind. So regelt auch Art. 5 Abs. 1 S. 2 GG einen von Verfassungs wegen geschützten Kernbereich zugunsten der öffentlich-rechtlichen Rundfunkanstalten.[34] Die Freiheit der Mediendienste zur inhaltlichen Gestaltung des Programms (**Programmfreiheit**) soll nicht beschränkt werden.[35] Deshalb sind Dienstleistungsaufträge entsprechender Auftraggeber, die den Ankauf, die Entwicklung, die Produktion oder die Koproduktion von sendefertigem Material sowie andere Vorbereitungsdienste zum Gegenstand haben, wie z.B. Dienste im Zusammenhang mit den für die Produktion von Sendungen erforderlichen Drehbüchern oder künstlerischen Leistungen (**Dienstleistungen mit unmittelbarem Programmbezug**), vergaberechtsfrei.[36] § 116 Abs. 1 Nr. 3 GWB betrifft daher im Kern (aber nicht ausschließlich) Tätigkeiten öffentlich-rechtlicher Rundfunkanstalten, die als öffentlicher Auftraggeber grundsätzlich dem Vergaberecht nach § 99 Nr. 2 GWB unterliegen. Die Vorschrift umfasst die klassischen Formen des Rundfunks (Radio, Fernsehen) sowie neuere Formen, die sich erst aufgrund des technischen Fortschritts entwickeln konnten (Streaming-Dienste etc.). Der Gesetzeswortlaut verwendet daher nicht mehr die Begriffe Rundfunk- und Fernsehanstalten, sondern audiovisuelle und Mediendienstanbieter.

53 In Übereinstimmung mit Art. 1 Abs. 1 lit. a RL 2010/13/EU meint die Wendung **„audiovisueller Mediendienst"** eine Dienstleistung im Sinne der Art. 56, 57 AEUV, für die ein Mediendienstanbieter die redaktionelle Verantwortung trägt und deren Hauptzweck die Bereitstellung von Sendungen zur Information, Unterhaltung oder Bildung der allgemeinen Öffentlichkeit über elektronische Kommunikationsnetze im Sinne des Art. 2 lit. a RL 2002/21/EG ist.[37] Bei diesen audiovisuellen Mediendiensten handelt es sich entweder um Fernsehprogramme gemäß der Definition unter Art. 1 Abs. 1 lit. e RL 2010/13/EU oder um audiovisuelle Mediendienste auf Abruf gemäß der Definition unter Art. 1 Abs. 1 lit. g RL 2010/13/EU. § 116 Abs. 1 Nr. 3 GWB bezieht sich insofern gleichermaßen auch auf Rundfunk-Mediendienste als auch auf Abrufdienste (on demand) (nicht lineare Dienste).[38]

54 Aufgrund der Anpassung der Regelung an neue technische Entwicklungen und trotz der gebotenen restriktiven Auslegung der Vorschrift ist davon auszugehen, dass die Bedeutung des Mediums für die Anwendbarkeit des Ausnahmetatbestandes gering ist. Vielmehr ist – trotz des im Zweifel restriktiven Charakters des Ausnahmetatbestandes – ein **funktionales Verständnis** zugrunde zu legen. Wenn es mit der Zielrichtung des § 116 Abs. 1 Nr. 3 GWB vereinbar ist, muss damit die Bereitstellung von Sendungen hiernach umfassend privilegiert sein, unabhängig davon, ob sie via Fernsehen, Rundfunk oder über andere Medien, wie Online-Presse, Streaming-Dienste, Online-Mediatheken oder soziale Netzwerke verbreitet wird. Im Gegensatz hierzu steht bei einem Hörfunkmediendienst nicht das Bild, sondern der Ton als Informationsträger im Mittelpunkt.

55 Bei einem **„Mediendiensteanbieter"** handelt es sich nach Art. 1 Abs. 1 lit. d RL 2010/13/EU um die natürliche oder juristische Person, die die redaktionelle Verantwortung für die Auswahl der audiovisuellen Inhalte des audiovisuellen Mediendienstes trägt und bestimmt, wie diese gestaltet werden. Ohne europarechtlich vorgeformt zu sein, gilt dies für den Hörfunkmedien-

---

33 Erwägungsgrund 25 RL 2004/18/EG; *Dreher*, in: Immenga/Mestmäcker, Wettbewerbsrecht, § 100a GWB Rn. 6.
34 *Schellenberg*, in: Pünder/Schellenberg, Vergaberecht, § 100a GWB Rn. 1.
35 *Weyand*, Vergaberecht, § 100a GWB Rn. 5 ff.
36 *Aicher*, in: Müller-Wrede, Kompendium des Vergaberechts, Kap. 11 Rn. 56.
37 Gesetzesbegründung, BT-Drs. 18/6281, 94.
38 Gesetzesbegründung, BT-Drs. 18/6281, 94.

dienst entsprechend, wobei dort der Sendungsinhalt via Ton – d.h., bildlos – übermittelt wird. Die Neuregelung dürfte damit den Streit, ob die Ausnahme nur zugunsten der Rundfunk- und Fernsehanstalten gilt[39] oder auch zur Anwendung kommt, wenn andere Auftraggeber Aufträge über programmbezogene Sendungen (z.B. Produktion eines Werbefilms) vergeben,[40] beendet haben.

Der Begriff **„Sendung"** und gleichbedeutend[41] der Begriff **„Sendematerial"** meint übereinstimmend mit Art. 1 Abs. 1 lit. b RL 2010/13/EU eine Abfolge von bewegten Bildern mit oder ohne Ton, die Einzelbestandteil eines von einem Mediendiensteanbieter erstellten Sendeplans oder Katalogs ist und deren Form und Inhalt mit der Form und dem Inhalt von Fernsehprogrammen vergleichbar sind. Beispiele für Sendungen sind unter anderem Spielfilme, Sportberichte, Fernsehkomödien, Dokumentarfilme, Kindersendungen und Originalfernsehspiele. Im Zusammenhang mit § 116 Abs. 1 Nr. 3 GWB geht die Bedeutung des Begriffs aber darüber hinaus und umfasst zusätzlich Hörfunksendungen und Hörfunk-Sendematerial[42] (Musik, Hörbücher, Berichte, Konzerte etc.). **56**

Als **Ausstrahlung von Sendungen** gilt die Übertragung und Verbreitung durch jegliche elektronische Netzwerke,[43] wenn die Sendung für die Allgemeinheit bestimmt ist. Ähnlich ist auch die **Bereitstellung** zu verstehen, welche demgegenüber aber voraussetzt, dass die „Ausstrahlung" seitens des Empfängers ausgelöst wird. **57**

Der **Ankauf von Sendezeit** durch einen öffentlichen Auftraggeber unterliegt dem Ausnahmetatbestand, weil damit für bestimmte Zeitfenster die Dienstleistung Ausstrahlung einer Sendung geschafft wird.[44] **58**

Nicht von der Ausnahme erfasst werden soll dabei die Bereitstellung des für die Produktion, die Koproduktion und die Ausstrahlung dieser Sendungen erforderlichen technischen Materials.[45] Die **Beschaffung von Sendetechnik** und **technischem Sendematerial** (technische Infrastruktur und deren Konfiguration Kameras, Ton- und Schneidetechnik, IT etc.) ist daher nicht von der Vorschrift erfasst und im Zweifel auszuschreiben.[46] **59**

IV. Finanzielle Dienstleistungen (Nr. 4)

§ 116 Abs. 1 Nr. 4 GWB **privilegiert bestimmte finanzielle Dienstleistungen**. Im Hinblick auf diese Dienstleistungen differenziert die Regelung zwischen **60**

- Dienstleistungen im Zusammenhang mit der Ausgabe, dem Verkauf, dem Ankauf oder der Übertragung von Wertpapieren oder anderen Finanzinstrumenten (kapitalmarktbezogene Dienstleistungen),
- Dienstleistungen der Zentralbanken und
- Transaktionen mit der EFSF und dem ESM.

Die Vorschrift dient der Umsetzung von **Art. 10 lit. e RL 2014/24/EU**. Die Ausnahme für bestimmte finanzielle Dienstleistungen ist entsprechend in Art. 10 Abs. 8 lit. e RL 2014/23/EU und Art. 21 lit. d RL 2014/25/EU enthalten. Insofern verweisen auch § 137 Nr. 4 und § 149 Nr. 4 GWB auf die Ausnahme des § 116 Abs. 1 Nr. 4 GWB. **61**

Im Vergleich zur bisherigen Ausnahmeregelung ist neu, dass zukünftig auch **Transaktion mit der EFSF und dem ESM** von der Anwendung des Vergaberechts ausgenommen sein sollen. Nicht weggefallen, aber heute in einer eigenständigen Regelung erfasst (§ 116 Abs. 1 Nr. 5 **62**

---

39 *Dreher*, in: Immenga/Mestmäcker, Wettbewerbsrecht, § 100a GWB Rn. 10.
40 So bereits *Marx*, in: Motzke/Pietzcker/Prieß, VOB, 1. Auflage, § 100 GWB Rn. 26.
41 Gesetzesbegründung, BT-Drs. 18/6281, 94.
42 Gesetzesbegründung, BT-Drs. 18/6281, 94.
43 So bereits Erwägungsgrund 25 RL 2004/18/EG; *Aicher*, in: Müller-Wrede, Kompendium des Vergaberechts, Kap. 11 Rn. 58.
44 *Aicher*, in: Müller-Wrede, Kompendium des Vergaberechts, Kap. 11 Rn. 60.
45 Gesetzesbegründung, BT-Drs. 18/6281, 94.
46 So bereits Erwägungsgrund 25 RL 2004/18/EG; *Aicher*, in: Müller-Wrede, Kompendium des Vergaberechts, Kap. 11 Rn. 56; *Schellenberg*, in: Pünder/Schellenberg, Vergaberecht, § 100a GWB Rn. 4.

GWB), ist die Ausnahmeregelung für staatliche Kapitalbeschaffung durch Darlehen und Kredite. Im Übrigen bestätigt § 116 Abs. 1 Nr. 4 GWB weitgehend bisher bereits bestehendes Recht (§ 100a Abs. 2 Nr. 2 und § 100b Abs. 2 Nr. 1 GWB a.F.).

63 Gemeinsam mit § 116 Abs. 1 Nr. 5 GWB nimmt die Regelung die staatliche Finanzpolitik von den Beschränkungen des Vergaberechts aus.[47] Dem Staat soll ein **geldpolitischer Gestaltungsraum** erhalten bleiben.[48] Die Ausnahme soll dem Umstand Rechnung tragen, dass finanzielle Dienstleistungen von einem besonderen Vertrauensverhältnis geprägt sind und das starre System des Vergaberechts mit strengen Fristen und Auswahlprozeduren nicht mit einem sinnvollen Handeln auf einem schnelllebigen und volatilen Kapitalmarkt vereinbar sei.[49]

64 Die Ausnahmeregelung nimmt **nicht sämtliche Bankgeschäfte** von der Anwendung des Vergaberechts aus. Betroffen sind lediglich die in der Regelung ausdrücklich genannten finanziellen Dienstleistungen.

1. Kapitalmarktbezogene Finanzdienstleistungen (Var. 1)

65 Weiterhin werden auch nach der Neufassung des § 116 Abs. 1 Nr. 4 GWB **nicht alle kapitalmarktbezogenen Finanzdienstleistungen** von der Anwendung des Vergaberechts ausgenommen. Hätte der Gesetzgeber diese Rechtsfolge herbeiführen wollen, so hätte er dies – mit Blick auf die Vorgaben des Art. 10 lit. e RL 2014/24/EU – wohl regeln können. Die ausdrückliche Aufzählung bestimmter Geschäfte und Gegenstände spricht – auch wenn der Eindruck einer umfassenden Ausnahme entsteht – hiergegen.[50]

66 Umstritten dürfte allerdings die tatsächliche **Reichweite der Ausnahmevorschrift** sein. Zur Materialisierung ihrer Grenzen wird wohl auch weiterhin auf unterschiedliche Kriterien zurückgegriffen werden müssen. Die bisherige Diskussion – vor allem in der vergaberechtlichen Literatur – bleibt erhalten. Der Diskussionsstand ist wie folgt: Es wird argumentiert, dass für bestimmte kapitalmarktbezogene Dienstleistungen zwischen dem Auftraggeber und dem Dienstleister ein besonderes Vertrauensverhältnis (**kapitalmarkttypisches Vertrauensverhältnis**) herrschen müsse.[51] Weiterhin wird angeführt, dass die Schnelllebigkeit und Wandlungsfreudigkeit des Kapitalmarkts mit einem schwerfälligen, zeitaufwendigen und formalisierten Vergabeverfahren kraft Natur der Sache nicht in Einklang gebracht werden könne.[52] Der Streit nach der Reichweite der Ausnahmevorschrift schlägt sich insbesondere bei der Bestimmung des Begriffs der **Zusammenhangsgeschäfte** (siehe dort) nieder.

67 Mangels eindeutiger Definition ist zunächst zu klären, wie die Begriffe **„Wertpapiere"** oder **„andere Finanzinstrumente"** zu bestimmen sind.[53] Vor dem Hintergrund der Zwecksetzung des § 116 Abs. 1 Nr. 4 GWB und gemäß dem Effektivitätsgrundsatz wird eine europaweit einheitliche Definition unter Rückgriff auf die Begriffsbestimmung des Sekundärrechts präferiert.[54] Die Begriffe sind hiernach vor allem unter Beachtung der gesetzlichen Rahmenbedingungen des Art. 1 Nr. 4 RL 93/22/EWG (Wertpapierdienstleistungsrichtlinie) mithin kapitalmarktrechtlich zu bestimmen.[55]

68 **Wertpapiere** sind Aktien, Schuldverschreibungen und sonstige verbriefte Schuldtitel, die auf dem Kapitalmarkt gehandelt werden können, sowie alle anderen üblicherweise gehandelten Titel, die zum Erwerb solcher Wertpapiere berechtigen. Entscheidend für den kapitalmarktrechtlichen Wertpapierbegriff ist nicht, dass sie ein Recht dergestalt verbriefen, dass es nur ge-

---

47 Vgl. *Schellenberg*, in: Pünder/Schellenberg, Vergaberecht, § 100a GWB Rn. 6.
48 Zu § 100a Abs. 2 Nr. 2 GWB a.F. OVG Rheinland-Pfalz, Beschluss v. 25.5.2005 – 7 B 10356/05, VergabeR 2005, 478.
49 *Hailbronner*, in: Byok/Jaeger, Vergaberecht, § 100 GWB Rn. 17.
50 Vgl. *Weyand*, Vergaberecht, § 100a GWB Rn. 13.
51 VK Baden-Württemberg, Beschluss v. 30.11.2011 – 1 VK 40/01; *Dreher*, in: Immenga/Mestmäcker, Wettbewerbsrecht, § 100a GWB Rn. 33.
52 *Stickler*, in: Reidt/Stickler/Glahs, Vergaberecht, § 100 GWB Rn. 83; *Weyand*, Vergaberecht, § 100a GWB Rn. 13.
53 *Dreher*, in: Immenga/Mestmäcker, Wettbewerbsrecht, § 100a GWB Rn. 12; *Dreher/Opitz*, WM 2002, 413 ff.; *Hailbronner*, WM 2002, 1674 ff.; *Prieß/Hölzl*, NZBau 2011, 45 ff.
54 Vgl. Art. 4 Nr. 18 RL 2004/39/EG; *Aicher*, in: Müller-Wrede, Kompendium des Vergaberechts, Kap. 11 Rn. 66.
55 So bereits *Dreher*, in: Immenga/Mestmäcker, Wettbewerbsrecht, § 100a GWB Rn. 12, 18.

gen Vorlage der Urkunde geltend gemacht werden kann. Es kommt vielmehr auf die jederzeitige Veräußerbarkeit (Fungibilität) des Wertpapiers an.[56]

Finanzinstrumente sind entsprechend Art. 2 Nr. 5 RL 93/6/EWG i.V.m. Anh. Abschn. B RL 93/22/EWG Wertpapiere und Anteile an Organismen für gemeinsame Anlagen, Geldmarktinstrumente, Finanzterminkontrakte (Futures) einschließlich gleichwertiger Instrumente mit Barzahlung, Zinsterminkontrakte (FRA), Zins- und Devisenswaps sowie Swaps auf Aktien- oder Aktienindexbasis („equity swaps"), Kauf- oder Verkaufsoption auf alle genannten Instrumente einschließlich gleichwertiger Instrumente mit Barzahlung.[57] Zu dieser Kategorie gehören insbesondere Devisen- und Zinsoptionen. Demnach werden auch verbriefte Titel, deren wesentliches gemeinsames Merkmal in ihrer Handelbarkeit auf dem Kapitalmarkt liegt, vom Begriff der Finanzinstrumente umfasst.[58] **69**

Unstreitig gehören aufgrund des klaren Wortlauts zu den privilegierten Geschäften die Ausgabe, der Verkauf, der Ankauf oder die Übertragung von Wertpapieren oder anderen Finanzinstrumenten. Nach wie vor unklar und weitgehend umstritten ist allerdings, welche Art von Gegenständen *im Zusammenhang* mit den vorgenannten Geschäften und/oder Transaktionen steht (**Zusammenhangsgeschäfte**). Grob zusammengefasst lassen sich hierbei zwei Grundverständnisse ausfindig machen. **70**

Nach einem engen Verständnis privilegiert die Ausnahme lediglich **„intermediäre Dienstleistungen"**, nicht aber rein vorbereitende Maßnahmen. Erfasst seien hiernach nur Geschäfte für fremde Rechnung und deren Vermittlung, aber auch die Dienstleistungen zur Finanzportfolioverwaltung, d.h. „die Verwaltung einzelner in Finanzinstrumenten angelegter Vermögen für andere mit Entscheidungsspielraum" nach § 1 Abs. 1a Abs. 2 Nr. 3 KWG sowie Derivatgeschäfte.[59] Diese Dienstleistung unterschieden sich nicht in spezifischer Weise von vergabepflichtigen Geschäftsbesorgungen anderer Bereiche.[60] Nach einem weiten Verständnis fallen auch **vorbereitende Tätigkeiten** (z.B. die Entwicklung von Vermarktungskonzepten und Beratungsleistungen bei der Wertpapieremission) unter den Begriff des Zusammenhangsgeschäfts.[61] Hierbei wird insbesondere auf das umfassende Verständnis der Wendung „im Zusammenhang" (engl.: „in connection with", frz.: „concernant") rekurriert. Nach dem hier vertretenen Standpunkt muss bei der Auslegung des Tatbestandsmerkmals des Zusammenhangsgeschäfts – trotz des restriktiven Charakters eines vergaberechtlichen Ausnahmetatbestandes – im Zweifel eher ein **funktionales Verständnis** zugrunde gelegt werden. Es ist zwar zutreffend, dass eine Ausnahmevorschrift wie § 116 Abs. 1 Nr. 4 GWB nach allgemeinen Grundsätzen im Zweifel eng auszulegen ist.[62] Der weitgehend unbestimmte Wortlaut der Norm lässt aber erkennen, dass dem öffentlichen Auftraggeber im Bereich des fiskalischen Handelns ein effektiver Handlungsspielraum verbleiben sollte. Dies dürfte vor allem im hoch volatilen Bereich/Produktbereich des modernen Kapitalmarktwesens unverzichtbar sein. Da selbstverständlich auch vorbereitende Maßnahmen die ausdrücklich in der Ausnahmeregelung genannten Maßnahmen – mitunter auch maßgeblich – beeinflussen können, scheint es angebracht, die Ausnahmeregelung auch auf vorbereitende, begleitende und beratende Finanzdienstleistungen zu erstrecken.[63] Vor diesem Hintergrund können z.B. Vermittlungs- und Depotgeschäfte, Portfoliomanagement und Derivatgeschäfte,[64] ferner die Arrangeurleistung **71**

56 *Aicher*, in: Müller-Wrede, Kompendium des Vergaberechts, Kap. 11 Rn. 67.
57 *Aicher*, in: Müller-Wrede, Kompendium des Vergaberechts, Kap. 11 Rn. 68; zur Frage, ob der Handel mit Emissionszertifikaten auf der Basis des Treibhausgas-Emissionshandelsgesetzes (TEHG) als Wertpapiergeschäft eingeordnet werden kann, siehe – verneinend – *Kiser*, VergabeR 2004, 683 (687 f.).
58 *Aicher*, in: Müller-Wrede, Kompendium des Vergaberechts, Kap. 11 Rn. 68.
59 *Dreher*, in: Immenga/Mestmäcker, Wettbewerbsrecht, § 100a GWB Rn. 31; *Dreher/Opitz*, WM 2002, 413 ff.
60 *Dreher*, in: Immenga/Mestmäcker, Wettbewerbsrecht, § 100a GWB Rn. 31.
61 *Hailbronner*, in: Byok/Jaeger, Vergaberecht, § 100 GWB Rn. 58; *Röwekamp*, in: Kulartz/Kus/Portz, GWB-Vergaberecht, § 100 Rn. 65.
62 *Dreher*, in: Immenga/Mestmäcker, Wettbewerbsrecht, § 100a GWB Rn. 12.
63 *Hailbronner*, in: Byok/Jaeger, Vergaberecht, § 100 GWB Rn. 578; enger *Dreher*, in: Immenga/Mestmäcker, Wettbewerbsrecht, § 100 GWB Rn. 92; *Röwekamp*, in: Kulartz/Kus/Portz, GWB-Vergaberecht, § 100 Rn. 65.
64 *Aicher*, in: Müller-Wrede, Kompendium des Vergaberechts, Kap. 11 Rn. 74.

beim US-Cross-Border-Leasing[65] als Zusammenhangsgeschäfte angesehen werden. Im Einzelfall ist aber mit Blick auf den Anbieterkreis solcher Dienstleistungen einer Abgrenzung dieser Tätigkeiten zur Vorschrift des § 130 GWB bzw. bei gemischten Dienstleistungen auch unter Anwendung des § 110 GWB zwingend geboten.

2. Dienstleistungen der Zentralbanken (Var. 2)

72 Auch die Inanspruchnahme von Dienstleistungen der Zentralbanken soll nach § 116 Abs. 1 Nr. 4 GWB privilegiert werden. Vergaberechtsfrei sind daher etwa die in §§ 14 ff. und 19 ff. BBankG geregelten Geschäfte der Bundesbank und ihrer Hauptgeschäftsstellen.[66] Hierzu zählt etwa die Ausgabe von Banknoten.

73 Nicht erfasst sind allerdings **Beschaffungstätigkeiten der Zentralbanken selbst**. Die Vergabe von Aufträgen durch die Zentralbank als öffentlichen Auftraggeber zur Deckung des eigenen Beschaffungsbedarfs fällt nicht unter die Freistellung.[67] Dies gilt selbst dann, wenn die Beschaffungstätigkeit im Zusammenhang mit den von ihr wahrgenommenen Dienstleistungen steht. Gegenstand der Ausnahmevorschrift ist nicht die Leistung eines Auftragnehmers an die Zentralbank als Auftraggeber, sondern die Dienstleistung der Zentralbank als Auftragnehmer für einen öffentlichen Auftraggeber.[68]

74 Auch Dienstleistungen der **Landesbanken** und **Sparkassen** werden vom Anwendungsbereich der Ausnahmevorschrift nicht erfasst.[69]

3. Transaktionen mit der EFSF und dem ESM (Var. 3)

75 Weiterhin sind auch Transaktionen mit den Institutionen der **EFSF** bzw. dem **ESM**, der seit dem 1.7.2013 als einzige Institution für die finanzielle Unterstützung von Mitgliedstaaten des Euroraums zuständig ist, privilegiert.

76 Der Begriff der **Transaktion** ist offen gewählt und im Zweifel funktional zu verstehen. Betroffen können alle gegenseitigen Geschäfte zur Übertragungen von Gütern, Rechten oder Forderungen mit oder ohne Gegenleistung sein. Der Gesetzgeber will dem öffentlichen Auftraggeber hiermit ermöglichen, auf eine finanzielle Krisensituation schnell und flexibel reagieren zu können. Das recht offene Tatbestandsmerkmal „der Transaktion" ist dabei zu Recht vom EU- Richtliniengeber gewählt und vom deutschen Gesetzgeber beibehalten worden, da auch die Instrumente, die den vorgenannten Institutionen zur Verfügung stehen, nicht abschließend benannt sind und zudem ausgedehnt werden können.[70]

77 Mit Blick auf den **ESM** wird es sich bei den von der Ausnahmeregelung angesprochenen Transaktionen insbesondere um die Vergabe von Darlehen (Art. 16 ESM-Vertrag – ESMV[71]), vorsorgliche Finanzierungshilfen (Art. 14 ESMV), Darlehen zur Rekapitalisierung von Kreditinstituten (Art. 15 ESMV), Primärmarkt-Unterstützungsfazilität (Art. 17 ESMV) und Sekundärmarkt-Unterstützungsfazilität (Art. 18 ESMV) handeln.

78 Im Hinblick auf die **EFSF** kommen insbesondere die Vergabe von Darlehen und Krediten im Sinne von Art. 2 VO (EU) 407/2010 als Transaktion im Sinne des § 116 Abs. 1 Nr. 4 GWB in Betracht.

---

65 VK Baden-Württemberg, Beschluss v. 30.11.2001 – 1 VK 40/01, NZBau 2003, 61 (63).
66 *Aicher*, in: Müller-Wrede, Kompendium des Vergaberechts, Kap. 11 Rn. 64; *Antweiler*, in: Ziekow/Völlink, Vergaberecht, § 100 GWB Rn. 57.
67 *Dreher*, in: Immenga/Mestmäcker, Wettbewerbsrecht, § 100a GWB Rn. 34; *Weyand*, Vergaberecht, § 100a GWB Rn. 15.
68 VK Bund, Beschluss v. 30.9.2010 – VK 2-80/10.
69 *Dreher*, in: Immenga/Mestmäcker, Wettbewerbsrecht, § 100a Rn. 34.
70 Vgl. Art. 19 ESMV; *Bark/Gilles*, EuZW 2013, 367 (368).
71 ESMV, BGBl. II 2012, 983 ff.

4. Darlehen und Kredite

79 Die Darlehns- und Kreditaufnahme eines öffentlichen Auftraggebers, selbst wenn sie **ohne Wertpapiere oder Finanzinstrumente** gesichert war, unterfiel nach umstrittener, aber wohl weit überwiegender Ansicht dem Ausnahmetatbestand des § 100a Abs. 2 Nr. 2 GWB a.F.[72] Dies ist nach neuer Regelungstechnik nicht mehr der Fall. § 116 Abs. 1 Nr. 4 GWB dürfte § 116 Abs. 1 Nr. 3 GWB als speziellere Regelung vorgehen. Der ehemals in § 100a Abs. 2 Nr. 2 GWB a.F. geregelte Bereich der „Geld- und Kapitalbeschaffung" ist in § 116 Abs. 1 Nr. 5 GWB aufgegangen.

V. Kredite und Darlehen (Nr. 5)

80 Mit § 116 Abs. 1 Nr. 5 GWB wurde eine „neue" – eher neu formulierte Ausnahmeregelung eingeführt. Vom Vergaberecht werden Aufträge ausgenommen, die Kredite und Darlehen zum Gegenstand haben. Betroffen sind **alle Kredite und Darlehen**, und zwar gleich, ob sie mit der Ausgabe von Wertpapieren oder anderen Finanzinstrumenten oder mit anderen diese betreffenden Transaktionen im Zusammenhang stehen oder nicht.[73]

81 § 116 Abs. 1 Nr. 5 GWB dient der Umsetzung von **Art. 10 lit. f RL 2014/24/EU**. Die Ausnahme für Kredite und Darlehen ist entsprechend in Art. 10 Abs. 8 lit. f RL 2014/23/EU und Art. 21 lit. b RL 2014/25/EU enthalten. Folglich verweisen § 137 Nr. 5 und § 149 Nr. 5 GWB auf die Ausnahme des § 116 Abs. 1 Nr. 5 GWB.

82 Die neu formulierte und nun eigenständige Ausnahmeregelung stellt klar, dass die Kreditaufnahme der öffentlichen Hand nicht Gegenstand des Vergaberechts ist. Eine **inhaltliche Neuerung** hat sich durch Einführung dieser Regelung nicht ergeben. Die Kreditaufnahme durch die öffentliche Hand war bereits unter Geltung des § 100a Abs. 2 Nr. 2 GWB a.F. („Geld- oder Kapitalbeschaffung […]") vom Anwendungsbereich des Vergaberechts ausgenommen.[74] Die Neuregelung dürfte aber den Streit[75], dass auch die reine Darlehensaufnahme vergaberechtsfrei sein soll, zugunsten der bislang herrschenden Meinung[76] entschieden haben. Kreditaufnahmen durch die öffentliche Hand eignen sich aufgrund der kurzfristigen Zinsschwankungen nicht bzw. nur sehr begrenzt für eine Ausschreibung. Über ein Vergabeverfahren lässt sich in diesem Bereich kein Mehr an Wettbewerb und Transparenz erreichen.[77]

83 Die Ausnahme erstreckt sich allerdings ausschließlich auf den Bereich des Kartellvergaberechts und lässt **haushaltsrechtliche Bestimmungen** unberührt.[78] Eine vergleichbare Regelung in der VOL/A (1. Abschnitt) fehlt bislang. Ob im Zuge der Vergaberechtsreform 2016 und der damit verbundenen Aufgabe der VOL/A (EG) – 2. Abschnitt – auch die haushaltsvergaberechtlichen Grundsätze angepasst werden, bleibt abzuwarten. An die entsprechenden bisherigen haushaltsrechtlichen Regularien gebundene Auftraggeber müssen daher Darlehensvergaben – mangels Ausnahmetatbestands – auch weiterhin nach den nationalen Regeln ausschreiben oder zumindest im Wettbewerb vergeben.[79] Auch wenn die Ausnahmevorschrift des § 116 Abs. 1 Nr. 5 GWB erfüllt ist, befreit dies den öffentlichen Auftraggeber damit nicht von seinen haushaltsrechtlichen Verpflichtungen oder den Verpflichtungen nach den jeweiligen Gemeindeordnungen (beispielsweise § 103 der Hessischen Gemeindeordnung).[80] Soweit – was aus guten Gründen bereits verneint werden könnte – das Bestehen eines Marktes be-

---

72 *Summa*, in: Heiermann/Zeiss, Vergaberecht, § 100a GWB Rn. 9, a.A. *Aicher*, in: Müller-Wrede, Kompendium des Vergaberechts, Kap. 11 Rn. 70; *Dier*, in: Reidt/Stickler/Glahs, Vergaberecht, § 100 GWB Rn. 79; *Willenbruch*, in: Willenbruch/Wieddekind, Vergaberecht, § 100 GWB Rn. 34; *Antweiler*, in: Ziekow/Völlink, Vergaberecht, § 100 GWB Rn. 60.

73 Gesetzesbegründung, BT-Drs. 18/6281, 95; Erwägungsgrund 26 RL 2014/24/EU.

74 Vgl. hierzu bereits Gesetzesbegründung, VergRModG 2009, BT-Drs. 16/10117, 18.

75 *Dreher*, in: Immenga/Mestmäcker, Wettbewerbsrecht, § 100a GWB Rn. 30.

76 Vgl. *Willenbruch*, in: Willenbruch/Wieddekind, Vergaberecht, § 100 GWB Rn. 34.

77 *Willenbruch*, in: Willenbruch/Wieddekind, Vergaberecht, § 100 GWB Rn. 34.

78 *Summa*, in: Heiermann/Zeiss, Vergaberecht, § 100 GWB Rn. 30.

79 *Schellenberg*, in: Pünder/Schellenberg, Vergaberecht, § 100a GWB Rn. 14.

80 OVG Rheinland-Pfalz, Beschluss v. 25.5.2005 – 7 B 10356/05, VergabeR 2005, 478; *Schellenberg*, in: Pünder/Schellenberg, Vergaberecht, § 100a GWB Rn. 14; *Stickler*, VergabeR 2008, 177 (182).

jaht wird, könnte man aufgrund der Regelung der § 116 Abs. 1 Nr. 5 GWB und der ihm zugrunde liegenden Erwägungen (Volatilität, Vertrauensverhältnis) eine entsprechende Anwendung auch auf Ebene des Unterschwellenbereichs andenken. Im Übrigen ist wegen der Volatilität der Kreditmärkte bei der Kreditaufnahme eine beschränkte Ausschreibung mit Teilnahmewettbewerb (§ 3 Abs. 3 VOL/A) möglich. Nur im Ausnahmefall und bei Vorliegen einer (eng zu beurteilenden) Dringlichkeit kann eine Kreditaufnahme im Wege der freihändigen Vergabe (§ 3 Abs. 5 VOL/A) erfolgen. Die Regelungen der Gemeindeordnungen bleiben unberührt.

VI. Dienstleistungsaufträge an andere Auftraggeber mit ausschließlichem Recht (Nr. 6)

84 Nach § 116 Abs. 1 Nr. 6 GWB sind Dienstleistungen, die an einen öffentlichen Auftraggeber nach § 99 Nr. 1 bis 3 GWB vergeben werden, der ein auf Gesetz oder Verordnung beruhendes ausschließliches Recht hat, die Leistung zu erbringen, vom Anwendungsbereich des Zweiten Abschnitts ausgenommen.

85 Der Einkauf bei einem anderen Auftraggeber, der für die Erbringung einer bestimmten Dienstleistung ein auf Gesetz oder Verordnung beruhendes und mit den Vorschriften des Vertrages über die Arbeitsweise der Europäischen Union in Einklang stehendes[81] ausschließliches Recht besitzt (Monopol), soll nicht ausschreibungspflichtig sein.[82] Ein wettbewerbliches Vergabeverfahren wäre in diesen Fällen ohnehin nicht möglich und im Ergebnis sinnlos. Hinzu kommt: Da beide Vertragspartner dem staatsnahen Bereich entstammen, stellt sich die Auftragsvergabe eher als ein Akt der Delegation an einen anderen Verwaltungsträger dar,[83] der letztendlich aus rechtlichen Gründen der einzige „Anbieter" für die benötigte Dienstleistung ist.

86 § 116 Abs. 1 Nr. 6 GWB setzt **Art. 11 RL 2014/24/EU** in deutsches Recht um und entspricht inhaltlich dem bisherigen **§ 100a Abs. 3 GWB a.F.**

87 § 116 Abs. 1 Nr. 6 GWB verfolgt den **Zweck**, ausschließliche Leistungsbeziehungen unter (besonders staatsnahen) öffentlichen Auftraggebern (insbesondere zur Schaffung zentraler Serviceeinheiten) von den Belastungen des Vergaberechts zu befreien.[84] Im Gegensatz zu den Vorgaben zu den Möglichkeiten der Zusammenarbeit von öffentlichen Auftraggebern gemäß § 108 privilegiert § 116 Abs. 1 Nr. 6 jedoch die besondere Stellung eines der beteiligten Auftraggeber in besonderer Weise, da dieser über ein ausschließliches Recht zur Dienstleistungserbringung verfügt.

88 Als **ausschließliches Recht** kommt jedes Exklusivrecht in Betracht, das dem Auftragnehmer unmittelbar durch Gesetz oder Verordnung eingeräumt wird und ihm die Ausübung einer bestimmten Tätigkeit vorbehält.[85] Das Exklusivrecht muss bereits zum **Zeitpunkt der Auftragsvergabe** bestehen.[86]

89 Das Exklusivrecht im Sinne des § 116 Abs. 1 Nr. 6 GWB muss auf einem **Gesetz oder einer Verordnung beruhen** und damit auf einer staatsunmittelbaren gesetzlichen oder untergesetzlichen Regelung.[87] Eine Rechtsposition aufgrund einfacher Verwaltungsvorschrift, Verwaltungsakt, Vertrag oder Satzung ist nicht ausreichend.[88] § 116 Abs. 1 Nr. 6 GWB ist damit strenger als die Richtlinienvorgaben in Art. 11 RL 2014/24/EU, die ausschließliche Rechte aufgrund öffentlicher Rechts- und Verwaltungsvorschriften genügen lassen. Diese Abweichung

---

81 Früher Art. 18 RL 2004/18/EG; *Aicher*, in: Müller-Wrede, Kompendium des Vergaberechts, Kap. 11 Rn. 77.
82 Art. 18 RL 2004/18/EG; vgl. Gesetzesbegründung, BT-Drs. 18/6281, 95.
83 Vgl. *Marx*, in: Motzke/Pietzcker/Prieß, VOB, 1. Auflage, § 100 GWB Rn. 21.
84 *Dreher*, in: Immenga/Mestmäcker, Wettbewerbsrecht, § 100a GWB Rn. 37.
85 *Summa*, in: Heiermann/Zeiss, Vergaberecht, § 100a GWB Rn. 9; *Willenbruch*, in: Willenbruch/Wieddekind, Vergaberecht, § 100 GWB Rn. 26.
86 OLG Düsseldorf, Beschluss v. 5.5.2004 – VII-Verg 78/03, VergabeR 2004, 619 (621); *Aicher*, in: Müller-Wrede , Kompendium des Vergaberechts, Kap. 11 Rn. 77.
87 Statt vieler *Aicher*, in: Müller-Wrede, Kompendium des Vergaberechts, Kap. 11 Rn. 76; *Dier*, in: Reidt/Stickler/Glahs, Vergaberecht, § 100 GWB Rn. 61.
88 OLG Düsseldorf, Beschluss v. 1.8.2012 – VII-Verg 105/11, ZfBR 2012, 826; Beschluss v. 9.4.2003 – Verg 66/02, NVwZ 2004, 510; *Aicher*, in: Müller-Wrede, Kompendium des Vergaberechts, Kap. 11 Rn. 77 m.w.N.

ist aber ohne Weiteres zulässig, da der Richtlinientext insofern nur Mindestanforderungen aufstellt.[89] Ebenso können auch faktische Monopole nicht unter die Ausnahmeregelung gefasst werden.

Vor dem Hintergrund der Zwecksetzung der Norm ist im Anwendungsbereich des § 116 Abs. 1 Nr. 6 GWB ein so genanntes **relatives Monopol**, also ein solches, das nur gegenüber dem Auftraggeber besteht, ausreichend.[90] 90

Wird im Wege einer **kommunalen Gemeinschaftsarbeit** die Sammlung und Beförderung von Abfällen auf eine Nachbargemeinde übertragen, so erfüllt dies die tatbestandlichen Voraussetzungen nicht, da sie der Nachbargemeinde kein auf Gesetz oder Verordnung beruhendes ausschließliches Recht zur Leistungserbringung verschafft.[91] Auch ein für verbindlich erklärter Abfallwirtschaftsplan räumt dem Betreiber der Abfallentsorgungsanlage kein ausschließliches Recht im Sinne des § 116 Abs. 1 Nr. 6 GWB zur Erbringung der Leistung ein.[92] 91

Ob eine vergaberechtlich zulässige Form der **interkommunalen Zusammenarbeit** gemäß § 108 GWB vorliegt, bedarf einer separaten Prüfung. Denn die Ausnahmevorschrift ist im Zusammenhang mit der durch das VergRModG 2016 eingeführten Regelung zur Inhouse- und In-State-Vergabe (§ 108 GWB) zu sehen und im Einzelfall von einer solchen abzugrenzen. Augenscheinlichstes Unterscheidungskriterium zu dieser Ausnahmeregelung ist das Merkmal des „Exklusivrechts". Soweit aber die Voraussetzungen des § 108 GWB vorliegen, wird es auf eine Prüfung der besonderen Ausnahme nach § 116 Abs. 1 Nr. 6 GWB ohnehin nicht mehr ankommen. Dennoch ist zu beachten, dass § 116 Abs. 1 Nr. 6 GWB im Gegensatz zur Inhouse-Vergabe im Sinne des § 108 Abs. 1 bis 5 GWB nicht auf das Vorliegen eines Über-unter-Verhältnisses ankommt. Im Unterschied zur In-State-Vergabe im Sinne des § 108 Abs. 6 GWB kommt es bei § 116 Abs. 1 Nr. 6 GWB gerade auf eine Monopolstellung an, sodass hier insofern eine marktbeherrschende Stellung Voraussetzung – nicht Ausschlusskriterium – ist. 92

Betrauungsakte im Zusammenhang mit sogenannten **DAWI-Leistungen** sind grundsätzlich ungeeignet, den Tatbestand der Ausnahmeregelung des § 116 Abs. 1 Nr. 6 GWB zu erfüllen. Im Ergebnis handelt es sich bei einem Betrauungsakt um eine Delegation/Mandatierung öffentlicher Aufgaben im allgemeinen wirtschaftlichen Interesse im Wege eines Verwaltungsakts. Verwaltungsakte im Rahmen von DAWI-Leistungen dienen vor allem den beihilferechtlich konformen Ausgestaltungen nach Maßgabe des sogenannten Freistellungsbeschlusses,[93] gewähren aber kein auf Gesetz oder Rechtsverordnung beruhendes Monopol im Sinne dieser Ausnahmeregelung. Nichtsdestotrotz können Betrauungsakte ggf. im Rahmen des § 108 Abs. 1 und Abs. 3 GWB (Inhouse-Vergabe) privilegiert sein.[94] Betrauungsakte im Zusammenhang mit DAWI-Leistungen setzen dabei voraus, dass *zuvor* in beihilferechtlich konformer Weise derjenige (einzige) Dienstleistungserbringer ermittelt worden ist, der mit der Erbringung der DAWI-Leistung „betraut" wird. 93

Im Übrigen sei angemerkt, dass Einzelfälle zu dieser Vorschrift **bislang nicht praktisch geworden** sind.[95] 94

---

89 *Dreher*, in: Immenga/Mestmäcker, Wettbewerbsrecht, § 100a GWB Rn. 36.

90 *Aicher*, in: Müller-Wrede, Kompendium des Vergaberechts, Kap. 11 Rn. 74.

91 OLG Frankfurt, Beschluss v. 7.9.2004 – 11 Verg 11/04, VergabeR 2005, 80 (86); OLG Düsseldorf, Beschluss v. 5.5.2004 – VII-Verg 78/03, VergabeR 2004, 619 (621); *Willenbruch*, in: Willenbruch/Wieddekind, Vergaberecht, § 100 GWB Rn. 26.

92 EuGH, Urteil v. 9.6.2009 – Rs. C-480/06 (Stadtreinigung Hamburg), NVwZ 2009, 898 ff.; OLG Düsseldorf, Beschluss v. 12.1.2004 – Verg 66/02, NVwZ 2004, 510.

93 Beschluss der EU-Kommission vom 20. Dezember 2011 über die Anwendung von Artikel 106 Absatz 2 des Vertrages über die Arbeitsweise der Europäischen Union auf staatliche Beihilfen, in Form von Ausgleichsleistungen zugunsten bestimmter Unternehmen, die mit der Erbringung von Dienstleistungen von allgemeinem wirtschaftlichem Interesse betraut sind (2012/21/EU, Freistellungsbeschluss – EU-ABl. L 7/3 v. 11.1.2012).

94 Hierzu *Pfannkuch*, NZBau 2015, 743 ff.

95 So bereits *Willenbruch*, in: Willenbruch/Wieddekind, Vergaberecht, § 100 GWB Rn. 26.

C. Besondere Bereiche auf dem Gebiet der Telekommunikationsinfrastruktur (Abs. 2)

95 § 116 Abs. 2 GWB privilegiert öffentliche Aufträge und Wettbewerbe durch öffentliche Auftraggeber, die hauptsächlich den Zweck haben, dem öffentlichen Auftraggeber die Bereitstellung oder den Betrieb öffentlicher Kommunikationsnetze oder die Bereitstellung eines oder mehrerer elektronischer Kommunikationsdienste für die Öffentlichkeit zu ermöglichen.

96 § 116 Abs. 2 GWB dient der Umsetzung von **Art. 8 RL 2014/24/EU** und entspricht dem bisherigen § 100a Abs. 4 GWB.[96] Die Regelung reagiert auf die **neuen Gegebenheiten** auf dem Telekommunikationssektor und wurde sprachlich an die in diesem Zusammenhang stehenden Rechtsmaterien, insbesondere das TKG, angepasst.

97 Zu Zeiten staatlicher Monopolisten war der Bereich der Telekommunikationsleistungen vom Anwendungsbereich des Vergaberechts ausgenommen, weil der „Einkauf" derartiger Leistungen im Wettbewerb grundsätzlich ausgeschlossen war.[97] Inzwischen geht die Ausnahmeregelung aber davon aus, dass die **Monopolstrukturen auf dem Telekommunikationsmarkt** beseitigt wurden.[98] Im Grunde wäre es insofern nicht mehr nötig, öffentliche Auftraggeber bei der Beschaffung irgendwelcher Leistungen im Zusammenhang mit der Telekommunikation vom Vergaberecht freizustellen.[99] Der Gesetzgeber wählte aber einen anderen Weg.[100] Er geht von der Prämisse aus, dass ein öffentlicher Auftraggeber, der Leistungen im Wettbewerb erbringen will, in Konkurrenz zu seinen (privaten) Mitbewerbern steht, sodass er sich bei der Beschaffung auch ohne vergaberechtliche Anordnung wettbewerblichen Grundsätzen verpflichtet fühle.[101]

98 Die Begriffe **„elektronische Kommunikationsdienste"** und **„öffentliches Kommunikationsnetz"** sind im Lichte der europäischen Richtlinien 2014/24/EU und 2002/21/EG auszulegen.[102]

99 Danach sind **öffentliche Kommunikationsnetze** Übertragungssysteme und gegebenenfalls Vermittlungs- und Leitwegeinrichtungen sowie anderweitige Ressourcen, die die Übertragung von Signalen über Kabel, Funk, optische oder andere elektromagnetische Einrichtungen ermöglichen, einschließlich Satellitennetzen, fester (leitungs- und paketvermittelte Netze einschließlich Internet) und mobiler terrestrischer Netze, Stromleitungssystemen, soweit sie zur Signalübertragung genutzt werden, Netzen für Hör- und Fernsehfunk sowie Kabelfernsehnetzen, unabhängig von der Art der übertragenen Informationen, die ganz oder überwiegend zur Bereitstellung öffentlich zugänglicher elektronischer Kommunikationsdienste dienen.[103] Dies können etwa **öffentliche Telekommunikationsnetze** im Sinne des § 3 Nr. 16a, 27 TKG sein.[104] Beispiele solcher Telekommunikationsnetze sind etwa Festnetze (Breitbandkabelnetz, Internet, klassisches Telefonnetz), funkgestützte Netze (Mobilfunknetze, Wireless Local Loop, WLAN) oder Satellitennetze.[105]

100 Ein **elektronischer Kommunikationsdienst** ist ein gewöhnlich gegen Entgelt erbrachter Dienst, der ganz oder überwiegend in der Übertragung von Signalen über elektronische Kommunikationsnetze besteht, einschließlich Telekommunikations- und Übertragungsdiensten in Rundfunknetzen, jedoch exklusive etwaiger Dienste, die Inhalte über elektronische Kommunikationsnetze und -dienste anbieten oder eine redaktionelle Kontrolle über sie ausüben; nicht

---

96 Gesetzesbegründung, BT-Drs. 18/6281, 95.
97 *Summa*, in: Heiermann/Zeiss, Vergaberecht, § 100a GWB Rn. 19.
98 So bereits Erwägungsgrund 21 RL 2004/18/EG; *Schellenberg*, in: Pünder/Schellenberg, Vergaberecht, § 100a GWB Rn. 24; *Willenbruch*, in: Willenbruch/Wieddekind, Vergaberecht, § 100 GWB Rn. 31.
99 *Summa*, in: Heiermann/Zeiss, Vergaberecht, § 100a GWB Rn. 20.
100 *Willenbruch*, in: Willenbruch/Wieddekind, Vergaberecht, § 100 GWB Rn. 31.
101 *Aicher*, in: Müller-Wrede, Kompendium des Vergaberechts, Kap. 11 Rn. 80; *Dier*, in: Reidt/Stickler/Glahs, Vergaberecht, § 100 GWB Rn. 77.
102 Gesetzesbegründung, BT-Drs. 18/6281, 95.
103 Art. 2 lit. a und lit. d RL 2002/21/EG.
104 Gesetzesbegründung, BT-Drs. 18/6281, 95.
105 *Schütz*, in: Geppert/Schütz, TKG, § 6 Rn. 21 ff.

dazu gehören die Dienste der Informationsgesellschaft im Sinne von Art. 1 RL 98/34/EG, die nicht ganz oder überwiegend in der Übertragung von Signalen über elektronische Kommunikationsnetze bestehen. Unter diesen Begriff fallen **„Telekommunikationsdienste"** im Sinne des § 3 Nr. 24 TKG.[106] Beispiele für Telekommunikationsdienste sind zumindest Telefoniedienste wie die klassische Telefonie, die Internet-Telefonie und R-Gespräche. Ob und inwieweit Mehrwertdienste, Dialer oder Dienste von Internet-Service-Providern von dem Begriff des Telekommunikationsdienstes umfasst werden, ist noch nicht abschließend geklärt.[107]

Traditionelle Formen der Nachrichtenübermittlung wie Printmedien (Zeitungen, Prospekte, Notizen) sowie die öffentliche Ansprache fallen nicht unter den Begriff des elektronischen Kommunikationsdienstes, da hier entweder ein körperliches Übertragungsmedium gewählt wird oder nur ein begrenzter Adressatenkreis angesprochen wird. Nicht dazu gehören weiterhin Dienstleistungen, bei denen vom Betreiber Inhalte einer redaktionellen Kontrolle unterworfen werden. **101**

Das Abgrenzungsmerkmal der **„Öffentlichkeit"**[108] soll mit Blick auf das Betreiben und Bereitstellen von Telekommunikationsnetzen solche Netze ausschließen, die nur einen bestimmten Nutzerkreis betreffen und daher die Belange der Allgemeinheit, insbesondere das allgemeine Interesse der Allgemeinheit an zuverlässigen Telekommunikationsanbietern, unberührt lassen. Mit Blick auf die Dienstleitungen ist ein Dienst öffentlich, wenn er allen Mitgliedern der Öffentlichkeit auf der gleichen Grundlage zugänglich ist. Ausgeschlossen hiervon sind Dienste für geschlossene Benutzergruppen (reine Binnenkommunikation, etwa im Falle von Firmennetzen). Die Ausnahmeregel erfasst insofern Aufträge zur Ermöglichung von Telekommunikationsdiensten, die ganz oder überwiegend der Kommunikation zwischen Behörden und Dienststellen dienen sollen, nicht.[109] Soll hingegen ein kommunal betriebenes Breitbandnetz aufgebaut werden, so wird dies durch die Ausnahmeregelung privilegiert. **102**

Anlage

Gesetzesbegründung (BT-Drs. 18/6281)

Seite 92

§ 116 enthält besondere Ausnahmen für die Vergabe von öffentlichen Aufträgen und die Ausrichtung von Wettbewerben durch öffentliche Auftraggeber.

Zu Absatz 1

§ 116 Absatz 1 dient im Wesentlichen der Umsetzung von Artikel 10 der Richtlinie 2014/24/EU. Sofern die in § 116 genannten Ausnahmen auch auf die besonderen Bereiche des Abschnitts 3 anwendbar sind, wird in den §§ 137, 145 und 150 auf die jeweiligen Ausnahmen des § 116 verwiesen.

Seite 93

Zu Nummer 1

§ 116 Absatz 1 Nummer 1 enthält eine Ausnahme für bestimmte Rechtsdienstleistungen und dient der Umsetzung von Artikel 10 Buchstabe d) der Richtlinie 2014/24/EU. Entsprechende Ausnahmen finden sich ebenfalls in Artikel 10 Absatz 8 Buchstabe d) der Richtlinie 2014/23/EU sowie Artikel 21 Buchstabe c) der Richtlinie 2014/25/EU. § 137 Nummer 1 und § 149 Nummer 1 verweisen insofern auf die Ausnahme für Rechtsdienstleistungen im Sinne des § 116 Absatz 1 Nummer 1. Die Richtlinie 2009/81/EG enthält keine Ausnahme für Rechtsdienstleistungen. Die besonderen Ausnahmen für verteidigungs- oder sicherheitsspezifische öffentliche Aufträge sind in § 145 geregelt.

106 Gesetzesbegründung, BT-Drs. 18/6281, 95.
107 *Schütz*, in: Geppert/Schütz, TKG, § 6 Rn. 27 ff.
108 *Schütz*, in: Geppert/Schütz, TKG, § 6 Rn. 43 ff.
109 *Summa*, in: Heiermann/Zeiss, Vergaberecht, § 100a GWB Rn. 23 f.

§ 116 Absatz 1 Nummer 1 sieht keine generelle Ausnahme für Rechtsdienstleistungen vor, sondern beschränkt die Ausnahme auf die in Nummer 1 Buchstabe a) bis e) genannten Fälle. Im Wesentlichen betrifft dies Rechtsdienstleistungen, die von gerichtlich bestellten Dienstleistern erbracht werden, die die anwaltliche Vertretung von Mandanten in Gerichts- oder Verwaltungsverfahren betreffen, durch Notare erbracht werden müssen oder mit der Ausübung von hoheitlichen Befugnissen verbunden sind. Für die Vergabe von sonstigen Rechtsdienstleistungen, die nicht unter die Ausnahme des § 116 Absatz 1 Nummer 1 fallen, kommt nicht das allgemeine Vergabeverfahren zur Anwendung, sondern das vereinfachte Verfahren im Sinne des § 130, für das ein höherer Schwellenwert in Höhe von 750.000 € gilt.

Zu Buchstabe a

Nummer 1 Buchstabe a) betrifft die anwaltliche Vertretung sowohl in Gerichts- oder Verwaltungsverfahren als auch in Schiedsgerichts- oder Streitbeilegungsverfahren. Der Umfang der anwaltlichen Vertretung ergibt sich dabei aus dem jeweiligen Mandatsvertrag und kann fallspezifisch variieren. Unerheblich ist dabei, ob die anwaltliche Vertretung in Deutschland, anderen EU-Mitgliedstaaten, Drittstaaten oder vor internationalen Organisationen und Einrichtungen stattfindet. Nummer 1 Buchstabe a) findet auch im Falle der Beiordnung des Rechtsanwalts durch das Gericht Anwendung. Entscheidend für die Ausnahme der Nummer 1 Buchstabe a) ist, dass das jeweilige Gerichts- bzw. Schiedsgerichts- oder Schlichtungsverfahren begonnen hat. Die rein vorbereitende Beratung im Hinblick auf spätere Gerichts- oder Verwaltungsverfahren ist gesondert in Nummer 1 Buchstabe b) geregelt.

Zu Buchstabe b

§ 116 Absatz 1 Nummer 1 Buchstabe b) sieht eine Ausnahme für Rechtsdienstleistungen vor, die – über die anwaltliche Vertretung in Gerichts-, Verwaltungs-, Schiedsgerichts- oder Schlichtungsverfahren im Sinne des Buchstaben a) hinaus – die anwaltliche Beratung betreffen. Aufgrund der in den genannten Verfahren bestehenden Notwendigkeit umfassender Prozessverantwortung durch den Rechtsbeistand ist eine Ausnahme vom Vergaberecht angezeigt. Nummer 1 Buchstabe b) enthält dabei keine allgemeine Ausnahme für sämtliche anwaltliche Beratungsleistungen, sondern fordert im Kern, dass ein Bezug zu einem künftigen nationalen oder internationalen Gerichts-, Verwaltungs-, Schiedsgerichts- oder Schlichtungsverfahren besteht. Dies ist entweder der Fall, wenn die anwaltliche Beratung zur Vorbereitung eines Verfahrens im Sinne von Nummer 1 Buchstabe a) dient oder wenn zumindest konkrete Anhaltspunkte vorliegen, dass es in der Zukunft zu einem solchen Verfahren kommen kann. Nummer 1 Buchstabe b) findet auch auf gerichtlich beigeordnete Rechtsanwälte Anwendung.

Zu Buchstabe c

§ 116 Absatz 1 Nummer 1 Buchstabe c) betrifft Beglaubigungs- und Beurkundungsdienstleistungen, sofern sie von Notaren zu erbringen sind.

Zu Buchstabe d

§ 116 Absatz 1 Nummer 1 Buchstabe d) erfasst insbesondere die Tätigkeit von Ergänzungs- und Umgangspflegern, Verfahrens- und Nachlasspflegern, Insolvenzverwaltern, Sachwaltern und Treuhändern sowie von Zwangsverwaltern und Sequestern in Zwangsvollstreckungsverfahren. Diese Ausnahme gilt auch für Rechtsdienstleistungen von gerichtlich bestellten Sachverständigen. Sie werden von den Gerichten aufgrund ihrer besonderen Sachkunde zur Beratung und Beweiserhebung bestellt. Durch die Bestellung wird ein öffentlich-rechtliches Verhältnis zwischen Gericht und Sachverständigem begründet.

Zu Buchstabe e

§ 116 Absatz 1 Nummer 1 Buchstabe e) gilt u. a. für die Gerichtsvollzieher, die einerseits ihre Tätigkeit als selbständiges Organ der Rechtspflege hoheitlich ausüben, andererseits aufgrund des Vollstreckungsauftrags an die Weisungen des Gläubigers insoweit gebunden sind, wie diese sich im Rahmen der gesetzlichen Vorschriften halten und den Dienstanweisungen des Gerichtsvollziehers nicht widersprechen.

Seite 94

Zu Nummer 2

§ 116 Absatz 1 Nummer 2 sieht eine Ausnahme für Forschungs- und Entwicklungsdienstleistungen vor und dient der Umsetzung von Artikel 14 der Richtlinie 2014/24/EU. Artikel 25 der Richtlinie 2014/23/EU und Artikel 32 der Richtlinie 2014/25/EU enthalten entsprechende Regelungen. Bislang war die Ausnahme für Forschungs- und Entwicklungsdienstleistungen als allgemeine Ausnahme in § 100 Absatz 4 Nummer 2 GWB vorgesehen. Da die neuen EU-Vergaberichtlinien einen etwas weiteren Ausnahmebereich für Forschungs- und Entwicklungsdienstleistungen vorsehen als bislang und für Vergaben in den Bereichen Verteidigung und Sicherheit die bisherige Vorschrift des Artikel 13 Buchstabe j der Richtlinie 2009/81/EG unverändert weiter gilt, ist eine Einordnung unter die allgemeinen Ausnahmen des § 107 nicht möglich.

Anders als bislang in § 100 Absatz 4 Nummer 2 GWB gilt die Rückausnahme künftig nur noch für bestimmte Forschungs- und Entwicklungsdienstleistungen. Dies betrifft die Referenznummern des Common Procurement Vocabulary 73000000-2 (Forschungs- und Entwicklungsdienste und zugehörige Beratung), 73100000-3 (Dienstleistungen im Bereich Forschung und experimentelle Entwicklung), 73110000-6 (Forschungsdienste), 73111000-3 (Forschungslabordienste), 73112000-0 (Meeresforschungsdienste), 73120000-9 (Experimentelle Entwicklung), 73300000-5 (Planung und Ausführung von Forschung und Entwicklung), 73420000-2 (Vordurchführbarkeitsstudie und technologische Demonstration) und 73430000-5 (Test und Bewertung). Alle Forschungs- und Entwicklungsdienstleistungen, die unter andere Referenznummern des Common Procurement Vocabulary fallen, sind vom Anwendungsbereich des Vergaberechts ganz ausgenommen, ohne dass die Rückausnahme des § 116 Absatz 1 Nummer 2 zweiter Halbsatz zur Anwendung kommt. Dies betrifft zum Beispiel Forschungs- und Entwicklungsdienstleistungen in den Bereichen Verteidigung und Sicherheit (z. B. Referenznummern des Common Procurement Vocabulary 73400000-6 Forschung und Entwicklung für Sicherheits- und Verteidigungsgüter oder 73410000-9 Militärforschung und -technologie).

Für die in § 116 Absatz 1 Nummer 2 genannten Referenznummern des Common Procurement Vocabulary gilt die bisherige Rückausnahme des § 100 Absatz 4 Nummer 2 GWB, wonach das Vergaberecht dann zur Anwendung kommen soll, wenn die Dienstleistungen allein durch den Auftraggeber finanziert werden und wenn das Ergebnis der Forschungs- und Entwicklungstätigkeiten dem betreffenden öffentlichen Auftraggeber zugutekommt. Damit soll insbesondere die Kofinanzierung von Forschungs- und Entwicklungsprogrammen durch die Industrie gefördert werden, da in diesen Fällen das Vergaberecht nicht zur Anwendung kommen soll (Erwägungsgrund 35 der Richtlinie 2014/24/EU).

Zu Nummer 3

§ 116 Absatz 1 Nummer 3 dient der Umsetzung von Artikel 10 Buchstabe b) der Richtlinie 2014/24/EU. § 116 Absatz 1 Nummer 3 entspricht im Wesentlichen dem bisherigen § 100a Absatz 2 Nummer 1 GWB, passt diesen jedoch entsprechend dem Wortlaut des Artikel 10 Buchstabe b) der Richtlinie 2014/24/EU an die technischen Entwicklungen der vergangenen Jahre an.

Ziel der Ausnahmevorschrift für die Vergabe öffentlicher Aufträge über bestimmte audiovisuelle und Hörfunkmediendienste durch Anbieter von Mediendiensten ist, dass besondere kulturelle und gesellschaftspolitische Erwägungen angemessen berücksichtigt werden können. Aus diesen Gründen sieht § 116 Absatz 1 Nummer 3 eine Ausnahme für die von Anbietern von audiovisuellen Mediendiensten oder Hörfunkmediendiensten vergebenen öffentlichen Dienstleistungsaufträge vor, die den Ankauf, die Entwicklung, die Produktion oder die Koproduktion von sendefertigem Material sowie andere Vorbereitungsdienste zum Gegenstand haben, wie z. B. Dienste im Zusammenhang mit den für die Produktion von Sendungen erforderlichen Drehbüchern oder künstlerischen Leistungen. § 116 Absatz 1 Nummer 3 bezieht sich gleichermaßen auf Rundfunk-Mediendienste und auf Abruf (on-demand)-Dienste (nichtlineare Dienste). Nicht von der Ausnahme erfasst werden soll dabei die Bereitstellung des für die Produktion, die Koproduktion und die Ausstrahlung dieser Sendungen erforderlichen technischen Materials.

Die Begriffe „audiovisuelle Mediendienste" und „Anbieter von Mediendiensten" haben dabei dieselbe Bedeutung wie in Artikel 1 Absatz 1 Buchstabe a beziehungsweise Buchstabe d der Richtlinie 2010/13/EU. Der Begriff „Sendung" hat dieselbe Bedeutung wie in Artikel 1 Absatz 1 Buchstabe b der Richtlinie 2010/13/EU, umfasst jedoch zusätzlich Hörfunksendungen und Hörfunk-Sendematerial. Der Begriff „Sendematerial" hat dieselbe Bedeutung wie „Sendung".

Seite 95

Zu Nummer 4

§ 116 Absatz 1 Nummer 4 betrifft Ausnahmen für bestimmte finanzielle Dienstleistungen, die bislang teilweise in § 100a Absatz 2 Nummer 2 und § 100b Absatz 2 Nummer 1 GWB geregelt waren. Die Vorschrift dient der Umsetzung von Artikel 10 Buchstabe e der Richtlinie 2014/24/EU. Neu im Vergleich zur bisherigen Ausnahme ist, dass Transaktionen mit der neu geschaffenen Finanzstabilisierungsfazilität und dem Europäischen Stabilitätsmechanismus ebenfalls von der Anwendung des Vergaberechts ausgenommen sein sollen. Die Ausnahme für bestimmte finanzielle Dienstleistungen ist entsprechend in Artikel 10 Absatz 8 Buchstabe e der Richtlinie 2014/23/EU und Artikel 21 Buchstabe d der Richtlinie 2014/25/EU enthalten. Insofern verweisen § 137 Nummer 4 und § 149 Nummer 4 auf die Ausnahme des § 116 Absatz 1 Nummer 4.

Zu Nummer 5

§ 116 Absatz 1 Nummer 5 betrifft eine neue Ausnahme vom Anwendungsbereich des Vergaberechts für Kredite und Darlehen und zwar unabhängig davon, ob sie mit der Ausgabe von Wertpapieren oder anderen Finanzinstrumenten oder mit anderen diese betreffenden Transaktionen im Zusammenhang stehen oder nicht. § 116 Absatz 1 Nummer 5 dient der Umsetzung von Artikel 10 Buchstabe f der Richtlinie 2014/24/EU. Die Ausnahme für Kredite und Darlehen ist entsprechend in Artikel 10 Absatz 8 Buchstabe f der Richtlinie 2014/23/EU und Artikel 21 Buchstabe e der Richtlinie 2014/25/EU enthalten. Insofern verweisen § 137 Nummer 5 und § 149 Nummer 5 auf die Ausnahme des § 116 Absatz 1 Nummer 5.

Zu Nummer 6

§ 116 Absatz 1 Nummer 6 dient der Umsetzung von Artikel 11 der Richtlinie 2014/24/EU und entspricht dem bisherigen § 100a Absatz 3 GWB. Die Ausnahmeregelung betrifft Fälle, in denen ein bestimmter öffentlicher Auftraggeber oder ein Verbund von öffentlichen Auftraggebern der einzige Anbieter einer bestimmten Dienstleistung sein kann, da er für deren Erbringung ein auf Gesetz oder Verordnung beruhendes und mit den Vorschriften des Vertrags über die Arbeitsweise der Europäischen Union in Einklang stehendes ausschließliches Recht besitzt. In diesen Fällen soll das Vergaberecht des Teils 4 keine Anwendung finden.

Zu Absatz 2

§ 116 Absatz 2 dient der Umsetzung von Artikel 8 der Richtlinie 2014/24/EU und entspricht dem bisherigen § 100a Absatz 4 GWB. Die Begriffe „öffentliches Kommunikationsnetz" und „elektronischer Kommunikationsdienst" sind gemäß Artikel 8 der Richtlinie 2014/24/EU entsprechend den Definitionen der Richtlinie 2002/21/EG über einen gemeinsamen Rechtsrahmen für elektronische Kommunikationsnetze und -dienste (Rahmenrichtlinie) (ABl. L 108 vom 24.4.2002, S. 33) auszulegen. Dabei kann es sich zum Beispiel um öffentliche Kommunikationsnetze im Sinne des § 3 Nummer 16a, 27 TKG oder die Bereitstellung eines oder mehrerer elektronischer Kommunikationsdienste im Sinne des § 3 Nummer 17a, 24 des TKG handeln.

§ 117
Besondere Ausnahmen für Vergaben, die Verteidigungs- oder Sicherheitsaspekte umfassen

Bei öffentlichen Aufträgen und Wettbewerben, die Verteidigungs- oder Sicherheitsaspekte umfassen, ohne verteidigungs- oder sicherheitsspezifische Aufträge zu sein, ist dieser Teil nicht anzuwenden,

1. **soweit der Schutz wesentlicher Sicherheitsinteressen der Bundesrepublik Deutschland nicht durch weniger einschneidende Maßnahmen gewährleistet werden kann, zum Beispiel durch Anforderungen, die auf den Schutz der Vertraulichkeit der Informationen abzielen, die der öffentliche Auftraggeber im Rahmen eines Vergabeverfahrens zur Verfügung stellt,**
2. **soweit die Voraussetzungen des Artikels 346 Absatz 1 Buchstabe a des Vertrags über die Arbeitsweise der Europäischen Union erfüllt sind,**
3. **wenn die Vergabe und die Ausführung des Auftrags für geheim erklärt werden oder nach den Rechts- oder Verwaltungsvorschriften besondere Sicherheitsmaßnahmen erfordern; Voraussetzung hierfür ist eine Feststellung darüber, dass die betreffenden wesentlichen Interessen nicht durch weniger einschneidende Maßnahmen gewährleistet werden können, zum Beispiel durch Anforderungen, die auf den Schutz der Vertraulichkeit der Informationen abzielen,**
4. **wenn der öffentliche Auftraggeber verpflichtet ist, die Vergabe oder Durchführung nach anderen Vergabeverfahren vorzunehmen, die festgelegt sind durch**
   a) **eine im Einklang mit den EU-Verträgen geschlossene internationale Übereinkunft oder Vereinbarung zwischen der Bundesrepublik Deutschland und einem oder mehreren Staaten, die nicht Vertragsparteien des Übereinkommens über den Europäischen Wirtschaftsraum sind, oder ihren Untereinheiten über Liefer-, Bau- oder Dienstleistungen für ein von den Unterzeichnern gemeinsam zu verwirklichendes oder zu nutzendes Projekt,**
   b) **eine internationale Übereinkunft oder Vereinbarung im Zusammenhang mit der Stationierung von Truppen, die Unternehmen betrifft, die ihren Sitz in der Bundesrepublik Deutschland oder einem Staat haben, der nicht Vertragspartei des Übereinkommens über den Europäischen Wirtschaftsraums ist, oder**
   c) **eine internationale Organisation oder**
5. **wenn der öffentliche Auftraggeber gemäß den Vergaberegeln einer internationalen Organisation oder internationalen Finanzierungseinrichtung einen öffentlichen Auftrag vergibt oder einen Wettbewerb ausrichtet und dieser öffentliche Auftrag oder Wettbewerb vollständig durch diese Organisation oder Einrichtung finanziert wird. Im Falle einer überwiegenden Kofinanzierung durch eine internationale Organisation oder eine internationale Finanzierungseinrichtung einigen sich die Parteien auf die anwendbaren Vergabeverfahren.**

Übersicht

	Rn.
A. Allgemeines	1
I. Anwendungsbereich	1
II. Abgrenzung zu verteidigungs- oder sicherheitsspezifischen Aufträgen	4
B. Die einzelnen Ausnahmetatbestände	5
I. Schutz wesentlicher Sicherheitsinteressen (Nr. 1)	5
II. Preisgabe von Auskünften (Nr. 2)	12
III. Geheimschutz/Besondere Sicherheitsmaßnahmen (Nr. 3)	15
1. Geheimschutz	17
2. Besondere Sicherheitsmaßnahmen	20
3. Verhältnismäßigkeit	23
IV. Vergabeverfahren nach internationalen Verträgen für gemeinsame Projekte mit Nicht-EWR-Staaten (Nr. 4 lit. a)	25
V. Beschaffungen im Zusammenhang mit der Stationierung von Truppen (Nr. 4 lit. b)	30
VI. Vergabeverfahren internationaler Organisationen (Nr. 4 lit. c)	32

VII. Vergabeverfahren internationaler Organisationen oder internationaler Finanzierungseinrichtungen bei Finanzierung (Nr. 5) 36
C. Rechtsschutz 39
Anlage
Gesetzesbegründung (BT-Drs. 18/6281)

A. Allgemeines

I. Anwendungsbereich

1 § 117 GWB enthält besondere Ausnahmen für öffentliche Aufträge und Wettbewerbe, die Verteidigungs- oder Sicherheitsaspekte beinhalten, ohne verteidigungs- oder sicherheitsspezifische Aufträge i.S. von § 104 GWB zu sein.

2 Die Ausnahmebestimmungen ergeben sich gleichlautend aus den RL 2014/24/EU und 2014/25/EU[1], sind jedoch in der RL 2009/81/EG nicht aufgeführt oder anders gefasst. Deshalb stellt § 117 GWB im Eingangssatz klar, dass die dort aufgeführten Ausnahmen nur für öffentliche Aufträge und Wettbewerbe gelten, die **nicht verteidigungs- oder sicherheitsspezifisch** sind. Für verteidigungs- oder sicherheitsspezifische öffentliche Aufträge (§ 104 GWB) und Konzessionen in den Bereichen Verteidigung und Sicherheit enthalten §§ 145, 150 GWB spezielle Regelungen.

3 Der Katalog des § 117 GWB umfasst **sieben Ausnahmetatbestände** in fünf Nummern, die sich in zwei Fallgruppen aufteilen lassen: § 117 Nr. 1 bis 3 GWB nehmen Aufträge aus, die der staatlichen Geheimhaltung unterliegen oder wesentliche staatliche Sicherheitsinteressen berühren. **Gemeinsames Merkmal** ist, dass staatlichen Sicherheitsbelangen dem Grunde nach Vorrang gegenüber den Prinzipien der wettbewerblichen und transparenten Auftragsvergabe eingeräumt werden soll. § 117 Nr. 4 bis 5 GWB umfassen Aufträge, die nach anderen Verfahrensregeln vergeben werden. Hier geht es darum, Kollisionen zwischen gemeinschaftsrechtlichem Vergaberecht und spezielleren, internationalen Verfahrensregeln, die der öffentliche Auftraggeber anzuwenden hat, aufzulösen. Die Ausnahmetatbestände waren bisher zum Teil in § 100 Abs. 8 GWB a.F. aufgeführt.

II. Abgrenzung zu verteidigungs- oder sicherheitsspezifischen Aufträgen

4 Im Unterschied zu § 145 GWB, der zum Teil ähnliche Ausnahmetatbestände nennt, findet § 117 GWB keine Anwendung auf die Vergabe verteidigungs- oder sicherheitsspezifischer öffentlicher Aufträge nach § 104 GWB. Gegenstand von § 117 GWB sind folglich Aufträge im Zusammenhang mit äußerer Verteidigung oder innerer Sicherheit, die nicht auf die Lieferung von Militärausrüstung oder die Vergabe von Verschlusssachenaufträgen gerichtet sind.

In Betracht kommen:

- Beschaffungen für die Streitkräfte, die nicht zugleich verteidigungs- oder sicherheitsspezifisch sind, wie z.B. Sanitätsbedarfe, Unterkünfte, Transportmittel, sonstige Ausrüstungsgegenstände.[2]
- Beschaffungen für nicht-militärische Sicherheitszwecke[3], wie z.B. Polizeiausrüstung, und Dual-Use-Güter.
- Die Beschaffung von Informationstechnik oder Telekommunikationsanlagen als technologische Basis für Operationen der Streitkräfte bzw. der Sicherheitsbehörden.

---

1 Siehe Art. 15 und Art. 17 RL 2014/24/EU sowie Art. 24 und Art. 27 RL 2014/25/EU.
2 Die Beschaffung von Kampfstiefeln dürfte keine Ausnahme vom Vergaberecht rechtfertigen, selbst wenn diese im Einsatz benötigt werden: *Höß*, in: Heuvels/Höß/Kuß/Wagner, Vergaberecht, § 100 GWB Rn. 59 unter Verweis auf OLG Düsseldorf, Beschluss v. 30.4.2003 – Verg 67/02, NVwZ 2003, 400.
3 OLG Düsseldorf, Beschluss v. 12.7.2010 – VII-Verg 27/10: Passagier- und Handgepäckskontrollstellen für Flughäfen.

B. Die einzelnen Ausnahmetatbestände

I. Schutz wesentlicher Sicherheitsinteressen (Nr. 1)

§ 117 Nr. 1 GWB stellt öffentliche Aufträge und Wettbewerbe, die Verteidigungs- oder Sicherheitsaspekte umfassen, von der Anwendung des GWB-Vergaberechts frei, soweit dies zum Schutz wesentlicher Sicherheitsinteressen der Bundesrepublik Deutschland erforderlich ist. 5

Die Ausnahme erweitert den Grundgedanken des Art. 346 Abs. 1 lit. b AEUV („Schutz wesentlicher Sicherheitsinteressen") auf sämtliche Verträge, **die Verteidigungs- oder Sicherheitsaspekte** aufweisen, ohne in den Anwendungsbereich der RL 2009/81/EG zu fallen.[4] Zugleich greift § 117 Nr. 1 GWB ausdrücklich den Grundsatz der **Verhältnismäßigkeit** auf: Die Ausnahme vom Vergaberecht ist nur insoweit zulässig, als der Schutz wesentlicher Sicherheitsinteressen nicht durch weniger einschneidende Maßnahmen gewährleistet werden kann. Zu den weniger einschneidenden Maßnahmen gehören zum Beispiel Anforderungen, die auf den Schutz der Vertraulichkeit von Informationen abzielen, die der öffentliche Auftraggeber im Rahmen eines Vergabeverfahrens zur Verfügung stellt. 6

Der Ausnahmetatbestand erkennt an, dass es auch **außerhalb des Anwendungsbereichs des Art. 346 Abs. 1 lit. b AEUV** wesentliche staatliche Sicherheitsinteressen geben kann, die einer wettbewerblichen Vergabe von Aufträgen, die Verteidigungs- oder Sicherheitsaspekte umfassen, entgegenstehen. Es liegt in der Zuständigkeit der Mitgliedstaaten bzw. des öffentlichen Auftraggebers, diese zu definieren und zu schützen. In Anlehnung an die Rechtsprechung zu Art. 346 Abs. 1 lit. b AEUV müssen sowohl der Anwendungsbereich als auch die Bedingungen für die Inanspruchnahme der Ausnahme eng ausgelegt werden.[5] Ferner muss sich der öffentliche Auftraggeber im Einzelfall auf den Ausnahmetatbestand berufen und im Streitfall nachweisen, dass seine Voraussetzungen vorliegen.[6] 7

§ 117 Nr. 1 GWB findet nur auf Vergaben Anwendung, die **Verteidigungs- oder Sicherheitsaspekte** umfassen, ohne verteidigungs- oder sicherheitsspezifisch i.S. des § 104 GWB zu sein. In Abgrenzung zu § 107 Abs. 2 Nr. 2 GWB kann die Ausnahme z.B. für die Beschaffung von Ausrüstung für nicht militärische Sicherheitszwecke (wie z.B. Polizeiausrüstung) oder Gütern mit doppeltem Verwendungszweck (Dual-Use-Güter) in Anspruch genommen werden. 8

Die Inanspruchnahme der Ausnahmeregelung muss zur Wahrung wesentlicher Sicherheitsinteressen der Bundesrepublik Deutschland **erforderlich** sein. Der öffentliche Auftraggeber muss darlegen und – im Streitfall – nachweisen können, dass die Anwendung des Kartellvergaberechts auf das spezielle Beschaffungsvorhaben seine wesentlichen Sicherheitsinteressen gefährden würde. Hier bedarf es einer eingehenden Dokumentation, welches wesentliche staatliche Sicherheitsinteresse konkret betroffen ist, worin der Zusammenhang zwischen dem Sicherheitsinteresse und der konkreten Beschaffung besteht und weshalb die Nichtanwendung GWB-Vergaberechts in diesem speziellen Fall für den Schutz des wesentlichen Sicherheitsinteresses erforderlich ist. Rein industrie- oder wirtschaftspolitische Interessen genügen regelmäßig nicht. Erforderlich ist die Nichtanwendung der Vergabevorschriften, wenn die zu erwartende Beeinträchtigung des staatlichen Sicherheitsinteresses objektiv so schwerwiegend ist, dass demgegenüber das Bieterinteresse an einem mit subjektivem Rechtsschutz ausgestatteten Vergabeverfahren zurückzutreten hat. Hier ist eine Abwägung der Sicherheitsbelange gegen die Interessen der Bieter zu treffen und der Grundsatz der **Verhältnismäßigkeit** zu beachten. Der Auftraggeber hat im Einzelfall zu prüfen, ob den Sicherheitsbelangen unter Umständen durch weniger einschneidende Maßnahmen mit den Mitteln des Vergaberechts entsprochen werden kann. § 117 Nr. 1 GWB nennt als Beispiel besondere Anforderungen an 9

4 Vgl. Gesetzesbegründung, BT-Drs. 18/6281, 95.

5 Vgl. zu Art. 346 AEUV EuGH, Urteil v. 15.3.1986 – Rs. 222/84 (Johnston), Slg. 1986, 1651 (1684), Rn. 26; Urteil v. 16.9.1999 – Rs. C-414/97 (Kommission/Spanien), Slg. 1999, I-5585 (5606), Rn. 21 f.

6 Vgl. zu Art. 346 AEUV bzw. Art. 296 EGV EuGH, Urteil v. 16.9.1999 – Rs. C-414/97 (Kommission/Spanien), Slg. 1999, I-5585, Rn. 22.

den Schutz der Vertraulichkeit von Informationen, die im Rahmen des Vergabeverfahrens zur Verfügung gestellt werden sollen. Der öffentliche Auftraggeber muss prüfen, ob schutzwürdigen Sicherheitsbelangen nicht auch durch eine spezifische Gestaltung der Ausschreibungsbedingungen, insbesondere durch Mindestanforderungen an die Eignung von Bewerbern und Bietern, entsprochen werden kann.[7] Im Einzelfall mag auch die Wahl des nicht offenen Verfahrens oder des Verhandlungsverfahrens mit Teilnahmewettbewerb ausreichen oder eine Aufteilung des Auftrages in einen sicherheitsrelevanten Teil und einen anderen Teil praktikabel sein. Sicherheitsmaßnahmen, die völlig unabhängig von der Beschaffung durchgeführt werden müssen oder die ausschließlich die Ausführung des Auftrags betreffen, rechtfertigen es nicht ohne weiteres, von einer wettbewerblichen Vergabe abzusehen, sofern diese ohne Gefährdung staatlicher Sicherheitsinteressen durchgeführt werden könnte.[8]

10 Der Auftraggeber hat die tatsächlichen Gründe, die im Interesse der staatlichen Sicherheitsinteressen eine Einschränkung der Bieterrechte erfordern, in einem **Vergabevermerk** zu dokumentieren.[9]

11 § 100 Abs. 8 Nr. 3 GWB a.F. nannte drei **Beispielsfälle** mit hoher Relevanz für wesentliche nationale Sicherheitsinteressen, bei denen die Nichtanwendung des Kartellvergaberechts geboten sein konnte:

(i) Beschaffungen im Zusammenhang mit dem Einsatz der Streitkräfte,

(ii) Beschaffungen im Zusammenhang mit der Umsetzung von Maßnahmen der Terrorismusbekämpfung und

(iii) die Beschaffung von Informationstechnik oder Telekommunikationsanlagen.[10]

Der Gesetzgeber hat im Rahmen des VergRModG 2016 auf die Übernahme dieser Beispielsfälle verzichtet. Gleichwohl handelt es sich aufgrund ihrer Art und ihres Gewichts für die Sicherheit des Staates auch weiterhin um typische Anwendungsfälle, die die Nichtanwendung des Vergaberechts rechtfertigen können, soweit im Einzelfall spezifische Sicherheitsbelange betroffen sind.

II. Preisgabe von Auskünften (Nr. 2)

12 § 117 Nr. 2 GWB stellt öffentliche Aufträge und Wettbewerbe frei, die Verteidigungs- oder Sicherheitsaspekte umfassen, soweit die Voraussetzungen des **Art. 346 Abs. 1 lit. a AEUV** erfüllt sind.[11] Gemäß Art. 346 Abs. 1 lit. a AEUV ist ein Mitgliedstaat nicht verpflichtet, „Auskünfte zu erteilen, deren Preisgabe seines Erachtens seinen wesentlichen Sicherheitsinteressen widerspricht". Die dabei implizit vorausgesetzten Auskunftspflichten bestehen vor allem gegenüber den Gemeinschaftsorganen, können sich aber auch im Verhältnis zu anderen Mitgliedstaaten und Wirtschaftsteilnehmern ergeben.

13 Bei der Inanspruchnahme dieses Ausnahmetatbestandes hat der Auftraggeber einen **Ermessensspielraum** („seiner Ansicht nach"), dessen Ausübung lediglich einer Plausibilitätskon-

---

7 Vgl. hierzu EuGH, Urteil v. 16.10.2003 – Rs. C-252/01 (Luftfotografie), VergabeR 2004, 56; OLG Düsseldorf, Beschluss v. 1.8.2012 – VII-Verg 10/12 (Warnsystem), VergabeR 2012, 846 (848); Beschluss v. 8.6.2011 – VII-Verg 49/11 (Bundesdruckerei); Beschluss v. 30.3.2005 – VII-Verg 101/04 (Neubau BND), VergabeR 2003, 55; OLG Celle, Beschluss v. 3.12.2009 – 13 Verg 14/09 (Großleitstelle), VergabeR 2010, 230 (232); vgl. auch *Höß*, in: Heuvels/Höß/Kuß/Wagner, Vergaberecht, § 100 GWB Rn. 41 und 55; *Probst/Tews*, VergabeR 2011, 818 (828); a.A.: OLG Dresden, Beschluss v. 18.9.2009 – WVerg 00003/09 (BOS-Digitalfunk Sachsen), VergabeR 2010, 90; VK Bund, Beschluss v. 30.5.2008 – VK 1-48/08; Beschluss v. 12.12.2006 – VK 1-136/06; *Noch*, VergabeR 2010, 94 f.; *Ziekow*, VergabeR 2007, 711 (717 f.).

8 Vgl. *Höß*, in: Heuvels/Höß/Kuß/Wagner, Vergaberecht, § 100 GWB Rn. 56.

9 Vgl. VK Niedersachsen, Beschluss v. 9.10.2015 – VgK-39/2015, 9 f.

10 Siehe hierzu im Einzelnen *Sterner*, in: Müller-Wrede, Taschenkommentar GWB-Vergaberecht, § 100 Rn. 33 f.

11 Die Bestimmung dient der Umsetzung von Art. 15 Abs. 2 UAbs. 2 RL 2014/24/EU und Art. 24 Abs. 2 UAbs. 2 RL 2014/25/EU und orientiert sich ausweislich der Gesetzesbegründung (BT-Drs. 18/6281, 96) am Wortlaut des bisherigen § 100 Abs. 6 Nr. 1 GWB a.F. Es darf gleichwohl bezweifelt werden, ob es zwingend geboten war, diesen Ausnahmetatbestand in den Katalog des § 117 GWB aufzunehmen. Immerhin hat der Gesetzgeber in § 107 Abs. 2 Nr. 1 GWB bereits eine inhaltsgleiche allgemeine Ausnahme eingeführt.

trolle durch die Nachprüfungsinstanzen unterliegt.[12] Ferner ist der Verhältnismäßigkeitsgrundsatz zu beachten.[13]

Als **Beispiel** kommen Aufträge in Betracht, die so sensibel sind, dass sogar deren Existenz geheim gehalten werden muss[14] oder bei denen ein äußerst hohes Maß an Vertraulichkeit erforderlich ist (z.B. Beschaffung von Verschlüsselungstechnologie; Beschaffungen für sensible Tätigkeiten wie die Bekämpfung des Terrorismus oder der organisierten Kriminalität)[15]. 14

III. Geheimschutz/Besondere Sicherheitsmaßnahmen (Nr. 3)

§ 117 Nr. 3 GWB stellt öffentliche Aufträge und Wettbewerbe frei, die für geheim erklärt werden oder besondere Sicherheitsmaßnahmen erfordern. 15

In Übereinstimmung mit den zugrunde liegenden Richtlinienbestimmungen[16] greift die Bestimmung ausdrücklich das **Verhältnismäßigkeitsgebot** auf: Die Ausnahme ist nicht anzuwenden, wenn die schutzwürdigen Sicherheitsbelange durch weniger einschneidende Maßnahmen gewährleistet werden können. 16

1. Geheimschutz

Freigestellt sind gemäß § 117 Nr. 3 GWB Aufträge, deren Vergabe und Ausführung für geheim erklärt werden. Dieser Ausnahmetatbestand eröffnet die Möglichkeit, Aufträge zum Schutz betroffener Sicherheitsbelange verschlossen zu halten, und gilt für alle Aufträge, die nach deutschen Geheimschutzvorschriften **„VS-VERTRAULICH" oder höher** eingestuft sind.[17] Einschlägige Vorschriften enthalten das „Gesetz über die Voraussetzungen und das Verfahren der Sicherheitsüberprüfungen des Bundes (Sicherheitsüberprüfungsgesetz)[18] i.V.m. der „Allgemeinen Verwaltungsvorschrift zum materiellen und organisatorischen Schutz von Verschlusssachen – Verschlusssachenanweisung (VS-Anweisung – VSA)" sowie die entsprechenden Vorschriften der Länder. 17

In formeller Hinsicht muss die Einstufung durch eine **amtliche Stelle** oder auf deren Veranlassung erfolgen. Es genügt, wenn wesentliche Teile des Auftrags (z.B. die Leistungsbeschreibung) eingestuft sind; der gesamte Auftrag muss nicht eingestuft sein.[19] 18

Materielle Voraussetzung für die Einstufung ist, dass der Auftrag einen im öffentlichen Interesse **geheimhaltungsbedürftigen Gegenstand** betrifft, dessen Kenntnisnahme durch Unbefugte die Sicherheit der Bundesrepublik Deutschland oder ihrer Länder gefährden oder ihren Interessen Schaden zufügen kann (vgl. § 4 SÜG).[20] Dabei ist zu beachten, dass die Geheimerklärung i.S. des § 117 Nr. 3 GWB nicht identisch ist mit dem Geheimhaltungsgrad „GEHEIM" gemäß § 4 Abs. 2 SÜG. Auch Verschlusssachen, die als „VS-VERTRAULICH" eingestuft sind, rechtfertigen eine Geheimerklärung des Auftrags.[21] Die Einstufung „VS-NUR FÜR DEN DIENSTGEBRAUCH" dürfte demgegenüber nicht genügen.[22] Der Auftraggeber hat im 19

---

12 *Sitsen*, Vergaben im Verteidigungs- und Sicherheitsbereich – Rechtsschutzmöglichkeiten übergangener Bieter, in: forum vergabe Jahrbuch 2012, Schriftenreihe des forum vergabe e.V., S. 118 f.

13 *Kommission*, Guidance Note „Defence- and security-specific exclusions", S. 5.

14 Erwägungsgrund 20 RL 2009/81/EG.

15 Erwägungsgrund 27 RL 2009/81/EG; vgl. auch *Rosenkötter*, VergabeR 2012, 267 (271).

16 Art. 15 Abs. 3 RL 2014/24/EU und Art. 24 Abs. 3 RL 2014/25/EU.

17 Aus der Entscheidungspraxis der Nachprüfungsinstanzen sind insbesondere zu nennen: VK Bund, Beschluss v. 14.7.2005 – VK 3-55/05 (BOS-Digitalfunk), in dem es um die Geheimerklärung eines Auftrages zum Betrieb eines BOS-Digitalfunks ging; VK Bund, Beschluss v. 9.2.2004 – VK 2-154/03 (Absicherung der Bundewehrliegenschaft Meppen) betreffend die Geheimerklärung eines Vergabevorganges durch den MAD; OLG Düsseldorf, Beschluss v. 30.3.2005 – VII-Verg 101/04 (Neubau BND) zur Vergabe der geheim eingestuften Objektplanung für das Dienstgebäude des BND.

18 BGBl. I 1994 S. 867, zuletzt geändert durch Art. 4 des Gesetzes v. 7.12.2011 (BGBl. I 2011 S. 2576).

19 *Dippel*, in: Dippel/Sterner/Zeiss, Beschaffung im Verteidigungs- und Sicherheitsbereich, § 100 GWB Rn. 50.

20 Vgl. *Dippel*, in: Dippel/Sterner/Zeiss, Beschaffung im Verteidigungs- und Sicherheitsbereich, § 100 GWB Rn. 50.

21 Gesetzesbegründung, VergRModG 2009, BT-Drs. 16/10117, 16 f.; *Höß*, in: Heuvels/Höß/Kuß/Wagner, Vergaberecht, § 100 GWB Rn. 48; *Ziekow*, VergabeR 2007, 711 (715).

22 Vgl. *Dippel*, in: Dippel/Sterner/Zeiss, Beschaffung im Verteidigungs- und Sicherheitsbereich, § 100 GWB Rn. 52; *Höß*, in: Heuvels/Höß/Kuß/Wagner, Vergaberecht, § 100 GWB Rn. 48.

Hinblick auf das Vorliegen der tatbestandlichen Voraussetzungen der Geheimerklärung einen Beurteilungsspielraum. Es genügt, dass er nachvollziehbar darlegt, dass die Geheimerklärung die Vorgaben der zugrunde liegenden Rechts- und Verwaltungsvorschriften einhält. Den Nachprüfungsinstanzen obliegt es nur zu prüfen, ob die Grenzen dieses Beurteilungsspielraums überschritten sind. Das ist z.B. der Fall, wenn die Geheimerklärung auf einem unzutreffenden Sachverhalt beruht oder ihr ansonsten unsachgemäße Erwägungen zugrunde liegen.[23] Eine missbräuchlich weite Auslegung von Geheimschutzinteressen mit dem Ziel, das Vergaberecht zu umgehen, ist nicht statthaft.[24] Der Geheimerklärung steht nicht entgegen, dass das Projekt als solches oder die Beschaffungsabsicht öffentlich bekannt sind.[25]

2. Besondere Sicherheitsmaßnahmen

20 Ausgenommen sind zudem Aufträge, deren Vergabe und Ausführung nach den Rechts- und Verwaltungsvorschriften eines EU-Mitgliedstaates besondere Sicherheitsmaßnahmen erfordern.[26] Gemeint sind Aufträge, bei deren Ausführung **staatliche Sicherheitsinteressen in besonderem Maße gefährdet** sind und dementsprechend durch Gesetz oder Verwaltungsvorschrift besondere Sicherheitsmaßnahmen angeordnet werden, die bei der Vergabe und Ausführung des Auftrags einzuhalten sind.[27] Die Entscheidung, ob an die Ausführung eines Auftrags besondere Sicherheitsanforderungen zu stellen sind, sowie die Bestimmung solcher Sicherheitsanforderungen obliegt den zuständigen staatlichen Stellen.[28]

21 **BesondereSicherheitsmaßnahmen** sind insbesondere Sicherheitsüberprüfungen des einzusetzenden Personals nach den Sicherheitsüberprüfungsgesetzen des Bundes und der Länder.[29] So erfordert die Ausführung geheim erklärter Aufträge als besondere Sicherheitsmaßnahme eine Sicherheitsüberprüfung der mit der Ausführung befassten Personen. Bei Vorliegen der Alternative „Geheimschutz"[30] ist folglich auch das Erfordernis besonderer Sicherheitsmaßnahmen gegeben. Besondere Sicherheitsmaßnahmen sind generell bei der Ausübung einer sicherheitsempfindlichen Tätigkeit erforderlich. Eine solche übt aus, wer Zugang zu Verschlusssachen mit der Einstufung VS-VERTRAULICH und höher hat (oder sich verschaffen kann) oder an einer sicherheitsempfindlichen Stelle innerhalb einer lebens- oder verteidigungswichtigen Einrichtung i.S. des § 1 Abs. 4 SÜG beschäftigt werden soll.[31] Die Maßnahmen dienen dem vorbeugenden Sabotageschutz. Weitere einschlägige Vorschrift ist § 7 Abs. 1 des Luftsicherheitsgesetzes[32]. Die Bestimmung ordnet zum Schutz vor Angriffen auf die Sicherheit des Luftverkehrs eine Zuverlässigkeitsprüfung für bestimmte Personen an.[33]

22 Die Sicherheitsmaßnahme muss durch **Rechts- oder Verwaltungsvorschrift** vorgegeben sein. Es genügt nicht, dass die Sicherheitsmaßnahme lediglich auf Vorgaben des Auftraggebers beruht.[34] Zu den Rechts- oder Verwaltungsvorschriften zählen alle Bestimmungen, die unmittelbar oder mittelbar dem Schutz staatlicher Sicherheitsinteressen dienen.[35] Dies sind insbesondere die Sicherheitsüberprüfungsgesetze des Bundes und der Länder.

---

23 OLG Düsseldorf, Beschluss v. 30.3.2005 – VII-Verg 101/04 (Neubau BND); VK Bund, Beschluss v. 14.7.2005 – VK 3-55/05 (BOS-Digitalfunk).

24 *Hailbronner*, in: Byok/Jäger, Vergaberecht, § 100 GWB Rn. 554.

25 VK Bund, Beschluss v. 14.7.2005 – VK 3-55/05 (BOS-Digitalfunk).

26 Aus der Entscheidungspraxis ist zu nennen: EuGH, Urteil v. 16.10.2003 – Rs. C-252/01 (Luftfotografie), VergabeR 2004, 56; VK Bund, Beschluss v. 18.5.1999 – VK 2-8/99 (Umzug Auswärtiges Amt); Beschluss v. 30.5.2008 – VK 1-48/08 (Baumaßnahme im Anwendungsbereich des Luftsicherheitsgesetzes); Beschluss v. 12.12.2006 – VK 1-136/06 (TV-Überwachungsanlagen für Flughäfen); Beschluss v. 3.2.2006 – VK 1-01/06 (Sicherheitsüberprüfung für Wachpersonal).

27 VK Bund, Beschluss v. 12.12.2006 – VK 1-136/06.

28 EuGH, Urteil v. 16.10.2003 – Rs. C 252/01, VergabeR 2004, 56 (59 f.).

29 Vgl. VK Niedersachsen, Beschluss v. 9.10.2015 – VgK-39/2015, 9 f.

30 Siehe hierzu Rn. 17.

31 § 1 Abs. 2 SÜG VK Bund, Beschluss v. 2.2.2006 – VK 2-02/06.

32 BGBl. I 2005 S. 78.

33 VK Bund, Beschluss v. 30.5.2008 – VK 1-48/08; Beschluss v. 12.12.2006 – VK 1-136/06.

34 VK Bund, Beschluss v. 15.7.2008 – VK 3-89/08; *Dippel*, in: Dippel/Sterner/Zeiss, Beschaffung im Verteidigungs- und Sicherheitsbereich, § 100 GWB Rn. 55.

35 VK Sachsen, Beschluss v. 12.6.2009 – 1/SVK/011-09 (BOS Digitalfunk Sachsen).

3. Verhältnismäßigkeit

Ist die Geheimerklärung nach den einschlägigen Geheimschutzbestimmungen erfolgt oder sind die tatbestandlichen Voraussetzungen der innerstaatlichen Rechts- oder Verwaltungsvorschrift, die bestimmte Sicherheitsmaßnahmen anordnet, erfüllt, ist der Auftrag damit nicht automatisch der Anwendung des GWB-Vergaberechts entzogen, sondern es bedarf einer einzelfallbezogenen Prüfung und Feststellung, dass die staatlichen Sicherheitsbelange **nicht durch weniger einschneidende Maßnahmen** gewährleistet werden können. Zu den weniger einschneidenden Maßnahmen gehören zum Beispiel Anforderungen, die auf den Schutz der Vertraulichkeit von Informationen abzielen, die der öffentliche Auftraggeber im Rahmen eines Vergabeverfahrens zur Verfügung stellt. Der öffentliche Auftraggeber hat zu prüfen, ob den schutzwürdigen Sicherheitsbelangen nicht auch durch eine spezifische Gestaltung der Ausschreibungsbedingungen, insbesondere durch bestimmte Mindestanforderungen an die Eignung von Bewerbern und Bietern, entsprochen werden kann.[36] Das nicht offene Verfahren ermöglicht es etwa, das Vergabeverfahren auf Teilnehmer zu beschränken, die der Geheimschutzbetreuung unterliegen. **23**

Im Rahmen einer Verhältnismäßigkeitsprüfung hat sodann eine **Abwägung** zwischen staatlichen Sicherheitsbelangen und den Interessen der Bieter an einem mit subjektivem Rechtsschutz ausgestatteten Vergabeverfahren zu erfolgen. Aus der Abwägung muss hervorgehen, dass gerade die Anwendung vergaberechtlicher Bestimmungen der Durchführung und Beachtung notwendiger Sicherheitsmaßnahmen entgegensteht und diese beeinträchtigen könnte. Der Auftraggeber muss seine diesbezüglichen Erwägungen in der Vergabeakte dokumentieren.[37] Sicherheitsmaßnahmen, die völlig unabhängig von der Beschaffung durchgeführt werden müssen oder die ausschließlich die Ausführung des Auftrags betreffen, rechtfertigen es nicht, von einer wettbewerblichen Vergabe abzusehen, sofern diese ohne Gefährdung staatlicher Sicherheitsinteressen durchgeführt werden könnte.[38] Nur wenn festgestellt ist, dass die durch die Anwendung der vergaberechtlichen Bestimmungen zu besorgende Beeinträchtigung der staatlichen Sicherheitsbelange so schwerwiegend ist, dass demgegenüber die Bieterinteressen zurückzutreten haben, darf von der Anwendung des GWB-Vergaberechts abgesehen werden.[39] **24**

IV. Vergabeverfahren nach internationalen Verträgen für gemeinsame Projekte mit Nicht-EWR-Staaten (Nr. 4 lit. a)

§ 117 Nr. 4 lit. a, bis c und Nr. 5 GWB enthalten Ausnahmen für die Vergabe öffentlicher Aufträge, die Verteidigungs- oder Sicherheitsaspekte umfassen, wenn der öffentliche Auftraggeber verpflichtet ist, diese auf der Grundlage anderer, internationaler Verfahrensregeln vorzunehmen. **25**

Zweck der Regelung ist es, Kollisionen zwischen gemeinschaftsrechtlichem Vergaberecht und spezielleren Vergabeverfahrensregeln, die ein öffentlicher Auftraggeber in Deutschland aufgrund internationaler Abkommen anzuwenden hat, zu verhindern.[40] **26**

Gemäß § 117 Nr. 4 lit. a GWB gilt das GWB-Vergaberecht nicht für öffentliche Aufträge und Wettbewerbe, bei denen der öffentliche Auftraggeber verpflichtet ist, die Vergabe nach ande- **27**

---

36 Vgl. aus der Spruchpraxis der Nachprüfungsinstanzen: EuGH, Urteil v. 16.10.2003 – Rs. C-252/01 (Luftfotografie), VergabeR 2004, 56; OLG Düsseldorf, Beschluss v. 1.8.2012 – VII-Verg 10/12 (Warnsystem), VergabeR 2012, 846 (848); Beschluss v. 8.6.2011 – VII-Verg 49/11 (Bundesdruckerei); Beschluss v. 30.3.2005 – VII-Verg 101/04 (Neubau BND), VergabeR 2003, 55; OLG Celle, Beschluss v. 3.12.2009 – 13 Verg 14/09 (Großleitstelle), VergabeR 2010, 230 (232); *Höß*, in: Heuvels/Höß/Kuß/Wagner, Vergaberecht, § 100 GWB Rn. 41 und 55; *Probst/Tews*, VergabeR 2011, 818 (828); a.A. OLG Dresden, Beschluss v. 18.9.2009 – WVerg 00003/09 (BOS-Digitalfunk Sachsen), VergabeR 2010, 90; VK Bund, Beschluss v. 30.5.2008 – VK 1-48/08; Beschluss v. 12.12.2006 – VK 1-136/06; *Noch*, VergabeR 2010, 94 f.; *Ziekow*, VergabeR 2007, 711 (717 f.).

37 OLG Düsseldorf, Beschluss v. 10.9.2009 – VII-Verg 12/09 (IT-Vor-Ort-Service), VergabeR 2010, 83 (87); VK Niedersachsen, Beschluss v. 9.10.2015 – VgK – 39/2015, 9 f.

38 *Höß*, in: Heuvels/Höß/Kuß/Wagner, Vergaberecht, § 100 GWB Rn. 56.

39 Vgl. *Dippel*, in: Dippel/Sterner/Zeiss, Beschaffung im Verteidigungs- und Sicherheitsbereich, § 100 GWB Rn. 57.

40 Vgl. auch die weitgehend wortgleiche Parallelvorschrift § 109 GWB.

ren Verfahrensregeln zu vergeben, die festgelegt sind durch eine „im Einklang mit den EU-Verträgen geschlossene internationale Übereinkunft oder Vereinbarung zwischen der Bundesrepublik Deutschland und einem oder mehreren Staaten, die nicht Vertragsparteien des Übereinkommens über den Europäischen Wirtschaftsraum sind, oder ihren Untereinheiten über Liefer-, Bau- oder Dienstleistungen für ein von den Unterzeichnern gemeinsam zu verwirklichendes oder zu nutzendes Projekt."

28 Die Begriffe **„internationale Übereinkunft"** und **„Vereinbarung zwischen der Bundesrepublik Deutschland und einem oder mehreren Staaten"** werden synonym verwendet: Es muss sich um eine verbindliche vertragliche Vereinbarung zwischen Staaten unter Einschluss Deutschlands handeln. Freigestellt sind Auftragsvergaben, die Verteidigungs- oder Sicherheitsaspekte umfassen, im Zusammenhang mit zwischenstaatlichen Gemeinschaftsprojekten, für die andere Verfahrensregeln vereinbart sind. Drittstaaten sollen im Rahmen von Abkommen mit EU-Mitgliedstaaten nicht gezwungen sein, eine Auftragsvergabe nach den Vergaberichtlinien der EU zu akzeptieren, wenn ein EU-Mitgliedstaat die Projektdurchführung übernommen hat.[41] Derartige Aufträge können nach den in dem zwischenstaatlichen Abkommen vereinbarten Verfahren vergeben werden.

29 Voraussetzung ist, dass die Verfahrensregeln in einem Abkommen zwischen der **Bundesrepublik Deutschland** (und ggf. weiterer EU-Mitgliedstaaten) und **mindestens einem Staat, der nicht dem EWR angehört**, vereinbart sind. Das zwischenstaatliche Abkommen muss seinerseits mit EU-Recht vereinbar sein, darf also nicht unter Verstoß gegen die Kompetenzordnung der EU oder materielles EU-Recht zustande gekommen sein. Das Abkommen ist seitens der Bundesrepublik Deutschland (bzw. eines anderen beteiligten Mitgliedstaates) der Kommission mitzuteilen, die hierzu den Beratenden Ausschuss für öffentliche Aufträge anhören kann.[42]

V. Beschaffungen im Zusammenhang mit der Stationierung von Truppen (Nr. 4 lit. b)

30 Keine Anwendung findet das GWB-Vergaberecht auf Aufträge, die Verteidigungs- oder Sicherheitsaspekte umfassen und aufgrund eines internationalen Abkommens im Zusammenhang mit der Stationierung von Truppen nach besonderen Verfahrensregeln vergeben werden. Die Auftragsvergabe soll hier vorrangig nach den **im jeweiligen Truppenstationierungsabkommen vereinbarten Verfahren** erfolgen. § 117 Nr. 4 lit. b GWB statuiert insoweit einen Anwendungsvorrang für die auf internationalen Abkommen beruhenden Verfahrensregeln.[43]

31 Wichtigster Anwendungsfall sind Beschaffungsvorhaben der in Deutschland stationierten Truppen einschließlich deren zivilem Gefolge gemäß **Art. IX des NATO-Truppenstatuts**[44] **i.V.m. Art. 47 des Zusatzabkommens.**[45] Im Geltungsbereich dieser Abkommen können die von der ausländischen Truppe oder dem zivilen Gefolge benötigten Lieferungen und Leistun-

41 *Müller*, in: Daub/Eberstein, VOL/A, § 1a Rn. 159.

42 Art. 17 Abs. 1 UAbs. 2 RL 2014/24/EU, Art. 27 Abs. 1 UAbs. 2 RL 2014/25/EU.

43 Der Gesetzgeber hat sich um eine wortlautgetreue Übernahme der zugrunde liegenden Richtlinienbestimmungen (Art. 15 Abs. 1 lit. b RL 2014/24/EU und Art. 17 Abs. 1 lit. b RL 2014/25/EU) bemüht, die auch gewisse, sachlich nicht erforderliche Doppelungen einschließt („Übereinkunft oder Vereinbarung"). Dabei ist der Text gegenüber der Regelung in § 100 Abs. 8 Nr. 5 GWB a.F noch stärker an den Wortlaut der Richtlinien angepasst worden, was seine Lesbarkeit nicht verbessert hat. Im Unterschied zu der früheren Fassung ist herausgehoben, dass die Übereinkunft Unternehmen betreffen muss, die ihren Sitz in der Bundesrepublik Deutschland oder einem Staat haben, der nicht Vertragspartei des Übereinkommens über den Europäischen Wirtschaftsraum ist, wobei es anstelle von Bundesrepublik Deutschland „Mitgliedstaaten" hätte heißen müssen. Das sind potenziell alle Staaten der Erde, weshalb dieser Zusatz in der Vergangenheit (§ 100 Abs. 8 Nr. 5 GWB a.F.) zu Recht für entbehrlich gehalten wurde.

44 Abkommen zwischen den Parteien des Nordatlantikvertrages über die Rechtsstellung ihrer Truppen (NATO-Truppenstatut) vom 19. Juni 1951 (BGBl. II 1961, 1190).

45 Zusatzabkommen zu dem Abkommen zwischen den Parteien des Nordatlantikvertrages über die Rechtsstellung ihrer Truppen hinsichtlich der in der Bundesrepublik Deutschland stationierten ausländischen Truppen vom 3. August 1959 (BGBl. II 1961 S. 1183, 1218). Die Abkommen haben gemäß Art. 59 Abs. 2 GG den Rang einfachen Bundesrechts. Näher: *Riese*, Vergaberecht, S. 39 ff.; *Müller*, in: Daub/Eberstein, VOL/A, § 1 Rn. 44 ff.; zur Errichtung von Reihen- und Doppelhäusern für Angehörige der US-Streitkräfte siehe VK Bund, Beschluss v. 20.12.2005 – VK 2-156/05.

gen entweder unmittelbar durch die Behörden der ausländischen Truppe oder – nach vorheriger Vereinbarung – mittelbar durch die deutschen Behörden beschafft werden. Wird die Beschaffung unmittelbar durch die Behörden der ausländischen Truppen durchgeführt, kann dies nach dem in dem Entsendestaat der Truppe üblichen Verfahren geschehen. Wird der Auftrag hingegen von der zuständigen deutschen Behörde vergeben, hat diese deutsches Vergaberecht anzuwenden.[46] Ein weiteres Beispiel ist die Vergabe von Aufträgen für **Bauvorhaben der gemeinsam finanzierten NATO-Infrastruktur**.[47]

VI. Vergabeverfahren internationaler Organisationen (Nr. 4 lit. c)

§ 117 Nr. 5 GWB stellt öffentliche Aufträge und Wettbewerbe, die Verteidigungs- oder Sicherheitsaspekte umfassen und aufgrund des besonderen Verfahrens einer internationalen Organisation vergeben werden, von der Anwendung des GWB-Vergaberechts frei. 32

Zweck der Bestimmung ist es, dem Anwendungsvorrang der spezielleren Verfahrensregeln einer internationalen Organisation zur Wirkung zu verhelfen. Die Bestimmung ermöglicht es öffentlichen Auftraggebern, das bei einer internationalen Organisation geltende Verfahren anzuwenden.[48] 33

§ 117 Nr. 4 lit. c GWB gilt nicht für Auftragsvergaben durch eine internationale Organisation, sondern für Aufträge, die von einem öffentlichen Auftraggeber in Deutschland vergeben werden, aber den **besonderen Vergabevorschriften einer internationalen Organisation** unterliegen.[49] Internationale Organisationen selbst sind keine Auftraggeber i.S. der Vergaberichtlinien[50] bzw. des § 98 GWB. Voraussetzung ist, dass die Statuten der internationalen Organisation spezielle Verfahrensregeln für die Vergabe von Aufträgen enthalten. Dies wird – zumindest in Form allgemeiner haushaltswirtschaftlicher Grundsätze – regelmäßig der Fall sein. 34

Der Begriff **„internationale Organisation"** ist im völkerrechtlichen Sinne zu verstehen. Gemeint sind durch völkerrechtliche Verträge geschaffene zwischenstaatliche Organisationen mit eigener Rechtsfähigkeit, wie z.B. die Vereinten Nationen und ihre Unterorganisationen, NATO, Europäische Verteidigungsagentur (EDA) und Europäisches Patentamt. Nichtstaatliche internationale Organisationen (NGOs) sowie Vereinigungen ohne Rechtsfähigkeit fallen nicht hierunter. 35

VII. Vergabeverfahren internationaler Organisationen oder internationaler Finanzierungseinrichtungen bei Finanzierung (Nr. 5)

§ 117 Nr. 5 GWB stellt öffentliche Aufträge und Wettbewerbe, die Verteidigungs- oder Sicherheitsaspekte umfassen, frei, die ein öffentlicher Auftraggeber an sich nach den Regeln des GWB-Vergaberechts zu vergeben hätte, die er jedoch nach den Vergaberegeln einer internationalen Organisation[51] oder internationalen Finanzierungseinrichtung (z.B. IWF) vergibt, weil diese das Vorhaben vollständig finanziert. 36

Hintergrund dieser mit dem VergRModG 2016 aufgenommenen Ausnahme ist, dass der öffentliche Auftraggeber bei vollständiger Drittfinanzierung durch internationale Organisationen oder Finanzierungseinrichtungen nicht gezwungen sein soll, die Vergabe nach den Bestimmungen des EU-Vergaberechts durchzuführen. Der öffentliche Auftraggeber soll die 37

46 VK Bund, Beschluss v. 8.3.2006 – VK 1-07/06; *Riese*, Vergaberecht, S. 40.
47 Siehe „Richtlinien zur Vergabe von Aufträgen für Bauvorhaben des gemeinsam finanzierten NATO-Sicherheits-Investitionsprogramms– RiNATO –" und hierzu: VK Bund, Beschluss v. 17.1.2006 – VK 3-163/05.
48 *Hailbronner*, in: Byok/Jäger, Vergaberecht, § 100 GWB Rn. 551.
49 *Kommission*, Leitfaden zu den Gemeinschaftsvorschriften für die Vergabe von öffentlichen Lieferaufträgen, 1997, S. 20; *Aicher*, in: Müller-Wrede, Kompendium des Vergaberechts, Kap. 8 Rn. 19; allgemein zum Vergabeverfahren internationaler Organisationen: *Ullrich*, VergabeR 2002, 331 ff.
50 Erwägungsgrund 22 RL 2014/24/EU; *Kommission*, Leitfaden zu den Gemeinschaftsvorschriften für die Vergabe von öffentlichen Lieferaufträgen, 1997, S. 20.
51 Siehe hierzu Rn. 32 ff.

Vergabe nach den Regeln der das Vorhaben vollständig finanzierenden internationalen Organisation oder Finanzierungseinrichtung durchführen dürfen, die ihre Finanzierungszusage möglicherweise von der Anwendung ihrer Verfahren abhängig macht.

38 Im Unterschied zu § 117 Nr. 4 lit. c GWB ist der öffentliche Auftraggeber nach § 117 Nr. 5 S. 2 GWB **nicht bereits von Rechts wegen verpflichtet**, die Vergaberegeln einer internationalen Organisation anzuwenden. Während die Auftragsvergabe bei **vollständiger Drittfinanzierung** und entsprechenden Vergaberegeln der finanzierenden internationalen Einrichtung von den Bestimmungen des GWB-Vergaberechts freigestellt ist, gilt dies bei einer **überwiegenden Kofinanzierung** (> 50 %) nur, wenn dies zwischen der kofinanzierenden Einrichtung und dem öffentlichen Auftraggeber so vereinbart ist. Fehlt es an einer diesbezüglichen Vereinbarung, gilt das Vergaberecht der §§ 97 ff. GWB. Wenn der Finanzierungsbeitrag der internationalen Organisation oder Finanzierungseinrichtung weniger als 50 % beträgt, muss die Vergabe nach den Bestimmungen des GWB-Vergaberechts erfolgen (sofern kein anderer Ausnahmetatbestand einschlägig ist).

C. Rechtsschutz

39 Im Nachprüfungsverfahren ist das Vorliegen der Voraussetzungen einer der in § 117 GWB genannten Ausnahmen seitens der Nachprüfungsinstanzen **von Amts wegen** zu prüfen. Liegen die Voraussetzungen eines Ausnahmetatbestandes vor, gilt Teil 4 des GWB für den gesamten Auftrag nicht.[52] Der Nachprüfungsantrag ist unzulässig.[53] Der Rechtsschutz ist in solchen Fällen auf eine Kontrolle durch die Nachprüfungsinstanzen darauf beschränkt, ob die Voraussetzungen des Ausnahmetatbestandes von der Vergabestelle zutreffend angenommen worden sind. Dazu gehört es auch, zu prüfen, ob die Vergabestelle bei der Anwendung unbestimmter Rechtsbegriffe die Grenzen ihres (weiten) Beurteilungsspielraums überschritten bzw. sachfremde Erwägungen angestellt hat.[54]

40 Sofern das **Nachprüfungsverfahren nicht statthaft** ist, können Unternehmen um Rechtsschutz vor den Zivilgerichten bzw. in Einzelfällen auch vor den Verwaltungsgerichten nachsuchen.[55] Eine Verweisung an das zuständige Zivil- oder Verwaltungsgericht erfolgt jedoch nicht.

Anlage

Gesetzesbegründung (BT-Drs. 18/6281)

Seite 95

§ 117 setzt Artikel 15 Absatz 2 und 3, Artikel 17 der Richtlinie 2014/24/EU sowie Artikel 24 Absatz 2 und 3, Artikel 27 der Richtlinie 2014/25/EU um. Artikel 15 und Artikel 17 der Richtlinie 2014/24/EU sowie Artikel 24 und Artikel 27 der Richtlinie 2014/25/EU regeln die Anwendung des Vergaberechts auf Aufträge und Wettbewerbe, die Verteidigungs- oder Sicherheitsaspekte beinhalten. Artikel 15 Absatz 2 und 3 und Artikel 17 der Richtlinie 2014/24/EU sowie Artikel 24 Absatz 2 und 3 und Artikel 27 der Richtlinie 2014/25/EU erfassen die besonderen Ausnahmen vom Vergaberecht für solche Aufträge, die Verteidigungs- oder Sicherheitsaspekte umfassen, ohne die Voraussetzungen des Artikel 2 der Richtlinie 2009/81/EG bzw. § 104 zu erfüllen, und die daher nicht in den besonderen Ausnahmebereich der Artikel 8, 12 und 13 der Richtlinie 2009/81/EG fallen, siehe Artikel 15 Absatz 1 Buchstabe a) und b) der Richtlinie 2014/24/EU und Artikel 24 Absatz 1 Buchstabe a) und b) der Richtlinie 2014/25/EU.

52 OLG Düsseldorf, Beschluss v. 30.3.2005 – VII-Verg 101/04 (Neubau BND).
53 VK Bund, Beschluss v. 3.2.2006 – VK 1-01/06; VK Sachsen, Beschluss v. 29.8.2008 – 1/SVK/042-08.
54 *Hölzl*, in: von Wietersheim, Vergaben im Bereich Verteidigung und Sicherheit, 177 (183 f.).
55 Näher: *Hölzl*, in: von Wietersheim, Vergaben im Bereich Verteidigung und Sicherheit, 177 (184 ff.); *Renner/Rubach-Larsen/Sterner*, NZBau 2007, 407.

Auch im Hinblick auf die in § 117 Nummer 1 bis 3 vorgesehenen Ausnahmen müssen Auftraggeber im Einzelfall bei der Vergabe öffentlicher Aufträge, die Verteidigungs- oder Sicherheitsaspekte umfassen, prüfen, ob die jeweiligen Voraussetzungen erfüllt sind. Daher wurde auf eine Konkretisierung bestimmter Bereiche (bislang § 100 Absatz 8 Nummer 3 GWB) verzichtet.

Zu Nummer 1

§ 117 Nummer 1 setzt Artikel 15 Absatz 2 Unterabsatz 1 der Richtlinie 2014/24/EU und Artikel 24 Absatz 2 Unterabsatz 1 der Richtlinie 2014/25/EU um. Im Gegensatz zu Artikel 346 Buchstabe b des Vertrags über die Arbeitsweise der Europäischen Union erweitern Artikel 15 Absatz 2 Unterabsatz 1 der Richtlinie 2014/24/EU

Seite 96

und Artikel 24 Absatz 2 Unterabsatz 1 der Richtlinie 2014/25/EU die Ausnahme von der Anwendung des Vergaberechts über die Erzeugung von Waffen, Munition und Kriegsmaterial oder den Handel damit auf sämtliche Verträge, die Verteidigungs- oder Sicherheitsaspekte aufweisen, ohne in den Anwendungsbereich der Richtlinie 2009/81/EG zu fallen. Gleichzeitig greifen Artikel 15 Absatz 2 Unterabsatz 1 der Richtlinie 2014/24/EU und Artikel 24 Absatz 2 Unterabsatz 1 der Richtlinie 2014/25/EU zum Zwecke der Klarstellung ausdrücklich den Grundsatz der Verhältnismäßigkeit auf. Artikel 15 Absatz 2 Unterabsatz 1 der Richtlinie 2014/24/EU und Artikel 24 Absatz 2 Unterabsatz 1 der Richtlinie 2014/25/EU lassen die Ausnahme vom Vergaberecht nämlich nur insoweit zu, als der Schutz wesentlicher Sicherheitsinteressen eines Mitgliedsstaats nicht durch weniger einschneidende Maßnahmen gewährleistet werden kann. Zu den weniger einschneidenden Maßnahmen gehören zum Beispiel Anforderungen, die auf den Schutz der Vertraulichkeit solcher Informationen abzielen, die der öffentliche Auftraggeber im Rahmen eines Vergabeverfahrens zur Verfügung stellt.

Zu Nummer 2

§ 117 Nummer 2 dient der Umsetzung von Artikel 15 Absatz 2 Unterabsatz 2 der Richtlinie 2014/24/EU und Artikel 24 Absatz 2 Unterabsatz 2 der Richtlinie 2014/25/EU. Artikel 15 Absatz 2 Unterabsatz 2 der Richtlinie 2014/24/EU und Artikel 24 Absatz 2 Unterabsatz 2 der Richtlinie 2014/25/EU nehmen ausdrücklich Artikel 346 Buchstabe a des Vertrags über die Arbeitsweise der Europäischen Union in Bezug. Die Fassung der neu in § 117 Nummer 2 übernommenen Ausnahme für Aufträge, die Verteidigungs- oder Sicherheitsaspekte beinhalten, orientiert sich am Wortlaut der bisherigen allgemeinen Ausnahme gemäß § 100 Absatz 6 Nummer 1 GWB.

Zu Nummer 3

§ 117 Nummer 3 setzt Artikel 15 Absatz 3 der Richtlinie 2014/24/EU und Artikel 24 Absatz 3 der Richtlinie 2014/25/EU in das deutsche Recht um. Anders als Artikel 14 der Richtlinie 2004/18/EG greifen Artikel 15 Absatz 3 der Richtlinie 2014/24/EU und Artikel 24 Absatz 3 der Richtlinie 2014/25/EU wiederum zum Zwecke der Klarstellung ausdrücklich das Verhältnismäßigkeitsgebot auf. Das Vergaberecht ist nicht anzuwenden, sofern der Mitgliedstaat festgestellt hat, dass die betreffenden wesentlichen Interessen nicht durch weniger einschneidende Maßnahmen gewährleistet werden können. Zu den weniger einschneidenden Maßnahmen gehören zum Beispiel Anforderungen, die auf den Schutz der Vertraulichkeit solcher Informationen abzielen, die der öffentliche Auftraggeber im Rahmen eines Vergabeverfahrens zur Verfügung stellt.

Zu Nummer 4

§ 117 Nummer 4 Buchstaben a, b und c dient der Umsetzung von Artikel 17 Absatz 1 Buchstaben a, b und c der Richtlinie 2014/24/EU und Artikel 27 Absatz 1 Buchstaben a), b) und c) der Richtlinie 2014/25/EU.

Zu Nummer 5

§ 117 Nummer 5 setzt Artikel 17 Absatz 2 der Richtlinie 2014/24/EU und Artikel 27 Absatz 2 der Richtlinie 2014/25/EU um.

§ 118
Bestimmten Auftragnehmern vorbehaltene öffentliche Aufträge

(1) Öffentliche Auftraggeber können das Recht zur Teilnahme an Vergabeverfahren Werkstätten für Menschen mit Behinderungen und Unternehmen vorbehalten, deren Hauptzweck die soziale und berufliche Integration von Menschen mit Behinderungen oder von benachteiligten Personen ist, oder bestimmen, dass öffentliche Aufträge im Rahmen von Programmen mit geschützten Beschäftigungsverhältnissen durchzuführen sind.

(2) Voraussetzung ist, dass mindestens 30 Prozent der in diesen Werkstätten oder Unternehmen Beschäftigten Menschen mit Behinderungen oder benachteiligte Personen sind.

Übersicht Rn.

A. Allgemeines ... 1
I. Zweck der Norm ... 1
II. Europarechtlicher Hintergrund ... 4
III. Umsetzung ... 8
IV. Verhältnis zu § 141 SGB IX ... 12
B. Anwendungsbereich ... 14
C. Regelungsgehalt ... 15
I. Möglichkeiten der Privilegierung (Abs. 1) ... 17
1. Vorbehalt zugunsten bestimmter Einrichtungen(Alt. 1) ... 18
a) Werkstätten für Menschen mit Behinderungen (Var. 1) ... 19
b) Unternehmen, deren Hauptzweck die soziale und berufliche Integration von Menschen mit Behinderungen ist (Var. 2) ... 23
2. Programme mit geschützten Beschäftigungsverhältnissen (Alt. 2) ... 33
3. Ermessen ... 37
II. Schwellenwert (Abs. 2) ... 40
D. Rechtsschutz ... 45
Anlage
Gesetzesbegründung (BT-Drs. 18/6281)

A. Allgemeines

I. Zweck der Norm

1 Beschäftigung und Beruf tragen wesentlich zur **Integration von Menschen mit Behinderungen und benachteiligten Personen** in die Gesellschaft bei.[1] Sowohl Werkstätten für Menschen mit Behinderungen als auch Unternehmen, deren Zweck in der sozialen und beruflichen Integration dieser Personen liegt, spielen – so Erwägungsgrund 36 RL 2014/24/EU, Erwägungsgrund 51 RL 2014/25/EU und die Ausführungen des Gesetzgebers[2] – dabei eine wichtige Rolle. Sie bieten Raum für Arbeit und Betätigung, Eingliederungsmaßnahmen sowie Fort- und Weiterbildungen,[3] indem sie eine geschützte Arbeitsumgebung sowie besondere Unterstützung, Förderung und Hilfestellung für diese Personengruppen anbieten.

2 Die in § 118 GWB genannten Einrichtungen sind im Grundsatz betriebswirtschaftlich organisiert und konkurrieren bei der Vergabe öffentlicher Aufträge mit gewerblichen Unternehmen. Unter „normalen Wettbewerbsbedingungen" – so die Gesetzesbegründung[4] – können sie indes teilweise nur unter erschwerten Bedingungen öffentliche Aufträge erhalten,[5] da sowohl ihre Tätigkeitsfelder als auch die Mitarbeiterstruktur allein am Hauptzweck der sozialen und beruflichen Integration von Menschen mit Behinderungen, nicht jedoch nach der Marktnachfrage und Leistungsfähigkeit ausgerichtet sind. § 118 GWB dient der **Stärkung der Wettbewerbsfähigkeit** und einer **Sicherung des laufenden Betriebs** der privilegierten Einrichtungen.

---

1 Gesetzesbegründung, BT-Drs. 18/6281, 96.
2 Gesetzesbegründung, BT-Drs. 18/6281, 96.
3 Näher *Roth/Lamm/Weyand,* DÖV 2011, 545.
4 Gesetzesbegründung, BT-Drs. 18/6281, 96.
5 Vgl. auch *Latzel*, NZBau 2014, 673 (678).

3 § 118 Abs. 1 GWB ermöglicht den öffentlichen Auftraggebern im Rahmen seiner **ersten Alternative**, ein Vergabeverfahren von vornherein auf den Kreis der in § 118 Abs. 1 GWB genannten Einrichtungen zu beschränken. Wettbewerb findet in diesem Fall nur noch zwischen geschützten Werkstätten und Sozialunternehmen statt, nicht jedoch mehr mit dem freien Wirtschaftsraum.[6] Strukturell bedingte Wettbewerbsnachteile gegenüber gewerblichen Unternehmen sollen damit eliminiert werden. Die **zweite Alternative** des § 118 Abs. 1 GWB sieht vor, dass der Auftraggeber von vornherein bestimmen kann, den konkreten Auftrag im Rahmen von Programmen mit geschützten Beschäftigungsverhältnissen durchzuführen.

II. Europarechtlicher Hintergrund

4 § 118 GWB beruht auf der Umsetzung von Art. 24 S. 1 RL 2014/23/EU, Art. 20 Abs. 1 Hs. 1 RL 2014/24/EU und Art. 38 Abs. 1 RL 2014/25/EU. Demnach können die Mitgliedstaaten „das Recht zur Teilnahme an einem Vergabeverfahren geschützten Werkstätten und Wirtschaftsteilnehmern, deren Hauptzweck die soziale und berufliche Integration von Menschen mit Behinderungen oder von benachteiligten Personen ist, vorbehalten oder sie können bestimmen, dass solche Aufträge im Rahmen von Programmen mit geschützten Beschäftigungsverhältnissen durchgeführt werden". Voraussetzung ist, dass mindestens 30 % der Arbeitnehmer dieser Werkstätten oder Wirtschaftsteilnehmer Menschen mit Behinderungen oder benachteiligte Personen sind.

5 Hintergrund dieser Regelung ist u.a. die gemäß Erwägungsgrund 3 RL 2014/23/EU, Erwägungsgrund 2 RL 2014/24/EU und Erwägungsgrund 4 RL 2014/25/EU zu fördernde Strategie „**Europa 2020 für intelligentes, nachhaltiges und integratives Wachstum**".[7] Sie dient auch der Stärkung des Sozialbewusstseins sowie der Bekämpfung sozialer Ausgrenzung. In diesem Zusammenhang wird – so Erwägungsgrund 36 RL 2014/24/EU und Erwägungsgrund 51 RL 2014/25/EU – geschützten Werkstätten und anderen sozialen Unternehmen, deren Hauptanliegen die Förderung der sozialen und beruflichen Eingliederung oder Wiedereingliederung von Personen mit Behinderungen oder von benachteiligten Personen ist, eine wichtige Rolle zugewiesen. Schließlich soll gemäß Erwägungsgrund 3 RL 2014/24/EU und Erwägungsgrund 5 RL 2014/25/EU im Rahmen der Vergaberechtsreform auch dem **Übereinkommen der Vereinten Nationen über die Rechte von Menschen mit Behinderungen** vom 13.12.2006 Rechnung getragen werden.[8] Gemäß Art. 27 dieses Übereinkommens haben Menschen mit Behinderungen nicht nur ein Recht auf Arbeit; die unterzeichnenden Staaten verpflichten sich auch, durch geeignete Schritte die Verwirklichung dieses Rechts zu sichern und zu fördern.

6 Die Regelungen in Art. 24 S. 1 RL 2014/23/EU, Art. 20 Abs. 1 Hs. 1 RL 2014/24/EU und Art. 38 Abs. 1 RL 2014/25/EU knüpfen an **Art. 28 RL 2004/17/EG und Art. 19 RL 2004/18/EG** an. Demnach konnten die Mitgliedstaaten bereits im „Rahmen von Programmen für geschützte Beschäftigungsverhältnisse vorsehen, dass nur geschützte Werkstätten an den Verfahren zur Vergabe öffentlicher Aufträge teilnehmen oder solche Aufträge ausführen dürfen, sofern die Mehrheit der Arbeitnehmer Behinderte sind, die aufgrund der Art oder Schwere ihrer Behinderung keine Berufstätigkeit unter normalen Bedingungen ausüben können."

7 Diese Regelungen wurden von der Bundesrepublik Deutschland nicht gesondert in nationales Recht umgesetzt. Seit 2001 bestand jedoch schon die Möglichkeit, gemäß **§§ 141, 143 SGB IX** Aufträge der öffentlichen Hand, die von anerkannten Werkstätten für behinderte Menschen ausgeführt werden können, diesen bevorzugt anzubieten. Im Bereich der Unterschwellenvergabe sah **§ 3 Abs. 5 lit. j VOL/A** zudem vor, dass eine freihändige Vergabe zulässig ist, wenn Aufträge ausschließlich an Werkstätten für behinderte Menschen vergeben werden sollen.

---

6 *Neun/Otting,* EuZW 2014, 446 (448).

7 Mitteilung der Kommission v. 3.3.2010, KOM (2010) 2020 endg. – nicht im Amtsblatt veröffentlicht; http://eur-lex.europa.eu/legal-content/DE/TXT/?uri=uriserv:em0028, 15.10.2015.

8 BGBl. 2006 II S. 1419 ff.

III. Umsetzung

Die Vorgaben der Vergabemodernisierungsrichtlinien sind – zur besseren Lesbarkeit – in **zwei Absätzen** normiert worden: § 118 Abs. 1 GWB regelt die Möglichkeiten der Förderung der im Einzelnen benannten Einrichtungen sowie der Bestimmung, den Auftrag im Rahmen geschützter Beschäftigungsverhältnisse durchzuführen; § 118 Abs. 2 GWB befasst sich allein mit den zahlenmäßigen Anforderungen an die privilegierten Unternehmen. Im Übrigen orientiert sich die in § 118 GWB verwendete Wortwahl eng an der der Richtlinien. 8

Die Umsetzung der in Art. 24 S. 2 RL 2014/23/EU, Art. 20 Abs. 2 RL 2014/24/EU und Art. 38 Abs. 2 RL 2014/25/EU enthaltenen Vorgabe, dass im Aufruf zum Wettbewerb auf diesen Artikel Bezug zu nehmen ist, erfolgte im Verordnungsweg.[9] Gemäß § 39 Abs. 2 VgV, § 35 Abs. 2, § 36 Abs. 1 SektVO und § 19 Abs. 2 KonzVgV wird die Auftragsbekanntmachung nach den Mustern der VO (EU) 2015/1986 erstellt, welche unter Abschn. III.1.5 eine Rubrik „Angaben zu vorbehaltenen Aufträgen" enthalten.[10] 9

§ 118 ist ein weiterer Baustein der Implementierung **sozialer Aspekte** in das Vergaberecht i.S.v. § 97 Abs. 3 GWB. Die Förderung der Integration und Beschäftigung von Menschen mit Behinderungen zählt zu den strategischen Zielsetzungen, die im Einklang mit dem Wirtschaftlichkeitsprinzip durch die Vergaberechtsreform gefördert werden sollen.[11] 10

Neben den Möglichkeiten des § 118 GWB besteht weiterhin der Weg, **besondere Ausführungsbedingungen** unter Berücksichtigung sozialer Aspekte im Sinne von § 128 Abs. 2 GWB zu formulieren. Über § 128 Abs. 2 GWB können Vertragsbedingungen gestellt werden, die etwa zahlenmäßige Vorgaben zur Beschäftigung von Menschen mit Behinderungen bei der Vertragsausführung zur Vertragsbedingung enthalten. Während durch die Möglichkeiten eines Vorbehalts zugunsten bestimmter Einrichtungen gemäß § 118 Abs. 1 Alt. 1 GWB primär die geschützten Einrichtungen bevorzugt werden, ohne dass es auf den tatsächlichen Einsatz der Menschen mit Behinderungen im Rahmen des Auftrages ankommt, gewährleisten besondere Ausführungsbedingungen infolge der erforderlichen Verbindung zum Auftrag, dass tatsächlich Menschen mit Behinderungen auch konkret während der Vertragsausführung beschäftigt werden. Insoweit liegt eine vergleichbare Schutzrichtung vor wie im Fall der Bestimmung gemäß § 118 Abs. 1 Alt. 2 GWB, die Aufträge im Rahmen von Programmen mit geschützten Beschäftigungsverhältnissen durchzuführen. 11

IV. Verhältnis zu § 141 SGB IX

§ 141 SGB IX bleibt neben § 118 GWB bestehen und in seinem Anwendungsbereich ausweislich der Gesetzesbegründung ausdrücklich unberührt.[12] Die Vorschriften haben **unterschiedliche Stoßrichtungen**: Im Unterschied zu § 118 GWB werden durch § 141 SGB IX allein geschützte Werkstätten, nicht auch Unternehmen, deren Hauptzweck die Integration von Menschen mit Behinderungen oder benachteiligten Personen ist, privilegiert. Beschäftigungsprogramme unterfallen ebenfalls nicht § 141 SGB IX. § 141 SGB IX findet zudem nur Anwendung, soweit es sich unmittelbar um Aufträge der öffentlichen Hand, d.h. Aufträge einer Körperschaft, Stiftung oder Anstalt des öffentlichen Rechts gemäß § 71 Abs. 3 SGB IX handelt.[13] § 118 GWB ist dagegen eine Option für alle von § 99 Nr. 1 bis 4 GWB erfassten öffentlichen Auftraggeber. 12

§ 141 SGB IX ermöglicht schließlich lediglich eine Bevorzugung der Werkstätten unter den „normalen Wettbewerbsbedingungen"; er entbindet nicht von der Einhaltung des Grund- 13

9 Gesetzesbegründung, BT-Drs. 18/6281, 96.
10 § 39 Abs. 2 VgV i.V.m. Anh. II VO (EU) 2015/1986; § 35 Abs. 2 SektVO i.V.m. Anh. IV VO (EU) 2015/1986; § 36 Abs. 1 SektVO i.V.m. Anh. VII VO (EU) 2015/1986; § 19 Abs. 2 KonzVgV i.V.m. Anh. XXI VO (EU) 2015/1986.
11 Bundesministerien für Wirtschaft und Energie, Eckpunkte zur Reform des Vergaberechts, Beschluss des Bundeskabinetts vom 7.1.2015.
12 Gesetzesbegründung, BT-Drs. 18/6281, 96 f.
13 *Jabben*, in: Rolfs/Giesen/Kreikebohm/Udsching, Sozialrecht, § 141 SGB IX Rn. 1; *Jung*, in: Wiegand, SGB IX, § 141 Rn. 3.

satzes, Aufträge **im offenen oder nicht offenen Verfahren** gemäß § 119 Abs. 2 S. 1 GWB zu vergeben. Gemäß der Richtlinie für die Berücksichtigung von Werkstätten für Behinderte und Blindenwerkstätten bei der Vergabe öffentlicher Aufträge vom 16.6.2001[14] ist aber im Rahmen von § 141 SGB IX einem Angebot eines bevorzugten Bewerbers, sofern es ebenso wirtschaftlich oder annehmbar wie das eines nicht bevorzugten Bewerbers ist, grundsätzlich der Zuschlag zu erteilen.[15] Zudem ist den bevorzugten Bewerbern immer dann der Zuschlag zu erteilen, wenn ihr Angebotspreis den des wirtschaftlichsten Bieters um nicht mehr als 15 % übersteigt.[16] § 141 SGB IX enthält jedoch weder eine generelle Freistellung vom Vergaberecht[17] noch erlaubt er eine § 118 GWB entsprechende grundsätzliche Beschränkung eines Vergabeverfahrens auf bestimmte Einrichtungsformen.

B. Anwendungsbereich

14 § 118 GWB findet unmittelbar auf die **Vergabe von öffentlichen Aufträgen durch öffentliche Auftraggeber** gemäß Teil 4 Abschnitt 2 Anwendung. Gemäß § 142 gilt § 118 GWB jedoch auch für die Vergabe von öffentlichen Aufträgen durch **Sektorenauftraggeber** sowie gemäß § 154 Nr. 1 GWB für die Vergabe von **Konzessionen**.

C. Regelungsgehalt

15 § 118 Abs. 1 GWB beschäftigt sich mit den erfassten **Einrichtungen** gemäß § 118 Abs. 1 Alt. 1 GWB sowie gemäß § 118 Abs. 1 Alt. 2 GWB mit der Möglichkeit, zu bestimmen, dass der Auftrag im Rahmen von **Programmen mit geschützten Beschäftigungsverhältnissen** durchzuführen ist.

16 § 118 Abs. 2 GWB regelt die geforderten **Schwellenwerte** für die privilegierten Einrichtungen gemäß § 118 Abs. 1 Alt. 1 GWB.

I. Möglichkeiten der Privilegierung (Abs. 1)

17 § 118 Abs. 1 GWB sieht zum einen die Möglichkeit vor, das Recht zur Teilnahme an Vergabeverfahren bestimmten Einrichtungen vorzubehalten, zum anderen, zu bestimmen, dass öffentliche Aufträge im Rahmen von Programmen mit geschützten Beschäftigungsverhältnissen durchzuführen sind. Es handelt sich um **zwei gesonderte Wege**. Im Fall der ersten Variante umfasst der Vorbehalt angesichts des insoweit deutlichen Wortlauts sowohl geschützte Werkstätten als auch Unternehmen, deren Zwecksetzung § 118 Abs. 1 Alt. 1 GWB entspricht. Diese beiden Einrichtungsarten treten mithin stets im Wettbewerb an; ein Vorbehalt nur zugunsten einer der beiden Einrichtungsarten kann nicht auf § 118 Abs. 1 Alt. 1 GWB gestützt werden.

1. Vorbehalt zugunsten bestimmter Einrichtungen (Alt. 1)

18 Gemäß § 118 Abs. 1 GWB können öffentliche Auftraggeber das Recht zur Teilnahme an Vergabeverfahren geschützten Werkstätten und Unternehmen, deren Zweck die soziale und berufliche Integration von Menschen mit Behinderungen oder von benachteiligten Personen ist, vorbehalten.

---

14 Richtlinie für die Berücksichtigung von Werkstätten für Behinderte und Blindenwerkstätten bei der Vergabe öffentlicher Aufträge vom 10.5.2001, Bundesministerium für Wirtschaft und Technologie; anwendbar ist die Richtlinie bei beschränkten Ausschreibungen und freihändigen Vergabe nach Abschnitt 1 VOL/A 2009 bzw. VOB/A 2009; vgl. auch *Weyand,* Vergaberecht, § 97 GWB Rn. 1114.

15 § 3 Nr. 3 der Richtlinien für die Berücksichtigung von Werkstätten für Behinderte und Blindenwerkstätten bei der Vergabe öffentlicher Aufträge vom 10.5.2001.

16 § 3 Nr. 4 der Richtlinien für die Berücksichtigung von Werkstätten für Behinderte und Blindenwerkstätten bei der Vergabe öffentlicher Aufträge vom 10.5.2001.

17 Vgl. BGH, Urteil v. 13.11.2007 – KZR 22/06; Urteil v. 7.11.2006 – KZR 2/06.

a) Werkstätten für Menschen mit Behinderungen (Var. 1)

Der **Begriff der Werkstätten für Menschen mit Behinderungen** kann in enger Anlehnung zu dem Begriffsverständnis im SGB IX bestimmt werden. § 136 Abs. 1 SGB IX definiert eine Werkstatt für behinderte Menschen als Einrichtung zur Teilhabe behinderter Menschen am Arbeitsleben und zur Eingliederung in das Arbeitsleben. Ihre Aufgabe ist es, behinderten Menschen, die wegen Art oder Schwere der Behinderung nicht, noch nicht oder noch nicht wieder auf dem allgemeinen Arbeitsmarkt beschäftigt werden können, eine angemessene berufliche Bildung und Beschäftigung anzubieten sowie es zu ermöglichen, ihre Leistung- oder Erwerbsfähigkeit zu erhalten und weiterzuentwickeln. 19

Hinsichtlich des erfassten Personenkreises wurde auf Anregung des Bundesrates die zunächst vorgesehene Formulierung „Menschen mit Behinderung" in **„Menschen mit Behinderungen"** geändert.[18] Hiermit soll dem materiellen Hintergrund des Plurals „Behinderungen", wie er auch in der UN-Behindertenrechtskonvention[19] zum Ausdruck kommt, Geltung verschafft werden.[20] Die Begrifflichkeit soll verdeutlichen, dass es nicht allein um eine in den Menschen liegende Behinderung geht, sondern auch das Zusammenspiel mit äußeren Behinderungen, etwa Barrieren in der Gesellschaft, Bedeutung erlangt.[21] Gemäß § 3 BGG, § 2 Abs. 1 SGB IX sind Menschen behindert, wenn ihre körperliche Funktion, geistige Fähigkeit oder seelische Gesundheit mit hoher Wahrscheinlichkeit länger als sechs Monate von dem für das Lebensalter typischen Zustand abweicht und daher ihre Teilhabe am Leben in der Gesellschaft beeinträchtigt ist. Maßgeblich ist demnach eine Funktionsbeeinträchtigung oder ein Funktionsausfall.[22] 20

Der Gesetzgeber übernimmt zur Eingrenzung der erfassten Werkstätten den in der Richtlinie verwendeten Begriff der **„geschützten" Werkstätten**. Diese Formulierung wird in der Gesetzesbegründung nicht näher erläutert; sie findet in den weiteren nationalen Normen keine Entsprechung. Der Begriff wird offensichtlich jedoch mit dem der **„anerkannten" Werkstätten** gleichzusetzen sein. 21

Werkstätten für Menschen mit Behinderung gemäß § 142 SGB IX bedürfen der **Anerkennung**, um bestimmte Privilegierungen – etwa die des § 141 SGB IX – in Anspruch nehmen zu können.[23] Das vor der Bundesagentur für Arbeit durchzuführende Anerkennungsverfahren soll insbesondere die Einheitlichkeit leistungsfähiger Werkstätten gewährleisten.[24] Die Bundesagentur für Arbeit führt zudem gemäß §§ 142 S. 3 SGB IX ein **Verzeichnis der anerkannten Werkstätten**. Anhand dieses Verzeichnisses können die öffentlichen Aufraggeber ermitteln, welche Werkstätten dem Anwendungsbereich des § 118 Abs. 1 S. 1 Alt. 1 GWB unterfallen. 22

b) Unternehmen, deren Hauptzweck die soziale und berufliche Integration von Menschen mit Behinderungen ist (Var. 2)

§ 118 GWB verweist zudem – in enger Anlehnung an den Richtlinientext – auf Unternehmen, deren Hauptzweck die soziale und berufliche Integration von Menschen mit Behinderungen oder benachteiligter Personen ist. Der Kreis der erfassten Unternehmen wird vom Gesetzgeber nicht näher definiert. Umfasst sind alle Unternehmen, deren Hauptzweck den Vorgaben des § 118 Abs. 1 Alt. 1 Var. 2 GWB entspricht. Im Unterschied zu den geschützten Werkstätten genügt allein eine **Ausrichtung des Unternehmens** auf die Integration benachteiligter Personen. 23

---

18 BR-Drs. 596/15, 2.
19 BGBl. 2006 II S. 1419 ff.
20 Stellungnahme des Bundesrates, BT-Drs. 18/6281, 152.
21 Stellungnahme des Bundesrates, BT-Drs. 18/6281, 152.
22 *Ambs,* in: Erbs/Kohlhaas, Strafrechtliche Nebengesetze, § 2 SGB IX Rn. 3.
23 Grundsätzlich hat die Anerkennung Bedeutung nach dem SGB IX, SGB III, SGB XII sowie dem Gesetz über die Sozialversicherung Behinderter 1975; vgl. näher *Jabben,* in: Rolfs/Giesen/Kreikebohm/Udsching, Sozialrecht, § 142 SGB IX Rn. 3.
24 *Prahlen, in*: Neumann/Pahlen/Majerski-Pahlen, SGB IX, § 142 Rn. 1.

24 Eine nähere Definition der **„benachteiligten Personen"** kann dem Gesetz nicht entnommen werden; der Wortlaut des § 118 Abs. 1 Alt. 1 Var. 2 GWB schränkt weder den sachlichen Bezug der Benachteiligung noch den quantitativen Grad ein.

25 Da diese Unternehmen gemäß § 118 Abs. 1 Alt. 1 Var. 1 GWB mit den geschützten Werkstätten um vorbehaltene Aufträge konkurrieren, legt der Zweck der Vorschrift indes nahe, vergleichbare Schutzbedürfnisse hinsichtlich der erfassten Personen und Unternehmensformen zu fordern. Der weite Wortlaut der „benachteiligten Personen" ist vor diesem Hintergrund auf schwerpunktmäßig **sozial benachteiligte Personen** zu beschränken. Die soziale Benachteiligung muss zudem hinsichtlich der zeitlichen Auswirkungen dem in § 2 BGG normierten Zeitrahmen von über sechs Monaten entsprechen. Lediglich vorübergehende oder völlig geringfügige Einschränkungen genügen nicht.[25]

26 Hinsichtlich der erfassten Unternehmen ist das in § 118 Abs. 1 Alt. 1 Var. 2 GWB genannte Merkmal des Hauptzwecks **eng auszulegen**, um auch insoweit eine gewisse Vergleichbarkeit zu den konkurrierenden geschützten Werkstätten herzustellen.

27 Der Gesetzgeber verweist im Rahmen der Gesetzesbegründung[26] hinter der Begrifflichkeit der Unternehmen, welche im Hauptzweck die soziale und berufliche Integration von Menschen mit Behinderungen oder von benachteiligten Personen verfolgen, auf den Begriff der **„Sozialunternehmen"**. Der Begriff der Sozialunternehmen wird im Rahmen der Gesetzesbegründung hingegen nicht näher erläutert. Hier kann – auch vor dem Hintergrund der zugrunde liegenden Richtlinien[27] – auf das Verständnis der EU-Kommission zurückgegriffen werden. Demnach sind Sozialunternehmen „Unternehmen, für die das sozial- oder gesellschaftliche gemeinnützige Ziel Sinn und Zweck ihrer Geschäftstätigkeit darstellt (…), deren Gewinne größtenteils wieder investiert werden, um dieses soziale Ziel zu erreichen, und deren Organisationsstruktur oder Eigentumsverhältnisse dieses Ziel widerspiegeln (…)".[28] Dazu gehören insbesondere „Unternehmen, die soziale Dienstleistungen erbringen und/oder Güter und Dienstleistungen für besonders schutzwürdige Bevölkerungsgruppen anbieten (…), und/oder Unternehmen, die bei der Produktion von Waren bzw. der Erbringung von Dienstleistungen ein soziales Ziel anstreben (soziale und berufliche Eingliederung durch den Zugang zur Beschäftigung für Personen, die insbesondere aufgrund ihrer geringen Qualifikation oder aufgrund von sozialen oder beruflichen Problemen, die zu Ausgrenzung führen, benachteiligt sind), deren Tätigkeit jedoch auch nicht sozial ausgerichtete Güter und Dienstleistungen umfassen kann".[29]

28 Zu derartigen Sozialunternehmen zählen etwa **Integrationsprojekte** im Sinne des § 132 SGB IX, die sowohl als selbstständige Integrationsunternehmen als auch unternehmensintern oder von öffentlichen Arbeitgebern geführte Betriebe (Integrationsbetriebe) oder Abteilungen (Integrationsabteilungen) geführt werden können. Sie ermöglichen schwerbehinderten Menschen eine Beschäftigung.

29 Ein **Integrationsunternehmen** liegt gemäß § 132 Abs. 3 SGB IX vor, wenn mindestens 25 % der Beschäftigten schwerbehinderte Menschen sind. Diese Unternehmen unterfallen gemäß § 118 Abs. 2 GWB dem Anwendungsbereich des § 118 Abs. 1 Alt. 1 Var. 2 GWB, sofern abweichend von § 132 Abs. 3 SGB IX jedenfalls 30 % der Beschäftigten schwerbehinderte Menschen sind.

30 **Aufgabe der Integrationsprojekte** ist gemäß § 133 SGB IX die Beschäftigung, arbeitsbegleitende Betreuung sowie Weiterbildung Schwerbehinderter.

---

25 Vgl. zum sozialrechtlichen Bereich: *Wortha,* in: Plagemann, Münchener Anwaltshandbuch Sozialrecht, § 16 Rn. 43 SGB III.

26 Gesetzesbegründung, BT-Drs. 18/6281, 96.

27 RL 2014/23/EU, 2014/24/EU und 2014/25/EU.

28 Mitteilung der Kommission v. 25.10.2011, Initiative für Soziales Unternehmertum, KOM (2011) 682 endgültig, S. 2; zur Begrifflichkeit auch: Centrum für soziale Investitionen und Innovationen, Social Entrepreneurship in Deutschland, August 2013, S. 7, https://www.kfw.de/PDF/Download-Center/Konzernthemen/Research/PDF-Dokumente-Studien-und-Materialien/Social-Entrepreneurship-in-Deutschland-LF.pdf, 9.11.2015.

29 Mitteilung der Kommission v. 25.10.2011, Initiative für Soziales Unternehmertum, KOM (2011) 682 endgültig, S. 3.

Beschäftigungs- und Qualifizierungsgesellschaften können ebenfalls im Hauptzweck auf die Integration benachteiligter Personen ausgerichtet sein, soweit sie etwa zur Verhinderung von Arbeitslosigkeit Weiterbildungen anbieten. 31

Gegenüber den in der ersten Variante des § 118 Abs. 1 Alt. 1 GWB benannten Werkstätten müssen die von der zweiten Variante des § 118 Abs. 1 Alt. 1 GWB erfassten Unternehmen weder ein **Anerkennungsverfahren** durchlaufen noch ermöglicht ein Verzeichnis, einen Überblick über potenzielle Bieter zu erlangen. Eine abschließende Aufzählung ist nicht möglich. Um die von § 118 Abs. 1 Alt. 1 GWB bezweckte Privilegierung der geschützten Werkstätten nicht durch eine zu weite Konkurrenz mit anderen Unternehmen im Sinne des § 118 Abs. 1 Alt. 1 GWB leerlaufen zu lassen, sind bei der Prüfung des Vorliegens eines zu privilegierenden Unternehmens strenge Maßstäbe anzulegen. 32

2. Programme mit geschützten Beschäftigungsverhältnissen (Alt. 2)

§ 118 Abs. 1 Alt. 2 GWB sieht vor, dass öffentliche Auftraggeber bestimmen können, die Aufträge im Rahmen von Programmen mit geschützten Beschäftigungsverhältnissen durchzuführen. Der Gesetzgeber übernimmt hier ebenfalls die Formulierungen der Richtlinien in Art. 24 S. 1 RL 2014/23/EU, Art. 20 Abs. 1 Hs. 1 RL 2014/24/EU und Art. 38 Abs. 1 2014/25/EU, die zudem an die in den Vorgängerrichtlinien[30] vorgesehenen Möglichkeiten anknüpft. 33

Der **Begriff** der Programme mit geschützten Beschäftigungsverhältnissen ist weit gefasst; Auslegungshilfen lassen sich der Gesetzesbegründung nicht entnehmen. Zum Bereich dieser geschützten Programme können insbesondere Beschäftigungsverhältnisse im Rahmen des staatlich geförderten Arbeitsmarktes i.S.d. § 16e SGB II, § 115 SGB III zählen; ebenso geschützte Projekte für Menschen mit schweren psychischen Störungen, die im Rahmen intensiver individueller Kunst-, Arbeits- oder Beschäftigungstherapien Beschäftigungsverhältnisse unterhalten. 34

Gegenüber § 118 Abs. 1 Alt. 1 GWB steht im Rahmen von § 118 Abs. 1 Alt. 2 GWB grundsätzlich die **tatsächliche Beschäftigung** der geschützten Personen im Vordergrund, nicht jedoch die Privilegierung der jeweiligen Einrichtungen. 35

Verfahrensmäßig ähnelt die in § 118 Alt. 2 GWB erwähnte Möglichkeit, zu **„bestimmen"**, dass öffentliche Aufträge im Rahmenprogramm mit geschützten Beschäftigungsverhältnissen durchzuführen sind, besonderen Ausführungsbedingungen im Sinne von § 128 Abs. 2 GWB. 36

3. Ermessen

§ 118 Abs. 1 GWB beschränkt sich auf die Darstellung von Optionen der öffentlichen Auftraggeber. Es bleibt bei beiden Alternativen die Entscheidung des öffentlichen Auftraggebers, ob er von den vorgesehenen Möglichkeiten einer Einschränkung des zuzulassenden Bieterkreises bzw. der Bestimmung, den Auftrag im Rahmen von geschützten Beschäftigungsprogrammen durchzuführen, Gebrauch macht. Die Vergabestelle hat demnach zunächst ein **Entschließungsermessen**.[31] Zudem steht ihr ein Ermessensspielraum zu, welche der dort aufgeführten Umsetzungswege sie wählt (**Auswahlermessen**). 37

Die im Gesetzgebungsverfahren von der Freien Wohlfahrtspflege erhobene Forderung, die öffentlichen Auftraggeber zur **regelmäßigen Anwendung** des in § 118 GWB vorgesehenen Vorbehalts zu verpflichten,[32] wurde nicht umgesetzt. 38

Dem Wortlaut nach bestehen **keine weiteren Voraussetzungen**, um von den Möglichkeiten des § 118 GWB Gebrauch zu machen, als dass es sich um eine Einrichtung im Sinne von § 118 Abs. 1 Alt. 1 GWB handelt oder aber der Auftrag im Rahmen von geschützten Beschäf- 39

---

30 Art. 28 RL 2004/17/EG und Art. 19 RL 2004/18/EG.
31 Vgl. zu § 3 Nr. 4 lit. o VOL/A: OLG Düsseldorf, Beschluss v. 27.10.2004 – VII-Verg 52/04.
32 Stellungnahme der Bundesarbeitsgemeinschaft der freien Wohlfahrtspflege v. 14.8.2015 zum Gesetzentwurf der Bundesregierung zur Modernisierung des Vergaberechts, Stand 5.12.2015.

tigungsverhältnissen durchzuführen sein soll.[33] Die in § 141 SGB IX ausdrücklich erwähnte Bedingung, dass die dem Auftrag zugrunde liegenden Leistungen von einer Werkstatt für Menschen mit Behinderungen **ausgeführt werden kann**, findet sich in § 118 GWB nicht. Sie wird allerdings auch ungeschrieben vorauszusetzen sein. Die vom Auftraggeber durchzuführende Ermessensprüfung, ob von den Möglichkeiten des § 118 GWB Gebrauch gemacht werden soll, beinhaltet zwingend, in sachlicher Hinsicht zu untersuchen, ob der Auftrag – unter Berücksichtigung der konkreten Vorgaben des Auftraggebers – überhaupt von den in § 118 GWB genannten Einrichtungen ausgeführt werden kann.

II. Schwellenwert (Abs. 2)

40 § 118 Abs. 2 GWB regelt für die in § 118 Abs. 1 Alt. 1 GWB aufgeführten Einrichtungen einen Schwellenwert. Sowohl bei den geschützten Werkstätten als auch den in § 118 Abs. 1 Alt. 1 GWB erwähnten Unternehmen müssen **mindestens 30 %** der Beschäftigten Menschen mit Behinderungen oder benachteiligte Personen sein, damit sie in den Genuss der Privilegierung kommen können.

41 Nicht maßgeblich ist dagegen, dass im Rahmen des **konkret zu vergebenden Auftrags** mindestens 30 % der Beschäftigten zum Kreis der Menschen mit Behinderungen oder benachteiligten Personen zu zählen ist.

42 Eine eingehende Prüfung des Schwellenwertes ist insbesondere erforderlich, wenn der Auftrag an ein sogenanntes **Integrationsunternehmen** vergeben werden soll, welches gemäß § 132 Abs. 3 SGB IX bereits dann vorliegt, wenn mindestens 25 % der Beschäftigten schwerbehinderte Menschen sind.

43 Gesetzesimmanent hat dieser Schwellenwert keine Bedeutung, sofern der öffentliche Auftraggeber von **§ 118 Abs. 1 Alt. 2 GWB** Gebrauch macht und bestimmt, dass der Auftrag im Rahmen von Programmen für geschützte Beschäftigungsverhältnisse durchzuführen ist.

44 Gegenüber Art. 19 RL 2004/18/EG und Art. 28 RL 2004/17/EG liegt eine **signifikante Absenkung** des Schwellenwertes vor; die damaligen Regelungen ermöglichten einen Vorbehalt nur, sofern mehr als die Mehrheit der Beschäftigten dem geschützten Personenkreis angehört.

D. Rechtsschutz

45 § 118 Abs. 1 GWB kommt **bieterschützender Charakter** zu. Sofern ein öffentlicher Auftraggeber von den Möglichkeiten des § 118 Abs. 1 GWB Gebrauch macht, können Bieter, die nicht die Voraussetzungen dieses Vorbehalts erfüllen oder entsprechende Beschäftigungsprogramme durchführen, überprüfen lassen, ob der öffentliche Auftraggeber ermessensfehlerfrei die Voraussetzungen des § 118 Abs. 1 GWB angenommen hat.

46 Umgekehrt können die in § 118 Abs. 1 Alt. 1 GWB genannten Einrichtungen bzw. Unternehmen, die geschützte Beschäftigungsprogramme durchführen, **überprüfen lassen**, ob ein öffentlicher Auftraggeber ermessensfehlerfrei die Möglichkeiten des § 118 Abs. 1 GWB erwogen hat, bevor er sich für eine unbeschränkte Ausschreibung entschieden hat.

47 Im Rahmen der **Überprüfung der Ermessensentscheidung** ist grundsätzlich maßgeblich, ob sie auf einem zutreffend ermittelten Sachverhalt beruht und ob die rechtlichen Grenzen zulässiger Ermessensausübung eingehalten wurden, insbesondere unsachgemäße und/oder diskriminierende Gesichtspunkte darin keinen Eingang gefunden haben.[34]

---

33 Keine zusätzlichen tatbestandlichen Voraussetzungen hinsichtlich § 3 Nr. 2 VOL/A erkannte bereits VK Bund, Beschluss v. 20.7.2004 – VK 3-77/04.

34 OLG Düsseldorf, Beschluss v. 27.10.2004 – VII-Verg 52/04; entsprechend zu § 3 Abs. 5 lit. j VOL/A: *Weyand*, Vergaberecht, § 3 VOL/A Rn. 76.

Anlage

Gesetzesbegründung (BT-Drs. 18/6281)

Seite 96

§ 118 dient der Umsetzung des Artikels 20 Absatz 1 der Richtlinie 2014/24/EU, des Artikels 24 Satz 1 der Richtlinie 2014/23/EU und des Artikels 38 Absatz 1 der Richtlinie 2014/25/EU. Für die Vergabe öffentlicher Aufträge durch Sektorenauftraggeber und für die Vergabe von Konzessionen kommt § 118 über die Verweisung in § 142 bzw. § 154 zur Anwendung. § 118 hat keine Entsprechung im bisherigen deutschen Vergaberecht. Die Umsetzung von Artikel 20 Absatz 2 der Richtlinie 2014/24/EU, des Artikels 24 Satz 2 der Richtlinie 2014/23/EU sowie des Artikels 38 Absatz 2 der Richtlinie 2014/25/EU erfolgt auf Verordnungsebene.

Beschäftigung und Beruf tragen wesentlich zur Integration von Menschen mit Behinderung und benachteiligten Personen in die Gesellschaft bei. In diesem Zusammenhang können Werkstätten für Menschen mit Behinderung und Unternehmen, deren Hauptzweck die soziale und berufliche Integration dieser Personen ist (Sozialunternehmen), eine wichtige Rolle spielen, indem sie neben einer geschützten Arbeitsumgebung auch besondere Unterstützung, Förderung und Hilfestellung für diese Personengruppen anbieten. Unter normalen Wettbewerbsbedingungen ist es für diese Institutionen jedoch häufig schwierig, öffentliche Aufträge zu erhalten. Daher sollte den öffentlichen Auftraggebern die Möglichkeit eröffnet werden, Vergabeverfahren von vornherein auf diese Institutionen zu beschränken. Ein Wettbewerb findet in diesen Fällen nur noch zwischen Werkstätten für Menschen mit Behinderung und Sozialunternehmen statt. Die Teilnahme anderer privatwirtschaftlicher Bewerber oder Bieter ist ausgeschlossen. Von dieser Möglichkeit der Beschränkung des Teilnehmerkreises unberührt bleibt die Möglichkeit für die öffentlichen Auftraggeber zur Bevorzugung von geschützten Werkstätten bei der Zuschlagserteilung

Seite 97

nach § 141 des Neunten Buchs Sozialgesetzbuch sowie den auf dieser Grundlage angewandten Verwaltungsvorschriften.

Zu Absatz 1

§ 118 Absatz 1 übernimmt Artikel 20 Absatz 1 Satz 1 Halbsatz 1 der Richtlinie 2014/24/EU, des Artikels 24 Satz 1 Halbsatz 1 der Richtlinie 2014/23/EU sowie des Artikels 38 Absatz 1 Halbsatz 1 der Richtlinie 2014/25/EU.

Zu Absatz 2

§ 118 Absatz 2 bestimmt in Umsetzung der Vorgabe des Artikels 20 Absatz 1 Satz 1 Halbsatz 2 der Richtlinie 2014/24/EU, des Artikels 24 Satz 1 Halbsatz 2 der Richtlinie 2014/23/EU sowie des Artikels 38 Absatz 1 Halbsatz 2 der Richtlinie 2014/25/EU, dass mindestens 30 Prozent der in den Werkstätten für Menschen mit Behinderung oder in den Unternehmen Beschäftigen Menschen mit Behinderung oder benachteiligte Personen sein müssen.

Teil 4

Vergabe von öffentlichen Aufträgen und Konzessionen

Kapitel 1
Vergabeverfahren

Abschnitt 2
Vergabe von öffentlichen Aufträgen durch öffentliche Auftraggeber

Unterabschnitt 2
Vergabeverfahren und Auftragsausführung

§ 119
Verfahrensarten

(1) Die Vergabe von öffentlichen Aufträgen erfolgt im offenen Verfahren, im nicht offenen Verfahren, im Verhandlungsverfahren, im wettbewerblichen Dialog oder in der Innovationspartnerschaft.

(2) Öffentlichen Auftraggebern stehen das offene Verfahren und das nicht offene Verfahren, das stets einen Teilnahmewettbewerb erfordert, nach ihrer Wahl zur Verfügung. Die anderen Verfahrensarten stehen nur zur Verfügung, soweit dies aufgrund dieses Gesetzes gestattet ist.

(3) Das offene Verfahren ist ein Verfahren, in dem der öffentliche Auftraggeber eine unbeschränkte Anzahl von Unternehmen öffentlich zur Abgabe von Angeboten auffordert.

(4) Das nicht offene Verfahren ist ein Verfahren, bei dem der öffentliche Auftraggeber nach vorheriger öffentlicher Aufforderung zur Teilnahme eine beschränkte Anzahl von Unternehmen nach objektiven, transparenten und nichtdiskriminierenden Kriterien auswählt (Teilnahmewettbewerb), die er zur Abgabe von Angeboten auffordert.

(5) Das Verhandlungsverfahren ist ein Verfahren, bei dem sich der öffentliche Auftraggeber mit oder ohne Teilnahmewettbewerb an ausgewählte Unternehmen wendet, um mit einem oder mehreren dieser Unternehmen über die Angebote zu verhandeln.

(6) Der wettbewerbliche Dialog ist ein Verfahren zur Vergabe öffentlicher Aufträge mit dem Ziel der Ermittlung und Festlegung der Mittel, mit denen die Bedürfnisse des öffentlichen Auftraggebers am besten erfüllt werden können. Nach einem Teilnahmewettbewerb eröffnet der öffentliche Auftraggeber mit den ausgewählten Unternehmen einen Dialog zur Erörterung aller Aspekte der Auftragsvergabe.

(7) Die Innovationspartnerschaft ist ein Verfahren zur Entwicklung innovativer, noch nicht auf dem Markt verfügbarer Liefer-, Bau- oder Dienstleistungen und zum anschließenden Erwerb der daraus hervorgehenden Leistungen. Nach einem Teilnahmewettbewerb verhandelt der öffentliche Auftraggeber in mehreren Phasen mit den ausgewählten Unternehmen über die Erst- und Folgeangebote.

Übersicht

	Rn.
A. Allgemeines	1
B. Vergabe und Vergabeverfahrensarten (Abs. 1)	7
C. Verhältnis der Verfahrensarten (Abs. 2)	12
D. Offenes Verfahren (Abs. 3)	17
I. Grundlagen	17
II. Verfahrensablauf	21
E. Nicht offenes Verfahren (Abs. 4)	34
F. Verhandlungsverfahren (Abs. 5)	41
I. Anwendungsvoraussetzungen	43
II. Verfahrensablauf	50
1. Teilnehmerauswahl	50
2. Verhandlungsphase	53
G. Wettbewerblicher Dialog (Abs. 6)	58
I. Anwendungsvoraussetzungen	62
II. Verfahrensablauf	65
H. Innovationspartnerschaft (Abs. 7)	71
I. Anwendungsvoraussetzungen	73
II. Verfahrensablauf	80
Anlage Gesetzesbegründung (BT-Drs. 18/6281)	

A. Allgemeines

§ 119 GWB ist die **zentrale vergabeverfahrensrechtliche Vorschrift** in Teil 4 des GWB. Die in § 97 GWB normierten Grundsätze einer wettbewerblichen, transparenten und nichtdiskriminierenden Auftragsvergabe finden in der Norm eine grundlegende formell-gesetzliche Konkretisierung mit Blick auf das von öffentlichen Auftraggebern i.S.v. § 99 GWB bei der Vergabe von öffentlichen Aufträgen i.S.v. § 103 Abs. 1 GWB zu beachtende Vorgehen. 1

Für Auftragsvergaben durch **Sektorenauftraggeber** i.S.v. § 100 GWB sowie bei der Vergabe von **verteidigungs- und sicherheitsrelevanten Aufträgen** i.S.v. § 104 GWB ist § 119 GWB insoweit relevant, als §§ 142, 147 GWB die Vorschrift für entsprechend anwendbar er- 2 klären. Für **Konzessionsvergaben** ist die Bestimmung dagegen ohne Bedeutung. Für diese sieht das deutsche Vergaberecht anknüpfend an die Vorgaben in der Konzessionsvergaberichtlinie 2014/23/EU keine spezifischen Verfahrensarten vor. Eine Orientierung an den in § 119 GWB ausgestalteten Verfahren ist Konzessionsgebern allerdings unbenommen.

3 In Anknüpfung an die Vorgaben der RL 2014/24/EU regelt § 119 GWB die möglichen **Vergabeverfahrensarten und ihr Verhältnis zueinander**.[1] Allerdings beschränkt sich die Regelung im Wesentlichen auf die Benennung der einzelnen Verfahrensarten und die Festlegung der wesentlichen Identifikationsmerkmale. Sie bedarf daher zwingend ausgestaltender Regelungen.

4 **Detaillierte Vorschriften** über den Ablauf der Vergabe der dem Teil 4 des GWB unterfallenden Aufträge durch klassische öffentliche Auftraggeber enthält die auf Grundlage von § 113 GWB erlassene VgV, die für Bauaufträge durch die VOB/A ergänzt wird. Letzterer kommt oberhalb der in § 106 GWB in Bezug genommenen Schwellenwerte aufgrund § 2 VgV/§ 1 Abs. 2 EU VOB/A ebenfalls Verordnungscharakter zu. Diese **kaskadenartige Ausgestaltung des Vergabeverfahrensrechts** stellt den Rechtsanwender vor erhebliche Schwierigkeiten, macht die ohnehin komplizierte Auftragsvergabe nochmals fehleranfälliger und mag daher rechtspolitisch zu kritisieren sein. Europa- oder verfassungswidrig ist sie jedoch nicht.[2] Aufgrund seiner Defizite ist das Kaskadenmodell in neuerer Zeit deutlich zurückgedrängt worden. Die vormals durchgängige Dreistufigkeit des deutschen Vergaberechts wurde erstmals mit dem Erlass der SektVO 2009, infolge der die Anwendbarkeit der Verdingungsordnungen bei Auftragsvergaben durch Sektorenauftraggeber entfiel, grundsätzlich infrage gestellt. Für sicherheits- und verteidigungspolitische Aufträge enthält die VSVgV seit 2012 zumindest für die ihr unterfallenden Liefer- und Dienstleistungsaufträge abschließende vergabeverfahrensrechtliche Vorgaben und verweist nur noch für die Vergabe von Bauaufträgen auf die VOB/A.[3] Das Regelungsmodell der VSVgV dient zugleich in konzeptioneller Hinsicht als Vorbild für die Neustrukturierung des deutschen Vergaberechts im Zuge der Umsetzung der Richtlinien 2014/23–25/EU, in dem die Dreistufigkeit der Rechtsgrundlagen nur noch für die Vergabe von Bauaufträgen von öffentlichen Auftraggebern (einschließlich solcher, die der VSVgV unterfallen) und im Übrigen eine zweistufige und somit an den Regelfall deutscher Gesetzgebungstechnik angepasste Ausgestaltung vorgesehen ist.[4]

5 Für Auftraggeber und Unternehmen sind Ausgestaltung und Beachtung des Vergabeverfahrensrechts von essenzieller Bedeutung. Deutliche **Unterschiede der einzelnen Verfahrensarten** bestehen hinsichtlich der Zahl der zu beteiligenden Unternehmen, der zu beachtenden formalen Anforderungen und der Möglichkeiten der Beteiligten, auf das Verfahren Einfluss zu nehmen. Eine verfahrensrechtlich nicht ordnungsgemäße Auftragsvergabe ist rechtswidrig. Insbesondere besteht während des Vergabeverfahrens nicht die Möglichkeit eines Wechsels zwischen Verfahrensarten.[5] Dementsprechend muss bereits jede Ausschreibung mit Bezug zu einer bestimmten Vergabeverfahrensart erfolgen.

6 Nach § 97 Abs. 6 GWB haben die Unternehmen einen **Anspruch auf Einhaltung der Bestimmungen über das Vergabeverfahren**. Dieser richtet sich darauf, dass Aufträge in einem formellen Vergabeverfahren nach § 119 Abs. 1 GWB vergeben werden, die Verfahrenswahl zutreffend erfolgt und die jeweils einschlägigen Vorschriften über die Durchführung des gewählten Verfahrens beachtet werden. Dieser Anspruch kann im Wege der Nachprüfung gemäß §§ 155 ff. GWB geltend gemacht werden, wobei gemäß § 160 Abs. 3 GWB bezüglich des Rügezeitpunkts zwischen einzelnen Verstößen zu differenzieren ist. Verfahrensrechtliche Verstöße können überdies eine **Schadensersatzpflicht der Vergabestelle** auslösen.

---

1 Die in der Vorgängernorm, § 101 GWB a.F., zusätzlich normierten besonderen Ausgestaltungsformen sind nunmehr in § 120 GWB geregelt.
2 *Pietzcker*, NZBau 2000, 64 (65 f.); tendenziell a.A. *Pache*, DVBl., 2001, 1781 (1790 f.); kritisch auch *Dreher*, NVwZ 1999, 1265 (1266 ff.); *Knauff*, NZBau 2010, 657 (659).
3 Vgl. *Scherer-Leydecker*, NZBau 2012, 533 (534); *Voll*, NVwZ 2013, 120 (122).
4 Näher *Knauff*, NZBau 2016, 195 ff.
5 EuGH, Urteil v. 25.4.1996 – Rs C-87/94 (Wallonische Busse), Rn. 35, NVwZ 1997, 374 (375).

B. Vergabe und Vergabeverfahrensarten (Abs. 1)

§ 119 Abs. 1 GWB konkretisiert den in § 97 GWB verwendeten Begriff „**Vergabeverfahren**". Dabei handelt es sich um die in § 119 Abs. 1 GWB genannten und in den Folgeabsätzen näher ausgestalteten Abläufe, deren Ziel die Erteilung von öffentlichen Liefer-, Bau- oder Dienstleistungsaufträgen i.S.v. § 103 GWB ist. Diese Abläufe sind, wie nicht zuletzt der Vergleich mit den herkömmlichen deutschen Vergabeverfahrensregeln zeigt, in ihrer spezifischen Ausgestaltung nicht alternativlos. Zweck des § 119 Abs. 1 GWB ist es daher auch, denkbare Verfahrensalternativen im Anwendungsbereich des GWB-Vergaberechts auszuschließen. Dementsprechend knüpft die Regelung an den Vorgang der Vergabe und damit an eine tatsächliche Situation an. Der Begriff der Vergabe ist dabei als verfahrensbezogenes, organisatorisches Moment der Beschaffung zu verstehen. Die Beschaffung dient im Ergebnis der Erfüllung des Bedarfs eines öffentlichen Auftraggebers i.S.v. § 99 GWB nach Waren oder Dienstleistungen, den dieser nicht selbst befriedigen kann. Sie erfolgt in materieller Hinsicht durch die Erteilung eines öffentlichen Auftrags gemäß § 103 Abs. 1 GWB. Die Vergabe i.S.v. § 119 Abs. 1 GWB bildet mithin gleichsam den Weg zum öffentlichen Auftrag und erfasst den Zeitraum zwischen der Entscheidung eines öffentlichen Auftraggebers über die externe Befriedigung seines Bedarfs bis hin zum Abschluss des betreffenden Vertrages mit einem Leistungserbringer. 7

Als zulässige Ausgestaltungsformen dieses Vergabevorgangs normiert § 119 Abs. 1 GWB **fünf eigenständige Vergabeverfahrensarten**. Wie der klare Gesetzeswortlaut („Die Vergabe … erfolgt im …") zu erkennen gibt, stehen öffentlichen Auftraggebern im Anwendungsbereich des GWB-Vergaberechts weder Verfahrensalternativen noch die Möglichkeit von Modifikationen der genannten Vergabeverfahrensarten zur Verfügung. § 119 Abs. 1 GWB ist mithin sowohl abschließend als auch zwingend.[6] Dies gilt in gleicher Weise für die verfahrensausgestaltenden Bestimmungen der VgV und der VOB/A. 8

Die **elektronische Abwicklung** von Vergabeverfahren nach § 119 Abs. 1 GWB ist zulässig[7] und zudem nach § 97 Abs. 5 GWB als Regelfall anzusehen. Zu beachten ist, dass für die elektronische Auftragsvergabe in den verfahrenskonkretisierenden Bestimmungen vielfach Fristverkürzungen gegenüber einer traditionellen Verfahrensdurchführung vorgesehen sind. 9

§ 119 Abs. 1 GWB normiert unmittelbar nur die **Bezeichnungen** derjenigen Vergabeverfahren, welche die Anforderungen des § 97 GWB erfüllen. Die Regelung folgt dabei begrifflich den Vorgaben des EU-Vergaberechts. Aufträge können demnach im offenen Verfahren, im nicht offenen Verfahren, im Verhandlungsverfahren, im wettbewerblichen Dialog[8] oder im Wege einer Innovationspartnerschaft vergeben werden. Eine grundlegende **inhaltliche Determinierung** der so bezeichneten Verfahrensarten erfolgt in Umsetzung der europarechtlichen Vorgaben in § 119 Abs. 3 bis 7 GWB. Nicht um Vergabeverfahrensarten, sondern um deren **besondere Ausgestaltungsformen** handelt es sich bei den in § 120 GWB genannten Formen der Auftragsvergabe. Systematisch zutreffend finden diese daher in § 101 Abs. 1 GWB keine Erwähnung. Gleiches gilt für die Sonderregeln unterfallende Vergabe von Rahmenvereinbarungen,[9] die in § 103 Abs. 5 GWB als besondere Vereinbarungsform benannt und in § 21 VgV/§ 4a EU VOB/A in verfahrensrechtlicher Hinsicht normiert werden. Das **Verhältnis der Vergabeverfahrensarten** zueinander ist in § 119 Abs. 2 GWB geregelt. 10

Mit Ausnahme des wettbewerblichen Dialogs und der Innovationspartnerschaft weisen die in § 101 Abs. 1 GWB normierten Verfahrensarten begriffliche und inhaltliche Ähnlichkeiten mit den **unterhalb der Schwellenwerte** und damit außerhalb des Anwendungsbereichs des GWB-Vergaberechts einschlägigen Vergabearten der Öffentlichen und der Beschränkten Aus- 11

6 Vgl. *Dreher*, in: Immenga/Mestmäcker, Wettbewerbsrecht, § 101 GWB Rn. 9; *Bungenberg*, in: Loewenheim/Meessen/Riesenkampff, Kartellrecht, § 101 GWB Rn. 1; *Antweiler*, in: Ziekow/Völlink, Vergaberecht, § 101 GWB Rn. 10; entsprechend zu den europarechtlichen Grundlagen *Prieß*, Handbuch des europäischen Vergaberechts, S. 195.
7 Vgl. zur elektronischen Vergabe *Graef*, NZBau 2008, 34 ff.; *Müller/Ernst*, NJW 2004, 1768 ff.; *Schindler*, NZBau 2008, 746 ff.
8 Gegen eine Qualifikation als eigenständige Vergabeverfahrensart *Pünder/Franzius*, ZfBR 2006, 20 f.
9 *Machwirth*, VergabeR 2007 (Sonderheft 2a), 385 (387).

schreibung sowie der Freihändigen Vergabe auf, die im jeweils ersten Abschnitt der VOB/A und der VOL/A (die insoweit fortbesteht) geregelt sind. Im Detail unterscheiden sie sich jedoch bezüglich Anwendungsvoraussetzungen und Ablauf teils erheblich von jenen. Bei der Auslegung der Vorschriften der in § 119 GWB normierten Vergabeverfahrensarten und ihrer Anwendung kann daher eine Orientierung an den Vergabearten im Unterschwellenbereich nur insoweit erfolgen, als die Unterschwellenregelungen normativ explizit in Bezug genommen werden. In Zweifelsfällen sind vielmehr die Bestimmungen der europäischen Vergaberichtlinien heranzuziehen, die Grundlage des Teil 4 des GWB und der ihn ergänzenden Vorschriften sind.

C. Verhältnis der Verfahrensarten (Abs. 2)

12 § 119 Abs. 2 GWB betrifft die Hierarchie der in § 119 Abs. 1 GWB aufgeführten Vergabeverfahrensarten. Das **offene und das nicht offene Verfahren** werden dabei (erstmalig in der Entwicklung des deutschen Vergaberechts) als gleichrangige Regelverfahren qualifiziert.

13 Die **besonderen Formen der Durchführung** einzelner Vergabeverfahrensarten gemäß § 120 GWB erfasst die Norm nicht.

14 Entsprechend ihrer systematischen Verortung enthält die Vorschrift anders als ihre Vorgängerregelung in § 101 Abs. 7 GWB a.F. auch keine Aussage in Bezug auf die durch **Sektorenauftraggeber** und bei der **Vergabe von verteidigungs- und sicherheitsrelevanten Aufträgen** durchzuführenden Verfahren. Die diesbezüglichen Regelungen sind nunmehr in §§ 141, 146 GWB enthalten und legen (entsprechend den europarechtlichen Vorgaben und weithin übereinstimmend mit der früheren Rechtslage) fest, dass Sektorenauftraggeber die Verfahrensart frei wählen können und bei der Vergabe von verteidigungs- und sicherheitsrelevanten Aufträgen gleichberechtigt das nicht offene Verfahren und das Verhandlungsverfahren mit Teilnahmewettbewerb sowie unter bestimmten Voraussetzungen der wettbewerbliche Dialog und das Verhandlungsverfahren ohne Teilnahmewettbewerb zur Verfügung stehen.

15 § 119 Abs. 2 GWB normiert den **Vorrang des offenen und des nicht offenen Verfahrens** vor allen anderen Vergabeverfahrensarten bei (nicht verteidigungs- oder sicherheitsrelevanten) Auftragsvergaben durch öffentliche Auftraggeber. Zwischen diesen Verfahrensarten können öffentliche Auftraggeber allerdings frei wählen. Damit geht eine Abkehr von der deutschen Vergaberechtstradition einher, nach der seit jeher im Interesse größtmöglicher Wirtschaftlichkeit der Beschaffung[10] ein Vorrang der öffentlichen Ausschreibung bzw. des offenen Verfahrens (vgl. § 101 Abs. 7 S. 1 GWB a.F.)[11] bestand. Diese der Verwirklichung der Grundsätze des Wettbewerbs und der Transparenz besonders förderliche Regelung,[12] die europarechtlich nicht zu beanstanden war,[13] ist nunmehr zugunsten einer Angleichung an die im europäischen Vergabesekundärrecht seit dessen Bestehen (nunmehr in Art. 26 Abs. 2 RL 2014/24/EU) vorgesehene Gleichrangigkeit von offenem und nicht offenem Verfahren beseitigt worden. Damit verbunden ist die Vorstellung, dass „[d]ie nunmehr vorgesehene Wahlfreiheit zwischen dem offenen und dem nicht offenen Verfahren … Vorteile für Auftragnehmer und Auftraggeber" bringe, insbesondere Effizienzgewinne und eine erhöhte Flexibilität.[14] Ob diese Erwartung gerechtfertigt ist, kann durchaus bezweifelt werden. Die normative Hervorhebung des Umstands, dass das nicht offene Verfahren „stets einen Teilnahmewettbewerb erfordert", ist in Anbetracht von § 119 Abs. 2 GWB ebenso überflüssig, wie die bemerkens-

10 Vgl. Gesetzesbegründung, VgRÄG, BT-Drs. 13/9340, 15; *Werner*, in: Byok/Jaeger, Vergaberecht, § 101 GWB Rn. 137.

11 Ausdrücklich auch BGH, Beschluss v. 10.9.2009 – X ZB 8/09, VergabeR 2010, 210 (214).

12 *Dreher*, in: Immenga/Mestmäcker, Wettbewerbsrecht, § 101 GWB Rn. 11; *Weyand*, Vergaberecht, § 101 GWB Rn. 252; vgl. auch *Werner*, in: Byok/Jaeger, Vergaberecht, § 101 GWB Rn. 137; *Kulartz*, in: Kulartz/Kus/Portz, GWB-Vergaberecht, § 101 Rn. 65; *Ganske*, in: Reidt/Stickler/Glahs, Vergaberecht, § 101 GWB Rn. 52; *Haak/Preißinger*, in: Willenbruch/Wieddekind, Vergaberecht, § 101 GWB Rn. 32.

13 *Werner*, in: Byok/Jaeger, Vergaberecht, § 101 GWB Rn. 139; *Frenz*, Handbuch Europarecht III, Rn. 3030; zweifelnd *Antweiler*, in: Ziekow/Völlink, Vergaberecht, § 101 GWB Rn. 42; *Ollmann*, VergabeR 2008, 447 (455).

14 Gesetzesbegründung, BT-Drs 18/6281, 97.

wert umfangreiche und detailgenaue Gesetzesbegründung zur Übereinstimmung der Neuregelung mit den Grundsätzen der Transparenz und des Wettbewerbs[15] eher geeignet ist, Zweifel gerade daran zu wecken. Jedenfalls ist die Norm als Entscheidung des demokratisch legitimierten Gesetzgebers hinzunehmen und zweifelsfrei europarechtskonform.

Für die **übrigen Vergabeverfahrensarten** folgt aus dem Vorrang des offenen und des nicht offenen Verfahrens und dem Fehlen weiterer verfahrenshierarchiebegründender Normen, dass sich die Zulässigkeit ihrer Durchführung ausschließlich aus ihren spezifischen Anwendungsvoraussetzungen ergibt. Der vormals europarechtlich nahe liegende Vorrang des wettbewerblichen Dialogs vor dem Verhandlungsverfahren (mit Teilnahmewettbewerb)[16] ist mit der Angleichung der Anwendungsvoraussetzungen durch Art. 26 Abs. 4 RL 2014/24/EU eindeutig entfallen, sodass öffentliche Auftraggeber zwischen diesen Verfahrensarten bei gegebenen Anwendungsvoraussetzungen gemäß § 14 Abs. 3 VgV/§ 3a EU Abs. 1 S. 1 VOB/A frei wählen können. Wegen ihres Ausnahmecharakters sind diese Voraussetzungen allerdings **restriktiv auszulegen**; zudem trägt die Vergabestelle die **Darlegungs- und Beweislast** für ihr Vorliegen.[17] Öffentliche Auftraggeber sind zudem zur Nutzung der Verfahren des wettbewerblichen Dialogs, der Innovationspartnerschaft und des Verhandlungsverfahrens bei Vorliegen der jeweiligen Anwendungsvoraussetzungen anstelle des offenen oder nicht offenen Verfahrens nur berechtigt, nicht aber verpflichtet.[18] 16

D. Offenes Verfahren (Abs. 3)

I. Grundlagen

§ 119 Abs. 3 GWB regelt die zentralen Aspekte des offenen Verfahrens. Nach der Konzeption des GWB-Vergaberechts handelt es sich, wie § 119 Abs. 2 GWB verdeutlicht, um eines der beiden **Regelverfahren** zur Vergabe von öffentlichen Aufträgen durch klassische öffentliche Auftraggeber. Sein **wesentliches Kennzeichen** besteht nach § 119 Abs. 3 GWB in der öffentlichen Aufforderung einer unbeschränkten Anzahl von Unternehmen zur Angebotsabgabe und damit zur Beteiligung am Vergabewettbewerb. 17

Zweck des offenen Verfahrens ist es, diesen Wettbewerb im wirtschaftlichen Interesse der Vergabestelle zu intensivieren. Darüber hinaus sichert das offene Verfahren in besonderem Maße die Verwirklichung der europäischen Grundfreiheiten ab, da es den deutschen Vergabemarkt für Anbieter aus anderen EU-Mitgliedstaaten öffnet.[19] 18

Das offene Verfahren wird im **untergesetzlichen Vergaberecht** detailliert geregelt. Die VgV sowie in Bezug auf die Vergabe von Bauaufträgen die VOB/A enthalten zahlreiche Vorschriften, die den Ablauf des Verfahrens normieren. Mit Blick auf die Regelungstechnik ist jedoch darauf hinzuweisen, dass sich der Verfahrensablauf nur sehr eingeschränkt aus § 15 VgV/§ 3b EU VOB/A als verfahrensspezifischer Konkretisierung von § 119 Abs. 3 GWB ergibt, sondern aus einer Zusammenschau vieler Bestimmungen der VgV, die auf die Norm verweisen oder für alle Verfahrensarten von Bedeutung sind. 19

In seiner konkreten Ausgestaltung ist das offene Verfahren **stark formalisiert**. Die Anforderungen der VgV sowie der VOB/A folgen insoweit den überaus detailgenauen Vorgaben der 20

15 Gesetzesbegründung, BT-Drs. 18/6281, 97 f.

16 *Kaelble*, in: Müller-Wrede, Kompendium des Vergaberechts, Kap. 15 Rn. 19 ff.; *Knauff*, VergabeR 2004, 287 (289); ders., NZBau 2005, 249 (254 f.); *Schenke/Klimpel*, DVBl., 2006, 1492 (1495); dahin tendierend auch *Reimnitz*, Der neue Wettbewerbliche Dialog, 232; *Kolpatzik*, VergabeR 2007, 279 (288); für ein intendiertes Ermessen zugunsten des wettbewerblichen Dialogs *Fritz*, VergabeR 2008, 379 (382); *Müller/Veil*, VergabeR 2007, 298 (304 ff.).

17 Vgl. EuGH, Urteil v. 2.6.2005 – Rs. C-394/02 (Kommission/Griechenland), Rn. 33, VergabeR 2005, 467 (470); OLG-Düsseldorf, Beschluss v. 18.10.2000 – Verg 3/00, NZBau 2001, 155 (158); *Kulartz*, in: Kulartz/Kus/Portz, GWB-Vergaberecht, § 101 Rn. 64; *Müller-Wrede*, in: Müller-Wrede, Kompendium des Vergaberechts, Kap. 14 Rn. 6; *Haak/Preißinger*, in: Willenbruch/Wieddekind, Vergaberecht, § 101 GWB Rn. 35.

18 *Weyand*, Vergaberecht, § 101 GWB Rn. 254.

19 Vgl. *Kulartz*, in: Kulartz/Kus/Portz, GWB-Vergaberecht, § 101 Rn. 3 f.; *Frenz*, Handbuch Europarecht III, Rn. 3025 ff.; *Reider*, in: Münchener Kommentar zum Kartellrecht, § 101 GWB Rn. 4.

EU-Vergaberichtlinie. Die in § 97 Abs. 1 GWB verankerten Vergabegrundsätze des (unverfälschten) Wettbewerbs und der Transparenz kommen im offenen Verfahren besonders zum Tragen, da es sich um ein **reines Angebotsverfahren** ohne bieterbezogene Auswahl- sowie ohne Verhandlungsmöglichkeiten handelt. Überdies sind die Möglichkeiten der Einflussnahme der Vergabestelle auf das Vergabeverfahren während seiner Dauer nicht zuletzt deshalb stark eingeschränkt,[20] weil dieses nicht in mehrere zeitlich voneinander getrennte Phasen untergliedert ist. Die Gefahr von Ungleichbehandlungen von Bietern unter Verstoß gegen § 97 Abs. 2 GWB besteht daher im offenen Verfahren nur in vergleichsweise geringem Maße.

II. Verfahrensablauf

21 Das offene Verfahren beginnt mit der Veröffentlichung einer klar, eindeutig und nichtdiskriminierend formulierten **Auftragsbekanntmachung** des zu vergebenden Auftrags im Supplement zum Amtsblatt der EU. Dabei handelt es sich zugleich um die in § 119 Abs. 3 GWB in Bezug genommene öffentliche Aufforderung zur Abgabe von Angeboten. In dieser Bekanntmachung sind die **zentralen Aspekte des Auftragsgegenstands** anzugeben. Das – nach § 127 Abs. 1 S. 1 GWB ausschließliche – **Zuschlagskriterium** des wirtschaftlichsten Angebots sowie die Unterkriterien zu dessen Bestimmung müssen jedoch nicht bereits in der verfahrenseinleitenden Bekanntmachung, sondern können nach § 127 Abs. 5 GWB alternativ in den Vergabeunterlagen enthalten sein. Neben der zwingenden europaweiten Ausschreibung kann die Vergabestelle gemäß § 40 Abs. 3 VgV/§ 12 EU Abs. 3 Nr. 5 VOB/A ihre Absicht zur Auftragsvergabe auch anderweitig bekannt geben, etwa auf ihrer Internet-Homepage oder in regionalen Veröffentlichungsorganen. Eine derartige zusätzliche Bekanntgabe darf nicht vor der Publikation im EU-Amtsblatt erfolgen und keine darüber hinausgehenden Informationen enthalten. Überdies ist es der Vergabestelle unter den gleichen Voraussetzungen nicht verwehrt, Unternehmen ihrer Wahl auf die beabsichtigte Auftragsvergabe hinzuweisen und zur Angebotsabgabe aufzufordern.[21]

22 Die Bekanntmachung wird um die im Wesentlichen aus den Bewerbungsbedingungen und den Vertragsunterlagen bestehenden **Vergabeunterlagen** i.S.v. § 29 VgV/§ 8 EU VOB/A ergänzt, die interessierte Unternehmen bei der Vergabestelle nach § 41 VgV elektronisch abrufen oder anfordern können. Diese müssen die geforderte Leistung so detailliert beschreiben, dass die Unternehmen in die Lage versetzt werden, annahmefähige Angebote abzugeben. Dies setzt zuvörderst eine **konkrete Darstellung des Auftragsgegenstands** voraus. Die geforderte Leistung ist gemäß § 121 GWB eindeutig und erschöpfend zu beschreiben, sodass alle Bewerber die Beschreibung im gleichen Sinne verstehen, die Vergleichbarkeit der Angebote sichergestellt ist und Diskriminierungen ausgeschlossen sind. Neben unmittelbar auf den Auftragsgegenstand bezogenen Angaben müssen die Vergabeunterlagen den Unternehmen ermöglichen, ihre Erfolgschancen in der Angebotswertung abzuschätzen. Daher sind die **Kriterien zur Bestimmung der Eignung** der Unternehmen für die Auftragsdurchführung anzugeben. Bei deren Festlegung ist zu berücksichtigen, dass Beschränkungen des Anbieterkreises nach § 119 Abs. 3 GWB im offenen Verfahren unzulässig sind. Neben den Eignungs- müssen nach § 127 Abs. 5 GWB auch die **Zuschlagskriterien** zur Bestimmung des wirtschaftlichsten Angebots und ihre Gewichtung in den Vergabeunterlagen enthalten sein, sofern sie nicht bereits in der Bekanntmachung enthalten waren. Dabei wird dem Preis regelmäßig eine zentrale Rolle zukommen. Daneben können jedoch weitere auftragsbezogene Aspekte berücksichtigt werden, vgl. § 127 Abs. 1 und Abs. 3 GWB.

23 Aus § 119 Abs. 3 GWB folgt des Weiteren, dass die Vergabeunterlagen grundsätzlich allen diese anfordernden Unternehmen zur Verfügung gestellt werden. Eine **Vorauswahl der Unternehmen** findet auf dieser Verfahrensstufe nicht statt. Etwas anderes gilt nur insoweit, als

20 Im Einzelnen dazu *Knauff*, Dispositionsfreiheiten öffentlicher Auftraggeber, S. 37 ff.; vgl. *Höß*, in: Heuvels/Höß/Kuß/Wagner, Vergaberecht, § 101 GWB Rn. 6.

21 Vgl. *Jasper/Soudry*, in: Dreher/Motzke, Vergaberecht, § 3 VOB/A Rn. 13; *Antweiler*, in: Ziekow/Völlink, Vergaberecht, § 101 GWB Rn. 13.

die fehlende Eignung eines Unternehmens entsprechend normativ vorgesehener Ausnahmen offensichtlich ist. Liegt ein solcher Fall vor, verfügt die Vergabestelle über ein Ermessen in Bezug auf die Ausgabe der Vergabeunterlagen.[22]

Auf Grundlage der Vergabeunterlagen erstellen die interessierten Unternehmen Angebote. Mehrere Unternehmen können sich dabei zu **Bietergemeinschaften** zusammenschließen, vgl. § 43 Abs. 2 VgV/§ 6 EU Abs. 3 Nr. 2 VOB/A, sofern dies nicht Wettbewerbsbeschränkungen zur Folge hat.[23] 24

Stellen sich bei der Angebotserstellung **Unklarheiten oder Fehler in den Vergabeunterlagen** heraus, können Unternehmen die Vergabestelle um Klarstellung bitten. Hält sie diese Ergänzungen für erforderlich, muss sie diese allgemein zugänglich machen, um Diskriminierungen zu vermeiden. 25

Verhandlungen über den Ausschreibungsinhalt sind unzulässig. Bei der Ausarbeitung der Angebote dürfen die Unternehmen die Vergabeunterlagen nicht abändern und müssen alle geforderten Informationen angeben. Andernfalls droht der Ausschluss des Angebots. Alternativ ist jedoch die Abgabe von **Nebenangeboten** i.S.v. § 35 VgV/§ 8 EU Abs. 2 Nr. 3 VOB/A möglich, wenn diese von der Vergabestelle zugelassen wurden. Dabei handelt es sich um Angebote, die den Bedarf der Vergabestelle auf eine andere Art und Weise, als nach der Ausschreibung vorgesehen, zu erfüllen suchen. 26

Gemäß § 119 Abs. 3 GWB können im offenen Verfahren **alle interessierten Unternehmen** verbindliche Angebote einreichen. Die Zahl der Angebote kann daher sehr hoch sein. Die Vergabestelle hat alle Angebote in die Wertung einzubeziehen, die innerhalb der nach § 15 Abs. 2 VgV/§ 10a EU Abs. 1 EU VOB/A im Regelfall mindestens 35 Tage betragenden **Angebotsfrist** bei ihr eingehen. Verspätet abgegebene Angebote nehmen am Vergabewettbewerb nicht teil. Vor Fristablauf darf die Vergabestelle die Angebote gemäß §§ 54 f. VgV/§ 13 EU Abs. 1 Nr. 2, § 14 EU Abs. 1 S. 2 f. VOB/A nicht einsehen. Dies gilt für schriftliche ebenso wie für in elektronischer Form abgegebene Angebote. Die **Öffnung aller Angebote** erfolgt gleichzeitig. Danach sind Änderungen seitens der anbietenden Unternehmen unzulässig. 27

Der **Wertungsvorgang** erfolgt in mehreren Stufen. Obwohl er eine Einheit bildet, sind die einzelnen Stufen klar voneinander abzugrenzen.[24] Ihre normativ vorgesehene Reihenfolge ist einzuhalten. Einzelne Wertungskriterien dürfen grundsätzlich nicht auf mehr als einer Stufe herangezogen werden. Allerdings kann unter den Voraussetzungen von § 58 Abs. 2 S. 2 Nr. 2 VgV/§ 16d EU Abs. 2 Nr. 2b VOB/A (in Abkehr von der früheren Rechtslage und in Übereinstimmung mit den europarechtlichen Vorgaben) ein „Mehr an Eignung" berücksichtigt werden. An die Ergebnisse der Teilwertungen ist die Vergabestelle gebunden.[25] 28

Die Wertung beginnt mit der Prüfung **formeller Ausschlussgründe** gemäß § 57 VgV/§ 16 EU VOB/A. Zwingend auszuschließen sind danach Angebote, die durch Verschulden des Bieters verfristet eingegangen sind, gravierende formelle Mängel aufweisen, Änderungen der Vergabeunterlagen enthalten, hinsichtlich der Preisangaben unvollständig sind sowie unzulässige Nebenangebote. 29

Vorbehaltlich einer Selbstreinigung nach § 125 GWB sind des Weiteren Angebote auszuschließen, die wegen der darin genannten **schwerwiegenden Verfehlungen** des jeweiligen Bieters § 123 GWB unterfallen, sofern ihre Belassung im Vergabewettbewerb nicht im (seltenen) Einzelfall „aus zwingenden Gründen des öffentlichen Interesses geboten" ist. Sofern Unterlagen (zulässigerweise, vgl. § 56 VgV/§ 16a EU VOB/A) nachgefordert, aber seitens des Bieters nicht (rechtzeitig) zur Verfügung gestellt wurden, hat dies ebenfalls nach § 57 i.V.m. § 53 30

22 *Boesen*, Vergaberecht, § 101 GWB Rn. 19; *Soudry*, in: Dreher/Motzke, Vergaberecht, § 2 VOB/A Rn. 34; *Noch*, Vergaberecht kompakt, Rn. 503, 506.

23 Ausführlich *Ohrtmann*, VergabeR 2008, 426 ff.

24 Grundlegend BGH, Urteil v. 8.9.1998 – X ZR 109-96, NJW 1998, 3644 (3646); vgl. auch *Pünder*, in: Pünder/Schellenberg, Vergaberecht, § 101 GWB Rn. 28.

25 KG, Beschluss v. 18.7.2002 – KartVerg 4/02, VergabeR 2003, 78 (80); anderes gilt nur für nachträglich zutage tretende zwingende Ausschlussgründe, vgl. OLG Düsseldorf, Beschluss v. 4.12.2002 – Verg 45/01; OLG Jena, Beschluss v. 13.10.1999 – 6 Verg 1/99, NZBau 2001, 39 (40).

VgV/§ 16a EU S. 3 VOB/A zwingend einen Ausschluss zur Folge. Vielfältige fakultative bieterbezogene Ausschlussgründe enthält zudem § 124 GWB.

31 An die Prüfung der Ausschlussgründe schließt sich die **Eignungsprüfung** an, sofern diese nicht (fakultativ) auf Grundlage von § 42 Abs. 3 VgV/§ 16b EU Abs. 2 VOB/A der Angebotswertung nachgestellt wird. Die Notwendigkeit der Prüfung der Eignung der Bieter ergibt sich normativ aus § 122 Abs. 1 GWB, wonach Aufträge an „fachkundige und leistungsfähige (geeignete) Unternehmen" vergeben werden. Diese Erfordernisse werden durch §§ 44 ff. VgV/§ 6a EU VOB/A konkretisiert. Die Eignungsprüfung dient ausschließlich der Sicherung der Auftragsdurchführung,[26] weshalb die **Eignungskriterien** gemäß § 122 Abs. 4 GWB zwingend mit dem Auftragsgegenstand in Verbindung und zu diesem in einem angemessenen Verhältnis stehen müssen. Sofern nicht im Einzelfall ein Präqualifikationssystem nach § 133 Abs. 3 GWB besteht und die Eignung eines Bieters bereits aufgrund dessen Teilnahme daran feststeht, ist die Eignung anhand geeigneter Unterlagen nachzuweisen, vgl. § 45 Abs. 4 und Abs. 5, § 46 Abs. 3, § 47 VgV/§ 6b EU Abs. 1 Nr. 2 VOB/A. Als vorläufigen Beleg der Eignung hat der öffentliche Auftraggeber gemäß § 48 Abs. 3 VgV/§ 6b EU Abs. 2 VOB/A die Vorlage einer **Einheitlichen Europäischen Eigenerklärung**[27] nach § 50 VgV/§ 6b EU Abs. 1 VOB/A zu akzeptieren. In diesem Falle muss jedenfalls der siegreiche Bieter gemäß § 50 Abs. 2 S. 2 VgV/§ 6b EU Abs. 2 Nr. 2 VOB/A seine Eignung gleichwohl vor Zuschlagserteilung durch Vorlage der hierfür erforderlichen Unterlagen nachweisen. Auch anderen Bietern kann deren Vorlage nach § 50 Abs. 2 S. 1 VgV/§ 6b EU Abs. 2 Nr. 1 VOB/A jederzeit im Verfahren vorgegeben werden, „wenn dies zur angemessenen Durchführung des Verfahrens erforderlich ist." Dies dürfte jedenfalls bei einfachen Liefer- und Dienstleistungsaufträgen regelmäßig nicht der Fall sein.

32 Auf der darauf folgenden Wertungsstufe werden **ungewöhnlich niedrige Angebote** identifiziert. Dabei handelt es sich um Angebote, deren Gesamtpreis deutlich unter dem üblichen Preisniveau liegt, ohne dass ersichtlich wäre, worauf der Preisvorteil beruht. Liegen derartige Angebote vor, muss die Vergabestelle den betreffenden Bietern nach § 60 VgV/§ 16d EU Abs. 1 Nr. 2 und Nr. 3 VOB/A Gelegenheit zur Erläuterung geben.[28] Nachbesserungen dürfen dabei ebenso wenig wie Nachverhandlungen erfolgen. Unter Berücksichtigung der Erläuterungen hat die Vergabestelle daraufhin insbesondere zu prognostizieren, ob ein ungewöhnlich niedriges Angebot das Risiko einer nicht ordnungsgemäßen Durchführung des Auftrags enthält und wie hoch dieses ist. Wenn sie aus den Erläuterungen nicht nachvollziehen kann, woraus sich der besonders niedrige Preis ergibt, verfügt sie über ein Ermessen darüber, ob sie das Angebot im Vergabewettbewerb belässt oder ausschließt. Drängt sich allerdings auf, dass eine ordnungsgemäße Auftragserfüllung durch den betreffenden Bieter im Falle der Annahme seines Angebots nicht möglich sein wird, ist ein Nichtausschluss regelmäßig als ermessensfehlerhaft zu qualifizieren und kann zum Gegenstand der Nachprüfung gemacht werden.

33 Die abschließende Wertungsstufe bildet die **Angebotswertung im engeren Sinne**. Diese erfolgt anhand der in der Bekanntmachung enthaltenen und in den Vergabeunterlagen konkretisierten Zuschlagskriterien entsprechend der darin angegebenen Gewichtung der Unterkriterien, vgl. § 127 Abs. 1 S. 2 GWB. Abweichungen hiervon sind unzulässig.[29] Ist das wirtschaftlich günstigste Angebot anhand der Zuschlagskriterien identifiziert, werden die nicht erfolgreichen Wettbewerber nach § 134 GWB **über die beabsichtigte Zuschlagserteilung informiert**. Der **Zuschlag** wird erteilt und damit zugleich der Vertrag über die zu erbringende

---

26 Zur Abgrenzung zu Zuschlagskriterien EuGH, Urteil v. 24.1.2008 – Rs. C-532/06 (Lianakis), Rn. 24 ff., VergabeR 2008, 496 (498 f.); siehe auch *Werner*, in: Byok/Jaeger, Vergaberecht, § 101 GWB Rn. 21; *Antweiler*, in: Ziekow/Völlink, Vergaberecht, § 101 GWB Rn. 15.

27 Dazu *Pauka*, VergabeR 2015, 505 ff.; im Überblick *Bischof*, ITRB 2015, 211 (213 f.).

28 Vgl. EuGH, Urteil v. 27.11.2001 – Verb. Rs. C-285/99 und C-286/99 (Lombardini), Rn. 43 ff., VergabeR 2002, 131 (134 f.), näher *Pünder*, in: Pünder/Schellenberg, Vergaberecht, § 101 GWB Rn. 31; *Pohlmann*, Der verfassungsrechtliche Gleichbehandlungsgrundsatz im öffentlichen Vergaberecht, S. 104 ff.

29 EuGH, Urteil v. 17.9.2002 – Rs. C-513/99 (Concordia), Rn. 62, VergabeR 2002, 593 (601); BGH, Urteil v. 17.2.1999 – X ZR 101/97, NJW 2000, 137 (139); BayObLG, Beschluss v. 3.7.2002 – Verg 13/02, VergabeR 2002, 637 (641).

Leistung geschlossen, wenn nicht Verfahrensfehler nach § 160 Abs. 3 GWB gerügt und kein Nachprüfungsverfahren eröffnet wird. Auftragsbezogene Nachverhandlungen sind unzulässig.

E. Nicht offenes Verfahren (Abs. 4)

Das nicht offene Verfahren nach § 119 Abs. 4 GWB, das durch § 16 VgV/§ 3b EU Abs. 2 VOB/A näher ausgestaltet wird, ist ebenso wie das offene Verfahren ein **verhandlungsfreies Angebotsverfahren**. Anders als das offene ist das nicht offene Verfahren jedoch **zweistufig** ausgestaltet. 34

Die „Nichtoffenheit" des Verfahrens liegt in der Möglichkeit der **Begrenzung des Teilnehmerkreises** seitens der Vergabestelle. Eine solche mag insbesondere bei anspruchsvolleren, aber gleichwohl standardisierten Beschaffungsvorhaben sinnvoll sein, bei denen Verhandlungen zwischen Vergabestelle und Unternehmen nicht erforderlich sind. 35

Die erste Stufe des nicht offenen Verfahrens, der **Teilnahmewettbewerb**, dient der Auswahl derjenigen Unternehmen, die zur Abgabe von Angeboten für den Ausschreibungsgegenstand aufgefordert und somit zum Vergabewettbewerb zugelassen werden. Das Verfahren beginnt mit der Publikation einer **Auftragsbekanntmachung** über den zu vergebenden Auftrag und das Zuschlagskriterium im Amtsblatt der EU. Diese Bekanntmachung muss nach § 51 Abs. 1 S. 2 VgV/§ 3b EU Abs. 2 Nr. 3 VOB/A zugleich eine Mindest- und kann ggf. eine Höchstzahl der zur Angebotsabgabe zugelassenen Bieter enthalten.[30] Die **Zahl der Teilnehmer** ist im nicht offenen Verfahren nicht normativ festgelegt und steht mithin im Ermessen der Vergabestelle. Im Interesse eines wirksamen Wettbewerbs sehen § 16 Abs. 4 S. 2 i.V.m. § 51 Abs. 2 S. 1 VgV/§ 3b EU Abs. 2 Nr. 3 S. 3 VOB/A allein vor, dass mindestens fünf Unternehmen in jedem Fall zur Angebotsabgabe aufzufordern sind. Neben quantitativen muss die Bekanntmachung auch qualitative bieterbezogene Aussagen enthalten. Da der Teilnahmewettbewerb der Identifikation derjenigen Unternehmen dient, welchen die Vergabestelle die Auftragsdurchführung „zutraut", muss die Bekanntmachung die **Anforderungen an die Eignung** enthalten und die beizubringenden **Nachweise** benennen. Nur dadurch kann auch der in § 119 Abs. 4 GWB gebotenen Transparenz der **Auswahlkriterien** Rechnung getragen werden. Diese legt ungeachtet des Fehlens einer darauf gerichteten expliziten Anforderung nach dem Vorbild von § 127 Abs. 5 GWB, § 58 Abs. 3 VgV/§ 16d EU Abs. 2 Nr. 2 VOB/A die Angabe ihrer Gewichtung oder jedenfalls ihrer Bedeutung in absteigender Reihenfolge nahe. Im Übrigen gelten für die Ausschreibung gegenüber dem offenen Verfahren keine Besonderheiten. 36

Infolge der Bekanntmachung können sich interessierte Unternehmen ohne Einschränkung **innerhalb von mindestens 30 Tagen** um eine Aufforderung zur Abgabe eines Angebots bewerben. Auf Grundlage der Teilnahmeanträge führt die Vergabestelle nach Fristablauf eine **Eignungsprüfung** nach § 122 GWB durch, die im nicht offenen Verfahren mithin nicht nur der Angebotswertung, sondern bereits der Angebotserstellung stets zeitlich vorgelagert ist. Ein Verzicht auf die Eignungsprüfung in diesem Verfahrensstadium ist nicht zulässig, wie § 42 Abs. 2 und Abs. 3 VgV/§ 16b EU Abs. 3 VOB/A verdeutlicht. Der Nachweis der Eignung soll jedoch mangels verfahrensspezifischer Einschränkung des § 48 Abs. 2 VgV/§ 6b EU Abs. 2 VOB/A auch insoweit **vorrangig im Wege der Einheitlichen Europäischen Eigenerklärung** nach § 50 VgV/§ 6b EU Abs. 2 Nr. 3 VOB/A erfolgen. Ungeachtet dessen ist es der Vergabestelle nach § 50 Abs. 2 S. 1 VgV/§ 6b EU Abs. 2 Nr. 1 VOB/A unbenommen, sich andere (grundsätzlich zulässige) Eignungsnachweise vorlegen zu lassen. Hiervon sollte jedoch vor dem Hintergrund von Art. 59 Abs. 1 S. 1 RL 2014/24/EU („Zum Zeitpunkt der Übermittlung von Teilnahmeanträgen ... akzeptieren die öffentlichen Auftraggeber die Einheitliche Europäische Eigenerklärung in Form einer aktualisierten Eigenerklärung anstelle von Bescheinigungen von Behörden oder Dritten als vorläufigen Nachweis dafür, dass der jeweilige Wirtschaftsteil- 37

30 A.A. BayObLG, Beschluss v. 20.4.2005 – Verg 26/04, VergabeR 2005, 532; wie hier *Ganske*, in: Reidt/Stickler/Glahs, Vergaberecht, § 101 GWB Rn. 12; *Antweiler*, in: Ziekow/Völlink, Vergaberecht, § 101 GWB Rn. 18.

nehmer alle ... Bedingungen erfüllt") nur Gebrauch gemacht werden, wenn sachlich begründete Zweifel daran bestehen, ob auf Grundlage der Eigenerklärungen eine angemessene Auswahl zwischen den interessierten Unternehmen getroffen werden kann. Die Prüfung ihrer Eignung erfolgt am **Maßstab der veröffentlichten Anforderungen**. Unternehmen, welche die geforderten Mindestbedingungen nicht erfüllen, dürfen nicht zum Vergabewettbewerb zugelassen werden.[31] Sofern die Zahl der als geeignet angesehenen Unternehmen die in der Bekanntmachung angegebene Mindestzahl übersteigt, kann die Vergabestelle eine **Auswahlentscheidung** treffen. Sie verfügt dabei über einen der Nachprüfung nach §§ 155 ff. GWB nur beschränkt zugänglichen Ermessensspielraum, hat aber die vergaberechtlichen Grundsätze des Wettbewerbs, der Transparenz und der Nichtdiskriminierung, die in § 119 Abs. 4 GWB explizit in Bezug genommen werden, uneingeschränkt zu beachten.[32] Insbesondere dürfen Unternehmen aus anderen EU-Mitgliedstaaten nicht diskriminiert werden. § 97 Abs. 6 GWB gibt den Unternehmen bezüglich der Auswahlentscheidung Anspruch auf eine beurteilungsfehlerfreie Entscheidung der Vergabestelle, nicht aber auf Beteiligung am Vergabewettbewerb.[33] Grundlage für die Ermessensausübung ist grundsätzlich eine Bewertungsmatrix.[34]

38 Die zweite Stufe des nicht offenen Verfahrens beginnt mit der **Aufforderung zur Angebotsabgabe** mit den in § 52 VgV/§ 12a EU Abs. 1 Nr. 3 VOB/A vorgesehenen Angaben. Diese richtet sich zeitgleich an die (mindestens fünf) im Teilnahmewettbewerb **ausgewählten Unternehmen**. Unternehmen, die in diesem gescheitert sind, dürfen nicht zur Angebotsabgabe aufgefordert werden. Gleiches gilt grundsätzlich für Unternehmen, die sich nicht am Teilnahmewettbewerb beteiligt haben. Ihnen ist die Einreichung wertungsfähiger Angebote daher unmöglich.[35] Mithin findet der Wettbewerb um den Auftrag nur zwischen den von der Vergabestelle in der ersten Verfahrensstufe ausgewählten Unternehmen statt. Anderes gilt nach § 51 Abs. 3 S. 2 VgV/§ 3b EU Abs. 2 Nr. 3 S. 6 VOB/A nur, wenn „die Zahl geeigneter Bewerber unter der Mindestzahl liegt". In diesem Falle „kann der öffentliche Auftraggeber das Vergabeverfahren fortführen, indem er den oder die Bewerber einlädt, die über die geforderte Eignung verfügen." Hat die Vergabestelle eine **Höchstzahl** zur Angebotsabgabe aufzufordernder Unternehmen festgelegt, ist sie gleichwohl nicht gehindert, von dieser abzuweichen. Eine Selbstbindung der Vergabestelle hätte insoweit eine Einschränkung des Wettbewerbs zur Folge. Dies widerspräche der Grundintention des Vergaberechts. In Anbetracht dessen und des Umstandes, dass die bloße Möglichkeit[36] der Festlegung einer Höchstzahl ausschließlich im Interesse der Vergabestelle besteht, ist es dieser unbenommen, mehr Unternehmen zur Angebotsabgabe aufzufordern als nach der Bekanntmachung vorgesehen.

39 Mit der Aufforderung zur Angebotsabgabe geht die Zugänglichmachung der Vergabeunterlagen nach § 41 VgV/§ 12a EU Abs. 1 Nr. 3 VOB/A einher. Die regelmäßige **Mindestfrist zur Abgabe von Angeboten** beträgt gemäß § 16 Abs. 5 VgV/§ 10b EU Abs. 1 VOB/A 30 Tage. Eine besondere, an Art. 28 Abs. 4 RL 2014/24/EU anknüpfende Fristenregelung enthält § 16 Abs. 6 VgV/§ 10b EU Abs. 3 VOB/A. Danach kann „[d]er öffentliche Auftraggeber mit Ausnahme oberster Bundesbehörden ... die Angebotsfrist mit den Bewerbern, die zur Angebotsabgabe aufgefordert werden, im gegenseitigen Einvernehmen festlegen, sofern allen Bewerbern dieselbe Frist für die Einreichung der Angebote gewährt wird. Erfolgt keine einvernehmliche Festlegung der Angebotsfrist, beträgt diese mindestens zehn Tage, gerechnet ab dem Tag nach der Absendung der Aufforderung zur Angebotsabgabe." Die Einvernehmlichkeit be-

31 OLG Düsseldorf, Beschluss v. 24.6.2002 – Verg 26/02; BayObLG, Beschluss v. 20.12.1999 – Verg 8/99, NZBau 2000, 259 (261); vgl. auch *Kulartz*, in: Kulartz/Kus/Portz, GWB-Vergaberecht, § 101 Rn. 12; *Ganske*, in: Reidt/Stickler/Glahs, Vergaberecht, § 101 GWB Rn. 16.

32 OLG Naumburg, Beschluss v. 28.8.2000 – 1 Verg 5/00; *Bungenberg*, in: Loewenheim/Meessen/Riesenkampff, Kartellrecht, § 101 GWB Rn. 18; *Weyand*, Vergaberecht, § 101 GWB Rn. 29 f.

33 OLG Naumburg, Beschluss v. 15.1.2002 – 1 Verg 5/00, ZfBR 2002, 301 (302); *Häfner*, in: Ax/Schneider/Bischoff, Vergaberecht 2006, § 101 GWB Rn. 9; vgl. *Hailbronner*, in: Byok/Jaeger, Vergaberecht, § 97 GWB Rn. 151 f.

34 Dazu *Noch*, Vergaberecht kompakt, Rn. 551 ff.

35 *Häfner*, in: Ax/Schneider/Bischoff, Vergaberecht 2006, § 101 GWB Rn. 6; *Müller-Wrede*, in: Müller-Wrede, Kompendium des Vergaberechts, Kap. 14 Rn. 20; *Weyand*, Vergaberecht, § 101 GWB Rn. 92.

36 Zum Fehlen einer entsprechenden Verpflichtung *Weyand*, Vergaberecht, § 101 GWB Rn. 44 ff.

zieht sich dabei vor dem Hintergrund des Gleichbehandlungsgebots nach § 97 Abs. 2 GWB auf alle zur Angebotsabgabe aufgeforderten Bewerber. Zudem ist die Angemessenheit der Frist nach § 20 VgV/§ 10 EU Abs. 1 S. 1 VOB/A zu wahren. Die Klärung von Unklarheiten ist in gleichem Maße möglich wie im offenen Verfahren.

Der **weitere Fortgang** des nicht offenen Verfahrens entspricht im Wesentlichen dem offenen Verfahren. Bei der Wertung der fristgemäß eingegangenen Angebote wird allerdings **keine erneute Eignungsprüfung** vorgenommen. Auf Angebote von Unternehmen, deren Eignung nach Abschluss des Teilnahmewettbewerbs entfallen ist, darf der Zuschlag gleichwohl nicht erteilt werden. Erlangt die Vergabestelle daher im Einzelfall Kenntnis von Verdachtsmomenten bezüglich des zwischenzeitlichen Entfalls der Eignung, muss sie diesen nachgehen. Soweit die Eignung im Rahmen des Teilnahmewettbewerbs durch eine **Einheitliche Europäische Eigenerklärung** vorläufig nachgewiesen wurde, muss jedenfalls der Bestbieter gemäß § 50 Abs. 2 S. 2 VgV/§ 6b EU Abs. 2 Nr. 1 VOB/A seine Eignung vor Zuschlagserteilung durch Vorlage der hierfür erforderlichen Unterlagen nachweisen. Der **Zuschlag** wird auf das wirtschaftlich günstigste Angebot erteilt. Hiervon sind (nur) die an der zweiten Stufe des nicht offenen Verfahrens beteiligten Unternehmen vorab nach § 134 GWB zu unterrichten.[37] 40

F. Verhandlungsverfahren (Abs. 5)

Das Verhandlungsverfahren nach § 119 Abs. 5 GWB, das durch § 17 VgV und § 3b EU Abs. 3 VOB/A konkretisiert wird, ist zwar nach wie vor die **am wenigsten formalisierte Verfahrensart** im GWB-Vergaberecht. Durch das VergRModG 2016 hat es jedoch – den europarechtlichen Vorgaben folgend[38] – eine etwas stärkere Konturierung erfahren. 41

Wie unmittelbar aus § 119 Abs. 5 GWB ersichtlich, ist zwischen dem Verhandlungsverfahren **mit und ohne Teilnahmewettbewerb** zu unterscheiden. In beiden Fällen ist die Vergabestelle zwar bei der Verfahrenswahl in erheblichem Maße gebunden, unterliegt bei der Verfahrensdurchführung aber nur wenigen normativen Vorgaben. Die vergaberechtlichen Prinzipien von **Transparenz, Wettbewerb und Nichtdiskriminierung** sind allerdings uneingeschränkt zu beachten[39] und wirken sich insbesondere auf die Durchführung des Verhandlungsverfahrens mit Teilnahmewettbewerb aus.[40] Innerhalb der durch das positive Recht wie auch die Vergabegrundsätze gesetzten Grenzen ist die Vergabestelle jedoch sowohl mit Blick auf die Auswahl ihrer Verhandlungspartner als auch des sachbezogenen Vorgehens weitgehend frei. Es bedarf jedoch stets einer detailgenauen Dokumentation, um die Nachvollziehbarkeit des Verfahrens sicherzustellen.[41] 42

I. Anwendungsvoraussetzungen

Das Verhandlungsverfahren gefährdet gerade wegen seiner fehlenden Formalisierung die Verwirklichung der Vergabegrundsätze in erheblichem Maße und ist für außervergaberechtliche Einflussnahmen besonders anfällig.[42] Für öffentliche Auftraggeber stellen § 14 Abs. 3 und Abs. 4 VgV sowie § 3a EU Abs. 2 und Abs. 3 VOB/A daher **abschließende**[43] **Voraussetzun-** 43

37 Vgl. *Dreher*, in: Immenga/Mestmäcker, Wettbewerbsrecht, § 101 GWB Rn. 13; *Mentzinis*, in: Pünder/Schellenberg, Vergaberecht, § 101a GWB Rn. 6; *Braun*, in: Ziekow/Völlink, Vergaberecht, § 101a GWB Rn. 6; *Hölzl*, NZBau 2013, 558 (559).

38 Dazu im Überblick *Hettich*, in: Soudry/Hettich, Das neue Vergaberecht, S. 26 ff.; *Jaeger*, NZBau 2014, 259 (262 f.).

39 OLG Stuttgart, Beschluss v. 15.9.2003 – 2 Verg 8/03, VergabeR 2004, 384 (385); BayObLG, Beschluss v. 5.11.2002 – Verg 22/02, VergabeR 2003, 186 (189); *Häfner*, in: Ax/Schneider/Bischoff, Vergaberecht 2006, § 101 GWB Rn. 12; *Werner*, in: Byok/Jaeger, Vergaberecht, § 101 GWB Rn. 90 ff.; *Kulartz*, in: Kulartz/Kus/Portz, GWB-Vergaberecht, § 101 Rn. 33; *Pünder*, in: Pünder/Schellenberg, Vergaberecht, § 101 GWB Rn. 72; *Haak/Preißinger*, in: Willenbruch/Wieddekind, Vergaberecht, § 101 GWB Rn. 20; *Schütte*, ZfBR 2004, 237.

40 Daher ist die Qualifikation als *„streng förmlich[es]"* Verfahren bei *Tschäpe*, ZfBR 2014, 538 (546), trotz bestehender Ausgestaltungsspielräume keineswegs unzutreffend.

41 Siehe nur *Werner*, in: Byok/Jaeger, Vergaberecht, § 101 GWB Rn. 100; *Reider*, in: Münchener Kommentar zum Kartellrecht, § 101 GWB Rn. 15; *Pünder*, in: Pünder/Schellenberg, Vergaberecht, § 101 GWB Rn. 72.

42 Vgl. auch *Dobmann*, VergabeR 2013, 175 (178).

43 Verordnungsbegründung, VergRModVO, BR-Drs. 87/16, 168.

gen auf, bei deren Vorliegen die Wahl des Verhandlungsverfahrens mit bzw. ohne Teilnahmewettbewerb möglich ist. Diese sind **eng auszulegen**.[44]

44 Das **Verhandlungsverfahren mit Teilnahmewettbewerb** steht öffentlichen Auftraggebern nur unter den in § 14 Abs. 3 VgV/§ 3a EU Abs. 2 VOB/A genannten (sich teils überschneidenden[45]) Voraussetzungen für die Vergabe von öffentlichen Aufträgen (ohne verteidigungs- und sicherheitsrelevante Beschaffungen, vgl. § 146 GWB) zur Verfügung sowie wegen der größeren Wettbewerbsintensität in den Fällen, in denen auch ein Verhandlungsverfahren ohne Teilnahmewettbewerb nach § 14 Abs. 4 VgV/§ 3a EU Abs. 3 VOB/A zulässig wäre. Erforderlich ist mithin, dass

„1. die Bedürfnisse des öffentlichen Auftraggebers nicht ohne die Anpassung bereits verfügbarer Lösungen erfüllt werden können,
2. der Auftrag konzeptionelle oder innovative Lösungen umfasst,[46]
3. der Auftrag aufgrund konkreter Umstände, die mit der Art, der Komplexität oder dem rechtlichen oder finanziellen Rahmen oder den damit einhergehenden Risiken zusammenhängen, nicht ohne vorherige Verhandlungen vergeben werden kann,
4. die Leistung, insbesondere ihre technischen Anforderungen, vom öffentlichen Auftraggeber nicht mit ausreichender Genauigkeit unter Verweis auf eine Norm, eine europäische technische Bewertung (ETA), eine gemeinsame technische Spezifikation oder technische Referenzen im Sinne des Anhangs 1 Nummer 2 bis 5 beschrieben werden kann, oder
5. im Rahmen eines offenen oder nicht offenen Verfahrens **keine ordnungsgemäßen oder nur unannehmbare Angebote** eingereicht wurden".

Letzteres wird normativ dahin gehend konkretisiert, dass „**nicht ordnungsgemäß** ... insbesondere Angebote [sind], die nicht den Vergabeunterlagen entsprechen, nicht fristgerecht eingereicht wurden, nachweislich auf kollusiven Absprachen oder Korruption beruhen oder nach Einschätzung des öffentlichen Auftraggebers ungewöhnlich niedrig sind; **unannehmbar** sind insbesondere Angebote von Bietern, die nicht über die erforderlichen Qualifikationen verfügen, und Angebote, deren Preis die vor Einleitung des Vergabeverfahrens festgelegte[n] und dokumentierte[n] eingeplanten Haushaltsmittel des öffentlichen Auftraggebers übersteigt". Zudem muss das vorherige offene oder nicht offene Verfahren gegenständlich identisch gewesen sein.[47] Unter denselben normativen Voraussetzungen ist alternativ grundsätzlich auch die Durchführung eines wettbewerblichen Dialogs möglich. Gegen die Zuerkennung allzu *„großzügige[r] Beurteilungsspielräume"*[48] im Hinblick auf das Vorliegen dieser Voraussetzungen spricht der Ausnahmecharakter beider Verfahrensarten.

45 Das **Verhandlungsverfahren ohne Teilnahmewettbewerb** darf ebenfalls nur in bestimmten Konstellationen durchgeführt werden. Das untergesetzliche Vergaberecht sieht in § 14 Abs. 4 VgV und § 3a EU Abs. 3 VOB/A eine zunächst erheblich erscheinende Zahl derartiger Situationen vor. Diese sind jedoch sämtlich dadurch gekennzeichnet, dass sie nur selten auftreten. Weitgehend unproblematisch sind dabei die Fälle, in denen

- nur ein bestimmter Anbieter die Leistung erbringen kann (Nr. 2), wobei die Voraussetzungen nach § 14 Abs. 6 VgV/§ 3a EU Abs. 3 Nr. 3 VOB/A jenseits des Bestehens ausschließlicher (Schutz-)Rechte nur dann gelten, „wenn es keine vernünftige Alternative oder Ersatzlösung gibt und der mangelnde Wettbewerb nicht das Ergebnis einer künstlichen Einschränkung der Auftragsparameter ist",

---

44 Vgl. EuGH, Urteil v. 28.3.1996 – Rs. C-318/94 (Kommission/Deutschland), Rn. 13, NVwZ 1997, 373; Urteil v. 14.9.2004 – Rs. C-385/02 (Parma), Rn. 37, VergabeR 2004, 710 (714); *Antweiler*, in: Ziekow/Völlink, Vergaberecht, § 101 GWB Rn. 27; weiter wohl *Jaeger*, NZBau 2014, 259 (262).
45 *Hettich*, in: Soudry/Hettich, Das neue Vergaberecht, S. 28.
46 Als möglichen Anwendungsbereich von § 14 Abs. 3 Nr. 1 und Nr. 2 VgV qualifiziert *Bischof*, ITRB 2015, 211 (213), die Vergabe von IT-Leistungen.
47 Ebenso *Hettich*, in: Soudry/Hettich, Das neue Vergaberecht, S. 28.
48 *Hettich*, in: Soudry/Hettich, Das neue Vergaberecht, S. 27.

- Lieferleistungen ohne Marktbezug, „die ausschließlich zu Forschungs-, Versuchs-, Untersuchungs- oder Entwicklungszwecken hergestellt wurde[n]", Gegenstand der Beschaffung sind (Nr. 4) oder
- es sich um den Erwerb von Waren an Warenbörsen (Nr. 6) oder von Leistungen zu besonders günstigen Bedingungen bei Geschäftsaufgabe von Lieferanten oder in Insolvenz- und vergleichbaren Verfahren (Nr. 7) handelt oder
- ein (Planungs-) Wettbewerb durchgeführt wurde (Nr. 8).

Des Weiteren können öffentliche Aufträge nach § 14 Abs. 4 Nr. 1 VgV/§ 3a EU Abs. 3 Nr. 1 VOB/A im Wege des Verhandlungsverfahrens ohne Teilnahmewettbewerb vergeben werden, 46

> „wenn in einem offenen oder einem nicht offenen Verfahren **keine oder keine geeigneten Angebote oder keine geeigneten Teilnahmeanträge abgegeben** worden sind, sofern die ursprünglichen Bedingungen des Auftrags nicht grundlegend geändert werden; ein Angebot gilt als ungeeignet, wenn es ohne Abänderung den in den Vergabeunterlagen genannten Bedürfnissen und Anforderungen des öffentlichen Auftraggebers offensichtlich nicht entsprechen kann; ein Teilnahmeantrag gilt als ungeeignet, wenn das Unternehmen aufgrund eines zwingenden oder fakultativen Ausschlussgrundes nach den §§ 123 und 124 des Gesetzes gegen Wettbewerbsbeschränkungen auszuschließen ist oder ausgeschlossen werden kann, oder wenn es die Eignungskriterien nicht erfüllt".

Nach Sinn und Zweck der Vorschrift muss dies auch für entsprechende Situationen in einem **vorherigen Verhandlungsverfahren mit Teilnahmewettbewerb** gelten. Von **§ 14 Abs. 3 Nr. 5 VgV/§ 3a EU Abs. 2 Nr. 2 VOB/A**, der ebenfalls das Scheitern eines offenen oder nicht offenen Verfahrens als Voraussetzung für die Durchführung eines Verhandlungsverfahrens mit Teilnahmewettbewerb vorsieht, unterscheidet sich § 14 Abs. 4 Nr. 1 VgV/§ 3a EU Abs. 3 Nr. 1 VOB/A klar insoweit, als in dem vorangehenden Verfahren entweder gar keine Angebote abgegeben wurden oder nur Teilnahmeanträge auszuschließender bzw. ausschließbarer oder sonst ungeeigneter Bewerber eingegangen sind. Unter der Voraussetzung des Vorliegens von Angeboten ist eine zweifelsfreie Grenzziehung dagegen kaum möglich. Die Formulierung der Normen legt nahe, dass ihnen die Vorstellung zugrunde liegt, dass „leichte" Defizite von Angeboten in einem vorangegangenen und letztlich gescheiterten offenen oder nicht offenen Verfahren die Auftragsvergabe im Verhandlungsverfahren (nur) mit Teilnahmewettbewerb rechtfertigen, „schwere" dagegen diejenige im Verhandlungsverfahren ohne Teilnahmewettbewerb. Mit Blick auf dessen besonderen Ausnahmecharakter ist in Bezug auf die Annahme des Vorliegens der Voraussetzungen des § 14 Abs. 4 Nr. 1 VgV/§ 3b EU Abs. 3 Nr. 1 VOB/A im Verhältnis zu § 14 Abs. 3 Nr. 5 VgV/§ 3b EU Abs. 2 Nr. 2 VOB/A eine enge Auslegung geboten. Allerdings kann die rechtliche Unsicherheit in der Praxis zumindest teilweise dadurch ausgeglichen werden, als nach der abschließenden Formulierung des § 14 Abs. 3 Nr. 5 VgV/§ 3a EU Abs. 2 Nr. 2 VOB/A „der öffentliche Auftraggeber … in [den von der Norm erfassten] Fällen von einem Teilnahmewettbewerb absehen [kann], wenn er in das Verhandlungsverfahren alle geeigneten Unternehmen einbezieht, die form- und fristgerechte Angebote abgegeben haben."[49]

Das Verhandlungsverfahren ohne Teilnahmewettbewerb ist nach § 14 Abs. 4 Nr. 3 VgV/§ 3a EU Abs. 3 Nr. 4 VOB/A auch dann zulässig, 47

> „wenn **äußerst dringliche, zwingende Gründe** im Zusammenhang mit Ereignissen, die der betreffende öffentliche Auftraggeber nicht voraussehen konnte, es nicht zulassen, die Mindestfristen einzuhalten, die für das offene und das nicht offene Verfahren sowie für das Verhandlungsverfahren mit Teilnahmewettbewerb vorgeschrieben sind; die Umstände zur Begründung der äußersten Dringlichkeit dürfen dem öffentlichen Auftraggeber nicht zuzurechnen sein".

49 Vgl. insoweit auch OLG Bremen, Beschluss v. 3.4.2007 – Verg 2/07, VergabeR 2007, 517 (520); OLG Düsseldorf, Beschluss v. 5.7.2006 – VII-Verg 21/06, VergabeR 2006, 929 (931); *Reider*, in: Münchener Kommentar zum Kartellrecht, § 101 GWB Rn. 18.

Zwischen dem unvorhergesehenen Ereignis und den sich daraus ergebenden zwingenden und zugleich äußerst[50] dringlichen Gründen für die Auftragsvergabe sowie der Unmöglichkeit der Fristwahrung muss ein Kausalzusammenhang bestehen.[51] An die **Unvorhersehbarkeit** wie auch an die **Dringlichkeit** ist ein strenger, objektivierender Maßstab anzulegen.[52] Sofern der öffentliche Auftraggeber das Ereignis, welches zur Notwendigkeit einer Vergabe ohne (Teilnahme-)Wettbewerb führt, zu vertreten hat, liegt eine Unvorhersehbarkeit in keinem Falle vor. Die zwingenden Gründe für die Auftragsvergabe müssen ebenso wie deren äußerste Dringlichkeit von der Vergabestelle dargelegt werden können.[53] Letztere setzt voraus, dass ein auch nur kurzfristiges Zuwarten rechtlich nicht hinnehmbare Folgen zeitigen würde. Eine Unmöglichkeit der Fristwahrung setzt voraus, dass sämtliche Potenziale für Fristverkürzungen bei der Bewertung berücksichtigt werden. Letztlich muss eine solche Dringlichkeitsvergabe den Charakter einer unumgänglichen Notvergabe haben.[54]

48 Weiterhin ist die **Beauftragung eines vorhandenen Auftragnehmers mit zusätzlichen Leistungen** nach § 14 Abs. 4 Nr. 5 VgV zulässig,

> „wenn zusätzliche Lieferleistungen des ursprünglichen Auftragnehmers beschafft werden sollen, die entweder zur teilweisen Erneuerung oder Erweiterung bereits erbrachter Leistungen bestimmt sind, und ein Wechsel des Unternehmens dazu führen würde, dass der öffentliche Auftraggeber eine Leistung mit unterschiedlichen technischen Merkmalen kaufen müsste und dies eine technische Unvereinbarkeit oder unverhältnismäßige technische Schwierigkeiten bei Gebrauch und Wartung mit sich bringen würde; die Laufzeit dieser öffentlichen Aufträge darf in der Regel drei Jahre nicht überschreiten".

In der Sache handelt es sich dabei um Ersatz- oder Ergänzungsbeschaffungen im Zusammenhang mit zuvor erworbenen Waren, die eine gewisse Kompliziertheit aufweisen. Die diesbezüglich angeordnete **Laufzeitbegrenzung** auf grundsätzlich maximal drei Jahre bezweckt, einen erneuten Wettbewerb zu ermöglichen. Aus Sachgründen, die im Beschaffungsgegenstand beruhen, sind aber sowohl eine längere Vertragslaufzeit als auch mit Blick auf besonders langlebige Güter eine wiederholte Vergabe auf Grundlage von § 14 Abs. 4 Nr. 5 VgV nicht ausgeschlossen.

49 Eine funktionale Parallelregelung für die Vergabe von Dienstleistungsaufträgen im Verhandlungsverfahren ohne Teilnahmewettbewerb enthält schließlich § 14 Abs. 4 Nr. 9 VgV für den Fall, dass

> „eine Dienstleistung beschafft werden soll, die in der **Wiederholung gleichartiger Leistungen** besteht, die durch denselben öffentlichen Auftraggeber an das Unternehmen vergeben werden, das den ersten Auftrag erhalten hat, sofern sie einem Grundprojekt entsprechen und dieses Projekt Gegenstand des ersten Auftrags war, das im Rahmen eines Vergabeverfahrens mit Ausnahme eines Verhandlungsverfahrens ohne Teilnahmewettbewerb vergeben wurde; die Möglichkeit der Anwendung des Verhandlungsverfahrens muss bereits in der Auftragsbekanntmachung des ersten Vorhabens angegeben werden; darüber hinaus sind im Grundprojekt bereits der Umfang möglicher Dienstleistungen sowie die Bedingungen, unter denen sie vergeben werden, anzugeben; der für die nachfolgenden Dienstleistungen in Aussicht genommene Gesamtauftragswert wird vom öffentlichen Auftraggeber bei der Berechnung des Auftragswertes berücksichtigt; das Verhandlungsverfahren ohne Teilnahmewettbewerb darf nur innerhalb von drei Jahren nach Abschluss des ersten Auftrags angewandt werden."

Die Vorschrift unterscheidet sich von dem für Lieferaufträge geltenden § 14 Abs. 4 Nr. 5 VgV dadurch, dass sie zwingend anordnet, dass die Möglichkeit der **Folgevergabe eines Dienstleistungsauftrags** bereits im ersten (wettbewerblichen) Vergabeverfahren über einen entsprechenden Auftrag vorgesehen war und auch in dessen Wertberechnung eingeflossen sein muss. Gleichwohl bezieht sie sich auf eine neue Auftragsvergabe und unterscheidet sich inso-

---

50 Dies mit Blick auf die europäische Rechtsentwicklung hervorhebend *Jaeger*, NZBau 2014, 259 (263). *Hettich*, in: Soudry/Hettich, Das neue Vergaberecht, S. 32, qualifiziert dieses Merkmal als Ausdruck des Ausnahmecharakters.
51 Verordnungsbegründung, VergRModVO, BR-Drs. 87/16, 169.
52 Vgl. OLG Naumburg, Beschluss. v. 14.3.2014 – 2 Verg 1/14, VergabeR 2014, 787 (793 f.).
53 OLG Düsseldorf, Beschluss. v. 10.6.2015 – VII-Verg 39/14, VergabeR 2015, 664 (665).
54 Dahin gehend auch OLG Celle, Beschluss. v. 24.9.2014 – 13 Verg 9/14, VergabeR 2015, 60 (64).

weit von Vertragsänderungen während der Laufzeit eines vergebenen Dienstleistungsauftrags nach § 132 GWB. Für die **Folgevergabe von Bauleistungen** enthält § 3a EU Abs. 3 Nr. 5 VOB/A übereinstimmende Vorgaben.

II. Verfahrensablauf

1. Teilnehmerauswahl

Bei der Auswahl der Verhandlungsteilnehmer unterscheiden sich das Verhandlungsverfahren mit und dasjenige ohne Teilnahmewettbewerb deutlich. Zwar wählt die Vergabestelle in beiden Fällen Unternehmen aus, mit denen sie in auftragsbezogene Verhandlungen eintritt. Dabei ist sie jedoch in unterschiedlichem Maße rechtlich gebunden. 50

Im **Verhandlungsverfahren mit Teilnahmewettbewerb** erfolgt die Teilnehmerauswahl wie im nicht offenen Verfahren und im wettbewerblichen Dialog, vgl. § 17 Abs. 1 bis 4 VgV/§ 3b EU Nr. 3 VOB/A. Zu Beginn des Verfahrens hat die Vergabestelle eine **Auftragsbekanntmachung** im Supplement zum EU-Amtsblatt zu veröffentlichen. Aus dieser müssen der Auftragsgegenstand, die Wertungs- sowie die Eignungs- und sonstigen Auswahlkriterien ersichtlich sein. Interessierte Unternehmen reichen daraufhin innerhalb der **Teilnahmefrist** von grundsätzlich mindestens 30 Tagen, die in dringenden Fällen auf 15 Tage verkürzt werden kann, Teilnahmeanträge ein, die von der Vergabestelle anhand der bekannt gemachten unternehmensbezogenen Kriterien zu bewerten sind. **Auswahlentscheidungen** sind unter uneingeschränkter Beachtung der vergaberechtlichen Grundsätze zu treffen.[55] Bei Verwendung einer Bewertungsmatrix muss diese zur differenzierten Begutachtung geeignet sein.[56] Gemäß § 51 Abs. 2 VgV/§ 3b EU Abs. 2 Nr. 3 S. 3 VOB/A sind **mindestens drei Unternehmen** zu Verhandlungen aufzufordern. Ein Anspruch der Unternehmen auf Beteiligung an der Verhandlungsphase besteht jedoch nicht. Es ist der Vergabestelle unbenommen, nach Veröffentlichung der Auftragsbekanntmachung bestimmte Unternehmen zur Teilnahme am Vergabeverfahren aufzufordern.[57] Die Aufnahme von Verhandlungen setzt jedoch außer in dem in § 51 Abs. 3 VgV/§ 3b EU Abs. 2 Nr. 3 S. 6 VOB/A genannten Fall der Nichterreichung der Mindestzahl von Bewerbern stets zuvor die Auswahl im Teilnahmewettbewerb voraus. **Auftragsbezogene Verhandlungen** mit sonstigen Unternehmen sind jenseits dessen ebenso wie beim nicht offenen Verfahren unzulässig. 51

Im **Verhandlungsverfahren ohne Teilnahmewettbewerb** stellt sich in denjenigen Konstellationen, in denen nur ein einziger Auftragnehmer in Betracht kommt, die Frage nach der **Teilnehmerauswahl** nicht.[58] Anders ist dies, wenn die Vergabe aus anderen Gründen von der Ausschreibungspflicht ausgenommen ist. Bereits aus dem Wettbewerbsgrundsatz folgt, dass in einem solchen Fall mehrere Anbieter zu beteiligen sind.[59] Korrespondierend damit enthält § 51 Abs. 2 VgV/§ 3b EU Abs. 2 Nr. 3 S. 3 VOB/A keine generelle Einschränkung für das Verhandlungsverfahren ohne Teilnahmewettbewerb in Bezug auf die Mindestzahl der zu beteiligenden Unternehmen. Die Vergabestelle muss mithin eine Auswahl aus potenziellen Anbietern treffen, mit denen sie aus eigener Initiative in Verhandlungen eintritt. Dabei hat sie nicht nur die vergaberechtlichen Prinzipien des § 97 GWB, sondern auch das in § 122 GWB verankerte Gebot der Auftragsvergabe an geeignete Unternehmen zu beachten. Es bedarf daher stets bereits vorab einer informellen Einschätzung der Eignung der zu beteiligenden Unternehmen[60] und der Heranziehung nachvollziehbarer Auswahlkriterien. Die ausgewählten Unternehmen erhalten nach § 17 Abs. 5 VgV/§ 3b EU Abs. 3 Nr. 4 VOB/A „unmittelbar eine **Aufforderung zur Abgabe von Erstangeboten**", für deren Erstellung § 17 Abs. 6 52

55 Vgl. OLG Düsseldorf, Beschluss v. 24.5.2007 – VII-Verg 12/07, ZfBR 2008, 79; *Antweiler*, in: Ziekow/Völlink, Vergaberecht, § 101 GWB Rn. 30.
56 OLG München, Beschluss v. 26.6.2007 – Verg 6/07, VergabeR 2007, 684 (688 f.).
57 Vgl. auch *Horn*, in: Heiermann/Zeiss, Vergaberecht, § 101 GWB Rn. 70.
58 Vgl. auch *Noch*, Vergaberecht kompakt, B Rn. 590.
59 *Wagner*, in: Langen/Bunte, Kartellrecht I, § 101 GWB Rn. 64; *Ganske*, in: Reidt/Stickler/Glahs, Vergaberecht, § 101 GWB Rn. 39; *Antweiler*, in: Ziekow/Völlink, Vergaberecht, § 101 GWB Rn. 31.
60 OLG Jena, Beschluss v. 21.1.2015 – 2 Verg 4/14, VergabeR 2015, 599 (604 f.).

VgV/§ 10c EU VOB/A grundsätzlich eine Mindestfrist von 30 Tagen vorsieht, die in Fällen besonderer Dringlichkeit nach § 17 Abs. 8 VgV auf 10 Tage verkürzt werden kann. Einzelne Unternehmen haben aber weder einen Anspruch darauf, von der Vergabestelle in Betracht gezogen noch im Nachgang einer Kontaktaufnahme an Verhandlungen beteiligt zu werden.

2. Verhandlungsphase

53 In der Verhandlungsphase weisen die Varianten des Verhandlungsverfahrens keine grundlegenden Unterschiede auf. Wenngleich die Durchführung von **Verhandlungen** verfahrensprägenden Charakter haben, müssen diese nicht (mehr[61]) zwingend erfolgen. Nach § 17 Abs. 11 VgV/§ 3b EU Abs. 3 Nr. 7 VOB/A kann der öffentliche Auftraggeber „den Auftrag auf der Grundlage der Erstangebote vergeben, ohne in Verhandlungen einzutreten, wenn er sich in der Auftragsbekanntmachung oder in der Aufforderung zur Interessensbestätigung diese Möglichkeit vorbehalten hat." Dies bedeutet zugleich, dass die Unternehmen bei einer entsprechenden Bekanntmachung bereits die Erstangebote zuschlagsfähig gestalten müssen. Allerdings wirft die Nutzung dieser Möglichkeit seitens der Vergabestelle die Frage auf, ob die Voraussetzungen für die Durchführung eines Verhandlungsverfahrens im Einzelfall tatsächlich vorlagen,[62] da sich der Verfahrensablauf dann nicht grundsätzlich von demjenigen des nicht offenen Verfahrens unterscheidet.

54 Erfolgen – wie sicher auch künftig im Regelfall[63] – Verhandlungen, können diese sowohl den Auftragsgegenstand als auch die Preise betreffen. In einem *„dynamische(n) Prozess"*[64] erfolgt die Auswahl desjenigen Angebots, das die Bedürfnisse des Auftraggebers am besten befriedigt. Anders als im wettbewerblichen Dialog und bei der Innovationspartnerschaft muss die Vergabestelle jedoch zumindest über eine **grundlegende Vorstellung über die Auftragskonzeption** verfügen, deren Identität im Laufe der Verhandlungen zu bewahren ist.[65] Gemäß § 17 Abs. 10 S. 2 VgV/§ 3b EU Abs. 3 Nr. 6 VOB/A „darf über den gesamten Angebotsinhalt verhandelt werden mit Ausnahme der vom öffentlichen Auftraggeber in den Vergabeunterlagen festgelegten Mindestanforderungen und Zuschlagskriterien." Diese in den Ausschreibungsunterlagen enthaltenen zentralen Vorgaben bleiben daher während der gesamten Verfahrensdauer maßgeblich.[66] Allerdings kann die Vergabestelle im Zuge der Verhandlungen transparente und diskriminierungsfreie Änderungen im Detail vornehmen, welche die Bieter bei der Abgabe der endgültigen Angebote zu berücksichtigen haben.[67] In der **Art und Weise der Durchführung** der Verhandlungsphase ist die Vergabestelle weitgehend frei. Sie hat jedoch sowohl die vergaberechtlichen Grundsätze[68] als auch eigene verfahrensbezogene Festlegungen zu beachten.[69] Gestaltungsformen, die auf intensiven mündlichen Verhandlungen zwischen Vergabestelle und Unternehmen basieren, sind ebenso zulässig wie Annäherungen

---

61 Vgl. zur bisherigen Rechtslage *Dreher*, in: Immenga/Mestmäcker, Wettbewerbsrecht, § 101 GWB Rn. 62.

62 *Hettich*, in: Soudry/Hettich, Das neue Vergaberecht, S. 30. Auf Grundlage der früheren Rechtslage hat das KG, Beschluss v. 21.11.2014 – Verg 22/13, VergabeR 2015, 204 (208), ein Verhandlungsverfahren im Falle der Verwendung ausschließlich verbindlicher Vorgaben in den Vergabeunterlagen für rechtswidrig erachtet.

63 Die Erforderlichkeit hervorhebend *Hölzl*, NZBau 2013, 558 (559).

64 OLG Celle, Beschluss v. 16.1.2002 – 13 Verg 1/02, VergabeR 2002, 299 (301); *Werner*, in: Byok/Jaeger, Vergaberecht, § 101 GWB Rn. 94 f.; *Höß*, in: Heuvels/Höß/Kuß/Wagner, Vergaberecht, § 101 GWB Rn. 24.

65 OLG Dresden, Beschluss v. 3.12.2003 – WVerg 15/03, VergabeR 2004, 225, 229; *Werner*, in: Byok/Jaeger, Vergaberecht, § 101 GWB Rn. 94 f.; *Wagner*, in: Langen/Bunte, Kartellrecht I, § 101 GWB Rn. 66; *Weyand*, Vergaberecht, § 101 GWB Rn. 121; *Schütte*, ZfBR 2004, 237 (240); vgl. auch OLG Düsseldorf, Beschluss v. 5.7.2006 – VII-Verg 21/06, VergabeR 2006, 929 (931); *Häfner*, in: Ax/Schneider/Bischoff, Vergaberecht 2006, § 101 GWB Rn. 15; *Höß*, in: Heuvels/Höß/Kuß/Wagner, Vergaberecht, § 101 GWB Rn. 24; *Kulartz*, in: Kulartz/Kus/Portz, GWB-Vergaberecht, § 101 Rn. 36.

66 EuGH, Urteil. v. 5.12.2013 – Rs. C-561/12 (Nordecon), Rn. 37 f., VergabeR 2014, 395 (399); siehe auch bereits OLG Stuttgart, Beschluss v. 15.9.2003 – 2 Verg 8/03, VergabeR 2004, 384 (385); Modifikationen oder Reduzierungen des Auftragsvolumens sind grundsätzlich erlaubt, *Antweiler*, in: Ziekow/Völlink, Vergaberecht, § 101 GWB Rn. 35.

67 BGH, Urteil v. 1.8.2006 – X ZR 115/04, VergabeR 2007, 73 (75); *Werner*, in: Byok/Jaeger, Vergaberecht, § 101 GWB Rn. 96.

68 OLG Celle, Beschluss v. 16.1.2002 – 13 Verg 1/02, VergabeR 2002, 299 (301); OLG Frankfurt, Beschluss v. 10.4.2001 – 11 Verg 1/01, VergabeR 2001, 299 (302).

69 *Schütte*, ZfBR 2004, 237 (240); vgl. auch EuG, Urteil v. 28.11.2002 – Rs. T-40/01 (Scan Office Design), Rn. 76, WuW/E Verg 685 (690).

an Angebotsverfahren.[70] Gemäß § 17 Abs. 12 VgV/§ 3b EU Abs. 3 Nr. 8 VOB/A können mehrere Verhandlungsrunden durchgeführt werden, sofern dies vorab transparent gemacht wurde.[71] Die zum Abschluss der Verhandlungsphase vorliegenden endgültigen Angebote müssen ebenso wie in den übrigen Vergabeverfahrensarten zuschlagsfähig[72], bindend und unabänderlich sein. Letzteres folgt unmittelbar aus § 17 Abs. 10 S. 1 VgV/§ 3b EU Abs. 3 Nr. 6 VOB/A wie auch aus den Grundsätzen des fairen Wettbewerbs und der Gleichbehandlung.[73] Nach der Angebotswertung und der Entscheidung über den Zuschlag gemäß § 17 Abs. 14 S. 2 VgV/§ 3b EU Abs. 3 Nr. 10 VOB/A kommt eine Fortsetzung der Verhandlungen nur[74] bei Vorliegen sachgerechter Gründe, etwa im Fall einer erfolgreichen Rüge von Vergaberechtsverstößen, in Betracht.[75]

Aus dem **Transparenzgrundsatz**, der für alle Verfahrensarten sowohl die Ex-ante- als auch Ex-post-Transparenz fordert, folgt für die Verhandlungsphase im Verhandlungsverfahren zunächst die Notwendigkeit der **Vorhersehbarkeit des Verfahrensablaufs** und **Einsicht in die Entscheidungskriterien** der Vergabestelle für die Unternehmen.[76] Wesentliche Aspekte sind daher vorab bekannt zu geben. Dies gilt insbesondere für die Zuschlagskriterien, die den Verhandlungsteilnehmern auch im Verhandlungsverfahren ohne Teilnahmewettbewerb zur Kenntnis gebracht werden müssen,[77] wie auch die Formulierungen in § 17 Abs. 10 S. 2, Abs. 12 S. 1 VgV/§ 3b EU Abs. 3 Nr. 8 S. 1 VOB/A („in den Vergabeunterlagen festgelegten … Zuschlagskriterien" bzw. „anhand der vorgegebenen Zuschlagskriterien") sowie der mangelnden verfahrensbezogenen Einschränkung des § 58 Abs. 3 VgV/§ 16d EU Abs. 2 Nr. 2 VOB/A verdeutlichen. Will die Vergabestelle mehrere **Verhandlungsrunden** mit abnehmender Teilnehmerzahl durchführen, ist dies den Unternehmen nach § 17 Abs. 12 S. 1 VgV/§ 3b EU Abs. 3 Nr. 8 S. 1 VOB/A in der Auftragsbekanntmachung oder den Vergabeunterlagen mitzuteilen. Gleiches gilt für die für die Reduzierung maßgeblichen Kriterien. Abweichungen vom vorgesehenen Verfahrensablauf sind nicht schlechthin ausgeschlossen, dürfen jedoch nicht willkürlich erfolgen[78] und sind ihrerseits soweit möglich vorab mitzuteilen und gleichmäßig anzuwenden.[79] Die Nachvollziehbarkeit der Verhandlungen ist durch einen **ausführlichen, detailgenauen Vergabevermerk** nach § 8 Abs. 2 VgV (ggf. i.V.m. § 20 EU VOB/A) sicherzustellen. Vor Zuschlagserteilung sind die Wettbewerber gemäß § 134 GWB zu informieren, die Bieterstatus erlangt haben, was eine Verhandlungsteilnahme nicht notwendig voraussetzt.[80] 55

Der **Gleichbehandlungsgrundsatz** verbietet es der Vergabestelle, die Erfolgschancen von Unternehmen im Verhandlungsverfahren aus sachfremden Erwägungen heraus zu beeinflussen. § 17 Abs. 13 VgV und § 3b EU Abs. 3 Nr. 9 VOB/A greifen dies umfänglich, jedoch nicht sachlich umfassend auf. Gleichbehanldung bedingt die Gleichzeitigkeit des Verhandlungsbe- 56

70 *Schütte*, ZfBR 2004, 237 (241); vgl. auch *Reimnitz*, Der neue Wettbewerbliche Dialog, S. 202 ff.
71 Vgl. auch OLG Düsseldorf, Beschluss v. 5.7.2006 – VII-Verg 21/06, VergabeR 2006, 929 (932); *Höß*, in: Heuvels/Höß/Kuß/Wagner, Vergaberecht, § 101 GWB Rn. 31; *Kus*, in: Kulartz/Kus/Portz, GWB-Vergaberecht, § 101 Rn. 41; *Ganske*, in: Reidt/Stickler/Glahs, Vergaberecht, § 101 GWB Rn. 37; *Kramer*, NZBau 2005, 138 (140); als *„unumgänglich"* qualifiziert *Dobmann*, VergabeR 2013, 175 (183), eine Strukturierung des Verfahrens.
72 Zum Ausschluss wegen formeller Mängel OLG Naumburg, Beschluss v. 23.4.2014 – 2 Verg 5/14, VergabeR 2015, 458 (464).
73 OLG Düsseldorf, Beschluss v. 25.7.2002 – VII-Verg 33/02, VergabeR 2003, 105 (106); *Häfner*, in: Ax/Schneider/Bischoff, Vergaberecht 2006, § 101 GWB Rn. 23; *Reider*, in: Münchener Kommentar zum Kartellrecht, § 101 GWB Rn. 13.
74 *Jaeger*, NZBau 2014, 259 (263).
75 BayObLG, Beschluss v. 5.11.2002 – Verg 22/02, VergabeR 2003, 186 (189); *Müller-Wrede*, in: Ingenstau/Korbion, VOB, 15. Auflage, § 101 GWB Rn. 16.
76 OLG München, Beschluss v. 17.1.2008 – Verg 15/07, VergabeR 2008, 574 (575 f.); OLG Naumburg, Beschluss v. 16.9.2002 – 1 Verg 2/02, NZBau 2003, 628 (632); KG, Beschluss v. 5.1.2000 – KartVerg 11/99, BauR 2000, 1579 (1581); *Werner*, in: Byok/Jaeger, Vergaberecht, § 101 GWB Rn. 96; *Ganske*, in: Reidt/Stickler/Glahs, Vergaberecht, § 101 GWB Rn. 40.
77 OLG Düsseldorf, Beschluss v. 27.11.2002 – Verg 45/02, VergabeR 2003, 342; BayObLG, Beschluss v. 24.9.2002 – Verg 16/02, VergabeR 2003, 59 (60 ff.).
78 OLG Frankfurt, Beschluss v. 10.4.2001 – 11 Verg 1/01, VergabeR 2001, 299 (302); *Höß*, in: Heuvels/Höß/Kuß/Wagner, Vergaberecht, § 101 GWB Rn. 22.
79 Vgl. zu einer wiederholten letzten Verhandlungsrunde KG, Beschluss v. 17.5.2013 – Verg 2/13, VergabeR 2013, 813 (814).
80 Vgl. OLG Düsseldorf, Beschluss v. 23.2.2005 – VII-Verg 85/05, VergabeR 2005, 508 (510).

ginns und die Aufnahme substanzieller, also auftragsbezogener Verhandlungen mit zunächst allen ausgewählten Unternehmen.[81] Die **Bevorzugung einzelner Bieter**, etwa durch ungleichzeitige bzw. inhaltlich abweichende Informationen[82] oder eine individuelle Abweichung von verfahrensbezogenen Festlegungen der Vergabestelle[83], ist ebenso unzulässig wie bloße **Scheinverhandlungen**. Nimmt die Vergabestelle eine Reduzierung des Teilnehmerkreises vor, muss dies anhand sachlich begründeter Kriterien erfolgen,[84] die mit den Zuschlagskriterien zumindest zusammenhängen müssen.[85] Ausdrücklich normiert § 17 Abs. 13 S. 4 VgV/§ 3b EU Abs. 3 Nr. 9 S. 5 VOB/A zudem das **Verbot der Weitergabe vertraulicher Informationen** eines an den Verhandlungen teilnehmenden Bieters ohne dessen (konkrete) Zustimmung an die anderen Teilnehmer. Für die Bieter folgt aus der Bindung der Vergabestelle an den Gleichbehandlungsgrundsatz darüber hinaus, dass sie **gleichbehandlungsermöglichende Vorgaben**, etwa Fristsetzungen, beachten müssen; andernfalls besteht die Möglichkeit des Verfahrensausschlusses.[86]

57 Aus dem **Wettbewerbsgrundsatz** folgt, dass zu verbindlichen Angeboten führende Verhandlungen soweit möglich mit mehreren Unternehmen zu führen sind. Daran anknüpfend bestimmt § 17 Abs. 12 S. 2 VgV/§ 3b EU Abs. 3 Nr. 8 S. 3 VOB/A, dass „[i]n der Schlussphase des Verfahrens … noch so viele Angebote vorliegen [müssen], dass ein echter Wettbewerb gewährleistet ist, sofern ursprünglich eine ausreichende Anzahl von Angeboten oder geeigneten Bietern vorhanden war." Auch im Verhandlungsverfahren ist der Wettbewerb grundsätzlich ein **Geheimwettbewerb**, sodass die Vergabestelle jeweils separat mit den einzelnen Unternehmen verhandeln muss.[87] Dem entspricht es, dass die Weitergabe vertraulicher Informationen eines Verhandlungsteilnehmers, insbesondere offengelegter Geschäftsgeheimnisse, an seine Wettbewerber ohne seine Zustimmung nicht nur nach § 17 Abs. 13 S. 4 VgV/3b EU Abs. 3 Nr. 9 S. 5 VOB/A als gleichbehandlungs-, sondern auch als wettbewerbswidrig zu qualifizieren[88] und daher untersagt ist. Das Gebot getrennter Verhandlungen schließt es jedoch nicht aus, dass die Vergabestelle den Wettbewerbern Informationen zugänglich macht, die keinen spezifischen Unternehmensbezug aufweisen. Dies gilt insbesondere für Angebotspreise.[89] Das gezielte Ausspielen von Verhandlungsteilnehmern gegeneinander ist gleichwohl unzulässig. Nicht nur vor dem Hintergrund des Gleichheits-, sondern auch des Wettbewerbsgrundsatzes ist schließlich die Auswahl eines einzigen bevorzugten Bieters („**preferred bidder**"), mit dem ausschließlich mit dem Ziel eines Vertragsschlusses weiterverhandelt wird, im Laufe der Verhandlungsphase problematisch.[90] In Rechtsprechung und Literatur war die Zulässigkeit einer solchen Verfahrensgestaltung gleichwohl auch noch unter Geltung des „modernen" europäisierten Vergaberechts anerkannt.[91]

---

81 *Otting*, in: Bechtold, GWB, § 101 Rn. 6; *Müller-Wrede*, in: Ingenstau/Korbion, VOB, 15. Auflage, § 101 GWB Rn. 14; a.A. *Werner*, in: Byok/Jaeger, Vergaberecht, § 101 GWB Rn. 96; *Höß*, in: Heuvels/Höß/Kuß/Wagner, Vergaberecht, § 101 GWB Rn. 31; *Kulartz*, in: Kulartz/Kus/Portz, GWB-Vergaberecht, § 101 Rn. 43; *Ganske*, in: Reidt/Stickler/Glahs, Vergaberecht, § 101 GWB Rn. 41.

82 OLG Düsseldorf, Beschluss v. 5.7.2006 – VII-Verg 21/06, VergabeR 2006, 929 (930); OLG Celle, Beschluss v. 16.1.2002 – 13 Verg 1/02, VergabeR 2002, 299 (301); *Weyand*, Vergaberecht, § 101 GWB Rn. 153.

83 OLG Düsseldorf, Beschluss v. 7.1.2002 – Verg 36/01, VergabeR 2002, 169 (170); vgl. auch BGH, Urteil v. 1.8.2006 – X ZR 115/04, VergabeR 2007, 73 (74 f.); *Ganske*, in: Reidt/Stickler/Glahs, Vergaberecht, § 101 GWB Rn. 41.

84 OLG Celle, Beschluss v. 16.1.2002 – 13 Verg 1/02, VergabeR 2002, 299 (301); OLG Frankfurt, Beschluss v. 10.4.2001 – 11 Verg 1/01, VergabeR 2001, 299 (302).

85 Streng *Tschäpe*, ZfBR 2014, 538 (542).

86 OLG Naumburg, Beschluss v. 13.10.2008 – 1 Verg 10/08; OLG Frankfurt, Beschluss v. 23.12.2005 – 11 Verg 13/05; *Höß*, in: Heuvels/Höß/Kuß/Wagner, Vergaberecht, § 101 GWB Rn. 26; *Weyand*, Vergaberecht, § 101 GWB Rn. 155.

87 OLG München, Beschluss v. 14.3.2013 – Verg 32/12, VergabeR 2013, 917 (921).

88 KG, Beschluss v. 31.5.2000 – KartVerg 1/00.

89 A.A. *Noch*, Vergaberecht kompakt, Rn. 595.

90 *Jasper/Soudry*, in: Dreher/Motzke, Vergaberecht, § 101 GWB Rn. 16; *Dreher*, in: Immenga/Mestmäcker, Wettbewerbsrecht, § 101 GWB Rn. 57; *Wagner*, in: Langen/Bunte, Kartellrecht I, § 101 GWB Rn. 68; *Weyand*, Vergaberecht, § 101 GWB Rn. 226 f.; *Dobmann*, VergabeR 2013, 175 (185); *Kus*, VergabeR 2006, 851 (856 f.).

91 Vgl. OLG Frankfurt, Beschluss v. 2.11.2004 – 11 Verg 16/04; OLG Brandenburg, Beschluss v. 3.8.1999 – 6 Verg 1/99, NZBau 2000, 39 (45); *Bischoff*, in: Ax/Schneider/Bischoff, Vergaberecht 2006, § 9 VgV Rn. 33 ff.; *Werner*, in: Byok/Jaeger, Vergaberecht, § 101 GWB Rn. 121; *Ganske*, in: Reidt/Stickler/Glahs, Vergaberecht, § 101 GWB Rn. 39; *Schütte*, ZfBR 2004, 237 (240 f.).

G. Wettbewerblicher Dialog (Abs. 6)

Der in § 119 Abs. 6 GWB geregelte wettbewerbliche Dialog wurde erstmalig im Jahr 2005 mit dem ÖPP-Beschleunigungsgesetz[92] in das GWB eingeführt und durch das VergRModG 2016 anknüpfend an die europarechtlichen Entwicklungen im Detail modifiziert.[93] 58

Es handelt sich um ein **gestuftes Vergabeverfahren für besonders anspruchsvolle Beschaffungen**, das Angebots- und Verhandlungselemente verbindet.[94] Seine nähere Ausgestaltung erfolgt durch **§ 18 VgV sowie § 3b EU Abs. 4 VOB/A** und ergänzende Bestimmungen dieser Regelwerke. 59

Auch für **verteidigungs- und sicherheitsspezifische Beschaffungen** kommt seine Verwendung im Einzelfall (und weiterhin beschränkt auf „besonders komplexe Aufträge") nach § 146 S. 2 GWB und § 13 VSVgV in Betracht. 60

Anders als vor der EU-Vergaberechtsreform 2014 steht das Verfahren nunmehr auch **Sektorenauftraggebern** zur Verfügung, vgl. § 141 Abs. 1 GWB i.V.m. § 17 SektVO. 61

I. Anwendungsvoraussetzungen

§ 119 Abs. 6 S. 1 GWB regelt ansatzweise die Anwendungsvoraussetzungen des wettbewerblichen Dialogs für Auftragsvergaben ohne Verteidigungs- und Sicherheitsrelevanz durch öffentliche Auftraggeber, die im Zuge der Vergaberechtsreform neu gefasst wurden. Anders als zuvor ist nicht mehr erforderlich, dass der zu vergebende Auftrag eine **besondere Komplexität** aufweist. Gleichwohl muss nach der Formulierung der Norm das Verfahren das „Ziel der Ermittlung und Festlegung der Mittel [haben], mit denen die Bedürfnisse des öffentlichen Auftraggebers am besten erfüllt werden können." Dies setzt auch weiterhin besondere beschaffungsgegenständliche Herausforderungen und damit eine gewisse Auftragskomplexität voraus. Dies wird auch aus den in § 14 Abs. 3 Nr. 1 bis 4 VgV/§ 3a EU Abs. 4 und Abs. 2 VOB/A genannten Voraussetzungen deutlich. Zudem darf das Verfahren nach dem Wortlaut des § 14 Abs. 3 Nr. 5 VgV/§ 3a EU Abs. 4 und Abs. 2 Nr. 2 VOB/A, der insoweit an die europarechtlichen Vorgaben anknüpft, zwar auch verwendet werden, wenn „**im Rahmen eines offenen oder nicht offenen Verfahrens keine ordnungsgemäßen oder nur unannehmbare Angebote** eingereicht wurden". Es erscheint jedoch kaum vorstellbar, dass zunächst ein offenes oder nicht offenes Verfahren (wenn auch erfolglos) durchgeführt wird und erst im Anschluss im Rahmen eines wettbewerblichen Dialogs diejenigen Mittel ermittelt und festgelegt werden, mit denen das Beschaffungsbedürfnis des öffentlichen Auftraggebers befriedigt werden kann. Soweit dies gleichwohl im Einzelfall zu bejahen ist, fehlte es im Zweifel zum Zeitpunkt der Durchführung des gescheiterten Angebotsverfahrens an der Ausschreibungsreife. 62

Die in § 119 Abs. 6 S. 1 GWB normierte zentrale Anwendungsvoraussetzung des wettbewerblichen Dialogs ist, dass es dem öffentlichen Auftraggeber **nicht möglich ist, den Beschaffungsgegenstand selbst abschließend zu definieren**. Dies verdeutlicht auch § 14 Abs. 3 Nr. 1 bis 3 VgV/§ 3a EU Abs. 4 und Abs. 2 Nr. 1 lit. a bis c VOB/A, ohne aber eine umfassende Klärung vornehmen zu können. Insoweit erscheint ungeachtet der erfolgten Änderungen eine **Orientierung an der früheren Rechtslage** grundsätzlich geboten. Dies legt auch Erwägungsgrund 42 RL 2014/24/EU nahe, wonach „[d]er wettbewerbliche Dialog … sich in Fällen als nützlich erwiesen [hat], in denen öffentliche Auftraggeber nicht in der Lage sind, die Mittel zur Befriedigung ihres Bedarfs zu definieren oder zu beurteilen, was der Markt an technischen, finanziellen oder rechtlichen Lösungen zu bieten hat. Diese Situation kann insbesondere bei innovativen Projekten, bei der Realisierung großer, integrierter Verkehrsinfrastrukturprojekte oder großer Computer-Netzwerke oder bei Projekten mit einer komplexen, struk- 63

---

92 BGBl. I 2005 S. 2676; dazu im Überblick *Fleckenstein*, DVBl. 2006, 75 ff.

93 Von einer *„praxisnäher[en]"* Ausgestaltung sprechen *Soudry/Hettich*, in: Soudry/Hettich, Das neue Vergaberecht, S. 25.

94 Konzeptionelle Aufarbeitung bei *Schneider*, Der Wettbewerbliche Dialog im Spannungsfeld der Grundsätze des Vergaberechts, S. 88 ff.

turierten Finanzierung eintreten." Die letztgenannte Formulierung wurde unverändert aus Erwägungsgrund 31 RL 2004/18/EG übernommen, die damit zugleich das Vorliegen einer besonderen Auftragskomplexität begründete. Nicht zuletzt in Anbetracht dessen bietet sich für die Auslegung des § 119 Abs. 6 S. 1 GWB im Ausgangspunkt eine Orientierung an der vormaligen Bestimmung der besonderen Komplexität des Auftrags in § 3 EG Abs. 7 Nr. 1 VOB/A, § 3 EG Abs. 7 UAbs. 1 VOL/A an, die wiederum auf Art. 1 Abs. 11 RL 2004/18/EG basierte und die zudem auch weiterhin in § 13 Abs. 1 VSVgV Bestandteil geltenden Rechts ist. Jedenfalls liegen die Voraussetzungen des § 119 Abs. 6 S. 1 GWB zweifelsfrei vor,[95] wenn Auftraggeber „objektiv nicht in der Lage sind, 1. die technischen Mittel anzugeben, mit denen ihre Bedürfnisse und Ziele erfüllt werden können, oder 2. die rechtlichen oder finanziellen Bedingungen des Vorhabens anzugeben." Mit dieser überkommenen Regelung korrespondieren auch die Vorgaben der VgV für die Anwendung des wettbewerblichen Dialogs. Primär auf **technische Besonderheiten** i.S.v. grundsätzlichen Leistungs- oder Funktionsanforderungen[96] stellt – ohne explizite Bezugnahme – auch § 14 Abs. 3 Nr. 1 und Nr. 2 VgV/§ 3a EU Abs. 4 und Abs. 2 Nr. 1 lit. a und lit. b VOB/A ab. Dabei handelt es sich (insbesondere bei Bauvorhaben) um neuartige Konstruktionserfordernisse oder die Notwendigkeit der Erarbeitung von auf einen Sonderbedarf der Vergabestelle jenseits marktüblicher Angebote bezogenen Individuallösungen. Die auch in § 14 Abs. 3 Nr. 3 VgV/§ 3a EU Abs. 4 und Abs. 2 Nr. 1 lit. c VOB/A in Bezug genommenen **finanziellen und rechtlichen Besonderheiten** können grundsätzliche Probleme bezüglich der Vertragsstruktur betreffen,[97] die sich etwa bei ÖPP-Projekten stellen können.[98] Gleichwohl ist nicht zu verkennen, dass die Verwendung des wettbewerblichen Dialogs durch die Umgestaltung seiner Anwendungsvoraussetzungen erleichtert werden sollte. Dem Vorliegen einer besonderen Auftragskomplexität im herkömmlichen Sinne kann daher auch auf interpretativem Wege nicht wieder der Charakter einer zwingenden Verfahrensvoraussetzung zugewiesen werden. Vielmehr kann das Verfahren auch dann Verwendung finden, wenn die Voraussetzungen der § 119 Abs. 6 S. 1 GWB und § 14 Abs. 3 VgV/§ 3a EU Abs. 4, Abs. 2 VOB/A auf andere Weise erfüllt sind. Dies ist insbesondere bei Aufträgen denkbar, die nach früherer Rechtslage als „nur" komplex, nicht aber als besonders komplex[99] zu qualifizieren waren oder sonstige konzeptionelle Schwierigkeiten aufweisen. Eine eindeutige Abgrenzung ist allerdings auf Grundlage des Normbestandes kaum möglich. Insoweit ist die Anwendbarkeit des wettbewerblichen Dialogs anstelle eines offenen oder nicht offenen Verfahrens mit denselben Unsicherheiten behaftet wie diejenige des Verhandlungsverfahrens mit Teilnahmewettbewerb.

64 Wesentliche Bedeutung kommt daher der Frage zu, wer verbindlich über die Frage, wann es im Wege eines Vergabeverfahrens der Ermittlung und Festlegung der Mittel bedarf, mit denen die Bedürfnisse des öffentlichen Auftraggebers am besten erfüllt werden können, und damit über das Vorliegen der Voraussetzungen des § 119 Abs. 6 S. 1 GWB entscheidet. Wiederum entsprechend der früheren Rechtslage[100] kann es mit Blick auf den in § 119 Abs. 2 GWB vorgesehenen Ausnahmecharakter des Verfahrens des wettbewerblichen Dialogs hierfür nicht in erster Linie oder gar allein auf die Vorstellungen und Fähigkeiten der jeweiligen Vergabestelle ankommen. Gleiches gilt für die Konkretisierungen dieses Erfordernisses in § 14 Abs. 3 VgV/§ 3a EU Abs. 4 und Abs. 2 VOB/A. Vielmehr ist auch auf Grundlage der neuen gesetzlichen Charakterisierung des wettbewerblichen Dialogs stets ein **objektiver Maßstab** anzulegen und ist die Einschätzung seitens des öffentlichen Auftraggebers in vollem Umfang einer

95 Vgl. auch *Hettich*, in: Soudry/Hettich, Das neue Vergaberecht, S. 33.

96 *Werner*, in: Byok/Jaeger, Vergaberecht, § 101 GWB Rn. 56; *Kaelble*, in: Müller-Wrede, Kompendium des Vergaberechts, Kap. 15 Rn. 12; *Antweiler*, in: Ziekow/Völlink, Vergaberecht, § 101 GWB Rn. 23; *Kolpatzik*, VergabeR 2007, 279 (287); vgl. auch *Drömann*, NZBau 2007, 751 (751 f.); *Schröder*, NZBau 2007, 216 (218 f.).

97 *Werner*, in: Byok/Jaeger, Vergaberecht, § 101 GWB Rn. 58; *Kaelble*, in: Müller-Wrede, Kompendium des Vergaberechts, Kap. 15 Rn. 13; näher *Drömann*, NZBau 2007, 751 (752 ff.); *Schröder*, NZBau 2007, 216 (219 f.).

98 *Antweiler*, in: Ziekow/Völlink, Vergaberecht, § 101 GWB Rn. 23.

99 Zur Problematik der Abgrenzung *Knauff*, NZBau 2005, 249 (253 f.).

100 Bezogen auf die besondere Auftragskomplexität *Prieß*, Handbuch des europäischen Vergaberechts, S. 201; *Knauff*, VergabeR 2004, 287 (290); weiter *Heiermann*, ZfBR 2005, 766 (770); *Kolpatzik*, VergabeR 2007, 279 (284); *Schneider*, in: Kapellmann/Messerschmidt, VOB, § 3 EG VOB/A Rn. 140 ff.

Kontrolle im Nachprüfungsverfahren zugänglich.[101] Daraus folgt insbesondere, dass die Vergabestelle nicht vorschnell von der Auftragskonzeptionierung unter Hinweis auf deren Schwierigkeiten Abstand nehmen darf. So muss sie sich etwa im Anwendungsbereich von § 14 Abs. 3 Nr. 1 VgV/§ 3a EU Abs. 4 und Abs. 2 Nr. 1 lit. a VOB/A zunächst mit den auf dem Markt vorhandenen Lösungen vertraut machen und deren fehlende Passgenauigkeit positiv feststellen und nachvollziehbar begründen. Auch darf eine grundlegende Rechtskenntnis von ihr erwartet werden. Nötigenfalls hat sie zunächst auf die Unterstützung von Sachverständigen zurückzugreifen.[102] Der wettbewerbliche Dialog dient auch weiterhin nicht dem Zweck, die Erarbeitung beliebiger Aufträge unabhängig von ihrem tatsächlichen Schwierigkeitsgrad in das Vergabeverfahren und damit auf die an der Auftragserteilung interessierten Unternehmen zu verlagern und die Vergabestelle von den mit der Auftragskonzeption verbundenen Belastungen freizustellen.[103] Auch die Definition ihres Bedarfs obliegt ihr allein.

II. Verfahrensablauf

§ 119 Abs. 6 S. 2 GWB normiert rudimentäre Vorgaben für den Ablauf des wettbewerblichen Dialogs. Detaillierte Regelungen enthalten **§ 18 VgV, § 3b EU Abs. 4 VOB/A** sowie ergänzende Vorschriften der Regelwerke. In ihrer Gesamtheit lassen diese Bestimmungen den wettbewerblichen Dialog ungeachtet der sachlich weitgehenden Verhandlungsmöglichkeiten als **stark reglementiertes Vergabeverfahren** erscheinen. Dieses gliedert sich in die Abschnitte Bekanntgabe/Eignungsprüfung, Dialogphase und Angebotsphase.[104] **65**

Das Verfahren des wettbewerblichen Dialogs beginnt mit einer **Auftragsbekanntmachung** im Supplement zum EU-Amtsblatt, die regelmäßig durch eine detaillierte Beschreibung ergänzt wird.[105] Auftragsbezogene Angaben dieser Veröffentlichungen betreffen die zu befriedigenden Bedürfnisse des Auftraggebers und seine besonderen Anforderungen. Trotz der bestehenden Unklarheiten im Hinblick auf den konkreten Auftragsgegenstand, welche die Zulässigkeit der Verfahrenswahl überhaupt erst begründen, sind bereits die Kriterien zur Bestimmung des wirtschaftlichsten Angebots, des einzigen zulässigen **Zuschlagskriteriums,** anzugeben. Regelmäßig genügt dabei die Angabe in absteigender Reihenfolge.[106] Darüber hinaus sind die **Mindestanforderungen an die Eignung** der potenziellen Auftragnehmer zu benennen. Wenn die Vergabestelle gemäß § 18 Abs. 4 S. 2 i.V.m. § 51 VgV/§ 3b EU Abs. 4 Nr. 2 i.V.m. § 3b Abs. 2 Nr. 3 VOB/A eine Beschränkung der **Zahl der an der Dialogphase teilnehmenden Unternehmen** vorsieht, die drei nicht unterschreiten darf, ist dies ebenso anzugeben wie die **Kriterien für deren Auswahl**, die entsprechend der Teilnehmerauswahl im nicht offenen Verfahren und im Verhandlungsverfahren erfolgt. Die Möglichkeit von Diskriminierungen und Wettbewerbsbeseitigungen ist hierbei auszuschließen. Darüber hinaus ist der geplante Verfahrensgang darzustellen. **66**

Die innerhalb der mindestens 30 Tage betragenden Frist eingehenden Teilnahmeanträge werden nach deren Ablauf der **Eignungsprüfung** und ggf. der weiteren Auswahl anhand der festgelegten Kriterien unterzogen. Die Forderung nach einem pauschalen Verzicht auf Vertraulichkeit ist sowohl als Teilnahmevoraussetzung als auch darüber hinaus nach § 18 Abs. 5 **67**

---

101 Vgl. *Reimnitz*, Der neue Wettbewerbliche Dialog, S. 90 ff.; *Schmidt*, in: Ax/Schneider/Bischoff, Vergaberecht 2006, § 11 VgV Rn. 9; *Pünder*, in: Pünder/Schellenberg, Vergaberecht, § 101 GWB Rn. 53; *Knauff*, VergabeR 2004, 287 (290); *Leinemann/Maibaum*, VergabeR 2004, 275 (278).

102 *Schmidt*, in: Ax/Schneider/Bischoff, Vergaberecht 2006, § 11 VgV Rn. 7; *Knauff*, VergabeR 2004, 287 (290); *Leinemann/Maibaum*, VergabeR 2004, 275 (278); vgl. auch *Wagner*, in: Langen/Bunte, Kartellrecht I, § 101 GWB Rn. 43; *Kolpatzik*, VergabeR 2007, 279 (285 f.); a.A. *Jasper/Soudry*, in: Dreher/Motzke, Vergaberecht, § 3a VOB/A Rn. 47; *Fritz*, VergabeR 2008, 379 (382); *Heiermann*, ZfBR 2005, 766 (770); *Müller/Veil*, VergabeR 2007, 298 (300); einschränkend auch *Pünder/Franzius*, ZfBR 2006, 20 (22).

103 *Prieß*, Handbuch des europäischen Vergaberechts, S. 202; *Knauff*, VergabeR 2004, 287 (290).

104 Ausführlich zum Verfahrensablauf *Reimnitz*, Der neue Wettbewerbliche Dialog, S. 107 ff.; *Schneider*, Der Wettbewerbliche Dialog im Spannungsfeld der Grundsätze des Vergaberechts, S. 124 ff.

105 Zum Verhältnis von Bekanntmachung und Beschreibung vgl. *Knauff*, VergabeR 2004, 287 (291 f.).

106 OLG Celle, Beschluss v. 16.5.2013 – 13/Verg 13/12, VergabeR 2014, 31 (33).

S. 4 VgV/§ 3b EU Abs. 4 Nr. 4 S. 3 VOB/A unzulässig.[107] Die ausgewählten Unternehmen werden daraufhin **zur Aufnahme des namensgebenden Dialogs aufgefordert**. Diese Aufforderung bringt nicht die Verpflichtung zur Ausarbeitung und Einreichung von Lösungsvorschlägen oder Konzepten mit sich. Solche sind nicht Voraussetzung für die Aufnahme von Verhandlungen.

68 Die **Dialogphase** dient ausweislich der Verfahrenscharakterisierung in § 119 Abs. 6 S. 1 GWB sowie § 18 Abs. 5 S. 1 VgV/§ 3b EU Abs. 4 Nr. 4 S. 1 VOB/A dem Zweck, die Mittel zu ermitteln und festzulegen, mit denen die Bedürfnisse des öffentlichen Auftraggebers am besten erfüllt werden können, mithin der gemeinsamen Erarbeitung der besten Lösung durch Vergabestelle und Bieter.[108] Dabei können, wie unmittelbar aus § 119 Abs. 6 S. 2 GWB sowie § 18 Abs. 5 S. 2 VgV/§ 3b EU Abs. 4 Nr. 4 S. 2 VOB/A zu entnehmen ist, ohne Einschränkung sämtliche Aspekte des Auftrags mit den teilnehmenden Unternehmen erörtert werden. Allerdings ist die Identität des zu vergebenden Auftrags zu wahren. Für die Ausgestaltung der Dialogphase bestehen nur **wenige normative Vorgaben**. Es steht gemäß § 18 Abs. 6 S. 1 und 2 VgV/§ 3b EU Abs. 4 Nr. 5 S. 1 und S. 2 VOB/A im Ermessen der Vergabestelle, die Dialogphase in mehrere Verhandlungsrunden mit abnehmender Lösungs- oder Teilnehmerzahl[109] zu unterteilen. Will sie von dieser Möglichkeit Gebrauch machen,[110] ist dies vorab bekannt zu geben. Während der Dialogphase sind Gleichbehandlung und Vertraulichkeit nach § 18 Abs. 5 S. 3 VgV/§ 3b EU Abs. 4 Nr. 4 S. 3 VOB/A seitens der Vergabestelle sicherzustellen. Einen „**preferred bidder**" kann es im wettbewerblichen Dialog nicht geben; die Verhandlungen sind parallel mit allen beteiligten Unternehmen voranzutreiben.[111] Die Vergabestelle darf von einem Unternehmen entwickelte Lösungen ohne dessen Zustimmung nicht zum Gegenstand der Verhandlungen mit dessen Wettbewerbern machen, sie diesen sonst zur Kenntnis bringen[112] oder anderweitig verwenden. Daher ist eine **Trennung der Verhandlungen** mit den einzelnen Unternehmen zwingend erforderlich.[113] Nicht vertrauliche Informationen sind allen Unternehmen[114] gleichermaßen und zumindest zeitnah mitzuteilen.[115] Verlangt die Vergabestelle von den Unternehmen die Ausarbeitung von Unterlagen, kann sie hierfür wie auch für sonstiges verfahrensbezogenes Tätigwerden nach § 18 Abs. 10 VgV Prämien oder Zahlungen gewähren; (nur) bei der Vergabe von Bauaufträgen ist sie nach § 3b EU Abs. 4 Nr. 9 VOB/A

107 *Kaelble*, in: Müller-Wrede, Kompendium des Vergaberechts, Kap. 15 Rn. 46; *Heiermann*, ZfBR 2005, 766 (774); *Kolpatzik*, VergabeR 2007, 279 (292); *Opitz*, VergabeR 2006, 450 (458); *Steinberg*, NVwZ 2006, 1349 (1351); a.A. Erläuternde Mitteilung der Europäischen Kommission v. 5.10.2005, CC/2005/04_rev1, S. 7, Anm. 22; *Werner*, in: Byok/Jaeger, Vergaberecht, § 101 GWB Rn. 72 ff.

108 *Bungenberg*, in: Loewenheim/Meessen/Riesenkampff, Kartellrecht, § 101 GWB Rn. 34; *Haak/Preißinger*, in: Willenbruch/Wieddekind, Vergaberecht, § 101 GWB Rn. 13; *Fritz*, VergabeR 2008, 379 (384); *Antweiler*, in: Ziekow/Völlink, Vergaberecht, § 101 GWB Rn. 25.

109 Dies geht nicht zwingend miteinander einher, *Opitz*, VergabeR 2006, 450 (458); *Ruthig*, NZBau 2006, 137 (141), wohl aber im Regelfall, *Reider*, in: Münchener Kommentar zum Kartellrecht, § 101 GWB Rn. 12; *Ganske*, in: Reidt/Stickler/Glahs, Vergaberecht, § 101 GWB Rn. 27; *Antweiler*, in: Ziekow/Völlink, in: Vergaberecht, § 101 GWB Rn. 25; *Klimisch/Ebrecht*, NZBau 2011, 203 (208); *Mösinger*, NZBau 2009, 695 (698); *Schröder*, NZBau 2007, 216 (222).

110 Befürwortend *Otting/Olgemöller*, NVwZ 2011, 1225 (1227).

111 *Dreher*, in: Immenga/Mestmäcker, Wettbewerbsrecht, § 101 GWB Rn. 37; *Kaelble*, in: Müller-Wrede, Kompendium des Vergaberechts, Kap. 15 Rn. 60; *Kolpatzik*, VergabeR 2007, 279 (291); *Opitz*, VergabeR 2006, 450 (459); a.A. *Haak/Preißinger*, in: Willenbruch/Wieddekind, Vergaberecht, § 101 GWB Rn. 18; *Pünder/Franzius*, ZfBR 2006, 20 (23); für eine Zulässigkeit nur im Ausnahmefall *Egger*, Europäisches Vergaberecht, Rn. 973; für eine Zulässigkeit allenfalls zum Ende des Verhandlungsverfahrens *Höß*, in: Heuvels/Höß/Kuß/Wagner, Vergaberecht, § 101 GWB Rn. 17; *Antweiler*, in: Ziekow/Völlink, Vergaberecht, § 101 GWB Rn. 25.

112 Demgegenüber bejaht *Kaelble*, in: Müller-Wrede, Kompendium des Vergaberechts, Kap. 15 Rn. 39, die Möglichkeit, dass die Vergabestelle die Wettbewerber *„zumindest grundsätzlich über die weiteren in Betracht kommenden Varianten informieren"* könne; siehe auch *Pünder*, in: Pünder/Schellenberg, Vergaberecht, § 101 GWB Rn. 63; *Reimnitz*, Der neue Wettbewerbliche Dialog, S. 245 ff.

113 *Jasper/Soudry*, in: Dreher/Motzke, Vergaberecht, § 3a VOB/A Rn. 26; *Kulartz*, in: Kulartz/Kus/Portz, GWB-Vergaberecht, § 101 Rn. 24; *Wagner*, in: Langen/Bunte, Kartellrecht I, § 101 GWB Rn. 47; *Pünder*, in: Pünder/Schellenberg, Vergaberecht, § 101 GWB Rn. 63; *Ganske*, in: Reidt/Stickler/Glahs, Vergaberecht, § 101 GWB Rn. 29; *Prieß*, Handbuch des europäischen Vergaberechts, S. 203 f.; *Tausendpfund*, Gestaltungs- und Konkretisierungsmöglichkeiten des Bieters im Vergaberecht, S. 188 f.; *Knauff*, VergabeR 2004, 287 (294); *Leinemann/Maibaum*, VergabeR 2004, 275 (279); *Schröder*, NZBau 2007, 216 (222).

114 Siehe darüber hinaus zur Einbeziehung der Öffentlichkeit *Otting/Olgemöller*, NVwZ 2011, 1225 (1229).

115 *Werner*, in: Byok/Jaeger, Vergaberecht, § 101 GWB Rn. 72 f.; *Heiermann*, ZfBR 2005, 766 (774).

(weiterhin) zu einer angemessenen, einheitlichen Kostenerstattung für alle Unternehmen, die die geforderten Unterlagen rechtzeitig vorgelegt haben, verpflichtet. Die Dialogphase **endet** nach § 18 Abs. 7 VgV/§ 3b EU Abs. 4 Nr. 6 VOB/A, wenn die Vergabestelle der Auffassung ist, dass (mindestens) eine ihren Bedürfnissen entsprechende Lösung vorliegt. Zeitliche Vorgaben hierfür bestehen nicht, sodass die Dialogphase auf unbestimmte Zeit durchgeführt werden kann,[116] solange nicht offensichtlich ist, dass keine Lösung gefunden werden kann. In diesem Fall ist der Dialog für beendet zu erklären. Im Übrigen hat die Vergabestelle gemäß § 18 Abs. 6 S. 4, Abs. 7 VgV/§ 3b EU Abs. 4 Nr. 5 S. 4, Nr. 6 VOB/A und nach den vergaberechtlichen Prinzipien des fairen Wettbewerbs und der Gleichbehandlung soweit möglich[117] darauf hinzuwirken, dass auf Grundlage der erzielten Verhandlungsergebnisse mehrere potenziell zuschlagsfähige Angebote abgegeben werden können.[118]

Nach dem Abschluss der Dialogphase fordert die Vergabestelle die noch im Wettbewerb be- 69
findlichen Unternehmen gemäß § 18 Abs. 8 S. 1 und S. 2 VgV/§ 3b EU Abs. 4 Nr. 7 S. 1 und S. 2 VOB/A auf, jeweils ein endgültiges, mithin **verbindliches und zuschlagsfähiges Angebot** auf Grundlage der in den jeweiligen Verhandlungen gefundenen Lösung(en) zu erstellen. Die Verwendung einer Leistungsbeschreibung mit konkreten Anforderungen kommt nur in Betracht, wenn die Unternehmen auf die Geheimhaltung von Informationen verzichtet haben oder alle Dialoge zumindest punktuell zu übereinstimmenden Ergebnissen gelangt sind.[119] Im Übrigen und damit im Regelfall sind die individuell entwickelten Konzeptionen zugrunde zu legen.[120] Anders als im offenen und im nicht offenen Verfahren kann die Vergabestelle die Unternehmen zu angebotsbezogenen Klarstellungen, Präzisierungen oder Ergänzungen auffordern,[121] sofern sich diese nicht diskriminierend oder wettbewerbsverfälschend auswirken, § 18 Abs. 8 S. 3 und S. 4 VgV/§ 3b EU Abs. 4 Nr. 7 S. 3 und S. 4 VOB/A.

Der **Zuschlag** wird auf das wirtschaftlichste Angebot erteilt.[122] Dessen Bestimmung folgt den 70
üblichen Regeln, vgl. § 18 Abs. 9 S. 1 VgV/§ 3b EU Abs. 4 Nr. 8 S. 1 VOB/A, erweist sich aber wegen der Besonderheiten des wettbewerblichen Dialogs als einem auch der Konkretisierung des Beschaffungsgegenstands dienenden Verfahren als besonders anspruchsvoll.[123] Trotz der mit dem Verbot potenziell diskriminierender oder wettbewerbsverfälschender Auswirkungen einhergehenden grundsätzlichen Geltung des Nachverhandlungsverbots auch in der Angebotsphase des wettbewerblichen Dialogs[124] gestattet § 18 Abs. 9 S. 2 VgV/§ 3b EU Abs. 4 Nr. 8 S. 2 VOB/A dem öffentlichen Auftraggeber nach der Ermittlung des wirtschaftlichsten Angebots Verhandlungen „mit dem Ziel ..., im Angebot enthaltene finanzielle Zusagen oder andere Bedingungen zu bestätigen, die in den Auftragsbedingungen abschließend festgelegt

116 *Leinemann/Maibaum*, VergabeR 2004, 275 (279); *Opitz*, VergabeR 2006, 450 (454).
117 Im Einzelfall kann das Vorliegen einer Lösung genügen, *Otting/Olgemöller*, NVwZ 2011, 1225 (1229).
118 Vgl. *Pünder/Franzius*, ZfBR 2006, 20 (23).
119 Ähnlich *Frenz*, Handbuch Europarecht III, Rn. 3170; *Kolpatzik*, VergabeR 2007, 279 (294); *Schröder*, NZBau 2007, 216 (223); für eine Verpflichtung zur Erstellung einer Leistungsbeschreibung auch darüber hinaus *Kaelble*, in: Müller-Wrede, Kompendium des Vergaberechts, Kap. 15 Rn. 67 f.; zur Hinwirkung auf eine Einheitslösung vgl. auch *Drömann*, NZBau 2007, 751 (755 f.). Davon zu unterscheiden sind Mindestanforderungen, die von der Vergabestelle aus eigenem Interesse für notwendig erachtet werden, *Opitz*, VergabeR 2006, 450 (460 f.).
120 *Schmidt*, in: Ax/Schneider/Bischoff, Vergaberecht 2006, § 11 VgV Rn. 19; *Knauff*, VergabeR 2004, 287 (294); *Kus*, VergabeR 2006, 851 (861); *Müller/Veil*, VergabeR 2007, 298 (302); *Opitz*, VergabeR 2006, 450 (454); *Pünder/Franzius*, ZfBR 2006, 20 (24). *Egger*, Europäisches Vergaberecht, Rn. 975, folgert daraus die Zulässigkeit mehrerer Angebote seitens eines Bieters.
121 Ob ein Unternehmen einer entsprechenden Anregung der Vergabestelle nachkommt, steht in seinem Belieben, dazu *Knauff*, VergabeR 2004, 287 (294). Im Fall einer Weigerung wird jedoch eine Ablehnung des Angebots für zulässig erachtet, *Schmidt*, in: Ax/Schneider/Bischoff, Vergaberecht 2006, § 11 VgV Rn. 23; *Werner*, in: Byok/Jaeger, Vergaberecht, § 101 GWB Rn. 80; *Antweiler*, in: Ziekow/Völlink, Vergaberecht, § 101 GWB Rn. 26.
122 Zur Voraussetzung der Wertungsfähigkeit *Otting/Olgemöller*, NVwZ 2011, 1225 (1230).
123 *Knauff*, NZBau 2005, 249 (252); *Knauff*, VergabeR 2004, 287 (294). Teilweise wird wegen der Schwierigkeiten die Möglichkeit einer verfahrensbegleitenden Konkretisierung der Zuschlagskriterien bejaht, vgl. *Kaelble*, in: Müller-Wrede, Kompendium des Vergaberechts, Kap. 15 Rn. 37; *Opitz*, VergabeR 2006, 450 (461 f.); kritisch dazu *Kolpatzik*, VergabeR 2007, 279 (290 f.).
124 *Kulartz*, in: Kulartz/Kus/Ports, GWB-Vergaberecht, § 101 Rn. 28; *Kaelble*, in: Müller-Wrede, Kompendium des Vergaberechts, Kap. 15 Rn. 73 f.; *Reider*, in: Münchener Kommentar zum Kartellrecht, § 101 GWB Rn. 13; *Antweiler*, in: Ziekow/Völlink, Vergaberecht, § 101 GWB Rn. 26; *Heiermann*, ZfBR 2005, 766 (775); *Kolpatzik*, VergabeR 2007, 279 (295); *Otting/Olgemöller*, NVwZ 2011, 1225 (1230).

werden." Deren Gegenstand ist mithin eng begrenzt. Ergänzend bestimmt § 18 Abs. 9 S. 3 VgV/§ 3b EU Abs. 4 Nr. 8 S. 3 VOB/A hierzu, dass diese Verhandlungen „nicht dazu führen [dürfen], dass wesentliche Bestandteile des Angebots oder des öffentlichen Auftrags einschließlich der in der Auftragsbekanntmachung oder der Beschreibung festgelegten Bedürfnisse und Anforderungen grundlegend geändert werden, der Wettbewerb verzerrt wird oder andere am Verfahren beteiligte Unternehmen diskriminiert werden." Mangels normativer Differenzierung besteht diese Möglichkeit zu Verhandlungen mit dem Bestbieter sowohl vor als auch nach dem mit der Zuschlagserteilung verbundenen Vertragsschluss, dem die Vorabinformation der an der Dialogphase beteiligten Wettbewerber[125] gemäß § 134 GWB vorausgeht.

H. Innovationspartnerschaft (Abs. 7)

71 Die Innovationspartnerschaft wurde als **neue Vergabeverfahrensart** im Zuge der EU-Vergaberechtsreform (2014) geschaffen[126] und dient deren Ziel, innovative Beschaffungen zu ermöglichen und zu fördern.[127] Es handelt sich um ein eigenständiges Vergabeverfahren, nicht aber um einen Unterfall des Verhandlungsverfahrens[128] oder des wettbewerblichen Dialogs[129], das zudem mit dem Zuschlag noch nicht beendet ist. In **Erwägungsgrund 49 RL 2014/24/EU** heißt es:

> „Kann der Bedarf an der Entwicklung eines innovativen Produkts beziehungsweise einer innovativen Dienstleistung oder innovativer Bauleistungen und dem anschließenden Erwerb dieses Produkts beziehungsweise dieser Dienstleistung oder dieser Bauleistungen nicht durch bereits auf dem Markt verfügbare Lösungen befriedigt werden, so sollten öffentliche Auftraggeber in Bezug auf Aufträge, die in den Anwendungsbereich dieser Richtlinie fallen, Zugang zu einem spezifischen Beschaffungsverfahren haben. Dieses spezifische Verfahren sollte es den öffentlichen Auftraggebern ermöglichen, eine langfristige Innovationspartnerschaft für die Entwicklung und den anschließenden Kauf neuer, innovativer Waren, Dienstleistungen oder Bauleistungen zu begründen – unter der Voraussetzung, dass für solche innovativen Waren, Dienstleistungen oder Bauleistungen die vereinbarten Leistungs- und Kostenniveaus eingehalten werden können, und ohne dass ein getrenntes Vergabeverfahren für den Kauf erforderlich ist. Die Innovationspartnerschaft sollte sich auf die Verfahrensregeln stützen, die für das Verhandlungsverfahren gelten, und die Auftragsvergabe sollte einzig auf der Grundlage des besten Preis-Leistungs-Verhältnisses erfolgen, was für den Vergleich von Angeboten für innovative Lösungen am besten geeignet ist. Ganz gleich, ob es um sehr große Vorhaben oder um kleinere innovative Vorhaben geht, sollte die Innovationspartnerschaft so strukturiert sein, dass sie die erforderliche Marktnachfrage (‚Market Pull') bewirken kann, die die Entwicklung einer innovativen Lösung anstößt, ohne jedoch zu einer Marktabschottung zu führen. Die öffentlichen Auftraggeber sollten daher Innovationspartnerschaften nicht in einer Weise nutzen, durch die der Wettbewerb behindert, eingeschränkt oder verfälscht wird. In bestimmten Fällen könnten solche Effekte durch die Gründung von Innovationspartnerschaften mit mehreren Partnern vermieden werden."

Es handelt sich letztlich um den *„Versuch … für die Beschaffung von Innovationen adäquate Verfahrensregelungen unter Geltung des Vergaberechts vorzusehen."*[130]

72 Anknüpfend an Art. 31 RL 2014/24/EU regeln § 119 Abs. 7 GWB und § 19 VgV/§ 3a EU Abs. 5, § 3b EU Abs. 5 EU VOB/A das **Verfahren** der Innovationspartnerschaft ausführlich und im Detail. Über einen wesentlichen Umsetzungsspielraum verfügten die deutschen Normgeber dabei weder im Hinblick auf die Einführung noch auf die Ausgestaltung des Verfahrens.

---

125 *Kaelble*, in: Müller-Wrede, Kompendium des Vergaberechts, Kap. 15 Rn. 77; *Kolpatzik*, VergabeR 2007, 279 (296); dem Grunde nach *Ganske*, in: Reidt/Stickler/Glahs, Vergaberecht, § 101 GWB Rn. 31.
126 Grundlegend zu den europarechtlichen Vorgaben *Badenhausen-Fähnle*, VergabeR 2015, 743 ff.; zur Entwurfsfassung *Fehling*, NZBau 2012, 673 ff.
127 Siehe zur Problematik auf Grundlage des früheren Vergaberechts bereits *Burgi*, NZBau 2011, 577 ff.; darüber hinaus den vom BMWi herausgegebenen Leitfaden „Impulse für mehr Innovationen im öffentlichen Beschaffungswesen" (2014, abrufbar unter http://de.koinno-bmwi.de/system/publications/files/000/000/201/original/BMWi_Leitfaden_KOINNO_web.pdf?140024196).
128 So *Neun/Otting*, EuZW 2014, 446 (449 Fn. 32).
129 Dahingehend *Portz*, VergabeNavigator, Sonderausgabe 2013, 3 (5).
130 *Neun/Otting*, EuZW 2014, 446 (449 f.).

Folgerichtig beschränkt sich die Begründung zu § 119 Abs. 7 GWB auf die nahezu wörtliche Wiederholung der europarechtlichen Erwägungsgründe.[131] Die **Begründung von § 19 VgV** führt ergänzend zu den Zwecken des Verfahrens aus:

> „Die Förderung von Innovationen durch die öffentliche Hand erfolgt in der Regel durch projektorientierte oder institutionelle Forschungsförderung im Wege der Gewährung von Zuwendungen. Reicht die öffentliche Hand Zuwendungen aus, ist sie an Vergaberecht grundsätzlich nicht gebunden. Zuwendungen sind allerdings sog. verlorene Zuschüsse, für die die öffentliche Hand keine unmittelbare Gegenleistung erhält, geschweige denn mit denen ein Beschaffungsbedarf befriedigt werden dürfte. Nun wird es dem öffentlichen Auftraggeber erstmals ermöglicht, im Rahmen eines einzigen Vergabeverfahrens – der Innovationspartnerschaft – sowohl die Entwicklung einer Innovation zu unterstützen als auch zugleich den anschließenden Erwerb zu regeln, ohne erneut ausschreiben zu müssen."[132]

I. Anwendungsvoraussetzungen

§ 119 Abs. 7 S. 1 GWB qualifiziert die Innovationspartnerschaft als „ein Verfahren zur Entwicklung innovativer, noch nicht auf dem Markt verfügbarer Liefer-, Bau- oder Dienstleistungen und zum anschließenden Erwerb der daraus hervorgehenden Leistungen" und legt damit zugleich die wesentlichen Anwendungsvoraussetzungen fest. § 19 Abs. 1 S. 1 und S. 2 VgV/§ 3a EU Abs. 5 VOB/A wiederholen diese Anforderungen inhaltlich identisch, jedoch mit abweichender Formulierung. 73

Die in § 119 Abs. 2 GWB vorgesehene Subsidiarität der Innovationspartnerschaft[133] gegenüber dem **offenen und dem nicht offenen Verfahren** wirft grundsätzlich keine praktischen Probleme auf, da der Beschaffungsgegenstand als solcher zu Beginn des Verfahrens noch nicht existiert, sondern erst entwickelt werden muss, sodass eine darauf gerichtete klassische Ausschreibung nicht in Betracht kommt. Im Verhältnis zum **Verhandlungsverfahren** und zum **wettbewerblichen Dialog** besteht keine hierarchische Abstufung. Allerdings setzt die Durchführung eines Verhandlungsverfahrens eine zumindest grundlegende Vorstellung des öffentlichen Auftraggebers vom Beschaffungsgegenstand voraus, sodass eine Austauschbarkeit der Verfahren regelmäßig nicht gegeben ist. Im Verhältnis zum wettbewerblichen Dialog erscheinen Überschneidungen der Anwendungsbereiche dagegen möglich,[134] auch wenn weder Art. 26 RL 2014/24/EU noch § 14 VgV/§§ 3 EU f. VOB/A eine derartige Parallelität vorsehen, sondern diese ausschließlich auf Verhandlungsverfahren und wettbewerblichen Dialog beziehen. Da sich aber sowohl Letzterer als auch die Innovationspartnerschaft dadurch auszeichnen, dass die Vergabestelle gerade keine Vorstellung von der zu beschaffenden Leistung hat und haben kann und auch eine graduelle Abstufung ihres objektiv gerechtfertigten Unwissens kaum in Betracht kommen dürfte, ist für die Abgrenzung zwischen beiden Verfahrensarten die Annahme entscheidend, ob sich die Beschaffung auf etwas Neuartiges richtet (dann Innovationspartnerschaft) oder eine Anpassung auf dem Markt vorhandener Lösungen den Bedürfnissen der Vergabestelle genügt (dann wettbewerblicher Dialog).[135] Dass diese Abgrenzung nicht trennscharf vorgenommen werden kann, liegt auf der Hand.[136] Dies ist vergaberechtlich insoweit unproblematisch, als es sich in beiden Fällen um strukturierte und normativ gleichgeordnete Vergabeverfahren handelt. Letztlich ist die Abgrenzung, wie auch § 119 Abs. 2 S. 2 GWB vorsieht, anhand der jeweiligen normativen Ausgestaltung der Anwendungsvoraussetzungen vorzunehmen. 74

131 Gesetzesbegründung, BT-Drs. 18/6281, 98.
132 Verordnungsbegründung, VergRModVO, BR-Drs. 87/16, 175.
133 Zu den rechtstechnischen Abweichungen des EU-Vergaberechts *Badenhausen-Fähnle*, VergabeR 2015, 743 (746 f.).
134 *Hettich*, in: Soudry/Hettich, Das neue Vergaberecht, S. 34; *Rosenkötter*, VergabeR 2016, 196 (198).
135 Dahin gehend auch *Badenhausen-Fähnle*, VergabeR 2015, 743 (745 f.); tendenziell ebenso, aber explizit abstellend auf die Perspektive des öffentlichen Auftraggebers *Hettich*, in: Soudry/Hettich, Das neue Vergaberecht, S. 34.
136 Von graduellen Unterschieden spricht *Fehling*, NZBau 2012, 673 (677).

75 § 119 Abs. 7 S. 1 GWB nominiert als Anwendungsvoraussetzung für die Innovationspartnerschaft, dass ein innovatives Produkt oder eine innovative Leistung zunächst entwickelt und sodann erworben werden soll. Damit bildet die Notwendigkeit einer **Innovation** zugleich das prägende Kennzeichen des neuen Vergabeverfahrens wie auch die wesentliche Voraussetzung für seine Anwendbarkeit. Der Begriff der Innovation wird in **Art. 2 Nr. 22 RL 2014/24/EU** legaldefiniert als

> „die Realisierung von neuen oder deutlich verbesserten Waren, Dienstleistungen oder Verfahren, einschließlich – aber nicht beschränkt auf – Produktions-, Bau- oder Konstruktionsverfahren, eine neue Vermarktungsmethode oder ein neues Organisationsverfahren in Bezug auf Geschäftspraxis, Abläufe am Arbeitsplatz oder externe Beziehungen, u.a. mit dem Ziel, zur Bewältigung gesellschaftlicher Herausforderungen beizutragen oder die Strategie Europa 2020 für intelligentes, nachhaltiges und integratives Wachstum zu unterstützen".

Diese Begriffsbestimmung ist ungeachtet ihrer unterbliebenen Übernahme in das deutsche Vergaberecht für die Interpretation von § 119 Abs. 7 GWB und den konkretisierenden Vorschriften von Bedeutung.[137] Zwar wird die europarechtliche Wertung implizit im nationalen Recht dadurch aufgegriffen, dass als Gegenstand der Innovationspartnerschaft Leistungen qualifiziert werden, die noch nicht auf dem Markt verfügbar sind. Die von den deutschen Normgebern gewählten Formulierungen sind jedoch deutlich weniger präzise als die europarechtliche Legaldefinition, die daher im Wege der europarechtskonformen Auslegung Berücksichtigung finden muss. Damit können zum einen völlig neuartige Leistungen Gegenstand einer Innovationspartnerschaft sein. Zum anderen werden aber auch Leistungen erfasst, die zwar in einer „einfachen" Variante bereits auf dem Markt angeboten werden, jedoch in einer deutlich verbesserten Qualität beschafft werden sollen. Das sich diesbezüglich stellende Abgrenzungsproblem zwischen einer nur graduellen und einer deutlichen Verbesserung ist mangels klarerer Abgrenzungskriterien mithilfe der Wertung vorzunehmen, ob sich die zu beschaffende verbesserte Leistung letztlich als unmittelbare Fortentwicklung eines am Markt vorhandenen Angebots darstellt oder der notwendige Entwicklungsschritt sich als so grundlegend erweist, dass die Leistung trotz ihrer fehlenden Neuartigkeit einer Neuentwicklung letztlich gleichsteht. Die besondere Schwierigkeit für den öffentlichen Auftraggeber bei der Anwendung dieses Maßstabs besteht darin, dass es im Zeitpunkt der Verfahrenseinleitung einer diesbezüglichen **Prognose** bedarf. Diese muss auf einer Bestandsaufnahme basieren, was eine grundlegende Marktkenntnis voraussetzt,[138] die wiederum im Bedarfsfall durch Sachverständige hergestellt werden muss. Zudem müssen insbesondere für den sich nachträglich herausstellenden Fall einer Fehleinschätzung die maßgeblichen Erwägungen umfassend dokumentiert werden. Worauf sich die Neuerung bezieht, ist dagegen grundsätzlich unerheblich, wie die exemplarische Aufzählung möglicher Innovationsbereiche in Art. 2 Nr. 22 RL 2014/24/EU verdeutlicht.

76 Die Notwendigkeit der produkt- oder leistungsbezogenen Innovation muss zudem unmittelbar mit der **Erfüllung des Beschaffungszwecks** des öffentlichen Auftraggebers verbunden sein. Das Verfahren ist insoweit – ungeachtet der Möglichkeiten seiner vorzeitigen Beendigung[139] – nicht Ausdruck einer allgemeinen staatlichen Innovations- im Sinne von Forschungsförderung, sondern unterscheidet sich davon durch seine Qualifikation als echtes Vergabeverfahren, das auf die Befriedigung eines konkret bestehenden Bedarfs eines öffentlichen Auftraggebers gerichtet ist. Dementsprechend ist erforderlich, dass es der Innovation gerade bedarf, um den Beschaffungszweck realisieren zu können; andernfalls bedürfte es der normativen Verbindung von Entwicklung und Erwerb nicht. Das Verfahren steht daher nicht zur Verfügung, wenn eine Beschaffung letztlich nicht beabsichtigt ist. Nicht ausgeschlossen ist dabei allerdings, dass die Beschaffung vor allem zu dem Zweck erfolgt, die Innovation zu ermöglichen. Die Motivlage ist dem Vergaberecht letztlich vorgelagert und entzieht sich jenseits der Fälle eines offensichtlichen Missbrauchs einer Bewertung an seinem Maßstab.

---

137 Vgl. auch *Rosenkötter*, VergabeR 2016, 196 (197).
138 Vgl. auch *Hettich*, in: Soudry/Hettich, Das neue Vergaberecht, S. 34.
139 Diese hervorhebend *Badenhausen-Fähnle*, VergabeR 2015, 743 (754); *Fehling*, NZBau 2012, 673 (675).

Die Innovationspartnerschaft kann aufgrund der Verbindung von Entwicklung und Erwerb auch dann nicht genutzt werden, wenn Beschaffungen infrage stehen, deren Ziele mit am Markt **vorhandenen Mitteln** erreicht werden können, vgl. § 19 Abs. 1 S. 2 VgV/§ 3a EU Abs. 5 S. 2 VOB/A.[140] Anderes muss jedoch dann gelten, wenn diese Mittel offensichtliche Defizite aufweisen. In einem solchen Fall bleibt dem öffentlichen Auftraggeber eine Vergabe unter Hinnahme dieser Defizite zwar unbenommen; zugleich steht ihm die Durchführung einer Innovationspartnerschaft aber frei, da die nachgefragte Leistung ohne diese (erkannten) Defizite am Markt nicht verfügbar ist, sodass die Voraussetzungen des § 119 Abs. 7 S. 1 GWB vorliegen. Will er hiervon Gebrauch machen, bedarf es zur Nachvollziehbarkeit der Entscheidung einer klaren Darstellung der Situation in Bezug auf den Beschaffungsgegenstand einschließlich der prognostizierten Innovationspotenziale im Vergabevermerk. 77

Wie schließlich dem Wortlaut von § 119 Abs. 7 S. 1 GWB unmittelbar zu entnehmen ist, kann das Verfahren der Innovationspartnerschaft bei der Vergabe **öffentlicher Aufträge aller Art** durchgeführt werden. Es ist gleichwohl zu erwarten, dass die Innovationsnotwendigkeiten häufiger bei anspruchsvollen und komplexen Bau- und Dienstleistungsaufträgen vorliegen werden als bei Lieferaufträgen, wenngleich keineswegs ausgeschlossen ist, dass auch zu beschaffende Waren (auch jenseits der § 119 GWB nicht unterfallenden verteidigungs- und sicherheitsspezifischen Güter, die allerdings auch bei gegebenem Innovationsbedarf aufgrund § 146 GWB nicht mittels einer Innovationspartnerschaft erworben werden können) im Einzelfall Innovationen notwendig machen können. 78

Von Bedeutung ist schließlich die in § 19 Abs. 8 S. 4 VgV/§ 3b EU Abs. 5 Nr. 7 S. 5 VOB/A enthaltene Einschränkung, dass „[d]er geschätzte Wert der Liefer- oder Dienstleistung … in Bezug auf die für ihre Entwicklung erforderlichen Investitionen **nicht unverhältnismäßig** sein [darf]." Wenngleich diesbezüglich abstrakte Festlegungen in Bezug auf das Verhältnis von Auftragswert und Entwicklungsaufwand nicht in Betracht kommen, stellt die Vorschrift klar, dass der zu vergebende Auftrag unabhängig von seinen möglichen positiven Folgewirkungen für das innovative Unternehmen am Markt unmittelbar wirtschaftlich attraktiv sein muss.[141] Ungeachtet dieser rechtlichen Vorgabe ist dies allerdings schon deshalb erforderlich, um Unternehmen überhaupt zur Verfahrensteilnahme zu bewegen. 79

II. Verfahrensablauf

Der Ablauf einer Innovationspartnerschaft[142] wird in § 119 Abs. 7 S. 2 GWB nur sehr knapp und unspezifisch umrissen und in § 19 VgV/§ 3b EU Abs. 5 VOB/A anknüpfend an die europarechtlichen Vorgaben im Einzelnen geregelt. Dabei werden Elemente des Verhandlungsverfahrens, dessen Vorgaben ergänzend Anwendung finden, soweit keine Sonderregelungen bestehen,[143] und des wettbewerblichen Dialogs[144] mit neuartigen Verfahrensvorgaben kombiniert,[145] sodass dem Verfahren seinerseits ein innovativer Charakter zukommt. 80

Das Verfahren beginnt mit einer **Auftragsbekanntmachung**, in der der öffentliche Auftraggeber gemäß § 19 Abs. 1 S. 3 und S. 4 VgV/§ 3b EU Abs. 5 Nr. 1 S. 1 und S. 2 VOB/A die Nachfrage nach der innovativen Liefer- oder Dienstleistung darstellt. Konkretisierende Angaben können ebenso wie festgelegte Mindestanforderungen in den **Vergabeunterlagen** enthalten sein. Nach § 19 Abs. 1 S. 5 VgV/§ 3b EU Abs. 5 Nr. 1 S. 4 VOB/A müssen die „Informationen … so genau sein, dass die Unternehmen Art und Umfang der geforderten Lösung erkennen und entscheiden können, ob sie eine Teilnahme an dem Verfahren beantragen." Verbunden mit diesen Angaben ist nach § 19 Abs. 2 S. 1 VgV/§ 3b EU Abs. 5 S. 1 VOB/A die an eine 81

140 Siehe auch *Hettich*, in: Soudry/Hettich, Das neue Vergaberecht, S. 34.
141 Vgl. auch *Badenhausen-Fähnle*, VergabeR 2015, 743 (757).
142 Siehe dazu auch ausführlich auf Grundlage der europarechtlichen Vorgaben *Badenhausen-Fähnle*, VergabeR 2015, 743 (747 ff.).
143 *Badenhausen-Fähnle*, VergabeR 2015, 743 (748).
144 *Hettich*, in: Soudry/Hettich, Das neue Vergaberecht, S. 35; *Bischof*, ITRB 2015, 211 (213); *Jaeger*, NZBau 2014, 259 (264).
145 *Badenhausen-Fähnle*, VergabeR 2015, 743 (747).

unbeschränkte Anzahl von Unternehmen gerichtete **Aufforderung zur Abgabe von Teilnahmeanträgen**. Die Frist hierfür beträgt nach § 19 Abs. 3 VgV/§ 10d EU VOB/A mindestens 30 Tage.

82 Auf Grundlage der Teilnahmeanträge **wählt** der öffentliche Auftraggeber diejenigen **Unternehmen** aus, mit denen das Verfahren fortgeführt werden soll. Deren zahlenmäßige Begrenzung auf mindestens drei Unternehmen ist nach § 19 Abs. 4 S. 2 i.V.m. § 51 VgV/§ 3b EU Abs. 5 Nr. 3 S. 2 i.V.m. § 3b EU Abs. 2 Nr. 3 VOB/A zulässig.[146] Die Auswahl erfolgt anhand gemäß § 19 Abs. 1 S. 5 VgV/§ 3b EU Abs. 5 Nr. 1 S. 3 VOB/A in der Auftragsbekanntmachung oder den Vergabeunterlagen vorgesehenen „**Eignungskriterien** …, die die Fähigkeiten der Unternehmen auf dem Gebiet der Forschung und Entwicklung sowie die Ausarbeitung und Umsetzung innovativer Lösungen betreffen." Dem Verfahrenscharakter entsprechend kommt es für die nach Eingang der Teilnahmeanträge festzustellende Eignung der Unternehmen mithin vor allem auf ihre **Innovationskompetenz** an. Gleichwohl ist mit Blick auf das Beschaffungsziel sicherzustellen, dass die am Verfahren teilnehmenden Unternehmen leistungsfähig und zuverlässig sind, sodass die zusätzliche Verwendung herkömmlicher Eignungskriterien möglich und zugleich geboten ist. § 19 Abs. 2 S. 3 VgV/§ 3b EU Abs. 5 Nr. 2 S. 3 VOB/A verpflichtet die Unternehmen, die vom öffentlichen Auftraggeber geforderten Informationen für die Prüfung ihrer Eignung mit dem Teilnahmeantrag zu übermitteln. Dabei sind **Einheitliche Europäische Eigenerklärungen** nach § 50 VgV/§ 6b EU Abs. 1 VOB/A in gleicher Weise wie beim wettbewerblichen Dialog grundsätzlich zu akzeptieren.

83 Das weitere Verfahren wird gemäß § 19 Abs. 4 S. 1 VgV/§ 3b EU Abs. 5 Nr. 3 S. 1 VOB/A durch die Aufforderung des öffentlichen Auftraggebers der im Teilnahmewettbewerb ausgewählten Unternehmen zur Einreichung eines **Angebots „in Form von Forschungs- und Innovationsprojekten"** eingeleitet. Daran schließen sich nach § 19 Abs. 5 VgV/§ 3b EU Abs. 5 Nr. 4 VOB/A umfassende **Verhandlungen** an. Diese zielen auf eine inhaltliche Verbesserung der Angebote ab[147] und beziehen sich auf den gesamten Auftragsinhalt und damit auch auf die zu erfüllenden Anforderungen mit Ausnahme der in den Vergabeunterlagen festgelegten Mindestanforderungen und Zuschlagskriterien. § 19 Abs. 6 VgV/§ 3b EU Abs. 5 Nr. 5 VOB/A verpflichtet den öffentlichen Auftraggeber dabei zu einer uneingeschränkten Gleichbehandlung der teilnehmenden Unternehmen, verbietet eine unautorisierte Weitergabe vertraulicher Informationen und ordnet die Ergreifung von Maßnahmen zum Schutz geistigen Eigentums an.[148] Eine **Abschichtung** der Verhandlungen mit Reduzierung der Teilnehmerzahl bis zur Mindestzahl ist ausweislich Art. 31 Abs. 5 RL 2014/24/EU zulässig, sofern dies vorab transparent gemacht wurde. Am Ende der Verhandlungsphase reichen die im Wettbewerb verbliebenen Unternehmen endgültige und nicht **mehr verhandelbare Angebote** ein. Diese basieren notwendig auf den jeweils zuvor erreichten Verhandlungsergebnissen. Deren Gegenstand bildet nicht nur die zu diesem Zeitpunkt noch nicht vorliegende innovative Leistung als solche, sondern auch der zu ihrer abschließenden Entwicklung führende Prozess. Sie ermöglichen dem öffentlichen Auftraggeber letztlich nicht mehr als eine Prognose in Bezug auf die Realisierung seines Beschaffungszwecks und deren wahrscheinliche Kosten.

84 Die **Angebotswertung** erfolgt gemäß den zu Beginn des Verfahrens festgelegten und gewichteten[149] Kriterien. Dabei dürfen nach § 19 Abs. 7 S. 2 VgV/§ 3b EU Abs. 5 Nr. 6 S. 2 VOB/A **weder der niedrigste Preis noch die niedrigsten Kosten** als alleiniges Zuschlagskriterium dienen. Gleichwohl sind Preis und Kosten trotz der mit Unvorhersehbarkeiten verbundenen Entwicklungserfordernisse im Hinblick auf die Realisierung der bis dahin zwar ansatzweise

---

146 Die Begründung zu § 19 Abs. 7 VgV (BR-Drs. 87/16, 176) ist insoweit unzutreffend, als danach zum Abschluss der Innovationspartnerschaft „erforderliche Verhandlungen auch nur mit einem Unternehmen geführt werden können."

147 Die Annahme, dass damit wie auch mit der Beurteilung von Innovationen, vgl. *Hettich*, in: Soudry/Hettich, Das neue Vergaberecht, S. 35, erhebliche Herausforderungen für die öffentlichen Auftraggeber verbunden sind, dürfte kaum unzutreffend sein.

148 Zur Gefahr des *„Ideenklaus" Fehling*, NZBau 2012, 673 (675, 678).

149 *Badenhausen-Fähnle*, VergabeR 2015, 743 (750 f.), verweist zutreffend darauf, dass häufig nur eine Angabe in absteigender Reihenfolge möglich sein wird.

ausgearbeiteten, jedoch nicht abgeschlossenen Innovation, notwendige Angebots- und Vertragsbestandteile. Als zentrales Zuschlagskriterium sollte die **Innovationsleistung** dienen.[150] Vor der Erteilung des Zuschlags sind zudem in gleicher Weise wie in den anderen Vergabeverfahren mit einem Teilnahmewettbewerb etwaige Ausschlussgründe und nachträglich zutage getretene Eignungsmängel zu berücksichtigen.[151] Zudem ist § 60 VgV/§ 16d EU Abs. 1 Nr. 2 und Nr. 3 VOB/A im Falle ungewöhnlich niedriger Angebote zu beachten. Der Zuschlag wird auf das Angebot des Bestbieters erteilt. Alternativ gestattet § 19 Abs. 7 S. 1 und S. 3 VgV einen **Zuschlag auf mehrere Angebote**, die sämtlich die Zuschlagskriterien erfüllen, sofern dies in den Vergabeunterlagen vorgesehen war. Damit geht die Begründung der Innovationspartnerschaft(en) in einem vertragsbasierten, organisatorischen Sinne einher. Für den Fall, dass dies mit mehreren Unternehmen geschieht, sieht § 19 Abs. 7 S. 3 VgV/§ 3b EU Abs. 5 Nr. 6 S. 1 und S. 3 VOB/A vor, dass diese im Folgenden „getrennte Forschungs- und Entwicklungstätigkeiten durchführen."[152]

Die Innovationspartnerschaft in diesem organisatorischen Sinne gliedert sich nach § 19 Abs. 8 **85**
VgV/§ 3b EU Abs. 5 Nr. 7 VOB/A in zwei aufeinander folgende Phasen. Die nach dem Zuschlag beginnende **Forschungs- und Entwicklungsphase** dient der Herstellung von Prototypen oder der Entwicklung der Dienstleistung. Gegenstand ist also der *„eigentlich[e] Entwicklungs- und Innovationsprozess"*[153]. Insbesondere diese Phase ist „durch die Festlegung von Zwischenzielen zu untergliedern, bei deren Erreichen die Zahlung der Vergütung in angemessenen Teilbeträgen vereinbart wird." Den wirtschaftlichen Interessen der Unternehmen ist dabei ungeachtet der Undeutlichkeit der Regelung schon aus Gründen der Funktionalität des Verfahrens Rechnung zu tragen.[154] Daran schließt sich eine **Leistungsphase** an, in der die aus der Partnerschaft hervorgegangene Leistung erbracht wird. Der öffentliche Auftraggeber hat dabei sicherzustellen, „dass die Struktur der Partnerschaft und insbesondere die Dauer und der Wert der einzelnen Phasen den Innovationsgrad der vorgeschlagenen Lösung und der Abfolge der Forschungs- und Innovationstätigkeiten widerspiegeln." Die Leistungsphase entfällt jedoch insgesamt oder unternehmensbezogen, wenn die angestrebte Innovation nicht gelingt. Gemäß § 19 Abs. 9 VgV/§ 3b EU Abs. 5 Nr. 8 VOB/A kann der öffentliche Auftraggeber auf Grundlage der **Zwischenziele** „am Ende jedes Entwicklungsabschnittes entscheiden, ob er die Innovationspartnerschaft beendet oder, im Fall einer Innovationspartnerschaft mit mehreren Partnern, die Zahl der Partner durch die Kündigung einzelner Verträge reduziert," sofern dies ex ante vorgesehen und transparent gemacht wurde. Letzteres wird regelmäßig erforderlich sein, um Mehrfachbeschaffungen zu vermeiden. Darüber hinaus bestimmt § 19 Abs. 10 VgV/§ 3b EU Abs. 5 Nr. 9 VOB/A, dass „der öffentliche Auftraggeber zum … Erwerb der innovativen Liefer- oder Dienstleistung nur dann verpflichtet [ist], wenn das bei Eingehung der Innovationspartnerschaft festgelegte Leistungsniveau und die Kostenobergrenze eingehalten werden."

150 *Fehling*, NZBau 2012, 673 (676).
151 *Badenhausen-Fähnle*, VergabeR 2015, 743 (753).
152 Zur Bedeutung des Vertraulichkeitsgrundsatzes in diesem Zusammenhang *Badenhausen-Fähnle*, VergabeR 2015, 743 (755).
153 *Badenhausen-Fähnle*, VergabeR 2015, 743 (753).
154 Zur Problematik *Badenhausen-Fähnle*, VergabeR 2015, 743 (756).

Anlage

Gesetzesbegründung (BT-Drs. 18/6281)

Seite 97

Zu Absatz 1

§ 119 Absatz 1 benennt die zulässigen Vergabeverfahrensarten zur Vergabe von öffentlichen Liefer-, Bau- und Dienstleistungsaufträgen abschließend und entspricht inhaltlich dem bisherigen § 101 Absatz 1. Neu hinzugekommen als zulässige Verfahrensart ist die Innovationspartnerschaft, die im Zuge der Modernisierung des EUVergaberechts als neue Verfahrensart in Artikel 31 der Richtlinie 2014/24/EU eingeführt wurde.

Zu Absatz 2

§ 119 Absatz 2 regelt das Verhältnis der Vergabeverfahrensarten untereinander. Wesentliche Neuerung im Vergleich zur bisherigen Regelung des § 101 Absatz 7 GWB ist die grundsätzliche Wahlfreiheit für öffentliche Auftraggeber zwischen dem offenen und dem nicht offenen Verfahren. Bislang sah § 101 Absatz 7 Satz 1 GWB den Vorrang des offenen Verfahrens – auch vor dem nicht offenen Verfahren – vor. Die grundsätzliche Wahlfreiheit zwischen dem offenen und dem nicht offenen Verfahren entspricht der Intention des Unionsgesetzgebers in Artikel 26 Absatz 2 der Richtlinie 2014/24/EU. Entscheidend für diese Wahlfreiheit ist, dass das nicht offene Verfahren zwingend einen vorgeschalteten Teilnahmewettbewerb erfordert.

Der öffentliche Auftraggeber hat beim nicht offenen Verfahren dafür Sorge zu tragen, dass die Auswahl der Bewerber auf der Grundlage objektiver Entscheidungskriterien zur Sicherstellung der größtmöglichen Transparenz sowie des fairen Wettbewerbs erfolgt, damit jeder Anschein einer Manipulationsmöglichkeit vermieden wird. Die konkrete Ausgestaltung der Verfahren sowie die Festlegung der Auswahlkriterien im Rahmen des Teilnahmewettbewerbs dienen gleichzeitig der Korruptionsprävention.

Die nunmehr vorgesehene Wahlfreiheit zwischen dem offenen und dem nicht offenen Verfahren bringt Vorteile für Auftragnehmer und Auftraggeber. Bieter haben im nicht offenen Verfahren den Vorteil, dass sie weniger Aufwand für die Angebotserstellung betreiben müssen. Erst nach Aufforderung zur Angebotsabgabe müssen sie ein verbindliches Angebot erstellen. Dies ermöglicht ihnen eine ihren Erfolgsaussichten entsprechende, effiziente Vorgehensweise bei der Bewerbung um öffentliche Aufträge. Dadurch kann die Bereitschaft zur Teilnahme an Vergabeverfahren insgesamt gesteigert werden, was wiederum den Wettbewerb fördert. Für die im Teilnahmewettbewerb ausgewählten Unternehmen erhöht sich die Zuschlagschance bei Abgabe eines Angebots. Zudem bestehen bereits im Teilnahmewettbewerb Rechtsschutzmöglichkeiten.

Für Auftraggeber kann die Wahl des nicht offenen Verfahrens ebenfalls zu Effizienzsteigerungen führen: Angebote werden nur noch von den tatsächlich geeigneten Unternehmen gefordert, wodurch sich der Prüfaufwand für die Angebote insgesamt reduziert. Zudem erhöht die Wahlfreiheit zwischen dem offenen und nicht offenen Verfahren die Flexibilität der öffentlichen Auftraggeber, indem sie eine dem jeweiligen Auftragsgegenstand angemessene Lösung ermöglicht, ohne die Wahl an bestimmte, im Einzelfall zu dokumentierende Voraussetzungen zu knüpfen. Eine Steigerung der Flexibilität des öffentlichen Auftraggebers bei der Wahl der Verfahrensart entspricht der grundsätzlichen Intention der Richtlinie 2014/24/EU (Erwägungsgrund 42 der Richtlinie 2014/24/EU).

Die vorgesehene Wahlfreiheit zwischen dem offenen und dem nicht offenen Verfahren trägt gleichzeitig den Grundsätzen der Transparenz und des Wettbewerbs hinreichend Rechnung. Das nicht offene Verfahren setzt nach Absatz 4 zwingend einen öffentlichen Teilnahmewettbewerb voraus. Somit steht auch bei einem nicht offenen Verfahren die Teilnahme am Wettbewerb grundsätzlich jedem Unternehmen offen. Die danach vom öffentlichen Auftraggeber zu treffende Auswahl erfolgt nach objektiven, diskriminierungsfreien Gesichtspunkten und ist im Vergabevermerk zu dokumentieren (BayObLG, Beschluss vom 20. April 2005, Az. Verg 26/04). Der öffentliche

Seite 98

Auftraggeber hat eine im vergaberechtlichen Zusammenhang pflichtgemäße Ermessensentscheidung zu treffen, wobei er insbesondere das Wettbewerbs-, Gleichbehandlungs- und Transparenzgebot als Ausprägungen des generellen Willkürverbots beachten muss (VK Bund, Beschluss vom 25. Juni 2003, Az. VK 1-45/03). In jedem Fall muss die Zahl der zugelassenen Bewerber einen echten Wettbewerb sicherstellen (BayObLG, Beschluss vom 20. April 2005, Az. Verg 26/04). Dadurch ist auch im nicht offenen Verfahren grundsätzlich gewährleistet, dass die für die öffentliche Auftragsvergabe erforderliche Transparenz und Gleichbehandlung sichergestellt sind und ein wettbewerbliches Vergabeverfahren durchgeführt wird. Ein Missbrauch durch intransparente Verfahrensgestaltung wird wirksam ausgeschlossen. Zugleich ist durch die Sicherstellung eines echten Wettbewerbs gewährleistet, dass öffentliche Auftraggeber auch im Rahmen des nicht offenen Verfahrens das wirtschaftlich beste Ergebnis erzielen können.

Die übrigen Vergabeverfahrensarten (Verhandlungsverfahren, wettbewerblicher Dialog und Innovationspartnerschaft) sind wie bisher nur zulässig, sofern die jeweiligen Voraussetzungen dafür vorliegen. Die einzelnen Voraussetzungen dieser Verfahrensarten sowie die jeweiligen Verfahrensabläufe werden weiterhin in den untergesetzlichen Regelungen festgelegt.

Zu Absatz 3

Die Definition des offenen Verfahren in § 119 Absatz 3 entspricht der bisherigen Regelung in § 101 Absatz 2 GWB.

Zu Absatz 4

Die Definition des nicht offenen Verfahren in § 119 Absatz 4 entspricht inhaltlich der Definition des bisherigen § 101 Absatz 3 GWB. Erstmals wird im Gesetz klargestellt, dass der Teilnahmewettbewerb nach objektiven, transparenten und nichtdiskriminierenden Kriterien durchzuführen ist.

Zu Absatz 5

Die Definition des Verhandlungsverfahren in § 119 Absatz 5 entspricht der bisherigen Regelung des § 101 Absatz 5 GWB. Die Anpassungen sind sprachlicher Natur.

Zu Absatz 6

§ 119 Absatz 6 definiert den wettbewerblichen Dialog. Die Definition ist an die neue Formulierung in Artikel 30 Absatz 3 der Richtlinie 2014/24/EU angepasst.

Zu Absatz 7

§ 119 Absatz 7 definiert das neue Verfahren der Innovationspartnerschaft, das nunmehr in Artikel 31 der Richtlinie 2014/24/EU eingeführt wird. Die Innovationspartnerschaft ist ein besonderes Vergabeverfahren zur Entwicklung und dem anschließenden Erwerb innovativer Liefer-, Bau- oder Dienstleistungen, wenn der bestehende Bedarf nicht durch bereits auf dem Markt verfügbare Lösungen befriedigt werden kann. Die Innovationspartnerschaft ermöglicht es öffentlichen Auftraggebern, eine langfristige Innovationspartnerschaft mit einem oder mehreren Partnern für die Entwicklung und den anschließenden Erwerb neuer, innovativer Leistungen zu begründen, ohne dass ein getrenntes Vergabeverfahren für den Kauf erforderlich ist. Voraussetzung ist, dass für solche innovativen Leistungen die vereinbarten Leistungs- und Kostenniveaus eingehalten werden können.

Die Innovationspartnerschaft stützt sich im Kern auf die Verfahrensregeln, die für das Verhandlungsverfahren gelten, da dies für den Vergleich von Angeboten für innovative Lösungen am besten geeignet ist, wobei die Auftragsvergabe auf der Grundlage des besten Preis-Leistungs-Verhältnisses erfolgt. Unabhängig davon, ob es um sehr große Vorhaben oder um kleinere innovative Vorhaben geht, sollte die Innovationspartnerschaft so strukturiert sein, dass sie die erforderliche Marktnachfrage bewirken kann, die die Entwicklung einer innovativen Lösung anstößt, ohne jedoch zu einer Marktabschottung zu führen. Vor diesem Hintergrund darf die Innovationspartnerschaft nicht genutzt werden, um den Wettbewerb zu behindern, einzuschränken oder zu verfälschen. In bestimmten Fällen könnten solche Effekte durch die Gründung von Innovationspartnerschaften mit mehreren Partnern vermieden werden.

§ 120
Besondere Methoden und Instrumente in Vergabeverfahren

(1) Ein dynamisches Beschaffungssystem ist ein zeitlich befristetes, ausschließlich elektronisches Verfahren zur Beschaffung marktüblicher Leistungen, bei denen die allgemein auf dem Markt verfügbaren Merkmale den Anforderungen des öffentlichen Auftraggebers genügen.

(2) Eine elektronische Auktion ist ein sich schrittweise wiederholendes elektronisches Verfahren zur Ermittlung des wirtschaftlichsten Angebots. Jeder elektronischen Auktion geht eine vollständige erste Bewertung aller Angebote voraus.

(3) Ein elektronischer Katalog ist ein auf der Grundlage der Leistungsbeschreibung erstelltes Verzeichnis der zu beschaffenden Liefer-, Bau- und Dienstleistungen in einem elektronischen Format. Er kann insbesondere beim Abschluss von Rahmenvereinbarungen eingesetzt werden und Abbildungen, Preisinformationen und Produktbeschreibungen umfassen.

(4) Eine zentrale Beschaffungsstelle ist ein öffentlicher Auftraggeber, der für andere öffentliche Auftraggeber dauerhaft Liefer- und Dienstleistungen beschafft, öffentliche Aufträge vergibt oder Rahmenvereinbarungen abschließt (zentrale Beschaffungstätigkeit). Öffentliche Auftraggeber können Liefer- und Dienstleistungen von zentralen Beschaffungsstellen erwerben oder Liefer-, Bau- und Dienstleistungsaufträge mittels zentraler Beschaffungsstellen vergeben. Öffentliche Aufträge zur Ausübung zentraler Beschaffungstätigkeiten können an eine zentrale Beschaffungsstelle vergeben werden, ohne ein Vergabeverfahren nach den Vorschriften dieses Teils durchzuführen. Derartige Dienstleistungsaufträge können auch Beratungs- und Unterstützungsleistungen bei der Vorbereitung oder Durchführung von Vergabeverfahren umfassen. Die Teile 1 bis 3 bleiben unberührt.

Übersicht

	Rn.
A. Allgemeines	1
I. Historie	2
II. Europarechtliche Vorgaben	4
III. Regelungssystematik nach GWB und VgV	6
B. Überblick zur elektronischen Beschaffung	7
C. Die einzelnen Methoden und Instrumente	12
I. Dynamisches Beschaffungssystem (Abs. 1)	12
1. Zeitliche Befristung	14
2. Ausschließlichkeit elektronischer Mittel	15
3. Marktübliche Leistungen	17
II. Elektronische Auktion (Abs. 2)	19
1. Begriffsbestimmung (S. 1)	22
a) Schrittweise Wiederholung	22
b) Ermittlung des wirtschaftlichsten Angebots	24
2. Vollständige erste Bewertung (S. 2)	25
III. Elektronischer Katalog (Abs. 3)	26
1. Begriffsbestimmung (S. 1)	28
a) Verzeichnis der zu beschaffenden Leistungen	28
b) Erstellung auf der Grundlage der Leistungsbeschreibung	29
c) Elektronisches Format	30
2. Abschluss von Rahmenvereinbarungen (S. 2)	31
IV. Zentrale Beschaffungstätigkeit (Abs. 4)	32
1. Zentrale Beschaffungsstelle (S. 1)	33
2. Nutzung zentraler Beschaffungsstellen (S. 2)	35
3. Vergaberechtsfreiheit zentraler Beschaffungstätigkeit (S. 3)	37
4. Nebenbeschaffungstätigkeit (S. 4)	38
5. Kartellrechtlicher Vorbehalt (S. 5)	39
D. Rechtsschutz	40
Anlage Gesetzesbegründung (BT-Drs. 18/6281)	

A. Allgemeines

1 § 120 GWB definiert verschiedene Methoden und Instrumente der elektronischen Auftragsvergabe sowie der Sammelbeschaffung und setzt damit u.a. die Art. 34 bis 37 RL 2014/24/EU um. Dem Themenkreis der „E-Vergabe"[1] wird damit deutlich mehr Platz im GWB eingeräumt als bisher.

I. Historie[2]

2 Bereits Anfang der 1990er-Jahre hielten mit der Schaffung der **Datenbank TED** (Tenders Electronic Daily) erste elektronische Elemente Einzug in die Vergabepraxis. Nach einigen weiteren Initiativen zum Einsatz elektronischer Mittel in der Auftragsvergabe ermöglichte die EU den Mitgliedstaaten im Zuge der Anpassung der Vergaberichtlinien an das von ihr unterzeichnete Übereinkommen über das öffentliche Beschaffungswesen (Agreement on Government Procurement – GPA[3])[4], die **Übermittlung von Angeboten „auf andere Weise"** als schriftlich zuzulassen.[5] Die (damaligen) Verdingungsordnungen, die für die Angebotsabgabe zunächst ausdrücklich die Schriftform vorgesehen hatten[6], wurden in der Folge geändert[7] und um eine übergreifende Zulassung der **elektronischen Angebotsabgabe** in § 15 VgV a.F. ergänzt.

3 Einen noch weitergehenden Einsatz elektronischer Kommunikationsmittel sahen schließlich die reformierten EG-Vergaberichtlinien[8] sowie deren Umsetzung in nationales Recht vor.[9] Hierbei wurden in § 101 Abs. 6 GWB a.F. Definitionen der **elektronischen Auktion** (S. 1) und des **dynamischen elektronischen Verfahrens** (S. 2) eingefügt.[10] Nachdem der Deutsche Verdingungsausschuss für Leistungen die Umsetzung beider Verfahrensmodi zunächst unter Hinweis auf weiteren Diskussionsbedarf ablehnte[11], folgte später zumindest die Umsetzung des dynamischen elektronischen Verfahrens in § 5 EG VOL/A 2009 und § 10 SektVO.

II. Europarechtliche Vorgaben

4 Die europarechtlichen Vorgaben für die elektronische Auftragsvergabe finden sich nunmehr in den **überarbeiteten und modernisierten Richtlinien** über die öffentliche Auftragsvergabe (Art. 34 bis 37 RL 2014/24/EU) und für Sektorenauftraggeber (Art. 52 bis 55 RL 2014/25/EU) bzw. in der neu geschaffenen Konzessionsrichtlinie (Art. 29, 33 Abs. 2 und Art. 34 RL 2014/23/EU). Dabei wird der elektronischen Auftragsvergabe im Rahmen der Konzessionsrichtlinie tendenziell eine geringere Bedeutung als in den anderen Regelwerken ein-

1 Einen Überblick über die gebräuchlichen Schreibweisen des Begriffs bietet *Laux*, Wirksamkeit der Nutzung von E-Vergabe im Beschaffungsmanagement der öffentlichen Verwaltung, S. 4 f. Der Gesetzgeber hat sich für „E-Vergabe" entschieden, vgl. Gesetzesbegründung, BT-Drs. 18/6281, 3.

2 Zu den einzelnen Stadien der „E-Vergabe" siehe *Schäfer*, in: Kilian/Heussen, Computerrecht, Elektronische Vergabe, Rn. 52 ff.

3 Auf Englisch in ABl. EG Nr. L 336 v. 23.12.1994, 273 ff., bzw. auf Deutsch in ABl. EG Nr. C 256 v. 3.9.1996, 1 ff. abgedruckt. Zur Entstehungsgeschichte siehe *Dreher*, in: Immenga/Mestmäcker, Wettbewerbsrecht, Vor § 97 GWB Rn. 206 ff. Das Abkommen selbst sah lediglich in Art. X Abs. 4 vor, dass Anträge auf Beteiligung an nichtoffenen Ausschreibungsverfahren u.a. auch per Telefax gestellt werden können.

4 Sog. EG-GPA-Änderungsrichtlinien: RL 97/52/EG v. 13.10.1997 zur Änderung der RL 92/50/EWG, 93/36/EWG und 93/37/EWG über die Koordinierung der Verfahren zur Vergabe öffentlicher Dienstleistungs-, Liefer- und Bauaufträge, ABl. EG Nr. L 328 v. 28.11.1997, 1 ff., sowie RL 98/4/EG v. 16.2.1998 zur Änderung der RL 93/38/EWG zur Koordinierung der Auftragsvergabe durch Auftraggeber im Bereich der Wasser-, Energie- und Verkehrsversorgung sowie im Telekommunikationssektor, ABl. EG Nr. L 101 v. 1.4.1998, 1 ff.

5 Art. 23 Abs. 2 RL 92/50/EWG, Art. 15 Abs. 3 RL 93/36/EWG, Art. 18 Abs. 2 RL 93/37/EWG sowie Art. 28 Abs. 6 RL 93/38/EWG. Art. 28 Abs. 5 RL 93/38/EWG sah ferner vor, dass Teilnahmeanträge elektronisch übermittelt werden können.

6 § 21 Nr. 1 Abs. 1 S. 2 VOB/A 1992 bzw. § 21 Nr. 1 Abs. 2 S. 1 VOL/A 1997.

7 § 21 Nr. 1 Abs. 1 S. 2 VOB/A 2000 bzw. § 21 Nr. 3 S. 1 VOL/A 2000.

8 RL 2004/18/EG sowie RL 2004/17/EG.

9 Ausführlich zu den einzelnen Aspekten *Schäfer*, in: Kilian/Heussen, Computerrecht, Elektronische Vergabe, Rn. 70 ff.

10 Kritisch hierzu der Bundesrat, VergRModG 2009, BT-Drs. 16/10117, 30 f.

11 BAnz. Nr. 100a v. 30.5.2006, 3.

geräumt. Die elektronischen Elemente bleiben dort teilweise auf dem Stand der alten Richtliniengeneration zurück.[12]

Während die drei neuen Richtlinien und damit auch die § 120 GWB zugrunde liegenden Vorschriften im Grundsatz bereits mit Inkrafttreten des VergRModG 2016 am 18.4.2016 in nationales Recht umgesetzt worden sind, besteht für die Anwendung der verpflichtenden E-Vergabe die Möglichkeit, diese teilweise bis zum 18.10.2018 aufzuschieben.[13] 5

III. Regelungssystematik nach GWB und VgV

Im Zuge des VergRModG 2016 hat der Gesetzgeber die grundlegenden Regelungen zu den verschiedenen Methoden und Instrumenten bewusst im GWB getroffen, um sicherzustellen, dass diese Mittel allen öffentlichen Auftraggebern zur Verfügung stehen.[14] Daneben erwähnt die allgemeine Verordnungsermächtigung in § 113 Nr. 3 GWB ausdrücklich die besonderen Methoden und Instrumente im Vergabeverfahren sowie die Sammelbeschaffungen. Der Verordnungsgeber hat diese jeweils in Abschnitt 2 Unterabschnitt 2 der VgV (vgl. dort §§ 21 ff.) und der SektVO (vgl. dort §§ 19 ff.) detailliert geregelt. 6

B. Überblick zur elektronischen Beschaffung[15]

In Umsetzung der neuen Richtlinienvorgaben geht § 97 Abs. 5 i.V. mit § 113 Nr. 4 GWB vom **Grundsatz der vollständig elektronisch abgewickelten Vergabe**, von der Bekanntmachung bis zum Zuschlag, aus. 7

In der Praxis kommen unterschiedliche Mittel zum Einsatz: **Informationsplattformen**[16] dienen lediglich der Veröffentlichung von Bekanntmachungen, ohne eine Kommunikation zwischen der Vergabestelle und den Bietern zu ermöglichen. Weitergehend sind sog. **Kommunikationsplattformen**[17], auf denen neben Bekanntmachungen auch Vergabeunterlagen bereitgestellt werden können und über die meist auch eine Kontaktaufnahme zwischen den am Vergabeverfahren Beteiligten, teilweise bis hin zur elektronischen Angebotsabgabe, ermöglicht wird. In jüngster Zeit kommen auch vermehrt sog. **Vergabemanagementsysteme**[18] zum Einsatz, die den gesamten Vergabeprozess digital unterstützen sollen. Der Gesetzgeber geht davon aus, dass sich aufgrund der umfassenden Einführung der E-Vergabe ein ersparter Erfüllungsaufwand der Wirtschaft von rund 1.063,3 Mio. Euro sowie der Verwaltung von etwa 215,1 Mio. Euro ergibt.[19] 8

Der gegenwärtige Stand der E-Vergabe ist allerdings von einer erheblichen **Zersplitterung der Lösungsansätze** gekennzeichnet. Die Folge ist, dass Unternehmen mit einem deutlichen Mehraufwand belastet werden, anstatt von Einsparpotenzialen zu profitieren.[20] Auch die weiterhin geringe Verbreitung elektronischer Signaturen steht noch immer einem flächendeckenden Einsatz elektronischer Mittel entgegen.[21] 9

---

12 Zu den Einzelheiten *Wankmüller*, in: Hettich/Soudry, Das neue Vergaberecht, S. 216 ff.
13 Art. 90 Abs. 2 RL 2014/24/EU bzw. Art. 106 Abs. 2 RL 2014/25/EU.
14 Gesetzesbegründung, BT-Drs. 18/6281, 98.
15 Vgl. zur elektronischen Beschaffung in den USA und möglichen Lehren für das europäische Recht *Burgi/Gölnitz*, DÖV 2009, 829 (833 ff.).
16 *Wankmüller*, in: Hettich/Soudry, Das neue Vergaberecht, S. 225. Prominentestes Beispiel ist insoweit TED, die Online-Version des Supplements zum Amtsblatt der EU.
17 *Wankmüller*, in: Hettich/Soudry, Das neue Vergaberecht, S. 225.
18 *Wankmüller*, in: Hettich/Soudry, Das neue Vergaberecht, S. 225 f.; zu den zu beachtenden Kriterien bei der Wahl des eigenen elektronischen Vergabesystems *Adams*, VergabeFokus 2015, 12 (13 f.).
19 Gesetzesbegründung, BT-Drs. 18/6281, 55 f. und 57 ff.; ähnlich zu den theoretisch möglichen Effizienzgewinnen *Schäfer*, in: Kilian/Heussen, Computerrecht, Elektronische Vergabe, Rn. 6; kritisch zu den Schätzungen der Bundesregierung, insbesondere aufgrund der unzureichenden Tatsachenbasis der Schätzungen, der Normenkontrollrat, BT-Drs. 18/6281, 138 (151 f.).
20 *Schäfer*, in: Kilian/Heussen, Computerrecht, Elektronische Vergabe, Rn. 9.
21 Gegen daraus folgende „technische Hürden" auch der Normenkontrollrat, BT-Drs. 18/6281, 138 (141); zu den neuen Richtlinienanforderungen an elektronische Signaturen *Wankmüller*, in: Hettich/Soudry, Das neue Vergaberecht, S. 242 ff.

10 Da sowohl die Richtlinien als auch die umzusetzenden Regelungen des Kartellvergaberechts nur oberhalb der Schwellenwerte gelten, ist eine rein papierbasierte Vergabe im **Unterschwellenbereich** zunächst auch weiterhin möglich. Insoweit bleibt abzuwarten, ob durch die elektronische Abwicklung tatsächlich erzielte Effizienzgewinne die öffentlichen Auftraggeber dazu bewegen werden, alle Vergaben künftig elektronisch abzuwickeln.[22]

11 § 120 GWB eröffnet über die elektronische Abwicklung des „normalen" Vergabeverfahrens hinausgehend die Möglichkeit, spezielle Techniken, die im Vorgehen vom üblichen Ablauf auch eines elektronischen Vergabeverfahrens abweichen, einzusetzen. Auch wenn teilweise irreführende Bezeichnungen verwendet werden, handelt es sich hierbei nicht um eigenständige Verfahrensarten, sondern um bloße **Durchführungsmodalitäten** der bestehenden Verfahren.[23]

C. Die einzelnen Methoden und Instrumente

Die Überschrift von § 120 GWB unterscheidet zwischen **„besonderen Methoden"** und (besonderen) **„Instrumenten"** in Vergabeverfahren. Der Begriff der „Methode" beschreibt im Allgemeinen eine bestimmte, systematische Vorgehensweise, während unter der Bezeichnung „Instrument" ein Hilfsmittel zur Ausführung bestimmter Handlungen zu verstehen ist. Im Ergebnis lassen sich sämtliche in § 120 GWB definierten Beschaffungsmodalitäten vom dynamischen Beschaffungssystem über die elektronische Auktion und den elektronischen Katalog bis hin zur zentralen Beschaffungstätigkeit sowohl unter den Begriff der „Methode" als auch unter die Bezeichnung „Instrument" im beschaffungstechnischen Sinne fassen. Eine genauere Differenzierung erscheint daher, sowie mit Rücksicht auf die fehlende Verwendung dieser beiden Begriffe im gesamten übrigen Normtext und das Fehlen entsprechender Legaldefinitionen[24] entbehrlich.

I. Dynamisches Beschaffungssystem (Abs. 1)

12 Das dynamische Beschaffungssystem wurde bereits in Art. 1 Abs. 6 RL 2004/18/EG bzw. Art. 1 Abs. 5 RL 2004/17/EG definiert. Der deutsche Gesetzgeber hatte für den Verfahrensmodus unter der Bezeichnung **„dynamisches elektronisches Verfahren"** im Zuge des VergModG 2009 eine Definition in § 101 Abs. 6 S. 2 GWB a.F. eingefügt.[25] Später folgten detailliertere Regelungen in § 10 SektVO a.F. sowie § 5 EG VOL/A. Die europarechtliche Begriffsbestimmung wurde in den neuen Richtlinien[26] erweitert. In deren Umsetzung übernimmt das GWB die dortige Bezeichnung, behält die eigene Definition aber bis auf kleinere redaktionelle Änderungen bei.

13 Während die RL 2004/18/EG und die RL 2004/17/EG ausdrücklich die Vergabe im Rahmen des offenen Verfahrens vorsahen[27], ordnen Art. 34 Abs. 2 S. 1 RL 2014/24/EU bzw. Art. 52 Abs. 2 S. 1 RL 2014/25/EU die Befolgung der Vorschriften für das **nichtoffene Verfahren** an. Dieser Systemwechsel soll im Lichte der bisherigen negativen Erfahrungen der Vereinfachung des Verfahrens dienen. So habe sich insbesondere die Einreichung unverbindlicher Angebote als eine der größten Belastungen der dynamischen Beschaffungssysteme erwiesen. Die Abkehr von diesem Erfordernis ermögliche eine noch breitere Palette von Angeboten.[28]

---

22 Hierfür *Adams*, VergabeFokus 2015, 12 (13 f.), sowie der Normenkontrollrat, BT-Drs. 18/6281, 138 (140 f., 152 ff.).

23 So in Bezug auf das dynamische Beschaffungssystem bereits *Amelung*, in: Müller-Wrede, VOL/A, § 5 EG Rn. 9; vgl. auch *Dreher*, in: Immenga/Mestmäcker, Wettbewerbsrecht, § 101 GWB Rn. 65, 70; *Antweiler*, in: Ziekow/Völlink, Vergaberecht, § 101 GWB Rn. 6, 39; a.A. hinsichtlich des dynamischen Beschaffungssystems auch unter Geltung der neuen Richtlinien noch *Wankmüller*, in: Hettich/Soudry, Das neue Vergaberecht, S. 256.

24 Erwägungsgrund 68 UAbs. 1 S. 1 RL 2014/24/EU bezeichnet jedoch den elektronischen Katalog als „neue elektronische Beschaffungsmethode".

25 Zur Entstehungsgeschichte *Dreher*, in: Immenga/Mestmäcker, Wettbewerbsrecht, § 101 GWB Rn. 6 f. und 64.

26 Art. 34 Abs. 1 RL 2014/24/EU bzw. Art. 52 Abs. 1 RL 2014/25/EU.

27 Art. 33 Abs. 2 S. 1 RL 2004/18/EG bzw. Art. 15 Abs. 2 S. 1 RL 2004/17/EG.

28 Erwägungsgrund 63 RL 2014/24/EU bzw. Erwägungsgrund 73 RL 2014/25/EU.

1. Zeitliche Befristung

Die Definition des GWB-Gesetzgebers sieht, wie schon in § 101 Abs. 6 S. 2 GWB a.F., eine zeitliche Befristung des Verfahrens vor. Während die vorherige Richtlinien-Generation[29] die Laufzeit eines dynamischen Beschaffungssystems noch auf im Grundsatz vier Jahre beschränkte, fehlt eine ausdrückliche zeitliche Grenze in den neuen Richtlinien.[30] Diese sprechen nunmehr von einer Gültigkeitsdauer, während der das Verfahren den Wirtschaftsteilnehmern offenstehen soll. Diese kann der öffentliche Auftraggeber folglich künftig frei wählen.[31] 14

2. Ausschließlichkeit elektronischer Mittel

Die Definition des dynamischen Beschaffungssystems als „ausschließlich elektronisches" Verfahren impliziert die **ausschließliche Verwendung** elektronischer Mittel zur Durchführung des Vergabeverfahrens. Die Ausschließlichkeit elektronischer Mittel war bereits in den bisherigen Vergaberichtlinien[32] vorgesehen. Die Anforderungen an das dynamische Beschaffungssystem gehen insoweit allerdings über die allgemeinen Forderungen im Zusammenhang mit der Umstellung auf die E-Vergabe hinaus.[33] 15

Nach den Legaldefinitionen[34] der Richtlinien sind **elektronische Mittel** „elektronische Geräte für die Verarbeitung (einschließlich digitaler Kompression) und Speicherung von Daten, die über Kabel, per Funk, mit optischen Verfahren oder mit anderen elektromagnetischen Verfahren übertragen, weitergeleitet und empfangen werden". Dabei müssen die eingesetzten Mittel nichtdiskriminierend sowie allgemein verfügbar sein und dürfen den Zugang zum Vergabeverfahren nicht einschränken.[35] 16

3. Marktübliche Leistungen

Als **„marktüblich"** im Sinne der Definition in § 120 Abs. 1 GWB und den Richtlinien sind solche Leistungen einzuordnen, bei denen die allgemein auf dem Markt verfügbaren Spezifikationen den Anforderungen des öffentlichen Auftraggebers genügen. Die zu beschaffenden Waren oder Dienstleistungen müssen also unmittelbar vom Markt abgerufen werden können. Das dynamische Beschaffungssystem kommt daher insbesondere für die Beschaffung von Massenverbrauchsgütern wie z.B. Hygieneprodukten in Krankenhäusern, Toilettenpapier etc. in Betracht. Leistungen, die durch verkehrsübliche Bezeichnungen nach Art, Beschaffenheit und Umfang nicht hinreichend beschreibbar sind, scheiden dagegen als verfahrenstauglicher Beschaffungsgegenstand aus. Obwohl bereits die alten Richtlinien keine Beschränkung auf bestimmte Auftragsarten vorsahen, ist mangels entsprechender Standardisierung der Leistungen auch keine Umsetzung des dynamischen Beschaffungssystems in VOF und VOB/A erfolgt.[36] 17

Bei der Beschaffung entsprechend standardisierter Beschaffungsgegenstände kommen überdies auch **Rahmenvereinbarungen** zum Einsatz. Diese sind nunmehr in § 103 Abs. 5 GWB geregelt. Hiervon unterscheidet sich das dynamische Beschaffungssystem allerdings durch die (während der Geltungsdauer) jederzeit mögliche Teilnahme und stellt daher eine flexible elektronische Alternative dar.[37] 18

---

29 Art. 33 Abs. 7 RL 2004/18/EG bzw. Art. 15 Abs. 7 RL 2004/17/EG; ebenso die Umsetzung in § 10 Abs. 7 SektVO a.F. bzw. § 5 EG Abs. 2 lit. g VOL/A.

30 Art. 34 Abs. 1 RL 2014/24/EU bzw. Art. 52 Abs. 1 RL 2014/25/EU.

31 Ebenso *Wankmüller*, in: Hettich/Soudry, Das neue Vergaberecht, S. 256.

32 Art. 33 Abs. 2 S. 3 RL 2004/18/EG bzw. Art. 15 Abs. 2 S. 3 RL 2004/17/EG.

33 Vgl. „vollelektronisches Verfahren" in Art. 34 Abs. 1 S. 2 RL 2014/24/EU bzw. Art. 52 Abs. 1 S. 2 RL 2014/25/EU im Gegensatz zu Erwägungsgrund 52 S. 5 RL 2014/24/EU bzw. Erwägungsgrund 63 S. 5 RL 2014/25/EU.

34 Art. 2 Abs. 1 Nr. 19 RL 2014/24/EU bzw. Art. 2 Nr. 15 RL 2014/25/EU.

35 Art. 34 Abs. 3 i.V.m. Art. 22 Abs. 1 UAbs. 1 RL 2014/24/EU bzw. Art. 52 Abs. 3 i.V.m. Art. 40 Abs. 1 UAbs. 1 RL 2014/25/EU.

36 Vgl. zum Ganzen bereits *Amelung*, in: Müller-Wrede, VOL/A, § 5 EG Rn. 10. Der Richtliniengeber schließt ein dynamisches Beschaffungssystem in Bezug auf Bauleistungen allerdings nicht kategorisch aus, vgl. z.B. Erwägungsgrund 63 S. 4 RL 2014/24/EU bzw. Erwägungsgrund 73 UAbs. 2 RL 2014/25/EU.

37 Näher *Wankmüller*, in: Hettich/Soudry, Das neue Vergaberecht, S. 258.

II. Elektronische Auktion (Abs. 2)

19 Auch für die elektronische Auktion (E-Auktion) fanden sich bereits Definitionen in Art. 1 Abs. 7 RL 2004/18/EG und Art. 1 Abs. 6 RL 2004/17/EG, eine grobe Beschreibung im Kartellvergaberecht erfolgte ebenfalls im Zuge des VergRModG 2009 in § 101 Abs. 6 S. 1 GWB a.F.[38] Nachdem jedoch **keine Umsetzung in untergesetzlichen Normen** erfolgte, war zwischenzeitlich unklar, ob der Verfahrensmodus überhaupt wirksam eingeführt worden war.[39] Die bereits damals herrschende – und die Frage bejahende – Meinung wurde zwischenzeitlich auch durch die VK Niedersachsen bestätigt.[40]

20 Bei der elektronischen Auktion werden von den Bietern zunächst verbindliche Angebote abgegeben, die vom Auftraggeber vollständig geprüft und bewertet werden. Die Bieter, die hierbei zulässige Angebote abgegeben haben, werden in der Folge zur wiederholten elektronischen Vorlage neuer Preise bzw. zur Korrektur sonstiger Werte aufgefordert, um den eigenen Rang zu verbessern und am Ende den Zuschlag zu erhalten.[41]

21 Der Richtliniengeber geht selbst davon aus, dass die elektronische Auktion nur für Auftragsgegenstände in Betracht kommt, die **automatisch auf elektronischem Wege bewertet** werden können.[42] Bei Bau- und bestimmten Dienstleistungsaufträgen wie z.B. Planungsleistungen ist dies typischerweise nicht der Fall.[43]

1. Begriffsbestimmung (S. 1)

a) Schrittweise Wiederholung

22 Die Besonderheit der elektronischen Auktion ist die Möglichkeit der Bieter, **wiederholt Korrekturen der Preise oder anderer wertungsrelevanter Kriterien** vorzunehmen, um so den eigenen Rang zu verbessern. Der öffentliche Auftraggeber ist daher nach den Richtlinien verpflichtet, allen Bietern unverzüglich die zur Beurteilung des eigenen Ranges erforderlichen Informationen zur Verfügung zu stellen.[44] Zur Bestimmung dieser unionsrechtlichen Unverzüglichkeit kann wegen des Gebots der autonomen und einheitlichen Auslegung[45] nicht auf die zu § 121 Abs. 1 BGB entwickelten Kriterien abgestellt werden.[46]

23 Dieses iterative elektronische Verfahren **beginnt** frühestens zwei Arbeitstage nach Versendung der Aufforderung zur Teilnahme an die Bieter, die zunächst zulässige Angebote abgegeben haben.[47] Es **endet** zu einem zuvor angegebenen Zeitpunkt, wenn innerhalb eines ebenfalls zuvor angegebenen Zeitraums keine zulässigen Korrekturen der Preise oder Werte mehr erfolgen oder wenn die zuvor angegebene Zahl von Auktionsphasen erreicht ist.[48] Dabei wird gegen die Beendigung zu einem bestimmten Zeitpunkt eingewandt, dass die Maßgeblichkeit der *„Schnelligkeit des Mausklicks"* zu Übereilung führen könne.[49] Teilweise wird allerdings auch betont, dass es die eigenverantwortliche Entscheidung der Bieter sei, ob und inwieweit sich diese an elektronischen Auktionsverfahren beteiligen möchten.[50]

---

38 Zur Entstehungsgeschichte *Dreher*, in: Immenga/Mestmäcker, Wettbewerbsrecht, § 101 GWB Rn. 64 und 68; *Wankmüller*, in: Hettich/Soudry, Das neue Vergaberecht, S. 259.

39 Zum Meinungsstand im Einzelnen *Schröder*, NZBau 2010, 411 f.

40 Vgl. VK Niedersachsen, Beschluss v. 10.5.2011 – VgK-11/2011.

41 Vgl. den schematischen Überblick über den Ablauf bei *Wankmüller*, in: Hettich/Soudry, Das neue Vergaberecht, S. 263.

42 Näher zu möglichen Kriterien *Wankmüller*, in: Hettich/Soudry, Das neue Vergaberecht, S. 260 f.

43 Erwägungsgrund 67 UAbs. 1 und Art. 35 Abs. 1 UAbs. 3 RL 2014/24/EU bzw. Erwägungsgrund 76 und Art. 53 Abs. 1 UAbs. 3 RL 2014/25/EU.

44 Art. 35 Abs. 7 S. 1 RL 2014/24/EU bzw. Art. 53 Abs. 7 S. 1 RL 2014/25/EU.

45 Hierzu näher, mit Nachweisen zur EuGH-Rechtsprechung, *Dreher*, in: Immenga/Mestmäcker, Wettbewerbsrecht, Vor §§ 97 ff. GWB Rn. 131 f.

46 A.A. wohl *Schröder*, NZBau 2010, 411 (415).

47 Art. 35 Abs. 5 UAbs. 5 RL 2014/24/EU bzw. Art. 53 Abs. 5 UAbs. 5 RL 2014/25/EU.

48 Art. 35 Abs. 8 UAbs. 1 RL 2014/24/EU bzw. Art. 53 Abs. 8 UAbs. 1 RL 2014/25/EU.

49 *Opitz*, NZBau 2003, 183 (191).

50 *Schröder*, NZBau 2010, 411 (415 f.).

b) Ermittlung des wirtschaftlichsten Angebots

Auch das elektronische Auktionsverfahren dient der Ermittlung des wirtschaftlichsten Angebots, wobei jedoch aufgrund der Verfahrensgestaltung nur bestimmte Angebotselemente zur Auktion gestellt werden können. Dies sind entweder allein der Preis, wenn allein dieser für den Zuschlag maßgeblich ist, oder darüber hinaus bzw. stattdessen andere Werte, wenn der Zuschlag aufgrund des besten Preis-Leistungs-Verhältnisses oder der geringsten Kosten erteilt werden soll.[51] 24

2. Vollständige erste Bewertung (S. 2)

Vor dem Beginn des Auktionsverfahrens hat eine erste vollständige Bewertung der zunächst abgegebenen Angebote zu erfolgen.[52] Hierbei müssen sich die Angebote als zulässig erweisen. Dies ist der Fall, wenn sie von einem Bieter eingereicht wurden, der nicht ausgeschlossen wurde und darüber hinaus für die Ausführung der ausgeschriebenen Leistungen geeignet ist. Ferner müssen die technischen Spezifikationen eingehalten worden sein.[53] Daneben nennen die Richtlinien konkrete Sachverhalte, die zur Unzulässigkeit der Angebote führen können, etwa der Nachweis geheimer Absprachen, Korruption oder die Einstufung des Angebots als ungewöhnlich niedrig durch den öffentlichen Auftraggeber.[54] 25

III. Elektronischer Katalog (Abs. 3)

Der elektronische Katalog (E-Katalog) fand bisher lediglich in den Erwägungsgründen der Richtlinien Erwähnung[55], konkrete Regelungen fehlten sowohl im Richtlinientext als auch im GWB. Erst im Zuge der Schaffung der neuen Vergaberichtlinien wurden entsprechende Artikel zum E-Katalog eingefügt[56] und in Form einer Begriffsbestimmung auch im GWB umgesetzt. Ziel des Einsatzes von elektronischen Katalogen ist u.a. eine Stärkung des Wettbewerbs durch Zeit- und Geldersparnis sowie die Rationalisierung der öffentlichen Beschaffung.[57] 26

Auch wenn sich dies nicht unmittelbar aus der Definition des E-Katalogs in § 120 Abs. 3 GWB ergibt, ist hiermit in Umsetzung der entsprechenden Richtlinienvorgaben[58] eine **besondere Form der Einreichung von Angeboten** durch die Bieter gemeint. Hiervon zu unterscheiden sind einerseits die eigenen elektronischen Kataloge bzw. Onlineshops der Bieter und andererseits elektronische Kataloge, die von den öffentlichen Auftraggebern betrieben werden.[59] Bieter dürfen zwar nicht ihren allgemeinen Katalog als solchen einreichen, aber Informationen aus diesem in den als Angebot einzureichenden E-Katalog einkopieren.[60] Die so abgegebenen Angebote können bei Einhaltung sog. **Austauschstandards**[61] nach Zuschlagserteilung wiederum nahtlos in die elektronischen Kataloge der öffentlichen Auftraggeber integriert werden. Bisher wurden hingegen im Rahmen des Vergabeverfahrens lediglich eine „Erklärung über die Bereitstellung von Katalogdaten für das KdB" und zur Bereitschaft, die Katalogdaten innerhalb von 14 Tagen nach Anforderung bereitzustellen, gefordert.[62] 27

---

51 Art. 35 Abs. 3 RL 2014/24/EU bzw. Art. 53 Abs. 3 RL 2014/25/EU.

52 Art. 35 Abs. 5 UAbs. 1 RL 2014/24/EU bzw. Art. 53 Abs. 5 UAbs. 1 RL 2014/25/EU.

53 Art. 35 Abs. 5 UAbs. 2 RL 2014/24/EU bzw. Art. 53 Abs. 5 UAbs. 2 RL 2014/25/EU.

54 Art. 35 Abs. 5 UAbs. 3 bis 4 RL 2014/24/EU bzw. Art. 53 Abs. 5 UAbs. 3 bis 4 RL 2014/25/EU.

55 Erwägungsgrund 12 S. 4 RL 2004/18/EG bzw. Erwägungsgrund 20 S. 4 RL 2004/17/EG.

56 Art. 36 RL 2014/24/EU und Art. 54 RL 2014/25/EU.

57 Erwägungsgrund 68 UAbs. 1 S. 5 RL 2014/24/EU bzw. Erwägungsgrund 77 UAbs. 1 S. 5 RL 2014/25/EU.

58 Art. 36 RL 2014/24/EU und Art. 54 RL 2014/25/EU, auf die die Gesetzesbegründung ausdrücklich Bezug nimmt, BT-Drs. 18/6281, 96.

59 Bekanntestes Beispiel ist insoweit das „Kaufhaus des Bundes" (KdB) beim Beschaffungsamt des BMI (BeschA), in dem mehr als 480 Bundesbehörden und Einrichtungen des Bundes rund 70.000 Produkte aus 28 Produktgruppen einkaufen, http://www.kdb.bund.de.

60 Erwägungsgrund 68 UAbs. 1 S. 10 RL 2014/24/EU bzw. Erwägungsgrund 77 UAbs. 1 S. 10 RL 2014/25/EU.

61 Hierzu etwa BeschA, Lieferantenhandbuch des KdB, http://www.kdb.bund.de/SharedDocs/Downloads/02_kdb_subsite/Publikationen/Lieferantenhandbuch_katalogdaten.pdf, 6.11.2015, S. 5 ff. und *Wankmüller*, in: Hettich/Soudry, Das neue Vergaberecht, S. 254.

62 Vgl. etwa die Bekanntmachung zum Lieferauftrag 2011/S 6-008509 (TED), 4 f.

1. Begriffsbestimmung (S. 1)

a) Verzeichnis der zu beschaffenden Leistungen

28 Das Angebot in der Form des E-Katalogs zeichnet sich durch eine Auflistung der zu beschaffenden Leistungen aus, die elektronisch weiterverarbeitet werden kann. Diese kann nicht nur in speziell für Katalogdaten geschaffenen Formaten nach den bereits erwähnten Austauschstandards, sondern etwa auch mittels einer Kalkulationstabelle erstellt werden.[63]

b) Erstellung auf der Grundlage der Leistungsbeschreibung

29 Grundlage der Erstellung der Verzeichnisse im Einzelfall muss die konkrete Ausschreibung in Gestalt der Leistungsbeschreibung sein. Eine bloße Übermittlung des allgemeinen Katalogs des Bieters ist nicht zulässig. Durch diese Anpassung sind die Bieter gezwungen, den Katalog daraufhin zu überprüfen, ob nur Leistungen enthalten sind, die den Anforderungen des öffentlichen Auftraggebers entsprechen. Ferner soll auf diese Weise auch die Einhaltung der allgemeinen Vergabegrundsätze der Gleichbehandlung, Nichtdiskriminierung und Transparenz sichergestellt werden.[64]

c) Elektronisches Format

30 Da der Vorteil der Nutzung von E-Katalogen gerade in der Möglichkeit der nahtlosen Einfügung der Informationen in das eigene System liegt, muss sichergestellt sein, dass die Bieter ein Format verwenden, das nicht nur elektronischer Natur ist, sondern auch eine unproblematische Weiterverarbeitung der Daten ermöglicht.[65] Außerdem müssen die allgemeinen Anforderungen an elektronische Kommunikationsmittel, die in §§ 9 ff. VgV, §§ 9 ff. SektVO und §§ 7 ff. KonzVgV näher spezifiziert sind, eingehalten werden.[66]

2. Abschluss von Rahmenvereinbarungen (S. 2)

31 Plattformen wie etwa das „Kaufhaus des Bundes" verfolgen gerade das Ziel, flexibel auf die Entscheidungen der angeschlossenen Behörden hinsichtlich Bestellmenge, Lieferzeit und Lieferort reagieren zu können. Das nunmehr auch in § 102 Abs. 5 GWB[67] ausdrücklich normierte Institut der Rahmenvereinbarung bietet sich zur Befüllung derartiger Datenbanken in besonderer Weise an. Hat ein Vergabeverfahren, in dem die Angebote als E-Kataloge eingereicht wurden, zum Abschluss von Rahmenvereinbarungen geführt, kann der Auftraggeber in der Folge auf dieser Grundlage neu zum Wettbewerb um Einzelaufträge aufrufen. Dabei können entweder die Bieter aufgefordert werden, ihre E-Kataloge an die Anforderungen des Einzelauftrages anzupassen bzw. entsprechend neu einzureichen, oder die Auftraggeber unter Einhaltung spezieller Ankündigungs- und Mitteilungspflichten aus den bereits eingereichten Katalogen selbst neue Angebote generieren.[68]

---

63 Erwägungsgrund 68 UAbs. 1 S. 3 RL 2014/24/EU bzw. Erwägungsgrund 77 UAbs. 1 S. 3 RL 2014/25/EU; zur bereits bisher praktizierten Einreichung von Katalogdaten für das KdB mittels vom BeschA bereitgestellter Tabellenkalkulationsdatei Datensätzen zur Weiterverarbeitung BeschA, Lieferantenhandbuch des KdB, http://www.kdb.bund.de/SharedDocs/Downloads/02_kdb_subsite/Publikationen/Lieferantenhandbuch_katalogdaten.pdf, 6.11.2015, S. 6, 13 ff.

64 Erwägungsgrund 68 UAbs. 1 S. 6 bis 9 RL 2014/24/EU bzw. Erwägungsgrund 77 UAbs. 1 S. 6 bis 9 RL 2014/25/EU.

65 Art. 36 Abs. 2 UAbs. 1 RL 2014/24/EU bzw. Art. 54 Abs. 2 UAbs. 1 RL 2014/25/EU.

66 Art. 36 Abs. 2 UAbs. 2 i.V. mit Art. 22 RL 2014/24/EU bzw. Art. 54 Abs. 2 UAbs. 2 i.V. mit Art. 40 RL 2014/25/EU.

67 In Umsetzung von Art. 33 RL 2014/24/EU bzw. Art. 51 RL 2014/25/EU; zu den bisherigen diesbezüglichen Regelungen im deutschen Vergaberecht siehe *Dreher*, in: Immenga/Mestmäcker, Wettbewerbsrecht, § 99 GWB Rn. 58 ff.

68 Art. 36 Abs. 4 bis 5 RL 2014/24/EU bzw. Art. 54 Abs. 4 bis 5 RL 2014/25/EU; allgemeine Anforderungen an das Verfahren enthält Erwägungsgrund 68 UAbs. 2 bis 3 RL 2014/24/EU bzw. Erwägungsgrund 77 UAbs. 2 bis 3 RL 2014/25/EU.

IV. Zentrale Beschaffungstätigkeit (Abs. 4)

§ 120 Abs. 4 GWB definiert Begriffe der zentralen Beschaffungstätigkeit[69], die teilweise bereits in der alten Richtliniengeneration[70] enthalten waren. Eine Umsetzung der damaligen Vorgaben wurde zwar diskutiert[71], ist aber schlussendlich nicht erfolgt. 32

1. Zentrale Beschaffungsstelle (S. 1)

Eine **zentrale Beschaffungsstelle** wird als öffentlicher Auftraggeber definiert, der für andere öffentliche Auftraggeber im Sinne zentraler Beschaffungstätigkeit dauerhaft tätig wird. 33

Dabei muss der Begriff der „zentralen Beschaffungsstelle"[72] von der Bezeichnung **„zentrale Vergabestelle"**[73] abgegrenzt werden. Bei zentralen Vergabestellen handelt es sich üblicherweise lediglich um zentrale Organisationseinheiten innerhalb eines einheitlichen öffentlichen Auftraggebers. Aus den Definitionen des öffentlichen Auftraggebers in den Richtlinien[74] ergibt sich indes, dass die zentrale Beschaffungsstelle ein eigenständiger Rechtsträger zu sein hat.[75] Da diese selbst öffentlicher Auftraggeber sein muss, kommen rein private Unternehmen als zentrale Beschaffungsstellen nicht in Betracht.[76] 34

2. Nutzung zentraler Beschaffungsstellen (S. 2)

§ 120 Abs. 4 S. 2 GWB stellt in Umsetzung der Richtlinienvorgaben die beiden **Möglichkeiten des Einsatzes zentraler Beschaffungsstellen** vor. Einerseits kann der öffentliche Auftraggeber von der zentralen Beschaffungsstelle selbstständig beschaffte Leistungen erwerben. Andererseits kann er diese auch in verschiedener Form als Vermittler einsetzen.[77] 35

Dabei kann die zentrale Beschaffungsstelle das Vergabeverfahren entweder **autonom** durchführen oder sich an **Weisungen** des jeweiligen öffentlichen Auftraggebers orientieren. Sofern sie das Verfahren selbstständig durchführt, ist auch nur sie für dessen Rechtmäßigkeit verantwortlich. Soweit die öffentlichen Auftraggeber hingegen selbst Maßnahmen vornehmen oder anweisen, tragen sie auch selbst die Verantwortung.[78] Bei etwaigen Vergaberechtsverstößen wird in derartigen Fällen im Sinne einer subjektiven Antragshäufung gegen beide öffentlichen Auftraggeber vorzugehen sein.[79] 36

---

69 Art. 2 Abs. 1 Nr. 14 bis 16, Art. 37 RL 2014/24/EU bzw. Art. 2 Nr. 10 bis 12, Art. 55 RL 2014/25/EU.

70 Art. 1 Abs. 10, Art. 11 RL 2004/18/EG bzw. Art. 1 Abs. 8, Art. 29 RL 2004/17/EG; zur Entstehungsgeschichte *Prieß*, Handbuch des europäischen Vergaberechts, S. 173 f.

71 Für eine Umsetzung *Ollmann*, VergabeR 2004, 669 (678 f.); dagegen *Prieß*, Handbuch des europäischen Vergaberechts, S. 174.

72 Vgl. etwa die am „Kaufhaus des Bundes" beteiligten „Zentralen Beschaffungsstellen des Bundes", BeschA, Das Kaufhaus des Bundes – Warenbestellung per Mausklick, http://www.bescha.bund.de/SharedDocs/Downloads/-Publikationen/Broschueren/kdb_broschuere.pdf, 13.11.2015, S. 9.

73 Zur Unterscheidung zwischen der im Beschaffungsvorgang auftretenden Vergabestelle und dem öffentlichen Auftraggeber als Rechtssubjekt *Dörr*, in: Dreher/Motzke, Vergaberecht, § 98 GWB Rn. 25 f.

74 Art. 2 Abs. 1 Nr. 1 und Nr. 4 lit. b RL 2014/24/EU bzw. Art. 3 Nr. 1 und Nr. 4 lit. b RL 2014/25/EU.

75 Ebenso *Wankmüller*, in: Hettich/Soudry, Das neue Vergaberecht, S. 231; zur Maßgeblichkeit des Kriteriums der eigenen Rechtspersönlichkeit für den Begriff des öffentlichen Auftraggebers bereits OLG Düsseldorf, Beschluss v. 14.9.2009 – VII-Verg 20/09. Diesem Ergebnis scheint allerdings der Wortlaut von Art. 1 Abs. 1 Nr. 2 RL 2014/24/EU zu widersprechen, der „zentrale Regierungsbehörden" nach Anhang I, in Deutschland die obersten Bundesbehörden, als eigene öffentliche Auftraggeber bezeichnet.

76 *Wankmüller*, in: Hettich/Soudry, Das neue Vergaberecht, S. 230 f.

77 Erwägungsgrund 69 UAbs. 2 RL 2014/24/EU bzw. Erwägungsgrund 78 UAbs. 2 und UAbs. 3 RL 2014/25/EU; Gesetzesbegründung, BT-Drs. 18/6281, 96.

78 Erwägungsgrund 69 UAbs. 3, Art. 37 Abs. 2 UAbs. 3 RL 2014/24/EU bzw. Erwägungsgrund 78 UAbs. 4, Art. 55 Abs. 2 UAbs. 3 RL 2014/25/EU; Gesetzesbegründung, BT-Drs. 18/6281, 96.

79 Ausdrücklich zur Zulässigkeit in einem Fall der „Untervergabe" OLG Düsseldorf, Beschluss v. 30.4.2008 – VII-Verg 23/08.

3. Vergaberechtsfreiheit zentraler Beschaffungstätigkeit (S. 3)

37 § 120 Abs. 4 S. 3 GWB stellt in Umsetzung entsprechender Richtlinienvorgaben[80] ausdrücklich klar, dass die (auch entgeltliche) Beauftragung einer zentralen Beschaffungsstelle mit zentralen Beschaffungstätigkeiten vergaberechtsfrei möglich ist.

4. Nebenbeschaffungstätigkeit (S. 4)

38 § 120 Abs. 4 S. 4 GWB erweitert diese Ausnahme von der grundsätzlichen Ausschreibungspflicht im Einklang mit den Richtlinien[81] um Nebenbeschaffungstätigkeiten[82], namentlich Beratungs- und Unterstützungsleistungen. Hierunter sollen insbesondere die Bereitstellung der technischen Infrastruktur oder Beratungsleistungen mit Blick auf die Durchführung von Vergabeverfahren sowie deren Vorbereitung und Verwaltung fallen.[83]

5. Kartellrechtlicher Vorbehalt (S. 5)

39 Abschließend wird klargestellt, dass die Teile 1 bis 3 des GWB, also die Regelungen des materiellen Kartellrechts, die Befugnisse der Kartellbehörden sowie das Verfahrensrecht, unberührt und damit anwendbar bleiben. Im Grundsatz würde sich dies bereits aus dem Vorrang des **europäischen Primärrechts** der Wettbewerbsregeln der Art. 101 ff. AEUV ergeben. Der EuGH geht allerdings davon aus, dass die bloße Nachfragetätigkeit, ohne dass die Beschaffungsgegenstände für eine wirtschaftliche Tätigkeit im Sinne des Anbietens von Gütern und Dienstleistungen auf einem Markt verwendet werden, nicht dem Unternehmensbegriff des europäischen Kartellrechts unterfällt.[84] Da das **deutsche Kartellrecht** mittlerweile weitestgehend den europäischen Regelungen nachgebildet ist, stellt sich die Frage, ob diese Auslegung des Unternehmensbegriffs auch für § 1 GWB gelten soll.[85] In der Vergangenheit hat die deutsche Rechtsprechung § 1 GWB allerdings auch auf Einkaufskooperationen der öffentlichen Hand angewandt.[86] Bei Anwendung des § 1 GWB kommt jedoch neben der allgemeinen Freistellung des § 2 GWB für kleine und mittlere Gemeinden auch die Freistellung von Mittelstandskartellen nach § 3 GWB in Betracht.[87]

D. Rechtsschutz

40 Der Gesetzgeber hat sich bei der Regelung der besonderen Methoden und Instrumente in Vergabeverfahren in § 120 GWB grundsätzlich auf die jeweilige Definition dieser Verfahrensmodalitäten beschränkt. Die detaillierte Ausgestaltung derselben bleibt hingegen den untergesetzlichen Regelungen in den §§ 21 ff. VgV und den §§ 19 ff. SektVO vorbehalten.

41 § 120 GWB eröffnet dem öffentlichen Auftraggeber unter den dort genannten Voraussetzungen die Möglichkeit, ein dynamisches Beschaffungssystem einzurichten, eine elektronische Auktion durchzuführen, einen elektronischen Katalog zu verwenden oder Leistungen von bzw. über zentrale Beschaffungsstellen zu beschaffen; eine entsprechende Verpflichtung des öffentlichen Auftraggebers begründet die Norm hingegen nicht. Die Entscheidung über die Verwendung dieser besonderen Methoden und Instrumente im Zuge eines Beschaffungsvorganges liegt daher jeweils im **Ermessen** des öffentlichen Auftraggebers. Die Bieter haben demzufolge keinen verfahrensrechtlich geschützten Anspruch auf Verwendung der elektronisch gestützten Verfahrensinstrumente bzw. auf die Zwischenschaltung zentraler Beschaf-

---

80 Erwägungsgrund 70, Art. 37 Abs. 4 UAbs. 1 RL 2014/24/EU bzw. Erwägungsgrund 79, Art. 55 Abs. 4 UAbs. 1 RL 2014/25/EU.
81 Erwägungsgrund 70, Art. 37 Abs. 4 UAbs. 2 RL 2014/24/EU bzw. Erwägungsgrund 79, Art. 55 Abs. 4 UAbs. 2 RL 2014/25/EU.
82 Vgl. die Definition mit Beispielen in Art. 2 Abs. 1 Nr. 15 RL 2014/24/EU bzw. Art. 2 Nr. 11 RL 2014/25/EU.
83 Gesetzesbegründung, BT-Drs. 18/6281, 97.
84 EuGH, Urteil v. 11.7.2006 – Rs. C-205/03 P; kritisch *Scheffler*, EuZW 2006, 601 ff.
85 Hierzu *Klees*, EWS 2010, 1 ff.
86 Vgl. z.B. BGH, Urteil v. 12.11.2002 – KZR 11/01; OLG Düsseldorf, Urteil v. 12.5.1998 – U (Kart) 11/98.
87 Speziell zu Einkaufsgemeinschaften der öffentlichen Hand: *Fuchs*, in: Immenga/Mestmäcker, Wettbewerbsrecht, § 3 GWB Rn. 52 m.w.N.

fungsstellen durch den öffentlichen Auftraggeber, der im Rechtsschutzwege durchzusetzen wäre.

Entscheidet sich jedoch der öffentliche Auftraggeber dafür, eine der in § 120 GWB genannten besonderen Methoden und Instrumente zu nutzen, so hat er die insoweit in § 120 GWB und in den untergesetzlichen, konkretisierenden Normen geregelten **Vorgaben** unter Berücksichtigung der allgemeinen Vergabegrundsätze des Wettbewerbs, der Transparenz und der Gleichbehandlung **zu beachten**. Darauf haben die Bieter Anspruch. 42

Anlage

Gesetzesbegründung (BT-Drs. 18/6281)

Seite 98

Die neue Vorschrift des § 120 enthält Definitionen zu verschiedenen Methoden und Instrumenten für die elektronische Auftragsvergabe und für Sammelbeschaffungen, die in Artikel 33 bis 39 der Richtlinie 2014/24/EU angelegt sind. Es ist angebracht, diese Methoden und Instrumente einheitlich auf gesetzlicher Ebene im GWB anzulegen, um sicherzustellen, dass diese Mittel allen öffentlichen Auftraggebern und Sektorenauftraggebern zur Verfügung stehen.

Seite 99

Zu Absatz 1

§ 120 Absatz 1 definiert das dynamische Beschaffungssystem und entspricht dem bisherigen § 101 Absatz 6 Satz 2 GWB. Er dient insofern der Umsetzung von Artikel 34 der Richtlinie 2014/24/EU und von Artikel 52 der Richtlinie 2014/25/EU.

Zu Absatz 2

§ 120 Absatz 2 entspricht weitgehend dem bisherigen § 101 Absatz 6 Satz 1 GWB. Entsprechend Artikel 35 Absatz 1 Unterabsatz 2 der Richtlinie 2014/24/EU und Artikel 53 Absatz 1 Unterabsatz 2 der Richtlinie 2014/25/EU wird ergänzt, dass die elektronische Auktion als ein iteratives elektronisches Verfahren ausgestaltet ist.

Zu Absatz 3

§ 120 Absatz 3 dient der Umsetzung von Artikel 36 der Richtlinie 2014/24/EU sowie Artikel 54 der Richtlinie 2014/25/EU und definiert den elektronischen Katalog.

Zu Absatz 4

§ 120 Absatz 4 dient der Umsetzung von Artikel 37 der Richtlinie 2014/24/EU. Die Regelung verbessert die Möglichkeiten, den Beschaffungsbedarf öffentlicher Auftraggeber zusammenzuführen, um so Größenvorteile zu erzielen und Transaktionskosten zu verringern. Die Regelung erfasst die Fälle, in denen zentrale Beschaffungstätigkeiten einschließlich etwaiger Nebenbeschaffungstätigkeiten im Rahmen eines öffentlichen Auftrags, daher eines entgeltlichen Vertrags, ausgeführt werden.

Mit der Zentralisierung von Beschaffungstätigkeiten besteht die Möglichkeit, das Beschaffungsmanagement zu verbessern und weiter zu professionalisieren. Die Regelung schränkt dabei nicht die Möglichkeit ein, dass öffentliche Auftraggeber ohne festen institutionellen Rahmen bei Gelegenheit gemeinsam Vergabeverfahren durchführen oder bei der Vorbereitung oder Durchführung von Vergabeverfahren zusammenarbeiten.

Die Zusammenführung und Zentralisierung von Beschaffungen darf jedoch keine unzulässige Konzentration der Kaufkraft herbeiführen. Transparenz und Wettbewerb sowie die Möglichkeiten des Marktzugangs für KMU sind aufrechtzuerhalten. Die Teile 1 bis 3 dieses Gesetzes bleiben durch die Regelung der zentralen Beschaffung unberührt.

§ 120 Absatz 4 Satz 1 definiert die zentrale Beschaffungsstelle. Es handelt sich dabei um öffentliche Auftraggeber, die auf Dauer zentrale Beschaffungstätigkeiten einschließlich damit zusammenhängender Beratungs- oder Unterstützungsleistungen für andere öffentliche Auftraggeber erbringen. Die zentrale Beschaffungsstelle kann dabei auf zwei Arten tätig sein. Entweder kann sie selbst Waren oder Dienstleistungen beschaffen und anschließend weiterverkaufen oder im Auftrag und auf Rechnung anderer öffentlicher Auftraggeber Vergabeverfahren für diese durchführen.

In § 120 Absatz 4 Satz 2 wird klargestellt, dass öffentliche Auftraggeber zentrale Beschaffungsstellen nutzen können, um Liefer-, Bau-, oder Dienstleistungen zu beschaffen. Die zentrale Beschaffungsstelle kann dabei wiederum auf zwei Wegen genutzt werden. Erstens kann die zentrale Beschaffungsstelle selbst Liefer- und Dienstleistungen beschaffen und an den öffentlichen Auftraggeber weiterveräußern. Zweitens kommt eine Tätigkeit als Vermittler in Betracht, bei der die zentrale Beschaffungsstelle im Namen und auf Rechnung anderer öffentlicher Auftraggeber Vergabeverfahren durchführt oder Rahmenvereinbarungen abschließt. Eine solche Vermittlertätigkeit kann entweder im Wege eines autonom durchgeführten Vergabeverfahrens ausgeübt werden oder nach Weisung der betreffenden öffentlichen Auftraggeber. Obliegt die Durchführung der Vergabeverfahren allein der zentralen Beschaffungsstelle, so ist sie für die Rechtmäßigkeit des Verfahrens allein und unmittelbar verantwortlich. Ist dies nicht der Fall, bleibt der öffentliche Auftraggeber selbst für die Maßnahmen des Vergabeverfahrens verantwortlich, die er selbst durchführt oder anweist.

§ 120 Absatz 4 Satz 3 gestattet es öffentlichen Auftraggebern ausdrücklich, öffentliche Dienstleistungsaufträge zur Ausübung zentraler Beschaffungstätigkeiten an zentrale Beschaffungsstellen ohne ein in der Richtlinie vorgesehenes Vergabeverfahren zu vergeben. Dies gilt insbesondere auch dann, wenn es sich bei dem Auftrag um eine entgeltliche Leistung handelt.

Nach § 120 Absatz 4 Satz 4 können entsprechende Dienstleistungsaufträge auch Beratungs- und Unterstützungsleistungen bei der Planung und Durchführung von Vergabeverfahren (Nebenbeschaffungstätigkeit) umfassen. Nebenbeschaffungstätigkeiten sind insbesondere die Bereitstellung der technischen Infrastruktur oder Beratungsleistungen für die Durchführung von Vergabeverfahren sowie die Vorbereitung und Verwaltung des Verfahrens

Seite 100

selbst. Handelt es sich bei einem Dienstleistungsauftrag ausschließlich um Beratungs- oder Unterstützungsleistungen, ist dagegen ein Vergabeverfahren durchzuführen.

§ 121
Leistungsbeschreibung

(1) In der Leistungsbeschreibung ist der Auftragsgegenstand so eindeutig und erschöpfend wie möglich zu beschreiben, sodass die Beschreibung für alle Unternehmen im gleichen Sinne verständlich ist und die Angebote miteinander verglichen werden können. Die Leistungsbeschreibung enthält die Funktions- oder Leistungsanforderungen oder eine Beschreibung der zu lösenden Aufgabe, deren Kenntnis für die Erstellung des Angebots erforderlich ist, sowie die Umstände und Bedingungen der Leistungserbringung.

(2) Bei der Beschaffung von Leistungen, die zur Nutzung durch natürliche Personen vorgesehen sind, sind bei der Erstellung der Leistungsbeschreibung außer in ordnungsgemäß begründeten Fällen die Zugänglichkeitskriterien für Menschen mit Behinderungen oder die Konzeption für alle Nutzer zu berücksichtigen.

(3) Die Leistungsbeschreibung ist den Vergabeunterlagen beizufügen.

Übersicht Rn.

A. Allgemeines ... 1
B. Inhalt der Leistungsbeschreibung (Abs. 1) ... 11
I. Funktion der Leistungsbeschreibung (S. 1) ... 15
1. Einbeziehung Dritter in die Leistungsbeschreibung ... 18
2. Unmöglich zu erbringende Leistungen ... 20
3. Übertragung eines ungewöhnlichen Wagnisses ... 21
4. Eindeutige und erschöpfende Leistungsbeschreibung ... 24
a. Allgemeines ... 24
b. Eindeutige Leistungsbeschreibung ... 25
aa. Bedarfs- oder Eventualpositionen ... 31
bb. Alternativ- oder Wahlpositionen ... 35
cc. Fälle nicht eindeutiger Beschreibungen in der Praxis ... 41
c. Erschöpfende Leistungsbeschreibung ... 41
II. Bestandteile der Leistungsbeschreibung (S. 2) ... 47
1. Funktions- oder Leistungsanforderungen ... 48
a. Leistungsanforderungen (konventionelle Leistungsbeschreibung) ... 51
b. Funktionsanforderungen (funktionale Leistungsbeschreibung) ... 54
c. Konstruktive Leistungsbeschreibung ... 57
d. Auswahl der passenden Leistungsform ... 59
e. Technische Spezifikationen ... 65
2. Beschreibung der zu lösenden Aufgabe ... 78
3. Umstände und Bedingungen der Leistungserbringung ... 85
a. Umstände der Leistungserbringung ... 86
b. Bedingungen der Leistungserbringung ... 89
C. Zugänglichkeitskriterien und „design for all" (Abs. 2) ... 92
D. Mitteilung der Leistungsbeschreibung (Abs. 3) ... 98
E. Rechtsschutz ... 100
Anlage
Gesetzesbegründung (BT-Drs. 18/6281)

A. Allgemeines

1 Die Vorschrift bestimmt die **wesentlichen Inhalte der Leistungsbeschreibung** für das Vergabeverfahren. Damit schließt sie eine Lücke zwischen den bisher im GWB sehr allgemein gefassten Grundsätzen[1] und den eher technischen Ausführungen der VOL/A.[2] Zugleich führt sie eine neue Begrifflichkeit ein,[3] die sich nicht aus den Vorschriften der RL 2014/24/EU ergibt, weil der Terminus der „Leistungsbeschreibung" ein nationaler ist, den die europäischen Vergaberichtlinien so nicht verwenden.

2 Aus den umfangreichen vergaberechtlichen Regelungen, die bisher im Wesentlichen in den untergesetzlichen Vorschriften der Sektorenverordnung, der Vergabeverordnung für Verteidigung und Sicherheit sowie der Vergabeordnungen für Bauleistungen, Leistungen und freiberufliche Leistungen niedergelegt sind, greift die Gesetzesvorschrift zwei Aspekte heraus:

- die **Kernfunktion der Leistungsbeschreibung** zur eindeutigen und erschöpfenden Beschreibung des Auftragsgegenstandes, um Vergleichbarkeit der Angebote herzustellen (§ 121 Abs. 1 S. 1 GWB),
- eine **neue Inhaltsbestimmung**, nach der die Leistungsbeschreibung die Funktions- oder Leistungsanforderungen oder eine Beschreibung der zu lösenden Aufgabe sowie die Bedingungen und Umstände enthalten muss, die für die Erstellung des Angebots erforderlich sind (§ 121 Abs. 1 S. 2 GWB).

3 Zudem enthält die Vorschrift **zwei weitere Elemente**, die bisher nicht unmittelbar in den Regelungen zu Leistungsbeschreibungen vorgesehen waren:

- die bisher lediglich als Option im Anhang TS der VOL/A-EG enthaltene zur Verpflichtung verstärkte Vorgabe, bei Leistungen, die zur Nutzung durch natürliche Personen vorgesehen sind, im Regelfall die **Zugänglichkeitskriterien** für Menschen mit Behinderung oder die Konzeption für alle Nutzer zu berücksichtigen (Abs. 2);
- die bisher als eigenständige Regelung zu den Vergabeunterlagen erfasste Verpflichtung, die Leistungsbeschreibung den **Vergabeunterlagen** beizufügen (Abs. 3).

4 Das Vorblatt zum Gesetzentwurf der Bundesregierung „Entwurf eines Gesetzes zur Modernisierung des Vergaberechts – VergRModG" rechtfertigt die **Aufnahme von verfahrensgestaltenden Vorschriften in das GWB** mit der höheren Regelungsdichte der europäischen Vergaberechtsrichtlinien, der sich daraus ergebenden Notwendigkeit einer gesetzlichen Grundlage und der Harmonisierung der Umsetzung der Richtlinien des europäischen Vergabereformpakets. Dies mag für einzelne Vorgaben, die sich etwa auf vertragsrechtliche Regelungen bei der Durchführung öffentlicher Aufträge beziehen, zutreffen.[4] Für die Leistungsbeschreibung erscheint dieses Argument nicht zwingend. Ihre Einbeziehung in den gesetzlichen Regelungskatalog wird daher auch mit der Erleichterung der praktischen Anwendung des Gesetzes begründet. Ob dieses Ziel mit dem gewählten Weg einer Aufteilung der bisherigen detaillierten – und wohl weiterhin notwendigen – Vorgaben für die Leistungsbeschreibung in unterschiedliche Normen erreicht werden kann, wird sich zeigen. Die Gefahr ist nicht von der Hand zu weisen, dass es hierdurch zu Wertungswidersprüchen und Auslegungsschwierigkeiten kommen kann, die die Nachprüfungsinstanzen beschäftigen werden und zumindest für die Einführungsphase des Gesetzes die Vergabepraktiker vor neue Rechtsunsicherheiten stellen.

1 § 97 Abs. 1 und Abs. 4 GWB a.F.
2 § 7 VOL/A; § 8 EG VOL/A.
3 Vgl. Gesetzesbegründung zu § 121 GWB, BT-Drs. 18/6281, 100.
4 Z.B. §§ 132 (Auftragsänderungen) und 133 (Kündigung) GWB.

Die amtliche Begründung[5] vertritt die Auffassung, dass mit der neuen Vorschrift die Vorgaben des **Art. 42 Abs. 1 RL 2014/24/EU teilweise umgesetzt** werden. Der Text dieser Vorschrift lautet wie folgt: 5

> „Die technischen Spezifikationen im Sinne von Anhang VII Nummer 1 werden in den Auftragsunterlagen dargelegt. In den technischen Spezifikationen werden die für die Bauleistungen, Dienstleistungen oder Lieferungen geforderten Merkmale beschrieben."

Der Umsetzungsbefehl dieser Vorschrift bezieht sich daher im Wesentlichen auf die **technischen Spezifikationen**. Sie werden aber durch § 121 GWB nicht umgesetzt.[6] Wo dies dann erfolgen wird, lässt sich dem Gesetz nicht entnehmen. Allerdings enthält § 113 GWB eine umfangreiche Verordnungsermächtigung für alle Verfahrensfragen und damit auch für die Ausgestaltung der Leistungsbeschreibung. Der Verordnungsgeber hat von dieser Ermächtigung Gebrauch gemacht und Einzelheiten zur Verwendung technischer Spezifikationen in § 31 und § 32 VgV sowie § 28 und § 29 SektVO geregelt. 6

§ 121 GWB greift eher andere Vorgaben der RL 2014/24/EU auf: § 121 Abs. 1 S. 1 GWB füllt den **Grundsatz der Gleichheit und Transparenz** (Art. 18 Abs. 1 RL 2014/24/EU) teilweise aus; § 121 Abs. 3 GWB stellt Anforderungen für den **Inhalt von Vorinformationen** (Art. 27 Abs. 2, 28 Abs. 3 RL 2014/24/EU) auf und setzt die sich aus Art. 49 RL 2014/24/EU (Auftragsbekanntmachung) und des konkretisierenden Anhangs V Teil C RL 2014/24/EU ergebenden Verpflichtungen um. 7

§ 121 Abs. 1 S. 2 GWB findet seine Entsprechung im Hinblick auf die **Leistungs- und Funktionsanforderungen** in Art. 42 Abs. 3 RL 2014/24/EU und im Übrigen am ehesten in den Anforderungen an den öffentlichen Auftraggeber im Verhandlungsverfahren bzw. wettbewerblichen Dialog. Gemäß Art. 29 Abs. 1 U Abs. 2, 30 Abs. 2 RL 2014/24/EU haben die öffentlichen Auftraggeber „ihre Bedürfnisse und die erforderlichen Eigenschaften der zu erbringenden Lieferungen, Bauleistungen oder Dienstleistungen (zu) beschreiben. Ferner geben sie an, welche Elemente der Beschreibung die von allen Angeboten einzuhaltenden Mindestanforderungen darstellen." Diese Aufgabe erfüllt die Leistungsbeschreibung. 8

Der für die Leistungsbeschreibung in allen Regelwerken fest verankerte **Grundsatz der eindeutigen und erschöpfenden Beschreibung** (§ 121 Abs. 1 S. 2 GWB) findet seine europarechtlichen Anker für das Verhandlungsverfahren in Art. 29 Abs. 1 UAbs. 3 RL 2014/24/EU: „Die bereitgestellten Informationen müssen so präzise sein, dass die Wirtschaftsteilnehmer Art und Umfang der Vergabe erkennen und entscheiden können, ob sie eine Teilnahme an dem Verfahren beantragen." 9

Die in § 121 Abs. 2 GWB enthaltene Verpflichtung, die zu beschreibende Leistung grundsätzlich **barrierefrei** und nach den Geboten des **„Design for all"** auszurichten, findet ihre Grundlage in Art. 42 Abs. 1 UAbs. 4 und UAbs. 5 RL 2014/24/EU. 10

B. Inhalt der Leistungsbeschreibung (Abs. 1)

Aus Sicht der Vergabestellen stellt die Leistungsbeschreibung vor allem ein **Hilfsmittel** zur Überprüfung, Konkretisierung und Systematisierung des Beschaffungsbedarfs dar. Für die Bieter ist die Leistungsbeschreibung das Instrument, um sich über alle für ein erfolgreiches Angebot erforderlichen Leistungsinhalte zu **informieren**. § 121 Abs. 1 S. 2 GWB greift dies auf, indem zum einen die Funktion der Leistungsbeschreibung für die Bieter und zum anderen die notwendigen Elemente einer funktionsgerechten Leistungsbeschreibung generalisierend wiedergegeben werden. 11

§ 121 Abs. 1 S. 1 GWB enthält eine weitere Kernanforderung an eine diskriminierungsfreie und das beste Wettbewerbsergebnis ermöglichende Leistungsbeschreibung. Sie verlangt von 12

5 Gesetzesbegründung, BT-Drs. 18/6281, 100.
6 Im Referentenentwurf fand sich insoweit noch ein Anknüpfungspunkt durch Nennung der „technischen Anforderungen". Dies ist im Gesetzesbeschluss auf der Grundlage des diesbezüglich unveränderten Regierungsentwurfs entfallen.

öffentlichen Auftraggebern, die gemäß § 121 Abs. 1 S. 2 GWB ermittelten Leistungsanforderungen so klar zu beschreiben, dass sie von allen für die Leistungserbringung infrage kommenden Bietern **im gleichen Sinn verstanden werden können**.

13 Obwohl sie europarechtlich nicht geregelt wird, ist die Leistungsbeschreibung das **Kernstück der Vergabeunterlagen**[7] und dient dazu, die vergaberechtlichen Verfahrensgrundsätze von Wettbewerb, Gleichheit und Transparenz durchzusetzen.[8] Außerdem ist die Leistungsbeschreibung eine wesentliche Erkenntnisquelle für die Auslegung eines Vertrages.[9]

14 Das **Fehlen einer Leistungsbeschreibung** als dem *„Kernstück der Vergabeunterlagen"* ist wohl ausnahmslos als „schwerwiegender Grund" i.S.d. § 63 Abs. 1 S. 2 Nr. 4 VgV anzusehen.[10]

I. Funktion der Leistungsbeschreibung (S. 1)

15 Die wesentliche Funktion der Leistungsbeschreibung liegt nach der amtlichen Begründung zum Gesetzentwurf der Bundesregierung[11] darin, dem Auftraggeber eine **sichere Entscheidungsgrundlage für die Wertung von Angeboten** zu ermöglichen. Dies setzt voraus, dass vergleichbare Angebote vorliegen, weshalb die Leistungsbeschreibung den Bietern eine zuverlässige Kalkulation der Angebote ermöglichen soll.

16 Diese Funktionsbestimmung der Begründung ist **zutreffend, aber nicht hinreichend**. Sie ist zu stark auf die Bedürfnisse der öffentlichen Auftraggeber fixiert und blendet die zentrale Bedeutung einer eindeutigen und erschöpfenden Leistungsbeschreibung zur Gewährleistung eines diskriminierungsfreien und transparenten Ausschreibungsverfahrens im Interesse potenzieller Bieter aus.[12]

17 § 121 Abs. 1 S. 1 GWB stellt klar, dass die Anforderungen **eindeutig und verständlich** zu bestimmen sind. Angaben, die so unklar formuliert sind, dass sie nicht von allen fachkundigen Bietern verstanden werden können, sind unzulässig.[13] Dies gilt auch für umgangssprachliche Bezeichnungen, die nicht überall gleich verstanden werden.[14] Allerdings darf die Vergabestelle von den in den Fachkreisen für den Auftragsgegenstand üblichen Kenntnissen sorgfältiger Bieter ausgehen.[15]

1. Einbeziehung Dritter in die Leistungsbeschreibung

18 Die passivische Fassung des § 121 Abs. 1 S. 1 GWB lässt nicht klar erkennen, ob der Auftraggeber die Leistungsbeschreibung selbst zu erstellen hat, wie dies bisher sowohl in der Rechtsprechung als auch im Schrifttum vertreten wird.[16] **Grundsätzlich** kann er sich bei der Leistungsbeschreibung des Sachverstandes externer Dritter bedienen.[17] Bei systematischer Auslegung, vor allem unter Berücksichtigung der in §§ 97, 115, 119 und 127 GWB niederge-

---

7 VK Niedersachsen, Beschluss v. 7.3.2011 – VgK-73/2010; Beschluss v.12.1.2007 – VgK-33/2006; Beschluss v. 12.4.2002 – 203-VgK-05/02; *Krohn/Schneider*, in: Gabriel/Krohn/Neun, Handbuch des Vergaberechts, § 17 Rn. 1; *Prieß*, in: Kulartz/Marx/Portz/Prieß, VOL/A, § 8 EG Rn. 3; *Wirner*, in: Willenbruch/Wieddekind, Vergaberecht, § 7 VOL/A Rn. 7.

8 Vgl. *Prieß*, in: Kulartz/Marx/Portz/Prieß, VOL/A, § 8 EG Rn. 4; *Bernhardt*, in: Ziekow/Völlink, Vergaberecht, § 7 VOB/A Rn. 1.

9 BGH, Urteil v. 22.12.2011 – VII ZR 67/11.

10 Vgl. VK Niedersachsen, Beschluss v. 7.3.2011 – VgK-73/2010.

11 Gesetzesbegründung, BT-Drs. 18/6281, 97.

12 OLG München, Beschluss v. 20.3.2014 – Verg 17/13; OLG Dresden, Beschluss v. 17.5.2011 – WVerg 3/11; *Traupel* in: Müller-Wrede, Kompendium des Vergaberechts, Kapitel 14 Rn. 2; *Bernhardt*, in: Ziekow/Völlink, Vergaberecht, § 7 VOB/A Rn. 1.

13 KG, Beschluss v. 21.11.2014 – Verg 22/13.

14 OLG Dresden, Urteil v. 27.3.2003 – 19 U 1971/02.

15 OLG Düsseldorf, Beschluss v. 8.2.2005 – VII-Verg 100/04.

16 Vgl. OLG München, Beschluss v. 15.7.2005 – Verg 14/05; OLG Celle, Beschluss v. 18.12.2003 – 13 Verg 22/03, NJOZ 2004, 2741 (2747); VK Nordbayern, Beschluss v. 19.9.2012 – 21.VK 3194-17/12; *Traupel* in: Müller-Wrede, Kompendium des Vergaberechts, Kapitel 14 Rn. 12; *Wirner*, in: Willenbruch/Wieddekind, Vergaberecht, § 7 VOL/A Rn. 7;

17 VK Nordbayern, Beschluss v. 19.9.2012 – 21.VK 3194-17/12; *Wirner*, in: Willenbruch/Wieddekind, Vergaberecht, § 7 VOL/A Rn. 7.

legten verfahrensleitenden Verpflichtungen des Auftraggebers, kann geschlossen werden, dass er sich nicht ausgerechnet bei der Erstellung der Leistungsbeschreibung als Voraussetzung einer sachgerechten Angebotswertung seiner Verantwortung durch vollständige Delegation an Dritte entziehen kann.

Aus denselben Gründen ist auch zu folgern, dass die **Verantwortung des Auftraggebers** für die Ermittlung aller für den Auftrag wesentlicher Angaben grundsätzlich unberührt bleibt. Hiermit dürfte es – mit Ausnahme des wettbewerblichen Dialogs und in engen Grenzen im Verhandlungsverfahren – kaum vereinbar sein, die Leistungsbeschreibung durch Bieteranhörung zu konkretisieren. 19

2. Unmöglich zu erbringende Leistungen

Aus der Verantwortung des Auftraggebers, die erforderlichen Informationen zu ermitteln und in die Leistungsbeschreibung aufzunehmen, folgt, dass er nichts Unmögliches verlangen darf; ein Auftrag, der auf der Grundlage der Leistungsbeschreibung **nicht realisierbar** ist, ermöglicht den Bietern keine zuverlässige Kalkulation und ist deshalb nicht eindeutig und erschöpfend beschrieben.[18] So darf der Auftraggeber keine **unzumutbaren Anforderungen** stellen, etwa die unverzügliche Vorlage einer Genehmigung (im gegebenen Fall Postentgeltgenehmigungen für Briefdienstleistungen), die nicht binnen kurzer Frist eingeholt werden kann.[19] Soweit man zudem eine Grundrechtsbindung der öffentlichen Auftraggeber für Fiskalgeschäfte befürwortet, dürfte das Verlangen einer unmöglichen Leistung auch das Willkürverbot verletzen. 20

3. Übertragung eines ungewöhnlichen Wagnisses

Ob Auftraggeber den Bietern ein ungewöhnliches Wagnis übertragen dürfen, lässt sich dem Gesetz nicht entnehmen. 21

Die **Grundsätze der Vertragsfreiheit und Privatautonomie**, die zivilrechtliche Rechtsverhältnisse beherrschen, lassen es grundsätzlich zu, dass ein Vertragspartner besondere Risiken übernimmt, das Austauschverhältnis nicht gleichgewichtig ist und Risikoverlagerungen etwa durch eine entsprechend hohe Vergütung abgegolten werden. Es ist daher nicht undenkbar, auch der öffentlichen Hand im Privatrechtsverkehr entsprechende Freiheiten einzuräumen. Ob dies für die Vorbereitung der Auftragsvergabe in gleichem Maß gilt, ist davon abhängig, welchen Bindungen der öffentliche Auftraggeber unterliegt. Jedenfalls in Bezug auf das Gleichheitsgrundrecht des Art. 3 GG ist die Grundrechtsbindung inzwischen weitgehend unbestritten. Daraus folgt, dass jeder Bewerber eine faire Chance erhalten muss, nach Maßgabe der wesentlichen Kriterien berücksichtigt zu werden.[20] Die Auferlegung ungewöhnlicher Wagnisse beeinträchtigt die **Chancengleichheit der Bewerber** eklatant. Nur besonders leistungsstarke Unternehmen werden in der Lage sein, ungewöhnliche Wagnisse einzugehen; kleinere und je nach Auftragsvolumen auch mittelständische Unternehmen werden dies schon wegen des Insolvenzrisikos nicht akzeptieren können. Die mit der Auferlegung ungewöhnlicher Wagnisse verbundene Beeinträchtigung der Gleichbehandlung setzt auch ohne ausdrückliche Regelung der Übertragung ungewöhnlicher Wagnisse in der Leistungsbeschreibung Grenzen. Vertritt man eine weitergehende Grundrechtsbindung, führt das rechtsstaatliche Willkürverbot dazu, dass ungewöhnliche Wagnisse **grundsätzlich nicht erlaubt** sind.[21] Schließlich ist eine solche Praxis überall dort, wo öffentliche Auftraggeber über eine marktbeherrschende oder marktstarke Stellung verfügen, auch kartellrechtlich unzulässig.[22] 22

---

18 OLG Rostock, Beschluss v. 6.3.2009 – 17 Verg 1/09, VergabeR 2009, 660 (671); OLG Düsseldorf, Beschluss v. 23.3.2005 – VII-Verg 2/05; a.A. VK Sachsen, Beschluss v. 15.3.2011 – 1/SVK/004-11; bestätigt durch OLG Dresden, Beschluss v. 17.5.2011 – WVerg 3/11.
19 VK Arnsberg, Beschluss v. 15.1.2009 – VK 30/08.
20 BVerfG, Beschluss v. 13.6.2006 – 1 BvR 1160/03, VergabeR 2006, 871, NZBau 2006, 791.
21 OLG Jena, Beschluss v. 22.8.2011 – 9 Verg 2/11.
22 *Schellenberg*, in: Pünder/Schellenberg, Vergaberecht, § 8 EG VOL/A Rn. 31.

23 Der Umstand, dass seit der Neufassung der VOL/A 2006 im Gegensatz zur VOB/A[23] die Auferlegung ungewöhnlicher Wagnisse in den vergaberechtlichen Bestimmungen für die **Vergabe von Liefer- und Dienstleistungen** nicht mehr ausdrücklich untersagt ist, hat zu einer uneinheitlichen Spruchpraxis zu der Frage geführt, ob für Leistungsvergaben solche Wagnisse übertragen werden dürfen. Teilweise[24] wird aus der Neufassung der VOL/A abgeleitet, dass ein solches Wagnis grundsätzlich übertragen werden kann, überwiegend[25] wird aber die Fortgeltung dieses Grundsatzes befürwortet. Die Unterschiede werden im Ergebnis allerdings jedenfalls bei klaren Fällen der Übertragung eines ungewöhnlichen Wagnisses nicht groß sein, da insoweit eine an Treu und Glauben ausgerichtete Vertragsauslegung die Unzumutbarkeit der Übertragung eines solchen Risikos ergeben wird.

4. Eindeutige und erschöpfende Leistungsbeschreibung

a. Allgemeines

24 Die eindeutige und erschöpfende Beschreibung ermöglicht es allen (Gleichheit) fachkundigen Bietern, zu erkennen, was von ihnen verlangt wird (Transparenz), und schafft die Voraussetzungen dafür, dass die Vergabestelle entsprechend geeignete und zu wertende Angebote erhält, um das wirtschaftlichste Angebot auswählen zu können (Wettbewerb).[26] Diese eigentliche Funktion der eindeutigen und erschöpfenden Leistungsbeschreibung hebt der zweite Halbsatz hervor, indem er die so gefasste Leistungsbeschreibung in den Dienst einer gleichermaßen verständlichen und vergleichbaren Leistungsbeschreibung stellt.

b. Eindeutige Leistungsbeschreibung

25 Eine eindeutige Leistungsbeschreibung setzt voraus, dass Art und Umfang der geforderten Leistung mit allen dafür maßgebenden Bedingungen und etwa notwendige Regelungen zur Ermittlung des Leistungsumfangs **zweifelsfrei erkennbar** und **keine Widersprüche** in sich oder zu anderen vertraglichen Regelungen enthalten sind.[27]

26 Es ist aber in Einzelfällen möglich, die Leistungsbeschreibung so zu formulieren, dass den Bietern noch ein **Gestaltungsspielraum** bleibt. Dies ist vor allem dann der Fall, wenn die Bieter als Leistungsinhalt ein Konzept erstellen sollen, etwa bei der Ausschreibung eines Lehrgangskonzepts für bestimmte Zielgruppen; hier müssen Einzelposten hinsichtlich der räumlichen und technischen Ausstattung nicht vorgegeben werden.[28] Ähnlich dürfte die Aufnahme zukünftiger Gebäudewertermittlungen in den Katalog geforderter Versicherungsleistungen zulässig sein.[29]

27 Von solchen Besonderheiten und Umständen, die in der unternehmerischen Sphäre des Bieters liegen,[30] abgesehen, gilt jedoch der Grundsatz, dass eine Leistungsbeschreibung so detailliert wie möglich sein sollte, um allen Bietern die gleichberechtigte Teilnahme am Vergabeverfahren zu ermöglichen.[31] Ob dieser Grundsatz immer dann relativiert werden kann, wenn ein ***„unverhältnismäßiger Kostenaufwand"*** die konkrete Leistungsbestimmung erschwert,[32] erscheint zweifelhaft. Zu verlangen dürfte insoweit zumindest sein, dass der Auf-

---

23 Vgl. § 7 EU Abs. 1 Nr. 3 und § 7 VS Abs. 1 Nr. 3 VOB/A.
24 OLG Koblenz, Beschluss v. 29.11.2012 – 1 Verg 6/12; OLG Düsseldorf, Beschluss v. 7.12.2011 – VII-Verg 96/11; Beschluss v. 19.10.2011 – VII-Verg 54/11; VK Rheinland-Pfalz, Beschluss v. 20.9.2012 – VK 2-25/12; *Schellenberg*, in: Pünder/Schellenberg, Vergaberecht, § 8 EG VOL/A Rn. 31 ff.; *Wirner*, in: Willenbruch/Wieddekind, Vergaberecht, § 7 VOL/A Rn. 26; *Dicks*, NZBau 2014, 731.
25 OLG Dresden, Beschluss v. 2.8.2011 – Verg 4/11; VK Hessen, Beschluss v. 19.9.2011 – 69d-VK-31/2011; VK Münster, Beschluss v. 17.6.2011 – VK 5/11; VK Baden-Württemberg, Beschlüsse v. 3.6.2011 – 1 VK 23/11 und 1 VK 24/11.
26 Vgl. OLG Düsseldorf, Beschluss v. 5.10.2000 – Verg 14/00; VK Bund, Beschluss v. 24.3.2004 – VK 3-36/04.
27 Vgl. VHB 2008 Nr. 4. 2. 1. 1. zu § 9 VOB/A.
28 VK Bund, Beschluss v. 29.5.2001 – VK 1-13/01.
29 So VK Niedersachsen, Beschluss v. 7.3.2011 – VgK 73/2010, allerdings handelt es sich bei dem zugrunde liegenden Fall eher um ein Problem des Verzichts auf losweise Ausschreibung; VK Niedersachsen, Beschluss v. 29.10.2010 – VgK-52/2010.
30 Vgl. OLG Naumburg, Beschluss v. 15.7.2003 – 6 Verg 7/03.
31 EuGH, Urteil v. 16.2.2012 – Rs. C-72/10 und C-77/10 (Costa); OLG Koblenz, Beschluss v. 5.9.2002 – 1 Verg 2/02.
32 So VK Niedersachsen, Beschluss v. 7.3.2011 – VgK-73/2010; Beschluss v. 29.10.2010 – VgK-52/5210.

traggeber etwa die Ermittlung von Gebäudewerten ausdrücklich und unmissverständlich in das Leistungsprogramm aufnimmt.

Inwieweit **unklare Leistungsbeschreibungen** durch Auslegung zu eindeutigen Leistungsbeschreibungen werden, kann nicht generell und losgelöst von den jeweiligen Besonderheiten des Vergabeverfahrens beurteilt werden. Im Ausgangspunkt ist es – schon aus Gründen der Chancengleichheit – Sache des Auftraggebers, die Leistung eindeutig zu beschreiben.[33] Teilweise[34] wird hieraus der Schluss gezogen, dass dem Bieter keine intensiven Auslegungsbemühungen abzuverlangen seien. Andererseits ist überwiegend[35] anerkannt, dass der Inhalt von Leistungsbeschreibungen aus der Sicht eines objektiven, durchschnittlich fachkundigen Empfängers durch Auslegung ermittelt werden kann. Dabei können **Fachbegriffe** verwendet werden, wenn und soweit die potenziellen Bieter sie üblicherweise verstehen und verwenden.[36] Nach der allgemeinen zivilrechtlichen Methodik werden folgende Auslegungskriterien in vergaberechtlichen Entscheidungen verwendet: der Wortlaut als grundlegender Maßstab,[37] Vorrang spezieller vor allgemeinen Bestimmungen, soweit eine widerspruchsfreie Auslegung möglich ist,[38] eine an Sinn und Zweck orientierte vergaberechtskonforme Auslegung.[39] Soweit der Leistungsbeschreibung unter Anwendung der Auslegungskriterien ein eindeutiger Charakter entnommen werden kann, ist die Notwendigkeit der Auslegung jedenfalls kein Anlass für eine Aufhebung der Leistungsbeschreibung.[40] Dem Bieter ist insoweit zuzumuten, Zweifel **durch Nachfrage** bei dem Auftraggeber aufzuklären.[41] Die Grenzen der Auslegungsfähigkeit dürften allerdings dort überschritten sein, wo die Unvollständigkeit und fehlende Angabe relevanter Umstände nur durch eine **ergänzende Auslegung** zur Beseitigung planwidriger Regelungslücken behoben werden könnte. Ob es Ungenauigkeiten gibt, die deshalb unbeachtlich sind, weil sie sich nur auf relativ unbedeutende Einzelangaben beziehen, hängt von den Umständen des Einzelfalls ab. Nur dann, wenn sich die Unvollständigkeit nicht auswirken kann, weil alle fachkundigen Bieter in der Lage sind, das Gewollte in gleicher Weise zu verstehen, kann eine nicht eindeutige Beschreibung hingenommen werden und ohne unzulässige Nachverhandlung zu Aufklärungsnachfragen bei Bietern führen.[42] In solchen Fällen wird in der Spruchpraxis die Möglichkeit eröffnet, die Ausschreibung in den Stand vor Angebotsabgabe zu versetzen und Gelegenheit zur Präzisierung der wegen der Ungenauigkeit der Leistungsbeschreibung unvollständigen Angebote zu geben.[43] Allerdings wird auch vertreten[44], dass der Auftraggeber, wenn er eine Vielzahl von Leistungspositionen unklar gefasst hat, sodass die Bieter zur Auslegung gezwungen sind, das Vergabeverfahren wegen seines Verschuldens nicht aufheben, sondern den Zuschlag an das im Rahmen des Auslegungsspielraums beste Angebot erteilen muss. 28

33 Vgl. OLG Koblenz, Beschluss v. 26.10.2005 – 1 Verg 04/05; OLG Düsseldorf, Beschluss v. 23.3.2005 – Verg 02/05; OLG Saarbrücken, Beschluss v. 13.11.2002 – 5 Verg 1/02, NZBau 2003, 625 (626).

34 OLG Saarbrücken, Beschluss v. 29.9.2004 – 1 Verg 6/04; *Kapellmann*, in Kapellmann/Messerschmidt, VOB/A, § 7 Rn. 9; *Wirner*, in: Willenbruch/Bischoff, Vergaberecht, 1. Auflage, § 7 VOL/A Rn. 10.

35 BGH, Urteil v. 11.11.1993 – VII ZR 47/93, NJW 1994, 850; KG, Beschluss v. 14.2.2006 – 21 U 5/03; OLG Koblenz, Urteil v. 19.5.2006 – 8 U 69/05; OLG Düsseldorf, Beschluss v. 2.8.2002 – Verg 25/02; VK Schleswig-Holstein, Beschluss v. 8.11.2007 – VK-SH 22/07; Beschluss v. 14.9.2005 – VK-SH 21/05; VK Bund, Beschluss v. 29.3.2006 – VK-3-15/06.

36 BGH, Urteil v. 9.1.1997 – VII ZR 259/95, BauR 1997, 466 (467); OLG Schleswig, Beschluss v. 13.4.2006 – 1(6) Verg 10/05; VK Schleswig-Holstein, Beschluss v. 14.9.2005 – VK-SH 21/05.

37 BGH, Urteil v. 11.11.1993 – VII ZR 47/93, NJW 1994, 850; OLG Koblenz, Urteil v. 19.5.2006 – 8 U 69/05; OLG Saarbrücken, Urteil v. 13.3.2002 – 1 U 701/01-161, NZBau 2002, 576.

38 Vgl. BGH, Urteil v. 11.3.1999 – VII ZR 179/98, BauR 1999, 897.

39 BGH, Urteil v. 9.1.1997 – VII ZR 259/95, BauR 1997, 466; OLG Oldenburg, Urteil v. 3.5.2007 – 8 U 254/06; OLG Koblenz, Urteil v. 19.5.2006 – 8 U 69/05.

40 Vgl. OLG Frankfurt, Urteil v. 3.7.2007 – 11 U 54/06; OLG Koblenz, Beschluss v. 26.10.2005 – 1 Verg 4/05; OLG Düsseldorf, Beschluss v. 5.10.2001 – Verg 32/01; OLG Stuttgart, Beschluss v. 12.5.2000 – 2 Verg 2/00.

41 VK Schleswig-Holstein, Beschluss v. 8.11.2007 – VK-SH 22/07.

42 VK Brandenburg, Beschluss v. 28.6.2005 – VK 20/05 für den Fall einer fehlenden Typenbezeichnung, wenn der zu liefernde Gegenstand durch andere Vorgaben eindeutig identifizierbar ist.

43 Vgl. OLG Düsseldorf, Beschluss v. 28.1.2004 – Verg 35/03; VK Niedersachsen, Beschluss v. 6.1.2006 – VgK 43/2005.

44 VK Bund, Beschluss v. 11.6.2013 – K1-33/13.

29 Fraglich ist auch, ob eine eindeutige Leistungsbeschreibung voraussetzt, dass sie **technisch richtig** ist.[45] Insoweit handelt es sich um ein inhaltliches Kriterium, das mit dem eher formalen Merkmal der Eindeutigkeit nur in einem mittelbaren Zusammenhang steht (auch eine technisch unrichtige Beschreibung kann eindeutig sein). Eine solche Leistungsbeschreibung dürfte daher wegen Unmöglichkeit der nachgefragten Leistung oder als Auferlegung eines ungewöhnlichen Wagnisses auszuschließen sein. Der Grundsatz, dass auslegungsfähige Leistungsbeschreibungen keine Aufhebung rechtfertigen,[46] erlaubt es aber weder dem Auftraggeber noch gar dem Bieter, eine unklare Leistungsbeschreibung durch nachträgliche Veränderungen mit einem eindeutigen Inhalt zu versehen. Der Auftraggeber ist vielmehr an die erstellte Leistungsbeschreibung gebunden,[47] für die Bieter sind **Änderungen an den Vergabeunterlagen** grundsätzlich verboten und führen zum Wertungsausschluss (§ 53 Abs. 7 S. 1 und § 57 Abs. 1 Nr. 4 VgV). Nur in eng begrenzten Ausnahmefällen kann ein Bieter durch eine Veränderung am Text der Leistungsbeschreibung die Eindeutigkeit herbeiführen. Soweit diese Veränderung inhaltlich dem Willen des Auftraggebers entspricht und alle anderen Bieter durch entsprechende Hinweise gleich behandelt werden, kann ein solches Angebot ausnahmsweise berücksichtigt werden.[48]

30 Bei **funktionalen und konstruktiven Leistungsbeschreibungen** gelten die Anforderungen an die Eindeutigkeit nur insoweit, als sie den Bietern eingeräumten Spielraum beachten.

aa. Bedarfs- oder Eventualpositionen

31 Da die Eindeutigkeit der Leistungsbeschreibung grundsätzlich verlangt, dass der Auftraggeber alle erforderlichen Leistungskomponenten selbst ermittelt und das Planungsrisiko trägt, ist es **äußerst problematisch**, wenn sich der Auftraggeber hinsichtlich einzelner Positionen in der Leistungsbeschreibung nicht festlegt, sondern offenlässt, ob er die in den Positionen niedergelegten Leistungen überhaupt in Anspruch nehmen wird. Hierbei handelt es sich um Bedarfs- oder Eventualpositionen, wenn der Auftraggeber sich vorbehält, die Ausführung einer bestimmten Position nur bei Bedarf nachzufragen.[49] Sie werden in der Leistungsbeschreibung häufig durch den Zusatz „nur auf Anordnung" gekennzeichnet.[50]

32 Ob Eventualpositionen in Leistungsbeschreibungen zulässig oder untersagt sind, lässt § 121 GWB offen. Wünschenswert wäre ein sehr zurückhaltender Umgang mit solchen Positionen. Denn Eventualpositionen sind wegen der Eignung, die Kalkulierbarkeit der Angebote und ihre Vergleichbarkeit zu erschweren, **nicht unbedenklich**. Zudem verstößt die Aufnahme von Eventualpositionen gegen die grundsätzliche Risikoverteilung im Vergabeverfahren, die dem Auftraggeber die Verantwortung für eine ordnungsgemäße Vorbereitung und Planung von Beschaffungsvorgängen zuordnet. Eventualpositionen wird man daher nur **in eng begrenzten Ausnahmefällen** zulassen können,[51] wenn ein objektives Bedürfnis hierfür vorhanden ist und der Auftraggeber noch keine hinreichenden Erfahrungen hat, ob und unter welchen Umständen er die Bedarfsleistung benötigen wird.[52]

33 Eventualpositionen sind daher nur mit folgenden **Einschränkungen** vertretbar:

- es ist dem Auftraggeber nicht möglich, den tatsächlichen Bedarf im Zeitpunkt der Erstellung der Leistungsbeschreibung und der Angebotswertung zu ermitteln,[53]

45 In diesem Sinn: VHB 2008 Nr. 4. 2. 1 zu § 9 VOB/A; *Wirner*, in: Willenbruch/Bischoff, Vergaberecht, 1. Auflage, § 7 VOL/A Rn. 13.
46 Vgl. OLG Düsseldorf, Beschluss v. 5.10.2001 – Verg 32/01.
47 OLG Schleswig, Urteil v. 17.2.2000 – 11 U 91/98, NZBau 2000, 207 (208).
48 Vgl. BGH, Urteil v. 9.1.1997 – VII ZR 259/95, WM 1997, 1581 (1583).
49 *Krohn/Schneider*, in: Gabriel/Krohn/Neun, Handbuch des Vergaberechts, § 17 Rn. 35; *Prieß*, in: Kulartz/Marx/Portz/Prieß, VOL/A, § 8 EG Rn. 71; *Wirner*, in: Willenbruch/Wieddekind, Vergaberecht, § 7 VOB/A Rn. 40.
50 *Prieß*, NZBau 2004, 20 (25).
51 VK Sachsen-Anhalt, Beschluss v. 10.8.2015 – 3 VK LSA 54/15.
52 OLG Düsseldorf, Beschluss v. 10.2.2010 – VII-Verg 36/09.
53 OLG Düsseldorf, Beschluss v. 10.2.2010 – VII-Verg 36/09.

- eine Beschränkung des ursprünglich vorgesehenen Beschaffungsbedarfs und die Option einer vergaberechtskonformen Nachbeauftragung müssen tatsächlich unmöglich oder wirtschaftlich absolut unvertretbar sein,
- sie dürfen sich nur auf solche Umstände beziehen, mit deren Eintritt der öffentliche Auftraggeber bei sorgfältiger Prognose rechnen kann, damit die Eventualposition nicht zur bloßen Markterkundung missbraucht wird.

Aus Gründen der Transparenz und Gleichbehandlung ist der Umfang von Bedarfspositionen auf einen Bruchteil des Auftrags zu begrenzen.[54] **34**

bb. Alternativ- oder Wahlpositionen

Von Bedarfspositionen zu unterscheiden sind **Alternativ- oder Wahlpositionen**, die dadurch gekennzeichnet sind, dass der Auftraggeber im Zeitpunkt der Erstellung der Leistungsbeschreibung weiß, dass er die beschriebene Leistung beschaffen will oder muss, sich aber erst später entscheiden kann oder will, welche Variante zu bevorzugen ist.[55] Dabei wird die Grundposition des Leistungsverzeichnisses um Wahlpositionen ergänzt. Dies kommt vor allem in Betracht, wenn neben der präferierten Ausführung noch alternative Ausführungsmodalitäten in Erwägung gezogen werden.[56] Im Zeitpunkt des Zuschlags erfolgt die Entscheidung über die Grund- oder Alternativposition.[57] Hierin liegt der wesentliche Unterschied zur Bedarfsposition. **35**

Insoweit erscheinen sie weniger problematisch. Allerdings beeinträchtigen auch sie die **Transparenz und die Gleichbehandlung** der Bieter im Vergabeverfahren, da sie die Vorhersehbarkeit der Leistungsangebote anderer Bieter erschweren.[58] Auch Alternativpositionen verschieben einen Teil des Planungsrisikos auf die Bieter und können in Extremfällen den Charakter der Leistungsbeschreibung oder gar des Vergabeverfahrens verändern. So bewirkt die Vorgabe einer Vielzahl von Wahlpositionen, dass aus einer formal konventionellen Leistungsbeschreibung eine funktionale Ausschreibung wird, soweit die Bieter veranlasst werden, aus der Vielzahl der Wahlpositionen selbst das geeignete Konzept für die Leistung zu erstellen.[59] **36**

Bedenklich erscheinen auch Wahlpositionen, die Auftraggebern die Möglichkeit offenhalten sollen, **bei preisgünstigen Angeboten eine anspruchsvollere Ausstattung** zu verlangen bzw. hiervon für den Fall abzusehen, dass solche Wahlpositionen die **Haushaltsmittel überschreiten**.[60] Ein solches Vorgehen rückt die Leistungsbeschreibung nahe an ein unzulässiges Instrument zur Markterkundung.[61] Letztlich sollte es im Verantwortungsbereich des Auftraggebers verbleiben, zu ermitteln, ob die Haushaltsmittel für eine anspruchsvolle Realisierung einer Leistung ausreichen. Lässt man in einem solchen Fall eine Vielzahl von Wahlpositionen zu, ist die Ausschreibung für die Bieter auch dann nicht transparent, wenn die Gewichtung der Auswahl zwischen Grund- und Wahlpositionen in den Verdingungsunterlagen angegeben wird.[62] Auch dann können Bieter veranlasst werden, ihr Angebot zur Sicherheit durch die Aufnahme von Wahlpositionen einerseits und die Zugrundelegung eines niedrigen Preises ande- **37**

---

54 Die Spruchpraxis variiert hier zwischen 10 und 15 %, für 10 %: VK Stuttgart, Beschluss v. 20.3.2002 – 1 VK 4/02; VÜA Sachsen, Beschluss v. 23.8.1999 – 1 VÜA 1/99; VÜA Thüringen, Beschluss v. 12.2.1999 – 1 VÜ 2/97; vgl. auch VHB Bund 2000, Nr. 4. 2 zu § 9 VOB/A; für 5 %: VL Niedersachsen, Beschluss v. 24.7.2000 – 203-VgK-08/00; vgl. auch *Kapellmann*, in: Kapellmann/Messerschmidt, VOB/A, § 7 Rn. 32, der mit gut vertretbarer Argumentation eine Grenze von 10 % als zu hoch ansieht, um Manipulationsgefahren auszuschließen.

55 Vgl. OLG Düsseldorf, Beschluss v. 2.8.2002 – Verg 25/02; OLG Saarbrücken, Beschluss v. 22.10.1999 – 5 Verg 4/99, NZBau 2000, 158 (162); *Wirner*, in: Willenbruch/Wieddekind, Vergaberecht, § 7 VOB/A Rn. 48.

56 OLG Celle, Beschluss v. 18.12.2003 – 13 Verg 22/03, NJOZ 2004, 2741 (2747), zur Versicherung mit und ohne Terrorschutz; VK Baden-Württemberg, Beschluss v. 9.6.2011 – 1 VK 26/11.

57 *Krohn/Schneider*, in: Gabriel/Krohn/Neun, Handbuch des Vergaberecht, § 17 Rn. 39; *Prieß*, in: Kulartz/Marx/Portz/Prieß, VOL/A, § 8 EG Rn. 79; *Wirner*, in: Willenbruch/Wieddekind, Vergaberecht, § 7 VOB/A Rn. 49.
Prieß, NZBau 2004, 20 (25).

58 Vgl. OLG Düsseldorf, Beschluss v. 24.3.2004 – VII-Verg 7/04; VK Niedersachsen, Beschluss v. 8.7.2015 – VgK-22/2015.

59 Vgl. VK Hessen, Beschluss v. 28.7.2004 – 69d-VK-49/2004 (80 Wahlpositionen bei einem Beförderungsvertrag).

60 So aber OLG Düsseldorf, Beschluss v. 13.4.2011 – VII-Verg 58/10.

61 OLG München, Beschluss v. 22.10.2015 – Verg 5/15.

62 So aber OLG Düsseldorf, Beschluss v. 24.3.2004 – VII-Verg 7/04.

rerseits so auszugestalten, dass es auch unter Berücksichtigung unüberschaubarer Kombinationen wettbewerbsfähig bleibt und so im Ergebnis nicht mehr auskömmlich ist.

38 Problematisch erscheint auch wegen der mangelnden Transparenz für die Bieter das **Offenlassen der Vertragslaufzeit** als Wahlposition. Gleichwohl wird die Vertragslaufzeit als Wahlposition insbesondere bei der Ausschreibung von Versicherungsverträgen gelegentlich befürwortet.[63]

39 Vertretbar ist die Aufnahme von Wahlpositionen zusammenfassend wie bei Bedarfspositionen **grundsätzlich nur ausnahmsweise**,[64] wobei sich das Gebot der sorgfältigen Planung darauf bezieht, dass es dem Auftraggeber nicht möglich ist, die Auswirkung der Wahlpositionen auf die Wirtschaftlichkeit des Angebots zuverlässig zu ermitteln. Feste Grenzen für den Anteil von Wahlpositionen an dem Auftragswert erscheinen im Gegensatz zu Bedarfspositionen nicht erforderlich, weil jedenfalls zum Zeitpunkt des Zuschlags verbindlich feststeht, wie hoch das Auftragsvolumen sein wird.[65] Von der Aufnahme einer Vielzahl von Wahlpositionen ist gleichwohl abzuraten, weil dies den Auftraggeber regelmäßig veranlassen wird, ein europaweites Vergabeverfahren durchzuführen, selbst wenn unter Verzicht auf die Wahlpositionen ein nationales Verfahren zulässig gewesen wäre.

40 *cc. Fälle nicht eindeutiger Beschreibungen in der Praxis*

- die „ca."-Angabe von Fahrplankilometern bei Beförderungsaufträgen,[66]
- nicht ausreichende Kalkulationsgrundlagen zu Leistungspositionen, die Bieter zu Mischkalkulationen veranlassen,[67]
- Unklarheiten hinsichtlich der Bearbeitungsstufen, für die eine Verpflichtung zur Erstellung eines Konzepts begründet worden ist,[68]
- die fehlende Entscheidung des Auftraggebers für eine Direktversicherung oder eine Unterstützungskasse bei Ausschreibung der betrieblichen Altersversorgung,[69]
- Biokartierungsauftrag ohne präzise Vorgaben,[70]
- bei Lieferleistungen die Verwendung eines Schlüsselverzeichnisses, das auch Dienstleistungen enthält,[71]
- ein Widerspruch zwischen der Leistungsbeschreibung und einer Bieterinformation hinsichtlich des Umfangs der Leistungspflicht,[72]
- keine Präzisierung, ob für ausgeschriebene Trainingsmaßnahmen fest angestelltes oder freiberuflich tätiges Personal eingesetzt werden soll,[73]
- Anforderungen an die Entgeltgenehmigung für Briefzustelldienstleistungen, die eine Preisspanne zulassen, obwohl zugleich auf die Genehmigung der Bundesnetzagentur verwiesen wird, die eine solche Spanne nicht zulässt.[74]

---

63 OLG Naumburg, Beschluss v. 31.3.2004 – 1 Verg 1/04, NJOZ 2004, 1821 (1825).
64 *Krohn/Schneider*, in: Gabriel/Krohn/Neun, Handbuch des Vergaberechts, § 17 Rn. 39; *Prieß*, in: Kulartz/Marx/Portz/Prieß, VOL/A, § 8 EG Rn. 80; *Wirner*, in: Willenbruch/Wieddekind, Vergaberecht, § 7 VOB/A Rn. 50.
65 A.A. OLG Düsseldorf, Beschluss v. 2.8.2002 – Verg 25/02; VK Niedersachsen, Beschluss v. 3.2.2004 – 203-VgK 241/2003; *Wirner*, in: Willenbruch/Wieddekind, Vergaberecht, § 7 VOB/A Rn. 51; offengelassen von OLG Düsseldorf, Beschluss v. 24.3.2004 – VII-Verg 7/04.
66 VK Sachsen, Beschluss v. 27.9.2013 – 1/SVK/027-13.
67 VK Südbayern, Beschluss v. 3.6.2014 – Z3-3-3194-1-14-03/14.
68 OLG Frankfurt, Beschluss v. 6.6.2013 – 11 Verg 8/13.
69 OLG Brandenburg, Beschluss v. 13.9.2011 – Verg W 10/11.
70 OLG Brandenburg, Beschluss v. 27.3.2012 – Verg W 13/11.
71 VK Niedersachsen, Beschluss v. 3.9.2012 – VgK-28/2012.
72 OLG Rostock, Beschluss v. 6.3.2009 – 17 Verg 1/09, VergabeR 2009, 660 (671).
73 VK Bund, Beschluss v. 24.3.2004 – VK 3-36/04.
74 VK Arnsberg, Beschluss v. 15.1.2009 – VK 30/08.

c. Erschöpfende Leistungsbeschreibung

Die Leistungsbeschreibung ist **erschöpfend**, wenn sie Art und Zweck der Leistung, alle zur Erbringung erforderlichen Teilleistungen und alle hierfür erforderlichen Bedingungen und Anforderungen darstellt.[75] 41

Soweit eine Leistungsbeschreibung **eindeutig** ist, ist sie grundsätzlich auch erschöpfend, die beiden Tatbestandsmerkmale gehen ineinander über.[76] Da eine Leistungsbeschreibung nur dann eindeutig ist, wenn sie alle zur Ausführung erforderlichen Vorgaben und Leistungspflichten klar erkennen lässt, erfüllt sie die Vorgaben an Transparenz und Gleichbehandlung. Zusätzliche Angaben sind dann nicht erforderlich. 42

Ob vor diesem Hintergrund **nicht unmittelbar leistungsrelevante** Merkmale und Konkretisierungen im Rahmen des für den Auftraggeber Zumutbaren verlangt werden können,[77] erscheint zweifelhaft. 43

Einzelfälle aus der Spruchpraxis betreffen u.a. 44

- die fehlende Angabe von Zuschlags- und Wertungskriterien,[78]
- die fehlende Angabe der Durchführungswege, Unterstützungskasse oder Direktversicherung bei einem Auftrag zur betrieblichen Altersversorgung,[79]
- Gesamtpreisangaben bei einem Auftrag zur Biotopkartierung,[80]
- die Mitteilung eines für die Leistungserbringung zur Verfügung gestellten Pachtgrundstücks des Auftraggebers[81],
- die Verpflichtung, bei der Ausschreibung von Gebäudeversicherungen die Gebäudewerte anzugeben[82],
- bei der Ausschreibung von Schülerbeförderungsleistungen die im Vorjahr ermittelten Fehlzeiten der Schüler und die Anzahl der Rollstuhlfahrer mitzuteilen,[83]
- die auch schätzungsweise zu ermittelnde Menge einzelner Abholstellen bei der Ausschreibung von Briefzustelldienstleistungen[84] und
- das Verordnungsvolumen bei der Ausschreibung von Rabattverträgen der Krankenkassen.[85]

Funktionale und konstruktive Leistungsbeschreibungen können nicht erschöpfend sein, soweit den Bietern Gestaltungsspielraum eingeräumt worden ist. 45

Vor allem für die öffentlichen Auftraggeber bietet § 121 Abs. 1 S. 2 GWB eine **Hilfestellung**, die Leistungsbeschreibung mit allen erforderlichen Leistungsmerkmalen (Funktions- oder Leistungsanforderungen, Beschreibung der zu lösenden Aufgabe, Bedingungen und Umstände) zu versehen. 46

---

75 Vgl. VHB 2008 Nr. 4. 2. 1. 2. zu § 9 VOB/A.
76 *Kapellmann*, in: Kapellmann/Messerschmidt, § 7 VOB/A Rn. 1; *Prieß*, in: Kulartz/Marx/Portz/Prieß, VOL/A, § 8 EG Rn. 18.
77 So VK Niedersachsen, Beschluss v. 12.1.2007 – VgK-33/2006; *Schramm*, in: Müller-Wrede, Kompendium des Vergaberechts, 1. Auflage, Kapitel 11 Rn. 12.
78 VK Nordbayern, Beschluss v. 20.11.2012 – 21.VK-3194-26/12.
79 OLG Brandenburg, Beschluss v. 13.9.2011 – Verg W 10/11.
80 OLG Brandenburg, Beschluss v. 27.3.2012 – Verg W 13/11.
81 OLG Celle, Beschluss v. 30.4.1999 – 13 Verg 1/99, WuW 1999, 1161.
82 OLG Celle, Beschluss v. 15.12.2005 – 13 Verg 14/05, NJOZ 2006, 606 (607), leicht abweichend: VK Niedersachsen, Beschluss v. 7.3.2011– VgK-73/2010.
83 OLG Koblenz, Beschluss v. 10.8.2009 –1 Verg 8/09, NZBau 2009, 671; VK Niedersachsen, Beschluss v. 12.1.2007 – VgK-33/2006; die Angabe der Größe der einzusetzenden Busse ist jedoch nicht erforderlich (OLG Koblenz, ebenda).
84 VK Arnsberg, Beschluss v. 15.1.2009 – VK 30/08.
85 LSG Baden-Württemberg, Beschluss v. 27.2.2008 – L5 KR 2183/07.

II. Bestandteile der Leistungsbeschreibung (S. 2)

47 Die Beschreibung der Elemente, die für die Erstellung eines Angebots erforderlich sind, stellt eine **neue Vorgabe** der für Leistungen zu beachtenden Vorschriften dar. Sie entspricht sinngemäß der für die Vergabe von Bauleistungen geregelten Verpflichtung, alle die einwandfreie Preisermittlung beeinflussenden Umstände festzustellen und in den Vergabeunterlagen anzugeben.[86] Die Vorschrift ergänzt die Vorgabe des § 121 Abs. 1 S. 1 GWB, dass der Auftragsgegenstand eindeutig und erschöpfend zu bestimmen ist.

1. Funktions- oder Leistungsanforderungen

48 Die amtliche Begründung des Gesetzentwurfs der Bundesregierung[87] verweist darauf, dass mit der Verpflichtung zur Angabe von Leistungs- oder Funktionsanforderungen die Aussage der **bisherigen untergesetzlichen Vorschriften** §§ 7 EG VOB/A, 8 EG VOL/A und 6 VOF übernommen werden soll.

49 Allerdings sehen diese wortgleichen Vorschriften die Verwendung von Leistungs- oder Funktionsanforderungen nur wahlweise zu den aus den europäischen Vergaberichtlinien 2004/18/EG und 2004/17/EG abgeleiteten **technischen Spezifikationen** vor. Die Vorgaben beziehen sich lediglich auf die technischen Anforderungen, nicht aber auf die Gesamtheit der Leistungsmerkmale. Unter Zugrundelegung dieser – historischen – Auslegungsmethode ist daher fraglich, ob technische Spezifikationen noch verwendet werden können oder ob sich eine Verpflichtung der Auftraggeber ergibt, außerhalb technischer Anforderungen die Leistung durch konkrete Leistungsanforderungen oder durch eine Funktionsbestimmung zu präzisieren.

50 Eine Auslegung, die es verbietet, technische Spezifikationen zu verwenden, würde wegen des Anwendungsbefehls des Art. 42 RL 2014/24/EU den **Vorrang des Europarechts** missachten und kommt daher nicht in Betracht. Im Übrigen ergibt sich aus der **amtlichen Begründung** des Gesetzentwurfs der Bundesregierung, dass mit dem Terminus der Leistungs- und Funktionsanforderungen die eingeführten Formen der Leistungsbeschreibung (konventionell, funktional und konstruktiv) übernommen werden sollten: „So kann der Beschaffungsgegenstand durch konkrete Leistungsanforderungen oder – offener – durch Funktionsanforderungen definiert werden."[88] Dieses Auslegungsergebnis deckt sich mit der Erkenntnis, dass eine eindeutige und erschöpfende Leistungsbeschreibung ohne eine Angabe entweder der konkreten Leistungsanforderungen oder der ebenfalls konkreten Funktionsanforderungen nicht darstellbar ist,[89] so dass aus § 121 Abs. 1 S. 2 GWB zu schließen ist, dass hiermit die Verpflichtung zur Verwendung der eingeführten Formen der Leistungsbeschreibung einschließlich der technischen Spezifikationen begründet wird.

a. Leistungsanforderungen (konventionelle Leistungsbeschreibung)

51 Leistungsanforderungen können mittels der **konventionellen Leistungsbeschreibung** vorgegeben werden. Die konventionelle Leistungsbeschreibung[90] oder – unter Bezugnahme auf die VOB/A-Terminologie – die Leistungsbeschreibung mit Leistungsverzeichnis[91] zeichnet sich dadurch aus, dass die Leistungsanforderungen nach Teilleistungen so detailliert aufgeschlüsselt werden, dass eine exakte Berechnung des Angebots möglich ist.[92] Außerhalb der VOB/A ist es allerdings keineswegs zwingend, jede Leistungsbeschreibung mit einem Leistungsver-

86 § 7 Abs. 1 Nr. 2, § 7 EU Abs. 1 Nr. 2 und § 7 VS Abs. 1 Nr. 2 VOB/A.
87 Gesetzesbegründung, BT-Drs. 18/6281, 100.
88 Gesetzesbegründung, BT-Drs. 18/6281, 100.
89 *Traupel*, in: Müller-Wrede, VOL/A, § 8 EG Rn. 44.
90 So *Prieß*, in: Kulartz/Marx/Portz/Prieß, VOL/A, § 7 Rn. 85; *Wirner*, in: Willenbruch/Wieddekind, Vergaberecht, § 7 VOL/A Rn. 31
91 *Hertwig*, Praxis der öffentlichen Auftragsvergabe, Rn. 117; *Schramm*, in: Müller-Wrede, Kompendium des Vergaberechts, 1. Auflage, Kapitel 11 Rn. 15.
92 OLG München, Beschluss v. 15.7.2007 – Verg 10/07, VergabeR 2008, 114 (116); VK Niedersachsen, Beschluss v. 26.8.2014 – VgK-31/2014; VK Sachsen, Beschluss v. 25.6.2008 – 1/SVK/029-08.

zeichnis zu versehen.[93] Erforderlich, aber auch ausreichend ist allein die vollständige und erschöpfende Aufnahme aller leistungsrelevanten Positionen.

In der Praxis wird sich die Vergabestelle ein vollständiges Bild dieser Positionen machen müssen und dabei **vor allem folgende Aspekte** berücksichtigen und in geeigneter Form in die Leistungsbeschreibung aufnehmen: 52

- die konkrete Dienst- oder Sachleistung,
- die formalen und inhaltlichen Anforderungen an diese Leistung,
- Anzahl, Menge und Umfang der Leistung,
- technische Anforderungen an die Leistung,
- Kompatibilität mit anderen Leistungen,
- Installations-, Einweisungs-, Schulungsbedarf,
- Service- und Wartungsbedarf,
- Leistungsort, -zeit, -zeitraum, Liefertermine,
- Patente oder Schutzrechte,
- sonstige administrative Vorgaben (Dienstanweisungen, Zugangsregelungen, Öffnungszeiten etc.).

Soweit ein **Leistungsverzeichnis** zugrunde gelegt wird, können die wesentlichen Elemente in entsprechender Anwendung aus § 7b EU VOB/A entnommen werden. Daraus folgt: 53

- eine Gliederung in Teilleistungen,
- Aufnahme gleichartiger Leistungen in jeweils einer Position,
- Aufnahme ungleichartiger Leistungen in einer Sammelposition.

Daneben können hier Unterteilungen in Grund-, Bedarfs- und Wahlpositionen vorgenommen werden.

b. Funktionsanforderungen (funktionale Leistungsbeschreibung)

Die funktionale Leistungsbeschreibung, die in der VOB/A-Terminologie als Leistungsbeschreibung mit Leistungsprogramm (§ 7c EU und § 7c VS VOB/A) bezeichnet wird, verzichtet auf die Aufschlüsselung von einzelnen Positionen, insbesondere Einzelpreisen[94], und gibt lediglich die **Funktion und den Zweck der nachgefragten Leistung** vor.[95] Hieran wird der maßgebliche Charakter funktionaler Leistungsbeschreibungen deutlich: Die Vergabestelle kann und will das Ziel, das mit der zu beschaffenden Leistung erreicht werden soll, eindeutig beschreiben, überlässt den Weg, auf dem man hierzu gelangt, jedoch weitestgehend dem Auftragnehmer.[96] Damit wird das normalerweise dem Auftraggeber obliegende Planungsrisiko teilweise auf den Auftragnehmer verlagert.[97] Dies betrifft auch das Kalkulationsrisiko.[98] 54

Wegen dieser Gestaltungsmöglichkeiten des Bieters hinsichtlich seines Angebots sind an die **Bestimmtheit** der funktionalen Leistungsbeschreibung geringere Anforderungen zu stellen. Soweit den Bietern ein – planerischer – Gestaltungsspielraum überlassen wird, kann die Leistungsbeschreibung naturgemäß nicht eindeutig und schon gar nicht erschöpfend sein. Dabei muss der Auftraggeber in der Leistungsbeschreibung hinreichend deutlich machen, inwiefern er eine Planungsleistung erwartet. Bleibt dies unklar, ist der Bieter nicht zur Einreichung einer Planung verpflichtet.[99] Allerdings ergeben sich auch hier vor allem aus Gründen der Transpa- 55

---

93 Missverständlich *Prieß*, NZBau 2004, 20 (23).
94 Vgl. *Hertwig*, Praxis der öffentlichen Auftragsvergabe, Rn. 120.
95 *Schramm*, in: Müller-Wrede, Kompendium des Vergaberechts, 1. Auflage, Kapitel 11 Rn. 19.
96 *Prieß*, in Kulartz/Marx/Portz/Prieß, VOL/A, § 7 Rn. 86; *Wirner*, in: Willenbruch/Wieddekind, Vergaberecht, § 7 VOL/A Rn. 35.
97 OLG Düsseldorf, Beschluss v. 5.10.2000 – VII-Verg 14/00, WuW 2001, 224; VK Niedersachsen, Beschluss v. 3.9.2012 – VgK-28/2012; VK Bund, Beschluss v. 24.3.2004 – VK 3-36/04; VK Baden-Württemberg, Beschluss v. 17.3.2004 – 1 VK 12/04.
98 *Schramm*, in: Müller-Wrede, Kompendium des Vergaberechts, 1. Auflage, Kapitel 11 Rn. 19.
99 OLG Brandenburg, Beschluss v. 19.9.2003 – Verg W 4/03, NJOZ 2004, 2752.

renz gewisse Mindestanforderungen. So darf der Auftraggeber nicht die gesamte Planung dem Bieter überlassen[100] und muss sicherstellen, dass die maßgeblichen Bewertungskriterien erkennbar sind. Daraus folgt, dass das Leistungsziel, die Rahmenbedingungen und die wesentlichen Einzelheiten der Leistung so festliegen, dass die eingehenden Angebote vergleichbar bleiben.[101]

56 In jedem Fall setzt die Annahme einer funktionalen Leistungsbeschreibung eine bewusste **Ex-ante-Entscheidung** des Auftraggebers voraus. Die **Umdeutung** einer konventionellen in eine funktionale Leistungsbeschreibung ist nicht möglich, auch nicht, um ein nicht zugelassenes Nebenangebot über diesen Weg zu berücksichtigen.[102] Der Auftraggeber sollte bei der funktionalen Leistungsbeschreibung darauf achten, dass er qualitative Mindestkriterien vorgibt; ansonsten besteht die Gefahr, dass der Zuschlag auf ein Gebot erteilt werden muss, dass die Wirtschaftlichkeit durch ein „mageres", gleichwohl zuschlagfähiges Konzept erkauft.[103]

c. Konstruktive Leistungsbeschreibung

57 Die konstruktive Leistungsbeschreibung enthält **Elemente sowohl der konventionellen als auch der funktionalen Leistungsbeschreibung**. Diese Form der Leistungsbeschreibung findet ihre europarechtliche Grundlage in Art. 42 Abs. 3 lit. d RL 2014/24/EU. Folgerichtig haben auch die bisherigen untergesetzlichen Regelungen §§ 7 EG VOB/A, 8 EG VOL/A und 6 VOF diese Kombination aus Leistungs- und Funktionsanforderungen aufgenommen. Auch wenn diese Form der Leistungsbeschreibung in § 121 Abs. 1 S. 2 GWB nicht ausdrücklich genannt wird, sind folgende Varianten auch unter dem neuen Recht schon aufgrund des Anwendungsvorrangs des europäischen Richtlinienrechts weiterhin möglich:

- eine funktionale Leistungsbeschreibung, die es den Bietern ermöglicht, die konstruktive Lösung unter Verweis auf die technischen Spezifikationen des Anhang TS anzubieten,
- eine Leistungsbeschreibung, die hinsichtlich einzelner Lösungselemente leistungsrelevante Positionen unter Bezugnahme auf die technischen Spezifikationen des Anhang TS abfragt, hinsichtlich anderer Elemente aber lediglich das Ziel – Funktion oder Zweck – vorgibt.

58 Hieraus folgt, dass die konstruktive Leistungsbeschreibung im Unterschied zur funktionalen Leistungsbeschreibung den Weg zur Zielerreichung teilweise – aber im Unterschied zur konventionellen Leistungsbeschreibung – **nicht vollständig** vorgibt.[104] Hinsichtlich der **Bestimmtheit** unterliegt die konstruktive Leistungsbeschreibung denselben Mindestanforderungen wie die anderen Formen der Leistungsbeschreibung, je nach dem aus welchem Bereich dieser „Mischform" der zu prüfende Aspekt stammt.[105]

d. Auswahl der passenden Leistungsform

59 § 121 Abs. 1 S. 2 GWB trifft keine Vorgabe zum **Rangverhältnis** der Formen. Die öffentlichen Auftraggeber können daher nach eigenem Ermessen entscheiden, ob sie eine konstruktive, funktionale oder konstruktive Leistungsbeschreibung vornehmen wollen.

60 Allgemeine Kriterien, um die sich Spruchpraxis[106] und Schrifttum[107] in der Vergangenheit – motiviert durch den Vorrang der konventionellen Leistungsbeschreibung – bemüht haben,

---

100 OLG Düsseldorf, Beschluss v. 12.6.2013 – VII-Verg 7/13.
101 BGH, Urteil v. 1.8.2006 – X ZR 146/03; OLG Naumburg, Beschluss v. 16.9.2002 – 1 Verg 2/02, NZBau 2003, 628 (630); OLG Düsseldorf, Beschluss v. 14.2.2001 – Verg 14/00, VK Baden-Württemberg, Beschluss v. 17.3.2004 – 1 VK 12/04; NZBau 2003,60; *Prieß*, in: Kulartz/Marx/Portz/Prieß, VOL/A, § 7 Rn. 89; *Wirner*, in: Willenbruch/Wieddekind, Vergaberecht, § 7 VOL/A Rn. 36.
102 VK Sachsen, Beschluss v. 25.6.2008 – 1/SVK/029-08.
103 VK Niedersachsen, Beschluss v. 26.8.2014 – VgK-31/2014.
104 OLG Brandenburg, Beschluss v. 30.1.2014 – Verg W 2/14; OLG Düsseldorf, Beschluss v. 16.8.2010 – Verg 35/10; *Prieß*, in: Kulartz/Marx/Portz/Prieß, VOL/A, § 7 Rn. 93; *Schramm*, in: Müller-Wrede, Kompendium des Vergaberechts, 1. Auflage, Kapitel 11 Rn. 24.
105 *Schätzlein*, in: Heuvels/Höß/Kuß/Wagner, Vergaberecht, § 7 VOL/A Rn. 22; *Wirner*, in: Willenbruch/Wieddekind, Vergaberecht, § 7 VOL/A Rn. 38.
106 Vgl. VK Niedersachsen, Beschluss v. 18.8.2005 – VgK-33/2005.
107 *Schramm*, in: Müller-Wrede, Kompendium des Vergaberechts, 1. Auflage, Kapitel 11 Rn. 21; *Raufeisen*, in: Willenbruch/Wieddekind, Vergaberecht, § 7 VOL/A Rn. 35.

sind unergiebig.[108] Vielmehr muss den **Besonderheiten des einzelnen Beschaffungsvorgangs** Rechnung getragen werden.

61 Gründe für die Wahl einer funktionalen oder konstruktiven Leistungsbeschreibung können sich vor allem aus folgenden **Erwägungen** ergeben:

- die Nutzung unternehmerischen Sachverstands,[109]
- mangelnde Kenntnis des Auftraggebers von allen am Markt angebotenen Leistungsmodalitäten,[110]
- überlegenes konzeptionell-operatives Wissen der Bieter,[111]
- die besonders herausragende Bedeutung der Funktion einer Leistung,[112]
- das Interesse an Mindeststandards überschreitenden Angeboten,[113]
- das Interesse des Auftraggebers an individuellen Problemlösungsansätzen, vor allem bei innovativen Projekten.[114]

62 Das Vergabehandbuch des Bundes sieht eine **funktionale Ausschreibung** vor allem dann als vorteilhaft an, wenn eine Gesamtleistung aus unterschiedlichen Einzelteilen zusammengesetzt sein kann und es dem Bieter überlassen bleiben soll, die jeweils zu verwendenden Einzelteile selbst zu bestimmen, oder wenn mehrere technische Lösungen in Betracht kommen und der Auftraggeber seine Entscheidung erst aufgrund der eingehenden Angebote treffen will.[115] Letzteres erscheint allerdings nur vertretbar, wenn die maßgeblichen Bewertungskriterien erkennbar sind und der Auftraggeber nicht die gesamte Planung auf die Bieter delegiert. Für die Bieter begründet eine mit weitgehenden Planungspflichten versehene funktionale Ausschreibung zudem einen **nicht unerheblichen Aufwand**, weil sie in der Angebotsphase erhebliche Aufwendungen für Planungsleistungen haben, die sich nur im Erfolgsfall angemessen rentieren.[116] Eine Teilnahme an solchen Ausschreibungen wird daher vor allem für mittelständische Unternehmen regelmäßig nur in Betracht kommen, wenn der Bieterkreis nicht unüberschaubar groß ist, mithin in Fällen des Verhandlungsverfahrens oder eines nicht offenen Verfahrens mit Mindestteilnehmerzahl.

63 Die Vergabestelle sollte diese Konsequenzen bei der Wahl der Leistungsbeschreibung bedenken. Sind die Leistungspflichten – durch technische Anforderungen – hinreichend bestimmbar, wird es auch ohne Vorrang der konventionellen Leistungsbeschreibung regelmäßig wirtschaftlich sein, diese Form zu verwenden, weil eine deutlich größere Anzahl vergleichbarer Angebote erwartet werden kann. Auf der anderen Seite wird im Fall eines auf § 119 Abs. 2 GWB gestützten zulässigen **Verhandlungsverfahrens** (die zu erbringende Dienstleistung kann durch vertragliche Spezifikationen nicht hinreichend festgelegt werden) regelmäßig nur eine funktionale Ausschreibung in Betracht kommen. Das Gleiche dürfte grundsätzlich auch für den **wettbewerblichen Dialog** gelten, wobei hier die Besonderheit zu beachten ist, dass die Leistungsbeschreibung erst in der Dialogphase präzisiert wird.

64 Für folgende Leistungen, die sich regelmäßig durch eine Summe unterschiedlicher Anforderungen und Gestaltungsmöglichkeiten im Hinblick auf die Organisation, den Personaleinsatz und eine Flexibilität hinsichtlich der konkreten Leistungsmerkmale auszeichnen, werden

108 Soweit ersichtlich gibt es zu der diesbezüglichen Problematik keine aktuelle Spruchpraxis.
109 OLG Naumburg, Beschluss v. 16.9.2002 – 1 Verg 2/02, NZBau 2003, 628 (631).
110 VK Baden-Württemberg, Beschluss v. 16.8.2005 – 1 VK 48/05, VK Bund, Beschluss v. 4.9.2002 – VK 2-58/02, NZBau 2003, 110 (117).
111 VK Hessen, Beschluss v. 26.4.2007 – 69d-VK-08/2007.
112 VK Brandenburg, Beschluss v. 3.9.2014 – VK 14/14; *Kapellmann*, in: Kapellmann/Messerschmidt, VOB, § 7 VOB/A Rn. 80.
113 OLG Naumburg, Beschluss v. 2.4.2001 – 1 Verg 4/01.
114 VK Bund, Beschluss v. 4.9.2002 – VK 2-58/02.
115 VHB Bund – Ausgabe 2008, Allgemeine Richtlinien Vergabeverfahren, Nr. 4.4.1.1.
116 *Krohn/Schneider*, in: Gabriel/Krohn/Neun, Handbuch des Vergaberechts, § 17 Rn. 15; *Kapellmann*, in: Kapellmann/Messerschmidt, VOB, § 7 VOB/A Rn. 80.

regelmäßig funktionale, gegebenenfalls konstruktive Leistungsbeschreibungen in Betracht kommen:

- Entsorgungsverträge im Abfall- und Abwasserbereich, die Erfassung, Transport und Verwertung umfassen,[117]
- die Durchführung des Öffentlichen Personenverkehrs,[118]
- Installation und Wartung von IT-Produkten und EDV-Dienstleistungen,[119]
- Privatisierung öffentlicher Unternehmen, soweit sachlich mit öffentlichen Aufträgen verbunden,[120]
- Auswahl eines privaten Partners in PPP-Projekten,[121]
- Organisation von Schulungsmaßnahmen,[122]
- Abschleppverträge,[123]
- Energieversorgung für technische Anlagen,[124]
- Generalplanung für die Errichtung komplexer Bauwerke,[125]
- Lesenswerte Anregungen zur sachgerechten Auswahl zwischen konventioneller und funktionaler Leistungsbeschreibung bietet eine Entscheidung der Vergabekammer Hessen.[126]

e. Technische Spezifikationen

65 Nach der hier vertretenen Auffassung[127] beinhaltet der Hinweis auf Funktions- und Leistungsanforderungen bei europarechtskonformer Auslegung auch die Möglichkeit, die Leistungsbeschreibung mittels technischer Spezifikationen i.S.d. Art. 42 Abs. 1 i.V.m. Anhang VII RL 2014/24/EU zu konkretisieren.

66 Gemäß **Nr. 1 Anhang VII RL 2014/24/EU** sind **technische Spezifikationen** bei öffentlichen Bauaufträgen

> „die Gesamtheit der insbesondere in den Auftragsunterlagen enthaltenen technischen Beschreibungen, in denen die erforderlichen Eigenschaften eines Werkstoffs, eines Produkts oder einer Lieferung definiert sind, damit dieser/diese den vom öffentlichen Auftraggeber beabsichtigten Zweck erfüllt."

67 Bei **öffentlichen Dienstleistungs- oder Lieferaufträgen** werden sie definiert als

> „eine Spezifikation, die in einem Schriftstück enthalten ist, das Merkmale für ein Produkt oder eine Dienstleistung vorschreibt, wie Qualitätsstufen, Umwelt- und Klimaleistungsstufen, „Design für alle" (einschließlich des Zugangs von Menschen mit Behinderungen) und Konformitätsbewertung, Leistung, Vorgaben für Gebrauchstauglichkeit, Sicherheit oder Abmessungen des Produkts, einschließlich der Vorschriften über Verkaufsbezeichnung, Terminologie, Symbole, Prüfungen und Prüfverfahren, Verpackung, Kennzeichnung und Beschriftung, Gebrauchsanleitungen, Produktionsprozesse und -methoden in jeder Phase des Lebenszyklus der Lieferung oder der Dienstleistung sowie über Konformitätsbewertungsverfahren".

68 Sowohl die VOB/A als auch §§ 31, 32 VgV setzen die **technischen Anforderungen** mit den technischen Spezifikationen i.S.d. Anhang VII RL 2014/24/EU weitgehend gleich.

---

117 OLG Naumburg, Beschluss v. 16.9.2002 – 1 Verg 2/02, NZBau 2003, 628; VK Hessen, Beschluss v. 2.1.2003 – 69d-VK-53/2002; VK Niedersachsen, Beschluss v. 24.7.2000 – 203-VgK-08/2000.
118 OLG Koblenz, Beschluss v. 26.10.2005 – 1 Verg 4/05; Beschluss v. 5.9.2002 – 1 Verg 2/02.
119 OLG Naumburg, Beschluss v. 2.4.2001 – 1 Verg 4/01; VK Baden-Württemberg, Beschluss v. 17.3.2004 – 1 VK 12/04.
120 VK Hessen, Beschluss v. 26.4.2007 – 69d-VK-08/2007; VK Arnsberg, Beschluss v. 20.4.2004 – VK 2-16/04; VK Bund, Beschluss v. 14.1.2003 – VK 1-97/02.
121 Vgl. EuGH, Urteil v. 10.11.2005 – Rs. C 29/04, NZBau 2005, 704; *Hausmann/Mutschler-Siebert*, in: Weber/Schäfer/Hausmann, Praxishandbuch PPP, § 6 Nr. 8.5.2., S. 291.
122 OLG Düsseldorf, Beschluss v. 30.11.2005 – VII-Verg 65/05; VK Niedersachsen, Beschluss v. 26.8.2014 – VgK-31/2014; VK Bund, Beschluss v. 13.4.2004 – VK 1-35/04.
123 OLG Düsseldorf, Beschluss v. 16.8.2010 – VII-Verg 35/10.
124 OLG Brandenburg, Beschluss v. 30.1.2014 – Verg W 2/14.
125 OLG Düsseldorf, Beschluss v. 12.6.2013 – VII-Verg 7/13.
126 VK Hessen, Beschluss v. 26.4.2007 – 69d-VK-08/2007.
127 Siehe hierzu Rn. 49 f.

Als technische Spezifikationen sind die **technischen Regelwerke** zu verstehen, die als Normen, technische Zulassungen oder in anerkannten Verfahren entwickelte und anerkannte technische Vorgaben von den Mitgliedstaaten der EU festgelegt werden.[128] Keine technischen Spezifikationen sind solche Merkmale, die nicht auf das Erzeugnis oder Produktionsprozesse abstellen.[129] Der EuGH hat insoweit höchstrichterlich klargestellt, dass die immer relevanter werdenden sozialen Umstände bei der Herstellung oder dem Vertrieb eines Produkts (z.B. „fair trade") nicht als technische Spezifikationen festgelegt werden können.[130] Allerdings hat er den bisher in der Praxis auf technische Regelwerke bezogenen Anwendungsbereich[131] erweitert und z.B. die Ortsgebundenheit eines Bieters als – allerdings im entschiedenen Fall diskriminierende – technische Spezifikation bewertet.[132] 69

Die in einem Leistungsverzeichnis enthaltenen **konkreten, individuellen Vorgaben** sind Umstände und werden daher nicht von den technischen Spezifikationen bzw. Anforderungen erfasst.[133] Zutreffend dürfte der engere Anwendungsbereich der technischen Spezifikationen sein. Dies folgt bereits aus Sinn und Zweck der Vorgaben. Die bisher verbindliche Norm des Art. 23 VKR ordnet eine verbindliche Vorgabe möglichst gemeinschaftsweit anerkannter technischer Spezifikationen an, um eine gleichberechtigte Teilhabe aller geeigneter Bieter für Ausschreibungen öffentlicher Auftraggeber im Binnenmarkt zu ermöglichen.[134] Art. 42 RL 2014/24/EU erlaubt keine hiervon abweichende Auffassung. Vielmehr lässt der im Vergleich zur VKR-Definition detailliertere und präzisere Katalog von Nr. 1 Anhang VII RL 2014/24/EU erkennen, dass es sich hierbei ausschließlich um objektive Leistungsanforderungen, wenn auch zusätzlich bezogen auf den Produktionsprozess und andere Lebenszyklusphasen, handelt. 70

Da § 121 GWB der **Umsetzung der RL 2014/24/EU** dient, sollte die Vorschrift so ausgelegt werden, dass sie den grundlegenden Anforderungen an technische Spezifikationen entspricht. Sollte der Begriff der technischen Anforderungen hiervon abweichend ausgelegt werden, müsste die Umsetzung der Vorgaben für technische Spezifikationen vollständig von einer anderen Regelung übernommen werden, etwa der VgV bzw. der VOB/A. Dies widerspräche zum einen dem gesetzgeberischen Konzept, die wesentlichen Grundlagen der Leistungsbeschreibung im Gesetz zu regeln, zum anderen würden schwierige Abgrenzungsfragen zu einer untergesetzlichen Norm geschaffen, die aufgrund des Umsetzungsbefehls gesetzestechnisch verfehlt der hierarchisch übergeordneten gesetzlichen Norm vorginge. 71

Gemäß Art. 42 Abs. 3 lit. b RL 2014/24/EU ergeben sich technische Anforderungen **primär aus nationalen Normen**, mit denen europäische Normen umgesetzt werden. Als **europäische Normen** gelten Normen, die von einem europäischen Normungsgremium angenommen worden und der Öffentlichkeit zugänglich gemacht worden sind. Diese Gremien sind das Europäische Komitee für Normung (CEN) und für die Spezialgebiete der Elektrotechnik das Europäische Komitee für Elektrotechnische Normung (CENELEC) sowie für die Telekommunikation das Europäische Institut für Telekommunikationsnormen (ETSI).[135] Eine Liste der aktuellen CEN-Standards ist im Internet zugänglich.[136] Diese Normen müssen zu ihrer Wirksamkeit in nationale Normen umgesetzt werden. Diese Aufgabe obliegt in Deutschland dem DIN 72

128 OLG München, Beschluss v. 11.8.2005 – Verg 12/05; OLG Düsseldorf, Beschluss v. 6.10.2004 – VII-Verg 56/04, NZBau 2005, 169.
129 EuGH, Urteil v. 10.5.2012 – Rs. C-368/10 (Max Havelaar).
130 EuGH, Urteil v. 10.5.2012 – Rs. C-368/10 (Max Havelaar).
131 *Noch*, Vergaberecht kompakt, Rn. 1117; *Bernhardt*, in: Ziekow/Völlink, Vergaberecht, § 7 VOB/A Rn. 26.
132 EuGH, Urteil v. 22.10.2015 – Rs. C-552/11 (Grupo Hospitalario Quiron).
133 Abweichend: OLG Brandenburg, Beschluss v. 20.8.2002 – Verg W 6/02, NZBau 2002, 694; OLG München, Urteil v. 31.1.1996 – 27 U 502/95; NJW-RR 1997, 1514 f.; a.A. OLG München, Beschluss v. 28.7.2008 – Verg 10/08; VergabeR 2008, 965 (969); Beschluss v. 11.8.2005 – Verg 12/05; OLG Düsseldorf, Beschluss v. 6.10.2004 – VII-Verg 56/04, NZBau 2005, 169; VK Südbayern, Beschluss v. 10.6.2005 – 20-04/05.
134 Vgl. OLG Düsseldorf, Beschluss v. 6.10.2004 – VII-Verg 56/04, NZBau 2005, 169 (170); *Schätzlein*, in: Heuvels/Höß/Kuß/Wagner, Vergaberecht, § 7 VOB/A Rn. 78; *Bernhardt*, in: Ziekow/Völlink, Vergaberecht, § 7 VOB/A Rn. 26.
135 Vgl. DKE-Dokumentenserver des VDE-Verlages, http://www.dke.de/DKE/Internet-Adressen/Europaeische+Normen-organisationen.htm.
136 http://www.cen.eu/cenorm/homepage.htm.

Deutsches Institut für Normung, das die CEN-, CENELEC- und ITSI-Normen als DIN-EN- oder DIN-ETS-Norm umsetzt.[137] Auch eine Liste dieser Normen findet sich im Internet.[138]

73 Hilfsweise lässt Art. 42 Abs. 3 lit. b RL 2014/24/EU **europäische technische Bewertungen**, gemeinsame technische Spezifikationen und internationale Normen zu. Europäische technische Bewertungen sind unterhalb der Normung von einem national zugelassenen Gremium ausgestellte technische Beurteilungen der Brauchbarkeit eines Produkts. Der ausschließliche Anwendungsbereich sind gemäß Nr. 3 Anhang VII RL 2014/24/EU Maßnahmen nach der EU-Bauproduktenverordnung.[139] Sie werden aufgrund eines Europäischen Bewertungsdokuments (EDA)[140] der Europäischen Organisation für Technische Bewertung (EOTA) von den zuständigen nationalen Stellen erteilt.[141] Im Baubereich obliegt diese Aufgabe nach sektorspezifischen Regelungen[142] dem Deutschen Institut für Bautechnik.

74 **Gemeinsame technische Spezifikationen** sind ausschließlich referenzierbare technische IKT-Spezifikationen aufgrund der Normungsverordnung (EU) 1025/2012.[143]

75 **Internationale Normen** müssen von internationalen Normungsgremien angenommen und der Öffentlichkeit zugänglich gemacht worden sein. Internationale Normen kommen besonders dort in Betracht, wo der Leistungs- und Warenaustausch besonders stark globalisiert ist und eine Beschränkung auf europäische Normen ein Handelshindernis begründen kann. Fallgruppen sind die Informations- und Telekommunikationsbranche. Wichtigste internationale Normungsorganisation ist die **International Standardization Organization (ISO)**, die die weithin anerkannten ISO-Zertifikate und Normen erlässt. Die deutschen Interessen in diesem Gremium werden vom Deutschen Institut für Normung e.V. (DIN e.V.) vertreten, sein Normausschuss Deutsche Kommission Elektrotechnik Elektronik Informationstechnik in DIN und VDE (DKE) vertritt sie im anderen bedeutenden internationalen Normungsgremium, der International Electrotechnical Commission (IEC).[144]

76 **Andere technische Bezugssysteme** unterscheiden sich von europäischen Normen nur dadurch, dass sie, obwohl von europäischen Normungsgremien ausgearbeitet, nicht als europäische Normen angenommen worden sind.[145] Nationale Normen bzw. technische Zulassungen und Spezifikationen können verwendet werden, falls keine europäischen Bezugsgrößen zur Verfügung stehen. Wesentliche Erkenntnisquelle für diese Regelwerke sind die Veröffentlichungen des DIN e.V.[146]

77 **Beispiele für technische Anforderungen** aus der jüngeren Spruchpraxis sind:

- Sicherheitswerkbänke mit CE-Konformitätskennzeichen,[147]
- Anforderungen an die Spültechnik von Waschautomaten,[148]
- Wärmeschutzanforderungen für Fenster,[149]
- technische Eigenschaften von Pulsoximetern.[150]

137 Vgl. *Kilian/Heussen*, Computerrecht, 4.a), Rn. 47.
138 http://www.ai-kompakt.de.
139 VO (EU) 305/2011.
140 http://eota.eu/en-GB/content/what-is-an-eta/18/.
141 http://eota.eu/en-GB/content/who-we-are/33/.
142 Z.B. dem Bauproduktengesetz.
143 Nr. 4 Anhang VII RL 2014/24/EU.
144 http://www.din.de.
145 Anhang VII Nr. 5.
146 Auf eine mangels Veröffentlichung und Initiative der Europäischen Kommission unvollständige Europäische Norm, die als EN-Norm aber national anerkannt ist, weist *Fassbender*, VergabeR 2003, 381 (387), hin.
147 VK Bund, Beschluss v. 29.4.2011 – VK 1-34/11.
148 VK Bund, Beschluss v. 25.3.2015 – VK 2-23/15.
149 VK Sachsen, Beschluss v. 2.4.2015 – 1/SVK/006-15.
150 VK Bund, Beschluss v. 20.10.2014 – VK 1-84/14.

2. Beschreibung der zu lösenden Aufgabe

Da § 121 GWB für alle untergesetzlichen Regelungen der Leistungsbeschreibung maßgeblich ist, erfasst die Regelung auch **freiberufliche Leistungen**, die sich einer vorherigen eindeutigen und erschöpfenden Beschreibung verschließen[151] und bisher im Bereich oberhalb der europäischen Schwellenwerte von der VOF geregelt worden sind. Aus diesem Grund muss die „Dachvorschrift" des § 121 GWB auch diese Leistungen einbeziehen. Der Gesetzgeber hat dies ausweislich der amtlichen Begründung zum Gesetzentwurf der Bundesregierung[152] vollzogen, indem der Begriff der Leistungsbeschreibung nunmehr auch für nicht beschreibbare Leistungen gilt, die Leistungs- oder Funktionsanforderungen aber durch eine Beschreibung der zu lösenden Aufgabe ersetzt werden können. 78

Da nicht beschreibbare Leistungen ihrer Natur nach **nicht konventionell** unter Bezugnahme auf konkrete Leistungspositionen vorab bestimmt werden können,[153] scheidet diese Form der Leistungsbeschreibung aus. Möglich ist aber sowohl eine funktionale als auch eine konstruktive Leistungsbeschreibung.[154] Dabei können Planungsleistungen und Planungsrisiken weitgehend auf die Bieter verlagert werden, ein Verbot der Übertragung ungewöhnlicher Wagnisse gibt es hier nicht.[155] 79

Auch die Aufgabenbeschreibung unterliegt aber der Verpflichtung des § 121 Abs. 1 S. 1 GWB, den Auftragsgegenstand **„so eindeutig und erschöpfend wie möglich"** zu beschreiben. Ein wesentlicher Zweck dieser Vorgabe besteht darin, bei aller Unvorhersehbarkeit der gewonnenen Lösung die Identität des Auftragsgegenstands zu wahren und damit ein Mindestmaß an Transparenz zu gewährleisten.[156] 80

Hieraus folgt, dass der Auftraggeber in jedem Fall die **Zielsetzung** der Leistung, die **Rahmenbedingungen** und – soweit dies vorab möglich ist – die **wesentlichen Einzelheiten** der Leistung anzugeben hat.[157] Hierzu zählt in jedem Fall, wo die Aufgabe erfüllt werden soll, welche personellen Ressourcen einzuplanen sind und in welcher Zeit die Aufgabe zu lösen ist.[158] 81

Bei **HOAI-Leistungen** sind die anrechenbaren Kosten, die Honorarzone und die Leistungsphasen anzugeben.[159] 82

Hinsichtlich der **Zuschlagskriterien** sieht das frühere Recht (§ 11 Abs. 4 VOF) ein Wahlrecht vor, wo sie anzugeben sind; dies kann auch in der Aufgabenbeschreibung erfolgen.[160] Den Bietern muss aufgrund der Aufgabenbeschreibung eine **Kalkulation des Angebots** möglich sein.[161] 83

Die Aufgabenbeschreibung muss **widerspruchsfrei** sein, wobei es auf die objektive Sicht eines Durchschnittsbieters ankommen soll.[162] Das Gebot der Eindeutigkeit fordert darüber hinaus eine **hinreichend präzise Angabe** etwa von in die Leistungsbeschreibung aufgenommenen Zuschlagskriterien.[163] 84

---

151 *Schätzlein*, in: Heuvels/Köß/Kuß/Wagner, Vergaberecht, § 6 VOF Rn. 1; *Schellenberg* in: Pünder/Schellenberg, Vergaberecht, § 6 VOF Rn. 1; *Wirner*, in Willenbruch/Wieddekind, Vergaberecht, § 6 VOF Rn. 1.

152 Gesetzesbegründung, BT-Drs. 18/6281, 100.

153 OLG Düsseldorf, Beschluss v. 12.6.2013 – VII-Verg 7/13; OLG Rostock, Beschluss v. 9.5.2001 – 17 W 4/01; VK Thüringen, Beschluss v. 16.2.2007 – 360-4003.20-402/2007-001-UH; *Schellenberg* in: Pünder/Schellenberg, Vergaberecht, § 6 VOF Rn. 8.

154 OLG Düsseldorf, Beschluss v. 12.6.2013 – VII-Verg 7/13.

155 OLG Düsseldorf, Beschluss v. 12.6.2013 – VII-Verg 7/13; *Schätzlein*, in: Heuvels/Höß/Kuß/Wagner, Vergaberecht, § 6 VOF Rn. 18.

156 OLG Dresden, Beschluss v. 11.4.2005 – WVerg 5/05; BayObLG, Beschluss v. 24.9.2002 – Verg 16/02; VK Bund, Beschluss v. 10.5.2011 – VK 1-11/01.

157 OLG Düsseldorf, Beschluss v. 12.6.2013 – VII-Verg 7/13; *Stolz*, in: Ziekow/Völlink, Vergaberecht, § 6 VOF Rn. 4.

158 *Schellenberg*, in: Pünder/Schellenberg, Vergaberecht, § 6 VOF Rn. 3.

159 OLG Rostock, Beschluss v. 6.6.2001 – 17 W 6/01; VK Nordbayern, Beschluss v. 1.8.2008 – 21.VK-3194-53/07.

160 VK Rheinland-Pfalz, Entscheidung v. 30.10.2013 – VK 1-19/13.

161 OLG Düsseldorf, Beschluss v. 12.6.2013 – VII-Verg 7/13; *Wirner*, in: Willenbruch/Wieddekind, Vergaberecht, § 6 VOF Rn. 2; *Stolz*, in: Ziekow/Völlink, Vergaberecht, § 6 VOF Rn. 3.

162 VK Hessen, Beschluss v. 12.10.2012 – 69d-VK-25/12.

163 OLG Brandenburg, Beschluss v. 19.12.2011 – Verg W 17/11; VK Bund, Beschluss v. 24.5.2012 – VK 3-45/12; VK Südbayern, Beschluss v. 16.5.2011 – Z 3-3-3194-1-09-03/11; VK Nordbayern, Beschluss v. 1.12.2010 – 21.VK-3194-38/10; VK Sachsen, Beschluss v. 8.1.2010 – 1/SVK/059-09.

3. Umstände und Bedingungen der Leistungserbringung

85 Unklar ist nach dem Wortlaut von § 121 Abs. 1 S. 2 GWB, ob auch solche Umstände und Bedingungen anzugeben sind, **deren Kenntnis für die Erstellung des Angebots nicht erforderlich sind**. Im Gegensatz zu den Anforderungen und Beschreibungen enthält § 121 Abs. 1 S. 2 GWB für Umstände und Bedingungen keine entsprechende Einschränkung. Praxisrelevant könnte dieses Auslegungsproblem werden, wenn eine Beschreibung des Auftragsgegenstands auch ohne die in § 121 Abs. 1 S. 2 GWB genannten Elemente erschöpfend und eindeutig beschrieben werden kann, weil sich dann aus § 121 Abs. 1 S. 2 GWB eine weitergehende Verpflichtung zur Aufnahme solcher Elemente in die Leistungsbeschreibung ergeben könnte. Zur Vermeidung vergaberechtlicher Risiken sollten die Auftraggeber daher alle Umstände und Bedingungen, die auch nur einen geringen oder mittelbaren Bezug zur Leistungserbringung haben, in die Leistungsbeschreibung aufnehmen, selbst wenn sie für die Preisbildung oder die Wertung allgemein keine Auswirkungen haben.

a. Umstände der Leistungserbringung

86 Umstände, die in die Leistungsbeschreibung aufzunehmen sind, sind bisher ausdrücklich nur im Zusammenhang der Ermöglichung einer einwandfreien Preisermittlung bei **Bauleistungen** geregelt.[164] Trotz des Wegfalls der gleichlautenden Bestimmung der VOL/A 2006 für den Bereich der Leistungen sollte diese Vorschrift **auch für den Bereich der Leistungen** fortgelten.[165] Aus der, wenn auch nur verkürzten, Aufnahme dieses Gedankens in die „Dachvorschrift" des GWB ist zu schließen, dass dies für die neue Rechtslage weitergilt. Insoweit erscheint es unerheblich, dass § 31 VgV ebenso wie die Vorgängerregelung der VOL/A keinen ausdrücklichen Verweis auf die Umstände der Leistungserbringung enthält. Dieses Ergebnis wird auch durch systematische Auslegung des § 121 GWB bestätigt, da regelmäßig ohne Kenntnis aller für die Preisermittlung relevanter Umstände auch bei Leistungsvergaben ein wertungsfähiges Angebot nicht erstellt werden und die Leistungsbeschreibung dann schwerlich als „erschöpfend" bezeichnet werden kann.

87 Allerdings steht diese Auslegung in engem Zusammenhang mit der umstrittenen Frage, ob im Leistungsbereich den Bietern ein **ungewöhnliches Wagnis** auferlegt werden kann.[166] Selbst wenn dies der Fall sein sollte,[167] folgt hieraus jedoch nicht, dass Umstände, die für den Bieter ein solches Wagnis begründen können, in der Leistungsbeschreibung weggelassen werden können. Dem Bieter muss es zumindest möglich sein, zu ermitteln, welches Wagnis er mit der Annahme des Auftrags übernimmt. Daher ergibt sich bereits aus § 121 GWB unmittelbar, dass alle die Preisermittlung beeinflussenden Umstände in die Leistungsbeschreibung aufzunehmen sind. Solche Umstände sind in der Spruchpraxis u.a.:

- der bisherige Tourenumfang für die Vergabe von Beförderungsleistungen,[168]
- relevante Aspekte für die Beurteilung der Gleichwertigkeit von Nebenangeboten,[169]
- Mengenangaben für das Leistungsverzeichnis, [170]
- Erfahrungswerte aus Voraufträgen und vergleichbaren Aufträgen,[171]
- Vorgabe von Preisblättern nach dem VHB.[172]

---

164 § 7 Abs. 1 Nr. 2 VOB/A bzw. § 7 EU Abs. 1 Nr. 2 VOB/A.

165 So VK Sachsen-Anhalt, Beschluss v. 18.12.2014 – 3 VK LSA 100/14; Beschluss v. 19.3.2014 – 3 VK LSA 08/14; VK Rheinland-Pfalz, Beschluss v. 20.9.2012 – VK 2-25/12; *Wirner*, in: Willenbruch/Wieddekind, Vergaberecht, § 7 VOL/A Rn. 19; *Bernhardt*, in: Ziekow/Völlink, Vergabrecht, § 7 VOL/A Rn. 2; restriktiver OLG Karlsruhe, Beschluss v. 25.7.2014 – 15 Verg 4/14.

166 Siehe hierzu Rn. 21 ff.; vgl. OLG Karlsruhe, Beschluss v. 25.7.2014 – 15 Verg 4/14; VK Rheinland-Pfalz, Beschluss v. 20.9.2012 – VK 2-25/12.

167 So ein Teil der Spruchpraxis: OLG Koblenz, Beschluss v. 29.11.2012 – 1 Verg 6/12; OLG Düsseldorf, Beschluss v. 7.12.2011 – VII-Verg 96/11; Beschluss v. 19.10.2011 – Verg 54/11.

168 OLG Karlsruhe, Beschluss v. 25.7.2014 – 15 Verg 4/14.

169 VK Sachsen-Anhalt, Beschluss v. 16.4.2014 – 3 VK LSA 14/14.

170 VK Sachsen-Anhalt, Beschluss v. 18.12.2014 – 3 VK LSA 100/14.

171 VK Sachsen-Anhalt, Beschluss v. 10.5.2011 – 1/SVK/009-11.

172 VK Rheinland-Pfalz, Beschluss v. 25.6.2009 – VK 27/09.

Es muss sich jeweils um mit dem konkreten Auftrag verbundene Umstände handeln, **allgemeine Preisbildungsfaktoren** werden nach den bisherigen Vorgaben der VOB/A nicht erfasst.[173] Dies dürfte auch auf die Definition in § 121 GWB zutreffen, denn die Verpflichtung des Auftraggebers kann sich gegenüber fachkundigen Bietern nur auf solche Umstände beziehen, die so mit dem konkreten Auftragsgegenstand verbunden sind, dass sie für die Bieter nicht ohne Weiteres zu erkennen sind. Hinsichtlich allgemeiner preiserheblicher Sachverhalte besteht ein solches Interesse der Bieter nicht. 88

b. Bedingungen der Leistungserbringung

Vergaberechtlich umfasst dieser Terminus u.a. die **„Ausführungsbedingungen"**, deren Problematik, vor allem Vorgabe bzw. Umfang der Auftragsbezogenheit, sowohl in der Entscheidungspraxis als auch im vergaberechtlichen Schrifttum vielfach erörtert wird.[174] Gemäß § 128 Abs. 2 GWB können Ausführungsbedingungen in der Auftragsbekanntmachung oder den Vergabeunterlagen vorgesehen werden.[175] 89

Ein weiterer Anwendungsfall von Bedingungen könnten **Vertragsbedingungen** sein, die jeder Auftragnehmer zu erfüllen hat und die daher Bieter bei der Abfassung eines wertungsfähigen Angebots berücksichtigen müssen. So sieht § 29 Abs. 2 VgV vor, dass die Allgemeinen Vertragsbedingungen VOL/B zum Vertragsgegenstand zu machen und daher aus Gründen der Transparenz in die Vergabeunterlagen aufzunehmen sind. Da sie allerdings neben die eigentliche Leistungsbeschreibung treten, wird insoweit auf die Kommentierung dieser Vorschrift[176] verwiesen. 90

Weiter sehen sowohl die VOB/A als auch die VgV vor, dass der Auftraggeber in den Vergabeunterlagen **Bewerbungsbedingungen** anzugeben hat.[177] Bei Bewerbungs- bzw. Teilnahmebedingungen handelt es sich um identische Verfahrenserfordernisse für eine Vielzahl von Auftragsvergaben, die bei bestimmten Auftraggebern ständig zu beachten sind.[178] Daher müssen sie nicht in das jeweilige Anschreiben aufgenommen werden, sondern können ihm standardisiert beigefügt werden.[179] Beispiele sind Fristen,[180] Vorgaben für die Form der Angebote,[181] Umgang mit unvollständigen Angeboten, Muster und Proben,[182] Patentrechte.[183] Auch Eignungskriterien können, wenn sie zugleich die Qualität der Leistung betreffen und damit den Auftragsgegenstand bestimmen, als Bewerbungsbedingungen gefasst werden.[184] 91

C. Zugänglichkeitskriterien und „design for all" (Abs. 2)

Art. 42 Abs. 1 UAbs. 4 RL 2014/24/EU schreibt vor, dass die technischen Spezifikationen für alle Leistungen, die von natürlichen Personen in Anspruch genommen werden können, außer 92

173 *Bernhardt*, in: Ziekow/Völlink, Vergaberecht, § 7 VOB/A Rn. 12.
174 EuGH, Urteil v. 18.9.2014 – Rs. C-549/13 (Bundesdruckerei); Urteil v. 10.5.2012 – Rs. C-386/10 (Max Havelaar); OLG Koblenz, Beschluss v. 19.2.2014 – 1 Verg 8/13; OLG Naumburg, Beschluss v. 12.4.2012 – 2 Verg 1/12; OLG Düsseldorf, Beschluss v. 30.12.2010 – VII-Verg 24/10; VK Münster, Beschluss v. 25.1.2015 – VK 18/14; Beschluss v. 24.6.2011 – VK 6/11; VK Bund, Beschluss v. 10.5.2010 – VK 3-42/10; VK Sachsen, Beschluss v. 8.1.2010 – 1/SVK/059-09; VK Baden-Württemberg, Beschluss v. 29.1.2010 – 1 VK 73/09; *Hailbronner*, in: Byok/Jaeger, Vergaberecht, § 97 GWB Rn. 106; *Beckmann*, in: Müller-Wrede, Kompendium des Vergaberechts, Kapitel 15 Rn 1 ff.; *Burgi*, NZBau 2011, 577 ff.; *Diemon-Wies*, VergabeR 2010, 317 ff.; *Hübner*, VergabeR 2012, 545 ff.; *Meißner*, VergabeR 2012, 301 ff.; *Müller-Wrede*, VergabeR 2012, 416 ff.; *Rödl*, EuZW 2011, 292 ff.; *Wegener/Hahn*, NZBau 2012, 684 ff.
175 Wegen der Einzelheiten siehe *Pfohl* zu § 128 Rn. 19 ff.
176 *Gnittke/Hattig*, in: Müller-Wrede, VgV, § 29.
177 Vgl. § 8 EU Abs. 2 Nr. 4 und § 8 VS Abs. 2 Nr. 4 VOB/A sowie § 29 Abs. 1 S. 2 Nr. 2 VgV.
178 Vgl. § 8 EU Abs. 2 Nr. 4 und § 8 VS Abs. 2 Nr. 4 VOB/A.
179 Vgl. § 8 EU Abs. 2 Nr. 4 und § 8 VS Abs. 2 Nr. 4 VOB/A sowie § 29 Abs. 1 S. 2 Nr. 2 VgV.
180 OLG Dresden, Beschluss v. 14.4.2014 – Verg 3/13; VK Sachsen, Beschluss v. 4.9.2014 – 1/SVK/026/14;.
181 Zum Beispiel digitale Angebote, VK Nordbayern, Beschluss v. 26.2.2015 – 21.VK-3194-42/14; Vorgabe des VHB Bund, VK Niedersachsen, Beschluss v. 29.10.2014 – VgK 39/2014; Nachweis der Gleichwertigkeit des Nebenangebots, VK Sachsen- Anhalt, Beschluss v. 16.4.2014 – 3 VK LSA 14/14.
182 VK Bund, Beschluss v. 20.4.2014 – VK 1-84/14.
183 *Gnittke/Hattig*, in: Müller-Wrede, VOL/A, § 9 EG Rn. 12.
184 OLG Düsseldorf, Beschluss v. 30.4.2014 – VII-Verg 33/13; VK Münster, Beschluss v. 3.2.2015 – VK 1-1/15.

in ordnungsgemäß begründeten Fällen, den Zugang für Menschen mit Behinderung gewährleisten und die Konzeption für alle Nutzer berücksichtigen müssen.

93 § 121 Abs. 2 GWB setzt diese Vorgabe in **nationales Recht** um. Zwar ist der Wortlaut der Vorschrift missverständlich, weil aus ihm auch geschlossen werden könnte, dass lediglich die Leistungsbeschreibung barrierefrei zugänglich gemacht werden muss, die amtliche Begründung des Gesetzentwurfs der Bundesregierung verdeutlicht aber das eigentliche Ziel der Vorschrift.

94 Die in § 121 Abs. 2 GWB genannten Kriterien sind nicht neu, sondern waren bislang in der Begriffsbestimmung der **Technischen Spezifikationen** verankert.[185] Dort wird die **„Konzeption für alle Verwendungsarten"**, versehen mit dem Klammerzusatz „design for all", als technische Spezifikation bezeichnet. Entsprechend der Vorgabe der RL 2014/24/EU steht es nun nicht mehr im Ermessen der Auftraggeber, ob sie den barrierefreien Zugang für auszuschreibende Leistungen vorgeben. Vielmehr handelt es sich hierbei um eine materielle Vorgabe des Vergaberechts, die grundsätzlich immer zu berücksichtigen ist. Eine Leistungsbeschreibung, die diese Vorgabe missachtet, ist rechtswidrig und – auf Rüge – im Nachprüfungsverfahren angreifbar. Hierdurch wird die Berücksichtigung sozialer Aspekte bei der Leistungsbeschreibung deutlich gestärkt. Es ist nunmehr klargestellt, dass Aspekte wie die Behindertengerechtigkeit einer Leistung immer zulässig sind und nicht auf Fälle beschränkt sind, die eine Nutzung der Leistung durch sozial bedürftige Gruppen ausdrücklich zulassen.[186] Ausweislich der amtlichen Begründung zum Gesetzentwurf der Bundesregierung[187] sind die etwas sperrigen Kriterien der Zugänglichkeit für Menschen mit Behinderungen und der Konzeption für alle Nutzer Elemente des europäischen Terminus des „design for all".

95 Dieser Begriff wurde vom Europäischen Institut **„European Institute Design for all Europe" (EIDD)** entwickelt und in der Stockholmer Erklärung von 2004 als Ansatz bezeichnet, allen Menschen gleichberechtigten Zugang in allen Aspekten der Gesellschaft einzuräumen. Gefordert wurde, dass jede materielle und immaterielle Leistung, die zur Nutzung durch Menschen bestimmt ist, für jeden in der Gesellschaft zugänglich sein soll.[188] Das EIDD wird von Mitgliedsverbänden aus 21 europäischen Ländern, nicht nur EU- Mitgliedern getragen.[189] Das deutsche EIDD-Mitglied ist die Nichtregierungsorganisation **Design für Alle – Deutschland e.V. (EDAD)**.[190]

96 In der Vergabepraxis wird „Design for all" in aller Regel unter dem Aspekt der **Barrierefreiheit** behandelt. **Beispiele** für solche Verstöße gegen die Barrierefreiheit sind Missachtungen, etwa eine in der Leistungsbeschreibung vorgegebene Verschattung von Notausgängen.[191] Aufgrund des verpflichtenden Charakters dürfte zukünftig grundsätzlich nicht mehr in Betracht kommen, die Barrierefreiheit – z.B. bei Aufträgen zur Errichtung von Sportstadien[192] oder zur Durchführung webbasierter Publikationen[193] – als Zuschlagskriterien anzuwenden.

97 Unklar ist, welche **Anforderungen an ordnungsgemäß begründete Ausnahmen** von der Verpflichtung zur Berücksichtigung des „Design for all" gestellt werden müssen. Eine solche Ausnahme könnte z.B. bei der Beschaffung von Leistungen in Betracht kommen, die für konkrete Tätigkeiten eingesetzt werden sollen, die aus tatsächlichen Gründen nicht von Menschen mit Behinderungen wahrgenommen werden können. Mögliche – auch erhebliche – Kostenersparnisse oder ein größerer Anbieterkreis dürften jedenfalls eine Abweichung von der Zugänglichkeit der Leistung für Menschen mit Behinderungen und der Berücksichtigung der Konzeption für alle Nutzer nicht rechtfertigen.

185 Vgl. Anhang TS zu VOL/A-EG.
186 Vgl. *Abate*, KommJur 2012, 41 (43).
187 Gesetzesbegründung, BT-Drs. 18/6281, 100.
188 The EIDD Stockholm Declaration 2004, http://dfaeurope.eu/what-is-dfa/dfa-documents/the-eidd-stockholm-declaration-2004.
189 http://dfaeurope.eu/about-members/members-list.
190 http://www.design-fuer-alle.de/edad.
191 VK Sachsen, Beschluss v. 9.12.2014 – 1/SVK/038-14.
192 VK Sachsen, Beschluss v. 28.8.2013 – 1/SVK/026-13.
193 VK Bund, Beschluss v. 9.9.2011 – VK 1-114/11.

D. Mitteilung der Leistungsbeschreibung (Abs. 3)

Zusätzlich zu den inhaltlichen Grundanforderungen an die Leistungsbeschreibung begründet § 121 Abs. 3 GWB die Verpflichtung, diese mit der Übersendung der Vergabeunterlagen zugänglich zu machen. 98

Die Vorschrift entspricht den **früheren untergesetzlichen Regeln der VOL/A und VOB/A,**[194] allerdings ist sie dort nur für den Regelfall vorgesehen. Diese Beschränkung ist in Zukunft bei der untergesetzlichen Ausgestaltung des Vergabeverfahrens nicht mehr zulässig. Aus der RL 2014/24/EU kann eine solche Verpflichtung nicht abgeleitet werden.[195] 99

E. Rechtsschutz

Die Vorschriften über die Leistungsbeschreibung haben **grundsätzlich bieterschützenden Charakter.**[196] Dies betrifft u.a. das Gebot der eindeutigen und erschöpfenden Leistungsbeschreibung.[197] Auch die Bekanntmachungsverpflichtung, die dem Zweck dient, den Bietern spätestens im Stadium der Übersendung der Vergabeunterlagen eine ungehinderte Teilnahme am Vergabeverfahren zu ermöglichen, ist bieterschützend.[198] 100

Anlage

Gesetzesbegründung (BT-Drs. 18/6281)

Seite 100

§ 121 führt den – bisher im vierten Teil des GWB nicht enthaltenen – zentralen Begriff der Leistungsbeschreibung ein und setzt damit Artikel 42 Absatz 1 der Richtlinie 2014/24/EU in Teilen um.

Zu Absatz 1

Nach § 121 Absatz 1 legt der öffentliche Auftraggeber mit der Leistungsbeschreibung den Auftragsgegenstand und damit sowohl den sachlichen Gehalt der Angebote als auch den Inhalt des abzuschließenden Vertrags fest. Für die Wertung der Angebote gibt die Leistungsbeschreibung die Entscheidungsmaßstäbe vor, an die sich der öffentliche Auftraggeber selbst bindet. Hierdurch soll den Bewerbern und Bietern im Vergabeverfahren eine sichere Kalkulationsgrundlage zur Hand gegeben werden. Gleichzeitig dient die Leistungsbeschreibung aber auch dazu, die Vergleichbarkeit der Angebote zu sichern. Die Formulierung des Absatzes 1 lässt einen weiten Spielraum bei Art und Umfang der Beschreibung zu. So kann der Beschaffungsgegenstand durch konkrete Leistungsanforderungen oder – offener – durch Funktionsanforderungen definiert werden. Bei geistig-schöpferischen Leistungen, etwa mit Blick auf zu erbringende Planungsleistungen, kann auch bereits die Beschreibung der zu lösenden Aufgabe ausreichen. Die Vorschrift greift den Regelungsgehalt der §§ 7 VOB/A EG, 8 VOL/A EG und 6 VOF auf.

Die weiteren Anforderungen des Artikels 42 der Richtlinie 2014/24/EU werden im Rahmen der Vergabeverordnung (VgV) umgesetzt. Hier wird auch klargestellt, dass die vom öffentlichen Auftraggeber geforderten Merkmale der Leistung nicht zwingend materielle Auswirkungen auf die Leistung selbst haben müssen, sondern sich auch auf die Art der Herstellung der Leistung einschließlich der Aspekte entlang der Produktions- und Lieferkette (z. B. unter Beachtung der ILO-Kernarbeitsnormen) oder ei-

---

194 Vgl. z.B. § 8 EG Abs. 1 Nr. 2 i.V.m. § 7 EG VOB/A; § 9 EG Abs. 1 S. 2 lit. c VOL/A.

195 Vgl. zur inhaltlich insoweit nicht abweichenden Vorgängerregelung 2004/18/EG: *Schellenberg*, in: Pünder/Schellenberg, Vergaberecht, § 8 EG VOL/A Rn. 1.

196 VK Münster, Beschluss v. 2.10.2014 – VK 13/14; *Kapellmann*, in: Kapellmann/Messerschmidt, VOB/A, § 7 Rn. 1; *Dicks*, IBR 2008, 1360, Rn. 9.

197 OLG Karlsruhe, Beschluss v. 25.7.2014 – 15 Verg 4/14; OLG München, Beschluss v. 20.3.2014 – Verg 17/13; VK Sachsen, Beschluss v. 27.6.2014 – 1/SVK/020-13.

198 VK Hessen, Beschluss v. 12.8.2014 – 69d-VK-11/2014; VK Mecklenburg-Vorpommern, Beschluss v. 25.4.2014 – 2 VK 06/14; *Planker*, in: Kapellmann/Messerschmidt, VOB, § 12 VOB/A Rn. 4; *Franzius*, in: Pünder/Schellenberg, Vergaberecht, § 12 VOL/A Rn. 1.

nen spezifischen Prozess des Lebenszyklus' der Leistung (z. B. mit Blick auf deren Recycling-Fähigkeit) beziehen können.

Zu Absatz 2

§ 121 Absatz 2 dient der Umsetzung von Art. 42 Absatz 1 Unterabsatz 4 und 5 der Richtlinie 2014/24/EU. Bei Liefer-, Bau- und Dienstleistungen sind bereits bei der Definition des Beschaffungsbedarfs die Aspekte des „Designs für Alle" einschließlich des Zugangs für Menschen mit Behinderung zu berücksichtigen, um dieser Personengruppe einen gleichberechtigten Zugang oder die gleichen Nutzungsmöglichkeiten an einem öffentlichen Gebäude, einem Produkt oder einer Dienstleistung zu ermöglichen. Sofern es für die Zugänglichkeit (Barrierefreiheit) für Menschen mit Behinderungen bereits nationale oder internationale Normen gibt, sind diese grundsätzlich anzuwenden.

Zu Absatz 3

§ 121 Absatz 3 stellt sicher, dass die Leistungsbeschreibung zwingend bereits den Vergabeunterlagen, die darüber hinaus auch noch weitere wesentliche Informationen zum Vergabeverfahren wie etwa den Vertragsentwurf enthalten, beizufügen ist.

§ 122
Eignung

(1) Öffentliche Aufträge werden an fachkundige und leistungsfähige (geeignete) Unternehmen vergeben, die nicht nach den §§ 123 oder 124 ausgeschlossen worden sind.

(2) Ein Unternehmen ist geeignet, wenn es die durch den öffentlichen Auftraggeber im Einzelnen zur ordnungsgemäßen Ausführung des öffentlichen Auftrags festgelegten Kriterien (Eignungskriterien) erfüllt. Die Eignungskriterien dürfen ausschließlich Folgendes betreffen:

1. Befähigung und Erlaubnis zur Berufsausübung,

2. wirtschaftliche und finanzielle Leistungsfähigkeit,

3. technische und berufliche Leistungsfähigkeit.

(3) Der Nachweis der Eignung und des Nichtvorliegens von Ausschlussgründen nach den §§ 123 und 124 kann ganz oder teilweise durch die Teilnahme an Präqualifizierungssystemen erbracht werden.

(4) Eignungskriterien müssen mit dem Auftragsgegenstand in Verbindung und zu diesem in einem angemessenen Verhältnis stehen. Sie sind in der Auftragsbekanntmachung, der Vorinformation oder der Aufforderung zur Interessensbestätigung aufzuführen.

Übersicht Rn.

A. Allgemeines ... 1
I. Europarechtliche Vorgaben ... 5
II. Vergleich mit Vorgängerregelungen ... 7
B. Geeignete Unternehmen (Abs. 1) ... 11
I. Begriff ... 11
II. Abgrenzung zu Leistungs- und Angebotsanforderungen ... 14
III. Trennung von Eignungs- und Zuschlagskriterien ... 17
C. Eignungskriterien (Abs. 2) ... 20
I. Befähigung und Erlaubnis zur Berufsausübung (S. 2 Nr. 1) ... 26
II. Wirtschaftliche und finanzielle Leistungsfähigkeit (S. 2 Nr. 2) ... 36
III. Technische und berufliche Leistungsfähigkeit (S. 2 Nr. 3) ... 42
IV. Belege zum Nachweis der Eignung und Vorrang von Eigenerklärungen ... 48
V. e-Certis ... 54
VI. Einheitliche Europäische Eigenerklärung ... 57
D. Präqualifizierungssysteme (Abs. 3) ... 61
I. Begriff ... 63
II. Ziel ... 67
III. Keine Pflicht zur Nachweisführung durch Präqualifizierungssysteme ... 68
IV. Pflicht zur Akzeptanz der Nachweisführung durch Präqualifizierungssysteme ... 69
V. Präqualifizierungssysteme in der VOB/A ... 72
VI. Präqualifizierungssysteme in der VgV ... 75
VII. Präqualifizierungsverzeichnisse der Bundesländer ... 80
VIII. Bonitätsbewertungen und Auskunftsdateien ... 81
IX. Auftraggebereigene Präqualifizierungssysteme ... 83
X. Verhältnis zur Einheitlichen Europäischen Eigenerklärung ... 84
E. Verbindung zum Auftragsgegenstand und angemessenes Verhältnis (Abs. 4 S. 1) ... 86
I. Sachliche Rechtfertigung ... 92
II. Regionale Beschränkungen ... 93
III. Losbezug ... 94
IV. Zeitpunkt der Verfügbarkeit der Ressourcen ... 95
V. Vergleichbare Referenzen ... 98
VI. Newcomer ... 100
F. Bekanntmachung der Eignungskriterien (Abs. 4 S. 2) ... 102
I. Veröffentlichung ... 105
II. Bindung des öffentlichen Auftraggebers ... 108
III. Bekanntgabe einer Gewichtung ... 112
G. Prüfung und Beurteilung der Eignung ... 113

I. Formelle und materielle Eignungsprüfung ... 115
II. Prüfungsfolge und Zeitpunkt der Eignungsprüfung ... 119
III. Mindestanforderungen ... 123
IV. Eignungsleihe ... 129
V. Bewerber- und Bietergemeinschaften ... 130
H. Rechtsschutz ... 132
Anlage
Gesetzesbegründung (BT-Drs. 18/6281)

A. Allgemeines

1 § 122 GWB ist, wie sich schon aus der Überschrift ergibt, die **grundlegende Bestimmung zur Eignung von Unternehmen** in Vergabeverfahren. Geeignet sind nach § 122 Abs. 1 GWB fachkundige und leistungsfähige Unternehmen. Die Grundanforderungen an die Unternehmen, die sich in einem Vergabeverfahren um öffentliche Aufträge bewerben möchten, werden durch § 122 GWB abschließend festgelegt.[1] Mit dem VergRModG 2016 wurden die wesentlichen Vorgaben zur Eignung, d.h. zu den unternehmensbezogenen Anforderungen an die Bewerber und Bieter in Vergabeverfahren, in das GWB übernommen. Einzelheiten, insbesondere die Belege zum Nachweis der Eignung, sind in der VgV und der VOB/A sowie SektVO, KonzVgV und VSVgV geregelt.

2 Nach § 122 Abs. 1 GWB dürfen Aufträge nur an geeignete Unternehmen vergeben werden, die nicht nach §§ 123 GWB oder 124 GWB ausgeschlossen worden sind. Gemäß § 122 Abs. 2 S. 1 GWB ist ein Unternehmen geeignet, wenn es die durch den öffentlichen Auftraggeber im Einzelnen zur ordnungsgemäßen Ausführung des öffentlichen Auftrags festgelegten Kriterien (**Eignungskriterien**) erfüllt. In Abs. 2 und Abs. 4 enthält § 122 GWB materielle Vorgaben für Eignungskriterien. Die (zulässigen) Kategorien von Eignungskriterien werden in § 122 Abs. 2 S. 2 GWB benannt, dabei handelt es sich um die Befähigung und Erlaubnis zur Berufsausübung (Nr. 1), die wirtschaftliche und finanzielle Leistungsfähigkeit (Nr. 2) sowie die technische und berufliche Leistungsfähigkeit (Nr. 3). Nach § 122 Abs. 4 GWB müssen die Eignungskriterien mit dem Auftragsgegenstand in Verbindung und zu diesem in einem angemessenen Verhältnis stehen.

3 § 122 Abs. 3 GWB lässt die Einrichtung staatlicher oder privatwirtschaftlich organisierter, anerkannter **Präqualifizierungssysteme** zum vereinfachten Nachweis der Eignung und des Nichtvorliegens von Ausschlussgründen zu.[2] Demnach kann der Nachweis der Eignung ganz oder teilweise auch durch die Teilnahme an Präqualifizierungssystemen erbracht werden.

4 Aufgrund seiner Stellung in Kapitel 1 Abschnitt 2 des Teil 4 des GWB gilt § 122 GWB für die **Vergabe von öffentlichen Aufträgen durch öffentliche Auftraggeber**. Für die Vergabe von öffentlichen Aufträgen durch Sektorenauftraggeber ist § 122 nach § 142 GWB mit der Besonderheit anwendbar, dass Sektorenauftraggeber die Unternehmen anhand objektiver Kriterien auswählen, die allen interessierten Unternehmen zugänglich sind. Für die Vergabe von verteidigungs- oder sicherheitsspezifischen öffentlichen Aufträgen gilt § 122 GWB nach § 147 GWB entsprechend. Auch Konzessionen werden nach § 152 Abs. 2 GWB an geeignete Unternehmen im Sinne des § 122 GWB vergeben.

I. Europarechtliche Vorgaben

5 Mit der Neuregelung in § 122 GWB orientiert sich das GWB insgesamt an den Begrifflichkeiten und der Systematik in **Art. 58 RL 2014/24/EU**.[3] § 122 Abs. 1 GWB beruht – ebenso wie § 122 Abs. 4 S. 1 GWB – auf Art. 58 Abs. 1 RL 2014/24/EU.[4] § 122 Abs. 2 GWB greift die in Art. 58 Abs. 1 RL 2014/24/EU enthaltenen drei Kategorien der Eignung, „Befähigung und Erlaubnis zur Berufsausübung", „wirtschaftliche und finanzielle Leistungsfähigkeit" und „tech-

1 Gesetzesbegründung, BT-Drs. 18/6281, 97.
2 Gesetzesbegründung, BT-Drs. 18/6281, 101.
3 Gesetzesbegründung, BT-Drs. 18/6281, 101.
4 Gesetzesbegründung, BT-Drs. 18/6281, 101.

nische und berufliche Leistungsfähigkeit", zur Konkretisierung des Eignungsbegriffs auf.[5] § 122 Abs. 4 S. 2 GWB setzt Art. 58 Abs. 5 RL 2014/24/EU in Übereinstimmung mit den bisherigen Anforderungen um.[6] Zugleich wird klargestellt, dass die subzentralen öffentlichen Auftraggeber die Eignungskriterien entsprechend Anhang V Teil B Nummer 5 Buchst. c RL 2014/24/EU auch schon in die Vorinformation nach Art. 48 Abs. 2 RL 2014/24/EU aufnehmen können.[7] Die Vorgaben für die Belege für die einzelnen Eignungskriterien in Art. 58 Abs. 2 bis 4 und Art. 60 sowie Anhang XII RL 2014/24/EU werden in der VgV und der VOB/A umgesetzt.

Präqualifizierungssysteme, die § 122 Abs. 3 GWB erfasst, sind in **Art. 64 RL 2014/24/EU** angelegt.[8] Ziel der Richtlinie ist ausdrücklich eine vereinfachte Nachweisführung für die Eignung.[9] 6

II. Vergleich mit Vorgängerregelungen

Als Vorgängerregelungen zu § 122 GWB lassen sich die §§ 97 Abs. 4 S. 1 und 97 Abs. 4a GWB begreifen.[10] Nach § 97 Abs. 4 GWB a.F. waren Aufträge an **fachkundige, leistungsfähige sowie gesetzestreue und zuverlässige Unternehmen** zu vergeben. Entsprechend den Vorgaben des Art. 58 Abs. 1 RL 2014/24/EU sind Fachkunde und Leistungsfähigkeit als zentrale, definierende Komponenten der Eignung erhalten geblieben, die durch die in § 122 Abs. 2 GWB aufgeführten Kategorien ausgefüllt werden. Die Begriffe Gesetzestreue und Zuverlässigkeit sucht man im neuen Recht vergeblich. Inhaltlich wird die Berücksichtigung dieser Anforderungen über die Ausschlussgründe in den §§ 123 und 124 GWB sowie die Verbindlichkeit der geltenden rechtlichen Verpflichtungen für die Unternehmen bei der Ausführung öffentlicher Aufträge nach § 128 Abs. 1 GWB sichergestellt.[11] 7

Mit § 97 Abs. 4a enthielt das GWB vor Inkrafttreten des VergRModG 2016 bereits einen Verweis auf **Präqualifikationssysteme**. Danach konnten Auftraggeber Präqualifikationssysteme einrichten oder zulassen, mit denen die Eignung der Unternehmen nachgewiesen werden kann. Präqualifikationssysteme wurden ausdrücklich erstmals vom EU-Gesetzgeber durch die Neufassung der Vergaberichtlinien 2004 zugelassen und in Deutschland zunächst in die VOB/A 2006 aufgenommen.[12] Seit der VOB/A-Novelle 2009 wird diese Nachweismöglichkeit für Bauvergaben als erstgenannte Möglichkeit der Nachweisführung genannt. Dadurch sollte die Bedeutung des Präqualifikationsverfahrens betont und gestärkt werden. Die Präqualifizierung im Rahmen der Vergabe von Liefer- und Dienstleistungen war bislang in § 7 EG Abs. 4 VOL/A geregelt. Die Regelung wurde 2009 eingefügt. Der Wortlaut des § 7 EG Abs. 4 VOL/A machte deutlich, dass es sich um eine Ermessensnorm handelt. Die Auftraggeber entschieden nach pflichtgemäßem Ermessen, ob sie den Eignungsnachweis durch Präqualifizierung zulassen. Die Eintragung in das Präqualifizierungsverzeichnis durfte nicht zur Bedingung für die Teilnahme an der Vergabe gemacht werden.[13] In der jetzigen Regelung in § 122 Abs. 3 GWB wird klargestellt, dass die Teilnahme an Präqualifizierungssystemen dem Nachweis der Eignung und des Nichtvorliegens von Ausschlussgründen nach den §§ 123 und 124 GWB dient und die Unternehmen hiermit ihre Eignung nachweisen können. 8

Die inhaltlichen Vorgaben zum **Auftragsbezug** und zur **Angemessenheit** der Eignungskriterien in § 122 Abs. 4 GWB[14] waren auch bisher schon geltendes Recht.[15] Sie wurden durch 9

5 Gesetzesbegründung, BT-Drs. 18/6281, 101.
6 Gesetzesbegründung, BT-Drs. 18/6281, 101.
7 Gesetzesbegründung, BT-Drs. 18/6281, 101.
8 Gesetzesbegründung, BT-Drs. 18/6281, 101.
9 Erwägungsgrund 84 RL 2014/24/EU.
10 Gesetzesbegründung, BT-Drs. 18/6281, 100.
11 Gesetzesbegründung, BT-Drs. 18/6281, 101.
12 *Maibaum*, in: Hattig/Maibaum, Kartellvergaberecht, § 97 GWB Rn. 176.
13 Unter Berufung auf Art. 52 Abs. 5 UAbs. 2 RL 2004/18/EG, *Prieß*, in: Kulartz/Marx/Portz/Prieß, VOL/A, § 7 EG Rn. 61.
14 Vgl. Art. 58 Abs. 1 S. 4 RL 2014/24/EU.
15 Vgl. § 7 EG Abs. 1 S. 1 VOL/A, § 6 EG Abs. 3 Nr. 3 VOB/A.

die Rechtsprechung ausgeformt.[16] § 7 EG VOL/A 2009 formulierte, dass zum Nachweis der Eignung nur Unterlagen und Angaben gefordert werden, die durch den Gegenstand des Auftrags gerechtfertigt sind. Ähnlich ergab sich aus § 6 EG Abs. 3 Nr. 3 VOB/A 2009, dass andere auf den konkreten Auftrag bezogene, zusätzliche, insbesondere für die Prüfung der Fachkunde geeignete Angaben verlangt werden können. § 5 Abs. 1 VOF 2009 sah vor, dass zum Nachweis der Eignung nur Unterlagen und Angaben gefordert werden dürfen, die durch den Gegenstand des Auftrags gerechtfertigt sind.

10 Auch die Vorgabe in § 122 Abs. 4 S. 2 GWB, nach der die Eignungskriterien in der **Auftragsbekanntmachung**, der **Vorinformation** oder der **Aufforderung zur Interessensbestätigung** aufzuführen sind, galt schon vor Inkrafttreten des VergRModG 2016. Der ausdrückliche Verweis auf die Vorinformation und die Aufforderung zur Interessenbestätigung ist der in § 38 VgV neu eröffneten Möglichkeit, mit der Vorinformation die Bekanntmachung zu ersetzen, geschuldet.

B. Geeignete Unternehmen (Abs. 1)

I. Begriff

11 Nach § 122 Abs. 1 GWB werden öffentliche Aufträge an **fachkundige und leistungsfähige** (geeignete) Unternehmen vergeben, die nicht nach den §§ 123 oder 124 GWB ausgeschlossen worden sind. Der Bejahung der Eignung eines Unternehmens für den zu vergebenden öffentlichen Auftrag beruht auf der unternehmensbezogenen Annahme des Auftraggebers, dass das Unternehmen den Auftrag ordnungsgemäß erfüllen kann und wird. Ziel der Eignungsprüfung ist es, festzustellen, ob ein Unternehmen nach seiner personellen, finanziellen und technischen Ausstattung in der Lage sein wird, den Auftrag auszuführen.[17] Im Wege der Eignungsprüfung werden die Unternehmen ermittelt, die die Leistung erbringen können. Um dies feststellen zu können, legt der öffentliche Auftraggeber Kriterien zur ordnungsgemäßen Ausführung des öffentlichen Auftrags (Eignungskriterien) fest, die ausschließlich die Befähigung und Erlaubnisse zur Berufsausübung, die wirtschaftliche und finanzielle Leistungsfähigkeit sowie die technische und berufliche Leistungsfähigkeit des Unternehmens betreffen dürfen (vgl. § 122 Abs. 2 GWB). Ein Unternehmen ist geeignet, wenn es die durch den öffentlichen Auftraggeber festgelegten Eignungskriterien erfüllt (§ 122 Abs. 2 S. 1 GWB). Unternehmen, die die Eignungskriterien nicht erfüllen, werden von der Angebotswertung ausgeschlossen.[18]

12 Durch das neue GWB erfolgt eine Unterscheidung zwischen **Ausschlussgründen** (§§ 123 und 124 GWB) und **Eignung** (§ 122 GWB). In der RL 2014/24/EU ist beides im Abschnitt 1 Unterabschnitt 1 „Qualitative Eignungskriterien" geregelt. Dort sind also begrifflich auch die Ausschlussgründe als qualitative Eignungskriterien erfasst. Der Begriff qualitative Eignungskriterien wird im deutschen Recht nicht verwendet.

13 Nach § 103 GWB sind öffentliche Aufträge entgeltliche Verträge zwischen öffentlichen Auftraggebern oder Sektorenauftraggebern und Unternehmen. Geprüft wird die Eignung des **Unternehmens**, das ein Angebot oder einen Teilnahmeantrag abgegeben hat. § 122 GWB bezieht sich auf solche Unternehmen, die als Bieter oder Bewerber zum Ausdruck bringen, dass sie sich um einen öffentlichen Auftrag im Sinne des § 103 GWB bemühen, und zwar unabhängig von der Rechtsform oder einer unternehmerischen Strukturierung.[19]

16 vgl. OLG Düsseldorf, Beschluss v. 20.7.2015 – Verg 37/15; Beschluss v. 19.12.2012 – VII-Verg 30/12; Beschluss v. 17.4.2014 – VII-2 Kart 3/13.

17 VK Südbayern, Beschluss v. 22.5.2015 – Z3-3-3194-1-13-02/15.

18 § 57 Abs. 1 VgV;

19 *Braun*, in: Gabriel/Krohn/Neun, Handbuch des Vergaberechts, § 13 Rn. 7.

II. Abgrenzung zu Leistungs- und Angebotsanforderungen

Abzugrenzen sind die Eignungskriterien von Anforderungen an die Leistung und an das Angebot. Im Einzelfall kann diese Abgrenzung zwischen Anforderungen an die technische Leistungsfähigkeit und Anforderungen an das Angebot und die Auftragsausführung[20] schwierig sein. So kann bei einem Entsorgungsauftrag eine Angabe über eine Entsorgungsanlage als Beschreibung der technischen Ausrüstung als Beleg der technischen und beruflichen Leistungsfähigkeit nach § 46 Abs. 3 Nr. 3 VgV oder als Angabe zu einem Entsorgungskonzept, das die Auftragsdurchführung beschreibt, ausgestaltet werden. 14

Die Rechtsprechung hat eine **Tariftreueerklärung** nach landesgesetzlichen Regelungen nicht als Erklärung zur Eignung angesehen.[21] Verpflichtungserklärungen, z.B. nach § 4 Abs. 3 TVgG NRW, sind keine der in den § 7 Abs. 1 S. 2 und Abs. 7 VOL/A EG 2009 aufgeführten Tatbestände und ebenso wenig behördlichen Bescheinigungen im Sinne dieser Vorschriften zuzuordnen und deshalb nicht als Eignungsnachweise zu verlangen.[22] Dies gilt auch nach § 122 GWB. Erklärungen zur Tariftreue betreffen weder die Befähigung und Erlaubnis zur Berufsausübung, die wirtschaftliche und finanzielle Leistungsfähigkeit noch die technische und berufliche Leistungsfähigkeit. Bei solchen Erklärungen handelt es sich um zusätzliche Bedingungen zur Auftragsdurchführung, in der Regel Vertragsbedingungen, zu deren Einhaltung sich der Bieter bereits im Vergabeverfahren verpflichtet. Für diese gelten §§ 128 und 129 GWB. Das Gleiche gilt für eine Erklärung, sich an die **ILO-Kernarbeitsnormen** zu halten. Auch hierbei handelt es sich um eine Bedingung für die Ausführung der Leistung.[23]Gibt der Bieter eine solche Erklärung nicht ab, kann sich ein Ausschluss aus § 57 Abs. 1 Nr. 4 VgV ergeben. Ist die Erklärung nicht wahrheitsgetreu, sind Ausschlussgründe nach § 124 Abs. 1 Nr. 8 und 9 GWB zu prüfen. Erfüllt der Bieter zwingende arbeitsrechtliche Verpflichtungen nicht, kommt ein Ausschluss nach § 124 Abs. 1 Nr. 1 oder 3 GWB in Betracht. 15

Ähnliches gilt nach der Rechtsprechung des OLG Düsseldorf für die sog. **No-Spy-Garantie**. Mit dieser Erklärung verlangt der Auftraggeber von den Teilnehmern eine Erklärung darüber, dass diese rechtlich und tatsächlich in der Lage sind, alle im Rahmen des Vertragsverhältnisses erlangten vertraulichen Informationen vertraulich zu behandeln und diese nicht an Dritte weiterzugeben. Auch wenn einzelne Bieter Schwierigkeiten mit der Abgabe ihrer Erklärung bereits aufgrund der Gesetze im Herkunftsstaat haben, handelt es sich nach Auffassung der Rechtsprechung um eine zusätzliche Anforderung an die Leistung nach § 128 Abs. 2 GWB, nicht jedoch um ein unternehmensbezogenes Eignungskriterium.[24] 16

III. Trennung von Eignungs- und Zuschlagskriterien

Nach der Rechtssprechung dürfen die Kriterien für die bieterbezogene Eignungsprüfung und die auftragsbezogene Zuschlagskriterien grundsätzlich nicht vermischt werden.[25] Als **Zuschlagskriterien** sind demnach Kriterien ausgeschlossen, die nicht der Ermittlung des wirtschaftlich günstigsten Angebotes dienen[26], sondern im Wesentlichen mit der Beurteilung der fachlichen Eignung der Bieter für die Ausführung des betreffenden Auftrags zusammenhängen.[27] Ob ein Kriterium Eignungs- oder Zuschlagskriterium ist, bestimmt sich danach, ob es sich auf die angebotene Leistung bezieht und daher mit der Ermittlung des wirtschaftlichsten Angebots zusammenhängt (Zuschlagskriterium) oder schwerpunktmäßig die Beurteilung der 17

20 §§ 128 und 129 GWB.
21 Zu Tariftreueregelungen im Einzelnen EuGH, Urteil v. 17.11.2015 – Rs. C-115/14 (RegioPost).
22 OLG Düsseldorf, Beschluss v. 15.7.2015 – VII-Verg 11/15.
23 OLG Düsseldorf, Beschluss v. 29.1.2014 – VII-Verg 28/13.
24 OLG Düsseldorf, Beschluss v. 21.10.2015 — VII-Verg 28/14; VK Bund, Beschluss v. 24.6.2014 – VK 2-39/14.
25 Vgl. OLG Hagen, Beschluss v. 12.11.2009 -C-199/07; BGH, Urteil v. 15.4.2008 – X ZR 129/06; Urteil v. 16.10.2001 – X ZR 100/99; Urteil v. 8.9.1998 – X ZR 109-96; OLG Celle, Beschluss v. 12.1.2012 – 13 Verg 9/11; OLG Naumburg, Beschluss v. 12.4.2012 – 2 Verg 1/12.
26 EuGH, Urteil v. 24.1.2008 – Rs. C-532/06 (Lianakis).
27 EuGH, Urteil v. 24.1.2008 – Rs. C-532/06 (Lianakis).

Eignung des Bieters für den ausgeschriebenen Auftrag betrifft, also unternehmensbezogen ist (Eignungskriterium).[28]

18 **Unternehmensbezogene Angaben** wie z.B. Referenzen gehören zur Eignung und dürfen bei der Zuschlagsentscheidung nicht berücksichtigt werden.[29] Die Bewertung der Angebote anhand der Zuschlagskriterien bezieht sich nicht auf die Unternehmen, sondern auf die Angebote. Wie auch bisher gibt es also grundsätzlich kein „Mehr oder Weniger" an Eignung. Ein „Mehr an Eignung" (wie z.B. einschlägigere oder qualitativ höher stehende Referenzen) darf bei der Zuschlagsentscheidung keine Rolle spielen.[30]

19 Eine **Ausnahme** gilt seit Inkrafttreten der VergRModVO nach § 58 Abs. 2 Nr. 2 VgV (bzw. nach § 16d EU Abs. 2 Nr. 2 lit. b VOB/A) über die bisherige Regelung in § 5 Abs. 1 VgV hinaus, wenn die Qualität des eingesetzten Personals **erheblichen Einfluss auf das Niveau der Auftragsdurchführung** haben kann. In diesen Fällen darf die Organisation, Qualifikation und Erfahrung des mit der Ausführung des Auftrags betrauten Personals in die Zuschlagsentscheidung einbezogen werden.[31] Dies kann beispielsweise bei Aufträgen für geistig- schöpferische Dienstleitungen, wie Beratungstätigkeiten oder Architektenleistungen, der Fall sein.[32] Bei derartigen Leistungen stehen öffentliche Auftraggeber häufig vor dem Dilemma, zum einen die gebotene Trennung von Eignungs- und Zuschlagskriterien berücksichtigen zu müssen, zum anderen jedoch die eingereichten Angebote unter qualitativen Aspekten sachgerecht werten zu wollen. Die genannten Vorschriften suchen daher die damit zusammenhängende Rechtsunsicherheit zu beseitigen.[33] Berücksichtigt der öffentliche Auftraggeber derartige Kriterien bei der Zuschlagsentscheidung, darf aber keine Doppelbewertung stattfinden. Kriterien, die bereits Gegenstand der Eignungsprüfung waren, dürfen ungeachtet von § 58 Abs. 2 Nr. 2 VgV nicht ohne weiteres mehr Gegenstand der Zuschlagsentscheidung sein. Die Bewertung der Angebote im Zuschlagskriterium „Organisation, Qualifikation und Erfahrung des bei der Durchführung des Auftrags eingesetzten Personals" danach, ob ein Bieter bereits identische Tätigkeiten oder „nur" vergleichbare/ähnliche Tätigkeiten (belegt durch Referenzen) erbracht hat, ist jedoch vergaberechtskonform.[34] Anders als bei der Eignungsprüfung werden die Erfahrungen und Qualifikationen des Personals eines Bieters im Rahmen der Zuschlagsentscheidung graduell bewertet, ein Angebot wird in diesem Kriterium also nicht nur danach bewertet, ob überhaupt bestimmte Erfahrungen oder Qualifikationen vorliegen, dann wäre eine graduelle Abstufung der Angebote untereinander in „besser" oder „schlechter" kaum denkbar. Vielmehr lässt es das in § 58 Abs. 2 Nr. 2 VgV bzw. § bzw. § 16d EU Abs. 2 Nr. 2 lit. b VOB/A vorgesehene Zuschlagskriterium hierüber hinaus gerade zu, ein Angebot umso besser zu bewerten, je „erheblicher" der Einfluss des einzusetzenden Personals auf den ausgeschriebenen Auftrag sein kann. Dies ist u.a. der Fall, wenn die Qualifikation und Erfahrung des Personals eines Bieters in einem größeren Umfang mit den Anforderungen übereinstimmt, die der ausgeschriebene Auftrag stellt, als das Personal eines anderen Bieters.[35]

C. Eignungskriterien (Abs. 2)

20 § 122 Abs. 2 definiert die **Eignungskriterien**, d.h. die materiellen Anforderungen an die Eignung von Unternehmen im Vergabeverfahren. § 122 Abs. 2 S. 1 GWB hält zunächst (deklaratorisch) fest, dass ein Unternehmen geeignet ist, wenn es die durch den öffentlichen Auftraggeber im Einzelnen festgelegten Eignungskriterien erfüllt. Die zum Nachweis der Eignung vorzulegenden Unterlagen, also Eigenerklärungen, Angaben, Bescheinigungen und sonstige

28 VK Bund, Beschluss v. 13.6.2014 – VK 1-34/14.
29 OLG Düsseldorf, Beschluss v. 20.7.2015 – VII-Verg 37/15.
30 Anders bei der Auswahl der Unternehmen im Teilnahmewettbewerb nach § 51 VgV.
31 So bereits OLG Düsseldorf, Beschluss v. 29.4.2015 – VII-Verg 35/14.
32 Erwägungsgrund 94 zur Richtlinie 2014/24/EU.
33 Vgl. z.B. OLG Celle, Beschluss v. 12.1.2012 – 13 Verg. 9/11 und OLG Düsseldorf, Beschluss v. 17.1.2013 – VII-Verg. 36/12 sowie Beschluss v. 19.6.2013 – VII-Verg. 4/13 einerseits, andererseits aber z.B VK Südbayern, Beschluss v. 1.4.2014 – Z3-3-3194-1-03-02/14.
34 VK Bund, Beschluss v. 11.9.2015 – VK 1-84/15; vgl. auch VK Bund, Beschluss v. 10.12.2015 – VK 1-108/15.
35 VK Bund, Beschluss v. 11.9.2015 – VK 1-84/15.

Nachweise werden durch das GWB nicht vorgegeben. Sie finden sich in der VgV[36] und der VOB/A.[37]

Der öffentliche Auftraggeber legt die zur ordnungsgemäßen Ausführung des öffentlichen Auftrages erforderlichen Kriterien fest. Diese Kriterien dürfen **ausschließlich** die 21

1. Befähigung und Erlaubnis zur Berufsausübung,
2. wirtschaftliche und finanzielle Leistungsfähigkeit,
3. technische und berufliche Leistungsfähigkeit

betreffen. Diese Kriterien sind abschließend. Wenn in § 122 Abs. 1 GWB (noch) die Begriffe „fachkundig" und „leistungsfähig" zur Umschreibung der Eignung verwendet werden, erfolgt dies in Anlehnung an die bisherigen vergaberechtlichen Begrifflichkeiten.[38] Materiell bestimmt sich die Eignung ausschließlich nach den in § 122 Abs. 2 S. 2 GWB genannten Kategorien. Alle Kriterien die der öffentliche Auftraggeber zur Eignung ausstellt, müssen sich diesen drei Kategorien zuordnen lassen.

„Zuverlässigkeit" und **„Gesetzestreue"** gibt es im Zusammenhang mit der Eignung von Unternehmen im Vergaberecht als solche nicht mehr. Der bisher im deutschen Vergaberecht verankerte Dreiklang Zuverlässigkeit, Fachkunde und Leistungsfähigkeit zur Eignung bzw. Vierklang, wenn man die Gesetzestreue einbezieht,[39] wird nicht aufrechterhalten. Mit der Neuregelung orientiert sich das GWB an den Begrifflichkeiten und der Systematik der RL 2014/24/EU.[40] 22

Inhaltlich sind Zuverlässigkeit und Gesetzestreue in den **Ausschlussgründen** in den §§ 123 und 124 GWB aufgegangen. Die Ausschlussgründe in den §§ 123 und 124 GWB betreffen im Wesentlichen Gesichtspunkte, die bislang nach deutschem Vergaberecht unter dem Gesichtspunkt der Zuverlässigkeit geprüft wurden. Die Einhaltung gesetzlicher Vorgaben durch die Unternehmen, die öffentliche Aufträge erhalten, wird über die §§ 123, 124 und 128 Abs. 1 GWB sichergestellt. Eine Änderung der geltenden Gesetzeslage, unter welchen Voraussetzungen ein Bewerber oder Bieter in einem Vergabeverfahren wegen Verstößen gegen geltendes Recht den Zuschlag nicht bekommen darf, ist damit nicht verbunden.[41] Dem mit dem VergRModG 2009 eingeführten Merkmal der Gesetzestreue kam ohnehin keine eigenständige Bedeutung zu, sondern diente vielmehr der Klarstellung im Hinblick auf die Zuverlässigkeit.[42] 23

Diese so definierte Vorgehensweise bei der Eignungsprüfung ist systematischer und dürfte die Prüfung der Eignung sowohl für öffentliche Auftraggeber als auch für Bieter im Vergabeverfahren nachvollziehbarer machen. Inhaltlich wurde unter dem Gesichtspunkt der Zuverlässigkeit auch nach deutschem Vergaberecht bisher vor allem das Nichtvorliegen von Ausschlussgründen, die eine schwere Verfehlung begründen, geprüft.[43] 24

Der öffentliche Auftraggeber darf unter Beachtung der Vorgaben in § 122 Abs. 4 GWB in diesem Rahmen **Kriterien festlegen**. Es handelt sich um unbestimmte Rechtsbegriffe,[44] bei deren Ausfüllung dem öffentlichen Auftraggeber ein Beurteilungsspielraum zusteht.[45] Die Konkretisierung erfolgt abhängig vom Auftrag. Die definierten Anforderungen müssen verhältnismäßig sein. 25

36 Vgl. z.B. §§ 44 bis 46 VgV.
37 § 6a EU VOB/A.
38 *Braun*, in: Gabriel/Krohn/Neun,Handbuch des Vergaberechts, § 13 Rn. 7.
39 So die Gesetzesbegründung, BT-Drs. 18/6281, 100; vgl. auch *Maibaum*, in: Hattig/Maibaum, Kartellvergaberecht, § 97 GWB Rn. 145.
40 Gesetzesbegründung, BT-Drs. 18/6281, 100.
41 Gesetzesbegründung, BT-Drs. 18/6281, 98.
42 Vgl. *Braun*, in Gabriel/Krohn /Neun, Handbuch des Vergaberechts, § 28 Rn. 19 f. m.w.N.
43 Vgl. z.B. § 16 Abs. 1 Nr. 2 lit. c und e VOB/A a.F.
44 OLG Düsseldorf, Beschluss v. 25.7.2012 – VII-Verg 25/12; *Maibaum*, in: Hattig/Maibaum, Kartellvergaberecht, § 97 GWB Rn. 147.
45 *Müller-Wrede*, in: Müller-Wrede, Taschenkommentar GWB-Vergaberecht, § 97 Rn. 36.

I. Befähigung und Erlaubnis zur Berufsausübung (S. 2 Nr. 1)

26 § 122 Abs. 2 S. 2 Nr. 1 GWB nennt als Eignungskriterium zunächst die **Befähigung und Erlaubnis zur Berufsausübung**. Die Vorschrift definiert nicht, was unter Befähigung und Erlaubnis zur Berufsausübung zu verstehen ist. Dies wird in § 44 VgV und § 6a EU VOB/A über die hierfür vorzulegenden Nachweise entsprechend der Regelung in Art. 58 Abs. 2 RL 2014/24/EU näher beschrieben. Der öffentliche Auftraggeber kann verlangen, dass Bewerber oder Bieter nach den Rechtsvorschriften des Staates, in dem sie niedergelassen sind, entweder die Eintragung in einem Berufs- oder Handelsregister dieses Staates nachweisen oder auch auf andere Weise die erlaubte Berufsausübung nachweisen.

27 Für die Mitgliedstaaten der EU sind die **jeweiligen Berufs- oder Handelsregister** und die Bescheinigung oder Erklärungen über die Berufsausübung in Anhang XI RL 2014/24/EU aufgeführt. Für Deutschland sind dies

- das Handelsregister,
- die Handwerksrolle

und bei Dienstleistungsaufträgen

- das Vereinsregister,
- das Partnerschaftsregister und
- die Mitgliederverzeichnisse der Berufskammern der Länder.

28 Nach der Begründung zu § 44 VgV darf der öffentliche Auftraggeber inhaltlich nicht **nachprüfen**, ob der Bieter oder Bewerber die in seinem Niederlassungsstaat geltenden Rechtsvorschriften für die erlaubte Ausübung eines Berufs oder für die Erbringung einer bestimmten Dienstleistung erfüllt.[46] Sofern ein Bieter oder Bewerber die Nachweise beibringt, die der öffentliche Auftraggeber gemäß § 44 VgV verlangen kann – insbesondere die Eintragungen in den in Anhang XI RL 2014/24/EU genannten Registern –, gilt seine Befähigung und Erlaubnis zur Berufsausübung als gegeben.

29 Die **Begrifflichkeiten** sind etwas missverständlich, da sich aus dem Handelsregistereintrag die Rechtsform und die Vertretungsbefugnis, Firma, Sitz, Niederlassung und Zweigniederlassungen, der Gegenstand des Unternehmens, Grund- oder Stammkapital, nicht aber inhaltliche Gesichtspunkte oder Tätigkeitsschwerpunkte ergeben. Der öffentliche Auftraggeber kann sich anhand dieses Nachweises also Gewissheit über die Existenz, die Rechtsform und die Vertretungsverhältnisse des Unternehmens verschaffen.[47]

30 Aus den Registern kann z.B. entnommen werden, ob bereits ein **Insolvenzverfahren** eröffnet wurde oder die **gewerberechtlichen Voraussetzungen** vorliegen und bei der Eintragung in die Handwerksrolle auch die berufsrechtlichen Voraussetzungen erfüllt wurden.[48]

31 Der Nachweis zur Befähigung und Erlaubnis zur Berufsausübung betrifft aber **keine inhaltlichen Anforderungen an die Leistungsfähigkeit**, etwa dergestalt, dass das Unternehmen bestimmte Leistungen erfolgreich erbringen kann.

32 Eine **Verpflichtung**, diese Nachweise zu fordern, besteht nicht.[49] Da z.B. Handelsregisterauszüge auch ohne Weiteres durch den öffentlichen Auftraggeber beschafft werden können, dürfte unter Umständen sogar infrage stehen, ob die Forderung der Vorlage eines Nachweises durch den Bieter verhältnismäßig ist.

33 Bei der **Vergabe von Dienstleistungen** kann der öffentliche Auftraggeber, wenn Bewerber oder Bieter eine bestimmte Berechtigung besitzen oder Mitglied einer bestimmten Organisation sein müssen, um die betreffende Dienstleistung in ihrem Herkunftsstaat erbringen zu können, nach § 44 Abs. 2 VgV von den Bewerbern oder Bietern verlangen, ihre Berechtigung

46 Verordnungsbegründung, VergRModVO, BR-Drs. 87/16, 198.
47 *Müller-Wrede,* in: Müller-Wrede, VOL/A, § 7 EG Rn. 120 unter Berufung auf OLG Düsseldorf, Beschluss v. 16.1.2006 – VII-Verg 92/05.
48 Hierzu *Hailbronner,* in: Byok/Jäger, Vergaberecht, § 97 GWB Rn. 93.
49 *Müller-Wrede,* in: Müller-Wrede, VOL/A, § 7 EG Rn. 122.

oder ihre Mitgliedschaft nachzuweisen. Entsprechend der Regelung in Art. 58 Abs. 2 UAbs. 2 RL 2014/24/EU gilt dies nur für Dienstleistungen. In der VOB/A findet sich keine entsprechende Regelung.

Nach deutschem Recht ist für bestimmte Leistungen, die dem Rechtsdienstleistungsgesetz unterfallen, die **Zulassung als Rechtsanwalt** erforderlich.[50] Bei Leistungen, die einem Rechtsanwalt vorbehalten sind, ist die Zulassung zur Rechtsanwaltschaft eine Frage der Eignung. Auch die Eintragung in die Architektenrolle kann ein solcher Nachweis zur beruflichen Befähigung sein. 34

Mitgliedschaften und Zertifikate, die der Bieter **freiwillig erwirbt**, fallen nicht unter die in § 122 Abs. 2 Nr. 1 GWB geregelte Befähigung und Erlaubnis zur Berufsausübung, können aber im Einzelfall der technischen und beruflichen Leistungsfähigkeit zugeordnet werden. Für Umwelt- und Qualitätsmanagementnachweise gelten besondere Regelungen in § 49 VgV und § 6c EU VOB/A. Bei anderen Zertifikaten oder Mitgliedschaften, wie zum Beispiel dem Entsorgungsfachbetriebszertifikat oder der Bescheinigung des Deutschen Vereins des Gas- und Wasserfaches, muss der öffentliche Auftraggeber prüfen, ob diese als Umwelt- oder Qualitätsmanagementnachweis oder als anderer nach § 46 VgV bzw. § 6a EU VOB/A zulässiger Beleg zum Nachweis der technischen und beruflichen Leistungsfähigkeit gefordert werden dürfen. 35

II. Wirtschaftliche und finanzielle Leistungsfähigkeit (S. 2 Nr. 2)

§ 122 Abs. 2 Nr. 2 GWB nennt die wirtschaftliche und finanzielle Leistungsfähigkeit. Ein Bieter ist **wirtschaftlich und finanziell leistungsfähig**, wenn er über ausreichende finanzielle Mittel verfügt, die es ihm ermöglichen, seinen laufenden Verpflichtungen gegenüber seinem Personal, dem Staat und sonstigen Gläubigern nachzukommen.[51] Unternehmen, die nicht in der Lage sind, ihren Verpflichtungen nachzukommen, wird unterstellt, dass sie auch den zu vergebenden Auftrag nicht ordnungsgemäß erfüllen können. 36

Ausgestaltet ist die wirtschaftliche und finanzielle Leistungsfähigkeit in § 45 VgV und § 6a EU Nr. 2 VOB/A. In § 45 VgV[52] sind die **regelmäßigen Angaben** für die wirtschaftliche und finanzielle Leistungsfähigkeit genannt: 37

- bestimmte Jahresumsätze oder Jahresumsätze für den Tätigkeitsbereich des Auftrages,
- Informationen über Bilanzen oder
- Berufs- oder Betriebshaftpflichtversicherungen in bestimmter Höhe.

Diese Aufzählung ist **nicht abschließend**. Der öffentliche Auftraggeber kann auch andere Anforderungen zur wirtschaftlichen und finanziellen Leistungsfähigkeit festlegen.[53] Dies ergibt sich aus der Formulierung „insbesondere" in § 45 Abs. 1 S. 2 VgV. Für Bauvergaben gilt nach § 6a EU Nr. 2 VOB/A Entsprechendes. 38

Für die Umsatzangaben stellen § 45 Abs. 2 VgV und § 6a EU Nr. 2c VOB/A als ausdrückliche Umsetzung des speziell für die Eignung in § 122 Abs. 4 GWB ausgeformten Verhältnismäßigkeitsgrundsatzes nunmehr klar, dass ein geforderter **Mindestjahresumsatz** das Zweifache des geschätzten Auftragswertes nur überschreiten darf, wenn aufgrund der Art des Auftragsgegenstands spezielle Risiken bestehen und der öffentliche Auftraggeber dies im Vergabevermerk unter Angabe der wesentlichen Gründe für die Forderung eines höheren Mindestumsatzes hinreichend begründet. Diese Vorschriften gehen zurück auf Art. 58 Abs. 3 UAbs. 2 RL 2014/24/EU, durch welche Regelung dem Umstand Rechnung getragen werden soll, dass übermäßig strenge Anforderungen an die wirtschaftliche und finanzielle Leistungsfähigkeit 39

50 VK Südbayern, Beschluss v. 22.12.2015 – Z3-3-31 94-1-48-09/15.
51 OLG Düsseldorf, Beschluss v. 9.6.2004 – VII-Verg 11/04; VK Baden-Württemberg, Beschluss v. 9.4.2013 – 1 VK 08/13.
52 Vergleichbar in § 6a EU VOB/A.
53 OLG Düsseldorf, Beschluss v. 7.5.2014 – VII-Verg 46/13.

oft ein ungerechtfertigtes Hindernis für die Teilnahme von kleinen und mittleren Unternehmen an Vergabeverfahren darstellen.[54]

40 Die öffentlichen Auftraggeber können gemäß den Art. 58 Abs. 3 UAbs. 2 RL 2014/24/EU umsetzenden Regelungen in § 45 Abs. 1 Nr. 2 VgV sowie § 6a EU Nr. 2lit. b VOB/A auch Informationen über das **Verhältnis zwischen Vermögen und Verbindlichkeiten** aus den Jahresabschlüssen verlangen. Ein positives Verhältnis, bei dem die Höhe des Vermögens die der Verbindlichkeit übersteigt, kann einen zusätzlichen Nachweis für eine ausreichende finanzielle Leistungsfähigkeit eines Unternehmens darstellen.[55] Für die Berücksichtigung dieser Eignungsanforderung müssen die öffentlichen Auftraggeber transparente, objektive und nicht diskriminierende Methoden und Kriterien anwenden.

41 Die zum **Nachweis** der wirtschaftlichen und finanziellen Leistungsfähigkeit zu fordernden Belege ergeben sich aus § 45 Abs. 4 VgV. Die VOB/A unterscheidet in § 6a EU VOB/A nicht zwischen den Unterkriterien zur wirtschaftlichen und finanziellen Leistungsfähigkeit und den vorzulegenden Nachweisen.

III. Technische und berufliche Leistungsfähigkeit (S. 2 Nr. 3)

42 Die technische und berufliche Leistungsfähigkeit wird in § 46 VgV und § 6a EU Nr. 3 VOB/A näher ausgestaltet. Erfasst ist auch die nach den bisherigen Begrifflichkeiten im deutschen Vergaberecht erforderliche Fachkunde. Über die **technische und berufliche Leistungsfähigkeit** wird sichergestellt, dass der Bieter über die erforderliche Ausstattung, also die notwendigen personellen und technischen Mittel, die erforderliche Organisation sowie die entsprechenden Erfahrungen verfügt, um den Auftrag fachgerecht in angemessener Qualität ausführen zu können.

43 Die zum **Nachweis** der technischen und beruflichen Leistungsfähigkeit vorzulegenden Belege sind in § 46 Abs. 3 VgV geregelt.[56] Nach § 46 VgV darf bei Lieferaufträgen, für die Belege oder Installationsarbeiten erforderlich sind, sowie bei Dienstleistungsaufträgen die berufliche Leistungsfähigkeit der Unternehmen auch anhand ihrer Fachkunde, Effizienz, Erfahrung und Verlässlichkeit beurteilt werden. Die VOB/A enthält die Vorgaben für die Nachweise der beruflichen und technischen Leistungsfähigkeit in § 6a EU VOB/A.

44 Sowohl die VgV als auch die VOB/A zählen die **Belege auf**, die zum Nachweis der technischen und beruflichen Leistungsfähigkeit herangezogen werden können. Die Listen sind jeweils abschließend[57]: weder darf ein öffentlicher Auftraggeber von den Bewerbern oder Bietern als Nachweise für ihre technische und berufliche Leistungsfähigkeit andere Nachweise als die in den jeweiligen Regelungen der VgV und der VOB/A aufgelisteten Nachweise verlangen, noch kann ein Bewerber oder Bieter seine technische und berufliche Leistungsfähigkeit durch andere Nachweise belegen.[58] Allerdings fällt unter die Beschreibung der technischen Ausrüstung auch ein Nachweis für das tatsächliche Vorhandensein bestimmter Eigenschaften der technischen Ausrüstungen, was einen Spielraum für den öffentlichen Auftraggeber eröffnet.[59]

45 Die Vorlage von **Referenzen** wird regelmäßig als ein zentraler Eignungsnachweis zum Nachweis der Fachkunde gefordert. Der öffentliche Auftraggeber darf grundsätzlich zum Nachweis der erforderlichen Erfahrung des Bewerbers oder Bieters geeignete Referenzen höchstens der letzten drei Jahre fordern; ausnahmsweise darf er auch ältere Referenzen berücksichtigen, soweit das erforderlich ist, um einen ausreichenden Wettbewerb sicherzustellen und der Auf-

---

54 Erwägungsgrund 83 RL 2014/24/EU.
55 Erwägungsgrund 83 RL 2014/24/EU.
56 *Otting,* VergabeR 2016, 316 ff.
57 OLG Düsseldorf, Beschluss v. 7.5.2014 – VII-Verg 46/13; Verordnungsbegründung, VergRModVO, BR-Drs. 87/16, 199.
58 Verordnungsbegründung, VergRModVO, BT-Drs. 18/7318, 184.
59 OLG Frankfurt, Beschluss v. 18.9.2015 – 11 Verg 9/15 unter Berufung auf EuGH, Beschluss v. 10.5.2012 – Rs. C-368/10 (Max Havelaar).

traggeber auf diese Möglichkeit hingewiesen hatte.[60] Maßgeblich können auch Erfahrungen und Kenntnisse von Mitarbeitern sein.

Eigene (schlechte) Erfahrungen mit dem Bieter sind nach dem seit 18.4.2016 geltenden Recht nicht mehr Gegenstand der Eignungsprognose.[61] Diese Erfahrungen sind im Rahmen der fakultativen Ausschlussgründe unter den besonderen Voraussetzungen des § 124 Abs. 1 Nr. 7 GWB zu prüfen. 46

Besondere Regelungen gibt es für die Vorlage von **Umweltmanagement- und Qualitätsmanagementnachweisen** in § 49 VgV bzw. § 6c EU VOB/A. 47

IV. Belege zum Nachweis der Eignung und Vorrang von Eigenerklärungen

§ 122 GWB enthält die inhaltlichen Vorgaben für die Eignungskriterien. In den §§ 44 Abs. 1, 45 Abs. 1 und 46 Abs. 1 VgV werden diese für **Liefer- und Dienstleistungen** inhaltlich ergänzt. Insbesondere führen die §§ 44 bis 46 VgV zur Eignung detaillierter aus, welche Eignungskriterien einer der drei Eignungskategorien zulässigerweise vom jeweiligen öffentlichen Auftraggeber für ein Vergabeverfahren festgelegt werden können. Mit den materiellen Regelungen zu den Eignungskriterien werden Vorschriften der zulässigen Nachweise zur Erfüllung der Eignungskriterien und das Nichtvorliegen von Ausschlussgründen (§§ 48 bis 50 VgV) verbunden sowie Regelungen über die Rechtsform von Bewerbern oder Bietern, über die Eignungsleihe und die Begrenzung der Anzahl geeigneter Bewerber die in zweistufigen Vergabeverfahren zur Abgabe eines Angebotes aufgefordert werden.[62] 48

Nach der Vergaberechtsnovelle 2016 wird im Bereich der Vergabe von Dienst- und Lieferleistungen zwischen **Eignungskriterien** und den **Belegen zum Nachweis der Eignung** (Nachweise, Erklärungen) unterschieden. Für Letztere enthalten § 45 Abs. 4, § 46 Abs. 3 VgV nähere Vorgaben. 49

Die Nachweisführung, d.h. welche Belege für die Eignung eingereicht werden müssen, ist für die Vergabe von Liefer- und Dienstleistungsaufträgen durch öffentliche Auftraggeber in § 48 VgV geregelt. § 48 Abs. 2 VgV statuiert einen **Vorrang von Eigenerklärungen**. Zu unterscheiden ist hier zwischen Unterlagen, d.h. Eigenerklärungen, Angaben, Bescheinigungen unabhängiger Dritter und sonstiger Nachweise und Eigenerklärungen. 50

Der Vorrang der Eigenerklärungen gilt aber auch nach der VgV nicht uneingeschränkt. Wenn der öffentliche Auftraggeber ein **berechtigtes Interesse an Bescheinigungen** hat, kann er diese verlangen. Maßstab ist, ob die Forderung solcher Nachweise durch den Auftragsgegenstand gerechtfertigt ist.[63] Sind bestimmt Anforderungen z.B. an Geräte von grundlegender Bedeutung, kann eine Erklärung des Geräteherstellers verlangt werden. 51

In der **VOB/A** werden für die in § 122 Abs. 2 GWB aufgeführten Eignungskriterien keine weiteren Kriterien oder inhaltlichen Anforderungen benannt. Die Nachweise werden in § 6a EU VOB/A definiert. Nach § 6b EU Abs. 1 Nr. 2 VOB/A wird der Nachweis über die Eignung und das Nichtvorliegen von Ausschlussgründen, wenn der Nachweis nicht über eine Eintragung im PQ-Verzeichnis erfolgt, über Einzelnachweise geführt. Der öffentliche Auftraggeber kann aber vorsehen, dass für einzelne Angaben Eigenerklärungen ausreichend sind. 52

Bei der Festlegung der Belege und Nachweise ist der **Verhältnismäßigkeitsgrundsatz** zu beachten.[64] 53

---

60 Verordnungsbegründung, VergRModVO, BR-Drs. 87/16, 199.
61 So noch VK Bund, Beschluss v. 18.2.2016 – VK 2-135/15.
62 Verordnungsbegründung, VergRModVO, BR-Drs. 87/16, 197.
63 OLG Frankfurt, Beschluss v. 18.9.2015 – 11 Verg 9/15;vgl. auch Rn. 94 ff.
64 § 97 Abs. 1 GWB; OLG Koblenz, Beschluss v. 13.6.2012 – 1 Verg 2/12.

V. e-Certis

54 Sowohl nach § 48 VgV als auch § 6b Abs. 2 Nr. 4 VOB/A sollen die öffentlichen Auftraggeber auf das Informationssystem e-Certis zurückgreifen und in der Regel solche Nachweise und Bescheinigungen fordern, die von e-Certis abgedeckt sind. e-Certis ist ein Online-Informationssystem, das Erleichterungen für öffentliche Auftraggeber und Bewerber und Bieter schaffen soll. Hierdurch sollen gemäß Art. 61 RL 2014/24/EU grenzüberschreitende Ausschreibungen erleichtert werden.

55 Bei **e-Certis** handelt es sich um eine Online-Datenbank auf europäischer Ebene, aus der man entnehmen kann, welche Bieternachweise in den einzelnen Mitgliedstaaten regelmäßig angefordert werden. Es enthält Informationen zu Bescheinigungen und sonstige Nachweisen, die bei Ausschreibungsverfahren in den 28 Mitgliedstaaten, einem Kandidatenland (Türkei) und den drei EWR-Staaten (Island, Liechtenstein und Norwegen) häufig verlangt werden.[65] Die Mitgliedstaaten sorgen nach Art. 61 Abs. 1 RL 2014/24/EU dafür, dass die Informationen über Bescheinigungen und andere Formen dokumentarischer Nachweise im elektronischen Dokumentenarchiv e-Certis kontinuierlich aktualisiert werden. Auf der Webseite von e-Certis heißt es:

> „Europäische Unternehmen, die bei einer Ausschreibung im Ausland einen Vorschlag einreichen möchten, oder öffentliche Auftraggeber, die ein ausländisches Angebot prüfen müssen, können mit Hilfe von e-Certis besser verstehen, welche Informationen verlangt bzw. übermittelt werden. Zudem können sie dank e-Certis leichter erkennen, welche Unterlagen von Partnerländern den Bescheinigungen und sonstigen Nachweisen, die vor Ort verlangt werden, gleichwertig sind."[66]

56 Aus e-Certis sollen die am Vergabeverfahren Beteiligten z.B. entnehmen können, wie ein Gewerbezentralregisterauszug oder eine Gewerbeanmeldung in Frankreich oder ein Strafregisterauszug in Belgien aussieht.[67] Das System soll **gleichwertige Dokumente aus verschiedenen Ländern** zueinander in Bezug setzen; die Auskünfte sind nicht rechtsverbindlich.[68] Gegenüber öffentlichen Auftraggebern können Bewerber und Bieter sich im Zweifelsfall hierauf also nicht berufen.

VI. Einheitliche Europäische Eigenerklärung

57 Eine wesentliche Neuerung im Zusammenhang mit der Eignung von Unternehmen, die allerdings nicht im GWB selbst, sondern in der VgV und in der VOB/A näher ausgestaltet wird, ist die auf Basis der europäischen Vorgaben in Art. 59 RL 2014/24/EU geregelte Einheitliche Europäische Eigenerklärung (EEE). § 50 VgV und § 6b Abs. 1 VOB/A regeln die Einheitliche Europäische Eigenerklärung auf Basis der gemeinschaftsrechtlichen Vorgaben.

58 Die Einheitliche Europäische Eigenerklärung dient dem vereinfachten (vorläufigen) Nachweis der Eignung im Vergabeverfahren. Mit der Einheitlichen Europäischen Eigenerklärung soll die Notwendigkeit der Beibringung von vielen Einzelnachweisen für die Unternehmen entfallen und damit der **Aufwand reduziert** werden. Gleichzeitig dient die Einheitliche Europäische Eigenerklärung einer europäischen **Vereinheitlichung der Eignungsprüfung**.[69]

59 Die VO (EU) 2016/7 der Kommission führt ein **Standardformular** für die Einheitliche Europäische Eigenerklärung ein. Die Einheitliche Europäische Eigenerklärung enthält Angaben zum Unternehmen, zu Ausschlussgründen und zu den Eignungskriterien. Mit der Einheitlichen Europäischen Eigenerklärung erklärt der Bieter, dass kein Ausschlussgrund gemäß den §§ 123,124 GWB besteht, er die Eignungskriterien bzw. ggf. aufgestellte objektive Regeln

65 http://ec.europa.eu/markt/ecertis/login.do?selectedLanguage=de, 27.7.2016.
66 http://ec.europa.eu/markt/ecertis/login.do?selectedLanguage=de, 27.7.2016.
67 Das Online-Archiv war zum Zeitpunkt der Abfassung dieser Kommentierung nicht unter allen Gesichtspunkten vollständig und verwies zum Teil nur auf nicht immer aktuelle rechtliche Regelungen und zum Teil auf Vorgaben des PQ-Vereins. Eine praktische Erleichterung durch e-Certis ist abhängig von der Zurverfügungstellung von Daten durch die Mitgliedstaaten.
68 *Rhein*, VergabeNavigator 2015, 9 (13).
69 Erwägungsgründe 1 bis 4 VO (EU) 2016/7.

und Kriterien erfüllt. In Teil IV enthält sie einen sog. Globalvermerk zur Erfüllung aller Eignungskriterien. Der öffentliche Auftraggeber muss nach dem Text der Einheitlichen Europäischen Eigenerklärung ausdrücklich zulassen, damit die Bieter sich zu ihrer Eignung über den Globalvermerk erklären können. Zugleich erklärt der Bieter mit der Einheitlichen Europäischen Eigenerklärung, dass er auf Anfrage jederzeit in der Lage ist, unverzüglich weitere Unterlagen vorzulegen. Falls der Bieter sich bezüglich der Eignung auf Dritte beruft, muss sich die Einheitliche Europäische Eigenerklärung auch auf diese beziehen. Ein Bieter darf sich auch auf eine bereits in einem früheren Vergabeverfahren abgegebene Einheitliche Europäische Eigenerklärung berufen, wenn deren Inhalt unverändert aktuell ist.

Wird die Einheitliche Europäische Eigenerklärung von den Bietern vorgelegt, muss der öffentliche Auftraggeber sie als vorläufigen Beleg der Eignung akzeptieren.[70] In Umsetzung von Art. 59 RL 2014/24/EU sehen das sowohl § 6b Abs. 1 VOB/A als auch § 48 Abs. 3 VgV vor. Eine über die **Akzeptanzpflicht** hinausgehende Verpflichtung der öffentlichen Auftraggeber, ausschließlich die Einheitliche Europäische Eigenerklärung als Eignungsnachweis vorzusehen, ergibt sich daraus nicht. Öffentliche Auftraggeber können also weiterhin eigene Formulare für die Erklärungen zur Eignung erstellen oder Formulare aus Vergabehandbüchern nutzen. Diese Regelungen dürften auch im Einklang mit Art. 59 RL 2014/24/EU stehen. Auch dieser spricht in Abs. 1 davon, dass der öffentliche Auftraggeber zum Zeitpunkt der Übermittlung von Teilnahmeanträgen und Angeboten die Einheitliche Europäische Eigenerklärung *akzeptiert*.[71] Um dem Ziel einer Vereinfachung für die Bewerber und Bieter Genüge zu tun, ist eine Akzeptanzpflicht der öffentlichen Auftraggeber auch ausreichend. Aus den rechtlichen Vorschriften ergibt sich nicht, dass die öffentlichen Auftraggeber verpflichtet sind, den elektronischen Einheitliche Europäische Eigenerklärung-Dienst zu nutzen und den Bietern damit zu ermöglichen, das Formular elektronisch zu nutzen.[72] In Anhang I zur Durchführungsverordnung (EU) 2016/7 heißt es in der Anleitung, dass die öffentlichen Auftraggeber den Wirtschaftsteilnehmern die Aufgabe auch dadurch erleichtern *können*, dass sie die betreffenden Angaben direkt in eine elektronische Fassung der Einheitlichen Europäischen Eigenerklärung einfügen. Eine Verpflichtung der Unternehmen, die Einheitliche Europäische Eigenerklärung zu verwenden, besteht nicht. 60

D. Präqualifizierungssysteme (Abs. 3)

Gemäß § 122 Abs. 3 GWB kann der Nachweis der Eignung und des Nichtvorliegens von Ausschlussgründen nach den §§ 123 und 124 GWB ganz oder teilweise durch die Teilnahme an Präqualifizierungssystemen erbracht werden.[73] § 122 Abs. 3 GWB lässt die Einrichtung staatlicher oder privatwirtschaftlich organisierter, anerkannter Präqualifizierungssysteme zum vereinfachten Nachweis der Eignung und des Nichtvorliegens von Ausschlussgründen zu. Der Absatz greift damit den Regelungsgehalt von Art. 64 Abs. 1 RL 2014/24/EU auf.[74] 61

Die **Formulierung** wurde im Verlauf des Gesetzgebungsverfahrens geändert. Der Referentenentwurf des BMWi vom April 2015 verwies wie die Vorgängerregelung in § 97 Abs. 4a GWB noch darauf, dass öffentliche Auftraggeber Präqualifizierungssysteme, mit denen die Eignung nachgewiesen werden kann, einrichten oder zulassen können. 62

I. Begriff

§ 122 Abs. 3 GWB spricht von Präqualifizierungssystemen, während § 97 Abs. 4 a GWB a.F. von **Präqualifikationssystemen** sprach. Die VOB 2016 verwendet in § 6b EU VOB/A den Begriff **Präqualifikationsverzeichnis**. Gemeint ist überall das Gleiche. 63

70 Vgl. hierzu *Stolz*, VergabeR 2016, 155 (156); Verordnungsbegründung, VergRModVO, BR-Drs. 87/16, 203.
71 Ebenfalls in diesem Sinne *Stolz*, VergabeR 2016,155 (156).
72 https://webgate.acceptance.ec.europa.eu/espd/filter?lang=de, 27.7.2016.
73 Zu Präqualifikationssystemen im Einzelnen z.B. *Braun*, in: Gabriel/Krohn/Neun, Handbuch des Vergaberechts, § 28 Rn. 102 ff.
74 Gesetzesbegründung, BT-Drs. 18/6281,101.

64 Die **Präqualifizierung** beinhaltet die vorgelagerte Prüfung eines Unternehmens hinsichtlich seiner Eignung zur Ausführung von Aufträgen und zum Nichtvorliegen von Ausschlussgründen vor bzw. unabhängig von einem konkreten Einzelauftrag. Sie erfolgt verfahrensunabhängig und freiwillig.[75] Dem öffentlichen Auftraggeber wird dadurch eine Vorprüfung der interessierten Unternehmen ermöglicht. Die Prüfung, ob der Bewerber und Bieter zur Erbringung der Leistung des konkret ausgeschriebenen Auftrags leistungsfähig ist, kann über die Präqualifizierung nicht erfolgen. Vielmehr basiert eine Präqualifizierung auf einer abstrakten Eignungsprüfung.

65 Ganz losgelöst von bestimmten Leistungen erfolgt das Verfahren aber nicht: Die Unternehmen werden regelmäßig in eine Liste aufgenommen, die nach **Produkt- oder Leistungsgruppen** untergliedert ist. Die Unternehmen können damit ihre Eignung für eine bestimmte Art von Aufträgen nachweisen.[76]

66 Zur Präqualifizierung reichen Unternehmen bei der zuständigen Präqualifizierungsstelle einen **Antrag** mit den vorgesehenen Dokumenten entsprechend der Liste für Eignungsnachweise ein. Bei positiver Prüfung wird das Unternehmen daraufhin in der Datenbank registriert und erhält ein Zertifikat mit Zugangscode. Nimmt das Unternehmen an einem Vergabeverfahren teil, so muss es nur noch den Zugangscode angeben bzw. das Zertifikat als Kopie beifügen. Während das Verzeichnis der präqualifizierten Unternehmen (Grunddaten) allgemein zugänglich ist, können die überprüften Nachweise (z.B. Bescheinigung des Finanzamts, Referenzliste etc.) von dem öffentlichen Auftraggeber eingesehen werden, dem der Zertifikatscode vorliegt.[77]

II. Ziel

67 Präqualifizierungssysteme dienen der Vereinfachung der Eignungsprüfung und letztlich dem Bürokratieabbau.[78] Für die Unternehmen bedeutet die Teilnahme an Präqualifizierungssystemen insofern eine Erleichterung, als sie die Eignungsbelege bei der Präqualifizierungsstelle hinterlegen und nicht in jedem Vergabeverfahren vorlegen müssen. Auf der anderen Seite können sich öffentliche Auftraggeber auf die Prüfung durch die Präqualifizierungsstelle verlassen und müssen die von der Präqualifizierung erfassten Nachweise nicht auf Vollständigkeit und Aktualität prüfen.

III. Keine Pflicht zur Nachweisführung durch Präqualifizierungssysteme

68 Mit der Teilnahme an einem Präqualifizierungssystem kann der Nachweis der Eignung und der Nachweis des Nichtvorliegens von Ausschlussgründen nach den §§ 123 und 124 GWB geführt werden. § 122 GWB gewährt den Bewerbern und Bietern die **Möglichkeit**, den Nachweis der Eignung und des Nichtvorliegens von Ausschlussgründen durch die Teilnahme an Präqualifizierungssystemen zu erbringen. Dies ergibt sich ohne Weiteres aus dem Wortlaut von § 122 Abs. 3 GWB.

Eine **Verpflichtung** der Unternehmen, die Eignung durch Präqualifizierung zu belegen, ergibt sich daraus nicht. Öffentliche Auftraggeber können eine Präqualifizierung auch nicht zwingend vorgeben. Nach Art. 64 Abs. 7 RL 2014/24/EU kann eine solche Eintragung oder Zertifizierung den Wirtschaftsteilnehmern aus anderen Mitgliedstaaten nicht zur Bedingung für ihre Teilnahme an einem öffentlichen Auftrag gemacht werden.

75 *Braun*, in: Gabriel/Krohn/Neun, Handbuch des Vergaberechts, § 28 Rn. 105.
76 *Müller-Wrede*, in: Müller-Wrede, VOL/A, § 7 EG Rn. 81.
77 *Hausmann/von Hoff*, in: Kulartz/Marx/Portz/Prieß, VOL/A, § 7 EG Rn. 61.
78 *Braun*, in: Gabriel/Krohn/Neun, Handbuch des Vergaberechts, § 28 Rn. 3.

IV. Pflicht zur Akzeptanz der Nachweisführung durch Präqualifizierungssysteme

Nach dem Wortlaut von § 122 Abs. 3 GWB kann der Nachweis zur Eignung und zum Nichtvorliegen von Ausschlussgründen ganz oder teilweise durch die Teilnahme an Präqualifizierungssystemen erbracht werden. Dies deutet darauf hin, dass der öffentliche Auftraggeber den durch die Teilnahme am Präqualifizierungssystem erbrachten Nachweis der Eignung **akzeptieren muss**. Die Gesetzesbegründung verhält sich hierzu nicht ausdrücklich.[79] Dort wird nur ausgeführt, die Norm lasse die Einrichtung von Präqualifizierungssystemen zum vereinfachten Nachweis der Eignung zu. Sofern der Bieter in einem amtlichen Verzeichnis eingetragen ist oder über eine Zertifizierung verfügt, die den Anforderungen des Art. 64 RL 2014/24/EU entspricht, werden nach § 48 Abs. 8 S. 1 VgV die im amtlichen Verzeichnis oder dem Zertifizierungssystem niedergelegten Unterlagen und Angaben vom öffentlichen Auftraggeber nur in begründeten Fällen in Zweifel gezogen.§ 6b EU Abs. 1 Nr. 1 VOB/A sieht vor, dass der Nachweis über die Eignung und über das Nichtvorliegen von Ausschlussgründen durch eine vom öffentlichen Auftraggeber direkt aufrufbare Eintragung in die allgemein zugängliche Liste des Vereins für die Präqualifikation von Bauunternehmen e.V. erfolgen kann. Dies spricht für eine Akzeptanzpflicht der öffentlichen Auftraggeber. Durch die Nennung der Präqualifikation vor der Vorlage von Einzelnachweisen in § 6b EU Abs. 1 Nr. 2 VOB/A in der VOB/A wird die Bedeutung der Präqualifikation insbesondere für Bauvergaben besonders hervorgehoben. 69

Nur dann, wenn die Präqualifizierung tatsächlich **alle Eignungsnachweise erfasst**, ist die Vorlage der Teilnahme an einer Präqualifizierung ausreichend, um die Eignung nachzuweisen. Wesentlich ist deshalb die Kenntnis darüber, welche Nachweise von der Präqualifizierung abgedeckt sind. Bei besonderen Anforderungen an die Eignung kann es sein, dass jeder Bieter neben der Präqualifizierung weitere Einzelnachweise vorlegen muss. Beim Präqualifikationsnachweis handelt es sich um ein Nachweissurrogat. Die Präqualifikationsurkunde macht also nur die Vorlage derjenigen Nachweise entbehrlich, die der Präqualifikation zugrunde lagen.[80] 70

Klargestellt wird in § 48 Abs. 8 S. 4 VgV und § 6b EU Abs. 1 Nr. 1 VOB/A, dass der öffentliche Auftraggeber für die **Entrichtung von Steuern, Abgaben oder Sozialversicherungsbeiträgen** die gesonderte Vorlage einer entsprechenden Bescheinigung verlangen kann. 71

V. Präqualifizierungssysteme in der VOB/A

Die VOB/A regelt Präqualifizierungssysteme in § 6b EU Abs. 1 Nr. 1 VOB/A. Danach kann der Nachweis der Eignung mittels der direkt abrufbaren Eintragung in die **allgemein zugängliche Liste** des „Vereins für Präqualifikation von Bauunternehmen e.V." erfolgen. Die Eintragung in ein gleichwertiges Verzeichnis anderer Mitgliedstaaten ist als Nachweis ebenso zugelassen. 72

Im Anwendungsbereich der VOB/A wird die Präqualifikationsliste vom „**Verein für die Präqualifikation von Bauunternehmen e.V.**" geführt. Darauf verweist § 6b EU Abs. 1 Nr. 1 VOB/A ausdrücklich. Der PQ-Verein hat es sich zur Aufgabe gemacht, ein Präqualifikationssystem für Unternehmen des Bauhaupt- und Baunebengewerbes bei der Vergabe öffentlicher Bauaufträge in Deutschland einzuführen und weiterzuentwickeln. Einzelheiten zur Funktionsweise eines Präqualifizierungssystems ergeben sich aus der Leitlinie des Bundesministeriums für Verkehr, Bau und Stadtentwicklung für die Durchführung eines PQ-Verfahrens.[81] Im Rahmen der Präqualifizierung werden Eigenerklärungen und Bescheinigungen hinterlegt.[82] 73

Öffentliche Auftraggeber, die zur Anwendung der VOB/A verpflichtet sind, müssen den Eintrag in die Liste als Eignungsnachweis verbindlich **anerkennen**. Ein öffentlicher Auftraggeber, 74

79 Gesetzesbegründung, BT-Drs. 18/6281, 98.
80 *Müller-Wrede*, in: Müller-Wrede, VOL/A, § 7 EG Rn. 81.
81 Leitlinie des Bundesministeriums für Umwelt, Naturschutz, Bau und Reaktorsicherheit für die Durchführung eines Präqualifizierungsverfahrens v. 15.10.2015,https://www.pq-verein.de/anlage264296binary, 27.7.2016.
82 *Rhein*, VergabeNavigator 2015, 9 (11).

der weiterhin Eignungsnachweise ausschließlich per Einzelnachweis fordert, verstößt gegen § 6b EU Abs. 1 VOB/A.[83]

VI. Präqualifizierungssysteme in der VgV

75 Nach § 48 Abs. 8 VgV gilt bei einer Präqualifizierung eine sog. **Eignungsvermutung**. Wenn der Bieter in einem amtlichen Verzeichnis eingetragen ist oder über eine Zertifizierung verfügt, die den Anforderungen des Art. 64 RL 2014/24/EU entspricht, werden die im amtlichen Verzeichnis oder im Zertifizierungssystem niedergelegten Unterlagen und Angaben vom öffentlichen Auftraggeber nur in begründeten Fällen in Zweifel gezogen.

76 Im Gegensatz zu § 6b EU Abs. 1 VOB/A bezieht sich § 48 Abs. 8 VgV auf **kein bestimmtes Präqualifikationsverzeichnis**.[84] Danach können solche Verzeichnisse bei den Industrie- und Handelskammern eingerichtet werden. Diese können sich bei der Führung des amtlichen Verzeichnisses einer gemeinsamen verzeichnisführenden Stelle bedienen.Ein solches Register schließt amtliche Verzeichnisse, die durch andere öffentliche Stellen eingerichtet werden, nicht aus. So kann z.B. auch ein Bundesland ein solches Verzeichnis einrichten.

77 Durch den Bezug auf Art. 64 RL 2014/24/EU wird klargestellt, dass die **IHK** selbstverständlich die hohen Anforderungen der Richtlinie umzusetzen hat. § 48 Abs. 8 S. 3 bestimmt, dass die Führung des amtlichen Verzeichnisses nicht bei jeder einzelnen Industrie- und Handelskammer erfolgt. Für die Umsetzung in der Praxis ist eine zentrale IT-gestützte Datenbank erforderlich, die von einer von den Industrie- und Handelskammern eingerichteten gemeinsamen Stelle betrieben wird.[85]

78 Die **Auskünfte aus dem Register** sollten nach der Begründung zur VgV im Wege des automatisierten Abrufs über das Internet oder schriftlich erteilt werden. In jedem Fall ist sicherzustellen, dass eine zeitgleiche und direkte Abfrage aller präqualifizierten Unternehmen im amtlichen Verzeichnis durch die öffentlichen Auftraggeber erfolgen kann.[86]

79 Seit 2009 gibt es für den Liefer- und Dienstleistungsbereich unter dem Dach des Deutschen Industrie- und Handelskammertages (DIHK) ein bundeseinheitliches Präqualifizierungssystem, die „**Präqualifizierungsdatenbank für den Liefer- und Dienstleistungsbereich**" (PQ-VOL).[87] Sie erfasst alle Unternehmen, die von den Auftragsberatungsstellen oder von Industrie- und Handelskammern auf ihre Eignung im VOL-Bereich überprüft worden sind. Diese Unternehmen können in der Datenbank über Suchkriterien wie Name, Sitz, Branchencode etc. gefunden werden.

VII. Präqualifizierungsverzeichnisse der Bundesländer

80 Einige Bundesländer führen ein **Unternehmer- und Lieferantenverzeichnis für öffentliche Aufträge** (ULV). Für die Region Berlin etwa führt die Senatsverwaltung für Stadtentwicklung und Umwelt die Präqualifizierung für Unternehmen aus allen Bundesländern aus dem Liefer- und Dienstleistungsbereich durch und führt die registrierten Unternehmen im ULV.[88] Das ULV existiert seit 1953 und enthält Unternehmen des Bauhaupt- und des Baunebengewerbes einschließlich Fuhr- und Speditionsleistungen sowie auch Unternehmen, die Lieferungen und Leistungen (VOL) anbieten. Die entsprechende Eintragung der Unternehmen bzw. die Zuordnung zu den einzelnen Gewerken erfolgt nach Überprüfung der fachlichen Eignung.[89]Das PQ-VOL und das ULV sind seit Mai 2013 technisch miteinander verbunden.[90]

---

83 *Hausmann/Kern*, in: Kulartz/Marx/Portz/Prieß, VOB/A, § 6 Rn. 113.
84 *Müller-Wrede*, in: Müller-Wrede, VOL/A, § 7 EG Rn. 82.
85 Verordnungsbegründung, VergRModVO, BR-Drs. 87/16, 202.
86 Verordnungsbegründung, VergRModVO, BR-Drs. 87/16, 202.
87 https://www.pq-vol.de/info/, 27.7.2016.
88 https://ssl.stadtentwicklung.berlin.de/ULVAuskunft/, 27.7.2016.
89 https://ssl.stadtentwicklung.berlin.de/ULVAuskunft/index.jsp, 27.7.2016.
90 https://ssl.stadtentwicklung.berlin.de/ULVAuskunft/pq_vol.jsp, 27.7.2016.

VIII. Bonitätsbewertungen und Auskunftsdateien

81 Zum Teil verlangen öffentliche Auftraggeber in Vergabeverfahren **Nachweise von Wirtschaftsauskunftsunternehmen**. Hierbei handelt es sich nicht um ein Präqualifizierungssystem im Sinne von § 122 Abs. 3 GWB. Bonitätsbewertungen Dritter und Auskünfte aus Auskunftsdateien können unter Umständen als Nachweis der wirtschaftlichen finanziellen Leistungsfähigkeit gefordert werden.

82 Da das Vergaberecht für derartige Bonitätsbewertungen aber keine vergleichbaren Anforderungen und Systeme wie für Präqualifizierungssysteme zur Verfügung stellt, kann der öffentliche Auftraggeber solche Belege daher nicht ohne Weiteres der Eignungsprüfung zugrunde legen. Er muss die Wirtschaftlichkeitsbewertung **überprüfen** und seine eigene Einschätzung zur wirtschaftlichen und finanziellen Leistungsfähigkeitsfähigkeit der Bewertung der Eignung des Unternehmens im Vergabeverfahren zugrunde legen.[91]

IX. Auftraggebereigene Präqualifizierungssysteme

83 Neben der Möglichkeit, Zertifizierungen und Eintragungen in bestehenden Präqualifizierungssystemen anzuerkennen, können öffentliche Auftraggeber eigene Präqualifizierungssysteme einrichten.[92] Auf diesem Wege können öffentliche Auftraggeber auch Erklärungen und Nachweise zum Beleg der Eignung aus vorangegangenen Vergabeverfahren heranziehen, ohne dass dies zu einer Diskriminierung führt.[93] Von der Möglichkeit der Einrichtung eigener Präqualifikationssysteme hatte z.B. die Deutsche Bahn AG auf Grundlage des § 8b Nr. 5 VOB/A a.F. Gebrauch gemacht.[94]

X. Verhältnis zur Einheitlichen Europäischen Eigenerklärung

84 Erläuterungsbedürftig ist das Verhältnis der Einheitlichen Europäischen Eigenerklärung (EEE) zur Präqualifizierung. Die EEE führt auf Basis von Eigenerklärungen zu einer vorläufigen Eignungsvermutung, die vor Zuschlagserteilung allein für den Bieter, der den Zuschlag erhalten soll, anhand der dann vorzulegenden Einzelnachweise verifiziert wird. Die Präqualifizierung ersetzt die Vorlage von Belegen – neben Eigenerklärungen auch von Nachweisen.

85 Dementsprechend kann der öffentliche Auftraggeber nach § 50 Abs. 2 S. 1 VgV bzw. § 6b EU Abs. 2 Nr. 1 VOB/A bei Übermittlung einer Einheitliche Europäische Eigenerklärung Bewerber und Bieter jederzeit auffordern, sämtliche oder einen Teil der **geforderten Belege zum Nachweis der Eignung beizubringen**. Vor Zuschlagserteilung fordert der öffentliche Auftraggeber den Bieter, an den er den Auftrag vergeben will, nach § 50 2 S. 2 VgV bzw. § 6b EU Abs. 2 Nr. 2 VOB/A auf, die geforderten Unterlagen beizubringen. Nach § 50 Abs. 3 VgV gilt die Pflicht zur Beibringung von Unterlagen in Umsetzung von Art. 59 Abs. 5 RL 2014/24/EU nicht, wenn die zuschlagerteilende Stelle des öffentlichen Auftraggebers den Nachweis bereits besitzt oder ihn über eine gebührenfreie nationale Datenbank – einschließlich insbesondere eines Präqualifikationssystems – erhalten kann.[95]

E. Verbindung zum Auftragsgegenstand und angemessenes Verhältnis (Abs. 4 S. 1)

86 Nach § 122 Abs. 4 S. 1 GWB müssen die Eignungskriterien mit dem Auftragsgegenstand in Verbindung und zu diesem in einem angemessenen Verhältnis stehen. Anforderungen an die Eignung, die in keiner Verbindung zum Auftragsgegenstand stehen, sind nicht zulässig. Dies

91 Vgl. auch VK Baden-Württemberg, Beschluss v. 9.4.2013 – 1 VK 08/13.
92 *Maibaum*, in: Hattig/Maibaum, Kartellvergaberecht, § 97 GWB Rn. 179.
93 *Rhein*, VergabeNavigator 2015, 9 (12).
94 *Maibaum*, in: Hattig/Maibaum, Kartellvergaberecht, § 97 GWB Rn. 181.
95 Vgl. auch § 6b EU Abs. 2 Nr. 2 VOB/A.

ergibt sich auch bislang schon aus geltendem Recht[96] und ist durch die Rechtsprechung konkretisiert worden.[97]

87 Bei § 122 Abs. 4 GWB handelt sich um eine Ausprägung des **Verhältnismäßigkeitsgrundsatzes**, der seit dem VergRModG 2016 ausdrücklich in § 97 Abs. 1 S. 2 GWB normiert ist und den Ermessensspielraum des öffentlichen Auftraggebers bei der Festlegung der Eignungskriterien und -belege begrenzt.

88 Die Eignungskriterien sind nicht abstrakt, sondern immer **bezogen auf den konkreten Auftrag** festzulegen.[98] Anforderungen an die Eignung dienen allein dem Zweck, sicherzustellen, dass nur Unternehmen eine echte Chance auf den Auftrag haben, die nach menschlichem Ermessen die Gewähr für eine einwandfreie und reibungslose Auftragsausführung bieten. Sie sind nicht dafür gedacht, öffentliche Auftraggeber vor Problemen und Risiken zu bewahren, die nichts mit der Eignung des Vertragspartners zu tun haben, sondern z.B. auf Besonderheiten und Schwierigkeiten eines bestimmten Marktes zurückzuführen sind.[99]

89 Die **Angemessenheit** der Anforderungen an die Eignung hängt maßgeblich von der Art des Auftrages, vom Auftragsgegenstand und von den Bedingungen der Auftragsausführung ab. Von einem angemessenen Verhältnis der Eignungskriterien zum Auftragsgegenstand ist nur auszugehen, wenn die Vergabestelle ein berechtigtes Interesse an den aufgestellten Forderungen hat.[100] Die Kriterien müssen nicht so zugeschnitten werden, dass es jedem auf dem Markt tätigen Unternehmen möglich ist, sich an dem Vergabeverfahren zu beteiligen.[101]

90 Bei **Standardaufträgen** sind die Anforderungen an die Eignung naturgemäß geringer als bei besonders aufwendigen Aufträgen, die besondere Qualifikationen erfordern. Das OLG Düsseldorf hat eine Erklärung über das Vorliegen eines Meisterbriefes nur im Ausnahmefall als angemessen angesehen.[102] Die Gesetzesbegründung erläutert dies wie folgt:

> „So werden in der Regel die Eignungsvorgaben an die Lieferanten bei der Beschaffung marktüblicher Waren deutlich geringer ausfallen können als die Eignungsvorgaben an einen Bauunternehmer, der mit der Realisierung eines komplexen Bauvorhabens betraut werden soll."[103]

91 Der öffentliche Auftraggeber hat bei der Bestimmung dessen, was durch den Auftragsgegenstand gerechtfertigt und ihm angemessen ist, einen **Entscheidungsspielraum**. Die Nachprüfungsinstanzen können ihre eigenen Zweckmäßigkeitserwägungen im Hinblick auf Eignungsnachweise nicht an die Stelle der Entscheidung des öffentlichen Auftraggebers setzen.

I. Sachliche Rechtfertigung

92 Es können nur Kriterien festgelegt und Nachweise gefordert werden, die die vom ausgeschriebenen Auftrag erfassten Tätigkeiten erfassen d.h. sachlich gerechtfertigt sind.[104] So hat das OLG Düsseldorf die Vorlage einer Erlaubnis im Sinne des § 1 AÜG als in keinem sachlichen Zusammenhang mit dem Auftragsgegenstand Sicherungsdienstleistungen stehend angesehen, wenn eine Arbeitnehmerüberlassung nicht Teil des ausgeschriebenen Auftrags ist.[105] Der erforderliche Zusammenhang mit dem Auftrag wurde auch für die Forderung der Straffreiheit des Reinigungspersonals bei der Vergabe von Reinigungsleistungen verneint.[106] Einen Zusammenhang mit dem Auftragsgegenstand erkannte das OLG Düsseldorf aber in einer Erklärung

96 § 6 EG Abs. 5 Nr. 1 VOB/A 2012, § 7 EG Abs. 1 VOL/A, § 5 Abs. 1 VOL/A.
97 Vgl. z.B. OLG Düsseldorf, Beschluss v. 25.6.2014 – VII-Verg 38/13; VK Bund, Beschluss v. 10.9.2014 – VK 1-66/14.
98 *Röwekamp*, in: Müller-Wrede, VOF, § 5 Rn. 9.
99 OLG Koblenz, Beschluss v. 20.4.2016 – Verg 1/16.
100 *Weyand*, Vergaberecht, § 97 GWB Rn. 608.
101 OLG Düsseldorf, Beschluss v. 19.12.2012 – VII-Verg 30/12.
102 OLG Düsseldorf, Beschluss v. 21.12.2011 – VII-Verg 74/11.
103 Gesetzesbegründung, BT-Drs. 18/6281, 101.
104 Zur Vorgabe eines vorhandenen Umschlagplatzes bei der Vergabe der Übernahme und Verwertung von Grünabfällen OLG Koblenz, Beschluss v. 20.4.2016 – Verg 1/16.
105 OLG Düsseldorf, Beschluss v. 20.7.2015 – VII-Verg 37/15.
106 *Müller-Wrede*, in: Müller-Wrede, VOL/A § 7 EG Rn. 35, unter Berufung auf OLG Düsseldorf, Beschluss v. 5.12.2012 – VII-Verg 29/12.

zur Auditierung nach dem DE-Meldegesetz bei der Vergabe von Leistungen der Erbringung von Postfach- und Versand- sowie Verzeichnisdiensten.[107]

II. Regionale Beschränkungen

Nicht im Zusammenhang mit dem Auftragsgegenstand stehen regelmäßig Beschränkungen auf Unternehmen, die ihren Sitz in einer bestimmten Region oder in einem bestimmten Ort haben.[108] **93**

III. Losbezug

Eine Verbindung zum Auftragsgegenstand fehlt dann, wenn die Eignungsanforderungen sich nicht auf den Auftragsgegenstand des einzelnen Loses beziehen.[109] Ergeben sich für die einzelnen Lose unterschiedliche Anforderungen, muss sich dies in losspezifischen Eignungsanforderungen widerspiegeln. **94**

IV. Zeitpunkt der Verfügbarkeit der Ressourcen

Regelmäßig ist zu berücksichtigen, dass der Bieter grundsätzlich erst zum Zeitpunkt der Auftragsausführung und nicht bereits im Zeitpunkt der Angebotsabgabe oder der Zuschlagserteilung über die erforderlichen Ressourcen für die Auftragsdurchführung verfügen muss.[110] Dass die Leistungsfähigkeit im Zeitpunkt der Vergabeentscheidung geklärt sein muss, bedeutet nicht im jeden Fall, dass z.B. das Personal für die Auftragsdurchführung bereits bei Angebotsabgabe im Betrieb des Bieters beschäftigt sein muss.[111] **95**

Mit Vorsicht sind deshalb Belege zur technischen und beruflichen Leistungsfähigkeit zu genießen, die das Vorhalten einer bestimmten technischen oder personellen Ausstattung[112] bereits zum **Zeitpunkt der Angebotsabgabe** voraussetzen. Wenn es sich aber bei dem zu vergebenden Auftrag um Dienstleistungen handelt, für die am Arbeitsmarkt nur eingeschränkt geeignete Mitarbeiter zur Verfügung stehen, kann es gerechtfertigt sein, zu verlangen, dass der Bieter im Angebot jedenfalls dargelegt, dass im Falle des Zuschlags das erforderliche Personal zur sachgerechten Erledigung des Auftrags tatsächlich zur Verfügung steht.[113] Das OLG Koblenz sieht unter diesem Gesichtspunkt die Forderung nach einer Zertifizierung als Entsorgungsfachbetrieb, die die Betriebsstätte einschließt, als nicht durch den Auftrag gerechtfertigt an.[114] Dies würde voraussetzen, dass das Unternehmen die Betriebsstätte vorrätig hält. **96**

Problematisch kann es sein, den **Nachweis von bestimmten Lieferketten** und bereits **verbindliche Erklärungen zur Lieferfähigkeit von Vorlieferanten** mit dem Angebot zu verlangen.[115] Die Forderung, Lieferanten in einer Eigenerklärung namentlich zu benennen und die Angabe von Unterauftragnehmern und von deren Lieferkapazitäten mit dem Angebot vorzulegen, kann im Einzelfall unzumutbar sein. Nämlich dann, wenn die Bieter erfahrungsgemäß mit zahlreichen und wechselnden Lieferanten zusammenarbeiten und die Forderung einer Darlegung der Lieferbeziehung deshalb nicht mehr in einem angemessenen Verhältnis zu den Vorteilen für den öffentlichen Auftraggeber steht. Der öffentliche Auftraggeber erspart sich dadurch lediglich den organisatorischen und ggf. zeitlichen Aufwand, die Lieferverhält- **97**

---

107 OLG Düsseldorf, Beschluss v. 25.6.2014 – VII-Verg 47/13.
108 EuG, Urteil v. 29.5.2013 – Rs. T-384/10 (Kohäsionsrückforderungen).
109 Differenzierend bei fehlender Verpflichtung zur Aufteilung in Lose VK Bund, Beschluss v. 4.1.2016 – VK 2-125/15.
110 OLG Düsseldorf, Beschluss v. 5.11.2014 – VII-Verg 21/14.
111 Vgl. dazu OLG Düsseldorf, Beschluss v. 5.11.2014 – VII-Verg 21/14.
112 VK Bund, Beschluss v. 22.2.2016 – VK 2-135/15.
113 OLG Düsseldorf, Beschluss v. 4.2.2013 – VII-Verg 52/12.
114 OLG Koblenz, Beschluss v. 20.4.2016 – Verg 1/16.
115 Vgl. auch § 46 Abs. 3 Nr. 4 VgV, der Angaben des Lieferkettenmanagements und Lieferkettenüberwachungssystems, das dem Unternehmen zur Vertragserfüllung zur Verfügung steht, als Beleg zum Nachweis der technischen und beruflichen Leistungsfähigkeit ausdrücklich zulässt.

nisse erst von den in die engere Wahl gelangten Bietern abzufragen.[116]Unter Berücksichtigung des Grundsatzes der Angemessenheit ist möglicherweise eine eigene Darstellung des Bieters über die Lieferbeziehungen und Kapazitäten als ausreichend anzusehen.[117]Zu berücksichtigen ist, ob sich – bezogen auf den Auftragsgegenstand oder die Marktsituation – besondere Anforderungen rechtfertigen lassen. Bei der Beschaffung von Arzneimitteln kann die Versorgungssicherheit und bei Vergaben von Leistungen in der Abfallwirtschaft die Entsorgungssicherheit ein Maßstab sein, der höhere Anforderungen rechtfertigt.

V. Vergleichbare Referenzen

98 Häufig ist der entscheidende Maßstab für eine Aussagekraft geforderter Referenzen als Eignungskriterium die **Vergleichbarkeit mit der ausgeschriebenen Leistung**.[118] Regelmäßig fordern Auftraggeber Referenzen für vergleichbare Leistungen. Bei dem Begriff „vergleichbare Leistung" handelt es sich um einen unbestimmten Rechtsbegriff, der anhand der Vergabeunterlagen und vom Sinn und Zweck der geforderten Unterlagen auszulegen ist. Vergleichbar bedeutet nicht gleich oder identisch, sondern dass Leistungen im technischen oder organisatorischen Bereich mit einem gleich hohen oder höheren Schwierigkeitsgrad durchgeführt wurden.[119] Vergleichbar ist eine Referenzleistung mit der ausgeschriebenen Leistung, wenn sie dieser soweit ähnelt, dass sie einen tragfähigen Rückschluss auf die Leistungsfähigkeit des Bieters für die ausgeschriebene Leistung eröffnet[120], sodass sie den Schluss zulassen, dass der Bieter in der Lage sein wird die ausgeschriebene Maßnahme vertragsgemäß durchzuführen.[121] Je einfacher die zu vergebende Leistung ist, desto geringer sind die Anforderungen an die Vergleichbarkeit. Dem öffentlichen Auftraggeber kommt bei der Frage, ob eine Referenz vergleichbar ist, ein nur eingeschränkt überprüfbarer Beurteilungsspielraum zu.[122]

99 Die Forderung nach Referenzen für **gleichartige Tätigkeiten** kann als unangemessen anzusehen sein. Solche Erfahrungen dürfen nur dann gefordert werden, wenn die zu vergebene Tätigkeit hohe Anforderungen an die Erfahrung stellt.[123]

VI. Newcomer

100 Eine Unverhältnismäßigkeit der festgelegten Eignungskriterien ergibt sich nicht bereits daraus, dass Eignungskriterien und Eignungsbelege „Newcomer" von der Leistungserbringung ausschließen. Vor allem die Forderung von Referenzen über bereits erbrachte Leistungen kann dazu führen, dass Newcomer die Eignung nicht nachweisen können. Der öffentliche Auftraggeber ist aber – sofern dies durch den Auftrag gerechtfertigt ist – befugt, zu verlangen, dass der Bieter bereits Erfahrungen mit der ausgeschriebenen Leistung hat.

101 Allerdings enthält § 75 Abs. 4 S. 2 VgV für die Vergabe von **Architekten- und Ingenieurleistungen** diesbezüglich eine Konkretisierung. Die Eignungskriterien sind bei geeigneten Aufgabenstellungen so zu wählen, dass kleinere Büroorganisationen und Berufsanfänger sich beteiligen können.

F. Bekanntmachung der Eignungskriterien (Abs. 4 S. 2)

102 § 122 Abs. 4 S. 2 GWB setzt **Art. 58 Abs. 5 RL 2014/24/EU** um. Die Vorschrift dient der **Transparenz** des Vergabeverfahrens und stellt sicher, dass die Eignungskriterien allen interessierten Wirtschaftsteilnehmern rechtzeitig bekannt sind.

116 OLG Düsseldorf, Beschluss v. 25.6.2014 – VII-Verg 38/13.
117 OLG Düsseldorf, Beschluss v. 19.11.2015 – VII-Verg 30/14.
118 Verneint Erfahrungen im Fluggastkontrolldienst bei der Vergabe von Sicherheits-, Kontroll- und Pfortendienst in Landeserstaufnahmeeinrichtungen, OLG Karlsruhe, Beschluss v. 15.4.2015 – 15 Verg 2/15.
119 OLG Frankfurt, Beschluss v. 8.4.2014 – 11 Verg 1/14.
120 VK Westfalen, Beschluss v. 16.4.2015 – VK 2-9/15.
121 VK Bund, Beschluss v. 30.4.2010 – VK 2-29/10.
122 OLG München, Beschluss v. 12.11.2012 – Verg. 23/12.
123 VK Niedersachsen, Beschluss v. 1.2.2016 – VgK-51/2015.

Sinn und Zweck der Bezeichnung der Eignungsnachweise schon in der Bekanntmachung ist es, dem an der Auftragsvergabe potentiell interessierten Unternehmen eine sachgerechte Entscheidung darüber zu ermöglichen, ob Sie sich am Vergabeverfahren beteiligen, also die Vertragsunterlagen anfordern wollen.[124] Ein öffentlicher Auftraggeber kann sich also die Auswahl und Bekanntgabe der geforderten Eignungsnachweise nicht für die Zeit der Versendung der Vertragsunterlagen vorbehalten. Der Interessent für einen bekannt gemachten Auftrag soll bereits aus der Auftragsbekanntmachung und „auf den ersten Blick" das formelle Anforderungsprofil der Bewerbungsbedingungen erkennen können, um eine Entscheidung über die Anforderung der Vergabeunterlagen treffen zu können. Dem liegt die Vorstellung zu Grunde, dass ein Unternehmen unter Umständen eine Vielzahl von Auftragsbekanntmachungen durchsieht und zunächst „grob sortiert", auf welche Bekanntmachung hin er sich meldet bzw. für welche Ausschreibung er bereit ist, einen sukzessiv zunehmenden Aufwand zur Auftragserlangung zu betreiben. Eine Entscheidung auf den „auf den ersten Blick" ist jedoch nicht gewährleistet, wenn die Angabe der vorzulegenden Unterlagen erst in den noch anzufordernden Vertragsunterlagen vorbehalten wird.[125] 103

Unterlässt es der öffentliche Auftraggeber die Eignungskriterien in der Auftragsbekanntmachung bzw. in der Aufforderung zur Interessensbestätigung anzugeben und gibt diese stattdessen erstmals in den Vergabeunterlagen an, liegt hierin ein Vergaberechtsverstoß,[126] der dazu führt, dass die entsprechenden Eignungsnachweise nicht wirksam gefordert sind und also auch nicht von einem Bewerber oder Bieter verlangt bzw. bei der Angebotswertung berücksichtigt werden können.[127] 104

I. Veröffentlichung

Die Eignungskriterien sind nach § 122 Abs. 4 S. 2 GWB in der Auftragsbekanntmachung, der Vorinformation oder der Aufforderung zur Interessensbestätigung aufzuführen. 105

Ausdrücklich in Bezug genommen wird neben der Auftragsbekanntmachung die **Aufforderung zur Interessensbestätigung**. Eine Aufforderung zur Interessensbestätigung versenden diejenigen subzentralen öffentlichen Auftraggeber, – also alle Auftraggeber mit Ausnahme oberster Bundesbehörden[128] – die den Aufruf zum Wettbewerb gemäß Art. 48 Abs. 2 RL 2014/24/EU durch eine Vorinformation ersetzen dürfen, an diejenigen Wirtschaftsteilnehmer, die nach der Veröffentlichung der Vorinformation ihr Interesse begründet haben (Art. 26 Abs. 5 unter Abs. 3 RL 2014/24/EU). § 122 Abs. 4 S. 2 GWB stellt zudem klar, dass die nichtzentralen öffentlichen Auftraggeber die Eignungskriterien entsprechend Anhang V Teil B Nr. 5 RL 2014/24/EU auch schon in die Vorinformation nach Art. 48 Abs. 2 RL 2014/24/EU aufnehmen können. 106

Nach § 48 Abs. 1 VgV ist in der Auftragsbekanntmachung oder der Aufforderung zur Interessenbestätigung neben den Eignungskriterien ferner anzugeben, mit welchen **Unterlagen**, also Eigenerklärungen, Angaben, Bescheinigungen und sonstigen Nachweisen, Bewerber oder Bieter ihre Eignung und das Nichtvorliegen von Ausschlussgründen zu belegen haben.[129] Die vom öffentlichen Auftraggeber zum Nachweis der Eignung geforderten Unterlagen sind eindeutig zu formulieren – dies gilt insbesondere für etwaige Mindestanforderungen an die Eignung.[130] Zweifel gehen zulasten des öffentlichen Auftraggebers. Die weitverbreitete Praxis, in der Bekanntmachung bezüglich der zum Eignungsnachweis geforderten Nachweise auf die entsprechenden Normen in der VOL/A oder Formblätter zu verweisen, genügt den Transpa- 107

124 OLG Düsseldorf, Beschluss v. 9.3.2007 – VII-Verg 5/07.
125 OLG Naumburg, Beschluss v. 2.7.2009 – 1 Verg 2/09; VK Sachsen, Beschluss v. 22.7.2010 – 1/SVK/022-10.
126 Vgl. z.B. OLG Celle, Beschluss v. 24.4.2014 – 13 Verg 2/14; OLG Düsseldorf, Beschluss v. 22.1.2014 – VII-Verg 26/13.
127 Vgl. z.B. OLG Celle, Beschluss v. 24.4.2014 – 13 Verg 2/14; OLG Düsseldorf, Beschluss v. 22.1.2014 – VII-Verg 26/13; VK Südbayern, Beschluss v. 15.5.2015 – Z3-3-3194-1-05-01/15.
128 Vgl. § 38 Abs. 4 S. 1 VgV.
129 Hier wird einmal mehr die Unterscheidung zwischen Eignungskriterien und -belegen in der VgV deutlich.
130 Siehe hierzu Rn. 126.

renzanforderungen nicht. Die in der Auftragsbekanntmachung enthaltene Aufforderung an die Bieter, aussagekräftige Referenzen über vergleichbare Leistungen vorzulegen und Nachweise und Belege gemäß dem Kriterienkatalog in der Leistungsbeschreibung beizufügen, erfüllt die Vorgabe, die Eignungskriterien in der Bekanntmachung anzugeben, nicht.[131] Bei unmittelbarem und freiem Zugang der Anforderungen an den Eignungsnachweis über eine Verlinkung dieser Angaben aus der Bekanntmachung heraus kann dies zulässig sein.[132]

II. Bindung des öffentlichen Auftraggebers

108 Der öffentliche Auftraggeber und die Bieter sind bei europaweiten Ausschreibungen an die Vorgaben gebunden, die vom öffentlichen Auftraggeber in der europaweiten Auftragsbekanntmachung veröffentlicht wurden.[133] Legt der öffentlichen Auftraggeber in der Bekanntmachung die von dem Bieter zu erfüllenden Eignungskriterien fest, so ist er hieran gebunden. Er kann diese später in den Vergabeunterlagen **nicht verändern, erweitern oder einschränken**.[134] Lediglich einfache **Präzisierungen**, aber keinesfalls Verschärfungen, Erleichterungen oder die Zurücknahme oder Neueinfügung von Eignungskriterien dürfen während des Vergabeverfahrens erfolgen.[135] Der öffentliche Auftraggeber kann insbesondere nicht nachträglich einzelne Bieter von dem Erfordernis einzelner Eignungskriterien befreien.[136] Dies gilt auch im Verhandlungsverfahren.[137]

109 Die **erstmalige Forderung** von Eignungskriterien, Eignungsbelegen und Erklärungen **in den Vergabeunterlagen** ist nicht wirksam.[138] So kann der öffentliche Auftraggeber zum Beispiel nicht im Nachhinein Referenzen für weitergehende technische Spezifikationen verlangen.[139]

110 Bei einem **Widerspruch zwischen Bekanntmachung und Vergabeunterlagen** ist grundsätzlich der Inhalt der Bekanntmachung maßgeblich. Ein Bieter kann also nicht deshalb ausgeschlossen werden, weil er Nachweise nicht vorgelegt hat, die zwar in den Vergabeunterlagen, nicht jedoch in der Auftragsbekanntmachung gefordert wurden.[140] Werden Eignungsnachweise nicht ordnungsgemäß bekannt gemacht, sind sie nicht ordnungsgemäß gefordert. Der öffentliche Auftraggeber kann einen Bieter dann nicht deshalb als ungeeignet ansehen, weil er die Eignung nicht nachgewiesen hat. Ist die Eignungsprüfung deshalb nicht möglich, kann hierin ein sachlicher Grund für die Aufhebung der Ausschreibung liegen.[141]

111 Stellt der öffentliche Auftraggeber vor Ablauf der Angebotsfrist fest, dass die veröffentlichten **Eignungsanforderungen** unzureichend sind, kann er sie in einem transparenten und diskriminierungsfreien Verfahren **ändern**. Dies kann durch eine Änderungsbekanntmachung erfolgen.[142]

III. Bekanntgabe einer Gewichtung

112 Bei der Entscheidung über die Eignung gibt es an sich nur das Ergebnis, das Unternehmen ist geeignet oder nicht. Eine Abstufung findet nicht statt und ist auch nicht erforderlich. Etwas anderes gilt im Teilnahmewettbewerb.[143]

---

131 OLG Düsseldorf, Beschluss v. 28.11.2012 – VII-Verg 8/12.
132 OLG Düsseldorf, Beschluss v. 16.11.2011 – VII – Verg. 60/11; VK Bund, Beschluss v. 11.7.2012 VK – 1-67/12.
133 VK Rheinland-Pfalz, Beschluss v. 10.11.2015 – VK 1026/15.
134 VK Sachsen-Anhalt, Beschluss v. 5.10.2015 – 3 VK LSA 360/15.
135 OLG Koblenz, Beschluss v. 10.6.2010 – 1 Verg 3/10; VK Sachsen-Anhalt, Beschluss v. 29.9.2015 – 3 VK LSA 65/15.
136 OLG Frankfurt, Beschluss v. 26.10.2011 – 11 Verg 7/11.
137 So *Braun*, in: Gabriel/Krohn/Neun, Handbuch des Vergaberechts, § 28 Rn. 29 unter Berufung auf OLG Düsseldorf, Beschluss v. 3.3.2010 – VII-Verg 46/09.
138 OLG Naumburg, Beschluss v. 23.12.2014 – 2 U 74/14.
139 VK Bund, Beschluss v. 3.2.2016 – VK 1-126/15.
140 So zuletzt VK Südbayern, Beschluss v. 22.12.2015 – Z3-3-3194-1-48-09/15.
141 Vgl. z.B. OLG Brandenburg, Beschluss v. 12.1.2016 – Verg W 4/15; OLG Naumburg, Beschluss v. 23.12.2014 – 2 Verg 5/14; VK Sachsen, Beschluss v. 28.8.2015 – 1/F VK/020-15.
142 VK Westfalen, Beschluss v. 18.3.2015 – VK 1-6/15.
143 Vgl. Fn. 31.

G. Prüfung und Beurteilung der Eignung

113 Die Eignungsprüfung ist ein **eigenständiger Prüfungsschritt** innerhalb der Angebotswertung, der mit der Feststellung der Eignung oder Nichteignung eines Bieters endet und daher von der materiellen Prüfung des Angebotes abzugrenzen ist.[144] **Ziel** der Prüfung ist es festzustellen, welche Bewerber oder Bieter über die erforderliche Fachkunde und Leistungsfähigkeit für den konkreten Auftrag verfügen, sodass die Erwartung des öffentlichen Auftraggebers gerechtfertigt ist, dass sie den ausgeschriebenen Auftrag vertragsgerecht erfüllen werden.

114 Für die Durchführung der Eignungsprüfung ist weder ein bestimmtes **Verfahren** noch eine bestimmte **Form** vorgeschrieben. Die Eignungsprüfung dient der Auswahl der Bieter nach ihren jeweiligen Mitteln und Fähigkeiten, ist daher unternehmensbezogen, und zu unterscheiden von der Ermittlung des wirtschaftlich günstigsten Angebotes auf Basis der veröffentlichten Zuschlagskriterien, die strikt angebotsbezogen erfolgt. Die Prüfung muss auf der Grundlage der verlangten Eignungsnachweise erfolgen. Ein Unternehmen ist dann geeignet, wenn es die vom öffentlichen Auftraggeber zur ordnungsgemäßen Ausführung des öffentlichen Auftrags im Einzelfall festgelegten Kriterien erfüllt. Von der Angebotswertung ausgeschlossen werden solche Unternehmen ausgeschlossen, die die Eignungskriterien nicht erfüllen.[145]

I. Formelle und materielle Eignungsprüfung

115 Die Prüfung der Eignung eines Unternehmens ist ein wertender Vorgang, in den zahlreiche Einzelumstände einfließen. Daher steht der Vergabestelle bei der Beurteilung der Eignung eines Bieters ein **Beurteilungsspielraum** zu, der nur einer eingeschränkten Kontrolle durch die Nachprüfungsinstanzen zugänglich ist.[146] Die Eignung eines Bieters kann nur im Rahmen einer Prognoseentscheidung beurteilt werden. Hierüber muss der öffentliche Auftraggeber auf einer möglichst breiten Tatsachengrundlage entscheiden. Seine Entscheidung hat der öffentliche Auftraggeber auf gesicherte eigene Erkenntnisse zu stützen. Erkundigungen der Vergabestelle bei anderen Auftraggebern und Verwertung der Ergebnisse sind ebenso zulässig wie die Verwertung von ihr bekannt gewordenen Informationen aus zeitnahen vorangegangen Ausschreibungen.

116 Die Eignungsprüfung erfolgt in **zwei Stufen**[147] und unterteilt sich in eine formelle und eine materielle Eignungsprüfung. Im Rahmen der formellen Eignungsprüfung prüft der öffentliche Auftraggeber das Vorliegen der Eignungsbelege. Gegenstand der materiellen Eignungsprüfung ist die inhaltliche Frage, ob der Bieter für den Auftrag geeignet ist.[148]

117 Eignungsnachweise, die den **formellen Anforderungen** der Auftragsbekanntmachung nicht genügen, dürfen bei der materiellen Eignungsprüfung nicht berücksichtigt werden.[149]

118 Nach § 56 Abs. 2 VgV kann der öffentliche Auftraggeber Bewerber und Bieter auffordern, fehlende, unvollständige oder fehlerhafte unternehmensbezogene Unterlagen, insbesondere Eigenerklärungen, Angaben, Bescheinigungen oder sonstige Nachweise, **nachzureichen, zu vervollständigen oder zu korrigieren**.[150] § 16a EU VOB/A enthält eine pauschalere Regelung zur Nachforderung von Erklärungen und -nachweisen.

II. Prüfungsfolge und Zeitpunkt der Eignungsprüfung

119 § 122 Abs. 1 GWB legt nahe, dass vor der Prüfung der Eignung der Unternehmen die **Prüfung auf Ausschlussgründe** in §§ 123 und 124 GWB abgeschlossen ist. Insofern scheint die Reihenfolge im Gesetz, nach der § 122 GWB mit der Vorgabe für die Eignung vor den zwin-

---

144 *Hausmann/v. Hoff*, in: Kulartz/Marx/Portz/Prieß, VOL/A, § 7 EG Rn. 4.
145 § 57 Abs. 1 VgV.
146 VK Niedersachsen, Beschluss v. 4.10.2012 – VgK – 38/2012.
147 VK Südbayern, Beschluss v. 27.4.2015 – Z 3-3-3194-1-09-02/15.
148 Vgl. z.B. VK Südbayern, Beschluss v. 27.4.2015 – Z3-3-31 94-1-09-02/15.
149 VK Südbayern, Beschluss v. 27.4.2015 – Z3-3-31 94-1-09-02/15.
150 Ohne die Differenzierung nach leistungsbezogenen und unternehmensbezogenen Unterlagen § 16a EU VOB/A.

genden und fakultativen Ausschlussgründen steht, noch eine Reminiszenz an die Vorgängerregelung zu sein.[151] Nur unter den Angeboten von geeigneten Bietern erfolgt die Auswahlentscheidung anhand der Zuschlagskriterien. Die Eignungsprüfung wird deshalb auch als Vorfilter bezeichnet.[152]

120 Im **offenen Verfahren** erfolgt die Eignungsprüfung grundsätzlich nach Vorlage der Angebote und vor der Ermittlung des wirtschaftlich günstigsten Angebotes auf Basis der veröffentlichten Zuschlagskriterien. Allgemein sind bei der Angebotswertung die Angebote zunächst daraufhin zu untersuchen, ob die bieterbezogenen Anforderungen erfüllt sind, ob also gesetzliche Ausschlussgründe in der Person des Bieters vorliegen und die vom öffentlichen Auftraggeber definierten Eignungskriterien eingehalten werden. Erst danach erfolgen die Prüfungen der Auskömmlichkeit des Angebots und dessen Wertung anhand der Zuschlagskriterien. Diese Reihenfolge behält auch das neue Vergaberecht in Art. 56 Abs. 1 RL. 2014/24/EU bei. Es gilt der Grundsatz „Eignungsprüfung vor Angebotsprüfung".[153] § 42 Abs. 3 VgV sowie § 16b EU Abs. 2 VOB/A sehen jedoch für das offene Verfahren – und ausschließlich für das offene Verfahren – eine Ausnahme von dieser grundsätzlich geltenden Prüfungsreihenfolge vor. Demnach kann der öffentliche Auftraggeber bei einem offenen Verfahren entscheiden, ob er die Angebotsprüfung vor der Eignungsprüfung durchführt. Die Ausnahme von der grundsätzlichen Prüfungsreihenfolge soll die Angebotsprüfung durch den öffentlichen Auftraggeber vereinfachen. Vor allem bei offenen Verfahren mit einer in der Regel großen Anzahl an Bietern kann eine geänderte Prüfungsfolge hilfreich sein. Der ersparte Kosten- und Zeitaufwand kann hier besonders groß sein. Bei der Durchführung eines Teilnahmewettbewerbs ist die Eignungsprüfung vorgelagert. Eine Änderung der Prüfungsreihenfolge scheidet daher bei Verfahren mit Teilnahmewettbewerb naturgemäß aus.

121 Die Eignung muss **bis zur Zuschlagsentscheidung** bejaht werden. An seiner einmal getroffenen Entscheidung über die Eignung eines Unternehmens ist der öffentliche Auftraggeber grundsätzlich gebunden. Werden nach erfolgter Eignungsprüfung Umstände bekannt, die gegen die Eignung eines Bieters sprechen, können diese im Rahmen einer neuen Eignungsprüfung berücksichtigt werden. Soweit neue Erkenntnisse vorliegen, kann der öffentliche Auftraggeber jederzeit erneut in die Eignungsprüfung einsteigen.[154] Gegebenenfalls müssen solche Umstände sogar zu einer neuen Eignungsprüfung führen. Der Bieter hat – jedenfalls im offenen Verfahren – kein schutzwürdiges Vertrauen auf den Bestand der Beurteilung seiner Eignung.[155]

122 Dies kommt nur dann in Betracht, wenn ein bestimmter Abschnitt des Vergabeverfahrens abgeschlossen ist und der öffentliche Auftraggeber bereits einen neuen Abschnitt wie z.B. die Angebotsphase oder eine weitere Verhandlungsrunde eingeleitet hat.[156] Etwas Besonderes kann gelten, wenn der öffentliche Auftraggeber einen Bewerber **nach Abschluss des Teilnahmewettbewerbs** zur Abgabe eines Angebotes aufgefordert hat.[157]Im zweistufigen Verfahren mit vorgeschaltetem Teilnahmewettbewerb soll der öffentliche Auftraggeber an die Beurteilung der Eignung eines Bewerbers im Teilnahmewettbewerb und die Aufforderung dieses Bieters zur Teilnahme am Verhandlungsverfahrens gebunden sein, solange und soweit sich keine neuen tatsächlichen Feststellungen ergeben. Der Bieter darf darauf vertrauen, dass der ihm durch die Erstellung des Angebotes entstandene Aufwand nicht dadurch nachträglich nutzlos wird, dass der öffentliche Auftraggeber die Eignung auf gleichbleibender tatsächlicher Grundlage abweichend beurteilt.[158] Bieter, die der öffentliche Auftraggeber aufgrund fehlender Erklärungen und Belege als ungeeignet angesehen hat, können nicht verlangen, dass der

151 So sind in der RL 2014/18/EG in Art. 57 Ausschlussgründe vor den materiellen Eignungskriterien in Art. 58 geregelt.
152 *Fehling*, in: Pünder/Schellenberg, Vergaberecht, § 97 GWB Rn. 106.
153 Verordnungsbegründung, VergRModVO, BR-Drs. 87/16, 198.
154 VK Sachsen-Anhalt, Beschluss v. 6.10.2015 – 1 VK LSA 12/15.
155 OLG Düsseldorf, Beschluss v. 4.2.2013 –VII-Verg 52/12.
156 KG, Beschluss v. 4.12.2015 – Verg 8/15 unter Berufung auf BGH, Beschluss v. 7.1.2014 – XZB 15/13.
157 OLG Naumburg, Beschluss v. 23.12.2014 – 2 Verg 5/14.
158 OLG Naumburg, Beschluss v. 23.12.2014 – 2 Verg 5/14.

öffentliche Auftraggeber erneut in die Eignungsprüfung eintritt, wenn sie neue Unterlagen, die ihre Eignung belegen, vorlegen.

III. Mindestanforderungen

Der öffentliche Auftraggeber kann Mindestanforderungen an die nachzuweisende Eignung festlegen. **Mindestanforderungen** an die Eignung konkretisieren die allgemeinen Eignungsmerkmale und können vom öffentlichen Auftraggeber in Ausübung der ihm eingeräumten Bestimmungsfreiheit in der Bekanntmachung festgelegt werden.[159] **123**

Der öffentliche Auftraggeber ist **nicht gezwungen**, Mindestanforderungen festzulegen.[160] Er kann die geforderten Eignungsnachweise auch in einer Gesamtschau bewerten. **124**

Wenn der öffentliche Auftraggeber Mindestanforderungen an die Eignung bestimmt, sind auch diese **bekannt zu machen**. Die Bekanntmachungsformulare vereinfachen dies über ein eigens für die Angabe von Mindestanforderungen eingerichtetes Eintragungsfeld unter III.1. **125**

Möchte der öffentliche Auftraggeber Mindestanforderungen festlegen, muss er dies **eindeutig** formulieren. Allein die Forderung nach einem Nachweis oder einer Erklärung lässt noch nicht zweifelsfrei erkennen, dass die einschlägigen Tätigkeiten als Mindesteignungsanforderungen gelten sollten.[161] **126**

Legt der öffentliche Auftraggeber Mindestanforderungen fest, darf er hiervon im Nachhinein **nicht abweichen**.[162] Mindestanforderungen dürfen auch nicht nachträglich formuliert werden. Dies ergibt sich aus § 122 Abs. 4 S. 2 GWB, nach dem die Eignungskriterien in der Bekanntmachung, der Vorinformation oder der Aufforderung zur Interessenbestätigung aufzuführen sind. **127**

Für Mindestanforderungen gilt die Vorgabe eines **angemessenen Verhältnisses** zum Auftragsgegenstand nach § 122 Abs. 4 S. 1 GWB in besonderem Maße. Zu hohe Mindestanforderungen sind stets ausgrenzend und wettbewerbsbeschränkend und damit nicht im Einklang mit § 122 Abs. 4 S. 1 GWB.[163] Rechtfertigt der Auftragsgegenstand es, die notwendige Leistungsfähigkeit von Bewerbern und Bietern als hochrangig einzustufen, dürfen hohe Anforderungen an die Eignung gestellt werden. In derartigen Fällen ist auch die Festlegung eines Mindestumsatzes über einen bestimmten Zeitraum zulässig.[164] **128**

IV. Eignungsleihe

Kann der Bieter selbst die entsprechenden Eignungsnachweise nicht vorlegen, kann er im Hinblick auf die erforderliche wirtschaftliche und finanzielle sowie technische und berufliche Leistungsfähigkeit die Kapazitäten anderer Unternehmen in Anspruch nehmen. Die Voraussetzungen hierfür sind in § 47 VgV und § 6d EU VOB/A geregelt. Die sog. Eignungsleihe setzt den Nachweis, dass dem Bieter die für den Auftrag erforderlichen Mittel tatsächlich zur Verfügung stehen werden, indem er beispielsweise eine entsprechende Verpflichtungserklärung der Unternehmen vorlegt. **129**

V. Bewerber- und Bietergemeinschaften

Besonderheiten für die Prüfung der Eignung ergeben sich bei Angeboten von Bewerber- und Bietergemeinschaften. Unternehmen schließen sich häufig vor allem deshalb zu Bewerber- **130**

159 OLG Düsseldorf, Beschluss v. 5.11.2014 – VII-Verg 21/14.
160 VK Bund, Beschluss v. 4.10.2012 – VK 2-86/12.
161 OLG Düsseldorf, Beschluss v. 5.11.2014 – VII-Verg 21/14.
162 Vgl. Rn. 109.
163 *Müller-Wrede*, in: Müller-Wrede, VOL/A, § 7 EG Rn. 35 unter Berufung auf OLG Koblenz, Beschluss v. 13.6.2012 – 1 Verg 2712.
164 OLG Düsseldorf, Beschluss v. 19.12.2012 – VII-Verg 30/12; vgl. aber die Begrenzung in § 45 Abs. 2 VgV und § 6a Nr. 2 lit. c VOB/A.

oder Bietergemeinschaften zusammen, weil sie nur gemeinsam in der Lage sind, die Eignungsvoraussetzungen zu erfüllen.

131 Gegenstand der Eignungsprüfung ist die Bewerber- oder Bietergemeinschaft. Ihr werden die Eignungsnachweise der Mitglieder **zugerechnet**. Die Belege zur Eignung von Bewerber- und Bietergemeinschaften sind daher in der Regel in Summe zu betrachten, d.h., es reicht aus, wenn die insgesamt vorgelegten Nachweise, Erklärungen und Unterlagen in Summe bewertet werden. Nach der jüngeren Rechtsprechung können Unternehmen ohne besondere entgegenstehende Anhaltspunkte regelmäßig davon ausgehen, dass es bei einer Bietergemeinschaft ausreichend ist, wenn geforderte Nachweise oder Eigenerklärungen zur Fachkunde oder zur Leistungsfähigkeit für ein Mitglied der Bietergemeinschaft vorgelegt werden, während die Zuverlässigkeit – bzw. nunmehr das Nichtvorliegen von Ausschlussgründen – von jedem Mitglied in der geforderten Art und Weise zu belegen ist.[165] Hinsichtlich der Fachkunde und Leistungsfähigkeit kommt es demnach auf die der Bietergemeinschaft insgesamt zur Verfügung stehenden Kapazitäten an. Im Übrigen bleibt es dem öffentlichen Auftraggeber im Einzelfall unbenommen, in den Ausschreibungsunterlagen festzulegen, dass bestimmte Nachweise der Leistungsfähigkeit für jedes einzelne Mitglied der Bietergemeinschaft vorgelegt werden müssen.[166]

H. Rechtsschutz

132 § 122 GWB ist in mehrerlei Hinsicht **bieterschützend**. Bieter können die Entscheidung des öffentlichen Auftraggebers, sie als ungeeignet anzusehen, vor der Vergabekammer überprüfen lassen. Konkurrenten können die Entscheidung des öffentlichen Auftraggebers, einen Bieter als geeignet anzusehen, ebenfalls überprüfen lassen.[167]

133 Dabei ist allerdings der **Beurteilungs- und Ermessensspielraum** des öffentlichen Auftraggebers sowohl bei der Festlegung der Eignungskriterien und -belege als auch bei der Beurteilung der Eignung zu berücksichtigen. Bei der Festlegung der Eignungskriterien und der Eignungsbelege besteht nur eine eingeschränkte Kontrolle durch die Nachprüfungsinstanzen. Dies gilt auch bei der Eignungsprüfung, die alleinige Aufgabe des Auftraggebers ist. Vergabekammern und Senate sind nicht befugt, sich an dessen Stelle zu setzen.[168] Wegen der einer Prognose immanenten Unsicherheiten steht dem öffentlichen Auftraggeber ein Beurteilungsspielraum zu, der von Nachprüfungsinstanzen nur daraufhin überprüft werden kann, ob das vorgeschriebene Verfahren eingehalten worden ist, ob der öffentliche Auftraggeber die von ihm selbst aufgestellten Bewertungsvorgaben eingehalten hat, ob er den zugrunde gelegten Sachverhalt vollständig und zutreffend ermittelt hat sowie dass er bei seiner Entscheidung keine sachwidrigen Erwägungen angestellt bzw. nicht gegen allgemeine Bewertungsgrundsätze verstoßen hat.[169]Bei der Prüfung der Eignung muss der öffentliche Auftraggeber den Grundsatz der Gleichbehandlung berücksichtigen. Angebote, bei denen die Eignung der Unternehmen nicht nachgewiesen ist, können nicht bezuschlagt werden.

---

165 Vgl. z.B. OLG Naumburg, Beschluss v. 30.4.2007 – 1 Verg 1/07; OLG Düsseldorf, Beschluss v. 31.7.2007 – VII-Verg 25/07.

166 Vgl. *Gabriel,* in: Gabriel/Krohn/Neun, Handbuch des Vergaberecht, § 15 Rn. 21, sowie zur wirtschaftlichen und finanziellen Leistungsfähigkeit z.B. VK Saarland, Beschluss v. 28.10.2010 – 1 VK 12/2010.

167 OLG Düsseldorf, Beschluss. v. 6.5.2011 – VII-Verg 26/11.

168 OLG Koblenz, Beschluss v. 25.2.2015 – Verg 5/14.

169 Zuletzt OLG Naumburg, Beschluss v. 22.9.2014 – 2 Verg 2/13.

Anlage

Gesetzesbegründung (BT-Drs. 18/6281)

Seite 100

§ 122 nimmt den Regelungsgehalt des bisherigen § 97 Absatz 4 Satz 1, Absatz 4a GWB auf und legt dabei die Grundanforderungen an die Eignung der Unternehmen, die sich in einem Vergabeverfahren um öffentliche Aufträge bewerben möchten, abschließend fest. Die Vorschrift greift dabei die Terminologie und Systematik des Artikels 58 der Richtlinie 2014/24/EU auf.

Zu Absatz 1

Während nach der bisherigen deutschen Systematik des § 97 Absatz 4 Satz 1 GWB die Eignung aus den vier Elementen Fachkunde, Leistungsfähigkeit, Zuverlässigkeit und Gesetzestreue besteht, orientiert sich Absatz 1nunmehr an den Vorgaben des Artikels 58 Absatz 1 der Richtlinie 2014/24/EU. Zwar bleiben die Begriffe Fachkunde und Leistungsfähigkeit als zentrale, definierende Komponenten der Eignung erhalten. Das Begriffspaar Fachkunde und Leistungsfähigkeit wird jedoch vollständig durch die in Absatz 2 aufgeführten drei Kategorienausgefüllt, die die Anforderungen der Richtlinie 2014/24/EU abbilden.

Nach § 123 sind Unternehmen bei Vorliegen von zwingenden Ausschlussgründen vom Vergabeverfahren (ohne Entscheidungsspielraum des öffentlichen Auftraggebers) auszuschließen. Unternehmen können nach einer Ermessensentscheidung des öffentlichen Auftraggebers ausgeschlossen werden, sofern ein fakultativer Ausschlussgrund nach § 124 vorliegt. Ein solcher fakultativer Ausschlussgrund ist nach § 124 Absatz 1 Nummer 1 gegeben,

Seite 101

wenn das Unternehmen bei der Ausführung öffentlicher Aufträge nachweislich gegen geltende umwelt-, sozial- und arbeitsrechtliche Verpflichtungen verstoßen hat. Nach § 124 Absatz 1 Nummer 3 kann ein Unternehmen ausgeschlossen werden, wenn eine schwere Verfehlung des Unternehmens (oder einer Person, deren Handeln dem Unternehmen zuzurechnen ist) nachweislich vorliegt, durch die die Integrität des Unternehmens infrage gestellt wird.

§ 128 Absatz 1 regelt (in Umsetzung des Artikels 18 Absatz 2 der Richtlinie 2014/24/EU), dass die beauftragten Unternehmen auch bei der Ausführung des öffentlichen Auftrags allen für sie geltenden rechtlichen Verpflichtungen nachkommen müssen. Dies gilt insbesondere für die Entrichtung von Steuern und Sozialabgaben, die Einhaltung arbeitsschutzrechtlicher Bestimmungen sowie die Gewährung gesetzlich festgelegter Mindestentgelte. Allgemeinverbindlich erklärte Tarifverträge sind ebenfalls zwingend zu beachten.

Über diese detaillierten Vorgaben der §§ 123, 124 und § 128 Absatz 1 wird – entsprechend der Systematik der Richtlinie 2014/24/EU – sichergestellt, dass nur solche Unternehmen den Zuschlag erhalten, die Recht und Gesetz in der Vergangenheit eingehalten haben und bei denen gesetzestreues Verhalten auch in Zukunft zu erwarten ist. Die unbestimmten Rechtsbegriffe der Zuverlässigkeit und Gesetzestreue, die bisher zur Definition der Eignung herangezogen wurden, können daher künftig entfallen. Damit ändert sich nichts an der geltenden Rechtslage, wann ein Bewerber oder Bieter in einem Vergabeverfahren wegen Verstößen gegen geltendes Recht nicht zum Zuge kommen darf.

Zu Absatz 2

§ 122 Absatz 2 greift die in Artikel 58 Absatz 1 der Richtlinie 2014/24/EU enthaltenen drei Kategorien der Eignung zur Konkretisierung des Eignungsbegriffs auf. Im Einzelfall legt der öffentliche Auftraggeber Eignungskriterien fest, um zu gewährleisten, dass nur Angebote solcher Unternehmen in die Auswahl einbezogen werden, die für die ordnungsgemäße Ausführung des konkreten Auftrags geeignet sind. Mit den drei in Artikel 58 Absatz 1 der Richtlinie 2014/24/EU vorgesehenen Kategorien „Befähigung und Erlaubnis zur Berufsausübung", „wirtschaftliche und finanzielle Leistungsfähigkeit" sowie „technische und berufliche Leistungsfähigkeit" sind die zugelassenen Kategorien der Eignung abschließend geregelt. Alle Eignungskriterien, die öffentliche Auftraggeber an die bietenden Unternehmen stellen, müssen daher unter eine dieser drei Kategorien untergeordnet werden können. Die weitere Konkretisierung – entsprechend den Vorgaben der Artikel 58, 60 und 62 der Richtlinie 2014/24/EU – wird in der Vergabeverordnung und für die Vergabe von Bauleistungen in der VOB/A, 2. Abschnitt, erfolgen.

Zu Absatz 3

§ 122 Absatz 3 entspricht dem bisherigen § 97 Absatz 4a GWB und lässt die Einrichtung staatlicher oder privatwirtschaftlich organisierter, anerkannter Präqualifizierungssysteme zum vereinfachten Nachweis der Eignung und des Nichtvorliegens von Ausschlussgründen zu. Der Absatz greift damit den Regelungsgehalt des Artikel 64 Absatz 1 der Richtlinie 2014/24/EU auf.

Zu Absatz 4

§ 122 Absatz 4 Satz 1 stellt sicher, dass öffentliche Auftraggeber bei Vergabeverfahren nur angemessene Anforderungen an die Eignung stellen. Diese hängen maßgeblich von der Art des Auftrags, vom Auftragsgegenstand und von den Bedingungen der Auftragsausführung ab. So werden in der Regel die Eignungsvorgaben an den Lieferanten bei der Beschaffung marktüblicher Waren deutlich geringer ausfallen können als die Eignungsvorgaben an einen Bauunternehmer, der mit der Realisierung eines komplexen Bauvorhabens betraut werden soll. Darüber hinaus sind (wie bisher) Anforderungen an die Eignung verboten, die in keiner Verbindung zum Auftragsgegenstand stehen.

§ 122 Absatz 4 Satz 2 setzt Artikel 58 Absatz 5 der Richtlinie 2014/24/EU in Übereinstimmung mit den bisherigen Anforderungen um. Die Eignungskriterien müssen allen interessierten Wirtschaftsteilnehmern rechtzeitig bekannt gemacht werden. Demnach müssen öffentliche Auftraggeber die Eignungskriterien in der Auftragsbekanntmachung oder in der Aufforderung zur Interessenbestätigung angeben. Eine Aufforderung zur Interessenbestätigung versenden diejenigen subzentralen öffentlichen Auftraggeber, die den Aufruf zum Wettbewerb gemäß Artikel 48 Absatz 2 der Richtlinie 2014/24/EU durch eine Vorinformation ersetzen dürfen, an diejenigen Wirtschaftsteilnehmer, die auf die Veröffentlichung der Vorinformation hin ihr Interesse bekundet haben (Artikel 26 Absatz 5 Unterabsatz 3 der Richtlinie 2014/24/EU). Absatz 4 Satz 2 stellt zudem klar, dass die subzentralen öffentlichen Auftraggeber die Eignungskriterien entsprechend Anhang V Teil B Nummer 5 Buchstabe c der Richtlinie 2014/24/EU auch schon in die Vorinformation nach Artikel 48 Absatz 2 der Richtlinie 2014/24/EU aufnehmen können.

§ 123
Zwingende Ausschlussgründe

(1) Öffentliche Auftraggeber schließen ein Unternehmen zu jedem Zeitpunkt des Vergabeverfahrens von der Teilnahme aus, wenn sie Kenntnis davon haben, dass eine Person, deren Verhalten nach Absatz 3 dem Unternehmen zuzurechnen ist, rechtskräftig verurteilt oder gegen das Unternehmen eine Geldbuße nach § 30 des Gesetzes über Ordnungswidrigkeiten rechtskräftig festgesetzt worden ist wegen einer Straftat nach:

1. § 129 des Strafgesetzbuchs (Bildung krimineller Vereinigungen), § 129a des Strafgesetzbuchs (Bildung terroristischer Vereinigungen) oder § 129b des Strafgesetzbuchs (Kriminelle und terroristische Vereinigungen im Ausland),
2. § 89c des Strafgesetzbuchs (Terrorismusfinanzierung) oder wegen der Teilnahme an einer solchen Tat oder wegen der Bereitstellung oder Sammlung finanzieller Mittel in Kenntnis dessen, dass diese finanziellen Mittel ganz oder teilweise dazu verwendet werden oder verwendet werden sollen, eine Tat nach § 89a Absatz 2 Nummer 2 des Strafgesetzbuchs zu begehen,
3. § 261 des Strafgesetzbuchs (Geldwäsche; Verschleierung unrechtmäßig erlangter Vermögenswerte),
4. § 263 des Strafgesetzbuchs (Betrug), soweit sich die Straftat gegen den Haushalt der Europäischen Union oder gegen Haushalte richtet, die von der Europäischen Union oder in ihrem Auftrag verwaltet werden,
5. § 264 des Strafgesetzbuchs (Subventionsbetrug), soweit sich die Straftat gegen den Haushalt der Europäischen Union oder gegen Haushalte richtet, die von der Europäischen Union oder in ihrem Auftrag verwaltet werden,
6. § 299 des Strafgesetzbuchs (Bestechlichkeit und Bestechung im geschäftlichen Verkehr),
7. § 108e des Strafgesetzbuchs (Bestechlichkeit und Bestechung von Mandatsträgern),
8. den §§ 333 und 334 des Strafgesetzbuchs (Vorteilsgewährung und Bestechung), jeweils auch in Verbindung mit § 335a des Strafgesetzbuchs (Ausländische und internationale Bedienstete),
9. Artikel 2 § 2 des Gesetzes zur Bekämpfung internationaler Bestechung (Bestechung ausländischer Abgeordneter im Zusammenhang mit internationalem Geschäftsverkehr) oder
10. den §§ 232 und 233 des Strafgesetzbuchs (Menschenhandel) oder § 233a des Strafgesetzbuchs (Förderung des Menschenhandels).

(2) Einer Verurteilung oder der Festsetzung einer Geldbuße im Sinne des Absatzes 1 stehen eine Verurteilung oder die Festsetzung einer Geldbuße nach den vergleichbaren Vorschriften anderer Staaten gleich.

(3) Das Verhalten einer rechtskräftig verurteilten Person ist einem Unternehmen zuzurechnen, wenn diese Person als für die Leitung des Unternehmens Verantwortlicher gehandelt hat; dazu gehört auch die Überwachung der Geschäftsführung oder die sonstige Ausübung von Kontrollbefugnissen in leitender Stellung.

(4) Öffentliche Auftraggeber schließen ein Unternehmen zu jedem Zeitpunkt des Vergabeverfahrens von der Teilnahme an einem Vergabeverfahren aus, wenn

1. das Unternehmen seinen Verpflichtungen zur Zahlung von Steuern, Abgaben oder Beiträgen zur Sozialversicherung nicht nachgekommen ist und dies durch eine rechtskräftige Gerichts- oder bestandskräftige Verwaltungsentscheidung festgestellt wurde oder
2. die öffentlichen Auftraggeber auf sonstige geeignete Weise die Verletzung einer Verpflichtung nach Nummer 1 nachweisen können.

Satz 1 ist nicht anzuwenden, wenn das Unternehmen seinen Verpflichtungen dadurch nachgekommen ist, dass es die Zahlung vorgenommen oder sich zur Zahlung der Steuern, Abgaben und Beiträge zur Sozialversicherung einschließlich Zinsen, Säumnis- und Strafzuschlägen verpflichtet hat.

(5) Von einem Ausschluss nach Absatz 1 kann abgesehen werden, wenn dies aus zwingenden Gründen des öffentlichen Interesses geboten ist. Von einem Ausschluss nach Absatz 4 Satz 1 kann abgesehen werden, wenn dies aus zwingenden Gründen des öffentlichen Interesses geboten ist oder ein Ausschluss offensichtlich unverhältnismäßig wäre. § 125 bleibt unberührt.

Übersicht

	Rn.
A. Allgemeines	1
I. Europarechtliche Vorgaben	3
II. Vergleich mit Vorgänger- und Parallelregelungen	8
B. Unternehmen	15
C. Ausschlussgründe (Abs. 1)	18
I. Straftat	18
II. Rechtskräftige Verurteilung	27
III. Kenntnis des öffentlichen Auftraggebers	30
IV. Zwingender Ausschluss	37
D. Verurteilung nach vergleichbaren Vorschriften anderer Staaten (Abs. 2)	41
E. Zurechnung (Abs. 3)	45
F. Steuern, Abgaben oder Beiträge zur Sozialversicherung (Abs. 4)	51
I. Verpflichtung zur Zahlung von Steuern, Abgaben und Beiträgen zur Sozialversicherung (S. 1 Nr. 1)	51
II. Feststellung durch rechtskräftige Gerichts- oder bestandskräftige Verwaltungsentscheidung S. 1 Nr. 1)	60
III. Nachweis auf sonstige geeignete Weise (S. 1 Nr. 2)	63
IV. Zwingender Ausschluss	65
V. Keine Anwendung des Ausschlusses (S. 2)	66
G. Absehen von einem Ausschluss (Abs. 5)	71
I. Zwingende Gründe des öffentlichen Interesses (S. 1)	73
II. Offensichtliche Unverhältnismäßigkeit (S. 2)	76
III. Selbstreinigung (S. 3)	77
H. Rechtsschutz	79
Anlage Gesetzesbegründung (BT-Drs. 18/6281)	

A. Allgemeines

1 § 123 GWB regelt den zwingenden Ausschluss von Unternehmen von der Teilnahme an Vergabeverfahren. Die Regelung steht **im engen Zusammenhang mit § 122 GWB**, nach dessen Abs. 1 öffentliche Aufträge an fachkundige und leistungsfähige (geeignete) Unternehmen vergeben werden, die nicht nach den §§ 123 oder 124 GWB ausgeschlossen worden sind. Über die Vorgaben der §§ 123, 124 GWB (und des § 128 Abs. 1 GWB) wird – entsprechend der Systematik der RL 2014/24/EU – sichergestellt, dass nur solche Unternehmen den Zuschlag erhalten, die Recht und Gesetz in der Vergangenheit eingehalten haben und bei denen gesetzestreues Verhalten auch in Zukunft zu erwarten ist.[1] Die unbestimmten Rechtsbegriffe der Zuverlässigkeit und Gesetzestreue, die bisher zur Definition der Eignung herangezogen wurden, entfallen daher künftig.[2] Damit ändert sich nichts an der geltenden Rechtslage, wann ein Bewerber oder Bieter in einem Vergabeverfahren wegen Verstoßes gegen geltendes Recht nicht zum Zuge kommen darf.[3]

2 Aufgrund der Stellung in Teil 4 des GWB Kapitel 1 Abschnitt 2 Unterabschnitt 2 gilt § 123 GWB für die Vergabe von **öffentlichen Aufträgen durch öffentliche Auftraggeber**. Für die Vergabe von öffentlichen Aufträgen durch **Sektorenauftraggeber** zum Zweck der Ausübung von Sektorentätigkeiten gilt § 123 GWB nach § 142 Abs. 1GWB und für die Vergabe von **verteidigungs- oder sicherheitsspezifischen öffentlichen Aufträgen** gemäß § 147 GWB entsprechend. Bei der Vergabe von **Konzessionen** ist § 123 GWB mit der Maßgabe anzuwenden, dass Konzessionsgeber nach § 101 Abs. 1 Nr. 3 GWB ein Unternehmen unter den Voraussetzungen des § 123 ausschließen können, aber nicht müssen (§ 154 Nr. 2 lit. a GWB).

1 Gesetzesbegründung zu § 122 Abs. 1 GWB, BT-Drs. 18/6281, 101.
2 Gesetzesbegründung zu § 122 Abs. 1 GWB, BT-Drs. 18/6281, 101.
3 Gesetzesbegründung zu § 122 Abs. 1 GWB, BT-Drs. 18/6281, 101.

I. Europarechtliche Vorgaben

§ 123 GWB setzt **Art. 57 Abs. 1 bis 3 und Abs. 5 UAbs. 1 RL 2014/24/EU** um. Erwägungsgrund 100 RL 2014/24/EU formuliert den Ansatz für die zwingenden Ausschlussgründe wie folgt: 3

> „Öffentliche Aufträge sollten nicht an Wirtschaftsteilnehmer vergeben werden, die sich an einer kriminellen Vereinigung beteiligt haben oder sich der Bestechung, des Betrugs zum Nachteil der finanziellen Interessen der Union, terroristischer Straftaten, der Geldwäsche oder der Terrorismusfinanzierung schuldig gemacht haben. Die Nichtzahlung von Steuern oder Sozialversicherungsbeiträgen sollte ebenfalls mit der Sanktion eines obligatorischen Ausschlusses auf Unionsebene belegt werden."

Art. 57 Abs. 1 RL 2014/24/EU enthält einen Katalog von Straftaten, aufgrund derer ein zwingender Ausschluss erfolgt.[4] Die Umsetzung in § 123 Abs. 1 bis 3 GWB geht nicht über die verpflichtenden Vorgaben der Richtlinie hinaus und zeichnet diese für das deutsche Recht nach. Es wurde davon abgesehen, solche Ausschlussgründe, die nach der Richtlinie fakultativ sind, in § 123 GWB als zwingende Ausschlussgründe zu gestalten oder nicht in der RL 2014/24/EU aufgeführte Straftaten in den Katalog des § 123 GWB aufzunehmen.[5] 4

§ 123 Abs. 4 GWB setzt mit der Regelung zum Ausschluss wegen **Nichtzahlung von Steuern und Sozialversicherungsbeiträgen** Art. 57 Abs. 2 RL 2014/24/EU um.[6] 5

Die Vorgabe aus Art. 57 Abs. 5 UAbs. 1 RL 2014/24/EU, den Wirtschaftsteilnehmer **zu jedem Zeitpunkt** des Vergabeverfahrens auszuschließen, ist durch entsprechende Formulierungen in § 123 Abs. 1 und Abs. 2 GWB sichergestellt.[7] 6

Die Voraussetzungen für ein (ausnahmsweises) **Absehen** vom zwingenden Ausschluss gemäß Art. 57 Abs. 3 RL 2014/24/EU enthält § 123 Abs. 5 GWB.[8] 7

II. Vergleich mit Vorgänger- und Parallelregelungen

Weil der Ausschluss eines Unternehmens von der Teilnahme an einem Vergabeverfahren in **Grundrechte** eingreifen kann, erfolgt eine Regelung im Gesetz, dem GWB, und nicht wie bisher in den Vergabe- und Vertragsordnungen.[9] 8

Einen **Ausschluss wegen rechtskräftiger Verurteilung** sahen bisher § 6 EG Abs. 4 VOL/A, § 4 Abs. 6 VOF sowie § 6 EG Abs. 4 und § 6 VS Abs. 4 VOB/A 2012 sowie § 21 SektVO 2009 vor. Auch dort waren jeweils in einem abschließenden Katalog Ausschlusstatbestände geregelt, die an eine rechtskräftige Verurteilung wegen bestimmter, im Einzelnen aufgelisteter Straftaten anknüpften. § 6 EG Abs. 4 VOL/A enthielt allerdings – anders als § 6 EG Abs. 4, § 6 VS Abs. 4 VOB/A und § 21 Abs. 1 SektVO – entgegen der Richtlinienvorgaben nicht den Straftatbestand des § 299 StGB (Bestechlichkeit und Bestechung im geschäftlichen Verkehr). 9

Die **Straftatbestände** in § 123 GWB stimmen größtenteils mit den in § 6 EG Abs. 4 VOL/A und § 6 EG Abs. 4 sowie § 6 VS Abs. 4 VOB/A 2012, § 4 Abs. 6 VOF 2009 und § 21 Abs. 1 SektVO 2009 aufgeführten Straftatbeständen überein. Der Katalog in § 123 GWB wurde entsprechend der RL 2014/24/EU um die Straftaten Terrorismusfinanzierung sowie Menschenhandel und gegenüber der VOL/A auch um Bestechlichkeit und Bestechung im geschäftlichen Verkehr (§ 299 StGB) und Bestechlichkeit und Bestechung von Mandatsträgern (§ 108e StGB) erweitert.[10] Während in Art. 57 Abs. 1 lit. f RL 2014/24/EU ausdrücklich auf Kinderarbeit und andere Formen des Menschenhandels im Sinne des Art. 2 RL 2011/36/EU Bezug genommen 10

---

4 Auf europäischer Ebene hat der Gesetzgeber erstmals mit den Richtlinien im Jahr 2004 zwingende Ausschlussgründe für bestimmte (Korruptions-)Straftaten vorgesehen; dazu *Prieß*, NZBau 2009, 587 ff.
5 Gesetzesbegründung, BT-Drs. 18/6281, 102.
6 Gesetzesbegründung, BT-Drs. 18/6281, 103.
7 Vgl. Gesetzesbegründung, BT-Drs. 18/6281, 102.
8 Gesetzesbegründung, BT-Drs. 18/6281, 104.
9 Gesetzesbegründung, BT-Drs.18/6281, 102.
10 Gesetzesbegründung, BT-Drs. 18/6281, 99.

wird, fehlt in § 123 GWB die Bezugnahme auf den Begriff Kinderhandel. § 123 Abs. 1 Nr. 10 GWB nennt §§ 232 und 233 StGB.

11 Die in § 6 EG Abs. 4 S. 1 lit. g VOL/A, § 4 Abs. 6 S. 1 lit. g VOF sowie § 6 EG Abs. 4 S. 1 lit. h und § 6 VS Abs. 4 S. 1 lit. h VOB/A 2012 aufgelistete **Steuerhinterziehung** ist im Katalog des § 123 Abs. 1 GWB nicht genannt. Sie ist ein Unterfall des Ausschlussgrundes in § 123 Abs. 4 Nr. 1 GWB.

12 Die VOB/A enthält in **§ 6e EU Abs. 1 und Abs. 4 VOB/A** weiterhin zwingende Ausschlussgründe. Die Regelung entspricht § 123 GWB bis auf zwei Ausnahmen: In der VOB/A wird der Singular „öffentlicher Auftraggeber" und im GWB der Plural „öffentliche Auftraggeber" verwendet. Im Unterschied zu der Regelung in § 123 GWB wird in § 6e EU VOB/A nicht ausdrücklich auf eine Geldbuße verwiesen, diese aber in Abs. 2 in Bezug genommen. Da § 123 GWB auch für die Vergabe von Bauaufträgen gilt, dürfte die Regelung in § 6e EU VOB/A keinen eigenständigen Regelungsgehalt entfalten.

13 In der **VgV** finden sich keine § 123 GWB entsprechenden Regelungen zu zwingenden Ausschlussgründen, wohl aber – wie auch in der VOB/A – z.B. Vorgaben zu den Belegen über das Nichtvorliegen von Ausschlussgründen (§ 48 VgV). § 42 Abs. 1 VgV legt ausdrücklich fest, dass der öffentliche Auftraggeber im Rahmen der Eignungsprüfung u.a. auch das Nichtvorliegen von Ausschlussgründen nach den §§ 123 und 124 GWB zu überprüfen hat.

14 **Wettbewerbsbeschränkende Absprachen** führen nach der Neuregelung durch das VergRModG 2016 im Bereich oberhalb der Schwellenwerte nicht mehr zwingend zu einem Ausschluss, sondern begründen einen fakultativen Ausschlussgrund nach § 124 Abs. 1 Nr. 4 oder Nr. 3 GWB, wenn sie nicht gleichzeitig einen Betrug nach § 263 StGB unter den in § 123 Abs. 1 Nr. 4 GWB genannten Voraussetzungen darstellen.[11]

B. Unternehmen

15 § 123 GWB regelt zwingende Ausschlussgründe für Unternehmen. Erfasst sind Bieter und Bewerber im Vergabeverfahren.

16 § 123 GWB gilt auch für **Bewerber- und Bietergemeinschaften**, die sich an Vergabeverfahren beteiligen. Das Vorliegen eines zwingenden Ausschlussgrundes bei einem Mitglied einer Bietergemeinschaft dürfte den Ausschluss des Angebotes der Bietergemeinschaft rechtfertigen. Nach der bisherigen Rechtsprechung zur Zuverlässigkeit im Vergabeverfahren führte die fehlende Zuverlässigkeit eines Mitglieds einer Bietergemeinschaft dazu, dass das Angebot der Bietergemeinschaft nicht gewertet werden konnte.[12] Der Verzicht auf den Begriff der Zuverlässigkeit und die Formulierung der Tatbestände als zwingende Ausschlussgründe nach der Vergaberechtsnovelle 2016 rechtfertigen keine andere Bewertung. Aufgrund der gesamtschuldnerischen Haftung der Mitglieder einer Bietergemeinschaft und der Schwere der Verstöße, die zu einem zwingenden Ausschluss führen, führt das Vorliegen von Ausschlussgründen nach § 123 GWB bei einem Mitglied einer Bietergemeinschaft immer zum Ausschluss des Teilnahmeantrags bzw. Angebots der Bietergemeinschaft.

17 Mit der Vergaberechtsnovelle 2016 wird zum ersten Mal ausdrücklich geregelt, dass Ausschlussgründe auch für Unternehmen, die ihre Eignung im Wege der **Eignungsleihe** einem Bieter oder Bewerber zur Verfügung stellen, geprüft werden müssen (§ 47 Abs. 2 VgV). Das Gleiche gilt für **Unterauftragnehmer**. Nach § 36 Abs. 5 VgV überprüft der öffentliche Auftraggeber vor Erteilung des Zuschlags, ob Gründe für den Ausschluss des Unterauftragnehmers vorliegen.

---

11 Im Einzelnen *Ulshöfer*, VergabeR 2016, 327 (329).
12 OLG Düsseldorf, Beschluss v. 31.7.2007 – VII-Verg 25/07; *Hausmann/Kern*, in: Kulartz/Marx/Portz/Prieß, VOL/A, § 6 EG Rn. 28.

C. Ausschlussgründe (Abs. 1)

I. Straftat

Weder die RL 2014/24/EU noch das GWB stellen auf eine strafgerichtliche Verurteilung ab, sondern auf eine **Verurteilung aufgrund einer Straftat**.[13] Es kommt daher nicht darauf an, ob die Verurteilung durch ein Strafgericht im engeren Sinne erfolgt ist oder ob die Ordnungsbehörden tätig geworden sind. Aufgrund des Wortlautes *„Verurteilung"* und der strafrechtlichen Ausrichtung wird eine Feststellung in Urteilen der Zivil- oder Verwaltungsgerichtsbarkeit aber eher nicht in Betracht kommen.[14] 18

Nach dem ausdrücklichen Wortlaut des § 123 Abs. 1 GWB ist auch die **rechtskräftige Festsetzung einer Geldbuße** nach § 30 OWiG ausreichend, während die Richtlinie auf eine rechtskräftige Verurteilung abstellt. Es kann infrage gestellt werden, ob dies eine richtlinienkonforme Umsetzung darstellt.[15] 19

Die Aufzählung der Straftatbestände in § 123 Abs. 1 GWB ist nach dem Wortlaut der Vorschrift **abschließend**. Ein zwingender Ausschluss ist nur bei den in § 123 Abs. 1 GWB ausdrücklich aufgeführten Straftatbeständen vorgesehen. Wegen anderer Verfehlungen kann ein Ausschlussgrund nach § 124 Abs. 1 Nr. 1 oder Nr. 3 GWB in Betracht kommen. 20

Die Straftatbestände in § 123 Abs. 1 GWB können in solche, bei denen es **allein auf die Begehung** des jeweiligen Straftatbestandes ankommt (Nr. 1 bis 3 und Nr. 6 bis 10), und solche, bei denen es zusätzlich darauf ankommt, **gegen wen** sich die Straftat richtet (Nr. 4 und Nr. 5), unterteilt werden.[16] Gemeinsam ist den Straftatbeständen, dass es sich um solche handelt, die die Integrität des Bieters bezüglich der Auftragsausführung infrage stellen.[17] 21

Ob das u.a. verfolgte Ziel der **Terrorismusbekämpfung** durch die Straftatbestände und durch ihre Aufnahme als Ausschlussgründe im Vergaberecht erreicht oder zumindest unterstützt werden kann, mag man bezweifeln. Straftatbestände, wie § 298 StGB, der sich ausdrücklich auf wettbewerbsbeschränkende Absprachen bei Ausschreibungen bezieht und damit einen Verstoß gegen ein Grundprinzip des Vergaberechts sanktioniert, sucht man im Katalog des § 123 Abs. 1 GWB vergeblich.[18] 22

§ 123 Abs. 1 Nr. 1 GWB erfasst die Bildung **krimineller Vereinigungen** und Bildung **terroristischer Vereinigungen**, krimineller oder terroristischer Vereinigungen im Ausland nach §§ 129, 129a und 129b StGB. Die Vorschriften erfassen historisch extreme politische Gruppierungen. Ihre Wurzeln haben sie im preußischen Landrecht 1798 bzw. nach Aktivwerden der RAF 1976.[19] Der Tatbestand des § 129a StGB wurde 2003 hinsichtlich seines Straftatkatalogs erweitert und der Strafrahmen erhöht. § 129b StGB, der die Beteiligung an ausländischen Vereinigungen erfasst, entstand zwar in kurzem zeitlichem Abstand zu den Anschlägen vom 11.9.2001, allerdings im Rahmen der Umsetzung der Vorgaben des Europäischen Rats von 1998. Unter strafrechtlichen Gesichtspunkten ist die Norm problematisch, da sie unter anderem in einem Spannungsverhältnis zu den allgemeinen strafanwendungsrechtlichen Vorschriften gemäß §§ 3 ff. StGB steht und damit ihr Regelungsgehalt unklar ist.[20] 23

---

13 Gesetzesbegründung, BT-Drs. 18/6281, 102.
14 *Schranner,* in: Ingenstau/Korbion, VOB, § 6 EG Rn. 19.
15 Vgl. *Stein*, jurisPR-Compl 3/2015, Anm. 5.
16 Vgl. *Hausmann/Kern*, in: Kulartz/Marx/Portz/Prieß, VOL/A, § 6 EG Rn. 43.
17 *Braun,* in: Gabriel/Krohn/Neun, Handbuch des Vergaberechts, § 14 Rn. 32 unter Berufung auf *Hölzl/Ritzenhof*, NZBau 2012,28.
18 vgl. aber § 124 Abs. 1 Nr. 3 und Nr. 4 GWB
19 Ausführlich (insbesondere zur Unterdrückung der Opposition) BT-Drs. 11/7139 im Rahmen eines Gesetzesvorschlags zur Aufhebung der §§ 129, 129a StGB 1990 durch die Grünen.
20 Eingehend *Zöller,* StV 2012, 364.

24 Der Ausschluss wegen einer Verurteilung wegen **Terrorismusfinanzierung** nach § 89c StGB in § 123 Abs. 1 Nr. 2 GWB wurde mit der Neuregelung durch das VergRModG 2016 als Ausschlussgrund im Vergaberecht verortet.[21] Die Norm wurde erst 2015 geschaffen.[22]

25 Die in § 123 Abs. 1 Nr. 3 GWB in Bezug genommene Regelung des **§ 261 StGB** (Geldwäsche; Verschleierung unrechtmäßig erlangter Vermögenswerte) ist in den vergangenen Jahren häufig verändert worden, ohne dass es zu einer nennenswerten Zahl von Verurteilungen gekommen ist.[23]

26 Die Regelungen zu **Bestechungen** in §§ 299 und 333 StGB sind in den Neunzigerjahren erweitert und verschärft worden.[24]

II. Rechtskräftige Verurteilung

27 Der Ausschluss nach § 123 Abs. 1 GWB setzt eine rechtskräftige Verurteilung voraus. Sie liegt vor, wenn die Entscheidung von den Verfahrensbeteiligten nicht mehr mit einem ordentlichen Rechtsmittel angefochten werden kann und im Prozess nicht mehr abänderbar ist. Erforderlich ist die sog. **formelle Rechtskraft**, die vorliegt, wenn die Rechtsmittelfrist verstrichen ist, ein ggf. eingelegtes Rechtsmittel verworfen oder zurückgenommen wurde oder ein Rechtsmittelverzicht erklärt wurde.

28 Ausreichend soll auch ein **Strafbefehl** sein, gegen den kein/nicht rechtzeitig Einspruch erhoben worden ist.[25]

29 Ohne eine Verurteilung wegen der genannten Straftaten kann ein Bieter nicht von einem Vergabeverfahren ausgeschlossen werden. Insbesondere dann nicht, wenn zwar **strafrechtliche Ermittlungen** durchgeführt werden und/oder bereits Anklage erhoben wurde, ein rechtskräftiges Urteil aber noch nicht vorliegt.[26] Eine staatsanwaltliche Ermittlung, eine Anklageschrift, ein Eröffnungsbeschluss und auch eine erstinstanzliche (noch nicht rechtskräftige) Verurteilung sind in der Regel nicht ausreichend. Zu prüfen ist dann aber ein fakultativer Ausschlussgrund nach § 124 Abs. 1 Nr. 1 oder Nr. 3 GWB.

III. Kenntnis des öffentlichen Auftraggebers

30 Ein Ausschluss erfordert Kenntnis des öffentlichen Auftraggebers von einer dem Unternehmen zurechenbaren rechtskräftigen Verurteilung. Der öffentliche Auftraggeber muss **positive Kenntnis** von dem Ausschlussgrund haben; ein bloßer Verdacht ist nicht ausreichend.

31 Art. 57 Abs. 1 RL 2014/24/EU stellt auf eine Feststellung durch eine **Überprüfung** gemäß Art. 59, 60 und 61 RL 2014/24/EU ab – also die Überprüfung anhand der Einheitlichen Europäischen Eigenerklärung, der Nachweise (Eigenerklärungen und Belege) für das Nichtvorliegen von Ausschlussgründen und der Überprüfung im Online-Dokumentenarchiv e-Certis.

32 Nach § 48 Abs. 1 VgV ist in der Auftragsbekanntmachung oder der Aufforderung zur Interessenbestätigung anzugeben, mit welchen **Unterlagen** (Eigenerklärungen, Angaben, Bescheinigungen und sonstigen Nachweisen) Bewerber oder Bieter ihre Eignung gemäß den §§ 43 bis 47 VgV und das Nichtvorliegen von Ausschlussgründen zu belegen haben. Nach § 48 Abs. 2 VgV sind grundsätzlich Eigenerklärungen zu fordern. Gemäß § 48 Abs. 3 VgV akzeptiert der öffentliche Auftraggeber u.a. als Beleg für das Nichtvorliegen von Ausschlussgründen die Vorlage einer Einheitlichen Europäischen Eigenerklärung gemäß § 50 VgV. In § 48 Abs. 4

---

21 Die Norm verlagert die Strafbarkeit in das Vorfeld möglicher terroristisch motivierter Kriminalität vor. Dies wird z.T. kritisiert, z.B. *Zöller*, StV 2012, 364 (371).

22 Gesetzentwurf, GVVG-ÄndG, BT-Drs. 18/4087; bereits die VO (EG) 2580/2001 sah die Schaffung eines entsprechenden Straftatbestandes vor; siehe auch http://www.lto.de/recht/hintergruende/h/neues-anti-terror-gesetz-ausreise-strafbar-vorverlagerung/.

23 *Zöller*, STV 2012, 364(372).

24 Zum Anwendungsbereich *Stein/Friton*, VergabeR 2010, 151 (152); informativ *Korte*, NStZ 1997, 513 ff.

25 *Wagner-Cardenal*, in: Dieckmann/Scharf/Wagner-Cardenal, VOL/A, § 6 EG Rn. 32.

26 *Hausmann/Kern*, in: Kulartz/Marx/Portz/Prieß, VOL/A,§ 6 EG Rn. 42.

und Abs. 5 VgV sind die Belege für das Nichtvorliegen von Ausschlussgründen benannt. Die Prüfung durch den öffentlichen Auftraggeber erfolgt also zunächst anhand der Einheitlichen Europäischen Eigenerklärung und anhand von Eigenerklärungen. Dabei darf der öffentliche Auftraggeber zugrunde legen, dass Angaben in den Eigenerklärungen wahrheitsgemäß erfolgt sind, wenn er keine Anhaltspunkte für das Gegenteil hat.[27] Bei Bietern, die in die engere Wahl kommen, verlangt der öffentliche Auftraggeber die entsprechenden Belege. Für das Nichtvorliegen von Ausschlussgründen nach § 123 Abs. 1 bis 3 GWB nennt § 48 Abs. 4 VgV Auszüge aus einem einschlägigen Register, insbesondere ein Führungszeugnis aus dem Bundeszentralregister oder, in Ermangelung eines solchen, eine gleichwertige Bescheinigung einer zuständigen Gerichts- oder Verwaltungsbehörde des Herkunftslands oder des Niederlassungsstaats des Bewerbers oder Bieters.[28] Ergibt sich daraus das Vorliegen von Ausschlussgründen, muss der öffentliche Auftraggeber die in § 123 Abs. 1 GWB vorgesehenen Konsequenzen ziehen und das betreffende Unternehmen vom Vergabeverfahren ausschließen.

Dies gilt auch, wenn er **auf anderem Wege** Kenntnis über das Vorliegen von Ausschlussgründen im Sinne des § 123 GWB erhält. 33

Ob der öffentliche Auftraggeberverpflichtet ist, eigene **Nachforschungen** anzustellen, ergibt sich aus der Norm nicht. Umfassende Nachforschungspflichten des öffentlichen Auftraggebers stünden im Widerspruch zu dem Interesse aller Beteiligten an einem zügigen und einfachen Beschaffungsvorgang. Grundsätzlich gibt es also keine Verpflichtung des öffentlichen Auftraggebers selbst zu ermitteln.[29] Eine Nachforschungspflicht kann sich aus spezialgesetzlichen Informations- und Abfragepflichten für öffentliche Auftraggeber ergeben (z.B. Korruptionsregistergesetze einzelner Bundesländer). Bei Anhaltspunkten für das Vorliegen einer Katalogstraftat sind öffentliche Auftraggeber verpflichtet, diesen nachzugehen.[30] 34

Öffentliche Auftraggeber dürfen sich Anhaltspunkten für eine rechtskräftige Verurteilung von verantwortlichen Personen wegen einer der Katalogtaten **nicht verschließen**. Hat der öffentliche Auftraggeber Kenntnis über ein Ermittlungsverfahren wegen einer Katalogstraftat, muss er vor Zuschlagserteilung z.B. bei der Staatsanwaltschaft Erkundigungen über den Stand des Verfahrens einholen, um auszuschließen, dass er den Zuschlag trotz Verurteilung erteilt. Sofern sich der öffentliche Auftraggeber bewusst vorliegenden Informationen verschließt und einer im Einzelfall bestehenden Aufklärungspflicht nicht nachkommt, kann das „Kennenmüssen" für einen Verstoß gegen § 123 Abs. 1 GWB genügen.[31] 35

Hat der öffentliche Auftraggeber **keinen Anhaltspunkt** dafür, dass die Angaben des Bieters nicht wahrheitsgemäß erfolgt sind, kann er die entsprechenden Erklärungen und Unterlagen über das Nichtvorliegen von Ausschlussgründen im Vergabeverfahren zugrunde legen. Stellt sich heraus, dass der Bieter oder Bewerber wahrheitswidrige oder irreführende Informationen übermittelt hat, kommt ein Ausschluss nach § 124 Abs. 1c GWB in Betracht. 36

IV. Zwingender Ausschluss

Nach § 123 Abs. 1 GWB ist das Unternehmen zu jedem Zeitpunkt des Vergabeverfahrens von der Teilnahme auszuschließen. Der Ausschluss ist zwingend. Dem öffentlichen Auftraggeber steht bei Vorliegen eines zwingenden Ausschlussgrundes kein Ermessen bei der Entscheidung zu, ob das Unternehmen ausgeschlossen wird. Es erfolgt keine Ermessensentscheidung des öffentlichen Auftraggebers.[32] Ausschlussgründe können in jedem Stadium des Vergabever- 37

27 OLG Düsseldorf, Beschluss v. 2.12.2009 – VII – Verg 39/09
28 Nach der Verordnungsbegründung ist der öffentliche Auftraggeber allerdings nicht verpflichtet, als Beleg für das Nichtvorliegen von Ausschlussgründen in jedem Fall einen der in § 48 Abs. 4 bis 6 VgV vorgesehenen Nachweise – insbesondere die Vorlage eines Führungszeugnisses aus dem Bundeszentralregister – zu fordern.
29 OLG Düsseldorf, Beschluss v. 2.12.2009 – VII 39/09
30 *Hausmann/Kern,* in: Kulartz/Marx/Portz/Prieß, VOL/A, § 6 EG Rn. 68, 69.
31 Zu § 6 EG Abs. 4 VOL/A:VK Niedersachsen, Beschluss v. 18.12.2015 – VgK-45/2015.
32 Gesetzesbegründung, BT-Drs. 18/6281, 99; *Ulshöfer,* VergabeR 2016, 327 (329).

fahrens erkannt und angewandt werden, also auch wenn die Prüfung der Angebote an sich schon abgeschlossen war, aber der Zuschlag noch nicht erteilt wurde.

38 Nur in **Ausnahmefällen** haben öffentliche Auftraggeber trotz des Vorliegens eines zwingenden Ausschlussgrundes die Möglichkeit oder sogar die Verpflichtung, von einem Ausschluss des Unternehmens abzusehen:[33] Zum einen kann nach § 123 Abs. 5 GWB bei zwingenden Gründen des öffentlichen Interesses von einem Ausschluss abgesehen werden. Zum anderen ist ein Ausschluss dann nicht zulässig, wenn das Unternehmen eine erfolgreiche Selbstreinigung nach § 125 GWB oder § 123 Abs. 4 Satz 2 GWB durchgeführt hat.

39 Nach § 133 Abs. 1 Nr. 2 GWB liegt, wenn zum Zeitpunkt der Zuschlagserteilung ein zwingender Ausschlussgrund nach § 133 Abs. 1 bis 4 GWB vorlag, ein **Kündigungsgrund** vor. Für die Kündigungsmöglichkeit ist es nicht erforderlich, dass der öffentliche Auftraggeber zum Zeitpunkt der Zuschlagserteilung Kenntnis vom Vorliegen des zwingenden Ausschlussgrundes erlangt hat.[34] Die Möglichkeit zur Kündigung ist auch gegeben, wenn ein zwingender Ausschlussgrund nach § 123 Abs. 1 bis 4 GWB zum Zeitpunkt der Zuschlagserteilung vorlag, der öffentliche Auftraggeber davon jedoch erst zu einem späteren Zeitpunkt Kenntnis erlangt hat.[35] Das Vorliegen eines der in § 123 Abs. 1 bis 4 GWB genannten Ausschlussgründe ermöglicht also auch im Nachhinein eine Vertragsbeendigung.[36]

40 Die Straftatbestände können als Ausschlussgründe allerdings nur in dem in § 126 GWB genannten **Zeitraum** (fünf Jahre ab dem Tag der rechtskräftigen Verurteilung) herangezogen werden.

D. Verurteilung nach vergleichbaren Vorschriften anderer Staaten (Abs. 2)

41 § 123 Abs. 2 GWB greift den Regelungsgehalt der **bisherigen Regelungen** in § 6 EG Abs. 4 S. 2 VOL/A und § 4 Abs. 6 S. 2 VOF sowie § 6 EG Abs. 4 S. 2, § 6 VS Abs. 4 S. 2 VOB/A 2012 und § 21 Abs. 1 S. 2 SektVO auf.[37] Die Regelung erfasst die Verurteilung in anderen Staaten, sofern diese inhaltlich einer Verurteilung nach den in § 123 Abs. 1 GWB (Art. 57 Abs. 1 RL 2014/24/EU) genannten Tatbeständen entsprechen.[38]

42 Die Formulierung ist weder in der Richtlinie noch im GWB auf **Verurteilungen in Mitgliedstaaten der Europäischen Union** begrenzt.

43 **Fehlen** den ausländischen Strafnormen, auf die eine Verurteilung gestützt worden ist, **bestimmte Tatbestandsmerkmale** der Norm, so ist ein Ausschluss nicht zulässig.[39]

44 Eine inhaltliche Entsprechung fehlt auch dann, wenn die Verurteilung mit **wesentlichen Grundsätzen** des deutschen Rechts (Grundrechte, Rechtsstaatsprinzip) **unvereinbar** ist.[40]

E. Zurechnung (Abs. 3)

45 § 123 Abs. 3 GWB regelt, wann das Verhalten einer wegen einer Straftat verurteilten natürlichen Person einem Unternehmen zugerechnet werden kann.[41] Die Vorschrift setzt damit Art. 57 Abs. 1 UAbs. 2 RL 2014/24/EU um.

§ 123 Abs. 1 GWB erfasst neben Verurteilungen auch den Fall, dass **gegen das Unternehmen** selbst eine Geldbuße nach § 30 OWiG festgesetzt worden ist. Diese auf § 30 Abs. 1

33 Gesetzesbegründung, BT-Drs. 18/6281, 102.
34 Gesetzesbegründung, BT-Drs. 18/6281, 121.
35 Gesetzesbegründung, BT-Drs. 18/6281, 121.
36 Gesetzesbegründung, BT-Drs. 18/6281, 121.
37 Gesetzesbegründung, BT-Drs. 18/6281, 103.
38 Gesetzesbegründung, BT-Drs. 18/6281, 103.
39 *Müller-Wrede,* in: Müller-Wrede, VOL/A, § 6 EG Rn. 33.
40 Gesetzesbegründung, BT-Drs. 18/6281, 103.
41 Gesetzesbegründung, BT-Drs. 18/6281, 103.

OWiG[42] Bezug nehmende Regelung war so in den früheren Regelungen in § 6 EG Abs. 4 VOL/A, § 4 Abs. 6 VOF und § 6 EG Abs. 4 sowie § 6 VS Abs. 4 VOB/A nicht enthalten. Damit findet anders als im Rahmen dieser bisherigen Regelungen ein Ausschluss nach § 123 GWB ausdrücklich auch bei Festsetzung einer Geldbuße gegen das Unternehmen statt. Nach § 30 OWiG ist Voraussetzung für die Festsetzung einer Geldbuße gegen das Unternehmen, dass Pflichten des Unternehmens verletzt worden sind oder das Unternehmen bereichert worden ist bzw. werden sollte.

Straftaten **natürlicher Personen** sind relevant, wenn ihr Verhalten dem Wirtschaftsteilnehmer nach § 123 Abs. 3 GWB zuzurechnen ist. Nach § 123 Abs. 3 GWB ist eine rechtskräftige Verurteilung einer Person einem Unternehmen zuzurechnen, wenn diese Person als für die Leitung des Unternehmens Verantwortlicher gehandelt hat. Diese Formulierung erfolgt in Anlehnung an § 30 Abs. 1 Nr. 5 OWiG.[43] Die in § 30 Abs. 1 Nr. 1 bis 4 OWiG genannten Personen stellen nach der Gesetzesbegründung[44] insoweit Unterfälle dar, deren Verhalten dem Unternehmen zugerechnet wird. Zu den für die Leitung des Unternehmens verantwortlich handelnden Personen zählt nach § 30 Abs. 1 OWiG insbesondere, wer vertretungsberechtigtes Organ einer juristischen Person oder Mitglied eines solchen Organs, Vorstand eines nichtrechtsfähigen Vereins oder Mitglied eines solchen Vorstands, vertretungsberechtigter Gesellschafter einer rechtsfähigen Personengesellschaft oder Generalbevollmächtigter ist oder wer in leitender Stellung Prokurist, Handlungsbevollmächtigter einer juristischen Person, eines nichtrechtsfähigen Vereins bzw. einer rechtsfähigen Personengesellschaft ist. 46

Zu dem erfassten Personenkreis gehören auch solche, die die **Geschäftsführung überwachen** oder die **Kontrollbefugnisse** in leitender Stellung ausüben. Auch ein **Organisationsverschulden** ist erfasst.[45] 47

Die Gesetzesbegründung bezieht zum Beispiel auch **Prokuristen** ein, die nur für einen Teil der wirtschaftlichen Tätigkeit eines Unternehmens Prokura besitzen und nicht Mitglied eines Verwaltungs-, Leitungs- oder Aufsichtsgremiums des Unternehmens sind.[46] Maßgeblich ist die tatsächliche Verantwortlichkeit der Person.[47] Die Formulierung in Art. 57 Abs. 1 UAbs. 2 RL 2014/24/EU, nach der ein Ausschluss auch dann Anwendung findet, wenn die verurteilte Person Mitglied im Verwaltungs-, Leitungs- oder Aufsichtsgremium des Wirtschaftsteilnehmers ist oder *darin* Vertretungs-, Entscheidungs- oder Kontrollbefugnisse hat, bezieht sich nach Auffassung des deutschen Gesetzgebers auf Vertretungs-, Entscheidungs- oder Kontrollbefugnisse im Unternehmen insgesamt und nicht nur eingeschränkt auf das Verwaltungs-, Leitungs- oder Aufsichtsgremium dieses Unternehmens.[48] Die Begründung weist insoweit darauf hin, dass die Regelung ansonsten weitgehend leer laufen würde und insbesondere der Fall des Prokuristen nicht erfasst, der eventuell nur für einen Teil der wirtschaftlichen Tätigkeit eines Unternehmens Prokura besitzt und nicht Mitglied eines Verwaltungs-, Lei- 48

42 § 30 Abs. 1 OWiG lautet:
Hat jemand
1. als vertretungsberechtigtes Organ einer juristischen Person oder als Mitglied eines solchen Organs,
2. als Vorstand eines nicht rechtsfähigen Vereins oder als Mitglied eines solchen Vorstandes,
3. als vertretungsberechtigter Gesellschafter einer rechtsfähigen Personengesellschaft,
4. als Generalbevollmächtigter oder in leitender Stellung als Prokurist oder Handlungsbevollmächtigter einer juristischen Person oder einer in Nummer 2 oder 3 genannten Personenvereinigung oder
5. als sonstige Person, die für die Leitung des Betriebs oder Unternehmens einer juristischen Person oder einer in Nummer 2 oder 3 genannten Personenvereinigung verantwortlich handelt, wozu auch die Überwachung der Geschäftsführung oder die sonstige Ausübung von Kontrollbefugnissen in leitender Stellung gehört,
eine Straftat oder Ordnungswidrigkeit begangen, durch die Pflichten, welche die juristische Person oder die Personenvereinigung treffen, verletzt worden sind oder die juristische Person oder die Personenvereinigung bereichert worden ist oder werden sollte, so kann gegen diese eine Geldbuße fest-gesetzt werden.

43 Gesetzesbegründung BT-Drs. 18/6281, 103.

44 Gesetzesbegründung BT-Drs. 18/6281, 103.

45 *Völlink*, in: Ziekow/Völlink, Vergaberecht, § 6 EG VOB/A Rn. 16 f.; *Wagner-Cardenal*, in: Dieckmann/Scharf/Wagner-Cardenal, VOL/A, § 6 EG Rn. 36.

46 Gesetzesbegründung BT-Drs. 18/6281, 103.

47 *Hausmann/Kern*, in: Kulartz/Portz/Marx/Prieß, VOL/A, § 6 EG Rn. 53.

48 Gesetzesbegründung BT-Drs. 18/6281, 103.

tungs- oder Aufsichtsgremiums des Unternehmens ist.[49] Auch Straftaten eines solchen Prokuristen sollten aber dem Unternehmen, für das der Prokurist tätig ist, zugerechnet werden.[50]

49 Im Einzelfall kann auch das Handeln einer **verbundenen Gesellschaft** einem Unternehmen zugerechnet werden. Dies hat die VK Niedersachsen für den Fall angenommen, dass die verbundenen Gesellschaften beide auf dem Markt tätig sind, auf dem die Verfehlungen begangen wurden, und eine Personenidentität bei verantwortlichen Personen sowie eine gesellschaftsrechtliche Beherrschung vorlag.[51]

50 Ein Ausschluss kann nur aufgrund von solchen Straftaten erfolgen, die einen **Unternehmensbezug** aufweisen. Eine ausschließlich im privaten Zusammenhang stehende Straftat eines Mitarbeiters, die keinen Bezug zur wirtschaftlichen Tätigkeit des Unternehmens aufweist, kann keinen Ausschlussgrund nach § 123 GWB darstellen.[52] Eine solche Beschränkung ergibt sich zwar weder aus dem Wortlaut von § 123 GWB noch ausdrücklich aus Art. 57 RL 2014/24/EU. Straftaten natürlicher Personen können einem Unternehmen dennoch nur dann zugerechnet werden, wenn die Person für das Unternehmen handelt.[53]

F. Steuern, Abgaben oder Beiträge zur Sozialversicherung (Abs. 4)

I. Verpflichtung zur Zahlung von Steuern, Abgaben und Beiträgen zur Sozialversicherung (S. 1 Nr. 1)

51 Die Formulierung der Nichterfüllung von Pflichten zur Zahlung von Steuern und Sozialversicherungsbeiträgen als zwingender Ausschlussgrund ist der Vorgabe in **Art. 57 RL 2014/24/EU** geschuldet.

52 Bislang führten Verstöße gegen die Verpflichtung zur Zahlung von Steuern und Abgaben sowie der Beiträge zur gesetzlichen Sozialversicherung zu einem **fakultativen Ausschlussgrund** (§ 6 EG Abs. 6 lit. d VOL/A, § 4 Abs. 9 lit. d VOF, § 6 EG Abs. 3 Nr. 2 S. 1 lit. h und § 6 VS Abs. 3 Nr. 2 S. 1lit. h VOB/A sowie § 21 Abs. 4 SektVO). Nur der Verstoß gegen § 370 AO i.V.m. § 12 MOG und der Direktzahlungen, soweit sich die Straftat gegen den Haushalt der EU oder gegen Haushalte richtete, die von der EU oder in ihrem Auftrag verwaltet werden, stellte auch vor der Vergaberechtsreform 2016 einen zwingenden Ausschlussgrund dar. Dieser ist in § 123 Abs. 4 GWB aufgegangen.

53 Der Ausschlusstatbestand stellt auf eine Verletzung der Verpflichtung zur Zahlung von Steuern, Abgaben und Beiträgen zur gesetzlichen Sozialversicherung ab. Verurteilungen wegen **Steuerhinterziehung** nach § 370 AO und wegen **Vorenthaltung und Veruntreuung von Sozialversicherungsbeiträgen** nach § 266a StGB sind hiervon erfasst.[54]

54 **Steuern** sind nach der Definition in § 3 Abs. 1 AO Geldleistungen, die nicht eine Gegenleistung für eine besondere Leistung darstellen und von einem öffentlich-rechtlichen Gemeinwesen zur Erzielung von Einnahmen allen auferlegt werden, bei denen der Tatbestand zutrifft, an den das Gesetz die Leistungspflicht knüpft; die Erzielung von Einnahmen kann Nebenzweck sein.

55 Zur **gesetzlichen Sozialversicherung** gehören die Rentenversicherung, die Pflegeversicherung, die Krankenversicherung, die Arbeitslosenversicherung sowie die Unfallversicherung. Kennzeichnend ist das Bestehen einer Versicherungspflicht. Rechtsgrundlage sind die verschiedenen Bücher des SGB.[55]

---

49 Gesetzesbegründung, BT-Drs. 18/6281, 103.
50 Gesetzesbegründung, BT-Drs. 18/6281, 103.
51 VK Niedersachsen, Beschluss v. 24.3.2011 – VgK 4/2011.
52 Gesetzesbegründung, BT-Drs. 18/6281, 103.
53 Abstellend auf den Verhältnismäßigkeitsgrundsatz *Hausmann/Kern,* in: Kulartz/Portz/Marx/Prieß, VOL/A, § 6 EG Rn. 55.
54 Gesetzesbegründung, BT-Drs. 18/6281, 104.
55 Zu Sozialkassen vgl. *Müller-Wrede*, in: Müller-Wrede, VOL/A, § 6 EG Fn. 158, und *Hausmann/Kern*, in: Kulartz/Marx/Portz/Prieß, VOL/A, § 6 EG Rn.120.

Abgaben ist ein Oberbegriff, der sowohl Steuern als auch Beiträge erfasst. Die Nichtleistung anderer Abgaben an den Staat als Steuern und Sozialversicherungsbeiträge wie zum Beispiel von Kommunalabgaben (Gebühren oder Beiträgen), Bußgeldern, Geldstrafen oder Zwangsgeldern ist von § 123 Abs. 4 GWB nicht erfasst. Soweit in § 123 Abs. 4 GWB von Abgaben die Rede ist, bezieht sich dies ebenso wie Beiträge auf die gesetzliche Sozialversicherung. Das ergibt sich aus einer europarechtskonformen Auslegung der Regelung: Art. 57 Abs. 2 RL 2014/24/EU und Erwägungsgrund 100 RL 2014/24/EU beziehen sich allein auf die Nichtzahlung von Steuern und Sozialversicherungsbeiträgen. 56

Ein **Nichtnachkommen** liegt vor, wenn der Bieter Steuern oder Beiträge trotz Fälligkeit nicht gezahlt hat und die Forderung noch offen ist. Lag ein Verstoß nur in der Vergangenheit vor und wurde die Steuer- oder Beitragsschuld bis zum Ablauf der Angebotsfrist beglichen, ist der Tatbestand des § 123 Abs. 4 GWB nicht erfüllt.[56] Dies ergibt sich ergänzend aus § 123 Abs. 4 S. 2 BGB.[57] 57

§ 123 Abs. 4 GWB ist gegenüber **§ 124 Abs. 1 Nr. 1 GWB**, der einen Verstoß gegen sozial- oder arbeitsrechtliche Vorschriften als fakultativen Ausschlussgrund erfasst, im Hinblick auf die Zahlung von Sozialversicherungsbeiträgen spezieller. 58

Die nicht erfüllte Verpflichtung muss **Steuer- oder Sozialversicherungsschuld** des Unternehmens sein. Einkommenssteuerhinterziehungen einzelner Mitarbeiter oder auch Verantwortlicher eines Unternehmens im privaten Bereich dürften nicht relevant sein.[58] Abgrenzungsfragen können sich bei freiberuflich Tätigen ergeben. 59

II. Feststellung durch rechtskräftige Gerichts- oder bestandskräftige Verwaltungsentscheidung (S. 1 Nr. 1)

Eine Feststellung durch rechtskräftige Gerichts- oder bestandskräftige Verwaltungsentscheidung liegt in einem Gerichtsurteil oder einem Verwaltungsakt, die nicht mehr angegriffen werden können. 60

Ein bestandskräftiger Bescheid der Finanzbehörde, ein Urteil des Finanzgerichts oder eine Verurteilung nach § 370 AO stellen fest, dass die **Verpflichtung zur Zahlung von Steuern** nicht ordnungsgemäß erfüllt wurde. 61

Bezogen auf **Sozialversicherungsbeiträge** sind z.B. Verurteilungen nach § 266a StGB oder etwa eine rechtskräftige Entscheidung eines Sozialgerichts, das auf Klage eines Sozialversicherungsträgers Unregelmäßigkeiten im Zusammenhang mit der Pflicht zum Abführen von Sozialversicherungsbeiträgen festgestellt hat, erfasst.[59] 62

III. Nachweis auf sonstige geeignete Weise (S. 1 Nr. 2)

Der Nachweis der Nichterfüllung von Steuer- und Sozialversicherungspflichten muss nicht in jedem Fall über eine bestandskräftige Verwaltungs- oder Gerichtsentscheidung erfolgen. § 123 Abs. 4 S. 2 GWB ermöglicht den Nachweis auch auf sonstige geeignete Weise. Die Anforderungen an den Nachweis sind entsprechend der weitgehenden Rechtsfolge (zwingender Ausschluss des Unternehmens) hoch. Der öffentliche Auftraggeber darf sich nicht auf bloßes Hörensagen oder Gerüchte verlassen. 63

Ausreichend dürfte eine Nachweisführung über die in **§ 48 Abs. 5 VgV** genannten Belege sein: Bescheinigungen von Finanzämtern oder Sozialversicherungsträgern, aus denen sich Zahlungsrückstände ergeben, genügen. Die gängigen Muster, welche die Finanzämter verwenden, sehen entsprechende Ankreuzmöglichkeiten vor. Auch eine Erklärung eines Finanzamtes oder Sozialversicherungsträgers, nach der eine Unbedenklichkeitsbescheinigung nicht 64

56 *Hausmann/Kern*, in: Kulartz/Marx/Portz/Prieß, VOL/A, § 6 EG Rn. 121.
57 Siehe Rn. 66 ff.
58 *Summa*, NZBau 2012, 729 (730).
59 *Summa*, NZBau 2012, 729 (730) zum Entwurf der RL 2014/24/EU.

erteilt wird, weil Verpflichtungen nicht erfüllt wurden, dürfte ein geeigneter Nachweis nach § 123 Abs. 4 S. 1 Nr. 2 GWB sein. Es kann aber im Einzelfall notwendig sein, dem Unternehmen vor dem Ausschluss eine Möglichkeit zur Stellungnahme zu geben.

IV. Zwingender Ausschluss

65 Nach § 123 Abs. 4 GWB schließt der öffentliche Auftraggeber ein Unternehmen zu jedem Zeitpunkt des Vergabeverfahrens von der Teilnahme an einem Vergabeverfahren aus. Der Ausschluss ist ebenso zwingend wie der Ausschluss nach § 123 Abs. 1 GWB.[60]

V. Keine Anwendung des Ausschlusses (S. 2)

66 § 123 Abs. 4 S. 2 GWB enthält eine spezielle Vorschrift zur **Selbstreinigung** bei Vorliegen des Ausschlussgrundes nach § 123 Abs. 4 S. 1 GWB. Die Regelung geht der strengeren allgemeinen Regelung in § 125 GWB vor.[61]

67 Die Nichtanwendung von § 123 Abs. 4 S. 1 GWB nach § 123 Abs. 4 S. 2 GWB setzt voraus, dass das Unternehmen seinen **Verpflichtungen nachgekommen** ist. Die bloße Ankündigung ist folglich nicht ausreichend. Die Abwendung des Ausschlusses kann indes durch eine Zahlung oder eine Verpflichtung zur Zahlung einschließlich Zinsen, Säumnis- und Strafzuschlägen erfolgen.

68 Der Ausnahmetatbestand für einen Ausschluss stimmt mit **Art. 57 Abs. 2 UAbs. 3 RL 2014/24/EU** überein. In den Vorgängerrichtlinien RL 2004/18/EG und RL 92/50/EWG war dies nicht ausdrücklich vorgesehen.

69 Aus dem Wortlaut von § 123 Abs. 4 S. 2 GWB ergibt sich nicht, **bis zu welchem Zeitpunkt** im Vergabeverfahren das Unternehmen die Verpflichtungen erfüllt haben muss, um einen Ausschluss abzuwenden. Sie lässt offen, ob eine Heilung auch noch nach Ablauf der Angebotsfrist möglich ist. Der **EuGH** hat auf Basis der RL 92/50/EWG eine nationale Regelung oder Verwaltungspraxis als zulässig angesehen, nach der auch nach Ablauf der Angebotsfrist eine Regulierung der Verpflichtungen im Bereich Sozialbeiträge und Steuern und Abgaben möglich ist.[62] Der Zeitpunkt für den Nachweis einer nachträglichen Regulierung müsse aber wegen der Transparenz und Gleichbehandlung entweder in den nationalen Rechtsvorschriften festgelegt sein oder aber ihre Festlegung muss in den nationalen Rechtsvorschriften den öffentlichen Auftraggebern übertragen worden sein. Im Hinblick auf den Verfahrensablauf im Vergabeverfahren spricht einiges dafür, einen Ausgleich der Verpflichtungen nach Ablauf der Angebotsfrist ggf. auch nach Fristsetzung nicht mehr als rechtzeitig anzusehen. Es ist auch zweifelhaft, ob die Regelungen zur **Nachforderung von Unterlagen** in § 56 VgV oder § 16a EU VOB/A eine i. S. d. Rechtsprechung des EuGH ausreichende Ermächtigung der öffentlichen Auftraggeber, einen einheitlichen Zeitpunkt für die nachträgliche Regulierung und ihren Nachweis festzulegen, darstellen. Die Regelungen beziehen sich auf die Nachforderung von Unterlagen und nicht auf die nachträgliche Erfüllung von Voraussetzungen für die Teilnahme am Wettbewerb. Es handelt sich im Fall der Nichterfüllung von Steuern und Sozialversicherungsbeiträgen nicht nur um einen formalen Fehler.[63] Auch eine **Erläuterung**, zu der der öffentliche Auftraggeber Bewerber oder Bieter nach § 48 VgV auffordern kann, dürfte nicht ausreichen, um den materiellen Mangel nach § 123 Abs. 4 S. 1 GWB zu heilen. Ein Bieter, aus dessen mit dem Angebot oder Teilnahmeantrag vorgelegten Eigenerklärungen bzw. Belegen zum Nachweis des Nichtvorliegens von Ausschlussgründen nach § 48 Abs. 5 VgV sich ein Verstoß gegen die Verpflichtung zur Zahlung von Steuern, Abgaben oder Beiträgen zur Sozialversicherung ergibt, muss gleichzeitig einen Nachweis darüber beifügen, dass er seinen Verpflichtungen nunmehr nachgekommen ist, indem er die Zahlung vorgenommen oder sich zur

60 Siehe hierzu die Ausführungen in Rn. 37 ff.
61 Gesetzesbegründung, BT-Drs 18/6281, 104.
62 EuGH, Urteil v. 9.2.2006 – Rs. C-226/04.
63 Vgl. zur Differenzierung EuGH, Urteil v. 6.11.2014 – Rs.C-42/13.

Zahlung einschließlich Zinsen, Säumnis- und Strafzuschlägen verpflichtet hat. Dies ergibt sich auch aus dem der Bestimmung in § 123 Abs. 5 S. 2 GWB zugrunde liegenden Art. 57 Abs. 3 UAbs. 2 RL 2014/24/EU: Danach kann ein Ausschluss unverhältnismäßig sein, wenn der Wirtschaftsteilnehmer so spät über den genauen geschuldeten Betrag unterrichtet wurde, dass er vor Ablauf der Frist für die Angebote oder Teilnahmeanträge keine Möglichkeit hatte, die Zahlung vorzunehmen oder eine verbindliche Vereinbarung über die Zahlung zu treffen. Grundsätzlich müssen die Maßnahmen nach § 123 Abs. 4 S. 2 GWB also **vor Ablauf der Frist für die Angebote oder Teilnahmeanträge** erfolgen, um einen Ausschluss abzuwenden. Etwas anderes gilt nur bei Unverhältnismäßigkeit unter den in Abs. 5 genannten Voraussetzungen.

Ergibt sich die Verpflichtung zur Zahlung von bestimmten Steuern und Beiträgen aber nicht ausdrücklich aus den Vergabeunterlagen oder den anwendbaren nationalen Rechtsvorschriften, sondern erst aus einer **Auslegung der Rechtsvorschriften**, kann ein Ausschluss ohne die Möglichkeit einer Bereinigung durch den Bewerber oder Bieter im Einzelfall unverhältnismäßig sein.[64] **70**

G. Absehen von einem Ausschluss (Abs. 5)

§ 123 Abs. 5 GWB lässt eine Beauftragung von Unternehmen, die einen zwingenden Ausschlussgrund erfüllen, in Einzelfällen zu. Dies steht im Einklang mit der Richtlinie 2014/24/EU. Dort heißt es in Erwägungsgrund 100: **71**

> „Die Mitgliedstaaten sollten jedoch Abweichungen von jenen obligatorischen Ausschlüssen in Ausnahmesituationen vorsehen können, wenn es zwingende Gründe des Allgemeininteresses gibt, die eine Auftragsvergabe unumgänglich machen. Dies könnte beispielsweise der Fall sein, wenn dringend benötigte Impfstoffe oder Notfallausrüstungen nur von einem Wirtschaftsteilnehmer käuflich erworben werden können, der sonst einen der obligatorischen Ausschlussgründe erfüllt."

Das Absehen vom Ausschluss nach § 123 Abs. 5 GWB erfolgt nach pflichtgemäßem **Ermessen** des öffentlichen Auftraggebers („kann"). Die Gründe für ein Absehen vom Ausschluss muss der öffentliche Auftraggeber im Vergabevermerk aufführen. Ein Anspruch des Bieters auf ein Absehen vom Ausschluss besteht nicht.[65] **72**

I. Zwingende Gründe des öffentlichen Interesses (S. 1)

§ 123 Abs. 5 GWB gibt dem öffentlichen Auftraggeber in Übereinstimmung mit Art. 57 Abs. 3 UAbs. 1 RL 2014/24/EU die Möglichkeit, ausnahmsweise von einem an sich zwingend vorgesehenen Ausschluss eines Unternehmens abzusehen, wenn dies aus zwingenden Gründen des öffentlichen Interesses geboten ist. **73**

§ 6 EG Abs. 5 VOL/A und § 4 Abs. 8 VOF sowie § 21 Abs. 3 SektVO 2009 enthielten vergleichbare Regelungen und bezogen sich auf zwingende Gründe des Allgemeininteresses. Was zwingende Gründe des Allgemeininteresses im Sinne der Vorschriften waren, regelten weder die Vorschriften selbst noch die zugrunde liegende RL 2004/18/EG. Die Ausnahmetatbestände waren grundsätzlich restriktiv auszulegen. Insbesondere Ausnahmesituationen z.B. aufgrund von Katastrophen, akuten Gefährdungen zentraler Rechtsgüter oder besonders wichtiger staatlicher Einrichtungen kamen danach in Betracht.[66] **74**

§ 123 GWB definiert **zwingende Gründe des öffentlichen Interesses ebenfalls** nicht. Es ist aber von einer sehr restriktiven Auslegung auszugehen. Es genügt im Rahmen des § 123 Abs. 5 S. 1 GWB nicht, wenn die Teilnahme trotz Vorliegen eines Ausschlussgrundes nur sinnvoll erscheint. Eine Teilnahme muss aus zwingenden Gründen des öffentlichen Interesses geboten sein. Erwägungsgrund 100 RL 2014/24/EU führt als Beispiel hierfür die Beschaffung dringend benötigter Impfstoffe oder Notfallausrüstungen an, die nur von einem Unterneh- **75**

64 EuGH, Urteil v. 2.6.2016 – Rs.C-27/15.
65 *Schranner*, in: Ingenstau/Korbion, VOB, § 6 EG Rn. 23.
66 *Hausmann/Kern*, in: Kulartz/Marx/Portz/Prieß, VOL/A, § 6 EG Rn. 88.

men erworben werden können, bei dem ein zwingender Ausschlussgrund vorliegt.[67] Aus einem Vergleich mit der Regelung im nachfolgenden § 123 Abs. 5 S. 2 GWB, der bei Ausschlussgründen nach § 123 Abs. 4 GWB eine Unverhältnismäßigkeit berücksichtigt, ergibt sich, dass ein Ausschluss bei einer rechtskräftigen Verurteilung wegen einer der Katalogstraftaten nach § 123 Abs. 1 GWB immer verhältnismäßig ist. Nach § 123 Abs. 5 S. 1 GWB kommt es also nicht auf die schwere Verfehlung, sondern allein auf das Beschaffungsinteresse des öffentlichen Auftraggebers an.

II. Offensichtliche Unverhältnismäßigkeit (S. 2)

76 Für den Fall eines Ausschlussgrundes wegen einer Nichtentrichtung von Steuern oder Sozialversicherungsbeiträgen kann neben einem zwingenden Grund des öffentlichen Interesses auch eine **offensichtliche Unverhältnismäßigkeit** ausreichen, um von einem Ausschluss abzusehen. Als Beispiel nennt Art. 57 Abs. 3 UAbs. 2 RL 2014/24/EU, dass nur geringfügige Beträge nicht gezahlt wurden oder dass das Unternehmen so spät über den genauen geschuldeten Betrag unterrichtet wurde, dass es keine Möglichkeit hatte, die nachträgliche Zahlung vor dem Ablauf der Frist für die Beantragung der Teilnahme bzw. Frist für die Einreichung der Angebote durchzuführen.[68]

III. Selbstreinigung (S. 3)

77 Nach § 123 Abs. 5 S. 3 GWB bleibt **§ 125 GWB** unberührt. § 125 GWB regelt die Möglichkeit der Selbstreinigung von Unternehmen.

78 Auch wenn § 123 nicht ausdrücklich auf **§ 126 GWB** verweist, ist bei jedem Ausschlussgrund nach § 123 GWB zu prüfen, ob der Auftraggeber einen Ausschluss hierauf stützen kann. Nach § 126 GWB erfolgt ein Ausschluss nach § 123 höchstens fünf Jahre nach dem Tag der rechtskräftigen Verurteilung. Ist der Ausschlusstatbestand zu einem früheren Zeitpunkt verwirklicht worden, kann er im Vergabeverfahren nicht mehr herangezogen werden.

H. Rechtsschutz

79 Wird das Angebot eines Bieters unter Berufung auf § 123 GWB ausgeschlossen, obwohl dessen Voraussetzungen nicht vorliegen, kann der Bieter sich hiergegen in einem **Nachprüfungsverfahren** wehren.[69]

80 Die in § 123 GWB enthaltenen Regelungen sind aber auch insoweit **drittschützend** im Sinne des § 97 Abs. 6 GWB, als dass konkurrierende Bieter gegen einen unterlassenen zwingenden Ausschluss eines Bieters in einem Nachprüfungsverfahren vorgehen können. Dies wird zum Teil aufgrund eines angenommenen generalpräventiven Charakters der Ausschlussgründe in Zweifel gezogen.[70] Das Vorliegen von Ausschlussgründen betrifft aber ebenso wie die Eignung, eines Unternehmens die Zulassung eines Unternehmens zum Wettbewerb. Einzelne Ausschlussgründe können durchaus Bezug zum Wettbewerb haben. Die Anwendung der Ausschlussgründe auf alle Unternehmen ist außerdem Ausdruck des Gleichbehandlungsgrundsatzes und schon aus diesem Grunde bieterschützend.[71]

67 Erwägungsgrund 100 RL 2014/24/EU.
68 Gesetzesbegründung, BT-Drs. 18/6281, 104.
69 *Stein/Friton*, VergabeR 2010, 151 (162).
70 KG, Urteil v. 13.3.2008 – 2 Verg 18/07.
71 *Stein/Friton*, VergabeR 2010, 151 (162).

Anlage

Gesetzesbegründung (BT-Drs. 18/6281)

Seite102

Die in § 123 und § 124 geregelten Ausschlussgründe legen fest, wann ein Bewerber oder Bieter im Rahmen der Auswahl der Teilnehmer eines Vergabeverfahrens von dem Vergabeverfahren ausgeschlossen werden kann bzw. werden muss. Davon zu unterscheiden ist der Ausschluss eines Angebots, weil dieses beispielsweise formale Mängel aufweist; dazu werden Regelungen in der Vergabeverordnung getroffen.

§ 123 regelt, wann ein Unternehmen zwingend von der Teilnahme an einem Vergabeverfahren ausgeschlossen werden muss. Bei Vorliegen eines zwingenden Ausschlussgrundes steht dem öffentlichen Auftraggeber kein Ermessen bei der Entscheidung zu, ob das Unternehmen ausgeschlossen wird. Damit setzt § 123 die Bestimmungen in Artikel 57 Absatz 1, 2 und 5 Unterabsatz 1 der Richtlinie 2014/24/EU um. Da der Ausschluss eines Unternehmens von der Teilnahme an einem Vergabeverfahren in Grundrechte eingreifen kann, erfolgt nunmehr eine Regelung im Gesetz.

Nur in Ausnahmefällen haben öffentliche Auftraggeber trotz des Vorliegens eines zwingenden Ausschlussgrundes die Möglichkeit bzw. sogar die Verpflichtung, von einem Ausschluss des Unternehmens abzusehen. Zum einen kann nach § 123 Absatz 5 bei zwingenden Gründen des öffentlichen Interesses von einem Ausschluss abgesehen werden. Zum anderen ist ein Ausschluss dann nicht zulässig, wenn das Unternehmen eine erfolgreiche Selbstreinigung nach § 125 oder § 123 Absatz 4 Satz 2 durchgeführt hat.

Artikel 57 Absatz 1 der Richtlinie 2014/24/EU sieht einen Ausschluss eines Wirtschaftsteilnehmers für den Fall vor, dass „dieser Wirtschaftsteilnehmer" wegen einer der aufgelisteten Straftaten rechtskräftig verurteilt worden ist. Das ist zum einen dann der Fall, wenn eine natürliche Person, deren Verhalten dem Wirtschaftsteilnehmer nach Artikel 57 Absatz 1 Unterabsatz 2 der Richtlinie 2014/24/EU zuzurechnen ist, verurteilt worden ist. Zum anderen liegt eine Verurteilung des Wirtschaftsteilnehmers im Sinne von Artikel 57 Absatz 1 der Richtlinie 2014/24/EU aber auch dann vor, wenn gegen das Unternehmen selbst eine Geldbuße nach § 30 des Gesetzes über Ordnungswidrigkeiten festgesetzt worden ist. Voraussetzung dafür ist, dass eine natürliche Person, deren Verhalten dem Unternehmen zuzurechnen ist, eine Straftat oder Ordnungswidrigkeit begangen hat, durch die Pflichten des Unternehmens verletzt worden sind oder das Unternehmen bereichert worden ist bzw. werden sollte. Die Richtlinie 2014/24/EU stellt nicht auf eine strafgerichtliche Verurteilung ab, sondern auf eine Verurteilung aufgrund einer Straftat; daher wird auch die Verurteilung eines Unternehmens nach § 30 des Gesetzes über Ordnungswidrigkeiten erfasst.

Artikel 57 Absatz 1 Unterabsatz 1 und Absatz 2 der Richtlinie 2014/24/EU enthalten einen Katalog von Straftaten. Im Vergleich zur Richtlinie 2004/18/EG wurde dieser Katalog um terroristische Straftaten und Terrorismusfinanzierung sowie um Kinderarbeit und Menschenhandel ergänzt. Die Umsetzung in § 123 geht grundsätzlich nicht über die verpflichtenden Vorgaben der Richtlinie hinaus und zeichnet diese soweit wie möglich für das deutsche Recht nach. Insbesondere wurde davon abgesehen, solche Ausschlussgründe, die nach der Richtlinie 2014/24/EU fakultativ sind, in § 123 als zwingende Ausschlussgründe zu gestalten oder nicht in der Richtlinie aufgeführte Straftaten in den Katalog des § 123 aufzunehmen. Angesichts der gravierenden Rechtsfolge des zwingenden Ausschlusses von der Teilnahme an einem Vergabeverfahren darf die Festlegung obligatorischer Ausschlussgründe nicht weiter als unbedingt notwendig gehen. Bei nicht in § 123 aufgeführten Straftaten kann aber der fakultative Ausschlussgrund nach § 124 Absatz 1 Nummer 3 in Betracht kommen.

Zu Absatz 1

Mit der Formulierung am Anfang von § 123 Absatz 1 „zu jedem Zeitpunkt des Vergabeverfahrens" wird Artikel 57 Absatz 5 Unterabsatz 1 der Richtlinie 2014/24/EU umgesetzt. Ein Unternehmen ist nicht nur dann von der Teilnahme an einem Vergabeverfahren auszuschließen, wenn der öffentliche Auftraggeber zum Zeitpunkt der Prüfung der Eignung des Unternehmens Kenntnis von dem Vorliegen eines zwingenden Ausschlussgrundes hat, sondern auch noch dann, wenn der öffentliche Auftraggeber erst in einem späteren Stadium des Vergabeverfahrens davon Kenntnis erlangt. Dasselbe gilt, wenn die rechtskräftige Verurteilung einer Person, deren Verhalten dem Unternehmen nach § 123 Absatz 3 zuzurechnen ist, erst im Laufe des Vergabeverfahrens erfolgt. Der letzte Zeitpunkt für den Ausschluss eines Unternehmens von einem Vergabeverfahren ist unmittelbar vor Erteilung des Zuschlags. Bei Kenntniserlangung nach Zuschlagserteilung greift das Kündigungsrecht des Auftraggebers nach § 133 Absatz 1 Nummer 2 ein.

§ 123 Absatz 1 Nummer 1 und 2 setzen Artikel 57 Absatz 1 Unterabsatz 1 Buchstabe a, d und e (letzteres betreffend Terrorismusfinanzierung) der Richtlinie 2014/24/EU um. Durch Absatz 1 Nummer 3 wird Artikel 57 Absatz1 Unterabsatz 1 Buchstabe e (betreffend Geldwäsche) der Richtlinie 2014/24/EU umgesetzt. Absatz 1 Nummer 4und 5 setzen Artikel 57 Absatz 1 Unterabsatz 1 Buchstabe c (Betrug) der Richtlinie 2014/24/EU um. Durch Absatz

Seite103

1 Nummer 6, 7, 8 und 9 wird Artikel 57 Absatz 1 Unterabsatz 1 Buchstabe b (Bestechung) der Richtlinie2014/24/EU umgesetzt. Die Richtlinienvorschrift spricht von „Bestechung im Sinne des nationalen Rechts desöffentlichen Auftraggebers oder des Wirtschaftsteilnehmers". Da hier der Begriff der Bestechung als Oberbegriff zu verstehen ist (wofür auch die Verwendung des Begriffs „corruption" in der englischen Sprachfassung der Richtlinie spricht), wird diese Richtlinienvorschrift durch Verweis auf mehrere Straftatbestände umgesetzt. In Nummer 8 wird daher nicht nur der Straftatbestand der Bestechung von Amtsträgern nach § 334 des Strafgesetzbuchsaufgeführt, sondern auch der damit eng verwandte Straftatbestand der Vorteilsgewährung für Amtsträgernach § 333 des Strafgesetzbuchs. Durch Absatz 1 Nummer 10 wird Artikel 57 Absatz 1 Unterabsatz 1 Buchstabe f der Richtlinie 2014/24/EU betreffend Menschenhandel umgesetzt.

Zu Absatz 2

§ 123 Absatz 2 greift den Regelungsgehalt des bisherigen § 6 Absatz 4 Satz 2 VOL/A EG und entsprechender Regelungen in der VOB/A, der VSVgV und der Sektorenverordnung auf. Die Regelung erfasst die Verurteilung in anderen Staaten, die naturgemäß nicht auf der Grundlage deutscher Strafnormen erfolgen kann, sofern diese inhaltlich einer Verurteilung nach den in Artikel 57 Absatz 1 der Richtlinie 2014/24/EU genannten Tatbeständen entsprechen. Eine inhaltliche Entsprechung fehlt auch dann, wenn die Verurteilung mit wesentlichen Grundsätzen des deutschen Rechts, insbesondere mit den Grundrechten, unvereinbar ist.

Zu Absatz 3

§ 123 Absatz 3 regelt, wann das Verhalten einer wegen einer Straftat verurteilten natürlichen Person einem Unternehmen zugerechnet werden kann. Damit wird Artikel 57 Absatz 1 Unterabsatz 2 der Richtlinie 2014/24/EU umgesetzt.

Die Formulierung in Absatz 3 („für die Leitung des Unternehmens Verantwortlicher") erfolgt in Anlehnung an§ 30 Absatz 1 Nummer 5 des Gesetzes über Ordnungswidrigkeiten: Diese Vorschrift regelt, wann aufgrund einer Straftat oder Ordnungswidrigkeit einer natürlichen Person eine Geldbuße gegen eine juristische Person oder eine Personenvereinigung verhängt werden kann. Dabei enthält § 30 Absatz 1 Nummer 5 des Gesetzes über Ordnungswidrigkeiten den Oberbegriff des relevanten Personenkreises, während die in § 30 Absatz 1 Nummer 1 bis 4 des Gesetzes über Ordnungswidrigkeiten aufgelisteten Personen Unterfälle darstellen. Danach gehört zu den für die Leitung des Unternehmens verantwortlich handelnden Personen insbesondere, wer vertretungsberechtigtes Organeiner juristischen Person oder Mitglied eines solchen Organs, Vorstand eines nicht rechtsfähigen Vereins oder Mitglied eines solchen Vorstands, vertretungsberechtigter Gesellschafter einer rechtsfähigen Personengesellschaft oder Generalbevollmächtigter ist oder wer in leitender Stellung Prokurist oder Handlungsbevollmächtigter einer juristischen Person, eines nicht rechtsfähigen Vereins bzw. einer rechtsfähigen Personengesellschaft ist.

Gemäß Artikel 57 Absatz 1 Unterabsatz 2 der Richtlinie 2014/24/EU findet die Verpflichtung zum Ausschlusseines Unternehmens auch dann Anwendung, wenn „die rechtskräftig verurteilte Person ein Mitglied im Verwaltungs-, Leitungs- oder Aufsichtsgremium dieses Unternehmens ist oder darin Vertretungs-, Entscheidungs- oder Kontrollbefugnisse hat". Das Wort „darin" bezieht sich auf das Unternehmen insgesamt und nicht nur eingeschränkt auf das Verwaltungs-, Leitungs- oder Aufsichtsgremium dieses Unternehmens. Ansonsten würde der zweite Halbsatz weitgehend leerlaufen und insbesondere der Fall eines Prokuristen nicht erfasst werden, der eventuell nur für einen Teil der wirtschaftlichen Tätigkeit eines Unternehmens Prokura besitzt und nicht Mitglied eines Verwaltungs-, Leitungs- oder Aufsichtsgremiums des Unternehmens ist. Auch Straftaten eines solchen Prokuristen sollten aber dem Unternehmen, für das der Prokurist tätig ist, zugerechnet werden können.

Durch die Formulierung in Absatz 3, dass nur Straftaten einer Person, die als „für die Leitung des Unternehmens Verantwortlicher gehandelt hat", dem Unternehmen zugerechnet werden, wird klargestellt, dass ein Ausschlusseines Unternehmens vom Vergabeverfahren nur aufgrund von solchen (durch natürliche Personen begangenen)Straftaten erfolgen kann, die einen Unternehmensbezug aufweisen. Nur solche Straftaten können dem „Wirtschaftsteilnehmer" im Sinne von Artikel 57 Absatz 1 der Richtlinie 2014/24/EU zugerechnet werden, mit der Folge des zwingenden Ausschlusses des Unternehmens. Eine ausschließlich im privaten Zusammenhang stehende Straftat beispielsweise des Geschäftsführers eines Unternehmens, die keinen Bezug zur wirtschaftlichen Tätigkeit des Unternehmens aufweist, kann dagegen keinen Ausschlussgrund nach § 123 darstellen.

Zu Absatz 4

§ 123 Absatz 4 Satz 1 legt in den Nummern 1 und 2 den neuen zwingenden Ausschlussgrund der Nichtentrichtung von Steuern und Sozialabgaben fest und setzt damit Artikel 57 Absatz 2 der Richtlinie 2014/24/EU um. Bisher war hierfür im europäischen und im deutschen Vergaberecht nur ein fakultativer Ausschluss vorgesehen. Unter

Seite104

diesen Ausschlussgrund fällt die durch bestandskräftige Verwaltungsentscheidung oder rechtskräftige Gerichtsentscheidung festgestellte Nichtentrichtung von Steuern, Abgaben und Sozialversicherungsbeiträgen trotz bestehender Verpflichtung des Unternehmens hierzu. Auch Verurteilungen wegen Steuerhinterziehung nach § 370 der Abgabenordnung und wegen Vorenthaltung und Veruntreuung von Sozialversicherungsbeiträgen nach § 266a des Strafgesetzbuchs werden als Unterfälle von diesem neuen zwingenden Ausschlussgrund erfasst. Deshalb werden sie nicht in dem Katalog des Absatzes 1 aufgeführt.

§ 123 Absatz 4 Satz 2 enthält eine spezielle Vorschrift zur Möglichkeit der Selbstreinigung bei Vorliegen dieses Ausschlussgrundes, die der strengeren allgemeinen Regelung in § 125 vorgeht.

Zu Absatz 5

§ 123 Absatz 5 gibt öffentlichen Auftraggebern die Möglichkeit, ausnahmsweise von einem an sich zwingendvorgesehenen Ausschluss eines Unternehmens abzusehen, wenn dies aus zwingenden Gründen des öffentlichen Interesses geboten ist. Damit wird von der nach Artikel 57 Absatz 3 Unterabsatz 1 der Richtlinie 2014/24/EU bestehenden Möglichkeit, eine Ausnahme vom zwingenden Ausschluss vorzusehen, Gebrauch gemacht. Diese Ausnahmeregelung ist eng auszulegen. Es reicht nicht, wenn die Teilnahme des Unternehmens, bei dem ein zwingender Ausschlussgrund nach § 123 Absatz 1 vorliegt, aus Gründen des öffentlichen Interesses sinnvoll erscheint oder das Unternehmen einen günstigeren Preis geboten hatte, sondern seine Teilnahme muss aus zwingenden Gründen des öffentlichen Interesses geboten sein. Erwägungsgrund 100 der Richtlinie 2014/24/EU führt als Beispiel hierfür die Beschaffung dringend benötigter Impfstoffe an, die nur von einem Unternehmen erworben werden können, bei dem ein zwingender Ausschlussgrund vorliegt. Weniger eng formuliert ist die Ausnahme möglichkeit nach Absatz 5 Satz 2 – in Umsetzung von Artikel 57 Absatz 3 Unterabsatz 2 der Richtlinie 2014/24/EU– für den Fall einer Nichtentrichtung von Steuern oder Sozialversicherungsbeiträgen. Hierbei genügt es für die Möglichkeit einer Ausnahme vom zwingenden Ausschluss, wenn ein Ausschluss offensichtlich unverhältnismäßig wäre. Die Richtlinie führt in Artikel 57 Absatz 3 Unterabsatz 2 als Beispiele für eine solche offensichtliche Unverhältnismäßigkeit auf, dass nur geringfügige Beträge an Steuern oder Sozialversicherungsbeiträgen nichtgezahlt wurden oder dass das Unternehmen im Zusammenhang mit der Zahlung von Steuern oder Sozialversicherungsbeiträgen so spät über den genauen geschuldeten Betrags unterrichtet wurde, dass es keine Möglichkeit hatte, die nachträgliche Zahlung vor dem Ablauf der Frist für die Beantragung der Teilnahme bzw. im offenen Verfahrender Frist für die Einreichung der Angebote durchzuführen.

§ 124
Fakultative Ausschlussgründe

(1) Öffentliche Auftraggeber können unter Berücksichtigung des Grundsatzes der Verhältnismäßigkeit ein Unternehmen zu jedem Zeitpunkt des Vergabeverfahrens von der Teilnahme an einem Vergabeverfahren ausschließen, wenn

1. das Unternehmen bei der Ausführung öffentlicher Aufträge nachweislich gegen geltende umwelt-, sozial- oder arbeitsrechtliche Verpflichtungen verstoßen hat,
2. das Unternehmen zahlungsunfähig ist, über das Vermögen des Unternehmens ein Insolvenzverfahren oder ein vergleichbares Verfahren beantragt oder eröffnet worden ist, die Eröffnung eines solchen Verfahrens mangels Masse abgelehnt worden ist, sich das Unternehmen im Verfahren der Liquidation befindet oder seine Tätigkeit eingestellt hat,
3. das Unternehmen im Rahmen der beruflichen Tätigkeit nachweislich eine schwere Verfehlung begangen hat, durch die die Integrität des Unternehmens infrage gestellt wird; § 123 Absatz 3 ist entsprechend anzuwenden,
4. der öffentliche Auftraggeber über hinreichende Anhaltspunkte dafür verfügt, dass das Unternehmen Vereinbarungen mit anderen Unternehmen getroffen hat, die eine Verhinderung, Einschränkung oder Verfälschung des Wettbewerbs bezwecken oder bewirken,
5. ein Interessenkonflikt bei der Durchführung des Vergabeverfahrens besteht, der die Unparteilichkeit und Unabhängigkeit einer für den öffentlichen Auftraggeber tätigen Person bei der Durchführung des Vergabeverfahrens beeinträchtigen könnte und der durch andere, weniger einschneidende Maßnahmen nicht wirksam beseitigt werden kann,
6. eine Wettbewerbsverzerrung daraus resultiert, dass das Unternehmen bereits in die Vorbereitung des Vergabeverfahrens einbezogen war, und diese Wettbewerbsverzerrung nicht durch andere, weniger einschneidende Maßnahmen beseitigt werden kann,
7. das Unternehmen eine wesentliche Anforderung bei der Ausführung eines früheren öffentlichen Auftrags oder Konzessionsvertrags erheblich oder fortdauernd mangelhaft erfüllt hat und dies zu einer vorzeitigen Beendigung, zu Schadensersatz oder zu einer vergleichbaren Rechtsfolge geführt hat,
8. das Unternehmen in Bezug auf Ausschlussgründe oder Eignungskriterien eine schwerwiegende Täuschung begangen oder Auskünfte zurückgehalten hat oder nicht in der Lage ist, die erforderlichen Nachweise zu übermitteln, oder
9. das Unternehmen
   a) versucht hat, die Entscheidungsfindung des öffentlichen Auftraggebers in unzulässiger Weise zu beeinflussen,
   b) versucht hat, vertrauliche Informationen zu erhalten, durch die es unzulässige Vorteile beim Vergabeverfahren erlangen könnte, oder
   c) fahrlässig oder vorsätzlich irreführende Informationen übermittelt hat, die die Vergabeentscheidung des öffentlichen Auftraggebers erheblich beeinflussen könnten, oder versucht hat, solche Informationen zu übermitteln.

(2) § 21 des Arbeitnehmer-Entsendegesetzes, § 98c des Aufenthaltsgesetzes, § 19 des Mindestlohngesetzes und § 21 des Schwarzarbeitsbekämpfungsgesetzes bleiben unberührt.

Übersicht

	Rn.
A. Allgemeines	1
B. Fakultative Ausschlussgründe (Abs. 1)	5
I. Unternehmen	7
II. Verhältnismäßigkeit	11
III. Ausschlussgründe im Einzelnen	14
1. Verstoß gegen umwelt-, sozial- oder arbeitsrechtliche Verpflichtungen (Nr. 1)	15
2. Zahlungsunfähigkeit, Insolvenz, Liquidation und Einstellung (Nr. 2)	22
a) Zahlungsunfähigkeit	25
b) Insolvenz	26
c) Liquidationsverfahren	33
d) Einstellung der Unternehmenstätigkeit	36
e) Darlegungs- und Beweislast	39
3. Schwere Verfehlung (Nr. 3)	41
a) Schwere Verfehlung im Rahmen der beruflichen Tätigkeit	45
b) Zurechnung	53
c) Nachweislichkeit	57
4. Wettbewerbsbeschränkende Vereinbarung (Nr. 4)	60
a) Grundsätze des Geheimwettbewerbs	67
b) Bietergemeinschaften	69
aa) Fehlende Spürbarkeit	74
bb) Fehlende Markteintrittsfähigkeit	76
cc) Zweckmäßige und kaufmännisch vernünftige Entscheidung	79
c) Parallelbeteiligung	82
aa) Unterauftragnehmer	83
bb) Konzernverbundene Unternehmen	87
cc) Bietergemeinschaften	92
d) Hinreichende Anhaltspunkte	96
e) Ermessensreduktion	100
5. Interessenkonflikt (Nr. 5)	102
6. Vorbefassung (Nr. 6)	109
a) Einbeziehung in die Verfahrensvorbereitung	114
b) Wettbewerbsverzerrung	122
c) Verhältnismäßigkeit	126
d) Darlegungs- und Beweislast	133
e) Ermessensreduktion	136
7. Mangelhafte Leistungserfüllung (Nr. 7)	138
a) Früherer öffentlicher Auftrag oder Konzessionsvertrag	141
c) Erhebliche oder fortdauernde mangelhafte Erfüllung	147
d) Vorzeitige Beendigung, Schadensersatz oder vergleichbare Rechtsfolge	152
8. Schwerwiegende Täuschung, Zurückhaltung von Informationen, Nichtübermittlung von Nachweisen (Nr. 8)	157
a) Ausschlussgründe und Eignungskriterien	160
b) Varianten	164
aa) Schwerwiegende Täuschung (Var. 1)	164
bb) Zurückhalten von Auskünften (Var. 2)	168
cc) Nichtübermittlung von Nachweisen (Var. 3)	173
9. Unzulässige Einflussnahme (Nr. 9)	178
a) Unzulässige Beeinflussung der Entscheidungsfindung	180
b) Erlangung vertraulicher Informationen	182
c) Übermittlung irreführender Informationen	187
aa) Vorsätzliche oder fahrlässige Übermittlung irreführender Informationen	188
bb) Erhebliche Beeinflussung der Vergabeentscheidung	192
d) Ermessensreduktion	197
IV. Beleg des Nichtvorliegens von Ausschlussgründen	199
V. Rechtsfolge	202
VI. Zeitpunkt des Ausschlusses	210
C. Ausschlussgründe außerhalb des GWB (Abs. 2)	212
I. Ausschluss nach § 21 AEntG	214
II. Ausschluss nach § 98c AufenthG	219
III. Ausschluss nach § 19 MiLoG	224
IV. Ausschluss nach § 21 SchwarzArbG	229
D. Rechtsschutz	235

A. Allgemeines

§ 124 GWB regelt die **fakultativen Ausschlussgründe**. Der Regelung liegt die Erwägung zugrunde, dass bei Vorliegen der genannten Ausschlussgründe die Prognose der ordnungsgemäßen Auftragsausführung durch die betroffenen Unternehmen in Frage gestellt ist. Öffentliche Auftraggeber sollen mit § 124 GWB eine rechtssichere Rechtsgrundlage für den Ausschluss dieser Unternehmen vom Vergabeverfahren erhalten. 1

Die Regelung ist **neu** in das GWB aufgenommen worden. Vor Inkrafttreten des VergRModG 2016 waren die fakultativen Ausschlussgründe ausschließlich in den untergesetzlichen Vorschriften geregelt, vgl. § 6 EG Abs. 6 und Abs. 7 VOL/A, § 4 Abs. 5 und Abs. 9 VOF sowie § 6 EG Abs. 7 und § 16 EG Abs. 1 Nr. 2 VOB/A 2012. § 124 GWB fasst diese Regelungen im Wesentlichen zusammen, formuliert sie allerdings neu und ergänzt sie um weitere Ausschlussgründe. 2

Neu hinzugetreten sind die fakultativen Ausschlussgründe bei Verstoß gegen geltende umwelt-, sozial- und arbeitsrechtliche Verpflichtungen, bei wettbewerbsverzerrenden Vereinbarungen, bei Interessenkonflikten, bei Vorbefassung, bei mangelhafter früherer Auftragsausführung sowie bei versuchter unzulässiger Einflussnahme auf die Entscheidungsfindung des öffentlichen Auftraggebers.[1] 3

Der nach bisherigem Recht fakultative Ausschlussgrund des **Nichtentrichtens von Steuern und Abgaben sowie der Beiträge zur Sozialversicherung** in § 6 EG Abs. 6 lit. d VOL/A, § 4 Abs. 9 lit. d VOF und § 16 EG Abs. 1 Nr. 2 lit. d VOB/A 2012 ist in § 124 GWB nicht enthalten. Der Gesetzgeber hat diesen Ausschlussgrund als zwingenden Ausschlussgrund in § 123 Abs. 4 GWB aufgenommen.[2] 4

B. Fakultative Ausschlussgründe (Abs. 1)

Die fakultativen Ausschlussgründe nach § 124 GWB stehen neben den **zwingenden Ausschlussgründen** nach § 123 GWB. Scheitert ein zwingender Ausschlussgrund am Fehlen bestimmter Tatbestandsvoraussetzungen, kann ein fakultativer Ausschlussgrund, insbesondere nach § 124 Abs. 1 Nr. 3 GWB, gleichwohl in Betracht kommen.[3] 5

Die **VOB/A** enthält wegen der zentralen Bedeutung der Vorschrift in § 6e EU Abs. 6 VOB/A eine § 124 Abs. 1 GWB wiederholende Regelung.[4] 6

I. Unternehmen

Mit Unternehmen ist jedes Unternehmen gemeint, das sich am Vergabeverfahren beteiligt. Erfasst sind daher **Bewerber** und **Bieter**. Ausgenommen sind solche Unternehmen, die lediglich ihr Interesse bekundet haben. 7

Bewerber- und Bietergemeinschaften sind nach § 43 Abs. 1 S. 1 VgV und § 6 EU Nr. 2 S. 1 VOB/A wie Einzelbewerber und -bieter zu behandeln. Grundsätzlich kommt es bei der Eignungsprüfung auf die Bewerber- oder Bietergemeinschaft insgesamt an.[5] Ob fakultative Ausschlussgründe vorliegen, ist allerdings anhand der Mitglieder der Bewerber- oder Bietergemeinschaft zu prüfen. Liegen bei einzelnen Mitgliedern fakultative Ausschlussgründe vor, müssen öffentliche Auftraggeber im Rahmen der Ermessensentscheidung prüfen, ob hierdurch die Eignungsprognose für die Gemeinschaft insgesamt beeinträchtigt wird. Während die Insolvenz eines Mitgliedes durch die finanzielle Leistungsfähigkeit der übrigen Mitglieder kompensiert werden kann, führen solche Ausschlussgründe, welche die berufliche Integrität 8

1 Vgl. Gesetzesbegründung, BT-Drs. 18/6281, 105.
2 Vgl. Gesetzesbegründung, BT-Drs. 18/6281, 105.
3 Vgl. Gesetzesbegründung, BT-Drs. 18/6281, 104.
4 Vgl. Hinweise für die VOB/A 2016, BAnz AT 19.01.2016 B3.
5 Vgl. OLG Düsseldorf, Beschluss v. 31.7.2007 – VII-Verg 25/07; OLG Naumburg, Beschluss v. 30.4.2007 – 1 Verg 1/07; VK Niedersachsen, Beschluss v. 10.7.2012 – VgK-21/2012; VK Sachsen, Beschluss v. 11.3.2011 – 1/SVK/001-11.

betreffen, in der Regel zum Ausschluss der Bewerber- oder Bietergemeinschaft vom Vergabeverfahren.

9 Nicht erfasst sind von dem Unternehmensbegriff **Unterauftragnehmer**. Allerdings verlangt § 36 Abs. 5 S. 1 VgV, dass der öffentliche Auftraggeber vor der Erteilung des Zuschlags überprüft, ob Gründe für den Ausschluss des Unterauftragnehmers vorliegen. Bei Vorliegen fakultativer Ausschlussgründe kann der öffentliche Auftraggeber nach § 36 Abs. 5 S. 3 VgV verlangen, dass dieser ersetzt wird. Die VOB/A enthält zwar keine entsprechende Regelung, die Maßstäbe sind aber auf die Vergabe von Bauaufträgen übertragbar.

10 Auch **andere Unternehmen** nach § 47 Abs. 1 S. 1 VgV und § 6d EU Abs. 1 UAbs. 1 VOB/A, deren Kapazitäten ein Bewerber oder Bieter im Hinblick auf die erforderliche wirtschaftliche und finanzielle sowie die technische und berufliche Leistungsfähigkeit in Anspruch nimmt, sind keine Unternehmen im Sinne von § 124 Abs. 1 GWB. Allerdings ist der öffentliche Auftraggeber nach § 47 Abs. 2 S. 1 VgV und § 6d EU Abs. 1 UAbs. 4 S. 1 VOB/A verpflichtet zu prüfen, ob Ausschlussgründe für die anderen Unternehmen vorliegen, deren Kapazitäten der Bewerber oder Bieter in Anspruch nehmen will. Der öffentliche Auftraggeber kann nach § 47 Abs. 2 S. 4 VgV und § 6d EU Abs. 1 UAbs. 4 S. 2 VOB/A vorschreiben, dass der Bewerber oder Bieter ein Unternehmen, bei dem fakultative Ausschlussgründe vorliegen, ersetzen muss.

II. Verhältnismäßigkeit

11 Nach § 124 Abs. 1 GWB ist bei der Entscheidung über den Ausschluss eines Unternehmens der Verhältnismäßigkeitsgrundsatz nach § 97 Abs. 1 S. 2 GWB zu beachten.

12 Der öffentliche Auftraggeber hat das Verhältnismäßigkeitsgebot bei seiner **Ermessensentscheidung** über den Ausschluss des betroffenen Unternehmen zu berücksichtigen. Hierbei sind das Interesse an einer ordnungsgemäßen Durchführung des zu vergebenen Auftrags und das Interesse an einem möglichst großen Wettbewerb gegeneinander in Einklang zu bringen.

13 Das Verhältnismäßigkeitsgebot hat zur Folge, dass vor einem geplanten Ausschluss grundsätzlich das betroffene Unternehmen **anzuhören** ist.[6] Dadurch wird dem Unternehmen die Möglichkeit eingeräumt, die bestehenden Vorwürfe zu widerlegen. Eine Anhörung kann allerdings in denjenigen Fällen unterbleiben, in denen eine rechtskräftige Entscheidung Grundlage der Entscheidung ist.[7]

III. Ausschlussgründe im Einzelnen

14 § 124 Abs. 1 GWB enthält folgende Ausschlussgründe:

1. Das Unternehmen hat bei der Ausführung öffentlicher Aufträge nachweislich gegen geltende umwelt-, sozial- oder arbeitsrechtliche Verpflichtungen verstoßen.
2. Das Unternehmen ist zahlungsunfähig, über das Vermögen des Unternehmens ist ein Insolvenzverfahren oder ein vergleichbares Verfahren beantragt oder eröffnet worden, die Eröffnung eines solchen Verfahrens ist mangels Masse abgelehnt worden, das Unternehmen befindet sich im Verfahren der Liquidation oder hat seine Tätigkeit eingestellt.
3. Das Unternehmen hat im Rahmen der beruflichen Tätigkeit nachweislich eine schwere Verfehlung begangen, durch die die Integrität des Unternehmens infrage gestellt wird.
4. Der öffentliche Auftraggeber verfügt über hinreichende Anhaltspunkte, dass das Unternehmen Vereinbarungen mit anderen Unternehmen getroffen hat, die eine Verhinderung, Einschränkung oder Verfälschung des Wettbewerbs bezwecken oder bewirken.
5. Es besteht ein Interessenkonflikt bei der Durchführung des Vergabeverfahrens, der die Unparteilichkeit und Unabhängigkeit einer für den öffentlichen Auftraggeber tätigen Person

---

6 Vgl. OLG München, Beschluss v. 27.1.2005 – Verg 2/05, VergabeR 2005, 391 (393); OLG Frankfurt, Beschluss v. 20.7.2004 – 11 Verg 6/04, VergabeR 2004, 642 (645); VK Sachsen, Beschluss v. 7.4.2004 – 1/SVK/023-04.

7 Vgl. VK Sachsen, Beschluss v. 25.6.2003 – 1/SVK/051-03.

bei der Durchführung des Vergabeverfahrens beeinträchtigen könnte und der durch andere, weniger einschneidende Maßnahmen nicht wirksam beseitigt werden kann.

6. Eine Wettbewerbsverzerrung resultiert daraus, dass das Unternehmen bereits in die Vorbereitung des Vergabeverfahrens einbezogen war, und diese Wettbewerbsverzerrung kann nicht durch andere, weniger einschneidende Maßnahmen beseitigt werden.
7. Das Unternehmen hat eine wesentliche Anforderung bei der Ausführung eines früheren öffentlichen Auftrags oder Konzessionsvertrags erheblich oder fortdauernd mangelhaft erfüllt und dies hat zu einer vorzeitigen Beendigung, zu Schadensersatz oder zu einer vergleichbaren Rechtsfolge geführt.
8. Das Unternehmen hat in Bezug auf Ausschlussgründe oder Eignungskriterien eine schwerwiegende Täuschung begangen oder Auskünfte zurückgehalten oder ist nicht in der Lage, die erforderlichen Nachweise zu übermitteln.
9. Das Unternehmen hat versucht, die Entscheidungsfindung des öffentlichen Auftraggebers in unzulässiger Weise zu beeinflussen, es hat versucht, vertrauliche Informationen zu erhalten, durch die es unzulässige Vorteile beim Vergabeverfahren erlangen könnte, oder es hat fahrlässig oder vorsätzlich irreführende Informationen übermittelt, die die Vergabeentscheidung des öffentlichen Auftraggebers erheblich beeinflussen könnten, oder hat versucht, solche Informationen zu übermitteln.

1. Verstoß gegen umwelt-, sozial- oder arbeitsrechtliche Verpflichtungen (Nr. 1)

Nach § 124 Abs. 1 Nr. 1 GWB können öffentliche Auftraggeber ein Unternehmen von der Teilnahme an einem Vergabeverfahren ausschließen, wenn das Unternehmen bei der Ausführung öffentlicher Aufträge nachweislich gegen geltende umwelt-, sozial- oder arbeitsrechtliche Verpflichtungen verstoßen hat. 15

Die Regelung ist **neu** in das GWB aufgenommen worden. Sie setzt **Art. 57 Abs. 4 lit. a und Art. 18 Abs. 2 RL 2014/24/EU** um.[8] 16

Vor Inkrafttreten des VergRModG 2016 konnten Verstöße gegen umwelt-, sozial- und arbeitsrechtliche Verpflichtungen allenfalls unter den nunmehr in § 124 Abs. 1 Nr. 3 GWB geregelten Ausschlussgrund der schweren Verfehlung subsumiert werden. 17

Erfasst sind **alle für das Unternehmen geltenden umwelt-, sozial- und arbeitsrechtlichen Verpflichtungen**, die durch Rechtsvorschriften der Europäischen Union, nationale Rechtsvorschriften, aber auch durch für das Unternehmen verbindliche Tarifverträge festgelegt sind.[9] Dies betrifft auch Zahlungsverpflichtungen an tarifvertragliche Sozialkassen.[10] Umfasst sind nach der Gesetzesbegründung[11] auch die in Anhang X RL 2014/24/EU aufgeführten internationalen Abkommen. 18

Umweltrechtliche Verpflichtungen können sich beispielsweise aus dem KrWG, dem BImSchG, dem WHG, der VerpackVO oder der GewAbfV ergeben.[12] 19

Sozial- und arbeitsrechtliche Verpflichtungen sind insbesondere im MiLoG sowie in Tariftreuegesetzen, im AÜG, dem Gesetz für die gleichberechtigte Teilhabe von Frauen und Männern an Führungspositionen in der Privatwirtschaft und im öffentlichen Dienst, der BetrVG oder dem Arbeitszeitgesetz[13] vorgesehen. 20

Das Unternehmen muss **nachweislich** gegen geltende umwelt-, sozial- oder arbeitsrechtliche Verpflichtungen verstoßen haben. Für das Vorliegen des Ausschlussgrundes ist es daher erforderlich, dass der öffentliche Auftraggeber den Verstoß nachgewiesen hat.[14] Bloße Vermutungen und Verdachtsmomente genügen nicht. 21

8 Vgl. Gesetzesbegründung, BT-Drs. 18/6281, 105.
9 Vgl. Gesetzesbegründung, BT-Drs. 18/6281, 105.
10 Vgl. Gesetzesbegründung, BT-Drs. 18/6281, 105.
11 Vgl. Gesetzesbegründung, BT-Drs. 18/6281, 105.
12 Siehe hierzu *Dageförde/Dross*, NVwZ 2005, 19 (22).
13 Vgl. VK Niedersachsen, Beschluss v. 18.10.2005 – VgK-47/05.
14 Vgl. Gesetzesbegründung, BT-Drs. 18/6281, 105.

2. Zahlungsunfähigkeit, Insolvenz, Liquidation und Einstellung (Nr. 2)

22 Öffentliche Auftraggeber können nach § 124 Abs. 1 Nr. 1 GWB ein Unternehmen von der Teilnahme an einem Vergabeverfahren ausschließen, wenn das Unternehmen zahlungsunfähig ist, über das Vermögen des Unternehmens ein Insolvenzverfahren oder ein vergleichbares Verfahren beantragt oder eröffnet worden ist, die Eröffnung eines solchen Verfahrens mangels Masse abgelehnt worden ist, sich das Unternehmen im Verfahren der Liquidation befindet oder seine Tätigkeit eingestellt hat.

23 Die Regelung setzt **Art. 57 Abs. 4 lit. b RL 2014/24/EU** um. Entsprechende Regelungen waren bis zum Inkrafttreten des VergRModG 2016 ausschließlich untergesetzlich in § 6 EG Abs. 6 lit. a VOL/A, § 4 Abs. 9 lit. a VOF und § 16 EG Abs. 1 Nr. 2 lit. a und lit. b VOB/A 2012 enthalten.

24 Alleine das Vorliegen der Voraussetzungen des Ausschlussgrundes lässt die Eignung nicht zwangsläufig entfallen. Der öffentliche Auftraggeber darf sein **Ermessen** nicht generalisierend betätigen.[15] § 124 Abs. 1 Nr. 2 GWB enthält unterschiedliche Abstufungen einer möglichen Ungeeignetheit mit entsprechend unterschiedlichen Anforderungen an den Umfang der Prüfung durch den öffentlichen Auftraggeber. Bei Verwirklichung des Merkmals „Eröffnung beantragt" ist der öffentliche Auftraggeber zu einer präzisen Prüfung gehalten, da die bloße Beantragung – insbesondere durch Gläubiger des Unternehmens – noch keine gesicherte Aussage über die Leistungsfähigkeit des Unternehmens zulässt. Ist das Insolvenzverfahren dagegen bereits eröffnet, ist die wirtschaftliche Leistungsfähigkeit des Unternehmens zumindest zweifelhaft, da nunmehr feststeht, dass das Vermögen zur Deckung der Kosten des Insolvenzverfahrens nicht ausreicht.[16] Die abstrakte Gefährdungslage durch die Eröffnung des Insolvenzverfahrens ist allerdings nicht ausreichend, erforderlich ist vielmehr eine konkrete Überprüfung der Finanzlage des Unternehmens.[17] Dabei kommt es maßgeblich auf die Insolvenzabwicklung an.[18] Denn das in §§ 217 InsO geregelte Insolvenzplanverfahren dient in erster Linie dazu, eine Verwertung der Insolvenzmasse in Form der Sanierung zu ermöglichen.[19] In diesem Fall kann die Leistungsfähigkeit des Unternehmens weiterhin gegeben sein. Zudem kann das Unternehmen unter Umständen aufgrund der Zuschlagserteilung saniert werden. Der öffentliche Auftraggeber hat mithin auch in diesem Fall im Rahmen seiner Ermessensentscheidung eine Prüfung der Eignung des betroffenen Unternehmens vorzunehmen. Dagegen wird ein Unternehmen bei einer Ablehnung des Antrags auf Eröffnung des Insolvenzverfahrens mangels Masse regelmäßig ungeeignet sein. In diesem Fall obliegen dem öffentlichen Auftraggeber keine besonderen Prüfungspflichten vor einer Ausschlussentscheidung.

a) Zahlungsunfähigkeit

25 Der Begriff der **Zahlungsunfähigkeit** wird in § 124 GWB nicht erläutert. Zur Auslegung ist auf die Regelungen der InsO zurückzugreifen. Der Schuldner ist nach der Legaldefinition des § 17 Abs. 2 S. 1 InsO zahlungsunfähig, wenn er nicht in der Lage ist, die fälligen Zahlungspflichten zu erfüllen. Dies ist nach § 17 Abs. 2 S. 2 InsO in der Regel anzunehmen, wenn der Schuldner seine Zahlungen eingestellt hat.

b) Insolvenz

26 Öffentliche Auftraggeber können ein Unternehmen von der Teilnahme am Vergabeverfahren ausschließen, wenn über das Vermögen des Unternehmens ein Insolvenzverfahren oder ein vergleichbares Verfahren beantragt oder eröffnet worden ist oder die Eröffnung eines solchen Verfahrens mangels Masse abgelehnt worden ist

15 Vgl. OLG Celle, Beschluss v. 18.2.2013 – 13 Verg 1/13; OLG Düsseldorf, Beschluss v. 2.5.2012 – VII-Verg 68/11.
16 Vgl. OLG Celle, Beschluss v. 18.2.2013 – 13 Verg 1/13.
17 Vgl. OLG Celle, Beschluss v. 18.2.2013 – 13 Verg 1/13; OLG Schleswig, Beschluss v. 30.5.2012 – 1 Verg 2/12; OLG Düsseldorf, Beschluss v. 5.12.2006 – VII-Verg 56/06, NZBau 2007, 668 (669).
18 Vgl. OLG Celle, Beschluss v. 18.2.2013 – 13 Verg 1/13.
19 Vgl. *Braun*, in: Braun, InsO, Vor § 217 Rn. 1.

Im deutschen Recht ist das **Insolvenzverfahren** in der Insolvenzordnung (InsO) geregelt. Als **vergleichbare Verfahren** sind ausländische Prozeduren gleicher Art und Wirkung zu verstehen. 27

Ziel des Insolvenzverfahrens ist – mindestens gleichberechtigt neben einer Verwertung des Schuldnervermögens zur Befriedigung der Gläubiger – auch die Erhaltung des betroffenen Unternehmens durch eine Regelung, die im Insolvenzplan getroffen wird (vgl. § 1 S. 1, §§ 217 ff. InsO).[20] 28

Öffentliche Auftraggeber können ein Unternehmen bereits dann vom Vergabeverfahren ausschließen, wenn ein Insolvenzverfahren **beantragt** worden ist. Gemäß § 13 Abs. 1 S. 1 InsO wird das Verfahren nur auf schriftlichen Antrag eröffnet. Antragsberechtigt sind nach § 13 Abs. 1 S. 2 InsO sowohl der Schuldner als auch die Gläubiger.[21] Nicht erforderlich ist für den Ausschluss des Unternehmens, dass der Antrag zulässig und/oder begründet ist. Öffentliche Auftraggeber verfügen in der Regel schon nicht über das Know-how, eine solche Prüfung vorzunehmen. 29

Für die **Eröffnung des Verfahrens** ist erforderlich, dass der Eröffnungsantrag zulässig ist. In materieller Hinsicht setzt die Eröffnung voraus, dass gemäß § 16 InsO ein Eröffnungsgrund vorliegt. Allgemeiner Eröffnungsgrund ist nach § 17 Abs. 1 InsO die Zahlungsunfähigkeit des Schuldners. Der Schuldner ist nach der Legaldefinition des § 17 Abs. 2 S. 1 InsO zahlungsunfähig, wenn er nicht in der Lage ist, die fälligen Zahlungspflichten zu erfüllen. Dies ist nach § 17 Abs. 2 S. 2 InsO in der Regel anzunehmen, wenn der Schuldner seine Zahlungen eingestellt hat. Eine lediglich drohende Zahlungsunfähigkeit ist nach § 18 Abs. 1 InsO nur dann Eröffnungsgrund, wenn der Schuldner selbst das Verfahren beantragt. Bei juristischen Personen kommt gemäß § 19 Abs. 1 InsO zudem der Eröffnungsgrund der Überschuldung hinzu. Nach der Legaldefinition des § 19 Abs. 2 InsO liegt Überschuldung vor, wenn das Vermögen des Schuldners die bestehenden Verbindlichkeiten nicht mehr deckt. 30

Ist der Antrag auf Eröffnung des Insolvenzverfahrens zulässig und ein Eröffnungsgrund gegeben, hat das Insolvenzgericht über den weiteren Fortgang zu entscheiden. In Betracht kommt einerseits eine Abweisung mangels Masse nach § 26 InsO, andererseits ein Eröffnungsbeschluss nach § 27 InsO. Das Insolvenzgericht weist den Antrag gemäß § 26 Abs. 1 InsO **mangels Masse** ab, wenn das Vermögen des Schuldners voraussichtlich nicht ausreichen wird, um die Kosten des Insolvenzverfahrens (§ 54 InsO) zu decken. Das Insolvenzgericht trifft also eine Prognoseentscheidung.[22] Liegt kein Abweisungsgrund vor, ernennt das Insolvenzgericht einen Insolvenzverwalter durch Eröffnungsbeschluss gemäß § 27 InsO. 31

Die Insolvenz eines Unternehmens rechtfertigt den Ausschluss des Unternehmens vom Vergabeverfahren nicht ohne Weiteres. Der Gesetzgeber hat die Eröffnung des Insolvenzverfahrens über das Vermögen des Unternehmens gerade nicht als zwingenden Ausschlussgrund nach § 123 GWB eingeordnet. Der öffentliche Auftraggeber ist verpflichtet, im Rahmen seiner **Ermessensausübung** einzelfallbezogen zu prüfen, ob die Insolvenz die Leistungsfähigkeit des Unternehmens erschüttert.[23] Es gibt keine Regelvermutung, dass nach Eröffnung eines Insolvenzverfahrens der Bieter finanziell nicht leistungsfähig ist. Der öffentliche Auftraggeber ist daher nicht berechtigt, sein Ermessen generalisierend zu betätigen.[24] 32

c) Liquidationsverfahren

Öffentliche Auftraggeber können ein Unternehmen von der Teilnahme am Vergabeverfahren ausschließen, wenn es sich im Verfahren der Liquidation befindet. 33

---

20 Vgl. OLG Düsseldorf, Beschluss v. 2.5.2012 – VII-Verg 68/11.
21 Nähere Vorgaben zur Antragsberechtigung enthalten §§ 14, 15 InsO.
22 Vgl. *Kind*, in: Braun, InsO, § 26 Rn. 12.
23 Vgl. OLG Celle, Beschluss v. 11.6.2015 – 13 Verg 4/15; OLG Rostock, Beschluss v. 2.10.2014 – 2 W 10/14; OLG Düsseldorf, Beschluss v. 2.5.2012 – VII-Verg 68/11.
24 Vgl. OLG Celle, Beschluss v. 11.6.2015 – 13 Verg 4/15; OLG Düsseldorf, Beschluss v. 2.5.2012 – VII-Verg 68/11.

34 **Liquidation** meint die Abwicklung eines Unternehmens[25] nach dessen Auflösung und führt zur Vollbeendigung der Gesellschaft durch Erlöschen der Eigenschaft als Rechtsträger. Mit Auflösung der Gesellschaft besteht ihr Zweck nach h. M.[26] nunmehr in der vermögensmäßigen Abwicklung und Vollbeendigung der Gesellschaft (Abwicklungsgesellschaft).

35 Befindet sich ein Unternehmen im Stadium der Liquidation, so bietet es nicht mehr die Gewähr für eine hinreichend sorgfältige Ausführung der Leistung bis zu deren ordnungsgemäßer Vollendung. Da das Unternehmen demnächst nicht mehr existent sein wird, sind zumindest etwaige Gewährleistungsrechte des öffentlichen Auftraggebers gefährdet. In dieser Konstellation ist das Ermessen des öffentlichen Auftraggebers daher stets **auf Null reduziert**, so dass ein Ausschluss des betroffenen Unternehmens zwingend zu erfolgen hat.

d) Einstellung der Unternehmenstätigkeit

36 Öffentliche Auftraggeber können ein Unternehmen von der Teilnahme am Vergabeverfahren ausschließen, wenn es seine Tätigkeit eingestellt hat. Der Ausschlussgrund ist neu in das GWB-Vergaberecht aufgenommen worden und war auch in den untergesetzlichen Vorgängerregelungen zu § 124 Abs. 1 Nr. 2 GWB nicht enthalten.

37 Die Regelung spezifiziert nicht, was mit „**seine Tätigkeit**" gemeint ist. Erfasst ist jedenfalls die gesamte Tätigkeit eines Unternehmens. Nicht ausreichend ist es, dass ein Unternehmen lediglich teilweise, insbesondere in der von dem zu vergebenden öffentlichen Auftrag betroffenen Sparte, seine Tätigkeit eingestellt hat. Dies ergibt sich daraus, dass auch die übrigen in § 124 Abs. 1 Nr. 2 GWB auf die Gesamtheit des Unternehmens abstellen.

38 Hat ein Unternehmen seine Tätigkeit eingestellt, so bietet es nicht mehr die Gewähr für eine hinreichend sorgfältige Ausführung der Leistung bis zu deren ordnungsgemäßer Vollendung. In dieser Konstellation ist das Ermessen des öffentlichen Auftraggebers daher stets **auf Null reduziert**, so dass ein Ausschluss des betroffenen Unternehmens zwingend zu erfolgen hat.

e) Darlegungs- und Beweislast

39 Die Darlegungs- und Beweislast dafür, dass die Voraussetzungen das Ausschlussgrundes vorliegen, trägt der **öffentliche Auftraggeber**.

40 Sind diese Voraussetzungen des Ausschlussgrundes festgestellt, liegt die **sekundäre Beweislast** beim Unternehmen. Ihm obliegt es, dem öffentlichen Auftraggeber alle notwendigen Informationen zukommen zu lassen.[27] Liegt kein Insolvenzplan vor, muss das Unternehmen konkretes Zahlen- und Tatsachenmaterial beibringen, um dem öffentlichen Auftraggeber eine Prognoseentscheidung für den Leistungszeitraum zu ermöglichen.

3. Schwere Verfehlung (Nr. 3)

41 Öffentliche Auftraggeber können nach § 124 Abs. 1 Nr. 3 GWB ein Unternehmen von der Teilnahme an einem Vergabeverfahren ausschließen, wenn das Unternehmen im Rahmen der beruflichen Tätigkeit nachweislich eine schwere Verfehlung begangen hat, durch die die Integrität des Unternehmens infrage gestellt wird.

42 Die Regelung setzt **Art. 57 Abs. 4 lit. c RL 2014/24/EU** um. Entsprechende Regelungen waren bis zum Inkrafttreten des VergRModG 2016 ausschließlich untergesetzlich in § 6 EG Abs. 6 lit. c VOL/A, § 4 Abs. 9 lit. c VOF und § 16 EG Abs. 1 Nr. 2 lit. c VOB/A 2012 enthalten. Eine Parallelregelung ist in den untergesetzlichen Vorschriften nach wie vor in § 6e EU Abs. 6 Nr. 3 VOB/A enthalten.

43 Die Vorgängerregelungen in § 6 EG Abs. 6 lit. c VOL/A und § 16 EG Abs. 1 Nr. 2 lit. c VOB/A 2012 sahen vor, dass die schwere Verfehlung die **Zuverlässigkeit** des Bewerbers oder Bieters

25 Zur Terminologie vgl. *Hopt*, in: Baumbach/Hopt, HGB, § 145 Rn. 3; *Schmidt*, in: Münchener Kommentar HGB, § 145 Rn. 6.

26 *Hopt*, in: Baumbach/Hopt, HGB, § 145 Rn. 4; *Hillmann*, in: Ebenroth/Boujong/Joost/Strohn, HGB, § 145 Rn. 12; a.A. *Schmidt*, in: Münchener Kommentar HGB, § 156 Rn. 11.

27 Vgl. VK Brandenburg, Beschluss v. 19.12.2013 – VK 23/13.

in Frage stellt. § 124 Abs. 1 Nr. 3 GWB sieht diese Voraussetzung nicht mehr vor. Die Voraussetzung liegt aber § 124 GWB zugrunde und ist daher auf Ermessensebene zu berücksichtigen.

Die Regelung ermächtigt ausweislich des Wortlauts nur zum Ausschluss für das **konkrete Vergabeverfahren**. Die Verhängung einer Auftragssperre kann auf diese Regelung nicht gestützt werden.[28] 44

a) Schwere Verfehlung im Rahmen der beruflichen Tätigkeit

Bei einer **Verfehlung** handelt es sich um jedes schuldhafte Verhalten, durch das die Integrität des Unternehmens in Frage steht.[29] 45

Die Verfehlung muss zudem **schwer** wiegen. Das ist der Fall, wenn sie schuldhaft begangen worden ist und erhebliche Auswirkungen hat.[30] Derlei Auswirkungen sind anzunehmen, wenn besonders schützenswerte Rechtsgüter verletzt wurden und ein erheblicher Schaden entstanden ist oder zu entstehen drohte.[31] Angesichts des Verhaltens des Unternehmens darf dem öffentlichen Auftraggeber nicht zugemutet werden können, mit diesem in vertragliche Beziehungen zu treten.[32] Es kommt folglich darauf an, dass das für eine erfolgreiche Auftragsausführung notwendige Vertrauensverhältnis zwischen öffentlichem Auftraggeber und Unternehmen in schwerwiegender Weise gestört ist.[33] 46

§ 124 Abs. 1 Nr. 3 GWB stellt klar, dass das Unternehmen die schwere Verfehlung **im Rahmen seiner beruflichen Tätigkeit** begangen haben muss.[34] Verfehlungen außerhalb der beruflichen Tätigkeit scheiden aus. Relevant ist diese Voraussetzung insbesondere bei Fehlverhalten von natürlichen Personen. 47

Bei dem Begriff der schweren Verfehlung handelt es sich um einen unbestimmten Rechtsbegriff. Entgegen der h. M.[35] steht dem öffentlichen Auftraggeber bei der Auslegung des Begriffs **kein Beurteilungsspielraum** zu. Die Auslegung durch den öffentlichen Auftraggeber kann von den Nachprüfungsinstanzen uneingeschränkt überprüft werden.[36] 48

Die sehr weitgehende Unbestimmtheit des Begriffs ist vor dem Hintergrund des **verfassungsrechtlichen Bestimmtheitsgebots** kritisch zu betrachten. Das BVerfG hat allerdings in Entscheidungen zu anderen Rechtsgebieten die Verwendung dieser Formulierung nicht bemängelt.[37] Jedenfalls aus Transparenzgesichtspunkten ist dem öffentlichen Auftraggeber aber anzuraten, die von ihm angesetzten Kriterien für das Vorliegen einer schweren Verfehlung den Unternehmen vorab bekannt zu machen oder zumindest in der Vergabeakte zu dokumentieren. 49

Eine schwere Verfehlung kommt bei der **Verletzung gesetzlicher oder vertraglicher Verpflichtungen** (z. B. auch bei der Verletzung von Auftragsausführungsbedingungen bei früheren öffentlichen Aufträgen) in Betracht.[38] In diesen Fällen werden häufig auch die Voraussetzungen für einen Ausschluss nach § 124 Abs. 1 Nr. 1 oder Nr. 7 GWB vorliegen. 50

---

28 Siehe zur Vorgängerregelung auch *Tomerius*, in: Pünder/Schellenberg, Vergaberecht, § 16 VOB/A Rn. 36; *Ohrtmann*, NZBau 2007, 278; *Freund*, VergabeR 2007 (Sonderheft 2a), 311 (319); a.A. LG Frankfurt a. M., Urteil v. 26.11.2003 – 2-06 O 345/03, NZBau 2004, 630 (631); wohl auch KG, Urteil v. 8.12.2011 – 2 U 11/11, VergabeR 2012, 208 (211); *Ohle/Gregoritza*, ZfBR 2003, 16 (17).

29 Vgl. Gesetzesbegründung, BT-Drs. 18/6281, 101.

30 Vgl. OLG München, Beschluss v. 21.5.2010 – Verg 02/10; LG Düsseldorf, Urteil v. 16.3.2005 – 12 O 225/04; VK Niedersachsen, Beschluss v. 24.3.2011 – VgK-04/2011; VK Bund, Beschluss v. 15.5.2009 – VK 2-21/09.

31 Vgl. VK Niedersachsen, Beschluss v. 24.3.2011 – VgK-04/2011.

32 Vgl. *Freund*, VergabeR 2007 (Sonderheft 2a), 311 (314).

33 Vgl. VK Brandenburg, Beschluss v. 17.12.2003 – VK 71/03.

34 Die Vorgängerregelungen stellten dies nicht ausdrücklich klar, für eine solche Einschränkung aber bereits *Hölzl/Ritzenhoff*, NZBau 2012, 28 (29).

35 Vgl. LG Düsseldorf, Urteil v. 16.3.2005 – 12 O 225/04; VK Niedersachsen, Beschluss v. 24.3.2011 – VgK-4/2011; VK Münster, Beschluss v. 16.12.2010 – VK 9/10; VK Düsseldorf, Beschluss v. 31.10.2005 – VK-30/2005-B.

36 Vgl. OLG München, Beschluss v. 22.11.2012 – Verg 22/12, NZBau 2013, 261.

37 Vgl. etwa BVerfG, Beschluss v. 8.7.1993 – 2 BvR 213/93, NJW 1994, 1339 (1340).

38 Vgl. Gesetzesbegründung, BT-Drs. 18/6281, 105.

51 Ist eine verantwortlich handelnde Person aufgrund einer günstigen Sozialprognose nur zu einer **Bewährungsstrafe** verurteilt worden, so ist nicht allein deshalb die Gewähr für eine künftig einwandfreie Ausführung im Sinne einer Zuverlässigkeit des Unternehmens anzunehmen. Bewährung bedeutet vielmehr, dass erst bei nachgewiesenem Wohlverhalten während der Dauer der Bewährungszeit die abschließende Bewertung möglich ist, dass es zur Einwirkung auf die Person einer Vollzugsstrafe nicht bedarf.[39] Auch die **Einstellung eines Ermittlungsverfahrens** schließt den Nachweis einer schweren Verfehlung nicht aus, da insbesondere im Bereich der Wirtschaftskriminalität eine Einstellung nach § 153a StPO häufig aus verfahrensökonomischen Gründen vorgenommen wird und somit keine Aussage über das Vorliegen einer schweren Verfehlung trifft. Dagegen dürfte bei einem **rechtskräftigen Freispruch** ein Ausschluss des Unternehmens grundsätzlich nicht mehr möglich sein. Denn auch wenn ein Freispruch aus Mangel an Beweisen erfolgt ist, wird es einem öffentlichen Auftraggeber kaum möglich sein, ohne die der Staatsanwaltschaft und den Gerichten zur Verfügung stehenden Ermittlungsmöglichkeiten noch den Nachweis einer schweren Verfehlung zu führen.

52 Bloße **Meinungsverschiedenheiten** zwischen Unternehmen und dem öffentlichen Auftraggeber über die ordnungsgemäße Auftragserfüllung sind keine schwere Verfehlung.[40] Dies gilt auch dann, wenn die Meinungsverschiedenheiten Gegenstand eines Rechtsstreits oder selbstständigen Beweisverfahrens sind.[41] Selbst kritische, wenngleich sachliche Presseäußerungen rechtfertigen nicht den Ausschluss aufgrund einer schweren Verfehlung.[42] Auch die anwaltliche Geltendmachung von zivilrechtlichen Ansprüchen gegen den öffentlichen Auftraggeber genügt nicht.[43]

b) Zurechnung

53 Die schwere Verfehlung muss **durch das Unternehmen** begangen worden sein. Unproblematisch ist der Anknüpfungspunkt für die Prüfung, wenn es sich bei dem Unternehmen um eine natürliche Person handelt.

54 Bei der Beteiligung von **Personengesellschaften und juristischen Personen** am Vergabeverfahren ist fraglich, welches Subjekt als Anknüpfungspunkt für die Feststellung der Verfehlung anzusehen ist. Da Personengesellschaften und juristische Personen selbst nicht schuldhaft handeln können, stellt § 123 Abs. 1 Nr. 3 Hs. 2 GWB nunmehr klar, dass auf die verantwortlich handelnden Personen abzustellen ist.[44] Das Verhalten der natürlichen Person ist nach der Regelung einem Unternehmen zuzurechnen, wenn diese Person als für die Leitung des Unternehmens Verantwortlicher gehandelt hat; dazu gehört auch die Überwachung der Geschäftsführung oder die sonstige Ausübung von Kontrollbefugnissen in leitender Stellung.

55 Daneben kann eine Zurechnung auch innerhalb eines **Konzernverbunds** erfolgen, wenn das Unternehmen unter der Einflussmöglichkeit desjenigen Unternehmens steht, das die schwere Verfehlung begangen hat.[45]

56 In Bezug auf die **verantwortlich handelnden Personen** kann wie folgt unterschieden werden. Unproblematisch ist eine Verfehlung einer verantwortlich handelnden Person dem Unternehmen zuzurechnen, wenn diese Person bei der Verfehlung bereits für das Unternehmen tä-

---

39 Vgl. OLG München, Beschluss v. 21.4.2006 – Verg 08/06, VergabeR 2006, 561 (566).

40 Vgl. OLG Celle, Urteil v. 26.6.1998 – 6 U 21/97; VK Schleswig-Holstein, Beschluss v. 7.11.2014 – VK-SH 21/14; VK Köln, Beschluss v. 20.11.2012 – VK VOL 59/2011; VK Sachsen, Beschluss v. 17.7.2007 – 1/SVK/046-07.

41 Vgl. LG Düsseldorf, Urteil v. 16.3.2005 – 12 O 225/04; VK Schleswig-Holstein, Beschluss v. 7.11.2014 – VK-SH 21/14; VK Sachsen, Beschluss v. 17.7.2007 – 1/SVK/046-07.

42 Vgl. OLG Düsseldorf, Beschluss v. 8.5.2002 – VII-Verg 8-15/01; VK Schleswig-Holstein, Beschluss v. 7.11.2014 – VK-SH 21/14.

43 Vgl. VK Bund, Beschluss v. 15.5.2009 – VK 2-21/09

44 So bereits zur alten Rechtslage OLG Düsseldorf, Beschluss v. 28.7.2005 – VII-Verg 42/05; OLG Saarbrücken, Beschluss v. 29.12.2003 – 1 Verg 4/03, ZfBR 2004, 490 (491); LG Frankfurt a.M., Urteil v. 26.11.2003 – 2-06 O 345/03, NZBau 2004, 630 (631).

45 Vgl. VK Niedersachsen, Beschluss v. 24.3.2011 – VgK-4/2011, NZBau 2011, 574 (576); siehe dazu auch *Hölzl/Ritzenhoff*, NZBau 2012, 28 (29).

tig war und während der Teilnahme am Vergabeverfahren noch tätig ist.[46] Eine Zurechnung kommt aber auch in Betracht, wenn die Verfehlung noch nicht im Rahmen der Tätigkeit für das betreffende Unternehmen begangen wurde, die Person dort aber nunmehr verantwortlich tätig ist.[47] Das Unternehmen nimmt durch die Beschäftigung der betreffenden Person deren schwere Verfehlung in Kauf, importiert dadurch gewissermaßen die Unzuverlässigkeit und muss sich diese folglich ebenfalls zurechnen lassen. Auch eine bloß formale Unternehmensneugründung mit Übernahme des fraglichen Personals kann folglich aufgrund des persönlichen Anknüpfungspunktes einen Ausschluss nicht verhindern.[48]

c) Nachweislichkeit

Voraussetzung für einen Ausschluss ist, dass nachweislich eine schwere Verfehlung begangen wurde. Nach dem Wortlaut der Norm liegt mithin die **Darlegungs- und Beweislast** hinsichtlich des Vorliegens einer schweren Verfehlung beim öffentlichen Auftraggeber.[49] 57

Das Vorliegen einer schweren Verfehlung muss bei objektiver Betrachtung der Tatsachengrundlage **eindeutig** sein.[50] Der Nachweis ist unzweifelhaft dann geführt, wenn sich der öffentliche Auftraggeber auf einen rechtskräftigen Bußgeldbescheid oder eine rechtskräftige Verurteilung berufen kann.[51] Gleichwohl ist dies nicht zwingend erforderlich.[52] Der öffentliche Auftraggeber ist vielmehr bereits bei Vorliegen konkreter Anhaltspunkte zu einem Ausschluss berechtigt. Denn zwischen dem Tatzeitpunkt und einer rechtskräftigen Entscheidung kann ein langer Zeitraum liegen, in dem es dem öffentlichen Auftraggeber nicht zugemutet werden kann, vertragliche Beziehungen mit dem betreffenden Unternehmen aufzunehmen.[53] Auch das Vorliegen einer Anklageschrift oder eines Eröffnungsbeschlusses muss daher nicht abgewartet werden.[54] Als Nachweis können folglich auch entsprechende Aufzeichnungen, Belege oder andere Schriftstücke dienen.[55] Bloße Vermutungen oder Verdachtsmomente genügen für einen Ausschluss allerdings nicht.[56] Die dem Ausschluss zugrunde gelegten Anhaltspunkte müssen vielmehr auf gesicherter Erkenntnis[57] beruhen. Nicht hinreichend sind hingegen etwa Aussagen von Zeugen, die zudem noch ein Eigeninteresse am Ausschluss des Unternehmens haben.[58] 58

In der Regel wird eine **Mitwirkung des Unternehmens** bei der Ermittlung des Sachverhalts notwendig sein. Infolgedessen ist der öffentliche Auftraggeber berechtigt, von dem betreffenden Unternehmen entsprechende Erklärungen, Übergabe von Schriftstücken, etc. zu verlangen.[59] Die fehlende Mitwirkung in Folge eines berechtigten Auskunftsverlangens des öffentlichen Auftraggebers ist eine Obliegenheitsverletzung des Unternehmens, die eine abschließende Überprüfung des Vorliegens eines Ausschlussgrundes unmöglich machen kann. In diesem Fall ist der öffentliche Auftraggeber zum Ausschluss des Unternehmens aufgrund der fehlenden Mitwirkung berechtigt.[60] 59

---

46 Vgl. VK Bund, Beschluss v. 11.10.2002 – VK1 75/02.
47 Vgl. *Dreher/Hoffmann*, NZBau 2012, 265 (268).
48 Vgl. OLG Düsseldorf, Beschluss v. 18.7.2001 – Verg 16/01.
49 Vgl. VK Nordbayern, Beschluss v. 22.1.2007 – 21.VK-3194-44/06; VK Sachsen, Beschluss v. 3.11.2005 – 1/SVK/125-05; VK Niedersachsen, Beschluss v. 18.10.2005 – VgK-47/2005.
50 Vgl. VK Nordbayern, Beschluss v. 22.1.2007 – 21.VK-3194-44/06.
51 Vgl. OLG München, Beschluss v. 21.4.2006 – Verg 08/06, VergabeR 2006, 561 (564).
52 Vgl. OLG München, Beschluss v. 22.11.2012 – Verg 22/12, VergabeR 2013, 499 (501); OLG Saarbrücken, Beschluss v. 29.12.2003 – 1 Verg 4/03, NZBau 2004, 346 (347); VK Nordbayern, Beschluss v. 22.1.2007 – 21 VK 3194 44/06; VK Düsseldorf, Beschluss v. 13.3.2006 – VK 08/2006-L.
53 Vgl. OLG Saarbrücken, Beschluss v. 29.12.2003 – 1 Verg 4/03, NZBau 2004, 346 (347).
54 Vgl. OLG Frankfurt, Beschluss. v. 24.6.2004 – 11 Verg 6/04; LG Berlin, Urteil v. 22.3.2006 – 23 O 118/04.
55 Vgl. OLG Frankfurt, Beschluss v. 20.7.2004 – 11 Verg 6/04, VergabeR 2004, 642 (645); OLG Saarbrücken, Beschluss v. 29.12.2003 – 1 Verg 4/03, NZBau 2004, 346 (347).
56 Vgl. OLG Düsseldorf, Beschluss v. 17.2.2016 – VII-Verg 41/15; OLG München, Beschluss v. 21.5.2010 – Verg 02/10; OLG Bremen, Beschluss v. 24.5.2006 – Verg 1/2006; OLG Saarbrücken, Beschluss v. 29.12.2003 – 1 Verg 4/03, NZBau 2004, 346 (347).
57 Vgl. OLG München, Beschluss v. 21.5.2010 – Verg 2/10; OLG Düsseldorf, Beschluss v. 9.4.2003 – Verg 43/02, NZBau 2003, 578 (580).
58 Vgl. OLG München, Beschluss v. 21.5.2010 – Verg 2/10.
59 Vgl. OLG München, Beschluss v. 27.1.2005 – Verg 2/05, VergabeR 2005, 391 (393).
60 Vgl. OLG München, Beschluss v. 27.1.2005 – Verg 2/05, VergabeR 2005, 391 (393).

4. Wettbewerbsbeschränkende Vereinbarung (Nr. 4)

60 Öffentliche Auftraggeber können nach § 124 Abs. 1 Nr. 4 GWB ein Unternehmen von der Teilnahme an einem Vergabeverfahren ausschließen, wenn der öffentliche Auftraggeber über hinreichende Anhaltspunkte dafür verfügt, dass das Unternehmen Vereinbarungen mit anderen Unternehmen getroffen hat, die eine Verhinderung, Einschränkung oder Verfälschung des Wettbewerbs bezwecken oder bewirken.

61 Die Regelung setzt **Art. 57 Abs. 4 lit. d RL 2014/24/EU** um.[61] Sie ist **neu** in das GWB aufgenommen worden. Bislang enthielten lediglich die untergesetzlichen Regelungen einen Ausschlussgrund für wettbewerbsbeschränkende Maßnahmen in § 19 EG Abs. 3 lit. f VOL/A und § 16 EG Abs. 1 Nr. 1 lit. d VOB/A 2012. Die Regelungen waren im Gegensatz zu § 124 Abs. 1 Nr. 4 GWB als zwingender Ausschlussgrund ausgestaltet.

62 Während § 19 EG Abs. 3 lit. f VOL/A und § 16 EG Abs. 1 Nr. 1 lit. d VOB/A 2012 von einer „**wettbewerbsbeschränkenden Abrede**" sprechen, behandelt § 124 Abs. 1 Nr. 4 GWB in Anlehnung an § 1 GWB[62] die „wettbewerbsbeschränkende Vereinbarung". Eine inhaltliche Neuerung ist hiermit nicht verbunden.

63 Der in § 97 Abs. 1 S. 1 GWB aufgestellte **Wettbewerbsgrundsatz** kann nur dann gewährleistet sein, wenn einzelne Bieter sich nicht durch unlautere wettbewerbsbeschränkende Maßnahmen in der Bewerbung um die zu vergebende Leistung Vorteile verschaffen können. Es ist daher folgerichtig, wenn § 124 Abs. 1 Nr. 4 GWB festlegt, dass diejenigen Unternehmen, die eine wettbewerbsverhindernde, -einschränkende oder –verfälschende Vereinbarung getroffen haben, vom Vergabeverfahren ausgeschlossen werden.

64 Unerheblich ist, ob durch die Abreden die **Interessen des öffentlichen Auftraggebers** verletzt werden, soweit der Abrede nur eine wettbewerbswidrige Wirkung zukommt. Denn von der Norm wird lediglich vorausgesetzt, dass im Rahmen des Vergabeverfahrens kein echter Wettbewerb zwischen den Bietern zustande kommt. Es kommt nicht darauf an, dass dem öffentlichen Auftraggeber ein wirtschaftlicher Nachteil entsteht.

65 Nach bisheriger Rechtslage erforderte der Ausschluss eines Angebots wegen einer unzulässigen wettbewerbsbeschränkenden Abrede, dass die Abrede **in Bezug auf die Vergabe** erfolgt ist.[63] Eine solche Einschränkung enthält § 124 Abs. 1 Nr. 4 GWB nicht. Vielmehr stellt die Gesetzesbegründung[64] klar, dass der Ausschlussgrund nicht auf wettbewerbsbeschränkende Vereinbarungen im Rahmen des laufenden Vergabeverfahrens beschränkt ist.

66 Liegen die Voraussetzungen von § 124 Abs. 1 Nr. 4 GWB vor, ist in der Regel zugleich eine **schwere Verfehlung** im Sinne von § 124 Abs. 1 Nr. 3 GWB gegeben.

a) Grundsätze des Geheimwettbewerbs

67 Nach der Rechtsprechung liegt eine Wettbewerbsbeschränkung insbesondere vor, wenn ein Bieter sein Angebot in **Kenntnis der Bedingungen eines Konkurrenzangebots** erstellt, ohne dass es eines kollusiven Zusammenwirkens bedurft hätte.[65] Denn für den von der Norm intendierten Zweck, einen unverfälschten Wettbewerb herzustellen, ist es unabdingbar, dass die Bieter die zu vergebende Leistung in Unkenntnis der Angebote, Angebotsgrundlagen und Angebotskalkulationen ihrer Konkurrenten anbieten (sog. Geheimwettbewerb).[66] Nur wenn die genannten Faktoren der Konkurrenz unbekannt sind, ist jeder einzelne Bieter gehalten,

61 Vgl. Gesetzesbegründung, BT-Drs. 18/6281, 106.
62 Vgl. Gesetzesbegründung, BT-Drs. 18/6281, 106.
63 Siehe hierzu OLG Naumburg, Beschluss v. 15.3.2001 – 1 Verg 11/00, NZBau 2001, 579.
64 Vgl. Gesetzesbegründung, BT-Drs. 18/6281, 106.
65 Vgl. OLG Naumburg, Beschluss v. 2.8.2012 – 2 Verg 3/12; OLG Düsseldorf, Beschluss v. 13.4.2011 – VII-Verg 4/11, NZBau 2011, 371 (372); OLG Jena, Beschluss v. 19.4.2004 – 6 Verg 3/04, VergabeR 2004, 520 (522).
66 Vgl. OLG Naumburg, Beschluss v. 2.8.2012 – 2 Verg 3/12; OLG München, Beschluss v. 11.8.2008 – Verg 16/08, VergabeR 2009, 61 (63); OLG Düsseldorf, Beschluss v. 27.7.2006 – VII-Verg 23/06; VK Bund, Beschluss v. 30.11.2012 – VK 2-131/12; kritisch *Burgi*, NZBau 2008, 29 (33).

selbst bis an die eigene Rentabilitätsgrenze zu kalkulieren und das aus Sicht des öffentlichen Auftraggebers möglichst wirtschaftlichste Angebot zu unterbreiten.[67]

Der Geheimwettbewerb ist nur verletzt, wenn sich die Kenntnisse auf ein Konkurrenzangebot beziehen. Daran fehlt es, wenn lediglich Kenntnisse über Angebote aus anderen Verfahren oder im Falle der losweisen Vergabe über solche zu anderen Losen gewonnen werden.[68] Besonderheiten sind bei der **Losvergabe** zu berücksichtigen. Eine Wettbewerbsbeschränkung scheidet grundsätzlich aus, wenn ein Unternehmen Kenntnis von Angeboten erhält, die für andere Lose abgegeben wurden. Denn regelmäßig stehen die Lose nicht in einem Konkurrenzverhältnis zueinander.[69] Anderes kann im Einzelfall gelten, beispielsweise wenn der öffentliche Auftraggeber einen Koppelungsnachlass für Gesamtangabe zugelassen hat. 68

b) Bietergemeinschaften

Bietergemeinschaften sind Zusammenschlüsse von Einzelbietern mit dem gemeinsamen Zweck, ein Angebot im Vergabeverfahren abzugeben und im Falle der Bezuschlagung die Leistung arbeitsteilig zu erbringen. Ein solcher Zusammenschluss kann eine wettbewerbsbeschränkende Vereinbarung im Sinne von § 124 Abs. 1 Nr. 4 GWB sein. 69

Die Bündelung von am Markt tätigen Unternehmen in einer Bietergemeinschaft kann dem **Wettbewerbsgrundsatz** nach § 97 Abs. 1 S. 1 GWB widersprechen, wenn durch den Zusammenschluss die bestehende Konkurrenzsituation aufgehoben wird und jeweils (Teil-)Leistungen mit einer erhöhten Gewinnspanne angeboten werden sollen, die sich im Rahmen einer Einzelbewerbung nicht realisieren ließen.[70] Insbesondere können Bietergemeinschaften dann problematisch sein, wenn aufgrund von Spezialkenntnissen ohnehin nur wenige Unternehmen in Betracht kommen und sich die Bietergemeinschaft zudem aus den Bietern mit dem größten Leistungspotenzial zusammensetzt.[71] Auf der anderen Seite kann die Bildung einer Bietergemeinschaft den Wettbewerb dadurch bereichern, dass sich Bieter, die sich allein zur Durchführung des Auftrages nicht imstande sehen, durch den Zusammenschluss in die Lage versetzt werden, sich am Wettbewerb zu beteiligen.[72] 70

Wettbewerbsrechtlich unbedenklich sind Bietergemeinschaften zwischen **konzernangehörigen Unternehmen**, da diese gemäß § 36 Abs. 2 GWB als ein Unternehmen anzusehen sind (sog. Konzernprivileg).[73] Dies gilt auch für den Zusammenschluss von Unternehmen **unterschiedlichen Gewerbes** (vertikale Bietergemeinschaft).[74] 71

Eine Regelung zur Zulässigkeit von Bietergemeinschaften enthält das GWB nicht. Aus den **untergesetzlichen Regelungen** in § 43 VgV und § 6 EU Abs. 3 Nr. 2 VOB/A ergibt sich allerdings, dass der Normgeber grundsätzlich von deren Zulässigkeit ausgeht.[75] Die Gegenauffassung,[76] die bei der Bildung einer Bietergemeinschaft hingegen in der Regel einen Verstoß gegen das Kartellverbot aus § 1 GWB annimmt, verkennt, dass § 1 GWB eine einzelfallbezogene Prüfung dahingehend erfordert, ob die Wettbewerbsbeschränkung sich spürbar auf das Wett- 72

67 Vgl. OLG Naumburg, Beschluss v. 2.8.2012 – 2 Verg 3/12; OLG Düsseldorf, Beschluss v. 13.4.2011 – VII-Verg 4/11, NZBau 2011, 371 (372); OLG Jena, Beschluss v. 19.4.2004 – 6 Verg 3/04, VergabeR 2004, 520 (522).
68 Vgl. OLG Düsseldorf, Beschluss v. 28.5.2003 – VII-Verg 8/03, VergabeR 2003, 461 (464); VK Bund, Beschluss v. 30.11.2012 – VK 2-131/12.
69 Vgl. VK Sachsen, Beschlüsse v. 13.12.2013 – 1/SVK/038-13 und 1/SVK/039-13.
70 Vgl. *Jäger/Graef*, NZBau 2012, 213 (214).
71 Vgl. OLG Koblenz, Beschluss v. 29.12.2004 – 1 Verg 6/04, VergabeR 2005, 527 (528).
72 OLG Koblenz, Beschluss v. 29.12.2004 – 1 Verg 6/04, VergabeR 2005, 527 (528); OLG Naumburg, Beschluss v. 21.12.2000 – 1 Verg 10/00.
73 Vgl. OLG Düsseldorf, Beschluss v. 8.6.2016 – VII-Verg 3/16; Beschluss v. 29.7.2015 – VII-Verg 5/15.
74 Vgl. OLG Düsseldorf, Beschluss v. 8.6.2016 – VII-Verg 3/16; VK Südbayern, Beschluss v. 1.2.2016 – Z 3-3-3194-1-58-11/15.
75 Vgl. OLG Karlsruhe, Beschluss v. 8.1.2010 – 15 Verg 1/10; OLG Koblenz, Beschluss v. 29.12.2004 – 1 Verg 6/04 („*typische Kooperationsform*"); OLG Düsseldorf, Beschluss v. 3.6.2004 – VI-W(Kart) 14/04; OLG Frankfurt, Beschluss v. 27.6.2003 – 11 Verg 2/03, VergabeR 2003, 581 (583); VK Sachsen, Beschluss v. 28.8.2015 – 1/SVK/020–15.
76 Vgl. KG, Beschluss v. 24.10.2013 – Verg 11/13; zumindest für horizontale Bietergemeinschaften auch OLG Düsseldorf, Beschluss v. 11.11.2011 – VII-Verg 92/11; Beschluss v. 9.11.2011 – VII-Verg 35/11, NZBau 2012, 252 (254).

bewerbsverhältnis ausgewirkt hat.[77] Eine Pauschalierung im Sinne eines Regel-Ausnahme-Mechanismus lässt die Regelung daher nicht zu.[78]

73 Keinen Ausschluss auf Grundlage von § 124 Abs. 1 Nr. 3 GWB rechtfertigt es, wenn im **Vorfeld** zu einer Angebotsabgabe zwei Unternehmen ergebnislos Vorgespräche über die Bildung einer Bietergemeinschaft geführt haben.[79] Dies gilt auch dann, wenn es im Rahmen dieser Vorgespräche zum Austausch von Informationen gekommen ist, die von Relevanz für die Angebotserstellung sind. Denn die grundsätzliche Zulässigkeit von Bietergemeinschaften hat zur Folge, dass den Unternehmen auch die Möglichkeit eingeräumt sein muss, durch Vorgespräche den wirtschaftlichen Sinn einer gemeinsamen Bewerbung zu prüfen.

aa) Fehlende Spürbarkeit

74 Nach Teilen der Rechtsprechung[80] soll die Bildung einer Bietergemeinschaft in Ansehung von § 1 GWB jedenfalls zulässig sein, wenn sich der Zusammenschluss nicht spürbar auf die Marktverhältnisse auswirkt. Dies soll der Fall sein, wenn die Konsortialmitglieder zusammen nur einen **unerheblichen Marktanteil** einnehmen.

75 Der Marktanteil ist als Kriterium im Vergabeverfahren **untauglich**. Denn während das Kartellrecht die Wettbewerbsfunktionalität des Marktes insgesamt zum Ziel hat, geht es dem Kartellvergaberecht um die punktuelle Wettbewerbsfunktionalität im konkreten Vergabeverfahren. Welche Marktanteile die Bieter im Einzelnen für sich einnehmen, ist hierfür irrelevant.

bb) Fehlende Markteintrittsfähigkeit

76 Zulässig ist die Bildung einer Bietergemeinschaft auch dann, wenn es den beteiligten Unternehmen an der Markteintrittsfähigkeit fehlt.[81] In diesem Fall ist eine Wettbewerbsbeschränkung ausgeschlossen, da die Konsortialmitglieder für sich ohnehin nicht zur Abgabe eines erfolgversprechenden Konkurrenzangebots in der Lage wären.

77 Die **Markeintrittsfähigkeit** bezeichnet die Fähigkeit des Unternehmens, aufgrund seiner betrieblichen oder geschäftlichen Verhältnisse hinreichend leistungsfähig zu sein, um ein erfolgversprechendes Angebot abzugeben und den zu vergebenden Auftrag ordnungsgemäß auszuführen.

78 Die fehlende Markteintrittsfähigkeit muss **nicht zwingend bei allen Konsortialmitgliedern** gegeben sein, solange durch die Bildung der Bietergemeinschaft nicht die Abgabe eines Konkurrenzangebotes verhindert wird.

cc) Zweckmäßige und kaufmännisch vernünftige Entscheidung

79 Liegt die Markteintrittsfähigkeit bei den Konsortialmitgliedern vor, kann die Bietergemeinschaft dennoch zulässig sein, wenn der Entschluss zur Mitgliedschaft der Bietergemeinschaft für die beteiligten Unternehmen eine im Rahmen **zweckmäßigen und kaufmännisch vernünftigen Handelns** liegende Entscheidung darstellt.[82]

80 Die Entscheidung eines Unternehmens, sich als Mitglied einer Bietergemeinschaft an einer Ausschreibung zu beteiligen, unterliegt der **Einschätzungsprärogative** der beteiligten Unternehmen, die nur beschränkt auf die Einhaltung ihrer Grenzen kontrollierbar ist. Sie muss

77 Diese Tatbestandsvoraussetzung ist seit der 6. GWB-Novelle in § 1 GWB nicht mehr enthalten, nach h.M. gleichwohl als ungeschriebenes Tatbestandsmerkmal anerkannt, vgl. BGH, Beschluss v. 8.5.2001 – KVR 12/99, NJW 2001, 3782 (3786).

78 Ähnlich *Köhler*, VergabeR 2010, 508; kritisch auch *Schulte/Voll*, ZfBR 2013, 223 (227).

79 Vgl. OLG Koblenz, Beschluss v. 26.10.2005 – 1 Verg 4/05, VergabeR 2006, 392 (400).

80 Vgl. KG, Beschluss v. 24.10.2013 – Verg 11/13; OLG Karlsruhe, Beschluss v. 5.11.2014 – 15 Verg 6/14; VK Südbayern, Beschluss v. 1.2.2016 – Z 3-3-3194-1-58-11/15; VK Sachsen, Beschluss v. 23.5.2014 – 1/SVK/011-14.

81 Vgl. OLG Düsseldorf, Beschluss v. 8.6.2016 – VII-Verg 3/16; OLG Karlsruhe, Beschluss v. 5.11.2014 – 15 Verg 6/14; KG, Beschluss v. 24.10.2013 – Verg 11/13.

82 Vgl. OLG Düsseldorf, Beschluss v. 8.6.2016 – VII-Verg 3/16; OLG Koblenz, Beschluss v. 29.12.2004 – 1 Verg 6/04, VergabeR 2005, 527 (528); OLG Naumburg, Beschluss v. 21.12.2000 – 1 Verg 10/00; VK Südbayern, Beschluss v. 1.2.2016 – Z 3-3-3194-1-58-11/15; VK Sachsen, Beschluss v. 23.5.2014 – 1/SVK/011-14.

auf objektiven Anhaltspunkten beruhen, deren Vorliegen uneingeschränkt zu überprüfen ist, so dass die Entscheidung zur Eingehung einer Bietergemeinschaft vertretbar erscheint.[83]

Zweckmäßig und kaufmännisch vernünftig kann die Entscheidung sein, wenn durch die Konsortialbildung die **Verringerung wirtschaftlicher Risiken** und die Erzielung von **Synergieeffekten** bezweckt wird.[84] Ebenso ist es vertretbar, wenn das Unternehmen nicht bereit ist, die durch andere Aufträge **gebundenen Kapazitäten** für den ausgeschriebenen Auftrag einzusetzen.[85] Zweckmäßig und kaufmännisch vernünftig ist der Zusammenschluss auch, wenn dies zum Zwecke der Abgabe eines besonders konkurrenzfähigen Angebots erfolgt.[86] Nicht ausreichend ist hingegen das auch von jedem Kartell verfolgte Ziel, Aufwendungen zu sparen oder die erzielbare Vergütung zu maximieren.[87] **81**

c) Parallelbeteiligung

Haben Bieter in einem Vergabeverfahren nicht nur ein Einzelangebot abgegeben sondern sind darüber hinaus auch an Konkurrenzangeboten beteiligt (sog. Parallelbeteiligung), kann eine Verletzung des Geheimwettbewerbs und mithin eine wettbewerbsbeschränkende Vereinbarung im Sinne von § 124 Abs. 1 Nr. 4 GWB vorliegen. **82**

aa) Unterauftragnehmer

Die **Benennung desselben Unterauftragnehmers** in verschiedenen Angeboten ist grundsätzlich nicht zu beanstanden.[88] Ein Wissen der Bieter von der Mehrfachbeteiligung kann nicht vorausgesetzt werden und das Wissen des Unterauftragnehmers lässt sich den Bietern schlechterdings nicht zurechnen.[89] **83**

Auch für den Fall, dass ein Bieter innerhalb eines Verfahrens **nicht nur als Einzelbieter sondern auch als Unterauftragnehmer** in Erscheinung tritt, spricht keine Vermutung dafür, dass der Bieter in seiner Rolle als Unterauftragnehmer Einblick in das Angebot des anderen Bieters oder dessen Grundlagen erhalten hat.[90] Der andere Bieter kann in seiner Kalkulation durch den Umstand der Beteiligung des Unterauftragnehmers nicht beeinflusst werden und der Unterauftragnehmer kennt nur die Kalkulation des Bieters in Bezug auf den von der Unterauftragsvergabe betroffenen Leistungsteil.[91] Aus diesem Grund verbietet sich eine Gleichstellung mit der Konstellation der Parallelbeteiligung bei Bietergemeinschaften.[92] Selbst für den Fall, dass sich mehrere Bieter wechselseitig als Unterauftragnehmer einsetzen (Überkreuzbeteiligung), ist kein Grund ersichtlich, von dieser Maßgabe abzuweichen.[93] **84**

Für einen Ausschluss müssen **weitere Anhaltspunkte** hinzutreten, die nach Art und Umfang der Unterauftragsvergabe sowie mit Rücksicht auf die Begleitumstände eine Kenntnis von einem Konkurrenzangebot annehmen lassen.[94] Dabei kann vor allem der Umfang der Unterauftragsvergabe entscheidend sein. Nach Teilen der Rechtsprechung soll eine Wettbewerbsbe- **85**

---

83 Vgl. OLG Düsseldorf, Beschluss v. 8.6.2016 – VII-Verg 3/16; OLG Koblenz, Beschluss v. 29.12.2004 – 1 Verg 6/04, VergabeR 2005, 527 (528); OLG Frankfurt, Beschluss v. 27.6.2003 – 11 Verg 2/03, VergabeR 2003, 581 (583); OLG Naumburg, Beschluss v. 21.12.2000 – 1 Verg 10/00; VK Sachsen, Beschluss v. 23.5.2014 – 1/SVK/011-14; kritisch dazu im Hinblick auf die europarechtliche Vereinbarkeit *Jäger/Graef*, NZBau 2012, 213 (215 f.).

84 Vgl. OLG Frankfurt, Beschluss v. 27.6.2003 – 11 Verg 2/03, VergabeR 2003, 581 (584).

85 Vgl. OLG Düsseldorf, Beschluss v. 8.6.2016 – VII-Verg 3/16; OLG Frankfurt, Beschluss v. 27.6.2003 – 11 Verg 2/03, VergabeR 2003, 581 (584); VK Sachsen, Beschluss v. 23.5.2014 – 1/SVK/011-14.

86 Vgl. zum Ziel einer höheren Sortimentabdeckung bei der Vergabe von Rabattvereinbarungen OLG Düsseldorf, Beschluss v. 8.6.2016 – VII-Verg 3/16.

87 Vgl. *Jäger/Graef*, NZBau 2012, 213 (215).

88 Vgl. KG, Urteil v. 13.3.2008 – 2 Verg 18/07, VergabeR 2008, 853.

89 Vgl. KG, Urteil v. 13.3.2008 – 2 Verg 18/07, VergabeR 2008, 853.

90 Vgl. OLG Düsseldorf, Beschluss v. 28.6.2006 – VII-Verg 18/06; VK Bund, Beschluss v. 30.11.2012 – VK 2-131/12; VK Sachsen-Anhalt, Beschluss v. 5.3.2012 – 2 VK LSA 35/11; VK Baden-Württemberg, Beschluss v. 1.9.2015 – 1 VK 30/15.

91 Vgl. OLG Jena, Beschluss v. 29.8.2008 – 9 Verg 5/08; KG, Urteil v. 13.3.2008 – 2 Verg 18/07, VergabeR 2008, 853.

92 So aber VK Sachsen-Anhalt, Beschluss v. 7.3.2006 – 1 VK LVwA 01/06.

93 Vgl. VK Hamburg, Beschluss v. 23.5.2008 – VK BSU 2/08 und 3/08; in diese Richtung zuvor bereits OLG Düsseldorf, Beschluss v. 9.4.2008 – VII Verg 2/08; a.A. *Dirksen/Schellenberg*, VergabeR 2010, 17 (20).

94 Vgl. OLG Naumburg, Beschluss v. 2.8.2012 – 2 Verg 3/12; OLG Düsseldorf, Beschluss v. 13.4.2006 – VII-Verg 10/06, NZBau 2006, 810; VK Sachsen-Anhalt, Beschluss v. 5.3.2012 – 2 VK LSA 35/11; VK Schleswig-Holstein, Beschluss v. 17.9.2008 – VK-SH 10/08.

schränkung erst dann anzunehmen sein, wenn dem Generalunternehmer keine nennenswerten Kalkulationsspielräume mehr verbleiben.[95] Das ist zumindest für den Fall gegeben, dass der Unterauftragnehmer die operative Leistung nahezu vollständig erbringt.[96]

86 Nimmt ein Unternehmen die Kapazitäten eines anderen Unternehmens gemäß § 47 Abs. 1 S. 1 VgV und § 6d EU Abs. 1 UAbs. 1 VOB/A in Anspruch (**Eignungsleihe**), ohne dass es in die Auftragsdurchführung als Unterauftragnehmer eingesetzt wird, und bewirbt sich dieses andere Unternehmen daneben um dieselbe Leistung als Bieter, kann nicht davon ausgegangen werden, dass es auch Einblick in das Konkurrenzangebot erhalten hat.

bb) Konzernverbundene Unternehmen

87 Die Beteiligung von konzernverbundenen Unternehmen an einem Vergabeverfahren kann zu einem **Verstoß gegen den Grundsatz des Geheimwettbewerbs** führen. Nach der Rechtsprechung des EuGH[97] rechtfertigt dies allein einen automatischen Ausschluss des Angebots allerdings nicht. Denn die Verbindung der Unternehmen lässt nicht den zwingenden Schluss zu, dass sich das Abhängigkeitsverhältnis auch auf das konkrete Verfahren ausgewirkt hat. Konzernverbundene Unternehmen operieren häufig wirtschaftlich eigenständig und befinden sich oftmals sogar in einem gewissen Konkurrenzverhältnis zueinander.[98] Der Wettbewerbsgrundsatz aus § 97 Abs. 1 S. 1 GWB will gerade die Beteiligung möglichst vieler Bieter erreichen.[99] Es würde daher dem Verhältnismäßigkeitsgrundsatz nach § 97 Abs. 1 S. 2 GWB widersprechen, wenn die Angebote miteinander verbundener Unternehmen ausgeschlossen würden, ohne dass den betroffenen Bietern die Möglichkeit gegeben würde, den Nachweis darüber zu erbringen, dass im konkreten Fall kein Verstoß gegen den Grundsatz des Geheimwettbewerbs erfolgt ist.[100]

88 Bei der Beteiligung konzernverbundener Unternehmen an einem Vergabeverfahren durch die Abgabe jeweils eigener Angebote besteht daher eine **widerlegbare Vermutung** dafür, dass eine unzulässige, wettbewerbsbeschränkende Abrede vorliegt.[101] Der Vermutungstatbestand ist nicht erst dann erfüllt, wenn personelle, räumliche und infrastrukturelle Verflechtungen oder inhaltliche Übereinstimmungen der Angebote festgestellt werden konnten, da der öffentliche Auftraggeber dies in der Regel aufgrund der ihm zur Verfügung stehenden Informationen nur schwerlich feststellen können wird.[102] Steht fest, dass miteinander verbundene Unternehmen Angebote abgegeben haben, obliegt die Widerlegung der Vermutung den betreffenden Bietern. Da der öffentliche Auftraggeber auf Grundlage der Angebote keinen zureichenden Einblick in die unternehmensinternen Strukturen erhält, ist es an den Bietern, diejenigen Umstände und Vorkehrungen darzulegen und zu beweisen, die die Unabhängigkeit und Vertraulichkeit der Angebotserstellung sichergestellt haben.[103] Dazu obliegt ihnen

---

95 Vgl. OLG Düsseldorf, Beschluss v. 9.4.2008 – VII-Verg 2/08; VK Sachsen-Anhalt, Beschluss v. 5.3.2012 – 2 VK LSA 35/11.

96 Vgl. VK Sachsen-Anhalt, Beschluss v. 5.3.2012 – 2 VK LSA 35/11; *Dirksen/Schellenberg*, VergabeR 2010, 17 (19) gehen von einem Unterauftragnehmeranteil von mindestens 90 % aus.

97 Vgl. EuGH, Urteil v. 19.5.2009 – Rs. C-538/07 (Assitur), Rn. 32.

98 So bereits VK Niedersachsen, Beschluss v. 28.10.2008 – VgK-36/2008; VK Mecklenburg-Vorpommern, Beschluss v. 7.1.2008 – 2 VK 5/07; VK Bund, Beschluss v. 4.7.2006 – VK 3-60/06; VK Saarland, Beschluss v. 12.12.2005 – 3 VK 03/2005 und 3 VK 04/2005; VK Schleswig-Holstein, Beschluss v. 2.2.2005 – VK-SH 1/05; VK Düsseldorf, Beschluss v. 21.11.2003 – VK-33/2003-L.

99 Vgl. EuGH, Urteil v. 19.5.2009 – Rs. C-538/07 (Assitur), Rn. 26; OLG Düsseldorf, Beschluss v. 11.5.2011 – VII-Verg 1/11; VK Schleswig-Holstein, Beschluss v. 2.2.2005 – VK-SH 01/05.

100 Vgl. EuGH, Urteil v. 19.5.2009 – Rs. C-538/07 (Assitur), Rn. 30; OLG Düsseldorf, Beschluss v. 11.5.2011 – VII-Verg 1/11.

101 Vgl. OLG Düsseldorf, Beschluss v. 13.4.2011 – VII-Verg 4/11, NZBau 2011, 371; VK Bund, Beschluss v. 27.6.2011 – VK 1-66/11; VK Westfalen, Beschluss v. 22.4.2015 – VK 1-12/15.

102 Vgl. OLG Düsseldorf, Beschluss v. 11.5.2011 – VII-Verg 8/11, ZfBR 2011, 789 (792); a.A. *Verfürth* in: Kulartz/Marx/Portz/Prieß, § 19 EG Rn. 1068; wohl auch noch OLG Düsseldorf, Beschluss v. 27.7.2006 – VII-Verg 23/06.

103 Vgl. OLG Düsseldorf, Beschlüsse v. 11.5.2011 – VII-Verg 1/11 und VII-Verg 8/11; Beschluss v. 13.4.2011 – VII-Verg 4/11, NZBau 2011, 371 (373).

die Darstellung derjenigen strukturellen Umstände (räumliche, personelle, technische, organisatorische Trennung), die einen Wettbewerbsverstoß bereits im Ansatz effektiv verhindern.[104]

Diese **Vermutung kann nicht mehr erschüttert** werden, wenn sich auf Grundlage des Angebots oder dem Vortrag der betroffenen Unternehmen ergibt, dass die Gefahr der wechselseitigen Kenntnisnahme bestand. Ob dazu die Nutzung gemeinsamer Ressourcen bereits ausreicht, lässt sich nur am Einzelfall feststellen. Es ist jedenfalls bereits zureichend, wenn die Unternehmen ein Computerlaufwerk gemeinsam nutzen, ohne dass hinreichende technische und organisatorische Vorkehrungen (chinese walls) getroffen wurden, um die Vertraulichkeit zu wahren.[105] Gemeinsame Betriebsbereiche (Rechtsabteilung, Logistikabteilung) sprechen nicht per se für die Gefahr einer gegenseitigen Kenntnisnahme, maßgeblich ist vielmehr ob eine Befassung mit der Angebotserstellung im Einzelfall erfolgt ist.[106] Auch wenn eine Personenidentität zwischen den beteiligten Geschäftsführern oder den Unterzeichnern der Angebote vorliegt, kommt eine Widerlegung nicht mehr in Betracht.[107] 89

Eine unwiderlegbare Vermutung kommt entgegen anders lautender Entscheidungen verschiedener Vergabekammern[108] nicht in Frage, wenn es sich bei den konzernverbundenen Unternehmen nicht um **eigenständige juristische Personen** handelt. Das Abhängigkeitsverhältnis der Unternehmen ist nämlich nicht etwa deshalb vergrößert, weil es sich bei den verbundenen Unternehmen nicht um Kapital- sondern Personengesellschaften handelt. Die Rechtspersönlichkeit der Unternehmen ist kein geeignetes Differenzierungsmerkmal. 90

Maßgeblich für die Feststellung der Konzernverbindung ist der **Zeitpunkt der Angebotserstellung**.[109] Wird die Konzernverbindung erst zu einem späteren Zeitpunkt hergestellt oder ist sie zu diesem Zeitpunkt bereits aufgelöst, kann dies zwar Anlass dafür geben, weitere Aufklärung in die Richtung zu betreiben, ob die Gefahr der Kenntnisnahme von einem Konkurrenzangebot gegeben war. Der Vermutungstatbestand ist damit indes nicht erfüllt. 91

cc) Bietergemeinschaften

Gibt ein Bieter nicht nur ein eigenes Angebot ab, sondern bewirbt sich daneben als Mitglied einer Bietergemeinschaft um dieselbe Leistung, kann dies Anlass für die Prüfung geben, ob bereits die Bildung der Bietergemeinschaft überhaupt zulässig ist.[110] In dieser Konstellation ist allerdings auch ein **Verstoß gegen den Grundsatz des Geheimwettbewerbs möglich**. Denn der Bieter kann sich die Kenntnis der Preise der Angebotsteile der anderen Mitglieder im Rahmen seiner eigenen Angebotskalkulation zunutze machen.[111] 92

Der automatische Ausschluss solcher Angebote würde allerdings gegen den Verhältnismäßigkeitsgrundsatz verstoßen. Es ist daher **widerlegbar zu vermuten**, dass ein Verstoß gegen den Grundsatz des Geheimwettbewerbs vorliegt.[112] Den betroffenen Bietern ist sodann Gelegenheit zu geben, die Maßnahmen und Vorkehrungen darzulegen und zu beweisen, die den wettbewerbsbeschränkenden Kenntnisaustausch verhindert haben.[113] Der Bieter muss dazu insbesondere glaubhaft machen, dass er in die weitere Angebotserstellung der Bietergemeinschaft nicht eingebunden wurde und dass die weiteren Konsortialmitglieder keine Kenntnis vom Angebot des Einzelbieters erlangen konnten. Er kann die Vermutung dann aber nicht mehr erfolgreich widerlegen, wenn sein Leistungsanteil bereits einen wesentlichen Teil inner- 93

---

104 Vgl. OLG Düsseldorf, Beschluss v. 13.4.2011 – VII-Verg 4/11, NZBau 2011, 371 (374); VK Sachsen-Anhalt, Beschluss v. 26.10.2015 – 3 VK LSA 69/15; VK Westfalen, Beschluss v. 22.4.2015 – VK 1-12/15.
105 Vgl. OLG Düsseldorf, Beschluss v. 11.5.2011 – VII-Verg 8/11.
106 Vgl. OLG Düsseldorf, Beschluss v. 19.9.2011 – Verg 63/11.
107 Vgl. VK Westfalen, Beschluss v. 22.4.2015 – VK 1-12/15.
108 Vgl. VK Niedersachsen, Beschluss v. 28.10.2008 – VgK-36/2008; VK Mecklenburg-Vorpommern, Beschluss v. 7.1.2008 – 2 VK 5/07; VK Schleswig-Holstein, Beschluss v. 2.2.2005 – VK-SH 1/05.
109 Vgl. OLG Dresden, Beschluss v. 28.3.2006 – WVerg 4/06, VergabeR 2006, 793.
110 Hierzu siehe oben Rn. 69 ff.
111 Vgl. OLG Düsseldorf, Beschluss v. 16.11.2010 – VII-Verg 50/10; OLG Naumburg, Beschluss v. 30.7.2004 – 1 Verg 10/04; VK Baden-Württemberg, Beschluss v. 1.9.2015 – 1 VK 30/15.
112 Vgl. OLG Düsseldorf, Beschluss v. 16.11.2010 – VII-Verg 50/10; OLG Dresden, Beschluss v. 28.3.2006 – WVerg 4/06, VergabeR 2006, 793.
113 Vgl. EuGH, Urteil v. 23.12 2009 – Rs. C-376/08 (Serrantoni), Rn. 37 ff.

halb der Bietergemeinschaft ausgemacht hat, sodass ihm zumindest die wesentlichen Angebotsgrundlagen bekannt sein dürften.

94 Ähnlich ist der Fall zu behandeln, dass sich ein Unternehmen **innerhalb von zwei Bietergemeinschaften** um einen Auftrag bewirbt. Auch hiernach ist zu vermuten, dass ein Verstoß gegen den Geheimwettbewerb vorliegt. Für die Entkräftung der Vermutung kommt es darauf an, inwieweit das Unternehmen in die Angebotserstellung der Bietergemeinschaften eingebunden wurde und in welchem Umfang es Leistungsteile übernommen hat.

95 Das OLG Düsseldorf[114] hat einen Verstoß gegen den Geheimwettbewerb für den Fall verneint, dass sich eine Bietergemeinschaft um die Gesamtvergabe bewirbt und ein Mitglied der Bietergemeinschaft um ein einzelnes Los bietet, das seinem Leistungsteil in der Bietergemeinschaft entspricht (**partielles Parallelangebot**). Denn in diesem Falle ist es dem Geheimwettbewerb nicht abträglich, dass möglicherweise eine Kenntnisnahme des jeweils anderen Angebots vorliegt, da es an einer vollumfänglichen Konkurrenzsituation fehlt.[115]

d) Hinreichende Anhaltspunkte

96 Der öffentliche Auftraggeber muss nicht gesicherte Nachweise darüber erbringen, dass eine wettbewerbsbeschränkende Vereinbarung erfolgt ist. Es genügen nach dem Wortlaut bereits **hinreichende Anhaltspunkte**.

97 Hinreichende Anhaltspunkte können insbesondere Übereinstimmungen in den Angeboten selbst sein.[116] Bloße Vermutungen oder Verdachtsmomente genügen allerdings nicht.[117]

98 Der öffentliche Auftraggeber hat den **Verhältnismäßigkeitsgrundsatz** nach § 97 Abs. 1 S. 2 GWB zu berücksichtigen. Er ist daher verpflichtet, dem Unternehmen vor dessen Ausschluss vom Vergabeverfahren die Gelegenheit zur Stellungnahme zu geben.[118] Es obliegt dann den Unternehmen, die Vermutung des öffentlichen Auftraggebers zu widerlegen.

99 Im Falle der Parallelbeteiligung geht die Rechtsprechung überwiegend davon aus, dass die betroffenen Unternehmen, sofern ihnen die Abgabe eines Parallelangebots bekannt war, bereits **mit Angebotsabgabe** die Umstände vorzutragen haben, die gegen die Annahme einer wettbewerbsbeschränkenden Vereinbarung sprechen.[119] Denn durch die Abgabe des Parallelangebots habe der Bieter die Wahrung des Geheimwettbewerbs selbst nachhaltig in Zweifel gezogen.[120] Dem kann nicht zugestimmt werden. Für eine solche Verkürzung des Zeitraums, innerhalb dessen der Bieter die dem Ausschluss entgegenstehenden Gründen vortragen kann, ist keine Notwendigkeit ersichtlich ist. Da es noch nicht einmal einer Aufforderung des öffentlichen Auftraggebers bedürfen solle, werden von den Bietern spezifische Kenntnisse über die vergaberechtliche Rechtsprechung erwartet. Es erscheint zudem unzumutbar, von den Bietern eine Prognose zukünftiger Beanstandungen des öffentlichen Auftraggebers abzuverlangen.[121] Auch für die anderen Ausschlussgründe ist nicht verlangt, dass die Bieter den Aufklärungsbedarf ihrer Angebote antizipieren und entsprechende Ausführungen mit Angebotsabgabe mitteilen. Die Möglichkeit zur Stellungnahme wird für den Bieter durch diese Restriktion

---

114 Vgl. OLG Düsseldorf, Beschluss v. 16.9.2003 – VII-Verg 52/03, VergabeR 2003, 690 (692); Beschluss v. 28.5.2003 – VII-Verg 8/03, VergabeR 2003, 461 (464).

115 Vgl. OLG Düsseldorf, Beschluss v. 28.5.2003 – Verg 8/03, VergabeR 2003, 461 (464); Beschluss v. 16.9.2003 – VII-Verg 52/03, VergabeR 2003, 690 (692); kritisch hingegen *Leinemann*, VergabeR 2003, 693 (694).

116 Vgl. OLG Jena, Beschluss v. 19.4.2004 – 6 Verg 3/04, VergabeR 2004, 520; VK Schleswig-Holstein, Beschluss v. 17.9.2008 – VK-SH 10/08; VK Hamburg, Beschluss v. 17.8.2005 – Vgk FB 5/05.

117 Vgl. OLG Saarbrücken, Beschluss v. 5.7.2006 – 1 Verg 1/06.

118 Vgl. EuGH, Urteil v. 19.5.2009 – Rs. C-538/07 (Assitur), Rn. 30; OLG Düsseldorf, Beschluss v. 11.5.2011 – VII-Verg 1/11.

119 So zur alten Rechtslage für konzernverbundene Unternehmen OLG Düsseldorf, Beschluss v. 13.4.2011 – VII-Verg 4/11, NZBau 2011, 371 (373); für den Fall der Parallelbeteiligung von Bietergemeinschaften OLG Düsseldorf, Beschluss v. 14.9.2004 – W (Kart) 25/04; dagegen allerdings OLG Naumburg, Beschluss v. 2.8.2012 – 2 Verg 3/12, VergabeR 2013, 123 (128).

120 Vgl. OLG Düsseldorf, Beschluss v. 14.9.2004 – W (Kart) 25/04; Beschluss v. 13.9.2004 – VI-W 24/04 (Kart), VergabeR 2005, 117 (120).

121 So OLG Naumburg, Beschluss v. 2.8.2012 – 2 Verg 3/12.

ohne zwingendes Erfordernis nicht unerheblich verengt, was im Widerspruch zum Verhältnismäßigkeitsgrundsatz steht.[122]

e) Ermessensreduktion

Der Ausschluss des Unternehmens vom Vergabeverfahren steht grundsätzlich im **Ermessen** des öffentlichen Auftraggebers. Er ist daher regelmäßig nicht verpflichtet, das betroffene Unternehmen vom Vergabeverfahren auszuschließen. 100

Liegen die Voraussetzungen von § 124 Abs. 1 Nr. 4 GWB vor, ist das Ermessen des öffentlichen Auftraggebers aus Gründen der Gleichbehandlung und des Wettbewerbes allerdings in der Regel **auf Null reduziert**. Ein Absehen vom Ausschluss des Unternehmens vom Vergabeverfahren wäre regelmäßig ermessensfehlerhaft. 101

5. Interessenkonflikt (Nr. 5)

Öffentliche Auftraggeber können nach § 124 Abs. 1 Nr. 5 GWB ein Unternehmen von der Teilnahme an einem Vergabeverfahren ausschließen, wenn ein Interessenkonflikt bei der Durchführung des Vergabeverfahrens besteht, der die Unparteilichkeit und Unabhängigkeit einer für den öffentlichen Auftraggeber tätigen Person bei der Durchführung des Vergabeverfahrens beeinträchtigen könnte und der durch andere, weniger einschneidende Maßnahmen nicht wirksam beseitigt werden kann. 102

Die Regelung geht auf **Art. 24 RL 2014/24/EU** zurück.[123] Danach stellen die Mitgliedstaaten sicher, dass die öffentlichen Auftraggeber geeignete Maßnahmen zur wirksamen Verhinderung, Aufdeckung und Behebung von Interessenkonflikten treffen, die sich bei der Durchführung von Vergabeverfahren ergeben, um Wettbewerbsverzerrungen zu vermeiden und eine Gleichbehandlung aller Wirtschaftsteilnehmer zu gewährleisten. 103

Die Regelung ist **neu** in das GWB-Vergaberecht aufgenommen worden. Vor Inkrafttreten des VergRModG 2016 war ein Beteiligungsverbot im Falle von Interessenkonflikten zwar in § 16 VgV a.F. enthalten, eine ausdrückliche Ausschlussregelung fehlte indes. 104

Das **Verbot der Beteiligung** von Personen, bei denen ein Interessenkonflikt besteht, findet sich nunmehr in § 6 Abs. 1 VgV. Danach dürfen Organmitglieder oder Mitarbeiter des öffentlichen Auftraggebers oder eines im Namen des öffentlichen Auftraggebers handelnden Beschaffungsdienstleisters, bei denen ein Interessenkonflikt besteht, nicht in einem Vergabeverfahren mitwirken.[124] 105

In welchen Fällen ein **Interessenkonflikt** anzunehmen ist, wird in § 6 Abs. 2 VgV geregelt. Danach besteht ein Interessenkonflikt für Personen, die an der Durchführung des Vergabeverfahrens beteiligt sind oder Einfluss auf den Ausgang eines Vergabeverfahrens nehmen können und die ein direktes oder indirektes finanzielles, wirtschaftliches oder persönliches Interesse haben, das ihre Unparteilichkeit und Unabhängigkeit im Rahmen des Vergabeverfahrens beeinträchtigen könnte.[125] 106

§ 6 Abs. 3 VgV enthält einen **Vermutungstatbestand** für das Bestehen eines Interessenkonfliktes. Danach wird vermutet, dass ein Interessenkonflikt besteht, wenn die Organmitglieder oder Mitarbeiter des öffentlichen Auftraggebers oder eines im Namen des öffentlichen Auftraggebers handelnden Beschaffungsdienstleisters 107

1. Bewerber oder Bieter sind,
2. einen Bewerber oder Bieter beraten oder sonst unterstützen oder als gesetzliche Vertreter oder nur in dem Vergabeverfahren vertreten,
3. beschäftigt oder tätig sind

122 Vgl. OLG Naumburg, Beschluss v. 2.8.2012 – 2 Verg 3/12.
123 Vgl. Gesetzesbegründung, BT-Drs. 18/6281, 106.
124 Siehe auch Gesetzesbegründung, BT-Drs. 18/6281, 106.
125 Vgl. auch Gesetzesbegründung, BT-Drs. 18/6281, 106.

a) bei einem Bewerber oder Bieter gegen Entgelt oder bei ihm als Mitglied des Vorstandes, Aufsichtsrates oder gleichartigen Organs oder

b) für ein in das Vergabeverfahren eingeschaltetes Unternehmen, wenn dieses Unternehmen zugleich geschäftliche Beziehungen zum öffentlichen Auftraggeber und zum Bewerber oder Bieter hat.

Die Vermutung gilt nach § 6 Abs. 4 S. 1 VgV auch für Personen, deren Angehörige die Voraussetzungen erfüllen.

108 Der Ausschluss des Unternehmens vom Vergabeverfahren steht grundsätzlich im **Ermessen** des öffentlichen Auftraggebers. Er ist daher regelmäßig nicht verpflichtet, das betroffene Unternehmen vom Vergabeverfahren auszuschließen. Liegen die Voraussetzungen von § 124 Abs. 1 Nr. 5 GWB vor, ist das Ermessen des öffentlichen Auftraggebers aus Gründen der Gleichbehandlung und des Wettbewerbes allerdings in der Regel **auf Null reduziert**. Ein Absehen vom Ausschluss des Unternehmens vom Vergabeverfahren wäre regelmäßig ermessensfehlerhaft.

6. Vorbefassung (Nr. 6)

109 Öffentliche Auftraggeber können nach § 124 Abs. 1 Nr. 6 GWB ein Unternehmen von der Teilnahme an einem Vergabeverfahren ausschließen, wenn eine Wettbewerbsverzerrung daraus resultiert, dass das Unternehmen bereits in die Vorbereitung des Vergabeverfahrens einbezogen war (sog. Vorbefasster oder Projektant), und diese Wettbewerbsverzerrung nicht durch andere, weniger einschneidende Maßnahmen beseitigt werden kann.[126]

110 Die Regelung dient der Wahrung des **Gleichbehandlungs- und Wettbewerbsgrundsatzes** nach § 97 Abs. 1 S. 1 und Abs. 2 GWB.[127]

111 Die Regelung setzt **Art. 57 Abs. 4 lit. f RL 2014/24/EU** nahezu gleichlautend um.[128]

112 **Vor Inkrafttreten des VergRModG 2016** war die Behandlung von Vorbefassten ausschließlich untergesetzlich geregelt. Nach § 6 EG Abs. 7 VOL/A, § 6 EG Abs. 7 VOB/A 2012 und § 4 Abs. 5 VOF hatten Auftraggeber sicherzustellen, dass der Wettbewerb durch die Teilnahme dieses Bieters oder Bewerbers nicht verfälscht wird, wenn ein Bieter oder Bewerber vor Einleitung des Vergabeverfahrens den Auftraggeber beraten oder sonst unterstützt hat. Die Regelungen gingen wiederum auf § 4 Abs. 5 VgV a.F. zurück, der durch das ÖPP-Beschleunigungsgesetz[129] neu in die VgV eingeführt wurde und auf der „Fabricom"-Entscheidung des EuGH[130] beruht. Eine ausdrückliche Rechtsgrundlage für den Ausschluss des Unternehmens vom Vergabeverfahren war nach alter Rechtslage allerdings nicht vorgesehen.[131]

113 Gerade bei komplexen Verkehrsinfrastrukturprojekten oder technisch anspruchsvollen Beschaffungen etwa im IT-Bereich verfügen die öffentlichen Auftraggeber oftmals nicht über das erforderliche Know-how.[132] Öffentliche Auftraggeber bedienen sich daher regelmäßig **externen Sachverstandes**. Die Beteiligung von Beratern ist aber vergaberechtlich nicht immer unbedenklich. Häufig findet sich der für die Vorbereitung des Verfahrens notwendige Sachverstand nämlich gerade bei denjenigen Unternehmen, welche die zu beschaffende Leistung selbst anbieten.[133] In diesem Fall sind das Gleichbehandlungs- und Wettbewerbsgebot gefährdet. Insbesondere besteht die Gefahr, dass ein vorbefasster Bieter sein Angebot aufgrund des mit der Vorbefassung erhaltenen Informationsvorsprungs eher an die Bedürfnisse des öffentlichen Auftraggebers anzupassen weiß oder dass er bereits bei der Beratung des öffentli-

---

126 So bereits zur alten Rechtslage VK Bund, Beschluss v. 21.11.2013 – VK 2-102/13.

127 Vgl. EuGH, Urteil v. 3.3.2005 – Rs. C 21/03 und C-34/03 (Fabricom), Rn. 30; VK Bund, Beschluss v. 16.7.2013 – VK 3-47/13.

128 Vgl. Gesetzesbegründung, BT-Drs. 18/6281, 106.

129 Siehe dazu auch *Müller-Wrede*, ÖPP-Beschleunigungsgesetz.

130 Vgl. EuGH, Urteil v. 3.3.2005 – Verb. Rs. C-21/03 und C-34/03 (Fabricom).

131 Vgl. *Ollmann*, VergabeR 2005, 685 (692), folgerte hieraus, dass ein Ausschluss vom Vergabeverfahren nicht von den Vorgängerregelungen gedeckt gewesen sei.

132 Vgl. *Diringer*, VergabeR 2010 (Sonderheft 2a), 361 f.; *Kolpatzik*, VergabeR 2007, 279.

133 Vgl. *Behrens*, NZBau 2006, 752.

chen Auftraggebers Gegenstand und Bedingungen des Auftrags in seinem Interesse beeinflussen konnte.[134]

a) Einbeziehung in die Verfahrensvorbereitung

Anders als die Vorgängerregelungen in § 6 EG Abs. 7 VOL/A, § 6 EG Abs. 7 VOB/A 2012 und § 4 Abs. 5 VOF („beraten oder sonst unterstützt") ist § 124 Abs. 1 Nr. 6 GWB offener gehalten bezüglich der **konkreten Leistung**, die der Vorbefasste für den öffentlichen Auftraggeber erbracht hat. Es genügt jede Einbindung des vorbefassten Unternehmens in die Vorbereitung des Vergabeverfahrens. **114**

Erfasst sind **insbesondere Unterstützungshandlungen**, die dem öffentlichen Auftraggeber konkrete Handlungsempfehlungen und Informationen für die Verwirklichung des Beschaffungsvorgangs zur Verfügung stellen.[135] In der Regel werden Architekten, Ingenieure, Rechtsanwälte, Versicherungsmakler und -berater sowie Unternehmensberater und Wirtschaftsprüfer und Sachverständige in die Vorbereitung des Vergabeverfahrens eingebunden. Vor allem Vorleistungen, auf denen der zu vergebende öffentliche Auftrag aufbaut, z.B. Entwurfs-[136] oder Zielplanung[137], sind eine Einbeziehung in die Verfahrensvorbereitung.[138] **115**

Nicht erforderlich ist, dass die Einbindung des Unternehmens **auf Veranlassung des öffentlichen Auftraggebers** erfolgte, ausreichend ist vielmehr auch ein tatsächliches Tätigwerden des Unternehmens, beispielsweise eine bereits erstelle Projektstudie.[139] Es kann im Hinblick auf etwaige Wettbewerbsvorteile nämlich keinen Unterschied machen, ob der öffentliche Auftraggeber Unterstützungsleistungen in Anspruch nimmt, die er in Auftrag gegeben hat oder die ihm in tatsächlicher Hinsicht zugefallen sind.[140] **116**

Auf den **Umfang** der Einbindung des Unternehmens in die Vorbereitung kommt es nicht an.[141] Der Wortlaut gibt hierzu keinen Anhaltspunkt. Für eine Erheblichkeitsschwelle besteht auch kein Bedürfnis. Denn der öffentliche Auftraggeber ist nur dann zu wettbewerbsschützenden Maßnahmen verpflichtet, wenn auch ein relevanter Wettbewerbsvorteil des Vorbefassten besteht. Erfasst ist daher jede auch nur geringfügige Information, solange daraus ein relevanter Wettbewerbsvorteil entsteht.[142] **117**

Nach der Regelung kommt es auf die Einbeziehung *des Unternehmens* an. Die Einbindung anderer Unternehmen in die Vorbereitung des Vergabeverfahrens ist daher unschädlich. Der Wortlaut der Regelung sieht keine Ausnahme für den Fall vor, dass nicht das am Wettbewerb beteiligte Unternehmen selbst, sondern ein mit ihm **verbundenes Unternehmen** (mittelbare Vorbefassung) in die Verfahrensvorbereitung eingebunden war. Der Begriff des Unternehmens ist in diesem Fall allerdings vor dem Lichte des Gleichbehandlungsgrundsatzes weit auszulegen und erfasst daher auch verbundene Unternehmen.[143] Anderenfalls würden sich Umgehungsmöglichkeiten durch die Einschaltung Dritter eröffnen. Für eine Zurechnung kommt es auf den tatsächlichen Informationsfluss an. Nicht jede gesellschaftsrechtliche Verbindung stützt dabei die Annahme, dass ein solcher Kenntnisaustausch stattgefunden hat.[144] Bei konzernverbundenen Unternehmen kann ein relevanter Informationsaustausch vermutet werden. **118**

---

134 Vgl. OLG München, Beschluss v. 10.2.2011 – Verg 24/10 (zur VOF).
135 Vgl. *Kupczyk*, NZBau 2010, 21 (23).
136 So bei der Vergabe von Bauüberwachungsleistungen siehe OLG Brandenburg, Beschluss v. 22.5.2007 – Verg W 13/06.
137 So für die anschließend ausgeschriebene Projektsteuerung siehe OLG München, Beschluss v. 10.2.2011 – Verg 24/10.
138 Vgl. VK Niedersachsen, Beschluss v. 2.3.2016 – VgK-01/2016
139 Vgl. KG, Beschluss v. 27.1.2015 – Verg 9/14; OLG Düsseldorf, Beschluss v. 25.10.2005 – VII-Verg 67/05, VergabeR 2006, 137 (142); a.A. *Reuber*, VergabeR 2005, 271 (275).
140 Vgl. OLG Düsseldorf, Beschluss v. 25.10.2005 – VII-Verg 67/05, VergabeR 2006, 137 (142).
141 Vgl. *Diringer*, VergabeR 2010 (Sonderheft 2a), 361 (363); *Michel*, NZBau 2006, 689 (690 f.).
142 A.A. *Kupczyk*, NZBau 2010, 21 (23), wonach eine Betrachtung des Einzelfalls geboten sein solle.
143 Vgl. OLG Celle, Beschluss v. 14.4.2016 – 13 Verg 11/15; *Michel*, NZBau 2006, 689 (691).
144 Vgl. *Müller-Wrede/Lux*, ZfBR 2006, 327 (329).

119 Die Einbindung muss sich zudem **auf das konkrete Vergabeverfahren** beziehen („*des* Vergabeverfahrens").[145] Die Einbindung in die Vorbereitung eines anderen Vergabeverfahrens ist damit unschädlich. Grundsätzlich kann von einer Einbindung nur gesprochen werden, wenn auch der Gegenstand des Vergabeverfahrens mit dem der Vorbefassung identisch ist.[146] Im Hinblick auf den Zweck der Vorschrift, einen unverfälschten Wettbewerb sicherzustellen, ist allerdings eine funktionale Betrachtung angezeigt. Der erforderliche Bezug ist danach schon dann gegeben, wenn der Bewerber bzw. Bieter durch die Informationen aus der Vorbefassung einen wettbewerbsrelevanten Vorteil erhält, insofern genügt ein bloßer Kausalitätsbezug. Die Einbindung muss auch nicht einzig zum Zwecke des konkreten Verfahrens erfolgt sein, ausreichend ist eine generelle Unterstützungsleistung, die sich lediglich auf das konkrete Verfahren auswirkt.

120 Keine Einbindung in die Vorbereitung eines Vergabeverfahrens liegt hingegen in der Durchführung eines **Vorgängerauftrags** vor.[147] Die schlichte Auftragsdurchführung gibt dem öffentlichen Auftraggeber gerade keine Unterstützung in der Vorbereitung des Vergabeverfahrens. Ein Bieter, der bereits einen Vorgängerauftrag ausgeführt hat, verfügt naturgemäß über einen gewissen Informationsvorsprung. Derlei Mehrkenntnisse hat der öffentliche Auftraggeber durch eine erschöpfende Leistungsbeschreibung gemäß § 121 Abs. 1 S. 1 GWB auszugleichen. Erst recht unerheblich sind Mehrkenntnisse, die ein Unternehmen im Rahmen der Durchführung von Aufträgen für andere öffentliche Auftraggeber erhalten hat.[148] Den öffentlichen Auftraggeber kann insoweit nicht die Verpflichtung treffen, die Kenntnisstände der beteiligten Unternehmen zu ermitteln.[149]

121 Die Einbindung muss in der Vorbereitung des Vergabeverfahrens erfolgt sein. Dies bedeutet noch vor Einleitung des Vergabeverfahrens im Sinne von § 186 Abs. 2 GWB. Eine Einbeziehung **während des Vergabeverfahrens** ist daher nicht erfasst. Unterstützungshandlungen von Unternehmen nach Einleitung des Vergabeverfahrens richten sich nach § 124 Abs. 1 Nr. 5 GWB.[150] Danach können öffentliche Auftraggeber ein Unternehmen vom Vergabeverfahren ausschließen, wenn ein Interessenkonflikt bei der Durchführung des Vergabeverfahrens besteht, der die Unparteilichkeit und Unabhängigkeit einer für den öffentlichen Auftraggeber tätigen Person bei der Durchführung des Vergabeverfahrens beeinträchtigen könnte und der durch andere, weniger einschneidende Maßnahmen nicht wirksam beseitigt werden kann.

b) Wettbewerbsverzerrung

122 Erforderlich ist nach der Regelung, dass aus der Einbeziehung des Unternehmens in die Vorbereitung des Vergabeverfahrens eine Wettbewerbsverzerrung resultiert ist.

123 Die Wettbewerbsverzerrung muss **kausal** auf die Einbeziehung des Unternehmens in die Verfahrensvorbereitung zurückzuführen sein. Ausreichend ist bereits eine Mitursächlichkeit. Nicht erfasst sind daher diejenigen Fälle, in denen eine Wettbewerbsverzerrung vorliegt, diese aber ausschließlich auf andere Gründe zurückzuführen ist.

124 Die abstrakte Möglichkeit, dass durch die Einbeziehung in die Vorbereitung des Vergabeverfahrens eine Wettbewerbsverzerrung eingetreten ist, genügt nicht. Der öffentliche Auftraggeber hat **konkret** zu untersuchen, ob aus der Vorbefassung eine Wettbewerbsverzerrung resultiert ist.[151] Im Rahmen der Angebotsphase kommt es insbesondere auf eine genaue Prüfung der Angebote vorbefasster Unternehmen an. Der öffentliche Auftraggeber sollte stets eine vertiefte Angebotsprüfung bei vorbefassten Bietern durchführen. Stellt der öffentliche

---

145 Vgl. OLG München, Beschluss v. 25.7.2013 – Verg 7/13; VK Nordbayern, Beschluss v. 18.2.2011 – 21.VK-3194-45/10; VK Hessen, Beschluss v. 12.2.2008 – 69d-VK-01/2008; siehe auch die Verordnungsbegründung zur Vorgängerregelung in § 4 Abs. 5 VgV a.F., ÖPP-Beschleunigungsgesetz, BT-Drs. 15/5668, 11.

146 Vgl. VK Thüringen, Beschluss v. 12.12.2008 – 250-4004.20-5909/2008-015-SM.

147 Vgl. OLG Bremen, Beschluss v. 9.10.2012 – Verg 1/12; VK Bund, Beschluss v. 16.7.2013 – VK 3-47/13.

148 A.A. VK Nordbayern, Beschluss v. 9.8.2007 – 21.VK-3194-32/07, ZfBR 2007, 822 (824).

149 Vgl. *Diringer*, VergabeR 2010 (Sonderheft 2a), 361 (363 f.).

150 Vgl. *Müller-Wrede/Lux*, ZfBR 2006, 327.

151 Vgl. OLG München, Beschluss v. 2.12.2013 – Verg 14/13; OLG Brandenburg, Beschluss v. 22.5.2007 – Verg W 13/06; OLG Düsseldorf, Beschluss v. 25.10.2005 – VII-Verg 67/05, VergabeR 2006, 137 (140).

Auftraggeber dabei fest, dass die fraglichen Angebote anderen Angeboten klar überlegen sind, ist eine Angebotsaufklärung angezeigt.

Eine Wettbewerbsverzerrung kann darin liegen, dass das Unternehmen aufgrund der Einbindung in die Vorbereitung des Vergabeverfahrens einen **Wettbewerbsvorteil** erlangt hat oder die **Wettbewerbsbedingungen zu seinen Gunsten beeinflussen** konnte.[152] 125

c) Verhältnismäßigkeit

Der Ausschluss des vorbefassten Unternehmens kommt nur in Betracht, wenn die Wettbewerbsverzerrung nicht durch andere, weniger einschneidende Maßnahmen beseitigt werden kann.[153] 126

Die Anforderung ist Ausdruck des in § 97 Abs. 1 S. 2 GWB festgelegten **Verhältnismäßigkeitsgrundsatzes**. Ein genereller Ausschluss von vorbefassten Personen scheidet wegen des Verhältnismäßigkeitsgrundsatzes aus. Vielmehr muss das Unternehmen nach § 7 Abs. 3 VgV die Möglichkeit erhalten, zu beweisen, dass nach den Umständen des Einzelfalls die von ihm erworbene Erfahrung den Wettbewerb nicht hat verfälschen können. 127

Weniger einschneidende Maßnahmen können nach § 7 Abs. 2 VgV insbesondere die Unterrichtung der anderen am Vergabeverfahren teilnehmenden Unternehmen in Bezug auf die einschlägigen Informationen, die im Zusammenhang mit der Einbeziehung des vorbefassten Unternehmens in der Vorbereitung des Vergabeverfahrens ausgetauscht wurden oder daraus resultieren, und die Festlegung angemessener Fristen für den Eingang der Angebote und Teilnahmeanträge sein. 128

Aus Gleichbehandlungsgründen besteht die Pflicht des öffentlichen Auftraggebers, alle Teilnehmer mit den **gleichen Informationen** zu versorgen.[154] Demnach sollten die Ergebnisse der Projektantentätigkeit allen Teilnehmern des nachfolgenden Vergabeverfahrens zur Verfügung gestellt werden.[155] Es genügt dabei nicht, dass der öffentlichen Auftraggeber die übrigen Unternehmen darauf verweist, sich die notwendigen Informationen von dem Vorbefassten zu besorgen.[156] Der öffentliche Auftraggeber ist vielmehr verpflichtet, aktiv einen Informationsgleichstand zwischen den Unternehmen herzustellen. Dies kann etwa dadurch geschehen, dass sämtliche wettbewerbsrelevanten Informationen, die dem Projektanten im Vorfeld erteilt wurden, in die Vergabeunterlagen aufgenommen werden.[157] Auch solche Unterlagen, die unter Mitwirkung des Projektanten entstanden sind, müssen sämtlichen Unternehmen zur Verfügung gestellt werden.[158] Darüber hinaus kann es auch ratsam sein, den Unternehmen die Möglichkeit zur Ortsbesichtigung oder sonstigen Untersuchungen zu geben.[159] 129

Der öffentliche Auftraggeber hat hierbei auch sicherzustellen, dass den Unternehmen ein ausreichend langer **Zeitraum** zur Kenntnisnahme zur Verfügung steht.[160] Denn sind dem Projektanten die Inhalte der Vergabeunterlagen schon aus der Vorbereitung des Verfahrens bekannt, verlängert sich für ihn faktisch die Angebotsfrist. Der öffentliche Auftraggeber hat darauf zu achten, ausreichend lange Bearbeitungsfristen für die Angebotsabgabe vorzusehen, so dass sich eventuell bestehende Wissensvorsprünge nicht in zeitlichen Vorteilen manifestieren können.[161] 130

152 Vgl. EuGH, Urteil v. 3.3.2005 – Verb. Rs. C-21/03 und C-34/03 (Fabricom), Rn. 29; OLG Celle, Beschluss v. 14.4.2016 – 13 Verg 11 / 15.
153 So bereits die Gesetzesbegründung zum ÖPP-Beschleunigungsgesetz, BT-Drs. 15/5668, 12.
154 Vgl. OLG München, Beschluss v. 2.12.2013 – Verg 14/13; OLG Brandenburg, Beschluss v. 19.12.2011 – Verg W 17/11; vgl. auch Gesetzesbegründung, ÖPP-Beschleunigungsgesetz, BT-Drs. 15/5668, 12.
155 Vgl. VK Baden-Württemberg, Beschluss v. 29.11.2002 – 1 VK 62/02.
156 Vgl. VK Thüringen, Beschluss v. 19.9.2008 – 250-4003.20-2100/2008-008-SHK.
157 Vgl. VK Thüringen, Beschluss v. 19.9.2008 – 250-4003.20-2100/2008-008-SHK.
158 Vgl. OLG Brandenburg, Beschluss v. 19.12.2011 – Verg W 17/11; OLG Koblenz, Beschluss v. 6.11.2008 – 1 Verg 3/08; VK Bund, Beschluss v. 24.5.2012 – VK 3-45/12.
159 Vgl. OLG Koblenz, Beschluss v. 6.11.2008 – 1 Verg 3/08.
160 Vgl. VK-Baden-Württemberg, Beschluss v. 30.3.2007 – 1 VK 06/07, hat bei einem Umfang von elf Ordnern zur Einsichtnahme einen Zeitraum von drei bis vier Wochen für erforderlich gehalten.
161 Vgl. VK Bund, Beschluss v. 1.9.2005 – VK 1-98/05.

131 Fraglich ist, ob es eine zulässige Vorgehensweise darstellt, dass der öffentliche Auftraggeber mit dem Vorbefassten eine **vertragliche Vereinbarung** darüber trifft, dass dieser von einer Beteiligung am Vergabeverfahren absieht. Eine solche Vereinbarung ist nach zivilrechtlichen Gesichtspunkten zwar nicht zu beanstanden.[162] Sie steht aber in einem Widerspruch zum Wettbewerbsgrundsatz nach § 97 Abs. 1 S. 1 GWB, denn faktisch handelt es sich um einen antizipierten Ausschluss des Projektanten.[163] Ein solcher Ausschluss ist insbesondere dann unzulässig, wenn die Wettbewerbsverzerrung durch mildere Mittel kompensiert werden könne. Dem Vorbefassten ist eine Bewerbung für das Verfahren aufgrund der vertraglichen Grundlage zwar nicht zu verweigern, er wird aufgrund der vertraglichen Verpflichtung allerdings regelmäßig davon absehen, eine Bewerbung um den Auftrag einzureichen. Die Vorbefasstheit des Unternehmens kann aber nicht durch eine vertragliche Vereinbarung präjudiziert werden, sondern ist innerhalb des Verfahrens an den Anforderungen von § 124 Abs. 1 Nr. 6 GWB zu messen. Der öffentliche Auftraggeber kann sich vergaberechtlicher Pflichten nicht dadurch entledigen, dass er entsprechende Maßnahmen im Vorfeld des Anwendungsbereichs vergaberechtlicher Vorschriften ergreift.

132 Mitunter kann der öffentliche Auftraggeber ein Interesse daran haben, das **vorbefasste Unternehmen im Wettbewerb zu halten**, etwa weil der Marktbereich nur über wenige spezialisierte Unternehmen verfügt. Ein Ausschluss des Projektanten kann in diesem Fall die Beschränkung oder gar Ausschaltung des Wettbewerbs zur Folge haben. Der öffentliche Auftraggeber kann dem vorbeugen, indem er die Vorbefassung nur auf den Leistungsteil beschränkt, aus dem sich keine wettbewerbsrelevanten Mehrkenntnisse des Unternehmens ergeben können. Darüber hinaus kann der öffentliche Auftraggeber einen wettbewerblichen Dialog durchführen, denn beispielsweise die Erarbeitung der Leistungsbeschreibung ist bei dieser Verfahrensart bereits Teil des Verfahrens.[164]

d) Darlegungs- und Beweislast

133 Die Beweislast für das Vorliegen eines Wettbewerbsverstoßes durch die Einbeziehung eines vorbefassten Unternehmens liegt **beim öffentlichen Auftraggeber**.

134 **Anhaltspunkte** für Wettbewerbsverzerrung durch Vorbefassung können sein:

- Es liegt ein vor allem in preislicher Hinsicht überlegenes Angebot vor.[165]
- Es liegt ein in technischer Hinsicht überlegenes Angebot vor, das sich ersichtlich auf Informationen stützt, die nicht allen Bietern zugänglich sind.
- Nur das jeweilige Unternehmen kann die vom Berater erstellte Leistungsbeschreibung richtig umsetzen.
- Einzig das Angebot des Vorbefassten enthält Ausführungen zu bestimmten wertungsrelevanten Punkten.[166]

135 Liegen diese Anhaltspunkte vor, ist eine Wettbewerbsverzerrung aufgrund der Vorbefassung indiziert. Dem Unternehmen obliegt es, diese tatsächliche **Vermutung** zu widerlegen.[167] Gelingt es ihm nicht, die Vermutung der Wettbewerbsverzerrung auszuräumen, muss der öffentliche Auftraggeber das Unternehmen aus Gründen der Gleichbehandlung und des Wettbewerbs ausschließen.

---

162 Vgl. *Behrens*, NZBau 2006, 752 (755 f.); a.A. *Diringer*, VergabeR 2010 (Sonderheft 2a), 361 (367).
163 Vgl. *Müller-Wrede/Lux*, ZfBR 2006, 327 (329); für eine Beurteilung nach dem Einzelfall *Hausmann/von Hoff*, in: Kulartz/Marx/Portz/Prieß, VOL/A, § 6 EG Rn. 138.
164 Vgl. *Kolpatzik*, VergabeR 2007, 279 (283 ff.); *Müller-Wrede/Lux*, ZfBR 2006, 327 (329).
165 Nach VK Baden Württemberg, Beschluss v. 29.11.2002 – 1 VK 62/02, indiziert eine nur 10 % unter anderen Angeboten liegende Offerte noch keinen wettbewerbsverzerrenden Informationsvorsprung.
166 Vgl. *Diringer*, VergabeR 2010 (Sonderheft 2a), 361 (366).
167 Vgl. OLG Celle, Beschluss v. 14.4.2016 – 13 Verg 11/15; OLG München, Beschluss v. 25.7.2013 – Verg 7/13.

e) Ermessensreduktion

Der Ausschluss des Projektanten vom Vergabeverfahren steht grundsätzlich im **Ermessen** des öffentlichen Auftraggebers. Er ist daher regelmäßig nicht verpflichtet, das vorbefasste Unternehmen vom Vergabeverfahren auszuschließen. 136

Liegen die Voraussetzungen von § 124 Abs. 1 Nr. 6 GWB vor, ist das Ermessen des öffentlichen Auftraggebers aus Gründen der Gleichbehandlung und des Wettbewerbes allerdings in der Regel **auf Null reduziert**.[168] Ein Absehen vom Ausschluss des Unternehmens vom Vergabeverfahren wäre regelmäßig ermessensfehlerhaft. 137

7. Mangelhafte Leistungserfüllung (Nr. 7)

Öffentliche Auftraggeber können nach § 124 Abs. 1 Nr. 7 GWB ein Unternehmen von der Teilnahme an einem Vergabeverfahren ausschließen, wenn das Unternehmen eine wesentliche Anforderung bei der Ausführung eines früheren öffentlichen Auftrags oder Konzessionsvertrags erheblich oder fortdauernd mangelhaft erfüllt hat und dies zu einer vorzeitigen Beendigung, zu Schadensersatz oder zu einer vergleichbaren Rechtsfolge geführt hat. 138

Die Regelung setzt **Art. 57 Abs. 4 lit. g RL 2014/24/EU** um.[169] Sie ist neu in das GWB aufgenommen worden. 139

Vor Inkrafttreten des VergRModG 2016 wurden die Fallgestaltungen der Schlechtleistung unter den Ausschlussgrund der schweren Verfehlung subsumiert oder im Rahmen der allgemeinen Eignungsprüfung ausgeschieden.[170] 140

a) Früherer öffentlicher Auftrag oder Konzessionsvertrag

Der Ausschlussgrund greift ein, wenn die Vertragsstörung bei der Ausführung eines **früheren öffentlichen Auftrages oder Konzessionsvertrages** aufgetreten ist. 141

Öffentliche Aufträge sind nach § 103 Abs. 1 GWB entgeltliche Verträge zwischen öffentlichen Auftraggebern oder Sektorenauftraggebern und Unternehmen über die Beschaffung von Leistungen, die die Lieferung von Waren, die Ausführung von Bauleistungen oder die Erbringung von Dienstleistungen zum Gegenstand haben. 142

Konzessionen sind nach § 105 Abs. 1 GWB entgeltliche Verträge, mit denen ein oder mehrere Konzessionsgeber ein oder mehrere Unternehmen 143

1. mit der Erbringung von Bauleistungen betrauen (Baukonzessionen) oder
2. mit der Erbringung und der Verwaltung von Dienstleistungen betrauen, die nicht in der Erbringung von Bauleistungen bestehen (Dienstleistungskonzession).

Verteidigungs- oder sicherheitsspezifische öffentliche Aufträge nennt § 124 Abs. 1 Nr. 7 GWB nicht ausdrücklich. Sie sind nach § 104 Abs. 1 GWB öffentliche Aufträge, die mindestens eine der in § 104 Abs. 1 Nr. 1 bis 4 GWB genannten verteidigungs- oder sicherheitsspezifischen Leistungen umfasst. Sie sind mithin unter den Begriff des öffentlichen Auftrags zu subsumieren und daher von § 124 Abs. 1 Nr. 7 GWB umfasst. 144

Die Vorschrift trifft keine Regelung dazu, ob eine **Personenidentität** zwischen dem Auftraggeber des früheren öffentlichen Auftrages oder Konzessionsvertrages und dem nunmehr ausschreibenden Auftraggeber bestehen muss. Aus der Gesetzesbegründung[171] ergibt sich aber, dass es sich hierbei nicht notwendigerweise um denselben Auftraggeber handeln muss. Erforderlich ist in diesem Fall allerdings, dass der öffentliche Auftraggeber die Ausschlussentscheidung auf einer validen Informationsgrundlage trifft. Bloße Behauptungen genügen nicht. 145

---

168 Vgl. OLG Celle, Beschluss v. 14.4.2016 – 13 Verg 11/15.
169 Vgl. Gesetzesbegründung, BT-Drs. 18/6281, 106.
170 Vgl. EuGH, Urteil v. 13.12.2012 – Rs. C-465/11 (Forposta SA/Poczta Polska), Rn. 29; OLG München, Beschluss v. 1.7.2013 – Verg 8/13; KG, Urteil v. 8.12.2011 – 2 U 11/11, VergabeR 2012, 208 (211); OLG Frankfurt, Beschluss v. 24.2.2009 – 11 Verg 19/08, VergabeR 2009, 629; OLG Düsseldorf, Beschluss v. 4.2.2009 – VII-Verg 65/08.
171 Vgl. Gesetzesbegründung, BT-Drs. 18/6281, 106.

146 § 124 Abs. 1 Nr. 7 GWB nennt keine **zeitliche Grenze**, nach der frühere öffentliche Aufträge oder Konzessionsverträge noch berücksichtigungsfähig sind. Äußerste zeitliche Grenze des Ausschlusses ist nach § 126 Nr. 2 GWB ein Zeitraum von drei Jahren.

c) Erhebliche oder fortdauernde mangelhafte Erfüllung

147 Bei Leistungsstörungen hat der öffentliche Auftraggeber stets eine umfassende Abwägung aller in Betracht kommenden Gesichtspunkte unter angemessener Berücksichtigung des Umfangs, der Intensität, des Ausmaßes und des Grads der Vorwerfbarkeit der Vertragsverletzungen anzustrengen.[172]

148 Eine **erhebliche mangelhafte Erfüllung** liegt vor, wenn die mangelhafte Leistung den öffentlichen Auftraggeber in tatsächlicher und finanzieller Hinsicht deutlich belastet hat.[173] Eine erhebliche mangelhafte Erfüllung kann insbesondere vorliegen, wenn sie auf einseitiges Verschulden des Auftragnehmers zurückzuführen ist und dem öffentlichen Auftraggeber die Eingehung einer erneuten Vertragsbeziehung dadurch nicht zumutbar ist.[174]

149 Eine **fortdauernde mangelhafte Erfüllung** ist gegeben, wenn das Unternehmen regelmäßig mangelhaft erfüllt hat, ohne dass die Schlechtleistungen im einzelnen Fall erheblich sind. Dies kann insbesondere wiederholte Fristversäumnisse betreffen.

150 Die mangelhafte Erfüllung muss eine **wesentliche Anforderung** betreffen. Als wesentlich sind jedenfalls die Hauptpflichten eines Auftrages anzusehen. Bloße Nebenpflichtverletzungen genügen in der Regel nicht. Zu den wesentlichen Anforderungen gehören in der Regel auch Ausführungsbedingungen im Sinne von § 128 Abs. 2 GWB.

151 Nach der Rechtsprechung zur Rechtslage vor Inkrafttreten des VergRModG 2016 war es für den fakultativen Ausschluss erforderlich zu prüfen, inwieweit die zur Beurteilung stehenden Gesichtspunkte geeignet sind, eine ordnungsgemäße und vertragsgerechte Erbringung gerade **der ausgeschriebenen Leistung** in Frage zu stellen.[175] Diese Einschränkung findet in § 124 Abs. 1 Nr. 7 GWB keinen Anhaltspunkt. Die Regelung differenziert nicht danach, ob eine Widerholungsgefahr bei der zu vergebenden Leistung eintreten könnte. Aufgrund der Anforderung zur Berücksichtigung des Verhältnismäßigkeitsgrundsatzes ist an dieser Einschränkung weiterhin festzuhalten. Ist beispielsweise ein Lieferverzug durch besondere Umstände verursacht worden, die in Bezug auf die ausgeschriebene Leistung nicht ernsthaft zu befürchten sind oder die sich sogar ausschließen lassen, kann aus der Überschreitung der vereinbarten Liefertermine bei einem früheren Auftrag (ausnahmsweise) nicht darauf geschlossen werden, dass auch die ordnungsgemäße Vertragsabwicklung des anstehenden Auftrags in Frage gestellt ist.[176] Ein Ausschluss wäre in diesem Fall unverhältnismäßig.

d) Vorzeitige Beendigung, Schadensersatz oder vergleichbare Rechtsfolge

152 Erforderlich ist nach der Regelung, dass die Vertragsstörung zu einer vorzeitigen Beendigung des Auftragsverhältnisses, zu Schadensersatz oder zu einer vergleichbaren Rechtsfolge geführt hat.

153 Das Auftragsverhältnis ist **vorzeitig beendet**, wenn der öffentliche Auftraggeber es durch außerordentliche Kündigung[177] oder Rücktritt aufgelöst hat. Eine ordentliche Kündigung ist hingegen nicht ausreichend, da ein solches Kündigungsrecht nicht kausal auf der Schlechtleistung beruht, sondern der gesetzlichen oder vertraglichen Regelung. In Betracht kommt auch die Vereinbarung der Aufhebung des Auftragsverhältnisses.

---

172 Vgl. OLG Düsseldorf, Beschluss v. 28.8.2001 – Verg 27/01; Beschluss v. 10.5.2000 – Verg 5/00, NZBau 2000, 540 (541); VK Nordbayern, Beschluss v. 12.6.2012 – 21.VK-3194-10/12, ZfBR 2012, 796 (798); VK Brandenburg, Beschluss v. 11.7.2007 – 1 VK 23/07.

173 Vgl. OLG Stuttgart, Urteil v. 29.4.2003 – 1 U 130/02; VK Köln, Beschluss v. 20.11.2012 – VK VOL 59/2011; VK Nordbayern, Beschluss v. 12.6.2012 – 21.VK-3194-10/12; VK Brandenburg, Beschluss v. 11.7.2007 – 1 VK 23/07.

174 Vgl. VK Düsseldorf, Beschluss v. 31.10.2005 – VK-30/2005-B.

175 Vgl. OLG Düsseldorf, Beschluss v. 28.8.2001 – Verg 27/01.

176 Vgl. OLG Düsseldorf, Beschluss v. 28.8.2001 – Verg 27/01.

177 Vgl. OLG München, Beschluss v. 1.7.2013 – Verg 8/13.

Nach der Regelung genügt auch die Forderung von **Schadensersatz**. Für die Forderung von Schadensersatz ist die Beendigung des Auftragsverhältnisses nicht erforderlich. Die Schadensersatzforderung muss allerdings kausal auf der Vertragsstörung beruhen. 154

Eine Beendigung des Auftragsverhältnisses oder Schadenersatzansprüche **vonseiten des Unternehmens** erfüllen die Anforderungen nicht, da eine solche Auftragsbeendigung nicht kausal auf die Vertragsstörung zurückzuführen ist. 155

Erfasst ist auch eine der Beendigung des Auftragsverhältnisses **gleichwertige Rechtsfolge**. Sie muss hinsichtlich ihres Schweregrades mit einer vorzeitigen Beendigung oder Schadensersatz vergleichbar sein. Hierfür kommen insbesondere die Ersatzvornahme sowie das Verlangen umfangreicher Nachbesserungen in Betracht.[178] 156

8. Schwerwiegende Täuschung, Zurückhaltung von Informationen, Nichtübermittlung von Nachweisen (Nr. 8)

Öffentliche Auftraggeber können nach § 124 Abs. 1 Nr. 8 GWB ein Unternehmen von der Teilnahme an einem Vergabeverfahren ausschließen, wenn das Unternehmen in Bezug auf Ausschlussgründe oder Eignungskriterien eine schwerwiegende Täuschung begangen oder Auskünfte zurückgehalten hat oder nicht in der Lage ist, die erforderlichen Nachweise zu übermitteln. 157

Die Regelung setzt **Art. 57 Abs. 4 lit. h RL 2014/24/EU** nahezu gleichlautend um.[179] 158

Vor Inkrafttreten des VergRModG 2016 enthielten allein die untergesetzlichen Vorschriften entsprechende Regelungen. Gemäß § 6 EG Abs. 6 lit. e VOL/A konnten Bewerber von der Teilnahme am Wettbewerb ausgeschlossen werden, wenn sie im Vergabeverfahren vorsätzlich unzutreffende Erklärungen in Bezug auf ihre Eignung abgegeben haben. Nach § 16 EG Abs. 1 Nr. 1 lit. g VOB/A 2012 waren Angebote von Bietern auszuschließen, die im Vergabeverfahren vorsätzlich unzutreffende Erklärungen in Bezug auf ihre Fachkunde, Leistungsfähigkeit und Zuverlässigkeit abgegeben haben. 159

a) Ausschlussgründe und Eignungskriterien

Der Ausschlussgrund erfasst nur Erklärungen, die sich auf die Ausschlussgründe oder die Eignungskriterien beziehen. 160

Ausschlussgründe sind die fakultativen und zwingenden Ausschlussgründe in § 123 und § 124 GWB. 161

Eignungskriterien sind nach § 122 Abs. 2 S. 1 GWB die durch den öffentlichen Auftraggeber im Einzelnen zur ordnungsgemäßen Ausführung des öffentlichen Auftrags festgelegten Kriterien. 162

Damit sind solche Erklärungen ausgeschlossen, die lediglich für den **Angebotsinhalt** relevant sind. Gleichwohl wird auch diesbezüglich ein schützenswertes Interesse des öffentlichen Auftraggebers bestehen, dass etwa vorgelegte Kalkulationen oder Verpflichtungserklärungen wahrheitsgemäße Angaben enthalten. Aufgrund des eindeutigen Wortlauts scheidet ein Ausschluss in diesem Falle allerdings aus. 163

b) Varianten

Der Ausschlussgrund sieht als Varianten

- die schwerwiegende Täuschung (Var. 1),
- das Zurückhalten von Informationen (Var. 2) und
- die Nichtübermittlung der erforderlichen Nachweise (Var. 3)

vor.

---

178 Vgl. Gesetzesbegründung, BT-Drs. 18/6281, 107.
179 Vgl. Gesetzesbegründung, BT-Drs. 18/6281, 107.

aa) Schwerwiegende Täuschung (Var. 1)

164 Das Unternehmen muss nach § 124 Abs. 1 Nr. 8 Var. 1 GWB eine schwerwiegende Täuschung begangen haben. Unter **Täuschung** ist das Hervorrufen eines Irrtums zu verstehen. Die Täuschung ist **schwerwiegend**, wenn der öffentliche Auftraggeber auf Grundlage der richtigen Informationen das Unternehmen vom Vergabeverfahren ausgeschlossen hätte. In diesem Fall liegt zudem eine schwere Verfehlung nach § 124 Abs. 1 Nr. 3 GWB vor.

165 § 124 Abs. 1 Nr. 8 Var. 1 GWB verlangt nicht, dass die Täuschung **im konkreten Vergabeverfahren** erfolgt ist. Insbesondere kann der Ausschlussgrund daher auf Täuschungen aus vorangegangenen Vergabeverfahren gestützt werden. Nach alter Rechtslage war dies umstritten,[180] da die Vorgängerregelung noch den Passus „im Vergabeverfahren" enthielt. Einen solchen Anknüpfungspunkt enthält der Wortlaut in § 124 Abs. 1 Nr. 8 Var. 1 GWB nicht. Auch der Sinn und Zweck spricht für eine solche Auslegung: Unternehmen, die in einem Vergabeverfahren unzutreffende Erklärungen im Hinblick auf ihre Eignung abgegeben haben, haben ihre Zuverlässigkeit nicht nur für das konkrete Vergabeverfahren in Frage gestellt.[181] Weiterhin knüpfen auch die übrigen Ausschlussgründe in § 124 GWB nicht an Verfahrenshandlungen innerhalb des Vergabeverfahrens an.

166 Anders als § 6 EG Abs. 6 lit. e VOL/A verlangt § 124 Abs. 1 Nr. 8 Var. 1 GWB nicht, dass die Täuschungshandlung **vorsätzlich** erfolgt. Erfasst sind daher auch fahrlässige Täuschungshandlungen, etwa durch Einreichung von ungültigen Zertifikaten.

167 Praxisrelevant ist auch der Fall, dass sich **nachträglich eignungsrelevante Umstände ändern**. In diesem Falle besteht im Rahmen des Vergabeverfahrens eine Aufklärungspflicht des Unternehmens. Demnach kann ein Unternehmen ausgeschlossen werden, wenn es unzutreffende Erklärungen aufrecht erhält bzw. nicht korrigiert.[182]

bb) Zurückhalten von Auskünften (Var. 2)

168 Das Unternehmen muss nach § 124 Abs. 1 Nr. 8 Var. 2 GWB **Auskünfte zurückgehalten** haben.

169 Führt das Zurückhalten der Auskünfte zur **formellen Unvollständigkeit** der Eignungsnachweise, richtet sich der Ausschluss des Teilnahmeantrags oder des Angebots ausschließlich nach § 57 Abs. 1 Nr. 2 VgV und § 16a EU VOB/A. Die Vervollständigungsmöglichkeit nach § 56 Abs. 2 VgV und § 16a EU VOB/A kann nicht dadurch umgangen werden, dass ein Ausschluss in diesem Falle auf § 124 Abs. 1 Nr. 8 Var. 2 GWB gestützt wird.

170 Sind die Eignungsnachweise dagegen formell, aber **nicht inhaltlich vollständig**, kommt ein Ausschluss nach § 124 Abs. 1 Nr. 8 Var. 2 GWB in Betracht. Denn nach dem Sinn und Zweck der Regelung muss § 124 Abs. 1 Nr. 8 Var. 2 GWB auch für diesen Fall anwendbar sein, da es in der Sache nicht darauf ankommt, ob sich dem öffentlichen Auftraggeber aufgrund falscher oder schon fehlender Erklärungen ein unrichtiges Bild über die Eignung des Unternehmens eröffnet. Vorstellbar ist der Fall der fehlenden Erklärung in diesem Zusammenhang allerdings nur, wenn der öffentliche Auftraggeber an das Unterlassen der Erklärung einen bestimmten Erklärungsinhalt gebunden hat und das Unternehmen durch die Nichtabgabe der Erklärungen dem öffentlichen Auftraggeber ein unzutreffendes Bild von der Eignung vermittelt.

171 Wie auch § 124 Abs. 1 Nr. 8 Var. 1 GWB verlangt die Regelung nicht, dass sich das Fehlverhalten **im konkreten Vergabeverfahren** zugetragen hat. Der Ausschlussgrund kann sich insbesondere auch auf frühere Vergabeverfahren beziehen.

172 Anders als § 124 Abs. 1 Nr. 8 Var. 1 GWB verlangt § 124 Abs. 1 Nr. 8 Var. 2 GWB nicht, dass dies **schwer wiegt**. Unter Berücksichtigung des Verhältnismäßigkeitsgrundsatzes ist die Re-

---

180 Dafür bereits dort *Müller-Wrede*, in: Müller-Wrede, VOL/A, § 6 EG Rn. 93; anders *Wagner-Cardenal*, in: Dieckmann/Scharf/Wagner-Cardenal, VOL/A, § 6 EG Rn. 72; *Hausmann/von Hoff*, in: Kulartz/Marx/Portz/Prieß, VOL/A, § 6 EG Rn. 127.

181 Vgl. OLG Celle, Beschluss v. 8.12.2005 – 13 Verg 2/05, NZBau 2006, 197 (199); BayObLG, Beschluss v. 27.7.2004 – Verg 14/04, VergabeR 2004, 736 (741).

182 Vgl. VK Hessen, Beschluss v. 28.6.2005 – 69d-VK-07/2005.

gelung allerdings dahingehend auszulegen, dass das Zurückhalten von Informationen in Äquivalenz zu § 124 Abs. 1 Nr. 8 Var. 1 GWB ebenfalls verlangt, dass die Eignungsprüfung bei richtiger Informationsgrundlage zu einem abweichenden Ergebnis gekommen wäre.

cc) Nichtübermittlung von Nachweisen (Var. 3)

Nach § 124 Abs. 1 Nr. 8 Var. 3 GWB ist erforderlich, dass das Unternehmen nicht in der Lage ist, die erforderlichen Nachweise zu übermitteln. **173**

Anders als die Richtlinienvorgabe in Art. 57 Abs. 4 lit. h RL 2014/24/EU („die gemäß Artikel 59 erforderlichen zusätzlichen Unterlagen") spezifiziert § 124 Abs. 1 Nr. 8 Var. 3 GWB nicht, was mit **erforderlichen Nachweisen** gemeint ist. Da der Gesetzgeber ausweislich der Gesetzesbegründung[183] die Umsetzung von Art. 57 Abs. 4 lit. h RL 2014/24/EU beabsichtigt hat, ist davon auszugehen, dass mit erforderlichen Nachweise die nach § 50 Abs. VgV und § 6b EU Abs. 2 Nr. 1 bis 3 VOB/A geforderten Nachweise gemeint sind. **174**

Das Unternehmen muss nach der Regelung **nicht in der Lage** sein, die erforderlichen Nachweise zu erbringen. Die Regelung ist missverständlich. Sie suggeriert, der öffentliche Auftraggeber müsse prüfen, ob das Unternehmen die geforderten Nachweise einreichen *kann*. Eine solche Prüfungspflicht wäre unsinnig. Die Regelung ist vielmehr dahingehend auszulegen, dass der Ausschlussgrund besteht, wenn das Unternehmen seiner Pflicht zur Beibringung der Nachweise nicht nachgekommen ist. **175**

Anders als § 124 Abs. 1 Nr. 8 Var. 1 und Var. 2 GWB erfasst § 124 Abs. 1 Nr. 8 Var. 3 GWB nur Fälle innerhalb des **konkreten Vergabeverfahrens**. Dies wird anhand des Wortlauts deutlich („ist"). **176**

Die Regelung steht in **Konkurrenz zu § 57 Abs. 1 Nr. 2 VgV und § 16a EU VOB/A**. Nach den Vorschriften ist der Ausschluss des Teilnahmeantrags oder des Angebots bei Unvollständigkeit zwingend. Hingegen steht es nach § 124 Abs. 1 Nr. 8 Var. 3 GWB im Ermessen des öffentlichen Auftraggebers, ob er das betroffene Unternehmen vom Vergabeverfahren ausschließt. Das Ermessen des öffentlichen Auftraggebers ist allerdings im Falle von § 124 Abs. 1 Nr. 8 Var. 3 GWB stets auf Null reduziert, andernfalls wäre eine umfassende Eignungsprüfung nicht sichergestellt. Die untergesetzlichen Regelungen zu den Ausschlussgründen stehen daher nicht im Widerspruch zu § 124 Abs. 1 Nr. 8 Var. 3 GWB. **177**

9. Unzulässige Einflussnahme (Nr. 9)

Öffentliche Auftraggeber können ein Unternehmen von der Teilnahme an einem Vergabeverfahren ausschließen, wenn das Unternehmen **178**

a) versucht hat, die Entscheidungsfindung des öffentlichen Auftraggebers in unzulässiger Weise zu beeinflussen,
b) versucht hat, vertrauliche Informationen zu erhalten, durch die es unzulässige Vorteile beim Vergabeverfahren erlangen könnte, oder
c) fahrlässig oder vorsätzlich irreführende Informationen übermittelt hat, die die Vergabeentscheidung des öffentlichen Auftraggebers erheblich beeinflussen könnten, oder versucht hat, solche Informationen zu übermitteln.

Die Regelung setzt nahezu gleichlautend **Art. 57 Abs. 4 lit. i RL 2014/24/EU** um.[184] **179**

a) Unzulässige Beeinflussung der Entscheidungsfindung

Nach § 124 Abs. 1 Nr. 9 lit. a GWB können öffentliche Auftraggeber ein Unternehmen von der Teilnahme an einem Vergabeverfahren ausschließen, wenn das Unternehmen versucht hat, die Entscheidungsfindung des öffentlichen Auftraggebers in unzulässiger Weise zu beeinflussen. **180**

183 Vgl. Gesetzesbegründung, BT-Drs. 18/6281, 107.
184 Vgl. Gesetzesbegründung, BT-Drs. 18/6281, 107.

181 Anders als § 124 Abs. 1 Nr. 9 lit. c GWB ist die Vorschrift **nicht auf die Vergabeentscheidung beschränkt**. Im Umkehrschluss ergibt sich hieraus, dass der Anwendungsbereich der Regelung nicht auf Entscheidungen beschränkt ist, die wettbewerblich relevant sind. Die Regelung will vielmehr jegliche Einflussnahme des Unternehmens auf die Entscheidungen des öffentlichen Auftraggebers im Vergabeverfahren ausschließen.

b) Erlangung vertraulicher Informationen

182 Nach § 124 Abs. 1 Nr. 9 lit. b GWB können öffentliche Auftraggeber ein Unternehmen von der Teilnahme an einem Vergabeverfahren ausschließen, wenn das Unternehmen versucht hat, vertrauliche Informationen zu erhalten, durch die es unzulässige Vorteile beim Vergabeverfahren erlangen könnte.

183 Der Begriff der **vertraulichen Informationen** ist weiter als in § 164 Abs. 1 GWB auszulegen. Vertrauliche Informationen sind alle Informationen, die nur für einen begrenzten Personenkreis bestimmt sind.

184 Erfasst sind danach insbesondere **Betriebs- und Geschäftsgeheimnisse** der Konkurrenzangebote. Betriebs- und Geschäftsgeheimnisse sind alle auf ein Unternehmen bezogenen Tatsachen, Umstände und Vorgänge, die nicht offenkundig, sondern nur einem begrenzten Personenkreis zugänglich sind und an deren Nichtverbreitung der Rechtsträger ein berechtigtes Interesse hat. Betriebsgeheimnisse umfassen im Wesentlichen technisches Wissen im weitesten Sinne; Geschäftsgeheimnisse betreffen vornehmlich kaufmännisches Wissen.[185] Zu derartigen Geheimnissen werden etwa Umsätze, Ertragslagen, Geschäftsbücher, Kundenlisten, Bezugsquellen, Konditionen, Marktstrategien, Unterlagen zur Kreditwürdigkeit, Kalkulationsunterlagen, Patentanmeldungen und sonstige Entwicklungs- und Forschungsprojekte gezählt, durch welche die wirtschaftlichen Verhältnisse eines Betriebs maßgeblich bestimmt werden können.

185 Nach der Regelung genügt es, dass das Unternehmen **versucht** hat, die vertraulichen Informationen zu erlangen. Es ist daher nicht erforderlich, dass das Unternehmen die Informationen erfolgreich erlangt hat.

186 Erforderlich ist, dass das Unternehmen durch die Informationen **unzulässige Vorteile** beim Vergabeverfahren erhalten hätte. Durch die erlangten Informationen müsste also eine Wettbewerbsverzerrung eintreten können.

c) Übermittlung irreführender Informationen

187 Nach § 124 Abs. 1 Nr. 9 lit. c GWB können öffentliche Auftraggeber ein Unternehmen von der Teilnahme an einem Vergabeverfahren ausschließen, wenn das Unternehmen fahrlässig oder vorsätzlich irreführende Informationen übermittelt hat, die die Vergabeentscheidung des öffentlichen Auftraggebers erheblich beeinflussen könnten, oder versucht hat, solche Informationen zu übermitteln.

aa) Vorsätzliche oder fahrlässige Übermittlung irreführender Informationen

188 Die Begriffe „**vorsätzlich**" und „**fahrlässig**" beziehen sich nicht auf den Übermittlungsvorgang, sondern auf „irreführend". Der Wortlaut ist insoweit zwar nicht eindeutig, allerdings spricht die Wortstellung für eine solche Auslegung. Vorsatz liegt vor, wenn das Unternehmen zumindest in Kauf genommen hat, dass der öffentliche Auftraggeber aufgrund der übermittelten Informationen einem Irrtum unterliegt. Fahrlässigkeit ist gegeben, wenn das Unternehmen bei objektiv erforderlicher Sorgfalt hätte erkennen können, dass die übermittelten Informationen irreführend sind.

189 **Art. 57 Abs. 4 lit. i RL 2014/24/EU** erfasst nur fahrlässig irreführende Informationen. Die Erwähnung der vorsätzlich irreführenden in § 124 Abs. 1 Nr. 9 GWB ist allerdings keine Verschärfung der unionsrechtlichen Vorgabe. Vielmehr ist im Wege eines Erst-Recht-Schlusses anzunehmen, dass Art. 57 Abs. 4 lit. i RL 2014/24/EU auch vorsätzlich irreführende Informationen umfasst.

---

185 Vgl. BVerfG, Beschluss v. 14.3.2006 – 1 BvR 2087/03.

Irreführend ist eine Information, wenn sie bei objektiver Betrachtung geeignet ist, bei dem öffentlichen Auftraggeber einen Irrtum über ihren Inhalt hervorzurufen. Es kommt dabei nicht auf die subjektive Einschätzung des öffentlichen Auftraggebers an. 190

Das Unternehmen muss die Informationen dem öffentlichen Auftraggeber **übermittelt** haben oder dies zumindest versucht haben. Besondere Anforderungen an den Übermittlungsvorgang bestehen nicht. Erfasst sind damit insbesondere auch lediglich telefonisch oder informell übermittelte Informationen. Ausgenommen sind Irrtümer des öffentlichen Auftraggebers, die auf solchen Informationen beruhen, die nicht von dem konkreten Unternehmen übermittelt wurden. 191

bb) Erhebliche Beeinflussung der Vergabeentscheidung

Die Informationen müssen die Vergabeentscheidung des öffentlichen Auftraggebers erheblich beeinflussen können. 192

Bei der **Vergabeentscheidung** handelt es sich dem allgemeinen Begriffsverständnis nach um die Entscheidung des öffentlichen Auftraggebers, welchem Angebot der Zuschlag erteilt wird. Erfasst sind allerdings auch alle weiteren Entscheidungen, die Einfluss auf die Zuschlagsentscheidung haben, z.B. die Auswahlentscheidung des öffentlichen Auftraggebers im Teilnahmewettbewerb. Rückhalt findet diese Auslegung in der europarechtlichen Vorgabe in Art. 57 Abs. 4 lit. i RL 2014/24/EU, die sich auf die Entscheidungen über Ausschluss, Auswahl oder Auftragszuschlag bezieht. 193

Erfasst ist auch die **Aufhebungsentscheidung** des öffentlichen Auftraggebers. Kann die Information dazu führen, dass der öffentliche Auftraggeber von einer Zuschlagserteilung absieht, ist hiermit gleichwohl auch eine Vergabeentscheidung dahingehend verbunden, dass eine Vergabe gerade nicht erfolgen soll. Im Ergebnis besteht kein Unterschied darin, ob der öffentliche Auftraggeber durch die Information veranlasst werden kann, einem anderen Angebot den Zuschlag zu erteilen oder ob er von der Vergabe insgesamt Abstand nimmt. 194

Die übermittelten Informationen müssen die Vergabeentscheidung beeinflussen **können**. Es ist nicht entscheidend, dass die übermittelten Informationen die Vergabeentscheidung des öffentlichen Auftraggebers erfolgreich beeinflusst haben. Es genügt die Geeignetheit der Informationen, die Vergabeentscheidung zu beeinflussen. 195

Erforderlich ist, dass die übermittelten Informationen geeignet sind, die Vergabeentscheidung **erheblich** zu beeinflussen. Erheblich ist die Beeinflussung, wenn sie dazu führen kann, dass ein anderes Angebot den Zuschlag erhält oder das Vergabeverfahren aufgehoben wird. 196

d) Ermessensreduktion

Der Ausschluss des Unternehmens vom Vergabeverfahren steht grundsätzlich im **Ermessen** des öffentlichen Auftraggebers. Er ist daher regelmäßig nicht verpflichtet, das betroffene Unternehmen vom Vergabeverfahren auszuschließen. 197

Liegen die Voraussetzungen von § 124 Abs. 1 Nr. 6 GWB vor, ist das Ermessen des öffentlichen Auftraggebers aus Gründen der Gleichbehandlung und des Wettbewerbes allerdings in der Regel **auf Null reduziert**.[186] Ein Absehen vom Ausschluss des Unternehmens vom Vergabeverfahren wäre regelmäßig ermessensfehlerhaft. 198

IV. Beleg des Nichtvorliegens von Ausschlussgründen

Öffentliche Auftraggeber haben nach § 48 Abs. 1 VgV in der **Auftragsbekanntmachung oder der Aufforderung zur Interessensbestätigung anzugeben**, mit welchen Unterlagen (Eigenerklärungen, Angaben, Bescheinigungen und sonstige Nachweise) Unternehmen das Nichtvorliegen von Ausschlussgründen zu belegen haben. 199

186 Vgl. OLG Celle, Beschluss v. 14.4.2016 – 13 Verg 11/15.

200 Als **vorläufigen Beleg** des Nichtvorliegens von Ausschlussgründen akzeptiert der öffentliche Auftraggeber nach § 48 Abs. 3 VgV die Vorlage einer Einheitlichen Europäischen Eigenerklärung nach § 50 VgV.

201 Als ausreichenden Beleg dafür, dass die **§ 124 Abs. 1 Nr. 2 GWB** genannten Ausschlussgründe auf den Bewerber oder Bieter nicht zutreffen, erkennt der öffentliche Auftraggeber nach § 48 Abs. 5 VgV eine von der zuständigen Behörde des Herkunftslands oder des Niederlassungsstaats des Bewerbers oder Bieters ausgestellte Bescheinigung an.

V. Rechtsfolge

202 Anders als bei den zwingenden Ausschlussgründen nach § 123 GWB liegt der Ausschluss des Unternehmens vom Vergabeverfahren im **Ermessen** des öffentlichen Auftraggebers.[187] Der öffentliche Auftraggeber ist bei Vorliegen der fakultativen Ausschlussgründe daher nicht verpflichtet, die betreffenden Unternehmen vom Vergabeverfahren auszuschließen.

203 Dabei handelt es sich um eine **Prognoseentscheidung** dahingehend, ob von dem Unternehmen trotz des Vorliegens eines fakultativen Ausschlussgrundes im Hinblick auf die Zukunft zu erwarten ist, dass es den öffentlichen Auftrag gesetzestreu, ordnungsgemäß und sorgfältig ausführt.[188] Der dem öffentlichen Auftraggeber zustehende **Ermessensspielraum** ist von den Nachprüfungsinstanzen nur beschränkt daraufhin überprüfbar, ob das vorgeschriebene Verfahren eingehalten worden ist, ob der Auftraggeber die von ihm selbst aufgestellten Bewertungsvorgaben beachtet hat, der zugrunde gelegte Sachverhalt vollständig und zutreffend ermittelt worden ist, keine sachwidrigen Erwägungen angestellt worden sind und nicht gegen allgemeine Bewertungsgrundsätze verstoßen worden ist.[189]

204 Die öffentlichen Auftraggeber haben bei der Anwendung fakultativer Ausschlussgründe insbesondere den **Grundsatz der Verhältnismäßigkeit** zu beachten.[190] Kleinere Unregelmäßigkeiten sollten daher nur in Ausnahmefällen zum Ausschluss eines Unternehmens führen; allerdings können wiederholte Fälle kleinerer Unregelmäßigkeiten einen Ausschluss rechtfertigen.[191]

205 Einen Ausnahmetatbestand entsprechend **§ 123 Abs. 5 GWB**, wonach der öffentliche Auftraggeber ausnahmsweise vom Ausschluss absehen kann, wenn dies aus zwingenden Gründen des öffentlichen Interesses geboten ist, enthält § 124 GWB nicht. Der öffentliche Auftraggeber kann das öffentliche Interesse aber bei seiner Ermessensentscheidung berücksichtigen.

206 Im Einzelfall kann das Ermessen des öffentlichen Auftraggebers **auf Null reduziert** sein, sodass nur ein Ausschluss ermessensfehlerfrei ist.[192] Eine solche Ermessensreduktion kommt insbesondere in Betracht, wenn der Ausschluss die einzige Möglichkeit ist, eine Ungleichbehandlung zu beseitigen oder wenn der öffentliche Auftraggeber betroffene Unternehmen in vergleichbaren Fällen ausgeschlossen hat.

207 Der Ausschluss eines Unternehmens ist dem öffentlichen Auftraggeber im Falle der **Selbstreinigung** gemäß § 125 GWB verwehrt. Nach § 125 Abs. 1 S. 1 GWB schließen öffentliche Auftraggeber ein Unternehmen nicht von der Teilnahme an dem Vergabeverfahren aus, wenn das Unternehmen nachgewiesen hat, dass es

1. für jeden durch eine Straftat oder ein Fehlverhalten verursachten Schaden einen Ausgleich gezahlt oder sich zur Zahlung eines Ausgleichs verpflichtet hat,
2. die Tatsachen und Umstände, die mit der Straftat oder dem Fehlverhalten und dem dadurch verursachten Schaden in Zusammenhang stehen, durch eine aktive Zusammenar-

---

187 Vgl. Gesetzesbegründung, BT-Drs. 18/6281, 104; vgl. bereits zur alten Rechtslage: OLG Rostock, Beschluss v. 2.10.2014 – 2 W 10 / 14.
188 Vgl. Gesetzesbegründung, BT-Drs. 18/6281, 104.
189 Vgl. VK Baden-Württemberg, Beschluss v. 11.2.2015 – 1 VK 66/14; VK Sachsen-Anhalt, Beschlüsse v. 27.7.2013 – 3 VK LSA 20/13 bis 3 VK LSA 32/13; VK Münster, Beschluss v. 16.12.2010, VK 9/10.
190 Vgl. Gesetzesbegründung, BT-Drs. 18/6281, 104.
191 Vgl. Erwägungsgrund 101 RL 2014/24/EU.
192 Vgl. Gesetzesbegründung, BT-Drs. 18/6281, 104.

beit mit den Ermittlungsbehörden und dem öffentlichen Auftraggeber umfassend geklärt hat, und

3. konkrete technische, organisatorische und personelle Maßnahmen ergriffen hat, die geeignet sind, weitere Straftaten oder weiteres Fehlverhalten zu vermeiden.

Das Unternehmen kann nicht für alle **Zeit** von der Teilnahme am öffentlichen Beschaffungswesen ausgeschlossen werden. Ein solcher dauerhafter Ausschluss würde sich im Widerspruch zum Wettbewerbsgrundsatz aus § 97 Abs. 1 GWB verhalten. Welcher Zeitraum für angemessen zu erachten ist, hängt von den Umständen des Einzelfalls ab.[193] Je schwerer die Verfehlung wiegt, desto längerfristiger kann ein Ausschluss erfolgen. Nach § 126 Nr. 2 GWB dürfen öffentliche Auftraggeber, wenn das Unternehmen keine oder keine ausreichenden Selbstreinigungsmaßnahmen nach § 125 ergriffen hat, bei Vorliegen eines Ausschlussgrundes nach § 124 GWB höchstens drei Jahre ab dem betreffenden Ereignis von der Teilnahme an Vergabeverfahren ausgeschlossen werden. **208**

Einzelne Länder haben sog. **Korruptionsregister**[194] eingeführt.[195] Ein solches Register kann nur Hilfsmittel für die Entscheidung über einen Ausschluss sein. Dem öffentlichen Auftraggeber verbleibt trotz eines Registereintrags ein Ermessensspielraum. Insbesondere ist denkbar, dass die Eintragungen des Korruptionsregisters nicht oder nicht mehr der tatsächlichen Sachlage entsprechen, die gebotene Löschung aber (noch) nicht erfolgt ist. Auch wenn die Eintragung im Korruptionsregister ein starkes Indiz für eine Unzuverlässigkeit des Unternehmens darstellt, ist der öffentliche Auftraggeber im Rahmen seiner Ermessensentscheidung gehalten, den Sachverhalt vollständig zu ermitteln. Dem Unternehmen sollte in diesem Fall also zumindest die Möglichkeit gegeben werden, die vermutete Unzuverlässigkeit zu widerlegen. **209**

VI. Zeitpunkt des Ausschlusses

Der öffentliche Auftraggeber kann das Unternehmen **zu jedem Zeitpunkt** des Vergabeverfahrens ausschließen. Erforderlich ist daher lediglich, dass das Vergabeverfahren eingeleitet und noch nicht beendet ist. **210**

Ein Ausschluss des Unternehmens ist allerdings zu einem späteren Zeitpunkt des Vergabeverfahrens nicht möglich, wenn der öffentliche Auftraggeber im Rahmen eines Teilnahmewettbewerbs bei nicht offenem, Verhandlungsverfahren oder Innovationspartnerschaft bzw. der Teilnahmephase bei wettbewerblichem Dialog von einem Ausschluss des Unternehmens abgesehen hat.[196] Der öffentliche Auftraggeber ist an seine Entscheidung **grundsätzlich gebunden**.[197] Er ist nach Treu und Glauben daran gehindert, im weiteren Verlauf des Vergabeverfahrens von seiner ursprünglichen Beurteilung abzurücken und bei unveränderter Sachlage die Eignung eines Unternehmens nunmehr zu verneinen.[198] **211**

C. Ausschlussgründe außerhalb des GWB (Abs. 2)

Nach § 124 Abs. 2 GWB bleiben § 21 AEntG, § 98c AufenthG, § 19 MiLoG und § 21 SchwarzArbG unberührt. Diese spezialgesetzlichen Vorschriften enthalten besondere Regelungen zum Ausschluss von Unternehmen von Vergabeverfahren.[199] **212**

Die Regelung hat **klarstellende Funktion**.[200] **213**

---

193 Vgl. LG Berlin, Urteil v. 22.3.2006 – 23 O 118/04.
194 Z.T. auch als Vergaberegister bezeichnet, vgl. § 4 Abs. 1 KorruptionsbG NRW.
195 Korruptionsregister bestehen in Berlin, Hamburg, Nordrhein-Westfalen und Schleswig-Holstein.
196 Keine Bindung besteht hingegen im offenen Verfahren, siehe BGH, Beschluss v. 7.1.2014 – X ZB 15/13.
197 Vgl. zur Eignungsprüfung im Allgemeinen OLG Frankfurt, Beschluss v. 24.2.2009 – 11 Verg 19/08; VK Südbayern, Beschluss v. 9.9.2014 – Z 3-3-3194-1-35-08/14.
198 Vgl. zur Eignungsprüfung im Allgemeinen OLG Frankfurt, Beschluss v. 24.2.2009 – 11 Verg 19/08; VK Südbayern, Beschluss v. 9.9.2014 – Z3-3-3194-1-35-08/14.
199 Vgl. Gesetzesbegründung, BT-Drs. 18/6281, 107.
200 Vgl. Gesetzesbegründung, BT-Drs. 18/6281, 107.

I. Ausschluss nach § 21 AEntG

214 Nach § 21 AEntG sollen Bewerber oder Bewerberinnen von der Teilnahme an einem Wettbewerb um einen Liefer-, Bau- oder Dienstleistungsauftrag der in §§ 99 und 100 GWB genannten Auftraggeber für eine angemessene Zeit bis zur nachgewiesenen Wiederherstellung ihrer Zuverlässigkeit ausgeschlossen werden, die wegen eines Verstoßes nach § 23 AEntG mit einer Geldbuße von wenigstens zweitausendfünfhundert Euro belegt worden sind.

215 Der **sachliche Anwendungsbereich** der Regelung erfasst sowohl Liefer-, Bau- als auch Dienstleistungsaufträge im Sinne von § 103 Abs. 2 bis 4 GWB.

216 Der **persönliche Anwendungsbereich** umfasst öffentliche Auftraggeber nach § 99 GWB und Sektorenauftraggeber nach § 100 GWB. Nicht erfasst sind Konzessionsgeber nach § 101 GWB. Der Begriff der Bewerberinnen und Bewerber ist untechnisch zu verstehen und nicht auf Teilnehmer eines Teilnahmewettbewerbs beschränkt. Erfasst sind vielmehr auch Bieter eines Vergabeverfahrens.

217 Nach der Regelung steht es im **intendierten Ermessen** („sollen") des Auftraggebers, das Unternehmen auszuschließen.[201] Es müssen daher besondere Gründe für den Fall vorliegen, dass der Auftraggeber von dem Ausschluss des Unternehmens vom Vergabeverfahren absieht.

218 Eine konkrete **zeitliche Grenze** für die Wirksamkeit des Ausschlussgrundes enthält § 21 AEntG nicht. Nach der Regelung soll ein Ausschluss für eine angemessene Zeit bis zur nachgewiesenen Wiederherstellung der Zuverlässigkeit des Unternehmens zulässig sein. Als Orientierung dient allerdings die Drei-Jahres-Frist in § 126 Nr. 2 GWB.[202] Ein Ausschluss nach diesem Zeitraum kommt nur bei besonderen Gründen in Betracht.

II. Ausschluss nach § 98c AufenthG

219 Nach § 98c Abs. 1 S. 1 AufenthG können öffentliche Auftraggeber nach § 99 GWB einen Bewerber oder einen Bieter vom Wettbewerb um einen Liefer-, Bau- oder Dienstleistungsauftrag ausschließen, wenn dieser oder dessen nach Satzung oder Gesetz Vertretungsberechtigter

1. nach § 404 Abs. 2 Nr. 3 SGB III mit einer Geldbuße von wenigstens Zweitausendfünfhundert Euro rechtskräftig belegt worden ist oder
2. nach §§ 10, 10a oder 11 SchwarzArbG zu einer Freiheitsstrafe von mehr als drei Monaten oder einer Geldstrafe von mehr als 90 Tagessätzen rechtskräftig verurteilt worden ist.

220 Der **persönliche Anwendungsbereich** umfasst ausschließlich öffentliche Auftraggeber nach § 99 GWB. Sektorenauftraggeber nach § 100 GWB und Konzessionsgeber nach § 101 GWB sind vom Anwendungsbereich ausgenommen.

221 Der **sachliche Anwendungsbereich** der Regelung erfasst sowohl Liefer-, Bau- als auch Dienstleistungsaufträge im Sinne von § 103 Abs. 2 bis 4 GWB.

222 Der Ausschluss steht nach dem Wortlaut der Regelung („können") im **Ermessen** des öffentlichen Auftraggebers. Öffentliche Auftraggeber sind daher nicht verpflichtet, ein Unternehmen vom Vergabeverfahren auszuschließen, wenn die in § 98c Abs. 1 S. 1 AufenthG genannten Voraussetzungen vorliegen.

223 § 98c Abs. 1 S. 2 AufenthG regelt die **zeitliche Grenze** der Ausschlusswirkung. Danach können Ausschlüsse bis zur nachgewiesenen Wiederherstellung der Zuverlässigkeit, je nach Schwere des der Geldbuße, der Freiheits- oder der Geldstrafe zugrunde liegenden Verstoßes in einem Zeitraum von bis zu fünf Jahren ab Rechtskraft der Geldbuße, der Freiheits- oder der Geldstrafe erfolgen.[203]

---

201 Vgl. *Schwab*, NZA-RR 2010, 225 (230 f.).
202 Vgl. für die Übertragung der Drei-Jahres-Frist aus § 21 Abs. 1 S. 1 SchwarzArbG *Schwab*, NZA-RR 2010, 225 (230).
203 Kritisch zu dieser Regelung *Hörich/Bergmann*, ZAR 2012, 327 (332 f.).

III. Ausschluss nach § 19 MiLoG

Nach § 19 Abs. 1 MiLoG sollen Auftraggeber nach §§ 99 und 100 GWB Bewerberinnen oder Bewerber von der Teilnahme an einem Wettbewerb um einen Liefer-, Bau- oder Dienstleistungsauftrag für eine angemessene Zeit bis zur nachgewiesenen Wiederherstellung ihrer Zuverlässigkeit ausschließen, die wegen eines Verstoßes nach § 21 MiLoG mit einer Geldbuße von wenigstens zweitausendfünfhundert Euro belegt worden sind. **224**

Der **persönliche Anwendungsbereich** umfasst öffentliche Auftraggeber nach § 99 GWB und Sektorenauftraggeber nach § 100 GWB. Nicht erfasst sind Konzessionsgeber nach § 101 GWB. Der Begriff der Bewerberinnen und Bewerber ist untechnisch zu verstehen und nicht auf Teilnehmer eines Teilnahmewettbewerbs beschränkt. Erfasst sind vielmehr auch Bieter eines Vergabeverfahrens. **225**

Der **sachliche Anwendungsbereich** der Regelung erfasst sowohl Liefer-, Bau- als auch Dienstleistungsaufträge im Sinne von § 103 Abs. 2 bis 4 GWB. **226**

Nach der Regelung steht es im **intendierten Ermessen** („sollen") des Auftraggebers, das Unternehmen auszuschließen. Es müssen daher besondere Gründe für den Fall vorliegen, dass der Auftraggeber von dem Ausschluss des Unternehmens vom Vergabeverfahren abgesehen hat. **227**

Eine konkrete **zeitliche Grenze** für die Wirksamkeit des Ausschlussgrundes enthält § 19 MiLoG nicht. Nach der Regelung soll ein Ausschluss für eine angemessene Zeit bis zur nachgewiesenen Wiederherstellung der Zuverlässigkeit des Unternehmens zulässig sein. Als Orientierung dient allerdings die Drei-Jahres-Frist in § 126 Nr. 2 GWB. Ein Ausschluss nach diesem Zeitraum kommt nur bei besonderen Gründen in Betracht. **228**

IV. Ausschluss nach § 21 SchwarzArbG

Nach § 21 Abs. 1 S. 1 SchwarzArbG sollen Bewerber bis zu einer Dauer von drei Jahren von der Teilnahme an einem Wettbewerb um einen Bauauftrag der in § 98 Nr. 1 bis 3 und Nr. 5 GWB genannten Auftraggeber ausgeschlossen werden, die oder deren nach Satzung oder Gesetz Vertretungsberechtigte nach **229**

1. § 8 Abs. 1 Nr. 2, §§ 9 bis 11 SchwarzArbG,
2. § 404 Abs. 1 oder 2 Nr. 3 SGB III,
3. §§ 15, 15a, 16 Abs. 1 Nr. 1, Nr. 1b oder Nr. 2 AÜG oder
4. § 266a Abs. 1 bis 4 StGB

zu einer Freiheitsstrafe von mehr als drei Monaten oder einer Geldstrafe von mehr als neunzig Tagessätzen verurteilt oder mit einer Geldbuße von wenigstens zweitausendfünfhundert Euro belegt worden sind.

Nach § 21 Abs. 1 S. 2 SchwarzArbG gilt das Gleiche auch schon vor Durchführung eines Straf- oder Bußgeldverfahrens, wenn im Einzelfall angesichts der Beweislage **kein vernünftiger Zweifel an einer schwerwiegenden Verfehlung** nach § 21 Abs. 1 S. 2 Nr. 1 SchwarzArbG besteht. **230**

Der sachliche Anwendungsbereich von § 21 SchwarzArbG umschließt lediglich **Bauleistungen**. Der Begriff der Bauleistungen entspricht demjenigen des Bauauftrages in § 103 Abs. 3 S. 1 GWB. Dementsprechend sind Bauleistungen Verträge über die Ausführung oder die gleichzeitige Planung und Ausführung **231**

1. von Bauleistungen im Zusammenhang mit einer der Tätigkeiten, die in Anhang II RL 2014/24/EU und Anhang I RL 2014/25/EU genannt sind, oder
2. eines Bauwerkes für den öffentlichen Auftraggeber oder Sektorenauftraggeber, das Ergebnis von Tief- oder Hochbauarbeiten ist und eine wirtschaftliche oder technische Funktion erfüllen soll.

Ein Bauauftrag liegt nach § 103 Abs. 3 S. 2 GWB auch vor, wenn ein Dritter eine Bauleistung gemäß den vom öffentlichen Auftraggeber oder Sektorenauftraggeber genannten Erfordernissen erbringt, die Bauleistung dem Auftraggeber unmittelbar wirtschaftlich zugutekommt und dieser einen entscheidenden Einfluss auf Art und Planung der Bauleistung hat.

232 Der **persönliche Anwendungsbereich** der Regelung umfasst Auftraggeber nach § 98 Nr. 1 bis 3 und Nr. 5 GWB. Diese statische Verweisung geht nach Inkrafttreten des VergRModG 2016 ins Leere. Es handelt sich um ein schlichtes Versäumnis des Gesetzgebers, der in Folgeänderungen des VergRModG 2016 die Vorschrift in § 21 Abs. 1 S. 1 SchwarzArbG außer Acht gelassen hat. Die entsprechenden Regelungen sind nunmehr in § 99 Nr. 1 bis 3 und § 100 Abs. 1 und Abs. 2 GWB zu finden. Grundsätzlich läuft die Regelung damit leer. Ausnahmsweise kann eine statistische Verweisung aber dahin ausgelegt werden, dass sie auch die Neuregelung umfasst, soweit hiermit keine inhaltlichen Änderungen verbunden sind. Im Wesentlichen enthalten die Regelungen keine Änderungen. Lediglich in § 99 Nr. 2 GWB hat der Gesetzgeber inhaltliche Änderungen vorgenommen.[204] Aufgrund der statischen Verweisung ist § 99 Nr. 2 GWB nur insoweit anzuwenden, wie er § 98 Nr. 2 GWB a.F. entspricht. Der Begriff der Bewerber ist untechnisch zu verstehen und nicht auf Teilnehmer eines Teilnahmewettbewerbs beschränkt. Erfasst sind vielmehr auch Bieter eines Vergabeverfahrens.

233 Nach der Regelung steht es im **intendierten Ermessen** („sollen") des Auftraggebers, das Unternehmen auszuschließen. Es müssen daher besondere Gründe für den Fall vorliegen, dass der Auftraggeber von dem Ausschluss des Unternehmens vom Vergabeverfahren absieht.

234 Der Ausschluss des Unternehmens ist **bis zu drei Jahre** zulässig.

D. Rechtsschutz

235 § 124 GWB ist als Ausprägung des vergaberechtlichen Grundprinzips der Gleichbehandlung **bieterschützend** im Sinne des § 97 Abs. 6 GWB.

236 Der dem öffentlichen Auftraggeber zustehende **Ermessensspielraum** ist allerdings von den Nachprüfungsinstanzen nur beschränkt daraufhin überprüfbar, ob das vorgeschriebene Verfahren eingehalten worden ist, ob der öffentliche Auftraggeber die von ihm selbst aufgestellten Bewertungsvorgaben beachtet hat, der zugrunde gelegte Sachverhalt vollständig und zutreffend ermittelt worden ist, keine sachwidrigen Erwägungen angestellt worden sind und nicht gegen allgemeine Bewertungsgrundsätze verstoßen worden ist.[205]

Anlage

Gesetzesbegründung (BT-Drs. 18/6281)

Seite 104

§ 124 regelt, wann ein Unternehmen von der Teilnahme an einem Vergabeverfahren ausgeschlossen werden kann. Das betrifft insbesondere den Fall eines schwerwiegenden beruflichen Fehlverhaltens, das die Integrität eines Unternehmens infrage stellt und das zum Ausschluss führen kann, selbst wenn die Eignung nach § 122 ansonsten gegeben ist. Dabei besteht bei § 124 – anders als bei Vorliegen eines zwingenden Ausschlussgrundes nach § 123 – ein Ermessen des öffentlichen Auftraggebers, ob er das Unternehmen von der Teilnahme an einem Vergabeverfahren ausschließt. Es handelt sich hier nicht nur um ein Beurteilungsermessen des öffentlichen Auftraggebers hinsichtlich des Vorliegens des Ausschlussgrundes, sondern auch um einen Ermessensspielraum hinsichtlich des „Ob" des Ausschlusses, dann wenn der fakultative Ausschlussgrund nachweislich vorliegt. Es steht im Ermessen des

204 Siehe Gesetzesbegründung, BT-Drs. 18/281, 70: „oder über die Leitung die Aufsicht ausübt" wurde zum Zwecke der Angleichung in Hs. 2 eingefügt, „Ausübung der Aufsicht über die Leitung" ist neu hinzugetreten.

205 Vgl. VK Baden-Württemberg, Beschluss v. 11.2.2015 – 1 VK 66/14; VK Sachsen-Anhalt, Beschlüsse v. 27.7.2013 – 3 VK LSA 20/13 bis 3 VK LSA 32/13; VK Münster, Beschluss v. 16.12.2010, VK 9/10.

öffentlichen Auftraggebers zu entscheiden, ob aufgrund des Fehlverhaltens des Unternehmens, das einen fakultativen Ausschlussgrund nach § 124 begründet, die Zuverlässigkeit des Unternehmens zu verneinen ist. Dabei handelt es sich um eine Prognoseentscheidung dahingehend, ob von dem Unternehmen trotz des Vorliegens eines fakultativen Ausschlussgrundes im Hinblick auf die Zukunft zu erwarten ist, dass es den öffentlichen Auftrag gesetzestreu, ordnungsgemäß und sorgfältig ausführt. Im Einzelfall und abhängig von dem anwendbaren Ausschlussgrund kann das Ermessen des öffentlichen Auftraggebers auf Null reduziert sein, so dass nur ein Ausschluss ermessensfehlerfrei ist.

Die öffentlichen Auftraggeber haben bei der Anwendung fakultativer Ausschlussgründe insbesondere den Grundsatz der Verhältnismäßigkeit zu beachten. Wie Erwägungsgrund 101 der Richtlinie 2014/24/EU ausführt, sollten daher kleinere Unregelmäßigkeiten nur in Ausnahmefällen zum Ausschluss eines Unternehmens führen; allerdings können wiederholte Fälle kleinerer Unregelmäßigkeiten einen Ausschluss rechtfertigen.

Scheitert ein zwingender Ausschluss eines Unternehmens am Fehlen bestimmter Tatbestandsvoraussetzungen eines zwingenden Ausschlussgrundes, kann ein fakultativer Ausschluss nach § 124, insbesondere nach § 124 Absatz 1 Nummer 3, in Betracht kommen. Erwägungsgrund 101 der Richtlinie 2014/24/EU stellt klar, dass ein öffentlicher Auftraggeber ein schwerwiegendes berufliches Fehlverhalten eines Unternehmens auch dann bejahen – und ihn deswegen nach § 124 ausschließen – kann, wenn vor einer rechtskräftigen Entscheidung über das Vorliegen

Seite 105

zwingender Ausschlussgründe Nachweise vorliegen, dass das Unternehmen gegen seine Verpflichtungen verstoßen hat.

Zu Absatz 1

Der in Artikel 57 Absatz 4 der Richtlinie 2014/24/EU enthaltene Katalog fakultativer Ausschlussgründe ist umfangreicher als der Katalog in Artikel 45 Absatz 2 der Richtlinie 2004/18/EG. Neu hinzugekommen sind fakultative Ausschlussgründe bei Verstoß gegen geltende umwelt-, sozial- und arbeitsrechtliche Verpflichtungen, bei wettbewerbsverzerrenden Absprachen, bei Interessenkonflikt, bei Wettbewerbsverzerrung aufgrund vorheriger Einbeziehung des Unternehmens, bei mangelhafter früherer Auftragsausführung sowie bei versuchter unzulässiger Einflussnahme auf die Entscheidungsfindung des öffentlichen Auftraggebers. Der bisherige fakultative Ausschlussgrund des Nichtentrichtens von Steuern oder Sozialabgaben wurde zu einem zwingenden Ausschlussgrund. Die bereits in der Richtlinie 2004/18/EG vorgesehenen fakultativen Ausschlussgründe wurden teilweise umformuliert.

Die Umsetzung von Artikel 57 Absatz 4 der Richtlinie 2014/24/EU in § 124 Absatz 1 orientiert sich eng an den Vorgaben der Richtlinie.

Zu Nummer 1

§ 124 Absatz 1 Nummer 1 sieht die Möglichkeit eines Ausschlusses für den Fall vor, dass ein Unternehmen bei der Ausführung öffentlicher Aufträge nachweislich gegen geltende umwelt-, sozial- oder arbeitsrechtliche Verpflichtungen verstoßen hat. Damit wird Artikel 57 Absatz 4 Buchstabe a der Richtlinie 2014/24/EU umgesetzt, der Verstöße gegen geltende Verpflichtungen gemäß Artikel 18 Absatz 2 der Richtlinie 2014/24/EU mit der Ausschlussmöglichkeit sanktioniert. Davon umfasst sind gemäß Artikel 18 Absatz 2 der Richtlinie 2014/24/EU alle für das Unternehmen geltenden umwelt-, sozial- und arbeitsrechtlichen Verpflichtungen, die durch Rechtsvorschriften der Europäischen Union, einzelstaatliche Rechtsvorschriften, aber auch durch für das Unternehmen verbindliche Tarifverträge festgelegt sind. Davon umfasst sind auch die in Anhang X der Richtlinie 2014/24/EU aufgeführten internationalen Abkommen (ILO-Kernarbeitsnormen, das Wiener Übereinkommen zum Schutz der Ozonschicht und das im Rahmen dieses Übereinkommens geschlossene Montrealer Protokoll über Stoffe, die zum Abbau der Ozonschicht führen, das Basler Übereinkommen über die Kontrolle der grenzüberschreitenden Verbringung gefährlicher Abfälle und ihrer Entsorgung, das Stockholmer Übereinkommen über persistente organische Schadstoffe und das UNEP/FAO-Übereinkommen vom 10. September 1998 über das Verfahren der vorherigen Zustimmung nach Inkenntnissetzung für bestimmte gefährliche Chemikalien sowie Pflanzenschutz- und Schädlingsbekämpfungsmittel im internationalen Handel und seine drei regionalen Protokolle). Nach der Zielstellung sind von dem Ausschlussgrund im deutschen vergaberechtlichen Kontext auch Zahlungsverpflichtungen an tarifvertragliche Sozialkassen umfasst. Erforderlich für das Bestehen eines Ausschlussgrundes nach Nummer 1 ist, dass der öffentliche Auftraggeber einen Verstoß gegen die Verpflichtungen nachweist.

Zu Nummer 2

§ 124 Absatz 1 Nummer 2 setzt Artikel 57 Absatz 4 Buchstabe b um.

Zu Nummer 3

§ 124 Absatz 1 Nummer 3 setzt Artikel 57 Absatz 4 Buchstabe c der Richtlinie 2014/24/EU um. Nummer 3 enthält den fakultativen Ausschlussgrund der „schweren Verfehlung", der in der bisherigen Praxis eine wichtige Rolle als Auffangtatbestand einnimmt. Dieser Ausschlussgrund wird gegenüber der Formulierung in Artikel 45 Absatz 2 Buchstabe d der Richtlinie 2004/18/EG in der neuen Richtlinie insofern etwas eingeengt, als nunmehr die schwere Verfehlung des Unternehmens oder einer für das Unternehmen im Rahmen ihrer beruflichen Tätigkeit handelnden Person die Integrität des Unternehmens infrage stellen muss. Eine schwere Verfehlung kommt bei der Verletzung gesetzlicher oder vertraglicher Verpflichtungen (z. B. auch bei der Verletzung von Auftragsausführungsbedingungen bei früheren öffentlichen Aufträgen) in Betracht, die eine solche Intensität und Schwere aufweisen, dass der öffentliche Auftraggeber berechtigterweise an der Integrität des Unternehmens zweifeln darf. Im Regelfall dürften Verletzungen der Verpflichtung zu Vertraulichkeit und Sicherheit eine schwere Verfehlung im Sinne des § 124 Absatz 1 Nummer 3 darstellen, durch die die Integrität des Unternehmens infrage gestellt wird. Der fakultative Ausschlussgrund nach Nummer 3 hat auch weiterhin eine Bedeutung als Auffangtatbestand, der neben den anderen fakultativen oder zwingenden Ausschlussgründen anwendbar sein kann, wenn deren Voraussetzungen nicht oder nur teilweise vorliegen. So kann eine schwere, die Integrität des Unternehmens beeinträchtigende Verfehlung nach Nummer 3 insbesondere auch dann in Betracht kommen, wenn hinsichtlich einer nach § 123 zu einem zwingenden Ausschlussgrund führenden Straftat noch keine rechtskräftige Verurteilung vorliegt

Seite 106

(so auch Erwägungsgrund 101 der Richtlinie 2014/24/EU) oder wenn eine Straftat begangen wurde, die zwar nicht in § 123 aufgeführt ist, aber durch die die Integrität des Unternehmens infrage gestellt wird.

Zu Nummer 4

Die Formulierung in § 124 Absatz 1 Nummer 4, die Artikel 57 Absatz 4 Buchstabe d der Richtlinie 2014/24/EU umsetzt, greift die Formulierung des Verbots wettbewerbsbeschränkender Vereinbarungen in § 1 auf. Dieser Ausschlussgrund ist nicht auf Fälle von wettbewerbsbeschränkenden Vereinbarungen im Rahmen des laufenden Vergabeverfahrens beschränkt. Der Ausschlussgrund liegt jedenfalls dann vor, wenn eine Kartellbehörde einen Verstoß in einer Entscheidung festgestellt hat. Die bloße Durchführung von kartellbehördlichen Ermittlungsmaßnahmen, beispielsweise Durchsuchungen, wird dagegen regelmäßig noch nicht ausreichen, um einen Ausschlussgrund nach Nummer 4 zu begründen.

Zu Nummer 5

Dagegen erfasst § 124 Absatz 1 Nummer 5 nur den Fall, dass im Rahmen des laufenden Vergabeverfahrens ein Interessenkonflikt nach Artikel 24 der Richtlinie 2014/24/EU im Hinblick auf die Unparteilichkeit einer für den öffentlichen Auftraggeber im Auswahlprozess tätigen Person besteht, der nicht wirksam durch andere, weniger einschneidende Maßnahmen beseitigt werden kann. Dabei kann nach Artikel 24 Unterabsatz 2 der Richtlinie 2014/24/EU die für den öffentlichen Auftraggeber tätige Person außer einem Mitarbeiter oder einer Mitarbeiterin des öffentlichen Auftraggebers auch ein im Namen des öffentlichen Auftraggebers handelnder Beschaffungsdienstleister sein. Die Person muss nach Artikel 24 Unterabsatz 2 der Richtlinie 2014/24/EU an der Durchführung des Vergabeverfahrens beteiligt sein oder Einfluss auf den Ausgang des Verfahrens nehmen können.

Zu Nummer 6

§ 124 Absatz 1 Nummer 6 setzt Artikel 57 Absatz 4 Buchstabe f der Richtlinie 2014/24/EU um und betrifft den Fall, dass ein Unternehmen in die Vorbereitung des gerade laufenden Vergabeverfahrens einbezogen wurde und daraus im Sinne von Artikel 41 der Richtlinie 2014/24/EU eine Wettbewerbsverzerrung im laufenden Vergabeverfahren resultiert, die nicht wirksam durch andere, weniger einschneidende Maßnahmen beseitigt werden kann. Nach Artikel 41 Unterabsatz 2 Satz 2 der Richtlinie 2014/24/EU wird der betreffende Bewerber oder Bieter nur dann vom Verfahren ausgeschlossen, wenn keine andere Möglichkeit besteht, die Einhaltung der Pflicht zur Wahrung des Grundsatzes der Gleichbehandlung zu gewährleisten. Vor einem solchen Ausschluss muss den Bewerbern oder Bietern die Möglichkeit gegeben werden, nachzuweisen, dass ihre Beteiligung an der Vorbereitung des Vergabeverfahrens den Wettbewerb nicht verzerren kann. Der öffentliche Auftraggeber muss die ergriffenen Maßnahmen im Vergabevermerk dokumentieren.

Zu Nummer 7

Nach § 124 Absatz 1 Nummer 7 besteht nunmehr auch dann eine Ausschlussmöglichkeit, wenn bei der Ausführung eines früheren öffentlichen Auftrags (eines öffentlichen Auftraggebers oder eines Sektorenauftraggebers) oder eines früheren Konzessionsvertrags durch das Unternehmen erhebliche Mängel aufgetreten sind. Nummer 7 setzt Artikel 57 Absatz 4 Buchstabe g der Richtlinie 2014/24/EU um. Dieser fakultative Ausschlussgrund liegt vor, wenn im Rahmen der Ausführung eines früheren öffentlichen Auftrags oder Konzessionsvertrags – nicht notwendigerweise desselben Auftraggebers – das Unternehmen eine wesentliche Anforderung erheblich oder fortdauernd mangelhaft erfüllt hat und dies auch zu einer vorzeitigen Beendigung, Schadensersatz oder einer vergleichbaren Rechtsfolge geführt hat. Eine einmalige mangelhafte Leistung kann dann einen Ausschlussgrund nach Nummer 7 begründen, wenn es sich dabei um eine erhebliche Schlechterfüllung einer wesentlichen Anforderung handelt. Erwägungsgrund 101 der Richtlinie 2014/24/EU führt als Beispiele für relevante Mängel Lieferungs- oder Leistungsausfall oder erhebliche Defizite der gelieferten Waren oder Dienstleistungen, die sie für den beabsichtigten Zweck unbrauchbar machten, an. Die mangelhafte Erfüllung einer wesentlichen Anforderung im Sinne von Artikel 57 Absatz 4 Buchstabe g der Richtlinie 2014/24/EU kann auch die Verletzung einer wesentlichen vertraglichen Pflicht sein, beispielsweise Verstöße gegen eine Verpflichtung zur Wahrung der Vertraulichkeit oder gegen wesentliche Sicherheitsauflagen. Erforderlich ist hier – ebenso wie bei den anderen fakultativen Ausschlussgründen – eine Prognoseentscheidung dahingehend, ob von dem Unternehmen trotz der festgestellten früheren Schlechtleistung im Hinblick auf die Zukunft zu erwarten ist, dass es den nunmehr zu vergebenden öffentlichen Auftrag gesetzestreu, ordnungsgemäß und sorgfältig ausführt.

Neben dem Vorliegen früherer Mängel ist für das Eingreifen dieses Ausschlussgrundes erforderlich, dass die Mängel zu einer vorzeitigen Beendigung, Schadensersatz oder einer vergleichbaren Rechtsfolge geführt haben. Eine Rechtsfolge muss, um eine vergleichbare Rechtsfolge im Sinne dieser Vorschrift zu sein, nicht zu einer

Seite 107

vorzeitigen vollständigen Beendigung des Vertragsverhältnisses führen, sie muss aber hinsichtlich ihres Schweregrades mit einer vorzeitigen Beendigung oder Schadensersatz vergleichbar sein. Als vergleichbare Rechtsfolge kommt beispielsweise eine Ersatzvornahme in Betracht, aber auch das Verlangen nach umfangreichen Nachbesserungen kann unter Umständen eine vergleichbare Rechtsfolge sein.

Zu Nummer 8

§ 124 Absatz 1 Nummer 8 setzt Artikel 57 Absatz 4 Buchstabe h der Richtlinie 2014/24/EU um.

Zu Nummer 9

§ 124 Absatz 1 Nummer 9 setzt Artikel 57 Absatz 4 Buchstabe i der Richtlinie 2014/24/EU um.

Zu Absatz 2

Die in Absatz 2 genannten spezialgesetzlichen Vorschriften enthalten besondere Regelungen zum Ausschluss von Unternehmen von Vergabeverfahren. Danach können bzw. sollen Unternehmen von der Teilnahme an Vergabeverfahren ausgeschlossen werden, wenn sie z. B. gegen Vorgaben des Mindestlohngesetzes verstoßen haben und deswegen mit einer bestimmten Geldbuße belegt wurden. Absatz 2 stellt klar, dass diese spezialgesetzlichen Vorgaben von den allgemeinen vergaberechtlichen Regelungen unberührt bleiben.

§ 125
Selbstreinigung

(1) Öffentliche Auftraggeber schließen ein Unternehmen, bei dem ein Ausschlussgrund nach § 123 oder § 124 vorliegt, nicht von der Teilnahme an dem Vergabeverfahren aus, wenn das Unternehmen nachgewiesen hat, dass es

1. für jeden durch eine Straftat oder ein Fehlverhalten verursachten Schaden einen Ausgleich gezahlt oder sich zur Zahlung eines Ausgleichs verpflichtet hat,

2. die Tatsachen und Umstände, die mit der Straftat oder dem Fehlverhalten und dem dadurch verursachten Schaden in Zusammenhang stehen, durch eine aktive Zusammenarbeit mit den Ermittlungsbehörden und dem öffentlichen Auftraggeber umfassend geklärt hat, und

3. konkrete technische, organisatorische und personelle Maßnahmen ergriffen hat, die geeignet sind, weitere Straftaten oder weiteres Fehlverhalten zu vermeiden.

§ 123 Absatz 4 Satz 2 bleibt unberührt.

(2) Öffentliche Auftraggeber bewerten die von dem Unternehmen ergriffenen Selbstreinigungsmaßnahmen und berücksichtigen dabei die Schwere und die besonderen Umstände der Straftat oder des Fehlverhaltens. Erachten die öffentlichen Auftraggeber die Selbstreinigungsmaßnahmen des Unternehmens als unzureichend, so begründen sie diese Entscheidung gegenüber dem Unternehmen.

Übersicht Rn.

A. Allgemeines ... 1
I. Bedeutung ... 1
II. Regelungsübersicht ... 4
1. Selbstreinigungstatbestand und Prüfungsverfahren ... 4
2. Besondere Selbstreinigungstatbestände ... 6
a) Nichtzahlung von Steuern, Abgaben oder Beiträgen ... 7
b) Ersetzungsaufforderung im Rahmen der Eignungsleihe ... 8
III. Sinn und Zweck ... 9
IV. Anwendungsbereich ... 13
1. Auftrags- und Konzessionsvergaben ... 13
2. Kein Ausschluss durch Auftrags- oder Vergabesperren ... 14
B. Selbstreinigungstatbestand (Abs. 1 S. 1) ... 18
I. Anhängiges Vergabeverfahren ... 19
II. Drohender Ausschluss ... 20
III. Selbstreinigungsmaßnahmen ... 24
1. Abschließender Katalog ... 25
2. Maßgeblicher Zeitpunkt ... 26
3. Die einzelnen Selbstreinigungsmaßnahmen ... 27
a) Schadenswiedergutmachung ... 29
b) Mitwirkung bei der Aufklärung ... 34
c) Präventive Maßnahmen ... 39
aa) Technische Maßnahmen ... 42
bb) Organisatorische Maßnahmen ... 43
cc) Personelle Maßnahmen ... 46
IV. Nachweis ... 49
C. Prüfung der Selbstreinigungsmaßnahmen (Abs. 2) ... 54
I. Bewertung der Selbstreinigungsmaßnahmen (S. 1) ... 55
1. Notwendigkeit ... 56
2. Gegenstand ... 57
3. Maßstab ... 59
a) Prognose ... 60
b) Einschränkungen des Beurteilungsspielraums ... 61
II. Bewertungsverfahren ... 66
1. Entscheidung ... 67
a) Begründung (S. 2) ... 68
b) Zeitpunkt ... 71
c) Bindung ... 72
2. Verfahren bis zu Entscheidung ... 74
D. Rechtsschutz ... 78
I. Nachprüfungsantrag im Vergabeverfahren ... 78
1. Antragsbefugnis ... 78
2. Gegenstand der Rüge ... 79
3. Nachprüfungsumfang ... 80
a) Unterlassene Bewertung oder Entscheidung ... 80
b) Bewertungsrügen ... 81
c) Erheblichkeit der Mängel ... 86

II. Rechtsschutz außerhalb des anhängigen Vergabeverfahrens 87
Anlage
Gesetzesbegründung (BT-Drs. 18/6281)

A. Allgemeines

I. Bedeutung

1 Mit § 125 GWB erhält das Institut der vergaberechtlichen Selbstreinigung **erstmals eine gesetzliche Grundlage**. Schon bisher war allerdings anerkannt, dass ein auf ein Fehlverhalten gestützter Ausschluss nicht unbegrenzt bestehen bleiben könne und dass es dem betroffenen Unternehmen möglich sein müsse, durch eigenes Handeln seine Eignung wiederherzustellen. Bei den zwingenden Ausschlussgründen (§ 123 GWB)[1] konnte in der Selbstreinigung ein besonderer Umstand liegen, aufgrund dessen die Zuverlässigkeit des Unternehmens nicht mehr infrage gestellt und deswegen ein Ausschluss unzulässig war (§ 6 EG Abs. 4 Nr. 3 VOB/A, § 6 EG Abs. 5 VOL/A, § 4 Abs. 8 VOF, § 23 Abs. 5 VSVgV.).[2] Bei den fakultativen Ausschlussgründen (§ 124 GWB)[3] waren Selbstreinigungsmaßnahmen bereits bei der Prüfung, ob ein den Ausschluss erlaubendes Fehlverhalten überhaupt die vergaberechtliche Zuverlässigkeit entfallen ließ und das Unternehmen deswegen auszuschließen war, zu berücksichtigen.[4] Das hatte schon bald nach Einführung des Kartellvergaberechts in der Rechtsprechung Ausdruck gefunden,[5] woraufhin das ansonsten schon im Kartellrecht bekannt gewesene Thema[6] auch zunehmend von der vergaberechtlichen Literatur „entdeckt" worden ist.[7]

2 Nunmehr hat der **EU-Gesetzgeber** das Rechtsinstitut in der Basisvergaberichtlinie vom 26.2.2014 in Art. 57 Abs. 6 RL 2014/24/EU aufgegriffen.[8] § 125 GWB setzt diese Vorgaben in deutsches Recht um. In § 125 Abs. 1 S. 1 GWB werden der Selbstreinigungsanspruch aus Art. 57 Abs. 6 UAbs. 1 RL 2014/24/EU[9] und die Selbstreinigungsvoraussetzungen aus Art. 57 Abs. 6 UAbs. 2 RL 2014/24/EU[10] geregelt, in § 125 Abs. 2 GWB die Vorgaben aus Art. 57 Abs. 6 UAbs. 3 RL 2014/24/EU[11] für die Prüfung der Selbstreinigungsmaßnahmen durch den

---

1 Bisher geregelt in § 6 EG Abs. 4 Nr. 1 VOB/A 2012, § 6 EG Abs. 4 VOL/A, § 4 Abs. 6 VOF, § 23 Abs. 1 VSVgV a.F.

2 Vgl. nur *Scherer-Leydecker*, in: Heuvels/Höß/Kuß/Wagner, Vergaberecht, § 6a VOB/A Rn. 16; *Müller-Wrede*, in: Müller-Wrede, VOL/A, § 6 EG Rn. 38; *Völlink*, in: Ziekow/Völlink, Vergaberecht, § 6 VOB/A-EG Rn. 20 f. m.w.N.; *Stein/Friton*, VergabeR 2010, 151 (158 f.); *Wimmer*, Zuverlässigkeit im Vergaberecht, S. 206.

3 Bisher geregelt in § 16 EG Abs. 1 Nr. 2 VOB/A 2012, § 6 EG Abs. 6 VOL/A, § 4 Abs. 9 VOF, § 24 VSVgV a.F.

4 Vgl. nur *Vavra*, in: Ziekow/Völlink, Vergaberecht, § 16 VOB/A Rn. 22 m.w.N.; *Stein/Friton/Huttenlauch*, WuW 2012, 38 (47).

5 Vgl. etwa OLG Brandenburg, Beschluss v. 14.12.2007 – Verg W 21/07, juris Rn. 57 ff.; OLG Frankfurt, Beschluss v. 20.7.2004 – 11 Verg 6/04, juris Rn. 36 ff.; OLG Düsseldorf, Beschluss v. 9.4.2003 – VII-Verg 66/02, juris Rn. 83 ff.; Beschluss v. 18.7.2001 – Verg 16/01, juris Rn. 40.

6 Vgl. etwa *Bosch/Colbus/Harbusch*, WuW 2009, 740 ff.; *Dreher*, ZWeR 2004, 75 ff.

7 Vgl. etwa *Kreßner*, Die Auftragssperre im Vergaberecht, S. 155 ff.; *Ohrtmann*, NZBau 2007, 278 (280 f.); *Dreher*, in: Festschrift für Franke, 31 ff., der noch im Jahr 2009 bemängelte, dass das Institut der vergaberechtlichen Selbstreinigung „gemessen an ihrer praktischen Bedeutung bisher eine viel zu geringe wissenschaftliche Aufmerksamkeit gefunden" (45) habe.

8 In der durch diese Richtlinie abgelösten Vergabekoordinierungsrichtlinie 2004/18/EG waren in Art. 45 lediglich die zwingenden und fakultativen Ausschlussgründe benannt, die zum Wegfall der vergaberechtlichen Zuverlässigkeit führen konnten; zur Frage der Wiedererlangung der Zuverlässigkeit verhielt sich die Richtlinie demgegenüber nicht einmal in den Erwägungsgründen (vgl. Erwägungsgrund 43).

9 „Jeder Wirtschaftsteilnehmer, der sich in einer der in den Absätzen 1 und 4 genannten Situationen <Vorliegen eines Ausschlussgrundes> befindet, kann Nachweise dafür erbringen, dass die Maßnahmen des Wirtschaftsteilnehmers ausreichen, um trotz des Vorliegens eines einschlägigen Ausschlussgrundes seine Zuverlässigkeit nachzuweisen. Werden solche Nachweise für ausreichend befunden, so wird der betreffende Wirtschaftsteilnehmer nicht von dem Vergabeverfahren ausgeschlossen."

10 „Zu diesem Zweck weist der Wirtschaftsteilnehmer nach, dass er einen Ausgleich für jeglichen durch eine Straftat oder Fehlverhalten verursachten Schaden gezahlt oder sich zur Zahlung eines Ausgleichs verpflichtet hat, die Tatsachen und Umstände umfassend durch eine aktive Zusammenarbeit mit den Ermittlungsbehörden geklärt und konkrete technische, organisatorische und personelle Maßnahmen ergriffen hat, die geeignet sind, weitere Straftaten oder Verfehlungen zu vermeiden."

11 „Die von den Wirtschaftsteilnehmern ergriffenen Maßnahmen werden unter Berücksichtigung der Schwere und besonderen Umstände der Straftat oder des Fehlverhaltens bewertet. Werden die Maßnahmen als unzureichend befunden, so erhält der Wirtschaftsteilnehmer eine Begründung dieser Entscheidung."

öffentlichen Auftraggeber; von der durch Art. 57 Abs. 6 UAbs. 4 RL 2014/24/EU[12] ermöglichten Beschränkung des Selbstreinigungsanspruchs hat der deutsche Gesetzgeber abgesehen.[13]

Mit der Kodifizierung der Selbstreinigung in § 125 GWB erhält die Entwicklung einen der Bedeutung der Thematik angemessenen vorläufigen Abschluss. Durch die Trennung der Ausschlussgründe in den §§ 123, 124 GWB einerseits und der Selbstreinigung sowie der zeitlichen Begrenzung von Ausschlüssen in den §§ 125, 126 GWB andererseits ist eine **systematisch überzeugende Differenzierung** zwischen Wegfall und Wiederherstellung der vergaberechtlichen Eignung[14] gelungen. Die Abschichtung dieser beiden Wertungsebenen wird die Transparenz der zugrunde zu legenden Wertungen erhöhen. 3

II. Regelungsübersicht

1. Selbstreinigungstatbestand und Prüfungsverfahren

In § 125 Abs. 1 S. 1 GWB hat der Gesetzgeber einen **allgemeinen Selbstreinigungstatbestand** kodifiziert. Die Regelung sieht vor, dass der öffentliche Auftraggeber trotz Vorliegens eines Ausschlussgrundes nach den §§ 123, 124 GWB von einem Ausschluss des Unternehmens absieht, wenn dieses nachgewiesen hat, dass es in den drei in Abs. 1 S. 1 Nr. 1, 2 und 3 der Vorschrift genannten Bereichen tätig geworden ist.[15] Zum einen hat es sich zum Ausgleich des Schadens aus seinem Fehlverhalten zu verpflichten (Nr. 1), zum anderen an der Aufklärung des den Ausschluss begründenden Fehlverhaltens aktiv mitzuwirken (Nr. 2) und schließlich technische, organisatorische und personelle Maßnahmen zur Vermeidung eines weiteren Fehlverhaltens zu ergreifen (Nr. 3). Dem Unternehmen wird also ein sowohl die Vergangenheitsbewältigung (Nr. 1 und Nr. 2) als auch die Gestaltung der Zukunft (Nr. 3) umfassendes Programm zur Wiederherstellung seiner vergaberechtlichen Zuverlässigkeit auferlegt. 4

In Abs. 2 der Vorschrift finden sich Vorgaben an den öffentlichen Auftraggeber, wie er die nach Abs. 1 S. 1 von dem Unternehmen nachzuweisenden **Selbstreinigungsmaßnahmen zu prüfen** hat.[16] Er hat sie unter Berücksichtigung der Schwere und der besonderen Umstände der Straftat oder des Fehlverhaltens zu bewerten (S. 1) und, falls er sie für unzureichend hält, dies gegenüber dem Unternehmen zu begründen (S. 2). 5

2. Besondere Selbstreinigungstatbestände

Die Selbstreinigungsregelungen beschränken sich nicht auf § 125 GWB. 6

a) Nichtzahlung von Steuern, Abgaben oder Beiträgen

So findet sich für den zum Ausschluss führenden Fall, dass das Unternehmen Steuern, Abgaben oder Beiträge zur Sozialversicherung nicht geleistet hat (§ 123 Abs. 4 S. 1 GWB) und ein Ausschluss nicht offensichtlich unverhältnismäßig wäre (§ 123 Abs. 5 S. 2 Hs. 2 GWB), in **§ 123 Abs. 4 S. 2 GWB** eine Sonderregelung, wonach das Unternehmen nicht auszuschließen ist, wenn es seinen Verpflichtungen dadurch nachgekommen ist, dass es die ausstehenden Steuern, Abgaben oder Beiträge zur Sozialversicherung **bezahlt oder sich hierzu verpflichtet** hat. Damit werden für diesen Sonderfall die von dem Unternehmen zu erbringenden 7

12 „Ein Wirtschaftsteilnehmer, der durch eine rechtskräftige gerichtliche Entscheidung von der Teilnahme an Verfahren zur Auftrags- oder Konzessionsvergabe ausgeschlossen wurde, ist während des Ausschlusszeitraumes, der in dieser Entscheidung festgelegt wurde, nicht berechtigt, in den Mitgliedstaaten, in denen die Entscheidung wirksam ist, von der in diesem Absatz gewährten Möglichkeit Gebrauch zu machen."

13 In der Gesetzesbegründung wird dies damit begründet, dass es in Deutschland keine durch gerichtliche Entscheidung verhängten Ausschlüsse von Vergabeverfahren gebe, vgl. BT-Drs. 18/6281, 108.

14 Der Gesetzgeber hat das bisherige Eignungskriterium der Zuverlässigkeit in § 97 Abs. 4 S. 1 GWB zugunsten der in § 122 Abs. 2 GWB aufgeführten Eignungskriterien aufgegeben, so auch ausdrücklich die Gesetzesbegründung zu § 122 Abs. 1 GWB, BT-Drs. 18/6281, 117 f. An den Wegfall der Eignung knüpfen auch die Ausschlussgründe nach den §§ 123, 124 GWB an, sodass die Selbstreinigungsmaßnahmen nach § 125 GWB terminologisch korrekt nicht mehr auf die Wiedererlangung der vergaberechtlichen Zuverlässigkeit, sondern der vergaberechtlichen Eignung zielen.

15 Dazu im Einzelnen unter B., Rn. 18 ff.

16 Dazu im Einzelnen unter C., Rn. 54 ff.

Selbstreinigungsmaßnahmen auf die Schadenswiedergutmachung im engeren Sinne (§ 125 Abs. 1 S. 1 Nr. 1 GWB) beschränkt. § 125 Abs. 1 S. 2 GWB stellt dies klar, indem er anordnet, dass die Sonderregelung des § 123 Abs. 4 S. 2 GWB von der allgemeinen Selbstreinigungsregelung in § 125 Abs. 1 S. 1 GWB unberührt bleibt.

b) Ersetzungsaufforderung im Rahmen der Eignungsleihe

8 Um eine **unechte Selbstreinigungsmaßnahme** handelt es sich bei der Ersetzungsaufforderung nach § 47 Abs. 2 S. 2 und S. 3 VgV im Rahmen der Eignungsleihe nach § 47 Abs. 1 VgV.[17] Ohne dass dies in der VgV gesondert festgehalten würde, versteht es sich von selbst, dass die unterlassene Ersetzung zwingend zum Ausschluss des Bewerbers oder Bieters Anlass gibt. Bei der Eignungsleihe werden dem Unternehmen Eignungsmängel des beliehenen Unternehmens zugerechnet. Das Unternehmen kann sich davon nach den Vorgaben des § 47 Abs. 2 S. 2 und S. 3 VgV nur durch die Ersetzung des beliehenen Unternehmens reinigen. Allerdings wird man zulassen müssen, dass das Unternehmen für das von ihm beliehene Unternehmen Selbstreinigungsmaßnahmen nach § 125 Abs. 1 S. 1 GWB nachweist mit der Folge, dass es dem öffentlichen Auftraggeber dann verwehrt ist, gemäß § 47 Abs. 2 S. 2 oder S. 3 VgV den Ausschluss des beliehenen Unternehmens zu verlangen.

III. Sinn und Zweck

9 Die Regelungen zur vergaberechtlichen Selbstreinigung sind Ausdruck gleich mehrerer **vergaberechtlicher Grundsätze**.

10 Zunächst konkretisiert die Regelung den im Vergaberecht jetzt auch ausdrücklich nach § 97 Abs. 1 S. 2 Alt. 2 GWB zu beachtenden **Verhältnismäßigkeitsgrundsatz** bezogen auf die für das betroffene Unternehmen in seinem Ausschluss bestehende Sanktion.[18] Damit wird zugleich dem auch EU-rechtlich verankerten Verhältnismäßigkeitsgrundsatz entsprochen.[19] Hat der öffentliche Auftraggeber schon bei der Prüfung insbesondere der in § 124 Abs. 1 GWB aufgeführten fakultativen Ausschlussgründe ausdrücklich den Verhältnismäßigkeitsgrundsatz zu berücksichtigen, gilt dies ebenso bei der Entscheidung, ob die Selbstreinigungsmaßnahmen des Unternehmens zureichend sind, um die vergaberechtliche Eignung wiederherzustellen. Darauf verweist auch § 125 Abs. 2 S. 1 Hs. 2 GWB, wonach der öffentliche Auftraggeber bei der Bewertung der von dem Unternehmen ergriffenen Selbstreinigungsmaßnahmen die Schwere und die besonderen Umstände der Straftat oder des Fehlverhaltens zu berücksichtigen hat.

11 Die Selbstreinigungsregelungen verschaffen zudem dem auch gemeinschaftsrechtlich zu beachtenden[20] vergaberechtlichen **Gleichbehandlungsgrundsatz** (§ 97 Abs. 2 GWB) Geltung.[21] Ebenso wie es gleichheitswidrig wäre, wenn ein Unternehmen, das sich durch die Verwirklichung eines Ausschlussgrundes nach den §§ 123, 124 GWB als ungeeignet erwiesen hat, nicht vom Vergabeverfahren ausgeschlossen würde, wäre es gleichheitswidrig, ein solches Unternehmen auszuschließen, wenn es die seine Ungeeignetheit begründenden Umstände durch Selbstreinigungsmaßnahmen nach § 125 Abs. 1 S. 1 GWB aufgehoben hat.

12 Schließlich dient die Regelung auch dem **Wettbewerbsgrundsatz** (§ 97 Abs. 1 S. 1 Alt. 1 GWB).[22] Der Ausschluss von Unternehmen nach den §§ 123, 124 GWB, mag er auch berechtigt sein, wirkt sich wettbewerbsbeschränkend aus. Die europarechtlich garantierte Warenverkehrs- und Dienstleistungsfreiheit könnte deswegen beeinträchtigt sein, wenn Selbstreini-

17 Entsprechende Vorschriften finden sich in § 47 Abs. 1 und Abs. 2 SektVO.
18 Vgl. Gesetzesbegründung zu § 125 Abs. 1 GWB, BT-Drs. 18/6281, 107; zum bisherigen Recht *Prieß/Stein*, NZBau 2008, 230 (230); *Stein/Friton*, VergabeR 2010, 151 (159).
19 *Prieß*, NZBau 2009, 300 (302); 587 (590 f.).
20 *Prieß*, NZBau 2009, 587 (591), unter Verweis auf die einschlägige EuGH-Rechtsprechung.
21 *Stein/Friton*, VergabeR 2010, 151 (160 f.).
22 Vgl. zum bisherigen Recht *Prieß/Stein*, NZBau 2008, 230 (230).

gungsmaßnahmen nicht anerkannt würden.[23] Zudem fördert Wettbewerb das Ziel einer wirtschaftlichen Beschaffung (vgl. § 97 Abs. 1 S. 2 Alt. 1 GWB).[24]

IV. Anwendungsbereich

1. Auftrags- und Konzessionsvergaben

Die Vorschrift des § 125 GWB gilt außer bei sämtlichen öffentlichen Aufträgen im Sinne der §§ 115 bis 118 GWB auch bei Aufträgen von Sektorenauftraggebern (§ 142 GWB) sowie bei der Vergabe von Konzessionen (§ 154 Nr. 2 GWB), und zwar auch, soweit sie einen verteidigungs- und sicherheitspolitischen Gegenstand haben (§§ 147, 154 Nr. 2 lit. b GWB). 13

2. Kein Ausschluss durch Auftrags- oder Vergabesperren

Die Anwendbarkeit des § 125 GWB ist nicht durch Auftrags- oder Vergabesperren eingeschränkt. 14

Unter einer **Auftragssperre** ist im vorliegenden Zusammenhang allgemein die Weigerung eines öffentlichen Auftraggebers zu verstehen, an ein Unternehmen öffentliche Aufträge zu erteilen; **Vergabesperre** ist die Weigerung, dies im Rahmen von Vergabeverfahren zu tun. Auftrags- und Vergabesperren können befristet oder unbefristet sein, sie können in unterschiedlicher Weise begründet sein oder unbegründet, von einem einzelnen oder mehreren öffentlichen Auftraggebern oder einer Körperschaft, der sie angehören, verhängt werden,[25] sie können nur intern beschlossen oder auch dem Unternehmen gegenüber bekannt gemacht sein.[26] Wesentlich ist die nicht auf einen einzelnen Auftrag oder ein einzelnes Vergabeverfahren bezogene,[27] eine Prüfung bei der einzelnen Auftragsvergabe ausschließende generelle Weigerung, einem bestimmten Unternehmen öffentliche Aufträge zu erteilen,[28] und damit auch die im vorliegenden Zusammenhang interessierende Weigerung, im Rahmen von kartellvergaberechtlichen Vergabeverfahren die Vorschrift des § 125 GWB anzuwenden.[29] 15

Es bestand zur **bisherigen Rechtslage** weitgehend Übereinstimmung, dass Auftrags- und Vergabesperren auch bei kartellvergaberechtlich nach den §§ 97 ff. GWB in Vergabeverfahren zu vergebenden öffentlichen Aufträgen zulässig sein können, also weder nach dem bisherigen Kartellvergaberecht noch nach den europarechtlichen Grundlagen ausgeschlossen seien.[30] Als hinreichende Grundlage wurden hierbei jedenfalls die nunmehr in § 124 Abs. 2 GWB genannten Tatbestände angesehen,[31] ebenso ähnlich strukturierte, nämlich eine Frist für 16

---

23 Vgl. im Einzelnen *Prieß*, NZBau 2009, 587 (590).

24 Vgl. Gesetzesbegründung zu § 125 Abs. 1 GWB, BT-Drs. 18/6281, 107.

25 Dieser häufig betonte Gesichtspunkt – vgl. etwa *Kreßner*, Die Auftragssperre im Vergaberecht, S. 29 f.; *Wimmer*, Zuverlässigkeit im Vergaberecht, S. 120 bis 123; *Burgi*, NZBau 2014, 595 (599); – dürfte für die Bewertung der rechtlichen Zulässigkeit von Auftrags- und Vergabesperren unerheblich sein; a.A. *Burgi*, ebd. (600 f.).

26 *Opitz*, in: Dreher/Motzke, Vergaberecht, § 97 GWB Rn. 60; *Kreßner*, Die Auftragssperre im Vergaberecht, S. 30 f. Auch dieser Aspekt dürfte für die Bewertung der rechtlichen Zulässigkeit keine Rolle spielen.

27 So zutreffend *Kreßner*, Die Auftragssperre im Vergaberecht, S. 29.

28 *Kreßner*, Die Auftragssperre im Vergaberecht, S. 29, hebt nur die verfahrensübergreifende Wirkung hervor; ebenso begriffsprägend ist aber die generelle, also eine Einzelfallprüfung ausschließende Weigerung, einen Auftrag zu erteilen; so auch *Wimmer*, Zuverlässigkeit im Vergaberecht, S. 121. Abzugrenzen ist ferner die Streichung eines Unternehmens aus dem Präqualifikationsregister, die gerade nicht die Teilnahme am Vergabeverfahren generell ausschließt, sondern sie nur erschwert, vgl. *Wimmer*, Zuverlässigkeit im Vergaberecht, S. 115 f., 121.

29 Um die Nichtanerkennung von Selbstreinigungsmaßnahmen ging es auch in der Sache des KG, Urteil v. 17.1.2011 – 2 U 4/06 Kart, juris Rn. 148 ff. Soweit *Burgi*, NZBau 2014, 595 (601), meint, bei einer Normierung der gesetzlichen Grundlagen für eine Auftrags- oder Vergabesperre müsse „selbstredend ... die Wiederherstellung der Zuverlässigkeit qua Selbstreinigung eröffnet werden", kann es sich insoweit jedenfalls nicht um eine Prüfung im Rahmen eines konkreten Vergabeverfahrens handeln – das widerspricht gerade einem der Wesensmerkmale der Auftragssperre, die gerade eine Einzelfallprüfung ausschließt, wie auch Art. 57 Abs. 6 UAbs. 4 RL 2014/24/EU zeigt.

30 Eingehend auch zu abweichenden Auffassungen *Kreßner*, Die Auftragssperre im Vergaberecht, S. 49 ff.; ferner *Opitz*, in: Dreher/Motzke, Vergaberecht, § 97 GWB Rn. 61; *Burgi*, NZBau 2014, 595 (600); *Ohrtmann*, NZBau 2007, 278 (278); zu Recht kritisch unter Hinweis auf den dem Vergaberecht fremden Strafcharakter *Hertwig*, Praxis der öffentlichen Auftragsvergabe, Rn. 495 bis 497; ablehnend bereits zum bisherigen Recht *Freund/Kallmeyer/Kraft*, Korruption und Kartelle bei Auftragsvergaben, S. 174 f; *Wimmer*, Zuverlässigkeit im Vergaberecht, S. 69 f.

31 *Burgi*, NZBau 2014, 595 (599 f.); *Ohrtmann*, NZBau 2007, 278 (278).

einen Ausschluss von Vergabeverfahren vorsehende landesrechtliche Vorschriften.[32] Weiter war auch in der Rechtsprechung die Ansicht vertreten worden, dass auf der Grundlage der allgemeinen Ausschlussgründe Vergabesperren zulässig gewesen seien.[33] Dass untergesetzliche Vorschriften etwa in Erlassen oder Verwaltungsvorschriften keine eigenständige konstitutive Rechtsgrundlage für Auftrags- oder Vergabesperren sein können, sondern nur für den öffentlichen Auftraggeber gesetzliche Vorgaben konkretisieren konnten,[34] dürfte nicht ernsthaft streitig gewesen sein.[35]

17 Vergabesperren zielen darauf, dass eine Prüfung der vergaberechtlichen Zuverlässigkeit und auch von Selbstreinigungsmaßnahmen verfahrensübergreifend im konkreten Vergabeverfahren unterbleibt. Dies ist, soweit es kartellvergaberechtliche Vergabeverfahren nach den §§ 97 ff. GWB betrifft, mit **Inkrafttreten des VergRModG 2016** unzulässig; entsprechende Vergabesperren sind jedenfalls insoweit unwirksam. § 125 GWB erlaubt es nicht, bei Vorliegen von Ausschlussgründen nach den §§ 123, 124 GWB von einer Prüfung von Selbstreinigungsmaßnahmen abzusehen, weil eine Vergabesperre verhängt ist. Das entspricht Art. 57 Abs. 6 UAbs. 1 RL 2014/24/EU, der Wirtschaftsteilnehmern einen Anspruch auf Prüfung von Selbstreinigungsmaßnahmen in jedem einzelnen Vergabeverfahren einräumt.[36] Dieser Anspruch kann nach Art. 57 Abs. 6 UAbs. 4 RL 2014/24/EU befristet durch eine rechtskräftig gerichtlich angeordnete Vergabesperre ausgeschlossen werden. Da der deutsche Gesetzgeber diese Möglichkeit nicht aufgegriffen hat,[37] kommt die Anordnung von Vergabesperren weder bei Vorliegen der allgemeinen Ausschlussgründe nach den §§ 123 Abs. 1, Abs. 4 S. 1, 124 Abs. 1 GWB noch bei den besonderen in § 124 Abs. 2 GWB genannten bundesrechtlichen oder bei landesrechtlichen Ausschlussgründen[38] in Betracht.[39] Anders gewendet: In jedem Vergabeverfahren nach den §§ 97 ff. GWB ist jedes Unternehmen unabhängig vom Vorliegen von Ausschlussgründen zu beteiligen und ihm Gelegenheit zu geben, die Wiederherstellung seiner Eignung aufgrund von ergriffenen Selbstreinigungsmaßnahmen darzulegen.[40]

---

32 Beispielsweise § 6 Abs. 3 BerlAVG, § 7 FFV Berlin; vgl. *Burgi*, NZBau 2014, 595 (599 f.); *Ohrtmann*, NZBau 2007, 278 (278).

33 KG, Urteil v. 17.1.2011 – 2 U 4/06 Kart, juris Rn. 121; ebenso bereits in der Vorinstanz LG Berlin, Urteil v. 22.3.2006 – 23 O 118/04, juris Rn. 29 f.; zustimmend *Burgi*, NZBau 2014, 595 (600); dagegen etwa *Freund*, VergabeR 2007, 311 (319); *Ohrtmann*, NZBau 2007, 278 (278).

34 *Burgi*, NZBau 2014, 595 (600).

35 *Freund*, VergabeR 2007, 311 (320); nur zweifelnd allerdings *Ohrtmann*, NZBau 2007, 278 (278).

36 So auch deutlich in der Gesetzesbegründung zu § 125 Abs. 1 GWB, BT-Drs. 18/6281, 107: „Rechtsanspruch des Unternehmens, trotz des Vorliegens eines Ausschlussgrundes nicht von einem Vergabeverfahren ausgeschlossen zu werden, wenn es ausreichende Maßnahmen zur Widerherstellung seiner Integrität nachgewiesen hat."

37 Sie wird jedoch etwa in einem nordrhein-westfälischen Referentenentwurf eines Gesetzes zur Einführung der strafrechtlichen Verantwortlichkeit von Unternehmen und sonstigen Verbänden als Maßregel vorgesehen, vgl. *Burgi*, NZBau 2014, 595 (597 f.); zu diesem Gesetzentwurf eingehend *Römermann*, GmbHR 2014, 1 ff.; *Witte/Wagner*, BB 2014, 643 ff. Eine solche Regelung wäre systemgerecht und entspräche Sinn und Zweck der in Art. 57 Abs. 6 UAbs. 4 RL 2014/24/EU erlaubten vergabefremden, eben strafrechtlich motivierten Einschränkung des Selbstreinigungsanspruchs, wobei der europäische Gesetzgeber selbst allerdings nicht die Kompetenz hätte, strafrechtliche Sanktionen vorzusehen, so zutreffend *Wimmer*, Zuverlässigkeit im Vergaberecht, S. 73.

38 Die landesgesetzlich geregelten Ausschlussgründe kommen bei Vergabeverfahren nach den §§ 97 ff. GWB ohnehin nicht mehr zur Anwendung, da gemäß § 122 Abs. 1 GWB ein Ausschluss nur noch aufgrund der Ausschlussgründe nach den §§ 123, 124 GWB zulässig ist, sodass sie erst recht nicht Ermächtigungsgrundlage für die Anordnung von Vergabesperren im Kartellvergaberecht sein können.

39 Im Ergebnis, soweit es sog. koordinierte (= vergabestelleübergreifende) Vergabesperren betrifft, ebenso *Burgi*, NZBau 2014, 595 (600 f.), mit der zutreffenden, aber für die den Bindungen der EU-Vergaberichtlinien unterliegenden Vergabeverfahren nach den §§ 97 ff. GWB nachgeordneten Erwägung, es bedürfe hierfür einer gesetzlichen Grundlage.

40 So auch in der Gesetzesbegründung zu § 125 Abs. 1 GWB, BT-Drs. 18/6281, 107: „Das Unternehmen hat ein Prüfungsrecht hinsichtlich der von ihm durchgeführten Selbstreinigungsmaßnahmen"; ebenso klar wie überzeugend bereits zum bisherigen Recht *Hertwig*, Praxis der öffentlichen Auftragsvergabe, Rn. 495.

B. Selbstreinigungstatbestand (Abs. 1 S. 1)

Der allgemeine Selbstreinigungstatbestand in § 125 Abs. 1 S. 1 GWB setzt den Nachweis (IV.) von Selbstreinigungsmaßnahmen eines Unternehmens (III.) in einem anhängigen Vergabeverfahren (I.) bei ansonsten drohendem Ausschluss (II.) voraus; Rechtsfolge ist, dass der öffentliche Auftraggeber das Unternehmen nicht ausschließt, was er nach Bewertung der Selbstreinigungsmaßnahmen festzustellen hat (C. Prüfungsverfahren). 18

I. Anhängiges Vergabeverfahren

Die Vorschrift setzt zunächst ein anhängiges Vergabeverfahren im Sinne der §§ 97 ff. GWB voraus. Ob ein Unternehmen zureichende Selbstreinigungsmaßnahmen im Sinne des § 125 Abs. 1 S. 1 GWB ergriffen hat, ist also von dem öffentlichen Auftraggeber anlässlich seiner Beteiligung an einem konkreten Vergabeverfahren und bezogen auf dieses Vergabeverfahren zu prüfen. Nach der in § 125 GWB getroffenen Regelung steht dem Unternehmen kein abstraktes, von der Durchführung eines konkreten Vergabeverfahrens unabhängiges Prüfungsrecht gegenüber öffentlichen Auftraggebern zu.[41] Davon unberührt bleibt die etwaige Möglichkeit von Unternehmen, Selbstreinigungsmaßnahmen durch damit betraute Landesbehörden oder sonstige Stellen präqualifizieren oder zertifizieren zu lassen.[42] 19

II. Drohender Ausschluss

Die Frage, ob ein Unternehmen wegen zureichender Selbstreinigungsmaßnahmen nicht auszuschließen ist, stellt sich nur, wenn es ansonsten auszuschließen wäre. § 125 Abs. 1 S. 1 GWB knüpft dies an das Vorliegen eines Ausschlussgrundes nach § 123 GWB oder § 124 GWB. Das ist teilweise zu eng und teilweise zu weit. 20

So kommt ein **Ausschluss auch bei Vorliegen der besonderen Ausschlussgründe** nach § 21 AEntG, § 98c AufenthG, § 19 MiLoG und § 21 SchwarzArbG in Betracht, die gemäß § 124 Abs. 2 GWB unberührt bleiben. Damit ist nur gesagt, dass sie neben die allgemeinen Ausschlussgründe aus den §§ 123, 124 Abs. 1 GWB treten, nicht etwa, dass sie dem Anwendungsbereich der allgemeinen Vorschriften über die Eignung in den §§ 122 ff. GWB und damit auch des § 125 GWB entzogen wären. 21

Umgekehrt ist ein Ausschluss trotz Vorliegens eines Ausschlussgrundes nach den §§ 123, 124 GWB und unabhängig von Selbstreinigungsmaßnahmen nicht (mehr) zulässig, wenn die in § 126 GWB aufgeführten **Höchstfristen für Ausschlüsse abgelaufen** sind. Ferner kann der öffentliche Auftraggeber trotz Vorliegens von Ausschlussgründen nach § 123 Abs. 1 oder Abs. 4 S. 1 GWB von dem Ausschluss gemäß § 123 Abs. 5 S. 1 oder S. 2 Hs. 1 GWB absehen, weil dies aus **zwingenden Gründen des öffentlichen Interesses** geboten ist. Liegt der Ausschlussgrund nach § 123 Abs. 4 S. 1 GWB vor, darf das Unternehmen bereits dann nicht mehr ausgeschlossen werden, wenn es die Selbstreinigungsmaßnahmen in **§ 123 Abs. 4 S. 2 GWB** ergriffen hat. § 125 Abs. 1 S. 2 GWB, wonach dieser besondere Selbstreinigungstatbestand unberührt bleibt, stellt dies klar.[43] 22

Schließlich sind die Ausschlussgründe des **Interessenkonflikts** (§ 124 Abs. 1 Nr. 5 GWB) und der drohenden Wettbewerbsverzerrung wegen einer **Vorbefassung** (§ 124 Abs. 1 Nr. 6 GWB) auf das Vergabeverfahren beschränkt, in dem die entsprechenden Umstände vorliegen; sie haben kein Fehlverhalten zum Gegenstand und vermögen für nachfolgende Vergabeverfahren keine Eignungsmängel zu begründen.[44] 23

---

41 So ausdrücklich die Gesetzesbegründung zu § 125 Abs. 1 GWB, BT-Drs. 18/6281, 108.
42 Vgl. Gesetzesbegründung, BT-Drs. 18/6281, 110.
43 Vgl. Gesetzesbegründung zu § 125 Abs. 1 GWB, BT-Drs. 18/6281, 110.
44 Bei sich bietender Gelegenheit sollte der Gesetzgeber diese Tatbestände einem eigenen Absatz in § 124 GWB zuweisen und diesen Absatz von der Verweisung in § 125 GWB ausnehmen; das wäre auch insoweit klarstellend, als Selbstreinigungsmaßnahmen in dem Vergabeverfahren, in dem diese Ausschlussgründe bestehen, offenkundig nicht in Betracht kommen.

III. Selbstreinigungsmaßnahmen

24 Das an sich aufgrund des Vorliegens eines Ausschlussgrundes von dem Vergabeverfahren auszuschließende Unternehmen ist nicht auszuschließen, wenn es nachweist,[45] dass es die in § 125 Abs. 1 S. 1 Nr. 1 bis 3 GWB aufgezählten Selbstreinigungsmaßnahmen ergriffen hat.

1. Abschließender Katalog

25 Die in § 125 Abs. 1 S. 1 Nr. 1 bis 3 GWB aufgezählten Maßnahmen sind – soweit möglich –[46] erforderlich, aber auch ausreichend, um die vergaberechtliche Eignung des Unternehmens wiederherzustellen und den ansonsten drohenden Ausschluss abzuwenden. Es können nur auf das konkrete, den Ausschlussgrund bildende Fehlverhalten bezogene Selbstreinigungsmaßnahmen von dem Unternehmen verlangt werden. Das Verlangen weitergehender Selbstreinigungsmaßnahmen wäre weder mit § 125 Abs. 1 S. 1 GWB noch mit Art. 57 Abs. 6 UAbs. 2 RL 2014/24/EU vereinbar.[47]

2. Maßgeblicher Zeitpunkt

26 Einen Zeitpunkt für die Durchführung der Selbstreinigungsmaßnahmen schreibt § 125 Abs. 1 S. 1 GWB nicht vor.[48] Es sind deswegen alle Selbstreinigungsmaßnahmen zu berücksichtigen, die das Unternehmen **bis zum Abschluss des anhängigen Vergabeverfahrens** vorgenommen hat.[49] Die Einleitung der Maßnahmen genügt, sofern zu erwarten ist, dass sie bis zum Zeitpunkt der Auftragsdurchführung wirksam sein werden.[50] Auch Selbstreinigungsmaßnahmen, die das Unternehmen erst während eines Nachprüfungsverfahrens ergreift, sind zu berücksichtigen.[51] Hierbei spielt es keine Rolle, ob und inwieweit das Unternehmen Verzögerungen beabsichtigt hat, um Selbstreinigungsmaßnahmen noch zu ermöglichen,[52] oder wenn umgekehrt den öffentlichen Auftraggeber dieser Vorwurf treffen sollte.[53] Maßgeblich ist allein, ob die vergaberechtliche Eignung des Unternehmens im noch laufenden Vergabeverfahren wiederhergestellt ist.[54] Abgesehen davon erscheinen **Befürchtungen vor rechtsmissbräuchlichen Nachprüfungsanträgen**[55] **nicht gerechtfertigt**, weil spät ergriffene Selbstreinigungsmaßnahmen häufig nicht zureichend sein werden[56] und das Unternehmen die oft

45 Dazu unter B. IV., Rn. 49 ff.

46 Ist beispielsweise aus dem Fehlverhalten kein Schaden entstanden, kann zur Selbstreinigung kein Schadensausgleich nach § 125 Abs. 1 S. 1 GWB verlangt werden; liegen sämtliche Umstände des Fehlverhaltens offen zutage, erübrigt sich die ansonsten nach § 125 Abs. 1 S. 1 Nr. 2 GWB erforderliche aktive Mitwirkung bei der Sachaufklärung.

47 Darin läge ein Verstoß gegen das europarechtliche Ausweitungsverbot, vgl. *Prieß*, NZBau 2009, 587 (589), unter Bezugnahme auf die einschlägige EuGH-Rechtsprechung, insbesondere EuGH, Urteil v. 9.2.2006 – Rs. C-226/04 und C-228/04 (La Cascina).

48 Auch in der Vergabeverordnung finden sich in den einschlägigen Regelungen der §§ 42 ff. VgV keine Vorgaben.

49 So schon zum bisherigen Recht OLG Brandenburg, Beschluss v. 14.12.2007 – Verg W 21/07, juris Rn. 58; *Scherer-Leydecker*, in: Heuvels/Höß/Kuß/Wagner, Vergaberecht, § 6 VOB/A Rn. 93.

50 *Scherer-Leydecker*, in: Heuvels/Höß/Kuß/Wagner, Vergaberecht, § 6 VOB/A Rn. 93; ähnlich *Dreher/Hoffmann*, NZBau 2014, 67 (70); a.A. zum bisherigen Recht VK Bund, Beschluss v. 12.6.2015 – VK 2-31/15.

51 OLG Düsseldorf, Beschluss v. 18.1.2001 – Verg 16/01, juris Rn. 40; *Hailbronner*, in: Byok/Jaeger, Vergaberecht, § 97 GWB Rn. 102; a.A. zum bisherigen Recht wohl *Wimmer*, Zuverlässigkeit im Vergaberecht, S. 206.

52 Für eine Berücksichtigung nur der bis zur Eignungsprüfung ergriffenen Selbstreinigungsmaßnahmen *Dreher/Hoffmann*, NZBau 2014, 67 (70).

53 So der Vorwurf der Antragstellerin in dem Verfahren OLG Brandenburg, Beschluss v. 14.12.2007 – Verg W 21/07, juris Rn. 76.

54 Der deutsche Gesetzgeber hätte aufgrund seiner Ermächtigung nach Art. 57 Abs. 7 S. 1 RL 2014/24/EU, die Anwendungsbedingungen des Art. 57 RL 2014/24/EU zu regeln, einen früheren Zeitpunkt einführen können, etwa den Zeitpunkt der Angebotsprüfung, so für eine entsprechende Regelung in einer früheren Vergaberichtlinie EuGH, Urteil v. 9.2.2006 – Rs. C-226/04 und C-228/04 (La Cascina), Rn. 31.

55 So *Dreher/Hoffmann*, NZBau 2014, 67 (70).

56 So etwa in dem Fall des OLG München, Beschluss v. 22.11.2012 – Verg 22/12, juris Rn. 53, weil die Selbstreinigungsmaßnahmen Auswirkungen auf die Angebotskalkulation hatten und das Unternehmen deswegen wegen einer nachträglichen Änderung des Angebots auszuschließen war; vgl. auch *Dreher/Hoffmann*, NZBau 2014, 67 (70).

erheblichen Kosten des Nachprüfungsverfahrens zu tragen hat, wenn die Eignung erst während des Nachprüfungsverfahrens wiederhergestellt wird.[57]

3. Die einzelnen Selbstreinigungsmaßnahmen

a) Schadenswiedergutmachung 27

Nach § 125 Abs. 1 S. 1 Nr. 1 GWB muss das Unternehmen für jeden durch eine Straftat oder ein Fehlverhalten verursachten Schaden einen Ausgleich gezahlt oder sich zur Zahlung eines Ausgleichs verpflichtet haben.

Soweit in Rechtsprechung[58] und in Literatur[59] vertreten worden war, dass Maßnahmen der Schadenswiedergutmachung zur Selbstreinigung nicht zu fordern seien, ist dies durch den entgegenstehenden Art. 57 Abs. 6 UAbs. 2 RL 2014/24/EU und den seine Vorgaben umsetzenden § 125 Abs. 1 S. 1 Nr. 1 GWB überholt. Die daran **rechtspolitisch geübte Kritik**[60] **vermag nicht zu überzeugen.**[61] Von einem Unternehmen, das nach einem schadensträchtigen Fehlverhalten weitere öffentliche Aufträge erhalten möchte, kann erwartet werden, die von ihm verursachten Schäden zu ersetzen. Nur so übernimmt es die Verantwortung für sein Handeln.[62] 28

Die Vorschrift verlangt zum Schadenausgleich eine **Zahlung oder eine Zahlungsverpflichtung**. Beides ist gleichwertig. Es kann dem Unternehmen also nicht vorgehalten werden, dass es nicht zahle, wenn es seine Schadenersatzpflicht gegenüber dem Geschädigten anerkannt hat.[63] Sonstige zum Schadenausgleich geeignete Leistungen, etwa die Rückabwicklung von Verträgen oder die Ausübung von Gestaltungsrechten, können nicht gefordert werden, wohl aber ausreichen, wenn dadurch der Schaden entfallen sollte.[64] Nach dem Wortlaut der Bestimmung muss das Unternehmen gezahlt haben; maßgeblich ist demgegenüber, dass der Schaden tatsächlich ausgeglichen ist, was auch bei Zahlungen eines Dritten der Fall ist. 29

Auszugleichen ist der Schaden, der durch die Straftat oder das Fehlverhalten, das dem Ausschlussgrund nach den §§ 123, 124 GWB zugrunde lag, verursacht worden sind. Lässt sich die danach erforderliche **Kausalität zwischen Straftat oder Fehlverhalten und Schaden** nicht feststellen, kann ein Ersatz nicht als Selbstreinigungsmaßnahme nach Nr. 1 verlangt werden. 30

Das Unternehmen hat den **gesamten durch die Straftat oder das Fehlverhalten verursachten Schaden** auszugleichen. Eine Einschränkung dahin, dass nur bestimmte Schäden[65] oder nur die Ansprüche bestimmter Geschädigter[66] auszugleichen seien, findet weder in § 125 Abs. 1 S. 1. Nr. 1 GWB noch in Art. 57 Abs. 6 UAbs. 2 RL 2014/24/EU, der ausdrücklich den Ausgleich „jeglichen Schadens" verlangt, eine Grundlage. 31

Nach Grund und Höhe **unstreitige Schadenersatzforderungen** hat das Unternehmen auszugleichen oder sich zum Ausgleich zu verpflichten, andernfalls eine Selbstreinigung an der 32

---

57 Das setzt allerdings voraus, dass der öffentliche Auftraggeber die Eignung aufgrund der im Nachprüfungsverfahren ergriffenen Selbstreinigungsmaßnahmen feststellt und sich das Verfahren dadurch in der Hauptsache erledigt; die Kostentragungspflicht ergibt sich dann aus dem Rechtsgedanken des § 91a ZPO, der bei der Billigkeitsentscheidung über die Kosten berücksichtigt werden kann, vgl. KG, Beschluss v. 25.11.2014 – Verg 17/13, juris Rn. 6; OLG Naumburg, Beschluss v. 22.9.2014 – 2 Verg 2/13, juris Rn. 16.

58 Vgl. etwa OLG München, Beschluss v. 22.11.2012 – Verg 22/12, juris Rn. 52; KG, Urteil v. 17.1.2011 – 2 U 4/06 Kart, juris Rn. 153.

59 *Dreher/Hoffmann*, NZBau 2012, 265 (269).

60 Vgl. insbesondere *Dreher/Hoffmann*, NZBau 2012, 265 (270 ff.), die die Frage unbeantwortet lassen, ob die „überschießende Forderung nach Selbstreinigungsmaßnahmen in Verbindung mit dem Ausschluss von einem Vergabeverfahren oder einer Vergabesperre eine versuchte Nötigung i.S. von § 240 StGB darstellt" (266); ferner *Dreher/Hoffmann*, NZBau 2014, 150 (153 f.).

61 Ebenso *Prieß*, NZBau 2012, 425 (426).

62 *Prieß/Pünder/Stein*, in: Pünder/Prieß/Arrowsmith, Self-Cleaning in Public Procurement Law, 51 (77).

63 Vgl. Gesetzesbegründung zu § 125 Abs. 1 S. 1 Nr. 1 GWB, BT-Drs. 18/6281, 108.

64 Vgl. zum bisherigen Recht *Prieß/Pünder/Stein*, in: Pünder/Prieß/Arrowsmith, Self-Cleaning in Public Procurement Law, 51 (77); *Wimmer*, Zuverlässigkeit im Vergaberecht, S. 175 f.

65 Etwa nur kartellrechtliche.

66 Etwa nur des öffentlichen Auftraggebers; so *Burgi*, NZBau 2014, 595 (598).

Nichterfüllung des § 125 Abs. 1 S. 1 Nr. 1 GWB scheitert.[67] Besteht die Forderung unstreitig dem Grunde nach oder in Höhe eines bestimmten Teilbetrages, so hat das Unternehmen in entsprechendem Umfang Schadenausgleich zu leisten, indem es die Forderung dem Grunde nach anerkennt oder den unstreitigen Teilbetrag zahlt oder anerkennt.[68]

33 Ist **streitig**, ob durch das Fehlverhalten des Unternehmens ein Schaden verursacht worden ist, ist ein Schadensausgleich nur zu verlangen, wenn für das Vergabeverfahren von dem Vorliegen eines Schadens auszugehen ist. Das ist nicht erst der Fall, wenn der Schaden entgegen dem Bestreiten des Unternehmens offensichtlich ist[69], sondern bereits dann, wenn sein Bestreiten nicht zu überzeugen vermag.[70] Es bietet sich insoweit an, auf den aus dem Prozesskostenhilferecht bekannten, für die **Beachtlichkeit einer beabsichtigten Rechtsverteidigung** maßgeblichen **Maßstab der hinreichenden Erfolgsaussichten** abzustellen. Soweit die von dem Unternehmen erhobenen Einwendungen gegen eine Schadenersatzforderung in diesem Sinne hinreichende Aussicht auf Erfolg versprechen, kann dem Unternehmen nicht zum Vorwurf gemacht werden, wenn es einen Ausgleich verweigert, und lässt sich im Vergabeverfahren das Bestehen der Forderung nicht feststellen. Ein auszugleichender Schaden im Sinne des § 125 Abs. 1 S. 1 Nr. 1 GWB und von Art. 57 Abs. 6 UAbs. 1 RL 2014/24/EU liegt dann nicht vor.

b) Mitwirkung bei der Aufklärung

34 Nach § 125 Abs. 1 S. 1 Nr. 2 GWB muss das Unternehmen Tatsachen und Umstände, die mit der Straftat oder dem Fehlverhalten und dem dadurch verursachten Schaden in Zusammenhang stehen, durch eine aktive Zusammenarbeit mit den Ermittlungsbehörden und dem öffentlichen Auftraggeber umfassend geklärt haben.

35 Von dem Unternehmen wird erwartet, dass es aktiv, also **eigenständig, aus eigenem Antrieb und bereitwillig** mit den Ermittlungsbehörden und dem öffentlichen Auftraggeber zusammenarbeitet.[71] Das kann etwa durch die Einholung eines Sonderprüfungsberichts durch unabhängige Wirtschaftsprüfer geschehen, der sodann den Ermittlungsbehörden zugeleitet wird, ferner durch Einsichtnahme in die Akten eines etwaigen staatsanwaltschaftlichen Ermittlungsverfahrens, um darauf aufbauend weitere eigene Ermittlungen anstellen zu können.[72] Die mangelnde Bereitschaft, für das Fehlverhalten die Verantwortung zu übernehmen, wird, so verständlich sie im Hinblick auf die Abwehr von Sanktionen erscheint, dem gebotenen ernsthaften Aufklärungswillen regelmäßig entgegenstehen.[73] Der hier bestehende **Zielkonflikt** ist im Risikobereich des Unternehmens angesiedelt, weswegen die Folgen hieraus von dem Unternehmen zu tragen sind.[74] Versuche des Unternehmens, die Aufklärungsbemü-

---

67 *Burgi*, NZBau 2014, 595 (598); insoweit ebenso zum bisherigen Recht *Dreher/Hoffmann*, NZBau 2012, 265 (270).

68 So die Gesetzesbegründung zu § 125 Abs. 1 S. 1 Nr. 1 GWB, BT-Drs. 18/6281, 108; ebenso schon zuvor *Burgi*, NZBau 2014, 595 (599); *Stein/Friton/Huttenlauch*, WuW 2012, 38 (48).

69 So aber wohl die Gesetzesbegründung zu § 125 Abs. 1 S. 1 Nr. 1 GWB, BT-Drs. 18/6281, 108. Ähnlich zum bisherigen Recht *Dreher/Hoffmann*, NZBau 2012, 265 (270 f.), die meinen, das Unternehmen habe als Selbstreinigungsmaßnahme nur bei zweifelsfreien Forderungen Schadensausgleich zu leisten, was dann der Fall sei, wenn es selbst zur Überzeugung gelangt ist oder gelangen musste, dass eine geltend gemachte Schadensersatzforderung berechtigt ist. Dieser von der Sichtweise des Unternehmens ausgehende Maßstab überzeugt insoweit nicht, als sich ihm keine Kriterien für die rechtliche Bewertung der Forderungen oder der von dem Unternehmen erhobenen Einwendungen entnehmen lassen.

70 A.A. *Burgi*, NZBau 2014, 595 (599), der meint, auch nach neuem Recht bestehe generell keine Ausgleichspflicht bei streitigen Schadensersatzforderungen, sowie *Prieß*, NZBau 2012, 425 f., soweit es kartellrechtliche Schadensersatzansprüche betrifft; für eine solche Unterscheidung nach dem Gegenstand des Schadens bietet § 125 Abs. 1 S. 1 Nr. 1 GWB aber keinerlei Ansatzpunkte.

71 So bereits zum bisherigen Recht VK Niedersachsen, Beschluss v. 24.3.2011 – VgK 4/2011, juris Rn. 57; *Freund/Kallmeyer/Kraft*, Korruption und Kartelle bei Auftragsvergaben, 160; *Prieß/Pünder/Stein*, in: Pünder/Prieß/Arrowsmith, Self-Cleaning in Public Procurement Law, 51 (76 f.); *Stein/Friton/Huttenlauch*, WuW 2012, 38 (48); a.A. *Opitz*, in: Dreher/Motzke, Vergaberecht, § 97 GWB Rn. 64, der meint, eine aktive Unterstützung der Ermittlungsbehörden könne aus rechtsstaatlichen Gründen nicht zwingend gefordert werden.

72 OLG Düsseldorf, Beschluss v. 9.4.2003 – VII-Verg 43/02, juris Rn. 29; *Werner*, in: Willenbruch/Wieddekind, Vergaberecht, § 6 VOB/A-EG Rn. 18.

73 *Freund/Kallmeyer/Kraft*, Korruption und Kartelle bei Auftragsvergaben, 160; *Dreher*, in: Festschrift für Franke, 31 (43).

74 OLG München, Beschluss v. 22.11.2012 – Verg 22/12, juris Rn. 54; *Burgi*, NZBau 2014, 595 (599).

hungen in engen Grenzen zu halten und den zuständigen Behörden das Verständnis der Zusammenhänge vorzuenthalten, sind somit schädlich.[75] Das würde insbesondere auch für ein die eigenen Rechtspositionen behauptendes und die eigene Verantwortlichkeit ausblendendes Verteidigungsverhalten gelten,[76] das dem Unternehmen selbstverständlich frei steht, aber den Anforderungen an eine aktive Mitwirkung bei der Aufklärung nicht genügt. Erst recht gilt dies, wenn der Aufklärungswille mit inhaltsleeren Scheinoffenbarungen nur vorgespielt wird, sowie bei unwahren Angaben oder gar Täuschungen, die sogar einen weiteren Ausschlussgrund nach § 124 Abs. 1 Nr. 8 und Nr. 9 lit. c GWB begründen können.[77] Allerdings findet die Verpflichtung zur aktiven Zusammenarbeit bei **berechtigten Interessen des Unternehmens**, etwa was die Geheimhaltung von Unternehmens- und Betriebsgeheimnissen[78] oder auch die Wahrung von Arbeitnehmerdatenschutzrechten[79] betrifft, eine Grenze.

Das Unternehmen hat mit den Ermittlungsbehörden und dem öffentlichen Auftraggeber zu- 36
sammenzuarbeiten.[80] **Ermittlungsbehörden** sind die Behörden, die im Hinblick auf die dem Unternehmen zurechenbare Straftat oder das Fehlverhalten zur Aufklärung berufen sind, also je nach den Umständen des Einzelfalls Staatsanwaltschaft, Polizei- und Ordnungsbehörden, ansonsten aber auch alle Behörden, die sich sonst von Amts wegen mit dem Fehlverhalten und seinen Folgen zu befassen haben.[81] Zu den Ermittlungsbehörden in diesem weiten Sinn zählen sowohl der öffentliche Auftraggeber des Vergabeverfahrens, in dessen Rahmen es zu dem Fehlverhalten gekommen ist, als auch der in § 125 Abs. 1 S. 1 Nr. 2 GWB ausdrücklich genannte und gemeinte[82] **öffentliche Auftraggeber des anhängigen Vergabeverfahrens**; beide sind von Amts wegen mit der Aufklärung des Fehlverhaltens befasst, wobei die Zusammenarbeit mit dem öffentlichen Auftraggeber des anhängigen Vergabeverfahrens sich darauf beschränkt, ihm die für die Prüfung der Selbstreinigungsmaßnahmen nach § 125 Abs. 2 GWB erforderliche tatsächliche Grundlage zu verschaffen.[83]

Dem Gegenstand nach hat sich die aktive Zusammenarbeit bei der Sachaufklärung auf **sämt-** 37
liche Tatsachen und Umstände zu beziehen, die mit der Straftat oder dem Fehlverhalten und dem dadurch verursachten Schaden in Zusammenhang stehen. Dazu gehören insbesondere auch die Ursachen des Fehlverhaltens.[84] Das Unternehmen ist dagegen nicht gehalten, gleichsam **investigativ nach weiterem Fehlverhalten zu forschen**,[85] mag dies auch zur Vermeidung weiteren Fehlverhaltens zweckmäßig sein. Die geforderte umfassende Sachaufklärung zum Schaden[86] kann hierbei zur Folge haben, dass der Geschädigte erst auf ihrer Grundlage erfolgversprechend seine Schadensersatzansprüche gegen das Unternehmen begründen kann und für das Unternehmen dem Ausgleich des Schadens dienende Selbstreini-

75 OLG Düsseldorf, Beschluss v. 9.6.2010 – VII-Verg 14/10, juris Rn. 47.
76 KG, Urteil v. 17.1.2011 – 2 U 4/06 Kart, juris Rn. 156; a.A. zur bisherigen Rechtslage, was die Schadensaufklärung betrifft, wohl *Dreher/Hoffmann*, NZBau 2012, 265 (273).
77 Vgl. OLG Düsseldorf, Beschluss v. 28.7.2005 – VII-Verg 42/05, juris Rn. 25; *Dreher/Hoffmann*, NZBau 2014, 150 (153).
78 *Dreher*, in: Festschrift für Franke, 31 (45).
79 *Burgi*, NZBau 2014, 595 (599); *Stein/Friton/Huttenlauch*, WuW 2012, 38 (48).
80 So bereits zum bisherigen Recht OLG Düsseldorf, Beschluss v. 9.4.2003 – VII-Verg 66/02, juris Rn. 89; *Prieß/Stein*, NZBau 2008, 230 (230).
81 Die Gesetzesbegründung weist darauf hin, dass der in der deutschen Fassung des Art. 57 Abs. 6 UAbs. 1 RL 2014/24/EU verwendete Begriff der Ermittlungsbehörden im Hinblick auf die in der englischen („investigating authorities") und französischen Fassung („autorités chargées de l'enquête") verwandten Begriffe im Sinne von „ermittelnder Behörde" weit auszulegen sei, vgl. Gesetzesbegründung, BT-Drs. 18/6281, 109.
82 Vgl. die Gesetzesbegründung zu § 125 Abs. 1 S. 1 Nr. 2 GWB, BT-Drs. 18/6281, 109.
83 So die Gesetzesbegründung zu § 125 Abs. 1 S. 1 Nr. 2 GWB, BT-Drs. 18/6281, 109.
84 *Dreher/Hoffmann*, NZBau 2014, 150 (152).
85 So zutreffend *Wimmer*, Zuverlässigkeit im Vergaberecht, S. 174 f., in Abgrenzung zu den deutlich weitergehenden Erwartungen an die Aufklärungsbemühungen von Unternehmen in den USA.
86 Zum bisherigen Recht bereits nachdrücklich VK Niedersachsen, Beschluss v. 14.2.2012 – VgK-05/2012, juris Rn. 59 f.

gungsmaßnahmen nach § 125 Abs. 1 S. 1 Nr. 1 GWB erforderlich werden.[87] Die damit bewirkte Unterstützung bei der Durchsetzung insbesondere des Kartellrechts und der kartellrechtlichen Ansprüche ist ein durchaus erwünschter Nebenzweck.[88]

38 Die von dem Unternehmen geforderte aktive Zusammenarbeit soll zur **Klärung aller Umstände des Fehlverhaltens** führen. Das ist dahin einzuschränken, dass das Unternehmen **alle ihm möglichen und zumutbaren Anstrengungen** zu unternehmen hat, diesen Erfolg herbeizuführen.[89] Es muss sich ernsthaft und erkennbar um eine Sachverhaltsaufklärung bemühen.[90] Gelingt sodann eine Aufklärung nicht, kann dies dem Unternehmen nicht als der Selbstreinigung entgegenstehende Minderleistung angerechnet werden.

c) Präventive Maßnahmen

39 Nach § 125 Abs. 1 S. 1 Nr. 3 GWB muss das Unternehmen konkrete technische, organisatorische und personelle Maßnahmen ergriffen haben, die geeignet sind, weitere Straftaten oder weiteres Fehlverhalten zu vermeiden.

40 Während § 125 Abs. 1 S. 1 Nr. 1 und Nr. 2 GWB von dem Unternehmen eine gründliche Vergangenheitsbewältigung verlangen, fordert Nr. 3 präventive **Maßnahmen, mit denen zukünftige Straftaten oder zukünftiges Fehlverhalten vermieden werden soll**.[91] Es geht mithin nicht um eine (weitere) Sanktion für die Straftat oder das Fehlverhalten, sondern ausschließlich darum, Wiederholungen zu vermeiden. Grundlage der danach erforderlichen Maßnahmen ist die nach Nr. 2 geforderte umfassende Klärung der Tatsachen und Umstände, die mit der Straftat oder dem Fehlverhalten und dem dadurch verursachten Schaden im Zusammenhang gestanden haben. Hieraus leitet sich ab, welche Maßnahmen technischer, organisatorischer und personeller Art geeignet sind, weitere Straftaten oder weiteres Fehlverhalten zu vermeiden.

41 **Erwägungsgrund 102 RL 2014/24/EU** erläutert beispielhaft, welche Personal- und Organisationsmaßnahmen in Betracht kommen können. Zu denken ist danach etwa an den Abbruch der Verbindung zu an dem Fehlverhalten beteiligten Personen oder Organisationen, geeignete Personalreorganisationsmaßnahmen, die Einführung von Berichts- und Kontrollsystemen, die Schaffung einer internen Audit-Struktur zur Überwachung der Compliance oder die Einführung interner Haftungs- und Entschädigungsregelungen. Die Maßnahmen müssen in ihrer Summe die **Prognose** erlauben, dass Fehlverhalten, wie es dem von dem Unternehmen erfüllten Ausschlussgrund zugrunde lag, zukünftig nicht mehr möglich erscheint.[92] Es geht also nicht darum, dass das Unternehmen allumfassende, jegliche Art von Verfehlungen ausschließende Maßnahmen ergreifen muss, um seine vergaberechtliche Eignung wiederherzustellen.[93] Das kann von ihm ebenso wenig gefordert werden wie von anderen Unternehmen,

---

87 So zutreffend *Burgi*, NZBau 2014, 595 (599). Das ist entgegen *Dreher/Hoffmann*, NZBau 2012, 265 (274) auch rechtspolitisch nicht zu beanstandenden, weil ein Unternehmen, welches nicht bereit ist, den durch zurechenbares Fehlverhalten anderen zugefügten Schaden aufzuklären und sodann auszugleichen, wegen der darin liegenden Weigerung, für sein Fehlverhalten die Verantwortung zu übernehmen, nicht bescheinigt werden kann, die für die weitere Zusammenarbeit mit öffentlichen Auftraggebern erforderliche Eignung wiedererlangt zu haben.

88 *Burgi*, NZBau 2012, 595 (599).

89 Ähnlich *Dreher/Hoffmann*, NZBau 2014, 67 (71), wonach bei den geforderten Aufklärungsmaßnahmen die Gedanken der Erforderlichkeit, Verhältnismäßigkeit und Wirtschaftlichkeit zu beachten seien.

90 So die Gesetzesbegründung zu § 125 Abs. 1 S. 2 Nr. 2 GWB, BT-Drs. 18/6281, 109.

91 Weitgehend ebenso *Burgi*, NZBau 2014, 595 (598), der allerdings meint, die geforderten personellen Maßnahmen seien vergangenheitsbezogen; vergangenheitsbezogen sind aber nur die Geschehnisse, die die personellen Maßnahmen erfordern, nicht die Maßnahmen selbst, durch die zukünftig dem Unternehmen zurechenbares Verhalten der betroffenen Personen vermieden werden soll.

92 Vgl. die Gesetzesbegründung zu § 125 Abs. 1 S. 1 Nr. 3 GWB, BT-Drs. 18/6281, 109.

93 So, bezogen auf Compliance-Maßnahmen, bereits zur bisherigen Rechtslage *Dreher/Hoffmann*, NZBau 2014, 150 (151); *Wimmer*, Zuverlässigkeit im Vergaberecht, S. 175. Der Bezug auf das frühere Fehlverhalten wird insbesondere dadurch deutlich, dass „weitere" Straftaten und „weiteres" Fehlverhalten zu vermeiden sind. Insofern missverständlich heißt es in der Gesetzesbegründung zu § 125 Abs. 1 S. 1 Nr. 3 GWB, die Maßnahmen müssten „nicht nur generell der Begehung von Straftaten entgegenwirken, sondern auch konkret geeignet sein, eine erneute Begehung der gleichen Straftat zu vermeiden bzw. ausreichende Garantien bieten, dass ein derartiges Fehlverhalten nicht erneut vorkommt", Gesetzesbegründung, BT-Drs. 18/6281, 109; nur um den zweiten Aspekt, die künftige Vermeidung des konkret aufgetretenen Fehlverhaltens, geht es.

denen kein Fehlverhalten zur Last gelegt werden kann. Dennoch können weitergehende präventive Maßnahmen zweckmäßig sein, zumal die Grenzen des Erforderlichen nicht immer klar bestimmbar sind und sich ein inhaltlich zu enges Programm als unzureichend erweisen kann.[94]

aa) Technische Maßnahmen

Unter den Begriff fallen sämtliche Maßnahmen, die darauf abzielen, die in der Vergangenheit fehlerhafte Ausführung der von dem Unternehmen erbrachten Leistungen zu vermeiden. Das bezieht sich auf das in § 124 Abs. 1 Nr. 1 und Nr. 7 GWB thematisierte Fehlverhalten, während technische Maßnahmen bei den übrigen Ausschlussgründen zur Prävention nicht in Betracht kommen werden. Vor allem dann, wenn das Unternehmen eine wesentliche Anforderung bei der Ausführung eines früheren öffentlichen Auftrags oder Konzessionsvertrags erheblich oder fortdauernd mangelhaft erfüllt hat und dies zu einer vorzeitigen Beendigung, zu Schadensersatz oder zu einer vergleichbaren Rechtsfolge geführt hat (§ 124 Abs. 1 Nr. 7 GWB), werden konkrete technische Maßnahmen erforderlich sein, um die durch die konkrete Schlechtleistung aufgehobene Eignung wiederherzustellen.[95] **42**

bb) Organisatorische Maßnahmen

Des Weiteren kann es erforderlich sein, dass das Unternehmen organisatorische Maßnahmen ergreift, die geeignet sind, weitere Straftaten oder weiteres Fehlverhalten zu vermeiden. Hier geht es im Gegensatz zu den außerdem in § 125 Abs. 1 S. 1 Nr. 3 GWB genannten personellen Maßnahmen, unabhängig von dem individuellen Fehlverhalten der konkret handelnden Personen, um die **Beseitigung von Mängeln in den internen Verfahrensabläufen** des Unternehmens, die dem Geschehen zugrunde lagen, das den Ausschlussgrund nach den §§ 123, 124 GWB begründet hat.[96] Von wesentlicher Bedeutung ist hier, ob ein Bündel derartiger, in vielfältiger Weise möglicher organisatorischer Maßnahmen in ihrem Zusammenwirken erwarten lässt, dass das Unternehmen in Zukunft etwaig auftretenden Verdachtsmomenten nachgehen und bei Vorliegen eines hinreichenden Verdachts die gebotenen personellen und/oder organisatorischen Konsequenzen ziehen wird.[97] **43**

Als organisatorische Maßnahmen kommen insoweit zunächst **strukturelle**, auf die Umorganisation des Unternehmens gerichtete Maßnahmen in Betracht. Gefordert ist hier eine zur Vermeidung des aufgetretenen Fehlverhaltens geeignete Änderung der Entscheidungsstrukturen und -befugnisse in dem betroffenen Unternehmen,[98] in Erwägungsgrund 102 RL 2014/24/EU als Personalreorganisationsmaßnahmen bezeichnet. Allgemein wird sich häufig eine Ausweitung der Personalrotation und des Vier-Augen-Prinzips anbieten.[99] Von der bisherigen Praxis sind beispielsweise die Trennung von Verwaltung und operativem Bereich durch Neugründung einer Gesellschaft mit personell getrennter Geschäftsführung,[100] die Einrichtung einer neuen Abteilung „Revision/Compliance",[101] die Einrichtung einer Clearingstelle, die sich mit Angebots- und Auftragsstrategie befasst und diese hinterfragen soll[102], und **44**

94 So zutreffend *Dreher/Hoffmann*, NZBau 2014, 150 (151).

95 Waren beispielsweise bei der Ausführung eines Bauvertrages die eingesetzten Geräte und die verwendeten Materialien unzureichend für eine fehlerfreie Ausführung der Bauleistung, wird es erforderlich sein, dass das Unternehmen für den zu vergebenden Auftrag geeignete Geräte vorhält und sicherstellt, dass bei dem infrage stehenden Auftrag geeignetes Baumaterial verwandt wird. Ist es bei der Durchführung eines Dienstleistungsauftrags wegen einer nicht hinreichend leistungsstarken EDV zu Schwierigkeiten der Vertragsdurchführung gekommen, wird das Unternehmen technische Maßnahmen zu ergreifen haben, die geeignet sind, entsprechende Probleme bei weiteren Aufträgen zu vermeiden.

96 *Dreher/Hoffmann*, NZBau 2014, 150 (150).

97 So zum bisherigen Recht OLG Brandenburg, Beschluss v. 14.12.2007 – Verg W 21/07, juris Rn. 73.

98 Vgl. OLG Düsseldorf, Beschluss v. 9.4.2003 – VII-Verg 43/02, juris Rn. 29; *Dreher/Hoffmann*, NZBau 2014, 150 f.

99 *Freund*, VergabeR 2007, 311 (312); *Ohrtmann*, NZBau 2007, 278 (281).

100 OLG Brandenburg, Beschluss v. 14.12.2007 – Verg W 21/07, juris Rn. 66.

101 OLG Brandenburg, Beschluss v. 14.12.2007 – Verg W 21/07, juris Rn. 67.

102 OLG Brandenburg, Beschluss v. 14.12.2007 – Verg W 21/07, juris Rn. 68; *Scherer-Leydecker*, in: Heuvels/Höß/Kuß/Wagner, Vergaberecht, § 6a VOB/A Rn. 16.

die künftige externe anwaltliche Prüfung externer Provisions- und Beraterverträge[103] als Maßnahmen angesehen worden, die geeignet sind, ein Wiederholung von Verfehlungen zu erschweren oder gar unmöglich zu machen.[104] Das deckt die in Erwägungsgrund 102 RL 2014/24/EU als Maßnahmen genannte Einführung von Berichts- und Kontrollpflichten sowie die Schaffung einer internen Audit-Struktur zur Überwachung der Compliance ab.

45 Ferner kommen als organisatorische Maßnahmen, die geeignet sind, weiteres Fehlverhalten zu vermeiden, solche in Betracht, die darauf zielen, die **Unternehmenskultur** durch eine wertebasierte Einflussnahme auf die Haltung und das Verhalten der Gesamtheit der Mitarbeiter in einer Weise zu ändern, dass weiteres Fehlverhalten künftig vermieden wird.[105] Solche Maßnahmen werden unter dem Begriff der **Compliance** erörtert;[106] gleichbedeutend ist auch von der **Einführung eines Integritätsprogramms** als organisatorischer Maßnahme die Rede.[107] In der Rechtsprechung sind in diesem Zusammenhang die Einführung eines Wertemanagements in der Unternehmensgruppe[108] sowie der Beitritt zu Verbänden, die sich der Förderung wirtschaftlicher Ethik verpflichtet fühlen[109], als geeignete Selbstreinigungsmaßnahmen anerkannt worden. Wesentliche Gesichtspunkte sind insoweit die Erarbeitung von Verhaltensstandards, die geeignet sind, weiteres Fehlverhalten zu vermeiden, die interne Vermittlung dieser Verhaltensstandards gegenüber den Mitarbeitern und die Gewährleistung der Einhaltung der Verhaltensstandards.[110] Letzteres wird regelmäßig auch strukturelle Maßnahmen erfordern, die eine entsprechende Kontrolle ermöglichen, so etwa die von der Rechtsprechung anerkannte Einrichtung einer Abteilung „Revision/Compliance", einer Clearingstelle, die Angebots- und Auftragsstrategie hinterfragen soll, sowie die externe Prüfung von Provisions- und Beraterverträgen.[111] Die einzuführenden Verhaltensstandards werden sich in Abhängigkeit von dem vorangegangenen Fehlverhalten beispielsweise auf Zuwendungen an Geschäftspartner, den Umgang mit Betriebsvermögen, die Verschwiegenheit sowie eventuelle Nebentätigkeiten und Beteiligungen an anderen Unternehmen beziehen können.[112] Darüber hinaus kommt etwa die Einrichtung eines Hinweisgebersystems zur besseren Aufdeckung von Verstößen gegen die Verhaltensstandards in Betracht.[113] In jedem Fall sinnvoll ist die **Einsetzung eines Compliance-Beauftragten**, vorzugsweise auf Leitungsebene,[114] um die effiziente Umsetzung der Compliance-Maßnahmen zu gewährleisten, ihren Stellenwert zu verdeutlichen sowie eine klare Zuständigkeit und Anlaufstelle für diesen Bereich zu erreichen.[115] Hierbei kann es sich anbieten, einen solchen Beauftragten als Vorstufe zu seiner zukunftsgerichteten Daueraufgabe bereits mit der Durchführung der auf die Vergangenheitsbewältigung bezogenen Selbstreinigungsmaßnahmen, nämlich der Schadenswiedergutmachung und

---

103 OLG Brandenburg, Beschluss v. 14.12.2007 – Verg W 21/07, juris Rn. 69; *Scherer-Leydecker*, in: Heuvels/Höß/Kuß/Wagner, Vergaberecht, § 6a VOB/A Rn. 16.

104 OLG Brandenburg, Beschluss v. 14.12.2007 – Verg W 21/07, juris Rn. 72.

105 Tatsächlich besteht auch auf Auftraggeberseite erheblicher Bedarf für die Einführung von Compliance-Maßnahmen, vgl. ausführlich dazu *Ohrtmann*, VergabeR 2015, 327 ff.

106 *Ohrtmann*, VergabeR 2015, 327 (327); *Prieß/Stein*, NZBau 2008, 230 (231); *Wimmer*, Zuverlässigkeit im Vergaberecht, S. 186 ff.

107 *Dreher*, in: Festschrift für Franke, 31 (43); *Dreher/Hoffmann*, NZBau 2014, 150 (151).

108 OLG Brandenburg, Beschluss v. 14.12.2007 – Verg W 21/07, juris Rn. 70.

109 OLG Brandenburg, Beschluss v. 14.12.2007 – Verg W 21/07, juris Rn. 71.

110 Ähnlich *Prieß/Pünder/Stein*, in: Pünder/Prieß/Arrowsmith, Self-Cleaning in Public Procurement Law, 51 (79); *Wimmer*, Zuverlässigkeit im Vergaberecht, S. 190 f.; *Dreher/Hoffmann*, NZBau 2014, 150 (151 f.).

111 Vgl. Rn. 42; ferner *Dreher*, in: Festschrift für Franke, 31 (43). Hat die Geschäftsführung Kenntnis von wesentlichen Rechtsverstößen durch Mitarbeiter, kann daneben auch eine gesellschaftsrechtliche Verpflichtung zur Einführung von Compliance-Instrumenten bestehen, vgl. *Ohrtmann*, VergabeR 2015, 327 (335 f.).

112 *Ohrtmann*, NZBau 2007, 278 (280 f.); *Dreher*, in: Festschrift für Franke, 31 (43).

113 *Prieß/Pünder/Stein*, in: Pünder/Prieß/Arrowsmith, Self-Cleaning in Public Procurement Law, 51 (80); *Dreher/Hoffmann*, NZBau 2014, 150 (152); zu den hier bestehenden Möglichkeiten, etwa eine „Whistle-blower-Hotline", näher *Ohrtmann*, VergabeR 2015, 327 (339).

114 *Ohrtmann*, NZBau 2007, 278 (281), weist zutreffend auf die Leitbildfunktion von Vorgesetzten hin.

115 So zutreffend *Prieß/Pünder/Stein*, in: Pünder/Prieß/Arrowsmith, Self-Cleaning in Public Procurement Law, 51 (80); *Wimmer*, Zuverlässigkeit im Vergaberecht, S. 191 f.; *Dreher/Hoffmann*, NZBau 2014, 150 (152); *Stein/Friton/Huttenlauch*, WuW 2012, 38 (50).

Sachaufklärung, zu beauftragen, zumal eine überzeugende Vergangenheitsbewältigung Vertrauen für die zukünftige Entwicklung des Unternehmens zu begründen vermag.[116]

cc) Personelle Maßnahmen

Häufig wird das Unternehmen auch konkrete personelle Maßnahmen zu ergreifen haben. Anders als bei den nach § 125 Abs. 1 S. 1 Nr. 3 GWB ebenfalls geforderten organisatorischen Maßnahmen, die sich auf die Verfahrensabläufe beziehen, geht es hier darum, ein persönliches Fehlverhalten von konkreten **für das Unternehmen tätigen Personen**, das zur Begründung eines Ausschlussgrundes nach den §§ 123, 124 GWB geführt hat, für die Zukunft zu vermeiden.[117] 46

Dies ist, was **Maßnahmen gegen Mitarbeiter** des Unternehmens betrifft, sicher gewährleistet, wenn die handelnden Personen, deren Straftaten oder Fehlverhalten dem Unternehmen zuzurechnen sind, aus dem Unternehmen ausscheiden und auch sonst nicht mehr für das Unternehmen tätig sind.[118]. Bei schweren Verfehlungen, etwa Korruption, wird es erforderlich sein, dass das Unternehmen sich von den Mitarbeitern trennt, die hieran beteiligt waren oder hiervon gewusst haben, sei es durch Kündigungen oder Aufhebungsverträge.[119] Gibt es mildere Mittel, die geeignet sind, weitere Straftaten oder weiteres Fehlverhalten der konkret handelnden Personen zu vermeiden, so können diese genügen, um den Anforderungen von § 125 Abs. 1 S. 1 Nr. 3 GWB insoweit gerecht zu werden,[120] etwa Abmahnungen[121] oder bei Mitarbeitern mit untergeordneten Positionen die Betrauung mit anderen Aufgaben[122], unter Umständen auch bloße Lohnkürzungen[123]. Selbstverständlich kann ein Vorgehen gegen Mitarbeiter, gegen die keinerlei Verdacht besteht, dass sie an einem Fehlverhalten beteiligt waren oder davon wussten, nicht verlangt werden[124] und kann es dem Unternehmen nicht als Ausdruck mangelnder Zuverlässigkeit ausgelegt werden, wenn es das Ergebnis staatsanwaltschaftlicher Ermittlungen abwartet und erst bei Vorliegen **fundierter, belastbarer Verdachtsumstände** Maßnahmen gegen Mitarbeiter ergreift.[125] Das folgt auch daraus, dass von dem Unternehmen nur solche mitarbeiterbezogenen Maßnahmen verlangt werden können, die arbeitsrechtlich im Hinblick auf die dem Mitarbeiter zur Last gelegten Verfehlungen zulässig sind.[126] Welche personellen Maßnahmen gegenüber Mitarbeitern geboten sind, ist im Einzelfall letztlich unter Berücksichtigung aller Umstände zu beurteilen, wobei insbesondere der 47

116 Sehr deutlich in den Sachen OLG Düsseldorf, Beschlüsse v. 9.4.2003 – VII-Verg 43/02 und VII-Verg 66/02, wo der Einsetzung eines mit weitgehenden Befugnissen ausgestatteten Beauftragten zur Durchführung der Selbstreinigungsmaßnahmen und dessen glaubhafte Darstellung der Maßnahmen im Nachprüfungsverfahren maßgeblich für die Überzeugung des Gerichts waren, dass die Selbstreinigung trotz diverser Ansätze für Zweifel geglückt war.

117 Zu den Problemen, die sich hier in dem wohl äußerst seltenen Fall ergeben, dass bei oberschwelligen Vergabeverfahren Träger des Unternehmens nicht ein Verband, sondern eine natürliche Person ist, eingehend *Wimmer*, Zuverlässigkeit im Vergaberecht, S. 193 ff.

118 *Dreher/Hoffmann*, NZBau 2014, 67 (72); *Wimmer*, Zuverlässigkeit im Vergaberecht, S. 177 f.

119 Vgl. zum bisherigen Recht OLG Düsseldorf, Beschluss v. 9.4.2003 – VII-Verg 43/02, juris Rn. 29; *Scherer-Leydecker*, in: Heuvels/Höß/Kuß/Wagner, Vergaberecht, § 6a VOB/A Rn. 16; *Dreher/Hoffmann*, NZBau 2012, 265 (268); *Prieß/Stein*, NZBau 2008, 230 (231).

120 Vgl. *Prieß/Pünder/Stein*, in: Pünder/Prieß/Arrowsmith, Self-Cleaning in Public Procurement Law, 51 (78); *Dreher/Hoffmann*, NZBau 2014, 67 (72), die darauf hinweisen, dass auch bei personellen Maßnahmen das Verhältnismäßigkeitsprinzip zu beachten sei; *Wimmer*, Zuverlässigkeit im Vergaberecht, S. 179; *Stein/Friton/Huttenlauch*, WuW 2012, 38 (49); *Prieß/Stein*, NZBau 2008, 230 (231).

121 OLG München, Beschluss v. 22.11.2012 – Verg 22/12, juris Rn. 49; zweifelhaft aber bei maßgeblich für das Fehlverhalten verantwortlichen Mitarbeitern, ebd. Rn. 54; *Dreher*, in: Festschrift für Franke, 31 (35).

122 Vgl. OLG Düsseldorf, Beschluss v. 9.4.2003 – VII-Verg 43/02, juris Rn. 27 a.E.; *Müller-Wrede*, in: Müller-Wrede, VOL/A, § 6 EG Rn. 38; *Prieß/Pünder/Stein*, in: Pünder/Prieß/Arrowsmith, Self-Cleaning in Public Procurement Law, 51 (78).

123 *Dreher/Hoffmann*, NZBau 2014, 67 (73).

124 *Dreher/Hoffmann*, NZBau 2014, 67 (72).

125 OLG Düsseldorf, Beschluss v. 9.4.2003 – VII-Verg 43/02, juris Rn. 32, 35; *Werner*, in: Willenbruch/Wieddekind, Vergaberecht, § 6 VOB/AEG Rn. 19.

126 *Prieß/Pünder/Stein*, in: Pünder/Prieß/Arrowsmith, Self-Cleaning in Public Procurement Law, 2009, 51 (68); *Dreher/Hoffmann*, NZBau 2014, 67 (72); *Stein/Friton/Huttenlauch*, WuW 2012, 38 (50).

Schwere der Verfehlung, der Position des Mitarbeiters im Unternehmen, aber auch seiner Bereitschaft, bei der Aufklärung des Geschehens mitzuwirken, Bedeutung zukommen wird.[127]

48 Soweit es das **Fehlverhalten eines Gesellschafters** der unternehmenstragenden Gesellschaft betrifft, wird es häufig für eine hinreichende personelle Selbstreinigung des Unternehmens nicht erforderlich sein, dass der Gesellschafter seine Beteiligung abgibt. Die formale Gesellschafterstellung allein steht der personellen Selbstreinigung des Unternehmens jedenfalls dann nicht entgegen, wenn der **tatsächliche Einfluss des Gesellschafters auf das operative Geschäft** derart eingeschränkt wird, dass der betroffene Gesellschafter Verfehlungen im Rahmen seiner dem Unternehmen zuzurechnenden geschäftlichen Tätigkeit nicht mehr begehen kann.[128] Das kann bereits dann der Fall sein, wenn der betreffende Gesellschafter auf die Ausübung seiner Gesellschafterrechte unwiderruflich verzichtet und erklärt, keinen Einfluss mehr auf die Entscheidungen des Aufsichtsrats, der Geschäftsleitung oder sonstiger strategischer und operativer Gremien des Unternehmens auszuüben.[129] Umgekehrt genügt der formelle Rückzug aus dem operativen Geschäft nicht, wenn der Gesellschafter tatsächlich nach wie vor, etwa über Familienangehörige, erheblichen Einfluss auf die Geschäftstätigkeit des Unternehmens hat.[130] Erst recht ist der Rückzug des Gesellschafters als Geschäftsführer unzureichend, wenn er sich über Treuhandverträge die tatsächliche und rechtliche Möglichkeit zur Einflussnahme auf die Geschäftsführung sichert[131]. Werden dagegen die von einem unzuverlässigen Unternehmen alleine gehaltenen Anteile eines Unternehmens, dass sich an dem Vergabeverfahren beteiligt, treuhänderisch für die Dauer von fünf Jahren auf eine nicht belastete Treuhandgesellschaft übertragen, kann dies eine zur Selbstreinigung geeignete personelle Maßnahme auf Gesellschafterebene darstellen.[132] Letztlich ist auch hier in jedem Einzelfall zu prüfen, ob und inwieweit der Einfluss der Personen, deren Fehlverhalten dem Unternehmen in einer Ausschlussgründe nach den §§ 123, 124 GWB begründenden Weise zuzurechnen war, für die Erledigung des konkret zu vergebenden Auftrags unter Berücksichtigung aller erheblichen Umstände und hierbei insbesondere der **gesellschaftsrechtlichen Gegebenheiten**[133] tatsächlich ausgeschlossen ist. Hierbei schließt eine Befristung von personellen Maßnahmen auf Gesellschafterebene die Eignung zur Vermeidung weiterer Straftaten und weiteren Fehlverhaltens nicht aus,[134] wie nunmehr bereits aus der in § 126 GWB angeordneten zeitlich beschränkten Wirksamkeit von Ausschlussgründen nach den §§ 123, 124 GWB folgt.

IV. Nachweis

49 Es genügt nicht allein, dass das Unternehmen Selbstreinigungsmaßnahmen nach § 125 Abs. 1 S. 1 Nr. 1 bis 3 GWB ergriffen hat; es muss diese Selbstreinigungsmaßnahmen auch nachgewiesen haben.

50 Damit ist geklärt, dass das **Unternehmen** die Darlegungslast für die von ihm ergriffenen Selbstreinigungsmaßnahmen trifft.[135] Nicht der öffentliche Auftraggeber hat von Amts wegen zu ermitteln, ob ein Unternehmen, bei dem ein Ausschlussgrund nach den §§ 123, 124

---

127 *Dreher/Hoffmann*, NZBau 2014, 67 (73 f.); *Stein/Friton/Huttenlauch*, WuW 2012, 38 (49 f.), die in Übereinstimmung mit den Wertungen des Kartellrechts eine „Verschonung" von belasteten Mitarbeitern für erwägenswert halten, wenn sie bei der Aufarbeitung des Sachverhalts konstruktiv mitarbeiten; zu diesem Gesichtspunkt eingehend auch *Wimmer*, Zuverlässigkeit im Vergaberecht, S. 180 bis 182.

128 OLG Brandenburg, Beschluss v. 14.12.2007 – Verg W 21/07, juris Rn. 75; *Werner*, in: Willenbruch/Widdekind, § 6 VOB/A EG Rn. 19.

129 OLG Brandenburg, Beschluss v. 14.12.2007 – Verg W 21/07, juris Rn. 64; *Wimmer*, Zuverlässigkeit im Vergaberecht, S. 180.

130 OLG München, Beschluss v. 22.11.2012 – Verg 22/12, juris Rn. 53; *Scherer-Leydecker*, in: Heuvels/Höß/Kuß/Wagner, Vergaberecht, § 6a VOB/A Rn. 16.

131 OLG Düsseldorf, Beschluss v. 28.7.2005 – VII-Verg 42/05, juris Rn. 24.

132 OLG Düsseldorf, Beschluss v. 18.7.2001 – Verg 16/01, juris Rn. 40; *Ohrtmann*, NZBau 2007, 278 (280); *Wimmer*, Zuverlässigkeit im Vergaberecht, S. 180.

133 Dazu ausführlich *Dreher*, in: Festschrift für Franke, 31 (36 ff.); *Dreher/Hoffmann*, NZBau 2014, 67 (68 f., 74 f.).

134 *Dreher/Hoffmann*, NZBau 2014, 67 (74); anders noch *Dreher*, in: Festschrift für Franke, 31 (44).

135 So die Gesetzesbegründung zu § 125 Abs. 1 GWB, BT-Drs. 18/6281, 108; zum bisherigen Recht auch schon *Dreher*, in: Festschrift für Franke, 31 (44); *Dreher/Hoffmann*, NZBau 2014, 150 (154).

GWB vorliegt, Selbstreinigungsmaßnahmen ergriffen hat, die geeignet sind, diesen Grund wieder aufzuheben, sondern das Unternehmen muss von sich aus hierzu vortragen. Dies wird kaum anders als durch einen schriftlichen Bericht über die ergriffenen Maßnahmen möglich sein.

Darüber hinaus bedarf es aber auch eines hinreichenden Beleges für die behaupteten Tatsachen. Hierbei ist Nachweis nicht im Sinne eines Beweises im prozessualen Sinne zu verstehen, sondern es reicht ein der **prozessrechtlichen Glaubhaftmachung** vergleichbarer Beleg des Vorbringens, der es erlaubt, das Vorbringen als überwiegend wahrscheinlich anzusehen[136]. Geeignet sind hierbei in erster Linie Schriftstücke aller Art, mit denen die Angaben des Unternehmens durch Erklärungen Dritter, aber auch durch Erklärungen eigener Mitarbeiter gestützt werden. Wesentlich ist im Übrigen die Überprüfbarkeit der Angaben. Es muss dem öffentlichen Auftraggeber – gegebenenfalls nach Aufforderung – die Möglichkeit eröffnet werden, die Angaben, sei es auch nur stichprobenweise, durch eigene Erkundigungen im Rahmen der von ihm nach § 125 Abs. 2 GWB vorzunehmenden Prüfung zu verifizieren. In der Summe muss das Vorbringen des Unternehmens glaubhaft erscheinen.[137] **51**

Der Nachweis zureichender Selbstreinigungsmaßnahmen ist Teil der auf die **Sachaufklärung** zielenden Selbstreinigungsmaßnahmen nach § 125 Abs. 1 S. 1 Nr. 2 GWB.[138] Deswegen müssen auch die Bemühungen des Unternehmens bei diesem Nachweis von der Bereitschaft getragen sein, durch eigenes Tun die ergriffenen Selbstreinigungsmaßnahmen zu erläutern und auf Nachfragen des öffentlichen Auftraggebers einzugehen. Diese Bereitschaft sollte sich in jedem Fall dadurch ausdrücken, dass das Unternehmen von sich aus unaufgefordert den ihm obliegenden Nachweis im gebotenen Umfang führt.[139] Sie kann ferner durch das Einverständnis dokumentiert werden, dass relevante Unterlagen bei Behörden oder Dritten beigezogen werden können, sowie durch das Angebot, solche Unterlagen selbst beizubringen.[140] Schädlich ist der Versuch, den öffentlichen Auftraggeber durch halbwahre und damit letztlich falsche Angaben zu den ergriffenen Maßnahmen zu täuschen.[141] Damit begründet das Unternehmen nicht nur möglicherweise neue Ausschlussgründe, sondern schränkt auch die Möglichkeiten ein, sein sonstiges Vorbringen für glaubhaft, nämlich überwiegend wahrscheinlich zu halten. **52**

Einen **Zeitpunkt** für den Nachweis der Selbstreinigungsmaßnahmen sieht § 125 Abs. 1 S. 1 GWB nicht vor. Deswegen kann der Nachweis im Sinne § 125 Abs. 1 S. 1 GWB solange erbracht werden, solange keine bindende negative Entscheidung über die Selbstreinigungsmaßnahmen ergangen ist.[142] Für die Begrenzung der Möglichkeit des Nachweises auf einen früheren Zeitpunkt, etwa den Zeitpunkt der Eignungsprüfung,[143] fehlt es an einer Rechtsgrundlage.[144] **53**

C. Prüfung der Selbstreinigungsmaßnahmen (Abs. 2)

Mit § 125 Abs. 2 GWB hat der deutsche Gesetzgeber nahezu wörtlich die Regelungen in Art. 57 Abs. 6 UAbs. 3 RL 2014/24/EU zu dem Umgang des öffentlichen Auftraggebers mit den von dem Unternehmen nachgewiesenen Selbstreinigungsmaßnahmen übernommen. Damit hat er lediglich Eckpunkte des Prüfungsverfahrens vorgegeben, die wegen der Einzel- **54**

136 BGH, Beschluss v. 11.9.2003 – IX ZB 37/03, juris Rn. 8 zu § 294 ZPO.
137 Vgl. OLG Brandenburg, Beschluss v. 14.12.2007 – Verg W 21/07, juris Rn. 74; *Dreher*, in: Festschrift für Franke, 31 (45); *Dreher/Hoffmann*, NZBau 2014, 150 (154).
138 Vgl. bereits oben B.III.3.b), Rn. 34 ff.
139 Vgl. *Dreher/Hoffmann*, NZBau 2014, 150 (154).
140 Vgl. OLG Brandenburg, Beschluss v. 14.12.2007 – Verg W 21/07, juris Rn. 74.
141 Vgl. etwa OLG Düsseldorf, Beschluss v. 28.7.2005 – VII-Verg 42/05, juris Rn. 25.
142 Dazu unten C.II.1.c), Rn. 73.
143 So zum bisherigen Recht VK Bund, Beschluss v. 12.6.2015 – VK 2-31/15; *Dreher/Hoffmann*, NZBau 2014, 67 (70); dagegen zu Recht OLG Naumburg, Beschluss v. 22.9.2014 – 2 Verg 2/13, juris Rn. 22.
144 Vgl. die Ausführungen zum Zeitpunkt der Selbstreinigungsmaßnahmen unter B.III.2., Rn 26.

heiten weiterer Ausdifferenzierung bedürfen. Auch in der Vergabeverordnung finden sich keine näheren Regelungen zur Prüfung der Selbstreinigungsmaßnahmen.[145]

I. Bewertung der Selbstreinigungsmaßnahmen (S. 1)

55 In § 125 Abs. 2 S. 1 GWB ist vorgegeben, dass der öffentliche Auftraggeber die von dem Unternehmen ergriffenen Selbstreinigungsmaßnahmen zu bewerten hat.

1. Notwendigkeit

56 Damit ist zunächst klargestellt, dass die nach § 125 Abs. 1 S. 1 GWB geforderten Selbstreinigungsmaßnahmen nicht etwa als solche von Gesetzes wegen die dort vorgesehene Rechtsfolge – kein Ausschluss von der Teilnahme an dem Vergabeverfahren – auszulösen vermögen, sondern dass diese Rechtsfolge – zusätzlich – an die Bewertung der Selbstreinigungsmaßnahmen durch den öffentlichen Auftraggeber gebunden ist, die sich nach § 125 Abs. 2 S. 2 GWB in einer Entscheidung auszudrücken hat. Im Übrigen ergibt sich aus der Vorschrift ein Anspruch des Unternehmens auf Prüfung der von ihm ergriffenen Selbstreinigungsmaßnahmen im anhängigen Vergabeverfahren. Die Verweigerung dieser Prüfung etwa unter Hinweis auf Vergabesperren ist vergaberechtswidrig.[146]

2. Gegenstand

57 Gegenstand der Bewertung sind die von dem Unternehmen ergriffenen Selbstreinigungsmaßnahmen nach § 125 Abs. 1 S. 1 GWB. Das sind die Selbstreinigungsmaßnahmen im Sinne des § 125 Abs. 1 S. 1 Nr. 1 bis 3 GWB, die das Unternehmen nachgewiesen hat. Der Wertung hat demnach die **Feststellung** vorauszugehen, von **welchen Selbstreinigungsmaßnahmen** im Hinblick auf das Vorbringen des Unternehmens und die eigenen Erkenntnisse öffentlichen Auftraggebers auszugehen ist, welche von dem Unternehmen dargelegten Maßnahmen also der Wertung zugrunde zu legen sind. Dabei hat der öffentliche Auftraggeber die für den Nachweis bestehenden Anforderungen zu beachten.[147] In jedem Fall ist er bei konkreten Anhaltspunkten, dass bestimmte Erklärungen des Unternehmens nicht der Wahrheit entsprechen, gehalten, von Amts wegen die Richtigkeit dieser Angaben näher zu überprüfen.[148] Weitergehende, auf ein gerichtsähnliches Verfahren hinauslaufende Nachforschungen sind aber nicht geboten.[149]

58 Die Bewertung hat zudem **auf den konkreten Auftrag hin** zu erfolgen. Es geht um die Frage, ob durch die ergriffenen Selbstreinigungsmaßnahmen die Eignung des Unternehmens für die Durchführung des konkret in dem Vergabeverfahren ausgeschriebenen Auftrags wiederhergestellt ist.[150] Die Entscheidung aus einem vorhergehenden Vergabeverfahren stellt deswegen **kein Präjudiz** für das gerade anhängige Vergabeverfahren dar, für das die ergriffenen Selbstreinigungsmaßnahmen jeweils erneut konkret daraufhin zu prüfen sind, ob sie zureichend sind, die vergaberechtliche Eignung des Unternehmens für den konkret in dem Vergabeverfahren zu vergebenden Auftrag wieder- herzustellen.[151] Dem steht nicht entgegen,

---

145 § 42 Abs. 1 VgV hält lediglich fest, dass sie zu prüfen sind. Während die §§ 43 ff. VgV dann weitere Vorgaben zu den möglichen Anforderungen des öffentlichen Auftraggebers hinsichtlich der Eignungskriterien im Sinne des § 122 Abs. 2 GWB und in § 48 VgV insbesondere zum Beleg dieser Kriterien und des Fehlens von Ausschlussgründen nach den §§ 123, 124 GWB durch das Unternehmen enthält, schweigt die Vergabeverordnung zu dem Umgang des öffentlichen Auftraggebers mit den Selbstreinigungsmaßnahmen.

146 Vgl. bereits oben unter A.IV.2., Rn. 17.

147 Vgl. im Einzelnen oben unter B.IV., Rn. 49 ff.

148 OLG Celle, Beschluss v. 13.12.2007 – 13 Verg 10/07, juris Rn. 91.; *Hailbronner*, in: Byok/Jaeger, Vergaberecht, § 97 GWB Rn. 83.

149 So zum bisherigen Recht KG, Beschluss v. 27.11.2008 – 2 Verg 4/08, juris Rn. 24; *Summa*, in: Heiermann/Zeiss, Vergaberecht, § 97 GWB Rn. 168; *Müller-Wrede*, in: Müller-Wrede, Kompendium des Vergaberechts, Kap. 20 Rn. 76.

150 So schon zu bisherigem Recht OLG München, Beschluss v. 22.11.2012 – Verg 22/12, juris Rn. 53.

151 OLG München, Beschluss v. 22.11.2012 – Verg 22/12, juris Rn. 60; *Dreher/Hoffmann*, NZBau 2014, 67 (68).

wenn der öffentliche Auftraggeber für die Bewertung auf Erkenntnisse in anderen Vergabeverfahren zurückgreift, seien es eigene Erkenntnisse oder die anderer Stellen.[152]

3. Maßstab

Die nach seinen Feststellungen von dem Unternehmen ergriffenen Selbstreinigungsmaßnahmen hat der öffentliche Auftraggeber sodann zu bewerten. Maßstab der Bewertung ist hierbei, wie sich § 125 Abs. 2 S. 2 GWB entnehmen lässt, ob die **Selbstreinigungsmaßnahmen als zureichend oder unzureichend** zu erachten sind, und zwar, ohne dass dies ausdrücklich festgehalten würde, als zureichend oder unzureichend, um die durch die Verwirklichung von Ausschlussgründen nach den §§ 123, 124 GWB zunächst verloren gegangene vergaberechtliche Eignung wiederherzustellen. 59

a) Prognose

Ihrem Inhalt nach fordert die Bewertung der Selbstreinigungsmaßnahmen als Maßnahmen zur Wiederherstellung der vergaberechtlichen Eignung eine Prognose, die sich darauf bezieht, ob im Hinblick auf die ergriffenen Selbstreinigungsmaßnahmen davon ausgegangen werden kann, dass weitere Straftaten oder weiteres Fehlverhalten zukünftig unterbleiben.[153] Wie sich § 125 Abs. 2 S. 2 GWB entnehmen lässt, findet die Bewertung des öffentlichen Auftraggebers über die Selbstreinigungsmaßnahmen ihren Abschluss und Ausdruck in einer Entscheidung. 60

b) Einschränkungen des Beurteilungsspielraums

Der öffentliche Auftraggeber ist bei der Bewertung der Selbstreinigungsmaßnahmen als zureichend oder unzureichend für die Wiederherstellung der vergaberechtlichen Eignung keineswegs frei, sondern der ihm in § 125 Abs. 2 GWB im Ausgangspunkt eröffnete Beurteilungsspielraum unterliegt erheblichen Einschränkungen. 61

Hinsichtlich der Vorgaben zum Schadensausgleich (§ 125 Abs. 1 S. 1 Nr. 1 GWB) und zur Sachaufklärung (§ 125 Abs. 1 S. 1 Nr. 2 GWB) erschöpft sich die Bewertung der von dem Unternehmen ergriffenen Selbstreinigungsmaßnahmen darauf, ob die im Sinne von § 125 Abs. 1 S. 1 GWB von dem Unternehmen nachgewiesenen Maßnahmen die tatbestandlichen Voraussetzungen von § 125 Abs. 1 S. 1 Nr. 1 und Nr. 2 GWB erfüllen. Bezogen auf diese auf die **Vergangenheitsbewältigung gerichteten Maßnahmen** ist nicht zu bewerten, ob sie zur Wiederherstellung der vergaberechtlichen Zuverlässigkeit zureichend sind. Denn dass sie es sind, ergibt sich bereits aus § 125 Abs. 1 S. 1 GWB. Der öffentliche Auftraggeber hat insoweit keinen Beurteilungsspielraum. 62

Allenfalls kann sich dann, wenn die **tatbestandlichen Voraussetzungen** von § 125 Abs. 1 S. 1 Nr. 1 und Nr. 2 GWB **nicht vorliegen**, über das Erfordernis des § 125 Abs. 2 S. 1 Hs. 2 GWB, dass bei der Bewertung die Schwere und die besonderen Umstände der Straftat oder des Fehlverhaltens zu berücksichtigen sind, ein – allerdings äußerst enger – Beurteilungsspielraum eröffnen.[154] Bei den Selbstreinigungsmaßnahmen nach § 125 Abs. 1 S. 1 Nr. 1 GWB wird beispielsweise zu berücksichtigen sein, dass entsprechend der Wertung des § 123 Abs. 5 S. 2 Hs. 2 GWB bei nur geringfügigen Schäden ein nicht nachgewiesener Schadensausgleich der insgesamt positiven Bewertung der Selbstreinigungsmaßnahmen nicht entgegenstehen wird. Auch werden geringfügige und in ihren Auswirkungen unbedeutende Nachlässigkeiten bei der Sachaufklärung, die einer umfassenden Sachverhaltsaufklärung im Sinne von § 125 63

152 Vgl. dazu bereits oben unter B.I., Rn. 19.

153 So die Gesetzesbegründung zu § 125 Abs. 2 GWB, BT-Drs. 18/6281, 110; zum früheren Recht bereits OLG München, Beschluss v. 22.11.2012 – Verg 22/12, juris Rn. 42; OLG Brandenburg, Beschluss v. 14.12.2007 – Verg W 21/07, juris Rn. 61; OLG Düsseldorf, Beschluss v. 18.7.2001 – Verg 16/01, juris Rn. 40; VK Niedersachsen, Beschluss v. 24.3.2011 – VgK-4/2011, juris Rn. 56; VK Brandenburg, Beschluss v. 16.10.2007 – VK 38/07, juris Rn. 75; *Müller-Wrede*, in: Müller-Wrede, VOL/A, § 6 EG Rn. 38; *Dreher/Hoffmann*, NZBau 2014, 67 f.; *Hölzl/Ritzenhoff*, NZBau 2012, 28 (30).

154 Ohne praktische Auswirkung ist die rein rechtsdogmatische Frage, ob die Tatbestände der Nr. 1 und Nr. 2 des § 125 Abs. 1 S. 1 GWB hier über § 125 Abs. 2 S. 1 Hs. 2 GWB eingeschränkt werden, oder ob § 125 Abs. 2 S. 1 Hs. 2 GWB die Selbstreinigungsmöglichkeiten über den Tatbestand des § 125 Abs. 1 S. 1 GWB hinaus erweitert.

Abs. 1 S. 1 Nr. 2 GWB entgegenstehen, jedenfalls bei einem weniger schwerwiegenden Fehlverhalten trotzdem die Annahme erlauben, dass die Selbstreinigungsmaßnahmen insgesamt zureichend sein können. Letztlich kommt es hier auf die Umstände des Einzelfalls an, wann ausnahmsweise – obgleich § 125 Abs. 1 S. 1 Nr. 1 oder Nr. 2 GWB nicht erfüllt ist – die ergriffenen Selbstreinigungsmaßnahmen in diesen Bereichen unter Verhältnismäßigkeitsgesichtspunkten nach § 125 Abs. 2 S. 1 Hs. 2 GWB für die Wiederherstellung der vergaberechtlichen Eignung dennoch als zureichend zu bewerten sind.

64 Der durch § 125 Abs. 2 GWB dem öffentlichen Auftraggeber eröffnete Beurteilungsspielraum bei der Bewertung, ob die ergriffenen Selbstreinigungsmaßnahmen zureichend sind, hat Bedeutung vor allem für die Bewertung der **präventiven Selbstreinigungsmaßnahmen nach § 125 Abs. 1 S. 1 Nr. 3 GWB**. Auch insoweit ist der Beurteilungsspielraum aber dadurch begrenzt, dass § 125 Abs. 1 S. 1 Nr. 3 GWB vorgibt, welche präventiven Maßnahmen als Selbstreinigungsmaßnahmen in Betracht kommen, und dass dann, wenn derartige von dem Unternehmen ergriffene Maßnahmen geeignet sind, weitere Straftaten oder weiteres Fehlverhalten zu vermeiden, insoweit die Voraussetzungen des § 125 Abs. 1 S. 1 Nr. 3 GWB, was präventive Selbstreinigungsmaßnahmen betrifft, erfüllt sind. Insbesondere hat der öffentliche Auftraggeber auch keinen Beurteilungsspielraum bei der Bewertung, ob die präventiven Maßnahmen zur Vermeidung weiteren Fehlverhaltens geeignet sind. Auch hier hat der öffentliche Auftraggeber lediglich zu prüfen, ob die tatbestandlichen Voraussetzungen des § 125 Abs. 1 S. 1 Nr. 3 GWB vorliegen.[155]

65 Allein die Beurteilung der Frage, ob die von dem Unternehmen ergriffenen geeigneten präventiven Maßnahmen **weitere Straftaten oder weiteres Fehlverhalten vermeiden und insoweit zureichend im Sinne des § 125 Abs. 2 S. 1 Hs. 1 GWB** sind, beinhaltet eine Prognose. Nur insoweit kommt dem öffentlichen Auftraggeber ein Beurteilungsspielraum im Hinblick darauf zu, ob die ergriffenen präventiven Maßnahmen unter Berücksichtigung der Schwere und besonderen Umstände der Straftat oder des Fehlverhaltens (§ 125 Abs. 2 S. 1 Hs. 2 GWB) zureichend sind, um insoweit die vergaberechtliche Eignung des Unternehmens wiederherzustellen.[156] Kommt der öffentliche Auftraggeber zu einer entsprechenden Prognose, endet hiermit – mit der Bewertung, dass die Voraussetzungen des § 125 Abs. 1 S. 1 Nr. 3 GWB vorliegen – sein Beurteilungsspielraum. Dass dies zusammen mit den nach § 125 Abs. 1 S. 1 Nr. 1 und Nr. 2 GWB vorgesehenen Selbstreinigungsmaßnahmen ausreicht, um die vergaberechtliche Zuverlässigkeit wiederherzustellen, gibt § 125 Abs. 1 S. 1 GWB verbindlich vor und hat der öffentliche Auftraggeber seiner Gesamtbewertung der insgesamt von dem Unternehmen ergriffenen Selbstreinigungsmaßnahmen zugrunde zu legen.[157]

II. Bewertungsverfahren

66 § 125 Abs. 2 GWB enthält in seinem S. 2 lediglich eine fragmentarische Vorgabe zum gebotenen Vorgehen des öffentlichen Auftraggebers bei der Bewertung der von dem Unternehmen ergriffenen Selbstreinigungsmaßnahmen.

1. Entscheidung

67 § 125 Abs. 2 S. 2 GWB ordnet an, dass der öffentliche Auftraggeber ein negatives Ergebnis seiner Bewertung, nämlich die Entscheidung, dass er die Selbstreinigungsmaßnahmen für unzureichend hält, gegenüber dem Unternehmen zu begründen hat.

155 Allein der Umstand, dass die von dem öffentlichen Auftraggeber anzuwendende Norm unbestimmte Rechtsbegriffe enthält, verschafft ihm kein Ermessen und keinen Beurteilungsspielraum, so zu Recht *Hertwig*, Praxis der öffentlichen Auftragsvergabe, Rn. 267.

156 Vgl. allgemein *Weyand*, Vergaberecht, § 97 GWB Rn. 715 m.w.N.

157 Hier gibt es keinerlei Spielraum für den öffentlichen Auftraggeber; so zutreffend, allgemein bezogen auf die Kriterien der Eignungsprüfung *Dreher/Hoffmann*, NZBau 2012, 265 (267). Vor der nunmehr erfolgten Normierung konnte dagegen noch von einem Beurteilungsspielraum auf der Tatbestandsseite gesprochen werden, so *Wimmer*, Zuverlässigkeit im Vergaberecht, S. 172.

a) Begründung (S. 2)

68 Die Vorschrift gibt dem Unternehmen gegenüber dem öffentlichen Auftraggeber einen vergaberechtlichen **Anspruch auf Begründung einer negativen Entscheidung** über die von ihm ergriffenen Selbstreinigungsmaßnahmen. Begründen ist mehr als nur die Feststellung, dass die von dem Unternehmen ergriffenen Selbstreinigungsmaßnahmen die tatbestandlichen Voraussetzungen des § 125 Abs. 1 S. 1 GWB nicht erfüllen. Vielmehr hat der öffentliche Auftraggeber die tragenden Erwägungen für seine Wertung, dass er die von dem Unternehmen ergriffenen Selbstreinigungsmaßnahmen für unzureichend hält, offenzulegen.[158] Hierbei hat er im Einzelnen darzulegen, warum er die von dem Unternehmen ergriffenen Selbstreinigungsmaßnahmen für unzureichend erachtet, um die Eignung des Unternehmens für das anhängige Vergabeverfahren wiederherzustellen.[159] Hält er einzelne Selbstreinigungsmaßnahmen aufgrund des Vorbringens des Unternehmens nicht für im Sinne von § 125 Abs. 1 S. 1 GWB nachgewiesen, hat er auch dies im Einzelnen zu begründen. Hierbei kann sich die Begründung auf einzelne Gesichtspunkte beschränken, soweit sich bereits aus ihrer Würdigung ergibt, dass und warum das Unternehmen keine ausreichenden Selbstreinigungsmaßnahmen ergriffen hat. So erübrigt es sich beispielsweise, die nach § 125 Abs. 1 S. 1 Nr. 3 GWB gebotenen präventiven Selbstreinigungsmaßnahmen zu bewerten, wenn das Unternehmen schon nicht nachgewiesen hat, dass es die nach § 125 Abs. 1 S. 1 Nr. 1 GWB zum Schadensausgleich notwendigen Maßnahmen ergriffen hat.[160]

69 § 125 Abs. 2 S. 2 GWB ordnet nicht ausdrücklich an, in welcher Form die ablehnende Entscheidung zu begründen ist. Sinnvollerweise wird sie regelmäßig zumindest der **Textform in Sinne des § 126b BGB** genügen müssen. Es muss sich also zumindest um eine lesbare Erklärung handeln, in der die Person des Erklärenden genannt ist und die auf einem im Sinne von § 126b S. 2 BGB dauerhaften Datenträger abgegeben wird. Eine Ausnahme mag gelten, wenn der öffentliche Auftraggeber sich erst im Rahmen der mündlichen Verhandlung im Nachprüfungsverfahren zu einer negativen Bewertung der Selbstreinigungsmaßnahmen veranlasst sieht und die hierfür maßgeblichen Gründe im Rahmen der mündlichen Verhandlung erörtert sowie im Sitzungsprotokoll festgehalten wurden, zumal hierbei auch schriftsätzlich im Nachprüfungsverfahren vorgebrachte Erwägungen zu berücksichtigen sind.[161]

70 Kommt der öffentliche Auftraggeber zu einer **positiven Entscheidung** über die von dem Unternehmen ergriffenen Selbstreinigungsmaßnahmen, bedarf dies zwar keiner Begründung gegenüber dem Unternehmen oder anderen Bietern. Es ist aber, schon um dem Transparenzgrundsatz und den aus ihm folgenden **Dokumentationspflichten** zu genügen,[162] erforderlich, dass der öffentliche Auftraggeber in den Vergabeakten die wesentlichen Gründe für die positive Entscheidung im Rahmen eines Vermerks darlegt.[163] Denn nur so ist feststellbar, dass er den Vorgaben aus § 125 Abs. 2 GWB zur Bewertung der von dem Unternehmen ergriffenen Selbstreinigungsmaßnahmen ordnungsgemäß nachgekommen ist. Ohnehin ist eine eingehende Begründung der positiven Entscheidung erforderlich, wenn ein konkurrierender Bieter rügt, dass der öffentliche Auftraggeber im Hinblick auf Selbstreinigungsmaßnahmen zu Unrecht von dem Ausschluss eines Unternehmens abgesehen habe.[164]

---

158 So auch schon nach bisherigen Recht, vgl. OLG Düsseldorf, Beschluss v. 9.6.2010 – VII-Verg 14/10, juris Rn. 46 f.

159 In diesem Sinne bereits zur bisherigen Rechtslage OLG Düsseldorf, Beschluss v. 9.6.2010 – VII-Verg 14/10, juris Rn. 43; OLG Frankfurt, Beschluss v. 20.7.2004 – 11 Verg 6/04, juris Rn. 59.

160 Vgl. auch VK Bund, Beschluss v. 12.6.2015 – VK 2-31/15, wo für das Scheitern der Selbstreinigungsmaßnahmen bereits tragend war, dass die an Kartellabsprachen beteiligten Geschäftsführer ihre Positionen behalten hatten.

161 So im Fall des OLG München, Beschluss v. 22.11.2012 – Verg 22/12, juris Rn. 59.

162 Vgl. dazu *Hertwig*, Praxis der öffentlichen Auftragsvergabe, Rn. 336 m.w.N.

163 So auch die bisherige Praxis, vgl. OLG Brandenburg, Beschluss v. 14.12.2007 – Verg W 21/07, juris Rn. 10; VK Düsseldorf, Beschluss v. 13.3.2006 – VK-08/2006, juris Rn. 64.

164 Im Einzelfall kann insoweit auch zur Herstellung von Transparenz eine kurz begründete Mitteilung des öffentlichen Auftraggebers an sämtliche Bieter zweckmäßig sein, dass die Voraussetzungen der Selbstreinigung bei einem Unternehmen, dass ansonsten nach den §§ 123, 124 GWB auszuschließen wäre, gegeben seien. Nach Ablauf der Frist des § 160 Abs. 3 Nr. 1 GWB sind dann Rügen gegen die Entscheidung, die Selbstreinigungsmaßnahmen als zureichend zu bewerten, grundsätzlich präkludiert, vgl. OLG Düsseldorf, Beschluss v. 9.4.2003 – VII-Verg 43/02, juris Rn. 41.

b) Zeitpunkt

71 Da gemäß den §§ 123 Abs. 1, Abs. 4 S. 1, 124 Abs. 1 GWB ein Ausschluss **zu jedem Zeitpunkt des Vergabeverfahrens** erfolgen kann, sofern die danach jeweils bestehenden Voraussetzungen erfüllt sind[165] – mithin bis zum Zuschlag oder zur Aufhebung des Vergabeverfahrens –, sind auch etwaige Selbstreinigungsmaßnahmen zu jedem Zeitpunkt des Vergabeverfahrens zu prüfen, nämlich immer dann, wenn Ausschlussgründe nach den §§ 123, 124 GWB vorliegen, die vorbehaltlich etwaiger Selbstreinigungsmaßnahmen nach § 125 GWB einen Ausschluss des Unternehmens rechtfertigen würden. Dementsprechend spielt es keine Rolle, zu welchem Zeitpunkt die Selbstreinigungsmaßnahmen vorgenommen oder von dem Unternehmen nachgewiesen werden,[166] wenn nur zum Zeitpunkt der Entscheidung zureichende Selbstreinigungsmaßnahmen nachgewiesen sind.[167] Auch im Vergabenachprüfungsverfahren sind eine Bewertung der Selbstreinigungsmaßnahmen und eine Entscheidung hierüber noch bis zur letzten mündlichen Verhandlung zulässig und möglich.[168]

c) Bindung

72 Eine positive Bewertung der Selbstreinigungsmaßnahmen des Unternehmens nach § 125 Abs. 1 S. 1 GWB und eine entsprechende **positive Entscheidung** bewirkt nur eine begrenzte Selbstbindung des öffentlichen Auftraggebers. Der öffentliche Auftraggeber kann aufgrund neuer Erkenntnisse, sei es von Amts wegen, sei es auf Rügen eines anderen Bieters, seine positive Entscheidung revidieren und zu einer negativen Entscheidung hinsichtlich der Selbstreinigungsmaßnahmen des Unternehmens gelangen.[169] Soweit es an neuen Erkenntnissen fehlt, ist ihm dagegen eine von der bisherigen Bewertung der Selbstreinigungsmaßnahmen abweichende Bewertung im Allgemeinen nach Treu und Glauben verwehrt, wie dies auch in entsprechender Weise bei der Bewertung fakultativer Ausschlussgründe gilt.[170] Vor einer als solcher klar erkennbaren Bewertung der Selbstreinigungsmaßnahmen als zureichend, nämlich einer positiven Entscheidung hierüber, kommt eine Selbstbindung allerdings nicht in Betracht. So lässt beispielsweise allein der Umstand, dass der öffentliche Auftraggeber in Kenntnis von dem Fehlverhalten eines Unternehmens sowie möglichen Selbstreinigungsmaßnahmen zur Vervollständigung der Antragsunterlagen auffordert, nicht den Schluss zu, der öffentliche Auftraggeber halte die Selbstreinigungsmaßnahmen für zureichend.[171] Ebenso unerheblich ist, wie in früheren Vergabeverfahren über die Selbstreinigungsmaßnahmen entschieden worden ist. Diesen auf andere Aufträge bezogenen Entscheidungen aus früheren Verfahren kommt für nachfolgende Verfahren keinerlei präjudizielle Wirkung zu.[172]

73 Anders liegt es dagegen bei einer **negativen Entscheidung** über die Selbstreinigungsmaßnahmen. Hat der öffentliche Auftraggeber die Selbstreinigungsmaßnahmen des Unternehmens als unzureichend bewertet, dem Unternehmen dies nach § 125 Abs. 2 S. 2 GWB mitge-

---

165 So zum bisherigen Recht *Müller-Wrede*, in: Müller-Wrede, Kompendium des Vergaberechts, Kap. 20 Rn. 69; *Burgi*, NZBau 2014, 595 (597).

166 Vgl. bereits oben bei Rn. 26 und Rn. 53; a.A. wohl *Dreher/Hoffmann*, NZBau 2014, 67 (70), die auf den Zeitpunkt der Eignungsprüfung abstellen wollen; die Eignung ist indes, soweit geboten, zu jedem Zeitpunkt des Vergabeverfahrens unter Beachtung einer etwaigen Bindung an die Entscheidung aus einer früheren Prüfung nötigenfalls erneut zu prüfen; vgl. etwa OLG Düsseldorf, Beschluss v. 18.7.2001 – Verg 16/01, juris Rn. 40; *Ohrtmann*, NZBau 2007, 201 (205).

167 Ebenso bereits zum früheren Recht OLG Brandenburg, Beschluss v. 14.12.2007 – Verg W 21/07, juris Rn. 58; *Prieß/Stein*, NZBau 2008, 230 (231); *Wimmer*, Zuverlässigkeit im Vergaberecht, S. 32.

168 OLG Naumburg, Beschluss v. 22.9.2014 – 2 Verg 2/13, juris Rn. 22; OLG München, Beschluss v. 22.11.2012 – Verg 22/12, juris Rn. 45; Beschluss v. 21.5.2010 – Verg 2/10, juris Rn. 158; VG Düsseldorf, Urteil v. 24.3.2015 – 20 K 6764/13, juris Rn. 104.

169 OLG Naumburg, Beschluss v. 22.9.2014 – 2 Verg 2/13, juris Rn. 22 f.; OLG München, Beschluss v. 22.11.2012 – Verg 22/12, juris Rn. 44 f.; *Heuvels*, in: Heuvels/Höß/Kuß/Wagner, Vergaberecht, § 16 VOB/A Rn. 85; *Müller-Wrede*, in: Müller-Wrede, Kompendium des Vergaberechts, Kap. 20 Rn. 69; *Wimmer*, Zuverlässigkeit im Vergaberecht, S. 33.

170 Vgl. OLG Düsseldorf, Beschluss v. 9.6.2010 – VII-Verg 14/10, juris Rn. 49; OLG Frankfurt, Beschluss v. 20.7.2004 – 11 Verg 6/04, juris Rn. 45 m.w.N.; *Müller-Wrede*, in: Müller-Wrede, Kompendium des Vergaberechts, Kap. 20 Rn. 69.

171 Vgl. OLG Düsseldorf, Beschluss v. 9.6.2010 – VII-Verg 14/10, juris Rn. 52 f.

172 OLG München, Beschluss v. 22.11.2012 – Verg 22/12, juris Rn. 60; *Dreher/Hoffmann*, NZBau 2014, 67 (68).

teilt und das Unternehmen wegen Vorliegens eines Ausschlussgrundes nach den §§ 123, 124 GWB ausgeschlossen, kommt eine Neubewertung nur dann und insoweit in Betracht, als das betroffene Unternehmen seinen Ausschluss in beachtlicher Weise gerügt hat, also insbesondere in der Frist nach § 160 Abs. 3 Nr. 1 GWB. Ansonsten scheidet eine Wiederaufnahme des einmal ausgeschlossenen Unternehmens in das Vergabeverfahren unabhängig von etwa noch entfalteten Selbstreinigungsmaßnahmen aus.

2. Verfahren bis zu Entscheidung

§ 125 Abs. 2 GWB sind keine Vorgaben zur Gestaltung des Verfahrens bis zur Bewertung und Entscheidung über die von dem Unternehmen ergriffenen Selbstreinigungsmaßnahmen zu entnehmen, ebenso wenig der Vergabeverordnung. Auch insoweit hat aber der öffentliche Auftraggeber **grundlegende Verfahrensregeln einzuhalten**. 74

So wird der öffentliche Auftraggeber im Hinblick auf die stets bei Vorliegen eines Ausschlussgrundes nach den §§ 123, 124 GWB bestehende Möglichkeit des Unternehmens, durch geeignete Selbstreinigungsmaßnahmen seine vergaberechtliche Zuverlässigkeit wiederherzustellen und damit seinen Ausschluss vom Vergabeverfahren zu verhindern, dem **Unternehmen vor einem Ausschluss** in aller Regel die Möglichkeit einzuräumen haben, Selbstreinigungsmaßnahmen nach § 125 Abs. 1 S. 1 GWB nachzuweisen und es insoweit **anzuhören**.[173] Davon wird er ausnahmsweise nur dann absehen können, wenn ohne Weiteres ersichtlich ist, dass das Unternehmen keine zureichenden Selbstreinigungsmaßnahmen ergriffen hat. 75

Soweit der öffentliche Auftraggeber die Darlegungen des Unternehmens zu den von ihm ergriffenen Selbstreinigungsmaßnahmen nach § 125 Abs. 1 S. 1 Nr. 1 bis 3 GWB nicht für ausreichend oder nicht für hinreichend nachgewiesen hält, wird er das Unternehmen, soweit es für die Entscheidung erheblich ist, regelmäßig darauf hinzuweisen und ihm **Gelegenheit zur Abhilfe** zu geben haben.[174] Dies gebieten Transparenz und Fairness des Verfahrens. 76

Der öffentliche Auftraggeber kann dem Unternehmen für die Erledigung seiner Hinweise **Fristen** setzen. Werden die Fristen nicht eingehalten, kann der öffentliche Auftraggeber zwar entscheiden.[175] Für einen Ausschluss von Vorbringen nach Fristablauf fehlt aber eine Rechtsgrundlage.[176] Der öffentliche Auftraggeber kann sie sich auch nicht selbst schaffen, indem er ankündigt, verspätetes Vorbringen nicht zu berücksichtigen.[177] 77

D. Rechtsschutz

I. Nachprüfungsantrag im Vergabeverfahren

1. Antragsbefugnis

Schließt der öffentliche Auftraggeber ein Unternehmen wegen Vorliegens eines Ausschlussgrundes nach den §§ 123, 124 GWB aus, so kann das Unternehmen stets auch rügen, dass Selbstreinigungsmaßnahmen nach § 125 Abs. 1 S. 1 GWB dem Ausschluss entgegengestanden hätten. § 125 Abs. 1 S. 1 GWB stellt als Anspruch auf Prüfung von Selbstreinigungsmaßnahmen für das ausgeschlossene Unternehmen ohne Weiteres eine **bieterschützende Vorschrift im Sinne des § 97 Abs. 6 GWB** dar, bei deren Verletzung der öffentliche Auftraggeber auf die Rüge des Unternehmens Abhilfe zu leisten hat, andernfalls das Unternehmen 78

---

173 Vgl. zur bisherigen Rechtslage OLG Frankfurt, Beschluss v. 20.7.2004 – 11 Verg 6/04, juris Rn. 53, 64; *Ohrtmann*, NZBau 2007, 201 (204).

174 Vgl. OLG Brandenburg, Beschluss v. 14.12.2007 – Verg W 21/07, juris Rn. 8; OLG Frankfurt, Beschluss v. 20.7.2004 – 11 Verg 6/04, juris Rn. 64: „Anhörung des Betroffenen".

175 Eine negative Entscheidung über Selbstreinigungsmaßnahmen ist von dem Unternehmen nach Ablauf der Rügefristen nicht mehr angreifbar und ein darauf gestützter Ausschluss für den öffentlichen Auftraggeber nicht mehr revidierbar, vgl. Rn. 73.

176 A.A. zum bisherigen Recht VK Bund, Beschluss v. 12.6.2015 – VK 2-31/15.

177 A.A. wohl zum bisherigen Recht *Weyand*, Vergaberecht, § 97 Rn. 842.

grundsätzlich nach § 160 Abs. 2 GWB antragsbefugt für das Vergabenachprüfungsverfahren ist.[178] § 125 Abs. 1 S. 1 GWB ist aber auch für andere Bieter bieterschützend im Sinne des § 97 Abs. 6 GWB, soweit der öffentliche Auftraggeber zu der Annahme gelangt, die von dem betroffenen Unternehmen ergriffenen Selbstreinigungsmaßnahmen seien zur Wiedererlangung der vergaberechtlichen Eignung zureichend, sodass das Unternehmen nach § 125 Abs. 1 S. 1 GWB nicht vom Vergabeverfahren auszuschließen sei.[179] Dies ergibt sich daraus, dass ohne Vorliegen hinreichender Selbstreinigungsmaßnahmen im Sinne des § 125 Abs. 1 S. 1 GWB das Absehen von einem Ausschluss trotz Vorliegens von Ausschlussgründen nach den §§ 123, 124 GWB einen Verstoß gegen den Gleichbehandlungsgrundsatz aus § 97 Abs. 2 GWB darstellt.

2. Gegenstand der Rüge

79 Greift ein Unternehmen seinen Ausschluss von einem Vergabeverfahren an, ist stets zunächst zu klären, was es konkret rügen möchte. Ist Gegenstand der Rüge nur, dass der öffentliche Auftraggeber einen Ausschlussgrund nach den §§ 123, 124 GWB angenommen hat, so beschränkt sich der Prüfungsumfang auf diese Rüge. Nur wenn das ausgeschlossene Unternehmen (auch) geltend macht, dass es (jedenfalls) wegen von ihm ergriffener Selbstreinigungsmaßnahmen nicht auszuschließen sei, ist auch dieser Gesichtspunkt vom öffentlichen Auftraggeber oder den Nachprüfungsinstanzen zu prüfen.

3. Nachprüfungsumfang

a) Unterlassene Bewertung oder Entscheidung

80 Begründeten Anlass zur Rüge kann geben, dass der öffentliche Auftraggeber seiner Verpflichtung aus § 125 Abs. 2 GWB nicht nachgekommen ist, die Selbstreinigungsmaßnahmen zu bewerten, über sie zu entscheiden oder die Entscheidung zu begründen. Die insoweit bestehenden verfahrensrechtlichen Absicherungen der Berücksichtigung von Selbstreinigungsmaßnahmen sind für das betroffene Unternehmen ohne Weiteres bieterschützend im Sinne des § 97 Abs. 6 GWB. Auch die fehlende und unzureichende Dokumentation einer positiven Bewertung von Selbstreinigungsmaßnahmen ist fehlerhaft[180] und kann von anderen Bietern wegen der hierin liegenden Verletzung des Transparenzgebots (§ 97 Abs. 1 S. 1 Alt. 2 GWB) mit Aussicht auf Erfolg gerügt werden.

b) Bewertungsrügen

81 Gegenstand der Rüge wird in der Regel (auch) die Bewertung der Selbstreinigungsmaßnahmen als zureichend oder unzureichend sein. Zu prüfen ist hier nicht unmittelbar das Vorliegen der Voraussetzungen des § 125 Abs. 1 S. 1 GWB, sondern die in der **Entscheidung nach § 125 Abs. 2 S. 2 GWB** Ausdruck findende Bewertung dieser Maßnahmen durch den öffentlichen Auftraggeber.[181]

82 Die Bewertung des öffentlichen Auftraggebers ist fehlerhaft, wenn er bei der Prognose, ob die von dem Unternehmen ergriffenen Selbstreinigungsmaßnahmen zureichend oder unzureichend zur Wiederherstellung seiner vergaberechtlichen Eignung sind, den ihm insoweit eingeräumten **Beurteilungsspielraum** nicht gewahrt hat. Das ist der Fall, wenn er bei seiner Bewertung von einem unzutreffenden Sachverhalt ausgegangen ist, in rechtsfehlerhafter Anwendung des § 125 Abs. 1 S. 1 GWB unzutreffend davon ausgegangen ist, Selbstreinigungs-

178 Vgl. OLG München, Beschluss v. 21.4.2006 – Verg 8/06, juris Rn. 46; VK Bund, Beschluss v. 12.6.2015 – VK 2-31/15; VK Niedersachsen, Beschluss v. 24.3.2011 – VgK-4/2011, juris Rn. 48; *Ohrtmann*, NZBau 2007, 278 (278); *Stein/Friton*, VergabeR 2010, 151 (162).

179 Vgl. etwa OLG Brandenburg, Beschluss v. 14.12.2007 – Verg W 21/07, juris Rn. 60; OLG Düsseldorf, Beschluss v. 9.4.2003 – VII-Verg 43/02, juris Rn. 25, 29, wo die Antragsbefugnis jeweils als selbstverständlich vorausgesetzt wird; ausdrücklich *Ohrtmann*, NZBau 2007, 278 (278); *Stein/Friton*, VergabeR 2010, 151 (162).

180 Vgl. bereits oben unter C.II.1.a), Rn. 70.

181 So schon zum bisherigen Recht OLG Brandenburg, Beschluss v. 14.12.2007 – Verg W 21/07, juris Rn. 60; OLG Düsseldorf, Beschluss v. 9.4.2003 – VII-Verg 43/02, juris Rn. 25.

maßnahmen seien erbracht oder nicht erbracht, seine Einschätzung, ob die von dem Unternehmen ergriffenen Selbstreinigungsmaßnahmen zureichend oder unzureichend sind, nicht an dem sich aus § 125 Abs. 1 S. 1, Abs. 2 S. 1 Hs. 2 GWB ergebenden Beurteilungsmaßstab ausgerichtet hat oder seine Wertung von sachwidrigen Erwägungen beeinflusst ist.[182]

Die Bewertung des öffentlichen Auftraggebers weist zunächst Mängel auf, wenn er von einer **unzutreffenden Tatsachengrundlage** ausgegangen ist,[183] sei es, dass er entscheidungserhebliche Tatsachen nicht berücksichtigt hat, sei es, dass er falsche Tatsachen zugrunde gelegt hat.[184] Auch Unklarheiten bei der Feststellung des Sachverhalts können die Tragfähigkeit der darauf gestützten Bewertung in Zweifel ziehen. Von welchem Sachverhalt der öffentliche Auftraggeber auszugehen hat, liegt weder in seinem Ermessen noch kommt ihm insoweit ein Beurteilungsspielraum zu. Sind die tatsächlichen Grundlagen der Bewertung zwischen den Beteiligten streitig, so sind die Nachprüfungsinstanzen gehalten, hier aufklärend tätig zu werden (§ 163 Abs. 1 GWB) und gegebenenfalls, soweit es darauf ankommt, Beweis zu erheben.[185] Hierbei haben sie aber zu berücksichtigen, dass die Selbstreinigungsmaßnahmen nur im Sinne des § 125 Abs. 1 S. 1 GWB nachzuweisen sind, es also genügt, wenn sie glaubhaft gemacht sind.[186] Grundlage und Ausgangspunkt der Prüfung, ob die Bewertung des öffentlichen Auftraggebers Bestand haben kann, hat damit jeweils die Feststellung des zugrunde zu legenden Sachverhalts zu sein.[187] 83

Die Bewertung der Selbstreinigungsmaßnahmen ist weiter dann fehlerhaft, wenn der öffentliche Auftraggeber den **Sachverhalt unzutreffend rechtlich gewürdigt** hat. Er hat zu prüfen, ob das Unternehmen die in § 125 Abs. 1 S. 1 Nr. 1 bis 3 GWB aufgeführten Selbstreinigungsmaßnahmen nachgewiesen hat. Hierbei stehen ihm **weder Ermessen noch Beurteilungsspielraum** zu.[188] Ob das Unternehmen die nach § 125 Abs. 1 S. 1 Nr. 1 GWB geforderte Schadenswiedergutmachung erbracht, die ihm nach § 125 Abs. 1 S. 1 Nr. 2 GWB abverlangte aktive Sachaufklärung geleistet und im Sinne von § 125 Abs. 1 S. 1 Nr. 3 GWB technische, organisatorische und personelle Maßnahmen ergriffen hat, die geeignet sind, weitere Straftaten oder weiteres Fehlverhalten zu vermeiden, unterliegt mithin der vollen Rechtskontrolle durch die Nachprüfungsinstanzen. Der Beurteilungsspielraum des öffentlichen Auftraggebers besteht unter Beachtung der Vorgaben des § 125 Abs. 1 S. 1, Abs. 2 S. 1 Hs. 2 GWB nur für die 84

182 Die genannten Vorgaben entsprechen den Vorgaben zur eingeschränkten Überprüfbarkeit der Bewertung von Selbstreinigungsmaßnahmen nach bisherigem Recht, vgl. nur OLG Naumburg, Beschluss v. 22.9.2014 – 2 Verg 2/13, juris Rn. 21; OLG München, Beschluss v. 22.11.2012 – Verg 22/12, juris Rn. 50 bis 55; KG, Beschluss v. 27.11.2008 – 2 Verg 4/08, juris Rn. 3; OLG Celle, Beschluss v. 11.3.2004 – 13 Verg 3/04, juris Rn. 27; OLG Düsseldorf, Beschluss v. 4.9.2002 – Verg 37/02, Rn. 31; *Scherer-Leydecker*, in: Heuvels/Höß/Kuß/Wagner, Vergaberecht, § 6 VOB/A Rn. 92; *Müller-Wrede*, in: Müller-Wrede, VOL/A, § 6 EG Rn. 77; *ders.*, in: Müller-Wrede, GWB-Vergaberecht, § 97 Rn. 37; *Weyand*, Vergaberecht, § 97 GWB Rn. 716. Sie entsprechen auch den allgemeinen Anforderungen an die Überprüfung von Bewertungen des öffentlichen Auftraggebers im Rahmen eines ihnen eingeräumten Beurteilungsspielraums, vgl. BGH, Urteil v. 17.2.1999 – X ZR 101/97, juris Rn. 26.

183 Vgl. OLG München, Beschluss v. 22.11.2012 – Verg 22/12, juris Rn. 48; OLG Düsseldorf, Beschluss v. 9.6.2010 – VII-Verg 14/10, juris Rn. 44; VK Düsseldorf, Beschluss v. 13.3.2006 – VK-8/2006, juris Rn. 66.

184 Vgl. beispielhaft für eine Prüfung der tatsächlichen Grundlagen einer Prognoseentscheidung VG Düsseldorf, Urteil v. 24.3.2015 – 20 K 6764/13, juris Rn. 114 bis 120.

185 So etwa in der Sache OLG Düsseldorf, Beschluss v. 9.4.2003 – VII-Verg 66/02, juris Rn. 86 ff.; zu den bei einer Beweisaufnahme gegebenenfalls zu berücksichtigenden Umständen OLG Naumburg, Beschluss v. 22.9.2014 – 2 Verg 2/13, juris Rn. 25.

186 Vgl. im Einzelnen oben unter B.IV., Rn. 51. Nach OLG Saarbrücken, Beschluss v. 29.1.2003 – 1 Verg 4/03, ist eine Zeugenvernehmung entbehrlich, wenn der Aktenlage ein konkreter, ohne Weiteres greifbarer Sachverhalt entnommen werden kann, der sich aus seriösen Quellen speist; ebenso KG, Beschluss v. 27.11.2008 – 2 Verg 4/08, juris Rn. 24.

187 Sehr klar zum bisherigen Recht OLG München, Beschluss v. 22.11.2012 – Verg 22/12, juris Rn. 48 f.; OLG Düsseldorf, Beschluss v. 9.4.2003 – VII-Verg 43/02, juris Rn. 26 bis 28.

188 Vgl. im Einzelnen bereits oben C.I.3.b), Rn. 61 ff.

Bewertung der danach festzustellenden Selbstreinigungsmaßnahmen als zureichend oder unzureichend.[189]

85 Die **Bewertung** der Selbstreinigungsmaßnahmen durch den öffentlichen Auftraggeber ist **fehlerhaft**, wenn sie sich nicht am Maßstab der §§ 125 Abs. 1 S. 1, Abs. 2 S. 1 Hs. 2 GWB ausgerichtet hat.[190] Hat die Prüfung ergeben, dass das Unternehmen Selbstreinigungsmaßnahmen nach § 125 Abs. 1 S. 1 Nr. 1 bis 3 GWB ergriffen hat, sind grundsätzlich die Voraussetzungen für die Wiederherstellung der Eignung erfüllt und ist für die Wertung, die Maßnahmen seien unzureichend, nur im Hinblick auf die präventiven Maßnahmen nach § 125 Abs. 1 S. 1 GWB Raum, wenn sich die Prognose, dass diese Maßnahmen zur Vermeidung weiteren Fehlverhaltens genügen, nicht getroffen werden kann.[191] Die hierfür maßgeblichen Erwägungen müssen die Vorgaben des § 125 Abs. 2 S. 1 Hs. 2 GWB berücksichtigen, also die Schwere und besonderen Umstände des Fehlverhaltens, und dürfen nicht sachwidrig sein.[192]

c) Erheblichkeit der Mängel

86 Hat der öffentliche Auftraggeber die Bewertung danach nicht oder nicht fehlerfrei vorgenommen, ist es grundsätzlich geboten, das Vergabeverfahren zu dem Zeitpunkt der Entscheidung über die Eignung zurückzuversetzen, damit der öffentliche Auftraggeber die Prüfung und Bewertung der Selbstreinigungsmaßnahmen nachholen kann.[193] Das ist nur dann anders, wenn trotz einzelner Zweifel an der Richtigkeit der der Beurteilung zugrunde liegenden Feststellungen die Bewertung insgesamt nicht zu beanstanden ist,[194] ferner dann, wenn sich aufgrund der Umstände, die sich in dem Nachprüfungsverfahren herausgestellt oder in Form von erst zu diesem Zeitpunkt ergriffenen Selbstreinigungsmaßnahmen ergeben haben,[195] der Beurteilungsspielraum des öffentlichen Auftraggebers derart verengt hat, dass nur die Bewertung der Selbstreinigungsmaßnahmen als zureichend oder unzureichend begründbar wäre.[196] Insoweit kann noch bis zur letzten mündlichen Verhandlung im Nachprüfungsverfahren eine von der Nachprüfungsinstanz ersetzte[197] oder von dem öffentlichen Auftraggeber noch im letzten Termin zur mündlichen Verhandlung vorgenommene Entscheidung[198] ergehen.

II. Rechtsschutz außerhalb des anhängigen Vergabeverfahrens

87 Da Selbstreinigungsmaßnahmen in konkret anhängigen Vergabeverfahren nach den §§ 97 ff. GWB zwingend zu berücksichtigen sind,[199] besteht grundsätzlich kein Anlass für rechtliche Auseinandersetzungen außerhalb anhängiger Vergabeverfahren.

---

189 Vgl. im Einzelnen bereits oben C.I.3.b), Rn. 65. Abgesehen davon, dass § 125 Abs. 1 S. 1 GWB nicht zu entnehmen ist, dass dem öffentlichen Auftraggeber auch für die Bewertung der seiner Prognoseentscheidung zugrunde zu legenden Grundlage ein Beurteilungsspielraum eingeräumt wäre, wäre dies auch mit Sinn und Zweck des Vergaberechts nicht zu vereinbaren; dessen Funktion, die Chancengleichheit unter den Bewerbern zu sichern, verlangt eine Vergabeentscheidung, die in Anbindung an die rechtlichen Vorgaben – hier aus § 125 Abs. 1 S. 1 GWB – und frei von willkürlichen Ergebnissen möglicher Wertungen in einem rechtsförmigen Verfahren ergeht, vgl. BGH, Urteil v. 17.2.1999 – X ZR 101/97, juris Rn. 25.

190 Vgl. bereits oben C.I.3.b), Rn. 65.

191 Dies war bereits nach bisherigem Recht der Bezugspunkt der Prognose, vgl. OLG Düsseldorf, Beschluss v. 9.6.2010 – VII-Verg 14/10, juris Rn. 46 f.; OLG Brandenburg, Beschluss v. 14.12.2007 – Verg W 21/07, juris Rn. 75.

192 Vgl. beispielhaft für eine unzureichende Nutzung des Beurteilungsspielraums VG Düsseldorf, Urteil v. 24.3.2015 – 20 K 6764/13, juris Rn. 133.

193 Vgl. zum bisherigen Recht OLG Koblenz, Beschluss v. 25.2.2015 – Verg 5/14, juris Rn. 5; OLG Frankfurt, Beschluss v. 20.7.2004 – 11 Verg 6/04, juris Rn. 70; OLG Düsseldorf, Beschluss v. 9.4.2003 – VII-Verg 43/02, juris Rn. 25; VK Düsseldorf, Beschluss v. 13.3.2006 – VK-8/2006, juris Rn. 71 f.

194 Vgl. OLG Düsseldorf, Beschluss v. 9.4.2003 – VII-Verg 66/02, juris Rn. 91 ff.

195 OLG Düsseldorf, Beschluss v. 18.7.2001 – Verg 16/01, juris Rn. 40.

196 Vgl. zum bisherigen Recht OLG Düsseldorf, Beschluss v. 9.4.2003 – VII-Verg 66/02, juris Rn. 105 f.

197 So in den Sachen OLG Düsseldorf, Beschluss v. 9.4.2003 – VII-Verg 66/02, juris Rn. 106; Beschluss v. 18.7.2001 – Verg 16/01, juris Rn. 40.

198 So in der Sache OLG München, Beschluss v. 22.11.2012 – Verg 22/12, juris Rn. 53, 59.

199 Vgl. oben unter A.IV.2., Rn. 17, und B.I., Rn. 19.

88 Das ist nur insoweit anders, als Unternehmen der **Zugang zu Vergabeverfahren allgemein durch Vergabesperren versagt** werden soll.[200] Hiergegen können die Unternehmen mit Aussicht auf Erfolg vor den Zivilgerichten vorgehen.[201] Das für die Zulässigkeit solcher Klagen erforderliche allgemeine Rechtsschutzbedürfnis leitet sich aus der schon faktisch von einer Vergabesperre für die Teilnahme an Vergabeverfahren ausgehenden Beeinträchtigung her.[202] Entsprechende Klagen können begründet sein, soweit die Vergabesperre vergaberechtswidrig ist.[203] Ein vergaberechtlicher Nachprüfungsantrag gegen eine Vergabesperre ist dagegen unstatthaft, weil ein solcher Antrag nach § 156 Abs. 1 GWB nur im Rahmen eines anhängigen Vergabeverfahrens vorgesehen ist.[204] Streitigkeiten um die allgemeine Anerkennung von Selbstreinigungsmaßnahmen im Rahmen von Präqualifikations- oder Zertifizierungssystemen[205] dürften regelmäßig verwaltungsgerichtlich zu klären sein.[206]

Anlage

Gesetzesbegründung (BT-Drs. 18/6281)

Seite 107

Die Regelung in Artikel 57 Absatz 6 der Richtlinie 2014/24/EU zur Selbstreinigung stellt die erste Kodifizierung dieses Instruments auf europäischer Ebene dar. In Deutschland – wie in den meisten Mitgliedstaaten – gab es bisher keine gesetzliche Regelung zur Selbstreinigung. Die deutsche Rechtsprechung, unterstützt von der Literatur, hat aber die Möglichkeit einer Selbstreinigung zu einem allgemein akzeptierten Instrument entwickelt und die dafür zu erfüllenden Voraussetzungen herausgearbeitet. Diese Rechtsprechung und Literatur hat die Regelung zur Selbstreinigung in der neuen europäischen Richtlinie mitgeprägt.

Unter Selbstreinigung sind Maßnahmen zu verstehen, die ein Unternehmen ergreift, um seine Integrität wiederherzustellen und eine Begehung von Straftaten oder schweres Fehlverhalten in der Zukunft zu verhindern. Liegt ein fakultativer oder obligatorischer Ausschlussgrund vor, ist das Unternehmen dennoch nicht vom Vergabeverfahren auszuschließen, wenn es ausreichende Selbstreinigungsmaßnahmen durchgeführt hat. Selbstreinigungsmaßnahmen, die eine Wiederherstellung der Zuverlässigkeit dauerhaft gewährleisten, haben bereits nach bisheriger Rechtsprechung Einfluss auf die Prognoseentscheidung, ob ein Unternehmen als zuverlässig angesehen werden kann (OLG Düsseldorf, Beschluss vom 9. April 2003 – Verg 43/02; OLG Frankfurt, Beschluss vom 20. Juli 2004 – 11 Verg 6/04). Hat ein Unternehmen, bei dem ein Ausschlussgrund vorliegt, Maßnahmen ergriffen, die dazu führen, dass sich ein in der Vergangenheit liegendes Fehlverhalten höchstwahrscheinlich nicht wiederholen wird, darf aus dem Fehlverhalten nicht mehr die fehlende Zuverlässigkeit des Unternehmens für die Zukunft abgeleitet werden. Es gibt dann keinen Grund mehr, das Unternehmen von der Teilnahme an einem Vergabeverfahren auszuschließen.

---

200 Zur Unzulässigkeit solcher Vergabesperren bereits oben A.IV.2.c), Rn. 17.

201 *Opitz*, in: Dreher/Motzke, Vergaberecht, § 97 GWB Rn. 67; *Freund/Kallmeyer/Kraft*, Korruption und Kartelle bei Auftragsvergaben, 183; *Freund*, VergabeR 2007, 311 (322). Ist ein eine Vergabesperre anordnender Verwaltungsakt ergangen und richtet sich das Unternehmen hiergegen, ist allerdings der Verwaltungsrechtsweg gegeben, vgl. VG Düsseldorf, Urteil v. 24.3.2015 – 20 K 6764/13, juris Rn. 35. Nach der rechtlichen Form der Vergabesperre unterscheidet wohl auch *Wimmer*, Zuverlässigkeit im Vergaberecht, S. 132.

202 KG, Urteil v. 17.1.2011 – 2 U 4/06 Kart, juris Rn. 101.

203 *Freund*, VergabeR 2007, 311 (323).

204 So zutreffend KG, Urteil v. 17.1.2011 – 2 U 4/06 Kart, juris Rn. 97; VG Düsseldorf, Urteil v. 24.3.2015 – 20 K 6764/13, juris Rn. 47; *Freund*, VergabeR 2007, 311 (323); a.A. wohl *Burgi*, NZBau 2014, 595 (601), in der Annahme, eine Vergabesperre könne im Sinne des § 156 Abs. 1 GWB eine Handlung in einem Vergabeverfahren sein.

205 Nach der Gesetzesbegründung zu § 125 Abs. 2 GWB, BT-Drs. 18/6281, 110, können solche Mechanismen eingeführt werden, um den öffentlichen Auftraggebern die Prüfung und den Unternehmen den Nachweis der Selbstreinigungsmaßnahmen zu erleichtern.

206 Vgl. *Freund/Kallmeyer/Kraft*, Korruption und Kartelle bei Auftragsvergaben, 188; *Freund*, VergabeR 2007, 311 (324), für ähnliche Streitigkeiten um die Eintragung in ein Vergaberegister; ebenso *Wimmer*, Zuverlässigkeit im Vergaberecht, S. 132.

Zu Absatz 1

Artikel 57 Absatz 6 Unterabsatz 1 Satz 2 der Richtlinie 2014/24/EU begründet einen Rechtsanspruch des Unternehmens, trotz des Vorliegens eines Ausschlussgrundes nicht von einem Vergabeverfahren ausgeschlossen zu werden, wenn es ausreichende Maßnahmen zur Wiederherstellung seiner Integrität nachgewiesen hat. Zwar hat der öffentliche Auftraggeber einen weiten Beurteilungsspielraum, ob die vom Unternehmen durchgeführten Selbstreinigungsmaßnahmen ausreichend sind. Wenn ein Unternehmen aber ausreichende Selbstreinigungsmaßnahmen nachgewiesen hat, darf der öffentliche Auftraggeber das Unternehmen trotz des Vorliegens eines Ausschlussgrundes – auch eines zwingenden Ausschlussgrundes – nicht wegen Unzuverlässigkeit von der Teilnahme am Vergabeverfahren ausschließen. Dem öffentlichen Auftraggeber steht diesbezüglich kein Ermessen zu.

Die zwingende Verpflichtung, Selbstreinigungsmaßnahmen zu berücksichtigen, ergibt sich auch aus den betroffenen Grundrechten. Der Ausschluss eines Unternehmens, das ausreichende Maßnahmen zur Selbstreinigung getroffen und damit seine Integrität wieder hergestellt hat, wäre nicht geeignet, die Funktionsfähigkeit der Verwaltung und der öffentlichen Haushalte sowie den fairen Wettbewerb zu schützen oder Wirtschaftskriminalität zu bekämpfen; der Ausschluss wäre daher in einem solchen Fall nicht verhältnismäßig.

Das Unternehmen hat ein Prüfungsrecht hinsichtlich der von ihm durchgeführten Selbstreinigungsmaßnahmen. Wie Erwägungsgrund 102 der Richtlinie 2014/24/EU klarstellt, sollen Unternehmen beantragen können, dass die im Hinblick auf ihre etwaige Zulassung zum Vergabeverfahren getroffenen Compliance-Maßnahmen auch tat-

Seite 108

sächlich geprüft werden. Die Richtlinie stellt es – so ausdrücklich Erwägungsgrund 102 – dabei den Mitgliedstaaten anheim, welche genauen verfahrenstechnischen Bedingungen sie für die Prüfung von Selbstreinigungsmaßnahmen vorsehen. Nach der in § 125 getroffenen Regelung steht dem Unternehmen aber kein abstraktes, von der Durchführung eines konkreten Vergabeverfahrens unabhängiges Prüfungsrecht gegenüber öffentlichen Auftraggebern zu. Die getroffenen Selbstreinigungsmaßnahmen sind nur im Hinblick auf die Prüfung der Zuverlässigkeit eines Bewerbers oder Bieters, bei dem ein Ausschlussgrund vorliegt, in einem konkreten Vergabeverfahren von Bedeutung.

Es obliegt dem Unternehmen, das trotz des Vorliegens eines Ausschlussgrundes an einem Vergabeverfahren teilnehmen will, nachzuweisen, welche Selbstreinigungsmaßnahmen es vorgenommen hat und dass die vorgenommenen Maßnahmen zur Wiederherstellung seiner Integrität ausreichend sind. Das Unternehmen trägt die Darlegungs- und Beweislast für eine erfolgreiche Selbstreinigung, da es mit dem ihm zurechenbaren Delikt oder Fehlverhalten die Ursache für die Notwendigkeit einer Selbstreinigung gesetzt hat. Dabei muss das Unternehmen auch zumindest die Umrisse der den Ausschlussgrund begründenden Straftat bzw. des Fehlverhaltens gegenüber dem öffentlichen Auftraggeber darlegen, damit der öffentliche Auftraggeber die durchgeführten Selbstreinigungsmaßnahmen gemäß § 125 Absatz 2 unter Berücksichtigung der Schwere und besonderen Umstände der Straftat oder des Fehlverhaltens bewerten kann.

§ 125 Absatz 1 setzt Artikel 57 Absatz 6 Unterabsatz 2 der Richtlinie 2014/24/EU um und Absatz 2 setzt Artikel 57 Absatz 6 Unterabsatz 3 der Richtlinie 2014/24/EU um. Da es in Deutschland keine durch gerichtliche Entscheidung verhängten Ausschlüsse von Vergabeverfahren gibt, wurde von einer Umsetzung von Artikel 57 Absatz 6 Unterabsatz 4 abgesehen.

Zu Nummer 1

Die Verpflichtung, den Schaden zu ersetzen, der durch die dem Unternehmen zuzurechnende Straftat oder das Fehlverhalten dem öffentlichen Auftraggeber oder einem anderen entstanden ist, war bisher umstritten, wenn auch durch Rechtsprechung und Literatur überwiegend anerkannt. Artikel 57 Absatz 6 der Richtlinie 2014/24/EU statuiert nunmehr, dass jeder Schaden ersetzt werden muss, der durch die Straftat oder das Fehlverhalten des Unternehmens verursacht wurde. Alternativ genügt es auch, wenn sich das Unternehmen zur Zahlung eines Ausgleichs verpflichtet hat, es also die Verpflichtung zur Leistung eines Schadensersatzes dem Grunde und der Höhe nach verbindlich anerkannt hat.

Dabei kann nicht nur der Ausgleich eines rechtskräftig festgestellten Schadens verlangt werden. Vielmehr muss das Unternehmen unabhängig vom Vorliegen einer rechtskräftigen Gerichtsentscheidung nachweisen, dass es den durch die Straftat oder das Fehlverhalten verursachten Schaden ersetzt bzw. seine Schadensersatzpflicht anerkannt hat.

Ist eine Schadensersatzforderung zwar dem Grunde nach unstreitig berechtigt, besteht aber über die Höhe des Schadens Unklarheit oder Streit, kann es für die Anerkennung von Selbstreinigungsmaßnahmen unter Umständen ausreichen, wenn das Unternehmen seine Verpflichtung zur Schadensersatzleistung dem Grunde nach anerkennt. Falls die genaue Bezifferung des Schadens noch nicht möglich ist bzw. an Umständen scheitert, die nicht dem Unternehmen zugerechnet werden können, oder falls die Höhe der Schadensersatzforderungen streitig ist, kann es unverhältnismäßig sein, dem Unternehmen allein aus diesem Grund eine Selbstreinigung zu verweigern. Von einem Unternehmen kann nicht verlangt werden, dass es Schadensersatzforderungen anerkennt oder ausgleicht, die nicht substantiiert und möglicherweise unbegründet sind, damit seine Selbstreinigungsmaßnahmen als ausreichend angesehen werden. Das Recht des Unternehmens, einen streitigen Schadensersatzanspruch vor einem Gericht im Rahmen eines Schadensersatzprozesses zu klären, wird durch die Regelung zur Selbstreinigung nicht beeinträchtigt. Daher kann unter Umständen, wenn der verursachte Schaden nicht offensichtlich und unstreitig ist, der Ersatz nur des unstreitig entstandenen Schadens und bzw. oder eine Anerkennung der Verpflichtung zum Ausgleich des Schadens nur dem Grunde nach ausreichen. Insbesondere bei Kartellverstößen kann es angesichts der dabei häufig schwierigen Feststellung des Gesamtschadens und der Identität der einzelnen Gläubiger unter Umständen ausreichend für die Selbstreinigung sein, wenn das Unternehmen sich generell zum Ersatz des durch seine Beteiligung an einem Kartell entstandenen Schadens bereit erklärt beziehungsweise gegenüber Gläubigern, die konkret Schadensersatzforderungen geltend machen, die Verpflichtung zum Ausgleich des Schadens dem Grunde nach anerkennt.

Seite 109

Allerdings kann von dem Unternehmen – wie sich aus Nummer 2 ergibt – grundsätzlich eine Mitwirkung bei der Aufklärung der Schadenshöhe verlangt werden. Die generelle Pflicht zur Mitwirkung bei der Sachverhaltsaufklärung gilt umfassend für alle Tatsachen und Umstände der Straftat oder des Fehlverhaltens und damit grundsätzlich auch für die Höhe des durch die Straftat oder das Fehlverhalten verursachten Schadens.

Zu Nummer 2

Auch die deutsche Rechtsprechung und Literatur stellten bisher schon als weiteres Kriterium für eine erfolgreiche Selbstreinigung darauf ab, ob ein Unternehmen sich ernsthaft und nachdrücklich darum bemüht hat, die Vorgänge aufzuklären, auf denen das Vorliegen eines Ausschlussgrundes beruht. Ohne Aufklärung der Vorgänge ist eine Vermeidung künftiger Straftaten oder künftigen Fehlverhaltens nicht möglich. Dabei ist es nicht erforderlich, dass das Unternehmen sämtliche Vorwürfe einräumt. Das Unternehmen muss sich aber aktiv, ernsthaft und erkennbar um eine umfassende Sachverhaltsaufklärung bemühen. Aufgeklärt werden müssen die Tatsachen und Umstände, die das Vorliegen eines Ausschlussgrundes begründen bzw. mit der Straftat oder dem Fehlverhalten zusammenhängen, einschließlich der Schadensumstände.

In Artikel 57 Absatz 6 Unterabsatz 2 der Richtlinie 2014/24/EU ist ausdrücklich festgelegt, dass zur Sachverhaltsaufklärung eine aktive Zusammenarbeit mit den „Ermittlungsbehörden" erfolgen muss. Der Richtlinienbegriff der Ermittlungsbehörden ist dabei weit zu verstehen. Zur Aufklärung des Sachverhalts muss das Unternehmen zum einen mit den Ermittlungsbehörden im engeren Sinne aktiv zusammenarbeiten. Zum anderen muss es aber auch mit dem öffentlichen Auftraggeber zur Aufklärung des Sachverhalts aktiv zusammenarbeiten (so bisher schon zur früheren Rechtslage OLG Düsseldorf, Beschluss vom 9. April 2003 – Verg 66/02; Beschluss vom 28. Juli 2004 – Verg 42/05; LG Berlin, Urteil vom 22. März 2006 – 23 O 118/04). Für dieses weite Verständnis des in Artikel 57 Absatz 6 der Richtlinie 2014/24/EU verwandten Begriffs der „Ermittlungsbehörden" spricht neben dem Sinn und Zweck der Regelung insbesondere auch die englische Sprachfassung der Richtlinie, in der von „investigating authorities" die Rede ist, sowie die französische Sprachfassung, die von „autorités chargées de l'enquête" spricht. Diese Sprachfassungen legen nahe, dass nicht „Ermittlungsbehörden" im engeren Sinne, sondern „ermittelnde Behörden" gemeint sind. Der öffentliche Auftraggeber muss zur Prüfung der Zuverlässigkeit des Bieters in der Lage sein, die durchgeführten Selbstreinigungsmaßnahmen vor dem Hintergrund des bestehenden Ausschlussgrundes zu beurteilen. Da der Bieter, bei dem ein Ausschlussgrund vorliegt, mit seinem Delikt oder Fehlverhalten die Ursache für die Notwendigkeit einer Selbstreinigungsprüfung gesetzt hat, muss er auch den das Vergabeverfahren durchführenden öffentlichen Auftraggeber durch aktive Zusammenarbeit in die Lage versetzen zu bewerten, ob die ergriffenen Selbstreinigungsmaßnahmen unter Berücksichtigung der Schwere und der besonderen Umstände der Straftat oder des Fehlverhaltens ausreichend sind (vgl. § 125 Absatz 2). Eine Sachverhaltsaufklärungspflicht im Hinblick auf alle Details der Straftat oder des Fehlverhaltens besteht gegenüber dem öffentlichen Auftraggeber aber nicht, sondern nur hinsichtlich der für seine Prüfung relevanten Umstände.

Eine umfassende Sachverhaltsaufklärung durch aktive Zusammenarbeit mit externen Stellen setzt voraus, dass das Unternehmen zunächst intern die zur Sachverhaltsaufklärung notwendigen Maßnahmen ergriffen hat. Zu dieser notwendigen internen Sachverhaltsaufklärung können insbesondere auch eine interne Revision und bzw. oder die Durchführung einer Sonderprüfung durch vom Unternehmen unabhängige Personen gehören.

Zu Nummer 3

Als dritte Voraussetzung für eine ausreichende Selbstreinigung führt Artikel 57 Absatz 6 Unterabsatz 2 der Richtlinie 2014/24/EU an, dass das Unternehmen konkrete technische, organisatorische und personelle Maßnahmen ergriffen hat, die geeignet sind, weitere Straftaten oder Fehlverhalten zu vermeiden. Welche aus dem breiten Spektrum von infrage kommenden Maßnahmen dabei im Einzelnen erforderlich sind, hängt vom jeweiligen Einzelfall ab. Die ergriffenen technischen, organisatorischen und personellen Maßnahmen müssen jedenfalls konkreter Art und dazu geeignet sein, das Ziel der Vermeidung weiterer Straftaten oder Fehlverhalten zu erreichen. Dabei müssen die Maßnahmen nicht nur generell der Begehung von Straftaten entgegenwirken, sondern auch konkret geeignet sein, eine erneute Begehung der gleichen Straftat zu vermeiden bzw. ausreichende Garantien bieten, dass ein derartiges Fehlverhalten nicht erneut vorkommt. Hierbei handelt es sich um eine Prognoseentscheidung des jeweiligen öffentlichen Auftraggebers.

Rechtsprechung und Literatur haben Fallgruppen und Hinweise für derartige Selbstreinigungsmaßnahmen erarbeitet. Dabei handelt es sich um sogenannte Compliance-Maßnahmen im weitesten Sinne. Erwägungsgrund 102 der Richtlinie 2014/24/EU erläutert die infrage kommenden Compliance-Maßnahmen: „Bei diesen Maßnahmen kann es sich insbesondere um Personal- und Organisationsmaßnahmen handeln, wie den Abbruch aller Verbin-

Seite 110

dungen zu an dem Fehlverhalten beteiligten Personen oder Organisationen, geeignete Personalreorganisationsmaßnahmen, die Einführung von Berichts- und Kontrollsystemen, die Schaffung einer internen Audit-Struktur zur Überwachung der Compliance oder die Einführung interner Haftungs- und Entschädigungsregelungen. Soweit derartige Maßnahmen ausreichende Garantien bieten, sollte das jeweilige Unternehmen nicht länger alleine aus diesen Gründen ausgeschlossen werden." Diese Auflistung möglicher Maßnahmen ist beispielhaft und weder verbindlich noch abschließend.

Für die Selbstreinigung einer juristischen Person ist es in jedem Fall erforderlich, dass auch personelle Maßnahmen ergriffen werden, da diese für die erfolgreiche Wiederherstellung der Zuverlässigkeit von herausragender Bedeutung sind. Welche personellen Konsequenzen jeweils erforderlich sind, hängt von den Umständen des Einzelfalls ab, wozu es eine umfassende Rechtsprechung gibt.

Das Unternehmen muss außerdem strukturelle und organisatorische Maßnahmen ergreifen, die geeignet sind, weitere Straftaten oder Fehlverhalten wirksam zu verhindern. Die Einführung eines sogenannten Compliance Management Systems (bzw. die Veränderung eines bereits bestehenden Systems) kann diese technischen und organisatorischen Maßnahmen umfassen. Faktoren wie Größe, Struktur und Tätigkeitsbereich des Unternehmens, die Art des Delikts oder Fehlverhaltens und die Funktion der verurteilten Personen spielen eine wesentliche Rolle bei der Beurteilung der im Einzelfall erforderlichen Selbstreinigungsmaßnahmen.

§ 125 Absatz 1 Satz 2 stellt klar, dass der in § 123 Absatz 4 Satz 2 geregelte spezielle Selbstreinigungstatbestand für den zwingenden Ausschlussgrund der Nichtzahlung von Steuern oder Sozialversicherungsbeiträgen dem allgemeinen Selbstreinigungstatbestand nach § 125 vorgeht.

Zu Absatz 2

Die Richtlinie 2014/24/EU überlässt es in Artikel 57 Absatz 7 Satz 1 – wie auch der Erwägungsgrund 102 ausdrücklich klarstellt – den Mitgliedstaaten, die genauen verfahrenstechnischen und inhaltlichen Bedingungen zu bestimmen, die für die Prüfung von Selbstreinigungsmaßnahmen gelten sollen. Gemäß Erwägungsgrund 102 soll es den Mitgliedstaaten insbesondere freistehen zu entscheiden, ob es den jeweiligen öffentlichen Auftraggebern überlassen wird, die einschlägigen Bewertungen vorzunehmen, oder ob sie diese Bewertungen anderen Behörden auf zentraler oder dezentraler Ebene überträgt.

Grundsätzlich muss jeder einzelne öffentliche Auftraggeber sowohl die Prüfung eines Ausschlusses aufgrund des Vorliegens von Ausschlussgründen als auch gegebenenfalls die Prüfung von durchgeführten Selbstreinigungsmaßnahmen in eigener Verantwortung vornehmen, denn beides gehört zusammen. Um den öffentlichen Auftraggebern die Prüfung durchgeführter Selbstreinigungsmaßnahmen und den Bietern den Nachweis einer erfolgreichen Selbstreinigung zu erleichtern, kommen verschiedene Wege in Betracht. So könnte die Prüfung durchgeführter Selbstreinigungsmaßnahmen in einem Land bei einzelnen Landesbehörden gebündelt werden. Ferner könnten Präqualifizierungsstellen hierbei eine entsprechende Funktion übernehmen. Es wäre aber etwa auch an die Möglichkeit einer Zertifizierung von Selbstreinigungsmaßnahmen durch eine unabhängige, dafür akkreditierte Stelle zu denken. Dabei würde das Unternehmen die Zertifizierung der von ihm durchgeführten Maßnahmen freiwillig beauftragen und die Anerkennung eines solchen Zertifikats würde im Ermessen des öffentlichen Auftraggebers stehen.

Absatz 2 setzt Artikel 57 Absatz 6 Unterabsatz 3 der Richtlinie 2014/24/EU um. Bei der Bewertung, ob die ergriffenen Selbstreinigungsmaßnahmen ausreichend sind, um die Integrität des Unternehmens wiederherzustellen und ausreichende Garantien zu bieten, dass von ihm in Zukunft höchstwahrscheinlich keine Gefahr der Begehung von Straftaten oder eines Fehlverhaltens mehr ausgeht, ist danach der Einzelfall zu berücksichtigen. Dabei müssen sowohl die Schwere als auch die besonderen Umstände der Straftat oder des Fehlverhaltens im Hinblick auf den zu vergebenden Auftrag Berücksichtigung finden. Es handelt sich um eine auf das konkrete Vergabeverfahren bezogene Prognoseentscheidung. Bei Vorliegen eines obligatorischen Ausschlussgrundes sind daher höhere Anforderungen an die Selbstreinigungsmaßnahmen zu stellen als bei Vorliegen eines fakultativen Ausschlussgrundes. Je nachdem, um welchen Ausschlussgrund es sich handelt, werden die erforderlichen Selbstreinigungsmaßnahmen unterschiedlich sein. Ferner hängen die erforderlichen Selbstreinigungsmaßnahmen unter anderem davon ab, ob es sich um einen Einzelfall oder um systematisches Fehlverhalten handelt, wie hoch der entstandene Schaden ist und wieviel Zeit seit dem Delikt bzw. dem Fehlverhalten verstrichen ist.

§ 126
Zulässiger Zeitraum für Ausschlüsse

Wenn ein Unternehmen, bei dem ein Ausschlussgrund vorliegt, keine oder keine ausreichenden Selbstreinigungsmaßnahmen nach § 125 ergriffen hat, darf es

1. **bei Vorliegen eines Ausschlussgrundes nach § 123 höchstens fünf Jahre ab dem Tag der rechtskräftigen Verurteilung von der Teilnahme an Vergabeverfahren ausgeschlossen werden,**
2. **bei Vorliegen eines Ausschlussgrundes nach § 124 höchstens drei Jahre ab dem betreffenden Ereignis von der Teilnahme an Vergabeverfahren ausgeschlossen werden.**

Übersicht

	Rn.
A. Allgemeines	1
I. Bedeutung	1
II. Regelungsüberblick	5
III. Anwendungsbereich	6
1. Auftrags- und Konzessionsvergaben	6
2. Besondere Ausschlussfristen außerhalb des GWB	7
B. Höchstfristen für Ausschlüsse	9
I. Rechtsfolge – Unzulässigkeit des Ausschlusses	9
II. Voraussetzungen	10
1. Höchstfrist bei zwingenden Ausschlussgründen	11
a) Fristbeginn	12
b) Fristablauf	15
2. Höchstfrist bei fakultativen Ausschlussgründen	17
a) Fristbeginn	18
aa) § 124 Abs. 1 Nr. 1 GWB	21
bb) § 124 Abs. 1 Nr. 2 GWB	22
cc) § 124 Abs. 1 Nr. 3 GWB	24
dd) § 124 Abs. 1 Nr. 4 GWB	25
ee) § 124 Abs. 1 Nr. 5 und Nr. 6 GWB	27
ff) § 124 Nr. 7 GWB	28
gg) § 124 Nr. 8 GWB	29
hh) § 124 Nr. 9 GWB	30
b) Fristablauf	31
C. Zulässiger Ausschlusszeitraum vor Ablauf der Höchstfristen	32
I. Erforderlichkeit der Prüfung	33
II. Ermittlung des zulässigen Ausschlusszeitraums	34
1. Bewertungskriterien	35
2. Bewertungsverfahren	39
D. Rechtsschutz	43
Anlage Gesetzesbegründung (BT-Drs. 18/6281)	

A. Allgemeines

I. Bedeutung

1 Während § 125 GWB die Zulässigkeit von Ausschlüssen inhaltlich durch die Aufhebung der Ausschlussgründe aufgrund von Selbstreinigungsmaßnahmen beschränkt, beschränkt § 126 GWB sie zeitlich.

2 Anders als bei der ebenfalls erstmals kodifizierten Selbstreinigung[1] handelt es sich aber um eine im bisherigen Vergaberecht zwar nicht unbekannte, aber weitgehend konturenlose Ausschlussschranke.[2] Im allgemeinen Kartellvergaberecht gab es keine Bestimmung zu den zeitlichen Grenzen von Ausschlüssen.[3] Nur in den Regelungen zu den in § 124 Abs. 2 GWB genannten besonderen Ausschlussgründen[4] sowie den Regelungen zu besonderen landesge-

1 Vgl. § 125 Rn. 1.
2 Vgl. *Wimmer*, Zuverlässigkeit im Vergaberecht, S. 81 f., der von einer *„unklaren Rechtslage"* spricht.
3 Dementsprechend war wegen der bestehenden Unklarheiten etwa bei der Bestimmung der maßgeblichen Zeiträume auch bereits gesetzgeberisches Handeln eingefordert worden, so von *Stein/Friton/Huttenlauch*, WuW 2012, 38 (44).
4 § 21 AEntG, § 98c AufenthG, § 19 MiLoG, § 21 SchwarzArbG.

setzlichen Ausschlussgründen[5] fanden und finden sich teils feste[6], teils flexible[7] zeitliche Grenzen für die in ihnen vorgesehenen Ausschlüsse. Darüber hinaus bestand nur Einvernehmen, dass es zeitliche Begrenzungen der Ausschlussmöglichkeiten geben müsse, während sich Kriterien für die Grenzziehung im Einzelfall kaum ausmachen ließen und lassen.[8] Die Auffassungen, was hier jeweils angemessen oder billig sein sollte, gingen erheblich auseinander.[9]

3 Mit § 126 GWB setzt der deutsche Gesetzgeber nunmehr die auch im **europäischen Recht** neuen Regelungen zu den zeitlichen Grenzen von Ausschlüssen in Art. 57 Abs. 7 S. 2 und S. 3 RL 2014/24/EU[10] um. Die zeitliche Begrenzung verleiht wie die inhaltliche nach § 125 GWB gleich mehreren **vergaberechtlichen Grundsätzen** Ausdruck, nämlich dem Verhältnismäßigkeitsgrundsatz, dem Gleichbehandlungsgrundsatz und dem Wettbewerbsgrundsatz.[11]

4 Mit der jetzt erfolgten Festlegung von Höchstfristen für einen Ausschluss ist zweifelsohne ein Zuwachs an **Rechtssicherheit** verbunden. Darüber hinaus wird klargestellt, dass auch **vor Ablauf der Höchstfristen** zeitliche Grenzen bei der Berücksichtigung von Ausschlussgründen bestehen, ohne dem Rechtsanwender allerdings – abgesehen von den Höchstfristen – insoweit Kriterien zur Bestimmung dieser Grenzen an die Hand zu geben; zu begrüßen ist immerhin, dass die Vorschrift der Diskussion und den hier zu erwartenden Streitigkeiten einen Ort verleiht.

II. Regelungsüberblick

5 § 126 GWB geht von der Situation aus, dass ein Unternehmen im Hinblick auf seinen drohenden Ausschluss von einem Vergabeverfahren keine oder keine ausreichenden Selbstreinigungsmaßnahmen nach § 125 GWB ergriffen hat, dass es also seine vergaberechtliche Eignung auf diese Weise nicht erfolgreich wiederherstellen konnte. Für diesen Fall sieht die Vorschrift bei den zwingenden Ausschlussgründen des **§ 123 GWB** vor, dass das Unternehmen für höchstens **fünf Jahre** ab dem Tag der rechtskräftigen Verurteilung von der Teilnahme an Vergabeverfahren ausgeschlossen werden darf (§ 126 Nr. 1 GWB); für die fakultativen Ausschlussgründe nach **§ 124 GWB** beträgt die Höchstfrist ab dem betreffenden Ereignis **drei Jahre** (§ 126 Nr. 2 GWB).[12] Indem § 126 GWB Höchstfristen festlegt, stellt er implizit klar, dass ein **Ausschluss auch vor Ablauf dieser Höchstfristen unzulässig** sein kann;[13] dies gibt die Überschrift der Vorschrift – „Zulässiger Zeitraum für Ausschlüsse" – treffend wieder.[14]

---

5 Etwa § 6 Abs. 3 BerlAVG, § 7 FFV Berlin; vgl. zu diesen landesrechtlichen Ausschlussgründen auch *Burgi*, NZBau 2014, 595 (599 f.); *Ohrtmann*, NZBau 2007, 278 (278).

6 § 21 Abs. 1 S. 1 SchwarzArbG, § 6 Abs. 3 BerlAVG, § 7 FFV Berlin: drei Jahre; § 98c Abs. 1 S. 2 AufenthG: fünf Jahre.

7 § 21 Abs. 1 S. 1 AEntG, § 19 Abs. 1 MiLoG: „angemessene Zeit".

8 Vgl. etwa *Stein/Friton/Huttenlauch*, WuW 2012, 38 (44); *Stein/Friton*, VergabeR 2010, 151 (157); *Freund*, VergabeR 2007, 311 (322), die jeweils mögliche zeitliche Grenzen eines Ausschlusses erörtern, aber keine greifbaren Kriterien für ihre Bestimmung benennen; auch *Kreßner*, Die Auftragssperre im Vergaberecht, S. 123 f., verweist lediglich auf Verhältnismäßigkeitserwägungen im Einzelfall.

9 So zutreffend *Wimmer*, Zuverlässigkeit im Vergaberecht, S. 103. Vgl. beispielsweise: LG Berlin, Urteil v. 22.3.2006 – 23 O 118/04, juris Rn. 35 ff., 58: Vergabesperre noch zehn Jahre nach der letzten Tat ist rechtmäßig, bestätigt von KG, Urteil v. 17.1.2011 – 2 U 4/06 Kart; *Kreßner*, Die Auftragssperre im Vergaberecht, S. 123: höchstens drei Jahre; *Stein/Friton*, VergabeR 2010, 151 (157): regelmäßig drei Jahre nach der Urteilsverkündung, bei besonderen Umständen aber auch zehn Jahre.

10 „Sie <die Mitgliedstaaten> bestimmen insbesondere den höchstzulässigen Zeitraum des Ausschlusses für den Fall, dass der Wirtschaftsteilnehmer keine Maßnahmen gemäß Absatz 6 <Selbstreinigung> zum Nachweis seiner Zuverlässigkeit ergreift. Wurde kein Ausschlusszeitraum durch rechtskräftige gerichtliche Entscheidung festgelegt, so darf dieser Zeitraum in den in Absatz 1 genannten Fällen fünf Jahre ab dem Tag der rechtskräftigen Verurteilung und in den in Absatz 4 genannten Fällen drei Jahre ab dem betreffenden Ereignis nicht überschreiten."

11 Auf die entsprechenden Ausführungen zu § 125 Rn. 9 ff., die für die zeitlichen Grenzen des Ausschlusses entsprechend gelten, wird verwiesen.

12 Siehe dazu im Einzelnen unten B., Rn. 9 ff.

13 Siehe dazu im Einzelnen unten C., Rn. 32 ff.

14 Im Referentenentwurf des Bundesministeriums für Wirtschaft und Energie vom 30. April 2015 war die Vorschrift noch ungenau mit „Höchstdauer eines Ausschlusses" überschrieben.

III. Anwendungsbereich

1. Auftrags- und Konzessionsvergaben

6 Die Vorschrift gilt für sämtliche den §§ 97 ff. GWB unterfallende öffentliche Aufträge sowie Konzessionen (§ 154 Nr. 2 GWB), insbesondere auch bei Aufträgen von Sektorenauftraggebern (§ 142 GWB) sowie bei Aufträgen, die einen verteidigungs- oder sicherheitspolitischen Gegenstand haben (§§ 147, 154 Nr. 2 GWB).

2. Besondere Ausschlussfristen außerhalb des GWB

7 § 126 GWB setzt auch den in **§ 124 Abs. 2 GWB** genannten besonderen Ausschlussgründen zeitliche Grenzen und geht den in ihnen enthaltenen zeitlichen Vorgaben für Ausschlüsse für den Bereich der kartellvergaberechtlichen Vergabeverfahren nach den §§ 97 ff. GWB vor.[15] Soweit § 124 Abs. 2 GWB anordnet, dass diese Vorschriften „unberührt" bleiben, ist damit nur gesagt, dass sie neben die allgemeinen Ausschlussgründe aus den §§ 123, 124 Abs. 1 GWB treten und nicht etwa, dass sie dem Anwendungsbereich der allgemeinen vergaberechtlichen Vorschriften der §§ 122 ff. GWB über die vergaberechtliche Eignung entzogen wären; das wäre auch mit den zwingenden europarechtlichen Vorgaben aus Art. 57 Abs. 7 S. 2 und S. 3 RL 2014/24/EU nicht vereinbar.

8 Soweit den genannten Vorschriften über die Regelung eines zulässigen Zeitraums für Ausschlüsse nach den jeweiligen Vorschriften eine Grundlage für die Anordnung von **Vergabesperren** entnommen wird, ist die Anordnung solcher Vergabesperren jedenfalls für den Bereich der Vergabeverfahren nach den §§ 97 ff. GWB mit Inkrafttreten des VergRModG 2016 unzulässig, weil dadurch die in jedem Einzelfall gebotene Prüfung, ob ein Ausschluss wegen der zeitlichen Grenzen nach § 126 GWB unzulässig ist, abgeschnitten würde. Wie das Unternehmen einen Anspruch auf Prüfung seiner Selbstreinigungsmaßnahmen nach § 125 GWB in jedem Einzelfall hat, hat es auch Anspruch darauf, dass die zeitlichen Beschränkungen für Ausschlüsse nach § 126 GWB beachtet und geprüft werden. Die besonderen landesrechtlichen Ausschlussgründe und die dortigen Fristen für Ausschlüsse sind ohnehin im Bereich der Vergabeverfahren der §§ 97 ff. GWB nicht mehr anwendbar, weil gemäß § 122 Abs. 1 GWB ein Ausschluss nur noch aufgrund der Ausschlussgründe nach den §§ 123, 124 GWB zulässig ist.

B. Höchstfristen für Ausschlüsse

I. Rechtsfolge – Unzulässigkeit des Ausschlusses

9 Soweit die in § 126 GWB genannten Höchstfristen von fünf Jahren ab dem Tag der Verurteilung bei den zwingenden Ausschlussgründen nach § 123 GWB und von drei Jahren ab dem betreffenden Ereignis bei den fakultativen Ausschlussgründen nach § 124 GWB abgelaufen sind, kommt ein Ausschluss wegen der jeweiligen Gründe nicht mehr in Betracht. § 126 GWB begründet insoweit einen keiner Wertung mehr zugänglichen **zwingenden Ausschluss des Ausschlusses** wegen eines von dem Unternehmen nach den §§ 123, 124 GWB verwirklichten Ausschlussgrundes. Nach Ablauf dieser Fristen ist die Eignung des Unternehmens aufgrund der von ihm in der Vergangenheit verwirklichten Ausschlussgründe nicht mehr in vergaberechtlich beachtlicher Weise anzweifelbar, und zwar alleine wegen des Zeitablaufs und unabhängig von der Vornahme von Selbstreinigungsmaßnahmen im Sinne des § 125 GWB.

15 Das gilt jedenfalls, soweit aufgrund dieser Vorschriften höhere Anforderungen für die zeitliche Begrenzung des Ausschlusses bestehen würden.

Die Vorschrift hat insoweit Ähnlichkeit mit einer **Verfolgungsverjährung**:[16] Nach Ablauf der vorgesehenen Frist kann das Verhalten nicht mehr sanktioniert werden.[17]

II. Voraussetzungen

10 Die Unzulässigkeit des Ausschlusses aus einem anhängigen Vergabeverfahren aufgrund der Verwirklichung von Ausschlussgründen nach den §§ 123, 124 GWB[18] setzt den **Ablauf** der in § 126 GWB angeordneten Höchstfristen voraus.

1. Höchstfrist bei zwingenden Ausschlussgründen

11 Bei den zwingenden Ausschlussgründen im Sinne des § 123 GWB darf das Unternehmen höchstens fünf Jahre ab dem Tag der rechtskräftigen Verurteilung von der Teilnahme an einem Vergabeverfahren ausgeschlossen werden.

a) Fristbeginn

12 Die Vorschrift stellt für den Fristbeginn auf den **Tag der rechtskräftigen Verurteilung** hinsichtlich des Verhaltens ab, das Gegenstand des Ausschlussgrundes nach § 123 GWB ist. Dabei geht es bei den Ausschlussgründen des § 123 Abs. 1 GWB um die Verurteilung der Person, deren Verhalten nach § 123 Abs. 3 GWB dem Unternehmen zuzurechnen ist, oder um die Festsetzung einer Geldbuße nach § 30 OWiG gegen das Unternehmen.

13 Die Verurteilung zu einer Straftat oder die Festsetzung einer Geldbuße muss nach den jeweiligen Vorschriften des Strafrechts oder Ordnungswidrigkeitenrechts **rechtskräftig** geworden sein, bei der Sanktionierung nach vergleichbaren Vorschriften anderer Staaten (§ 123 Abs. 2 GWB) nach deren Straf- oder Ordnungswidrigkeitenrecht.

14 Bei den Ausschlussgründen des **§ 123 Abs. 4 S. 1 GWB** ist, wie sich Nr. 1 der Vorschrift entnehmen lässt, für den Lauf der Frist auf die bestandskräftige Verwaltungsentscheidung über die Verpflichtung zur Zahlung von Steuern, Abgaben oder Beiträgen zur Sozialversicherung abzustellen, oder, sofern die Verwaltungsentscheidung gerichtlich angefochten worden ist, auf die rechtskräftige Gerichtsentscheidung.

b) Fristablauf

15 **Fünf Jahre** ab dem Tag der Rechtskraft der jeweils maßgeblichen Verurteilung endet die Möglichkeit eines öffentlichen Auftraggebers, das Unternehmen wegen des Fehlverhaltens, das Gegenstand der Verurteilung war, von dem jeweils laufenden Vergabeverfahren auszuschließen. Die Frist läuft nach fünf Jahren mit dem Tag ab, der dem Tag entspricht, an dem die Verurteilung rechtskräftig geworden ist.[19] Bei einem laufenden Vergabeverfahren, an dem sich das Unternehmen beteiligt, ist ab diesem Zeitpunkt ein Ausschluss nicht mehr zulässig. Ein zunächst innerhalb der Frist erklärter Ausschluss, mag er auch zulässig gewesen sein, wird mit Fristablauf unzulässig. Das folgt aus dem Zweck der Vorschrift, ähnlich der Strafverfolgungsverjährung, eine verbindliche Höchstfrist für den Ausschluss zu bestimmen, mit deren Verstreichen eine Nichtbeteiligung des Unternehmens an dem Vergabeverfahren wegen seines früheren Fehlverhaltens nicht mehr gerechtfertigt sein soll.

16 **Rügt** das Unternehmen seinen Ausschluss **nicht fristgerecht**, bleibt er trotz der abgelaufenen Höchstfrist wirksam, wie auch sonst die Wiederaufnahme eines wirksam ausgeschlosse-

16 Auf diesen Zusammenhang weisen schon zum bisherigen Recht zutreffend *Stein/Friton/Huttenlauch*, WuW 2012, 38 (44), hin.

17 Vgl. § 78 Abs. 1 S. 1 StGB: „Die Verjährung schließt die Ahndung der Tat und die Anordnung von Maßnahmen (…) aus."

18 Wegen dieser Voraussetzungen – Anhängigkeit eines Vergabeverfahrens und drohender Ausschluss – wird auf die hier entsprechend geltenden Ausführungen zu § 125 Rn. 18 ff. verwiesen. Es gibt also insbesondere auch keinen Anspruch des Unternehmens auf Feststellung des Ablaufs von Höchstfristen außerhalb eines anhängigen Vergabeverfahrens, vgl. ebd. Rn. 19.

19 Vgl. Art. 3 Abs. 2 lit. c VO (EWG, Euratom) 1182/71.

nen Unternehmens in das Vergabeverfahren unzulässig wäre.[20] Hat das Unternehmen seinen Ausschluss dagegen **rechtzeitig gerügt**, ist es dem Auftraggeber und den Nachprüfungsinstanzen nach Ablauf der Höchstfristen verwehrt, den Ausschluss aufrechtzuerhalten. Die in ähnlichem Zusammenhang bei § 125 GWB geäußerten Befürchtungen, dies könne zu missbräuchlichen, auf Verfahrensverzögerungen gerichteten Nachprüfungsanträgen Anlass geben,[21] sind auch hier nicht gerechtfertigt. Denn zum einen wird regelmäßig ein noch kurz vor Ablauf der Höchstfristen angeordneter Ausschluss in seiner Rechtmäßigkeit ohnehin zweifelhaft sein; zum anderen wird regelmäßig das Unternehmen die oft erheblichen Kosten des Nachprüfungsverfahrens zu tragen haben, wenn der Ausschluss bis zum während des Verfahrens eingetretenen Fristablauf doch einmal berechtigt gewesen sein sollte.

2. Höchstfrist bei fakultativen Ausschlussgründen

Bei den fakultativen Ausschlussgründen des § 124 GWB darf gemäß § 126 Nr. 2 GWB das Unternehmen höchstens drei Jahre ab dem betreffenden Ereignis von der Teilnahme an Vergabeverfahren ausgeschlossen werden. **17**

a) Fristbeginn

Die Frist aus § 126 Nr. 2 GWB beginnt **ab dem Ereignis**, das Gegenstand der allgemeinen fakultativen Ausschlussgründe nach § 124 Abs. 1 GWB oder der besonderen in § 124 Abs. 2 GWB in Bezug genommenen Ausschlussgründe ist.[22] **18**

Mit dem **Ereignis** ist das jeweils in den Ausschlussgründen umschriebene Fehlverhalten gemeint. Das Fehlverhalten muss hierbei beendet sein, damit die Frist zu laufen beginnen kann.[23] Denn erst wenn die tatbestandlichen Voraussetzungen des Ausschlussgrundes nicht mehr erfüllt sind, beginnt der nicht mehr durch Fehlverhalten des Unternehmens belastete Zeitraum. Auf die Entdeckung des Fehlverhaltens kommt es nicht an.[24] **19**

Im Einzelnen ergibt sich daraus für den Beginn der Frist aus § 126 Nr. 2 GWB bei den in § 124 Abs. 1 GWB aufgeführten fakultativen Ausschlussgründen Folgendes: **20**

aa) § 124 Abs. 1 Nr. 1 GWB

Dieser Tatbestand erlaubt den Ausschluss des Unternehmens, wenn es bei der Ausführung öffentlicher Aufträge nachweislich gegen geltende umwelt-, sozial-oder arbeitsrechtliche Verpflichtungen verstoßen hat. Maßgeblich ist hier der Zeitpunkt des Verstoßes, bei Dauerhandlungen der Zeitpunkt, zu dem das Fehlverhalten geendet hat. **21**

bb) § 124 Abs. 1 Nr. 2 GWB

Die Vorschrift erlaubt zunächst den Ausschluss eines zahlungsunfähigen Unternehmens; das betreffende Ereignis ist hier die **Zahlungsunfähigkeit** des Unternehmens, wobei dieses Ereignis nicht beendet sein kann, solange das Unternehmen nicht wieder zahlungsfähig geworden ist. **22**

Im Übrigen wird für den Fristbeginn bei den weiteren in § 124 Abs. 1 Nr. 2 GWB genannten Ausschlusstatbeständen, etwa die Beantragung oder Eröffnung eines Insolvenzverfahrens, auf die **jeweiligen Zeitpunkte** abzustellen sein.[25] **23**

---

20 Vgl. für die entsprechende Situation bei einer negativen Entscheidung über Selbstreinigungsmaßnahmen § 125 Rn. 73.
21 Vgl. § 125 Rn. 26.
22 So auch schon zum bisherigen Recht *Müller-Wrede*, in: Müller-Wrede, VOL/A, § 6 EG Rn. 80; vgl. zum Anwendungsbereich der Vorschrift bereits die Ausführungen oben unter A.III.2., Rn. 6 bis 8.
23 Das entspricht dem Rechtsgedanken des § 78a StGB für den Beginn der strafrechtlichen Verfolgungsverjährung: „Die Verjährung beginnt, sobald die Tat beendet ist. Tritt ein zum Tatbestand gehörender Erfolg erst später ein, so beginnt die Verjährung mit diesem Zeitpunkt."
24 A.A. zum bisherigen Recht *Wimmer*, Zuverlässigkeit im Vergaberecht, S. 103 f.
25 So auch Gesetzesbegründung, BT-Drs. 18/6281, 111.

cc) § 124 Abs. 1 Nr. 3 GWB

24 Bei der den Ausschluss nach dieser Vorschrift erlaubenden schweren Verfehlung beginnt die Frist mit der schweren Verfehlung als Ereignis, aber nicht vor ihrer Beendigung, weil das Ereignis im Sinne des § 126 Nr. 2 GWB so lange andauert wie die schwere Verfehlung.

dd) § 124 Abs. 1 Nr. 4 GWB

25 Bei den hier genannten wettbewerbsbeeinträchtigenden Vereinbarungen ist das in ihnen liegende Ereignis im Sinne von § 126 Nr. 2 GWB nicht vor ihrer Beendigung beendet.

26 Nicht gedeckt vom Wortlaut des Art. 57 Abs. 7 S. 3 RL 2014/24/EU sowie des § 126 Nr. 2 GWB wäre es, das fristauslösende Ereignis in der **Entscheidung der zuständigen Kartellbehörde** über das Vorliegen eines Wettbewerbsverstoßes zu sehen.[26]

ee) § 124 Abs. 1 Nr. 5 und Nr. 6 GWB

27 Bei diesen fakultativen Ausschlussgründen, die sich jeweils nur auf das Vergabeverfahren beziehen, in dem sie aufgetreten sind, und die kein Fehlverhalten des Unternehmens betreffen, stellt sich die Frage eines zulässigen Zeitraums für Ausschlüsse nicht; die Bezugnahme des § 126 Nr. 2 GWB auf § 124 GWB ist insoweit verfehlt.[27]

ff) § 124 Nr. 7 GWB

28 Das hier benannte Fehlverhalten bei der Auftragsausführung ist als die Frist nach § 126 Nr. 2 GWB in Gang setzendes Ereignis abgeschlossen, sobald eine der dort genannten Folgen der Mängel bei der Ausführung eingetreten ist, also der Auftrag entweder vorzeitig beendet worden ist, eine Schadensersatzforderung entstanden oder eine vergleichbare Rechtsfolge eingetreten ist.

gg) § 124 Nr. 8 GWB

29 Hier liegt das die Frist aus § 126 Nr. 2 GWB auslösende Ereignis entweder in der dem Unternehmen zurechenbaren Täuschungshandlung oder, soweit es die Unterlassung von Auskünften oder Übermittlung von Nachweisen betrifft, dem Zeitpunkt, zu dem Handeln geboten gewesen wäre.

hh) § 124 Nr. 9 GWB

30 Bei den hier genannten, gegebenenfalls zum Ausschluss führenden Einflussnahmen des Unternehmens auf den öffentlichen Auftraggeber ist für den Fristbeginn auf das jeweilige in dem Ausschlusstatbestand umschriebene Fehlverhalten abzustellen.

b) Fristablauf

31 **Drei Jahre** ab dem jeweils für den Fristbeginn maßgeblichen Ereignis endet die Möglichkeit, das Unternehmen wegen des jeweiligen Fehlverhaltens von dem Vergabeverfahren auszuschließen oder, im Fall einer rechtzeitig erhobenen Rüge des Ausschlusses, den Ausschluss aufrechtzuerhalten. Soweit die in § 124 Abs. 2 GWB genannten besonderen Ausschlussregelungen längere Höchstfristen vorsehen, geht § 126 Nr. 2 GWB diesen Regelungen vor.[28] Wegen der weiteren Einzelheiten kann auf die Ausführungen zu § 126 Nr. 1 GWB verwiesen werden, die hier entsprechend gelten.[29]

C. Zulässiger Ausschlusszeitraum vor Ablauf der Höchstfristen

32 Bereits vor Ablauf der in § 126 GWB vorgesehenen Höchstfristen kann ein Ausschluss unzulässig sein. Das ergibt sich bereits daraus, dass die in § 126 GWB genannten Fristen ausdrücklich solche sind, binnen derer das Unternehmen höchstens wegen eines Fehlverhaltens nach

26 So aber die Gesetzesbegründung, BT-Drs. 18/6281, 111.
27 Ebenso der Verweis des § 125 GWB auf diese Vorschriften; vgl. § 125 Rn. 20 und 23.
28 Vgl. dazu bereits oben unter A.III.2., Rn. 7 f.
29 Siehe oben unter Rn. 15 f.

den §§ 123, 124 GWB ausgeschlossen werden kann; der im Sinne der Überschrift des § 126 GWB zulässige Zeitraum für Ausschlüsse kann also kürzer sein.

I. Erforderlichkeit der Prüfung

Dem öffentlichen Auftraggeber steht es nicht frei, zu prüfen, ob die vergaberechtliche Eignung des Unternehmens bei Vorliegen eines allgemeinen Ausschlussgrundes vor Ablauf der Höchstfristen nach § 126 GWB trotz nicht oder nicht in hinreichendem Umfang ergriffener Selbstreinigungsmaßnahmen wiederhergestellt sein könnte. Vielmehr hat er dies **zwingend zu prüfen**, weil ein Ausschluss bei einem positiven Ergebnis der Prüfung nach dieser Vorschrift unzulässig wäre. Liegen indessen schon keine Ausschlussgründe vor, sind die Selbstreinigungsmaßnahmen des Unternehmens nach § 125 GWB zur Wiederherstellung seiner vergaberechtlichen Zuverlässigkeit hinreichend oder die Höchstfristen nach § 126 GWB abgelaufen, bedarf es keiner solchen Prüfung. § 126 GWB ist insoweit ein Auffangtatbestand. 33

II. Ermittlung des zulässigen Ausschlusszeitraums

In welcher Weise der öffentliche Auftraggeber zu prüfen hat, ob das an sich auszuschließende Unternehmen vor Ablauf der Höchstfristen wieder zur Wahrnehmung öffentlicher Aufträge geeignet ist, lässt sich weder § 126 GWB noch dem insoweit umgesetzten Art. 57 Abs. 7 S. 3 RL 2014/24/EU entnehmen. Anders als bei der Selbstreinigung mit § 125 Abs. 2 GWB verzichtet der Gesetzgeber hier auf Vorgaben. 34

1. Bewertungskriterien

Unter Berücksichtigung der Vorgaben aus den §§ 125, 126 GWB wird der Auftraggeber jeweils zu prüfen haben, ob aufgrund des Zeitablaufs unter Berücksichtigung der in § 126 GWB vorgegebenen Höchstfristen, der von dem Unternehmen ergriffenen Selbstreinigungsmaßnahmen sowie der Schwere und den besonderen Umständen der Straftat oder des Fehlverhaltens davon ausgegangen werden kann, dass das Unternehmen das den Ausschlussgrund begründende Fehlverhalten zukünftig vermeidet und somit wieder die erforderliche vergaberechtliche Eignung aufweist.[30] Dies beinhaltet eine **Prognose**, für die dem öffentlichen Auftraggeber unter Berücksichtigung der genannten Abwägungskriterien ein **Beurteilungsspielraum** zukommt.[31] Der Beurteilungsspielraum ist hierbei deutlich weiter als bei der Bewertung der Selbstreinigungsmaßnahmen nach § 125 GWB, wo die Vorgaben aus §§ 125 Abs. 1 S. 1, Abs. 2 S. 1 Hs. 2 GWB das Beurteilungsermessen stark einschränken;[32] solche Vorgaben gibt es bei § 126 GWB nicht. 35

Vorgaben für die der Prognose zugrunde zu legende Abwägung lassen sich nur in allgemeiner Weise formulieren. Maßgeblich ist letztlich die **sachgerechte Würdigung der Gesamtheit der Umstände des Einzelfalls** in Bezug auf die Fragestellung, ob das den Ausschlussgrund 36

---

30 Abgesehen von diesen auf das konkrete Vergabeverfahren bezogenen spezialpräventiven Erwägungen ist für die Verfolgung von strafrechtlichen Zwecken kein Raum, weil diese vergabefremd sind, so etwa bereits zum bisherigen Recht zutreffend KG, Beschluss v. 13.3.2008 – 2 Verg 18/07, juris Rn. 78; *Hertwig*, Die Praxis der öffentlichen Auftragsvergabe, Rn. 495 f.; *Freund*, VergabeR 2007, 311 (322). Deswegen sind auch „Mindestausschlussfristen" vergabefremd und eine damit zwangsläufig verbundene Vergabesperre unzulässig, vgl. eingehend § 125 Rn. 14 ff. A.A. etwa *Kreßner*, Die Auftragssperre im Vergaberecht, S. 46 f., 121, wonach auch die Verfolgung von generalpräventiven Zielen zulässig sein soll. Das kann aber jedenfalls nach der neuen EU-Basisvergaberichtlinie 2014/24/EU erst und nur dann gelten, wenn der Gesetzgeber, gestützt auf seine sich hierfür aus Art. 57 Abs. 6 UAbs. 4 RL 2014/24/EU ergebende Befugnis, sich zu einer Einführung von Vergabesperren als gerichtlich anzuordnender straf- oder ordnungswidrigkeitenrechtlicher Sanktion entscheiden sollte, so wie dies in dem Entwurf eines Gesetzes zur Einführung der strafrechtlichen Verantwortlichkeit von Unternehmen und sonstigen Verbänden des Landes Nordrhein-Westfalen angedacht ist, vgl. dazu eingehend *Römermann*, GmbHR 2014, 1 ff.; *Witte/Wagner*, BB 2014, 643 ff.

31 In der Gesetzesbegründung wird lediglich ausgeführt, im Hinblick auf den zulässigen Zeitraum für Ausschlüsse bestehe innerhalb der durch § 126 GWB festgelegten Grenzen Ermessen, bei dessen Ausübung die Schwere und besonderen Umstände der Straftat oder des Fehlverhaltens berücksichtigt werden müssten, vgl. BT-Drs. 18/6281, 111; das schöpft die in § 126 GWB angelegten Kriterien nicht aus und greift deswegen zu kurz.

32 Vgl. dazu im Einzelnen § 125 Rn. 61 ff.

begründende Fehlverhalten im Hinblick auf die seither verstrichene Zeit und unter Berücksichtigung der in § 126 GWB festgelegten Höchstfristen noch den Schluss zulässt, das Unternehmen sei für die Ausführung des konkret zu vergebenden Auftrags ungeeignet.[33]

37 Dem Zeitablauf allein kommt hierbei keine maßgebliche Bedeutung zu, sondern entscheidend ist zusätzlich, dass es in der Zeit nach dem den Ausschlussgrund begründenden Fehlverhalten **kein weiteres Fehlverhalten** gegeben hat, dass sich das Unternehmen also gleichsam bewährt hat.[34] Je mehr Zeit beanstandungsfrei seit dem den Ausschlussgrund begründenden Fehlverhalten vergangen ist und je näher der Ablauf der in § 126 GWB festgelegten Höchstfristen rückt, desto eher wird sich sagen lassen, dass mit weiterem Fehlverhalten nicht mehr zu rechnen ist und das Unternehmen wieder als geeignet angesehen werden kann. Auf den Zeitpunkt der rechtskräftigen Verurteilung kommt es insoweit nicht an.[35]

38 Darüber hinaus spielen bei der Prognose die **Schwere und die besonderen Umstände des Fehlverhaltens** sowie die von dem Unternehmen **ergriffenen Selbstreinigungsmaßnahmen** eine Rolle, mögen sie auch nicht ausgereicht haben, um den Voraussetzungen für eine Selbstreinigung nach § 125 GWB zu genügen. Je weniger schwer das Fehlverhalten wiegt und je weitgehender die Selbstreinigungsmaßnahmen waren, desto näher wird der Schluss liegen, das Unternehmen könne auch schon bald nach dem vorgefallenen Fehlverhalten wieder als geeignet eingestuft werden. Je weniger demgegenüber das Unternehmen aufgrund des Fehlverhaltens Anlass zu Selbstreinigungsmaßnahmen gesehen hat und je schwerwiegender das Fehlverhalten war, desto mehr Zeit wird vergehen müssen, um die Prognose zu erlauben, dass auch in der weiteren Zukunft nicht mehr mit neuem Fehlverhalten zu rechnen ist. Allerdings ist auch bei einem schwerwiegenden Fehlverhalten aufgrund der Umstände des Einzelfalls denkbar, dass eine Wiederholung dennoch nicht zu erwarten ist, mit der Folge, dass dann ein Ausschluss des Unternehmens unzulässig wäre.[36] Unerheblich sind demgegenüber die sozialen oder wirtschaftlichen Auswirkungen auf das Unternehmen, die sich aus seinem Ausschluss aus dem Verfahren ergeben.[37]

2. Bewertungsverfahren

39 Wie bei der Selbstreinigung nach § 125 GWB hat das Unternehmen dem öffentlichen Auftraggeber für die Prüfung, ob es auch vor Ablauf der Höchstfristen und Ergreifung ausreichender Selbstreinigungsmaßnahmen wieder zur Übernahme öffentlicher Aufträge geeignet ist, die hierfür maßgeblichen tatsächlichen Umstände im Sinne von § 125 Abs. 1 S. 1 GWB **nachzuweisen**.[38]

40 Ebenso wie der öffentliche Auftraggeber seine Bewertung der Selbstreinigungsmaßnahmen zu **dokumentieren** hat, gilt dies aus Gründen der Transparenz auch für die Prüfung, ob das Unternehmen vor Ablauf der in § 126 GWB festgesetzten Höchstfristen und ohne hinreichende Selbstreinigung nach § 125 GWB im Hinblick auf den Zeitablauf seit dem den Ausschlussgrund begründenden Fehlverhalten wieder geeignet erscheint. Auch wenn es insoweit, anders als nach § 125 Abs. 2 S. 2 GWB,[39] keine Verpflichtung des öffentlichen Auftraggebers zur Begründung einer negativen Entscheidung gibt, wird sich doch eine solche

---

33 Einen ähnlichen Ansatz haben *Freund/Kallmeyer/Kraft*, Korruption und Kartelle bei Auftragsvergaben, 161, bereits zum bisherigen Recht vorgeschlagen; ähnlich auch KG, Urteil v. 17.1.2011 – 2 U 4/06 Kart, juris Rn. 149; *Müller-Wrede*, in: Müller-Wrede, VOL/A, § 6 EG Rn. 79.

34 In diesem Sinne bereits zum bisherigen Recht *Prieß/Pünder/Stein*, in: Pünder/Prieß/Arrowsmith, Self-Cleaning in Public Procurement Law, 51 (84 f.); *Wimmer*, Zuverlässigkeit im Vergaberecht, S. 84, 201 f.

35 So auch *Müller-Wrede*, in: Müller-Wrede, VOL/A, § 6 EG Rn. 80; ähnlich *Stein/Friton*, WuW 2010, 151 (157), zum bisherigen Recht: *„Liegt die Begehung einer Straftat allerdings sehr lange zurück, so wird diese <eine kurze Zeit zurückliegende Verurteilung> die Zuverlässigkeit eines Unternehmens i.d.R. nicht mehr beeinträchtigen"*; a.A. zum bisherigen Recht wohl OLG München, Beschluss v. 21.4.2006 – Verg 8/06, juris Rn. 78.

36 In diesem Sinne auch bereits zum bisherigen Recht KG, Beschluss v. 13.3.2008 – 2 Verg 18/07, juris Rn. 78.

37 Auch dies ist entgegen *Kreßner*, Die Auftragssperre im Vergaberecht, S. 124, ein vergabefremder Gesichtspunkt, weil er nichts über die Eignung des Unternehmens aussagt, weswegen er unberücksichtigt zu bleiben hat. A.A. auch LG Berlin, Urteil v. 22.3.2006 – 23 O 118/04, juris Rn. 57, das soziale Folgen für das ausgeschlossene Unternehmen berücksichtigen möchte.

38 Wegen der insoweit bestehenden Anforderungen wird auf § 125 Rn. 49 ff. verwiesen.

39 Vgl. dazu § 125 Rn. 68.

Begründung jedenfalls dann empfehlen, wenn ihr für den Ausgang des Vergabeverfahrens eine entscheidungserhebliche Bedeutung zukommt.

Auch hinsichtlich des **Zeitpunkts der Prüfung** und der **Selbstbindung** an Prüfungsergebnisse gelten die insoweit für die Selbstreinigung nach § 125 GWB maßgeblichen Vorgaben entsprechend.[40] Die Prüfung hat also zu jedem Zeitpunkt des Vergabeverfahrens zu erfolgen und kann, soweit neue Umstände zu berücksichtigen sind, auch zu anderen Ergebnissen als eine vorhergehende Prüfung führen. **41**

Schließlich sind auch bei der Prüfung eines Wegfalls der Ausschlussgründe nach § 126 GWB **grundlegende Verfahrensregeln** einzuhalten, ist also das Unternehmen insbesondere anzuhören und sind Hinweise zu erteilen.[41] **42**

D. Rechtsschutz

Für den Rechtsschutz gegen das Handeln des öffentlichen Auftraggebers im Rahmen der zeitlichen Ausschlussgrenzen nach § 126 GWB gelten im Wesentlichen die gleichen Regeln wie für den Rechtsschutz bei der Bewertung von Selbsthilfemaßnahmen nach § 125 GWB. Auch hier ist das Rechtsschutzbedürfnis sowohl des Unternehmens als auch konkurrierender Bieter ohne Weiteres zu bejahen – beide haben **im Sinne von § 97 Abs. 6 GWB** Anspruch auf Einhaltung der Vorgaben des § 126 GWB –, wobei auch hier genau zu prüfen ist, ob die Verletzung der Vorschrift überhaupt gerügt wurde.[42] **43**

Gegenstand der Nachprüfung kann zum einen die Einschätzung des öffentlichen Auftraggebers über den **Ablauf der in § 126 GWB festgelegten Höchstfristen** sein. Insoweit steht dem öffentlichen Auftraggeber kein Beurteilungsspielraum zu. Es handelt sich um schlichte Rechtsanwendung, die im Rahmen eines Nachprüfungsverfahrens **in vollem Umfang auf ihre Richtigkeit überprüfbar** ist, und zwar sowohl, was den zugrunde gelegten Sachverhalt betrifft, als auch die rechtliche Würdigung. Ist das Unternehmen danach zu Unrecht ausgeschlossen worden, wird das Vergabeverfahren zu dem Zeitpunkt vor dem Ausschluss zurückzuversetzen sein. Hat der öffentliche Auftraggeber zu Unrecht angenommen, er könne das Unternehmen nicht ausschließen, weil eine Höchstfrist nach § 126 GWB abgelaufen sei, wird ihm aufzugeben sein, erneut in die Eignungsprüfung des Unternehmens einzutreten und zu prüfen, ob ein Ausschluss im Hinblick auf Selbstreinigungsmaßnahmen nach § 125 GWB oder wegen Zeitablaufs auch ohne Ablauf der Höchstfristen nach § 126 GWB zu unterbleiben hat. **44**

Demgegenüber kommt dem öffentlichen Auftraggeber bei der Prognose, ob das Unternehmen **vor Ablauf der in § 126 GWB festgelegten Höchstfristen** zur Übernahme des in dem Vergabeverfahren ausgeschriebenen Auftrags trotz Vorliegens eines Anschlussgrundes und nicht unzureichender Selbstreinigungsmaßnahmen geeignet zur Übernahme des ausgeschriebenen Auftrags ist, ein nur **eingeschränkt gerichtlich überprüfbarer Beurteilungsspielraum** zu. Die Prognose kann nur daraufhin überprüft werden, ob der öffentliche Auftraggeber von einer zutreffenden Tatsachengrundlage ausgegangen ist, sich an den Vorgaben der Beurteilungsgrundlage, insbesondere dem dort vorgegebenen Beurteilungsmaßstab orientiert und hierbei keine sachfremden Erwägungen angestellt hat.[43] Hält die Prognose der Prüfung der Nachprüfungsinstanzen nicht stand, ist das Verfahren grundsätzlich in den Zeitpunkt vor der entsprechenden Entscheidung des öffentlichen Auftraggebers zurückversetzen, wenn **45**

40 Vgl. im Einzelnen § 125 Rn. 71 ff.

41 Vgl. im Einzelnen § 125 Rn. 74 ff.

42 Vgl. im Einzelnen § 125 Rn. 78 f.

43 Das entspricht den allgemeinen Anforderungen an die Überprüfung von Bewertungen des Auftraggebers im Rahmen eines ihm eingeräumten Beurteilungsspielraums, vgl. BGH, Urteil v. 17.2.1999 – X ZR 101/97, juris Rn. 26; OLG Naumburg, Beschluss v. 22.9.2014 – 2 Verg 2/13, juris Rn. 21; OLG München, Beschluss v. 22.11.2012 – Verg 22/12, juris Rn. 50 bis 55.; KG, Beschluss v. 27.11.2008 – 2 Verg 4/08, juris Rn. 3; OLG Celle, Beschluss v. 11.3.2004 – 13 Verg 3/04, juris Rn. 27; OLG Düsseldorf, Beschluss v. 4.9.2002 – Verg 37/02, Rn. 31; VG Düsseldorf, Urteil v. 24.3.2015 – 20 K 6764/13, juris Rn. 100; *Scherer-Leydecker*, in: Heuvels/Höß/Kuß/Wagner, Vergaberecht, § 6 VOB/A Rn. 92; *Müller-Wrede*, in: Müller-Wrede, VOL/A, § 6 EG Rn. 77; *ders.*, in: Müller-Wrede, Taschenkommentar GWB-Vergaberecht, § 97 Rn. 37; *Weyand*, Vergaberecht, § 97 GWB Rn. 716. Zu den hierbei anzustellenden Erwägungen vgl. die Ausführungen oben unter C.II., Rn. 33 ff.

sich sein Beurteilungsspielraum nicht derart verengt hat, dass nur eine Entscheidung möglich ist.[44]

46 Für Rechtsschutz **außerhalb des anhängigen Vergabeverfahrens** im Rahmen eines Nachprüfungsverfahrens ist grundsätzlich kein Raum, weil die Voraussetzungen des § 126 GWB von dem öffentlichen Auftraggeber stets konkret im Rahmen eines anhängigen Vergabeverfahrens zu prüfen sind, nicht aber abstrakt außerhalb eines solchen Verfahrens. Gegen Vergabesperren, aufgrund derer der öffentliche Auftraggeber sich der Verpflichtung zur Prüfung der Voraussetzungen des § 126 GWB im Rahmen eines konkreten Vergabeverfahrens entziehen möchte, ist grundsätzlich der Zivilrechtsweg eröffnet,[45] wenn das Unternehmen sich gegen einen die Vergabesperre anordnenden Verwaltungsakt wendet, dagegen der Verwaltungsrechtsweg.[46]

Anlage

Gesetzesbegründung (BT-Drs. 18/6281)

Seite 111

§ 126 setzt Artikel 57 Absatz 7 Satz 2 und 3 der Richtlinie 2014/24/EU um. Danach darf ein Ausschluss wegen des Vorliegens eines Ausschlussgrundes nur während eines bestimmten Zeitraums nach der rechtskräftigen Verurteilung oder dem anderen betreffenden Ereignis erfolgen und die Dauer von Auftragssperren darf, sofern sie nicht durch eine gerichtliche Entscheidung erfolgen, bestimmte Fristen nicht überschreiten. Der Zeitpunkt des Ereignisses, ab dem der zulässige Zeitraum zu laufen beginnt, bestimmt sich nach den Vorschriften zu den Ausschlussgründen (§§ 123 und 124). Bei den fakultativen Ausschlussgründen hängt es vom jeweils vorliegenden Ausschlussgrund ab, auf welches „betreffendes Ereignis" abzustellen ist. So ist beispielsweise bei dem fakultativen Ausschlussgrund der Insolvenz des Bewerbers oder Bieters nach § 124 Absatz 1 Nr. 2 auf den Zeitpunkt abzustellen, an dem über das Vermögen des Unternehmens ein Insolvenzverfahren beantragt oder eröffnet worden ist. Bei dem fakultativen Ausschlussgrund eines Verstoßes gegen Wettbewerbsrecht nach § 124 Absatz 1 Nr. 4 kann das betreffende Ereignis insbesondere die Entscheidung der zuständigen Kartellbehörde über das Vorliegen eines Wettbewerbsverstoßes sein.

§ 126 regelt nicht nur den Zeitraum, innerhalb dessen das Vorliegen eines Ausschlussgrundes von einem öffentlichen Auftraggeber in einem konkreten Vergabeverfahren noch berücksichtigt werden darf, sondern auch die Höchstdauer von Auftragssperren, unabhängig von deren Art und Grundlage. Im Hinblick auf die Dauer einer Auftragssperre besteht innerhalb der durch § 126 festgelegten Grenzen Ermessen, bei dessen Ausübung die Schwere und die besonderen Umstände der Straftat oder des Fehlverhaltens berücksichtigt werden müssen.

Die Regelung zur zulässigen Höchstdauer einer Auftragssperre verpflichtet die Mitgliedstaaten nicht dazu, Auftragssperren einzuführen oder beizubehalten. Artikel 57 Absatz 7 der Richtlinie 2014/24/EU beschränkt sich vielmehr darauf, für den Fall von nach nationalem Recht zulässigen Auftragssperren die Höchstdauer der Auftragssperre zu begrenzen. Weitere Regelungen über Voraussetzungen oder Auswirkungen von Auftragssperren enthält die Richtlinie nicht. Die Umsetzung dieser Vorschrift geht nicht über die Regelung in Artikel 57 Absatz 7 der Richtlinie 2014/24/EU hinaus.

44 Wegen der Einzelheiten wird auf die entsprechenden Ausführungen zu § 125 Rn. 80 ff. verwiesen.
45 Wegen der Einzelheiten siehe § 125 Rn. 88.
46 VG Düsseldorf, Urteil v. 24.3.215 – 20 K 6764/13, juris Rn. 35.

§ 127
Zuschlag

(1) Der Zuschlag wird auf das wirtschaftlichste Angebot erteilt. Grundlage dafür ist eine Bewertung des öffentlichen Auftraggebers, ob und inwieweit das Angebot die vorgegebenen Zuschlagskriterien erfüllt. Das wirtschaftlichste Angebot bestimmt sich nach dem besten Preis-Leistungs-Verhältnis. Zu dessen Ermittlung können neben dem Preis oder den Kosten auch qualitative, umweltbezogene oder soziale Aspekte berücksichtigt werden.

(2) Verbindliche Vorschriften zur Preisgestaltung sind bei der Ermittlung des wirtschaftlichsten Angebots zu beachten.

(3) Die Zuschlagskriterien müssen mit dem Auftragsgegenstand in Verbindung stehen. Diese Verbindung ist auch dann anzunehmen, wenn sich ein Zuschlagskriterium auf Prozesse im Zusammenhang mit der Herstellung, Bereitstellung oder Entsorgung der Leistung, auf den Handel mit der Leistung oder auf ein anderes Stadium im Lebenszyklus der Leistung bezieht, auch wenn sich diese Faktoren nicht auf die materiellen Eigenschaften des Auftragsgegenstandes auswirken.

(4) Die Zuschlagskriterien müssen so festgelegt und bestimmt sein, dass die Möglichkeit eines wirksamen Wettbewerbs gewährleistet wird, der Zuschlag nicht willkürlich erteilt werden kann und eine wirksame Überprüfung möglich ist, ob und inwieweit die Angebote die Zuschlagskriterien erfüllen. Lassen öffentliche Auftraggeber Nebenangebote zu, legen sie die Zuschlagskriterien so fest, dass sie sowohl auf Hauptangebote als auch auf Nebenangebote anwendbar sind.

(5) Die Zuschlagskriterien und deren Gewichtung müssen in der Auftragsbekanntmachung oder den Vergabeunterlagen aufgeführt werden.

Übersicht Rn.

A. Allgemeines ... 1
B. Wirtschaftlichkeitswertung der Angebote (Abs. 1) ... 5
I. Wirtschaftlichkeitsgebot (S. 1) ... 5
II. Angebotswertung (S. 2) ... 10
1. Bewertungsmaßstab ... 16
2. Bewertungsmethoden ... 21
III. Preis-Leistungs-Verhältnis (S. 3) ... 31
1. Begriff ... 33
a) Ökonomischer Hintergrund ... 34
b) Korrektur des Begriffsverständnisses ... 40
c) Einsatz in der Vergabepraxis ... 42
2. Gewichtung ... 44
a) Preis und Kosten ... 47
aa) Angemessene Gewichtung ... 48
bb) Niedrigstpreis- oder Niedrigstkostenvergabe ... 50
bb) Budgetausschreibungen ... 55
b) Leistungsbezogene Zuschlagskriterien ... 58
C. Preisrecht (Abs. 2) ... 62
I. Allgemeine Anforderungen ... 66
II. Fallgruppen ... 70
1. HOAI ... 72
a) Anwendungsbereich ... 74
b) Verbindliche Vorgaben ... 76
2. BuchPrG ... 84
a) Anwendungsbereich ... 86
b) Verbindliche Vorgaben ... 90
3. RVG ... 95
a) Anwendungsbereich ... 96
b) Verbindliche Vorgaben ... 98
4. VO PR Nr. 30/53 ... 102
a) Anwendungsbereich ... 104
b) Verbindliche Vorgaben ... 106
D. Zuschlagskriterien ... 108
I. Pflicht zur Festlegung von Zuschlags- und Unterkriterien ... 112
II. Anforderungen ... 114
1. Verbindung mit dem Auftragsgegenstand (Abs. 3) ... 115
a) Anforderungen an die Verbindung ... 120
b) Bezug zu Lebenszyklusstadien ... 124
2. Leistungsbezug ... 129
a) Trennung von Eignungs- und Zuschlagskriterien ... 130
b) Fallgruppen ... 137
aa) Personalkonzepte ... 138
bb) Schulungskonzepte ... 143
cc) Ausfallsicherheitskonzepte ... 146
3. Wettbewerbswirksamkeit, Willkürverbot und Überprüfungsmöglichkeit (Abs. 4 S. 1) ... 148
a) Wettbewerbswirksamkeit ... 155

aa) Diskriminierungsverbot 158
bb) Bestimmtheit 167
b) Willkürverbot 175
c) Wirksame Überprüfbarkeit 179
4. Verhältnismäßigkeit 181
5. Anwendbarkeit auf Nebenangebote (Abs. 4 S. 2) 183
6. Preis oder Kosten und strategische Ziele (Abs. 1 S. 4) 192
a) Preis 196
b) Kosten 201
c) Qualitative Aspekte 207
d) Soziale Aspekte 213
e) Umweltbezogene Aspekte 220
E. Veröffentlichung von Zuschlagskriterien und deren Gewichtung (Abs. 5) .. 230
I. Anwendungsbereich 238
II. Auftragsbekanntmachung 241
III. Vergabeunterlagen 245
F. Rechtsschutz 248
Anlage
Gesetzesbegründung (BT-Drs. 18/6281)

A. Allgemeines

1 § 127 GWB enthält die zentralen Regelungen zur Auswahl des zu bezuschlagenden Angebots und gibt das Ziel des Auswahlprozesses im Vergabeverfahren vor – den Zuschlag auf das wirtschaftlichste Angebot. Die Vorschrift trifft die **grundlegenden Regelungen** zur Zuschlagsentscheidung. Der Normgeber hat von der Verordnungsermächtigung in § 113 S. 2 Nr. 5 GWB Gebrauch gemacht und die Einzelheiten zur Angebotsauswahl in § 58 VgV und § 16d Abs. 2 VOB/A geregelt.

2 Der Gesetzgeber hat § 127 GWB mit dem **VergRModG 2016** neu in das GWB eingefügt. Die Vorschrift setzt sich teilweise aus den **früheren Regelungen** in § 97 Abs. 5 GWB a.F. und § 19 EG Abs. 8 und Abs. 9, § 21 EG Abs. 1 S. 1 VOL/A, § 11 Abs. 5 VOF sowie § 16 EG Abs. 7 VOB/A 2012 zusammen, ergänzt diese Regelungen allerdings um zahlreiche Neuregelungen.[1]

3 § 127 GWB geht auf **Art. 67 RL 2014/24/EU** zurück. Diese europarechtliche Vorgabe wird mit § 127 GWB allerdings nur teilweise umgesetzt. Die weitere Umsetzung erfolgt in § 58 VgV und § 16d Abs. 2 VOB/A.

4 § 127 GWB ist in den Abschnitt 2 des Teil 4 des GWB eingeordnet und findet daher für die **Vergabe von öffentlichen Aufträgen durch öffentliche Auftraggeber** Anwendung. Die Vorschrift findet entsprechende Anwendung für verteidigungs- oder sicherheitsspezifische öffentliche Aufträge nach § 147 S. 1 GWB und für die Vergabe von öffentlichen Aufträgen durch Sektorenauftraggeber nach § 142 GWB. Auf die Vergabe von Konzessionen ist § 127 GWB nicht entsprechend anwendbar. § 152 Abs. 3 GWB enthält eine Spezialregelung für die Vergabe von Konzessionen.

B. Wirtschaftlichkeitswertung der Angebote (Abs. 1)

I. Wirtschaftlichkeitsgebot (S. 1)

5 Nach § 127 Abs. 1 S. 1 GWB wird der Zuschlag auf das **wirtschaftlichste Angebot** erteilt.

6 Der Gesetzgeber hat die Regelung aus **§ 97 Abs. 5 GWB a.F.** wortgleich übernommen. Die **untergesetzlichen Vorschriften** enthalten in § 58 Abs. 1 VgV und § 16d EU Abs. 2 Nr. 1 S. 1 VOB/A entsprechende Regelungen.

7 Die Regelung erklärt nicht, welches **Subjekt** den Zuschlag erteilt. Der öffentliche Auftraggeber ist daher nicht verpflichtet, den Zuschlag selbst zu erteilen. Er kann hiermit auch einen Dritten, etwa ein Projektsteuerungsbüro oder einen anderen öffentlichen Auftraggeber beauftragen. Dies findet Rückhalt darin, dass die Grundlage für die Erteilung des Zuschlags nach § 127 Abs. 1 S. 2 GWB eine Bewertung des *öffentlichen Auftraggebers* ist. Im Umkehrschluss

1 Vgl. Gesetzesbegründung, BT-Drs. 18/6281, 111.

folgt hieraus, dass der Gesetzgeber die Angebotswertung selbst durchführen, nicht aber zwingend in eigener Person den Zuschlag erteilen muss.[2]

8 Auch wenn die Regelung durch die deskriptive Formulierung den Anschein einer gewissen Unverbindlichkeit erweckt, besteht eine **Verpflichtung**, den Zuschlag auf das *wirtschaftlichste* Angebot zu erteilen. Der öffentliche Auftraggeber ist nicht berechtigt, den Zuschlag auf ein Angebot zu erteilen, das auf Grundlage seiner Bewertung nicht das wirtschaftlichste Angebot ist. Eine solche Vorgehensweise würde gegen das Willkürverbot verstoßen.

9 Das **wirtschaftlichste** Angebot ist dasjenige, das unter Berücksichtigung aller im konkreten Fall wesentlichen und zuvor angegebenen Aspekte das beste Preis-Leitungs-Verhältnis bietet.[3] Der Begriff der Wirtschaftlichkeit nimmt durch die Berücksichtigung strategischer Ziele neben einzelwirtschaftlichen auch gesamtwirtschaftliche Aspekte für sich ein.[4] Die Wirtschaftlichkeit kann dem Minimalprinzip, nach dem ein bestimmtes Beschaffungsergebnis mit dem geringsten Einsatz von Mitteln erreicht wird (Zuschlagsentscheidung ausschließlich nach Preis oder Kosten), oder dem Maximalprinzip, wonach mit einem bestimmten Einsatz von Mitteln das bestmögliche Beschaffungsergebnis erzielt wird (Zuschlagsentscheidung nach Preis oder Kosten und leistungsbezogene Zuschlagskriterien), folgen.[5]

II. Angebotswertung (S. 2)

10 Grundlage der Zuschlagserteilung ist nach § 127 Abs. 1 S. 2 GWB eine Bewertung des öffentlichen Auftraggebers, ob und inwieweit das Angebot die vorgegebenen Zuschlagskriterien erfüllt.

11 Die Regelung ist mit dem **VergRModG 2016** neu in das GWB aufgenommen worden. Ihr Regelungsinhalt ergab sich in Teilen bislang ausschließlich aus § 19 EG Abs. 8 VOL/A und § 16 EG Abs. 7 S. 1 VOB/A 2012.

12 Die **VOB/A** enthält in § 16d EU Abs. 2 Nr. 1 S. 2 wegen der zentralen Bedeutung der Vorschrift[6] eine gleichlautende Regelung.

13 Nach der Regelung nimmt der **öffentliche Auftraggeber** die Angebotswertung vor. Die Wertungsentscheidung ist daher nicht delegierbar. Dies entspricht der bisherigen Rechtsprechung[7], nach der alle wesentlichen Entscheidungen im Vergabeverfahren selbst zu treffen seien. Der öffentliche Auftraggeber genügt seiner Verantwortung gleichwohl, wenn er den Zuschlagsvorschlag eines Dritten genehmigt.[8]

14 Anders als es der Wortlaut der Regelung suggeriert, bewertet der öffentliche Auftraggeber **nicht nur das wirtschaftlichste Angebot**. Denn welches das wirtschaftlichste Angebot ist, kann der öffentliche Auftraggeber denknotwendig erst wissen, wenn er alle in Betracht kommenden Angebote bewertet hat. Der Angebotswertung liegen grundsätzlich vielmehr alle eingegangenen Angebote zugrunde. Die Regelung ist insoweit sprachlich ungenau.

15 Die Wertungsentscheidung ist zu **dokumentieren**.[9] Der dem Auftraggeber zustehende Wertungsspielraum muss sich in einer auf die jeweiligen Angebote bezogenen, individuellen Stellungnahme wiederfinden, aus der hervorgeht, warum bestimmte Punktzahlen vergeben wur-

---

2 Vgl. OLG Frankfurt, Beschluss v. 9.7.2010 – 11 Verg 5/10; OLG München, Beschluss v. 15.7.2005 – Verg 14/05; VK Sachsen, Beschluss v. 28.8.2013 – 1/SVK/026-13; VK Südbayern, Beschluss v. 21.7.2005 – 30-06/05.
3 VK Hessen, Beschluss v. 3.2.2012 – 69d-VK-48/2011; VK Hamburg, Beschluss v. 17.12.2002 – VgK FB 3/02; Gesetzesbegründung, VgRÄG, BT-Drs. 13/9340, 14.
4 A.A. zur alten Rechtslage *Bartsch/v. Gehlen/Hirsch*, NZBau 2012, 393 (394); *Kulartz/Scholz*, VergabeR 2014, 109 (110); *Opitz*, NZBau 2001, 12 (13).
5 Vgl. OLG Naumburg, Beschluss v. 5.12.2008 – 1 Verg 9/08; VK Hessen, Beschluss v. 3.2.2012 – 69d-VK-48/2011; VK Schleswig-Holstein, Beschluss v. 8.10.2010 – VK-SH 13/10.
6 Vgl. Hinweise für die VOB/A 2016, BAnz AT 19.01.2016 B3.
7 OLG Frankfurt, Beschluss v. 9.7.2010 – 11 Verg 5/10; OLG München, Beschluss v. 15.7.2005 – Verg 14/05; VK Sachsen, Beschluss v. 28.8.2013 – 1/SVK/026-13; VK Südbayern, Beschluss v. 21.7.2005 – 30-06/05.
8 Vgl. OLG Frankfurt, Beschluss v. 9.7.2010 – 11 Verg 5/10.
9 Vgl. VK Baden-Württemberg, Beschluss v. 14.11.2013 – 1 VK 37/13; VK Bund, Beschluss v. 25.10.2013 – VK 2-90/13.

den.[10] Einer näheren ausführlichen Begründung bedarf es nach der Rechtsprechung[11] allerdings nicht, wenn das jeweilige Angebot den durchschnittlichen Anforderungen entspricht.

1. Bewertungsmaßstab

16 Der öffentliche Auftraggeber bewertet die Angebote, **ob und inwieweit** sie die Zuschlagskriterien erfüllen. Aus dem Begriff „inwieweit" ergibt sich, dass die Angebotswertung anhand der Zuschlagskriterien anders als die Eignungsprüfung nicht absolut, sondern graduell erfolgt.[12] Eine Angebotswertung erfolgt daher nicht nach dem Schema „wirtschaftlich"-„unwirtschaftlich".

17 Die Regelung bringt zum Ausdruck, dass es sich bei der Zuschlagsentscheidung um eine **Wertungsentscheidung** handelt.[13] Der öffentliche Auftraggeber hat im Rahmen der Wertung durch eine ergebnisoffene Anwendung der genannten Zuschlagskriterien das wirtschaftlichste Angebot zu ermitteln. Innerhalb des durch die aufgestellten Kriterien gezogenen Rahmens sind alle Eigenschaften und Umstände in die Wertung einzustellen, die einer gestuften Bewertung zugänglich sind. Umstände und Eigenschaften, die dem öffentlichen Auftraggeber einen materiellen oder immateriellen Mehrwert bringen, führen regelmäßig zu einer Aufwertung.[14] Da der öffentliche Auftraggeber selbst am ehesten einschätzen kann, welches Angebot seinem Beschaffungsbedarf am nächsten kommt, steht ihm bei der Wertung der Angebote ein **Beurteilungsspielraum** zu, der von denen Nachprüfungsinstanz nur daraufhin überprüft werden kann, ob das vorgeschriebene Verfahren eingehalten worden ist, ob der öffentliche Auftraggeber die von ihm selbst aufgestellten Bewertungsvorgaben beachtet hat, der zugrunde liegende Sachverhalt vollständig und zutreffend ermittelt worden ist, keine sachwidrigen Erwägungen angestellt worden sind und nicht gegen allgemeine Bewertungsgrundsätze verstoßen worden ist.[15]

18 Die Angebotswertung muss insbesondere dem **Gleichbehandlungsgrundsatz** Rechnung tragen. Dieser gebietet es, dass diejenigen Angebote, die konkret miteinander im Wettbewerb stehen, einer gleichförmigen Bewertung unterzogen werden.[16] Der öffentliche Auftraggeber darf daher nicht ein Angebot schlechter oder besser gegenüber einem solchen Angebot bewerten, das identische Leistungs- oder Preismerkmale aufweist. Die gleichförmige Bewertung verlangt nach der Rechtsprechung[17] außerdem, dass die zueinander im Wettbewerb stehenden Angebote von ein und derselben Prüfergruppe bzw. denselben Prüfern bewertet werden.

19 Nach der Regelung bewertet der öffentliche Auftraggeber die Angebote nur anhand der **vorgegebenen Zuschlagskriterien**. Nach § 127 Abs. 5 GWB sind die vorgegebenen Zuschlagskriterien diejenigen, die der öffentliche Auftraggeber in der Auftragsbekanntmachung oder den Vergabeunterlagen angegeben hat.[18] Hieraus folgt, dass der öffentliche Auftraggeber nicht solche Zuschlagskriterien für die Bewertung heranziehen darf, die er nicht in der Auftragsbekanntmachung oder den Vergabeunterlagen angegeben hat.[19] Wegen der Grundsätze der Transparenz und Gleichbehandlung wurde eine Selbstbindung des öffentlichen Auftraggebers auch bereits zur Vorgängerregelung auf die in der Bekanntmachung angegebene

---

10 Vgl. VK Sachsen, Beschluss v. 6.11.2015 – 1/SVK/024-15.
11 VK Bund, Beschluss v. 24.11.2011 – VK 3-143/11.
12 Vgl. Gesetzesbegründung, BT-Drs. 18/6281, 111.
13 Gesetzesbegründung, BT-Drs. 18/6281, 111.
14 Vgl. OLG Koblenz, Beschluss v. 2.10.2012 – 1 Verg 4/12, VergabeR 2013, 270 (275).
15 St. Rspr. BGH, Urteil v. 6.2.2002 – X ZR 185/99, VergabeR 2002, 369; OLG Koblenz, Beschluss v. 2.10.2012 – 1 Verg 4/12, VergabeR 2013, 270 (275); OLG Celle, Beschluss v. 12.1.2012 – 13 Verg 8/11, VergabeR 2012, 514 (516); OLG München, Beschluss v. 7.4.2011 – Verg 5/11, VergabeR 2011, 872; OLG Düsseldorf, Beschluss v. 27.7.2005 – VII-Verg 108/04; OLG Jena, Beschluss v. 13.10.1999 – 6 Verg 1/99, NZBau 2001, 39 (42).
16 OLG Düsseldorf, Beschluss v. 22.8.2007 – VII-Verg 27/07; VK Bund, Beschluss v. 16.3.2015 – VK 1-10/15.
17 OLG Düsseldorf, Beschluss v. 22.8.2007 – VII-Verg 27/07; VK Bund, Beschluss v. 16.3.2015 – VK 1-10/15.
18 So ausdrücklich § 16d EU Abs. 2 S. 1 VOB/A.
19 Vgl. Gesetzesbegründung, BT-Drs. 18/6281, 113; EuGH, Urteil v. 12.12.2002 – Rs. C-470/99 (Universale-Bau), Rn. 99; OLG München, Beschluss v. 21.5.2010 – Verg 02/10, ZfBR 2010, 606 (614); OLG Düsseldorf, Beschluss v. 22.12.2010 – VII-Verg 40/10, ZfBR 2011, 388 (391); Beschluss v. 23.1.2008 – VII-Verg 31/07.

Gewichtung erstreckt.[20] Mit ihrer Bekanntgabe sind die Zuschlagskriterien und die Gewichtungskoeffizienten der Disposition des öffentlichen Auftraggebers entzogen. Maßgebend sind ausschließlich die dem Bieter kommunizierten Kriterien in der mitgeteilten Gewichtung. Es ist dem öffentlichen Auftraggeber verwehrt, nach der Bekanntgabe neue – wenn auch möglicherweise sachdienliche – Aspekte in die Wertung einzustellen.[21] Bereits bekanntgemachte Zuschlagskriterien dürfen weder inhaltlich erweitert noch verändert werden.[22]

Eine – sehr restriktive – **Ausnahme** gilt nach der Rechtsprechung des EuGH[23] für die Festlegung von Gewichtungskoeffizienten für Unterkriterien. Der öffentliche Auftraggeber könne diese auch nachträglich festlegen, wenn die Gewichtungskoeffizienten 20

1. die in den Verdingungsunterlagen oder in der Vergabebekanntmachung bestimmten Zuschlagskriterien für den Auftrag nicht ändern,
2. nichts enthalten, was, wenn es bei der Vorbereitung der Angebote bekannt gewesen wäre, diese Vorbereitung hätte beeinflussen können,
3. nicht unter Berücksichtigung von Umständen gewählt wurden, die einen der Bieter diskriminieren konnten.

2. Bewertungsmethoden

Bewertungsmethoden bestimmen, wie die Angaben der Bieter in den Angeboten zu den Zuschlagskriterien bewertet werden und die Umrechnung in Wertungspunkte erfolgt.[24] Diese Umrechnung kann in Form einer **Wertungsmatrix** erfolgen. Unter einer Wertungsmatrix ist die Darstellung der Methode zu verstehen, wie die einzelnen Noten bzw. Bewertungen in Punktwerte umgerechnet werden.[25] 21

§ 127 GWB enthält keine Regelung dazu, ob der öffentliche Auftraggeber verpflichtet ist, eine **Bewertungsmethode** festzulegen. Allerdings ergibt sich aus der Gesetzesbegründung[26], dass die Zuschlagskriterien mit einer Wertungsskala zu versehen und Kriterien für die Beurteilung im Rahmen dieser Wertungsskala festzulegen sind. Andernfalls wäre eine diskriminierungs- und willkürfreie Wertungsentscheidung auch ausgeschlossen. 22

Der öffentliche Auftraggeber verfügt bei der Festlegung der Bewertungsmethode über einen weiten **Ermessensspielraum**, der von den Nachprüfungsinstanzen nur beschränkt überprüft werden kann. Der Ermessensspielraum wird durch die vergaberechtlichen Grundsätze nach § 97 Abs. 1 und Abs. 2 GWB beschränkt. Bei der Festlegung von Bewertungsmethoden sind insbesondere die Grundsätze der Gleichbehandlung und der Wirtschaftlichkeit zu beachten. 23

Keine besonderen Anforderungen an die Bewertungsmethode bestehen, wenn die Zuschlagsentscheidung sich **allein nach dem Preis oder den Kosten** richtet.[27] In diesem Fall können ausschließlich der niedrigste Preis oder die niedrigsten Kosten der Wertung zugrunde gelegt werden.[28] Die Bewertung der Angebote erfolgt durch Vergleich der jeweiligen Gesamtpreise bzw. -kosten der Angebote. Das Angebot mit dem niedrigsten Angebotspreis bzw. den niedrigsten Kosten ist das wirtschaftlichste Angebot. 24

---

20 Vgl. BGH, Urteil v. 3.6.2004 – X ZR 30/03, VergabeR 2004, 604 (605); VK Arnsberg, Beschluss v. 22.1.2009 – VK 32/08; VK Münster, Beschluss v. 21.11.2007 – VK 24/07; VK Saarland, Beschluss v. 9.3.2007 – 3 VK 1/2007; VK Brandenburg, Beschluss v. 14.9.2006 – 2 VK 36/06.

21 Vgl. EuGH, Urteil v. 24.11.2005 – Rs. C-331/04 (ATI EAC), Rn. 32; BGH, Urteil v. 3.6.2004 – X ZR 30/03, VergabeR 2004, 604 (605).

22 Vgl. EuGH, Urteil v. 24.11.2005 – Rs. C-331/04 (ATI EAC), Rn. 32; VK Baden-Württemberg, Beschluss v. 10.1.2011 – 1 VK 69/10.

23 EuGH, Beschluss v. 24.1.2008 – Rs. C-532/06 (Lianakis), Rn. 43.

24 Vgl. OLG Düsseldorf, Beschluss v. 27.3.2013 – VII-Verg 53/12, und OLG München, Beschluss v. 19.3.2009 – Verg 2/09, sowie VK Berlin, Beschluss v. 30.11.2012 – VK-B1-30/12, wonach es sich hierbei um sog. *„Gewichtungsregeln"* handele.

25 OLG München, Beschluss v. 19.3.2009 – Verg 2/09; VK Hessen, Beschluss v. 8.2.2016 – 69d-VK-35/2015.

26 Vgl. Gesetzesbegründung, BT-Drs. 18/6281, 111; hiergegen zur alten Rechtslage VK Bund, Beschluss v. 6.12.2013 – VK 1-103/13; VK Nordbayern, Beschluss v. 6.8.2015 – 21.VK-3194-16/15.

27 Vgl. *Roth*, NZBau 2011, 75.

28 Denkbar ist auch in diesen Fällen eine Bepunktung des Preises, zu möglichen Wettbewerbsverzerrungen bei einer solchen Vorgehensweise siehe *Ferber*, Bewertungskriterien und -matrizen, S. 183.

25 Der öffentliche Auftraggeber kann die Angebote **absolut** bewerten. In diesem Fall muss er Maßstäbe (z.B. Schulnoten[29]) festlegen, nach denen die Angebote bewertet werden. Für den Preis ist eine absolute Bewertung durch Setzung eines Eckpreises zwar denkbar. Grundlage für die Wertung könnte in diesem Fall der Grad der Abweichung von einem bestimmten Marktpreis sein. Zweckmäßig ist dies indes nicht, da die Festlegung eines solchen Preises – der bekannt zu machen wäre – als Vorgabe eines Preises oder Preisniveaus bzw. als ungewollte Kalkulationshilfe interpretiert werden könnte.[30]

26 Nicht abschließend geklärt ist, ob der öffentliche Auftraggeber die Angebote **relativ** bewerten kann. Während die bisherige vergaberechtliche Rechtsprechung[31] dies zulässt, ist die kartellrechtliche Rechtsprechung uneinheitlich.[32] Bei einer relativen Bewertung wird üblicherweise das beste Angebot als Referenzmaßstab gesetzt. Die Reihenfolge der Angebote kann durch eine **lineare Interpolation**[33] zwischen dem niedrigsten und dem höchsten Angebotspreis oder dem niedrigsten Angebotspreis und dem Zweifachen dieses Wertes ermittelt werden.[34] Gegen die relative Bewertung wird angebracht, dass ein relativer Referenzmaßstab den Anforderungen des Transparenzgrundsatzes widerspreche, da dieser Maßstab den Bietern zum Zeitpunkt der Angebotserstellung naturgemäß nicht bekannt sei. Dies kann allerdings nur insoweit gelten, wie der konkrete Referenzmaßstab die Angebotserstellung beeinflussen kann.

27 Um die Verhältniszahl zwischen Preis oder Kosten und den leistungsbezogenen Zuschlagskriterien zu ermitteln, ist es in der Regel[35] erforderlich, eine **Umrechnungsformel** zu bilden. In der Praxis greifen öffentliche Auftraggeber regelmäßig auf die vom Beschaffungsamt des Bundesministerium des Innern entwickelten Formeln in der UfAB[36] zurück. Die für IT-Beschaffungen entwickelten Formeln können auch für die Vergabe anderer Leistungen angewendet werden.[37] Der öffentliche Auftraggeber ist in der Festlegung der Umrechnungsformel grundsätzlich frei. Er hat allerdings die **vergaberechtlichen Grundsätze** zu beachten.[38] Mit diesen Grundsätzen ist es unvereinbar, wenn sich aus der Formel *„unerwartete Effekte"* ergeben.[39] Nicht zu solchen Effekten gehören natürliche Konsequenzen aus der Umrechnungsformel, z.B. die Begünstigung hochqualitativer, aber teurer Angebote bei Verwendung des inversen Dreisatzes.[40]

28 Die Bewertungsmethode muss den **Grundsatz der Wirtschaftlichkeit** nach § 97 Abs. 1 S. 2 GWB wahren. Hieran fehlt es, wenn der **Mittelwert** aller Angebote als Referenzwert festgelegt wird.[41] Denn bei der Mittelwertmethode erhält nicht zwangsläufig das günstigste Angebot die volle Punktzahl, sondern das Angebot, das am wenigsten vom Mittelwert abweicht. Die Mittelwertmethode kann dazu führen, dass ein Angebot, das günstiger ist als der Mittelwert, eine niedrigere Punktzahl erhält als ein Angebot, das über dem Mittelwert liegt. Mit dem Grundsatz zur Wirtschaftlichkeit unvereinbar ist auch der sog. **Flipping-Effekt**. Der Ef-

---

29 Vgl. VK Sachsen, Beschluss v. 7.3.2014 – 1/SVK/048-13; allerdings müssen die Schulnoten in den Vergabeunterlage verbalisiert im Hinblick auf die Anforderungen der jeweiligen Zuschlagskriterien unterlegt werden, vgl. OLG Düsseldorf, Beschluss v. 15.6.2016 – VII-Verg 49/15.

30 Vgl. OLG Düsseldorf, Beschluss v. 3.3.2010 – VII-Verg 48/09; VK Bund, Beschluss v. 21.10.2014 – VK 2-81/14.

31 OLG Schleswig, Beschluss v. 2.7.2010 – 1 Verg 1/10; wohl auch OLG Düsseldorf, Beschluss v. 15.7.2015 – VII-Verg 11/15; Beschluss v. 3.3.2010 – VII-Verg 48/09.

32 Dafür OLG Celle, Urteil v. 17.3.2016 – 13 U 141/15 (Kart); LG Leipzig, Urteil v. 17.6.2015 – 5 O 1339/15; dagegen LG Stuttgart, Beschluss v. 21.11.2014 – 11 O 180/14; LG Berlin, Urteil v. 9.12.2014 – 16 O 224/14 Kart; offen lassend OLG Stuttgart, Urteil v. 19.11.2015 – 2 U 60/15.

33 Siehe zur mathematischen Berechnung der linearen Interpolation *Ferber*, Bewertungskriterien und -matrizen, S. 293.

34 Kritisch hierzu *Bartsch/v. Gehlen*, NZBau 2015, 523.

35 Zu der Ausnahme, dass der öffentliche Auftraggeber eine Gesamtpunktzahl bildet, siehe *Brackmann/Berger*, VergabeR 2015, 313.

36 Die neueste Fassung ist abrufbar unter: http://www.cio.bund.de/Web/DE/IT-Beschaffung/UfAB/ufab_node.html.

37 Siehe für Praxisbeispiele sowie Vor- und Nachteile der verschiedenen Formeln *Ferber*, Bewertungskriterien und -matrizen, S. 185 ff.

38 Vgl. OLG Düsseldorf, Beschluss v. 15.6.2016 – VII-Verg 49/15.

39 Vgl. OLG Düsseldorf, Beschluss v. 15.6.2016 – VII-Verg 49/15.

40 Vgl. OLG Düsseldorf, Beschluss v. 15.6.2016 – VII-Verg 49/15.

41 Vgl. VK Bund, Beschluss v. 21.11.2013 – VK 2-102/13.

fekt bezeichnet das Phänomen, dass ein dritter, abgeschlagener Bieter sein Preisangebot ändert, ohne sich damit für einen Spitzenplatz zu qualifizieren, was gleichwohl zur Folge hat, dass der beste und der zweitbeste Anbieter ihren Platz tauschen, ohne dass jene ihre Angebote verändert hätten.[42] Die Modifikation eines dritten Angebots ist allerdings kein taugliches Kriterium für die Ermittlung des wirtschaftlichsten Angebots.[43] Der Flipping-Effekt kann insbesondere bei Verhandlungsverfahren mit mehreren Verhandlungsrunden relevant werden.

Die Bewertungsmethode darf aus Gründen der Gleichbehandlung nicht zu einer **Abweichung von den festgelegten Zuschlagskriterien und deren Gewichtung** führen.[44] Dies ist nach der Rechtsprechung des OLG Düsseldorf[45] bei einem solchen Modus problematisch, nach dem bezüglich eines Zuschlagskriteriums das beste Angebot 100 Punkte und das schlechteste Angebot 0 Punkte erhält („*100 Punkte oder nichts*"). Liegen lediglich zwei Angebote vor, führe dies zu einem Wertungsausfall bei dem schlechteren Angebot mit der Folge, dass sich die Gewichtung des jeweiligen Kriteriums nicht widerspiegelt. Nach der Rechtsprechung[46] sei es zudem erforderlich, dass der öffentliche Auftraggeber für die Bewertung der Zuschlagskriterien Preis oder Kosten die **gleiche Bewertungsmethode** anwendet wie für die Bewertung der leistungsbezogenen Zuschlagskriterien. Nach Stimmen im Schrifttum[47] berge zudem die Umrechnung des Preises in sog. **Preispunkte** stets die Gefahr einer nachträglichen Änderung der bekanntgegebenen Gewichtung in sich. 29

Die Methode muss zudem sicherstellen, dass die **relativen Preisabstände** angemessen bei der Punkteverteilung berücksichtigt werden.[48] Die VK Südbayern[49] hat dies für eine Methode angenommen, nach der ein Preisabstand von 4.999 Euro für die Bewertung irrelevant sei, ein Preisabstand von 1 Euro hingegen einen Unterschied von 40 Bewertungspunkten ausmachen könne. 30

III. Preis-Leistungs-Verhältnis (S. 3)

Nach § 127 Abs. 1 S. 3 GWB bestimmt sich das wirtschaftlichste Angebot nach dem besten Preis-Leistungs-Verhältnis. Die Bestimmung des wirtschaftlichsten Angebots ist – so die Gesetzesbegründung[50] – die **Konkretisierung des allgemeinen Wirtschaftlichkeitsgrundsatzes** gemäß § 97 Abs. 1 S. 2 GWB. Das wirtschaftlichste Angebot ist das Angebot mit der größten Wirtschaftlichkeit. 31

Die Regelung ist mit dem **VergRModG 2016** neu in das GWB aufgenommen worden. Die untergesetzlichen Vorschriften enthalten **Parallelregelungen** in § 58 Abs. 2 S. 1 VgV und § 16d EU Abs. 2 Nr. 1 S. 3 VOB/A. 32

1. Begriff

Nach dem Willen des Richtliniengebers[51] ist es wichtig, dass die Bestimmungen zum Zuschlag auf das wirtschaftlichsten Angebot „so einfach und übersichtlich wie möglich" dargestellt 33

42 OLG Celle, Beschluss v. 19.3.2015 – 13 Verg 1/15; OLG Düsseldorf, Beschluss v. 19.6.2013 – VII-Verg 8/13; VK Bund, Beschluss v. 21.10.2014 – VK 2-81/14; VK Südbayern, Beschluss v. 20.12.2012 – Z3-3-3194-1-58-11/12; für Beispiele siehe *Bartsch/von Gehlen*, NZBau 2015, 523 (526); *Bartsch/v. Gehlen/Hirsch*, NZBau 2012, 393 (397); *Schneider*, NZBau 2002, 555 (557).

43 *Schneider*, NZBau 2002, 555 (557).

44 Vgl. EuGH, Urteil v. 14.7.2016 – Rs. C-6/15 (Dimarso), Rn. 37; OLG Düsseldorf, Beschluss v. 29.4.2015 – VII-Verg 35/14; Beschluss v. 22.1.2014 – VII-Verg 26/13; OLG Schleswig, Beschluss v. 2.7.2010 – 1 Verg 1/10; OLG Hamburg, Beschluss v. 19.3.2003 – 1 Verg 4/02; LG Stuttgart, Beschluss v. 21.11.2014 – 11 O 180/14; instruktiv hierzu VK Brandenburg, Beschluss v. 26.7.2012 – VK 19/12.

45 OLG Düsseldorf, Beschluss v. 29.4.2015 – VII-Verg 35/14; Beschluss v. 22.1.2014 – VII-Verg 26/13.

46 OLG Schleswig, Beschluss v. 2.7.2010 – 1 Verg 1/10; VK Sachsen, Beschluss v. 22.7.2010 – 1/SVK/022-10; VK Münster, Beschluss v. 21.12.2001 – VK 22/01.

47 *Bartsch/v. Gehlen*, NZBau 2015, 523 (525 ff.); *Brackmann/Berger*, VergabeR 2016, 313 (319 ff.).

48 VK Südbayern, Beschluss v. 24.7.2015 – Z 3-3-3194-1-28-04/15; VK Thüringen, Beschluss v. 26.6.2014 – 250-4003-3903/2014-E-009-GRZ; VK Niedersachsen, Beschluss v. 7.2.2014 – VgK-51/2013.

49 VK Südbayern, Beschluss v. 24.7.2015 – Z 3-3-3194-1-28-04/15.

50 Gesetzesbegründung, BT-Drs. 18/6281, 67 f.

51 Erwägungsgrund 89 RL 2014/24/EU; siehe auch Erwägungsgrund 94 RL 2014/23/EU.

werden. Die **begriffliche Einheitlichkeit** könne „dadurch erreicht werden, dass als übergeordnetes Konzept der Begriff des ‚wirtschaftlich günstigsten Angebots' verwendet wird, da alle Angebote, die den Zuschlag erhalten, letztlich danach ausgewählt werden sollten, was der einzelne öffentliche Auftraggeber für die wirtschaftlich beste Lösung unter den Angeboten hält. Um Unklarheiten zu vermeiden, [...] sollte jedoch ein anderer Begriff benutzt werden, nämlich das ‚beste Preis-Leistungs-Verhältnis'."

a) Ökonomischer Hintergrund

34 Der Begriff des wirtschaftlichsten Angebots ist **ökonomisch geprägt**. Es ist daher naheliegend, Parallelen zum betriebswirtschaftlichen Verständnis zu suchen.

35 Dort ist auf den ersten Blick deckungsgleich Wirtschaftlichkeit als eine **Verhältniszahl aus Ergebnisgröße und Einsatzgröße** definiert. Die dabei verwendeten Größen sind Ertrag bzw. Leistung als Ergebnisgröße und Aufwand bzw. Kosten als Einsatzgröße.[52] Leistung und Kosten sind betriebswirtschaftlich eindeutig als monetär bewertete Güterentstehung (Leistung) bzw. monetär bewerteter Güterverzehr definiert.[53] Damit enden die Gemeinsamkeiten zur GWB-Definition des Preis-Leistungs-Verhältnisses.

36 Der vom Gesetzgeber nicht weiter definierte Preis stellt *„den von einem Käufer (Nachfrager, Kunden) zu einem bestimmten Zeitpunkt für eine bestimmte Menge eines spezifischen Wirtschaftsguts an den Verkäufer (Anbieter, Unternehmen) zu zahlenden Geldbetrag"*[54] dar. Preis als pekuniäre Größe konzentriert sich demzufolge alleine auf den **Zeitpunkt der Anschaffung** und den damit verbundenen Geldabfluss, während Kosten als pagatorische Größe den Wertverlust beispielsweise in Form von Abschreibungen über den Nutzungszeitraum quantifizieren.

37 Diese Abgrenzung von Preis und Kosten ist bedeutsam, weil auch der Gesetzgeber nicht will, dass ausschließlich und immer der **Preis als Einsatzgröße** verwendet wird – obwohl er nur ihn in seine Definition des wirtschaftlichsten Angebots aufgenommen hat. In der Gesetzesbegründung spricht der Gesetzgeber vom „Angebotspreis oder [...] [den] (unter Einbeziehung weiterer Faktoren, wie z. B. dem finanziellen Aufwand für Betrieb und Wartung der Leistung, errechneten) Kosten"[55] zur Ermittlung der Einsatzgröße. § 59 Abs. 1 VgV und § 16d EU Abs. 2 Nr. 5 und Nr. 6 VOB/A ermöglichen die Berechnung mittels **Lebenszykluskosten**, für den Fall energieverbrauchsrelevanter Leistungen ist sie gemäß § 67 Abs. 3 Nr. 2 VgV und § 8c EU Abs. 3 Nr. 2 VOB/A sogar in geeigneten Fällen bzw. durch ein vergleichbares Verfahren zwingend vorgesehen. Kosten wären damit der zutreffende Begriff, zumal der Preis in Form der Anschaffungskosten gemäß § 59 Abs. 2 S. 2 Nr. 1 VgV und § 16d EU Abs. 2 Nr. 5 lit. a VOB/A darin enthalten ist.

38 **Leistung** ist abweichend von der betriebswirtschaftlichen Definition nach der Gesetzesbegründung die „Leistung, die im Rahmen des öffentlichen Auftrages erbracht werden soll"[56]. Leistungsbezogene Zuschlagskriterien sind nicht abschließend in § 58 Abs. 2 S. 2 VgV und § 16d EU Abs. 2 Nr. 2 S. 2 VOB/A aufgeführt, sie können beispielsweise Qualität, Organisation, Qualifikation und Erfahrung des mit der Ausführung des Auftrags betrauten Personals oder Verfügbarkeit von Kundendienst umfassen. Leistung in diesem Sinne wird in der Vergabepraxis nicht monetär bewertet, zumal öffentliche Auftraggeber in der Regel keine Umsatzerlöse erwirtschaften und damit auch über keine Kosten-Leistungs-Rechnung verfügen, auch wenn diese haushaltsrechtlich in geeigneten Fällen gemäß § 7 Abs. 3 BHO vorgesehen ist.

39 Das mit den genannten Wirtschaftlichkeitsdefinitionen verbundene Begriffspaar **wirtschaftlich/unwirtschaftlich** ist von **wirtschaftlich/nichtwirtschaftlich** abzugren-

---

52 Vgl. *Olfert/Rahn*, Einführung in die Betriebswirtschaftslehre, S. 46; *Thommen/Achleitner*, Allgemeine Betriebswirtschaftslehre, S. 120.
53 Vgl. *Horváth/Gleich/Seiter*, Controlling, S. 263.
54 *Pechtl*, Preispolitik, S. 14.
55 Gesetzesbegründung, BT-Drs. 18/6281, 111.
56 Gesetzesbegründung, BT-Drs. 18/6281, 111.

zen.[57] Während erstgenanntes im Sinne des o.g. Verhältnisses aus Ergebnis- und Einsatzgrößen sowohl der haushaltsrechtlichen Zweck-Mittel-Relation als auch dem vergaberechtlichen Verständnis entspricht (vgl. § 7 VV-BHO), ist letztgenanntes die Unterscheidung zwischen gewinnorientierten Unternehmen der Privatwirtschaft und nichtwirtschaftlichen Institutionen des öffentlichen Sektors. Somit geht es in der öffentlichen Beschaffung um die wirtschaftliche Zuschlagserteilung nichtwirtschaftlicher Organisationen.

b) Korrektur des Begriffsverständnisses

Sprachlich korrekt wäre die Definition von Wirtschaftlichkeit als **Leistungs-Kosten-Verhältnis**, da die Wirtschaftlichkeit nur erhöht wird, wenn entweder die Leistung steigt (Leistung im Zähler des Bruches Wirtschaftlichkeit) oder die Kosten sinken (Kosten im Nenner des Bruches Wirtschaftlichkeit).[58] 40

Beispielhaft sei auf die **definitorisch korrekte landesvergaberechtliche Regelung** des Gesetzes über die Vergabe öffentlicher Aufträge in Mecklenburg-Vorpommern (§ 7 Abs. 2 bis 4 VgV M-V) verwiesen: 41

> „Das wirtschaftlichste Angebot ist dasjenige mit dem günstigsten Verhältnis von angebotener Leistung und den zu erwartenden Kosten für den öffentlichen Auftraggeber. Die angebotene Leistung wird nach gewichteten Zuschlagskriterien bewertet. Die Kosten setzen sich aus dem Angebotspreis und weiteren Kosten zusammen, die dem öffentlichen Auftraggeber nach den Verhältnissen des Einzelfalles im Zusammenhang mit der zu erbringenden Leistung entstehen (z. B. Unterhalts-, Wartungs-, Betriebskosten)."

c) Einsatz in der Vergabepraxis

Die konkrete Ausgestaltung von Kosten- und Leistungsgrößen in der Vergabepraxis ist **vielgestaltig**. Dementsprechend sieht der Normgeber keine abschließende Regelung der Zuschlagskriterien vor, sondern zeigt in § 58 Abs. 2 S. 2 VgV und § 16d EU Abs. 2 Nr. 2 S. 2 VOB/A einen beispielhaften Katalog von Leistungskriterien und in § 59 Abs. 2 S. 2 VgV sowie § 16d EU Abs. 2 Nr. 5 VOB/A einen beispielhaften Katalog von Kostenkriterien. 42

Die Zuschlagskriterien sind gemäß § 127 Abs. 5 GWB zu gewichten und in der Auftragsbekanntmachung oder den Vergabeunterlagen aufzuführen. Die Kriterien können dabei durch die **Bildung einer Verhältniszahl** im Sinne des o.g. korrekten Wirtschaftlichkeitsverständnisses ökonomisch und vergaberechtlich korrekt ausgestaltet werden. Beispielhaft sei auf die Unterlage für Ausschreibung und Bewertung von IT-Leistungen (UfAB VI) des Beauftragten der Bundesregierung für Informationstechnik verwiesen. Sie enthält eine Bewertungsmatrix, welche die Zuschlagskriterien ebenfalls als „Leistungs-Preis-Verhältnis"[59] zur Gesamtbewertung zusammenführt. 43

2. Gewichtung

Das Preis-Leistungs-Verhältnis bestimmt sich bei der konkreten Auftragsvergabe nach den Festlegungen des öffentlichen Auftraggebers hinsichtlich der Zuschlagskriterien nach § 127 Abs. 1 S. 4 GWB und deren Verhältnis zueinander. Der öffentliche Auftraggeber verfügt hinsichtlich der Festlegung dieses Verhältnisses (Gewichtung) über einen Ermessensspielraum.[60] Dieser Spielraum ist von den Nachprüfungsinstanzen nur begrenzt, insbesondere nur auf Vertretbarkeit, zu überprüfen.[61] 44

Die Gewichtung der Zuschlagskriterien muss deren jeweilige **Bedeutung bei der Zuschlagsentscheidung** widerspiegeln. Die Zuschlagskriterien müssen angemessen sein. Dies folgt aus 45

57 Vgl. *Eichhorn/Mark*, Das Prinzip Wirtschaftlichkeit, S. 22 f.
58 *Olfert/Rahn*, Einführung in die Betriebswirtschaftslehre, S. 46; *Thommen/Achleitner*, Allgemeine Betriebswirtschaftslehre, S. 120.
59 Beschaffungsamt des Bundesministeriums des Inneren (Hrsg., 2015), UfAB VI: Unterlage für Ausschreibung und Bewertung von IT-Leistungen, Version 1.0, Bonn 2015.
60 Vgl. OLG Celle, Beschluss v. 19.3.2015 – 13 Verg 1/15; OLG Düsseldorf, Beschluss v. 9.1.2013 – VII-Verg 33/12; Beschluss v. 21.5.2012 – VII-Verg 3/12 („*Festlegungsspielraum*").
61 Vgl. OLG Düsseldorf, Beschluss v. 9.1.2013 – VII-Verg 33/12.

dem Verhältnismäßigkeitsgrundsatz in § 97 Abs. 1 S. 2 GWB.[62] Denn die Überbetonung eines Zuschlagskriteriums kann dazu führen, dass Angebote, die in einem hoch gewichteten Zuschlagskriterium unterliegen, einen Rückstand erleiden, der sich durch besonders positive Angebotsmerkmale in anderen Zuschlagskriterien nicht mehr aufwiegen lässt.

46 Öffentliche Auftraggeber sind **verpflichtet**, die Zuschlagskriterien zu gewichten. Dies ergibt sich implizit aus § 127 Abs. 5 GWB und gilt auch für die Unterkriterien (sog. Untergewichtungen). Anderenfalls wäre eine objektive Zuschlagsentscheidung nicht denkbar. Nach § 58 Abs. 3 S. 3 VgV darf der öffentliche Auftraggeber die Zuschlagskriterien in absteigender Reihenfolge angeben, wenn eine Gewichtung nicht möglich ist.

a) Preis und Kosten

47 Aus der haushaltsrechtlichen Pflicht zu höchstmöglich sparsamer und effektiver Verwendung öffentlicher Mittel folgt, dass den Zuschlagskriterien Preis und Kosten bei der Beurteilung der Wirtschaftlichkeit eine **ausschlaggebende Rolle** zukommt.[63] So geben bei ansonsten gleichwertigen Angeboten der Preis oder die Kosten den Ausschlag.[64]

aa) Angemessene Gewichtung

48 Der Preis oder die Kosten dürfen bei der Wirtschaftlichkeitswertung **nicht am Rande** stehen, sondern sind in ein angemessenes Verhältnis zu den übrigen Kriterien zu setzen.[65] Dies ist jedenfalls bei einem Verhältnis von 50:50 der Fall.[66] Auch eine Gewichtung des Preises oder der Kosten von 27 % kann noch zulässig sein.[67] Ein angemessenes Verhältnis besteht jedenfalls dann nicht, wenn der Preis oder die Kosten mit lediglich 5 % gewichtet sind.[68]

49 Eine pauschale **quantitative Untergrenze** verbietet sich aufgrund der erforderlichen Einzelfallbetrachtung.[69] Dies schließt eine Regel-Ausnahme-Systematik allerdings nicht aus. Nach der Rechtsprechung des OLG Dresden[70] stelle ein Wertungsanteil des Angebotspreises von 30 % eine in der Regel eine Größenordnung dar, die nicht unterschritten werden sollte. Aufgrund der gestiegenen Bedeutung strategischer Ziele im Vergabeverfahren ist nach neuer Rechtslage davon auszugehen, dass eine Berücksichtigung des Preises oder der Kosten erst ab Unterschreiten eines Wertungsanteils von 20 % *in der Regel* unzulässig ist. Es müssen sachliche Gründe die Unterschreitung einer solchen Schwelle rechtfertigen.

bb) Niedrigstpreis- oder Niedrigstkostenvergabe

50 Nach früherer Rechtslage war umstritten, ob der **Preis als einziges Zuschlagskriterium** festgelegt werden kann (sog. Niedrigstpreisvergabe). Während die Rechtsprechung[71] diese Möglichkeit zuließ, lehnten Stimmen im Schrifttum[72] sie mit Verweis auf den Wortlaut der geltenden europäischen und deutschen Regelungen[73] ab. Die Zulässigkeit der Niedrigstpreisvergabe (bzw. nunmehr auch der Niedrigstkostenvergabe) ergibt sich seit Inkrafttreten des

62 Vgl. *Burgi*, NZBau 2015, 597 (601).
63 Vgl. BayObLG, Beschluss v. 2.12.2002 – Verg 24/02.
64 Vgl. BGH, Urteil v. 26.10.1999 – X ZR 30/98, NJW 2000, 661 (663).
65 OLG Düsseldorf, Beschluss v. 21.5.2012 – VII-Verg 3/12; Beschluss v. 29.12.2001 – Verg 22/01, VergabeR 2002, 267; Beschluss v. 25.5.2005 – Verg 8/05.
66 Vgl. OLG Düsseldorf, Beschluss v. 21.5.2012 – VII-Verg 3/12.
67 Vgl. VK Bund, Beschluss v. 12.12.2002 – VK 2-92/02.
68 Vgl. VK Bund, Beschluss v. 10.6.2005 – VK 2-36/05.
69 OLG Düsseldorf, Beschluss v. 29.12.2001 – Verg 22/01, VergabeR 2002, 267.
70 OLG Dresden, Beschluss v. 5.1.2001 – Verg 0011/00 und Verg 0012/00, VergabeR 2001, 41; VK Sachsen, Beschluss v. 7.5.2007 – 1/SVK/027-07; VK Bund, Beschluss v. 12.12.2002 – VK 2-92/02, hatte auch eine Preisgewichtung von 27 % für zulässig gehalten.
71 OLG Düsseldorf, Beschluss v. 24.9.2014 – VII-Verg 17/14; OLG Frankfurt, Beschluss v. 5.6.2012 – 11 Verg 4/12; OLG München, Beschluss v. 20.5.2010 – Verg 4/10; OLG Schleswig, Beschluss v. 15.4.2011 – 1 Verg 10/10, VergabeR 2011, 586 (590); OLG Naumburg, Beschluss v. 5.12.2008 – 1 Verg 9/08, VK Thüringen, Beschluss v. 29.6.2011 – 250-4002.20-2591/2011-E-004-EF.
72 *Ziekow*, in: Ziekow/Völlink, Vergaberecht, § 97 GWB Rn. 105, 107; mit Ausnahme der Beschaffung homogener Massengüter *Fehling*, in: Pünder/Schellenberg, Vergaberecht, § 97 GWB Rn. 185.;
73 Siehe Art. 53 Abs. 1 RL 2004/18/EG, § 97 Abs. 5 GWB a.F. sowie § 21 EG Abs. 1 S. 2 VOL/A.

VergRModG 2016 implizit[74] aus § 127 Abs. 1 S. 4 GWB. Nach der Regelung *können* neben dem Preis *oder* den Kosten weitere Kriterien bei der Ermittlung des besten Preis-Leistungs-Verhältnisses berücksichtigt werden. Hieraus folgt, dass öffentliche Auftraggeber den Preis oder die Kosten auch als alleiniges Zuschlagskriterium festlegen können.[75]

Nach der Rechtsprechung zur Rechtslage vor Inkrafttreten des VergRModG 2016 galt die Zulässigkeit der Niedrigstpreisvergabe indes **nicht uneingeschränkt**. Es sei jedenfalls das Willkürverbot zu beachten, sodass eine Niedrigstpreisvergabe zu *„willkürlichen Zwecke"*[76] unzulässig sei. Eine Niedrigstpreisvergabe sollte zudem nur zulässig sein, wenn die Leistungen *„in allen für die Zuschlagsentscheidung in Betracht kommenden Punkten in der Leistungsbeschreibung und/oder in den übrigen Ausschreibungsunterlagen vom Auftraggeber hinreichend genau definiert worden sind."*[77] Sie scheide daher aus, wenn die Bieter Unterschiedliches anbieten können, denn in diesem Fall könne es vorkommen, dass Angebote, die geringfügig günstiger seien als das günstigste Angebot, zwar die Anforderungen erfüllen, aber überproportional hinter der Qualität des teureren Angebots zurückbleiben.[78] 51

Nach der Rechtsprechung des OLG Düsseldorf[79] sei eine Niedrigstpreisvergabe im Rahmen **funktionaler oder teilfunktionaler Ausschreibungen** daher ausgeschlossen. In diesem Fall sei der Preis als alleiniges Zuschlagskriterium wegen des qualitativen Elements *„ungeeignet"*, da diese Elemente entgegen des Wettbewerbsgrundsatzes nach § 97 Abs. 1 S. 1 GWB vom Wettbewerb ausgenommen seien. 52

Ob diese Restriktion **nach Inkrafttreten des VergRModG 2016 und der VergRModVO** fortgilt, ist allerdings fraglich. Weder § 127 GWB noch der zugrunde liegenden RL 2014/24/EU sind Einschränkungen bei der Wahl des Preises oder der Kosten als Zuschlagskriterien zu entnehmen. Vielmehr sind in § 19 Abs. 7 S. 2, § 35 Abs. 2 S. 3 und § 76 Abs. 1 S. 1 VgV sowie § 3b EU Abs. 5 Nr. 6 S. 2 und § 8 EU Abs. 2 Nr. 3 S. 5 VOB/A ausdrückliche Festlegungen getroffen worden, in welchen Fällen Zuschlagsentscheidung allein nach dem niedrigsten Preis oder den niedrigsten Kosten ausgeschlossen oder zulässig ist. Dies spricht im Umkehrschluss dafür, dass Gesetz- und Verordnungsgeber keinen pauschalen Ausschluss der Niedrigstpreis- oder Niedrigstkostenvergabe bei funktionalen Ausschreibungen festlegen wollten.[80] Denn nach Art. 67 Abs. 2 UAbs. 3 RL 2014/24/EU sind die Mitgliedstaaten berechtigt vorzusehen, dass öffentliche Auftraggeber nicht den Preis oder die Kosten allein als einziges Zuschlagskriterium verwenden dürfen, oder dass sie deren Verwendung auf bestimmte Kategorien von öffentlichen Auftraggebern oder bestimmte Arten von Aufträgen beschränken können. Anders als der österreichische Gesetzgeber (§ 79 Abs. 3 S. 2 BVergG) hat der deutsche Gesetzgeber von dieser Möglichkeit keinen Gebrauch gemacht. 53

Gemäß der Rechtsprechung zur Rechtslage vor Inkrafttreten des VergRModG 2016 und der VergRModVO war die Niedrigstpreisvergabe bei der Vergabe von **freiberuflichen Leistungen** nach der VOF der Sache nach ausgeschlossen.[81] Dies findet sich nunmehr in § 76 Abs. 1 S. 1 VgV wieder. Danach werden Architekten- und Ingenieurleistungen im Leistungswettbewerb vergeben. 54

---

74 Von einer ausdrücklichen Regelung wurde wohl bewusst abgesehen: Nach Erwägungsgrund 92 RL 2014/24/EU sollten öffentliche Auftraggeber zur Wahl von Zuschlagskriterien „ermutigt werden, mit denen sie qualitativ hochwertige Bauleistungen, Lieferungen und Dienstleistungen erhalten können, die ihren Bedürfnissen optimal entsprechen."

75 Vgl. Gesetzesbegründung, BT-Drs. 18/6281, 111.

76 OLG Naumburg, Beschluss v. 5.12.2008 – 1 Verg 9/08.

77 OLG Düsseldorf, Beschluss v. 24.9.2014 – VII-Verg 17/14; Beschluss v. 9.2.2009 – VII-Verg 66/08; vgl. auch VK Bund, Beschluss v. 10.11.2014 – VK 2-89/14.

78 Vgl. VK Bund, Beschluss v. 10.11.2014 – VK-89/14; VK Westfalen, Beschluss v. 25.2.2015 – VK 23/14.

79 OLG Düsseldorf, Beschluss v. 11.12.2013 – VII-Verg 22/13; vgl. auch VK Bund, Beschluss v. 17.11.2014 – VK 2-79/14.

80 Hierfür bereits nach alter Rechtslage *Müller-Wrede*, VergabeR 2014, 407 ff.; siehe auch *Stoye/Plantiko*, VergabeR 2015, 309 (311).

81 OLG Düsseldorf, Beschluss v. 8.10.2003 – VII-Verg 48/03.

bb) Budgetausschreibungen

55 Bereits zur alten Rechtslage war es nach der **Rechtsprechung**[82] zulässig, die Angebotswertung ausschließlich nach leistungsbezogenen Kriterien vorzunehmen und den Preis oder die Kosten außen vor zu lassen (sog. Budgetausschreibung).

56 In den **untergesetzlichen Vorschriften** § 58 Abs. 2 S. 3 VgV und § 16d EU Abs. 2 Nr. 4 VOB/A ist dies nunmehr ausdrücklich vorgesehen. Danach kann der öffentliche Auftraggeber Festpreise oder Festkosten vorgeben, sodass das wirtschaftlichste Angebot ausschließlich nach qualitativen, umweltbezogenen oder sozialen Zuschlagskriterien bestimmt wird.

57 Eine solche Vorgehensweise kommt insbesondere in Betracht, wenn nach § 127 Abs. 2 GWB **verbindliche Vorschriften** zur Preisgestaltung zu beachten sind.[83]

b) Leistungsbezogene Zuschlagskriterien

58 Nach der Rechtsprechung[84] müssen leistungsbezogene Zuschlagskriterien neben dem Preis einen angemessenen Raum zur Bewertung erhalten. Der Preis dürfe weder über- noch unterbewertet werden. Aus diesem Grunde kann eine Festlegung und Gewichtung von leistungsbezogenen Kriterien, die neben dem Preis nur eine **„marginale Rolle"** einnehmen, gegen den Wirtschaftlichkeitsgrundsatz nach § 97 Abs. 1 S. 2 GWB verstoßen.

59 Nach der Rechtsprechung soll eine Gewichtung des Preises von **50 %** noch als angemessen gelten,[85] wohingegen eine Gewichtung von **90 %** unzulässig sei.[86] Keine Marginalisierung liegt hingegen vor, wenn die Zuschlagskriterien so stark in einzelne Unterkriterien ausdifferenziert sind, dass den Unterkriterien eine nur geringe Gewichtung verbleibt.[87]

60 Damit begibt sich die Rechtsprechung indessen in **Widerspruch zur Zulässigkeit der Niedrigstpreis- oder Niedrigstkostenvergabe**. Wenn es dem öffentlichen Auftraggeber nicht verwehrt ist, sämtliche leistungsbezogenen Kriterien bei der Angebotswertung auszuschalten, so kann auch nicht beanstandet werden, wenn er leistungsbezogen Kriterien heranzieht, diesen aber nur eine geringfügige Bedeutung bei der Angebotswertung zumisst. Inwieweit der öffentliche Auftraggeber leistungsbezogene Zuschlagskriterien bei der Angebotswertung berücksichtigt, kann ihm in seiner haushaltrechtlichen Verantwortung vonseiten des Vergaberechts nicht vorgeschrieben werden.

61 Einen Unterfall des Verbots der Marginalisierung qualitativer Zuschlagskriterien markiert das Verbot der Festlegung von **Alibi-Kriterien**. Solche Kriterien liegen vor, wenn sie lediglich faktisch keine Wirtschaftlichkeitsdifferenzierung zulassen.[88] Das OLG Düsseldorf hatte einen solchen Fall angenommen, in dem die Terminplanung als Zuschlagskriterium mit einer Gewichtung von 5 % zum Preis von 95 % festgelegt war. Die Terminplanung war vom öffentlichen Auftraggeber vorgegeben worden und durch die Bieter lediglich zu bestätigen, was in dem der Entscheidung zugrunde liegenden Sachverhalt bei allen Angeboten der Fall war. Dies sei eine *„Nahezu-Niedrigstpreisvergabe"* und eine *„Ausweichstrategie"*[89], um die Rechtsprechung zur Unzulässigkeit von Nebenangeboten bei einer Niedrigstpreisvergabe zu umge-

---

82 VK Sachsen, Beschluss v. 20.6.2014 – 1/SVK/017-14; VK Münster, Beschluss v. 15.5.2007 – VK 11/07; siehe auch OLG Naumburg, Beschluss v. 5.12.2008 – 1 Verg 9/08; VK Hessen, Beschluss v. 3.2.2012 – 69d-VK-48/2011.

83 Vgl. Verordnungsbegründung, VergRModVO, BR-Drs. 87/16, 213; zum BuchPrG VK Münster, Beschluss v. 15.5.2007 – VK 11/07, und VK Düsseldorf, Beschluss v. 14.7.2003 – VK-19/2003-L; zur HOAI *Stolz*, VergabeR 2016, 351 (362).

84 Vgl. OLG Celle, Beschluss v. 19.3.2015 – 13 Verg 1/15 (*„keine Nivellierung oder Aushöhlung der Angebotswertung"*); OLG Düsseldorf, Beschluss v. 9.1.2013 – VII-Verg 33/12; Beschluss v. 21.5.2012 – VII-Verg 3/12.

85 OLG Düsseldorf, Beschluss v. 21.5.2012 – VII-Verg 3/12.

86 OLG Düsseldorf, Beschluss v. 9.1.2013 – VII-Verg 33/12; siehe auch OLG Düsseldorf, Beschluss v. 27.11.2013 – VII-Verg 20/13 (für ein Verhältnis von 95:5); VK Westfalen, Beschluss v. 25.2.2015 – VK 23/14 (für ein Verhältnis von 99:1)

87 OLG Düsseldorf, Beschluss v. 15.6.2016 – VII-Verg 49/15.

88 OLG Düsseldorf, Beschluss v. 27.11.2013 – VII-Verg 20/13; VK Bund, Beschluss v. 14.1.2014 – VK 2-118/13; siehe auch VK Westfalen, Beschluss v. 25.2.2015 – VK 23/14.

89 Siehe Allgemeines Rundschreiben Straßenbau Nr. 07/2013 des Bundesministeriums für Verkehr, Bau und Stadtentwicklung v. 7.5.2013, wonach ein leistungsbezogenes Zuschlagskriterium mit einer Gewichtung von 1 % zur Umgehung der Rechtsprechung zur Unzulässigkeit von Nebenangeboten bei einer Niedrigstpreisvergabe empfohlen wird.

hen.[90] An einer solchen Alibi-Funktion fehlt es allerdings bereits, wenn das Kriterium geeignet ist, im konkreten Fall die Wertung zu beeinflussen.[91]

C. Preisrecht (Abs. 2)

Nach § 127 Abs. 2 GWB sind bei der Ermittlung des wirtschaftlichsten Angebots verbindliche Vorschriften zur Preisgestaltung zu beachten. 62

Die Regelung ist mit dem **VergRModG 2016** neu in das GWB aufgenommen worden. Eine entsprechende Regelung ist in **§ 11 Abs. 5 S. 3 VOF**[92] enthalten. Ist die zu erbringende Leistung nach einer gesetzlichen Gebühren- oder Honorarordnung zu vergüten, ist der Preis nach dieser Vorschrift nur im dort vorgeschriebenen Rahmen zu berücksichtigen. 63

Das nationale Bedürfnis durch Rechtsvorschriften für bestimmte Leistungen preisliche Vorgaben festzulegen, erkennt auch der **europäische Richtliniengeber** an. Nach Art. 67 RL 2014/24/EU erteilen die öffentlichen Auftraggeber den Zuschlag auf der Grundlage des wirtschaftlich günstigsten Angebots unbeschadet der für den Preis bestimmter Lieferungen oder die Vergütung bestimmter Dienstleistungen geltenden nationalen Rechts- und Verwaltungsvorschriften.[93] 64

Sinn und Zweck der Regelung ist die Sicherstellung, dass die Qualität der Leistung zum wichtigsten Zuschlagskriterium wird und der Preis nur als zusätzliches und unbeschadet der bestehenden Honorarordnungen geltendes Kriterium Bestand hat.[94] 65

I. Allgemeine Anforderungen

Der Verweis auf die Vorschriften zur Preisgestaltung ist ein **Rechtsgrundverweis**. Öffentliche Auftraggeber haben daher stets zu prüfen, ob der persönliche und sachliche Anwendungsbereich der jeweiligen Vorschriften eröffnet ist. 66

Soweit **Öffnungsklauseln** in den jeweiligen Vorschriften vorhanden sind, die eine Abweichung von den Vorgaben ermöglichen, kann sich ein Bieter auch i.R.d. öffentlichen Auftragsvergabe grundsätzlich auf einen solchen Ausnahmetatbestand berufen. Dem öffentlichen Auftraggeber obliegt es aber zu überprüfen, ob tatsächlich ein von dem Bewerber vorgetragener Ausnahmetatbestand zur Abweichung vom gesetzlichen Preisrecht vorliegt oder ob es sich um ein wettbewerbswidriges Honorar-Dumping-Angebot handelt. 67

Sehen die verbindlichen Vorschriften eine **fixe Preisposition** vor, muss der öffentliche Auftraggeber diesen Wert der Angebotswertung zugrunde legen. Die Bestimmung des wirtschaftlichsten Angebots kann dann nur aufgrund der Bewertung anderer Zuschlagskriterien erfolgen.[95] Ein Preiswettbewerb ist nur dann denkbar, wenn die verbindlichen Vorschriften zur Preisgestaltung einen Schwankungsbereich vorsehen.[96] 68

Sind verbindliche Vorschriften zur Preisgestaltung zu beachten, sind Preis und Kosten für die Angebotswertung nur noch von untergeordneter Bedeutung.[97] Es kann für den öffentlichen 69

---

90 OLG Düsseldorf, Beschluss v. 27.11.2013 – VII-Verg 20/13.

91 VK Bund, Beschluss v. 14.1.2014 – VK 2-118/13.

92 Mit Inkrafttreten des VergRModG 2016 ist die VOF nach den Bestimmungen des GWB-Vergaberechts nicht mehr anzuwenden.

93 Vgl. auch Erwägungsgrund 93 RL 2014/24/EU: „Es sollte klargestellt werden, dass es in den Fällen, in denen die Vergütung für bestimmte Dienstleistungen oder Festpreise für bestimmte Lieferungen durch nationale Vorschriften festgelegt sind, auch weiterhin möglich ist, das Preis-Leistungs-Verhältnis auf der Grundlage anderer Faktoren als ausschließlich des Preises oder der Vergütung zu bewerten."; sowie deutlicher noch in Erwägungsgrund 47 RL 2004/18/EG: „Bei öffentlichen Dienstleistungsaufträgen dürfen die Zuschlagskriterien nicht die Anwendung nationaler Bestimmungen beeinträchtigen, die die Vergütung bestimmter Dienstleistungen, wie beispielsweise die Vergütung von Architekten, Ingenieuren und Rechtsanwälten, regeln oder – bei Lieferaufträgen – die Anwendung nationaler Bestimmungen, die feste Preise für Schulbücher festlegen, beeinträchtigen."

94 Vgl. Ergebnisprotokoll der 1. Sitzung des Unterausschusses »Freiberufliche Leistungen – außer Architekten- und Ingenieurleistungen« zur Erarbeitung der VOF v. 27.10.1993, 8.

95 Vgl. Gesetzesbegründung, BT-Drs. 18/6281, 112.

96 Vgl. Gesetzesbegründung, BT-Drs. 18/6281, 112.

97 Vgl. VK Münster, Beschluss v. 15.5.2007 – VK 11/07.

Auftraggeber in diesen Fällen zweckmäßig sein, im Rahmen einer **Budgetausschreibung** nach § 58 Abs. 2 S. 3 VgV und § 16d EU Abs. 2 Nr. 4 VOB/A auf den Preis oder die Kosten als Wertungskriterium vollständig zu verzichten.[98]

II. Fallgruppen

70 Praxisrelevante Beispiele für verbindliche Vorschriften zur Preisgestaltung enthalten die HOAI, das RVG, das BuchPrG und die VO PR 30/53.

71 Keine verbindliche Vorschrift zur Preisgestaltung ist das Leistungs- und Honorarmodell AHO/DVP für Projektsteuerleistungen, denn es hat nur Empfehlungscharakter und ist nicht bindendes Recht. Soll es dennoch berücksichtigt werden, so ist dies als Zuschlagskriterium bekannt zu geben.[99]

1. HOAI

72 Verbindliche Vorschriften zur Preisgestaltung im Sinne von § 127 Abs. 2 GWB enthält die HOAI. Sie ist der **wichtigste Anwendungsfall** der Vorschrift.[100] § 76 Abs. 1 S. 2 VgV regelt ausdrücklich, dass der Preis im Rahmen der HOAI zu berücksichtigen ist.

73 Die grundsätzliche Festlegung eines verbindlichen Vergütungsrahmens innerhalb der HOAI führt zwangsläufig zu einer Beschränkung der wirtschaftlichen Betätigungsfreiheit der Dienstleistungserbringer von Architekten- und Ingenieurleistungen.[101] Da die Betätigungsfreiheit durch **EU-Recht** geschützt wird, muss die HOAI sowohl mit europäischem Primär- und Sekundärrecht vereinbar sein, um im Rahmen von Auftragsvergaben Berücksichtigung zu finden. Nach ständiger Rechtsprechung des EuGH[102] sind nationale Regelungen, die eine Beschränkung der Dienstleistungsfreiheit zur Folge haben, dann gerechtfertigt, wenn die mit der nationalen Regelung verfolgten Ziele schützenswerte Allgemeininteressen i.S. des EU-Rechts sind und wenn die Beschränkungen verhältnismäßig, unerlässlich, sachlich geboten und geeignet sind. Nach Rechtsprechung des OLG Stuttgart[103] sei dies im Hinblick auf die mit der HOAI verfolgten ordnungspolitischen Ziele, einen ruinösen Preiswettbewerb zwischen den Architekten und Ingenieuren auszuschalten und den Leistungswettbewerb zu fördern, der Fall. Die Europäische Kommission ist allerdings der Auffassung, dass die HOAI gegen Art. 15 Abs. 1, Abs. 2 lit. g und Abs. 3 RL 2006/123/EG und Art. 49 AEUV verstößt,[104] und hat hierzu ein Vertragsverletzungsverfahren eingeleitet.[105]

a) Anwendungsbereich

74 Die HOAI regelt die Berechnung der Entgelte für die Grundleistungen der Architekten und Architektinnen und der Ingenieure und Ingenieurinnen mit Sitz im Inland, vgl. § 1 HOAI.

75 Sie erfasst seit dem 1.1.1985 die meisten im Zusammenhang mit Baumaßnahmen erbrachten **Planungsleistungen von Architekten und Ingenieuren**. Zuvor waren die Gebührentatbestände lediglich für Architektenleistungen sowie für Ingenieurleistungen zur Tragwerksplanung einschlägig. Nach § 1 HOAI gelten die Gebührentatbestände des Regelungswerks nur für die von ihren Leistungsbildern oder anderen Bestimmungen erfassten Leistungen. Wiewohl dadurch die meisten Planungsleistungen erfasst werden, sind einige wenige nicht von der HOAI honorarrechtlich geregelt (z.B. bestimmte Gutachten, isolierte Besondere Leistungen, der Abbruch von Gebäuden, Vergütung des Prüfstatikers, Vermessung im öffentlichen Auftrag, Leistung von Künstlern und Designern, auch wenn es sich um die künstlerische Ge-

98 Vgl. VK Münster, Beschluss v. 15.5.2007 – VK 11/07.
99 Vgl. VK Sachsen, Beschluss v. 5.1.2001 – 1 SVK 111-00.
100 Siehe auch die Gesetzbegründung, BT-Drs. 18/6281, 112.
101 Zu einer ähnlichen Konstellation vgl. EuGH, Urteil v. 5.12.2006 – Verb. Rs. C-94/04 und C-202/04 (Cipolla).
102 Vgl. EuGH, Urteil v. 5.10.2004 – Rs. C-442/02, Rn. 17.
103 OLG Stuttgart, Urteil v. 10.2.2005 – 13 U 147/04 (obiter dictum); offen gelassen von BGH, Urteil v. 27.2.2003 – VII ZR 169/02.
104 Siehe Aufforderungsschrieben der Europäischen Kommission v. 19.6.2015, Vertragsverletzung 2015/2057.
105 Siehe hierzu für Näheres *Motzke*, NZBau 2016, 323 ff.

staltung von Bauteilen handelt). Hinzu kommt, dass bei Überschreitung des höchsten Tafelwertes der jeweiligen Honorartafel das gesetzliche Preisrecht keine zwingende Vorgabe mehr aufstellt.[106]

b) Verbindliche Vorgaben

76 Die auf den Auftrag anzuwendende **Honorarzone** kann weder durch den öffentliche Auftraggeber ausgewählt noch mit den Verhandlungsteilnehmern vereinbart werden. Ausschlaggebend ist vielmehr die zwingende Regelung der HOAI.[107] Ein Preiswettbewerb durch eine unterschiedliche Einstufung der Auftragsleistung in Honorarzonen ist nicht zulässig. Ist die Einordnung in eine Honorarzone nicht eindeutig, so müssen sich öffentliche Auftraggeber und die Bieter verständigen, ggf. sind neutrale Gutachter heranzuziehen.[108] Zur Vermeidung von Missverständnissen kann es für den öffentlichen Auftraggeber empfehlenswert sein, diejenige Honorarzone anzugeben, die er für anwendbar hält.

77 Bei der Prüfung, ob sich ein Angebot im gesetzlich vorgeschriebenen Rahmen der HOAI bewegt, ist auf die Einhaltung der Mindest- und Höchstsätze nach § 7 Abs. 1 HOAI abzustellen. Zwischen diesen ist ein **Preiswettbewerb** zulässig.[109] Mindest- und Höchstsätze sind in den jeweiligen Honorartafeln für Grundleistungen genannt. Somit ist grundsätzlich eine Honorargestaltung nur innerhalb der Mindest- und Höchstsätze zulässig.

78 Nur in **Ausnahmefällen** dürfen die Mindestsätze nach § 7 Abs. 3 HOAI unterschritten und die Höchstsätze nach § 7 Abs. 4 HOAI überschritten werden. Eine Überschreitung kommt in der Praxis so gut wie nie vor und spielt insbesondere bei der öffentlichen Auftragsvergabe eine untergeordnete Rolle. Dagegen kommt dem Mindestsatz eine erhebliche Bedeutung zu.

79 Häufig werden Honorare **unterhalb der Mindestsätze** angeboten oder von den öffentlichen Auftraggebern verlangt. Hierbei ist zu beachten, dass die öffentlichen Auftraggeber das Vorliegen eines Ausnahmefalles i.S.d. § 7 Abs. 3 HOAI zu überprüfen haben. Die Auftragserteilung über eine Architekten- oder Ingenieurleistung bei einer **Honorarvereinbarung** unterhalb der Mindestsätze, ohne dass die Voraussetzung für eine zulässige Unterschreitung vorliegt, stellt einen Vergabefehler dar und führt zur Unwirksamkeit der entsprechenden Vereinbarung, sodass der Auftragnehmer grundsätzlich berechtigt ist, nach den Mindestsätzen abzurechnen.

80 Liegt dagegen ein **Ausnahmefall nach § 7 Abs. 3 HOAI** vor, ist dieser grundsätzlich bei der Entscheidung über die Auftragserteilung berücksichtigungsfähig, da die Honorarordnung selbst die Abweichung von den ansonsten zwingend einzuhaltenden Mindestsätzen regelt.[110] Voraussetzung ist allerdings, dass kein Wertungswiderspruch zu höherrangigen Vergabegrundsätzen vorliegt. Steht fest, dass eine zulässige Unterschreitung der Mindestsätze gegeben ist, erfolgt in einer zweiten Stufe die Prüfung, ob das Honorarangebot in die Zuschlagsentscheidung eingehen kann und nicht etwa eine ungerechtfertigte Bevorzugung eines Bewerbers vorliegt. Insbesondere ist darauf zu achten, dass Preisnachlässe nicht auf einem Wettbewerbsvorteil eines Anbieters beruhen, der Ergebnisse einer vorangegangenen Beauftragung übernehmen kann.[111] Die Besonderheiten der öffentlichen Auftragsvergabe bei Architekten- und Ingenieurleistungen erfordern somit eine zweistufige Überprüfung der Honorarangebote.

---

106 Vgl. auch *Müller-Wrede*, BauR 1996, 322 ff.
107 Vgl. VK Bund, Beschluss v. 22.8.2001 – VK 2–24/01; VK Thüringen, Beschluss v. 11.5.1999 – 2 VÜ 2/99.
108 OLG Düsseldorf, Beschluss v. 12.6.2013 – VII-Verg 7/13; VK Hessen, Beschluss v. 27.7.2015 – 69d-VK-24/2015; siehe auch OLG Koblenz, Beschluss v. 29.1.2014 – 1 Verg 14/13, wonach in einer verbindlichen Vorgabe sogar ein Vergabeverstoß liegt; für eine Verpflichtung des öffentlichen Auftraggebers zur Vorgabe der Honorarzone hingegen OLG Frankfurt, Beschluss v. 28.11.2006 – 11 Verg 4/06; VK Nordbayern, Beschluss v. 22.1.2015 – 21.VK-3194-37/14; VK Sachsen, Beschluss v. 18.4.2013 – 1/SVK/009-13; VK Niedersachsen, Beschluss v. 26.6.2012 – VgK-18/2012; VK Schleswig-Holstein, Beschluss v. 12.11.2004 – VK-SH 30/04; VK Sachsen-Anhalt, Beschluss v. 22.4.2002 – VK Hal 05/02.
109 Vgl. VK Nordbayern, Beschluss v. 22.5.2001 – 320.VK-3194–11/01.
110 A.A. *Franke/Höfler*, ZVgR 1997, 277 (283).
111 So BayObLG, Beschluss v. 20.8.2001 – Verg 9/01.

81 Nach dem Wortlaut des § 7 Abs. 3 HOAI ist die Unterschreitung der Mindestsätze nur **„in Ausnahmefällen"** zulässig. Nach dem Grundsatzurteil des BGH[112] sind bei der Bestimmung eines Ausnahmefalles der **Zweck der Norm** und die **berechtigten Interessen** der Beteiligten zu berücksichtigen. Die zulässigen Ausnahmefälle dürfen einerseits nicht dazu führen, dass der Zweck der Mindestsatzregelung gefährdet wird, einen ruinösen Preiswettbewerb unter Architekten und Ingenieuren zu verhindern. Andererseits können all jene Umstände eine Unterschreitung der Mindestsatzregelung rechtfertigen, die das Vertragsverhältnis im Übrigen deutlich von sonstigen Vertragsverhältnissen unterscheiden, sodass ein unter den Mindestsätzen liegendes Honorar angemessen ist. Dies kann nach Ansicht des BGH der Fall sein, wenn die vom Architekten oder Ingenieur geschuldete Leistung nur einen besonders geringen Aufwand erfordert, sofern dieser Umstand nicht schon bei den Bemessungsmerkmalen der HOAI zu berücksichtigen ist. Ferner kann beispielsweise ein Ausnahmefall bei **engen Beziehungen** rechtlicher, wirtschaftlicher, sozialer oder persönlicher Art oder sonstigen Umständen gegeben sein.[113] Die Feststellung eines nach diesen Kriterien anzunehmenden Ausnahmefalls muss jeweils einzelfallbezogen vorgenommen werden. Die Rechtsprechung ist in Folge der Grundsatzentscheidung des BGH **sehr restriktiv** hinsichtlich der Annahme eines Ausnahmefalles gewesen.[114] Der öffentliche Auftraggeber wird das Vorliegen eines Ausnahmetatbestandes daher immer besonders genau prüfen müssen.

82 Ist eine **Unterschreitung** des Mindestsatzes nach § 7 Abs. 3 HOAI **zulässig**, darf dieser Umstand bei der Zuschlagsentscheidung i.R.d. Vergabegrundsätze berücksichtigt werden. Neben der Bedeutung des „Preises" in der Gewichtigkeit der Zuschlagskriterien ist dabei insbesondere ein Wertungswiderspruch zwischen dem **Grundsatz der Gleichbehandlung** nach § 97 Abs. 2 GWB und der marktöffnenden Zielsetzung der dem GWB zugrunde liegenden RL 2014/24/EU zu vermeiden. Wird aber einem beschränkten Bewerberkreis gerade aufgrund besonderer Verbindungen zu dem öffentlichen Auftraggeber die Möglichkeit einer Preisunterbietung gegeben, die bei Mitbewerbern zum Ausschluss aus dem Vergabeverfahren führen würde, kann von einer Gleichbehandlung i.S.d. § 97 Abs. 2 GWB nicht die Rede sein. Dadurch würde ein „Hoflieferantentum" geschaffen, das in krassem Gegensatz zur Zielsetzung des Vergaberechts stünde. Hinzu kommt, dass regelmäßig nur ein beschränkter innerstaatlicher Bewerberkreis entsprechend niedrige Honorarangebote zulässig anbieten kann, sodass das angestrebte Ziel der Öffnung nationaler Beschaffungsmärkte hierdurch unterlaufen würde. Demnach ist bei der Prüfung der Zulässigkeit von Honorarangeboten unterhalb der Mindestsätze der HOAI auf der zweiten Stufe ein besonders strenger Maßstab anzulegen, wenn die fraglichen Bewerber mit öffentlichen Auftraggebern verknüpft sind. Während der BGH[115] daher für einen außerhalb des Vergaberechts liegenden Fall festgestellt hat, dass eine mit § 7 Abs. 3 HOAI vereinbare Unterschreitung der Mindestsätze in der mehrfachen Verwendung einer Planung liegen kann, ist dies im Vergaberecht bedenklich, da der Wettbewerbsgrundsatz verstärkt zu berücksichtigen ist. Wettbewerbsvorteile eines Anbieters aufgrund einer vorangegangenen Beauftragung können nicht bei der Vergabeentscheidung gewertet werden.[116]

83 Nimmt der öffentliche Auftraggeber eine **unzulässige Unterschreitung der Mindestsätze** an,[117] so ist zunächst eine Aufklärung des Angebots vorzunehmen.[118] Erweist sich im Wege der Aufklärung, dass eine unzulässige Unterschreitung nicht vorliegt, verbleibt das Angebot unverändert in der Wertung. Erhärten die Aufklärungsbemühungen hingegen die Feststellung einer unzulässigen Mindestsatzunterschreitung, so variieren die Handlungsmöglichkeiten des öffentlichen Auftraggebers je nach konkreter Ausgestaltung des Vergabeverfahrens. Grund-

112 Vgl. BGH, Urteil v. 22.5.1997 – VII ZR 290/95, BGHZ 136, 1 (1 ff.).
113 Eine sehr extensive Auslegung nimmt allerdings das OLG Braunschweig, Urteil v. 24.8.2006 – 8 U 154/05, vor.
114 Vgl. etwa *Arlt/Hartmann*, in: Hartmann, HOAI 2009, § 7 Rn. 19.
115 Vgl. BGH, Urteil v. 22.5.1997 – VII ZR 290/95.
116 Vgl. BayObLG, Beschluss v. 20.8.2001 – Verg 9/01.
117 Der Aspekt der Überschreitung der Höchstsätze bleibt hier aufgrund der verschwindend geringen praktischen Relevanz außen vor. Diesbezüglich gelten aber die gleichen Überlegungen.
118 Vgl. OLG Stuttgart, Beschluss v. 28.11.2002 – 2 Verg 14/02; VK Hessen, Beschluss v. 8.11.2005 – 69d-VK-67/2005; VK Brandenburg, Beschluss v. 13.2.2003 – VK 74/02.

sätzlich ist dem öffentlichen Auftraggeber ein **Ermessensspielraum** eingeräumt. Hat der öffentliche Auftraggeber in der Bekanntmachung oder den Vergabeunterlagen allerdings eine strikte Bindung an die HOAI festgehalten, so liegt eine **Selbstbindung** dergestalt vor, dass auf ein Angebot, dessen Preis sich nicht i.R.d. Gebühren- oder Honorarordnung bewegt, der Zuschlag nicht erteilt werden darf. In diesem Fall ist das betreffende Angebot folglich von der Wertung auszuschließen.[119] Sind der Bekanntmachung oder den Vergabeunterlagen hingegen keine näheren Vorgaben zu entnehmen, hat der öffentliche Auftraggeber sein Ermessen auszuüben. Es besteht demnach auch die Möglichkeit, im Wege von **Nachverhandlungen** die Angebote auf die Mindestsätze anzuheben. In die Ermessenserwägungen kann insbesondere der Gleichbehandlungsgrundsatz bei mehreren Angeboten mit unzulässiger Mindestsatzunterschreitung sowie das Interesse an einem zügigen Abschluss des Verfahrens eingestellt werden. Eine **Pflicht zur Nachverhandlung** mit der Möglichkeit einer Anhebung auf die Mindestsätze besteht allerdings nicht.[120] Eine derartige Pflicht lässt sich den Vorschriften der VOF nicht entnehmen und stünde auch im Widerspruch zu den unterschiedlichen Verantwortungsbereichen von öffentlichen Auftraggebern und Bietern. Die Rechtmäßigkeit des Angebots ist generell allein der Risikosphäre des Bieters zuzuordnen.[121] Auch im Verhandlungsverfahren besteht keine Pflicht zur Verhandlung.[122] Mithin kann ein Unternehmen auch **keinen Anspruch auf Nachverhandlung** eines HOAI-widrigen Angebotes geltend machen.[123]

2. BuchPrG

Das BuchPrG enthält Vorschriften zur verbindlichen Preisgestaltung im Sinne von § 127 Abs. 2 GWB. **84**

Nach § 1 BuchPrG dient das Gesetz dem **Schutz des Kulturgutes Buch**. Die Festsetzung verbindlicher Preise beim Verkauf an Letztabnehmer sichert den Erhalt eines breiten Buchangebots und gewährleistet zugleich, dass dieses Angebot für eine breite Öffentlichkeit zugänglich ist, indem es die Existenz einer großen Zahl von Verkaufsstellen fördert. **85**

a) Anwendungsbereich

Das Gesetz findet nur Anwendung für den gewerbs- oder geschäftsmäßigen Verkauf von Büchern an den Letztabnehmer, vgl. § 3 BuchPrG. **86**

Letztabnehmer ist nach § 2 Abs. 3 BuchPrG, wer Bücher zu anderen Zwecken als dem Weiterverkauf erwirbt. **87**

Bücher im Sinne des BuchPrG sind nach § 2 Abs. 1 BuchPrG **88**

1. Musiknoten,
2. kartographische Produkte,
3. Produkte, die Bücher, Musiknoten oder kartographische Produkte reproduzieren oder substituieren und bei Würdigung der Gesamtumstände als überwiegend verlags- oder buchhandelstypisch anzusehen sind sowie
4. kombinierte Objekte, bei denen eines der genannten Erzeugnisse die Hauptsache bildet.

---

119 *Müller-Wrede*, VergabeR 2010, 754 (759 f.); wohl auch *Hartmann*, in: Dieckert/Kesselring, VOF und VOB/A, § 11 VOF Rn. 5; *Kratzenberg/Wönicker*, NZBau 2008, 491 (494); undifferenzierend hingegen, wonach über den Preis verhandelt werden müsse: OLG Brandenburg, Beschluss v. 8.1.2008 – Verg W 16/07, VergabeR 2008, 978 (982) m. zust. Anm. *Voppel*, VergabeR 2008, 983 (984); OLG Frankfurt, Beschluss v. 28.2.2006 – 11 Verg 15/05 und 16/05, VergabeR 2006, 382 (389); OLG Stuttgart, Beschluss v. 28.11.2002 – 2 Verg 14/02, VergabeR 2003, 235 (237 f.); VK Brandenburg, Beschluss v. 25.6.2014 – VK 6/14; VK Nordbayern, Beschluss v. 4.5.2009 – 21.VK-3194-06/09; VK Sachsen, Beschluss v. 20.12.2013 – 1/SVK/042-13; abweichend VK Baden-Württemberg, Beschluss v. 10.2.2003 – 1 VK 72/02, wonach eine Anhebung auf den Mindestsatz durch den Auftraggeber zulässig sein solle.

120 Ebenso *Hartmann*, in: Dieckert/Kesselring, VOF und VOB/A, § 11 VOF Rn. 5; *Kratzenberg/Wönicker*, NZBau 2008, 491 (494); a.A. OLG Frankfurt, Beschluss v. 28.2.2006 – 11 Verg 15/05 und 16/05; OLG Stuttgart, Beschluss v. 28.11.2002 – 2 Verg 14/02.

121 Vgl. VK Bund, Beschluss v. 15.3.2007 – VK 2 – 12/07: *„Pflicht des Bieters, ein ordentliches Angebot abzugeben"*.

122 Vgl. VK Bund, Beschluss v. 30.9.2005 – VK 3 – 124/05; Beschluss v. 27.8.2002 – VK 2 – 70/02.

123 Vgl. auch VK Bund, Beschluss v. 13.7.2005 – VK 1 – 59/05.

89 **Fremdsprachige Bücher** fallen nach § 2 Abs. 2 BuchPrG nur in den Anwendungsbereich, wenn sie überwiegend für den Absatz in Deutschland bestimmt sind.

b) Verbindliche Vorgaben

90 Nach § 3 S. 1 BuchPrG muss, wer gewerbs- oder geschäftsmäßig Bücher an Letztabnehmer verkauft, den nach § 5 BuchPrG festgesetzten Preis einhalten. Dies gilt nach § 3 S. 2 BuchPrG nicht für den Verkauf gebrauchter Bücher.

91 Nach § 5 Abs. 1 BuchPrG ist derjenige, der Bücher verlegt oder importiert, verpflichtet, einen **Preis einschließlich Umsatzsteuer** (Endpreis) für die Ausgabe eines Buches für den Verkauf an Letztabnehmer festzusetzen und in geeigneter Weise zu veröffentlichen. Verleger und Importeure sind nach § 8 Abs. 1 BuchPrG berechtigt, durch Veröffentlichung in geeigneter Weise die Preisbindung für Buchausgaben aufzuheben, deren erstes Erscheinen **länger als 18 Monate** zurückliegt.

92 In § 7 BuchPrG sind bestimmte Ausnahmen von der Buchpreisbindung festgelegt. Die Buchpreisbindung entfällt insbesondere nach § 7 Abs. 1 Nr. 3 BuchPrG beim Verkauf von Büchern an Lehrer zum Zwecke der Prüfung einer Verwendung im Unterricht (sog. **Bücher-Lehrerprüfstücke**). Eine wichtige Besonderheit enthält § 7 Abs. 3 BuchPrG, wonach die Verkäufer bestimmte Nachlässe bei Sammelbestellungen von Büchern für den **Schulunterricht**, die zu Eigentum der öffentlichen Hand, eines Beliehenen oder allgemein bildender Privatschulen, die den Status staatlicher Ersatzschulen besitzen, angeschafft werden, gewähren. Über § 7 BuchPrG hinausgehende zusätzliche wirtschaftliche Vergünstigungen sind ausgeschlossen und dürfen weder durch die Einräumung von Skonto noch durch die Gewährung anderer Zahlungsziele umgangen werden.[124]

93 Problematisch sind nach der Rechtsprechung sog. **Koppelungsgeschäfte**. Bei solchen Geschäften werden preisgebundene und preisungebundene Bücher gemeinsam ausgeschrieben. Unzulässig soll ein solches Geschäft nach der Rechtsprechung des BGH[125] sein, wenn für die preisungebundenen Schulbücher ein Preis verlangt wird, der unter dem Einstandspreis liegt, weil dann nach allgemeiner wirtschaftlicher Erfahrung der Verlust beim Verkauf dieser Bücher nur dadurch ausgeglichen werden kann, dass teilweise auf Gewinne aus dem Verkauf preisgebundener Bücher zurückgegriffen wird. Eine Ausnahme soll nach der Rechtsprechung des OLG München[126] vorliegen, wenn Lehrerprüfstücke unter dem Einstandspreis abgegeben werden.

94 Die Buchpreisbindung kann dazu führen, dass ein funktionierenden **Preiswettbewerb** nicht existiert. Der Preis büßt in diesen Fällen seinen *„Auswahlcharakter"*[127] ein. Die Rechtsprechung hat es daher bereits nach alter Rechtslage in diesem Fall zugelassen, auf den Preis oder die Kosten als Zuschlagskriterien zu verzichten und die Angebotswertung ausschließlich nach leistungsbezogenen Kriterien zu bemessen.[128] Nunmehr ist dies in § 58 Abs. 2 S. 2 VgV und § 16d EU Abs. 2 Nr. 4 VOB/A ausdrücklich vorgesehen.

3. RVG

95 Das RVG enthält verbindliche Vorschriften zur Preisgestaltung im Sinne von § 127 Abs. 2 GWB.[129]

124 VK Münster, Beschluss v. 15.5.2007 – VK 11/07.
125 BGH, Urteil v. 21.11.1989 – KZR 17/88; folgend OLG München, Beschluss v. 19.12.2007 – Verg 12/07.
126 OLG München, Beschluss v. 19.12.2007 – Verg 12/07; so auch VK Nordbayern, Beschluss v. 12.8.2009 – 21.VK-3194-29/09.
127 VK Sachsen, Beschluss v. 2.7.2003 – 1/SVK/061-03.
128 Vgl. VK Düsseldorf, Beschluss v. 14.7.2003 – VK-19/2003-L; VK Sachsen, Beschluss v. 2.7.2003 – 1/SVK/061-03.
129 Vgl. OLG Düsseldorf, Beschluss v. 2.1.2012 – VII-Verg 70/11.

a) Anwendungsbereich

96 Das RVG umfasst nach § 1 Abs. 1 S. 1 RVG die Vergütung (Gebühren und Auslagen) für **anwaltliche Tätigkeiten** der Rechtsanwältinnen und Rechtsanwälte. Nach § 1 Abs. 1 S. 2 RVG gilt dies auch für Tätigkeit von Prozesspflegern nach §§ 57 und 58 ZPO.

97 Das RVG findet nach § 1 Abs. 2 S. 1 RVG **keine Anwendung** auf die Tätigkeit als Syndikusrechtsanwalt. Es gilt nach § 1 Abs. 2 S. 2 RVG zudem nicht für eine Tätigkeit als Vormund, Betreuer, Pfleger, Verfahrenspfleger, Verfahrensbeistand, Testamentsvollstrecker, Insolvenzverwalter, Sachwalter, Mitglied des Gläubigerausschusses, Nachlassverwalter, Zwangsverwalter, Treuhänder oder Schiedsrichter oder für eine ähnliche Tätigkeit.

b) Verbindliche Vorgaben

98 Die Gebühren werden grundsätzlich gemäß § 2 Abs. 1 RVG nach dem Wert berechnet, den der Gegenstand der anwaltlichen Tätigkeit hat (**Gegenstandswert**). Die Höhe der Vergütung bestimmt sich gemäß § 2 Abs. 2 S. 1 RVG nach dem Vergütungsverzeichnis der Anlage 1 des RVG. Das RVG sieht hierfür **Wertgebühren** nach § 13 RVG und **Rahmengebühren** nach § 14 RVG vor. Innerhalb von Rahmengebühren ist ein Preiswettbewerb zulässig.[130]

99 Bei **Rahmengebühren** bestimmt der Rechtsanwalt nach § 14 Abs. 1 RVG die Gebühr im Einzelfall unter Berücksichtigung aller Umstände, vor allem des Umfangs und der Schwierigkeit der anwaltlichen Tätigkeit, der Bedeutung der Angelegenheit sowie der Einkommens- und Vermögensverhältnisse des öffentlichen Auftraggebers, nach billigem Ermessen. Ein besonderes Haftungsrisiko des Rechtsanwalts kann bei der Bemessung herangezogen werden. Bei Rahmengebühren, die sich nicht nach dem Gegenstandswert richten, ist das Haftungsrisiko zu berücksichtigen. Die Ermessensausübung des Rechtsanwalts ist von den Gerichten und Nachprüfungsinstanzen nach allgemeinen Grundsätzen nur in begrenztem Umfang darauf zu kontrollieren, ob ihr zutreffende Sachverhalte zugrunde gelegt worden sind sowie kein Ermessensfehl- oder Nichtgebrauch anzunehmen und die Ermessensentscheidung im Ergebnis vertretbar ist.[131]

100 Nach § 3a RVG kann eine **Vergütungsvereinbarung** getroffen werden. Eine Vereinbarung höherer als der vorgesehenen Kosten ist – bis auf Einzelfälle[132] – stets zulässig. Es gilt allerdings grundsätzlich das Gebührenunterschreitungsverbot nach § 49b Abs. 1 S. 1 BRAO. In außergerichtlichen Angelegenheiten kann nach § 4 Abs. 1 S. 1 RVG eine niedrigere als die gesetzliche Vergütung vereinbart werden. Eine Ausnahme für gerichtliche Verfahren enthält § 4 Abs. 2 RVG bezüglich des Mahn- und Zwangsvollstreckungsverfahrens.

101 Gemäß § 4a Abs. 1 S. 1 RVG darf ein **Erfolgshonorar** nur für den Einzelfall und nur dann vereinbart werden, wenn der öffentliche Auftraggeber aufgrund seiner wirtschaftlichen Verhältnisse bei verständiger Betrachtung ohne die Vereinbarung eines Erfolgshonorars von der Rechtsverfolgung abgehalten würde.

4. VO PR 30/53

102 Verbindliche Vorschriften zur Preisgestaltung enthält auch die VO PR 30/53.[133] Auch nach § 10 Abs. 5 VSVgV sind bei der Vergabe die Vorschriften über die Preise bei öffentlichen Aufträgen zu beachten. Die im Rahmen des GWB-Vergaberechts nicht mehr anzuwendende VOL/A sieht die Beachtung der VO PR 30/53 in § 2 EG Abs. 4 ausdrücklich vor.

103 **Sinn und Zweck** der Verordnung ist nach ihrer Eingangsformel die Verordnung der verstärkten Durchsetzung marktwirtschaftlicher Grundsätze auf dem Gebiet des öffentlichen Auftragswesens.

---

130 OLG Düsseldorf, Beschluss v. 2.1.2012 – VII-Verg 70/11.
131 OLG Düsseldorf, Beschluss v. 2.1.2012 – VII-Verg 70/11.
132 Siehe § 3a Abs. 3 S. 1 RVG.
133 Vgl. *Otting*, VergabeR 2016, 316 (326).

a) Anwendungsbereich

104 Die VO PR 30/53 findet grundsätzlich nur auf **öffentliche Aufträge** Anwendung. Dies sind nach § 2 Abs. 1 VO Nr. 30/53 Aufträge des Bundes, der Länder, der Gemeinden und Gemeindeverbände und der sonstigen juristischen Personen des öffentlichen Rechts. Hierdurch sind in erster Linie öffentliche Auftraggeber im Sinne von § 99 Nr. 1 GWB betroffen. Juristische Personen des Privatrechts sind hierdurch grundsätzlich ausgeschlossen.[134] Die in § 99 GWB angelegte Differenzierung zwischen institutionalem und funktionalem Auftraggeberbegriff kennt die VO PR 30/53 nicht.[135]

105 Ausgenommen vom Anwendungsbereich der Verordnung sind nach § 2 Abs. 5 S. 1 VO PR 30/53 **Bauleistungen**. Bauleistungen sind nach § 2 Abs. 5 S. 2 VO PR 30/53 alle Bauarbeiten, soweit sie mit oder ohne Lieferung von Stoffen und Bauteilen der Herstellung, Instandsetzung, Instandhaltung, Änderung oder Beseitigung baulicher Anlagen dienen. Montagearbeiten einschließlich der Installationsarbeiten der Elektroindustrie und des Maschinenbaus stellen keine Bauleistungen dar.

b) Verbindliche Vorgaben

106 Nach § 1 Abs. 1 VO PR 30/53 ist **Marktpreisen** gegenüber Selbstkostenpreisen grundsätzlich der Vorzug zu geben. Der Marktpreis ist der verkehrsübliche Preis für eine marktgängige Leistung, vgl. § 1 Abs. 1 , § 4 Abs. 1 VO PR 30/53. Der Vorrang gilt nach § 4 Abs. 2 VO PR 30/53 auch für vergleichbare Leistungen, bei denen die Voraussetzungen nach § 4 Abs. 1 VO PR 30/53 nicht vorliegen (sog. abgeleitete Marktpreise). Der Vorzug des Marktpreises bedeutet, dass soweit wie immer möglich auf Preise zurückzugreifen ist, die sich im funktionierenden Wettbewerb herausgebildet haben.[136] Ein solcher Wettbewerb wird im Rahmen eines Vergabeverfahrens nicht zwangsläufig erzielt.[137]

107 **Höhere Preise** als die in VO PR 30/53 zugelassenen dürfen nach § 1 Abs. 3 VO PR 30/53 nicht gefordert, versprochen, vereinbart, angenommen oder gewährt werden, als dies nach den Bestimmungen der VO PR 30/53 zulässig ist.

D. Zuschlagskriterien

108 Der Gesetzgeber verwendet in § 127 Abs. 3 bis 5 GWB den Begriff der Zuschlagskriterien. Eine Definition des Begriffs enthält das GWB nicht. Nach allgemeinem Verständnis sind **Zuschlagskriterien** alle Kriterien, mit denen der Zielerfüllungsgrad der Angebote bestimmt werden soll und anhand derer die Angebote untereinander verglichen werden können.[138]

109 Der öffentliche Auftraggeber verfügt hinsichtlich der Festlegung der Gewichtungskoeffizienten über einen **Ermessensspielraum**.[139] Dieser Spielraum ist von den Nachprüfungsinstanzen nur begrenzt, insbesondere nur auf Vertretbarkeit, zu überprüfen.[140]

110 Keine Zuschlagskriterien sind **Eignungskriterien**. Nach § 122 Abs. 2 S. 1 GWB handelt es sich hierbei um die zur ordnungsgemäßen Ausführung des öffentlichen Auftrags festgelegten Kriterien. Die Eignungskriterien dürfen nach § 122 Abs. 2 S. 2 GWB ausschließlich die Befähigung und Erlaubnis zur Berufsausübung, die wirtschaftliche und finanzielle Leistungsfähigkeit sowie die technische und berufliche Leistungsfähigkeit betreffen. Die Eignungskriterien beziehen sich im Gegensatz zu den Zuschlagskriterien nicht auf die konkrete Leistung, sondern auf die generellen Fähigkeiten des Unternehmen.

134 Vgl. *Brüning*, ZfBR 2012, 642.
135 Vgl. *Roth*, NZBau 2015, 209 (210).
136 *Müller*, NZBau 2011, 720 (722).
137 Vgl. *Berstermann/Petersen*, ZfBR 2007, 767 (771); *Müller*, NZBau 2011, 720 (722), a.A. VK Münster, Beschluss v. 15.5.2007 – VK 11/07.
138 VK Bund, Beschluss v. 30.10.2009 – VK 2-180/09.
139 Vgl. OLG Celle, Beschluss v. 19.3.2015 – 13 Verg 1/15; OLG Düsseldorf, Beschluss v. 9.1.2013 – VII-Verg 33/12; Beschluss v. 21.5.2012 – VII-Verg 3/12 („*Festlegungsspielraum*").
140 Vgl. OLG Düsseldorf, Beschluss v. 9.1.2013 – VII-Verg 33/12.

Von Zuschlagskriterien abzugrenzen sind **Unterkriterien**. Hierbei handelt es sich um Kriterien, welche die eigentlichen Zuschlagskriterien genauer ausformen und präziser darstellen, worauf es dem öffentlichen Auftraggeber im Einzelnen ankommt.[141] Die Rechtsprechung des EuGH[142] differenziert sowohl in Terminologie als auch in den rechtlichen Maßstäben zwischen Zuschlags- und Unterkriterien. Weder dem Gesetzeswortlaut noch der Gesetzesbegründung sind Anhaltspunkte dafür zu entnehmen, dass der Begriff der Zuschlagskriterien auch denjenigen der Unterkriterien für sich einnehmen solle. Es spricht daher viel dafür, dass der Gesetzgeber Unterkriterien in den Anwendungsbereich nicht einbeziehen wollte. Unterkriterien sind daher an den allgemeinen vergaberechtlichen Grundsätzen nach § 97 Abs. 1 und Abs. 2 GWB zu bemessen. 111

I. Pflicht zur Festlegung von Zuschlags- und Unterkriterien

§ 127 Abs. 3 und Abs. 4 GWB regelt zwar die Anforderungen an die Zuschlagskriterien. § 127 GWB regelt indes nicht die Pflicht des öffentlichen Auftraggebers, **Zuschlagskriterien** festzulegen. Sie ergibt sich aber implizit aus den Regelungen in § 127 Abs. 3 bis 5 GWB. Auch die Gesetzesbegründung[143] hält die Festlegung von Zuschlagskriterien für ein „zentrales Element der Planung und Durchführung eines jeden Vergabeverfahrens". 112

Eine Pflicht zur Festlegung von **Unterkriterien** besteht grundsätzlich nicht. Ob der öffentliche Auftraggeber Unterkriterien bilden muss, hängt von den Umständen des Einzelfalles ab. Die Grenze, ab der das Offenlassen konkreter Bewertungsmaßstäbe vergaberechtlich unzulässig ist, ist allerdings erreicht, wenn die aufgestellten Wertungsmaßstäbe so unbestimmt sind, dass Bieter nicht mehr angemessen über die Kriterien und Modalitäten informiert werden, anhand deren das wirtschaftlichste Angebot ermittelt wird, und sie infolgedessen auch vor einer willkürlichen und/oder diskriminierenden, d.h. einer die Gebote der Gleichbehandlung und der Transparenz verletzenden Angebotswertung nicht mehr effektiv zu schützen sind.[144] 113

II. Anforderungen

Die Anforderungen an die Zuschlagskriterien sind in **§ 127 Abs. 3 und Abs. 4 GWB** geregelt. Sie müssen danach mit dem Auftragsgegenstand in Verbindung stehen und so festgelegt und bestimmt sein, dass die Möglichkeit eines wirksamen Wettbewerbs gewährleistet wird, der Zuschlag nicht willkürlich erteilt werden kann und eine wirksame Überprüfung möglich ist. 114

1. Verbindung mit dem Auftragsgegenstand (Abs. 3)

Nach § 127 Abs. 3 S. 1 GWB müssen die Zuschlagskriterien mit dem Auftragsgegenstand in Verbindung stehen. 115

Sinn und Zweck der Regelung ist es nach der Gesetzesbegründung[145], zu verhindern, dass ein weniger wirtschaftliches Angebot den Zuschlag aus sachfremden Erwägungen erhält. Dies würde mit dem Wettbewerbsgrundsatz nach § 97 Abs. 1 S. 1 GWB konfligieren. 116

Die Regelung ist mit dem **VergRModG 2016** neu in das GWB aufgenommen worden. Die **VOB/A** enthält in § 16d EU Abs. 2 Nr. 2 S. 3 wegen der zentralen Bedeutung der Vorschrift eine gleichlautende Regelung.[146] 117

Vor Inkrafttreten des VergRModG 2016 war eine vergleichbare Anforderung ausschließlich in untergesetzlichen Vorschriften geregelt. Für die Vergabe von Bauleistungen ist es nach § 16 118

---

141 OLG Frankfurt, Beschluss v. 28.5.2013 – 11 Verg 6/13; OLG Düsseldorf, Beschluss v. 27.3.2013 – VII-Verg 53/12; OLG München, Beschluss v. 19.3.2009 – Verg 2/09; VK Brandenburg, Beschluss v. 26.2.2013 – VK 46/12; VK Berlin, Beschluss v. 30.11.2012 – VK-B1-30/12; VK Bade-Württemberg, Beschluss v. 19.4.2011 – 1 VK 14/11.

142 Vgl. zuletzt EuGH, Urteil v. 14.7.2016 – Rs. C-6/15 (Dimarso), Rn. 26.

143 Gesetzesbegründung, BT-Drs. 18/6281, 111.

144 Vgl. OLG Düsseldorf, Beschluss v. 19.6.2013 – VII-Verg 8/13; Beschluss v. 30.7.2009 – VII-Verg 10/09; VK Nordbayern, Beschluss v. 6.8.2015 – 21.VK-3194-16/15.

145 Gesetzesbegründung, BT-Drs. 18/6281, 112.

146 Vgl. Hinweise für die VOB/A 2016, BAnz AT 19.01.2016 B3.

EG Abs. 7 S. 2 und § 16 VS Abs. 7 S. 2 VOB/A 2012 erforderlich, dass die Zuschlagskriterien „mit dem Auftragsgegenstand zusammenhängen". Eine strenge Vorgabe enthalten die VOL/A und die VOF.[147] Nach § 11 Abs. 5 S. 1 VOF und § 19 EG Abs. 9 VOL/A müssen die Zuschlagskriterien „durch den Auftragsgegenstand gerechtfertigt" sein.[148] Allerdings war diese Anforderung nach der Rechtsprechung des OLG Düsseldorf[149] richtlinienkonform dahingehend auszulegen, dass auch hiernach ein Zusammenhang bzw. eine Verbindung zum Auftragsgegenstand ausreichend sei. Denn es sei nicht anzunehmen, der Vergabe- und Vertragsausschuss habe mit der Bestimmung in § 19 EG Abs. 9 VOL/A unionsrechtliche Vorschriften einschränken oder verschärfen wollen.

119 § 127 Abs. 3 S. 1 GWB geht auf **Art. 67 Abs. 2 UAbs. 1 S. 1 RL 2014/24/EU** zurück. Danach kann das beste Preis-Leistungs-Verhältnis anhand von Kriterien bewertet werden, die mit dem Auftragsgegenstand des betreffenden öffentlichen Auftrags in Verbindung stehen. Im Wortlaut, nicht aber in der Sache weicht der Richtliniengeber damit von der Vorgängerregelung in **Art. 53 Abs. 1 lit. a RL 2004/18/EG**, wonach ein Zusammenhang der Zuschlagskriterien mit dem Auftragsgegenstand verlangt ist. § 127 Abs. 3 S. 2 GWB basiert auf **Art. 67 Abs. 3 RL 2014/24/EU**.

a) Anforderungen an die Verbindung

120 Eine Verbindung zum Auftragsgegenstand besteht in jedem Fall, wenn das Kriterium dem Auftragsgegenstand **unmittelbar** anhaftet, sich also auf eine Eigenschaft des Auftragsgegenstandes bezieht, sei es auch in einem Lebenszyklusstadien der Leistung. Ausreichend ist auch eine **mittelbare** Verbindung.[150] Diese Frage stellt sich etwa für Dienstleistungsaufträge, bei denen sich die Zuschlagskriterien auf die Verwendung bestimmter (beispielspielweise fair gehandelter) Produkte beziehen. Die Regelung schließt eine solche Verbindung nicht aus. Auch die Definition des Lebenszyklus in Art. 2 Abs. 1 Nr. 20 RL 2014/24/EU spricht dafür, dass auch eine mittelbare Verbindung genügt. Danach können auch die Lebenszyklen während der Erbringung einer Dienstleistung berücksichtigt werden.

121 Die Verbindung zum Auftragsgegenstand muss sich nicht auf die **materiellen Eigenschaften** des Auftragsgegenstandes beziehen.[151] Dies galt bereits bislang nach der Rechtsprechung des EuGH[152]. § 127 Abs. 3 S. 1 GWB stellt dies nun ausdrücklich klar. Die Verbindung ist nach der Regelung auch dann anzunehmen, wenn sich ein Zuschlagskriterium auf Prozesse im Zusammenhang mit der Herstellung, Bereitstellung oder Entsorgung der Leistung, auf den Handel mit der Leistung oder auf ein anderes Stadium im Lebenszyklus der Leistung bezieht, auch wenn sich diese Faktoren nicht auf die materiellen Eigenschaften des Auftragsgegenstandes auswirken.

122 Nicht ausreichend für eine Verbindung ist es freilich, dass das Kriterium in den Vergabeunterlagen oder der Bekanntmachung genannt ist.[153] Eine solche **verfahrensformale Verbindung** genügt nicht. Sie wäre nicht geeignet, den öffentlichen Auftraggeber daran zu hindern, sachfremde Erwägungen in die Angebotswertung einzubringen.

123 Ausgeschlossen bleibt es auch nach neuer Rechtslage, Zuschlagskriterien bezüglich der **allgemeinen Unternehmenspolitik** festzulegen. Denn hierbei handelt es sich nicht um einen Faktor, der den konkreten Prozess der Herstellung oder Bereitstellung der beauftragten Leistungen charakterisiert.[154] Öffentlichen Auftraggebern bleibt es daher verwehrt, im Rahmen

147 Beide Regelungen sind mit Inkrafttreten der VergRModVO im Anwendungsbereich des GWB-Vergaberechts nicht mehr maßgeblich.
148 Vgl. *Voppel/Osenbrück/Bubert*, VOF, § 11 Rn. 27.
149 OLG Düsseldorf, Beschluss v. 19.11.2014 – VII-Verg 30/14.
150 Hiergegen aber wohl *Latzel*, NZBau 2014, 673 (679).
151 Vgl. Gesetzesbegründung, BT-Drs. 18/6281, 112.
152 EuGH, Urteil v. 10.5.2012 – Rs. C-368/10 (Max Havelaar), Rn. 91: *„nicht erforderlich, dass sich ein Zuschlagskriterium auf eine echte innere Eigenschaft eines Erzeugnisses, also ein Element, das materiell Bestandteil von ihm ist, bezieht."*
153 *Opitz*, VergabeR 2004, 421 (429).
154 Vgl. Erwägungsgrund 97 RL 2014/24/EU.

der Angebotswertung von den Bietern eine bestimmte Politik der sozialen oder ökologischen Verantwortung zu verlangen.[155]

b) Bezug zu Lebenszyklusstadien

Die Verbindung zum Auftragsgegenstand besteht nach § 127 Abs. 3 S. 2 GWB auch dann, wenn sich ein Zuschlagskriterium auf Prozesse im Zusammenhang mit der Herstellung, Bereitstellung oder Entsorgung der Leistung, auf den Handel mit der Leistung oder auf ein anderes Stadium im Lebenszyklus der Leistung bezieht, auch wenn sich diese Faktoren nicht auf die materiellen Eigenschaften des Auftragsgegenstandes auswirken. 124

Lebenszyklus bezeichnet nach Art. 2 Abs. 1 Nr. 20 RL 2014/24/EU alle aufeinander folgenden und/oder miteinander verbundenen Stadien, einschließlich der durchzuführenden Forschung und Entwicklung, der Produktion, des Handels und der damit verbundenen Bedingungen, des Transports, der Nutzung und Wartung, während der Lebensdauer einer Ware oder eines Bauwerks oder während der Erbringung einer Dienstleistung, angefangen von der Beschaffung der Rohstoffe oder Erzeugung von Ressourcen bis hin zu Entsorgung, Aufräumarbeiten und Beendigung der Dienstleistung oder Nutzung. 125

Prozesse im Zusammenhang mit der **Herstellung** können die Rohstoffgewinnung[156] betreffen. Sie können sich aber auch im Übrigen auf die weiteren Herstellungsstufen beziehen. Hierbei können beispielsweise die Energieeffizienz oder die Umweltverträglichkeit (z.B. Einsatz giftiger Chemikalien[157]) des Herstellungsprozesses berücksichtigt werden. Hierzu gehören auch Maßnahmen zum Schutz der Gesundheit der am Produktionsprozess beteiligten Arbeitskräfte.[158] 126

Prozesse im Zusammenhang mit der **Bereitstellung und Entsorgung** sind insbesondere bei Warenlieferungen relevant.[159] Auf diesem Wege können auch die Umweltkosten für den Transport von Ressourcen berücksichtigt werden.[160] 127

Das Zuschlagskriterium kann sich auf den **Handel** mit der Leistung beziehen. Da sich die Zuschlagskriterien nicht auf die materiellen Eigenschaften des Auftragsgegenstandes auswirken müssen, kann auch die Lieferung von Produkten danach bewertet werden, ob die Waren aus fairem Handel entsprechend den ILO-Kernarbeitsnormen stammen oder konventionell gehandelt werden.[161] Dies schließt es beispielsweise ein, den Erzeugern einen Mindestpreis und einen Preisaufschlag zu zahlen.[162] 128

2. Leistungsbezug

Die Zuschlagskriterien müssen der **Ermittlung des wirtschaftlich günstigsten Angebots** dienen.[163] Aus diesem Grunde können etwa die Form- und Fristgemäßheit oder die Vollständigkeit des Angebots[164], die Eignung des Bieters[165] oder die Angemessenheit der Preise[166] nicht als Zuschlagskriterien ausgestaltet werden. 129

155 Vgl. Erwägungsgrund 97 RL 2014/24/EU.
156 Vgl. Gesetzesbegründung, BT-Drs. 18/6281, 112.
157 Vgl. Erwägungsgrund 97 RL 2014/24/EU.
158 Vgl. Erwägungsgrund 98 RL 2014/24/EU.
159 Vgl. Gesetzesbegründung, BT-Drs. 18/6281, 112.
160 Auf die hiermit verbundene Bevorzugung ortsnaher Entsorgungsmöglichkeiten weist *Burgi* hin, NZBau 2012, 729 (735).
161 Vgl. Gesetzesbegründung, BT-Drs. 18/6281, 112; Erwägungsgrund 97 RL 2014/24/EU; instruktiv zur Berücksichtigungsfähigkeit nach alter Rechtslage *Siegel*, VergabeR 2013, 370 (374).
162 Erwägungsgrund 97 RL 2014/24/EU.
163 EuGH, Urteil v. 12.11.2009 – Rs. C-199/07 (Kommission/Griechenland), Rn. 55; Urteil v. 24.1.2008 – Rs. C-532/06 (Lianakis), Rn. 30; Urteil v. 20.9.1988 – Rs. C-31/87 (Beentjes), Rn. 15 ff.; OLG Naumburg, Beschluss v. 12.4.2012 – 2 Verg 1/12; OLG München, Beschluss v. 10.2.2011 – Verg 24/10.
164 OLG Düsseldorf, Beschluss v. 14.1.2009 – VII-Verg 59/08 („Plausibilität des Angebots"); VK Nordbayern, Beschluss v. 27.6.2003 – 320.VK-3194-20/03 („Abgabe aller geforderten Nachweise und Erklärungen").
165 Kritisch hierzu *Pauka*, NZBau 2015, 18 (19 f.).
166 OLG Düsseldorf, Beschluss v. 14.1.2009 – VII-Verg 59/08, VergabeR 2009, 619 (623) („Machbarkeit der Leistung").

a) Trennung von Eignungs- und Zuschlagskriterien

130 Erhebliche praktische Schwierigkeiten bereitet die **Trennung der Eignungs- und Zuschlagskriterien**.[167] Während Zuschlagskriterien der Ermittlung des wirtschaftlich günstigsten Angebots dienen, also leistungsbezogen sind, hängen Eignungskriterien mit der Beurteilung der Eignung der Bieter zusammen.[168] Aus diesem Grund fehlt der Leistungsbezug in der Regel bei Kriterien wie „Erfahrung"[169], „Unternehmenskennwerte"[170], „Referenzen"[171], „Lagerkapazität"[172], „personelle oder sachliche Ausstattung"[173] und „Mitarbeiterqualifikation"[174].

131 Diese Problematik ist in der vergaberechtlichen Diskussion in den letzten Jahren unter dem Titel *„Mehr an Eignung"* zu Prominenz gelangt.[175] Die Rechtsprechung wandte das Verbot der Trennung von Eignungs- und Zuschlagskriterien zeitweise streng an.[176] In der Praxis und im Schrifttum wurde demgegenüber ein **Bedürfnis** geltend gemacht, auch im Rahmen der Ermittlung des wirtschaftlichsten Angebots Eignungskriterien berücksichtigen zu können.[177] Dies mündete darin, dass der Verordnungsgeber mit der achten Änderungsverordnung für nachrangige Dienstleistungen eine Ausnahme von diesem Verbot für **nachrangige Dienstleistungen** in § 4 Abs. 2 S. 2 bis 4 und § 5 Abs. 1 S. 2 bis 4 VgV a.F. vorsah. Nach den Regelungen können öffentliche Auftraggeber die Organisation, Qualifikation und die Erfahrung des bei der Durchführung des betreffenden Auftrags eingesetzten Personals bei der Ermittlung des wirtschaftlichsten Angebots berücksichtigen, wenn tatsächliche Anhaltspunkte dafür vorliegen, dass diese Kriterien erheblichen Einfluss auf die Qualität der Auftragsausführung haben können.

132 Ob ein Kriterium, als Eignungs- oder als Zuschlagskriterium zu betrachten ist, hängt davon ab, ob das Kriterium **schwerpunktmäßig** mit der Beurteilung der fachlichen Eignung der Bieter für die Ausführung des betreffenden Auftrags oder mit der Ermittlung des wirtschaftlich günstigsten Angebots zusammenhängt.[178] Dabei kann darauf abgestellt werden, ob das Kriterium im Wesentlichen nur für den konkreten Auftrag Bedeutung erlangen kann oder ob es sich an die fachliche Eignung des Bieters im Allgemeinen wendet.[179] Wo dieser Schwerpunkt zu verorten ist, muss im Einzelfall durch eine tatsächliche Würdigung auf Grundlage der Vergabeunterlagen erfolgen.[180] Sofern die Anforderungen erkennen lassen, dass der öffentliche Auftraggeber vorrangig nicht die Kompetenz des Bieters abfragen und bewerten will, sondern das von ihnen für die konkrete Leistung aufgestellte Konzept und damit die jeweils angebotene Leistung im Auge hat, ist der Leistungsbezug anzunehmen.[181]

167 Hiervon berichtet *Pauka*, NZBau 2015, 18.

168 EuGH, Urteil v. 12.11.2009 – Rs. C-199/07 (Kommission/Griechenland), Rn. 55; Urteil v. 24.1.2008 – Rs. C-532/06 (Lianakis), Rn. 30; Urteil v. 20.9.1988 – Rs. C-31/87 (Beentjes), Rn. 15 ff.; OLG Naumburg, Beschluss v. 12.4.2012 – 2 Verg 1/12; OLG München, Beschluss v. 10.2.2011 – Verg 24/10.

169 EuGH, Urteil v. 12.11.2009 – Rs. C-199/07 (Kommission/Griechenland), Rn. 56; OLG Düsseldorf, Beschluss v. 10.9.2009 – VII-Verg 12/09, VergabeR 2010, 83 (90).

170 OLG Düsseldorf, Beschluss v. 21.5.2008 – VII-Verg 19/08, NZBau 2009, 67 (70).

171 EuGH, Urteil v. 19.6.2003 – Rs. C-315/01 (GAT), Rn. 67; OLG Karlsruhe, Beschluss v. 20.7.2011 – 15 Verg 6/11; OLG München, Beschluss v. 29.7.2010 – Verg 9/10; OLG Düsseldorf, Beschluss v. 28.4.2008 – VII-Verg 1/08.

172 VK Münster, Beschluss v 21.8.2003 – VK 18/03.

173 EuGH, Urteil v. 12.11.2009 – Rs. C-199/07 (Kommission/Griechenland), Rn. 56; Urteil v. 24.1.2008 – Rs. C-532/06 (Lianakis), Rn. 32; OLG Düsseldorf, Beschluss v. 28.4.2008 – Verg 1/08, VK Bund, Beschluss v. 9.10.2008 – VK 1-123/08; VK Münster, Beschluss v. 21.8.2003 – VK 18/03.

174 VK Baden-Württemberg, Beschluss v. 12.4.2011 – 1 VK 13/11.

175 Vgl. *Dittmann*, NZBau 2013, 746; kritisch zu dieser Rechtsprechung *Pauka*, NZBau 2015, 18 (19 f.).

176 Vgl. *Dittmann*, NZBau 2013, 746; *Schwabe*, NZBau 2013, 753 (754).

177 Vgl. Antrag der Abgeordneten Maria Michalk, Michael Grosse-Brömer, Stefan Müller, Volker Kauder, Gerda Hasselfeldt und der Fraktion der CDU/CSU sowie der Abgeordneten Gabriele Molitor, Rainer Brüderle und der Fraktion der FDP, BT-Drs. 17/10113; *Dittmann*, NZBau 2013, 746; *Jasper*, VergabeR 2010, 775 (776); *Pauka*, NZBau 2015, 18; gegen ein solches Bedürfnis indes BGH, Urteil v. 8.9.1998 – X ZR 109-96; siehe auch *Burgi*, NZBau 2012, 729 (736).

178 EuGH, Urteil v. 12.11.2009 – Rs. C-199/07 (Kommission/Griechenland), Rn. 54; Urteil v. 24.1.2008 – Rs. C-532/06 (Lianakis), Rn. 29; OLG Naumburg, Beschluss v. 12.4.2012 – 2 Verg 1/12; OLG Celle, Beschluss v. 12.1.2012 – 13 Verg 9/11, VergabeR 2012, 510.

179 OLG Naumburg, Beschluss v. 12.4.2012 – 2 Verg 1/12.

180 OLG Naumburg, Beschluss v. 12.4.2012 – 2 Verg 1/12, OLG Celle, Beschluss v. 12.1.2012 – 13 Verg 9/11.

181 OLG Celle, Beschluss v. 12.1.2012 – 13 Verg 9/11.

Die Trennung zwischen Eignungs- und Zuschlagskriterien ist **objektiv** vorzunehmen. Nicht entscheidend ist daher, wie der öffentliche Auftraggeber die Kriterien in den Vergabeunterlagen eingeordnet hat.[182] Andernfalls läge es in den Händen des öffentlichen Auftraggebers, ob die konkrete Gestaltung der Kriterien zulässig ist. 133

Noch vor Inkrafttreten des VergRModG 2016 **lockerte die Rechtsprechung die Anforderungen an das Trennungsgebot**. Nach der Rechtsprechung des EuGH[183] ist die *„berufliche Qualität"* des eingesetzten Personals als Zuschlagskriterium zulässig, wenn die Qualität der Ausführung eines öffentlichen Auftrags maßgeblich von der beruflichen Qualifikation der mit der Ausführung beauftragten Personen abhängig ist, die sich aus ihrer beruflichen Erfahrung und ihrer Ausbildung zusammensetzt. Unter beruflicher Qualität versteht der EuGH die Qualität des von den Bietern für die Ausführung des Auftrags konkret vorgeschlagenen Teams unter Berücksichtigung der Zusammensetzung des jeweiligen Teams sowie der Erfahrung und des beruflichen Werdegangs der betroffenen Personen. Die Qualität der Auftragsausführung sei insbesondere bei der Vergabe eines Auftrags über **Dienstleistungen mit intellektuellem Charakter** im Bereich der Fortbildung und Beratung maßgeblich von der Qualität des für die Auftragsausführung vorgesehenen Personals maßgeblich. Das OLG Düsseldorf[184] hat sich der Rechtsprechung des EuGH ausdrücklich angeschlossen und die Angebotswertung hinsichtlich der Qualität der Projektorganisation zur Durchführung von Begleitforschung und der Erfahrungen des Projektleiters sowie der Mitarbeiter zugelassen. 134

Mit Inkrafttreten der VergRModVO hat das GWB-Vergaberecht in **§ 58 Abs. 2 S. 2 Nr. 2 VgV** eine entsprechende Regelung[185] erhalten, die auf alle Leistungsarten Anwendung findet. Nach der Vorschrift können die Organisation, Qualifikation und Erfahrung des mit der Auftragsausführung betrauten Personals bei der Ermittlung des wirtschaftlichsten Angebots berücksichtigt werden, wenn die Qualität des eingesetzten Personals erheblichen Einfluss auf das Niveau der Auftragsausführung haben kann.[186] Dies wird in der Regel bei Planungsleistungen der Fall sein. 135

Das Gebot der Trennung von Eignungs- und Zuschlagskriterien gilt darüber hinaus auch **nach Inkrafttreten des VergRModG 2016 und der VergRModVO** unvermindert fort. Dem steht nicht entgegen, dass eine § 11 Abs. 5 S. 2 VOF vergleichbare Regelung, nach der die klare und nachvollziehbare Abgrenzung zu den Eignungskriterien bei der Auswahl der Bewerber zu beachten sei, im GWB-Vergaberecht nicht mehr vorgesehen ist. Die fortgeltende Wirksamkeit dieses Gebots zeigt sich an § 58 Abs. 2 S. 2 Nr. 2 VgV und § 16d EU Abs. 2 Nr. 2 S. 2 lit. b VOB/A. Dieser Ausnahmeregelung hätte es nicht bedurft, wenn der Normgeber nicht weiterhin von der grundsätzlichen Fortgeltung des Gebots nach den Maßstäben der Rechtsprechung ausgegangen wäre. 136

b) Fallgruppen

In der Praxis ist die Abgrenzung von Eignungs- und Zuschlagskriterien insbesondere bei Personalkonzepten, Schulungskonzepten und Ausfallsicherheitskonzepten relevant. 137

aa) Personalkonzepte

Die Einordnung von Personalkonzepten ist **nicht abschließend geklärt**, insbesondere solcher zur personellen Verfügbarkeit. 138

Das **OLG Naumburg**[187] hat ein solches Konzept im Einzelfall als zulässiges Zuschlagskriterium eingeordnet, denn es beziehe sich nicht auf die abstrakte personelle Leistungsfähigkeit und nicht auf die personellen Ressourcen des Bieters im Allgemeinen, sondern auf das Konzept des Bieters dafür, wie und in welchem Maße er während der Ausführung des konkreten Auf- 139

---

182 Vgl. OLG Celle, Beschluss v. 12.1.2012 – 13 Verg 9/11.
183 EuGH, Urteil v. 26.3.2015 – Rs. C-601/13 (Ambisig), Rn. 31 ff.
184 OLG Düsseldorf, Beschluss v. 29.4.2015 – VII-Verg 35/14.
185 Eine Parallelnorm für die Vergabe von Bauleistungen ist in § 16d EU Abs. 2 Nr. 2 S. 2 lit. b VOB/A enthalten.
186 Kritisch hierzu *Burgi*, NZBau 2012, 729 (736): Das Zuschlagskriterium „alt und bewährt" würde wiederbelebt und Auftraggeber könnten die Ausschreibung auf den „Hoflieferanten" zuschneiden.
187 OLG Naumburg, Beschluss v. 12.4.2012 – 2 Verg 1/12.

trags gewährleisten möchte, dass dem öffentlichen Auftraggeber kompetente Ansprechpartner des Auftragnehmers zur Verfügung stehen. Es gehe dem öffentlichen Auftraggeber um die Erreichbarkeit kompetenter Ansprechpartner für seine Mitarbeiter und damit um die leistungsbezogene Bewertung. Demgegenüber hat das **OLG Karlsruhe**[188] das Kriterium „Beschreibung des angewendeten Personalkonzepts mit Darstellung von Auswahl und Qualifikation der Mitarbeiter und der Kundenbetreuung vor Ort" als Eignungskriterium eingeordnet, das nicht im Rahmen der Angebotswertung berücksichtigungsfähig ist.[189] Auch das **OLG Düsseldorf**[190] ordnete die Kriterien „Verfügbarkeit und örtliche Präsenz" als unzulässig ein, ließ ein „Personalkonzept"[191] sowie die „Anzahl des verfügbaren Personals bei Großschadenslagen"[192] als Zuschlagskriterium hingegen zu, da diese sich auf die Ausführung des Auftrages beziehen. Ebenso sei nach der Rechtsprechung[193] die „Ausfallsicherheit des Personals" als Zuschlagskriterium zulässig.

140 Während der Leistungsbezug jedenfalls naheliegt, wenn das Personalkonzept die Einbindung des Personals in bestimmte Abläufe darstellt und sich hieraus eine wirtschaftliche Differenzierung ergeben kann, ist die Abfrage der bloßen **Zusammensetzung des Projektteams** im Rahmen der Angebotswertung nicht ohne Weiteres leistungsbezogen. Bereits die frühere Rechtsprechung hat diesen Gesichtspunkt in der Angebotswertung überwiegend nicht zugelassen.[194] Auch die „Darstellung projektspezifischer fachlicher Leistungen des Projektteams" sollte nicht ausreichen.[195]

141 Im Zusammenhang mit dem konkret einzusetzenden Personal steht auch die Frage, ob der **Projektleiter** und dessen Befähigung im Rahmen der Zuschlagskriterien abgefragt werden kann. Demgegenüber hat die VK Bund[196] das „Auftreten und die Kompetenz des Projektleiters" als Zuschlagskriterium im Einzelfall zugelassen, weil dieser als Ansprechpartner zur Verfügung stehe und besonders hohe Anforderungen an seine Person gerichtet seien. Nach Rechtsprechung des OLG Düsseldorf[197] ist die „Kommunikationsfähigkeit und Kooperationsbereitschaft des Projektleiters" hingegen kein zulässiges Zuschlagskriterium.

142 Nunmehr kann nach § 58 Abs. 2 S. 2 Nr. 2 VgV und § 16d EU Abs. 2 Nr. 2 S. 2 lit. b VOB/A auch die konkrete Besetzung des Projektteams in die Angebotswertung eingestellt werden. Die bloße Bezugnahme das für die Auftragsausführung vorgesehene Personal reicht für sich aber nicht aus.[198] Es ist vielmehr erforderlich, dass ein **erheblicher Einfluss** der Qualifikation des Personals auf das Niveau der Auftragsdurchführung bestehen kann.

bb) Schulungskonzepte

143 **Schulungskonzepte** dienen dazu, dass das vom Auftragnehmer eingesetzte Personal das erforderliche Qualitätsniveau erreicht.

144 Sie betreffen ihrem Kern nach die Hebung der Qualifikation der Mitarbeiter und wirken sich daher positiv auf die Eignung eines Unternehmens aus. Ist das Schulungskonzept allerdings **auftragsbezogen** dahingehend auszugestalten, dass durch die Schulung die in den Vergabe-

188 OLG Karlsruhe, Beschluss v. 20.7.2011 – 15 Verg 6/11
189 Siehe hierzu *Dittmann*, NZBau 2013, 746 (750).
190 OLG Düsseldorf, Beschluss v. 3.8.2011 – VII-Verg 16/11.
191 OLG Düsseldorf, Beschluss v. 15.2.2012 – VII-Verg 85/11 (zur Herstellung und Lieferung von Parlamentsdrucksachen).
192 OLG Düsseldorf, Beschluss v. 7.3.2012 – VII-Verg 82/11 (zu Krankentransportleistungen).
193 OLG Düsseldorf, Beschluss v. 19.6.2013 – VII-Verg 4/13; OLG Naumburg, Beschluss. v. 14.3.2013 – 2 Verg 8/12; OLG Celle, Beschluss v. 12.1.2012 – 13 Verg 9/11.
194 Siehe EuGH, Urteil v. 12.11.2009 – Rs. C-199/07, Rn. 56; OLG Düsseldorf, Beschluss v. 30.11.2009 – Verg 41/09 („Projektspezifischer Personaleinsatz"); OLG München, Beschluss v. 10.2.2011 – Verg 24/10 („Erfahrung des für die Bearbeitung vorgesehenen Personals mit vergleichbaren Leistungen" und „Erfahrung in der Zusammenarbeit mit anderen Beteiligten"); abweichend OLG Frankfurt, Beschluss v. 28.5.2013 – 11 Verg 6/13 („Auftragsbezogene Teambesetzung", „ausreichende Mitarbeiterzahl").
195 Vgl. OLG Karlsruhe, Beschluss v. 20.7.2011 15 Verg 6/11.
196 VK Bund, Beschluss v. 21.11.2013 – VK 2-102/13; ähnlich VK Niedersachsen, Beschluss v. 28.6.2013 – VgK-18/2013.
197 OLG Düsseldorf, Beschluss v. 12.6.2013 – VII-Verg 7/13; Beschluss v. 3.8.2011 – VII-Verg 16/11.
198 Siehe auch *Petersen*, VergabeR 2016, 8 (20).

unterlagen vorgegebenen Qualitätsniveaus erreicht werden sollen, ist die Vorlage eines allgemeinen, auf die Eignung des Bieters bezogenen Konzeptes ausgeschlossen. Die Schulungskonzepte können nach der Rechtsprechung des OLG Düsseldorf[199] in diesem Fall in die Angebotswertung eingehen.

Erforderlich für die Einordnung des Schulungskonzeptes als Zuschlagskriterium ist allerdings in jedem Fall, dass der öffentliche Auftraggeber in den Vergabeunterlagen **Qualitätsziele** festgelegt hat. Fehlt es hieran, scheidet die Einordnung des Schulungskonzeptes als Zuschlagskriterium aus.[200] 145

cc) Ausfallsicherheitskonzepte

Ausfallsicherheitskonzepte sollen sicherstellen, dass dem Auftragnehmer die für die Leistungserbringung erforderlichen Personal- und Sachmittel über den gesamten Ausführungszeitraum zur Verfügung stehen. Erforderlich ist dies insbesondere bei Rettungsdienstleistungen.[201] 146

Ausfallsicherheitskonzepte dienen ihrem Kerngehalt nach zwar grundsätzlich der Qualitätssicherung der unternehmerischen Leistung und wirken sich damit positiv auf die Leistungsfähigkeit und damit auf die Eignung des Unternehmens aus. Ist das Ausfallsicherheitskonzept allerdings **auftragsbezogen** dahingehend auszugestalten, dass die Bieter Konzepte entwickeln, wie sie die in ihrem Angebot ausgearbeiteten Dienstleistungen sicherstellen, ist die Vorlage eines allgemeinen, auf den Bieter bezogenen Konzeptes ausgeschlossen. Ausfallsicherheitskonzepte können nach der Rechtsprechung[202] in diesem Fall daher in die Angebotswertung eingehen. 147

3. Wettbewerbswirksamkeit, Willkürverbot und Überprüfungsmöglichkeit (Abs. 4 S. 1)

Über § 127 Abs. 3 GWB hinaus enthält § 127 Abs. 4 GWB weitere materielle Anforderungen an die Festlegung von Zuschlagskriterien. Nach der Regelung müssen die Zuschlagskriterien so festgelegt und bestimmt sein, dass die Möglichkeit eines wirksamen Wettbewerbs gewährleistet wird, der Zuschlag nicht willkürlich erteilt werden kann und eine wirksame Überprüfung möglich ist, ob und inwieweit die Angebote die Zuschlagskriterien erfüllen. 148

Die Regelung ist mit dem **VergRModG 2016** neu in das GWB aufgenommen worden. Auch in den bisherigen untergesetzlichen Vorschriften hat die Regelung kein Vorbild. Die in § 127 Abs. 4 GWB genannten Anforderungen waren allerdings auch ohne ausdrückliche Regelung aus den allgemeinen Vergabegrundsätzen abzuleiten.[203] 149

Die **VOB/A** enthält wegen der zentralen Bedeutung der Vorschrift in § 16d EU Abs. 2 Nr. 3 eine gleichlautende Regelung.[204] 150

Die Regelung setzt **Art. 67 Abs. 4 RL 2014/24/EU** um.[205] Danach dürfen die Zuschlagskriterien nach S. 1 nicht zur Folge haben, dass dem öffentlichen Auftraggeber uneingeschränkte Wahlfreiheit übertragen wird. Sie müssen nach S. 2 die Möglichkeit eines wirksamen Wettbewerbs gewährleisten und mit Spezifikationen einhergehen, die eine wirksame Überprüfung der von den Bietern übermittelten Informationen gestatten, damit bewertet werden kann, wie gut die Angebote die Zuschlagskriterien erfüllen. Im Zweifelsfall nehmen die öffentlichen Auftraggeber gemäß S. 3 eine wirksame Überprüfung der Richtigkeit der von den Bietern beigebrachten Informationen und Nachweise vor. 151

199 OLG Düsseldorf, Beschluss v. 17.1.2013 – VII-Verg 35/12; Beschluss v. 7.11.2012 – VII-Verg 24/12.
200 Vgl. VK Brandenburg, Beschluss v. 18.5.2015 – VK 5/15.
201 Siehe OLG Celle, Beschluss v. 11.6.2015 – 13 Verg 4/15.
202 OLG Düsseldorf, Beschluss v. 19.6.2013 – VII-Verg 4/13; OLG Naumburg, Beschluss. v. 14.3.2013 – 2 Verg 8/12; OLG Celle, Beschluss v. 12.1.2012 – 13 Verg 9/11; VK Sachsen, Beschluss v. 13.12.2013 – 1/SVK/038-13.
203 Vgl. etwa zur Anforderung der wirksamen Überprüfbarkeit: EuGH, Urteil v. 24.11.2005 – Rs. C-331/04 (ATI EAC), Rn. 21; Urteil v. 17.9.2002 – Rs. C-513/99 (Concordia), Rn. 64.
204 Vgl. Hinweise für die VOB/A 2016, BAnz AT 19.01.2016 B3.
205 Vgl. Gesetzesbegründung, BT-Drs. 18/6281, 139.

152 **Hintergrund** der Regelung ist nach der Gesetzesbegründung[206], dass dem öffentlichen Auftraggeber bei der Festlegung von Zuschlagskriterien ein weiter Ermessensspielraum zusteht. Dieser findet seine Begrenzung in den allgemeinen vergaberechtlichen Grundsätzen der Nichtdiskriminierung, Gleichbehandlung und Transparenz. Daher sind die Zuschlagskriterien so zu gestalten, dass dem öffentlichen Auftraggeber bei der Zuschlagserteilung keine unbeschränkte Entscheidungsfreiheit eingeräumt wird. Die Kriterien müssen vielmehr so vorgegeben werden, dass sie einen effektiven Wettbewerb der konkurrierenden Angebote zulassen. Darüber hinaus muss der öffentliche Auftraggeber in der Lage sein, die Erfüllung der von ihm festgelegten Kriterien objektiv zu überprüfen.

153 Nach der Regelung muss der öffentliche Auftraggeber die Zuschlagskriterien so **festlegen** und **bestimmen**, dass sie die in § 127 Abs. 4 S. 1 GWB genannten Anforderungen erfüllen. Welche Anforderungen der Gesetzgeber mit diesem Begriffspaar verbunden hat, bleibt auch nach der Lektüre der Gesetzesbegründung unklar. Insbesondere stellt sich die Frage, ob in dem Begriff „Bestimmen" gegenüber dem Begriff „Festlegen" ein Bedeutungsmehr enthalten ist, dass die Zuschlagskriterien den Bestimmtheitsanforderungen genügen müssen. Da weder die Richtlinie noch die Gesetzesbegründung einen Anhaltspunkt dafür enthalten, dass aus diesem Begriffspaar eine eigenständige Anforderung abzuleiten ist, kann hiervon nicht ausgegangen werden. Hierfür spricht auch, dass die aus dem Transparenzgrundsatz abzuleitenden Bestimmtheitsanforderungen bereits von dem Erfordernis der Gewährleistung der Möglichkeit eines wirksamen Wettbewerbs umfasst sind.

154 Die in § 127 Abs. 4 S. 1 GWB genannten Anforderungen haben keinen über die **Klarstellung** hinausgehenden Bedeutungsgehalt. Die Regelung ist als (misslungener) Versuch des Gesetzgebers anzusehen, die nach den vergaberechtlichen Grundsätzen gemäß § 97 Abs. 1 und Abs. 2 GWB geltenden Grundsätze auf die Festlegung und Bestimmung der Zuschlagskriterien zu konkretisieren. Die Anforderungen interferieren miteinander. Eine trennscharfe Abgrenzung der einzelnen Anforderungen ist nicht in jeder Hinsicht möglich, aber auch nicht erforderlich.

a) Wettbewerbswirksamkeit

155 Die Zuschlagskriterien müssen nach § 127 Abs. 4 S. 1 GWB so festgelegt und bestimmt werden, dass die Möglichkeit eines wirksamen Wettbewerbs gewährleistet wird. Die Anforderung war – auch ohne ausdrückliche Regelung – bereits **vor Inkrafttreten des VergRModG 2016** nach dem vergaberechtlichen Gleichbehandlungsgebot zu beachten.[207]

156 Der **Begriff des Wettbewerbs** entspricht demjenigen aus § 97 Abs. 1 GWB. Danach ist mit Wettbewerb die Konkurrenz alternativer Anbieter zu verstehen.[208] Dieser Wettbewerb muss zudem **wirksam** sein. Die Zuschlagskriterien gewährleisten die Möglichkeit eines wirksamen Wettbewerbs, wenn der Wettbewerbsgrundsatz nicht lediglich formal, sondern auch **materiell** gewährleistet ist. Die Zuschlagskriterien müssen daher dahingehend festgelegt und bestimmt sein, dass sie das Verfahren für alle potentiellen Bieter öffnen und den Wettbewerb nicht einschränken, soweit eine Einschränkung nicht durch sachliche Gründe gerechtfertigt ist.

157 Voraussetzung für einen wirksamen Wettbewerb ist, dass die Zuschlagskriterien **diskriminierungsfrei** und hinreichend **bestimmt** sind.[209]

aa) Diskriminierungsverbot

158 Voraussetzung für einen wirksamen Angebotswettbewerb ist, dass die Zuschlagskriterien diskriminierungsfrei sind.[210] Der öffentliche Auftraggeber muss die Zuschlagskriterien daher in der Weise festlegen und bestimmen, dass sie nicht ohne sachlichen Grund zu einer **Ungleich-**

206 Gesetzesbegründung, BT-Drs. 18/6281, 139.
207 OLG Celle, Beschluss v. 19.3.2015 – 13 Verg 1/15.
208 Vgl. *Lux* zu § 97 Rn. 10.
209 Vgl. EuGH, Urteil v. 10.5.2012 – Rs. C-368/10 (Max Havelaar), Rn. 87.
210 Vgl. EuGH, Urteil v. 10.5.2012 – Rs. C-368/10 (Max Havelaar), Rn. 87.

behandlung anderer Unternehmen führen. Das Erfordernis einer diskriminierungsfreien Festlegung und Bestimmung der Zuschlagskriterien ergibt sich zudem aus § 97 Abs. 2 GWB.

Eine diskriminierende Festlegung und Bestimmung der Zuschlagskriterien liegt nicht nur dann vor, wenn die Zuschlagskriterien **unmittelbar** an ein diskriminierendes Merkmal anknüpfen (offene Diskriminierung, z.B. Staatsangehörigkeit). Sie ist auch dann gegeben, wenn die Diskriminierung sich **mittelbar** (versteckte Diskriminierung) aus dem Kriterium ergibt.[211] **159**

Aus dem Erfordernis einer diskriminierungsfreien Festlegung und Bestimmung der Zuschlagskriterien folgt, dass ein Zuschlagskriterium, das sich danach bemisst, ob der Bieter dem öffentlichen Auftraggeber **bekannt** ist und der Bieter sich bereits bei früheren Aufträgen **bewährt** hat, unzulässig ist.[212] Ein solches Kriterium benachteiligt andere Wettbewerbsteilnehmer ohne sachliche Rechtfertigung und verfestigt die Wettbewerbsverzerrung sogar. Eine kürzere Einarbeitungszeit oder Ortskenntnisse[213] rechtfertigen die Ungleichbehandlung nicht. **160**

Diskriminierend sind auch solche Zuschlagskriterien, nach denen Unternehmen bevorzugt werden, die **regional niedergelassen** (sog. Hoflieferantentum) sind.[214] Hierin liegt eine Ungleichbehandlung ortsfremder Unternehmer. Die regionale Wirtschaftsförderung ist kein rechtfertigender sachlicher Grund.[215] Ebenso wenig rechtfertigt eine kürzere Reaktionszeit die Ungleichbehandlung, denn eine kürzere Reaktionszeit kann auch durch technische Mittel oder durch die Inanspruchnahme Dritter erreicht werden. Bei Leistungen, die kurzfristig vor Ort zu erbringen sind, können ortsfremde Unternehmen zudem erwägen, eine Zweigstelle einzurichten. Mittelbar diskriminierend ist die Festlegung der **Ortskenntnis** als Zuschlagskriterium.[216] **161**

Demgegenüber ist die Wertung der **örtlichen Verfügbarkeit** zulässig, wenn der Auftragsgegenstand eine örtliche Präsenz des Auftragnehmers erfordert.[217] Eine möglicherweise damit verbundene Ungleichbehandlung ist zur Durchsetzung des Wirtschaftlichkeitsgedankens hinzunehmen.[218] Erforderlich ist allerdings, dass die Verfügbarkeit nicht in gleichem Maße telefonisch oder online hergestellt werden kann. Im Einzelfall kann es allerdings an dem erforderlichen Leistungsbezug dieses Kriteriums fehlen.[219] In der Regel werden öffentliche Auftraggeber die Verfügbarkeit allerdings auch durch die Festlegung entsprechend kurzer Reaktionszeiten in den Vergabeunterlagen herstellen können.[220] **162**

Zuschlagskriterien, die sich nach einer bestimmten **Eigenleistungsquote** richten, sind grundsätzlich unzulässig.[221] Hierdurch wird insbesondere der Grundsatz der mittelstandsfreundlichen Ausgestaltung des Vergabeverfahrens aus § 97 Abs. 3 GWB verletzt, zugleich liegt hierin eine Benachteiligung solcher Unternehmen, die sich nicht ohne die Inanspruchnahme der Kapazitäten Dritter erfolgversprechend am Vergabeverfahren beteiligen können. Ausnahmsweise ist die Wertung einer Eigenleistungsquote zulässig, wenn öffentliche Auftraggeber nach § 47 Abs. 5 VgV oder § 6d Abs. 4 VOB/A vorschreiben können, dass be- **163**

---

211 Vgl. EuGH, Urteil v. 27.10.2005 – Rs. C-234/03 (Contse), Rn. 36.
212 Vgl. BGH, Urteil v. 16.10.2001 – X ZR 100/99; KG, Beschluss v. 24.5.2007 – 2 Verg 10/07; VK Brandenburg, Beschluss v. 26.2.2013 – VK 46/12; VK Rheinland-Pfalz, Beschluss v. 23.5.2012 – VK 2-11/12.
213 Vgl. hierzu VK Brandenburg, Beschluss v. 26.2.2013 – VK 46/12.
214 Vgl. EuGH, Urteil v. 27.10.2005 – Rs. C-234/03; OLG Düsseldorf, Beschluss v. 19.6.2013 – VII-Verg 8/13; BayObLG, Beschluss v. 20.12.1999 – Verg 8/99, NZBau 2000, 259 (261);. VK Baden-Württemberg, Beschluss v. 10.1.2011 – 1 VK 69/10, ZfBR 2011, 709 (714); VK Sachsen, Beschluss v. 31.1.2007 – 1/SVK/124-06; VK Bund, Beschluss v. 10.5.2001 – VK 1-11/01; VK Rheinland-Pfalz, Beschluss v. 23.5.2000 – VK 7/00; siehe zu der Problematik *Müller-Wrede*, VergabeR 2005, 1 ff.
215 BayObLG, Beschluss v. 20.12.1999 – Verg 8/99, NZBau 2000, 259 (261).
216 Siehe hierzu VK Brandenburg, Beschluss v. 26.2.2013 – VK 46/12.
217 OLG Naumburg, Beschluss v. 12.4.2012 – 2 Verg 1/12; VK Sachsen, Beschluss v. 5.12.2011 – 1/SVK/043-11; Beschluss v. 31.1.2007 – 1/SVK/124-06; VK Baden-Württemberg, Beschluss v. 10.1.2011 – 1 VK 69/10, ZfBR 2011, 709 (714); VK Nordbayern, Beschluss v. 1.2.2008 – 21.VK-3194-53/07.
218 *Müller-Wrede*, VergabeR 2005, 32 (37).
219 Siehe hierzu OLG Düsseldorf, Beschluss v. 3.8.2011 – VII-Verg 16/11; anders allerdings OLG Naumburg, Beschluss v. 12.4.2012 – 2 Verg 1/12.
220 Darauf hinweisend VK Sachsen, Beschluss v. 31.1.2007 – 1/SVK/124-06; Beschluss v. 19.11.2001 – 1/SVK119-01.
221 VK Schleswig-Holstein, Beschluss v. 14.3.2012 – VK-SH 02/12; vgl. hierzu im Rahmen der Eignungsprüfung EuGH, Urteil v. 18.3.2004 – Rs. C-314/01 (Siemens und ARGE Telekom), Rn. 43.

stimmte kritische Aufgaben vom Bieter selbst bzw. von einem bestimmten Mitglied einer Bietergemeinschaft erfüllt werden.

164 Problematisch sind auch solche Zuschlagskriterien, die an bestimmte **wettbewerbliche Strukturen** anschließen, z.B. Bestandsnetz bei Mobilfunkdienstleistungen. Hiermit ist zwangsläufig eine Benachteiligung derjenigen Unternehmen verbunden, die nicht über die entsprechenden Strukturen verfügen. Nach Rechtsprechung der VK Bund[222] sind solche strukturellen Vorteile unschädlich. Den öffentlichen Auftraggeber treffe keine Pflicht zur Nivellierung der Wettbewerbsvorteile.

165 Der Grundsatz der **Produktneutralität** als Ausprägung des Diskriminierungsverbots ist auch bei der Festlegung und Bestimmung der Zuschlagskriterien zu beachten. Die Bewertung darf daher grundsätzlich nicht darauf ausgerichtet werden, dass nur eine bestimmte Leistung in Betracht kommt und alle abweichenden Angebote chancenlos sind.

166 Öffentliche Auftraggeber können die Zuschlagskriterien auch auf **Gütezeichen** (z.B. EU-Bio-Logo) beziehen.[223] In § 58 Abs. 4 VgV und § 7a EU Abs. 6 Nr. 1 VOB/A ist dies unter bestimmten Voraussetzungen ausdrücklich vorgesehen. Erforderlich ist danach insbesondere, dass die Anforderungen des Gütezeichens zugänglich sind und der öffentliche Auftraggeber einen anderen geeigneten Nachweis darüber zulässt, dass sein Angebot den Anforderungen entspricht. Die Bevorzugung eines bestimmten Gütesiegels in der Angebotswertung ist hingegen unzulässig.[224]

bb) Bestimmtheit

167 Die Möglichkeit eines wirksamen Wettbewerbs ist nur sichergestellt, wenn die Bieter klar erkennen können, worauf es dem öffentlichen Auftraggeber bei der Angebotswertung ankommt.[225] Aus diesem Grunde hat der öffentliche Auftraggeber bei der Festlegung der Zuschlagskriterien dem Gebot der Verfahrenstransparenz aus § 97 Abs. 1 GWB Rechnung zu tragen.[226]

168 Diese Anforderung war – auch ohne ausdrückliche Regelung – bereits **vor Inkrafttreten des VergRModG 2016** zu beachten und leitete sich aus dem vergaberechtlichen Transparenzgrundsatz nach § 97 Abs. 1 S. 1 GWB ab.[227]

169 Die Kriterien müssen **objektiv und hinreichend bestimmt** sein, sodass dem öffentlichen Auftraggeber kein uneingeschränkter Entscheidungsspielraum eingeräumt ist.[228] Der Bieter muss anhand der Kriterien feststellen können, welche Gesichtspunkte zu einer positiven Bewertung des Angebots führen. Ohne nähere Spezifizierung ist es daher nicht ausreichend, wenn lediglich die „Energieeffizienz"[229], „Qualität"[230], das „Qualitätsmanagement"[231] oder gar schlicht die „Bestmögliche Erfüllung der Bedürfnisse und Anforderungen"[232] als Kriterien angegeben sind.

---

222 VK Bund, Beschluss v. 24.9.2014 – VK 2-67/14; siehe allerdings für die Vergabe nach EnWG LG Frankfurt, Urteil v. 26.9.2013 – 2-03 O 217/12.

223 Vgl. EuGH, Urteil v. 10.5.2012 – Rs. C-368/10 (Max Havelaar), Rn. 97; siehe für Näheres *Baumann*, VergabeR 2015, 367 (370 f.); vgl. zur alten Rechtslage auch *Müller-Wrede*, VergabeR 2012, 416 ff.

224 *Hübner*, VergabeR 2012, 545 (554).

225 OLG Düsseldorf, Beschluss v. 30.7.2009 – Verg 10/09; VK Niedersachsen, Beschluss v. 26.11.2012 – VgK-40/2012; VK Schleswig-Holstein, Beschluss v. 14.3.2012 – VK-SH 02/12.

226 EuGH, Urteil v. 10.5.2012 – Rs. C-368/10 (Max Havelaar), Rn. 87 f., NZBau 2012, 445 (453); VK Schleswig-Holstein, Beschluss v. 18.10.2012 – VK-SH 26/12.

227 Vgl. OLG Celle, Beschluss v. 19.3.2015 – 13 Verg 1/15.

228 Vgl. EuGH, Urteil v. 10.5.2012 – Rs. C-368/10 (Max Havelaar), Rn. 87; Urteil v. 17.9.2002 – Rs. C-513/99 (Concordia), Rn. 64; Urteil v. 4.12.2003 – Rs. C-448/01 (Wienstrom), Rn. 48.

229 OLG Düsseldorf, Beschluss v. 19.6.2013 – VII-Verg 4/13.

230 VK Südbayern, Beschluss v. 21.4.2004 – 24-04/04; VK Baden-Württemberg, Beschluss v. 21.11.2001 – 1 VK37/01.

231 VK Düsseldorf, Beschluss v. 14.7.2011 – VK 02-2011-L.

232 VK Niedersachsen, Beschluss v. 26.11.2012 – VgK-40/2012.

Auf der letzten Ebene der Angebotswertung verfügt der öffentliche Auftraggeber über einen **Wertungsspielraum**. Er ist nach der Rechtsprechung[233] nicht verpflichtet, im Voraus in mehrstufige Unterkriterien aufgegliederte Bewertungsregeln aufzustellen. Dieser Wertungsspielraum wird durch das **Transparenzgebot** eingeschränkt. Für den Bieter muss erkennbar sein, auf welche Punkte der öffentliche Auftraggeber Wert legt und welche Erwartungen ihn daher auch bei der Bewertung leiten. Die Grenze, ab der das Offenlassen konkreter Bewertungsmaßstäbe vergaberechtlich unzulässig ist, ist dann überschritten, wenn die aufgestellten Wertungsmaßstäbe so unbestimmt sind, dass die Bieter nicht mehr angemessen über die Kriterien und Modalitäten informiert werden, anhand derer das wirtschaftlich günstigste Angebot ermittelt wird.[234] 170

Bei der Bestimmtheit soll nach der Rechtsprechung[235] auch der **Adressatenkreis** zu berücksichtigen sein. Allgemein gehaltene Kriterien, wie etwa eine Konzeptdarstellung in einem bestimmten Fall, soll zulässig sein, wenn vorauszusetzen ist, dass die von der Ausschreibung angesprochenen Unternehmen über Grundkenntnisse verfügen, wie mit der in dem Kriterium beschrieben Situation umzugehen ist. 171

Nicht zu beanstanden ist es, wenn Kriterien unter eine aufschiebende Bedingung gestellt werden, etwa dass sie nur dann für die Wertung herangezogen werden, wenn ansonsten in der Angebotswertung „Gleichstand" besteht (**Hilfskriterium**).[236] Der öffentliche Auftraggeber hat hierbei sicherzustellen, dass die Bedingung selbst den Transparenzanforderungen genügt, für den Bieter also klar erkennbar ist, unter welchen Umständen das zusätzliche Kriterium herangezogen wird. 172

Eine transparente Angebotswertung ist nur dann gesichert, wenn ersichtlich ist, **welche angebotsrelevanten Gesichtspunkte** unter **welches Zuschlagskriterium** zu subsumieren sind.[237] Eine Mehrfachberücksichtigung bei inhaltlichen Überschneidungen der Zuschlagskriterien ist nicht zu beanstanden,[238] solange die Gesichtspunkte dadurch nicht ein unangemessenes Übergewicht erhalten. Eine trennscharfe Abgrenzung wird sich ohnehin nicht immer durchführen lassen. In der Angebotswertung ist dann allerdings zu beachten, dass sich keine Wertungswidersprüche ergeben.[239] 173

Nach Rechtsprechung des OLG Düsseldorf[240] folge aus dem Transparenzgebot nach § 97 Abs. 1 S. 1 GWB, dass auch die **Bewertungsmaßstäbe** der Bewertungsmethode hinreichend bestimmt sein müssen. Sie müssen es zulassen, im Vorhinein zu bestimmen, welchen Erfüllungsgrad die Angebote auf der Grundlage konkreter Kriterien aufweisen müssen, um mit den festgelegten Punkten bewertet zu werden. Für die Bieter müsse zu erkennen sein, unter welchen Voraussetzungen konkret das Kriterium zum Beispiel als nicht den Anforderungen genügend, als mit Einschränkungen den Anforderungen genügend oder als den Anforderungen besonders dienlich gewertet wird. 174

b) Willkürverbot

Die Zuschlagskriterien müssen weiterhin so festgelegt und bestimmt sein, dass der Zuschlag nicht willkürlich erteilt werden kann. 175

---

233 OLG Frankfurt, Beschluss v. 23.6.2016 – 11 Verg 4/16; OLG Düsseldorf, Beschluss v. 19.6.2013 – VII-Verg 8/13; OLG Celle, Beschluss v. 7.11.2013 – 13 Verg 8/13; VK Sachsen, Beschluss v. 13.12.2013 – 1/SVK/038-13.

234 OLG Frankfurt, Beschluss v. 23.6.2016 – 11 Verg 4/16; OLG Düsseldorf, Beschluss v. 19.6.2013 – VII-Verg 8/13; OLG Celle, Beschluss v. 7.11.2013 – 13 Verg 8/13; VK Sachsen, Beschluss v. 13.12.2013 – 1/SVK/038-13.

235 Vgl. OLG Celle, Beschluss v. 19.3.2015 – 13 Verg 1/15 (dort: „Konzept für die Durchführung des Rettungsdienstes").

236 VK Bund, Beschluss v. 14.9.2007 – VK 1-101/07.

237 Vgl. VK Sachsen, Beschluss v. 14.4.2008 – 1/SVK/013-08.

238 Vgl. OLG Düsseldorf, Beschluss v. 30.4.2003 – Verg 64/02, ZfBR 2003, 721 (723).

239 OLG Düsseldorf, Beschluss v. 30.4.2003 – Verg 64/02, ZfBR 2003, 721 (723).

240 OLG Düsseldorf, Beschluss v. 16.12.2015 – VII-Verg 25/15; Beschluss v. 21.10.2015 – VII-Verg 28/14; a.A. OLG Naumburg, Beschluss v. 14.3.2013 – 2 Verg 8/12; VK Sachsen, Beschluss v. 11.8.2006 – 1/SVK/073-06.

176 Die Regelung ist eine Ausprägung des vergaberechtlichen **Willkürverbots**, das aus dem Gleichbehandlungsgrundsatz nach § 97 Abs. 2 GWB abgeleitet wird.[241] Es verbietet sachlich nicht begründbare Differenzierungen des öffentlichen Auftraggebers bei seinen Verfahrensentscheidungen.[242]

177 Das Willkürverbot untersagt dem öffentlichen Auftraggeber eine **willkürliche Zuschlagsentscheidung**. § 127 Abs. 1 GWB greift dem vor, indem der öffentliche Auftraggeber bereits die Zuschlagskriterien so festzulegen und zu bestimmen hat, dass eine willkürliche Zuschlagsentscheidung nicht erfolgen kann.

178 Die Anforderung der willkürausschließenden Festlegung ergänzt die Anforderungen des **Transparenzgrundsatzes** aus dem Erfordernis eines wirksamen Wettbewerbs. Die wettbewerbswirksame Festlegung der Zuschlagskriterien verlangt, dass den Bietern die Wertungsmaßstäbe dergestalt bekanntgegeben werden, dass sie ihre Angebote auf die Bedürfnisse des öffentlichen Auftraggebers ausrichten können. Die Anforderung der willkürausschließenden Festlegung erfordert demgegenüber, dass dem öffentlichen Auftraggeber auf Grundlage der Zuschlagskriterien eine willkürliche Zuschlagsentscheidung nicht möglich ist. Dies verlangt, dass die Zuschlagskriterien hinreichend bestimmt sind, sodass Überraschungsentscheidungen ausgeschlossen sind.[243]

c) Wirksame Überprüfbarkeit

179 Die Zuschlagskriterien müssen so festgelegt und bestimmt werden, dass eine wirksame Überprüfung darüber möglich ist, ob und inwieweit die Angebote die Zuschlagskriterien erfüllen.

180 Die Anforderung geht auf die Rechtsprechung des EuGH in der Sache „**Wienstrom**"[244] zurück. Danach ist eine objektive Zuschlagsentscheidung nicht möglich, wenn die Angaben der Bieter in den Angeboten nicht im Hinblick auf die Erfüllung der Zuschlagskriterien überprüfbar sind. Der Grundsatz der Gleichbehandlung schließe eine Verpflichtung zur Transparenz ein, die es ermöglichen soll, seine Beachtung zu überprüfen, und durch die insbesondere gewährleistet werden soll, dass nachgeprüft werden kann, ob die Vergabeverfahren unparteiisch durchgeführt wurden. Die objektive und transparente Bewertung der verschiedenen Angebote setzt voraus, dass der öffentliche Auftraggeber in der Lage ist, anhand der von den Bietern gelieferten Angaben und Unterlagen effektiv zu überprüfen, ob ihre Angebote die Zuschlagskriterien erfüllen.

4. Verhältnismäßigkeit

181 Die Zuschlagskriterien müssen verhältnismäßig sein. Dies folgt aus dem für die gesamte Verfahrensgestaltung geltenden Grundsatz der Verhältnismäßigkeit nach § 97 Abs. 1 S. 2 GWB.[245] Dies bedeutet, dass die Kriterien den Wettbewerb nicht über dasjenige Maß hinaus einschränken dürfen, das zur Erfüllung der Bedürfnisse des öffentlichen Auftraggebers erforderlich ist.

182 **Praktische Relevanz** erlangt diese Anforderung insbesondere, wenn Kriterien festgelegt werden, die der Sache nach gerechtfertigt sind, aber in ihrer praktischen Wirkung zu einer Wettbewerbsverengung führen. Insbesondere können soziale Zuschlagskriterien diejenigen Unternehmen vom Wettbewerb faktisch ausschließen, welche die sozialen Anforderungen in Bezug auf den konkreten Auftrag nicht erfüllen. Aus diesem Grund wird vertreten[246], dass soziale Kriterien über die Zusammensetzung des ausführenden Personals nur bei längerfristigen oder personalintensiven Aufträgen in Betracht kommt.

---

241 Vgl. LSG Baden-Württemberg, Beschluss v. 23.1.2009 – L 11 WB 5971/08; Beschluss v. 5.1.2009 – L 11 KR 5971/08; VK Bund, Beschluss v. 15.6.2012 – VK 2-44/12; VK Brandenburg, Beschluss v. 1.8.2011 – VK 22/11; VK Nordbayern, Beschluss v. 10.12.2009 – 21.VK-3194-53/09; a.A. wohl OLG Jena, Beschluss v. 22.8.2011 – 9 Verg 2/11.

242 Vgl. BVerwG, Beschluss v. 30.1.2014 – 8 B 27.13.

243 VK Sachsen, Beschluss v. 12.6.2015 – 1/SVK/016-15.

244 EuGH, Urteil v. 4.12.2003 – Rs. C-448/01 (Wienstrom), Rn. 50.

245 Vgl. *Burgi*, NZBau 2015, 597 (601).

246 *Burgi*, NZBau 2015, 597 (601); *Latzel*, NZBau 2014, 673 (680).

5. Anwendbarkeit auf Nebenangebote (Abs. 4 S. 2)

Nach § 127 Abs. 4 S. 2 GWB legen öffentliche Auftraggeber die Zuschlagskriterien so fest, dass sie sowohl auf Hauptangebote als auch auf Nebenangebote anwendbar sind, wenn sie Nebenangebote zugelassen haben. 183

Die Regelung ist mit dem **VergRModG 2016** neu in das GWB aufgenommen worden. Sie wurde erst mit dem Regierungsentwurf in den Gesetzgebungsprozess eingeführt, der Referentenentwurf sah die Regelung nicht vor. Die untergesetzlichen Vorschriften enthalten **Parallelregelungen** in § 35 Abs. 2 S. 2 VgV und § 8 EU Abs. 2 Nr. 3 S. 5 VOB/A. 184

Sinn und Zweck der Regelung ist es, **nebenangebotsspezifische Zuschlagskriterien** auszuschließen. Die Festlegung von Zuschlagskriterien, die auf die Neben-, nicht aber die Hauptangebote – oder vice versa – anzuwenden sind, ist mit den Grundsätzen der Gleichbehandlung und Wirtschaftlichkeit nach § 97 Abs. 1 S. 2 und Abs. 2 GWB nicht zu vereinbaren. 185

Die Regelung basiert auf **Art. 45 Abs. 2 S. 2 RL 2014/24/EU**.[247] Nach der Regelung sorgen öffentliche Auftraggeber dafür, dass die gewählten Zuschlagskriterien sowohl auf die Varianten angewandt werden können, welche die festgelegten Mindestanforderungen erfüllen, als auch auf übereinstimmende Angebote, die keine Varianten sind. 186

Nach der Regelung ist es öffentlichen Auftraggebern untersagt, solche Zuschlagskriterien festzulegen, die ausschließlich auf die Haupt- oder die Nebenangebote angewendet werden. Die Zuschlagskriterien müssen **uneingeschränkt und unbedingt** sowohl auf die Haupt- als auch die Nebenangebote anwendbar sein. 187

Unter **Nebenangeboten** sind Angebote zu verstehen, die in irgendeiner Form vom Hauptangebot abweichen, sei es in technischer Hinsicht durch die Verwendung anderer technischer Lösungen als in der Leistungsbeschreibung vorgegeben, sei es in wirtschaftlicher oder rechtlicher Hinsicht durch die Formulierung anderer Zahlungsbedingungen oder sonstiger vertraglicher Regelungen.[248] 188

Nach früherer Rechtslage waren Nebenangebote bei einer **Niedrigstpreisvergabe oder Niedrigstkostenvergabe** grundsätzlich unzulässig. Nach der Rechtsprechung des BGH[249] war eine wettbewerbskonforme Wertung der Nebenangebote bei einer Niedrigstpreisvergabe nicht gewährleistet, da das bisherige Recht lediglich verlangte, für Nebenangebote Mindestanforderungen festzulegen, ohne zu regeln, wie Nebenangebote im Verhältnis zum Amtsvorschlag zu werten sind. Ist beispielsweise ein den Mindestanforderungen genügendes Nebenangebot zwar geringfügig billiger als das günstigste Hauptangebot, bleibt es aber überproportional hinter dessen Qualität zurück und erweist es sich bei wirtschaftlicher Betrachtung deshalb gerade nicht als das günstigste Angebot, müsste es mangels geeigneter Zuschlagskriterien, mit denen diese Diskrepanz in der Wertung erfasst werden kann, dennoch den Zuschlag erhalten, wenn nur der Preis berücksichtigt werden darf.[250] Eine solche Wertungspraxis wäre unvereinbar mit dem vergaberechtlichen Wettbewerbsprinzip und mit dem mit diesem in engem Zusammenhang stehenden Gebot, den Zuschlag auf das wirtschaftlichste Angebot zu erteilen. Dieser Konflikt sei nach der Rechtsprechung des BGH[251] auch nicht durch die von der obergerichtlichen Rechtsprechung[252] geforderte Anforderung der **Gleichwertigkeit** zwischen Nebenangebot und Amtsentwurf zu lösen gewesen. Ein solches Kriterium genüge nicht den Anforderungen an transparente Wertungskriterien, da für die Bieter bei Angebotsabgabe nicht mehr mit angemessenem Sicherheitsgrad voraussehbar ist, welche Varianten die Vergabestelle bei der Wertung noch als gleichwertig anerkennen wird. 189

247 Vgl. Gesetzesbegründung, BT-Drs. 18/6281, 112.
248 Vgl. OLG Saarbrücken, Beschluss v. 18.5.2016 – 1 Verg 1/16; VK Nordbayern, Beschluss v. 11.6.2014 – 21.VK-3194-12/14.
249 BGH, Beschluss v. 7.1.2014 – X ZB 15/13.
250 So argumentierte auch das OLG Düsseldorf in seiner Divergenzvorlage, vgl. Beschluss v. 2.11.2011 – VII-Verg 22/11.
251 BGH, Beschluss v. 7.1.2014 – X ZB 15/13.
252 OLG Schleswig, Beschluss v. 15.4.2011 – 1 Verg 10/10; OLG München, Beschluss v. 9.9.2010 – Verg 16/10; OLG Brandenburg, Beschluss v. 17.5.2011 – Verg W 16/10; OLG Frankfurt, Beschluss v. 26.6.2012 – 11 Verg 12/11.

190 Weder **§ 127 GWB** noch die europarechtliche Vorgabe in **Art. 45 RL 2014/24/EU** regeln ausdrücklich, ob Nebenangebote bei Vergabe ausschließlich nach dem Preis oder den Kosten zulässig sind. Die gewählte Pluralform („Zuschlagskriterien") kann dahingehend verstanden werden, dass Nebenangebote nicht zulässig sind, wenn der Preis oder die Kosten als einziges Zuschlagskriterium festgelegt sind.[253] Zwingend ist dies allerdings nicht. In Kenntnis der vergaberechtlichen Diskussion um die Zulässigkeit von Nebenangeboten, ist davon auszugehen, dass der Gesetzgeber eine entsprechende Regelung getroffen hätte, wenn er dies gewollt hätte. Diese Annahme findet unmissverständlichen Rückhalt in der Gesetzesbegründung[254]. Danach sollen Nebenangebote nunmehr auch bei einer Niedrigstpreis- oder Niedrigstkostenvergabe zulässig sein. Dies folge aus Art. 45 Abs. 2 S. 2 i.V.m. Art. 67 Abs. 2 und Abs. 5 RL 2014/24/EU. In **§ 35 Abs. 2 S. 2 VgV** und **§ 8 EU Abs. 2 Nr. 3 S. 6 VOB/A** ist dies ausdrücklich geregelt. Danach können Nebenangebote auch zugelassen oder vorgeschrieben werden, wenn der Preis oder die Kosten das alleinige Zuschlagskriterium sind.[255]

191 Unbeschadet der Neuregelungen ist die Rechtsprechung des BGH zur Unzulässigkeit von Nebenangeboten im Rahmen einer Niedrigstpreis- oder Niedrigstkostenvergabe auch nach neuer Rechtslage zu beachten. Nach dem Willen des Normgebers[256] sollen öffentliche Auftraggeber als „Korrektiv" in diesen Fällen die **Mindestanforderungen** „besonders sorgfältig" festlegen. Dies wird in der Regel dazu führen, dass öffentliche Auftraggeber die Mindestanforderungen so scharf formulieren, dass kein nennenswerter qualitativer Spielraum für die Bieter verbleibt. Andernfalls bliebe nicht sichergestellt, dass die Nebenangebote qualitativ nicht hinter den Amtsentwurf zurückfielen. Dies geht mit einem erheblichen praktischen Bedeutungsverlust des Instrumentariums der Nebenangebote bei einer Niedrigstpreis- oder Niedrigstkostenvergabe einher und steht mit dem erklärten Willen des Gesetzgebers[257], die Bedeutung von Innovationen zu berücksichtigen, im Widerspruch. Daneben ist es öffentlichen Auftraggebern unbenommen, ein **Gleichwertigkeitskriterium** festzulegen, solange die Parameter der Gleichwertigkeitsprüfung festgelegt und bekannt sind.[258]

6. Preis oder Kosten und strategische Ziele (Abs. 1 S. 4)

192 Nach § 127 Abs. 1 S. 4 GWB können zur Ermittlung des besten Preis-Leistungs-Verhältnisses neben dem Preis oder den Kosten auch qualitative, umweltbezogene oder soziale Aspekte berücksichtigt werden.

193 Die Regelung ist mit dem **VergRModG 2016** neu in das GWB aufgenommen worden. Sie hebt die „Kosten" als gleichrangiges Zuschlagskriterium neben dem Preis hervor und ermöglicht die Berücksichtigung von strategischen Zielen im Sinne von § 97 Abs. 3 GWB bei der Angebotswertung.

194 Aus der Regelung ergibt sich nicht, ob der öffentliche Auftraggeber ausschließlich die genannten Aspekte berücksichtigen darf. Die Gesetzesbegründung gibt allerdings ausdrücklich an, dass der Katalog **nicht abschließend** ist.[259] Öffentliche Auftraggeber können daher neben den genannten weitere Aspekte berücksichtigen. Dies betrifft Aspekte der Innovation, die anders als in § 97 Abs. 3 GWB nicht ausdrücklich genannt sind.[260] Die untergesetzlichen Vorschriften sehen zudem in § 58 Abs. 2 S. 2 VgV und § 16d EU Abs. 2 Nr. 2 S. 2 VOB/A Beispielkataloge für Zuschlagskriterien vor. Sie nennen insbesondere Kundendienst, technische Hilfe, Ausführungsfrist, Ästhetik, Zweckmäßigkeit, Zugänglichkeit, Design für alle, umweltbezogene und innovative Eigenschaften sowie Organisation, Qualifikation und Erfahrung des mit der Ausführung des Auftrags betrauten Personals.

---

253 Vgl. *Stoye/Plantiko*, VergabeR 2015, 309 (311).
254 Gesetzesbegründung, BT-Drs. 18/6281, 112 f.
255 Die Verordnungsbegründung, BR-Drs. 87/16, 188, empfiehlt gleichwohl die Festlegung „aussagekräftiger, auf den jeweiligen Auftragsgegenstand und den mit ihm zu deckenden Bedarf zugeschnittener Zuschlagskriterien".
256 Vgl. Gesetzesbegründung, BT-Drs. 18/6281, 113; Verordnungsbegründung, VergRModVO, BR-Drs. 87/16, 188.
257 Vgl. Gesetzesbegründung, BT-Drs. 18/6281, 112.
258 Vgl. *Dicks*, VergabeR 2016, 309 (313 f.).
259 Vgl. Gesetzesbegründung, BT-Drs. 18/6281, 112.
260 Vgl. Gesetzesbegründung, BT-Drs. 18/6281, 111.

Qualitative, umweltbezogene oder soziale Aspekte sind aufgrund von § 127 Abs. 1 S. 4 GWB **nicht per se als Zuschlagskriterien zulässig**. § 127 Abs. 3 bis 5 GWB gilt unbeschadet dieser Regelung. Die Zulässigkeit der Zuschlagskriterien ist daher auch für die in § 127 Abs. 1 S. 4 GWB genannten Aspekte in jedem Einzelfall anhand der Anforderungen nach § 127 Abs. 3 bis 5 GWB festzustellen. 195

a) Preis

Der **Preis** stellt regelmäßig das wichtigste Kriterium zur Bestimmung der Wirtschaftlichkeit eines Angebots dar. Aufgrund seines neutralen Charakters ist es stets zulässig, auf den Preis als Zuschlagskriterium abzustellen.[261] Entscheidend ist dabei der Gesamtpreis der Leistung. 196

Der öffentliche Auftraggeber kann der Wertung den **Bruttopreis** der Leistung zugrunde legen, wenn er – etwa wegen § 2b UStG – **nicht vorsteuerabzugsberechtigt** ist.[262] In diesem Fall hat der öffentliche Auftraggeber ein wirtschaftliches Interesse daran, den Bruttopreis zu erfragen. Eine mögliche Ungleichbehandlung aufgrund Steuerprivilegien, zum Beispiel nach § 12 Abs. 2 Nr. 8a UStG, oder abweichender Praxis der Finanzbehörden ist durch das Kriterium der Wirtschaftlichkeit gerechtfertigt.[263] Nach der Rechtsprechung der VK Bund[264] könne es an dem wirtschaftlichen Interesse nur fehlen, wenn der öffentliche Auftraggeber in missbräuchlicher Absicht das Kriterium des Bruttopreises allein aus dem Grund wählt, von steuerlichen Fehleinschätzungen der Bieter zu profitieren.[265] Ist der öffentliche Auftraggeber hingegen **vorsteuerabzugsberechtigt**, ist die Wertung des Bruttopreises nicht gerechtfertigt, da die Umsatzsteuer in diesem Fall nur ein durchlaufender Posten ist. 197

Der öffentliche Auftraggeber kann auch **Skonti** zum Gegenstand der Angebotswertung machen.[266] Dabei handelt es sich um aufschiebend bedingten Teilerlass der Forderung für den Fall fristgerechter Zahlung.[267] Eine Skontovereinbarung ist in erster Linie eine Zahlungsmodalität, die die Einhaltung der Zahlungsfristen absichern soll und nicht den Preis als solchen verändert.[268] Allerdings hat diese Modalität unmittelbare wirtschaftliche Relevanz. Aus diesem Grunde ist es angezeigt, auch solche Nachlässe in der Wertung zu berücksichtigen, wenn im Angebot die Bedingungen des Skontoabzugs vollständig angegeben sind. Dazu muss eindeutig hervorgehen, welche Zahlungen (Abschlags- oder Schlusszahlungen) von der Skontovereinbarung erfasst sind, zu welchen Bedingungen, insbesondere Zahlungsfristen, und in welcher Höhe das Skonto eingeräumt wird.[269] 198

Die Anwendung von **Preisanpassungsklauseln** oder Preisgleitklauseln kann, wenn diese in der Angebotswertung nicht berücksichtigt wurden, das Ergebnis der Angebotswertung nachträglich verfälschen. Der öffentliche Auftraggeber kann daher auch die durch die Preisanpassungsklausel zu erwartenden Preissteigerungen in der Wertung berücksichtigen.[270] In Betracht kommt dies allerdings nur, wenn sich die Preisanpassung auch unterschiedlich auf die Angebote auswirken kann. Das ist insbesondere dann der Fall, wenn die Festlegung von fle- 199

---

261 Vgl. BGH, Beschluss v. 15.4.2008 – X ZR 129/06, VergabeR 2008, 641 (644).

262 Vgl. OLG Düsseldorf, Beschluss v. 12.12.2012 – VII-Verg 38/12; siehe auch *Begenisic/Fritz*, VergabeR 2016, 32 (33).

263 Vgl. VK Bund, Beschluss v. 9.7.2010 – VK 2-59/10; Beschluss v. 7.3.2008 – VK 2-13/08; Beschluss v. 11.11.2004 – VK 2-196/04; VK Nordbayern, Beschluss v. 24.11.2006 – 21.VK-3194-38/06.

264 BayObLG, Beschluss v. 9.9.2004 – Verg 18/04, VergabeR 2005, 126 (128);

265 VK Bund, Beschluss v. 9.7.2010 – VK 2-59/10.

266 VK Schleswig-Holstein, Beschluss v. 14.3.2012 – VK-SH 02/12; VK Münster, Beschluss v. 14.10.2011 – VK 14/11; kritisch hierzu OLG München, Beschluss v. 29.11.2007 – Verg 13/07; BayObLG, Beschluss v. 9.9.2004 – Verg 18/04, VergabeR 2005, 126 (128).

267 BGH, Urteil v. 11.2.1998 – VIII ZR 287-97, NJW 1998, 1302; OLG Frankfurt, Beschluss v. 24.7.2012 – 11 Verg 6/12; VK Sachsen-Anhalt, Beschluss v. 26.1.2015 – 3 VK LSA 105-106/14.

268 OLG München, Beschluss v. 29.11.2007 – Verg 13/07; BayObLG, Beschluss v. 9.9.2004 – Verg 18/04, VergabeR 2005, 126 (128); OLG Köln, Urteil v. 8.10.2002 – 22 U 48/02, NZBau 2003, 377 (378); VK Sachsen-Anhalt, Beschluss v. 26.1.2015 – 3 VK LSA 105-106/14.

269 In diese Richtung BayObLG, Beschluss v. 9.9.2004 – Verg 18/04, VergabeR 2005, 126 (128); a.A. VK Baden-Württemberg, Beschluss v. 31.10.2001 – 1 VK 36/01.

270 VK Münster, Beschluss v. 26.8.2009 – VK 11/09.

xiblen und konstanten Preisbestandteilen oder von Änderungssätzen durch die Bieter vorzunehmen ist.

200 Bei Leistungen, zu denen kein Marktpreis existiert oder dieser nicht bekannt ist oder die Eigengestehungskosten als Obergrenze festgelegt werden sollen, kann zur Kostendeckelung die Festlegung einer **Kostenobergrenze** für den öffentlichen Auftraggeber in Betracht kommen. Die Festlegung einer solchen Kostenobergrenze ist grundsätzlich nicht zu beanstanden.[271] Unzulässig ist eine solche Grenze nach der Rechtsprechung allerdings, wenn das Vergabeverfahren lediglich zum Schein durchgeführt würde[272] oder wenn auf einem Markt mit nur wenigen potentiellen Nachfragern ein öffentlicher Auftraggeber seine Stellung missbraucht, um eine Ware oder Leistung unter Marktpreis einzukaufen, oder wenn die Kostenobergrenze bei Beschaffungen, auf die der Auftraggeber nicht verzichten kann, so niedrig angesetzt ist, dass ein Großteil der potentiellen Leistungserbringer als Bieter ausscheidet.[273]

b) Kosten

201 Nach § 127 Abs. 1 S. 4 GWB kann der öffentliche Auftraggeber die Kosten bei der Ermittlung des besten Preis-Leistungs-Verhältnisses anstelle des Preises berücksichtigen.

202 Was unter Kosten in **Abgrenzung zum Preis** zu verstehen ist, teilt § 127 GWB nicht mit. Der Preis selbst umfasst die Anschaffungskosten und geht mithin im Kostenkriterium auf.[274] Der Begriff der Kosten umfasst über die Anschaffungskosten hinaus sämtliche Aufwendungen des öffentlichen Auftraggebers, die mit der Beschaffung und dem Einsatz der konkreten Leistung in Zusammenhang (z.B. Betrieb und Wartung)[275] stehen.

203 Die Bewertung soll nach Art. 67 Abs. 2 S. 1 RL 2014/24/EU anhand eines **Kosten-Wirksamkeitsansatzes** erfolgen. Ein solcher Ansatz ist die **Lebenszykluskostenrechnung** nach § 59 VgV und § 16d EU Abs. 2 Nr. 5 VOB/A. Lebenszykluskosten sind alle Kosten, die im Rahmen der Lebensdauer einer Ware oder eines Bauwerks oder während der Erbringung einer Dienstleistung entstehen, angefangen von der Beschaffung der Rohstoffe oder Erzeugung von Ressourcen bis hin zu Entsorgung, Aufräumarbeiten und Beendigung der Dienstleistung oder Nutzung, vgl. Art. 2 Abs. 1 Nr. 20 RL 2014/24/EU. Der Begriff der Lebenszykluskosten umfasst damit insbesondere die Anschaffungskosten, die Nutzungskosten, die Wartungskosten, Kosten am Ende der Nutzungsdauer, insbesondere die Abholungs-, Entsorgungs- oder Recyclingkosten, vgl. § 59 Abs. 2 S. 3 VgV und § 16d EU Abs. 2 Nr. 5 VOB/A.

204 Erfasst sind mit den Lebenszykluskosten auch die **Betriebskosten**, die nach alter Rechtslage neben den Lebenszykluskosten standen, vgl. § 19 EG Abs. 9 VOL/A. Unter Betriebskosten sind alle Folgekosten zu verstehen, die für die Verwendung bzw. den Betrieb einer Sache anfallen (Nutzungskosten, z.B. Energiekosten und Kosten für Verbrauchsmaterialien), weiter auch solche, die für die Instandhaltung der Sache in Ansatz kommen (Wartungskosten).

205 Nach § 59 Abs. 2 S. 2 Nr. 5 Hs. 1 VgV und § 16d EU Abs. 2 Nr. 5 lit. b Hs. 1 VOB/A können in die Berechnung der Lebenszykluskosten auch die Kosten aufgenommen werden, die durch die **externen Effekte der Umweltbelastung** entstehen.[276] Solche Kosten können nach § 59 Abs. 2 S. 2 Nr. 5 Hs. 2 VgV und § 16d EU Abs. 2 Nr. 5 lit. b Hs. 2 VOB/A die Kosten der Emission von Treibhausgasen und anderen Schadstoffen sowie sonstige Kosten für die Eindämmung des Klimawandels umfassen.

206 Wählt der öffentliche Auftraggeber die Kosten als Zuschlagskriterium, muss er ein realitätsnahes **Nutzungsverhalten** vorgeben, an dem die Bieter eine Berechnung der Kosten ausrichten

271 EuG, Urteil v. 13.9.2011 – Rs. T-8/09, Rn. 88; OLG Koblenz, Beschluss v. 4.2.2014 – 1 Verg 7/13; VK Niedersachsen, Beschluss v. 7.11.2003 – 203-VgK-32/2003; VK Sachsen, Beschluss v. 20.6.2014 – 1/SVK/017-14.
272 VK Niedersachsen, Beschluss v. 7.11.2003 – 203-VgK-32/2003.
273 Vgl. OLG Koblenz, Beschluss v. 4.2.2014 – 1 Verg 7/13; VK Sachsen, Beschluss v. 20.6.2014 – 1/SVK/017-14.
274 Siehe hierzu *EBig* oben, Rn. 36 f.
275 Vgl. Gesetzesbegründung, BT-Drs. 18/6281, 138.
276 Kritisch hierzu *Gröning*, VergabeR 2014, 339 (346).

können.[277] Welcher Instandhaltungsaufwand für ein Produkt aufzubringen ist, muss hingegen vom Bieter selbst bestimmt werden, da dem öffentlichen Auftraggeber der Einblick in die Konstruktion und die verwendeten Materialien regelmäßig fehlt.[278] Kosten, die einer Teuerungsrate unterliegen, etwa Kosten für Energie oder bestimmte Rohstoffe, sind mit einem Steigerungsfaktor zu bemessen.

c) Qualitative Aspekte

Öffentliche Auftraggeber können nach § 127 Abs. 1 S. 4 GWB bei der Ermittlung des wirtschaftlichsten Angebots qualitative Aspekte berücksichtigen. **207**

Die Regelung stellt eine Maßgabe im Sinne von **§ 97 Abs. 3 GWB** dar und konkretisiert den darin geregelten Vergabegrundsatz, wonach qualitative Aspekte bei der Vergabe berücksichtigt werden können. **208**

Zu den **qualitativen Aspekten** gehören solche, die den Wert der Leistung beschreiben.[279] **209** Wie sich an § 58 Abs. 2 S. 2 Nr. 1 VgV und § 16d EU Abs. 2 Nr. 2 S. 2 lit. a VOB/A zeigt, umfasst der Begriff auch den **technischen Wert** einer Leistung. Dieser Wert kann an verschiedenen Gesichtspunkten einer Leistung festgemacht werden, im Hinblick auf ein bestimmtes Produkt etwa an Funktionalität, Kompatibilität, Material, Verarbeitung oder wahrnehmbaren Eigenschaften[280], bei Dienstleistungen an einer bestimmten Ausführungsart, der eingesetzten Technik oder der Erreichung eines bestimmten Zweckerfüllungsgrades. Die Wertung kann zudem an das Erreichen bestimmter Qualitätsstufen oder Qualitätsnormen geknüpft werden.

Im Hinblick auf das **Transparenzgebot** nach § 97 Abs. 1 S. 1 GWB muss der öffentliche Auftraggeber für den Bieter klar und unmissverständlich herausstellen, auf welche Qualitätsmerkmale es ihm ankommt, die bloße Angabe des Kriteriums „Qualität" genügt für sich nicht.[281] **210**

Die qualitativen Aspekte müssen **leistungsbezogen** sein. Die Qualität des Bieters oder dessen Personals ist als Zuschlagskriterium grundsätzlich nicht geeignet. Sie kann allenfalls im Rahmen von § 58 Abs. 2 S. 2 Nr. 2 VgV oder § 16d EU Abs. 2 Nr. 2 lit. b VOB/A berücksichtigt werden. **211**

Der öffentliche Auftraggeber kann auch die **Qualitätssicherung** in die Wertung einstellen. **212** Darunter sind solche Maßnahmen zu fassen, die geeignet sind, die objektive Wahrscheinlichkeit, dass bestimmte Qualitätsanforderungen erreicht werden, zu erhöhen.[282] Erforderlich ist allerdings, dass sich die konkreten Qualitätssicherungsmaßnahmen auf die Leistung und nicht generell auf das Unternehmen beziehen.[283]

d) Soziale Aspekte

Öffentliche Auftraggeber können nach § 127 Abs. 1 S. 4 GWB bei der Ermittlung des wirtschaftlichsten Angebots soziale Aspekte berücksichtigen. **213**

Die Regelung stellt eine Maßgabe im Sinne von **§ 97 Abs. 3 GWB** dar und konkretisiert den darin geregelten Vergabegrundsatz, wonach soziale Aspekte bei der Vergabe berücksichtigt werden können. **214**

Als soziale Aspekte kommen insbesondere solche Leistungsmerkmale in Betracht, die der **Förderung der sozialen Integration** von benachteiligten Personen oder Angehörigen sozial schwacher Gruppen dienen.[284] Dies kann sich beispielsweise auf die Beschäftigung von Lang- **215**

---

277 VK Mecklenburg-Vorpommern, Beschluss v. 21.2.2012 – 1 VK 07/11; VK Brandenburg, Beschluss v. 28.6.2006 – 2 VK 22/06.

278 Vgl. OLG Saarbrücken, Beschluss v. 9.11.2005 – 1 Verg 4/05.

279 Vgl. VK Südbayern, Beschluss v. 21.4.2004 – 24-04/04; VK Baden-Württemberg, Beschluss v. 21.11.2001 – 1 VK 37/01.

280 VK Bund, Beschluss v. 26.5.2008 – VK 3-59/08; vgl. auch *Roth*, NZBau 2011, 75 (77) für das Beispiel der Fassadengestaltung: „Material- und Farbauswahl, Lichtdurchlässigkeit, Anbindung an städtebauliche Umgebung".

281 VK Südbayern, Beschluss v. 21.4.2004 – 24-04/04; VK Baden-Württemberg, Beschluss v. 21.11.2001 – 1 VK 37/01.

282 Vgl. OLG Koblenz, Beschluss v. 2.10.2012 – 1 Verg 4/12, VergabeR 2013, 270 (277).

283 Vgl. VK Nordbayern, Beschluss v. 13.7.2011 – 21.VK-3194-18/11.

284 Vgl. Gesetzesbegründung, BT-Drs. 18/6281, 112; Erwägungsgrund 99 RL 2014/24/EU.

zeitarbeitslosen oder die Umsetzung von Ausbildungsmaßnahmen für Arbeitslose oder Jugendliche im Zuge der Ausführung des zu vergebenden Auftrags beziehen.[285] Als sozialer Aspekt kann auch die **Zugänglichkeit einer Leistung** für benachteiligte Personen (Design für Alle) bei der Ermittlung des wirtschaftlichsten Angebots berücksichtigt werden.[286] Weiterhin zählen hierzu **Maßnahmen zum Schutz der Gesundheit** der am Produktionsprozess beteiligten Arbeitskräfte.[287]

216 Die sozialen Aspekte müssen nach § 127 Abs. 2 GWB in **Verbindung mit dem Auftragsgegenstand** stehen. Die Verbindung zum Auftragsgegenstand liegt in jedem Fall vor, wenn der Auftragsgegenstand seiner Natur nach bereits soziale Anforderungen erfordert, z.B. die Berücksichtigung der Bedürfnisse von Alleinerziehenden, Ausländern oder Schichtarbeitern bei der Vergabe des Betriebs einer Sozialeinrichtung. Sie ist darüber hinaus aber auch dann gegeben, wenn die Anforderungen sich auf den Auftragsgegenstand beziehen, z.B. die Berücksichtigung der Beschäftigung von **Langzeitarbeitslosen** bei der Erbringung der *konkreten* Leistung.[288] Der öffentliche Auftraggeber kann steuerungspolitisch auch den **Anteil der sozialversicherungspflichtigen Mitarbeiter** an der Auftragsausführung in die Angebotswertung einbeziehen.[289]

217 Eine Verbindung zum Auftragsgegenstand liegt auch vor, wenn sich die sozialen Anforderungen auf die **Lebenszyklen** der zu beschaffenden Leistung beziehen. Dies kann insbesondere den Handel betreffen. Öffentliche Auftraggeber können danach die Lieferung oder die Verwendung von fair gehandelten Waren während der Ausführung des zu vergebenden Auftrags in der Angebotswertung berücksichtigen.[290]

218 Keine Verbindung zum Auftragsgegenstand liegt hingegen vor, wenn sich die Anforderungen an die allgemeine **unternehmerische Sozialpolitik** eines Unternehmens richten, z.B. die Beschäftigung von Frauen und Männern zu gleichen Teilen im Unternehmen.[291]

219 Im Hinblick auf die Anforderungen aus dem **Verhältnismäßigkeitsgrundsatz** nach § 97 Abs. 1 S. 2 GWB ist zu beachten, dass soziale Zuschlagskriterien in besonderem Maße geeignet sind, den Wettbewerb einzuschränken. Aus diesem Grund wird vertreten[292], dass soziale Kriterien über die Zusammensetzung des ausführenden Personals nur bei längerfristigen oder personalintensiven Aufträgen in Betracht kommen.

e) Umweltbezogene Aspekte

220 Öffentliche Auftraggeber können nach § 127 Abs. 1 S. 4 GWB bei der Ermittlung des wirtschaftlichsten Angebots umweltbezogene Aspekte berücksichtigen.[293]

221 Die Regelung stellt eine Maßgabe im Sinne von **§ 97 Abs. 3 GWB** dar und konkretisiert den darin geregelten Vergabegrundsatz, wonach umweltbezogene Aspekte bei der Vergabe berücksichtigt werden können.

222 **Umweltbezogene Aspekte** sind solche Merkmale einer Leistung, die den Effekt der Leistung auf die Umwelt abbilden. Dies können die Klima- und Energieeffizienzeigenschaften einer Leistung (z.B. CO2-Emission, NOx-Emission, Lärmemission, Treibstoffverbrauch) sein.[294] Umweltbezogene Aspekte können in engem Zusammenhang mit innovativen Aspekten stehen, etwa wenn bestimmte Technologien (z.B. Brennstoffzellen, Elektroantrieb) in der Angebotswertung begünstigt werden.

---

285 Vgl. Erwägungsgrund 99 RL 2014/24/EU.
286 Vgl. Gesetzesbegründung, BT-Drs. 18/6281, 112.
287 Vgl. Erwägungsgrund 98 RL 2014/24/EU.
288 Vgl. Erwägungsgrund 99 RL 2014/24/EU.
289 A.A. zur alten Rechtslage VK Sachsen, Beschluss v. 22.7.2010 – 1/SVK/022-10.
290 Erwägungsgrund 97 RL 2014/24/EU; siehe auch § 58 Abs. 2 S. 2 Nr. 1 VgV, der die Handelsbedingungen als Zuschlagskriterium ausdrücklich nennt.
291 Vgl. Verordnungsbegründung, VergRModVO, BR-Drs. 87/16, 213.
292 *Burgi*, NZBau 2015, 597 (601); *Latzel*, NZBau 2014, 673 (680).
293 Siehe zu deren Berücksichtigungsfähigkeit nach alter Rechtslage *Müller-Wrede*, VergabeR 2012, 416 ff.
294 Vgl. Gesetzesbegründung, BT-Drs. 18/6281, 112.

Die **Verbindung zum Auftragsgegenstand** liegt vor, wenn der Auftragsgegenstand seiner Natur nach bereits umweltbezogene Anforderungen erfordert, z.B. bei der Errichtung eines Tierheims oder eines Gewächshauses. Eine Auftragsverbindung liegt in jedem Fall auch vor, wenn sich aus den umweltbezogenen Aspekte bereits ein wirtschaftlicher Vorteil ableiten lässt, z.B. geringerer Stromverbrauchs,[295] geringere Entsorgungskosten oder Wiederverwertungsmöglichkeiten.[296] Zwingend erforderlich ist dies allerdings nicht.[297] **223**

Eine Verbindung zum Auftragsgegenstand liegt auch vor, wenn sich die umweltbezogenen Anforderungen auf die **Lebenszyklen** der zu beschaffenden Leistung beziehen. Dies können insbesondere die Lebenszyklen Herstellung und Bereitstellung sein. Der öffentliche Auftraggeber kann danach verlangen, dass zur Herstellung der beschafften Waren keine giftigen Chemikalien[298] verwendet wurden, der zu liefernde Strom aus erneuerbaren Energiequellen stammt[299], das Papier aus nachhaltigem Holz hergestellt wurde oder dass die erworbenen Dienstleistungen unter Zuhilfenahme energieeffizienter Maschinen bereitgestellt wurden. Weiterhin können umweltbezogene Aspekte im Hinblick auf die Anlieferung, Verpackung und Entsorgung von Waren und im Falle von Bau- und Dienstleistungsaufträgen auf die Abfallminimierung oder die Ressourceneffizienz bewertet werden. Der öffentliche Auftraggeber kann die Zuschlagskriterien auch an Umweltbelange beim Gebrauch oder der Entsorgungsfreundlichkeit knüpfen.[300] **224**

Bei **Dienstleistungen** können insbesondere die Energieeffizienz[301] und die Umweltverträglichkeit der eingesetzten Geräte, z.B. Harvester oder Forwarder bei der Holzernte, und Mittel, z.B. die Verwendung umweltschonender Reinigungsmittel bei Reinigungsdienstleistungen, berücksichtigt werden. **225**

Keine Verbindung zum Auftragsgegenstand liegt hingegen vor, wenn sich die Anforderungen an die **allgemeine unternehmerische Umweltpolitik** eines Unternehmens richten, z.B. Umweltkennzahlen des Unternehmens. Der Leistungsbezug fehlt insbesondere auch, wenn das Umweltmanagement des Unternehmens bewertet werden soll, vgl. § 49 VgV und § 6c EU VOB/A.[302] **226**

Im Hinblick auf das Erfordernis der wettbewerbswirksamen Festlegung und Bestimmung der Zuschlagskriterien muss der öffentliche Auftraggeber für den Bieter klar und unmissverständlich herausstellen, auf welche umweltspezifischen Anforderungen es ihm im Einzelnen ankommt,[303] die bloße Angabe des Kriteriums „Energieeffizienz"[304] genügt für sich in der Regel nicht. **227**

Im Rahmen der Beschaffung **energieverbrauchsrelevanter Liefer- oder Dienstleistungen** ist die Energieeffizienz zwingend nach § 67 Abs. 1 und Abs. 5 VgV sowie § 8c EU Abs. 1 und Abs. 4 VOB/A als Zuschlagskriterium zu beachten.[305] **228**

Der öffentliche Auftraggeber muss nach § 68 Abs. 1 S. 1 VgV bei der **Beschaffung von Straßenfahrzeugen** Energieverbrauch und Umweltauswirkungen berücksichtigen. Gemäß § 68 Abs. 1 S. 2 VgV sind hierbei der Energieverbrauch, die Kohlendioxid-Emissionen, die Emissionen von Stickoxiden, die Emissionen von Nichtmethan-Kohlenwasserstoffen und partikelför- **229**

295 Grünbuch „Das öffentliche Auftragswesen in der Europäischen Union: Überlegungen für die Zukunft" v. 27.11.1996, Punkt VI.5.51.
296 Mitteilung „Das öffentliche Auftragswesen in der Europäischen Union" v. 11.3.1998, KOM (98) 143 endg., Punkt 4.3.
297 EuGH, Urteil v. 17.9.2002 – Rs. C-513/99 (Concordia), Rn. 55.
298 Vgl. Erwägungsgrund 97 RL 2014/24/EU.
299 EuGH, Urteil v. 4.12.2003 – Rs. C-448/01 (Wienstrom).
300 *Krohn*, NZBau 2004, 92 (94).
301 So ausdrücklich Erwägungsgrund 97 RL 2014/24/EU.
302 VK Sachsen, Beschluss v. 22.7.2010 – 1/SVK/022-10; im Ergebnis auch VK Schleswig-Holstein, Beschluss v. 22.4.2008 – VK-SH 03/08.
303 VK Südbayern, Beschluss v. 21.4.2004 – 24-04/04; VK Baden-Württemberg, Beschluss v. 21.11.2001 – 1 VK 37/01; *Gröning*, NZBau 2011, 75 (76).
304 OLG Düsseldorf, Beschluss v. 19.6.2013 – VII-Verg 4/13.
305 Das TVgG NRW sieht in § 17 sogar für alle Leistungen, also nicht nur energieverbrauchsrelevante, die Verpflichtung der öffentlichen Auftraggeber vor, die Energieeffizienz und den Umweltschutz zu berücksichtigen.

mige Abgasbestandteile einzubeziehen. Die Aufzählung ist beispielhaft („zumindest"), sodass auch weitere Faktoren berücksichtigt werden können, z.B. Lärm.[306] Der öffentliche Auftraggeber kann den Energieverbrauch und die Umweltauswirkungen nach § 68 Abs. 2 Nr. 2 VgV als Zuschlagskriterien berücksichtigen.

E. Veröffentlichung von Zuschlagskriterien und deren Gewichtung (Abs. 5)

230 Nach § 127 Abs. 5 GWB müssen die Zuschlagskriterien und deren Gewichtung in der Auftragsbekanntmachung oder den Vergabeunterlagen aufgeführt werden.

231 Die Regelung dient dem Zweck der **Verfahrenstransparenz**.[307] Die Beachtung der Grundsätze der Gleichbehandlung und der Transparenz aus § 97 Abs. 1 S. 1 und Abs. 2 GWB erfordert, dass den potenziellen Bietern zum Zeitpunkt der Vorbereitung ihrer Angebote alle Kriterien, die vom öffentlichen Auftraggeber bei der Bestimmung des wirtschaftlich günstigsten Angebots berücksichtigt werden, und deren relative Bedeutung bekannt ist.[308] Die Festlegung von *„Geheimkriterien"* ist unzulässig.[309]

232 Die Regelung ist mit dem **VergRModG 2016** neu in das GWB aufgenommen worden. Das Erfordernis zur Angabe der Zuschlagskriterien und deren Gewichtung in der Auftragsbekanntmachung oder den Vergabeunterlagen war bislang ausschließlich **untergesetzlich** geregelt, vgl. § 9 EG Abs. 1 S. 2 lit. b und § 19 EG Abs. 8 VOL/A, § 16 EG Abs. 7 S. 1 VOB/A 2012.[310] Entsprechende untergesetzliche Regelungen befinden sich auch weiterhin in § 58 Abs. 3 S. 1 VgV und § 16d EU Abs. 2 Nr. 2 S. 1 VOB/A.

233 Anders als Art. 36 RL 92/50/EWG, Art. 26 Abs. 2 RL 93/36/EWG und Art. 30 Abs. 2 RL 93/37/EWG enthält die **RL 2014/24/EU** wie bereits die Vorgängerrichtlinie 2004/18/EG keine ausdrückliche Vorgabe zur Festlegung der Zuschlagskriterien und deren Gewichtung in der Auftragsbekanntmachung oder den Vergabeunterlagen. Lediglich in Art. 67 Abs. 5 UAbs. 1 RL 2014/24/EU ist eine Regelung enthalten, nach der die Gewichtung der Zuschlagskriterien in den *Auftragsunterlagen* zu erfolgen hat.[311]

234 Der öffentliche Auftraggeber hat ein **Wahlrecht**, ob er die Zuschlagskriterien und deren Gewichtung in der Auftragsbekanntmachung oder den Vergabeunterlagen angibt. Dieses Wahlrecht ist unbeschränkt und nicht justiziabel.

235 Auch wenn der Wortlaut dies nicht auf den ersten Blick freigibt („oder"), ist der öffentliche Auftraggeber nicht daran gehindert, die Zuschlagskriterien und deren Gewichtung in der Auftragsbekanntmachung **und** den Vergabeunterlagen anzugeben. Der Operator „oder" ist nicht als Disjunktion zu verstehen. Erforderlich ist die Angabe der Zuschlagskriterien und deren Gewichtung in beiden Dokumenten freilich nicht.

236 Der öffentliche Auftraggeber erfüllt die Verpflichtung nach § 127 Abs. 5 GWB nur, wenn er die Zuschlagskriterien **und deren Gewichtung** in der Auftragsbekanntmachung oder den Vergabeunterlagen angibt. Die alleinige Angabe der Zuschlagskriterien genügt nicht.

237 Sind **keinerlei Zuschlagskriterien angegeben** worden, trifft der öffentliche Auftraggeber die Wertungsentscheidung allein anhand des niedrigsten Preises.[312]

---

306 *Schröder*, NZBau 2014, 468.

307 Gesetzesbegründung, BT-Drs. 18/6281, 113; siehe auch Verordnungsbegründung, VergRModVO, BR-Drs. 87/16, 214.

308 EuGH, Urteil v. 24.1.2008 – Rs. C-532/06 (Lianakis), Rn. 36; Urteil v. 24.11.2005 – Rs. C-331/04 (ATI EAC), Rn. 24; Urteil v. 12.12.2002 – Rs. C-470/99 (Universale-Bau), Rn. 98; Urteil v. 25.4.1996 – Rs. C-87/94 (Kommission/Belgien), Rn. 88; OLG Düsseldorf, Beschluss v. 22.12.2010 – VII-Verg 40/10, ZfBR 2011, 388 (391); VK Rheinland-Pfalz, Beschluss v. 3.2.2012 – VK 2-44/11.

309 OLG München, Beschluss v. 21.5.2010 – Verg 2/10; VK Hamburg, Beschluss v. 13.6.2014 – Vgk FB 4/14.

310 Vgl. Verordnungsbegründung, VergRModVO, BR-Drs. 87/16, 214.

311 Missverständlich hingegen Anhang V Teil C Nr. 18 RL 2014/24/EU, wonach die Zuschlagskriterien und deren Gewichtung in der Auftragsbekanntmachung anzugeben sind, falls sie nicht in den Spezifikationen bzw. – im Falle des wettbewerblichen Dialogs – in der Beschreibung genannt sind.

312 Vgl. BGH, Urteil v. 15.4.2008 – X ZR 129/06, NZBau 2008, 505 (507); KG, Beschluss v. 4.7.2002 – KartVerg 8/02; VK Niedersachsen, Beschluss v. 4.9.2008 – VgK-29/2008; a.A. *Fehling*, in: Pünder/Schellenberg, Vergaberecht, § 97 GWB Rn. 181.

I. Anwendungsbereich

§ 127 Abs. 5 GWB erfasst nach seinem Wortlaut **Zuschlagskriterien** und deren **Gewichtungskoeffizienten**. 238

Eine ausdrückliche Regelung zur Veröffentlichung von **Unterkriterien** und **Untergewichtungen** enthält § 127 Abs. 5 GWB nicht. Unionsrechtlich ist eine Differenzierung zwischen Zuschlags- und Unterkriterien geboten.[313] Es spricht daher viel dafür, dass der Gesetzgeber Unterkriterien und Untergewichtungen in den sachlichen Anwendungsbereich der Vorschrift nicht einbeziehen wollte. Für diese Kriterien kann sich eine Veröffentlichungspflicht daher allenfalls aus den in § 97 Abs. 1 und Abs. 2 GWB festgelegten Vergabegrundsätzen ergeben. 239

Nach der überwiegenden **deutschen Rechtsprechung**[314] sind aufgrund des Transparenzgrundsatzes nach § 97 Abs. 1 S. 1 GWB die **Bewertungsmethoden** zu veröffentlichen. Insbesondere die Veröffentlichung der Bewertungsskala kann für die Angebotskonzeption relevant sein, damit die Bieter abschätzen können, hinsichtlich welcher Kriterien ihr Angebot Punktabzüge erleiden könnte, die durch eine entsprechende Preisgestaltung zu kompensieren sind.[315] Nach der Rechtsprechung[316] sind auch Umrechnungsformeln den Bietern bekanntzugeben, da sie eine unterschiedliche Preissensitivität ausweisen. Für die Angebotserstellung kann der Preis daher je nach Ausgestaltung der Umrechnungsformel an Differenzierungskraft verlieren.[317] § 127 Abs. 5 GWB enthält hierzu keine Regelung. Auch der Gesetzesbegründung sind keine Anhaltspunkte zu entnehmen. Es ist daher davon auszugehen, dass der Gesetzgeber eine Verpflichtung zur Veröffentlichung von Bewertungsmethoden mit § 127 Abs. 5 GWB nicht statuieren wollte. Auch nach der **Rechtsprechung des EuGH**[318] besteht eine solche Verpflichtung zur Bekanntgabe der Bewertungsmethode nicht. Sie lasse sich nicht aus den Vorschriften der RL 2004/18/EG ableiten.[319] Damit lehnt der EuGH insbesondere eine Verpflichtung aus den in Art. 2 RL 2004/18/EG geregelten vergaberechtlichen Grundsätzen ab. Er verweist vielmehr darauf, dass der öffentliche Auftraggeber in der Lage sein müsse, die Bewertungsmethode, die er zur Bewertung und Einstufung der Angebote anwenden werde, an die Umstände des Einzelfalls anzupassen.[320] Die Bewertungsmethode dürfe allerdings keine Veränderung der Zuschlagskriterien oder ihrer Gewichtung bewirken. Da auch die RL 2014/24/EU keine Regelung darüber trifft, ob Bewertungsmethoden bekanntgegeben werden müssen, ist die Rechtsprechung des EuGH auf die neue Rechtslage übertragbar. 240

II. Auftragsbekanntmachung

Die Angabe der Zuschlagskriterien oder deren Gewichtung kann in die **Auftragsbekanntmachung** aufgenommen werden. Was unter einer Auftragsbekanntmachung zu verstehen ist, teilt dass GWB nicht mit. Hierfür ist auf das Begriffsverständnis der dem VergRModG 2016 zugrunde liegenden RL 2014/24/EU zurückzugreifen. Nach Art. 49 RL 2014/24/EU ist dies diejenige Bekanntmachung, die für den Aufruf zum Wettbewerb zu verwenden ist. Dies ergibt sich auch aus den untergesetzlichen Vorschriften: Nach dem mit „Auftragsbekanntmachung" überschriebenen § 37 Abs. 1 VgV teilt der öffentliche Auftraggeber seine Absicht, einen öf- 241

313 Vgl. zuletzt EuGH, Urteil v. 14.7.2016 – Rs. C-6/15 (Dimarso), Rn. 25, 26.
314 OLG Celle, Urteil v. 23.2.2016 – 13 U 148/15; OLG Düsseldorf, Beschluss v. 9.4.2014 – VII-Verg 36/13; VK Sachsen, Beschluss v. 12.6.2015 – 1/SVK/016-15; einschränkend OLG München, Beschluss v. 21.5.2010 – Verg 2/10.
315 VK Niedersachsen, Beschluss v. 31.8.2010 – VgK-34/2010.
316 VK Bund, Beschluss v. 3.3.2015 – VK 1-4/15; VK Niedersachsen, Beschluss v. 29.10.2014 – VgK-38/2014; VK Nordbayern, Beschluss v. 3.2.2012 – 21.VK-3194-42/11; VK Bremen, Beschluss v. 26.10.2011 – 16-VK 8/11; a.A. OLG München, Beschluss v. 21.5.2010 – Verg 2/10, sowie VK Südbayern, Beschluss v. 24.7.2015 – Z 3-3-3194-1-28-04/15, wonach eine Veröffentlichungspflicht nicht bestehe, wenn der öffentliche Auftraggeber eine *„übliche Standardberechnungsmethode"* verwende; siehe auch OLG Schleswig, Beschluss v. 2.7.2010 – 1 Verg 1/10, wonach die Methode der linearen Interpolation nicht bekanntgegeben werden müsse.
317 So bereits *Roth*, NZBau 2011, 75 (76).
318 EuGH, Urteil v. 14.7.2016 – Rs. C-6/15 (Dimarso), Rn. 37.
319 EuGH, Urteil v. 14.7.2016 – Rs. C-6/15 (Dimarso), Rn. 27.
320 EuGH, Urteil v. 14.7.2016 – Rs. C-6/15 (Dimarso), Rn. 29.

fentlichen Auftrag zu vergeben oder eine Rahmenvereinbarung abzuschließen, in einer Auftragsbekanntmachung mit.

242 Die Angabe der Zuschlagskriterien und deren Gewichtung in der **Vergabebekanntmachung** (vgl. § 39 VgV) genügt folglich nicht. Dies ist stringent, da die Angabe der Zuschlagskriterien und deren Gewichtung die Bieter in die Lage versetzen soll, ihre Angebote hierauf entsprechend auszurichten. Eine Preisgabe der Zuschlagskriterien oder deren Gewichtung erst in der Vergabebekanntmachung widerspricht dem Transparenzgrundsatz nach § 97 Abs. 1 S. 1 GWB.

243 Ebenso wenig ist es ausreichend, die Zuschlagskriterien bereits in der **Vorinformation** anzugeben. Zwar ist der Ex-ante-Transparenz hierdurch Rechnung getragen. Allerdings hat es der Gesetzgeber offensichtlich nicht für zweckmäßig erachtet, wenn die Bieter neben der Auftragsbekanntmachung und den Vergabeunterlagen ein weiteres Dokument hinzuziehen müssten, um sich einen Überblick über die Verfahrensanforderungen zu verschaffen. Insofern scheidet auch eine analoge Anwendung der Vorschrift aus.

244 Aus **praktischer Sicht** spricht für die Angabe der Zuschlagskriterien und deren Gewichtung in der Auftragsbekanntmachung, dass interessierte Unternehmen einen besseren Überblick über die Verfahrensanforderungen in der Auftragsbekanntmachung als in den Vergabeunterlagen erhalten. Der öffentliche Auftraggeber kann hierdurch – wenn auch geringfügig – die Teilnahmeschwelle für interessierte Unternehmen senken.

III. Vergabeunterlagen

245 Alternativ kann der öffentliche Auftraggeber die Zuschlagskriterien und deren Gewichtung in den Vergabeunterlagen angeben.

246 Den Begriff der Vergabeunterlagen regelt das GWB nicht. Er ist seit jeher im **untergesetzlichen deutschen Vergaberecht** verortet und daher unter Berücksichtigung dieser Regelungen zu verstehen. Nach § 29 Abs. 1 VgV umfassen die Vergabeunterlagen alle Angaben, die erforderlich sind, um dem Interessenten eine Entscheidung zur Teilnahme am Vergabeverfahren zu ermöglichen. Sie sind nach § 41 Abs. 1 VgV und § 11 EU Abs. 3 VOB/A unter einer elektronischen Adresse, die in der Auftragsbekanntmachung anzugeben ist, abrufbereit zu stellen.

247 Eine Vorgabe, an welcher Stelle diese Zuschlagskriterien zu benennen sind, enthält die Regelung nicht. Nach den untergesetzlichen Vorschriften in § 29 Abs. 1 S. 2 Nr. 2 VgV erfolgt die Angabe in den **Bewerbungsbedingungen**.

F. Rechtsschutz

248 § 127 GWB ist eine **Bestimmung über das Vergabeverfahren** i. S. d. § 97 Abs. 6 GWB, sodass den Unternehmen ein Recht auf Einhaltung dieser Bestimmung zusteht.[321]

249 Verstößt der öffentliche Auftraggeber gegen § 127 GWB, kann eine **Rügeobliegenheit** der Unternehmen nach § 160 Abs. 3 GWB bestehen. Da die Zuschlagskriterien und deren Gewichtung nach § 127 Abs. 5 GWB in der Auftragsbekanntmachung oder den Vergabeunterlagen anzugeben sind, sind insbesondere Verstöße gegen § 127 Abs. 2 bis 4 GWB regelmäßig aufgrund der Bekanntmachung oder den Vergabeunterlagen erkennbar im Sinne von § 160 Abs. 3 S. 1 Nr. 2 und Nr. 3 GWB.[322]

250 Bei der Angebotswertung sowie der Festlegung der Bewertungsmaßstäbe (Zuschlagskriterien, Gewichtung, Bewertungsschemata) nach § 127 Abs. 1, Abs. 2 und Abs. 3 GWB steht dem öffentlichen Auftraggeber ein **Ermessens- und Beurteilungsspielraum** zu, der von den Nachprüfungsinstanzen nur daraufhin überprüft werden kann, ob das vorgeschriebene Verfahren

321 Vgl. VK Bund, Beschluss v. 14.4.2004 – VK 3-41/04.
322 Vgl. OLG Celle, Beschluss v. 7.11.2013 – 13 Verg 8/13; VK Bund, Beschluss v. 30.8.2013 – VK 2-70/13.

nicht eingehalten wurde, von einem unzutreffenden oder unvollständig ermittelten Sachverhalt ausgegangen wurde, sachwidrige Erwägungen in die Wertung einbezogen wurden oder ein vorgegebener oder selbst aufgestellter Beurteilungsmaßstab nicht bzw. nicht konsequent eingehalten wurde.[323]

Teile der Rechtsprechung sehen in § 127 Abs. 1 S. 1 GWB eine **Anspruchsgrundlage** dafür, dass der Zuschlag auf das wirtschaftlichste Angebot erteilt wird.[324] Dem ist nicht zuzustimmen, denn die Norm ist im Sinne eines Verbots der Zuschlagserteilung auf ein unwirtschaftliches Angebot, nicht aber als Normbefehl der Zuschlagserteilung auf das wirtschaftlichste Angebot zu verstehen.[325] Allerdings kann im Einzelfall der Ermessens- und Beurteilungsspielraum der Vergabestelle durch die Verfahrensvorschriften und Selbstbindung so weit reduziert sein, dass nur noch eine Zuschlagserteilung in Betracht kommt.[326] In diesem Ausnahmefall besteht demnach ein Anspruch auf Zuschlag durch den öffentlichen Auftraggeber. **251**

Anlage

Gesetzesbegründung (BT-Drs. 18/6281)

Seite 111

Neben der Leistungsbeschreibung (§ 121), der Vorgabe von Eignungskriterien (§ 122) und ggf. Ausführungsbedingungen (§ 128 Absatz 2) stellt die Festlegung von Zuschlagskriterien und der Zuschlag ein zentrales Element der Planung und Durchführung eines jeden Vergabefahrens dar. Denn nach den Zuschlagskriterien bestimmt sich letztlich, welches Angebot aus dem Kreis der geeigneten Bieter den Zuschlag erhält.

Zu Absatz 1

Wie bisher nach § 97 Absatz 5 GWB muss nach § 127 Absatz 1 auch künftig der Zuschlag auf das wirtschaftlichste Angebot erteilt werden. Im Unterschied zur bisherigen Regelung enthält § 127 in seinen Absätzen 2 bis 5 darüber hinaus weitere grundlegende Vorgaben zum Zuschlag und zur Gestaltung der Zuschlagskriterien, die bisher nur auf untergesetzlicher Ebene in § 16 Absatz 6 VOB/A EG, §§ 19 Absatz 9, 21 Absatz 1 VOL/A EG sowie § 11 Absatz 5 VOF enthalten waren.

§ 127 Absatz 1 Satz 2 stellt klar, dass es sich beim Zuschlag um eine Wertungsentscheidung handelt. Während die Eignung eines Bewerbers oder Bieters grundsätzlich absolut festgestellt wird (Eignung liegt vor oder liegt nicht vor) und Ausführungsbedingungen (§ 128 Absatz 2) als feste Vorgabe vom späteren Auftragnehmer zwingend beachtet werden müssen, sind die Zuschlagskriterien vom öffentlichen Auftraggeber mit einer Wertungsskala zu versehen und Kriterien für die Beurteilung im Rahmen dieser Wertungsskala festzulegen.

Mit § 127 wird Artikel 67 der Richtlinie 2014/24/EU im Grundsatz umgesetzt; die weitere Konkretisierung der Vorschriften zum Zuschlag erfolgt auf der Ebene der Rechtsverordnung (insbesondere Vergabeverordnung).

Nach Absatz 1 Satz 3 stellt die „Wirtschaftlichkeit" des Angebots auch künftig den Maßstab für die Angebotswertung dar. Ausgefüllt wird der Begriff durch das Konzept des besten Preis-Leistungs-Verhältnisses: Der Angebotspreis oder die (unter Einbeziehung weiterer Faktoren, wie z. B. dem finanziellen Aufwand für Betrieb und Wartung der Leistung, errechneten) Kosten müssen ins Verhältnis ge-

323 Vgl. BGH, Urteil v. 1.8.2006 – X ZR 115/04; OLG Celle, Beschluss v. 10.1.2008 – 13 Verg 11/07; OLG München, Beschluss v. 7.4.2011 – Verg 5/11; Beschluss v. 27.1.2006 – Verg 1/06; OLG Düsseldorf, Beschluss v. 18.10.2006 – Verg 37/06; OLG Stuttgart, Beschluss v. 12.4.2000 – 2 Verg 3/00; bei letztlich gleicher Prüfungsdichte eine Bewertungsprärogative ablehnend: BGH, Urteil v. 17.2.1999 – X ZR 101/97, NJW 2000, 137 (139) und Urteil v. 26.10.1999 – X ZR 30/98, NJW 2000, 661 (663).

324 So zur Vorgängerregelung BayObLG, Beschluss v. 5.11.2002 – Verg 22/02, VergabeR 2003, 186 (192 f.).

325 BGH, Urteil v. 8.9.1998 – X ZR 48/97, NJW 1998, 3636 (3639) und X ZR 99/96, NJW 1998, 3640 (3643); KG, Beschluss v. 10.12.2002 – KartVerg 16/02, VergabeR 2003, 180 (183); OLG Schleswig, Urteil v. 6.11.2001 – 6 Kart U 45/01, ZfBR 2002, 296 (297).

326 Vgl. OLG Naumburg, Beschluss v. 13.10.2006 – 1 Verg 7/06 m.w.N.; VK Bund, Beschluss v. 16.5.2012 – VK 2-26/12; VK Brandenburg, Beschluss v. 14.6.2007 – 1 VK 17/07.

setzt werden zur Leistung, die im Rahmen des öffentlichen Auftrages erbracht werden soll. Preis oder Kosten müssen bei der Angebotsbewertung zwingend berücksichtigt werden. Erstmals wird dabei auf gesetzlicher Ebene klargestellt, dass bei der Leistungsbewertung auch zusätzliche Kriterien wie etwa qualitative, umweltbezogene, innovative oder soziale Aspekte Berücksichtigung finden können.

Zwar ist es auf der Grundlage des besten Preis-Leistungs-Verhältnisses auch künftig zulässig, den Zuschlag allein auf das preislich günstigste Angebot zu erteilen. Der öffentliche Auftraggeber wird jedoch – insbesondere bei der

Seite 112

Beschaffung von nicht-marktüblichen, nicht standardisierten Leistungen – seine Vergabeentscheidung in der Regel auf weitere Zuschlagskriterien wie z. B. Qualität, Zweckmäßigkeit, technischer Wert, Lieferfrist oder Ausführungsdauer stützen. Soziale Aspekte, wie etwa die Förderung der sozialen Integration von benachteiligten Personen, der Berücksichtigung von Aspekten der Barrierefreiheit oder des „Designs für Alle" sowie positive Umwelteigenschaften (z. B. Klima- und Energieeffizienzeigenschaften) der Leistung können dabei vom öffentlichen Auftraggeber ebenfalls als Zuschlagskriterium vorgegeben werden.

Die Aufzählung der Zuschlagskriterien in Absatz 1 Satz 3 ist nicht abschließend. Die Auswahl der Kriterien, auf die der öffentliche Auftraggeber für die Erteilung des Zuschlags abzustellen beabsichtigt, bleibt dessen freiem Ermessen überlassen, sofern Sonderregelungen nicht die Vorgabe bestimmter Kriterien zwingend vorschreiben.

Zu Absatz 2

Bei Geltung einer gesetzlichen Gebühren- oder Honorarordnung, z. B. der Honorarordnung für Architekten und Ingenieure (HOAI), sind die entsprechenden Honorarvorgaben bei der Beurteilung des Zuschlagskriteriums „Preis" entsprechend zu berücksichtigen. Sofern die Gebühren- oder Honorarordnung für die betreffende Leistung keine Schwankungsbreite zulässt, ist vom öffentlichen Auftraggeber das festgelegte Honorar als fixe Position in Anschlag zu bringen. Die Bestimmung des wirtschaftlichsten Angebots kann dann nur aufgrund der Bewertung anderer Zuschlagskriterien als des Zuschlagskriteriums „Preis" erfolgen.

Zu Absatz 3

Voraussetzung für die Vorgabe eines Zuschlagskriteriums ist stets, dass dieses mit dem Auftragsgegenstand sachlich in Verbindung steht. Anderenfalls bestünde die Gefahr, dass ein weniger wirtschaftliches Angebot aus sachfremden Erwägungen den Zuschlag erhält. Der in § 97 Absatz 1 normierte Wettbewerbsgrundsatz würde dann verletzt.

Absatz 3 stellt in Umsetzung des Artikels 67 Absatz 3 der Richtlinie 2014/24/EU klar, dass ein Auftragsbezug künftig auch dann angenommen werden kann, wenn sich das Kriterium auf ein beliebiges Stadium im Lebenszyklus der Leistung bezieht. Dies kann insbesondere Prozesse der Herstellung (auch der Rohstoffgewinnung), Bereitstellung oder Entsorgung der Leistung betreffen, aber (insbesondere bei Warenlieferungen) z. B. auch den Handel mit ihr. Dabei müssen sich solche Kriterien nicht zwingend auf die materiellen Eigenschaften des Auftragsgegenstandes auswirken. Künftig kann somit ein zu beschaffendes Produkt, das aus fairem Handel (z. B. durch die Beachtung internationaler Standards, wie etwa die ILO-Kernarbeitsnormen entlang der Produktions- und Lieferkette) stammt, im Rahmen der Zuschlagswertung mit einer höheren Punktezahl versehen werden als ein konventionell gehandeltes Produkt. Damit steigen dessen Chancen, auch bei einem höheren Angebotspreis den Zuschlag zu erhalten. Gleiches gilt nach dem Erwägungsgrund 97 der Richtlinie 2014/24/EU z. B. für Kriterien, wonach zur Herstellung der zu beschaffenden Waren keine giftigen Chemikalien verwendet werden dürfen, oder dass die auszuführenden Dienstleistungen unter Einsatz energieeffizienter Maschinen erbracht werden.

Zu Absatz 4

Mit § 127 Absatz 4 Satz 1 wird Artikel 67 Absatz 4 der Richtlinie 2014/24/EU umgesetzt. Grundsätzlich steht dem öffentlichen Auftraggeber bei der Festlegung von Zuschlagskriterien ein weiter Ermessensspielraum zu. Dieser findet seine Begrenzung in den allgemeinen vergaberechtlichen Grundsätzen der Nichtdiskriminierung, Gleichbehandlung und Transparenz. Daher sind die Zuschlagskriterien so zu gestalten, dass dem Auftraggeber bei der Zuschlagserteilung keine unbeschränkte Entscheidungsfreiheit eingeräumt wird. Die Kriterien müssen vielmehr so vorgegeben werden, dass sie einen effektiven Wettbewerb der konkurrierenden Angebote zulassen. Darüber hinaus muss der öffentliche Auftraggeber in der Lage sein, die Erfüllung der von ihm festgelegten Kriterien objektiv zu überprüfen.

§ 127 Absatz 4 Satz 2 dient der Umsetzung von Artikel 45 Absatz 2 Satz 2 der Richtlinie 2014/24/EU. Aufgrund der Bedeutung von Innovation sollten öffentlichen Auftraggeber so oft wie möglich Nebenangebote zulassen. Die Regelungen zu Nebenangeboten werden, insbesondere im Hinblick auf das Erfordernis zur Festlegung von Mindestbedingungen, auf Ebene der Rechtsverordnungen weiter ausgeführt. Die Regelung der Zuschlagskriterien erfolgt aufgrund des Sachzusammenhangs im Rahmen des § 127 Absatz 4. Öffentliche Auftraggeber haben nach dieser Vorschrift die Zuschlagskriterien so zu wählen, dass sie sowohl auf die Nebenangebote als auch auf die Hauptangebote angewandt werden können. Nach § 127 Absatz 1 wird der Zuschlag auf das wirtschaftlich günstigste Angebot erteilt. Die Bestimmung des aus der Sicht des öffentlichen Auftraggebers wirtschaftlich günstigsten Angebots erfolgt dabei gemäß Absatz 2 anhand des besten Preis-Leistungs-Verhältnisses. Dabei ist es aber auch zulässig, den Zuschlag allein auf das preislich günstigste Angebot zu erteilen. Mit Artikel 45 Absatz 2 Satz

Seite 113

i. V. m. Artikel 67 Absatz 2 und 5 der Richtlinie 2014/24/EU hat der Unionsgesetzgeber klargestellt, dass auch bei Nebenangeboten das wirtschaftlich günstigste Angebot allein auf der Grundlage des Preises ermittelt werden kann. Als Korrektiv legt der öffentliche Auftraggeber Mindestbedingungen fest, die Nebenangebote erfüllen müssen, um berücksichtigt zu werden.

Zu Absatz 5

§ 127 Absatz 5 stellt zur Wahrung der Transparenz im Vergabeverfahren klar, dass sowohl die Zuschlagskriterien wie auch ihre Gewichtung im Rahmen der Wertungsprüfung bereits in der Auftragsbekanntmachung oder den Vergabeunterlagen enthalten sein müssen. Ein späteres Nachschieben von Zuschlagskriterien ist unzulässig.

§ 128
Auftragsausführung

(1) Unternehmen haben bei der Ausführung des öffentlichen Auftrags alle für sie geltenden rechtlichen Verpflichtungen einzuhalten, insbesondere Steuern, Abgaben und Beiträge zur Sozialversicherung zu entrichten, die arbeitsschutzrechtlichen Regelungen einzuhalten und den Arbeitnehmerinnen und Arbeitnehmern wenigstens diejenigen Mindestarbeitsbedingungen einschließlich des Mindestentgelts zu gewähren, die nach dem Mindestlohngesetz, einem nach dem Tarifvertragsgesetz mit den Wirkungen des Arbeitnehmer-Entsendegesetzes für allgemein verbindlich erklärten Tarifvertrag oder einer nach § 7, § 7a oder § 11 des Arbeitnehmer-Entsendegesetzes oder einer nach § 3a des Arbeitnehmerüberlassungsgesetzes erlassenen Rechtsverordnung für die betreffende Leistung verbindlich vorgegeben werden.

(2) Öffentliche Auftraggeber können darüber hinaus besondere Bedingungen für die Ausführung eines Auftrags (Ausführungsbedingungen) festlegen, sofern diese mit dem Auftragsgegenstand entsprechend § 127 Absatz 3 in Verbindung stehen. Die Ausführungsbedingungen müssen sich aus der Auftragsbekanntmachung oder den Vergabeunterlagen ergeben. Sie können insbesondere wirtschaftliche, innovationsbezogene, umweltbezogene, soziale oder beschäftigungspolitische Belange oder den Schutz der Vertraulichkeit von Informationen umfassen.

Übersicht

	Rn.
A. Allgemeines	1
B. Auftragsausführung	7
I. Allgemeine Ausführungsbedingungen (Abs. 1)	7
1. Rechtliche Verpflichtungen	10
a) Steuern und Abgaben	12
b) Arbeitsschutzrechtliche Regelungen	14
c) Mindestentgelt	15
II. Besondere Ausführungsbedingungen (Abs. 2)	19
1. Bezug zum Auftragsgegenstand	23
2. Niederlegung der Bedingungen	27
3. Inhalt der Ausführungsbedingungen	28
a) Wirtschaftliche Belange	28
b) Innovationsbezogene Belange	29
c) Umweltbezogene Belange	32
d) Soziale Belange	34
e) Beschäftigungspolitische Belange	36
f) Schutz der Vertraulichkeit von Informationen	41
g) Weitere Belange	43
C. Rechtsschutz	44
Anlage Gesetzesbegründung (BT-Drs. 18/6281)	

A. Allgemeines

§ 128 GWB fasst in seinen beiden Absätzen die Regelungen zur Ausführung des öffentlichen Auftrags zusammen. **1**

Vor Inkrafttreten des VergRModG 2016 (das insbesondere die Richtlinie 2014/24/EU umsetzt) waren die besonderen Ausführungsbedingungen in **§ 97 Abs. 4 GWB a.F.** geregelt. **2**

§ 128 GWB geht speziell auf **Art. 70 RL 2014/24/EU** zurück. Dieser sieht vor, dass öffentliche Auftraggeber besondere Bedingungen für die Auftragsausführung vorsehen können, wenn diese mit dem Auftragsgegenstand in Verbindung stehen und im Aufruf zum Wettbewerb oder in den Auftragsunterlagen angegeben werden. **3**

Zweck der Regelung ist es, dem Auftraggeber eine zusätzliche Möglichkeit an die Hand zu geben, bei der Auftragsausführung bestimmte Konditionen zu einer für den Auftragnehmer zwingenden Bedingung zu machen, ohne dass es sich um Eignungs- oder Zuschlagskriterien handelt. Abs. 1 verpflichtet dagegen den Auftragnehmer, bei der Auftragsausführung die geltenden gesetzlichen Bestimmungen einzuhalten. **4**

5 Während es sich bei § 128 Abs. 1 GWB auf den ersten Blick um die Normierung einer **Selbstverständlichkeit**[1] handelt, ist § 128 Abs. 2 GWB Ausdruck des im gesamten Vergaberecht Ausdruck findenden **Konflikts** zwischen einer teilweise politisch motivierten Auftragsvergabe und der (von den Vergaberichtlinien vorgegebenen[2]) Zielsetzung der Beschleunigung und Effektivität eines Vergabeverfahrens.

6 Ergänzend zu den Regelungen des § 128 GWB treten noch die (zersplitterten) Regelungen der **Landesvergabegesetze** hinzu, die ebenfalls zwingend bei der Auftragsausführung einzuhalten sind.[3]

B. Auftragsausführung

I. Allgemeine Ausführungsbedingungen (Abs. 1)

7 § 128 Abs. 1 GWB trifft eine generelle Aussage zu den bei der Auftragsausführung **einzuhaltenden Rechtsvorschriften**. Demgegenüber regelt § 128 Abs. 2 GWB individuelle Ausführungsbedingungen. Diese sind zwar gesetzlich nicht vorgeschrieben, können aus Sicht des Auftraggebers aber dennoch wünschenswert sein.

8 Bei den in § 128 Abs. 1 GWB genannten Bedingungen handelt es sich um solche, die zwingend vom Auftragnehmer einzuhalten sind und die **nicht dispositiv** sind.

9 Nach der Gesetzesbegründung[4] soll die (unionsrechtlich geforderte) Sicherstellung der Einhaltung über die in den einzuhaltenden Spezialgesetzen vorgesehenen **Sanktionsmechanismen** erfolgen. Beispielhaft werden hier Straf- und Bußgeldtatbestände oder auch Ausschlussgründe für zukünftige Vergabeverfahren oder die Einrichtung einer besonderen Kontrollbehörde genannt.

1. Rechtliche Verpflichtungen

10 Nach den § 128 Abs. 1 GWB zugrunde liegenden Art. 18 Abs. 2 und Art. 70 RL 2014/24/EU haben die Mitgliedstaaten sicherzustellen, dass Unternehmen, die öffentliche Aufträge ausführen, die geltenden umwelt-, sozial- und arbeitsrechtlichen Verpflichtungen einhalten.[5] In überschießender Umsetzung der europarechtlichen Vorgabe hat der deutsche Gesetzgeber in § 128 Abs. 1 GWB klargestellt, dass Unternehmen **alle** – also auch die außerhalb der genannten Anwendungsbereiche – **geltenden Vorschriften** einzuhalten haben. Gegen die Zulässigkeit dieser Anforderung bestehen insoweit keine Bedenken, als dass es sich bei den Vorgaben des Art. 70 RL 2014/24/EU nicht um ausschließliche Anforderungen handelt. Art. 70 ist vielmehr nur als beispielhafte Aufzählung zu verstehen. Darüber hinausgehende Anforderungen müssen jedoch an den primärrechtlichen Vorgaben des EUV/AEUV gemessen werden, also insbesondere an der Dienstleistungsfreiheit und dem Diskriminierungsverbot.[6]

11 § 128 Abs. 1 GWB führt **beispielhaft** („insbesondere") die Verpflichtungen zur

- Entrichtung von Steuern, Abgaben und Beiträgen zur Sozialversicherung,
- Einhaltung der arbeitsschutzrechtlichen Regelungen und
- Gewährung der Mindestarbeitsbedingungen einschließlich des Mindestentgelts, die nach dem MiLoG, einem nach dem TVG mit den Wirkungen des AEntG für allgemein verbindlich erklärten Tarifvertrag oder einer nach § 7, § 7a oder § 11 AentG oder einer nach § 3a AÜG erlassenen Rechtsverordnung für die betreffende Leistung verbindlich vorgegeben werden,

an.

---

1 Insbesondere mit Blick auf die unter Kapitel B.I.2. angesprochene Frage, wo der Leistungsort im Sinne des § 128 Abs. 1 GWB ist, ist dies jedoch mitnichten der Fall.
2 Erwägungsgrund 80 RL 2014/24/EU.
3 Vgl. hierzu *Wagner/Pfohl*, VergabeR 2015, 389 ff.
4 Vgl. Gesetzesbegründung, BT-Drs. 18/6281, 140.
5 Vgl. Gesetzesbegründung, BT-Drs. 18/6281, 139.
6 EuGH, Urteil v. 17.11.2015 – Rs. C-115/14 (RegioPost), Rn. 68 ff.

a) Steuern und Abgaben

12 Die Verpflichtung zur Zahlung von Steuern und Abgaben ergibt sich aus den jeweiligen Fachgesetzen, beispielsweise aus § 2 Abs. 1 S. 1 GewStG oder aus § 1 Abs. 1 UStG.

13 Problematisch können in diesem Fall sich aus dem Auftrag ergebende **Steuerrückstände** oder die **Nichtzahlung** von im Zusammenhang mit dem Auftrag stehenden Abgaben sein. Die grundsätzliche Nichtentrichtung von Steuern und Abgaben kann zur Unzuverlässigkeit des Bieters nach § 123 Abs. 4 GWB und dessen Ausschluss aus dem Vergabeverfahren führen.

b) Arbeitsschutzrechtliche Regelungen

14 Auftragnehmer haben bei der Auftragsausführung die arbeitsschutzrechtlichen Regelungen am Leistungsort einzuhalten. Dies betrifft in Deutschland insbesondere die Regelungen des Arbeitsschutzgesetzes.[7]

c) Mindestentgelt

15 Die Verpflichtung des Auftragnehmers, die am Leistungsort zu entrichtenden Mindestentgelte zu gewähren, nimmt Bezug auf die Regelungen des **MiLoG**.

16 Nach dem MiLoG ist derzeit ein Mindestlohn von **8,50 Euro brutto** zu entrichten, wobei dieser zum 1.1.2017 durch die zuständige Mindestlohnkommission angepasst werden wird.

17 Wichtig in diesem Zusammenhang zu erwähnen ist, dass die diversen **Vergabe- und Tariftreuegesetze der Länder** eine eigenständige Verpflichtungen zur Zahlung eines – teilweise höheren – Mindestlohnes enthalten. So ist beispielsweise in Nordrhein-Westfalen mittlerweile ein Mindestlohn von 8,85 Euro zu entrichten.[8] Seit dem Urteil des EuGH in der Sache „RegioPost" ist die Vereinbarkeit dieser Anforderung mit Art. 26 RL 2004/18/EG bzw. Art. 70 RL 2014/24/EU geklärt. Der EuGH[9] führt hierzu aus, dass die zusätzliche Anforderung des Mindestlohnes nur anhand der primärrechtlichen Vorschriften, insbesondere der Dienstleistungsfreiheit des Art. 56 AEUV, zu messen ist. Dieser könne jedoch durch Erwägungen des Arbeitnehmerschutzes gerechtfertigt sein.[10] Auch eine Ungleichbehandlung von privaten und öffentlichen Auftraggebern liege nicht vor, da auch insoweit die Erwägungen des Arbeitnehmerschutzes rechtfertigend entgegenstünden.[11]

18 Weiterhin ist bei einem nach dem Tarifvertragsgesetz mit den Wirkungen des Arbeitnehmer-Entsendegesetzes für **allgemein verbindlich erklärten Tarifvertrag** oder einer nach § 7, § 7a oder § 11 AEntG oder einer nach § 3a AÜG **erlassenen Rechtsverordnung** für die betreffende Leistung verbindlich vorgegebenen Verpflichtung die tarifvertragliche Verpflichtung ebenfalls einzuhalten. Problematisch war in diesem Zusammenhang die Forderung nach Tariftreuerklärungen insbesondere in den Vergabegesetzen der Länder. Nachdem der EuGH[12] diese für unvereinbar mit der Entsenderichtlinie 96/71/EG und der Dienstleistungsfreiheit des AEUV erklärt hat, wenden die Bundesländer die entsprechenden Klauseln heute nicht mehr an.[13]

---

7 Gesetz über die Durchführung von Maßnahmen des Arbeitsschutzes zur Verbesserung der Sicherheit und des Gesundheitsschutzes der Beschäftigten bei der Arbeit vom 7. August 1996, BGBl. I S. 1246.

8 Vgl. § 4 Abs. 3 TVgG-NRW.

9 EuGH, Urteil v. 17.11.2015 – Rs. C-115/14 (RegioPost), Rn. 68 ff.; Urteil v. 18.9.2014 – Rs. C-549/13 (Bundesdruckerei), Rn. 28 ff.

10 EuGH, Urteil v. 17.11.2015 – Rs. C-115/14 (RegioPost), Rn. 69.

11 EuGH, Urteil v. 17.11.2015 – Rs. C-115/14 (RegioPost), Rn. 71. Im Bereich des freigestellten Schülerverkehrs hat die VK Niedersachsen einen Verstoß von § 4 Abs. 3 NTVergG gegen Art. 56 AEUV angenommen.

12 In der sog. Rüffert-Entscheidung, EuGH, Urteil v. 3.4.2008 – Rs. C-346/06.

13 Vgl. *Byok*, NJW 2009, 644 (645).

II. Besondere Ausführungsbedingungen (Abs. 2)

19 **Zweck** der Regelung des § 128 Abs. 2 GWB ist es nach der Gesetzesbegründung[14], den Auftraggebern neben der Leistungsbeschreibung und den Eignungs- und Zuschlagskriterien ein weiteres Instrument an die Hand zu geben, mit dem das Vergabeverfahren besser an den Beschaffungsbedarf angepasst werden kann. Die in § 128 Abs. 2 GWB genannten Kriterien sollen den Auftraggebern dabei die Möglichkeit verschaffen, auch nach Zuschlagserteilung weiter auf den Auftragnehmer einzuwirken und die Art und Weise der Leistungserbringung unmittelbar zu regeln. Es handelt sich dabei um eine spezielle Art der Vertragsbedingung, die vom Auftragnehmer zwingend einzuhalten ist. Nach Auffassung des Gesetzgebers soll hierdurch eine Steuerungsfunktion vermittelt werden – der Auftraggeber soll in die Lage versetzt werden, außerhalb der Zuschlagserteilung sicherzustellen, dass der Auftragnehmer bestimmte Anforderungen erfüllt.

20 Eine Wertung (wie bei Zuschlagskriterien) findet nicht statt. Es handelt sich vielmehr um **zwingend zu beachtende Vorgaben**: Will oder kann ein Auftragnehmer sie nicht einhalten, so liegt schon kein zuschlagsfähiges Angebot vor. Verpflichtet sich der Auftragnehmer zur Einhaltung und verstößt er dann nach Zuschlagserteilung gegen die Verpflichtung, so kann dies zivilrechtliche Schadensersatzverpflichtungen und Kündigungsrechte nach sich ziehen.

21 Die Einführung dieser z.T. als *„politikorientierte Bedingungen"*[15] bezeichneten zusätzlichen Möglichkeiten, den Auftragnehmer zur Einhaltung zu verpflichten, ist auf teils starke **Kritik**[16] gestoßen. So handele es sich um *„vergabefremde"* Kriterien, die nicht zur bisherigen Systematik des Vergaberechts passen würden.[17] Festzustellen ist jedenfalls, dass durch die Einführung eine erneute **Verkomplizierung des Vergaberechts** eingetreten ist, da streng zwischen den jeweiligen Kriterien differenziert werden muss. Teilweise kann dies jedoch zu erheblichen Problemen führen, da beispielsweise die Geeignetheit eines Produktes mit Blick auf die Umweltverträglichkeit durchaus zum einen als Zuschlagskriterium gewertet werden kann, zum anderen aber auch als Bedingung der Auftragsausführung im Sinne des § 128 Abs. 2 GWB. Gerade technische Spezifikationen sind nach herkömmlicher Betrachtungsweise als Zuschlagskriterium zu betrachten – handelt es sich jedoch beispielsweise um die Forderung nach einer bestimmten Nutzungsquote von Strom aus erneuerbaren Energien, so ist mangels Produktbezug eher eine Ausführungsbedingung anzunehmen.[18]

22 Die Ausführungen zu § 128 Abs. 1 GWB gelten insoweit, als es sich bei den in § 128 Abs. 2 GWB genannten Bedingungen um sog. **Ausführungsbedingungen** handelt. Dies bedeutet, dass sie bei Ausführung der Leistung am Leistungsort zu beachten sind. Die vormals in § 97 Abs. 4 S. 2 GWB a.F. geregelten Ausführungsbedingungen sind im Wesentlichen nunmehr in § 128 Abs. 2 GWB normiert worden.

1. Bezug zum Auftragsgegenstand

23 Zwingend zu beachten ist, dass die Ausführungsbedingungen in einem engen Bezug zum Auftragsgegenstand stehen müssen. Hierbei gilt der gleiche Maßstab wie bei den Zuschlagskriterien auch.[19]

24 Möglich ist es nach Auffassung des Gesetzgebers[20] daher, z.B. den **Einsatz von Auszubildenden** oder **Langzeitarbeitslosen** bei der Ausführung des Auftrags zwingend festzuschreiben, da ein hinreichender Bezug zum Auftragsgegenstand vorliege. Der Erwägungsgrund 98 RL 2014/24/EU erwähnt ergänzend noch die Möglichkeit, Maßnahmen zur Förde-

14 Vgl. Gesetzesbegründung, BT-Drs. 18/6281, 140.
15 *Dreher*, in: Immenga/Mestmäcker, Wettbewerbsrecht, § 97 GWB Rn. 239.
16 *Dreher*, in: Immenga/Mestmäcker, Wettbewerbsrecht, § 97 GWB Rn. 232 ff.
17 *Dreher*, in: Immenga/Mestmäcker, Wettbewerbsrecht, § 97 GWB Rn. 232 ff.
18 *Dreher*, in: Immenga/Mestmäcker, Wettbewerbsrecht, § 97 GWB Rn. 261.
19 Vgl. hierfür *Müller-Wrede* zu § 127 Rn. 115 ff.
20 Vgl. Gesetzesbegründung, BT-Drs. 18/6281, 140.

rung der **Gleichstellung von Frauen und Männern** am Arbeitsplatz zu treffen, die ebenfalls in Bezug zum Auftragsgegenstand stehen sollen.[21]

25 Nicht mehr in direktem Bezug stehen dagegen allgemeine Vorgaben des Auftraggebers zur **Unternehmensorganisation oder Betriebspolitik**.

26 Fehlen soll der erforderliche Zusammenhang auch bei Forderungen des Auftraggebers danach, nur **sozialversichertes Personal** bei der Auftragsabwicklung einzusetzen.[22] Begründet wird dies (zu Recht) damit, dass der Einsatz geringfügig beschäftigter Arbeitskräfte oder der Einsatz von Leih- bzw. Zeitarbeitnehmern gesetzlich erlaubt und diese über spezielle Vorschriften geschützt sind.

2. Niederlegung der Bedingungen

27 Die Ausführungsbedingungen müssen zwingend in die **Auftragsbekanntmachung** aufgenommen werden. Damit sind sie auch Teil der der **Vergabeunterlagen**. Dies ergibt sich bereits aus Erwägungsgrund 104 RL 2014/24/EU, der eine Aufnahme in die Auftragsbekanntmachung, der als Aufruf zum Wettbewerb dienenden Vorinformation oder den Auftragsunterlagen fordert. Andernfalls könnte sich ein potenzieller Auftragnehmer nicht entscheiden, ob er die zusätzlichen Bedingungen einhalten kann und will. Verstöße hiergegen führen zu einem vergaberechtlich relevanten Verstoß gegen das Transparenzprinzip und können letzten Endes zur Aufhebung des Vergabeverfahrens führen.

3. Inhalt der Ausführungsbedingungen

a) Wirtschaftliche Belange

28 Der tatsächliche Anwendungsbereich der wirtschaftlichen Belange ist bislang **unklar**. Aus der Begründung des Gesetzentwurfs zum VergModG[23] lässt sich nicht entnehmen, welchen Anwendungsbereich die Vorschrift haben soll. Die Wirtschaftlichkeit eines bestimmten Produktes ist jedenfalls bislang als produktbezogenes Zuschlagskriterium und nicht als Bedingung an die Ausführung des Auftrags betrachtet worden. Es erscheint auch schwierig vorstellbar, hier Bedingungen außerhalb der Zuschlagskriterien zu entwerfen, die dennoch auftragsbezogen sind.

b) Innovationsbezogene Belange

29 Der Anwendungsbereich der vormals in § 97 Abs. 4 S. 2 GWB a.F. normierten „innovativen Aspekte" ist **bislang unklar**. Teilweise wird sogar ein eigener Regelungsgehalt der Vorschrift verneint, da es auch bisher schon möglich war, „innovative Produktanforderungen" zu berücksichtigen.[24]

30 Die der Regelung zugrunde liegende RL 2014/24/EU enthält den Begriff der „innovationsbezogenen Aspekte" in der Normierung der Bedingungen für die Auftragsausführung des Art. 70. Auch in Art. 67 2014/24/EU ist der Begriff bei der Regelung der **Zuschlagskriterien** aufgeführt. Es ist also möglich, die innovativen Aspekte eines Produktes sowohl bei den Zuschlagskriterien als auch bei den Bedingungen an die Auftragsausführung zu berücksichtigen.

31 Problematisch bleibt allein der verbleibende **Anwendungsbereich**: Es sind Überschneidungen zu den Themen Umwelt- und Sozialpolitik möglich; im Ergebnis handelt es sich um ein Auffangkriterium. Als konkretes Anwendungsbeispiel wird die Vergabe der Entwicklung und des Betriebs eines Lkw-Mautsystems genannt.[25] Denkbar erscheint die Verwendung des Kriteriums der innovativen Aspekte insbesondere im Bereich der Vergabe von IT-Leistungen, bei denen ein bislang so noch nicht gewählter Ansatz verfolgt bzw. entwickelt werden soll.

---

21 Kritisch hierzu *Dreher*, in: Immenga/Mestmäcker, Wettbewerbsrecht, § 97 GWB Rn. 263.
22 *Dreher*, in: Immenga/Mestmäcker, Wettbewerbsrecht, § 97 GWB Rn. 263.
23 Gesetzesbegründung, BT-Drs. 18/6281, 138 ff.
24 *Fehling*, in: Pünder/Schellenberg, Vergaberecht, § 97 GWB Rn. 143; *Roth*, VergabeR 2009, 404 (407).
25 *Fehling*, in: Pünder/Schellenberg, Vergaberecht, § 97 GWB Rn. 143; *Fehling*, in: Hoffmann-Riem/Eifert, Innovationsfördernde Regulierung, S. 122 f.

c) Umweltbezogene Belange

32 Die Frage nach dem Umfang der Zulässigkeit umweltschutzpolitischer Kriterien wird im Vergaberecht **seit geraumer Zeit diskutiert** und kann nicht als abschließend geklärt bezeichnet werden.[26] Umweltschutzstandards können auch ausweislich der dem VergRModG 2016 zugrunde liegenden Richtlinien[27] an jeder Stelle im Vergabeverfahren berücksichtigt werden. Es ist also möglich, umweltschutzpolitische Erwägungen sowohl im Rahmen der Zuschlagskriterien als auch als Bedingung für die Auftragsausführung einzubringen.

33 Es ist dabei zwischen produkt- und produktionsbezogenen[28] Kriterien zu differenzieren. **Produktbezogen** sind alle Anforderungen, die vom Auftraggeber an das zu beschaffende Produkt gestellt werden. Zu denken ist dabei beispielsweise an die Beschaffung einer bestimmten Heizungsanlage, die Pellets statt Öl verwendet, oder an die Beschaffung von Elektrofahrzeugen anstelle eines Fahrzeugs mit herkömmlichem Verbrennungsmotor. Ebenfalls denkbar ist die Beschaffung von Elektrogeräten mit niedrigem Energieverbrauch oder auch die Berücksichtigung des Lebenszyklus eines bestimmten Produktes. **Produktionsbezogene Kriterien** knüpfen dagegen nicht an das Produkt selbst an, sondern an dessen Produktion. Die umweltschützende Anforderung wird dabei an den Produktionsbetrieb selbst gestellt, denkbar ist insoweit z.B. die Verwendung von Strom aus erneuerbaren Energien bei der Herstellung des Produktes oder die Vermeidung von Abfällen bei der Herstellung. Möglich erscheint auch, dass die Einhaltung sonstiger ökologischer Standards hinsichtlich dieser Abfälle gefordert wird, beispielsweise der Nachweis der umweltgerechten Entsorgung von Abfallprodukten, die bei der Herstellung des zu beschaffenden Produktes zwangsläufig entstehen. Behörden des Bundes und der Bundesaufsicht unterstehende juristische Personen sind darüber hinaus nach dem KrWG verpflichtet, auf eine umweltschonende bzw. abfallvermeidende Beschaffung hinzuwirken.

d) Soziale Belange

34 Die Möglichkeit für Auftraggeber, soziale Belange bei der Auftragsausführung zu berücksichtigen, war auch bereits in **§ 97 Abs. 4 GWB a.F.** enthalten.

35 Die Regelung zielt neben solchen Regelungen, die auch **arbeitsmarktpolitische Wirkung** haben (beispielsweise die Förderung der Gleichstellung von Frauen und Männern am Arbeitsplatz), insbesondere auch auf Inklusionsmaßnahmen für Menschen mit Behinderungen oder auch Integrationsmaßnahmen ab.

e) Beschäftigungspolitische Belange

36 Unter die **beschäftigungspolitischen Belange** sind im Sinne einer Auffangvorschrift diejenigen Belange zu fassen, die nicht gleichzeitig unter § 128 Abs. 1 GWB fallen.

37 Hierzu zählen beispielsweise Forderungen nach der Einhaltung **sozialer Mindeststandards**, insbesondere die sog. **Kernarbeitsnormen** der Internationalen Arbeitsorganisation (ILO[29]). Zu diesen gehören u.a. die Vereinigungsfreiheit und das Recht auf Kollektivverhandlungen, die Beseitigung der Zwangsarbeit, die Abschaffung der Kinderarbeit und ein allgemeines Diskriminierungsverbot in Beschäftigung und Beruf. Diese Prinzipien sind in acht völkerrechtlichen Übereinkommen (den Kernarbeitsnormen) niedergelegt.[30] Der Gesetzgeber geht demgegenüber davon aus, dass ein von Art. 18 Abs. 2 RL 2014/24/EU geforderter expliziter Verweis auf das ILO-Übereinkommen entbehrlich sei, da es bereits vollständig in deutsches Recht implementiert und daher von § 128 Abs. 1 GWB erfasst sei.[31]

---

26 *Abate*, KommJur 2012, 41; *Heyne*, ZUR 2011, 578; *Schneider*, NVwZ 2009, 1057; *Steinberg*, NZBau 2005, 85.
27 Beispielsweise Art. 67 Abs. 2 RL 2014/24/EU.
28 Produktionsbezogene Kriterien sind neben den produktbezogenen seit der Entscheidung des EuGH, Urteil v. 17.9.2002 – Rs. C-513/99 (Concordia), als Zuschlagskriterien zulässig. Im Falle der Ausführungsbedingungen sind sowohl produkt- als auch produktionsbezogene Kriterien zulässig.
29 International Labour Organisation, Sonderorganisation der UN, gegründet am 11.4.1919.
30 Übereinkommen der ILO, Nr. 29, Nr. 87, Nr. 98, Nr. 100, Nr. 105, Nr. 111, Nr. 138 und Nr. 182.
31 Vgl. Gesetzesbegründung, BT-Drs. 18/6281, 140.

Weitere Forderungen sind ebenfalls denkbar, beispielsweise die Beschäftigung von **Langzeitarbeitslosen** oder **Flüchtlingen** oder auch eine bestimmte, vom Auftragnehmer zu erfüllende Quote an **Auszubildenden** in seinem Unternehmen. 38

Nach Erwägungsgrund 98 RL 2014/24/EU sind auch Maßnahmen zur Förderung der **Gleichstellung von Frauen und Männern** am Arbeitsplatz und zur verstärkten **Beteiligung von Frauen** am Erwerbsleben denkbare Ausführungsbedingungen. Diese ließen sich auch bedenkenlos unter den Punkt der sozialen Belange fassen. 39

Als Ausführungsbedingungen nicht denkbar sind dagegen Forderungen zur Verhinderung der **Schwarzarbeit** oder **sonst illegaler Arbeitsbedingungen**. Diese werden bereits über die Regelungen zum fakultativen Ausschluss des Bieters nach § 124 Abs. 1 Nr. 1 GWB und über § 128 Abs. 1 GWB erfasst. 40

f) Schutz der Vertraulichkeit von Informationen

Der Schutz der Vertraulichkeit von Informationen kann je nach Auftrag teils überragende Bedeutung haben. Insbesondere in Fällen, in denen der Auftrag unter die **VSVgV** fällt, können hier besondere Bedingungen aufgestellt werden. 41

Möglich ist beispielsweise, dass bei der Auftragsausführung nur **bestimmte (sicherheitsüberprüfte) Mitarbeiter** eingesetzt werden oder nur **bestimmte Systeme** verwendet werden. Auch hier gilt ebenso wie bei den anderen Ausführungsbedingungen, dass eine sorgsame Abgrenzung zu den produktbezogenen Zuschlagskriterien und zu den Eignungskriterien vorzunehmen ist. 42

g) Weitere Belange

Die Aufzählung in § 128 Abs. 2 S. 3 GWB ist ausweislich des Wortlauts („insbesondere") nicht abschließend zu verstehen. Es können auch weitere mit dem Auftragsgegenstand in Verbindung stehende Anforderungen an die Auftragsausführung gestellt werden. 43

C. Rechtsschutz

Gegen eine fehlerhafte Anforderung hinsichtlich der Ausführungsbedingungen im Sinne von § 128 Abs. 1 und Abs. 2 GWB besteht der vergaberechtliche Rechtsschutz der §§ 155 ff. GWB. 44

Anlage

Gesetzesbegründung (BT-Drs. 18/6281)

Seite 113

§ 128 fasst in seinen beiden Absätzen Regelungen zur Ausführung des öffentlichen Auftrages zusammen. Während Absatz 1 eine generelle Aussage zu den bei der Auftragsausführung einzuhaltenden Rechtsvorschriften trifft, kann der öffentliche Auftraggeber nach Absatz 2 individuelle Ausführungsbedingungen vorgeben, die gesetzlich zwar nicht gefordert sind, dem öffentlichen Auftraggeber aber dennoch sinnvoll erscheinen.

Zu Absatz 1

Mit § 128 Absatz 1 wird Artikel 18 Absatz 2 der Richtlinie 2014/24/EU umgesetzt. Danach haben die Mitgliedstaaten sicherzustellen, dass Unternehmen, die öffentliche Aufträge ausführen, die geltenden umwelt-, sozial- und arbeitsrechtlichen Verpflichtungen einhalten. Die Regelung in Absatz 1 geht hierüber noch hinaus, indem sie klarstellt, dass alle für das betreffende Unternehmen geltenden rechtlichen Vorschriften eingehalten werden müssen.

Die Sicherstellung der Einhaltung dieser Vorschriften erfolgt dabei über Vorgaben in den einzuhaltenden Regelungen selbst, da diese bereits spezielle Sanktionsmechanismen (wie etwa Straf- oder Bußgeldtatbestände, besondere Ausschlussgründe für künftige Vergabeverfahren, Einrichtung besonderer Kontrollbehörden etc.) enthalten. Die in den in Anhang X der Richtlinie 2014/24/EU aufgeführten, von allen EU-Mitgliedstaaten ratifizierten internationalen Übereinkommen (insbesondere ILO-Übereinkommen) enthaltenen, unmittelbar an die Vertragsstaaten gerichteten Verpflichtungen wurden vollständig in das deutsche Recht und die Rechtordnungen der EU-Mitgliedstaaten umgesetzt. Daher ist ein ausdrücklicher Verweis auf diese Abkommen, wie ihn Artikel 18 Absatz 2 der Richtlinie 2014/24/EU enthält, entbehrlich.

Den Erwägungsgründen 37 und 38 der Richtlinie 2014/24/EU entsprechend sind die für den Auftragnehmer am Ort der Leistungserbringung geltenden rechtlichen Verpflichtungen maßgeblich. So sind z. B. bei der Beauftragung eines Call Centers durch die öffentliche Hand die am Betriebsort des Centers geltenden rechtlichen Verpflichtungen anzuwenden, ungeachtet des Ortes, an dem der öffentliche Auftraggeber seinen Sitz hat. Bei reinen Warenlieferungen dagegen wird der Ort der Leistungserfüllung (Anlieferung, Übersendung der Ware) in der Regel der Sitz des öffentlichen Auftraggebers sein.

Zu Absatz 2

Neben Leistungsbeschreibung, Eignungs- und Zuschlagskriterien bieten Ausführungsbedingungen ein weiteres wesentliches Instrument für den öffentlichen Auftraggeber, um das Vergabeverfahren nach seinem Beschaffungsbedarf zu gestalten. Denn mit der Vorgabe solcher Bedingungen kann der öffentliche Auftraggeber auch für den Zeitraum nach der Zuschlagserteilung auf die Art und Weise der Erbringung der Leistung unmittelbar Einfluss nehmen. Ausführungsbedingungen kommt somit eine wichtige Steuerungswirkung zu. Regelungstechnisch handelt es sich hierbei um Vertragsbedingungen, die dem Auftragnehmer zwingend zur Beachtung und Einhaltung vorgegeben werden. Anders als bei den Zuschlagskriterien findet hier keinerlei Wertung statt; sofern ein Bewerber oder Bieter nicht willens oder in der Lage ist, im Falle der Zuschlagserteilung diese Bedingungen bei der Auftragsausführung zu beachten, liegt von Beginn an kein zuschlagsfähiges Angebot vor. Kommt ein Auftragnehmer den Ausführungsbedingungen während der Erbringung der Leistung nicht nach, liegt eine Vertragsverletzung vor, die zivilrechtliche Konsequenzen nach sich ziehen kann. Darüber hinaus bleibt es dem öffentlichen Auftraggeber unbenommen, sich die Einhaltung der Ausführungsbedingungen bei Angebotsabgabe durch eine gesonderte Erklärung seitens des Bieters oder Bewerbers zusichern zu lassen oder die Einhaltung durch Vertragsstrafen bzw. Sonderkündigungsrechte abzusichern.

Die Möglichkeit zur Vorgabe von Ausführungsbedingungen war bisher in § 97 Absatz 4 Satz 2 GWB normiert, nicht jedoch in den die GWB-Vorgaben konkretisierenden untergesetzlichen Vorschriften (VgV, VOL/A EG, VOB/A EG, SektVO, VSVgV). Mit Absatz 2 wird Artikel 70 der Richtlinie 2014/24/EU umgesetzt.

Seite 114

Zulässig ist die Vorgabe von Ausführungsbedingungen durch öffentliche Auftraggeber nur, wenn diese bereits in der Bekanntmachung des Auftrags oder den Vergabeunterlagen schriftlich niedergelegt sind. Nur so kann ein Interessent auf gesicherter Grundlage entscheiden, ob er im Falle des Zuschlags diese Bedingungen einhalten kann. Darüber hinaus müssen die Bedingungen mit dem Gegenstand des Auftrags in Verbindung stehen. Es gilt der gleiche Maßstab wie bei den Zuschlagskriterien (vgl. § 127 Absatz 3). Damit ist es beispielsweise zulässig, den Einsatz von Auszubildenden oder Langzeitarbeitslosen bei der Ausführung des konkreten Auftrages festzuschreiben, da in diesen Fällen eine Verbindung zum Auftragsgegenstand vorliegt. Nach Erwägungsgrund 98 der Richtlinie 2014/24/EU sind auch Maßnahmen zur Förderung der Gleichstellung von Frauen und Männern am Arbeitsplatz und zur verstärkten Beteiligung von Frauen am Erwerbsleben denkbar. Nicht möglich ist es, über Ausführungsbedingungen dem Unternehmen allgemeine Vorgaben für seine Unternehmenspolitik oder Betriebsorganisation zu machen.

Die Ausführungsbedingungen können sich insbesondere auf wirtschaftliche, innovationsbezogene, umweltbezogene, soziale oder beschäftigungspolitische Aspekte beziehen; diese Aufzählung ist nicht abschließend. Im Rahmen der Vorgabe von sozialen Kriterien kann z. B. den Belangen von Menschen mit Behinderung besonders Rechnung getragen werden. Auch die Beachtung bestimmter sicherheitsspezifischer Aspekte wie den Schutz der Vertraulichkeit von Informationen (siehe Artikel 21 Absatz 2 der Richtlinie 2014/24/EU, Artikel 39 Absatz 2 der Richtlinie 2014/25/EU und Artikel 28 Absatz 2 der Richtlinie 2014/23/EU) kann der öffentliche Auftraggeber im Rahmen von Ausführungsbedingungen vorgeben. Einer gesonderten Begründung des öffentlichen Auftraggebers für die Vorgabe von Auftragsbedingungen bedarf es nicht.

§ 129
Zwingend zu berücksichtigende Ausführungsbedingungen

Ausführungsbedingungen, die der öffentliche Auftraggeber dem beauftragten Unternehmen verbindlich vorzugeben hat, dürfen nur aufgrund eines Bundes- oder Landesgesetzes festgelegt werden.

Übersicht Rn.

A. Allgemeines ... 1
B. Regelungsgehalt ... 4
Anlage
Gesetzesbegründung (BT-Drs. 18/6281)

A. Allgemeines

1 Nach § 129 GWB dürfen Ausführungsbedingungen, die der öffentliche Auftraggeber dem beauftragten Unternehmen verbindlich vorzugeben hat, nur aufgrund eines Bundes- oder Landesgesetzes festgelegt werden.

2 Hierdurch soll sichergestellt werden, dass nicht besondere Ausführungsbedingungen mittels einer **Verwaltungsvorschrift** oder **Satzung** zu für Auftraggeber verbindlichen Bedingungen gemacht werden. Dies soll allein dem Bundes- bzw. Landesgesetzgeber vorbehalten bleiben, um den Freiraum der Auftraggeber insoweit nicht zu sehr einzuschränken.[1]

3 Die **Vorgängerregelung des § 97 Abs. 4 S. 3 GWB a.F.** stellte diese Forderung nur für „andere und weitere" Anforderungen auf. Aus der Streichung dieser Formulierung lässt sich entnehmen, dass sich der Wortlaut nunmehr nur noch auf Ausführungsbedingungen und nicht mehr wie früher teils vertreten auch auf Zuschlags- oder Eignungskriterien bezieht.[2]

B. Regelungsgehalt

4 In Zusammenhang mit der Vorgängervorschrift des § 97 Abs. 4 S. 3 GWB a.F. tauchte das Problem auf, dass unklar war, ob das Erfordernis des **Auftragszusammenhangs** mit dieser Vorschrift aufgehoben sein sollte.[3] Diese Frage dürfte mit § 129 GWB nicht gelöst worden sein, auch die Gesetzesbegründung verhält sich zu dieser Frage nicht. Diese geht lediglich darauf ein, dass der neue § 129 GWB die Vorgängerregelung des § 97 Abs. 4 S. 3 GWB a.F. aufgreift und präzisiert. Dennoch verbleibt insbesondere dem **Landesgesetzgeber** über § 129 GWB die Möglichkeit, mittels eigener Vergabegesetze zusätzliche Anforderungen für die Auftragsausführung zu schaffen. Dies haben auch die meisten Bundesländer getan, auch wenn zu konstatieren ist, dass die in den Vergabegesetzen der Länder enthaltenen Anforderungen in weiten Teilen § 128 Abs. 1 GWB konkretisieren.[4]

5 Bei § 129 GWB dürfte es sich daher insgesamt nur um eine Vorschrift klarstellender Funktion handeln, deren Regelungsgehalt sich darauf beschränkt, festzustellen, dass es eines **Bundes- oder Landesgesetzes** zur Statuierung weiterer Anforderungen an die Auftragsausführung bedarf. Somit scheidet eine Anforderung über beispielsweise **Verwaltungsvorschriften** aus.

6 Eindeutig ist der Wortlaut auch dahin gehend, dass über § 129 GWB nur **Ausführungsbedingungen** eingeführt werden können, keinesfalls aber neue Eignungs- oder Zuschlagskriterien.

1 Vgl. Gesetzesbegründung, BT-Drs. 18/6281, 141.
2 Vgl. hierzu *Dreher*, in: Immenga/Mestmäcker, Wettbewerbsrecht, § 97 GWB Rn. 272.
3 Vgl. hierzu *Dreher*, in: Immenga/Mestmäcker, Wettbewerbsrecht, § 97 GWB Rn. 262 f.
4 Vgl. *Wagner/Pfohl*, VergabeR 2015, 389 ff.

Anlage

Gesetzesbegründung (BT-Drs. 18/6281)

Seite 114

Grundsätzlich steht es dem öffentlichen Auftraggeber frei, durch die Definition der zu beschaffenden Leistung, die Festlegung von Eignungs- und Zuschlagskriterien sowie durch die Vorgabe von Ausführungsbedingungen „sein" Vergabeverfahren frei zu gestalten. Dabei liegt es im Gestaltungsspielraum des Auftraggebers, ob und welche Ausführungsbedingungen im konkreten Vergabeverfahren bzw. bei der späteren Vertragsausführung vom Auftragnehmer beachtet werden müssen. Es kann jedoch aus übergeordneten politischen Erwägungen heraus das Bedürfnis entstehen, den öffentlichen Auftraggeber zu verpflichten, bestimmte Bedingungen dem Auftragnehmer obligatorisch für die Ausführung des Auftrags vorzugeben. Dies können insbesondere soziale, beschäftigungspolitische und umweltbezogene Aspekte sein. Mit § 129 wird der Regelungsgehalt des bisherigen § 97 Absatz 4 Satz 3 GWB aufgegriffen und präzisiert.

§ 130
Vergabe von öffentlichen Aufträgen über soziale und andere besondere Dienstleistungen

(1) Bei der Vergabe von öffentlichen Aufträgen über soziale und andere besondere Dienstleistungen im Sinne des Anhangs XIV der Richtlinie 2014/24/EU stehen öffentlichen Auftraggebern das offene Verfahren, das nicht offene Verfahren, das Verhandlungsverfahren mit Teilnahmewettbewerb, der wettbewerbliche Dialog und die Innovationspartnerschaft nach ihrer Wahl zur Verfügung. Ein Verhandlungsverfahren ohne Teilnahmewettbewerb steht nur zur Verfügung, soweit dies aufgrund dieses Gesetzes gestattet ist.

(2) Abweichend von § 132 Absatz 3 ist die Änderung eines öffentlichen Auftrags über soziale und andere besondere Dienstleistungen im Sinne des Anhangs XIV der Richtlinie 2014/24/EU ohne Durchführung eines neuen Vergabeverfahrens zulässig, wenn der Wert der Änderung nicht mehr als 20 Prozent des ursprünglichen Auftragswertes beträgt.

Übersicht Rn.

A. Allgemeines ... 1
I. Historie ... 2
II. EU-rechtliche Vorgaben ... 5
B. Vergabe sozialer und anderer besonderer Dienstleistungen ... 9
I. Soziale Dienstleistungen ... 15
1. Überblick ... 16
2. Spezialfall Rettungsdienstleistungen ... 19
II. Andere besondere Dienstleistungen ... 25
1. Überblick ... 26
2. Spezialfall Rechtsberatungsdienstleistungen ... 31
C. Erleichterte Beschaffung ... 34
I. Erhöhter Schwellenwert ... 37
II. Erweiterte Verfahrenswahl ... 38
III. Auftragsänderungen ... 42
IV. Weitergehende (untergesetzliche) Verfahrenserleichterungen ... 46
D. Rechtsschutz ... 48
Anlagen
1 Gesetzesbegründung (BT-Drs. 18/6281)
2 Anhang XIV (Richtlinie 2014/24/EU)

A. Allgemeines

§ 130 GWB ist eine **Sondervorschrift** für die Vergabe von öffentlichen Aufträgen, deren jeweiliger Inhalt soziale und andere besondere Dienstleistungen umfasst. Sie eröffnet dem öffentlichen Auftraggeber einen größeren Spielraum bei der **Wahl der Vergabeart** (Abs. 1) und gewährt in Abweichung von § 132 Abs. 3 GWB eine größere **Flexibilität bei der Änderung bestehender Aufträge** (Abs. 2). Welche Dienstleistungen im Einzelnen von der Regelung erfasst sind, ergibt sich aus Anhang XIV RL 2014/24/EU. Die verfahrensrechtlichen Einzelheiten sind auf untergesetzlicher Ebene in Abschnitt 3 der **VgV**[1] geregelt. 1

I. Historie

Bis zum Inkrafttreten des Richtlinienpakets für öffentliche Aufträge und Konzessionen vom 26.2.2014[2] wurden öffentliche Dienstleistungsaufträge nach Maßgabe von Art. 20 und 21 RL 2004/18/EG i.V.m. Anhang II Teile A und B in zwei Kategorien eingeteilt:[3] 2

1 Vgl. §§ 64 bis 66 VgV.
2 RL 2014/24/EU, RL 2014/25/EU und RL 2014/23/EU.
3 Ebenso für den Sektorenbereich Art. 31 und Art. 32 RL 2004/17/EG i.V.m. Anhang XVII.

3 Die sog. **vorrangigen Dienstleistungen**[4] wurden von Art. 20 RL 2004/18/EG i.V.m. Anhang II Teil A erfasst. Für sie galten bislang Art. 23 bis 55 RL 2004/18/EG, d. h. die Anforderungen an die Vergabe öffentlicher Aufträge insgesamt. Für die Vergabe sog. **nachrangiger Dienstleistungen**[5] im Sinne von Anhang II Teil B musste der öffentliche Auftraggeber gemäß Art. 21 i. V.m. Art. 23 und Art. 35 Abs. 4 RL 2004/18/EG lediglich eine einheitliche Leistungsbeschreibung anfertigen und eine Bekanntmachung über die erfolgte Auftragserteilung veröffentlichen. Die VOL/A-EG und die VOF nahmen auf diese Anhänge Bezug und übernahmen diese unverändert (vgl. Anhang I Teile A und B zu VOL/A-EG und VOF).[6] Dies hatte bislang zur Folge, dass für die Vergabe einer vorrangigen Dienstleistung sämtliche Vorschriften der VOL/A-EG[7] bzw. der VOF[8] zur Anwendung kamen, während für die Vergabe einer nachrangigen Dienstleistung gemäß Anhang I Teil B zur VOL/A-EG bzw. zur VOF in Anwendung von § 1 EG Abs. 3 VOL/A i.V.m. § 4 Abs. 2 Nr. 2 VgV bzw. § 1 Abs. 3 S. 1 VOF nur ein eingeschränktes Vergaberechtsregime galt.[9] Im letzteren Fall waren nur einzelne Vorschriften der VOL/A-EG bzw. der VOF sowie die sog. Basisparagrafen der VOL/A (Abschnitt 1) anzuwenden. Gleichwohl unterlag die jeweilige Vergabe dem Nachprüfungsregime der §§ 102 ff. GWB a.F.[10]

4 Die bisherige Unterscheidung öffentlicher Dienstleistungsaufträge nach ihrem Auftragsgegenstand und die Unterteilung in vorrangige A- und nachrangige B-Dienstleistungen nach Maßgabe von Art. 20 und 21 RL 2004/18/EG ist nunmehr durch eine **neue Einteilung** abgelöst worden. Nach Art. 74 bis 76 RL 2014/24/EU unterfallen soziale und andere besondere Dienstleistungen besonderen, erleichterten Beschaffungsregeln. Neben einem deutlich erhöhten Schwellenwert in Höhe von 750.000 Euro gelten diese verfahrensrechtlichen Erleichterungen der Wahl der Vergabeart und der Änderung bestehender Aufträge.

II. EU-rechtliche Vorgaben

5 § 130 GWB dient der Umsetzung der **Art. 74 bis 76 RL 2014/24/EU** zur Vergabe von sozialen und anderen besonderen Dienstleistungen durch öffentliche Auftraggeber.

6 Die zunehmende Vielfalt öffentlicher Tätigkeiten macht es nach Ansicht des Richtliniengebers erforderlich, den Begriff der Auftragsvergabe selbst klarer zu definieren. Diese notwendige Präzisierung soll jedoch den Anwendungsbereich der neuen EU-Vergaberichtlinie im Verhältnis zu demjenigen der Richtlinie 2004/18/EG nicht erweitern. Auch weiterhin sollen nicht sämtliche Formen öffentlicher Ausgaben vom EU-Vergaberecht erfasst werden, sondern nur diejenigen, die für den Erwerb von Bauleistungen, Lieferungen oder Dienstleistungen im Wege eines öffentlichen Auftrags zu tätigen sind.[11] Fälle, in denen alle Wirtschaftsteilnehmer, die bestimmte Voraussetzungen erfüllen, zur Wahrnehmung einer bestimmten Aufgabe – ohne Vorauswahl – berechtigt sind, sollen nach Auffassung des Richtliniengebers nicht als Auftragsvergaben eingestuft werden, sondern als **„einfache Zulassungssysteme"** (z.B. Zulassungen für Arzneimittel oder ärztliche Dienstleistungen)[12]. Daraus lässt sich schließen, dass etwa die Zulassung von Dienstleistungserbringern im sozialhilferechtlichen Dreiecksverhältnis nicht dem Anwendungsbereich der Richtlinie 2014/24/EU unterfallen soll. Gleiches gilt etwa

4 Auch als „A-Dienstleistungen" bezeichnet, da im Teil A des jeweiligen Anhangs der entsprechenden Richtlinie aufgeführt.
5 Auch als „B-Dienstleistungen" bezeichnet, da im Teil B des jeweiligen Anhangs der entsprechenden Richtlinie aufgeführt.
6 Vgl. *Dreher*, in: Immenga/Mestmäcker, Wettbewerbsrecht, § 99 GWB Rn. 200.
7 Vgl. § 1 EG Abs. 2 VOL/A.
8 Vgl. § 1 Abs. 1 VOF.
9 Vgl. nur OLG Celle, Beschluss v. 30.10.2014 – 13 Verg 8/14 (Rettungsdienst im Emsland); Beschluss v. 12.1.2012 – 13 Verg 9/11 (Rettungsdienstleistungen); zur Unterscheidung der vor- und nachrangigen Dienstleistungen vgl. auch *Eschenbruch*, in: Kulartz/Kus/Portz, GWB-Vergaberecht, § 99 Rn. 527 ff.
10 Vgl. BGH, Beschluss v. 8.2.2011 – X ZB4/10 (Abellio Rail); OLG Celle, Beschluss v. 30.10.2014 – 13 Verg 8/14 (Rettungsdienst im Emsland).
11 Erwägungsgrund 4 UAbs. 1 RL 2014/24/EU.
12 Erwägungsgrund 4 UAbs. 2 RL 2014/24/EU.

auch für die Zulassung von Pflegeeinrichtungen oder die Feststellung der fachlichen Eignung im Rahmen der Zulassung besonderer Dienste oder besonderer Einrichtungen.[13]

Weiterhin steht es den Mitgliedstaaten frei, die Erbringung von gesetzlichen sozialen oder anderen Dienstleistungen wie etwa Postdienste entweder als **Dienstleistungen von allgemeinem wirtschaftlichen Interesse**, als nicht wirtschaftliche Dienstleistungen von allgemeinem Interesse oder als eine Mischung dieser beiden Dienstleistungskategorien zu organisieren, wobei nicht wirtschaftliche Dienstleistungen von allgemeinem Interesse nicht in den Geltungsbereich der RL 2014/24/EU fallen.[14] Die Mitgliedstaaten und Behörden sind auch künftig befugt, bestimmte personenbezogene Dienstleistungen im Sozial-, Gesundheits- und Bildungsbereich aufgrund ihrer begrenzt grenzüberschreitenden Dimension selbst zu erbringen oder soziale Dienstleistungen in einer Weise zu organisieren, die nicht mit der Vergabe öffentlicher Aufträge verbunden ist.[15] Diese Beschaffung **außerhalb öffentlicher Aufträge** kommt etwa in Form der bloßen Finanzierung entsprechender Dienstleistungen in Betracht oder durch Erteilung von Lizenzen oder Genehmigungen – ohne Beschränkung oder Festsetzung von Quoten – für alle Wirtschaftsteilnehmer, welche die vom öffentlichen Auftraggeber vorab festgelegten Bedingungen erfüllen. Voraussetzung dafür ist jedoch, dass ein derartiges System eine ausreichende Bekanntmachung gewährleistet und den Grundsätzen der Transparenz und Nichtdiskriminierung genügt.[16] 7

Nach Maßgabe von Art. 76 Abs. 1 S. 1 RL 2014/24/EU führen die Mitgliedstaaten einzelstaatliche Regeln für die Vergabe sozialer und anderer besonderer Dienstleistungen ein, um sicherzustellen, dass die öffentlichen Auftraggeber die Grundsätze der Transparenz und der Gleichbehandlung einhalten. Gemäß Abs. 1 S. 2 dieser Vorschrift ist es dabei den Mitgliedstaaten überlassen, die **anwendbaren Verfahrensregeln** für soziale und andere besondere Dienstleistungen festzulegen, sofern derartige Regeln es den öffentlichen Auftraggebern ermöglichen, den Besonderheiten der jeweiligen Dienstleistungen Rechnung zu tragen. Bei der konkreten Umsetzung der anwendbaren Verfahrensregeln räumt der Richtliniengeber den Mitgliedstaaten also einen Umsetzungsspielraum ein, von dem der deutsche Gesetzgeber mit der Implementierung von § 130 GWB und den ergänzenden Verfahrensregeln in Abschnitt 3, §§ 64 ff. VgV Gebrauch gemacht hat. 8

B. Vergabe sozialer und anderer besonderer Dienstleistungen

Einzige tatbestandliche Voraussetzung des § 130 Abs. 1 GWB ist die Vergabe von öffentlichen Aufträgen, deren Gegenstand soziale oder andere besondere Dienstleistungen sind. 9

Der Wortlaut der Vorschrift macht deutlich, dass ausschließlich **Dienstleistungen** erfasst sind; Bau- und/oder Lieferleistungen können demzufolge nicht Gegenstand der erleichterten Beschaffung nach Maßgabe von § 130 GWB sein. 10

Unklar bleibt indes, wie der Gegenstand dieser Dienstleistungen abstrakt zu definieren ist, eine ausdrückliche und eindeutige **Definition** der sozialen und anderen besonderen Dienstleistungen bleibt der deutsche Gesetzgeber – ebenso wie der europäische Richtliniengeber – schuldig. Die verbindende Gemeinsamkeit, die der Richtliniengeber für die sozialen und anderen besonderen Dienstleistungen in den Erwägungsgründen zu der RL 2014/24/EU hervorhebt, ist der regelmäßig vorliegende nationale Bezug dieser Leistungen aufgrund unterschiedlicher kultureller Traditionen in den einzelnen Mitgliedstaaten.[17] Derartige Aufträge sind deshalb für Dienstleister aus anderen Mitgliedstaaten regelmäßig nicht von Interesse. 11

Welche Dienstleistungen im Einzelnen von der Regelung des § 130 GWB erfasst sind, bestimmt sich nach **Anhang XIV RL 2014/24/EU**. Auch wenn § 130 GWB in Übereinstimmung mit Art. 74 RL 2014/24/EU grundsätzlich zwischen sozialen und anderen besonderen Dienst- 12

13 Gesetzesbegründung, BT-Drs. 18/6281, 114.
14 Erwägungsgrund 6 UAbs. 2 RL 2014/24/EU.
15 Erwägungsgrund 114 UAbs. 1 und 4 RL 2014/24/EU.
16 Erwägungsgrund 114 UAbs. 4 RL 2014/24/EU.
17 Erwägungsgrund 114 UAbs. 1 RL 2014/24/EU.

leistungen differenziert, hat diese **Differenzierung** für die damit einhergehenden Verfahrenserleichterungen keinerlei Auswirkungen: Die in Anhang XIV RL 2014/24/EU aufgeführten Dienstleistungen stehen dort gleichberechtigt nebeneinander, die Auflistung ist zudem abschließend. Dies zeigt sich allein schon an der klaren und eindeutigen Formulierung in Art. 74 RL 2014/24/EU, wonach eine erleichterte Beschaffung nur für die „in Anhang XIV aufgeführten Dienstleistungen" vorgesehen ist.

13 Im Vergleich zu Anhang I Teil B der VOL/A-EG[18] wurde der **Katalog der Dienstleistungen des Gesundheits- und Sozialwesens** in Anhang XIV RL 2014/24/EU unter Verweis auf zahlreiche Referenznummern des Common Procurement Vocabulary (sog. CPV-Codes) nicht unerheblich erweitert, was in der Praxis zu einem erweiterten Anwendungsbereich dieses Sonderregimes führt. So sind etwa die Überlassung von Haushaltshilfen oder von Pflege- oder medizinischem Personal neu in den entsprechenden Dienstleistungskatalog aufgenommen worden.

14 Nicht umfasst vom Anwendungsbereich der Norm ist dagegen die Vergabe von **Konzessionen**. § 154 GWB, der die auf Konzessionen entsprechend anwendbaren Vorschriften benennt, verweist gerade nicht auf eine (entsprechende) Anwendung von § 130 GWB. Die untergesetzliche Regelung in § 22 KonzVgV sieht lediglich besondere Bekanntmachungsvorschriften bei der Vergabe von Konzessionen über soziale und andere besondere Dienstleistungen vor.

I. Soziale Dienstleistungen

15 Eine Definition der sozialen Dienstleistung ist dem Normtext nicht zu entnehmen. Für die Einordnung bestimmter Leistungen als soziale Dienstleistungen ist daher auf den **Katalog des Anhangs XIV RL 2014/24/EU** abzustellen, der abschließend ist und auf die einzelnen CPV-Codes verweist.

1. Überblick

16 Folgende Dienstleistungen lassen sich dem Katalog entnehmen:

- Dienstleistungen des Gesundheits- und Sozialwesens und zugehörige Dienstleistungen;
- administrative Dienstleistungen im Sozial-, Bildungs- Gesundheits- und kulturellen Bereich;
- Dienstleistungen im Rahmen der gesetzlichen Sozialversicherung;
- Beihilfen, Unterstützungsleistungen und Zuwendungen;
- sonstige gemeinschaftliche, soziale und persönliche Dienstleistungen, einschließlich Dienstleistungen von Gewerkschaften, von politischen Organisationen, von Jugendverbänden und von sonstigen Organisationen und Vereinen.

17 Der Begriff der sozialen Dienstleistung wird damit relativ weit ausgelegt, was die Aufzählung mitunter recht unterschiedlicher Dienstleistungen zeigt. Er findet seine Begrenzung aber immer in der jeweiligen **Einordnung in die CPV-Nomenklatur**; ob der Auftragsgegenstand als soziale (oder andere besondere) Dienstleistung zu qualifizieren ist, hängt maßgeblich von der Frage ab, ob er unter mindestens einen der (abschließend) aufgezählten CPV-Codes subsumiert werden kann.

18 Inhaltlich weisen die sozialen Dienstleistungen eine **große Bandbreite** auf: Sie umfassen zum einen originär staatliche Aufgaben, wie etwa Dienstleistungen im Rahmen der Sozialversicherung (CPV-Code 75300000), wonach Auftragsgegenstände wie Unterstützung bei Erwerbsunfähigkeit, Familienbeihilfen und die Zahlung von Kindergeld als soziale Dienstleistungen i.S. des § 130 GWB erfasst sind. Zum anderen unterfallen auch Dienstleistungen dem Regelungsbereich, die nicht unbedingt dem Kernbereich staatlicher Fürsorge zuzuordnen sind, wie etwa Dienstleistungen von Geschäfts-, Berufs- und Fachverbänden und/oder Dienstleistungen von

18 Siehe dort Kategorie 25.

Gewerkschaften, welche der Kategorie sonstige gemeinschaftliche, soziale und persönliche Dienste (CPV-Code 98000000) unterfallen. Anhang XIV RL 2014/24/EU nennt als soziale Dienstleistungen darüber hinaus auch die Arbeitsmarktdienstleistungen des Sozialgesetzbuchs II, III und IX (Dienstleistungen im Rahmen der gesetzlichen Sozialversicherung).[19]

2. Spezialfall Rettungsdienstleistungen

Von den sozialen Dienstleistungen wird ferner auch der **Einsatz von Krankenwagen zur reinen Patientenbeförderung** erfasst.[20] Dagegen sollen Notfallrettungsdienste und der Einsatz von Krankenwagen, sofern dieser in der Erbringung von allgemeinen und fachspezifischen ärztlichen Dienstleistungen in einem Rettungswagen besteht, nach Auffassung des deutschen Gesetzgebers nicht dem Vergaberecht unterfallen, was sich aus Art. 10 lit. h RL 2014/24/EU und § 107 Abs. 1 Nr. 4 GWB ergeben soll.[21] 19

Ob unter diese Ausnahmen tatsächlich auch die Rettungsdienstleistungen fallen, erscheint aber zumindest zweifelhaft.[22] Nach Art. 10 lit. h RL 2014/24/EU und Art. 10 Abs. 7 lit. g RL 2014/23/EU sind Dienstleistungen des **Katastrophenschutzes**, des **Zivilschutzes** und der **Gefahrenabwehr**, die von gemeinnützigen Organisationen oder Vereinigungen erbracht werden und unter bestimmte CPV-Nummern fallen, vom Anwendungsbereich der Richtlinie ausgenommen (sog. Bereichsausnahmen). 20

Der **Wortlaut** der Vorschrift spricht dafür, dass die Nennung der Bereiche des Katastrophen- und Zivilschutzes bzw. der Gefahrenabwehr nicht nur der allgemeinen Beschreibung der darauffolgenden CPV-Nummern dient,[23] sondern den Kreis der auszunehmenden Dienstleistungen tatsächlich beschränken soll („...*und* die unter die folgenden CPV-Codes fallen").[24] Dies steht im Einklang mit dem allgemeinen Grundsatz, dass Ausnahmevorschriften im Vergaberecht eng auszulegen sind. Auch die Erwägungsgründe sehen ausdrücklich keine Ausweitung der Ausnahme „über das notwendigste Maß hinaus" vor.[25] Die so mögliche, nahezu freihändige Vergabe würde die Erreichung des erklärten Ziels des Richtliniengebers, die Beschaffungsmärkte für kleine und mittlere Unternehmen weiter zu öffnen, nicht unerheblich erschweren.[26] 21

Es bedarf keiner exakten Definition der Begriffe Katastrophen- bzw. Zivilschutz, um festzustellen, dass hierunter jedenfalls nur **Extremsituationen** fallen. Der tägliche Rettungsdienstbetrieb umfasst diese aber gerade nicht.[27] Auch ein weites Verständnis des Begriffes der Gefahrenabwehr lässt sich nicht dafür anführen, weil dies zur Folge hätte, dass den bereits genannten Begriffen Katastrophen- bzw. Zivilschutz keine eigenständige Bedeutung mehr zukäme. 22

Auch die Einordnung der Hilfsorganisationen, die derzeit überwiegend mit den Rettungsdienstleistungen betraut sind, als **gemeinnützige Organisationen** im Sinne des Art. 10 lit. h RL 2014/24/EU erscheint problematisch. Unter systematischen Gesichtspunkten ist dieser Begriff (auch für den Bereich der RL 2014/23/EU) unter Berücksichtigung von Art. 77 Abs. 2 RL 2014/24/EU auszulegen. Dort sind die einzelnen Bedingungen aufgeführt, die erfüllt sein müssen, um eine solche Organisation als gemeinnützige Organisation i.S. des Art. 77 Abs. 1 RL 2014/24/EU zu qualifizieren. Die Regelung in § 26 Abs. 1 S. 2 des Gesetzes über den Zivilschutz und die Katastrophenhilfe des Bundes bzw. entsprechende Landesgesetze ist mit Blick 23

19 Gestezesbegründung, BT-Drs. 18/6281, 115.
20 Vgl. § 107 Abs. 1 Nr. 4 GWB, wonach der Einsatz von Krankenwagen zur Patientenbeförderung gerade nicht als allgemeine Ausnahme gilt; Gesetzesbegründung, BT-Drs. 18/6281, 79, 115.
21 Gesetzesbegründung, BT-Drs. 18/6281, 79, 115.
22 Vgl. dazu auch *Amelung/Janson*, NZBau 2016, 23.
23 So aber die Gesetzesbegründung, BT-Drs. 18/6281, 79.
24 Ebenso *Antweiler*, VergabeR 2015, 277; *Prieß*, NZBau 2015, 343.
25 Vgl. Erwägungsgrund 28 RL 2014/24/EU und Erwägungsgrund 36 RL 2014/23/EU.
26 Vgl. Erwägungsgrund 2 RL 2014/24/EU und Erwägungsgrund 1 RL 2014/23/EU; vgl. auch *Antweiler*, VergabeR 2015, 277.
27 Vgl. *Prieß*, NZBau 2015, 343.

auf den Grundsatz der autonomen Auslegung unionsrechtlicher Vorschriften[28] hingegen nicht geeignet, den Begriff der gemeinnützigen Organisation zu konkretisieren.[29] Ob diejenigen Hilfsorganisationen, die derzeit überwiegend mit den Rettungsdienstleistungen betraut sind, tatsächlich als gemeinnützige Organisationen im Sinne des Art. 77 Abs. 2 RL 2014/24/EU anzusehen sind, erscheint vor dem Hintergrund der Reinvestition von Gewinnen nach Art. 77 Abs. 2 lit. b RL 2014/24/EU zumindest fragwürdig und hat unter Umständen zur Folge, dass Bücher offengelegt oder Erklärungen von Wirtschaftsprüfern eingeholt werden müssen.[30]

24 Im Ergebnis sprechen die besseren Argumente dafür, dass die (herkömmlichen) Rettungsdienstleistungen **nicht vollständig vom Vergaberecht befreit** sind. Dies gilt – mit Rücksicht auf die neue Konzessionsrichtlinie 2014/23/EU – auch für diejenigen Leistungen, die im Rahmen des Konzessionsmodells vergeben werden. Allerdings kommen auch insoweit die Vorgaben des Art. 74 i.V.m. Art. 77 RL 2014/24/EU (bzw. Art. 19 i.V.m. Art. 31 und Art. 32 RL 2014/23/EU) zum Tragen, sodass verfahrensrechtliche Erleichterungen zur Anwendung gelangen können.

II. Andere besondere Dienstleistungen

25 Auch die anderen besonderen Dienstleistungen werden in § 130 GWB **nicht ausdrücklich definiert**, decken aber dem Begriffsverständnis entsprechend all diejenigen Dienstleistungen ab, die in Anhang XIV RL 2014/24/EU aufgeführt, aber nicht als soziale Dienstleistungen einzustufen sind.

1. Überblick

26 Zu den anderen besonderen Dienstleistungen gehören somit die nachfolgend aufgeführten Dienstleistungskategorien des Anhangs XIV RL 2014/24/EU:

- Dienstleistungen von religiösen Vereinigungen;
- Gaststätten- und Beherbergungsgewerbe;
- Dienstleistungen im juristischen Bereich, sofern sie nicht nach Art. 10 lit. d RL 2014/24/EU ausgeschlossen sind;
- sonstige Dienstleistungen der Verwaltung und für die öffentliche Verwaltung;
- kommunale Dienstleistungen;
- Dienstleistungen für Haftanstalten, Dienstleistungen im Bereich öffentliche Sicherheit und Rettungsdienste, sofern sie nicht nach Art. 10 lit. h RL 2014/24/EU ausgeschlossen sind;
- Dienstleistungen von Detekteien und Sicherheitsdiensten;
- internationale Dienstleistungen;
- Postdienste;
- verschiedene Dienstleistungen.

27 Ebenso wie die sozialen Dienstleistungen bilden auch die anderen besonderen Dienstleistungen ein **weites Spektrum** von Auftragsgegenständen ab, die einer erleichterten Beschaffung unterfallen sollen, da ihnen regelmäßig kein grenzüberschreitender Charakter zukommt.[31]

28 So werden beispielsweise **Gaststätten- und Beherbergungsdienstleistungen** üblicherweise nur von denjenigen Unternehmen angeboten, die an dem konkreten Ort der Erbringung dieser Dienstleistungen angesiedelt sind.[32]

29 Erfasst sind als andere besondere Dienstleistungen auch sog. **kommunale Dienstleistungen**, wie etwa Dienstleistungen der Feuerwehr, Dienstleistungen im Bereich auswärtige An-

28 Hierzu *Dreher*, in: Immenga/Mestmäcker, Wettbewerbsrecht, Vor §§ 97 ff. GWB Rn. 131.
29 *Prieß*, NZBau 2015, 343.
30 *Prieß*, NZBau 2015, 343.
31 Erwägungsgrund 114 UAbs. 1 RL 2014/24/EU.
32 Erwägungsgrund 115 RL 2014/24/EU.

gelegenheiten und Dienstleistungen im Justizwesen. Soweit Rettungs- und Feuerwehrdienste nach Maßgabe von § 107 Abs. 1 Nr. 4 GWB nicht ohnehin vom Anwendungsbereich des Kartellvergaberechts vollständig ausgenommen sind, begründen diese Dienstleistungen in der Regel nur dann ein grenzüberschreitendes Interesse, wenn sie aufgrund eines relativ hohen Auftragswertes eine ausreichend kritische Masse erreichen.[33] Im Übrigen weisen die kommunalen Dienstleistungen – und darauf deutet schon der Begriff hin – in der Regel **keinen grenzüberschreitenden Bezug** auf, was eine erleichterte Beschaffung rechtfertigt.[34] Bei Dienstleistungen im Justizwesen und im Bereich auswärtige Angelegenheiten spielt zudem eine Rolle, dass diese in einem besonderen Zusammenhang erbracht werden, der sich aufgrund unterschiedlicher kultureller Traditionen – und nicht zuletzt wegen sprachlicher Besonderheiten – in den einzelnen Mitgliedstaaten unterscheidet.

Sowohl in Anhang XIV RL 2014/24/EU als auch in Anhang XVII RL 2014/25/EU sind außerdem **30**
Postdienste unter Nennung der entsprechenden CPV-Codes als andere besondere Dienstleistungen aufgeführt, für die neuerdings das erleichterte Sonderregime gilt; diese waren bislang den vorranginen Dienstleistungen zugeordnet[35]. Allerdings stellen die Erwägungsgründe 119 RL 2014/24/EU und 125 RL 2014/25/EU klar, dass eine Bezugnahme auf eine CPV-Abteilung nicht automatisch eine Bezugnahme auf untergeordnete Unterteilungen der jeweiligen CPV-Codes bedeutet. Insofern gilt auch das erleichterte Vergaberegime nach § 130 GWB ausschließlich für die in den genannten Anhängen konkret aufgeführten (Post-)Dienste.

2. Spezialfall Rechtsberatungsdienstleistungen

Rechtsberatungsdienstleistungen werden von § 130 GWB nur insoweit erfasst, als sie nicht **31**
bereits nach Maßgabe von **§ 116 Abs. 1 Nr. 1 GWB** vollends vom Kartellvergaberecht freigestellt sind.

Vom Kartellvergaberecht befreit ist die Vergabe von Rechtsberatungsdienstleistungen, die **32**
eine oder mehrere der folgenden Tätigkeiten betreffen:

- Vertretung eines Mandanten durch einen Rechtsanwalt in Gerichts- oder Verwaltungsverfahren vor nationalen oder internationalen Gerichten, Behörden oder Einrichtungen, nationalen oder internationalen Schiedsgerichts- oder Schlichtungsverfahren;
- Rechtsberatung durch einen Rechtsanwalt, sofern diese zur Vorbereitung eines der oben genannten Verfahren dient oder wenn konkrete Anhaltspunkte dafür vorliegen und eine hohe Wahrscheinlichkeit besteht, dass die Angelegenheit, auf die sich die Rechtsberatung bezieht, Gegenstand eines solchen Verfahrens wird;
- Beglaubigungen und Beurkundungen, sofern sie von Notaren vorzunehmen sind.

Alle **übrigen Rechtsberatungsdienstleistungen**, d.h. sämtliche Beratungsleistungen im **33**
außerprozessualen Bereich, wie etwa die transaktionsbegleitende Beratung von Unternehmensfusionen oder von Börsengängen, fallen unter den Begriff der „anderen besonderen Dienstleistungen" im Sinne von § 130 GWB.

C. Erleichterte Beschaffung

Sofern soziale und/oder andere besondere Dienstleistungen beschafft werden sollen, sieht die **34**
RL 2014/24/EU die Durchführung eines vereinfachten Vergabeverfahrens vor.

Grund dafür ist, dass diesen oftmals personen- oder ortsgebundenen Dienstleistungen nur **35**
eine eingeschränkt grenzüberschreitende Bedeutung zukommt.[36] Gerade Dienstleistungen im Sozial-, Gesundheits- und Bildungsbereich werden regelmäßig in einem besonderen Kontext

33 Erwägungsgrund 117 RL 2014/24/EU.
34 Erwägungsgrund 114 UAbs. 1 RL 2014/24/EU.
35 Vgl. § 1 EG Abs. 2 VOL/A i.V.m. Anhang I Teil A VOL/A sowie Art. 1 Abs. 2 lit. d und Art. 20 RL 2004/18/EG i.V.m. Anhang II Teil A.
36 Erwägungsgründe 114 ff. RL 2014/24/EU.

erbracht, der sich aufgrund unterschiedlicher kultureller Traditionen in den einzelnen Mitgliedstaaten stark unterscheiden kann.[37]

36 Die **Erleichterungen** in der Beschaffung von sozialen und anderen besonderen Dienstleistungen bestehen in

- der Berücksichtigung eines auf 750.000 Euro erhöhten Schwellenwerts (§ 106 Abs. 2 Nr. 1 GWB i.V.m. Art. 4 lit. d RL 2014/24/EU),
- der erweiterten Verfahrenswahl (§ 130 Abs. 1 GWB),
- der zulässigen Änderung bestehender Aufträge bis zu einem Wert der Änderung in Höhe von 20 % des ursprünglichen Auftragswerts (§ 130 Abs. 2 GWB) und
- untergesetzlichen Verfahrenserleichterungen (§§ 64 ff. VgV).

I. Erhöhter Schwellenwert

37 Gemäß § 106 Abs. 2 Nr. 1 GWB i.V.m. Art. 4 lit. d RL 2014/24/EU gilt für die Vergabe sozialer und anderer besonderer Dienstleistungen im Sinne des Anhangs XIV dieser Richtlinie ein merklich erhöhter Schwellenwert in Höhe von (netto) **750.000 Euro**. Unterschreitet die Auftragssumme diesen Schwellenwert, ist eine freihändige Beschaffung dieser Dienstleistungen grundsätzlich zulässig. Im Falle eines grenzüberschreitenden Interesses an dem jeweiligen Auftrag haben die öffentlichen Auftraggeber aber auch im Rahmen einer freihändigen Vergabe die grundlegenden Vorschriften des EG-Vertrages, insbesondere das Diskriminierungsverbot, zu beachten.[38]

II. Erweiterte Verfahrenswahl

38 § 130 Abs. 1 S. 1 GWB sieht für den öffentlichen Auftraggeber ein Recht zur erweiterten Verfahrenswahl vor. Für die Vergabe von sozialen oder anderen besonderen Dienstleistungen kann dieser nicht nur zwischen dem offenen und dem nicht offenen Verfahren wählen,[39] sondern alternativ auch ein Verhandlungsverfahren mit Teilnahmewettbewerb, einen wettbewerblichen Dialog oder eine Innovationspartnerschaft initiieren. Dabei handelt es sich um ein **„echtes" Wahlrecht** zugunsten des öffentlichen Auftraggebers, welches – das Vorliegen eines entsprechenden Auftragsgegenstands voraussetzt – nicht an weiter gehende Bedingungen geknüpft ist. Ausgenommen von dem erweiterten Verfahrenswahlrecht ist jedoch das **Verhandlungsverfahren ohne Teilnahmewettbewerb**[40], dessen Anwendung maßgeblich von den in § 14 Abs. 4 VgV[41] normierten Voraussetzungen abhängt.

39 Das Recht zur erweiterten Verfahrenswahl steht unmittelbar nur den **„konventionellen" öffentlichen Arbeitgebern** im Sinne von § 99 GWB, also den Gebietskörperschaften (§ 99 Abs. 1 GWB), deren Verbänden (§ 99 Abs. 3 GWB), öffentlich beherrschten juristischen Personen (§ 99 Abs. 2 GWB) sowie sonstigen juristischen Personen im Sinne des § 99 Nr. 4 GWB zur Verfügung. Aber auch **Sektorenauftraggeber** im Sinne von § 100 GWB profitieren durch den Verweis in § 142 GWB von der erweiterten Verfahrenswahl.

40 Darüber hinaus sind die Regelungen für die erleichterte Beschaffung gemäß § 147 S. 1 GWB auch auf die Vergabe von **verteidigungs- oder sicherheitsspezifischen öffentlichen Aufträgen** anzuwenden, wenn deren Gegenstand soziale und/oder andere besondere Dienstleistungen sind. In Betracht kommt eine Anwendung insbesondere für öffentliche Aufträge, deren Gegenstand Dienstleistungen sind, die unter den CPV-Code 75220000-4 fallen (Verteidigung) und insoweit als „kommunale Dienstleistungen" im Sinne der übergeordneten CPV-

37 Erwägungsgrund 114 RL 2014/24/EU.
38 EuGH, Urteil v. 15.5.2008 – Rs. C-147 und C-148/06.
39 Ein auf diese beiden Verfahrensarten beschränktes Wahlrecht steht den öffentlichen Auftraggebern bereits nach Maßgabe von § 119 Abs. 2 GWB zu.
40 § 119 Abs. 5 Alt. 2 GWB.
41 Vgl. auch Art. 26 Abs. 4 RL 2014/24/EU.

Kategorie 752200000-8 einzustufen sind, die ihrerseits als andere besondere Dienstleistungen im Sinne des § 130 GWB gelten.

Im Übrigen kommen für die Vergabe sozialer und anderer besonderer Dienstleistungen die **Vorschriften des Abschnitt 1 des Teil 4** (Vergabe von öffentlichen Aufträgen und Konzessionen) grundsätzlich uneingeschränkt zur Anwendung. Das bedeutet, dass sich die erleichterte Beschaffung zunächst nur auf die erweiterte Verfahrenswahl beschränkt, weitere Verfahrenserleichterungen sind, abgesehen von den untergesetzlichen Bestimmungen in §§ 64 ff. VgV, nicht vorgesehen. **41**

III. Auftragsänderungen

§ 130 Abs. 2 GWB eröffnet für den Bereich öffentlicher Aufträge über soziale und andere besondere Dienstleistungen die Möglichkeit, zulässige Auftragsänderungen ohne Durchführung eines neuen Vergabeverfahrens abweichend von § 132 Abs. 3 GWB vorzunehmen: **42**

Gemäß § 132 Abs. 3 GWB ist die Änderung eines öffentlichen Auftrags ohne Durchführung eines neuen Vergabeverfahrens zulässig, wenn **43**

- sich der Gesamtcharakter des Auftrags nicht ändert und
- der Wert der Änderung die jeweiligen Schwellenwerte nach § 106 GWB nicht übersteigt und bei Liefer- und Dienstleistungsaufträgen nicht mehr als 10 % des ursprünglichen Auftragswertes beträgt.

In Abweichung zu der zuletzt genannten Voraussetzung ist die Änderung eines öffentlichen Auftrags über soziale und andere besondere Dienstleistungen ohne Durchführung eines neuen Vergabeverfahrens nach § 130 Abs. 2 GWB auch dann zulässig, wenn der Wert der Änderung nicht mehr als **20 %** des ursprünglichen Auftragswertes beträgt. Die entsprechende Auftragsänderung darf, gemessen an ihrem monetären Wert, zwar weiterhin nicht die Schwellenwerte nach § 106 GWB übersteigen; gleichwohl darf sie, bezogen auf das ursprüngliche Auftragsvolumen, bis zu 20 % (anstatt 10 % bei anderen Dienstleistungsverträgen) ausmachen. **44**

Grund für die dem öffentlichen Auftraggeber insoweit gewährte Flexibilität bei der Änderung und Anpassung bestehender Verträge ist, dass diese durch äußere, vom öffentlichen Auftraggeber nicht vorhersehbare und/oder beeinflussbare Umstände verursacht sein können.[42] Überdies erscheint es sachgerecht, öffentlichen Auftraggebern gerade bei der Anpassung von Dienstleistungsverträgen über soziale und andere besondere Dienstleistungen ein noch höheres Maß an Flexibilität zu gewähren, etwa um den Bedürfnissen der von der Erbringung dieser Leistungen Betroffenen – vor allem im Sozial-, Bildungs- und Gesundheitsbereich – angemessen Rechnung tragen zu können. **45**

IV. Weitergehende (untergesetzliche) Verfahrenserleichterungen

Über die in § 130 GWB geregelte erleichterte Verfahrenswahl und die erhöhte Flexibilität bei der Änderung bestehender Dienstleistungsverträge hinaus sind für die Beschaffung von sozialen und anderen besonderen Dienstleistungen auf **untergesetzlicher Ebene** weiter gehende Verfahrenserleichterungen vorgesehen. **46**

42 Erwägungsgrund 109 RL 2014/24/EU.

47 So regelt § 65 VgV insbesondere Folgendes:

- Die **Laufzeit einer Rahmenvereinbarung** darf – in Verlängerung der ansonsten vorgesehenen Vertragslaufzeit von höchstens vier Jahren – im Falle der Beschaffung von sozialen und anderen besonderen Dienstleistungen bis zu sechs Jahre betragen, es sei denn, es liegt ein im Gegenstand der Rahmenvereinbarung begründeter Sonderfall vor.
- Der öffentliche Auftraggeber kann für den Eingang der Teilnahmeanträge und der Angebote – unter Berücksichtigung der Besonderheiten der jeweiligen Dienstleistung – von den entsprechenden Regelfristen gemäß §§ 15 bis 19 VgV abweichende **Fristen** bestimmen.
- Bei der Bewertung der **Zuschlagskriterien** können insbesondere der Erfolg und die Qualität bereits erbrachter Leistungen des Bieters oder des vom Bieter eingesetzten Personals berücksichtigt werden.

Für die **Veröffentlichungspflichten** enthält § 66 VgV weitere verfahrenserleichternde Bestimmungen.

D. Rechtsschutz

48 § 130 Abs. 1 GWB vermittelt dem öffentlichen Auftraggeber für die Vergabe von Aufträgen über soziale und andere besondere Dienstleistungen ein Wahlrecht hinsichtlich der anzuwendenden Verfahrensart. Danach hat der öffentliche Auftraggeber die freie Wahl zwischen den gesetzlich vorgesehenen Verfahrensarten – mit Ausnahme des Verhandlungsverfahrens ohne Teilnahmewettbewerb, hierfür gelten weiterhin die gesetzlichen und untergesetzlichen Anwendungsvoraussetzungen.[43] Das insoweit gewährte Verfahrenswahlrecht ist nicht an weitere Voraussetzungen geknüpft, die Ausübung liegt also im Ermessen des öffentlichen Auftraggebers. Demzufolge haben die Bieter auch **keinen verfahrensrechtlich geschützten Anspruch** auf die Durchführung eines bestimmten Verfahrens, der im Rechtsschutzwege durchzusetzen wäre.

49 Im Übrigen unterliegt die Vergabe eines öffentlichen Auftrags über soziale und/oder andere besondere Dienstleistungen, der den maßgeblichen Schwellenwert in Höhe von 750.000 Euro erreicht oder überschreitet, dem **Nachprüfungsregime** der §§ 155 ff. GWB.

Anlagen

1 Gesetzesbegründung (BT-Drs. 18/6281)

Seite 114

§ 130 dient der Umsetzung der neuen Vorschriften der Richtlinie 2014/24/EU zur Vergabe von sozialen und anderen besonderen Dienstleistungen durch öffentliche Auftraggeber. Die bisherige Unterscheidung gemäß Artikel 20 f. der Richtlinie 2004/18/EG zwischen sogenannten vorrangigen A- und nachrangigen B-Dienstleistungen ist entfallen. Artikel 74 ff. der Richtlinie 2014/24/EU unterstellen bestimmte soziale und andere besondere Dienstleistungen besonderen erleichterten Beschaffungsregelungen (Sonderregime). Diese sozialen und anderen besonderen Dienstleistungen sind im Einzelnen im Anhang XIV der Richtlinie 2014/24/EU aufgeführt.

In allgemeiner Hinsicht hat der Unionsgesetzgeber in Erwägungsgrund 4 der Richtlinie 2014/24/EU darauf hingewiesen, dass die zunehmende Vielfalt öffentlicher Tätigkeiten es erforderlich mache, den Begriff der Auftragsvergabe selbst klarer zu definieren. Diese Präzisierung als solche sollte jedoch den Anwendungsbereich der neuen EU-Vergaberichtlinie im Verhältnis zu dem der Richtlinie 2004/18/EG nicht erweitern. Nicht alle Formen öffentlicher Ausgaben sollten abgedeckt werden, sondern nur diejenigen, die für den Erwerb von Bauleistungen, Lieferungen oder Dienstleistungen im Wege eines öffentlichen Auftrags getätigt werden. Fälle, in denen alle Wirtschaftsteilnehmer, die bestimmte Voraussetzungen erfüllen, zur Wahrnehmung einer bestimmten Aufgabe – ohne Selektivität – be-

43 § 119 Abs. 5 Alt. 2 GWB i.V.m. § 14 Abs. 4 VgV.

rechtigt sind, sollten nicht als Auftragsvergabe verstanden werden, sondern als einfache Zulassungssysteme (z. B. Zulassungen für Arzneimittel oder ärztliche Dienstleistungen). Daraus lässt sich schließen, dass die Zulassung von Dienstleistungserbringern im sozialhilferechtlichen Dreiecksverhältnis nicht der Richtlinie 2014/24/EU unterfällt. Gleiches gilt für die Zulassung von Pflegeeinrichtungen sowie die Feststellung der fachlichen Eignung im Rahmen der Zulassung besonderer Dienste oder besonderer Einrichtungen. Weiterhin hat der Unionsgesetzgeber in Erwägungsgrund 6 hervorgehoben, dass es den Mitgliedstaaten freistehe, die Erbringung von sozialen oder anderen Dienstleistungen entweder als Dienstleistungen von allgemeinem wirtschaftlichem Interesse oder als nichtwirtschaftliche Dienstleistungen von allgemeinem Interesse oder als eine Mischung davon zu organisieren. Der Unionsgesetzgeber stellt in diesem Zusammenhang klar, dass nichtwirtschaftliche Dienstleistungen von allgemeinem Interesse nicht in den Geltungsbereich der Richtlinie 2014/24/EU fallen.

Seite 115

Schließlich hebt der Unionsgesetzgeber in Erwägungsgrund 114 hervor, dass es den Mitgliedstaaten und Behörden auch künftig frei stehe, diese Dienstleistungen selbst zu erbringen oder soziale Dienstleistungen in einer Weise zu organisieren, die nicht mit der Vergabe öffentlicher Aufträge verbunden ist, beispielsweise durch die bloße Finanzierung solcher Dienstleistungen oder durch Erteilung von Lizenzen oder Genehmigungen – ohne Beschränkung oder Festsetzung von Quoten – für alle Wirtschaftsteilnehmer, die die vom öffentlichen Auftraggeber vorab festgelegten Bedingungen erfüllen; dabei weist der Unionsgesetzgeber auf die Voraussetzung hin, dass ein solches System eine ausreichende Bekanntmachung gewährleistet und den Grundsätzen der Transparenz und Nichtdiskriminierung genügt.

Soweit ein öffentlicher Auftrag über soziale und anderen besonderen Dienstleistungen vorliegt, sieht die Richtlinie 2014/24/EU für diese Kategorie öffentlicher Aufträge ein vereinfachtes Vergabeverfahren als besondere Beschaffungsregelung vor. Dieses vereinfachte Vergabeverfahren zeichnet sich dadurch aus, dass öffentliche Auftraggeber gemäß Artikel 76 Absatz 1 Satz 1 der Richtlinie 2014/24/EU lediglich verpflichtet sind, im Vergabeverfahren die Grundsätze der Transparenz und der Gleichbehandlung der Unternehmen einzuhalten. Darüber hinaus sind gemäß Artikel 75 der Richtlinie 2014/24/EU die beabsichtigte Vergabe sowie die Ergebnisse des Vergabeverfahrens EU-weit bekannt zu machen. Gemäß Artikel 74 i. V. m. Artikel 4 Buchstabe d greift für soziale und andere besondere Dienstleistungen im Sinne des Anhangs XIV der Richtlinie 2014/24/EU ein besonderer Schwellenwert von 750.000 €.

Grund für dieses vereinfachte Vergabeverfahren und den erhöhten Schwellenwert ist, dass diesen oftmals personen- oder ortsgebundenen Dienstleistungen nur eingeschränkt eine grenzüberschreitende Dimension zukommt (vergleiche Erwägungsgrund 114 ff. der Richtlinie 2014/24/EU). Gerade Dienstleistungen im Sozial-, Gesundheits- und Bildungsbereich werden in einem besonderen Kontext erbracht, der sich aufgrund unterschiedlicher kultureller Tradition in den einzelnen Mitgliedstaaten sehr unterscheidet (siehe Erwägungsgrund 114 der Richtlinie 2014/24/EU). Erfasst sind durch Anhang XIV der Richtlinie 2014/24/EU als soziale Dienstleistungen zum Beispiel die Arbeitsmarktdienstleistungen des Sozialgesetzbuchs II, III und IX. Betroffen ist auch der Einsatz von Krankenwagen zur reinen Patientenbeförderung. Dagegen unterfallen Notfallrettungsdienste und der Einsatz von Krankenwagen, sofern er in allgemeinen und fachspezifischen ärztlichen Dienstleistungen in einem Rettungswagen besteht, nicht dem Vergaberecht, siehe Artikel 10 Buchstabe h der Richtlinie 2014/24/EU und § 107 Nummer 4. Im Hinblick auf Gaststätten- und Beherbergungsdienstleistungen werden diese üblicherweise nur von den Unternehmen angeboten, die an dem konkreten Ort der Erbringung dieser Dienstleistungen angesiedelt sind (siehe Erwägungsgrund 115 der Richtlinie 2014/24/EU). Rechtsberatungsdienstleistungen werden in der Regel von Unternehmen in dem jeweiligen Mitgliedstaat angeboten (siehe Erwägungsgrund 116 der Richtlinie 2014/24/EU). Soweit Rettungs- und Feuerwehrdienste nicht ohnehin vom Anwendungsbereich des Vergaberechts ausgenommen sind, bieten diese Dienstleistungen in der Regel nur dann ein grenzüberschreitendes Interesse, wenn sie aufgrund eines relativ hohen Auftragswertes eine ausreichend kritische Masse erreichen (Erwägungsgrund 117 der Richtlinie 2014/24/EU). Im Übrigen sind die im Anhang XIV aufgeführten Dienstleistungen des Gesundheits- und Sozialwesens und dazugehörige Dienstleistungen erfasst, sofern sie in den Anwendungsbereich des GWB fallen. Die Richtlinie 2014/24/EU stellt in Artikel 1 Absatz 5 und der Fußnote zu Anhang XIV klar, dass Dienstleistungen im Rahmen der gesetzlichen Sozialversicherung nicht von der Richtlinie erfasst sind, wenn sie als nicht-wirtschaftliche Dienstleistungen von allgemeinem Interesse organisiert werden.

Sowohl in Anhang XIV Richtlinie 2014/24/EU als auch in Anhang XVII der Richtlinie 2014/25/EU sind Postdienste unter Nennung der Referenznummern des Common Procurement Vocabulary als soziale und andere besondere Dienstleistungen aufgeführt, für die das erleichterte Sonderregime gilt. Allerdings stellen die Erwägungsgründe 119 der Richtlinie 2014/24/EU und 125 Richtlinie 2014/25/EU klar, dass eine Bezugnahme auf eine CPV-Abteilung nicht automatisch eine Bezugnahme auf untergeordnete Unterteilungen der CPV-Nummern bedeutet. Insofern gilt das erleichterte Regime ausschließlich für die in den genannten Anhängen aufgeführten Dienste, sofern diese Dienste die nachfolgend aufgeführten Leistungen nicht umfassen, für welche mangels Nennung in den Anhängen dann das strenge, vollumfängliche Vergaberecht (und nicht § 130) gilt:

64120000-3 (Kurierdienste), 64121000-0 (Multi-modale Kurierdienste), 64121100-1 (Postzustellung), 64121200-2 (Paketzustellung), 60160000-7 (Postbeförderung auf der Straße), 60161000-4 (Paketbeförderung), 60411000-2 (Luftpostbeförderung im Linienverkehr), 60421000-5 (Luftpostbeförderung im Gelegenheitsverkehr).

Die von der Richtlinie 2014/24/EU in den Artikeln 74 ff. eröffnete Flexibilität für öffentliche Auftraggeber bei der Vergabe sozialer Dienstleistungen wird nunmehr im deutschen Vergaberecht im GWB aufgegriffen. Weitere

Seite 116

Verfahrenserleichterungen können auf Verordnungsebene im Rahmen der Ermächtigung des § 113 aufgegriffen werden. Gemäß Artikel 76 Absatz 1 Satz 1 der Richtlinie 2014/24/EU führen die Mitgliedstaaten einzelstaatliche Regeln für die Vergabe sozialer und anderer besonderer Dienstleistungen ein, um sicherzustellen, dass die öffentlichen Auftraggeber die Grundsätze der Transparenz und der Gleichbehandlung der Unternehmen einhalten. Gemäß Artikel 76 Absatz 1 Satz 2 der Richtlinie 2014/24/EU ist es den Mitgliedstaaten überlassen, die anwendbaren Verfahrensregeln für soziale und andere besondere Dienstleistungen festzulegen, sofern derartige Regeln es den öffentlichen Auftraggebern ermöglichen, den Besonderheiten der jeweiligen Dienstleistungen Rechnung zu tragen.

Zu Absatz 1

§ 130 Absatz 1 Satz 1 eröffnet öffentlichen Auftraggebern bei der Vergabe öffentlicher Aufträge über soziale und andere besondere Dienstleistungen die Wahl zwischen offenem Verfahren, nicht offenem Verfahren, Verhandlungsverfahren mit Teilnahmewettbewerb, wettbewerblichen Dialog und Innovationspartnerschaft. Künftig sollen öffentliche Auftraggeber hierbei zwischen den wettbewerblichen Verfahrensarten frei wählen dürfen. Das hat insbesondere zur Folge, dass die Zulassungsvoraussetzungen für das Verhandlungsverfahren und den wettbewerblichen Dialog gemäß Artikel 26 Absatz 4 der Richtlinie 2014/24/EU keine Anwendung finden. Im Übrigen kommen die Vorschriften des Abschnitts 1 des Teils 4, Unterabschnitt 1 und 2, sowie die Verfahrensvorschriften der Vergabeverordnung grundsätzlich uneingeschränkt zur Anwendung. Artikel 76 Absatz 1 Satz 2 der Richtlinie 2014/24/EU setzt voraus, dass die anwendbaren Verfahrensregeln für soziale und andere besondere Dienstleistungen es den öffentlichen Auftraggebern ermöglichen, den Besonderheiten der jeweiligen Dienstleistungen Rechnung zu tragen. Denn die von Artikel 74 ff. i. V. m. Anhang XIV der Richtlinie erfassten sozialen und anderen besonderen Dienstleistungen können sehr unterschiedlich sein. Erfasst sind durch Anhang XIV der Richtlinie 2014/24/EU als soziale Dienstleistungen zum Beispiel die Arbeitsmarktdienstleistungen des Sozialgesetzbuchs II, III und IX, und als andere besondere Dienstleistungen die rechtsanwaltlichen Beratungsdienstleistungen ohne forensische Tätigkeit sowie Dienstleistungen des Gaststätten- und Beherbergungsgewerbes. Über die Auswahl der Verfahrensart hinaus kann es zum Beispiel bei der Anwendung der Vorschriften zur Leistungsbeschreibung, der Eignungs- und Zuschlagskriterien sowie der Ausführungsbedingungen erforderlich sein, die besonderen Anforderungen an die Erbringung der jeweiligen sozialen und anderen besonderen Dienstleistungen zu beachten. Das bedeutet vor allem, dass abhängig von den Besonderheiten der jeweiligen sozialen und anderen besonderen Dienstleistungen und den unterschiedlichen Möglichkeiten zur Standardisierung dieser Dienstleistungen Qualitäts- und Nachhaltigkeitskriterien in unterschiedlichem Ausmaß zum Tragen kommen können. Je nach Möglichkeit zur Standardisierung von Leistungsanforderungen in der Leistungsbeschreibung können öffentliche Auftraggeber beispielsweise beim Zuschlag dem Preis unterschiedliches Gewicht gegenüber qualitativen Aspekten einräumen.

§ 130 Absatz 1 Satz 2 bestimmt, dass ein Verhandlungsverfahren ohne Teilnahmewettbewerb nur zur Verfügung steht, soweit dies aufgrund dieses Gesetzes gestattet ist. Somit müssen die in der Vergabeverordnung umzusetzenden Zulassungsvoraussetzungen für das Verhandlungsverfahren ohne vorgeschalteten Teilnahmewettbewerb gemäß Artikel 32 der Richtlinie 2014/24/EU beachtet werden.

Zu Absatz 2

§ 130 Absatz 2 eröffnet für den Bereich öffentlicher Aufträge über soziale und andere besondere Dienstleistungen zulässige Auftragsänderungen ohne Durchführung eines neuen Vergabeverfahrens abweichend von § 132 Absatz 3, wenn der Wert der Änderung nicht mehr als 20 Prozent des ursprünglichen Auftragswertes beträgt. Grund dafür ist, dass der Anstieg der Nachfrage nach sozialen und anderen besonderen Dienstleistungen durch äußere, vom öffentlichen Auftraggeber nicht vorhersehbare und beeinflussbare Umstände bewirkt werden kann. Öffentliche Auftraggeber sollen in solchen Sachverhaltskonstellationen vereinbarte Teilnehmerkontingente flexibel in einem höheren Umfang erweitern können, um den Bedürfnissen betroffener Menschen vor allem im Sozial-, Bildungs- und Gesundheitsbereich angemessen Rechnung tragen zu können. Die Begrenzung von Auftragsänderungen während der Vertragslaufzeit auf 10 Prozent des ursprünglichen Auftragswertes im Rahmen des allgemeinen Vergaberegimes trägt diesen Besonderheiten nur eingeschränkt Rechnung. Daher ist es sinnvoll, für soziale und andere besondere Dienstleistungen die Begrenzung auf 20 Prozent des ursprünglichen Auftragswertes zu erweitern. Diese Grenze entspricht der bisherigen Wertgrenze in der VOL/A zur freihändigen Vergabe bei nichtprioritären Dienstleistungen. Zum Beispiel kann eine steigende Nachfrage nach Arbeitsmarktdienstleistungen auf konjunkturelle Rahmenbedingungen zurückzuführen sein. Aufgrund weiterer nicht vorhersehbarer Verschlechterungen

Seite 117

der wirtschaftlichen Rahmenbedingungen oder nicht vorhersehbaren regionalen Veränderungen auf dem Ausbildungs- und Arbeitsmarkt (z. B. Unternehmensinsolvenz) kann sich innerhalb der Vertragslaufzeit ein erheblicher Mehrbedarf gegenüber der ursprünglichen Planung vor einer Ausschreibung von sozialen und anderen besonderen Dienstleistungen wie z. B. Arbeitsmarktdienstleistungen ergeben. In solchen Fällen müssen öffentliche Auftraggeber in der Lage sein, zeitnah laufende Verträge um zusätzliche Teilnehmerkontingente zu erweitern.

2 Anhang XIV (Richtlinie 2014/24/EU)

DIENSTLEISTUNGEN NACH ARTIKEL 74

CPV-Code	Beschreibung
75200000-8; 75231200-6; 75231240-8; 79611000-0; 79622000-0 [Überlassung von Haushaltshilfen]; 79624000-4 [Überlassung von Pflegepersonal] und 79625000-1 [Überlassung von medizinischem Personal] von 85000000-9 bis 85323000-9 98133100-5, 98133000-4; 98200000-5 und 98500000-8 [Privathaushalte mit Hausangestellten] und 98513000-2 bis 98514000-9 [Bereitstellung von Arbeitskräften für private Haushalte, Vermittlung von Arbeitskräften für private Haushalte, Bereitstellung von Bürokräften für private Haushalte, Bereitstellung von Zeitarbeitskräften für private Haushalte, Dienstleistungen von Haushaltshilfen und Haushaltungsdienste]	Dienstleistungen des Gesundheits- und Sozialwesens und zugehörige Dienstleistungen
85321000-5 und 85322000-2, 75000000-6 [Dienstleistungen der öffentlichen Verwaltung, Verteidigung und Sozialversicherung], 75121000-0, 75122000-7, 75124000-1; von 79995000-5 bis 79995200-7; von 80000000-4 [Allgemeine und berufliche Bildung] bis 80660000-8; von 92000000-1 bis 92700000-8 79950000-8 [Veranstaltung von Ausstellungen, Messen und Kongressen], 79951000-5 [Veranstaltung von Seminaren], 79952000-2 [Event-Organisation], 79952100-3 [Organisation von Kulturveranstaltungen], 79953000-9 [Organisation von Festivals], 79954000-6 [Organisation von Parties], 79955000-3 [Organisation von Modenschauen], 79956000-0 [Organisation von Messen und Ausstellungen]	Administrative Dienstleistungen im Sozial-, Bildungs-, Gesundheits- und kulturellen Bereich
75300000-9	Dienstleistungen im Rahmen der gesetzlichen Sozialversicherung (1)
75310000-2, 75311000-9, 75312000-6, 75313000-3, 75313100-4, 75314000-0, 75320000-5, 75330000-8, 75340000-1	Beihilfen, Unterstützungsleistungen und Zuwendungen
98000000-3; 98120000-0; 98132000-7; 98133110-8 und 98130000-3	Sonstige gemeinschaftliche, soziale und persönliche Dienstleistungen, einschließlich Dienstleistungen von Gewerkschaften, von politischen Organisationen, von Jugendverbänden und von sonstigen Organisationen und Vereinen
98131000-0	Dienstleistungen von religiösen Vereinigungen
55100000-1 bis 55410000-7; 55521000-8 bis 55521200-0 [55521000-8 Verpflegungsdienste für Privathaushalte, 55521100-9 Essen auf Rädern, 55521200-0 Auslieferung von Mahlzeiten] 55520000-1 Verpflegungsdienste, 55522000-5 Verpflegungsdienste für Transportunternehmen, 55523000-2 Verpflegungsdienste für sonstige Unternehmen oder andere Einrichtungen, 55524000-9 Verpflegungsdienste für Schulen 55510000-8 Dienstleistungen von Kantinen, 55511000-5 Dienstleistungen von Kantinen und anderen nicht öffentlichen Cafeterias, 55512000-2 Betrieb von Kantinen, 55523100-3 Auslieferung von Schulmahlzeiten	Gaststätten und Beherbergungsgewerbe
79100000-5 bis 79140000-7; 75231100-5;	Dienstleistungen im juristischen Bereich, sofern sie nicht nach Artikel 10 Buchstabe d ausgeschlossen sind
75100000-7 bis 75120000-3; 75123000-4; 75125000-8 bis 75131000-3	Sonstige Dienstleistungen der Verwaltung und für die öffentliche Verwaltung
75200000-8 bis 75231000-4	Kommunale Dienstleistungen

CPV-Code	Beschreibung
75231210-9 bis 75231230-5; 75240000-0 bis 75252000-7; 794300000-7; 98113100-9	Dienstleistungen für Haftanstalten, Dienstleistungen im Bereich öffentliche Sicherheit und Rettungsdienste, sofern sie nicht nach Artikel 10 Buchstabe h ausgeschlossen sind
79700000-1 bis 79721000-4 [Dienstleistungen von Detekteien und Sicherheitsdiensten, Dienstleistungen von Sicherheitsdiensten, Überwachung von Alarmanlagen, Bewachungsdienste, Überwachungsdienste, Dienstleistungen in Verbindung mit Suchsystemen, Fahndung nach Flüchtigen, Streifendienste, Ausgabe von Mitarbeiterausweisen, Ermittlungsdienste und Dienstleistungen von Detekteien] 79722000-1 [Dienstleistungen von Grafologen], 79723000-8 [Abfallanalyse]	Dienstleistungen von Detekteien und Sicherheitsdiensten
98900000-2 [Von extraterritorialen Organisationen und Körperschaften erbrachte Leistungen] und 98910000-5 [Dienstleistungen von internationalen Organisationen und Körperschaften]	Internationale Dienstleistungen
64000000-6 [Post- und Fernmeldedienste], 64100000-7 [Post- und Kurierdienste], 64110000-0 [Postdienste], 64111000-7 [Postdienste im Zusammenhang mit Zeitungen und Zeitschriften], 64112000-4 [Briefpostdienste], 64113000-1 [Paketpostdienste], 64114000-8 [Post-Schalterdienste], 64115000-5 [Vermietung von Postfächern], 64116000-2 [Dienste im Zusammenhang mit postlagernden Sendungen], 64122000-7 [Interne Bürobotendienste]	Postdienste
50116510-9 [Reifenrunderneuerung], 71550000-8 [Schmiedearbeiten]	Verschiedene Dienstleistungen

(1) Diese Dienstleistungen unterliegen nicht dieser Richtlinie, wenn sie als nichtwirtschaftliche Dienstleistungen von allgemeinem Interesse organisiert werden. Es steht den Mitgliedstaaten frei, die Erbringung von Dienstleistungen im Rahmen der gesetzlichen sozialen Dienstleistungen oder anderen Dienstleistungen als Dienstleistungen von allgemeinem Interesse oder als nichtwirtschaftliche Dienstleistungen von allgemeinem Interesse zu organisieren.

§ 131
Vergabe von öffentlichen Aufträgen über Personenverkehrsleistungen im Eisenbahnverkehr

(1) Bei der Vergabe von öffentlichen Aufträgen, deren Gegenstand Personenverkehrsleistungen im Eisenbahnverkehr sind, stehen öffentlichen Auftraggebern das offene und das nicht offene Verfahren, das Verhandlungsverfahren mit Teilnahmewettbewerb, der wettbewerbliche Dialog und die Innovationspartnerschaft nach ihrer Wahl zur Verfügung. Ein Verhandlungsverfahren ohne Teilnahmewettbewerb steht nur zur Verfügung, soweit dies aufgrund dieses Gesetzes gestattet ist.

(2) Anstelle des § 108 Absatz 1 ist Artikel 5 Absatz 2 der Verordnung (EG) Nr. 1370/2007 des Europäischen Parlaments und des Rates vom 23. Oktober 2007 über öffentliche Personenverkehrsdienste auf Schiene und Straße und zur Aufhebung der Verordnungen (EWG) Nr. 1191/69 und (EWG) Nr. 1107/70 des Rates (ABl. L 315 vom 3.12.2007, S. 1) anzuwenden. Artikel 5 Absatz 5 und Artikel 7 Absatz 2 der Verordnung (EG) Nr. 1370/2007 bleiben unberührt.

(3) Öffentliche Auftraggeber, die öffentliche Aufträge im Sinne von Absatz 1 vergeben, sollen gemäß Artikel 4 Absatz 5 der Verordnung (EG) Nr. 1370/2007 verlangen, dass bei einem Wechsel des Betreibers der Personenverkehrsleistung der ausgewählte Betreiber die Arbeitnehmerinnen und Arbeitnehmer, die beim bisherigen Betreiber für die Erbringung dieser Verkehrsleistung beschäftigt waren, übernimmt und ihnen die Rechte gewährt, auf die sie Anspruch hätten, wenn ein Übergang gemäß § 613a des Bürgerlichen Gesetzbuchs erfolgt wäre. Für den Fall, dass ein öffentlicher Auftraggeber die Übernahme von Arbeitnehmerinnen und Arbeitnehmern im Sinne von Satz 1 verlangt, beschränkt sich das Verlangen auf diejenigen Arbeitnehmerinnen und Arbeitnehmer, die für die Erbringung der übergehenden Verkehrsleistung unmittelbar erforderlich sind. Der öffentliche Auftraggeber soll Regelungen vorsehen, durch die eine missbräuchliche Anpassung tarifvertraglicher Regelungen zu Lasten des neuen Betreibers zwischen der Veröffentlichung der Auftragsbekanntmachung und der Übernahme des Betriebes ausgeschlossen wird. Der bisherige Betreiber ist nach Aufforderung durch den öffentlichen Auftraggeber verpflichtet, alle hierzu erforderlichen Angaben zu machen.

Übersicht Rn.

A. Allgemeines ... 1
B. Anwendungsbereich ... 5
I. Persönlicher Anwendungsbereich ... 5
II. Sachlicher Anwendungsbereich ... 8
C. Freie Verfahrenswahl (Abs. 1) ... 11
D. Direktvergaben (Abs. 2) ... 14
I. Direktvergabe an einen internen Betreiber (S. 1) ... 14
1. Abgrenzung zur Selbsterbringung ... 15
2. Voraussetzungen ... 16
a) Rechtliche Behördeneinheit ... 16
b) Öffentlicher Dienstleistungsauftrag ... 18
c) Rechtlich getrennte Einheit ... 20
d) Kontrollerfordernis ... 22
e) Tätigkeitsgebiet und Wettbewerbsverbot ... 26
f) Unterauftragsvergabe ... 29
g) Vorinformation (S. 2) ... 30
II. Direktvergabe als Notmaßnahme (S. 2) ... 35
E. Betreiberwechsel (Abs. 3) ... 43
I. Betriebsübergang (S. 1) ... 43
1. Anwendungsbereich ... 46
2. Intendiertes Ermessen ... 51
3. Rechte und Pflichten ... 54
4. Vergabeunterlagen ... 59
II. Geschützter Arbeitnehmerkreis (S. 2) ... 60
III. Missbrauchsverbot (S. 3) ... 64
IV. Auskunftsverpflichtung (S. 4) ... 65
Anlagen
1. Gesetzesbegründung (BT-Drs. 18/6281)
2. Verordnung (EG) Nr. 1370/2007 (ABl. L 315/1 vom 3.12.2007)

A. Allgemeines

1 § 131 GWB beinhaltet Sonderregeln für die Vergabe von öffentlichen Aufträgen über **Personenverkehrsleistungen im Eisenbahnverkehr**. Die neu in das GWB eingefügte Vorschrift schreibt die bisher bestehende Rechtslage bei der Vergabe von Eisenbahndiensten im Wesentlichen fort: Bei Überschreitung der EU-Vergabeschwellenwerte galten bislang schon die vergaberechtlichen Vorgaben des Teil 4 des GWB und die Verfahrensvorschriften des ersten Abschnitts der VOL/A.[1] Da die RL 2014/24/EU nicht zwischen **prioritären (vorrangigen) und nicht prioritären (nachrangigen) Dienstleistungen** unterscheidet, war insoweit eine Neuregelung erforderlich, die parallel zur Regelung der Vergabe öffentlicher Aufträge über soziale und andere besondere Dienstleistungen in § 130 GWB getroffen wurde, die – wie Eisenbahnverkehrsdienste – bisher als nachrangige Dienstleistungen eingeordnet wurden.[2]

2 Mit Beschluss vom 8.2.2011 hat der BGH eine Grundsatzentscheidung zur Vergabe von Leistungen im Schienenpersonennahverkehr getroffen.[3] Er lässt darin erkennen, dass *„nationale Regelungen zur Vergabe von Eisenbahndienstleistungen [...] weiter Bestand haben können"*. Die Bundesrichter begründen ihre Ansicht hauptsächlich damit, dass die nach Art. 5 Abs. 6 VO (EG) 1370/2007 mögliche **Direktvergabe** eine *„vergaberechtlich geprägte Sicherstellung der Verkehrsbedienung"* voraussetzt. Diese Rechtsmeinung kann mit der in Art. 5 Abs. 6 VO (EG) 1370/2007 verankerten Formulierung, „sofern dies nicht nach nationalem Recht untersagt ist", erklärt werden; ein Sondervergaberechtsregime, das die allgemeinen Vergabevorschriften als lex specialis regelmäßig verdrängen würde, kann wegen des nationalen Rechtsvorbehaltes in Art. 5 Abs. 6 VO (EG) 1370/2007 somit nicht gefolgert werden.[4] § 131 GWB stellt also klar, dass die Vergabe von öffentlichen Aufträgen im Eisenbahnverkehr auch in Zukunft grundsätzlich im Wettbewerb erfolgen soll.[5]

3 Der deutsche Gesetzgeber macht mit § 131 GWB von der in Art. 5 Abs. 6 VO (EG) 1370/2007 eingeräumten Möglichkeit der **Vorrangigkeit nationalen Rechts** Gebrauch. Art. 10 lit. i RL 2014/24/EU, der öffentliche Personenverkehrsdienste auf Schiene oder per Untergrundbahn von der Anwendung europäischen Vergaberechts ausnimmt, steht einer davon abweichenden mitgliedstaatlichen Regelung nicht entgegen. Hierauf weisen die Erwägungsgründe zu Art. 10 lit. i RL 2014/24/EU ausdrücklich hin.[6]

4 Gegenüber dem **Referentenentwurf** zum VergRModG 2016 vom 30.4.2015 blieben § 131 Abs. 1 und Abs. 2 S. 2 GWB im Gesetzentwurf der Bundesregierung vom 8.7.2015 unverändert. Hingegen erfolgte in § 131 Abs. 2 S. 1 GWB eine redaktionelle Ergänzung („des Europäischen Parlaments und des Rates vom 23. Oktober 2007 über öffentliche Personenverkehrsdienste auf Schiene und Straße und zur Aufhebung der Verordnungen (EWG) Nr. 1191/69 und Nr. 1107/70 des Rates (ABl. L 315 vom 3.12.2007, S. 1)") und § 131 Abs. 3 GWB wurde im Hinblick auf Art. 4 Abs. 5 S. 1 VO (EG) 1370/2007 inhaltlich konkretisiert („die beim bisherigen Betreiber zur Erbringung der Dienste beschäftigt waren, übernimmt und ihnen die Rechte gewährt, auf die sie Anspruch hätten, wenn ein Übergang gemäß § 613a des Bürgerlichen Gesetzbuchs erfolgt wäre"). Der Gesetzentwurf der Bundesregierung vom 8.7.2015 wurde inhaltlich unverändert dem Bundesrat zur Beschlussfassung vorgelegt.[7] Der Bundesrat nahm am 25.9.2015 zum Gesetzentwurf Stellung und empfahl, in § 131 Abs. 3 GWB das Wort „können" durch „sollen" und die Formulierung „gemäß Artikel 4 Absatz 5" durch die Wendung „im Einklang mit" zu ersetzen.[8] Weiter empfahl die Länderkammer, § 131 Abs. 3 GWB den Satz anzufügen: „Der bisherige Betreiber ist nach Aufforderung durch den öffentlichen

1 Gesetzesbegründung, BT-Drs. 18/6281, 117.
2 Gesetzesbegründung, BT-Drs. 18/6281, 117.
3 BGH, Beschluss v. 8.2.2011 – X ZB 4/10 (Abellio).
4 *Schröder*, in: Saxinger/Winnes, Recht des öffentlichen Personenverkehrs, Art. 5 Abs. 6 VO 1370 Rn. 8.
5 BT-Drs. 18/6281, 117.
6 Erwägungsgrund 27 RL 2014/24/EU.
7 Gesetzentwurf der Bundesregierung, BR-Drs. 367/15, 29.
8 Stellungnahme des Bundesrates, BR-Drs. 367/15 (Beschluss), 7.

Auftraggeber verpflichtet, alle hierzu erforderlichen Angaben zu machen."[9] Zudem wünschte der Bundesrat, in § 131 GWB einen Abs. 4 einzupflegen: „Zwingende Ausführungsbestimmungen zu Artikel 4 Abs. 5 und Abs. 6 VO (EG) Nr. 1370/2007 durch Bundes- oder Landesgesetz bleiben unberührt."[10] Dem erstgenannten Vorschlag des Bundesrates, der ursprünglich auf Antrag Nordrhein-Westfalens und Schleswig-Holsteins Eingang in den Gesetzgebungsprozess gefunden hat,[11] stimmte die Bundesregierung im Rahmen ihrer Gegenäußerung zu.[12] Der Ausschuss für Wirtschaft und Energie empfahl schließlich am 16.12.2015 die heute gültige Fassung von § 131 Abs. 3 GWB: Im Gesetzentwurf wurde in S. 1 das Wort „können" durch „sollen" und die Formulierung „zur Erbringung der Dienste" durch die Wendung „für die Erbringung dieser Verkehrsleistung" ersetzt. Ferner wurden die S. 2 bis 4 neu ergänzt, wobei letzterer Satz den bereits vom Bundesrat gewünschten Auskunftsanspruch beinhaltet.

B. Anwendungsbereich

I. Persönlicher Anwendungsbereich

§ 131 GWB findet unmittelbar auf **„öffentliche Auftraggeber"** Anwendung. Dies bestätigen § 131 Abs. 1 S. 1 und Abs. 3 GWB, die sich ausdrücklich auf „öffentliche Auftraggeber" gemäß § 99 GWB beziehen. 5

Auf **Sektorenauftraggeber** nach § 100 GWB und **Konzessionsgeber** i.S.v. § 101 GWB findet § 131 GWB keine direkte Anwendung, aber indirekt aufgrund der Verweisung in § 142 GWB für Sektorenvergaben und wegen § 154 Nr. 3 GWB – zumindest § 131 Abs. 2 und Abs. 3 GWB – auch für Konzessionsvergaben. 6

Die **öffentlichen Auftraggeber nach § 99 Nr. 4 GWB** sind im Bereich der Vergabe von Eisenbahnverkehrsdiensten ohne Bedeutung, sodass nur die öffentlichen Auftraggeber gemäß § 99 Nr. 1 bis 3 GWB praktisch relevant sind: Aufgabenträger im Schienenpersonennahverkehr sind entweder die Bundesländer selbst (z.B. auch in Form von landeseigenen GmbHs) oder sie haben die Aufgabenträgerfunktion auf kommunale Zweckverbände übertragen. 7

II. Sachlicher Anwendungsbereich

§ 131 GWB findet bei öffentlichen Aufträgen über Personenverkehrsleistungen im Eisenbahnverkehr Anwendung. Der Begriff des „**Eisenbahnverkehrs**" wird nicht näher gesetzlich definiert. Er ist technisch (Eisenbahn), räumlich (Verkehr)[13] und zudem gegenständlich (Personentransport) geprägt. 8

Dies sind typischerweise **Eisenbahnverkehrsunternehmen** i.S.v. Art. 3 Spiegelstr. 1 RL 91/440/EWG, deren Haupttätigkeit in der Beförderung von Personen besteht. **Eisenbahninfrastrukturunternehmen** fallen ebenso wenig unter den Begriff des „Eisenbahnverkehrs" wie Eisenbahnverkehrsunternehmen, die Güter transportieren. 9

Straßen- und Untergrundbahnen können zwar technisch als Eisenbahn eingeordnet werden, sind aber nach der Gesetzesbegründung nicht erfasst.[14] Sie zählen zu den Personenverkehrsdiensten gemäß § 1 PBefG auf der Straße, wozu nach § 4 Abs. 2 PBefG auch Hoch-, Schwebebahnen und ähnliche Bahnen besonderer Bauart gerechnet werden. Das Gleiche gilt für straßengebundene Personenverkehrsdienste mittels Kraftfahrzeugen und Oberleitungsbussen. Für sie alle gelten weiterhin die Regelungen der §§ 8a, 8b PBefG: Für öffentliche Aufträge verweist § 8a PBefG auf das GWB-Vergaberecht und auf die VO (EG) 1370/2007, wäh- 10

9 Stellungnahme des Bundesrates, BR-Drs. 367/15 (Beschluss), 7 f.
10 Stellungnahme des Bundesrates, BR-Drs. 367/15 (Beschluss), 8.
11 Antrag der Länder Nordrhein-Westfalen, Schleswig-Holstein, BR-Drs. 367/3/15, 1 f.
12 Gesetzesbegründung, BT-Drs. 18/6281, 159.
13 *Schröder*, in: Saxinger/Winnes, Recht des öffentlichen Personenverkehrs, Art. 5 Abs. 6 VO 1370 Rn. 23.
14 Gesetzesbegründung, BT-Drs. 18/6281, 117.

rend für Dienstleistungskonzessionen[15] § 8b PBefG das wettbewerbliche Vergabeverfahren i.S.v. Art. 5 Abs. 3 VO (EG) 1370/2007 ausgestaltet.[16]

C. Freie Verfahrenswahl (Abs. 1)

11 § 131 Abs. 1 GWB stellt sicher, dass die Aufgabenträger im Schienenpersonennahverkehr bei der Wahl der Verfahrensart und der Ausgestaltung des Vergabeverfahrens ebenso wie nach der bisherigen Rechtslage die notwendige Flexibilität haben, um den Besonderheiten und der Komplexität dieser Vergaben Rechnung tragen zu können.[17] Dementsprechend besteht für die öffentlichen Auftraggeber **Wahlfreiheit zwischen fünf Verfahrensarten**, ohne dass besondere Gründe[18] vorliegen müssen: (1) offenes Verfahren,[19] (2) nicht offenes Verfahren (mit Teilnahmewettbewerb),[20] (3) Verhandlungsverfahren mit Teilnahmewettbewerb,[21] (4) wettbewerblicher Dialog[22] und (5) Innovationspartnerschaft[23].

12 Die Aufgabenträger im Schienenpersonennahverkehr werden durch die Möglichkeit der freien Verfahrenswahl **privilegiert**, weil öffentliche Auftraggeber ansonsten regelmäßig nur das offene Verfahren und das nicht offene Verfahren frei wählen dürfen (§ 119 Abs. 2 S. 1 GWB). Unter den Aspekten der (Verfahrens-)Effizienz und des vom Gesetzgeber angestrebten Wettbewerbs erscheinen für kleinere Vergabevolumina mit weitgehend standardisierten Eisenbahnverkehrsdiensten das offene Verfahren, für größere Auftragsvolumen mit eher komplexen Eisenbahnverkehrsdienstleistungen das Verhandlungsverfahren mit Teilnahmewettbewerb zielführend zu sein. Die Wahl eines wettbewerblichen Dialogs oder einer Innovationspartnerschaft dürfte bei der Verfahrensentscheidung der Aufgabenträger im Schienenpersonennahverkehr nur in besonderen Ausnahmefällen eine Rolle spielen.

13 Das **Verhandlungsverfahren ohne Teilnahmewettbewerb** kann von den öffentlichen Auftraggebern hingegen nicht frei für Vergaben im Eisenbahnbereich gewählt werden. § 131 Abs. 1 S. 2 GWB sieht daher vor, dass ein Verhandlungsverfahren ohne Teilnahmewettbewerb nur zur Verfügung steht, soweit dies aufgrund dieses Gesetzes gestattet ist. Solche Verhandlungsverfahren sind nur in den nach § 14 Abs. 4 VgV festgelegten Fällen zulässig.[24]

D. Direktvergaben (Abs. 2)

I. Direktvergabe an einen internen Betreiber (S. 1)

14 § 131 Abs. 2 S. 1 GWB bestimmt, dass bei der Vergabe von Eisenbahnverkehrsdienstleistungen die in § 108 Abs. 1 GWB geregelten allgemeinen **In-House-Voraussetzungen** nicht angewandt werden. Sie werden durch die speziellen Regelungen für die (Direkt-)Vergabe an einen internen Betreiber nach Art. 5 Abs. 2 VO (EG) 1370/2007 ersetzt. Art. 5 Abs. 2 VO (EG) 1370/2007 stellt eine für den Bereich der gemeinwirtschaftlichen Personenverkehrsdienste auf der Schiene geltende Sonderregelung zu der allgemeinen In-House-Ausnahme nach Art. 12 Abs. 1 RL 2014/24/EG dar.[25] Eine Direktvergabe ist nach Art. 2 lit. h VO (EG) 1370/2007 die Vergabe eines öffentlichen Dienstleistungsauftrages ohne Durchführung eines

15 § 149 Nr. 12 Alt. 2 GWB nimmt die Vergabe von Dienstleistungskonzessionen über die Beförderung von Personen nach § 1 PBefG von Teil 4 des GWB aus, sodass hierauf weiter § 8b PBefG Anwendung findet.
16 Gesetzesbegründung, BT-Drs. 18/6281, 117.
17 Gesetzesbegründung, BT-Drs. 18/6281, 117.
18 Die in Art. 26 Abs. 4 RL 2014/24/EU dokumentierten Voraussetzungen für die Anwendbarkeit eines Verhandlungsverfahrens mit Teilnahmewettbewerb oder eines wettbewerblichen Dialogs gelten nicht für die Vergabe von Eisenbahnverkehrsdiensten, vgl. auch Gesetzesbegründung, BT-Drs. 18/6281, 117.
19 § 119 Abs. 3 GWB.
20 § 119 Abs. 4 GWB.
21 § 119 Abs. 5 GWB.
22 § 119 Abs. 6 GWB.
23 § 119 Abs. 7 GWB.
24 Gesetzesbegründung, BT-Drs. 18/6281, 118.
25 Gesetzesbegründung, BT-Drs. 18/6281, 118.

vorherigen wettbewerblichen Vergabeverfahrens. Die In-House-Vergabe und die interne Vergabe an einen internen Betreiber zielen somit beide auf die wettbewerbsfreie, unmittelbare Beauftragung eines vom Auftraggeber rechtlich verschiedenen Unternehmers.

1. Abgrenzung zur Selbsterbringung

Art. 5 Abs. 2 VO (EG) 1370/2007 beinhaltet zwei Möglichkeiten der Vergabe öffentlicher Dienstleistungsaufträge: Zum einen die **Selbsterbringung** nach Art. 5 Abs. 2 S. 1 Alt. 1 VO (EG) 1370/2007; zum anderen die **interne Betreiberschaft** nach Art. 5 Abs. 2 S. 1 Alt. 2 VO (EG) 1370/2007. Im erstgenannten Fall erbringt die zuständige Behörde die Dienstleistungen selbst. Sie vergibt keinen öffentlichen Dienstleistungsauftrag an einen von ihr rechtlich getrennten Dritten. Der Rechtsnormverweis in § 131 Abs. 2 S. 1 GWB meint daher nicht beide in Art. 5 Abs. 2 VO (EG) 1370/2007 zulässigen Vergabemöglichkeiten, sondern nur die direkte Vergabe an einen internen Betreiber gemäß Art. 5 Abs. 2 S. 1 Alt. 2 VO (EG) 1370/2007. 15

2. Voraussetzungen

a) Rechtliche Behördeneinheit

Die zuständige Behörde nach Art. 2 lit. b VO (EG) 1370/2007 ist jede Behörde oder Gruppe von Behörden eines oder mehrerer Mitgliedstaaten, die zur Intervention im öffentlichen Personenverkehr in einem bestimmten geografischen Gebiet befugt ist, oder jede mit einer derartigen Befugnis ausgestattete Einrichtung; der geografische Zuständigkeitsbereich darf sich jedoch nach Art. 2 lit. c VO (EG) 1370/2007 nicht auf das gesamte Staatsgebiet erstrecken. 16

Unerheblich ist, ob eine einzelne Behörde oder eine Gruppe von Behörden handelt, die **„integrierte öffentliche Personenverkehrsdienste"** nach Art. 2 lit. m VO (EG) 1370/2007 anbietet, d.h. Beförderungsleistungen, die innerhalb eines festgelegten geografischen Gebiets im Verbund erbracht werden und für die ein einziger Informationsdienst, eine einzige Fahrausweisregelung und ein einziger Fahrplan besteht.

Maßgebend ist letztlich die **Befugnis zur Intervention im Schienenpersonennahverkehr**. Hierunter sind die Bundesländer als Aufgabenträger des Schienenpersonennahverkehrs zu verstehen, die ihre Funktion in ihren Nahverkehrsgesetzen entweder sich selbst (z.B. auch in Form von landeseigenen GmbHs) oder kommunalen Zweckverbänden übertragen haben. Sie sind als zuständige örtliche Behörden einzuordnen. 17

b) Öffentlicher Dienstleistungsauftrag

Der **öffentliche Dienstleistungsauftrag** im Sinne von Art. 2 lit. i VO (EG) 1370/2007 ist definiert als ein oder mehrere rechtsverbindliche Akte, welche die Übereinkunft zwischen einer zuständigen Behörde und einem Betreiber eines öffentlichen Dienstes bekunden, diesen Betreiber eines öffentlichen Dienstes mit der Verwaltung und Erbringung von öffentlichen Personenverkehrsdiensten zu betrauen, die gemeinwirtschaftlichen Verpflichtungen unterliegen. 18

Da der Anwendungsbereich von § 131 Abs. 2 S. 1 GWB systematisch[26] auf öffentliche Dienstleistungsaufträge im Sinne von § 103 Abs. 1 und Abs. 4 GWB beschränkt ist, werden **Dienstleistungskonzessionen** nach § 105 GWB zwar nicht direkt, aber indirekt über § 154 Nr. 3 GWB erfasst. 19

c) Rechtlich getrennte Einheit

Das Merkmal der rechtlich getrennten Einheit dient der Abgrenzung zur **Selbsterbringung** nach Art. 5 Abs. 1 S. 1 Alt. 1 VO (EG) 1370/2007. 20

Ein interner Betreiber kann wegen Art. 2 lit. d Alt. 1 VO (EG) 1370 auch eine **„Gruppe von Unternehmen"** sein. Fragwürdig ist hingegen, ob und welchen Grad an rechtlicher Verbundenheit (z.B. als GmbH oder GbR) eine solche „Gruppe von Unternehmen" erfüllen muss. So 21

---

26 Nach § 115 GWB findet Abschnitt 2 (§§ 115 bis 135 GWB) nur auf öffentliche Aufträge Anwendung. Die Vergabe von Konzessionen ist in Abschnitt 3, Unterabschnitt 3 des GWB geregelt.

könnte z.B. eine GbR bedenklich sein, weil sie lediglich (teil-)rechtsfähig ist und einen verhältnismäßig einfachen Zusammenschluss ermöglicht, um eine (wettbewerbsfreie) interne Betreiberschaft begründen zu können.

d) Kontrollerfordernis

22 Die Direktvergabe an einen internen Betreiber erfordert eine Kontrolle der zuständigen örtlichen Behörde/-n über den internen Betreiber, wofür eine **Gesamtschau** der kontrollbedeutsamen normativen und realen[27] Gesichtspunkte notwendig ist.

23 Solche **Gesichtspunkte** sind vor allem: Anteils-/Eigentumsverhältnisse,[28] Besetzung von Vorstand bzw. Geschäftsführung und Aufsichtsrat, (normative) Rechte und (reale) Einflussnahme von Vorstand bzw. Geschäftsführung, Haupt-/Gesellschafterversammlung und Aufsichtsrat im Hinblick auf strategische Entscheidungen und einzelne Managemententscheidungen des internen Betreibers (z.B. Tarifpolitik, Personalentscheidungen der Führungsebene, Gewinnverteilung und Kooperationen[29]).

24 Das Kontrollmerkmal erfordert keine Stellung der zuständigen örtlichen Behörde als **alleinige Eigentümerin** des internen Betreibers. Bei einer im Alleineigentum der zuständigen örtlichen Behörde stehenden GmbH[30] wird die erforderliche Kontrolle aber häufig indiziert sein; bei einer AG[31] hingegen kann wegen der Eigenständigkeit des Vorstands ohne weitere Anhaltspunkte (z.B. eines Beherrschungsvertrages) nicht von einer Kontrolle des Alleinaktionärs ausgegangen werden.[32]

25 Zweifelhaft ist, ob eine **mittelbare Kontrolle** der zuständigen örtlichen Behörde ausreichend sein kann, bspw. über eine im Alleineigentum stehende Holding, deren Tochterunternehmen der interne Betreiber ist, oder ob sie die erforderliche Kontrolle durch unmittelbare Beteiligung am internen Betreiber ausüben muss.[33] Wortlaut sowie Sinn und Zweck der VO (EG) 1370/2007 erfordern keine unmittelbare Beteiligung der zuständigen Behörde am internen Betreiber. Die tatsächlichen und normativen Umstände bei indirekten Beteiligungsverhältnissen sind für eine genügende Kontrolle der zuständigen örtlichen Behörde ausreichend.[34]

e) Tätigkeitsgebiet und Wettbewerbsverbot

26 Die Vergabe an einen internen Betreiber fordert nach Art. 5 Abs. 2 S. 2 lit. b VO (EG) 1370/2007, dass dieser einerseits innerhalb des behördlichen (d.h. territorialen)[35] **Zuständigkeitsgebietes** tätig wird und andererseits nicht an **außerhalb** dieses geografischen Raumes initiierten wettbewerblichen Vergabeverfahren teilnimmt.

27 Dabei ist zu beachten, dass neben dem internen Betreiber selbst (und seinen rechtlich unselbstständigen Einrichtungen, wie z.B. Eigen- und Regiebetrieben)[36] auch dessen **Tochtergesellschaften**[37] erfasst werden, auf die er – wenn auch nur geringfügigen – Einfluss ausübt, insbesondere Unternehmen/Einheiten, an denen er beteiligt ist.[38] Der Normwortlaut verbietet hingegen eine Anwendung auf **Mutterunternehmen** und **Schwesterunternehmen**.[39] Unberührt bleiben auch **Unterauftragnehmer**, weil ihnen nach Erwägungsgrund 19 VO (EG)

27 *Wachinger*, IR 2007, 265 (267).
28 *Pünder*, NJW 2010, 263 (264).
29 *Pünder*, NJW 2010, 263 (264).
30 *Pünder*, in: Kaufmann/Lübbig/Prieß/Pünder, VO (EG) 1370/2007, Art. 5 Rn. 97 ff., zur GmbH.
31 *Pünder*, in: Kaufmann/Lübbig/Prieß/Pünder, VO (EG) 1370/2007, Art. 5 Rn. 93 ff., zur AG.
32 *Wittig/Schimanek*, NZBau 2008, 222 (225).
33 *Wittig/Schimanek*, NZBau 2008, 222 (226).
34 *Eichhorn*, in: Saxinger/Winnes, Recht des öffentlichen Personenverkehrs, Art. 5 Abs. 2 VO 1370 Rn. 55; *Wittig/Schimanek*, NZBau 2008, 222 (226).
35 *Stickler/Feske*, VergabeR 2010, 1 (7); a.A. *Pünder*, EuR 2007, 564 (569).
36 *Pünder*, NJW 2010, 263 (266).
37 *Pünder*, NJW 2010, 263 (266).
38 *Heiß*, VerwArch 2009, 113 (134); *Wachinger*, IR 2007, 265 (267).
39 *Knauff*, DVBl. 2006, 339 (344), für Schwesterunternehmen; *Wachinger*, IR 2007, 265 (267); a.A. *Kramer*, IR 2010, 80 (81), *Nettesheim*, NVwZ 2009, 1449 (1452), für Schwestergesellschaften.

1370/2007 die Teilnahme an wettbewerblichen Vergabeverfahren im Zuständigkeitsgebiet aller zuständigen Behörden ermöglicht werden soll.[40]

28 Der vom Wettbewerbsverbot betroffene interne Betreiber darf nach Art. 5 Abs. 2 S. 2 lit. c VO (EG) 1370/2007 erst frühestens **zwei Jahre vor Ablauf** des direkt erhaltenen Auftrages an wettbewerblichen Vergabeverfahren teilnehmen, wenn die direkt an ihn vergebenen öffentlichen Personenverkehrsdienste (später) im Rahmen eines **wettbewerblichen Vergabeverfahrens** beauftragt werden und der interne Betreiber nicht Auftragnehmer anderer direkt vergebener öffentlicher Dienstleistungsaufträge ist. Fraglich ist hierbei, ob auf den Ort der Organisation (z.B. Sitz eines Zweckverbandes) des wettbewerblichen Vergabeverfahrens abzustellen ist oder ob sich das wettbewerbliche Vergabeverfahren auf Personenverkehrsdienste bezieht, die innerhalb des Zuständigkeitsgebietes der örtlichen Behörde zu erbringen sind.[41] Der Normwortlaut spricht für die erste Ansicht,[42] während der Verordnungszweck für die zweite Meinung streitet. Denn die VO (EG) 1370/2007[43] will bei der Vergabe an einen internen Betreiber gewährleisten, dass dieser nur im (territorialen) Zuständigkeitsgebiet der örtlichen Behörde agiert und nicht im (territorialen) Zuständigkeitsgebiet anderer Behörden um öffentliche Personenverkehrsdienste auf der Schiene konkurriert.

f) Unterauftragsvergabe

29 Bei der Vergabe von Unteraufträgen ist der interne Betreiber eingeschränkt: Er muss nach Art. 5 Abs. 2 S. 2 lit. e VO (EG) 1370/2007 den **„überwiegenden Teil"** der öffentlichen Personenverkehrsdienste **selbst erbringen**. Eine Legaldefinition des Begriffs „überwiegender Teil" sieht die VO (EG) 1370/2007 nicht vor. Im Schrifttum[44] wird dazu vertreten, dass der nationale Gesetzgeber das Bemessungskriterium (z.B. nach dem Streckennetz, nach den zu erbringenden Personenkilometern oder nach dem Wert eines Dienstes, der sich gemäß Art. 2 lit. k VO (EG) 1370/2007 nach den mit ihm erzielten Einnahmen definiert) bestimmen darf. Hierbei ist eine Gesamtbetrachtung (Streckennetz, Personenkilometer und Einnahmen) sinnvoll, bei welcher der Wortlaut für eine Bemessungsgrundlage von mehr als 50 % streitet.[45] Erfüllt bspw. der interne Betreiber bei zwei der vorgenannten Kriterien die Schwelle von mehr als 50 %, so wird dadurch die erforderliche Selbsterbringungsquote indiziert.

g) Vorinformation (S. 2)

30 § 131 Abs. 2 S. 2 GWB stellt klar, dass bei der Direktvergabe an einen internen Betreiber die einjährige **Vorinformationspflicht** im Sinne von Art. 7 Abs. 2 VO (EG) 1370/2007 von der zuständigen örtlichen Behörde zu beachten ist.[46] Dort ist ausdrücklich bestimmt, dass „ein Jahr vor der Direktvergabe" im Amtsblatt der EU[47] mindestens[48] der Name und die Anschrift der zuständigen Behörde, die Direktvergabe als Art des geplanten Vergabeverfahrens sowie die von der Vergabe möglicherweise betroffenen Dienste und Gebiete publiziert werden müssen.

31 Die zwingend zu beachtende Jahresfrist kann nach der **VO (EWG/Euratom) 1182/71** berechnet werden.

---

40 *Heiß*, VerwArch 2009, 113 (134).
41 *Stickler/Feske*, VergabeR 2010, 1 (8).
42 *Stickler/Feske*, VergabeR 2010, 1 (8).
43 Erwägungsgrund 18 VO (EG) 1370/2007.
44 *Heiß*, VerwArch 2009, 113 (123).
45 Vgl. Bekanntmachung des Bayerischen Staatsministeriums für Wirtschaft, Infrastruktur, Verkehr und Technologie v. 14.8.2009, Leitlinien zur Anwendung der Verordnung (EG) Nr. 1370/2007 über öffentliche Personenverkehrsdienste auf Schiene und Straße – VII/2-7410/160/1.
46 Keine Vorinformation ist notwendig, wenn der öffentliche Dienstleistungsauftrag eine jährliche öffentliche Personenverkehrsleistung von weniger als 50.000 km aufweist (§ 7 Abs. 2 UAbs. 2 VO (EG) 1370/2007).
47 Neben der zwingenden Veröffentlichung im europäischen Amtsblatt kann die zuständige Behörde auch andere (nationale) Medien nutzen. Inhaltlich dürfen die so publizierten Angaben nicht von der EU-Bekanntmachung abweichen. Zeitlich dürfen die anderen Medien nicht vor den europäischen Bekanntmachungen genutzt werden.
48 Die zuständige Behörde kann über die Mindestangaben hinaus weitere Angaben veröffentlichen.

32 Ist die Bekanntmachung inhaltlich fehlerhaft, so läuft die Jahresfrist weiter.[49] Denn in diesem Fall ist eine **Berichtigungsbekanntmachung**[50] nach Art. 7 Abs. 2 UAbs. 3 VO (EG) 1370/2007 „so rasch wie möglich" zu veröffentlichen.[51]

33 Eine Berichtigung soll nach einer Literaturansicht dann nicht mehr ausreichend sein, wenn die Änderung **wesentlich** ist.[52] Für diese Meinung spricht zwar die Wahrung der Rechtsschutzmöglichkeiten, die durch gezielte Berichtigungsbekanntmachungen missbräuchlich eingeschränkt werden können. Allerdings überdehnt diese Auffassung den Wortlaut („diese Informationen"), der nur objektiv an eine Änderung der publizierten Informationen, nicht aber an eine (subjektive) Motivation anknüpft. Etwaigen rechtsmissbräuchlichen Bekanntmachungs- und Korrekturabsichten der publizierenden Behörde kann nur einzelfallabhängig begegnet werden, wenn die Treuwidrigkeit der Ursprungs- und Änderungsbekanntmachung bei einer Gesamtbetrachtung sämtlicher (zeitlicher und inhaltlicher) Umstände offensichtlich ist. Dies kann, muss aber nicht automatisch z.B. bei einer Änderung der Verfahrensart vom wettbewerblichen Vergabeverfahren zur Direktvergabe an einen internen Betreiber der Fall sein. Denn Art. 7 Abs. 2 UAbs. 3 VO (EG) 1370/2007 erlaubt ausdrücklich und unterschiedslos die Berichtigung der Art des geplanten Vergabeverfahrens.

34 Neben der Verfahrenstransparenz verfolgt die Regelung daher auch den Zweck einer möglichen gerichtlichen Überprüfung, um die Chancengleichheit aller potenziellen Verkehrsbetreiber zu verbessern, indem diese frühzeitig und in groben Zügen (vgl. Art. 7 Abs. 2 lit. a bis c VO (EG) 1370/2007) Kenntnis von der beabsichtigten Direktvergabe erhalten. Erfolgt eine Direktvergabe unter **Verletzung der Vorinformationspflicht**, so ist ein gleichwohl abgeschlossener Vertrag wegen Verstoßes gegen die Vorschrift des Art. 7 Abs. 2 VO (EG) 1370/2007 gemäß § 134 BGB nichtig.[53] Zugleich liegt eine sog. De-facto-Vergabe vor, die nicht zum Verlust des primären Rechtsschutzes führen darf.[54]

II. Direktvergabe als Notmaßnahme (S. 2)

35 § 131 Abs. 2 S. 2 GWB stellt klar, dass die zuständige Behörde gemäß Art. 5 Abs. 5 VO (EG) 1370/2007 Notmaßnahmen ergreifen kann, um der Unterbrechung des Verkehrsdienstes oder der unmittelbaren Gefahr des Eintretens einer solchen Situation zu begegnen.

36 **Notmaßnahmen** können insbesondere als Direktvergaben erfolgen (Art. 5 Abs. 5 S. 2 Alt. 1 VO (EG) 1370/2007). Daneben besteht die Möglichkeit von förmlichen Vereinbarungen über die Ausweitung eines öffentlichen Dienstleistungsauftrages (Art. 5 Abs. 5 S. 2 Alt. 2 VO (EG) 1370/2007) oder von Auflagen, bestimmte gemeinwirtschaftliche Verpflichtungen zu übernehmen (Art. 5 Abs. 5 S. 2 Alt. 3 VO (EG) 1370/2007).

37 Eine Pflicht zur **Vorinformation** besteht nicht (Art. 7 Abs. 2 UAbs. 4 VO (EG) 1370/2007).

38 **Typische Situationen**, in denen die zuständige Behörde eine Notmaßnahme ergreifen darf, sind bspw. die Zahlungsunfähigkeit eines Betreibers, der erfolglose Ausschreibungswettbewerb ohne Angebote, dauerhafte Schlechtleistungen des Betreibers, Naturkatastrophen, längerfristige technische Störungen oder die außerplanmäßige dringende Durchführung von Sanierungsarbeiten an der Infrastruktur.[55]

---

49 *Fandrey*, in: Saxinger/Winnes, Recht des öffentlichen Personenverkehrs, Art. 7 Abs. 2 VO 1370 Rn. 29.

50 Die Berichtigungspflicht umfasst die zwingenden Mindestinhalte und die ggf. freiwilligen Angaben, so zutreffend *Fandrey*, in: Saxinger/Winnes, Recht des öffentlichen Personenverkehrs, Art. 7 Abs. 2 VO 1370 Rn. 14.

51 Je näher der Termin der Direktvergabe rückt, desto schneller muss die Reaktion erfolgen, vgl. *Fandrey*, in: Saxinger/Winnes, Recht des öffentlichen Personenverkehrs, Art. 7 Abs. 2 VO 1370 Rn. 15; *Schröder*, NVwZ 2008, 1288 (1293).

52 *Fandrey*, in: Saxinger/Winnes, Recht des öffentlichen Personenverkehrs, Art. 7 Abs. 2 VO 1370 Rn. 19.

53 OLG Frankfurt, Beschluss v. 6.8.2015 – 11 Verg 8/15; *Fehling*, in: Kaufmann/Lübbig/Prieß/Pünder, VO (EG) 1370/2007, Art. 7 Rn. 61; *Fandrey*, in: Saxinger/Winnes, Recht des öffentlichen Personenverkehrs, Art. 7 Abs. 2 VO 1370 Rn. 25.

54 OLG Frankfurt, Beschluss v. 6.8.2015 – 11 Verg 8/15.

55 *Saxinger*, in: Saxinger/Winnes, Recht des öffentlichen Personenverkehrs, Art. 5 Abs. 5 VO 1370 Rn. 3 und 9.

Es genügt, dass objektiv eine solche Gefahrensituation besteht oder sich bereits verwirklicht hat, ohne dass es auf ein **Verschulden** ankommt.[56] 39

Die drei unterschiedlichen Notmaßnahmen ermöglichen der zuständigen Behörde die Auswahl situativ angepasster **Handlungsformen**. Die erste Variante der Direktvergabe unterscheidet sich von der zweiten Alternative der förmlichen Vereinbarung dadurch, dass sich die Direktvergabe auf einen neuen, bislang noch nicht bestehenden öffentlichen Dienstleistungsauftrag mit einem anderen Betreiber bezieht, während die förmliche Vereinbarung einen schon vorhandenen öffentlichen Dienstleistungsauftrag mit einem bisherigen Betreiber ausweitet.[57] Keine Notfallmaßnahme in Form einer förmlichen Vereinbarung ist gegeben, wenn im bestehenden öffentlichen Dienstleistungsauftrag bereits ein Konzept für bestimmte Fälle einer Unterbrechung des Verkehrsdienstes vorgesehen ist (z.B. Schienenersatzverkehrskonzepte), weil der öffentliche Dienstleistungsauftrag nicht ausgeweitet, sondern lediglich angewandt und umgesetzt wird.[58] Bei der dritten Notfallalternative, der Auflage, handelt es sich um eine hoheitliche Maßnahme.[59] 40

Notmaßnahmen dürfen nach Art. 5 Abs. 5 S. 4 VO (EG) 1370/2007 höchstens für **zwei Jahre** erfolgen. Die zeitliche Höchstgrenze[60] betont den vorläufigen bzw. interimsweisen Charakter von Notfallmaßnahmen. Aus Gründen der Verhältnismäßigkeit darf eine Notmaßnahme somit nur so lange aufrechterhalten bleiben, bis eine reguläre Vergabe möglich ist.[61] 41

Bei **mehreren in Betracht kommenden Betreibern** ist aus Gleichbehandlungsgründen eine nachvollziehbare Entscheidung der zuständigen Behörde notwendig, aus welchen Gründen sie sich für den ausgewählten und gegen die anderen Betreiber entschieden hat.[62] 42

E. Betreiberwechsel (Abs. 3)

I. Betriebsübergang (S. 1)

Die genaue Ausgestaltung des Betreiberwechsels war prominenter Gegenstand des parlamentarischen Gesetzgebungsprozesses. Die **arbeitsrechtliche Regelung**[63] in § 131 Abs. 3 GWB stellt klar,[64] dass die zuständige Behörde den zukünftigen Betreiber eines Eisenbahnverkehrsdienstes zur Übernahme von Arbeitnehmern des bisherigen Betreibers und zur Gewährung der Rechte nach § 613a BGB verpflichten soll. § 613a BGB ist insoweit keine abschließende Regelung, geht über den Regelungsinhalt der RL 2001/23/EG prinzipiell hinaus und lässt vor allem auch einen **Betriebsübergang** im Wege hoheitlicher Anordnung zu.[65] Die Regelung macht zugleich deutlich, dass es grundsätzlich kein entgegenstehendes nationales Recht gibt.[66] 43

Gebraucht der öffentliche Auftraggeber sein Verpflichtungsrecht, so sind spätestens in den **Vergabeunterlagen** die betroffenen Arbeitnehmer aufzuführen und transparente Angaben zu ihren vertraglichen Rechten und zu den Bedingungen zu treffen, unter denen sie als in einem Verhältnis zu der betreffenden Verkehrsleistung stehend gelten (vgl. Art. 4 Abs. 5 S. 2 VO (EG) 1370/2007). 44

---

56 *Saxinger*, in: Saxinger/Winnes, Recht des öffentlichen Personenverkehrs, Art. 5 Abs. 5 VO 1370 Rn. 10.

57 *Prieß*, in: Kaufmann/Lübbig/Prieß/Pünder, VO (EG) 1370/2007, Art. 5 Rn. 217; *Saxinger*, in: Saxinger/Winnes, Recht des öffentlichen Personenverkehrs, Art. 5 Abs. 5 VO 1370 Rn. 13.

58 *Saxinger*, in: Saxinger/Winnes, Recht des öffentlichen Personenverkehrs, Art. 5 Abs. 5 VO 1370 Rn. 13.

59 *Saxinger*, in: Saxinger/Winnes, Recht des öffentlichen Personenverkehrs, Art. 5 Abs. 5 VO 1370 Rn. 14.

60 *Zuck*, in: Ziekow/Völlink, Vergaberecht, Art. 5 VO 1370 Rn. 43; *Nettesheim*, NVwZ 2009, 1449 (1452 f.), bejaht die Möglichkeit mehrerer aufeinanderfolgender Notvergaben.

61 *Saxinger*, in: Saxinger/Winnes, Recht des öffentlichen Personenverkehrs, Art. 5 Abs. 5 VO 1370 Rn. 20.

62 *Fandrey*, Direktvergabe von Verkehrsleistungen, S. 282.

63 *Otting/Olgemöller/Tresselt*, in: Gabriel/Krohn/Neun, Handbuch des Vergaberechts, § 55 Rn. 49; *Dönneweg*, in: Saxinger/Winnes, Recht des öffentlichen Personenverkehrs, Art. 4 Abs. 5 VO 1370 Rn. 1.

64 § 131 Abs. 3 GWB wirkt lediglich klarstellend, weil Art. 4 Abs. 5 VO (EG) 1370/2007 wegen Art. 288 AEUV unmittelbar in Deutschland gilt.

65 *Dönneweg*, in: Saxinger/Winnes, Recht des öffentlichen Personenverkehrs, Art. 4 Abs. 5 VO 1370 Rn. 14.

66 Gesetzesbegründung, BT-Drs. 18/6281, 118.

45 § 131 Abs. 3 GWB stellt eine **kraft Gesetzes** wirkende, konstitutive Pflicht zur Übernahme von Arbeitnehmern und Rechtegewährung im Sinne von § 613a BGB dar, d.h., die angeordneten Rechtsfolgen treten mit der Auftragsvergabe unmittelbar von Gesetzes wegen ein.[67] Gleichzeitig prägt § 131 Abs. 3 GWB das allgemeine Transparenzgebot in § 97 Abs. 1 S. 1 GWB im Besonderen aus.

1. Anwendungsbereich

46 Die Norm ist persönlich wie sachlich direkt an **öffentliche Auftraggeber** adressiert, die **öffentliche Aufträge** im Sinne von § 131 Abs. 1 GWB vergeben. Wegen der Verweisung in § 142 GWB sind auch Sektorenauftraggeber und nach § 154 Nr. 3 GWB auch Konzessionsgeber indirekt erfasst.

47 Von tatbestandlicher Bedeutung ist die Vorschrift nur dann, wenn es zu einem Wechsel des Betreibers der Personenverkehrsleistung kommt: Ist der ausgewählte Betreiber identisch mit dem bisherigen Betreiber, so kann die Vorschrift keine normative Wirkung entfalten. Ein **Betreiberwechsel** liegt dann vor, wenn der zukünftige mit dem bisherigen Betreiber nicht rechtsidentisch ist. Nur im Falle einer solchen Änderung der Rechtsperson kann ein Wechsel des Betreibers dem Wortlaut nach anzunehmen sein. Eine andere Literaturmeinung hingegen erfasst mit dem unmittelbar geltenden Art. 4 Abs. 5 S. 1 VO (EG) 1370/2007 sowohl den bisherigen als auch den neuen Betreiber.[68]

48 Unabhängig von der Geltung des § 131 Abs. 3 GWB kann sowohl der neue als auch der bisherige (ausgewählte) Betreiber zur Einhaltung von **Sozialstandards** (z.B. gleiche Bezahlung bei gleicher Arbeit von Mann und Frau, Möglichkeit des Erziehungsurlaubs, Arbeitssicherheit, Urlaubsregelungen, Sozialversicherung, Verbot der Zwangsarbeit, Verbot der Kinderarbeit, Diskriminierung am Arbeitsplatz)[69] nach Art. 4 Abs. 5 S. 2 VO (EG) 1370/2007 verpflichtet werden, was in letzterem Falle zu Änderungen der bisher geltenden Arbeitsbedingungen führen kann.[70] Öffentliche Auftraggeber können somit – gestützt auf § 131 Abs. 3 GWB – die Anwendung von § 613a BGB anordnen und darüber hinausgehend nach dem unmittelbar geltenden Art. 4 Abs. 5 VO (EG) 1370/2007 die Einhaltung weiterer Sozialstandards fordern.

49 Die **Rechtsfolgenverweisung** verbunden mit einer Verpflichtung, Personal zu übernehmen, gilt unabhängig davon, ob ein **Betriebsübergang** im Sinne von § 613a BGB gegeben ist.[71] § 131 Abs. 3 GWB will die Arbeitnehmer schützen, weil die Vergabe an einen neuen Betreiber nicht zwangsläufig zu einem Betriebsübergang nach § 613a BGB führen muss.[72] Dies könnte aber z.B. der Fall sein, wenn das Rollmaterial als wesentliches Betriebsmittel beim Betreiberwechsel übergeht.

50 In den Schutzbereich werden nicht alle **Arbeitnehmer** einbezogen, die beim bisherigen Betreiber zur Erbringung der Dienste beschäftigt waren, sondern nur diejenigen nach § 131 Abs. 3 S. 2 GWB. Diese normative Beschränkung des geschützten Arbeitnehmerkreises ist als Zugeständnis an den regelmäßig („soll") in der Praxis anzuordnenden Personalübergang nach § 613a BGB aufzufassen.[73]

2. Intendiertes Ermessen

51 Angesichts der Liberalisierungstendenzen im öffentlichen Personennahverkehr ist ein häufiger Wechsel der Dienstleistungsunternehmen realistisch, der eine stärkere Sicherung der Arbeitsplätze erfordert.[74] Den öffentlichen Auftraggebern eröffnet § 131 Abs. 3 GWB eine durch den

67 *Dönneweg*, in: Saxinger/Winnes, Recht des öffentlichen Personenverkehrs, Art. 4 Abs. 5 VO 1370 Rn. 9 und 17.
68 *Dönneweg*, in: Saxinger/Winnes, Recht des öffentlichen Personenverkehrs, Art. 4 Abs. 5 VO 1370 Rn. 4.
69 *Dönneweg*, in: Saxinger/Winnes, Recht des öffentlichen Personenverkehrs, Art. 4 Abs. 5 VO 1370 Rn. 23.
70 *Dönneweg*, in: Saxinger/Winnes, Recht des öffentlichen Personenverkehrs, Art. 4 Abs. 5 VO 1370 Rn. 20.
71 *Dönneweg*, in: Saxinger/Winnes, Recht des öffentlichen Personenverkehrs, Art. 4 Abs. 5 VO 1370 Rn. 12 f.; *Zuck*, in: Ziekow/Völlink, Vergaberecht, Art. 4 VO 1370 Rn. 32.
72 *Hübner*, in: Willenbruch/Wieddekind, Vergaberecht, 18. Los, Art. 4 VO 1370/2007 Rn. 16.
73 Beschlussempfehlung und Bericht des Ausschusses für Wirtschaft und Energie, BT-Drs. 18/7086, 14.
74 Gesetzesbegründung, BT-Drs. 18/6281, 154.

Gesetzeszweck eingeschränkte **Wahlmöglichkeit**. Im Falle eines Betreiberwechsels können, müssen sie aber nicht verlangen, dass die beim bisherigen Betreiber zur Erbringung der Eisenbahnverkehrsdienste beschäftigten Arbeitnehmer[75] vom neuen Betreiber übernommen und ihnen die Rechte nach § 613a BGB gewährt werden. Es steht daher im intendierten Ermessen[76] des öffentlichen Auftraggebers, zum Schutze der Arbeitnehmer tätig zu werden oder nicht.

Bei der **Ermessensausübung** muss der öffentliche Auftraggeber die allgemeinen Schranken, den Ermächtigungszweck,[77] d.h. die Schaffung transparenter und vergleichbarer Wettbewerbsbedingungen,[78] sowie die Verhältnismäßigkeit beachten.[79] Mit der „Soll"-Vorgabe wird letztlich eine Ermessensbindung erzeugt, weil nur bei Vorliegen eines sachlichen Grundes im Einzelfall (z.B. wenn der Zuschnitt des Schienenpersonennahverkehrsnetzes bezüglich Bedarf und Qualifikation ganz erheblich vom Status quo des Bestandsnetzes abweicht,[80] etwa bei Mehr-/Minderleistungen durch Vergrößerung oder Verkleinerung von Netzen mit Auswirkung auf den Personaleinsatz oder Änderungen in der Traktionsart)[81] vom Personalübergang bei einem Betreiberwechsel abgesehen werden kann.[82] Der deutsche Gesetzgeber legt insoweit einen strengeren Maßstab („soll") an als die europarechtlichen Vorgaben („kann"). 52

Der öffentliche Auftraggeber muss sein Ermessen wegen der Bedeutsamkeit der in § 131 Abs. 3 GWB geregelten Verpflichtungsermächtigung in der Regel spätestens **zu Beginn des Vergabeverfahrens** ausgeübt haben, um die potenziellen (neuen) Betreiber hierüber rechtzeitig informieren zu können. Für einen interessierten (neuen) Betreiber ist die Kenntnis von der Übernahmeverpflichtung von Arbeitnehmern und Rechtegewährung nach § 613a BGB essenziell, um über seine Wettbewerbsteilnahme entscheiden zu können. So sind bei einem (zweistufigen) **Verhandlungsverfahren mit Teilnahmewettbewerb** aussagekräftige Informationen bereits in der Auftragsbekanntmachung notwendig, während im Rahmen eines (einstufigen) **offenen Verfahrens** detaillierte Informationen in den Vergabeunterlagen grundsätzlich ausreichend sind. 53

3. Rechte und Pflichten

Verpflichtet der öffentliche Auftraggeber den neuen Betreiber dazu, die beim bisherigen Betreiber zur Erbringung der (Eisenbahnverkehrs-)Dienste beschäftigten Arbeitnehmer zu übernehmen und ihnen die Rechte zu gewähren, auf die sie Anspruch hätten, wenn ein Übergang im Sinne von § 613a BGB erfolgt wäre, so tritt der neue Betreiber in die Rechte und Pflichten aus den im Zeitpunkt des Betriebsüberganges **bestehenden Arbeitsverhältnissen** ein.[83] Dementsprechend ist der alte oder neue Betreiber verpflichtet, die vom Übergang betroffenen Arbeitnehmer gemäß § 613a Abs. 5 BGB vorher in Textform zu unterrichten. Bei einem angeordneten Beschäftigtenübergang muss die Verantwortung zur Unterrichtung klar zugewiesen werden, und zwar mindestens auf Ebene des jeweiligen Vergabeverfahrens, wobei eine einheitliche Regelung anzustreben ist.[84] Die zutreffend informierten Arbeitnehmer können dann binnen Monatsfrist dem Übergang des Arbeitsverhältnisses nach § 613a Abs. 6 BGB widersprechen.[85] 54

---

75 Keine Arbeitnehmer sind Beamte, Selbstständige und Organe juristischer Personen, vgl. *Dönneweg*, in: Saxinger/Winnes, Recht des öffentlichen Personenverkehrs, Art. 4 Abs. 5 VO 1370 Rn. 5.
76 *Otting/Olgemöller/Tresselt*, in: Gabriel/Krohn/Neun, Handbuch des Vergaberechts, § 55 Rn. 51; *Kaufmann*, in: Kaufmann/Lübbig/Prieß/Pünder, VO (EG) 1370/2007, Art. 4 Rn. 54; *Hölzl*, in: Montag/Säcker, Beihilfen- und Vergaberecht, Art. 4 VO 1370/2007 Rn. 30; *Dönneweg*, in: Saxinger/Winnes, Recht des öffentlichen Personenverkehrs, Art. 4 Abs. 5 VO 1370 Rn. 7; *Zuck*, in: Ziekow/Völlink, Vergaberecht, Art. 4 VO 1370/2007 Rn. 32.
77 *Dönneweg*, in: Saxinger/Winnes, Recht des öffentlichen Personenverkehrs, Art. 4 Abs. 5 VO 1370 Rn. 8.
78 Erwägungsgrund 17 VO (EG) 1370/2007.
79 *Otting/Olgemöller/Tresselt*, in: Gabriel/Krohn/Neun, Handbuch des Vergaberechts, § 55 Rn. 52.
80 BT-Plenarprotokoll 18/146, 14422 D.
81 Beschlussempfehlung und Bericht des Ausschusses für Wirtschaft und Energie, BT-Drs. 18/7086, 14.
82 Gesetzesbegründung, BT-Drs. 18/6281, 154.
83 *Dönneweg*, in: Saxinger/Winnes, Recht des öffentlichen Personenverkehrs, Art. 4 Abs. 5 VO 1370 Rn. 25.
84 Beschlussempfehlung und Bericht des Ausschusses für Wirtschaft und Energie, BT-Drs. 18/7086, 16.
85 *Otting/Olgemöller/Tresselt*, in: Gabriel/Krohn/Neun, Handbuch des Vergaberechts, § 55 Rn. 54, billigen den Arbeitnehmern ebenfalls ein Widerspruchsrecht zu.

55 Nach dem Wortlaut von Art. 4 Abs. 5 S. 1 VO (EG) 1370/2007 ist es zwar möglich, nur die **Rechtsfolgen** der RL 2001/23/EG anzuordnen, die hinter denjenigen des § 613a BGB zurückbleiben, sodass z.B. den betroffenen Arbeitnehmern kein **Widerspruchsrecht** eingeräumt werden müsste.[86] § 131 Abs. 3 GWB macht allerdings wegen seines uneingeschränkten Verweises auf § 613a BGB deutlich, dass der deutsche Gesetzgeber keine Einschränkung von Arbeitnehmerrechten wünscht. § 131 Abs. 3 GWB steht Art. 4 Abs. 5 S. 1 VO (EG) 1370/2007 insoweit entgegen.

56 Eine Erweiterung[87] der Arbeitnehmerschutzrechte über § 613a BGB hinaus ist wegen der in Art. 4 Abs. 5 S. 2 VO (EG) 1370/2007 enthaltenen Möglichkeit der Anordnung von **Sozialstandards** grundsätzlich denkbar. So ist es möglich, die Rechtsfolgen des § 613a BGB für die Gesamtdauer der Vergabe anzuordnen.[88] Ebenso kann als sozialer Mindeststandard angeordnet werden, dass **Tarifverträge** und **Betriebsvereinbarungen**, soweit sie nicht ohnehin kollektivrechtlich fortbestehen, nicht erst nach einem Jahr erstmals kündbar sind oder dass sie nicht abgelöst werden können durch verschlechternde Kollektivregelungen.[89] Schließlich kann ein von § 613a BGB abweichender Stichtag, wie etwa der Zeitpunkt der Bekanntmachung der Auftragsvergabe, angeordnet werden.[90]

57 Durch bestehende Betreiberwechseltarifverträge dürfen anerkannte **Übergangsregeln** nicht infrage gestellt werden; Tarifkollisionen sind zu vermeiden und die Koalitionsfreiheit zu beachten.[91] Wenn der öffentliche Auftraggeber den Beschäftigungsübergang anordnet, muss nach dem Willen des Gesetzgebers verbindlich vorgeschrieben werden, dass für den Vollzug des Übergangs die Tarifregelungen maßgeblich sind.[92]

58 Zudem sind nach dem gesetzgeberischen Willen beim Übergang nur **entgeltrelevante Inhalte** zu berücksichtigen, um wettbewerblich schwierige Regelungen (z.B. erheblich abweichende Vereinbarungen zur Altersvorsorge) seitens des neuen Betreibers nicht übernehmen zu müssen.[93]

4. Vergabeunterlagen

59 § 131 Abs. 3 GWB verpflichtet zwar nicht ausdrücklich dazu, dass in den Vergabeunterlagen die betreffenden Arbeitnehmer aufzuführen und transparente Angaben zu ihren vertraglichen Rechten und zu den Arbeitsbedingungen zu treffen sind. Der Gesetzgeber geht aber davon aus, dass der neue Betreiber rechtzeitig vor der Betriebsaufnahme darüber in Kenntnis zu setzen ist, welche Arbeitsverhältnisse auf ihn übergeben, d.h. in der Regel im Zeitpunkt der Auftragsbekanntmachung.[94] Der gesetzgeberische Wille ist dahin zu verstehen, dass in der Auftragsbekanntmachung regelmäßig – schon aus praktischen Platzgründen und datenschutzrechtlichen Erwägungen – allenfalls die Anzahl und ggf. Tätigkeitsfunktion der betroffenen Mitarbeiter aufzuführen sind. Aus dem allgemeinen **Transparenzgebot** folgt jedenfalls, dass den Bietern aus den Vergabeunterlagen die aktuellen bzw. einzuräumenden Arbeitsbedingungen der betroffenen Arbeitnehmer deutlich werden müssen.[95] Hierbei kommt dem Schutz der personenbezogenen Daten und der Geschäftsgeheimnisse eine bedeutende Rolle zu, wobei dem öffentlichen Auftraggeber quasi die Funktion als neutrale Clearingstelle zufällt.[96] Zu den üblicherweise notwendigen Informationen zählen, soweit nicht bereits in der Auftragsbekanntmachung aufgeführt: Anzahl der zu übernehmenden Arbeitnehmer, das Ge-

---

86 *Dönneweg*, in: Saxinger/Winnes, Recht des öffentlichen Personenverkehrs, Art. 4 Abs. 5 VO 1370 Rn. 25.
87 Ähnlich *Hölzl*, in: Montag/Säcker, Beihilfen- und Vergaberecht, Art. 4 VO 1370/2007 Rn. 31.
88 *Dönneweg*, in: Saxinger/Winnes, Recht des öffentlichen Personenverkehrs, Art. 4 Abs. 5 VO 1370 Rn. 27.
89 *Dönneweg*, in: Saxinger/Winnes, Recht des öffentlichen Personenverkehrs, Art. 4 Abs. 5 VO 1370 Rn. 27.
90 *Dönneweg*, in: Saxinger/Winnes, Recht des öffentlichen Personenverkehrs, Art. 4 Abs. 5 VO 1370 Rn. 30.
91 Beschlussempfehlung und Bericht des Ausschusses für Wirtschaft und Energie, BT-Drs. 18/7086, 16.
92 Beschlussempfehlung und Bericht des Ausschusses für Wirtschaft und Energie, BT-Drs. 18/7086, 16.
93 Beschlussempfehlung und Bericht des Ausschusses für Wirtschaft und Energie, BT-Drs. 18/7086, 16.
94 Beschlussempfehlung und Bericht des Ausschusses für Wirtschaft und Energie, BT-Drs. 18/7086, 16.
95 *Otting/Olgemöller/Tresselt*, in: Gabriel/Krohn/Neun, Handbuch des Vergaberechts, § 55 Rn. 54; *Kaufmann*, in: Lübbig/Kaufmann/Prieß/Pünder, VO (EG) 1370/2007, Art. 4 Rn. 57; *Dönneweg*, in: Saxinger/Winnes, Recht des öffentlichen Personenverkehrs, Art. 4 Abs. 5 VO 1370 Rn. 35.
96 Beschlussempfehlung und Bericht des Ausschusses für Wirtschaft und Energie, BT-Drs. 18/7086, 16.

burtsdatum, das Eintrittsdatum in den Betrieb, Angaben zum Bestehen eines besonderen Kündigungsschutzes, Familienstand und Unterhaltsverpflichtungen, konkrete Tätigkeit bzw. Funktion und Angaben zu befristeten Arbeitsverhältnissen, Bestehen von Betriebs- und Personalräten, geltende Tarifverträge und Betriebs- oder Dienstvereinbarungen, Arbeitsvertragsmuster, Angaben zu Altersteilzeit, Auflistung der Personalkosten, Angaben zu Ansprüchen aus betrieblicher Altersversorgung, Stand der Urlaubsansprüche und Angaben zu anhängigen Gerichtsverfahren.[97]

II. Geschützter Arbeitnehmerkreis (S. 2)

Der von § 131 Abs. 3 GWB erfasste Personenkreis ist beschränkt. Hierzu zählen nur diejenigen Arbeitnehmer, die unmittelbar für die vom Betreiberwechsel betroffenen öffentlichen Personenverkehrsdienstleistungen im Eisenbahnverkehr beim ursprünglichen Betreiber **erforderlich** sind, beispielsweise die Lokomotivführer und das Zugpersonal. Geschützt werden nur diese ausschließlich operativ tätigen Mitarbeiter bestimmter Tätigkeitsgruppen, deren der neue Betreiber auch bedarf, wozu auch das Werkstattpersonal zählt.[98] 60

Der Beschäftigtenübergang erfolgt nach vorab definierten, transparenten und nachvollziehbaren Kriterien: Die Regel muss sein, dass die zuzuordnenden Mitarbeiter **überwiegend und hinreichend lange** in den entsprechenden Funktionen im Wettbewerbsnetz tätig waren; wird ein Wettbewerbsnetz bisher innerbetrieblich im Verbund mit anderen Strecken bzw. Netzen bewirtschaftet, sind ggf. weitere Zuordnungskriterien vorzugeben.[99] 61

Für unmittelbar betroffene Arbeitnehmer, die sowohl für die vom Betreiberwechsel erfassten Personenverkehrsleistungen im Eisenbahnverkehr als **auch für anderweitige Dienste** beschäftigt sind, ist auf den **Schwerpunkt** des Arbeitsverhältnisses abzustellen, wofür qualitative und quantitative Aspekte bedeutsam sind. Erbringt ein Arbeitnehmer z.B. mehr als 50 % seiner Arbeitszeit für die vom Betreiberwechsel berührten Personenverkehrsdienste im Eisenbahnverkehr, so wird dadurch sein Schutz indiziert.[100] Wenn ein Arbeitnehmer in dem betroffenen Wettbewerbsnetz zudem für mindestens ein Fahrplanjahr vor dem Betreiberwechsel tätig war, dürfte auch eine hinreichend lange Tätigkeit anzunehmen sein. 62

Die Arbeitnehmer hingegen, die lediglich **mittelbar** für die Erbringung der übergehenden Verkehrsleistung erforderlich sind, wie etwa kaufmännische Verwaltungsmitarbeiter, fallen nicht in den personellen Schutzbereich. Erst recht gilt dies für Arbeitnehmer, die nicht von den zu vergebenden Eisenbahnverkehrsleistungen betroffen sind, weil sie bspw. ausschließlich auf anderen Eisenbahnrelationen oder nur im Reisebusverkehr eingesetzt werden. 63

III. Missbrauchsverbot (S. 3)

§ 131 Abs. 3 S. 3 GWB stellt klar, dass missbräuchliche Änderungen von Tarifverträgen während des Vergabeverfahrens keine Wirkung für den Neubetreiber entfalten. Das Missbrauchsverbot dient dem Erhalt der **Planungssicherheit** im Rahmen des Ausschreibungsverfahrens.[101] 64

IV. Auskunftsverpflichtung (S. 4)

In der Praxis war der öffentliche Auftraggeber mit dem Problem konfrontiert, die für die **Vergabeunterlagen** insoweit erforderlichen Angaben nicht zu kennen, sie aber transparent in den Vergabeunterlagen dokumentieren zu müssen. Um seiner Verpflichtung entsprechen zu 65

97 *Dönneweg*, in: Saxinger/Winnes, Recht des öffentlichen Personenverkehrs, Art. 4 Abs. 5 VO 1370 Rn. 36 ff.
98 Beschlussempfehlung und Bericht des Ausschusses für Wirtschaft und Energie, BT-Drs. 18/7086, 16.
99 Beschlussempfehlung und Bericht des Ausschusses für Wirtschaft und Energie, BT-Drs. 18/7086, 16.
100 Ähnlich *Dönneweg*, in: Saxinger/Winnes, Recht des öffentlichen Personenverkehrs, Art. 4 Abs. 5 VO 1370 Rn. 3; *Rechten/Röbke*, LKV 2011, 337 (342); *Bayreuther*, NZA 2014, 1171 (1173): Zuordnungsquote von 50–70 %; *Mutschler-Siebert/Dorschfeldt*, VergabeR 2016, 385 (390): Zuordnungsquote von mindestens 50 %.
101 Beschlussempfehlung und Bericht des Ausschusses für Wirtschaft und Energie, BT-Drs. 18/7086, 16.

können, musste der öffentliche Auftraggeber vor der Durchführung des Vergabeverfahrens entweder eine einvernehmliche Vereinbarung mit dem bisherigen Betreiber treffen, welche Daten bis wann zur Verfügung zu stellen sind,[102] oder er musste im Rahmen der Vergabevorbereitung gegenüber dem alten Betreiber einen **Auskunftsanspruch** gemäß § 241 BGB geltend machen.[103] Diesem Praxisproblem begegnet § 131 Abs. 3 S. 4 GWB, indem der bisherige Betreiber nach Aufforderung durch den öffentlichen Auftraggeber verpflichtet ist, diesem alle für den Betriebsübergang erforderlichen Angaben zur Verfügung zu stellen.

66 Dieser **spezialgesetzliche Auskunftsanspruch** gegenüber dem bisherigen Betreiber stellt eine Folgeregelung[104] zu Art. 4 Abs. 5 S. 2 VO (EG) 1370/2007 dar. Die Auskunft muss der bisherige Betreiber nicht automatisch erteilen, sondern erst nach entsprechender Aufforderung durch den öffentlichen Auftraggeber. Die vom jeweiligen Altbetreiber übermittelten Daten dienen ausschließlich dem jeweiligen Vergabeverfahren.[105]

Anlagen

Gesetzesbegründung (BT-Drs. 18/6281)

Seite 117

Die neue Vorschrift des § 131 schreibt die bisher bestehende Rechtslage bei der Vergabe von öffentlichen Aufträgen über Eisenbahndienste im Wesentlichen fort. Für die Vergabe von öffentlichen Aufträgen über Personenverkehrsdienste im Eisenbahnverkehr galten bei Überschreiten des Schwellenwerts bisher schon die vergaberechtlichen Vorgaben des Vierten Teils des GWB. Der Bundesgerichtshof hat in seinem Beschluss vom 8. Februar 2011 die Anwendbarkeit des allgemeinen Vergaberechts und des Grundsatzes der öffentlichen Ausschreibung auf die Vergaben von Eisenbahnleistungen bestätigt (BGH, Beschluss vom 8.2.2011, X ZB 4/10). Die Entscheidung des Bundesgerichtshofs hat Klarheit darüber geschaffen, dass in Deutschland nationales Recht der allgemeinen Direktvergabemöglichkeit im Eisenbahnverkehr nach Artikel 5 Absatz 6 der Verordnung (EG) Nr. 1370/2007 des Europäischen Parlaments und des Rates vom 23. Oktober 2007 über öffentliche Personenverkehrsdienste auf Schiene und Straße und zur Aufhebung der Verordnungen (EWG) Nr. 1191/69 und (EWG) Nr. 1107/70 des Rates entgegensteht.

Die Vergabe von öffentlichen Aufträgen im Eisenbahnverkehr soll auch in Zukunft grundsätzlich im Wettbewerb erfolgen. Die bisherige Ausschreibungspraxis im Schienenpersonennahverkehr belegt, dass wettbewerbliche Vergabeverfahren zu mehr Effizienz sowie besserer Dienstleistungsqualität führen und der öffentlichen Hand dabei helfen, das wirtschaftlich günstigste Angebot zu ermitteln. Artikel 10 Buchstabe i der Richtlinie 2014/24/EU nimmt zwar öffentliche Aufträge, die zum Gegenstand Personenverkehrsdienste auf Schiene oder per Untergrundbahn haben, vom Anwendungsbereich der Richtlinie aus. Soweit die Verordnung (EG) Nr. 1370/2007 aber die Möglichkeit einräumt, im nationalen Recht von den Vorschriften der Verordnung (EG) Nr. 1370/2007 abzuweichen, sollen die Mitgliedstaaten – wie Erwägungsgrund 27 der Richtlinie 2014/24/EU ausdrücklich klarstellt – weiterhin in ihren nationalen Rechtsvorschriften vorsehen können, dass solche öffentlichen Aufträge durch ein Vergabeverfahren vergeben werden müssen, das ihren allgemeinen Vorschriften für die öffentliche Auftragsvergabe entspricht.

Neben dem GWB-Vergaberecht waren bisher auf die Vergabe von öffentlichen Aufträgen im Eisenbahnverkehr die Verfahrensvorschriften des 1. Abschnitts der VOL/A anwendbar, bei Überschreitung des Schwellenwertes über die Verweisung in der bisherigen Fassung des § 4 Absatz 2 Nummer 2 VgV für sogenannte nachrangige Dienstleistungen gemäß Anlage I Teil B. Da die Richtlinie 2014/24/EU die bisherige Unterscheidung in vorrangige und nachrangige Dienstleistungen aufhebt, war insofern eine Neuregelung erforderlich, die parallel zu der Regelung der Vergabe öffentlicher Aufträge über soziale

102 *Kaufmann*, in: Kaufmann/Lübbig/Prieß/Pünder, VO (EG) 1370/2007, Art. 4 Rn. 58.
103 *Dönneweg*, in: Saxinger/Winnes, Recht des öffentlichen Personenverkehrs, Art. 4 Abs. 5 VO 1370 Rn. 49; *Bayreuther*, NZA 2009, 582 (584).
104 Gesetzesbegründung, BT-Drs. 18/6281, 155.
105 Beschlussempfehlung und Bericht des Ausschusses für Wirtschaft und Energie, BT-Drs. 18/7086, 16.

und andere besondere Dienstleistungen in § 130 getroffen wurde, die ebenfalls bisher sogenannte nachrangige Dienstleistungen gemäß Anlage I Teil B waren.

Für die Vergabe von öffentlichen Aufträgen und Dienstleistungskonzessionen über Personenverkehrsdienste gemäß § 1 des Personenbeförderungsgesetzes (PBefG) sollen auch weiterhin die Regelungen der §§ 8a, 8b PBefG gelten. Bei den Personenverkehrsdiensten gemäß § 1 PBefG handelt es sich um Personenverkehrsdienste auf der Straße, insbesondere mit Straßenbahnen, Untergrundbahnen, Oberleitungsbussen oder mit Kraftfahrzeugen. Als „Straßenbahnen" im Sinne des § 1 PBefG gelten gemäß § 4 Absatz 2 PBefG auch Hoch- und Untergrundbahnen, Schwebebahnen und ähnliche Bahnen besonderer Bauart. Für öffentliche Aufträge verweist § 8a PBefG auf das GWB-Vergaberecht und auf die Verordnung (EG) 1370/2007. Für Dienstleistungskonzessionen gestaltet § 8b PBefG das wettbewerbliche Vergabeverfahren nach Artikel 5 Absatz 3 der Verordnung (EG) 1370/2007 aus. § 149 Nummer 12 nimmt die Vergabe von Dienstleistungskonzessionen über die Beförderung von Personen im Sinne des § 1 PBefG von Teil 4 des GWB aus, so dass hierauf weiterhin § 8b PBefG Anwendung findet.

§ 131 stellt die auf die Vergabe von öffentlichen Aufträgen über Eisenbahndienste anwendbaren Vorschriften klar, ohne inhaltlich wesentliche Veränderung gegenüber den bisherigen Vorgaben zu bewirken. § 131 Absatz 1 stellt sicher, dass die Aufgabenträger im Schienenpersonennahverkehr bei der Wahl der Verfahrensart und der Ausgestaltung des Vergabeverfahrens ebenso wie nach der bisherigen Rechtslage die notwendige Flexibilität haben, um den Besonderheiten und der Komplexität dieser Vergaben Rechnung tragen zu können. Gleichzeitig entspricht diese Regelung den Vorgaben für das wettbewerbliche Vergabeverfahren nach Artikel 5 Absatz 3 der Verordnung (EG) Nr. 1370/2007.

Seite 118

Zu Absatz 1

Die Aufgabenträger haben nach § 131 Absatz 1 Satz 1 die freie Wahl zwischen den wettbewerblichen Verfahrensarten nach § 119, einschließlich des Verhandlungsverfahrens mit Teilnahmewettbewerb, des wettbewerblichen Dialogs und der Innovationspartnerschaft. Die in Artikel 26 Absatz 4 der Richtlinie 2014/24/EU festgelegten Voraussetzungen für die Anwendbarkeit des Verhandlungsverfahrens mit Teilnahmewettbewerb oder des wettbewerblichen Dialogs sollen für die Vergaben von Eisenbahnverkehrsdiensten nicht gelten. Damit erhalten die Aufgabenträger mehr Flexibilität als nach der bisherigen Regelung in § 3 VOL/A 1. Abschnitt, die die Möglichkeit einer freihändigen Vergabe nur in bestimmten Fällen vorsah. Auch für Vergaben im Eisenbahnbereich soll das Verhandlungsverfahren ohne Teilnahmewettbewerb in den hierfür allgemein nach Artikel 32 der Richtlinie 2014/24/EU festgelegten Fällen zulässig sein, damit die Regelung für die Vergaben von öffentlichen Aufträgen über Eisenbahnverkehrsdienste nicht strenger ist als die allgemeinen vergaberechtlichen Vorgaben. § 131 Absatz 1 Satz 2 legt fest, dass ein Verhandlungsverfahren ohne Teilnahmewettbewerb nur zur Verfügung steht, soweit dies aufgrund dieses Gesetzes gestattet ist.

Zu Absatz 2

Gemäß § 131 Absatz 2 Satz 1 ist für die Vergabe von Eisenbahnverkehrsdiensten an einen internen Betreiber anstelle der allgemeinen Regelung in § 108 Absatz 1 die Regelung des Artikels 5 Absatz 2 der Verordnung (EG) Nr. 1370/2007 anwendbar, nach der die zuständige örtliche Behörde unter bestimmten Voraussetzungen selbst Personenverkehrsleistungen erbringen oder öffentliche Aufträge über Personenverkehrsleistungen direkt an eine von ihr kontrollierte Einheit vergeben kann. Artikel 5 Absatz 2 der Verordnung (EG) Nr. 1370/2007 stellt eine für den Bereich der gemeinwirtschaftlichen Personenverkehrsdienste auf der Schiene und auf der Straße geltende Sonderregelung zu der allgemeinen Inhouse-Ausnahme nach Artikel 12 Absatz 1 der Richtlinie 2014/24/EG dar. Unter einer Direktvergabe ist dabei nach der Definition in Artikel 2 Buchstabe h der Verordnung (EG) Nr. 1370/2007 die Vergabe eines öffentlichen Dienstleistungsauftrags ohne Durchführung eines vorherigen wettbewerblichen Vergabeverfahrens zu verstehen.

§ 131 Absatz 2 Satz 2 stellt ausdrücklich klar, dass die unmittelbar anwendbaren Regelungen in Artikel 5 Absatz 5 der Verordnung (EG) Nr. 1370/2007 und in Artikel 7 Absatz 2 der Verordnung (EG) Nr. 1370/2007 weiterhin auf die Vergabe von Eisenbahnverkehrsdiensten Anwendung finden. Die in

Artikel 5 Absatz 5 der Verordnung (EG) Nr. 1370/2007 vorgesehenen Möglichkeiten für Notmaßnahmen einschließlich der Möglichkeit einer Direktvergabe im Fall einer Unterbrechung des Verkehrsdienstes oder der unmittelbaren Gefahr des Eintretens einer solchen Situation gelten daher ebenso unverändert fort wie die nach Artikel 7 Absatz 2 der Verordnung (EG) Nr. 1370/2007 bestehende Pflicht zur Veröffentlichung einer Vorinformation über die beabsichtigte Vergabe spätestens ein Jahr vor Einleitung des Vergabeverfahrens. Im Fall einer Direktvergabe nach der Verordnung (EG) 1370/2007 sind nach Artikel 6 Absatz 1 Satz 2 der Verordnung (EG) Nr. 1370/2007 für die Frage der beihilferechtlichen Zulässigkeit einer Ausgleichsleistung die Bestimmungen des Anhangs der Verordnung (EG) Nr. 1370/2007 zu beachten.

Zu Absatz 3

Artikel 4 Absatz 5 Satz 1 der Verordnung (EG) Nummer 1370/2007 sieht vor, dass die zuständige Behörde unbeschadet des nationalen Rechts und des Gemeinschaftsrechts, einschließlich Tarifverträge zwischen den Sozialpartnern, den ausgewählten Betreiber eines öffentlichen Dienstes verpflichten kann, den Arbeitnehmern, die zuvor zur Erbringung der Dienste eingestellt wurden, die Rechte zu gewähren, auf die sie Anspruch hätten, wenn ein Übergang im Sinne der Richtlinie 2001/23/EG, die in Deutschland durch § 613a BGB umgesetzt wurde, erfolgt wäre. Absatz 3 fügt die sich aus Artikel 4 Absatz 5 Satz 1 der Verordnung (EG) Nummer 1370/2007 ergebende Ermächtigung in das GWB-Vergaberecht ein. Die Regelung macht deutlich, dass es kein entgegenstehendes nationales Recht gibt.

Verpflichtet der öffentliche Auftraggeber den zukünftigen Betreiber eines Eisenbahnverkehrsdienstes zur Gewährung der Rechte nach § 613a BGB, so werden nach Artikel 4 Absatz 5 Satz 2 der Verordnung (EG) Nummer 1370/2007 in den Unterlagen des Vergabeverfahrens und den öffentlichen Dienstleistungsaufträgen die betreffenden Arbeitnehmer aufgeführt und transparente Angaben zu ihren vertraglichen Rechten und zu den Bedingungen gemacht, unter denen sie als in einem Verhältnis zu den betreffenden Diensten stehend gelten.

Verordnung (EG) Nr. 1370/2007 (ABl. L 315/1 vom 3.12.2007)

Artikel 1 – Zweck und Anwendungsbereich

(1) Zweck dieser Verordnung ist es, festzulegen, wie die zuständigen Behörden unter Einhaltung des Gemeinschaftsrechts im Bereich des öffentlichen Personenverkehrs tätig werden können, um die Erbringung von Dienstleistungen von allgemeinem Interesse zu gewährleisten, die unter anderem zahlreicher, sicherer, höherwertig oder preisgünstiger sind als diejenigen, die das freie Spiel des Marktes ermöglicht hätte.

Hierzu wird in dieser Verordnung festgelegt, unter welchen Bedingungen die zuständigen Behörden den Betreibern eines öffentlichen Dienstes eine Ausgleichsleistung für die ihnen durch die Erfüllung der gemeinwirtschaftlichen Verpflichtungen verursachten Kosten und/oder ausschließliche Rechte im Gegenzug für die Erfüllung solcher Verpflichtungen gewähren, wenn sie ihnen gemeinwirtschaftliche Verpflichtungen auferlegen oder entsprechende Aufträge vergeben.

(2) Diese Verordnung gilt für den innerstaatlichen und grenzüberschreitenden Personenverkehr mit der Eisenbahn und andere Arten des Schienenverkehrs sowie auf der Straße, mit Ausnahme von Verkehrsdiensten, die hauptsächlich aus Gründen historischen Interesses oder zu touristischen Zwecken betrieben werden. Die Mitgliedstaaten können diese Verordnung auf den öffentlichen Personenverkehr auf Binnenschifffahrtswegen und, unbeschadet der Verordnung (EWG) Nr. 3577/92 des Rates vom 7. Dezember 1992 zur Anwendung des Grundsatzes des freien Dienstleistungsverkehrs auf den Seeverkehr zwischen den Mitgliedstaaten (Seekabotage)([1]), auf das Meer innerhalb der Hoheitsgewässer anwenden.

(3) Diese Verordnung gilt nicht für öffentliche Baukonzessionen im Sinne von Artikel 1 Absatz 3 Buchstabe a der Richtlinie 2004/17/EG oder im Sinne von Artikel 1 Absatz 3 der Richtlinie 2004/18/EG.

---

1 ABl. L 364 vom 12.12.1992, S. 7.

Artikel 2 – Begriffsbestimmungen

Im Sinne dieser Verordnung bezeichnet der Ausdruck

a) „öffentlicher Personenverkehr" Personenbeförderungsleistungen von allgemeinem wirtschaftlichem Interesse, die für die Allgemeinheit diskriminierungsfrei und fortlaufend erbracht werden;

b) „zuständige Behörde" jede Behörde oder Gruppe von Behörden eines oder mehrerer Mitgliedstaaten, die zur Intervention im öffentlichen Personenverkehr in einem bestimmten geografischen Gebiet befugt ist, oder jede mit einer derartigen Befugnis ausgestattete Einrichtung;

c) „zuständige örtliche Behörde" jede zuständige Behörde, deren geografischer Zuständigkeitsbereich sich nicht auf das gesamte Staatsgebiet erstreckt;

d) „Betreiber eines öffentlichen Dienstes" jedes privat- oder öffentlich-rechtliche Unternehmen oder jede Gruppe von privat- oder öffentlich-rechtlichen Unternehmen, das/die öffentliche Personenverkehrsdienste betreibt, oder eine öffentliche Einrichtung, die öffentliche Personenverkehrsdienste durchführt;

e) „gemeinwirtschaftliche Verpflichtung" eine von der zuständigen Behörde festgelegte oder bestimmte Anforderung im Hinblick auf die Sicherstellung von im allgemeinen Interesse liegenden öffentlichen Personenverkehrsdiensten, die der Betreiber unter Berücksichtigung seines eigenen wirtschaftlichen Interesses nicht oder nicht im gleichen Umfang oder nicht zu den gleichen Bedingungen ohne Gegenleistung übernommen hätte;

f) „ausschließliches Recht" ein Recht, das einen Betreiber eines öffentlichen Dienstes berechtigt, bestimmte öffentliche Personenverkehrsdienste auf einer bestimmten Strecke oder in einem bestimmten Streckennetz oder Gebiet unter Ausschluss aller anderen solchen Betreiber zu erbringen;

g) „Ausgleichsleistung für gemeinwirtschaftliche Verpflichtungen" jeden Vorteil, insbesondere finanzieller Art, der mittelbar oder unmittelbar von einer zuständigen Behörde aus öffentlichen Mitteln während des Zeitraums der Erfüllung einer gemeinwirtschaftlichen Verpflichtung oder in Verbindung mit diesem Zeitraum gewährt wird;

h) „Direktvergabe" die Vergabe eines öffentlichen Dienstleistungsauftrags an einen bestimmten Betreiber eines öffentlichen Dienstes ohne Durchführung eines vorherigen wettbewerblichen Vergabeverfahrens;

i) „öffentlicher Dienstleistungsauftrag" einen oder mehrere rechtsverbindliche Akte, die die Übereinkunft zwischen einer zuständigen Behörde und einem Betreiber eines öffentlichen Dienstes bekunden, diesen Betreiber eines öffentlichen Dienstes mit der Verwaltung und Erbringung von öffentlichen Personenverkehrsdiensten zu betrauen, die gemeinwirtschaftlichen Verpflichtungen unterliegen; gemäß der jeweiligen Rechtsordnung der Mitgliedstaaten können diese rechtsverbindlichen Akte auch in einer Entscheidung der zuständigen Behörde bestehen:
   - die die Form eines Gesetzes oder einer Verwaltungsregelung für den Einzelfall haben kann oder
   - die Bedingungen enthält, unter denen die zuständige Behörde diese Dienstleistungen selbst erbringt oder einen internen Betreiber mit der Erbringung dieser Dienstleistungen betraut;

j) „interner Betreiber" eine rechtlich getrennte Einheit, über die eine zuständige örtliche Behörde – oder im Falle einer Gruppe von Behörden wenigstens eine zuständige örtliche Behörde – eine Kontrolle ausübt, die der Kontrolle über ihre eigenen Dienststellen entspricht;

k) „Wert" den Wert eines Verkehrsdienstes, einer Strecke, eines öffentlichen Dienstleistungsauftrags oder einer Ausgleichsregelung des öffentlichen Personenverkehrs, der den Gesamteinnahmen – ohne Mehrwertsteuer – des Betreibers oder der Betreiber eines öffentlichen Dienstes entspricht, einschließlich der Ausgleichsleistung der Behörden gleich welcher Art und aller Einnahmen aus dem Fahrscheinverkauf, die nicht an die betroffene zuständige Behörde abgeführt werden;

l) „allgemeine Vorschrift" eine Maßnahme, die diskriminierungsfrei für alle öffentlichen Personenverkehrsdienste derselben Art in einem bestimmten geografischen Gebiet, das im Zuständigkeitsbereich einer zuständigen Behörde liegt, gilt;

m) „integrierte öffentliche Personenverkehrsdienste" Beförderungsleistungen, die innerhalb eines festgelegten geografischen Gebiets im Verbund erbracht werden und für die ein einziger Informationsdienst, eine einzige Fahrausweisregelung und ein einziger Fahrplan besteht.

Artikel 3 – Öffentliche Dienstleistungsaufträge und allgemeine Vorschriften

(1) Gewährt eine zuständige Behörde dem ausgewählten Betreiber ausschließliche Rechte und/oder Ausgleichsleistungen gleich welcher Art für die Erfüllung gemeinwirtschaftlicher Verpflichtungen, so erfolgt dies im Rahmen eines öffentlichen Dienstleistungsauftrags.

(2) Abweichend von Absatz 1 können gemeinwirtschaftliche Verpflichtungen zur Festsetzung von Höchsttarifen für alle Fahrgäste oder bestimmte Gruppen von Fahrgästen auch Gegenstand allgemeiner Vorschriften sein. Die zuständige Behörde gewährt den Betreibern eines öffentlichen Dienstes gemäß den in den Artikeln 4 und 6 und im Anhang festgelegten Grundsätzen eine Ausgleichsleistung für die – positiven oder negativen – finanziellen Auswirkungen auf die Kosten und Einnahmen, die auf die Erfüllung der in den allgemeinen Vorschriften festgelegten tariflichen Verpflichtungen zurückzuführen sind; dabei vermeidet sie eine übermäßige Ausgleichsleistung. Dies gilt ungeachtet des Rechts der zuständigen Behörden, gemeinwirtschaftliche Verpflichtungen zur Festsetzung von Höchsttarifen in öffentliche Dienstleistungsaufträge aufzunehmen.

(3) Unbeschadet der Artikel 73, 86, 87 und 88 des Vertrags können die Mitgliedstaaten allgemeine Vorschriften über die finanzielle Abgeltung von gemeinwirtschaftlichen Verpflichtungen, die dazu dienen, Höchsttarife für Schüler, Studenten, Auszubildende und Personen mit eingeschränkter Mobilität festzulegen, aus dem Anwendungsbereich dieser Verordnung ausnehmen. Diese allgemeinen Vorschriften sind nach Artikel 88 des Vertrags mitzuteilen. Jede Mitteilung enthält vollständige Informationen über die Maßnahme, insbesondere Einzelheiten zur Berechnungsmethode.

Artikel 4 – Obligatorischer Inhalt öffentlicher Dienstleistungsaufträge und allgemeiner Vorschriften

(1) In den öffentlichen Dienstleistungsaufträgen und den allgemeinen Vorschriften

a) sind die vom Betreiber eines öffentlichen Dienstes zu erfüllenden gemeinwirtschaftlichen Verpflichtungen und die geografischen Geltungsbereiche klar zu definieren;

b) sind zuvor in objektiver und transparenter Weise aufzustellen:

   i) die Parameter, anhand deren gegebenenfalls die Ausgleichsleistung berechnet wird, und

   ii) die Art und der Umfang der gegebenenfalls gewährten Ausschließlichkeit;

   dabei ist eine übermäßige Ausgleichsleistung zu vermeiden. Bei öffentlichen Dienstleistungsaufträgen, die gemäß Artikel 5 Absätze 2, 4, 5 und 6 vergeben werden, werden diese Parameter so bestimmt, dass die Ausgleichsleistung den Betrag nicht übersteigen kann, der erforderlich ist, um die finanziellen Nettoauswirkungen auf die Kosten und Einnahmen zu decken, die auf die Erfüllung der gemeinwirtschaftlichen Verpflichtungen zurückzuführen sind, wobei die vom Betreiber eines öffentlichen Dienstes erzielten und einbehaltenen Einnahmen und ein angemessener Gewinn berücksichtigt wird;

c) sind die Durchführungsvorschriften für die Aufteilung der Kosten, die mit der Erbringung von Dienstleistungen in Verbindung stehen, festzulegen. Diese Kosten können insbesondere Personalkosten, Energiekosten, Infrastrukturkosten, Wartungs- und Instandsetzungskosten für Fahrzeuge des öffentlichen Personenverkehrs, das Rollmaterial und für den Betrieb der Personenverkehrsdienste erforderliche Anlagen sowie die Fixkosten und eine angemessene Kapitalrendite umfassen.

(2) In den öffentlichen Dienstleistungsaufträgen und den allgemeinen Vorschriften sind die Durchführungsvorschriften für die Aufteilung der Einnahmen aus dem Fahrscheinverkauf festzulegen, die entweder beim Betreiber eines öffentlichen Dienstes verbleiben, an die zuständige Behörde übergehen oder unter ihnen aufgeteilt werden.

(3) Die öffentlichen Dienstleistungsaufträge sind befristet und haben eine Laufzeit von höchstens zehn Jahren für Busverkehrsdienste und von höchstens 15 Jahren für Personenverkehrsdienste mit der Eisenbahn oder anderen schienengestützten Verkehrsträgern. Die Laufzeit von öffentlichen

Dienstleistungsaufträgen, die mehrere Verkehrsträger umfassen, ist auf 15 Jahre beschränkt, wenn der Verkehr mit der Eisenbahn oder anderen schienengestützten Verkehrsträgern mehr als 50 % des Werts der betreffenden Verkehrsdienste ausmacht.

(4) Falls erforderlich kann die Laufzeit des öffentlichen Dienstleistungsauftrags unter Berücksichtigung der Amortisierungsdauer der Wirtschaftsgüter um höchstens 50 % verlängert werden, wenn der Betreiber eines öffentlichen Dienstes einen wesentlichen Anteil der für die Erbringung der Personenverkehrsdienste, die Gegenstand des öffentlichen Dienstleistungsauftrags sind, insgesamt erforderlichen Wirtschaftsgüter bereitstellt und diese vorwiegend an die Personenverkehrsdienste gebunden sind, die von dem Auftrag erfasst werden.

Falls dies durch Kosten, die aus der besonderen geografischen Lage entstehen, gerechtfertigt ist, kann die Laufzeit der in Absatz 3 beschriebenen öffentlichen Dienstleistungsaufträge in den Gebieten in äußerster Randlage um höchstens 50 % verlängert werden.

Falls dies durch die Abschreibung von Kapital in Verbindung mit außergewöhnlichen Investitionen in Infrastruktur, Rollmaterial oder Fahrzeuge gerechtfertigt ist und der öffentliche Dienstleistungsauftrag in einem fairen wettbewerblichen Vergabeverfahren vergeben wurde, kann ein öffentlicher Dienstleistungsauftrag eine längere Laufzeit haben. Zur Gewährleistung der Transparenz in diesem Fall muss die zuständige Behörde der Kommission innerhalb von einem Jahr nach Abschluss des Vertrags den öffentlichen Dienstleistungsauftrag und die Elemente, die seine längere Laufzeit rechtfertigen, übermitteln.

(5) Unbeschadet des nationalen Rechts und des Gemeinschaftsrechts, einschließlich Tarifverträge zwischen den Sozialpartnern, kann die zuständige Behörde den ausgewählten Betreiber eines öffentlichen Dienstes verpflichten, den Arbeitnehmern, die zuvor zur Erbringung der Dienste eingestellt wurden, die Rechte zu gewähren, auf die sie Anspruch hätten, wenn ein Übergang im Sinne der Richtlinie 2001/23/EG erfolgt wäre. Verpflichtet die zuständige Behörde die Betreiber eines öffentlichen Dienstes, bestimmte Sozialstandards einzuhalten, so werden in den Unterlagen des wettbewerblichen Vergabeverfahrens und den öffentlichen Dienstleistungsaufträgen die betreffenden Arbeitnehmer aufgeführt und transparente Angaben zu ihren vertraglichen Rechten und zu den Bedingungen gemacht, unter denen sie als in einem Verhältnis zu den betreffenden Diensten stehend gelten.

(6) Verpflichtet die zuständige Behörde die Betreiber eines öffentlichen Dienstes im Einklang mit nationalem Recht dazu, bestimmte Qualitätsstandards einzuhalten, so werden diese Standards in die Unterlagen des wettbewerblichen Vergabeverfahrens und die öffentlichen Dienstleistungsaufträge aufgenommen.

(7) In den Unterlagen des wettbewerblichen Vergabeverfahrens und den öffentlichen Dienstleistungsaufträgen ist transparent anzugeben, ob und in welchem Umfang eine Vergabe von Unteraufträgen in Frage kommt. Werden Unteraufträge vergeben, so ist der mit der Verwaltung und Erbringung von öffentlichen Personenverkehrsdiensten nach Maßgabe dieser Verordnung betraute Betreiber verpflichtet, einen bedeutenden Teil der öffentlichen Personenverkehrsdienste selbst zu erbringen. Ein öffentlicher Dienstleistungsauftrag, der gleichzeitig Planung, Aufbau und Betrieb öffentlicher Personenverkehrsdienste umfasst, kann eine vollständige Übertragung des Betriebs dieser Dienste an Unterauftragnehmer vorsehen. Im öffentlichen Dienstleistungsauftrag werden entsprechend dem nationalen Recht und dem Gemeinschaftsrecht die für eine Vergabe von Unteraufträgen geltenden Bedingungen festgelegt,

Artikel 5 – Vergabe öffentlicher Dienstleistungsaufträge

(1) Öffentliche Dienstleistungsaufträge werden nach Maßgabe dieser Verordnung vergeben. Dienstleistungsaufträge oder öffentliche Dienstleistungsaufträge gemäß der Definition in den Richtlinien 2004/17/EG oder 2004/18/EG für öffentliche Personenverkehrsdienste mit Bussen und Straßenbahnen werden jedoch gemäß den in jenen Richtlinien vorgesehenen Verfahren vergeben, sofern die Aufträge nicht die Form von Dienstleistungskonzessionen im Sinne jener Richtlinien annehmen. Werden Aufträge nach den Richtlinien 2004/17/EG oder 2004/18/EG vergeben, so sind die Absätze 2 bis 6 des vorliegenden Artikels nicht anwendbar.

(2) Sofern dies nicht nach nationalem Recht untersagt ist, kann jede zuständige örtliche Behörde – unabhängig davon, ob es sich dabei um eine einzelne Behörde oder eine Gruppe von Behörden handelt, die integrierte öffentliche Personenverkehrsdienste anbietet – beschließen, selbst öffentliche Personenverkehrsdienste zu erbringen oder öffentliche Dienstleistungsaufträge direkt an eine rechtlich getrennte Einheit zu vergeben, über die die zuständige örtliche Behörde – oder im Falle einer Gruppe von Behörden wenigstens eine zuständige örtliche Behörde – eine Kontrolle ausübt, die der Kontrolle über ihre eigenen Dienststellen entspricht. Fasst eine zuständige örtliche Behörde diesen Beschluss, so gilt Folgendes:

a) Um festzustellen, ob die zuständige örtliche Behörde diese Kontrolle ausübt, sind Faktoren zu berücksichtigen, wie der Umfang der Vertretung in Verwaltungs-, Leitungs- oder Aufsichtsgremien, diesbezügliche Bestimmungen in der Satzung, Eigentumsrechte, tatsächlicher Einfluss auf und tatsächliche Kontrolle über strategische Entscheidungen und einzelne Managemententscheidungen. Im Einklang mit dem Gemeinschaftsrecht ist zur Feststellung, dass eine Kontrolle im Sinne dieses Absatzes gegeben ist, – insbesondere bei öffentlich-privaten Partnerschaften – nicht zwingend erforderlich, dass die zuständige Behörde zu 100 % Eigentümer ist, sofern ein beherrschender öffentlicher Einfluss besteht und aufgrund anderer Kriterien festgestellt werden kann, dass eine Kontrolle ausgeübt wird.

b) Die Voraussetzung für die Anwendung dieses Absatzes ist, dass der interne Betreiber und jede andere Einheit, auf die dieser Betreiber einen auch nur geringfügigen Einfluss ausübt, ihre öffentlichen Personenverkehrsdienste innerhalb des Zuständigkeitsgebiets der zuständigen örtlichen Behörde ausführen – ungeachtet der abgehenden Linien oder sonstiger Teildienste, die in das Zuständigkeitsgebiet benachbarter zuständiger örtlicher Behörden führen – und nicht an außerhalb des Zuständigkeitsgebiets der zuständigen örtlichen Behörde organisierten wettbewerblichen Vergabeverfahren für die Erbringung von öffentlichen Personenverkehrsdiensten teilnehmen.

c) Ungeachtet des Buchstabens b kann ein interner Betreiber frühestens zwei Jahre vor Ablauf des direkt an ihn vergebenen Auftrags an fairen wettbewerblichen Vergabeverfahren teilnehmen, sofern endgültig beschlossen wurde, die öffentlichen Personenverkehrsdienste, die Gegenstand des Auftrags des internen Betreibers sind, im Rahmen eines fairen wettbewerblichen Vergabeverfahrens zu vergeben und der interne Betreiber nicht Auftragnehmer anderer direkt vergebener öffentlicher Dienstleistungsaufträge ist.

d) Gibt es keine zuständige örtliche Behörde, so gelten die Buchstaben a, b und c für die nationalen Behörden in Bezug auf ein geografisches Gebiet, das sich nicht auf das gesamte Staatsgebiet erstreckt, sofern der interne Betreiber nicht an wettbewerblichen Vergabeverfahren für die Erbringung von öffentlichen Personenverkehrsdiensten teilnimmt, die außerhalb des Gebiets, für das der öffentliche Dienstleistungsauftrag erteilt wurde, organisiert werden.

e) Kommt eine Unterauftragsvergabe nach Artikel 4 Absatz 7 in Frage, so ist der interne Betreiber verpflichtet, den überwiegenden Teil des öffentlichen Personenverkehrsdienstes selbst zu erbringen.

(3) Werden die Dienste Dritter, die keine internen Betreiber sind, in Anspruch genommen, so müssen die zuständigen Behörden die öffentlichen Dienstleistungsaufträge außer in den in den Absätzen 4, 5 und 6 vorgesehenen Fällen im Wege eines wettbewerblichen Vergabeverfahrens vergeben. Das für die wettbewerbliche Vergabe angewandte Verfahren muss allen Betreibern offen stehen, fair sein und den Grundsätzen der Transparenz und Nichtdiskriminierung genügen. Nach Abgabe der Angebote und einer eventuellen Vorauswahl können in diesem Verfahren unter Einhaltung dieser Grundsätze Verhandlungen geführt werden, um festzulegen, wie der Besonderheit oder Komplexität der Anforderungen am besten Rechnung zu tragen ist.

(4) Sofern dies nicht nach nationalem Recht untersagt ist, können die zuständigen Behörden entscheiden, öffentliche Dienstleistungsaufträge, die entweder einen geschätzten Jahresdurchschnittswert von weniger als 1 000 000 EUR oder eine jährliche öffentliche Personenverkehrsleistung von weniger als 300 000 km aufweisen, direkt zu vergeben.

Im Falle von öffentlichen Dienstleistungsaufträgen, die direkt an kleine oder mittlere Unternehmen, die nicht mehr als 23 Fahrzeuge betreiben, vergeben werden, können diese Schwellen entweder auf einen geschätzten Jahresdurchschnittswert von weniger als 2 000 000 EUR oder eine jährliche öffentliche Personenverkehrsleistung von weniger als 600 000 km erhöht werden.

(5) Die zuständige Behörde kann im Fall einer Unterbrechung des Verkehrsdienstes oder bei unmittelbarer Gefahr des Eintretens einer solchen Situation eine Notmaßnahme ergreifen. Diese Notmaßnahme besteht in der Direktvergabe oder einer förmlichen Vereinbarung über die Ausweitung eines öffentlichen Dienstleistungsauftrags oder einer Auflage, bestimmte gemeinwirtschaftliche Verpflichtungen zu übernehmen. Der Betreiber eines öffentlichen Dienstes hat das Recht, gegen den Beschluss zur Auferlegung der Übernahme bestimmter gemeinwirtschaftlicher Verpflichtungen Widerspruch einzulegen. Die Vergabe oder Ausweitung eines öffentlichen Dienstleistungsauftrags als Notmaßnahme oder die Auferlegung der Übernahme eines derartigen Auftrags ist für längstens zwei Jahre zulässig.

(6) Sofern dies nicht nach nationalem Recht untersagt ist, können die zuständigen Behörden entscheiden, öffentliche Dienstleistungsaufträge im Eisenbahnverkehr – mit Ausnahme anderer schienengestützter Verkehrsträger wie Untergrund- oder Straßenbahnen – direkt zu vergeben. Abweichend von Artikel 4 Absatz 3 haben diese Aufträge eine Höchstlaufzeit von zehn Jahren, soweit nicht Artikel 4 Absatz 4 anzuwenden ist.

(7) Die Mitgliedstaaten treffen die erforderlichen Maßnahmen, um sicherzustellen, dass die gemäß den Absätzen 2 bis 6 getroffenen Entscheidungen wirksam und rasch auf Antrag einer Person überprüft werden können, die ein Interesse daran hat bzw. hatte, einen bestimmten Auftrag zu erhalten, und die angibt, durch einen Verstoß dieser Entscheidungen gegen Gemeinschaftsrecht oder nationale Vorschriften zur Durchführung des Gemeinschaftsrechts geschädigt zu sein oder geschädigt werden zu können.

Sind die für die Nachprüfungsverfahren zuständigen Stellen keine Gerichte, so sind ihre Entscheidungen stets schriftlich zu begründen. In einem solchem Fall ist ferner zu gewährleisten, dass Beschwerden aufgrund rechtswidriger Handlungen der Nachprüfungsstellen oder aufgrund fehlerhafter Ausübung der diesen übertragenen Befugnisse der gerichtlichen Überprüfung oder der Überprüfung durch andere Stellen, die Gerichte im Sinne von Artikel 234 des Vertrags und unabhängig von der vertragsschließenden Behörde und der Nachprüfungsstellen sind, unterzogen werden können.

Artikel 6 – Ausgleichsleistung für gemeinwirtschaftliche Verpflichtungen

(1) Jede Ausgleichsleistung im Zusammenhang mit einer allgemeinen Vorschrift oder einem öffentlichen Dienstleistungsauftrag entspricht unabhängig von den Vergabemodalitäten den Bestimmungen des Artikels 4. Jede wie auch immer beschaffene Ausgleichsleistung im Zusammenhang mit einem öffentlichen Dienstleistungsauftrag, der in Übereinstimmung mit Artikel 5 Absätze 2, 4, 5 oder 6 direkt vergeben wurde, oder im Zusammenhang mit einer allgemeinen Vorschrift unterliegt darüber hinaus den Bestimmungen des Anhangs.

(2) Die Mitgliedstaaten übermitteln der Kommission auf deren schriftliche Aufforderung binnen drei Monaten oder einer anderen in der Aufforderung gesetzten längeren Frist alle Informationen, die diese für erforderlich hält, um festzustellen, ob eine gewährte Ausgleichsleistung mit dieser Verordnung vereinbar ist.

Artikel 7 – Veröffentlichung

(1) Jede zuständige Behörde macht einmal jährlich einen Gesamtbericht über die in ihren Zuständigkeitsbereich fallenden gemeinwirtschaftlichen Verpflichtungen, die ausgewählten Betreiber eines öffentlichen Dienstes sowie die diesen Betreibern zur Abgeltung gewährten Ausgleichsleistungen und ausschließlichen Rechte öffentlich zugänglich. Dieser Bericht unterscheidet nach Busverkehr und schienengebundenem Verkehr, er muss eine Kontrolle und Beurteilung der Leistungen, der Qualität und der Finanzierung des öffentlichen Verkehrsnetzes ermöglichen und gegebenenfalls Informationen über Art und Umfang der gewährten Ausschließlichkeit enthalten.

(2) Jede zuständige Behörde ergreift die erforderlichen Maßnahmen, um sicherzustellen, dass spätestens ein Jahr vor Einleitung des wettbewerblichen Vergabeverfahrens oder ein Jahr vor der Direktver-

gabe mindestens die folgenden Informationen im Amtsblatt der Europäischen Union veröffentlicht werden:

a) der Name und die Anschrift der zuständigen Behörde;

b) die Art des geplanten Vergabeverfahrens;

c) die von der Vergabe möglicherweise betroffenen Dienste und Gebiete.

Die zuständigen Behörden können beschließen, diese Informationen nicht zu veröffentlichen, wenn der öffentliche Dienstleistungsauftrag eine jährliche öffentliche Personenverkehrsleistung von weniger als 50 000 km aufweist.

Sollten sich diese Informationen nach ihrer Veröffentlichung ändern, so hat die zuständige Behörde so rasch wie möglich eine Berichtigung zu veröffentlichen. Diese Berichtigung erfolgt unbeschadet des Zeitpunkts der Einleitung der Direktvergabe oder des wettbewerblichen Vergabeverfahrens.

Dieser Absatz findet keine Anwendung auf Artikel 5 Absatz 5.

(3) Bei der Direktvergabe von öffentlichen Dienstleistungsaufträgen im Eisenbahnverkehr nach Artikel 5 Absatz 6 macht die zuständige Behörde innerhalb eines Jahres nach der Auftragsvergabe folgende Informationen öffentlich zugänglich:

a) den Namen des Auftraggebers, seine Eigentümer sowie gegebenenfalls den/die Namen der Partei oder Parteien, die eine rechtliche Kontrolle ausübt/ausüben;

b) die Dauer des öffentlichen Dienstleistungsauftrags;

c) eine Beschreibung der zu erbringenden Personenverkehrsdienste;

d) eine Beschreibung der Parameter für die finanzielle Ausgleichsleistung;

e) Qualitätsziele wie beispielsweise in Bezug auf Pünktlichkeit und Zuverlässigkeit und anwendbare Prämien und Sanktionen;

f) Bedingungen in Bezug auf die wichtigsten Wirtschaftsgüter.

(4) Die zuständige Behörde übermittelt jeder interessierten Partei auf entsprechenden Antrag ihre Gründe für die Entscheidung über die Direktvergabe eines öffentlichen Dienstleistungsauftrags.

Artikel 8 – Übergangsregelung

(1) Öffentliche Dienstleistungsaufträge werden nach Maßgabe dieser Verordnung vergeben. Dienstleistungsaufträge oder öffentliche Dienstleistungsaufträge gemäß der Definition in den Richtlinien 2004/17/EG oder 2004/18/EG für öffentliche Personenverkehrsdienste mit Bussen und Straßenbahnen werden jedoch gemäß den in jenen Richtlinien vorgesehenen Verfahren vergeben, sofern die Aufträge nicht die Form von Dienstleistungskonzessionen im Sinne jener Richtlinien annehmen. Werden Aufträge nach den Richtlinien 2004/17/EG oder 2004/18/EG vergeben, so sind die Absätze 2 bis 4 des vorliegenden Artikels nicht anwendbar.

(2) Unbeschadet des Absatzes 3 muss die Vergabe von Aufträgen für den öffentlichen Verkehr auf Schiene und Straße ab 3. Dezember 2019 im Einklang mit Artikel 5 erfolgen. Während dieses Übergangszeitraums treffen die Mitgliedstaaten Maßnahmen, um Artikel 5 schrittweise anzuwenden und ernste strukturelle Probleme insbesondere hinsichtlich der Transportkapazität zu vermeiden.

Binnen sechs Monaten nach der ersten Hälfte des Übergangszeitraums legen die Mitgliedstaaten der Kommission einen Fortschrittsbericht vor, in dem die Umsetzung der schrittweisen Vergabe von öffentlichen Dienstleistungsaufträgen im Einklang mit Artikel 5 dargelegt wird. Auf der Grundlage der Fortschrittsberichte der Mitgliedstaaten kann die Kommission den Mitgliedstaaten geeignete Maßnahmen vorschlagen.

(3) Von Absatz 2 ausgenommen sind öffentliche Dienstleistungsaufträge, die gemäß dem Gemeinschaftsrecht und nationalem Recht wie folgt vergeben wurden:

a) vor dem 26. Juli 2000 nach einem fairen wettbewerblichen Vergabeverfahren;

b) vor dem 26. Juli 2000 nach einem anderen Verfahren als einem fairen wettbewerblichen Vergabeverfahren;

c) ab dem 26. Juli 2000 und vor dem 3. Dezember 2009 nach einem fairen wettbewerblichen Vergabeverfahren;

d) ab dem 26. Juli 2000 und vor dem 3. Dezember 2009 nach einem anderen Verfahren als einem fairen wettbewerblichen Vergabeverfahren.

Die unter Buchstabe a genannten Aufträge können für ihre vorgesehene Laufzeit gültig bleiben. Die unter den Buchstaben b und c genannten Aufträge können für ihre vorgesehene Laufzeit gültig bleiben, jedoch nicht länger als 30 Jahre. Die unter Buchstabe d genannten Aufträge können für ihre vorgesehene Laufzeit gültig bleiben, sofern ihre Laufzeit begrenzt und mit den Laufzeiten gemäß Artikel 4 vergleichbar ist.

Öffentliche Dienstleistungsaufträge können für ihre vorgesehene Laufzeit gültig bleiben, wenn ihre Beendigung unangemessene rechtliche oder wirtschaftliche Auswirkungen hätte, vorausgesetzt dass die Kommission der Weiterführung zugestimmt hat.

(4) Unbeschadet des Absatzes 3 können die zuständigen Behörden während der zweiten Hälfte des in Absatz 2 genannten Übergangszeitraums diejenigen Betreiber eines öffentlichen Dienstes von der Teilnahme an wettbewerblichen Vergabeverfahren ausschließen, die nicht nachweisen können, dass der Wert der öffentlichen Verkehrsdienste, für die sie gemäß dieser Verordnung eine Ausgleichsleistung erhalten oder ausschließliche Rechte genießen, mindestens 50 % des Werts aller von ihnen erbrachten öffentlichen Verkehrsdienste, für die sie eine Ausgleichsleistung erhalten oder ausschließliche Rechte genießen, ausmacht. Betreiber eines öffentlichen Dienstes, die die auszuschreibenden Dienste erbringen, können nicht ausgeschlossen werden. Dieses Kriterium gilt nicht für öffentliche Dienstleistungsaufträge, die als Notmaßnahme gemäß Artikel 5 Absatz 5 vergeben wurden.

Machen die zuständigen Behörden von der in Unterabsatz 1 genannten Möglichkeit Gebrauch, so hat dies ohne Diskriminierung zu erfolgen; in diesem Fall schließen sie alle potenziellen Betreiber eines öffentlichen Dienstes aus, die dieses Kriterium erfüllen, und unterrichten potenzielle Betreiber zu Beginn des Vergabeverfahrens für öffentliche Dienstleistungsaufträge von ihrer Entscheidung.

Die betroffenen zuständigen Behörden teilen der Kommission ihre Absicht, diese Vorschrift anzuwenden, mindestens zwei Monate vor der Veröffentlichung des wettbewerblichen Vergabeverfahrens mit.

Artikel 9 – Vereinbarkeit mit dem Vertrag

(1) Eine gemäß dieser Verordnung gewährte Ausgleichsleistung für gemeinwirtschaftliche Verpflichtungen beim Betrieb öffentlicher Personenverkehrsdienste oder für die Einhaltung von in allgemeinen Vorschriften festgelegten tariflichen Verpflichtungen muss mit dem Gemeinsamen Markt vereinbar sein. Diese Ausgleichsleistungen sind von der Pflicht zur vorherigen Unterrichtung nach Artikel 88 Absatz 3 des Vertrags befreit.

(2) Unbeschadet der Artikel 73, 86, 87 und 88 des Vertrags können die Mitgliedstaaten weiterhin andere als die von dieser Verordnung erfassten Beihilfen für den Verkehrssektor nach Artikel 73 des Vertrags gewähren, die den Erfordernissen der Koordinierung des Verkehrs oder der Abgeltung bestimmter, mit dem Begriff des öffentlichen Dienstes zusammenhängender Leistungen entsprechen, und zwar insbesondere

a) bis zum Inkrafttreten gemeinsamer Vorschriften über die Zuordnung der Infrastrukturkosten, wenn die Beihilfe Unternehmen gewährt wird, die Kosten für die von ihnen benutzte Infrastruktur zu tragen haben, während andere Unternehmen derartigen Belastungen nicht unterworfen sind. Bei der Festlegung des entsprechenden Beihilfebetrags werden die Infrastrukturkosten berücksichtigt, die konkurrierende Verkehrsträger nicht zu tragen haben;

b) wenn mit der Beihilfe die Erforschung oder die Entwicklung von für die Gemeinschaft insgesamt wirtschaftlicheren Verkehrssystemen und -technologien gefördert werden soll.

Solche Beihilfen sind auf das Forschungs- und Entwicklungsstadium zu beschränken und dürfen nicht für die kommerzielle Nutzung dieser Verkehrssysteme und -technologien gewährt werden.

Artikel 10 – Aufhebung

(1) Die Verordnung (EWG) Nr. 1191/69 wird aufgehoben. Sie gilt jedoch während eines Zeitraums von drei Jahren nach Inkrafttreten der vorliegenden Verordnung weiterhin für Güterbeförderungsdienste.

(2) Die Verordnung (EWG) Nr. 1107/70 wird aufgehoben.

Artikel 11 – Berichte

Die Kommission legt nach Ende des in Artikel 8 Absatz 2 vorgesehenen Übergangszeitraums einen Bericht über die Durchführung dieser Verordnung und über die Entwicklung der Erbringung öffentlicher Personenverkehrsdienste in der Gemeinschaft vor, in dem insbesondere die Entwicklung der Qualität der öffentlichen Personenverkehrsdienste und die Auswirkungen der Direktvergabe bewertet werden und dem erforderlichenfalls geeignete Vorschläge zur Änderung dieser Verordnung beigefügt sind.

Artikel 12 – Inkrafttreten

Diese Verordnung tritt am 3. Dezember 2009 in Kraft.

§ 132
Auftragsänderungen während der Vertragslaufzeit

(1) Wesentliche Änderungen eines öffentlichen Auftrags während der Vertragslaufzeit erfordern ein neues Vergabeverfahren. Wesentlich sind Änderungen, die dazu führen, dass sich der öffentliche Auftrag erheblich von dem ursprünglich vergebenen öffentlichen Auftrag unterscheidet. Eine wesentliche Änderung liegt insbesondere vor, wenn

1. **mit der Änderung Bedingungen eingeführt werden, die, wenn sie für das ursprüngliche Vergabeverfahren gegolten hätten,**
   a) **die Zulassung anderer Bewerber oder Bieter ermöglicht hätten,**
   b) **die Annahme eines anderen Angebots ermöglicht hätten oder**
   c) **das Interesse weiterer Teilnehmer am Vergabeverfahren geweckt hätten,**
2. **mit der Änderung das wirtschaftliche Gleichgewicht des öffentlichen Auftrags zugunsten des Auftragnehmers in einer Weise verschoben wird, die im ursprünglichen Auftrag nicht vorgesehen war,**
3. **mit der Änderung der Umfang des öffentlichen Auftrags erheblich ausgeweitet wird oder**
4. **ein neuer Auftragnehmer den Auftragnehmer in anderen als den in Absatz 2 Satz 1 Nummer 4 vorgesehenen Fällen ersetzt.**

(2) Unbeschadet des Absatzes 1 ist die Änderung eines öffentlichen Auftrags ohne Durchführung eines neuen Vergabeverfahrens zulässig, wenn

1. **in den ursprünglichen Vergabeunterlagen klare, genaue und eindeutig formulierte Überprüfungsklauseln oder Optionen vorgesehen sind, die Angaben zu Art, Umfang und Voraussetzungen möglicher Auftragsänderungen enthalten, und sich aufgrund der Änderung der Gesamtcharakter des Auftrags nicht verändert,**
2. **zusätzliche Liefer-, Bau- oder Dienstleistungen erforderlich geworden sind, die nicht in den ursprünglichen Vergabeunterlagen vorgesehen waren, und ein Wechsel des Auftragnehmers**
   a) **aus wirtschaftlichen oder technischen Gründen nicht erfolgen kann und**
   b) **mit erheblichen Schwierigkeiten oder beträchtlichen Zusatzkosten für den öffentlichen Auftraggeber verbunden wäre,**
3. **die Änderung aufgrund von Umständen erforderlich geworden ist, die der öffentliche Auftraggeber im Rahmen seiner Sorgfaltspflicht nicht vorhersehen konnte, und sich aufgrund der Änderung der Gesamtcharakter des Auftrags nicht verändert oder**
4. **ein neuer Auftragnehmer den bisherigen Auftragnehmer ersetzt**
   a) **aufgrund einer Überprüfungsklausel im Sinne von Nummer 1,**
   b) **aufgrund der Tatsache, dass ein anderes Unternehmen, das die ursprünglich festgelegten Anforderungen an die Eignung erfüllt, im Zuge einer Unternehmensumstrukturierung, wie zum Beispiel durch Übernahme, Zusammenschluss, Erwerb oder Insolvenz, ganz oder teilweise an die Stelle des ursprünglichen Auftragnehmers tritt, sofern dies keine weiteren wesentlichen Änderungen im Sinne des Absatzes 1 zur Folge hat, oder**
   c) **aufgrund der Tatsache, dass der öffentliche Auftraggeber selbst die Verpflichtungen des Hauptauftragnehmers gegenüber seinen Unterauftragnehmern übernimmt.**

In den Fällen des Satzes 1 Nummer 2 und 3 darf der Preis um nicht mehr als 50 Prozent des Wertes des ursprünglichen Auftrags erhöht werden. Bei mehreren aufeinander folgenden Änderungen des Auftrags gilt diese Beschränkung für den Wert jeder einzelnen Änderung, sofern die Änderungen nicht mit dem Ziel vorgenommen werden, die Vorschriften dieses Teils zu umgehen.

(3) Die Änderung eines öffentlichen Auftrags ohne Durchführung eines neuen Vergabeverfahrens ist ferner zulässig, wenn sich der Gesamtcharakter des Auftrags nicht ändert und der Wert der Änderung

1. die jeweiligen Schwellenwerte nach § 106 nicht übersteigt und

2. bei Liefer- und Dienstleistungsaufträgen nicht mehr als 10 Prozent und bei Bauaufträgen nicht mehr als 15 Prozent des ursprünglichen Auftragswertes beträgt.

Bei mehreren aufeinander folgenden Änderungen ist der Gesamtwert der Änderungen maßgeblich.

(4) Enthält der Vertrag eine Indexierungsklausel, wird für die Wertberechnung gemäß Absatz 2 Satz 2 und 3 sowie gemäß Absatz 3 der höhere Preis als Referenzwert herangezogen.

(5) Änderungen nach Absatz 2 Satz 1 Nummer 2 und 3 sind im Amtsblatt der Europäischen Union bekannt zu machen.

Übersicht Rn.

A. Allgemeine Grundlagen ... 1
B. Wesentliche Auftragsänderungen (Abs. 1) ... 7
I. Wesentliche Auftragsänderungen (S. 1 und S. 2) ... 7
II. Katalog wesentlicher Änderungen (S. 3) ... 15
1. Zusätzliche Bedingungen (Nr. 1) ... 17
2. Änderung des wirtschaftlichen Gleichgewichts (Nr. 2) ... 22
3. Erhebliche Ausweitung des Umfangs (Nr. 3) ... 24
4. Auftragnehmerwechsel (Nr. 4) ... 26
C. Ausdrücklich zulässige Auftragsänderungen (Abs. 2) ... 32
I. Überprüfungsklauseln, Optionen (S. 1 Nr. 1) ... 33
II. Zusätzliche Leistungen (S. 1 Nr. 2) ... 39
1. Vergabe an den Auftragnehmer des Hauptauftrags ... 41
2. Zusätzliche Leistung ... 44
3. Nachträgliche Erforderlichkeit ... 46
4. Wirtschaftliche oder technische Unmöglichkeit (lit. a) ... 48
5. Schwierigkeiten oder Zusatzkosten für den Auftraggeber (lit. b) ... 53
III. Unvorhersehbarer Änderungsbedarf (S. 1 Nr. 3) ... 55
IV. Auftragnehmerwechsel (S. 1 Nr. 4) ... 62
1. In den Vergabeunterlagen vorgesehene Überprüfungsklausel (lit. a) ... 63
2. Unternehmensumstrukturierungen (lit. b) ... 69
3. Auftraggeber tritt an die Stelle des Auftragsnehmers (lit. c) ... 79
V. Wertbegrenzung (S. 2 und S. 3) ... 80
D. Bagatelländerungen (Abs. 3) ... 82
E. Wertberechnung bei Indexierungsklauseln (Abs. 4) ... 88
F. Publikationspflicht (Abs. 5) ... 90
G. Fallgruppen ... 92
I. Konkretisierungen ohne Änderungen ... 93
II. Vertragsdurchführungsklauseln ... 95
III. Reduktion des Leistungsumfangs ... 97
IV. Preisänderungen ... 99
V. Vertragsverlängerung und Kündigungsverzicht ... 103
VI. Auftraggeberwechsel ... 108
VII. Wechsel von Mitgliedern einer Arbeitsgemeinschaft ... 116
Anlage
Gesetzesbegründung (BT-Drs. 18/6281)

A. Allgemeine Grundlagen*

1 § 132 GWB regelt, unter welchen Bedingungen Änderungen eines Auftrags während der Ausführung ohne erneutes Vergabeverfahren zulässig sind. § 132 GWB stellt dabei **vergaberechtliche Maßstäbe** auf. Zivilrechtliche Fragen der Änderung vertraglicher Vereinbarungen (§ 311 Abs. 1 BGB) bleiben hiervon unberührt. Über sie ist nach geltendem Zivilrecht zu entscheiden.

* Nachfolgende Ausführungen geben allein die persönliche Auffassung der Autoren wieder.

§ 132 GWB stellt in Abs. 1 S. 1 den **Grundsatz** auf, dass der Auftraggeber einen öffentlichen Auftrag neu vergeben muss, wenn er den Auftrag wesentlich ändern will. In den auf § 132 Abs. 1 S. 2 GWB folgenden Regelungen werden ausdrücklich Fallgruppen aufgeführt, in denen eine Neuvergabe erforderlich ist (§ 132 Abs. 1 Nr. 1 bis 4 GWB) oder nicht (§ 132 Abs. 2 und Abs. 3 GWB). § 132 Abs. 2 und Abs. 3 GWB bilden dabei **Ausnahmetatbestände** von den wettbewerbsschützenden Regeln der Neuvergabe bei wesentlichen Änderungen nach § 132 Abs. 1 GWB. 2

Ist eine Neuvergabe erforderlich, so gelten die **Regeln des Vergaberechts** im Umfang ihrer Anwendbarkeit. Für neu zu vergebende Auftragsänderungen sieht das Vergaberecht keine Erleichterungen vor. Sie sind wie neue Aufträge zu behandeln. Eine bloße erneute Verhandlung mit den Teilnehmern des ursprünglichen Vergabeverfahrens genügt daher nicht.[2] 3

Die **europarechtlichen Grundlagen** des § 132 GWB finden sich in Art. 72 RL 2014/24/EU. Mit Art. 72 RL 2014/24/EU hat der EU-Gesetzgeber die Fallgruppe der Auftragsänderungen erstmalig gesetzlich geregelt. Die Vorschriften korrelieren wie folgt: 4

- § 132 Abs. 1 S. 1 GWB setzt Art. 72 Abs. 1 lit. e und Abs. 5 RL 2014/24/EU um.
- § 132 Abs. 1 S. 2 und S. 3 GWB setzen Art. 72 Abs. 4 RL 2014/24/EU um.
- § 132 Abs. 2 GWB setzt Art. 72 Abs. 1 RL 2014/24/EU um.
- § 132 Abs. 3 GWB setzt Art. 72 Abs. 2 RL 2014/24/EU um.
- § 132 Abs. 4 GWB setzt Art. 72 Abs. 3 RL 2014/24/EU um.
- § 132 Abs. 5 GWB setzt Art. 72 Abs. 1 a. E. RL 2014/24/EU um.

§ 132 GWB und seinen europarechtlichen Vorgaben zugrunde liegt die „pressetext"-Rechtsprechung des EuGH von 2008. In der Rechtssache „pressetext" hielt der EuGH eine Neuvergabe für erforderlich, wenn die Vertragsparteien den **Willen zur Änderung wesentlicher Vertragsbestimmungen**, insbesondere bezüglich Preis, Leistung und Laufzeit, erkennen lassen.[3] Eine Neuvergabe ist demnach insbesondere geboten, wenn die Änderung 5

- Bedingungen einführt, die die Zulassung anderer als der ursprünglich zugelassenen Bieter oder die Annahme eines anderen als des ursprünglich angenommenen Angebots erlaubt hätten,
- den Auftrag in großem Umfang auf bisher nicht vorgesehene Leistungen erweitert, die nicht Gegenstand des ursprünglichen Auftrags waren, oder
- das wirtschaftliche Gleichgewicht des Vertrags in einer im ursprünglichen Vertrag nicht vorgesehenen Weise zugunsten des Auftragnehmers verschiebt.[4]

Hingegen sind nach dieser Rechtsprechung Änderungen oder Verlängerungen der Leistungsbeziehung **vergaberechtlich neutral**, wenn sie

- etwa durch Optionen bereits in der Ausschreibung und im Vertrag angelegt waren[5]
- oder im Hinblick auf die vergaberechtlichen Grundsätze der Gleichbehandlung und Transparenz und gemessen an den wirtschaftlichen Auswirkungen unwesentlich sind.[6]

---

2 Vgl. OLG München, Beschluss v. 5.10.2012 – Verg 15/12; OLG Jena, Beschluss v. 19.10.2010 – 9 Verg 5/10.

3 Vgl. EuGH, Urteil v. 19.6.2008 – Rs. C-454/06 (pressetext), Rn. 34, im Anschluss an Urteil v. 5.10.2000 – Rs. C-377/98 (Kommission/Frankreich), Rn. 44, 46; entsprechend zu Dienstleistungskonzessionen EuGH, Urteil v. 13.4.2010 – Rs. C-91/08 (Wall), Rn. 37.

4 Vgl. EuGH, Urteil v. 19.6.2008 – Rs. C-454/06 (pressetext), Rn. 35 ff., und zum Beispiel OLG Rostock, Beschluss v. 25.9.2013 – 17 Verg 3/13; OLG Frankfurt, Urteil v. 29.1.2013 – 11 U 33/12; OLG Düsseldorf, Beschluss v. 21.7.2010 – VII-Verg 19/10; OLG Celle, Beschluss v. 29.10.2009 – 13 Verg 8/09.

5 Vgl. EuGH, Urteil v. 19.6.2008 – Rs. C-454/06 (pressetext), Rn. 60, 68; Urteil v. 29.4.2004 – Rs. C-496/99 P (CAS Succhi di Frutta), Rn. 118; OLG Hamburg, Beschluss v. 25.1.2007 – 1 Verg 5/06; OLG Jena, Beschluss v. 14.10.2003 – 6 Verg 5/03; OLG Rostock, Beschluss v. 5.2.2003 – 17 Verg 14/02; OLG Düsseldorf, Beschluss v. 20.6.2001 – Verg 3/01; OLG Celle, Beschluss v. 4.5.2001 – 13 Verg 5/00.

6 Vgl. GA *Kokott*, Schlussanträge v. 13.3.2008 – Rs. C-454/06 (pressetext), Rn. 87, und OLG Jena, Beschluss v. 14.10.2003 – 6 Verg 5/03; OLG Düsseldorf, Beschluss v. 12.1.2004 – Verg 71/03; VK Brandenburg, Beschluss v. 17.6.2008 – VK 13/08.

6 Zu beachten ist indes: Mit Art. 72 RL 2014/24/EU hat der Gesetzgeber Regelungen getroffen, die **die „pressetext"-Rechtsprechung des EuGH zum Teil fortentwickeln**. Bei Widersprüchen zwischen Rechtsprechung und neuen Regelungen sind im Zweifel die gesetzlichen Regelungen maßgeblich. Allerdings ist auch zu erwarten, dass der EuGH und die deutsche Rechtsprechung die neuen Regelungen in Fortführung der Grundgedanken der „pressetext"-Rechtsprechung auslegen werden. Die bisherige Rechtsprechung kann daher, nach Abgleich mit dem Wortlaut der neuen Regelungen, deren Sinn und Zweck und dem Willen des Gesetzgebers, durchaus weiter als Auslegungshilfe herangezogen werden.

B. Wesentliche Auftragsänderungen (Abs. 1)

I. Wesentliche Auftragsänderungen (S. 1 und S. 2)

7 § 132 Abs. 1 S. 1 GWB normiert den Grundsatz, dass wesentliche Änderungen eines öffentlichen Auftrags während der Vertragslaufzeit neu vergeben werden müssen. Eine **Änderung** des Auftrags ist dabei jede Änderung des vertraglichen Schuldverhältnisses zwischen Auftraggeber und Auftraggeber. Sie erfolgt ihrerseits durch Vertrag (§ 311 Abs. 1 BGB). Die **Art des Änderungsvertrages** oder seine **Form** sind dabei ebenso wenig relevant wie beim Begriff des öffentlichen Auftrags. Er kann auch ein Vergleichsvertrag im Sinne des § 779 BGB[7] oder ein öffentlich-rechtlicher Vertrag sein.

8 § 132 Abs. 1 S. 2 GWB konkretisiert, was eine **wesentliche Auftragsänderung** sein soll: eine Änderung, die zu einem erheblichen Unterschied zum ursprünglichen Auftrag führt. Dies dürfte in der Sache der bisherigen Rechtsprechung entsprechen, nach der eine Auftragsänderung als öffentlicher Auftrag anzusehen ist, wenn sie bei wirtschaftlicher Betrachtung einer Neuvergabe gleichkommt. Hiervon war auszugehen, wenn wesentliche Vertragsinhalte geändert werden.[8]

9 Ob die Änderung wesentlich ist, ist durch eine **wirtschaftliche Gesamtbetrachtung** der Rechte und Pflichten der Vertragspartner festzustellen. Dabei kommt es nicht auf den einzelnen Vertrag in einem technischen Sinne an. Maßstab ist vielmehr der ursprünglich vergebene öffentliche Auftrag. Dabei kann auch ein ganzes Vertragskonvolut wie etwa bei ÖPP üblich in die wirtschaftliche Gesamtbetrachtung einzubeziehen sein.[9]

10 Wesentliche Vertragsinhalte werden regelmäßig die **essentialia negotii**, mithin der Preis, Art und Umfang der Leistung des Auftragnehmers und die Laufzeit des Vertrages sein.[10] Laut Begründung des Gesetzentwurfs der Bundesregierung sind insbesondere Änderungen erfasst, die „den Umfang und die Ausgestaltung der gegenseitigen Rechte und Pflichten der Parteien" betreffen.[11]

11 Dies soll nach dem Willen der Bundesregierung laut Entwurfsbegründung ausdrücklich auch die Zuweisung von **Rechten des geistigen Eigentums** beinhalten.[12] Denn die Zuweisung der Rechte des geistigen Eigentums ist regelmäßig wesentlich für die wirtschaftliche Architektur des Vertrages und die Frage, wofür in welcher Höhe vergütet wird.

12 Nicht unproblematisch ist die **Abgrenzung** wesentlicher von unwesentlichen Änderungen bei Verträgen, die typischerweise eine recht weitreichende Flexibilität für Anpassungen des Leistungsspektrums vorsehen. Bauverträge sind solche Fälle wegen der mit einem Bauvorha-

---

7 BGH, Beschluss v. 8.2.2011 – X ZB 4/10 (Abellio); OLG Düsseldorf, Beschluss v. 21.7.2010 – VII-Verg 19/10.

8 Vgl. etwa OLG Düsseldorf, Beschluss v. 12.1.2004 – Verg 71/03; Beschluss v. 20.6.2001 – Verg 3/01; OLG Rostock, Beschluss v. 5.2.2003 – 17 Verg 14/02; zum Ganzen eingehend *Poschmann*, Auftragsänderungen, Teil 2; *Knauff*, NZBau 2007, 347 (349).

9 Vgl. bereits vor § 132 GWB: OLG Düsseldorf, Beschluss v. 20.6.2001 – Verg 3/01.

10 Vgl. bereits vor § 132 GWB: OLG Frankfurt, Beschluss v. 30.8.2011 – 11 Verg 3/11; OLG Düsseldorf, Beschluss v. 12.1.2004 – Verg 71/03; Beschluss v. 20.6.2001 – Verg 3/01; Beschluss v. 14.2.2001 – Verg 13/00; OLG Rostock, Beschluss v. 5.2.2003 – 17 Verg 14/02; VK Brandenburg, Beschluss v. 17.6.2008 – VK 13/08.

11 Gesetzesbegründung, BT-Drs. 18/6281, 147 (zu § 132 Abs. 1 GWB).

12 Gesetzesbegründung, BT-Drs. 18/6281, 147 (zu § 132 Abs. 1 GWB).

ben verbundenen Unwägbarkeiten[13] und langfristige Verträge der Daseinsvorsorge, insbesondere Universalverträge, zum Beispiel aus dem Abfall[14] oder Verkehrsbereich,[15] der Wasserversorgung[16] oder betreffend Rettungsdienstleistungen.[17] Gleichwohl gelten auch für diese Fälle die allgemeinen Regeln des § 132 GWB. Sind zum Beispiel Flexibilitäten von Anfang an in den Vergabeunterlagen vorgesehen, so kann § 132 Abs. 2 S. 1 Nr. 1 GWB einschlägig sein, bei unvorhersehbaren Umständen § 132 Abs. 2 S. 1 Nr. 3 GWB. Aus der VOB/B lassen sich dabei nur zivilrechtliche Maßstäbe, nicht aber die auch vergaberechtlich ohne Neuvergabe zulässigen Änderungen ablesen.

In diesem Sinne an § 132 GWB zu messen sind **Verschiebungen von Bauzeiten**, zum Bei- 13
spiel infolge von Verzögerungen durch ein Nachprüfungsverfahren. Die Folge können Änderungen der vereinbarten Fertigstellungstermine, unter Umständen auch Anpassungen des Preises sein. Hierin sieht der BGH in der Regel keine wesentliche Änderung gemessen an den Kriterien des § 132 Abs. 1 S. 3 GWB: Insbesondere bleibe das wirtschaftliche Gleichgewicht unberührt. Ob sich andere Unternehmen um den Auftrag beworben hätten, müsse nicht weiter untersucht werden, denn das Nachprüfungsverfahren diene dem Schutz des Wettbewerbs und könne daher nicht als Ursache einer Wettbewerbsverzerrung gelten.[18]

Die **Darlegungslast** für die Wesentlichkeit/Unwesentlichkeit der Änderung liegt bei jenem, 14
der sich auf sie zwecks Verzicht auf Neuvergabe beruft. Dies folgt zum einen aus dem Schutz des Vergabewettbewerbs, dem § 132 GWB dient. Der materielle Grundsatz, dass wettbewerbsverzerrende Änderungen zur Neuvergabe führen, muss sich auf die Darlegungslast durchschlagen. Zum anderen ergibt sich dies aus **europarechtskonformer Auslegung** im Lichte des Art. 72 Abs. 1 lit. e RL 2014/24/EU. In diesem heißt es, dass auf eine Neuvergabe verzichtet werden kann, wenn die Änderung nicht wesentlich ist. Diese doppelte Negation (Verzicht auf Neuvergabe bei unwesentlicher Änderung) statt der positiv gewendeten Formulierung in § 132 GWB (wesentliche Änderung erfordert Neuvergabe) regelt eine Darlegungslast bei demjenigen, der sich auf den Verzicht auf Neuvergabe beruft.

II. Katalog wesentlicher Änderungen (S. 3)

§ 132 Abs. 1 S. 3 GWB enthält einen Katalog von Fällen, in denen eine wesentliche Änderung 15
vorliegt. Die Tatbestände von § 132 Abs. 1 S. 3 Nr. 1 bis 4 GWB stehen dabei in einem **Alternativverhältnis** („oder"). Es reicht, wenn einer von ihnen gegeben ist.

Der Katalog ist laut Begründung des Gesetzesentwurfs der Bundesregierung zudem **beispiel- 16
haft**.[19] Das heißt:

- Wenn **ein Fall des § 132 Abs. 1 S. 3 GWB** vorliegt, ist eine Neuvergabe erforderlich. Die Wesentlichkeit der Änderung ist ohne Weiteres gegeben.
- Liegt **kein Fall des § 132 Abs. 1 S. 3 GWB** vor, kann die Änderung dennoch wesentlich sein. Dann ist anhand der allgemeineren Maßstäbe der § 132 Abs. 1 S. 1 und S. 2 GWB zu prüfen.

---

13 Vgl. etwa BGH, Urteil v. 22.7.2010 – VII ZR 213/08; VK Nordbayern, Beschluss v. 20.6.2012 – 21.VK-3194-08/12; VK Südbayern, Beschluss v. 30.5.2007 – Z3-3-3194-1-15-04/07.

14 Vgl. etwa OLG München, Beschluss v. 6.8.2012 – Verg 14/12; OLG Düsseldorf, Beschluss v. 25.4.2012 – VII-Verg 107/11; Beschluss v. 28.7.2011 – VII-Verg 20/11; OLG Celle, Beschluss v. 29.10.2009 – 13 Verg 8/09; VK Rheinland-Pfalz, Beschluss v. 5.7.2013 – VK 1-11/13; VK Arnsberg, Beschluss v. 2.2.2011 – VK 27/10; VK Brandenburg, Beschluss v. 12.2.2010 – VK 3/10.

15 Vgl. etwa OLG Rostock, Beschluss v. 25.9.2013 – 17 Verg 3/13; VK Münster, Beschluss v. 18.3.2010 – VK 1/10.

16 Vgl. etwa OLG Frankfurt, Beschluss v. 30.8.2011 – 11 Verg 3/11.

17 Vgl. etwa EuGH, Urteil v. 29.4.2010 – Rs. C-160/08, Rn. 98 ff.; OLG Schleswig, Beschluss v. 4.11.2014 – 1 Verg 1/14.

18 Vgl. BGH, Urteil v. 22.7.2010 – VII ZR 213/08.

19 Gesetzesbegründung, BT-Drs. 18/6281, 147.

1. Zusätzliche Bedingungen (Nr. 1)

17 § 132 Abs. 1 S. 3 Nr. 1 GWB regelt die Essenz der wettbewerbsschützenden Funktion des § 132 GWB: Wenn das Ergebnis des Vergabewettbewerbs mit dem geänderten Auftrag ein anderes gewesen wäre, ist neu zu vergeben. Im Einzelnen ist eine Änderung wesentlich, wenn sie die Zulassung anderer Bewerber oder die Annahme eines anderen Angebots ermöglicht oder das Interesse weiterer Teilnehmer am Vergabeverfahren geweckt hätte.

18 Die drei in § 132 Abs. 1 S. 3 Nr. 1 GWB geregelten Voraussetzungen müssen dabei **alternativ** vorliegen. Liegt eine der Voraussetzungen vor, ist der Tatbestand erfüllt.

19 **Bedingungen** im Sinne von § 132 Abs. 1 S. 3 Nr. 1 GWB meinen dabei in einem umfassenden Sinne jedwede Rahmenbedingung des Vergabewettbewerbs, also zum Beispiel Bedingungen für die Teilnahme eines Unternehmens oder Angebots am Wettbewerb, egal ob fakultativ oder zwingend, und Bedingungen zur Auftragsausführung (§ 128 Abs. 2 und § 129 GWB).

20 Um die Wirkung der geänderten Bedingung auf den Wettbewerb zu bemessen, ist eine Betrachtung der **hypothetischen Wettbewerbssituation** bei geänderten Bedingungen erforderlich. Dies kann im Einzelfall schwierig und spekulativ werden. Zum Schutze des Vergabewettbewerbs sind jedoch keine überzogenen Anforderungen an die Darlegung zu stellen. Es reicht eine nachvollziehbare Darstellung der hypothetischen Wirkung auf den Wettbewerb. Zum Beispiel muss nicht dargelegt werden, dass ein anderes Angebot den Zuschlag bekommen hätte. Es reicht, dass die geänderten Bedingungen dies „ermöglicht hätten".

21 § 132 Abs. 1 S. 3 Nr. 1 GWB ist zudem entgegen dem Wortlaut des § 132 GWB nicht nur dann einschlägig, wenn wettbewerbsverändernde Bedingungen eingeführt werden, sondern auch, wenn solche **Bedingungen entfallen**. Dies folgt aus Sinn und Zweck des § 132 GWB, dem Schutz des Wettbewerbs vor nachträglicher Verzerrung. Gerade auch das Entfallen einer den Wettbewerb verengenden Bedingung kann eine solche Verzerrung bewirken. Der Schutzzwecke der Norm ist damit in beiden Fällen betroffen, ohne dass Gründe für eine Differenzierung ersichtlich wären.

2. Änderung des wirtschaftlichen Gleichgewichts (Nr. 2)

22 Ob eine Änderung das wirtschaftliche Gleichgewicht des Auftrags zugunsten des Auftragnehmers verschiebt, muss im Einzelfall anhand einer **wirtschaftlichen Gesamtbetrachtung** beurteilt werden. Verhindert werden soll, dass der Auftragnehmer nachträglich wirtschaftliche Vorteile zieht, die nicht dem Vergabewettbewerb unterworfen waren.

23 Nicht ausreichend ist dabei eine nur **summarische Betrachtung** des wirtschaftlichen Gleichgewichts. Es genügt daher nicht, einen zusätzlichen wirtschaftlichen Vorteil für den Auftragnehmer an anderer Stelle auszugleichen. Denn Veränderungen in den einzelnen Elementen des Auftrags können durchaus zu einem veränderten Bewerberkreis führen, wenn Unternehmen ihre Bewerbung gerade von einem spezifischen Vorteil abhängig machen.

3. Erhebliche Ausweitung des Umfangs (Nr. 3)

24 § 132 Abs. 1 S. 3 Nr. 3 GWB stellt letztlich klar, dass § 132 Abs. 1 GWB entgegen dem begrifflichen Anschein des § 132 Abs. 1 S. 1 GWB („Änderungen") auch **Ergänzungen** des Auftrags erfasst. Begrifflich scheinen Ergänzungen zwar keine Auftragsänderungen zu sein, denn sie ändern das Ursprüngliche nicht, sondern fügen Neues hinzu. Bei wirtschaftlichem Vergleich des ergänzten mit dem ursprünglichen Auftrag ergibt sich jedoch, dass die Ergänzung die Vertragsbeziehung durchaus wesentlich ändern kann: Zum Beispiel ist eine ausgeweitete Leistungspflicht im Ganzen eine andere als die ursprüngliche, selbst wenn die ursprünglichen Bestandteile erhalten bleiben. Würden Vertragsergänzungen nicht erfasst, wäre zudem die Regelung zur Ausnahme von einzelnen derartigen Fallgruppen in § 132 Abs. 2 S. 1 Nr. 2 GWB entbehrlich.

25 Eine wesentliche Auftragsänderung erfordert allerdings, dass die Leistungserweiterung **erheblich** ist. Die vorstehenden Grundsätze zugrunde gelegt, bilden erhebliche Leistungserweiterungen regelmäßig einen eigenständigen öffentlichen Auftrag. § 132 Abs. 1 S. 1 Nr. 3 GWB

zeichnet damit die bisherige Rechtsprechung nach. Unwesentliche Leistungserweiterungen in engem inhaltlichem Zusammenhang mit dem Vertragsgegenstand werden hingegen in engen Grenzen zulässig sein.[20] Dabei darf indes kein Tatbestand des § 132 Abs. 1 S. 3 GWB vorliegen, insbesondere also auch nicht § 132 Abs. 1 S. 3 Nr. 1 GWB.

4. Auftragnehmerwechsel (Nr. 4)

§ 132 Abs. 1 S. 3 Nr. 4 GWB klärt einen Fall von einiger praktischer Relevanz: Kann ein Vertrag vom beauftragten Auftragnehmer – etwa infolge Insolvenz oder Kündigung wegen Nicht- oder Schlechtleistung – nicht fortgeführt werden, so stellt sich die Frage nach der Ausschreibungspflicht einer Vertragsübernahme durch ein anderes Unternehmen. 26

Zivilrechtlich ist ein solcher Austausch des Vertragspartners ohne Weiteres möglich, wie die Regelung in § 415 BGB zeigt.[21] Aus **vergaberechtlicher Perspektive** war dessen Zulässigkeit hingegen zweifelhaft, denn mit dem Auftragnehmerwechsel erhielte ein Unternehmen den Auftrag, obgleich es ihn nicht im Wettbewerb eines Vergabeverfahrens errungen hat. Mit guten Gründen hat der EuGH daher in der „pressetext"-Rechtsprechung die Vertragsübernahme grundsätzlich als eine besondere Form der Erteilung eines öffentlichen Auftrags bewertet.[22] § 132 Abs. 1 S. 3 Nr. 4 GWB setzt dies gesetzlich um. § 132 Abs. 2 S. 1 Nr. 4 GWB sieht Ausnahmen vor. 27

Die Pflicht zur Neuvergabe in § 132 Abs. 1 S. 3 Nr. 4 GWB erfasst jedweden Austausch des Auftragnehmers durch eine von diesem verschiedene Rechtspersönlichkeit. Stellt man auf die rechtliche Person des Auftragnehmers ab, so dürfte § 132 Abs. 1 S. 3 Nr. 4 GWB zum Beispiel folgende **Fallgruppen** erfassen: 28

- Die bisherige juristische oder natürliche Person des Auftragnehmers wird durch eine andere, vom Auftragnehmer verschiedene juristische oder natürliche Person ersetzt.
- Einer von mehreren Anteilseignern des Auftragnehmers tritt an dessen Stelle.
- Teile einer Bietergemeinschaft übernehmen den Auftrag unter Wegfall anderer Teile der Bietergemeinschaft.

Das Abstellen auf die **rechtliche Person** folgt in europarechtskonformer Auslegung aus dem Begriff des Auftragnehmers, den § 132 GWB in Bezug nimmt. Auftragnehmer ist jener Wirtschaftsteilnehmer, an den der Auftrag vergeben wurde (Art. 71 Abs. 3 RL 2014/24/EU). Wirtschaftsteilnehmer ist wiederum eine natürliche oder juristische Person oder eine öffentliche Einrichtung oder eine Gruppe derselben (Art. 2 Nr. 10 RL 2014/24/EU). Ein „neuer Auftragnehmer", der den alten ersetzt, muss mithin eine neue natürliche oder juristische Person oder öffentliche Einrichtung oder Gruppe derselben sein. Mit anderen Worten kommt es im Tatbestand der Nr. 4 auf die rechtliche Person des Auftragnehmers an. 29

Soll ein **weiterer Wirtschaftsteilnehmer** wesentliche Teile der Leistung des Auftragnehmers erbringen, so ist dies hingegen keine Frage eines De-facto-Auftragnehmerwechsels oder Anlass für ein weniger formales Verständnis des Auftragnehmerbegriffs. Diese Fälle lassen sich vielmehr über die Regelungen zur Eignung und die Möglichkeiten zur Heranziehung Dritter für die Auftragserfüllung lösen.[23] 30

Keinen vergabepflichtigen Auftragnehmerwechsel stellt zudem eine **Änderung an den Eigentumsverhältnissen** am Auftragnehmer dar, wie etwa infolge einer Veräußerung einzelner oder aller Geschäftsanteile. Denn in diesem Fall fehlt es bereits an einer Änderung der rechtlichen Person des Auftragnehmers und im Übrigen auch an einer Änderung des Vertra- 31

20 Vgl. bereits vor § 132 GWB: OLG Düsseldorf, Beschluss v. 8.5.2002 – VII-Verg 8-15/01; VK Brandenburg, Beschluss v. 17.6.2008 – VK 13/08; VK Bund, Beschluss v. 12.10.2004 – VK 2-187/04.

21 Vgl. *Ziekow*, VergabeR 2004, 430 (431).

22 Vgl. EuGH, Urteil v. 19.6.2008 – Rs. C-454/06 (pressetext), Rn. 40; VK Bund, Beschluss v. 29.6.2005 – VK 3-52/05; *Poschmann*, Auftragsänderungen, Teil 2, Kap. 4, B.IV.5; *Rittwage*, VergabeR 2006, 327; anders noch OLG Frankfurt, Beschluss v. 5.8.2003 – 11 Verg 2/02.

23 OLG Düsseldorf, Beschluss v. 2.12.2009 – VII-Verg 39/09; anders noch zuvor VK Bund, Beschluss v. 11.9.2009 – VK 3-157/09.

ges. Vielmehr bleiben der Auftragnehmer und Vertragspartner identisch, nur die Eigentumsverhältnisse an diesem ändern sich.[24] In der Rechtsprechung wurde dies zum Beispiel für Aktiengesellschaften,[25] Gesellschaften mit beschränkter Haftung und andere Kapitalgesellschaften[26] und Genossenschaften mit beschränkter Haftung entschieden.[27] Ausnahmsweise ist eine Neuvergabe erforderlich, wenn sich gerade aus den Eigentums- und Beteiligungsverhältnissen, die geändert werden, eine Ausnahme oder Privilegierung vom Vergaberecht ergibt, etwa infolge einer In-House-Vergabe. Dann entfallen die Gründe der Privilegierung nachträglich und der Auftrag ist ab diesem Zeitpunkt vergabepflichtig.[28]

C. Ausdrücklich zulässige Auftragsänderungen (Abs. 2)

32 § 132 Abs. 2 GWB enthält einen Katalog von Fällen, bei denen keine Neuvergabe erforderlich sein soll. Der Katalog ist recht heterogen, eine übergeordnete Ratio drängt sich nicht auf. Die einzelnen Fälle sind daher gesondert zu betrachten. Gemeinsam ist ihnen, dass sie Ausnahmebestimmungen vom Grundsatz der Neuvergabe sind. Damit sind sie eng auszulegen.

I. Überprüfungsklauseln, Optionen (S. 1 Nr. 1)

33 **Überprüfungsklauseln** sind Vertragsklauseln, nach denen einzelne Vertragsbestimmungen in einem vorab vereinbarten Mechanismus nach einiger Zeit angepasst werden können. Insbesondere in langfristigen Vertragsbeziehungen können damit Anpassungsrisiken auf die Vertragspartner verteilt werden. Gängig sind zum Beispiel Preisanpassungsklauseln, mit denen extreme Ausschläge in Preisbildungsfaktoren auf die Vertragsparteien verteilt werden können.

34 Mit Überprüfungsklauseln werden zwar Vertragsbestimmungen geändert. Keine Neuvergabe lösen diese Änderungen aber aus, wenn **Art, Umfang und Voraussetzungen klar vereinbart** und **Teil des vergaberechtlichen Wettbewerbs** waren. Laut Begründung des Gesetzentwurfes darf dem Auftraggeber auch kein unbegrenzter Ermessensspielraum eingeräumt worden sein.[29] Schließlich darf sich der **Gesamtcharakter** infolge der Anpassungen nicht ändern. Dies wird insbesondere das wirtschaftliche Gleichgewicht zwischen Auftraggeber und Auftragnehmer betreffen. Fehlt es hingegen an einer derartigen Klausel, so ist – wenn kein anderer Ausnahmetatbestand des § 132 GWB vorliegt – neu auszuschreiben.

35 Nicht selten werden im Rahmen von öffentlichen Beschaffungsvorgängen **einseitige Gestaltungsrechte (Optionen)** – in aller Regel zugunsten des Auftraggebers – vereinbart. Von einer Option spricht man, soweit einer Vertragspartei das Recht eingeräumt wird, einen bestehenden Vertrag durch einseitige Erklärung zu ändern, insbesondere zu verlängern, wobei ein Vertragspartner fest gebunden und der andere Vertragspartner frei ist, die Option auszuüben.[30] Den in der Praxis häufigsten Fall bilden Vertragsverlängerungsoptionen.

36 Auch für die vergaberechtliche Zulässigkeit eines Optionsrechts kommt es darauf an, ob die Optionsklausel bereits in den Vergabeunterlagen des Ausgangsauftrages selbst **angelegt war**. Ist dies der Fall, ist die Option vergaberechtlich grundsätzlich unproblematisch,[31] da sie

24 Vgl. bereits vor § 132 GWB: OLG Naumburg, Beschluss v. 29.4.2009 – 1 Verg 3/10 und – allerdings wohl mit einer an den Typus der juristischen Person anknüpfenden Argumentation: EuGH, Urteil v. 19.6.2008 – Rs. C-454/06 (pressetext), Rn. 50.

25 Vgl. EuGH, Urteil v. 19.6.2008 – Rs. C-454/06 (pressetext), Rn. 51.

26 Vgl. OLG Naumburg, Beschluss v. 29.4.2009 – 1 Verg 3/10.

27 Vgl. EuGH, Urteil v. 19.6.2008 – Rs. C-454/06 (pressetext), Rn. 52.

28 Vgl. EuGH, Urteil v. 15.10.2009 – Rs. C-196/08, Rn. 62; OLG Naumburg, Beschluss v. 29.4.2009 – 1 Verg 3/10. Siehe § 108 Rn. 98 ff.

29 Vgl. schon vor § 132 GWB: OLG Düsseldorf, Beschluss v. 12.2.2014 – VII-Verg 32/13; Beschluss v. 28.7.2011 – VII-Verg 20/11.

30 Vgl. BayObLG, Beschluss v. 18.6.2002 – Verg 8/02; zum Ganzen *Poschmann*, Auftragsänderungen, Teil 2 Kap. 6 C; *Krohn*, NZBau 2008, 619 (625).

31 Vgl. bereits vor § 132 GWB: EuGH, Urteil v. 19.6.2008 – Rs. C-454/06 (pressetext), Rn. 40, 60; Urteil v. 29.4.2004 – Rs. C-496/99 P (CAS Succhi di Frutta), Rn. 118; OLG Hamburg, Beschluss v. 25.1.2007 – 1 Verg 5/06; OLG Jena, Beschluss v. 14.10.2003 – 6 Verg 5/03; OLG Rostock, Beschluss v. 5.2.2003 – 17 Verg 14/02; OLG Celle, Beschluss v. 4.5.2001 – 13 Verg 5/00.

mit dem Ausgangsauftrag ein einheitliches Auftragswerk bildet, das als Gesamtheit bereits Gegenstand eines Vergabewettbewerbs war.[32] War die Option in dem Ausgangsvertrag nicht angelegt, stellt sie grundsätzlich einen eigenständigen Beschaffungsvorgang dar. Allerdings könnten auch zusätzliche Leistungen im Sinne von § 132 Abs. 2 S. 1 Nr. 2 und Nr. 3 GWB vorliegen.

Aufgrund des eindeutigen Wortlautes des § 132 Abs. 2 S. 1 Nr. 1 GWB ist zudem grundsätzlich ausreichend, dass die Überprüfungsklausel/Option in den **Vergabeunterlagen** verankert ist. Damit wird sie gegenüber den interessierten Wettbewerbern zu einer Rahmenbedingung des Wettbewerbs; der Transparenzpflicht ist genüge getan.[33] Zusätzlich in der Bekanntmachung angegeben werden müssen sie nur in den in RL 2014/24/EU ausdrücklich geforderten Fällen.[34] 37

Bei der Vereinbarung von Vertragsverlängerungsoptionen sind – wie auch allgemein bei der Festlegung der Vertragslaufzeit – die Grundsätze des **Wettbewerbs**, der **Gleichbehandlung** und der **Verhältnismäßigkeit** zu beachten.[35] Insbesondere aus dem Verhältnismäßigkeitsgrundsatz folgt daher ein proportional mit der Vertragslaufzeit ansteigendes Rechtfertigungserfordernis für die Laufzeitlänge.[36] 38

II. Zusätzliche Leistungen (S. 1 Nr. 2)

Im Zuge der Neufassung der Vergaberichtlinien wurden **Tatbestände für das Verhandlungsverfahren ohne Bekanntmachung** in die Regelungen zur Zulässigkeit von Auftragsänderungen übertragen. Der Tatbestand § 132 Abs. 2 S. 1 Nr. 2 GWB entwickelt insofern den früheren § 3 EG Abs. 4 lit. e und lit. f VOL/A fort. Da sich Tatbestand und Rechtsfolge (keine neues Vergabeverfahren) ähneln, kann durchaus auf die Rechtsprechung zu § 3 EG Abs. 4 lit. e und lit. f VOL/A zurückgegriffen werden. Auch zum früheren § 3 EG Abs. 5 Nr. 5 VOB/A bestehen gewisse Ähnlichkeiten. Zu beachten ist allerdings auch, dass in Art. 32 Abs. 3 lit. b und Abs. 5 RL 2014/24/EU weitere Tatbestände für die Wahl des Verhandlungsverfahrens ohne Bekanntmachung vorgesehen sind, die ähnliche Fälle zusätzlicher Leistungen erfassen. 39

Für eine Ergänzung des Auftrags ohne Neuvergabe um zusätzliche Liefer-, Bau- oder Dienstleistungen müssen folgende Bedingungen **kumulativ** erfüllt sein: 40

- Leistungen sollen an den Auftragnehmer des Hauptauftrags vergeben werden.
- Die zusätzlichen Leistungen waren in den ursprünglichen Vergabeunterlagen nicht vorgesehen.
- Die zusätzlichen Leistungen sind erforderlich geworden.
- Ein Auftragnehmerwechsel kann aus wirtschaftlichen oder technischen Gründen nicht erfolgen (lit. a).
- Ein Auftragnehmerwechsel wäre mit erheblichen Schwierigkeiten oder beträchtlichen Zusatzkosten für den öffentlichen Auftraggeber verbunden (lit. b)
- und der Preis für den um die zusätzlichen Leistungen erweiterten Gesamtauftrag darf um nicht mehr als 50 % des Werts des ursprünglichen Auftrags erhöht werden (S. 2 und S. 3).

32 Vgl. *Knauff*, NZBau 2007, 347 (348 f.).

33 Mangels spezialgesetzlicher Regelungen hatte die Rechtsprechung vor der RL 2014/24 und § 132 noch Angaben in der Bekanntmachung gefordert, vgl. EuGH, Urteil v. 19.6.2008 – Rs. C-454/06 (pressetext); OLG Düsseldorf, Beschluss v. 12.2.2014 – VII-Verg 32/13.

34 Vgl. Anhang V Teil C und Teil d sowie Anhang IX der RL 2014/24.

35 Vgl. EuGH, Urteil v. 19.6.2008 – Rs. C-454/06 (pressetext), Rn. 73, und etwa OLG Düsseldorf, Beschluss v. 4.2.2013 – VII-Verg 31/12.

36 Vgl. EuGH, Urteil v. 9.3.2006 – Rs. C-323/03 (Kommission/Spanien), Rn. 45.

1. Vergabe an den Auftragnehmer des Hauptauftrags

41 Die zusätzlichen Dienstleistungen müssen an den **Auftragnehmer des ursprünglichen Auftrags** vergeben werden. Dies ergibt sich aus § 132 Abs. 1 S. 3 Nr. 4 und Abs. 2 S. 1 Nr. 4 GWB. In diesen sind die Bedingungen für einen Wechsel des Auftragnehmers abschließend geregelt. Damit bleibt kein Raum für einen weiteren Fall des Auftragnehmerwechsels jenseits der vorgenannten Normen. Deshalb darf der Auftraggeber über die zusätzlichen Leistungen auch nur mit dem bisherigen Auftragnehmer ernsthaft verhandeln (er kann aber bei Dritten Preise sondieren, um in den Verhandlungen mit dem Auftragnehmer über den Marktpreis informiert zu sein).

42 Die **Beauftragung Dritter** wäre hingegen an § 132 Abs. 1 S. 3 Nr. 4 und Abs. 2 S. 1 Nr. 4 GWB zu messen und erfordert in der Regel ein neues Vergabeverfahren.

43 Hat der Auftraggeber **mehrere Aufträge laufen**, die im Einklang mit § 132 Abs. 2 S. 1 Nr. 2 GWB für eine Erweiterung in Betracht kämen, so kann der Auftraggeber anhand sachlicher Kriterien unter den Auftragnehmern auswählen.

2. Zusätzliche Leistung

44 Ohne Neuvergabe können nur Leistungen beauftragt werden, die als **„echter" Zusatz** den Leistungsbereich eines Auftrags ergänzen. Die Leistung darf nicht in den ursprünglichen Vergabeunterlagen enthalten gewesen sein, das heißt zum Beispiel weder im ursprünglichen Vertrag noch im Entwurf desselben, weder in der ursprünglichen Leistungsbeschreibung noch im Falle von Abänderungen im Vergabeverfahren im letztlich vereinbarten Leistungsprogramm. Wurde die Erforderlichkeit der zusätzlichen Leistung also bei der Vergabe des Hauptauftrags zunächst erkannt, sodann aber aufgegeben, so bleibt der Rückgriff auf die Auftragsänderung versperrt.

45 § 132 Abs. 2 S. 1 Nr. 2 GWB ist ebenfalls unanwendbar, wenn kein Zusatz, sondern ein **Ersatz** vergeben werden soll, die neue Leistung also vollumfänglich an die Stelle der ursprünglichen Leistung treten soll.[37] Entsprechend nennt die Begründung des Gesetzesentwurfs der Bundesregierung die Fallgruppen des Teilersatzes oder der Erweiterung, nicht aber des vollständigen Ersatzes.[38]

3. Nachträgliche Erforderlichkeit

46 Die zusätzliche Leistung muss zur Durchführung der im Hauptvertrag vereinbarten Dienstleistung **erforderlich** sein. Maßstab der Erforderlichkeit ist die Ausführung der ursprünglichen Leistung, aber auch ein gegebenenfalls veränderter Bedarf des Auftraggebers. Dies ergibt sich aus dem Wortlaut von § 132 Abs. 2 S. 1 Nr. 2 GWB, der anders als der frühere § 3 EG Abs. 4 lit. f VOL/A („zur Ausführung der darin [in dem der ursprünglichen Vergabe zugrunde liegenden Entwurf oder dem geschlossenen Vertrag] beschriebenen Dienstleistungen erforderlich sind") keinen Bezug der Erforderlichkeit zum ursprünglichen Auftrag mehr herstellt und den Tatbestand damit auch nicht mehr auf diesen Bezug beschränkt.

47 Für die Erforderlichkeit kommt es dabei auch nicht mehr auf die **Vorhersehbarkeit, Sorgfaltspflichten** oder ein **Verschulden** des Auftraggebers an. Auch ein unvorhergesehenes Ereignis muss – anders als unter dem vormaligen § 3 EG Abs. 4 lit. f VOL/A – nicht vorliegen. Ein vergleichbarer Maßstab wird ausdrücklich nur unter § 132 Abs. 2 S. 1 Nr. 3 GWB bei im Übrigen weiterem Tatbestand angelegt. Hätte der Gesetzgeber ihn auch an § 132 Abs. 2 S. 1 Nr. 2 GWB anlegen wollen, hätte er ihn mithin dort geregelt.

37 Zum früheren § 3 EG Abs. 4 lit. f VOL/A: VK Schleswig-Holstein, Beschluss v. 18.12.2002 – VK-SH 16/02.
38 Gesetzesbegründung, BT-Drs. 18/6281, 147.

4. Wirtschaftliche oder technische Unmöglichkeit (lit. a)

Die dritte Bedingung betrifft die **Kompatibilität** der zusätzlichen Lieferung mit der ursprünglichen Leistung in wirtschaftlicher oder technischer Hinsicht. Die Änderung ohne Neuvergabe ist nur zulässig, wenn die Leistung eines anderen Unternehmens mit der ursprünglichen Leistung inkompatibel wäre. 48

Erforderlich ist zunächst eine **Unmöglichkeit** („nicht erfolgen kann"), nicht eine bloße Schwierigkeit. Erfasst wird nach hier vertretener Auffassung auch eine relative Unmöglichkeit. Zwar wäre in diesem Fall ein Auftragnehmerwechsel nicht gänzlich ausgeschlossen. Dies würde jedoch Schwierigkeiten aufwerfen, die entweder nur mit einem unverhältnismäßigen Aufwand behoben werden könnten oder aber den bestimmungsgemäßen Gebrauch und die Wartung nicht nur marginal, sondern wirtschaftlich gänzlich unverhältnismäßig beeinträchtigten.[39] Umfangreiche Umschulungsmaßnahmen der Mitarbeiter sind hierbei ebenso beachtlich wie eine andernfalls erforderliche Lagerhaltung von Ersatzteilen zur Vermeidung des Auftragnehmerwechsels.[40] 49

Die Unmöglichkeit kann alternativ **wirtschaftlicher** oder **technischer** Natur sein. Auf § 132 Abs. 2 S. 1 Nr. 2 GWB kann daher zurückgegriffen werden, wenn abweichende technische Merkmale der Leistung anderer Unternehmen zu einer **technischen Unvereinbarkeit** von zusätzlicher und ursprünglicher Leistung führen würden.[41] Dies ist in einem absoluten Sinne und bezogen auf den Gebrauchszweck zu verstehen. Der Gebrauchszweck müsste durch die abweichenden technischen Merkmale vereitelt werden. **Wirtschaftliche Gründe** werden insbesondere zum Tragen kommen, wenn die Leistung nicht technischer Natur ist, eine zusätzliche Dienstleistung eines Dritten daher etwa aus anderen als technischen Gründen inkompatibel wäre. 50

Eine wirtschaftliche oder technische Unvereinbarkeit wird sich auch regelmäßig aus **vorhersehbaren Kooperationshindernissen** des Auftragnehmers des Hauptauftrags mit einem nicht identischen Auftragnehmer der zusätzlichen Leistung ergeben. In **technischer** Hinsicht können Ausführungszeiten, verwendete Gerätschaften oder Techniken Ursache sein. In **wirtschaftlicher Hinsicht** sind etwa Kosteneinsparungen durch Synergieeffekte, sowohl in Bezug auf die Durchführung der Dienstleistung als auch in Bezug auf die Überwachung durch den Auftraggeber, beachtlich. Auch die Vorteile eines einheitlichen Anspruchsgegners für Gewährleistungsansprüche können einbezogen werden. 51

§ 132 Abs. 2 S. 1 Nr. 2 GWB ist zudem eng dahin gehend auszulegen, dass die Unmöglichkeit des Auftragnehmerwechsels **im Auftrag begründet** sein muss. Zwar fehlt eine solche begriffliche Verbindung im Wortlaut von § 132 Abs. 2 S. 1 Nr. 2 GWB anders als noch in den Ausnahmetatbeständen für das Verhandlungsverfahren ohne Teilnahmewettbewerb der VOL/A. Der Verzicht auf eine Neuvergabe und die damit einhergehende wettbewerbsverengende Wirkung kann sich aber nur aus dem Auftragsgegenstand heraus rechtfertigen. Dies folgt auch aus der RL 2014/24/EU, die diesen Zusammenhang in Art. 72 Abs. 1 lit. b herstellt („aus wirtschaftlichen oder technischen Gründen wie der Austauschbarkeit oder Kompatibilität mit im Rahmen des ursprünglichen Vergabeverfahrens beschafften Ausrüstungsgegenständen, Dienstleistungen oder Anlagen"). Nicht ausreichend ist mithin eine Unmöglichkeit des Auftragnehmerwechsels wegen Inkompatibilität mit in der Person des Auftraggebers begründeten Aspekten oder Leistungen oder Objekten, die nicht Gegenstand des Auftrags sind. In letzteren Fällen müssen die Ausnahmetatbestände des Verhandlungsverfahrens ohne Teilnahmewettewerb geprüft werden. 52

---

39 Vgl. bereits vor § 132 GWB: OLG Frankfurt, Beschluss v. 10.7.2007 – 11 Verg 5/07, und KG, Beschluss v. 19.4.2000 – KartVerg 6/00 bzgl. IT-Leistungen; VK Bund, Beschluss v. 11.4.2003 – VK 2-10/03 bzgl. der Lieferung von Impfstoffen.

40 Vgl. bereits vor § 132 GWB: *Diercks*, VergabeR 2003, 518 (523).

41 Gesetzesbegründung, BT-Drs. 18/6281, 147.

5. Schwierigkeiten oder Zusatzkosten für den Auftraggeber (lit. b)

53 Die Voraussetzungen des § 132 Abs. 2 S. 1 Nr. 2 lit. b GWB müssen **kumulativ zu § 132 Abs. 2 S. 1 Nr. 2 lit. a GWB** vorliegen. § 132 Abs. 2 S. 1 Nr. 2 lit. b GWB dient damit dazu, Fälle der Inkompatibilität auszuschließen, die letztlich nicht zu deutlichen („erheblichen", „beträchtlichen") Schwierigkeiten/Kosten beim Auftraggeber führen. Fehlt es an solchen Schwierigkeiten/Kosten, muss die zusätzliche Leistung neu vergeben werden. Die Inkompatibilität ist gegebenenfalls hinzunehmen.

54 Die Schwierigkeiten können dabei **finanzieller und nicht finanzieller** Art sein. Sie werden aber, um erheblich zu sein, zumeist mit einem deutlichen zusätzlichen Ressourcenaufwand verbunden oder anderweitig objektivierbar sein müssen. Ein subjektives Schwierigkeitsempfinden zuständiger Mitarbeiter genügt nicht.

III. Unvorhersehbarer Änderungsbedarf (S. 1 Nr. 3)

55 Änderungen am Auftrag sind laut § 132 Abs. 2 S. 1 Nr. 3 GWB auch zulässig, wenn

- sie aufgrund von Umständen
- erforderlich sind,
- die der Auftraggeber nicht vorhersehen konnte,
- soweit sich der Gesamtcharakter des Auftrags nicht verändert.

56 Dem Änderungsbedarf zugrunde liegen müssen **„Umstände"**. Dies können Ereignisse sein, also externe Faktoren etwa wirtschaftlicher oder technischer Natur, die jenseits des Auftrages liegend dennoch auf ihn einwirken. Beispiele wären ungewöhnliche Naturereignisse, geänderte Durchführungsvorschriften des Gesetzgebers oder geänderte Handlungsanforderungen an den Auftraggeber. Erfasst werden aber auch Faktoren innerhalb der Leistungsbeziehung. Die notwendige Abgrenzung zu üblichen wirtschaftlichen Problemen in Vertragsbeziehungen (Leistungsschwäche des Auftragnehmers) kann anhand der Vorhersehbarkeit getroffen werden.

57 Voraussetzung ist, dass die Umstände **auf den Auftrag einwirken** („aufgrund"). Der Auftraggeber darf daher nicht vom Auftrag unabhängige Umstände zum Anlass nehmen, den Auftrag zu ändern.

58 Die Änderung muss zudem **„erforderlich"** sein. Der Maßstab ist derselbe wie jener unter § 132 Abs. 2 S. 1 Nr. 2 GWB.[42]

59 Die Ursache der Erforderlichkeit der Änderung muss vom Auftraggeber **nicht vorhersehbar** gewesen sein. Anzulegen ist ein objektiver Maßstab. Es kommt somit nicht darauf an, was der Auftraggeber tatsächlich vorhergesehen hat oder welche Umstände er bei Vertragsschluss tatsächlich erkannt hat. Maßgeblich ist, was er bei verständiger Würdigung hätte vorhersehen müssen. Andernfalls wären die Erfüllung des Ausnahmetatbestandes und die damit einhergehende Reduzierung des Wettbewerbs für die zusätzlichen Leistungen allein vom Willen der Vertragsparteien abhängig. Stattdessen ist ein Sorgfaltsmaßstab anzulegen: § 132 Abs. 2 S. 1 Nr. 3 GWB ist zum Beispiel dann nicht einschlägig, wenn die Änderung sorgfaltspflichtwidrig nicht durch Eventual- oder Alternativpositionen in die dem Hauptauftrag zugrunde liegende Leistungsbeschreibung einbezogen wurde.

60 Der Änderung des Auftrags bei unvorhersehbaren Umständen sind jedoch Grenzen gesetzt: Der **Gesamtcharakter des Auftrags** muss erhalten bleiben. Wann diese Grenze überschritten ist, ist nach wirtschaftlichen Gesichtspunkten im Einzelfall zu bestimmen. Indizien sind das wirtschaftliche Gleichgewicht der Vertragsbeziehung, die Einordnung des Auftrags als Bau-, Dienstleistungs- oder Lieferauftrag und der wirtschaftliche Schwerpunkt der Leistung. Zudem gelten die Außengrenzen des § 132 Abs. 1 S. 3 GWB.

---

42 Siehe daher hierzu Rn. 46 f.

Obgleich nicht ausdrücklich geregelt, ist § 132 Abs. 2 S. 1 Nr. 3 GWB eng dahin gehend auszulegen, dass mit Änderungen nur Änderungen an den vertraglichen Leistungspflichten gemeint sind, nicht aber ein **Wechsel des Auftragnehmers**. Zwar würde der Wortlaut des § 132 Abs. 1 S. 3 GWB den Schluss gestatten, dass auch der Auftragnehmerwechsel grundsätzlich eine Fallgruppe der Auftragsänderung darstellt („Eine wesentliche Änderung liegt insbesondere vor, wenn [...] ein neuer Auftragnehmer den Auftragnehmer [...] ersetzt"). Mit § 132 Abs. 1 S. 3 Nr. 4 GWB wird aber geregelt, dass ein Auftragnehmerwechsel stets eine Neuvergabe erfordert, außer der Tatbestand des § 132 Abs. 2 Nr. 4 GWB ist gegeben. Diese Regelung ist abschließend. Hätte der Auftragnehmerwechsel auch unter § 132 Abs. 2 S. 1 Nr. 3 GWB fallen sollen, wäre dies zudem in § 132 Abs. 1 S. 3 Nr. 4 GWB geregelt worden. 61

IV. Auftragnehmerwechsel (S. 1 Nr. 4)

§ 132 Abs. 2 S. 1 Nr. 4 GWB regelt jene Fälle, in denen ein Wechsel des Auftragnehmers ohne neues Vergabeverfahren zulässig ist. § 132 Abs. 2 S. 1 Nr. 4 GWB bildet eine ausdrückliche Ausnahme von der Regelung des § 132 Abs. 1 S. 3 Nr. 4 GWB. Der Katalog des § 132 Abs. 2 S. 1 Nr. 4 GWB ist abschließend.[43] Ist keiner der Fälle des § 132 Abs. 2 S. 1 Nr. 4 GWB gegeben, bedarf der Auftragnehmerwechsel der Neuvergabe. 62

1. In den Vergabeunterlagen vorgesehene Überprüfungsklausel (lit. a)

Eine Neuvergabe ist bei beabsichtigtem Auftragnehmerwechsel entbehrlich, wenn der mögliche Wechsel des Vertragspartners bereits im Vergabeverfahren bekannt gegeben wurde. Dies muss durch eine Überprüfungsklausel im Sinne des § 132 Abs. 2 S. 1 Nr. 1 GWB erfolgt sein. 63

§ 132 Abs. 2 S. 1 Nr. 1 GWB ist zu entnehmen, dass die Überprüfungsklausel **in den Vergabeunterlagen** selbst vorgesehen gewesen sein muss. Dies dient dem Schutz des Wettbewerbs insofern, als dass der Auftrag inklusive Auftragnehmerwechsel dem Wettbewerb unterstellt wurde. Allerdings hat § 132 Abs. 2 S. 1 Nr. 4 lit. b GWB in Verbindung mit § 132 Abs. 2 S. 1 Nr. 1 GWB auch **Grenzen:** 64

- Die Überprüfungsklausel muss klar, genau und eindeutig formuliert sein.
- Sie muss Angaben zu Art, Umfang und Voraussetzungen des Auftragnehmerwechsels enthalten.
- Sie darf dem Auftraggeber keinen unbegrenzten Ermessensspielraum eröffnen[44] und nicht der Umgehung des Vergaberechts dienen.

Bei der Auswahl des neuen Auftragnehmers sind insbesondere auch **Grundanforderungen der Nichtdiskriminierung und Transparenz** zu beachten, die der EuGH aus dem EU-Primärrecht ableitet und die im Wesentlichen den Vorgaben für das Verhandlungsverfahren ohne Teilnahmewettbewerb entsprechen[45]. Die Auswahl des neuen Auftragnehmers erfordert nach § 132 Abs. 2 S. 1 Nr. 4 lit. a GWB in Verbindung mit § 132 Abs. 2 S. 1 Nr. 1 GWB somit zwar kein förmliches Vergabeverfahren, findet aber auch nicht in rechtsfreiem Raum statt. Die Ex-post-Bekanntmachung allerdings ist ausdrücklich entbehrlich (§ 132 Abs. 5 GWB). 65

Unzulässig wäre daher eine Überprüfungsklausel zur **Umgehung des Vergaberechts**, zum Beispiel weil sie einen Auftragnehmerwechsel ohne sachlichen Grund und ohne Vorgaben zur Auswahl des Auftragnehmers zulässt. Der Auftraggeber darf also nicht das Vergabeverfahren bloß inszenieren, um anschließend aufgrund einer weiten Überprüfungsklausel an einen ihm genehmen Wirtschaftsteilnehmer zu vergeben. 66

43 Siehe hierzu auch Rn. 61.
44 Gesetzesbegründung, BT-Drs. 18/6281,147 (zu § 132 Abs. 2 S. 1 Nr. 1 GWB).
45 Siehe hierfür *Knauff* zu § 119 Rn. 52.

67 Ob der neue Auftragnehmer die **ursprünglichen Anforderungen** an den Auftragnehmer zum Beispiel zur Eignung erfüllen muss, hängt von der Optionsklausel und den Außengrenzen des § 132 Abs. 1 S. 3 Nr. 1 GWB sowie des Umgehungsverbotes ab:

- Stellt der Auftraggeber die Eignungsanforderungen nicht in einer entsprechenden Klausel zur Disposition, so bleibt er hieran grundsätzlich auch beim Auftragnehmerwechsel **gebunden**. Gleiches gilt für Anforderungen an die Auftragsdurchführung (Änderung ggf. aufgrund anderer Tatbestände des § 132 GWB zulässig) und die Zuschlagskriterien. Abweichungen müssen zwingend begründet sein, um die Selbstbindung des Auftraggebers zu lösen. § 132 Abs. 2 S. 1 Nr. 4 lit. a GWB ist insofern bzgl. der Eignungskriterien leicht geschmeidiger als § 132 Abs. 2 S. 1 Nr. 4 lit. b GWB, der eine Änderung derselben beim Auftragnehmerwechsel kategorisch ausschließt.
- Mit deutlich geänderten Eignungsanforderungen beim Auftragnehmerwechsel werden außerdem regelmäßig im Sinne des § 132 Abs. 1 S. 3 Nr. 1 GWB Bedingungen eingeführt, die **ein anderes Bieter-/Bewerberfeld** geformt hätten. Auch dies ist im Einzelfall zu prüfen. Bei Vorliegen ist wegen des Vorrangs des § 132 Abs. 1 GWB eine Neuvergabe erforderlich.
- Der Auftraggeber darf überdies nicht zunächst ein Vergabeverfahren mit strengen Eignungskriterien durchführen und sich ohne sachlichen Grund in einer Überprüfungsklausel einen Auftragnehmerwechsel unter deutlich geringeren Eignungsanforderungen an den neuen Auftraggeber vorbehalten (**Umgehungsverbot**).

68 Dem eindeutigen Wortlaut von § 132 Abs. 2 S. 1 Nr. 4 lit. a GWB i.V.m. § 132 Abs. 2 S. 1 Nr. 1 GWB ist zudem zu entnehmen, dass eine Optionsklausel in den **Vergabeunterlagen** ausreicht. Die frühere Rechtsprechung forderte noch mit guten Gründen eine Verankerung im Vertrag.[46] Damit wäre der Auftraggeber an seine Entscheidung gebunden, eine Optionsklausel trotz Erwähnung in den Vergabeunterlagen nicht in den Vertrag zu übernehmen. Der Gesetzgeber ist hiervon indes abgewichen und lässt ausdrücklich die Erwähnung in den Vergabeunterlagen ausreichen. Eine Optionsklausel gestattet daher vergaberechtlich einen Auftragnehmerwechsel im Sinne von § 132 Abs. 2 S. 1 Nr. 4 GWB, selbst wenn sie nicht Teil der vertraglichen Vereinbarung wurde, sondern nur Teil der Vergabeunterlagen war. Zivilrechtliche Schwierigkeiten eines solchen Falles sind zivilrechtlich zu lösen.

2. Unternehmensumstrukturierungen (lit. b)

69 Auch bloß konzerninterne Reorganisationen aufseiten des Auftragnehmers sollen, so sie im Einklang mit § 132 Abs. 2 S. 1 Nr. 4 lit. b GWB stehen, keine Pflicht zur Neuvergabe auslösen. Denn in einem solchen Fall wird zwar formell der Vertragspartner ausgewechselt. Bei wirtschaftlicher Betrachtung bleibt der Auftrag jedoch **„im Haus"** und wird gerade nicht erneut an den Markt gebracht. **Kumulative Voraussetzungen** sind:

- Unternehmensumstrukturierung,
- der neue Auftragnehmer tritt im Unternehmen/Konzern an die Stelle des ursprünglichen Auftragnehmers,
- der neue Auftragnehmer erfüllt die ursprünglichen Eignungsvoraussetzungen und
- es liegen keine wesentlichen Änderungen im Sinne des § 132 Abs. 1 GWB vor.

70 Zivilrechtlich erforderlich ist zudem die **Zustimmung des Auftraggebers** zum Auftragnehmerwechsel. Dies folgt aus § 415 Abs. 1 S. 1 BGB.

71 Der Ausnahmetatbestand des § 132 Abs. 2 S. 1 Nr. 4 lit. b GWB fußt auf der „pressetext"-Rechtsprechung des EuGH. Als Indikatoren für eine bloß „**interne Neuorganisation**" nannte der EuGH in der Entscheidung „pressetext" das Bestehen eines Weisungsrechts des ursprünglichen Vertragspartners gegenüber dem neuen Vertragspartner und eine Gesamthaf-

46 Vgl. OLG München, Beschluss v. 21.5.2008 – Verg 5/08.

tung derselben.[47] Diese Kriterien werden in dem weiten Begriff der Unternehmensumstrukturierung fortleben, der auf Gesetzesebene nicht weiter konkretisiert wird. Nach hier vertretener Auffassung ist indes auf die Konzernverbundenheit abzustellen, sodass durchaus auch die Konzernmutter einen Auftrag einer Konzerntochter an sich ziehen kann, obgleich die Konzerntochter die Konzernmutter nicht kontrolliert.

Weiteres Charakteristikum des Auftragnehmerwechsels wegen Unternehmensumstrukturierungen dürfte zudem sein, dass der **Auftraggeber nicht an der Wahl des neuen Auftragnehmers beteiligt** ist. Denn diese sollte allein aufgrund der Ratio der Restrukturierung erfolgen. Der Auftraggeber wird allerdings auf die Einhaltung der Bedingungen des § 132 GWB und des Vertrages und der Vergabeunterlagen achten müssen. 72

§ 132 Abs. 2 S. 1 Nr. 4 lit. b GWB nennt Beispiele für Unternehmensumstrukturierungen: Übernahme, Zusammenschluss, Erwerb oder Insolvenz. Dementsprechend erfordert die **Veräußerung von Geschäftsanteilen** des Auftragnehmers in der Regel keine Neuvergabe. Regelmäßig fehlt es in diesem Fall bereits an einer Auftragsänderung. Vielmehr bleibt der Vertragspartner meist identisch, nur die Eigentumsverhältnisse an diesem ändern sich.[48] Anderes kann gelten, wenn die Anteilsveräußerung mit einem Wechsel der Person des Auftragnehmers **in engem zeitlichen oder wirtschaftlichen Zusammenhang** steht. Jedoch wird nach hier vertretener Auffassung nicht jede Anteilsveräußerung während der Laufzeit des Vertrages nach einer internen Reorganisation eine Ausschreibungspflicht auslösen.[49] Insofern ist nicht ersichtlich, weshalb ein bloß zufälliges Auftreten der für sich genommen vergaberechtsfreien Vorgänge der konzerninternen Reorganisation und der Anteilsveräußerung während der Vertragslaufzeit eine Neuvergabe gebieten sollte. Eine Vergabepflicht ist vielmehr nur dann gegeben, wenn die Reorganisation und die Anteilsveräußerung in der Absicht der Umgehung des Vergaberechts ausgeführt werden. 73

Eine **Insolvenz** des Auftragnehmers dürfte hingegen für sich genommen nicht ausreichen, um eine Neuvergabe zu vermeiden. Die in § 132 Abs. 2 S. 1 Nr. 4 lit. b GWB beispielhaft genannte Insolvenz betrifft nur eine solche, die auch Teil einer Unternehmensrestrukturierung ist. Tritt ein anderes Unternehmen gesellschaftsrechtlich an die Stelle des insolventen und übernimmt dessen Geschäft, so kann § 132 Abs. 2 S. 1 Nr. 4 lit. b GWB einschlägig sein. 74

Im Übrigen ist zu beachten: Nur weil ein **Insolvenzverfahren** über den Auftragnehmer eröffnet wurde, sind noch keine **Kündigung und Neuvergabe** des Auftrags erforderlich.[50] Der Auftraggeber kann in diesen Fällen auch Verhandlungen mit dem insolventen Auftragnehmer darüber führen, wie eine Fortführung des Vertrages möglich ist.[51] Soll allerdings infolge einer Insolvenz der Vertrag wesentlich geändert oder der Vertragspartner gewechselt werden, sind die Vorgaben des § 132 GWB zu beachten.[52] 75

Ausreichend für eine Umstrukturierung im Sinne des § 132 Abs. 2 S. 1 Nr. 4 lit. b GWB dürfte zudem sein, dass innerhalb eines Konzernes bloß **ein anderes Unternehmen die Aufgaben des vorherigen übernimmt**, ohne dass sich der rechtliche Status der vormaligen Auftragnehmers ändert. In diesem Fall wird es zur Abgrenzung der Umstrukturierung maßgeblich auf die o.g. Kriterien der „pressetext"-Rechtsprechung, insbesondere der Konzernverbundenheit und der Gesamthaftung, sowie auf das An-die-Stelle-des-alten-Auftragnehmers-Treten ankommen. Letzteres wird hier weit ausgelegt. Es kommt nicht darauf an, dass das neue Unternehmen an die Stelle des alten im Vertrag tritt. Dies wäre selbstverständlich und hätte keiner Regelung in § 132 Abs. 2 S. 1 Nr. 4 lit. b GWB bedurft. Vielmehr muss das neue Unternehmen innerhalb des Konzerns die Funktionen des alten übernehmen. Ob dies der Fall ist, muss bei wirtschaftlicher Betrachtung festgestellt werden. Dabei ist natürlich auch zu beachten, dass 76

---

47 Vgl. EuGH, Urteil v. 19.6.2008 – Rs. C-454/06 (pressetext), Rn. 41 ff.
48 Anders aber wohl (zur Rechtslage vor § 132 GWB) EuGH, Urteil v. 19.6.2008 – Rs. C-454/06 (pressetext), Rn. 50.
49 Vgl. bereits vor § 132 GWB: EuGH, Urteil v. 19.6.2008 – Rs. C-454/06 (pressetext), Rn. 47 ff.
50 Vgl. bereits vor § 132 GWB: VK Bund, Beschluss v. 12.10.2004 – VK 2-187/04.
51 Vgl. VK Bund, Beschluss v. 12.10.2004 – VK 2-187/04.
52 Vgl. bereits vor § 132 GWB: OLG Düsseldorf, Beschluss v. 14.2.2001 – Verg 13/00, NZBau 2002, 54 (55); VK Baden-Württemberg, Beschluss v. 26.3.2002 – 1 VK 7/02.

sich die Funktionen der Konzernunternehmen im Rahmen einer Restrukturierung gerade ändern können. Das neue Unternehmen muss mithin nicht die identischen Funktionen im Konzern haben wie das alte, ihm aber dennoch nach der Ratio der restrukturierten Konzernorganisation funktional nachfolgen.

77 Voraussetzung des § 132 Abs. 2 S. 1 Nr. 4 lit. b GWB ist ferner, dass der neue Auftragnehmer die **ursprünglichen Eignungsvoraussetzungen** erfüllt. Dies ist in § 132 Abs. 2 S. 1 Nr. 4 lit. b GWB ausdrücklich geregelt. Eine Abweichung seitens des Auftraggebers ist unzulässig.

78 Schließlich darf der Auftragnehmerwechsel **keine wesentliche Änderung** im Sinne des § 132 Abs. 1 GWB mit sich bringen.

3. Auftraggeber tritt an die Stelle des Auftragsnehmers (lit. c)

79 Scheidet der Auftragnehmer aus dem Auftrag aus, so kann der Auftraggeber ohne Neuvergabe an seiner Stelle in die Verträge mit den Unterauftragnehmern eintreten. Besondere Gründe für das Ausscheiden des Auftragnehmers, zum Beispiel Insolvenz oder Kündigung, sind nicht erforderlich. Auch wird der Tatbestand nicht bereits deshalb ausgeschlossen, weil der Auftraggeber das Ausscheiden des Auftragnehmers aus dem Vertrag zum Beispiel durch Kündigung wegen Schlechtleistung erwirkt hat. Seine Außengrenzen findet § 132 Abs. 2 S. 1 Nr. 4 lit. c GWB im Umgehungsverbot und in den Fällen des § 132 Abs. 1 GWB.

V. Wertbegrenzung (S. 2 und S. 3)

80 In § 132 Abs. 2 S. 2 und S. 3 GWB findet sich eine Obergrenze für § 132 Abs. 2 S. 1 Nr. 2 und Nr. 3 GWB: Der Gesamtwert der Änderungen im Sinne von § 132 Abs. 2 S. 1 Nr. 2 und Nr. 3 GWB darf die Hälfte des Wertes des ursprünglichen Auftrags nicht überschreiten.

81 Hinsichtlich der **Berechnung** weicht § 132 GWB vom früheren § 3 EG Abs. 4 lit. f VOL/A und von § 132 Abs. 3 S. 2 GWB ab: Maßgeblich ist bei mehreren Änderungen die einzelne Änderung, nicht die Gesamtheit der Änderungen. Zu beachten ist aber das Umgehungsverbot, das eine Stückelung der Änderungen mit dem Ziel der Umgehung einer Neuvergabe verbietet.

D. Bagatelländerungen (Abs. 3)

82 § 132 Abs. 3 GWB soll dem Auftraggeber bei der Durchführung des Auftrags eine gewisse **Flexibilität und Adaptionsfähigkeit** hinsichtlich der Leistungen des Auftrags ermöglichen. Kleinere Erweiterungen des Auftrags sollen daher im Rahmen von § 132 Abs. 3 GWB zulässig sein. Damit soll der Auftraggeber den bürokratischen Aufwand eines Vergabeverfahrens vermeiden können.

83 § 132 Abs. 3 GWB regelt eine **kumulative Wert-Obergrenze** („und"): Das heißt, sowohl § 132 Abs. 3 S. 1 Nr. 1 als auch Nr. 2 GWB müssen vorliegen. Nur weil etwa eine Änderung den Schwellenwert des § 106 GWB nicht erreicht, wird die Neuvergabe nicht entbehrlich, wenn sie nicht auch anteilsmäßig geringfügig im Sinne von § 132 Abs. 3 S. 1 Nr. 2 GWB ist. Auch eine anteilsmäßig geringfügige Änderung muss schließlich ausgeschrieben werden, wenn sie die Schwellenwerte erreicht oder überschreitet.

84 Als Ausnahmen vom Grundsatz der Neuvergabe sind die Tatbestände **eng auszulegen**. Die **Darlegungspflicht** trifft denjenigen, der sich auf sie beruft. Das **Umgehungsverbot** ist zu beachten. Auch darf sich der **Gesamtcharakter** des Auftrags nicht ändern, ein Begriff, der sich auch in § 132 Abs. 2 S. 1 Nr. 1 GWB findet[53].

85 Nicht zu prüfen sind hingegen die Tatbestände des **§ 132 Abs. 1 S. 3 Nr. 1 bis 4 GWB**. In der korrespondierenden europarechtlichen Regelung des Art. 72 Abs. 2 RL 2014/24 ist dies ausdrücklich geregelt. Aufträge, die den Tatbestand des § 132 Abs. 3 GWB erfüllen und zugleich wesentlich im Sinne des § 132 Abs. 1 S. 3 Nr. 1 bis 4 GWB sind, müssen also dennoch nicht

53 Siehe daher Rn. 34.

neu vergeben werden. Dies gilt in europarechtskonformer Auslegung auch für den **Auftragnehmerwechsel**. Zwar regelt § 132 Abs. 1 S. 3 Nr. 4 GWB, dass dieser stets vergabepflichtig ist, wenn nicht die Ausnahme des § 132 Abs. 2 S. 1 Nr. 4 GWB vorliegt. Art. 72 Abs. 2 RL 2014/24/EU sieht hiervon indes ausdrücklich eine weitere Ausnahme vor. In diesem Sinne ist § 132 Abs. 3 GWB zu verstehen.

Für die Berechnung der Schwellen in § 132 Abs. 1 S. 3 Nr. 1 und Nr. 2 GWB ist dabei der **Wert der Änderung** zugrunde zu legen. Dies folgt aus dem Wortlaut des § 132 Abs. 3 GWB („Wert der Änderung"). Bei Erweiterungen ist dies der Wert der zusätzlichen Leistungen, bei Änderungen die Differenz zwischen dem ungeänderten (nebst der noch nicht erbrachten aber geschuldeten Leistungen) und dem geänderten Auftrag, beim Auftragnehmerwechsel der vom neuen Auftragnehmer zu erbringende Teil des Auftrags. Bei **mehreren aufeinanderfolgenden Änderungen** wird der maßgebliche Wert der Änderungen anhand des Gesamtwertes der Änderungen nach § 132 Abs. 3 S. 2 GWB berechnet. Dies gilt in europarechtskonformer Auslegung für beide Tatbestände des § 132 Abs. 3 S. 1 GWB. Anders als in § 132 Abs. 3 GWB ist die entsprechende Regelung in Art. 72 Abs. 2 RL 2014/24/EU nicht § 132 Abs. 3 S. 1 Nr. 2 GWB allein, sondern § 132 Abs. 3 S. 1 Nr. 1 und Nr. 2 GWB gemeinsam zugeordnet. 86

Aus Art. 72 Abs. 2 RL 2014/24/EU ergibt sich zudem, dass der **Nettowert** der Änderungen zugrunde zu legen ist. Im Übrigen können die Vorgaben zur Auftragswertberechnung angewandt werden. 87

E. Wertberechnung bei Indexierungsklauseln (Abs. 4)

§ 132 Abs. 4 GWB enthält eine Berechnungsregel für den Fall von **Indexierungsklauseln** für Preise, also Klauseln, die Preise automatisch an die Entwicklung externer Indikatoren, zumeist makroökonomischer Art, binden. 88

Laut § 132 Abs. 4 GWB gilt der **jeweils höhere Preis**. Dies schützt den Wettbewerb, denn im Zweifel kommen die strengeren vergaberechtlichen Regeln zur Anwendung. § 132 Abs. 4 GWB setzt damit Art. 72 Abs. 3 RL 2014/24/EU verschärfend um. Letzterer bezog sich auf den aktuelleren Wert, was auch der niedrigere von beiden sein kann. Diese verschärfende Umsetzung ist europarechtlich unschädlich, da wettbewerbsschützender. 89

F. Publikationspflicht (Abs. 5)

§ 132 Abs. 5 GWB bestimmt schließlich, dass Änderungen nach **§ 132 Abs. 2 S. 1 Nr. 2 und Nr. 3 GWB** im Amtsblatt der Europäischen Union veröffentlicht werden müssen. Die Bekanntmachung hindert die Änderung nicht, denn sie erfolgt ex post. 90

Im Umkehrschluss ist in allen **anderen Fällen des § 132 GWB** keine solche Bekanntmachung erforderlich. 91

G. Fallgruppen

Ergänzend zur oben stehenden Kommentierung werden im Folgenden ausgewählte Fallgruppen möglicher Änderungen von Aufträgen anhand der neuen Regelungen des § 132 GWB bewertet. 92

I. Konkretisierungen ohne Änderungen

Wesentliche Auftragsänderungen im Sinne des § 132 GWB, die grundsätzlich eine Neuvergabe erfordern, sind von bloßen Konkretisierungen des Vertrages zu unterscheiden. Die Abgrenzung erfolgt anhand der Ratio des § 132 GWB, dem Schutz des Vergabewettbewerbs, wie sie in § 132 Abs. 1 S. 3 und Abs. 2 S. 1 Nr. 1 GWB zum Ausdruck kommt. 93

94 Konkretisierungen erfordern somit dann keine Neuvergabe, wenn sie im Einklang mit § 132 Abs. 2 S. 1 Nr. 1 GWB in den **ursprünglichen Vergabeunterlagen** hinreichend genau vorgesehen waren.[54]

II. Vertragsdurchführungsklauseln

95 An § 132 Abs. 1 S. 3 GWB zu messen sind **Änderungen oder Ergänzungen von Vertragsdurchführungsklauseln**, wie etwa betreffend die Einbindung eines weiteren Subunternehmens, eine zusätzliche Vertragserfüllungsbürgschaft, Rahmenbedingungen des Arbeitseinsatzes oder der Abwicklungen des Zahlungsverkehrs.

96 Wenn diese Änderungen nicht wesentlich im Sinne des § 132 Abs. 1 S. 3 GWB sind, ist keine Neuvergabe erforderlich.[55] Unter Umständen kann auch ein Fall unvorhersehbarer Umstände einschlägig sein (§ 132 Abs. 2 S. 1 Nr. 3 GWB).

III. Reduktion des Leistungsumfangs

97 Eine **Reduktion des Leistungsumfangs,** etwa durch eine Teilkündigung, wird vor allem an § 132 Abs. 1 S. 3 Nr. 1 GWB zu messen sein. Der infolge einer solchen Leistungsminderung verbleibende Leistungsumfang wird dabei als Minus vom bisherigen Vertrag erfasst.

98 Welche Wirkung dies auf den Vergabewettbewerb gehabt hätte und ob sich auf den reduzierten Leistungsumfang ein anderes Unternehmerfeld beworben hätte, muss **im Einzelfall** geklärt werden.[56] Hierbei ist aber zu berücksichtigen, wie weit der vollumfängliche Leistungsumfang zunächst über einen gewissen Zeitraum zu erbringen war. Vergleichsmaßstab ist somit das tatsächlich erbrachte zuzüglich des nach Reduktion weiter zu erbringenden Leistungsspektrums, nicht ein hypothetischer Auftrag in der Form nach der Reduktion.

IV. Preisänderungen

99 Nach § 132 GWB erfordern auch **Preiserhöhungen** regelmäßig die Durchführung eines Vergabeverfahrens.[57] Wird nur der Preis erhöht und nicht auch der Leistungsumfang ausgeweitet, wird im Sinne des § 132 Abs. 1 S. 3 Nr. 2 GWB das wirtschaftliche Gleichgewicht des Vertrages zugunsten des Auftragnehmers verändert. Würde eine Preiserhöhung keine Neuvergabe erfordern, könnte der Auftraggeber ohne Weiteres nachträglich das Wertungsergebnis des Vergabeverfahrens verfälschen.

100 Demgegenüber werden **Preissenkungen** zulasten des Auftragnehmers nach hier vertretener Auffassung regelmäßig keinen öffentlichen Auftrag darstellen.[58] Preissenkungen verändern zumeist das wirtschaftliche Gleichgewicht des Vertrages zugunsten des Auftraggebers und zulasten des Auftragnehmers (der aber zustimmen muss). § 132 Abs. 1 S. 3 Nr. 2 GWB ist daher in der Regel nicht einschlägig. Zu prüfen ist allerdings, ob sich das Bieter-/Bewerberfeld geändert hätte (§ 132 Abs. 1 S. 3 Nr. 1 GWB). Das Vorgenannte gilt auch für die nachträgliche Erhöhung eines Rabattes.[59] Zudem dürfen die gesenkten Preise auch objektiv, d.h. im Ver-

---

54 Vgl. bereits vor § 132 GWB: EuGH, Urteil v. 29.4.2004 – Rs. C-496/99 P (CAS Succhi di Frutta), Rn. 118; OLG Jena, Beschluss v. 14.10.2003 – 6 Verg 5/03; VK Hamburg, Beschluss v. 27.4.2006 – VgK FB 2/06; VK Baden-Württemberg, Beschluss v. 16.11.2004 – 1 VK 69/04.

55 Vgl. bereits vor § 132 GWB: GA *Kokott*, Schlussanträge v. 13.3.2008 – Rs. C-454/06 (pressetext), Rn. 98; VK Bund, Beschluss v. 12.10.2004 – VK 2-187/04.

56 Vgl. bereits vor § 132 GWB: OLG Düsseldorf, Beschluss v. 8.5.2002 – VII-Verg 8-15/01; Beschluss v. 20.6.2001 – Verg 3/01; Beschluss v. 14.2.2001 – Verg 13/00; VK Schleswig-Holstein, Beschluss v. 4.7.2007 – VK-SH 16/07; a.A. VK Baden-Württemberg, Beschluss v. 15.8.2005 – 1 VK 47/05; VK Münster, Beschluss v. 9.3.2001 – VK 1-8/01, sowie eingehend *Poschmann*, Auftragsänderungen, Teil 2 Kap. 4 B.IV.2.

57 Vgl. bereits vor § 132 GWB: EuGH, Urteil v. 19.6.2008 – Rs. C-454/06 (pressetext), Rn. 59; OLG Celle, Beschluss v. 29.10.2009 – 13 Verg 8/09.

58 A.A. noch vor § 132 GWB: OLG Düsseldorf, Beschluss v. 8.5.2002 – VII-Verg 8-15/01; VK Köln, Beschluss v. 20.2.2004 – VK VOL 40/2003.

59 EuGH, Urteil v. 19.6.2008 – Rs. C-454/06 (pressetext), Rn. 81 ff.

gleich zu einem etwaig gesunkenen Marktpreisniveau, keine versteckte Preiserhöhung bewirken.[60]

Ebenfalls zulässig sind Preisänderungen infolge der Anwendung von **Preisanpassungsklauseln**, die Steigerungen der Personal- und Sachkosten etwa durch Koppelung an Indizes Rechnung tragen. Die Bedingungen der Zulässigkeit solcher Klauseln regelt § 132 Abs. 2 S. 1 Nr. 1 GWB.[61] Neben der Anpassung des Preises durch Koppelung an einen Index dürfte dabei auch der nachträgliche **Austausch eines Indexes** zulässig sein, wenn dies hinreichend bestimmt in den Vergabeunterlagen vorgesehen war (z.B. durch Bezug auf einen Nachfolgeindex).[62] 101

Gleiches gilt für **nachträgliche Preisverhandlungen**, wenn diese in den Vergabeunterlagen vorgesehen sind und das Verfahren dort hinreichend genau umrissen wurde. Dies folgt aus § 132 Abs. 2 S. 1 Nr. 1 GWB. Dieser lässt Überprüfungsklauseln zu, ohne Beschränkung auf spezifische Arten der Überprüfung wie etwa eine automatische Anpassung gekoppelt an makroökonomische Indikatoren. Auch begrenzte Preisverhandlungen sind daher nicht a priori ausgeschlossen.[63] Allerdings bleibt daneben § 132 Abs. 1 S. 3 GWB zu beachten. Insbesondere darf das vertragliche Gleichgewicht nicht erheblich zugunsten des Auftragnehmers verschoben werden.[64] 102

V. Vertragsverlängerung und Kündigungsverzicht

Auch die Verlängerung bestehender Verträge kann eine wesentliche Änderung darstellen. Eine Verlängerung des Vertrages ist in der Sache eine **Ausweitung des Leistungsumfangs**. Wesentlicher Vertragsbestandteil ist auch die Laufzeit eines Vertrages,[65] insbes. bei Dauerschuldverhältnissen mit wiederkehrenden Leistungspflichten.[66] In einer im ursprünglichen Vertrag nicht vorgesehenen Vertragsverlängerung liegt eine Ausweitung des Auftrags, selbst wenn die Vertragskonditionen im Übrigen unverändert bleiben.[67] Insbesondere § 132 Abs. 1 S. 3 Nr. 3 und Abs. 2 S. 1 Nr. 2 GWB sind daher zu beachten. 103

Bei der Verlängerung von Verträgen sind darüber hinaus die vergaberechtlichen Anforderungen an die Vertragslaufzeit zu beachten. Zwar verbietet das Vergaberecht den Abschluss von **Verträgen auf unbestimmte Dauer** nicht grundsätzlich.[68] Allerdings sind die Grundsätze des Wettbewerbs, der Gleichbehandlung und der Verhältnismäßigkeit auch bei der Festlegung der Vertragslaufzeit zu beachten.[69] Insbesondere aus dem Verhältnismäßigkeitsgrundsatz folgt dabei ein proportional zur Vertragslaufzeit ansteigendes Begründungserfordernis für die Laufzeitlänge.[70] Als Rechtfertigungsgrund kommt unter anderem die erforderliche Amortisation von Anfangsinvestitionen oder eine zu erwartende günstige Preisgestaltung in Betracht.[71] Haushalts- und kartellrechtliche Grenzen können hinzutreten.[72] 104

---

60 Vgl. bereits vor § 132 GWB: GA *Kokott*, Schlussanträge v. 13.3.2008 – Rs. C-454/06 (pressetext), Rn. 91.
61 Vgl. bereits vor § 132 GWB: OLG Düsseldorf, Beschluss v. 8.5.2002 – VII-Verg 8-15/01; eingehend *Poschmann*, Auftragsänderungen, Teil 2 Kap. 4 B.II.
62 EuGH, Urteil v. 19.6.2008 – Rs. C-454/06 (pressetext), Rn. 64 ff.
63 A.A. wohl *Krohn*, NZBau 2008, 619 (625).
64 Vgl. bereits vor § 132 GWB: EuGH, Urteil v. 19.6.2008 – Rs. C-454/06 (pressetext), Rn. 85; Urteil v. 29.4.2004 – Rs. C-496/99 P (CAS Succhi di Frutta), Rn. 119.
65 Vgl. bereits vor § 132 GWB: OLG Frankfurt, Beschluss v. 30.8.2011 – 11 Verg 3/11; OLG Düsseldorf, Beschluss v. 12.1.2004 – Verg 71/03; Beschluss v. 20.6.2001 – Verg 3/01; Beschluss v. 14.2.2001 – Verg 13/00; OLG Rostock, Beschluss v. 5.2.2003 – 17 Verg 14/02; VK Brandenburg, Beschluss v. 17.6.2008 – VK 13/08.
66 Vgl. bereits vor § 132 GWB: OLG Jena, Beschluss v. 14.10.2003 – 6 Verg 5/03.
67 Vgl. bereits vor § 132 GWB: OLG Frankfurt, Beschluss v. 30.8.2011 – 11 Verg 3/11; OLG Hamburg, Beschluss v. 7.12.2007 – 1 Verg 4/07; OLG Jena, Beschluss v. 14.10.2003 – 6 Verg 5/03; OLG Düsseldorf, Beschluss v. 14.2.2001 – Verg 13/00; differenzierend *Poschmann*, Auftragsänderungen, Teil 2 B.IV.4.
68 Vgl. EuGH, Urteil v. 19.6.2008 – Rs. C-454/06 (pressetext), Rn. 74; OLG Düsseldorf, Beschluss v. 1.10.2003 – Verg 45/03; VK Hamburg, Beschluss v. 27.4.2006 – VgKFB 2/06.
69 Vgl. EuGH, Urteil v. 19.6.2008 – Rs. C-454/06 (pressetext), Rn. 74; Urteil v. 9.3.2006 – Rs. C-323/03 (Kommission/Spanien), Rn. 44 f; VK Bund, Beschluss v. 16.4.2015 – VK 2-27/15; Beschluss vom 8.4.2015 – VK 2-21/15.
70 Vgl. EuGH, Urteil v. 9.3.2006 – Rs. C-323/03 (Kommission/Spanien), Rn. 45.
71 Vgl. EuGH, Urteil v. 9.3.2006 – Rs. C-323/03 (Kommission/Spanien), Rn. 45.
72 Vgl. *Knauff*, NZBau 2007, 347 (348).

105 Dagegen lässt sich der bloße **Verzicht auf die Kündigung** eines Vertrages, auch langfristiger Verträge, nicht bereits für sich genommen als Auftragsänderung begreifen.[73] Denn in diesem Fall ist die Fortführung des Vertrages im ursprünglichen Auftragsgegenstand angelegt. Zudem kann der Auftraggeber nicht zu einer ineffizienten Vergabepraxis durch Neuvergaben in kurzen Zeitabständen gezwungen werden.[74] Allerdings ist der Auftraggeber bei der Entscheidung über die Ausübung eines Kündigungsrechts auch an die allgemeinen Grundsätze zur Verhältnismäßigkeit der Vertragslaufzeit gebunden. Ist insofern eine andere Bewertung geboten als bei Vertragsschluss, so kann sich ausnahmsweise eine Kündigungspflicht des Auftraggebers ergeben.

106 Selbst wenn die Vertragsparteien beim Verzicht auf die Kündigung nicht bloß untätig bleiben, sondern sich durch Erklärung rechtlich binden, ist der Fall nicht anders zu bewerten. Auch die vertragliche **Vereinbarung eines Kündigungsverzichts** bildet – für sich genommen – keine Auftragsänderung, sofern die Geltungsdauer des Verzichts angemessen ist. Sie ist in der Sache eine Selbstbindung hinsichtlich bestehender und von Anfang an vorgesehener vertraglicher Gestaltungsrechte.[75] Die Nichtkündigung nebst umfänglichen Auftragsänderungen wird – allerdings wegen der Auftragsänderungen – einer Neuvergabe gleichstehen.

107 Ob die **Rücknahme, einvernehmliche Aufhebung** oder **Nichtigkeit einer Kündigung** eine Neuvergabe erfordert, wird sich danach entscheiden, ob der ursprüngliche Vertrag unverändert fortgesetzt wird, ob also der ursprüngliche, dem vergaberechtlichen Wettbewerb unterworfene Rahmen eingehalten oder überschritten wird. Wird der ursprüngliche Rahmen eingehalten, liegt keine Auftragsänderung und kein Tatbestand des § 132 Abs. 1 GWB vor. Eine Neuvergabe ist nicht erforderlich. Auf die zivilrechtliche Einordnung einer Fortsetzung des ursprünglichen Vertrages oder des Abschlusses eines neuen Vertrages kommt es dabei nicht an.[76]

VI. Auftraggeberwechsel

108 Der Wechsel des Auftraggebers ist in § 132 GWB nicht ausdrücklich geregelt. Die Regelungen zum Auftragnehmerwechsel sind zudem nicht übertragbar. Der Wechsel des Auftragnehmers ändert das Ergebnis des Vergabewettbewerbs und berührt damit den Schutzzweck des § 132 GWB unmittelbar. Ein Auftraggeberwechsel muss hingegen die vergaberechtlichen Grundsätze nicht unbedingt berühren.

109 Der Auftraggeberwechsel ist nach hier vertretener Auffassung daher sowohl im laufenden Vergabeverfahren als auch nach Vertragsschluss **grundsätzlich zulässig**.[77] Voraussetzung ist gleichwohl, dass

- der Auftragnehmer oder derjenige Unternehmer zustimmt, der den Zuschlag erhalten soll/hat,
- eine unwesentliche Auftragsänderung im Sinne des § 132 Abs. 1 GWB vorliegt und
- der Auftraggeberwechsel keine Umgehung vergaberechtlicher Bindungen nach sich zieht.

73 Vgl. bereits vor § 132 GWB: EuGH, Urteil v. 19.6.2008 – Rs. C-454/06 (pressetext), Rn. 74; OLG Düsseldorf, Beschluss v. 22.2.2012 – VII-Verg 87/11; OLG Celle, Beschluss v. 4.5.2001 – 13 Verg 5/00; VK Bund, Beschluss v. 17.12.2010 – VK 1-121/10; Beschluss v. 12.10.2004 – VK 2-187/04; VK Schleswig-Holstein, Beschluss v. 26.5.2010 – VK-SH 01/10; VK Sachsen, Beschluss v. 24.8.2007 – 1/54-07; VK Hamburg, Beschluss v. 27.4.2006 – VgK FB 2/06; VK Baden-Württemberg, Beschluss v. 26.3.2002 – 1 VK 7/02; VK Mecklenburg-Vorpommern, Beschluss v. 18.7.2001 – 2 VK 06/01; VK Arnsberg, Beschluss v. 18.7.2000 – VK 2-07/2000.

74 Vgl. bereits vor § 132 GWB: VK Hamburg, Beschluss v. 27.4.2006 – VgK FB 2/06.

75 Vgl. EuGH, Urteil v. 19.6.2008 – Rs. C-454/06 (pressetext), Rn. 75; KG, Beschluss v. 19.4.2012 – Verg 7/11.

76 A.A. wohl OLG Dresden, Beschluss v. 25.1.2008 – WVerg 10/07; OLG Düsseldorf, Beschluss v. 8.5.2002 – VII-Verg 8-15/01.

77 Differenzierend *Greb/Stenzel*, NZBau 2012, 404 (406 f.). Zur Rechtslage in Österreich vor Umsetzung der RL 2014/24/EU: BVA, Bescheid v. 26.8.2005 – 16N-74/05-41; Bescheid v. 22.3.2005 – 16N-9/05-19;Bescheid v. 27.3.2003 – 10F-14/02-25; UVS Kärnten, Bescheid v. 6.4.2005 – KUVS-K2-490/19/2005; *Fink*, RPA 2005, 158 f.; *Grasböck*, ZVB 2005, 189; *Latzenhofer*, RPA 2005, 147 (152 f.).

Das Erfordernis der **Zustimmung des Auftragnehmers** oder des Bieters, der den Zuschlag erhalten soll, zum Auftraggeberwechsel ist zivilrechtlicher Natur und folgt aus § 415 Abs. 1 S. 1 BGB. Im Fall der Ankündigung eines etwaigen Auftraggeberwechsels in der Bekanntmachung wird die Zustimmung konkludent durch rügelose Verfahrensteilnahme erteilt.[78] 110

Die Person des Auftraggebers ist Bestandteil des Vertrages, sodass sein Wechsel eine Auftragsänderung darstellt. Ist der Wechsel des Auftraggebers daher wesentlich, muss neu vergeben werden. Die **Wesentlichkeit** kann sich insbesondere aus der Wirkung auf das Bieter-/Bewerberfeld ergeben, etwa wenn der neue Auftraggeber eine andere Bonität aufweist oder sich aus dem Wechsel räumliche Änderungen ergeben. 111

Die Zulässigkeit des Auftraggeberwechsels wird weiter durch das **Umgehungsverbot** begrenzt.[79] Unzulässig ist daher etwa der Wechsel von einem Auftraggeber, der geringeren Verfahrensanforderungen unterworfen ist, auf einen Auftraggeber, der höheren Verfahrensanforderungen unterworfen ist. Sektorenauftraggeber können daher regelmäßig nicht durch öffentliche Auftraggeber ersetzt werden. 112

Nicht erforderlich ist hingegen nach hier vertretener Auffassung die Bekanntgabe eines etwaigen Auftraggeberwechsels in den **Vergabeunterlagen**. Ist die Änderung des Auftrags nicht wesentlich, so ist eine Neuvergabe ungeachtet der vorherigen Festlegung der Änderung entbehrlich. Andernfalls müssten etwa bei Konzernumstrukturierungen mangels Bekanntgabe des möglichen Auftraggeberwechsels sämtliche Verträge neu ausgeschrieben werden, die auf eine andere Konzerngesellschaft übergehen sollen.[80] 113

Auch **Änderungen der Eigentumsverhältnisse** an einem öffentlichen Auftraggeber stellen keine Auftragsänderung dar. In diesen Fällen fehlt es schon an einer Änderung des Vertrages und der Vergabeunterlagen. Denn die juristische Person des Auftraggebers und Vertragspartners bleibt unverändert. Die Änderung der Eigentumsverhältnisse etwa durch Veräußerung von Geschäftsanteilen kann gleichwohl nach den Grundsätzen des **eingekapselten Beschaffungsvorgangs** dem Vergaberecht unterfallen.[81] Dies gilt ebenso, wenn im Fall einer In-House-Vergabe der Auftragnehmer durch einen oder mehrere öffentliche Auftraggeber kontrolliert wird und einer der kontrollierenden Auftraggeber während des laufenden Vertrages durch Anteilsverkauf privatisiert wird. In diesem Fall muss entweder die Privatisierung ebenfalls im Wege eines Vergabeverfahrens erfolgen oder der in-house vergebene Auftrag ausgeschrieben werden. 114

VII. Wechsel von Mitgliedern einer Arbeitsgemeinschaft 115

Der Wechsel von Mitgliedern einer Arbeitsgemeinschaft kann je nach Ausgestaltung verschiedene in § 132 GWB geregelte Tatbestände betreffen. Es ist wie folgt zu prüfen:

Bleibt die **rechtliche Identität** des Auftragnehmers **erhalten**, z.B. weil die gewählte Rechtsform die Veräußerung von Anteilen des Auftragnehmers zulässt, so liegt kein Auftragnehmerwechsel im Sinne des § 132 Abs. 1 S. 3 Nr. 4 GWB vor. Eine Neuvergabe ist regelmäßig entbehrlich. Dabei ist zunächst auf die formale Rechtsperson des Auftragnehmers abzustellen, die unverändert bleiben muss. Zu prüfen bleibt, ob mit dem Wechsel nach den allgemeinen Maßstäben des § 132 Abs. 1 GWB wesentliche Änderungen des Auftrags einhergehen. Darüber hinaus muss auch sichergestellt sein, dass die Eignung des Auftragnehmers erhalten bleibt. Insofern sind die Maßstäbe zur Veränderungen in der Zusammensetzung von Bietergemeinschaften im Vergabeverfahren[82] übertragbar. 116

78 Vgl. BVA, Bescheid v. 26.8.2005 – 16N-74/05-41; *Latzenhofer*, RPA 2005, 147 (154).
79 Zum allgemeinen Umgehungsverbot vgl. nur VK Bund, Beschluss v. 8.6.2006 – VK 2-114/05; Beschluss v. 29.9.2004 – VK 1-162/04.
80 So etwa im Fall einer Umstrukturierung der österreichischen Staatsbahnen: BVA, Bescheid v. 22.3.2005 – 16N-9/05-19.
81 Vgl. hierzu § 103 Rn. 8.
82 Vgl. etwa OLG Düsseldorf, Beschluss v. 26.1.2005 – Verg 45/04.

117 **Ändert sich** die **rechtliche Identität** des Auftragnehmers, so ist § 132 Abs. 1 S. 3 Nr. 4 GWB anzuwenden. Ein Wechsel wird dann regelmäßig nur im Zuge einer Unternehmensumstrukturierung zulässig sein. Auch in diesem Fall, muss die Eignung des Auftragnehmers im Sinne der bei Vergabe angewandten Maßstäbe sichergestellt sein.

Anlage

Gesetzesbegründung (BT-Drs. 18/6281)

Seite 118

Der neue § 132 enthält erstmals klare Vorgaben, wann Auftragsänderungen während der Vertragslaufzeit ein neues Vergabeverfahren erfordern. Die Vorschrift dient der Umsetzung von Artikel 72 der Richtlinie 2014/24/EU.

Seite 119

Bislang basierten die Vorgaben dazu auf den durch die Rechtsprechung des EuGH entwickelten Grundsätzen zu Auftragsänderungen (insb. EuGH, Urteil vom 19. Juni 2008, C-454/06, „Pressetext").

Zu Absatz 1

Absatz 1 dient der Umsetzung von Artikel 72 Absatz 5 der Richtlinie 2014/24/EU. Im Grundsatz stellt Absatz 1 klar, dass wesentliche Änderungen eines öffentlichen Auftrags während dessen Vertragslaufzeit ein neues Vergabeverfahren erfordern. Wesentlich sind Änderungen grundsätzlich dann, wenn sich der Auftrag infolge der Änderung während der Vertragslaufzeit erheblich von dem ursprünglich vergebenen Auftrag unterscheidet. Dies betrifft insbesondere Änderungen, die den Umfang und die inhaltliche Ausgestaltung der gegenseitigen Rechte und Pflichten der Parteien einschließlich der Zuweisung der Rechte des geistigen Eigentums betreffen. Derartige Änderungen sind Ausdruck der Absicht der Parteien, wesentliche Bedingungen des betreffenden Auftrags neu zu verhandeln. Die Nummern 1 bis 4 zählen beispielhaft auf, in welchen Fällen eine wesentliche Änderung im Sinne von Absatz 1 vorliegt.

Zu Absatz 2

Absatz 2 dient der Umsetzung von Artikel 72 Absatz 1 der Richtlinie 2014/24/EU und zählt die Fälle auf, in denen eine Änderung des ursprünglichen Vertrags zulässig ist und zwar unabhängig davon, ob es sich um eine wesentliche Änderung im Sinne des Absatz 1 handelt oder nicht.

Zu Nummer 1

Eine Änderung ist nach Absatz 2 Nummer 1 dann zulässig, wenn in den ursprünglichen Vergabeunterlagen klare, präzise und eindeutig formulierte Überprüfungsklauseln enthalten sind, die Angaben zu Art, Umfang und Voraussetzungen für eine Änderung des Vertrags enthalten. Dies betrifft zum Beispiel Preisüberprüfungsklauseln. Entsprechende Klauseln sollen öffentlichen Auftraggebern keinen unbegrenzten Ermessensspielraum einräumen. Dabei gibt es aber – anders als bei den erlaubten Vertragsänderungen der Nummern 2 und 3 – keine pauschale Obergrenze in Höhe von 50 Prozent des ursprünglichen Auftragswertes. Entscheidend ist vielmehr, dass sich durch Änderungen im Sinne der Nummer 1 der Gesamtcharakter des Auftrags nicht ändert.

Zu Nummer 2

Absatz 2 Nummer 2 dient der Umsetzung von Artikel 72 Absatz 1 Buchstabe b der Richtlinie 2014/24/EU und betrifft Situationen, in denen öffentliche Auftraggeber zusätzliche Liefer-, Bau- oder Dienstleistungen benötigen. In diesen Fällen kann eine Änderung des ursprünglichen Auftrags ohne neues Vergabeverfahren gerechtfertigt sein, insbesondere wenn die zusätzlichen Lieferungen entweder als Teilersatz oder zur Erweiterung bestehender Dienstleistungen, Lieferungen oder Einrichtungen bestimmt sind. Voraussetzung dafür ist, dass ein Wechsel des Lieferanten aus wirtschaftlichen oder technischen Gründen nicht erfolgen kann und mit erheblichen Schwierigkeiten oder beträchtlichen Zusatzkosten für den Auftraggeber verbunden wäre. Dies betrifft zum Beispiel den Fall, dass der öffentliche Auftraggeber Material, Bau- oder Dienstleistungen mit unterschiedlichen technischen Merkmalen erwerben müsste und dies eine Unvereinbarkeit oder unverhältnismäßige technische Schwierigkeiten bei Gebrauch und Instandhaltung mit sich bringen würde.

Für erlaubte Änderungen nach Absatz 2 Nummer 2 gilt – wie auch für Änderungen nach Nummer 3 – eine pauschale Obergrenze. Der Wert der Änderung darf hierbei nicht mehr als 50 Prozent des ursprünglichen Auftragswertes betragen.

Zu Nummer 3

Absatz 2 Nummer 3 betrifft Fälle, in denen öffentliche Auftraggeber mit externen Umständen konfrontiert werden, die sie zum Zeitpunkt der Zuschlagserteilung nicht absehen konnten. Dies kann insbesondere dann der Fall sein, wenn sich die Ausführung des Auftrags über einen längeren Zeitraum erstreckt. Absatz 2 Nummer 3 setzt Artikel 72 Absatz 1 Buchstabe c der Richtlinie 2014/24/EU um und ermöglicht dem Auftraggeber ein gewisses Maß an Flexibilität, um den Auftrag an diese Gegebenheiten anzupassen, ohne ein neues Vergabeverfahren einleiten zu müssen. „Unvorhersehbare Umstände" sind Umstände, die auch bei einer nach vernünftigem Ermessen sorgfältigen Vorbereitung der ursprünglichen Zuschlagserteilung durch den öffentlichen Auftraggeber unter Berücksichtigung der zur Verfügung stehenden Mittel, der Art und Merkmale des spezifischen Projekts, der bewährten Praxis und der Notwendigkeit, ein angemessenes Verhältnis zwischen den bei der Vorbereitung der Zuschlagserteilung eingesetzten Ressourcen und dem absehbaren Nutzen zu gewährleisten, nicht hätten vorausgesagt werden können. Voraussetzung ist allerdings, dass sich mit der Änderung nicht der Gesamtcharakter des gesamten Auftrags ändert, indem beispielsweise die zu beschaffenden Liefer-, Bau- oder Dienstleistungen durch andersartige Leistungen ersetzt werden oder indem sich die Art der Beschaffung grundlegend ändert.

Seite 120

Wie bei den Änderungen nach Nummer 2 darf auch in den Fällen von Nummer 3 der Wert der Änderung nicht mehr als 50 Prozent des ursprünglichen Auftragswertes betragen.

Zu Nummer 4

Absatz 2 Nummer 4 dient der Umsetzung von Artikel 72 Absatz 1 Buchstabe d der Richtlinie 2014/24/EU. Damit soll dem erfolgreichen Bieter die Möglichkeit eingeräumt werden, während der Ausführung des Auftrags gewisse interne strukturelle Veränderungen (Wechsel des Auftragnehmers) zu vollziehen, ohne dass deswegen ein neues Vergabeverfahren durchgeführt werden muss. Dies betrifft zum Beispiel rein interne Umstrukturierungen, Übernahmen, Zusammenschlüsse, Unternehmenskäufe oder Insolvenzen.

Zu Absatz 3

Absatz 3 dient der Umsetzung von Artikel 72 Absatz 2 der Richtlinie 2014/24/EU. Absatz 3 führt eine de-minimis-Grenze für Auftragsänderungen während der Vertragslaufzeit ein, wonach geringfügige Änderungen des Auftragswerts bis zu einer bestimmten Höhe grundsätzlich zulässig sind, ohne dass ein neues Vergabeverfahren durchgeführt werden muss. Voraussetzung ist nach Absatz dabei, dass der Wert der Änderung den entsprechenden Schwellenwert nach § 106 nicht übersteigt und zusätzlich bei Liefer- und Dienstleistungsaufträgen nicht mehr als 10 Prozent und bei Bauaufträgen nicht mehr als 15 Prozent des ursprünglichen Auftragswertes beträgt. Sofern die Auftragsänderungen eine dieser Grenzen übersteigt, ist eine Änderung ohne erneutes Vergabeverfahren nur zulässig, wenn die übrigen Voraussetzungen des § 132 erfüllt sind.

Zu Absatz 4

Absatz 4 dient der Umsetzung von Artikel 72 Absatz 3 der Richtlinie 2014/24/EU.

Zu Absatz 5

Absatz 5 dient der Umsetzung von Artikel 72 Absatz 1 Unterabsatz 3 der Richtlinie 2014/24/EU.

§ 133
Kündigung von öffentlichen Aufträgen in besonderen Fällen

(1) Unbeschadet des § 135 können öffentliche Auftraggeber einen öffentlichen Auftrag während der Vertragslaufzeit kündigen, wenn

1. eine wesentliche Änderung vorgenommen wurde, die nach § 132 ein neues Vergabeverfahren erfordert hätte,

2. zum Zeitpunkt der Zuschlagserteilung ein zwingender Ausschlussgrund nach § 123 Absatz 1 bis 4 vorlag oder

3. der öffentliche Auftrag aufgrund einer schweren Verletzung der Verpflichtungen aus dem Vertrag über die Arbeitsweise der Europäischen Union oder aus den Vorschriften dieses Teils, die der Europäische Gerichtshof in einem Verfahren nach Artikel 258 des Vertrags über die Arbeitsweise der Europäischen Union festgestellt hat, nicht an den Auftragnehmer hätte vergeben werden dürfen.

(2) Wird ein öffentlicher Auftrag gemäß Absatz 1 gekündigt, kann der Auftragnehmer einen seinen bisherigen Leistungen entsprechenden Teil der Vergütung verlangen. Im Fall des Absatzes 1 Nummer 2 steht dem Auftragnehmer ein Anspruch auf Vergütung insoweit nicht zu, als seine bisherigen Leistungen infolge der Kündigung für den öffentlichen Auftraggeber nicht von Interesse sind.

(3) Die Berechtigung, Schadensersatz zu verlangen, wird durch die Kündigung nicht ausgeschlossen.

Übersicht

	Rn.
A. Allgemeines	1
B. Unionsrechtliche Pflicht zur Beendigung von öffentlichen Aufträgen	7
C. Kündigungsgründe (Abs. 1)	19
I. Unzulässige Auftragsänderung (Nr. 1)	24
II. Zwingender Ausschlussgrund (Nr. 2)	27
III. Schwere Verletzung des Unionsrechts (Nr. 3)	31
D. Anspruch auf Kündigung	33
E. Rechtsfolgen	34
I. Vergütungsanspruch (Abs. 2)	35
II. Schadensersatzanspruch (Abs. 3)	39
F. Rechtsschutz	40
Anlage Gesetzesbegründung (BT-Drs. 18/6281)	

A. Allgemeines

1 Die **RL 2014/24/EU** enthält mit Art. 73 erstmals eine Bestimmung, wonach öffentliche Auftraggeber unter bestimmten Umständen über die Möglichkeit verfügen, einen öffentlichen Auftrag zu kündigen. Identische Regelungen finden sich in Art. 44 RL 2014/23/EU (Konzessionsvergaberichtlinie) und in Art. 90 RL 2014/25/EU (Sektorenvergaberichtlinie). Die Vorschrift des § 133 GWB setzt diese Vorgaben der Richtlinien in nationales Recht um und trifft ergänzend Regelungen zu den Rechtsfolgen der Kündigung.

2 Gemäß § 154 Nr. 4 GWB ist die Vorschrift auf die Vergabe von **Konzessionen** entsprechend anwendbar. Auf die Vergabe von öffentlichen Aufträgen durch **Sektorenauftraggeber** ist § 133 GWB aufgrund von § 142 GWB anzuwenden.

3 Die Vorschrift **trägt dem Umstand Rechnung**, dass öffentliche Auftraggeber mitunter öffentliche Aufträge vorzeitig beenden müssen, um die aus dem Unionsrecht erwachsenden Verpflichtungen im Bereich der öffentlichen Auftragsvergabe einzuhalten.[1] Trifft der Mitgliedstaat keine entsprechenden Maßnahmen zur Beendigung unionsrechtswidrig abgeschlossener Verträge, droht ein Vertragsverletzungsverfahren nach Art. 258 AEUV. An dessen Ende kann sowohl ein Zwangsgeld als auch eine pauschale Strafzahlung stehen.

1 Erwägungsgrund 80 RL 2014/23/EU; Erwägungsgrund 112 RL 2014/24/EU; Erwägungsgrund 118 RL 2014/25/EU.

4 **Vor Inkrafttreten des VergRModG 2016** war es in Deutschland in der Praxis der öffentlichen Auftragsvergabe schwer möglich, unionsrechtswidrige Situationen zu beenden. Das Vertragsverletzungsverfahren richtet sich direkt gegen die Bundesrepublik Deutschland, welche nicht notwendigerweise Vertragspartei ist. Zudem wurde auch für unter Verletzung des EU-Vergaberechts zustande gekommene Verträge eine Bestandsgarantie angenommen.[2]

5 Mit der Neuregelung wird an der Schnittstelle von Unions-, Vergabe- und Zivilrecht eine **sachgerechte und praktikable Lösung** geschaffen. Unionsrechtswidrig abgeschlossene Verträge sind danach zwar nicht unwirksam,[3] aber unter bestimmten Voraussetzungen kündbar.

6 Die **konkrete Ausgestaltung** des Kündigungsrechts und die Rechtsfolgen der Kündigung werden durch die EU-Richtlinien nicht vorgegeben. Im Hinblick auf die Kündigungsfolgen erfolgt eine Regelung in § 133 Abs. 2 und Abs. 3 GWB.

B. Unionsrechtliche Pflicht zur Beendigung von öffentlichen Aufträgen

7 Der **Grundsatz der effektiven Durchsetzung des Unionsrechts** (effet utile) gebietet unter bestimmten Voraussetzungen, dass unter Verletzung wesentlicher Vorschriften des Unionsrechts zustande gekommene öffentliche Aufträge keinen Bestand haben dürfen.[4] Nach Art. 4 Abs. 3 EUV ist es Aufgabe aller Behörden der Mitgliedstaaten, im Rahmen ihrer jeweiligen Zuständigkeiten die Einhaltung des Unionsrechts zu gewährleisten.[5]

8 Der europäische Gesetzgeber hat es bislang versäumt, die europarechtlichen Voraussetzungen und Grenzen für die Beendigung vergaberechtswidriger Verträge zu regeln. Mit Art. 73 RL 2014/24/EU besteht nun erstmals die Vorgabe, dass zumindest **in bestimmen Fällen** ein Kündigungsrecht des öffentlichen Auftraggebers bestehen muss. In den in Art. 73 RL 2014/24/EU genannten Fällen gewichtet der Unionsgesetzgeber daher das öffentliche Interesse an der effektiven Durchsetzung des Unionsrechts und der Gesetzmäßigkeit der Verwaltung höher als das Vertrauen der Parteien auf das Bestehen des Vertrages.

9 Daraus folgt, dass den öffentlichen Auftraggeber in den in § 133 Abs. 1 GWB genannten Fällen grundsätzlich eine aus dem Unionsrecht abzuleitende **Pflicht** zur Beendigung der unionsrechtswidrig geschlossenen Verträge trifft.[6] Um dieser Pflicht zu genügen, muss der öffentliche Auftraggeber von den nach nationalem Recht eingeräumten Möglichkeiten zur Beendigung des Vertrages Gebrauch machen. Das in § 133 Abs. 1 GWB durch die Formulierung „kann"[7] eingeräumte „Ermessen" des öffentlichen Auftraggebers ist daher in der Regel[8] im Sinne einer Kündigungspflicht auf Null reduziert, soweit der Auftrag nicht auf andere Weise beendet werden kann. Das Kündigungsrecht nach § 133 GWB stellt vor diesem Hintergrund zwingendes Recht dar und kann nicht vertraglich ausgeschlossen werden.

---

2 Vgl. das Vorbringen der Bundesrepublik Deutschland in EuGH, Urteil v. 18.7.2007 – Rs. C-503/04 (Abfallentsorgung Braunschweig II), Rn. 31; gegen das *„Dogma der Bestandsgarantie von De-facto-Verträgen"* bereits *Prieß/Gabriel*, NZBau 2006, 219 (220).

3 Bereits LG München, Urteil v. 20.12.2005 – 33 O 16465/05, beurteilte die Folgen einer bereicherungsrechtlichen Rückabwicklung von öffentlichen Aufträgen nachvollziehbar kritisch.

4 EuGH, Urteil v. 18.7.2007 – Rs. C-503/04 (Abfallentsorgung Braunschweig II); ausführlich GA *Trstenjak*, Schlussanträge v. 28.3.2007 – Rs. 503/04 (Abfallentsorgung Braunschweig II), Rn. 76 ff.; vgl. auch EuGH, Urteil v. 13.4.2010 – Rs. C-91/08 (Wall); *Bitterich*, NJW 2006, 1845 (1846).

5 EuGH, Urteil v. 13.4.2010 – Rs. C-91/08 (Wall), Rn. 69; Urteil v. 12.2.2008 – Rs. C-2/06 (Kempter), Rn. 34 m.w.N.

6 EuGH, Urteil v. 18.7.2007 – Rs. C-503/04 (Abfallentsorgung Braunschweig II); ausführlich GA *Trstenjak*, Schlussanträge v. 28.3.2007 – Rs. 503/04, Rn. 76 ff.; OLG Schleswig, Beschluss v. 4.11.2014 – 1 Verg 1/14; *Püstow/Meiners*, EuZW 2016, 325 (328); zu Ausnahmen aufgrund des Verhältnismäßigkeitsgrundsatzes *Portz*, KommJur 2007, 335 (337 f.); siehe auch *Braun*, NZBau 2015, 355 (356), in Bezug auf fehlerhaft ausgeschriebene Energieversorgungsnetzkonzessionsverträge.

7 Die Formulierung „kann" beruht auf einer Eins-zu-eins-Umsetzung des Art. 73 RL 2014/24/EU.

8 Zur Ausnahme aufgrund zwingender Gründe des öffentlichen Interesses oder des Verhältnismäßigkeitsgrundsatzes, vgl. Rn. 27 ff.

Ein rechtlicher Bestandsschutz europarechtswidrig geschlossener Verträge nach dem Rechtsgrundsatz **„pacta sunt servanda"** besteht nicht.[9] Der öffentliche Auftraggeber kann sich auch nicht auf Vertrauensschutz berufen.[10] 10

Die unionsrechtliche Pflicht zur Beendigung von unter Verletzung wesentlicher Vorschriften des europäischen Vergaberechts zustande gekommenen öffentlichen Aufträgen trifft **alle staatlichen Ebenen**, mithin sowohl den Bund als auch Länder und Kommunen.[11] Sofern der öffentliche Auftrag von einer Kommune vergeben wurde, kann die Kommunalaufsicht im Rahmen des jeweils anwendbaren Landesrechts einschreiten, um einen rechtmäßigen Zustand herzustellen. 11

Die Pflicht zur Kündigung eines unter Verletzung des Unionsrechts zustande gekommenen Vertrags kann auch **viele Jahre nach Vertragsschluss** bestehen. Grund hierfür ist, dass nach der Rechtsprechung des EuGH eine Verletzung der Bestimmungen der EU-Vergaberichtlinien und der dadurch geschützten Grundfreiheiten während der gesamten Vertragsdauer fortdauert.[12] § 133 Abs. 1 GWB gewährt dem öffentlichen Auftraggeber folglich ein unbefristetes Recht zur Kündigung. Damit schafft der Gesetzgeber bewusst eine vergaberechtliche Regelung für den Zeitraum nach Abschluss des eigentlichen Vergabeverfahrens. 12

Aus dem Grundsatz des effet utile folgt auch, dass die in § 133 Abs. 1 GWB genannten Fallgruppen **nicht als abschließend** zu verstehen sind.[13] Dies wird bereits in der Überschrift der Norm angelegt, wonach die Regelung die Kündigung von öffentlichen Aufträgen „in besonderen Fällen" betrifft. Ausweislich der Begründung zu § 133 GWB soll die Vorschrift die bereits bislang nach den allgemeinen Vorschriften bestehenden Möglichkeiten zur Beendigung von öffentlichen Aufträgen lediglich erweitern.[14] 13

Auch in **anderen als den in § 133 Abs. 1 GWB genannten Konstellationen** kann daher im Einzelfall eine Pflicht zur Beendigung eines öffentlichen Auftrags in Betracht kommen, soweit ein schwerwiegender Verstoß gegen die vergaberechtlichen Vorgaben vorliegt.[15] Die Wertungen, auf denen die Pflicht zur Vertragsbeendigung beruht, sind auch auf andere als die in § 133 Abs. 1 GWB geregelten Fälle übertragbar.[16] Die Gesetzesbegründung nennt als Beispiel den Fall, in dem eine Kündigung notwendig ist, um ein ansonsten drohendes Vertragsverletzungsverfahren der Europäischen Kommission zu verhindern.[17] 14

Der Verstoß gegen das Unionsrecht führt regelmäßig nicht zur **Nichtigkeit** der vergaberechtswidrig abgeschlossenen Verträge.[18] Eine Nichtigkeit des vergaberechtswidrig zustande gekommenen Vertrages nach § 138 BGB kann aber im Fall einer bewussten Umgehung des Vergaberechts vorliegen.[19] 15

Das nationale Recht ist allerdings soweit wie möglich **unionsrechtskonform** dahin gehend auszulegen, dass die europarechtlich bestehende Pflicht zur Beendigung des Vertrages umgesetzt werden kann. Denn nach der Rechtsprechung des EuGH kann sich ein Mitgliedstaat nicht auf Bestimmungen, Übungen oder Umstände seiner internen Rechtsordnung berufen, um die Nichteinhaltung der aus dem Unionsrecht folgenden Verpflichtungen zu rechtferti- 16

---

9 EuGH, Urteil v. 18.7.2007 – Rs. C-503/04 (Abfallentsorgung Braunschweig II), Rn. 31 ff.; *Portz*, KommJur 2007, 335; *Prieß/Gabriel*, NZBau 2006, 219 (219 f.).
10 OLG Schleswig, Beschluss v. 4.11.2014 – 1 Verg 1/14.
11 LG München, Urteil v. 20.12.2005 – 33 O 16465/05, in Bezug auf Kommunen, unter Verweis auf den in der bayerischen Landesverfassung geregelten Grundsatz der Recht- und Gesetzmäßigkeit gemeindlichen Handelns.
12 EuGH, Urteil v. 18.7.2007 – Rs. C-503/04 (Abfallentsorgung Braunschweig II), Rn. 29; *Bitterich*, NJW 2006, 1845.
13 Gesetzesbegründung, BT-Drs. 18/6281, 120; Art. 73 RL 2014/24/EU enthält die Formulierung, wonach die Möglichkeit zur Kündigung „zumindest" in den dort genannten Fällen bestehen muss.
14 Gesetzesbegründung, BT-Drs. 18/6281, 120.
15 *Bitterich*, NJW 2006, 1845 (1849 f.).
16 *Prieß/Gabriel*, NZBau 2006, 219 (221 f.), zur bisherigen Rechtslage; zurückhaltend LG München, Urteil v. 20.12.2005 – 33 O 16465/05.
17 Gesetzesbegründung, BT-Drs. 18/6281, 120.
18 OLG Schleswig, Beschluss v. 4.11.2014 – 1 Verg 1/14; *Portz*, KommJur 2007, 335.
19 OLG Schleswig, Beschluss v. 4.11.2015 – 1 Verg 1/14; Gesetzesbegründung, BT-Drs. 18/6281, 120; *Bitterich*, NJW 2006, 1845 (1847); *Portz*, KommJur 2007, 335 (336).

gen.[20] Bei den **nicht von § 133 GWB erfassten Fällen** kommt dabei – soweit es sich um Dauerschuldverhältnisse handelt – insbesondere eine Kündigung des Vertrages aus wichtigem Grund nach § 314 BGB oder aufgrund einer Störung der Geschäftsgrundlage nach § 313 BGB in Betracht.[21] Unabhängig hiervon kann die Vereinbarung eines vertraglichen Kündigungsrechts für den Fall sinnvoll sein, dass die Vergabe eines öffentlichen Auftrags aufgrund einer späteren Rechtsprechung als unionsrechtswidrig erkannt wird.[22]

17 Die aus dem Unionsrecht fließende Pflicht des öffentlichen Auftraggebers zur Kündigung wird auch in anderen als den in § 133 Abs. 1 GWB genannten Fällen nicht durch die Bestimmungen der **Rechtsmittelrichtlinie 89/665/EWG** eingeschränkt, welche nach wirksamem Vertragsschluss lediglich Schadensersatzansprüche vorsieht.[23] Die Rechtsmittelrichtlinie betrifft die Möglichkeiten einer wirksamen und raschen Nachprüfung durch Private, nicht hingegen das Verhältnis zwischen Union und Mitgliedstaat.

18 Noch nicht abschließend geklärt ist die Frage, ob der öffentliche Auftraggeber stets von der Möglichkeit der **außerordentlichen Kündigung** Gebrauch machen muss oder die nächstmögliche **ordentliche Kündigung** oder der Abschluss eines **Aufhebungsvertrages** und eine anschließende Neuausschreibung ausreichen.[24] Nach dem Sinn und Zweck der unionsrechtlichen Vorgaben ist allein entscheidend, dass der Vertrag zeitnah beendet werden kann, nachdem der Verstoß gegen das Unionsrecht festgestellt wurde. Wie der Vertrag zu beenden ist, gibt das europäische Recht nicht vor.[25] Daher kann unter dem Gesichtspunkt des unionsrechtlichen Grundsatzes der Verhältnismäßigkeit auch ein Aufhebungsvertrag oder die Ausübung eines ordentlichen Kündigungsrechts mit anschließender Neuausschreibung in Betracht kommen.[26]

C. Kündigungsgründe (Abs. 1)

19 Vor Inkrafttreten des VergRModG 2016 war **umstritten**, auf welcher nationalen Rechtsgrundlage die Beendigung eines unter Verstoß gegen das europäische Vergaberecht zustande gekommenen Vertrags erfolgen kann.[27] In einem Urteil aus dem Jahr 2005 stützte das Landgericht München ein außerordentliches Kündigungsrecht auf eine vertraglich vereinbarte Loyalitätsklausel in Verbindung mit § 313 BGB.[28]

20 Mit § 133 GWB wird nun im nationalen Recht erstmals eine **Kündigungsmöglichkeit** für die Fälle **kodifiziert**, in denen eine Kündigung des öffentlichen Auftrags europarechtlich regelmäßig geboten ist und ein Festhalten am Vertrag das öffentliche Interesse an der Gesetzmäßigkeit der Verwaltung regelmäßig beeinträchtigt.[29]

21 Die konkreten Kündigungsgründe wurden eins zu eins aus Art. 73 RL 2014/24/EU übernommen. § 133 Abs. 1 GWB statuiert ein außerordentliches, fristloses Kündigungsrecht des öffentlichen Auftraggebers für **drei Fallgruppen**:

- die unzulässige Auftragsänderung,
- das Vorliegen zwingender Ausschlussgründe zum Zeitpunkt der Zuschlagserteilung und
- die vom EuGH festgestellte schwere Verletzung des Unionsrechts durch die Auftragsvergabe.

22 Nach dem ausdrücklichen Wortlaut der Norm bezieht sich das Kündigungsrecht allein auf noch **laufende Verträge**. Ist die geschuldete Leistung vollständig bewirkt und das Schuldver-

20 EuGH, Urteil v. 18.7.2007 – Rs. C-503/04 (Abfallentsorgung Braunschweig II), Rn. 38 m.w.N.
21 *Bitterich*, NJW 2006, 1845 (1849); a.A.: *Püstow/Meiners*, EuZW 2016, 325 (329).
22 *Portz*, KommJur 2007, 335 (338).
23 EuGH, Urteil v. 18.7.2007 – Rs. C-503/04 (Abfallentsorgung Braunschweig II), Rn. 33 ff.
24 OLG Schleswig, Beschluss v. 4.11.2014 – 1 Verg 1/14 m.w.N.
25 EuGH, Urteil v. 18.7.2007 – Rs. C-503/04 (Abfallentsorgung Braunschweig II).
26 *Bitterich*, NJW 2006, 1845 (1849); *Portz*, KommJur 2007, 335 (338).
27 Zu den diskutierten Ansätzen *Bitterich*, NJW 2006, 1845 (1846)
28 LG München, Urteil v. 20.12.2005 – 33 O 16465/05.
29 Gesetzesbegründung, BT-Drs. 18/6281, 120.

hältnis erloschen, ist für eine Kündigung kein Raum mehr. Die Regelung gilt auch für Verträge, die vor dem Inkrafttreten des VergRModG 2016 am 18.4.2016 abgeschlossen wurden.

Das Kündigungsrecht besteht unabhängig von der Regelung zur Unwirksamkeit nach **§ 135 GWB**. Insbesondere besteht keine Frist, binnen derer der öffentliche Auftraggeber von dem Kündigungsrecht Gebrauch machen muss.[30] 23

I. Unzulässige Auftragsänderung (Nr. 1)

§ 133 Abs. 1 Nr. 1 GWB räumt dem öffentlichen Auftraggeber eine Kündigungsmöglichkeit ein, wenn eine **wesentliche Auftragsänderung** vorgenommen wurde, ohne ein erforderliches neues Vergabeverfahren durchzuführen. Die Voraussetzungen einer zulässigen Auftragsänderung ergeben sich aus § 132 GWB. 24

Bei der Frage, ob im Falle einer Auftragsänderung der **gesamte öffentliche Auftrag** beendet oder **nur die Änderung** selbst durch Kündigung rückgängig gemacht werden muss, ist wie folgt zu differenzieren: Handelt es sich um eine von dem ursprünglichen Auftrag abgrenzbare Leistung – wie zum Beispiel im Fall von zusätzlichen Liefer-, Bau- und Dienstleistungen –, ist die Kündigung und Neuausschreibung nur der zusätzlich beauftragten Leistung sachgerecht.[31] Anders verhält es sich, wenn etwa die unzulässige Auftragsänderung die inhaltliche Ausgestaltung der gegenseitigen Rechte und Pflichten der Parteien insgesamt betrifft oder der Vertrag nur noch aufgrund einer unzulässigen Verlängerung der Laufzeit fortbesteht. In diesen Fällen steht und fällt der Vertrag mit der Änderung und kann nur insgesamt beendet werden. Diese Differenzierung ergibt sich zwar nicht explizit aus dem Wortlaut der Bestimmung. In § 132 Abs. 1 S. 1 GWB ist jedoch geregelt, dass eine wesentliche Änderung des öffentlichen Auftrags lediglich ein neues Vergabeverfahren erfordert. Vor diesem Hintergrund ist auch § 133 Abs. 1 Nr. 1 GWB nicht als Sanktionierung des öffentlichen Auftraggebers zu verstehen, sondern dient der Einhaltung unionsrechtlicher Vorgaben und soll den Wettbewerb um den Zugang zu öffentlichen Aufträgen ermöglichen. Daher ist ein Beschränkung des Kündigungsrechts auf die Vertragsänderung dann ausreichend, wenn der alte Vertrag auch ohne die Änderung weiterbestehen kann.[32] 25

Die Kündigung nach § 133 Abs. 1 Nr. 1 GWB ist auch dann nicht nach dem Grundsatz von Treu und Glauben ausgeschlossen, wenn die **Initiative zur Auftragsänderung vom öffentlichen Auftraggeber** ausging. Ziel der Vorschrift ist die Einhaltung der aus dem Unionsrecht erwachsenden Verpflichtungen im Bereich der öffentlichen Auftragsvergabe. Daher ist für eine Einschränkung des Kündigungsrechts aufgrund des vorhergehenden Verhaltens des öffentlichen Auftraggebers kein Raum. Ein mögliches Verschulden des öffentlichen Auftraggebers ist im Rahmen etwaiger Schadensersatzansprüche zu berücksichtigen. 26

II. Zwingender Ausschlussgrund (Nr. 2)

Nach § 132 Abs. 1 Nr. 2 GWB kann der öffentliche Auftraggeber kündigen, wenn zum Zeitpunkt der Zuschlagserteilung ein zwingender Ausschlussgrund nach § 123 Abs. 1 bis 4 GWB vorlag. 27

Das Kündigungsrecht betrifft insbesondere den Fall, in dem der öffentliche Auftraggeber erst **nach Zuschlagserteilung** davon Kenntnis erlangt, dass ein zwingender Ausschlussgrund vorlag. Nach dem klaren Wortlaut der Vorschrift kann der öffentliche Auftraggeber jedoch auch dann kündigen, wenn er **zum Zeitpunkt der Zuschlagserteilung** Kenntnis vom Vorliegen des Ausschlussgrundes hatte.[33] 28

30 Gesetzesbegründung, BT-Drs. 18/6281, 120.
31 So auch *Püstow/Meiners*, EuZW 2016, 325 (329).
32 *Püstow/Meiners*, EuZW 2016, 325 (329).
33 Gesetzesbegründung, BT-Drs. 18/6281, 121.

29 Ausweislich der Gesetzesbegründung bleibt das Recht zur **Anfechtung** des zivilrechtlichen Vertrags nach den Vorschriften des BGB durch den öffentlichen Auftraggeber unberührt.[34]

30 Noch nicht geklärt ist die Frage, ob der öffentliche Auftraggeber von einer Kündigung absehen kann, wenn die Voraussetzungen des **§ 123 Abs. 5 GWB** vorliegen. Nach dieser Vorschrift kann der öffentliche Auftraggeber ausnahmsweise von einem an sich zwingend vorgesehenen Ausschluss eines Unternehmens absehen, wenn dies aus zwingenden Gründen des öffentlichen Interesses geboten ist oder ein Ausschluss offensichtlich unverhältnismäßig wäre. Diese aus dem Verhältnismäßigkeitsgrundsatz[35] fließende Wertung betrifft sowohl die Situation vor als auch nach der Zuschlagsentscheidung. Liegen die Voraussetzungen des § 123 Abs. 5 GWB vor, ist der öffentliche Auftraggeber daher nicht zur Kündigung des öffentlichen Auftrags verpflichtet.

III. Schwere Verletzung des Unionsrechts (Nr. 3)

31 § 133 Abs. 1 Nr. 3 GWB betrifft den Fall, in dem der Europäische Gerichtshof in einem Vertragsverletzungsverfahren eine Verletzung des Unionsrechts festgestellt hat. Unerheblich ist, ob Primär- oder Sekundärrecht verletzt wurde. Nach dem Wortlaut der Vorschrift muss es sich um eine **„schwere Verletzung"** handeln. Eine Definition des Begriffes „schwere Verletzung" besteht nicht. Einem Vertragsverletzungsverfahren nach Art. 258 AEUV dürfte jedoch stets eine schwere Verletzung der Verpflichtungen aus den Verträgen zugrunde liegen. Eine schwere Verletzung ist insbesondere bei Verträgen gegeben, die ohne ein erforderliches Vergabeverfahren direkt vergeben wurden.[36] Weiter ist erforderlich, dass der öffentliche Auftrag aufgrund der Verletzung nicht an den Auftragnehmer hätte vergeben werden dürfen.

32 Problematisch ist, dass das Kündigungsrecht des öffentlichen Auftraggebers nach § 133 Abs. 1 Nr. 3 GWB auch bei schwerwiegenden Verstößen gegen das Unionsrecht erst dann besteht, wenn der Europäische Gerichtshof die **Vertragsverletzung** durch Urteil **festgestellt** hat. Hierdurch wird der Anwendungsbereich des Kündigungsrechts auf sehr wenige Fälle eingeengt. Der öffentliche Auftraggeber sollte daher prüfen, ob vor diesem Hintergrund ein Kündigungsrecht für den Fall vereinbart werden kann, dass infolge einer späteren Rechtsprechung die Vergabe als unionsrechtswidrig erkannt wird.[37] Auf diese Weise können ein Vertragsverletzungsverfahren bzw. Streitigkeiten über die zutreffende rechtliche Grundlage einer notwendigen Kündigung im nationalen Recht vermieden werden.

D. Anspruch auf Kündigung

33 Die Regelung des § 133 Abs. 1 GWB ist ein Mittel, mit dem der öffentliche Auftraggeber die Einhaltung der ihm aus den unionsrechtlichen Vorgaben erwachsenden Verpflichtungen sicherstellen kann.[38] Dieser Bezug kommt insbesondere in § 133 Abs. 1 Nr. 3 GWB zum Ausdruck, der ein Kündigungsrecht für den Fall vorsieht, dass der EuGH eine Vertragsverletzung festgestellt hat. Die Regelung berührt in erster Linie das Verhältnis zwischen der Europäischen Union und der Bundesrepublik Deutschland als Mitgliedstaat. Es handelt sich daher nicht um eine **bieterschützende Vorschrift** im Sinne von § 97 Abs. 6 GWB. Dem unterlegenen Bieter steht deshalb kein Anspruch gegen den öffentlichen Auftraggeber auf Kündigung eines möglicherweise vergaberechtswidrig zustande gekommenen Vertrags zu.[39]

34 Gesetzesbegründung, BT-Drs. 18/6281, 121.
35 Der Verhältnismäßigkeitsgrundsatz ist neben der spezialgesetzlichen Verankerung in § 97 Abs. 1 S. 2 GWB ein anerkannter allgemeiner Rechtsgrundsatz des Unionsrechts.
36 *Püstow/Meiners*, EuZW 2016, 325 (329).
37 *Portz*, KommJur 2007, 335 (339).
38 Erwägungsgrund 112 RL 2014/24/EU.
39 OLG Schleswig, Beschluss v. 4.11.2014 – 1 Verg 1/14; OLG Düsseldorf, Beschluss v. 30.4.2009 – VII-Verg 50/08.

E. Rechtsfolgen

Die Rechtsfolgen der Kündigung werden durch die EU-Vergaberichtlinien nicht festgelegt. Dennoch hat sich der nationale Gesetzgeber im Interesse der Rechtssicherheit dafür entschieden, eine entsprechende Regelung im GWB zu verankern. 34

I. Vergütungsanspruch (Abs. 2)

Mit § 133 Abs. 2 GWB werden die Rechtsfolgen der Kündigung im Hinblick auf den Vergütungsanspruch des Auftragnehmers geregelt. Dabei wird zwischen den Kündigungsgründen nach § 133 Abs. 1 Nr. 1 und Nr. 3 GWB einerseits und § 133 Abs. 1 Nr. 2 GWB andererseits unterschieden. Die Differenzierung trägt der jeweils unterschiedlichen Schutzwürdigkeit des Auftragnehmers Rechnung. 35

Wortlaut und Wertung des § 133 Abs. 2 GWB sind bewusst an **§ 628 Abs. 1 S. 1 BGB** angelehnt[40] und nicht an § 649 BGB, was europarechtlich zulässig gewesen wäre. 36

Der Gesetzgeber hat sich damit für eine Lösung entschieden, mit der ein **Ausgleich** zwischen dem **Interesse des Auftragnehmers** an der Vergütung und dem **öffentlichen Interesse** an der effektiven Beendigung des Vertrages erreicht werden soll. Nach der Gesetzesbegründung trägt der öffentliche Auftraggeber das Risiko, dass vergaberechtliche Gesichtspunkte einer weiteren Durchführung des Vertrags entgegenstehen, nicht alleine.[41] Diese Auffassung hatte bereits das LG München im Jahr 2005 vertreten.[42] Das Gericht weist zur Begründung darauf hin, dass der Auftragnehmer im Fall einer De-facto-Vergabe von dem Verstoß gegen Vergaberecht profitiert, da er den Auftrag ohne Vergabeverfahren erhält und mangels Wettbewerb höhere Angebotspreise durchsetzen kann.[43] 37

Dem Auftragnehmer steht nach § 133 Abs. 2 S. 1 GWB **grundsätzlich** der Teil der Vergütung zu, der seinen bisherigen Leistungen entspricht. Liegt der Kündigung ein **Fall des § 132 Abs. 1 Nr. 2 GWB** zugrunde, wird der Vergütungsanspruch auf die Leistungen des Auftragnehmers beschränkt, an denen der öffentliche Auftraggeber trotz der Kündigung noch ein Interesse bzw. einen Vorteil hat.[44] 38

II. Schadensersatzanspruch (Abs. 3)

§ 133 Abs. 3 BGB stellt klar, dass etwaige Schadensersatzansprüche des Auftragnehmers oder öffentlichen Auftraggebers **unberührt** bleiben. Die Schadensersatzansprüche richten sich nach den allgemeinen Vorschriften des BGB. Nach der Gesetzesbegründung können im Rahmen des Schadensersatzanspruchs die Verantwortlichkeiten und das Mitverschulden im Einzelfall sachgerecht gewertet werden.[45] 39

F. Rechtsschutz

§ 133 GWB enthält keine ausdrückliche Regelung zum einzuhaltenden Rechtsweg. Es gelten daher die **allgemeinen Vorschriften**. Danach sind für Streitigkeiten im Rahmen von § 133 GWB grundsätzlich die ordentlichen Gerichte zuständig. Wird eine Kommune durch die Kommunalaufsicht zur Kündigung eines möglicherweise unionsrechtswidrig geschlossenen Vertrags angewiesen, ist gegen die Weisung der Verwaltungsrechtsweg eröffnet. 40

Die **Zuständigkeit der Vergabekammern** gemäß § 156 GWB betrifft das Vergabeverfahren bis zur Zuschlagsentscheidung. Die Statthaftigkeit einer Klage vor den Vergabekammern en- 41

40 Gesetzesbegründung, BT-Drs. 18/6281, 121.
41 Gesetzesbegründung, BT-Drs. 18/6281, 121.
42 LG München, Urteil v. 20.12.2005 – 33 O 16465/05.
43 LG München, Urteil v. 20.12.2005 – 33 O 16465/05.
44 Gesetzesbegründung, BT-Drs. 18/6281, 121.
45 Gesetzesbegründung, BT-Drs. 18/6281, 121.

det, sobald das Vergabeverfahren durch wirksame Erteilung des Auftrags abgeschlossen ist.[46] Die Kündigung nach § 133 GWB ist keine Entscheidung im Rahmen eines Vergabeverfahrens.

42 Die **Nichtausübung des Kündigungsrechts** durch den öffentlichen Auftraggeber steht auch nicht einer Neuvergabe des öffentlichen Auftrags gleich, welche den Vergaberechtsweg eröffnen könnte.[47]

43 Weder nach europäischem noch nach nationalem Recht ist nach wirksamer Zuschlagserteilung ein **primärer Vergaberechtsschutz** geboten.[48] Auch die Bezugnahme des § 133 Abs. 1 GWB auf § 135 GWB spricht dafür, dass der Vergaberechtsschutz durch die Vorschrift des § 133 GWB nicht erweitert werden soll. Vielmehr sollen die gesetzlich geregelten Ausschlussfristen für den subjektiven Bieterschutz weiterhin gelten. Eine Kündigung eines möglicherweise vergaberechtswidrig geschlossenen Vertrags kann daher im Nachprüfungsverfahren nicht verlangt werden.[49]

44 Dem Auftragnehmer, der von der Kündigung betroffen ist, steht im Hinblick auf seine Ansprüche auf **Vergütung und Schadensersatz** der Weg zu den Zivilgerichten offen.

Anlage

Gesetzesbegründung (BT-Drs. 18/6281)

Seite 120

Zu Absatz 1

Absatz 1 dient der Umsetzung von Artikel 73 der Richtlinie 2014/24/EU. Die Vorschrift legt erstmals Bedingungen fest, unter denen öffentliche Auftraggeber vergaberechtlich die Möglichkeit haben, einen öffentlichen Auftrag während der Vertragslaufzeit zu kündigen. Den öffentlichen Auftraggebern muss über den Grundsatz der clausula rebus sic stantibus (Vorbehalt, dass ein Schuldversprechen oder ein Geschäft seine bindende Wirkung bei Veränderung der Verhältnisse verliert) hinaus ein Lösungsrecht zumindest für die hier genannten besonderen Fälle vorbehalten bleiben, in denen ein Festhalten am Vertrag das öffentlichen Interesse an der Gesetzmäßigkeit der Verwaltung beeinträchtigen würde. Insbesondere aus dem Unionsrecht kann sich die Pflicht ergeben, im Interesse einer effektiven Umsetzung (effet utile) der aus dem Unionsrecht erwachsenen Verpflichtungen eine Kündigung von vertraglichen Vereinbarungen vorzunehmen.

Die Kündigung ist nur möglich, wenn sich aus dem Vertrag fortdauernde Pflichten ergeben. Haben sich dagegen die vertraglichen Beziehungen in einem einmaligen Austausch von Leistung und Gegenleistung erschöpft, so ist der Vertrag erfüllt (§ 362 BGB) und mithin für eine Kündigung kein Raum mehr.

Die in Absatz 1 aufgezählten Kündigungsgründe sind nicht abschließend und erweitern die bereits bislang bestehenden Möglichkeiten zur Beendigung von öffentlichen Aufträgen. Nicht berührt wird durch die Vorschrift das Recht der Beteiligten zur Geltendmachung eines vereinbarten oder in Anwendung der Vorschriften des Bürgerlichen Gesetzbuchs anzuerkennenden gesetzlichen Kündigungsrechts einschließlich des Rechts gemäß § 314 BGB zur Kündigung von Dauerschuldverhältnissen aus wichtigem Grund. So kann es zum Beispiel erforderlich sein, einen laufenden Vertrag zu kündigen, um schwere Nachteile für das Gemeinwohl zu verhüten oder zu beseitigen, insbesondere um ein ansonsten drohendes Vertragsverletzungsverfahren der Europäischen Kommission zu verhindern.

Durch die Vorschrift unberührt bleibt ferner die durch die Rechtsprechung anerkannte Möglichkeit, dass – wenn der öffentliche Auftraggeber in bewusster Missachtung des Vergaberechts handelt oder

---

46 BGH, Urteil v. 19.12.2000 – X ZB 14/00, Rn. 24; KG, Beschluss v. 19.4.2012 – Verg 7/11.
47 KG, Beschluss v. 19.4.2012 – 1 Verg 7/11; OLG Celle, Beschluss v. 4.5.2001 – 13 Verg 5/00.
48 EuGH, Urteil v. 13.4.2010 – Rs. C-91/08 (Wall), Rn. 65; KG Beschluss, v. 19.4.2012 – 1 Verg 7/11.
49 OLG Schleswig, Beschluss v. 4.11.2015 – 1 Verg 1/14; OLG Brandenburg, Beschluss v. 6.3.2012 – Verg W 15/11; OLG Düsseldorf, Beschluss v. 23.2.2011 – VII-Verg 17/11; Beschluss v. 30.4.2009 – VII-Verg 50/08; Beschluss v. 18.6.2008 – VII-Verg 23/08.

er sich einer solchen Kenntnis mutwillig verschließt und er kollusiv mit dem Auftragnehmer zusammenwirkt – der zwischen Auftraggeber und Auftragnehmer geschlossene Vertrag mit der Folge nichtig sein kann, dass Vergütungs-, Rückforderungs- und Gewährleistungsansprüche wechselseitig ausgeschlossen sind.

Anders als die Regelung zur Unwirksamkeit in § 135, die nach § 135 Absatz 2 Satz 1 nur innerhalb von sechs Monaten nach Vertragsschluss festgestellt werden kann, bietet § 133 eine Kündigungsmöglichkeit auch über die ersten sechs Monate hinaus. Sofern einer der in Nummer 1 bis 3 genannten Kündigungsgründe vorliegt, können

Seite 121

öffentliche Auftraggeber damit öffentliche Aufträge während deren Laufzeit kündigen, ohne an eine Frist gebunden zu sein.

Zu Nummer 1

Nummer 1 dient der Umsetzung von Artikel 73 Buchstabe a der Richtlinie 2014/24/EU und räumt öffentlichen Auftraggebern eine Kündigungsmöglichkeit ein, wenn eine wesentliche Auftragsänderung im Sinne des § 132 vorgenommen wurde, ohne ein erforderliches neues Vergabeverfahren durchzuführen.

Zu Nummer 2

Nach Nummer 2 liegt ein Kündigungsgrund vor, wenn zum Zeitpunkt der Zuschlagserteilung ein zwingender Ausschlussgrund nach § 123 Absatz 1 bis 4 vorlag. Nummer 2 setzt Artikel 73 Buchstabe b der Richtlinie 2014/24/EU um. Für das Vorliegen einer Kündigungsmöglichkeit nach Nummer 2 ist es allerdings nicht erforderlich, dass der öffentliche Auftraggeber zum Zeitpunkt der Zuschlagserteilung Kenntnis vom Vorliegen des zwingenden Ausschlussgrundes erlangt hat. Vielmehr ist die Kündigungsmöglichkeit auch dann gegeben, wenn ein zwingender Ausschlussgrund nach § 123 Absatz 1 bis 4 zum Zeitpunkt der Zuschlagserteilung vorlag, der öffentliche Auftraggeber davon jedoch erst zu einem späteren Zeitpunkt Kenntnis erlangt hat. Dadurch stärkt die Vorschrift die Stellung der zwingenden Ausschlussgründe, indem sie bei Vorliegen eines der in § 123 Absatz 1 bis 4 genannten Fälle auch im Nachhinein noch eine Vertragsbeendigung ermöglicht. Das Recht zur Anfechtung des zivilrechtlichen Vertrags durch den öffentlichen Auftraggeber bleibt unberührt.

Zu Nummer 3

Nummer 3 dient der Umsetzung von Artikel 73 Buchstabe c der Richtlinie 2014/24/EU und betrifft den Fall, dass der Auftrag aufgrund eines schweren Verstoßes gegen die Verpflichtungen, welche sich aus dem Vertrag über die Arbeitsweise der Europäischen Union oder den Richtlinien 2014/23/EU, 2014/24/EU und 2014/25/EU, welche durch die Vorschriften dieses Teils umgesetzt werden, ergeben, nicht an den Auftragnehmer hätte vergeben werden dürfen und der Europäische Gerichtshof diesen Verstoß in einem Verfahren nach Artikel 258 des Vertrags über die Arbeitsweise der Europäischen Union festgestellt hat.

Bereits nach bisheriger Rechtslage ist der öffentliche Auftraggeber nach der Rechtsprechung des EuGH verpflichtet, einen unionsrechtswidrig zu Stande gekommenen, noch laufenden Vertrags zu beenden (EuGH, Urteil vom 18. Juli 2007 – C-503/04). Soweit dies erforderlich ist, kann der öffentliche Auftraggeber daher einen laufenden Vertrag kündigen, um ein ansonsten drohendes Vertragsverletzungsverfahren der Europäischen Kommission zu verhindern. Die Vorschrift des § 133 Absatz 1 Nummer 3 normiert dieses Kündigungsrecht für den Fall im GWB, dass der EuGH eine entsprechende Vertragsverletzung festgestellt hat.

Zu Absatz 2

Absatz 2 Satz 1 regelt die Rechtsfolgen einer Kündigung durch den öffentlichen Auftraggeber nach Absatz 1. Danach ist der Auftragnehmer grundsätzlich berechtigt, einen seinen bisherigen Leistungen entsprechenden Teil der Vergütung zu verlangen. Dies entspricht der Wertung des § 628 Absatz 1 Satz 1 BGB. Die Regelung ermöglicht einen angemessenen Interessenausgleich zwischen öffentlichem Auftraggeber und Auftragnehmer. Zwar ist der öffentliche Auftraggeber unmittelbar durch die Vorschriften des Vergaberechts verpflichtet. Er trägt aber das Risiko dafür, dass vergaberechtliche Gesichtspunkte einer weiteren Durchführung des Vertrags entgegenstehen, bei wirtschaftlicher Betrachtung nicht allein. Mit Satz 2 wird der Vergütungsanspruch für den in Absatz 1 Nummer 2 genannten Fall beschränkt, soweit die Leistungen des Auftragnehmers infolge der Kündigung ohne Wert oder Vorteil für den öffentlichen Auftraggeber sind. Vor dem Hintergrund, dass ein zwingender Ausschlussgrund nach § 123 Absatz 1 bis 4 in der Regel die Verurteilung wegen einer schweren Straftat voraussetzt, ist es sachgerecht, den Vergütungsanspruch zu beschränken.

Zu Absatz 3

Mit Absatz 3 wird klargestellt, dass durch die Kündigung etwaige Schadensersatzansprüche unberührt bleiben. Im Rahmen des Schadensersatzrechts können die Verantwortlichkeiten und das (Mit-) Verschulden im Einzelfall gerecht gewertet werden.

§ 134
Informations- und Wartepflicht

(1) Öffentliche Auftraggeber haben die Bieter, deren Angebote nicht berücksichtigt werden sollen, über den Namen des Unternehmens, dessen Angebot angenommen werden soll, über die Gründe der vorgesehenen Nichtberücksichtigung ihres Angebots und über den frühesten Zeitpunkt des Vertragsschlusses unverzüglich in Textform zu informieren. Dies gilt auch für Bewerber, denen keine Information über die Ablehnung ihrer Bewerbung zur Verfügung gestellt wurde, bevor die Mitteilung über die Zuschlagsentscheidung an die betroffenen Bieter ergangen ist.

(2) Ein Vertrag darf erst 15 Kalendertage nach Absendung der Information nach Absatz 1 geschlossen werden. Wird die Information auf elektronischem Weg oder per Fax versendet, verkürzt sich die Frist auf zehn Kalendertage. Die Frist beginnt am Tag nach der Absendung der Information durch den Auftraggeber; auf den Tag des Zugangs beim betroffenen Bieter und Bewerber kommt es nicht an.

(3) Die Informationspflicht entfällt in Fällen, in denen das Verhandlungsverfahren ohne Teilnahmewettbewerb wegen besonderer Dringlichkeit gerechtfertigt ist. Im Fall verteidigungs- oder sicherheitsspezifischer Aufträge können öffentliche Auftraggeber beschließen, bestimmte Informationen über die Zuschlagserteilung oder den Abschluss einer Rahmenvereinbarung nicht mitzuteilen, soweit die Offenlegung den Gesetzesvollzug behindert, dem öffentlichen Interesse, insbesondere Verteidigungs- oder Sicherheitsinteressen, zuwiderläuft, berechtigte geschäftliche Interessen von Unternehmen schädigt oder den lauteren Wettbewerb zwischen ihnen beeinträchtigen könnte.

Übersicht Rn.

A. Allgemeines 1
I. Vergleich zur alten Rechtslage 3
II. Europarechtlicher Hintergrund 6
B. Informationspflicht (Abs. 1) 14
I. Sachlicher Geltungsbereich 17
1. Schwellenwert 17
2. Öffentlicher Auftraggeber 19
3. Verfahrensart 21
4. Wettbewerbe, Rahmenvereinbarungen und besondere Methoden und Instrumente 27
5. De-facto-Vergabe 29
6. Aufhebung des Vergabeverfahrens 31
7. Interimsvergabe 32
8. Pflicht zur erneuten Vorinformation bei erneuter Angebotswertung 33
9. Auftragsänderungen 37
II. Adressat der Information 40
1. Bieter 42
2. Bewerber 51
III. Inhalt der Information 58
1. Name des voraussichtlich erfolgreichen Bieters 63
2. Gründe für die vorgesehene Nichtberücksichtigung des Angebots 66
3. Frühester Zeitpunkt des Vertragsschlusses 74
4. Fakultativer Inhalt 77
IV. Form und Frist 79
V. Wartepflicht (Abs. 2) 85
1. Fristbeginn (S. 3) 90
2. Fristende 96
3. Rechtsfolgen des Fristablaufs 98
C. Ausnahmen von der Informationspflicht (Abs. 3) 100
I. Verhandlungsverfahren ohne Teilnahmewettbewerb wegen besonderer Dringlichkeit (S. 1) 100
II. Zurückhaltung von Informationen (S. 2) 111
D. Rechtsschutz 122
Anlage
Gesetzesbegründung (BT-Drs. 18/6281)

A. Allgemeines

1 § 134 GWB enthält die **zentrale Informationspflicht des Auftraggebers** im Vergabeverfahren. Hiernach muss der Auftraggeber die Unternehmen, deren Angebote bei der Auftragsvergabe nicht berücksichtigt werden sollen, über den Namen des erfolgreichen Bieters, über die Gründe für die Nichtberücksichtigung ihres Angebots und über den beabsichtigten frühesten Zeitpunkt des Vertragsschlusses unverzüglich in Textform informieren (§ 134 Abs. 1 S. 1 GWB). Mit Versenden dieser Vorabinformation gilt eine Sperr- bzw. „**Stillhaltefrist**" von zehn bzw. fünfzehn Kalendertagen (§ 134 Abs. 2 S. 1 und S. 2 GWB). Während dieses Zeitraumes darf der Zuschlag nicht erteilt werden. Ein vor Ablauf der Frist, nach unvollständiger oder gänzlich ohne Vorabinformation geschlossener Vertrag ist nach § 135 Abs. 1 Nr. 1 GWB von Anfang an unwirksam.

2 Die Informationspflicht gilt in **allen Vergabeverfahren** nach § 119 Abs. 1 GWB. Nach § 134 Abs. 3 S. 1 GWB entfällt sie lediglich in den Fällen, in denen das **Verhandlungsverfahren ohne Teilnahmewettbewerb** wegen besonderer Dringlichkeit gerechtfertigt ist. Zudem können bei **verteidigungs- oder sicherheitsspezifischen Aufträgen** bestimmte Informationen in den in § 134 Abs. 3 S. 2 GWB genannten Fällen zurückgehalten werden.[1]

I. Vergleich zur alten Rechtslage

3 Die früher in **§ 13 VgV** enthaltene Regelung ist bereits durch das VergRModG 2009 mit etwas abweichendem Wortlaut in **§ 101a Abs. 1 GWB a.F.** übernommen worden.[2] Neu in § 101a GWB a.F. aufgenommen wurde damals die Verpflichtung des Auftraggebers, den frühesten Zeitpunkt des Vertragsschlusses zu benennen[3] und – abhängig von dem gewählten Kommunikationsmittel unterschiedliche – Stillhaltefristen vor Zuschlagserteilung abzuwarten. Der Inhalt der Informations- und Wartepflicht nach § 13 VgV a.F. blieb dagegen im Wesentlichen gleich. Die Übernahme der Informationspflicht aus der früheren VgV in das GWB durch das VergRModG 2009 entsprach dem damals hiermit verfolgten gesetzgeberischen Ziel, für mehr Rechtsklarheit und -sicherheit im Vergaberecht zu sorgen und hierzu die Regeln des Rechtsschutzes im Gesetz selbst zu konzentrieren.[4]

4 Die Vorschrift wurde mit der Neufassung in § 134 GWB vor allem **strukturell und sprachlich überarbeitet**: Der bisherige § 101a Abs. 1 GWB wurde zum besseren Verständnis in zwei eigenständige Absätze, in § 134 Abs. 1 und Abs. 2 GWB, übernommen. Der bisherige § 101a Abs. 2 GWB wurde in § 135 Abs. 3 S. 1 GWB überführt. Darüber hinaus wurden in dem neuen § 134 Abs. 3 S. 2 GWB die Ausnahmen von der Informationspflicht bei **verteidigungs- oder sicherheitsspezifischen Aufträgen** gemäß Art. 35 Abs. 3 RL 2009/81/EG aus dem bisherigen § 36 Abs. 2 VSVgV übernommen.[5]

5 Die **Rechtsfolgen eines Verstoßes** gegen die Pflichten des § 134 GWB (§ 101a GWB a.F.) sind jetzt in § 135 Abs. 1 Nr. 1 und Abs. 2 GWB (§ 101b Abs. 1 Nr. 1 und Abs. 2 GWB a.F.) geregelt.

II. Europarechtlicher Hintergrund

6 Die mit der Aufnahme der Informationspflicht in das GWB im Jahre 2009 verbundenen inhaltlichen Änderungen gingen im Wesentlichen auf die durch die RL 2007/66/EG novellierte **Rechtsmittelrichtlinie 89/665/EWG** zurück. Die damalige Novelle der Rechtsmittelrichtlinie sollte von der EU-Kommission identifizierte Schwachstellen des vergaberechtlichen Rechtsschutzes in den Mitgliedstaaten beheben und die Wirksamkeit der Nachprüfungsverfahren

1 Zur allgemeinen Beachtung des Geheimwettbewerbs Rn. 73.
2 Vgl. Gesetzesbegründung, VergRModG 2009, BT-Drs. 16/10117, 20.
3 Rn. 74.
4 Vgl. Gesetzesbegründung, VergRModG 2009, BT-Drs. 16/10117, 13 f.
5 Vgl. Gesetzesbegründung, BT-Drs. 18/6281, 119.

stärken, die in ihrer vorherigen Ausgestaltung nach Auffassung der Kommission die Beachtung der Gemeinschaftsvorschriften nicht immer gewährleisten konnten – zumal in einem Stadium, in dem Vergaberechtsverstöße noch beseitigt werden könnten.[6] Zu den damals von der Kommission ermittelten Schwächen des Rechtsschutzes zählten insbesondere das **Fehlen einer Frist**, die eine wirksame Nachprüfung zwischen der Zuschlagsentscheidung und dem Abschluss des jeweiligen Vertrages ermöglicht. Das führe bisweilen dazu, so die Kommission, dass öffentliche Auftraggeber und Auftragnehmer sehr rasch die Vertragsunterzeichnung vornehmen (**race to the signature**), um die Folgen einer strittigen Zuschlagsentscheidung unumkehrbar zu machen. Vor diesem Hintergrund sieht die novellierte RL 89/665/EWG – wie zuvor schon § 13 VgV a.F. im deutschen Recht – seither auch auf EU-Ebene eine Mindest-Stillhaltefrist in Art. 2a vor, um einen wirksamen Rechtsschutz der betroffenen Bieter, also derjenigen Bieter, die noch nicht endgültig vom Vergabeverfahren ausgeschlossen wurden, zu ermöglichen.

Die bei der Novelle des GWB-Vergaberechts verwirklichte **Neufassung der Informationspflicht** durch das VergRModG 2009 in § 101a GWB a.F. orientierte sich an den Vorgaben in Art. 2a RL 89/665/EWG: hiernach sind „betroffene" Bewerber und Bieter Adressaten der Information.[7] Dies wird in § 134 GWB unverändert beibehalten. 7

Beginn und Dauer der Informations- und Wartepflicht in § 134 Abs. 2 GWB (§ 101a Abs. 1 GWB a.F.) entsprechen ebenfalls den gemeinschaftsrechtlichen Vorgaben in Art. 2a Abs. 2 RL 89/665/EWG: Während der öffentliche Auftraggeber nach § 13 VgV a.F. den Vertrag erst nach Ablauf einer Frist von vierzehn Kalendertagen nach Versenden der Vorabinformation schließen durfte, gilt gemäß § 134 Abs. 2 S. 1 und S. 2 GWB (§ 101a Abs. 1 S. 3 und S. 4 GWB a.F.) je nach gewähltem Übermittlungsweg für die Information eine Frist von zehn bzw. fünfzehn Kalendertagen. 8

Die Möglichkeit der **Fristverkürzung** bei der Nutzung bestimmter Kommunikationsmittel hatte der Bundesrat im Gesetzgebungsverfahren für das VergRModG 2009 durchgesetzt. Der Gesetzesentwurf der Bundesregierung sah damals zunächst eine einheitliche Frist von fünfzehn Kalendertagen für sämtliche Kommunikationsmittel vor.[8] 9

Die in der Vorabinformation nach § 134 Abs. 1 S. 1 GWB aufzunehmende **Angabe über den frühesten Zeitpunkt des Vertragsschlusses** geht auf gemeinschaftsrechtliche Vorgaben zurück. Art. 2a Abs. 2 UAbs. 4 RL 89/665/EWG bestimmt nämlich, dass der Mitteilung über die Zuschlagsentscheidung eine genaue Angabe der konkreten Stillhaltefrist beizufügen ist. 10

Seit der in § 101a GWB a.F. geltenden Fassung der Informationspflicht muss die Mitteilung an das unterlegene Unternehmen zudem **die Gründe der vorgesehenen Nichtberücksichtigung seines Angebots** nennen, während sie ursprünglich nach § 13 S. 1 VgV a.F. den Bietern (lediglich) „den Grund" der vorgesehenen Nichtberücksichtigung mitteilen musste. Die Pluralform („Gründe") geht zurück auf Art. 2a Abs. 2 UAbs. 4 Spiegelstr. 1 RL 89/665/EWG. Hiernach ist der „Mitteilung über die Zuschlagsentscheidung" eine Zusammenfassung der einschlägigen Gründe gemäß Art. 41 Abs. 2 RL 2004/18/EG beizufügen. 11

Schließlich beruht auch die Ausnahmeregelung in **§ 134 Abs. 3 S. 1 GWB** (§ 101a Abs. 2 S. 1 GWB a.F.) auf entsprechenden Vorgaben in Art. 2b Abs. 1 lit. a RL 89/665/EWG i.V.m. Art. 31 Nr. 1 lit. c RL 2004/18/EG. Hiernach dürfen Aufträge in Fällen besonderer Dringlichkeit im Verhandlungsverfahren ohne eine vorherige Vergabebekanntmachung vergeben werden und die Mitgliedstaaten können vorsehen, dass die Stillhaltefrist nach Art. 2a Abs. 2 RL 89/665/EWG in diesem Fall nicht angewendet wird. 12

Von den **weiteren in Art. 2b RL 89/665/EWG genannten Ausnahmen** von der Stillhaltefrist hat der deutsche Gesetzgeber nach wie vor keinen Gebrauch gemacht. Nach Art. 2b lit. b RL 89/665/EWG können Mitgliedstaaten Ausnahmen von der Stillhaltefrist auch dann vorsehen, wenn der einzig betroffene Bieter im Sinne des Art. 2a Abs. 2 RL 89/665/EWG der Bieter 13

6 Vgl. Erwägungsgrund 4 RL 2007/66/EG.
7 Siehe hierzu im Einzelnen Rn. 40 ff.
8 Vgl. Gesetzesbegründung, VergRModG 2009, BT-Drs. 16/10117, 21.

ist, dem der Zuschlag erteilt wird, und wenn es keine betroffenen Bewerber gibt. Diese Ausnahmebestimmung betrifft Fälle, in denen der öffentliche Auftraggeber zulässigerweise – wenn etwa aus rechtlichen oder technischen Gründen von vorneherein überhaupt kein Wettbewerb besteht[9] – nur mit einem einzigen Bieter über den Auftrag verhandelt hat, weitere Bewerber oder Bieter also nicht existieren, so dass die Informationspflicht nach § 134 Abs. 1 GWB mangels tatsächlicher Adressaten entfällt. Da in diesen Fällen die Informationspflicht nach § 134 Abs. 1 GWB aus naheliegenden Gründen nicht zur Anwendung kommen kann,[10] bedurfte es insoweit auch keiner ausdrücklichen Umsetzung der Ausnahme in nationales Recht. Darüber hinaus sieht Art. 2b lit. c RL 89/665/EWG vor, dass die Mitgliedstaaten eine Ausnahme von der Stillhaltefrist auch bei einem Auftrag vorsehen können, dem eine Rahmenvereinbarung gemäß Art. 32 RL 2004/18/EG[11] zugrunde liegt, bzw. bei einem Einzelauftrag, der auf einem dynamischen Beschaffungssystem gemäß Art. 33 RL 2004/18/EG[12] beruht. Diese Ausnahmebestimmungen sind nach wie vor nicht in das deutsche Recht übernommen worden.

B. Informationspflicht (Abs. 1)

14 Die Vorabinformation der Bieter über das (voraussichtliche) Ergebnis des Vergabeverfahrens ist unerlässlicher **Bestandteil des vergaberechtlichen Rechtsschutzsystems**. Die Informationspflicht trägt zugleich dem **Transparenzgrundsatz** (§ 97 Abs. 1 GWB) Rechnung.[13]

Die Pflicht zur Vorabinformation über das beabsichtigte Ergebnis des Vergabeverfahrens sichert den wirksamen, weil lückenlosen Rechtsschutz unterlegener Bieter. Sie ist erforderlich, da im deutschen Vergaberecht Zuschlag und Vertragsschluss zusammenfallen, nach Vertragsschluss aber kein spezifisch vergaberechtlicher Rechtsschutz mehr besteht (vgl. § 168 Abs. 2 S. 1 GWB). Ist der (vergaberechtswidrig geschlossene) Vertrag einmal unterzeichnet, können unterlegene Bieter nicht mehr in das laufende Vergabeverfahren im Wege des sog. **Primärrechtsschutzes** eingreifen, sondern müssen entsprechende Schadensersatzansprüche vor den Zivilgerichten im Rahmen des sog. **Sekundärrechtsschutzes** geltend machen, der in der Praxis jedoch häufig nur schwer durchsetzbar ist. Ein etwaiger Schadensersatz ist zudem regelmäßig auf das sog. negative Interesse[14] begrenzt, sodass ein vergaberechtswidrig unberücksichtigt gebliebener Bieter über eine Schadensersatzklage regelmäßig allein die Sach- und Personalkosten verlangen kann, die zur Vorbereitung und Abgabe des Angebots erforderlich waren.

15 Die Informationspflicht des öffentlichen Auftraggebers nach § 134 GWB verhindert vor diesem Hintergrund vor allem, dass die Bieter durch einen Vertragsschluss vor vollendete Tatsachen gestellt und so der Möglichkeit beraubt werden, die Zuschlagsentscheidungen des öffentlichen Auftraggebers überprüfen zu lassen.[15] Mit der Bieterinformation sollen die nicht berücksichtigten Unternehmen über den bevorstehenden Zuschlag/Vertragsschluss so rechtzeitig in Kenntnis gesetzt werden, dass sie innerhalb der Stillhaltefrist ggf. ein Nachprüfungsverfahren gegen die beabsichtigte Auftragsvergabe an einen Konkurrenten einleiten können, um auf diese Weise das laufende Vergabeverfahren zu stoppen und um ihre (letzte) Chance auf den Auftrag zu wahren. Dieser Ansatz geht zurück auf die **„Euro-Münzplättchen II"-Entscheidung** der Vergabekammer des Bundes[16] sowie das Urteil des EuGH in Sachen **„Alcatel Austria"**[17]. In der Münzplättchen-Entscheidung hatte die Vergabekammer des Bundes vor Geltung einer jetzt § 134 GWB vergleichbaren Benachrichtigungspflicht die Informati-

9 Z.B. in den Fällen des § 14 Abs. 4 Nr. 2 lit. a bis c VgV.
10 Vgl. Rn. 23 ff.
11 Nunmehr Art. 33 RL 2014/24/EU.
12 Nunmehr Art. 34 RL 2014/24/EU.
13 *Dreher*, in: Dreher/Motzke, Vergaberecht, § 101a GWB Rn. 2.
14 Vgl. hierzu § 181 Rn. 107 ff.
15 BGH, Urteil v. 22.2.2005 – KZR 36/03, zu § 13 VgV a.F.
16 VK Bund, Beschluss v. 29.4.1999 – VK 1-7/99 (Euro-Münzplättchen II).
17 EuGH, Urteil v. 28.10.1999 – Rs. C-81/99 (Alcatel Austria).

onspflichten aus § 27a VOL/A a.F. entsprechend ausgelegt.[18] Diese Auslegung verstieß jedoch gegen den eindeutigen Wortlaut der herangezogenen Vorschrift und konnte auch aus anderen Gründen ein gesetzgeberisches Handeln nicht ersetzen,[19] sodass die Informationspflicht in dem daraufhin neu geschaffenen § 13 VgV a.F. auf eine (unter-)gesetzliche Grundlage gestellt werden musste. Erst dadurch wurden im deutschen Rechtsschutzsystem im Vergaberecht die gemeinschaftsrechtlich vorgesehenen Rechtsschutzgarantien in vollem Umfang verwirklicht. Denn diese verlangen – wie der EuGH in einem Verfahren zum spanischen Vergaberecht, in dem Zuschlag und Vertragsschluss ebenfalls zusammenfallen, ausdrücklich bestätigt hat[20] –, dass für einen ausgeschlossenen Bieter die Möglichkeit vorgesehen werden muss, die Gültigkeit der Zuschlagsentscheidung rechtzeitig überprüfen zu lassen. Hieraus folgt, so der EuGH, dass ein angemessener Zeitraum zwischen dem Zeitpunkt, zu dem die Zuschlagsentscheidung den ausgeschlossenen Bietern mitgeteilt wird, und dem Vertragsschluss liegen muss, damit die nicht berücksichtigten Bieter insbesondere einen Antrag auf Erlass vorläufiger Maßnahmen bis zum Vertragsschluss stellen können.

Die früher in § 13 S. 6 VgV angeordnete Nichtigkeit bzw. die gesetzlich – jetzt in § 135 Abs. 1 16
Nr. 1 GWB – angeordnete Unwirksamkeit des Vertrages sichert die Einhaltung der Informationspflicht sowie der **Stillhalte- oder Wartefrist**. Unterlegene Bieter werden vor unwiderruflichen Rechtsfolgen geschützt. Auf diese Weise wird zugleich das gemeinschaftsrechtliche Gebot verwirklicht, dass die dem Vertragsschluss vorangehende Entscheidung des öffentlichen Auftraggebers darüber, mit welchem Bieter eines Vergabeverfahrens er den Vertrag schließt, in jedem Fall einem Nachprüfungsverfahren zugänglich zu machen ist.[21] Wegen der in § 13 VgV a.F. angeordneten Nichtigkeit des abgeschlossenen Vertrages half der Umweg über diese Regelung auch in den Fällen, in denen Auftraggeber öffentliche Aufträge rechtswidrig unmittelbar an ein bestimmtes Unternehmen vergeben, ohne eine Ausschreibung und ein förmliches Vergabeverfahren durchzuführen (sog. **De-facto-Vergabe**). Naturgemäß wurden Konkurrenten des Auftragnehmers von einer solchen Direktvergabe häufig nicht unterrichtet, sodass der dennoch abgeschlossene Vertrag wegen § 13 VgV a.F. – dessen Anwendbarkeit vorausgesetzt – nichtig war. Der schwerste Verstoß gegen das Vergaberecht konnte auf diese Weise zwar unter bestimmten Voraussetzungen korrigiert werden, die Rechtsunsicherheit war dennoch erheblich.[22] Diesem untragbaren Zustand hatte der Gesetzgeber bereits 2009 mit § 101b GWB a.F. (jetzt: § 135 GWB) ein Ende gesetzt. Ein Vertrag war hiernach von Anfang an unwirksam, wenn der Auftraggeber den Auftrag unmittelbar an ein Unternehmen vergeben hat, ohne andere Unternehmen am Vergabeverfahren zu beteiligen und ohne dass dies aufgrund eines Gesetzes zulässig war. § 101a und § 101b GWB a.F. bzw. nunmehr § 134 und § 135 GWB waren und sind damit insgesamt als eine Einheit zur Gewährleistung eines effektiven Rechtsschutzes zu betrachten.[23]

I. Sachlicher Geltungsbereich

1. Schwellenwert

Die Informationspflicht nach § 134 Abs. 1 GWB gilt **oberhalb der Schwellenwerte** für alle 17
vom Anwendungsbereich des Teil 4 des GWB erfassten Verfahren zur Vergabe öffentlicher Aufträge i.S.v. § 119 GWB.[24] Nicht entscheidend ist, ob dem öffentlichen Auftraggeber die Pflicht zur Anwendung des Vergaberechts der §§ 97 ff. GWB bewusst war. Verkennt die Vergabestelle ihre Pflicht zur europaweiten Ausschreibung und führt sie lediglich ein Verfahren nach den Vorschriften über nationale Auftragsvergaben durch, findet § 134 GWB dennoch

18 Vgl. VK Bund, Beschluss v. 29.4.1999 – VK 1-7/99.
19 Im Einzelnen hierzu *Dreher*, in: Dreher/Motzke, Vergaberecht, § 101a GWB Rn. 7.
20 EuGH, Urteil v. 3.4.2008 – Rs. C-444/06.
21 BGH, Beschluss v. 22.2.2005 – KZR 36/03, zu § 13 VgV a.F.; OLG Naumburg, Beschluss v. 3.9.2009 – 1 Verg 4/09.
22 Vgl. § 135 Rn. 9.
23 *Dreher*, in: Dreher/Motzke, Vergaberecht, § 101a GWB Rn. 2; *Conrad*, in: Gabriel/Krohn/Neun, Handbuch des Vergaberechts, § 32 Rn. 3 a.E.
24 Vgl. § 62 Abs. 1 S. 1 VgV („... unbeschadet des § 134 des Gesetzes gegen Wettbewerbsbeschränkungen ...").

Anwendung.[25] Vorausgesetzt wird lediglich ein „wettbewerbliches Verfahren“, in dem es mehrere Bewerbungen und Angebote gegeben hat und der Einholung der Angebote ein konkretes Beschaffungsvorhaben zugrunde liegt.[26] Allein die objektive Rechtslage ist maßgeblich,[27] sodass umgekehrt eine trotz Unterschreitens der EU-Schwellenwerte durchgeführte europaweite Ausschreibung nicht die Anwendbarkeit des § 134 GWB zur Folge hat.[28]

18 Eine analoge Anwendung der Vorgängerregelungen zu § 134 GWB in § 13 VgV a.F. und § 101 GWB a.F. für Vergabeverfahren **unterhalb der Schwellenwerte** hat die Rechtsprechung bislang überwiegend abgelehnt.[29] Diese Auffassung entspricht der eindeutigen Gesetzeslage im deutschen Recht. Aus gemeinschaftsrechtlicher Perspektive ist sie indes nicht unproblematisch, da nach Auffassung der EU-Kommission Unternehmen auch bei Aufträgen unterhalb der EU-Schwellenwerte eines effektiven gerichtlichen Schutz der Rechte in Anspruch nehmen können müssen, die sich aus der Gemeinschaftsrechtsordnung ergeben.[30] Da eine Informationspflicht, wie sie § 134 GWB vorsieht, bei Auftragsvergaben unterhalb der Schwellenwerte jedoch – jedenfalls bundeseinheitlich – fehlt, führt dies in der Praxis häufig dazu, dass Unternehmen von der Auftragsvergabe an einen Konkurrenten nichts erfahren, ihnen so keine Möglichkeit bleibt, im Wege einer einstweiligen Verfügung in das laufende Vergabeverfahren einzugreifen, und sie stattdessen auf Schadensersatzansprüche beschränkt sind. Einzelne Bundesländer sehen in ihren Vergabegesetzen entsprechende Informationspflichten vor.[31] Allerdings soll etwa ein Verstoß gegen § 12 Abs. 1 VgG M-V nicht zur Unwirksamkeit des Vertrages gemäß § 135 GWB analog oder zur Nichtigkeit nach § 134 BGB führen.[32]

2. Öffentlicher Auftraggeber

19 § 134 GWB richtet sich angesichts seiner Stellung in Kapitel 1 Abschnitt 2 des Teil 4 des GWB (Vergabe von öffentlichen Aufträgen durch öffentliche Auftraggeber) und nach seinem ausdrücklichen Wortlaut an öffentliche Auftraggeber. Diese trifft die Informations- und Wartepflicht ausdrücklich.

20 Für **Sektorenauftraggeber** gilt § 134 GWB aufgrund des Verweises in § 142 GWB, für die Vergabe von **verteidigungs- oder sicherheitsspezifischen öffentlichen Aufträgen** gilt § 134 GWB aufgrund des Verweises in § 147 GWB und **Konzessionsgeber** haben § 134 GWB nach § 154 Nr. 4 GWB zu beachten. Die Informations- und Wartepflicht gilt also auch für Auftragsvergaben im Sektorenbereich[33] und bei Auftragsvergaben im Bereich Verteidigung und Sicherheit[34] und bei der Vergabe von Konzessionen.[35]

3. Verfahrensart

21 Die Informations- und Wartepflicht gilt für **alle Verfahrensarten** i.S.d. § 119 GWB[36] und damit auch im wettbewerblichen Dialog nach § 119 Abs. 6 GWB bzw. bei der Innovationspart-

25 OLG München, Beschluss v. 31.1.2013 – Verg 31/12.
26 BGH, Beschluss v. 1.2.2005 – X ZB 27/04.
27 OLG Düsseldorf, Beschluss v. 18.10.2006 – VII-Verg 35/06; Beschluss v. 12.3.2003 – VII-Verg 49/02, zu § 13 VgV a.F.
28 OLG Stuttgart, Beschluss v. 12.8.2002 – 2 Verg2/09, zu § 13 VgV a.F.
29 Vgl. nur VG Neustadt a.d. Weinstraße v. 19.10.2005 – 4 L 1715/05.
30 Vgl. Mitteilung der Kommission zu Auslegungsfragen in Bezug auf das Gemeinschaftsrecht, das für die Vergabe öffentlicher Aufträge gilt, die nicht oder nur teilweise unter die Vergaberichtlinien fallen, 2006/C 179/02, Ziff. 2.3.3.
31 Vgl. z.B. für Mecklenburg-Vorpommern § 12 VgG M-V; für Sachsen § 8 SächsVergabeG; für Sachsen-Anhalt § 19 LVG LSA; für Thüringen § 19 ThürVgG.
32 So mit zweifelhafter Begründung LG Rostock, Urteil v. 6.11.2015 – 3 O 703/15.
33 Vgl. § 56 Abs.1 SektVO („Unbeschadet des § 134 des Gesetzes gegen Wettbewerbsbeschränkungen …“).
34 Vgl. § 36 Abs. 1 VSVgV („Unbeschadet des § 147 in Verbindung mit § 134 des Gesetzes gegen Wettbewerbsbeschränkungen…“).
35 Vgl. § 30 Abs. 1 KonzVgV (*„Unbeschadet des § 134 des Gesetzes gegen Wettbewerbsbeschränkungen …“*) sowie bereits für § 101a GWB OLG Celle, Beschluss v. 24.9.2015 – 13 W 52/15.
36 *Conrad*, in: Gabriel/Krohn/Neun, Handbuch des Vergaberechts, § 32 Rn. 10, m.w.N.

nerschaft gemäß § 119 Abs. 7 GWB sowie grundsätzlich auch im Verhandlungsverfahren nach § 119 Abs. 5 GWB.[37]

Eine bloße **Markterkundung** oder Marktbeobachtung, der noch kein konkretes Beschaffungsvorhaben zugrunde liegt, löst die Informationspflicht des § 134 GWB nicht aus.[38] 22

Nach § 134 Abs. 3 S. 1 GWB entfällt die Informationspflicht in Fällen, in denen das **Verhandlungsverfahren ohne Teilnahmewettbewerb bei besonderer Dringlichkeit** gerechtfertigt ist.[39] 23

Daneben muss die Informationspflicht aber auch in den sonstigen Fällen entfallen, in denen sich die Vergabestelle zulässigerweise nur an **ein Unternehmen** gewandt und allein mit diesem verhandelt hat.[40] Das gilt jedenfalls dann, wenn tatsächlich keine Bewerber oder Bieter, die zu informieren wären, vorhanden sind, z.B. wenn aus technischen Gründen oder wegen des Schutzes von ausschließlichen Rechten von vorneherein kein Wettbewerb für den konkreten Auftrag besteht.[41] Die Informations- und Wartepflicht besteht damit in den Fällen nicht, in denen der öffentliche Auftraggeber zulässigerweise nur mit einem einzigen Unternehmen verhandelt hat und keine weiteren Unternehmen mehr Interesse an dem Auftrag bekundet haben, sodass allein der erfolgreiche Bieter nach § 134 Abs. 1 S. 1 GWB zu informieren wäre. In diesen Fällen greift die Informationspflicht im Sinne einer teleologischen Reduktion nach § 134 Abs. 1 GWB nicht.[42] Denn die Informationspflicht setzt stets voraus, dass es innerhalb des Vergabeverfahrens zur Beteiligung mehrerer Unternehmen, zu verschiedenen Angeboten und schließlich zu einer Auswahl eines Angebots durch den öffentlichen Auftraggeber gekommen ist, bzw. zumindest mehrere Unternehmen dem öffentlichen Auftraggeber gegenüber ein Interesse am Auftrag – nicht notwendig durch Einreichen eines Angebots – angezeigt oder sich um eine Auftragserteilung beworben haben.[43] 24

Die Informationspflicht greift damit z.B. bei **Nachlieferungen i.S.d. § 14 Abs. 4 Nr. 5 VgV** nicht. Diese Vorschrift erlaubt die Beauftragung des ursprünglichen Auftragnehmers, wenn ein Wechsel des Lieferanten dazu führen würde, dass der dann notwendige Erwerb von Waren mit unterschiedlichen technischen Merkmalen entweder zu einer technischen Unvereinbarkeit führen oder unverhältnismäßige technische Schwierigkeiten mit sich bringen würde. In diesen Fällen kann der bisherige Auftragnehmer auch ohne vorherigen Vergleich mit anderen Angeboten unmittelbar beauftragt werden, wodurch das Wettbewerbsprinzip für diesen – eng auszulegenden – Ausnahmefall faktisch hintangestellt wird. Wenn in einer solchen Konstellation schon aus technischen Gründen von vornherein nur ein einziger Bieter in Betracht kommt, laufen die Verfahrensrechte der (potenziellen) anderen Bieter aus dem Vergaberecht ins Leere.[44] Auch in den Fällen des **§ 14 Abs. 4 Nr. 2 oder Nr. 9 VgV**[45] darf der öffentliche Auftraggeber zulässigerweise nur mit einem einzigen Unternehmen verhandeln und sind andere Bewerber/Bieter demnach nicht vorhanden, so dass die Informationspflicht nach § 134 Abs. 1 GWB entfällt. 25

Wird ein konkreter Auftrag nach einem abgeschlossenen Vergabeverfahren, z.B. infolge einer Insolvenz des bisherigen Auftragnehmers, nachträglich in einem Verhandlungsverfahren ohne Teilnahmewettbewerb oder im Wege der Direktvergabe vergeben, sind die **Bieter des vorausgegangenen Vergabeverfahrens** zu informieren.[46] Das gilt auch in Fällen, in denen 26

37 Siehe nur OLG Düsseldorf, Beschluss v. 24.2.2005 – VII-Verg 88/04, zu § 13 VgV a.F.; vgl. aber § 134 Abs. 3 S. 1 GWB, der eine Ausnahme für Verhandlungsverfahren ohne Teilnahmewettbewerb wegen besonderer Dringlichkeit statuiert.
38 OLG Düsseldorf, Beschluss v. 27.10.2004 – VII-Verg 41/04, zum Überschreiten der Schwelle von der bloßen Markterkundung zum Beginn eines Vergabeverfahrens; vgl. auch OLG München, Beschluss v. 19.7.2012 – Verg 8/12.
39 Vgl. § 14 Abs. 4 Nr. 3 VgV, § 3a EU Abs. 3 Nr. 4 VOB/A.
40 So schon zur alten Rechtslage VK Bund v. 20.10.2004 – VK 1-183/04.
41 Vgl. Erwägungsgrund 8 RL 2007/66/EG; siehe auch Rn. 13.
42 Vgl. auch Erwägungsgrund 8 RL 2007/66/EG.
43 Vgl. Rn. 13; siehe auch BGH, Urteil v. 1.2.2005 – X ZB 27/04; OLG Hamburg, Beschluss v. 25.1.2007 – 1 Verg 5/06, jeweils zu § 13 VgV a.F.
44 VK Bund, Beschluss v. 11.4.2003 – VK 2-10/03.
45 Vgl. z.B. auch § 3a EU Abs. 3 Nr. 5 VOB/A.
46 OLG Naumburg, Beschluss v. 15.3.2007 – 1 Verg 14/06; OLG Düsseldorf, Beschluss v. 23.2.2005 – VII-Verg 85/04.

ein Bieter ein Angebot auf eine später aufgehobene Ausschreibung abgegeben hat, wenn in einem formal neuen Verfahren die ursprünglich ausgeschriebene Leistung vergeben werden soll, ohne dass für den ursprünglichen Bieter die Möglichkeit bestand, sich an dem formal neuen Verfahren zu beteiligen.[47]

4. Wettbewerbe, Rahmenvereinbarungen und besondere Methoden und Instrumente

27 Bei Rahmenvereinbarungen und der Einrichtung eines dynamischen Beschaffungssystems[48] gilt die Informationsverpflichtung des § 134 GWB zunächst **vor Auswahl der Partner** für die Rahmenvereinbarung bzw. des dynamischen Beschaffungssystems selbst. Sie ist eine Voraussetzung für die vergaberechtskonforme Auftragsvergabe auf der ersten Stufe.

28 Virulent kann die Frage der Informationspflicht gemäß § 134 GWB für den **Abruf der Einzelaufträge** auf der zweiten Stufe werden. Hier ist zu unterscheiden: Soweit eine Rahmenvereinbarung mit nur einem Unternehmen i.S.v. § 21 Abs. 3 VgV[49] geschlossen wurde und der öffentliche Auftraggeber den Einzelauftrag an dieses Unternehmen unter dem Dach der Rahmenvereinbarung vergibt – dieser also sachlich-gegenständlich von der Rahmenvereinbarung erfasst und entsprechend den Bedingungen der Rahmenvereinbarung vergeben wird –, ist für die Informationspflicht des § 134 GWB kein Raum.[50] Die Informationspflicht greift dagegen bei Rahmenvereinbarungen mit mehreren Unternehmen, in denen für die Vergabe ein **erneuter Aufruf zum Wettbewerb** erforderlich ist.[51] Das betrifft Rahmenvereinbarungen i.S.v. § 21 Abs. 4 Nr. 2 und Nr. 3 VgV[52], in denen noch nicht alle Bedingungen in der Rahmenvereinbarung festgelegt sind, die Einzelaufträge daher nach einem erneuten Aufruf zum Wettbewerb im sog. Mini-Wettbewerb unter den Partnern der Rahmenvereinbarung gemäß § 21 Abs. 5 VgV[53] vergeben werden. Diese – und nur diese – sind dann gemäß § 134 GWB vor Vergabe des Einzelauftrags zu informieren. Ob dies auch für die Vergabe von Einzelaufträgen an einen nicht an erster Stelle liegenden, sondern an einen rangniedrigeren Bieter, etwa im Rahmen eines Drei-Partner-Modells nach dem sog. **Kaskadenprinzip**, gilt, erscheint zweifelhaft.[54] Letztlich erfolgt hier keine neue Angebotswertung aufgrund von Zuschlagskriterien, sondern es wird ein Einzelauftrag nach den Bedingungen der Rahmenvereinbarung aufgrund objektiver, nichtdiskriminierender Kriterien im Sinne von § 21 Abs. 4 Nr. 2 VgV[55] vorgenommen.[56] Es erfolgt also letztlich auch keine echte Zuschlagserteilung,[57] sodass der Anwendungsbereich des § 134 GWB in diesen Fällen nicht eröffnet sein dürfte. Rechtsschutzgründe können in derartigen Konstellationen dennoch dafür sprechen, dass der öffentliche Auftraggeber der Informationspflicht des § 134 GWB nachzukommen hat.[58]

5. De-facto-Vergabe

29 Bei De-facto-Vergaben ist zu differenzieren: Bei Auftragsvergaben, bei denen der Auftrag rechtswidrig direkt an ein Unternehmen vergeben wird, ohne dass dem ein wie auch immer ausgestaltetes **wettbewerbliches Verfahren** vorangeht, ist für eine Information nach § 134 GWB kein Raum. Der öffentliche Auftraggeber verhandelt nämlich von vornherein und ausschließlich nur mit demjenigen Unternehmen, das letztlich auch den Auftrag erhalten wird. Es fehlt damit an nichtberücksichtigten Bewerbern oder Bietern, weshalb eine Anwendung des § 134 GWB ausscheidet. Effektiver Rechtsschutz wird durch die Regelung in § 135 Abs. 1 Nr. 2 GWB sichergestellt, wonach ein Vertrag, der auf eine rechtswidrige Direktvergabe folgt,

47 *Dreher*, in: Dreher/Motzke, Vergaberecht, § 101a GWB Rn. 14.
48 Vgl. z.B. § 21 und § 22 VgV bzw. § 4a EU und § 4b EU VOB/A.
49 Bzw. § 4a EU Abs. 3 VOB/A.
50 Vgl. Erwägungsgrund 8 RL 89/665/EWG.
51 Vgl. Erwägungsgrund 8 RL 89/665/EWG.
52 Bzw. § 4a EU Abs. 4 Nr. 2 und Nr. 3 VOB/A.
53 Bzw. nach § 4a EU Abs. 5 VOB/A.
54 Offengelassen durch VK Bund, Beschluss v. 14.7.15 – VK 2-57/15.
55 Bzw. gemäß § 4a EU Abs. 4 Nr. 2 VOB/A.
56 Vgl. zu § 4 EG Abs. 5 lit. a VOL/A etwa OLG Düsseldorf, Beschluss v. 24.11.2011 – VII-Verg 62/11.
57 Im Beschluss v. 14.7.15 – VK 2-57/15 spricht die VK Bund von einem *„nachrangigen Zuschlag"*.
58 Vgl. die abwägende Haltung der VK Bund, Beschluss v. 14.7.15 – VK 2-57/15.

von Anfang an unwirksam ist, wenn dieser Verstoß im Nachprüfungsverfahren gemäß § 135 Abs. 2 GWB festgestellt worden ist.[59]

30 In Fällen, in denen es zwar **an einem förmlichen Vergabeverfahren fehlt**, jedoch ein wettbewerbliches Verfahren durchgeführt wurde, findet § 134 GWB dagegen direkte Anwendung.[60] Denn der Primärrechtsschutz der Bieter soll nicht durch eine fehlerhafte Handlungsweise des öffentlichen Auftraggebers geschmälert werden, wenn tatsächlich eine Auftragsvergabe oberhalb der EU-Schwellenwerte vorliegt.[61] Auch diese Konstellationen werden verbreitet als De-facto-Vergaben bezeichnet.[62] Als De-facto-Vergabe i.S.d. § 135 Abs. 1 Nr. 2 GWB sind sie dann anzusehen, wenn es der öffentliche Auftraggeber vergaberechtswidrig unterlässt, eine in den Anwendungsbereich des GWB-Vergaberechts fallende Auftragsvergabe ohne EU-weite Auftragsbekanntmachung zu vollziehen – auch wenn der öffentliche Auftraggeber dabei mit mehreren Unternehmen verhandelt.[63] Unternehmen, die ein Interesse am Erhalt des rechtswidrig im Wege einer solchen De-facto-Vergabe vergebenen Auftrags haben und daher an einer Beteiligung des rechtswidrig unterlassenen Vergabeverfahrens mitgewirkt haben, können aber aufgrund von § 135 Abs. 1 Nr. 2 GWB die Unwirksamkeit des Vertrages herbeiführen, sofern sie nicht nach § 134 GWB informiert wurden.

6. Aufhebung des Vergabeverfahrens

31 Für die beabsichtigte Aufhebung des Vergabeverfahrens gilt § 134 GWB angesichts seines eindeutigen Wortlauts nicht; für eine entsprechende Anwendung des § 134 GWB fehlt es bereits an einer ungewollten Gesetzeslücke.[64] § 134 GWB soll einen nichtberücksichtigten Bieter vor vollendeten Tatsachen infolge der tatsächlichen Zuschlagserteilung an einen anderen Bieter schützen, die einen effektiven Rechtsschutz unmöglich macht. Da bei einer Aufhebung kein Zuschlag erteilt wird, braucht § 134 GWB nicht herangezogen zu werden, um dessen Unaufhebbarkeit gemäß § 168 Abs. 2 GWB zu verhindern.[65] Eine entsprechende Benachrichtigungspflicht des Auftrag- bzw. Konzessionsgebers ergibt sich allein aus den Vergabeverordnungen und der VOB/A.[66] Auch gegen eine Aufhebung des Vergabeverfahrens steht den Bietern das Nachprüfungsverfahren offen, um ggf. eine Aufhebung der Aufhebung zu erreichen. Vor einer sich an die Aufhebung des ursprünglichen Vergabeverfahrens anschließenden Auftragsvergabe im Wege des Verhandlungsverfahrens muss der öffentliche Auftraggeber jedoch die Bieter des aufgehobenen Vergabeverfahrens nach § 134 GWB informieren und die Wartefrist einhalten.

7. Interimsvergabe

32 Bei einer Interimsbeauftragung[67], für die an sich weder das EU-Vergaberecht noch das GWB eine entsprechende Bereichsausnahme kennt,[68] muss der öffentliche Auftraggeber die Bieter nach § 134 GWB informieren und die Wartefrist einhalten. Wird eine Interimsvergabe[69] indes-

---

59 *Dreher*, in: Dreher/Motzke, Vergaberecht, § 101a GWB Rn. 41. Die Unwirksamkeitsfolge kann der Auftraggeber mit einer Vorab-Bekanntmachung gemäß § 135 Abs. 3 GWB (Art. 2d RL 89/665/EWG und 92/13/EWG in der Fassung der RL 2007/66/EG) vermeiden, wenn er der Ansicht ist, eine Vergabe sei ohne vorherige Veröffentlichung im Amtsblatt der EU zulässig, und der beabsichtigte Vertrag nicht vor Ablauf einer Frist von zehn Kalendertagen geschlossen wird; siehe hierzu auch EuGH, Urteil v. 11.9.2014 – Rs. C-19/13.

60 OLG München, Beschluss v. 31.1.2013 – Verg 31/12; vgl. VK Sachsen, Beschluss v. 8.4.2011 – 1/SVK/002-11; *Conrad*, in: Gabriel/Krohn/Neun, Handbuch des Vergaberechts, § 32 Rn. 14, m.w.N.

61 OLG München, Beschluss v. 31.1.2013 – Verg 31/12.

62 Vgl. die Nachweise bei *Dreher*, in: Dreher/Motzke, Vergaberecht, § 101a GWB Rn. 43, Fn. 136; vgl. den geänderten Wortlaut in § 135 Abs. 1 Nr. 2 GWB, hierzu § 135 Rn. 8.

63 OLG Düsseldorf, Beschluss v. 3.8.2011 – VII-Verg 33/11.

64 OLG Frankfurt, Beschluss v. 14.5.2013 – 11 Verg 4/13.

65 *Dreher*, in: Dreher/Motzke, Vergaberecht, § 101a GWB Rn. 117; vgl. auch die Nachweise bei *Conrad*, in: Gabriel/Krohn/Neun, Handbuch des Vergaberechts, § 32 Rn. 6 Fn. 17.

66 Vgl. § 62 Abs. 1 S. 2 VgV; § 17 EU VOB/A, § 56 Abs. 1 S. 2 SektVO sowie § 30 Abs. 1 KonzVgV; Letztere für die Entscheidung, das Verfahren zur Konzessionsvergabe neu einzuleiten.

67 OLG Dresden, Beschluss v. 25.1.2008 – WVerg 10/07, zu § 13 VgV a.F.

68 OLG Düsseldorf, Beschluss v. 25.9.2008 – VII-Verg 57/08, zu § 13 VgV a.F.

69 Hierzu etwa OLG Celle, Beschluss v. 24.9.2014 – 13 Verg 9/14; OLG Frankfurt, Beschluss v. 30.1.2014 – 11 Verg 15/13; VK Rheinland-Pfalz, Beschluss v. 22.5.2014 – VK 1-7/14.

sen – wie meistens – wegen der tatsächlich bestehenden besonderen Dringlichkeit[70] im Sinne von § 14 Abs. 4 Nr. 3 VgV bzw. von § 3a EU Abs. 3 Nr. 4 VOB/A gewählt, kann die Ausnahme des § 134 Abs. 3 S. 1 GWB greifen.

8. Pflicht zur erneuten Vorinformation bei erneuter Angebotswertung

33 Eine Pflicht zur (erneuten) Vorabinformation der Bieter kann in Fällen bestehen, in denen es nach Erteilung der Information aufgrund einer Rüge, eines Nachprüfungsverfahrens oder eines Vergleichs zu einer Wiederholung oder Änderung der Angebotswertung kommt. Hier ist zu differenzieren.[71]

34 **Modifiziert der öffentliche Auftraggeber die Angebotswertung** mit der Folge, dass entweder einem anderen Bieter der Zuschlag erteilt werden soll oder sich die tragende Begründung für die beabsichtigte Zuschlagserteilung ändert, ändern sich also die Gründe, die der öffentliche Auftraggeber den Bewerbern oder Bietern in der ursprünglichen Information genannt hat, ist er zur erneuten Information gegenüber allen Bietern und Bewerbern verpflichtet.[72] Dies folgt schon aus dem Zweck der Information, nichtberücksichtigte Bieter in die Lage zu versetzen, die Erfolgsaussichten eines Nachprüfungsverfahrens abzuschätzen.[73] Denn gerade in der Person des für den Zuschlag ausgewählten Bieters kann der Vergabefehler etwa wegen fehlender Eignung liegen.[74] Der öffentliche Auftraggeber kann sogar dann zu einer neuen Information verpflichtet sein, wenn er nach wiederholter Angebotswertung sowohl in der Begründung als auch in der Person des für den Zuschlag ausersehenen Bieters zu dem gleichen Ergebnis kommt wie bei der ersten Angebotswertung.[75] Das gilt jedenfalls dann, wenn – z.B. aufgrund einer berechtigten Rüge oder eines Nachprüfungsverfahrens – eine Pflicht zur Neubewertung bestand.[76] Andernfalls kann der rügende Bieter nicht überprüfen, ob der öffentliche Auftraggeber z.B. einer entsprechenden Anweisung der Nachprüfungsinstanz Folge geleistet hat.[77]

35 Ergeben sich bei einer Überprüfung der Wertung **zusätzliche Gründe** für die Nichtberücksichtigung eines Bieters, kann dies die Informationspflicht erneut auslösen, denn der öffentliche Auftraggeber ist nach § 134 Abs. 1 S. 1 GWB verpflichtet, alle Gründe für die Nichtberücksichtigung in der Information zu nennen.[78]

36 Kommt der öffentliche Auftraggeber jedoch zu dem Ergebnis, dass **keine Neubewertung** veranlasst ist, geht dies letztlich nicht über einen rein internen Vorgang hinaus, der nur eine Überprüfung mit anschließender vollumfänglicher Bestätigung des ersten Wertungsergebnisses darstellt. Eine erneute Informationspflicht wird hierdurch nicht ausgelöst.[79] Hier genügt die Mitteilung an das rügende Unternehmen, dass der Rüge nicht abgeholfen wird (§ 160 Abs. 3 S. 1 Nr. 4 GWB). Die Informationspflicht kann jedoch gegenüber dem Rügenden neu entstehen, wenn die Vergabestelle ihm gegenüber vor Prüfung der Rüge erklärt hat, die Vergabeentscheidung zu überprüfen und den Zuschlag nicht vor erneuter Information gegenüber dem Rügenden zu erteilen.[80]

9. Auftragsänderungen

37 Auftragsänderungen Es ist nach vergaberechtskonformen und vergaberechtswidrigen Verlängerungen bzw. Änderungen zu differenzieren. Erfordert die Änderung eines öffentlichen Auftrages während der Vertragslaufzeit gemäß § 132 Abs. 1 GWB ein neues Vergabeverfahren,

---

70 Vgl. hierzu z.B. OLG Düsseldorf, Beschluss v. 10.6.15 – VII-Verg 39/14.
71 Vgl. auch *Krämer*, VergabeNavigator 3/13, 7 ff.
72 Vgl. z.B. VK Thüringen, Beschluss v. 27.2.2003 – 216-4002.20-041/02-GS.
73 Siehe Rn. 59; siehe auch *Dreher*, in: Dreher/Motzke, Vergaberecht, § 101a GWB Rn. 39.
74 VK Baden-Württemberg, Beschluss v. 23.1.2012 – 1 VK 67/68/69/11.
75 *Dreher*, in: Dreher/Motzke, Vergaberecht, § 101a GWB Rn. 39.
76 *Krämer*, VergabeNavigator 3/2013, 7 f.
77 *Kühnen*, in: Byok/Jaeger, Vergaberecht, 2. Aufl. 2005, § 13 VgV Rn. 1572.
78 Rn. 65; vgl. auch *Krämer*, VergabeNavigator 3/2013, 7 (8).
79 OLG Düsseldorf, Beschluss v. 23.5.2007 – VII-Verg 14/07; OLG Jena, Beschluss v. 14.2.2005 – Verg 1/05.
80 *Höß*, in: Heuvels/Höß/Kuß/Wagner, Vergaberecht, § 101a GWB Rn. 10, 62.

greift in diesem Vergabeverfahren selbstverständlich auch die Informationspflicht des § 134 Abs. 1 GWB.

Werden **wesentliche Änderungen** eines öffentlichen Auftrags im Sinne von § 132 Abs. 1 GWB während der Vertragslaufzeit ohne ein erneutes Vergabeverfahren vorgenommen und liegt keiner der Ausnahmetatbestände des § 132 Abs. 2 und Abs. 3 GWB vor, liegt hierin eine unzulässige De-facto-Vergabe im Sinne von § 135 S. 1 Abs. 2 und S. 2 GWB.[81] Denn bei der Änderung wesentlicher Bestimmungen handelt es sich aus vergaberechtlicher Sicht um die Aushandlung eines neuen Vertrages ohne die Beteiligung anderer (potenzieller) Bieter. Vertragsverlängerungen ohne erneutes Vergabeverfahren fallen ebenfalls in den Anwendungsbereich des § 135 Abs. 1 Nr. 2 GWB.[82] **38**

Erfordert die Änderung des Vertrages gemäß § 132 Abs. 1 bis 3 GWB dagegen **kein neues Vergabeverfahren**, greift auch die Informationspflicht des § 134 Abs. 1 GWB nicht. Dies gilt etwa für den Fall, dass der öffentliche Auftraggeber lediglich von einer Option zur Vertragsverlängerung oder Auftragserweiterung im Sinne von § 132 Abs. 2 Nr. 1 GWB Gebrauch macht, die bereits Gegenstand der ursprünglichen Ausschreibung war,[83] oder bei Änderungen, deren Wert die Minimalschwelle des § 132 Abs. 3 GWB nicht überschreitet, oder bei sonstigen „unwesentlichen" Änderungen, wie z.B. der Änderung bloßer Formvorschriften, vertraglicher Informationspflichten etc. **39**

II. Adressat der Information

Nach § 134 Abs. 1 GWB muss der öffentliche Auftraggeber die **Bieter** (Abs. 1 S. 1) sowie – unter bestimmten Voraussetzungen – auch die **(abgelehnten) Bewerber** (Abs. 1 S. 2) über die bevorstehende Zuschlagsentscheidung informieren. Bereits der gleichlautende § 101a Abs. 1 S. 1 und S. 2 GWB a.F. hatte den früher von § 13 VgV a.F. erfassten Adressatenkreis der Bieterinformation auf Bewerber erweitert. Nach dem ausdrücklichen Wortlaut des § 13 VgV a.F. musste der Auftraggeber nur „die Bieter, deren Angebote nicht berücksichtigt werden sollen," über das bevorstehende Wettbewerbsergebnis informieren. **40**

Die Neuausrichtung der Vorschrift in § 101a GWB a.F. bei der **Novelle 2009** auf die Bieter und Bewerber geht zurück auf Art. 2a Abs. 2 UAbs. 2 und UAbs. 3 RL 89/665/EWG.[84] Hiernach sind Adressaten der Information die „betroffenen Bieter und Bewerber". Entsprechend den Vorgaben der RL 89/665/EWG ist der Gesetzeswortlaut in § 134 Abs. 1 S. 1 und S. 2 GWB auszulegen. Wann Bieter und Bewerber als „betroffen" gelten, regelt Art. 2a Abs. 2 UAbs. 2 und UAbs. 3 RL 89/665/EWG: Bieter gelten als betroffen, wenn sie noch nicht endgültig ausgeschlossen wurden. Ein Ausschluss ist endgültig, wenn er den betroffenen Bietern mitgeteilt wurde und entweder von einer unabhängigen Nachprüfungsstelle als rechtmäßig anerkannt wurde oder keinem Nachprüfungsverfahren mehr unterzogen werden kann. Bewerber gelten als betroffen, wenn der öffentliche Auftraggeber ihnen keine Informationen über die Ablehnung ihrer Bewerbung zur Verfügung gestellt hat, bevor die Mitteilung über die Zuschlagsentscheidung an die betroffenen Bieter ergangen ist. **41**

1. Bieter

Adressaten der Vorabinformation sind nach dem Wortlaut des § 134 Abs. 1 S. 1 GWB die „Bieter, deren Angebote nicht berücksichtigt werden sollen". Als „**Bieter**"[85] in diesem Sinne sind zunächst all diejenigen Unternehmen zu verstehen, die sich am Vergabeverfahren durch die Abgabe eines Angebots beteiligt haben, auf das der Zuschlag nicht oder nur zum Teil erteilt werden soll. **42**

81 Vgl. *Greb/Stenzel*, NZBau 2012, 404 (408 f.).
82 § 135 GWB Rn. 51.
83 § 132 Abs. 2 Nr. 1 GWB; vgl. hierzu OLG Dresden, Beschluss v. 7.7.2015 – Verg 3/15; OLG Düsseldorf, Beschluss v. 12.2.2014 – VII-Verg 32/13.
84 Vgl. Gesetzesbegründung, VergRModG 2009, BT-Drs. 16/10117, 21.
85 Zum Begriff siehe eingehend OLG Naumburg, Beschluss v. 3.9.2009 – 1 Verg 4/09.

43 Unerheblich ist dabei, auf welcher **Wertungsstufe** ein Angebot auszuschließen war. Auch ein Bieter, dessen Angebot schon ausgeschlossen werden musste, weil es verspätet eingereicht wurde, ist nach § 134 GWB zu informieren.[86] Die Abgabe eines ggf. unverbindlichen („indikativen") Angebots („Erstangebot"[87]) in einem Verhandlungsverfahren reicht aus, sodass die Informationspflicht jedenfalls grundsätzlich nicht auf diejenigen Bieter begrenzt ist, die bis zum Schluss an den Verhandlungen teilgenommen und ein letztes verbindliches Angebot abgegeben haben.[88]

44 Auch die nicht zum Zuge gekommenen **Preisträger** eines Wettbewerbs sind als „Bieter" nach § 134 Abs. 1 S. 1 GWB zu informieren. Das gilt jedenfalls dann, wenn nicht schon zuvor (z.B. in der Wettbewerbsbekanntmachung) eine abschließende Festlegung getroffen wurde, dass der Zuschlag zwingend und automatisch an den Gewinner des Wettbewerbs gehen soll, sondern auch nach Bekanntgabe der Preisgerichtsentscheidung nach den vom öffentlichen Auftraggeber festgelegten Bedingungen die Möglichkeit der Einleitung eines Verhandlungsverfahrens mit den übrigen Preisträgern besteht. Die Stellung der Preisträger geht dann über das Interesse eines (sonstigen) Bewerbers, sich durch Unterbreitung eines Angebotes am Wettbewerb beteiligen zu können, hinaus.[89]

45 In Fällen, in denen ein Bewerber oder Bieter **von der Abgabe eines Teilnahmeantrags oder eines Angebots** durch ein vergaberechtswidriges Verhalten des öffentlichen Auftraggebers **abgehalten** wird, das zwar keine De-facto-Vergabe darstellt, aber in der rechtswidrigen Gestaltung der Ausschreibungsbedingungen (z.B. bei unzulässiger Produktvorgabe) liegt, kann das betroffene Unternehmen die Ausschreibungsbedingungen rügen und ein Nachprüfungsverfahren einleiten. Unterlässt das Unternehmen dies und gibt auch kein Angebot ab, besteht kein Bedarf für eine Information nach § 134 GWB in Verbindung mit der drohenden Unwirksamkeitsfolge.[90]

46 Mit Blick auf den Normzweck des § 134 GWB müssen auch diejenigen Bieter, die zwar zunächst ein **Angebot** abgegeben, dieses aber zwischenzeitlich **zurückgezogen** haben, nicht über die beabsichtigte Zuschlagserteilung informiert werden, da sie von sich aus dokumentiert haben, dass sie kein Interesse an dem ausgeschriebenen Auftrag mehr besitzen.[91] Als „unbeteiligte Dritte" fallen potenziell interessierte Unternehmen, deren Interesse an dem konkreten Auftrag gegenüber dem öffentlichen Auftraggeber nicht hervorgetreten ist, ohnehin nicht unter die Reichweite der Informationspflicht des § 134 GWB.[92]

47 Von § 134 Abs. 1 S. 1 GWB erfasst sind Bieter, die **noch nicht endgültig vom Vergabeverfahren ausgeschlossen** wurden.[93] Ein Ausschluss in diesem Sinne ist endgültig, wenn er dem betroffenen Bieter mitgeteilt wurde und entweder vor der Vergabekammer als rechtmäßig anerkannt wurde oder keinem Nachprüfungsverfahren mehr unterzogen werden kann.[94] In der erstgenannten Alternative kommt es allein auf die erstinstanzliche Bestätigung des Angebotsausschlusses durch die Vergabekammer an; ein ggf. nachfolgender Beschluss des Vergabesenats ist irrelevant. Dies ergibt sich aus Art. 2a Abs. 2 UAbs. 2 RL 89/665/EWG, wonach ein „endgültiger" Ausschluss in diesem Sinne vorliegt, wenn er von einer „unabhängigen Nachprüfungsstelle" als rechtmäßig anerkannt wurde. Ein Ausschluss kann dann nicht mehr einem Nachprüfungsverfahren im Sinne der zweitgenannten Alternative unterzogen werden, wenn ein Bieter vor der Vorabinformation von dem Ausschluss seines Angebots

86 OLG Naumburg, Beschluss v. 3.9.2009 – 1 Verg 4/09.
87 Vgl. § 17 Abs. 10 VgV.
88 VK Schleswig-Holstein, Beschluss v. 14.5.2008 – VK-SH 6/08, zu § 13 VgV a.F.
89 OLG Düsseldorf, Beschluss v. 2.12.2009 – VII-Verg 39/09; vgl. aber zu § 13 VgV a.F: OLG Düsseldorf, Beschluss v. 31.3.2004 – VII-Verg 4/04 ; VK Sachsen, Beschluss v. 22.8.2013 – 1/SVK/047-12; Beschluss v. 19.8.2005 – 1/SVK/096-05.
90 *Dreher*, in: Dreher/Motzke, Vergaberecht, § 101a GWB Rn. 17; a.A. wohl OLG Naumburg, Beschluss v. 4.11.2010 – 1 Verg 10/10 .
91 Vgl. VK Bund, Beschluss v. 23.3.2011 – VK-12/11.
92 OLG Hamburg, Beschluss v. 25.1.2007 – 1 Verg 5/06; OLG Düsseldorf, Beschluss v. 24.2.2005 – VII-Verg 88/04.
93 Vgl. VK Bund, Beschluss v. 14.7.2015 – VK 2-57/15.
94 Vgl. Art. 2a Abs. 2 UAbs. 2 RL 89/665/EWG; siehe auch Gesetzesbegründung, VergRModG 2009, BT-Drs. 16/10117, 21; VK Südbayern, Beschluss v. 22.5.2015 – Z 3-3-3194-1-13-02/15.

durch den Auftraggeber informiert wurde oder davon auf anderem Wege erfahren hat, diesen aber entweder nicht oder nicht rechtzeitig nach § 160 Abs. 3 S. 1 Nr. 1 GWB gerügt hat, oder wenn die mit „Eingang" einer entsprechenden Nichtabhilfe-Mitteilung des Auftraggebers beginnende Frist des § 160 Abs. 3 S. 1 Nr. 4 GWB bereits verstrichen ist, sodass kein Nachprüfungsverfahren mehr eingeleitet werden kann – diese Bieter müssen dann nicht mehr mit einer Information nach § 134 GWB über den Ausgang des Vergabeverfahrens unterrichtet werden. Steht dagegen noch nicht fest, dass der Bieter endgültig aus dem weiteren Vergabeverfahren ausgeschieden ist, weil er z.B. den ihm mitgeteilten Ausschluss gerügt hat und ein Nachprüfungsverfahren noch einleiten könnte, darf der öffentliche Auftraggeber auf eine förmliche Unterrichtung nach § 134 Abs. 1 S. 1 GWB nicht verzichten.[95] Dies kann auch gelten, wenn der Bieter zwar über seinen Ausschluss informiert wurde, aber erst durch die Vorinformation von einem damit verbundenen Vergaberechtsverstoß erfährt, z.B. weil der für den Zuschlag ausgewählte Bieter aus dem gleichen Grund hätte ausgeschlossen werden müssen.[96]

Nach § 134 Abs. 1 GWB zu informieren sind aber auch Bieter eines abgeschlossenen Vergabeverfahrens, wenn der konkrete Auftrag infolge einer **Kündigung des Auftragnehmers** im Verhandlungsverfahren ohne Bekanntmachung oder im Wege der Direktvergabe vergeben werden soll. Denn diese Unternehmen haben in dem (ursprünglichen) Vergabeverfahren ihr Interesse an dem betroffenen Auftrag durch Abgabe eines Angebots bekundet und sind damit zu informieren.[97] 48

Um unnötige Risiken (namentlich die Unwirksamkeitsfolge des § 135 Abs. 1 Nr. 1 GWB) zu vermeiden, ist es den Vergabestellen **zu empfehlen**, jeden nicht zum Zuge kommenden Bieter nach § 134 Abs. 1 GWB zu unterrichten. Das gilt auch in den Fällen, in denen ein Bieter von seiner Nichtberücksichtigung bereits vor Abschluss der Angebotswertung erfahren hat, sich dagegen aber nicht unverzüglich mit einer Rüge zur Wehr gesetzt hat. Eine solche Konstellation ist für den öffentlichen Auftraggeber stets mit erheblichen Unsicherheiten verbunden, da er nicht mit der erforderlichen Gewissheit abschätzen kann, ob und ggf. welchem Bieter gegenüber er mit Blick auf die Ausschlusswirkung in § 160 Abs. 1 GWB gefahrlos von einer Unterrichtung nach § 134 Abs. 1 GWB absehen kann. 49

Nicht zu informieren ist nach § 134 Abs. 1 GWB derjenige **Bieter, der den Zuschlag erhalten soll**, da dieser nicht in den Schutzbereich der Vorschrift fällt.[98] Nach dem Wortlaut der Vorschrift sind nur Bieter zu informieren, deren Angebot nicht berücksichtigt werden soll. Der erfolgreiche Bieter kann sich damit nicht auf § 135 Abs. 1 Nr. 1 GWB berufen, um sich von einem missliebigen Vertrag lösen zu können. In der Praxis wird selbstverständlich auch das erfolgreiche Unternehmen über das Ergebnis des Vergabeverfahrens informiert. Das Schreiben, in dem einem erfolgreichen Bieter mitgeteilt wird, dass er den Zuschlag erhalten soll, sollte so formuliert werden, („... ist beabsichtigt, Ihnen auf Ihr Angebot vom ... den Zuschlag zu erteilen"), dass jeder Anschein einer verbindlichen Zusage oder gar eines Vorvertrages vermieden wird.[99] Dem öffentlichen Auftraggeber muss es nämlich noch möglich sein, nach einer berechtigten Rüge oder einem Nachprüfungsverfahren eine zunächst beabsichtigte Zuschlagserteilung zu korrigieren. 50

2. Bewerber

§ 134 Abs. 1 S. 2 GWB erstreckt die Informationspflicht auch auf Bewerber, denen keine Information über die Ablehnung ihrer Bewerbung zur Verfügung gestellt wurde, bevor die Mitteilung über die Zuschlagsentscheidung an die betroffenen Bieter nach § 134 Abs. 1 GWB er- 51

95 VK Berlin, Beschluss v. 26.10.2009 – VK-B2-28/09.
96 Vgl. *Dreher*, in: Dreher/Motzke, Vergaberecht, § 101a GWB Rn. 11.
97 *Hattig*, in: Hattig/Maibaum, Kartellvergaberecht, § 101a GWB Rn. 34, vgl. auch die Nachweise bei *Conrad*, in: Gabriel/Krohn/Neun, Handbuch des Vergaberechts, § 32 Rn. 17 Fn. 36, 37.
98 Vgl. OLG Düsseldorf, Urteil v. 25.6.2003 – U (KART), 36/02 zu § 13 VgV a.F.
99 Vgl. etwa VK Westfalen, Beschluss v. 12.3.2015 – VK 1 05/15.

gangen ist. § 134 Abs. 1 S. 2 GWB übernimmt die Definition aus Art. 2a Abs. 2 UAbs. 3 RL 89/665/EWG für „betroffene Bewerber", ohne selbst den Begriff „betroffen" zu verwenden.

52 **Bewerber** sind alle diejenigen Unternehmen, die sich in einem dem eigentlichen Angebotsverfahren – z.B. beim nichtoffenen oder Verhandlungsverfahren – vorgeschalteten Teilnahmewettbewerb mit einem Teilnahmeantrag darum bemühen, zur Abgabe eines Angebots im späteren Angebotsverfahren aufgefordert zu werden. Der dem eigentlichen Angebotsverfahren vorgeschaltete Teilnahmewettbewerb dient vor allem der Ermittlung geeigneter Bieter für den konkreten Auftrag. Nach einer Überprüfung und Bewertung der durch die Bewerber mit dem Teilnahmeantrag vorgelegten Eignungsnachweise schließt der Teilnahmewettbewerb mit der Auswahl derjenigen Unternehmen durch den öffentlichen Auftraggeber ab, die etwa in einem nichtoffenen Verfahren oder Verhandlungsverfahren ein (Erst-)Angebot einreichen sollen. Die Bejahung der Eignung eines Bewerbers durch den öffentlichen Auftraggeber ist hiernach im nichtoffenen Verfahren und Verhandlungsverfahren mit Teilnahmewettbewerb eine notwendige Voraussetzung dafür, dass ein Bewerber zur Einreichung eines Angebots aufgefordert wird.[100] Der Teilnahmewettbewerb bildet damit zusammen mit dem späteren eigentlichen Angebotsverfahren in der Vergabeart des offenen Verfahrens bzw. Verhandlungsverfahrens das Vergabeverfahren im Rechtssinne.[101]

53 Nach § 134 Abs. 1 S. 2 GWB sind solche Bewerber mit einer den Vorgaben des § 134 Abs. 1 S. 1 GWB entsprechenden Mitteilung zu informieren, die bis dahin – also nach Abschluss des Teilnahmewettbewerbs und der Auswahl derjenigen Unternehmen, die ein Angebot abgeben sollen – **nicht über die Ablehnung ihrer Bewerbung**, z.B. mangels Eignung, **informiert** worden sind. Die Rechtsprechung hat teilweise auch schon bislang einen Anspruch auf Information auch für solche Beteiligte am Vergabeverfahren anerkannt, die nur deshalb keine Bieterstellung erlangen konnten, weil sie von der Vergabestelle rechtswidrig vom Vergabeverfahren ausgeschlossen wurden, aber für den öffentlichen Auftraggeber erkennbar am Auftrag interessiert waren.[102] Zu informieren sind auch diejenigen **Bewerber, die zu Unrecht** von der Vergabestelle **nicht als Bieter ausgewählt worden sind**.[103] Denn die Informationspflicht der Vergabestelle liefe leer, wenn sie es in der Hand hätte, ein Unternehmen auszuschließen, das gerade infolge ihres vergaberechtswidrigen Verhaltens gehindert worden ist, überhaupt eine Bieterstellung zu erlangen.[104] Dies dürfte auch für die Unternehmen gelten, die etwa nach einer Interessenbekundung auf eine Vorinformation nach § 38 Abs. 4 VgV nicht zur Interessenbestätigung aufgefordert wurden, um am weiteren Verfahren beteiligt zu werden.

54 Dem öffentlichen Auftraggeber ist es nach § 134 Abs. 1 S. 2 GWB freigestellt, nicht ausgewählte Bewerber bereits unmittelbar **nach Abschluss des Teilnahmewettbewerbs** über ihre Nichtberücksichtigung zu informieren oder die Mitteilung über die Nichtberücksichtigung einer Bewerbung erst **nach Auswahl des wirtschaftlichsten Angebots** in einer den Vorgaben des § 134 Abs. 1 S. 1 GWB entsprechenden Information nachzuholen bzw. nochmals vorzunehmen. Erst letztere Information löst die Frist nach § 134 Abs. 2 GWB aus.[105] Sind die abgelehnten Bewerber bereits von ihrer Nichtberücksichtigung, z.B. unmittelbar nach Abschluss des Teilnahmewettbewerbs, informiert worden, erübrigt sich eine nochmalige Information nach § 134 Abs. 1 GWB.[106] Das gilt jedenfalls dann, wenn die Ablehnung rügelos hingenommen wurde oder wenn die Wirksamkeit der Ablehnung rechtskräftig festgestellt wurde.[107]

---

100 OLG Düsseldorf, Beschluss v. 24.9.2002 – VII-Verg 48/02; VK Münster, Beschluss v. 12.5.2009 – VK 5/09.
101 VK Münster, Beschluss v. 12.5.2009 – VK 5/09.
102 Vgl. OLG Düsseldorf, Beschluss v. 2.12.2009 – VII-Verg 39/09, zu § 13 VgV a.F.
103 Diese Ansicht widersprach dem eindeutigen Wortlaut des § 13 VgV a.F., vgl. OLG Karlsruhe, Beschluss v. 18.3.2008 – 17 Verg 8/07.
104 OLG Dresden, Beschluss v. 16.10.2001 – WVerg 0007/01; VK Baden-Württemberg, Beschluss v. 23.1.2003 – 1 VK 70/02.
105 Vgl. EuGH v. 28.1.2010 – Rs. C-456/08.
106 So auch *Macht/Städler*, NZBau 2012, 143 ff., zu § 10 Abs. 5 VOF.
107 VK Berlin, Beschluss v. 26.10.2009 – VK-B228/29.

Ebenso entfällt die Informationspflicht, wenn der Bewerber seinen **Teilnahmeantrag zurückzieht oder** auf andere Weise zu erkennen gibt, dass er **kein Interesse** mehr an dem Auftrag hat.[108] 55

In der Information über die Ablehnung einer Bewerbung unmittelbar nach Abschluss des Teilnahmewettbewerbs kann der öffentliche Auftraggeber auch ggf. diejenigen **Unternehmen benennen, die zum weiteren Angebotsverfahren zugelassen** werden; eine Pflicht des öffentlichen Auftraggebers hierzu besteht jedoch nicht. Ausdrücklich sieht § 134 GWB dies nicht vor, und auch der Wortlaut („Informationen über die Ablehnung ihrer Bewerbung") spricht gegen eine solche Annahme. Ebenso wenig zwingen Gründe des Rechtsschutzes, dem die Informationspflicht des § 134 GWB vornehmlich dient, zur Nennung der zur Angebotsabgabe ausgewählten Unternehmen in der Mitteilung an einen Bewerber über seine Nichtberücksichtigung. Seine eigene Nichtberücksichtigung kann ein Bewerber nach § 160 Abs. 3 GWB rügen und hiergegen ein Nachprüfungsverfahren einleiten – nur seine daraufhin festgestellte rechtswidrige Nichtberücksichtigung verschafft ihm überhaupt einen Anspruch, am eigentlichen Angebotsverfahren beteiligt zu werden. Auf die – ggf. rechtswidrige – Berücksichtigung anderer Unternehmen kommt es grundsätzlich nicht an, so dass ein nichtberücksichtigter Bewerber Rechtsschutz grundsätzlich nicht darauf stützen kann, dass andere Bewerber etwa ungeeignet sind oder unvollständige Teilnahmeanträge vorgelegt haben. Eine Ausnahme besteht nur in dem seltenen Fall, dass die von der Vergabestelle im Teilnahmewettbewerb geforderten Nachweise (z.B. Referenzen) von keinem Bewerber erfüllt werden können. Dann muss ein nichtberücksichtigter Bewerber die objektiv nicht zu erfüllende Vorgabe rügen und ggf. im Nachprüfungsverfahren angreifen. Auch in diesem Fall muss er hierzu aber nicht die Identität der übrigen Bewerber kennen. Abgesehen von der genannten Ausnahmekonstellation spielen damit Umstände, die in der Person eines Konkurrenten liegen, für die eigene Nichtberücksichtigung grundsätzlich keine Rolle, sodass ein Bewerber entsprechende Angaben – über die in der Mitteilung stets anzugebenden Gründe für die eigene Nichtberücksichtigung[109] hinaus – nicht erhalten muss. Zudem ist in der Rechtsprechung anerkannt, dass die in einem Teilnahmewettbewerb erfolgte Auswahl einzelner Teilnehmer von nichtberücksichtigten Konkurrenten auch im nachfolgenden Angebotsverfahren jedenfalls dann noch angegriffen werden kann, wenn die Vergabestelle den Bietern die Namen der anderen Teilnehmer nicht bekannt gegeben hat und sie auch nicht darüber informiert hat, inwieweit deren Eignung zuvor geprüft worden ist.[110] Besonderheiten können sich u.U. ergeben, wenn der öffentliche Auftraggeber mehr Bewerber als die in der Bekanntmachung genannte Anzahl an Unternehmen zur Angebotsabgabe auffordert. Hierin kann nämlich ein Rechtsverstoß liegen, weil der öffentliche Auftraggeber an die angegebene Maximalzahl gebunden ist.[111] 56

Bei **Zweifeln über die Reichweite** der Informationspflicht des § 134 GWB sollten öffentliche Auftraggeber Bewerber sowohl über ihre Ablehnung als Bewerber als auch über den beabsichtigten Zuschlag informieren. Es ist zudem zu empfehlen, die Bewerber in der Information über ihre Nichtberücksichtigung darauf hinzuweisen, dass sie keine weitere Information nach § 134 GWB mehr erhalten.[112] 57

108 OLG Düsseldorf, Beschluss v. 24.2.2005 – VII-Verg 88/04.
109 Vgl. Rn. 63 ff. sowie EuGH, Urteil v. 28.1.2010 – Rs. C-456/08.
110 VK Münster, Beschluss v. 12.5.2009 – VK 5/09; OLG Schleswig, Beschluss v. 20.3.2008 – 1 Verg 6/07.
111 OLG München, Beschluss v. 21.11.2013 – Verg 09/13; OLG Brandenburg, Beschluss v. 14.1.2013 – Verg W 13/12.
112 So auch *Dreher*, in: Dreher/Motzke, Vergaberecht, § 101a GWB Rn. 25.

III. Inhalt der Information

58 Nach § 134 Abs. 1 S. 1 GWB muss die Vorabmitteilung über die beabsichtigte Zuschlagserteilung die nichtberücksichtigten „betroffenen" Bieter (und nach § 134 Abs. 1 S. 2 GWB ggf. auch die Bewerber) unverzüglich in Textform informieren über

- den Namen des Unternehmens, dessen Angebot angenommen werden soll,
- die Gründe der vorgesehenen Nichtberücksichtigung des eigenen Angebots und
- den frühesten Zeitpunkt des Vertragsschlusses.

59 Erst dieser gesetzlich vorgegebene **Mindestinhalt** macht eine Mitteilung des öffentlichen Auftraggebers zu einer Information nach § 134 GWB und grenzt diese Information von anderen Mitteilungen des öffentlichen Auftraggebers – z.B. nach Zuschlagserteilung gemäß § 62 Abs. 2 VgV – ab.[113] Der Mindestinhalt der Vorabinformation soll ein bei der Auftragsvergabe nicht berücksichtigtes Unternehmen insgesamt in die Lage versetzen, die Vergabeentscheidung des öffentlichen Auftraggebers zu beurteilen und die Erfolgsaussichten eines etwaigen Nachprüfungsverfahrens zuverlässig abschätzen zu können. Umfang und Inhalt der Bieterinformation müssen sich an diesem Zweck orientieren, ohne dass § 134 Abs. 1 GWB hierzu über den festgelegten Mindestinhalt hinaus konkrete nähere Vorgaben macht.[114]

60 Der notwendige **Umfang der Information** hängt von den Umständen des Einzelfalles ab. Allgemeingültige, für alle denkbaren Fälle erschöpfende Aussagen über den notwendigen Inhalt der Information an die Bieter, die nach der Vorentscheidung des öffentlichen Auftraggebers nicht zum Zuge kommen sollen, können daher nicht getroffen werden. Die Antwort auf die Frage, in welchem Umfang nichtberücksichtigte Bieter zu informieren sind, muss auch berücksichtigen, dass die Grundsätze eines fairen Wettbewerbs nicht unterlaufen werden dürfen. Unter Umständen kann es einen wettbewerbswidrigen Vorteil darstellen, wenn ein Bieter genauere Informationen dazu erhält, weshalb sein Angebot bei einzelnen Kriterien nicht an erster Stelle liegt.[115] Bei der Bewertung, ob eine Vorabmitteilung ausreichende Informationen i.S.d. § 134 Abs. 1 GWB enthält, ist zudem der Verständnishorizont des jeweils unterlegenen Bieters als Empfänger der Mitteilung nach §§ 133, 157 BGB einzubeziehen. Da ein Bieter die Mitteilung erst nach dem (vorläufigen) Abschluss eines regelmäßig länger dauernden Vergabeverfahrens erhält, darf die Vergabestelle etwa die Kenntnis der veröffentlichten Wettbewerbsbedingungen, des eigenen (Neben-)Angebots sowie des Verhaltens der Vergabestelle während des Vergabeverfahrens bei der Abfassung der Vorabinformation voraussetzen.[116]

61 Die Mitteilung des Grundes/der Gründe für die Nichtberücksichtigung eines Bieters kann im Einzelfall auch kurz ausfallen,[117] z.B. in Form einer knappen Information in einem Standardformular.[118] § 134 GWB verlangt nicht, dass das Informationsschreiben mit Gründen zu versehen ist, die dem Vergabevermerk oder der Begründung eines schriftlichen Verwaltungsakts entsprechen.[119] Es dürfen insgesamt **keine übersteigerten Anforderungen** an den Inhalt der Informationspflicht gestellt werden.[120] Auch wenn die Vorabmitteilung knapp gefasst wird, muss sie aber in jedem Fall vollständige, für den Bieter aussagekräftige, präzise und verständlich formulierte (sowie selbstverständlich wahrheitsgemäße) Informationen zu seiner Wettbewerbsposition und der Sinnhaftigkeit eines eventuellen Nachprüfungsverfahrens enthalten.

---

113 OLG Düsseldorf, Beschluss v. 19.3.2008 – VII-Verg 13/08.
114 Vgl. VK Bund, Beschluss v. 30.7.2013 – VK 3-61/13; siehe auch § 135 Rn. 27 ff.
115 VK Baden-Württemberg, Beschluss v. 29.7.2013 – 1 VK 25/13.
116 Vgl. VK Sachsen, Beschluss v. 13.5.2002 – 1/SVK/043-02, zu § 13 VgV a.F.
117 Vgl. OLG Schleswig, Beschluss v. 30.5.2012 – 1 Verg 2/12; VK Bund, Beschluss v. 24.6.2014 – VK 2-39/14; VK Baden-Württemberg, Beschluss v. 29.7.2013 – 1 VK 25/13 .
118 VK Nordbayern, Beschluss v. 18.11.2011 – 21.VK-3194-36/11.
119 VK Baden-Württemberg, Beschluss v. 10.1.2011 – 1 VK 69/10; Beschluss v. 7.9.2010 – 1 VK 42/10.
120 Vgl. nur VK Bund, Beschluss v. 30.7.2013 – VK 361/13; VK Südbayern, Beschluss v. 19.1.2009 – Z3-3-3194-1-41-11-08, zu § 13 VgV a.F.

Zu den **Rechtsfolgen** einer nicht die Mindestbestandteile enthaltenden Information oder sonst unvollständigen oder falschen Informationen siehe § 135 GWB Rn. 134 ff. 62

1. Name des voraussichtlich erfolgreichen Bieters

Nach § 134 Abs. 1 S. 1 GWB hat der öffentliche Auftraggeber in der Mitteilung ausdrücklich zunächst über den Namen des voraussichtlich erfolgreichen Bieters zu informieren.[121] 63

Fehlt in der Mitteilung **der Name des Bieters**, dessen Angebot vom öffentlichen Auftraggeber angenommen werden soll, ist ein (dennoch) abgeschlossener Vertrag nach § 135 Abs. 1 Nr. 1 GWB von Anfang an unwirksam, weil die unterlegenen Bieter nicht ordnungsgemäß nach § 134 Abs. 1 GWB über den beabsichtigten Vertragsabschluss informiert wurden. Anders ausgedrückt: Eine Bieterinformation, die den Namen des erfolgreichen Bieters nicht nennt, setzt die Wartefrist des § 134 Abs. 2 S. 1 GWB nicht in Gang.[122] Für einen unterlegenen Bieter erschöpft sich der Mitteilungswert des Namens des erfolgreichen Bieters nicht nur darin, dass er auf diese Weise erfährt, dass nicht er selbst, sondern ein Konkurrent den ausgeschriebenen Auftrag erhalten soll. Die beabsichtigte Zuschlagsentscheidung kann vielmehr für den unterlegenen Bieter gerade aus Gründen, die in der Person des erfolgreichen Bieters liegen (z.B. dass dieser nicht geeignet ist), rechtsfehlerhaft sein bzw. kann er eine allgemeine Begünstigung gerade dieses Bieters befürchten.[123] Schon mit Blick auf einen wirksamen Rechtsschutz, der durch die Vorabinformation gerade ermöglicht werden soll, darf daher auf die Bekanntgabe des Namens des erfolgreichen Bieters nicht verzichtet werden. Angesichts der Unwirksamkeit eines Vertrages bei einem Verstoß gegen § 134 Abs. 1 GWB[124] bedarf es überdies aus Gründen der Rechtssicherheit einer klaren Regel, nach der eine den Anforderungen des § 134 Abs. 1 S. 1 GWB genügende Bieterinformation vorliegt, welche die Zehn- bzw. Fünfzehn-Tage-Frist in Gang setzt. Ausnahmen von diesem Erfordernis sind nicht zuzulassen, zum Beispiel auch dann nicht, wenn ein unterlegener Bieter die Identität des erfolgreichen Konkurrenten aus anderen Quellen als der Bieterinformation erfährt.[125] 64

Daraus ergibt sich, dass der Name des erfolgreichen Bieters in der Bieterinformation so **vollständig und präzise wie möglich** inklusive etwaiger Firmenzusätze etc. anzugeben ist, um dessen eindeutige Identifizierung durch die unterlegenen Bieter zu ermöglichen und Verwechselungen von vornherein auszuschließen. Eine fehlende Benennung des Rechtsformzusatzes, des Sitzes oder der Anschrift ist dann nicht schädlich, wenn die Identifizierbarkeit bereits wegen der bloßen Namensangabe gegeben ist.[126] Es ist insoweit zu berücksichtigen, dass die unterlegenen Bieter – gerade bei weniger „medienwirksamen" Verfahren – ansonsten regelmäßig nicht die Möglichkeit haben, die Person des für den Zuschlag vorgesehenen Bieters zu erfahren. Erst die genaue Angabe des Namens des erfolgreichen Bieters in der Vorabmitteilung versetzt sie in die Lage, dessen Eignung zu reflektieren oder dessen Angebot einzuschätzen und somit Überlegungen dahingehend anzustellen, ob das für den Zuschlag vorgesehene Angebot dem Ausschreibungsgegenstand entspricht.[127] 65

2. Gründe für die vorgesehene Nichtberücksichtigung des Angebots

Entgegen den Anforderungen in § 13 VgV a.F. („Grund der vorgesehenen Nichtberücksichtigung") verlangte schon § 101a Abs. 1 S. 1 GWB a.F. ausdrücklich, dass der Auftraggeber in der Bieterinformation über „**die Gründe**" der vorgesehenen Nichtberücksichtigung des Angebots eines unterlegenen Bieters informieren muss. Dabei ist es auch in der geltenden Fassung der Informationspflicht in § 134 Abs. 1 GWB geblieben. Die Verwendung des **Plurals** („Gründe") geht in erster Linie zurück auf eine entsprechende Anpassung an Art. 2a Abs. 2 66

121 Vgl. VK Südbayern, Beschluss v. 10.11.2003 – 49-10/03 zu § 13 VgV a.F.
122 Vgl. OLG Düsseldorf, Beschluss v. 19.3.2008 – VII-Verg 13/08, zu § 13 VgV a.F.
123 So auch *Conrad*, in: Gabriel/Krohn/Neun, Handbuch des Vergaberechts, § 32 Rn. 34, m.w.N.
124 Vgl.§ 135 Abs. 1 Nr. 1 GWB.
125 Vgl. OLG Naumburg, Beschluss v. 26.4.2004 – 1 Verg 2/04, zu § 13 VgV a.F.
126 OLG Jena, Beschluss v. 24.9.2014 – 2 Verg 3/14.
127 VK Schleswig-Holstein, Beschluss v. 14.5.2008 – VK-SH 06/08, zu § 13 VgV a.F.

UAbs. 4 RL 89/665/EWG i.V.m. Art. 41 Abs. 2 RL 2014/24/EU. Nach Art. 2a Abs. 2 UAbs. 4 RL 89/665/EWG ist der Mitteilung über die Zuschlagsentscheidung jedoch lediglich eine „Zusammenfassung der einschlägigen Gründe gemäß Art. 41 Abs. 2 der Vergaberichtlinie" beizufügen. Die von § 134 Abs. 1 S. 1 GWB geforderte Angabe der „Gründe für die Nichtberücksichtigung" eines Angebots bedeutet damit durchaus eine Verschärfung gegenüber den gemeinschaftsrechtlichen Vorgaben.[128] Mit ihr dürfte tendenziell eine Ausweitung der Darlegungspflichten des öffentlichen Auftraggebers hinsichtlich der Gründe für die Nichtberücksichtigung eines Angebots verbunden sein.

67 Der Wortlaut der Vorschrift („die Gründe") verpflichtet den öffentlichen Auftraggeber, **sämtliche Gründe** für die Nichtberücksichtigung eines Angebots zu nennen.[129] Die Information darf sich also nicht auf einen (maßgeblichen) Grund für die Ablehnung eines Angebots konzentrieren.[130] Existiert dagegen nur ein einziger Grund für die Ablehnung eines Angebots, so ist auch nur dieser anzugeben, z.B. wenn der niedrigste Preis einziges Zuschlagskriterium war.

68 **Fehlen** in der Mitteilung **einzelne Gründe** für die Nichtberücksichtigung eines Angebots oder enthält sie überhaupt keinen Grund, entspricht sie nicht den Mindestanforderungen des § 134 Abs. 1 S. 1 GWB.[131] Ein dennoch abgeschlossener Vertrag ist nach § 135 Abs. 1 Nr. 1 GWB von Anfang an unwirksam. Voraussetzung für ein ordnungsgemäßes Vorabinformationsschreiben nach § 134 GWB ist, dass der darin angegebene Grund bzw. die angegebenen Gründe der Nichtberücksichtigung der Wahrheit entsprechen. Die Vergabestelle darf nicht bewusst unzutreffende Angaben über den Grund der Nichtberücksichtigung machen, etwa um den Bieter über die Aussicht eines Nachprüfungsantrages zu täuschen.[132] Zu den Rechtsfolgen von unvollständigen oder falschen Informationen siehe § 135 GWB Rn. 30 ff.

69 Ein nach § 134 Abs. 1 S. 1 GWB informierter Bieter muss aufgrund der Mitteilung nachvollziehen können, welche **Erwägungen** für die Vergabestelle für die Nichtberücksichtigung des Angebots den Ausschlag gegeben haben. Es ist notwendig, aber auch ausreichend, dass die Gründe für die Nichtberücksichtigung so präzise mitgeteilt werden, dass ein Bieter die Chancen eines Nachprüfungsantrags einschätzen kann. **Formelhafte Formulierungen**, ohne eigentlichen Bezug zum konkreten Vergabeverfahren („... weil Ihr Angebot nicht das wirtschaftlichste war") reichen regelmäßig nicht aus; es ist eine aussagekräftige Begründung zu erteilen, die auf die Umstände des Einzelfalles eingeht.[133] Hierauf wies schon die Gesetzesbegründung zu § 101a GWB a.F. ausdrücklich hin.[134] Auch **pauschale Begründungen**, etwa „das Fehlen der geforderten Leistungsfähigkeit" habe zur Nichtberücksichtigung des Angebots geführt, genügen der Informationspflicht nicht. Die Information muss vielmehr auf den konkreten Inhalt des jeweiligen Angebots bezogen werden. Bei fehlender Eignung eines Bieters sind daher z.B. die Gründe anzugeben (mangelhaft qualifiziertes Personal, ungeeignete Subunternehmer, fehlende Sachausstattung etc.), die den öffentlichen Auftraggeber zu dem Schluss bewogen haben, dass der Bieter nicht leistungsfähig ist.[135] Die Begründung für die Ablehnung des Angebots hat auch die Komplexität des Auftrags und den damit verbundenen Aufwand für die Angebotserstellung zu berücksichtigen.[136]

70 Ist der **niedrigste Preis** das alleinige Zuschlagskriterium, reicht die Mitteilung, dass das eigene Angebot nicht das wirtschaftlichste war.[137] Je nach den Umständen des Einzelfalls kön-

128 Vgl. auch VK Bund, Beschluss v. 24.6.2014 – VK 2-39/14.
129 So z.B. auch *Höß*, in: Heuvels/Höß/Kuß/Wagner, Vergaberecht, § 101a GWB Rn. 18, sowie *Bulla/Schneider*, VergabeR 2011, 664 (666).
130 Wie das teilweise noch zu § 13 VgV a.F. vertreten wurde, vgl. VK Baden-Württemberg, Beschluss v. 13.2.2006 – 1 VK 1/06.
131 Zur Möglichkeit von Schadensersatzansprüchen in diesen Fällen siehe *Höß*, in: Heuvels/Höß/Kuß/Wagner, Vergaberecht, § 101a GWB Rn. 18.
132 VK Schleswig-Holstein, Beschluss v. 6.5.2015 – VK-SH 04/15.
133 Vgl. OLG Schleswig, Beschluss v. 30.5.2012 – 1 Verg 2/12; OLG Dresden, Beschluss v. 7.5.2010 – WVerg 0006/10; OLG Karlsruhe, Beschluss v. 29.8.2008 – 15 Verg 8/08 zu § 13 VgV a.F.
134 Vgl. Gesetzesbegründung, VergRModG 2009, BT-Drs. 16/10117, 21.
135 VK Südbayern, Beschluss v. 12.5.2001 – 20-06/01, zu § 13 VgV a.F.
136 Vgl. Gesetzesbegründung, VergRModG 2009, BT-Drs. 16/10117, 21.
137 VK Saarland, Beschluss v. 30.8.2010 – 1 VK 11/2010.

nen ausnahmsweise auch formularmäßige Begründungen ausreichend sein.[138] Höhere Anforderungen an die Begründung gelten z.B. schon dann, wenn neben dem Preis auch **andere Zuschlagskriterien** über die Auswahl des wirtschaftlichsten Angebots entschieden haben oder eine Vielzahl von Nebenangeboten eine Rolle gespielt haben.[139]

Eine **Grenze** der Begründungspflicht dürfte dann erreicht sein, wenn der öffentliche Auftraggeber die Anforderungen an die Information nicht mehr mit vernünftigem Aufwand erfüllen kann.[140] In diese Richtung deutet auch die Gesetzesbegründung zu § 101a GWB a.F., nach der eine „Durchplatzierung" der Angebote zu einem unverhältnismäßigen bürokratischen Aufwand für den öffentlichen Auftraggeber führen würde.[141] 71

Nach § 134 GWB reicht es aus, wenn der öffentliche Auftraggeber in dem Informationsschreiben Bezug auf sämtliche Wertungskriterien nimmt und darauf verweist, dass ein Unternehmen in allen Punkten schlechtere **Wertungsergebnisse** als das für den Zuschlag ausersehene Unternehmen erzielt hat – weiter ins Detail gehen muss die Begründung der Wertungsentscheidung nicht.[142] Es ist ebenso zulässig, dass der öffentliche Auftraggeber die Information an einen nichtberücksichtigten Bieter, er habe nicht das wirtschaftlichste Angebot abgegeben, dadurch illustriert, dass er diesem Bieter das Ergebnis derjenigen Wertungskriterien mitteilt, in denen das fragliche Angebot einen besonders hohen (z.B. qualitativen) Abstand zu dem erfolgreichen Bieter aufweist.[143] 72

Vor dem Hintergrund des **Geheimwettbewerbs** verbieten sich Informationen, mit denen die unterlegenen Bieter über Einzelheiten des Konkurrenzangebots informiert werden sollen.[144] Betriebs- und Geschäftsgeheinisse sind zu wahren. Das gilt namentlich für die Mitteilung des Angebotspreises.[145] Informationen aus einem Vergabeverfahren, die den unterlegenen Mitbewerbern nach § 134 GWB mitzuteilen sind, können jedoch nicht vom Geheimhaltungsinteresse des Auftraggebers erfasst sein.[146] 73

3. Frühester Zeitpunkt des Vertragsschlusses

Der öffentliche Auftraggeber muss in der Vorabinformation (wie schon nach § 101a GWB a.F.) auch über den frühesten Zeitpunkt des Vertragsschlusses informieren. Diese Änderung geht auf die novellierte RL 89/665/EWG zurück.[147] Diese Angabe gehört zum Mindestinhalt der Bieterinformation. 74

Der **früheste Zeitpunkt des Vertragsschlusses** in diesem Sinne tritt unmittelbar dann ein, wenn die Zehn- bzw. Fünfzehn-Tage-Frist nach § 134 Abs. 2 S. 1 GWB[148] endet. Damit ist in der Bieterinformation – jedenfalls grundsätzlich[149] – für den frühesten Zeitpunkt des Vertragsschlusses der Tag anzugeben, der auf den Tag folgt, an dem die Wartefrist nach § 134 Abs. 2 S. 1 und S. 2 GWB abläuft.[150] Ein bestehendes Zuschlagsverbot ist zu berücksichtigen.[151] 75

Informiert der öffentliche Auftraggeber in der Mitteilung **nicht** über den (rechtlich möglichen) frühesten Zeitpunkt des Vertragsschlusses, ist der Vertrag nach § 135 Abs. 1 Nr. 1 GWB 76

138 VK Baden-Württemberg, Beschluss v. 29.7.2013 – 1 VK 25/13.
139 VK Thüringen, Beschluss v. 12.1.2009 – 250-4003.20-6372/2008-007-IK, zu § 13 VgV a.F.
140 Vgl. OLG Düsseldorf, Beschluss v. 6.8.2001 – VII-Verg 28/00, zu § 13 VgV a.F.
141 Vgl. Gesetzesbegründung, VergRModG 2009, BT-Drs. 16/10117, 21.
142 OLG Dresden, Beschluss v. 7.5.2010 – WVerg 0006/10.
143 Vgl. VK Bund, Beschluss v. 24.6.2014 – VK 2-39/14.
144 VK Sachsen, Beschluss v. 30.8.2011 – 1/SVK/028-11.
145 *Conrad* in Gabriel/Krohn/Neun, Handbuch des Vergaberechts, § 32 Rn. 39.
146 Vgl. LAG Köln, Urteil v. 11.4.2011 – 5 Sa 1388/10.
147 Siehe hierzu Rn. 10.
148 Zur Fristberechnung siehe Rn. 90 ff.
149 Bei einer aufgrund von Feiertagen tatsächlich eintretenden rechtsmissbräuchlichen Verkürzung der Stillhaltefrist (im konkreten Fall auf drei Tage) können Ausnahmen gelten, vgl. OLG Düsseldorf, Beschluss v. 5.11.2014 – VII-Verg 20/14.
150 So auch *Höß*, in: Heuvels/Höß/Kuß/Wagner, Vergaberecht, § 101a GWB Rn. 22; vgl. aber VK Bund, Beschluss v. 7.7.2015 – VK 2-49/15, wonach keine Verpflichtung des Auftraggebers besteht, den Zuschlag unmittelbar nach Ablauf der Wartefrist zu erteilen.
151 VK Niedersachsen, Beschluss v. 16.9.2011 – VgK 35/2011.

von Anfang an unwirksam.[152] Das gilt auch dann, wenn er eine von den gesetzlichen Fristen des § 134 Abs. 1 GWB abweichende Angabe macht. Gibt der öffentliche Auftraggeber eine **zu kurze Frist** in der Information an,[153] bleibt ihm nur, die Information erneut mit der zutreffenden längeren Frist zu versenden. Es ist dem öffentlichen Auftraggeber verwehrt, in der Information einen angeblich beabsichtigten späteren Zuschlagstermin zu nennen, um dann den Zuschlag unmittelbar nach Ablauf der Wartefrist zu erteilen. Gibt der öffentliche Auftraggeber eine **längere Frist** an, so muss er sich daran halten[154] oder eine neue Information mit der zutreffenden kürzeren Frist versenden. Dies ergibt sich aus dem eindeutigen Wortlaut des § 134 Abs. 1 S. 1 GWB, wonach ausdrücklich der *„früheste"* Zeitpunkt des Vertragsschlusses zu nennen ist.[155]

4. Fakultativer Inhalt

77 Was den Inhalt der Vorabinformation im Übrigen anbelangt, ist es dem öffentlichen Auftraggeber über die in § 134 GWB genannten Mindestanforderungen hinaus freigestellt, den Bietern in der Mitteilung auch andere nützliche Informationen an die Hand zu geben. So können bei umfangreichen Verhandlungsverfahren einzelne Etappen und der Gang des Verfahrens insgesamt zusammengefasst werden.[156]

78 In der Praxis hat sich etwa gezeigt, dass die Angabe der **Platzierung** des jeweiligen Angebots hilfreich sein kann. Denn aus der Angabe der Platzierung kann das betroffene Unternehmen Rückschlüsse auf die Erfolgsaussichten eines Nachprüfungsantrags ziehen. Nachprüfungsanträge von Bietern, die wegen schlechter Platzierung ihres Angebots im Wettbewerb ohnehin keine Chance auf einen Zuschlag haben, können wegen der fehlenden Antragsbefugnis[157] unzulässig sein, sodass die Angabe der Platzierung einen unterlegenen Bieter von vornherein von der Einleitung eines Nachprüfungsverfahrens abhalten kann. Aus der Platzierung kann der Bieter unter Umständen auch erkennen, ob sein Angebot bei einer Wiederholung der Wertung oder des Vergabeverfahrens überhaupt eine Chance hätte. Auf diese Weise werden bei der Auftragsvergabe unterlegene Unternehmen vor Kosten von Nachprüfungsverfahren geschützt, die sie in Kenntnis ihrer Platzierung gar nicht erst angestrengt hätten. Auf diese Gesichtspunkte hat der Bundesrat im Gesetzgebungsverfahren für das VergRModG 2009[158] ausdrücklich hingewiesen: Es verstoße gegen den **Grundsatz der Transparenz und Gleichbehandlung**, wenn Bieter nicht mit der Vorabinformation nach § 101a GWB-E a.F., sondern erstmalig durch die Prüfung der Vergabekammer in Gestattungsverfahren nach dem (damaligen) § 115 Abs. 2 S. 2 GWB-E – wie das die Bundesregierung in ihrem Gesetzesentwurf zunächst beabsichtigt hatte – erfahren, an welcher Stelle ihr Angebot liege. Dies treibe einen Bieter ohne Not ins Nachprüfungsverfahren und verlängere damit das Vergabeverfahren. Mit dem Blick auf die ansonsten drohende Rechtsfolge der Unwirksamkeit eines Vertrages nach § 101b GWB a.F. hatte die Bundesregierung schon in ihrem Gesetzesentwurf von einer Angabe der Platzierung der jeweiligen Angebote der Unternehmen abgesehen.[159] Bei dieser Auffassung blieb sie, so dass die Angabe der Platzierung zwar zweckmäßig sein kann, verpflichtend ist sie jedoch nicht.

IV. Form und Frist

79 Der öffentliche Auftraggeber muss die betroffenen Bewerber und Bieter nach § 134 Abs. 1 S. 1 GWB in Textform über die bevorstehende Zuschlagsentscheidung informieren.[160]

---

152 OLG Düsseldorf, Beschluss v. 4.12.2013 – VII-Verg 52/12, m.w.N.
153 VK Bund, Beschluss v. 7.7.2015 – VK 2-49/15.
154 VK Bund, Beschluss v. 7.7.2015 – VK 2-49/15.
155 So zu Recht *Höß*, in: Heuvels/Höß/Kuß/Wagner, Vergaberecht, § 101a GWB Rn. 61.
156 Vgl. z.B. *Willenbruch*, NZBau 2003, 422 (425).
157 OLG Saarbrücken, Beschluss v. 6.4.2005 – 1 Verg 1/05; OLG Jena, Beschluss v. 15.7.2003 – 6 Verg 7/03.
158 Vgl. Stellungnahme des Bundesrates, BR-Drs. 349/08 (B), 9.
159 Vgl. Gesetzesbegründung, VergRModG 2009, BT-Drs. 16/10117, 21.
160 So bereits nach § 13 VgV a.F. und § 101a GWB a.F.

Mündliche oder telefonische Mitteilungen sind demnach nicht ausreichend und führen zur Unwirksamkeit des Vertrages gemäß § 135 Abs. 1 Nr. 1 GWB.[161] Auch die Verbreitung der Information über die Auftragserteilung auf der **Internetseite** des öffentlichen Auftraggebers bzw. die Veröffentlichung im Amtsblatt der EU kann eine Information nach § 134 GWB nicht adäquat ersetzen.[162] **80**

Nach § 126 BGB erfüllen die **Textform** alle schriftlichen Urkunden, aber auch jede andere lesbare Form, sofern die dauerhafte Wiedergabe in Schriftzeichen gewährleistet ist und die Person des Erklärenden genannt wird. Die Bieterinformation kann demnach als Text mit allen modernen Medien (insbesondere per Telefax, E-Mail etc.) versandt werden. **81**

Bei der gängigen Informationsversendung per Fax stellt der „**OK-Vermerk**" zwar weder einen vollen Beweis noch einen Anscheinsbeweis des Zugangs dar. Durch ihn werden dem Bieter aber höhere Anforderungen an das substanziierte Bestreiten auferlegt.[163] Zu empfehlen ist, dass die Information per E-Mail[164] oder per Fax gegen eine von den Bietern unverzüglich zu unterschreibende **Empfangsbestätigung** versandt wird. Diese Empfangsbestätigung sollte vorformuliert am Ende der Information aufgeführt werden. **82**

Wenn ein Bewerber schon unmissverständlich, eindeutig und abschließend mündlich informiert wird und er diese mündliche Information so ernst nimmt, dass er den vermeintlichen Vergabefehler formgerecht rügt, soll die **Textform nicht mehr erforderlich** sein, um den Rechtsschutz des Bieters sicherzustellen. Der unzureichend informierte Bewerber soll in diesen Fällen auch ohne die Unwirksamkeitsfolge des § 135 Abs. 1 Nr. 1 GWB ausreichend gesichert sein, da er bei rechtzeitiger Rüge einen Nachprüfungsantrag mit dem Ziel stellen könne, die Vergabestelle zu verpflichten, ihm eine schriftliche Begründung zu erteilen.[165] Diese Rechtsprechung ist aber angesichts des Zusammenhangs zwischen § 134 GWB und der Rechtsfolge der Vertragsunwirksamkeit nach § 135 GWB zumindest mit Vorsicht zu genießen. Hinzu kommt, dass die Vorschrift ausdrücklich die „Textform" vorgibt und den Beginn der Wartefrist explizit an die „Absendung" der Information anknüpft. Eine mündliche Mitteilung kann daher die Wartefrist nicht in Gang setzen.[166] Sie ist auch wegen der Beweislast des öffentliche Auftraggebers für die Absendung der Information nicht zu empfehlen.[167] Öffentliche Auftraggeber sollten, schon um jeden Zweifel an der Gültigkeit des geschlossenen Vertrages zu vermeiden, der Informationspflicht des § 134 GWB stets – und daher auch in den Konstellationen einer vorherigen mündlichen Information – nachkommen. **83**

Wie bereits in § 101a Abs. 1 S. 1 GWB a.F. enthält auch § 134 Abs. 1 S. 1 GWB eine Fristbestimmung, die als Ausdruck des Beschleunigungsgrundsatzes zu verstehen ist. Hiernach muss der öffentliche Auftraggeber die betroffenen Bieter und Bewerber „**unverzüglich**", also gemäß der Legaldefinition des Begriffs in § 121 BGB ohne schuldhaftes Zögern, d.h. sobald es ihm nach der Entscheidungsfindung über den Zuschlag möglich und zumutbar ist, informieren. Da der öffentliche Auftraggeber alle wesentlichen Entscheidungen des Vergabeverfahrens – und insbesondere die Zuschlagsentscheidung – selbst zu treffen hat, kommt es insoweit nicht auf einen Vergabevorschlag eines Beraters an. Entscheidend ist vielmehr der abgeschlossene Entscheidungsprozess beim öffentlichen Auftraggeber selbst – unter vorheriger Einbeziehung der zuständigen Gremien. Ein Verstoß gegen die Unverzüglichkeit der Information in diesem Sinne führt jedoch nicht zur Unwirksamkeit des Vertrages gemäß § 135 Abs. 1 Nr. 1 GWB.[168] Insofern ist die Verpflichtung zur unverzüglichen Information hier eher als Zielstellung anzusehen. **84**

161 Siehe § 135 Rn. 39.
162 EuGH, Urteil v. 28.1.2010 – Rs. C-456/08; VK Bund, Beschluss v. 2.9.2013 – VK-2 74/13.
163 OLG Jena, Beschluss v. 9.9.2002 – 6 Verg 4/02.
164 Vgl. hierzu etwa VK Bund, Beschluss v. 3.2.2014 – VK-2 9/14.
165 OLG Schleswig, Beschluss v. 28.11.2005 – 6 Verg 7/05.
166 Siehe § 135 Rn. 39; siehe z.B. *Höß*, in: Heuvels/Höß/Kuß/Wagner, Vergaberecht, § 101a GWB Rn. 34.
167 Vgl. Rn. 92.
168 Siehe § 135 Rn. 40.

V. Wartepflicht (Abs. 2)

85 Nach § 134 Abs. 2 S. 3 GWB darf ein Vertrag erst fünfzehn Kalendertage nach Absendung der Information über die bevorstehende Zuschlagserteilung geschlossen werden. Bei der Versendung der Information per Fax oder auf elektronischem Weg gewährt § 134 Abs. 2 S. 2 GWB eine Verkürzung der Frist von fünfzehn auf zehn Kalendertage.

86 Die sog. Stillhalte- oder Wartefrist dient der **Rechtssicherheit** insgesamt, nicht nur dem Schutz der Bieter oder Bewerber,[169] sondern auch den Interessen der Vergabestelle, die davon ausgehen darf, dass nach Ablauf der Frist einer Zuschlagserteilung nichts mehr im Wege steht.[170] Für diesen Schutzzweck zugunsten des öffentlichen Auftraggebers spricht auch der Umstand, dass es nach dem Willen des Gesetzgebers für den Fristbeginn nicht auf den Zeitpunkt des Zugangs des Informationsschreibens beim Bieter, sondern auf dessen Absendung ankomme.[171]

87 Bei **Auslandszustellungen** ist die Übermittlungsform zu wählen, die einen möglichst gleichzeitigen Zugang ermöglicht,[172] also z.B. eine Zustellung per Fax oder E-Mail.[173] Nutzt der öffentliche Auftraggeber **verschiedene Kommunikationsmittel** gleichzeitig, um die Information **am gleichen Tag** zu übersenden, ist aus Gründen der Rechtssicherheit und des Bieterschutzes davon auszugehen, dass die längere Wartefrist gilt.[174] Schließlich hat es der öffentliche Auftraggeber selbst in der Hand, welchen Übertragungsweg er wählt bzw. welche Wartefrist gelten soll. Wird die inhaltsgleiche Information an ein Unternehmen an verschiedenen Tagen mit mehreren unterschiedlichen Kommunikationsmitteln versendet, gilt aus Gründen der Rechtssicherheit die Wartefrist, die durch das zuerst gewählte Kommunikationsmittel ausgelöst wird, so dass es bei einer Wartefrist von zehn Kalendertagen bleibt, wenn die Information „vorab" per Fax und tags darauf per Einschreiben verschickt wird.[175]

88 Bei der Wartefrist nach § 134 GWB handelt es sich nicht um eine vom Antragsteller einzuhaltende **Rechtsmittelfrist**. Um Rechtsschutz zu erlangen, ist der Nachprüfungsantrag so rechtzeitig einzureichen, dass noch während der Wartefrist die Information über den Nachprüfungsantrag an den Antragsgegner (öffentlichen Auftraggeber) durch die Vergabekammer bewirkt werden kann, sodass das Zuschlagsverbot des § 169 Abs. 1 GWB eingreift. Bis zur Zuschlagserteilung nach Ablauf der Wartefrist kann der Antragsteller durch einen Nachprüfungsantrag einen Vertragsschluss verhindern. So muss er die Zurückweisung seiner Rüge durch den öffentlichen Auftraggeber nicht abwarten, sondern kann den Nachprüfungsantrag schon kurzfristig nach Eingang des Rügeschreibens beim öffentlichen Auftraggeber einreichen.[176] Rügt der Bieter nach Erhalt der Vorabinformation einen vermeintlichen Vergaberechtsverstoß und erhält er noch während der Wartefrist des § 134 Abs. 1 S. 3 und S. 4 GWB eine Nichtabhilfe-Mitteilung i.S.d. § 160 Abs. 3 S. 1 Nr. 4 GWB, so hat dieser Umstand keinen Einfluss auf die Wartefrist nach § 134 Abs. 1 S. 3 und S. 4 GWB. Der in § 160 Abs. 3 S. 1 Nr. 4 GWB geregelte Zeitraum der Fünfzehn-Tage-Frist nach Nichtabhilfemitteilung ist nicht als stets zu gewährende Mindestfrist zu verstehen. Maßgeblich für den rechtlich zulässigen frühesten Zeitpunkt der Zuschlagserteilung mit der Rechtsfolge des § 168 Abs. 2 S. 1 GWB[177] bleibt allein der Ablauf der Wartefrist nach § 134 Abs. 2 S. 1 und S. 2 GWB.

89 Eine bloße **Absichtserklärung** des öffentlichen Auftraggebers, den Zuschlag **zu einem späteren Zeitpunkt** als unmittelbar nach Ablauf der Wartefrist zu erteilen, kann die gesetzliche

169 Vgl. Erwägungsgrund 6 und Art. 2a Abs. 1 RL 89/665/EWG.
170 OLG Naumburg, Beschluss v. 25.1.2005 – 1 Verg 22/04, zu § 13 VgV a.F.
171 OLG Naumburg, Beschluss v. 25.1.2005 – 1 Verg22/04, zu § 13 VgV a.F.
172 *Kühnen*, in: Byok/Jaeger, Vergaberecht, 2. Aufl. 2005, § 13 VgV Rn. 1584.
173 *Dreher*, in: Dreher/Motzke, Vergaberecht, § 101a GWB Rn. 67.
174 So zutreffend *Höß*, in: Heuvels/Höß/Kuß/Wagner, Vergaberecht, § 101a GWB Rn. 59; *Dreher/Hoffmann*, NZBau 2009, 216, (218).
175 *Höß*, in: Heuvels/Höß/Kuß/Wagner, Vergaberecht, § 101a GWB Rn. 60; a.A. *Dreher/Hoffmann*, NZBau 2009, 216 (218).
176 Vgl. OLG Düsseldorf, Beschluss v. 14.5.2008 – VII-Verg 11/08, zu § 13 VgV a.F.
177 Nach § 168 Abs. 2 S. 1 GWB kann ein wirksam erteilter Zuschlag nicht aufgehoben werden.

Wartefrist nicht verlängern.[178] Das wurde bereits durch die Neufassung der Informationspflicht in § 101a Abs. 1 S. 1 GWB a.F. und der demnach zwingend mitzuteilenden Angabe über den „frühesten Zeitpunkt des Vertragsschlusses" bekräftigt.[179] Schon früher war jedoch in der Rechtsprechung anerkannt, dass etwas anderes dann gilt, wenn der öffentliche Auftraggeber verbindlich zusagt, dass er den Vertrag zu einem späteren Zeitpunkt als dem frühestmöglichen schließen wird und auf diese Weise einen entsprechenden Rechtsschein setzt; dann ist er an diesen Vertrauenstatbestand auch gebunden.[180] Eine – insbesondere einvernehmlich mit den Bietern vereinbarte – Verkürzung der Frist ist dagegen stets unzulässig.[181]

1. Fristbeginn (S. 3)

90 Die Wartefrist wird nur durch eine Information des öffentlichen Auftraggebers in Gang gesetzt, die dem gesetzlich festgelegten Mindestinhalt[182] entspricht. Eine Information ohne den gesetzlich vorgesehenen Mindestinhalt kann die Wartefrist erst gar nicht in Gang setzen. Dies betrifft z.B. Fälle, in denen der Name des Unternehmens, dessen Angebot angenommen werden soll, nicht genannt wird[183] oder die Information nicht der gesetzlich vorgesehenen Textform entspricht.[184]

91 Die Wartefrist von fünfzehn bzw. zehn Kalendertagen beginnt – ein Einzelfall im deutschen Recht – mit dem Tag **nach Absendung der Information** durch den öffentlichen Auftraggeber. Für den Fristbeginn kommt es also auf den Tag des Zugangs der Information nicht an. Dieser gesetzgeberischen Entscheidung liegen praktische Erwägungen zugrunde. Wäre der Tag des Zugangs für den Fristbeginn maßgeblich, würde der öffentliche Auftraggeber, der ggf. mehrere Vergabeverfahren mit zahlreichen Bietern betreuen muss, vor die unlösbare Aufgabe gestellt, die Frist für jeden einzelnen Bieter gesondert zu berechnen und zu berücksichtigen. Den Unternehmen (auch den ausländischen) lässt diese Regelung ausreichend Zeit, sich mit der vorgesehenen Vergabeentscheidung, so wie sie sich aus der Information ergibt, zu befassen, hierin einen Vergaberechtsverstoß zu erkennen und rechtzeitig vor Ablauf der Wartefrist die Vergabekammer anzurufen bzw. angesichts der diese treffenden Pflicht zur Beschleunigung des Verfahrens (§ 167 Abs. 1 GWB) eine Information des Auftraggebers über den Nachprüfungsantrag so rechtzeitig zu erreichen, dass das Zuschlagsverbot nach § 169 Abs. 1 GWB greift.[185]

92 Entscheidend für die Einhaltung der Frist ist, wann die Information **an betroffenen Bieter abgesendet** wurde. Der Auftraggeber sollte daher darauf abstellen, wann er die letzte Information abgesandt hat.[186] Der Zuschlag kann nach Ablauf der Wartefrist damit auch erteilt werden, wenn einem Unternehmen die Information noch nicht zugegangen ist.[187] Das **Übermittlungsrisiko**, ob und wann die Bieterinformation zugegangen ist, liegt demnach bei den abgelehnten Bewerbern und Bietern. Allerdings trifft den öffentlichen Auftraggeber die **Beweislast** dafür, dass die Information tatsächlich und ordnungsgemäß abgesendet wurde. Auch bei nachweisbar erfolgter Versendung der Information wird man einem Unternehmen jedoch keinen Verstoß gegen die Rügepflicht nach § 160 Abs. 3 GWB anlasten können, wenn es – von der Vergabestelle nicht widerlegbar – behauptet, die Information nicht oder zu einem späteren Zeitpunkt bekommen zu haben.[188]

---

178 OLG Düsseldorf, Beschluss v. 23.5.2007 – VII-Verg 14/07, m.w.N.
179 Siehe Rn. 74.
180 Vgl. VK Bund, Beschluss v. 27.9.2002 – VK 1-63/02; Beschluss v. 16.7.2002 – VK 2-50/02, jeweils zu § 13 VgV a.F.; *Dreher*, in: Dreher/Motzke, Vergaberecht, § 101a GWB Rn. 63
181 *Dreher*, in: Dreher/Motzke, Vergaberecht, § 134 GWB Rn. 63.
182 Siehe dazu Rn. 58 f.
183 Siehe dazu Rn. 64; OLG Düsseldorf, Beschluss v. 19.3.2008 – VII-Verg 13/08.
184 Siehe dazu Rn. 79 ff.
185 BGH, Urteil v. 9.2.2004 – X ZB 44/03, zu § 13 VgV a.F.
186 BGH, Urteil v. 9.2.2004 – X ZB 44/03, zu § 13 VgV a.F.; vgl. auch VK Südbayern, Beschluss v. 16.5.2011 – Z3-3-3194-09-03/11.
187 VK Hessen, Beschluss v. 22.12.2009 – 69d-VK-49/2009.
188 OLG München, Beschluss v. 23.6.2009 – Verg 8/09; VK Südbayern, Beschluss v. 6.5.2009 – Z3-3-3194-1-14-04-09.

93 **Abgesendet** ist die Information, wenn sich der öffentliche Auftraggeber der Vorabinformation an die betroffenen Unternehmen „entäußert" hat, sie also aus seinem Herrschaftsbereich so herausgegeben hat, dass sie bei bestimmungsgemäßem weiteren Verlauf der Dinge die Unternehmen erreichen, deren Angebote oder Teilnahmeanträge nicht berücksichtigt werden sollen.[189] Die Übergabe an die hauseigene Poststelle stellt noch keine Absendung im Sinne der Vorschrift dar, die Übergabe an einen Boten jedoch sehr wohl.

94 Der Fristbeginn kann auch auf einem **Feiertag** liegen.[190]

95 Die Information muss **tatsächlich zugegangen** sein. Der fehlende Zugang führt dazu, dass schon keine ordnungsgemäße Information vorliegt, welche die Frist in Gang setzen würde.[191] Ohne tatsächlichen Zugang kann die Information ihren Zweck, den betroffenen Bietern und Bewerbern effektiven Rechtsschutz zu ermöglichen, von vorneherein nicht erfüllen.

2. Fristende

96 Die Frist endet **fünfzehn Kalendertage nach Absendung der Information** und damit mit Ablauf des fünfzehnten Kalendertages. Dies ergibt sich bereits aus dem Wortlaut des § 134 Abs. 2 GWB.[192] Eines Rückgriffs auf § 188 Abs. 1 BGB, nach dem eine nach Tagen bestimmte Frist mit dem vollständigen Ablauf des letzten Tages der Frist endet, bedarf es nicht. Der öffentliche Auftraggeber darf den Zuschlag also – je nach Übermittlungsweg – mit Beginn des elften bzw. sechzehnten Kalendertages nach erfolgter Absendung erteilen. Wird die Information z.B. am 10.12.2013 abgesendet, beginnt die Fünfzehn-Tages-Frist am 11.12.2013, 0:00 Uhr, und endet am 25.12.2013, 24:00 Uhr.[193]

97 § 193 BGB ist für die Wartefrist nicht einschlägig, sodass der Begriff „**Kalendertag**" alle Tage des Kalenders erfasst, und zwar unabhängig davon, ob es sich um Werktage oder Feiertage, Sonnabende und Sonntage handelt. Der letzte Tag der Frist kann damit selbstverständlich auch auf einen Feiertag, Sonnabend oder Sonntag fallen.[194]

3. Rechtsfolgen des Fristablaufs

98 Der Ablauf der Frist selbst bewirkt keine Beendigung des Vergabeverfahrens unmittelbar oder ein Ausscheiden der betroffenen Bieter aus diesem Verfahren. Er bewirkt nur, dass der öffentliche Auftraggeber **jederzeit die von ihm beabsichtigte Vergabeentscheidung treffen** kann und dass rügewillige Bieter mit der Gefahr rechnen müssen, dass ein zulässiges Nachprüfungsverfahren nicht mehr eingeleitet werden kann, wenn der öffentliche Auftraggeber von den ihm durch den Fristablauf eröffneten Möglichkeiten zur Zuschlagserteilung rechtzeitig Gebrauch gemacht hat.[195] Eine **Rüge** nach § 160 Abs. 3 GWB hat keine aufschiebende Wirkung, sie führt also weder zur Hemmung, Unterbrechung oder Verlängerung der Wartefrist.[196] Das Gleiche gilt grundsätzlich für eine **Nichtabhilfe-Mitteilung** des öffentlichen Auftraggebers i.S.d. § 160 Abs. 3 S. 1 Nr. 4 GWB. Enthält die Nichtabhilfe-Mitteilung aber im Vergleich zur Bieterinformation nach § 134 Abs. 1 S. 1 GWB neue Gründe, macht dies die ursprüngliche Bieterinformation gegenstandslos, denn § 134 Abs. 1 S. 1 GWB verlangt eine vollständige Aufzählung aller Gründe für die Nichtberücksichtigung eines Bieters.[197] Wird die in der Bieterinformation gegebene Begründung für die Nichtberücksichtigung eines Angebots

189 BGH, Urteil v. 9.2.2004 – X ZB 44/03.
190 Vgl. *Höß*, in: Heuvels/Höß/Kuß/Wagner, Vergaberecht, § 101a GWB Rn. 58.
191 Vgl. die Nachweise bei *Dreher*, in: Dreher/Motzke, Vergaberecht, § 101b GWB Rn. 68.
192 Die Auslegungsregeln in Art. 3 Abs. 4 VO (EWG, Euratom) 1182/71 sind hier nicht anwendbar, da sie für Fristen gelten, innerhalb derer eine bestimmte Handlung oder Willenserklärung vorgenommen werden kann oder muss, vgl. *Weyand*, Vergaberecht, § 101a GWB Rn. 153.
193 Vgl. auch VK Bund, Beschluss v. 28.1.2008 – VK 2-162/07.
194 Vgl. im Einzelnen OLG Düsseldorf, Beschluss v. 14.5.2008 – VII-Verg 11/08, zu § 13 VgV a.F.; vgl. aber OLG Düsseldorf, Beschluss v. 5.11.2014 – VII-Verg 20/14, zu einer rechtsmissbräuchlichen Verkürzung der Wartefrist.
195 OLG Dresden, Beschluss v. 11.4.2005 – WVerg 5/05, zu § 13 VgV a.F.
196 Vgl. OLG Jena, Beschluss v. 29.5.2002 – 6 Verg 2/02.
197 Siehe Rn. 67 f.

daher später ergänzt, liegt hierin die **Korrektur einer fehlerhaften Bieterinformation**,[198] sodass der Lauf der Fünfzehn- bzw. Zehn-Tage-Frist neu in Gang gesetzt wird.[199]

Entsprechendes dürfte gelten, wenn der öffentliche Auftraggeber auf eine Rüge hin mitteilt, die **Wertung der Angebote wiederholen** zu wollen. Der rügende Bieter hat dann selbstverständlich ein schützenswertes Interesse daran, über das Ergebnis der erneuten Wertung informiert zu werden; die Wiederholung der Angebotswertung als entscheidende Phase des Vergabeverfahrens kann zudem zu völlig neuen Ergebnissen führen, sodass die bisher erfolgte Mitteilung gegenstandslos wird und nach § 134 Abs. 1 S. 1 GWB eine neue Mitteilung erforderlich wird.[200] 99

C. Ausnahmen von der Informationspflicht (Abs. 3)

I. Verhandlungsverfahren ohne Teilnahmewettbewerb wegen besonderer Dringlichkeit (S. 1)

Nach § 134 Abs. 3 S. 1 GWB entfällt die Informationspflicht des § 134 Abs. 1 GWB in den eng begrenzten Ausnahmefällen, in denen das Verhandlungsverfahren ohne vorherigen Teilnahmewettbewerb wegen besonderer Dringlichkeit gerechtfertigt ist.[201] 100

Das ist **sachgerecht**, weil auf das Verhandlungsverfahren ohne vorherigen Teilnahmewettbewerb wegen besonderer Dringlichkeit ohnehin nur in Fällen zurückgegriffen werden darf, in denen aus unvorhersehbaren, objektiv nachprüfbaren dringlichen, zwingenden Gründen außerhalb der Einflusssphäre des öffentlichen Auftraggebers, also vor allem zur Beseitigung von Schäden und akuten Gefahren bei Naturkatastrophen u.Ä., ein schnelles Handeln geboten ist. In diesen und vergleichbaren Notsituationen muss der öffentliche Auftraggeber in der Lage sein, die erforderlichen Aufträge sofort vergeben zu können, ohne eine Wartefrist einhalten zu müssen.[202] 101

Besonders dringliche Situationen im Sinne von § 134 Abs. 3 S. 1 GWB setzen Umstände außerhalb der Einflusssphäre des öffentlichen Auftraggebers voraus (z.B. Naturkatastrophen) und verlangen ein zügiges, flexibles und wirksames Eingreifen der zuständigen Behörden, sodass diese in solchen Fällen in der Lage sein müssen, die erforderlichen Aufträge sofort zu vergeben, ohne eine Wartefrist einhalten zu müssen.[203] Zur Bemessung der besonderen Dringlichkeit kann daher u.a. als Maßstab herangezogen werden, ob ein Abwarten der Zehn-Tage-Frist angesichts der besonderen Eilbedürftigkeit der Auftragsvergabe untunlich oder unzumutbar wäre.[204] 102

Den vorgegebenen **gemeinschaftsrechtlichen Rahmen in Art. 2b RL 89/665/EWG** hat der deutsche Gesetzgeber damit nach wie vor **nicht ausgeschöpft**. Nach Art. 2b RL 89/665/EWG können die Mitgliedstaaten vorsehen, dass die Wartefrist nicht angewendet wird, wenn mit der RL 2004/18/EG keine vorherige Veröffentlichung einer Bekanntmachung im Amtsblatt der Europäischen Union erforderlich ist (lit. a), wenn der einzig betroffene Bieter i.S.d. Art. 2a Abs. 2 RL 89/665/EWG derjenige Bieter ist, dem der Zuschlag erteilt wird, und wenn es keine betroffenen Bewerber gibt (lit. b) und schließlich bei einem Auftrag, dem eine Rahmenvereinbarung zugrunde liegt, bzw. bei einem Einzelauftrag, der auf einem dynamischen Beschaffungssystem beruht. In den Fällen, in denen der einzig zu informierende betroffene Bieter der Bieter ist, dem der Zuschlag erteilt wird, und es keine betroffenen Bewerber gibt, greift die Informations- und Wartepflicht jedoch ohnehin nicht.[205] Das bedeutet indes nicht – ebenso 103

198 Vgl. auch Rn. 90 ff.
199 Vgl. aber VK Bund, Beschluss v. 24.4.2007 – VK 2-21/07, zu § 13 VgV a.F.
200 Siehe hierzu im Einzelnen Rn. 33 ff.
201 Vgl. § 14 Abs. 4 Nr. 3 VgV; § 13 Abs. 2 Nr. 4 SektVO; siehe hierzu etwa OLG Düsseldorf, Beschluss v. 10.6.2015 – VII-Verg 39/14.
202 Vgl. auch Gesetzesbegründung, VergRModG 2009, BT-Drs. 16/10117, 21.
203 Vgl. Gesetzesbegründung, VergRModG 2009, BT-Drs. 16/10117, 21.
204 VK Berlin, Beschluss v. 26.10.2009 – VK-B2-28/29.
205 Rn. 23 f.

wenig wie in der von § 134 Abs. 3 S. 1 GWB erfassten Situation –, dass der öffentliche Auftraggeber in diesem Fall und in den von § 134 Abs. 3 S. 1 GWB erfassten Fällen von der Durchführung eines förmlichen Verhandlungsverfahrens absehen und eine De-facto-Vergabe einleiten dürfte.[206]

104 Das EU-Vergaberecht (z.B. Art. 32 Abs. 2 lit. c RL 2014/24/EU) erlaubt die Anwendung des Verhandlungsverfahrens ohne Teilnahmewettbewerb wegen besonderer Dringlichkeit nur dann, wenn kumulativ folgende **Voraussetzungen** erfüllt sind: Es müssen

- erstens ein unvorhersehbares Ereignis,
- zweitens dringliche und zwingende Gründe, welche die Einhaltung der in den anderen Vergabeverfahren vorgeschriebenen Fristen nicht zulassen und nicht dem öffentlichen Auftraggeber zuzuschreiben sind, und
- drittens ein Kausalzusammenhang zwischen dem unvorhersehbarem Ereignis und den sich daraus ergebenden dringlichen, zwingenden Gründen gegeben sein.[207]

105 Das Bundesministerium für Wirtschaft und Technologie hat mit der Europäischen Kommission auf Basis eines konkreten **EU-Pilotverfahrens**, eines dem Vertragsverletzungsverfahren vorhergehendem informellen Verfahrens, intensiv die Voraussetzungen der EU-weiten Bekanntmachung von Vergabeverfahren erörtert. Insbesondere wurde dabei die Frage aufgeworfen, ob die Regelungen, die die Ausnahme von der EU-weiten Bekanntmachungspflicht ermöglichen, möglicherweise zu großzügig angewendet werden. Hierauf hat das Ministerium bereits in einem Rundschreiben[208] aufmerksam gemacht und ausdrücklich auf den **engen Anwendungsbereich** der entsprechenden Ausnahmevorschriften (§ 3 EG Abs. 4 lit. d VOL/A, § 3 Abs. 4 lit. c VOF und § 6 Abs. 2 Nr. 4 SektVO a.F.[209] hingewiesen.

106 Das Ministerium hat in dem Rundschreiben des Weiteren folgende Hinweise gegeben: **Unvorhersehbar** sind Ereignisse, die nichts mit dem üblichen wirtschaftlichen oder sozialen Leben zu tun haben. Nur Umstände, mit denen bei der Planung unter Berücksichtigung der allgemeinen Sorgfaltspflicht nicht gerechnet werden konnte, sind erfasst. Das ist etwa dann nicht der Fall, wenn unter Rückgriff auf bestehende Statistiken ein zukünftiger Beschaffungsbedarf aus objektiver Sichtweise frühzeitig erkennbar ist. Ebenfalls nicht unter den entsprechenden Ausnahmetatbestand fallen regelmäßig Konstellationen, in denen der Beschaffungsbedarf die Folge einer Nicht- oder Schlechtleistung eines Vertragspartners ist und dem durch rechtzeitige Aufnahme von Vertragsstrafen oder Streitschlichtungsmechanismen hätte begegnet werden können.[210]

107 **Dringlichkeit** ist regelmäßig nur bei unaufschiebbaren, nicht durch den öffentlichen Auftraggeber verursachten Ereignissen anzunehmen, bei denen eine gravierende Beeinträchtigung für die Allgemeinheit und die staatliche Aufgabenerfüllung droht, etwa durch einen schweren, nicht wiedergutzumachenden Schaden. Wenn selbst bei Einhaltung der Bekanntmachungsfristen nur geringe Verzögerungen eintreten, wird meistens keine gravierende Beeinträchtigung drohen. Gleiches gilt, wenn bei anderen Vergabeverfahren Fristverkürzungen denkbar gewesen wären, etwa durch ein beschleunigtes Vergabeverfahren. Wenn der öffentliche Auftraggeber bei sorgfältiger Beobachtung des relevanten Marktes und zu erwartender Entwicklungen seinen Beschaffungsbedarf frühzeitig hätte erkennen können, ist Dringlichkeit zu verneinen. Dringlichkeit kann regelmäßig nicht mit bloßen wirtschaftlichen Erwägungen begründet werden.[211]

108 Die **Beweislast** dafür, dass die außergewöhnlichen Umstände, welche die Ausnahme rechtfertigen sollen, tatsächlich vorliegen, trifft denjenigen, der sich auf sie berufen will,[212] also in

206 OLG Düsseldorf, Beschluss v. 1.10.2009 – VII-Verg 31/09.
207 EuGH, Urteil v. 2.6.2005 – Rs. C-394/02; Urteil v. 18.11.2004 – Rs. C-126/03 (Heizkraftwerk München).
208 Rundschreiben v. 16.8.2013 – I B 6 – 270100/14 u 2707100/15; siehe auch die Rundschreiben des Ministeriums v. 9.1.2015 und v. 24.8.2015.
209 Vgl.§ 14 Abs. 4 Nr. 3 VgV und § 13 Abs. 2 Nr. 4 SektVO.
210 So Rundschreiben des BMWi v. 16.8.2013 – I B 6 – 270100/14 und 2707100/15.
211 So Rundschreiben des BMWi v. 16.8.2013 – I B 6 – 270100/14 und 2707100/15.
212 EuGH, Urteil v. 18.11.2004 – Rs. C-126/03 (Heizkraftwerk München).

der Regel den öffentlichen Auftraggeber. § 14 Abs. Abs. 4 Nr. 3 VgV setzt die gemeinschaftsrechtlichen Vorgaben des Art. 32 Abs. 2 lit. c RL 2014/24/EU in deutsches Vergaberecht um. Nach § 14 Abs. 4 Nr. 3 VgV ist ein Verhandlungsverfahren ohne vorherigen Teilnahmewettbewerb zulässig, wenn wegen der besonderen Dringlichkeit der Leistung die Fristen nicht eingehalten werden können, die für die anderen Vergabeverfahren vorgeschrieben sind. Eine vergleichbare Regelung enthält § 13 Abs. 2 Nr. 4 SektVO. Hiernach ist das Verhandlungsverfahren ohne Teilnahmewettbewerb zulässig, soweit dies unbedingt erforderlich ist, wenn aus dringlichen zwingenden Gründen, die der öffentliche Auftraggeber nicht voraussehen konnte, die vorgeschriebenen Mindestfristen nicht eingehalten werden können. Beide Vorschriften bestimmen ausdrücklich, dass die Umstände, welche die zwingende Dringlichkeit begründen, auf keinen Fall dem Verhalten des öffentlichen Auftraggebers bzw. dessen Sphäre zuzuschreiben sein dürfen. Verzögerungen, die sich aus der Abhängigkeit von Entscheidungen anderer Behörden ergeben, zählen zum Einflussbereich des öffentlichen Auftraggebers.[213]

Das Verhandlungsverfahren ohne vorherigen Teilnahmewettbewerb darf demnach wegen besonderer Dringlichkeit nur Anwendung finden bei **Naturkatastrophen** und ähnlich gelagerten unvorhersehbaren und vom öffentlichen Auftraggeber nicht beeinflussbaren Umständen (z.B. in **akuten Gefahrensituationen** und bei **höherer Gewalt**), die zur Vermeidung von Schäden an Individualrechtsgütern ein schnelles, die Einhaltung der Fristen der anderen Vergabeverfahren ausschließendes Handeln erfordern. Latente oder durch regelmäßige Wiederkehr (z.B. Frühlingshochwasser) vorhersehbare Gefahren sind daher in der Regel keine zwingenden Gründe. **109**

Nach diesen Maßstäben kann der öffentliche Auftraggeber bei dringenden, unaufschiebbaren Dienstleistungen wie Krankentransporten oder BSE-Tests berechtigt und ggf. sogar gezwungen sein, sie **zeitlich befristet bis zum rechtskräftigen Abschluss eines Nachprüfungsverfahrens** im Verhandlungsverfahren ohne Teilnahmewettbewerb zu vergeben.[214] Auch wenn ein öffentlicher Auftraggeber einen Bauvertrag wegen Beantragung eines Insolvenzverfahrens kündigt, kann das Verhandlungsverfahren ohne Teilnahmewettbewerb wegen besonderer Dringlichkeit zulässig sein.[215] **110**

II. Zurückhaltung von Informationen (S. 2)

§ 134 Abs. 3 S. 2 GWB räumt öffentlichen Auftraggebern die Möglichkeit ein, im Fall verteidigungs- oder sicherheitsspezifischer Aufträge bestimmte Informationen über die Zuschlagserteilung oder den Abschluss einer Rahmenvereinbarung unterlegenen Bietern nicht mitzuteilen.[216] Dies ist unter der Voraussetzung zulässig, dass die „Offenlegung" entsprechender Informationen den Gesetzesvollzug behindert, den öffentlichen Interessen, insbesondere Verteidigungs- oder Sicherheitsinteressen, zuwiderläuft, berechtigte geschäftliche Interessen von Unternehmen schädigt oder wenn sie den lauteren Wettbewerb zwischen ihnen beeinträchtigen könnte. **111**

Diese Ausnahmen von der Informationspflicht in § 134 Abs. 1 GWB bei verteidigungs- oder sicherheitsspezifischen Aufträgen gemäß Art. 35 Abs. 3 RL 2009/81/EG sind aus **§ 36 Abs. 2 VSVgV a.F.** in das GWB übernommen worden.[217] **112**

Die Zurückhaltung von Informationen bei der Vergabe von verteidigungs- und sicherheitsspezifischen Aufträgen in den in § 134 Abs. 3 S. 2 GWB genannten Fällen steht nach dem eindeutigen Wortlaut der Vorschrift („können [...] beschließen") im **Ermessen** des öffentlichen **113**

---

213 VK Düsseldorf, Beschluss v. 15.8.2003 – VK-23/2003-L.

214 VK Brandenburg, Beschluss v. 1.2.2007 – 2 VK 56/06; VK Niedersachsen, Beschluss v. 27.6.2003 – 203-VdR-14/2003; vgl. auch EuGH, Urteil v. 14.6.2007 – Rs. C-6/05, zur Beschaffung von Medizinprodukten durch ein Krankenhaus.

215 VK Bund, Beschluss v. 29.6.2005 – VK 3-52/05.

216 Allgemein zur Berücksichtigung des Grundsatzes des Geheimwettbewerbs bei der Information nichtberücksichtigter Bieter Rn. 73.

217 Vgl. Gesetzesbegründung, BT-Drs. 18/6281, 121 f.

Auftraggebers. In Einzelfällen kann sich dies zu einer Pflicht des öffentlichen Auftraggebers verdichten, bestimmte Informationen zurückzuhalten (Ermessensreduzierung auf null). Denkbar ist dies zum Beispiel, wenn sich aus der Angabe von Gründen für die Nichtberücksichtigung eines Angebotes besondere verteidigungsrelevante Eigenschaften des ausgewählten Produktes ergeben, deren Preisgabe Verteidigungs- oder Sicherheitsinteressen zuwiderläuft.

114 Als Ausnahmetatbestände von der Informationspflicht des § 134 Abs. 1 GWB sind die in § 134 Abs. 2 S. 2 GWB genannten Fallgruppen **abschließend** und **eng auszulegen**.

115 Die Mitteilungspflicht entfällt nur in dem **Umfang**, in dem der Ausnahmetatbestand oder die Ausnahmetatbestände einschlägig sind.

116 Die sehr allgemein formulierten Fallgruppen, die sich inhaltlich überschneiden, dürften **kaum trennscharf** voneinander abgegrenzt werden können. Dies ist allerdings auch nicht zwingend erforderlich: Die Zurückhaltung von bestimmten Informationen ist bereits dann möglich, wenn bloß ein einziger der in § 134 Abs. 2 S. 2 GWB genannten Ausnahmetatbestände besteht. Das Vorliegen eines Ausnahmetatbestandes oder mehrerer Ausnahmetatbestände hinsichtlich einzelner Informationen entbindet den öffentlichen Auftraggeber nicht davon, den unterlegenen Bewerbern und Bietern diejenigen Informationen mitzuteilen, die nicht unter die Ausnahmeregelung fallen, und insbesondere nicht von der Mitteilung in Gänze. Die Ausnahmeregelungen dürften generell bei der Mitteilung der Gründe für die Nichtberücksichtigung des eigenen Angebotes zum Tragen kommen – in ganz besonderen Einzelfällen kann aber auch schon der Name des Auftragnehmers zurückzuhalten sein.

117 Das Ermessen des öffentlichen Auftraggebers, bestimmte Informationen zurückzuhalten, ist überhaupt erst eröffnet, wenn es sich um Informationen zur Zuschlagserteilung oder zum Abschluss einer Rahmenvereinbarung handelt, die **verteidigungs- oder sicherheitsspezifische Aufträge** betreffen. Verteidigungs- und sicherheitsspezifische Aufträge sind in § 104 GWB definiert,[218] der von verteidigungs- und sicherheitsspezifischen *öffentlichen* Aufträgen spricht. Da sich der Anwendungsbereich des Kartellvergaberechts von vornherein nur auf öffentliche Aufträge bezieht (§ 103 GWB), zeitigt das Fehlen des Zusatzes „öffentlich" bezogen auf die Aufträge in § 134 Abs. 3 S. 2 GWB keine Rechtsfolge, sondern ist als Redaktionsversehen anzusehen.

118 Der Wortlaut der Vorschrift („Offenlegung") legt nahe, dass es sich bei den zurückzuhaltenden Informationen um **Betriebs- und Geschäftsgeheimnisse** handeln muss, also Tatsachen, die im Zusammenhang mit dem betroffenen Unternehmen stehen, nicht offenkundig sind, nach dem bekundeten Willen des Inhabers geheim gehalten werden sollen, für die Wettbewerbsfähigkeit des Unternehmens von Bedeutung sind und an deren Geheimhaltung der Unternehmer ein berechtigtes Interesse hat.[219] Geschäftsgeheimnisse sind vor allem kaufmännisches Wissen, etwa Umsätze, Ertragslagen, Geschäftsbücher, Kundenlisten, Bezugsquellen, Konditionen, Marktstrategien, Kalkulationsgrößen u.a., durch welches die wirtschaftlichen Verhältnisse eines Betriebs maßgeblich bestimmt werden können.[220]

119 Die öffentlichen Auftraggeber können Informationen zunächst zurückhalten, wenn deren Offenlegung den **Gesetzesvollzug** behindert. Diese Fallgruppe dürfte in erster Linie solche Gesetze betreffen, deren Zweck die Untersagung der Weitergabe von Informationen ist, also etwa Vorschriften des GWB, des UWG, des UrhG oder des Datenschutzrechts.[221] Auch Informationen, deren Offenlegung die Funktionsfähigkeit staatlicher Einrichtungen beeinträchtigen könnte, also in erster Linie sicherheitsrelevante Informationen, können nach dieser Fallgruppe zurückgehalten werden.[222]

120 Informationen können auch dann zurückgehalten werden, wenn deren Offenlegung dem **öffentlichen Interesse**, insbesondere Verteidigungs- oder Sicherheitsinteressen, **zuwider-**

218 Für Einzelheiten hierzu siehe *Dippel* zu § 104.
219 BVerfG, Beschluss v. 14.3.2006 – 1 BvR 2087/03 und 1 BvR 2111/03.
220 *Glahs*, NZBau 2014, 75 (80).
221 Statt vieler *Mentzinis*, in: Pünder/Schellenberg, Vergaberecht, § 35 VSVgV Rn. 2.
222 *Mentzinis*, in: Pünder/Schellenberg, Vergaberecht, § 35 VSVgV Rn. 2.

läuft. Diese Ausnahmebestimmung ist bedenklich weit formuliert, da sich Verteidigungs- oder Sicherheitsinteressen bei der Vergabe entsprechender Aufträge in aller Regel leicht begründen lassen werden. Im Widerspruch zum öffentlichen Interesse kann die Offenlegung von Informationen etwa dann liegen, wenn sie der militärischen oder sonstigen (polizeilichen) Geheimhaltung unterliegen.[223]

Schließlich können bestimmte Informationen zurückgehalten werden, deren Offenlegung **berechtigte geschäftliche Interessen** von Unternehmen schädigt oder den **lauteren Wettbewerb** zwischen ihnen beeinträchtigen könnte. Eine Beeinträchtigung berechtigter geschäftlicher Interessen oder des lauteren Wettbewerbs kann durch sämtliche Angaben entstehen, die geeignet sind, zusammen etwa mit der Leistungsbeschreibung und dem Preis, Rückschlüsse auf die Kalkulation, Bezugsquellen oder Marktstrategien des (voraussichtlichen) Auftragnehmers zuzulassen, wodurch dieser bei künftigen Vergabeverfahren Wettbewerbsnachteile erleiden bzw. seine Konkurrenten entsprechende Wettbewerbsvorteile erlangen könnte(n).[224] 121

D. Rechtsschutz

§ 134 GWB dient der Gewährung des (Primär-)Rechtsschutzes in Vergabeverfahren. Die mit der Unwirksamkeit des Vertrages gemäß § 135 Abs. 1 Nr. 1 GWB sanktionierte Informations- und Wartepflicht dient keinem Selbstzweck, noch soll sie einen allgemeinen Gerechtigkeitsgedanken absichern.[225] Vielmehr garantiert sie, dass die Bieter ihr in § 97 Abs. 6 GWB garantiertes Recht, verletzte vergaberechtliche Ansprüche im Nachprüfungsverfahren durchzusetzen, auch tatsächlich geltend machen können. Die Informations- und Wartepflicht hat damit – wie z.B. auch die Vorschriften über die Dokumentationspflichten im Vergabeverfahren – vor allem instrumentellen Charakter für den Rechtsschutz eines Bieters. Wie schon die Entstehungsgeschichte des § 13 VgV a.F. belegt, verfolgte der Verordnungsgeber den Zweck, einem betroffenen Bieter die zur rechtzeitigen Geltendmachung eines Nachprüfungsverfahrens erforderlichen Informationen von dem beabsichtigten Abschluss des Vergabeverfahrens zu verschaffen und ihm damit **den Zugang zum Nachprüfungsverfahren offenzuhalten**, bevor endgültige und rechtsvernichtende Tatsachen zu seinen Lasten eintreten. Primäres Ziel der nachträglich eingeführten Vorinformation vor Zuschlagserteilung war und ist es, die (jetzt) in § 168 Abs. 1 GWB vorgesehene zivilrechtlichen Grundsätzen folgende Unumkehrbarkeit eines einmal erteilten Zuschlags im Sinne eines effektiven Rechtsschutzes dadurch zu relativieren, dass die nichtberücksichtigten Bieter im Vorfeld von dem beabsichtigten Zuschlag und dem hierfür ausgewählten Unternehmen erfahren und die individuellen Gründe für ihre Nichtberücksichtigung bei der Zuschlagsentscheidung mitgeteilt bekommen. Die Vorinformation dient somit keinem eigenständigen vergaberechtlichen Ziel. 122

Hieraus ergeben sich zwei **Konsequenzen für den Rechtsschutz**. Zum einen kann ein Bieter, der vor der Zuschlagserteilung von dem (vermeintlichen) Vergaberechtsverstoß erfahren und daraufhin ein Nachprüfungsverfahren eingeleitet hat, sich nicht mehr auf die Unwirksamkeitsfolge nach § 135 Abs. 1 Nr. 2 GWB berufen.[226] **Mängel der Information** können noch vor Einleitung eines Nachprüfungsverfahrens oder auch erst in dessen Verlauf geheilt werden.[227] Der öffentliche Auftraggeber kann die ordnungsgemäße Information i.S.d. § 134 GWB auch dann noch nachholen; diese ist nicht unheilbar unwirksam; soweit der Antragsteller durch die Information Kenntnis von weiteren Vergabeverstößen erhält, kann er diese nachträglich in das Nachprüfungsverfahren einführen.[228] Zum anderen muss neben dem gerügten 123

223 *Mentzinis*, in: Pünder/Schellenberg, Vergaberecht, § 35 VSVgV Rn. 2.
224 *Mentzinis*, in: Pünder/Schellenberg, Vergaberecht, § 35 VSVgV Rn. 2.
225 OLG Celle, Beschluss v. 8.12.2005 – 13 Verg 2/05.
226 Vgl. OLG Celle, Beschluss v. 8.12.2005 – 13 Verg 2/05; OLG Schleswig, Beschluss v. 28.11.2005 – 6 Verg 7/05, jeweils zu § 13 VgV a.F.
227 OLG Koblenz, Beschluss v. 25.9.2012 – 1 Verg 5/12; VK Bund, Beschluss v. 10.10.2013 – VK-1 83/13; VK Südbayern, Beschluss v. 31.5.2011 – Z3-3-3194-11-03/11.
228 OLG Karlsruhe, Beschluss v. 16.6.2010 – 15 Verg 4/10.

Verstoß gegen die Informationspflicht stets ein **(weiteres) vergaberechtliches Fehlverhalten** des öffentlichen Auftraggebers in der Sache hinzutreten, damit das Nachprüfungsverfahren Erfolg haben kann.[229] Der betroffene Bieter muss in seinen Rechten verletzt sein.[230] Dies setzt schon die in § 160 Abs. 2 S. 2 GWB geregelte Antragsbefugnis voraus, wonach ein Antragsteller stets eine Verletzung seiner Rechte nach § 97 Abs. 6 GWB durch die Nichtbeachtung von Vergabevorschriften geltend machen und darlegen muss, dass ihm durch das Verhalten des öffentlichen Auftraggebers ein Schaden entstanden ist oder zu entstehen droht. Ein Schaden in diesem Sinne liegt vor allem dann vor, wenn die Chance auf den Zuschlag des Unternehmens durch das Verhalten des öffentlichen Auftraggebers beeinträchtigt wurde. Allein durch einen Verstoß gegen die Informationspflicht des § 134 Abs. 1 S. 1 GWB tritt ein solcher Schaden nicht ein.[231] Kann eine über den Verstoß gegen § 134 GWB hinausgehende Rechtsverletzung nicht festgestellt werden, bleibt der Nachprüfungsantrag trotz eines Verstoßes gegen die Informationspflicht im Ergebnis erfolglos.[232] Eine rein „abstrakte" Unwirksamkeitserklärung würde dazu führen, dass ein Bieter, der auch bei einer ordnungsgemäßen Vorinformation keine Aussicht auf den Zuschlag gehabt hätte, ein neues Vergabeverfahren veranlassen könnte, um dort ggf. ein geändertes Angebot vorzulegen. Das ist nicht der Sinn eines Nachprüfungsverfahrens; es soll einem zu Unrecht nicht berücksichtigten Bieter die Möglichkeit verschaffen, zu einer rechtmäßigen Berücksichtigung seines Angebotes und ggf. zum Zuschlag zu gelangen.[233] Wegen § 135 Abs. 2 GWB ist es zwar in **Ausnahmekonstellationen** denkbar, dass ein Nachprüfungsantrag allein die Feststellung begehrt, dass ein Verstoß gegen § 134 GWB vorliegt und der dennoch abgeschlossene Vertrag daher unwirksam ist.[234] Ein solcher Antrag hat jedoch nur dann Erfolg, wenn der Antragsteller bereits durch eine fehlende oder inhaltlich unzureichende Vorinformation in seinen Rechten verletzt ist.[235] Daran wird es zumeist fehlen. Dass der öffentliche Auftraggeber zwischenzeitlich bereits den Zuschlag an einen Konkurrenten erteilt hat, steht der Statthaftigkeit eines solchen Nachprüfungsantrags nicht entgegen. Der mit dem Zuschlag zustande gekommene Vertrag ist nach § 135 Abs. 1 Nr. 1 GWB von Anfang an unwirksam, wenn es tatsächlich an einer ordnungsgemäßen Vorabinformation fehlt. Nach § 135 Abs. 2 S. 1 GWB muss die Unwirksamkeit des Vertrages in einem Nachprüfungsverfahren innerhalb von dreißig Kalendertagen ab Kenntnis des Verstoßes, jedoch nicht später als sechs Monate nach Vertragsschluss geltend gemacht werden. Hat der öffentliche Auftraggeber die Auftragsvergabe im Amtsblatt der Europäischen Union bekannt gemacht, endet die Frist zur Geltendmachung der Unwirksamkeit dreißig Kalendertage nach der Veröffentlichung (§ 135 Abs. 2 S. 2 GWB).

229 Vgl. OLG Karlsruhe, Beschluss v. 9.10.2012 – 15 Verg 12/11, m.w.N.
230 Vgl. z.B. OLG Düsseldorf, Beschluss v. 27.10.2010 – VII-Verg 47/10.
231 § 135 Rn. 70.
232 § 135 Rn. 79.
233 OLG München, Beschluss v. 31.1.2013 – Verg 31/12.
234 Vgl.§ 135 Rn. 79 a.E.
235 VK Bund, Beschluss v. 10.10.2013 – VK-1 83/13.

Anlage

Gesetzesbegründung (BT-Drs. 18/6281)

Seite 121

§ 134 entspricht im Wesentlichen dem bisherigen § 101a GWB. Die Vorschrift wurde strukturell und sprachlich überarbeitet. Der Regelungsgehalt des bisherigen § 101a Absatz 1 GWB wurde zum besseren Verständnis in den neuen § 134 Absatz 1 und 2 übernommen. Der bisherige § 101a Absatz 2 GWB wurde in § 135 Absatz 3 Satz 1 überführt. Darüber hinaus wurden in den neuen § 134 Absatz 3 Satz 2 die Ausnahmen von der Informationspflicht

Seite 122

bei verteidigungs- oder sicherheitsspezifischen Aufträgen gemäß Artikel 35 Absatz 3 der Richtlinie 2009/81/EG aus dem bisherigen § 36 Absatz 2 VSVgV in das GWB übernommen. Als berechtigte geschäftliche Interessen von Unternehmen können in die Interessenabwägung gemäß Artikel 35 Absatz 3 der Richtlinie 2009/81/EG solche öffentlicher oder privater Unternehmen eingebracht werden.

§ 135
Unwirksamkeit

(1) Ein öffentlicher Auftrag ist von Anfang an unwirksam, wenn der öffentliche Auftraggeber

1. gegen § 134 verstoßen hat oder

2. den Auftrag ohne vorherige Veröffentlichung einer Bekanntmachung im Amtsblatt der Europäischen Union vergeben hat, ohne dass dies aufgrund Gesetzes gestattet ist,

und dieser Verstoß in einem Nachprüfungsverfahren festgestellt worden ist.

(2) Die Unwirksamkeit nach Absatz 1 kann nur festgestellt werden, wenn sie im Nachprüfungsverfahren innerhalb von 30 Kalendertagen nach der Information der betroffenen Bieter und Bewerber durch den öffentlichen Auftraggeber über den Abschluss des Vertrags, jedoch nicht später als sechs Monate nach Vertragsschluss geltend gemacht worden ist. Hat der Auftraggeber die Auftragsvergabe im Amtsblatt der Europäischen Union bekannt gemacht, endet die Frist zur Geltendmachung der Unwirksamkeit 30 Kalendertage nach Veröffentlichung der Bekanntmachung der Auftragsvergabe im Amtsblatt der Europäischen Union.

(3) Die Unwirksamkeit nach Absatz 1 Nummer 2 tritt nicht ein, wenn

1. der öffentliche Auftraggeber der Ansicht ist, dass die Auftragsvergabe ohne vorherige Veröffentlichung einer Bekanntmachung im Amtsblatt der Europäischen Union zulässig ist,

2. der öffentliche Auftraggeber eine Bekanntmachung im Amtsblatt der Europäischen Union veröffentlicht hat, mit der er die Absicht bekundet, den Vertrag abzuschließen, und

3. der Vertrag nicht vor Ablauf einer Frist von mindestens zehn Kalendertagen, gerechnet ab dem Tag nach der Veröffentlichung dieser Bekanntmachung, abgeschlossen wurde.

Die Bekanntmachung nach Satz 1 Nummer 2 muss den Namen und die Kontaktdaten des öffentlichen Auftraggebers, die Beschreibung des Vertragsgegenstands, die Begründung der Entscheidung des Auftraggebers, den Auftrag ohne vorherige Veröffentlichung einer Bekanntmachung im Amtsblatt der Europäischen Union zu vergeben, und den Namen und die Kontaktdaten des Unternehmens, das den Zuschlag erhalten soll, umfassen.

Übersicht Rn.

A. Allgemeines ... 1
I. Vergleich mit der Vorgängerregelung ... 7
II. Europarechtliche Vorgaben ... 13
III. Praktische Wirksamkeit ... 19
B. Voraussetzungen (Abs. 1) ... 21
I. Verstoß gegen Informations- oder Wartepflicht (Nr. 1) ... 24
1. Fehlende Information ... 28
2. Unvollständige Information ... 29
3. Inhaltlich mangelhafte Information ... 33
4. In sonstiger Weise mangelhafte Information ... 39
II. De-facto-Vergabe (Nr. 2) ... 41
1. Rechtsentwicklung ... 42
2. Auftragserteilung ohne vorherige EU-weite Bekanntmachung ... 47
3. Gestattung aufgrund Gesetzes ... 53
C. Feststellung des Verstoßes im Nachprüfungsverfahren (Abs. 1 a.E.) ... 59
I. Nachprüfungsverfahren ... 59
II. Zulässigkeitsvoraussetzungen ... 63
1. Antragsbefugnis ... 66
a) Geschützter Personenkreis ... 66
b) Verstoß gegen Informations- oder Wartepflicht ... 69
c) Auftragsvergabe ohne Veröffentlichung einer EU-Auftragsbekanntmachung ... 71
2. Rügeobliegenheit ... 74
III. Begründetheit des Nachprüfungsantrags ... 78
IV. Fristen (Abs. 2) ... 80
1. Dreißig-Tage-Frist ab Information der Bewerber und Bieter (S. 1 Hs. 1) ... 86
3. Höchstfrist von sechs Monaten (S. 1 Hs. 2) ... 97

3. Dreißig-Tage-Frist bei Vergabebekanntmachung (S. 2) ... 105
a) Beginn und Ende der Frist ... 109
b) Form und Inhalt der Bekanntmachung ... 110
D. Keine Unwirksamkeit (Abs. 3) ... 116
I. Ansicht des öffentlichen Auftraggebers (S. 1 Nr. 1) ... 117
II. Bekanntmachung (S. 1 Nr. 2) ... 121
III. Frist (S. 1 Nr. 3) ... 128
E. Rechtsfolge ... 134
F. Weitere Unwirksamkeitstatbestände . 141
I. Gesetzliches Verbot (§ 134 BGB) .. 143
III. Sittenwidriges Rechtsgeschäft (§ 138 BGB) ... 146
G. Vertragsverletzungsverfahren ... 150
I. Rechtsfolge ... 154
II. Kündigung vergaberechtswidriger Verträge ... 159
Anlage
Gesetzesbegründung (BT-Drs. 18/6281)

A. Allgemeines

1 § 135 GWB sanktioniert wie bisher § 101a GWB a.F. in Abs. 1 Nr. 1 die Verletzung der Informations- und Wartepflicht nach § 134 GWB und in Abs. 1 Nr. 2 die rechtswidrige freihändige Vergabe[1] eines Auftrags. Beide Verstöße führen zur Unwirksamkeit des Vertrages über den jeweiligen Auftrag, wenn sie in einem nach den Vorgaben des § 135 Abs. 2 GWB rechtzeitig eingeleiteten Nachprüfungsverfahren festgestellt werden.

2 Nur die **Rechtsfolge der Unwirksamkeit** des nach einem der beiden Verstöße geschlossenen Vertrages stellt den europarechtlich gebotenen Primärrechtsschutz sicher, da gemäß § 168 Abs. 2 S. 1 GWB der einmal erteilte Zuschlag nicht aufgehoben werden kann und für den Vertrag der Grundsatz „pacta sunt servanda" gilt.[2]

3 Den unter Umgehung des Vergaberechts direkt mit einem Unternehmen geschlossenen Verträgen war mit den Mitteln des deutschen Vergaberechts **früher** nur schwer beizukommen. Nachdem der Vertrag einmal wirksam geschlossen war, existierte kein vergaberechtlicher Primärrechtsschutz mehr (vgl. jetzt § 168 Abs. 2 S. 1 GWB). Die leer ausgegangenen Konkurrenten des Auftragnehmers waren – wenn sie von der Auftragsvergabe überhaupt erfuhren – bis dahin auf vor den Zivilgerichten durchzusetzende Schadensersatzansprüche verwiesen.

4 Um die auf diese Weise entstehende eklatante Lücke im Rechtsschutz der Bieter zu schließen, hatte es in der **Rechtsprechung** schon vor Geltung des § 101b GWB a.F. verschiedene Bemühungen gegeben, die – an sich für einen Verstoß gegen die Informations- und Wartepflicht festgelegte – Nichtigkeitsfolge des § 13 S. 6 VgV a.F. auch bei völliger Missachtung der Ausschreibungspflicht anzuwenden.[3] Erst § 101b GWB a.F. verwirklichte aber in vollem Umfang den gemeinschaftsrechtlich gebotenen Rechtsschutz in diesen Fällen.

5 Vor diesem Hintergrund will § 135 GWB – ebenso wie zuvor § 101b GWB a.F. –ermöglichen, dass ein vergaberechtswidrig erteilter Auftrag noch nachträglich einem geordneten Vergabeverfahren zugeführt werden kann.[4] Wegen dieser gemeinsamen Zielsetzung bildet § 135 Abs. 1 GWB zusammen mit § 134 GWB eine **Einheit zur Gewährleistung des wirksamen Rechtsschutzes** für die Bieter.[5] Zugleich ist Sinn der § 135 Abs. 2 und Abs. 3 GWB, nach einer gewissen Zeit für Rechtssicherheit zu sorgen, indem ein vergaberechtliches Vorgehen gegen bereits abgeschlossene Verträge nach Ablauf einer gewissen Zeit untersagt wird, sodass die

---

1 „Freihändige Vergabe" wird hier im Sinne der Rechtsmittelrichtlinie in der Fassung der RL 2007/66/EG verstanden (vgl. Erwägungsgründe 13 ff. RL 2007/66/EG) als die rechtswidrige Direktvergabe eines öffentlichen Auftrags oberhalb des EU-Schwellenwertes, bei der die Veröffentlichung der Vergabeabsicht im Amtsblatt der Europäischen Union rechtswidrig unterlassen wird; vgl. hierzu etwa OLG Saarbrücken, Beschluss v. 29.1.2014 – 1 Verg 3/13; VK Bund, Beschluss v. 20.2.2014 – VK 1-4/14.

2 Siehe hierzu § 134 Rn. 14.

3 Vgl. hierzu Rn. 42 ff.

4 BGH, Beschluss v. 18.6.2012 – X ZB 9/11; OLG München, Beschluss v. 19.7.2012 – Verg 8/12; VK Südbayern, Beschluss v. 22.12.2014 – Z3-3-3194-1-51-11/14; VK Sachsen, Beschluss v. 23.4.2012 – 1/SVK/008-12.

5 *Dreher*, in: Dreher/Motzke, Vergaberecht,§ 101b GWB Rn. 2.

Verträge wirksam sind.[6] Der Vertrag kann nach Ablauf der Fristen in § 135 Abs. 2 GWB vergaberechtlich nicht mehr infrage gestellt werden. Ein solcher Vertrag kann vor Ablauf der Vertragslaufzeit dann allenfalls von den Vertragsparteien, etwa durch Kündigung oder Ähnliches, beendet werden[7] sowie Gegenstand eines Vertragsverletzungsverfahrens der Kommission oder eines aufsichtsbehördlichen Verfahrens sein.

Mit der neu in das GWB aufgenommenen **freiwilligen Vorab-Bekanntmachung** nach § 135 Abs. 3 GWB kann der öffentliche Auftraggeber die Unwirksamkeit des Vertrages unter bestimmten Voraussetzungen darüber hinaus von vornherein verhindern, wenn er der Ansicht ist, dass die Auftragsvergabe ohne vorherige Veröffentlichung der Vergabeabsicht im Amtsblatt der EU rechtmäßig ist. 6

I. Vergleich mit der Vorgängerregelung

§ 135 Abs. 1 GWB entspricht im Wesentlichen dem bisherigen § 101b Abs. 1 S. 1 und S. 2 GWB a.F. § 101b Abs. 1 Nr. 1 GWB a.F. hatte bei der Novelle des Vergaberechts im Jahre 2009 die frühere **Regelung des § 13 VgV a.F.** – wenn auch unter erheblichen Modifikationen – bei Verstößen gegen die Informationspflicht übernommen: Anders als zuvor führten diese Verstöße demnach nicht zur Nichtigkeit, sondern zur nachträglich festgestellten Unwirksamkeit des jeweiligen Vertrages „von Anfang an"; dies erschien dem Gesetzgeber damals sachgerechter.[8] Dabei ist es auch nach der jüngsten Novelle des GWB-Vergaberechts 2016 in § 135 Abs. 1 S. 1 GWB geblieben. 7

Der **Anwendungsbereich** des § 135 Abs. 1 Nr. 2 GWB ist im Vergleich mit § 101b GWB a.F. dagegen neu gefasst worden. § 101b Abs. 1 Nr. 2 GWB a.F. stellte erstmals ausdrücklich klar, dass rechtswidrige Direktvergaben, für die sich der ungenaue Begriff „De-facto-Vergabe" durchgesetzt hat, zur Unwirksamkeit des Vertrages führen (können). Während § 101b GWB a.F. für die Unwirksamkeit des Vertrages jedoch daran anknüpfte, dass der Auftrag rechtswidrig direkt an ein Unternehmen vergeben wurde, ohne dass dies aufgrund Gesetzes gestattet war, kommt es für die Unwirksamkeit eines Vertrages nunmehr auf die rechtswidrig unterlassene vorherige Veröffentlichung der Vergabeabsicht im Amtsblatt der EU an.[9] Diese Änderung dient der (präziseren) Umsetzung der Vorgaben der Rechtsmittelrichtlinie[10] und trägt der erweiternden Auslegung des § 101b Abs. 1 Nr. 2 GWB a.F. durch die Rechtsprechung Rechnung.[11] Die Neufassung der Vorschrift schafft zugleich mehr Rechtssicherheit und -klarheit, da bislang die Auslegung des Wortlauts des § 101b GWB a.F. durchaus Fragen hinsichtlich der Reichweite der Vorschrift aufwarf;[12] mit dem rechtswidrigen Unterlassen einer an sich zwingenden EU-weiten Bekanntmachung der beabsichtigten Auftragsvergabe setzt die Vorschrift nunmehr einen objektiven Anknüpfungspunkt. 8

§ 135 Abs. 2 S. 1GWB entspricht im Wesentlichen dem bisherigen § 101b Abs. 2 S. 1 GWB a.F. Anders als nach dem bisherigen Wortlaut des § 101b GWB a.F., der den **Fristbeginn** an die „Kenntnis" des Antragstellers von dem Verstoß knüpfte, setzt der Lauf der Frist, innerhalb der ein Unternehmen die Feststellung der Unwirksamkeit eines Vertrags beantragen kann, jetzt eine Information der betroffenen Bieter oder Bewerber durch den öffentlichen Auftraggeber über den Abschluss des Vertrags voraus. Eine (anderweitige) Kenntniserlangung durch den 9

---

6 EuGH, Urteil v. 8.5.2014 –Rs. C-161/13; OLG Schleswig, Beschluss v. 4.11.2014 – 1 Verg 1/14; OLG München, Beschluss v. 13.6.2013 – Verg 1/13; OLG München, Beschluss v. 19.7.2012 – Verg 8/12.

7 VK Südbayern, Beschluss v. 22.12.2014 – Z3-3-3194-1-51-11/14; VK Bund, Beschluss v. 12.11.2012 – VK-1 109/12.

8 Gesetzesbegründung, VergRModG 2009, BT-Drs. 16/10117, 21.

9 Gesetzesbegründung, BT-Drs. 18/6281, 122 (zu § 135 GWB).

10 Hierzu sogleich Rn. 12 ff.

11 Gesetzesbegründung, BT-Drs. 18/6281, 122 (zu § 135 GWB), die insoweit auf OLG Düsseldorf, Beschluss v. 11.1.2012 – VII-Verg 67/11 m.w.N. verweist. Schon die bisherige h.M. stand auf dem Standpunkt, dass mit „Verstoß" der Vertragsschluss ohne die vorher notwendige EU-weite Auftragsbekanntmachung gemeint ist, vgl. z.B. OLG Düsseldorf, Beschluss v. 3.8.2011 – VII-Verg 33/11.

12 Vgl. VK Bund, Beschluss v. 21.1.2015 – VK2-113/14, Beschluss v. 20.2.2014 – VK 1-4/14; VK Niedersachsen, Beschluss v. 1.2.2011 – VgK-75/2010; VK Rheinland-Pfalz, Beschluss v. 22.10.2010 – VK 2-34/10.

Bieter oder Bewerber genügt als fristauslösendes Ereignis damit nicht.[13] Auch diese Änderung dient der Umsetzung der Vorgaben in der RL 89/665/EWG und entspricht im Übrigen der Auslegung des § 101b GWB a.F. durch die Rechtsprechung.[14] § 135 Abs. 2 GWB bezieht sich insoweit auf die in § 135 Abs. 1 GWB genannten Verstöße, also auf einen Vertragsschluss ohne vorherige Mitteilung der unterlegenen Bieter und Bewerber nach § 134 GWB bzw. ohne vorherige Veröffentlichung der beabsichtigten Auftragsvergabe in einer Bekanntmachung im Amtsblatt der Europäischen Union.[15] Dadurch, dass § 135 Abs. 2 S. 1 GWB den Fristbeginn an die Information durch den öffentlichen Auftraggeber und damit – ebenso wie § 135 Abs. 1 Nr. 2 GWB an eine objektive Tatsache knüpft, sorgt die Vorschrift auch insoweit für **mehr Rechtssicherheit**, da auf diese Weise die Unsicherheiten vermieden werden, die bislang bei der Anwendung des § 101 GWB a.F. mit der Feststellung der „Kenntnis" eines Verstoßes und damit einer inneren, subjektiven Tatsache in jedem Einzelfall verbunden waren.[16]

10 § 135 Abs. 2 S. 2 GWB entspricht dem bisherigen § 101b Abs. 2 S. 2 GWB a.F. Nach wie vor stellt S. 2 auf die Veröffentlichung der Bekanntmachung der Auftragsvergabe im Amtsblatt der Europäischen Union als **fristauslösendes Ereignis** ab, sodass auch hier die Kenntnis der betroffenen Bieter oder Bewerber von einem Verstoß gegen § 135 Abs. 1 GWB entsprechend des Art. 2f Abs. 1 lit. a RL 89/665/EWG auf einer Information des öffentlichen Auftraggebers beruht.[17]

11 Der in § 135 GWB **neu eingefügte Abs. 3** übernimmt erstmals die in der RL 89/665/EWG vorgesehene Möglichkeit, die Unwirksamkeit eines Vertrages über einen öffentlichen Auftrag, der ohne vorherige EU-weite Bekanntmachung der Auftragsabsicht vergeben worden ist, zu vermeiden, wenn der öffentliche Auftraggeber der Ansicht ist, eine Vergabe sei ohne vorherige Veröffentlichung im Amtsblatt der Europäischen Union zulässig.[18] Damit die Unwirksamkeitsfolge nicht eintritt, muss der öffentliche Auftraggeber die Absicht des Vertragsschlusses in einer freiwilligen Ex-ante-Bekanntmachung im Amtsblatt der Europäischen Union bekunden und darf dieser Vertrag nicht vor Ablauf einer Frist von mindestens zehn Kalendertagen – gerechnet ab dem Tag nach der Veröffentlichung der Bekanntmachung – abgeschlossen werden.[19]

12 II. Europarechtliche Vorgaben

§ 135 GWB kommt entsprechenden gemeinschaftsrechtlichen Vorgaben nach. § 135 Abs. 1 Nr. 1 GWB setzt **Art. 2d Abs. 1 lit. b RL 89/665/EWG** um. Nach der früheren deutschen Rechtsprechung war ein Unternehmen, das sein Interesse an einem Auftrag nur allgemein und abstrakt bekundet, bevor der konkrete Beschaffungsbedarf etwa überhaupt entstanden war, nicht in den Schutzbereich des § 13 VgV a.F. einbezogen und konnte sich daher auch nicht auf die Nichtigkeit des Vertrages bei einer unzulässigen Direktvergabe berufen. Ob dies den gemeinschaftsrechtlichen Vorgaben in der Auslegung durch den EuGH[20] entsprach, war zweifelhaft. Eine gesetzgeberische Klarstellung zur Unwirksamkeit von De-facto-Vergaben war daher unerlässlich. Die RL 89/665/EWG verpflichtet in Art. 2d Abs. 1 lit. a in diesen Fällen die Mitgliedstaaten, dafür Sorge zu tragen, dass ein Vertrag durch eine von dem öffentlichen Auftraggeber unabhängige Nachprüfungsstelle für unwirksam erklärt wird oder dass sich

13 Gesetzesbegründung, BT-Drs. 18/6281, 122 (zu § 135 GWB).
14 OLG Düsseldorf, Beschluss v. 1.8.2012 – VII-Verg 15/12.
15 Gesetzesbegründung, BT-Drs. 18/6281, 122 (zu § 135 GWB) mit Verweis auf OLG Düsseldorf, Beschluss v.3.8.2011 – VII-Verg 33/11; vgl. auch OLG Düsseldorf, Beschluss v. 1.8.2012 – VII-Verg 15/12.
16 Vgl. etwa OLG Düsseldorf, Beschluss v. 12.2.2014 – VII-Verg 32/13; OLG Frankfurt, Beschluss v. 30.1.2014 – 11 Verg 15/13; OLG München, Beschluss v. 21.2.2013 – Verg 21/12; OLG Naumburg, Beschluss v. 26.7.2012 – 2 Verg 2/12; VK Saarland, Beschluss v. 24.7.2014 – 3 VK 02/2014; VK Baden-Württemberg, Beschluss v. 31.1.2012 – 1 VK 66/11; VK Schleswig-Holstein, Beschluss v. 23.8.2012 – VK-SH 21/12.
17 Gesetzesbegründung, BT-Drs. 18/6281, 122 (zu § 135 GWB).
18 Gesetzesbegründung, BT-Drs. 18/6281, 122 (zu § 135 GWB).
19 Gesetzesbegründung, BT-Drs. 18/6281, 122 (zu § 135 GWB) mit Verweis auf EuGH, Urteil v. 11.9.2014 – Rs. C-19/13, (Fastweb SpA), Rn. 42.
20 Vgl. EuGH, Urteil v. 11.1.2005 – Rs. C-26/03 (Stadt Halle).

seine Unwirksamkeit aus der Entscheidung einer solchen Stelle ergibt. Dem hatte der deutsche Gesetzgeber mit der durch das Gesetz zur Modernisierung des Vergaberechts 2009 in das GWB aufgenommenen Regelung in § 101b Abs. 1 Nr. 2 GWB a.F. entsprochen.

Die **Neufassung des § 101b Abs. 1 Nr. 2 GWB a.F.** durch § 135 Abs. 1 Nr. 2 GWB lehnt sich noch enger an die Formulierung in der RL 89/665/EG an und dient der (präziseren) Umsetzung der Vorgaben in Art. 2d Abs. 1 lit. a RL 89/665/EWG. Es war erklärtes Ziel der novellierten Rechtsmittelrichtlinie, gegen die rechtswidrige freihändige Vergabe von Aufträgen vorzugehen, die der EuGH als die schwerwiegendste Verletzung des Unionsrechts im Bereich des öffentlichen Auftragswesens durch öffentliche Auftraggeber oder Auftragnehmer bezeichnet hat.[21] 13

Die **Unwirksamkeit eines Vertrages** sieht der Richtliniengeber dabei als das **beste Mittel** an, den Wettbewerb wiederherzustellen und neue Geschäftsmöglichkeiten für die Wirtschaftsteilnehmer zu schaffen, denen rechtswidrig Wettbewerbsmöglichkeiten vorenthalten wurden. Nach Auffassung des Richtliniengebers sollte daher eine rechtswidrige freihändige Vergabe i.S.d. RL 89/665/EWG alle Auftragsvergaben ohne vorherige Veröffentlichung einer Bekanntmachung im Amtsblatt der Europäischen Union umfassen.[22] Nach Art. 2d Abs. 1 lit. a RL 89/665/EWG haben die Mitgliedstaaten demnach dafür Sorge zu tragen, dass ein Vertrag unwirksam ist, falls der öffentliche Auftraggeber einen Auftrag ohne vorherige Veröffentlichung einer Bekanntmachung im Amtsblatt der Europäischen Union vergeben hat, ohne dass dies nach dem EU-Vergaberecht zulässig ist.[23] 14

Schon unter Geltung des § 101b Abs. 1 Nr. 2 GWB a.F. **widersprach** es damit den **gemeinschaftsrechtlichen Vorgaben**, von einem ungültigen Vertrag allein in den Fällen auszugehen, in denen überhaupt kein Wettbewerb um den Auftrag stattgefunden hatte.[24] Auch unter Geltung des § 101b Abs. 1 Nr. 2 GWB a.F. reichte es demnach gerade nicht aus, dass der öffentliche Auftraggeber mehrere Unternehmen „irgendwie" am Vergabeverfahren beteiligt hatte.[25] Eine Nichtbeteiligung anderer Unternehmen war bei richtlinienkonformer Auslegung des § 101b Abs. 1 Nr. 2 GWB a.F. vielmehr auch dann gegeben, wenn der Vergabe eines den §§ 97 ff. GWB unterfallenden öffentlichen Auftrags keine EU-weite Bekanntmachung und entgegen § 101 GWB a.F. kein wettbewerbliches Verfahren[26] vorangegangen und dies nicht aufgrund Gesetzes gestattet war.[27] Eine rechtswidrige freihändige Vergabe i.S.d. RL 89/665/EWG lag (und liegt) demnach auch dann vor, wenn Wirtschaftsteilnehmern dadurch rechtswidrig Wettbewerbsmöglichkeiten vorenthalten werden, dass der öffentliche Auftraggeber einen öffentlichen Auftrag lediglich national, trotz vorliegender Voraussetzungen aber nicht EU-weit ausgeschrieben hatte.[28] 15

Die Neufassung des § 135 Abs. 2 S. 1 GWB dient der Umsetzung des **Art. 2f Abs. 1 lit. a RL 89/665/EWG**.[29] Nach Art. 2f Abs. 1 lit. a Spiegelstr. 2 RL 89/665/EWG ist es den Mitgliedstaa- 16

21 Vgl. Erwägungsgrund 13 RL 2007/66/EG.
22 Erwägungsgrund 14 RL 2007/66/EG; vgl. hierzu etwa OLG Saarbrücken, Beschluss v. 29.1.2014 – 1 Verg 3/13; VK Bund, Beschluss v. 20.2.2014 – VK 1-4/14.
23 Hierauf weisen auch *Bulla/Schneider*, VergabeR 2011, 664 (670), hin; OLG Düsseldorf, Beschluss v. 21.7.2010 – VII-Verg 19/10.
24 Ebenso z.B. *Bulla/Schneider*, VergabeR 2011, 664 (670).
25 *Hattig*, in: Hattig/Maibaum, Kartellvergaberecht, § 101b GWB Rn. 27 f.
26 OLG Dresden, Beschluss v. 12.10.2010 – WVerg 9/10.
27 Vgl. OLG Düsseldorf, Beschluss v. 28.3.2012 – Verg 37/11; Beschluss v. 11.1.2012 – VII-Verg 67/11; Beschluss v. 3.8.2011 – VII-Verg 33/11; Beschluss v. 21.7.2010 – VII-Verg 19/10; OLG Dresden, Beschluss v. 12.10.2010 – WVerg 9/10; *Höß*, in: Heuvels/Höß/Kuß/Wagner, Vergaberecht, § 101b GWB Rn. 11; a.A. OLG München, Beschluss v. 31.1.2013 – Verg 31/12 (ohne nähere Begründung); VK Bund, Beschluss v. 23.2.2011 – VK 1-12/11; Beschluss v. 1.12.2009 – VK 3-205/09.
28 Auch hierin lag eine unzulässige „Nichtbeteiligung" anderer Unternehmen i.S.d. § 101b Abs. 1 Nr. 2 GWB a.F. vor, OLG Naumburg, Beschluss v. 14.3.2014 – 2 Verg 1/14; OLG Saarbrücken, Beschluss v. 29.1.2014 – 1 Verg 3/13; OLG Dresden, Beschluss v. 24.7.2012 – Verg 2/12; OLG Düsseldorf, Beschluss v. 3.8.2011 –VII-Verg 33/11; VK Niedersachsen, Beschluss v. 1.2.2011 – VgK-75/2010; i.E. auch VK Baden-Württemberg, Beschluss v. 21.10.2009 – 1 VK 51/09; anders war eine Konstellation zu beurteilen, in der es dem Auftraggeber gerade gestattet war, den Auftrag im nationalen Vergabeverfahren zu vergeben, VK Bund, Beschluss v. 1.12.2009 – VK 3-205/09.
29 Gesetzesbegründung, BT-Drs. 18/6281, 122 (zu § 135 GWB).

ten erlaubt, die Ausschlussfrist zur Geltendmachung der Unwirksamkeit des Vertrages beginnen zu lassen, wenn „der öffentliche Auftraggeber „die betroffenen Bieter und Bewerber über den Abschluss des Vertrags informiert hat, sofern diese Information eine Zusammenfassung der einschlägigen Gründe (...) enthält". Die herrschende Meinung hat daher schon den bisherigen § 101b Abs. 2 S. 1 GWB a.F. richtlinienkonform ausgelegt.[30]

17 § 135 Abs. 2 S. 2 GWB setzt **Art. 2f Abs. 1 lit. a Spiegelstr. 1 der RL 89/665/EWG** in deutsches Recht um. Hiernach können die Mitgliedstaaten vorsehen, dass eine Nachprüfung innerhalb von 30 Kalendertagen erfolgen muss, gerechnet von dem Tag, der auf den Tag folgt, an dem der öffentliche Auftraggeber eine Bekanntmachung über die Auftragsvergabe veröffentlicht hat, wenn darin begründet wird, warum der Auftrag ohne vorherige Veröffentlichung einer Bekanntmachung im Amtsblatt der EU vergeben wurde.

18 § 135 Abs. 3 GWB beruht auf **Art. 2d RL 89/665/EWG**.[31] Von dieser Möglichkeit, in Form einer freiwilligen „Ex-ante-Transparenz" bereits die Absicht bekannt zu machen, einen Auftrag ohne Veröffentlichung vergeben zu wollen, hatte der deutsche Gesetzgeber bis dato keinen Gebrauch gemacht. Auch wenn bislang ein entsprechendes EU-Standardformular in der VO (EG)1150/2009 vorgesehen war, konnten deutsche Auftraggeber die mit der Veröffentlichung der Vergabeabsicht verbundene Rechtswirkung bisher – jedenfalls unmittelbar nach deutschem Vergaberecht[32] – nicht nutzen, nach Einhalten einer Mindestfrist von zehn Kalendertagen den Zuschlag ohne förmliches Vergabeverfahren erteilen zu können. Diese Möglichkeit sieht § 135 Abs. 3 GWB jetzt ausdrücklich vor. Der Richtliniengeber befürwortet eine solche Regelung im Interesse der Rechtssicherheit, zumal eine solche freiwillige Veröffentlichung keine Ausdehnung der Verpflichtungen bedeute, die sich aus den EU-Vergaberichtlinien ergeben.[33] Der Inhalt der freiwilligen Ex-ante-Bekanntmachung, wie ihn § 135 Abs. 3 S. 2 GWB vorschreibt, geht zurück auf Art. 3a RL 89/665/EWG.

III. Praktische Wirksamkeit

19 Trotz der von der Nichtigkeit des Vertrages zu dessen Unwirksamkeit in § 101b GWB a.F. „gemilderten" Sanktion fügte sich die Vorschrift an der Schnittstelle von Rechtssicherheit einerseits und Bieterrechtsschutz andererseits **nicht gänzlich harmonisch** in die deutsche Zivilrechtssystematik ein. Das gilt nach wie vor. Die Regelung in § 101b Abs. 1 Nr. 2 GWB a.F. dürfte den Einsatz rechtsmissbräuchlicher Direktvergaben bei Beschaffungsvorhaben der öffentlichen Hand nicht gänzlich gestoppt haben. Die Fristenregelungen erhöhen zwar die Rechtssicherheit, bedeuten für potenzielle Bieter aber zugleich eine empfindliche Einschränkung ihres Rechtsschutzes.[34] Die Befristung konnte und kann öffentliche Auftraggeber und ihre Vertragspartner dazu verleiten, sich in den ersten sechs Monaten nach Vertragsschluss möglichst „bedeckt" zu halten und den Beginn der Leistungserbringung erst nach Ablauf der Sechsmonatsfrist zu vereinbaren, um so die Kenntnis eines Konkurrenten vom Vertragsschluss zu verhindern und die Durchführung eines Nachprüfungsverfahrens zumindest zu erschweren.[35] Indes droht in diesen – schwer nachweisbaren – Fällen ggf. die Nichtigkeit des Vertrages nach § 138 BGB.[36]

20 Der Gefahr, dass öffentliche Auftraggeber einen Vertragsabschluss bewusst in Kenntnis von dessen Vergaberechtswidrigkeit im Amtsblatt der EU nach § 135 Abs. 2 S. 2 GWB veröffentlichen, um darauf zu hoffen, dass niemand innerhalb der Dreißig-Tage-Frist Notiz von der Veröffentlichung nimmt,[37] kann zumindest dadurch etwas gemindert werden, dass man einen

30 OLG Düsseldorf, Beschluss v. 1.8.2012 –VII-Verg 15/12; Beschluss v. 3.8.2011 – VII-Verg 33/11.
31 Gesetzesbegründung, BT-Drs. 18/6281, 122 (zu § 135 GWB).
32 Für eine unmittelbare Anwendung des Art. 2d Abs. 4 RL 89/665/EWG *Shirvani*, VergabeR 2013, 669 (675).
33 Erwägungsgrund 26 RL 2007/66/EG.
34 *Dreher*, in: Dreher/Motzke, Vergaberecht, § 101b GWB Rn. 6.
35 Von der Gefahr *„kaum mehr zu sanktionierender Geheimvergaben"* spricht auch *Dreher*, in: Dreher/Motzke, Vergaberecht, § 101b GWB Rn. 6.
36 Siehe Rn. 145; vgl. Stellungnahme des Bundesrates, VergRModG 2009, BT-Drs. 16/10117, 32.
37 Vgl. *Greb/Stenzel*, NZBau 2012, 404 (408).

strengen Maßstab an den Inhalt der Bekanntmachung anlegt; diese muss wahrheitsgemäß und so aussagekräftig sein, dass ein Konkurrent in der Lage ist, ggf. ein Nachprüfungsverfahren gegen die Direktvergabe des Auftrags einzuleiten.[38] Das gilt gleichermaßen für die freiwillige Vorab-Bekanntmachung nach § 135 Abs. 3 GWB, mit der eine nachträglich eintretende Unwirksamkeit des Vertrages von vornherein vermieden werden kann, und nicht berücksichtigten Bieter dabei die Zehn-Tage-Frist zur Einleitung eines Nachprüfungsverfahrens zur Verfügung steht.

B. Voraussetzungen (Abs. 1)

Nach § 135 Abs. 1 GWB ist ein Vertrag von Anfang an unwirksam, wenn der öffentliche Auftraggeber gegen die Informations- oder Wartepflicht nach § 134 GWB verstoßen hat (Nr. 1) oder einen öffentlichen Auftrag ohne vorherige Veröffentlichung einer Bekanntmachung im Amtsblatt der Europäischen Union vergeben hat, ohne dass dies aufgrund Gesetzes gestattet ist (Nr. 2). 21

In beiden Fällen muss der Verstoß in einem **Nachprüfungsverfahren** nach den Vorgaben des § 135 Abs. 2 GWB festgestellt werden. Nur unter dieser zusätzlichen Voraussetzung kann der zunächst („schwebend") wirksame Vertrag nachträglich „von Anfang an" unwirksam werden. 22

Es kommt dabei allein darauf an, ob **objektiv** ein Verstoß gegen Abs. 1 Nr. 1 oder Nr. 2 vorliegt, ohne dass ein subjektives Element – sprich die Kenntnis des Verstoßes aufseiten des öffentlichen Auftraggebers oder des Auftragnehmers – erforderlich wäre.[39] 23

I. Verstoß gegen Informations- oder Wartepflicht (Nr. 1)

Nach § 135 Abs. 1 Nr. 1 GWB ist der Vertrag von Anfang an unwirksam, wenn der öffentliche Auftraggeber gegen die Informations- und Wartepflicht des § 134 GWB verstoßen hat – und dies in einem Nachprüfungsverfahren entsprechend den Vorgaben in § 135 Abs. 2 GWB festgestellt wird. 24

Die Unwirksamkeitsfolge nach § 135 GWB sichert – ebenso wie zuvor in § 101b GWB a.F. bzw. die früher in § 13 S. 6 VgV a.F. angeordnete Nichtigkeit des Vertrages – die **Einhaltung der** in § 134 Abs. 2 S. 1 und S. 2 GWB festgelegten **Wartefrist** von fünfzehn bzw. zehn Kalendertagen. Sie schützt den unterlegenen Bieter, indem sie verhindert, dass durch die Erteilung des Zuschlags unumkehrbare Rechtsfolgen eintreten. Damit entspricht die Regelung dem **gemeinschaftsrechtlichen Gebot**, die dem Vertragsschluss vorangehende Entscheidung des öffentlichen Auftraggebers darüber, mit welchem Bieter eines Vergabeverfahrens er den Vertrag schließt, in jedem Fall einem Nachprüfungsverfahren zugänglich zu machen.[40] 25

§ 134 GWB gilt für sämtliche Vergaben öffentlicher Aufträge durch öffentliche Auftraggeber i.S.d. § 115 GWB. 26

Der Wortlaut der Vorschrift legt nahe, dass die Unwirksamkeitsfolge nicht von der **Art** des Verstoßes gegen § 134 GWB abhängig ist, sondern dass jeder festgestellte Verstoß gegen § 134 GWB zur Unwirksamkeit des Vertrages führt. Es ist jedoch zu differenzieren: 27

1. Fehlende Information

Zweifellos tritt die Rechtsfolge der Unwirksamkeit des Vertrages von Anfang an in Fällen ein, in denen der öffentliche Auftraggeber die Wartefrist oder die Informationspflicht gänzlich missachtet hat, also z.B. überhaupt keine Information gemäß § 134 GWB vor Zuschlagserteilung versandt hat oder die Zuschlagserteilung vor Ablauf der Frist erfolgt. 28

---

38 Rn. 109 ff.
39 *Dreher*, in: Dreher/Motzke, Vergaberecht, § 101b GWB Rn. 11.
40 Vgl. auch BGH, Urteil v. 22.2.2005 – KZR 36/03 zu § 13 VgV a.F.

2. Unvollständige Information

29 Die Unwirksamkeitssanktion muss gleichzeitig immer auch dann greifen, wenn einzelne der in § 134 GWB gesetzlich ausdrücklich geforderten Angaben (Name des erfolgreichen Bieters, Gründe für die eigene Nichtberücksichtigung, frühester Zeitpunkt des Vertragsschlusses) in der Information fehlen.[41] Allein dieses Verständnis folgt aus der gebotenen europarechtskonformen Auslegung des § 135 Abs. 1 Nr. 1 GWB.[42]

30 Als Verstoß i.S.d. § 135 Abs. 1 Nr. 1 GWB sind stets auch die Fälle zu zählen, in denen der öffentliche Auftraggeber **nicht alle Gründe** für die Nichtberücksichtigung eines Bewerbers oder Bieters in der Information nennt.[43] Ansonsten führte die Regelung des § 134 GWB – wie auch sonst beim Fehlen einer der gesetzlich vorgeschriebenen Angaben – ins Leere, da ein Bieter seine Position im Vergabeverfahren und die Chancen eines Nachprüfungsverfahrens nicht mehr verlässlich abschätzen könnte.

31 Gerade Umstände, die etwa in der **Person des erfolgreichen Bieters** liegen (z.B. dessen fragliche Eignung), bzw. die mitgeteilten Gründe für die Nichtberücksichtigung des eigenen Angebots können einem nichtberücksichtigten Bieter Anlass geben, ein Nachprüfungsverfahren anzustrengen. Ohne die gesetzlich geforderten Angaben in der Bieterinformation wäre damit ein wirksamer Rechtsschutz, den § 134 GWB gerade sicherstellen will, dann infrage gestellt. Fehlt eine solche Angabe bzw. werden nicht alle Gründe für die Nichtberücksichtigung genannt, liegt daher immer ein Verstoß gegen § 134 Abs. 1 S. 1 GWB vor und ist die erste Voraussetzung für die Unwirksamkeit des Vertrages gegeben.

32 Das gilt auch in den Fällen, in denen der **frühestmögliche Zeitpunkt des Vertrages** nicht oder nicht zutreffend angegeben wird.[44]

3. Inhaltlich mangelhafte Information

33 Es ist jedoch fraglich, ob ein Vertrag auch dann unwirksam ist, wenn der öffentliche Auftraggeber der Informationspflicht des § 134 GWB als solcher zwar Genüge getan hat, das Informationsschreiben selbst auch die gesetzlich geforderten Angaben enthält, diese aber unzutreffend oder unzureichend sind bzw. das Schreiben ansonsten inhaltlich fehlerhaft ist. Nach dem Wortlaut des § 135 Abs. 1 Nr. 1 GWB führt auch eine solcherart mangelhafte Bieterinformation zur Unwirksamkeit des Vertrages. Denn auch in diesen Fällen hat der öffentliche Auftraggeber „gegen § 134 GWB verstoßen", da die Vorschrift so auszulegen ist, dass die Bieterinformation der Wahrheit entsprechen muss und die gesetzlich geforderten Angaben vollständig, zutreffend und jedenfalls so konkret sein müssen, dass ein Bieter seine Stellung im Wettbewerb und die Chancen eines Nachprüfungsverfahrens belastbar einschätzen kann. Allein diese Auslegung entspricht dem Ziel des § 134 GWB, einen wirksamen Bieterrechtsschutz sicherzustellen.[45]

34 Im Übrigen ist jedoch je nach **Einzelfall** zu unterscheiden.[46] Unter Rechtsschutzgesichtspunkten besteht in diesen Fällen nicht stets Anlass, den unzureichend informierten Bieter zusätzlich über den Eintritt der Unwirksamkeitsfolge abzusichern. Denn auch ohne die Unwirksamkeit des Vertrages ist ein unzureichend informierter Bieter ausreichend gegen unwiderruflich geschaffene Tatsachen gesichert: Er kann ein Nachprüfungsverfahren mit dem Ziel einleiten, die

---

41 Vgl. OLG Düsseldorf, Beschluss v. 4.2.2013 – VII-Verg 52/12; Beschluss v. 3.3.2010 – VII-Verg 11/10; OLG Karlsruhe, Beschluss v. 9.10.2012 – 15 Verg 12/11; OLG Koblenz, Beschluss v. 25.9.2012 – 1 Verg 5/12; OLG Jena, Beschluss v. 9.9.2010 – 9 Verg 4/10.

42 Vgl. *Dreher*, in: Dreher/Motzke, Vergaberecht, § 101b GWB Rn. 13.

43 § 134 GWB Rn. 65.

44 Siehe hierzu § 134 Rn. 75; OLG Brandenburg, Beschluss v. 22.12.2011 – Verg 14/11; OLG München, Beschluss v. 10.3.2011 – Verg 1/11; VK Brandenburg, Beschluss v. 15.9.2015 – VK 16/15; VK Bund, Beschluss v. 7.7.2015 – VK 2-49/15; Beschluss v. 26.11.2013 –VK 2-104/13.

45 Vgl. auch *Dreher*, in: Dreher/Motzke, Vergaberecht, § 101b GWB Rn. 13.

46 Vgl. etwa auch VK Nordbayern, Beschluss v. 18.11.2011 – VK 3194-36/11; *Glahs*, in: Reidt/Stickler/Glahs, Vergaberecht, § 101b GWB Rn. 7; *Koenig*, in: Kulartz/Kus/Portz, GWB-Vergaberecht, § 101b Rn. 3.

Vergabestelle zu verpflichten, ihm eine ausreichende Begründung zu erteilen.[47] Bis zur Entscheidung der Vergabekammer und dem Ablauf der Beschwerdefrist bleibt er durch das Zuschlagsverbot des § 169 Abs. 1 GWB vor einem Rechtsverlust geschützt. Damit liegt es allein bei ihm, seine Rechte im Rahmen des ihm tatsächlich eröffneten Nachprüfungsverfahrens durchzusetzen.[48]

Schon zu § 13 VgV a.F. hatte sich daher die Auffassung durchgesetzt, dass nicht jede falsche oder unvollständige Information die Nichtigkeitsfolge auszulösen vermochte. § 13 VgV a.F. sei vielmehr im Sinne einer **teleologischen Reduktion** so auszulegen, dass auch eine unvollständige oder falsche Mitteilung eine „Information" i.S.d. § 13 VgV a.F. darstelle und daher nicht die Nichtigkeitsfolge auslöse. Dies gelte jedenfalls dann, wenn der Auftraggeber nicht bewusst unzutreffende Angaben mache oder der Verstoß sonst als so schwerwiegend zu qualifizieren sei, dass nicht mehr von einer „Information" gesprochen werden könne, auf deren Grundlage ein Bieter die Erfolgsaussichten eines Nachprüfungsantrags einschätzen könne.[49] Hieran war auch nach der Neufassung der Vorabinformation des § 13 VgV a.F. in § 101a GWB a.F. im Grundsatz festzuhalten.[50] Wie sich aus der Gesetzesbegründung zum VergRModG 2009[51] ergibt, sollte § 101b GWB a.F. vor allem zu mehr Rechtssicherheit führen, wie auch die damalige Aufnahme der Fristenregelung in § 101b Abs. 2 GWB a.F. zeigt. Abgesehen von der gesetzlichen Regelung der De-facto-Vergabe war mit § 101b GWB a.F. eine Ausdehnung des Anwendungsbereichs des § 13 VgV a.F. vom Gesetzgeber gerade nicht beabsichtigt. Dieses gesetzgeberische Ziel gilt unverändert auch für die insoweit identische Regelung des § 135 GWB. Seine Verwirklichung setzt voraus, dass die Sanktion des § 101b GWB a.F. bzw. jetzt des § 135 GWB nur in Fällen greift, in denen dies sachgerecht ist. 35

Durch diese teleologische Reduktion des Anwendungsbereichs von § 135 GWB[52] darf der **wirksame Bieterrechtsschutz** jedoch keinesfalls **gefährdet** werden. Bei der Frage, ob § 135 GWB bei unzureichenden oder unzutreffenden Vorabinformationen eingreift, ist stets der Zweck der zum Schutze des Bieters bestehenden Begründungspflicht nach § 134 GWB zu berücksichtigen, diesen über die tatsächlichen und rechtlichen Umstände seiner Nichtberücksichtigung aufzuklären und ihm so die Möglichkeit zu verschaffen, auf dieser Grundlage die Aussichten eines Nachprüfungsverfahrens einzuschätzen.[53] Es kommt also entscheidend darauf an, ob durch die fehlerhafte Information der effektive Rechtsschutz des nicht berücksichtigten Bieters vereitelt wurde.[54] 36

Sind die Fehler der Information für den Adressaten **nicht erkennbar**, wird er durch die Information nach § 134 GWB gerade nicht in die Lage versetzt, die Erfolgsaussichten eines etwaigen Nachprüfungsverfahrens verlässlich einzuschätzen, sodass in einer solchen Konstellation ein Verstoß gegen § 134 GWB i.S.d. § 135 Abs. 1 Nr. 1 GWB vorliegt.[55] Das gilt namentlich für eine nicht den Tatsachen entsprechende Begründung der eigenen Nichtberücksichtigung. 37

Kein Verstoß gegen § 134 GWB i.S.d. § 135 Abs. 1 Nr. 1 GWB liegt dagegen vor, wenn ein Bieter trotz der fehlerhaften Information nicht daran gehindert wird, die Chancen eines Nachprüfungsverfahrens realistisch einzuschätzen. Damit sind Fälle angesprochen, in denen die Information **erkennbare Fehler** aufweist. Das kann z.B. der Fall sein, wenn ein Bieter den für den Zuschlag ausgewählten Konkurrenten trotz falsch geschriebenen Namens oder fehlerhaf- 38

47 Hierauf verweist auch *Freytag*, in: Gabriel/Krohn/Neun, Handbuch des Vergaberechts, § 35 Rn. 5, letztlich bestehe daher kein Anlass für eine teleologische Reduktion.

48 Vgl. z.B. OLG Düsseldorf, Beschluss v. 4.2.2013 – VII-Verg 52/12; OLG Jena, Beschluss v. 14.2.2005 – 9 Verg 1/05; OLG Dresden, Beschluss v. 14.2.2003 – WVerg 11/01, jeweils zu § 13 VgV a.F.

49 Vgl. schon die Streitdarstellung bei *Kühnen*, in: Byok/Jaeger, Vergaberecht, 2. Aufl. 2005, § 13 VgV Rn. 1587 ff.

50 Vgl. auch *Dreher*, in: Dreher/Motzke, Vergaberecht, § 101b GWB Rn. 13.

51 Vgl. Gesetzesbegründung, VergRModG 2009, BT-Drs. 16/10117, 21.

52 Ablehnend z.B. *Freytag*, in: Gabriel/Krohn/Neun, Handbuch des Vergaberechts, § 35 Rn. 5 m.w.N.

53 OLG Dresden, Beschluss v. 14.2.2003 – WVerg 11/01,zu § 13 VgV a.F.; *Dreher*, in: Dreher/Motzke, Vergaberecht, § 101b GWB Rn. 13, 17.

54 *Dreher*, in: Dreher/Motzke, Vergaberecht, § 101b GWB Rn. 17.

55 Zu § 13 VgV a.F. *Kühnen*, in: Byok/Jaeger, Vergaberecht, 2. Aufl. 2005, § 13 VgV Rn. 1590; *Dreher*, in: Dreher/Motzke, Vergaberecht, § 101b GWB Rn. 17.

ter Angabe der Adresse etc. zweifelsfrei identifizieren kann. Ebenso zu behandeln sind für den Informationsadressaten erkennbare Zahlendreher und Ähnliches.[56]

4. In sonstiger Weise mangelhafte Information

39 Es stellt sich schließlich die Frage, ob ein „Verstoß gegen § 134 GWB" i.S.d. § 135 Abs. 1 Nr. 1 GWB auch dann vorliegt, wenn der öffentliche Auftraggeber die Information **nicht in Textform** versendet, sie also lediglich mündlich erteilt. In diesen Fällen liegt schon keine Information i.S.d. § 134 GWB vor. Sie sind daher so zu behandeln, als ob überhaupt keine Information erteilt worden wäre. Denn § 134 Abs. 1 S. 2 GWB sieht die Textform mit guten Gründen ausdrücklich vor. Hierdurch wird der gebotenen Rechtsklarheit Rechnung getragen und Beweisschwierigkeiten werden verhindert. Wird die Information nicht in Textform, sondern lediglich mündlich erteilt, liegt stets ein Verstoß gegen § 134 GWB i.S.d. § 135 Abs. 1 Nr. 1 GWB und damit eine Voraussetzung für die Unwirksamkeit des Vertrages vor.[57]

40 Informiert der öffentliche Auftraggeber dagegen die betroffenen Bewerber und Bieter entgegen § 134 Abs. 1 S. 1 GWB **nicht unverzüglich**, liegt an sich zwar ebenfalls ein Verstoß gegen § 134 GWB vor. Mit Blick auf den Normzweck des § 134 GWB, effektiven Rechtsschutz zu gewährleisten, liegt hierin jedoch kein Verstoß i.S.d. § 135 Abs. 1 Nr. 1 GWB, der die Unwirksamkeit des Vertrages rechtfertigen könnte.[58] Liegt kein sonstiger Verstoß gegen § 134 GWB vor, können die betroffenen Bewerber und Bieter in diesen Fällen während der Wartefrist des § 134 GWB, die ihnen auch dann voll zur Verfügung steht, effektiven Rechtsschutz erlangen. In diesen Fällen sind allenfalls Schadensersatzansprüche gegen den öffentlichen Auftraggeber denkbar.[59]

II. De-facto-Vergabe (Nr. 2)

41 § 135 Abs. 1 Nr. 2 GWB sanktioniert eine rechtswidrige Auftragsvergabe ohne vorherige Bekanntmachung im Amtsblatt der EU, die gesetzlich mit der Unwirksamkeit des hierauf geschlossenen Vertrages belegt wird, soweit dies in einem Nachprüfungsverfahren unter den Voraussetzungen des § 135 Abs. 2 GWB geltend gemacht wird. Nach § 135 Abs. 1 Nr. 2 GWB ist demnach ein Vertrag von Anfang an unwirksam, wenn der öffentliche Auftraggeber den Auftrag ohne vorherige Veröffentlichung einer Bekanntmachung im Amtsblatt der Europäischen Union vergeben hat, ohne dass dies aufgrund Gesetzes gestattet ist (und dieser Verstoß in einem Nachprüfungsverfahren nach § 135 Abs. 2 GWB festgestellt wird).

1. Rechtsentwicklung

42 Unter welchen Voraussetzungen die Nichtigkeitsfolge des § 13 S. 6 VgV a.F. auch auf De-facto-Vergaben anzuwenden ist, gehörte früher zu den umstrittensten Problemkreisen im deutschen Vergaberecht. § 13 VgV a.F. nannte allein „Bieter" als Adressaten der Vorabinformation. Demnach konnten also nur „Bieter" beanspruchen, über das Ergebnis des Vergabeverfahrens eigens in einer Information unterrichtet zu werden. Bei einer De-facto-Vergabe fehlte es aber gerade an einem förmlichen Verfahren, es fehlt an Angeboten und damit auch an „Bietern" im vergaberechtlichen Sinne.[60]

43 Vor diesem Hintergrund hatte der BGH in gemeinschaftsrechtskonformer Auslegung der Vorschrift eine **entsprechende Anwendung von § 13 VgV a.F.** auf De-facto-Vergaben, bei denen vor Vertragsschluss kein förmliches Vergabeverfahren stattfindet, zwar grundsätzlich befürwortet.[61] Die analoge Anwendung blieb aber auf Fälle beschränkt, in denen ein Beschaf-

---

56 *Dreher*, in: Dreher/Motzke, Vergaberecht, § 101b GWB Rn. 17.
57 So auch *Dreher*, in: Dreher/Motzke, Vergaberecht, § 101b GWB Rn. 18.
58 So auch *Dreher*, in: Dreher/Motzke, Vergaberecht, § 101b GWB Rn. 20; vgl. auch *Höß*, in: Heuvels/Höß/Kuß/Wagner, Vergaberecht, § 101b GWB Rn. 8 m.w.N., der von einer bloßen *„Obliegenheitsverletzung"* des Auftraggebers spricht.
59 Vgl. *Höß*, in: Heuvels/Höß/Kuß/Wagner, Vergaberecht, § 101b GWB Rn. 8.
60 Zum Begriff siehe eingehend OLG Naumburg, Beschluss v. 3.9.2009 – 1 Verg 4/09.
61 BGH, Urteil v. 1.2.2005 – X ZB 27/04; vgl. z.B. auch OLG Naumburg, Beschluss v. 15.3.2007 – 1 Verg 14/06.

fungsvorgang zu einer Beteiligung mehrerer Bieter und zu verschiedenen Angeboten und schließlich zu einer Auswahlentscheidung durch den Auftraggeber führte, also eine Art wettbewerbliches Verfahren stattgefunden hatte.[62] In einer solchen Konstellation sind mehrere außenstehende Dritte als Bieter aufgetreten, deren Angebote aber nicht berücksichtigt werden sollen, sodass es auch Gründe für ihre Nichtberücksichtigung gibt, die mitgeteilt werden können.[63]

Eine Informationspflicht nach § 13 VgV a.F. sollte dagegen dann nicht existieren, wenn der Auftraggeber **nur mit einem Unternehmen** Verhandlungen führte und diesem auch den Auftrag erteilte; die hierdurch entstehende eklatante Rechtsschutzlücke konnte allenfalls in Ausnahmefällen über § 138 BGB[64] geschlossen werden. Um über den Ausgang eines Verfahrens informiert zu werden, musste ein Unternehmen der Vergabestelle – in welcher Form auch immer – demnach mitgeteilt haben, dass es sich für den Auftrag interessiert.[65] Ein bloß potenzielles Interesse eines Unternehmens an einer Auftragserteilung, das dem Auftraggeber gegenüber jedoch nicht hervorgetreten ist, sollte demgegenüber unbeachtlich sein.[66] Zur Begründung wurde darauf verwiesen, dass bei De-facto-Vergaben ansonsten die Möglichkeit bestünde, dass jeder beliebige Marktteilnehmer, der – womöglich erst nach geraumer Zeit – von der Vergabe eines zu seinem Leistungssortiment zählenden Auftrags zugunsten eines Dritten erfährt, ein Nachprüfungsverfahren einleiten könnte. Eine Eröffnung des Nachprüfungsverfahrens für den gesamten Markt widerspräche der subjektiven und bieterbezogenen Ausrichtung der Regeln über das Nachprüfungsverfahren, liefe aber auch dem Sinn und Zweck der Informationspflicht zuwider.[67] 44

Ausgehend von der Frage, ob einem Unternehmen ein „**Bieterstatus"** bzw. eine „**bieterähnliche Stellung"** einzuräumen war, musste die Rechtsprechung auch nach der zitierten Grundsatzentscheidung des BGH in zahlreichen Einzelfällen der Frage nachgehen, ob § 13 S. 6 VgV a.F. in Fällen einer De-facto-Vergabe anzuwenden war.[68] Die hiermit verbundene erhebliche Rechtsunsicherheit suchte bereits die Vorschrift des § 101b GWB a.F., die durch das VergRModG 2009 in das damals geltende GWB eingefügt wurde, zu beseitigen. 45

Schon nach der Regelung in **§ 101b Abs. 1 Nr. 2 GWB a.F.** setzte eine unzulässige De-facto-Vergabe keine „bieterähnliche Stellung" oder ein durchgeführtes „wettbewerbliches Verfahren" mehr voraus. Allein maßgeblich war, ob ein objektiver Verstoß i.S.d. § 101 b GWB Abs. 1 Nr. 2 a.F. vorlag.[69] Dabei ist es geblieben. Nach **§ 135 Abs. 1 Nr. 2 GWB** kann ein Vertrag zwischen einem öffentlichen Auftraggeber und einem Unternehmen unter zwei Voraussetzungen von der Vergabekammer für unwirksam erklärt werden: Erstens muss der öffentliche Auftraggeber einen öffentlichen Auftrag ohne vorherige Veröffentlichung einer Bekanntmachung im Amtsblatt der EU an ein Unternehmen erteilt haben, und dies darf zweitens nicht „aufgrund Gesetzes" gestattet sein. Es geht also darum, jene Verträge mit der Unwirksamkeitsfeststellung zu belasten, denen es an jeglicher Transparenz in Bezug auf den Kreis der potenziell an einem Vertragsschluss interessierten Unternehmen fehlt, der Vertragsschluss also unter vollständiger Umgehung des Marktes zustande kommt.[70] Bei einem derartigen 46

62 Siehe OLG Brandenburg, Beschluss v. 15.7.2010 – Verg 4/09.
63 BGH, Urteil v. 1.2.2005 – X ZB 27/04.
64 Rn. 145.
65 Vgl. OLG Düsseldorf, Beschluss v. 2.12.2009 – VII-Verg 39/09; Beschluss v. 25.1.2005 –VII-Verg 93/04.
66 Vgl. z.B. OLG Hamburg, Beschluss v. 25.1.2007 – 1 Verg 5/06; OLG Jena, Beschluss v. 28.1.2004 – 6 Verg 11/03.
67 Vgl. OLG Dresden, Beschluss v. 14.2.2003 – WVerg 0011/01.
68 Vgl. etwa OLG Naumburg, Beschluss v. 3.9.2009 – 1 Verg 4/09, zur Bietereigenschaft eines Unternehmens bei fehlendem eigenen bzw. nicht fristgerecht eingereichtem Angebot; VK Brandenburg, Beschluss v. 17.6.2008 – VK 13/08, zur Anzeige einer gewerblichen Altpapiersammlung als Interessenbekundung hinsichtlich einer dauernden Altpapierentsorgung; VK Münster, Beschluss v. 6.5.2008 –VK 4/08, zu Mitgliedern einer Bietergemeinschaft und Nachunternehmern und einer Interessenbekundung für wesentliche Teilleistungen; VK Düsseldorf, Beschluss v. 12.3.2008 – VK-03/2008-B, bei einer Wiederaufnahme der Bemühungen zur Veräußerung eines Grundstücks nach etlichen Jahren und grundlegend geänderter Nutzung; nach Aufhebung des förmlichen Vergabeverfahrens und anschließender freihändiger Vergabe z.B. OLG Düsseldorf, Beschluss v. 25.9.2008 – VII-Verg 57/08; OLG Dresden, Beschluss v. 25.1.2008 – WVerg 10/07, bei einer Interimsbeauftragung.
69 So auch VK Münster, Beschluss v. 18.3.2010 – VK 2/10.
70 VK Bund, Beschluss v. 21.1.2015 – VK 2-113/14; Beschluss v. 20.2.2014 – VK 1-4/14.

Transparenzdefizit ist die nachträgliche Feststellung der Unwirksamkeit durch die Nachprüfungsinstanzen alternativlos, da eine Ex-ante-Überprüfung von vornherein nicht in Betracht kommt.[71] Ebenso wie bei einem Verstoß nach § 135 Abs. 1 Nr. 1 GWB muss die auf eine Direktvergabe nach § 135 Abs. 1 Nr. 2 GWB gestützte Unwirksamkeit des Vertrages nach § 135 Abs. 2 GWB in einem Nachprüfungsverfahren vor der Vergabekammer festgestellt werden. Zugleich führt § 135 Abs. 1 Nr. 2 GWB die Regelung des § 101b Abs. 1 Nr. 2 GWB a.F. fort, welche die Antwort auf die bereits unter Geltung des § 13 VgV a.F. virulente Frage, welche Unternehmen sich auf die nachträgliche Ungültigkeit eines Vertrages berufen können, nicht überflüssig gemacht hatte; sie muss seither im Rahmen der Antragsbefugnis eines Unternehmens nach § 160 Abs. 2 GWB und insbesondere der Voraussetzung „Interesse am Auftrag" gefunden werden.[72]

2. Auftragserteilung ohne vorherige EU-weite Bekanntmachung

47 Eine unzulässige Direktvergabe im Sinne des § 135 Abs. 1 Nr. 2 GWB setzt voraus, dass der Auftrag rechtswidrig ohne vorherige Veröffentlichung einer Bekanntmachung im Amtsblatt der EU vergeben wurde.

48 Hiermit ist die reguläre **Bekanntmachung einer beabsichtigten Auftragsvergabe** gemeint. Insofern weicht § 135 Abs. 1 Nr. 2 GWB von seiner Vorgängervorschrift § 101b Abs. 1 Nr. 2 GWB ab, der darauf abstellte, dass ein Auftrag unmittelbar an ein Unternehmen erteilt wurde, ohne andere Unternehmen am Vergabeverfahren zu beteiligen. Die Anknüpfung an die unterlassene Bekanntmachung der Vergabeabsicht im Amtsblatt der EU in der Neuregelung ist eindeutiger. Die Durchführung eines Vergabeverfahrens im Anwendungsbereich der RL 2014/24/EU ist grundsätzlich europaweit bekannt zu machen. Nach Art. 49, 26 Abs. 5 UAbs. 1 und Art. 32 RL 2014/24/EU werden Vergabeverfahren unabhängig von der gewählten Verfahrensart durch eine Auftragsbekanntmachung in Gang gesetzt.[73] Dies soll Transparenz, Gleichbehandlung und Wettbewerb gewährleisten.[74] Diese Vorgaben werden u.a. durch § 37 VgV in deutsches Recht umgesetzt.[75] Nach § 37 Abs. 2 VgV teilt der öffentliche Auftraggeber seine Absicht, einen öffentlichen Auftrag zu vergeben oder eine Rahmenvereinbarung abzuschließen, in einer Auftragsbekanntmachung nach dem Muster gemäß Anhang II VO (EU) 2015/1986 mit. Die Sanktion in § 135 Abs. 1 Nr. 2 GWB knüpft daran an, dass der öffentliche Auftraggeber in rechtswidriger Weise gegen die grundsätzliche Bekanntmachungspflicht verstoßen hat.

49 § 135 Abs. 1 Nr. 2 GWB stellt auf die fehlende Bekanntmachung im **Amtsblatt der Europäischen Union** ab. Die Folge der Unwirksamkeit tritt daher auch dann ein, wenn eine Bekanntmachung erfolgt ist, diese aber in einem anderen Veröffentlichungsmedium zum Beispiel bei einer nationalen Ausschreibung veröffentlicht wurde, obwohl eine Bekanntmachung im Amtsblatt der EU gefordert war.[76] Inwieweit sich hierauf auch Unternehmen berufen können, die die nationale Bekanntmachung zur Kenntnis genommen haben und an dem Vergabeverfahren teilgenommen haben, ist im Nachprüfungsverfahren unter dem Gesichtspunkt der Rechtsverletzung bzw. der Kausalität zwischen Rechtsverletzungen und Schaden zu prüfen.

50 Die Unwirksamkeitsfolge nach § 135 Abs. 1 GWB greift nur im **Anwendungsbereich der §§ 97 ff. GWB** und **der Vergaberichtlinien** ein. Sie tritt dagegen nicht ein, wenn der öffentliche Auftraggeber gegen die Vorgaben verstoßen hat, die nach der Rechtsprechung des EuGH aus dem EU-Primärrecht für die Anwendung von öffentlichen Aufträgen abzuleiten sind.[77] Auch eine analoge Anwendung des § 135 Abs. 1 Nr. 2 GWB kommt in diesen Fällen nicht in Betracht, da diese eine sogenannte planwidrige Regelungslücke voraussetzen würde.

71 VK Bund, Beschluss v. 21.1.2015 – VK 2-113/14; Beschluss v. 20.2.2014 – VK 1-4/14.
72 Vgl. hierzu Rn. 66 ff.
73 Verordnungsbegründung zu § 37 Abs. 1 VgV, VergRModVO, BR-Drs. 87/16, 190.
74 Verordnungsbegründung zu § 37 Abs. 1 VgV, VergRModVO, BR-Drs. 87/16, 190.
75 Verordnungsbegründung zu § 37 Abs. 1 VgV, VergRModVO, BR-Drs. 87/16, 190; vgl. auch § 12 EU Abs. 3 Nr. 1 VOB/A; § 35 SektVO, § 18 KonzVgV.
76 VK Thüringen, Beschluss v. 21.5.2015 – 250-4003-2353/2015-E-003-SON.
77 VK Bund, Beschluss v. 1.12.2009 – VK 3-205/09.

Eine solche Regelungslücke liegt aber seit Inkrafttreten des VergRModG 2009 nicht mehr vor, da der Gesetzgeber die De-facto-Vergaben einer expliziten und abschließenden Regelung zuführen wollte.[78]

Aus welchen **subjektiven Beweggründen** der öffentliche Auftraggeber eine EU-weite Bekanntmachung unterlassen hat, spielt keine Rolle. Allein entscheidend ist, ob der Anwendungsbereich des GWB-Vergaberechts nach den §§ 98, 99 und 103 GWB eröffnet ist.[79] Es ist daher unerheblich, ob der öffentliche Auftraggeber etwa irrtümlich davon ausging, dass die – jetzt an § 108 GWB zu messenden – Voraussetzungen für ein In-House-Geschäft tatsächlich vorlagen oder er beispielweise den Wert des auszuschreibenden Auftrags, aus welchen Gründen auch immer, fehlerhaft geschätzt hat.[80] Eine unzulässige De-facto-Vergabe im Sinne des § 135 Abs. 1 Nr. 2 GWB kann z.B. auch in der (wesentlichen) Änderung eines laufenden Vertrages über einen öffentlichen Auftrag liegen.[81] In all diesen Fällen gilt: Unterbleibt die Bekanntmachung einer Ausschreibung im EU-Amtsblatt vergaberechtswidrig und konnte ein Unternehmen sich deshalb um den betreffenden Auftrag nicht bewerben und ein Angebot abgeben, kann es sich auf eine Verletzung des Abs. 1 Nr. 2 berufen. 51

Sonstige Vergaberechtsverstöße, die nicht in der rechtswidrig unterlassenen EU-weiten Bekanntmachung der Auftragsvergabe liegen, führen dagegen nicht zur Unwirksamkeit des Vertrages nach § 135 Abs. 1 Nr. 2 GWB,[82] mögen sie auch den Kreis der potenziellen Auftragnehmer rechtswidrig begrenzen (z.B. die unzulässige Nichtberücksichtigung eines Angebots). Ein Verstoß gegen § 135 Abs. 1 Nr. 2 GWB scheidet dann aus, wenn der öffentliche Auftraggeber die Vergabe dem europaweiten Wettbewerb durch die Veröffentlichung einer EU-weiten Bekanntmachung unterstellt hat. Das gilt etwa auch dann, wenn der öffentliche Auftraggeber ausweislich der Darlegung in der Bekanntmachung von einem Verfahren sui generis ausgeht, für welches er in Ermangelung eines passenden Bekanntmachungsmusters auf das Bekanntmachungsmuster für offene Verfahren zurückgegriffen hat.[83] Gemäß Art. 2d Abs. 1 lit. a RL 89/665/EWG ist ein Vertrag nur dann unwirksam, wenn der öffentliche Auftraggeber diesen vergeben hat, ohne vorher eine Bekanntmachung zu veröffentlichen und ohne dass dies nach der RL 2004/18/EG bzw. nunmehr nach der RL 2014/24/EU zulässig ist. Nach Erwägungsgrund 14 RL 2007/66/EG liegt eine rechtswidrige Direktvergabe (in der deutschen Übersetzung als „freihändige Vergabe" bezeichnet) nur dann vor, wenn (irgend-)eine Bekanntmachung fehlt. Auch der Wortlaut des Art. 2d Abs. 1 lit. a RL 89/665/EWG stützt diese Auslegung: Hiernach wird allein die Auftragsvergabe „ohne vorherige Veröffentlichung einer Bekanntmachung" im Amtsblatt der EU sanktioniert, ohne dass „dies"– also der Verzicht auf eine Bekanntmachung, nicht jedoch die inhaltlich fehlerhafte Bekanntmachung – zulässig ist. Anderenfalls könnte jeder Vertrag, der etwa aufgrund einer fehlerhaften Bekanntmachung zustande gekommen ist (indem z.B. ein Verhandlungsverfahren anstelle des gebotenen offenen Verfahrens durchgeführt worden ist), innerhalb der Fristen des Art. 2f Abs. 1 RL 89/665/EWG bzw. des § 135 Abs. 2 GWB mit dem Argument angegriffen werden, es handele sich hierbei um eine rechtswidrige Direktvergabe. Wenn der öffentliche Auftraggeber einen Vertrag auf der Grundlage einer EU-weiten Bekanntmachung abgeschlossen hat, ist § 135 Abs. 1 Nr. 2 GWB jedoch gerade nicht einschlägig; dies gilt etwa auch dann, wenn der öffentliche Auftraggeber die „falsche" Vergabeart gewählt hat[84]oder durch die EU-weite Bekanntmachung des von ihm beabsichtigten Verfahrens transparent gemacht hat, dass er „vergabe- 52

78 VK Bund, Beschluss v. 1.12.2009 – VK 3-205/09.
79 *Dreher*, in: Dreher/Motzke, Vergaberecht, § 101b GWB Rn. 22; *Freytag*, in: Gabriel/Krohn/Neun, Handbuch des Vergaberechts, § 35 Rn. 8 m.w.N.
80 Vgl. *Hattig*, in: Hattig/Maibaum, Kartellvergaberecht, § 101b GWB Rn. 23 ff.; zu einer fehlerhaften Schätzung des Auftragswertes mit der Folge einer nationalen, statt einer EU-weiten Ausschreibung OLG Rostock, Beschluss v.6.11.2015 – 17 Verg 2/15, das in diesen Fällen von einer *„unechten De-facto-Vergabe"* spricht.
81 Vgl. hierzu *Hattig*, in: Hattig/Maibaum, Kartellvergaberecht, § 101b GWB Rn. 18 ff., sowie jetzt § 132 GWB.
82 Vgl. OLG Saarbrücken, Beschluss v. 29.1.2014 – 1 Verg 3/13.
83 VK Bund, Beschluss v. 21.1.2015 – VK 2-113/14.
84 VK Bund, Beschluss v. 20.2.2014 – VK 1-4/14.

rechtsfreie" Verträge mit Unternehmen schließen will.[85] Für § 135 Abs. 1 Nr. 2 GWB ist es also z.B. unerheblich, ob sich rein tatsächlich nur ein Unternehmen am Vergabeverfahren beteiligt und den Zuschlag erhalten hat, nachdem der öffentliche Auftraggeber die Unternehmen über die anstehende Auftragsvergabe in Form einer EU-weiten Bekanntmachung informiert hat.

3. Gestattung aufgrund Gesetzes

53 Die Unwirksamkeit des Vertrages nach § 135 Abs. 1 Nr. 2 GWB setzt schließlich voraus, dass das Unterlassen einer EU-weiten Bekanntmachung der beabsichtigten Auftragsvergabe nicht „aufgrund Gesetzes" gestattet war.

54 Dies gilt bei **Ausnahmen vom Anwendungsbereich** des Vergaberechts (§§ 107, 108, 109, 116, 117, 132, 137, 138, 139, 140, 145, 149, 150 GWB) und bei **Ausnahmen von der grundsätzlichen Pflicht zur Bekanntmachung der Vergabeabsicht**:[86] bei zulässigen Verhandlungsverfahren ohne Teilnahmewettbewerb.[87] Eine unzulässige Direktvergabe i.S.d. § 135 Abs. 1 Nr. 2 GWB liegt damit dann nicht vor, wenn die einschlägigen Ausnahmebestimmungen der über § 113 GWB zu beachtenden Regelungen in § 14 Abs. 4 Nr. 1 bis 9 VgV, § 3a EU Abs. 3 VOB/A, § 13 Abs. 2 SektVO, § 20 KonzVgV und § 12 VSVgV jeweils Verhandlungsverfahren ohne Teilnahmewettbewerb zulassen. So ist es z.B. nach § 14 Abs. 4 Nr. 2 VgV zulässig, einen Auftrag im Verhandlungsverfahren ohne Teilnahmewettbewerb zu vergeben, wenn der Auftrag nur von einem bestimmten Unternehmen erbracht oder bereitgestellt werden kann,[88] weil ein einzigartiges Kunstwerk oder eine einzigartige künstlerische Leistung erschaffen oder erworben werden soll (lit. a), weil aus technischen Gründen kein Wettbewerb vorhanden ist (lit. b) oder wegen des Schutzes von ausschließlichen Rechten, insbesondere von gewerblichen Schutzrechten (lit. c).[89] Weitere, in der Praxis regelmäßig herangezogene Tatbestände beziehen sich z.B. auf notwendige Zusatzleistungen vom bisherigen Auftragnehmer[90] oder betreffen Fälle besonders dringlicher Auftragsvergaben.[91]

55 Um die Unwirksamkeitsfolge des § 135 Abs. 1 Nr. 2 GWB zu vermeiden, muss die Vergabestelle **für jeden Einzelfall** genau prüfen, ob sie auf die Ausnahmebestimmungen zurückgreifen und auf die EU-weite Veröffentlichung einer Bekanntmachung verzichten darf.

56 Der Beweis dafür, dass die jeweils erforderlichen, außergewöhnlichen Umstände vorliegen, ist in der Regel vom öffentlichen Auftraggeber zu erbringen.[92] Im Fall des § 14 Abs. 4 Nr. 2 lit. b VgV[93] kommt der öffentliche Auftraggeber der **Beweislast** nicht bereits durch den Nachweis nach, dass ein bestimmter Anbieter den Auftrag am besten ausführen kann; die Vergabestelle muss vielmehr beweisen, dass alleine dieser Anbieter für die Ausführung des Auftrags in Betracht kommt.[94] Der öffentliche Auftraggeber ist z.B. hinsichtlich § 14 Abs. 4 Nr. 2 lit. b VgV gehalten, mittels einer sorgfältigen Markterforschung vorab festzustellen, dass ausschließlich nur ein Unternehmen zur Auftragsdurchführung in der Lage ist. Hierfür muss er sich eine Übersicht über den europaweiten Markt verschaffen. Die Markterforschung muss zu dem Er-

---

85 Bei dieser Konstellation hätte jedes potenziell interessierte Unternehmen mithin die Möglichkeit gehabt, dieses Verfahren vor den vergaberechtlichen Nachprüfungsinstanzen anzugreifen und damit durch Auslösung des Zuschlagsverbots (§ 169 Abs. 2 GWB) Vertragsabschlüsse zu verhindern. Eines darüber hinausgehenden Schutzes in Gestalt einer Feststellung der Unwirksamkeit nach § 134 GWB bedarf es dann nicht, VK Bund, Beschluss v. 21.1.2015 – VK 2-113/14; Beschluss v. 20.2.2014 – VK 1-4/14.

86 Einmal abgesehen von den Fällen nach § 38 Abs. 4 VgV oder nach § 12 EU Abs. 3 Nr. 1 S. 2 VOB/A, in denen die Vorinformation eine Auftragsbekanntmachung entbehrlich werden lässt.

87 Z.B. nach § 17 Abs. 5 VgV; Verordnungsbegründung zu § 37 Abs. 1 VgV, BR-Drs. 87/16, 190.

88 Vgl. etwa VK Bund, Beschluss v. 24.7.2013 – VK 3-62/139 (zu § 3 EG Abs. 4 lit. c VOL/A).

89 Vgl. auch § 3a EU Abs. 3 Nr. 3 VOB/A.

90 Vgl. z.B. § 14 Abs. 4 Nr. 5 VgV.

91 Vgl. § 14 Abs. 4 Nr. 3 VgV bzw. § 3a EU Abs. 3 Nr. 4 VOB/A.

92 Vgl. z.B. OLG Karlsruhe, Beschluss v. 21.7.2010 – 15 Verg 6/10; VK Südbayern, Beschluss v. 24.7.2014 – Z3-3-3194-1-22-05/14.

93 Bzw. § 3a EU Abs. 3 Nr. 3 lit. b VOB/A.

94 Vgl. EuGH, Urteil v. 2.6.2005 – Rs. C-394/02; VK Brandenburg, Beschluss v. 22.5.2008 – VK 11/08; VK Bund, Beschluss v. 20.5.2003 – VK 1-35/03.

gebnis kommen, dass ein Unternehmen gleichsam Monopolist für die Erbringung der nachgefragten Leistung ist.[95]

Nicht ausreichend ist es, wenn der öffentliche Auftraggeber lediglich **subjektiv** zu der Auffassung gelangt, dass nur ein bestimmtes Unternehmen die wirtschaftlichste Leistungserbringung erwarten lässt.[96] Strenge Anforderungen gelten z.B. auch dann, wenn der Auftrag wegen „besonderer Dringlichkeit" im Verhandlungsverfahren ohne vorherige öffentliche Bekanntmachung vergeben werden soll.[97] 57

Sind die Gründe für die Ausnahmetatbestände nicht ausreichend dokumentiert, kann bereits dieser **Dokumentationsmangel** zur Feststellung des Verstoßes i.S.d. § 135 Abs. 1 Nr. 2 GWB durch die Vergabekammer führen und die Unwirksamkeit des Vertrages zur Folge haben.[98] 58

C. Feststellung des Verstoßes im Nachprüfungsverfahren (Abs. 1 a.E.)

I. Nachprüfungsverfahren

Neben einem Verstoß gegen § 135 Abs. 1 Nr. 1 oder Nr. 2 GWB bestimmt § 135 Abs. 1 a.E. GWB als weitere Voraussetzung für die Unwirksamkeit eines Vertrages „von Anfang an", dass der jeweilige Verstoß in einem Nachprüfungsverfahren „festgestellt" worden ist. Für dieses Nachprüfungsverfahren gelten die besonderen Regeln des § 135 Abs. 2 GWB. Die Unwirksamkeit des Vertrages infolge eines Verstoßes i.S.d. § 135 Abs. 1 GWB kann nur im Wege eines Nachprüfungsverfahrens nach §§ 160 ff. GWB geltend gemacht werden.[99] Die Unwirksamkeit eines Vertrages kann auch dann zum Gegenstand eines neuen Nachprüfungsverfahrens gemacht werden, wenn ein Beschluss der Vergabekammer bereits bestandskräftig geworden ist, der den öffentlichen Auftraggeber für den Fall fortbestehender Beschaffungsabsicht zur Neuausschreibung verpflichtet.[100] 59

Ist in einem Nachprüfungsverfahren kein Vergabeverstoß i.S.d. § 135 Abs. 1 GWB festgestellt worden, kein entsprechendes Nachprüfungsverfahren mehr anhängig und sind die Fristen des § 135 Abs. 2 GWB[101] abgelaufen, wird der bis dahin schwebend wirksame Vertrag[102] **endgültig wirksam**. 60

Schon vorher hat der Vertrag jedoch zwischen den Vertragspartnern seine Wirkung vollumfänglich entfaltet. Ein **Leistungsverweigerungsrecht** eines Vertragspartners während des Schwebezustandes besteht nicht. Ggf. kann der auf einen eventuellen Verzögerungsschaden gerichtete Ersatzanspruch nach allgemeinem Zivilrecht geltend gemacht werden, sollte ein Vertragspartner während des Schwebezustands seinen vertraglichen Verpflichtungen nicht nachkommen. 61

Unabhängig von einem Nachprüfungsverfahren und den Fristen nach § 135 Abs. 2 GWB ist die **Nichtigkeit des Vertrages**, z.B. bei einer nach § 138 BGB sittenwidrigen Auftragsvergabe,[103] möglich.[104] 62

95 Vgl. z.B. VK Bund, Beschluss v. 24.7.2013 – VK 3-62/13 (zu § 3 EG Abs. 4 lit. c VOL/A).
96 VK Brandenburg, Beschluss v. 22.5.2008 – VK 11/08; VK Hessen, Beschluss v. 27.4.2007 – 69d-VK-11/2007.
97 Vgl. etwa § 14 Abs. 4 Nr. 3 VgV; hierzu § 134 Rn. 98 ff.
98 OLG Karlsruhe, Beschluss v. 21.7.2010 – 15 Verg 6/10.
99 Vgl. OLG Naumburg, Beschluss v. 26.7.2012 – 2 Verg 2/12; VK Südbayern, Beschluss v. 14.7.2010 – Z 3-3-3194-1-29-05/10.
100 OLG Naumburg, Beschluss v. 26.7.2012 – 2 Verg 2/12.
101 Siehe hierzu nachfolgend Rn. 127 ff.
102 Siehe hierzu nachfolgend Rn. 136.
103 Siehe hierzu nachfolgend Rn. 145.
104 Vgl. schon die Stellungnahme des Bundesrates, VergRModG 2009, BT-Drs.16/10117, 32, bzw. Gegenäußerung der Bundesregierung, hierzu BT-Drs. 16/10117, 41, und Rn. 145 bzw. jetzt Gesetzesbegründung, BT-Drs. 18/6281, 120 (zu § 133 GWB).

II. Zulässigkeitsvoraussetzungen

63 Für das Nachprüfungsverfahren, das auf die Feststellung der Unwirksamkeit eines Vertrags gerichtet ist, gelten – unabhängig von den weiteren Erfordernissen in § 135 Abs. 2 GWB – zunächst die in den §§ 160 ff. GWB geregelten **allgemeinen Zulässigkeitsvoraussetzungen**.[105]

64 Wird gerade die **Unwirksamkeit des erteilten Zuschlags** nach § 134 GWB geltend gemacht, so ist die Statthaftigkeit des Nachprüfungsantrags trotz § 168 Abs. 2 S. 1 GWB zu bejahen, da ja gerade die Wirksamkeit des Zuschlags streitig ist. Ob die Informationspflicht z. B. nach § 134 Abs. 3 S. 1 GWB tatsächlich entfallen durfte, weil z.B. die Durchführung eines Verhandlungsverfahrens ohne vorherige Bekanntmachung wegen besonderer Dringlichkeit gerechtfertigt war, ist in diesem Fall eine Frage der Begründetheit des Nachprüfungsantrags.[106]

65 Die Feststellung des Verstoßes in einem Nachprüfungsverfahren setzt zudem ein **schutzwürdiges Feststellungsinteresse** des Antragstellers voraus,[107] wobei die beantragte Feststellung geeignet sein muss, die Rechtsposition des Antragstellers in einem der genannten Bereiche zu verbessern und eine Beeinträchtigung seiner Rechte auszugleichen oder wenigstens zu mildern.[108] Der Antragsteller muss insbesondere **antragsbefugt** i.S.v. § 160 Abs. 2 S. 1 GWB sein und den **Rügeerfordernissen** (§ 160 Abs. 3 GWB) entsprochen haben.[109]

1. Antragsbefugnis

a) Geschützter Personenkreis

66 Die bei Anwendung der Regelung des § 13 VgV a.F. früher höchst umstrittene Frage, ob die Nichtigkeitsfolge des § 13 S. 6 VgV a.F. **absolut oder nur für einen bestimmten Personenkreis** gelte („Bieter"),[110] löste schon § 101b GWB a.F. gewissermaßen indirekt. Auch § 135 GWB legt hinsichtlich eines Verstoßes gegen § 135 Abs. 1 Nr. 1 GWB selbst nicht fest, wer in den Schutzbereich der Informations- und Wartepflicht des § 134 GWB fällt. Ebenso wie bei § 135 Abs. 1 Nr. 2 GWB zählt für die Unwirksamkeit des Vertrages insoweit allein der objektive Verstoß gegen die (Informations-, Warte- bzw.) Bekanntmachungspflicht.[111] An sich würde das bedeuten, dass sich auch außenstehende Dritte darauf berufen können, dass der öffentliche Auftraggeber die Information betroffener Bewerber und Bieter nach § 134 GWB unterlassen hat, und so die Unwirksamkeit eines Vertrages geltend machen. Das gilt auch im Falle einer unzulässigen Direktvergabe nach § 135 Abs. 1 Nr. 2 GWB.

67 Dadurch, dass ein Verstoß gegen § 135 Abs. 1 Nr. 1 oder Nr. 2 GWB in einem Nachprüfungsverfahren geltend gemacht werden muss, wird der Personenkreis, der sich auf die Unwirksamkeit des Vertrages berufen kann, indessen erheblich eingegrenzt. Wie die damalige Begründung zum VergRModG 2009 klarstellt,[112] bedeutet dies letztlich, dass die Unwirksamkeit des Vertrages durch Einleitung eines Nachprüfungsverfahrens nur durch ein antragsbefugtes Unternehmen vor der Vergabekammer geltend gemacht werden kann.[113] Das setzt eine **materielle Beschwer** des Antragstellers voraus.[114] Diese kann schon in der Rechtsunsicherheit bestehen, dass ein Vertrag mit der Unwirksamkeitsfolge des § 135 Abs. 1 Nr. 2 GWB behaftet

105 OLG Düsseldorf, Beschluss v. 18.4.2012 – VII-Verg 93/11.
106 VK Bund, Beschluss v. 14.7.2015 – VK 2-57/15; Beschluss v. 25.11.2014 – VK 2-93/14; VK Südbayern, Beschluss v. 22.12.2014 – Z3-3-3194-1-51-11/14.
107 Vgl. OLG Düsseldorf, Beschluss v. 18.4.2012 – VII-Verg 93/11.
108 Vgl. OLG Düsseldorf, Beschluss v. 29.1.2014 – VII-Verg 28/13 m.w.N.
109 VK Niedersachsen, Beschluss v. 1.2.2011 – VgK 75-2010; VK Schleswig-Holstein, Beschluss v. 26.5.2010 – VK-SH 01/10.
110 Vgl. hierzu OLG Naumburg, Beschluss v. 3.9.2009 – 1 Verg 4/09.
111 OLG Celle, Beschluss v. 30.10.2014 – 13 Verg 8/14; OLG Brandenburg, Beschluss v. 14.9.2010 – Verg W 8/10; VK Bund, Beschluss v. 10.1.2014 – VK 1-113/13.
112 Vgl. Gesetzesbegründung, VergRModG 2009, BT-Drs. 16/10117, 21.
113 OLG Celle, Beschluss v. 30.10.2014 – 13 Verg 8/14; vgl. OLG Naumburg, Beschluss v. 26.7.2012 – 2 Verg 2/12; Beschluss v. 3.9.2009 – 1 Verg 4/09; VK Schleswig-Holstein, Beschluss v. 5.3.2015 – VK-SH 01/15; VK Bund, Beschluss v. 10.1.2014 – VK 1-113/13.
114 OLG Brandenburg, Beschluss v. 15.7.2010 – Verg W 4/09.

sein könnte, sodass darin eine für die Antragsbefugnis ausreichende Beschwer für das an einer unzulässigen De-facto-Vergabe beteiligte Unternehmen liegen kann.[115] Weder der öffentliche Auftraggeber selbst noch der Bieter, der den Zuschlag erhalten hat, können sich jedoch auf die Unwirksamkeitsfolge berufen.[116]

Die Antragsbefugnis richtet sich nach **§ 160 Abs. 2 S. 1 GWB**. Danach ist jedes Unternehmen antragsbefugt, das ein Interesse an dem Auftrag nachweisen kann und durch die Nichtbeachtung der Vergabevorschriften eine Rechtsverletzung sowie einen (drohenden) Schaden erlitten hat. Das Interesse am Auftrag wird in der Regel dadurch nachgewiesen, dass ein Unternehmen ein Angebot abgegeben oder zumindest sein Interesse an dem ausgeschriebenen Auftrag bekundet hat. **68**

b) Verstoß gegen Informations- oder Wartepflicht

Bei Verletzung der Informations- und Wartepflicht nach § 134 GWB als einem Verstoß i.S.d. **§ 135 Abs. 1 Nr. 1 GWB** dürfte dies weniger ein Problem darstellen, als der nichtberücksichtigte Bewerber oder Bieter in der Regel ein Angebot abgegeben oder sonst wie sein Interesse an dem ausgeschriebenen Auftrag bekundet haben wird. **69**

Gemäß § 160 Abs. 2 S. 2 GWB ist jedoch auch der entstandene oder drohende Schaden darzulegen. Als **Schaden** in diesem Sinne ist allgemein die Verschlechterung der Zuschlagsaussichten durch den beanstandeten Vergaberechtsverstoß anzusehen.[117] Es ist jedoch zu berücksichtigen, dass die Vorgaben des § 134 GWB lediglich das Ziel verfolgen, den Einstieg in den Primärrechtsschutz im Wege eines Nachprüfungsverfahrens zu ermöglichen.[118] Ein Verstoß gegen die Informations- und Wartepflicht allein ist demnach nicht geeignet, einen Schaden i.S.d. § 160 Abs. 2 S. 2 GWB zu begründen, die Zuschlagschancen oder sonstigen Erfolgsaussichten der Bieter zu verbessern.[119] War ein Bieter trotz der unzureichenden Information also nicht gehindert, einen Nachprüfungsantrag zu stellen, der nach Zustellung das gesetzliche Zuschlagsverbot nach § 169 Abs. 1 GWB auslöst, ist der Primärrechtsschutz eröffnet und damit das Ziel des § 134 GWB erreicht. Deshalb kommt einem Bieter, der ein Nachprüfungsverfahren eingeleitet hat, kein schützenswertes Interesse im Hinblick auf die Einhaltung der Vorschrift des § 134 GWB mehr zu.[120] Ein über die Verletzung des § 134 GWB nicht hinausgehender Verstoß ist damit letztlich ohne Belang. Es bedarf einer **Rechtsverletzung** des Antragstellers durch die Nichtbeachtung von anderen Bestimmungen des Vergaberechts.[121] Ein Antragsteller kann den potenziellen Schaden jedoch zunächst allein auf die (zuvor gerügte) unzureichende Information stützen, wenn es möglich erscheint, dass sich ein Vergaberechtsverstoß erst aus den fehlenden Informationsbestandteilen ergibt.[122] Werden die fehlenden Inhalte erst während des Nachprüfungsverfahrens nachgereicht und geht aus ihnen kein möglicher Vergaberechtsverstoß hervor, hat sich das Nachprüfungsverfahren erledigt.[123] **70**

c) Auftragsvergabe ohne Veröffentlichung einer EU-Auftragsbekanntmachung

Schwieriger ist die Antragsbefugnis bei einem Verstoß i.S.d. § 135 Abs. 1 Nr. 2 GWB zu beurteilen, da ein Bieter bei einer unzulässigen freihändigen Vergabe in der Regel weder überhaupt von dem konkreten Beschaffungsbedarf noch von den wettbewerblichen Rahmenbedingungen wusste und daher kein Angebot abgeben noch sein Interesse am Auftrag in anderer Weise bekunden kann. In Fallgestaltungen, in denen dem Antragsteller die Vergabeabsicht **71**

---

115 Vgl. auch OLG Naumburg, Beschluss v. 26.7.2012 – 2 Verg 2/12; VK Bund, Beschluss v. 10.6.2011 – VK-3 59/11.

116 Vgl. Gesetzesbegründung, VergRModG 2009, BT-Drs. 16/10117, 21, sowie *Hattig*, in: Hattig/Maibaum, Kartellvergaberecht, § 101b GWB Rn. 39.

117 BGH, Urteil v. 10.11.2009 – X ZB 8/09.

118 VK Bund, Beschluss v. 30.7.2013 – VK-3 61/13.

119 Vgl. z.B. VK Schleswig-Holstein, Beschluss v. 11.2.2010 – VK SH-29/09, sowie die Nachweise bei *Bulla/Schneider*, VergabeR 2011, 664 (669), Fn. 32 f.

120 VK Brandenburg, Beschluss v. 12.11.2008 – VK 35/08.

121 OLG München, Beschluss v. 12.5.2011 – Verg 26/10.

122 OLG Naumburg, Beschluss v. 27.5.2010 – 1 Verg 1/10.

123 Zu den Kostenfolgen in diesen Fällen siehe *Dreher*, in: Dreher/Motzke, Vergaberecht, § 101b GWB Rn. 28.

des öffentlichen Auftraggebers nicht bekannt war und er sich am Vergabeverfahren von vornherein nicht beteiligen konnte, muss er jedoch eine formale Bieter- oder Bewerbereigenschaft gerade nicht innehaben, um antragsbefugt zu sein.[124] Im Übrigen ist in der Rechtsprechung anerkannt, dass ein Nichtbieter gleichwohl sein Interesse am Auftrag hinreichend bekundet hat, wenn er berechtigt geltend machen kann, **an der Abgabe eines aussichtsreichen Angebots** durch die – von ihm als vergaberechtswidrig angesehenen – Bedingungen des Vergabeverfahrens **gehindert** worden zu sein.[125] Im Fall einer De-facto-Vergabe kann ein Unternehmen in der Regel nachvollziehbar darlegen, an der Abgabe eines Angebots gehindert worden zu sein, weil der Beschaffungsbedarf des öffentlichen Auftraggebers sowie z.B. die Zuschlagskriterien, die Unterkriterien sowie deren jeweilige Gewichtung nicht transparent waren.[126]

72 Für die Darlegung eines **Interesses am Auftrag** i.S.d. § 160 Abs. 2 GWB bei einer rechtswidrigen Direktvergabe, an die allgemein keine allzu hohen Anforderungen gestellt werden dürfen,[127] dürfte damit ausreichend sein, wenn ein Unternehmen darlegt bzw. glaubhaft macht, zur Erbringung des fraglichen Auftrags willens und in der Lage, also geeignet zu sein.[128] Den tatsächlichen Nachweis der Eignung kann ein Unternehmen in einer solchen Situation – ohne ordnungsgemäßes Vergabeverfahren – jedoch nicht erbringen, und dies kann auch von der Vergabekammer nicht beurteilt werden; andernfalls würde ein Unternehmen in diesen Fällen gleichsam mit einer präventiven Vertragssperre belegt.[129] Nicht von Bedeutung ist, ob sich der Antragsteller in der Vergangenheit an einer vorausgegangenen Ausschreibung mit einem Angebot oder einer Interessenbekundung beteiligt hat. Er ist ebenfalls nicht verpflichtet, ein fiktives Angebot abzugeben. Es genügt, wenn das Unternehmen der Branche angehört, die die Auftragsausführung anbietet, und er dann sein Interesse mit dem Nachprüfungsantrag dokumentiert.[130]

73 Der potenzielle **Schaden** i.S.d. § 107 Abs. 2 S. 2 GWB liegt in den Fällen des § 135 Abs. 1 Nr. 2 GWB darin, dass der Antragsteller in vergaberechtswidriger Weise nicht am Vergabeverfahren beteiligt wurde und hierdurch seine Zuschlagschancen nicht nur verschlechtert, sondern vollständig vereitelt werden.[131] Ein drohender Schaden ist aber allgemein bereits dann dargetan, wenn der Antragsteller im Fall eines ordnungsgemäßen (neuerlichen) Vergabeverfahrens bessere Chancen auf den Zuschlag haben könnte als in dem beanstandeten Verfahren.[132] Das kann etwa der Fall sein, dass ein Auftrag – etwa infolge einer fehlerhaften Schätzung des Auftragswertes – nur national statt EU-weit ausgeschrieben wurde.[133] Auch wenn das eingeleitete Vergabeverfahren aufgrund der Wahl der falschen Verfahrensart nicht durch Zuschlag beendet werden darf und zur Bedarfsdeckung eine Neuausschreibung in Betracht kommt, droht einem Bieter, der sich durch die Abgabe eines Angebotes am Vergabeverfahren beteiligt hat, regelmäßig ein Schaden durch die Verletzung von Vergabevorschriften.[134]

2. Rügeobliegenheit

74 Im Übrigen ist fraglich, ob betroffene Unternehmen vor der Einreichung eines Nachprüfungsantrags zur Geltendmachung der Unwirksamkeit nach § 135 Abs. 1 GWB eine Rüge nach § 160 Abs. 3 GWB erheben müssen. Bei einem Verstoß gegen § 134 GWB i.S.d. § 135 Abs. 1

---

124 Vgl. EuGH vom 11.1.2005 – Rs. C-26/03 (Stadt Halle), Rn. 40.

125 OLG Düsseldorf, Beschluss v. 29.9.2008 – VII-Verg 35/08; OLG München, Beschluss v. 2.8.2007 – Verg 7/07; OLG Jena, Beschluss v. 6.6.2007 – 9 Verg 3/07.

126 OLG Naumburg, Beschluss v. 3.9.2009 – 1 Verg 4/09.

127 Vgl. nur BVerfG, Beschluss v. 29.7.2004 – 2 BvR 2248/03; BGH, Beschluss v. 1.2.2005 – X ZB 27/04; OLG Karlsruhe, Beschluss v. 15.11.2013 – 15 Verg 5/13 m.w.N.

128 Vgl. OLG Jena, Beschluss v. 19.10.2010 – 9 Verg 5/10; VK Bund, Beschluss v. 24.7.2013 – VK 3-62/13; VK Schleswig-Holstein, Beschluss v. 2.12.2009 – VK-SH 21/09.

129 Vgl. auch OLG Naumburg, Beschluss v. 26.7.2012 – 2 Verg 2/12; VK Bund, Beschluss v. 2.12.2009 – VK 1-06/09.

130 VK Rheinland-Pfalz, Beschluss v. 5.7.2013 – VK 1-11/13.

131 Vgl. OLG Naumburg, Beschluss v. 26.7.2012 – 2 Verg 2/12.

132 Vgl. BGH, Urteil v. 10.11.2009 – X ZB 8/09.

133 Vgl. hierzu etwa OLG Rostock, Beschluss v. 6.11.2015 – 17 Verg 2/15.

134 Vgl. BGH, Urteil v. 10.11.2009 – X ZB 8/09.

Nr. 1 GWB ist eine Rüge nach § 160 Abs. 3 GWB jedenfalls dann denkbar, wenn der betroffene Bieter an einem Vergabeverfahren beteiligt war, jedoch **keine oder nur eine unvollständige oder unrichtige Bieterinformation** erhalten hat und von diesem Umstand noch vor Vertragsschluss Kenntnis erlangt. In einem solchen Fall ist er gemäß § 160 Abs. 3 GWB verpflichtet, den fraglichen Verstoß gegen § 134 GWB innerhalb von zehn Kalendertagen gegenüber dem öffentlichen Auftraggeber zu beanstanden.[135] Die Ausschlussfristen des § 160 Abs. 3 GWB und des § 135 Abs. 2 GWB stehen in diesen Fällen nebeneinander und gelten parallel.[136] Eine Rügeobliegenheit kommt jedoch von vornherein nur dann in Betracht, wenn die Vorabinformation als solche erkennbar ist.[137] Auch bei unmittelbar drohender Zuschlagserteilung ist die Rüge nach zutreffender Ansicht zwar vor Einreichung des Nachprüfungsantrags zu erheben, in diesen Fällen muss dem Auftraggeber jedoch nicht Zeit und Gelegenheit gegeben werden, auf die Rüge noch vor Einleitung des Nachprüfungsverfahrens zu antworten.[138]

Ist ein Bieter in der Lage, die gänzlich unterlassene oder (erkannte) fehlerhafte Information nach § 134 GWB zu rügen bzw. in einem Nachprüfungsverfahren noch **vor Vertragsschluss** zu beanstanden, ist er durch die Einleitung des Nachprüfungsverfahrens und das hierdurch ausgelöste Zuschlagsverbot ausreichend geschützt; unter Rechtsschutzgesichtspunkten besteht daher kein Anlass, ihn mit der Unwirksamkeit des Vertrages zusätzlich abzusichern.[139] **75**

Erfährt ein Bieter von der gänzlich unterlassenen bzw. fehlerhaften Information erst **nach Vertragsschluss**, greift die Rügeobliegenheit des § 160 Abs. 3 GWB dagegen nicht, da der Sinn und Zweck einer Rüge, dem öffentlichen Auftraggeber die Möglichkeit zu geben, sein Verhalten selbst zu korrigieren, dann nicht mehr erreicht werden kann.[140] Ist ein Vertrag entgegen § 134 GWB geschlossen worden, ohne dass die betroffenen Bieter informiert wurden, kann der öffentliche Auftraggeber diesen nicht mehr von sich aus für unwirksam erklären und wird regelmäßig auch selbst an dem Vertrag festhalten wollen. Die Rügeobliegenheit greift damit insbesondere nicht in den Fällen ein, in denen der öffentliche Auftraggeber gegen die Wartepflicht des § 134 GWB verstoßen und den Zuschlag zu früh erteilt hat. Eine Rügeobliegenheit besteht dann nicht.[141] **76**

Das Gleiche gilt bei einem **Verstoß nach § 135 Abs. 1 Nr. 2 GWB** im Falle einer unzulässigen Direktvergabe, für den die Vorschrift selbst voraussetzt, dass der Auftrag bereits erteilt, der Vertrag also geschlossen ist.[142] Auch dann erschöpft sich die Erfüllung der Rügeobliegenheit letztlich in einer bloßen Förmelei, die den öffentlichen Auftraggeber ohnehin nicht zur Selbstkorrektur veranlassen kann. Aus diesem Grund stellt § 160 Abs. 3 S. 2 GWB klar, dass die Rügeobliegenheit nicht bei einem Antrag auf Feststellung der Unwirksamkeit des Vertrages nach § 135 Abs. 1 Nr. 2 GWB gilt.[143] Auch § 160 Abs. 3 Nr. 4 GWB findet in diesen Fällen keine Anwendung, da diese Vorschrift eine Rügeobliegenheit voraussetzt.[144] **77**

---

135 Vgl. z.B. OLG München, Beschluss v. 31.1.2013 – Verg 31/12; VK Bund, Beschluss v. 26.11.2013 – VK 2-104/13.
136 OLG Rostock, Beschluss v. 20.10.2010 – 17 Verg 5/10; *Dreher*, in: Dreher/Motzke, Vergaberecht, § 101b GWB Rn. 34, sowie die Nachweise bei *Freytag*, in: Gabriel/Krohn/Neun, Handbuch des Vergaberechts, § 35 Rn. 39.
137 OLG Düsseldorf, Beschluss v. 1.10.2009 – VII-Verg 31/09; hierzu und zum Erfordernis einer erneuten Rüge wegen eines aus der ergänzten Information erkannten Verstoßes vgl. OLG Frankfurt, Beschluss v. 8.12.2009 – 11 Verg 6/09.
138 Vgl. z.B. *Neun*, in Gabriel/Krohn/Neun, Handbuch des Vergaberechts, § 39 Rn. 68.
139 Rn. 11 ff. sowie § 101a GWB Rn. 89 f.
140 OLG Celle, Beschluss v. *30.10.2014 – 13 Verg 8/14.*
141 So auch *Dreher*, in: Dreher/Motzke, Vergaberecht, § 101b GWB Rn. 36 ff.
142 Ob ein Nachprüfungsverfahren bei De-facto-Vergaben auch schon vor Vertragsschluss zulässig ist, ist streitig, dagegen OLG Schleswig, 15.3.2013 – 1 Verg 4/12; differenzierter OLG Düsseldorf, Beschluss v. 17.12.2014 – VII-Verg 26/14, und VK Sachsen, Beschluss v. 27.4.2015 – 1/SVK/012-15.
143 OLG München, Beschluss v. 21.2.2013 – Verg 21/12; VK Bund, Beschluss v. 10.1.2014 – VK 1-113/13, sowie die Nachweise bei *Freytag*, in: Gabriel/Krohn/Neun, Handbuch des Vergaberechts, § 35 Rn. 40.
144 Vgl. nur OLG Karlsruhe, Beschluss v. 15.11.2013 – 15 Verg 5/13 m.w.N.

III. Begründetheit des Nachprüfungsantrags

78 Für eine Feststellung des Verstoßes und der Unwirksamkeit des Vertrages durch die Vergabekammer muss der Nachprüfungsantrag schließlich begründet sein.[145] Ein Feststellungsantrag eines Bieters kann nur dann begründet sein, wenn sich der Verstoß auch zu seinen Lasten ausgewirkt hat, er also **kausal** in seinen Rechten verletzt wird oder dies zumindest nicht auszuschließen ist. Das Nachprüfungsverfahren dient auch in den durch § 135 GWB angesprochenen Fallkonstellationen nicht einer allgemeinen Rechtmäßigkeitskontrolle, sondern dem Individualrechtsschutz des einzelnen Bieters.[146]

79 Hat sich der Vergaberechtsverstoß **nicht kausal** auf die Zuschlagschance eines Bieters ausgewirkt, ist also sein Angebot auch bei ordnungsgemäßem Ablauf des Vergabeverfahrens aus anderen Gründen zu Recht nicht berücksichtigt worden, ist er im Endergebnis in seiner Rechtsposition nicht beeinträchtigt, er hat weder einen Anspruch auf eine Wiederholung oder Neudurchführung des Ausschreibungsverfahrens noch auf eine Feststellung nach § 135 Abs. 2 GWB.[147] Allein ein Verstoß gegen § 134 GWB i.S.d. § 135 Abs. 1 GWB kann dabei nicht zum Erfolg des Nachprüfungsantrags und damit zur Feststellung der Unwirksamkeit des Vertrages führen.[148] Für die Begründetheit des Nachprüfungsantrags bedarf es eines über den Verstoß gegen § 134 GWB hinausgehenden, weiteren Verstoßes.[149]

IV. Fristen (Abs. 2)

80 § 135 Abs. 2 S. 1 GWB sieht eine Fristbindung zur Geltendmachung der Unwirksamkeit des Vertrages vor. Danach kann die Unwirksamkeit des Vertrages nach § 135 Abs. 1 GWB nur festgestellt werden, wenn ein Verstoß gegen § 135 Abs. 1 Nr. 1 oder Nr. 2 GWB im Nachprüfungsverfahren innerhalb von dreißig Kalendertagen nach der Information der betroffenen Bieter und Bewerber über den Abschluss des Vertrages (relative Ausschlussfrist)[150], jedoch nicht später als sechs Monate nach Vertragsschluss (absolute Ausschlussfrist)[151], geltend gemacht worden ist.

81 Hat der öffentliche Auftraggeber die Auftragsvergabe im Amtsblatt der Europäischen Union bekannt gemacht, endet die Frist (absolute Ausschlussfrist) zur Geltendmachung eines Verstoßes gegen § 135 Abs. 1 Nr. 1 und Nr. 2 GWB mit der Folge der Unwirksamkeit des Vertrages nach § 135 Abs. 2 S. 2 GWB **dreißig Kalendertage** nach Veröffentlichung der Bekanntmachung der Auftragsvergabe im Amtsblatt der Europäischen Union.

82 In § 135 Abs. 2 GWB sind damit insgesamt **drei verschiedene Fristen** festgelegt, die vom Antragsteller zu beachten sind:

1. dreißig Kalendertage ab Information des öffentlichen Auftraggebers über den erfolgten Vertragsschluss (§ 135 Abs. 2 S. 1 Hs. 1 GWB),
2. sechs Monate nach Vertragsschluss (§ 135 Abs. 2 S. 1 Hs. 2 GWB) und
3. dreißig Kalendertage nach Veröffentlichung einer Bekanntmachung über vergebene Aufträge im Amtsblatt der EU (§ 135 Abs. 2 S. 2 GWB).

83 Ist nur eine dieser Fristen abgelaufen, ist der Vertrag wirksam.[152] Bei den Fristen des § 135 Abs. 2 GWB handelt es sich um formelle **Ausschlussfristen**, deren Ablauf ohne Hemmung, Unterbrechung oder Wiedereinsetzungsmöglichkeit im Interesse der Rechtssicherheit zum

145 OLG Brandenburg, Beschluss v. 14.9.2010 – WVerg 8/10.
146 OLG München, Beschluss v. 31.1.2013 – Verg 31/12.
147 OLG München, Beschluss v. 31.1.2013 – Verg 31/12; VK Bund, Beschluss v. 14.7.2015 – VK 2-57/15.
148 § 134 GWB Rn. 118.
149 Vgl. OLG Karlsruhe, Beschluss v. 16.6.2010 – 15 Verg 4/09.
150 OLG Frankfurt, Beschluss v. 24.9.2013 – 11 Verg 12/13.
151 OLG Schleswig, Beschluss v. 4.11.2014 – 1 Verg 1/14.
152 VK Brandenburg, Beschluss v. 15.9.2015 – VK 16/15.

Rechtsverlust des betroffenen Unternehmens führt.[153] Angesichts der gesetzgeberischen Zielsetzung, nach einer gewissen Frist Rechtssicherheit über den abgeschlossenen Vertrag herzustellen, kommt namentlich eine **Wiedereinsetzung in den vorigen Stand** nicht in Betracht.[154]

Die **Unwirksamkeitsfolge** des § 135 Abs. 1 GWB kann nicht mehr eintreten, wenn bis zum Ablauf der Fristen in§ 135 Abs. 2 GWB der Verstoß gegen § 135 Abs. 1 Nr. 1 oder Nr. 2 GWB nicht geltend gemacht worden ist. Gerade bei Anpassungen bestehender Verträge, welche die Vertragsparteien unter sich aushandeln, ohne dass potenzielle Wettbewerber hiervon in der Regel etwas erfahren[155], dürfte die Fristbindung in der Praxis eine gewisse Hürde für vergaberechtlichen Primärrechtsschutz bedeuten.[156] **84**

Die Fristenbindung gemäß § 135 Abs. 2 GWB gilt nur für ein **Nachprüfungsverfahren** zur Feststellung der Unwirksamkeit eines Vertrages über einen öffentlichen Auftrag gemäß § 135 Abs. 1 Nr. 1 und Nr. 2 GWB, sie gilt nicht für die Geltendmachung der Nichtigkeit des Vertrages aus anderen Gründen[157] oder für ein Vertragsverletzungsverfahren durch die Europäische Kommission.[158] **85**

1. Dreißig-Tage-Frist ab Information der Bewerber und Bieter (S. 1 Hs. 1)

Voraussetzung für die Feststellung der Unwirksamkeit des Vertrages in einem Nachprüfungsverfahren ist zunächst, dass die Unwirksamkeit im Nachprüfungsverfahren innerhalb von dreißig Kalendertagen nach der Information der betroffenen Bieter und Bewerber durch den öffentlichen Auftraggeber über den Abschluss des Vertrages eingeleitet wird (§ 135 Abs. 2 S. 1 Hs. 1 GWB). Dies ist längstens innerhalb eines Zeitraumes von sechs Monaten ab Vertragsschluss möglich (§ 135 Abs. 2 S. 1 S. 1 Hs. 2 GWB). **86**

Anders als bislang in § 101b Abs. 2 S. 1 GWB a.F. knüpft der Fristbeginn damit nicht mehr pauschal an jegliche Kenntnis des Verstoßes an, sondern an den objektiven Umstand der **Information der betroffenen Bieter und Bewerber** durch den öffentlichen Auftraggeber über den Abschluss des Vertrages und die hierdurch erlangte, gewissermaßen spezifische Kenntnis vom Vertragsabschluss. Eine (anderweitige) Kenntniserlangung durch den Bieter oder Bewerber genügt als fristauslösendes Ereignis damit nicht.[159] Diese Neufassung entspricht der Auslegung des § 101b GWB a.F. durch die Rechtsprechung.[160] § 135 Abs. 2 GWB bezieht sich insoweit auf die in § 135 Abs. 1 GWB genannten Verstöße, also auf einen Vertragsschluss ohne vorherige Mitteilung an die unterlegenen Bieter und Bewerber nach § 134 GWB bzw. ohne Veröffentlichung einer Bekanntmachung im Amtsblatt der Europäischen Union.[161] **87**

Das bedeutet zunächst, dass ein Nachprüfungsverfahren vor Ablauf der dreißig Kalendertage durch **Stellen eines Antrags** i.S.v. § 160 Abs. 1 GWB eingeleitet sein (muss) und hierin die Unwirksamkeit des abgeschlossenen Vertrages gemäß § 160 Abs. 2 GWB und des § 161 Abs. 2 GWB geltend gemacht werden muss. Voraussetzung ist, dass der Nachprüfungsantrag bei der Vergabekammer eingegangen ist; auf die Information des öffentlichen Auftraggebers **88**

---

153 OLG Schleswig, Beschluss v. 4.11.2014 – 1 Verg 1/1; vgl. OLG Brandenburg, Beschluss v. 22.12.2011 – Verg W 14/11; OLG München, Beschluss v. 10.3.2011 – Verg 1/11; VK Sachsen, Beschluss v. 8.4.2011 – 1/SVK/002-11.

154 OLG Schleswig, Beschluss v. 4.11.2014 – 1 Verg 1/1; vgl. OLG Brandenburg, Beschluss v. 22.12.2011 – Verg W 14/11; OLG München, Beschluss v. 10.3.2011 – Verg 1/11; VK Sachsen, Beschluss v. 8.4.2011 – 1/SVK/002-11.

155 Vgl. aber jetzt die durch § 132 Abs. 5 GWB angeordnete ex post-Bekanntmachungspflicht für Auftragsänderungen während der Vertragslaufzeit gemäß § 132 Abs. 2 Nr. 2 und Nr. 3 GWB.

156 *Greb/Stenzel,* NZBau 2012, 404 (408).

157 Rn. 62.

158 Rn. 149 ff.

159 Gesetzesbegründung, BT-Drs. 18/6281, 122 (zu § 135 GWB).

160 OLG Düsseldorf, Beschluss v. 1.8.2012 – VII-Verg 15/12.

161 Gesetzesbegründung, BT-Drs. 18/6281, 122 (zu § 135 GWB) mit Verweis auf OLG Düsseldorf, Beschluss v.3.8.2011 – VII-Verg 33/11; vgl. auch OLG Düsseldorf, Beschluss v. 1.8.2012 – VII-Verg 15/12.

über den Nachprüfungsantrag durch die Vergabekammer (§ 169 Abs. 1 GWB) kommt es nicht an.[162]

89 Die kurze Frist **beginnt** nach § 135 Abs. 2 S. 1 GWB **ab der Information** der betroffenen Bieter und Bewerber über den Abschluss des Vertrages durch den öffentlichen Auftraggeber.[163] Die Frist in § 135 Abs. 2 S. 1 Hs. 1 GWB geht zurück auf Art. 2f Abs. 1 lit. a Spiegelstr. 2 RL 89/665/EWG. Hiernach ist es den Mitgliedstaaten u.a. erlaubt, eine die Ausschlussfrist beginnen zu lassen, wenn „der öffentliche Auftraggeber die betroffenen Bieter und Bewerber über den Abschluss des Vertrags informiert hat, sofern diese Information eine Zusammenfassung der einschlägigen Gründe (...) enthält". Eine mehr oder minder zufällige Kenntnisnahme der nichtberücksichtigten Bieter vom Vergaberechtsverstoß – z.B. aufgrund eigener Recherchen oder von dritter Seite zugetragener Informationen – ist insoweit irrelevant.[164] Notwendig ist vielmehr eine aktive Information durch die Vergabestelle unter Beifügung der zusammengefassten Entscheidungsgründe.

90 Als eine Information des öffentlichen Auftraggebers im Sinne des § 135 Abs. 2 S. 1 GWB sind eine **Vorinformation** gemäß § 134 GWB oder eine **Auftragsbekanntmachung** i.S.d. § 135 Abs. 2 S. 2 GWB anzusehen.[165]

91 Auch wenn die Richtlinienbestimmung des Art. 2f Abs. 1 RL 89/665/EWG teilweise **„lebensfremd"** erscheinen mag, da der öffentliche Auftraggeber in diesen Fällen versucht sein kann, von einer Information anderer Wirtschaftsteilnehmer als dem Auftragnehmer bzw. von einer Bekanntmachung über den vergebenen Auftrag abzusehen, so ändert dies letztlich nichts daran, dass die Mitgliedstaaten, sofern sie von der ihnen durch Art. 2f Abs. 1 RL 2007/66/EG eingeräumten Möglichkeit Gebrauch machen, die Nachprüfung mit der Einhaltung einer Frist durch den Antragsteller zu verknüpfen, an die dafür in der Richtlinie festgelegten Modalitäten gebunden sind.[166]

92 **Adressaten** der Information des öffentlichen Auftraggebers über den erfolgten Vertragsabschluss sind die „betroffenen Bewerber und Bieter".[167]

93 Die **Beweislast** für die Umstände, welche die Fristverkürzung begründen, liegt beim Auftraggeber.[168]

94 Die **Berechnung der Frist** richtet sich nach § 31 VwVfG i.V.m. § 187 Abs. 1 BGB.[169] Dieses Verständnis trägt auch den Vorgaben der RL 89/665/EWG Rechnung, die in Art. 2f Abs. 1 ebenfalls davon ausgeht, dass das Nachprüfungsverfahren innerhalb der Frist lediglich beantragt sein muss.

95 Die Frist nach § 135 Abs. 2 S. 2 GWB **beginnt** damit mit dem Tag, der auf den Tag folgt, an dem der öffentlichen Auftraggeber den Antragsteller über den Vertragsschluss i.S.d. § 135 Abs. 1 S. 1 GWB informiert hat. Dies folgt der Vorgabe in Art. 2f Abs. 1 lit. a RL 89/665/EWG.

96 Das **Fristende** ist nach § 188 Abs. 1 BGB zu berechnen. Die Frist endet mit Ablauf von dreißig vollen Kalendertagen nach dem Tag, an dem der Antragsteller durch den öffentlichen Auftraggeber über den Abschluss des betreffenden Vertrages informiert worden ist und auf diese Weise jedenfalls die Möglichkeit der Kenntnisnahme von einem Verstoß im Sinne des§ 135

162 *Höß*, in: Heuvels/Höß/Kuß/Wagner, Vergaberecht, § 101b GWB Rn. 38; vgl. z.B. auch OLG Naumburg, Beschluss v. 26.7.2012 – 2 Verg 2/12; zu einer atypischen Fallkonstellation, die vom Normzweck des § 101b GWB a.F. abweicht und in der es gegen Treu und Glauben verstoßen würde, wenn der Antragsteller erst längere Zeit nach dem auch ihm bekannten Abschluss des Planungswettbewerbs gegen die Wirksamkeit des Vertrages vorgehen könnte, siehe OLG München, Beschluss v. 13.6.2013 – Verg 1/13.

163 Schon die bisherige h.M. stand auf dem Standpunkt, dass mit „Verstoß" der Vertragsschluss ohne die vorher notwendige EU-weite Auftragsbekanntmachung gemeint ist, vgl. z.B. OLG Düsseldorf, Beschluss v. 3.8.2011 – VII-Verg 33/11.

164 OLG Düsseldorf, Beschluss v. 1.8.2012 –VII-Verg 15/12.

165 Vgl. Art. 2f Abs. 1 lit. a Spiegelstr. 1 RL 89/665/EWG.

166 OLG Düsseldorf, Beschluss v. 1.8.2012 – VII-Verg 15/12.

167 Zu diesem Begriff siehe § 134 GWB Rn. 40 ff.

168 Vgl. OLG Karlsruhe, Beschluss v. 21.7.2010 – 15 Verg 6/10.

169 Vgl. z.B. VK Südbayern, Beschluss v. 22.12.2014 – Z3-3-3194-1-51-11/14, und die Nachweise z.B. bei *Freytag*, in: Gabriel/Krohn/Neun, Handbuch des Vergaberechts, § 35 Rn. 21.

Abs. 1 Nr. 1 und Nr. 2 GWB erlangt hat. Liegt der Fristbeginn auf einem gesetzlichen Feiertag, verschiebt sich das Fristende entsprechend § 193 BGB auf den nächsten Werktag.[170]

3. Höchstfrist von sechs Monaten (S. 1 Hs. 2)

Der Betroffene muss innerhalb von dreißig Tagen ab Information des öffentlichen Auftraggebers über den erfolgten Vertragsschluss ein Nachprüfungsverfahren i.S.v. § 160 Abs. 1 GWB eingeleitet haben, der Vergabekammer muss also innerhalb der Frist ein Nachprüfungsantrag i.S.d. §§ 160, 161 GWB zugegangen sein,[171] in dem die Unwirksamkeit des Vertrages aus den Gründen des § 135 Abs. 1 Nr. 1 oder Nr. 2 GWB geltend gemacht wird. Dies ist längstens innerhalb eines Zeitraumes von sechs Monaten ab Vertragsschluss möglich. Die sechs Monate markieren eine absolute zeitliche Grenze[172], vor deren Ablauf in jedem Fall ein Nachprüfungsverfahren beantragt sein muss. **97**

Ungeachtet des insoweit nicht eindeutigen Wortlauts[173] gilt die Sechsmonatsfrist unterschiedslos **in allen Fallkonstellationen** und unabhängig davon, ob der Antragsteller Kenntnis von dem Verstoß hat oder nicht.[174] Die Sechs-Monats-Frist gilt auch im Fall von Vertragsänderungen, die an sich nach § 132 GWB ein neues Vergabeverfahren erfordert hätten.[175] **98**

Mit Ablauf der Sechsmonatsfristab Vertragsschluss ist der Vertrag **endgültig wirksam**. Das hat zur Folge, dass der Vertrag der vergaberechtlichen Nachprüfung nicht mehr unterliegt.[176] **99**

Rein tatsächlich kann sich die Sechsmonatsfrist dadurch **verkürzen**, dass der Antragsteller erst einige Zeit nach Vertragsschluss – auf anderen Wegen als durch eine Information des öffentlichen Auftraggebers – Kenntnis von der unzulässigen De-facto-Vergabe erhält; daneben kann der öffentliche Auftraggeber die Frist durch eine Bekanntmachung gemäß § 135 Abs. 2 S. 2 GWB verkürzen.[177] **100**

Eine **Verlängerung** der Sechsmonatsfrist ist in jedem Fall ausgeschlossen. Sechs Monate nach Vertragsschluss bleibt der Vertrag damit endgültig wirksam, sodass insoweit Rechtssicherheit eintritt. Dies ist sachgerecht, da nach sechs Monaten eine Vielzahl von Verträgen über öffentliche Aufträge bereits vollständig erfüllt sein wird, sodass eine Rückabwicklung nach §§ 812 ff. BGB erheblichen tatsächlichen Schwierigkeiten begegnet. Zudem soll auch das Unternehmen, das den Auftrag erhalten hat, zugleich jedoch nicht zwingend von dem Verstoß des öffentlichen Auftraggebers Kenntnis haben muss, zu einem bestimmten Zeitpunkt nicht mehr mit der Unwirksamkeit nach § 135 GWB rechnen müssen. **101**

Von der Frist des § 135 GWB unbenommen bleibt aber die Befugnis der EU-Kommission, im Rahmen eines **Vertragsverletzungsverfahrens**[178] die Beendigung eines vergaberechtswidrigen Vertrages zu fordern.[179] **102**

Die Sechsmonatsfrist **beginnt** gemäß § 187 Abs. 1 BGB an dem Tag, der auf den Tag folgt, an dem der Vertrag geschlossen wurde. **103**

Sie **endet** gemäß § 188 Abs. 2 BGB nach Ablauf von sechs Monaten, genauer: im sechsten Monat mit dem Ablauf des Tages, der in seiner Zahl dem Tag des Vertragsschlusses entspricht. Fehlt diese Zahl im letzten Monat, gilt § 188 Abs. 3 BGB, sodass die Frist mit dem Ablauf des letzten Tages dieses Monats endet.[180] Diese Berechnung entspricht den Vorgaben in Art. 2f Abs. 1 lit. b RL 89/665/EWG. Fällt der letzte Tag der Frist auf einen Sonnabend, Sonntag oder **104**

---

170 Vgl. hierzu im Einzelnen *Dreher,* in: Dreher/Motzke, Vergaberecht, § 101b GWB Rn. 40.
171 Siehe Rn. 86 ff.
172 So auch VK Brandenburg, Beschluss v. 18.10.2011 – VK 41/11; VK Münster, Beschluss v. 20.1.2011 – VK 7/10.
173 Vgl. *Dreher,* in: Dreher/Motzke, Vergaberecht, § 101b GWB Rn. 42.
174 OLG Brandenburg, Beschluss v. 22.12.2011 – Verg 14/11; vgl. auch Art. 2f Abs. 1 lit. b RL 89/665/EWG.
175 OLG Frankfurt, Beschluss v. 3.5.2016 – 11 Verg 12/15.
176 OLG Schleswig, Beschluss v. 4.11.2014 – 1 Verg 1/14; OLG Frankfurt, Beschluss v. 24.9.2013 – 11 Verg 12/13.
177 Siehe Rn. 105 ff.
178 Rn. 150 ff.
179 Vgl. EuGH, Urteil v. 18.7.2007 – Rs. C-503/04 (Abfallentsorgung Braunschweig II).
180 *Dreher,* in: Dreher/Motzke, Vergaberecht, § 101b GWB Rn. 42.

gesetzlichen Feiertag, verschiebt sich das Fristende entsprechend § 193 BGB auf den nächsten Werktag.

3. Dreißig-Tage-Frist bei Vergabebekanntmachung (S. 2)

105 Hat der öffentliche Auftraggeber die Auftragsvergabe im Amtsblatt der Europäischen Union bekannt gemacht, verkürzt sich die Frist zur Feststellung der Unwirksamkeit des Vertrages gemäß § 135 Abs. 2 S. 2 GWB auf dreißig Tage nach Veröffentlichung dieser Bekanntmachung über die Auftragsvergabe.

106 Hierdurch wird in Umsetzung der Vorgaben der RL 89/665/EWG ein **Gleichlauf mit § 135 Abs. 2 S. 1 GWB** hergestellt, da in beiden Fällen die Kenntnis der betroffenen Bieter und Bewerber von einem Verstoß gegen § 135 Abs. 1 GWB auf einer Information des öffentlichen Auftraggebers beruht.[181]

107 Der Gesetzgeber ging bei der Novelle des GWB-Vergaberechts 2009 insoweit davon aus, dass die Unternehmen wegen der Veröffentlichung der Auftragsvergabe im Amtsblatt der Europäischen Union die **Möglichkeit** haben, vom Vertragsabschluss **Kenntnis zu erlangen**, und daher ggf. innerhalb von dreißig Kalendertagen einen Nachprüfungsantrag stellen können. Allgemein nimmt die Rechtsprechung an, dass Unternehmen, die sich um öffentliche Aufträge bewerben, regelmäßig die maßgeblichen Veröffentlichungsorgane beobachten müssen.[182]

108 Mit der Bekanntmachung wird dem öffentlichen Auftraggeber die Möglichkeit gegeben, schneller **Rechtssicherheit** über die Auftragsvergabe zu erlangen. Nach Ablauf von dreißig Kalendertagen nach Veröffentlichung der Bekanntmachung in dem EU-Amtsblatt kann der Vertrag nicht mehr wegen Verstoßes gegen § 135 Abs. 1 GWB angegriffen werden. Es handelt sich nach der gesetzlichen Formulierung auch in diesem Fall also um eine absolute Frist.[183]

a) Beginn und Ende der Frist

109 Auch hier genügt der Antragsteller der Frist, wenn sein Nachprüfungsantrag der Vergabekammer innerhalb der dreißig Kalendertage zugeht. Für den Lauf der Frist kommt es allein auf den **Zeitpunkt der Veröffentlichung** der Bekanntmachung und nicht darauf an, ob ein Dritter auch tatsächlich von der Bekanntmachung Kenntnis genommen hat. Potenzielle Bieter müssen durch die Bekanntmachung zumindest aber der Möglichkeit nach in die Lage versetzt werden, erkennen zu können, ob ein Verstoß gegen § 135 Abs. 1 Nr. 1 oder Nr. 2 GWB vorliegt.[184] Der Tag der Veröffentlichung der Bekanntmachung zählt schon nach dem Wortlaut der Vorschrift bei der Bestimmung des Fristbeginns nicht mit. Die Frist beginnt damit am Tag nach der Veröffentlichung der Bekanntmachung im EU-Amtsblatt und endet mit **Ablauf der dreißig vollen Kalendertage**. Dies entspricht den Vorgaben der Rechtsmittelrichtlinie (Art. 2f). Auf das Fristende finden § 193 BGB, § 31 Abs. 3 VwVfG und § 222 ZPO Anwendung.

b) Form und Inhalt der Bekanntmachung

110 Das einschlägige **Formular zur Bekanntmachung vergebener Aufträge** nach der VO (EU) 2015/1986 verweist in Abschnitt IV.1.1 (Verfahrensart) bei dem Feld „Auftragsvergabe ohne vorherige Bekanntmachung eines Aufrufs zum Wettbewerb im Amtsblatt der Europäischen Union" auf den Anhang D1. Dieser **Anhang D1**[185] ist übertitelt „Begründung der Auftragsvergabe ohne vorherige Bekanntmachung eines Aufrufs zum Wettbewerb im Amtsblatt der Europäischen Union (Abl. S)".

111 Der Anhang sieht eine sehr **ausführliche Begründungspflicht** für Auftragsvergaben ohne vorherige Veröffentlichung einer Bekanntmachung im Amtsblatt der EU vor. Gefordert wird

---

181 Gesetzesbegründung, BT-Drs. 18/6281, 122 (zu § 135).
182 Vgl. OLG Saarbrücken, Beschluss v. 25.7.2007 – 1 Verg 1/07.
183 OLG Frankfurt, Beschluss v. 24.9.2013 – 11 Verg 12/13; VK Rheinland-Pfalz, Beschluss v. 20.10.2011 – VK 1-35/11; VK Sachsen, Beschluss v. 8.4.2011 – 1/SVK/002-11.
184 Siehe dazu Rn. 113.
185 Anhang D1 für Allgemeine Aufträge; vgl. auch Anhang VI (Bekanntmachung vergebener Aufträge – Versorgungssektoren) sowie Anhang XV (Bekanntmachung vergebener Aufträge – Verteidigung und Sicherheit).

in dem Formular, dass die Begründung den einschlägigen Artikeln der RL 2014/24/EU entsprechen muss. In Punkt 1 des Formulars ist hierzu die „Begründung der Wahl des Verhandlungsverfahrens ohne vorherige Bekanntmachung eines Aufrufs zum Wettbewerb im Amtsblatt der Europäischen Union" gemäß Art. 32 Abs. 2 RL 2014/24/EU aufzuführen.

Hierzu sind jeweils **konkrete Angaben** zu machen, z.B. ist anzukreuzen „keine oder keine geeigneten Angebote/Teilnahmeanträge im Anschluss an ein offenes/nichtoffenes Verfahren" oder „Die Bauleistungen/Lieferungen/Dienstleistungen können aus folgenden Gründen nur von einem bestimmten Wirtschaftsteilnehmer ausgeführt werden, und zwar wegen eines nicht vorhandenen Wettbewerbs aus technischen Gründen, wegen der Erschaffung oder des Erwerbs eines einzigartigen Kunstwerks oder einer einzigartigen künstlerischen Leistung als Ziel der Auftragsvergabe (bzw.) aufgrund des Schutzes von ausschließlichen Rechten einschließlich Rechten des geistigen Eigentums". Bei Punkt 2[186] sind Angaben dazu zu machen, warum der Auftrag nicht unter die RL 2014/24/EU fällt. Zusätzlich zu dem/den jeweils angekreuzten Kästchen muss unter Nr. 3 des Formulars zudem „in einer klaren und leicht verständlichen Form", jedoch in maximal 500 Wörtern erläutert werden, warum die Auftragsvergabe ohne vorherige Veröffentlichung im Amtsblatt der EU rechtmäßig ist. Dabei sind die „entsprechenden Tatsachen und gegebenenfalls die rechtlichen Schlussfolgerungen im Einklang mit der Richtlinie" anzuführen. 112

Wegen der gemäß § 135 Abs. 2 S. 2 GWB eintretenden Rechtsfolgen einer vorzeitigen „Bestandskraft" des nach einer Direktvergabe geschlossenen Vertrages gilt für die Vergabebekanntmachung i.S.d. § 135 Abs. 2 S. 2 GWB inhaltlich ein **strenger Maßstab**.[187] Die relevanten Fakten müssen **vollständig und zutreffend** dargestellt werden und jedenfalls so **aussagekräftig** sein, dass ein an dem Auftrag interessiertes Unternehmen in die Lage versetzt wird, ein Nachprüfungsverfahren einzuleiten. Alle in dem Formular abgefragten Pflichtangaben sind daher vom öffentlichen Auftraggeber anzugeben; so muss namentlich die richtige Nachprüfungsstelle in der Bekanntmachung genannt werden.[188] Fehlen diese Mindestinhalte oder sind diese fehlerhaft, tritt die Fristverkürzung nicht ein und es bleibt bei der Frist des § 135 Abs. 2 S. 1 GWB.[189] Das Gleiche gilt für bewusst irreführende Angaben oder solche, die auf die Entscheidung eines Interessenten, ein Nachprüfungsverfahren einzuleiten, sonst wie Einfluss zu nehmen suchen.[190] 113

Erst diese Auslegung wird den **europarechtlichen Vorgaben** gerecht.[191] Denn nach Art. 2f Abs. 1 lit. a Spiegelstr. 1 RL 89/665/EWG besteht die Möglichkeit der Fristverkürzung nur, sofern in der Bekanntmachung „die Entscheidung des öffentlichen Auftraggebers begründet wird, einen Auftrag ohne vorherige Veröffentlichung einer Bekanntmachung im Amtsblatt der Europäischen Union zu vergeben". Die frühere VO (EG) 1150/2009 zur Änderung der Standardformulare hatte im Übrigen in Erwägungsgrund 1 und in den Standardformularen des Anhangs D hierauf Bezug genommen. In den bisherigen Standardformularen wurde ausdrücklich darauf hingewiesen, dass der Auftraggeber, „um von dem (...) beschränkten Zeitraum profitieren zu können, klar und ausführlich zu erläutern hat, warum die Auftragsvergabe ohne vorherige Veröffentlichung einer Bekanntmachung im Amtsblatt der Europäischen Union rechtmäßig ist". In der Bekanntmachung waren nach den Anhängen III und IV der früheren VO (EG) 1564/2005 als **weitere notwendige Bestandteile** auch Angaben zu den Rechtsbehelfs- bzw. Nachprüfungsverfahren zu machen; dabei ist die zuständige Stelle für Nachprüfungsverfahren ebenso anzugeben wie die Fristen für die Einlegung von Rechtsbehel- 114

186 Sonstige Begründung der Auftragsvergabe ohne vorherige Bekanntmachung eines Aufrufs zum Wettbewerb im Amtsblatt der Europäischen Union.
187 *Hattig*, in: Hattig/Maibaum, Kartellvergaberecht, § 101b GWB Rn. 67 ff.
188 VK Sachsen, Beschluss v. 8.4.2011 – 1/SVK/002-11.
189 OLG Frankfurt, Beschluss v. 24.9.2013 – 11 Verg 12/13; *Freytag*, in: Gabriel/Krohn/Neun, Handbuch des Vergaberechts, § 35 Rn. 28; *Hattig*, in: Hattig/Maibaum, Kartellvergaberecht, § 101b GWB Rn. 67 ff.
190 So auch *Gass/Willenbruch*, BehördenSpiegel 2/2010, 21.
191 OLG Düsseldorf, Beschluss v. 21.4.2010 – VII-Verg 55/09; vgl. hierzu im Einzelnen *Dreher*, in: Dreher/Motzke, Vergaberecht, § 101b GWB Rn. 44; *Freytag*, in: Gabriel/Krohn/Neun, Handbuch des Vergaberechts, § 35 Rn. 28; *Bulla/Schneider*, VergabeR 2011, 664 (668).

fen.[192] Das **gilt nach wie vor**. Fehlen diese Bestandteile oder enthalten die Angaben Fehler, die den wirksamen Rechtsschutz betroffener Unternehmen vereiteln, tritt mangels Veröffentlichung einer ordnungsgemäßen Bekanntmachung keine Fristverkürzung nach § 135 Abs. 2 S. 2 GWB ein.[193]

115 Unerheblich für den Lauf der Ausschlussfrist sind allerdings Fehler, die den effektiven **Rechtsschutz** der Bieter **nicht beeinträchtigen**.[194] Eine Rechtsbehelfsbelehrung, wie sie z. B. im § 58 Abs. 1 VwGO vorgesehen ist, muss nicht in die Bekanntmachung aufgenommen werden. Der Gesetzgeber ist insoweit davon ausgegangen, dass die betroffenen Bieter jedenfalls dann, wenn sie aus den in Art. 2f RL 89/665/EWG geforderten Angaben erkennen können, dass der bekannt gegebene – vergebene – Auftrag für sie von Interesse ist, die weiteren Anforderungen zur Rechtsverfolgung ohne Weiteres dem Gesetz entnehmen können.[195]

D. Keine Unwirksamkeit (Abs. 3)

116 § 135 Abs. 3 GWB übernimmt die in Art. 2d RL 89/665/EWG vorgesehene Möglichkeit, die Unwirksamkeit eines öffentlichen Auftrags zu vermeiden, wenn der öffentliche Auftraggeber der Ansicht ist, eine Vergabe sei ohne vorherige Veröffentlichung im Amtsblatt der Europäischen Union zulässig. Hierzu muss der öffentliche Auftraggeber die Absicht eines Vertragsschlusses im Wege einer freiwilligen Vorab-Bekanntmachung im Amtsblatt der Europäischen Union bekunden. Der betreffende Vertrag darf zudem nicht vor Ablauf einer Frist von mindestens zehn Kalendertagen, gerechnet ab dem Tag nach der Veröffentlichung der Bekanntmachung, geschlossen werden.[196]

I. Ansicht des öffentlichen Auftraggebers (S. 1 Nr. 1)

117 Gemäß § 135 Abs. 3 S. 1 Nr. 1 GWB muss der öffentliche Auftraggeber zunächst „der Ansicht" sein, dass die Auftragsvergabe ohne vorherige Veröffentlichung einer Bekanntmachung im Amtsblatt der EU zulässig ist.

118 § 135 Abs. 3 S. 1 Nr. 1 GWB übernimmt dabei den Wortlaut des **Art. 2d Abs. 4 Spiegelstr. 1 RL 89/665/EWG**.

119 Der Wortlaut sollte allerdings nicht darüber hinwegtäuschen, dass es auch in diesen Fällen letztlich allein darauf ankommt, ob ein Auftrag ohne vorherige Veröffentlichung der Vergabeabsicht in einer EU-weiten Bekanntmachung vergeben werden durfte. Allein maßgeblich ist demnach, ob die Voraussetzungen der einschlägigen Ausnahmetatbestände in Art. 32 Abs. 2 der RL 2014/24/EU bzw. nach § 14 Abs. 4 Nr. 1 bis 9 VgV und § 3a EU Abs. 3 VOB/A 2016 bzw. § 13 Abs. 2 SektVO[197], § 19 KonzVgV[198] und § 12 VSVgV[199] **objektiv** vorliegen. Eine Einschätzungsprärogative oder Ähnliches kommt dem öffentlichen Auftraggeber hierbei nicht zu, die Entscheidung, einen Auftrag ohne die gebotene EU-weite Bekanntmachung zu vergeben, ist voll justiziabel.

120 Die „Ansicht" des öffentlichen Auftraggebers ist im Übrigen ohnehin in einer **Bekanntmachung** nach § 135 Abs. 3 S. 1 Nr. 2 und S. 2 GWB zu substantiieren; dabei ist der in § 135 Abs. 3 S. 2 GWB vorgegebenen Begründungspflicht für die Entscheidung des öffentlichen

192 VK Sachsen, Beschluss v. 8.4.2011 – 1/SVK/002-11; a.A. OLG Schleswig, Beschluss v. 1.4.2010 – 1 Verg 5/09; zum Diskussionsstand vgl. *Freytag*, in: Gabriel/Krohn/Neun, Handbuch des Vergaberechts, § 35 Rn. 25 ff.

193 *Dreher*, in: Dreher/Motzke, Vergaberecht, § 101b GWB Rn. 49, sowie *Freytag*, in: Gabriel/Krohn/Neun, Handbuch des Vergaberechts, § 35 Rn. 28.

194 OLG Frankfurt, Beschluss v. 24.9.2013 – 11 Verg 12/13.

195 OLG Schleswig, Beschluss v. 4.11.2014 – 1 Verg 1/14; VK Sachsen-Anhalt, Beschluss v. 11.5.2012 – 1 VK LSA 38/11.

196 Siehe auch EuGH, Urteil v. 11.9.2014 – Rs. C-19/13 (Fastweb SpA), Rn. 42.

197 Vgl. § 142 GWB.

198 Vgl. § 154 GWB.

199 Vgl. § 147 GWB.

Auftraggebers, den Auftrag ohne vorherige Veröffentlichung einer Bekanntmachung im Amtsblatt der Europäischen Union zu vergeben, gewissenhaft Rechnung zu tragen.

II. Bekanntmachung (S. 1 Nr. 2)

121 Weitere Voraussetzung für die Gültigkeit der Auftragsvergabe ist gemäß § 135 Abs. 3 S. 1 Nr. 2 GWB, dass der öffentliche Auftraggeber eine Bekanntmachung im Amtsblatt der Europäischen Union veröffentlicht hat, mit der er die Absicht bekundet, den Vertrag abzuschließen.

122 Hierbei handelt es sich um eine **freiwillige Veröffentlichung**, die das Ziel verfolgt, in den Genuss der Rechtsfolge des § 135 Abs. 3 GWB zu kommen.

123 Die Bekanntmachung nach § 135 S. 1 Nr. 2 GWB muss

1. den Namen und die Kontaktdaten des öffentlichen Auftraggebers,
2. die Beschreibung des Vertragsgegenstands,
3. die Begründung der Entscheidung des öffentlichen Auftraggebers, den Auftrag ohne vorherige Veröffentlichung einer Bekanntmachung im Amtsblatt der Europäischen Union zu vergeben, und
4. den Namen und die Kontaktdaten des Unternehmens, das den Zuschlag erhalten soll,

umfassen.

124 Nach Art. 5 VO (EU) 2015/1986 verwenden öffentliche Auftraggeber für die Veröffentlichung von Bekanntmachungen gemäß Art. 2d Abs. 4 Spiegelstr. 2 RL 89/665/EWG im Amtsblatt der Europäischen Union die **Standardformulare** in Anhang XII zur „Freiwilligen Ex-ante-Transparenzbekanntmachung".[200] Dieses Formular verpflichtet in Abschnitt VI.1.1 dazu, den Anhang D auszufüllen. Anhang D1 wiederum sieht ebenfalls eine sehr **ausführliche Begründungspflicht** für Auftragsvergaben ohne vorherige Veröffentlichung einer Bekanntmachung im Amtsblatt der EU vor. Auch in diesem Formular ist zu belegen, dass die Begründung den einschlägigen Artikeln der RL 2014/24/EU entsprechen muss.

125 Hierzu sind jeweils **konkrete Angaben** zu machen, z.B. ist anzukreuzen „keine oder keine geeigneten Angebote/Teilnahmeanträge im Anschluss an ein offenes/nichtoffenes Verfahren" oder „Dringende Gründe im Zusammenhang mit für den öffentlichen Auftraggeber unvorhersehbaren Ereignissen, die den strengen Anforderungen der Richtlinie genügen" oder „Zusätzliche Lieferungen, deren Beschaffung den strengen Vorschriften der Richtlinie genügt". Bei Nr. 2[201] sind Angaben dazu zu machen, warum der Auftrag nicht unter die jeweilige Richtlinie fällt. Zusätzlich zu dem/den jeweils angekreuzten Kästchen muss unter Nr. 3 des Formulars zudem „in einer klaren und leicht verständlichen Form", jedoch in maximal 500 Wörtern erläutert werden, warum die Auftragsvergabe ohne vorherige Veröffentlichung im Amtsblatt der EU rechtmäßig ist. Dabei sind die „entsprechenden Tatsachen und gegebenenfalls die rechtlichen Schlussfolgerungen im Einklang mit der Richtlinie" anzuführen.

126 Wegen der gemäß § 135 Abs. 3 S. 1 GWB eintretenden Rechtsfolgen einer vorzeitigen „Bestandskraft" des nach einer Direktvergabe geschlossenen Vertrages gilt für die freiwillige Ex-ante-Transparenzbekanntmachung i.S.d. § 135 Abs. 3 S. 1 Nr. 2 und S. 2 GWB inhaltlich ein **strenger Maßstab**.[202]Auch hier sind die relevanten Fakten **vollständig und zutreffend** anzugeben und müssen jedenfalls so **aussagekräftig** sein, dass ein an dem Auftrag interessiertes Unternehmen in die Lage versetzt wird, ein Nachprüfungsverfahren einzuleiten. Alle in dem Formular abgefragten Pflichtangaben sind daher vom öffentlichen Auftraggeber anzugeben; so muss namentlich die richtige Nachprüfstelle in der Bekanntmachung genannt wer-

200 Standardformular 15.
201 „Sonstige Begründung der Auftragsvergabe ohne vorherige Bekanntmachung eines Aufrufs zum Wettbewerb im Amtsblatt der Europäischen Union".
202 Siehe hierzu im Einzelnen Rn. 113.

den.[203] Fehlen diese Mindestinhalte oder sind diese fehlerhaft, tritt die Rechtswirkung des § 135 Abs. 3 S. 1 GWB nicht ein. Das Gleiche gilt für bewusst irreführende Angaben oder solche, die auf die Entscheidung eines Interessenten, ein Nachprüfungsverfahren einzuleiten, sonst wie Einfluss zu nehmen suchen. Aus Rechtsschutzgründen zählt zu den notwendigen Bestandteilen auch die Mitteilung des beabsichtigten Zeitpunkts des Vertragsschlusses.[204]

127 Erst diese Auslegung wird den **europarechtlichen Vorgaben** gerecht. Denn nach Art. 2d Abs. 4 lit. a Spiegelstr. 1 RL 89/665/EWG besteht die Möglichkeit der Fristverkürzung nur, sofern der öffentliche Auftraggeber im Amtsblatt der EU eine Bekanntmachung veröffentlicht hat, „wie sie in Art. 3a der vorliegenden Richtlinie beschrieben ist und mit der er seine Absicht bekundet, den Vertrag abzuschließen". Zu den notwendigen Bestandteilen der Bekanntmachung zählen gemäß Art. 3a RL 89/665/EWG die in § 135 Abs. 3 S. 2 GWB aufgeführten Bestandteile, u.a. ausdrücklich die „Begründung der Entscheidung des öffentlichen Auftraggebers, den Auftrag ohne vorherige Veröffentlichung einer Bekanntmachung im Amtsblatt der EU zu vergeben".

III. Frist (S. 1 Nr. 3)

128 Gemäß § 135 Abs. 3S. 1 Nr. 3 GWB tritt die Unwirksamkeit nach § 135 Abs. 1 Nr. 2 GWB schließlich nur dann nicht ein, wenn der Vertrag nicht vor Ablauf einer Frist von mindestens zehn Kalendertagen, gerechnet ab dem Tag nach der Veröffentlichung dieser Bekanntmachung, abgeschlossen wurde.

129 Bei dieser Frist handelt es sich um eine **„Mindest-Stillhaltefrist"**, die eine wirksame Nachprüfung ermöglichen soll.[205]

130 **Dauer und Berechnung** der Frist entsprechen der Zehn-Tage-Frist in § 134 GWB.[206]

131 Bei der Frist handelt es sich um eine Minimalfrist, sodass die öffentlichen Auftraggeber auch einen **längeren Zeitraum** vorsehen können.

132 Aus Gründen des Rechtsschutzes sollte der **Zeitpunkt des Vertragsschlusses** auch in der Bekanntmachung gemäß § 135 Abs. 3 S. 1 Nr. 2 GWB genannt werden, auch wenn dies § 135 Abs. 3 S. 2 GWB bzw. Art. 3a RL 89/665/EWG nicht ausdrücklich vorsehen.[207] Letztlich gelten hier die gleichen Erwägungen wie bei einer Bieterinformation gemäß § 134 GWB. Erst die Mitteilung des beabsichtigten Zeitpunktes des Vertragsschlusses realisiert die Rechtsschutzfunktion der Bekanntmachung in vollem Umfang, da die Unternehmen erst dann zuverlässig abschätzen können, welcher Zeitraum ihnen zu Verfügung steht, um ggf. ein Nachprüfungsverfahren gegen die aus ihrer Sicht rechtswidrige freihändige Vergabe des Auftrags einzuleiten. Das Standardformular für eine freiwillige Ex-ante-Transparenzbekanntmachung sieht in Abschnitt V.2.1 dann auch die Angabe des „Tages des Abschlusses des Vertrages" vor.

133 Eine Obliegenheit zu einer vorherigen **Rüge** dürfte in diesen Fällen nach § 160 Abs. 3 S. 2 GWB regelmäßig entfallen.

E. Rechtsfolge

134 Der Vertrag, der unter einem nach § 135 Abs. 2 GWB festgestellten Verstoß gegen § 134 GWB zustande gekommen ist oder das Ergebnis einer nach § 135 Abs. 2 GWB festgestellten De-facto-Vergabe war, wird nach § 135 Abs. 1 GWB von Anfang an unwirksam.

135 Die nach § 13 S. 6 VgV a.F. ursprünglich angeordnete Nichtigkeitsfolge wurde schon in § 101b GWB a.F. durch die **„schwebende Unwirksamkeit des Vertrages"**[208] ersetzt, da eine „auf-

203 Vgl. Abschnitt VI.4 (Rechtsbehelfsverfahren/Nachprüfungsverfahren).
204 Siehe Rn. 132.
205 Erwägungsgrund 26 RL 2007/66/EG.
206 Vgl. hierzu § 134 GWB Rn. 89 ff.
207 Art. 3a lit. e RL 89/665/EWG sieht jedoch vor, dass die Bekanntmachung „ggf. jede andere vom öffentlichen Auftraggeber für sinnvoll erachtete Angabe" enthalten kann.
208 So die unzutreffende Gesetzesbegründung, VergRModG 2009, BT-Drs. 16/10117, 21.

schiebende oder auflösende Bedingung" von dem Gesetzgeber bei der Modernisierung des Vergaberechts 2009 nicht als sachgerecht erachtet wurde.[209]

136 Trotz des Verstoßes gegen Abs. 1 Nr. 1 oder 2 ist der zwischen einem öffentlichen Auftraggeber und einem Unternehmen geschlossene Vertrag **(zunächst) wirksam**; ein Leistungsverweigerungsrecht eines Vertragspartners oder Ähnliches während des Schwebezustandes besteht also nicht; kommt ein Vertragspartner seinen vertraglichen Pflichten während des Schwebezustandes nicht nach, sind Schadensersatzansprüche oder Ähnliches denkbar.[210] Erst die Feststellung des Verstoßes gegen § 135 Abs. 1 Nr. 1 oder Nr. 2 GWB in einem Nachprüfungsverfahren macht ihn von Anfang an (ex tunc) unwirksam. Vor diesem Hintergrund kann man somit allenfalls von vorläufiger oder schwebender Wirksamkeit des Vertrages, nicht aber von dessen schwebender Unwirksamkeit sprechen.

137 Nach der Empfehlung des Bundesrates vom 4.7.2008[211], den Begriff „schwebend" vor dem Wort „unwirksam" einzufügen, hat die Bundesregierung dementsprechend versucht, den von ihr gebrauchten Begriff der **„schwebenden Unwirksamkeit"** zu korrigieren. „Schwebende Unwirksamkeit" bedeute, dass die Wirksamkeit eines geschlossenen Vertrages davon abhängig sei, dass nachträglich dafür eine weitere Voraussetzung erbracht werde. So hänge gemäß § 108 Abs. 1 BGB die Wirksamkeit eines von einem Minderjährigen geschlossenen Vertrages von der Genehmigung des gesetzlichen Vertreters ab. Im Rahmen des § 101b GWB (neu) gehe es dagegen um einen Umstand, nämlich die Feststellung des vergaberechtlichen Verstoßes in einem Nachprüfungsverfahren, der den wirksam geschlossenen Vertrag von Anfang an unwirksam werden lasse.[212] Der Sache nach ist der Vertrag also „schwebend wirksam" und steht unter dem Vorbehalt (wenn auch nicht unter einer auflösenden Bedingung i.S.d. § 158 Abs. 2 BGB)[213], dass ein Verstoß i.S.d. § 135 Abs. 1 GWB in einem Nachprüfungsverfahren entsprechend den Vorgaben des § 135 Abs. 2 GWB festgestellt wird.

138 Eine solche „schwebende Wirksamkeit" kennt das allgemeine **deutsche Zivilrecht** auch in anderen Fällen. So kann auch eine Anfechtung eines zunächst wirksamen Vertrages nach § 119 BGB dazu führen, dass dessen anfängliche Wirksamkeit nach § 142 Abs. 1 BGB ex tunc entfällt. Im Unterschied zur Anfechtungssituation können im Fall des § 135 Abs. 1 GWB ausschließlich nichtberücksichtigte Bieter und damit Dritte die Unwirksamkeit eines Vertrages geltend machen. Für die Zeit des „Schwebezustandes" des Vertrages kann dies zu erheblichen Problemen innerhalb der Leistungsbeziehungen zwischen dem öffentlichen Auftraggeber und seinem Vertragspartner, dem erfolgreichen Bieter, führen. Denn die durch den Vertrag begründeten beiderseitigen Leistungsverpflichtungen bestehen trotz der möglicherweise drohenden Unwirksamkeit des Vertrages von Anfang an in vollem Umfang.

139 Ist der Verstoß gegen § 135 Abs. 1 Nr. 1 oder 2 GWB in einem Nachprüfungsverfahren festgestellt worden, ist der Vertrag „von Anfang an unwirksam". Die Vergabekammer hat in diesen Fällen zunächst die Feststellung der Unwirksamkeit des abgeschlossenen Vertrages auszusprechen.[214] Nach § 168 Abs. 1 GWB hat sie zudem die **geeigneten Maßnahmen** zu treffen, um eine Rechtsverletzung des Antragstellers zu beseitigen und eine Schädigung der betroffenen Interessen zu verhindern. Die ausdrückliche Anordnung der Rückabwicklung des unwirksamen Vertrages ist dagegen nicht erforderlich.[215]

140 Die Unwirksamkeit des Vertrages führt dazu, dass die während der schwebenden Wirksamkeit vorgenommenen Leistungen ohne Rechtsgrund erbracht wurden und der geschlossene

---

209 Gesetzesbegründung, VergRModG 2009, BT-Drs. 16/10117, 21.
210 Rn. 61.
211 Stellungnahme des Bundesrates, VergRModG 2009, BR-Drs. 349/08 (B), 11 f.
212 Gegenäußerung der Bundesregierung, VergRModG 2009, BT-Drs. 16/10117, 41; für die „schwebende Wirksamkeit" des Vertrages mit dezidierter Begründung auch *Dreher*, in: Dreher/Motzke, Vergaberecht, § 101b GWB Rn. 51, sowie vorher schon *Dreher/Hoffmann*, NZBau 2009, 216 (218 ff.), sowie dezidiert *dies.*, NZBau 2010, 201 ff.
213 Vgl. *Dreher/Hoffmann*, NZBau 2010, 201 (206).
214 Allgemeine Meinung; vgl. die Nachweise bei *Freytag*, in: Gabriel/Krohn/Neun, Handbuch des Vergaberechts, § 35 Rn. 42.
215 Vgl. die Nachweise bei *Freytag*, in: Gabriel/Krohn/Neun, Handbuch des Vergaberechts, § 35 Rn. 44.

Vertrag vollständig nach den Grundsätzen der **ungerechtfertigten Bereicherung** (§§ 812 ff. BGB) – in concreto: wegen einer Leistungskondiktion nach § 812 Abs. 1 S. 1 Alt. 1 BGB – abzuwickeln ist.[216] Der öffentliche Auftraggeber ist zur Rückabwicklung des Vertrages verpflichtet; dieses Ergebnis folgt schon aus der gebotenen richtlinienkonformen Auslegung.[217] Da es dem öffentlichen Auftraggeber zumeist nicht möglich sein wird, das Erlangte in natura herauszugeben, hat er gemäß § 818 Abs. 2 BGB dessen Wert zu ersetzen. Der Wertersatz bemisst sich nach der üblichen, hilfsweise nach der angemessenen, vom öffentlichen Auftraggeber ersparten, höchstens jedoch nach der vereinbarten Vergütung.[218] Gegebenenfalls ist dem erfolgreichen Bieter auch **Schadensersatz** aus culpa in contrahendo (§ 311 Abs. 2 BGB) zu gewähren.[219] Besteht der Beschaffungsbedarf beim öffentlichen Auftraggeber weiterhin, muss der konkrete Auftrag unter Beachtung des Vergaberechts im Wettbewerb und in einem formellen Vergabeverfahren erneut vergeben werden.[220]

F. Weitere Unwirksamkeitstatbestände

141 Neben § 135 Abs. 1 Nr. 2 GWB müssen andere Nichtigkeits- und Unwirksamkeitstatbestände nicht mehr herangezogen werden, um die völlige Missachtung der Bekanntmachungspflicht zu sanktionieren.

142 Auch nach der heutigen Rechtslage haben (sonstige) Nichtigkeitsgründe ihre Bedeutung in diesem Zusammenhang jedoch nicht völlig verloren. Im Unterschied zu § 135 GWB ist die **Nichtigkeit** nämlich nicht von deren Geltendmachung und damit auch nicht von der Einhaltung einer Frist abhängig. Die Nichtigkeit wirkt – anders als die in § 135 GWB als Rechtsfolge angeordnete Unwirksamkeit des Vertrages – grundsätzlich für und gegen jedermann und ist im Prozess von Amts wegen zu berücksichtigen. Unwirksamkeits- oder Nichtigkeitsgründe, die sich aus anderen gesetzlichen Vorschriften ergeben, sind daher neben § 135 GWB anwendbar.[221]

I. Gesetzliches Verbot (§ 134 BGB)

143 Vor der Einführung des § 101b GWB a.F. wurde in der Rechtsprechung und Literatur diskutiert, ob sich die Unwirksamkeit eines Vertrages neben § 13 S. 6 VgV a.F., der nur in seltenen Fällen zur Anwendung kam, auch auf § 134 BGB stützen lässt, wenn der Vertrag vergaberechtswidrig auf einer direkten Auftragserteilung an ein Unternehmen beruht.[222] Voraussetzung wäre insoweit, dass man die vergaberechtlichen Vorschriften als gesetzliche Gebote ansieht, deren Fälle einem gesetzlichen Verbot gleichkämen.

144 Dies wurde jedoch von der **Rechtsprechung** zu Recht mehrheitlich abgelehnt.[223] Hiernach löst die Missachtung der Vergaberegeln als solche noch kein Zuschlagsverbot aus. Nach § 169 Abs. 1 GWB entsteht ein solches Zuschlagsverbot vielmehr erst mit der Information des Auftraggebers über den Nachprüfungsantrag durch die Vergabekammer. Dieses Zuschlagsverbot gilt ganz unabhängig davon, ob das Verfahren zur Auftragsvergabe vergaberechtlich zu beanstanden ist oder nicht. Die hiermit zum Ausdruck gekommene gesetzgeberische Entscheidung

---

216 So auch *Dreher/Hoffmann*, NZBau 2010, 201 (206); vgl. im Einzelnen auch *Dreher*, in: Dreher/Motzke, Vergaberecht, § 101b GWB Rn. 59.

217 Siehe hierzu im Einzelnen *Dreher*, in: Dreher/Motzke, Vergaberecht, § 101b GWB Rn. 60; vgl. auch Erwägungsgründe 14 und 21 RL 2007/66/EG, letzterer betont ausdrücklich, dass mit der Festlegung von Regeln durch die Mitgliedstaaten, die gewährleisten, dass ein Vertrag als unwirksam gilt, erreicht werden soll, dass „die Rechte und Verpflichtungen der Parteien im Rahmen des Vertrages nicht mehr ausgeübt und nicht mehr durchgesetzt werden".

218 BGH, Urteil v. 19.12.1996 – III ZR 9/95; Urteil v. 31.5.1990 – VII ZR 336/89; Urteil v. 25.6.1962 – VII ZR 120/61.

219 Vgl. *Peters*, NZBau 2011, 7 (8).

220 Vgl. z.B. OLG Naumburg, Beschluss v. 3.9.2009 – 1 Verg 4/09.

221 Vgl. die Nachweise bei *Freytag, in:* Gabriel/Krohn/Neun, Handbuch des Vergaberechts, § 35 Rn. 54.

222 Vgl. die Nachweise bei *Freytag*, in: Gabriel/Krohn/Neun, Handbuch des Vergaberechts, § 35 Rn. 56.

223 OLG Hamburg, Beschluss v. 25.1.2007 – 1 Verg m.w.N.; vgl. z.B. KG, Beschluss v. 19.4.2012 – Verg 7/11, sowie die weiteren Nachweise bei *Freytag*, in: Gabriel/Krohn/Neun, Handbuch des Vergaberechts, § 35 Rn. 56.

sei zu respektieren, ohne dass es darauf ankomme, ob gegen einzelne Vorschriften oder das Vergaberecht insgesamt verstoßen werde.

Ein **anderer Ansatz** verweist darauf, dass § 97 Abs. 1 GWB nicht gegen den geschlossenen Vertrag als solchen gerichtet sei, sondern das Verfahren, das zu seinem Abschluss führe, betreffe. Eine Vorschrift, die sich nicht gegen das Rechtsgeschäft als solches, sondern nur gegen sein Zustandekommen richte, sei jedoch als reine Ordnungsvorschrift kein Verbotsgesetz. Der Verstoß gegen § 97 Abs. 1 GWB führt daher auch unter diesem Aspekt nicht zur Nichtigkeit des geschlossenen Vertrages gemäß § 134 BGB.[224] **145**

III. Sittenwidriges Rechtsgeschäft (§ 138 BGB)

Im Einzelfall kann sich die Nichtigkeit eines Vertrages auch daraus ergeben, dass er nach Würdigung der Gesamtumstände, die zum Vertragsschluss geführt haben, als sittenwidrig i.S.v. § 138 Abs. 1 BGB anzusehen ist. **146**

Umstände, die einen Vertrag mit dem Makel der Sittenwidrigkeit behaften, liegen nur in ganz besonderen **Ausnahmefällen** vor, z.B. bei Bestechungsfällen. **147**

Eine Nichtigkeit nach § 138 Abs. 1 BGB setzt voraus, dass der öffentliche Auftraggeber in **bewusster Missachtung des Vergaberechts** gehandelt, er also entweder weiß, dass der betreffende Auftrag dem GWB-Vergaberecht unterfällt, oder er sich einer solchen Kenntnis mutwillig verschließt,[225] und überdies **kollusiv**, also zum Nachteil eines Dritten, etwa eines Konkurrenten des Auftragnehmers, mit dem Auftragnehmer zusammengewirkt hat.[226] **148**

Umstände, die einen sittenwidrig geschlossenen Vertrag nahelegen, können z.B. vorliegen, wenn die Vertragsparteien einen Vertrag in beiderseitiger Kenntnis von dessen Unwirtschaftlichkeit schließen, welche durch einen Wettbewerb offenkundig werden könnte.[227] Auch gemeinsame wirtschaftliche Interessen und Verflechtungen der Vergabestelle mit einem Bieter sollen ein kollusives Zusammenwirken des öffentlichen Auftraggebers mit dem Auftragnehmer nach der Rechtsprechung ebenso nahelegen[228] wie die Aufspaltung der Beschaffungsvorgänge zum Nachteil eines potenziellen Bieters.[229] **149**

G. Vertragsverletzungsverfahren

Außerhalb des § 135 GWB und unabhängig von den Ausschlussfristen in § 135 Abs. 2 GWB bleibt es Bietern, die bei der öffentlichen Auftragsvergabe nicht berücksichtigt wurden, unbenommen, sich auch im Wege einer **Beschwerde** an die Europäische Kommission[230] zu wenden und geltend zu machen, dass die konkrete öffentliche Auftragsvergabe gegen das EU-Vergaberecht verstößt.[231] **150**

Aufgrund einer solchen Beschwerde kann die Europäische Kommission ein sog. **Vertragsverletzungsverfahren** nach Art. 258 AEUV einleiten, an dessen Ende sie die Beendigung eines vergaberechtswidrigen Vertrages fordern kann.[232] **151**

---

224 Vgl. die Nachweise bei *Dreher*, in: Dreher/Motzke, Vergaberecht, § 101b GWB Rn. 62.
225 OLG Celle, Beschluss v. 25.8.2005 – 13 Verg 8/05.
226 Vgl. OLG Düsseldorf, Beschluss v. 3.12.2003 – VII-Verg 37/03; ein einseitiges sittenwidriges Verhalten der Vergabestelle alleine reicht dafür nicht aus, OLG Hamburg, Beschluss v. 25.1.2007 – 1 Verg 5/06; OLG Brandenburg, Beschluss v. 29.1.2002 – Verg W 8/01; OLG Celle, Beschluss v. 25.8.2005 – 13 Verg 8/05; zuletzt etwa LG Saarbrücken, Urteil v. 6.11.2014 – 3 O 260/11 sowie OLG Brandenburg, Beschluss v. 16.12.2015 – 4 U 77/14.
227 VK Düsseldorf, Beschluss v. 20.11.2006 – VK 46/2006-L.
228 Vgl. VK Arnsberg, Beschluss v. 17.6.2004 – VK 2-06/2004.
229 Vgl. OLG Düsseldorf, Beschluss v. 25.1.2005 – VII-Verg 93/04.
230 Hierzu im Einzelnen Mitteilung der Kommission an den Rat und das Europäische Parlament „Aktualisierung der Mitteilung über die Beziehungen zu Beschwerdeführern in Fällen der Anwendung von Unionsrecht" v. 2.4.2012, COM(2012)154 final, sowie z.B. *Freytag*, in: Gabriel/Krohn/Neun, Handbuch des Vergaberechts, § 37 Rn. 17 ff.
231 Die EU-Kommission kann ein Vertragsverletzungsverfahren auch von Amts wegen einleiten.
232 EuGH, Urteil v. 18.7.2007 – Rs. C-503/04 (Abfallentsorgung Braunschweig II).

152 Das Vertragsverletzungsverfahren ist ein **eigenständiges Sanktionsinstrument** der Kommission gegenüber den EU-Mitgliedstaaten, um für die einheitliche Beachtung und Durchsetzung des EU-Rechts Sorge zu tragen.[233] Im Rahmen eines derartigen Verfahrens kann die Kommission – nachdem sie dem betroffenen Mitgliedstaat in einem mehrstufigen Verfahren, inklusive eines informellen Vorverfahrens,[234] Gelegenheit zur Stellungnahme bzw. zur Abhilfe gegeben hat – die **gerichtliche Feststellung durch den EuGH** beantragen, dass ein Mitgliedstaat gegen das EU-(Vergabe-)Recht verstoßen habe. Als Urheber einer solchen Verletzungshandlung kommen sämtliche Einrichtungen der Mitgliedstaaten in Betracht, die an der Ausübung staatlicher Gewalt beteiligt sind, also auch öffentliche Auftraggeber i.S.d. § 98 GWB. Am Ende eines derartigen Vertragsverletzungsverfahrens kann der EuGH wegen eines Vergaberechtsverstoßes eines öffentlichen Auftraggebers feststellen, dass ein Mitgliedstaat gegen eine Verpflichtung aus dem Unionsrecht verstoßen hat (Art. 260 Abs. 1 AEUV). Diese Feststellung kommt nicht nur in Betracht, wenn eine Vorgabe der insoweit geltenden EU-Vergaberichtlinie missachtet worden ist, sondern auch dann, wenn Grundregeln des AEUV durch den betreffenden öffentlichen Auftraggeber verletzt worden sind.

153 Die von § 135 Abs. 1 Nr. 2 GWB erfassten Fälle der unzulässigen Direktvergabe bzw. **De-facto-Vergabe** waren bislang schon mehrfach Gegenstand von derartigen Vertragsverletzungsverfahren.[235] Im Wege eines Vertragsverletzungsverfahrens können aber keineswegs nur diese schwerwiegenden Verstöße gegen das EU-Vergaberecht geltend gemacht werden.

I. Rechtsfolge

154 Stellt der EuGH fest, dass die Bundesrepublik Deutschland gegen eine Verpflichtung aus dem EU-Vertrag verstoßen hat, weil ein deutscher öffentlicher Auftraggeber sich nicht dem EU-Vergaberecht entsprechend verhalten hat, führt dies für sich genommen ebenso wenig wie der Vergabeverstoß des öffentlichen Auftraggebers zur **Unwirksamkeit** des hierauf geschlossenen Vertrages.[236] Der Verstoß gegen das EU-Recht als solcher führt auch nicht zur **Nichtigkeit** gemäß § 134 BGB;[237] zugleich wird eine Nichtigkeit des Vertrages gemäß § 138 BGB nur in besonderen Ausnahmefällen in Betracht kommen.[238]

155 Ein Mitgliedstaat, dessen hoheitliche Einrichtungen gegen das EU-Vergaberecht verstoßen hat, muss jedoch die **Maßnahmen ergreifen**, die sich aus dem Urteil des Gerichtshofs ergeben (Art. 260 Abs. 1 AEUV). Mit der Beseitigung der Vertragsverletzung muss in der Regel unverzüglich begonnen werden und sie ist innerhalb kürzestmöglicher Frist abzuschließen.[239] Dies bedeutet letztlich bei noch anhaltenden Verletzungen des EU-Vergaberechts, dass der Mitgliedstaat (bzw. der betreffende nationale öffentliche Auftraggeber) vergaberechtswidrige Verträge für die Zukunft beenden, also **kündigen** muss,[240] jedenfalls, soweit diese Wirkungen für die Zukunft besitzen, also in der Regel bei Dauerschuldverhältnissen. Denn Verträge, die ohne Ausschreibung und förmliches Vergabeverfahren geschlossen wurden, verletzen das EU-Vergaberecht fortdauernd. Der Verstoß dauert so lange an, bis die unter Verletzung des EU-Vergaberechts geschlossenen Verträge vollständig erfüllt sind.[241] Der Verstoß gegen das Vergaberecht setzt sich im Ergebnis also auf der Vertragsebene fort, der Zuschlag bildet keine Zäsur für die Pflicht eines Mitgliedstaates, den europarechtswidrigen Zustand für die Zukunft zu beenden. Der in der deutschen Rechtspraxis geltende Grundsatz „pacta sunt servanda" besitzt also insoweit ebenso wenig Gültigkeit, wie die Grundsätze der Rechtssicherheit und

233 Zum Vertragsverletzungsverfahren im Einzelnen z.B. *Freytag*, in: Gabriel/Krohn/Neun, Handbuch des Vergaberechts, § 37 Rn. 17 ff.
234 Siehe hierzu z.B. *Freytag*, in: Gabriel/Krohn/Neun, Handbuch des Vergaberechts, § 37 Rn. 25.
235 Vgl. die Gesamtübersicht unter http//:ec.europa.eu/internal_market/publicprocurement/infringements_de.htm.
236 Vgl. EuGH, Urteil v. 18.7.2007 – Rs. C-503/04 (Abfallentsorgung Braunschweig II), NZBau 2007, 594 (596).
237 Vgl. Rn. 142.
238 Vgl. Rn. 147.
239 EuGH, Urteil v. 25.11.2003 – Rs. C-278/01, EuGHE 2003, I-14141 Rn. 27 m.w.N.
240 Rn. 158 ff.; vgl. EuGH, Urteil v. 18.7.2007 – Rs. C-503/04 (Abfallentsorgung Braunschweig II), NZBau 2007, 594 (596).
241 EuGH, Urteil v. 18.7.2007 – Rs. C-503/04 (Abfallentsorgung Braunschweig II), NZBau 2007, 594 (596).

des Vertrauensschutzes bzw. das Grundrecht auf Eigentum die Bestandskraft des unionsrechtswidrig geschlossenen Vertrages bzw. die Nichtdurchführung eines die Vertragsverletzung gemäß Art. 258 AEUV feststellenden Urteils zu rechtfertigen vermögen. Ansonsten könnte sich der betreffende Mitgliedstaat seiner gemeinschaftsrechtlichen Verantwortung entziehen.[242]

Geht ein Mitgliedstaat nach Auffassung der EU-Kommission den sich aus dem Urteil ergebenden Maßnahmen – hier in der Regel die Kündigung der entsprechenden Verträge[243] – nicht nach, so kann sie das **Sanktionsverfahren**[244] gemäß Art. 260 Abs. 2 AEUV einleiten, an dessen Ende der EuGH gegen den betreffenden Mitgliedstaat auch die Zahlung eines Pauschalbetrages und/oder eines Zwangsgeldes verhängen kann. Dieses Sanktionsverfahren ist ebenfalls als mehrstufiges Verfahren mit Vorverfahren und Klageverfahren ausgestaltet. Nach einem Feststellungsurteil des EuGH richtet die EU-Kommission in der Regel innerhalb von vier Wochen ein Schreiben an den verurteilten Mitgliedstaat, in dem sie diesen an seine Verpflichtung nach Art. 260 Abs. AEUV erinnert und um Mitteilung der zur Befolgung des Urteils ergriffenen Maßnahmen bittet.[245] Reagiert der Mitgliedstaat auf diese Erinnerung nicht oder aus Sicht der Kommission nicht zufriedenstellend, befindet sie über die Einleitung des Verfahrens gemäß Art. 260 Abs. 2 AEUV. 156

Ergreift der Mitgliedstaat ab einer bestimmten, von der Kommission gesetzten Frist **die Maßnahmen nicht**, die sich nach Auffassung der Kommission aus dem Urteil des Gerichtshofs ergeben, so kann die Kommission den EuGH erneut anrufen. Gegenstand dieses zweiten Verfahrens nach Art. 260 Abs. 2 AEUV ist dann also letztlich der Vorwurf, dass der auf einen Verstoß gegen das EU-Vergaberecht beruhende Vertrag nicht als Folge des Feststellungsurteils des EuGH, entweder im Einvernehmen der Vertragsparteien oder wirksam durch einseitige Erklärung des öffentlichen Auftraggebers, beendet worden ist (Art. 260 Abs. 1 und Abs. 2 AEUV). Stellt der EuGH fest, dass der Mitgliedstaat nicht den Maßnahmen, die sich aus dem ersten Urteil ergeben, nachgekommen ist, so kann der Gerichtshof den Mitgliedstaat durch **Festsetzung eines Pauschalbetrages oder von Zwangsgeldern** hierzu anhalten (Art. 260 Abs. 2 UAbs. 2 AEUV). Es können auch beide finanzielle Sanktionen, also Zwangsgeld und Pauschalbetrag, zusammen verhängt werden.[246] In ihrer Klage benennt die Kommission die Höhe des von dem betreffenden Mitgliedstaat zu zahlenden Pauschalbetrages oder des Zwangsgeldes, die sie den Umständen nach für angemessen hält.[247] Hieran ist der EuGH jedoch nicht gebunden, er verfügt über einen weiten **Ermessensspielraum** bei der Festsetzung der Sanktionen, sowohl hinsichtlich des „Ob" als auch hinsichtlich der Art und der Höhe der Sanktion.[248] Spätestens mit der Verhängung des Zwangsgeldes oder des Pauschalbetrages soll die gemeinschaftsrechtliche Verpflichtung des Mitgliedstaates durchgesetzt werden, dass ein gemeinschaftsrechtswidrig zustande gekommener Beschaffungsvertrag beendet wird, wenn nur so der rechtswidrige Zustand beseitigt werden kann. Diese Handlungspflicht betrifft zunächst nur die Bundesrepublik Deutschland als EU-Mitgliedstaat selbst.[249] Sie ist jedoch der Gemeinschaft gegenüber unabhängig davon zu erfüllen, welche Probleme sich bei der Befolgung aufgrund der Bestimmungen, Übungen oder Umstände der internen deutschen Rechts- 157

242 EuGH, Urteil v. 18.7.2007 – Rs. C-503/04 (Abfallentsorgung Braunschweig II), NZBau 2007, 594 (596).
243 Vgl. Rn. 149 ff.
244 Hierzu näher z.B. *Freytag*, in: Gabriel/Krohn/Neun, Handbuch des Vergaberechts, § 37 Rn. 61 ff.
245 EU-Kommission, Mitteilung zur Anwendung von Art. 260 Abs. 3 AEUV, EU-ABl. 2011, C 12/1 Abschnitt I Punkt 3.
246 EuGH, Urteil v. 12.7.2005 – Rs. C-304/02, EuGHE 2005 I-6263 Rn. 80 ff., und die Nachweise bei *Freytag*, in: Gabriel/Krohn/Neun, Handbuch des Vergaberechts, § 37 Rn. 69.
247 Zur Berechnung von Zwangsgeld und Pauschalbetrag siehe *Freytag*, in: Gabriel/Krohn/Neun, Handbuch des Vergaberechts, § 37 Rn. 71 f.
248 *Freytag*, in: Gabriel/Krohn/Neun, Handbuch des Vergaberechts, § 37 Rn. 73.
249 Vgl. aber Art. 104a Abs. 6 GG sowie das Lastentragungsgesetz vom 5.9.2006 (BGBl. I S. 2098). Z. B. nach Art. 57 Abs. 7 der Niedersächsischen Landesverfassung kann das Land, wenn es wegen eines Rechtsverstoßes einer kommunalen Körperschaft in Anspruch genommen wird, nach Maßgabe eines Landesgesetzes bei der Kommune Rückgriff nehmen.

ordnung einschließlich des bundesstaatlichen Aufbaus der Bundesrepublik Deutschland ergeben.[250]

158 Art. 260 Abs. 3 AEUV sieht schließlich seit dem Vertrag von Lissabon ein neues Sanktionsinstrument vor, hiernach kann die EU-Kommission dem Gerichtshof bereits in ihrer Klage zur Feststellung einer Vertragsverletzung nach Art. 258 AEUV **vorschlagen**, in dem Urteil, mit dem er die Vertragsverletzung feststellt, zugleich die Zahlung eines Pauschalbetrages oder eines Zwangsgeldes zu verhängen. Art. 260 Abs. 3 AEUV betrifft dabei die Fälle, dass ein Mitgliedstaat Maßnahmen zur Umsetzung einer Richtlinie überhaupt nicht gemeldet hat oder eine solche Meldung unvollständig ist.

II. Kündigung vergaberechtswidriger Verträge

159 In den Fällen, in denen der EuGH nach einem entsprechenden Vertragsverletzungsverfahren der EU-Kommission die Gemeinschaftsrechtswidrigkeit eines Vertrages festgestellt hat, bleibt dem öffentlichen Auftraggeber daher nur die Möglichkeit, den Vertrag mit Wirkung für die Zukunft zu beenden, also in der Regel durch Abschluss eines Aufhebungsvertrages oder durch Kündigung aufzulösen, um auf diese Weise den Verstoß gegen das EU-Vergaberecht zu beseitigen.

160 Ein **vertragliches Sonderkündigungsrecht** für den Fall, dass der Abschluss des Vertrages EU-Vergaberecht verletzt, vereinbaren die Parteien in der Praxis bislang nur selten. Wegen der Rechtsprechung des EuGH[251] war den Vergabestellen jedoch auch nach Einführung des § 101b GWB a.F. bislang die Vereinbarung eines derartigen Sonderkündigungsrechts anzuraten, um im Streitfall einen gemeinschaftsrechtskonformen Zustand herstellen zu können, ohne sich schadensersatzpflichtig zu machen.[252] Eine solche Vertragsklausel birgt allerdings ggf. die Gefahr, dass nationale Gerichte darin ein Indiz für ein sittenwidriges Verhalten, konkret ein kollusives Zusammenwirken des öffentlichen Auftraggebers und seinem Vertragspartner sehen und den Vertrag daher gemäß § 138 BGB als nichtig ansehen könnten.[253]

161 Außerhalb eines vertraglichen Kündigungsrechts konnte der öffentliche Auftraggeber in diesen Fällen – wenn überhaupt – nur in ganz speziellen Ausnahmefällen von einem **gesetzlichen Kündigungsrecht** gemäß §§ 313, 314 BGB Gebrauch machen.[254] Die – nicht rechtskräftige – Entscheidung des LG München I[255], in der die Anwendbarkeit des § 314 BGB bejaht wird, ist zu Recht eine Einzelfallentscheidung geblieben.

162 Diesem – wenig befriedigenden – Zustand[256] setzt nunmehr die Regelung des **§ 133 GWB** zur Kündigung von öffentlichen Aufträgen in besonderen Fällen ein Ende.[257] § 133 Abs. 1 GWB legt erstmals Bedingungen fest, unter denen öffentliche Auftraggeber „vergaberechtlich" die Möglichkeit haben, einen öffentlichen Auftrag während der Vertragslaufzeit zu kündigen.[258] Einen entsprechenden Vorschlag hatte der Bundesrat bereits im Gesetzgebungsverfahren zum VergRModG 2009 gemacht; hiernach sollte ein neuer Abs. 3 in die Vorschrift des § 101b GWB a.F. eingefügt werden.[259] Der Vorschlag des Bundesrates sah u.a. die Beschränkung der Schadensersatzpflicht auf die Zeit bis zum nächsten ordentlichen Kündigungstermin bei einem zeitlich unbefristeten Vertrag vor. Mit einem zeitlich befristeten Vertrag sollte sich die Ersatzpflicht nach dem Vorschlag des Bundesrates auf fünf Jahre, insgesamt

250 St. Rspr., vgl. z.B. EuGH, Urteil v. 14.5.2002 – Rs. C-383/00.
251 EuGH, Urteil v. 18.7.2007 – Rs. C-503/04 (Abfallentsorgung Braunschweig II).
252 *Hattig*, in: Hattig/Maibaum, Kartellvergaberecht, § 101b GWB Rn. 81.
253 Hierauf weist zurecht hin *Freytag*, in: Gabriel/Krohn/Neun, Handbuch des Vergaberechts, § 37 Rn. 85.
254 Vgl. hierzu im Einzelnen *Hattig*, in: Hattig/Maibaum, Kartellvergaberecht, § 101b GWB Rn. 81 ff; siehe auch die Nachweise bei *Freytag*, in: Gabriel/Krohn/Neun, Handbuch des Vergaberechts, § 37 Rn. 83 f.
255 LG München, Urteil v. 20.12.2005 – 33 O 16465/05, NZBau 2006, 269; siehe hierzu auch *Freytag*, in: Gabriel/Krohn/Neun, Handbuch des Vergaberechts, § 37 Rn. 84 f.
256 Vgl. *Hattig*, in: Hattig/Maibaum, Kartellvergaberecht, § 101b GWB Rn. 85.
257 Wegen der näheren Einzelheiten siehe *Fülling* zu § 133.
258 Gesetzesbegründung, BT-Drs. 18/6281 (zu § 133 GWB), 120.
259 Stellungnahme des Bundesrates, VergRModG 2009, BR-Drs. 349/08 (B), 12 f.; vgl. hierzu im Einzelnen *Hattig*, in: Hattig/Maibaum, Kartellvergaberecht, § 101b GWB Rn. 83 ff.

jedoch auf die Hälfte der Restlaufzeit des Vertrages beschränken.[260] Die Bundesregierung war diesem Vorschlag damals jedoch (noch) nicht gefolgt.[261]

§ 133 Abs. 1 GWB dient der Umsetzung von **Art. 73 RL 2014/24/EU**.[262] 163

Wie es in der Gesetzesbegründung heißt, muss den öffentlichen Auftraggebern über den Grundsatz der **„clausula rebus sic stantibus"**[263] ein Auflösungsrecht des Vertrages zumindest in den § 133 Abs. 1 Nr. 1 bis 3 GWB genannten besonderen Fälle vorbehalten bleiben, in denen ein Festhalten am Vertrag das öffentliche Interesse an der Gesetzmäßigkeit der Verwaltung beeinträchtigen würde.[264] Insbesondere aus dem Unionsrecht könne sich die Pflicht ergeben, im Interesse einer effektiven Umsetzung (effet utile) der aus dem Unionsrecht erwachsenden Verpflichtungen eine Kündigung von vertraglichen Vereinbarungen vorzunehmen. 164

§ 133 Abs. 1 Nr. 3 GWB[265] sieht daher vor, dass öffentliche Auftraggeber einen öffentlichen Auftrag während der Vertragslaufzeit kündigen können, wenn der öffentliche Auftrag aufgrund einer **schweren Verletzung** der Verpflichtungen aus dem AEUV oder aus den Vorschriften des Vierten Teils des GWB nicht an den Auftragnehmer hätte vergeben werden dürfen. Voraussetzung hierfür ist, dass der EuGH einen solchen Verstoß in einem Verfahren gemäß Art. 258 AEUV festgestellt hat. 165

Eine Beendigung unionsrechtswidriger Beschaffungsverträge ohne Beanstandung durch den EuGH in einem entsprechenden **Feststellungsurteil**[266] kommt damit nach wie vor nicht in Betracht. Die Gesetzesbegründung[267] weist darauf hin, dass bereits nach bisheriger Rechtslage der öffentliche Auftraggeber nach der Rechtsprechung des EuGH verpflichtet war, einen unionsrechtswidrig zustande gekommenen, noch laufenden Vertrag zu beenden.[268] Soweit dies erforderlich ist, könne der öffentliche Auftraggeber daher einen laufenden Vertrag kündigen, um ein ansonsten drohendes Vertragsverletzungsverfahren der Europäischen Kommission zu verhindern. Die Vorschrift des § 133 Abs. 1 Nr. 3 GWB normiere dieses Kündigungsrecht für den Fall im GWB, dass der EuGH eine entsprechende Vertragsverletzung festgestellt habe.[269] 166

Im Übrigen ist eine Kündigung nur möglich, wenn sich aus dem Vertrag **fortdauernde Pflichten** ergeben. Haben sich dagegen die vertraglichen Beziehungen in einem einmaligen Austausch von Leistung und Gegenleistung erschöpft, so ist der Vertrag erfüllt (§ 362 BGB) und mithin für eine Kündigung kein Raum mehr.[270] 167

Die in § 133 Abs. 1 GWB aufgezählten Kündigungsgründe sind **nicht abschließend** und erweitern die bereits bislang bestehenden Möglichkeiten zur Beendigung von öffentlichen Aufträgen.[271] Nicht berührt wird durch die Vorschrift das Recht der Beteiligten zur Geltendmachung eines vereinbarten oder in Anwendung der Vorschriften des BGB anzuerkennenden gesetzlichen Kündigungsrechts einschließlich des Rechts gemäß § 314 BGB zur Kündigung von 168

260 Vgl. Stellungnahme des Bundesrates, VergRModG 2009, BR-Drs. 349/08 (B), 12 f.
261 Vgl. Gegenäußerung der Bundesregierung, VergRModG 2009, BT-Drs. 16/10117, 41: „Die Frage der Anwendbarkeit der zivilrechtlichen Vorschriften – wie beispielsweise §§ 313 f. BGB – sei nach den tatsächlichen Umständen des jeweiligen Einzelfalles zu beantworten. Dazu zähle insbes. die Klärung des Umstandes, ob der Verstoß der Auftragsvergabe gegen das Europäische Gemeinschaftsrecht im Einzelfall der Risikosphäre des Auftraggebers zuzuordnen sei, sodass ein Leistungsforderungsrecht des Unternehmers nach § 649 S. 2 BGB interessengerecht wäre. Eine pauschale Betrachtung durch gesetzliche Verweisung würde vertragliche Lösungen ausschließen und könnte sachgerechte Lösungen im Einzelfall nicht gleichermaßen sicherstellen."
262 Gesetzesbegründung, BT-Drs. 18/6281, 120 (zu § 133 GWB).
263 Vorbehalt, dass ein Schuldversprechen oder ein Geschäft seine bindende Wirkung bei Veränderungen der Verhältnisse verliert.
264 Gesetzesbegründung, BT-Drs. 18/6281, 120 (zu § 133 GWB).
265 § 133 Abs. 1 Nr. 3 GWB dient der Umsetzung von Art. 73 lit. c RL 2014/24/EU.
266 Vgl. hierzu *Freytag*, in: Gabriel/Krohn/Neun, Handbuch des Vergaberechts, § 37 Rn. 87.
267 Gesetzesbegründung, BT-Drs. 18/6281, 120 (zu § 133 GWB).
268 EuGH, Urteil v.18.7.2007 – Rs. C-503/04 (Abfallentsorgung Braunschweig II); siehe hierzu Rn. 159 ff.
269 Gesetzesbegründung, BT-Drs. 18/6281, 120 (zu § 133 GWB).
270 Gesetzesbegründung, BT-Drs. 18/6281, 120 (zu § 133 GWB).
271 Gesetzesbegründung, BT-Drs. 18/6281, 120 (zu § 133 GWB).

Dauerschuldverhältnissen aus wichtigem Grund.[272] Die Gesetzesbegründung weist insoweit darauf hin, dass es zum Beispiel erforderlich sein könne, einen laufenden Vertrag zu kündigen, um schwere Nachteile für das Gemeinwohl zu verhüten oder zu beseitigen, insbesondere um ein ansonsten drohendes Vertragsverletzungsverfahren der Europäischen Kommission zu verhindern.[273]

169 Durch die Vorschrift unberührt bleibt ferner die durch die Rechtsprechung anerkannte Möglichkeit, dass, wenn der öffentliche Auftraggeber in bewusster **Missachtung des Vergaberechts** handelt oder er sich einer solchen Kenntnis mutwillig verschließt und er **kollusiv** mit dem Auftragnehmer zusammenwirkt, der zwischen öffentlichem Auftraggeber und Auftragnehmer geschlossene Vertrag mit der Folge nichtig sein kann, dass Vergütungs-, Rückforderungs- und Gewährleistungsansprüche wechselseitig ausgeschlossen sind.[274]

170 Anders als die Regelung zur Unwirksamkeit in § 135 GWB, nach dessen Abs. 2 S. 1 eine Unwirksamkeit nur innerhalb von sechs Monaten nach Vertragsschluss festgestellt werden kann, bietet § 133 GWB eine Kündigungsmöglichkeit auch **über die ersten sechs Monate hinaus**.[275] Sofern einer der in § 133 Abs. 1 Nr. 1 bis 3 GWB genannten Kündigungsgründe vorliegt, können öffentliche Auftraggeber damit öffentliche Aufträge während deren Laufzeit kündigen, ohne an eine Frist gebunden zu sein.[276]

171 § 133 Abs. 2 GWB regelt die **Rechtsfolgen einer Kündigung** durch den öffentlichen Auftraggeber nach § 133 Abs. 1 GWB. Nach § 133 Abs. 2 S. 1 GWB ist der Auftragnehmer grundsätzlich berechtigt, einen seinen bisherigen Leistungen entsprechenden Teil der Vergütung zu verlangen. Dies entspricht der Wertung des § 628 Abs. 1 S. 1 BGB.[277]Aus Sicht des Gesetzgebers ermöglicht dies einen angemessenen Interessenausgleich zwischen öffentlichem Auftraggeber und Auftragnehmer. Zwar sei der öffentliche Auftraggeber unmittelbar durch die Vorschriften des Vergaberechts verpflichtet. Er trage aber das Risiko dafür, dass vergaberechtliche Gesichtspunkte einer weiteren Durchführung des Vertrags entgegenstehen, bei wirtschaftlicher Betrachtung nicht allein.[278]

172 § 133 Abs. 3 GWB stellt schließlich klar, dass durch die Kündigung etwaige **Schadensersatzansprüche** unberührt bleiben. Der Gesetzgeber geht davon aus, dass im Rahmen des Schadensersatzrechts die Verantwortlichkeiten und das (Mit-)Verschulden im Einzelfall gerecht gewertet werden können.[279]

Anlage

Gesetzesbegründung (BT-Drs. 18/6281)

Seite 122

Zu Absatz 1

§ 135 Absatz 1 entspricht im Wesentlichen dem bisherigen § 101b Absatz 1 Satz 1 und 2 GWB. Der Anwendungsbereich des Absatzes 1 Nummer 2 wird dahingehend neu gefasst, dass für die Unwirksamkeit auf die fehlende vorherige Veröffentlichung einer Bekanntmachung im Amtsblatt der Europäischen Union abgestellt wird. Diese Neufassung dient der Umsetzung der Vorgaben des Artikel 2d Absatz 1Buchstabe a der Richtlinien 89/665/EWG und 92/13/EWG, jeweils in der Fassung der Richtli-

---

272 Gesetzesbegründung, BT-Drs. 18/6281, 120 (zu § 133 GWB); vgl. hierzu *Hattig*, in: Hattig/Maibaum, Kartellvergaberecht, § 101b GWB Rn. 81 ff; siehe auch die Nachweise bei *Freytag*, in: Gabriel/Krohn/Neun, Handbuch des Vergaberechts, § 37 Rn. 83 f.
273 Gesetzesbegründung, BT-Drs. 18/6281, 120 (zu § 133 GWB).
274 Gesetzesbegründung, BT-Drs. 18/6281, 120 (zu § 133 GWB); vgl. hierzu Rn. 148.
275 Gesetzesbegründung, BT-Drs. 18/6281, 120 (zu § 133 GWB).
276 Gesetzesbegründung, BT-Drs. 18/6281, 120 (zu § 133 GWB).
277 Gesetzesbegründung, BT-Drs. 18/6281, 120 (zu § 133 GWB).
278 Gesetzesbegründung, BT-Drs. 18/6281, 120 (zu § 133 GWB).
279 Gesetzesbegründung, BT-Drs. 18/6281, 120 (zu § 133 GWB).

nie 2007/66/EG und entspricht der erweiternden Auslegung des § 101b Absatz 1 Nummer 2 GWB durch die Rechtsprechung (OLG Düsseldorf, Beschluss vom 11. Januar 2012, VII-Verg 67/11 m. w. N.).

Zu Absatz 2

§ 135 Absatz 2 Satz 1 entspricht im Wesentlichen dem bisherigen § 101b Absatz 2 Satz 1 GWB, mit der Änderung, dass nunmehr der Lauf der Frist, innerhalb der ein Unternehmen die Feststellung der Unwirksamkeit eines Vertrags beantragen kann, eine Information der betroffenen Bieter oder Bewerber durch den öffentlichen Auftraggeber über den Abschluss des Vertrags voraussetzt. Eine anderweitige Kenntniserlangung durch den Bieter oder Bewerber genügt als fristauslösendes Ereignis nicht. Diese Änderung dient der Umsetzung des Artikel 2f Absatz 1 Buchstabe a der Richtlinien 89/665/EWG und 92/13/EWG, jeweils in der Fassung der Richtlinie 2007/66/EG. Absatz 2 bezieht sich insoweit auf die in Absatz 1 genannten Verstöße, also auf einen Vertragsschluss ohne vorherige Mitteilung an die unterlegenen Bieter und Bewerber nach § 134 bzw. ohne Veröffentlichung einer Bekanntmachung im Amtsblatt der Europäischen Union (vgl. OLG Düsseldorf, Beschluss vom 3. August 2011, VIIVerg 33/11).

§ 135 Absatz 2 Satz 2 entspricht dem bisherigen § 101b Absatz 2 Satz 2 GWB. Indem auf die Veröffentlichung der Bekanntmachung der Auftragsvergabe im Amtsblatt der Europäischen Union als fristauslösendes Ereignis abgestellt wird, beruht die Kenntnis der betroffenen Bieter oder Bewerber von einem Verstoß gegen Absatz 1 entsprechend des Artikel 2f Absatz 1Buchstabe a der Richtlinien 89/665/EWG und 92/13/EWG, jeweils in der Fassung der Richtlinie 2007/66/EG, auch insoweit auf einer Information des öffentlichen Auftraggebers.

Zu Absatz 3

§ 135 Absatz 3 übernimmt die in Artikel 2d der Richtlinie 89/665/EWG und 92/13/EWB, jeweils in der Fassung der Richtlinie 2007/66/EG, vorgesehene Möglichkeit, die Unwirksamkeit eines öffentlichen Auftrags zu vermeiden, wenn der öffentliche Auftraggeber der Ansicht ist, eine Vergabe sei ohne vorherige Veröffentlichung im Amtsblatt der Europäischen Union zulässig, indem der öffentliche Auftraggeber unter bestimmten Voraussetzungen im Amtsblatt der Europäischen Union die Absicht des Vertragsschlusses bekundet und dieser Vertragsschluss nicht vor Ablauf einer Frist von mindestens 10 Kalendertagen gerechnet ab dem Tag nach der Veröffentlichung der Bekanntmachung abgeschlossen wird, siehe auch EuGH, Rs. C-19/13, Urteil vom 11. September 2014, „Fastweb SpA", Rn. 42.

Teil 4

Vergabe von öffentlichen Aufträgen und Konzessionen

Kapitel 1
Vergabeverfahren

Abschnitt 3
Vergabe von öffentlichen Aufträgen in besonderen Bereichen und von Konzessionen

Unterabschnitt 1
Vergabe von öffentlichen Aufträgen durch Sektorenauftraggeber

§ 136
Anwendungsbereich

Dieser Unterabschnitt ist anzuwenden auf die Vergabe von öffentlichen Aufträgen und die Ausrichtung von Wettbewerben durch Sektorenauftraggeber zum Zweck der Ausübung einer Sektorentätigkeit.

Übersicht Rn.

A. Allgemeines 1
B. Vergabe von öffentlichen Aufträgen 3
C. Ausrichtung von Wettbewerben 15
D. Zum Zwecke der Ausübung einer Sektorentätigkeit 18
Anlage
Gesetzesbegründung (BT-Drs. 18/6281)

A. Allgemeines

§ 136 GWB regelt den **sachlichen Anwendungsbereich** des Sektorenvergaberechts. Danach unterliegen Sektorenauftraggeber im Sinne von § 100 GWB bei der Vergabe öffentlicher Aufträge und bei der Ausrichtung von Wettbewerben zum Zwecke der Ausübung einer Sektorentätigkeit den Bestimmungen von Abschnitt 3 Unterabschnitt 1 des Vierten Teils des GWB. 1

Im Vergleich zu § 1 Abs. 1 S. 2 SektVO a.F. wird der sachliche Anwendungsbereich ausdrücklich auch auf **Wettbewerbe** erstreckt. § 1 Abs. 1 SektVO trifft eine analoge Regelung. Diese Erweiterung beruht darauf, dass Auslobungsverfahren nach altem Recht (§ 99 Abs. 1 und Abs. 5 GWB a.F.) dem Begriff des öffentlichen Auftrags subsumiert wurden, während § 103 Abs. 1 und Abs. 6 GWB beide Begriffe, dem Leitbild des Richtliniengebers folgend,[1] nunmehr voneinander trennt. Diese Trennung ist konsequent und richtig, da es schon nach altem Recht jedenfalls durch das Richtlinienrecht nicht gerechtfertigt erschien, Auslobungsverfahren als öffentlichen Auftrag anzusehen. Auslobungsverfahren verfolgen anders als Vergabeverfahren gerade nicht – jedenfalls nicht primär – den Zweck, einen öffentlichen Auftrag zu vergeben. Ziel ist vielmehr, was freilich bereits § 99 Abs. 5 GWB a.F.[2] klarstellte, dem Auftraggeber aufgrund vergleichender Beurteilung durch ein Preisgericht mit oder ohne Verteilung von Preisen zu einem Plan zu verhelfen. 2

B. Vergabe von öffentlichen Aufträgen

Öffentliche Aufträge sind nach § 103 Abs. 1 GWB entgeltliche Verträge zwischen öffentlichen Auftraggebern oder Sektorenauftraggebern und Unternehmen über die Beschaffung von Leistungen, die die Lieferung von Waren, die Ausführung von Bauleistungen oder die Erbringung von Dienstleistungen zum Gegenstand haben. 3

Der Begriff des **entgeltlichen Vertrags** ist ein Begriff des europäischen Vergaberechts. Er ist zur Vermeidung von Umgehungen („keine Flucht ins öffentliche Recht") entsprechend weit auszulegen, sodass die Unterscheidung zwischen privat- und öffentlich-rechtlichen Verträgen ohne Bedeutung ist. Demnach sind insbesondere Verträge, die auf öffentlich-rechtlichen Rechtsgrundlagen abgeschlossen werden, grundsätzlich ebenfalls öffentliche Aufträge i.S.v. § 103 Abs. 1 GWB.[3] Ein öffentlicher Auftrag hat immer einen entgeltlichen Vertrag zum Gegenstand. Damit entfallen im Ausgangspunkt zunächst einmal nur Schenkungsverträge. Im Übrigen ist auch der vergaberechtliche Entgeltbegriff in einem weiten Sinne zu verstehen. Ent- 4

1 Art. 1 Abs. 1 RL 2014/24/EU und Art. 1 Abs. 1 RL 2014/25/EU.
2 Ebenso nunmehr § 103 Abs. 6 GWB.
3 *Eschenbruch*, in: Eschenbruch/Opitz, SektVO, § 1 Rn. 173.

gelt bedeutet nicht nur finanzielle Vergütung, sondern jede Art von geldwertem Vorteil. Dabei ist weder eine Gewinnerzielung erforderlich noch muss der öffentliche Auftraggeber diesen geldwerten Vorteil gewähren.

5 Die Fälle, in denen das Entgelt von dritter Seite gezahlt wird, sind jedoch abzugrenzen von **Konzessionen**, die nach §§ 148 ff. GWB beauftragt werden. Ein Konzessionär erhält mit dem zeitweiligen Recht zur Nutzung der zu erbringenden Bau- oder Dienstleistung zwar auch einen geldwerten Vorteil. Anders als der Auftragnehmer im Rahmen eines öffentlichen Auftrags ist er aber gemäß § 105 Abs. 2 GWB den „Unwägbarkeiten des Marktes" ausgesetzt, d.h., er trägt das wirtschaftliche Risiko, die für die Erfüllung seiner Leistungspflicht aufgewendeten Mittel zu amortisieren.[4] Trägt der Leistungserbringer dagegen die jedem Vertrag üblicherweise immanenten Risiken, wie das Risiko einer mangelhaften Leistungserbringung oder einer mangelhaften Beurteilung der wirtschaftlichen Grundlagen, sprechen bessere Gründe für das Vorliegen eines öffentlichen Auftrags.

6 Öffentliche Aufträge haben gemäß § 103 Abs. 1 GWB die **Beschaffung** von Liefer-, Bau- oder Dienstleistungen zum Gegenstand. Dem Sektorenvergaberecht unterfallen daher nur solche Vorhaben, mit denen Sektorenauftraggeber als Nachfrager von Leistungen am Markt auftreten. Der Beschaffungszweck ist dabei ohne Bedeutung, solange der Sektorenauftraggeber ein unmittelbar wirtschaftliches Interesse an der Leistung hat. Der Sektorenauftraggeber muss die Leistung nicht persönlich entgegennehmen, nutzen oder für sich selbst verbrauchen. Ausreichend ist vielmehr, wenn der Auftragnehmer sie aufgrund des mit dem Sektorenauftraggeber geschlossenen Vertrags einem bestimmten oder bestimmbaren Nutzerkreis gegenüber erbringt.

7 Ein **unmittelbar wirtschaftliches Interesse** des Sektorenauftraggebers wird ausdrücklich nur für öffentliche Bauaufträge vorausgesetzt (§ 103 Abs. 3 GWB).[5] Diese Voraussetzung wird jedoch auf öffentliche Dienstleistungs- und Lieferaufträge übertragen. Ein solches Interesse kann durch die rechtliche Sicherstellung der Verfügbarkeit der Leistung für öffentliche Zwecke zum Ausdruck kommen oder sich in einer finanziellen Beteiligung oder Risikoübernahme durch den Auftraggeber manifestieren. Für die Annahme einer Beschaffung ist zwar nicht zwingend erforderlich, dass Leistungen zur Erfüllung einer hoheitlichen Aufgabe beauftragt werden.[6] Allerdings wird das vorausgesetzte unmittelbar wirtschaftliche Interesse in aller Regel dann vorliegen, wenn ein Auftragnehmer gegen Entgelt zur Erfüllung einer Aufgabe der öffentlichen Daseinsvorsorge mit der Erbringung der vertragsgegenständlichen Leistungen verpflichtet wird.[7]

8 Wenn Sektorenauftraggeber Leistungen und Güter **am Markt anbieten**, wird dadurch grundsätzlich kein vergabeverfahrenspflichtiger Sachverhalt begründet. Ausnahmsweise kann in eine Veräußerung eine Beschaffung von Leistungen **eingekapselt** sein. Erforderlich und ausreichend zur Eröffnung des sachlichen Anwendungsbereichs des Vergaberechts ist in diesem Fall, wenn die Beschaffungskomponente eines Veräußerungsgeschäfts von nicht völlig untergeordneter Bedeutung ist.[8] Sofern Veräußerung und Beschaffung nicht in einem einheitlichen Vertrag umgesetzt werden, ist dies für die Begründung einer Vergabeverfahrenspflicht unschädlich, sofern beide Vorgänge im Rahmen einer Gesamtbetrachtung in einem engen sachlich-zeitlichen Zusammenhang zueinander stehen.[9]

9 **Lieferaufträge** sind gemäß § 103 Abs. 2 GWB Verträge zur Beschaffung von Waren, die insbesondere Kauf oder Ratenkauf oder Leasing, Miet- oder Pachtverhältnisse mit oder ohne Kaufoption betreffen und die auch Nebenleistungen umfassen können. Andere, nicht ausdrücklich genannte Vertragsarten über die Beschaffung von Waren unterfallen ebenso § 103

4 Vgl. EuGH, Urteil v. 10.11.2011 – Rs. C-348/10 (Norma-A), Rn. 48.
5 Vgl. EuGH, Urteil v. 25.3.2010 – Rs. C-451/08 (Helmut Müller).
6 Vgl. EuGH, Urteil v. 18.11.2004 – Rs. C-126/03 (Heizkraftwerk München), Rn. 18.
7 Vgl. OLG München, Beschluss v. 22.1.2012 – Verg 17/11; Beschluss v. 25.3.2011 – Verg 4/11.
8 BGH, Beschluss v. 1.2.2005 – X ZB 27/04.
9 EuGH, Urteil v. 10.11.2005 – Rs. C-29/04 (Mödling), Rn. 38 ff.

Abs. 2 GWB wie Verträge, in denen die Parteien die Abholung der Ware durch den Auftraggeber und nicht eine Lieferung vereinbaren.

Bauaufträge können nach § 103 Abs. 3 S. 1 GWB die Ausführung oder gleichzeitige Planung und Ausführung von Bauleistungen im Zusammenhang mit einer der Tätigkeiten, die in Anhang II RL 2014/24/EU und Anhang I RL 2014/25/EU genannt sind, oder eines Bauwerks umfassen, das Ergebnis von Tief- oder Hochbauarbeiten ist und eine wirtschaftliche oder technische Funktion erfüllen soll. Der Begriff des öffentlichen Bauauftrags ist weit auszulegen. Das auch insoweit erforderliche Beschaffungselement setzt ein unmittelbar wirtschaftliches Interesse des Sektorenauftraggebers an der Bauleistung voraus. Das bedeutet nicht, dass er zwingend Eigentümer des zu errichtenden Bauwerks oder von Teilen davon werden muss. Auch sonst ist keine Beschaffung in einem gegenständlich oder körperlich zu verstehenden Sinne erforderlich.[10] Beschaffung in diesem Sinne setzt aber eine einklagbare Pflicht zur Erbringung der Bauleistung voraus. Grundlage eines entsprechenden Leistungsanspruchs des Sektorenauftraggebers muss dabei der Bauvertrag selbst sein.[11] 10

Ein Bauauftrag liegt nach § 103 Abs. 3 S. 2 GWB auch vor, wenn ein **Dritter** eine Bauleistung gemäß den vom Sektorenauftraggeber genannten Erfordernissen erbringt. Bauen durch Dritte in diesem Sinne soll Umgehungsgeschäfte in den Fällen vermeiden, in denen der Sektorenauftraggeber nicht selbst als Bauherr auftritt, sondern den Auftragnehmer als Bauherrn in die Leistungskette einbindet. Der Auftragnehmer leitet die Vorgaben des Sektorenauftraggebers an den bauausführenden Dritten weiter. Die vom Sektorenauftraggeber vorgegebenen Erfordernisse müssen sich gerade aus einem mit dem Auftragnehmer geschlossenen Vertrag ergeben. 11

Öffentliche Aufträge sind nach § 103 Abs. 1 und Abs. 4 GWB ferner **Dienstleistungsaufträge**. § 103 Abs. 4 GWB ist ein Auffangtatbestand und erfasst alle Aufträge, die nicht Liefer- oder Bauauftrag sind. Da die Teil 4 des GWB zugrunde liegenden europäischen Vergaberichtlinien die Grundfreiheiten des EU-Primärrechts umsetzen, ist insoweit auch ein Rückgriff auf die Begriffsdefinition aus Art. 57 AEUV möglich. Dienstleistungen sind danach Leistungen, die i.d.R. gegen Entgelt erbracht werden, soweit sie nicht den Vorschriften über den freien Waren- und Kapitalverkehr und über die Freizügigkeit der Personen unterliegen. Als Dienstleistungen gelten insbesondere gewerbliche, kaufmännische, handwerkliche und freiberufliche Tätigkeiten. Soweit das europäische Primärrecht allerdings Tätigkeiten, die dauernd oder zeitweise mit der Ausübung hoheitlicher Gewalt gemäß Art. 62, 51 AEUV verbunden sind, wieder vom Anwendungsbereich der Dienstleistungsfreiheit ausnimmt, hat der deutsche Gesetzgeber diese Ausnahme nunmehr erstmals in § 116 Abs. 1 Nr. 1 lit. e GWB in Bezug auf Rechtsdienstleistungen, im Übrigen jedoch, was unionsrechtlich zulässig ist,[12] ausdrücklich nicht übernommen. 12

Dienstleistungsaufträge sind nicht zu verwechseln mit **Dienstverträgen** i.S.v. §§ 611 ff. BGB. Auch und gerade zivilrechtliche **Werkverträge** (§§ 631 ff. BGB) können öffentliche Dienstleistungsaufträge im Sinne des Vergaberechts sein. Auf den Vertragstyp kommt es nicht an.[13] 13

Aufträge, die **soziale oder andere besondere Dienstleistungen** zum Gegenstand haben, werden nach § 130 GWB vergeben und nach § 39 SektVO bekannt gemacht. Gesonderte Verfahrensregeln gibt es, anders als nach §§ 64 ff. VgV, für den Sektorenbereich nicht. 14

10 EuGH, Urteil v. 25.3.2010 – Rs. C-451/08 (Helmut Müller), Rn. 54.
11 EuGH, Urteil v. 25.3.2010 – Rs. C-451/08 (Helmut Müller), Rn. 60, 62.
12 BGH, Beschluss v. 1.12.2008 – X ZB 31/08.
13 *Eschenbruch*, in: Eschenbruch/Opitz, SektVO, § 1 Rn. 167.

C. Ausrichtung von Wettbewerben

15 **Wettbewerbe** sind nach § 103 Abs. 6 GWB Auslobungsverfahren,[14] die dem Auftraggeber aufgrund vergleichbarer Beurteilung durch ein Preisgericht mit oder ohne Verteilung von Preisen zu einem Plan verhelfen sollen. Die in der Praxis relevantesten Anwendungsbereiche sind die Raumplanung, der Städtebau, das Bauwesen und die Datenverarbeitung.

16 Ein Wettbewerb ist einem Vergabeverfahren **regelmäßig vorgeschaltet**. Es werden Lösungen und Bewerber ermittelt, die sich als am besten zur Projektrealisierung geeignet erweisen, wobei kein Anspruch des Erstplatzierten auf Auftragserteilung besteht.[15]

17 Nähere Regelungen zum **Ablauf eines Wettbewerbs** und zur **Zusammensetzung des Preisgerichts** enthalten für den Sektorenbereich die §§ 60 ff. SektVO.

D. Zum Zwecke der Ausübung einer Sektorentätigkeit

18 § 136 GWB stellt klar, dass Sektorenauftraggeber nur dann die speziellen Regelungen der §§ 137 ff. GWB und der SektVO anwenden, wenn der Auftrag zum Zweck der Ausübung einer Sektorentätigkeit nach § 102 GWB vergeben werden soll.[16]

19 Bis zur Entscheidung des EuGH in der Rechtssache **„Fernwärme Wien"**[17] war umstritten, ob öffentliche Auftraggeber, die zumindest auch im Bereich der Versorgungssektoren tätig sind, das Vergaberecht der RL 2004/18/EG oder das Sektorenvergaberecht der RL 2004/17/EG anwenden müssen.[18] Der EuGH entschied, dass öffentliche Auftraggeber alle Aufträge, die mit der Ausübung einer Sektorentätigkeit in einem Zusammenhang stehen, nach den Verfahrensregeln des Sektorenvergaberechts vergeben, und alle Aufträge, die einen solchen Zusammenhang nicht aufweisen, nach den Verfahrensregeln der RL 2004/18/EG.[19] Eine **„Infizierung"** von Aufträgen ohne Zusammenhang mit der Ausübung einer Sektorentätigkeit findet nicht statt.[20]

20 Aus § 136 GWB ergibt sich daher nicht nur, dass öffentliche Auftraggeber, die eine Sektorentätigkeit ausüben, öffentliche Aufträge **außerhalb des Sektorenbereichs** nach dem allgemeinen Vergaberegime der VgV und der VOB/A zu vergeben haben. Aus § 136 GWB folgt auch, dass private Sektorenauftraggeber, die Aufträge für andere Zwecke als die Ausübung einer Sektorentätigkeit vergeben, dabei vergaberechtlich nicht gebunden sind.[21]

21 Im **Einzelfall zu prüfen** ist der für die sachliche Anwendbarkeit des Sektorenvergaberechts erforderliche Zweck der Ausübung einer Sektorentätigkeit. Dieser wird für sog. **Sektorenhilfstätigkeiten** bereits dann anzunehmen sein, wenn die Leistung die Sektorentätigkeit ermöglicht, erleichtert, fördert oder sonst unterstützt.[22] Beispiele sind etwa die Beschaffung von Büromaterial, von Dienstleistungen zur Sicherung des Betriebsgeländes[23], von Versicherungs-

---

14 Anstelle des bislang verwendeten Begriffs „Auslobungsverfahren" übernimmt der Gesetzgeber im Rahmen der Eins-zu-eins-Umsetzung des Richtlinienrechts nunmehr den Begriff „Wettbewerb" aus Art. 2 Abs. 1 Nr. 21 RL 2014/24/EU und Art. 2 Nr. 17 RL 2014/25/EU, siehe Gesetzesbegründung, BT-Drs. 18/6281, 74.

15 VK Niedersachsen, Beschluss v. 23.1.2012 – VgK-57/2011, m.w.N.

16 Vgl. auch Art. 19 RL 2014/25/EU.

17 EuGH, Urteil v. 10.4.2008 – Rs. C-393/06 (Fernwärme Wien).

18 Vgl. *Opitz*, in: Eschenbruch/Opitz, SektVO, Einleitung – Teil 1 Rn. 15.

19 EuGH, Urteil v. 10.4.2008 – Rs. C-393/06 (Fernwärme Wien), Rn. 58; siehe hierzu schon *Opitz*, NZBau 2002, 19 (21).

20 EuGH, Urteil v. 10.4.2008 – Rs. C-393/06 (Fernwärme Wien), Rn. 31; vgl. *Werner*, in: Byok/Jaeger, Vergaberecht, § 98 GWB Rn. 99, sowie auch *Matthey*, Das Recht der Auftragsvergabe in den Sektoren, S. 117.

21 Zu der missglückten, da nur auf Sektorenauftraggeber i.S.v. § 100 Abs. 1 Nr. 2 GWB abstellenden Formulierung des § 137 Abs. 2 Nr. 1 GWB siehe § 137 Rn. 53 ff.

22 VK Münster, Beschluss v. 8.6.2012 – VK 6/12; *Dreher*, in: Dreher/Motzke, Vergaberecht, § 100b GWB Rn. 14; *Opitz*, in: Eschenbruch/Opitz, SektVO, Einleitung – Teil 1 Rn. 14; siehe aber *ders.*, VergabeR 2014, 369 (371), wonach der Anwendungsbereich des Sektorenvergaberechts aufgrund der Verwendung des Präsens in Art. 4 RL 2014/25/EU (ausüben) für Stellen, die noch keine Sektorentätigkeit ausüben, Aufträge aber im Hinblick auf die Aufnahme einer solchen Tätigkeit vergeben, weiterhin ungeklärt sei.

23 OLG Düsseldorf, Beschluss v. 24.3.2010 – VII-Verg 58/09: Abschlepp- und Inkassodienstleistungen für das Gelände des Düsseldorfer Flughafens; VK Sachsen, Beschluss v. 19.10.2010 – 1/SVK/037/10: Bauüberwachungsleistungen – Flugbetriebsflächen.

leistungen,[24] von Ingenieurleistungen für die technische Gebäudeausrüstung eines Verwaltungsgebäudes,[25] von Ingenieurleistungen zur Bauüberwachung von Flugbetriebsflächen[26] oder einer übergeordneten Leittechnik zur Steuerung von Wasserkraftwerken.[27]

Andere Zwecke als die Ausübung einer Sektorentätigkeit und damit eine Freistellung vom Sektorenvergaberecht werden nur in seltenen und eng auszulegenden Ausnahmefällen anzunehmen sein,[28] wenn der öffentliche Auftrag einer Aufgabe dient, die ganz losgelöst von der Versorgung der Allgemeinheit mit Energie, Trinkwasser oder Verkehrsleistungen wahrgenommen wird.[29] Ein mögliches Beispiel sind Immobilienentwicklungen für Dritte auf nicht mehr betriebsnotwendigen Grundstücken.[30] Auch werden Tätigkeiten, die nicht zu einem funktionierenden Ablauf eines Flughafenbetriebes gehören, wie etwa der Betrieb eines Hotels oder Speditionstätigkeiten, ebenfalls für andere Zwecke als für die Sektorentätigkeit im Bereich Flughäfen[31] ausgeführt.[32] 22

Anlage

Gesetzesbegründung (BT-Drs. 18/6281)

Seite 122

§ 136 bestimmt den Anwendungsbereich des Unterabschnitts 1 des neuen Abschnitts 3 des Teils 4 des GWB. Unterabschnitt 1 regelt das Sektorenvergaberecht, das heißt die besonderen Vorschriften für die Vergabe von öffentlichen Aufträgen und die Ausrichtung von Wettbewerben im Bereich der Trinkwasser- oder Energieversorgung sowie des Verkehrs durch Sektorenauftraggeber nach § 100 für die Ausführung von Sektorentätigkeiten nach § 102. Damit werden die wesentlichen Bestimmungen der Richtlinie 2014/25/EU im GWB umgesetzt. Ergänzend gelten die Regelungen der Sektorenverordnung. Nach § 142 finden auf die Vergabe von öffentlichen Aufträgen im Bereich der Trinkwasser- oder Energieversorgung sowie des Verkehrs grundsätzlich die allgemeinen Vorschriften des Abschnitts 2 entsprechende Anwendung, sofern in den §§ 137 bis 141 nicht etwas Abweichendes geregelt ist.

24 *Franke/Höfler*, BB 1998, 433 (434).
25 OLG Düsseldorf, Beschluss v. 21.5.2008 – VII-Verg 19/08.
26 OLG Brandenburg, Beschluss v. 16.1.2007 – Verg W 7/06.
27 OLG München, Beschluss v. 12.5.2011 – Verg 26/10.
28 *Dreher*, in: Dreher/Motzke, Vergaberecht, § 100b GWB Rn. 14.
29 *Matthey*, Das Recht der Auftragsvergabe in den Sektoren, S. 117; *Opitz*, in: Eschenbruch/Opitz, SektVO, Einleitung – Teil 1 Rn. 14.
30 *Eschenbruch*, in: Kulartz/Kus/Portz, GWB-Vergaberecht, § 98 Rn. 311, und *ders.*, in: Eschenbruch/Opitz, SektVO, § 1 Rn. 207.
31 Siehe hierzu § 102 Rn. 38; tendenziell anders für *„auf den Flughafenbetrieb zugeschnittene Dienstleistungen oder Hotels oder Parkhäuser" Eschenbruch*, in: Eschenbruch/Opitz, SektVO, § 1 Rn. 207.
32 *Matthey*, Das Recht der Auftragsvergabe in den Sektoren, S. 117.

§ 137
Besondere Ausnahmen

(1) Dieser Teil ist nicht anzuwenden auf die Vergabe von öffentlichen Aufträgen durch Sektorenauftraggeber zum Zweck der Ausübung einer Sektorentätigkeit, wenn die Aufträge Folgendes zum Gegenstand haben:

1. **Rechtsdienstleistungen im Sinne des § 116 Absatz 1 Nummer 1,**
2. **Forschungs- und Entwicklungsdienstleistungen im Sinne des § 116 Absatz 1 Nummer 2,**
3. **Ausstrahlungszeit oder Bereitstellung von Sendungen, wenn diese Aufträge an Anbieter von audiovisuellen Mediendiensten oder Hörfunkmediendiensten vergeben werden,**
4. **finanzielle Dienstleistungen im Sinne des § 116 Absatz 1 Nummer 4,**
5. **Kredite und Darlehen im Sinne des § 116 Absatz 1 Nummer 5,**
6. **Dienstleistungen im Sinne des § 116 Absatz 1 Nummer 6, wenn diese Aufträge aufgrund eines ausschließlichen Rechts vergeben werden,**
7. **die Beschaffung von Wasser im Rahmen der Trinkwasserversorgung,**
8. **die Beschaffung von Energie oder von Brennstoffen zur Energieerzeugung im Rahmen der Energieversorgung oder**
9. **die Weiterveräußerung oder Vermietung an Dritte, wenn**
   a) **dem Sektorenauftraggeber kein besonderes oder ausschließliches Recht zum Verkauf oder zur Vermietung des Auftragsgegenstandes zusteht und**
   b) **andere Unternehmen die Möglichkeit haben, den Auftragsgegenstand unter den gleichen Bedingungen wie der betreffende Sektorenauftraggeber zu verkaufen oder zu vermieten.**

(2) Dieser Teil ist ferner nicht anzuwenden auf die Vergabe von öffentlichen Aufträgen und die Ausrichtung von Wettbewerben, die Folgendes zum Gegenstand haben:

1. **Liefer-, Bau- und Dienstleistungen sowie die Ausrichtung von Wettbewerben durch Sektorenauftraggeber nach § 100 Absatz 1 Nummer 2, soweit sie anderen Zwecken dienen als einer Sektorentätigkeit, oder**
2. **die Durchführung von Sektorentätigkeiten außerhalb des Gebietes der Europäischen Union, wenn der Auftrag in einer Weise vergeben wird, die nicht mit der tatsächlichen Nutzung eines Netzes oder einer Anlage innerhalb dieses Gebietes verbunden ist.**

Übersicht Rn.

A. Allgemeines ... 1
B. Rechtsdienstleistungen (Abs. 1 Nr. 1) ... 8
C. Forschungs- und Entwicklungsdienstleistungen (Abs. 1 Nr. 2) ... 14
D. Ausstrahlungszeit oder Bereitstellung von Sendungen (Abs. 1 Nr. 3) ... 17
E. Finanzielle Dienstleistungen, Kredite und Darlehen (Abs. 1 Nr. 4 und Nr. 5) ... 27
F. Dienstleistungsaufträge an öffentliche Auftraggeber (Abs. 1 Nr. 6) ... 33
G. Beschaffung von Wasser, Energie oder Brennstoffen zur Energieerzeugung (Abs. 1 Nr. 7 und Nr. 8) ... 37
H. Aufträge zum Zwecke der Weiterveräußerung oder Weitervermietung (Abs. 1 Nr. 9) ... 44
I. Aufträge und Wettbewerbe für andere Zwecke als eine Sektorentätigkeit (Abs. 2 Nr. 1) ... 53
J. Durchführung von Sektorentätigkeiten außerhalb der EU (Abs. 2 Nr. 2) ... 57
Anlage
Gesetzesbegründung (BT-Drs. 18/6281)

A. Allgemeines

1 **§ 137 GWB** enthält in **Abs. 1** eine Liste der öffentlichen Aufträge, die Sektorenauftraggeber zum Zweck der Ausübung einer Sektorentätigkeit[1] vergeben, die von der Pflicht zur Anwendung des Teil 4 des GWB jedoch ausgenommen sind. Wenn schon der Zusammenhang zur Sektorentätigkeit fehlt, ist bereits der sachliche Anwendungsbereich der §§ 136 ff. GWB nicht eröffnet und ein Rückgriff auf § 137 Abs. 1 GWB scheidet aus.[2]

2 Nach **§ 137 Abs. 2 GWB** sind die öffentlichen Aufträge und Wettbewerbe von der Pflicht zur Anwendung des Vierten Teils des GWB ausgenommen, die anderen Zwecken dienen als einer Sektorentätigkeit (§ 137 Abs. 2 Nr. 1 GWB) oder die die Durchführung von Sektorentätigkeiten vollständig außerhalb des Gebietes des Europäischen Union zum Gegenstand haben (§ 137 Abs. 2 Nr. 2 GWB).

3 § 137 GWB ist zwar **grundsätzlich abschließend**,[3] wird aber ergänzt durch die allgemeinen Ausnahmen des Ersten Abschnitts (§§ 107 bis 109 GWB)[4] sowie durch die Ausnahme für die Vergabe öffentlicher Aufträge an verbundene Unternehmen gemäß § 138 GWB. Andere außergesetzliche Ausnahmetatbestände insbesondere aus dem Primärrecht des AEUV, aber auch aus konkurrierendem Bundesrecht sind ausgeschlossen.[5]

4 Mit Blick auf das Ziel des Sektorenvergaberechts, welches gemäß Erwägungsgrund 1 RL 2014/25/EU darin besteht, die staatlichen oder staatlich begründeten Monopole oder Oligopole in den Versorgungssektoren zu durchbrechen und die nationalen Beschaffungsmärkte für einen EU-weiten, auf transparenten, nicht diskriminierenden Regeln beruhenden Vergabewettbewerb zu öffnen, sind die in § 137 GWB normierten Ausnahmetatbestände wie alle Ausnahmen vom Vergaberecht **grundsätzlich eng auszulegen**.[6]

5 Sektorenauftraggeber, die sich auf eine Ausnahme berufen, sind für das Vorliegen der ausnahmebegründenden Voraussetzungen **darlegungs- und beweisbelastet**.[7]

6 Die Ausnahmetatbestände des § 137 GWB sind **bieterschützend** und unterliegen uneingeschränkt der Nachprüfung. Da der Rechtsweg zu den Nachprüfungsinstanzen nicht der Disposition der Parteien unterliegt, sind die in Betracht kommenden Ausnahmetatbestände selbst dann **von Amts wegen** zu prüfen, wenn sich der Auftraggeber nicht auf sie beruft.[8]

7 Die Ausnahmetatbestände des § 137 GWB gelten mit Ausnahme des § 137 Abs. 2 Nr. 1 GWB für alle in § 100 GWB genannten **Sektorenauftraggeber**. Öffentliche Aufträge und die Ausrichtung von Wettbewerben, die Liefer-, Bau- und Dienstleistungen zum Gegenstand haben, sind nach § 137 Abs. 2 Nr. 1 GWB indes nur von der Pflicht zur Anwendung des Sektorenvergaberechts nach den §§ 136 ff. GWB befreit, soweit Sektorenauftraggeber i.S.v. § 100 Abs. 1 Nr. 2 GWB sie zu anderen Zwecken als einer Sektorentätigkeit vergeben. **Öffentliche Sektorenauftraggeber** i.S.v. §§ 100 Abs. 1 Nr. 1, 99 Nr. 1 bis 3 GWB müssen außerhalb des Sektorenbereichs hingegen allgemeines Vergabeverfahrensrecht nach Maßgabe der §§ 115 ff. GWB anwenden.

---

1 Siehe hierzu § 136 Rn. 1.

2 Vgl. auch *Diehr*, in: Reidt/Stickler/Glahs, Vergaberecht, § 100 GWB Rn. 104.

3 Vgl. zum abschließenden Charakter der ausdrücklich in den Richtlinien normierten Ausnahmetatbestände EuGH, Urteil v. 17.11.1993 – Rs. C-71/92 (Kommission/Königreich Spanien), Rn. 9; sowie für das GWB BGH, Beschluss v. 8.2.2011 – X ZB 4/10 (Abellio); Beschluss v. 1.12.2008 – X ZB 31/08.

4 Ebenso zum Verhältnis von § 100 Abs. 3 bis 6 und Abs. 8 zu 100b GWB a.F. *Röwekamp*, in: Kulartz/Kus/Portz, GWB-Vergaberecht, § 100b Rn. 1.

5 Vgl. BGH, Beschluss v. 8.2.2011 – X ZB 4/10 (Abellio); Beschluss v. 1.12.2008 – X ZB 31/08.

6 EuGH, Urteil v. 2.10.2008 – Rs. C-151/06 (Agusta), Rn. 23; Urteil v. 17.11.1993 – Rs. C-71/92 (Kommission/Königreich Spanien), Rn. 36; Urteil v. 10.3.1987 – Rs. 199/85 (Kommission/Italienische Republik); OLG Koblenz, Beschluss v. 15.9.2010 – 1 Verg 7/10; vgl. auch OLG Frankfurt, Beschluss v. 30.8.2011 – 11 Verg 3/11 zum Konzernprivileg nach § 100b Abs. 6 und Abs. 7 GWB a.F.; *Röwekamp*, in: Kulartz/Kus/Portz, GWB-Vergaberecht, § 100b Rn. 2; *Antweiler*, in: Ziekow/Völlink, Vergaberecht, § 100b GWB Rn. 1; *Donhauser*, VergabeR 2013, 531 (533).

7 Vgl. EuGH, Urteil v. 2.10.2008 – Rs. C-151/06 (Kommission/Italienische Republik), Rn. 23; Urteil v. 8.4.2008 – Rs. C-337/05 (Agusta), Rn. 58; *Antweiler*, in: Ziekow/Völlink, Vergaberecht, § 100 GWB Rn. 5.

8 Vgl. OLG Düsseldorf, Beschluss v. 1.8.2012 – VII-Verg 10/12.

B. Rechtsdienstleistungen (Abs. 1 Nr. 1)

Ausgenommen vom Anwendungsbereich des Sektorenvergaberechts sind öffentliche Aufträge zum Zweck der Ausübung einer Sektorentätigkeit über die Erbringung der in § 116 Abs. 1 Nr. 1 GWB genannten Rechtsdienstleistungen.[9] 8

Rechtsdienstleistungen gemäß §§ 137 Abs. 1 Nr. 1, 116 Abs. 1 Nr. 1 lit. a und lit. b GWB sind solche im Sinne des Rechtsdienstleistungsgesetzes, wobei die Ausnahme nach §§ 137 Abs. 1 Nr. 1, 116 Abs. 1 Nr. 1 GWB lediglich öffentliche Aufträge über die gerichtliche, schiedsgerichtliche oder behördliche Vertretung und solche Rechtsdienstleistungen im Vorfeld eines zumindest hoch wahrscheinlichen gerichtlichen, schiedsgerichtlichen oder behördlichen Verfahrens umfasst.[10] 9

Hintergrund dieser Ausnahme ist das insbesondere im Rahmen forensischer Anwaltstätigkeit regelmäßig erforderliche besondere Vertrauensverhältnis zwischen Mandant und Rechtsanwalt, das in einem formellen Vergabeverfahren, welches auf Abschluss eines wirtschaftlichen Vertrages gerichtet ist, nicht oder jedenfalls nur sehr eingeschränkt abgebildet werden kann. Aus Auftraggebersicht erleichtert dieser neue Ausnahmetatbestand die Anwaltssuche im Zusammenhang mit oder im Vorfeld von gerichtlichen, schiedsgerichtlichen oder behördlichen Verfahren. 10

Öffentliche Aufträge über projektbegleitende Rechtsberatung unterfallen dagegen gemäß §§ 142, 130 GWB als sogenannte **soziale und andere besondere Dienstleistung** dem Sektorenvergaberecht. Für sie gilt aufgrund ihrer vermuteten eingeschränkten Binnenmarktrelevanz[11] gemäß § 106 Abs. 2 Nr. 2 GWB i.V.m. Art. 15 lit. c RL 2014/25/EU ein Schwellenwert von 1 Mio. Euro. 11

Unberührt bleiben sowohl bei öffentlichen Aufträgen über forensische als auch bei öffentlichen Aufträgen über projektbegleitende anwaltliche Dienstleistungen **haushaltsrechtliche Bindungen**. 12

Die **übrigen** gemäß §§ 137 Abs. 1 Nr. 1, 116 Abs. 1 Nr. 1 lit. c bis e GWB **ausgenommenen Rechtsdienstleistungen** sind solche von Notaren, gerichtlich bestellten Betreuern, Vormündern und sonstige Rechtsdienstleistungen, die zumindest teilweise mit der Ausübung von hoheitlichen Befugnissen verbunden sind. 13

C. Forschungs- und Entwicklungsdienstleistungen (Abs. 1 Nr. 2)

Ausgenommen sind ferner öffentliche Aufträge zum Zweck der Ausübung einer Sektorentätigkeit über Forschungs- und Entwicklungsdienstleistungen.[12] 14

Die Begriffe **Forschung und Entwicklung** sind weder im GWB noch im untergesetzlichen Vergabeverfahrensrecht der VgV, der VOB/A oder der SektVO definiert. Allein § 4 Abs. 5 S. 1 VSVgV enthält eine auf Art. 1 Nr. 27 RL 2009/81/EG zurückgehende Begriffsbestimmung. Danach sind Forschung und Entwicklung alle Tätigkeiten, die Grundlagenforschung, angewandte Forschung und experimentelle Entwicklung umfassen. Nach einer älteren Entscheidung des BayObLG[13] hat Forschung das Ziel, neue Erkenntnisse zu gewinnen, gleich ob es sich um Grundlagenforschung oder um angewandte Forschung handelt. Da keine Anhaltspunkte dafür bestehen, dass der europäische oder der deutsche Gesetzgeber im allgemeinen Vergaberecht und im Sektorenvergaberecht ein unterschiedliches Verständnis als im Bereich der Vergabe verteidigungs- und sicherheitsrelevanter Aufträge zugrunde legen wollte, ist die Definition aus § 4 Abs. 5 S. 1 VSVgV auf die Ausnahmeregelung nach §§ 138 Abs. 1 Nr. 2, 116 Abs. 1 Nr. 2 GWB übertragbar. 15

9 Siehe im Einzelnen auch *Schneevogl* zu § 116 Rn. 8 ff.
10 Siehe hierzu *Otting*, AnwBl. 2014, 304.
11 Erwägungsgrund 122 RL 2014/25/EU.
12 Siehe hierzu im Einzelnen auch *Schneevogl* zu § 116 Rn. 38 ff.
13 BayObLG, Beschluss v. 27.2.2003 – Verg 25/02.

16 Die Rückausnahme betrifft nach neuem Recht – anders als nach § 100 Abs. 4 Nr. 2 GWB a.F. – **nicht mehr alle Aufträge**, deren Ergebnisse ausschließlich Eigentum des Auftraggebers für seinen Gebrauch bei der Ausübung seiner eigenen Tätigkeit werden und die vollständig durch den Auftraggeber vergütet werden, sondern nur die Aufträge über die Forschungs- und Entwicklungsdienstleistungen zu den in § 116 Abs. 1 Nr. 2 GWB genannten CPV-Codes.

D. Ausstrahlungszeit oder Bereitstellung von Sendungen (Abs. 1 Nr. 3)

17 Öffentliche Aufträge zum Zweck der Ausübung einer Sektorentätigkeit, die Ausstrahlungszeit oder die Bereitstellung von Sendungen zum Gegenstand haben, sind ebenfalls vom Anwendungsbereich des Sektorenvergaberechts ausgenommen, wenn diese Aufträge an Anbieter von audiovisuellen Mediendiensten oder Hörfunkmediendiensten vergeben werden.

18 Nachdem die Ausnahme des **§ 100a Abs. 2 Nr. 1 GWB a.F.** ausdrücklich nur für nicht sektorspezifische Aufträge galt, führt das Sektorenvergaberecht erstmals einen derartigen Ausnahmetatbestand ein.

19 § 137 Abs. 1 Nr. 3 GWB dient der Umsetzung von **Art. 21 lit. i RL 2014/25/EU** und ist, dem Wortlaut der Richtlinie entsprechend, enger gefasst als die allgemeine Ausnahmeregelung des § 116 Abs. 1 Nr. 3 GWB.[14] Öffentliche Aufträge zum Zweck der Ausübung einer Sektorentätigkeit über Erwerb, Entwicklung, Produktion oder Koproduktion von Sendematerial für audiovisuelle Mediendienste oder Hörfunkmediendienste, die von Mediendienstleistern vergeben werden, unterliegen daher uneingeschränkt dem Anwendungsbereich des Vierten Teils des GWB.

20 **Sendungen** sind, was sich aus Art. 22 lit. 1 S. 3 RL 2014/25/EU i.V.m. Art. 1 Abs. 1 lit. b RL 2010/13/EU ergibt, eine Abfolge von bewegten Bildern mit oder ohne Ton, die Einzelbestandteil eines von einem Mediendiensteanbieter erstellten Sendeplans oder Katalogs ist und deren Form und Inhalt mit der Form und dem Inhalt von Fernsehprogrammen vergleichbar sind.

21 Als **Beispiele für Sendungen** werden in Art. 1 Abs. 1 lit. b RL 2010/13/EU Spielfilme, Sportberichte, Fernsehkomödien, Dokumentarfilme, Kindersendungen und Originalfernsehspiele genannt.

22 **Ausstrahlungszeit** ist die Tageszeit, an der eine Sendung ausgestrahlt wird.

23 **Anbieter von Mediendiensten** sind gemäß Art. 22 lit. 1 S. 3 RL 2014/25/EU i.V.m. Art. 1 Abs. 1 lit. d RL 2010/13/EU natürliche oder juristische Personen, die die redaktionelle Verantwortung für die Auswahl der audiovisuellen Inhalte des audiovisuellen Mediendienstes tragen und bestimmen, wie diese gestaltet werden.

24 Ein **Grund** für die Übernahme dieses ursprünglich zur Privilegierung von Rundfunkanstalten geschaffenen Ausnahmetatbestandes, über den die Berücksichtigung besonderer kultureller und gesellschaftspolitischer Erwägungen möglich sein soll,[15] in den Sektorenbereich, in dem derartige Erwägungen in der Regel keine Rolle spielen, ist nicht bekannt.

25 Auf seiner Grundlage wird es Sektorenauftraggebern zukünftig möglich sein, beispielsweise Unternehmensvideos zum Zweck der Ausübung einer Sektorentätigkeit als sog. **Sektorenhilfstätigkeit**[16] ohne Durchführung EU-weiter Vergabeverfahren zu beauftragen.

26 Klarzustellen ist aber auch für den Sektorenbereich, dass die Ausnahme **nicht die Beschaffung** des für die Produktion, die Koproduktion und die Ausstrahlung dieser Sendungen erforderlichen **technischen Materials** außerhalb des Sektorenvergaberechts ermöglicht,[17] auch wenn dies – anders als in Erwägungsgrund 23 S. 4 RL 2014/24/EU – nicht ausdrücklich festgelegt ist. Werden Unternehmensvideos daher intern produziert, sind Aufträge zur Beschaffung

---

14 Gesetzesbegründung, BT-Drs. 18/6281, 123.
15 Erwägungsgrund 23 S. 1 RL 2014/25/EU.
16 Siehe hierzu § 100 Rn. 11.
17 EuGH, Urteil v. 13.12.2007 – Rs. C-337/06 (Bayerischer Rundfunk), Rn. 64.

des hierfür erforderlichen technischen Materials grundsätzlich EU-weit zur Vergabe auszuschreiben.

E. Finanzielle Dienstleistungen, Kredite und Darlehen (Abs. 1 Nr. 4 und Nr. 5)

Öffentliche Aufträge über **finanzielle Dienstleistungen** zum Zweck der Ausübung einer Sektorentätigkeit sind wie schon nach altem Recht (§ 100b Abs. 2 Nr. 1 GWB a.F.) vom Teil 4 des GWB ausgenommen. Finanzielle Dienstleistungen sind gemäß dem in Abs. 1 Nr. 4 in Bezug genommenen § 116 Abs. 1 Nr. 4 GWB solche, die im Zusammenhang mit der Ausgabe, dem Verkauf, dem Ankauf oder der Übertragung von Wertpapieren oder anderen Finanzinstrumenten stehen, Dienstleistungen der Zentralbanken sowie mit der Europäischen Finanzstabilisierungsfazilität und dem Europäischen Stabilitätsmechanismus durchgeführte Transaktionen. 27

Ausgenommen sind öffentliche Aufträge über finanzielle Dienstleistungen, die nicht Kredite oder Darlehen sind, aber nur dann, wenn sie im **Zusammenhang** mit der Ausgabe, dem Verkauf, dem Kauf oder der Übertragung von **Wertpapieren oder anderen Finanzinstrumenten** stehen.[18] 28

Wertpapiere sind nach der Definition der RL 2004/39/EG Aktien, Schuldverschreibungen und sonstige verbriefte Schuldtitel, die auf dem Kapitalmarkt gehandelt werden können, zum anderen alle sonstigen üblicherweise gehandelten Titel, die zum Erwerb solcher Wertpapiere berechtigen.[19] 29

Finanzinstrumente sind gemäß Art. 3 Abs. 1 lit. e RL 2006/49/EG Verträge, die für eine der beteiligten Seiten einen finanziellen Vermögenswert und für die andere Seite eine finanzielle Verbindlichkeit oder ein Eigenkapitalinstrument schaffen. Dazu zählen z. B. Geldmarktinstrumente, Optionen, Terminkontrakte, Swaps und Derivatkontrakte. 30

Dienstleistungen der Zentralbanken sind die in den §§ 14 ff. und 19 ff. BBankG geregelten Geschäfte der Bundesbank und ihrer Hauptgeschäftsstellen.[20] 31

Die Ausnahme für **Kredite und Darlehen** nach § 137 Abs. 1 Nr. 5 GWB ist nicht neu.[21] Kredite und Darlehen wurden bislang als Geschäfte, die der Geld- oder Kapitalbeschaffung dienen, den finanziellen Dienstleistungen i.S.v. § 100b Abs. 2 Nr. 1 GWB subsumiert[22] und sind nunmehr in einen gesonderten Ausnahmetatbestand ausgegliedert. Sie gilt dagegen unabhängig davon, ob der jeweilige Kredit oder das Darlehen im Zusammenhang mit der Ausgabe, dem Verkauf, dem Ankauf oder der Übertragung von Wertpapieren oder anderen Finanzinstrumenten.[23] **Grund** für die erstmals in Art. 24 lit. c RL 2004/17/EG[24] eingeführte Ausnahme nach Abs. 1 Nr. 5 ist die Überlegung, dass Kredite, die an funktionierenden, transparenten Geldmärkten aufgenommen werden, von derart kurzfristigen Zinssatzänderungen beeinflusst werden, dass die Durchführung von Vergabeverfahren unzweckmäßig wäre.[25] 32

F. Dienstleistungsaufträge an öffentliche Auftraggeber (Abs. 1 Nr. 6)

Keine Anwendung findet Teil 4 des GWB gemäß §§ 138 Abs. 1 Nr. 6, 116 Abs. 1 Nr. 6 GWB ferner auch auf Dienstleistungsaufträge zum Zweck der Ausübung einer Sektorentätigkeit, 33

---

18 *Dreher*, in: Immenga/Mestmäcker, Wettbewerbsrecht, § 100a GWB Rn. 31 f.; *Röwekamp*, in: Kulartz/Kus/Portz, GWB-Vergaberecht, § 100a Rn. 9; hierzu ausführlich *Dreher/Opitz*, WM 2002, 413 (421); *Kullack/Terner*, ZfBR 2004, 244 (248 f.).

19 Art. 4 Abs. 1 Nr. 18 RL 2004/39/EG.

20 *Antweiler*, in: Ziekow/Völlink, Vergaberecht, § 100a GWB Rn. 11.

21 Siehe aber Gesetzesbegründung, BT-Drs. 18/6281, 95 (zu § 116 Abs. 1 Nr. 5 GWB).

22 *Röwekamp*, in: Eschenbruch/Opitz, SektVO, Anhang zu § 1 Rn. 19; *Röwekamp*, in: Kulartz/Kus/Portz, GWB-Vergaberecht, § 100a Rn. 7; *Schellenberg*, in: Pünder/Schellenberg, Vergaberecht, § 100a GWB Rn. 13; *Stickler*, VergabeR 2008, 177 (178).

23 Deutlicher ist insoweit der Wortlaut von Art. 22 lit. e RL 2014/25/EU.

24 Entsprach Art. 16 lit. d RL 2004/18/EG.

25 Vgl. *Kullack/Terner*, ZfBR 2004, 244 (246); kritisch bereits *Dreher/Opitz*, WM 2002, 413.

die an öffentliche Auftraggeber i.S.v. § 99 Nr. 1 bis 3 GWB vergeben werden, die ein auf Gesetz oder Verordnung beruhendes ausschließliches Recht zur Erbringung der Leistung haben.

34 **Sinn und Zweck** der Regelung ist es, zeit- und kostenaufwendige Vergabeverfahren zu vermieden, wenn aus Rechtsgründen von vornherein nur ein Auftragnehmer für die Leistung in Betracht kommt.

35 Ausgenommen sind ausdrücklich nur **Dienstleistungsaufträge** i.S.v. § 103 Abs. 4 GWB. Nicht von der Regelung erfasst sind daher Lieferaufträge nach § 103 Abs. 2 GWB und Bauaufträge nach § 103 Abs. 3 GWB.

36 Voraussetzung ist weiterhin, dass das **ausschließliche Recht** des avisierten Auftragnehmers auf Gesetz oder Verordnung beruht, wohingegen nach Art. 22 RL 2014/25/EU ein ausschließliches Recht ausreicht, welches aufgrund entsprechender Rechtsvorschriften und veröffentlichter Verwaltungsvorschriften verliehen wurde. Da davon ausgegangen werden muss, dass der Gesetzgeber die Diskussion, die in der Literatur zu dieser Abweichung geführt wurde, kannte, spricht viel dafür, dass er insoweit bewusst eine strengere Regelung treffen wollte, was unionsrechtlich nicht zu beanstanden ist.[26] Auf der anderen Seite widerspricht dies der angestrebten Eins-zu-eins-Umsetzung des Richtlinienrechts, was wiederum auf ein Versehen hindeuten könnte. Für eine erweiternde Auslegung des Ausnahmetatbestands besteht angesichts des insoweit eindeutigen Wortlauts freilich kein Raum.

G. Beschaffung von Wasser, Energie oder Brennstoffen zur Energieerzeugung (Abs. 1 Nr. 7 und Nr. 8)

37 Ausgenommen vom Vierten Teil des GWB sind weiterhin öffentliche Aufträge zum Zweck der Ausübung einer Sektorentätigkeit, die

- die Beschaffung von Wasser durch Sektorenauftraggeber auf dem Gebiet der Trinkwasserversorgung (§ 137 Abs. 1 Nr. 7 GWB) und
- die Beschaffung von Energie oder Brennstoffen zur Energieerzeugung durch Sektorenauftraggeber auf dem Gebiet der Energieversorgung (§ 137 Abs. 1 Nr. 8 GWB)

zum Gegenstand haben.

38 **Hintergrund** der Ausnahme nach § 137 Abs. 1 Nr. 7 GWB ist die Überlegung, dass die Vergabevorschriften für die Beschaffung von Wasser ungeeignet sind angesichts der Notwendigkeit, sich aus in der Nähe des Verwendungsorts gelegenen Quellen zu versorgen.[27] Sinn und Zweck der Ausnahme gemäß § 137 Abs. 1 Nr. 8 GWB ist die Erkenntnis, dass das Vergaberecht kein taugliches Instrument zur Liberalisierung des Energiemarktes ist, da insbesondere der Zugang zu den Versorgungsnetzen in fremden Mitgliedstaaten nicht besteht.[28]

39 § 137 Abs. 1 Nr. 7 und Nr. 8 GWB ist wortlautidentisch mit **§ 100b Abs. 2 Nr. 2 und Nr. 3 GWB a.F.** und soll der Umsetzung von **Art. 23 RL 2014/25/EU** dienen.[29]

40 Die Umsetzung ist durch die Übernahme des Wortlauts von § 100b Abs. 2 Nr. 2 und Nr. 3 GWB a.F., der sich auf die in § 98 Nr. 4 GWB i.V.m. der Anlage zu § 98 Nr. 4 GWB definierten Sektoren bezog, missglückt. Anders als nach bisherigem Recht gibt es begrifflich kein **Gebiet der Trinkwasserversorgung** mehr, sondern gemäß § 102 Abs. 1 GWB Sektorentätigkeiten im Bereich Wasser.[30] Im Interesse eines einheitlichen Begriffsverständnisses ist § 137 Abs. 1 Nr. 7 GWB daher im Lichte von § 102 Abs. 1 GWB auszulegen. Die Ausnahme umfasst daher Aufträge über die Beschaffung von Wasser nach § 137 Abs. 1 Nr. 7 GWB, wenn sie von Auftraggebern vergeben werden, die eine oder beide der in § 102 Abs. 1 GWB genannten Tätigkeiten

26 *Röwekamp*, in: Kulartz/Kus/Portz, GWB-Vergaberecht, § 100a Rn. 15; *Antweiler*, in: Ziekow/Völlink, Vergaberecht, § 100a GWB Rn. 15.
27 Erwägungsgrund 24 S. 3 RL 2014/25/EU.
28 *Schellenberg*, in: Pünder/Schellenberg, Vergaberecht, § 100b GWB Rn. 2; *Donhauser*, VergabeR 2013, 531 (533).
29 Gesetzesbegründung, BT-Drs. 18/6281, 123.
30 Siehe hierzu § 102 Rn. 8 ff.

im Bereich Wasser ausüben.[31] Ebenso gibt es anders als nach bisherigem Recht begrifflich auch kein **Gebiet der Energieversorgung** mehr, sondern gemäß § 102 Abs. 2 und Abs. 3 GWB Sektorentätigkeiten in den Bereichen Elektrizität sowie Gas und Wärme.[32] § 137 Abs. 1 Nr. 8 GWB ist daher begrifflich im Lichte von § 102 Abs. 2 und Abs. 3 GWB auszulegen. Ausgenommen sind danach Aufträge von Auftraggebern, die in einem der in § 102 Abs. 2 und Abs. 3 GWB genannten Bereiche Elektrizität oder Gas und Wärme tätig sind, über die Beschaffung von Energie oder von Brennstoffen für die Energieerzeugung.[33] Der Begriff der Energie ist selbst weder in der RL 2014/25/EU noch im Vierten Teil des GWB definiert. Gemäß § 3 Nr. 14 EnWG umfasst der Begriff der Energie einheitlich, wenngleich physikalisch nicht ganz korrekt, Gas und Elektrizität. Gas im Sinne des Sektorenvergaberechts gemäß § 102 Abs. 7 GWB ein fossiler Brennstoff, mithin ein Energieträger, der zur Erzeugung der Energieformen Wärme[34] und Elektrizität verwendet werden kann. Selbst wenn sich durch die Weiterentwicklung der Begriffe in § 102 GWB keine materielle Änderung ergeben hat, so bleibt der Gesetzgeber jedoch dadurch, dass er die in § 102 GWB verwendeten Begriffe nicht konsequent in § 137 Abs. 1 Nr. 7 und Nr. 8 GWB übernimmt, hinter seinem Anspruch zurück, auch und gerade durch die Eins-zu-eins-Umsetzung des Richtlinienrechts ein anwenderfreundliches Vergaberecht zu schaffen.[35]

Die nach bisherigem Recht nach § 100b Abs. 2 Nr. 3 GWB und auch nach Art. 26 lit. b RL 2004/17/EG bestehende Ungewissheit, ob der **Energieeinkauf** nur dann befreit ist, wenn die Energie zur Energieerzeugung beschafft wird, oder auch die Beschaffung zum Weiterverkauf an den Endkunden ausgenommen ist,[36] wird durch Art. 23 lit. b RL 2014/25/EU, in dessen Lichte § 137 Abs. 1 Nr. 8 GWB nunmehr auszulegen ist, eindeutig gelöst. Die Energiebeschaffung ist vergaberechtsfrei, solange der entsprechende Auftrag insgesamt zum Zwecke der Ausübung einer Sektorentätigkeit in den Bereichen Elektrizität nach § 102 Abs. 2 GWB,[37] Gas und Wärme nach § 102 Abs. 3 GWB[38] oder fossile Brennstoffe nach § 102 Abs. 6 GWB[39] vergeben wird. **41**

Durch Art. 23 lit. b RL 2014/25/EU wird nunmehr auch beantwortet, dass der **Gaseinkauf** insoweit nur als zweckbezogenes Geschäft vom Sektorenvergaberecht befreit ist. Die Auffassung, wonach auch der Gaseinkauf unabhängig vom weiteren Verwendungszweck möglich sein soll,[40] ist mit dem Wortlaut von Art. 23 lit. b RL 2014/25/EU nicht vereinbar.[41] **42**

Im Gegensatz zur Beschaffung von Wasser oder Energie in den Bereichen Wasser, Elektrizität, Gas und Wärme werden Beschaffungen von Wasser, Energie und Brennstoffen im Bereich der **Verkehrsleistungen** gemäß § 102 Abs. 4 GWB durch § 137 Abs. 1 Nr. 7 und Nr. 8 GWB nicht privilegiert. Grundsätzlich unterfallen daher z.B. Aufträge über die Beschaffung von Brennstoffen für den Betrieb von Fahrzeugen im ÖPNV und SPNV dem Sektorenvergaberecht. Dasselbe gilt für den Einkauf von Bahnstrom. **43**

H. Aufträge zum Zwecke der Weiterveräußerung oder Weitervermietung (Abs. 1 Nr. 9)

Gemäß § 137 Abs. 1 Nr. 9 GWB sind öffentliche Aufträge im Sektorenbereich von der Anwendung des Vierten Teils des GWB ausgenommen, die zum Zwecke der Weiterveräußerung oder der Vermietung an Dritte getätigt werden. **44**

31 Vgl. auch die Formulierung in Art. 23 lit. a RL 2014/25/EU.
32 Siehe hierzu § 102 Rn. 16 ff.
33 Vgl. auch die Formulierung in Art. 23 lit. b RL 2014/25/EU.
34 Vgl. auch § 2 Abs. 1 Nr. 1 EEWärmeG.
35 Gesetzentwurf der Bundesregierung, BT-Drs. 18/6281, 2.
36 *Hackstein*, in: Eschenbruch/Opitz, SektVO, Anhang zu § 1 Rn. 22.
37 Art. 8 RL 2014/25/EU.
38 Art. 9 RL 2014/25/EU.
39 Art. 14 RL 2014/25/EU; siehe aber auch § 102 Rn. 42.
40 *Donhauser*, VergabeR 2013, 531 (533).
41 Ablehnend bereits zu § 100b Abs. 2 Nr. 3 GWB *Hackstein*, in: Eschenbruch/Opitz, SektVO, Anhang zu § 1 Rn. 22.

45 Hierfür bestehen folgende **Voraussetzungen**:

- Dem Sektorenauftraggeber darf kein besonderes oder ausschließliches Recht zum Verkauf oder zur Vermietung des Auftragsgegenstandes zustehen und
- andere Unternehmen müssen die Möglichkeit haben, diese Waren unter gleichen Bedingungen wie der betreffende Auftraggeber zu verkaufen oder zu vermieten.

46 **Besondere oder ausschließliche** Rechte sind solche i.S.v. § 100 Abs. 2 GWB. Darunter sind Rechte zu verstehen, die dazu führen, dass die Ausübung dieser Tätigkeit einem oder mehreren Unternehmen vorbehalten wird und dass die Möglichkeit anderer Unternehmen, diese Tätigkeit auszuüben, erhebliche beeinträchtigt wird. Nicht hierunter fallen Rechte, die aufgrund eines Verfahrens nach den Vorschriften des Teil 4 des GWB oder aufgrund eines sonstigen Verfahrens gewährt wurden, das angemessen bekannt gemacht wurde und auf objektiven Kriterien beruht.[42]

47 Die Ausnahmeregelung setzt **Art. 18 RL 2014/25/EU** um und betrifft Verträge eines Sektorenauftraggebers mit Dritten zum Zwecke[43] der **Veräußerung und Weitervermietung** des jeweiligen Auftragsgegenstands.

48 Sie ist anders als nach bisherigem Recht (§ 100b Abs. 3 GWB a.F.) nicht mehr nur auf **Waren** beschränkt, sondern umfasst, da sich der Wortlaut nunmehr allgemein auf den „Auftragsgegenstand" bezieht, auch die Weitergabe von **Dienstleistungen oder von Bauleistungen**.[44]

49 Es wird vertreten, dass der Ausnahmetatbestand nicht eingreife, wenn der Auftraggeber den Auftragsgegenstand vor der Weitergabe noch **be- oder verarbeiten** wolle.[45] Eine derartige Einschränkung lässt sich dem Tatbestand von § 137 Abs. 9 GWB und auch Art. 18 RL 2014/25/EU nicht entnehmen.

50 Als **Beispiel** für diesen Ausnahmetatbestand wurde von der Kommission der Kauf von Haushaltsgeräten durch bestimmte Gas- und Stromversorgungsbetriebe zum Weiterverkauf an Privatabnehmer im direkten Wettbewerb mit dem Einzelhandel genannt.[46] Denkbar ist etwa die Beschaffung von Wärmemengenzählern durch einen Sektorenauftraggeber i.S.v. § 100, 102 Abs. 3 GWB, ggf. in Kombination mit Montageleistungen zur Weitergabe an Endkunden.

51 Auf die von *Eschenbruch* und von *Röwekamp* genannten Verträge eines Sektorenauftraggebers **mit Dritten**, z. B. Handelsagenturen, Großhändlern, Börsen, Maklern, Generalmietern und im Einzelfall Betreiberunternehmen zum Zwecke der Veräußerung und Weitervermietung von Erzeugnissen des Sektorenauftraggebers,[47] trifft der Ausnahmetatbestand dagegen nicht zu. Auftragsgegenstand i.S.v. § 137 Abs. 1 Nr. 9 GWB sind nicht Erzeugnisse des Sektorenauftraggebers, die durch einen Dritten für den Auftraggeber vertrieben werden, sondern für Dritte beschaffte Waren, Bau- oder Dienstleistungen, die im Zusammenhang mit der Sektorentätigkeit des Auftraggebers stehen.

52 Nach Art. 18 Abs. 2 S. 1 RL 2014/25/EU sind Sektorenauftraggeber verpflichtet, der Kommission auf Verlangen alle **Kategorien von Waren und Tätigkeiten mitzuteilen**, die ihres Erachtens unter die Ausnahmeregelung fallen. Die Kommission kann in regelmäßigen Abständen Listen der Kategorien von Waren und Tätigkeiten im Amtsblatt der Europäischen Union zur Information veröffentlichen, die ihres Erachtens unter die Ausnahmeregelung fallen, wobei sie die Vertraulichkeit der sensiblen geschäftlichen Angaben wahrt, soweit die Auftraggeber dies bei der Übermittlung der Informationen geltend machen. Art. 18 Abs. 1 S. 2 RL 2014/25/EU wurde nicht umgesetzt und gilt daher unmittelbar.

---

42 Siehe hierzu § 100 Rn. 26 ff.

43 So ausdrücklich Art. 18 Abs. 1 RL 2014/25/EU.

44 *Dreher*, in: Immenga/Mestmäcker, Wettbewerbsrecht, § 100b GWB Rn. 22; so bereits *Egger*, Europäisches Vergaberecht, Rn. 753.

45 *Diehr*, in: Reidt/Stickler/Glahs, Vergaberecht, § 100 GWB Rn. 102 m.w.N.

46 Geänderter Vorschlag für eine Richtlinie des Rates betreffend die Auftragsvergabe durch Auftraggeber im Bereich der Wasser-, Energie- und Verkehrsversorgung sowie im Telekommunikationssektor, KOM(89), endg. v. 31.8.1989, 7.

47 *Eschenbruch*, in: Eschenbruch/Opitz, SektVO, Anhang zu § 1 Rn. 30; *Röwekamp*, in: Kulartz/Kus/Portz, GWB-Vergaberecht, § 100b Rn. 13.

I. Aufträge und Wettbewerbe für andere Zwecke als eine Sektorentätigkeit (Abs. 2 Nr. 1)

Ausgenommen vom Vergaberecht des Teil 4 des GWB sind ferner öffentliche Aufträge und die Ausrichtung von Wettbewerben durch Sektorenauftraggeber, die nicht öffentliche Auftraggeber i.S.v. § 100 Abs. 1 Nr. 1 GWB sind, soweit die Aufträge oder Wettbewerbe anderen Zwecken dienen als einer Sektorentätigkeit.[48] 53

Die Ausnahme betrifft **öffentliche Sektorenauftraggeber** deshalb nicht, weil sie nach der Rechtsprechung des EuGH Aufträge zu anderen Zwecken als einer Sektorentätigkeit nach dem allgemeinen Vergaberegime der §§ 115 ff. GWB zu vergeben haben.[49] 54

Dass **private Sektorenauftraggeber** i.S.v. § 100 Abs. 1 Nr. 2 GWB, die Aufträge für andere Zwecke als die Ausübung einer Sektorentätigkeit vergeben, dabei nicht an das Verfahrensrecht der SektVO gebunden sind, folgt freilich bereits aus § 136 GWB, § 1 SektVO. Allerdings könnte im Übrigen eine Pflicht zur Auftragsvergabe nach den allgemeinen Grundsätzen des Teil 4 des GWB begründet werden und auch der Rechtsweg zu den Nachprüfungsinstanzen nach den §§ 155 ff. GWB wäre eröffnet, wenn nicht § 137 Abs. 2 Nr. 1 GWB private Sektorenauftraggeber auch insoweit befreien würde.[50] 55

Bei Aufträgen, die **mehrere Tätigkeiten** umfassen, von denen eine Tätigkeit Sektorentätigkeit ist, gilt § 112 GWB. Ist bei Vergabe eines Gesamtauftrages dieser hauptsächlich für die Sektorentätigkeit bestimmt, gilt Sektorenvergaberecht nach Maßgabe der §§ 136 ff. GWB. Dasselbe gilt in den Fällen des § 112 Abs. 5 Nr. 1 und Nr. 2 GWB.[51] 56

J. Durchführung von Sektorentätigkeiten außerhalb der EU (Abs. 2 Nr. 2)

Schließlich befreit § 137 Abs. 2 Nr. 2 GWB in Umsetzung von **Art. 19 Abs. 1 RL 2014/25/EU** solche öffentlichen Aufträge und die Durchführung von Wettbewerben von der Pflicht zur Anwendung des Teil 4 des GWB, die die Durchführung von Sektorentätigkeiten außerhalb des Gebietes der Europäischen Union zum Gegenstand haben, wenn der Auftrag in einer Weise vergeben wird, die nicht mit der tatsächlichen Nutzung eines Netzes oder einer Anlage innerhalb dieses Gebietes verbunden ist. 57

Die Rückausnahme erfasst vor allem Fälle der **grenznahen bzw. grenzüberschreitenden Sektorentätigkeit** an den Außengrenzen der EU.[52] 58

Nach Art. 19 Abs. 2 S. 1 RL 2014/25/EU sind Sektorenauftraggeber verpflichtet, der Kommission auf Verlangen alle **Tätigkeiten mitzuteilen**, die ihres Erachtens unter die Ausnahmeregelung fallen. Die Kommission kann in regelmäßigen Abständen Listen der Tätigkeitskategorien im Amtsblatt der Europäischen Union zur Information veröffentlichen, die ihres Erachtens unter die Ausnahmeregelung fallen. Dabei ist wiederum die Vertraulichkeit der sensiblen geschäftlichen Angaben zu wahren, soweit die Auftraggeber dies bei der Übermittlung der Informationen geltend machen. Art. 19 Abs. 1 S. 2 RL 2014/25/EU wurde nicht umgesetzt und gilt daher unmittelbar. 59

48 Siehe hierzu § 100 GWB Rn. 6 ff. und § 136 GWB Rn. 18 ff.
49 EuGH, Urteil v. 10.4.2008 – Rs. C-393/06 (Fernwärme Wien), Rn. 58.
50 Vgl. *Diehr*, in: Reidt/Stickler/Glahs, Vergaberecht, § 100 GWB Rn. 104.
51 Wegen der Einzelheiten siehe *Csaki* zu § 112 Rn. 18 ff.
52 *Opitz*, in: Eschenbruch/Opitz, SektVO, Anhang zu § 1 Rn. 28.

Anlage

Gesetzesbegründung (BT-Drs. 18/6281)

Seite 123

Zu Absatz 1

Zu Nummer 1

§ 137 Absatz 1 Nummer 1 dient der Umsetzung von Artikel 21 Buchstabe c der Richtlinie 2014/25/EU. Im Übrigen wird auf die Begründung zu § 116 Absatz 1 Nummer 1 verwiesen.

Zu Nummer 2

§ 137 Absatz 1 Nummer 2 dient der Umsetzung von Artikel 32 der Richtlinie 2014/25/EU. Im Übrigen wird auf die Begründung zu § 116 Absatz 1 Nummer 2 verwiesen.

Zu Nummer 3

§ 137 Absatz 1 Nummer 3 dient der Umsetzung von Artikel 21 Buchstabe i der Richtlinie 2014/25/EU und ist entsprechend dem Wortlaut der Richtlinie enger gefasst als die allgemeine Ausnahmeregelung des § 116 Absatz 1 Nummer 3. Anders als § 116 Absatz 1 Nummer 3 und § 149 Nummer 3 umfasst § 137 Nummer 3 keine Aufträge über Erwerb, Entwicklung, Produktion oder Koproduktion von Sendematerial für audiovisuelle Mediendienste oder Hörfunkmediendienste, die von Mediendienstleistern vergeben werden, sondern nur Aufträge über Ausstrahlungszeit oder Bereitstellung von Sendungen, die an Anbieter von audiovisuellen Mediendiensten oder Hörfunkmediendiensten vergeben werden. Im Übrigen wird auf die Begründung zu § 116 Absatz 1 Nummer 3 verwiesen.

Zu Nummer 4

§ 137 Absatz 1 Nummer 4 dient der Umsetzung von Artikel 21 Buchstabe d der Richtlinie 2014/25/EU. Bislang war die Ausnahme im Sektorenbereich für bestimmte finanzielle Dienstleistungen in § 100b Absatz 2 Nummer 1 GWB geregelt. Die Ausnahme für bestimmte finanzielle Dienstleistungen entspricht der Ausnahme des § 116 Absatz 1 Nummer 4. Insofern wird auf die Begründung zu § 116 Absatz 1 Nummer 4 verwiesen.

Zu Nummer 5

§ 137 Absatz 1 Nummer 5 dient der Umsetzung von Artikel 21 Buchstabe e der Richtlinie 2014/25/EU. Die Ausnahme für Kredite und Darlehen entspricht der Ausnahme des § 116 Absatz 1 Nummer 5. Insofern wird auf die Begründung zu § 116 Absatz q Nummer 5 verwiesen.

Zu Nummer 6

§ 137 Absatz 1 Nummer 6 dient der Umsetzung von Artikel 22 der Richtlinie 2014/25/EU. Die Ausnahme für Dienstleistungsaufträge, die aufgrund eines ausschließlichen Rechts vergeben werden, entspricht Artikel 11 der Richtlinie 2014/24/EU. Insofern wird auf die Begründung zu § 116 Absatz 1 Nummer 6 verwiesen.

Zu Nummer 7

§ 137 Absatz 1 Nummer 7 übernimmt unverändert die Ausnahme des bisherigen § 100b Absatz 2 Nummer 2 GWB und setzt damit Artikel 23 Buchstabe a der Richtlinie 2014/25/EU um.

Zu Nummer 8

§ 137 Absatz 1 Nummer 8 übernimmt unverändert die Ausnahme des bisherigen § 100b Absatz 2 Nummer 3 GWB und setzt damit Artikel 23 Buchstabe b der Richtlinie 2014/25/EU um.

Zu Nummer 9

§ 137 Absatz 1 Nr. 9 übernimmt unverändert die bisherige Ausnahme des § 100b Absatz 4 Nummer 3 GWB. Damit wird Artikel 18 der RL 2014/25/EG umgesetzt.

Zu Absatz 2

Zu Nummer 1

§ 137 Absatz 2 Nummer 1 übernimmt inhaltsgleich die Ausnahme des bisherigen § 100b Absatz 4 Nummer 1 GWB. Die entsprechende Richtlinienregelung findet sich in Artikel 19 Absatz 1 Richtlinie 2014/25/EU.

Zu Nummer 2

§ 137 Absatz 2 Nummer 2 übernimmt inhaltsgleich die Ausnahme des bisherigen § 100b Absatz 4 Nummer 2 GWB. Die entsprechende Richtlinienregelung findet sich in Artikel 19 Absatz 1 RL 2014/25/EU.

§ 138
Besondere Ausnahme für die Vergabe an verbundene Unternehmen

(1) Dieser Teil ist nicht anzuwenden auf die Vergabe von öffentlichen Aufträgen,

1. **die ein Sektorenauftraggeber an ein verbundenes Unternehmen vergibt oder**
2. **die ein Gemeinschaftsunternehmen, das ausschließlich mehrere Sektorenauftraggeber zur Durchführung einer Sektorentätigkeit gebildet haben, an ein Unternehmen vergibt, das mit einem dieser Sektorenauftraggeber verbunden ist.**

(2) Ein verbundenes Unternehmen im Sinne des Absatzes 1 ist

1. **ein Unternehmen, dessen Jahresabschluss mit dem Jahresabschluss des Auftraggebers in einem Konzernabschluss eines Mutterunternehmens entsprechend § 271 Absatz 2 des Handelsgesetzbuchs nach den Vorschriften über die Vollkonsolidierung einzubeziehen ist, oder**
2. **ein Unternehmen, das**
   a) **mittelbar oder unmittelbar einem beherrschenden Einfluss nach § 100 Absatz 3 des Sektorenauftraggebers unterliegen kann,**
   b) **einen beherrschenden Einfluss nach § 100 Absatz 3 auf den Sektorenauftraggeber ausüben kann oder**
   c) **gemeinsam mit dem Auftraggeber aufgrund der Eigentumsverhältnisse, der finanziellen Beteiligung oder der für das Unternehmen geltenden Bestimmungen dem beherrschenden Einfluss nach § 100 Absatz 3 eines anderen Unternehmens unterliegt.**

(3) Absatz 1 gilt für Liefer-, Bau- oder Dienstleistungsaufträge, sofern unter Berücksichtigung aller Liefer-, Bau- oder Dienstleistungen, die von dem verbundenen Unternehmen während der letzten drei Jahre in der Europäischen Union erbracht wurden, mindestens 80 Prozent des im jeweiligen Leistungssektor insgesamt erzielten durchschnittlichen Umsatzes dieses Unternehmens aus der Erbringung von Liefer-, Bau- oder Dienstleistungen für den Sektorenauftraggeber oder andere mit ihm verbundene Unternehmen stammen.

(4) Werden gleiche oder gleichartige Liefer-, Bau- oder Dienstleistungen von mehr als einem mit dem Sektorenauftraggeber verbundenen und mit ihm wirtschaftlich zusammengeschlossenen Unternehmen erbracht, so werden die Prozentsätze nach Absatz 3 unter Berücksichtigung des Gesamtumsatzes errechnet, den diese verbundenen Unternehmen mit der Erbringung der jeweiligen Liefer-, Dienst- oder Bauleistung erzielen.

(5) Liegen für die letzten drei Jahre keine Umsatzzahlen vor, genügt es, wenn das Unternehmen etwa durch Prognosen über die Tätigkeitsentwicklung glaubhaft macht, dass die Erreichung des nach Absatz 3 geforderten Umsatzziels wahrscheinlich ist.

Übersicht Rn.

A. Allgemeines ... 1
B. Abgrenzung zur öffentlich-öffentlichen Zusammenarbeit ... 6
C. Freigestellte öffentliche Aufträge (Abs. 1) ... 11
D. Verbundenes Unternehmen (Abs. 2) ... 15
   1. Vollkonsolidierung (Nr. 1) ... 19
   2. Beherrschung (Nr. 2) ... 23
E. Umsatzschwelle (Abs. 3 bis 5) ... 28
Anlage
   Gesetzesbegründung (BT-Drs. 18/6281)

A. Allgemeines

1 § 138 GWB nimmt Auftragsvergaben von Sektorenauftraggebern an konzernverbundene Unternehmen vom Sektorenvergaberecht aus (sog. **Konzernprivileg**).

2 Die Regelung dient der Umsetzung von **Art. 29 RL 2014/25/EU**, der im Wesentlichen unverändert aus der Vorgängerrichtlinie 2004/17/EG übernommen wurde.[1]

3 Der **Sinn und Zweck** des Sektorenvergaberechts besteht darin, Auftraggeber in den abgeschotteten Märkten der Versorgungssektoren zur wirtschaftlichen Beschaffung von Leistungen aufgrund transparenter und nicht diskriminierender Verfahrensregeln anzuhalten. Wenn Sektorenauftraggeber jedoch die Möglichkeit haben, Leistungen innerhalb eines Konzernverbundes zu beschaffen, soll dies unter den im Einzelnen in § 138 GWB definierten Voraussetzungen weiterhin möglich sein. Das Sektorenvergaberecht erkennt den Konzernverbund damit neben der öffentlich-öffentlichen Zusammenarbeit gemäß § 108 GWB als eine weitere Möglichkeit an, einen Bedarf an Leistungen über auftraggebereigene oder ihm zuzurechnende Mittel abzudecken, wenn dieser Weg im Vergleich zur Beschaffung von Leistungen am Markt für zweckmäßiger befunden wird. Diese Grundsatzentscheidung des Auftraggebers kann auf unterschiedlichen Erwägungen beruhen[2] und wird durch das Vergaberecht grundsätzlich nicht reglementiert.

4 **Ziel des Gesetzgebers** war es, das Konzernprivileg mit der Neuregelung in § 138 GWB ohne inhaltliche Änderungen im Vergleich zum bisherigen Recht (§ 100b Abs. 6 und 7 GWB a.F.) übersichtlicher zu gestalten.[3] Dem Gesetzgeber ist es gelungen, einige Zweifelsfragen zu lösen, die mit der bisherigen Regelung verbunden waren. Das betrifft insbesondere die parallele Geltung des vergabefreien In-House-Geschäfts,[4] die Voraussetzungen, unter denen ein Unternehmen mit einem Sektorenauftraggeber verbunden ist (Abs. 1),[5] und die Festlegung der Umsatzschwelle von 80 %, die ein verbundenes Unternehmen gemäß Abs. 2 nicht unterschreiten darf, um seine Privilegierung nicht zu verlieren.[6]

5 Diese Voraussetzungen des Konzernprivilegs sind **bieterschützend** und unterliegen daher uneingeschränkt der Nachprüfung.[7]

B. Abgrenzung zur öffentlich-öffentlichen Zusammenarbeit

6 Durch die Neugestaltung des Teil 4 des GWB und aufgrund der Übernahme der Definitionssystematik des Richtlinienrechts ist der Streit,[8] ob neben dem Konzernprivileg die Grundsätze für In-House-Geschäfte herangezogen werden können, gelöst. In-House-Geschäfte und die weiteren in § 108 GWB geregelten Formen öffentlich-öffentlicher Zusammenarbeit sind nicht mehr nur eine teleologische Reduktion des Auftragsbegriffs.[9] Sie gelten vielmehr ebenso wie konzerninterne Leistungsbeziehungen als **öffentliche Aufträge**. Daraus folgt, dass für jeden Einzelfall einer beabsichtigten öffentlich-öffentlichen Zusammenarbeit ebenso wie für jeden

---

1 Während Art. 23 RL 2004/17/EG den Anwendungsbereich der Ausnahme erstmals nicht mehr nur auf Dienstleistungsaufträge beschränkte, sondern auch auf Bau- und Lieferaufträge erstreckte. Zur Entstehungsgeschichte siehe *Opitz*, in: Eschenbruch/Opitz, SektVO, Anhang zu § 1 Rn. 38 f.

2 Z.B. Haftungsbeschränkung, steuerliche Optimierung, getrennte Kostenkontrolle und effizientes Management, vgl. KOM(91) 347 endg. v. 6.11.1991, Erwägungsgrund 22 – Vorschlag für eine Richtlinie des Rates zur Änderung der Richtlinie 90/531/EWG betreffend die Auftragsvergabe durch Auftraggeber im Bereich der Wasser-, Energie- und Verkehrsversorgung sowie im Telekommunikationssektor.

3 Kritisch insoweit zum bisherigen Recht u.a. *Graef/Haberstroh*, VersorgW 2011, 309 (311); *Greb*, VergabeR 2009, 140 (145).

4 Hierzu sogleich Rn. 6 ff.

5 Hierzu sogleich Rn. 15 ff.

6 Hierzu sogleich Rn. 28 ff.

7 *Greb*, VergabeR 2009, 140 (141).

8 Vgl. *Röwekamp*, in: Kulartz/Kus/Portz, GWB-Vergaberecht, § 100b Rn. 22; *Opitz*, in: Eschenbruch/Opitz, SektVO, Anhang zu § 1 Rn. 53.

9 *Opitz*, in: Eschenbruch/Opitz, SektVO, Anhang zu § 1 Rn. 53.

Einzelfall einer beabsichtigten konzerninternen Beschaffung die Voraussetzungen des jeweiligen Ausnahmetatbestands zu prüfen sind.[10]

Welcher Ausnahmetatbestand im Einzelfall anzuwenden ist, hängt zwar grundsätzlich vom sachlichen Anwendungsbereich des jeweiligen Verfahrensrechts ab. Auch für **öffentliche Auftraggeber** i.S.v. § 99 Nr. 1 bis 3 GWB, die gemäß § 100 Abs. 1 Nr. 1 GWB nunmehr ausdrücklich in den persönlichen Anwendungsbereich des Sektorenvergaberechts einbezogen sind,[11] gilt für die Vergabe öffentlicher Aufträge zum Zweck der Ausübung einer Sektorentätigkeit[12] das Verfahrensrecht der §§ 136 ff. GWB einschließlich der dort geregelten Ausnahmetatbestände. 7

Die **Ausnahmen für die Fälle öffentlich-öffentlicher Zusammenarbeit** sind allerdings als allgemeine Ausnahmen in § 108 Abs. 1 GWB geregelt und gelten daher für die Vergabe von öffentlichen Aufträgen im Allgemeinen nach Maßgabe der §§ 116 ff. GWB wie für die Vergabe öffentlicher Aufträge im Sektorenbereich nach den §§ 136 ff. GWB im Besonderen. § 108 Abs. 8 GWB stellt dies klar und löst den Streit damit zugunsten der Auffassung, die die Ausnahme für Inhouse-Geschäfte bereits nach bisherigem Recht auch im Sektorenbereich für anwendbar hielt.[13] 8

Ob und inwieweit in der **Praxis der Sektorenauftragsvergabe** die nach § 108 GWB bestehenden Möglichkeiten öffentlich-öffentlicher Zusammenarbeit neben dem Konzernprivileg Bedeutung erlangen werden, ist offen. Gemäß § 108 Abs. 8 GWB können sich Sektorenauftraggeber im Sinne von § 100 Abs. 1 Nr. 2 GWB schon nicht auf die Ausnahmen nach § 108 GWB berufen. Sie sind vielmehr öffentlichen Auftraggebern im Sinne von § 100 Abs. 1 Nr. 1 GWB vorbehalten. Zudem sind die Voraussetzungen für eine vom Anwendungsbereich des Vergaberechts ausgenommene öffentlich-öffentliche Zusammenarbeit ungleich strenger als die Voraussetzungen für eine Konzernprivilegierung nach § 138 GWB,[14] weil nach § 138 GWB, anders als nach § 108 Abs. 1 Nr. 1 GWB, insbesondere nicht vorausgesetzt wird, dass der Auftraggeber eine dienststellenartige Kontrolle über den Auftragnehmer ausübt.[15] 9

Während eine dienststellenartige Kontrolle im Sinne von § 108 Abs. 2 und Abs. 3 GWB bei einer **Beteiligung privater Unternehmen** ausgeschlossen ist,[16] steht eine Minderheitsbeteiligung einer Verbundenheit nach § 138 Abs. 2 GWB nicht entgegen.[17] Private Kapitalbeteiligungen sind in den durch § 108 Abs. 6 GWB nunmehr geregelten Fällen horizontaler Zusammenarbeit öffentlicher Auftraggeber zwar möglich.[18] Allerdings muss die Zusammenarbeit, um nicht dem Vergaberecht zu unterfallen, der Erfüllung einer beiden Partnern obliegenden Aufgabe des öffentlichen Interesses dienen und auf einem kooperativen Konzept beruhen. Während **Hilfsgeschäfte** wie die Beschaffung von Reinigungs-[19] oder von IT-Leistungen[20] nicht Gegenstand einer horizontalen öffentlich-öffentlichen Zusammenarbeit sein können, besteht eine derartige Einschränkung nach § 138 GWB nicht. 10

10 Für das Konzernprivileg ebenso *Drömann*, NZBau 2015, 202 (205).
11 Siehe hierzu § 100 Rn. 2.
12 Siehe hierzu § 136 Rn. 18 ff.
13 *Dreher*, in: Immenga/Mestmäcker, Wettbewerbsrecht, § 100b GWB Rn. 32; *ders.*, NZBau 2004, 14 (16); a.A. *Opitz*, in: Eschenbruch/Opitz, SektVO, Anhang zu § 1 Rn. 34.
14 *Drömann*, NZBau 2015, 202 (203); *Graef/Haberstroh*, VersorgW 2011, 309 (310); *Greb*, VergabeR 2009, 140 (141); *Orlowski*, NZBau 2007, 80 (83).
15 Siehe aber zu den durch § 138 Abs. 4 GWB im Vergleich zu § 108 GWB eingeschränkten Möglichkeiten, Fremdgeschäft auf andere Konzernunternehmen auszugliedern unten Rn. 32.
16 EuGH, Urteil v. 10.9.2009 – Rs. C-573/07 (Sea), Rn. 46 m.w.N.
17 *Greb*, VergabeR 2009 140 (141); *Orlowski*, NZBau 2007, 80 (83).
18 Gesetzesbegründung, BT-Drs. 18/6281, 82.
19 EuGH, Urteil v. 13.6.2013 – Rs. C-386/11 (Piepenbrock), Rn. 39.
20 KG, Beschluss v. 16.9.2013 – Verg 4/13.

C. Freigestellte öffentliche Aufträge (Abs. 1)

11 Von der Pflicht zur Anwendung des Sektorenvergaberechts sind gemäß § 138 Abs. 1 GWB öffentliche Aufträge ausgenommen,

- die ein Sektorenauftraggeber an ein verbundenes Unternehmen vergibt (Nr. 1) oder
- die ein Gemeinschaftsunternehmen, das ausschließlich mehrere Sektorenauftraggeber zur Durchführung einer Sektorentätigkeit gebildet haben, an ein Unternehmen vergibt, das mit einem dieser Sektorenauftraggeber verbunden ist (Nr. 2).

12 Vorausgesetzt wird damit zunächst eine Auftragsvergabe durch einen oder mehrere **Sektorenauftraggeber** im Sinne von § 100 GWB. Entscheidend ist nach einer vom OLG Frankfurt[21] vertretenen Auffassung insoweit, dass der Auftraggeber zum Zeitpunkt der Beauftragung des konzernverbundenen Unternehmens selbst Sektorenauftraggeber ist. Erlangt er seine Stellung als Sektorenauftraggeber erst in der Zukunft durch Umsetzung des abzuschließenden Vertrages, soll das nicht ausreichend sein. Diese Auffassung ist nicht frei von Bedenken. Richtig ist zwar die Überlegung, dass Ausnahmetatbestände grundsätzlich eng auszulegen und nicht analogiefähig sind.[22] Wenn Auftraggeber jedoch Leistungen beschaffen, um die Ausübung einer Sektorentätigkeit erst zu ermöglichen, und dabei an das Sektorenvergaberecht gebunden sind,[23] erscheint es überzeugender, wenn sie sich dabei auch auf die gesetzlichen Ausnahmetatbestände berufen können, wenn die Voraussetzungen im Einzelfall erfüllt sind.[24]

13 Das verbundene Unternehmen muss hingegen **selbst nicht Sektorenauftraggeber** sein.[25] Wenn ein vergaberechtlich ungebundenes Konzernunternehmen Leistungen beschafft, nur um sie konzernintern weiterzugeben, ist der Beschaffungsvorgang selbst dann nicht vergaberechtsfrei, wenn dieses grundsätzlich ungebundene Unternehmen die Leistungen in eigenem Namen und (nach außen) auf eigene Rechnung einkauft. Wenngleich der Vertrag zivilrechtlich zwischen dem ungebundenen Unternehmen und dem Lieferanten zustande kommt, ist vergaberechtlich auf den tatsächlichen Bedarfs- und Kostenträger im Konzern abzustellen.[26] Sektorenauftraggeber sind daher gut beraten, derartige *„Beschaffungsvehikel"*[27] im Konzern nur unter Anwendung des Sektorenvergaberechts zu nutzen. Anderenfalls ist der ohne Durchführung des vorgeschriebenen Vergabeverfahrens geschlossene Vertrag unter den weiteren Voraussetzungen des § 135 Abs. 1 Nr. 2 GWB von Anfang an unwirksam.

14 Das Konzernprivileg erstreckt sich gemäß § 138 Abs. 1 Nr. 2 GWB auch auf Auftragsvergaben von **Gemeinschaftsunternehmen** an ein mit den Gesellschaftern dieses Gemeinschaftsunternehmen verbundenes weiteres Unternehmen. Gemeinschaftsunternehmen sind gemäß § 139 Abs. 1 Nr. 1 GWB von zwei oder mehreren Sektorenauftraggebern ausschließlich zur Durchführung von Sektorentätigkeiten gegründete Unternehmen.[28] Die Erweiterung des Konzernprivilegs auf Auftragsvergaben von einem Gemeinschaftsunternehmen an einen seiner Gesellschafter ist dadurch gerechtfertigt, dass derartige Gemeinschaftsunternehmen oftmals nur gegründet werden, um die für die Ausübung einer Sektorentätigkeit erforderlichen Ressourcen mehrerer Sektorenauftraggeber in einem Unternehmen zu bündeln.[29] Da in derartigen Konstellationen die Voraussetzungen nach § 138 Abs. 1 Nr. 1 GWB in aller Regel nicht erfüllt sind, soll es nach § 138 Abs. 1 Nr. 2 GWB ausnahmsweise ausreichen, wenn der Auf-

---

21 OLG Frankfurt, Beschluss v. 30.8.2011 – 11 Verg 3/11; ebenso *Dreher*, in: Immenga/Mestmäcker, Wettbewerbsrecht, § 98 GWB Rn. 31; *Graef/Haberstroh*, VersorgW 2011, 309 (310).
22 OLG Frankfurt, Beschluss v. 30.8.2011 – 11 Verg 3/11.
23 OLG Düsseldorf, Beschluss v. 9.1.2013 – VII-Verg 26/12: Suche eines strategischen Partners zum zukünftigen Betrieb von Energieversorgungsnetzen.
24 Der Entscheidung des OLG Frankfurt, Beschluss v. 30.8.2011 – 11 Verg 3/11, ist im Ergebnis gleichwohl zuzustimmen, weil der Antragsgegner die Sektorentätigkeit (Betrieb eines Netzes zur Trinkwasserversorgung) vollständig übertragen wollte und aus diesem Grund kein Sektorenauftraggeber war; siehe auch § 100 Rn. 9.
25 *Opitz*, in: Eschenbruch/Opitz, Anhang zu § 1 Rn. 41; *Graef/Haberstroh*, VersorgW 2011, 309 (310).
26 Vgl. VK Bund, Beschluss v. 8.6.2006 – VK 2-114/05.
27 *Opitz*, in: Eschenbruch/Opitz, SektVO, Anhang zu § 1 Rn. 54.
28 Vgl. auch *Opitz*, in: Eschenbruch/Opitz, SektVO, Anhang zu § 1 Rn. 57.
29 KOM(91) 347 endg. v. 6.11.1991, Erwägungsgrund 22; *Röwekamp*, in: Kulartz/Kus/Portz, GWB-Vergaberecht, § 100b Rn. 23; *Conrad*, AnwZert BauR 12/2015, Anm. 2

tragnehmer lediglich mit einem der Gesellschafter des Gemeinschaftsunternehmens, der Sektorenauftraggeber ist, im Sinne von § 138 Abs. 2 GWB verbunden ist.[30]

D. Verbundenes Unternehmen (Abs. 2)

Der vergaberechtlich privilegierte Konzernverbund besteht unter den **alternativen Voraussetzungen** des § 138 Abs. 2 GWB. Ein verbundenes Unternehmen im Sinne von § 138 Abs. 1 GWB ist danach 15

- ein Unternehmen, dessen Jahresabschluss mit dem Jahresabschluss des Auftraggebers in einem Konzernabschluss eines Mutterunternehmens entsprechend § 271 Abs. 2 HGB nach den Vorschriften über die Vollkonsolidierung einzubeziehen ist (Nr. 1), oder
- ein Unternehmen, das mittelbar oder unmittelbar einem beherrschenden Einfluss nach § 100 Abs. 3 GWB des Sektorenauftraggebers unterliegen kann (Nr. 2 lit. a), einen beherrschenden Einfluss nach § 100 Abs. 3 GWB auf den Sektorenauftraggeber ausüben kann (Nr. 2 lit. b) oder gemeinsam mit dem Auftraggeber aufgrund der Eigentumsverhältnisse, der finanziellen Beteiligung oder der für das Unternehmen geltenden Bestimmungen dem beherrschenden Einfluss nach § 100 Abs. 3 GWB eines anderen Unternehmens unterliegt (Nr. 2 lit. c).

Ein verbundenes Unternehmen ist im Ausgangspunkt zunächst einmal eine **eigenständige Rechtspersönlichkeit**. Abteilungen des Sektorenauftraggebers sind keine anderen Unternehmen im Sinne von § 138 Abs. 1 GWB.[31] In den Fällen, in denen eine Abteilung des Sektorenauftraggebers als zentraler Konzerndienstleister tätig wird, liegt dann, wenn Leistungen zugunsten des Sektorenauftraggebers erbracht werden, dem die Abteilung angehört, ein Fall der vergaberechtlich nicht geregelten Eigenerbringung vor. Wenn die Leistungen zugunsten anderer konzernangehöriger Unternehmen erbracht werden, kann unter den Voraussetzungen des § 108 GWB ein Fall einer **öffentlich-öffentlichen Zusammenarbeit** vorliegen. 16

Der Begriff der Konzernverbundenheit im Sinne von § 138 Abs. 2 GWB ist ein Begriff des Vergaberechts und geht zurück auf **Art. 29 Abs. 1 und Abs. 2 RL 2014/25/EU**. 17

Konzernverbundenheit wurde bislang in **§ 100b Abs. 7 S. 4 GWB a.F.** durch die entsprechende Geltung von § 36 Abs. 2 und 3 GWB und den dortigen Verweis auf §§ 17, 18 AktG definiert.[32] Da Art. 23 Abs. 1 RL 2004/17/EG, wonach Unternehmen, deren Jahresabschlüsse gemäß der sog. Konzernabschlussrichtlinie[33] mit demjenigen des Sektorenauftraggebers konsolidiert werden müssen, privilegierte verbundene Unternehmen sind, bislang in § 100b Abs. 6 und Abs. 7 GWB a.F. nicht umgesetzt wurde, wurde verbreitet eine **unmittelbare Geltung von Art. 23 Abs. 1 RL 2004/17/EG** angenommen.[34] Der These von der unmittelbaren Geltung war entgegenzuhalten, dass die Mitgliedstaaten nicht verpflichtet sind, die ihnen durch das Richtlinienrecht eröffneten Möglichkeiten, bestimmte öffentliche Aufträge vom Anwendungsbereich des Vergaberechts auszunehmen, in das nationale Recht umzusetzen.[35] Dem Gesetzgeber stand es daher frei, den Kreis der konzernprivilegierten Unternehmen in § 100b Abs. 7 S. 4 GWB enger zu definieren als der Richtliniengeber. Weder eine *„irreführ-* 18

---

30 *Opitz*, in: Eschenbruch/Opitz, SektVO, Anhang zu § 1 Rn. 42.

31 Siehe aber *Opitz*, in: Eschenbruch/Opitz, SektVO, Anhang zu § 1 Rn. 49, der im Rahmen des Umsatzkriteriums auch Innenumsätze zwischen einzelnen Teilen eines Unternehmens berücksichtigen will.

32 Anders *Opitz*, Eschenbruch/Opitz, SektVO, Anhang zu § 1 Rn. 43, der annimmt, § 100b Abs. 6 GWB habe den Begriff des verbundenen Unternehmens vorausgesetzt.

33 Siebente Richtlinie 83/349/EWG des Rates vom 13. Juni 1983 aufgrund von Artikel 54 Absatz 3 Buchstabe g) des Vertrages über den konsolidierten Abschluss, ABl. L 193/1 v. 18.7.1983, abgelöst durch die Richtlinie 2013/34/EU des Europäischen Parlaments und des Rates v. 26.6.2013 über den Jahresabschluss, den konsolidierten Abschluss und damit verbundene Berichte von Unternehmen bestimmter Rechtsformen, ABl. L 182/19 v. 29.6.2013.

34 *Franßen*, in: Byok/Jaeger, Vergaberecht, § 100 GWB Rn. 75 f.; *Antweiler*, in: Ziekow/Völlink, Vergaberecht, § 100b GWB Rn. 23; *Graef/Haberstroh*, VersorgW 2012, 309 (313); *Röwekamp*, in: Kulartz/Kus/Portz, GWB-Vergaberecht, § 100b Rn. 26; *Drömann*, NZBau 2015, 202 (204); offen *Conrad*, AnwZert BauR 12/2015, Anm. 2.

35 Vgl. BGH, Beschluss v. 1.12.2008 – X ZB 32/08.

rende"[36] noch eine *„äußerst unübersichtliche"*[37] Umsetzung von Richtlinienrecht führen zu einem Umsetzungsdefizit und zu einer unmittelbaren Geltung der europäischen Norm. Freilich erkannte offenbar auch der Gesetzgeber einen Mangel an Übersichtlichkeit[38] und entschloss sich im Rahmen der angestrebten Eins-zu-eins-Umsetzung der RL 2017/25/EU nunmehr zu einer nahezu wortlautidentischen Übernahme von Art. 29 Abs. 1 und Abs. 2 RL 2014/25/EU.

1. Vollkonsolidierung (Nr. 1)

19 Verbundene Unternehmen sind nach § 138 Abs. 2 Nr. 1 GWB zunächst einmal solche, deren Jahresabschluss mit dem Jahresabschluss des Sektorenauftraggebers in einen Konzernabschluss eines Mutterunternehmens entsprechend § 271 Abs. 2 HGB nach den Vorschriften über die Vollkonsolidierung einzubeziehen ist.

20 Voraussetzung für die Konzernverbundenheit im Sinne von § 138 Abs. 2 Nr. 1 GWB ist danach im Ausgangspunkt, dass die beteiligten Unternehmen **Mutter- oder Tochterunternehmen** nach § 290 Abs. 1 und Abs. 2 HGB sind.[39] Ein Mutter-Tochter-Verhältnis in diesem Sinne liegt vor, wenn das Mutterunternehmen mittelbar oder unmittelbar auf das Tochterunternehmen einen beherrschenden Einfluss ausüben kann, indem es dessen Finanz- und Geschäftspolitik dauerhaft bestimmen kann. In den in § 290 Abs. 2 HGB genannten Fällen wird beherrschender Einfluss des Mutterunternehmens unwiderlegbar vermutet.[40]

21 Weitere Voraussetzung nach § 138 Abs. 2 Nr. 1 GWB ist die **Einbeziehung des Tochterunternehmens** in den Konsolidierungskreis des obersten nach § 290 HGB zur Aufstellung des Konzernabschlusses verpflichteten Mutterunternehmens im Wege der Vollkonsolidierung (§§ 300 ff. HGB). Demnach ist jedes Tochterunternehmen mit jedem anderen Unternehmen desselben Konsolidierungskreises verbundenes Unternehmen im Sinne von §§ 138 Abs. 2 Nr. 1 GWB, 271 Abs. 2 HGB. Das umfasst auch Schwestergesellschaften ohne direkte Beziehung zueinander.[41] Unerheblich für die Erfüllung der Voraussetzungen des § 271 Abs. 2 HGB ist die tatsächliche Aufstellung des Konzernabschlusses.[42]

22 Fraglich ist in diesem Zusammenhang indes, ob und inwieweit im vergaberechtlichen Kontext die **Voraussetzungen des § 271 Abs. 2 HGB** geprüft werden müssen. Im Ergebnis dürfte es als ausreichend erscheinen, wenn vollkonsolidierte Jahresabschlüsse der beteiligten Unternehmen vorliegen.[43] Die mit der konzerninternen Beschaffung befassten Stellen des Sektorenauftraggebers müssen § 271 Abs. 2 HGB dann nicht mehr im Einzelnen prüfen. Die Vollkonsolidierung ist vielmehr konstitutiv und lediglich die Vollkonsolidierung der Abschlüsse selbst muss – neben den weiteren Voraussetzungen des § 138 GWB – als der Sachverhalt dokumentiert werden, der die konzerninterne Direktvergabe rechtfertigt. Wird die Direktvergabe durch die Nachprüfungsinstanzen überprüft, gilt dasselbe. Zwar werden die Voraussetzungen des § 271 Abs. 2 HGB grundsätzlich durch die Nachprüfungsinstanzen als Vorfrage für die Zulässigkeit einer auf § 138 Abs. 1 und Abs. 2 Nr. 1 GWB gestützten konzerninternen Direktvergabe geprüft werden müssen. Solange jedoch nicht hinreichende Anhaltspunkte bestehen, die Zweifel an der Vollkonsolidierung begründen, fehlt es an einer Grundlage für eine Überprüfung dieser Tatsachen im vergaberechtlichen Kontext.

---

36 *Graef/Haberstroh*, VersorgW 2012, 309 (311).
37 *Greb*, VergabeR 2009, 140, bezogen auf die frühere Umsetzung durch § 10 VgV vor Inkrafttreten des VergRModG 2009.
38 Gesetzesbegründung, BT-Drs. 18/6281, 124.
39 *Böcking/Gros*, in: Ebenroth/Boujong/Joost/Strohn, HGB, § 271 Rn. 9.
40 *Ruppelt*, in: Häublein/Hoffmann-Theinert, HGB, § 271 Rn. 34.
41 *Ruppelt*, in: Häublein/Hoffmann-Theinert, HGB, § 271 Rn. 34.
42 *Merkt*, in: Baumbach/Hopt, HGB, § 271 Rn. 9; *Ruppelt*, in: Häublein/Hoffmann-Theinert, HGB, § 271 Rn. 34.
43 A.A. *Drömann*, NZBau 2015, 202 (205).

2. Beherrschung (Nr. 2)

23 § 138 Abs. 2 Nr. 2 GWB ist **Auffangtatbestand** zu § 138 Abs. 2 Nr. 1 GWB und soll diejenigen Unternehmen erfassen, die zwar nicht in den Anwendungsbereich der RL 2013/34/EU fallen, die für das Sektorenvergaberecht aber dennoch als verbundene Unternehmen gelten.[44]

24 **Hintergrund** dieses Auffangtatbestandes ist, dass zwar bereits für die Entscheidung, ob der Jahresabschluss der betreffenden Unternehmen und Einrichtungen konsolidiert werden sollte, geprüft werden muss, ob möglicherweise ein unmittelbarer oder mittelbarer beherrschender Einfluss vorliegt.[45] Unter bestimmten Voraussetzungen besteht jedoch keine Pflicht zur Aufstellung vollkonsolidierter Jahresabschlüsse.

25 So sind Mutter- oder Tochterunternehmen von der Pflicht zur Erstellung vollkonsolidierter Jahresabschlüsse **gemäß § 291 f. HGB befreit**, wenn das oberste Mutterunternehmen einen im Einklang mit dem EU-Recht stehenden Konzernabschluss tatsächlich aufstellt oder zumindest aufstellen könnte. Diese Unternehmen gelten gemäß § 271 Abs. 2 HGB gleichwohl als verbunden.[46] Tochterunternehmen, die aus den in § 296 HGB genannten Gründen nicht in den Konzernabschluss des obersten Mutterunternehmens einbezogen werden müssen, sind wegen § 271 Abs. 2 Hs. 2 HGB ebenfalls als verbundene Unternehmen zu qualifizieren.[47] Die Jahresabschlüsse dieser Unternehmen unterliegen zwar nicht im Sinne von § 138 Abs. 2 Nr. 1 GWB der Vollkonsolidierung. § 138 Abs. 2 Nr. 2 GWB übernimmt jedoch die bilanzrechtliche Wertung aus § 271 Abs. 2 GWB und erkennt auch diese Unternehmen als verbundene Unternehmen im Sinne des Sektorenvergaberechts an.

26 Voraussetzung für die Verbundenheit nach § 138 Abs. 2 Nr. 2 GWB ist ein **beherrschender Einfluss**, dem das verbundene Unternehmen entweder unterliegt oder welchen es selbst ausüben kann. § 138 Abs. 2 Nr. 2 GWB verweist zur Definition des verbundenen Unternehmens in drei Varianten jeweils auf § 100 Abs. 3 GWB. Konzernverbundenheit liegt demnach in den Fällen vor, in denen ein beherrschender Einfluss im Sinne von § 100 Abs. 3 GWB jeweils vermutet wird:

- Ein öffentlicher Auftraggeber besitzt unmittelbar oder mittelbar die Mehrheit des gezeichneten Kapitals des Unternehmens,
- verfügt über die Mehrheit der mit den Anteilen am Unternehmen verbundenen Stimmrechte
- oder kann mehr als die Hälfte der Mitglieder des Verwaltungs-, Leitungs- oder Aufsichtsorgans des Unternehmens bestellen.

27 Ob beherrschender Einfluss im Sinne von § 138 Abs. 2 Nr. 2 GWB auch **über die ausdrücklich in § 100 Abs. 3 GWB genannten drei Fälle hinaus** vorliegen kann, ist zweifelhaft. § 138 Abs. 2 Nr. 2 GWB verweist – anders als § 100 Abs. 1 Nr. 2 lit. b GWB – ausdrücklich auf § 100 Abs. 3 GWB, was dafür spricht, dass die in § 100 Abs. 3 GWB genannten Beherrschungskonstellation mit Blick auf § 138 Abs. 2 Nr. 2 GWB abschließend sind. Auch der Charakter von § 138 Abs. 1 GWB als eng auszulegender Ausnahme spricht gegen eine Erweiterung über die in § 138 Abs. 2 Nr. 2 GWB ausdrücklich in Bezug genommenen Beherrschungskonstellationen des § 100 Abs. 3 GWB hinaus. Für die Annahme einer planwidrigen Regelungslücke bestehen keine Anhaltspunkte, zumal auch der Richtliniengeber in Art. 29 Abs. 2 UAbs. 2 RL 2014/25/EU allein auf Art. 4 Abs. 2 UAbs. 2 RL 2014/25/EU und nicht auch auf den in § 100 GWB nicht übernommenen UAbs. 1 verwiesen hat.

44 Gesetzesbegründung, BT-Drs. 18/6281, 124.
45 Erwägungsgrund 41 S. 3 RL 2014/25/EU.
46 *Merkt*, in: Baumbach/Hopt, HGB, § 271 Rn. 9; *Böcking/Gros*, in: Ebenroth/Boujong/Joost/Strohn, HGB § 271 Rn. 9.
47 *Merkt*, in: Baumbach/Hopt, HGB, § 271 Rn. 9; *Böcking/Gros*, in: Ebenroth/Boujong/Joost/Strohn, HGB, § 271 Rn. 10; *Ruppelt*, in: Häublein/Hoffmann-Theinert, HGB, § 271 Rn. 35.

E. Umsatzschwelle (Abs. 3 bis 5)

28 Zum Konzernverbund im Sinne von § 138 Abs. 2 GWB muss gemäß § 138 Abs. 3 GWB hinzukommen, dass unter Berücksichtigung aller Liefer-, Bau- oder Dienstleistungen, die von dem verbundenen Unternehmen während der letzten drei Jahre[48] in der EU[49] erbracht wurden,[50] **mindestens 80 %** des im jeweiligen Leistungssektor insgesamt erzielten durchschnittlichen Umsatzes dieses Unternehmens aus der Erbringung von Liefer-, Bau- oder Dienstleistungen für den Sektorenauftraggeber oder andere mit ihm verbundene Unternehmen stammen. Die Existenz des konzernverbundenen Unternehmens muss also darauf gegründet und dadurch gerechtfertigt sein, Dienstleistungen überwiegend für die Unternehmensgruppe zu erbringen, nicht dagegen, seine Aktivitäten zu vermarkten.[51] Ein Unternehmen, das seine Leistungen überwiegend außerhalb des Konzernverbundes anbietet und insofern im Wettbewerb mit anderen Unternehmen steht, muss sich dagegen wie seine Wettbewerber behandeln lassen und ist nicht durch § 138 GWB privilegiert.[52]

29 Nach **bisherigem Recht** (§ 100b Abs. 7 S. 1 GWB a.F.) war unklar, worauf sich die Vorgabe des geforderten Mindestumsatzes von 80 %, den das verbundene Unternehmen konzernintern erbringen muss, bezog. Unterschiedliche Ansätze zur Berechnung wurden vertreten.[53] Nach der überwiegenden Auffassung war mit Blick auf den Wortlaut von § 100b Abs. 7 S. 1 und S. 3 GWB nur auf Umsätze aus Aufträgen über die Erbringung von gleichen oder gleichartigen Leistungen abzustellen,[54] was zwar grundsätzlich eine großzügigere Anwendungspraxis ermöglichte, gleichzeitig aber aufgrund des unbestimmten Rechtsbegriffs der Gleichartigkeit auch eine erhöhte Rechtsunsicherheit[55] und damit ein erhöhtes Nachprüfungsrisiko begründete.

30 Die Formulierung in § 138 Abs. 3 GWB soll nun durch Einfügen des Wortes „insgesamt" klarstellen, dass der **Gesamtumsatz** des Unternehmens „im jeweiligen Leistungssektor" maßgeblich ist. Eine getrennte Berechnung der 80-Prozent-Vorgabe etwa nach unterschiedlichen Sektorentätigkeiten[56] oder Sparten soll nicht mehr möglich sein.[57] Missverständlich ist in diesem Zusammenhang zwar die Verwendung des Begriffs „Leistungssektor" in § 138 Abs. 3 GWB. „Leistungssektor" meint jedoch nicht etwa den relevanten Versorgungssektor, sondern die jeweilige Leistungsart (Liefer-, Bau- oder Dienstleistungen).[58]

31 Maßgeblich sind daher die Umsätze aus Aufträgen über die Leistungsart, die auch Gegenstand des konkret zu vergebenden Auftrags ist. Eine **Quersaldierung** von Umsätzen aus Aufträgen über andere Leistungsarten ist ausgeschlossen. So ist es beispielsweise nicht möglich, einen Umsatz von mehr als 20 % aus Dienstleistungsaufträgen mit konzernexternen Dritten durch einen konzerninternen Umsatz von mehr als 80 % aus Bauaufträgen auszugleichen, wenn im konkreten Fall ein Dienstleistungsauftrag konzernintern an das betreffende Unter-

---

48 Aus praktischen Gründen sollten die Umsätze der letzten drei Geschäftsjahre zugrunde gelegt werden. Es ist auch aus Art. 29 RL 2014/25/EU heraus kein Grund dafür ersichtlich, auf Kalenderjahre abzustellen, für die, wenn sie nicht mit den Geschäftsjahren identisch sind, die Zahlen i.d.R. nicht verfügbar sind; ebenso *Opitz*, in: Eschenbruch/Opitz, SektVO, Anhang zu § 1 Rn. 47; *Drömann*, NZBau 2015, 202 (207), hält auch einen gleitenden 36-Monats-Durchschnitt für sachgerecht, für den sich allerdings weder in Art. 29 Abs. 4 RL 2014/25/EU noch in § 138 Abs. 3 GWB Anhaltspunkte finden.

49 *Drömann*, NZBau 2015, 202 (208); *Opitz*, in: Eschenbruch/Opitz, SektVO, Anhang zu § 1 Rn. 48, will entgegen dem insoweit mit § 138 Abs. 3 GWB identischen Wortlaut von § 100b Abs. 7 S. 1 GWB a.F. auch Umsätze einbeziehen, die mit Auftraggeber in den EWR-Staaten Norwegen, Island, Liechtenstein und der Schweiz erzielt werden. Für einen derartigen Willen des Gesetzgebers gibt es keine Anhaltspunkte.

50 *Opitz*, in: Eschenbruch/Opitz, SektVO, Anhang zu § 1 Rn. 48, weist in diesem Zusammenhang allerdings zu Recht darauf hin, dass in vielen Konzernen landesspezifische Umsatzangaben oft nicht vorhanden sind.

51 Vgl. KOM(91) 347 endg. v. 6.11.1991, Erwägungsgrund 23.

52 *Opitz*, in: Eschenbruch/Opitz, SektVO, Anhang zu § 1 Rn. 34; vgl. auch *Drömann*, NZBau 2015, 202 (205).

53 Siehe hierzu *Greb*, VergabeR 2009, 140 (143).

54 OLG Frankfurt, Beschluss v. 30.8.2011 – 11 Verg 3/11; *Opitz*, in: Eschenbruch/Opitz, SektVO, Anhang zu § 1 Rn. 50 m.w.N.; *Greb*, VergabeR 2009, 140 (144).

55 *Conrad*, AnwZert BauR 12/2015, Anm. 2.

56 Für eine sektorspezifische Betrachtung noch VK Hessen, Beschluss v. 28.2.2011 – 69d-VK47/2010.

57 Gesetzesbegründung, BT-Drs. 18/6281, 124.

58 Gesetzesbegründung, BT-Drs. 18/6281, 124.

nehmen vergeben werden soll.[59] Auch die zum bisherigen Recht von der überwiegenden Literaturmeinung und auch von der Spruchpraxis noch vertretene weitere Differenzierung nach bestimmten Liefer-, Bau- oder Dienstleistungen (z.B. Planungsleistungen vs. Instandsetzungsleistungen)[60] findet nach neuem Recht nicht statt.[61]

§ 138 Abs. 4 GWB entspricht § 100b Abs. 7 S. 3 GWB a.F. Damit wird klargestellt, dass bei **mehreren verbundenen und wirtschaftlich zusammengeschlossenen Unternehmen** der Gesamtumsatz aller dieser Unternehmen zur Bestimmung der 80-Prozent-Grenze des § 138 Abs. 3 GWB zugrunde zu legen ist. Damit soll verhindert werden, dass die Grenze der nach § 138 Abs. 3 GWB zulässigen Fremdumsätze nur deshalb nicht überschritten wird, weil das konzernexterne Geschäft mit gleichen oder gleichartigen Leistungen auf ein anderes Konzernunternehmen übertragen wird.[62] Eine solche Gestaltung ist außerhalb der Versorgungssektoren zur Schaffung oder zur Erhaltung der In-House-Fähigkeit eines Unternehmens üblich und zulässig, was die öffentlich-öffentliche Zusammenarbeit insoweit attraktiver erscheinen lässt als das Konzernprivileg.[63] 32

Das Merkmal des **wirtschaftlich zusammengeschlossenen Unternehmens** hat keinen erkennbaren, über die Konzernverbundenheit im Sinne von § 138 Abs. 2 GWB hinausgehenden Regelungsgehalt. 33

§ 138 Abs. 5 GWB dient schließlich der Umsetzung von Art. 29 Abs. 5 RL 2014/25/EU und entspricht § 100b Abs. 7 S. 2 GWB a.F. Wurde das Unternehmen **neu errichtet** oder hat es **erst kürzlich die Tätigkeit aufgenommen**, so reicht danach eine plausible und nachvollziehbare Prognose aus, wonach das Unternehmen die 80-Prozent-Grenze erreichen wird, um den Ausnahmetatbestand des § 138 GWB zu erfüllen. Wird eine frühere Abteilung des Sektorenauftraggebers als Unternehmen ausgegründet, kann die Prognose beispielsweise über die bisherigen Innenumsätze, im Übrigen über einen Finanzplan geführt werden. 34

Anlage

Gesetzesbegründung (BT-Drs. 18/6281)

Seite 124

§ 138 dient der Umsetzung von Artikel 29 der Richtlinie 2014/25/EU und betrifft eine Ausnahme von der Anwendung des Vergaberechts für Vergaben an verbundene Unternehmen. Die bisherige Regelung des § 100b Absatz 6 und 7 GWB wird dabei inhaltlich übernommen und insgesamt übersichtlicher gestaltet. Die Ausnahmeregelung für Vergaben durch Sektorenauftraggeber nach § 100 Absatz 1 Nummer 1 an verbundene Unternehmen ist dabei neben der allgemeinen Ausnahme des § 108 (Ausnahmen bei öffentlich-öffentlicher Zusammenarbeit) anwendbar.

Zu Absatz 1

§ 138 Absatz 1 dient der Umsetzung von Artikel 29 Absatz 3 der Richtlinie 2014/25/EU und entspricht inhaltlich dem bisherigen § 100b Absatz 6 GWB.

Zu Absatz 2

Zu Nummer 1

§ 138 Absatz 2 Nummer 1 dient der Umsetzung von Artikel 29 Absatz 1 der Richtlinie 2014/25/EU. Der Begriff des verbundenen Unternehmens wird nunmehr zunächst anhand der EU-Bilanzrichtlinie 2013/34/EU definiert.

---

59 Vgl. bereits zu § 100b Abs. 7 GWB *Drömann*, NZBau 2015, 202 (207).
60 Siehe oben Rn. 29.
61 *Conrad*, AnwZert BauR 12/2015, Anm. 2.
62 *Opitz*, in: Eschenbruch/Opitz, SektVO, Anhang zu § 1 Rn. 51.
63 Siehe aber zum Erfordernis der dienststellenartigen Kontrolle oben Rn. 8.

Zu Nummer 2

§ 138 Absatz 2 Nummer 2 dient der Umsetzung von Artikel 29 Absatz 2 der Richtlinie 2014/25/EU und betrifft Situationen, in denen zwar kein verbundenes Unternehmen im Sinne der EU-Bilanzrichtlinie vorliegt, für das Sektorenvergaberecht aber dennoch von einem verbundenen Unternehmen ausgegangen wird. Dabei wird jeweils auf den beherrschenden Einfluss abgestellt, dem das verbundene Unternehmen entweder unterliegt oder welchen es selbst ausüben kann. Die Definition des Begriffs „beherrschender Einfluss" entspricht der des § 100 Absatz 3.

Zu Absatz 3

§ 138 Absatz 3 dient der Umsetzung von Artikel 29 Absatz 4 der Richtlinie 2014/25/EU und übernimmt im Wesentlichen die bisherige Regelung des § 100b Absatz 7 Satz 1 GWB. Mit der Vorschrift wird klargestellt, dass Vergaben an verbundene Unternehmen nur dann von der Anwendung des Vergaberechts ausgenommen sind, wenn die verbundenen Unternehmen mindestens 80 Prozent des Umsatzes für den Sektorenauftraggeber bzw. für andere mit diesem verbundene Unternehmen erbringen. Bislang war in diesem Zusammenhang allerdings unklar, ob sich die Vorgaben des geforderten Mindestumsatzes, den das verbundene Unternehmen für den Auftraggeber erbringen muss, nur auf die jeweilige Tätigkeit selbst (z. B. in der Sparte Energie) oder den Gesamtumsatz des Unternehmens beziehen. Die neue Formulierung stellt nun durch Einfügen des Wortes „insgesamt" klar, dass in diesem Fall der Gesamtumsatz des Unternehmens im jeweiligen Leistungssektor (Liefer-, Bau- oder Dienstleistungen) maßgeblich ist. Eine getrennte Berechnung der 80-Prozent-Vorgabe etwa nach unterschiedlichen Tätigkeiten oder Sparten ist somit nicht mehr möglich.

Zu Absatz 4

§ 138 Absatz 4 entspricht dem bisherigen § 100b Absatz 7 Satz 3 GWB. Damit wird klargestellt, dass bei mehreren verbundenen und wirtschaftlich zusammengeschlossenen Unternehmen der Gesamtumsatz aller dieser Unternehmen zur Bestimmung der 80-Prozent-Grenze des Absatz 3 zugrunde zu legen ist.

Zu Absatz 5

§ 138 Absatz 5 dient der Umsetzung von Artikel 29 Absatz 5 der Richtlinie 2014/25/EU und entspricht dem bisherigen § 100b Absatz 7 Satz 2 GWB. Wurde das Unternehmen neu errichtet oder hat erst kürzlich die Tätigkeit aufgenommen, so reicht danach eine plausible und nachvollziehbare Prognose aus, wonach das Unternehmen die 80-Prozent-Grenze erreichen wird, um den Ausnahmetatbestand des § 138 zu erfüllen.

§ 139
Besondere Ausnahme für die Vergabe durch oder an ein Gemeinschaftsunternehmen

(1) Dieser Teil ist nicht anzuwenden auf die Vergabe von öffentlichen Aufträgen,

1. die ein Gemeinschaftsunternehmen, das mehrere Sektorenauftraggeber ausschließlich zur Durchführung von Sektorentätigkeiten gebildet haben, an einen dieser Auftraggeber vergibt oder

2. die ein Sektorenauftraggeber, der einem Gemeinschaftsunternehmen im Sinne der Nummer 1 angehört, an dieses Gemeinschaftsunternehmen vergibt.

(2) Voraussetzung ist, dass

1. das Gemeinschaftsunternehmen im Sinne des Absatzes 1 Nummer 1 gebildet wurde, um die betreffende Sektorentätigkeit während eines Zeitraums von mindestens drei Jahren durchzuführen, und

2. in dem Gründungsakt des Gemeinschaftsunternehmens festgelegt wird, dass die das Gemeinschaftsunternehmen bildenden Sektorenauftraggeber dem Gemeinschaftsunternehmen mindestens während desselben Zeitraums angehören werden.

Übersicht Rn.

A. Allgemeines ... 1
B. Anwendungsbereich ... 6
C. Voraussetzungen ... 8
I. Bildung eines Gemeinschaftsunternehmens ... 9
II. Anforderungen an die beteiligten Auftraggeber ... 11
III. Betätigung des Gemeinschaftsunternehmens ... 13
IV. Stabilität des Gemeinschaftsunternehmens ... 16
Anlage
Gesetzesbegründung (BT-Drs. 18/6281)

A. Allgemeines

1 Nach § 139 GWB sind für Aufträge, die zwischen einem **Gemeinschaftsunternehmen** und den an diesem Unternehmen beteiligten Sektorenauftraggebern abgewickelt werden, die §§ 97 ff. GWB nicht anzuwenden.

2 Die Ausnahme gilt gemäß § 136 GWB nur für die Vergabe von Aufträgen, die der Ausübung einer Sektorentätigkeit dienen.

3 An dem Unternehmen können nur Sektorenauftraggeber beteiligt sein; diese müssen sich bei der Gründung des Gemeinschaftsunternehmens dazu verpflichten, dem Unternehmen mindestens für drei Jahre anzugehören.

4 Der Entschluss mehrerer Sektorenauftraggeber, die Durchführung von Sektorentätigkeiten auf ein gemeinsames Unternehmen zu übertragen, soll nicht zur Anwendung der §§ 97 ff. GWB führen, wenn sichergestellt wird, dass damit keine Wettbewerbsverzerrungen einhergehen.[1] Die Ausnahme für Gemeinschaftsunternehmen berücksichtigt damit auch die Tatsache, dass viele Auftraggeber als Wirtschaftsgruppe aus einer Reihe getrennter Unternehmen mit jeweils spezialisierten Aufgaben organisiert sind.[2] Wie im Fall der Inhouse-Vergabe geht es bei der Ausnahme für Gemeinschaftsunternehmen um **interne Beschaffungsvorgänge** und nicht um marktrelevante Nachfragen.[3] Dabei sollen zunächst die technischen Kompetenzen und die Ressourcen der an dem Unternehmen beteiligten Anteilseigner in dem Gemein-

1 Erwägungsgrund 39 RL 2014/25/EU; *Masing*, in Dreher/Motzke, Vergaberecht, § 100 GWB Rn. 72.
2 Erwägungsgrund 39 RL 2014/25/EU.
3 *Greb*, in: Greb/Müller, SektVO, § 1 Rn. 135; *Antweiler*, in: Ziekow/Völlink, Vergaberecht, § 100b GWB Rn. 24.

schaftsunternehmen gebündelt werden; entsprechend profitieren die beteiligten Sektorenauftraggeber von den Leistungen des Gemeinschaftsunternehmens auf diese Weise.[4]

5 § 139 GWB übernimmt die bislang in der Vorgängerregelung des **§ 100b Abs. 8 und Abs. 9 GWB a.F.** geregelte Ausnahme inhaltsgleich. § 139 GWB beruht auf **Art. 30 RL 2014/25/EU**. Diese Regelung übernimmt die bislang in Art. 23 Abs. 4 RL 2004/17/EG zu findenden Voraussetzungen der Ausnahme.

B. Anwendungsbereich

6 Die Ausnahme des § 139 GWB betrifft zwei Fallkonstellationen: Freigestellt wird nach § 139 Abs. 1 Nr. 1 GWB einerseits die **Auftragsvergabe *des* Gemeinschaftsunternehmens** an die beteiligten Sektorenauftraggeber und nach § 139 Abs. 1 Nr. 2 GWB andererseits die Auftragsvergabe eines beteiligten Sektorenauftraggebers ***an das* Gemeinschaftsunternehmen**.[5]

7 In Verbindung mit § 154 Nr. 6 GWB gilt die Ausnahme des § 139 GWB in beiden genannten Fallkonstellationen auch für **Konzessionen**, die der Ausübung einer Sektorentätigkeit dienen.

C. Voraussetzungen

8 § 139 GWB setzt im Ergebnis eine gewisse **Stabilität und Dauer** des Gemeinschaftsunternehmens und der Beteiligungen der Sektorenauftraggeber voraus. Sowohl die beteiligten Sektorenauftraggeber als auch das Gemeinschaftsunternehmen müssen jeweils Sektorentätigkeiten ausüben.[6] Die Umsätze zwischen dem Gemeinschaftsunternehmen und den beteiligten Sektorenauftraggebern sind für die Ausnahme aber nicht relevant.[7]

I. Bildung eines Gemeinschaftsunternehmens

9 Beide Fallgruppen des § 139 GWB setzen die Bildung eines Gemeinschaftsunternehmens voraus. Vorgaben zur **Anzahl der teilnehmenden Sektorenauftraggeber** oder zum etwaigen **Verhältnis von Anteilen oder Stimmrechten** lassen sich weder § 139 GWB noch Art. 30 RL 2014/25/EU entnehmen. Auch zur **Rechtsform** des Gemeinschaftsunternehmens werden keine Vorgaben gemacht. In den meisten Fällen dürfte das Gemeinschaftsunternehmen in privatrechtlicher Rechtsform organisiert sein. Das Gemeinschaftsunternehmen kann grundsätzlich aber auch in öffentlich-rechtlicher Rechtsform, etwa als Zweckverband oder als gemeinsame Anstalt des öffentlichen Rechts, geführt werden.

10 Notwendig erscheint es jedoch, dass überhaupt eine **rechtlich selbstständige Einheit** gegründet wird. Denn anders als im Wortlaut des § 108 Abs. 6 GWB, der ausdrücklich eine Ausnahme für Verträge zwischen mehreren öffentlichen Auftraggebern vorsieht, ist in § 139 GWB von einem Gemeinschaftsunternehmen und von dessen Gründungsakt die Rede. Es erscheint somit fraglich, ob § 139 GWB auch auf vertragliche Vereinbarungen von Sektorenauftraggebern angewendet werden kann.[8] Um dem Wortlaut des § 139 GWB zu genügen, dürfte aber jedenfalls die Gründung einer GbR ausreichen.

II. Anforderungen an die beteiligten Auftraggeber

11 An dem Gemeinschaftsunternehmen können sich **ausschließlich Sektorenauftraggeber** beteiligen. Diese müssen sich bereits zum Zeitpunkt der Auftragsvergabe in einem Sektoren-

4 *Opitz*, in: Eschenbruch/Opitz, SektVO, Anhang zu § 1 Rn. 55.
5 *Graef/Haberstroh*, VersorgW 2011, 309 (313).
6 VK Münster, Beschluss v. 7.9.2010 – VK 6/10.
7 *Greb*, in: Greb/Müller, SektVO, § 1 Rn. 140; *Summa* in: Heiermann/Zeiss, Vergaberecht, § 100b GWB Rn. 42.
8 Vgl. *Opitz*, in: Eschenbruch/Opitz, SektVO, Anhang zu § 1 Rn. 57.

bereich aktiv betätigen.[9] Es kann aber nicht verlangt werden, dass sich die beteiligenden Auftraggeber selbst in bestimmten Kernbereichen der Sektoren betätigen. Vielmehr reicht es aus, wenn ein hinreichender Zusammenhang im Sinne einer inhaltlichen Konnexität zur Versorgungstätigkeit in einem Sektor besteht.[10]

Auf die besonderen Ausnahmen für Sektorenauftraggeber wie § 139 GWB können sich Auftraggeber, die **erst durch die betreffende Auftragserteilung** eine Aktivität im Sektorenbereich aufnehmen möchten, nicht berufen.[11] 12

III. Betätigung des Gemeinschaftsunternehmens

Die Ausnahme gilt nur für **Aufträge, die im Zusammenhang mit einer Sektorentätigkeit stehen**. Für sonstige Aufträge, die von öffentlichen Auftraggebern nach § 99 Nr. 1 bis 3 GWB vergeben werden, kann die Ausnahme des § 139 GWB nicht angewendet werden, wie sich bereits aus § 136 GWB ergibt. 13

Das Gemeinschaftsunternehmen muss sich in den Sektoren **selbst aktiv betätigen**. Zumindest muss das Gemeinschaftsunternehmen Hilfstätigkeiten leisten oder Querschnittsfunktionen für die beteiligten Sektorenauftraggeber übernehmen. Die Funktion eines reinen Generalübernehmers ist dabei aber nicht ausreichend.[12] 14

Nach dem Wortlaut des § 139 Abs. 1 Nr. 1 GWB wird das Gemeinschaftsunternehmen „**ausschließlich zur Durchführung von Sektorentätigkeiten gebildet**". Den normativen Anknüpfungspunkt bildet somit der formale Gründungsakt, nicht aber die tatsächlich durchgeführte Tätigkeit.[13] Ob sich somit aus dem Wortlaut für das Gemeinschaftsunternehmen ein absolutes Verbot der Betätigung in anderen Geschäftsfeldern[14] ableiten lässt, erscheint aber insgesamt fraglich. Einen Hinweis zu dieser Frage ergibt ein Vergleich des Art. 30 RL 2014/25/EU in der deutschen Sprachfassung mit den anderen Sprachfassungen. Nur in der deutschen Sprachfassung findet man die Vorgabe, dass das Gemeinschaftsunternehmen ausschließlich zur Durchführung von Sektorentätigkeiten gebildet wird. Art. 30 RL 2014/25/EU in den anderen Sprachfassungen, etwa in der englischen oder französischen Sprachfassung, kennt diese ausdrückliche Einschränkung des Gründungszwecks auf Sektorentätigkeiten nicht. Die Vorgabe des § 139 Abs. 1 Nr. 1 GWB, nach der das Gemeinschaftsunternehmen ausschließlich zur Durchführung von Sektorentätigkeiten gebildet wird, ist somit offensichtlich das Ergebnis eines Übersetzungsfehlers in der deutschen Fassung von Art. 30 RL 2014/25/EU. Bei einer richtlinienkonformen Auslegung dürften jedenfalls geringfügige Betätigungen des Gemeinschaftsunternehmens außerhalb der Sektoren unschädlich sein. 15

IV. Stabilität des Gemeinschaftsunternehmens

In § 139 Abs. 2 GWB werden die Anforderungen an die **Zusammensetzung** und die **Stabilität des Gemeinschaftsunternehmens**[15] geregelt. Nach § 139 Abs. 2 Nr. 1 GWB muss mit der Bildung des Gemeinschaftsunternehmens eine mindestens dreijährige Durchführung der betreffenden Sektorentätigkeit beabsichtigt werden. § 139 Abs. 2 Nr. 2 GWB setzt voraus, dass sich die Sektorenauftraggeber bei Gründung des Gemeinschaftsunternehmens verpflichten, diesem mindestens für einen Zeitraum von drei Jahren anzugehören. Diese Voraussetzungen gelten für beide Fallkonstellationen des § 139 Abs. 1 GWB und sollen Wettbewerbsver- 16

9 *Summa* in: Heiermann/Zeiss, Vergaberecht, § 100b GWB Rn. 5.
10 *Eschenbruch*, in: Eschenbruch/Opitz, SektVO, § 1 Rn. 204; *Marx*, Vergaberecht für Versorgungsbetriebe, 2. Kap. Rn. 30.
11 Vgl. OLG Frankfurt, Beschluss v. 30.8.2011 – 11 Verg 3/11.
12 *Opitz*, in: Eschenbruch/Opitz, SektVO, Anhang zu § 1 Rn. 59.
13 *Greb*, VergabeR 2009, 140 (144).
14 Vgl. *Graef/Haberstroh*, VersorgW 2011, 309 (313).
15 Vgl. Erwägung 39 RL 2014/25/EU.

zerrungen durch eine nur vorübergehende Bildung von Gemeinschaftsunternehmen zur Umgehung des Vergaberechts verhindern.[16]

17 Der **Gründungsakt** bezieht sich in der Regel auf den Gesellschaftsvertrag oder die Satzung des Gemeinschaftsunternehmens. Wenn in dem Gründungsdokument die nach § 139 Abs. 2 GWB erforderlichen Angaben noch nicht enthalten sind, können diese Angaben nachträglich aufgenommen werden, soweit die Stabilität des Gemeinschaftsunternehmens für den bevorstehenden Dreijahreszeitraum anzunehmen ist. Dies gilt z.B. bei Altunternehmen, die schon vor Inkrafttreten der entsprechenden vergaberechtlichen Vorgaben als Gemeinschaftsunternehmen gegründet worden sind.

18 Kommt es zu einem **Wechsel oder einem Neueintritt eines Sektorenauftraggebers** in das Gemeinschaftsunternehmen, ist die Frage der Stabilität des Gemeinschaftsunternehmens unter den neuen Gegebenheiten erneut zu prüfen. Änderungen der Beteiligungsverhältnisse sind somit unter Beachtung der Vorgaben des § 139 Abs. 2 GWB grundsätzlich möglich.

Anlage

Gesetzesbegründung (BT-Drs. 18/6281)

Seite 124

§ 139 setzt Artikel 30 der Richtlinie 2014/25/EU um. Die Regelung entspricht inhaltsgleich dem bisherigen § 100b Absatz 8 und 9 GWB. Demnach finden die Vorschriften des Teils 4 des GWB keine Anwendung auf Auftragsvergaben durch ein Gemeinschaftsunternehmen an einen Sektorenauftraggeber, durch den dieses Gemeinschaftsunternehmen (mit-) errichtet wurde. Dasselbe gilt für Aufträge, die ein (mit-)errichtender Auftraggeber an ein Gemeinschaftsunternehmen vergibt. § 139 ist – wie auch die Ausnahme für Vergaben an verbundene Unternehmen nach § 138 – neben den allgemeinen Ausnahmen nach § 108 (Ausnahmen bei öffentlich-öffentlicher Zusammenarbeit) anwendbar.

16 *Greb*, VergabeR 2009, 140 (144).

§ 140
Besondere Ausnahme für unmittelbar dem Wettbewerb ausgesetzte Tätigkeiten

(1) Dieser Teil ist nicht anzuwenden auf öffentliche Aufträge, die zum Zweck der Ausübung einer Sektorentätigkeit vergeben werden, wenn die Sektorentätigkeit unmittelbar dem Wettbewerb auf Märkten ausgesetzt ist, die keiner Zugangsbeschränkung unterliegen. Dasselbe gilt für Wettbewerbe, die im Zusammenhang mit der Sektorentätigkeit ausgerichtet werden.

(2) Für Gutachten und Stellungnahmen, die aufgrund der nach § 113 Satz 2 Nummer 8 erlassenen Rechtsverordnung vorgenommen werden, erhebt das Bundeskartellamt Kosten (Gebühren und Auslagen) zur Deckung des Verwaltungsaufwands. § 80 Absatz 1 Satz 3 und Absatz 2 Satz 1, Satz 2 Nummer 1, Satz 3 und 4, Absatz 5 Satz 1 sowie Absatz 6 Satz 1 Nummer 2, Satz 2 und 3 gilt entsprechend. Hinsichtlich der Möglichkeit zur Beschwerde über die Kostenentscheidung gilt § 63 Absatz 1 und 4 entsprechend.

Übersicht Rn.

A. Allgemeines ... 1
I. Zweck der Ausnahmeregelung ... 4
II. Entwicklung der Regelung ... 5
III. Vorgaben der Sektorenrichtlinie ... 8
B. Voraussetzungen der Freistellung ... 10
I. Markt ohne Zugangsbeschränkung ... 11
1. Annahme eines unbeschränkten Marktzugangs bei Liberalisierung des betreffenden Sektors ... 12
2. Nachweis des unbeschränkten Markzugangs ... 13
3. Marktzugang in den einzelnen Sektoren ... 14
II. Unmittelbarer Wettbewerb ... 16
1. Marktabgrenzung ... 19
a) Sachlich relevanter Markt ... 20
b) Räumlich relevanter Markt ... 22
2. Wettbewerbliche Kriterien ... 25
C. Praxisfall: Freistellung der Stromerzeugung ... 26
D. Freistellungsverfahren ... 31
I. Antragstellung ... 32
II. Beteiligung des Bundeskartellamtes ... 35
III. Entscheidung der Kommission ... 40
IV. Freistellung nach Bekanntmachung ... 43
E. Rechtsschutz ... 46
Anlage
Gesetzesbegründung (BT-Drs. 18/6281)

A. Allgemeines

1 Aufträge, die der Ausübung einer Sektorentätigkeit dienen, müssen nach der Ausnahme des § 140 GWB nicht nach den §§ 97 ff. GWB ausgeschrieben werden, wenn die jeweilige Sektorentätigkeit auf einem Markt ohne Zugangsbeschränkung unmittelbar dem Wettbewerb ausgesetzt ist. Die Ausnahme gilt nach § 140 Abs. 1 S. 2 GWB ausdrücklich auch für Wettbewerbe. Die Ausnahme kommt allerdings nur zur Anwendung, nachdem die Europäische Kommission für die jeweilige Sektorentätigkeit ein **Freistellungsverfahren** durchgeführt hat. Das Freistellungsverfahren wird in § 3 SektVO geregelt.

2 In Deutschland gibt es mit der Freistellung der Erzeugung und des Großhandels von **Strom aus konventionellen Quellen** bislang einen Anwendungsfall dieser Ausnahme.[1]

3 Die Ausnahme des § 140 GWB führt zu einer Freistellung der betreffenden Sektorentätigkeiten von den **bundes- und landesgesetzlichen vergaberechtlichen Vorgaben**. Die Vorgaben des GWB und der SektVO, aber auch die in einigen Bundesländern bestehenden Landes-

1 Durchführungsbeschluss der Kommission v. 24.4.2012 zur Freistellung der Erzeugung und des Großhandels von Strom aus konventionellen Quellen in Deutschland von der Anwendung der Richtlinie 2004/17/EG des Europäischen Parlaments und des Rates zur Koordinierung der Zuschlagserteilung durch Auftraggeber im Bereich der Wasser-, Energie- und Verkehrsversorgung sowie der Postdienste, C(2012) 2426.

vergabegesetze, die auf das GWB Bezug nehmen, sind bei Beschaffungen somit nicht mehr anzuwenden. **Primärrechtliche Grundsätze des Vergaberechts** sind jedoch weiterhin zu beachten, soweit ein grenzüberschreitendes Interesse an der jeweiligen Beschaffung besteht.[2] Soweit die Ausschreibungspflicht aus anderen Gründen besteht, etwa aufgrund eines Fördermittelbescheides, führt § 140 GWB nicht ohne Weiteres zu einer Befreiung von der Ausschreibungspflicht.

I. Zweck der Ausnahmeregelung

4 Mit der Ausnahme möchte der europäische Gesetzgeber eine Möglichkeit zur **Überprüfung der Entwicklung des Wettbewerbs** in den Sektoren schaffen. Aktuelle oder künftige Liberalisierungen einzelner Sektorenbereiche sollen berücksichtigt werden mit der Folge, dass die jeweiligen betroffenen Sektorentätigkeiten aus dem Anwendungsbereich der sog. Sektorenrichtlinie herausgenommen werden können.[3] Denn soweit eine bestimmte Sektorentätigkeit einem wirksamen Wettbewerb ausgesetzt ist, ist es nicht mehr erforderlich, die betreffenden Aufträge dem Vergaberecht zu unterwerfen. Der Wettbewerbsdruck übernimmt in diesen Fällen die ordnungspolitische Funktion des Vergaberechts, die Auftraggeber zu kostenbewussten und marktkonformen Beschaffungen anzuhalten.[4]

II. Entwicklung der Regelung

5 § 140 GWB übernimmt die bislang in **§ 100b Abs. 4 Nr. 4 GWB a.F.** geregelte Ausnahmeregelung. Die Neuregelung verzichtet auf den ausdrücklichen Hinweis auf die erforderliche Durchführung eines Freistellungsverfahrens durch die Europäische Kommission und auf die Notwendigkeit einer Bekanntmachung der Freistellungsentscheidung im Bundesanzeiger durch das Bundesministerium für Wirtschaft und Energie. Diese Hinweise sowie die entsprechende Verfahrensbeschreibung finden sich nur noch in § 3 SektVO. Inhaltliche Änderungen sind damit nicht verbunden.

6 § 3 SektVO beschränkt sich darauf, das Verfahren der Antragstellung und die Beteiligung der Behörden in Deutschland zu beschreiben. Die näheren **Voraussetzungen einer Freistellung** nach § 140 GWB sind nicht mehr in § 3 SektVO enthalten, sondern sind nur noch Art. 34 RL 2014/25/EU zu entnehmen.

7 Die in § 140 Abs. 2 GWB geregelte **Ermächtigung des Bundeskartellamtes**, Kosten für eine Verfahrensbeteiligung zu erheben, sowie die Hinweise zum Verfahren der Kostenerhebung sind inhaltsgleich aus § 127a Abs. 1 GWB a.F. übernommen worden. Die bislang in § 127a Abs. 2 GWB a.F. enthaltene Verordnungsermächtigung zur Kostenerhebung findet sich nun in dem Katalog der Verordnungsermächtigungen in § 113 Nr. 8 GWB.

III. Vorgaben der Sektorenrichtlinie

8 § 140 Abs. 1 GWB übernimmt die Ausnahme des **Art. 34 RL 2014/25/EU**. Das Verfahren für die Bestimmung der Anwendbarkeit von Art. 34 regelt Art. 35 RL 2014/25/EU. Bislang waren sowohl die Voraussetzungen wie auch die Verfahrensmodalitäten in Art. 30 RL 2004/17/EG geregelt. Die Neuregelungen und insbesondere die Erwägungsgründe 43 bis 50 RL 2014/25/EU fallen deutlich ausführlicher aus als die Vorgängerregeln. Eine inhaltliche Neuausrichtung der Rechtslage ist damit aber nicht verbunden. Vielmehr scheinen die Erfahrungen, die die Europäische Kommission mit den bisherigen Freistellungsverfahren[5] erlangt hat, nun zumindest teilweise im Richtlinientext berücksichtigt worden zu sein. Die im Vergleich zu

---

2 *Müller-Wrede*, in: Müller-Wrede, SektVO, § 3 Rn. 33.
3 Erwägungsgrund 43 RL 2014/25/EU; *Seidel*, in: Dreher/Motzke, Vergaberecht, § 3 SektVO Rn. 2.
4 Vgl. Begründung zu § 3 SektVO, BR-Drs. 522/09, 39; *Müller-Wrede*, in: Müller-Wrede, SektVO, § 3 Rn. 2.
5 Eine Übersicht der Entscheidungen der Europäischen Kommission zu Anträgen über die Freistellung von Sektorentätigkeiten in den Mitgliedstaaten findet sich unter: http://ec.europa.eu/growth/single-market/public-procurement/-rules-implementation/exempt-markets/index_en.htm .

den Vorgaben des § 140 GWB und des § 3 SektVO deutlich ausführlicheren Voraussetzungen der Art. 34 und 35 RL 2014/25/EU sind somit bei einem Antrag über die Freistellung einer Sektorentätigkeit zusätzlich zu beachten.

9 Die bislang unter Anwendbarkeit des Art. 30 RL 2004/17/EG **ergangenen Freistellungsentscheidungen der Europäischen Kommission** haben weiterhin Bestand.[6] Dies gilt auch für die Entscheidung der Kommission über die Durchführungsmodalitäten des Freistellungsverfahrens[7], die weiterhin entsprechend anzuwenden ist.

B. Voraussetzungen der Freistellung

10 § 140 GWB ermöglicht die Freistellung für bestimmte Typen von Sektorentätigkeiten von den §§ 97 ff. GWB. Auftraggeber, die eine nach § 140 GWB freigestellte Tätigkeit durchführen, werden jedoch nicht insgesamt freigestellt, sondern müssen bei jeder Beschaffungstätigkeit prüfen, ob diese unter die Ausnahme fällt.[8] Nach § 140 GWB muss es sich um Sektorentätigkeiten auf einem Markt ohne Zugangsbeschränkung handeln. Die Tätigkeit muss zudem unmittelbar dem Wettbewerb ausgesetzt sein. Die Voraussetzungen des § 140 GWB werden dabei weiter konkretisiert durch Art. 34 RL 2014/25/EU sowie die Entscheidung 2005/15/EG der Kommission.

I. Markt ohne Zugangsbeschränkung

11 Ob für eine bestimmte Tätigkeit ein Markt ohne Zugangsbeschränkung vorliegt, ist anhand der **Vorgaben des Art. 34 Abs. 3 RL 2014/25/EU i.V.m. Anhang III** festzustellen.

1. Annahme eines unbeschränkten Marktzugangs bei Liberalisierung des betreffenden Sektors

12 Zunächst gilt nach der Vermutung des Art. 34 Abs. 3 UAbs. 1 RL 2014/25/EU der Zugang zu einem Markt dann als nicht beschränkt, wenn der jeweilige Mitgliedstaat die **Rechtsvorschriften des Anhang III RL 2014/25/EU** umgesetzt hat und anwendet. Für die in Deutschland relevanten Sektoren der Trinkwasserversorgung, der Energieversorgung und des Verkehrs sind Rechtsvorschriften für die Fortleitung oder Abgabe von Gas und Wärme[9], für die Erzeugung, Fortleitung oder Abgabe von Elektrizität[10] sowie für Auftraggeber im Bereich der Eisenbahndienste (Schienengüterverkehr und grenzüberschreitender Schienenpersonenverkehr)[11] aufgeführt.

2. Nachweis des unbeschränkten Markzugangs

13 Soweit Anhang III RL 2014/25/EU für eine Sektorentätigkeit keine Rechtsvorschriften benennt oder soweit entsprechende Rechtsvorschriften vom jeweiligen Mitgliedstaat nicht umgesetzt oder angewendet werden, bleibt nach Art. 34 Abs. 3 UAbs. 2 RL 2014/25/EU **im Einzelfall** die Möglichkeit, nachzuweisen, dass der unbeschränkte Marktzugang faktisch und rechtlich gegeben ist.[12] Der Antragsteller müsste insbesondere nachweisen, dass trotzdem ein Rechtsrahmen gegeben ist, der potenziellen Anbietern einen diskriminierungsfreien Zugang zum Markt bietet.

6 Erwägungsgrund 43 RL 2014/25/EU.
7 Entscheidung der Kommission v. 7.1.2005 über die Durchführungsmodalitäten für das Verfahren nach Artikel 30 der Richtlinie 2004/17/EG des Europäischen Parlaments und des Rates zur Koordinierung der Zuschlagserteilung durch Auftraggeber im Bereich der Wasser-, Energie- und Verkehrsversorgung sowie der Postdienste, K(2004) 5769.
8 VK Sachsen, Beschluss v. 9.12.2014 – 1/SVK/032-14, Rn. 128.
9 RL 2009/73/EG.
10 RL 2009/72/EG.
11 RL 2012/34/EU.
12 Erwägungsgrund 47 RL 2014/25/EU.

3. Marktzugang in den einzelnen Sektoren

14 Im Bereich der **Energieversorgung** ist das Kriterium des unbeschränkten Marktzugangs somit aufgrund der Umsetzung und Anwendung der Richtlinien 2009/72/EG und 2009/73/EG erfüllt. Im **Verkehrsbereich** trifft dies aufgrund der Umsetzung und Anwendung der RL 2012/34/EU für die Bereiche des Schienengüterverkehrs und des grenzüberschreitenden Schienenpersonenverkehrs zu.

15 Für den Sektor der **Trinkwasserversorgung** gibt es keine europäischen Rechtsvorschriften im Sinne des Art. 34 Abs. 3 UAbs. 1 RL 2014/25/EU. In der Bundesrepublik Deutschland gibt es zudem mit §§ 31 bis 31b GWB weiterhin kartellrechtliche Sonderregelungen über die Missbrauchsaufsicht für die öffentliche Wasserversorgung. Die Weitergeltung kartellrechtlicher Sonderregelungen für die Wasserversorgung wird mit der speziellen Struktur und der Tatsache begründet, dass die Wasserversorgung einer strengen staatlichen Fachaufsicht unterworfen ist, um eine qualitativ hochwertige und hygienisch einwandfreie Trinkwasserversorgung sowie einen flächendeckenden Gewässerschutz gewährleisten zu können.[13] Eine Freistellung von Tätigkeiten aus dem Bereich der Trinkwasserversorgung nach § 140 GWB ist aufgrund der Marktsituation nicht zu erwarten.

II. Unmittelbarer Wettbewerb

16 Weiterhin muss die freizustellende Sektorentätigkeit unmittelbar dem Wettbewerb ausgesetzt sein.

17 Die Kommission berücksichtigt in jedem Freistellungsverfahren die tatsächliche Marksituation und ermittelt zunächst den für die betreffende Tätigkeit **sachlich und räumlich relevanten Markt**.

18 Im weiteren Verlauf prüft die Kommission anhand von objektiven Kriterien, die den Wettbewerbsbestimmungen des AEUV entsprechen und die die besonderen Merkmale des jeweiligen Sektors berücksichtigen, ob ein **unmittelbarerer Einfluss des Wettbewerbs** vorliegt.[14] Als Kriterien nennt Art. 34 Abs. 2 RL 2014/25/EU die Merkmale der betreffenden Waren und Leistungen, das Vorhandensein alternativer Waren oder Dienstleistungen, die auf Angebots- oder Nachfrageseite als austauschbar gelten, die Preise sowie die tatsächliche oder potenzielle Präsenz von mehr als einem Anbieter der betreffenden Waren oder Dienstleistungen. Konkretisierungen dieser Kriterien lassen sich aus der bisherigen Entscheidungspraxis der Kommission ableiten.

1. Marktabgrenzung

19 Der Markt für die betreffende Sektorentätigkeit ist in **sachlicher und geografischer Hinsicht** abzugrenzen.[15]

a) Sachlich relevanter Markt

20 Der sachlich relevante Markt umfasst sämtliche Erzeugnisse und/oder Dienstleistungen, die von den Verbrauchern hinsichtlich ihrer Eigenschaften, Preise und ihres vorgesehenen Verwendungszwecks als **austauschbar oder substituierbar** angesehen werden.[16] Zu prüfen ist daher, inwieweit die Produkte oder Dienstleistungen, die im Rahmen der Sektorentätigkeit hergestellt werden, gleichen Bedürfnissen dienen.

---

13 *Zuber*, in Loewenheim/Meessen/Riesenkampff/Kersting/Meyer-Lindemann, Kartellrecht, Einführung vor § 31 GWB Rn. 3 und 4.

14 Erwägungsgrund 44 RL 2014/25/EU.

15 Vgl. Entscheidung der Kommission v. 7.1.2005 über die Durchführungsmodalitäten für das Verfahren nach Artikel 30 der Richtlinie 2004/17/EG des Europäischen Parlaments und des Rates zur Koordinierung der Zuschlagserteilung durch Auftraggeber im Bereich der Wasser-, Energie- und Verkehrsversorgung sowie der Postdienste, K(2004) 5769, Anhang I Rn. 2, 5.

16 Bekanntmachung der Kommission über die Definition des relevanten Marktes im Sinne des Wettbewerbsrechts der Gemeinschaft, ABl. EU 1997 C 372/05, Rn. 7.

21 Für die Bestimmung des sachlich relevanten Marktes sind insbesondere die folgenden **Kriterien** zu beachten:

- Das Ausmaß der physischen Ähnlichkeit zwischen den betreffenden Waren und/oder Dienstleistungen,
- Unterschiede in der für die Produkte vorgesehenen Endverwendung,
- die Preisdifferenz zwischen zwei Produkten,
- Umstellungskosten zwischen zwei potenziell konkurrierenden Produkten,
- überlieferte oder verfestigte Verbraucherpräferenzen für eine Produktart oder -gruppe,
- die Produktklassifikationen.[17]

b) Räumlich relevanter Markt

22 Der geografisch relevante Markt gemäß Art. 34 Abs. 2 UAbs. 2 RL 2014/25/EU umfasst das **Gebiet**,

- in dem die betreffenden Unternehmen an Angebot und Nachfrage der Waren oder Dienstleistungen beteiligt sind,
- in dem die Wettbewerbsbedingungen ausreichend homogen sind und
- das von benachbarten Gebieten unterschieden werden kann, da insbesondere die Wettbewerbsbedingungen in jenen Gebieten deutlich andere sind.

23 Bei der Definition des geografisch relevanten Marktes sind gemäß Art. 34 Abs. 2 UAbs. 2 RL 2014/25/EU insbesondere folgende **Kriterien** zu berücksichtigen:

- Die Art und die Merkmale der betreffenden Waren oder Dienstleistungen,
- das Vorhandensein von Eintrittsbarrieren,
- das Vorhandensein von Verbraucherpräferenzen,
- deutliche Unterschiede bei den Marktanteilen der Unternehmen oder
- substanzielle Preisunterschiede zwischen dem betreffenden Gebiet und benachbarten Gebieten.

24 Die Abgrenzung des relevanten geografischen Marktes ist wichtig für die Feststellung, ob eine Tätigkeit auf einem Markt unmittelbar dem Wettbewerb ausgesetzt ist. Denn den Marktanteilen jedes Unternehmens kommt in einem größeren Marktgebiet ein geringeres relatives Gewicht zu als in einem enger umgrenzten Marktgebiet. Der relevante geografische Markt muss nicht mit dem Hoheitsgebiet eines Mitgliedstaates übereinstimmen, sondern kann auch nur Teile des jeweiligen Hoheitsgebietes betreffen.[18] Andererseits kann der relevante geografische Markt auch über das Hoheitsgebiet des Mitgliedstaates hinausgehen, der die Freistellung beantragt.[19]

---

17 Entscheidung der Kommission v. 7.1.2005 über die Durchführungsmodalitäten für das Verfahren nach Artikel 30 der Richtlinie 2004/17/EG des Europäischen Parlaments und des Rates zur Koordinierung der Zuschlagserteilung durch Auftraggeber im Bereich der Wasser-, Energie- und Verkehrsversorgung sowie der Postdienste, K(2004) 5769, Anhang I, Rn. 3.

18 Erwägungsgrund 45 RL 2014/25/EU; vgl. auch Entscheidung der Kommission v. 8.3.2006 über die Anwendung von Artikel 30 Absatz 1 der Richtlinie 2004/17/EG des Europäischen Parlaments und des Rates zur Koordinierung der Zuschlagserteilung durch Auftraggeber im Bereich der Wasser-, Energie- und Verkehrsversorgung sowie der Postdienste auf die Stromerzeugung in England, Schottland und Wales, K(2006) 690.

19 Vgl. Entscheidung der Kommission v. 19.6.2006 über die Anwendung von Artikel 30 Absatz 1 der Richtlinie 2004/17/EG des Europäischen Parlaments und des Rates zur Koordinierung der Zuschlagserteilung durch Auftraggeber im Bereich der Wasser-, Energie- und Verkehrsversorgung sowie der Postdienste auf die Erzeugung und den Verkauf von Strom in Finnland mit Ausnahme der Åland-Inseln, K(2006) 2337; Entscheidung der Kommission v. 29.10.2007 zur Freistellung der Erzeugung und des Verkaufs von Strom in Schweden von der Anwendung der Richtlinie 2004/17/EG des Europäischen Parlaments und des Rates zur Koordinierung der Zuschlagserteilung durch Auftraggeber im Bereich der Wasser-, Energie- und Verkehrsversorgung sowie der Postdienste, K(2007) 5197.

2. Wettbewerbliche Kriterien

25 In den bislang auf Art. 30 RL 2004/17/EG gestützten Freistellungsverfahren hat die Kommission die Prüfung, ob eine Sektorentätigkeit unmittelbarem Wettbewerb ausgesetzt ist, anhand einer **Gesamtbetrachtung verschiedener Kriterien** vorgenommen, von denen keines für sich genommen ausschlaggebend ist. Bei Entscheidungen, die die Freistellung der Erzeugung von Strom betreffen, hat die Kommission regelmäßig den Konzentrationsgrad und die Verteilung der Marktanteile der Hauptakteure untersucht, sowie das Funktionieren des Ausgleichsmarktes, das Bestehen von Preiswettbewerb, die Versorgerwechselrate durch die Verbraucher und die Liquidität auf dem Großhandelsmarkt.[20] Für das Vorliegen eines funktionierenden Wettbewerbs sprechen insbesondere das Bestehen von Preiswettbewerb, eine hohe Wechselrate bei den Kunden sowie eine angemessene Verteilung der Marktanteile.[21]

C. Praxisfall: Freistellung der Stromerzeugung

26 Bislang gibt es mit der Freistellung der Erzeugung und des Großhandels von Strom aus konventionellen Quellen durch den Beschluss der Kommission vom 24.4.2012[22] in Deutschland lediglich einen Anwendungsfall des § 140 GWB. Ein weiterer Antrag, mit dem der Vertrieb von Strom und Gas an Letztverbraucher in Deutschland freigestellt werden soll, soll in Kürze bei der Kommission eingereicht werden.

27 Durch den **Freistellungsbeschluss vom 24.4.2012** werden Sektorenauftraggeber nach § 100 GWB von der für diese zuvor bestehenden Pflicht befreit, Beschaffungen über die Errichtung, den Kauf, den Betrieb oder die Wartung von Anlagen zur Stromerzeugung aus konventionellen Quellen nach den Vorgaben der §§ 97 ff. GWB auszuschreiben.

28 Nicht vom Freistellungsbeschluss vom 24.4.2012 erfasst ist dagegen ausdrücklich die Erzeugung von Strom, der in den **Anwendungsbereich des Erneuerbare-Energien-Gesetzes (EEG)** fällt. Bei der Beschaffung von Anlagen zur Erzeugung von Strom aus erneuerbaren Energien sind die §§ 97 ff. GWB daher weiterhin anzuwenden.

29 Strom, der nach dem **Kraft-Wärme-Kopplungsgesetz (KWKG)** gefördert wird, fällt dagegen grundsätzlich in den Anwendungsbereich der Freistellungsentscheidung. Freigestellt werden allerdings grundsätzlich nur Beschaffungen, die der Erzeugung von Strom dienen. Beschaffungen zur Erzeugung bzw. zur Verteilung von Wärme sind nicht privilegiert.

30 Bei sog. **gemischten Aufträgen**, die einerseits der Erzeugung von Strom aus konventionellen Quellen dienen und andererseits nicht privilegierten Tätigkeiten, wie z.B. der Erzeugung von Strom aus Erneuerbaren Energien oder der Erzeugung von Wärme, kommt eine Freistellung nach § 140 GWB nur dann in Betracht, wenn die freigestellten Sektorentätigkeiten den Hauptgegenstand der Beschaffung darstellen.[23]

---

20 Vgl. Entscheidung der Kommission v. 7.7.2008 zur Freistellung der Erzeugung von Strom in Österreich von der Anwendung der Richtlinie 2004/17/EG des Europäischen Parlaments und des Rates zur Koordinierung der Zuschlagserteilung durch Auftraggeber im Bereich der Wasser-, Energie- und Verkehrsversorgung sowie der Postdienste, K(2008) 3382, Rn. 6; vgl. Durchführungsbeschluss der Kommission v. 24.4.2012 zur Freistellung der Erzeugung und des Großhandels von Strom aus konventionellen Quellen in Deutschland von der Anwendung der Richtlinie 2004/17/EG des Europäischen Parlaments und des Rates zur Koordinierung der Zuschlagserteilung durch Auftraggeber im Bereich der Wasser-, Energie- und Verkehrsversorgung sowie der Postdienste, C(2012) 2426, Rn. 6.

21 Siehe auch *Sudbrock*, in Eschenbruch/Opitz, SektVO § 3 Rn. 54 bis 69; *Zeiss*, in: Heiermann/Zeiss, Vergaberecht, § 3 SektVO Rn. 22 bis 24; *Rosenkötter/Plantiko*, NZBau 2010, 78, 81ff.

22 Durchführungsbeschluss der Kommission v. 24.4.2012 zur Freistellung der Erzeugung und des Großhandels von Strom aus konventionellen Quellen in Deutschland von der Anwendung der Richtlinie 2004/17/EG des Europäischen Parlaments und des Rates zur Koordinierung der Zuschlagserteilung durch Auftraggeber im Bereich der Wasser-, Energie- und Verkehrsversorgung sowie der Postdienste, C(2012) 2426.

23 VK Sachsen, Beschluss v. 9.12.2014 – 1/SVK/032-14, Rn. 134.

D. Freistellungsverfahren

Anders als die Vorgängerregelung in § 100b Abs. 4 Nr. 4 GWB a.F. nimmt § 140 GWB nicht mehr Bezug auf das durchzuführende Freistellungsverfahren.[24] Das Freistellungsverfahren wird umfassend in **Art. 35 RL 2014/25/EU** geregelt. § 3 SektVO beschränkt sich im Wesentlichen darauf, die Rechte und Obliegenheiten möglicher Antragsteller, die in Deutschland einen entsprechenden Antrag stellen können, zu benennen und die Mitwirkung des Bundesministeriums für Wirtschaft und Energie, des Bundeskartellamts und der Bundesnetzagentur festzulegen. **31**

I. Antragstellung

Das Verfahren auf Freistellung einer bestimmten Sektorentätigkeit wird eingeleitet durch einen **Antrag an die Kommission**. **32**

Diesen Antrag können einerseits nach § 3 Abs. 1 und Abs. 2 SektVO einzelne **Auftraggeber** oder ein **Verband der Auftraggeber** stellen und andererseits das **Bundesministerium für Wirtschaft und Energie** nach § 3 Abs. 5 SektVO. **33**

Inhaltliche Anforderungen an den Antrag sowie **formelle Angaben**, wie z.B. die Adresse, an die der Antrag zu richten ist, hat die Kommission in ihrer Entscheidung vom 7.1.2005 festgelegt.[25] **34**

II. Beteiligung des Bundeskartellamtes

In beiden Fällen ist dem Antrag eine **Stellungnahme des Bundeskartellamtes** beizufügen. Das Bundeskartellamt holt dazu eine Stellungnahme der Bundesnetzagentur ein. **35**

Für die Erarbeitung der Stellungnahme erhebt das Bundeskartellamt **Kosten** auf Grundlage des § 140 Abs. 2 GWB bei entsprechender Anwendung des § 80 Abs. 1 S. 3 und Abs. 2 S. 1, S. 2 Nr. 1, S. 3 und S. 4, Abs. 5 S. 1 sowie Abs. 6 S. 1 Nr. 2, S. 2 und S. 3 GWB. **36**

Die Regelungen des § 140 Abs. 2 GWB waren bislang verteilt auf eine Verordnungsermächtigung sowie Verfahrensregelungen in **§ 127a GWB a.F.** sowie eine Regelung zur Erhebung von Kosten vom Antragsteller in **§ 3 Abs. 5a SektVO a.F.** Diese Regelungen sind nun inhaltsgleich in § 140 Abs. 2 GWB zusammengefügt worden. **37**

Eine besondere Regelung für die Kostenerhebung im Rahmen von Freistellungsverfahren nach § 140 GWB i.V.m. § 3 SektVO ist notwendig, da die Kostenregelung in **§ 80 GWB** nur für die Kostenerhebung im Zusammenhang mit kartellrechtlichen Verfahren gilt.[26] **38**

Der **Gebührenhöchstsatz** nach § 140 Abs. 2 GWB i.V.m. § 80 Abs. 2 S. 2 Nr. 1 GWB beträgt 50.000 Euro. In Ausnahmefällen kann der Höchstsatz nach § 140 Abs. 2 GWB i.V.m. § 80 Abs. 2 S. 3 GWB 100.000 Euro betragen.[27] **39**

III. Entscheidung der Kommission

Das Verfahren in der Kommission zur Herbeiführung der Entscheidung über den eingebrachten Antrag wird in **Art. 35 Abs. 3 bis 6 RL 2014/25/EU** geregelt. **40**

---

24 Wegen ausführlicher Erläuterungen zum Freistellungsverfahren siehe: *Seidel*, in: Dreher/Motzke, Vergaberecht, § 3 SektVO Rn. 13 bis 28; *Sudbrock*, in Eschenbruch/Opitz, SektVO, § 3 Rn. 11 bis 32; *Zeiss*, in: Heiermann/Zeiss, Vergaberecht, § 3 SektVO Rn. 34 bis 71.

25 Entscheidung der Kommission v. 7.1.2005 über die Durchführungsmodalitäten für das Verfahren nach Artikel 30 der Richtlinie 2004/17/EG des Europäischen Parlaments und des Rates zur Koordinierung der Zuschlagserteilung durch Auftraggeber im Bereich der Wasser-, Energie- und Verkehrsversorgung sowie der Postdienste, K(2004) 5769.

26 *Losch*, in: Ziekow/Völlink, Vergaberecht, § 127a GWB Rn. 2.

27 *Zeiss*, in: Heiermann/Zeiss, Vergaberecht, § 127a GWB Rn. 4.

41 Die **Frist** zur Herbeiführung einer Entscheidung durch die Kommission beträgt nach Art. 35 Abs. 3 RL 2014/25/EU i.V.m. Anlage IV in den Fällen, in denen von einem unbeschränkten Marktzugang nach Art. 34 Abs. 3 UAbs. 1 RL 2014/25/EU ausgegangen werden kann, 90 Tage. Diese Frist kann in den in der Anlage IV aufgeführten Fällen oder mit Zustimmung des Auftraggebers verlängert werden.

42 Auch nach Antragstellung können sich die Antragsteller mit der Kommission gemäß Art. 35 Abs. 4 RL 2014/25/EU auf eine **Anpassung des Antrags** verständigen.

IV. Freistellung nach Bekanntmachung

43 Nach Art. 35 Abs. 3 UAbs. 2 und Abs. 6 RL 2014/25/EU fallen die Sektorentätigkeiten, auf die sich der Freistellungsantrag bezieht, nicht mehr in den Anwendungsbereich der Richtlinie, sobald die Kommission eine **positive Entscheidung** innerhalb der Entscheidungsfrist getroffen hat und diese Entscheidung im Amtsblatt der Europäischen Union veröffentlicht hat.

44 Das Gleiche gilt auch dann, wenn die Kommission **innerhalb der Entscheidungsfrist keine Entscheidung** trifft.

45 Nach § 3 Abs. 6 SektVO erfordert die Feststellung der Freistellung zudem noch die Bekanntmachung im **Bundesanzeiger** durch das Bundesministerium für Wirtschaft und Energie. Dem Wortlaut des § 3 Abs. 6 SektVO nach ist davon auszugehen, dass die Bekanntmachung im Bundesanzeiger konstitutive Wirkung hat und nicht nur rein deklaratorisch erfolgt.[28]

E. Rechtsschutz

46 Der Ausnahmeregelung des § 140 GWB kommt im Hinblick auf das der Norm zugrunde liegende Freistellungsverfahren nach Art. 34, 35 RL 2014/25/EU und § 3 SektVO **kein bieterschützender Charakter** zu. Dieses Verfahren regelt die Freistellung von Sektorentätigkeiten, für die aufgrund einer erfolgten Liberalisierung des Sektorenbereichs für eine Anwendung des Vergaberechts keine Erforderlichkeit mehr besteht. Damit dient das Verfahren nicht dem Schutz potenzieller Bieter.

47 Bieter können bei einem konkreten Beschaffungsfall allerdings rügen, dass die betreffende zu beschaffende Leistung **nicht in den Anwendungsbereich** der jeweiligen Freistellungsentscheidung der Kommission fällt und damit der Anwendungsbereich des § 140 GWB nicht eröffnet ist. Beschaffungen, die nicht vom Anwendungsbereich der jeweiligen Freistellungsentscheidung abgedeckt sind, stellen insoweit eine De-facto-Vergabe dar.[29]

Anlage

Gesetzesbegründung (BT-Drs. 18/6281)

Seite 125

§ 140 dient der Umsetzung von Artikel 34 Absatz 1 der Richtlinie 2014/25/EU. Die Ausnahme für unmittelbar dem Wettbewerb ausgesetzte Tätigkeiten war schon in Artikel 30 der Vorgängerrichtlinie 2004/17/EG vorgesehen und bislang sowohl in § 100b Absatz 4 Nummer 4 GWB als auch § 3 SektVO umgesetzt. Die Neuregelung des § 140 beschränkt sich auf die Regelung des reinen Ausnahmetatbestands. Die dazugehörigen Verfahrensvorschriften, die in Artikel 34 Absatz 2 und 3 sowie Artikel 35 der Richtlinie 2014/25/EU enthalten sind, werden nunmehr ausschließlich in der Sektorenverordnung geregelt.

28 So auch *Greb*, in Greb/Müller, SektVO, § 3 Rn. 24; a.A. *Debus*, in Ziekow/Völlink, Vergaberecht, § 3 SektVO Rn. 17.
29 VK Sachsen, Beschluss v. 9.12.2014 – 1/SVK/032-14, Rn. 148.

§ 141
Verfahrensarten

(1) Sektorenauftraggebern stehen das offene Verfahren, das nicht offene Verfahren, das Verhandlungsverfahren mit Teilnahmewettbewerb und der wettbewerbliche Dialog nach ihrer Wahl zur Verfügung.

(2) Das Verhandlungsverfahren ohne Teilnahmewettbewerb und die Innovationspartnerschaft stehen nur zur Verfügung, soweit dies aufgrund dieses Gesetzes gestattet ist.

Übersicht Rn.

A. Allgemeines ... 1
B. Entwicklung und Ableitung der Vorschrift ... 3
C. Wahlfreiheit (Abs. 1) ... 6
D. Verhandlungsverfahren ohne Teilnahmewettbewerb (Abs. 2) ... 12
I. Restriktive Anwendung ... 12
II. Enumerative Aufzählung der Anwendungsfälle ... 15
Anlage
Gesetzesbegründung (BT-Drs. 18/6281)

A. Allgemeines

1 § 141 Abs. 1 GWB stellt fest, dass Sektorenauftraggeber bei der Vergabe von Aufträgen zum Zweck der Ausübung einer Sektorentätigkeit zwischen dem offenen Verfahren, dem nicht offenen Verfahren, dem Verhandlungsverfahren mit Teilnahmewettbewerb und dem wettbewerblichen Dialog frei wählen können. Die weitergehende **Wahlmöglichkeit hinsichtlich der Verfahrensart** bei der Vergabe von Sektorenaufträgen stellt eine wesentliche Erleichterung gegenüber der Vergabe von „klassischen" Aufträgen dar, die im zweiten Abschnitt des vierten Teils des GWB geregelt ist. § 119 Abs. 2 S. 1 GWB gestattet diesbezüglich nur die freie Wahl zwischen dem offenen Verfahren und dem nicht offenen Verfahren mit Teilnahmewettbewerb.

2 Nach § 141 Abs. 2 GWB stehen auch bei der Vergabe von Sektorenaufträgen das **Verhandlungsverfahren ohne Teilnahmewettbewerb** und die **Innovationspartnerschaft** nicht ohne Weiteres zur Verfügung. Diese Verfahren kommen nur in Betracht, soweit dies aufgrund des GWB gestattet ist. Eine inhaltsgleiche Regelung, die die Anwendung nachrangiger Verfahrensarten ermöglicht, beinhaltet bereits § 119 Abs. 2 S. 2 GWB. § 141 Abs. 2 GWB hat somit lediglich eine klarstellende Funktion. Die Anwendungsfälle, in denen ein Verhandlungsverfahren ohne Teilnahmewettbewerb zur Verfügung steht, zählt § 13 Abs. 2 SektVO abschließend auf. Die Innovationspartnerschaft wird in § 18 SektVO geregelt.

B. Entwicklung und Ableitung der Vorschrift

3 § 141 Abs. 1 GWB übernimmt die Regelung des **§ 101 Abs. 7 S. 2 GWB a.F.** zur Wahlfreiheit hinsichtlich der Verfahrensarten bei der Vergabe von Sektorenaufträgen. Dabei wird erstmals der wettbewerbliche Dialog als neue Verfahrensart zur Verfügung gestellt. Die Funktion des § 141 Abs. 2 GWB, in besonderen Situationen weitere Verfahrensarten zu ermöglichen, hatte bislang ausschließlich § 101 Abs. 7 S. 1 Hs. 2 GWB a.F. inne.

4 Seit Inkrafttreten der SektVO im Jahr 2009 gilt die **freie Wahl der Verfahrensart für alle Sektorenauftraggeber**. Die ursprüngliche Differenzierung zwischen öffentlichen und privaten Sektorenauftraggebern sowie nach dem Beschaffungsgegenstand, die in vielen Konstella-

tionen Sektorenauftraggebern die freie Verfahrenswahl vorenthielt, wurde insoweit aufgegeben.[1]

5 Die freie Verfahrenswahl nach § 141 Abs. 1 GWB stützt sich auf Art. 44 Abs. 1 bis 3 RL 2014/25/EU, das Verhandlungsverfahren ohne Teilnahmewettbewerb nach § 141 Abs. 2 GWB auf Art. 44 Abs. 5 RL 2014/25/EU. Die einzelnen Fälle, in denen das Verhandlungsverfahren ohne Teilnahmewettbewerb möglich ist, regelt Art. 50 RL 2014/25/EU. Der wettbewerbliche Dialog und die Innovationspartnerschaft werden in Art. 48 und Art. 49 RL 2014/25/EU geregelt.

C. Wahlfreiheit (Abs. 1)

6 Nach § 141 Abs. 1 GWB können Sektorenauftraggeber nach Ihrer Wahl auf das offene Verfahren, das nicht offene Verfahren, das Verhandlungsverfahren mit Teilnahmewettbewerb und den wettbewerblichen Dialog zurückgreifen. Die **einzelnen Verfahrensarten** werden in § 119 Abs. 3 bis 7 GWB definiert.[2] § 119 GWB gilt unmittelbar für die Vergabe von Aufträgen, die nicht der Durchführung von Sektorentätigkeiten dienen und die auch nicht verteidigungs- und sicherheitsspezifische öffentliche Aufträge betreffen; nach § 142 GWB wird § 119 GWB bei der Vergabe von Sektorenaufträgen entsprechend angewendet, soweit § 141 GWB keine abweichenden Regelungen enthält. Die §§ 14 bis 18 SektVO ergänzen diese Verfahrensdefinitionen insbesondere um die in den Verfahren einzuhaltenden Teilnahme- und Angebotsfristen.

7 § 13 Abs. 1 S. 1 SektVO enthält eine dem § 141 Abs. 1 GWB weitestgehend entsprechende Aufzählung der frei wählbaren Verfahrensarten. Das Verfahren des **wettbewerblichen Dialogs** sowie die nach § 141 Abs. 2 GWB zu den „nachrangigen Verfahrensarten" zählende Innovationspartnerschaft stehen nach § 13 Abs. 1 S. 2 SektVO aber nur nach Maßgabe des § 17 SektVO bzw. des § 18 SektVO zur Verfügung. Diese Regelungen enthalten ausführliche Beschreibungen der einzelnen Verfahrensstufen und konkretisieren damit die Definitionen des § 119 Abs. 6 und Abs. 7 GWB. Beide vorgenannten Verfahrensarten werden mit der Umsetzung der RL 2014/25/EU **neu** in das Sektorenvergaberecht eingeführt.

8 Das Vergaberecht im Sektorenbereich kennt **keine strenge Hierarchie der Verfahrensarten**. Demgegenüber besteht bei den Vergabeverfahren für die sog. klassischen Aufträge lediglich eine freie Wahl zwischen dem offenen Verfahren und dem nicht offenen Verfahren, die Vorrang insbesondere gegenüber dem Verhandlungsverfahren mit Teilnahmewettbewerb genießen. Das Verhandlungsverfahren mit Teilnahmewettbewerb hat daher im Sektorenbereich eine erheblich größere praktische Bedeutung als bei der klassischen Auftragsvergabe.[3]

9 Die grundsätzlich bestehende Wahlmöglichkeit im Hinblick auf die Verfahrensart berücksichtigt die Tatsache, dass die Sektorenauftraggeber in den betreffenden Märkten weitgehend wie private Unternehmen agieren und anders als klassische staatliche Stellen auf **flexible Beschaffungsprozesse** angewiesen sind.[4] Für die freie Wahl eines Verfahrens, das den Erforderlichkeiten des jeweiligen Beschaffungsvorgangs entgegenkommt, spricht zudem, dass in den Sektoren viele Aufträge darauf ausgerichtet sind, technisch hochkomplexe Anlagen, die eine enorme Bedeutung für die Erbringung von **Leistungen der Daseinsvorsorge** haben, zu errichten oder zu betreiben.[5]

10 Die Wahlfreiheit bezieht sich aber nur auf die **bestehenden Verfahrensarten**. Elemente verschiedener Verfahren können nicht miteinander kombiniert werden. Daher müssen Sektorenauftraggeber, die sich für ein offenes Verfahren entscheiden, die Vergabe nach den entsprechenden Verfahrensregeln beenden und können keine Nachverhandlungen führen.[6]

---

1 *Jasper/Soudry*, in: Dreher/Motzke, Vergaberecht, § 101 GWB Rn. 26.
2 Für Definitionen und Erläuterungen zu § 119 GWB siehe *Knauff* in § 119 Rn. 17 ff.
3 *Schulz*, in: Gabriel/Krohn/Neun, Handbuch des Vergaberechts, § 48 Rn. 5.
4 Vgl. Gesetzesbegründung, VgRÄG, BT-Drs.13/9340, 15; Verordnungsbegründung, SektVO, BR-Drs. 522/09, 43.
5 *Pünder*, in Pünder/Schellenberg, Vergaberecht, § 101 GWB Rn. 120.
6 VK Südbayern, Beschluss v. 17.7.2001 – 23-06/01; *Horn*, in: Heiermann/Zeiss, Vergaberecht, § 101 GWB Rn. 117.

11 Der Sektorenauftraggeber muss die **Gründe für seine Entscheidung** für eine bestimmte Verfahrensart nach § 141 Abs. 1 GWB nicht erläutern und auch nicht dokumentieren. Die Umstände des Auftrages oder die Motivation des Sektorenauftraggebers sind diesbezüglich nicht relevant.[7]

D. Verhandlungsverfahren ohne Teilnahmewettbewerb (Abs. 2)

I. Restriktive Anwendung

12 Nach § 141 Abs. 2 GWB kommt das Verhandlungsverfahren ohne Teilnahmewettbewerb nur dann in Betracht, wenn dies **aufgrund des GWB gestattet** ist. Eine entsprechende Aufzählung der Fälle, in denen ein Verhandlungsverfahren ohne Teilnahmewettbewerb durchgeführt werden kann, enthält § 13 Abs. 2 SektVO. Die restriktive Handhabung des Verhandlungsverfahrens ohne Teilnahmewettbewerb beruht auf der Tatsache, dass der jeweilige Beschaffungsvorgang bei einem Verzicht auf eine vorherige europaweite Bekanntmachung weitestgehend dem Wettbewerb entzogen wird, indem regelmäßig nur ein Bieter adressiert wird.[8]

13 Die **Aufzählung der Anwendungsfälle** ist abschließend. Da es sich um Ausnahmen handelt, werden die Regelungen eng ausgelegt. Den Sektorenauftraggeber trifft insoweit die Pflicht, seine vollständig überprüfbare Einschätzung darzulegen, dass die Voraussetzungen eines bestimmten Anwendungsfalles des § 13 Abs. 2 SektVO vorliegen.[9] Eine sorgfältige Dokumentation der Voraussetzungen des jeweiligen Ausnahmetatbestandes ist daher sehr ratsam.

14 Auch bei Vorliegen der Voraussetzungen einer der Ausnahmeregelungen des § 13 Abs. 2 SektVO kann sich der Auftraggeber **freiwillig** dafür entscheiden, formstreng auszuschreiben und die Vergabe im Amtsblatt der EU zu veröffentlichen. Die Wahl eines Verfahrens, das die Intensität des Wettbewerbs über das gesetzlich erforderliche Maß erhöht, ist grundsätzlich möglich.[10]

II. Enumerative Aufzählung der Anwendungsfälle

15 § 13 Abs. 2 SektVO sieht im Einklang mit Art. 50 RL 2014/25/EU zwölf Anwendungsfälle für die Durchführung eines Verhandlungsverfahrens ohne Teilnahmewettbewerb vor. Dabei kann zwischen mehreren **Fallgruppen** unterschieden werden: Auf eine Bekanntmachung kann zunächst verzichtet werden, wenn bereits ein offenes oder nicht offenes Verfahren durchgeführt worden ist, ohne dass brauchbare Angebote eingegangen sind. Zudem ist es denkbar, dass aus rechtlichen, technischen oder künstlerischen Gründen nur ein Anbieter in der Lage ist, die nachgefragte Leistung zu erbringen. Weiterhin können Fälle absoluter Dringlichkeit aufgrund nicht vorhersehbarer Ereignisse den Verzicht auf einen Teilnahmewettbewerb rechtfertigen. Letztendlich sollen auch Gelegenheitsbeschaffungen nicht grundsätzlich ausgeschlossen werden.[11]

---

7 *Jasper/Soudry*, in: Dreher/Motzke, Vergaberecht, § 101 GWB Rn. 27; *Müller*, in: Greb/Müller, SektVO, § 6 Rn. 54.
8 *Wichmann*, in: Eschenbruch/Opitz, SektVO, § 6 Rn. 95.
9 EuGH, Urteil v. 4.6.2009 – Rs. C-250/07 (Kommission/Griechenland), Rn. 34.
10 *Wichmann*, in: Eschenbruch/Opitz, SektVO, § 6 Rn. 99.
11 Vgl. *Jasper/Soudry*, in: Dreher/Motzke, Vergaberecht, § 101 GWB Rn. 18.

16 § 13 Abs. 2 SektVO[12] benennt folgende **Anwendungsfälle** mit den nachstehenden wesentlichen Kriterien:

1. Im Rahmen eines Verhandlungsverfahrens mit Teilnahmewettbewerb werden keine oder keine geeigneten Angebote oder keine geeigneten Teilnahmeanträge abgegeben.
2. Der Auftrag dient ausschließlich den Zwecken von Forschung, Experimenten, Studien oder Entwicklung.
3. Der Auftrag kann nur von einem bestimmten Unternehmen durchgeführt werden
   a) aus künstlerischen Gründen,
   b) mangels Wettbewerb aus technischen Gründen oder
   c) wegen des Schutzes von ausschließlichen Rechten.
4. Äußerst dringende, zwingende Gründe aufgrund von nichtvorhersehbaren Ereignissen lassen es nicht zu, die Mindestfristen der Vergabeverfahren einzuhalten.
5. Es werden zusätzliche Lieferleistungen des ursprünglichen Auftragnehmers beschafft, die zu einer Erneuerung oder Erweiterung bereits erbrachter Leistungen bestimmt sind.
6. Es werden Bau- oder Dienstleistungen durch denselben Auftraggeber an denselben Auftragnehmer innerhalb desselben Grundprojekts beschafft, die in der Wiederholung gleichartiger Leistungen bestehen.
7. Die Beschaffung betrifft eine auf einer Warenbörse notierte und gekaufte Lieferleistung.
8. Es besteht kurzfristig eine besonders günstige Gelegenheit zur Warenbeschaffung.
9. Aufgrund einer Geschäftsaufgabe oder Insolvenz können Liefer- oder Dienstleistungen zu besonders günstigen Bedingungen erworben werden.
10. Der Dienstleistungsauftrag muss im Anschluss an einen Planungswettbewerb nach § 60 SektVO an einen der Gewinner vergeben werden.

Anlage

Gesetzesbegründung (BT-Drs. 18/6281)

Seite 125

Zu Absatz 1

§ 141 Absatz 1 dient der Umsetzung von Artikel 44 Absätze 1 bis 3 der Richtlinie 2014/25/EU. Danach können Auftraggeber bei Auftragsvergaben im Zusammenhang mit Sektorentätigkeiten wie bisher schon nach § 101 Absatz 7 Satz 2 GWB frei zwischen den vier Verfahrensarten – offenes Verfahren, nicht offenes Verfahren, Verhandlungsverfahren mit vorherigem Teilnahmewettbewerb und wettbewerblicher Dialog als neue Verfahrensart – wählen.

Zu Absatz 2

§ 141 Absatz 2 dient der weiteren Umsetzung von Artikel 44 Absatz 3 der Richtlinie 2014/25/EU, der für Auftragsvergaben im Zusammenhang mit Sektorentätigkeiten im Vergleich zur Richtlinie 2004/17/EG mit der Innovationspartnerschaft eine weitere neue Verfahrensart vorsieht. Absatz 2 stellt zudem klar, dass das Verhandlungsverfahren ohne vorherigen Teilnamewettbewerb ebenfalls nur bei Vorliegen der jeweiligen Voraussetzungen anwendbar ist.

12 Der hier wiedergegebene Überblick über die Fälle des § 13 Abs. 2 SektVO kann der Orientierung dienen, eine genaue Analyse der detaillierten Voraussetzungen des § 13 Abs. 2 SektVO aber nicht ersetzen.

§ 142
Sonstige anwendbare Vorschriften

Im Übrigen gelten für die Vergabe von öffentlichen Aufträgen durch Sektorenauftraggeber zum Zweck der Ausübung von Sektorentätigkeiten die §§ 118 und 119, soweit in § 141 nicht abweichend geregelt, die §§ 120 bis 129, 130 in Verbindung mit Anhang XVII der Richtlinie 2014/25/EU sowie die §§ 131 bis 135 mit der Maßgabe entsprechend, dass

1. **Sektorenauftraggeber abweichend von § 122 Absatz 1 und 2 die Unternehmen anhand objektiver Kriterien auswählen, die allen interessierten Unternehmen zugänglich sind,**
2. **Sektorenauftraggeber nach § 100 Absatz 1 Nummer 2 ein Unternehmen nach § 123 ausschließen können, aber nicht ausschließen müssen,**
3. **§ 132 Absatz 2 Satz 2 und 3 nicht anzuwenden ist.**

Übersicht Rn.

A. Allgemeines 1
B. Besonderheiten 4
I. Eignungskriterien (Nr. 1) 4
II. Zwingende Ausschlussgründe (Nr. 2) 8
III. Auftragsänderungen (Nr. 3) 12
IV. Soziale und andere besondere Dienstleistungen 15
Anlage
Gesetzesbegründung (BT-Drs. 18/6281)

A. Allgemeines

1 Die Regelung des § 142 GWB ist der neuen **Systematik der vergaberechtlichen Vorschriften im Teil 4 des GWB** geschuldet. Der Teil 4 des GWB beginnt mit einem allgemeinem Teil bestehend aus einem Abschnitt über allgemeingültige Grundsätze, Definitionen und den Anwendungsbereich sowie einem Abschnitt mit den wesentlichen Regeln für alle Verfahrensschritte bei der sog. klassischen Auftragsvergabe. Für die besonderen Verfahrensarten, d.h. die Vergabe von öffentlichen Aufträgen durch Sektorenauftraggeber, die Vergabe von verteidigungs- und sicherheitsspezifischen öffentlichen Aufträgen sowie die Vergabe von Konzessionen, folgen jeweils separate Abschnitte, die aber nur die besonderen, vom ersten Abschnitt abweichenden Vorgaben enthalten und sich im Übrigen – teilweise mit Modifizierungen – auf den vorangestellten allgemeinen Teil beziehen.

2 Die Vorschriften über die **Vergabe von öffentlichen Aufträgen durch Sektorenauftraggeber** nach §§ 136 ff. GWB stellen somit nur einen kleinen Ausschnitt der Vorgaben des GWB dar, die in entsprechenden Verfahren zu beachten sind. Sektorenauftraggeber müssen ebenfalls die Vorschriften über Grundsätze, Definitionen und den Anwendungsbereich nach §§ 97 ff. GWB beachten und die allgemeinen Verfahrensvorschriften nach §§ 118 ff. GWB anwenden; letztere werden durch § 142 GWB in mehreren Punkten flexibler gestaltet.

B. Besonderheiten

3 Neben den Ausnahmevorschriften der §§ 137 ff. GWB, den weitergehenden Möglichkeiten bei der Wahl der Vergabeverfahren, die § 141 GWB vorsieht, und natürlich der Anwendbarkeit der Sektorenverordnung, ergeben sich aus § 142 GWB bei der Vergabe von Sektorenaufträgen weitere Besonderheiten bei der Anwendung der Verfahrensvorschriften nach §§ 118 ff. GWB.

I. Eignungskriterien (Nr. 1)

4 Die Regelung über die Eignungskriterien nach § 122 GWB gilt bei der Vergabe von Sektorenaufträgen entsprechend.[1]

5 Anders als bei der sog. klassischen Auftragsvergabe gibt es für Sektorenauftraggeber **keine Beschränkung auf bestimmte Eignungskriterien**, insbesondere nicht auf die in § 122 Abs. 2 GWB genannten Eignungskriterien, d.h. die Befähigung und Erlaubnis zur Berufsausübung, die wirtschaftliche und finanzielle Leistungsfähigkeit sowie die technische und berufliche Leistungsfähigkeit. Vielmehr haben Sektorenauftraggeber einen größeren Spielraum bei der Wahl der Eignungskriterien und können die Unternehmen nach § 142 Nr. 1 GWB anhand objektiver Kriterien auswählen, die allen interessierten Unternehmen zur Verfügung stehen müssen.

6 Die höhere Flexibilität bei den Eignungskriterien bei der Vergabe von Sektorenaufträgen ergibt sich aus der Regelung des **Art. 78 Abs. 1 RL 2014/25/EU**, die die einschränkenden Vorgaben im Hinblick auf die Verwendung von Eignungskriterien des entsprechenden Art. 58 RL 2014/24/EU nicht übernimmt.

7 **§ 46 Abs. 1 SektVO** übernimmt die Regelung des § 122 GWB i.V.m. § 142 Nr. 1 GWB. **Weitere ausführliche Vorgaben** zu den Anforderungen an die Unternehmen sowie zur Feststellung der Eignung der Unternehmen finden sich in §§ 45 bis 50 SektVO.

II. Zwingende Ausschlussgründe (Nr. 2)

8 Nach § 142 Nr. 2 GWB gilt die Pflicht zur strikten Beachtung der zwingenden Ausschlussgründe nach § 123 GWB[2] nur für die **Sektorenauftraggeber nach § 100 Abs. 1 Nr. 1 GWB**, d.h. für die Sektorenauftraggeber, die auch den Begriff des öffentlichen Auftraggebers nach § 99 Nr. 1 bis 3 GWB erfüllen.

9 **Sektorenauftraggebern nach § 100 Abs. 1 Nr. 2 GWB** ist es dagegen freigestellt, die Ausschlussgründe nach § 123 GWB zu beachten. Die fakultative Anwendbarkeit des § 123 GWB gilt sowohl für die rein privaten Sektorenauftraggeber nach § 100 Abs. 1 Nr. 2 lit. a GWB, die die Sektorentätigkeit auf der Grundlage von besonderen oder ausschließlichen Rechten ausüben, als auch für die öffentlichen Unternehmen nach § 101 Abs. 1 Nr. 2 lit. b GWB, die nicht zugleich die Definition des öffentlichen Auftraggebers nach § 99 Nr. 1 bis 3 GWB erfüllen.

10 § 142 Nr. 2 GWB übernimmt somit die differenzierende Vorgabe des **Art. 80 RL 2014/25/EU**.

11 **§ 46 Abs. 2 SektVO** wiederholt die Regelung des § 123 GWB i.V.m. § 142 Nr. 2 GWB und stellt noch einmal deklaratorisch fest, dass bei Vergaben durch Sektorenauftraggeber nach § 100 Abs. 1 Nr. 1 GWB die strikte Beachtung des § 123 GWB Bestandteil der objektiven Eignungskriterien sein muss.

III. Auftragsänderungen (Nr. 3)

12 Bei der Vergabe von Sektorenaufträgen wird die Regelung des § 132 GWB über mögliche Änderungen des Auftrags nach Auftragsvergabe[3] gemäß § 142 Nr. 3 GWB **ohne die Regelung in § 132 Abs. 2 S. 2 und S. 3 GWB** angewendet. Nach den letztgenannten Regelungen darf sich bei Änderungen des öffentlichen Auftrags ohne Durchführung eines neuen Vergabeverfahrens der Preis nur um bis zu 50 Prozent des ursprünglichen Auftragswertes erhöhen.

13 Die weitergehende Möglichkeit der Änderung von Sektorenaufträgen ohne eine erneute Durchführung eines Vergabeverfahrens ergibt sich aus **Art. 89 Abs. 1 RL 2014/25/EU**.

14 Die **SektVO** enthält keine Regelung zur Auftragsänderung.

---

1 Auf die Erläuterungen zu § 122 GWB wird verwiesen.
2 Auf die Erläuterungen zu § 123 GWB wird verwiesen.
3 Auf die Erläuterungen zu § 132 GWB wird verwiesen.

IV. Soziale und andere besondere Dienstleistungen

§ 142 GWB weist darauf hin, dass das in § 130 GWB geregelte Verfahren zur Vergabe von öffentlichen Aufträgen über soziale und andere besondere Dienstleistungen im Fall der Vergabe eines Sektorenauftrags auf die **Anlage XVII RL 2014/25/EU** zu Dienstleistungen im Sinne des Art. 91 RL 2014/25/EU Bezug nehmen muss.[4] Im Fall der Vergabe sog. klassischer Aufträge verweist § 130 GWB auf die **Anlage XIV RL 2014/24/EU** zu Dienstleistungen im Sinne des Art. 74 RL 2014/24/EU. 15

Beide Anlagen zu den privilegierten Dienstleistungen enthalten derzeit dem Inhalt nach **identische Dienstleistungen**. Bei den Beschreibungen der Dienstleistungen gibt es an einer Stelle sprachliche Abweichungen, die lediglich ein Redaktionsversehen darstellen dürften (Einmal werden „Dienstleistungen für den Strafvollzug" genannt und einmal „Dienstleistungen für Haftanstalten"). Grundsätzlich könnte der Europäische Gesetzgeber die Richtlinien und deren Anhänge jedoch unabhängig voneinander weiterentwickeln. 16

Derzeit dürfte der einzige Unterschied bei der Vergabe von sozialen und anderen besonderen Dienstleistungen in der **Höhe des anzuwendenden Schwellenwertes** liegen. Für Sektorenaufträge liegt der Schwellenwert nach Art. 15 lit. c RL 2014/25/EU für diese Dienstleistungen bei 1.000.000 Euro; Art. 4 lit. d RL 2014/24/EU nennt demgegenüber einen Schwellenwert von 750.000 Euro für die sog. klassische Auftragsvergabe. 17

Anlage

Gesetzesbegründung (BT-Drs. 18/6281)

Seite 125

Nach § 142 sind für die Vergabe von Aufträgen im Bereich der Trinkwasser- oder Energieversorgung sowie des Verkehrs im Übrigen die allgemeinen Vorschriften des Abschnitts 2 für die Vergabe von öffentlichen Aufträgen durch öffentliche Auftraggeber entsprechend anzuwenden. Hintergrund der Regelung ist, dass die Richtlinien 2014/24/EU und 2014/25/EU weitestgehend inhaltsgleiche Regelungen enthalten, so dass auf die Vorschriften des Abschnitts 2 verwiesen werden kann. Bestehende Abweichungen von den allgemeinen Regelungen des Abschnitts 2 sind aufgeführt und gehen insofern den allgemeinen Vorschriften des Abschnitts 2 als Spezialregelung vor.

Artikel 78 der Richtlinie 2014/25/EU schreibt vor, dass Sektorenauftraggeber objektive Kriterien für die Auswahl von Bewerbern und Bietern festlegen können. Diese Regelung ist gegenüber dem klassischen Vergaberecht (Richtlinie 2014/24/EU) weniger streng und lässt bezüglich der Festlegung der Kriterien Spielräume. Daher sind die in § 122 Absatz 1 und 2 enthaltenen Vorgaben für die klassische Auftragsvergabe für die Sektorenauftragsvergabe nicht anzuwenden. Die weitere Ausgestaltung, die sich an Artikel 78 der Richtlinie 2014/25/EU orientiert, erfolgt in der Sektorenverordnung.

Die Regelungen des zwingenden Ausschlusses gemäß § 123 sind für „private" Sektorenauftraggeber nicht obligatorisch, sondern fakultativ ausgestaltet (siehe Artikel 80 der Richtlinie 2014/25/EU). Daher ist die Einschränkung in Nummer 1 erforderlich.

Die Rückausnahme nach § 142 Nummer 3 ergibt sich aus Artikel 89 Absatz 1 der Richtlinie 2014/25/EU. Anders als in Artikel 72 Absatz 1 der Richtlinie 2014/24/EU findet sich in der Richtlinie 2014/25/EU bei der zulässigen Vertragsverlängerung wegen zusätzlicher Dienstleistungen keine Einschränkung auf maximal 50 Prozent des ursprünglichen Preises.

Die Artikel 91 ff. der Richtlinie 2014/25/EU zur Vergabe von sozialen und anderen besonderen Dienstleistungen durch Sektorenauftraggeber werden durch Verweisung auf die Vorschrift zur Vergabe von sozialen und anderen besonderen Dienstleistungen durch öffentliche Auftraggeber umgesetzt. Der Unionsgesetzgeber hebt in Erwägungsgrund 120 hervor, dass es den Mitgliedstaaten und Auftraggebern auch künftig frei stehe, diese Dienstleistungen selbst zu erbringen oder soziale Dienstleistungen

4 Auf die Erläuterungen zu § 130 GWB wird verwiesen.

in einer Weise zu organisieren, die nicht mit der Vergabe öffentlicher Aufträge verbunden ist, beispielsweise durch die bloße Finanzierung solcher Dienstleistungen oder durch Erteilung von Lizenzen oder Genehmigungen – ohne Beschränkung oder Festsetzung von Quoten – für alle Wirtschaftsteilnehmer, die die vom öffentlichen Auftraggeber vorab festgelegten Bedingungen erfüllen; dabei weist der Unionsgesetzgeber auf die Voraussetzung hin, dass ein solches System eine ausreichende Bekanntmachung gewährleistet und den Grundsätzen der Transparenz und Nichtdiskriminierung genügt.

Seite 126

Als besondere Beschaffungsregelung sieht die Richtlinie 2014/25/EU für diese sozialen und anderen besonderen Dienstleistungen ein vereinfachtes Vergabeverfahren vor. Dieses vereinfachte Vergabeverfahren zeichnet sich dadurch aus, dass öffentliche Auftraggeber gemäß Artikel 93 Absatz 1 Satz 2 der Richtlinie 2014/25/EU lediglich verpflichtet sind, im Vergabeverfahren die Grundsätze der Transparenz und der Gleichbehandlung der Unternehmen einzuhalten. Darüber hinaus sind gemäß Artikel 92 der Richtlinie 2014/25/EU die beabsichtigte Vergabe sowie die Ergebnisse des Vergabeverfahrens EU-weit bekannt zu machen. Gemäß Artikel 91 i. V. m. Artikel 15 Buchstabe c der Richtlinie 2014/25/EU greift für soziale und andere besondere Dienstleistungen im Sinne des Anhangs XVII der Richtlinie 2014/25/EU ein besonderer Schwellenwert von 1.000.000 €.

Da sich die Vorschriften der Artikel 90 ff. der Richtlinie 2014/25/EU – abgesehen von der Höhe des Schwellenwertes – inhaltlich mit den Artikeln 74 ff. der Richtlinie 2014/24/EU decken, setzt § 144 die Artikel 90 ff. der Richtlinie 2014/25/EU über eine entsprechende Anwendbarkeit des § 130 um. Im Einzelnen sind die sozialen und anderen besonderen Dienstleistungen im Anhang XVII der Richtlinie 2014/25/EU aufgeführt, der Anhang XIV der Richtlinie 2014/24/EU entspricht.

§ 143
Regelung für Auftraggeber nach dem Bundesberggesetz

(1) Sektorenauftraggeber, die nach dem Bundesberggesetz berechtigt sind, Erdöl, Gas, Kohle oder andere feste Brennstoffe aufzusuchen oder zu gewinnen, müssen bei der Vergabe von Liefer-, Bau- oder Dienstleistungsaufträgen oberhalb der Schwellenwerte nach § 106 Absatz 2 Nummer 2 zur Durchführung der Aufsuchung oder Gewinnung von Erdöl, Gas, Kohle oder anderen festen Brennstoffen die Grundsätze der Nichtdiskriminierung und der wettbewerbsorientierten Auftragsvergabe beachten. Insbesondere müssen sie Unternehmen, die ein Interesse an einem solchen Auftrag haben können, ausreichend informieren und bei der Auftragsvergabe objektive Kriterien zugrunde legen. Die Sätze 1 und 2 gelten nicht für die Vergabe von Aufträgen, deren Gegenstand die Beschaffung von Energie oder Brennstoffen zur Energieerzeugung ist.

(2) Die Auftraggeber nach Absatz 1 erteilen der Europäischen Kommission über das Bundesministerium für Wirtschaft und Energie Auskunft über die Vergabe der unter diese Vorschrift fallenden Aufträge nach Maßgabe der Entscheidung 93/327/EWG der Kommission vom 13. Mai 1993 zur Festlegung der Voraussetzungen, unter denen die öffentlichen Auftraggeber, die geographisch abgegrenzte Gebiete zum Zwecke der Suche oder Förderung von Erdöl, Gas, Kohle oder anderen Festbrennstoffen nutzen, der Kommission Auskunft über die von ihnen vergebenen Aufträge zu erteilen haben (ABl. L 129 vom 27.5.1993, S. 25). Sie können über das Verfahren gemäß der Rechtsverordnung nach § 113 Satz 2 Nummer 8 unter den dort geregelten Voraussetzungen eine Befreiung von der Pflicht zur Anwendung dieser Bestimmung erreichen.

Übersicht Rn.

A. Allgemeines 1
B. Anwendungsbereich 7
I. Persönlicher Anwendungsbereich 7
II. Sachlicher Anwendungsbereich 10
C. Verfahrensanforderungen (Abs. 1 S. 1 und S. 2) 15
D. Auskunftspflicht (Abs. 2 S. 1) 18
E. Befreiung einzelner Auftraggeber (Abs. 2 S. 2) 22
F. Rechtsschutz 24
Anlage
Gesetzesbegründung (BT-Drs. 18/6281)

A. Allgemeines

§ 143 GWB enthält **Sondervergaberegeln** für Auftraggeber nach dem BBergG. Die Vorschrift entspricht inhaltlich weitgehend der Vorläufervorschrift des **§ 129b GWB a.F.**[1] Im Hinblick auf die europäischen Vergabeschwellenwerte wird nunmehr auf die Regelung in § 106 GWB verwiesen.[2] Die Norm richtet sich jetzt ausdrücklich nur an „Sektorenauftraggeber". 1

Mit § 143 GWB setzt der Bundesgesetzgeber **Art. 33 Abs. 1 RL 2014/25/EU** um. Diese Richtliniennorm regelt Aufträge, die besonderen Vorschriften unterliegen. 2

Gegenüber dem **Referentenentwurf** zum VergRModG 2016 vom 30.4.2015 wurden im Gesetzentwurf der Bundesregierung vom 8.7.2015 in § 143 GWB nur redaktionelle („feste Brennstoffe" anstatt „Festbrennstoffe" sowie „§ 113 S. 2 Nr. 8" anstatt „§ 113 Nr. 8") und klarstellende („Satz 1 und 2 gelten nicht" anstatt „dies gilt nicht") Änderungen vorgenommen. Materiell-inhaltliche Veränderungen sind zwischen dem Referenten- und Regierungsentwurf nicht festzustellen. Der Gesetzentwurf der Bundesregierung vom 8.7.2015 wurde 3

1 Der Vorschrift des § 129b GWB a.F. ist wiederum § 11 VgV a.F. vorangegangen.
2 Gesetzesbegründung, BT-Drs. 18/6281, 126.

unverändert dem Bundesrat zur Beschlussfassung zugleitet,[3] der zu § 143 GWB keine Änderungen beschloss.[4] Gleiches galt für den Bundestag.[5]

4 Im Allgemeinen bestimmt **Art. 14 RL 2014/25/EU** für die Unionsstaaten die Geltung des europäischen Sektorenvergaberechts für Tätigkeiten zur Nutzung eines geografisch abgegrenzten Gebiets

(lit. a) zum Zwecke der Förderung von (Erd-)Öl oder Gas sowie

(lit. b) zum Zwecke der Exploration oder Förderung von Kohle oder anderen festen Brennstoffen.

Die Richtlinienregelung weicht von ihrer Vorläuferbestimmung (Art. 7 lit. a RL 2004/17/EG) insoweit ab, als das **Aufsuchen von (Erd-)Öl oder Gas** keine Erwähnung mehr findet. Hierbei handelt es sich um kein Redaktionsversehen, weil der europäische Richtliniengeber ausdrücklich zwischen der „Gewinnung" und der „Exploration" von (Erd-)Öl und Gas unterscheidet.[6] Die **„Gewinnung" von Erdöl und Erdgas** fällt weiterhin in den Anwendungsbereich der sektoralen Vergaberichtlinie. Unter die „Gewinnung" fällt nicht nur die Erzeugung von Erdöl und Erdgas, sondern auch die „Entwicklung", d.h. die Errichtung einer angemessenen Infrastruktur für die künftige Erzeugung (Ölplattformen, Rohrleitungen, Terminalanlagen usw.).[7] Der Begriff der „Exploration" hingegen umfasst Tätigkeiten, die durchgeführt werden, um festzustellen, ob Erdöl und Erdgas in einem bestimmen Gebiet vorhanden sind, und wenn dies der Fall ist, ob es gewerblich nutzbar ist.[8]

5 Von dieser allgemeingültigen Regelung weicht Art. 33 RL 2014/25/EU im Falle Deutschlands in besonderer Weise ab. Die Vorschrift nimmt Bezug auf die **Entscheidung 2004/73/EG**, wonach die Nutzung geografisch abgegrenzter Gebiete zum Zweck der Suche nach oder der Förderung von Erdöl, Gas, Kohle oder anderen Festbrennstoffen in Deutschland nicht den sektoralen Vergabebestimmungen unterfällt, wenn gewährleistet ist, dass vor allem die Grundsätze der Nichtdiskriminierung und der wettbewerblichen Beschaffung beachtet werden sowie der Kommission Auskunft über die vergebenen Aufträge erteilt wird (Art. 33 Abs. 1 RL 2014/25/EU). Zur Vermeidung eines Wertungswiderspruchs zur allgemeinen Regelung, wonach die **„Exploration" von (Erd-)Öl und Gas**, was mit der Suche nach Erdöl und Gas gleichzusetzen ist, wegen des starken Wettbewerbsdrucks nicht dem sektoralen Vergaberecht zu unterstellen ist, nimmt Art. 33 Abs. 3 RL 2014/25/EU diese Tätigkeiten ausdrücklich von der Geltung der besonderen Vorschriften aus.

6 Die Vorschrift des § 143 GWB **privilegiert**[9] zwar weiterhin Sektorenauftraggeber bei der Vergabe von Aufträgen, die nach dem BBergG berechtigt sind, Erdöl oder Gas zu gewinnen sowie Kohle oder andere Festbrennstoffe aufzusuchen oder zu gewinnen: Sie sind bei der Beschaffung von Bau-, Liefer- und Dienstleistungen lediglich an die Grundsätze der Nichtdiskriminierung und der wettbewerbsorientierten Auftragsvergabe gebunden. § 143 Abs. 1 GWB **verschärft** das europäische Sektorenvergaberecht hingegen für Sektorenauftraggeber, die Erdöl oder Gas lediglich explorieren bzw. aufsuchen. Denn diese unterfallen wegen Art. 33 Abs. 3 RL 2014/25/EU weder den besonderen Vorschriften gemäß Art. 33 Abs. 1 RL 2014/25/EU noch unterfallen sie allgemein den sektoralen Vergabebestimmungen nach Art. 14 RL 2014/25/EU.

---

3 Gesetzentwurf der Bundesregierung, BR-Drs. 367/15, 37.
4 Gesetzentwurf der Bundesregierung, BR-Drs. 367/15, 1 ff.
5 Gesetzentwurf der Bundesregierung, BT-Drs. 18/6281, 38.
6 Erwägungsgrund 25 RL 2014/25/EU.
7 Erwägungsgrund 25 RL 2014/25/EU.
8 Erwägungsgrund 25 RL 2014/25/EU.
9 VK Arnsberg, Beschluss v. 10.1.2008 – VK 42/07; Beschluss v. 11.4.2002 – VK 2-06/2002 (zu § 11 VgV a.F.).

B. Anwendungsbereich

I. Persönlicher Anwendungsbereich

§ 143 Abs. 1 S. 1 GWB erfasst ausdrücklich **„Sektorenauftraggeber"** und meint damit solche nach § 100 Abs. 1 GWB. Es sind sowohl öffentliche Auftraggeber nach § 99 Nr. 1 bis 3 GWB (Nr. 1) als auch natürliche oder juristische Personen des privaten Rechts erfasst (Nr. 2), soweit sie jeweils eine Sektorentätigkeit nach § 102 GWB ausüben. 7

§ 102 Abs. 6 GWB definiert den Sektorenbereich **„Fossile Brennstoffe"** als Tätigkeiten zur Nutzung eines geografisch abgegrenzten Gebiets zum Zweck der Förderung von (Erd-)Öl oder Gas (Nr. 1) oder der Exploration oder Förderung von Kohle oder anderen festen Brennstoffen (Nr. 2). § 143 Abs. 1 S. 1 GWB ergänzt die allgemeine Sektorendefinition „Fossile Brennstoffe" noch um das Recht des Sektorenauftraggebers nach dem BBergG, Erdöl, Gas, Kohle oder andere feste Brennstoffe aufsuchen oder gewinnen zu dürfen. Nur Sektorenauftraggeber, die legal (gemäß BBergG) nach fossilen Brennstoffen suchen oder solche gewinnen, unterfallen dem persönlichen Anwendungsbereich. 8

Öffentliche Auftraggeber nach § 99 Nr. 4 GWB sind ebenso nicht in den persönlichen Anwendungsbereich einbezogen wie **Konzessionsgeber** i.S.d. § 101 GWB. 9

II. Sachlicher Anwendungsbereich

§ 143 GWB betrifft die Vergabe von **Bau-, Liefer- oder Dienstleistungsaufträgen** i.S.d. § 103 GWB zur Durchführung der Aufsuchung oder Gewinnung von Erdöl, Gas, Kohle oder anderen Festbrennstoffen. Konzessionen nach § 105 GWB sind sachlich nicht erfasst. 10

§ 143 GWB knüpft mit den Begriffen „**Aufsuchung**" und „**Gewinnung**" weiterhin an den Gesetzeswortlaut von § 4 Abs. 1 und Abs. 2 BBergG an.[10] Beide Begrifflichkeiten entsprechen inhaltlich den in § 102 Abs. 6 GWB verwendeten Formulierungen „Exploration" (Aufsuchung) und „Förderung" (Gewinnung). 11

Die Vorschrift erfasst nur Bau-, Liefer- oder Dienstleistungsaufträge, die der „Aufsuchung" und „Gewinnung" von fossilen Brennstoffen dienen. Zwischen der Auftragsvergabe und der Durchführung der in § 4 Abs. 1 und Abs. 2 BBergG definierten Tätigkeiten muss ein **Sachzusammenhang** bestehen. Deshalb unterfällt nicht jede Auftragsvergabe eines zur „Aufsuchung" oder „Gewinnung" nach dem BBergG berechtigten Sektorenauftraggebers dem Vergaberegime des § 143 GWB. Es ist stets im Einzelfall zu prüfen, ob die Bau-, Dienst- oder Lieferbeauftragung in einem sachlichen Zusammenhang mit der „Aufsuchung" oder „Gewinnung" steht, um § 143 GWB anwenden zu können. 12

§ 143 GWB gilt zudem nur für Bau-, Liefer- und Dienstleistungsaufträge **oberhalb der EU-Vergabeschwellenwerte** nach § 106 Abs. 2 Nr. 2 GWB. Maßgebend sind EU-Vergabeschwellenwerte aus Art. 15 RL 2014/25/EU in der jeweils geltenden Fassung: Derzeit betragen die EU-Vergabeschwellenwerte 418.000 Euro bei Liefer- und Dienstleistungsaufträgen sowie 5.225.000 Euro bei Bauaufträgen. Unterschreitet der zu vergebende Auftrag den jeweils gültigen EU-Vergabeschwellenwert, so findet § 143 GWB keine Anwendung. 13

Nach § 143 Abs. 1 S. 3 GWB gilt die Vorschrift auch nicht, wenn Aufträge vergeben werden, welche die Beschaffung von Energie oder Brennstoffen zur **Energieerzeugung** beinhalten. Diese Ausnahmeregelung findet ihren Grund in § 137 Abs. 1 Nr. 8 GWB, der wiederum die bisherige Ausnahme des § 100b Abs. 2 Nr. 3 GWB unverändert übernommen hat und auf diese Weise Art. 23 lit. b RL 2014/25/EU umsetzt. Zu den Vorgängerregelungen heißt es in deren Erwägungsgründen, dass Vergabevorschriften nicht zur Überwindung der beim Kauf von Energie und Brennstoffen im Energiesektor bestehenden Hindernisse führen würden, weshalb 14

---

10 Vgl. zu § 129b GWB a.F. die Beschlussempfehlung und den Bericht des Ausschusses für Wirtschaft und Technologie, VergRModG 2009, BT-Drs. 16/11428, 52, wonach ausdrücklich eine Anpassung des Wortlautes an § 4 BBergG vorgenommen wurde.

Energiekäufe nicht in die Richtlinie einbezogen werden sollen.[11] Die der Ausnahmeregelung des § 143 Abs. 1 S. 3 GWB unterfallenden Auftragsvergaben werden dadurch vollständig dem Anwendungsbereich des GWB-Vergaberechts entzogen.

C. Verfahrensanforderungen (Abs. 1 S. 1 und S. 2)

15 Nach § 143 Abs. 1 S. 1 GWB sind die Grundsätze der **Nichtdiskriminierung** und der **wettbewerbsorientierten Auftragsvergabe** zu beachten. Gemäß § 143 Abs. 1 S. 2 GWB sind Unternehmen, die ein Interesse an einem solchen Auftrag haben können, ausreichend zu **informieren**. Zudem sind bei der Auftragsvergabe **objektive Kriterien** zugrunde zu legen. Auftragsvergaben im Anwendungsbereich des § 143 GWB unterliegen damit **keinen weiteren besonderen Verfahrensanforderungen**.[12] Dies bedeutet einen geringeren Verwaltungsaufwand und erhebliche Flexibilität für die betroffenen Auftraggeber, denen weite Spielräume bei der Festlegung von Spezifikationen und Fristen eingeräumt sind, sodass längerfristige Kooperationen möglich sind.[13] Solche Auftraggeber sind zwar nicht unmittelbar an den Wortlaut der Vergabeverordnungen gebunden, die das GWB für bestimmte Verfahren vorsieht. Wenn sie jedoch von den gesetzgeberischen Vorschlägen zur Durchführung eines sachgerechten Verfahrens abweichen, so sind sie verpflichtet, eine die Ziele des Verfahrens einhaltende, adäquate Lösung anzuwenden und deren Eignung nachzuweisen.[14]

16 § 143 GWB sieht damit ein Vergabeverfahren vor, das auf die Einhaltung der durch den Grundsatz der Nichtdiskriminierung, des Wettbewerbs und der Transparenz vorgeschriebenen **Mindeststandards** beschränkt ist.[15] Die Anwendung des Grundsatzes der wettbewerbsorientierten Auftragsvergabe erfordert eine Öffnung des Verfahrens für alle potenziellen Bieter und das Unterlassen aller den Wettbewerb einschränkenden Maßnahmen, soweit sie nicht sachlich gerechtfertigt und notwendig sind, um das Ziel eines transparenten und den Gleichbehandlungsgrundsatz wahrenden Wettbewerbs zu stützen.[16] Zu den vergaberechtswidrigen Praktiken zählen z.B. die Einschränkung einer Leistungsbeschreibung auf bestimmte Hersteller oder markenbezogene Produkte oder die Begrenzung des Wettbewerbs auf Teilnehmer aus einer bestimmten Region.[17]

17 In der bisherigen Rechtsprechung hat sich nur die VK Arnsberg mit der Frage auseinandersetzen müssen, ob die vergaberechtliche **Informations- und Wartepflicht** nach alter Rechtslage für Auftraggeber nach dem BBergG Anwendung findet, und diese letztlich bejaht.[18] Auch unter der durch die §§ 143, 134 und 135 GWB vorgegebenen Rechtslage ist dies zutreffend. Zwar sind die §§ 134 und 135 GWB in dem das Vergabeverfahren regelnden Abschnitt 2 des Teil 4 des GWB niedergelegt, was ihren vergabeverfahrensrechtlichen Charakter hervorhebt und gleichzeitig das Argument unterstützt, dass ein strenges Vergabeverfahren von § 143 GWB gerade nicht gewollt ist.[19] Ungeachtet dessen haben die §§ 134 und 135 GWB ihren eigentlichen Schwerpunkt in der Gewährleistung effektiven Rechtsschutzes. Gerade dieser wurde von der Kommission für die Entscheidung 2004/73/EG vorausgesetzt und ist nach der RL 92/13/EWG auch für den Bereich des Art. 33 RL 2014/25/EU (früher Art. 27 RL 2004/17/EG) vorgesehen. Darüber hinaus bestimmt § 134 Abs. 3 GWB ausdrücklich, bei welchen Sachverhalten die Informations- und Wartepflicht ausnahmsweise entfällt. Danach

11 Erwägungsgrund 17 RL 93/38/EWG bzw. RL 90/531/EWG.
12 VK Arnsberg, Beschluss v. 10.1.2008 – VK 42/07 (zu § 11 VgV a.F.).
13 *Egger*, Europäisches Vergaberecht, Rn. 554 (zu Art. 3 RL 93/38/EWG).
14 VK Arnsberg, Beschluss v. 11.3.2010 – VK 1/10, zu § 129b GWB a.F.
15 Vgl. VK Arnsberg, Beschluss v. 10.1.2008 – VK 42/07 (zu § 11 VgV a.F.); *Ganske*, in: Reidt/Stickler/Glahs, Vergaberecht, § 129b GWB Rn. 7.
16 VK Arnsberg, Beschluss v. 11.3.2010 – VK 1/10 (zu § 129b GWB a.F.).
17 VK Arnsberg, Beschluss v. 11.3.2010 – VK 1/10 (zu § 129b GWB a.F.).
18 Vgl. VK Arnsberg, Beschluss v. 10.1.2008 – VK 42/07; Beschluss v. 11.4.2002 – VK 2-06/2002, jeweils zu § 11 VgV a.F.; *Hetman*, in: Hattig/Maibaum, Kartellvergaberecht, § 129b GWB Rn. 15; *Wagner*, in: Heuvels/Höß/Kuß/Wagner, Vergaberecht, § 129b GWB Rn. 5; *Schellenberg*, in: Pünder/Schellenberg, Vergaberecht, § 129b GWB Rn. 14; *Ganske*, in: Reidt/Stickler/Glahs, Vergaberecht, § 129b GWB Rn. 9. a.A. *Franßen*, in: Byok/Jaeger, Vergaberecht, § 129b GWB Rn. 28
19 So wohl *Debus*, in: Ziekow/Völlink, Vergaberecht, § 129b GWB Rn. 9.

ist insbesondere eine besondere Dringlichkeit erforderlich, die beispielsweise bei Flutkatastrophen gegeben sein kann. Es sind nur Sachverhalte ausgenommen, bei denen der Auftraggeber in der Lage sein muss, die erforderlichen Aufträge sofort zu vergeben, ohne eine Wartefrist einhalten zu müssen.[20] Eine derartige Dringlichkeit liegt der Regelung nach § 143 GWB nicht zugrunde.[21]

D. Auskunftspflicht (Abs. 2 S. 1)

Gemäß § 143 Abs. 2 S. 1 GWB erteilen die unter § 143 Abs. 1 GWB fallenden Auftraggeber der Europäischen Kommission über das Bundesministerium für Wirtschaft und Energie Auskunft **über die Vergabe der unter die Vorschrift fallenden Aufträge**. Maßgeblich ist dabei ausdrücklich die Entscheidung 93/327/EWG. 18

Im Anhang zu der Entscheidung 93/327/EWG sind die für die Auskunftserteilung maßgeblichen **Informationen** aufgezählt: 19

„1. Name und Anschrift des Auftraggebers.
2. Art des Auftrags (Liefer- oder Bauauftrag; falls zweckdienlich, Angabe, ob es sich um einen Rahmenvertrag handelt).
3. Genaue Angaben der Art der gelieferten Produkte, Bau- oder Dienstleistungen (z.B. unter Anwendung der CPA-Kennziffern).
4. Angabe darüber, ob und wo (Zeitung/-en, Fachzeitschrift/-en) auf den zu vergebenden Auftrag hingewiesen wurde. Wie wurde anderenfalls zum Wettbewerb aufgerufen?
5. Anzahl der eingegangenen Angebote.
6. Zeitpunkt der Auftragsvergabe.
7. Name und Anschrift erfolgreicher Auftragnehmer.
8. Wert des Auftrags.
9. Voraussichtliche Dauer des Auftrags.
10. Angabe des Teils des Auftrags, der an Zulieferer vergeben wurde bzw. werden kann (nur bei Überschreiten von 10 %).
11. Ursprungsland des Erzeugnisses oder der Dienstleistung.
12. Für die Feststellung des wirtschaftlich günstigsten Angebots zugrunde gelegte Hauptvergabekriterien.
13. Wurde der Auftrag an einen Bieter vergeben, der ein von den ursprünglichen Spezifikationen des Auftraggebers abweichendes Angebot vorlegte?“[22]

In Art. 1 und Art. 2 Entscheidung 93/327/EWG sind – differenziert nach ausdrücklich genannten Wertgrenzen – **unterschiedliche Vorgehensweisen** für die Auftraggeber bei der Auskunftserteilung vorgesehen. Dass diese Wertgrenzen in ECU angegeben sind, bereitet keine Anwendungsprobleme, da nach Art. 2 Abs. 1 S. 1 VO (EG) 1103/97[23] jede Bezugnahme in einem Rechtsinstrument auf ECU durch eine Bezugnahme auf den Euro zum Kurs von 1 Euro für 1 ECU ersetzt wird.[24] 20

Nach § 143 Abs. 2 S. 1 GWB i.V.m. Art. 1 Entscheidung 93/327/EWG[25] müssen die Auftraggeber der Kommission für jeden von ihnen vergebenen Auftrag mit einem Wert von **über 5.000.000 Euro** alle im Anhang genannten Auskünfte innerhalb einer Frist von 48 Tagen nach der Vergabe des Auftrags erteilen. Nach § 143 Abs. 2 S. 1 GWB i.V.m. Art. 2 Entscheidung 21

20 Vgl. die Begründung zu § 101a GWB a.F., VergRModG 2009, BT-Drs. 16/10117, 21.
21 *Egger*, Europäisches Vergaberecht, Rn. 553, zu den Hintergründen der Vorläuferregelung in Art. 27 RL 93/38/EWG.
22 Vgl. Anhang der Entscheidung 93/327/EWG.
23 Verordnung (EG) Nr. 1103/97 des Rates vom 17. Juni 1997 über bestimmte Vorschriften im Zusammenhang mit der Einführung des Euro, EU-ABl. L 162/1 v. 19.6.1997.
24 Wenn im Folgenden von Wertgrenzen unter Angabe von Euro die Rede ist, handelt es sich um Wertgrenzen, die in der Entscheidung 93/327/EWG in ECU angegeben sind und durch die Bezeichnung „Euro“ ersetzt wurden.
25 *Debus*, in: Ziekow/Völlink, Vergaberecht, § 129b GWB Rn. 10, ordnet Art. 1 Entscheidung 93/327/EWG als dynamische Verweisung ein.

93/327/EWG gehen die Auftraggeber bei Aufträgen, deren Wert **zwischen 400.000 Euro und 5.000.000 Euro** liegt, folgendermaßen vor: Sie halten die in den Punkten 1 bis 9 des Anhangs genannten Angaben für jeden Auftrag mindestens während eines Zeitraums von vier Jahren nach dem Datum der Auftragsvergabe bereit und teilen der Kommission diese Auskünfte für jeden im Laufe eines Kalendervierteljahres vergebenen Auftrag entweder direkt auf deren Ersuchen oder spätestens 48 Tage nach Ablauf jedes Vierteljahres mit.

E. Befreiung einzelner Auftraggeber (Abs. 2 S. 2)

22 Nach § 143 Abs. 2 S. 2 GWB können die Auftraggeber über das **Verfahren gemäß der Rechtsverordnung nach § 113 S. 2 Nr. 8 GWB** unter den dort geregelten Voraussetzungen eine Befreiung von der Pflicht zur Anwendung des § 143 GWB erzielen. Eine solche Regelung wurde für die Vorläuferregelung nach § 129b GWB a.F. mit § 3 Abs. 8 SektVO a.F. geschaffen,[26] welche die Vorschriften über das Freistellungsverfahren nach § 3 SektVO für entsprechend anwendbar erklärt. Eine vergleichbare Regelung ist nunmehr in § 3 Abs. 7 SektVO enthalten.

23 Die Befreiungsmöglichkeit nach § 143 Abs. 2 S. 2 GWB betrifft – entgegen systematischer Bedenken[27] – **sämtliche Verpflichtungen** aus § 143 GWB. Sowohl die Voraussetzungen, unter denen eine solche Befreiung möglich war, als auch das dabei anzuwendende Verfahren einschließlich der erforderlichen Ermittlungsbefugnisse des Bundeskartellamtes ergaben sich aus § 3 SektVO.

F. Rechtsschutz

24 Die in den Anwendungsbereich des § 143 GWB fallenden Vergabeverfahren unterliegen der **Nachprüfung** durch Rechtsschutzinstanzen nach den §§ 155 bis 184 GWB. Gemäß der RL 92/13/EWG unterfallen auch Aufträge nach Art. 33 RL 2014/25/EU (früher Art. 27 RL 2004/17/EG) dem unionsweiten Rechtsschutzsystem.[28] Das durch § 143 GWB lediglich besonders ausgestaltete Vergabeverfahren ist aus diesen Gründen im Wege des primären Rechtsschutzes nachprüfbar.[29]

25 Dies wird aufgrund des Wortlautes der Entscheidung 2004/73/EG[30] **teilweise**[31] **bezweifelt**. Die Regelung ist – trotz systematischer Bedenken – als eine das Vergabeverfahren modifizierende Regelung zu verstehen, die als solche voraussetzt, dass der Anwendungsbereich des Teil 4 des GWB eröffnet ist. Sie führt den darin geregelten Tätigkeitsbereich nicht in

26 *Franßen*, in: Byok/Jaeger, Vergaberecht, § 129b GWB Rn. 39; *Müller-Wrede*, in: Müller-Wrede, SektVO, § 3 Rn. 1.

27 Die systematische Stellung von § 143 Abs. 2 S. 2 GWB legt zwar nahe, dass sich die Regelung nur auf die vorhergehende Auskunftspflicht nach § 143 Abs. 2 S. 1 GWB erstrecken könnte. Jedoch macht der ausdrückliche Verweis auf das Verfahren gemäß der Verordnung nach § 113 S. 2 Nr. 8 GWB deutlich, dass § 143 Abs. 2 S. 2 GWB eine umfassende Befreiung von der Anwendungsverpflichtung des Teil 4 des GWB meint. Denn § 113 S. 2 Nr. 8 GWB ermächtigt zur Festlegung der Voraussetzungen, nach denen bestimmte Auftraggeber von der Anwendungsverpflichtung des gesamten Teil 4 des GWB befreit werden können. Auch die Begründung zu § 129b GWB a.F., VergRModG 2009, BT-Drs. 16/10117, 25, wonach den Auftraggebern die Möglichkeit eröffnet wird, sich gänzlich von der Anwendungsverpflichtung dieser Vorschrift zu befreien, legt diese Normauslegung auch bei § 143 GWB nahe. § 143 Abs. 2 S. 2 GWB ist deshalb wie ein dritter Absatz zu lesen.

28 Vgl. Art. 1 Abs. 1 UAbs. 1 RL 92/13/EWG, wonach die Tätigkeit nach Art. 27 RL 2004/17/EG nicht unter die vom Anwendungsbereich der RL 92/13/EWG ausgenommenen Tätigkeiten fällt.

29 VK Arnsberg, Beschluss v. 10.1.2008 – VK 42/07; Beschluss v. 11.4.2002 – VK 2-06/2002 (zu § 11 VgV a.F.).

30 Vgl. Art. 1 UAbs. 1 Entscheidung 2004/73/EG, wonach die Nutzung geografisch abgegrenzter Gebiete zum Zweck der Suche oder der Förderung von Erdöl, Gas, Kohle oder anderen Festbrennstoffen in Deutschland seit dem 15.1.2004 nicht als Tätigkeit i.S.d. Art. 2 Abs. 2 lit. b sublit. i RL 93/38/EWG gilt.

31 So wohl *Debus*, in: Ziekow/Völlink, Vergaberecht, § 129b GWB Rn. 9.

Sinne einer Bereichsausnahme aus dem Anwendungsbereich des GWB-Vergaberechts, sondern nur zur Anwendung eines Ersatzregimes.[32] Die aufgrund des Wortlautes der Kommissionsentscheidung bestehenden Bedenken werden durch den historischen Ablauf des Kommissionsentscheidungsverfahrens ausgeräumt.[33]

Anlage

Gesetzesbegründung (BT-Drs. 18/6281)

Seite 126

§ 143 entspricht der bisherigen Regelung in § 129b GWB. Im Hinblick auf die Schwellenwerte wird nunmehr auf die Regelung in § 106 verwiesen.

32 *Egger*, Europäisches Vergaberecht, Rn. 554, zu den europäischen Richtlinienbestimmungen.

33 Einem ersten Antrag Deutschlands vom 15.11.1991, der noch auf Art. 3 RL 90/531/EWG zurückging, wurde von der Kommission nicht stattgegeben, weil die in § 57a HGrG a.F. enthaltene Rechtsschutzregel keinen effektiven Rechtsschutz gewährt hat. Erst nach der Verabschiedung des Teil 4 des GWB gab die Kommission einem erneuten Antrag vom 12.11.2002 statt; vgl. Erwägungsgrund 4 Entscheidung 2004/73/EG sowie EU-ABl. L 16/57 v. 23.1.2004, 57, Fn. 4.

Teil 4

Vergabe von öffentlichen Aufträgen und Konzessionen

Kapitel 1
Vergabeverfahren

Abschnitt 3
Vergabe von öffentlichen Aufträgen in besonderen Bereichen und von Konzessionen

Unterabschnitt 2
Vergabe von verteidigungs- oder sicherheitsspezifischen öffentlichen Aufträgen

§ 144
Anwendungsbereich

Dieser Unterabschnitt ist anzuwenden auf die Vergabe von verteidigungs- oder sicherheitsspezifischen öffentlichen Aufträgen durch öffentliche Auftraggeber und Sektorenauftraggeber.

Übersicht Rn.

Regelungsinhalt 1
Anlage
Gesetzesbegründung (BT-Drs. 18/6281)

Regelungsinhalt

§ 144 GWB bestimmt den **Anwendungsbereich des zweiten Unterabschnitts** des neuen dritten Abschnitts des Teil 4 des GWB. 1

Unterabschnitt 2 regelt das Vergaberecht für **verteidigungs- oder sicherheitsspezifische öffentliche Aufträge** i.S. von § 104 GWB durch öffentliche Auftraggeber und Sektorenauftraggeber. Insoweit werden wesentliche Bestimmungen der **RL 2009/81/EG** nunmehr im GWB umgesetzt. Ergänzend gelten die Regelungen der **VSVgV**. 2

Auf die Vergabe von verteidigungs- oder sicherheitsspezifischen öffentlichen Aufträgen finden grundsätzlich die **allgemeinen Vorschriften** der §§ 119 ff. GWB Anwendung, sofern in den §§ 145 bis 147 GWB nicht etwas Abweichendes geregelt ist. 3

Unterabschnitt 2 findet keine Anwendung auf die Vergabe von Aufträgen, die **Verteidigungs- oder Sicherheitsaspekte** umfassen, ohne verteidigungs- oder sicherheitsspezifisch i.S.v. § 104 GWB zu sein.[1] 4

Anlage

Gesetzesbegründung (BT-Drs. 18/6281)

Seite 126

§ 144 bestimmt den Anwendungsbereich des Unterabschnitts 2 des Abschnitts 3. Unterabschnitt 2 regelt die besonderen Vorschriften für die Vergabe von verteidigungs- oder sicherheitsspezifischen öffentlichen Aufträgen. Damit werden die wesentlichen Bestimmungen der Richtlinie 2009/81/EG nunmehr im GWB umgesetzt. Nach § 144 finden auf die Vergabe von verteidigungs- oder sicherheitsspezifischen öffentlichen Aufträgen grundsätzlich die allgemeinen Vorschriften des Abschnitts 2 Unterabschnitt 2 Anwendung, sofern in den §§ 145 bis 147 nicht etwas Abweichendes geregelt ist.

1 Zur Abgrenzung siehe § 117 Rn. 4.

§ 145
Besondere Ausnahmen für die Vergabe von verteidigungs- oder sicherheitsspezifischen öffentlichen Aufträgen

Dieser Teil ist nicht anzuwenden auf die Vergabe von verteidigungs- oder sicherheitsspezifischen öffentlichen Aufträgen, die

1. den Zwecken nachrichtendienstlicher Tätigkeiten dienen,
2. im Rahmen eines Kooperationsprogramms vergeben werden, das
   a) auf Forschung und Entwicklung beruht und
   b) mit mindestens einem anderen Mitgliedstaat der Europäischen Union für die Entwicklung eines neuen Produkts und gegebenenfalls die späteren Phasen des gesamten oder eines Teils des Lebenszyklus dieses Produkts durchgeführt wird;

   beim Abschluss eines solchen Abkommens teilt die Europäische Kommission den Anteil der Forschungs- und Entwicklungsausgaben an den Gesamtkosten des Programms, die Vereinbarung über die Kostenteilung und gegebenenfalls den geplanten Anteil der Beschaffungen je Mitgliedstaat mit,
3. in einem Staat außerhalb der Europäischen Union vergeben werden; zu diesen Aufträgen gehören auch zivile Beschaffungen im Rahmen des Einsatzes von Streitkräften oder von Polizeien des Bundes oder der Länder außerhalb des Gebiets der Europäischen Union, wenn der Einsatz es erfordert, dass im Einsatzgebiet ansässige Unternehmen beauftragt werden; zivile Beschaffungen sind Beschaffungen nicht-militärischer Produkte und Beschaffungen von Bau- oder Dienstleistungen für logistische Zwecke,
4. die Bundesregierung, eine Landesregierung oder eine Gebietskörperschaft an eine andere Regierung oder an eine Gebietskörperschaft eines anderen Staates vergibt und die Folgendes zum Gegenstand haben:
   a) die Lieferung von Militärausrüstung im Sinne des § 104 Absatz 2 oder die Lieferung von Ausrüstung, die im Rahmen eines Verschlusssachenauftrags im Sinne des § 104 Absatz 3 vergeben wird,
   b) Bau- und Dienstleistungen, die in unmittelbarem Zusammenhang mit dieser Ausrüstung stehen,
   c) Bau- und Dienstleistungen speziell für militärische Zwecke oder
   d) Bau- und Dienstleistungen, die im Rahmen eines Verschlusssachenauftrags im Sinne des § 104 Absatz 3 vergeben werden,
5. Finanzdienstleistungen mit Ausnahme von Versicherungsdienstleistungen zum Gegenstand haben,
6. Forschungs- und Entwicklungsdienstleistungen zum Gegenstand haben, es sei denn, die Ergebnisse werden ausschließlich Eigentum des Auftraggebers für seinen Gebrauch bei der Ausübung seiner eigenen Tätigkeit und die Dienstleistung wird vollständig durch den Auftraggeber vergütet, oder
7. besonderen Verfahrensregeln unterliegen,
   a) die sich aus einem internationalen Abkommen oder einer internationalen Vereinbarung ergeben, das oder die zwischen einem oder mehreren Mitgliedstaaten der Europäischen Union und einem oder mehreren Staaten, die nicht Vertragsparteien des Übereinkommens über den Europäischen Wirtschaftsraum sind, geschlossen wurde,
   b) die sich aus einem internationalen Abkommen oder einer internationalen Vereinbarung im Zusammenhang mit der Stationierung von Truppen ergeben, das oder die Unternehmen eines Mitgliedstaates der Europäischen Union oder eines anderen Staates betrifft, oder
   c) die für eine internationale Organisation gelten, wenn diese für ihre Zwecke Beschaffungen tätigt oder wenn ein Mitgliedstaat öffentliche Aufträge nach diesen Regeln vergeben muss.

Übersicht

	Rn.
A. Allgemeines	1
B. Die einzelnen Ausnahmetatbestände	4
I. Nachrichtendienstliche Tätigkeiten (Nr. 1)	4
II. Kooperationsprogramme (Nr. 2)	8
III. Auftragsvergaben im Einsatzgebiet (Nr. 3)	13
IV. Regierungsaufträge (Nr. 4)	18
V. Finanzdienstleistungen (Nr. 5)	22
VI. Forschungs- und Entwicklungsdienstleistungen (Nr. 6)	26
VII. Aufträge nach besonderen Verfahrensregeln (Nr. 7)	30
1. Internationale Abkommen zwischen EU-Mitgliedstaaten und Nicht-EWR-Staaten (lit. a)	32
2. Internationale Abkommen im Zusammenhang mit der Stationierung von Truppen (lit. b)	36
3. Verfahrensregeln internationaler Organisationen (lit. c)	40
C. Rechtsschutz	45
Anlage Gesetzesbegründung (BT-Drs. 18/6281)	

A. Allgemeines

1 § 145 GWB enthält besondere Ausnahmen für die Vergabe von verteidigungs- oder sicherheitsspezifischen öffentlichen Aufträgen i.S.v. § 104 GWB.

2 Die Bestimmung übernimmt den Inhalt des bisherigen **§ 100c GWB a.F.** und setzt die verteidigungs- und sicherheitsspezifischen Ausnahmen der **RL 2009/81/EG** um.

3 Die Vorschrift kommt neben den **allgemeinen Ausnahmen** des § 107 GWB zur Anwendung. Für öffentliche Aufträge, die Verteidigungs- oder Sicherheitsaspekte beinhalten, ohne verteidigungs- oder sicherheitsspezifisch i.S.v. § 104 GWB zu sein, und **Konzessionen in den Bereichen Verteidigung und Sicherheit** enthalten §§ 117, 150 GWB spezielle Regelungen.

B. Die einzelnen Ausnahmetatbestände

I. Nachrichtendienstliche Tätigkeiten (Nr. 1)

4 § 145 Nr. 1 GWB nimmt Auftragsvergaben zum Zweck nachrichtendienstlicher Tätigkeiten vom Anwendungsbereich des Vergaberechts aus. Nachrichtendienstliche Tätigkeiten dienen dem **Staatsschutz und staatlichen Sicherheitsinteressen**. Die gesammelten Erkenntnisse, nachrichtendienstliche Verbindungen, Nachrichtentechnik und der Kreis der Mitarbeiter sind **geheimhaltungsbedürftig**.[1] Nachrichtendienstliche Tätigkeiten sind deshalb für eine Vergabe in einem transparenten, wettbewerblichen Verfahren ungeeignet.[2]

5 Die Ausnahmebestimmung erfasst zum einen Aufträge, die ein öffentlicher Auftraggeber **an einen Nachrichtendienst** vergibt, und zum anderen Aufträge, die ein staatlicher Nachrichtendienst zum Zwecke seiner nachrichtendienstlichen Tätigkeiten **an Dritte** vergibt.[3] Beschaffungen zur Abwehr nachrichtendienstlicher Tätigkeiten („counter-intelligence activities") sind ebenfalls ausgenommen.[4] Freigestellt sind Beschaffungen für nachrichtendienstliche Tätigkeiten, nicht die Nachrichtendienste als solche und auch nicht die Tätigkeiten der Nachrichtendienste im Allgemeinen.

6 Die Bestimmung lässt jedoch offen, was unter **nachrichtendienstlicher Tätigkeit** funktional zu verstehen ist. Erfasst sind zunächst Beschaffungen, die unmittelbar den Zwecken nachrich-

1 Vgl. OLG Düsseldorf, Beschluss v. 30.3.2005 – VII-Verg 101/04, Rn. 18 (BND Neubau).
2 *Kommission*, Guidance Note „Defence- and security-specific exclusions", S. 5.
3 Gesetzesbegründung, Gesetz zur Änderung des Vergaberechts für die Bereiche Verteidigung und Sicherheit, BT-Drs. 17/7275, 17.
4 Erwägungsgrund 27 RL 2009/81/EG.

tendienstlicher Tätigkeit dienen, wie z.B. die Beschaffung von technischer Ausrüstung für Spionage und Gegenspionage, Funktechnik und Verschlüsselungstechnologie.[5] Beschaffungen, die nur mittelbar nachrichtentechnischen Zwecken dienen (z.B. Bürobedarf) und nicht in Zusammenhang mit den Kernaufgaben von Nachrichtendiensten stehen, sind hingegen nicht freigestellt. Die Grenze zieht das Umgehungsverbot gem. Art. 11 RL 2009/81/EG.[6]

Nachrichtendienste im engeren, institutionellen Sinne sind der Bundesnachrichtendienst (BND), das Bundesamt für Verfassungsschutz (BfV), der Militärische Abschirmdienst (MAD) und die Verfassungsschutzbehörden der Länder. Die Ausnahme erstreckt sich aber auch auf Beschaffungen anderer Behörden, die diese in dem ihnen gesetzlich zugewiesenen Aufgabenbereich für nachrichtendienstliche Zwecke vornehmen. Deshalb sind auch Auftragsvergaben der Bundeswehr, des Bundeskriminalamtes, der Bundespolizei und des Zollkriminalamtes für nachrichtendienstliche Zwecke freigestellt.[7] **7**

II. Kooperationsprogramme (Nr. 2)

Gemäß § 145 Nr. 2 GWB sind Kooperationsprogramme der Mitgliedstaaten, die dazu dienen, neue Verteidigungsausrüstung gemeinsam zu entwickeln, vom Anwendungsbereich des GWB-Vergaberechts ausgenommen. **8**

Die Bereichsausnahme dient der Umsetzung von **Art. 13 lit. c RL 2009/81/EG**. **9**

Zwischenstaatliche **Kooperationsprogramme** im Verteidigungsbereich erleichtern die Entwicklung neuer Technologien und ermöglichen häufig erst die Finanzierung der oftmals hohen Forschungs- und Entwicklungskosten bei der Einführung komplexer Waffensysteme. Einige dieser Programme werden von internationalen Organisationen (insbesondere OCCAR, EDA) verwaltet, die die Aufträge im Namen der beteiligten Mitgliedstaaten vergeben. In anderen Fällen werden Aufträge von einem Mitgliedstaat auch im Namen eines anderen Mitgliedstaates vergeben (lead nation concept"). Ausgenommen sind ebenfalls Kooperationsprogramme zwischen Mitgliedstaaten, an denen auch Drittstaaten teilnehmen.[8] Voraussetzung ist stets, dass es sich um eine tatsächliche Kooperation handelt, bei der die beteiligten Nationen die technischen und finanziellen Programmrisiken teilen und eine gemeinsame Steuerung des Programms stattfindet.[9] Die Ausnahmebestimmung gilt auch für Auftraggeber, die einem Kooperationsprogramm nachträglich beitreten.[10] **10**

Das Kooperationsprogramm muss (a) auf Forschung und Entwicklung[11] beruhen und (b) für die Entwicklung eines neuen Produkts durchgeführt werden. Dies bedeutet, dass das Vorhaben zwingend einen **F&E-Anteil** haben muss[12], wobei eine Mindesthöhe nicht definiert ist.[13] Eine erhebliche technische Verbesserung eines vorhandenen Produkts (z.B. Kampfwertsteigerung) kann im Einzelfall ebenfalls genügen. Die gemeinschaftliche Beschaffung eines vorhandenen „Off the Shelf"-Produkts genügt jedoch nicht. Ebenso wenig reicht eine geringfügige technische Anpassung eines marktverfügbaren Produkts aus.[14] Das Kooperationsprogramm braucht nicht auf die Entwicklungsphase beschränkt zu sein, sondern kann auch die späteren Lebenszyklusphasen (Produktion, Instandhaltung, Modernisierung, Änderung, Logistik, **11**

---

5 *Dippel*, in Dippel/Sterner/Zeiss, Beschaffung im Verteidigungs- und Sicherheitsbereich, § 100c GWB Rn. 7.
6 *Trybus*, Buying Defence and Security in Europe, S. 301 ff.
7 *Mösinger/Thomas*, Verteidigungs- und Sicherheitsvergaben, S. 47 f.
8 Gesetzesbegründung, Gesetz zur Änderung des Vergaberechts für die Bereiche Verteidigung und Sicherheit, BT-Drs. 17/7275, 17; Erwägungsgrund 28 RL 2009/81/EG.
9 *Kommission*, Guidance Note „Defence- and security-specific exclusions", S. 7; *Trybus*, Buying Defence and Security in Europe, S. 285; *Rosenkötter*, VergabeR 2012, 267 (272).
10 *Trybus*, Buying Defence and Security in Europe, S. 284; *Rosenkötter*, VergabeR 2012, 267 (272).
11 Forschung und Entwicklung umfasst gemäß § 4 Abs. 5 VSVgV bzw. Art. 1 Nr. 27 RL 2009/81/EG Grundlagenforschung, angewandte Forschung und experimentelle Entwicklung, wobei Letztere die Herstellung von Demonstratorsystemen einschließt.
12 *Kommission*, Guidance Note „Defence- and security-specific exclusions", S. 6.
13 *Trybus*, Buying Defence and Security in Europe, S. 286.
14 *Kommission*, Guidance Note „Defence- and security-specific exclusions", S. 6; *Dippel*, in Dippel/Sterner/Zeiss, Beschaffung im Verteidigungs- und Sicherheitsbereich, § 100c GWB Rn. 11.

Schulung, Erprobung, Beseitigung) einschließen[15]. Liegen die Voraussetzungen von § 145 Nr. 2 GWB vor, ist das gesamte Kooperationsvorhaben dem Vergaberecht entzogen.

12 Sofern das Kooperationsprogramm allein **zwischen EU-Mitgliedstaaten** geschlossen wird, müssen diese der Kommission den Anteil der F&E-Ausgaben an den Gesamtkosten des Programms, die Vereinbarung über die Kostenteilung und gegebenenfalls den geplanten Anteil der Beschaffungen je Mitgliedstaat mitteilen.[16] Bei Beteiligung eines **Drittstaats** besteht die Notifizierungspflicht nicht. Anhand dieser Angaben kann die Kommission bewerten, ob es sich tatsächlich um ein kooperatives, auf die Entwicklung eines neuen Produkts gerichtetes Vorhaben handelt oder lediglich um einen symbolischen Beitrag zu einem nationalen Programm eines anderen Mitgliedstaats.[17]

III. Auftragsvergaben im Einsatzgebiet (Nr. 3)

13 § 145 Nr. 3 GWB betrifft „**Vor-Ort-Beschaffungen**" im Rahmen von Einsätzen der Bundeswehr oder von Sicherheitskräften des Bundes oder der Länder außerhalb der EU. Die im Einsatzgebiet stationierten oder tätigen Kräfte sollen die Möglichkeit haben, bei Auftragsvergaben an im Einsatzgebiet ansässige Unternehmen von der Anwendung des europäischen Vergaberechts abzusehen, wenn der Einsatz dies erfordert.[18]

14 Ein **Einsatzerfordernis** („operational need") kann z.B. gegeben sein, wenn die Auftragsvergabe an Lieferanten in der EU aus operationellen Gründen nicht in Betracht kommt (zu lange Lieferwege und Lieferzeiten, zu hohe Transportkosten oder -risiken, Sicherheitsgründe, etc.). Abzustellen ist auf die speziellen Gegebenheiten und Bedingungen des konkreten Einsatzes. Es muss sachlich nachvollziehbare Gründe geben, den Auftrag vor Ort zu vergeben, wobei keine allzu hohen Anforderungen zu stellen sein werden.[19] Je nach der Natur des Einsatzes kann auch die Förderung der lokalen Wirtschaft genügen.[20]

15 Zulässig sind auch **zivile Beschaffungen**, die in unmittelbarem Zusammenhang mit der Durchführung des Einsatzes stehen.[21] Zivile Beschaffungen sind Beschaffungen nicht militärischer Produkte sowie Bau- und Dienstleistungen für logistische Zwecke (wie z.B. Lagerung, Transport, Instandsetzung von Material; Unterbringung, Versorgung, Reinigung, medizinische Hilfe etc.).[22]

16 Die Auftragsvergabe muss an Unternehmen im **Einsatzgebiet** erfolgen. Entsprechend den praktischen Erfordernissen bei Auslandseinsätzen ist auch eine Vergabe an Lieferanten in direkt an das Einsatzgebiet angrenzende Staaten zulässig („surrounding geographic zone").[23] Der Auftrag kann auch an eine lokale Niederlassung eines Unternehmens mit Sitz in der EU vergeben werden, sofern er nicht de facto durch die Mutterfirma in der EU ausgeführt wird. Letzteres wäre keine Auftragsvergabe an ein Unternehmen im Einsatzgebiet.[24]

17 Soweit § 145 Nr. 3 GWB greift, finden auf die Auftragsvergabe an sich die Grundfreiheiten und das allgemeine Diskriminierungsverbot des **EU-Primärrechts** Anwendung, was in Anbe-

15 Vgl. Art. 1 Nr. 26 RL 2009/81/EG zum Begriff „Lebenszyklus".
16 Art. 13 lit. c RL 2009/81/EG.
17 *Kommission*, Guidance Note „Defence- and security-specific exclusions", S. 7; *Trybus*, Buying Defence and Security in Europe, S. 285.
18 Gesetzesbegründung, Gesetz zur Änderung des Vergaberechts für die Bereiche Verteidigung und Sicherheit, BT-Drs. 17/7275, 17.
19 *Mösinger/Thomas*, Verteidigungs- und Sicherheitsvergaben, S. 51.
20 *Dippel*, in Dippel/Sterner/Zeiss, Beschaffung im Verteidigungs- und Sicherheitsbereich, § 100c GWB Rn. 18; enger *Trybus*, Buying Defence and Security in Europe, S. 285.
21 Erwägungsgrund 29 RL 2009/81/EG.
22 *Kommission*, Guidance Note „Defence- and security-specific exclusions", S. 8. Die Erstreckung der Ausnahme auf zivile Beschaffungen ist systematisch verfehlt, da zivile Beschaffungen ohnehin nicht in den Anwendungsbereich der RL 2009/81/EG fallen. Praktisch läuft dies auf eine Freistellung von den Bestimmungen der RL 2014/24/EU hinaus.
23 *Kommission*, Guidance Note „Defence- and security-specific exclusions", S. 9.
24 Vgl. *Rosenkötter*, VergabeR 2012, 267 (272) unter Hinweis auf das Umgehungsverbot in Art. 11 RL 2009/81/EG; *Dippel*, in Dippel/Sterner/Zeiss, Beschaffung im Verteidigungs- und Sicherheitsbereich, § 100c GWB Rn. 19.

tracht der einsatz- und sicherheitssensitiven Situation einer Auftragsvergabe im Einsatzgebiet ungewöhnlich erscheint. Bei zulässiger Berufung auf § 145 Nr. 3 GWB dürften aber vielfach zugleich die Voraussetzungen des Art. 346 Abs. 1 lit. b AEUV vorliegen, sodass die Vergabe auch keinen primärrechtlichen Bindungen unterliegt.[25]

IV. Regierungsaufträge (Nr. 4)

§ 145 Nr. 4 GWB nimmt sog. **Government-to-Government- („G2G") Beschaffungen** im Verteidigungs- und Sicherheitsbereich vom Anwendungsbereich des Vergaberechts aus. Gemeinschaftsrechtliche Grundlage ist Art. 13 lit. f RL 2009/81/EG.[26] 18

Voraussetzung ist, dass der Auftrag von der Bundesregierung, einer Landesregierung oder einer Gebietskörperschaft an die Regierung oder eine Gebietskörperschaft eines anderen Staates vergeben wird. Auf andere juristische Personen des öffentlichen Rechts findet § 145 Nr. 4 GWB keine Anwendung. 19

Als **Auftragsgegenstand** kommen in Betracht: 20

a) die Lieferung von Militärausrüstung nach § 104 Abs. 2 GWB oder sensibler Ausrüstung im Rahmen eines Verschlusssachenauftrags nach § 104 Abs. 3 GWB,

b) Bau- oder Dienstleistungen in unmittelbarem Zusammenhang damit,

c) Bau- oder Dienstleistungen speziell für militärische Zwecke und

d) Bau- oder Dienstleistungen im Rahmen eines Verschlusssachenauftrags.[27]

Die Ausnahmebestimmung ist insbesondere für den **Ankauf von Ausrüstung** aus dem Bestand eines anderen Staates (einschließlich eines Drittstaates) relevant, wobei es sich auch um neue Produkte handeln kann. Wenn die verkaufende Regierung das Material erst noch beschaffen muss, würde dieser Beschaffungsvorgang den Bestimmungen der RL 2009/81/EG unterliegen.[28] Dies gilt naturgemäß nicht, wenn die verkaufende Regierung ein Drittstaat ist. 21

V. Finanzdienstleistungen (Nr. 5)

Gemäß § 145 Nr. 5 GWB sind Aufträge, die „Finanzdienstleistungen mit Ausnahme von Versicherungsdienstleistungen" zum Gegenstand haben, ausgenommen. 22

Diese Bestimmung setzt **Art. 13 lit. h RL 2009/81/EG** um. 23

Anders als in § 116 Abs. 1 Nr. 4 GWB müssen die Finanzdienstleistungen nicht in **Zusammenhang mit Wertpapieren oder anderen Finanzinstrumenten** stehen. Damit sind jegliche Finanzdienstleistungen im Zusammenhang mit einem verteidigungs- und sicherheitsrelevanten Auftrag ausgenommen.[29] 24

Versicherungsdienstleistungen unterliegen dem Vergaberecht und werden daher von der Ausnahmebestimmung nicht erfasst. 25

---

25 *Trybus*, Buying Defence and Security in Europe, S. 291.

26 Die Ausnahmeregelung adressiert ein Spezifikum der Verteidigungsbeschaffung, nämlich den Einkauf bei den Streitkräften anderer Staaten. Gleichwohl darf die Notwendigkeit dieser Ausnahme bezweifelt werden, da Beschaffungsverträge zwischen Regierungen verschiedener Staaten ohnehin nicht in das Regelungssystem des Vergaberechts fallen; vgl. hierzu *Trybus*, Buying Defence and Security in Europe, S. 293.

27 Beispiele: a) Die Bundesregierung vereinbart mit der US-Regierung die Durchführung eines Pilotentrainings durch die US Air Force. b) Die Bundesregierung kauft Trainingsflugzeuge aus Beständen der britischen Streitkräfte.

28 *Dippel*, in Dippel/Sterner/Zeiss, Beschaffung im Verteidigungs- und Sicherheitsbereich, § 100c GWB Rn. 15; *Trybus*, Buying Defence and Security in Europe, S. 294.

29 *Höß*, in: Heuvels/Höß/Kuß/Wagner, Vergaberecht, § 100c GWB Rn. 4.

VI. Forschungs- und Entwicklungsdienstleistungen (Nr. 6)

26 Verträge öffentlicher Auftraggeber über Forschungs- und Entwicklungsleistungen fallen gemäß § 145 Nr. 6 GWB nicht in den Anwendungsbereich des GWB-Vergaberechts, es sei denn,

(i) ihre Ergebnisse werden ausschließlich Eigentum des Auftraggebers für seinen Dienstgebrauch und

(ii) die Dienstleistung wird vollständig durch den Auftraggeber vergütet.

Forschungs- und Entwicklungsaufträge sind also nicht generell den Vergaberegeln entzogen; greift die Rückausnahme, bleibt das Vergaberecht anwendbar.

27 Die Ausnahme dient der Umsetzung des **Art. 13 lit. j RL 2009/81/EG**.

28 Bislang war die Ausnahme für Forschungs- und Entwicklungsdienstleistungen als **allgemeine Ausnahme in § 100 Abs. 4 Nr. 2 GWB a.F.** geregelt. Da die neuen EU-Vergaberichtlinien[30] einen etwas weiteren Ausnahmebereich für Forschungs- und Entwicklungsdienstleistungen vorsehen als bislang und für Vergaben in den Bereichen Verteidigung und Sicherheit die bisherige Vorschrift des Art. 13 lit. j RL 2009/81/EG unverändert weiter gilt, war eine Einordnung unter die allgemeinen Ausnahmen des § 107 GWB nicht möglich.[31]

29 Für die Vergabe von Forschungs- und Entwicklungsdienstleistungen in den Bereichen Verteidigung und Sicherheit[32] kommt das Vergaberecht nur zur Anwendung, wenn die Ergebnisse der Forschungs- und Entwicklungstätigkeiten ausschließlich dem öffentlichem Auftraggeber zugutekommen und allein durch ihn finanziert werden.[33] Der Begriff **Forschung und Entwicklung** umfasst nach der Definition in § 4 Abs. 5 VSVgV Grundlagenforschung, angewandte Forschung und experimentelle Entwicklung, wobei Letztere die Herstellung von technologischen Demonstratorsystemen einschließen kann. Maßgebliches Abgrenzungskriterium ist nach dem Wortlaut der Bestimmung, ob der Auftraggeber ausschließliches Eigentum an den mit seinen Mitteln erarbeiteten Forschungs- und Entwicklungsergebnissen erhält. „Ausschließliches Eigentum" ist nicht rein zivilrechtlich zu verstehen. Gemeint ist, ob sich der Auftraggeber das ausschließliche Nutzungsrecht vorbehält.[34] Lässt sich der Auftraggeber lediglich ein nicht ausschließliches Nutzungsrecht einräumen oder soll der Auftragnehmer das Vorhaben teilweise eigenfinanzieren, ist der Auftrag vom Anwendungsbereich des GWB-Vergaberechts ausgenommen. Studien- und Entwicklungsaufträge der Bundeswehr, die ein nicht ausschließliches Nutzungsrecht zugunsten des öffentlichen Auftraggebers vorsehen, sind dementsprechend freigestellt. Lässt sich die Bundeswehr im Einzelfall ausschließliche Rechte einräumen, muss sie die Dienstleistung im Wettbewerb vergeben.

VII. Aufträge nach besonderen Verfahrensregeln (Nr. 7)

30 § 145 Nr. 7 GWB enthält Ausnahmen für die Vergabe verteidigungs- oder sicherheitsspezifischer öffentlicher Aufträge, wenn der öffentliche Auftraggeber verpflichtet ist, diese auf der Grundlage **besonderer, internationaler Verfahrensregeln** vorzunehmen.

31 **Zweck** ist es, Kollisionen zwischen gemeinschaftsrechtlichem Vergaberecht und spezielleren Vergabeverfahrensregeln, die ein öffentlicher Auftraggeber in Deutschland aufgrund internationaler Abkommen anzuwenden hat, zu verhindern.[35]

---

30 Art. 14 RL 2014/24/EU, Art. 25 RL 2014/23/EU und Art. 32 RL 2014/25/EU, umgesetzt in § 116 Abs. 1 Nr. 2 GWB.

31 Gesetzesbegründung, BT-Drs. 18/6281, 94

32 Z.B. Referenznummern des Common Procurement Vocabulary 73400000-6 Forschung und Entwicklung für Sicherheits- und Verteidigungsgüter oder 73410000-9 Militärforschung und -technologie.

33 Durch diese Regelung soll die Kofinanzierung von Forschungs- und Entwicklungsprogrammen durch die Industrie gefördert werden, da in diesen Fällen das Vergaberecht nicht zur Anwendung kommt (Erwägungsgrund 35 RL 2014/24/EU).

34 BayObLG, Beschluss v. 27.2.2003 – Verg 15/02, NZBau 2003, 634 (635); a.A. *Boesen*, Vergaberecht, § 100 GWB Rn. 144.

35 § 145 Nr. 7 GWB entspricht dem bisherigen § 100c Abs. 4 GWB a.F., der Art. 12 RL 2009/81/EG umsetzt.

1. Internationale Abkommen zwischen EU-Mitgliedstaaten und Nicht-EWR-Staaten (lit. a)

§ 145 Nr. 7 lit. a GWB stellt Aufträge frei, die nach besonderen Verfahrensregeln vergeben werden, „die sich aus einem internationalen Abkommen oder einer internationalen Vereinbarung ergeben, das oder die zwischen einem oder mehreren Mitgliedstaaten der Europäischen Union und einem oder mehreren Staaten, die nicht Vertragsparteien des Übereinkommens über den Europäischen Wirtschaftsraum sind, geschlossen wurde." 32

Zweck dieser Bestimmung ist, dass Drittstaaten im Rahmen von Abkommen mit EU-Mitgliedstaaten nicht gezwungen sein sollen, eine Auftragsvergabe nach EU-Vergaberichtlinien zu akzeptieren. Derartige Aufträge können nach den in dem internationalen Abkommen oder der internationalen Vereinbarung geregelten Verfahren vergeben werden. 33

Die Begriffe **„internationales Abkommen"** (agreement) und **„internationale Vereinbarung"** (arrangement) werden synonym verwendet: Es muss sich um eine verbindliche zwischenstaatliche Vereinbarung unter Einschluss Deutschlands und mindestens einem Drittstaat handeln.[36] Derartige Vereinbarungen können auch die im Verteidigungsbereich üblichen zwischenstaatlichen Regierungs-MoUs (Memorandum of Understanding) sein, nicht jedoch Vereinbarungen mit internationalen Organisationen (wie OCCAR und EDA).[37] 34

Das Abkommen muss seinerseits mit dem **AEUV** vereinbar sein, darf also nicht unter Verstoß gegen die Kompetenzordnung des AEUV oder materielles EU-Recht zustande gekommen sein. Im Vergleich zu § 145 Nr. 2 GWB können zwischenstaatliche Beschaffungskooperationen auf der Grundlage internationaler Abkommen mit Drittstaaten leichter den vergaberechtlichen Bindungen entzogen werden, da weder ein F&E-Anteil noch die Entwicklung eines neuen Produkts gefordert ist und auch keine Notifizierungspflichten gegenüber der Kommission bestehen. Allerdings muss die Kooperationsvereinbarung spezielle Verfahrensregeln für die Auftragsvergabe vorsehen.[38] 35

2. Internationale Abkommen im Zusammenhang mit der Stationierung von Truppen (lit. b)

§ 145 Nr. 7 lit. b GWB stellt Aufträge frei, die aufgrund eines internationalen Abkommens oder einer internationalen Vereinbarung im Zusammenhang mit der Stationierung von Truppen nach besonderen Verfahrensregeln vergeben werden. 36

Die Auftragsvergabe soll hier vorrangig nach den im jeweiligen **Truppenstationierungsabkommen** vereinbarten Verfahren erfolgen. Nach Erwägungsgrund 26 RL 2009/81/EG erfasst die Ausnahmevorschrift Abkommen betreffend die Stationierung von Truppen 37

(i) aus einem Mitgliedstaat in einem anderen Mitgliedstaat,

(ii) in einem Drittstaat oder

(iii) aus einem Drittstaat in einem Mitgliedstaat.[39]

Der **Sinn und Zweck** dieser Ausnahme darf durchaus bezweifelt werden: Während Truppen aus Drittstaaten ohnehin nicht in den persönlichen Anwendungsbereich des Vergaberechts fallen, ist es fraglich, warum Truppen eines Mitgliedstaates, die in einem anderen Mitgliedstaat stationiert sind, ausgenommen sein sollen, wenn sie doch in ihrem Heimatstaat den Vergaberegeln unterliegen.[40] 38

Wichtigster Anwendungsfall sind Beschaffungsvorhaben der in Deutschland stationierten Truppen einschließlich deren zivilem Gefolge gemäß **Art. IX des NATO-Truppenstatuts**[41] 39

---

36 Gesetzesbegründung, Gesetz zur Änderung des Vergaberechts für die Bereiche Verteidigung und Sicherheit, BT-Drs. 17/7275, 17; *Rosenkötter*, VergabeR 2012, 267 (271); gemäß *Kommission*, Guidance Note „Defence- and security-specific exclusions", S. 3, muss es sich um Vereinbarungen auf Regierungsebene handeln.

37 *Trybus*, Buying Defence and Security in Europe, S. 273.

38 *Kommission*, Guidance Note „Defence- and security-specific exclusions", S. 2.

39 Gesetzesbegründung, Gesetz zur Änderung des Vergaberechts für die Bereiche Verteidigung und Sicherheit, BT-Drs. 17/7275, 18.

40 *Trybus*, Buying Defence and Security in Europe, S. 275.

41 Abkommen zwischen den Parteien des Nordatlantikvertrages über die Rechtsstellung ihrer Truppen (NATO-Truppenstatut) vom 19.6.1951 (BGBl. II 1961 S. 1190).

i.V.m. Art. 47 des Zusatzabkommens.[42] Im Geltungsbereich dieser Abkommen können die von der ausländischen Truppe oder dem zivilen Gefolge benötigten Lieferungen und Leistungen entweder unmittelbar durch die Behörden der ausländischen Truppe oder – nach vorheriger Vereinbarung – mittelbar durch die deutschen Behörden beschafft werden. Wird die Beschaffung unmittelbar durch die Behörden der ausländischen Truppen durchgeführt, kann dies nach dem in dem Entsendestaat der Truppe üblichen Verfahren geschehen. Wird der Auftrag hingegen von der zuständigen deutschen Behörde vergeben, hat diese deutsches Vergaberecht anzuwenden.[43] Ein weiteres Beispiel ist die Vergabe von Aufträgen für Bauvorhaben der gemeinsam finanzierten NATO-Infrastruktur.[44]

3. Verfahrensregeln internationaler Organisationen (lit. c)

40 § 145 Nr. 7 lit. c GWB stellt verteidigungs- oder sicherheitsspezifische öffentliche Aufträge, die aufgrund des besonderen Verfahrens einer internationalen Organisation vergeben werden, von der Anwendung des GWB-Vergaberechts frei.

41 Gemeinschaftsrechtliche Grundlage ist **Art. 12 lit. c RL 2009/81/EG**.

42 Voraussetzung ist, dass eine **internationale Organisation** den betreffenden Auftrag für ihre Zwecke vergibt[45] oder dass ein **Mitgliedstaat** Aufträge nach diesen Regeln vergeben muss. Vergaben einer internationalen Organisation für Zwecke ihrer Mitglieder fallen nicht unter die Ausnahmevorschrift.[46] Mitgliedstaaten können ihre Aufträge also nicht über eine internationale Organisation mit dem Ziel vergeben, die Bestimmungen des Vergaberechts zu umgehen.[47]

43 Die Ausnahme ermöglicht es öffentlichen Auftraggebern, das bei einer internationalen Organisation geltende Verfahren anzuwenden. Voraussetzung ist, dass die Statuten der internationalen Organisation **spezielle Verfahrensregeln** für die Vergabe von Aufträgen enthalten. Dies wird – zumindest in Form allgemeiner haushaltswirtschaftlicher Grundsätze – regelmäßig der Fall sein.

44 Der Begriff **„internationale Organisation"** ist im völkerrechtlichen Sinne zu verstehen. Gemeint sind durch völkerrechtliche Verträge geschaffene zwischenstaatliche Organisationen mit eigener Rechtsfähigkeit, wie z.B. NATO, Europäische Verteidigungsagentur (EDA), OCCAR. Nichtstaatliche internationale Organisationen (NGOs) sowie Vereinigungen ohne Rechtsfähigkeit fallen nicht hierunter. Praktische Relevanz hat § 145 Nr. 7 GWB für die NATO und ihre Unterorganisationen (z.B. NSPA), da diese Militärausrüstung auch für eigene Zwecke beschaffen. EDA und OCCAR beschaffen hingegen nur für die Mitgliedstaaten.[48]

C. Rechtsschutz

45 Im Nachprüfungsverfahren ist das Vorliegen der Voraussetzungen eines der in § 145 GWB genannten Ausnahmen seitens der Nachprüfungsinstanzen **von Amts wegen** zu prüfen. Lie-

42 Zusatzabkommen zu dem Abkommen zwischen den Parteien des Nordatlantikvertrages über die Rechtsstellung ihrer Truppen hinsichtlich der in der Bundesrepublik Deutschland stationierten ausländischen Truppen vom 3.8.1959 (BGBl. II 1961 S. 1183, 1218). Die Abkommen haben gemäß Art. 59 Abs. 2 GG den Rang einfachen Bundesrechts. Näher: *Riese*, Vergaberecht, S. 39 ff.; *Müller*, in: *Daub/Eberstein*, VOL/A, § 1 Rn. 44 ff. Zur Errichtung von Reihen- und Doppelhäusern für Angehörige der US-Streitkräfte siehe VK Bund, Beschluss v. 20.12.2005 – VK 2-156/05.

43 VK Bund, Beschluss v. 8.3.2006 – VK 1-07/06; *Riese*, Vergaberecht, S. 40.

44 Siehe „Richtlinien zur Vergabe von Aufträgen für Bauvorhaben des gemeinsam finanzierten NATO-Sicherheits-Investitionsprogramms – RiNATO –" und hierzu VK Bund, Beschluss v. 17.1.2006 – VK 3-163/05.

45 Wobei internationale Organisationen selbst keine Auftraggeber i.S. der Vergaberichtlinien sind. Siehe Erwägungsgrund 22 RL 2014/24/EU; *Kommission*, Guidance Note „Defence- and security-specific exclusions", S. 4; *Kommission*, Leitfaden zu den Gemeinschaftsvorschriften für die Vergabe von öffentlichen Lieferaufträgen, 1997, S. 20. Allgemein zum Vergabeverfahren internationaler Organisationen: *Ullrich*, VergabeR 2002, 331 ff.

46 Gesetzesbegründung, Gesetz zur Änderung des Vergaberechts für die Bereiche Verteidigung und Sicherheit, BT-Drs. 17/7275, 18.

47 *Trybus*, Buying Defence and Security in Europe, S. 276.

48 *Trybus*, Buying Defence and Security in Europe, S. 276.

gen die Voraussetzungen eines Ausnahmetatbestandes vor, gilt Teil 4 des GWB für den gesamten Auftrag nicht.[49] Der Nachprüfungsantrag ist unzulässig.[50]

Die **Vergabeentscheidung** des Auftraggebers wird in der Sache weder überprüft noch beanstandet. Der Rechtsschutz im Nachprüfungsverfahren ist in solchen Fällen auf eine Kontrolle darauf beschränkt, ob die Voraussetzungen des Ausnahmetatbestandes von der Vergabestelle zutreffend angenommen worden sind. Dazu gehört es auch, zu prüfen, ob die Vergabestelle bei der Anwendung unbestimmter Rechtsbegriffe die Grenzen ihres (weiten) Beurteilungsspielraums überschritten bzw. sachfremde Erwägungen angestellt hat.[51] **46**

Sofern das **Nachprüfungsverfahren nicht statthaft** ist, können Unternehmen um Rechtsschutz vor den Zivilgerichten bzw. in Einzelfällen auch vor den Verwaltungsgerichten nachsuchen.[52] Eine Verweisung an das zuständige Zivil- oder Verwaltungsgericht erfolgt jedoch nicht. **47**

Anlage

Gesetzesbegründung (BT-Drs. 18/6281)

Seite 126

§ 145 übernimmt den Inhalt des bisherigen § 100c Absatz 2 bis 4 GWB in eine gesonderte Vorschrift zu den besonderen Ausnahmen für verteidigungs- oder sicherheitsspezifische öffentliche Aufträge. Wie nach der bisherigen Konzeption des GWB zu § 100 Absatz 3 bis 6 sowie § 100c kommt die Vorschrift zu den allgemeinen Ausnahmen des neuen § 107 neben § 145 zur Anwendung.

Zu Nummer 1

§ 145 Nummer 1 entspricht dem bisherigen § 100c Absatz 2 Nummer 2 GWB, der Artikel 13 Buchstabe b der Richtlinie 2009/81/EG umsetzt.

Zu Nummer 2

§ 145 Nummer 2 entspricht dem bisherigen § 100c Absatz 2 Nummer 3 GWB, der Artikel 13 Buchstabe c der Richtlinie 2009/81/EG umsetzt.

Zu Nummer 3

§ 145 Nummer 3 entspricht dem bisherigen § 100c Absatz 3 GWB, der Artikel 13 Buchstabe d der Richtlinie 2009/81/EG umsetzt.

Zu Nummer 4

§ 145 Nummer 4 entspricht dem bisherigen § 100c Absatz 2 Nummer 4 GWB, der Artikel 13 Buchstabe f der Richtlinie 2009/81/EG umsetzt.

Zu Nummer 5

§ 145 Nummer 5 entspricht der bisherigen Ausnahme für Finanzdienstleistungen mit Ausnahme von Versicherungsdienstleistungen des § 100c Absatz 2 Nummer 1 GWB und dient der Umsetzung von Artikel 13 Buchstabe h der Richtlinie 2009/81/EG.

---

49 OLG Düsseldorf, Beschluss v. 30.3.2005 – VII-Verg 101/04 (Neubau BND).
50 VK Sachsen, Beschluss v. 29.8.2008 – 1/SVK/042-08; VK Bund, Beschluss v. 3.2.2006 – VK 1-01/06.
51 *Hölzl*, in: von Wietersheim, Vergaben im Bereich Verteidigung und Sicherheit, S. 183 f.
52 Näher: *Hölzl*, in: von Wietersheim, Vergaben im Bereich Verteidigung und Sicherheit, S. 184 ff.; *Renner/Rubach-Larsen/Sterner*, NZBau 2007, 407.

Zu Nummer 6

Die Ausnahme des § 145 Nummer 6 für Forschungs- und Entwicklungsdienstleistungen dient der Umsetzung des Artikel 13 Buchstabe j der Richtlinie 2009/81/EG und entspricht der bisherigen Ausnahme des § 100 Absatz 4 Nummer 2 GWB. Im Übrigen wird auf die Begründung zu § 116 Absatz 1 Nummer 2 verwiesen.

Seite 127

Zu Nummer 7

§ 145 Nummer 7 entspricht dem bisherigen § 100c Absatz 4 GWB, der Artikel 13 Buchstabe h der Richtlinie 2009/81/EG umsetzt.

§ 146
Verfahrensarten

Bei der Vergabe von verteidigungs- oder sicherheitsspezifischen öffentlichen Aufträgen stehen öffentlichen Auftraggebern und Sektorenauftraggebern das nicht offene Verfahren und das Verhandlungsverfahren mit Teilnahmewettbewerb nach ihrer Wahl zur Verfügung. Das Verhandlungsverfahren ohne Teilnahmewettbewerb und der wettbewerbliche Dialog stehen nur zur Verfügung, soweit dies aufgrund dieses Gesetzes gestattet ist.

Übersicht Rn.

A. Allgemeines 1
B. Regelungsinhalt 4
Anlage
Gesetzesbegründung (BT-Drs. 18/6281)

A. Allgemeines

§ 146 GWB bestimmt, welche Verfahrensarten bei der Vergabe sicherheits- und verteidigungsspezifischer Aufträge im Sinne von § 104 GWB zur Verfügung stehen. 1

Die Norm entspricht dem bisherigen **§ 101 Abs. 7 S. 3 GWB a.F.** und dient der Umsetzung von **Art. 25 RL 2009/81/EG**. 2

Der **Adressatenkreis** der Vorschrift erfasst entsprechend der neuen Systematik der §§ 98 f. GWB und im Einklang mit Art. 1 Nr. 17 RL 2009/81/EG nunmehr nicht nur öffentliche Auftraggeber im Sinne des § 99 GWB, sondern auch Sektorenauftraggeber im Sinne des § 100 GWB.[1] 3

B. Regelungsinhalt

§ 146 S. 1 GWB bestimmt, dass öffentliche Auftraggeber und Sektorenauftraggeber bei der Vergabe sicherheits- und verteidigungsspezifischer Aufträge zwischen dem zur Verfügung stehenden **nicht offenen Verfahren** und dem **Verhandlungsverfahren mit Teilnahmewettbewerb** frei wählen dürfen. 4

Die Wahl der Verfahrensart muss im **Vergabevermerk** nicht besonders begründet werden, da die beiden Verfahrensarten nicht in einem Regel-Ausnahme-Verhältnis stehen. Im Hinblick auf das Wettbewerbsprinzip und der Transparenz sind beide Verfahrensarten insoweit vergleichbar, dass bei beiden zwingend der Teilnahmewettbewerb voranzustellen ist. 5

Im Vergleich zu den allgemeinen Auftragsvergaben fällt weiter auf, dass das **offene Verfahren** nicht gewählt werden kann und darf. Grund hierfür ist die Vorgabe in Art. 25 RL 2009/81/EG, wonach Auftraggeber sicherheits- und verteidigungsspezifische Aufträge im nicht offenen Verfahren oder im Verhandlungsverfahren mit Veröffentlichung einer Bekanntmachung vergeben. Das offene Verfahren wurde vor dem Hintergrund der Sensibilität bei der Vergabe von sicherheits- oder verteidigungsspezifischen Aufträgen als nicht sachgemäß erachtet, weil beispielsweise die Vergabeunterlagen ohne vorherige Eignungsprüfung im Teilnahmewettbewerb sämtlichen Bewerbern zugesendet werden müssten. Da diese aber oftmals schützenswerte Informationen enthalten, besteht ein Widerspruch zur regelmäßig vorliegenden Sensibilität der Auftragsvergabe in diesem Bereich.[2] Hier liegt eine Besonderheit im Bereich der Vergabe verteidigungs- oder sicherheitsspezifischer Aufträge, da bei den allgemeinen Auftragsvergaben gemäß § 119 Abs. 2 S. 1 GWB öffentlichen Auftraggebern lediglich die Wahl zwischen dem offenen und dem nicht offenen Verfahren zusteht. 6

1 Gesetzesbegründung, BT-Drs. 18/6281, 127.
2 Siehe auch Verordnungsbegründung, VSVgV, BR-Drs. 321/12, 46; *Haak*, in: Willenbruch/Wieddekind, Vergaberecht, § 11 VSVgV Rn. 5; *Byok*, NVwZ 2012, 70, 72; *Rosenkötter*, VergabeR 2012, 267 (276).

7 Die Wahlfreiheit wird für den Bereich der Liefer- und Dienstleistungsaufträge in **§ 11 Abs. 1 S. 1 VSVgV** entsprechend ausgestaltet. Für den Bereich der Bauaufträge findet sich die verwandte Regelung in **§ 3a VS Abs. 1 VOB/A**.

8 Das **Verhandlungsverfahren ohne Teilnahmewettbewerb** und der **wettbewerbliche Dialog** stehen dem öffentlichen Auftraggeber oder Sektorenauftraggeber nach § 146 S. 2 GWB nur zur Verfügung, soweit dies in den näheren Bestimmungen der entsprechenden verordnungsrechtlichen Regelungen erlaubt ist. Diese finden sich in **§§ 12 und 13 VSVgV**.

9 Die **Innovationspartnerschaft** gemäß § 119 Abs. 7 GWB ist im Katalog der Vergabearten gemäß § 146 GWB, die bei der Vergabe verteidigungs- und sicherheitsspezifischer Aufträge anzuwenden sind, nicht enthalten. Dabei handelt es sich um ein Verfahren zur Entwicklung innovativer, noch nicht auf dem Markt verfügbarer Liefer-, Bau- oder Dienstleistungen und zum anschließenden Erwerb der daraus hervorgehenden Leistungen. Es ist vorgesehen, dass der Auftraggeber nach einem Teilnahmewettbewerb in mehreren Phasen mit den ausgewählten Unternehmen über die Erst- und Folgeangebote verhandelt. Dabei wird das Verfahren entsprechend dem Forschungs- und Innovationsprozess in aufeinanderfolgende Phasen strukturiert und kann die Herstellung der Produkte, die Erbringung der Dienstleistungen oder die Fertigstellung der Bauleistung umfassen (Art. 31 Abs. 2 UAbs. 2 S. 1 RL 2014/24/EU). Gerade bei komplexeren Rüstungsprojekten würde diese auf die Entwicklung und den späteren Erwerb innovativer, noch nicht auf dem Markt verfügbarer Leistungen zugeschnittene Verfahrensart ein breites Anwendungsfeld finden. Von der Rechtsprechung ist noch nicht explizit entschieden, ob die Durchführung einer Vergabe nach den Regeln der Innovationspartnerschaft im Bereich der Vergabe verteidigungs- und sicherheitsspezifischer Aufträge unzulässig wäre. Allein aus dem Umstand, dass diese Verfahrensart in § 146 GWB nicht erwähnt wird, ein entsprechendes Verbot zu folgern, ist nicht zwingend. Denn die Innovationspartnerschaft bietet für den oben beschriebenen Verwendungszweck die Möglichkeit, unter Wahrung der vergaberechtlichen Prinzipien die Vergabe des innovativen Leistungsgegenstandes zu bewerkstelligen. Eine Beeinträchtigung der Rechtspositionen der an diesem Verfahren weiterhin beteiligten Bewerber und Bieter erscheint daher bei ordnungsgemäßer Durchführung nicht zwingend.

Anlage

Gesetzesbegründung (BT-Drs. 18/6281)

Seite 127

§ 146 entspricht dem bisherigen § 101 Absatz 7 Satz 3 GWB. Der Adressatenkreis der Vorschrift erfasst entsprechend der neuen Systematik der §§ 98 f. und im Einklang mit Artikel 1 Nummer 17 Richtlinie 2009/81/EG nunmehr nicht nur öffentliche Auftraggeber im Sinne des § 99, sondern auch Sektorenauftraggeber im Sinne des § 100.

§ 147
Sonstige anwendbare Vorschriften

Im Übrigen gelten für die Vergabe von verteidigungs- oder sicherheitsspezifischen öffentlichen Aufträgen die §§ 119, 120, 121 Absatz 1 und 3 sowie die §§ 122 bis 135 mit der Maßgabe entsprechend, dass ein Unternehmen gemäß § 124 Absatz 1 auch dann von der Teilnahme an einem Vergabeverfahren ausgeschlossen werden kann, wenn das Unternehmen nicht die erforderliche Vertrauenswürdigkeit aufweist, um Risiken für die nationale Sicherheit auszuschließen. Der Nachweis, dass Risiken für die nationale Sicherheit nicht auszuschließen sind, kann auch mit Hilfe geschützter Datenquellen erfolgen.

Übersicht Rn.

A. Allgemeines ... 1
B. Anwendbare Regelungen ... 4
C. Barrierefreiheit in der Leistungsbeschreibung (§ 121 Abs. 2) ... 8
D. Ausschlussgründe (§§ 123 und 124) ... 9
E. Ausschlussgrund der fehlenden Vertrauenswürdigkeit ... 11
Anlage
Gesetzesbegründung (BT-Drs. 18/6281)

A. Allgemeines

1 Der Gesetzgeber hat mit § 147 GWB angeordnet, dass **weite Teile der allgemeinen vergaberechtlichen Vorschriften** auch im Bereich der sicherheits- und verteidigungsspezifischen Aufträge Anwendung finden. Für den Rechtsanwender bedeutet dies, dass er neben den Bestimmungen der VSVgV auch die entsprechenden Bestimmungen des allgemeinen Vergaberechts im Blick haben muss, auf die in § 147 GWB besonders verwiesen wurde. Mit dieser Vereinheitlichung soll ein höheres Maß an **Rechtssicherheit** erzielt werden.

2 Gemäß § 147 GWB finden für die Vergabe von verteidigungs- oder sicherheitsspezifischen öffentlichen Aufträgen grundsätzlich die **§§ 119 bis 135 GWB** entsprechende Anwendung.

3 Besondere Vorschriften bestehen weiterhin zu den besonderen Ausnahmen vom Vergaberecht für verteidigungs- oder sicherheitsspezifische öffentliche Aufträge (**§ 145 GWB**) und zu den Verfahrensarten (**§ 146 GWB**). Auch die Regelung zur grundsätzlichen Berücksichtigung der Zugänglichkeitskriterien für Menschen mit Behinderung oder der Konzeption für alle Nutzer in der Leistungsbeschreibung (**§ 121 Abs. 2 GWB**) wurde nicht in die Verweisungskette aufgenommen.

B. Anwendbare Regelungen

4 Die Verweisungskette des § 147 GWB erfasst die Regelungen des Abschnitts 2 Unterabschnitt 2 (Vergabeverfahren und Auftragsausführung) nahezu vollständig. Hierzu zählen die folgenden Bestimmungen:

- § 119 Verfahrensarten;
- § 120 Besondere Methoden und Instrumente in Vergabeverfahren;
- § 121 Leistungsbeschreibung (ohne Abs. 2);
- § 122 Eignung;
- § 123 Zwingende Ausschlussgründe;
- § 124 Fakultative Ausschlussgründe,
- § 125 Selbstreinigung;
- § 126 Zulässiger Zeitraum für Ausschlüsse;
- § 127 Zuschlag;

- § 128 Auftragsausführung;
- § 129 Zwingend zu berücksichtigende Ausführungsbedingungen;
- § 130 Vergabe von öffentlichen Aufträgen über soziale und andere besondere Dienstleistungen;
- § 131 Vergabe von öffentlichen Aufträgen über Personenverkehrsleistungen im Eisenbahnverkehr;
- § 132 Auftragsänderungen während der Vertragslaufzeit;
- § 133 Kündigung von öffentlichen Aufträgen in besonderen Fällen;
- § 134 Informations- und Wartepflicht;
- § 135 Unwirksamkeit.

5 Die Verweisungen greifen jedoch nur insoweit, als die §§ 144 bis 146 GWB **keine abweichende** und aufgrund der Spezialität **vorrangige Regelung** getroffen haben, was aus der Verwendung der Formulierung „Im Übrigen" zu folgern ist.

6 Beispielsweise enthält **§ 146 GWB** eine Sonderbestimmung zu den bei der Vergabe sicherheits- und verteidigungsspezifischer Aufträge anzuwendenden Verfahrensarten, wonach das offene Verfahren nicht zur Verfügung steht. Diese Spezialnorm geht diesbezüglich den allgemeinen Regelungen des **§ 119 GWB** vor.

7 Darüber hinaus stellt sich die Frage, ob die Verweisungskette in sachlicher Hinsicht nicht etwas zu weit gefasst ist. Beispielsweise lassen sich Anwendungsfälle im Bereich des § 130 GWB (Vergabe von öffentlichen Aufträgen über **soziale und andere besondere Dienstleistungen**), die gleichzeitig in die Rubrik der verteidigungs- oder sicherheitsspezifischen Aufträge fallen, nur schwer vorstellen.

C. Barrierefreiheit in der Leistungsbeschreibung (§ 121 Abs. 2)

8 § 121 Abs. 2 GWB wurde explizit von der Verweisungskette ausgenommen. Danach sind bei der Beschaffung von Leistungen, die zur Nutzung durch natürliche Personen vorgesehen sind, bei der Erstellung der Leistungsbeschreibung grundsätzlich **Zugänglichkeitskriterien für Menschen mit Behinderungen** oder die **Konzeption für alle Nutzer** zu berücksichtigen. Weil in der RL 2009/81/EU keine entsprechende Regelung für die Vergabe sicherheits- und verteidigungsspezifischer Aufträge vorgesehen ist, wurde die Bestimmung von der Verweisungskette ausgenommen.[1] Dies dürfte bei einer Vielzahl von Fällen im besonderen Bereich der Vergabe verteidigungs- und sicherheitsspezifischer Aufträge durchaus sachgerecht sein, da Menschen mit Behinderungen typischerweise nicht die Nutzer von Militärgerät sind. Gleichwohl sind derartige Fälle denkbar, beispielsweise im Bereich ziviler Mitarbeiter in Kasernen oder militärischen Behörden. Insoweit wäre eine Regelung mit dem Regel-Ausnahme-Verhältnis des § 121 Abs. 2 GWB durchaus sachgerecht.

D. Ausschlussgründe (§§ 123 und 124)

9 Durch die Verweisung werden die **zwingenden und fakultativen Ausschlussgründe** der §§ 123 und 124 GWB, die auf den entsprechenden Katalogen des Art. 57 Abs. 1 bis 5 RL 2014/24/EU beruhen, auch für den Bereich der sicherheits- und verteidigungsspezifischen Aufträge zur Anwendung vorgeschrieben.

10 Die Bestimmungen der RL 2014/24/EU sind aber nicht deckungsgleich mit der entsprechenden Regelung in **Art. 39 RL 2009/81/EG**. So werden in Art. 57 RL 2014/24/EU zwingende Ausschlussgründe, wie Nichtentrichtung von Steuern oder Sozialabgaben, aufgeführt, die in Art. 39 RL 2009/81/EG und bislang in § 24 Abs. 1 Nr. 6 VSVgV als fakultative Ausschlussgründe enthalten sind. Der Gesetzgeber wollte erreichen, dass Auftraggeber bei der Vergabe

1 Gesetzesbegründung, BT-Drs. 18/6281, 127.

von verteidigungs- oder sicherheitsspezifischen Aufträgen im Hinblick auf die Schwere dieser Rechtsverstöße und die betroffenen Rechtsgüter rechtlich nicht anders behandelt werden als sonstige öffentliche Auftraggeber. Im Interesse der Rechtssicherheit werden daher auch die Regelungen der §§ 123 und 124 GWB zu den zwingenden und fakultativen Ausschlussgründen für verteidigungs- oder sicherheitsspezifische Aufträge vollständig für anwendbar erklärt.

E. Ausschlussgrund der fehlenden Vertrauenswürdigkeit

Nach § 147 S. 1 GWB findet **§ 124 Abs. 1 GWB** mit der Maßgabe Anwendung, dass ein Unternehmen auch dann von der Teilnahme an einem Vergabeverfahren ausgeschlossen werden kann, wenn das Unternehmen nicht die erforderliche Vertrauenswürdigkeit aufweist, um Risiken für die nationale Sicherheit auszuschließen. 11

Der Begriff der **nationalen Sicherheit** erfasst dabei sowohl die äußere als auch die innere Sicherheit und damit sowohl militärische als auch nicht militärische Risiken (beispielsweise internationaler Terrorismus, organisierte Kriminalität und Wirtschaftsspionage). 12

Weder die Gesetzesbegründung noch die Richtlinie 2009/81/EG definieren in Abgrenzung zu den vergaberechtlichen Begriffen der Zuverlässigkeit und Eignung den Begriff der **Vertrauenswürdigkeit**. Letztlich wird es auch bei der Vertrauenswürdigkeit um eine Einschätzung gehen, ob der Bieter oder Bewerber die Gewähr bietet, den zu vergebenden Auftrag ordnungsgemäß abzuarbeiten. Zusätzlich dürften in dieser Prognose über den konkreten Auftrag hinaus auch zeitlich nachgelagerte mögliche Entwicklungen zu berücksichtigen sein: so beispielsweise die Gefahr der späteren rechtswidrigen Verwendung der im Rahmen des Vergabeverfahrens oder der Auftragsabwicklung erworbenen Informationen, Erkenntnisse, technischen Fähigkeiten und ggf. der auftragsbezogenen technischen Ausstattung. Dieser weite Ansatz findet seine Rechtfertigung in dem besonders sensiblen und hochrangigen Schutzgut, nämlich der nationalen Sicherheit. Der Normtext senkt dabei die Eintrittsschwelle niedrig: So soll es schon ausreichen, dass Risiken für die nationale Sicherheit nicht auszuschließen sind – sie müssen also noch nicht einmal wahrscheinlich sein. 13

Ob dieser Ausschlusstatbestand tatsächlich in der **Praxis** relevante Auswirkungen zeitigt, wird weiter abzuwarten sein. Schon jetzt ist es gängige Praxis, dass im Bereich der Aufträge der VSVgV regelmäßig Sicherheitsüberprüfungen der handelnden Personen in den unterschiedlichen Abstufungen im Rahmen der Eignungsprüfung abgefordert werden. Auch dort ist u.a. Prüfungsmaßstab, ob die Personen ein Risiko für die nationale Sicherheit darstellen. Zusätzlich wird das Vorverhalten der Personen von den Ausschlusstatbeständen des § 124 Abs. 1 Nr. 3 und Nr. 4 GWB sehr umfassend erfasst; hierzu zählen auch Handlungen, die Risiken für die nationale Sicherheit bedeuten (beispielsweise Geheimnisverrat oder Sabotage). Flankiert werden diese Bestimmungen durch Zuverlässigkeitsprüfungen beispielsweise im Bereich der Exportkontrolle und des KrWaffKontrG. 14

Die Maßgabenanordnung ist notwendig, weil der fakultative Ausschlussgrund der fehlenden Vertrauenswürdigkeit des Art. 39 Abs. 2 lit. e RL 2009/81/EG, der bislang in **§ 24 Abs. 1 Nr. 5 VSVgV a.F.** verankert war, – mangels entsprechender Vorgabe in den allgemeinen Vergaberichtlinien – nicht in § 124 Abs. 1 GWB enthalten ist. 15

Der **Nachweis**, dass Risiken für die nationale Sicherheit nicht auszuschließen sind, kann nach § 147 S. 2 GWB auch mithilfe geschützter Datenquellen erfolgen. Gemeint sind Informationen der Geheimdienste oder der Sicherheitsbehörden. Diese Quellen sind beispielsweise in einem Nachprüfungsverfahren nicht offenzulegen. 16

Anlage

Gesetzesbegründung (BT-Drs. 18/6281)

Seite 127

Gemäß § 147 finden für die Vergabe von verteidigungs- oder sicherheitsspezifischen öffentlichen Aufträgen grundsätzlich die §§ 119 bis 135 Anwendung. Besonderer Vorschriften bedarf es weiterhin zu den besonderen Ausnahmen vom Vergaberecht für verteidigungs- oder sicherheitsspezifische öffentliche Aufträge (§ 145) und zu den Verfahrensarten (§ 146). Auch § 121 Absatz 2 wurde nicht in die Verweisungskette aufgenommen, weil im Bereich der verteidigungs- oder sicherheitsspezifischen Aufträge die Richtlinie 2009/81/EU aus diesem Grund keinerlei vergleichbare Vorgaben trifft.

Im Interesse der Rechtssicherheit werden auch die Regelungen der Richtlinie 2014/24/EU zur Auftragsänderung und Kündigung in besonderen Fällen für anwendbar erklärt, durch welche die diesbezüglichen primärrechtlichen Anforderungen präzisiert werden. Weiterhin enthält die Richtlinie 2009/81/EG in Artikel 39 zwar eine Regelung zu zwingenden und fakultativen Ausschlussgründen, die mit der in Artikel 57 Absatz 1 bis 5 der Richtlinie 2014/24/EU getroffenen Regelung nicht vollständig deckungsgleich ist. So werden in Artikel 57 der Richtlinie 2014/24/EU zwingende Ausschlussgründe wie Nichtentrichtung von Steuern oder Sozialabgaben aufgeführt, die in Artikel 39 der Richtlinie 2009/81/EG und bislang in § 24 Absatz 1 Nummer 6 VSVgV als fakultative Ausschlussgründe enthalten sind. In der Sache sollen Auftraggeber bei der Vergabe von verteidigungs- oder sicherheitsspezifischen Aufträgen im Hinblick auf die Schwere dieser Rechtsverstöße und die betroffenen Rechtsgüter rechtlich jedoch nicht anders behandelt werden als sonstige öffentliche Auftraggeber. Im Interesse der Rechtssicherheit werden daher auch die Regelungen der §§ 123 und 124 zu den zwingenden und fakultativen Ausschlussgründen für verteidigungs- oder sicherheitsspezifische Aufträge vollständig für anwendbar erklärt. Dabei trägt die Verweisung in § 147 dem zusätzlichen, nicht in der Richtlinie 2014/24/EU enthaltenen, fakultativen Ausschlussgrund der fehlenden Vertrauenswürdigkeit Rechnung und überführt Artikel 39 Absatz 2 Buchstabe e der Richtlinie 2009/81/EG im Wortlaut des bisherigen § 24 Nummer 5 VSVgV in das GWB. Eine schwere Verfehlung gemäß § 124 Absatz 1 Nummer 3, durch die die Integrität des Unternehmens in Frage gestellt wird, liegt bei verteidigungs- oder sicherheitsspezifischen öffentlichen Aufträgen gemäß Artikel 39 Absatz 2 Buchstabe c und d insbesondere dann vor, wenn eine rechtskräftige Verurteilung wegen eines Verstoßes gegen geltende Rechtsvorschriften über die Ausfuhr von Verteidigungs- und/oder Sicherheitsgütern erfolgt ist oder wenn im Rahmen eines früheren Auftrags die Pflicht zur Gewährleistung der Informations- oder Versorgungssicherheit verletzt wurde.

Teil 4

Vergabe von öffentlichen Aufträgen und Konzessionen

Kapitel 1
Vergabeverfahren

Abschnitt 3
Vergabe von öffentlichen Aufträgen in besonderen Bereichen und von Konzessionen

Unterabschnitt 3
Vergabe von Konzessionen

§ 148
Anwendungsbereich

Dieser Unterabschnitt ist anzuwenden auf die Vergabe von Konzessionen durch Konzessionsgeber.

Übersicht

	Rn.
A. Allgemeines	1
B. Sachlicher Anwendungsbereich: Vergabe von Konzessionen	5
I. Begriff der Konzession	6
1. Entgeltlicher Vertrag	9
a) Vertragliche Vereinbarung	9
aa) Vertragsfreiheit vs. einseitige hoheitliche Regelung	10
bb) Beleihung	11
cc) Transparente und nicht diskriminierende Zugangssysteme	12
dd) Unbeachtlichkeit der Rechtsnatur des Vertrages	14
ee) Schriftlichkeit	16
b) Entgelt	18
aa) Befristetes Nutzungs- und Verwertungsrecht	19
bb) Laufzeitbegrenzung	23
2. Betrauung mit der Erbringung von Bau- oder Dienstleistungen	25
a) Bau- oder Dienstleistungen	25
aa) Bauleistungen (Baukonzession)	26
bb) Dienstleistungen (Dienstleistungskonzession)	27
cc) Beschränkung auf öffentliche Dienstleistungen?	28
dd) Gemischte Konzessionen und gemischte Verträge	31
b) Betrauen	33
c) Beschaffungszweck	40
aa) Beschaffung von Bau- oder Dienstleistungen	41
bb) Keine reinen Gestattungen	42
3. Übergang des Betriebsrisikos	45
a) Allgemeines	45
b) Kriterien für den Übergang des Betriebsrisikos	46
aa) Kriterien nach § 105 Abs. 2 GWB	46
bb) Ausgleichs- oder Zuschusszahlungen	49
cc) Regulatorische Rahmenbedingungen	50
dd) Keine bloßen Vertragsrisiken	51
c) Praxisbeispiele	52
aa) Baukonzessionen	52
bb) Dienstleistungskonzessionen	53
4. Wegenutzungsverträge	54
a) Erwägungsgrund 16 RL 2014/23/EU	54
b) Keine Bereichsausnahme für Wegenutzungsverträge	56
c) Energiewirtschaftliche Wegenutzungsverträge	59
aa) Keine reinen Gestattungsverträge	59
bb) Wegenutzungsverträge mit Übernahme von Betriebs- und Instandhaltungspflichten	66
d) Gestattungsverträge im Fernwärmebereich	69
e) Rechtsfolgen	70
II. Praxisbeispiele für Konzessionen	74
1. Baukonzession	74
2. Dienstleistungskonzession	75
III. Erreichen oder Überschreiten des Schwellenwerts	77
C. Persönlicher Anwendungsbereich: Konzessionsgeber	80
I. Öffentliche Auftraggeber	81
II. Öffentliche Sektorenauftraggeber	82
III. Private Sektorenauftraggeber	84
Anlage Gesetzesbegründung (BT-Drs. 18/6281)	

A. Allgemeines

1 § 148 GWB regelt den **Anwendungsbereich des Unterabschnitt 3**, in dem es um die „Vergabe von Konzessionen" geht. Der deutsche Gesetzgeber bezweckt mit den §§ 148 ff. GWB die Umsetzung der wesentlichen Vorgaben der RL 2014/23/EU.[1]

2 Erstmalig enthält das GWB mit dem Unterabschnitt 3 **eigenständige Regelungen** für die Vergabe von Konzessionen. Baukonzessionen waren bisher als öffentliche Aufträge definiert (vgl. § 99 Abs. 6 GWB a.F.), Dienstleistungskonzessionen hingegen vom Anwendungsbereich des förmlichen Vergaberechts explizit ausgenommen.[2]

3 Allerdings erfolgte auch bisher die Vergabe von Dienstleistungskonzessionen nicht in einem rechtsfreien Raum: Der EuGH hatte bereits in seiner Entscheidung „Telaustria"[3] aus dem Jahr 2000 klargestellt, dass bei der Vergabe von Bau- und Dienstleistungskonzessionen die allgemeinen **Grundsätze des Unionsprimärrechts** zu beachten sind. Konzessionsgeber waren danach verpflichtet, zugunsten potenzieller Bewerber und Bieter einen angemessenen Grad von Öffentlichkeit sicherzustellen, der den Dienstleistungsmarkt dem Wettbewerb öffnet und die Nachprüfung ermöglicht, ob das Vergabeverfahren unparteiisch durchgeführt wurde.[4] Die bis zum Jahr 2000 übliche Praxis, Dienstleistungskonzessionen ohne jegliches wettbewerbliches Verfahren zu vergeben, änderte sich infolge dieser Entscheidung. Auftraggeber gingen dazu über, Dienstleistungskonzessionen in einem Verfahren zu vergeben, das dem eines förmlichen Vergabeverfahrens ähnlich war oder sich sogar ausdrücklich an die Regelungen des förmlichen Vergaberechts anlehnte (strukturiertes Bieterverfahren). Der entscheidende Unterschied bei der Vergabe von Dienstleistungskonzessionen bestand jedoch bislang im **Rechtsschutz:** Die Anwendung der primärrechtlichen Grundsätze musste vor den Zivil- oder Verwaltungsgerichten durchgesetzt werden, da die vergaberechtlichen Nachprüfungsinstanzen nur für Baukonzessionen als öffentliche Aufträge, nicht aber für Dienstleistungskonzessionen zuständig waren (vgl. § 102 GWB i.V.m. § 99 Abs. 1 und Abs. 6 GWB a.F.).[5]

4 Die **Anwendbarkeit** der §§ 148 ff. GWB setzt voraus:

- die Vergabe einer „Konzession" im Sinne des § 105 GWB;
- einen „Konzessionsgeber" im Sinne des § 101 GWB als Vergabestelle;
- schließlich muss der geschätzte Vertragswert der Konzession – ohne Umsatzsteuer – die jeweiligen Schwellenwerte gemäß § 106 Abs. 2 Nr. 4 GWB i.V.m. Art. 8 RL 2014/23/EU erreichen oder überschreiten, § 106 Abs. 1 GWB.[6]

B. Sachlicher Anwendungsbereich: Vergabe von Konzessionen

5 In sachlicher Hinsicht setzt die Anwendbarkeit der §§ 148 ff. GWB zunächst eine „Konzession" voraus.

1 Vgl. Gesetzesbegründung, BT-Drs. 18/6281, 127; zur Entstehungsgeschichte der Richtlinie *Opitz*, NVwZ 2014, 753; instruktiv auch European Commission, Memo/14/19 v. 15.1.2014, Directive of the European Parliament and the Council on the award of Concession Contracts – Frenquently Asked Questions.

2 Vgl. Art. 17 RL 2004/18/EG; EuGH, Urteil v. 7.12.2000 – Rs. C-324/98 (Telaustria), Rn. 28 ff.; BGH, Beschluss v. 23.1.2012 – X ZB 5/11, NZBau 2012, 248.

3 EuGH, Urteil v. 7.12.2000 – Rs. C-324/98 (Telaustria), Rn. 60.

4 Vgl. etwa EuGH, Urteil v. 3.6.2010 – Rs. C-203/08 (Sporting Exchange), Rn. 41; Urteil v. 13.4.2010 – Rs. C-91/08 (Wall), Rn. 36; Urteil v. 6.4.2006 – Rs. C-410/04 (ANAV), Rn. 21; Urteil v. 13.10.2005 – Rs. C-458/03 (Parking Brixen), Rn. 49; Urteil v. 18.6.2002 – Rs. C-92/00 (Hospital Ingenieure), Rn. 47; Urteil v. 30.5.2002 – Rs. C-358/00 (Buchhändler-Vereinigung); Urteil v. 7.12.2000 – Rs. C-324/98 (Telaustria), Rn. 62; zum sog. Primärvergaberecht *Kühling/Huerkamp*, in: Montag/Säcker, Wettbewerbsrecht, Vor §§ 97 ff. GWB Rn. 6 ff.; *Prieß/Simonis*, NZBau 2015, 731 ff.

5 Vereinzelt wurden die §§ 102 ff. GWB a.F. auch analog angewendet: vgl. OLG Frankfurt, Beschluss v. 10.11.2015 – 11 Verg 8/15; dagegen jüngst: OLG Naumburg, Beschluss v. 15.4.2016 – 7 Verg 1/16.

6 Vgl. auch Art. 1 Abs. 1 RL 2014/23/EU.

I. Begriff der Konzession

Der Begriff „Konzession" ist in § 105 GWB definiert.[7] Die unionsrechtliche Vorgabe dieser Definition ist Art. 5 Nr. 1 RL 2014/23/EU. Die Vorschrift des § 105 GWB unterscheidet zwischen **Baukonzessionen** (§ 105 Abs. 1 Nr. 1 GWB) und **Dienstleistungskonzessionen** (§ 105 Abs. 1 Nr. 2 GWB).[8] Nach § 105 Abs. 1 GWB sind Konzessionen entgeltliche Verträge, mit denen ein oder mehrere Konzessionsgeber ein oder mehrere Unternehmen 6

1. mit der Erbringung von Bauleistungen betrauen (Baukonzessionen), wobei die Gegenleistung entweder allein in dem Recht zur Nutzung des Bauwerks oder in diesem Recht zuzüglich einer Zahlung besteht, oder
2. mit der Erbringung und der Verwaltung von Dienstleistungen betrauen, die nicht in der Erbringung von Bauleistungen nach § 105 Abs. 1 Nr. 1 GWB bestehen (Dienstleistungskonzessionen), wobei die Gegenleistung entweder allein in dem Recht zur Verwertung der Dienstleistungen oder in diesem Recht zuzüglich einer Zahlung besteht.

Ziel solcher Verträge ist die Beschaffung von Bauleistungen oder Dienstleistungen im Wege der Konzessionen.[9] Charakteristisches Merkmal von Konzessionen im Sinne des § 105 GWB ist die Ausgestaltung der **Vergütungsabrede**: Anstatt einer reinen Zahlung, wie sie bei einem öffentlichen Auftrag üblich ist, besteht die Vergütung bei Konzessionen in dem Recht zur Nutzung eines Bauwerkes oder einer Dienstleistung, ggf. ergänzt durch eine zusätzliche Zahlung. Die Vergütungsabrede muss ferner zur Folge haben, dass das Betriebsrisiko nach Maßgabe des § 105 Abs. 2 GWB (Art. 5 Nr. 1 UAbs. 2 RL 2014/23/EU) auf den Konzessionsnehmer übergeht; andernfalls finden die Regelungen über öffentliche Aufträge Anwendung. 7

Tatbestandlich setzt eine Konzession im Sinne des § 105 GWB voraus: 8

- einen entgeltlichen Vertrag, bei dem das Entgelt durch die Nutzung des Bauwerks oder die Verwertung der Dienstleistungen (ggf. ergänzt durch eine Zahlung) erwirtschaftet wird;
- eine Betrauung mit der Erbringung von Bau- und/oder Dienstleistungen;
- den Übergang des Betriebsrisikos auf den Konzessionsnehmer.

1. Entgeltlicher Vertrag

a) Vertragliche Vereinbarung

Ein Vertrag setzt eine vertragliche Vereinbarung voraus. Konzessionsgeber und Konzessionsnehmer müssen sich über den Inhalt der Konzession geeinigt haben (§§ 145 ff. BGB ggf. i.V.m. § 62 VwVfG). 9

aa) Vertragsfreiheit vs. einseitige hoheitliche Regelung

Erforderlich ist ein Mindestmaß an Vertragsfreiheit, durch die der Konzessionsnehmer Einfluss auf die von ihm übernommenen Pflichten nehmen kann. Wenn das Recht zur Durchführung von Leistungen nicht das Ergebnis einer **konsensualen Verhandlung** über die Vertragsbedingungen ist, sondern die einseitige hoheitliche Regelung eines Lebenssachverhaltes durch eine öffentlich-rechtliche Stelle, ist das materielle Verwaltungsrecht anwendbar und nicht das materielle Vergaberecht.[10] Keine Konzession liegt nach der Rechtsprechung des EuGH deshalb vor, wenn eine auswählende Behörde durch einen **einseitigen Verwaltungsakt** handelt.[11] Ein Vertrag liegt auch dann nicht vor, wenn Leistungen als öffentliche Zuschüsse durch Ver- 10

7 Vgl. dazu auch Gesetzesbegründung, BT-Drs. 18/6281, 75 f.
8 Bislang war in § 99 Abs. 6 GWB a.F. lediglich die Definition der Baukonzession geregelt.
9 Vgl. Art. 1 Abs. 1 RL 2014/23/EU; Erwägungsgrund 11 RL 2014/23/EU.
10 Vgl. *Braun*, in: Hettich/Soudry, Das neue Vergaberecht, S. 163; zur Abgrenzung Vertrag/hoheitliches Handeln auch *Eschenbruch*, in: Kulartz/Kus/Portz, GWB-Vergaberecht, § 99 Rn. 155 ff.; *Pünder*, in: Müller-Wrede, Kompendium des Vergaberechts, Kap. 6 Rn. 55.
11 Vgl. EuGH, Urteil v. 18.12.2007 – Rs. C-220/06 (Asociación Profesional), Rn. 51, 54; Urteil v. 19.4.2007 – Rs. C-295/05 (Asemfo), Rn. 54; OVG Magdeburg, Urteil v. 22.2.2012 – 3 L 259/10; *Braun*, in: FS Marx, S. 39 ff.; *Wagner/Pfohl*, ZfBR 2014, 745 (747).

waltungsakt vergeben werden, selbst wenn dies mit der Verpflichtung verbunden wird, erhaltene Beträge bei nicht bestimmungsgemäßer Verwendung zurückzuzahlen.[12]

bb) Beleihung

11 Nach Auffassung des BGH sind auch **hoheitliche Beleihungsakte** keine Verträge im Sinne des Vergaberechts.[13] Das betrifft aber nur die Befugnisübertragung selbst, also die Übertragung der Kompetenz zur selbstständigen hoheitlichen Wahrnehmung bestimmter Verwaltungsaufgaben im eigenen Namen. Sofern die Beleihung durch **(öffentlich-rechtliche) Vereinbarungen** über die Erbringung von bestimmten Aufgaben flankiert wird, sind diese hingegen im Grundsatz als Verträge einzuordnen, die die Anwendbarkeit des Vergaberechts auslösen können.[14] Der BGH hat zudem offengelassen, ob zur Vermeidung von Umgehungsmöglichkeiten fallweise eine Beauftragung auf vertragsähnlichem Wege ausreichen kann.[15] In der Literatur wird dies etwa für Verwaltungsakte angenommen, die die Zustimmung des Adressaten voraussetzen (sog. **zustimmungsbedürftige Verwaltungsakte**).[16] Außerdem hat das OLG Naumburg zutreffend erkannt, dass dem Unionsrecht die im deutschen Recht herrschende strikte Unterscheidung zwischen Verwaltungsakt und Vertrag fremd ist.[17] Insgesamt kann die Einordnung der Beleihung daher noch nicht als abschließend geklärt angesehen werden; stattdessen ist eine differenzierte Betrachtung geboten, die jedenfalls zwischen Befugnisübertragung und etwaigen weiteren Vertragsbeziehungen unterscheidet.

cc) Transparente und nicht diskriminierende Zugangssysteme

12 Aus Erwägungsgrund 13 RL 2014/23/EU folgt darüber hinaus, dass Regelungen, nach denen ohne gezielte Auswahl **alle Unternehmen**, die bestimmte Voraussetzungen erfüllen, berechtigt sind, eine bestimmte Aufgabe wahrzunehmen, nicht als Konzession gelten sollen. Nach dem Willen des Unionsgesetzgebers[18] soll dies selbst dann gelten, wenn die Unternehmen auf Grundlage einer rechtsgültigen Vereinbarung mit einer Behörde tätig werden. Derartige Systeme beruhten typischerweise auf der Entscheidung einer Behörde, mit der transparente und nicht diskriminierende Voraussetzungen für den kontinuierlichen Zugang von Wirtschaftsteilnehmern zur Erbringung bestimmter Dienstleistungen, wie soziale Dienstleistungen, festgelegt würden, wobei den Kunden die Wahl zwischen den Anbietern freistünde.[19]

13 Der deutsche Gesetzgeber schließt daraus, dass die Zulassung von Dienstleistungserbringern im sog. **sozialhilferechtlichen Dreiecksverhältnis**[20] nicht der RL 2014/23/EU bzw. den §§ 148 ff. GWB unterfällt.[21] In der Literatur wird demgegenüber die Auffassung vertreten, dass es sich jedenfalls bei öffentlich-rechtlichen Vereinbarungen im Sinne des § 75 Abs. 3 SGB XII um öffentliche Aufträge im Sinne des § 103 GWB handelt.[22] Die Gesetzesbegründung geht ferner davon aus, dass der Erwägungsgrund 13 RL 2014/23/EU auch die Zulassung von Pflegeeinrichtungen sowie die Feststellung der fachlichen Eignung im Rahmen der Zulassung besonderer Dienste oder besonderer Einrichtungen erfasst.[23]

---

12 Vgl. Erwägungsgrund 12 RL 2014/23/EU.

13 Vgl. BGH, Beschluss v. 1.12.2008 – X ZB 31/08; Beschluss v. 12.6.2001 – X ZB 10/01; kritisch *Zeiss*, DVBl. 2003, 435 ff.

14 Vgl. BGH, Beschluss v. 12.6.2001 – X ZB 10/01; *Pünder*, in: Müller-Wrede, Kompendium des Vergaberechts, Kap. 6 Rn. 59; *Braun/Buchmann*, NZBau 2007, 691 (693); *Dreher*, NZBau 2002, 245 (255); *Koenig/Hentschel*, ZIP 2005, 1937 (1944).

15 Vgl. BGH, Beschluss v. 1.12.2008 – X ZB 31/08; dafür *Müller-Wrede/Kaeble*, in: Müller-Wrede, Taschenkommentar GWB-Vergaberecht, § 99 Rn. 28.

16 Vgl. *Burgi*, NVwZ 2007, 383 (385).

17 Vgl. OLG Naumburg, Beschluss v. 4.11.2010 – 1 Verg 10/10.

18 Vgl. Erwägungsgrund 13 RL 2014/23/EU.

19 Vgl. jüngst EuGH, Urteil v. 2.6.2016 – Rs. C-410/14 (Dr. Falk Phamra GmbH).

20 Vgl. §§ 75 ff. SGB XII; ausführlich dazu *Pattar*, Sozialrecht aktuell 2012, 85 ff.

21 Vgl. Gesetzesbegründung, BT-Drs. 18/6281, 76.

22 Vgl. *Kingreen*, VergabeR 2007 (Sonderheft 2a), 354 (357); *Luthe*, ZfE 2015, 80 ff.; a.A. *Waldhorst-Kahnau*, Gemeindehaushalt 2015, 115 ff.; in diesem Kontext auch *Schröder*, VergabeR 2007, 418 ff.; OLG Düsseldorf, Beschluss v. 8.9.2004 – VII Verg 35/04; OVG Münster, Beschluss v. 27.9.2004 – 12 B 1397/04.

23 Vgl. Gesetzesbegründung, BT-Drs. 18/6281, 76.

dd) Unbeachtlichkeit der Rechtsnatur des Vertrages

Unbeachtlich ist, welche **Rechtsnatur** der Vertrag hat. Ein Konzessionsvertrag kann sowohl privatrechtlicher als auch öffentlicher-rechtlicher Natur sein (vgl. §§ 54 ff. VwVfG): Das unionsrechtlich determinierte Vergaberecht unterscheidet nicht zwischen privatrechtlichen und öffentlich-rechtlichen Verträgen.[24] Es widerspräche dem „effet utile" des Unionsrechts, wenn jeder Mitgliedstaat durch die Festlegung eines Vertrages als privatrechtlich oder öffentlich-rechtlich darüber entscheiden könnte, ob der Vertrag in den Anwendungsbereich des Vergaberechts fällt oder nicht. Es gibt keinen Sachgrund, etwa öffentlich-rechtliche Verträge aus dem Anwendungsbereich der RL 2014/23/EU bzw. dem der §§ 148 ff. GWB auszuklammern. 14

Die Unterscheidung zwischen privatrechtlichen und öffentlich-rechtlichen Konzessionsverträgen hatte vor der Umsetzung der RL 2014/23/EU für den **Rechtsweg** Bedeutung. Für öffentlich-rechtliche Konzessionsverträge waren gemäß § 40 Abs. 1 VwGO die Verwaltungsgerichte zuständig, bei der Vergabe privatrechtlicher Verträge die ordentlichen Gerichte.[25] Nach § 155 GWB müssen die Nachprüfungsinstanzen nunmehr für alle Konzessionen, also Bau- und Dienstleistungskonzessionen, Primärrechtsschutz gewähren. Das gilt allerdings nur, wenn der EU-Schwellenwert erreicht oder überschritten ist. Unterhalb der EU-Schwellenwerte muss weiterhin zwischen öffentlich-rechtlichen und privatrechtlichen Konzessionsverträgen differenziert werden. 15

ee) Schriftlichkeit

Der Wortlaut des § 105 Abs. 1 GWB setzt im Gegensatz zu Art. 5 Nr. 1 RL 2014/23/EU **keine Schriftlichkeit** des Vertrages voraus. Der Unionsgesetzgeber hat in Art. 5 Nr. 6 RL 2014/23/EU definiert, was er unter „schriftlich" versteht: Danach meint „schriftlich" eine aus Wörtern oder Ziffern bestehende Darstellung, die gelesen, reproduziert und mitgeteilt werden kann, einschließlich anhand elektronischer Mittel übertragener und gespeicherter Informationen.[26] Selbst wenn also im Rahmen des § 105 GWB ein schriftlicher Vertrag verlangt würde, wäre jedenfalls nicht die Schriftform des § 126 BGB als Maßstab heranzuziehen (der eine Unterzeichnung der Vertragsparteien auf derselben Urkunde verlangt). 16

Da der deutsche Gesetzgeber im Rahmen der Umsetzung auf das Tatbestandsmerkmal der Schriftlichkeit in Art. 5 Nr. 1 RL 2014/23/EU verzichtet hat, setzt eine Konzession begrifflich keine Schriftlichkeit voraus.[27] Der Verzicht auf die Schriftform ist auch **unionsrechtlich zulässig**, weil der Anwendungsbereich der RL 2014/23/EU bzw. der §§ 148 ff. GWB dadurch im Ergebnis ausgedehnt wird.[28] Ferner ist nicht davon auszugehen, dass die RL 2014/23/EU keine abschließende Vollharmonisierung bezweckt.[29] Insbesondere konkludent geschlossene Verträge werden daher erfasst, obwohl dies in der Praxis bei der Vergabe von Konzessionen nur sehr selten vorkommen wird. Konzessionsverträge sind komplexe vertragliche Regelungswerke, bei denen ein konkludenter Vertragsschluss in der Regel fernliegt. In der Regel wird der Vertrag daher durch das Zuschlagsschreiben zustande kommen. 17

b) Entgelt

Gemäß § 105 Abs. 1 GWB muss der Konzessionsvertrag ferner „entgeltlich" sein. 18

---

24 Vgl. EuGH, Urteil v. 29.4.2010 – Rs. C-160/08 (Kommission/Deutschland), Rn. 90; Urteil v. 12.7.2001 – Rs. C-399/98 (Teatro alla Bicocca), Rn. 73; BGH, Beschluss v. 1.12.2008 – X ZB 31/08; OLG Naumburg, Beschluss v. 4.11.2010 – 1 Verg 10/10.

25 Vgl. BGH, Beschluss v. 23.1.2012 – X ZB 5/11; OLG Karlsruhe, Beschluss v. 14.11.2014 – 15 Verg 10/14; Beschluss v. 6.2.2013 – 15 Verg 11/12; *Eschenbruch*, in: Kulartz/Kus/Portz, GWB-Vergaberecht, § 99 Rn. 612.

26 Vgl. zum schriftlichen Vertrag i.S.d. RL 2004/18/EG: EuGH, Urteil v. 8.5.2013 – Rs. C-197/11 und C-203/11 (Libert u.a.), Rn. 111; auch EuGH, Urteil v. 12.7.2001 – Rs. C-399/98 (Teatro alla Bicocca), Rn. 87.

27 So auch zu Art. 1 Abs. 2 lit. a RL 2004/18/EG und § 99 GWB a.F.: OLG Naumburg, Beschluss v. 22.12.2011 – 2 Verg 10/11; OLG Düsseldorf, Beschluss v. 28.7.2011 – VII-Verg 20/11.

28 Vgl. *Eschenbruch*, in: Kulartz/Kus/Portz, GWB-Vergaberecht, § 99 Rn. 180; *Pünder*, in: Müller-Wrede, Kompendium des Vergaberechts, Kap. 6 Rn. 56.

29 Vgl. Erwägungsgrund 8 RL 2014/23/EU.

aa) Befristetes Nutzungs- und Verwertungsrecht

19 Die Ausgestaltung der Entgeltabrede weist einen charakteristischen Unterschied zu derjenigen von öffentlichen Aufträgen i.S.v. § 103 GWB auf: An die Stelle eines Anspruchs auf Zahlung eines Entgeltes aus dem Vermögen des öffentlichen Auftraggebers tritt bei Konzessionen entweder allein das **Recht zur Nutzung** eines Bauwerks bzw. **zur Verwertung** der Dienstleistung oder dieses Recht zuzüglich einer Zahlung (§ 105 Abs. 1 Nr. 1 und Nr. 2 GWB a.E.).

20 Aufgrund dieser Besonderheit eines Nutzungs- bzw. Verwertungsrechts des Konzessionärs kennzeichnen sich die Entgeltbeziehungen bei Konzessionen in der Regel durch ein **Dreiecksverhältnis**. Der Konzessionär erhält ein Entgelt üblicherweise nicht vom Konzessionsgeber, sondern von Dritten. Allerdings ist es für das Vorliegen einer Dienstleistungskonzession unschädlich, wenn der Konzessionsgeber als „Zahlstelle" fungiert, solange der Konzessionsnehmer als Ausdruck des Nutzungs- bzw. Verwertungsrechts das Betriebsrisiko übernimmt (§ 105 Abs. 2 GWB).[30]

21 Neben das Nutzungs- bzw. Verwertungsrecht des Konzessionärs kann eine **Zuzahlung** des Konzessionsgebers an den Konzessionsnehmer treten. Der Begriff der Zuzahlung ist dabei weit zu verstehen; es kommt lediglich darauf an, dass der Konzessionsnehmer zusätzlich zum Nutzungs- bzw. Verwertungsrecht geldwerte Vorteile erhält.[31]

22 Es spielt keine Rolle, ob das Entgelt **privatrechtlich** oder **öffentlich-rechtlich** geregelt ist.[32]

bb) Laufzeitbegrenzung

23 Aus der Legaldefinition des § 105 GWB folgt keine Pflicht zur Befristung des Nutzungs- und Verwertungsrechts.[33] Das heißt, längere Laufzeiten mögen unzulässig sein, tangieren aber nicht die Qualifizierung eines Vertrages als Konzession. Eine Pflicht zur Begrenzung der Laufzeit von Konzessionen, wie sie Art. 18 RL 2014/23/EU vorgibt, hat der deutsche Gesetzgeber in **§ 3 KonzVgV** umgesetzt. Danach ist die Laufzeit von Konzessionen grundsätzlich beschränkt (§ 3 Abs. 1 S. 1 KonzVgV). Bei Konzessionen mit einer Laufzeit von über fünf Jahren darf die Laufzeit nicht über den Zeitraum hinausgehen, innerhalb dessen der Konzessionsnehmer nach vernünftigem Ermessen die Investitionsaufwendungen für die Errichtung und den Betrieb des Bauwerks oder die Erbringung der Dienstleistungen zuzüglich einer Rendite auf das investierte Kapital unter Berücksichtigung der zur Verwirklichung der spezifischen Vertragsziele notwendigen Investitionen wieder erwirtschaften kann (§ 3 Abs. 2 S. 1 KonzVgV).

24 Unabhängig von der Regelung in § 3 Abs. 1 KonzVgV bzw. Art. 18 RL 2014/23/EU ist davon auszugehen, dass die Laufzeitbegrenzung schon aus dem **Unionsprimärrecht** folgt. So hat der EuGH entschieden, dass *„gewichtige Gründe, zu denen insbesondere die Aufrechterhaltung des Wettbewerbs gehört, Grund zur Annahme [geben], dass die unbefristete Erteilung von Konzessionen [...] gegen die Rechtsordnung der Union verstoßen würde."*[34]

2. Betrauung mit der Erbringung von Bau- oder Dienstleistungen

a) Bau- oder Dienstleistungen

25 Gegenstand von Konzessionen im Sinne des § 105 GWB ist entweder die Beschaffung von Bauleistungen (**Baukonzessionen**) oder von Dienstleistungen (**Dienstleistungskonzessionen**).

---

30 Vgl. VK Brandenburg, Beschluss v. 26.1.2004 – VK-1/04.
31 Vgl. BGH, Beschluss v. 8.2.2011 – X ZB 4/10 (Abellio); OLG Naumburg, Beschluss v. 15.4.2016 – 7 Verg 1/16.
32 Vgl. EuGH, Urteil v. 10.9.2009 – Rs. C-206/08 (Eurawasser), Rn. 55.
33 Vgl. Gesetzesbegründung, BT-Drs. 18/6281, 75.
34 EuGH, Urteil v. 25.3.2010 – Rs. C-451/08 (Helmut Müller), Rn. 79; zuvor bereits EuGH, Urteil v. 19.6.2008 – Rs. C-454/06 (pressetext), Rn. 73; ausführlich dazu *Sauer*, Das Recht der Vergabe von Strom- und Gaskonzessionsverträgen, S. 165 ff.

aa) Bauleistungen (Baukonzession)

Wenn Konzessionsgeber Unternehmen mit der Erbringung von Bauleistungen betrauen, handelt es sich nach § 105 Abs. 1 Nr. 1 GWB um eine Baukonzession. Was unter dem Begriff **„Bauleistung"** im Sinne des § 105 Abs. 1 Nr. 1 GWB zu verstehen ist, ergibt sich aus Anhang I RL 2014/23/EU[35]; im GWB ist der Begriff hingegen nicht definiert. Art. 5 Nr. 7 RL 2014/23/EU („Erbringung von Bauleistungen durch Dritte") nimmt auf Anhang I RL 2014/23/EU auch direkt Bezug. Gegenstand der Bauleistungen ist stets die **Errichtung eines Bauwerks**, da das Entgelt einer Baukonzession gerade im Recht zur Nutzung des Bauwerks oder in diesem Recht zuzüglich einer Zahlung besteht. 26

bb) Dienstleistungen (Dienstleistungskonzession)

Dienstleistungskonzessionen im Sinne des § 105 Abs. 1 Nr. 2 GWB betreffen dagegen die Erbringung und Verwaltung von Dienstleistungen, „die nicht in der Erbringung von Bauleistungen" bestehen. Der Dienstleistungskonzession ist damit die **Funktion eines Auffangtatbestandes** zugewiesen. § 105 Abs. 1 Nr. 2 GWB geht daher von einem weiten Dienstleistungsbegriff aus. „**Lieferkonzessionen**" gibt es im Regelungssystem der RL 2014/23/EU bzw. des GWB nicht.[36] 27

cc) Beschränkung auf öffentliche Dienstleistungen?

In der Zusammenschau mit dem Tatbestandsmerkmal der Betrauung stellt sich die Frage, ob jegliche Dienstleistung Grundlage einer Dienstleistungskonzession sein kann oder ob die Dienstleistung eine bestimmte inhaltliche Qualität aufweisen muss. Für die zuletzt genannte Einschränkung könnte sprechen, dass mehrfach in der Richtlinie der Begriff der „**öffentlichen Dienstleistungen**" verwendet wird. So heißt es in Art. 2 Abs. 1 UAbs. 1 S. 2 RL 2014/23/EU: „Es steht diesen Körperschaften frei, zu entscheiden, wie die Erbringung von Bau- oder Dienstleistungen am besten gesteuert werden kann, damit bei öffentlichen Dienstleistungen insbesondere ein hohes Maß an Qualität [...] sowie die Förderung des allgemeinen Zugangs und der Nutzungsrechte gewährleistet werden können."[37] Hieraus könnte das Argument abgeleitet werden, eine Dienstleistungskonzession im Sinne der RL 2014/23/EU setze voraus, dass es sich um eine „öffentliche Dienstleistung" handeln muss, also eine primär der **öffentlichen Hand zugewiesene Dienstleistung/Aufgabe**, die infolge des Abschlusses der Dienstleistungskonzession dann anstelle der öffentlichen Hand durch einen Dritten erbracht wird. Entsprechende Anforderungen sind in der deutschen Rechtsprechung und Literatur auch bereits in der Vergangenheit formuliert worden: So wurde verlangt, dass der Konzessionsgeber eine *„öffentliche Aufgabe"*[38] oder Leistungen *„im öffentlichen Interesse"*[39] überträgt.[40] 28

Gegen ein solch enges Verständnis des Tatbestandsmerkmals der Dienstleistung im Rahmen der RL 2014/23/EU und des § 148 GWB bzw. § 105 GWB spricht jedoch erstens, dass die Begriffsdefinition in **Art. 5 Nr. 1 lit. b RL 2014/23/EU** und auch der **Erwägungsgrund 11 RL 2014/23/EU** diese Einschränkung gerade nicht vorsehen. Zweitens kann der **Rechtsprechung des EuGH** das Erfordernis einer bestimmten Dienstleistung als Voraussetzung einer Konzession nicht entnommen werden. So hat z.B. im Fall „Parking Brixen" der EuGH einen entgeltlichen Vertrag über die Parkraumbewirtschaftung als ausschreibungspflichtige Dienstleistungskonzession beurteilt.[41] Der Gegenstand dieser Dienstleistungskonzession – die Park- 29

35 So auch *Prieß/Stein*, VergabeR 2014, 499 (501).

36 Vgl. OLG Düsseldorf, Beschluss v. 19.12.2007 – VII-Verg 51/07; VK Bund, Beschluss v. 22.8.2008 – VK 2-73/08.

37 Der Begriff der öffentlichen Dienstleistung wird weiterhin verwendet in Art. 2 Abs. 2 S. 2 RL 2014/23/EU, Art. 17 Abs. 4 lit. a RL 2014/23/EU und in den Erwägungsgründen 47 und 78 RL 2014/23/EU.

38 OLG München, Beschluss v. 19.1.2012 – Verg 17/11; Beschluss v. 25.3.2011 – Verg 4/11; KG, Urteil v. 22.1.2015 – 2 U 14/14 Kart.

39 OLG Brandenburg, Beschluss v. 30.5.2008 – Verg W 5/08.

40 So vor allem auch *Ruhland*, Die Dienstleistungskonzession (2006), S. 73 ff. passim; *Hattig/Ruhland*, NZBau 2005, 626 ff.; *Hövelberndt*, NZBau 2010, 599.

41 Vgl. EuGH, Urteil v. 13.10.2005 – Rs. C-458/03 (Parking Brixen); Urteil v. 14.11.2013 – Rs. C-221/12 (Belgacom), Rn. 26: Fernsehdienste; Urteil v. 7.12.2000 – Rs. C-324/98 (Telaustria): Telefonbücher.

raumbewirtschaftung – wurde vom EuGH mit keinem Wort problematisiert. Auch in den übrigen Entscheidungen des EuGH zu Bau- oder Dienstleistungskonzessionen werden keine qualitativen Anforderungen an die vom Konzessionär zu erbringende Dienstleistung gestellt.[42] Im Übrigen folgt auch nichts anderes aus der Entscheidung „Helmut Müller": Nach dieser Entscheidung setzt ein öffentlicher Bauauftrag (konkret: eine Baukonzession) lediglich voraus, dass die Leistungen für den öffentlichen Auftraggeber ein „unmittelbares wirtschaftliches Interesse" bedeuten und nicht bloß städtebauliche Regelungszuständigkeiten ausgeübt werden. Ein solches wirtschaftliches Interesse liegt jedoch bereits dann vor, wenn der Auftraggeber vertragliche Rechtspositionen erlangt, die ihn ermächtigen, den Vertragspartner auf Erbringung von Bau- oder Dienstleistungen in Anspruch zu nehmen.[43] Es geht also um die Frage, ob sich der öffentliche Auftraggeber etwas beschafft; es werden aber keine besonderen Anforderungen an den Inhalt der Beschaffung gestellt.

30 Letztlich spricht auch **Anhang IV RL 2014/23/EU** dafür, dass eine Dienstleistungskonzession nicht nur dann möglich sein soll, wenn besondere öffentliche Dienstleistungen an einen Dritten vergeben werden sollen. So werden in Anhang IV RL 2014/23/EU soziale und andere besondere Dienstleistungen aufgelistet, die bei der Vergabe entsprechender Konzessionen einem vereinfachten Vergaberegime unterfallen. In Anhang IV RL 2014/23/EU werden u.a. genannt „Verwaltungsdienstleistungen im Sozial-, Bildungs- und Gesundheitswesen und im Bereich Kultur", „Dienstleistungen religiöser Vereinigungen", „Gaststätten und Beherbergungsgewerbe". Würden Dienstleistungskonzessionen tatsächlich „öffentliche Dienstleistungen" voraussetzen, dann könnten einige der in Anhang IV RL 2014/23/EU genannten Dienstleistungen zweifellos von vornherein nicht Grundlage einer Dienstleistungskonzession sein.

dd) Gemischte Konzessionen und gemischte Verträge

31 Oftmals betreffen Konzessionsverträge **sowohl Bau- als auch Dienstleistungen**. In diesem Fall spricht man von gemischten Konzessionen. Diese gemischten Konzessionen werden gemäß § 110 Abs. 1 S. 2 GWB nach den Vorschriften vergeben, denen der Hauptgegenstand des Vertrages zuzuordnen ist (Art. 20 Abs. 1 RL 2014/23/EU).[44] § 110 Abs. 2 GWB regelt weitere Konstellationen von gemischten Konzessionen (insbesondere wenn auch soziale und andere besondere Dienstleistungen nach § 153 GWB betroffen sind).

32 Darüber hinaus können Verträge nicht nur Bau- und Dienstleistungen zum Gegenstand haben, sondern auch **Elemente eines öffentlichen Auftrags und einer Konzession** aufweisen, die isoliert betrachtet unterschiedlichen rechtlichen Regelungen unterliegen würden. Entscheidungsvorgaben für solche Konstellationen sind in § 111 GWB geregelt.[45]

Auf die entsprechenden Kommentierungen zu § 110 GWB und § 111 GWB wird verwiesen.

b) Betrauen

33 Der Wortlaut der RL 2014/23/EU und auch der Wortlaut von § 105 Abs. 1 GWB setzen voraus, dass der Konzessionär mit einer Bau- oder Dienstleistung betraut wird. Es stellt sich die Frage, ob der Begriff „**betrauen**" mehr – und, wenn ja, was – voraussetzt als die alternativ mögliche Formulierung „beauftragen".[46] Weitgehend Einigkeit dürfte darüber bestehen, dass der Begriff „betrauen" keine förmliche Beleihung voraussetzt, wonach der Private insoweit hoheitlich tätig wird.

34 Für eine zusätzliche Anforderung durch den verwendeten Begriff „betrauen" spricht der **Wortlaut der Norm**. Hätte der Gesetzgeber – so ließe sich argumentieren – keine besonde-

---

42 Vgl. *Sauer*, Das Recht der Vergabe von Strom- und Gas-Konzessionsverträgen im EnWG, S. 226 ff.; zustimmend *Donhauser/Hölzlwimmer*, VergabeR 2015, 509 (512); auch *Jennert*, NZBau 2005, 131 (132).

43 Vgl. EuGH, Urteil v. 25.3.2010 – Rs. C-451/08 (Helmut Müller), Rn. 49 ff., und die Diskussion des OLG Düsseldorf, Beschluss v. 28.3.2012 – VII-Verg 37/11.

44 Vgl. zur Maßgeblichkeit des Hauptgegenstandes bereits EuGH, Urteil v. 6.5.2010 – Rs. 145/08 (Club Hotel Loutraki), Rn. 48 ff.; Urteil v. 19.4.1994 – Rs. C-331/92 (Gestión Hotelera International), Rn. 26; OLG Karlsruhe, Beschluss v. 6.2.2013 – 15 Verg 11/12; OLG Brandenburg, Beschluss v. 3.8.1999 – 6 Verg 1/99.

45 Unionsrechtliche Vorgaben sind Art. 23 f. RL 2014/23/EU.

46 Kritisch deswegen *Knauff/Badenhausen*, NZBau 2014, 395 (396).

ren zusätzlichen Anforderungen an den Vertragsschluss stellen wollen, hätte er den Begriff „beauftragen" verwenden können.

Dagegen kann eingewandt werden, dass der Gesetzgeber möglicherweise nur deshalb von der Verwendung des Begriffs „beauftragen" abgesehen hat, um die **Dienstleistungskonzession vom öffentlichen Auftrag auch begrifflich abzugrenzen**, damit aber keine zusätzliche besondere inhaltliche Anforderung an den Vertragsschluss stellen wollte. In materieller Hinsicht grenzt § 105 Abs. 2 GWB Konzessionen ausschließlich durch den Übergang des Betriebsrisikos ab. Für diese Sichtweise spricht auch Erwägungsgrund 11 RL 2014/23/EU, in dem es heißt: „Konzessionen sind entgeltliche Verträge, mit denen ein oder mehrere öffentliche Auftraggeber einen oder mehrere Wirtschaftsteilnehmer mit der Erbringung von Bauleistungen oder der Verwaltung von Dienstleistungen beauftragen." 35

Wenn für eine Dienstleistung inhaltlich etwas anderes bzw. mehr gefordert werden sollte, hätte es nahegelegen, die höheren Anforderungen – also den Begriff „betrauen" – auch **in den Erwägungsgründen zu verwenden und zu erläutern**. Die Verwendung des Begriffs „betrauen" einerseits im Wortlaut der Richtlinie selbst und die Verwendung des Begriffs „beauftragen" in den Erwägungsgründen andererseits legen es nahe, dass an den Vertragsschluss keine höheren – bzw. besonderen inhaltlichen – Anforderungen gestellt werden. 36

Weiterhin spricht die **bisherige Rechtsprechung des EuGH** dagegen, dass eine Dienstleistungskonzession besondere Anforderungen an die Form oder die inhaltliche Qualität der Auftragserteilung stellt.[47] In der Rechtsprechung des EuGH wird stets ganz allgemein von einer *„Vergabe"* oder von einem *„Auftrag"* gesprochen, wenn es um die Frage einer Dienstleistungskonzession geht. Eine besondere Form oder inhaltliche Qualität der Auftragserteilung, die mehr als eine übliche Auftragserteilung beinhaltet, wird nicht gefordert.[48] 37

Als Argument gegen eine neu zu fordernde Qualität der Auftragserteilung durch die Verwendung des Begriffs „betrauen" spricht letztlich auch die **bisherige Definition der Dienstleistungskonzession** in Art. 1 Abs. 4 RL 2004/18/EG. Dort waren Dienstleistungskonzessionen definiert als Verträge, die von öffentlichen Dienstleistungsaufträgen nur insoweit abweichen, als die Gegenleistung für die Erbringung der Dienstleistungen ausschließlich in dem Recht zur Nutzung der Dienstleistung oder in diesem Recht zuzüglich der Zahlung eines Preises besteht. Damit hat – jedenfalls nach der RL 2004/18/EG – der Gesetzgeber deutlich zum Ausdruck gebracht, dass sich ein öffentlicher Auftrag und eine Dienstleistungskonzession nur durch die Gegenleistung unterscheiden. Eine besondere Form oder inhaltliche Qualität an die Auftragserteilung im Hinblick auf die Erbringung der Leistung – also der Dienstleistung – wird hingegen ausdrücklich nicht gefordert. An keiner Stelle der RL 2014/23/EU wird geregelt oder erläutert, dass von diesem bisherigen Verständnis abgewichen werden soll. 38

Letztlich hätte der Unionsgesetzgeber – und ihm folgend der deutsche Gesetzgeber – den **Begriff der „Betrauung" sicher definiert**, wenn er damit tatsächlich eine besondere Anforderung an den Begriff der „Dienstleistungskonzession" hätte stellen wollen. Es ist deshalb davon auszugehen dass mit dem verwendeten Begriff „betrauen" keine andere Form oder inhaltliche Qualität als mit dem Begriff „beauftragen" verbunden ist. 39

c) Beschaffungszweck

Nach § 105 Abs. 1 GWB müssen Konzessionsgeber die Konzessionsnehmer vertraglich mit der Erbringung von Bau- oder Dienstleistungen betrauen. 40

aa) Beschaffung von Bau- oder Dienstleistungen

Dies ist nur der Fall, wenn der Konzessionsvertrag zu Beschaffungszwecken abgeschlossen wird.[49] Das folgt zunächst aus Art. 1 Abs. 1 RL 2014/23/EU: Nach dieser Vorschrift gelten die Bestimmungen der RL 2014/23/EU für die „Beschaffung im Wege von Konzessionen". Ziel 41

47 Vgl. oben B.I.2.cc).
48 Vgl. EuGH, Urteil v. 12.12.2013 – Rs. C-292/12 (Ragn-Sells AS/Sillamäe Linnavalitsus); Urteil v. 14.11.2013 – Rs. C-221/12 (Belgacom).
49 So auch *Classen*, VergabeR 2016, 13 (17).

von Konzessionsverträgen im Sinne des Art. 5 Nr. 1 RL 2014/23/EU bzw. § 105 GWB ist also die Beschaffung von Bau- oder Dienstleistungen. Der Nutzen der Bau- und Dienstleistungen muss dem Konzessionsgeber zustehen.[50] Erforderlich ist daher die **Nachfrage von Bau- oder Dienstleistungen durch den Konzessionsgeber am Markt**. Nicht erfasst sind dagegen Sachverhalte, in denen Unternehmen ausschließlich Rechte eingeräumt werden (etwa in Form einer Erlaubnis) oder sich Konzessionsgeber als schlichte Anbieter (etwa Verkauf eines Grundstücks)[51] am Markt betätigen. Eine Beschaffung liegt nur dann vor, wenn der Vertragspartner nicht nur berechtigt, sondern auch verpflichtet ist, Bau- oder Dienstleistungen zu erbringen.[52] Mit Blick auf die spezifische Struktur von Konzessionen (Nutzungs- und Verwertungsrecht) ist es allerdings **nicht notwendig**, dass die Bau- oder Dienstleistungen auch unmittelbar **gegenüber dem Konzessionsgeber** erbracht werden.[53] Auch ein Eigentumsübergang auf den Auftraggeber ist nicht erforderlich.[54] Im Ergebnis kommt es also nur darauf an, dass der Konzessionsnehmer gegenüber dem Konzessionsgeber durchsetzbare Vertragspflichten übernimmt, bestimmte (nicht nur untergeordnete) Bau- und/oder Dienstleistungen zu erbringen.

bb) Keine reinen Gestattungen

42 Die Notwendigkeit eines Beschaffungsbezugs kommt explizit auch in Erwägungsgrund 14 RL 2014/23/EU zum Ausdruck: Danach sollen bestimmte Handlungen der Mitgliedstaaten, wie die **Erteilung von Genehmigungen** oder **Lizenzen**, durch die der Mitgliedstaat oder eine seiner Behörde die Bedingungen für die Ausübung einer Wirtschaftstätigkeit festlegt, die üblicherweise auf Antrag des Wirtschaftsteilnehmers erteilt wird und bei der der Wirtschaftsteilnehmer das Recht hat, sich von der Erbringung von Bau- oder Dienstleistungen zurückzuziehen, **nicht als Konzessionen** gelten. Stattdessen seien diese Sachverhalte anhand der Bestimmungen der Dienstleistungsrichtlinie 2006/123/EG zu messen. Im Gegensatz zu derartigen Handlungen der Mitgliedstaaten enthielten Konzessionsverträge „wechselseitig bindende Verpflichtungen", denen zufolge die Erbringung der Bau- oder Dienstleistungen bestimmten Anforderungen entsprechen muss, die vom öffentlichen Auftraggeber oder vom Auftraggeber festgelegt werden und rechtlich durchsetzbar sind.

43 Ferner weist der EU-Richtliniengeber in Erwägungsgrund 15 RL 2014/23/EU darauf hin, dass bestimmte Vereinbarungen, die das Recht eines Wirtschaftsteilnehmers regeln, **öffentliche Bereiche oder Ressourcen** wie z.B. Land oder öffentliche Liegenschaften öffentlich-rechtlich oder privatrechtlich zu **nutzen**, insbesondere in See-, Binnen- oder Flughäfen, wobei der Staat oder der Konzessionsgeber nur allgemeine Bedingungen für deren Nutzung festlegt, ohne bestimmte Bau- oder Dienstleistungen zu beschaffen, **nicht als Konzessionen** im Sinne der RL 2014/23/EU gelten sollen.[55] Diese Vereinbarungen beträfen in der Regel Pachtverträge über öffentliche Liegenschaften oder Land, die meist Klauseln enthalten, die die Besitzübernahme durch den Pächter, die vorgesehene Nutzung und die Pflichten von Pächter und Eigentümer hinsichtlich der Instandhaltung der Liegenschaft, die Dauer der Verpachtung und die Rückgabe des Besitzes an den Eigentümer, den Pachtzins sowie die vom Pächter zu zahlenden Nebenkosten regeln.

44 Allerdings hat der EuGH jüngst mehrfach entschieden, dass sich eine Gestattung in Bezug auf die Verpflichtung zur Beachtung der Grundregeln des Vertrags und der sich daraus ergebenden Grundsätze nicht von einer Dienstleistungskonzession unterscheide, wenn die Ausübung dieser Tätigkeit auch **in einem anderen Mitgliedstaat niedergelassene Wirtschaftsteil-**

---

50 Vgl. Erwägungsgrund 11 RL 2014/23/EU; so bereits EuGH, Urteil v. 25.3.2010 – Rs. C-451/08 (Helmut Müller), Rn. 49 ff.
51 Vgl. EuGH, Urteil v. 25.3.2010 – Rs. C-451/08 (Helmut Müller), Rn. 41; OLG Düsseldorf, Beschluss v. 28.3.2012 – VII-Verg 37/11.
52 Vgl. EuGH, Urteil v. 25.3.2010 – Rs. C-451/08 (Helmut Müller), Rn. 59 ff.; *Classen*, VergabeR 2016, 13 (14).
53 Zutreffend *Opitz*, NVwZ 2014, 753 (756); so auch *Classen*, VergabeR 2016, 13 (17).
54 Vgl. Erwägungsgrund 11 RL 2014/23/EU.
55 Ausführlich *Classen*, VergabeR 2016, 13 ff.; auch *Dreher*, in: Immenga/Mestmäcker, Wettbewerbsrecht, § 99 GWB Rn. 36 ff.; instruktiv auch *Schwab/Giesemann*, VergabeR 2014, 351 (366).

nehmer interessieren könnte.[56] Für solche Rechtseinräumungen gelten daher zwar nicht die §§ 148 ff. GWB, jedoch die allgemeinen Grundsätze des Unionsprimärrechts. Ob daraus Ausschreibungspflichten folgen, ist aber noch nicht abschließend geklärt.[57] Das Gleichbehandlungs- und Transparenzgebot legt dies jedenfalls nahe; es ist lediglich kein förmliches Verfahren durchzuführen.

3. Übergang des Betriebsrisikos

a) Allgemeines

Eine Konzession im Sinne des § 105 GWB setzt „in Abgrenzung zur Vergabe öffentlicher Aufträge" voraus, dass mit der Ausgestaltung der Entgeltabrede das **Betriebsrisiko für die Nutzung des Bauwerks bzw. für die Verwertung der Dienstleistung** auf den Konzessionsnehmer übergeht.[58] Dabei handelt es sich um eine eigenständige Tatbestandsvoraussetzung, die noch nicht durch die Einräumung eines Nutzungs- oder Verwertungsrechts erfüllt wird.[59] Geht das Betriebsrisiko nicht auf den Konzessionsnehmer über, kommen die Regelungen der öffentlichen Auftragsvergabe zur Anwendung. Denn nach Auffassung des Unionsgesetzgebers ist die Anwendung besonderer Bestimmungen auf Konzessionen nicht gerechtfertigt, wenn der Konzessionsgeber das Unternehmen von jedem möglichen Verlust freistellen würde, indem ihm Einnahmen mindestens in Höhe der bei der Durchführung des Vertrags entstehenden Investitionsaufwendungen und Kosten garantiert werden.[60] 45

b) Kriterien für den Übergang des Betriebsrisikos

aa) Kriterien nach § 105 Abs. 2 GWB

§ 105 Abs. 2 S. 2 GWB präzisiert den Übergang des Betriebsrisikos. Dabei werden im Wesentlichen die durch den EuGH entwickelten Kriterien kodifiziert.[61] In der Praxis hat insbesondere die Anwendung dieses Kriteriums oftmals zu Rechtsunsicherheit und Rechtsstreitigkeiten geführt. Nach § 105 Abs. 2 S. 2 GWB geht das Betriebsrisiko auf den Vertragspartner über, wenn 46

1. unter normalen Betriebsbedingungen nicht gewährleistet ist, dass die **Investitionsaufwendung oder die Kosten** für den Betrieb des Bauwerks oder die Erbringung der Dienstleistung wieder erwirtschaftet werden können (§ 105 Abs. 2 S. 2 Nr. 1 GWB),
2. und der Konzessionsnehmer den **Unwägbarkeiten des Marktes** tatsächlich ausgesetzt ist, sodass potenziell geschätzte Verluste des Konzessionsnehmers nicht vernachlässigbar sind (§ 105 Abs. 2 S. 2 Nr. 2 GWB).

Das Betriebsrisiko kann ein **Nachfrage- oder Angebotsrisiko** sein (§ 105 Abs. 2 S. 3 GWB). 47

Insgesamt können diese gesetzgeberischen Konkretisierungen auch zukünftig jedoch eine **Einzelfallprüfung**[62] nicht ersetzen: Entscheidend ist auch weiterhin die Frage, ob das Unternehmen einem (substanziellen) unternehmerischen Risiko ausgesetzt ist, weil es sein Entgelt 48

---

56 Vgl. EuGH, Urteil v. 14.11.2013 – Rs. C-221/12 (Belgacom), Rn. 33; zuvor bereits EuGH, Urteil v. 3.6.2010 – Rs. C-203/08 (Sporting Exchange), Rn. 46; Urteil v. 9.9.2010 – Rs. C-64/08 (Engelmann), Rn. 52; Urteil v. 6.5.2010 – Rs. C-145/08 und C-149/08 (Club Hotel Loutraki), Rn. 63.

57 Nach EuGH, Urteil v. 9.9.2010 – Rs. C-64/08 (Engelmann), Rn. 50, schreibt das Transparenzgebot *„nicht unbedingt"* eine Ausschreibung vor. Im Ergebnis stellte der EuGH jedoch einen Verstoß gegen das Transparenzgebot fest, weil die Genehmigung *„ohne Ausschreibung"* erfolgt sei. Man kann daraus schließen, dass es lediglich keines förmlichen Ausschreibungsverfahrens bedarf.

58 Vgl. auch Art. 5 Nr. 1 UAbs. 2 RL 2014/23/EU; grundlegend EuGH, Urteil v. 13.10.2005 – Rs. C-458/03 (Parking Brixen), Rn. 40.

59 Vgl. EuGH, Urteil v. 10.11.2011 – Rs. C-348/10 (Norma-A), Rn. 44; Urteil v. 10.3.2011 – Rs. C-274/09 (Stadler), Rn. 26; Urteil v. 10.9.2009 – Rs. C-206/08 (Eurawasser), Rn. 58 ff.; BGH, Beschluss v. 8.2.2011 – X ZB 4/10 (Abellio); *Diemon-Wies/Hesse*, NZBau 2012, 341 (342).

60 Vgl. Erwägungsgrund 18 RL 2014/23/EU; auch EuGH, Urteil v. 10.9.2009 – Rs. C-206/08 (Eurawasser), Rn. 67; *Siegel*, VergabeR 2015, 265 (267).

61 So auch *Prieß/Stein*, VergabeR 2014, 499 (502).

62 So BGH, Beschluss v. 8.2.2011 – X ZB 4/10 (Abellio).

entweder über die Nutzung eines Bauwerks und/oder die Verwertung einer Dienstleistung realisiert. **Relevante Umstände** sind insbesondere

- die Marktstruktur sowie der Wettbewerbsdruck (etwa eine Monopolstellung),
- die regulatorischen Rahmenbedingungen (etwa ein Anschluss- und Benutzungszwang)
- sowie die Ausgestaltung des Konzessionsvertrages (etwa Haftung für Schäden bei der Leistungserbringung).

bb) Ausgleichs- oder Zuschusszahlungen

49 Einem Übergang des Betriebsrisikos im Sinne des § 105 Abs. 2 GWB steht eine Ausgleichs- oder Zuschusszahlung im Grundsatz nicht entgegen.[63] Eine solche Ausgleichs- oder Zuschusszahlung schließt eine Konzession erst dann aus, wenn ihr bei wertender Betrachtung kein bloßer **Zuschusscharakter** mehr beigemessen werden kann.[64] Das Betriebsrisiko geht jedenfalls nicht über, wenn branchenspezifische Regelungen zur Folge haben, dass dem Unternehmen der Ausgleich seiner Investitionen und der aufgrund der Vertragsdurchführung anfallenden Kosten garantiert wird.[65]

cc) Regulatorische Rahmenbedingungen

50 Des Weiteren kann das Betriebsrisiko durch regulatorische Maßnahmen erheblich reduziert sein (etwa durch einen Anschluss- und Benutzungszwang oder regulierte Entgelte). Der EuGH hat jedoch in seinen Entscheidungen „Eurawasser" und „Norma-A" klargestellt, dass ein bereits aufgrund der regulatorischen Rahmenbedingungen **eingeschränktes Betriebsrisiko** der Vergabe einer Konzession im Grundsatz nicht entgegensteht, da der Konzessionsgeber in diesen Fällen keinen Einfluss auf die risikobegrenzenden regulatorischen Rahmenbedingungen habe. Allerdings muss dann das verbleibende Risiko voll oder zumindest zu einem wesentlichen Teil auf den Konzessionsnehmer übertragen werden.[66]

dd) Keine bloßen Vertragsrisiken

51 Schließlich sind **bloße Vertragsrisiken** für den Übergang des Betriebsrisikos **nicht ausreichend**. Der EuGH hat dies bereits in seinen Entscheidungen „Stadler" sowie „Norma-A" entschieden.[67] Nicht ausreichend sind deswegen etwa Risiken wie „Missmanagement" oder die Gefahr des Vertragsbruchs. Auch die Gefahr eines Falles „höherer Gewalt" ist nicht ausreichend.[68] Denn solche Risiken haften auch anderen Verträgen, vor allem auch öffentlichen Aufträgen, an.[69] Stattdessen muss sich das Betriebsrisiko aus Faktoren ergeben, die sich dem Einfluss der Vertragsparteien entziehen, insbesondere weil der Konzessionsnehmer die Bau- und Dienstleistungen selbst vermarkten muss.

c) Praxisbeispiele

aa) Baukonzessionen

52
- Das Betriebsrisiko geht etwa nach Auffassung des OLG Bremen bei einem Pachtvertrag über ein Grundstück einer Gemeinde zum Zwecke der **Errichtung und des Betriebes von Windkraftanlagen** (auf Kosten der Pächter) über.[70]

---

63 Vgl. OLG Brandenburg, Beschluss v. 12.1.2010 – Verg W 7/09; *Eschenbruch*, in: Kulartz/Kus/Portz, GWB-Vergaberecht, § 99 Rn. 583.

64 Vgl. BGH, Beschluss v. 8.2.2011 – X ZB 4/10 (Abellio).

65 Vgl. Erwägungsgrund 19 RL 2014/23/EU.

66 Vgl. Erwägungsgrund 19 RL 2014/23/EU; EuGH, Urteil v. 10.11.2011 – Rs. C-348/10 (Norma-A), Rn. 44 ff.; Urteil v. 10.9.2009 – Rs. C-206/08 (Eurawasser), Rn. 59 ff.; OLG Brandenburg, Beschluss v. 12.1.2010 – Verg W 7/09; *Eschenbruch*, in: Kulartz/Kus/Portz, GWB-Vergaberecht, § 99 Rn. 579; *Hövelberndt*, NZBau 2010, 599 ff.; *Wagner/Pfohl*, ZfBR 2014, 745 (747); a.A. *Opitz*, NVwZ 2014, 753 (756).

67 Vgl. EuGH, Urteil v. 10.11.2011 – Rs. C-348/10 (Norma-A), Rn. 49; Urteil v. 10.3.2011 – Rs. C-274/09 (Stadler), Rn. 38.

68 Vgl. Erwägungsgrund 20 RL 2014/23/EU.

69 So z.B. OLG Koblenz, Beschluss v. 25.3.2015 – Verg 11/14, für ÖPNV-Leistungen.

70 Vgl. OLG Bremen, Beschluss v. 13.3.2008 – Verg 5/07.

- **Errichtung und Betrieb eines Hochschulcampus** bei nahezu vollständiger Übernahme des Nutzungsrisikos; das Nutzungsrisiko wurde lediglich durch bestimmte Nutzungsrechte des Freistaates Bayern eingeschränkt.[71]
- In ihrem Beschluss **„Berliner Olympiastadion"** hat die VK Berlin die Auffassung vertreten, dass zumindest dann, wenn der Konzessionsgeber 50 % bzw. sogar 75 % der Baukostenrisiken übernimmt, nicht mehr die für eine Baukonzession typische Risikoverteilung vorliege.[72]
- Das OLG Schleswig hat beim Projekt **„Trawe-Querung Lübeck"** eine Baukonzession bejaht, obwohl eine Anschubfinanzierung von 20 % der Baukosten gewährt wurde.[73]

bb) Dienstleistungskonzessionen

- Der EuGH hat entschieden, dass bei einem Vertrag über die **Abfallentsorgung** kein Übergang des Betriebsrisikos erfolgt, wenn als Gegenleistung ein bestimmter Betrag in Euro pro Tonne zu zahlen ist. Unbeachtlich sei, dass die Unternehmen durch den Verkauf der bei der Abfallbehandlung erzeugten Elektrizität Einkünfte erzielen könnten.[74] **53**
- Ferner geht das Betriebsrisiko nach Auffassung des EuGH nicht über, wenn bestimmte Dienstleistungen im **Gesundheitsbereich** von der spanischen Verwaltung vergütet werden und diese für sämtliche Schäden haftbar ist, die im Zusammenhang mit der Erbringung dieser Dienstleistungen stehen.[75]
- Der BGH ist davon ausgegangen, dass kein Übergang des Betriebsrisikos erfolgt, wenn ein Verkehrsunternehmen für den **Betrieb von S-Bahn-Linien** pro gefahrenem Zugkilometer Zahlungen erhält, die ca. 64 % der bei Vertragsdurchführung anfallenden Gesamtkosten abdecken. Hinzu kamen weitere risikominimierende Umstände.[76]
- Nach Auffassung des OLG Brandenburg steht eine gesetzlich angeordnete Kostenbeteiligung von bis zu zwei Dritteln der Kosten der Annahme einer Dienstleistungskonzession für die **Tierkörperbeseitigung** im Land Brandenburg nicht entgegen.[77]
- Keine Dienstleistungskonzession (sondern ein öffentlicher Auftrag) liegt nach Ansicht des OLG Düsseldorf ferner vor, wenn ein Sozialhilfeträger eine Einrichtung mit der Sicherstellung des **Betreuungsbedarfs von Sozialhilfebedürftigen** beauftragt, dieser Exklusivität zusichert und teilweise das Insolvenzrisiko übernimmt.[78]
- Keine Dienstleistungskonzession liegt auch dann vor, wenn ein Unternehmen für die Durchführung der **Notfallrettung** und des **Krankentransports** eine feste Vergütung erhält, auch wenn diese nicht vom Vertragspartner, sondern der Krankenkasse gezahlt wird.[79]
- Nach Auffassung der VK Mecklenburg-Vorpommern scheidet eine Dienstleistungskonzession bei einem Gestattungsvertrag über die Grundversorgung der Mieter eines Wohnungsunternehmens mit **Fernseh- und Hörfunkprogrammen** aus, wenn dem Vertragspartner das Ertragsrisiko durch ein Zentralinkasso im Wesentlichen abgenommen wird.[80]

---

71 Vgl. OLG München, Beschluss v. 5.4.2012 – Verg 3/12.
72 Vgl. VK Berlin, Beschluss v. 31.5.2000 – VK-B2-15/00.
73 Vgl. OLG Schleswig, Beschluss v. 6.7.1999 – 6 U Kart 22/99.
74 Vgl. EuGH, Urteil v. 18.7.2007 – Rs. C-382/05 (Kommission/Italien), Rn. 29 ff.
75 Vgl. EuGH, Urteil v. 27.10.2005 – Rs. C-234/03 (Contse u.a.), Rn. 22.
76 Vgl. BGH, Beschluss v. 8.2.2011 – X ZB 4/10 (Abellio).
77 Vgl. OLG Brandenburg, Beschluss v. 12.1.2010 – Verg W 7/09.
78 Vgl. OLG Düsseldorf, Beschluss v. 8.9.2004 – VII-Verg 35/04.
79 Vgl. OLG Dresden, Beschluss v. 4.7.2008 – WVerg 0003/08.
80 Vgl. VK Mecklenburg-Vorpommern, Beschluss v. 22.9.2014 – 2 VK 12/14.

4. Wegenutzungsverträge

a) Erwägungsgrund 16 RL 2014/23/EU

54 Nach Erwägungsgrund 16 RL 2014/23/EU fallen **bestimmte Wegenutzungsverträge** nicht in den Anwendungsbereich der RL 2014/23/EU. In Erwägungsgrund 16 RL 2014/23/EU heißt es:

> „Außerdem sollten Vereinbarungen über die Gewährung von Wegerechten hinsichtlich der Nutzung öffentlicher Liegenschaften für die Bereitstellung oder den Betrieb fester Leitungen oder Netze, über die eine Dienstleistung für die Allgemeinheit erbracht werden soll, ebenfalls nicht im Sinne dieser Richtlinie gelten, sofern derartige Vereinbarungen weder eine Lieferverpflichtung auferlegen, noch den Erwerb von Dienstleistungen durch den öffentlichenAuftraggeber oder den Auftraggeber für sich selbst oder für Endnutzer vorsehen."

55 Der deutsche Gesetzgeber versteht Erwägungsgrund 16 RL 2014/23/EU so, dass „diese Ausführungen [...] vor allem **Wegenutzungsverträge im Sinne des § 46 des Energiewirtschaftsgesetzes** zu Strom- und Gasleitungen sowie Wegenutzungsverträge zu Fernwärmeleitungen" betreffen.[81] Die RL 2014/23/EU bzw. §§ 148 GWB fänden daher auf Wegenutzungsrechte für Strom und Gas gemäß § 46 EnWG nach dem Regel-Ausnahme-Prinzip grundsätzlich keine Anwendung. Diese Auffassung wird in der Begründung des Gesetzentwurfs zur aktuellen Reform von § 46 EnWG wiederholt.[82] Auch der Leitfaden des Bundeskartellamtes und der Bundesnetzagentur weist auf Erwägungsgrund 16 RL 2014/23/EU hin, allerdings ohne sich eindeutig zu den Rechtsfolgen dieses Erwägungsgrundes zu positionieren.[83]

b) Keine Bereichsausnahme für Wegenutzungsverträge

56 Es ist davor zu warnen, allein aus dem Erwägungsgrund 16 RL 2014/23/EU vorschnell den Schluss ziehen zu wollen, dass Wegenutzungsverträge – insbesondere gemäß § 46 EnWG – nicht in den Anwendungsbereich der RL 2014/23/EU fallen.

57 Zwar lässt sich dem Wortlaut des Erwägungsgrundes 16 RL 2014/23/EU „sollten [...] nicht als Konzessionen im Sinne dieser Richtlinie gelten" entnehmen, dass reine Wegenutzungsrechte (mangels Konzession) nicht in den Anwendungsbereich der RL 2014/23/EU fallen sollen. Einen mit dem Erwägungsgrund 16 RL 2014/23/EU korrespondierenden **Ausnahmetatbestand** – wie er etwa für den Wasserbereich aufgenommen wurde (Art. 12 RL 2014/23/EU, § 149 Nr. 9 GWB) – gibt es dagegen nicht. Ein Erwägungsgrund hat jedoch selbst **keine Rechtsqualität**, sondern nur eine erläuternde Funktion und ist vor allem bei der Auslegung heranzuziehen. Daran ändert es auch nichts, dass eine generelle Ausnahme für Wegenutzungsverträge möglicherweise den rechtspolitischen Vorstellungen bestimmter Interessenvertreter im Gesetzgebungsprozess entsprach.[84] Solange diese Vorstellungen keinen Niederschlag in konkreten Regelungen der RL 2014/23/EU bzw. dem GWB gefunden haben, sind sie unbeachtlich.

58 Hinzu kommt, dass Erwägungsgrund 16 RL 2014/23/EU einer von mehreren Erwägungsgründen ist, die die Reichweite des Konzessionsbegriffs näher konkretisieren (vgl. Erwägungsgründe 11 ff. RL 2014/23/EU). Alle diese Erwägungsgründe präzisieren das **Beschaffungselement**, das dem Konzessionsbegriff der RL 2014/23/EU nach dem Willen des Unionsgesetzgebers immanent ist. Aus dieser systematischen Stellung von Erwägungsgrund 16 RL 2014/23/EU kann man schließen, dass es dem Unionsgesetzgeber darum ging, klarzustellen, dass **„reine Gestattungen" ohne Beschaffungscharakter** keine Konzessionen im Sinne

81 Vgl. Gesetzesbegründung, BT-Drs. 18/6281, 76; auch *Schwab/Giesemann*, VergabeR 2014, 351 (366).
82 Vgl. Gesetzesbegründung, BT-Drs. 18/8184, S. 10; so auch *Kermel/Wagner*, RdE 2014, 222.
83 Vgl. Gemeinsamer Leitfaden von Bundeskartellamt und Bundesnetzagentur zur Vergabe von Strom- und Gaskonzessionen und zum Wechsel des Konzessionsnehmers, 2. Aufl. (2015), Rn. 14.
84 Vgl. etwa für die Position des Bundesrates BR-Drs. 874/11 (B)(2), S. 4 (Ziff. 9); BR-Drs. 785/12 (B), S. 2 (Ziff. 5).

der RL 2014/23/EU sein sollen.[85] Entscheidend ist deshalb, ob die Vergabe eines Wegenutzungsrechts – insbesondere gemäß § 46 Abs. 2 EnWG – stets oder jedenfalls im konkreten Einzelfall die Beschaffung einer Dienstleistung umfasst, also die Voraussetzungen einer Konzession im Sinne der RL 2014/23/EU erfüllt.

c) Energiewirtschaftliche Wegenutzungsverträge

aa) Keine reinen Gestattungsverträge

Wegenutzungsverträge gemäß § 46 Abs. 1 und Abs. 2 EnWG beziehen sich nach dem Wortlaut der Vorschrift zunächst einmal auf die Einräumung eines Wegenutzungsrechts, öffentliche Verkehrswege zu nutzen. Es gibt keinen gesetzlich vorgesehenen Automatismus, dass derjenige, der von der Gemeinde ein Wegenutzungsrecht für öffentliche Verkehrswege eingeräumt bekommt, auch den Netzbetrieb im Gemeindegebiet übernehmen muss. Ausgehend von dieser **rein formalen Betrachtung** läge es auf der Hand, zu sagen, Wegenutzungsverträge gemäß § 46 Abs. 1 und Abs. 2 EnWG beschränkten sich auf eine reine Gestattung und erfüllten deshalb nicht die Voraussetzungen einer Dienstleistungskonzession, weil es letztlich an einer Beschaffung durch die Gemeinde fehle.[86] 59

Eine solche rein formale Betrachtung geht jedoch, jedenfalls bei Wegenutzungsverträgen gemäß § 46 Abs. 2 EnWG, an der **praktischen und wirtschaftlichen Realität** gänzlich vorbei. Wenn sich Unternehmen, sei es der Altkonzessionär oder ein potenzieller Neukonzessionär, um die von einer Gemeinde zu vergebenden Wegenutzungsrechte gemäß § 46 Abs. 2 EnWG bewerben, dann tun sie dies einzig und allein deshalb, um auf der Grundlage des Wegenutzungsrechts in den Besitz (meist sogar Eigentum) des Netzes der allgemeinen Versorgung zu gelangen und den Netzbetrieb (Strom oder Gas) in der Gemeinde übernehmen zu können. Rechtsgrundlage hierfür ist der Übereignungsanspruch des § 46 Abs. 2 S. 2 und S. 3 EnWG. 60

Die Übernahme des Netzbetriebs im Gemeindegebiet ist somit eine logische Folge des Wegenutzungsrechts gemäß § 46 Abs. 2 EnWG und stets wirtschaftliche Grundlage einer Bewerbung um das Wegenutzungsrecht gemäß § 46 Abs. 2 EnWG. Aus diesem Grund kann die Beurteilung, ob die Vergabe von Wegenutzungsrechten gemäß § 46 Abs. 2 EnWG die Voraussetzungen einer Dienstleistungskonzession erfüllen, nicht isoliert erfolgen, sondern ist im Wege einer **Gesamtbetrachtung** – unter Einbeziehung des späteren Betriebs des Netzes der allgemeinen Versorgung – zu beurteilen. Die praktische Verknüpfung des Wegenutzungsrechts gemäß § 46 Abs. 2 EnWG mit dem Netzbetrieb zeigt sich übrigens auch in § 46 Abs. 3 S. 5 EnWG, wonach die Gemeinde bei der Auswahl des Konzessionärs den Zielen des § 1 EnWG verpflichtet ist, nämlich einer sichereren, preisgünstigen, verbraucherfreundlichen, effizienten und umweltverträglichen leitungsgebundenen Versorgung der Allgemeinheit mit Strom und Gas. 61

Entscheidend ist somit, ob der Inhaber des Wegenutzungsrechts gemäß § 46 Abs. 2 EnWG unter Berücksichtigung des Netzbetriebs eine **Dienstleistung für die Gemeinde** übernimmt. Dies wird teilweise mit dem Argument verneint, mit dem Abschluss des Wegenutzungsvertrages sei keine Versorgungspflicht im Gemeindegebiet mit der Versorgung von Strom und Gas (mehr) verbunden.[87] Teilweise wird argumentiert, dass die Pflichten eines Netzbetreibers nicht aus dem Wegenutzungsrecht resultieren, sondern sich aus den entsprechenden Regelungen des EnWG für den Netzbetrieb ergeben (vgl. §§ 11, 17, 20 EnWG), weshalb die Dienstleistungen des Netzbetriebs keine Beschaffung der Gemeinde darstellen. 62

Beide Argumente überzeugen nicht. Das Argument, den Netzbetreiber treffe keine Versorgungspflicht der Letztverbraucher, ist deshalb nicht überzeugend, weil sich seit der Liberalisierung der Strom- und Gasmärkte die Versorgung aufsplittet – in die Netzversorgung einerseits und in die Medienversorgung (Strom/Gas) andererseits. Selbstverständlich sind auch die **Zur-** 63

85 Vgl. *Dornhauser/Hölzlwimmer*, VergabeR 2015, 509 (517).

86 So etwa *Herten-Koch*, in: *Kermel*, Praxishandbuch der Konzessionsverträge und Konzessionsabgaben, Kap. 5 Rn. 86 ff.; *Huber*, in: Kment, EnWG, § 46 Rn. 67; *Wegner*, in: Säcker, Energierecht, § 46 EnWG Rn. 118.

87 Vgl. *Huber*, in: Kment, EnWG, § 46 Rn. 67.

verfügungstellung und der **Betrieb der Infrastruktur** des Netzes **Teil der Versorgung** (Parallelbeispiel: Auch die Zurverfügungstellung von Krankenhausbetten ist Teil der Daseinsvorsorge, nicht nur die ärztliche Versorgung selbst). Den Netzbetrieb – als Teil der Versorgung – zu gewährleisten ist der Netzbetreiber verpflichtet.

64 Das Argument, die Netzbetreiberpflichten seien **gesetzlich verankert**, weshalb die Dienstleistung des Netzbetriebs keine Leistung des Netzbetreibers gegenüber der Gemeinde darstelle, ist ebenfalls zu kurz gegriffen. Selbstverständlich ist die Vergabe des Wegenutzungsrechts gemäß § 46 Abs. 2 EnWG, mit dem letztlich der Netzbetrieb verknüpft ist, die Beschaffung einer Dienstleistung durch die Gemeinde. Mit der Auswahl des Konzessionärs sucht sich die Gemeinde letztlich einen zuverlässigen und leistungsstarken Netzbetreiber, der in ihrem Gemeindegebiet den Netzbetrieb langfristig gewährleisten kann. Dies zeigt sich übrigens ganz deutlich an den Auswahlkriterien des § 46 Abs. 3 S. 5 EnWG. Nur weil die Pflichten eines Netzbetreibers zusätzlich im EnWG verankert sind, bedeutet dies nicht, dass der Netzbetreiber die Dienstleistung des Netzbetriebs nicht auch gegenüber der Gemeinde (für sich bzw. für die in der Gemeinde ansässigen Letztverbraucher) erbringt, die ihn im Rahmen der Konzessionierung ausgewählt hat. Die gesetzlichen Verpflichtungen sind vielmehr ein Beleg dafür, welche essenzielle Bedeutung der Netzbetrieb als Grundlage der Energieversorgung hat. Die gesetzlich verankerten Verpflichtungen des Netzbetreibers schließen jedoch nicht aus, dass der Netzbetreiber eine Leistung – nämlich den Netzbetrieb – gegenüber der Gemeinde für sich bzw. für die in der Gemeinde zu versorgenden Letztverbraucher erbringt. Genau aus diesem Grund hat übrigens der BGH in seiner Entscheidung **„Stromnetz Berkenthin"** auch erkannt, dass Gemeinden bei der Vergabe von Wegenutzungsrechten nicht nur als Anbieter ihr öffentliches Straßenland kommerzialisieren, sondern auch als **Nachfrager** den Bedarf **nach einem sicheren und preisgünstigen Netzbetrieb im Gemeindegebiet** befriedigen.[88] In den Worten des Erwägungsgrundes 16 RL 2014/23/EU handelt es sich um „den Erwerb von Dienstleistungen durch den öffentlichen Auftraggeber oder den Auftraggeber für sich selbst oder für Endnutzer" – eigentlich für beide.

65 Es spricht deshalb viel dafür, dass die Vergabe eines Wegenutzungsrechts gemäß § 46 Abs. 2 EnWG, da sie mit dem Netzbetrieb aufs Engste verknüpft ist, **stets die Voraussetzungen einer Dienstleistungskonzession** erfüllt, und zwar auch dann, wenn nach dem Wortlaut der Vereinbarung „nur" ein Wegenutzungsrecht nach § 46 Abs. 2 EnWG eingeräumt wird.[89]

bb) Wegenutzungsverträge mit Übernahme von Betriebs- und Instandhaltungspflichten

66 In der Vergabepraxis absolut üblicher Vertragsstandard ist ohnehin die vertragliche Übernahme von Betriebs- und Instandhaltungspflichten durch den Konzessionär. Jedenfalls in einer solchen Konstellation wird man einen **Beschaffungsvorgang** der Gemeinde bei der Vergabe eines Wegenutzungsrechts nach § 46 Abs. 2 EnWG bejahen müssen.[90]

67 Einem Beschaffungsvorgang lässt sich dann auch nicht entgegenhalten, der Konzessionär übernehme letztlich mit den vertraglichen Verpflichtungen nur **gesetzlich ohnehin bestehende Verpflichtungen** in Bezug auf den Netzbetrieb. Abgesehen davon, dass dies für eine Konzession genügte, ist diese Schlussfolgerung – selbst bei einer rein formellen Gesetzesauslegung – nicht richtig. Wie bereits erläutert ist die Einräumung eines Wegenutzungsrechts nach § 46 Abs. 2 EnWG gerade nicht automatisch mit dem Netzbetrieb verbunden (wenn sie auch typische Folge dessen ist). Der Status des Konzessionärs als Netzbetreiber beruht auf einer autonomen Entscheidung des Konzessionärs, den Netzbetrieb des Netzes der allgemeinen Versorgung aufzunehmen (bzw. fortzuführen).

---

88 Vgl. BGH, Urteil v. 17.12.2013 – KZR 66/12, Rn. 45.

89 Vgl. unter vielen *Gabriel*, in: Montag/Säcker, Wettbewerbsrecht, Anl. zu § 98 Nr. 4 GWB Rn. 52 ff.; *Albrecht*, in: Schneider/Theobald, Recht der Energiewirtschaft, § 9 Rn. 86; *Sauer*, Das Recht der Vergabe von Strom- und Gas-Konzessionsverträgen im EnWG, S. 201 ff.; *Dornhauser/Hölzlwimmer*, VergabeR 2015, 509 ff.; *Michaels/Kohler*, NZBau 2013, 282; *Ortner*, EWeRK 2011, 111 (112); aus der Rechtsprechung OLG Düsseldorf, Beschluss v. 9.1.2013 – VII-Verg 26/12; VGH Mannheim, Beschluss v. 22.8.2013 – 1 S 1047/13; LG Köln, Urteil v. 22.3.2013 – 90 O 51/13; VG Aachen, Beschluss v. 22.7.2011 – 1 L 286/11.

90 Vgl. *Tugendreich*, ZfBR 2014, 547 (552).

Übernimmt der Inhaber des Wegenutzungsrechts nach § 46 Abs. 2 EnWG gegenüber der Gemeinde vertraglich die Verpflichtung zum Netzbetrieb bzw. zu bestimmten Aspekten des Netzbetriebs (Wartung, Instandhaltung, bedarfsgerechter Ausbau), so stellt die Gemeinde den Netzbetrieb für sich bzw. ihre Gemeindemitglieder vertraglich sicher, beschafft sich also Dienstleistungen des Netzbetriebs vom Konzessionär für sich bzw. für Dritte. 68

d) Gestattungsverträge im Fernwärmebereich

Für Wegenutzungsverträge im Fernwärmebereich müssen die **Überlegungen zu Wegenutzungsverträgen im Strom- und Gasbereich** ebenso gelten.[91] Auch im Bereich der Fernwärme ist die Einräumung des Wegenutzungsrechts durch die Gemeinde letztlich mit dem Netzbetrieb aufs Engste verknüpft (mangels Entflechtungsvorgaben ist hier sogar mit dem Netzbetrieb automatisch die Versorgung der Endkunden mit Fernwärme verbunden). Es ist deshalb davon auszugehen, dass durch die Einräumung eines Wegenutzungsrechts für Fernwärmeleitungen die Voraussetzungen einer Dienstleistungskonzession erfüllt werden, wenn das Fernwärmeunternehmen gegenüber der Gemeinde Leistungs- und/oder Betriebspflichten übernimmt.[92] Ist das hingegen nicht der Fall, kommen kartellrechtliche Ausschreibungspflichten in Betracht. Die Gemeinde handelt bei der Vergabe von Wegenutzungsrechten als marktbeherrschendes Unternehmen im Sinne des Kartellrechts. Bei Wegerechten für Strom- und Gasverteilungsanlagen muss die Gemeinde deshalb ein diskriminierungsfreies und transparentes Auswahlverfahren durchführen.[93] Im Fernwärmebereich ist diese Frage allerdings noch umstritten.[94] 69

e) Rechtsfolgen

Für den Fall, dass ein Wegenutzungsvertrag die Voraussetzungen einer Dienstleistungskonzession im Sinne des § 105 GWB erfüllt und der prognostizierte Vertragswert den Schwellenwert überschreitet, stellt sich des Weiteren die Frage, welche Rechtsfolgen diese Einordnung hat. Problematisch ist insbesondere bei Konzessionsverträgen für Strom und Gas das **Verhältnis zu den Vorgaben des § 46 EnWG**, die in wichtigen Punkten von den Vorgaben des GWB abweichen (etwa Bekanntmachung, Laufzeitbegrenzung, Inhouse-Vergabe, Zuschlagskriterien, Fehlerfolgen von Rechtsverstößen, Rügeobliegenheiten und Wartefristen, Rechtsschutz). Eine entsprechende Vorschrift gibt es im Fernwärmebereich nicht, sodass Konfliktpotenzial vor allem bei Strom- und Gaskonzessionen besteht. Hinzu kommt, dass Gemeinden bei der Vergabe von Wegenutzungsrechten auch Adressaten des kartellrechtlichen Missbrauchsverbotes (§§ 19, 20 GWB; ggf. Art. 102 AEUV) sind.[95] 70

Zu klären ist daher, wie das Verhältnis dieser sich überlagernden Rechtsmaterien aufzulösen ist. Dies richtet sich nach folgenden Grundsätzen: 71

- Die RL 2014/23/EU verbietet es dem deutschen Gesetzgeber als Richtlinie im Sinne des Art. 288 Abs. 3 AEUV grundsätzlich nicht, (**strengere**) **nationale Spezialvorschriften** wie § 46 EnWG beizubehalten und vorrangig anzuwenden, solange sie den Richtlinienbestimmungen nicht widersprechen (Vorrang des Unionsrechts). Das gilt auch für §§ 19, 20 GWB; Art. 102 AEUV steht ohnehin als Primärrecht über den Vorgaben der RL 2014/23/EU.
- Dagegen dürfen nationale Vorgaben nicht angewendet werden, wenn die Vorgaben der RL 2014/23/EU **als Harmonisierungsmaßnahme abschließend** sein sollen, was durch Auslegung zu ermitteln ist.[96] Für einen abschließenden Charakter spricht zwar die hohe

91 Vgl. oben Rn. 59 ff.
92 Vgl. dazu auch *Kühling* in: Körber/Kühling, Ausschreibung von Fernwärmenetzen, 2016 (im Erscheinen).
93 Vgl. BGH, Urteil v. 17.12.2013 – KZR 66/12, Rn. 16 ff., 34 ff.; Urteil v. 17.12.2013 – KZR 65/12, Rn. 15 ff.
94 Dagegen *Körber*, Ausschreibung von Fernwärmenetzen nach Maßgabe des Kartellrechts?, EWeRK 2016, Heft 3, Sonderheft zum 85. Geburtstag von Prof. Dr. Siegfried Klaue, S. 155 ff.
95 Vgl. BGH, Urteil v. 17.12.2013 – KZR 66/12; Gemeinsamer Leitfaden von Bundeskartellamt und Bundesnetzagentur zur Vergabe von Strom- und Gaskonzessionen und zum Wechsel des Konzessionsnehmers, 2. Aufl. (2015), Rn. 18 m.w.N.
96 Vgl. EuGH, Urteil v. 8.11.2007 – Rs. C-374/05 (Gintec), Rn. 25; Urteil v. 8.4.2003 – Rs. C-44/01 (Pippig Augenoptik), Rn. 44.

Regelungsdichte der RL 2014/23/EU, die für eigenständige nationale Regelungen kaum Raum lässt. Mit Blick auf **Erwägungsgrund 8 RL 2014/23/EU** ist jedoch nicht von einer Vollharmonisierung auszugehen. Dort heißt es:

„Für Konzessionen in Höhe oder oberhalb eines bestimmten Schwellenwertes ist es zweckmäßig, auf der Grundlage der Grundsätze des AEUV ein Mindestmaß an Koordinierung der nationalen Verfahren für die Vergabe vorzusehen, um die Öffnung der Vergabeverfahren für den Wettbewerb sicherzustellen und eine angemessene Rechtssicherheit zu gewährleisten. Diese Koordinierungsbestimmungen sollten nicht über das für die Erreichung der vorstehend genannten Ziele erforderliche Maß hinausgehen und für ein gewisses Maß an Flexibilität sorgen. Den Mitgliedstaaten sollte es freistehen, diese Bestimmungen zu ergänzen und weiterzuentwickeln, wenn sie dies für sinnvoll halten, um insbesondere die Wahrung der obigen Grundsätze besser sicherzustellen."

72 Vor diesem Hintergrund hat das OLG Düsseldorf bereits die Auffassung vertreten, dass die Verpflichtung, die **Zuschlagskriterien** an den Zielen des § 1 EnWG zu orientieren (§ 46 Abs. 3 S. 5 EnWG), nicht gegen Art. 41 Abs. 1 und Abs. 2 RL 2014/23/EU verstößt.[97] Entsprechend ist davon auszugehen, dass das **Verbot der In-House-Vergabe** (§ 46 Abs. 4 EnWG) weiterhin zu beachten ist.[98]

73 Sofern hingegen die Vorgaben der RL 2014/23/EU bzw. des GWB strengere oder zusätzliche Vorgaben enthalten, müssen auch diese beachtet werden:

- Das wird zunächst etwa bei der **Bekanntmachung** relevant: Nach § 46 Abs. 3 S. 2 EnWG ist eine Bekanntmachung im EU-Amtsblatt erst zwingend, wenn im Gemeindegebiet mehr als 100.000 Kunden an das Netz angeschlossen sind. Dagegen ist eine unionsweite Ausschreibung bei Überschreiten des Schwellenwerts (§ 106 Abs. 2 Nr. 4 GWB i.V.m. Art. 8 RL 2014/23/EU) stets erforderlich. Das kann (angesichts der Laufzeit der Wegenutzungsverträge) auch bei Gemeinden mit weniger als 100.000 angeschlossenen Kunden die Pflicht begründen, die Vergabeabsicht nach § 151 S. 1 GWB bekannt zu geben.[99]
- Die RL 2014/23/EU sieht im Grundsatz auch **kürzere Laufzeiten** vor. Während Wegenutzungsrechte für Strom und Gas für maximal 20 Jahre abgeschlossen werden dürfen (§ 46 Abs. 2 S. 1 EnWG), darf die Laufzeit von Konzessionen mit einer Laufzeit von über fünf Jahren nicht länger sein als der Zeitraum, innerhalb dessen der Konzessionsnehmer nach vernünftigem Ermessen die Investitionsaufwendungen zuzüglich einer Rendite wieder erwirtschaften kann (Art. 18 RL 2014/23/EU; § 3 KonzVgV). Das sind bei Wegenutzungsverträgen für Strom und Gas nicht unbedingt 20 Jahre, stattdessen bedarf es einer Prüfung im Einzelfall.

II. Praxisbeispiele für Konzessionen

In der Praxis sind Konzessionen (ohne Anspruch auf Vollständigkeit) in folgenden Fällen diskutiert worden.

1. Baukonzession

74 Die Rechtsprechung hat eine Baukonzession bejaht für:

- Ausbau und Betrieb des Flughafens Berlin Schönefeld zum Flughafen Berlin Brandenburg International;[100]
- Pachtvertrag über Grundstück einer Gemeinde zum Zwecke der Errichtung und des Betriebes von Windkraftanlagen;[101]

97 Vgl. OLG Düsseldorf, Beschluss v. 15.7.2015 – VI-2 Kart 1/15 (V); dazu auch *Braun*, NZBau 2015, 355 (357).
98 So auch *Knauff*, EnWZ 2015, 51 (56).
99 So bereits *Sauer*, EWeRK 2014, 159 (161).
100 Vgl. OLG Brandenburg, Beschluss v. 3.8.1999 – 6 Verg 1/99.
101 Vgl. OLG Bremen, Beschluss v. 13.3.2008 – Verg 5/07.

- Errichtung und Betrieb eines Hochschulcampus bei nahezu vollständiger Übernahme des Nutzungsrisikos;[102]
- Trawe-Querung in Lübeck (Brücke).[103]

Demgegenüber hat die Rechtsprechung eine Baukonzession abgelehnt für die Sanierung und Modernisierung sowie Betrieb des Berliner Olympiastadions bei Übernahme der Baukostenrisiken in Höhe von 50 bis 75 %.[104]

2. Dienstleistungskonzession

Eine Dienstleistungskonzession wurde bejaht für: **75**

- Herausgabe von Telefonbüchern;[105]
- öffentliche Verlagsdienstleistungen;[106]
- Betrieb eines öffentlichen Parkhauses;[107]
- Betrieb eines Hallenbades, einer Sauna, eines Freibades inklusive Gastronomiebereich;[108]
- Betrieb eines Freizeitzentrums;[109]
- Betrieb der städtischen Leichenhalle;[110]
- Errichtung und Betrieb einer Feuerbestattungsanlage;[111]
- Betrieb einer strahlentherapeutischen Praxis in Klinik;[112]
- Bierliefervertrag für Festwoche;[113]
- Essensversorgung öffentlicher Einrichtungen;[114]
- Gestattungsverträge zur Versorgung mit Rundfunk- und Fernsehsignalen;[115]
- Betrieb eines Kabelfernsehnetzes;[116]
- Breitbandversorgung in einem strukturschwachen Gebiet;[117]
- Vereinbarung zur Nutzung von Kabelfernsehnetzen;[118]
- Betrieb und Instandhaltung öffentlicher Toilettenanlagen;[119]
- Vertrag über das Aufstellen und Vermarkten von Großflächenwerbungsanlagen auf öffentlichem Grund und Boden;[120]
- Gestattungsvertrag über die Ausübung von Werberechten auf öffentlichen Flächen der Freien Hansestadt Bremen;[121]

---

102 Vgl. OLG München, Beschluss v. 5.4.2012 – Verg 3/12.
103 Vgl. OLG Schleswig, Beschluss v. 6.7.1999 – 6 U Kart 22/99.
104 Vgl. VK Berlin, Beschluss v. 31.5.2000 – VK-B2-15/00.
105 Vgl. EuGH, Urteil v. 7.12.2000 – Rs. C-324/98 (Telaustria).
106 Vgl. EuGH, Beschluss v. 30.5.2002 – Rs. C-358/00 (Buchhändler-Vereinigung); OLG Düsseldorf, Beschluss v. 2.8.2000 – Verg 7/00.
107 Vgl. EuGH, Urteil v. 13.10.2005 – Rs. C-458/03 (Parking Brixen).
108 Vgl. VK Baden-Württemberg, Beschluss v. 11.9.2006 – 1 VK 53/06.
109 Vgl. OLG Düsseldorf, Beschluss v. 28.3.2012 – VII-Verg 37/11, vgl. dazu *Würfel*, NZBau 2012, 752.
110 Vgl. VG Münster, Beschluss v. 9.3.2007 – 1 L 64/07.
111 Vgl. OLG Düsseldorf, Beschluss v. 10.5.2006 – VII-Verg 12/06.
112 Vgl. VG München, Urteil v. 17.10.2007 – M 7 K 05.5966.
113 Vgl. VK Nordbayern, Beschluss v. 11.11.2011 – 21.VK-3194-33/11; a.A. OLG München, Beschluss v. 19.1.2012 – Verg 17/11 (mangels Beschaffungsvorgangs).
114 Vgl. VK Sachsen, Beschluss v. 13.8.2009 – 1/SVK/034-09; auch VK Brandenburg, Beschluss v. 27.5.2009 – VK 21/09.
115 Vgl. OLG Brandenburg, Beschluss v. 3.8.2001 – Verg 3/01; VK Hessen, Beschluss v. 7.10.2005 – 69d-VK–39 54-57/2005.
116 Vgl. EuGH, Urteil v. 13.11.2008 – Rs. C-324/07 (Coditel).
117 Vgl. OLG München, Beschluss v. 25.3.2011 – Verg 4/11; so auch VK Südbayern, Beschluss v. 27.5.2015 – Z3-3-3194-1-15-03/15; auch OLG Karlsruhe, Beschluss v. 14.11.2014 – 15 Verg 10/14.
118 Vgl. EuGH, Urteil v. 14.11.2013 – Rs. C-221/12 (Belgacom); EuGH, Urteil v. 13.11.2008 – Rs. C-324/07 (Coditel).
119 Vgl. EuGH, Urteil v. 13.4.2010 – Rs. C-91/08 (Wall).
120 Vgl. VK Südbayern, Beschluss v. 28.12.2001 – 47-11/01.
121 Vgl. VG Bremen, Urteil v. 18.3.2015 – 1 K 480/11.

- Aufstellen von Altkleider-Sammelcontainern;[122]
- Fahrgastinformationsprogramm in öffentlichen Verkehrsmitteln;[123]
- Stadtmöblierung;[124]
- Betrieb einer Fahrradstation mit angeschlossenem Servicebereich;[125]
- Bau und Betrieb einer Autobahnraststätte mit Tankstelle;[126]
- Betrieb einer Renn- und Teststrecke;[127]
- Spielbankkonzession;[128]
- Konzession für Wettbüros in Italien;[129]
- Betrieb einer städtischen Spielstätte;[130]
- Gestattung eines Wochenmarktes;[131]
- Veranstaltung eines Weihnachtsmarktes;[132]
- Beseitigung tierischer Nebenprodukte in Brandenburg;[133]
- Betrieb einer Zentrale zur Vermittlung von Abschleppaufträgen;[134]
- Vertrag eines Trägers der Jugendhilfe mit mehreren Einrichtungen über zu erbringende Leistungen in der sozialpädagogischen Familienhilfe;[135]
- ÖPNV-Finanzierungsvertrag;[136]
- Strom- und Gaskonzessionen (Wegenutzungsrechte);[137]
- Trinkwasserversorgung und Abwasserbeseitigung;[138]
- Koordinierung der Versorgung der Patienten eines Krankenhauses mit Heil- und Hilfsmitteln im Rahmen des Entlassungsmanagements;[139]
- Rettungsdienstleistungen;[140]
- Vermarktung und Betrieb eines Internetauftritts einer Gebietskörperschaft;[141]
- „Letter of Support" für Bewerbung um eine Top-Level-Domain;[142]
- Sondernutzungserlaubnis für das Aufstellen von Alttextilcontainern.[143]

---

122 Vgl. OLG Celle, Urteil v. 23.2.2016 – 13 U 148/15.
123 Vgl. BayObLG, Beschluss v. 11.12.2001 – Verg 15/01.
124 Vgl. OLG Koblenz, Beschluss v. 6.11.2000 – Verg 4/00.
125 Vgl. OLG Hamburg, Beschluss v. 10.4.2003 – 1 Verg 1/03.
126 Vgl. OLG Karlsruhe, Beschluss v. 6.2.2013 – 15 Verg 11/12.
127 Vgl. OLG Brandenburg, Beschluss v. 30.5.2008 – Verg W 5/08.
128 Vgl. OLG Stuttgart, Beschluss v. 4.11.2002 – 2 Verg 4/02.
129 Vgl. EuGH, Urteil v. 13.9.2007 – Rs. C-260/04 (Kommission/Italien).
130 Vgl. VK Sachsen-Anhalt, Beschluss v. 1.8.2013 – 2 VK LSA 4/13.
131 Vgl. OLG Naumburg, Beschluss v. 4.12.2001 – 1 Verg 10/01.
132 Vgl. VG Köln, Urteil v. 16.10.2008 – 1 K 4507/08; auch *Braun*, NVwZ 2009, 747 (748).
133 Vgl. OLG Brandenburg, Beschluss v. 12.1.2010 – Verg W 7/09.
134 Vgl. BayObLG, Beschluss v. 12.12.2001 – Verg 19/01.
135 Vgl. OLG Düsseldorf, Beschluss v. 22.9.2004 – VII-Verg 44/04.
136 Vgl. EuGH, Urteil v. 10.11.2011 – Rs. C-348/10 (Norma-A); OLG Karlsruhe, Beschluss v. 13.7.2005 – 6 W 35/05 (Verg).
137 Str.: Dafür aus der Rechtsprechung OLG Düsseldorf, Beschluss v. 9.1.2013 – VII-Verg 26/12; VG Aachen, Beschluss v. 22.7.2011 – 1 L 286/11; VGH Mannheim, Beschluss v. 22.8.2013 – 1 S 1047/13; LG Köln, Urteil v. 22.3.2013 – 90 O 51/13; vgl. umfassend *Sauer*, Das Recht der Vergabe von Strom- und Gaskonzessionsverträgen, S. 201 ff. m.w.N.
138 Vgl. EuGH, Urteil v. 10.9.2009 – Rs. C-206/08 (WAZV Gotha); OLG Hamm, Urteil v. 26.9.2012 – I-12 U 142; vgl. aber auch VK Sachsen, Beschluss v. 29.2.2004 – 1/SVK/157-03; *Heller*, Wasserkonzessionen nach der Vergaberechtsreform, EWeRK 2016, Heft 3, Sonderheft zum 85. Geburtstag von Prof. Dr. Siegfried Klaue, S. 210 ff.; *Herten-Koch*, EWeRK 2013, 248 ff.; zur wasser- und kommunalrechtlichen Unzulässigkeit einer Dienstleistungskonzession für die Abwasserbeseitigung: OLG Brandenburg, Beschluss v. 28.8.2012 – Verg W 19/11.
139 Vgl. OLG Brandenburg, Beschluss v. 21.6.2011 – Verg W 9/11.
140 Vgl. EuGH, Urteil v. 10.3.2011 – Rs. C-274/09 (Stadler); OLG Jena, Beschluss v. 22.7.2015 – 2 Verg 2/15.
141 Vgl. OLG Dresden, Urteil v. 13.8.2013 – 16 W 439/13.
142 Vgl. *Maaßen/Schreiber*, MMR 2011, 363.
143 Vgl. OVG Lüneburg, Urteil v. 19.2.2015 – 7 LC 63/13; OLG Celle, Beschluss v. 8.9.2014 – 13 Verg 7/14; auch VG Trier, Urteil v. 8.12.2014 – 6 K 410/14.TR.

- Dienstleistungen im Bereich der Straßenreinigung.[144]

Demgegenüber hat die Rechtsprechung eine Dienstleistungskonzession abgelehnt für: 76

- Betrieb gastronomischer Einrichtungen in Flughafenterminal;[145]
- Pachtvertrag über die Berliner Waldbühne (Veranstaltungsstätte);[146]
- Öffentliches Fahrrad-Vermietsystem;[147]
- Vereinbarung über die Erbringung von Betreuungsleistungen (durch Sozialhilfeträger);[148]
- Schuldner- und Insolvenzberatung;[149]
- Gestattungsvertrag über die Grundversorgung der Mieter eines Wohnungsunternehmens mit Fernseh- und Hörfunkprogrammen;[150]
- LKW-Maut in Deutschland;[151]
- Erweiterung der LKW-Maut auf alle Bundesstraßen;[152]
- Spezialisierte ambulante Palliativversorgung;[153]
- Speiseversorgung;[154]
- Erbringung von Leistungen im SPNV;[155]
- Erbringung von Leistungen im ÖPNV;[156]
- Rettungsdienstleistungen;[157]
- Abfallentsorgung nach § 16 Abs. 1 KrW-/AbfG;[158]
- Altpapierentsorgung;[159]
- Restmüllentsorgung (in Italien).[160]

III. Erreichen oder Überschreiten des Schwellenwerts

77 Das GWB-Vergaberecht findet nur auf Konzessionen Anwendung, deren geschätzter Vertragswert den EU-Schwellenwert (**5.225.000 Euro**) erreicht oder überschreitet (vgl. § 106 Abs. 2 Nr. 4 GWB i.V.m. Art. 8 RL 2014/23/EU).[161] Eine Unterscheidung zwischen Bau- und Dienstleistungskonzessionen ist nicht vorgesehen. In der Literatur wurde der Schwellenwert bereits als zu niedrig kritisiert.[162] Die Kommission hatte ursprünglich sogar 2.500.000 Euro vorgeschlagen.[163]

---

144 OLG Naumburg, Beschluss v. 15.4.2016 – 7 Verg 1/16.
145 Vgl. VK Baden-Württemberg, Beschluss v. 18.12.2000 – VK-32/00.
146 Vgl. KG, Urteil v. 22.1.2015 – 2 U 14/14 Kart.
147 Vgl. VK Baden-Württemberg, Beschluss v. 25.7.2012 – 1 VK 20/12.
148 Vgl. OLG Düsseldorf, Beschluss v. 8.9.2004 – VII Verg 35/04.
149 Vgl. OLG Hamburg, Beschluss v. 7.12.2007 – 1 Verg 4/07.
150 Vgl. VK Mecklenburg-Vorpommern, Beschluss v. 22.9.2014 – 2 VK 12/14.
151 Vgl. VK Bund, Beschluss v. 25.7.2001 – VK 2-20/01.
152 Vgl. VK Bund, Beschluss v. 18.2.2016 – VK 2-137/15.
153 Vgl. VK Bund, Beschluss v. 23.12.2015 – VK 2-103/15
154 Vgl. VK Sachsen, Beschluss v. 27.9.2001 – 1/SVK/85-01.
155 Vgl. BGH, Beschluss v. 8.2.2011 – X ZB 4/10 (Abellio); OLG München, Beschluss v. 21.5.2008 – Verg 5/08; OLG Düsseldorf, Beschluss v. 26.7.2002 – Verg 22/02.
156 Vgl. OLG Koblenz, Beschluss v. 25.3.2015 – Verg 11/14.
157 Vgl. BGH, Beschluss v. 1.12.2008 – X ZB 31/08; OLG Naumburg, Beschluss v. 4.11.2010 – 1 Verg 10/10.
158 Vgl. OLG Düsseldorf, Beschluss v. 19.10.2011 – VII-Verg 51/11; § 16 Abs. 1 KrW-/AbfG wurde durch die im Wesentlichen inhaltsgleiche Bestimmung des § 22 Abs. 1 KrWG ersetzt.
159 Vgl. OLG Düsseldorf, Beschluss v. 27.10.2004 – VII-Verg 41/04; OLG Celle, Beschluss v. 5.2.2004 – 13 Verg 26/03; BayObLG, Beschluss v. 23.1.2003 – Verg 2/03.
160 Vgl. EuGH, Urteil v. 18.7.2007 – Rs. C-382/05 (Kommission/Italien).
161 Nach Art. 8 Abs. 1 RL 2014/23/EU i.V.m. Art. 1 VO (EU) 2015/2172 beträgt dieser Schwellenwert zunächst 5.225.000 Euro.
162 Etwa *Braun*, in: Hettich/Soudry, Das neue Vergaberecht, S. 169.
163 Vorschlag für eine Richtlinie über die Konzessionsvergabe KOM (2011) 897 endg., Art. 5 Abs. 2.

78 Der Vertragswert entspricht dem **geschätzten Gesamtumsatz** (ohne Umsatzsteuer), den der Konzessionsnehmer während der Vertragslaufzeit erzielen kann (§ 2 Abs. 3 KonzVgV; Art. 8 Abs. 2 Abs. 1 RL 2014/23/EU). Weitere Einzelheiten sind in § 2 KonzVgV (Art. 8 RL 2014/23/EU) geregelt.

79 Wird dieser Schwellenwert **nicht erreicht oder überschritten**, sind aber gegebenenfalls dennoch die allgemeinen Vergabegrundsätze des Unionsprimärrechts zu beachten, sofern die Konzession Binnenmarktrelevanz hat. Ein Unterschreiten des Schwellenwerts schließt die Binnenmarktrelevanz grundsätzlich nicht aus.[164]

C. Persönlicher Anwendungsbereich: Konzessionsgeber

80 § 101 GWB bestimmt, wer Konzessionsgeber ist: Erfasst sind sowohl **öffentliche Auftraggeber** (§ 101 Abs. 1 Nr. 1 GWB) als auch **öffentliche und private Sektorenauftraggeber** (§ 101 Abs. 1 Nr. 2 und Nr. 3 GWB), wenn sie eine Konzession vergeben. § 101 GWB setzt Art. 6 f. RL 2014/23/EU um.[165] Insgesamt deckt sich der persönliche Anwendungsbereich für die Vergabe von Konzessionen im Wesentlichen mit dem persönlichen Anwendungsbereich für die Vergabe öffentlicher Aufträge (§§ 99, 100 GWB).

I. Öffentliche Auftraggeber

81 Konzessionsgeber sind nach § 101 Abs. 1 Nr. 1 GWB zunächst öffentliche Auftraggeber gemäß **§ 99 Nr. 1 bis 3 GWB**, die eine Konzession vergeben. Das sind:

1. Gebietskörperschaften sowie deren Sondervermögen (z.B. Bund, Länder, Kommunen);
2. andere juristische Personen des öffentlichen und des privaten Rechts, die zu dem besonderen Zweck gegründet wurden, im Allgemeininteresse liegende Aufgaben nicht wirtschaftlicher Art zu erfüllen, sofern
   a) sie überwiegend von Stellen nach § 99 Nr. 1 oder Nr. 3 GWB einzeln oder gemeinsam durch Beteiligung oder auf sonstige Weise finanziert werden,
   b) ihre Leitung der Aufsicht durch Stellen nach § 99 Nr. 1 oder Nr. 3 GWB unterliegt oder
   c) mehr als die Hälfte der Mitglieder eines ihrer zur Geschäftsführung oder zur Aufsicht berufenen Organe durch Stellen nach § 99 Nr. 1 oder Nr. 3 GWB bestimmt worden sind;
3. Verbände, deren Mitglieder unter § 99 Nr. 1 oder Nr. 2 GWB fallen (z.B. kommunale Zweckverbände).

Für weitere Einzelheiten wird auf die Kommentierung zu § 101 GWB verwiesen.

II. Öffentliche Sektorenauftraggeber

82 Konzessionsgeber sind ferner gemäß § 101 Abs. 1 Nr. 2 GWB Sektorenauftraggeber gemäß **§ 100 Abs. 1 Nr. 1 GWB**, die eine Sektorentätigkeit nach § 102 GWB Abs. 2 bis 6 GWB ausüben und eine Konzession zum Zweck der Ausübung dieser Tätigkeit vergeben.[166] Sektorenauftraggeber gemäß § 100 Abs. 1 Nr. 1 GWB sind öffentliche Auftraggeber gemäß § 99 Nr. 1 bis 3 GWB.

164 Vgl. jüngst EuGH, Urteil v. 16.4.2015 – Rs. C-278/14 (SC Enterprise Focused Solutions), Rn. 16 ff.
165 Vgl. Gesetzesbegründung, BT-Drs. 18/6281, 72.
166 Für Näheres siehe *Braun* zu § 101 Rn. 26 ff.

Sektorentätigkeiten gemäß § 102 GWB sind Tätigkeiten in den Bereichen Wasser (§ 102 Abs. 1 GWB), Elektrizität (§ 102 Abs. 2 GWB), Gas und Wärme (§ 102 Abs. 3 GWB), Verkehrsleistungen (§ 102 Abs. 4 GWB), Häfen und Flughäfen (§ 102 Abs. 5 GWB) und fossile Brennstoffe (§ 102 Abs. 6 GWB). § 102 Abs. 1 GWB (Wasser) wird jedoch ausdrücklich nicht von § 101 Abs. 1 Nr. 2 GWB in Bezug genommen.[167] **83**

Für weitere Einzelheiten wird auf die Kommentierung zu § 101 GWB verwiesen.

III. Private Sektorenauftraggeber

Konzessionsgeber sind nach § 101 Abs. 1 Nr. 3 GWB schließlich Sektorenauftraggeber gemäß § 100 Abs. 1 Nr. 2 GWB, die eine Sektorentätigkeit gemäß § 102 Abs. 2 bis 6 GWB (nicht § 102 Abs. 1 GWB) ausüben und eine Konzession zum Zweck der Ausübung dieser Tätigkeit vergeben. **84**

Anknüpfungspunkt dieser Regelung sind die privaten Sektorenauftraggeber im Sinne von **§ 100 Abs. 1 Nr. 2 GWB**. Das sind natürliche oder juristische Personen des privaten Rechts, die eine Sektorentätigkeit ausüben, wenn diese Tätigkeit auf der Grundlage von besonderen oder ausschließlichen Rechten ausgeübt wird, die von einer zuständigen Behörde gewährt wurden (lit. a), oder öffentliche Auftraggeber gemäß § 99 Nr. 1 bis 3 GWB auf diese Personen einzeln oder gemeinsam einen beherrschenden Einfluss ausüben können (lit. b). Für die Definition von besonderen oder ausschließlichen Rechten ist die Vorschrift des § 100 Abs. 2 GWB heranzuziehen. **85**

Für weitere Einzelheiten wird auf die Kommentierung zu § 101 GWB verwiesen.

Anlage

Gesetzesbegründung (BT-Drs. 18/6281)

Seite 127

§ 148 bestimmt den Anwendungsbereich des Unterabschnitts 3 des Abschnitts 3 Unterabschnitt 3 regelt die Vergabe von Konzessionen und setzt damit die wesentlichen Vorschriften der Richtlinie 2014/23/EU um.

167 Für Konzessionen im Wasserbereich ist die besondere Ausnahme gemäß § 149 Nr. 9 GWB zu beachten.

§ 149
Besondere Ausnahmen

Dieser Teil ist nicht anzuwenden auf die Vergabe von:

1. Konzessionen zu Rechtsdienstleistungen im Sinne des § 116 Absatz 1 Nummer 1,
2. Konzessionen zu Forschungs- und Entwicklungsdienstleistungen im Sinne des § 116 Absatz 1 Nummer 2,
3. Konzessionen zu audiovisuellen Mediendiensten oder Hörfunkmediendiensten im Sinne des § 116 Absatz 1 Nummer 3,
4. Konzessionen zu finanziellen Dienstleistungen im Sinne des § 116 Absatz 1 Nummer 4,
5. Konzessionen zu Krediten und Darlehen im Sinne des § 116 Absatz 1 Nummer 5,
6. Dienstleistungskonzessionen, die an einen Konzessionsgeber nach § 101 Absatz 1 Nummer 1 oder Nummer 2 aufgrund eines auf Gesetz oder Verordnung beruhenden ausschließlichen Rechts vergeben werden,
7. Dienstleistungskonzessionen, die an ein Unternehmen aufgrund eines ausschließlichen Rechts vergeben werden, das diesem im Einklang mit den nationalen und unionsrechtlichen Rechtsvorschriften über den Marktzugang für Tätigkeiten nach § 102 Absatz 2 bis 6 gewährt wurde; ausgenommen hiervon sind Dienstleistungskonzessionen für Tätigkeiten, für die die Unionsvorschriften keine branchenspezifischen Transparenzverpflichtungen vorsehen; Auftraggeber, die einem Unternehmen ein ausschließliches Recht im Sinne dieser Vorschrift gewähren, setzen die Europäische Kommission hierüber binnen eines Monats nach Gewährung dieses Rechts in Kenntnis,
8. Konzessionen, die hauptsächlich dazu dienen, dem Konzessionsgeber im Sinne des § 101 Absatz 1 Nummer 1 die Bereitstellung oder den Betrieb öffentlicher Kommunikationsnetze oder die Bereitstellung eines oder mehrerer elektronischer Kommunikationsdienste für die Öffentlichkeit zu ermöglichen,
9. Konzessionen im Bereich Wasser, die
   a) die Bereitstellung oder das Betreiben fester Netze zur Versorgung der Allgemeinheit im Zusammenhang mit der Gewinnung, dem Transport oder der Verteilung von Trinkwasser oder die Einspeisung von Trinkwasser in diese Netze betreffen oder
   b) mit einer Tätigkeit nach Buchstabe a im Zusammenhang stehen und einen der nachfolgend aufgeführten Gegenstände haben:
      aa) Wasserbau-, Bewässerungs- und Entwässerungsvorhaben, sofern die zur Trinkwasserversorgung bestimmte Wassermenge mehr als 20 Prozent der Gesamtwassermenge ausmacht, die mit den entsprechenden Vorhaben oder Bewässerungs- oder Entwässerungsanlagen zur Verfügung gestellt wird, oder
      bb) Abwasserbeseitigung oder -behandlung,
10. Dienstleistungskonzessionen zu Lotteriedienstleistungen, die unter die Referenznummer des Common Procurement Vocabulary 92351100-7 fallen, und die einem Unternehmen auf der Grundlage eines ausschließlichen Rechts gewährt werden,
11. Konzessionen, die Konzessionsgeber im Sinne des § 101 Absatz 1 Nummer 2 und 3 zur Durchführung ihrer Tätigkeiten in einem nicht der Europäischen Union angehörenden Staat in einer Weise vergeben, die nicht mit der physischen Nutzung eines Netzes oder geografischen Gebiets in der Europäischen Union verbunden ist, oder
12. Konzessionen, die im Bereich der Luftverkehrsdienste auf der Grundlage der Erteilung einer Betriebsgenehmigung im Sinne der Verordnung (EG) Nr. 1008/2008 des Europäischen Parlaments und des Rates vom 24. September 2008 über gemeinsame Vorschriften für die Durchführung von Luftverkehrsdiensten in der Gemeinschaft (ABl. L 293 vom 31.10.2008, S. 3) vergeben werden, oder von Konzessionen, die die Beförderung von Personen im Sinne des § 1 des Personenbeförderungsgesetzes betreffen.

Übersicht

	Rn.
A. Allgemeines	1
B. Die Ausnahmen im Einzelnen	4
I. Konzessionen für Rechtsdienstleistungen (Nr. 1)	4
1. Allgemeines	4
2. Anwaltliche Vertretung	10
3. Anwaltliche Beratung	14
4. Beglaubigungs- und Beurkundungsdienstleistungen	18
5. Rechtsdienstleistungen von gerichtlich bestellten Personen	23
6. Teilweise Ausübung hoheitlicher Befugnisse	28
II. Konzessionen für Forschungs- und Entwicklungsdienstleistungen (Nr. 2)	32
1. Allgemeines	34
2. Forschungs- und Entwicklungsdienstleistungen	38
3. Rückausnahme	42
III. Konzessionen zu audiovisuellen Mediendiensten oder Hörfunkmediendiensten (Nr. 3)	47
1. Allgemeines	48
2. Voraussetzungen	50
a) Sendematerial	50
aa) Programmbezug	51
bb) Begrifflichkeiten	53
b) Ausstrahlungszeit und Bereitstellung von Sendungen	58
IV. Konzessionen für finanzielle Dienstleistungen (Nr. 4)	60
1. Allgemeines	61
2. Voraussetzungen	64
a) Finanzielle Dienstleistungen	64
b) Dienstleistungen der Zentralbanken	68
c) EFSF und ESM	69
V. Konzessionen für Kredite und Darlehen (Nr. 5)	70
1. Allgemeines	71
2. Voraussetzungen	73
VI. Dienstleistungskonzessionen an andere Konzessionsgeber mit ausschließlichem Recht (Nr. 6)	75
1. Allgemeines	76
2. Voraussetzungen	79
VII. Dienstleistungskonzessionen aufgrund eines ausschließlichen Rechts zur Ausübung einer Sektorentätigkeit (Nr. 7)	83
1. Allgemeines	84
2. Voraussetzungen	86
VIII. Konzessionen für öffentliche Kommunikationsdienste und -netze (Nr. 8)	92
1. Allgemeines	93
2. Voraussetzungen	94
IX. Wasserkonzessionen (Nr. 9)	98
1. Allgemeines	99
a) Regelungszweck	99
b) Entwicklung der Regelung	101
c) Streit im Verfahren zur Abstimmung der Richtlinie	103
2. Voraussetzungen	105
a) Gegenstand einer Wasserkonzession	106
b) Betriebsrisiko in der Wasserwirtschaft	110
c) Wortlaut	112
aa) Betätigung im Bereich der Trinkwasserversorgung	112
bb) Abwasserbeseitigung und sonstige Betätigungen	113
3. Rechtsfolge	114
a) Anwendbarkeit des EU-Primärrechts	115
aa) Binnenmarktrelevanz	116
bb) Transparente Durchführung des Vergabeverfahrens	118
cc) Neutrale Durchführung des Vergabeverfahrens	119
dd) Laufzeit	121
b) Anwendbarkeit der Ausnahmen des GWB	123
aa) Öffentlich-öffentliche Zusammenarbeit	125
bb) Ausnahmen für Sektorenauftraggeber nach § 138 f. GWB	125
cc) Vergabe an den Eigentümer des Wasserversorgungsnetzes	127
dd) Organisationsentscheidungen des Aufgabenträgers	128
4. Rechtsschutz	129
X. Dienstleistungskonzessionen für Lotteriedienstleistungen (Nr. 10)	131
1. Allgemeines	132
2. Voraussetzungen	133
XI. Konzessionen für Tätigkeiten in einem Drittland (Nr. 11)	138
XII. Konzessionen für bestimmte Verkehrsdienste (Nr. 12)	142
1. Allgemeines	143

2. Voraussetzungen 145
a) Konzessionen im Bereich der Luftverkehrsdienste 145
b) Konzession zur Beförderung von Personen 147
aa) Vorrang des Verkehrsvergaberechts 147
bb) Öffentliche Personenverkehrsleistungen im Eisenbahnverkehr? ... 151
cc) Fehlende Kohärenz zur Regelung in § 131 GWB 154
Anlage
Gesetzesbegründung (BT-Drs. 18/6281)

A. Allgemeines

1 § 149 GWB regelt in Umsetzung verschiedener Bestimmungen der RL 2014/23/EU diverse **besondere Ausnahmen** vom Anwendungsbereich des GWB-Vergaberechts für Konzessionen. Die allgemeinen Bereichsausnahmen für öffentliche Aufträge und Konzessionen sind in § 107 GWB geregelt.[1] Die Ausnahmen sind oftmals Folge eines **politischen Kompromisses**; die sachliche Rechtfertigung ist deshalb teilweise sehr fraglich. Insgesamt ist die Anzahl der Ausnahmen während des europäischen Gesetzgebungsprozesses im Vergleich zum ursprünglichen Vorschlag der Kommission[2] stetig angestiegen. Der Anwendungsbereich des EU-Vergaberechts wird dadurch fragmentiert und teilweise unübersichtlich.[3] Insbesondere die Ausnahme für Wasserkonzessionen (§ 149 Nr. 9 GWB) war bis zum Schluss des europäischen Gesetzgebungsverfahrens hart umkämpft; letztlich haben sich die Befürworter einer Bereichsausnahme durchgesetzt.[4]

2 Außerdem sind einige der besonderen Ausnahmen einfach aus der **RL 2014/24/EU** in die **RL 2014/23/EU** überführt worden: § 149 Nr. 1 bis 5 GWB verweisen aus diesem Grund auf § 116 Abs. 1 Nr. 1 bis 5 GWB. Nicht alle dieser Ausnahmen ergeben aber im Kontext der Konzessionsvergabe Sinn. Oft sind Beschaffungen mittels Konzessionen für die ausgenommenen Tätigkeiten jedenfalls in Deutschland schwer vorstellbar. Der Unionsgesetzgeber hat schematisch die (Ausnahme-)Regelungen aus dem Bereich der Vergabe öffentlicher Aufträge auf den Bereich der Konzessionsvergabe übertragen, ohne kritisch zu überprüfen, ob es dafür überhaupt einen Anwendungsbereich gibt. Der deutsche Gesetzgeber – der eine 1:1-Umsetzung anstrebt – hat diese Regelungen übernommen.

3 Wichtig ist schließlich: Die Ausnahmen des § 149 GWB betreffen nur den Anwendungsbereich der RL 2014/23/EU, also des europäischen Sekundärrechts und dessen Umsetzung in Teil 4 des GWB sowie der KonzVgV. Dagegen gelten die Rechte und Pflichten des **Unionsprimärrechts** auch dann, wenn eine der Ausnahmen des § 149 GWB greift. Sofern an der Konzession ein grenzüberschreitendes Interesse[5] besteht (Binnenmarktrelevanz), müssen im Einklang mit der ständigen Rechtsprechung des EuGH die Grundsätze der Gleichbehandlung, Nichtdiskriminierung, Transparenz und Verhältnismäßigkeit beachtet werden.[6] Primärrechtlich ist daher bei einem grenzüberschreitenden Interesse stets ein strukturiertes Bieterverfahren geboten, das diesen Grundsätzen Rechnung trägt.[7] Der Konzessionsgeber muss nach der Rechtsprechung des EuGH zugunsten potenzieller Bewerber und Bieter zumindest einen angemessenen Grad von Öffentlichkeit sicherstellen, der den Markt dem Wettbewerb öffnet und die Nachprüfung ermöglicht, ob das Vergabeverfahren unparteiisch durchgeführt

1 Weitere Ausnahmen folgen für öffentliche und private Sektorenauftraggeber aus § 154 Nr. 5 bis 7 GWB.
2 European Commission, Proposal for a Directive of the European Parliament and of the Council on the award of Concession Contracts, COM(2011) 897 final.
3 Kritisch auch *Braun*, in: Hettich/Soudry, Das neue Vergaberecht, S. 170.
4 Vgl. zur Vergabe von Wasserkonzessionen nach der Vergaberechtsreform: *Heller*, EWeRK 2016, 210 ff.
5 Vgl. jüngst EuGH, Urteil v. 16.4.2015 – Rs. C-278/14 (SC Enterprise Focused Solutions), Rn. 16 ff.
6 Vgl. zum sog. Primärvergaberecht *Kühling/Huerkamp*, in: Montag/Säcker, Müko Wettbewerbsrecht, Vor §§ 97 ff. GWB Rn. 6 ff.; *Prieß/Simonis*, NZBau 2015, 731 ff.
7 So auch *Braun*, in: Hettich/Soudry, Das neue Vergaberecht, S. 178.

wurde.[8] Der entscheidende Unterschied besteht darin, dass der **Rechtsweg zu den Nachprüfungsinstanzen** nicht eröffnet ist, wenn die Voraussetzungen einer Ausnahme erfüllt sind. Rechtsschutz ist entweder vor den Zivilgerichten oder den Verwaltungsgerichten zu suchen.

B. Die Ausnahmen im Einzelnen

I. Konzessionen für Rechtsdienstleistungen (Nr. 1)

1. Allgemeines

4 § 149 Nr. 1 GWB nimmt zunächst Konzessionen für verschiedene Rechtsdienstleistungen vom Anwendungsbereich des GWB aus.

5 Der deutsche Gesetzgeber setzt damit die unionsrechtlichen Vorgaben des **Art. 10 Abs. 8 lit. d RL 2014/23/EU** um. Diese Vorschrift spricht zwar von „juristischen Dienstleistungen" anstatt von „Rechtsdienstleistungen", meint jedoch das Gleiche.

6 **Entsprechende Ausnahmen** sind in Art. 10 lit. d RL 2014/24/EU (§ 116 Abs. 1 Nr. 1 GWB) und Art. 21 lit. c RL 2014/25/EU (§ 137 Abs. 1 Nr. 1 GWB) geregelt. Um Wiederholungen zu vermeiden, verweist § 149 Nr. 1 GWB deshalb zur Bestimmung der konkret ausgenommenen Rechtsdienstleistungen auf § 116 Abs. 1 Nr. 1 GWB.[9]

7 Im Bereich der Vergabe öffentlicher Aufträge waren Dienstleistungen der „Rechtsberatung" bislang **nicht prioritäre Dienstleistungen** nach Anhang II Teil B RL 2004/18/EG[10] (Kategorie 21; CPC-Code: 861; CPV-Codes: 79100000-5 bis 79140000-7). Die Regelungen des GWB waren daher nur sehr eingeschränkt anwendbar.[11] Nach Art. 21 RL 2004/18/EG (§ 1 Abs. 2 VOF a.F.) fanden nur die Vorschriften über die nachträgliche Veröffentlichung der Vergabe eines solchen Auftrags (Art. 35 Abs. 4 RL 2004/18/EG; § 14 VOF a.F.) sowie bestimmte Regeln für technische Spezifikationen bei der Leistungsbeschreibung (Art. 23 RL 2004/18/EG; § 6 Abs. 2 bis 7 VOF) Anwendung. Letztere haben aber für Dienstleistungen überwiegend keine Relevanz.[12] Hintergrund war die Annahme, dass nicht prioritäre Dienstleistungen regelmäßig keine oder nur eine geringe Binnenmarktrelevanz aufweisen, sodass die vollumfängliche Anwendbarkeit der unionsrechtlichen Vorgaben auf diese Dienstleistungen für entbehrlich gehalten wurde.[13]

8 Im Gegensatz dazu hat der (Unions-)Gesetzgeber in den neuen EU-Vergaberichtlinien auf eine **umfassende Ausnahme** für Rechtsdienstleistungen verzichtet.[14] Wie bei der Vergabe von öffentlichen Aufträgen[15] stellt Art. 10 Abs. 8 lit. d RL 2014/23/EU i.V.m. § 149 Nr. 1 GWB nur die dort explizit genannten Dienstleistungskonzessionen vom Anwendungsbereich des GWB frei. Für den Bereich der Konzessionen hat der Unionsgesetzgeber auf eine erläuternde Erwägung verzichtet. Sinn und Zweck der Ausnahmeregelung lassen sich aber Erwägungsgrund 25 RL 2014/24/EU zur öffentlichen Auftragsvergabe entnehmen.[16] Danach ist der Unionsge-

---

8 Vgl. etwa EuGH, Urteil v. 3.6.2010 – Rs. C-203/08 (Sporting Exchange), Rn. 41; Urteil v. 13.4.2010 – Rs. C-91/08 (Wall), Rn. 36; Urteil v. 6.4.2006 – Rs. C-410/04 (ANAV), Rn. 21; Urteil v. 13.10.2005 – Rs. C-458/03 (Parking Brixen), Rn. 49; Urteil v. 18.6.2002 – Rs. C-92/00 (Hospital Ingenieure), Rn. 47; Urteil v. 7.12.2000 – Rs. C-324/98 (Telaustria), Rn. 62.

9 Vgl. Gesetzesbegründung, BT-Drs. 18/6281, 127.

10 Vgl. auch Anhang I Teil B VOL/A bzw. Anhang I Teil B VOF.

11 Vgl. OLG Düsseldorf, Beschluss v. 21.4.2010 – VII-Verg 55/09; *Otting*, AnwBl 2014, 304.

12 Anders bei Ausschreibungen nach VOL/A a.F.: Nach § 1 EG Abs. 3 VOL/A i.V.m. § 4 Abs. 2 VgV fanden über die unionsrechtlichen Vorgaben hinaus die Vorgaben des ersten Abschnitts der VOL/A a.F. Anwendung. In der Regel wurden juristische Dienstleistungen jedoch nach der VOF ausgeschrieben (§ 1 Abs. 1 VOF); vgl. zur Abgrenzung OLG Düsseldorf, Beschluss v. 2.1.2012 – VII-Verg 70/11.

13 Vgl. Erwägungsgrund 18 f. RL 2004/18/EG; *Reichling*, in: Gabriel/Krohn/Neun, Handbuch des Vergaberechts, § 2 Rn. 72.

14 Vgl. *Schwab/Giesemann*, VergabeR 2014, 351 (357).

15 Vgl. Art. 10 lit. d RL 2014/24/EU i.V.m. § 116 Abs. 1 Nr. 1 GWB.

16 Vgl. zur Vergabe von öffentlichen Aufträgen, die Rechtsdienstleistungen zum Gegenstand haben, *Otting*, AnwBl 2014, 304 (305).

setzgeber im Kern der Auffassung, dass diese Rechtsdienstleistungen von Personen erbracht werden, deren Bestellung oder Auswahl nicht mit einem Vergabeverfahren kompatibel ist. In Erwägungsgrund 25 RL 2014/24/EU heißt es:

> „Einige Rechtsdienstleistungen werden von durch ein Gericht eines Mitgliedstaates bestellten Dienstleistern erbracht, betreffen die Vertretung von Mandanten in Gerichtsverfahren durch Rechtsanwälte, müssen durch Notare erbracht werden oder sind mit der Ausübung von hoheitlichen Befugnissen verbunden. Solche Rechtsdienstleistungen werden in der Regel durch Organisationen oder Personen erbracht, deren Bestellung oder Auswahl in einer Art und Weise erfolgt, die sich nicht nach Vergabevorschriften für öffentliche Aufträge richten kann, wie z. B. bei der Ernennung von Staatsanwälten in einigen Mitgliedstaaten. Diese Rechtsdienstleistungen sollten daher vom Anwendungsbereich dieser Richtlinie ausgenommen werden."

Für sonstige Konzessionen über Rechtsdienstleistungen i.S.d. Anhangs IV zur RL 2014/23/EU[17] ordnet Art. 19 RL 2014/23/EU unter der Überschrift **„Soziale und andere besondere Dienstleistungen"** eine eingeschränkte Geltung an (vereinfachtes Vergabeverfahren). Danach sind nur die Vorgaben des Art. 31 Abs. 3 RL 2014/23/EU[18] (Vorinformation), Art. 32 RL 2014/23/EU (Zuschlagsbekanntmachung), Art. 46 RL 2014/23/EU (Rechtsschutz) und Art. 47 RL 2014/23/EU (Rechtsschutz) zu beachten. Vor diesem unionsrechtlichen Hintergrund bestimmt § 153 GWB allerdings (überschießend), dass für die Vergabe von Konzessionen für soziale und andere besondere Dienstleistungen i.S.d. Anhangs VI RL 2014/23/EU die allgemein für die Konzessionsvergaben geltenden Vorschriften des § 151 GWB und § 152 GWB Anwendung finden (Bekanntmachung, Leistungsbeschreibung, Eignung, Zuschlag, Ausführungsbedingungen). Der Verweis in § 154 GWB auf diverse Vorschriften zur Vergabe von öffentlichen Aufträgen durch öffentliche Auftraggeber bezieht Konzessionen i.S.d. § 153 GWB vollumfänglich mit ein. Für Konzessionen i.S.d. § 153 GWB greift gemäß § 106 Abs. 2 Nr. 4 GWB i.V.m. Art. 8 Abs. 1 RL 2014/23/EU auch der allgemeine Schwellenwert von derzeit 5.225.000 Euro.[19] Dieser Schwellenwert dürfte in der Praxis – wenn Rechtsdienstleistungen überhaupt im Wege der Konzession beschafft werden – jedoch nur selten erreicht oder überschritten werden. 9

2. Anwaltliche Vertretung

Nicht in den Anwendungsbereich des GWB-Vergaberechts fallen gemäß § 149 Nr. 1 GWB i.V.m. § 116 Abs. 1 Nr. 1 lit. a GWB zunächst Konzessionen für die „Vertretung eines Mandanten durch einen Rechtsanwalt in Gerichts- oder Verwaltungsverfahren vor nationalen oder internationalen Gerichten, Behörden oder Einrichtungen" (aa)) sowie „nationalen oder internationalen Schiedsgerichts- oder Schlichtungsverfahren" (bb)). 10

Aus der Gesetzbegründung folgt, dass die oben genannten Verfahren bereits **„begonnen"** haben müssen.[20] Dagegen fallen Vorfeldberatungen, die auf Verfahren i.S.d. § 116 Abs. 1 Nr. 1 lit. a GWB bezogen sind, unter § 116 Abs. 1 Nr. 1 lit. b GWB. Da die Ausnahme „nationale oder internationale" Verfahren erfasst, kann das Verfahren in Deutschland, einem EU-Mitgliedstaat, einem Drittstaat oder vor internationalen Organisationen und Einrichtungen anhängig sein. Die Ausnahme ist in dieser Hinsicht sehr weit. 11

Der deutsche Wortlaut legt nahe, dass es auf die **Herkunft des Rechtsanwalts** nicht ankommt, sodass etwa auch Rechtsanwälte, die außerhalb der EU ansässig sind, unter die Ausnahmevorschrift fallen. Aus Art. 10 Abs. 8 lit. d RL 2014/23/EU folgt jedoch in unionsrechtskonformer Auslegung, dass die Ausnahme nur für EU-Rechtsanwälte nach Art. 1 der RL 77/249/EWG gilt; die Mandatierung von Rechtsanwälten aus Drittstaaten fällt daher nicht in den Anwendungsbereich der Ausnahme. Nach der Gesetzesbegründung gilt § 116 Abs. 1 12

17 CPV-Codes: 79100000-5 bis 79140000-7, 75231100-5, soweit nicht nach Art. 10 Abs. 8 lit. d RL 2014/23/EU ausgenommen.
18 Vgl. auch § 22 KonzVgV.
19 Zuletzt geändert durch VO (EU) 2015/3172.
20 Vgl. Gesetzesbegründung, BT-Drs. 18/6281, 93.

Nr. 1 GWB auch für den Fall, dass der Anwalt gerichtlich beigeordnet wird (etwa nach § 141 StPO).[21]

13 Sehr fraglich ist allerdings, ob Konzessionen für die anwaltliche Vertretung in der **Vergabepraxis** zukünftig überhaupt anzutreffen sein werden. Es ist nämlich schwer vorstellbar, dass anwaltliche Beratung in Gerichts-, Verwaltungs-, Schiedsgerichts- und Schlichtungsverfahren die Merkmale einer Konzession i.S.d. § 105 GWB erfüllt. In Betracht käme allenfalls eine Dienstleistungskonzession gemäß § 105 Abs. 1 Nr. 2 GWB. Eine solche setzt aber voraus, dass die Gegenleistung für die Dienstleistung (hier: „anwaltliche Vertretung") zumindest zu einem überwiegenden Teil in dem Recht zur Verwertung der Dienstleistung besteht und das Betriebsrisiko auf den Vertragspartner, also den Konzessionsnehmer, übergeht (§ 105 Abs. 2 GWB). Andernfalls – wenn die Dienstleistung von der Vergabestelle vollständig vergütet wird – handelt es sich um einen öffentlichen Auftrag. Dritte werden aber jedenfalls in Deutschland regelmäßig nicht für die anwaltliche Vertretung der Vergabestelle finanziell aufkommen. Im Ergebnis ist daher davon auszugehen, dass die Ausnahme in Deutschland keinen bzw. einen nur sehr eingeschränkten Anwendungsbereich hat.

3. Anwaltliche Beratung

14 § 149 Nr. 1 GWB i.V.m. § 116 Abs. 1 Nr. 1 lit. b GWB stellt des Weiteren Konzessionen für bestimmte anwaltliche Beratungstätigkeiten frei, die der anwaltlichen Vertretung vorgelagert sind. Danach ist Teil 4 des GWB nicht auf die Rechtsberatung durch einen Rechtsanwalt, sofern diese zur **Vorbereitung eines Verfahrens** im Sinne von § 116 Abs. 1 Nr. 1 lit. a GWB dient oder wenn konkrete Anhaltspunkte dafür vorliegen und eine hohe Wahrscheinlichkeit besteht, dass die Angelegenheit, auf die sich die Rechtsberatung bezieht, Gegenstand eines solchen Verfahrens werden wird, anzuwenden. Die Ausnahme flankiert die Ausnahme für die anwaltliche Vertretung in Gerichts-, Verwaltungs-, Schiedsgerichts- oder Schlichtungsverfahren gemäß § 149 Nr. 1 i.V.m. § 116 Abs. 1 Nr. 1 lit. a GWB. Nach der Gesetzesbegründung ist „aufgrund der in den genannten Verfahren bestehenden Notwendigkeit umfassender Prozessverantwortung durch den Rechtsbeistand [...] eine Ausnahme vom Vergaberecht angezeigt."[22]

15 Die Ausnahme setzt zunächst eine „Rechtsberatung durch einen **Rechtsanwalt**" voraus. In unionsrechtskonformer Auslegung sind auch hier nur EU-Rechtsanwälte i.S.d. Art. 1 RL 77/249/EWG erfasst (vgl. Art. 10 Abs. 8 lit. d sublit. ii RL 2014/23/EU). Aus dem Begriff „Rechtsberatung" folgen hingegen keinerlei Grenzen: Gegenstand der Beratung müssen lediglich Rechtsfragen irgendeiner Art sein.

16 Da die Ausnahmevorschrift keine allgemeine Ausnahme für sämtliche anwaltliche Beratungsleistungen enthält,[23] kommt den weiteren Tatbestandsmerkmalen maßgebliche Bedeutung zu: Es muss ein **Zusammenhang** zu einem **künftigen nationalen oder internationalen Gerichts-, Verwaltungs-, Schiedsgerichts- oder Schlichtungsverfahren** bestehen. Das ist einerseits der Fall, wenn ein solches Verfahren konkret vorbereitet wird. Andererseits, wenn konkrete Anhaltspunkte dafür vorliegen und eine hohe Wahrscheinlichkeit besteht, dass die Angelegenheit, auf die sich die Rechtsberatung bezieht, Gegenstand eines solchen Verfahrens werden wird.[24] Um Umgehungen vorzubeugen, muss diese zweite Alternative restriktiv ausgelegt werden. Es spricht deshalb einiges dafür, dass die Tatbestandsvoraussetzungen (noch) nicht vorliegen, wenn Gegenstand der zu beauftragenden Rechtsdienstleistung erst die Ermittlung der Wahrscheinlichkeit eines gerichtlichen Verfahrens u.a. sein soll. Eine hohe Wahrscheinlichkeit setzt zudem vom Wortlaut der Norm mehr voraus als eine „überwiegende Wahrscheinlichkeit", sodass die 50%ige Wahrscheinlichkeit einer gerichtlichen Auseinandersetzung nicht ausreichen dürfte. Da es um die Auslegung von unbestimmten Rechtsbegriffen geht, ist diese Entscheidung des Konzessionsgebers für oder gegen ein Vergabeverfahren voll

21 Vgl. Gesetzesbegründung, BT-Drs. 18/6281, 93.
22 Vgl. Gesetzesbegründung, BT-Drs. 18/6281, 93.
23 Vgl. Gesetzesbegründung, BT-Drs. 18/6281, 93.
24 Kritisch dazu *Otting*, AnwBl 2014, 304 (306).

überprüfbar. Ob diese hohen Hürden für eine ausschreibungsfreie Beratung im Vorfeld einer gerichtlichen Auseinandersetzung sinnvoll sind, ist zu bezweifeln.

Allerdings stellt sich auch hier wieder die Frage, ob Dienstleistungen der „anwaltlichen Beratung" überhaupt in einer Art und Weise vergeben werden können, die die **Merkmale einer Konzession** i.S.d. § 105 GWB erfüllt. Der Inhalt dieser Dienstleistungen steht einer Verwertung am Markt im Grundsatz entgegen. Das Entgelt wird auch hier in aller Regel durch die Vergabestelle entrichtet werden. 17

4. Beglaubigungs- und Beurkundungsdienstleistungen

Nach § 149 Nr. 1 GWB i.V.m. § 116 Abs. 1 lit. c GWB sind Konzessionen für Beglaubigungs- und Beurkundungsdienstleistungen vom GWB-Vergaberecht freigestellt, sofern sie von Notaren zu erbringen sind. 18

In Deutschland sind die **Notare** nach § 20 Abs. 1 S. 1 Bundesnotarordnung (BNotO) zuständig, Beurkundungen jeder Art vorzunehmen sowie Unterschriften, Handzeichen und Abschriften zu beglaubigen. Dabei kann das Tätigwerden des Notars je nach Art des von ihm zu beurkundenden Akts obligatorisch oder fakultativ sein. Aus der Formulierung „sofern sie von Notaren vorzunehmen sind" folgt, dass allenfalls obligatorische Notartätigkeiten in den Anwendungsbereich der Ausnahme fallen. 19

Allerdings ist – zumindest in Deutschland – die Existenz von **Konzessionen** für Beglaubigungs- und Beurkundungsdienstleistungen durch Notare sehr zweifelhaft bzw. ausgeschlossen: Da die Notare bereits kraft Gesetzes (§ 20 Abs. 1 S. 1 BNotO) befugt sind, Beurkundungen jeder Art vorzunehmen sowie Unterschriften, Handzeichen und Abschriften zu beglaubigen, besteht keinerlei Grund, dies zusätzlich zum Gegenstand einer vertraglichen Konzession i.S.d. § 105 GWB zu machen. Entscheidend kommt hinzu, dass die Vergütung für Beglaubigungs- und Beurkundungsdienstleistungen durch Notare im Gerichtskosten- und Notargesetz (GNotKG)[25] abschließend geregelt ist. Damit verbleibt kein Raum für eine Vereinbarung zwischen Auftraggeber und Notar, einen Teil der Vergütung durch das Recht auf Verwertung der vom Notar zu erbringenden Dienstleistung zu ersetzen, was Voraussetzung für eine Dienstleistungskonzession wäre. Die Vereinbarung einer Dienstleistungskonzession ist danach in Deutschland gesetzlich gar nicht zulässig. 20

Allenfalls die **Bestellung des Notars** selbst könnte eine Dienstleistungskonzession sein, wenn man im Anschluss an eine in der Literatur vertretene Ansicht unter einem Vertrag i.S.d. § 105 Abs. 1 GWB als vertragsähnlichen Zustand auch zustimmungsbedürftige Verwaltungsakte versteht,[26] wie er in § 12 BNotO für die Bestellung von Notaren vorgesehen ist. Allerdings bezieht sich die in § 149 Nr. 1 GWB i.V.m. § 116 Abs. 1 lit. c GWB normierte Ausnahme gerade nicht auf die Bestellung als solche, sondern auf konkret nachgefragte Beglaubigungs- und Beurkundungsdienstleistungen. 21

Nach Auffassung des EuGH handelt es sich bei den notariellen Tätigkeiten in Deutschland übrigens nicht um die **Ausübung öffentlicher Gewalt** i.S.d. Art. 51 AEUV.[27] Konzessionen für Beglaubigungs- und Beurkundungsdienstleistungen von Notaren unterliegen also uneingeschränkt den Vorgaben des Unionsprimärrechts, insbesondere den EU-Grundfreiheiten. 22

5. Rechtsdienstleistungen von gerichtlich bestellten Personen

§ 149 Nr. 1 GWB i.V.m. § 116 Abs. 1 Nr. 1 lit. d GWB bestimmt, dass Konzessionen für Tätigkeiten von gerichtlich bestellten Betreuern, Vormündern, Pflegern, Verfahrensbeiständen, Sachverständigen oder Verwaltern oder sonstige Rechtsdienstleistungen, deren Erbringer durch ein Gericht dafür bestellt oder durch Gesetz dazu bestimmt werden, um bestimmte 23

---

25 Gesetz über Kosten der freiwilligen Gerichtsbarkeit für Gerichte und Notare (Gerichts- und Notarkostengesetz – GNotKG) vom 23. Juli 2013, BGBl. I S. 2586.
26 Vgl. hierzu § 148 Rn. 11.
27 Vgl. EuGH, Urteil v. 24.5.2011 – Rs. C-54/08 (Kommission/BRD), Rn. 78 ff.; vgl. dazu *Henssler/Kilian*, NJW 2012, 481.

Aufgaben unter der Aufsicht dieser Gerichte wahrzunehmen, nicht in den Anwendungsbereich des GWB-Vergaberechts fallen.

24 Diese Ausnahme findet ihren Ursprung in **Art. 10 Abs. 8 lit. d sublit. iv RL 2014/23/EU**. Der deutsche Gesetzgeber hat den Wortlaut leicht modifiziert und konkretisiert.

25 § 116 Abs. 1 Nr. 1 lit. d GWB gilt in **persönlicher Hinsicht** zunächst für Betreuer, Vormünder, Pfleger, Verfahrensbeistände, Sachverständige und Verwalter, wenn sie gerichtlich bestellt sind. Überdies gilt die Ausnahme aber auch für sonstige Rechtsdienstleistungen, sofern der Erbringer dafür gerichtlich oder durch Gesetz bestellt ist. Maßgebliches Abgrenzungskriterium ist also die gerichtliche Bestellung oder der gesetzliche Auftrag.

26 Nach der Gesetzbegründung erfasst § 116 Abs. 1 Nr. 1 lit. d GWB **insbesondere** die Tätigkeit von Ergänzungs- und Umgangspflegern, Verfahrens- und Nachlasspflegern, Insolvenzverwaltern, Sachwaltern und Treuhändern, Sachverständigen sowie von Zwangsverwaltern und Sequestern in Zwangsvollstreckungsverfahren. Außerdem soll die Ausnahme für Dienstleistungen von gerichtlich bestellten Sachverständigen, die wegen ihrer besonderen Sachkunde zur Beratung und Beweiserhebung bestellt werden, gelten.[28]

27 Allerdings wird die gerichtliche Bestellung oder der gesetzliche Auftrag einer erforderlichen **zusätzlichen vertraglichen Abrede i.S.d. § 105 GWB** regelmäßig entgegenstehen. So etwa im Fall der Bestellung eines Insolvenzverwalters: Zusätzliche vertragliche Abreden werden nicht getroffen, weder unmittelbar bei der Auswahl der Insolvenzverwalter noch bei der Gestaltung der Rechtsbeziehungen; insbesondere die Vergütung des Insolvenzverwalters wird durch gerichtlichen Beschluss einseitig festgelegt (§ 64 Abs. 1 InsO).[29] Die Ausnahme dürfte im deutschen Rechtsraum daher regelmäßig mangels Konzession i.S.d. § 105 GWB regelmäßig leerlaufen, zumal der Schwellenwert nach Art. 106 Abs. 2 Nr. 4 GWB nicht überschritten werden wird.

6. Teilweise Ausübung hoheitlicher Befugnisse

28 Nach § 149 Nr. 1 GWB i.V.m. § 116 Abs. 1 Nr. 1 lit. e GWB sind schließlich Konzessionen für „Tätigkeiten, die zumindest teilweise mit der Ausübung von hoheitlichen Befugnissen verbunden sind", ausgenommen.

29 Diese Ausnahme beruht auf **Art. 10 Abs. 8 lit. d sublit. v RL 2014/23/EU**. Auch hier hat der deutsche Gesetzgeber leicht den Wortlaut modifiziert, ohne damit aber inhaltliche Änderungen zu bezwecken. In der unionsrechtlichen Vorgabe heißt es insbesondere anstatt „Ausübung von hoheitlichen Befugnissen" – wie in Art. 51 AEUV – „Ausübung öffentlicher Gewalt". Hinter den Regelungen steht also letztlich die (integrationspolitisch mittlerweile fragwürdige) Bereichsausnahme des Art. 51 AEUV (ggf. i.V.m. Art. 61 AEUV). Danach finden die Regelungen über die Niederlassungsfreiheit (Art. 49 ff. AEUV) bzw. die Dienstleistungsfreiheit (Art. 56 ff. AEUV) keine Anwendung, wenn Tätigkeiten in einem Mitgliedstaat dauernd oder zeitweise mit der Ausübung öffentlicher Gewalt verbunden sind.[30] Ferner ist das Wort „teilweise" in zeitlicher Hinsicht zu verstehen. Das folgt daraus, dass in Art. 10 Abs. 8 lit. d subli. v RL 2014/23/EU das Wort „gelegentlich" verwendet wird.

30 Der EuGH hat zum Begriff **„öffentliche Gewalt"** bereits im Jahr 1974 grundlegend in der Rechtssache „Reyners" entschieden, *„daß den anerkannten Ausnahmen vom Grundsatz der Niederlassungsfreiheit durch [Artikel 51 AEUV] gemeinschaftsrechtliche Grenzen gesetzt sind, durch die verhindert werden soll, daß der Vertrag durch einseitige Maßnahmen der Mitgliedstaaten seiner Wirksamkeit beraubt wird"*[31]. Eine allgemeine Definition des Begriffs der öffentlichen Gewalt i.S.d. Art. 51 Abs. 1 AEUV durch den EuGH fehlt bislang. Wichtige Indizien

---

28 Vgl. Gesetzesbegründung, BT-Drs. 18/6281, 93.
29 Vgl. *Koenig/Hentschel*, ZIP 2005, 1937 (1943).
30 Vgl. zum Begriff der öffentlichen Gewalt etwa *Tiedje*, in: von der Groeben/Schwarze/Hatje, Europäisches Unionsrecht, Art. 51 AEUV Rn. 5 ff.; *Forsthoff*, in: Grabitz/Hilf/Nettesheim, Das Recht der Europäischen Union, 55. Ergänzungslieferung (2015), Art. 51 AEUV Rn. 9 ff. jeweils m.w.N.
31 EuGH, Urteil v. 21.6.1974 – Rs. 2/74 (Reyners), Rn. 48, 50.

sind die Übertragung von Entscheidungs- oder Zwangsbefugnissen[32] sowie Zwangsmitteln.[33] In seiner Entscheidung zum Staatsangehörigkeitsvorbehalt für Notare hat der EuGH außerdem darauf hingewiesen, dass es für öffentliche Gewalt *„untypisch"* sei, dass sie unter Wettbewerbsbedingungen erbracht wird.[34] Gegen die Ausübung öffentlicher Gewalt spricht schließlich, wenn sie unter unmittelbarer staatlicher Aufsicht erfolgt.[35] Ferner beschränkt sich die Ausnahmeregelung des Art. 51 AEUV auf Tätigkeiten, *„die als solche unmittelbar und spezifisch mit der Ausübung öffentlicher Gewalt verbunden sind"*[36]. Allgemeine Bereichs- oder Berufsausnahmen sind danach grundsätzlich unzulässig.

§ 149 Nr. 1 GWB i.V.m. § 116 Abs. 1 Nr. 1 lit. e GWB hat folglich einen **sehr schmalen Anwendungsbereich**. Der deutsche Gesetzgeber zählt in der Gesetzbegründung zu § 116 Abs. 1 Nr. 1 lit. e GWB beispielhaft die Tätigkeit von **Gerichtsvollziehern** auf: Dieser sei einerseits ein selbstständiges Organ der Rechtspflege und andererseits im Rahmen der gesetzlichen Vorgaben an die Weisungen des Gläubigers gebunden.[37] Allerdings ist auch bei den Tätigkeiten der Gerichtsvollzieher fraglich, ob diese jemals die Merkmale einer Konzession i.S.d. § 105 GWB erfüllen. 31

II. Konzessionen für Forschungs- und Entwicklungsdienstleistungen (Nr. 2)

§ 149 Nr. 2 GWB bestimmt, dass Konzessionen für Forschungs- und Entwicklungsdienstleistungen i.S.d. § 116 Abs. 1 Nr. 2 GWB **grundsätzlich** nicht nach GWB-Vergaberecht ausgeschrieben werden müssen. 32

Eine **Rückausnahme** soll nur für bestimmte enumerativ aufgezählte CPV-Codes gelten, wenn 33

- die Ergebnisse der Forschungs- und Entwicklungsdienstleistungen ausschließlich Eigentum des Konzessionsgebers für seinen Gebrauch bei der Ausübung seiner eigenen Tätigkeit werden (lit. a) und
- die Dienstleistung vollständig durch den Auftraggeber vergütet wird (lit. b).

1. Allgemeines

§ 149 Nr. 2 GWB i.V.m. § 116 Abs. 1 Nr. 2 GWB bezweckt die Umsetzung von **Art. 25 RL 2014/23/EU**. Parallelregelungen zu Art. 25 RL 2014/23/EU finden sich in Art. 14 RL 2014/24/EU sowie Art. 32 RL 2014/25/EU. Bisher war eine Ausnahme für öffentliche Aufträge, die Forschungs- und Entwicklungsdienstleistungen betrafen, in § 100 Abs. 4 Nr. 2 GWB a.F. geregelt. Da die neuen EU-Vergaberichtlinien jedoch einen etwas weiteren Ausnahmebereich für Forschungs- und Entwicklungsdienstleistungen vorsehen als bislang und für Vergaben in den Bereichen Verteidigung und Sicherheit die bisherige Vorschrift des Art. 13 lit. j RL 2009/81/EG gilt, hat der deutsche Gesetzgeber von einer Einordnung unter die allgemeinen Ausnahmen des § 107 GWB abgesehen.[38] 34

Der deutsche Gesetzgeber hat Art. 25 RL 2014/23/EU **leicht modifiziert umgesetzt**: Zum einen ergibt sich aus § 149 Nr. 2 GWB i.V.m. § 116 Abs. 1 Nr. 2 GWB, dass Konzessionen für Forschung und Entwicklungsdienstleistungen grundsätzlich ausgenommen sind, sofern nicht die Rückausnahme greift. Auf Ersteres hat der Unionsgesetzgeber verzichtet: Die unionsrechtliche Regelung besteht deswegen nur aus der Rückausnahme. Zum anderen heißt es in An- 35

32 Vgl. für Entscheidungsbefugnisse EuGH, Urteil v. 16.6.2015 – Rs. C-593/13 (Presidenza del Consiglio dei Ministri u.a.), Rn. 19 f.; Urteil v. 13.7.1993 – Rs. C-42/92 (Thijssen), Rn. 21 f.; für Zwangsbefugnisse EuGH, Urteil v. 29.10.1998 – Rs. C-114/97 (Kommission/Spanien), Rn. 37; i.d.S. bereits EuGH, Urteil v. 21.6.1974 – Rs. 2/74 (Reyners), Rn. 51, 53.
33 Vgl. EuGH, Urteil v. 30.9.2003 – Rs. C-47/02 (Anker u.a.), Rn. 61.
34 Vgl. EuGH, Urteil v. 16.6.2015 – Rs. C-593/13 (Presidenza del Consiglio dei Ministri u.a.), Rn. 19, Urteil v. 24.5.2011 – Rs. C-54/08 (Kommission/BRD), Rn. 110.
35 Vgl. EuGH, Urteil v. 16.6.2015 – Rs. C-593/13 (Presidenza del Consiglio dei Ministri u.a.), Rn. 20.
36 EuGH, Urteil v. 24.5.2011 – Rs. C-54/08 (Kommission/BRD), Rn. 86 m.w.N.
37 Vgl. Gesetzesbegründung, BT-Drs. 18/6281, 93.
38 Vgl. Gesetzesbegründung, BT-Drs. 18/6281, 94.

knüpfung an § 100 Abs. 4 Nr. 2 GWB a.F. i.V.m. Art. 16 lit. f RL 2004/18/EG, dass „die Ergebnisse ausschließlich Eigentum des Auftraggebers [...] werden" müssen. Der Unionsgesetzgeber hat in der Neuregelung auf den Begriff „Eigentum" verzichtet. Nach Art. 25 lit. a RL 2014/23/EU lautet die erste Voraussetzung der Rückausnahme nunmehr: „Die Ergebnisse stehen ausschließlich dem öffentlichen Auftraggeber [...] zu."

36 Ein erläuternder Erwägungsgrund zu Art. 25 RL 2014/23/EU fehlt. Bei der entsprechenden Vorschrift für öffentliche Aufträge (Art. 14 RL 2014/24/EU) geht es nach allgemeiner und zutreffender Auffassung in erster Linie um die Abgrenzung zwischen **vergaberechtsfreier staatlicher Forschungsförderung** einerseits und **Auftragsforschung** andererseits (vgl. Erwägungsgrund 35 RL 2014/24/EU).[39] Nur die Auftragsforschung soll Gegenstand des GWB-Vergaberechts sein. Sie liegt vor, wenn Forschung und Entwicklung ausschließlich für den eigenen Nutzen und auf eigene Rechnung der Vergabestelle erfolgt. Staatliche Forschungsförderung liegt hingegen vor, wenn die Forschungsergebnisse in erster Linie dem Konzessionsnehmer bzw. der Allgemeinheit zur Verfügung stehen und der Konzessionsgeber den Auftrag nur mitfinanziert.[40]

37 Bei **Konzessionen** ergeben diese Überlegungen hingegen nur wenig Sinn: Es ist äußerst fraglich, ob es der „Auftragsforschung" vergleichbare „Auftragsforschungskonzessionen" überhaupt gibt. Denn die Beschaffung im Wege der Konzession ist bereits ihrem Wesen nach nicht geeignet, um Forschungs- und Entwicklungsdienstleistungen ausschließlich für die Vergabestelle zu beschaffen. Wesentliche Merkmale einer Konzession sind gerade ein zumindest teilweiser Übergang der Verwertungsmöglichkeiten der Dienstleistung auf den Vertragspartner (vgl. § 105 Abs. 1 GWB). Es ist daher davon auszugehen, dass „Auftragsforschungskonzessionen" in der Praxis nicht vorkommen werden und Konzessionen für Forschungs- und Entwicklungsdienstleistungen in der Regel nicht nach §§ 148 ff. GWB ausgeschrieben werden müssen.

2. Forschungs- und Entwicklungsdienstleistungen

38 Im Zentrum der Ausnahme stehen die Begriffe **„Forschung"** und **„Entwicklung"**. Sie sind in den EU-Vergaberichtlinien nicht definiert. Auch Art. 179 ff. AEUV setzen den Begriff der Forschung voraus, definieren ihn aber nicht. Schließlich hat der deutsche Gesetzgeber auf eine Definition bzw. den Versuch einer Definition im novellierten GWB verzichtet.

39 Das BayObIG hat im Jahr 2003 erkannt, dass Forschung jedenfalls zum Ziel habe, **neue Erkenntnisse** zu gewinnen, gleich ob es sich um Grundlagenforschung oder angewandte Forschung handelt.[41] Außerdem gab Kategorie 8 („Forschung und Entwicklung") des Anhangs II Teil A RL 2004/18/EG[42] einen ersten Orientierungspunkt. Allerdings gibt es eine Reihe von Tätigkeitsbereichen, bei denen unter Zuhilfenahme wissenschaftlicher Regeln und Methoden neue Erkenntnisse hervorgebracht werden sollen, obwohl sie keinem CPV-Code der Kategorie 8 unterfallen. So ist es Forschung immanent, dass die unterschiedlichen Forschungstätigkeiten und Forschungsgegenstände nicht vorab festgelegt werden können.

40 Deswegen ist eine **eigenständige abstrakte Definition** erforderlich. Anleihen dafür können zunächst bei Art. 1 Nr. 27 RL 2009/81/EG gemacht werden. Dort definiert der Unionsgesetzgeber die Begriffe „Forschung und Entwicklung" abstrakt als alle Tätigkeiten, die Grundlagenforschung, angewandte Forschung und experimentelle Entwicklung beinhalten, wobei letztere die Herstellung von technologischen Demonstrationssystemen, d. h. von Vorrichtungen zur Demonstration der Leistungen eines neuen Konzepts oder einer neuen Technologie

---

39 Vgl. noch zu § 100 Abs. 2 lit. n GWB a.F. BayObIG, Beschluss v. 27.2.2003 – Verg 25/02; zu § 100 Abs. 4 Nr. 2 GWB a.F. *Aicher*, in: Müller-Wrede, Kompendium des Vergaberechts, Kap. 11 Rn. 21; *Sterner*, in: Müller-Wrede, Taschenkommentar GWB-Vergaberecht, § 100 Rn. 14; *Schellenberg*, in: Pünder/Schellenberg, Vergaberecht, § 100 Rn. 29.

40 Vgl. *Aicher*, in: Müller-Wrede, Kompendium des Vergaberechts, Kap. 11 Rn. 21; *Sterner*, in: Müller-Wrede, Taschenkommentar GWB-Vergaberecht, § 100 Rn. 14.

41 BayObIG, Beschluss v. 27.2.2003 – Verg 25/02.

42 CPV-Codes: 73000000-2 bis 73436000-7 (außer 73200000-4, 73210000-7, 73220000-0).

in einem relevanten oder repräsentativen Umfeld einschließen kann.[43] Zur weiteren Erläuterung der Begriffe kann der (neue) „Unionsrahmen für staatliche Beihilfen zur Förderung von Forschung, Entwicklung und Innovation"[44] aus dem Jahr 2014 herangezogen werden.

Konzessionen für Forschungs- und Entwicklungsdienstleistungen sind, soweit ersichtlich, noch nicht Gegenstand der Vergabepraxis bzw. der Rechtsprechung gewesen. Ein Praxisbeispiel könnte etwa der Betrieb einer Forschungseinrichtung oder eines Labors sein. 41

3. Rückausnahme

Wenn die Voraussetzungen einer Konzession für Forschungs- und Entwicklungsdienstleistungen vorliegen, ist weiter zu prüfen, ob die Voraussetzungen der Rückausnahme nach § 149 Nr. 2 GWB i.V.m. § 116 Abs. 1 Nr. 2 GWB vorliegen und die Konzession deswegen doch nach §§ 148 ff. GWB ausgeschrieben werden muss. 42

Die Rückausnahme greift nur für **bestimmte CPV-Codes**. Dies sind: 43

- CPV-Code 73000000-2 (Forschungs- und Entwicklungsdienste und zugehörige Beratung)
- CPV-Code 73100000-3 (Dienstleistungen im Bereich Forschung und experimentelle Entwicklung)
- CPV-Code 7311000-6 (Forschungsdienste)
- CPV-Code 73111000-3 (Forschungslabordienste)
- CPV-Code 73112000-0 (Meeresforschungsdienste)
- CPV-Code 73120000-9 (Experimentelle Entwicklung)
- CPV-Code 73300000-5 (Planung und Ausführung von Forschung und Entwicklung)
- CPV-Code 73420000-2 (Vordurchführbarkeitsstudie und technologische Demonstration)
- CPV-Code 73430000-5 (Test und Bewertung)

Alle **anderen Forschungs- und Entwicklungsdienstleistungen** sind ohnehin ausgenommen, ohne dass es auf die weiteren Voraussetzungen der Rückausnahme ankäme. Die Gesetzbegründung zu § 116 Abs. 1 Nr. 2 GWB nennt etwa CPV-Code 73400000-6 (Forschung und Entwicklung für Sicherheits- und Verteidigungsgüter) oder CPV-Code 73410000-9 (Militärforschung und -technologie).[45] 44

Außerdem setzt die Rückausnahme zwei weitere Dinge voraus: Nach dem Wortlaut des § 116 Abs. 1 Nr. 2 GWB müssen die Ergebnisse der Forschungs- und Entwicklungsaktivitäten zunächst **ausschließliches Eigentum** des Auftraggebers für seinen Gebrauch bei der Ausübung seiner eigenen Tätigkeit werden (lit. a). Dabei muss der Begriff Eigentum unionsrechtskonform weit ausgelegt werden, sodass nicht nur Sacheigentum i.S.d. § 903 BGB erfasst ist, sondern auch alle ausschließlichen Nutzungs- und Verwertungsrechte.[46] Denn in Art. 25 lit. a RL 2014/23/EU heißt es lediglich, dass die Ergebnisse ausschließlich dem öffentlichen Auftraggeber oder dem Auftraggeber für die Verwendung in seinem eigenen Geschäftsbetrieb *zustehen* müssen. Der Begriff „Eigentum" wird im Gegensatz zu Art. 16 lit. f RL 2004/18/EG i.V.m. § 100 Abs. 4 Nr. 2 GWB a.F. nicht mehr verwendet. Maßgeblich ist also, ob die Ergebnisse (bzw. deren Nutzung und Verwertung) alleine der Sphäre des Konzessionsgebers zugeordnet werden oder auch der Sphäre des Konzessionsnehmers. Da ein Verwertungsrecht des Konzessionsnehmers konstitutives Merkmal einer Dienstleistungskonzession ist (§ 105 Abs. 1 Nr. 2 GWB), wird die Rückausnahme regelmäßig allerdings bereits an dieser Voraussetzung scheitern. 45

---

43 Umgesetzt durch § 4 Abs. 5 VSVgV; vgl. dazu DG Internal Market and Services, Directive 2009/81/EC on the award of contracts in the fields of defence and security, Guidance Note „Research and development", http://ec.europa.eu/internal_market/publicprocurement/docs/defence/guide-research_en.pdf, 3.1.2016.

44 Mitteilung der Kommission, Unionsrahmen für staatliche Beihilfen zur Förderung von Forschung, Entwicklung und Innovation, EU-ABl. C 198/1 v. 27.6.2014; so auch *Aicher*, in: Müller-Wrede, Kompendium des Vergaberechts, Kap. 11 Rn. 22.

45 Vgl. Gesetzesbegründung, BT-Drs. 18/6281, 94.

46 So bereits BayObIG, Beschluss v. 27.2.2003 – Verg 25/02.

46 Zweite Voraussetzung einer vergabepflichtigen Konzession für Forschungs- und Entwicklungsdienstleistungen ist, dass der Konzessionsgeber die Forschungs- und Entwicklungsdienstleistungen **vollständig vergütet** (§ 116 Abs. 1 Nr. 2 lit. b GWB). Auch dies widerspricht jedoch der für eine Dienstleistungskonzession charakteristischen Entgeltabrede, nach der das Entgelt jedenfalls teilweise im Verwertungsrecht für die Dienstleistung besteht (§ 105 Abs. 1 Nr. 2 GWB). Eine vollständige Vergütung von Forschungs- und Entwicklungsdienstleistungen steht also per se der Annahme einer Konzession i.S.d. § 105 GWB entgegen. Im Ergebnis ist daher nicht davon auszugehen, dass Forschungs- und Entwicklungsdienstleistungskonzessionen jemals nach §§ 148 ff. GWB ausgeschrieben werden müssen.

III. Konzessionen zu audiovisuellen Mediendiensten oder Hörfunkmediendiensten (Nr. 3)

47 Nach § 149 Nr. 3 GWB sind auch Konzessionen zu audiovisuellen Mediendiensten oder Hörfunkmediendiensten i.S.d. § 116 Abs. 1 Nr. 3 GWB ausgenommen.

1. Allgemeines

48 § 149 Nr. 3 GWB i.V.m. § 116 Abs. 1 Nr. 3 GWB beruht auf der **unionsrechtlichen Vorgabe** des Art. 10 Abs. 8 lit. b RL 2014/23/EU. Eine entsprechende Ausnahme ist in Art. 10 lit. b RL 2014/24/EU geregelt und wird durch § 116 Abs. 1 Nr. 3 GWB in deutsches Recht umgesetzt. Diese Regelung entspricht im Wesentlichen **§ 100a Abs. 2 Nr. 1 GWB a. F.** Der deutsche Gesetzgeber hat § 116 Abs. 1 Nr. 3 GWB allerdings dem Wortlaut des Art. 10 lit. b RL 2014/24/EU entsprechend an die technischen Entwicklungen der vergangenen Jahre angepasst.[47] Insbesondere wurde die Begrifflichkeit „Rundfunk- oder Fernsehanstalten" durch „Anbieter von audiovisuellen Mediendiensten oder Hörfunkmediendiensten" ersetzt. Gegenstand sind jetzt nicht mehr „Programme, die zur Ausstrahlung [...] bestimmt sind", sondern „Sendematerial für audiovisuelle Mediendienste oder Hörfunkdienste". Schließlich wurde die „Ausstrahlung von Sendungen" durch „Ausstrahlungszeit oder die Bereitstellung von Sendungen" ersetzt. Insgesamt sind die Begriffe und die Struktur der Ausnahme nicht besonders anwenderfreundlich.

49 Der Unionsgesetzgeber erläutert die **Zielsetzung** der Ausnahme in Erwägungsgrund 43 RL 2014/23/EU:

> „Bei der Vergabe von Konzessionen für bestimmte audiovisuelle und Hörfunkmediendienste durch Mediendienstleister sollten besondere kulturelle und gesellschaftspolitische Erwägungen berücksichtigt werden können, die die Anwendung von Vorschriften für die Konzessionsvergabe unangemessen erscheinen lassen. [...]."[48]

Zweck der Ausnahme ist also die *„Gewährleistung der völlig unabhängigen und unparteilichen Erfüllung der öffentlichen Aufgabe der [Mediendienstleister]"*[49]. Sie sollen im Anwendungsbereich der Ausnahme nicht den Zwängen des förmlichen Vergaberechts unterliegen. Die Informationsfreiheit ist mittlerweile auch gemäß Art. 11 Abs. 2 GRCh als Unionsgrundrecht geschützt.

2. Voraussetzungen

a) Sendematerial

50 Die Ausnahme betrifft zunächst Konzessionen für den Erwerb, die Entwicklung, die Produktion oder die Koproduktion von Sendematerial für audiovisuelle Mediendienste und Hörfunkmediendienste, die von Anbietern von audiovisuellen Mediendiensten oder Hörfunkmediendiensten vergeben werden (§ 149 Nr. 3 GWB i.V.m. § 116 Abs. 1 Nr. 3 Alt. 1 GWB). Konzessi-

---

47 Vgl. Gesetzesbegründung, BT-Drs. 18/6281, 94.
48 Entsprechend Erwägungsgrund 23 RL 2014/24/EU; so auch bereits Erwägungsgrund 25 RL 2004/18/EG.
49 Vgl. EuGH, Urteil v. 13.12.2007 – Rs. C-337/06 (Bayerischer Rundfunk), Rn. 63; auch Urteil v. 18.6.1991 – Rs. C-260/89 (ERT), Rn. 44 f.

onsgeber sind in dieser ersten Variante also die Anbieter von audiovisuellen Mediendiensten oder Hörfunkmediendiensten.

aa) Programmbezug

51 In seinem Urteil „Bayerischer Rundfunk" hat der EuGH für eine entsprechende Vorgängerregelung für öffentliche Aufträge erkannt, dass die Vorschrift als Ausnahme restriktiv auszulegen sei, sodass *„öffentliche Aufträge über Dienstleistungen, die in keinem Zusammenhang mit den Tätigkeiten stehen, die zur Erfüllung der eigentlichen öffentlichen Aufgabe der öffentlich-rechtlichen Rundfunkanstalten gehören, voll und ganz den Gemeinschaftsvorschriften [unterliegen]"*[50]. Im konkreten Fall ging es um Reinigungsarbeiten. Entsprechend hat die VK Bremen für den Bereich der öffentlichen Aufträge entschieden, dass die Beschaffung von Sanitär- und Heizungstechnik durch eine öffentlich-rechtliche Landesrundfunkanstalt nicht unter die Ausnahme fällt.[51] Der Grundgedanke greift auch für Konzessionen i.S.d. § 105 GWB und muss deshalb übertragen werden. Konzessionen ohne Programmbezug werden deshalb von der Ausnahme nicht erfasst.

52 Nach Erwägungsgrund 43 RL 2014/23/EU soll die Ausnahme (mangels Programmbezugs) deswegen nicht für die Bereitstellung des für die Produktion, die Koproduktion und die Ausstrahlung dieser Sendungen erforderlichen **technischen Materials** gelten. Demgegenüber sind **Vorbereitungsdienste**, die Dienste im Zusammenhang mit den für die Produktion von Sendungen erforderlichen Drehbüchern oder künstlerischen Leistungen zum Gegenstand haben, nach dem Willen des Unionsgesetzgebers von der Ausnahme erfasst. Wenn die Konzession eine Kombination zwischen technischen und inhaltlichen Dienstleistungen betrifft, kommt es darauf an, welche Komponente überwiegt. Außerdem soll die Ausnahme gleichermaßen für Ausstrahlungs-Mediendienste wie für Abrufdienste (sog. nicht lineare Dienste) gelten.

bb) Begrifflichkeiten

53 Nach der Gesetzesbegründung sollen die Begriffe **„audiovisuelle Mediendienste"** und **„Anbieter von Mediendiensten"** (= „Anbietern von audiovisuellen Mediendiensten oder Hörfunkmediendiensten") dieselbe Bedeutung wie in Art. 1 Abs. 1 lit. a und lit. d RL 2010/13/EU haben.[52] Dies folgt auch direkt aus Art. 10 Abs. 8 lit. b RL 2014/23/EU, obwohl dort nicht von Anbietern von Mediendiensten, sondern von „Mediendienstleistern" die Rede ist. Da sich die RL 2010/13/EU allerdings nur auf audiovisuelle Mediendienste bezieht, müssen die Definitionen für Hörfunkmediendienste entsprechend angewendet werden. Das ist auch in Art. 10 Abs. 8 lit. b S. 3 und S. 4 RL 2014/23/EU für die übrigen Begriffe vorgesehen.

54 Gemäß Art. 1 Abs. 1 lit. a RL 2010/13/EU versteht man unter „**audiovisueller Mediendienst**" einerseits (sublit. i) eine Dienstleistung i.S.d. Art. 56 und Art. 57 AEUV, für die ein Mediendiensteanbieter die redaktionelle Verantwortung trägt und deren Hauptzweck die Bereitstellung von Sendungen zur Information, Unterhaltung oder Bildung der allgemeinen Öffentlichkeit über elektronische Kommunikationsnetze im Sinne des Art. 2 lit. a RL 2002/21/EG ist. Bei diesen audiovisuellen Mediendiensten handelt es sich entweder um Fernsehprogramme gemäß Art. 1 Abs. 1 lit. e RL 2010/13/EU oder um audiovisuelle Mediendienste auf Abruf gemäß Art. 1 Abs. 1 lit. g RL 2010/13/EU. Anderseits ist auch die audiovisuelle kommerzielle Kommunikation umfasst (sublit. ii).

55 Entgegen der Vorstellung des Unionsgesetzgebers definiert Art. 1 Abs. 1 lit. d RL 2010/13/EU nicht den unionsrechtlichen Begriff **„Mediendienstleister"**, sondern nur den Begriff **„Mediendiensteanbieter"**. Allerdings dürfte es sich um ein Redaktionsversehen handeln, sodass Art. 1 Abs. 1 lit. d RL 2010/13/EU dennoch herangezogen werden kann. Mediendiensteanbieter ist danach, wer als natürliche oder juristische Person die redaktionelle Verantwortung für die Auswahl der audiovisuellen Inhalte des audiovisuellen Mediendienstes trägt und

---

50 Vgl. EuGH, Urteil v. 13.12.2007 – Rs. C-337/06 (Bayerischer Rundfunk), Rn. 64.
51 Vgl. VK Bremen, Beschluss v. 1.2.2006 – VK 1/06.
52 Vgl. Gesetzesbegründung, BT-Drs. 18/6281, 94.

bestimmt, wie diese gestaltet werden. Wie bereits ausgeführt muss diese Definition für Hörfunkmediendienste entsprechend herangezogen werden.

56 Zu § 100a Abs. 2 Nr. 1 GWB a.F. wurde die Auffassung vertreten, dass mit **„Rundfunk- oder Fernsehanstalten"** nur die in der ARD zusammengeschlossenen Länderanstalten, das ZDF sowie die direkt aus dem Bundeshaushalt finanzierten Veranstalter des Deutschlandfunks und der Deutschen Welle gemeint sind.[53] Mit Blick auf Art. 1 Abs. 1 lit. d RL 2010/13/EU erscheint die Begrifflichkeit „Anbietern von audiovisuellen Mediendiensten oder Hörfunkmediendiensten" i.S.d. § 116 Abs. 1 Nr. 3 Alt. 1 GWB allerdings weiter zu sein: Maßgeblich ist allein eine redaktionelle Verantwortung bei der Programmauswahl und -gestaltung. Allerdings dürften insbesondere private Anbieter von audiovisuellen Mediendiensten oder Hörfunkmediendiensten in den seltensten Fällen Konzessionsgeber sein.

57 Nach der Gesetzesbegründung und Art. 10 Abs. 8 lit. b RL 2014/23/EU soll der Begriff „**Sendematerial**" dieselbe Bedeutung haben wie der Begriff **„Sendung"** i.S.d. Art. 1 Abs. 1 lit. b RL 2010/13/EU.[54] Eine Sendung ist danach eine Abfolge von bewegten Bildern mit oder ohne Ton, die Einzelbestandteil eines von einem Mediendiensteanbieter erstellten Sendeplans oder Katalogs ist und deren Form und Inhalt mit der Form und dem Inhalt von Fernsehprogrammen vergleichbar sind. **Beispiele** für Sendungen sind unter anderem Spielfilme, Sportberichte, Fernsehkomödien, Dokumentarfilme, Kindersendungen und Originalfernsehspiele. Außerdem umfasst der Begriff Sendung Hörfunksendungen und Hörfunk-Sendematerial (vgl. Art. 10 Abs. 8 lit. b RL 2014/23/EU).

b) Ausstrahlungszeit und Bereitstellung von Sendungen

58 Die Ausnahme betrifft ferner Konzessionen für die Ausstrahlungszeit oder Bereitstellung von Sendungen, die an Anbieter von audiovisuellen Mediendiensten oder Hörfunkmediendiensten vergeben werden (§ 149 Nr. 3 GWB i.V.m. § 116 Abs. 1 Nr. 3 Alt. 2 GWB). Wichtig ist bei dieser zweiten Alternative, dass die Anbieter von audiovisuellen Mediendiensten oder Hörfunkmediendiensten im Gegensatz zu § 149 Nr. 3 GWB i.V.m. § 116 Abs. 1 Nr. 3 Alt. 1 GWB nicht Konzessionsgeber, sondern Konzessionsnehmer sind.

59 Unter die Ausnahme fallen also Konzessionen für **Ausstrahlungszeit** an Anbieter von audiovisuellen Mediendiensten oder Hörfunkmediendiensten, also die Vermarktung der Dienstleistung Ausstrahlung (Übertragung und Verbreitung über einen audiovisuellen Medien- oder Hörfunkdienst) in einem bestimmten Zeitfenster. Konzessionsnehmer ist hier folglich ein Dritter. Alternativ sind Konzessionen ausgenommen, deren Gegenstand die **Bereitstellung von Sendungen** ist. Wie bereits erläutert, hat der Begriff „Sendung" dieselbe Bedeutung wie in Art. 1 Abs. 1 lit. b RL 2010/13/EU, umfasst aber auch Hörfunksendungen.

IV. Konzessionen für finanzielle Dienstleistungen (Nr. 4)

60 Nach § 149 Nr. 4 GWB sind Konzessionen für **bestimmte finanzielle Dienstleistungen** i.S.d. § 116 Abs. 1 Nr. 4 GWB vom Anwendungsbereich des GWB-Vergaberechts ausgenommen. Nach § 116 Abs. 1 Nr. 4 GWB sind dies finanzielle Dienstleistungen im Zusammenhang mit der Ausgabe, dem Verkauf, dem Ankauf oder der Übertragung von Wertpapieren oder anderen Finanzinstrumenten, Dienstleistungen der Zentralbanken sowie mit der Europäischen Finanzstabilisierungsfazilität und dem Europäischen Stabilitätsmechanismus durchgeführte Transaktionen. Alle anderen finanziellen Dienstleistungen[55] unterliegen folglich dem GWB-Vergaberecht.[56]

---

53 Vgl. *Schellenberg*, in: Pünder/Schellenberg, Vergaberecht, § 100a Rn. 1; a.A. *Aicher*, in: Müller-Wrede, Kompendium des Vergaberechts, Kap. 11 Rn. 57.
54 Gesetzesbegründung, BT-Drs. 18/6281, 94.
55 Vgl. CPV-Codes 66000000-0 ff.
56 Vgl. zu früheren Rechtslage *Aicher*, in: Müller-Wrede, Kompendium des Vergaberechts, Kap. 11 Rn. 62.

1. Allgemeines

61 Art. 149 Nr. 4 GWB i.V.m. § 116 Abs. 1 Nr. 4 GWB bezweckt die Umsetzung von **Art. 10 Abs. 8 lit. e RL 2014/23/EU**. Entsprechende Ausnahmen sind in Art. 10 lit. e RL 2014/24/EU (= § 116 Abs. 1 Nr. 4 GWB) und Art. 21 lit. d RL 2014/25/EU (= § 137 Nr. 4 GWB) geregelt. Deswegen verweisen § 149 Nr. 4 GWB und § 137 Nr. 4 GWB auf § 116 Abs. 1 Nr. 4 GWB. § 116 Abs. 1 Nr. 4 GWB setzt den Wortlaut der Unionsvorgaben nahezu identisch um. Diese Regelung betrifft Ausnahmen für bestimmte finanzielle Dienstleistungen, die bislang identisch in § 100a Abs. 2 Nr. 2 GWB a.F.[57] für den Bereich der klassischen Auftraggeber und in § 100b Abs. 2 Nr. 1 GWB a.F.[58] für den Bereich der Sektorenauftraggeber geregelt waren.[59] Weggefallen ist der Passus „insbesondere Geschäfte, die der Geld- oder Kapitalbeschaffung dienen"; Kredite und Darlehen sind nunmehr Gegenstand von § 116 Abs. 1 Nr. 5 GWB.

62 Die Ausnahme für finanzielle Dienstleistungen wird mit dem Argument begründet, dass in Anbetracht der Marktbedingungen an funktionierenden und transparenten Kapitalmärkten die **Durchführung eines Vergabeverfahrens unzweckmäßig** ist.[60] Die Ausnahme bezweckt also die Vergabefreiheit für geschäftliche Transaktionen auf Kapitalmärkten, auf deren Eigenarten und Gesetzmäßigkeiten ein formalisiertes Vergabeverfahren kaum rechtzeitig reagieren könnte.[61] So ist davon auszugehen, dass das Vergaberecht die Transaktionskosten erhöhen würde, weil durch die mit dem Vergabeverfahren verbundenen zeitlichen Verzögerungen die Anbieter zu Termingeschäften gezwungen würden.[62] Teilweise wird auch (wenig überzeugend) auf ein besonderes Vertrauensverhältnis hingewiesen.[63]

63 Neu im Vergleich zur bisherigen Ausnahme ist, dass Transaktionen mit der neu geschaffenen **ESFS** und dem **ESM** ebenfalls von der Anwendung des Vergaberechts ausgenommen sein sollen. Dazu heißt es in Erwägungsgrund 26 RL 2014/24/EU für den Bereich der öffentlichen Aufträge:

> „Ferner sollte mit Blick auf die kürzlich erfolgte Schaffung der Europäischen Finanzstabilisierungsfazilität und des Europäischen Stabilitätsmechanismus festgehalten werden, dass mit dieser Fazilität und diesem Mechanismus durchgeführte Transaktionen aus dem Anwendungsbereich dieser Richtlinie ausgenommen werden sollten."

Im Ergebnis geht es bei dieser Ausweitung der Ausnahme also darum, den finanz- und geldpolitischen Spielraum der Mitgliedstaaten (gerade auch) in Krisenzeiten zu gewährleisten.

2. Voraussetzungen

a) Finanzielle Dienstleistungen

64 Nach § 149 Nr. 4 GWB i.V.m. § 116 Abs. 1 Nr. 4 Alt. 1 GWB sind zunächst Konzessionen ausgenommen, die finanzielle Dienstleistungen im Zusammenhang mit der Ausgabe, dem Verkauf, dem Ankauf oder der Übertragung von Wertpapieren oder anderen Finanzinstrumenten zum Gegenstand haben. Beide Begriffe werden in den EU-Vergaberichtlinien nicht definiert.

65 Aus der Formulierung „oder andere Finanzinstrumente" folgt, dass der Begriff **„Wertpapier"** i.S.d. § 116 Abs. 1 Nr. 4 Alt. 1 GWB eine spezielle Kategorie des Oberbegriffs „Finanzinstrument" ist. Es kann also nichts Wertpapier sein, was nicht auch Finanzinstrument ist. Um eine einheitliche Anwendung der EU-Vergaberichtlinien zu gewährleisten, müssen beide Begriffe in allen Mitgliedstaaten im Lichte des Unionsrechts ausgelegt werden.

---

57 Die Vorschrift basierte auf Art. 16 lit. d RL 2004/18/EG; vgl. dazu Erwägungsgrund 27 RL 2004/18/EG.
58 Die Vorschrift basierte auf Art. 24 lit. c RL 2004/17/EG, bis auf den Zentralbankenzusatz.
59 Diese Aufspaltung in zwei Vorschriften folgt daraus, dass in RL 2009/81/EG keine entsprechende Ausnahme vorgesehen ist, vgl. Gesetzesbegründung, Gesetz zur Änderung des Vergaberechts für die Bereiche Verteidigung und Sicherheit, BT-Drs. 17/7275, 16.
60 Vgl. zu den Vorgängerregelungen *Kullack/Terner*, ZfBR 2004, 244 (246) m.w.N.
61 Vgl. *Aicher*, in: Müller-Wrede, Kompendium des Vergaberechts, Kap. 11 Rn. 66.
62 Zutreffend *Wagner*, in: Langen/Bunte, Kartellrecht, § 100a GWB Rn. 5.
63 Vgl. VK Baden-Württemberg, Beschluss v. 30.11.2001 – 1 VK 40/01.

66 In Erwägungsgrund 26 RL 2014/24/EU zu Art. 10 lit. e RL 2014/24/EU heißt es deshalb, „dass der Begriff **‚Finanzinstrumente'** im Sinne dieser Richtlinie dieselbe Bedeutung hat wie in anderen Rechtsakten über den Binnenmarkt". Obwohl aus diesem Erwägungsgrund nicht abschließend hervorgeht, welche Rechtsakte konkret gemeint sind, bietet sich zuvorderst ein Rückgriff auf das kapitalmarktrechtliche Sekundärrecht, insbesondere die RL 2014/65/EU an. Nach Art. 4 Nr. 15 RL 2014/65/EU sind „Finanzinstrumente" die in Anhang I C RL 2014/65/EU enumerativ aufgezählten Instrumente. Dort sind unter anderem auch übertragbare Wertpapiere genannt, die in Art. 4 Abs. 1 Nr. 44 RL 2014/65/EU weiter definiert werden. Nur urkundlich verbriefte Titel (nicht übertragbare Wertpapiere) sind damit nicht von der Ausnahme erfasst.[64]

67 Ferner müssen die finanziellen Dienstleistungen *im Zusammenhang* mit der Ausgabe, dem Verkauf, dem Ankauf oder der Übertragung von Wertpapieren oder anderen Finanzinstrumenten stehen (sog. **Zusammenhangsgeschäfte**). Wann der Zusammenhang vorliegt, ist bislang noch sehr umstritten.[65] Dies gilt insbesondere für die Frage, ob auch vorbereitende Tätigkeiten wie die Entwicklung von Vermarktungsstrategien, die Formulierung von Vermarktungskonzepten und Beratungstätigkeiten bei der Wertpapieremission erfasst sind.[66] In diesem Zusammenhang hat die VK Baden-Württemberg im Jahr 2001 entschieden, dass Arrangeurleistungen – wegen des *„besonderen kapitalmarktbezogenen Vertrauensverhältnisses"* – bei US-Leasingtransaktionen nach der Vorgängerregelung des § 100 Abs. 2 lit. m GWB a.F. freigestellt sind.[67] Konkret ging es um die Vermittlung eines US-Cross-Border-Leasing-Vertrages für Einrichtungen der Stadtentwässerung.[68]

b) Dienstleistungen der Zentralbanken

68 Von der Ausnahme werden nach § 149 Nr. 4 GWB i.V.m. § 116 Abs. 1 Nr. 4 Alt. 2 GWB ferner auch Konzessionen für Dienstleistungen der Zentralbanken erfasst. Unter **„Dienstleistungen der Zentralbanken"** versteht man alle im BBankG geregelte Dienstleistungen, die die Deutsche Bundesbank und ihre Hauptgeschäftsstellen (§ 8 BBankG) erbringen. Die Anwendung des GWB-Vergaberechts ist aber nur für Konzessionen an die Zentralbank ausgeschlossen; nicht erfasst sind hingegen Konzessionen, die von den Zentralbanken selbst vergeben werden.[69]

c) EFSF und ESM

69 Schließlich sind nach § 149 Nr. 4 GWB i.V.m. § 116 Abs. 1 Nr. 4 Alt. 3 GWB Konzessionen für mit der EFSF[70] und dem ESM[71] durchgeführte Transaktionen ausgenommen (auch wenn die Existenz solcher Konzessionen nur schwer vorstellbar ist). Beim **EFSF** und **ESM** handelt es sich um finanzpolitische Institutionen, die im Rahmen der sog. Schulden- und Euro-Krise der letzten Jahre geschaffen wurden, um die Finanzstabilität im Euro-Raum aufrechtzuerhalten. Beide Institutionen basieren auf völkerrechtlichen Vereinbarungen zwischen den Mitgliedstaaten, die außerhalb des Unionsrechts geschlossen wurden. Der ESM hat den EFSF im Jahr 2012 abgelöst; der EFSF wird aber erst vollständig aufgelöst, wenn alle Finanzhilfen zurückgezahlt

---

64 Vgl. *Dreher*, in: Immenga/Mestmäcker, Wettbewerbsrecht, § 100a GWB Rn. 12; *Aicher*, in: Müller-Wrede, Kompendium des Vergaberechts, Kap. 11 Rn. 67.

65 Vgl. zum Streitstand *Dreher*, in: Immenga/Mestmäcker, Wettbewerbsrecht, § 100a GWB Rn. 31.

66 Dafür etwa *Hailbronner*, in: Byok/Jaeger, Kommentar zum Vergaberecht, § 100 GWB Rn. 58; *Röwekamp*, in: Kulartz/Kus/Portz, GWB-Vergaberecht, § 100a Rn. 9; bei einem Kapitalmarktbezug auch *Wagner*, in: Langen/Bunte, Kommentar zum deutschen und europäischen Kartellrecht, § 100a GWB Rn. 6; *Sterner*, in: Müller-Wrede, Taschenkommentar GWB-Vergaberecht, § 100a Rn. 4; dagegen vor allem *Dreher*, in: Immenga/Mestmäcker, Wettbewerbsrecht, § 100a GWB Rn. 31; differenzierend *Schellenberg*, in: Pünder/Schellenberg, Vergaberecht, § 100a GWB Rn. 9.

67 VK Baden-Württemberg, Beschluss v. 30.11.2001 – 1 VK 40/01.

68 Arrangeure bieten deutschen Anlagenbetreibern Vermittlungsdienste bei der Suche nach geeigneten US-Investoren für US-Leasingtransaktionen an.

69 Für den Bereich der öffentlichen Auftragsvergabe VK Bund, Beschluss v. 30.9.2010 – VK 2-80/10; vgl. dazu auch *Prieß/Hölzl*, NZBau 2011, 65.

70 Vgl. zum EFSF http://www.efsf.europa.eu/about/index.htm, 5.1.2016.

71 Vgl. zum ESM http://www.esm.europa.eu/, 5.1.2016.

worden sind. Der ESM stellt allen ESM-Mitgliedern mit schwerwiegenden Finanzierungsproblemen Finanzhilfen unter anderem in Form von Darlehen zur Verfügung.

V. Konzessionen für Kredite und Darlehen (Nr. 5)

Nach § 149 Nr. 5 GWB i.V.m. § 116 Abs. 1 Nr. 5 GWB sind Konzessionen für Kredite und Darlehen, auch im Zusammenhang mit der Ausgabe, dem Verkauf, dem Ankauf oder der Übertragung von Wertpapieren oder anderen Finanzinstrumenten, vom Anwendungsbereich des GWB-Vergaberechts ausgenommen. 70

1. Allgemeines

§ 149 Nr. 5 GWB dient der Umsetzung von **Art. 10 Abs. 8 lit. f RL 2014/23/EU**. Entsprechende Ausnahmen sind in Art. 10 lit. f RL 2014/24/EU (= § 116 Abs. 1 Nr. 5 GWB) und in Art. 21 lit. e RL 2014/25/EU (= § 137 Nr. 5 GWB) vorgesehen. Insofern verweist § 149 Nr. 5 GWB auf § 116 Abs. 1 Nr. 5 GWB. In der RL 2014/23/EU ist die Ausnahme nicht weiter erläutert. In Erwägungsgrund 26 RL 2014/24/EU heißt es zu Art. 10 lit. f RL 2014/24/EU: 71

> „Schließlich sollte klargestellt werden, dass Darlehen oder Kredite, gleich ob sie mit der Ausgabe von Wertpapieren oder andere[n] Finanzinstrumenten oder mit anderen diese betreffenden Transaktionen im Zusammenhang stehen oder nicht, aus dem Anwendungsbereich dieser Richtlinie ausgenommen werden sollten."

Obwohl mehr als fraglich ist, ob die Kredit- und Darlehensaufnahme der öffentlichen Hand die **Voraussetzungen einer Dienstleistungskonzession** i.S.d. § 105 Abs. 1 Nr. 2 GWB erfüllt, stellt Art. 10 Abs. 8 lit. f RL 2014/23/EU also sicher, dass die Darlehens- und Kreditaufnahme vollständig vom förmlichen Vergaberecht ausgenommen ist.[72] 72

2. Voraussetzungen

§ 149 Nr. 5 GWB i.V.m. § 116 Abs. 1 Nr. 5 GWB regelt eine umfassende Ausnahme für „**Kredite und Darlehen**". Beide Begriffe meinen das Gleiche, obwohl in Deutschland eigentlich nur das Darlehen als typisiertes Schuldverhältnis geregelt ist (vgl. §§ 488 ff. BGB). Der deutsche Gesetzgeber hat sich aber einfach am Wortlaut des Art. 10 Abs. 8 lit. f RL 2014/23/EU orientiert. 73

Wichtig ist, dass Kredite und Darlehen **vorbehaltlos freigestellt** sind. Aus dem Wortlaut des § 116 Abs. 1 Nr. 5 GWB („auch") und Erwägungsgrund 26 RL 2014/24/EU folgt eindeutig, dass es auf einen etwaigen Zusammenhang zu Wertpapiergeschäften oder anderen Finanztransaktionen nicht ankommt. Die Ausnahme erfasst also auch reine Darlehensaufnahmen. Für § 100a Abs. 2 Nr. 2 GWB a.F./§ 100b Abs. 2 Nr. 1 GWB a.F. war dies mit Blick auf den Passus „insbesondere Geschäfte, die der Geld- oder Kapitalbeschaffung [...] dienen" umstritten.[73] 74

VI. Dienstleistungskonzessionen an andere Konzessionsgeber mit ausschließlichem Recht (Nr. 6)

Gemäß § 149 Nr. 6 GWB sind auch Dienstleistungskonzessionen, die an einen Konzessionsgeber nach § 101 Abs. 1 Nr. 1 GWB oder § 101 Abs. 1 Nr. 2 GWB aufgrund eines auf Gesetz oder Verordnung beruhenden ausschließlichen Rechts vergeben werden, ausgenommen. 75

---

72 Nach *Opitz*, NVwZ 2014, 753 (754, Fn. 16), werden im nicht näher spezifizierten Ausland Kommunalkredite als Dienstleistungskonzession beschafft.

73 Zum Streitstand *Aicher*, in: Müller-Wrede, Kompendium des Vergaberechts, Kap. 11 Rn. 70.

1. Allgemeines

76 § 149 Nr. 6 GWB dient der Umsetzung von **Art. 10 Abs. 1 UAbs. 1 RL 2014/23/EU**.[74] Entsprechende Regelungen sind in Art. 11 RL 2014/24/EU (§ 116 Abs. 1 Nr. 6 GWB) und Art. 22 RL 2014/25/EU (§ 137 Nr. 6 GWB) vorgesehen.

77 § 116 Abs. 1 Nr. 6 GWB entspricht dem bisherigen **§ 100a Abs. 3 GWB a.F.**; § 137 Nr. 6 GWB dem bisherigen **§ 100b Abs. 3 GWB a.F.**

78 Die Ausnahme basiert auf der **Erwägung**, dass ein Vergabeverfahren wegen des ausschließlichen Rechts zwecklos ist, weil ohnehin nur der oder die Inhaber des ausschließlichen Rechts die Dienstleistung erbringen können und in der Regel auch müssen.[75] Anwendungsbereich der Vorschrift sind also bestimmte **gesetzliche Monopole bzw. Oligopole**, die zugleich entweder Konzessionsgeber nach § 101 Abs. 1 Nr. 1 oder Nr. 2 GWB sind, wenn zwischen diesen und einem anderen Konzessionsgeber Vereinbarungen bestehen, die die Voraussetzungen einer Dienstleistungskonzession i.S.d. § 105 Abs. 1 Nr. 2 GWB erfüllen.[76]

2. Voraussetzungen

79 Die Ausnahme des § 149 Nr. 6 GWB setzt voraus:

- die Vergabe einer Dienstleistungskonzession i.S.d. § 105 GWB durch einen Konzessionsgeber;
- an Konzessionsgeber nach § 101 Abs. 1 Nr. 1 GWB (öffentliche Auftraggeber gemäß § 99 Nr. 1 bis 3 GWB, die eine Konzession vergeben) oder § 101 Abs. 1 Nr. 2 GWB (öffentliche Sektorenauftraggeber gemäß § 100 Abs. 1 Nr. 1 GWB, die eine Sektorentätigkeit gemäß § 102 Abs. 2 bis 6 ausüben und eine Konzession zum Zweck der Ausübung dieser Tätigkeit vergeben);
- auf Grundlage eines ausschließlichen Rechts, das auf einem Gesetz oder einer Verordnung beruht und mit dem Unionsrecht im Einklang steht.[77]

80 Im Rahmen der Definition des Sektorenauftraggebers bestimmt § 100 Abs. 2 S. 1 GWB, dass **besondere oder ausschließliche Rechte** solche Rechte sind, die dazu führen, dass die Ausübung dieser Tätigkeit einem oder mehreren Unternehmen vorbehalten wird und dass die Möglichkeit anderer Unternehmen, diese Tätigkeit auszuüben, erheblich beeinträchtigt wird. Diese Definition kann auch im Rahmen des § 149 Nr. 6 GWB als Ausgangspunkt herangezogen werden.

81 Entsprechend versteht der Unionsgesetzgeber nach Art. 5 Nr. 10 RL 2014/23/EU unter einem **ausschließlichen Recht** ein Recht, das eine zuständige Behörde eines Mitgliedstaats im Wege einer mit den Verträgen im Einklang stehenden Rechts- oder veröffentlichten Verwaltungsvorschrift gewährt hat, wodurch die Möglichkeit anderer Wirtschaftsteilnehmer zur Ausübung dieser Tätigkeit wesentlich eingeschränkt wird.[78] Aus dem Wortlaut dieser Legaldefinition **„wesentlich eingeschränkt"** folgt, dass nicht nur Monopole, sondern auch Oligopole mit hohen Marktzutrittsschranken erfasst sind. Die Auslegung dieser Definitionen kann sich an Art. 106 Abs. 1 AEUV orientieren, da es auch dort um Unternehmen geht, denen besondere oder ausschließliche Rechte gewährt wurden.[79]

82 Allerdings muss das ausschließliche Recht nach § 149 Nr. 6 GWB entweder auf **Gesetz oder Verordnung** beruhen – nicht hingegen auf einer Verwaltungsvorschrift, einem Verwaltungsakt, einem Vertrag oder einer Satzung. Nach mehreren Beschlüssen des OLG Düsseldorf ist auch eine ordnungsbehördliche Verordnung (§ 26 Ordnungsbehördengesetz NRW (OBG))

74 Vgl. Gesetzesbegründung, BT-Drs. 18/6281, 128.
75 Vgl. für den Bereich der öffentlichen Aufträge Erwägungsgrund 30 RL 2014/24/EU.
76 Vgl. Verpflichtung, das Vergaberecht auch unter öffentlichen Auftraggebern anzuwenden, EuGH, Urteil v. 18.1.2007 – Rs. C-220/05 (Auroux), Rn. 58 ff.
77 Vgl. Gesetzesbegründung, BT-Drs. 18/6281, 128.
78 Vgl. dazu Erwägungsgrund 22 RL 2014/23/EU.
79 So auch OLG München, Beschluss v. 12.5.2011 – Verg 26/10, zu § 98 Nr. 4 Alt. 1 GWB a.F.

nicht ausreichend.[80] Das deutsche Recht ist insofern strenger als die Richtlinienvorgabe des Art. 10 Abs. 1 UAbs. 1 RL 2014/23/EU, die lediglich ein ausschließliches Recht verlangt, aber keine Vorgaben in Bezug auf den Ursprung macht. Da ausschließliche Rechte durch das Unionsprimärrecht stetig zurückgedrängt werden, dürfte der praktische Anwendungsbereich der Ausnahme insgesamt überschaubar bleiben:

- Das KG hat beispielsweise entschieden, dass die Abfallüberlassungspflicht an den öffentlich-rechtlichen Entsorgungsträger nach § 13 Abs. 1 S. 2 Krw-/AbfG (jetzt: § 17 Abs. 1 KrWG) ein ausschließliches Recht i.S.d. § 100a Abs. 3 GWB a.F. ist.[81]
- Nach Auffassung des OLG Düsseldorf räumt hingegen ein verbindlich erklärter Abfallwirtschaftsplan dem Betreiber einer Abfallentsorgungsanlage kein Exklusivrecht ein, weil aus ihm allein eine Verpflichtung der beseitigungspflichtigen Kreise und kreisfreien Städte, aber kein Recht auf die Erbringung der Abfallentsorgungsleistung folgt.[82]

VII. Dienstleistungskonzessionen aufgrund eines ausschließlichen Rechts zur Ausübung einer Sektorentätigkeit (Nr. 7)

§ 149 Nr. 7 GWB nimmt Dienstleistungskonzessionen aus, die an ein Unternehmen aufgrund eines ausschließlichen Rechts vergeben werden, das diesem im Einklang mit den nationalen und unionsrechtlichen Rechtsvorschriften über den Marktzugang für Tätigkeiten nach § 102 Abs. 2 bis 6 GWB gewährt wurde; ausgenommen hiervon sind Dienstleistungskonzessionen für Tätigkeiten, für die die Unionsvorschriften keine branchenspezifischen Transparenzverpflichtungen vorsehen; Auftraggeber, die einem Unternehmen ein ausschließliches Recht im Sinne dieser Vorschrift gewähren, setzen die Europäische Kommission hierüber binnen eines Monats nach Gewährung dieses Rechts in Kenntnis. 83

1. Allgemeines

§ 149 Nr. 7 GWB setzt **Art. 10 Abs. 1 UAbs. 2 und Abs. 2 RL 2014/23/EU** um; die Abweichungen von den unionsrechtlichen Vorgaben sind aber irreführend formuliert. Die Struktur der Regelung entspricht im Grundsatz derjenigen des § 149 Nr. 6 GWB. Im Gegensatz zu § 149 Nr. 6 GWB ist Gegenstand des § 149 Nr. 7 GWB allerdings ein ausschließliches Recht zur Ausübung einer Sektorentätigkeit i.S.d. § 102 Abs. 2 bis 6 GWB durch ein Unternehmen (welches im Gegensatz zu § 149 Nr. 6 GWB selbst nicht Konzessionsgeber sein muss). 84

Hintergrund der Freistellung ist wie bei § 149 Nr. 6 GWB, dass ein diskriminierungsfreies, transparentes und wettbewerbliches Auswahlverfahren bei einem ausschließlichen Recht seinen Zweck nicht erfüllen kann.[83] In Erwägungsgrund 33 RL 2014/23/EU heißt es, dass „die Anwendung eines wettbewerblichen Verfahrens bei Vorliegen eines solchen Rechts nicht möglich ist". 85

2. Voraussetzungen

Die Freistellung des § 149 Nr. 7 GWB umfasst eine Konstellation, in der eine Dienstleistungskonzession i.S.d. § 105 Abs. 1 Nr. 2 GWB an ein Unternehmen vergeben wird, das eine **Sektorentätigkeit** i.S.d. § 102 Abs. 2 bis 6 GWB ausübt und dem für diese Tätigkeit ein **ausschließliches Recht** gewährt wurde. 86

Voraussetzung ist also zunächst ein ausschließliches Recht für eine **Sektorentätigkeit** i.S.d. § 102 Abs. 2 bis 6 GWB: Diese Regelung definiert für die Bereiche Elektrizität (§ 102 Abs. 2 GWB), Gas und Wärme (§ 102 Abs. 3 GWB), Verkehr (§ 102 Abs. 4 GWB), Häfen und Flughä- 87

80 Vgl. OLG Düsseldorf, Beschluss v. 1.8.2012 – VII-Verg 105/11; Beschluss v. 9.4.2003 – Verg 66/02; Beschluss v. 4.9.2002 – Kart 26/02 (V).
81 Vgl. KG, Beschluss v. 29.2.2012 – Verg 8/11.
82 Vgl. OLG Düsseldorf, Beschluss v. 1.8.2012 – VII-Verg 105/11; Beschluss v. 9.4.2003 – Verg 66/02; Beschluss v. 4.9.2002 – Kart 26/02 (V).
83 Vgl. auch *European Commission*, Memo/14/19 v. 15.1.2014, Directive of the European Parliament and the Council on the award of Concession Contracts – Frequently Asked Questions, S. 6.

fen (§ 102 Abs. 5 GWB) sowie die Förderung von fossilen Brennstoffen (§ 102 Abs. 6 GWB), was Sektorentätigkeiten sind.

88 Wie bei § 149 Nr. 6 GWB kann für die **Definition eines ausschließlichen Rechts** auf die Definitionen in § 100 Abs. 2 GWB bzw. Art. 5 Nr. 10 RL 2014/23/EU (i.V.m. Art. 106 AEUV) zurückgegriffen werden.[84]

- So hat etwa das OLG Celle zu § 98 Nr. 4 Alt. 1 GWB a.F. im Jahr 2013 entschieden, dass Gasnetzbetreiber in Deutschland ihre Tätigkeiten nicht auf Grundlage von besonderen oder ausschließlichen Rechten ausüben.[85]
- Dagegen geht die VK Niedersachsen ebenfalls in einer Entscheidung zu § 98 Nr. 4 Alt. 1 GWB a.F. davon aus, dass der Betreiber eines Übertragungsnetzes für Strom, dessen Recht zu keinem Zeitpunkt jemals dem öffentlichen und transparenten Wettbewerb ausgesetzt gewesen ist, ein besonderes oder ausschließliches Recht in Anspruch nimmt. Die dauerhaft lenkende und fördernde Duldung eines bestehenden Oligopols stehe der staatlichen Gewährung durch Rechts- oder Verwaltungsvorschrift gleich.[86]
- Ferner geht das OLG München davon aus, dass ein Unternehmen, dem in einem Staatsvertrag ursprünglich ein exklusives Recht zur Nutzung der Wasserkraft bestimmter Grenzflüsse eingeräumt wurde, auf Grundlage eines ausschließlichen Rechts im Sinne des § 98 Abs. 4 Alt. 1 GWB a. F. tätig wird, wenn diese privilegierte Stellung bis heute faktisch fortwirkt.[87]

89 § 149 Nr. 7 GWB setzt seinem Wortlaut nach weiterhin voraus, dass die ausschließlichen Rechte im **Einklang mit den nationalen und unionsrechtlichen Vorschriften über den Marktzugang** gewährt worden sein müssen. Unionsrechtliche Vorschriften über den Marktzugang sind vor allem Art. 106 Abs. 1 AEUV i.V.m. Art. 101 ff. AEUV sowie die Grundfreiheiten (Art. 28 ff. AEUV, Art. 49 ff. AEUV, Art. 56 ff. AEUV) und das diese konkretisierende Sekundärrecht. In diesem Zusammenhang stellt sich die Frage, was die **Rechtsfolge eines fehlerhaften Verfahrens** zur Gewährung des ausschließlichen Rechts ist. Streng genommen kann dann die Ausnahmevorschrift des § 149 Nr. 7 GWB nicht greifen. Allerdings wird durch ein fehlerhaftes Verfahren nicht zwingend das ausschließliche Recht infrage gestellt (ähnlich einem fehlerhaften Vergabeverfahren, das dennoch zu einem wirksamen Vertrag führt); in diesem Fall – also unterstellt, das ausschließliche Recht hat Bestand – kann der Auftraggeber die Dienstleistungskonzession gerade wegen dieses ausschließlichen Rechts möglicherweise gerade nicht an ein anderes Unternehmen vergeben, die Durchführung eines Vergabeverfahrens wäre sinnlos. Dieses Dilemma, ob die Ausnahmevorschrift nur bei einem ordnungsgemäß/fehlerfrei verliehenen ausschließlichen Recht greift oder auch darüber hinaus, wird die Rechtsprechung zu lösen haben.

90 § 149 Nr. 7 GWB bestimmt weiter, dass Dienstleistungskonzessionen nicht von der Ausnahmevorschrift umfasst sind, wenn die Unionsvorschriften für sie **keine branchenspezifischen Transparenzverpflichtungen** vorsehen. Die Regelung ist als Rückausnahme formuliert. Dies würde konsequenterweise bedeuten, dass bei fehlenden branchenspezifischen Transparenzverpflichtungen eine umfassende Ausschreibungspflicht der Konzession greift. Eine solche Ausschreibung dürfte jedoch in den meisten Fällen ausgeschlossen sein, da die Konzession wegen des bestehenden ausschließlichen Rechts nur an ein Unternehmen vergeben werden kann – ganz unabhängig davon, ob es branchenspezifische Transparenzverpflichtungen gibt oder nicht. Anzumerken ist in diesem Zusammenhang, dass diese Passage der Regelung des § 149 Nr. 7 GWB nicht mit der unionsrechtlichen Vorgabe des **Art. 10 Abs. 2 UAbs. 1 RL 2014/23/EU** übereinstimmt. Denn dort ist für den Fall, dass es keine branchenspezifischen Transparenzpflichten (vgl. Anhang III RL 2014/23/EU) gibt, nicht etwa der Wegfall der Freistellung vorgesehen, sondern nur – aus Gründen der Transparenz – eine Zuschlagsbekannt-

84 Instruktiv auch *Gabriel*, in: Müko BeihVgR (2011), § 98 GWB Rn. 49 ff.
85 Vgl. OLG Celle, Beschluss v. 8.8.2013 – 13 Verg 7/13.
86 Vgl. VK Niedersachsen, Beschluss v. 30.9.2015 – VgK-30/2015.
87 Vgl. OLG München, Beschluss v. 12.5.2011 – Verg 26/10.

machung nach Art. 32 RL 2014/23/EU. Es spricht viel dafür, dass es sich hier um ein Redaktionsversehen des deutschen Gesetzgebers handelt.

§ 149 Nr. 7 GWB regelt schließlich eine **Meldepflicht**: Nach dem Wortlaut müssen „Auftraggeber", die einem Unternehmen ein ausschließliches Recht gewähren, die Kommission binnen eines Monats in Kenntnis setzen. Auftraggeber werden aber regelmäßig nicht die Befugnis haben, ein ausschließliches Recht zu gewähren. Mit Blick auf den Wortlaut von Art. 10 Abs. 2 UAbs. 2 RL 2014/23/EU – dort ist von „Mitgliedstaat" die Rede – muss die Regelung zur Meldepflicht so verstanden werden, dass Adressat der Meldepflicht der jeweilige Mitgliedstaat ist. 91

VIII. Konzessionen für öffentliche Kommunikationsdienste und -netze (Nr. 8)

Nach § 149 Nr. 8 GWB gilt das GWB-Vergaberecht nicht für Konzessionen, die hauptsächlich dazu dienen, dem Konzessionsgeber im Sinne des § 101 Abs. 1 Nr. 1 GWB die Bereitstellung oder den Betrieb öffentlicher Kommunikationsnetze oder die Bereitstellung eines oder mehrerer elektronischer Kommunikationsdienste für die Öffentlichkeit zu ermöglichen. 92

1. Allgemeines

§ 149 Nr. 8 GWB setzt die Ausnahme des **Art. 11 RL 2014/23/EU** um. Der Unionsgesetzgeber hat diese Ausnahme nicht in einem Erwägungsgrund erläutert; ein **Sachgrund** für diese Freistellung ist nicht ersichtlich. Eine inhaltsgleiche Ausnahmevorschrift findet sich in Art. 8 RL 2014/24/EU (§ 116 Abs. 2 GWB), die aus Art. 13 RL 2004/18/EG[88] übernommen wurde. 93

2. Voraussetzungen

§ 149 Nr. 8 GWB gilt für **Konzessionen i.S.d. § 105 GWB**: Erfasst werden also Baukonzessionen (§ 105 Abs. 1 Nr. 1 GWB) und Dienstleistungskonzessionen (§ 105 Abs. 1 Nr. 2 GWB). Ferner bestimmt § 149 Nr. 8 GWB, dass die Regelung nur für Konzessionsgeber gemäß § 101 Abs. Nr. 1 GWB gilt, also nur für öffentliche Auftraggeber i.S.d. § 99 Nr. 1 bis 3 GWB; eine Einschränkung ist damit aber nicht verbunden, weil § 101 Abs. 1 Nr. 2 und Nr. 3 GWB ohnehin nur für Konzessionen gilt, die Sektorentätigkeiten betreffen. 94

Die Ausnahme greift nur, wenn die Konzessionen **„hauptsächlich"** dazu dienen, dem Konzessionsgeber im Sinne des § 101 Abs. 1 Nr. 1 GWB die Bereitstellung oder den Betrieb öffentlicher Kommunikationsnetze oder die Bereitstellung eines oder mehrerer elektronischer Kommunikationsdienste für die Öffentlichkeit zu ermöglichen.[89] Dieser Zweck muss also Schwerpunkt der Konzession sein. 95

Aus Art. 11 UAbs. 2 RL 2014/23/EU sowie der Gesetzesbegründung[90] folgt, dass für die Begrifflichkeiten **„öffentliches Kommunikationsnetz"** und **„elektronischer Kommunikationsdienst"** die Begrifflichkeiten der RL 2002/21/EG maßgeblich sind. Nach Art. 2 lit. d RL 2002/21/EG versteht man unter einem öffentlichen Kommunikationsnetz ein elektronisches Kommunikationsnetz (Art. 2 lit. a RL 2002/21/EG), das ganz oder überwiegend zur Bereitstellung öffentlich zugänglicher elektronischer Kommunikationsdienste dient. Art. 2 lit. c RL 2002/21/EG definiert elektronische Kommunikationsdienste als gewöhnlich gegen Entgelt erbrachte Dienste, die ganz oder überwiegend in der Übertragung von Signalen über elektronische Kommunikationsdienste bestehen, einschließlich Telekommunikations- und Übertragungsdienste in Rundfunknetzen, jedoch ausgenommen Dienste, die Inhalte über elektronische Kommunikationsnetze und -dienste anbieten oder eine redaktionelle Kontrolle über sie ausüben; nicht dazu gehören die Dienste der Informationsgesellschaft im Sinne von Artikel 96

88 Umgesetzt durch § 100a Abs. 4 GWB a. F.
89 Vgl. dazu für die Vorgängerregelung im Bereich der Vergabe öffentlicher Aufträge VK Bund, Beschluss v. 2.9.2011 – VK 1-108/11.
90 Vgl. Gesetzesbegründung, BT-Drs. 18/6281, 128.

Art. 1 der RL 93/34/EG, die nicht ganz oder überwiegend in der Übertragung von Signalen über elektronische Kommunikationsnetze bestehen.

97 Praktische Bedeutung könnte die Ausnahme vor allem im Zusammenhang mit **Konzessionen für Breitbandnetze**[91] erlangen. So wird bereits kontrovers diskutiert, ob die Ausnahme des § 149 Nr. 8 GWB Konzessionen für Breibandnetze erfasst.[92] Problematisch ist, ob solche Konzessionen hauptsächlich dazu dienen, einem Konzessionsgeber im Sinne des § 101 Abs. 1 Nr. 1 GWB die Bereitstellung oder den Betrieb eines Breitbandnetzes für die Öffentlichkeit zu ermöglichen. Die VK Bund hat für die entsprechende Ausnahme im öffentlichen Auftragswesen die Auffassung vertreten, dass ein „Bereitstellen" einen unmittelbaren Zugriff des Auftraggebers auf den Kommunikationsdienst erfordert.[93] Fraglich ist aber, ob sich dies auf den Bereich der Vergabe von Konzessionen übertragen lässt, weil bei Konzessionen i.S.d. § 105 GWB immer der Konzessionär die Leistung erbringt und dementsprechend Zugriff hat.[94]

IX. Wasserkonzessionen (Nr. 9)

98 § 149 Nr. 9 GWB setzt die Ausnahme für Konzessionen im Bereich Wasser in Art. 12 RL 2014/23/EU um. Die Ausnahme gilt im ganz Wesentlichen für **Konzessionen im Bereich der Trinkwasserversorgung**. Bei anderen wasserwirtschaftlichen Betätigungen wie der Abwasserbeseitigung oder der Abwasserbehandlung, bei Wasserbauvorhaben sowie Bewässerungs- und Entwässerungsvorhaben kann diese Ausnahme unter bestimmten Bedingungen genutzt werden, wenn die vorgenannten Betätigungen in Zusammenhang mit der Betätigung im Bereich der Trinkwasserversorgung stehen.

1. Allgemeines

a) Regelungszweck

99 Konzessionen im Bereich Wasser unterliegen häufig spezifischen und zugleich komplexen Regelungen, die besonders zu berücksichtigen sind, da Wasser ein öffentliches Gut von grundlegendem Wert darstellt.[95] Mit der vorliegenden Ausnahme können diese **Besonderheiten der Strukturen der Wasserversorgung in den Mitgliedstaaten**, insbesondere auf kommunaler Ebene, bei der Vergabe von Konzessionen im Bereich Wasser berücksichtigt werden. Im Ergebnis soll letztendlich die bestmögliche Versorgung der Bürgerinnen und Bürger mit Trinkwasser sichergestellt werden.[96] Mit der Herausnahme der Konzessionen im Bereich Wasser aus dem Anwendungsbereich der RL 2014/23/EU bzw. des GWB wird auch solchen Bedenken Rechnung getragen, nach denen diese Richtlinie einen mittelbaren Druck zur Privatisierung auf die kommunale Wasserwirtschaft ausübt. Dieser Privatisierungsdruck hätte die Versorgungssicherheit und die Versorgungsqualität des elementaren Versorgungsgutes Wasser spürbar beeinträchtigen können.[97]

100 Da in Deutschland mehr als 95 % der Wasserbetriebe – gemessen am Wasseraufkommen im Jahr 2003 – unter direktem oder indirektem eigentumsrechtlichem Einfluss kommunaler Gebietskörperschaften stehen,[98] hat die Ausnahme des § 149 Nr. 9 GWB **hohe praktische Bedeutung** für die Wasserwirtschaft in Deutschland.

---

91 Vgl. OLG Karlsruhe, Beschluss v. 14.11.2014 – 15 Verg 10/14; OLG München, Beschluss v. 25.3.2011 – Verg 4/11; VK Südbayern, Beschluss v. 27.5.2015 – Z3-3-3194-1-15-03/15; zu Breitbandausschreibungen auch *Braun/Zwetkow*, VergabeR 2015, 521 ff.

92 Dafür *Opitz*, NVwZ 2014, 753 (758).

93 Vgl. VK Bund, Beschluss v. 2.9.2011 – VK 1-108/11; zustimmend *Röwekamp*, in: Kulartz/Kus/Portz, GWB-Vergaberecht, § 100a Rn. 17.

94 Zu Recht *Donhauser*, KommP BY 2014, 206 (209).

95 Erwägungsgrund 40 RL 2014/23/EU.

96 Gesetzesbegründung zu § 149 Nr. 9 GWB, BT-Drs. 18/6281, 128.

97 Vgl. BR-Drs. 874/11, 1; vgl. *Opitz*, NVwZ 2014, 753 (758).

98 Sondergutachten Nr. 63 der Monopolkommission, Rn. 117.

b) Entwicklung der Regelung

Die ausdrückliche Ausnahme für die Vergabe von Konzessionen im Bereich Wasser ist mit der RL 2014/23/EU eingeführt worden. Eine Umsetzung in das deutsche Recht ist erstmals mit § 149 Nr. 9 GWB im Rahmen des VergRModG 2016 erfolgt. **101**

Vor Inkrafttreten der RL 2014/23/EU am 17.4.2014 wurden ausdrücklich nur Baukonzessionen, nicht aber Dienstleistungskonzessionen, zu denen auch die Konzessionen im Bereich der Trinkwasserversorgung zählen, von den derzeit anwendbaren RL 2004/17/EG und 2004/18/EG erfasst.[99] Durch die Rechtsprechung des EuGH wurden jedoch **primärrechtliche Anforderungen** an die Vergabe von Dienstleistungskonzessionen und insbesondere auch Wasserkonzessionen gestellt.[100] Bei der Vergabe von Konzessionen im Bereich Wasser bleibt es somit im Ergebnis auch nach der Ausweitung des Anwendungsbereichs des formellen Vergaberechts auf Dienstleistungskonzessionen durch die RL 2014/23/EU aufgrund der ausdrücklichen Bereichsausnahme in Art. 12 dieser Richtlinie bei der bisherigen Rechtslage, nach der die durch das Primärrecht gebotenen Grundsätze der Transparenz, der Gleichbehandlung und der Verhältnismäßigkeit zu beachten sind.[101] **102**

c) Streit im Verfahren zur Abstimmung der Richtlinie

Die Ausnahme für Wasserkonzessionen war im Abstimmungsprozess über die Konzessionsvergaberichtlinie **äußerst umstritten**.[102] Im Vorschlag der Kommission vom 20.12.2011 für eine Richtlinie des Europäischen Parlaments und des Rates über die Konzessionsvergabe[103] war noch keine Ausnahme für Wasserkonzessionen vorgesehen. Nach intensiven Debatten und insbesondere auf Druck der ersten europäischen „Bürgerinitiative Right2Water"[104] sowie der deutschen Kommunen bot die Kommission als **Kompromiss** zunächst eine Regelung an, nach der die Vergabe von Wasserkonzessionen an mehrheitlich kommunale Mehrspartenstadtwerke unter bestimmten Voraussetzungen nicht unter die Richtlinie fallen sollte. Diese Ausnahmeregelung, die im Grunde ein „erweitertes In-House-Geschäft für den Wasserbereich" darstellte, lehnte sich an die Ausnahme für verbundene Unternehmen in Art. 13 RL 2014/23/EU an. Bei der Bewertung der Umsätze zwischen den verbundenen Unternehmen sollten nur die Umsätze im Bereich der Wasserwirtschaft betrachtet werden, nicht aber weitere Umsätze aus anderen, insbesondere wettbewerblich geprägten Bereichen. Um die sich hinziehenden Trilog-Gespräche noch vor dem anstehenden Wechsel der Ratspräsidentschaft zum Abschluss zu bringen, machte die Kommission am 21.6.2013 schließlich den weiter gehenden Vorschlag, Konzessionen im Bereich Wasser insgesamt aus dem Anwendungsbereich der RL 2014/23/EU herauszunehmen.[105] **103**

Die Kommission behält sich aber in Art. 53 UAbs. 3 RL 2014/23/2014 vor, eine **Überprüfung der wirtschaftlichen Auswirkungen** der Ausnahme für Wasserkonzessionen auf den Binnenmarkt unter Berücksichtigung der besonderen Strukturen in der Wasserwirtschaft vorzunehmen und dem Europäischen Parlament und dem Rat bis zum 18.4.2019 darüber Bericht zu erstatten. Ob die Ausnahme im Anschluss an diesen Bericht noch einmal zur Diskussion gestellt wird, ist nicht absehbar.[106] **104**

---

99 Siehe Art. 18 RL 2004/17/EG; Art. 17 RL 2004/18/EG; vgl. § 99 Abs. 1 GWB in der bis zum 17.4.2016 geltenden Fassung.

100 Siehe z. B. EuGH, Urteil v. 10.9.2009 – Rs. C-206/08 (WAZV Gotha); Urteil v. 13.10.2005 – Rs. C-458/03 (Parking Brixen); Urteil v. 7.12.2000 – Rs. C-324/98 (Telaustria); Mitteilung der Kommission zu Auslegungsfragen im Bereich Konzessionen im Gemeinschaftsrecht (2000/C 121/02).

101 Vgl. Gesetzesbegründung zu § 149 Nr. 9 GWB, BT-Drs. 18/6281, 128; *Herten-Koch*, EWeRK 2013, 248.

102 Ausführlich *Dierkes/Skrobanek*, ZFW 2013, 183 (189 ff.); *Sudbrock*, KommJur 2014, 41 (42).

103 KOM (2011) 897 endgültig.

104 Vgl. *Sule*, EuZW 2014, 725 ff.

105 Vgl. Pressemeldung der Europäischen Kommission v. 21.6.2013, http://www.presseportal.de/pm/35368/2498658, 10.4.2016.

106 Vgl. *Siebler/Wellmann*, VersorgW 2015, 172.

2. Voraussetzungen

105 Die Ausnahme gilt für Konzessionen nach § 105 GWB im Bereich Wasser.[107]

a) Gegenstand einer Wasserkonzession

106 Unter **Wasserkonzessionen** versteht man in der Regel langfristige Verträge über die Trinkwasserversorgung, mit denen einem Wasserversorgungsunternehmen die Rechte sowohl zur Nutzung der öffentlichen Wege für die Verlegung und den Betrieb von Wasserleitungen als auch zur Belieferung der Verbraucher mit Trinkwasser eingeräumt werden. Ebenso wird das Wasserversorgungsunternehmen berechtigt, im eigenen Namen und auf eigene Rechnung Entgelte von den Nutzern zu erheben.[108] Das Entgelt kann privatrechtlich als Preis oder öffentlich-rechtlich als Gebühr geregelt werden.[109] Das Wasserversorgungsunternehmen verpflichtet sich gegenüber dem Konzessionsgeber dazu, Trinkwasser an die Haus- und Grundeigentümer in der Gemeinde zu liefern.[110]

107 Bei **ausschließlichen Wasserkonzessionen**, bei denen sich die Gemeinde ausdrücklich dazu verpflichtet, im Gemeindegebiet ausschließlich einem Wasserversorgungsunternehmen die Verlegung und den Betrieb von Leitungen auf oder unter öffentlichen Wegen für die Wasserversorgung von Letztverbrauchern zu gestatten, ist eine vollständige Anmeldung des Konzessionsvertrages bei der Kartellbehörde nach § 31a GWB erforderlich, um die Wirksamkeit der Konzession zu bewirken.[111]

108 Konzessionsverträge für die Wasserversorgung enthalten zudem regelmäßig besondere Klauseln zu **Konzessionsabgaben**, zur **Löschwasservorhaltung** sowie **Endschaftsklauseln**.[112]

109 Gelegentlich ist auch die **Abwasserbeseitigung** weiterer Gegenstand eines Wasserkonzessionsvertrages.[113] Verträge mit einem Vorversorger bzw. Fernwasserversorger können, sofern sie als Konzession ausgestaltet sind, ebenfalls unter § 149 Nr. 9 GWB fallen.

b) Betriebsrisiko in der Wasserwirtschaft

110 Konzessionen grenzen sich gemäß § 105 Abs. 2 S. 1 GWB dadurch von öffentlichen Aufträgen ab, dass der Konzessionsnehmer – anders als der Auftragnehmer – das Betriebsrisiko für die Nutzung der Verwertung der zu erbringenden Dienstleistungen trägt. Dieser Voraussetzung steht nicht entgegen, dass die Betriebsrisiken in Bereichen der öffentlichen Daseinsvorsorge, wie z. B. der Wasserwirtschaft, von vornherein durch gesetzliche Bestimmungen, insbesondere durch einen kommunalen **Anschluss- und Benutzungszwang**, erheblich eingeschränkt sind. Für die Einordnung einer Vereinbarung als Konzession reicht es aus, wenn damit das volle, in der jeweiligen Branche übliche Betriebsrisiko oder zumindest ein wesentlicher Teil davon auf den Konzessionsnehmer übergeht. Denn letztendlich muss es öffentlichen Auftrag- bzw. Konzessionsgebern möglich sein, Dienstleistungen im Wege einer Konzession erbringen zu lassen, wenn sie der Auffassung sind, dass die Erbringung der betreffenden gemeinwirtschaftlichen Leistung so am besten sicherzustellen ist.[114]

111 In der Wasserversorgung bestehen auch bei Anordnung eines Anschluss- und Benutzungszwangs **Absatzrisiken**. Denn es ist zunächst nicht vor Vertragsschluss abzusehen, in welcher Menge Wasser von privaten und industriellen Kunden abgenommen wird bzw. Abwasser zur Entsorgung anfällt. Entgeltansprüche des Konzessionärs können bei Insolvenz der Kunden ausfallen bzw. entfallen, wenn sich Kunden vom Anschluss- und Benutzungszwang befreien lassen. Letztendlich hat der Konzessionär im Einzelfall keinen Anspruch darauf, den Anschluss- und Benutzungszwang durchzusetzen. Soweit diese mit den Dienstleistungen origi-

---

107 Auf die Erläuterung zu § 105 wird verwiesen.
108 *Prieß/Marx/Hölzl*, NVwZ 2011, 65 (66).
109 EuGH, Urteil v. 10.9.2009 – Rs. C-206/08 (Eurawasser), Rn. 55.
110 *Prieß/Marx/Hölzl*, NVwZ 2011, 65 (66).
111 *Zuber*, in: Schäfer/Uechtritz/Zuber, Rechtsgestaltung in der kommunalen Praxis, S. 410.
112 Ausführlich *Zuber*, in: Schäfer/Uechtritz/Zuber, Rechtsgestaltung in der kommunalen Praxis, S. 412.
113 Vgl. EuGH, Urteil v. 10.9.2009 – Rs. C-206/08 (Eurawasser), Rn. 2; *Herten-Koch*, EWeRK 2013, 248 (250).
114 EuGH, Urteil v. 10.9.2009 – Rs. C-206/08 (Eurawasser), Rn. 72 ff.

när verbundenen Risiken vollständig, d.h. ohne risikoabsenkende Nebenabreden, auf den Konzessionär übertragen werden, ist davon auszugehen, dass das Betriebsrisiko im Sinne von § 105 Abs. 2 S. 1 GWB auf den Konzessionär übergeht.[115]

c) Wortlaut

aa) Betätigung im Bereich der Trinkwasserversorgung

Die **Definition der Konzessionen im Bereich Trinkwasser** in § 149 Nr. 9 lit. a GWB entspricht inhaltlich der Definition der Sektorentätigkeiten im Bereich Wasser nach § 102 Abs. 1 S. 1 GWB.[116] Dass § 149 Nr. 9 lit. a GWB auf die *Gewinnung*, den *Transport* oder die *Verteilung* von Trinkwasser abstellt, während in § 102 Abs. 1 S. 1 Nr. 1 GWB von der *Gewinnung, Fortleitung* und *Abgabe* von Trinkwasser die Rede ist, ist den unterschiedlichen Übersetzungen des Art. 10 Abs. 1 lit. a RL 2014/25/EU und des Art. 12 Abs. 1 lit. a RL 2014/23/EU von den englischen in die jeweils deutschen Fassungen der Richtlinien geschuldet. Zu inhaltlichen Abweichungen führt der unterschiedliche Wortlaut nicht. 112

bb) Abwasserbeseitigung und sonstige Betätigungen

Die **Definition der Konzessionen in den Bereichen Wasserbau-, Bewässerungs- und Entwässerungsvorhaben bzw. Abwasserbeseitigung und -behandlung** in § 149 Nr. 9 lit. b GWB unterscheidet sich sprachlich in einem Aspekt vom Wortlaut des § 102 Abs. 1 S. 2 GWB: § 149 Nr. 9 lit. b GWB legt den Schwerpunkt der Betätigung auf Wasserbau-, Bewässerungs- und Entwässerungsvorhaben bzw. die Abwasserbeseitigung und -behandlung und fordert lediglich einen Zusammenhang mit Betätigungen im Bereich der Trinkwasserversorgung. § 102 Abs. 1 S. 2 GWB sieht diesen Zusammenhang genau andersherum. Damit könnte § 149 Nr. 9 lit. b GWB dem Wortlaut nach grundsätzlich auch für Konzessionen mit dem Schwerpunkt Abwasserbeseitigung und -behandlung herangezogen werden. Ob diese Ausnahme in der Praxis angewendet werden kann, ist danach zu beurteilen, ob Dienstleistungskonzessionen im Bereich der Abwasserbeseitigung und -behandlung nach öffentlich-rechtlichen Normen, insbesondere wasser- und kommunalabgabenrechtlichen Vorschriften statthaft sind.[117] 113

3. Rechtsfolge

Aufgrund der Herausnahme von Wasserkonzessionen aus dem Anwendungsbereich von Teil 4 des GWB ist bei der Vergabe von Wasserkonzessionen **kein förmliches Vergabeverfahren** einschließlich einer Bekanntmachung der Beschaffungsabsicht im Amtsblatt der EU erforderlich. Bei der Vergabe einer Wasserkonzession findet zudem **keine Nachprüfung** vor den Vergabekammern statt.[118] 114

a) Anwendbarkeit des EU-Primärrechts

Das Fehlen eines förmlichen Vergabeverfahrens bedeutet aber nicht, dass auf jegliche Ausschreibung verzichtet werden kann. Auch bei Anwendung der Ausnahme des § 149 Nr. 9 GWB sind bei der Konzessionsvergabe im Bereich Wasser Mindestanforderungen an das konkret durchgeführte Vergabeverfahren zu stellen, die aus den **Grundsätzen des Europäischen Primärrechts** abgeleitet werden.[119] Dies hat der EuGH bereits bei mehreren Vergabeverfahren von Dienstleistungskonzessionen, für die unter der bisherigen Rechtslage keine förmlichen Vergabeverfahren notwendig waren, festgestellt. Konzessionsgeber gemäß § 101 GWB müssen somit bei der Vergabe einer Wasserkonzession die Grundsätze des AEUV und insbesondere das Verbot der Diskriminierung aus Gründen der Staatsangehörigkeit, den 115

115 OLG Jena, Beschluss v. 11.12.2009 – 9 Verg 2/08, Rn. 26 ff.; *Prieß/Marx/Hölzl*, NVwZ 2011, 65 (67).
116 Auf die Erläuterungen zu § 102 Abs. 1 S. 1 und S. 2 GWB wird verwiesen; siehe auch *Weiß/Sudbrock*, in: Eschenbruch/Opitz, SektVO, § 1 Rn. 65 ff.
117 Ablehnend OLG Brandenburg, Beschluss v. 28.8.2012 – Verg W 19/11; zulassend OVG Bautzen, Beschluss v. 24.9.2004 – 5 BS 119/04; offenlassend OLG Jena, Beschluss v. 11.12.2009 – 9 Verg 2/08; ablehnend zu Entsorgungstätigkeiten nach § 16 Abs. 1 KrW/AbfG: OLG Düsseldorf, Beschluss v. 19.10.2011 – VII-Verg 51/11.
118 OLG Hamm, Urteil v. 26.9.2012 – I-12 U 142/12, Rn. 47.
119 *Knauff/Badenhausen*, NZBau 2014; 395 (398); *Sudbrock*, KommJur 2014, 41 (42).

Gleichbehandlungsgrundsatz sowie die sich aus diesen Grundsätzen ergebende Pflicht zur transparenten Durchführung des Vergabeverfahrens beachten.[120]

aa) Binnenmarktrelevanz

116 Die Pflicht zur Beachtung des Europäischen Primärrechts besteht aber nur dann, wenn an der Konzession ein **grenzüberschreitendes Interesse** besteht.[121] Bei der Vergabe einer Wasserkonzession wird man dies im Regelfall annehmen können. Im Einzelfall kann man aber wegen besonderer Umstände, wie beispielsweise einer sehr geringen wirtschaftlichen Bedeutung der zu vergebenden Konzession oder auch wegen einer kurzen Laufzeit, zu dem Ergebnis kommen, dass bei Unternehmen aus anderen EU-Mitgliedstaaten kein Interesse an der Erteilung der betreffenden Konzession besteht und dass die Konzession keine Relevanz für den Binnenmarkt hat.[122]

117 Das sog. grenzüberschreitende Interesse kann sich insbesondere aus der wirtschaftlichen Bedeutung der abzuschließenden Vereinbarung oder aus dem Ort der Durchführung ergeben.[123] Für die Annahme, dass ein grenzüberschreitendes Interesse vorliegt, ist es nicht zwingend notwendig, dass tatsächlich **Interesse von Wirtschaftsteilnehmern aus anderen EU-Mitgliedstaaten** bekundet wird. Denn letztendlich könnte das Fehlen von Interesse von Bietern aus anderen Mitgliedstaaten im Einzelfall auch auf eine nicht hinreichend bekannt gemachte Beschaffungsabsicht zurückzuführen sein.[124] Auf die Transparenzpflicht des Konzessionsgebers können sich alle potenziellen Bieter stützen; dabei kommt es nicht darauf an, ob die Bieter in einem anderen EU-Mitgliedstaat oder im gleichen Mitgliedstaat wie der Konzessionsgeber niedergelassen sind.[125]

bb) Transparente Durchführung des Vergabeverfahrens

118 Nach der Pflicht zur transparenten Durchführung des Vergabeverfahrens müssen Konzessionsgeber zugunsten potenzieller Bieter einen **angemessenen Grad von Öffentlichkeit** herstellen, der einen Wettbewerb um die Erbringung der Dienstleistung ermöglicht und die Nachprüfung, ob das Vergabeverfahren unparteiisch durchgeführt wurde.[126] Die Konzessionsgeber veröffentlichen daher zu Beginn des Vergabeverfahrens eine Bekanntmachung in einem Medium ihrer Wahl. In Betracht kommen z. B. Vergabeportale, nationale Amtsblätter, lokale, regionale und überregionale Zeitungen, das Amtsblatt der EU oder die Internetseite des jeweiligen Konzessionsgebers. Dabei gilt der Grundsatz: Je interessanter eine Wasserkonzession für potenzielle Bieter aus anderen Mitgliedstaaten ist, desto weiter sollte diese bekannt gemacht werden.[127] Die Bekanntmachung enthält die notwendigen Informationen, die interessierte Unternehmen benötigen, um zu entscheiden, ob sie sich um die Konzession bewerben. Dazu gehören der Gegenstand der Konzession, Auswahl- und Zuschlagskriterien sowie Art und Umfang der vom Konzessionär erwarteten Leistungen.[128]

---

120 EuGH, Urteil v. 13.4.2010 – Rs. C-91/08 (Wall), Rn. 33; Urteil v. 13.10.2005 – Rs. C-458/03 (Parking Brixen), Rn. 46; Urteil v. 7.12.2000 – Rs. C-324/98 (Telaustria).

121 Vgl. EuGH, Urteil v. 13.4.2010 – Rs. C-91/08 (Wall), Rn. 34; Urteil v. 21.7.2005 – Rs. C-231/03 (Coname), Rn. 17; OLG Celle, Urteil v. 23.2.2016 – 13 U 148/15, Rn. 12; *Opitz*, NVwZ 2012, 753 (755).

122 VG Bayreuth, Urteil v. 11.12.2012 – B 1 K 12.445, Rn. 99.

123 EuGH, Urteil v. 14.11.2013 – Rs. C-221/12 (Belgacom), Rn. 28, 29.

124 EuGH, Urteil v. 21.7.2005 – Rs. C-231/03 (Coname), Rn. 17, 18.

125 EuGH, Urteil v. 14.11.2013 – Rs. C-221/12 (Belgacom), Rn. 32; noch nicht so deutlich EuGH, Urteil v. 13.4.2010 – Rs. C-91/08 (Wall), Rn. 36.

126 EuGH, Urteil v. 14.11.2013 – Rs. C-221/12 (Belgacom), Rn. 28, 29; Urteil v. 13.10.2005 – Rs. C-458/03 (Parking Brixen), Rn. 46; Urteil v. 7.12.2000 – Rs. C-324/98 (Telaustria), Rn. 60 ff.

127 Mitteilung der Kommission zu Auslegungsfragen im Bereich Konzessionen im Gemeinschaftsrecht (2000/C 121/02), EU-ABl. Nr. C 121 vom 29.4.2000, S. 7; Mitteilung der Kommission zu Auslegungsfragen in Bezug auf das Gemeinschaftsrecht, das für die Vergabe öffentlicher Aufträge gilt, die nicht oder nur teilweise unter die Vergaberichtlinien fallen (2006/C 179/02), EU-ABl. Nr. C 179 vom 1.8.2006, S. 2 f.

128 OLG Celle, Urteil v. 23.2.2016 – 13 U 148/15, Rn. 16; Mitteilung der Kommission zu Auslegungsfragen im Bereich Konzessionen im Gemeinschaftsrecht (2000/C 121/02), EU-ABl. Nr. C 121 vom 29.4.2000, S. 7.

cc) Neutrale Durchführung des Vergabeverfahrens

Nach den allgemeinen Wettbewerbsgrundsätzen müssen die Verfahren zur Vergabe einer Wasserkonzession **unparteiisch** durchgeführt werden. Dies gilt insbesondere im Hinblick auf die Auswahl, Gewichtung und Bewertung der anzuwendenden Zuschlagskriterien. Die Entscheidung über den Zuschlag darf nur auf solche Kriterien gestützt werden, die in den Vergabeunterlagen benannt wurden.[129] Es ist daher nicht gestattet, die Gewichtung der Zuschlagskriterien nach Ablauf der Angebotsfrist zu ändern oder nachträglich die sonstigen Vergabeunterlagen nicht nur unwesentlich zu ändern. Anforderungen ohne sachlichen Zusammenhang mit der Vergabe der Wasserkonzession dürfen nicht aufgestellt werden.[130] **119**

Der Konzessionsgeber kann bei der Aufstellung der **Zuschlagskriterien** grundsätzlich frei entscheiden, muss aber die öffentlich-rechtliche Bindung an Verfahrensgrundsätze beachten. Bei der Vergabe einer Wasserkonzession können insbesondere folgende Kriterien vorgegeben werden: Wasserqualität, Wasserbezug, Preisgünstigkeit und Verbraucherfreundlichkeit sowie der Beschäftigungsort des Personals für den Netzbetrieb.[131] **120**

dd) Laufzeit

Bei Wasserkonzessionsverträgen gibt es **keine gesetzliche Beschränkung der Laufzeit**. Somit können grundsätzlich auch Laufzeiten von mehr als 20 Jahren gewählt werden.[132] Nicht anzuwenden ist die Regelung des § 3 KonzVgV, nach der die Laufzeit von Konzessionen, soweit diese mehr als fünf Jahre betragen soll, auf den Zeitraum zu beschränken ist, der zur Refinanzierung der zu tätigenden notwendigen Investitionen im Rahmen der Durchführung der Konzession erforderlich ist. **121**

Eine **unbefristete Erteilung von Konzessionen** dürfte aber aufgrund entgegenstehender wettbewerblicher Gründe nicht in Betracht kommen. Dies hat der EuGH in einem Verfahren zu einer Baukonzession geäußert;[133] diese Wertung dürfte auf Dienstleistungskonzessionen übertragbar sein. **122**

b) Anwendbarkeit der Ausnahmen des GWB

Ein **vollständiger Verzicht auf Durchführung eines Vergabeverfahrens** ist dann möglich, wenn die Erteilung der Wasserkonzession keinen Beschaffungsvorgang am Markt begründet. Verfahrenserleichterungen in Ausnahmefällen, die das GWB vorsieht, sind ebenso entsprechend übertragbar. **123**

aa) Öffentlich-öffentliche Zusammenarbeit

Auf ein Vergabeverfahren kann zunächst ganz verzichtet werden, wenn die Voraussetzungen eines In-House-Geschäftes nach § 108 Abs. 1 bis 5 GWB oder die Voraussetzungen einer Zusammenarbeit von Konzessionsgebern nach § 108 Abs. 6 GWB vorliegen.[134] § 108 GWB ist bei der Vergabe von Wasserkonzessionen **entsprechend anwendbar**.[135] Die Privilegierung durch § 149 Nr. 9 GWB soll nicht dazu führen, dass Wasserkonzessionen im Hinblick auf das Europäische Primärrecht strenger behandelt werden als solche Dienstleistungskonzessionen, die in den Anwendungsbereich des GWB fallen. **124**

---

129 Vgl. BGH, Urteil v. 17.2.1999 – X ZR 101/97.
130 Vgl. *Herten-Koch*, EWeRK 2013, 248 (249).
131 OLG Hamm, Urteil v. 26.9.2012 – I-12 U 142/12, Rn. 67 ff.
132 *Zuber*, in: Schäfer/Uechtritz/Zuber, Rechtsgestaltung in der kommunalen Praxis, S. 413.
133 EuGH, Urteil v. 25.3.2010 – Rs. C-451/08 (Helmut Müller), Rn. 79.
134 Vgl. EuGH, Urteil v. 13.6.2013 – Rs. C-386/11 (Piepenbrock), Rn. 33 bis 36; Urteil v. 19.12.2012 – Rs. C-159/11 (Lecce), Rn. 31 bis 34; auf die Erläuterungen zu § 108 Abs. 1 bis 6 GWB wird verwiesen.
135 Vgl. EuGH, Urteil v. 13. 11. 2008 – Rs. C-324/07 (Coditel); Urteil v. 13.10.2005 – Rs. C-458/03 (Parking Brixen); *Prieß/Marx/Hölzl*, NVwZ 2011, 65 (68).

bb) Ausnahmen für Sektorenauftraggeber nach § 138 f. GWB

125 Ebenfalls ist ein Verfahren nach den Grundregeln des Europäischen Primärrechts entbehrlich, wenn die besonderen Ausnahmeregeln für die Konzessionsvergabe durch Sektorenauftraggeber an ein **verbundenes Unternehmen** nach § 154 Nr. 5 GWB i.V.m. § 138 GWB oder für die Konzessionsvergabe an ein **Gemeinschaftsunternehmen** nach § 154 Nr. 6 GWB i.V.m. § 139 GWB entsprechend angewendet werden können.

126 Dazu müsste sich der Konzessionsgeber selbst zum Zeitpunkt der Konzessionsvergabe im Sektor Wasser aktiv betätigen. Eine Betätigung in Kernbereichen der Wasserversorgung wird dabei nicht verlangt. Es genügt, wenn ein hinreichender Zusammenhang im Sinne einer inhaltlichen Konnexität zur Wasserversorgung besteht.[136]

cc) Vergabe an den Eigentümer des Wasserversorgungsnetzes

127 Auf eine Bekanntmachung der Konzessionsvergabeabsicht kann nach § 20 Abs. 1 Nr. 3 KonzVgV verzichtet werden, wenn an dem Konzessionsgegenstand ein **ausschließliches Recht** besteht. Eine entsprechende Anwendung dieser Ausnahmeregelung betrifft insbesondere den Fall der freihändigen Vergabe einer Wasserkonzession an ein selbstständiges kommunales Wasserversorgungsunternehmen, das Eigentümer der Wasserversorgungsleitungen im Gemeindegebiet ist.[137] Enthält der laufende Konzessionsvertrag keine Endschaftsklausel, nach der bei Auslaufen der Konzession das Eigentum an dem Versorgungsnetz wieder auf die Kommune übergeht, so verfügt das Wasserversorgungsunternehmen über ein ausschließliches Recht im Sinne von § 20 Abs. 1 Nr. 3 KonzVgV und kann es ablehnen, dass das Versorgungsnetz Dritten zum Zwecke des Netzbetriebs zur Verfügung gestellt wird.[138] Eine Pflicht der Kommune, als Gesellschafterin das kommunale Wasserunternehmen anzuweisen, das Eigentum an dem Versorgungsnetz zur Verfügung zu stellen, kommt nicht in Betracht, da darin ein Verstoß gegen gesellschaftsrechtliche Treuepflichten liegen würde.[139]

dd) Organisationsentscheidungen des Aufgabenträgers

128 Ein Beschaffungsvorgang liegt jenseits der Ausnahmeregelungen des GWB auch dann nicht vor, wenn sich eine Kommune entscheidet, die Trinkwasserversorgung selbst durch einen **Regie- oder Eigenbetrieb** durchzuführen oder die Aufgabe der Trinkwasserversorgung vollständig **auf eine andere Körperschaft öffentlichen Rechts** zu übertragen, z. B. auf einen Zweckverband oder eine Anstalt öffentlichen Rechts. Reine Organisationsentscheidungen des Aufgabenträgers stellen keinen Beschaffungsvorgang dar[140] und begründen keine Pflicht zur Ausschreibung.

4. Rechtsschutz

129 Bei Streitigkeiten zur Vergabe einer Trinkwasserkonzession ist der Rechtsweg zu den **ordentlichen Gerichten** gemäß § 13 GVG eröffnet. Die Vereinbarung einer Trinkwasserkonzession erfolgt durch Abschluss eines privatrechtlichen Vertrages, der das Recht zur Benutzung von Straßen und Wegen für Versorgungsleitungen gewährt, ohne den öffentlich-rechtlichen Gemeingebrauch zu regeln. Der Verwaltungsrechtsweg kommt somit nicht in Betracht. Aufgrund der Ausnahmeregel des § 149 Nr. 9 GWB unterliegen Trinkwasserkonzessionen auch nicht den Nachprüfungsverfahren durch die Vergabekammern.[141]

130 Im Einzelfall können unterlegene Bieter einen **Anspruch auf Untersagung der beabsichtigten Konzessionsvergabe** nach den §§ 280 Abs. 1, 311 Abs. 2, 241 Abs. 2 BGB geltend machen, wenn der Konzessionsgeber die Pflicht, das Vergabeverfahren transparent und dis-

136 Vgl. *Eschenbruch*, in: Eschenbruch/Opitz, SektVO, § 1 Rn. 204.
137 Für eine entsprechende Anwendung der Ausnahme Mitteilung der Kommission zu Auslegungsfragen in Bezug auf das Gemeinschaftsrecht, das für die Vergabe öffentlicher Aufträge gilt, die nicht oder nur teilweise unter die Vergaberichtlinien fallen (2006/C 179/02), EU-ABl. C 179 v. 1.8.2006, S. 4.
138 Vgl. OLG Frankfurt, Beschluss v. 30.8.2011 – 11 Verg 3/11, Rn. 73.
139 OLG Frankfurt, Beschluss v. 30.8.2011 – 11 Verg 3/11, Rn. 78.
140 Vgl. Art. 1 Abs. 4 RL 2014/23/EU.
141 OLG Hamm, Urteil v. 26.9.2012 – I-12 U 142/12, Rn. 45 ff.

kriminierungsfrei durchzuführen, verletzt hat, soweit die Verletzungshandlung oder der pflichtwidrig geschaffene Zustand noch andauern.[142]

X. Dienstleistungskonzessionen für Lotteriedienstleistungen (Nr. 10)

§ 149 Nr. 10 GWB regelt eine Ausnahme für Dienstleistungskonzessionen für Lotteriedienstleistungen, die unter den CPV-Code 92351100-7 fallen und einem Unternehmen auf der Grundlage eines ausschließlichen Rechts gewährt werden. **131**

1. Allgemeines

§ 149 Nr. 10 GWB setzt die Ausnahme des **Art. 10 Abs. 9 S. 1 RL 2014/23/EU** um.[143] Der Regelungsgehalt von Art. 10 Abs. 9 S. 2 und UAbs. 2 RL 2014/23/EU wird hingegen durch § 149 Nr. 10 GWB nicht abgebildet; er wird lediglich in der Gesetzbegründung wiedergegeben. In **Erwägungsgrund 35 RL 2014/23/EU** erläutert der Unionsgesetzgeber die Regelung: **132**

> „Diese Richtlinie sollte das Recht der Mitgliedstaaten nicht beschränken, im Einklang mit dem Unionsrecht zu entscheiden, auf welche Weise – einschließlich durch Genehmigungen – der Spiel- und Wettbetrieb organisiert und kontrolliert wird. Es ist angezeigt, Konzessionen für den Betrieb von Lotterien aus dem Anwendungsbereich dieser Richtlinie auszuschließen, die ein Mitgliedstaat einem Wirtschaftsteilnehmer auf der Grundlage eines ausschließlichen Rechts mittels eines nicht veröffentlichen Verfahrens nach nationalen Rechts- oder veröffentlichten Verwaltungsvorschriften im Einklang mit dem AEUV gewährt hat. Dieser Ausschluss ist gerechtfertigt, weil ein ausschließliches Recht an einen Wirtschaftsteilnehmer vergeben wird, wodurch kein wettbewerbliches Verfahren zur Anwendung kommen kann, und weil es den Mitgliedstaaten möglich bleiben muss, aufgrund ihrer Verpflichtungen zum Schutz der öffentlichen und sozialen Ordnung den Bereich Spieltätigkeiten auf nationaler Ebene zu regeln."

2. Voraussetzungen

Die Ausnahme des § 149 Nr. 10 GWB gilt nur für Dienstleistungskonzessionen i.S.d. § 105 Abs. 1 Nr. 2 GWB zur Erbringung von **Lotteriedienstleistungen** i.S.d. CPV-Code 92351100-7. Nicht erfasst sind ähnliche Dienstleistungen des Spiel- und Wettbetriebs (CPV-Code: 92350000-9), von Spiel- und Wetteinrichtungen (CPV-Code: 92351000-6), von Spielkasinos (CPV-Code: 92351200-8), von Wetteinrichtungen (CPV-Code: 92352000-3) oder Buchmacherdienste (CPV-Code: 92352200-5). An diesem engen Anwendungsbereich der Ausnahme ändert sich auch nichts, weil in Erwägungsgrund 35 RL 2014/23/EU von „Spiel- und Wettbetrieb" die Rede ist; Art. 10 Abs. 9 RL 2014/23/EU umfasst ausdrücklich nur Lotteriedienstleistungen i.S.d. CPV-Code 92351100-7.[144] Im Übrigen ist zu bedenken, dass Glücksspiele je nach konkreter Ausgestaltung der Regulierung in den Mitgliedstaaten oftmals im Wege der bloßen Erlaubnis nur gestattet werden, aber nicht die **Merkmale einer Konzession** i.S.d. § 105 GWB aufweisen. **133**

Sofern eine Lotteriekonzession vorliegt, ist diese nur ausgenommen, wenn sie dem Unternehmen auf Grundlage eines ausschließlichen Rechts gewährt wurde: Im Rahmen der Definition des Sektorenauftraggebers bestimmt § 100 Abs. 2 S. 1 GWB, dass **besondere oder ausschließliche Rechte** solche Rechte sind, die dazu führen, dass die Ausübung dieser Tätigkeit einem oder mehreren Unternehmen vorbehalten wird und dass die Möglichkeit anderer Unternehmen, diese Tätigkeit auszuüben, erheblich beeinträchtigt wird. Diese Definition kann auch im Rahmen des § 149 Nr. 10 GWB als Ausgangspunkt herangezogen werden. **134**

Entsprechend versteht der Unionsgesetzgeber nach Art. 5 Nr. 10 RL 2014/23/EU unter einem **ausschließlichen Recht** ein Recht, das eine zuständige Behörde eines Mitgliedstaats im Wege einer mit den Verträgen im Einklang stehenden Rechts- oder veröffentlichten Verwaltungsvorschrift gewährt hat, wodurch die Möglichkeit anderer Wirtschaftsteilnehmer zur **135**

142 OLG Hamm, Urteil v. 26.9.2012 – I-12 U 142/12, Rn. 54, 59.
143 Vgl. Gesetzesbegründung, BT-Drs. 18/6281, 128.
144 A.A. *Dietlein/Peters*, ZfWG 2015, 158 (163).

Ausübung dieser Tätigkeit wesentlich eingeschränkt wird.[145] Aus dem Wortlaut dieser Legaldefinition „wesentlich eingeschränkt" folgt, dass nicht nur Monopole, sondern auch Oligopole mit hohen Marktzutrittsschranken erfasst sind. Die Auslegung dieser Definitionen kann sich an Art. 106 Abs. 1 AEUV orientieren, da es auch dort um Unternehmen geht, denen „besondere oder ausschließliche Rechte" gewährt wurden.[146]

136 Art. 10 Abs. 9 S. 2 RL 2014/23/EU bestimmt, dass der Begriff „ausschließliches Recht" für die Zwecke des Art. 10 Abs. 9 S. 1 RL 2014/23/EU **nicht die ausschließlichen Rechte nach Art. 7 Abs. 2 RL 2014/23/EU** abdeckt. Art. 7 Abs. 2 RL 2014/23/EU (vgl. § 100 Abs. 2 S. 2 GWB) regelt für Sektorenauftraggeber eine Ausnahme, wonach in bestimmten Fällen trotz Vorliegens besonderer oder ausschließlicher Rechte das Vergaberecht nicht zur Anwendung kommen soll. Im Kern wird damit klargestellt, dass Rechte, die im Wege eines Verfahrens gewährt wurden, das auf angemessenen Kriterien beruht und bei dem eine angemessene Publizität gewährleistet wurde, keine besonderen oder ausschließlichen Rechte im Sinne der RL 2014/23/EU darstellen. Die Anwendung des Vergaberechts ist in diesen Fällen insofern entbehrlich, da schon bei der Gewährung der besonderen oder ausschließlichen Rechte den grundlegenden Vergabegrundsätzen Rechnung getragen wurde.[147] Das ist bei der Erteilung glücksspielrechtlicher Erlaubnisse nach der Rechtsprechung des EuGH geboten: Danach haben öffentliche Stellen, die Konzessionen auf dem Gebiet der Glücksspiele vergeben, die Grundregeln der Verträge, insbesondere die Art. 49 und 56 AEUV, sowie den Gleichbehandlungsgrundsatz, das Verbot der Diskriminierung aus Gründen der Staatsangehörigkeit und das daraus folgende Transparenzgebot zu beachten.[148] Allerdings ist Art. 7 Abs. 2 RL 2014/23/EU nach seinem Wortlaut und seiner Stellung ohnehin nur für die Frage relevant, ob ein Unternehmen Sektorenauftraggeber ist. Daher ist die Regelung des Art. 10 Abs. 9 S. 2 RL 2014/23/EU an sich überflüssig; ihr kommt nur eine klarstellende Funktion zu.

137 Schließlich folgt unmittelbar aus Art. 10 Abs. 9 UAbs. 2 RL 2014/23/EU die Verpflichtung der Mitgliedstaaten, ein solches ausschließliches Recht im **Amtsblatt der Europäischen Union** bekannt zu machen.

XI. Konzessionen für Tätigkeiten in einem Drittland (Nr. 11)

138 § 149 Nr. 11 GWB regelt eine Freistellung für Konzessionen, die Konzessionsgeber im Sinne des § 101 Abs. 1 Nr. 2 und Nr. 3 GWB zur Durchführung ihrer Tätigkeiten in einem nicht der Europäischen Union angehörenden Staat in einer Weise vergeben, die nicht mit der physischen Nutzung eines Netzes oder geografischen Gebiets in der Union verbunden ist.

139 § 149 Nr. 11 GWB setzt die Ausnahme des **Art. 10 Abs. 10 RL 2014/23/EU** um. Ein Erwägungsgrund zu dieser Ausnahme fehlt.

140 Die Ausnahme gilt nur für Konzessionsgeber nach § 101 Abs. 1 Nr. 2 und Nr. 3 GWB, also nur für **Sektorenauftraggeber**.

141 Freigestellt sind alle Konzessionen für Tätigkeiten in einem Staat, der nicht Mitglied der Europäischen Union ist (sog. **Drittstaat**). Das gilt allerdings nur, wenn die Konzession erstens nicht mit Nutzung eines Netzes oder zweitens einem geografischen Gebiet in der Europäischen Union verbunden ist.

---

145 Vgl. dazu auch Erwägungsgrund 22 RL 2014/23/EU.

146 So auch OLG München, Beschluss v. 12.5.2011 – Verg 26/10 (zu § 98 Nr. 4 Alt. 1 GWB a.F.).

147 Vgl. Gesetzesbegründung, BT-Drs. 18/6281, 71.

148 Vgl. EuGH, Urteil v. 4.2.2016 – Rs. C-336/14 (Ince), Rn. 85 ff.; Urteil v. 16.2.2012 – Rs. C-72/10 und C-77/10 (Costa), Rn. 54; Urteil v. 9.9.2010 – Rs. C-64/08 (Engelmann), Rn. 52; Urteil v. 3.6.2010 – Rs. C-203/08 (Sporting Exchange), Rn. 46; zuletzt OVG Berlin-Brandenburg, Beschluss v. 12.5.2015 – OVG 1 S 102.14; *Dietlein/Peters*, ZfWG 2015, 158 (164) m.w.N.

XII. Konzessionen für bestimmte Verkehrsdienste (Nr. 12)

§ 149 Nr. 12 GWB stellt Konzessionen vom Anwendungsbereich des GWB-Vergaberechts frei, die im Bereich der **Luftverkehrsdienste** auf der Grundlage der Erteilung einer Betriebsgenehmigung im Sinne der VO (EG) 1008/2008 vergeben werden. Konzessionen, die die **Beförderung von Personen** im Sinne des § 1 des Personenbeförderungsgesetzes (PBefG) betreffen, sind ebenfalls freigestellt. 142

1. Allgemeines

§ 149 Nr. 12 GWB setzt die Ausnahme des **Art. 10 Abs. 3 RL 2014/23/EU** um. Die Ausnahme bezweckt eine Abgrenzung zu den sektorspezifischen Regelungen der VO (EG) 1008/2008 und der VO (EG) 1370/2007.[149] Um Normkollisionen vorzubeugen, stellt der (Unions-)Gesetzgeber mit dieser Ausnahme klar, dass zwischen diesen Rechtsakten und der RL 2014/23/EU ein **Exklusivitätsverhältnis** besteht. Sofern in der VO (EG) 1008/2008 oder der VO (EG) 1370/2007 die Vergabe von Konzessionen spezifisch geregelt wird, greifen die neuen Vorgaben der RL 2014/23/EU nicht. 143

Wichtig ist, dass es sich bei beiden Rechtsakten um **EU-Verordnungen** handelt: Nach Art. 288 Abs. 2 AEUV haben diese allgemeine Geltung. Ferner sind sie in allen ihren Teilen verbindlich und gelten unmittelbar in jedem Mitgliedstaat, also ohne Umsetzungsakt. 144

2. Voraussetzungen

a) Konzessionen im Bereich der Luftverkehrsdienste (Alt. 1)

Obwohl sich dies dem weiten Wortlaut nicht unmittelbar entnehmen lässt, stellt § 149 Nr. 12 Alt. 1 GWB im Ergebnis nur Konzessionen für den Linienverkehr auf bestimmten Flugstrecken mit sog. **gemeinwirtschaftlichen Verpflichtungen** frei. Die übrigen Vorschriften der VO (EG) 1008/2008 regeln in Art. 3 ff. VO (EG) 1008/2008 insbesondere die Erteilung einer sog. Betriebsgenehmigung (vgl. Art. 2 Nr. 1 VO (EG) 1008/2008). Die Betriebsgenehmigung weist aber selbst nicht den Charakter einer (Dienstleistungs-)Konzession auf. 145

Die **gemeinwirtschaftlichen Verpflichtungen** sind in Art. 16 VO (EG) 1008/2008 geregelt. Danach kann ein Mitgliedstaat gemäß Art. 16 VO (EG) 1008/2008 im Linienflugverkehr für bestimmte Strecken (Flughäfen in Rand- oder Entwicklungsgebieten; wenig frequentierte Strecken) gemeinwirtschaftliche Verpflichtungen auferlegen. Nach Art. 16 Abs. 9 VO (EG) 1008/2008 kann der Mitgliedstaat den Linienflugverkehr auf dieser Strecke für die Dauer von bis zu vier Jahren einem einzigen Luftfahrtunternehmen der Union vorbehalten. In diesem Fall muss das Recht zur Durchführung in dem in Art. 17 VO (EG) 1008/2008 geregelten Verfahren ausgeschrieben werden (Art. 16 Abs. 10 VO (EG) 1008/2008). Für die Vergabe von Konzessionen für diese Strecken ist eine parallele Anwendung der Vorgaben der §§ 148 ff. GWB nach § 149 Nr. 12 Alt. 1 GWB ausgeschlossen. 146

b) Konzession zur Beförderung von Personen (Alt. 2)

aa) Vorrang des Verkehrsvergaberechts

Bei § 149 Nr. 12 Alt. 2 GWB hat der deutsche Gesetzgeber nicht dem Wortlaut des Art. 10 Abs. 3 RL 2014/23/EU entsprechend und wie bei der VO (EG) 1008/2008 (§ 149 Nr. 12 Alt. 1 GWB) auf die VO (EG) 1370/2007 Bezug genommen. Stattdessen knüpft die Ausnahme des § 149 Nr. 12 Alt. 2 GWB an **§ 1 PBefG** an. 147

Nach § 1 PBefG umfasst der **sachliche Anwendungsbereich** des PBefG die entgeltliche oder geschäftsmäßige Beförderung von Personen mit Straßenbahnen, mit Oberleitungsbussen (Obussen) und mit Kraftfahrzeugen, sofern nicht eine Ausnahme nach § 1 Abs. 2 PBefG ein- 148

149 Vgl. Europäische Kommission, Commission Staff Working Document, Impact Assessment of an Initiative on Concessions (2011), SEC(2011) 1588 final, S. 26.

schlägig ist. Als Straßenbahnen i.S.d. § 1 PBefG gelten gemäß § 4 Abs. 2 PBefG auch Hoch- und Untergrundbahnen, Schwebebahnen und ähnliche Bahnen besonderer Bauart.

149 Nach der Gesetzesbegründung gelten für diese öffentlichen Personenverkehrsdienste weiterhin die Sonderregelungen für die Vergabe von Konzessionen über Personenbeförderungsleistungen nach **§ 8b PBefG und Art. 5 Abs. 3 VO (EG) 1370/2007**.[150] Die VO (EG) 1370/2007 regelt ein sektorspezifisches Sonderregime, das sowohl beihilferechtliche als auch vergaberechtliche Vorgaben (vgl. Art. 5 VO (EG) 1370/2007) enthält. Die vergaberechtlichen Vorschriften umfassen insbesondere auch spezifische Vorgaben über Direktvergaben und In-House-Konstellationen.

150 Obwohl § 149 Abs. 12 Alt. 2 GWB von **„Konzessionen"** spricht, ist dennoch davon auszugehen, dass die Ausnahme nur für Dienstleistungskonzessionen i.S.d. § 105 Abs. 1 Nr. 2 GWB gilt. Baukonzessionen fallen dagegen in den Anwendungsbereich der §§ 148 ff. GWB: Denn diese waren nach Art. 1 Abs. 3 VO (EG) 1370/2007 dem Anwendungsbereich der RL 2004/18/EG bzw. RL 2004/17/EG zugewiesen. Nach zutreffender Auffassung der Kommission sind die Verweise in Art. 1 Abs. 3 VO (EG) 1370/2007 nach dem Inkrafttreten der neuen EU-Vergaberichtlinien als Verweise auf das neue Recht zu verstehen, sodass Baukonzessionen für öffentliche Personenverkehrsdienste mit der Eisenbahn und anderen schienengebundenen Verkehrsträgern sowie auf der Straße ausschließlich unter die RL 2014/23/EU fallen.[151] Auch der deutsche Gesetzgeber geht in der Gesetzesbegründung davon aus, dass § 149 Nr. 12 Alt. 2 GWB nur für die Vergabe von „Dienstleistungskonzessionen" für öffentliche Personenbeförderungsdienste (i.S.d. § 1 PBefG) gilt.[152]

bb) Öffentliche Personenverkehrsleistungen im Eisenbahnverkehr?

151 Die Ausnahme des § 149 Nr. 12 Alt. 2 GWB gilt nach ihrem Wortlaut und dem ausdrücklichen Willen des deutschen Gesetzgebers nicht für Konzessionen über öffentliche Personenverkehrsleistungen im **Eisenbahnverkehr außerhalb des PBefG**.[153] Das GWB-Vergaberecht (§§ 148 ff. GWB) soll für die Vergabe solcher Konzessionen also anwendbar sein und vor allem Dienstleistungskonzessionen im Schienenpersonennahverkehr (SPNV), etwa den Betrieb von S-Bahnen, erfassen, vgl. § 2 Abs. 5 AEG.

152 Fraglich ist aber, ob nicht auch solche Dienstleistungskonzessionen nur in den **Anwendungsbereich der VO (EG) 1370/2007** fallen und § 149 Abs. 12 Alt. 2 GWB im Hinblick auf Art. 10 Abs. 3 RL 2014/23/EU unionsrechtskonform auszulegen ist, der bestimmt, dass die RL 2014/23/EU nicht für Konzessionen gilt, die in den Anwendungsbereich der VO (EG) 1370/2007 fallen. Nach dem ausdifferenzierten Regelungssystem des Art. 5 Abs. 1 VO (EG) 1370/2007 – welches für Dienstleistungsaufträge i.S.d. RL 2014/24/EU bzw. RL 2014/25/EU für öffentliche Personenverkehrsdienste mit Bussen und Straßenbahnen einen Vorrang des allgemeinen Vergaberechts anordnet – werden sämtliche Dienstleistungskonzessionen im Anwendungsbereich der VO (EG) 1370/2007 nach Art. 5 Abs. 2 ff. VO (EG) 1370/2007 vergeben.[154] Die Europäische Kommission geht sogar davon aus, dass die Vergabe von Dienstleistungskonzessionen für diese öffentlichen Personenverkehrsdienste „ausschließlich" der VO (EG) 1370/2007 unterliegt.[155] Nach Art. 1 Abs. 2 VO (EG) 1370/2007 gilt diese Verordnung für den innerstaatlichen und grenzüberschreitenden Personenverkehr mit der Eisenbahn und andere Arten des Schienenverkehrs sowie auf der Straße, mit Ausnahme von Verkehrsdiensten, die hauptsächlich aus Gründen historischen Interesses oder zu touristischen Zwecken betrieben werden.

---

150 Vgl. Gesetzesbegründung, BT-Drs. 18/6281, 129.

151 Vgl. *Europäische Kommission*, Mitteilung der Kommission über die Auslegungsleitlinien zu der Verordnung (EG) Nr. 1370/2007 über öffentliche Personenverkehrsdienste auf Schiene und Straße, ABl. C 92 v. 29.3.2014, S. 2.

152 Vgl. Gesetzesbegründung, BT-Drs. 18/6281, 129.

153 Vgl. Gesetzesbegründung, BT-Drs. 18/6281, 129.

154 Vgl. OLG Koblenz, Beschluss v. 25.3.2015 – Verg 11/14; OLG Rostock, Beschluss v. 4.7.2012 – 17 Verg 3/12; OLG München, Beschluss v. 22.6.2011 – Verg 6/11; OLG Düsseldorf, Beschluss v. 2.3.2011 – VII-Verg 48/10; *Otting/Olgemöller/Tresselt*, in: Gabriel/Krohn/Neun, Handbuch des Vergaberechts, § 56 Rn. 2 ff.

155 Vgl. *Europäische Kommission*, Mitteilung der Kommission über die Auslegungsleitlinien zu der Verordnung (EG) Nr. 1370/2007 über öffentliche Personenverkehrsdienste auf Schiene und Straße, ABl. C 92 v. 29.3.2014, S. 2 f.

Danach würden eigentlich auch Dienstleistungskonzessionen über öffentliche Personenverkehrsdienstleistungen im Eisenbahnverkehr – die nicht von den Regelungen des PBefG erfasst sind – grundsätzlich in den Anwendungsbereich der VO (EG) 1370/2007 fallen. Allerdings stehen die §§ 148 ff. GWB als **strengeres nationales Recht** etwa einer Direktvergabe entgegen (vgl. Art. 5 Abs. 6 VO (EG) 1370/2007).[156] Der BGH geht insgesamt davon aus, dass es dem nationalen Gesetzgeber nicht verwehrt ist, den Eisenbahnbereich in die nationalen vergaberechtlichen Regelungen einzubeziehen.[157] Genau dies hat der Gesetzgeber durch die eng formulierte Ausnahmevorschrift für den Bereich der Konzessionen getan. **153**

cc) Fehlende Kohärenz zur Regelung in § 131 GWB

Die Regelungen in § 131 GWB einerseits und in § 149 Nr. 12 GWB andererseits stehen in einem gewissen **Wertungswiderspruch** zueinander. Während bei öffentlichen Aufträgen mit den Regelungen in § 131 GWB, insbesondere in Abs. 1 und Abs. 2, Erleichterungen bei der Vergabe von Personenverkehrsleistungen im Eisenbahnverkehr verbunden sind, die für die Vergabe von Personenverkehrsdiensten gemäß § 1 PBefG nicht gelten, ist es bei der Vergabe von Konzessionen genau andersherum. Hier werden Vergaben von Personenverkehrsdiensten gemäß § 1 PBefG ausdrücklich vom Anwendungsbereich des Teil 4 des GWB ausgenommen, im Eisenbahnverkehr bleibt Teil 4 des GWB anwendbar. Eine sachlich plausible Erklärung gibt es für diese unterschiedliche Behandlung nicht. **154**

Anlage

Gesetzesbegründung (BT-Drs. 18/6281)

Seite 127

Zu Nummer 1

§ 149 Nummer 1 dient der Umsetzung von Artikel 10 Absatz 8 Buchstabe d der Richtlinie 2014/23/EU. Im Übrigen wird auf die Begründung zu § 116 Absatz 1 Nummer 1 verwiesen.

Zu Nummer 2

§ 149 Nummer 2 dient der Umsetzung von Artikel 25 der Richtlinie 2014/23/EU. Im Übrigen wird auf die Begründung zu § 116 Absatz 1 Nummer 2 verwiesen.

Zu Nummer 3

§ 149 Nummer 3 dient der Umsetzung von Artikel 10 Absatz 8 Buchstabe b der Richtlinie 2014/23/EU. Die Ausnahme für bestimmte audiovisuelle Mediendienste und Hörfunkmediendienste entspricht der Ausnahme des § 116 Absatz 1 Nummer 3. Insofern wird auf die Begründung zu § 116 Absatz 1 Nummer 3 verwiesen.

Seite 128

Zu Nummer 4

§ 149 Nummer 4 dient der Umsetzung von Artikel 10 Absatz 8 Buchstabe e der Richtlinie 2014/23/EU. Die Ausnahme für bestimmte finanzielle Dienstleistungen entspricht der Ausnahme des § 116 Absatz 1 Nummer 4. Insofern wird auf die Begründung zu § 116 Absatz 1 Nummer 4 verwiesen.

156 Vgl. dazu auch *Knauff*, NZBau 2012, 65 ff.
157 Vgl. BGH, Beschluss v. 8.2.2011 – X ZB 4/10 (Abellio); auch *Otting/Olgemöller/Tresselt*, in: Gabriel/Krohn/Neun, Handbuch des Vergaberechts, § 56 Rn. 5.

Zu Nummer 5

§ 149 Nummer 5 dient der Umsetzung von Artikel 10 Absatz 8 Buchstabe f der Richtlinie 2014/23/EU. Die Ausnahme für Kredite und Darlehen entspricht der Ausnahme des § 116 Absatz 1 Nummer 5. Insofern wird auf die Begründung zu § 116 Absatz 1 Nummer 5 verwiesen.

Zu Nummer 6

§ 149 Nummer 6 dient der Umsetzung von Artikel 10 Absatz 1 Unterabsatz 1 der Richtlinie 2014/23/EU. Der erste Halbsatz betrifft wie in § 116 Absatz 1 Nummer 6 Fälle, in denen ein bestimmter öffentlicher Auftraggeber oder ein Verbund von öffentlichen Auftraggebern der einzige Anbieter einer bestimmten Dienstleistung sein kann, da er für deren Erbringung ein auf ein Gesetz oder Verordnung beruhendes und mit den Vorschriften des Vertrags über die Arbeitsweise der Europäischen Union in Einklang stehendes ausschließliches Recht besitzt. In diesen Fällen soll das Vergaberecht des Teils 4 des GWB keine Anwendung finden.

Zu Nummer 7

§ 149 Nummer 7 erstreckt die Ausnahme des § 149 Nummer 6 auf die Dienstleistungskonzession, die an ein Unternehmen aufgrund eines ausschließlichen Rechts zur Ausübung einer Sektorentätigkeit vergeben wurde. Voraussetzung dafür ist, dass das ausschließliche Recht dem Unternehmen gemäß den nationalen Rechts- und Verwaltungsvorschriften sowie im Einklang mit dem Vertrag über die Arbeitsweise der Europäischen Union und den Unionsrechtsakten zur Festlegung gemeinsamer Vorschriften über den Marktzugang für die in § 102 Absatz 2 bis 7 genannten Sektorentätigkeiten gewährt wurde. Aus Gründen der Transparenz ist eine Zuschlagsbekanntmachung der Europäischen Kommission binnen einen Monats nach Gewährung dieses Rechts bekannt zu machen, soweit nicht die branchenspezifischen Rechtsvorschriften bereits Transparenzanforderungen enthalten.

Zu Nummer 8

§ 149 Nummer 8 setzt die Ausnahme des Artikels 11 der Richtlinie 2014/23/EU um. Die Begriffe „öffentliches Kommunikationsnetz" und „elektronischer Kommunikationsdienst" sind gemäß Artikel 11 der Richtlinie 2014/23/EU entsprechend den Definitionen der Richtlinie 2002/21/EG über einen gemeinsamen Rechtsrahmen für elektronische Kommunikationsnetze und -dienste (Rahmenrichtlinie) (ABl. L 108 vom 24.4.2002, S. 33) auszulegen. Dabei kann es sich zum Beispiel um öffentliche Kommunikationsnetze im Sinne des § 3 Nummer 16a, 27 des Telekommunikationsgesetzes (TKG) oder die Bereitstellung eines oder mehrerer elektronischer Kommunikationsdienste im Sinne des § 3 Nummer 17a, 24 des TKG handeln.

Zu Nummer 9

§ 149 Nummer 9 setzt die Ausnahme des Artikels 12 der Richtlinie 2014/23/EU für Konzessionen im Wasserbereich um. Durch diese Ausnahme vom EU-Sekundärrecht kann bei der Vergabe von Konzessionen im Wasserbereich vor allem den Besonderheiten der Strukturen der Wasserversorgung auf kommunaler Ebene in den Mitgliedstaaten Rechnung getragen werden. Damit soll die bestmögliche Trinkwasserversorgung der Bürgerinnen und Bürger, insbesondere in ländlichen Regionen, sichergestellt werden. Gleichwohl ist im Vergabeverfahren für Konzessionen im Wasserbereich die durch das Europäische Primärrecht gebotene Transparenz, Gleichbehandlung und Verhältnismäßigkeit zu beachten.

Zu Nummer 10

§ 149 Nummer 10 setzt die Ausnahme des Artikels 10 Absatz 9 der Richtlinie 2014/23/EU für Dienstleistungskonzessionen um, die ein Mitgliedstaat für Lotteriedienstleistungen auf der Grundlage eines ausschließlichen Rechts gewährt. Artikel 10 Absatz 9 der Richtlinie 2014/23/EU enthält darüber hinaus die Klarstellung, dass für die Zwecke des Artikel 10 Absatz 9 sich der Begriff „ausschließliches Recht" nicht mit den ausschließlichen Rechten im Sinne des Artikels 7 Absatz 2 Richtlinie 2014/23/EU deckt und die Gewährung eines solchen ausschließlichen Rechts im Amtsblatt der Europäischen

Union zu veröffentlichen ist. Die Ausnahme für Dienstleistungskonzessionen zu Lotteriedienstleistungen bei Lotteriebetrieben wird durch den Erwägungsgrund 35 der Richtlinie 2014/23/EU weiter konkretisiert.

Zu Nummer 11

§ 149 Nummer 11 setzt die Ausnahme des Artikels 10 Absatz 10 der Richtlinie 2014/23/EU um.

Seite 129

Zu Nummer 12

§ 149 Nummer 12 setzt die Ausnahme des Artikels 10 Absatz 3 der Richtlinie 2014/23/EU um. Von Teil 4 des GWB ausgenommen wird dadurch die Vergabe von Dienstleistungskonzessionen über öffentliche Personenverkehrsdienste im Sinne des § 1 des Personenbeförderungsgesetz, das heißt über die entgeltliche oder geschäftsmäßige Beförderung von Personen mit Straßenbahnen, Untergrundbahnen, Oberleitungsbussen und mit Kraftfahrzeugen. Als „Straßenbahnen" im Sinne des § 1 PBefG gelten gemäß § 4 Absatz 2 PBefG auch Hoch- und Untergrundbahnen, Schwebebahnen und ähnliche Bahnen besonderer Bauart. Für diese öffentliche Personenverkehrsdienste im Sinne des § 1 PBefG gelten weiterhin die Sonderregelungen für die Vergabe von Konzessionen über Personenbeförderungsleistungen nach § 8b des Personenbeförderungsgesetzes und Artikel 5 Absatz 3 der Verordnung (EG) Nr. 1370/2007. Auf Dienstleistungskonzessionen über öffentliche Personenverkehrsleistungen im Eisenbahnverkehr – die nicht unter das Personenbeförderungsgesetz fallen – sind die für die Vergabe von Konzessionen geltenden Regelungen in Teil 4 des GWB und in der Konzessionsverordnung anwendbar.

§ 150
Besondere Ausnahmen für die Vergabe von Konzessionen in den Bereichen Verteidigung und Sicherheit

Dieser Teil ist nicht anzuwenden auf die Vergabe von Konzessionen in den Bereichen Verteidigung und Sicherheit,

1. **bei denen die Anwendung der Vorschriften dieses Teils den Konzessionsgeber verpflichten würde, Auskünfte zu erteilen, deren Preisgabe seines Erachtens den wesentlichen Sicherheitsinteressen der Bundesrepublik Deutschland zuwiderläuft, oder wenn die Vergabe und Durchführung der Konzession als geheim zu erklären sind oder von besonderen Sicherheitsmaßnahmen gemäß den geltenden Rechts- oder Verwaltungsvorschriften begleitet sein müssen, sofern der Konzessionsgeber festgestellt hat, dass die betreffenden wesentlichen Interessen nicht durch weniger einschneidende Maßnahmen gewahrt werden können, wie beispielsweise durch Anforderungen, die auf den Schutz der Vertraulichkeit der Informationen abzielen, die Konzessionsgeber im Rahmen eines Konzessionsvergabeverfahrens zur Verfügung stellen,**
2. **die im Rahmen eines Kooperationsprogramms vergeben werden, das**
   a) **auf Forschung und Entwicklung beruht und**
   b) **mit mindestens einem anderen Mitgliedstaat der Europäischen Union für die Entwicklung eines neuen Produkts und gegebenenfalls die späteren Phasen des gesamten oder eines Teils des Lebenszyklus dieses Produkts durchgeführt wird,**
3. **die die Bundesregierung an eine andere Regierung für in unmittelbarem Zusammenhang mit Militärausrüstung oder sensibler Ausrüstung stehende Bau- und Dienstleistungen oder für Bau- und Dienstleistungen speziell für militärische Zwecke oder für sensible Bau- und Dienstleistungen vergibt,**
4. **die in einem Staat, der nicht Vertragspartei des Übereinkommens über den Europäischen Wirtschaftsraum ist, im Rahmen des Einsatzes von Truppen außerhalb des Gebiets der Europäischen Union vergeben werden, wenn der Einsatz erfordert, dass diese Konzessionen an im Einsatzgebiet ansässige Unternehmen vergeben werden,**
5. **die durch andere Ausnahmevorschriften dieses Teils erfasst werden,**
6. **die nicht bereits gemäß den Nummern 1 bis 5 ausgeschlossen sind, wenn der Schutz wesentlicher Sicherheitsinteressen der Bundesrepublik Deutschland nicht durch weniger einschneidende Maßnahmen garantiert werden kann, wie beispielsweise durch Anforderungen, die auf den Schutz der Vertraulichkeit der Informationen abzielen, die Konzessionsgeber im Rahmen eines Konzessionsvergabeverfahrens zur Verfügung stellen, oder**
7. **die besonderen Verfahrensregeln unterliegen,**
   a) **die sich aus einem internationalen Abkommen oder einer internationalen Vereinbarung ergeben, das oder die zwischen einem oder mehreren Mitgliedstaaten der Europäischen Union und einem oder mehreren Staaten, die nicht Vertragsparteien des Übereinkommens über den Europäischen Wirtschaftsraum sind, geschlossenen wurde,**
   b) **die sich aus einem internationalen Abkommen oder einer internationalen Vereinbarung im Zusammenhang mit der Stationierung von Truppen ergeben, das oder die Unternehmen eines Mitgliedstaates der Europäischen Union oder eines anderen Staates betrifft, oder**
   c) **die für eine internationale Organisation gelten, wenn diese für ihre Zwecke Beschaffungen tätigt oder wenn ein Mitgliedstaat der Europäischen Union Aufträge nach diesen Regeln vergeben muss.**

Übersicht

	Rn.
A. Allgemeines	1
B. Die einzelnen Ausnahmetatbestände	4
I. Schutzwürdige staatliche Sicherheitsbelange (Nr. 1)	4
1. Preisgabe von Auskünften	6
2. Geheimschutz	10
3. Besondere Sicherheitsmaßnahmen	14
4. Verhältnismäßigkeit	17
II. Kooperationsprogramme (Nr. 2)	19
III. Regierungskonzessionen (Nr. 3)	22
IV. Konzessionsvergaben im Einsatzgebiet (Nr. 4)	25
V. Andere Ausnahmevorschriften (Nr. 5)	27
VI. Schutz wesentlicher Sicherheitsinteressen (Nr. 6)	30
VII. Konzessionen nach besonderen Verfahrensregeln (Nr. 7)	37
1. Internationale Abkommen zwischen EU-Mitgliedstaaten und Nicht-EWR-Staaten (lit. a)	39
2. Internationale Abkommen im Zusammenhang mit der Stationierung von Truppen (lit. b)	43
3. Verfahrensregeln internationaler Organisationen (lit. c)	45
C. Rechtsschutz	49
Anlage	
Gesetzesbegründung (BT-Drs. 18/6281)	

A. Allgemeines

1 Teil 4 des GWB gilt generell auch für die Vergabe von Konzessionen in den Bereichen Verteidigung und Sicherheit, soweit die in § 107 GWB genannten allgemeinen Ausnahmen und die in § 150 GWB aufgeführten besonderen Ausnahmen für Konzessionen in den Bereichen Verteidigung und Sicherheit nichts Gegenteiliges bestimmen.

2 § 150 GWB setzt **Art. 10 Abs. 5 bis 7 RL 2014/23/EU** in innerstaatliches Recht um, wobei der Begriff der „Konzessionen in den Bereichen Verteidigung und Sicherheit" weder in der RL 2014/23/EU noch in der RL 2009/81/EG definiert wird. Aus einer Zusammenschau von Art. 5 Nr. 1 RL 2014/23/EU und Art. 2 lit. c sowie lit. d RL 2009/81/EG ergibt sich jedoch, dass hier Konzessionen für Bau- oder Dienstleistungen gemeint sind, die im unmittelbaren Zusammenhang mit der Lieferung von Militärausrüstung oder Ausrüstung im Rahmen eines Verschlusssachenauftrags stehen bzw. um Bau- und Dienstleistungen speziell für militärische Zwecke oder im Rahmen eines Verschlusssachenauftrags.[1]

3 Die in § 150 GWB zusammengefassten Ausnahmen sind an die **Ausnahmen der §§ 117 und 145 GWB** angelehnt.

B. Die einzelnen Ausnahmetatbestände

I. Schutzwürdige staatliche Sicherheitsbelange (Nr. 1)

4 § 150 Nr. 1 GWB stellt Konzessionen in den Bereichen Verteidigung und Sicherheit frei, die den Konzessionsgeber nach § 101 GWB zur Preisgabe von Auskünften zwingen würden, die den wesentlichen Sicherheitsinteressen der Bundesrepublik Deutschland zuwiderlaufen würden, die für geheim zu erklären sind oder von besonderen Sicherheitsmaßnahmen begleitet sein müssen.

5 Die Bestimmung greift ausdrücklich das **Verhältnismäßigkeitsgebot** auf: Die Ausnahme ist nicht anzuwenden, wenn die schutzwürdigen Sicherheitsbelange durch weniger einschneidende Maßnahmen gewährleistet werden können.

1 Gesetzesbegründung, BT-Drs. 18/6281, 129.

1. Preisgabe von Auskünften

Die erste Fallgruppe mit Relevanz für schutzwürdige staatliche Sicherheitsbelange betrifft die Vergabe von Konzessionen in den Bereichen Verteidigung und Sicherheit, bei denen die Anwendung der Vergabevorschriften den Konzessionsgeber nach § 101 GWB dazu zwingen würde, „Auskünfte zu erteilen, deren Preisgabe seines Erachtens seinen wesentlichen Sicherheitsinteressen zuwiderläuft." 6

Im Unterschied zu § 107 Abs. 2 Nr. 1 GWB, der eine weitgehend inhaltsgleiche allgemeine Ausnahme enthält, fehlt hier – wie auch in Art. 10 Abs. 6 lit. a RL 2014/23/EU – der ausdrückliche Verweis auf **Art. 346 Abs. 1 lit. a AEUV**. In der Sache macht das allerdings keinen Unterschied, weshalb auf die dortige Kommentierung[2] verwiesen werden kann. Es ist nicht anzunehmen, dass für Konzessionsgeber in den Bereichen Verteidigung und Sicherheit andere oder geringere Voraussetzungen gelten sollen. 7

Bei der Inanspruchnahme der Ausnahme hat der Konzessionsgeber einen **Ermessensspielraum** („seiner Ansicht nach"), dessen Ausübung lediglich einer Plausibilitätskontrolle durch die Nachprüfungsinstanzen unterliegt.[3] 8

Als **Beispiele** kommen Konzessionen für Bau- oder Dienstleistungen im Rahmen eines Verschlusssachenauftrags oder im Zusammenhang mit der Lieferung von Militärausrüstung in Betracht, die so sensibel sind, dass deren Existenz geheim gehalten werden muss[4] oder bei denen ein äußerst hohes Maß an Vertraulichkeit erforderlich ist (z.B. im Zusammenhang mit Verschlüsselungstechnologie oder der Bekämpfung von Terrorismus bzw. organisierter Kriminalität)[5]. 9

2. Geheimschutz

Die zweite Fallgruppe betrifft Konzessionen, deren Vergabe und Durchführung als **geheim zu erklären sind**. Dieser Ausnahmetatbestand eröffnet die Möglichkeit, Konzessionen zum Schutz betroffener Sicherheitsbelange verschlossen zu halten, und gilt für alle Konzessionen, die nach deutschen Geheimschutzvorschriften **„VS-VERTRAULICH" oder höher** eingestuft sind.[6] Einschlägige Regelungen enthalten das „Gesetz über die Voraussetzungen und das Verfahren der Sicherheitsüberprüfungen des Bundes (Sicherheitsüberprüfungsgesetz – SÜG) i.V.m. der „Allgemeinen Verwaltungsvorschrift zum materiellen und organisatorischen Schutz von Verschlusssachen – Verschlusssachenanweisung (VS-Anweisung – VSA)" sowie die entsprechenden Vorschriften der Länder. 10

In formeller Hinsicht muss die Einstufung durch eine **amtliche Stelle** oder auf deren Veranlassung erfolgen. 11

Materielle Voraussetzung für die Einstufung ist, dass die Konzession einen im öffentlichen Interesse **geheimhaltungsbedürftigen Gegenstand** betrifft, dessen Kenntnisnahme durch Unbefugte die Sicherheit der Bundesrepublik Deutschland oder ihrer Länder gefährden oder ihren Interessen Schaden zufügen kann (vgl. § 4 SÜG). Dabei ist zu beachten, dass die Geheimerklärung i.S. des § 150 Nr. 1 GWB nicht identisch ist mit dem Geheimhaltungsrad „GEHEIM" gemäß § 4 Abs. 2 SÜG. Auch Verschlusssachen, die als „VS-VERTRAULICH" eingestuft sind, rechtfertigen eine Geheimerklärung des Auftrags.[7] Die Einstufung „VS-NUR FÜR 12

---

2 § 107 Rn. 33 ff.

3 *Sitsen*, Vergaben im Verteidigungs- und Sicherheitsbereich – Rechtsschutzmöglicheiten übergangener Bieter, in: forum vergabe Jahrbuch 2012, Schriftenreihe des forum vergabe e.V., Bd. 44 S. 118 f.

4 Erwägungsgrund 20 RL 2009/81/EG.

5 Erwägungsgrund 27 RL 2009/81/EG; vgl. auch *Rosenkötter*, VergabeR 2012, 267 (271).

6 Aus der Entscheidungspraxis der Nachprüfungsinstanzen sind insbesondere zu nennen: OLG Düsseldorf, Beschluss v. 30.3.2005 – VII-Verg 101/04 (Neubau BND) zur Vergabe der geheim eingestuften Objektplanung für das Dienstgebäude des BND; VK Bund, Beschluss v. 14.7.2005 – VK 3-55/05 (BOS-Digitalfunk), in dem es um die Geheimerklärung eines Auftrages zum Betrieb eines BOS-Digitalfunks ging; VK Bund, Beschluss v. 9.2.2004 – VK 2-154/03 (Absicherung der Bundewehrliegenschaft Meppen), betreffend die Geheimerklärung eines Vergabevorganges durch den MAD.

7 Vgl. Gesetzesbegründung, VergRModG 2009, BT-Drs. 16/10117,16 f.; *Höß*, in: Heuvels/Höß/Kuß/Wagner, Vergaberecht, § 100 GWB Rn. 48; *Ziekow*, VergabeR 2007, 711 (715).

DEN DIENSTGEBRAUCH" dürfte demgegenüber nicht genügen.[8] Der Geheimerklärung steht nicht entgegen, dass das Projekt als solches oder die Beschaffungsabsicht öffentlich bekannt sind.[9]

13 Der Konzessionsgeber hat im Hinblick auf das Vorliegen der tatbestandlichen Voraussetzungen der Geheimerklärung einen **Beurteilungsspielraum**. Es genügt, dass er nachvollziehbar darlegt, dass die Geheimerklärung die Vorgaben der zugrunde liegenden Rechts- und Verwaltungsvorschriften einhält. Der Vergabekammer obliegt es nur, zu prüfen, ob die Grenzen dieses Beurteilungsspielraums überschritten sind. Das ist z.B. der Fall, wenn die Geheimerklärung auf einem unzutreffenden Sachverhalt beruht oder ihr ansonsten unsachgemäße Erwägungen zugrunde liegen.[10] Eine missbräuchlich weite Auslegung von Geheimschutzinteressen mit dem Ziel, das Vergaberecht zu umgehen, wäre nicht statthaft.[11]

3. Besondere Sicherheitsmaßnahmen

14 Die dritte Fallgruppe betrifft Konzessionen in den Bereichen Verteidigung und Sicherheit, die „von besonderen Sicherheitsmaßnahmen gemäß den geltenden Rechts- oder Verwaltungsvorschriften begleitet sein müssen".[12] Gemeint sind Konzessionen, bei deren Ausführung **staatliche Sicherheitsinteressen in besonderem Maße gefährdet** sind und dementsprechend durch Gesetz oder Verwaltungsvorschrift besondere Sicherheitsmaßnahmen angeordnet sind, die bei der Vergabe und Durchführung der Konzession einzuhalten sind.[13] Die Entscheidung, ob an die Durchführung einer Konzession besondere Sicherheitsanforderungen zu stellen sind, sowie die Bestimmung solcher Sicherheitsanforderungen obliegt den zuständigen staatlichen Stellen.[14]

15 **Besondere Sicherheitsmaßnahmen** sind zum Beispiel Sicherheitsüberprüfungen nach den Sicherheitsüberprüfungsgesetzen des Bundes und der Länder. So erfordert die Ausführung geheim erklärter Aufträge als besondere Sicherheitsmaßnahme eine Sicherheitsüberprüfung der mit der Ausführung befassten Personen.[15] Bei Vorliegen der Fallgruppe Geheimschutz[16] ist folglich auch das Erfordernis besonderer Sicherheitsmaßnahmen gegeben. Besondere Sicherheitsmaßnahmen sind generell bei der Ausübung einer sicherheitsempfindlichen Tätigkeit erforderlich. Eine solche übt aus, wer Zugang zu Verschlusssachen mit der Einstufung VS-VERTRAULICH und höher hat (oder sich verschaffen kann) oder an einer sicherheitsempfindlichen Stelle innerhalb einer lebens- oder verteidigungswichtigen Einrichtung i.S. des § 1 Abs. 4 SÜG beschäftigt werden soll.[17] Die Maßnahmen dienen dem vorbeugenden Sabotageschutz. Weitere einschlägige Vorschrift ist § 7 Abs. 1 LuftSiG[18]. Die Bestimmung ordnet zum Schutz vor Angriffen auf die Sicherheit des Luftverkehrs eine Zuverlässigkeitsprüfung für bestimmte Personen an.[19]

16 Die Sicherheitsmaßnahme muss durch **Rechts- oder Verwaltungsvorschrift** vorgegeben sein. Es genügt nicht, dass die Sicherheitsmaßnahme lediglich auf Vorgaben des Konzessionsgebers beruht.[20] Zu den Rechts- oder Verwaltungsvorschriften zählen alle Bestimmungen, die

8 Vgl. *Höß*, in: Heuvels/Höß/Kuß/Wagner, Vergaberecht, § 100 GWB Rn. 48.
9 VK Bund, Beschluss v. 14.7.2005 – VK 3-55/05 (BOS-Digitalfunk).
10 OLG Düsseldorf, Beschluss v. 30.3.2005 – VII-Verg 101/04 (Neubau BND); VK Bund, Beschluss v. 14.7.2005 – VK 3-55/05 (BOS-Digitalfunk).
11 *Hailbronner*, in: Byok/Jäger, Vergaberecht, § 100 GWB Rn. 554.
12 Aus der Entscheidungspraxis ist zu nennen: EuGH, Urteil v. 16.10.2003 – Rs. C-252/01 (Luftfotografie), VergabeR 2004, 56; VK Bund, Beschluss v. 30.5.2008 – VK 1-48/08 (Baumaßnahme im Anwendungsbereich des Luftsicherheitsgesetzes); Beschluss v. 12.12.2006 – VK 1-136/06 (TV-Überwachungsanlagen für Flughäfen); Beschluss v. 3.2.2006 – VK 1-01/06 (Sicherheitsüberprüfung für Wachpersonal); Beschluss v. 18.5.1999 – VK 2-8/99 (Umzug Auswärtiges Amt).
13 Vgl. VK Bund, Beschluss v. 12.12.2006 – VK 1-136/06.
14 EuGH, Urteil v. 16.10.2003 – Rs. C 252/01, VergabeR 2004, 56 (59 f.).
15 Vgl. VK Niedersachsen, Beschluss v. 9.10.2015 – VgK – 39/2015, 9 f.
16 Siehe hierzu Rn. 10 ff.
17 § 1 Abs. 2 SÜG. VK Bund, Beschluss v. 2.2.2006 – VK 2-02/06.
18 BGBl. I 2005 S. 78.
19 VK Bund, Beschluss v. 30.5.2008 – VK 1-48/08; Beschluss v. 12.12.2006 – VK 1-136/06.
20 VK Bund, Beschluss v. 15.7.2008 – VK 3-89/08.

unmittelbar oder mittelbar dem Schutz staatlicher Sicherheitsinteressen dienen.[21] Dies sind insbesondere die Sicherheitsüberprüfungsgesetze des Bundes und der Länder.

4. Verhältnismäßigkeit

Sind die Voraussetzungen einer der vorgenannten Fallgruppen erfüllt, ist die Konzession damit nicht automatisch der Anwendung des GWB-Vergaberechts entzogen, sondern es bedarf einer einzelfallbezogenen Prüfung und Feststellung, dass die staatlichen Sicherheitsbelange nicht durch **weniger einschneidende Maßnahmen** gewährleistet werden können (Verhältnismäßigkeitsgebot). Zu den weniger einschneidenden Maßnahmen gehören zum Beispiel Anforderungen, die auf den Schutz der Vertraulichkeit von Informationen abzielen, die der Konzessionsgeber im Rahmen eines Konzessionsvergabeverfahrens zur Verfügung stellt. Der Konzessionsgeber hat zu prüfen, ob den schutzwürdigen Sicherheitsbelangen nicht auch durch eine spezifische Gestaltung der Ausschreibungsbedingungen, insbesondere durch bestimmte Mindestanforderungen an die Eignung von Bewerbern und Bietern, entsprochen werden kann.[22] 17

Im Rahmen der Verhältnismäßigkeitsprüfung hat sodann eine **Abwägung** zwischen staatlichen Sicherheitsbelangen und den Interessen der Bieter an einem mit subjektivem Rechtsschutz ausgestatteten Vergabeverfahren zu erfolgen. Aus der Abwägung muss hervorgehen, dass gerade die Anwendung vergaberechtlicher Bestimmungen der Durchführung und Beachtung notwendiger Sicherheitsmaßnahmen entgegensteht und diese beeinträchtigen könnte. Sicherheitsmaßnahmen, die völlig unabhängig von der Vergabe der Konzession durchgeführt werden müssen oder die ausschließlich die Ausführung des Auftrags betreffen, rechtfertigen es nicht ohne Weiteres, von einer wettbewerblichen Vergabe abzusehen, sofern diese ohne Gefährdung staatlicher Sicherheitsinteressen durchgeführt werden könnte.[23] Nur wenn festgestellt ist, dass die durch die Anwendung der vergaberechtlichen Bestimmungen zu besorgende Beeinträchtigung der staatlichen Sicherheitsbelange so schwerwiegend ist, dass demgegenüber die Bieterinteressen zurückzutreten haben, darf von der Anwendung des GWB-Vergaberechts abgesehen werden. Der Konzessionsgeber hat die tatsächlichen Gründe, die im Interesse der staatlichen Sicherheitsinteressen eine Einschränkung der Bieterrechte erfordern, in einem Vergabevermerk zu dokumentieren.[24] 18

II. Kooperationsprogramme (Nr. 2)

Das Kartellvergaberecht gilt nicht für Konzessionen, die im Rahmen eines Kooperationsprogramms i.S. des § 150 Nr. 2 GWB vergeben werden.[25] Das sind Kooperationsprogramme unter Beteiligung mindestens eines weiteren EU-Mitgliedstaats, die (a) auf Forschung und Entwicklung[26] beruhen und (b) für die Entwicklung eines neuen Produkts durchgeführt werden. 19

Das Vorhaben muss zwingend einen **F&E-Anteil** haben.[27] Eine erhebliche technische Verbesserung eines vorhandenen Produkts (z.B. Kampfwertsteigerung) kann im Einzelfall ebenfalls 20

21 VK Sachsen, Beschluss v. 12.6.2009 – 1/SVK/011-09 (BOS Digitalfunk Sachsen).

22 Vgl. aus der Spruchpraxis der Nachprüfungsinstanzen: EuGH, Urteil v. 16.10.2003 – Rs. C-252/01 (Luftfotografie), VergabeR 2004, 56; OLG Düsseldorf, Beschluss v. 1.8.2012 – VII-Verg 10/12 (Warnsystem), VergabeR 2012, 846 (848); Beschluss v. 8.6.2011 – VII-Verg 49/11 (Bundesdruckerei); Beschluss v. 30.3.2005 – VII-Verg 101/04 (Neubau BND), VergabeR 2003, 55; OLG Celle, Beschluss v. 3.12.2009 – 13 Verg 14/09 (Großleitstelle), VergabeR 2010, 230 (232); *Höß*, in: Heuvels/Höß/Kuß/Wagner, Vergaberecht, § 100 GWB Rn. 41 und 55; *Probst/Tews*, VergabeR 2011, 818, 828. A.A. OLG Dresden, Beschluss v. 18.9.2009 – WVerg 00003/09 (BOS-Digitalfunk Sachsen), VergabeR 2010, 90; VK Bund, Beschluss v. 30.5.2008 – VK 1-48/08; Beschluss v. 12.12.2006 – VK 1-136/06; *Noch*, VergabeR 2010, 94 f.; *Ziekow*, VergabeR 2007, 711 (717 f.).

23 Vgl. *Höß*, in: Heuvels/Höß/Kuß/Wagner, Vergaberecht, § 100 GWB Rn. 56.

24 VK Niedersachsen, Beschluss v. 9.10.2015 – VgK-39/2015, 9 f.; OLG Düsseldorf, Beschluss v. 10.9.2009 – VII-Verg 12/09 (IT-Vor-Ort-Service), VergabeR 2010, 83 (87).

25 Allgemein zu Kooperationsprogrammen im Verteidigungsbereich siehe zu § 145 Nr. 2 GWB Rn. 8 ff.

26 Forschung und Entwicklung umfasst gemäß § 4 Abs. 5 VSVgV bzw. Art. 1 Nr. 27 RL 2009/81/EG Grundlagenforschung, angewandte Forschung und experimentelle Entwicklung, wobei Letztere die Herstellung von Demonstratorsystemen einschließt.

27 *Kommission*, Guidance Note „Defence- and security-specific exclusions", S. 6.

genügen. Die gemeinschaftliche Beschaffung eines vorhandenen handelsüblichen Produkts genügt jedoch nicht. Ebenso wenig reicht eine geringfügige technische Anpassung eines marktverfügbaren Produkts aus.[28]

21 Das Kooperationsprogramm braucht nicht auf die **Entwicklungsphase** beschränkt zu sein, sondern kann auch die späteren Lebenszyklusphasen (Produktion, Instandhaltung, Modernisierung, Änderung, Logistik, Schulung, Erprobung, Beseitigung) einschließen[29]. Freigestellt ist die Konzession, wenn sie im Rahmen eines solchen zwischenstaatlichen Kooperationsprogramms vergeben wird.

III. Regierungskonzessionen (Nr. 3)

22 Gemäß § 150 Nr. 3 GWB freigestellt sind Government-to-Government-Konzessionen für bestimmte Bau- und Dienstleistungen im Zusammenhang mit Militärausrüstung oder sensibler Ausrüstung.

23 **Voraussetzung** ist, dass die Konzession von der Bundesregierung als Konzessionsgeber an die Regierung eines anderen Staates vergeben wird.

24 Als **Gegenstände** kommen in Betracht:

a) Konzessionen für Bau- und Dienstleistungen, die in unmittelbarem Zusammenhang mit Militärausrüstung nach § 104 Abs. 2 GWB oder sensibler Ausrüstung[30] stehen,

b) Konzessionen für Bau- und Dienstleistungen speziell für militärische Zwecke oder

c) Konzessionen für sensible Bau- oder Dienstleistungen[31] im Rahmen eines Verschlusssachenauftrags.[32]

IV. Konzessionsvergaben im Einsatzgebiet (Nr. 4)

25 § 150 Nr. 4 GWB betrifft Konzessionen, die im Rahmen des Einsatzes von Truppen außerhalb der EU an Unternehmen im Einsatzgebiet vergeben werden. Die im Einsatzgebiet stationierten oder tätigen Kräfte sollen die Möglichkeit haben, bei Konzessionsvergaben an im Einsatzgebiet ansässige Unternehmen von der Anwendung des europäischen Vergaberechts abzusehen, wenn der Einsatz dies erfordert.

26 Die Konzession muss an Unternehmen im **Einsatzgebiet**, aber **außerhalb des EWR** vergeben werden. Bei einem Truppeneinsatz in einem EWR-Staat greift die Ausnahme nicht. Entsprechend den praktischen Erfordernissen bei Auslandseinsätzen dürfte auch eine Vergabe an Unternehmen in direkt an das Einsatzgebiet angrenzende Staaten zulässig sein („surrounding geographic zone")[33], sofern diese nicht der EU oder dem EWR angehören. Die Konzession kann auch an eine lokale Niederlassung eines Unternehmens mit Hauptsitz in der EU vergeben werden, sofern die Leistungen nicht de facto durch die Mutterfirma in der EU erbracht werden. Letzteres wäre eine unzulässige Umgehung.[34]

V. Andere Ausnahmevorschriften (Nr. 5)

27 Gemäß § 150 Nr. 5 GWB ist Teil 4 des GWB nicht anzuwenden auf die Vergabe von Konzessionen in den Bereichen Verteidigung und Sicherheit, „die durch andere Ausnahmevorschriften dieses Teils erfasst werden".

---

28 *Kommission*, Guidance Note „Defence- and security-specific exclusions", S. 6.
29 Vgl. Art. 1 Nr. 26 RL 2009/81/EG zum Begriff „Lebenszyklus".
30 Sensible Ausrüstung ist gemäß Art. 1 Nr. 7 RL 2009/81/EG Ausrüstung, Bauleistungen oder Dienstleistungen für Sicherheitszwecke, bei denen Verschlusssachen verwendet werden oder die Verschlusssachen erfordern und/oder beinhalten.
31 Siehe hierzu ebenfalls Art. 1 Nr. 7 RL 2009/81/EG.
32 Näher § 145 Rn. 20.
33 *Kommission*, Guidance Note „Defence- and security-specific exclusions", S. 9.
34 Vgl. *Rosenkötter*, VergabeR 2012, 267 (272) unter Hinweis auf das Umgehungsverbot gemäß Art. 11 RL 2009/81/EG.

Die Bestimmung dient der Umsetzung von **Art. 10 Abs. 6 lit. e RL 2014/23/EU**, wonach die RL 2014/23/EU in den Bereichen Verteidigung und Sicherheit nicht zur Anwendung kommt, sofern es sich um „gemäß dieser Richtlinie anderweitig ausgeschlossene Konzessionen" handelt. 28

Anderweitige Ausschlüsse für Konzessionen enthalten z.B. Art. 10 Abs. 1 bis 5 und Abs. 7 bis 10 sowie Art. 11 bis 17 RL 2014/23/EU bzw. die zu ihrer Umsetzung ergangenen §§ 107, 109 und 149 GWB. Soweit die Vergabe einer Konzession nach einer anderen Bestimmung des Teil 4 vom Anwendungsbereich des GWB ausgenommen ist, gilt diese Ausnahme auch für Konzessionen in den Bereichen Verteidigung und Sicherheit. In den Bereichen Verteidigung und Sicherheit sollen also mindestens die Ausnahmevorschriften zur Anwendung kommen, die in den „zivilen" Bereichen für Konzessionen gelten. 29

VI. Schutz wesentlicher Sicherheitsinteressen (Nr. 6)

§ 150 Nr. 6 GWB stellt Konzessionen in den Bereichen Verteidigung und Sicherheit von der Anwendung des GWB-Vergaberechts frei, soweit dies zum Schutz wesentlicher Sicherheitsinteressen der Bundesrepublik Deutschland erforderlich ist. 30

Die Vorschrift setzt **Art. 10 Abs. 7 RL 2014/23/EU** um und kommt **subsidiär** zur Anwendung, wenn die Konzessionsvergabe nicht bereits gemäß § 150 Nr. 1 bis 5 GWB ausgenommen ist. 31

Zugleich greift § 150 Nr. 6 GWB den Grundsatz der **Verhältnismäßigkeit** auf: Die Ausnahme vom Vergaberecht ist nur insoweit zulässig, als der Schutz wesentlicher Sicherheitsinteressen nicht durch weniger einschneidende Maßnahmen gewährleistet werden kann. Zu den weniger einschneidenden Maßnahmen gehören zum Beispiel Anforderungen, die auf den Schutz der Vertraulichkeit solcher Informationen abzielen, die der Konzessionsgeber im Rahmen eines Konzessionsvergabeverfahrens zur Verfügung stellt. 32

Der Ausnahmetatbestand erkennt an, dass es auch **außerhalb des Anwendungsbereichs des Art. 346 Abs. 1 lit. b AEUV** wesentliche staatliche Sicherheitsinteressen geben kann, die einer wettbewerblichen Vergabe von Konzessionen in den Bereichen Verteidigung und Sicherheit entgegenstehen. Es liegt in der Zuständigkeit der Mitgliedstaaten bzw. des Konzessionsgebers nach § 101 GWB, diese zu definieren und zu schützen. In Anlehnung an die Rechtsprechung zu Art. 346 Abs. 1 lit. b AEUV müssen sowohl der Anwendungsbereich als auch die Bedingungen für die Inanspruchnahme der Ausnahme eng ausgelegt werden.[35] Ferner muss sich der Konzessionsgeber im Einzelfall auf den Ausnahmetatbestand berufen und im Streitfall nachweisen, dass seine Voraussetzungen vorliegen.[36] 33

Die Inanspruchnahme der Ausnahmeregelung muss zur Wahrung wesentlicher Sicherheitsinteressen der Bundesrepublik Deutschland **erforderlich** sein. Der Konzessionsgeber muss darlegen und – im Streitfall – nachweisen können, dass die Anwendung des Kartellvergaberechts auf das spezielle Vorhaben seine wesentlichen Sicherheitsinteressen gefährden würde. Hier bedarf es einer eingehenden **Dokumentation**, welches wesentliche staatliche Sicherheitsinteresse konkret betroffen ist, worin der Zusammenhang zwischen dem Sicherheitsinteresse und der konkreten Beschaffung besteht und weshalb die Nichtanwendung des GWB-Vergaberechts in diesem speziellen Fall für den Schutz des wesentlichen Sicherheitsinteresses erforderlich ist. 34

Industrie- oder wirtschaftspolitische Interessen genügen regelmäßig nicht. Erforderlich ist die Nichtanwendung der Vergabevorschriften, wenn die zu erwartende Beeinträchtigung des staatlichen Sicherheitsinteresses objektiv so **schwerwiegend** ist, dass demgegenüber das Bieterinteresse an einem mit subjektivem Rechtsschutz ausgestatteten Vergabeverfahren zu- 35

35 Vgl. zu Art. 346 AEUV EuGH, Urteil v. 15.3.1986 – Rs. 222/84 (Johnston), Slg. 1986, 1651 (1684), Rn. 26; EuGH, Urteil v. 16.9.1999 – Rs. C-414/97 (Kommission/Spanien), Slg. 1999, I-5585 (5606), Rn. 21 f.

36 Vgl. zu Art. 346 AEUV bzw. Art. 296 EGV: EuGH, Urteil v. 16.9.1999 – Rs. C-414/97 (Kommission/Spanien), Slg. 1999, I-5585, Rn. 22.

rückzutreten hat. Hier ist eine **Abwägung** der Sicherheitsbelange gegen die Interessen der Bieter zu treffen und der Grundsatz der Verhältnismäßigkeit zu beachten. Der Konzessionsgeber hat im Einzelfall zu prüfen, ob den Sicherheitsbelangen unter Umständen durch weniger einschneidende Maßnahmen mit den Mitteln des Vergaberechts entsprochen werden kann. § 150 Nr. 6 GWB nennt als Beispiel besondere Anforderungen an den Schutz der Vertraulichkeit von Informationen, die im Rahmen des Vergabeverfahrens zur Verfügung gestellt werden sollen. Der Konzessionsgeber muss prüfen, ob schutzwürdigen Sicherheitsbelangen nicht auch durch eine spezifische Gestaltung der Ausschreibungsbedingungen, insbesondere durch Mindestanforderungen an die Eignung von Bewerbern und Bietern, entsprochen werden kann.[37] Sicherheitsmaßnahmen, die völlig unabhängig von der Konzessionsvergabe durchgeführt werden müssen oder die ausschließlich die Leistungserbringung betreffen, rechtfertigen es nicht ohne Weiteres, von einer wettbewerblichen Vergabe abzusehen, sofern diese ohne Gefährdung staatlicher Sicherheitsinteressen durchgeführt werden könnte.[38]

36 **Fälle mit Relevanz für wesentliche staatliche Sicherheitsinteressen**, bei denen die Nichtanwendung des Kartellvergaberechts geboten sein kann, sind z.B. Konzessionen im Zusammenhang mit der Beschaffung von Informationstechnik oder Telekommunikationsanlagen.

VII. Konzessionen nach besonderen Verfahrensregeln (Nr. 7)

37 § 150 Nr. 7 GWB enthält Ausnahmen für die Vergabe von Konzessionen in den Bereichen Verteidigung und Sicherheit, wenn der Konzessionsgeber verpflichtet ist, diese auf der Grundlage besonderer, internationaler Verfahrensregeln vorzunehmen.

38 **Zweck** ist es, Kollisionen zwischen gemeinschaftsrechtlichem Vergaberecht und spezielleren Vergabeverfahrensregeln, die ein Konzessionsgeber nach § 101 GWB in Deutschland aufgrund internationaler Abkommen anzuwenden hat, zu verhindern.[39]

1. Internationale Abkommen zwischen EU-Mitgliedstaaten und Nicht-EWR-Staaten (lit. a)

39 § 150 Nr. 7 lit. a GWB stellt Konzessionen frei, die nach besonderen Verfahrensregeln vergeben werden, „die sich aus einem internationalen Abkommen oder einer internationalen Vereinbarung ergeben, das oder die zwischen einem oder mehreren Mitgliedstaaten der Europäischen Union und einem oder mehreren Staaten, die nicht Vertragsparteien des Übereinkommens über den Europäischen Wirtschaftsraum sind, geschlossen wurde."

40 **Zweck** dieser Ausnahme ist, dass Drittstaaten im Rahmen von Abkommen mit EU-Mitgliedstaaten nicht gezwungen sein sollen, eine Konzessionsvergabe nach EU-Vergaberichtlinien zu akzeptieren. Derartige Konzessionen können nach den in dem internationalen Abkommen oder der internationalen Vereinbarung geregelten Verfahren vergeben werden.

41 Die Begriffe **„internationales Abkommen"** und **„internationale Vereinbarung"** werden synonym verwendet: Es muss sich um eine verbindliche zwischenstaatliche Vereinbarung, z.B.

---

37 Vgl. hierzu EuGH, Urteil v. 16.10.2003 – Rs. C-252/01 (Luftfotografie), VergabeR 2004, 56; OLG Düsseldorf, Beschluss v. 1.8.2012 – VII-Verg 10/12 (Warnsystem), VergabeR 2012, 846 (848); Beschluss v. 8.6.2011 – VII-Verg 49/11 (Bundesdruckerei); Beschluss v. 30.3.2005 – VII-Verg 101/04 (Neubau BND), VergabeR 2003, 55; OLG Celle, Beschluss v. 3.12.2009 – 13 Verg 14/09 (Großleitstelle), VergabeR 2010, 230 (232); *Höß*, in: Heuvels/Höß/Kuß/Wagner, Vergaberecht, §§ 100 GWB Rn. 41 und 55; *Probst/Tews* VergabeR 2011, 818, 828; a.A. OLG Dresden, Beschluss v. 18.9.2009 – WVerg 00003/09 (BOS-Digitalfunk Sachsen), VergabeR 2010, 90; VK Bund, Beschluss v. 30.5.2008 – VK 1-48/08; Beschluss v. 12.12.2006 – VK 1-136/06; *Noch*, VergabeR 2010, 94 f.; *Ziekow*, VergabeR 2007, 711 (717 f.).

38 Vgl. *Höß*, in: Heuvels/Höß/Kuß/Wagner, Vergaberecht, § 100 GWB Rn. 56.

39 § 150 Nr. 7 GWB dient der Umsetzung von Art. 10 Abs. 5 RL 2014/23/EU. Allerdings hat sich der Gesetzgeber bei der Umsetzung nicht am Wortlaut der Richtlinie orientiert, sondern an § 145 Nr. 7 GWB, der dem bisherigen § 100c Abs. 3 GWB a.F. entspricht.

in Form eines Memorandum of Understanding, zwischen der Bundesrepublik Deutschland und mindestens einem Drittstaat handeln.[40]

42 Das internationale Abkommen muss seinerseits mit dem **AEUV** vereinbar sein, darf also nicht unter Verstoß gegen die Kompetenzordnung des AEUV oder materielles EU-Recht zustande gekommen sein.

2. Internationale Abkommen im Zusammenhang mit der Stationierung von Truppen (lit. b)

43 § 150 Nr. 7 lit. b GWB stellt Konzessionen in den Bereichen Sicherheit und Verteidigung frei, die aufgrund eines internationalen Abkommens oder einer internationalen Vereinbarung im Zusammenhang mit der Stationierung von Truppen nach besonderen Verfahrensregeln vergeben werden. Die Konzessionsvergabe soll hier vorrangig nach den im jeweiligen Truppenstationierungsabkommen vereinbarten Verfahren erfolgen.

44 Möglicher Anwendungsfall sind Konzessionen im Zusammenhang mit Beschaffungsvorhaben der in Deutschland stationierten Truppen einschließlich deren zivilem Gefolge gemäß **Art. IX des NATO-Truppenstatuts**[41] **i.V.m. Art. 47 des Zusatzabkommens**.[42] Wird die Konzession unmittelbar durch die Behörden der ausländischen Truppen vergeben, kann dies nach dem in dem Entsendestaat der Truppe üblichen Verfahren geschehen. Wird die Konzession hingegen von der zuständigen deutschen Behörde vergeben, hat diese deutsches Vergaberecht anzuwenden.[43] Ein weiteres Beispiel wäre die Vergabe von Baukonzessionen für **Bauvorhaben der gemeinsam finanzierten NATO-Infrastruktur**.[44]

3. Verfahrensregeln internationaler Organisationen (lit. c)

45 Gemäß § 150 Nr. 7 lit. c GWB sind Konzessionen, die den besonderen Verfahrensregeln einer internationalen Organisation unterliegen oder die ein Mitgliedstaat nach diesen Regeln vergeben muss, von der Anwendung des GWB-Vergaberechts ausgenommen. Die Ausnahme ermöglicht es Konzessionsgebern, das bei einer internationalen Organisation geltende Verfahren anzuwenden.

46 Voraussetzung ist, dass eine internationale Organisation die betreffende Konzession **für ihre Zwecke vergibt**[45] oder dass ein Mitgliedstaat Konzessionen **nach diesen Regeln vergeben muss**. Konzessionen einer internationalen Organisation für Zwecke ihrer Mitglieder fallen nicht unter die Ausnahmevorschrift.[46]

47 Zudem ist erforderlich, dass die Statuten der internationalen Organisation **spezielle Verfahrensregeln** für die Vergabe von Konzessionen enthalten.

---

40 Gesetzesbegründung, Gesetz zur Änderung des Vergaberechts für die Bereiche Verteidigung und Sicherheit, BT-Drs. 17/7275, 17; *Rosenkötter*, VergabeR 2012, 267 (271). Gemäß *Kommission*, Guidance Note „Defence- and security-specific exclusions", S. 3, muss es sich um Vereinbarungen auf Regierungsebene handeln. Siehe auch § 145 Rn. 34.

41 Abkommen zwischen den Parteien des Nordatlantikvertrages über die Rechtsstellung ihrer Truppen (NATO-Truppenstatut) vom 19. Juni 1951 (BGBl. II 1961 S. 1190).

42 Zusatzabkommen zu dem Abkommen zwischen den Parteien des Nordatlantikvertrages über die Rechtsstellung ihrer Truppen hinsichtlich der in der Bundesrepublik Deutschland stationierten ausländischen Truppen vom 3.8.1959 (BGBl. II 1961 S. 1183, 1218). Die Abkommen haben gemäß Art. 59 Abs. 2 GG den Rang einfachen Bundesrechts. Näher *Riese*, Vergaberecht, S. 39 ff.; *Müller*, in: *Daub/Eberstein*, VOL/A, § 1 Rn. 44 ff. Zur Errichtung von Reihen- und Doppelhäusern für Angehörige der US-Streitkräfte siehe VK Bund, Beschluss v. 20.12.2005 – VK 2-156/05.

43 Vgl. VK Bund, Beschluss v. 8.3.2006 – VK 1-07/06; *Riese*, Vergaberecht, S. 40.

44 Siehe „Richtlinien zur Vergabe von Aufträgen für Bauvorhaben des gemeinsam finanzierten NATO-Sicherheits-Investitionsprogramms – RiNATO –" und hierzu VK Bund, Beschluss v. 17.1.2006 – VK 3-163/05.

45 Wobei internationale Organisationen an sich keine Auftraggeber i.S.d. Vergaberichtlinien sind. Siehe Erwägungsgrund 22 RL 2014/24/EU; *Kommission*, Guidance Note „Defence- and security-specific exclusions", S. 4; *Kommission*, Leitfaden zu den Gemeinschaftsvorschriften für die Vergabe von öffentlichen Lieferaufträgen, 1997, S. 20. Allgemein zum Vergabeverfahren internationaler Organisationen: *Ullrich*, VergabeR 2002, 331 ff.

46 Gesetzesbegründung, Gesetzes zur Änderung des Vergaberechts für die Bereiche Verteidigung und Sicherheit, BT-Drs. 17/7275, 18.

48 Der Begriff **„internationale Organisation"** ist im völkerrechtlichen Sinne zu verstehen. Gemeint sind durch völkerrechtliche Verträge geschaffene zwischenstaatliche Organisationen mit eigener Rechtsfähigkeit, wie z.B. die NATO und ihre Unterorganisationen.

C. Rechtsschutz

49 Im Nachprüfungsverfahren ist das Vorliegen der Voraussetzungen einer der in § 150 GWB genannten Ausnahmen seitens der Nachprüfungsinstanzen **von Amts wegen** zu prüfen. Liegen die Voraussetzungen eines Ausnahmetatbestandes vor, gilt Teil 4 des GWB für den gesamten Auftrag nicht[47] und der Nachprüfungsantrag ist unzulässig.[48] Der Rechtsschutz ist in solchen Fällen auf eine Kontrolle darauf beschränkt, ob die Voraussetzungen des Ausnahmetatbestandes von der Vergabestelle zutreffend angenommen worden sind. Dazu gehört es auch, zu prüfen, ob die Vergabestelle bei der Anwendung unbestimmter Rechtsbegriffe die Grenzen ihres (weiten) Beurteilungsspielraums überschritten bzw. sachfremde Erwägungen angestellt hat.[49]

50 Sofern das **Nachprüfungsverfahren nicht statthaft** ist, können Unternehmen um Rechtsschutz vor den Zivilgerichten bzw. in Einzelfällen auch vor den Verwaltungsgerichten nachsuchen.[50] Eine Verweisung an das zuständige Zivil- oder Verwaltungsgericht erfolgt jedoch nicht.

Anlage

Gesetzesbegründung (BT-Drs. 18/6281)

Seite 129

§ 150 setzt die besonderen Ausnahmen für Konzessionen in den Bereichen Verteidigung und Sicherheit des Artikels 10 Absatz 5, 6 und 7 der Richtlinie 2014/23/EU um.

Artikel 10 Absatz 5 und Absatz 6 der Richtlinie 2014/23/EU sprechen von Ausnahmen für Konzessionen in den Bereichen Verteidigung und Sicherheit gemäß der Richtlinie 2009/81/EG. Der Begriff der Konzessionen in den Bereichen Verteidigung und Sicherheit wird weder in der Richtlinie 2014/23/EU noch in der Richtlinie 2009/81/EG definiert. Aus einer Zusammenschau von Artikel 5 Nummer 1 der Richtlinie 2014/23/EU und Artikel 2 Buchstabe c und d der Richtlinie 2009/81/EG ergibt sich, dass es sich um solche Konzessionen handelt, deren vertragliche Regelung Bau- oder Dienstleistungen umfassen, die im unmittelbaren Zusammenhang mit Militärausrüstung oder Ausrüstung im Rahmen eines Verschlusssachenauftrags stehen bzw. um Bau- und Dienstleistungen speziell für militärische Zwecke oder Bau- und Dienstleistungen, die im Rahmen eines Verschlusssachenauftrags vergeben werden.

Artikel 10 Absatz 5 und Absatz 6 der Richtlinie 2014/23/EU fassen eine Reihe von Ausnahmetatbeständen für Konzessionen in den Bereichen Verteidigung und Sicherheit zusammen, die an die Ausnahmetatbestände der Artikel 12 und Artikel 13 der Richtlinie 2009/81/EG sowie Artikel 15 Absatz 2 und Absatz 3 und Artikel 17 Absatz 1 und 2 der Richtlinie 2014/24/EU angelehnt sind. Besonders hervorzuheben ist Artikel 10 Absatz 6 Buchstabe a der Richtlinie 2014/23/EU, der den Schutz vor Preisgabe von Auskünften umfasst, die nach Erachten des betroffenen Mitgliedstaates seinen wesentlichen Sicherheitsinteressen zuwiderläuft, die Geheimerklärung sowie die besonderen Sicherheitsmaßnahmen gemäß den im jeweiligen Mitgliedstaat geltenden Rechts- und Verwaltungsvorschriften, siehe ebenso Artikel 15 Absatz 2 Unterabsatz 2 und Absatz 3 der Richtlinie 2014/24/EU und Artikel 24 Absatz 2 Unterabsatz 2 und Absatz 3 der Richtlinie 2014/25/EU.

---

47 OLG Düsseldorf, Beschluss v. 30.3.2005 – VII-Verg 101/04 (Neubau BND).
48 VK Sachsen, Beschluss v. 29.8.2008 – 1/SVK/042-08; VK Bund, Beschluss v. 3.2.2006 – VK 1-01/06.
49 *Hölzl*, in: von Wietersheim, Vergaben im Bereich Verteidigung und Sicherheit, S. 183 f.
50 Näher: *Hölzl*, in: von Wietersheim, Vergaben im Bereich Verteidigung und Sicherheit, S. 184 ff.; *Renner/Rubach-Larsen/Sterner*, NZBau 2007, 407.

Artikel 10 Absatz 7 der Richtlinie 2014/23/EU sieht ebenso wie Artikel 15 Absatz 2 Unterabsatz 2 der Richtlinie 2014/24/EU und Artikel 24 Absatz 2 Unterabsatz 2 der Richtlinie 2014/25/EU den Schutz wesentlicher Sicherheitsinteressen als Ausnahmetatbestand vor und greift ausdrücklich das Verhältnismäßigkeitsgebot auf. Das Vergaberecht ist nicht anzuwenden, wenn der Schutz wesentlicher Sicherheitsinteressen nicht durch weniger einschneidende Maßnahmen als die Ausnahme vom Vergaberecht gewährleistet werden kann. Zu den weniger einschneidenden Maßnahmen gehören zum Beispiel Anforderungen, die auf den Schutz der Vertraulichkeit solcher Informationen abzielen, die der öffentliche Auftraggeber im Rahmen eines Vergabeverfahrens zur Verfügung stellt.

Zu Nummer 1

§ 150 Nummer 1 dient der Umsetzung von Artikel 10 Absatz 6 Buchstabe a der Richtlinie 2014/23/EU.

Zu Nummer 2

§ 150 Nummer 2 dient der Umsetzung von Artikel 10 Absatz 6 Buchstabe b der Richtlinie 2014/23/EU.

Zu Nummer 3

§ 150 Nummer 3 dient der Umsetzung von Artikel 10 Absatz 6 Buchstabe c der Richtlinie 2014/23/EU.

Zu Nummer 4

§ 150 Nummer 4 dient der Umsetzung von Artikel 10 Absatz 6 Buchstabe d der Richtlinie 2014/23/EU.

Seite 130

Zu Nummer 5

§ 150 Nummer 5 dient der Umsetzung von Artikel 10 Absatz 6 Buchstabe e der Richtlinie 2014/23/EU.

Zu Nummer 6

§ 150 Nummer 6 dient der Umsetzung von Artikel 10 Absatz 7 der Richtlinie 2014/23/EU.

Zu Nummer 7

§ 150 Nummer 7 dient der Umsetzung von Artikel 10 Absatz 5 der Richtlinie 2014/23/EU.

§ 151
Verfahren

Konzessionsgeber geben die Absicht bekannt, eine Konzession zu vergeben. Auf die Veröffentlichung der Konzessionsvergabeabsicht darf nur verzichtet werden, soweit dies aufgrund dieses Gesetzes zulässig ist. Im Übrigen dürfen Konzessionsgeber das Verfahren zur Vergabe von Konzessionen vorbehaltlich der aufgrund dieses Gesetzes erlassenen Verordnung zu den Einzelheiten des Vergabeverfahrens frei ausgestalten.

Übersicht

	Rn.
A. Allgemeines	1
B. Grundsatz der freien Verfahrensgestaltung	6
I. Allgemeines	6
II. Grenzen	8
1. Allgemeine Vergabegrundsätze	9
2. Besondere Verfahrensvorgaben	13
3. Unionsprimärrecht	14
C. Konzessionsbekanntmachung	15
I. Allgemeines	15
II. Inhalt, Form und Publikationsmedium	19
1. Inhalt und Form	19
2. Publikationsmedium	22
III. Inhaltliche Änderungen	25
IV. Verzicht auf die Konzessionsbekanntmachung	28
1. Kein Wettbewerb	30
2. Keine oder ungeeignete Teilnahmeanträge bzw. Angebote	32
Anlage Gesetzesbegründung (BT-Drs. 18/6281)	

A. Allgemeines

Der Unionsgesetzgeber macht in dem mit „Vorschriften für die Konzessionsvergabe" überschrieben Titel II in Art. 30 ff. RL 2014/23/EU Vorgaben für die **Ausgestaltung des Verfahrens für die Konzessionsvergabe**. Für die Vergabe von Dienstleistungskonzessionen werden damit erstmalig inhaltliche Vorgaben zum Vergabeverfahren gemacht. Bislang waren Konzessionsgeber bei der Ausgestaltung des Verfahrens zur Vergabe einer Dienstleistungskonzession nur an die durch den EuGH geprägten allgemeinen prozeduralen Grundsätze des Unionsprimärrechts gebunden.[1] **1**

Im Bereich der Vergabe von **Baukonzessionen** werden mit den Regelungen in Art. 30 ff. RL 2014/23/EU bzw. deren Umsetzung in §§ 151,152 GWB die konkreten Vorgaben zum Vergabeverfahren erheblich gelockert, da insoweit bisher die erheblich strikteren Vorgaben für öffentliche Aufträge galten. In Deutschland hatten öffentliche Auftraggeber bei der Vergabe von Baukonzessionen die Regelungen in Abschnitt 1 VOB/A 2012 sinngemäß anzuwenden (§ 22 EG Abs. 2 VOB/A a.F.). **2**

Der deutsche Gesetzgeber hat sich dafür entschieden, lediglich einen **Teil der Vorgaben der Art. 30 ff. RL 2014/23/EU** auf Ebene des GWB umzusetzen. §§ 151, 152 GWB regeln deswegen nur die Eckpunkte eines Konzessionsvergabeverfahrens (Konzessionsvergabebekanntmachung, Leistungsbeschreibung, Eignung, Zuschlag, Ausführung der Konzession). **3**

§ 151 GWB soll nur die **wesentlichen verfahrensrechtlichen Vorschriften** der RL 2014/23/EU über das Konzessionsvergabeverfahren umsetzen. Nach der Gesetzesbegründung gehören zu diesen Grundsätzen vor allem Art. 30 Abs. 1 und Abs. 2 RL 2014/23/EU i.V.m. Art. 3 RL 2014/23/EU („Allgemeine Grundsätze") sowie Art. 31 RL 2014/23/EU („Konzessionsbekanntmachungen") und Art. 32 RL 2014/23/EU („Zuschlagsbekanntmachung").[2] **4**

1 Vgl. etwa OLG Celle, Urteil v. 23.2.2016 – 13 U 148/15; zum sog. Primärvergaberecht *Kühling/Huerkamp*, in: Müko BeihVgR (2011), Vor §§ 97 ff. GWB Rn. 6 ff.; auch Mitteilung der Kommission zu Auslegungsfragen in Bezug auf das Gemeinschaftsrecht, das für die Vergabe öffentlicher Aufträge gilt, die nicht oder nur teilweise unter die Vergaberichtlinien fallen (2006/C 179/02), ABl. C 179/2 v. 1.8.2006.

2 Vgl. Gesetzesbegründung, BT-Drs. 18/6281, 130.

Nicht alle diese Regelungen haben jedoch tatsächlich Eingang in die Regelung des § 151 GWB gefunden. Ausdrücklich geregelt wird letztlich nur die Pflicht zur **Bekanntgabe der Absicht, eine Konzession zu vergeben** (§ 151 S. 1 und S. 2 GWB) sowie der Grundsatz der freien Verfahrensgestaltung (§ 151 S. 3 GWB). Eine Regelung zur **Zuschlagsbekanntmachung** kennt § 151 GWB dagegen nicht. Auch die allgemeinen Grundsätze werden in § 151 GWB nicht ausdrücklich geregelt. Sie ergeben sich aber auch für die Vergabe von Konzessionen aus § 97 Abs. 1 und Abs. 2 GWB. Die weiteren Einzelheiten des Verfahrens zur Vergabe von Konzessionen werden in der **KonzVgV** geregelt. Rechtsgrundlage dieser Verordnung ist § 113 GWB. Die KonzVgV gilt auch für Konzessionen zur Erbringung sozialer und anderer besonderer Dienstleistungen im Sinne des Anhangs IV RL 2014/23/EU (§ 153 GWB, § 1 KonzVgV). Das deutsche Recht ist an dieser Stelle damit strenger als das Unionsrecht, das in Bezug auf diese Konzessionen nur wenig Vorgaben macht (vgl. Art. 19 RL 2014/23/EU).

5 Der deutsche Gesetzgeber hat zunächst – anders als es die RL 2014/23/EU vorsieht – die Konzessionsbekanntmachung als spezielle und (üblicherweise) verfahrenseinleitende Vorgabe vor dem allgemeinen Grundsatz der freien Verfahrensgestaltung in § 151 S. 3 GWB normiert. Da Art. 30 Abs. 1 RL 2014/23/EU („Allgemeine Grundsätze") mit dem Grundsatz der freien Verfahrensgestaltung beginnt, werden zunächst der Grundsatz der freien Verfahrensgestaltung (B.) und erst danach die Regelungen zur Konzessionsbekanntmachung (C.) kommentiert.

B. Grundsatz der freien Verfahrensgestaltung

I. Allgemeines

6 § 151 S. 3 GWB bestimmt den **Grundsatz der freien Verfahrensgestaltung** (§ 12 Abs. 1 S. 1 KonzVgV; Art. 30 Abs. 1 RL 2014/23/EU). Danach ist im Grundsatz alles erlaubt, was nicht den unionsrechtlichen oder nationalen Vorgaben widerspricht. Nach Auffassung des Unionsgesetzgebers ist dieser – im Vergleich zum Bereich der öffentlichen Auftragsvergabe – größere verfahrensrechtliche Spielraum erforderlich, weil Konzessionen in der Regel langfristige und komplexe Vereinbarungen betreffen (Erwägungsgrund 68 RL 2014/23/EU). Zudem soll der Rechtsrahmen für Konzessionen möglichst einfach und unbürokratisch ausgestaltet sein (Erwägungsgrund 2 RL 2014/23/EU).

7 **Wichtige Ausprägungen** dieses Gestaltungsspielraums sind:

Weder die RL 2014/23/EU noch das GWB zwingt Konzessionsgeber, Konzessionen in näher definierten Verfahrensarten (vgl. § 119 GWB) zu vergeben.[3] Der Konzessionsgeber kann das Verfahren zur Vergabe der Konzession daher im Rahmen der gesetzlichen Vorgaben **frei gestalten** und spezifisch auf den zu vergebenen Konzessionsgegenstand zuschneiden. Das ist ein ganz wesentlicher Unterschied zum Bereich der öffentlichen Auftragsvergabe.[4] Es ist dem Konzessionsgeber jedoch unbenommen, sein Vergabeverfahren an den in § 119 GWB definierten Verfahrensarten zu orientieren.

- Zulässig sind also sowohl **einstufige** als auch **mehrstufige Vergabeverfahren** (z.B. Teilnahme und gleichzeitige Abgabe von Angeboten oder Einreichung von Teilnahmeanträgen mit anschließender Angebotsphase). Das hat der deutsche Gesetzgeber in § 12 Abs. 2 S. 1 KonzVgV klargestellt.[5] Allerdings müssen die Bewerber und Bieter stets über den geplanten Verfahrensablauf einschließlich eines unverbindlichen Schlusstermins informiert werden (§ 13 Abs. 3 S. 1 KonzVgV; Art. 37 Abs. 4 RL 2014/23/EU).[6] Bewerber oder Bieter können über den geplanten Verfahrensablauf bereits in der Konzessionsbekanntmachung

3 Vgl. Gesetzesbegründung, BT-Drs. 18/6281, 130.
4 So auch *Schröder*, NZBau 2015, 351.
5 Vgl. auch Art. 39 Abs. 4 RL 2014/23/EU: „Findet das Verfahren in aufeinanderfolgenden Stufen statt, […]."; Gesetzesbegründung, BT-Drs. 18/6281, 130.
6 So bereits VG Darmstadt, Beschluss v. 10.9.2015 – 4 L 1180/15.DA.

informiert werden, müssen dies aber nicht. Gegebenenfalls kann die Anzahl der Bewerber oder Angebote begrenzt werden, solange die Anzahl ausreichend ist, um einen echten Wettbewerb zu gewährleisten (§ 13 Abs. 4 KonzVgV; Art. 37 Abs. 3 RL 2014/23/EU).

- Ferner sind **Verhandlungen** sowohl bei ein- als auch mehrstufigen Verfahren zulässig, sofern sie nicht den Konzessionsgegenstand, die Zuschlagskriterien und die Mindestanforderungen betreffen (§ 12 Abs. 2 S. 2 und S: 3 KonzVgV; Art. 37 Abs. 6 RL 2014/23/EU). Außerdem sind Verhandlungen über Teilnahmebedingungen (= Eignungskriterien) mit Blick auf den Gleichbehandlungs- und Transparenzgrundsatz ebenfalls unzulässig.[7] Aus § 12 Abs. 1 S. 2 KonzVgV folgt, dass der deutsche Gesetzgeber eine Orientierung am **Verhandlungsverfahren mit Teilnahmewettbewerb** in der Regel für sachgerecht hält.

II. Grenzen

Allerdings hat der Rechtsrahmen für die Vergabe von Konzessionen nach der EU-Vergaberechtsreform eine Regelungsdichte, die – jedenfalls soweit es Dienstleistungskonzessionen betrifft – weit über die bisher vom EuGH aus dem Unionsprimärrecht abgeleiteten Anforderungen hinausgeht und den Gestaltungsspielraum der Konzessionsgeber begrenzt. Das sind die allgemeinen Vergabegrundsätze, besondere Verfahrensvorgaben sowie das Unionsprimärrecht. 8

1. Allgemeine Vergabegrundsätze

Art. 30 Abs. 2 S. 1 RL 2014/23/EU i.V.m. § 97 Abs. 1 und Abs. 2 GWB bestimmen zentral, dass bei der Ausgestaltung des Konzessionsvergabeverfahrens stets die aus den primärrechtlichen Grundfreiheiten abgeleiteten **allgemeinen Grundsätze des Art. 3 Abs. 1 RL 2014/23/EU** (Gleichbehandlung, Nichtdiskriminierung, Transparenz) zu beachten sind.[8] Insbesondere muss sich der Konzessionsgeber während des Vergabeverfahrens jeder diskriminierenden Weitergabe von Informationen enthalten, durch die bestimmte Bewerber oder Bieter gegenüber anderen begünstigt werden können (§ 12 Abs. 3 KonzVgV; Art. 30 Abs. 2 S. 2 RL 2014/23/EU). 9

Obwohl in Art. 3 RL 2014/23/EU nicht explizit genannt, zählt zu den allgemeinen Vergabegrundsätzen auch der **Grundsatz des freien Wettbewerbs im Binnenmarkt** (vgl. Erwägungsgründe 3, 8, 51 und 52 RL 2014/23/EU, Art. 38 Abs. 1 S. 2 RL 2014/23/EU, § 97 Abs. 1 GWB).[9] 10

Des Weiteren dürfen gemäß § 97 Abs. 3 GWB bei der Vergabe Aspekte der **Qualität** und der **Innovation** sowie **soziale und umweltbezogene Aspekte** nach Maßgabe der §§ 97 ff. GWB berücksichtigt werden. 11

Der Grundsatz der **Vergabe in Losen** ist nach § 97 Abs. 4 GWB dagegen nicht auf Konzessionen anwendbar, sondern nur für die Vergabe von öffentlichen Aufträgen. Allerdings dürfte die Losvergabe bei Konzessionen ohnehin nur in den seltensten Fällen überhaupt in Betracht kommen. 12

2. Besondere Verfahrensvorgaben

Darüber hinaus wird der Grundsatz der freien Verfahrensgestaltung durch weitere besondere Verfahrensvorgaben begrenzt. Auf unionsrechtlicher Ebene sind diese in den Art. 26 ff. RL 2014/23/EU geregelt. Der deutsche Gesetzgeber setzt einige wenige dieser Vorgaben im GWB selbst um, die Mehrheit dagegen in der KonzVgV. Teilweise sind die Vorgaben der 13

7 Zutreffend *Schröder*, NZBau 2015, 351 (352).
8 Vgl. auch Gesetzesbegründung, BT-Drs. 18/6281, 130
9 *Knauff/Badenhausen*, NZBau 2014, 396 (400); im Ergebnis auch *Schröder*, NZBau 2015, 351.

KonzVgV trotz der vom deutschen Gesetzgeber beabsichtigten 1:1-Umsetzung strenger als die unionsrechtlichen Vorgaben. Wichtige Verfahrensvorgaben sind:

- Vorgaben zur Vertraulichkeit (§ 4 KonzVgV; Art. 28 RL 2014/23/EU);
- Vorgaben zur Vermeidung von Interessenkonflikten[10] (§ 5 KonzVgV; Art. 35 RL 2014/23/EU);
- Vorgaben zur Dokumentation und zum Vergabevermerk (§ 6 KonzVgV; Art. 37 Abs. 5 RL 2014/23/EU);
- Vorgaben zur Art und Weise der Kommunikation (§ 97 Abs. 5 GWB; §§ 7 ff. KonzVgV; Art. 29, 33, 34 RL 2014/23/EU);
- Vorgaben zur Konzessionsbekanntmachung (§§ 151, 153 GWB; §§ 19 ff. KonzVgV; Art. 31, 33 RL 2014/23/EU);
- Mindestfristen für den Eingang von Teilnahmeanträgen und Angeboten (§ 27 KonzVgV; Art. 39 RL 2014/23/EU);
- Vorgaben für die Leistungsbeschreibung (§ 152 Abs. 1 GWB i.V.m. § 121 GWB; § 15 KonzVgV; Art. 36 RL 2014/23/EU);
- Vorgaben für die Ausführung der Konzession (§ 152 Abs. 4 i.V.m. §§ 128 f. GWB);
- Vorgaben für die Eignungsprüfung (§ 152 Abs. 2 GWB i.V.m. § 122 GWB; § 25 f. KonzVgV; Art. 38 RL 2014/23/EU);
- Anforderungen an die Zuschlagskriterien und den Wertungsvorgang (§ 152 Abs. 3 GWB; § 31 KonzVgV; Art. 41 RL 2014/23/EU);
- Unterrichtung der Bewerber und Bieter (§ 154 S. 1 Nr. 4 GWB i.V.m. § 134 GWB; § 30 KonzVgV; Art. 40 RL 2014/23/EU);
- Vergabebekanntmachung (§ 21 Abs. 1 KonzVgV; Art. 32, 33 RL 2014/23/EU).

3. Unionsprimärrecht

14 Ergänzend zu den besonderen Verfahrensvorgaben, die nun insbesondere in der KonzVgV geregelt sind, sind stets die Vorgaben des Unionsprimärrechts zu beachten: Weder die Vorgaben der RL 2014/23/EU noch die nationalen Umsetzungsakte dürfen nämlich im Widerspruch zu den primärrechtlichen Grundsätzen stehen oder ausgelegt werden.[11]

C. Konzessionsbekanntmachung

I. Allgemeines

15 § 151 S. 1 GWB bestimmt, dass Konzessionsgeber ihre Absicht der Konzessionsvergabe bekannt machen müssen. Die Bekanntgabe erfolgt grundsätzlich durch eine sog. **Konzessionsbekanntmachung**. Das Konzessionsvergabeverfahren wird dadurch förmlich eingeleitet.

16 Eine spezielle Form der Konzessionsbekanntmachung ist die sog. **Vorinformation**. Die Vorinformation ist zwingend für soziale und andere besondere in Anhang IV RL 2014/23/EU genannte Dienstleistungen zu veröffentlichen (vgl. § 153 GWB i.V.m. § 151 GWB; § 22 KonzVgV; Art. 31 Abs. 3 RL 2014/23/EU).

17 Die Bekanntmachungspflicht ist eine Ausprägung des **Transparenzgebotes und des Wettbewerbsgrundsatzes**: Durch die Bekanntmachung wird gewährleistet, dass alle potenziellen Unternehmen von der bevorstehenden Konzessionsvergabe Kenntnis erlangen können und über die Geschäftsmöglichkeiten informiert werden.[12] Ohne sie kann es keinen Konzessionswettbewerb geben.

---

10 Vgl. dazu jüngst EuGH, Urteil v. 12.3.2015 – Rs. C-538/13 (eViglio).
11 Vgl. EuGH, Urteil v. 14.11.2013 – Rs. C-388/12 (Comune di Ancona), Rn. 45 ff.; Urteil v. 13.10.2005 – Rs. C-458/03 (Parking Brixen), Rn. 46 ff.; EuGH, Urteil v. 7.12.2000 – Rs. C-324/98 (Telaustria), Rn. 60.
12 Vgl. Erwägungsgründe 50 und 53 RL 2014/23/EU.

Darüber hinaus knüpfen andere Vorschriften an die Konzessionsbekanntmachung an: Zunächst hat sie Bedeutung für die **Schätzung des Wertes der Konzession**. Maßgeblicher Zeitpunkt für die Schätzung ist grundsätzlich die Absendung der Konzessionsbekanntmachung (§ 2 Abs. 5 KonzVgV; Art. 8 Abs. 2 UAbs. 2 RL 2014/23/EU). Ferner müssen im Grundsatz die **Vergabeunterlagen** ab dem Datum der Veröffentlichung der Konzessionsbekanntmachung elektronisch verfügbar sein. Das gilt nicht, wenn erst später zur Angebotsabgabe aufgefordert wird (vgl. § 17 KonzVgV; Art. 34 Abs. 1 RL 2014/23/EU). Schließlich spielt die Konzessionsbekanntmachung für die **Berechnung der Teilnahme-/Angebotsfristen** eine Rolle: § 27 Abs. 3 S. 1 KonzVgV (Art. 39 Abs. 3 RL 2014/23/EU) bestimmt, dass die Mindestfrist für den Eingang von Teilnahmeanträgen mit oder ohne Angebote mindestens 30 Tage ab dem Tag der Übermittlung der Konzessionsbekanntmachung beträgt. 18

II. Inhalt, Form und Publikationsmedium

1. Inhalt und Form

Der Inhalt der **Konzessionsbekanntmachung** wird in § 151 GWB nicht geregelt. Nach Art. 31 Abs. 2 RL 2014/23/EU i.V.m. Art. 33 Abs. 1 RL 2014/23/EU und Art. 37 Abs. 2 RL 2014/23/EU müssen Konzessionsbekanntmachungen die in Anhang V RL 2014/23/EU genannten Vorgaben enthalten (z.B. Beschreibung der Konzession; Teilnahmebedingungen (= Eignungskriterien), Frist zur Einreichung von Teilnahmeanträgen oder zum Eingang von Angeboten; Zuschlagskriterien, soweit nicht in anderen Vergabeunterlagen genannt). Dabei muss das Standardformular Nr. 24 nach Anhang XXI VO (EU) Nr. 2015/1986 verwendet werden (§ 18 Abs. 2 KonzVgV; Art. 33 Abs. 1 RL 2014/23/EU). Dagegen muss die **Vorinformation** die in Anhang VI RL 2014/23/EU genannten Informationen umfassen (§ 22 Abs. 1 KonzVgV; Art. 31 Abs. 3 RL 2014/23/EU). Es ist das Standardformular Nr. 23 nach Anhang XX VO (EU) Nr. 2015/1986 zu verwenden. Sowohl dieses Standardformular als auch das Standardformular für die gewöhnliche Konzessionsbekanntmachung können auf der Internetseite des Informationssystems SIMAP abgerufen werden. 19

Darüber hinaus verlangt § 13 Abs. 3 KonzVgV, dass in der Konzessionsbekanntmachung die **Vergabekammer** angegeben wird, an die sich die Unternehmen zur Nachprüfung geltend gemachter Vergabeverstöße wenden können. 20

Konzessionsgeber können darüber hinaus in der Konzessionsbekanntmachung **jede andere Angabe** machen, die sie für sinnvoll erachten (Art. 31 Abs. 2 RL 2014/23/EU). Das können insbesondere Informationen über den geplanten Ablauf/die Organisation des Verfahrens (z.B. einstufig oder mehrstufig) sowie ein unverbindlicher Schlusstermin sein (vgl. § 13 Abs. 3 S. 1 KonzVgV; Art. 37 Abs. 4 S. 1 RL 2014/23/EU); diese Informationen können aber auch erst in den weiteren Vergabeunterlagen enthalten sein. Wenn bereits in der Konzessionsbekanntmachung zur Angebotsabgabe aufgefordert wird, muss die Konzessionsbekanntmachung die Internetadresse benennen, über die die weiteren Vergabeunterlagen abgerufen werden können (§ 17 Abs. 1 KonzVgV; Art. 34 Abs. 1 RL 2014/23/EU; Anhang V Nr. 3 RL 2014/23/EU). 21

2. Publikationsmedium

Konzessionsbekanntmachungen werden im **Amtsblatt der Europäischen Union** veröffentlicht.[13] Zu diesem Zweck sind sie an das Amt für Veröffentlichungen der Europäischen Union zu senden (§ 23 KonzVgV; Art. 33 Abs. 2 S. 1 RL 2014/23/EU), welches die Konzessionsbekanntmachungen nach Maßgabe des Anhangs IX RL 2014/23/EU veröffentlicht. 22

Die Veröffentlichung erfolgt in einer oder mehreren vom Konzessionsgeber gewählten **Amtssprachen**; nur diese sind verbindlich (vgl. Art. 33 Abs. 3 S. 1 RL 2014/23/EU). In den übrigen Amtssprachen wird eine Zusammenfassung veröffentlicht (vgl. Art. 33 Abs. 3 S. 2 RL 2014/23/EU). 23

13 Vgl. Erwägungsgrund 50 RL 2014/23/EU.

24 Nach § 23 Abs. 3 KonzVgV dürfen zusätzliche **nationale Bekanntmachungen** – etwa auf Vergabeplattformen – erst 48 Stunden nach der Bestätigung des Eingangs der Konzessionsbekanntmachung durch das Amt für Veröffentlichungen der Europäischen Union erfolgen. Sie dürfen keine zusätzlichen Angaben enthalten außer dem Datum der Übermittlung an das Amt für Veröffentlichungen der Europäischen Union (vgl. § 23 Abs. 3 KonzVgV; Art. 33 Abs. 4 RL 2014/23/EU).

III. Inhaltliche Änderungen

25 Inhaltliche Änderungen der Konzessionsbekanntmachung müssen allen Wirtschaftsteilnehmern bekannt gegeben werden, um dem Gleichbehandlungs- und Transparenzgrundsatz Rechnung zu tragen (Art. 37 Abs. 4 S. 2 RL 2014/23/EU; Erwägungsgrund 68 RL 2014/23/EU). Erforderlich ist eine **Änderungsbekanntmachung** (§ 13 Abs. 3 S. 3 KonzVgV).[14]

26 Fraglich ist, ob auch eine solche Änderungsbekanntmachung zwingend im **Amtsblatt der Europäischen Union** zu veröffentlichen ist. Das ist weder in der KonzVgV noch in der RL 2014/23/EU geregelt. Im Ergebnis kann aber jedenfalls bei wesentlichen Änderungen nur durch eine solche Änderungsbekanntmachung dem Transparenzgebot Rechnung getragen werden.

27 Schließlich ist eine neue Konzessionsbekanntmachung erforderlich, wenn die Zuschlagskriterien bereits bekannt gemacht wurden und der Konzessionsgeber die **Reihenfolge der Zuschlagskriterien** ändern möchte, weil eine innovative Lösung mit außergewöhnlich hoher funktioneller Leistungsfähigkeit vorgeschlagen wird (vgl. § 31 Abs. 2 S. 3 KonzVgV; Art. 41 Abs. 3 UAbs. 2 RL 2014/23/EU; Erwägungsgrund 73 RL 2014/23/EU).

IV. Verzicht auf die Konzessionsbekanntmachung

28 Nach § 151 S. 2 GWB kann eine Konzessionsbekanntmachung unterbleiben, wenn ein Verzicht „**aufgrund dieses Gesetzes**" zulässig ist. Wie sich diesem Wortlaut entnehmen lässt, werden die Ausnahmen jedoch nicht auf Ebene des § 151 GWB geregelt, sondern in der § 20 KonzVgV. Unionsrechtliche Vorgabe ist Art. 30 Abs. 4 RL 2014/23/EU.

29 Unter Berücksichtigung von Erwägungsgrund 51 RL 2014/23/EU sind die Ausnahmen restriktiv zu handhaben: Nach dieser Erwägung soll ein Verzicht auf die Konzessionsbekanntmachung „nur unter **sehr außergewöhnlichen Umständen** zulässig sein". Ausnahmen sollen sich auf Fälle beschränken, „in denen von Beginn an klar ist, dass eine Veröffentlichung nicht zu mehr Wettbewerb führen würde, insbesondere weil es objektiv nur einen Wirtschaftsteilnehmer gibt, der den Konzessionsvertrag durchführen kann."

1. Kein Wettbewerb

30 Gemäß **§ 20 Abs. 1 KonzVgV** (Art. 31 Abs. 4 RL 2014/23/EU) darf eine Konzessionsbekanntmachung zunächst unterbleiben, wenn Bau- oder Dienstleistungen aus den folgenden Gründen nur von einem bestimmten Wirtschaftsteilnehmer erbracht werden können:

- Ziel der Konzession ist die Erschaffung oder der Erwerb eines einzigartigen Kunstwerks oder einer einzigartigen künstlerischen Leistung (vgl. § 20 Abs. 1 Nr. 1 KonzVgV; Art. 30 Abs. 4 lit. a RL 2014/23/EU).
- Aus technischen Gründen ist kein Wettbewerb vorhanden (vgl. § 20 Abs. 1 Nr. 2 KonzVgV; Art. 30 Abs. 4 lit. b RL 2014/23/EU).
- Es besteht ein ausschließliches Recht (vgl. § 20 Abs. 1 Nr. 3 KonzVgV; Art. 30 Abs. 4 lit. c RL 2014/23/EU).

14 So *Schröder*, NZBau 2015, 351 (352).

- Rechte des geistigen Eigentums oder andere als die in § 101 Abs. 2 GWB i.V.m. § 100 Abs. 2 S. 1 GWB (Art. 5 Nr. 10 RL 2014/23/EU) definierten ausschließlichen Rechte sind zu beachten (§ 20 Abs. 1 Nr. 4 KonzVgV; Art. 30 Abs. 4 lit. d RL 2014/23/EU).

Allerdings finden die Ausnahmen nach § 20 Abs. 1 S. 1 Nr. 2 bis 4 KonzVgV (Art. 30 Abs. 4 lit. b bis d RL 2014/23/EU) nur Anwendung, „wenn es keine sinnvolle Alternative oder Ersatzlösung gibt und der fehlende Wettbewerb nicht das Ergebnis einer künstlichen Einengung der Parameter der Konzessionsvergabe ist." 31

2. Keine oder ungeeignete Teilnahmeanträge bzw. Angebote

Darüber hinaus können Konzessionsgeber gemäß § 20 Abs. 2 KonzVgV i.V.m. Art. 30 Abs. 5 RL 2014/23/EU von einer Konzessionsbekanntmachung absehen, wenn bei einem vorausgegangenen Konzessionsvergabeverfahren keine oder keine geeigneten Teilnahmeanträge oder Angebote eingereicht wurden. Dies gilt allerdings nur, wenn die ursprünglichen Bedingungen des Konzessionsvertrages nicht grundlegend geändert werden und der Kommission auf Anforderung ein Verfahrensbericht vorgelegt wird. 32

Ein **Teilnahmeantrag** gilt gemäß § 20 Abs. 2 Nr. 1 KonzVgV als **ungeeignet**, wenn der betreffende Antragsteller gemäß § 154 Nr. 2 GWB i.V.m. §§ 123 bis 126 GWB (Art. 38 Abs. 5 bis 9 RL 2014/23/EU) auszuschließen ist oder ausgeschlossen werden könnte oder die nach § 152 Nr. 2 GWB i.V.m. § 122 GWB (Art. 38 Abs. 1 RL 2014/23/EU) festgelegten Eignungskriterien nicht erfüllt werden. 33

Ferner gilt ein **Angebot** gemäß § 20 Abs. 2 Nr. 2 KonzVgV als **ungeeignet**, wenn es ohne wesentliche Abänderung offensichtlich den in den Vergabeunterlagen genannten Bedürfnissen und Anforderungen des Konzessionsgebers nicht entsprechen kann (vgl. Art. 30 Abs. 5 UAbs. 2 RL 2014/23/EU). 34

Anlage

Gesetzesbegründung (BT-Drs. 18/6281)

Seite 130

§ 151 setzt die wesentlichen Vorschriften der Richtlinie 2014/23/EU zu den Grundsätzen des Verfahrens der Konzessionsvergabe um. Dazu gehören vor allem Artikel 30 Absatz 1 und 2 in Verbindung mit Artikel 3, Artikel 31 und Artikel 32 der Richtlinie 2014/23/EU.

§ 151 Satz 1 greift zur Konkretisierung des in Artikel 3 Absatz 1 der Richtlinie 2014/23/EU vorgesehenen Transparenzgebotes die in der Richtlinie 2014/23/EU vorgesehenen Bekanntmachungspflichten auf. Dazu gehört die in Artikel 31 Absatz 1 der Richtlinie 2014/23/EU festgelegte Pflicht zur Bekanntmachung der Konzessionsvergabeabsicht.

§ 151 Satz 2 stellt klar, dass Ausnahmen von der Pflicht zur Bekanntmachung der Konzessionsvergabeabsicht in der aufgrund § 113 durch die Bundesregierung mit Zustimmung des Bundesrates erlassenen Rechtsverordnung festgelegt werden können. Solche Ausnahmen sind die in Artikel 31 Absatz 4 und 5 der Richtlinie 2014/23/EU vorgesehenen Ausnahmen.

§ 151 Satz 3 dient der Umsetzung von Artikel 30 Absatz 1 der Richtlinie 2014/23/EU und hebt hervor, dass die Konzessionsgeber im Übrigen das Verfahren zur Wahl des Konzessionsnehmers vorbehaltlich der Einhaltung dieser Richtlinie frei gestalten können. Konzessionsgeber sind damit nicht an die in § 119 aufgeführten Verfahrensarten für die Vergabe öffentlicher Aufträge gebunden. Stattdessen wird das Konzessionsvergabeverfahren gemäß Artikel 30 Absatz 2 Satz 1 der Richtlinie 2014/23/EU unter Einhaltung der Grundsätze nach Artikel 3 dieser Richtlinie konzipiert. Artikel 3 Absatz 1 zufolge behandeln Konzessionsgeber alle Unternehmen gleich und in nichtdiskriminierender Weise und wahren in ihrem Handeln Transparenz und Verhältnismäßigkeit. Auch der Grundsatz der wettbewerblichen Vergabe wird von der Richtlinie 2014/23/EU vielfach in Bezug genommen, siehe Artikel 31 Absatz 4 Unterabsatz 1 Buchstabe b, Artikel 31 Absatz 4 Unterabsatz 2, Artikel 35, Artikel 37 Absatz 3, Artikel 38 Absatz 1 sowie Erwägungsgrund 3, 8, 51, 52, 73. Alle diese grundsätzlichen Maßgaben der Richtlinie 2014/23/EU finden im deutschen Vergaberecht über Abschnitt 1 des Teils 4 gemäß § 97 Absatz 1 und Absatz 2 auf die Konzessionsvergabe Anwendung. Demzufolge steht die Befugnis zur freien Ausgestaltung des Vergabeverfahrens für Konzessionen gemäß § 151 Satz 3 unter dem Vorbehalt, dass Konzessionsgeber diese Konzessionen im Wettbewerb und im Wege transparenter, nichtdiskriminierender Verfahren unter Wahrung des Grundsatzes der Verhältnismäßigkeit vergeben, siehe § 97 Absatz 1. Darüber hinaus sind die Teilnehmer an einem Vergabeverfahren gleich zu behandeln, es sei denn, eine Ungleichbehandlung ist aufgrund eines Gesetzes gerechtfertigt, siehe § 97 Absatz 2. Die Konzessionsvergabe unterliegt nunmehr gemäß Artikel 46, 47 der Richtlinie 2014/23/EU dem Primärrechtsschutz, so dass die Einhaltung dieser Maßgaben im Nachprüfungsverfahren durch den unterlegenen Bieter und Bewerber überprüft werden kann. Ergänzend zu berücksichtigen ist, dass gemäß Artikel 37 Absatz 6 der Richtlinie 2014/23/EU der Konzessionsgeber mit den Bewerbern oder Bietern Verhandlungen führen kann. Während der Verhandlungen dürfen der Konzessionsgegenstand, die Zuschlagskriterien und die Mindestanforderungen nicht geändert werden. Daraus ist abzuleiten, dass Konzessionsgeber die Konzessionsvergabe beispielsweise nicht nur in einem einstufigen Verfahren, sondern auch ohne besondere Zulassungsvoraussetzung in einem zweistufigen Verhandlungsverfahren mit vorgeschaltetem Teilnahmewettbewerb durchführen können. Dieses zweistufige Verfahren wäre vergleichbar mit dem im § 119 Absatz 5 vorgesehenen Verhandlungsverfahren mit vorgeschaltetem Teilnahmewettbewerb für die Vergabe öffentlicher Aufträge. Die Zulässigkeit sowohl einstufiger als auch zweistufiger Verfahren folgt auch aus Artikel 39 Absatz 3 und 4 der Richtlinie 2014/23/EU, die eine Mindestfrist von 30 Tagen ab dem Tag der Übermittlung der Konzessionsbekanntmachung für den Eingang von Teilnahmeanträgen mit oder ohne Angebote und eine Mindestfrist für den Eingang von Erstangeboten von 22 Tagen ab dem Tag der Aufforderung zur Angebotsabgabe im zweistufigen Verfahren vorsehen. Die Einzelheiten des Verfahrens zur Vergabe von Konzessionen werden in der aufgrund § 113 erlassenen Verordnung umgesetzt.

§ 152
Anforderungen im Konzessionsvergabeverfahren

(1) Zur Leistungsbeschreibung ist § 121 Absatz 1 und 3 entsprechend anzuwenden.

(2) Konzessionen werden an geeignete Unternehmen im Sinne des § 122 vergeben.

(3) Der Zuschlag wird auf der Grundlage objektiver Kriterien erteilt, die sicherstellen, dass die Angebote unter wirksamen Wettbewerbsbedingungen bewertet werden, sodass ein wirtschaftlicher Gesamtvorteil für den Konzessionsgeber ermittelt werden kann. Die Zuschlagskriterien müssen mit dem Konzessionsgegenstand in Verbindung stehen und dürfen dem Konzessionsgeber keine uneingeschränkte Wahlfreiheit einräumen. Sie können qualitative, umweltbezogene oder soziale Belange umfassen. Die Zuschlagskriterien müssen mit einer Beschreibung einhergehen, die eine wirksame Überprüfung der von den Bietern übermittelten Informationen gestatten, damit bewertet werden kann, ob und inwieweit die Angebote die Zuschlagskriterien erfüllen.

(4) Die Vorschriften zur Auftragsausführung nach § 128 und zu den zwingend zu berücksichtigenden Ausführungsbedingungen nach § 129 sind entsprechend anzuwenden.

Übersicht

	Rn.
A. Allgemeines	1
B. Leistungsbeschreibung (Abs. 1)	2
I. Allgemeines	2
II. Leistungsbeschreibung	7
1. Zweck und Funktionen	8
2. Eindeutig und erschöpfend	9
3. Weitere Anforderungen nach § 15 KonzVgV	12
a) Leitprinzip: Wettbewerbliches Vergabeverfahren	13
b) Zulässige Merkmale der Leistungsbeschreibung	15
c) Grundsatz der hersteller- und produktneutralen Leistungsbeschreibung	16
d) Gleichwertigkeitsnachweis	17
e) Nebenangebote?	18
4. Auslegung	23
5. Bestandteil der Vergabeunterlagen	24
C. Eignung (Abs. 2)	25
I. Allgemeines	25
II. Eignung und Eignungskriterien	31
1. Eignung	31
2. Eignungskriterien	32
III. Bekanntmachung der Eignungskriterien	36
IV. Nachweis der Eignung	38
1. Eigenerklärungen und Referenzen	39
2. Eignungsleihe	41
3. Nachweis durch Präqualifizierungssysteme?	42
4. Einheitliche Europäische Eigenerklärung?	45
D. Zuschlag (Abs. 3)	46
I. Maßstab: Wirtschaftlicher Gesamtvorteil (S. 1)	47
II. Zuschlagskriterien (S. 2 bis 4)	50
1. Anforderungen	51
a) Allgemeine Grundsätze	51
b) Verbindung zum Konzessionsgegenstand und keine uneingeschränkte Wahlfreiheit	52
c) Qualitative, umweltbezogene oder soziale Belange	55
d) Preis als Zuschlagskriterium	60
e) Beschreibung der Zuschlagskriterien	63
2. Bekanntgabe der Bedeutung der Zuschlagskriterien	65
a) Gewichtung?	66
b) Zeitpunkt	73
3. Änderung der Reihenfolge der Zuschlagskriterien	75
E. Anforderungen an die Auftragsausführung (Abs. 4)	80
I. Auftragsausführung (§ 128 GWB)	81
1. Pflichten bei Ausführung des Auftrags (Abs. 1)	82
2. Ausführungsbedingungen (Abs. 2)	86
II. Zwingend zu berücksichtigende Ausführungsbedingungen (§ 129 GWB)	90
Anlage Gesetzesbegründung (BT-Drs. 18/6281)	

A. Allgemeines

1 § 152 GWB regelt weitere Vorgaben an das Verfahren zur Vergabe von Konzessionen. Dazu verweist die Vorschrift in wesentlichen Punkten auf Regelungen zur Vergabe öffentlicher Aufträge. Regelungsgegenstand sind die folgenden Eckpunkte eines Vergabeverfahrens: Leistungsbeschreibung, Eignung, Zuschlag und Ausführung. Ausschließlich der Zuschlag und die Zuschlagskriterien sind abweichend vom Recht der öffentlichen Auftragsvergabe geregelt (§ 152 Abs. 3 GWB).

B. Leistungsbeschreibung (Abs. 1)

I. Allgemeines

2 Nach § 152 Abs. 1 GWB ist für die Leistungsbeschreibung § 121 Abs. 1 und Abs. 3 GWB (nicht: bis) entsprechend anzuwenden. § 121 GWB regelt die Anforderungen an die Leistungsbeschreibung im Bereich der öffentlichen Aufträge und greift den Regelungsgehalt der §§ 7 EG VOB/A a.F., 8 EG VOL/A, 6 VOF auf.

3 Ob **§ 121 Abs. 2 GWB** (Zugänglichkeitskriterien für Menschen mit Behinderung oder Konzeption für alle Nutzer) bewusst vom Verweis ausgenommen ist, bleibt unklar. An sich gibt es inhaltlich keinen plausiblen Grund, warum § 121 Abs. 2 GWB bei Konzessionsvergaben keine Anwendung finden sollte, denn selbstverständlich können im Rahmen von Konzessionen auch Leistungen beschafft werden, die zur Nutzung durch natürliche Personen bestimmt sind; die in § 121 Abs. 2 GWB formulierten Anforderungen sind insoweit sinnvoll. Möglicherweise liegt ein **Redaktionsversehen** vor. Dafür spricht erstens die Gesetzesbegründung. Darin heißt es nämlich, dass „die in § 121 für öffentliche Aufträge geregelten Anforderungen an die Leistungsbeschreibung für Konzessionen entsprechend zur Anwendung kommen"[1]. Die Formulierung, die auch § 121 Abs. 2 GWB erfasst, deutet auf die Absicht hin, auf alle Absätze des § 121 GWB verweisen zu wollen. Für ein Redaktionsversehen spricht zweitens, dass die Konzessionsgeber gemäß § 15 Abs. 1 KonzVgV „die Leistungsbeschreibung gemäß § 152 Absatz 1 in Verbindung mit § 121 Absatz 1 und 2 des Gesetzes gegen Wettbewerbsbeschränkungen in einer Weise [fassen], dass allen Unternehmen der gleiche Zugang zum Vergabeverfahren gewährt wird [...]". Ein Verweis auf § 121 Abs. 2 GWB würde ins Leere laufen, wenn § 121 Abs. 2 GWB gar nicht anwendbar wäre. Gegen ein Redaktionsversehen spricht hingegen die Verordnungsbegründung, in der wieder von „§ 121 Absatz 1 und 3 des Gesetzes gegen Wettbewerbsbeschränkungen" die Rede ist.[2] Für einen bewussten Verzicht des Gesetzgebers, auch auf § 121 Abs. 2 GWB zu verweisen, spricht letztlich noch, dass § 121 Abs. 2 GWB der Umsetzung von Art. 42 Abs. 1 UAbs. 4 und UAbs. 5 RL 2014/24/EU dient. Eine entsprechende Vorgabe gibt es in der RL 2014/23/EU jedoch nicht.

4 § 152 Abs. 1 GWB soll die Vorgaben des Art. 36 Abs. 1 RL 2014/23/EU (**„Technische und funktionelle Anforderungen"**) umsetzen. Nach Auffassung des deutschen Gesetzgebers entspricht „diese Definition der technischen und funktionellen Anforderungen im Konzessionsvergabeverfahren [...] im Grundsatz der Definition der technischen Spezifikationen im Vergabeverfahren zu öffentlichen Aufträgen gemäß Art. 42 Absatz 1 Satz 2 RL 2014/24/EU".[3] Der deutsche Gesetzgeber hat sich deswegen für einen Verweis auf § 121 GWB entschieden (der Art. 42 Abs. 1 RL 2014/24/EU in Teilen umsetzen soll).[4]

5 Allerdings ist zu beachten, dass die technischen und funktionellen Anforderungen i.S.d. Art. 36 Abs. 1 RL 2014/23/EU gerade nicht mit den **technischen Spezifikationen** i.S.d. Art. 42 Abs. 1 RL 2014/24/EU gleichzusetzen sind. Das Europäische Parlament hatte nämlich den mit „Technische Spezifikationen" überschriebenen Art. 32 des Richtlinienentwurfs der

---

1 Gesetzesbegründung, BT-Drs. 18/6281, 131.
2 Vgl. Verordnungsbegründung, VergRModVO, BR-Drs. 87/16, 288.
3 Vgl. Gesetzesbegründung, BT-Drs. 18/6281, 131.
4 Vgl. Gesetzesbegründung, BT-Drs. 18/6281, 100.

Kommission ersetzt, um den Besonderheiten bei der Konzessionsvergabe Rechnung zu tragen:

> „Der Artikel unterscheidet sich von den technischen Spezifikationen (Artikel 32 [jetzt Art. 42 RL 2014/24/EU]), die zu ausführlich sind und dem Grundsatz der Risikoübertragung zuwiderlaufen, wobei dem Konzessionsnehmer ein gewisser Spielraum im Zusammenhang mit der Risikoübertragung erhalten bleiben muss."[5]

Allerdings lassen die Formulierungen des § 121 Abs. 1 GWB einen **weiten Spielraum** bei Art und Umfang der Beschreibung zu, sodass dem Willen des Unionsgesetzgebers – an die Leistungsbeschreibung bei der Vergabe von Konzessionen weniger strenge Anforderungen zu stellen – Rechnung getragen wird. Das Gebot, Art und Umfang der Leistung zu beschreiben, kann sowohl Art. 36 Abs. 1 RL 2014/23/EU als auch Art. 42 Abs. 1 S. 2 RL 2014/24/EU entnommen werden. Außerdem setzt § 15 KonzVgV – der die Leistungsbeschreibung für Konzessionen weiter konkretisiert – die übrigen Vorgaben aus Art. 36 RL 2014/23/EU um. 6

II. Leistungsbeschreibung

Nach § 152 Abs. 1 GWB i.V.m. § 121 Abs. 1 GWB muss der Konzessionsgeber in der Leistungsbeschreibung den Konzessionsgegenstand festlegen. 7

1. Zweck und Funktionen

Die Leistungsbeschreibung beschreibt den Konzessionsgegenstand und legt den sachlichen Gehalt der Angebote fest.[6] In ihr definiert der Konzessionsgeber das Leistungssoll, also Art und Umfang der vertraglich geschuldeten Leistung. Der Konzessionsgeber muss sich im Vorfeld der Konzession genau überlegen, was Gegenstand der Konzession sein soll, insbesondere welche Pflichten auf den Konzessionsnehmer übertragen werden. Die wesentlichen Funktionen der Leistungsbeschreibung sind: 8

- Die Leistungsbeschreibung trägt dazu bei, dass Angebote und Konzessionsgegenstand korrespondieren.
- Außerdem ist sie Kalkulationsgrundlage der Bieter und gewährleistet die Vergleichbarkeit der Angebote.
- Ferner ist sie Grundlage der Angebotswertung (formale und inhaltliche Angebotswertung).
- Schließlich bildet die Leistungsbeschreibung auch die Grundlage des späteren Konzessionsvertrages.

2. Eindeutig und erschöpfend

In entsprechender Anwendung des § 121 Abs. 1 S. 1 GWB muss der Konzessionsgeber den Konzessionsgegenstand so eindeutig und erschöpfend wie möglich beschreiben, sodass die Beschreibung für alle Unternehmen im gleichen Sinne verständlich ist und die Angebote miteinander verglichen werden können. Die Regelung ist vor allem eine Ausprägung der vergaberechtlichen Grundprinzipien der Transparenz und Gleichbehandlung: Nur wenn die anzubietende Leistung eindeutig und erschöpfend beschrieben wurde, ist ein transparenter Kalkulations- und Wertungsmaßstab für einen fairen Wettbewerb gegeben.[7] 9

Nach der Rechtsprechung zu den Vorgängernormen des § 121 Abs. 1 S. 1 GWB ist die Leistungsbeschreibung dann nicht **„eindeutig"**, wenn unterschiedliche Auslegungsmöglichkeiten in Betracht kommen, die den Bieter im Unklaren lassen, welche Leistung von ihm in welcher Form und unter welchen Bedingungen angeboten werden soll. „Erschöpfend" bedeutet, 10

---

5 Vgl. Europäisches Parlament, Plenarsitzungsdokument v. 1.2.2013 (A7-0030/2013), S. 169.
6 Vgl. Gesetzesbegründung, BT-Drs. 18/6281, 100.
7 Vgl. EuGH, Urteil v. 29.4.2004 – Rs. C-496/99 P (CAS Succhi di Frutta), Rn. 110 f.; BGH, Urteil v. 22.7.2010 – VII ZR 213/08.

dass keine Restbereiche verbleiben dürfen, die seitens des Auftraggebers nicht klar umrissen sind.[8] Dabei richten sich die im Einzelfall an den Konkretisierungsgrad der Leistungsbeschreibung zu stellenden Anforderungen nach dem Gegenstand des Vergabeverfahrens. Jedenfalls stellt es keinen Verstoß gegen das Gebot der eindeutigen und erschöpfenden Leistungsbeschreibung dar, wenn die Leistungsbeschreibung auslegungsbedürftig ist. Denn auch bei sorgfältiger Erstellung einer Leistungsbeschreibung kann nie ausgeschlossen werden, dass geringe Unklarheiten auftreten, da jeder Begriff der Sprache auslegungsfähig ist und das genaue Verständnis stets vom Empfängerhorizont abhängt.[9]

11 § 121 Abs. 1 S. 2 GWB präzisiert, dass die Leistungsbeschreibung die **Funktions- und Leistungsanforderungen** oder eine **Beschreibung der zu lösenden Aufgabe** enthält, deren Kenntnis für die Erstellung des Angebots erforderlich ist, sowie die Umstände und Bedingungen der Leistungserbringung. § 121 Abs. 1 S. 2 GWB a.E. regelt nun explizit das Gebot der Nennung **aller kalkulationsrelevanten Umstände,** das bislang in das Gebot der eindeutigen und erschöpfenden Leistungsbeschreibung hineingelesen wurde.[10]

Für weitere Einzelheiten wird auf die Kommentierung zu § 121 GWB verwiesen.

3. Weitere Anforderungen nach § 15 KonzVgV

12 § 15 KonzVgV soll (neben Art. 151 Abs. 1 i.V.m. § 121 Abs. 1 und Abs. 3 GWB) die übrigen Vorgaben des **Art. 36 RL 2014/23/EU** umsetzen. Die Vorschrift ist **§ 31 VgV** nachgebildet.[11]

a) Leitprinzip: Wettbewerbliches Vergabeverfahren

13 Zunächst bestimmt § 15 Abs. 1 KonzVgV als übergeordnetes Gestaltungsprinzip für die Leistungsbeschreibung, dass allen Unternehmen der gleiche **Zugang zum Vergabeverfahren** gewährt wird und die Öffnung des nationalen Beschaffungsmarktes für den Wettbewerb nicht in ungerechtfertigter Weise behindert wird. Die Regelung entspricht § 31 Abs. 1 VgV, der Art. 42 Abs. 2 RL 2014/24/EU umsetzt.[12] Auch Erwägungsgrund 67 RL 2014/23/EU lässt sich entnehmen, dass die technischen und funktionellen Anforderungen es erlauben müssen, die Konzession in einem wettbewerblichen Verfahren zu vergeben.

14 Aus § 13 Abs. 1 Nr. 1 KonzVgV (Art. 37 Abs. 1 lit. a RL 2014/23/EU) folgt jedoch, dass der Konzessionsgeber „gegebenenfalls" **Mindestanforderungen** festlegen kann. Sofern Mindestanforderungen festgelegt werden, darf der Zuschlag nur auf Angebote erteilt werden, die diese Mindestanforderungen erfüllen. Gerade bei komplexen Beschaffungsvorhaben sollte der Konzessionsgegenstand daher hinreichend weit und die Mindestanforderungen nicht zu streng formuliert werden.

b) Zulässige Merkmale der Leistungsbeschreibung

15 § 15 Abs. 2 KonzVgV bestimmt, auf welche Merkmale sich die Leistungsbeschreibung beziehen darf: Das sind der spezifische Prozess oder die spezifische Methode zur Herstellung oder Erbringung der Bau- oder Dienstleistungen oder ein anderes Stadium im Lebenszyklus des Gegenstandes der Konzession. Eingeschlossen ist die Produktions- und Lieferkette, auch wenn derartige Faktoren keine materiellen Bestandteile der Bau- oder Dienstleistungen sind, sofern diese Merkmale in Verbindung mit dem Gegenstand der Konzession stehen und zu dessen Wert und Beschaffungszielen verhältnismäßig sind. Nach Art. 36 Abs. 1 UAbs. 2 S. 2 RL 2014/23/EU kann dies etwa Qualitätsstufen, Umwelt- und Klimaleistungsstufen, „Design für alle" (einschließlich des Zugangs von Menschen mit Behinderungen) und Konformitätsbewertungsstufen, Leistung, Sicherheit oder Abmessungen des Erzeugnisses, Terminologie, Sym-

8 Vgl. OLG Karlsruhe, Beschluss v. 25.7.2014 – 15 Verg 4/14; OLG München, Beschluss v. 20.3.2014 – Verg 17/13; OLG Brandenburg, Beschluss v. 29.1.2013 – Verg W 8/12; OLG Düsseldorf, Beschluss v. 12.10.2011 – VII-Verg 46/11; *Prieß*, in: Kulartz/Marx/Portz/Prieß, VOL/A, § 8 EG Rn. 18 m.w.N.
9 Vgl. OLG Karlsruhe, Beschluss v. 25.7.2014 – 15 Verg 4/14.
10 Vgl. OLG Brandenburg, Beschluss v. 29.1.2013 – Verg W 8/12.
11 Vgl. Verordnungsbegründung, VergRModVO, BR-Drs. 87/16, 288.
12 Vgl. Verordnungsbegründung, VergRModVO, BR-Drs. 87/16, 288.

bole, Prüfungen und Prüfverfahren, Kennzeichnung und Beschriftung oder Gebrauchsanleitungen umfassen.

c) Grundsatz der hersteller- und produktneutralen Leistungsbeschreibung

Nach § 15 Abs. 3 KonzVgV darf in der Leistungsbeschreibung nicht auf eine bestimmte 16

- Machart (Nr. 1),
- Herkunft (Nr. 2),
- ein besonderes Verfahren, das die Erzeugnisse oder Dienstleistungen eines bestimmten Unternehmens kennzeichnet (Nr. 3),
- oder auf gewerbliche Schutzrechte, Typen oder eine bestimmte Erzeugung (Nr. 4),

verwiesen werden, wenn dadurch bestimmte Unternehmen oder bestimmte Erzeugnisse begünstigt oder ausgeschlossen werden. Ausnahmsweise sind solche Verweise zulässig, wenn der Konzessionsgegenstand ansonsten nicht hinreichend genau und allgemein verständlich beschrieben werden kann. Allerdings ist ein solcher Verweis in diesem Fall mit dem Zusatz *„oder gleichwertig"* zu versehen.

d) Gleichwertigkeitsnachweis

Schließlich dürfen Angebote nach § 15 Abs. 4 KonzVgV im Rahmen der Angebotsprüfung[13] 17 nicht mit der Begründung abgelehnt werden, dass die angebotenen Bau- und Dienstleistungen nicht den in der Leistungsbeschreibung genannten technischen und funktionellen Anforderungen entsprechen, wenn der Bieter in seinem Angebot mit geeigneten Mitteln nachgewiesen hat, dass die von ihm vorgeschlagenen Lösungen diese Anforderungen in gleicher Weise erfüllen (vgl. auch Art. 36 Abs. 3 RL 2014/23/EU).[14] Maßstab für die Gleichwertigkeitsprüfung sind „diese Anforderungen", also die Anforderungen der Leistungsbeschreibung. Die Gleichwertigkeit muss durch die Bieter nachgewiesen werden; entsprechende Nachweise sind dem Angebot unaufgefordert beizufügen. Es ist davon auszugehen, dass die Gleichwertigkeitsprüfung in der Praxis erhebliche Schwierigkeiten bereiten wird und im Grundsatz dem Transparenzgedanken zuwiderläuft.[15] Eine Grenze folgt jedenfalls aus § 20 Abs. 2 Nr. 2 KonzVgV: Nach dieser Vorschrift ist ein Angebot ungeeignet, wenn dieses ohne wesentliche Abänderung offensichtlich den in den Vergabeunterlagen genannten Bedürfnissen und Anforderungen des Konzessionsgebers nicht entsprechen kann.

e) Nebenangebote?

Sowohl auf europäischer Ebene als auch auf nationaler Ebene fehlt eine ausdrückliche und 18 umfassende Regelung dazu, ob und in welchem Umfang Konzessionsgeber Nebenangebote zulassen dürfen bzw. zulassen müssen.

Soweit es um **Abweichungen von** den in der Leistungsbeschreibung genannten **techni-** 19 **schen und funktionellen Anforderungen** geht (das betrifft wohl die meisten Nebenangebote), ist bei der Vergabe von Konzessionen § 15 Abs. 4 KonzVgV maßgeblich. Dies bedeutet erstens, dass Nebenangebote, die sich durch eine Abweichung von den technischen und funktionellen Anforderungen in der Leistungsbeschreibung auszeichnen, von Bietern unterbreitet werden können, ohne dass es einer ausdrücklichen Zulassung solcher Nebenangebote durch den Konzessionsgeber bedarf. Konsequenterweise können deshalb für solche Abweichungen weder Mindestanforderungen seitens des Konzessionsgebers gefordert noch akzeptiert werden. Solche Mindestanforderungen liefen nämlich Sinn und Zweck der Regelung des § 15 Abs. 4 KonzVgV bzw. Art. 36 Abs. 3 RL 2014/23/EU zuwider, denn die Regelung eröffnet gerade dem Bieter die Möglichkeit, in Abweichung von den Vorgaben der Leistungsbeschreibung eine gleichwertige Lösung anzubieten. Diese Möglichkeit würde eingeschränkt, wenn

13 Vgl. für den Bereich der öffentlichen Auftragsvergabe EuGH, Urteil v. 16.10.2003 – Rs. C-421/01 (Traunfellner), Rn. 35 ff.
14 Vgl. auch § 7a EU Abs. 3 VOB/A.
15 Vgl. sinngemäß BGH, Beschluss v. 7.1.2014 – X ZB 15/13.

der Konzessionsgeber Mindestanforderungen formulieren müsste oder auch nur formulieren dürfte. Zweitens ergibt sich aus der Vorschrift des § 15 Abs. 4 KonzVgV, dass Nebenangebote in Abweichung von den technischen und funktionellen Anforderungen der Leistungsbeschreibung vom Konzessionsgeber nicht ausgeschlossen werden dürfen. Ein generell formulierter Ausschluss von Nebenangeboten in einer Ausschreibung wäre also – jedenfalls teilweise – verfahrensfehlerhaft.

20 Bei allen **sonstigen Nebenangeboten** (die sich nicht durch eine Abweichung von den technischen und funktionellen Anforderungen in der Leistungsbeschreibung auszeichnen) stellen sich folgende Fragen: Sind Nebenangebote grundsätzlich zulässig, auch wenn es keine Regelung hierzu in der RL 2014/23/EU bzw. der KonzVgV gibt? Müssen Nebenangebote ausdrücklich vom Konzessionsgeber zugelassen werden, damit sie in die Wertung einfließen dürfen? Bedarf es für wertbare Nebenangebote der Festlegung von Mindestanforderungen durch den Konzessionsgeber? Können Nebenangebote vom Konzessionsgeber ausgeschlossen werden?

21 **§ 15 Abs. 4 KonzVgV** spricht zunächst einmal dafür, dass auch sonstige Nebenangebote grundsätzlich zulässig sind. § 15 Abs. 4 KonzVgV ist Ausdruck einer grundsätzlich positiven Wertungsentscheidung zugunsten von Nebenangeboten; mit dieser Regelung wird allein der Konzessionsgeber (erheblich) beschränkt, bestimmte Nebenangebote auszuschließen. Aus einer solchen positiven Wertungsentscheidung kann nicht der Umkehrschluss gezogen werden, dass Nebenangebote grundsätzlich – soweit nicht ausdrücklich zugelassen – unzulässig sind. Schwieriger ist schon der Vergleich mit den Regelungen im Bereich der Vergabe öffentlicher Aufträge. Dort sind Nebenangebote grundsätzlich nur zulässig, wenn sie ausdrücklich zugelassen und Mindestbedingungen aufgestellt sind. Diese Anforderungen werden auf die Grundsätze eines transparenten und diskriminierungsfreien Verfahrens gestützt.[16] Diese Grundsätze gelten natürlich auch bei der Konzessionsvergabe. Ein grundsätzliches Verbot von Nebenangeboten in Konzessionsvergaben scheint dennoch nicht sachgerecht. Schließlich sind bestimmte Nebenangebote, nämlich die von § 15 Abs. 4 KonzVgV erfassten, sogar ohne zuvor aufgestellte **Mindestanforderungen** zulässig. Das heißt, solche Nebenangebote werden ohne die Hürden einer Mindestanforderung zugelassen und müssen – bei Nachweis der Gleichwertigkeit – gewertet werden. Die Hürde für die Zulassung dieser Nebenangebote ist also sehr viel niedriger als im Bereich der Vergabe öffentlicher Aufträge. Hierzu stünde es im Widerspruch, wenn alle sonstigen – also nicht von § 15 Abs. 4 KonzVgV erfassten – Nebenangebote nun gänzlich ausgeschlossen wären, obwohl sie im Bereich der öffentlichen Auftragsvergabe zulässig sind.

22 Ausgehend von diesen Prämissen **spricht viel dafür**, Nebenangebote (soweit es sich nicht um Abweichungen von den technischen und funktionellen Anforderungen der Leistungsbeschreibung handelt) auch im Rahmen der Vergabe von Konzessionen zuzulassen, wenn der Konzessionsgeber Mindestanforderungen festgelegt hat. So würden die Anforderungen an ein transparentes und diskriminierungsfreies Verfahren gewahrt, ebenso wie die grundsätzlich positive Wertungsentscheidung des Gesetzgebers zu Nebenangeboten. Dies hätte automatisch zur Konsequenz, dass nur vom Konzessionsgeber ausdrücklich zugelassene Nebenangebote (weil er Mindestanforderungen festlegen muss) zulässig wären. Letztlich hätte die Forderung nach der Festlegung von Mindestbedingungen auch zur Folge, dass der Konzessionsgeber nicht erwünschte sonstige Nebenangebote ausschließen kann bzw. schlösse er sie automatisch dadurch aus, wenn er keine Mindestanforderungen aufstellt.

4. Auslegung

23 Auch für die Auslegung der Leistungsbeschreibung kann auf die bisher in der Rechtsprechung erarbeiteten Grundsätze zurückgegriffen werden:

- Nach der Rechtsprechung des BGH ist die Frage, welcher Erklärungswert dem Inhalt von Vergabeunterlagen zukommt, nach den für die Auslegung von Willenserklärungen gelten-

---

16 Vgl. für den Bereich der öffentlichen Auftragsvergabe EuGH, Urteil v. 16.10.2003 – Rs. C-421/01 (Traunfellner), Rn. 29; BGH, Beschluss v. 7.1.2014 – X ZB 15/13; § 35 VgV.

den Grundsätzen (§§ 133, 157 BGB) unter Berücksichtigung des Umstands zu ermitteln, dass die Vergabeunterlagen von der Vergabestelle vorformuliert sind.[17] Maßgeblich für das Verständnis ist dabei der **objektive Empfängerhorizont** der potenziellen Bewerber und Bieter; das mögliche Verständnis nur einzelner Empfänger kann nicht berücksichtigt werden.[18] Das ergibt sich aus dem erklärten Zweck der Ausschreibung, gleiche Wettbewerbsbedingungen der Anbieter herzustellen.[19]

- Dabei kommt dem **Wortlaut** der Erklärung besondere Bedeutung zu. Nicht ausgesprochene Einschränkungen sind zwar nicht völlig zu vernachlässigen, doch können sie nur zum Tragen kommen, wenn sie jeder der gedachten Empfänger als solche verstehen konnte und im Zweifel auch so verstehen musste.[20] Wenn es sich bei Leistungsbeschreibungen in Vergabeverfahren um technisch spezialisierte Texte handelt, die für technische Fachleute formuliert werden, ist als „Wortlaut" das allgemeinsprachliche Verständnis der Aussagen jedenfalls dann nicht von Bedeutung, wenn die verwendete Formulierung von den **angesprochenen Fachleuten** in einem spezifischen technischen Sinn verstanden wird (§ 133 BGB) oder wenn für bestimmte Aussagen Bezeichnungen verwendet werden, die in den maßgeblichen Fachkreisen **verkehrsüblich** sind oder für deren Verständnis und Verwendung es gebräuchliche technische Regeln (z.B. DIN-Normen) gibt (§ 157 BGB).[21]
- Schließlich ist die Leistungsbeschreibung als „sinnvolles Ganzes" auszulegen. Es gibt keinen Vorrang bestimmter Teile der Leistungsbeschreibung.[22]

5. Bestandteil der Vergabeunterlagen

Aus § 152 Abs. 1 GWB i.V.m. § 121 Abs. 3 GWB folgt, dass die Leistungsbeschreibung Bestandteil der Vergabeunterlagen ist (§ 16 KonzVgV; Art. 5 Nr. 12 Hs. 2 RL 2014/23/EU). **24**

C. Eignung (Abs. 2)

I. Allgemeines

Nach § 152 Abs. 2 GWB dürfen Konzessionen nur an Unternehmen vergeben werden, die im Sinne des § 122 GWB geeignet sind. Die Vorschrift regelt nicht nur das Recht zur Eignungsprüfung, sondern auch eine **Pflicht**, die Eignung der Bewerber und Bieter **zu prüfen**: Unterlässt der Auftraggeber die Eignungsprüfung, stellt dies einen Verfahrensverstoß dar, der von allen Verfahrensteilnehmern angegriffen werden kann.[23] Die Eignungsprüfung dient dazu, diejenigen Unternehmen zu ermitteln, die zur Erbringung der konkret zu erbringenden Bau- oder Dienstleistung generell in Betracht kommen (Fähigkeit). Mit den Eignungskriterien werden Anforderungen für Bewerber und Bieter festgelegt, um sich überhaupt an dem konkreten Vergabeverfahren beteiligen zu können. **25**

In **einstufigen Verfahren** erfolgt die Eignungsprüfung auch bei der Vergabe von Konzessionen als zweite Wertungsstufe nach der formalen Angebotsprüfung (z.B. formale Mängel, Nichterfüllung etwaiger Mindestanforderungen).[24] In **zweistufigen Verfahren** mit Teilnahmewettbewerb erfolgt die Eignungsprüfung dagegen als erste Stufe des Verfahrens. **26**

Die Eignungsprüfung ist eine Prognose- und Wertungsentscheidung des Konzessionsgebers. Sie unterliegt deshalb nur einer **eingeschränkten Kontrolle** durch die vergaberechtlichen Nachprüfungsinstanzen.[25] **27**

---

17 Vgl. BGH, Urteil v. 20.11.2012 – X ZR 108/10; Urteil v. 10.6.2008 – X ZR 78/07.
18 Vgl. BGH, Urteil v. 20.11.2012 – X ZR 108/10; Urteil v. 22.4.1993 – VII ZR 118/92.
19 Vgl. BGH, Urteil v. 22.4.1993 – VII ZR 118/92.
20 Vgl. BGH, Urteil v. 22.4.1993 – VII ZR 118/92.
21 Vgl. BGH, Urteil v. 23.6.1994 – VII ZR 163/93.
22 Vgl. BGH, Urteil v. 11.3.1999 – VII ZR 179/98.
23 Vgl. auch Art. 37 Abs. 1 RL 2014/23/EU.
24 Vgl. *Schröder*, NZBau 2015, 351 (353).
25 Vgl. OLG Karlsruhe, Beschluss v. 15.4.2015 – 15 Verg 2 / 15; OLG Saarbrücken, Urteil v. 28.1.2015 – 1 U 138/14; VK Bund, Beschluss v. 10.2.2004 – VK 2-150/03.

28 Der deutsche Gesetzgeber will mit § 152 Abs. 2 GWB i.V.m. § 122 GWB die „grundlegenden Vorgaben" des **Art. 38 Abs. 1 S. 1 RL 2014/23/EU** („Auswahl und qualitative Bewertung der Bewerber") umsetzen.[26] Gegenstand dieser Regelung ist die Eignung der Bewerber und Bieter. Allerdings wird – anders als in Art. 58 Abs. 1 RL 2014/24/EU – nicht der Begriff „Eignungskriterien", sondern der Begriff „Teilnahmebedingungen" verwendet. Der deutsche Gesetzgeber hat sich dennoch für einen Komplettverweis entschieden, da er davon ausgeht, dass Art. 38 Abs. 1 S. 1 RL 2014/23/EU mit den Vorgaben aus dem Bereich der öffentlichen Auftragsvergabe übereinstimmt. Ob § 122 GWB vollständig in Bezug genommen werden soll und nicht nur § 122 Abs. 1 und Abs. 2 GWB (was der Wortlaut des § 152 Abs. 2 GWB durchaus zuließe), ist unklar.

29 § 122 GWB wurde im Zuge der **Vergaberechtsreform 2016** neu strukturiert: Die bisherige deutsche Systematik (Fachkunde, Leistungsfähigkeit, Zuverlässigkeit und Gesetzestreue, vgl. § 97 Abs. 4 S. 1 GWB a.F.) wurde aufgegeben und ein Gleichlauf mit den Anforderungen des Art. 58 Abs. 1 RL 2014/24/EU herbeigeführt.[27] § 152 Nr. 2 GWB i.V.m. § 122 GWB wird in §§ 25 f. KonzVgV weiter konkretisiert.

30 Im Ergebnis offen bleiben kann die Frage, ob der Verweis in § 152 Abs. 2 GWB sich nur auf die Eignungsprüfung im Engeren bezieht oder ob auch die Prüfung der **zwingenden und fakultativen Ausschlussgründe** gemäß § 123 und § 124 GWB vom Verweis umfasst sein sollen. Streng genommen und insbesondere unter Berücksichtigung der Legaldefinition in § 122 GWB von „geeignet" spricht viel dafür, dass sich der Verweis in § 152 Abs. 2 GWB nur auf die Eignungsprüfung selbst bezieht, also auf die in § 122 Abs. 2 GWB genannten Eignungskriterien, nicht aber auf die Ausschlusskriterien in § 123 und § 124 GWB. Zudem heißt es in § 122 Abs. 2: „Ein Unternehmen ist geeignet, wenn [...]". Ausschlussgründe spielen also für die Frage der Eignung eines Unternehmens keine Rolle, sondern sind ein zusätzliches Tatbestandsmerkmal, welches neben der Eignung zu prüfen ist. Dennoch sind die zwingenden und fakultativen Ausschlussgründe auch bei der Vergabe von Konzessionen zu beachten. Das folgt aus dem Verweis in § 154 Nr. 2 GWB.

II. Eignung und Eignungskriterien

1. Eignung

31 Unternehmen sind geeignet, wenn sie fachkundig und leistungsfähig sind (§ 122 Abs. 1 GWB). Nach § 122 Abs. 2 GWB i.V.m. § 152 Nr. 2 GWB ist dies der Fall, wenn die Unternehmen die durch den Konzessionsgeber im Einzelnen zur ordnungsgemäßen Ausführung des öffentlichen Auftrags festgelegten Kriterien (Eignungskriterien) erfüllen. Eignungskriterien sind dabei (streng) von den **Zuschlagskriterien** zu trennen: Die Zuschlagskriterien dienen dazu, qualitative/preisliche Unterschiede zwischen den konkret abgegebenen Angeboten für die ausgeschriebenen Leistungen herauszuarbeiten; die Eignungskriterien knüpfen hingegen an das bietende Unternehmen selbst und seine bisherigen Tätigkeiten an. Eignung und Wertung sind also zwei unterschiedliche Vorgänge, die unterschiedlichen Regeln unterliegen und nach ständiger Rechtsprechung nicht vermengt werden dürfen (sog. Vermengungsverbot).[28]

---

26 Vgl. Gesetzesbegründung, BT-Drs. 18/6281, 131.
27 Vgl. Gesetzesbegründung, BT-Drs. 18/6281, 100.
28 Vgl. für den Bereich der öffentlichen Aufträge EuGH, Urteil v. 26.3.2015 – Rs. C-601/13 (Ambisig); Urteil v. 12.11.2009 – Rs. C-199/07 (Kommission/Hellenische Republik), Rn. 51; Urteil v. 24.1.2008 – Rs. C-532/06 (Lianakis), Rn. 26; Urteil v. 19.6.2003 – Rs. C-315/01 (GAT), Rn. 63 ff.; Urteil v. 20.9.1988 – Rs. 31/87 (Beentjes) Rn. 15 ff.; *Braun*, in: Gabriel/Krohn/Neun, Handbuch des Vergaberechts, § 28 Rn. 24 ff.

2. Eignungskriterien

Nach der **abschließenden Liste** des § 122 Abs. 2 S. 2 GWB dürfen Eignungskriterien „ausschließlich" folgende Aspekte betreffen: 32

- Befähigung und Erlaubnis zur Berufsausübung;
- wirtschaftliche und finanzielle Leistungsfähigkeit;
- technische und berufliche Leistungsfähigkeit.

Diese Vorgaben (die auf Art. 58 Abs. 1 RL 2014/24/EU basieren) weichen im Wortlaut von der **unionsrechtlichen Vorgabe** des Art. 38 Abs. 1 RL 2014/23/EU ab. Danach prüfen die Konzessionsgeber die Erfüllung der Teilnahmebedingungen (= Eignungskriterien) nur hinsichtlich der beruflichen und fachlichen Befähigung sowie der finanziellen und wirtschaftlichen Leistungsfähigkeit der Bewerber und Bieter.[29] 33

Insbesondere eine Prüfung der **technischen Leistungsfähigkeit** ist nicht ausdrücklich in der RL 2014/23/EU vorgesehen.[30] Dennoch hat sich der deutsche Gesetzgeber für einen Komplettverweis auf § 122 GWB entschieden und begründet dies wie folgt: In der Sache bestehe zwischen den Vorgaben des Art. 58 Abs. 1 RL 2014/24/EU und Art. 38 Abs. 1 RL 2014/23/EU kein Unterschied; ferner sei kein Sachgrund ersichtlich, wieso bei der Konzessionsvergabe andere qualitative Anforderungen gelten sollten.[31] Es ist in der Tat nicht nachvollziehbar, warum der europäische Normgeber die technische Leistungsfähigkeit als mögliche Teilnahmebedingung nicht erwähnt hat. Allerdings bedeutet die Ergänzung dieses Kriteriums in den Katalog möglicher Eignungskriterien auf nationaler Ebene eine (mögliche) Einengung des Wettbewerbs, also des möglichen Bieterkreises. Es kann durchaus bezweifelt werden, dass dies **europarechtskonform** ist. Wegen des abweichenden Wortlauts der Vorgaben der RL 2014/23/EU ist davon auszugehen, dass die deutsche Umsetzung zu Rechtsunsicherheit führt. 34

Der Konzessionsgeber legt die Eignungskriterien für die konkrete Konzessionsvergabe fest. Ihm steht ein weiter **Beurteilungsspielraum** zu. Allerdings müssen die Eignungskriterien **mit dem Konzessionsgegenstand in Verbindung stehen** und **angemessen** sein (§ 122 Abs. 4 GWB i.V.m. § 152 Nr. 2 GWB; Art. 38 Abs. 1 RL 2014/23/EU). Die Frage, ob Eignungskriterien angemessen sind, hängt vom Konzessionsgegenstand ab und ist eine Frage des Einzelfalls. 35

III. Bekanntmachung der Eignungskriterien

Eignungskriterien sind nach dem Wortlaut des § 122 Abs. 4 S. 2 GWB „in der Auftragsbekanntmachung, der Vorinformation oder der Aufforderung zur Interessenbekundung aufzuführen". Nach der Gesetzesbegründung ist § 122 Abs. 4 S. 2 GWB jedoch unionsrechtskonform auszulegen.[32] Denn die Eignungskriterien/Teilnahmebedingungen müssen in Konzessionsvergabeverfahren bereits in der **Konzessionsbekanntmachung** enthalten sein (§ 151 i.V.m. Art. 31 Abs. 2 RL 2014/23/EU und Anhang V Nr. 7, Art. 38 Abs. 1 RL 2014/23/EU). 36

Nur bei Konzessionsvergaben für **soziale und andere besondere Dienstleistungen** (§ 153 GWB) sind die Eignungskriterien/Teilnahmebedingungen in die **Vorinformation** – als spezielle Form der Konzessionsbekanntmachung – aufzunehmen.[33] 37

---

29 Vgl. auch Erwägungsgrund 63 RL 2014/23/EU.
30 Vgl. auch Europäisches Parlament, Plenarsitzungsdokument v. 1.2.2013 (A7-0030/2013), S. 160.
31 Vgl. Gesetzesbegründung, BT-Drs. 18/6281, 131; auch *Prieß/Stein*, VergabeR 2014, 499 (508), zählen die technische Leistungsfähigkeit zu den bekannt zu machenden Teilnahmebedingungen; a.A. *Schröder*, NZBau 2015, 351 (353).
32 Vgl. Gesetzesbegründung, BT-Drs. 18/6281, 131.
33 So wohl auch die Gesetzesbegründung, BT-Drs. 18/6281, 131.

IV. Nachweis der Eignung

38 Kehrseite der Pflicht, die Eignung der an der Konzession interessierten Unternehmen zu prüfen, ist das Recht, die Vorlage von Eignungsnachweisen zu fordern. Auch das Recht, Eignungsnachweise zu fordern, unterliegt jedoch – wie die Festlegung von Eignungskriterien – Grenzen.

1. Eigenerklärungen und Referenzen

39 Aus Art. 38 Abs. 1 S. 1 RL 2014/23/EU folgt, dass Bewerber und Bieter die Erfüllung der Eignungskriterien durch „Eigenerklärungen oder Referenzen" nachweisen können. § 26 KonzVgV spricht dagegen von „Eigenerklärungen" und „Nachweisen". Entsprechend § 22 Abs. 2 S. 1 VSVgV ist unter einer **Eigenerklärung** zu verstehen, dass Bewerber oder Bieter ihre Eignung durch die Vorlage einer Erklärung belegen, dass sie die vom Konzessionsgeber verlangten Eignungskriterien erfüllen und die festgelegten Nachweise auf Aufforderung unverzüglich beibringen können.[34] Darüber hinaus ist ist der Passus „Referenzen, die als Nachweis einzureichen sind" i.S.d. Art. 38 Abs. 1 RL 2014/23/EU nach dem Verständnis des Verordnungsgebers weit zu verstehen und umfasst zum Beispiel auch die Vorlage eines Führungszeugnisses. Der Verordnungsgeber hat sich deswegen für den Oberbegriff *„Nachweis"* entschieden, der inhaltlich auch Referenzen umfasst.[35]

40 Die Entscheidung des Konzessionsgebers, welche konkreten Eignungsnachweise er fordert, bewegt sich im **Spannungsfeld** zwischen dem Anliegen, das Vergabeverfahren mit nur tatsächlich geeigneten Bewerbern oder Bietern fortzusetzen, und seinem Interesse, die Zahl der Unternehmen und damit den Wettbewerb nicht durch zu strenge Anforderungen unnötig zu verringern.

2. Eignungsleihe

41 Auch zu einer möglichen Eignungsleihe[36] schweigt § 122 GWB. Zur Umsetzung von Art. 38 Abs. 2 RL 2014/23/EU bestimmt § 25 Abs. 3 S. 1 KonzVgV jedoch, dass ein Unternehmen zur Erfüllung der Eignungskriterien Kapazitäten anderer Unternehmen einbeziehen darf. Auf die rechtlichen Beziehungen zwischen diesen Unternehmen kommt es dabei nicht an. Hinsichtlich der finanziellen Leistungsfähigkeit können Konzessionsgeber verlangen, dass die Unternehmen gemeinschaftlich für die Vertragsdurchführung haften (§ 25 Abs. 3 S. 1 KonzVgV). Außerdem können Konzessionsgeber verlangen, dass die zur Erfüllung der Eignungskriterien erforderlichen Mittel während der gesamten Konzessionslaufzeit zur Verfügung stehen werden (§ 25 Abs. 3 KonzVgV). Das kann durch eine entsprechende Zusage des Unternehmens erfolgen (Verpflichtungserklärung).[37]

3. Nachweis durch Präqualifizierungssysteme?

42 Nach § 122 Abs. 3 GWB kann die Eignung sowie das Nichtvorliegen von Ausschlussgründen nach §§ 123, 124 GWB ganz oder teilweise durch die Teilnahme an Präqualifizierungssystemen[38] nachgewiesen werden.

43 § 122 Abs. 3 GWB basiert auf **Art. 64 RL 2014/24/EU** („Amtliche Verzeichnisse zugelassener Wirtschaftsteilnehmer und Zertifizierung durch öffentlich-rechtliche oder privatrechtliche Stellen") bzw. **Art. 77 RL 2014/25/EU** („Qualifizierungssystem").[39] Dagegen fehlt eine entsprechende unionsrechtliche Vorgabe in der RL 2014/23/EU. Es ist daher davon auszugehen, dass ein entsprechender Eignungsnachweis jedenfalls durch den Unionsgesetzgeber nicht vorgesehen war. Warum der Unionsgesetzgeber auf Präqualifizierungssysteme im Konzessionsbereich

34 Vgl. Verordnungsbegründung, VergRModVO, BR-Drs. 87/16, 294 f.
35 Vgl. Verordnungsbegründung, VergRModVO, BR-Drs. 87/16, 295.
36 Dazu jüngst auch EuGH, Urteil v. 7.4.2016 – Rs. C-324/14 (Partner Apelski Dariusz).
37 Vgl. Verordnungsbegründung, VergRModVO, BR-Drs. 87/16, 295.
38 Vgl. dazu *Tugendreich*, NZBau 2011, 467 ff.
39 Vgl. Gesetzesbegründung, BT-Drs. 18/6281, 101.

verzichtet hat, begründet er nicht. Eine Erklärung könnte sein, dass Präqualifizierungssysteme bei der Vergabe von Konzessionen ihren Zweck nicht erfüllen – die Einsparung von Transaktionskosten durch Feststellung der generellen Eignung.[40] Denn Konzessionen sind oftmals individuelle und komplexe Vertragsbeziehungen, sodass die Feststellung einer generellen Eignung nur begrenzt möglich ist.

Ob nun Konzessionsgebern die Möglichkeit offensteht, ein Präqualifizierungssystem einzu- **44**
richten oder die Eignungsprüfung auf eine Präqualifikation zu stützen, ist durchaus fraglich. Dagegen könnte sprechen, dass erklärtes **Ziel des deutschen Gesetzgebers** eine 1:1-Umsetzung war. Zudem werden in der Gesetzesbegründung zu § 152 Abs. 2 GWB Präqualifikationssysteme nicht thematisiert. Letztlich fehlen auch untergesetzliche Regelungen, die § 48 Abs. 8 VgV oder § 48 SektVO entsprechen. Dafür könnte hingegen sprechen, dass Präqualifizierungssysteme wegen der Absenkung des Teilnahmeaufwands den potenziellen Bieterkreis erhöhen, also zu **mehr Wettbewerb** führen. Hinzu kommt, dass das Verfahren bei der Konzessionsvergabe erklärtermaßen viel freier ausgestaltet sein soll als bei der Vergabe öffentlicher Aufträge, also dem Konzessionsgeber bei der Ausgestaltung des Verfahrens ein **großer Spielraum** zustehen soll. Es gibt somit keinen Grund, warum es dem deutschen Gesetzgeber nicht möglich sein sollte, Präqualifizierungssysteme im Rahmen von Konzessionsvergaben zuzulassen bzw. vorzusehen, auch wenn es keine entsprechende europäische Grundlage gibt.

4. Einheitliche Europäische Eigenerklärung?

Des Weiteren ist davon auszugehen, dass die sog. Einheitliche Europäische Eigenerklärung **45**
nicht für die Vergabe von Konzessionen gilt.[41] Diese ist für den Bereich der öffentlichen Auftragsvergabe in **Art. 59 RL 2014/24/EU** geregelt: Danach genügt im Regelfall bei der Einreichung von Teilnahmeanträgen und Angeboten zum vorläufigen Nachweis, dass kein Ausschlussgrund gemäß Art. 57 RL 2014/24/EU gegeben ist, die festgelegten Eignungskriterien nach Art. 58 RL 2014/24/EU und gegebenenfalls auch die objektiven Regeln und Kriterien nach Art. 65 RL 2014/24/EU erfüllt sind, eine entsprechende standardisierte Erklärung des Bewerbers und Bieters anstelle von Behörden oder Dritten (Art. 59 Abs. 1 RL 2014/24/EU; § 48 Abs. 3 VgV). Die Einheitliche Europäische Eigenerklärung wurde von der Kommission in der VO (EU) 2016/7 festgelegt[42] (Art. 59 Abs. 2 RL 2014/24/EU). Sie soll zur Vereinfachung des Vergabeverfahrens beitragen. In der **RL 2014/23/EU** (genauso wie in den deutschen Umsetzungsakten) fehlen jedoch entsprechende Vorgaben.

D. Zuschlag (Abs. 3)

§ 152 Abs. 3 GWB regelt den Zuschlag. Die Vorschrift basiert auf der unionsrechtlichen Vor- **46**
gabe des Art. 41 RL 2014/23/EU.

I. Maßstab: Wirtschaftlicher Gesamtvorteil (S. 1)

Nach § 152 Abs. 3 S. 1 GWB wird der Zuschlag auf Grundlage objektiver Kriterien erteilt, die **47**
sicherstellen, dass die Angebote unter wirksamen Wettbewerbsbedingungen bewertet werden und ein **„wirtschaftlicher Gesamtvorteil"** für den Konzessionsgeber ermittelt werden kann. Der Maßstab „wirtschaftlicher Gesamtvorteil" ist neu und weicht von der bisher üblichen Terminologie der RL 2014/24/EU und RL 2014/25/EU ab. Dort muss das „wirtschaftlichste Angebot" den Zuschlag erhalten.[43] Dagegen handelt es sich bei dem „wirtschaftlichen Gesamtvorteil" um einen flexiblen Maßstab, der durch die Konzessionsgeber entsprechend ihrem konkreten Bedarf ausgefüllt werden muss. Dabei können die Konzessionsgeber die Zuschlagskriterien grundsätzlich frei wählen, solange diese den Anforderungen des § 152 Abs. 3

40 Vgl. *Tugendreich*, NZBau 2011, 467 (468).
41 So auch *Braun*, in: Hettich/Soudry, Das neue Vergaberecht, S. 193.
42 Vgl. Anhang 2 VO (EU) 2016/7.
43 Vgl. Art. 67 Abs. 1 RL 2014/24/EU, Art. 82 Abs. 1 RL 2014/25/EU i.V.m. § 127 Abs. 1 S. 1 GWB.

GWB (i.V.m. Art. 41 RL 2014/23/EU) entsprechen.[44] Das folgt vor allem aus Erwägungsgrund 73 RL 2014/23/EU:

„Zur Sicherstellung der Gleichbehandlung und Transparenz sollten Kriterien für die Konzessionsvergabe stets einigen allgemeinen Standards entsprechen. Diese Standards können auch nicht rein wirtschaftliche Faktoren berücksichtigen, die aus der Sicht des öffentlichen Auftraggebers oder des Auftraggebers den Wert eines Angebots beeinflussen und es ihm ermöglichen, einen wirtschaftlichen Gesamtvorteil zu ermitteln."

48 Der Unterschied zwischen dem Maßstab des **„wirtschaftlichsten Angebots"** einerseits und des „wirtschaftlichen Gesamtvorteils" andererseits ist lediglich ein gradueller, und zwar in Bezug auf die Berücksichtigung des Preises bei der Festlegung der Zuschlagskriterien. Während die Ermittlung des „wirtschaftlichsten Angebots" zwingend eine (angemessene) Berücksichtigung des Preises voraussetzt, kann ein „wirtschaftlicher Gesamtvorteil" auch ohne Preis bzw. bei untergeordneter Berücksichtigung des Preiskriteriums ermittelt werden. Dieses Verständnis spiegelt sich im **Gesetzeswortlaut** wider: § 127 Abs. 1 GWB spricht davon, dass zur Ermittlung des wirtschaftlichsten Angebots „neben dem Preis oder den Kosten auch qualitative, umweltbezogene oder soziale Aspekte berücksichtigt werden" können. In § 152 Abs. 3 S. 3 GWB heißt es hingegen nur, dass die Zuschlagskriterien „qualitative, umweltbezogene oder soziale Belange umfassen" können; eine Bezugnahme auf den Preis fehlt in den Anforderungen an die Zuschlagskriterien bei der Konzessionsvergabe. Daraus lässt sich Folgendes ableiten: Sowohl bei der Auftragsvergabe als auch bei der Konzessionsvergabe können die Zuschlagskriterien qualitative, umweltbezogene oder soziale Belange umfassen. Insoweit unterscheiden sich die Maßstäbe für die Bildung der Zuschlagskriterien also nicht. Der Unterschied besteht jedoch darin, dass bei der Auftragsvergabe darüber hinaus der Preis grundsätzlich ein (maßgebliches) Zuschlagskriterium sein muss, das in angemessener Weise Berücksichtigung findet,[45] weil sich nur so ein Preis-Leistungs-Verhältnis ermitteln lässt, aus dem sich wiederum das wirtschaftlichste Angebot ergibt. Bei der Konzessionsvergabe gibt es eine entsprechende Vorgabe, also dem Preis ein angemessenes Gewicht bei der Bildung der Zuschlagskriterien beizumessen, nicht.

49 Irrelevant ist, bei wem der **Nutzen** eintritt, der den wirtschaftlichen Gesamtvorteil ausmacht. Dieser muss nicht notwendigerweise beim Konzessionsgeber eintreten; es kann ebenso gut auf den späteren Nutzer der Leistung/Ware abgestellt werden.

II. Zuschlagskriterien (S. 2 bis 4)

50 Die wesentlichen Vorgaben für die Zuschlagskriterien sind in § 152 Abs. 3 S. 1 bis 3 GWB geregelt. Die Vorgaben kodifizieren im Wesentlichen – bis auf die Frage der Gewichtung – die Rechtsprechung des EuGH.

1. Anforderungen

a) Allgemeine Grundsätze

51 Ausgangspunkt ist, dass der Zuschlag auf Grundlage **objektiver Kriterien** erteilt wird (§ 152 Abs. 3 S. 1 GWB). Zuschlagskriterien sind objektiv, wenn sie mit den allgemeinen Vergabegrundsätzen vereinbar sind. Das folgt aus Art. 41 Abs. 1 RL 2014/23/EU, der eine Grundforderung der Rechtsprechung des EuGH kodifiziert: Nach dieser Vorschrift müssen die Zuschlagskriterien den in Art. 3 RL 2014/23/EU festgelegten Grundsätzen entsprechen (Gleichbehandlung, Nichtdiskriminierung, Transparenz, Verhältnismäßigkeit) und sicherstellen, dass die

44 Vgl. auch European Commission, Memo/14/19 v. 15.1.2014, Directive of the European Parliament and the Council on the award of Concession Contracts – Frequently Asked Questions, S. 5.

45 Ob es eine bestimmte Mindestwertigkeit – z.B. 30 % – oder maximale Obergrenze für das Kriterium Preis gibt, ist im Rahmen der Auftragsvergabe umstritten, vgl. z.B. OLG Düsseldorf, Beschluss v. 9.1.2013 – VII-Verg 33/12; Beschluss v. 25.5.2005 – VII-Verg 08/05; OLG Dresden, Beschluss v. 5.1.2001 – WVerg 11/00 und WVerg 12/00.

Angebote unter wirksamen Wettbewerbsbedingungen bewertet werden.[46] Auch die Gesetzesbegründung zu § 152 Abs. 3 GWB verweist auf die Grundsätze des § 97 Abs. 1 GWB (Wettbewerb, Transparenz, Wirtschaftlichkeit, Verhältnismäßigkeit).[47]

b) Verbindung zum Konzessionsgegenstand und keine uneingeschränkte Wahlfreiheit

Darüber hinaus bestimmt § 152 Abs. 3 S. 2 GWB[48] den grundsätzlichen Rahmen, in dem Konzessionsgeber Zuschlagskriterien wählen und ausgestalten können. Nach dieser Vorschrift müssen die Zuschlagskriterien 52

- mit dem Konzessionsgegenstand in Verbindung stehen und
- dürfen dem Konzessionsgeber keine uneingeschränkte Wahlfreiheit einräumen.

Auch diese Vorgaben haben ihren Ursprung in der **Rechtsprechung des EuGH**.[49] Dabei dürfen die Anforderungen nicht überspannt werden. So hat der EuGH etwa mit Blick auf einen Lieferauftrag entschieden, dass es für den notwendigen Zusammenhang nicht erforderlich ist, dass sich ein Zuschlagskriterium „auf eine **echte innere Eigenschaft** eines Erzeugnisses, also ein Element, das materiell Bestandteil von ihm ist, bezieht".[50] 53

Auch das OLG Düsseldorf stellt an die Voraussetzung **„in Verbindung stehen"** keine strengen Anforderungen: Mit Blick auf die entsprechende Vorgabe in Art. 67 Abs. 2 RL 2014/24/EU hat das Gericht entschieden, dass Zuschlagskriterien sich lediglich auf die ausgeschriebene Leistung beziehen, sich jedoch nicht unmittelbar aus dem Leistungsgegenstand ergeben müssen. Zur Begründung verweist das OLG Düsseldorf unter anderem auf den gesetzgeberischen Willen des Unionsgesetzgebers, nach dem mit den Zuschlagskriterien auch mittelbare, teils sogar sekundäre Ziele verfolgt werden können.[51] 54

c) Qualitative, umweltbezogene oder soziale Belange

152 Abs. 3 S. 3 GWB präzisiert, dass Gegenstand von Zuschlagskriterien qualitative, umweltbezogene oder soziale Belange sein können (sofern die übrigen Anforderungen beachtet werden).[52] 55

Der Wortlaut weicht etwas von der **unionsrechtlichen Vorgabe** ab: Nach Art. 41 Abs. 2 UAbs. 1 S. 2 RL 2014/23/EU können „unter anderem ökologische, soziale oder innovationsbezogene Kriterien berücksichtigt" werden. Ein inhaltlicher Unterschied folgt aus dieser Abweichung aber nicht. 56

Obwohl die Berücksichtigung solcher Sekundärzwecke nach der EuGH-Rechtsprechung[53] auch vor der EU-Vergaberechtsreform unter den oben genannten Voraussetzungen ohne Weiteres möglich war, wird durch deren explizite Hervorhebung dennoch die **politisch-strategische Beschaffung** insgesamt gestärkt.[54] Das folgt auch aus dem Umstand, dass haushaltspolitische Zielsetzungen nicht ausdrücklich genannt werden (etwa Grundsatz der Wirtschaftlichkeit, vgl. aber § 97 Abs. 1 S. 2 GWB). Hauspolitische Zielsetzungen treten vielmehr sogar in den Hintergrund, wenn verstärkt soziale und ökologische Kriterien herangezogen werden.[55] 57

Aus Erwägungsgrund 64 RL 2014/23/EU folgt, dass qualitative, umweltbezogene und soziale Belange die zu erbringenden Bau- und Dienstleistungen **in jeder Hinsicht und in jeder** 58

---

46 Vgl. EuGH, Urteil v. 17.9.2002 – Rs. C-513/99 (Concordia), Rn. 63; Urteil v. 26.9.2000 – Rs. C-225/98 (Kommission/Frankreich), Rn. 50; Urteil v. 20.9.1988 – Rs. 31/87 (Beentjes), Rn. 29.
47 Vgl. Gesetzesbegründung, BT-Drs. 18/6281, 131.
48 Vgl. Art. 41 Abs. 2 S. 1 RL 2014/23/EU.
49 Vgl. EuGH, Urteil v. 4.12.2013 – Rs. C-448/01 (Wienstrom), Rn. 36; Urteil v. 10.5.2012 – Rs. C-368/10 (Max Havelaar), Rn. 89; Urteil v. 17.9.2002 – Rs. C-513/99 (Concordia), Rn. 64.
50 Vgl. EuGH, Urteil v. 10.5.2012 – Rs. C-368/10 (Max Havelaar), Rn. 91.
51 Vgl. OLG Düsseldorf, Beschluss v. 19.11.2014 – VII-Verg 30/14.
52 Vgl. auch Erwägungsgründe 2 und 3 RL 2014/23/EU.
53 Vgl. EuGH, Urteil v. 17.9.2002 – Rs. C-513/99 (Concordia); Urteil v. 26.9.2000 – Rs. C-225/98 (Kommission/Frankreich); Urteil v. 20.9.1988 – Rs. 31/87 (Beentjes).
54 Kritisch *Braun*, in: Hettich/Soudry, Das neue Vergaberecht, S. 183; *Siegel*, VergabeR 2015, 265 (270).
55 Zutreffend *Braun*, in: Hettich/Soudry, Das neue Vergaberecht, S. 155–186.

Phase ihres Lebenszyklus von der Gewinnung der Rohstoffe bis zur Entsorgung betreffen können, auch wenn derartige Faktoren kein materieller Bestandteil der Leistungen sind. Etwa:

- Die Dienstleistungen werden mit energieeffizienten Maschinen erbracht.
- Es werden nur „fair gehandelte Waren" verwendet.
- Zahlung eines Mindestpreises oder Preisaufschlags an Unterauftragnehmer;
- Maßnahmen zur Abfallminimierung und Ressourceneffizienz.

59 Ebenfalls Gegenstand von Zuschlagskriterien können „Maßnahmen zum Schutz der Gesundheit der am Prozess der Ausführung der Konzession beteiligten Arbeitskräfte, zur Förderung der sozialen Integration von benachteiligten Personen oder Angehörigen sozial schwacher Gruppen" sein, sofern sie mit der Konzession im Zusammenhang stehen.[56] Derartige Zuschlagskriterien „können sich unter anderem auf die Beschäftigung von Langzeitarbeitslosen oder die Umsetzung von Ausbildungsmaßnahmen für Arbeitslose oder Jugendliche im Zuge der Ausführung der zu vergebenden Konzession beziehen".[57]

d) Preis als Zuschlagskriterium

60 Der Wortlaut des § 152 Abs. 3 S. 3 GWB – anders als die Regelung in § 127 Abs. 1 S. 3 GWB – nennt ausdrücklich nur qualitative, umweltbezogene oder soziale Belange als mögliche Zuschlagskriterien. Dies ist jedoch nicht als abschließende Regelung dahin gehend zu verstehen, dass der Preis als Zuschlagskriterium ausgeschlossen ist. Unter Berücksichtigung des Grundsatzes der freien Verfahrensgestaltung (§ 151 S. 3 GWB) ist dem Konzessionsgeber bei der Bildung der Zuschlagskriterien ein möglichst großer Freiraum einzuräumen,[58] der Preis als mögliches Zuschlagskriterium ist Ausdruck dieses Grundsatzes.

61 Konsequenterweise bedeutet der Grundsatz der freien Verfahrensgestaltung darüber hinaus auch, dass es bei der Vergabe von Konzessionen – wie auch bei der Vergabe von öffentlichen Aufträgen – möglich ist, **nur auf den Preis** der Angebote abzustellen (wenn der Konzessionsgeber dies mit Blick auf den Konzessionsgegenstand für sachgerecht hält).[59]

62 Eine Regelung, nach der Angebote mit **ungewöhnlich niedrigen Preisen** auszuschließen sind, kennt der Rechtsrahmen zur Vergabe von Konzessionen allerdings nicht.

e) Beschreibung der Zuschlagskriterien

63 Schließlich müssen die Zuschlagskriterien so beschrieben sein, dass sie eine **wirksame Überprüfung** der von den Bietern übermittelten Informationen gestatten, um bewerten zu können, ob und inwieweit die Angebote die Zuschlagskriterien erfüllen (§ 152 Abs. 3 S. 4 GWB; Art. 41 Abs. 2 UAbs. 2 RL 2014/23/EU).

64 In diesem Sinne hatte das OLG Dresden bereits mit Blick auf eine Dienstleistungskonzession entschieden, dass das vergaberechtliche **Transparenzgebot** erfordert, Wertungskriterien, deren Inhalt sich für die Bieter nicht von selbst versteht, mit den Vergabeunterlagen so konkretisiert werden müssen, dass die Bieter die dahinterstehenden Wertungspräferenzen des Konzessionsgebers erkennen und ihre Angebote danach ausrichten können.[60]

2. Bekanntgabe der Bedeutung der Zuschlagskriterien

65 Aus § 31 Abs. 1 KonzVgV i.V.m. Art. 41 Abs. 3 RL 2014/23/EU folgt, dass die Zuschlagskriterien gemäß absteigender **Reihenfolge ihrer Bedeutung** anzugeben sind. Diese Vorgabe unterscheidet sich von jener für öffentliche Aufträge. Dort wird explizit eine Gewichtung der Zuschlagskriterien verlangt und nur für den Fall, dass dies aus objektiven Gründen nicht möglich ist, eine Angabe der Zuschlagskriterien in absteigender Reihenfolge ihrer Bedeutung zugelas-

56 Vgl. Erwägungsgrund 66 RL 2014/23/EU.
57 Vgl. Erwägungsgrund 66 RL 2014/23/EU.
58 So auch *Braun*, in: Hettich/Soudry, Das neue Vergaberecht, S. 155–195.
59 So auch European Commission, Memo/14/19 v. 15.1.2014, Directive of the European Parliament and the Council on the Award of Concession Contracts – Frequently Asked Questions, S. 5.
60 Vgl. OLG Dresden, Urteil v. 13.8.2013 – 16 W 439/13; so auch OLG Celle, Urteil v. 23.2.2016 – 13 U 148/15.

sen (vgl. Art. 67 Abs. 5 RL 2014/24/EU i.V.m. § 58 Abs. 3 VgV bzw. Art. 82 Abs. 5 RL 2014/25/EU i.V.m. § 52 Abs. 3 SektVO).

a) Gewichtung?

Fraglich ist deshalb, ob im Rahmen von Konzessionsvergaben grundsätzlich auf eine Gewichtung der Zuschlagskriterien verzichtet werden kann. Damit sind zwei Aspekte angesprochen. Erstens die Frage, ob gänzlich auf eine Gewichtung verzichtet werden kann, also letztlich die Angebote auch ohne Gewichtung bewertet werden können. Zweitens die Frage, ob bei einer doch erfolgten Gewichtung – ggf. zu einem späteren Zeitpunkt des Verfahrens – auf eine Bekanntgabe den Bietern gegenüber verzichtet werden kann. 66

Gänzlich auf eine Gewichtung der einzelnen Zuschlagskriterien zu **verzichten**, dürfte praktisch schwierig bzw. ausgeschlossen sein. Denn eine Bewertung der Angebote auf der Grundlage verschiedener Zuschlagskriterien setzt gedanklich eine – auch genaue – Festlegung voraus, mit welchem Gewicht die jeweiligen Kriterien in die Bewertung einfließen. 67

Der Verzicht auf eine Gewichtung könnte deshalb richtigerweise nur bedeuten, dass die Zuschlagskriterien zu Beginn des Verfahrens oder zum Zeitpunkt der (finalen) Angebotsaufforderung noch nicht gewichtet sind und erst später – aber vor Bewertung der (finalen) Angebote – gewichtet werden. Eine solche **spätere Gewichtung**, jedoch ohne Bekanntgabe gegenüber den Bietern, dürfte allerdings mit dem Transparenzgrundsatz nicht vereinbar sein. 68

So folgt nach Auffassung des **EuGH** – jedenfalls bei der Vergabe öffentlicher Aufträge – aus den Grundsätzen der **Gleichbehandlung und Transparenz** die Pflicht, dass den potenziellen Bietern zum Zeitpunkt der Vorbereitung ihrer Angebote alle Kriterien, die vom öffentlichen Auftraggeber bei der Bestimmung des wirtschaftlich günstigsten Angebots berücksichtigt werden, und, wenn möglich, deren relative Bedeutung bekannt sind.[61] Ob dazu eine Gewichtung zwingend erforderlich ist, hat der EuGH hingegen bislang offengelassen. Sofern allerdings im Vorhinein eine Gewichtung bekannt gemacht wurde, sind nachträgliche Änderungen grundsätzlich unzulässig.[62] 69

Die **deutsche Rechtsprechung** geht demgegenüber bei der Vergabe öffentlicher Aufträge von einer **Pflicht zur Gewichtung** aus. So entspricht es (übrigens unter Berufung auf die obige Rechtsprechung des EuGH) ständiger Rechtsprechung des OLG Düsseldorf, dass das Gebot der Transparenz grundsätzlich die vollständige und rechtzeitige Bekanntgabe der Zuschlagskriterien und Unterkriterien, deren Gewichtung sowie der Methode zur Ermittlung des wirtschaftlich günstigsten Angebots fordert.[63] 70

Entsprechende Anforderungen stellt der BGH auch bei der Vergabe von Wegenutzungsrechten für Strom- und Gasnetze. In seinen Grundsatzentscheidungen **„Stromnetz Heiligenhafen" und „Stromnetz Berkenthin"** hat der BGH entschieden, dass das aus dem Diskriminierungsverbot folgende **Transparenzgebot** verlangt, den am Netzbetrieb interessierten Unternehmen die Entscheidungskriterien der Gemeinde und ihre Gewichtung rechtzeitig vor Angebotsabgabe mitzuteilen.[64] Allerdings hat der BGH in dieser Entscheidungen nur das aus § 19 Abs. 2 Nr. 1 GWB, § 46 EnWG folgende Transparenzgebot ausgelegt und sich nicht zum Unionsrecht geäußert. Allerdings sind keine Gründe ersichtlich, wieso das kartellrechtliche Transparenzgebot strenger sein soll als das aus den Grundfreiheiten abgeleitete Transparenzgebot. 71

Hieraus ergibt sich Folgendes: Auch wenn das Europäische Parlament zu einer Art. 41 RL 2014/23/EU entsprechenden Entwurfsfassung explizit klargestellt hat, dass eine Gewichtung nicht erforderlich sein soll und die Pflicht zur Gewichtung gestrichen wurde, um die notwen- 72

---

61 Vgl. EuGH, Urteil v. 24.1.2008 – Rs. C-532/06 (Lianakis), Rn. 36; Urteil v. 24.11.2005 – Rs. C-331/04 (ATI EAC), Rn. 24; Urteil v. 12.12.2002 – Rs. C-470/99 (Universale-Bau), Rn. 98; Urteil v. 25.4.1996 – Rs. C-87/94 (Kommission/Belgien), Rn. 88.

62 Vgl. EuGH, Urteil v. 18.11.2010 – Rs. C-226/09 (Kommission/Irland), Rn. 66.

63 Vgl. OLG Düsseldorf, Beschluss v. 15.7.2015 – VII-Verg 11/15 m.w.N.; Beschluss v. 16.12.2015 – Verg 25/15; Beschluss v. 21.10.2015 – Verg 28/14.

64 Vgl. BGH, Urteil v. 17.12.2013 – KZR 65/12; Urteil v. 17.12.2013 – KZR 66/12 m.w.N.

dige „Flexibilität" zu schaffen,[65] kann dieser grundsätzliche und umfassende Verzicht auf eine Gewichtung rechtlich wohl kaum Bestand haben. Der Grundsatz der **Transparenz** ist eine Verfahrensanforderung, die sich bereits aus den allgemeinen Grundsätzen und dem **europäischen Primärrecht** ergeben. Die Gewichtung und Bekanntgabe der Gewichtung vor (finaler) Angebotserstellung sind essenzielle Bausteine eines transparenten Vergabeverfahrens – auch einer Konzessionsvergabe. Die daraus nach europäischem Primärrecht bestehende Anforderung an eine Gewichtung der Zuschlagskriterien – soweit möglich – kann nicht durch sekundäres Richtlinienrecht ausgehebelt werden.[66] Im Ergebnis bedeutet dies, dass – entgegen dem Wortlaut von § 31 Abs. 1 KonzVgV – auch bei der Konzessionsvergabe die Zuschlagskriterien grundsätzlich zu gewichten sind und diese Gewichtung den Bietern, spätestens mit der Aufforderung zur Erstellung der finalen Angebote, mitzuteilen ist.

b) Zeitpunkt

73 Weder die RL 2014/23/EU noch die KonzVgV legen einen konkreten Zeitpunkt fest, wann die Zuschlagskriterien (spätestens) anzugeben sind. Daraus ist zu schließen, dass die Angabe nicht schon in der **Konzessionsbekanntmachung** erfolgen muss. Dies ergibt sich ausdrücklich auch aus Art. 37 Abs. 2 lit. b RL 2014/23/EU i.V.m. Anhang V Nr. 9, wonach die Zuschlagskriterien entweder in der Bekanntmachung oder „in anderen Konzessionsunterlagen" bekannt gegeben werden können. Welche anderen Konzessionsunterlagen (deutsche Terminologie: **Vergabeunterlagen**) damit gemeint sind, wann also die Zuschlagskriterien spätestens bekannt zu geben sind, wird nicht näher definiert. Um dem Grundsatz der Transparenz zu genügen, müssen die Zuschlagskriterien jedoch spätestens mit der **Aufforderung zur finalen Angebotsabgabe** den Bietern bekannt gegeben werden.

74 Sind die Zuschlagskriterien bereits zu einem früheren Zeitpunkt bekannt gegeben worden, folgt aus dem Grundsatz der Transparenz jedoch auch, dass eine **nachträgliche Änderung** grundsätzlich unzulässig ist (vgl. zur Ausnahme der Änderung der Reihenfolge der Zuschlagskriterien sogleich).[67]

3. Änderung der Reihenfolge der Zuschlagskriterien

75 § 31 Abs. 2 KonzVgV (Art. 41 Abs. 3 UAbs. 3 RL 2014/23/EU) eröffnet unter bestimmten Voraussetzungen die Möglichkeit, die Reihenfolge der Zuschlagskriterien zu ändern. Das ist der Fall, wenn dem Konzessionsgeber ein Angebot unterbreitet wird, in dem eine **innovative Lösung** mit außergewöhnlich hoher funktioneller Leistungsfähigkeit vorgeschlagen wird, die der Konzessionsgeber bei aller Umsicht nicht vorhersehen konnte. In diesem Fall darf der Konzessionsgeber ausnahmsweise die Reihenfolge der Zuschlagskriterien ändern, um der innovativen Lösung Rechnung zu tragen. Die Regelung steht im **Widerspruch zu der Rechtsprechung des EuGH**, dass Zuschlagskriterien nach den primärrechtlichen Grundsätzen der Gleichbehandlung und Transparenz nach der ersten Prüfung der Angebote eigentlich nicht mehr geändert werden dürfen.[68]

76 Der Begriff **Innovation** ist in Art. 5 Nr. 13 RL 2014/23/EU definiert (im GWB oder der KonzVgV nicht). Danach versteht der Unionsgesetzgeber unter dem Begriff *„Innovation"* die Einführung von neuen oder deutlich verbesserten Waren, Dienstleistungen oder Verfahren, einschließlich – aber nicht beschränkt auf – Produktions-, Bau- oder Konstruktionsverfahren, einer neuen Vermarktungsmethode oder eines neuen Organisationsverfahrens in Bezug auf Geschäftspraktiken, Abläufe am Arbeitsplatz oder externe Beziehungen, u. a. mit dem Zweck, zur Meisterung gesellschaftlicher Herausforderungen beizutragen oder die Strategie Europa 2020 zu unterstützen.

---

65 Vgl. Europäisches Parlament, Plenarsitzungsdokument v. 1.2.2013 (A7-0030/2013), S. 170.
66 Wohl ebenso *Knauff/Badenhausen*, NZBau 2014, 395 (401); a.A. *Schröder*, NZBau 2015, 351 (354); *Wagner/Pfohl*, ZfBR 2014, 745 (749).
67 Vgl. EuGH, Urteil v. 18.11.2010 – Rs. C-226/09 (Kommission/Irland), Rn. 66.
68 Vgl. EuGH, Urteil v. 18.11.2010 – Rs. C-226/09 (Kommission/Irland), Rn. 66.

In diesem Fall muss der Konzessionsgeber alle Bieter von der geänderten Reihenfolge der Zuschlagskriterien **unterrichten** und unter Einhaltung der Mindestfristen eine neue **Aufforderung zur Angebotsabgabe** veröffentlichen. Wurden die Zuschlagskriterien zusammen mit der Konzessionsbekanntmachung veröffentlicht, bedarf es einer neuen Konzessionsbekanntmachung. 77

Nach Art. 41 Abs. 3 UAbs. 3 RL 2014/23/EU darf die Änderung nicht zu einer **Diskriminierung** führen. Das ist insbesondere der Fall, wenn die Norm rechtsmissbräuchlich eingesetzt wird, um ein bestimmtes Angebot zu bevorzugen bzw. einen bestimmten unliebsamen Bieter zu benachteiligen. 78

An das Vorliegen einer innovativen Lösung müssen deshalb **hohe Anforderungen** gestellt werden. Der Konzessionsgeber trägt die materielle **Beweislast**. 79

E. Anforderungen an die Auftragsausführung (Abs. 4)

§ 152 Abs. 4 GWB ordnet schließlich auch für die Vergabe von Konzessionen die Geltung des § 128 GWB („Auftragsdurchführung") und des § 129 GWB („Zwingend zu berücksichtigende Ausführungsbedingungen") an. Dabei hat sich der deutsche Gesetzgeber an den Regelungen zur Vergabe öffentlicher Aufträge orientiert. Die RL 2014/23/EU selbst macht dagegen keine Vorgaben. 80

I. Auftragsausführung (§ 128 GWB)

§ 128 GWB fasst in seinen beiden Absätzen Regeln für die Ausführung öffentlicher Aufträgen zusammen. Während § 128 Abs. 1 GWB eine generelle Aussage zu den bei der Auftragsausführung einzuhaltenden Rechtsvorschriften trifft, kann der Konzessionsgeber nach § 128 Abs. 2 GWB individuelle Ausführungsbedingungen vorgeben, die gesetzlich zwar nicht gefordert sind, dem Konzessionsgeber aber dennoch sinnvoll erscheinen.[69] 81

1. Pflichten bei Ausführung des Auftrags (Abs. 1)

Nach § 128 Abs. 1 GWB haben Unternehmen bei der Ausführung einer Konzession alle für sie geltenden rechtlichen Verpflichtungen einzuhalten. Das sind **insbesondere** 82

- die Verpflichtung zur Entrichtung von Steuern, Abgaben und Beiträge zur Sozialversicherung sowie
- die Einhaltung der Mindestarbeitsbedingungen einschließlich des Mindestentgelts, das nach dem Mindestlohngesetz, einem nach dem Tarifvertragsgesetz mit den Wirkungen des Arbeitnehmer-Entsendegesetzes für allgemein verbindlich erklärten Tarifvertrag oder einer nach § 7, § 7a oder § 11 des Arbeitnehmer-Entsendegesetzes oder einer nach § 3a des Arbeitsnehmerüberlastungsgesetzes erlassenen Rechtsverordnung für die betreffende Leistung verbindlich vorgegeben wird.

Mit § 128 Abs. 1 GWB bezweckt der deutsche Gesetzgeber die Umsetzung von Art. 18 Abs. 1 RL 2014/24/EU. Danach haben die Mitgliedstaaten sicherzustellen, dass Unternehmen, die öffentliche Aufträge ausführen, die **geltenden umwelt-, sozial- und arbeitsrechtlichen Verpflichtungen** einhalten. Die Regelung des § 128 Abs. 1 GWB geht hierüber noch hinaus, indem sie klarstellt, dass alle für das betreffende Unternehmen geltenden rechtlichen Vorschriften eingehalten werden müssen.[70] 83

Der deutsche Gesetzgeber geht davon aus, dass die Einhaltung dieser Vorschriften durch die in diesen Gesetzen vorgesehenen speziellen **Sanktionsmechanismen** gewährleistet werden (wie etwa Straf- oder Bußgeldtatbestände, besondere Ausschlussgründe für künftige Vergabeverfahren, Einrichtung besonderer Kontrollbehörden etc.).[71] 84

69 Vgl. Gesetzesbegründung, BT-Drs. 18/6281, 113.
70 Vgl. Gesetzesbegründung, BT-Drs. 18/6281, 113.
71 Vgl. Gesetzesbegründung, BT-Drs. 18/6281, 113.

85 Der deutsche Gesetzgeber hält einen Verweis auf den in Art. 18 Abs. 2 RL 2014/24/EU genannten **Anhang X** für entbehrlich, da die dort genannten völkerrechtlichen Übereinkommen bereits vollständig in deutsches Recht umgesetzt seien. Der deutsche Gesetzgeber meint, dass anders als in der RL 2014/24/EU die RL 2014/23/EU keine Regelungen zu den Ausführungsbedingungen enthalte, diese jedoch in den Erwägungsgründen 64, 65, 66 RL 2014/24/EU vorausgesetzt werden.[72] Dabei übersieht er jedoch Art. 30 Abs. 3 RL 2014/23/EU, der Art. 18 Abs. 2 RL 2014/24/EU entspricht.

2. Ausführungsbedingungen (Abs. 2)

86 § 128 Abs. 2 GWB regelt, das öffentliche Auftraggeber darüber hinaus **besondere Bedingungen für die Ausführung eines Auftrags** (Ausführungsbedingungen) festlegen können, sofern diese mit dem Auftragsgegenstand entsprechend § 127 Abs. 3 GWB in Verbindung stehen.

87 Aus der entsprechenden Anwendung von § 128 Abs. 2 S. 2 GWB folgt, dass diese Ausführungsbedingungen entweder in der **Konzessionsbekanntmachung** oder den sonstigen **Vergabeunterlagen** enthalten sein müssen.

88 § 128 Abs. 2 S. 3 GWB präzisiert, dass diese Ausführungsbedingungen insbesondere wirtschaftliche, innovationsbezogene, umweltbezogene, soziale oder beschäftigungspolitische Belange oder den Schutz der Vertraulichkeit von Informationen umfassen können. § 128 Abs. 2 GWB setzt Art. 70 RL 2014/24/EU um; eine entsprechende unionsrechtliche Vorgabe fehlt in der RL 2014/23/EU. Der deutsche Gesetzgeber hat den Sinn und Zweck von Ausführungsbedingungen in der Gesetzesbegründung instruktiv beschrieben:

> „Neben Leistungsbeschreibung, Eignungs- und Zuschlagskriterien bieten Ausführungsbedingungen ein weiteres wesentliches Instrument für den öffentlichen Auftraggeber, um das Vergabeverfahren nach seinem Beschaffungsbedarf zu gestalten. Denn mit der Vorgabe solcher Bedingungen kann der öffentliche Auftraggeber auch für den Zeitraum nach der Zuschlagserteilung auf die Art und Weise der Erbringung der Leistung unmittelbar Einfluss nehmen. Ausführungsbedingungen kommt somit eine wichtige Steuerungswirkung zu. Regelungstechnisch handelt es sich hierbei um Vertragsbedingungen, die dem Auftragnehmer zwingend zur Beachtung und Einhaltung vorgegeben werden. Anders als bei den Zuschlagskriterien findet hier keinerlei Wertung statt; sofern ein Bewerber oder Bieter nicht willens oder in der Lage ist, im Falle der Zuschlagserteilung diese Bedingungen bei der Auftragsausführung zu beachten, liegt von Beginn an kein zuschlagsfähiges Angebot vor. Kommt ein Auftragnehmer den Ausführungsbedingungen während der Erbringung der Leistungen nicht nach, liegt eine Vertragsverletzung vor, die zivilrechtliche Konsequenzen nach sich ziehen kann. Darüber hinaus bleibt es dem öffentlichen Auftraggeber unbenommen, sich die Einhaltung der Ausführungsbedingungen bei Angebotsabgabe durch eine gesonderte Erklärung seitens des Bieters oder Bewerbers zusichern zu lassen oder die Einhaltung durch Vertragsstrafen bzw. Sonderkündigungsrechte abzusichern."[73]

89 Nach § 128 Abs. 2 S. 1 GWB a.E. müssen die Ausführungsbedingungen mit dem Gegenstand des Auftrags **in Verbindung** stehen. Nach der Gesetzesbegründung ist es beispielsweise zulässig, den Einsatz von Auszubildenden oder Langzeitarbeitslosen bei der Ausführung des konkreten Auftrags festzuschreiben, da in diesen Fällen eine Verbindung zum Auftragsgegenstand vorliegt.[74] Nicht möglich sei es hingegen, über Ausführungsbedingungen dem Unternehmen allgemeine Vorgaben für seine Unternehmenspolitik oder Betriebsorganisation zu machen.[75]

---

72 Vgl. Gesetzesbegründung, BT-Drs. 18/6281, 131.
73 Vgl. Gesetzesbegründung, BT-Drs. 18/6281, 113.
74 Vgl. Gesetzesbegründung, BT-Drs. 18/6281, 114; auch Erwägungsgrund 66 RL 2014/23/EU.
75 Vgl. Gesetzesbegründung, BT-Drs. 18/6281, 114.

II. Zwingend zu berücksichtigende Ausführungsbedingungen (§ 129 GWB)

§ 152 Abs. 4 GWB verweist auch auf § 129 GWB. Dieser bestimmt, dass Ausführungsbedingungen, die der öffentliche Auftraggeber dem beauftragten Unternehmen verbindlich vorzugeben hat, nur aufgrund eines Bundes- oder Landesgesetzes festgelegt werden dürfen. Die Regelung entspricht § 97 Abs. 4 S. 3 GWB a.F. **90**

§ 129 GWB begrenzt den **Gestaltungsspielraum** der Konzessionsgeber dahin gehend, dass diese aus übergeordneten politischen Erwägungen den Konzessionsnehmern bestimmte Bedingungen obligatorisch für die Ausführung der Konzession vorgeben müssen. Dies können insbesondere soziale, beschäftigungspolitische und umweltbezogene Aspekte sein.[76] **91**

Anlage

Gesetzesbegründung (BT-Drs. 18/6281)

Seite 131

Zu Absatz 1

§ 152 Absatz 1 setzt die Vorgaben des Artikel 36 Absatz 1 der Richtlinie 2014/23/EU zu den technischen und funktionellen Anforderungen um. Gemäß Artikel 36 Absatz 1 Satz 1 der Richtlinie 2014/23/EU werden in den technischen und funktionellen Anforderungen die für die vertragsgegenständlichen Bau- oder Dienstleistungen geforderten Merkmale festgelegt. Diese Definition der technischen und funktionellen Anforderungen im Konzessionsvergabeverfahren entspricht im Grundsatz der Definition der technischen Spezifikationen im Vergabeverfahren zu öffentlichen Aufträgen gemäß Artikel 42 Absatz 1 Satz 2 der Richtlinie 2014/24/EU. Damit sollen die in § 121 für öffentliche Aufträge geregelten Anforderungen an die Leistungsbeschreibung für Konzessionen entsprechend zur Anwendung kommen.

Zu Absatz 2

§ 152 Absatz 2 setzt die grundlegenden Vorgaben des Artikel 38 Absatz 1 Satz 1 der Richtlinie 2014/23/EU an die Auswahl und qualitative Bewertung der Bewerber um. Gemäß Artikel 38 Absatz 1 Satz 1 prüfen die Konzessionsgeber die Erfüllung der Teilnahmebedingungen hinsichtlich der beruflichen und fachlichen Befähigung sowie der finanziellen und wirtschaftlichen Leistungsfähigkeit der Bewerber oder Bieter. Im Hinblick auf Konzessionen weichen die Festlegungen in Artikel 38 Absatz 1 Satz 1 zwar im Wortlaut von der Festlegung der Eignungskriterien im Vergabeverfahren zu öffentlichen Aufträgen gemäß Artikel 58 Absatz 1 der Richtlinie 2014/24/EU ab. Ausdrücklich wird die Befähigung zur Berufsausübung sowie die technische Leistungsfähigkeit in Artikel 38 Absatz 1 der Richtlinie 2014/23/EU nicht aufgeführt. In der Sache besteht jedoch zwischen den in Artikel 38 Absatz 1 Satz 1 der Richtlinie 2014/23/EU und den in Artikel 58 Absatz 1 der Richtlinie 2014/24/EG genannten Anforderungen kein Unterschied. Auch ist kein sachlicher Grund ersichtlich, der es rechtfertigen würde, an die Auswahl der Bewerber im Hinblick auf die Erbringung von Dienstleistungen oder Bauleistungen im Rahmen einer Konzessionsvergabe andere qualitative Anforderungen stellen als an die Ausführung öffentlicher Dienstleistungs- oder Bauleistungsaufträge. In beiden Fällen sollen die Eignungsanforderungen die ordnungsgemäße Auftragsausführung sicherstellen. Damit sollen die in § 122 für öffentliche Aufträge geregelten Anforderungen an die Eignung für Konzessionen entsprechend zur Anwendung kommen.

§ 122 Absatz 4 Satz 2 ist allerdings mit der Maßgabe entsprechend anzuwenden, dass die Teilnahmebedingungen in der Veröffentlichung nach § 151 Satz 1 (Konzessionsbekanntmachung) enthalten sein müssen. Denn nach Artikel 38 Absatz 1 Satz 1 der Richtlinie 2014/23/EU prüfen die Konzessionsgeber die Erfüllung der Teilnahmebedingungen hinsichtlich der Eignung der Bewerber oder Bieter gemäß den in der Konzessionsbekanntmachung angegebenen Anforderungen. Nach Artikel 31 Ab-

76 Vgl. Gesetzesbegründung, BT-Drs. 18/6281, 114.

satz 2 in Verbindung mit Anhang V Nummer 7 Buchstabe c der Richtlinie 2014/23/EU enthält die Konzessionsbekanntmachung hinsichtlich der Teilnahmebedingungen eine Nennung und kurze Beschreibung der Eignungskriterien, der einzuhaltenden Mindeststandards und einzureichender Unterlagen. Eine Vorinformation steht für Konzessionsvergaben außerhalb von Konzessionen für soziale und andere besondere Dienstleistungen (vgl. § 153 Satz 1) nicht zur Verfügung. Eine Veröffentlichung der Eignungskriterien in einer Vorinformation oder eine Angabe in einer Aufforderung zur Interessenbestätigung sind daher ausgeschlossen.

Zu Absatz 3

§ 152 Absatz 3 Satz 1 dient der Umsetzung von Artikel 41 Absatz 1 der Richtlinie 2014/23/EU. Als objektive Kriterien müssen die Zuschlagskriterien den in § 97 Absatz 1 genannten Grundsätzen genügen. Anders als Artikel 67 Absatz 1 der Richtlinie 2014/24/EU erfordert Artikel 41 Absatz 1 der Richtlinie 2014/23/EU nicht den Zuschlag an das wirtschaftlich günstigste Angebot, sondern setzt voraus, dass ein wirtschaftlicher Gesamtvorteil für den Konzessionsgeber ermittelt werden kann. Gleichwohl überprüft der Konzessionsgeber gemäß Artikel 41 Absatz 2 Unterabsatz 3 der Richtlinie 2014/23/EU, ob die Angebote die Zuschlagskriterien erfüllen und bewertet dabei auch, welches der Angebote die Zuschlagskriterien am besten realisiert. § 152 Absatz 3 Satz 2 setzt Artikel 41 Absatz 2 Unterabsatz 1 Satz 1 der Richtlinie 2014/23/EU um. § 152 Absatz 3 Satz 3 dient der Umsetzung von Artikel 41 Absatz 2 Unterabsatz 1 Satz 2 Richtlinie 2014/23/EU. § 152 Absatz 3 Satz 4 setzt Artikel 41 Absatz 2 Unterabsatz 2 und 3 der Richtlinie 2014/23/EU im Wortlaut des § 127 Absatz 5 um.

Zu Absatz 4

Die Richtlinie 2014/23/EU sieht zwar anders als die Richtlinie 2014/24/EU keine Regelungen zu den Ausführungsbedingungen vor, setzt jedoch die Möglichkeit von Ausführungsbedingungen für Konzessionen in den Erwägungsgründen 64, 65, 66 voraus. In der Sache sind keine Unterschiede zwischen Ausführungsbedingungen für

Seite 132

öffentliche Dienstleistungs- oder Bauaufträge oder Ausführungsbedingungen für Dienstleistungen oder Bauleistungen im Rahmen einer Konzessionsvergabe ersichtlich. Damit können die Vorschriften über die Ausführungsbedingungen für öffentliche Aufträge gemäß §§ 128, 129 entsprechende Anwendung finden.

§ 153
Vergabe von Konzessionen über soziale und andere besondere Dienstleistungen

Für das Verfahren zur Vergabe von Konzessionen, die soziale und andere besondere Dienstleistungen im Sinne des Anhangs IV der Richtlinie 2014/23/EU betreffen, sind die §§ 151 und 152 anzuwenden.

Übersicht

	Rn.
A. Allgemeines	1
B. Grundsatz: Ausnahme für soziale Vergaben	5
C. Reichweite der Ausnahmen	13
I. Ausnahmen und Wettbewerbsgrundsatz im Spannungsfeld	15
II. Bereichsausnahme im Bereich Rettungsdienst als Regelausnahme?	20
D. Prozedurale Anforderungen für das vereinfachte Vergabeverfahren nach § 153 GWB	26
E. Strategische Konzessionskriterien nach § 152 Abs. 3 S. 3 GWB	35
I. Konzessionen als politisch-strategisches Instrument	38
II. Soziale Kriterien	45
III. Umweltpolitische Kriterien	54
IV. Besserer Zugang zu öffentlichen Aufträgen für kleine und mittelständische Unternehmen	58
V. Innovation	64
VI. Prävention von Interessenkonflikten, Vetternwirtschaft und Korruption	69
F. Rechtsschutz	75
I. Drittschutz	75
II. Rechtsschutzmöglichkeiten	78
1. Oberhalb der Schwellenwerte	79
2. Unterhalb der Schwellenwerte	81
Anlage Gesetzesbegründung (BT-Drs. 18/6281)	

A. Allgemeines

Die heterogenen Interessen im Vergaberecht manifestieren sich bei der Bestimmung des § 153 GWB. Während auf der einen Seite festgestellt wird, dass das Fehlen klarer Bestimmungen zur Vergabe von Konzessionen auf Unionsebene zu Rechtsunsicherheit, Behinderungen des freien Dienstleistungsverkehrs und Verzerrungen des Binnenmarkts führt,[1] wird auf der anderen Seite für die Herausnahme der Leistungen im Sozial-, Gesundheits- oder Bildungsbereich aus dem förmlichen Vergaberegime geltend gemacht, dass diese Leistungen vor einem **unterschiedlichen kulturellen Hintergrund** erbracht werden.[2] 1

Ausnahmen im Anwendungsbereich des Vergaberechts sind nichts Neues. Im Gesetzgebungsverfahren dominierte eine von starken **Interessengruppen** beeinflusste Politik der Bereichsausnahmen. Die Vergaberichtlinien legen ein vielfältiges Zeugnis davon ab, dass nunmehr Lockerungen des Vergaberegimes *„opportun erscheinen"*.[3] Angesichts der Bedeutung des kulturellen Kontexts und des sensiblen Charakters dieser Dienstleistungen soll den Mitgliedstaaten ein weiter Ermessensspielraum eingeräumt werden, damit sie die Auswahl der Dienstleister in einer Weise organisieren können, die sie als die am besten geeignete erachten. Voraussetzung für eine derartige Ausnahme sei, dass ein solches System eine ausreichende Bekanntmachung gewährleiste und den Grundsätzen der Transparenz und Nichtdiskriminierung genüge.[4] 2

Die Erwägungsgründe heben hervor, dass immer noch eine Bewerberauswahl stattfinden soll. 3
Gegen zu weitgehende Ausschreibungsausnahmen spricht, dass das Ziel der Binnenmarktför-

1 Vgl. Erwägungsgrund 1 RL 2014/23/EU.
2 Vgl. Erwägungsgrund 53 RL 2014/23/EU.
3 *Gröning*, NZBau 2015, 690.
4 Vgl. Erwägungsgrund 54 RL 2014/23/EU.

derung und der gleichberechtigten Marktzutrittschancen gemeinschaftsweite Bedeutung hat. Die dem Gesetzgebungsverfahren zugrunde gelegte Analyse zeigte eine **erhebliche Heterogenität** und damit, in letzter Konsequenz, schwerwiegende Verzerrungen des Binnenmarkts auf. Diese Verzerrungen werden durch Ausnahmen nicht gerade beseitigt, sondern noch weiter verstärkt. Der Gesetzgeber nimmt jedoch dieses Risiko bewusst in Kauf, obwohl Erwägungsgrund 1 RL 2014/23/EU die Gründe für die Verzerrungen zutreffend beschreibt.[5] Auch aktuell decken die vorherigen Veröffentlichungen oder nachträglichen Bekanntmachungen im elektronischen Amtsblatt der europäischen Union nur einen Bruchteil der tatsächlich vergebenen Konzessionen ab, wie ein Blick in die einschlägigen Veröffentlichungsplattformen verrät. In diesen werden die jeweiligen Vertragsabschlüsse mit der öffentlichen Hand bekannt gegeben. Dies hat nach derzeitiger Rechtslage die Ursache darin, dass historisch bedingt eine Vielzahl von Konzessionsbereichen außerhalb der KonzVgV und des GWB materiell geregelt sind.[6]

4 Für das Verfahren zur Vergabe von Konzessionen, die soziale und andere besondere Dienstleistungen im Sinne des Anhangs IV RL 2014/23/EU betreffen, sind gemäß § 153 GWB die Bestimmungen der §§ 151, 152 GWB anzuwenden. Anhang IV RL 2014/23/EU listet **folgende Dienstleistungen** i.S.d. Art. 19 RL 2014/23/EU auf:

- Verwaltungsdienstleistungen im Sozial-, Bildungs- und Gesundheitswesen und im Bereich Kultur;
- Dienstleistungen im Rahmen der gesetzlichen Sozialversicherung;
- Beihilfen, Unterstützungsleistungen und Zuwendungen;
- Sonstige öffentliche und persönliche Dienstleistungen, einschließlich Dienstleistungen von Arbeitnehmervereinigungen, politischen Organisationen, Jugendverbänden und anderen Mitgliederorganisationen;
- Dienstleistungen religiöser Vereinigungen;
- Gaststätten und Beherbergungsgewerbe;
- Dienstleistungen im juristischen Bereich, soweit nicht aufgrund des Art. 10 Abs. 8d RL 2014/23/EU ausgeschlossen;
- Sonstige Dienstleistungen der Verwaltung und für die öffentliche Verwaltung;
- Dienstleistungen für das Gemeinwesen;
- Dienstleistungen für den Strafvollzug, Dienstleistungen im Bereich öffentliche Sicherheit, Rettungsdienste, soweit nicht aufgrund des Art. 10 Abs. 8g RL 2014/23/EU ausgeschlossen;
- Ermittlungs- und Sicherheitsdienstleistungen;
- Postdienste;
- Sonstige Dienstleistungen;
- Internationale Dienstleistungen.

Die Liste ist abschließend. Eine erweiternde Auslegung über die ausdrücklich genannten Bereiche ist nicht zulässig.

5 Vgl. Erwägungsgrund 1 RL 2014/23/EU.
6 Vgl. *Braun*, in: Müller-Wrede, § 101 GWB, D.

B. Grundsatz: Ausnahme für soziale Vergaben

5 § 153 GWB dient der **Umsetzung** der Vorschriften der RL 2014/23/EU über die Vergabe von Konzessionen[7] zur Erbringung sozialer und anderer besonderer Dienstleistungen durch Konzessionsgeber.[8]

6 Eine wesentliche Voraussetzung für die Anwendbarkeit des Teil 4 des GWB bezüglicher solcher Konzessionen ist gemäß Art. 8 Abs. 1 RL 2014/23/EU bzw. § 106 Abs. 1 GWB das Erreichen des maßgeblichen **Schwellenwertes**. Der jeweils geltende Schwellenwert ergibt sich aus der dynamischen Verweisung des § 106 Abs. 2 Nr. 1 bis 4 GWB auf die jeweils in den RL 2014/24/EU, 2014/25/EU, 2009/81/EG und 2014/23/EU geregelten Schwellenwerte, deren Höhe regelmäßig vom Unionsgesetzgeber oder der EU-Kommission im Wege der delegierten Rechtssetzung angepasst wird.[9] Seit dem 1.1.2016 gilt der neue Schwellenwert in Höhe von 5.225.000 Euro.[10]

7 Art. 19 RL 2014/23/EU unterstellt die Konzessionsvergabe zur Erbringung sozialer und anderer besonderer Dienstleistungen **besonderen Verfahrensregeln**. Die besondere Verfahrensregelung ist im Grundsatz ein vereinfachtes Vergabeverfahren. Dieses zeichnet sich dadurch aus, dass Konzessionsgeber nach Art. 19 RL 2014/23/EU lediglich verpflichtet sind, gemäß Art. 31 Abs. 3 RL 2014/23/EU durch Vorinformation die beabsichtigte Vergabe sowie gemäß Art. 32 RL 2014/23/EU die Ergebnisse des Konzessionsvergabeverfahrens EU-weit bekannt zu machen. Diese Regelungen werden im GWB insofern umgesetzt, als das über § 153 GWB die in §§ 151 und 152 GWB festgelegten Vorgaben zum Vergabeverfahren zur Anwendung kommen. Etwaige weitere Erleichterungen für die Vergabe von Konzessionen über soziale und andere besondere Dienstleistungen werden auf der Verordnungsebene (KonzVgV) normiert.[11]

8 Im Übrigen können Konzessionsgeber die Konzessionsvergabe für soziale und andere besondere Dienstleistungen nach Maßgabe der aufgrund § 113 GWB erlassenen Verordnung **frei gestalten**. Die Konzessionsgeber sind allerdings gemäß § 97 Abs. 1 und Abs. 2 GWB und im Einklang mit der ständigen Rechtsprechung des EuGH[12] zur Beachtung der Grundsätze der **Gleichbehandlung, Nichtdiskriminierung, Transparenz und Verhältnismäßigkeit** verpflichtet.

9 Auch die Konzessionsvergabe für soziale und andere besondere Dienstleistungen unterliegt gemäß § 97 Abs. 6 GWB dem **Primärrechtsschutz**, so dass die Einhaltung dieser Maßgaben im Nachprüfungsverfahren durch den unterlegenen Bieter und Bewerber überprüft werden kann.[13] Auch vermeintlich gänzlich wettbewerbslose Konzessionsvergaben unterliegen daher im sozialen binnenmarktrelevanten Bereich der Nachprüfung. Damit ist aber § 155 GWB anwendbar, der das Nachprüfungsverfahren auch für soziale Dienstleistungen eröffnen soll. Zwar verweist § 153 GWB nicht auf § 155 GWB, dies ist aber in Hinblick auf die Geltung des § 155 GWB bezüglich des vergaberechtlichen Nachprüfungsverfahrens für soziale und andere besondere Dienstleistungskonzessionen unschädlich. § 153 GWB betrifft seinem Wortlaut nach nur das „Verfahren" zur Vergabe von Konzessionen, damit entfaltet es nur innerhalb des Kapitels 1 „Vergabeverfahren" Regelungswirkung. Die Geltung des „Nachprüfungsverfahrens" nach Kapitel 1 bleibt daher durch das vereinfachte Vergabeverfahren unberührt.

7 Zum Begriff der Konzession und ihren Tatbestandsmerkmalen etwa OLG Naumburg, Beschluss v. 15.4.2016 – 7 Verg 1/16; OLG Jena, Beschluss v. 22.7.2015 – 2 Verg 2/15; m.w.A. *Braun*, in: Hettich/Soudry, Das neue Vergaberecht, S. 155; *ders.*, VergabeR 2015, 793; *Diemon-Wies*, VergabeR 2016, 162; *Knauff/Badenhausen*, NZBau 2014, 395; *Mösinger*, NZBau 2015, 545; *Opitz*, NVwZ 2014, 753; *Siegel*, VergabeR 2015, 265.

8 Gesetzesbegründung, BT-Drs. 18/6281, 132.

9 Gesetzesbegründung, BT-Drs. 18/6281, 74.

10 VO (EU) 2015/2172.

11 Gesetzesbegründung, BT-Drs. 18/6281, 130.

12 Etwa: EuGH, Urteil v. 16.4.2015 – Rs. C-278/14 (SC Enterprise Focused Solutions), Rn. 16; EuGH, Urteil v. 6.11.2014 – Rs. C-42/13 (Cartiera dell'Adda), Rn. 47; EuGH, Urteil v. 14.11.2013 – Rs. C-221/12 (Belgacom), Rn. 28; EuGH, Urteil v. 13.10.2005 – Rs. C-458/03 (Parking Brixen), Rn. 50, 52; Vgl. EuGH, Urteil v. 13.4.2010 – Rs. C-91/08 (Wall), Rn. 61, 65.

13 Gesetzesbegründung, BT-Drs. 18/6281, 132.

10 Grund für dieses vereinfachte Vergabeverfahren ist nach Ansicht des Gesetzgebers, dass Vergaben von sozialen Dienstleistungen oftmals **personen- oder ortsgebunden** seien und deswegen nur eine eingeschränkte binnenmarktrelevante Dimension hätten.[14] Gerade Dienstleistungen im Sozial-, Gesundheits- und Bildungsbereich würden in einem besonderen Kontext erbracht, der sich aufgrund unterschiedlicher kultureller Traditionen in den einzelnen Mitgliedstaaten sehr unterscheide.[15] **Gegen diese Sicht** spricht, dass schlechthin jede Dienstleistung einen örtlichen Bezug hat, der im sozio-kulturellen Kontext vor Ort erbracht wird. Jeder Ansatz der Freizügigkeit könnte mit diesem Argument verhindert werden. Des Weiteren werden gerade Dienstleistungen im sozialen Bereich von größeren Unternehmen grenzüberschreitend angeboten. Die Besonderheiten der sozialen Dienstleistung können durch besondere Eignungskriterien und Ausführungsbestimmungen aufgefangen werden.

11 Nach § 153 GWB sind für die Vergabe von Konzessionen, die soziale und andere besondere Dienstleistungen i.S.d. Anhangs IV RL 2014/23/EU betreffen, die in **§ 151 GWB und § 152 GWB** festgelegten Vorgaben zum Vergabeverfahren und zu den Anforderungen im Vergabeverfahren anzuwenden. Unter die Anforderungen des Vergabeverfahrens fallen Leistungsbeschreibung, Eignung, Zuschlag und Ausführungsbedingungen.

12 Zu den **sonstigen anwendbaren Vorschriften** kommt § 154 GWB zum Tragen.

C. Reichweite der Ausnahmen

13 Ausschlüsse sind – noch mehr als in der RL 2014/24/EU – bestimmend für die RL 2014/23/EU. Diese waren und sind immer noch **Gegenstand der politischen wie juristischen Debatten** – beispielsweise in Bezug auf den Rettungsdienstleistungssektor.[16] Die Befürworter der Ausschreibungsfreiheit konnten weitgehende Ausnahmen durchsetzen, die das Konzessionsvergabesystem insgesamt löchrig und inkohärent erscheinen lassen. Die Gefahr des Missbrauchs ist dem Richtliniengeber mehr als bewusst, denn sehr deutlich heißt es in Erwägungsgrund 36, eine bestimmte Ausnahme (die von gemeinnützigen Organisationen oder Vereinigungen erbrachten Notfalldienste) möge nicht über das notwendigste Maß hinaus ausgeweitet werden. Dieser Gefahr ist der Verordnungsgeber durch § 14 KonzVgV begegnet. Das Verfahren zur Vergabe einer Konzession darf gemäß § 14 KonzVgV nicht in einer Weise ausgestaltet werden, dass es vom Vierten Teil des GWB ausgenommen wird oder dass bestimmte Unternehmen oder bestimmte Bauleistungen, Lieferungen oder Dienstleistungen auf unzulässige Weise bevorzugt oder benachteiligt werden. Das **Umgehungsverbot** des § 14 KonzVgV ist hierbei als Ausdruck eines allgemeinen Rechtsgedankens weit zu verstehen.

14 Neben den üblichen Ausschlüssen, die auch in den anderen Richtlinien vorhanden sind (Art. 10 RL 2014/23/EU), gibt es zahlreiche nur für die RL 2014/23/EU geltende Ausschlüsse. Dies dürfte in letzter Konsequenz zur Folge haben, dass – unter Einbeziehung des hohen Schwellenwertes gemäß Art. 8 Abs. 1 RL 2014/23/EU – nur ein **kleiner Teil** aller Konzessionen unter die Bestimmungen der RL 2014/23/EU fallen wird.[17]

I. Ausnahmen und Wettbewerbsgrundsatz im Spannungsfeld

15 Der vom EuGH entwickelte Grundsatz der effektiven Durchsetzung („effet utile") und die allgemeinen Zielsetzungen der Vergaberichtlinien bewirken, dass die in der RL 2014/23/EU festgelegten zahlreichen Bereichsausnahmen nur **restriktiv** interpretiert werden dürfen.[18] Jede

---

14 Gesetzesbegründung, BT-Drs. 18/6281, 132, mit Hinweis auf Erwägungsgründe 114 ff. RL 2014/24/EU.

15 Gesetzesbegründung, BT-Drs. 18/6281, 132, mit Hinweis auf Erwägungsgrund 53 RL 2014/23/EU.

16 Vgl. *Braun*, EuZW 2016, 304; *ders.*, NZBau 2011, 400 ff.; *ders.*, EuZW, 2012, *Gröning*, NZBau 2015, 690; *Prieß*, NZBau 2015, 343; 451; *Prieß/Simonis*, NZBau 2015, 731; *Ruthig*, NZBau 2016, 3.

17 Wenn das Verhältnis der Vergaben von Konzessionen oberhalb zu unterhalb der Schwellenwerte auch nur annähernd wie das Verhältnis der Vergabe von Dienstleistungsverträgen oberhalb zu unterhalb der Schwellenwerte ist, dann dürfte allenfalls ein niedriger einstelliger Prozentsatz aller Dienstleistungskonzessionen in den Anwendungsbereich der neuen Regelungen fallen.

18 Vgl. EuGH, Urteil v. 7.6.2012 – Rs. C-615/10 (InsTiimi), Rn. 35.

Ausnahme hat nämlich zur Folge, dass in weiteren Wirtschaftszweigen ein Markteintritt europäischer Interessenten in nationale Märkte weitgehend verhindert wird. Dementsprechend findet umso weniger Wettbewerb statt, je mehr Ausnahmen aufgenommen werden. Ziel der Richtlinie (wie des Unionsrechts insgesamt) ist aber die Verwirklichung des Binnenmarktes gemäß Art. 26 AEUV, also die Marktöffnung für alle europäischen Wettbewerber. Der funktionierende Binnenmarkt gewährleistet nach Art. 26 Abs. 2 AEUV den freien Verkehr von Waren, Personen, Dienstleistungen und Kapital und garantiert damit unter anderem die Dienstleistungs- und Niederlassungsfreiheit innerhalb der Europäischen Union und die daraus abgeleiteten Grundsätze der Gleichbehandlung, Nichtdiskriminierung, gegenseitigen Anerkennung, Verhältnismäßigkeit und Transparenz. Schon in Art. 27 AEUV ist festgehalten, dass Ausnahmeregelungen z.B. für bestimmte Mitgliedstaaten vorübergehender Natur sein müssen und das Funktionieren des Binnenmarktes so wenig wie möglich stören dürfen.

Gerechtfertigt werden die Ausnahmen und Ausschlüsse, 16

- weil es den Mitgliedstaaten möglich bleiben müsse, aufgrund ihrer Verpflichtungen zum Schutz der öffentlichen und sozialen Ordnung den Bereich Spieltätigkeiten auf nationaler Ebene zu regeln;[19]
- weil dieser Ausschluss nicht zu Wettbewerbsverzerrungen zugunsten der Unternehmen oder Gemeinschaftsunternehmen führe, die mit den Auftraggebern verbunden seien;[20]
- da Wasser als öffentliches Gut für alle Bürger der Union von grundlegendem Wert sei;[21]
- da der spezielle Charakter bestimmter von gemeinnützigen Organisationen oder Vereinigungen erbrachter Notfalldienste nur schwer gewahrt werden könnte, wenn die Dienstleistungserbringer nach den in der RL 2014/23/EU festgelegten Verfahren ausgewählt werden müssten.[22]

Nicht als Ausnahme oder Ausschluss werden die erleichterten Vergaberegeln für sogenannte „besondere Sachverhalte" benannt. Zu diesen gehören unter anderem die **„vorbehaltenen Konzessionen"** gemäß Art. 24 RL 2014/23/EU. Geschützten Werkstätten und Wirtschaftsteilnehmern, deren Hauptziel die gesellschaftliche und berufliche Integration von Menschen mit Behinderungen oder benachteiligten Personen ist, können bestimmte Konzessionen vorbehalten bleiben. 17

Diese Ausnahmen entsprechen den bisherigen Regelungen bestehender Vergaberichtlinien. Sie führen aber – im Zusammenwirken mit allen weiteren Ausnahmen, Besonderheiten und Ausschlüssen – zu einer **Umkehr des Regel-Ausnahme-Verhältnisses**. Dabei soll die Geltung der RL 2014/23/EU für Konzessionsvergabeverfahren im Oberschwellenbereich den Regelfall darstellen und nicht umgekehrt. 18

Die Herausnahme der jeweiligen Sachverhalte bedeutet aber nicht, dass die nicht von RL 2014/23/EU erfassten Bereiche keinem **Rechtsschutz** und keiner gerichtlichen Überprüfung unterliegen.[23] 19

II. Bereichsausnahme im Bereich Rettungsdienst als Regelausnahme?

Einen klassischen und sehr prominenten Bereich sozialer Dienstleistungen sind Rettungsdienstleistungen (Notfallrettung, qualifizierter Krankentransport). Rettungsdienstleistungen haben zum einen elementare Bedeutung für die öffentliche Gesundheitsfürsorge, zum anderen weisen Ausschreibungen in diesem Bereich eine hohe finanzielle Relevanz auf – und damit zugleich eine Binnenmarktrelevanz. Ob die Durchführung von Rettungsdienstleistungen (Not- 20

---

19 Erwägungsgrund 35 RL 2014/23/EU, vgl. ausführlich *Gröning*, NZBau 2015, 690 (691 f.).
20 Erwägungsgrund 38 RL 2014/23/EU.
21 Erwägungsgrund 40 RL 2014/23/EU.
22 Erwägungsgrund 36 RL 2014/23/EU.
23 Siehe ausführlich unten unter Abschnitt F. II. (Rechtsschutz unterhalb der Schwellenwerte), vgl. z.B. aktuell für Sportwetten: OVG Berlin-Brandenburg, Beschluss v. 12.5.2015 – OVG 1 S 102.14; VGH Hessen, Beschluss v. 16.10.2015 – 8 B 1028/15.

fallrettung, qualifizierter Krankentransport) unter die Bereichsausnahme des Art. 10 lit. g RL 2014/23/EU bzw. des § 107 Abs. 1 Nr. 4 GWB subsumiert werden kann, ist dementsprechend höchst **umstritten**.[24] Nach Art. 10 lit. g RL 2014/23/EU bzw. § 107 Abs. 1 Nr. 4 GWB sind „Dienstleistungen des Katastrophenschutzes, des Zivilschutzes und der Gefahrenabwehr, die von gemeinnützigen Organisationen oder Vereinigungen erbracht werden und die unter die folgenden CPV-Nummern fallen: 75 250 000-3, 75 251 000-0, 75 251 100-1, 75 251 110-4, 75 251 120-7, 75 252 000-7, 75 222 000-8, 98 113 100-9 und 85 143 000-3[25] mit Ausnahme des Einsatzes von Krankenwagen zur Patientenbeförderung", vom Anwendungsbereich der Richtlinie 2014/23/EU ausgenommen.

21 Beim Begriff des **Katastrophenschutzes** handelt es sich in Anlehnung an Art. 196 AEUV um unvorhersehbare Großschadensereignisse in Friedenszeiten,[26] beim Begriff des Zivilschutzes um den Schutz der Bevölkerung im Kriegsfall.[27]

22 **Einer Auffassung nach** ist die Geltung der Konzessionsrichtlinie für die Vergabe von Rettungsdienstleistungen generell zu verneinen mit der Konsequenz, dass auf die Vergabe von Rettungsdienstkonzessionen das förmliche Kartellvergaberecht unanwendbar bleibt.[28] Dies wird zum einen damit begründet, dass der Begriff der Gefahrenabwehr in Art. 10 lit. g RL 2014/23/EU bzw. § 107 Abs. 1 Nr. 4 GWB weit auszulegen sei, so dass alle möglichen Arten der Gefahrenabwehr, sei es die Feuerwehr oder eben der Rettungsdienst, gemeint seien.[29] **Dem wird entgegengehalten**, dass die einleitende Nennung der Begriffe des Katastrophen- und Zivilschutzes sowie der Gefahrenabwehr nicht nur der allgemeinen Beschreibung der darauffolgenden CPV-Nummern diente, sondern den Kreis der auszunehmenden Dienstleistungen konkretisieren und damit beschränken würde.[30] Danach wären Rettungsdienstleistungen nur in Extremsituationen (Katastrophen oder Kriegsfall) von der Bereichsausnahme der Konzessionsrichtlinie erfasst und gerade nicht der alltägliche Rettungsbetrieb.[31] Die von privaten Rettungsdienstunternehmen erbrachten „Regel"-Rettungsdienstleistungen beträfen demgegenüber nur die alltägliche und zumeist singuläre, aber regelmäßig auftretende Notfallrettung mit einer gegenüber Katastrophen geringeren Anzahl Betroffener oder eine entsprechende Patientenbeförderung.[32] Ferner wird argumentiert, dass der Begriff der „Gefahrenabwehr" nicht weit zu verstehen sei, weil er dann die Begriffe des Katastrophen- und Zivilschutzes mitumfassen und damit überflüssig machen würde.[33] Es erscheine aber nicht überzeugend, dem Unionsgesetzgeber zu unterstellen, er hätte *„überflüssige"* Tatbestandsmerkmale normiert[34] – weshalb das Tatbestandsmerkmal der Gefahrenabwehr eng auszulegen sei.[35] Dementsprechend müsse der Begriff der Gefahrenabwehr im Rahmen des Katastrophen- und Zivilschutzes gesehen werden: auch hier muss es sich hinsichtlich der Umstände um Extremereignisse handeln – Gefahrenabwehr seien danach gewisse Präventionsmaßnahmen vor Eintritt des Extremereignisses.[36] Im Gegensatz dazu sollen nach *Ruthig* die CPV-Nummern den Begriff der Gefahrenabwehr näher eingrenzen und nicht umgekehrt der Begriff der Gefahrenabwehr die CPV-Nummern einschränken.[37]

---

24 *Amelung/Janson*, NZBau 2016, 23; *Antweiler*, VergabeR 2015, 275; *Gröning*, NZBau 2015, 690; *Prieß*, NZBau 2015; 343; *Ruthig*, NZBau 2016, 3.

25 Die genannten CPV-Nummern sind: 75250000-3, Dienstleistungen der Feuerwehr und von Rettungsdiensten, 75251000-0, Dienstleistungen der Feuerwehr, 75251100-1, Brandbekämpfung, 75251110-4, Brandverhütung, 75251120-7, Waldbrandbekämpfung, 75252000-7, Rettungsdienste, 75222000-8, Zivilverteidigung, 98113100-9, Dienstleistungen im Bereich der nuklearen Sicherheit.

26 *Nettesheim*, in: Grabitz/Hilf/Nettesheim, Das Recht der Europäischen Union II, Art. 196 AEUV Rn. 12 ff.

27 *Ruthig*, NZBau 2016, 3 (5).

28 *Gröning*, NZBau 2015, 690; *Ruthig*, NZBau 2016, 3.

29 *Gröning*, NZBau 2015, 690 (693); *Ruthig*, NZBau 2016, 3 (5).

30 *Amelung/Janson*, NZBau 2016, 23 (25); *Prieß*, NZBau 2015, 343 (346).

31 *Amelung/Janson*, NZBau 2016, 23 (26); *Prieß*, NZBau 2015, 343 (346).

32 *Prieß*, NZBau 2015, 343 (346).

33 *Amelung/Janson*, NZBau 2016, 23 (26); *Prieß*, NZBau 2015, 343 (346).

34 *Prieß*, NZBau 2015, 343 (346).

35 Vgl. *Braun*, EuZW 2016, 304 (305).

36 *Amelung/Janson*, NZBau 2016, 23 (26); *Prieß*, NZBau 2015, 343 (346).

37 *Ruthig*, NZBau 2016, 3 (8) Erläuterungen in Fn. 19.

Es ist aber letztendlich **der Gegenansicht zuzustimmen**, dass die drei einleitenden Begriffe des Katastrophen- und Zivilschutzes sowie der Gefahrenabwehr den Rahmen vorgeben, innerhalb dessen die Bereichsausnahme zu verstehen ist. Die CPV-Nummern präzisieren bloß die einzelnen konkreten Tätigkeiten, auf die sich die Bereichsausnahme unter den Umständen des Katastrophen- und Zivilschutzes, sprich der Extremsituationen, bezieht. Nach dem umgekehrten Verständnis von *Ruthig* und *Gröning* stellten die Begrifflichkeiten des Katastrophen- und Zivilschutzes sowie der Gefahrenabwehr keine eigenen Tatbestandsmerkmale dar und hätten damit keinen eigenen Aussagegehalt, was die Nennung dieser Begriffe sinnlos macht. Dies ist aber dem Unionsgesetzgeber nicht zu unterstellen. Es ist daher im Ergebnis der Gegenansicht zuzustimmen, dass sich die Bereichsausnahme mit ihren konkret genannten Tätigkeiten bloß auf die Erbringung solcher Tätigkeiten unter Extremsituationen bezieht. Dafür spricht auch der allgemeine Grundsatz, dass Ausnahmen (vom Anwendungsbereich von EU-Richtlinien) stets restriktiv auszulegen sind.[38] 23

Des Weiteren müssen die in den CPV-Nummern genannten Aktivitäten von **„gemeinnützigen Organisationen oder Vereinigungen"** erbracht werden. Dieser Begriff ist systematisch unter Heranziehung des Art. 77 Abs. 2 RL 2014/24/EU auszulegen.[39] Die Norm stellt strenge Anforderung an die Einordnung eines Rettungsdienstleisters als „gemeinnützig" i.S.d. Art. 10 lit. g RL 2014/23/EU – herkömmliche Regelrettungsdienstleister werden wohl in der Regel nicht unter diesen Begriff fallen. Die Herausnahme gewöhnlicher Rettungsdienstleister aus der Bereichsausnahme entspricht auch der Intention des europäischen Gesetzgebers: Nach Erwägungsgrund 36 RL 2014/23/EU „soll die Konzessionsrichtlinie nicht für bestimmte von gemeinnützigen Organisationen oder Vereinigungen erbrachte Notfalldienste gelten, da der spezielle Charakter dieser Organisationen nur schwer gewahrt werden könnte". Hinter dieser Erwägung steckt der – nicht überzeugende – Gedanke, dass solchen Organisationen der Wettbewerb erspart bleiben soll.[40] Nicht überzeugend ist dieser Gedanke, weil seit der Entscheidung des BGH zu Rettungsdienstleistungen[41] eine Vielzahl von förmlichen Ausschreibungsverfahren gewonnen haben, ohne dass es der Effizienz der Organisationen in irgendeiner Form einen Abbruch getan hat. Erwägungsgrund 36 RL 2014/23/EU hebt ferner hervor, dass die Ausnahme für bestimmte gemeinnützige Notfalldienste nicht über das notwendigste Maß ausgeweitet werden soll. Dem ist insofern auch zuzustimmen, als das europäische Vergaberecht das zentrale Ziel verfolgt, das öffentliche Auftragswesen für den unionsweiten und unverfälschten Wettbewerb zu öffnen.[42] Demgemäß sind Ausnahmetatbestände vom Anwendungsbereich des europäischen Vergaberechts restriktiv auszulegen. 24

Ferner ist die Bereichsausnahme des § 107 Abs. 1 Nr. 4 GWB unter Berücksichtigung des nationalen **Verfassungsrechts** zu lesen. Bei der gewerblichen Tätigkeit der Rettungsdienstunternehmer, die in der Regel die Durchführung von Krankentransporten und die Notfallrettung zum Gegenstand hat, handelt es sich um einen eigenständigen, durch Art. 12 GG geschützten Beruf. Ein Eingriff in die Berufsfreiheit durch eine objektive Berufszugangsvoraussetzung, wie sie sich hier für Dritte aufgrund der Vorrangstellung der Hilfsorganisationen ergibt, kann nur unter zwei Bedingungen Bestand haben: Zum einen muss die Regelung den Schutz eines überragend wichtigen Gemeinschaftsguts bezwecken, dem der Vorrang vor der Freiheit des Einzelnen, im Beruf des Rettungsdienstunternehmers tätig zu werden, einzuräumen ist. Dabei müssen die Gefahren, von denen das Gemeinschaftsgut bedroht ist, schwer sowie nachweisbar oder wenigstens höchstwahrscheinlich sein. Zum anderen muss die angegriffene Regelung als Mittel zur Abwehr dieser Gefahren unentbehrlich sein. Eine übermäßige extensive Auslegung der Bereichsausnahme von § 107 Abs. 1 Nr. 4 GWB zugunsten von gemeinnützi- 25

38 Vgl. EuGH, Urteil v. 7.6.2012 – Rs. C-615/10 (InsTiimi), Rn. 35.
39 *Amelung/Janson*, NZBau 2016, 23 (26).
40 *Gröning*, NZBau 2015, 690 (693).
41 BGH, Beschluss v. 1.12.2008 – X ZB 31/08.
42 EuGH, Urteil v. 23.12.2009 – Rs. C-305/08 (CoNISMa/Regione Marche), Rn. 37; Urteil v. 13.12.2007 – Rs. C-337/96, Rn. 38 f.

gen Hilfsorganisationen ist nach diesen Grundsätzen nicht gerechtfertigt und verstößt gegen die Berufsfreiheit anderer privater Rettungsdienstunternehmer.[43]

D. Prozedurale Anforderungen für das vereinfachte Vergabeverfahren nach § 153 GWB

26 Obwohl es sich beim Vergabeverfahren nach § 153 GWB um ein vereinfachtes Verfahren handelt, haben Konzessionsgeber nichtsdestotrotz **zahlreiche prozedurale Vorgaben** insbesondere aus der KonzVgV zu beachten.

27 So gelten auch für das Verfahren zur Vergabe von Konzessionen, die soziale und andere besondere Dienstleistungen beinhalten, Bekanntmachungspflichten. Gemäß § 22 Abs. 1 KonzVgV hat der Konzessionsgeber seine Absicht durch eine Vorinformation mitzuteilen, dass er eine Konzession i.S.d. § 153 GWB zu vergeben hat. § 22 KonzVgV dient der Umsetzung der in Art. 31 Abs. 3, Art. 32 RL 2014/23/EU vorgesehenen besonderen **Bekanntmachungsvorschriften** für Konzessionen bzgl. sozialer und anderer besonderer Dienstleistungen.[44]

28 Auf **Vergabebekanntmachungen** ist wiederum § 21 Abs. 1 KonzVgV anzuwenden. Der Konzessionsgeber kann gemäß § 22 Abs. 2 S. 2 KonzVgV Vergabebekanntmachungen vierteljährlich zusammenfassen. In diesem Fall ist nach § 22 Abs. 2 S. 3 KonzVgV die Veröffentlichung der zusammengefassten Bekanntmachungen innerhalb von 48 Tagen nach dem Ende des Quartals zu veranlassen.

29 Ferner gilt auch im Rahmen der Konzessionsvergabe nach § 153 GWB das **Umgehungsverbot** des § 14 KonzVgV. Danach darf das Konzessionsvergabeverfahren – einschließlich der Schätzung des Vertragswerts – gemäß § 14 KonzVgV nicht mit der Absicht konzipiert werden, es vom Anwendungsbereich des Teil 4 des GWB (also des förmlichen Kartellvergaberechts) auszunehmen oder bestimmte Wirtschaftsteilnehmer beziehungsweise bestimmte Bauleistungen, Lieferungen oder Dienstleistungen auf unzulässige Weise zu bevorzugen oder zu benachteiligen.

30 Auch finden über § 153 GWB die §§ 151, 152 GWB Anwendung. Ebenso gelten über § 154 GWB einige weitere Vorschriften über das Vergabeverfahren. Die **Grundsätze des Vergaberechts** gemäß § 97 Abs. 1 und Abs. 2 GWB gelten ohnehin auch für Konzessionsvergabeverfahren nach § 153 GWB, da es sich bei diesen trotz der Vereinfachungen um Verfahren i.S.d Teil 4 des GWB handelt. Art. 3 Abs. 1 und Abs. 2 RL 2014/23/EU ordnet die Geltung der Vergaberechtsgrundsätze ausnahmslos für alle Konzessionsvergabeverfahren an. Insofern muss das Verfahren richtlinienkonform stets den Anforderungen der Grundsätze der Transparenz, Gleichbehandlung/Nichtdiskriminierung, des Wettbewerbs und der Verhältnismäßigkeit genügend durchgeführt werden. Dies gilt umso mehr, als dass Verfahren nach § 153 GWB ein Mindestmaß an **Einheitlichkeit und Rechtssicherheit** bieten müssen, welches Konzessionsgebern und Bietern gleichermaßen zugutekommt. Jenes gilt namentlich im Hinblick auf die Überprüfung des Vergabeverfahrens im Nachprüfungsverfahren gemäß §§ 155 GWB.[45]

31 Die **KonzVgV-Basisvorschriften**, die auch soziale und andere besondere Dienstleistungen betreffen, gewährleisten hierbei die verbindliche Geltung der Grundprinzipien des Vergaberechts. Sie konkretisieren die in den §§ 97 bis 114 GWB und §§ 148 bis 154 GWB festgelegten wesentlichen Vorgaben für das Vergabeverfahren.

32 Konzessionsgeber müssen sich bewusst sein, dass die Einhaltung der Vorschriften des GWB und der KonzVgV im Vergabeverfahren gemäß der §§ 155 bis 184 GWB im vergaberechtlichen **Nachprüfungsverfahren** überprüfbar sind.

33 Die nachträgliche **Änderung der Konzession** ist ebenfalls bekannt zu machen. § 22 Abs. 4 KonzVgV setzt die Verpflichtung zur Veröffentlichung der Bekanntmachung über Änderun-

43 BayVerfGH, Entscheidung v. 24.5.2012 – Vf. 1-VII-10.
44 Gesetzesbegründung, BT-Drs. 18/6281, 262.
45 Basierend auf Art. 46 und Art. 47 RL 2014/23/EU.

gen einer Konzession um, die aus den §§ 154 Nr. 3, 132 Abs. 5 GWB folgt. Änderungen zu Konzessionen, die zwar gemäß §§ 154 Nr. 3, 132 Abs. 2 Nr. 2 und Nr. 3 GWB nicht zum Gegenstand eines neuen Vergabeverfahrens gemacht werden müssen, sind gemäß § 132 Abs. 5 GWB europaweit bekannt zu machen.[46]

Im Übrigen können Konzessionsgeber die Konzessionsvergabe für soziale und andere besondere Dienstleistungen **frei gestalten**. Da sie aber an die Grundsätze des Vergaberechts gebunden sind, unterscheiden sich die Vergabeverfahren nach § 153 GWB in letzter Konsequenz nicht allzu stark von der gewöhnlichen Version des allgemeinen Konzessionsvergabeverfahrens. Die Anforderungen an ein allgemeines Konzessionsvergabeverfahren müssen höher sein als ein – nicht gesetzlich geregeltes – Konzessionsvergabeverfahren unterhalb der Schwellenwerte. Konzessionsgeber haben auch im Unterschwellenbereich sowie bei der Vergabe von Dienstleistungskonzessionen das Primärrecht der Europäischen Union zu beachten, sofern ein grenzüberschreitendes Interesse am Auftrag zu bejahen ist.[47] Unterhalb der Schwellenwerte betont die Rechtsprechung, dass Transparenzgebot, wonach ein solchermaßen angemessener Grad von Öffentlichkeit sichergestellt ist, dass insbesondere die Nachprüfung ermöglicht wird, ob ein Konzessionsauswahlverfahren unparteiisch durchgeführt worden ist.[48] 34

E. Strategische Konzessionskriterien nach § 152 Abs. 3 S. 3 GWB

Nach § 152 Abs. 3 S. 3 GWB können Konzessionsgeber auch bei vereinfachten Vergabeverfahren von sozialen und anderen besonderen Dienstleistungen nach § 153 GWB neben den klassischen Zuschlagskriterien sogenannte **„strategische Belange"** als Vergabekriterien bestimmen. Es gehört zu den großen Neuerungen des Konzessionsvergaberechts, bei der Vergabe bestimmte strategische Ziele verfolgen zu können.[49] Während früher von vergabefremden Kriterien gesprochen wurde, ist jetzt eine Vergabestrategie elementarer Bestandteil jeder Vergabepolitik.[50] Problematisch ist dabei allerdings, dass strategische Kriterien das Potenzial haben, das Anforderungsniveau hinsichtlich des Zuschlags so weit in die Höhe zu treiben, dass die Zahl der Bieter übermäßig beschränkt wird. Im Zusammenwirken mit den zahlreichen Bereichsausnahmen der RL 2014/23/EU können strategische Kriterien zu einer weitergehenden Einschränkung des Wettbewerbs führen. Nachfolgend soll dargestellt werden, welche Gesichtspunkte Auftraggeber von sozialen und anderen besonderen Dienstleistungskonzessionen i.S.d. § 153 GWB bei der Aufstellung von strategischen Kriterien im Rahmen des Vergabevefahrens zu beachten haben. 35

Strategische Kriterien dürfen jedenfalls nicht so weit führen, dass das **Umgehungsverbot** des § 14 KonzVgV verletzt wird. Für den Tatbestand des Umgehungsverbotes kann auf allgemeine Erwägungen zurückgegriffen werden, da diese Bestimmung in Umsetzung von Art. 3 Abs 1 UAbs. 2 RL 2014/23/EU ein grundlegendes Verdikt für die Konzeption des gesamten Verfahrens aufstellt, dessen Beachtung vollumfänglich gerichtlich überprüfbar ist.[51] Erfüllt eine Konzessionsvergabe zwar nicht den objektiven Tatbestand eines Verbotsgesetzes, zielt es aber nach seinem Inhalt und Zweck im Ergebnis auf denselben Erfolg wie ein (ausdrücklich) verbotenes Geschäft, liegt ein Umgehungsvergabe und damit ein Verstoß gegen § 14 KonzVgV vor. Umgehungsvergaben sind zB Konzessionskriterien, durch die die Vergabegrundsätze gem. § 97 Abs. 1 und Abs. 2 GWB umgangen werden sollen. 36

46 Gesetzesbegründung, BT-Drs. 18/6281, 262.
47 OLG Celle, Urteil v. 10.3.2016 – 13 U 148/15.
48 OLG Celle, Urteil v. 10.3.2016 – 13 U 148/15.
49 RegE VergRModVO BT-Drs. 18/6281, 1.
50 Vgl. Besprechung zu Vergaberecht in Koalitionsverträgen: *Braun*, Forum neue Länder, Dezember 5/09, 105; *ders.* KommJur, 2010, 1; *ders.*, NZBau aktuell 2011, Heft 5, VII.; *ders.*, NZBau aktuell 2011, Heft 12, VIII; *ders.*, NZBau 2012, Heft 6, VII; NZBau aktuell 2012, Heft 8, IX.; NZBau aktuell 2013, Heft 3, VIII; *ders.* NZBau aktuell 2013, Heft 12, VIII; NZBau aktuell 2014, Heft 2, IX, NZBau aktuell 2016, Heft 6, VII (jeweils im gedruckten NZBau-Vorheft).
51 Verordnungsbegründung, VergRModVO, BR-Drs. 87/16, 288.

37 Strategische Kriterien können auf der Ebene der **Leistungsbeschreibung**, als **Eignungs- oder Zuschlagskriterium** sowie als **Ausführungsanforderung** zur Anwendung kommen.[52]

I. Konzessionen als politisch-strategisches Instrument

38 Öffentliche Aufträge, also auch Konzessionen, sollen nach dem gesetzgeberischen Willen ein politisch-strategisches Instrument werden.[53] Ob die Konzessionsgeber diesen Willen auch in der Praxis – mangels Kapazitäten – tatsächlich umsetzen können, sei an dieser Stelle offengelassen. Der **Paradigmenwechsel** weg von der Ablehnung der vergabefremden Kriterien hin zu strategischen Vergabezielen hatte bereits zuvor vielfältig seinen Niederschlag in der (auch europäischen) Politik gefunden.[54] Strategische Beschaffungen werden nunmehr – auch in einer komplexen Ausgestaltung – von der Rechtsprechung akzeptiert.[55]

39 Die Konzessionsgeber von Dienstleistungen nach § 153 GWB können ihre strategischen Vorstellungen zum einen über die **Zuschlagskriterien** umsetzen, die gemäß § 152 Abs. 3 S. 3 GWB qualitative, umweltbezogene oder soziale Belange umfassen können.

40 Ferner können Konzessionsgeber nach § 152 Abs. 4 i.V.m. § 128 Abs. 2 S. 3 GWB **besondere Bedingungen für die Ausführung der Konzession** festlegen, die dabei innovationsbezogene, umweltbezogene, soziale oder beschäftigungspolitische Belange beinhalten können. Mithilfe dieser Regelungen können Konzessionen zur Verwirklichung umwelt-, sozial- und industriepolitischer Ziele beitragen, wenn z.B. die Leistungsbeschreibung oder die Ausführungsbedingungen entsprechend gestaltet werden. Dass mit zusätzlichen deskriptiven Bestandteilen in den Vertragsunterlagen auch die Fehleranfälligkeit des Verfahrens ansteigt, ist selbsterklärend und benötigt deshalb keine ergänzende Erläuterung.[56] Strategische Kriterien sowie Ausführungsbedingungen führen ungeachtet ihrer Potenziale im Ergebnis zu einer erhöhten Verfahrenskomplexität.

41 Im Übrigen haben Konzessionsnehmer nach § 152 Abs. 4 i.V.m. § 128 Abs. 1 GWB bei der **Ausführung** die geltenden abgaben-, sozial- und arbeitsrechtlichen Verpflichtungen einzuhalten.

42 Diese Ziele führen u.a. zu einer erheblichen **Aufwertung ökologischer oder sozialer Belange** im Rahmen der öffentlichen Konzessionsvergabe. Systematisch ist nach einer Auffassung die Einhaltung umweltrechtlicher oder sozialer Verpflichtungen künftig ebenso ein vergaberechtlicher Grundsatz wie die bisher geltenden allgemeinen Grundsätze.[57] Dieser Weg würde aber in letzter Konsequenz zu unauflösbaren Zielkonflikten führen. Denn andere Ziele – wie beispielsweise gemäß § 97 Abs. 1 und Abs. 2 GWB die Grundsätze der Wirtschaftlichkeit und Sparsamkeit der Haushalte sowie der Wettbewerb – müssten dann in den Hintergrund treten. Die Berücksichtigung beispielsweise sozialer Aspekte kann u.U. zu einer Verteuerung beschaffter Güter und Leistungen führen – dadurch werden die öffentlichen Haushalte stärker belastet.[58] Die Einhaltung von politisch-strategischen Zielen ist nicht zum haushaltsrechtlichen Nulltarif zu haben. Naturgemäß steht damit ein übermäßig auf soziale Kriterien abstellender Beschaffungsvorgang im **Konflikt mit dem Grundsatz der Sparsamkeit** öffentlicher Haushalte. Zudem bewirkt ein unverhältnismäßiges Gewichten der strategischen Kriterien eine **Beeinträchtigung des Wettbewerbsprinzips**: manche Unternehmen werden die sozialen Kriterien nicht erfüllen (können) und bleiben dementsprechend im Wettbewerb außen vor.[59] Es kann sogar die Gefahr einer binnenmarktrelevanten Wettbewerbsverzer-

---

52 *Ziekow*, DÖV 2015, 897 (898).
53 *Braun*, KommunalPraxis spezial 2014, 9 (10).
54 Erwägungsgrund 1 RL 2014/23/EU; zusammenfassende Darstellung der Entwicklung: *Ziekow*, DÖV 2015, 897 (898).
55 OLG Düsseldorf, Beschluss v. 4.2.2013 – VII-Verg 31/12.
56 Vgl. *Gröning*, VergabeR 2014, 339 (351).
57 So *Umweltbundesamt*, Neue EU-Richtlinien für das Vergaberecht beschlossen, April 2014, S. 11 ff.
58 *Ziekow*, DÖV 2015, 897.
59 *Ziekow*, DÖV 2015, 897.

rung bestehen, wenn Unternehmen aus dem EU-Ausland mit den sozialen Mindeststandards (beispielsweise dem deutschen Mindestlohn) ökonomisch nicht mithalten können und daher faktisch vom Wettbewerb ausgeschlossen werden.[60]

Auch wenn nach dem erklärten Willen des europäischen Gesetzgebers „die öffentliche Auftragsvergabe in stärkerem Maße zur Unterstützung gemeinsamer gesellschaftlicher Ziele"[61] beitragen soll, so können diese Ziele **keine Priorität** vor den originären Zielen des öffentlichen Beschaffungsrechts haben. Schließlich ist nach wie vor die Öffnung der nationalen Beschaffungsmärkte für den Wettbewerb das zentrale Ziel des europäischen Vergaberechts.[62] Vielmehr geben immer noch die allgemeinen Grundsätze der Wirtschaftlichkeit und des Wettbewerbs die Richtschnur für alle anderen strategischen Ziele vor. Damit stehen diese hierarchisch unterhalb der Grundsätze des Vergaberechts. Sie können nur innerhalb des Rahmens Geltung beanspruchen, der von den Grundsätzen aufgespannt wird. Bei Zielkonflikten sind sie nachrangig zu gewichten und müssen unter Umständen zurücktreten. Dies kann im äußersten Fall dazu führen, dass ein übermäßiges Gewichten der strategischen Kriterien derart die Anzahl der angebotsfähigen Bieter reduziert, dass dadurch faktisch der Wettbewerb ausgehebelt wird. Bei einem derart evidenten Verstoß gegen den Wettbewerbsgrundsatz läge ein beachtlicher Verfahrensfehler vor – dies trotz des weiten Leistungsbestimmungsrechts des öffentlichen Auftraggebers und der grundsätzlich zulässigen Heranziehung von sozialen oder ökologischen Kriterien bzw. Ausführungsbedingungen. 43

Auch ist es im Interesse der Konzessionsgeber, das Verfahren nicht unverhältnismäßig mit zusätzlich strategischen Kriterien **zu überladen**. Es wird dadurch noch bürokratischer und schwerfälliger zu handhaben sein.[63] Bereits jetzt wird in der Würdigung dieser Regelungen mit beachtlichen Argumenten auf die Umsetzungsschwierigkeiten hingewiesen.[64] 44

II. Soziale Kriterien

Die allgemeinen Regeln sollen unter anderem dazu beitragen, die EU-Politik in den Bereichen Umwelt, soziale Eingliederung und Innovation im Vergaberecht umzusetzen.[65] Die sozialen Aspekte beschränken sich nicht auf die Eingliederung, sondern erstrecken sich auch auf die **Achtung, Stärkung und Durchsetzung sozialer Rechte**, seien diese im nationalen, internationalen oder europäischen Recht oder in Tarifverträgen geregelt.[66] 45

Das Konzessionsrecht nimmt auf die sozialen Kriterien insoweit Bezug, als das soziale Belange bei der Vergabe gemäß § 97 Abs. 3 GWB als Kriterien und gemäß § 152 Abs. 4 i.V.m. § 128 Abs. 2 S. 3 als **Ausführungsbedingungen** berücksichtigt werden können. Zudem können Unternehmen gemäß § 154 Nr. 2 i.V.m. § 124 Abs. 1 Nr. 1 GWB **vom Vergabeverfahren ausgeschlossen** werden können, wenn sie u.a. gegen soziale oder arbeitsrechtliche Verpflichtungen verstoßen haben. Gewisse Konkretisierungen werden von § 152 Abs. 4 i.V.m. § 128 Abs. 1 GWB vorgenommen, was **soziale Mindeststandards** betrifft. Eine weitergehende Definition des „sozialen" Kriteriums erfolgt im Gesetz aber nicht. 46

Bekannte **Beispiele aus den Landesvergabegesetzen** und anderen landesrechtlichen Regelungen[67] sind: 47

- Die besondere Berücksichtigung bestimmter Benachteiligungen oder der Verpflichtung zur Zurverfügungstellung einer Mindestquote von Ausbildungsplätzen oder von Arbeitsplätzen für ältere Beschäftigte oder für Menschen mit Behinderungen,

60 EuGH, Urteil v. 17.11.2015 – Rs. C-115/14 (RegioPost), Rn. 69 f.; m.w.A. *Schnieders*, NVwZ 2016, 217.
61 Erwägungsgrund 2 RL 2014/24/EU.
62 Erwägungsgrund 1 RL 2014/24/EU.
63 Vgl. *Meißner*, VergabeR 2012, 301 (309).
64 Vgl. *Gröning*, VergabeR 2014, 339 (347).
65 Erwägungsgrund 73 RL 2014/23/EU.
66 Spezifisch zum sozialen Kriterium: *Ziekow*, DÖV 2015, 897.
67 Zu den landesrechtlichen Regelungen etwa *Meißner*, VergabeR 2012, 301; *Wagner/Pfohl*, VergabeR 2015, 389.

- Genderaspekte, etwa in Gestalt der Ergreifung aktiver Maßnahmen zur Gleichstellung von Männern und Frauen"
- Zahlung eines bestimmten Mindest- oder Tariflohns an die für die Auftragserfüllung eingesetzten Beschäftigten (vgl. hierzu § 128 Abs. 1 GWB),
- Einhaltung der Kernarbeitsnormen der Internationalen Arbeitsorganisation (ILO), insbesondere des Verbots ausbeuterischer Kinderarbeit,
- Lieferung von Produkten, die bestimmten sozialen Standards, wie etwa denen des fairen Handels, genügen.[68]

48 Einem Unternehmen kann der Zuschlag erteilt werden, weil es **die meisten benachteiligten Arbeitnehmer** (z.B. Langzeitarbeitslose) beschäftigt.[69] In der Ausschreibung können die Arbeitsbedingungen der Beschäftigten über rein arbeitsrechtliche Bestimmungen hinaus Ausschreibungsgrundlage sein. Hinter der Normierung von sozialen Kriterien für das Vergabeverfahren steckt der Gedanke, dass sich mithilfe eines „sozialen" Vergaberechts eine bestimmte **Steuerungswirkung** in Richtung der Erhöhung von sozialen Standards erzielen lässt.[70]

49 Angesichts dessen erscheinen die über § 153 GWB umgesetzten Ausnahmen im sozialen Bereich aber **nicht besonders stringent**. Es stellt sich die Frage, warum Ausnahmen im sozialen Vergabebereich großzügig vorgesehen worden sind, wenn gerade die sozialen Kriterien als strategische Ziele eine prominente Rolle bei der Auftragsvergabe spielen sollen.

50 Die nationalen Behörden sollen die **Einhaltung der sozialen Kriterien am Erfüllungsort** der bestellten Leistungen überwachen können. Damit können Unternehmen, die den entsprechenden Verpflichtungen nicht nachkommen, vom Vergabeverfahren ausgeschlossen werden. Vergabestellen müssen Angebote ablehnen, deren außergewöhnlich niedriger Preis auf Verstöße gegen Sozial-, Arbeits- oder Umweltschutzbestimmungen zurückgeht – vgl. § 124 Abs. 1 Nr. 1 i.V.m. § 154 Nr. 2, § 128 Abs. 1 i.V.m. § 152 Abs. 4WB.[71] Auch wenn landesgesetzliche Tariftreue- und Vergabegesetze vergleichbare Regelungen schon haben, so ist darauf hinzuweisen, dass verbindliche strategische Vergaberegelungen zu mehr staatlicher Überwachung mit neuen Angestellten oder Beamten führen müssen. Jede (neue) Kontrolle kann nur mit zusätzlichem staatlichem Aufwand durchgesetzt werden.

51 Die sozialen Kriterien dürfen sich aber nur auf die Mitarbeiter beziehen, die an der Herstellung/Bereitstellung, Lieferung bzw. Erbringung der Waren oder Leistungen **beteiligt** sind, die Gegenstand der Ausschreibung sind.[72] Konzessionsgeber können also von Unternehmen **nicht generell**, sondern nur bezogen auf einen Konzession eine sozial verantwortliche oder umweltfreundliche Firmenpolitik verlangen, da eine solche Anforderung sich nicht auf die erworbenen Waren oder Leistungen bezieht.[73]

52 Firmen, die im Wesentlichen für die öffentliche Hand tätig sind, werden sich zwingend diesen Regeln anpassen müssen, wenn sie wirtschaftlich überleben wollen. Alle anderen Firmen werden sich gründlich überlegen, ob und inwieweit sie sich noch an Ausschreibungen beteiligen.

53 Die **Überprüfung der Einhaltung der umwelt-, sozial- und arbeitsrechtlichen Bestimmungen** sollte in den relevanten Phasen des Vergabeverfahrens bei Anwendung der allgemeinen Grundsätze für die Auswahl der Teilnehmer und die Konzessionsvergabe und bei der Anwendung der Ausschlusskriterien erfolgen.[74]

---

68 *Ziekow*, DÖV 2015, 897 (898).
69 Vgl. Erwägungsgrund 66 RL 2014/23/EU.
70 *Ziekow*, DÖV 2015, 897; vgl. Erwägungsgrund 65 RL 2014/23/EU.
71 Erwägungsgründe 55, 58, 64, 72 und 73 RL 2014/23/EU.
72 Vgl. Erwägungsgrund 64 RL 2014/23/EU, Art. 41 Abs. 2 RL 2014/23/EU.
73 Erwägungsgrund 64 RL 2014/23/EU; *Gröning*, VergabeR 2014, 339 (341); *Meißner*, VergabeR 2012, 301 (308).
74 Erwägungsgrund 58 RL 2014/23/EU.

III. Umweltpolitische Kriterien

Das Konzessionsrecht nimmt auf die umweltbezogene Kriterien insoweit Bezug, als das umweltbezogene Belange gemäß § 97 Abs. 3 GWB bei der Vergabe als Kriterien und gemäß § 152 Abs. 4 i.V.m. § 128 Abs. 2 S. 3 GWB als **Ausführungsbedingungen** berücksichtigt werden können. Umweltfreundliche Beschaffung ist ein Prozess, in dem Konzessionsgeber Bau-, Liefer- und Dienstleistungsaufträge mit geringerer Umweltbelastung als vergleichbare Leistungen mit derselben Funktion ausschreiben.[75] Umwelt- und industriepolitische Kriterien haben sich nachhaltig in der Richtlinie niedergeschlagen. 54

Zuschlagskriterien können nunmehr günstigste **Lebenszykluskosten** sein. Dabei kann etwa die CO_2-Bilanz einer angebotenen Leistung den Ausschlag geben. Gleiches gilt für den Produktionsprozess der erworbenen Waren, Bau- oder Dienstleistungen: Die Beschäftigung benachteiligter Personengruppen und die Verwendung umweltfreundlicher Werkstoffe können für den Zuschlag entscheidend sein.[76] 55

Ökologische Erwägungen sollen stärker in Konzessionsauswahlverfahren einbezogen werden. Sie umfassen Vorgaben zu Umweltanforderungen, Bestimmungen zur Nutzung von Öko-Labels sowie die Möglichkeit, den Lebenszykluskosten und den Umweltauswirkungen über den gesamten Produktionsprozess Rechnung zu tragen. Anbieter müssen bei der Ausführung von Konzessionen die Umweltschutzauflagen einhalten, die sich aus dem nationalen, internationalen und EU-Recht ergeben. Zuwiderhandelnde Bewerber können **vom Vergabeverfahren ausgeschlossen werden** (vgl. § 154 Nr. 2 i.V.m. § 124 Abs. 1 Nr. 1, § 152 Abs. 4 GWB i.V.m. § 128 Abs. 1 GWB). Produkte, die bestimmte Qualitätsbedingungen und -anforderungen erfüllen, können ein **Gütezeichen oder -label** tragen. Bei der Festlegung der Umwelteigenschaften von Waren, Bau- oder Dienstleistungen kann auf ein bestimmtes Gütezeichen oder Öko-Label Bezug genommen werden.[77] In Bezug auf Bedingungen für die **Konzessionsausführung**, d.h. zu Vorgaben für die Gestaltung von Vertragsklauseln für Konzessionsverträge, enthält die Richtlinie keine gesonderten über die allgemeinen Grundsätze der Gleichbehandlung, Nichtdiskriminierung, Transparenz und Verhältnismäßigkeit hinausgehenden Vorgaben. Die Einbeziehung ökologischer Aspekte in die Bedingungen für die Konzessionsausführung erscheinen jedoch zulässig.[78] Insgesamt können damit Umweltkriterien **in jeder Phase der Konzessionsbeschaffung** ein Maßstab sein.[79] Damit scheint insbesondere die Berücksichtigung von Umweltkriterien, ungeachtet ihrer besonderen vergaberechtlichen Schwierigkeiten, doch ein Ausdruck des gegenwärtigen Zeitgeistes zu sein, so dass es in Deutschland durchaus zu einer überschießenden Umsetzung kommen könnte.[80] 56

IV. Besserer Zugang zu öffentlichen Aufträgen für kleine und mittelständische Unternehmen 57

Die Beteiligung von kleinen und mittelständischen Unternehmen an Vergabefahren ist ein mitverfolgtes Ziel der Novellierung basierend auf der Konzessionsvergaberichtlinie.[81] Konzessionsgeber haben gemäß § 97 Abs. 4 S. 1 GWB mittelständische Interessen vornehmlich zu berücksichtigen. 58

Unter **mittelständischen Interessen** ist das Interesse von kleinen und mittleren Unternehmen am gleichberechtigten Zugang zu öffentlichen Auftrags- und Konzessionsvergaben zu verstehen.[82] Konzessionsgeber sollten dementsprechend bestrebt sein, alle Bieter mit ange- 59

---

75 Vgl. *Umweltbundesamt*, Rechtsgutachten Umweltfreundliche öffentliche Beschaffung, S. 2.
76 Erwägungsgrund 64 RL 2014/23/EU, Art. 41 Abs. 2 RL 2014/23/EU.
77 Erwägungsgrund 74 RL 2014/23/EU.
78 Vgl. Erwägungsgründe 55 und 64 RL 2014/23/EU; *Umweltbundesamt*, Rechtsgutachten Umweltfreundliche öffentliche Beschaffung, S. 94.
79 Vgl. Übersicht in: *Umweltbundesamt*, Rechtsgutachten Umweltfreundliche öffentliche Beschaffung, S. 95 bis 97.
80 Vgl. *Gröning*, VergabeR 2014, 339 (343).
81 *Gröning*, VergabeR 2014; 339 (343).
82 Vgl. Erwägungsgründe 5 und 63 RL 2014/23/EU.

messener wirtschaftlicher Leistungsfähigkeit zum Vergabeverfahren zuzulassen. KMUs sollen nach der Empfehlung der europäischen Kommission höchstens bei einer Beschäftigtenzahl von 250 Arbeitskräften und eines Jahresumsatzes von bis zu 50 Mio. Euro vorliegen.[83] Allerdings darf in Hinblick auf die Klassifikation eines Unternehmens als KMU nicht strikt auf die in der Empfehlung festgelegten Zahlen abgestellt, sondern zugleich die konkreten Verhältnisse der jeweiligen Branche ermittelt werden.[84] Entscheidend ist die Struktur des jeweiligen Beschaffungsmarktes.[85] Zu berücksichtigen sind insbesondere die Zahl der Marktteilnehmer und ihre Größe hinsichtlich Umsatz, Beschäftigten sowie Finanzkraft.[86] Gleiches gilt für die finanzielle Leistungsfähigkeit der KMUs. Der Einsatz von Ressourcen (notwendiges Kapital, Mitarbeiterzahlen) unterscheidet sich in den verschiedenen Branchen stark.[87] In der Reinigungsbranche ist beispielsweise ein völlig anderer Kapitalstock erforderlich, als im Verkehrsgewerbe oder gar in der Rüstungsindustrie.[88] Die finanzielle Leistungsfähigkeit des jeweiligen KMU ist dahingehend eine Voraussetzung für die Teilnahme am Vergabeverfahren, als dass nur mit je nach Branche ausreichendem Kapitalstock das jeweilige Unternehmen überhaupt die Konzessionsleistung sinnvoll und angemessen erbringen kann. Die Erteilung eines Teilloses an ein Kleinstunternehmen ist sinnlos, wenn dieses das Los mangels entsprechender Finanzkraft im Rücken nicht ordnungsgemäß erbringen kann.

60 Ein zentraler Aspekt des Mittelstandsschutzes ist die Aufteilung größerer Konzessionen in **Lose**, was auch kleineren Unternehmen die Beteiligung an den Ausschreibungen ermöglichen soll.[89] Dementsprechend haben Konzessionsgeber größere Konzessionen gemäß § 97 Abs. 4 S. 2 GWB in mehrere Lose zu unterteilen, wenn nicht eine Gesamtvergabe aus wirtschaftlichen oder technischen Gründen erforderlich ist. Die Unterteilung ist zwar nicht verpflichtend, ihre Unterlassung ist aber gemäß Art. 46 Abs. 1 RL 2014/24/EU zu begründen. Zwar war eine Begründungspflicht früher noch nicht normiert, gleichwohl galt nichtsdestoweniger das Prinzip, dass ein Abweichen vom Grundsatz der Losvergabe stets eine begründungspflichtige Entscheidung darstellt.[90]

61 Der Verzicht auf die Losaufteilung steht nach dem Wortlaut des § 97 Abs. 4 S. 3 GWB – „dürfen" – im pflichtgemäßen **Ermessen** des Konzessionsgebers. Die ermessenslenkenden Gesichtspunkte sind hierbei die in der Norm genannten „wirtschaftlichen und technischen Gründe" sowie nach Sinn und Zweck des § 97 Abs. 4 das Interesse des Mittelstandes an angemessener Berücksichtigung.[91] Im Rahmen der Ermessensentscheidung hat der Konzessionsgeber eine sorgfältige Interessenabwägung zwischen den mit einer Losvergabe einhergehenden Nachteilen gegenüber dem Schutz kleinerer Unternehmen vorzunehmen.[92]

62 **Wirtschaftliche Gründe** i.S.d. § 97 Abs. 4 S. 3 GWB liegen vor, wenn die vertragsgemäße einheitliche Gesamtleistung bei Losaufteilung nicht oder nur mit unverhältnismäßigem Aufwand erbracht werden kann.[93] Als wirtschaftlicher Grund kommt auch ein erheblicher Koordinierungs- und Kontrollaufwand in Betracht. Dieser muss aber über den Mehraufwand hinausgehen, der mit einer Losvergabe grundsätzlich einhergeht.[94]

63 **Technische Gründe** können sich aus zeitlichen, logistischen- bau- oder sicherheitstechnischen Rahmenbedingungen sowie aus system-, herstellungs- oder kooperationsbedingten Strukturen ergeben.[95] Hierzu gehören auch technische, bei getrennter Ausschreibung nicht

83 Detaillierte Darstellung und Abgrenzung von Kleinstunternehmen, Kleinunternehmen und mittleren Unternehmen: Anhang zur Empfehlung der Kommission vom 6.5.2003, ABl. 124/36 v. 20.5.2003.
84 VK Bund, Beschluss v. 18.10.2012 – VK 2 – 77/12.
85 VK Baden-Württemberg, Beschluss v. 11.2.2011 – 1 VK 02/11.
86 VK Baden-Württemberg, Beschluss v. 11.2.2011 – 1 VK 02/11.
87 *Weyand*, Vergaberecht, § 97 GWB, Rn. 464/1.
88 *Weyand*, Vergaberecht, § 97 GWB, Rn. 464/1.
89 *Tegeler*, VergabeR 2015, 402 (406).
90 VK Darmstadt, Beschluss v. 12.9.2001 – 69d-VK-30/2001; *Müller-Wrede*, NZBau 2004, 643 (644).
91 *Tomerius*, in Pünder/Schellenberg, Vergaberecht, § 5 VOB/A, Rn. 21.
92 OLG Düsseldorf, Beschluss v. 21.3.2012 – VII-Verg 92/11; Beschluss v. 8.9.2011 – VII-Verg 48/11.
93 *Fehling*, in: Pünder/Schellenberg, Vergaberecht, § 97 GWB Rn. 102.
94 OLG Koblenz, Beschluss v. 4.4.2012 – 1 Verg 2/11; OLG Düsseldorf, Beschluss v. 21.3.2012 – VII-Verg 92/11.
95 *Tomerius*, in: Pünder/Schellenberg, Vergaberecht, § 5 VOB/A, Rn. 26

lösbare Schnittstellenprobleme oder bestimmte interdisziplinäre oder auch architektonische Anforderungen, die eine Gesamtvergabe technisch erforderlich machen.[96]

V. Innovation

Die Innnovation als Zuschlagskriterium bzw. Ausführungsbedingung ist im Bereich der Konzessionsvergabe eine **Neuheit**. 64

„Innovation" ist gemäß Art. 5 Nr. 13 RL 2014/23/EU die Einführung von neuen oder deutlich verbesserten Waren, Dienstleistungen oder Verfahren, einschließlich von – aber nicht beschränkt auf – Produktions-, Bau- oder Konstruktionsverfahren, einer neuen Vermarktungsmethode oder eines neuen Organisationsverfahrens in Bezug auf Geschäftspraktiken, Abläufe am Arbeitsplatz oder externe Beziehungen. Dies unter anderem mit dem Zweck begründet, zur Meisterung gesellschaftlicher Herausforderungen beizutragen oder die Strategie Europa 2020 zu unterstützen.[97] 65

Die **Zuschlagskriterien** können gemäß § 97 Abs. 3 GWB und **Ausführungsbedingungen** gemäß § 152 Abs. 4 i.V.m. § 128 Abs. 2 S. 3 GWB innovationsbezogene Kriterien enthalten. Wird ein Angebot unterbreitet, in dem eine innovative Lösung mit außergewöhnlich hoher funktioneller Leistungsfähigkeit vorgeschlagen wird, die ein Auftraggeber bei aller Umsicht nicht vorhersehen konnte, so kann der Auftraggeber gemäß Art. 41 Abs. 3 UAbs. 2 S. 1 RL 2014/23/EU unbeschadet Art. 41 Abs. 3 UAbs. 1 RL 2014/23/EU ausnahmsweise die Reihenfolge der Zuschlagskriterien ändern. So kann er dieser innovativen Lösung Rechnung tragen. In diesem Fall unterrichtet die öffentliche Hand alle Bieter über die geänderte Reihenfolge der Zuschlagskriterien und veröffentlicht unter Einhaltung der Mindestfristen nach Art. 39 Abs. 4 RL 2014/23/EU eine neue Aufforderung zur Angebotsabgabe. Wurden die Zuschlagskriterien zum selben Zeitpunkt wie die Konzessionsbekanntmachung veröffentlicht, so veröffentlicht die Vergabestelle unter Einhaltung der Mindestfristen nach Art. 39 Abs. 3 RL 2014/23/EU eine neue Konzessionsbekanntmachung. 66

Der **Begriff der „Innovation"** wird vom GWB nicht definiert, dafür trifft aber die Konzessionsvergaberichtlinie eine Festlegung hinsichtlich des begrifflichen Inhalts. Nach Art. 5 Nr. 13 RL 2014/23/EU ist unter „Innovation" die Einführung von neuen oder deutlich verbesserten Waren, Dienstleistungen oder Verfahren, einschließlich – aber nicht beschränkt auf – Produktions-, Bau- oder Konstruktionsverfahren, einer neuen Vermarktungsmethode oder eines neuen Organisationsverfahrens in Bezug auf Geschäftspraktiken unter anderem mit dem Zweck, zur Meisterung gesellschaftlicher Herausforderungen beizutragen oder die Strategie Europa 2020 zu unterstützen. Angesichts dessen liegt Innovation im Allgemeinen nicht nur hinsichtlich des zeitlichen Horizonts vor, vielmehr verweist der europarechtliche Begriff auch auf eine sachliche und eine soziale Dimension, so dass Innovation generell als Neuheit, Wandel oder Vorsprung verstanden werden kann. 67

Problematisch erscheint hiernach die Frage, wie das Kriterium der Innovation zu den anderen Zielvorstellungen des Vergaberechts **abzugrenzen** ist. Überschneidungen zu den umweltbezogenen und sozialen strategischen Kriterien sind nämlich vorprogrammiert, so dass es sich im Ergebnis beim Kriterium der Innovation entweder um ein **Auffangkriterium**,[98] oder um einen Rechtfertigungsgrund für Abweichungen von vergaberechtlichen Regelvorgaben handelt, so zum Beispiel beim Absehen von der Losvergabe.[99] 68

96 *Manz/Schönwälder*, NZBau 2012, 465 (467).
97 Vgl. Erwägungsgrund 3 RL 2014/23/EU.
98 *Wagner/Pfohl*, VergabeR 2015, 389 (391).
99 Vgl. VK Bund, Beschluss v. 7.12.2015 – VK 2-105/15.

VI. Prävention von Interessenkonflikten, Vetternwirtschaft und Korruption

69 Die Prävention von Interessenkonflikten, Vetternwirtschaft und Korruption durch entsprechende Regelungen im neuen Vergaberecht ist ein **wichtiges Anliegen des Gesetzgebers**.[100] Wettbewerbliche Verfahren mit vorherigen Veröffentlichungen führen zu einer Vermeidung von Interessenkonflikten, Vetternwirtschaft und Korruption. Angesichts dessen erscheint es unverständlich, dass die Konzessionsvergaberichtlinie (und damit das GWB) weit verzweigte Bereichsausnahmen vorsieht, und dies nicht nur im Bereich sozialer oder anderer besonderer Dienstleistungen i.S.d. § 153 GWB. Ausschreibungsausnahmen müssen zwar nicht, können aber korrupten Strukturen Vorschub leisten. Es fällt auf, dass in den Konzessionsvergabeverfahren viel mehr Ausnahmen und Freiheiten als in der klassischen Richtlinie vorhanden sind, obwohl die Gefahren von Interessenkonflikten, Vetternwirtschaft und Korruption identisch sein dürften.

70 Die Bundesrepublik ist jedenfalls gehalten, Interessenkonflikte wirksam zu verhindern, zu ermitteln und auszuräumen. Konzessionsgeber können gemäß §§ 154 Nr. 2, 124 Abs. 1 Nr. 5 GWB unter Berücksichtigung des Grundsatzes der Verhältnismäßigkeit ein Unternehmen zu jedem Zeitpunkt des Vergabeverfahrens von der Teilnahme an einem Vergabeverfahren **ausschließen**, wenn ein Interessenkonflikt bei der Durchführung des Vergabeverfahrens besteht, der die Unparteilichkeit und Unabhängigkeit einer für den Konzessionsgeber tätigen Person bei der Durchführung des Vergabeverfahrens beeinträchtigen könnte und der durch andere weniger einschneidende Maßnahmen nicht wirksam beseitigt werden kann.

71 Die Korruptionsprävention wird auch durch die Regelung des Art. 45 Abs. 2 RL 2014/23/EU verschärft. Die Mitgliedstaaten stellen gemäß Art. 45 Abs. 2 S. 1 RL 2014/23/EU sicher, dass die Anwendung der Konzessionsvergabevorschriften **überwacht** wird. Ermitteln die Überwachungsbehörden oder -strukturen (dieser Begriff wird nur in der RL 2014/23/EU verwendet) bestimmte Verstöße, wie Betrug, Bestechung, Interessenkonflikte und sonstige schwerwiegende Unregelmäßigkeiten, oder systembedingte Probleme, so sind diese gemäß Art. 45 Abs. 2 S. 2 RL 2014/23/EU befugt, diese Verstöße oder Probleme gegenüber nationalen Prüfstellen, Gerichten oder anderen geeigneten Behörden oder Strukturen, wie dem Bürgerbeauftragten, nationalen Parlamenten oder deren Ausschüssen, anzuzeigen.

72 Interessenkonflikte und unlautere Praktiken stehen im **Widerspruch zu den Vergabegrundsätzen** des Wettbewerbs, der Transparenz und der Gleichbehandlung. Korruption im öffentlichen Auftragswesen verursacht der europäischen Gesellschaft nach EU-Angaben Kosten in Höhe von jährlich circa zwei Milliarden Euro.[101] Auch die Erörterungen in Deutschland zum Korruptionsaufkommen zeigen, dass es sich nicht um eine theoretische Diskussion handelt.[102]

73 Ein **Interessenkonflikt** besteht gemäß § 5 Abs. 2 KonzVgV für Personen, die an der Durchführung des Vergabeverfahrens beteiligt sind oder Einfluss auf den Ausgang eines Vergabeverfahrens nehmen können und die ein direktes oder indirektes finanzielles, wirtschaftliches oder persönliches Interesse haben, das ihre Unparteilichkeit und Unabhängigkeit im Rahmen des Vergabeverfahrens beeinträchtigen könnte.

74 Wenn nach dem Willen des Gesetzgebers Interessenkonflikte und unlautere Praktiken den regelkonformen Ablauf der Verfahren zur Vergabe von Konzessionen beeinträchtigen, dann hätte auch eine Erörterung der Interessenkonflikte in den **Erwägungsgründen** gut angestanden.

---

100 Gesetzesbegründung, BT-Drs. 18/6281, 65, 87, 94.

101 Vgl. Fact sheet 10, http://ec.europa.eu/internal_market/publicprocurement/docs/modernising_rules/reform/fact-sheets/fact-sheet-10-transparency_de.pdf, 15.2.2016.

102 Vgl. z.B. Schriftliche Kleine Anfrage der Abgeordneten Dr. Roland Heintze und Hjalmar Stemmann (CDU) v. 22.8.14 und Antwort des Hamburger Senats, Drs. Nr. 20/12781 v. 29.8.2014.

F. Rechtsschutz

I. Drittschutz

Die Grundsätze des Wettbewerbes, der Transparenz, der Gleichbehandlung und des Verhältnismäßigkeitsgrundsatzes gemäß §§ 97 Abs. 1, Abs. 2 GWB sind **subjektiv drittschützend**. Die Ausnahmevorschriften sind eng auszulegen. Wenn diese zu weit ausgelegt werden, werden die Rechte der Unternehmen gemäß § 97 Abs. 6 GWB verletzt. 75

Drittschützend sind auch die **Bekanntmachungsvorschriften**. Konzessionsgeber haben gemäß § 22 KonzVgV nach einer vorherigen Bekanntmachung auszuschreiben. Auch im Rahmen des § 153 GWB gibt es dort keine Ausnahme. Wenn sie diese Pflicht verletzen, können sich unterlegene Bewerber dagegen wehren. Ihnen stehen subjektiv-öffentliche Abwehrrechte zu. 76

Neben dem Verweis auf die Verpflichtung zur **Leistungsbeschreibung** gemäß §§ 152 Abs. 1, 121 Abs. 1 und Abs. 3 GWB wird auch auf die Prüfung der **Eignung** verwiesen (§§ 152 Abs. 1, 122 GWB). Der **Zuschlag** wird gemäß § 152 Abs. 3 S. 1 GWB auf der Grundlage objektiver Kriterien erteilt, die sicherstellen, dass die Angebote unter wirksamen Wettbewerbsbedingungen bewertet werden. So kann ein wirtschaftlicher Gesamtvorteil für den Konzessionsgeber ermittelt werden. Die Zuschlagskriterien müssen mit dem Konzessionsgegenstand in Verbindung stehen und dürfen dem Konzessionsgeber keine uneingeschränkte Wahlfreiheit einräumen. Sie können qualitative, umweltbezogene oder soziale Belange umfassen. Die Zuschlagskriterien müssen mit einer Beschreibung einhergehen, die eine wirksame Überprüfung der von den Bietern übermittelten Informationen gestatten, damit bewertet werden kann, ob und inwieweit die Angebote die Zuschlagskriterien erfüllen. Die vorgenannten Bestimmungen dienen dem Schutz Dritter und sind mithin **drittschützend**. 77

II. Rechtsschutzmöglichkeiten

Konzessionen im sozialen und besonderen Bereich können **zivilrechtliche und verwaltungsrechtliche Konzessionen** betreffen. Weiterhin kann es sich um eine Konzession oberhalb der **Schwellenwerte** und unterhalb im binnenmarktrelevanten Bereich handeln. Auch im Bereich unterhalb des Schwellenwerts sind öffentliche Auftraggeber nicht völlig frei bei der Auswahlentscheidung – sie haben bei der Vergabe von Dienstleistungskonzessionen das **Primärrecht** der Europäischen Union zu beachten, sofern ein grenzüberschreitendes Interesse am Auftrag zu bejahen ist.[103] Die maßgeblichen Kriterien sind die Grenznähe des Ortes der Leistungserbringung, die Art der zu beschaffenden Leistung sowie insbesondere der Auftragswert.[104] 78

1. Oberhalb der Schwellenwerte

Oberhalb des Schwellenwertes gemäß Art. 8 Abs. 1 RL 2014/23/EU i.V.m. § 106 Abs. 1, Abs. 2 Nr. 4 GWB[105] statuiert § 97 Abs. 6 GWB den **Anspruch der Bieter** auf Einhaltung der Bestimmungen über das Vergabeverfahren. Unter Bestimmungen sind die Grundsätze der Transparenz, der Gleichbehandlung/Nichtdiskriminierung, des Wettbewerbs und der Verhältnismäßigkeit[106] (einschließlich ihrer Auskonkretisierungen) zu verstehen. Diese sind allgemein in § 97 Abs. 1 und Abs. 2 GWB sowie in manchen landesrechtlichen Vorschriften normiert. Der Anspruch aus § 97 Abs. 6 GWB bewirkt, dass die verfahrensbestimmenden drittschützenden Vorschriften aus dem GWB und der KonzVgV einen subjektiven öffentlich-rechtlichen Anspruch der Bieter unter anderem auf Nachprüfung der Vergabeentscheidung entfalten, wenn 79

103 OLG Celle, Urteil v. 10.3.2016 – 13 U 148/15; vgl. *Schröder*, KommunalPraxis spezial 2014, 122 (123).
104 EuG, Urteil v. 29.5.2013 – Rs.-T-384/10, Rn. 114; vgl. *Vavra*, VergabeR 2013, 384.
105 Gesetzesbegründung, BT-Drs. 18/6281, 224.
106 Vgl. die Grundsätze weiter ausführend: *Braun*, VergabeR 2014, 324 (328 ff.); *ders.*, NVwZ 2011, 400 (402); *Prieß/Simonis*, NZBau 2015, 731 (734 ff.).

das Konzessionsvergabeverfahren nicht diesen Vorgaben und den Vergabegrundsätzen entsprechend durchgeführt wird. Die Vorschriften des GWB und der KonzVgV begründen nicht nur eine objektiv-rechtliche Verpflichtung des Staates,[107] das Vergabeverfahren fehlerfrei durchzuführen, sondern zugleich das subjektiv-öffentliche Recht der Teilnehmer, tatsächlich Berücksichtigung in einem fehlerfreien Verfahren zu finden.[108] Jeder interessierte Wirtschaftsteilnehmer muss hiernach eine faire Chance erhalten, nach Maßgabe der für den spezifischen Auftrag wesentlichen Kriterien und des vorgesehenen Verfahrens Berücksichtigung zu finden.

80 Aus Art. 3 Abs. 1 GG i.V.m. Art. 20 Abs. 3 GG steht dem Bewerber zudem ein **öffentlich-rechtlicher Bewerbungsverfahrensanspruch** zur Seite, der es gebietet, zwischen der Bekanntgabe der Auswahlentscheidung und dem Vertragsabschluss mit dem ausgewählten Bewerber einen angemessenen Zeitraum von jedenfalls zwei Wochen verstreichen zu lassen, um einen effektiven (Primär-)Rechtsschutz i. S.d. Art. 19 Abs. 4 GG in Bezug auf die Auswahlentscheidung zu ermöglichen.[109]

2. Unterhalb der Schwellenwerte

81 Unterhalb der Schwellenwerte gelten die Vorgaben des GWB nicht für das Vergabeverfahren. Aus Art. 12 Abs. 1 GG und Art. 3 Abs. 1 GG ergibt sich gleichwohl der **derivative Teilhabeanspruch** des Bieters an der gerechten Beteiligung vorhandener Kapazitäten in einer Situation der Knappheit.[110] Dieser grundrechtliche Teilhabeanspruch schlägt sich einfachrechtlich als subjektiv öffentlich-rechtlicher Anspruch des Bieters auf Durchführung eines verfahrensfehlerfreien Auswahlverfahrens nieder.[111] Ein solches liegt aber in letzter Konsequenz erst dann vor, wenn die Grundsätze des Vergabeverfahrens (Transparenz, Gleichbehandlung/Nichtdiskriminierung, Wettbewerb, Verhältnismäßigkeit, Objektivität) ebenso im unterschwelligen Bereich auf verwaltungsrechtliche Auswahlverfahren eins zu eins angewandt werden wie im Geltungsbereich des GWB.

82 Damit entfaltet der Teilhabeanspruch gemäß Art. 12 Abs. 1 GG i.V.m. Art. 3 Abs. 1 GG i.V.m. den vergaberechtlichen Grundsätzen nicht nur eine objektiv-rechtliche Verpflichtung des Staates,[112] das Vergabeverfahren fehlerfrei durchzuführen, sondern zugleich das **subjektiv-öffentliche Recht** der Teilnehmer, tatsächlich Berücksichtigung in einem fehlerfreien Verfahren zu finden.[113] Fehlerfreiheit bedeutet hierbei, dass das Verfahren transparent, nicht diskriminierend, gleichbehandelnd, objektiv, verhältnismäßig und wettbewerbsorientiert ausgestaltet wird. Dabei kommt den Grundsätzen subjektiv drittschützende Wirkung zu. Ein anderes Ergebnis würde die Anforderungen des Gebotes des effektiven Rechtsschutzes gemäß Art. 19 Abs. 4 GG grundlegend verkennen.[114] Bei Binnenmarktrelevanz[115] des jeweiligen Vergabeverfahrens gilt aufgrund der Geltung der Grundfreiheiten (vor allem Art. 49 und Art. 56 AEUV) und des Art. 18 AEUV entsprechend dasselbe.[116]

---

107 So der VGH Kassel, Urteil v. 23.2.2011 – 5 K 128/08.KS.

108 Vgl. OLG Celle, Urteil v. 23.2.2016 – 13 U 148/15; VGH Kassel, Beschluss v. 16.10.2015 – 8 B 1028/15 – dieser bezieht sich zwar auf § 4b Abs. 1 S. 1 GlüStV, der Gedanke kann aber entsprechend auf jede Vorschrift übertragen werden, die sich auf die Geltung der vergaberechtlichen Grundsätze bezieht; VGH München, Urteil v. 22.7.2015 – 22 B 15.620; VGH München, Beschluss v. 12.8.2013 – 22 CE 13.970.

109 OVG Berlin-Brandenburg Beschluss v. 30.11.2010 – 1 S 107/10; *Braun*, NVwZ 2009, 747.

110 *Pieroth/Schlink/Kingreen/Poscher*, Grundrechte. Staatsrecht II, Rn. 956.

111 OVG Lüneburg, Beschluss v. 12.11.2012 – 13 ME 231/12; VGH Mannheim, Urteil v. 1.10.2009 – 6 S 99/09; VG Darmstadt, Beschluss v. 10.9.2015 – 4 L 1180/15.DA; *Braun*, in: Prieß/Lau/Kratzenberg, FS für Marx, 39 (45).

112 So VGH Kassel, Urteil v. 23.2.2011 – 5 K 128/08.KS.

113 Vgl. OLG Celle, Urteil v. 23.2.2016 – 13 U 148/15 – im Ergebnis für die rechtsschützende Geltung der Vergabegrundsätze auch im Unterschwellenbereich; VGH Kassel, Beschluss v. 16.10.2015 – 8 B 1028/15 – dieser bezieht sich zwar auf § 4b Abs. 1 S. 1 GlüStV, der Gedanke kann aber entsprechend auf jedes Vergabe- und Auswahlverfahren übertragen werden; VGH München, Urteil v. 22.7.2015 – 22 B 15.620; VGH München, Beschluss v. 12.8.2013 – 22 CE 13.970; *Braun*, in: Prieß/Lau/Kratzenberg, FS für Marx, 39 (45); *ders.*, NZBau 2016, 266; *ders.*, VergabeR 2014, 324 (328); *ders.*, NZBau 2011, 400.

114 Vgl. BVerfG, stattgebender Kammerbeschluss v. 29.7.2004 – 2 BvR 2248/03; VG Wiesbaden, Beschluss v. 8.6.2015 – 5 L 1433/14.WI.

115 M.w.N. zum Begriff der Binnenmarktrelevanz: *Vavra*, VergabeR 2013, 384.

116 EuGH, Urteil v. 28.1.2016 – Rs. C-50/14 (CASTA ua/ASL TO4 ua), Rn. 47, 49; m.w.A. *Braun*, EuZW,2016, 304; *Gabriel/Voll*, NZBau 2014, 155; *Jansen/Geitel*, VergabeR 2015, 117; *Prieß/Simonis*, NZBau 2015, 731 (732).

83 Auch um Unterschwellenbereich steht dem Bewerber aus Art. 3 Abs. 1 GG i.V.m. Art. 20 Abs. 3 GG ein **öffentlich-rechtlicher Bewerbungsverfahrensanspruch** zur Seite, der es gebietet, zwischen der Bekanntgabe der Auswahlentscheidung und dem Vertragsabschluss mit dem ausgewählten Bewerber einen angemessenen Zeitraum von jedenfalls zwei Wochen verstreichen zu lassen, um einen effektiven (Primär-)Rechtsschutz i. S.d. Art. 19 Abs. 4 GG in Bezug auf die Auswahlentscheidung zu ermöglichen.[117]

Anlage

Gesetzesbegründung (BT-Drs. 18/6281)

Seite 132

§ 153 dient der Umsetzung der Vorschriften der Richtlinie 2014/23/EU über die Vergabe von Konzessionen zur Erbringung sozialer und anderer besonderer Dienstleistungen durch Konzessionsgeber. Für diese Konzessionen greift gemäß Artikel 8 Absatz 1 der Richtlinie 2014/23/EU der allgemeine EU-Schwellenwert für Konzessionen in Höhe von 5.186.000 €. Die neuen sozialen und anderen besonderen Dienstleistungen sind im Einzelnen im Anhang IV der Richtlinie 2014/23/EU aufgeführt. Dieser Anhang IV der Richtlinie 2014/23/EU entspricht Anhang XIV der Richtlinie 2014/24/EU und Anhang XVII der Richtlinie 2014/25/EU.

Die Vergabe von Konzessionen zur Erbringung sozialer und anderer besonderer Dienstleistungen unterstellt Artikel 19 der Richtlinie 2014/23/EU besonderen Beschaffungsregelungen. Als besondere Beschaffungsregelung sieht die Richtlinie 2014/23/EU für Konzessionen zur Erbringung sozialer und anderer besonderer Dienstleistungen ein vereinfachtes Vergabeverfahren vor. Dieses vereinfachte Vergabeverfahren zeichnet sich dadurch aus, dass Konzessionsgeber gemäß Artikel 19 der Richtlinie 2014/23/EU lediglich verpflichtet sind, gemäß Artikel 31 Absatz 3 dieser Richtlinie durch Vorinformation die beabsichtigte Vergabe sowie gemäß Artikel 32 der Richtlinie die Ergebnisse des Konzessionsvergabeverfahrens EU-weit bekannt zu machen. Im Übrigen können Konzessionsgeber auch die Konzessionsvergabe für soziale und andere besondere Dienstleistungen nach Maßgabe der aufgrund § 113 erlassenen Verordnung frei gestalten, sind allerdings gemäß Artikel 3 Absatz 1 der Richtlinie 2014/23/EU und im Einklang mit der ständigen Rechtsprechung des Europäischen Gerichtshofes zur Beachtung der Grundsätze der Gleichbehandlung, Nichtdiskriminierung, Transparenz und Verhältnismäßigkeit verpflichtet. Auch die Konzessionsvergabe für soziale und andere besonderen Dienstleistungen unterliegt gemäß Artikel 19 i. V. m. Artikel 46, 47 der Richtlinie 2014/23/EU dem Primärrechtsschutz, so dass die Einhaltung dieser Maßgaben im Nachprüfungsverfahren durch den unterlegenen Bieter und Bewerber überprüft werden kann.

Grund für dieses vereinfachte Vergabeverfahren ist, dass diesen oftmals personen- oder ortsgebundenen Dienstleistungen nur eingeschränkt eine grenzüberschreitende Dimension zukommt (vergleiche beispielhaft Erwägungsgründe 114 ff. der Richtlinie 2014/24/EU). Gerade Dienstleistungen im Sozial-, Gesundheits- und Bildungsbereich werden in einem besonderen Kontext erbracht, der sich aufgrund unterschiedlicher kultureller Tradition in den einzelnen Mitgliedstaaten sehr unterscheidet (siehe Erwägungsgrund 53 der Richtlinie 2014/23/EU). Betroffen sind beispielsweise Konzessionen zur reinen Patientenbeförderung durch Einsatz von Krankenwagen. Dagegen unterfallen Notfallrettungsdienste und der Einsatz von Krankenwagen bestehend aus allgemeinen und fachspezifischen ärztlichen Dienstleistungen in einem Rettungswagen nicht dem Vergaberecht, siehe Artikel 10 Absatz 8 Buchstabe g der Richtlinie 2014/23/EU und § 107 Nummer 4.

§ 153 bestimmt, dass für die Vergabe von Konzessionen, die soziale und andere besondere Dienstleistungen im Sinne des Anhangs IV der Richtlinie 2014/23/EU des Europäischen Parlaments und des Rates vom 26. Februar 2014 über die Konzessionsvergabe betreffen, die in § 151 und § 152 festgelegten Vorgaben zum Vergabeverfahren und zu den Anforderungen im Vergabeverfahren (Leistungs-

117 OVG Berlin-Brandenburg Beschluss v. 30.11.2010 – 1 S 107/10; *Braun*, NVwZ 2009, 747.

beschreibung, Eignung, Zuschlag, Ausführungsbedingungen) zur Anwendung kommen. Zu sonstigen anwendbare Vorschriften kommt § 154 zum Tragen. Etwaige weitere Erleichterungen für die Vergabe von Konzessionen über soziale und andere besondere Dienstleistungen werden auf Verordnungsebene festgelegt.

§ 154
Sonstige anwendbare Vorschriften

Im Übrigen sind für die Vergabe von Konzessionen einschließlich der Konzessionen nach § 153 folgende Vorschriften entsprechend anzuwenden:

1. **§ 118 hinsichtlich vorbehaltener Konzessionen,**
2. **die §§ 123 bis 126 mit der Maßgabe, dass**
   a) **Konzessionsgeber nach § 101 Absatz 1 Nummer 3 ein Unternehmen unter den Voraussetzungen des § 123 ausschließen können, aber nicht ausschließen müssen,**
   b) **Konzessionsgeber im Fall einer Konzession in den Bereichen Verteidigung und Sicherheit ein Unternehmen von der Teilnahme an einem Vergabeverfahren ausschließen können, wenn das Unternehmen nicht die erforderliche Vertrauenswürdigkeit aufweist, um Risiken für die nationale Sicherheit auszuschließen; der Nachweis kann auch mithilfe geschützter Datenquellen erfolgen,**
3. **§ 131 Absatz 2 und 3 und § 132 mit der Maßgabe, dass**
   a) **§ 132 Absatz 2 Satz 2 und 3 für die Vergabe von Konzessionen, die Tätigkeiten nach § 102 Absatz 2 bis 6 betreffen, nicht anzuwenden ist und**
   b) **die Obergrenze des § 132 Absatz 3 Nummer 2 für Bau- und Dienstleistungskonzessionen einheitlich 10 Prozent des Wertes der ursprünglichen Konzession beträgt,**
4. **die §§ 133 bis 135,**
5. **§ 138 hinsichtlich der Vergabe von Konzessionen durch Konzessionsgeber im Sinne des § 101 Absatz 1 Nummer 2 und 3 an verbundene Unternehmen,**
6. **§ 139 hinsichtlich der Vergabe von Konzessionen durch Konzessionsgeber im Sinne des § 101 Absatz 1 Nummer 2 und 3 an ein Gemeinschaftsunternehmen oder durch Gemeinschaftsunternehmen an einen Konzessionsgeber im Sinne des § 101 Absatz 1 Nummer 2 und 3 und**
7. **§ 140 hinsichtlich der Vergabe von Konzessionen durch Konzessionsgeber im Sinne des § 101 Absatz 1 Nummer 2 und 3 für unmittelbar dem Wettbewerb ausgesetzte Tätigkeiten.**

Übersicht

	Rn.
A. Allgemeines	1
I. Systematik	3
II. Europarechtliche Vorgaben	6
B. Regelungsinhalt	11
I. Vorbehaltene Konzessionen (Nr. 1)	12
II. Ausschlussgründe (Nr. 2)	15
1. Fakultative Geltung der zwingenden Ausschlussgründe (lit. a)	21
2. Besonderer Ausschlussgrund „Vertrauenswürdigkeit" im Bereich Verteidigung und Sicherheit (lit. b)	24
III. Personenverkehrsleistungen im Eisenbahnverkehr und Konzessionsänderungen (Nr. 3)	30
1. Keine Obergrenze für Preissteigerung bei bestimmten Konzessionsvergaben (lit. a)	32
2. Obergrenze für Bau- und Dienstleistungen (lit. b)	37
IV. Kündigung von Konzessionen, Informations- und Wartepflicht sowie Unwirksamkeit Konzessionen (Nr. 4)	43
V. Vergabe an verbundene Unternehmen (Nr. 5)	47
VI. Vergabe an oder durch ein Gemeinschaftsunternehmen (Nr. 6)	51
VII. Ausnahme für unmittelbar dem Wettbewerb ausgesetzte Tätigkeiten (Nr. 7)	56
C. Drittschutz	59
D. Markterkundung	62
Anlage Gesetzesbegründung (BT-Drs. 18/6281)	

A. Allgemeines

1 Die §§ 148 bis 154 GWB regeln die **Vergabe von Konzessionen** und setzen damit die wesentlichen Vorschriften der RL 2014/23/EU um. Der deutsche Gesetzgeber geht damit einen anderen Weg als das Europäische Parlament und der Rat der Europäischen Union, die eine einheitliche Richtlinie für die Konzessionsvergabe geschaffen haben. Auf der europäischen Ebene muss der Rechtsanwender, wenn er eine Konzession vergeben will, nur in die RL 2014/23/EU schauen. Für die deutschen Rechtsanwender ist dies nicht möglich – sie müssen neben den für die Konzessionsvergabe geltenden Vorschriften aufgrund § 154 GWB auch bestimmte Vorschriften der gewöhnlichen Auftragsvergabe beachten.

2 Das Verfahren zur Konzessionsvergabe umfasst mehrere **Prüfungspunkte**, die stets zu beachten sind:

- Liegt eine Konzession oberhalb der Schwellenwerte gemäß § 105 GWB vor?
- Ist ein Konzessionsgeber gemäß § 101 GWB betroffen?
- Greifen besondere Ausnahmen gemäß §§ 149, 150 GWB ein?
- Liegt eine Vergabe von Konzessionen über soziale und andere besondere Dienstleistungen gemäß § 153 GWB vor?
- Werden die Einzelheiten der Vergabe gemäß § 113 GWB (KonzVgV) eingehalten?

Diese Fragen – basierend auf der gesetzlichen Systematik – können als Leitschnur für eine rechtmäßige Konzessionsvergabe dienen.

I. Systematik

3 § 154 GWB trifft insoweit **ergänzende Regelungen** zum Konzessionsvergabeverfahren, als dass bestimmte Vorschriften des Auftragsvergabeverfahrens entsprechend für anwendbar erklärt werden. Die Verweisungen erfolgen in die Unterabschnitte 1 und 2 – damit in die Regelungen des Vergabeverfahrens und der Auftragsausführung sowie in die Vergabe von öffentlichen Aufträgen in besonderen Bereichen. Die Verweisungen sollen, soweit möglich, zur Umsetzung der weiteren wesentlichen Vorschriften der RL 2014/23/EU – gegebenenfalls unter bestimmten Maßgaben – dienen. Dies gilt, soweit sie die erleichterte Konzessionsvergabe fördern.

4 Diese internen GWB-Verweisungen des § 154 GWB kommen sowohl für allgemeine Konzessionen als auch für Konzessionen zu **sozialen und anderen besonderen Dienstleistungen** i.S.d. § 153 GWB zum Tragen.[1]

5 Die **interne Verweisungstechnik** des § 154 GWB für die Vergabe von Konzessionen spiegelt die Regelungen des europäischen Gesetzgebers zu den Vergaberichtlinien wider: Die RL 2014/24/EU enthält eine deutlich höhere Regelungsdichte als die RL 2014/23/EU. Damit war es vonseiten des deutschen Gesetzgebers sinnvoll, innerhalb des (schlankeren) Konzessionsvergaberechts auf bestimmte Regelungen des Auftragsvergaberechts zu verweisen, anstatt gewisse Punkte doppelt zu regeln. Die teilweise interne GWB-Verweisung ist von der gesetzgeberischen Systematik her zutreffend, da die RL 2014/23/EU eine deutlich geringere Regelungsdichte als die RL 2014/24/EU aufweist. Die strengsten Regelungen hat die RL 2014/24/EU, dann kommt die RL 2014/25/EU und zum Schluss die RL 2014/23/EU. Für den **Sektorenauftraggeber** ist es also auch eine Verfahrenserleichterung, wenn er eine Sektorenkonzession und keinen Sektorenauftrag vergibt.

1 Gesetzesbegründung, BT-Drs. 18/6281, 132.

II. Europarechtliche Vorgaben

6 Die Bestimmungen des Rechtsrahmens für die Konzessionsvergabe sollten – so die EU-Vorgaben – **eindeutig und einfach zu verstehen** sein. Sie sollten die Besonderheit von Konzessionen im Vergleich zu öffentlichen Aufträgen gebührend widerspiegeln und sollten keinen übermäßigen bürokratischen Aufwand verursachen.[2] Dies mag für die europäischen Vorgaben noch der Fall sein, für die nationale Umsetzung gilt dies durch die Querverweise und die gesetzgeberische Systematik aber nur noch bedingt.

7 Der Konzessionsgeber kann gemäß Art. 30 Abs. 1 RL 2014/23/EU das **Auswahlverfahren** unter Maßgabe der Verfahrensvorgaben der RL 2014/23/EU in Verbindung mit den Bestimmungen des GWB und KonzVgV **frei gestalten**. Dies bedeutet dem Grunde nach, dass alles erlaubt ist, wenn es nicht ausdrücklich von der RL 2014/23/EU, dem GWB und der KonzVgV ausgeschlossen ist. Die Auftraggeber können damit das Verhandlungsverfahren anwenden, müssen es aber nicht. Sie können genauso gut auch das offene oder nicht offene Verfahren anwenden. Sie können zudem auch Rahmenvereinbarungen abschließen, die in der Konzessionsrichtlinie (außer in Art. 46 RL 2014/23/EU im Zusammenhang mit der Rechtsmittelrichtlinie) nicht erwähnt sind. Eine Nichterwähnung einer Verfahrensform bedeutet jedoch kein Verfahrensverbot. Ein Verfahrensverbot muss vielmehr positiv angeordnet werden.

8 Die in Art. 30 Abs. 1 RL 2014/23/EU zunächst hervorgehobene Freiheit wird einen Absatz später gleichwohl erheblichen Schranken unterworfen. Das Konzessionsvergabeverfahren wird gemäß Art. 30 Abs. 2 RL 2014/23/EU unter **Einhaltung der Grundsätze des Art. 3 RL 2014/23/EU** durchgeführt. Insbesondere enthält sich gemäß Art. 30 Abs. 2 S. 2 RL 2014/23/EU die vergebende Stelle während des Konzessionsvergabeverfahrens jeder diskriminierenden Weitergabe von Informationen, durch die bestimmte Bewerber oder Bieter gegenüber anderen begünstigt werden könnten. Das Diskriminierungsverbot ist im Konzessionsvergabeverfahren die zentrale einschränkende Bestimmung für den Konzessionsgeber.

9 Die Richtlinie enthält **weitere Vorgaben** zur Bekanntmachung (Art. 31 RL 2014/23/EU), wann Auskünfte zu erteilen sind (Art. 34 Abs. 3 RL 2014/23/EU), zu der Prüfung der Fachkunde, Zuverlässigkeit und Leistungsfähigkeit (Art. 36 RL 2014/23/EU), zu Mitteilungen an Bewerber und Bieter (Art. 40 RL 2014/23/EU) und auch zu den Zuschlagskriterien. Der Konzessionsgegenstand, die Zuschlagskriterien und die Mindestanforderungen dürfen gemäß Art. 37 Abs. 6 S. 2 RL 2014/23/EU während der Verhandlungen nicht geändert werden. Art. 37 Abs. 6 S. 2 RL 2014/23/EU ist auch drittschützend, da er der Verwirklichung der Grundsätze des Art. 3 Abs. 1 RL 2014/23/EU dient.

10 Diesen Vorgaben der RL 2014/23/EU entsprechend verweist § 154 GWB nicht auf alle Vorschriften zur öffentlichen Auftragsvergabe, sondern nur auf diejenigen, die nach zutreffender Auffassung des Gesetzgebers **für die Umsetzung der RL 2014/23/EU erforderlich** sind. Ebenso wie bei der KonzVgV sind dies nur Vorschriften, die für einen angemessenen, ausgewogenen und flexiblen Rechtsrahmen für die Konzessionsvergabe notwendig sind. Dem Konzessionsgeber werden damit erhebliche Verfahrensfreiheiten zugebilligt, die er im Konzessionsverfahren ausnutzen kann (aber nicht muss). Ziel ist für den Richtliniengeber ein tatsächlicher, diskriminierungsfreier Marktzugang aller Wirtschaftsteilnehmer in der Union. Weiterhin muss Rechtssicherheit gewährleistet werden und so öffentliche Investitionen in Infrastrukturen und strategische Dienstleistungen für die Bürger gefördert werden.[3] Dieser gesetzgeberische Wille sollte sich in systematisch strukturierten Konzessionsvergabeverfahren niederschlagen.

---

2 Erwägungsgrund 2 RL 2014/23/EU.

3 Erwägungsgrund 3 RL 2014/23/EU; VergRModVO, BR-Drs. 87/16, 1.

B. Regelungsinhalt

11 Für die Konzessionsvergabe wird zur Vereinfachung auf bestimmte Vorschriften zur **Vergabe von öffentlichen Aufträgen durch öffentliche Auftraggeber** verwiesen. Die Verweisung ist umfassend.[4]

I. Vorbehaltene Konzessionen (Nr. 1)

12 Nach § 154 Nr. 1 GWB findet die in § 118 GWB geregelte Vorschrift zu den vorbehaltenen Aufträgen zwecks **Umsetzung von Art. 24 RL 2014/23/EU** entsprechende Anwendung.[5]

13 § 118 GWB regelt bestimmten Auftragnehmern **vorbehaltene öffentliche Aufträge**. Nach Art. 24 RL 2014/23/EU können die Mitgliedstaaten bestimmten geschützten Werkstätten und Wirtschaftsteilnehmern das Recht zur Teilnahme an einem Konzessionsvergabeverfahren vorbehalten. Hierzu muss nach Art. 24 RL 2014/23/EU das Hauptziel dieser Werkstätten bzw. Wirtschaftsteilnehmer darin liegen, Menschen mit Behinderungen oder benachteiligte Personen gesellschaftlich und beruflich zu integrieren. Alternativ können die Mitgliedstaaten vorsehen, dass solche Konzessionen im Rahmen von Programmen für geschützte Beschäftigungsverhältnisse durchgeführt werden, wenn mindestens 30 % der Arbeitskräfte dieser Werkstätten, Wirtschaftsteilnehmer oder Programme Menschen mit Behinderungen oder Personen aus benachteiligten Gruppen sind.[6]

14 Konzessionsgeber können daher gemäß § 154 Nr. 1 GWB i.V.m. § 118 Abs. 1 GWB das Recht zur Teilnahme an Vergabeverfahren **Werkstätten für Menschen mit Behinderung** und Unternehmen vorbehalten, deren Hauptzweck die **soziale und berufliche Integration von Menschen** mit Behinderung oder von benachteiligten Personen ist, oder bestimmen, dass öffentliche Aufträge im Rahmen von Programmen mit geschützten Beschäftigungsverhältnissen durchzuführen sind.

II. Ausschlussgründe (Nr. 2)

15 In diesen Bestimmungen geht es um die Auswahl und qualitative Bewertung der Bewerber. § 123 GWB betrifft die **zwingenden Ausschlussgründe** und § 124 GWB die **fakultativen Ausschlussgründe**.

16 Auch dieser Verweis basiert auf der **RL 2014/23/EU**. Art. 38 Abs. 4 UAbs. 1 und Abs. 5 UAbs. 1 RL 2014/23/EU sehen vor, dass für diejenigen Konzessionsgeber, bei denen es sich um öffentliche Auftraggeber nach Art. 6 RL 2014/23/EU oder um im Sektorenbereich tätige öffentliche Auftraggeber nach Art. 7 Abs. 1 lit. a RL 201423/EU handelt, zwingende Ausschlussgründe gelten, die denen nach Art. 57 Abs. 1 und Abs. 2 RL 2014/24/EU entsprechen. Für die Konzessionsgeber gelten damit entsprechend die Regelungen des Auftragsvergaberechts zu zwingenden Ausschlussgründen von Unternehmen.[7] In diesem Bereich ist die Verfahrensfreiheit der Konzessionsgeber beschränkt.

17 Da die in Art. 38 Abs. 7 RL 2014/23/EU vorgesehenen **fakultativen Ausschlussgründe** für das Konzessionsvergabeverfahren weitestgehend deckungsgleich mit den in Art. 57 Abs. 4 RL 2014/24/EU geregelten fakultativen Ausschlussgründen für das Verfahren zur Vergabe öffentlicher Aufträge sind, wird ebenfalls grundsätzlich eine entsprechende Geltung der diesbezüglichen Regelung für die Vergabe von öffentlichen Aufträgen vorgesehen.[8] Diese fakultativen Regelungen hat der deutsche Gesetzgeber durch die Verweisungstechnik in § 154 GWB übernommen.

---

4 Gesetzesbegründung, BT-Drs. 18/6281, 132.
5 Vgl. zur Auftraggebereigenschaft einer Behindertenwerkstatt OLG Düsseldorf, Beschluss v. 15.7.2015 – VII-Verg 11/15.
6 Gesetzesbegründung, BT-Drs. 18/6281, 132.
7 Gesetzesbegründung, BT-Drs. 18/6281, 132 f.
8 Gesetzesbegründung, BT-Drs. 18/6281, 133.

18 Im Übrigen passen die Regelungen zu **Selbstreinigung** und **Höchstdauer des Ausschlusses** ohne Modifikationen auch für die Vergabe von Konzessionen.

19 Hinzuweisen ist, dass § 127 GWB (**Zuschlagskriterien**) für die Vergabe von Konzessionen nicht gilt, da § 127 GWB über § 154 GWB nicht für anwendbar erklärt wird. Der Konzessionsgeber ist also im Hinblick auf die Zuschlagskriterien für die Konzession freier. Die Zuschlagskriterien sind gemäß §§ 31 Abs. 1 KonzVgV, § 152 Abs. 3 GWB in absteigender Rangfolge anzugeben.

20 Gleichwohl trifft das Konzessionsvergaberecht eigene Entscheidungen bezüglich der Zuschlagskriterien. Konzessionen werden gemäß Art. 41 Abs. 1 RL 2014/23/EU bzw. § 152 Abs. 3 GWB auf der Grundlage **objektiver Kriterien** vergeben, die den in Art. 3 Abs. 1 RL 2014/23/EU niedergelegten Grundsätzen (Transparenz, Gleichbehandlung/Nichtdiskriminierung und Verhältnismäßigkeit) genügen und sicherstellen, dass die Angebote unter wirksamen Wettbewerbsbedingungen bewertet werden und dabei ein wirtschaftlicher Gesamtvorteil für den Konzessionsgeber ermittelt werden kann. Diese nationale Regelung findet sich jetzt in § 152 Abs. 3 GWB. Der „wirtschaftliche Gesamtvorteil" kann auch aus Faktoren bestehen, die aus der Sicht des Auftraggebers den Wert eines Angebots beeinflussen (ökologische und soziale Kriterien, Innovation).[9] Ein Begriff „wirtschaftlicher Gesamtvorteil", der weder etwas mit „Wirtschaft" noch mit „Gesamtvorteil" zu tun hat und jeglichen Bezug zu den Grundsätzen der sparsamen und wirtschaftlichen Haushaltsführung verloren hat, ist gleichwohl – zumindest gemäß § 97 Abs. 1 S. 2 GWB – zu unbestimmt und unverhältnismäßig. Die Zuschlagskriterien müssen gemäß § 152 Abs. 3 S. 2 GWB mit dem Konzessionsgegenstand in Verbindung stehen und dürfen dem Konzessionsgeber keine uneingeschränkte Wahlfreiheit einräumen. Das Verbot der „uneingeschränkten" Wahlfreiheit lässt die fehlende Verweisung auf § 127 GWB daher als nicht so große Freiheit für den Konzessionsgeber erscheinen, da die Pflichten für den Konzessionsgeber und den öffentlichen Auftraggeber vergleichbar erscheinen.

1. Fakultative Geltung der zwingenden Ausschlussgründe (lit. a)

21 §§ 123 bis 126 GWB sind gemäß § 154 Nr. 2 lit. a GWB mit der Maßgabe anzuwenden, dass Konzessionsgeber nach § 101 Abs. 1 Nr. 3 GWB ein Unternehmen unter den Voraussetzungen des § 123 GWB ausschließen können, aber nicht ausschließen müssen.

22 § 123 GWB regelt die **zwingenden Ausschlussgründe**. Für Konzessionsgeber nach Art. 7 Abs. 1 lit. b und lit. c RL 2014/23/EU wird entsprechend Art. 38 Abs. 4 UAbs. 3 und Abs. 5 UAbs. 2 RL 2014/23/EU ausnahmsweise eine **fakultative Geltung** der zwingenden Ausschlussgründe vorgesehen.[10] Nach § 154 Nr. 2 lit. a i.V.m. § 123 Abs. 1 GWB können Konzessionsgeber teilnehmende Unternehmen vom Vergabeverfahren ausschließen, wenn durch ihnen im Sinne des § 123 Abs. 3 GWB zuzurechnende Personen eine der in den § 123 Abs. 1 Nr. 1 bis 10 GWB aufgeführten Straftaten begangen und rechtskräftig verurteilt worden ist. Der nationale Gesetzgeber hat damit **Erwägungsgrund 69 RL 2914/23/EU** aufgegriffen, wonach die Mitgliedstaaten jedoch Abweichungen von diesen zwingenden Ausschlüssen in Ausnahmesituationen vorsehen können, wenn unabdingbare Gründe des Allgemeininteresses eine Auftragsvergabe unumgänglich machen. Aus den Worten „unumgänglich machen" ist aber zu schließen, dass in der Regel die Ausschlussgründe im Konzessionsvergabeverfahren vorgesehen werden sollten.

23 In den Bereich der fakultativen Ausschlussgründe geht eine weitere Erwägung. Konzessionen sollten danach nicht an Wirtschaftsteilnehmer vergeben werden, die sich an einer kriminellen Vereinigung beteiligt oder sich der Bestechung, des Betrugs zum Nachteil der finanziellen Interessen der Union, terroristischer Straftaten, der Geldwäsche, der Terrorismusfinanzierung oder des Menschenhandels schuldig gemacht haben. Die Mitgliedstaaten sollten jedoch nach dem Willen des europäischen Gesetzgebers Abweichungen von diesen zwingenden Aus-

9 Vgl. Erwägungsgrund 73 RL 2014/23/EU.
10 Gesetzesbegründung, BT-Drs. 18/6281, 133; vgl. Erwägungsgrund 69 RL 2014/23/EU.

schlüssen in Ausnahmesituationen vorsehen können, wenn **unabdingbare Gründe des Allgemeininteresses** eine Auftragsvergabe unumgänglich machen.[11] Dies ist vom deutschen Gesetzgeber in § 123 Abs. 5 GWB geregelt worden. Ebenso ist nach § 123 Abs. 4 Nr. 1 GWB die **Nichtzahlung von Steuern oder Sozialversicherungsbeiträgen** ein Ausschlussgrund.[12] Unterschiede zum allgemeinen Auswahlverfahren sind diesbezüglich nicht vorhanden. Auch dort sind diese Ausschlussgründe zwingend.

2. Besonderer Ausschlussgrund „Vertrauenswürdigkeit" im Bereich Verteidigung und Sicherheit (lit. b)

24 Konzessionsgeber können gemäß § 154 Nr. 2 lit. b GWB im Fall einer Konzession in den Bereichen Verteidigung und Sicherheit ein Unternehmen von der Teilnahme an einem Vergabeverfahren ausschließen, wenn das Unternehmen nicht die erforderliche **Vertrauenswürdigkeit** aufweist, um Risiken für die nationale Sicherheit auszuschließen.

25 Mit dem Begriff der Vertrauenswürdigkeit wurde für Konzessionsvergaben im Verteidigungs- oder Sicherheitsbereich der in **Art. 38 Abs. 7 lit. i RL 2014/23/EU** enthaltene zusätzliche fakultative Ausschlussgrund umgesetzt.[13]

26 Die **Risiken** im Sinne des § 154 Nr. 2 lit. b GWB können mit bestimmten Merkmalen der vom Bewerber gelieferten Produkte oder mit der Gesellschaftsstruktur des Bewerbers zusammenhängen.[14] Auch wenn nicht auf der einen Seite bloß „ins Blaue hinein" Risiken unterstellt werden dürfen, dürfen vom Konzessionsgeber leichtfertig ungenaue Abgabe oder die Abgabe einer Erklärung ins Blaue hinein abgegeben werden. Diese können dann zum Ausschluss in diesem Bereich führen.[15]

27 Aus der Formulierung des § 123 Nr. 2 lit. b GWB ist zu schließen, dass sich die „Vertrauenswürdigkeit" des Bieters maßgeblich auf das Schutzgut der **„nationalen Sicherheit"** beziehen muss. Die Vertrauenswürdigkeit der Bieter hängt nach der Vorstellung des europäischen Gesetzgebers insbesondere von deren Fähigkeit ab, die Anforderungen der Konzessionsgeber an die Informations- und Versorgungssicherheit zu erfüllen.[16] Auch fehlt es an der Vertrauenswürdigkeit des Bieters, wenn die Erteilung der Konzession wesentliche Sicherheitsinteressen des betreffenden Mitgliedstaats gefährden könnte.[17] In Bezug auf die Informationssicherheit obliegt es dem Konzessionsgeber, das Niveau der technischen Kapazitäten festzulegen, das erforderlich ist, um am Konzessionsvergabeverfahren teilzunehmen und beurteilen zu können, ob der Bieter das geforderte Sicherheitsniveau im IT-Bereich erreicht.[18] In Hinblick auf die Anforderungen der Informations- und Versorgungssicherheit an die Bieter kann der Konzessionsgeber auf die Regelungsdetails von Art. 22 und Art. 23 RL 2009/81/EG abstellen.

28 Nach § 154 Nr. 2 lit. b Hs. 2 GWB muss die fehlende Vertrauenswürdigkeit konkret **nachgewiesen werden**. Der Konzessionsgeber darf nicht bloß „ins Blaue hinein" Risiken unterstellen. Hierbei kann er sich u.a. auch geschützter Datenquellen bedienen.

29 Zunächst ist festzuhalten, dass der Begriff der **geschützten Datenquelle** nicht näher definiert ist. Die Vertrauenswürdigkeit der Bieter ist zentraler Bestandteil einer sicheren Beschaffung. Negative Erkenntnisse – auch aus den „geschützten Datenquellen" – können andere Eignungsnachweise erschüttern. Es kommt damit zu einer Verlagerung der Sicherheitsfragen auf Ebene der Eignung des Bieters, nicht der Dienstleistung.

---

11 Erwägungsgrund 69 RL 2014/23/EU.
12 Erwägungsgrund 69 RL 2014/23/EU.
13 Gesetzesbegründung, BT-Drs. 18/6281, 133. Die Regelung entspricht auch § 24 Abs. 1 Nr. 5 VSVgV.
14 Erwägungsgrund 65 RL 2009/81/EG.
15 VK Sachsen, Beschluss v. 15.3.2016 – 1/SVK/045-15.
16 Erwägungsgrund 67 RL 2009/81/EG
17 Erwägungsgrund 67 RL 2009/81/EG.
18 Erwägungsgrund 68 RL 2009/81/EG.

III. Personenverkehrsleistungen im Eisenbahnverkehr und Konzessionsänderungen (Nr. 3)

Nach § 154 Nr. 3 GWB werden die Vorschrift des § 131 Abs. 2 GWB, die für die Vergabe von öffentlichen Aufträgen über **Personenverkehrsleistungen im Eisenbahnverkehr** auf bestimmte Regelungen der Verordnung (EG) 1370/2007 verweist, sowie die Vorschrift des § 131 Abs. 3 GWB, die den Personalübergang bei einem Betreiberwechsel im Eisenbahnverkehr regelt, auf Konzessionen im Eisenbahnverkehr für entsprechend anwendbar erklärt.[19] **30**

Darüber hinaus sind die Regelungen des § 132 GWB zu **Auftragsänderungen** während der Vertragslaufzeit auf die Vergabe von Konzessionen entsprechend anwendbar. Damit wird Art. 43 RL 2014/23/EU (Vertragsänderungen während der Vertragslaufzeit) in nationales Recht umgesetzt.[20] § 154 Nr. 3 lit. a GWB ist mit § 154 Nr. 3 lit. b GWB durch das Wort „und" verbunden, sodass diese beiden Tatbestände **kumulativ** anzuwenden sind, damit sie beschränkend wirken können. **31**

1. Keine Obergrenze für Preissteigerung bei bestimmten Konzessionsvergaben (lit. a)

§ 154 Nr. 3 lit. a GWB verweist zunächst umfassend auf § 132 GWB. Von der umfassenden Verweisung werden dann wieder Ausnahmen gemacht. **32**

Für das Verständnis z.B. für erlaubte Vertragsänderungen bei Vertragslaufzeiten kann auf **Art. 43 RL 2014/23/EU** zurückgegriffen werden, der in einem zusammenhängenden Kontext den Verfahrensablauf erläutert. Die Indexierungsklausel ist z.B. in Art. 43 Abs. 2 RL 2014/34/EU geregelt, während im deutschen Recht diese Frage sich erst über die Verweisung auf § 154 Nr. 3 lit. a i.V.m. § 132 Abs. 2 GWB erschließt. **33**

Nach § 154 Nr. 3 lit. a GWB gelten § 131 Abs. 2 und Abs. 3 GWB (Vergabe von öffentlichen Aufträgen über Personenverkehrsleistungen im Eisenbahnverkehr) und 132 GWB (Auftragsänderungen während der Vertragslaufzeit) mit der Maßgabe, dass § 132 Abs. 2 S. 2 und 3 GWB für die Vergabe von Konzessionen, die Tätigkeiten gemäß § 102 Abs. 2 bis 6 GWB betreffen, nicht anzuwenden ist. Bei diesen Tätigkeiten handelt es sich um **Sektorentätigkeiten** im Bereich der Energieversorgung (Abs. 2 und Abs. 3), Verkehrsleistungen (Abs. 4), Häfen und Flughäfen (Abs. 5) sowie fossiler Brennstoffe (Abs. 6). Handelt es sich bei der zu vergebenden Konzession um eine Tätigkeit in diesen Sektorenbereichen, so darf der zu zahlende Preis im Falle einer Auftragsänderung während der Vertragslaufzeit ohne Durchführung eines erneuten Vergabeverfahrens entgegen dem Regelfall (mangels Anwendbarkeit des § 132 Abs. 2 S. 2 und 3 GWB) um mehr als 50 % des Wertes des ursprünglichen Auftrages erhöht werden, sodass der Verweis des § 154 Nr. 3 lit. b GWB teilweise wieder eingeschränkt wird.[21] Die Vorschrift setzt damit **Art. 43 Abs. 1 S. 2 und S. 3 RL 2014/23/EU** um. **34**

§ 154 Nr. 3 lit. a GWB erfasst Sektorentätigkeit im Sinne des § 102 Abs. 1 GWB – der Wasserwirtschaft – nicht. Damit unterliegt die Vergabe von Konzessionen im Bereich der Wasserwirtschaft der Einschränkung des § 132 Abs. 2 S. 2 und 3 GWB. Konzessionen in der **Wasserwirtschaft** unterliegen nach Auffassung des Gesetzgebers häufig spezifischen und komplexen Regelungen, die besonderer Aufmerksamkeit bedürfen, da Wasser als öffentliches Gut für alle Bürger der Union von grundlegendem Wert ist. Die besonderen Merkmale dieser Regelungen rechtfertigen im Bereich der Wasserwirtschaft Ausschlüsse aus dem Anwendungsbereich der Richtlinie. Diese Ausschlüsse betreffen Bau- und Dienstleistungskonzessionen für die Bereitstellung oder den Betrieb fester Netze zur Versorgung der Allgemeinheit im Zusammenhang mit der Gewinnung, dem Transport oder der Verteilung von Trinkwasser oder der Einspeisung von Trinkwasser in solche Netze. Dennoch besteht Rechtsschutz gegen eine Konzessionsvergabe für ein Trinkwassernetz. Primärrechtsschutz, gerichtet auf Untersagung der beabsichtig- **35**

---

19 Gesetzesbegründung, BT-Drs. 18/6281, 133. Die Gesetzesbegründung spricht fehlerhaft davon, dass Art. 43 RL 2014/23/EU umgesetzt werde; vgl. auch *Pünder*, EuR 2010, 774.

20 Gesetzesbegründung, BT-Drs. 18/6281, 133.

21 Gesetzesbegründung, BT-Drs. 18/6281, 133; vgl. auch *Ziekow*, VergabeR 2016, 278 (286).

ten Konzessionsvergabe an einen Dritten, kann der unterlegene Bieter nach den §§ 280 Abs. 1, 311 Abs. 2, 241 Abs. 2 BGB erlangen.[22]

36 Konzessionen für die **Abwasserbeseitigung oder -behandlung** und für **Wasserbauvorhaben sowie Bewässerungs- und Entwässerungsvorhaben** (sofern die zur Trinkwasserversorgung bestimmte Wassermenge mehr als 20 % der mit den entsprechenden Vorhaben bzw. Bewässerungs- oder Entwässerungsanlagen zur Verfügung gestellten Gesamtwassermenge ausmacht) sollten ebenfalls ausgeschlossen werden, sofern sie mit einer ausgeschlossenen Tätigkeit in Verbindung stehen.[23] Die Eröffnung des vergaberechtlichen Nachprüfungsverfahrens kommt trotz des ausgeschriebenen Auftrags als Dienstleistungskonzession in Betracht, wenn nach dem hinreichend konkretisierten Vortrag des Antragstellers die Vergabe einer Abwasserdienstleistungskonzession eine Umgehung des Vergaberechts ist.[24]

2. Obergrenze für Bau- und Dienstleistungen (lit. b)

37 Die Zulässigkeit der Änderung eines öffentlichen Auftrags ohne Durchführung eines neuen Vergabeverfahrens erfordert zusätzlich, dass sich gemäß § 132 Abs. 3 Nr. 1 GWB der Gesamtcharakter des Auftrags nicht ändert und der Wert der Änderung die jeweiligen Schwellenwerte nach § 106 GWB nicht übersteigt. Die Obergrenze des § 132 Abs. 3 Nr. 2 GBW für Bau- und Dienstleistungskonzessionen beträgt einheitlich **10 % des Wertes der ursprünglichen Konzession**.[25] Das ist schärfer als der Änderungswert des § 132 Abs. 3 Nr. 2 GWB. Danach darf der Änderungswert gemäß § 132 Abs. 3 Nr. 2 GWB bei Liefer- und Dienstleistungsaufträgen nicht mehr als 10 % und bei Bauaufträgen nicht mehr als 15 % des ursprünglichen Auftragswertes betragen. Der Änderungswert darf auch nicht den aktuellen Schwellenwert für Konzessionen überschreiten.[26]

38 Eine 20%-Bestimmung, wie in § 130 Abs. 2 GWB, wonach abweichend von § 132 Abs. 3 GWB die Änderung eines öffentlichen Auftrags über **soziale und andere besondere Dienstleistungen** im Sinne des Anhangs XIV der Richtlinie 2014/24/EU ohne Durchführung eines neuen Vergabeverfahrens zulässig ist, wenn der Wert der Änderung nicht mehr als 20 % des ursprünglichen Auftragswertes beträgt, gibt es für Konzessionen nicht. Damit bleibt es einheitlich bei einer maximalen Grenze von 10 % für alle Konzessionsarten, es sei denn, dass sie nicht gemäß §§ 107, 149 GWB vom Kartellvergaberecht ausgenommen sind.

39 Bei **mehreren aufeinanderfolgenden Änderungen** ist gemäß § 132 Abs. 3 Nr. 3 GWB der Gesamtwert der Änderungen maßgeblich. Für die Zugrundelegung des Gesamtvolumens der „Aufstockungen" spricht – schließlich – auch der Gedanke einer effizienten Wirksamkeit des europäischen Vergaberechts. Der Gesamtcharakter der Konzession darf sich allerdings aufgrund der Änderung nicht verändern. Im Falle mehrerer aufeinanderfolgender Änderungen wird deren Wert auf der Grundlage des kumulierten Nettowerts der aufeinanderfolgenden Änderungen bestimmt.[27]

40 Der **Grund** für die Befreiung von Konzessionen vom Erfordernis der Durchführung eines erneuten Vergabeverfahrens bei Vorliegen gewisser Änderungen des Auftragsgegenstandes liegt darin, dass Konzessionsverträge typischerweise langfristige, technisch und finanziell komplexe Regelungen enthalten, die häufig Änderungen der äußeren Umstände unterliegen. Konzessionsgeber können sich dabei mit externen Rahmenbedingungen konfrontiert sehen, die sie zum Zeitpunkt der Konzessionsvergabe nicht absehen konnten, insbesondere wenn sich die Ausführung der Konzession über einen langen Zeitraum erstreckt. In solchen Fällen ist ein gewisses Maß an Flexibilität erforderlich, um die Konzession an die Gegebenheiten anzupassen, ohne ein neues Vergabeverfahren einleiten zu müssen. Unter unvorhersehbaren

---

22 Vgl. OLG Hamm, Urteil v. 26.9.2012 – 12 U 142/12.
23 Erwägungsgrund 40 RL 2014/23/EU.
24 Vgl. OLG Brandenburg, Beschluss v. 16.1.2012 – Verg W 19/11.
25 Umsetzung von Art. 43 Abs. 2 S. 1 sublit. ii RL 2014/23/EU.
26 Rechtsgedanke aus Art. 43 Abs. 2 S. 1 sublit. i RL 2014/23/EU.
27 Art. 43 Abs. 2 S. 2 bis 3 RL 2014/23/EU; vgl. für einen Dienstleistungsauftrag OLG Schleswig, Beschluss v. 28.8.2015 – 1 Verg 1/15.

Umständen sind Umstände zu verstehen, die bei sorgfältiger Vorbereitung der ursprünglichen Zuschlagserteilung durch den Konzessionsgeber nicht vorhergesehen werden können. Zu berücksichtigen sind die Mittel des Konzessionsgebers, die Art und Merkmale des konkreten Projekts, die Praxis im betreffenden Bereich und die Notwendigkeit, ein angemessenes Verhältnis zwischen den bei der Vorbereitung der Zuschlagserteilung eingesetzten Ressourcen und dem absehbaren Nutzen zu gewährleisten. Befreiende Voraussetzungen für eine Konzessionsvergabe sind eng auszulegen.[28]

41 Mit der Regelung des § 154 Nr. 3 lit. a und lit. b GWB hat der Gesetzgeber klargestellt, unter welchen Voraussetzungen Änderungen einer Konzession während des Durchführungszeitraums ein **neues Konzessionsvergabeverfahren erfordern**. Ein neues Konzessionsvergabeverfahren ist erforderlich bei wesentlichen Änderungen der ursprünglichen Konzession, insbesondere des Umfangs und der inhaltlichen Ausgestaltung der gegenseitigen Rechte und Pflichten der Parteien, einschließlich der Zuweisung der Rechte des geistigen Eigentums. Derartige Änderungen sind Ausdruck der Absicht der Parteien, wesentliche Bedingungen der betreffenden Konzession neu zu verhandeln. Dies ist insbesondere dann der Fall, wenn die geänderten Bedingungen, hätten sie bereits für das ursprüngliche Verfahren gegolten, dessen Ergebnis beeinflusst hätten. Auch mit dieser Regelungen greift der Gesetzgeber die bisherige EuGH-Rechtsprechung auf.[29]

42 Änderungen des Konzessionsvertrags, die zu einer **geringfügigen Änderung des Vertragswerts** bis zu einer bestimmten Höhe führen, sollten jederzeit möglich sein, ohne dass ein neues Konzessionsvergabeverfahren durchgeführt werden muss. Andererseits: Die Regelungen in § 153 Nr. 3 GWB sind abschließend. Ein neues GWB-Konzessionsvergabeverfahren ist erforderlich bei anderen als den ausdrücklich vorgesehenen Änderungen der Bestimmungen einer Konzession während ihrer Laufzeit.[30]

IV. Kündigung von Konzessionen, Informations- und Wartepflicht sowie Unwirksamkeit Konzessionen (Nr. 4)

43 § 154 Nr. 4 GWB verweist schlicht darauf, dass für die Vergabe von Konzessionen die §§ 133 bis 135 GWB anwendbar sind.

44 § 133 GWB betrifft die **Kündigung** von öffentlichen Aufträgen in besonderen Fällen, § 134 GWB regelt die **Informations- und Wartepflicht** und § 135 GWB die **Unwirksamkeit** von Aufträgen.[31]

45 § 154 Nr. 4 GWB dient der Umsetzung von **Art. 44 RL 2014/23/EU** und erklärt die Regelung des § 133 GWB zur **Kündigung** von öffentlichen Aufträgen hinsichtlich der Kündigung von Konzessionen für entsprechend anwendbar. Inhaltlich entspricht die Regelung in der Konzessionsrichtlinie der Regelung in Art. 73 RL 2014/24/EU.[32]

46 **Sinn und Zweck** des § 133 GWB ist, dass öffentliche Auftraggeber und Auftraggeber mitunter mit Umständen konfrontiert werden, die eine vorzeitige Kündigung eines Konzessionsvertrages erfordern. Die Kündigungsgründe des § 133 Abs. 1 Nr. 1 bis 3 GWB sollen sicherstellen, dass die Konzessionsgeber ihre Verpflichtungen aus dem Europarecht im Bereich der Konzessionen einhalten. Bei diesen Verpflichtungen handelt es sich um die Einhaltung der Grundfreiheiten, des Diskriminierungsverbots gemäß Art. 18 AEUV sowie des Effet-utile-Grundsatzes, die sich in den Vorschriften der §§ 133 und 135 GWB, aber auch §§ 123 und 124 GWB niederschlagen.

28 Vgl. OLG Naumburg, Beschluss v. 14.3.2014 – 2 Verg 1/14.
29 Vgl. EuGH, Urteil v. 13.4.2010 – Rs. C-91/08 (Wall); vgl. *Wagner/Pfohl*, ZfBR 2014, 745 (750).
30 Dies folgt aus Art. 43 Abs. 5 RL 2014/23/EU.
31 Wegen der Einzelheiten siehe *Fülling* zu § 133 und *Gnittke/Hattig* zu § 134 und § 135.
32 Gesetzesbegründung, BT-Drs. 18/6281, 133.

V. Vergabe an verbundene Unternehmen (Nr. 5)

47 Für die Vergabe von Konzessionen ist gemäß § 154 Nr. 5 GWB die Bestimmung des § 138 GWB hinsichtlich der Vergabe von Konzessionen durch Konzessionsgeber i.S.d. § 101 Abs. 1 Nr. 2 und Nr. 3 GWB an verbundene Unternehmen entsprechend anwendbar.

48 Die Vorschrift dient der Umsetzung des **Art. 13 RL 2014/23/EU**.

49 Ebenso wie die RL 2014/25/EU enthält auch die RL 2014/23/EU eine besondere Ausnahme für die Vergabe von Konzessionen an verbundene Unternehmen. Die Ausnahme gilt bei der Vergabe von Konzessionen allerdings nur für **Auftraggeber i.S.d. § 101 Abs. 1 Nr. 2 und Nr. 3 GWB**, das heißt solche Auftraggeber, die einer Sektorentätigkeit nach § 102 Abs. 2 bis 7 GWB nachgehen.[33]

50 Viele Auftraggeber sind als eine **Wirtschaftsgruppe** organisiert, die aus einer Reihe getrennter Unternehmen bestehen kann; oft hat jedes dieser Unternehmen in der Wirtschaftsgruppe eine spezielle Aufgabe. Es ist daher angezeigt, bestimmte Dienstleistungs- und Baukonzessionen auszuschließen, die an ein verbundenes Unternehmen vergeben werden, welches seine Dienst- oder Bauleistungen nicht am Markt anbietet, sondern hauptsächlich für die eigene Unternehmensgruppe erbringt.[34]

VI. Vergabe an oder durch ein Gemeinschaftsunternehmen (Nr. 6)

51 § 154 Nr. 6 GWB dient der Umsetzung von Art. 14 RL 2014/23/EU und betrifft die Ausnahmen für Vergaben von Konzessionen an oder durch ein Gemeinschaftsunternehmen.[35] § 139 GWB wird für Konzessionsvergabeverfahren entsprechend anwendbar erklärt.

52 Wie bei der Ausnahme des § 154 Nr. 5 GWB für Vergaben an verbundene Unternehmen betrifft auch § 154 Nr. 6 GWB nur **Auftraggeber i.S.d. § 100 Abs. 1 GWB**, das heißt solche Auftraggeber, die einer Sektorentätigkeit nach § 102 Abs. 2 bis 7 GWB nachgehen.[36]

53 Wenn ein Gemeinschaftsunternehmen errichtet wurde, um die betreffende Tätigkeit während eines Zeitraums von mindestens drei Jahren durchzuführen, und in dem Rechtsakt zur Gründung des Gemeinschaftsunternehmens festgelegt wird, dass die dieses Unternehmen bildenden Auftraggeber dem Unternehmen zumindest während des gleichen Zeitraums angehören werden, gilt gemäß **§ 139 Abs. 1 GWB**, dass die Vorgaben des förmlichen (Kartell-)Vergaberechts nach dem GWB und der KonzVgV nicht für Konzessionsvergabeverfahren gelten,

- die ein Gemeinschaftsunternehmen, das ausschließlich von mehreren Auftraggebern zur Durchführung von in Anhang II RL 2014/24/EU genannten Tätigkeiten gebildet wurde, an einen dieser Auftraggeber vergibt oder
- die ein Auftraggeber an ein solches Gemeinschaftsunternehmen, dem er angehört, vergibt. Unternehmen sollen nach Auffassung des europäischen Gesetzgebers als verbunden gelten, wenn ein unmittelbarer oder mittelbarer beherrschender Einfluss zwischen dem Auftraggeber und dem betreffenden Unternehmen vorliegt oder wenn beide dem beherrschenden Einfluss eines anderen Unternehmens unterliegen.[37] Eine private Beteiligung sollte in diesem Zusammenhang als nicht ausschlaggebend anzusehen sein.[38] Im Ergebnis

---

33 Gesetzesbegründung, BT-Drs. 18/6281, 133.
34 Erwägungsgrund 38 RL 2014/23/EU.
35 Vgl. zur Vergabe von Dienstleistungsaufträgen bei Gemeinschaftsunternehmen zwischen öffentlichem Auftraggeber und unabhängigem Privatunternehmen EuGH (Dritte Kammer), Urteil v. 22.12.2010 – Rs. C-215/09 (Mehiläinen Oy u. a./Oulun kaupunki); *Krohn*, NZBau 2009, 222.
36 Gesetzesbegründung, BT-Drs. 18/6281, 134.
37 Erwägungsgrund 39 RL 2014/23/EU.
38 Erwägungsgrund 39 RL 2014/23/EU.

soll ein beherrschender Einfluss bereits dann schon angenommen werden, wenn die Jahresabschlüsse des Auftraggebers und des Gemeinschaftsunternehmens konsolidiert werden.[39]

§ 154 Nr. 6 GWB ist mit § 154 Nr. 7 GWB durch das Wort „und" verbunden, sodass diese beiden Tatbestände **kumulativ** anzuwenden sind, damit sie bei der Vergabe an Gemeinschaftsunternehmen oder durch Gemeinschaftsunternehmen regulativ wirken können. **54**

Hintergrund für die Ausnahme für Gemeinschaftsunternehmen ist, dass viele Auftraggeber als eine Wirtschaftsgruppe organisiert sind, die aus einer Reihe getrennter Unternehmen bestehen kann; oft hat jedes dieser Unternehmen in der Wirtschaftsgruppe eine spezielle Aufgabe. Es ist jedoch auch darauf zu achten, dass dieser Ausschluss nicht zu Wettbewerbsverzerrungen zugunsten der Unternehmen oder Gemeinschaftsunternehmen führt, die mit den Auftraggebern verbunden sind.[40] **55**

VII. Ausnahme für unmittelbar dem Wettbewerb ausgesetzte Tätigkeiten (Nr. 7)

§ 140 GWB ist gemäß § 154 Nr. 7 GWB hinsichtlich der Vergabe von Konzessionen durch Konzessionsgeber i.S.d. § 101 Abs. 1 Nr. 2 und Nr. 3 GWB in Bezug auf unmittelbar dem Wettbewerb ausgesetzte Sektorentätigkeiten anzuwenden.[41] Diese sollte in einem dazu in der Richtlinie 2014/25/EU des Europäischen Parlaments und des Rates vorgesehenen Verfahren ermittelt werden. **56**

§ 154 Nr. 7 GWB dient der Umsetzung von **Art. 16 RL 2014/23/EU**.[42] Die RL 2014/23/EU gilt nicht für von Auftraggebern vergebene Konzessionen, wenn gemäß Art. 35 RL 2014/25/EU festgestellt wurde, dass die Tätigkeit in dem Mitgliedstaat, in dem sie im Rahmen der Konzessionen durchgeführt wird, gemäß Art. 34 RL 2014/25/EU unmittelbar dem Wettbewerb ausgesetzt ist. **57**

§ 140 GWB regelt die besondere Ausnahme für **unmittelbar dem Wettbewerb ausgesetzte Tätigkeiten**.[43] Gemäß § 140 Abs. 1 GWB ist das Kartellvergaberecht nicht auf öffentliche Aufträge anzuwenden, die zum Zweck der Ausübung einer Sektorentätigkeit vergeben werden, wenn die Sektorentätigkeit unmittelbar dem Wettbewerb auf Märkten ausgesetzt ist, die keinen Zugangsbeschränkungen unterliegen. Gemäß der Verweisung des § 154 Nr. 7 GWB gilt dies entsprechend für die Konzessionsvergabe. Ein Konzessionsvergabeverfahren unterliegt damit bei Vorliegen der Tatbestandsvoraussetzungen der §§ 139 und 140 Abs. 1 GWB nicht den förmlichen Vorgaben des GWB und der KonzVgV, sondern bloß den allgemeinen Grundsätzen des Vergaberechts. **58**

C. Drittschutz

Die Regelungen des § 154 GWB sind **verfahrenssichernder Natur**. Um einen angemessenen Rechtsschutz von Bewerbern und Bietern während des Konzessionsvergabeverfahrens sicherzustellen und für eine wirksame Anwendung dieser Richtlinie und der Grundsätze des AEUV zu sorgen, gelten die RL 89/665/EWG und die RL 92/13/EWG (Rechtsmittelrichtlinien) auch für von öffentlichen Auftraggebern oder von Auftraggebern vergebene Dienstleistungskonzessionen und Baukonzessionen. **59**

Eine maximal effektive Geltung erlangen die Regelungen des § 154 GWB erst dann, wenn sie nicht nur eine objektiv-rechtliche Verpflichtung der öffentlichen Hand zur regelkonformen Durchführung des Vergabeverfahrens darstellen, sondern ihnen zugleich eine **subjektiv** **60**

39 Erwägungsgrund 39 RL 2014/23/EU.
40 Erwägungsgrund 38 RL 2014/23/EU.
41 Gesetzesbegründung, BT-Drs. 18/6281, 134; Erwägungsgrund 41 RL 2014/23/EU.
42 Erwägungsgrund 41 RL 2014/23/EU; so schon zuvor für Sektorenauftraggeber praktiziert *Jochum Grabitz/Hilf*, Das Recht der Europäischen Union, 40. Auflage 2009 , B 21, Geltung des Vergaberechts für Sektorenauftraggeber SKR, Rn. 60, 69.
43 Vgl. auch Art. 16 RL 2014/23/EU.

drittschützende Wirkung zukommt. Um einen angemessenen Rechtsschutz von Bewerbern und Bietern während des Konzessionsvergabeverfahrens sicherzustellen und für eine wirksame Anwendung der RL 2014/24/EU und der Grundsätze des AEUV zu sorgen,[44] müssen die Rechte auch effektiv im Nachprüfungsverfahren gemäß § 155 ff. GWB durchgesetzt werden können. Konzessionsnehmer müssen gemäß § 97 Abs. 6 GWB ihre Ansprüche durchsetzen können, wenn Rechte, die zu ihrem Schutz erlassen wurden, verletzt werden könnten. Aufgrund dessen wirken die Vorgaben des § 154 GWB im Konzessionsvergabeverfahren zugunsten der Bieter drittschützend, wenn Wettbewerbsverzerrungen zu befürchten sind. In der RL 2014/23/EU wird sowohl in den Erwägungsgründen als auch in Art. 35 RL 2014/23/EU hervorgehoben, dass Verfahrenserleichterungen nicht zu Wettbewerbsverzerrungen führen dürfen.[45]

61 Dies betrifft insbesondere die Regelung des § 154 Nr. 4 GWB, der u.a. auf die Informationspflichten gemäß §§ 133 bis 135 GWB verweist. Den Bewerbern stehen **subjektiv-öffentliche Abwehrrechte** zu. Die Einhaltung der Vorschriften des GWB und dieser Verordnung im Vergabeverfahren ist gemäß §§ 155 bis 184 GWB im vergaberechtlichen Nachprüfungsverfahren vor den Vergabekammern überprüfbar. Die Mitgliedstaaten sind gehalten, die Anwendung und das Funktionieren von Vorschriften über die Vergabe von Konzessionsverträgen konsequent und systematisch zu überwachen, um eine wirksame und einheitliche Anwendung des Unionsrechts sicherzustellen.[46] Erweiternde Auslegungen der Ausnahmebestimmungen sind mithin nicht möglich.

D. Markterkundung

62 Durch den Verweis in § 154 GWB ist geklärt, welche Vorschriften bei der Konzessionsvergabe vom Konzessionsgeber einzuhalten sind. Auch wenn ein Verweis auf die Möglichkeit der Markterkundung in der KonzVgV nicht enthalten ist wie in **§ 28 VgV**, dürfte die Markterkundung aber auch außerhalb der RL 2014/24/EU möglich sein – unabhängig davon, dass der deutsche Gesetzgeber die Markterkundung nur für die Vergabe des öffentlichen Auftrags und nicht für die Vergabe der Konzession vorgesehen hat.[47]

63 Eine Markterkundung bzw. „Konsultation" des Konzessionsgebers kann sich vor Vergabe der Konzession aus dem Wunsch nach umfassender **Vorbereitung des Verfahrens** ergeben.[48] Dabei tritt der Konzessionsgeber in Kontakt mit möglichen Bewerbern, um die Wirtschaftsteilnehmer über ihre Konzessionsvergabepläne und -anforderungen zu unterrichten. Hierzu können Auftraggeber beispielsweise den Rat von unabhängigen Sachverständigen oder Behörden beziehungsweise von Marktteilnehmern einholen oder annehmen. Der Rat kann für die Planung und Durchführung des Vergabeverfahrens genutzt werden, sofern die Empfehlung nicht gegen die allgemeinen Vergabegrundsätze (Wettbewerb, Transparenz, Gleichbehandlung) verstößt.[49]

64 Gemäß § 28 Abs. 1 VgV darf der Konzessionsgeber aber eine solche Markterkundung **ausschließlich** zur Vorbereitung der Auftragsvergabe und zur Unterrichtung der Unternehmen über ihre Auftragsvergabepläne und -anforderungen durchführen. Hierzu können Auftraggeber beispielsweise den Rat von unabhängigen Sachverständigen oder Behörden beziehungsweise von Marktteilnehmern einholen oder annehmen. Der Rat kann für die Planung und Durchführung des Vergabeverfahrens genutzt werden, sofern die Empfehlung nicht gegen die allgemeinen Vergabegrundsätze (Wettbewerb, Transparenz, Gleichbehandlung) verstößt.[50]

44 Erwägungsgrund 38, 45 RL 2014/23/EU.
45 Erwägungsgrund 38, 45 RL 2014/23/EU.
46 Erwägungsgrund 83 RL 2014/23/EU.
47 BR-Drs. 87/16, 1.
48 Während das GWB von Markterkundung (§ 28 VgV) spricht, verwendet Art. 40 RL 2014/24 den Begriff der Marktkonsultation.
49 Art. 40 Abs. 2 RL 2014/24/EU.
50 Art. 40 Abs. 2 RL 2014/24/EU.

Warum die Möglichkeit der Konsultation nicht für die **RL 2014/23/EU** eröffnet wurde, erschließt sich nicht. Allenfalls aus der Regelung des Art. 30 Abs. 1 RL 2014/23/EU, wonach das Verfahren zur Wahl des Konzessionsnehmers vorbehaltlich der Einhaltung RL 2014/23/EU frei gestaltet werden kann, kann geschlossen werden, dass auch bei Dienstleistungskonzessionen Konsultationen möglich sind. Es wäre ein Wertungswiderspruch, wenn die Konzessionen flexibler durchgeführt werden sollen, aber ein hilfreiches Instrument wie die Markterkundung nicht durchgeführt werden dürfte. **65**

Anlage

Gesetzesbegründung (BT-Drs. 18/6281)

Seite 132

Soweit möglich, wird zur Umsetzung der weiteren wesentlichen Vorschriften der Richtlinie 2014/23/EU – gegebenenfalls unter bestimmten Maßgaben – auf die Vorschriften zur Vergabe von öffentlichen Aufträgen durch öffentliche Auftraggeber verwiesen. Die Verweisung kommt sowohl für allgemeine Konzessionen als auch für Konzessionen zu sozialen und anderen besonderen Dienstleistungen im Sinne des § 153 zum Tragen.

Zu Nummer 1

Nach § 154 Nummer 1 findet die in § 118 geregelte Vorschrift zu den vorbehaltenen Aufträgen zwecks Umsetzung von Artikel 24 der Richtlinie 2014/23/EU entsprechende Anwendung.

Zu Nummer 2

Artikel 38 Absatz 4 Unterabsatz 1 und Absatz 5 Unterabsatz 1 der Richtlinie 2014/23/EU sehen vor, dass für diejenigen Konzessionsgeber, bei denen es sich um öffentliche Auftraggeber nach Artikel 6 oder um im Sekto-

Seite 133

renbereich tätige öffentliche Auftraggeber nach Artikel 7 Absatz 1 Buchstabe a handelt, zwingende Ausschlussgründe gelten, die denen nach Artikel 57 Absatz 1 und 2 der Richtlinie 2014/24/EU entsprechen. Daher wird für diese Konzessionsgeber grundsätzlich eine entsprechende Geltung der für die Vergabe von öffentlichen Aufträgen geltenden Regelung zu zwingenden Ausschlussgründe vorgesehen.

Da die in Artikel 38 Absatz 7 der Richtlinie 2014/23/EU vorgesehenen fakultativen Ausschlussgründe für das Konzessionsvergabeverfahren weitestgehend deckungsgleich mit den in Artikel 57 Absatz 4 der Richtlinie 2014/24/EU geregelten fakultativen Ausschlussgründen für das Verfahren zur Vergabe öffentlicher Aufträge sind, wird ebenfalls grundsätzlich eine entsprechende Geltung der diesbezüglichen Regelung für die Vergabe von öffentlichen Aufträgen vorgesehen.

Im Übrigen passen die Regelungen zu Selbstreinigung und Höchstdauer des Ausschlusses ohne Modifikationen auch für die Vergabe von Konzessionen.

Zu Buchstabe a

Für Konzessionsgeber nach Artikel 7 Absatz 1 Buchstabe b und c wird entsprechend Artikel 38 Absatz 4 Unterabsatz 3 und Absatz 5 Unterabsatz 2 der Richtlinie 2014/23/EU ausnahmsweise eine fakultative Geltung der zwingenden Ausschlussgründe vorgesehen.

Zu Buchstabe b

Für Konzessionsvergaben im Verteidigungs- oder Sicherheitsbereich wird der in Artikel 38 Absatz 7 der Richtlinie 2014/23/EU enthaltene zusätzliche fakultative Ausschlussgrund umgesetzt.

Zu Nummer 3

Nach § 154 Nummer 3 wird die Vorschrift des § 131 Absatz 2, die für die Vergabe von öffentlichen Aufträgen über Personenverkehrsleistungen im Eisenbahnverkehr auf bestimmte Regelungen der Verordnung (EG) 1370/2007 verweist, sowie die Vorschrift des § 131 Absatz 3, die den Personalübergang bei einem Betreiberwechsel im Eisenbahnverkehr regelt, auf Konzessionen im Eisenbahnverkehr für entsprechend anwendbar erklärt. Darüber hinaus sind die Regelungen des § 132 zu Auftragsänderungen während der Vertragslaufzeit auf die Vergabe von Konzessionen grundsätzlich entsprechend anwendbar. Damit wird Artikel 43 der Richtlinie 2014/23/EU umgesetzt.

Zu Buchstabe a

Wie die Richtlinie 2014/25/EU sieht Artikel 43 Absatz 1 Satz 2 bis 3 Richtlinie 2014/23/EU für Tätigkeiten, die § 102 Absatz 2 bis 7 betreffen, keine absolute Begrenzung in Höhe von 50 Prozent des Wertes des ursprünglichen Auftrags für erlaubte Änderungen nach § 132 Absatz 2 Satz 2 und 3 vor, so dass die Verweisung insofern eingeschränkt wird.

Zu Buchstabe b

Zudem gibt es bei der de-minimis-Grenze des § 132 Absatz 3 Nummer 2 entsprechend von Artikel 43 Absatz 2 Buchstabe ii der Richtlinie 2014/23/EU keine Unterscheidung zwischen Bau- und Dienstleistungskonzessionen, sondern eine einheitliche Höchstgrenze in Höhe von 10 Prozent des ursprünglichen Wertes der Konzession.

Zu Nummer 4

§ 154 Nummer 4 dient der Umsetzung von Artikel 44 der Richtlinie 2014/23/EU und erklärt die Regelung der §§ 133 bis 135 zur Kündigung von Aufträgen hinsichtlich der Kündigung von Konzessionen für entsprechend anwendbar. Inhaltlich entspricht die Regelung in der Konzessionsrichtlinie der Regelung in Artikel 73 Richtlinie 2014/24/EU.

Zu Nummer 5

§ 154 Nummer 5 dient der Umsetzung von Artikel 13 der Richtlinie 2014/23/EU und erklärt die Ausnahme des § 138 für Vergaben an verbundene Unternehmen für entsprechend anwendbar. Ebenso wie die Richtlinie 2014/25/EU enthält auch die Konzessionsrichtlinie eine besondere Ausnahme für die Vergabe von Konzessionen an verbundene Unternehmen. Die Ausnahme gilt bei der Vergabe von Konzessionen allerdings nur für Auftraggeber im Sinne des § 101 Absatz 1 Nummer 2 und 3, das heißt solche Auftraggeber, die einer Tätigkeit nach § 102 Absatz 2 bis 7 nachgehen. Im Übrigen wird auf die Begründung zu § 138 verwiesen.

Seite 134

Zu Nummer 6

§ 154 Nummer 6 dient der Umsetzung von Artikel 14 der Richtlinie 2014/23/EU und betrifft die Ausnahmen für Vergaben von Konzessionen an oder durch ein Gemeinschaftsunternehmen. § 139 wird für entsprechend anwendbar erklärt. Wie bei der Ausnahme des § 154 Nummer 3 für Vergaben an verbundene Unternehmen betrifft auch § 154 Nummer 6 nur Auftraggeber im Sinne des § 100 Absatz 2, das heißt solche Auftraggeber, die einer Sektorentätigkeit nach § 102 Absatz 2 bis 7 nachgehen. Im Übrigen wird auf die Begründung zu § 139 verwiesen.

Zu Nummer 7

§ 154 Nummer 7 dient der Umsetzung von Artikel 16 der Richtlinie 2014/23/EU und betrifft die Ausnahme für von Auftraggebern nach § 101 Absatz 1 Nummer 2 und 3 vergebene Konzessionen, wenn die Tätigkeit unmittelbar dem Wettbewerb ausgesetzt ist. § 140 wird für entsprechend anwendbar erklärt. Artikel 16 der Richtlinie 2014/23/EU verweist insofern auf die Artikel 34 und 35 der Richtlinie 2014/25/EU. Im Übrigen wird auf die Begründung zu § 140 verwiesen.

Teil 4

Vergabe von öffentlichen Aufträgen und Konzessionen

Kapitel 2
Nachprüfungsverfahren

Abschnitt 1
Nachprüfungsbehörden

§ 155
Grundsatz

Unbeschadet der Prüfungsmöglichkeiten von Aufsichtsbehörden unterliegt die Vergabe öffentlicher Aufträge und von Konzessionen der Nachprüfung durch die Vergabekammern.

Übersicht

	Rn.
A. Allgemeines	1
I. Nachprüfungsmöglichkeiten	6
II. Primär- und Sekundärrechtsschutz	13
B. Rechtsschutz oberhalb der Schwellenwerte	15
I. Zuständigkeit der Vergabenachprüfungsinstanzen	15
1. Erreichen oder Überschreiten der Schwellenwerte	18
2. Auftraggeber	19
3. Vergabe eines öffentlichen Auftrages oder einer Konzession	20
4. Bereichsausnahmen	23
5. Weitere besondere Verfahrensvoraussetzungen	24
a) Unterlassen oder Aufhebung der Ausschreibung	24
b) Beginn einer Ausschreibung	25
c) Verwirkung	28
6. Sonstige Anwendungsbereiche	30
II. Verfahrensgrundsätze und Verfahrensablauf	31
C. Rechtsschutz unterhalb der Schwellenwerte	36
I. Ausgangslage	36
II. Zuständigkeit der Zivilgerichte	38
III. Vorgaben des EU-Rechts für den Rechtsschutz unterhalb der Schwellenwerte	41
1. EU-Primärrecht	41
2. Auslegungsmitteilungen der Europäischen Kommission	45
3. Bewertung und Ausblick	47
D. Überprüfung durch die Aufsichtsbehörden	48
I. Gegenstand der Aufsicht	48
II. Zuständigkeit der Aufsichtsbehörde	51
III. Unterschiede zum Nachprüfungsverfahren	54
E. Überprüfung durch die Vergabeprüfstellen und Vergabeüberwachungsausschüsse	55
F. Verhältnis der Nachprüfungsmöglichkeiten zueinander	57
G. Weitere Überprüfungsmöglichkeiten	59
I. Vertragsverletzungsverfahren	60
II. Vorabentscheidungsersuchen	62
III. Prüfungsmöglichkeiten der Kartellbehörden	63
Anlage Gesetzesbegründung (BT-Drs. 18/6281)	

A. Allgemeines

1 § 155 GWB ersetzt den bisherigen **§ 102 GWB a.F.** und steht zu Beginn des zweiten Kapitels in Teil 4 des GWB. Das erste Kapitel (§§ 97 bis 154 GWB) enthält die Grundsätze und Definitionen des Vergabeverfahrens, während im zweiten Kapitel (§§ 155 bis 186 GWB) das **besondere Rechtsschutzsystem des Vergaberechts** geregelt wird. Das Nachprüfungsverfahren eröffnet betroffenen Unternehmen die Möglichkeit, Entscheidungen des Auftraggebers überprüfen zu lassen.

2 Bislang bezog sich diese Überprüfungsmöglichkeit lediglich auf die Entscheidung über die „Vergabe von öffentlichen Aufträgen". Neu ins Gesetz aufgenommen wurde die Möglichkeit, die „Vergabe von **Konzessionen**" überprüfen zu lassen. Damit wird die neue RL 2004/23/EU zur Vergabe von Konzessionen in nationales Recht umgesetzt.

3 Entscheidungen des Auftraggebers, die dieser im Rahmen von „**Wettbewerben**" trifft, werden über § 103 Abs. 6 GWB in den Anwendungsbereich des § 155 GWB einbezogen, auch wenn diese dort nicht ausdrücklich genannt sind.

4 Weiterhin ist zwischen dem Rechtsschutz oberhalb und unterhalb bestimmter Auftragswerte (§ 106 GWB; sogenannte **Schwellenwerte**) zu unterscheiden. Die besonderen Rechtsschutzmöglichkeiten des zweiten Kapitels gelten nur für Auftragsvergaben oberhalb der festgelegten Auftragswerte.

5 Die Kontrollmöglichkeiten nach § 155 GWB gewährleisten lediglich den **Primärrechtsschutz**. Dieser ist vom Sekundärrechtsschutz zu unterscheiden. Der Primärrechtsschutz bezieht sich auf Vergabeentscheidungen des Auftraggebers vor Erteilung des Zuschlags. Demgegenüber richtet sich der Sekundärrechtsschutz auf Schadensersatzansprüche, die einem in einem Vergabeverfahren übergangenen Bewerber oder Bieter gegebenenfalls zustehen können, weil der Zuschlag unter Verstoß gegen Vergabebestimmungen erteilt wurde.

I. Nachprüfungsmöglichkeiten

6 § 155 GWB enthält den Grundsatz, dass die Vergabe von öffentlichen Aufträgen und Konzessionen der Überprüfung durch die Vergabekammern unterliegt. Die Vergabekammern sind als besondere, gerichtsähnliche Kontrollinstanzen mit dem VgRÄG geschaffen worden. Bis dahin gab es in der BRD die sogenannte **haushaltsrechtliche Lösung**, wonach die Vergaben ausschließlich dem öffentlichen Haushaltsrecht rechtlich zugeordnet waren. Unternehmen konnten lediglich die sogenannten **Vergabeüberwachungsausschüsse** anrufen, die die Entscheidungen der Vergabestellen auf Rechtmäßigkeit überprüften. Es gab aber keine „gerichtlich durchsetzbaren" Ansprüche für die Unternehmen. Auch führten diese Verfahren nicht zu einem Suspensiveffekt, sodass der Auftrag, unabhängig von einem solchen Verfahren, erteilt werden konnte.

7 Gemeinschaftsrechtlich wurde zur Verbesserung des Rechtsschutzes aber gefordert, dass eine „gerichtliche oder zumindest gerichtsähnliche Kontrolle" der Vergabeentscheidungen möglich sein musste, was dann zur **Schaffung der Vergabekammern** mit der Möglichkeit der Nachprüfungsverfahren führte. Zeitgleich wurden die Vergabeüberwachungsausschüsse abgeschafft. Mit dem vierten Teil des GWB hat der deutsche Gesetzgeber somit erstmals ein förmliches Verfahren zur Überprüfung der Vergabe öffentlicher Aufträge geschaffen, das es zuvor nicht gab. Wegen der Nähe zum Kartell- und Wettbewerbsrecht sind die Verfahrensregeln im vierten Teil des GWB aufgenommen worden (sogenannte **kartellrechtliche Lösung**).

8 Neben den Vergabekammern gibt es aber in einzelnen Bundesländern noch die **Vergabeprüfstellen**. Diese werden im zweiten Kapitel des GWB nicht mehr ausdrücklich erwähnt, sind aber weiterhin in einigen Bundesländern vorhanden. Die Nachprüfung durch Vergabeprüfstellen hat bislang kaum eine Rolle gespielt. Sie wurden deshalb bereits durch das Gesetz zur Modernisierung des Vergaberechts vom 20.4.2009 (BGBl. I 790) gestrichen. Es blieb aber letztlich dem Bund und den Ländern überlassen, ob sie weiterhin Vergabeprüfstellen und ein entsprechendes Prüfverfahren vorhalten wollten.

9 § 155 GWB eröffnet durch die Formulierung „unbeschadet der Prüfungsmöglichkeiten von Aufsichtsbehörden" weiterhin die Kontrollmöglichkeit durch die **Aufsichtsbehörden**. In der Praxis spielt diese Nachprüfungsmöglichkeit aber wegen der engen Fristen bei der Vergabe von öffentlichen Aufträgen und der geringen Effektivität kaum eine Rolle. Eine Aufsichtsbehörde hat beispielsweise nicht die Möglichkeit, die Erteilung des Zuschlags gemäß § 169 Abs. 1 GWB zu untersagen, und sie ist auch nicht verpflichtet, eine Entscheidung in einem Zeitraum von fünf Wochen, so wie dies § 167 Abs. 1 GWB vorschreibt, zu treffen. Dafür sind die Verfahren vor den Aufsichtsbehörden, im Gegensatz zu den Verfahren vor den Vergabekammern, aber gebührenfrei.

10 **Aufsichtsbehörden und Vergabekammern** sind streng voneinander zu trennen. Auch wenn die Vergabekammern mitunter bei den Aufsichtsbehörden eingerichtet sind, sind die Vergabekammern aufgrund ihrer besonderen Stellung, die in § 156 GWB gefordert und näher konkretisiert wird, selbstständige, d.h. weisungsunabhängige, Einheiten.

11 Dem unterliegenden Bewerber oder Bieter stehen somit insgesamt oberhalb der sogenannten Schwellenwerte **drei Nachprüfungsmöglichkeiten** zur Verfügung, soweit er der Auffas-

sung ist, dass die Vergabe eines öffentlichen Auftrages oder einer Konzession gegen Vergaberechtsgrundsätze verstößt. Davon nennt § 155 GWB die Aufsichtsbehörden und die Vergabekammern, während die Vergabeprüfstellen nicht mehr im GWB erwähnt werden.

In der **Praxis** hat sich gezeigt, dass die Kontrollverfahren durch die Aufsichtsbehörden oder die Vergabeprüfstellen, wegen der geringen Effektivität des Rechtsschutzes, kaum in Anspruch genommen werden. Der Schwerpunkt des Rechtsschutzes liegt somit bei den Vergabekammern.

Dazu kommt, dass ein Verfahren vor einer Vergabekammer zwingend zu durchlaufen ist, 12
wenn die Auftragsvergabe noch einer **gerichtlichen Kontrolle** durch ein Oberlandesgericht nach §§ 171 ff. GWB unterzogen werden soll. Die Vergabekammern haben sich somit seit Einführung des Rechtsschutzes im Jahre 1999 zu den primären Kontrollinstanzen entwickelt, was vom Gesetzgeber auch so gewollt war.

II. Primär- und Sekundärrechtsschutz

Die in § 155 GWB genannten Vergabekammern, die Aufsichtsbehörden wie auch die Verga- 13
beprüfstellen und die Oberlandesgerichte gewährleisten insgesamt den **Primärrechtsschutz** für die unterlegenen Unternehmen. Diese Nachprüfungsinstanzen werden in der Regel vor Erteilung des Zuschlags tätig und verhindern dadurch die Auftragsvergabe an ein anderes Unternehmen. Zum Primärrechtsschutz gehören auch die Fälle, in denen überhaupt kein Vergabeverfahren durchgeführt wurde (sogenannte Direkt- oder De-facto-Vergaben, vgl. § 135 Abs. 2 GWB) oder eine Aufhebungsentscheidung des Auftraggebers zur Überprüfung gestellt wird. Hat sich das Nachprüfungsverfahren erledigt (§ 168 Abs. 2 GWB), so hat der Antragsteller unter bestimmten Voraussetzungen in einem Nachprüfungsverfahren vor einer Vergabekammer einen Anspruch auf Feststellung, ob eine Rechtsverletzung vorgelegen hat. Ein solches Verfahren auf Feststellung einer Rechtsverletzung kann insbesondere zur Vorbereitung eines Schadensersatzprozesses (vgl. § 181 GWB) dienen, aber auch vorbeugend der Wiederholung vergleichbarer Rechtsverstöße durch den Auftraggeber entgegenwirken.

Demgegenüber richtet sich der **Sekundärrechtsschutz** nach § 181 GWB auf Schadenser- 14
satzansprüche, die einem in einem Vergabeverfahren übergangenen Unternehmen gegebenenfalls zustehen können, wenn es eine reelle Chance auf Erteilung des Zuschlags gehabt hat und diese Chance durch einen Verstoß des Auftraggebers gegen eine bieterschützende Vorschrift beeinträchtigt wurde. Nach § 181 GWB kann ein solches Unternehmen Schadensersatz für die Vorbereitung des Angebots oder der Teilnahme an einem Vergabeverfahren verlangen, aber es erhält in der Regel nicht den entgangenen Gewinn. Für diesen Sekundärrechtsschutz sind die Zivilgerichte zuständig, wobei diese aber nach § 179 Abs. 1 GWB an die bestandskräftige Entscheidung einer Vergabekammer oder eines Oberlandesgerichts gebunden sind, soweit ein solches Nachprüfungsverfahren stattgefunden hat.

B. Rechtsschutz oberhalb der Schwellenwerte

I. Zuständigkeit der Vergabenachprüfungsinstanzen

Wegen der Sonderzuweisung in § 155 GWB sind für die rechtliche Überprüfung der Auftrags- 15
vergaben oberhalb der Schwellenwerte ausschließlich die **Vergabekammern und Oberlandesgerichte** zuständig.[1] Klagen gegen die Auftraggeber vor einem Verwaltungs- oder Zivilgericht kommen deshalb in diesem Bereich nicht in Betracht.

Die Einrichtung der Vergabekammern als Nachprüfungsinstanzen ist vor dem Hintergrund des 16
EU-Rechts erfolgt. In Art. 2 Abs. 8 RL 89/665/EWG wird den Mitgliedstaaten zunächst die Möglichkeit eingeräumt, die Zuständigkeit für Nachprüfungen den nationalen Gerichten zu übertragen. Zuständig für die Nachprüfung der Vergabe öffentlicher Aufträge und Konzessio-

1 BVerwG, Beschluss v. 2.5.2007 – 6 B 10.07.

nen können daneben aber auch Instanzen sein, die keine Gerichte sind, wenn deren Entscheidungen zum Gegenstand einer Klage oder einer Nachprüfung bei einer anderen Instanz, die ein Gericht ist, gemacht werden können. In der Bundesrepublik Deutschland hat man sich für diese zweite Möglichkeit entschieden, indem man Vergabekammern einrichtete und die Überprüfung der Vergabekammerbeschlüsse den Oberlandesgerichten übertrug. Die RL 89/665/EWG ist durch die RL 2007/66/EG ersetzt worden, die bereits mit dem Gesetz zur Modernisierung des Vergaberechts vom 20.4.2009[2] in deutsches Recht umgesetzt worden ist.

17 Die Zuständigkeit der Vergabenachprüfungsinstanzen ist aber nur gegeben, wenn die Vergabe des öffentlichen Auftrages oder der Konzession in den **Anwendungsbereich** des Vergaberechts des Teil 4 des GWB fällt. Im Rahmen der Zulässigkeit eines Nachprüfungsverfahrens prüft eine Vergabekammer deshalb **von Amts wegen**, ob bestimmte Zugangsvoraussetzungen erfüllt sind. Dabei handelt es sich um folgende Anforderungen:

1. Erreichen oder Überschreiten der Schwellenwerte

18 Der Wert des Auftrages oder der Konzession muss bestimmte Schwellenwerte erreichen oder überschreiten (§ 106 GWB). Ein **irrtümlich oder freiwillig durchgeführtes europaweites Vergabeverfahren**[3] begründet die Zuständigkeit der Vergabekammer ebenso wenig wie die unzutreffende Benennung der Vergabekammer als zuständige Nachprüfungsbehörde,[4] wenn der zu überprüfende Auftrag die Schwellenwerte objektiv nicht erreicht. Aber auch dann, wenn der **Preis des wirtschaftlichsten Angebots nicht den Schwellenwert erreicht oder überschreitet**, der Auftraggeber aber aufgrund seiner realistischen und nachvollziehbar dokumentierten Schätzung zu einem Auftragswert oberhalb der Schwellenwerte gelangt war, ist die Anrufung der Vergabekammer statthaft.[5] Eine Vergabekammer ist somit im Rahmen der Statthaftigkeit verpflichtet, zu überprüfen, ob die Schätzung des Auftraggebers hinsichtlich des Auftragswertes zutreffend und sachlich nachvollziehbar ist.

2. Auftraggeber

19 Die Auftraggeber sind in §§ 98 bis 101 GWB genannt. Neben den herkömmlichen öffentlichen Auftraggebern, die in § 99 GWB zitiert werden, sind die Sektorenauftraggeber in § 100 GWB genannt und die Konzessionsgeber in § 101 GWB.

3. Vergabe eines öffentlichen Auftrages oder einer Konzession

20 Eine Vergabekammer ist nur und ausschließlich zur Überprüfung der Vergabe eines **öffentlichen Auftrages** befugt. Das GWB bezieht auch **verteidigungs- oder sicherheitsspezifische öffentliche Aufträge** (§ 104 GWB) sowie **Wettbewerbe** ein. Die „Wettbewerbe" sind zwar in § 155 GWB nicht ausdrücklich genannt, werden aber über § 103 Abs. 6 GWB miteinbezogen. Neu aufgenommen wurde in § 155 GWB die Nachprüfung der Vergabe von **Konzessionen**. Die Konzessionen unterlagen bislang nicht der Nachprüfung durch die Vergabekammern, sind aber nunmehr in § 106 GWB genannt, da der nationale Gesetzgeber die Richtlinie zur Vergabe von Konzessionen (RL 2014/23/EU) umzusetzen hatte. Diese Richtlinie sah auch einen Rechtsschutz für die Vergabe von Konzessionen vor, wobei allerdings insbesondere die Schwellenwerte zu berücksichtigen sind (§ 106 Abs. 2 Nr. 4 GWB). § 132 GWB erfasst nunmehr auch wesentliche Vertragsänderungen, die aber zuvor schon Gegenstand von Nachprüfungsverfahren sein konnten, da eine wesentliche Änderung eine Neuausschreibung in der Regel erforderte und nicht einfach stillschweigend vorgenommen werden durfte.

21 Nach § 133 GWB können öffentliche Auftraggeber einen öffentlichen Auftrag während dessen Laufzeit **kündigen**, wenn die in § 133 Abs. 1 Nr. 1 bis 3 GWB genannten Gründe vorliegen. Da die Vergabekammern grundsätzlich den Rechtsschutz vor Erteilung des Zuschlags ge-

2 BGBl. I S. 790.
3 OLG Celle, Beschluss v. 8.8.2013 – 13 Verg 7/13; OLG Jena, Beschluss v. 11.12.2009 – 9 Verg 2/08.
4 OLG München, Beschluss v. 28.9.2005 – Verg 19/05.
5 KG, Beschluss v. 24.10.2013 – Verg 11/13; OLG Brandenburg, Beschluss v. 7.12.2010 – Verg W 16/10.

währleisten sollen, spricht vieles dafür, dass die Vergabekammern nicht für die Überprüfung dieser Kündigungen zuständig sind. § 133 GWB ist zwar im vierten Teil des GWB aufgenommen worden. Allerdings sind die Vergabekammern in der Regel nicht mehr zuständig, sobald der Zuschlag wirksam erteilt wurde. Soweit der Unternehmer mit der Kündigung nicht einverstanden sein sollte, muss er vor den Zivilgerichten klagen.

Der in § 133 Abs. 1 Nr. 1 GWB genannte Kündigungsgrund **„wesentliche Änderung"** überschneidet sich zwar mit dem Rechtsschutz des nicht berücksichtigten Interessenten nach § 135 GWB, wonach eine sogenannte De-facto-Vergabe in einem bestimmten Zeitraum in einem Nachprüfungsverfahren vor einer Vergabekammer zur Überprüfung gestellt werden kann. Diese Konstellation ist aber nicht mit § 133 GWB vergleichbar, da die Kündigung das Rechtsverhältnis zwischen Unternehmer und öffentlichem Auftraggeber betrifft, nicht hingegen die Interessen eines anderen Mitbewerbers. 22

4. Bereichsausnahmen

Statthaft ist die Nachprüfung durch Vergabekammern nur dann, wenn keine Bereichsausnahme vorliegt. Diese allgemeinen Bereichsausnahmen waren zuvor in §§ 100 Abs. 2 bis 8, 100a, 100b und 100c GWB a.F. geregelt und finden sich jetzt teilweise in § 107 GWB wieder. Weitere Ausnahmen ergeben sich aus § 109 GWB, der neu eingefügt wurde. 23

5. Weitere besondere Verfahrensvoraussetzungen

a) Unterlassen oder Aufhebung der Ausschreibung

Der Begriff **„Vergabe"** umfasst nicht nur etwa die eigentliche Vergabe des Auftrages oder der Konzession durch Zuschlagserteilung, sondern auch solche Maßnahmen, die das pflichtwidrige Unterlassen von förmlichen Vergabeverfahren betreffen. Auch die Aufhebung eines förmlichen Vergabeverfahrens kann von den Bewerbern oder Bietern zur Überprüfung gestellt werden. Die Überprüfung endet in der Regel aber nicht mit der Verpflichtung des Auftraggebers zum Abschluss eines Vertrages mit einem bestimmten Bieter. Denn einen solchen allgemeinen vertraglichen Kontrahierungszwang gibt es auch im Vergaberecht nicht.[6] 24

b) Beginn einer Ausschreibung

Darüber hinaus muss die Vergabekammer auch in zeitlicher Hinsicht feststellen, ob überhaupt ein Vergabeverfahren eingeleitet wurde. Bei bloß internen Überlegungen oder bei reinen Markterkundungen liegt keine Maßnahme des Auftraggebers vor, die überprüft werden kann. Entscheidend ist hier nicht ein formales Verständnis – also formaler Rechtsakt, wie beispielsweise eine europaweite Bekanntmachung –, sondern der Beginn eines Vergabeverfahrens wird **materiell** (inhaltlich) verstanden.[7] Ein Vergabeverfahren hat begonnen, wenn sich der Auftraggeber dazu entschließt, einen (gegenwärtigen oder künftigen) Bedarf nicht durch Eigenleistung, sondern durch Beschaffen von Lieferungen und Leistungen als Nachfrager auf dem Markt zu decken (interner Beschaffungsbeschluss), und er darüber hinaus zweckbestimmt äußerlich wahrnehmbar Anstalten trifft, den Auftragnehmer mit dem Ziel eines Vertragsschlusses auszuwählen.[8] Beispielsweise reicht ein interner Kreistagsbeschluss allein nicht aus, sondern dieser muss erst noch durch die Verwaltung (extern) umgesetzt werden. 25

Es wird kein **vorbeugender Rechtsschutz** gegen vermutete Vergaberechtsverstöße gewährt.[9] Vielmehr muss die Vergabestelle nach außen erkennbar den ersten Schritt zur Durchführung desjenigen Verfahrens in die Wege leiten, welches zu einem konkreten Vertragsabschluss führen soll. Bei europaweiten Vergaben ist dies grundsätzlich die Absendung der Auftragsbekanntmachung an das Amt für Veröffentlichungen der Europäischen Union.[10] 26

---

6 BGH, Beschluss v. 20.3.2014 – X ZB 18/13.
7 EuGH, Urteil v. 11.1.2005 – Rs. C-26/03 (Stadt Halle); OLG Düsseldorf, Beschluss v. 17.7.2013 – VII-Verg 10/13; OLG München, Beschluss v. 19.7.2012 – Verg 8/12.
8 OLG Düsseldorf, Beschluss v. 17.12.2014 – VII-Verg 26/14.
9 OLG Koblenz, Beschluss v. 15.8.2014 – 1 Verg 7/14.
10 OLG München, Beschluss v. 12.11.2010 – Verg 21/10.

27 Bei Auftragsvergaben **ohne geregeltes Vergabeverfahren** ist auf die nach außen wahrnehmbar hervorgetretenen Anstalten des Auftraggebers abzustellen, einen Auftragnehmer mit dem Ziel eines Vertragsschlusses auszuwählen.[11]

c) Verwirkung

28 Ein Nachprüfungsverfahren vor einer Vergabekammer kann mitunter auch dann nicht statthaft sein, wenn der Antragsteller sein Antragsrecht verwirkt hat. Eine Verwirkung greift nur dann ein, wenn das betroffene Unternehmen keine Maßnahmen ergreift, obwohl ihm dies möglich war, und das Unternehmen durch sein derart langes Zuwarten mit der Rüge oder bei der Weiterverfolgung der Rüge bei der Vergabestelle das Vertrauen erweckt, es werde keine Schritte mehr unternehmen (**Zeitmoment**), und die Vergabestelle im Vertrauen darauf in dem Vergabeverfahren fortfährt (**Umstandsmoment**).[12]

29 Die Verwirkung von Rechten ist ein **Sonderfall des Einwandes des widersprüchlichen Verhaltens** i.S.v. § 242 BGB und führt dazu, dass ein Nachprüfungsverfahren nicht mehr durchgeführt wird, der Antrag somit nicht statthaft ist. Ein Bieter, der geltend macht, es fehle eine ordnungsgemäße Ausschreibung, verwirkt sein Nachprüfungsrecht, wenn er seit dem Zeitpunkt der Ausschreibung zwölf Monate und seit der Entscheidung des Auftraggebers, dass er kein Los erhalten werde, zehn bis fünf Monate verstreichen lässt, bevor er ein Nachprüfungsverfahren einleitet.[13]

6. Sonstige Anwendungsbereiche

30 Die Vergabekammern sind mitunter auch für die Nachprüfung von Vergaben zuständig, die nicht in Teil 4 des GWB genannt sind. Derartige Sondervergabeverfahren ergeben sich beispielsweise aus der **VO (EG) 1370/2007**, die für die Vergabe von Leistungen im öffentlichen Personennahverkehr geschaffen wurde und in der Bundesrepublik Deutschland unmittelbar gilt, da es sich nicht um eine Richtlinie, sondern um eine Verordnung handelt. Gleiches gilt für Vergaben nach **§ 46 EnWG**, die ebenfalls nicht primär in die Zuständigkeit einer Vergabekammer fallen. Dennoch kann es Fallkonstellationen geben, die eine Zuständigkeit der Nachprüfungsinstanz begründen.[14]

II. Verfahrensgrundsätze und Verfahrensablauf

31 Die Verfahren vor der Vergabekammer können nur **antragsbefugte Unternehmen** i.S.v. § 160 GWB einleiten, die grundsätzlich zuvor gegenüber der Vergabestelle die Verletzung ihres Rechts aus § 97 Abs. 6 GWB und einen (hierdurch drohenden) Schaden geltend gemacht haben. Bei De-facto-Vergaben oder Aufhebungsentscheidungen können die Unternehmen ebenfalls Rechtsschutz vor einer Vergabekammer erlangen.

32 Die Vergabekammern sind zwar keine **Gerichte** i.S.v. Art. 92 GG, aber sie erlassen in grundsätzlich kontradiktorisch ausgetragenen Verfahren streitentscheidende Verwaltungsakte, die funktional gerichtlichen Entscheidungen entsprechen und auch wie solche – vor einem Rechtsmittelgericht – anzufechten sind.[15] Im gemeinschaftsrechtlichen Bereich ist mittlerweile vom EuGH[16] entschieden worden, dass die deutschen Vergabekammern Gerichte i.S.d. Art. 267 AEUV sind.

33 Wegen des **Zuschlagsverbots** in § 169 Abs. 1 GWB, das durch die Übermittlung der Antragsschrift durch die Vergabekammer an den Auftraggeber entsteht, wird gemeinsam mit der **Stillhaltefrist** aus § 134 GWB ein effektiver Rechtsschutz für die Unternehmen gewährleis-

11 OLG Düsseldorf, Beschluss v. 21.7.2010 – VII-Verg 19/10.
12 OLG Celle, Beschluss v. 29.10.2009 – 13 Verg 8/09; OLG Karlsruhe, Beschluss v. 13.6.2008 – 15 Verg 3/08; OLG Düsseldorf, Beschluss v. 30.4.2008 – VII-Verg 23/08; VK Münster, Beschluss v. 6.5.2008 – VK 4/08.
13 OLG Brandenburg, Beschluss v. 15.9.2009 – Verg W 13/08.
14 Vgl. hierzu § 156 Rn. 24 ff.
15 BGH, Beschluss v. 25.10.2011 – X ZB 5/10.
16 EuGH, Urteil v. 18.9.2014 – Rs. C-549/13 (Bundesdruckerei).

tet, der sie davor schützt, dass der Auftraggeber durch die Zuschlagserteilung vollendete Tatsachen schafft. Im Anschluss an ein Verfahren vor einer Vergabekammer (§§ 160 bis 170 GWB) ist die **sofortige Beschwerde** zum Oberlandesgericht möglich (§§ 171 bis 178 GWB).

Im Nachprüfungsverfahren ist die Vergabekammer wegen des **Untersuchungsgrundsatzes** nach § 163 GWB gehalten, eine umfassende Prüfung der Sach- und Rechtslage anhand der Originalausschreibungsunterlagen durchzuführen. Gegebenenfalls ist die Vergabekammer auch verpflichtet, Rechtsverletzungen nachzugehen, die der Antragsteller nicht geltend gemacht hat. Denn ein Antragsteller kennt die Ausschreibungsunterlagen, insbesondere die Vergabeakte des Auftraggebers nicht, sodass er auch nicht alle Vergaberechtsverstöße darlegen kann. Entscheidend ist aber, dass durch einen solchen (verdeckten) Vergaberechtsverstoß der Antragsteller auch in seinen Rechten beeinträchtigt ist und ihm kausal dadurch ein Schaden droht. Dem Antragsteller wird gemäß § 165 GWB Akteneinsicht gewährt und die Beanstandungen (Rügen) werden dann gemäß § 166 GWB in einer mündlichen Verhandlung mit allen Beteiligten erörtert. 34

Die Vergabekammer muss ihre **abschließende Entscheidung**, die durch Beschluss in der Form eines Verwaltungsakts ergeht (§ 168 Abs. 3 GWB), gemäß § 167 GWB grundsätzlich innerhalb einer Frist von fünf Wochen treffen und begründen. Damit ist einerseits dem Anspruch des Antragstellers auf effektiven Rechtsschutz Genüge getan, andererseits sollen auch die Vergabeverfahren nicht unnötig in die Länge gezogen werden. Gegen die Entscheidung der Vergabekammer kann die unterliegende Partei gemäß § 171 GWB sofortige Beschwerde beim zuständigen Oberlandesgericht einlegen. 35

C. Rechtsschutz unterhalb der Schwellenwerte

I. Ausgangslage

Bei Auftragsvergaben unterhalb der Schwellenwerte (§ 106 GWB) steht einem Bewerber oder Bieter allein die Möglichkeit einer **Klage vor den Zivilgerichten** zur Überprüfung eines Vergabeverfahrens offen. Die §§ 155 ff. GWB enthalten eine Sonderzuweisung zu den Vergabekammern und den Oberlandesgerichten lediglich für die Aufträge und Konzessionen von Auftraggebern, welche die EU-Schwellenwerte erreichen oder überschreiten.[17] Die Vergabe öffentlicher Aufträge unterhalb der Schwellenwerte unterliegt also nicht der Überprüfung durch die Vergabekammern.[18] 36

Die sich daraus ergebende Zweiteilung des vergaberechtlichen Rechtsschutzes ist **verfassungsrechtlich** nicht beanstandet worden.[19] Nach Auffassung des Bundesverfassungsgerichts ist der Gesetzgeber nicht verpflichtet, gesonderte Regelungen für ein Rechtsschutzverfahren unterhalb der Schwellenwerte im Vergaberecht zu schaffen. Davon zu unterscheiden ist aber, ob die Gerichte in der Zivilgerichtsbarkeit tatsächlich damit befasst werden können. 37

II. Zuständigkeit der Zivilgerichte

Wenn ein Bieter rechtzeitig erfährt, dass der Zuschlag an einen Mitkonkurrenten erteilt werden soll, und er dies für nicht gerechtfertigt hält, so kann er gegen den Auftraggeber ein **einstweiliges Verfügungsverfahren** nach §§ 935 ff. ZPO beantragen. Nach der Grundsatzentscheidung des Bundesverwaltungsgerichts[20] ist geklärt, dass nicht die Verwaltungsgerichte, sondern die Zivilgerichte zuständig sind. Die davor ergangene Rechtsprechung einiger Oberverwaltungsgerichte zur Zuständigkeit von Verwaltungsgerichten gilt damit als überholt. 38

---

17 OVG Nordrhein-Westfalen, Beschluss v. 20.9.2005 – 15 E 1188/05; OVG Rheinland-Pfalz, Beschluss v. 25.5.2005 – 7 B 10356/05.

18 BGH, Beschluss v. 1.2.2005 – X ZB 27/04.

19 BVerfG, Beschluss v. 13.6.2006 – 1 BvR 1160/03.

20 BVerwG, Beschluss v. 2.5.2007 – 6 B 10.07.

39 Der nicht berücksichtigte Bewerber oder Bieter muss in der Regel vor einem Landgericht einen **Verfügungsgrund** geltend machen, also darlegen, dass durch eine Veränderung des bestehenden Zustandes die Verwirklichung eines Rechts des Antragstellers vereitelt oder wesentlich erschwert werden könnte.

40 Weiterhin muss er sich dabei auf einen **Verfügungsanspruch** beziehen, also auf eine konkrete Anspruchsgrundlage. Nach Auffassung des OLG Düsseldorf[21] können Anspruchsgrundlage in einem einstweiligen Verfügungsverfahren Rücksichtnahmepflichten aus vorvertraglichen Schuldverhältnissen sein. Diese Rücksichtnahmepflichten bei der Vertragsanbahnung waren früher unter der Rechtsfigur der „culpa in contrahendo" bekannt und sind nunmehr ausdrücklich in § 241 Abs. 2 BGB geregelt. Diese sind auch im Bereich unterhalb der Schwellenwerte zu beachten.[22] Der Bewerber oder Bieter muss somit vor dem Landgericht beantragen, dass der Zuschlag an seinen Mitkonkurrenten „unterlassen" wird. Der Unterlassungsanspruch ist dabei nicht auf Fälle von Willkür oder bewusst diskriminierendem Verhalten des Auftraggebers beschränkt.[23] Vielmehr begründet die Eröffnung eines Ausschreibungsverfahrens zwischen den Bewerbern oder Bietern und dem ausschreibenden Auftraggeber, der bestimmten Vergaberegeln kraft Gesetzes unterliegt oder sich bestimmten Vergaberegeln unterworfen hat, ein vorvertragliches Schuldverhältnis, das u.a. wechselseitige Rücksichtnahmepflichten zum Gegenstand hat. Diese Rücksichtnahmepflichten bei der Vertragsanbahnung sind auch unterhalb der Schwellenwerte zu beachten. Das gilt auch gegenüber privaten Auftraggebern, wie beispielsweise Zuwendungsempfängern, wenn diese die Einhaltung der VOB/A oder VOL/A zugesagt haben, wobei aus Gründen der Effektivität – ansonsten wäre Primärrechtsschutz nicht mehr erreichbar – dem Auftraggeber zunächst durch eine Zwischenverfügung der Vertragsabschluss zu untersagen sein wird.[24] Daraus folgt, dass allein der Verstoß gegen Vergabevorschriften den Rechtsschutz auslöst. Es kommt nicht darauf an, dass der Auftraggeber auch noch gegen Art. 3 Abs. 1 GG verstoßen hat, also besonders willkürlich vorgegangen ist.

III. Vorgaben des EU-Rechts für den Rechtsschutz unterhalb der Schwellenwerte

1. EU-Primärrecht

41 Auch wenn die Vergaberichtlinien und die Rechtsmittelrichtlinie keine Anwendung auf die Vergabe öffentlicher Aufträge unterhalb der Schwellenwerte finden, enthält das Gemeinschaftsrecht wichtige Vorgaben für den Rechtsschutz der Unternehmen außerhalb des GWB. Vergabestellen müssen auch unterhalb der Schwellenwerte die **Vorgaben des Gemeinschaftsrechts** beachten. Der EuGH hat schon Ende 2000 im Fall „Telaustria"[25] klargestellt, dass etwa bei der Vergabe von Dienstleistungskonzessionen, die zu dem Zeitpunkt nicht den Vergaberichtlinien unterfielen, bestimmte Vorgaben des EG-Vertrages, namentlich das Verbot der Diskriminierung aufgrund der Staatsangehörigkeit, zu beachten sind. Hieraus leitete der EuGH ab, dass die Vergabestellen bei der Vergabe von Dienstleistungskonzessionen für einen angemessenen Grad an Öffentlichkeit sorgen müssen, damit alle potenziellen Bieter eine faire Chance erhalten, an dem jeweiligen Vergabeverfahren teilnehmen zu können.[26] Diese Rechtsprechung hat der EuGH in der Folgezeit weiter präzisiert. Wenn ein Auftrag unterhalb der Schwellenwerte grenzüberschreitende Bedeutung hat, liegt in seiner ohne jede Transparenz erfolgenden Vergabe an ein im Mitgliedstaat des Auftraggebers niedergelassenes Unternehmen eine Ungleichbehandlung zum Nachteil der in einem anderen Mitgliedstaat niedergelassenen Unternehmen, die auch an diesem Auftrag interessiert sein könnten. Eine solche Ungleichbehandlung stellt eine nach Art. 43 EGV (nunmehr Art. 49 AEUV; Niederlassungsfrei-

21 OLG Düsseldorf, Beschluss v. 31.1.2010 – 27 U 1/09; Beschluss v. 15.10.2008 – 27 W 2/08.
22 Vgl. dazu BGH, Beschluss v. 9.6.2011 – X ZR 143/10; Beschluss v. 3.4.2007 – X ZR 19/06.
23 OLG Saarbrücken, Beschluss v. 13.6.2012 – 1 U 357/11.
24 OLG Düsseldorf, Beschluss v. 15.8.2011 – 27 W 1/11.
25 EuGH, Urteil v. 7.12.2000 – Rs. C-324/98 (Telaustria).
26 EuGH, Urteil v. 7.12.2000 – Rs. C-324/98 (Telaustria).

heit) und Art. 49 EGV (nunmehr Art. 56 AEUV; Dienstleistungsfreiheit) verbotene mittelbare Diskriminierung aufgrund der Staatsangehörigkeit dar, sofern sie nicht durch objektive Umstände gerechtfertigt ist.[27]

Die vom EuGH aus den Grundfreiheiten abgeleiteten Anforderungen an Auftragsvergaben von Dienstleistungskonzessionen und Aufträgen unterhalb der Schwellenwerte gelten indes nur, wenn an einem Auftrag ein **eindeutiges grenzüberschreitendes Interesse** besteht.[28] Im Einzelfall ist somit zu fragen, ob der Auftrag „Binnenmarktrelevanz" hat oder nicht. Von einem eindeutigen grenzüberschreitenden Interesse (Binnenmarktrelevanz) kann nach Auffassung des EuGH ausgegangen werden, wenn ein Auftragswert von gewisser Bedeutung vorliegt und auch der Ort der Ausführung der Arbeiten ein solches Interesse nicht ausschließt.[29] Hierzu verweist der EuGH auf grenzüberschreitende Ballungsräume, die sich über das Gebiet verschiedener Mitgliedstaaten erstrecken, so dass unter solchen Umständen selbst an Aufträgen mit einem niedrigen Auftragswert ein eindeutiges grenzüberschreitendes Interesse bestehen kann. 42

Der **BGH** hat diese Rechtsprechung des EuGH aufgenommen und ausgeführt, dass es zunächst Sache der nationalen Gerichte ist, alle maßgeblichen Gegebenheiten, die den fraglichen Auftrag betreffen, zu würdigen, um festzustellen, ob im Einzelfall ein eindeutiges grenzüberschreitendes Interesse besteht.[30] Nach Auffassung des BGH bietet es sich an, in Anlehnung an die für Vergabeverfahren außerhalb der Vergaberichtlinien ergangene Mitteilung der Kommission[31] eine Prognose darüber anzustellen, ob der Auftrag nach den konkreten Marktverhältnissen auch für ausländische Anbieter interessant sein kann. Es ist demnach also in jedem Einzelfall zu untersuchen, ob die Bereitschaft der durch die Auftragsvergabe angesprochenen Branche bestehen könnte, den konkreten Auftrag in Anbetracht des Auftragsvolumens und des Ortes der Auftragsdurchführung auch grenzüberschreitend auszuführen. 43

Diese Kriterien zur „Binnenmarktrelevanz" haben auch Eingang gefunden in **§ 3 Abs. 3 TVgG NRW**. Trotz der „Unterschwellenmitteilung" der Europäischen Kommission und der Rechtsprechungsgrundsätze bestehen aber nach wie vor erhebliche Rechtsunsicherheiten hinsichtlich der tatsächlichen und rechtlichen Voraussetzungen und Wirkungen des Primärrechts bei der Beurteilung des Vorliegens von Binnenmarktrelevanz bei Unterschwellenvergaben.[32] 44

2. Auslegungsmitteilungen der Europäischen Kommission

Welche Konsequenzen die Rechtsprechung des EuGH für die Praxis hat, hat die Europäische Kommission in sog. **Auslegungsmitteilungen** zu verdeutlichen versucht. Mit der Mitteilung vom 1.8.2006[33] verfolgte die Europäische Kommission ausdrücklich das Ziel, ihr Verständnis für die EuGH-Rechtsprechung zu erläutern und den Mitgliedstaaten auf dieser Grundlage „bewährte Verfahren" an die Hand zu geben, um die „Möglichkeiten des Binnenmarktes voll ausschöpfen zu können". 45

Die Auslegungsmitteilungen der Kommission sind für die Vergabestellen jedoch nicht verbindlich, sondern stellen lediglich eine Auswertung und Zusammenfassung von Entscheidungen des EuGH dar. Die EU-Kommission kann **keine verbindlichen Regelungen** erlassen, auch nicht für die Vergaben unterhalb der Schwellenwerte. Denn der Kommission fehlt als Exekutivgewalt die Rechtsetzungskompetenz. Die Klage der Bundesregierung gegen die Auslegungsmitteilung vom 1.8.2006 wurde deshalb vom EuG zurückgewiesen, weil der EuG der Auffassung war, dass eine Mitteilung der Kommission zu Auslegungsfragen in Bezug auf das 46

27 EuGH, Urteil v. 21.2.2008 – Rs. C-412/04.
28 EuGH, Urteil v. 23.12.2009 – Rs C-376/08.
29 EuGH, Urteil v. 15.5.2008 – Rs. C-147/06 und C-148/06.
30 BGH, Urteil v. 30.8.2011 – X ZR 55/10.
31 Mitteilung der Kommission zu Auslegungsfragen in Bezug auf das Gemeinschaftsrecht, das für die Vergabe öffentlicher Aufträge gilt, die nicht oder nur teilweise unter die Vergaberichtlinien fallen, EG-ABl. C 179 v. 1.8.2006.
32 *Deling,* NZBau 2012, 17.
33 Mitteilung der Kommission zu Auslegungsfragen in Bezug auf das Gemeinschaftsrecht, das für die Vergabe öffentlicher Aufträge gilt, die nicht oder nur teilweise unter die Vergaberichtlinien fallen, EG-ABl. C 179 v. 1.8.2006.

Gemeinschaftsrecht, welche lediglich das aktuelle Gemeinschaftsrecht wiedergibt, nicht als Akt der Rechtssetzung angegriffen werden könne.[34] Die Klage war deshalb unzulässig.

3. Bewertung und Ausblick

47 Für die strikte Trennung zwischen den Vergaben oberhalb und unterhalb der Schwellenwerte gibt es keine rechtliche Erforderlichkeit, sondern lediglich eine praktische Begründung. Da ein Rechtsschutz unterhalb der Schwellenwerte vor den Landgerichten **wenig effektiv** ist, weil die unterliegenden Unternehmen häufig nicht rechtzeitig (vor Zuschlagserteilung) informiert werden, im Übrigen aber bei der Vielzahl möglicher Entscheidungen von Landgerichten eine „**Zersplitterung**" der Rechtsfragen zum Vergaberecht zu befürchten ist, finden die Vergaben unterhalb der Schwellenwerte weitestgehend ohne Rechtskontrolle statt. Nachvollziehbar ist deshalb, dass bereits einige Bundesländer wie Sachsen oder Thüringen darauf reagiert haben und für Vergaben unterhalb der Schwellenwerte einen Rechtsschutz – wenn auch vereinfacht – vor den Vergabekammern anbieten, um die Grundsätze von Transparenz und Wettbewerb zu stärken, aber auch um der Korruption zu begegnen, die sich gerade in „rechtsfreien" Räumen einfacher etabliert.

D. Überprüfung durch die Aufsichtsbehörden

I. Gegenstand der Aufsicht

48 Durch die Formulierung in § 155 GWB „**unbeschadet der Prüfungsmöglichkeiten von Aufsichtsbehörden**" wird klargestellt, dass auch Aufsichtsbehörden die Auftragsvergaben oberhalb der EU-Schwellenwerte überprüfen können. Unter Aufsicht ist die Überprüfung staatlichen Handelns auf seine Recht- und/oder Zweckmäßigkeit gemeint. Das Einschreiten von Aufsichtsbehörden, das in Bezug von Vergaben oberhalb und unterhalb der Schwellenwerte möglich ist, kann aber von einem Beschwerdeführer nicht gerichtlich eingeklagt werden. Denn die staatliche Aufsicht hat keine individualschützende Funktion, sondern dient ausschließlich dem öffentlichen Interesse an einem ordnungsgemäßen Gesetzesvollzug.

49 Die Aufsicht kann nach den einschlägigen Kommunal- und Fachgesetzen als **Rechts- oder Fachaufsicht** ausgestaltet sein. Die Rechtsaufsicht beschränkt sich auf die Kontrolle, ob Recht und Gesetz eingehalten worden sind, ohne Einfluss auf die Zweckmäßigkeit unternehmerischer und wirtschaftlicher Entscheidungen.[35] Im Gegensatz zur Fachaufsicht greift die Rechtsaufsicht nicht in die unternehmerischen Entscheidungen des betreffenden Rechtsträgers ein; auch die präventive Rechtsaufsicht dient nur dem Zweck, rechtswidrige Handlungen zu verhindern.[36]

50 Eine **Dienstaufsichtsbeschwerde** adressiert hingegen keine sachlichen Beanstandungen im Zusammenhang mit der Ausschreibung, sondern beanstandet das konkrete dienstliche Verhalten desjenigen Beamten oder Angestellten, der die Vergabe durchführt. Inhaltlich geht es um die Amtsführung und die in den Beamtengesetzen des Bundes und der Länder normierten allgemeinen Beamtenpflichten, wie die Pflicht, das Amt uneigennützig und nach bestem Gewissen zu verwalten.

II. Zuständigkeit der Aufsichtsbehörde

51 Oberhalb der Schwellenwerte sind die Vergabestellen verpflichtet, bereits in der **Auftragsbekanntmachung oder den Vergabeunterlagen** die Anschrift der zuständigen Vergabekammer mitzuteilen. Angaben zu den Aufsichtsbehörden im Bereich unterhalb der Schwellenwerte sind jedoch fakultativ.

34 EuG, Urteil v. 20.5.2010 – Rs. T-258/06.
35 BayObLG, Beschluss v. 24.5.2004 – Verg 6/04.
36 BayObLG, Beschluss v. 10.9.2002 – Verg 23/02.

In der Regel führt die **nächsthöhere Behörde** die Aufsicht über die ihr nachgeordneten Behörden. Dies kann – da die Verwaltungsstrukturen im Bund und den Bundesländern unterschiedlich sind – im Einzelfall anhand der Organisationsgesetze des Bundes und der Länder ermittelt werden. In Nordrhein-Westfalen führen z.B. die Kreise die Aufsicht über die kreisangehörigen Gemeinden, während die Bezirksregierungen die Vergaben der Kreise und der kreisangehörigen Städte im Wege der Aufsicht überprüfen. Die Aufsicht über die Landesbetriebe liegt bei den Ministerien des Landes. 52

Daneben gibt es eine Reihe von **öffentlichen Auftraggebern, die keiner Aufsicht unterliegen**. Meist handelt es sich um privatrechtlich organisierte Auftraggeber oder auch Zuwendungsempfänger, die als Dritte über öffentliche Mittel verfügen, wie beispielsweise aufgrund eines Zuwendungsbescheides. Hier bleibt dann nur die Möglichkeit, um Rechtsschutz vor den Vergabekammern nachzusuchen, was aber von der Höhe des Auftragswertes abhängig ist. Denn die Zuständigkeit einer Vergabekammer wird von Amts wegen ermittelt und muss objektiv festgestellt werden. 53

III. Unterschiede zum Nachprüfungsverfahren

Im Vergleich zu den Nachprüfungsverfahren gibt es zu einer Überprüfung von Auftragsvergaben durch die Aufsichtsbehörde folgende wesentliche Unterschiede: 54

- Die Überprüfung durch die Aufsichtsbehörde ist **kein individuelles Beschwerdeverfahren** und kann auch von Personen verlangt werden, die weder Bieter noch Bewerber in einem Vergabeverfahren sind.
- Es wird lediglich eine behördliche Überprüfung durch die Aufsichtsbehörde veranlasst. Auf die Intensität und den Fortgang dieser Prüfung hat der Beschwerdeführer **keinen Einfluss**. Der Beschwerdeführer hat weder ein Recht auf aufsichtsbehördliches Einschreiten noch einen Anspruch auf Entscheidung in seinem Sinne.
- Eine **Überprüfung der Ausgangsentscheidung** der Aufsichtsbehörde durch ein Gericht, beispielsweise ein Oberlandesgericht, findet ebenfalls nicht statt.
- Die Aufsichtsbeschwerde führt nicht zu einem **Zuschlagsverbot** i.S.v. § 169 Abs. 1 GWB. Die Vergabestelle kann damit den Zuschlag jederzeit – unabhängig vom Stand der Prüfung – erteilen.
- Dafür sind diese Verfahren aber in der Regel **gebührenfrei**.
- Bei Aufsichtsbeschwerden und Dienstaufsichtsbeschwerden handelt es sich somit letztlich um formlose Rechtsbehelfe, die weder einen **Suspensiv- noch einen Devolutiveffekt** entfalten. Eine Aussetzung des Vergabeverfahrens findet somit nicht statt, sondern der Zuschlag kann seitens des Auftraggebers trotz der laufenden Aufsichtsbeschwerde jederzeit erteilt werden.
- Eine Aufsichtsbehörde kann aber im Gegensatz zu einer Vergabekammer auch **von Amts wegen** tätig werden; sie muss nicht einen Nachprüfungsantrag abwarten, sondern kann allein dann, wenn sie meint, tätig werden zu müssen, die Ausschreibung überprüfen. Die Aufsichtsbehörde kann eine allgemeine Rechtsmäßigkeitskontrolle durchführen, ohne dabei auf die „Beeinträchtigung der Rechte eines bestimmten Unternehmens" – so § 168 Abs. 1 GWB –, also eines Antragstellers, begrenzt zu sein.

E. Überprüfung durch die Vergabeprüfstellen und Vergabeüberwachungsausschüsse

55 Die Vergabeprüfstellen, die bis zur Neuregelung im Jahre 2009 in § 103 GWB erwähnt wurden, sind in Teil 4 des GWB ersatzlos gestrichen worden. Nach den Vorstellungen des Gesetzgebers sollten diese Vergabenachprüfstellen **bei den Fach- und Rechtsaufsichtsbehörden angesiedelt** werden und auf Antrag oder auch von Amts wegen die Einhaltung der von den Auftraggebern anzuwendenden Vergabevorschriften überprüfen. Sie sollten streitschlichtend und beratend wirken. Allerdings sind diese Vergabeprüfstellen kaum in Anspruch genommen worden, weil ihnen die weitreichenden Befugnisse (Anordnung eines Zuschlagsverbots oder Aufhebung eines Vertragsschlusses) der Vergabekammern fehlten.

56 Daneben gab es bis zum Jahre 1999 auch noch **Vergabeüberwachungsausschüsse** im Bund und den einzelnen Bundesländern. Diese sind aber mit dem Vergaberechtsänderungsgesetz, das zur Einfügung des vierten Teils in das GWB im Jahre 1999 führte, abgeschafft worden.

F. Verhältnis der Nachprüfungsmöglichkeiten zueinander

57 Die Prüfungsmöglichkeiten bestehen unabhängig voneinander, es gibt somit **kein Rangverhältnis**. Daraus folgt, dass der Bewerber oder Bieter nicht erst die Aufsichtsbehörden oder die Vergabeprüfstellen anrufen muss, bevor er eine Vergabekammer anruft. Und der Formulierung „unbeschadet…" in § 155 GWB kann auch entnommen werden, dass ein Bewerber oder Bieter parallel verschiedene Nachprüfungsbehörden anrufen kann.

58 Da eine parallele Prüfung durch verschiedene Nachprüfungsbehörden möglich ist, sind auch **divergierende Entscheidungen** denkbar, wobei sich die Frage stellt, wie bei widersprüchlichen Entscheidungen zu verfahren ist. Man wird letztlich davon ausgehen müssen, dass die weiter reichende Entscheidung, also die Entscheidung einer Vergabekammer, die maßgebliche sein wird. In der Praxis sind solche Fallkonstellationen – soweit ersichtlich – nicht vorgekommen, weil die Anrufung einer Vergabekammer im Vordergrund steht und die anderen Möglichkeiten kaum genutzt werden.

G. Weitere Überprüfungsmöglichkeiten

59 Neben den in § 155 GWB genannten Überprüfungsinstanzen gibt es noch weitere Überprüfungsverfahren, die bei Vergaberechtsverstößen infrage kommen.

I. Vertragsverletzungsverfahren

60 Auf der Grundlage von Art. 258 AEUV (vormals Art. 226 EGV) hat die EU-Kommission die Möglichkeit, ein Vertragsverletzungsverfahren gegen einen Mitgliedstaat einzuleiten. Dadurch soll der Mitgliedstaat zur Einhaltung der **Grundregeln des AEUV** angehalten werden. Auch Unternehmen können sich unabhängig von bestimmten Ausschlussfristen im Wege einer Beschwerde an die Europäische Kommission wenden und geltend machen, dass eine konkrete öffentliche Auftragsvergabe gegen das EU-Vergaberecht verstößt. Ob die Europäische Kommission ein Vertragsverletzungsverfahren einleitet und gegebenenfalls auch den EuGH anruft, liegt in ihrem pflichtgemäßen Ermessen. Zwingende Folge einer Beschwerde ist das nicht. Die Europäische Kommission unterscheidet diesbezüglich auch nicht zwischen einem Vergabeverfahren oberhalb und unterhalb der EU-Schwellenwerte.

61 Führt das Vertragsverletzungsverfahren nicht dazu, dass der Vorwurf des Verstoßes gegen EU-Vergaberecht ausgeräumt wird, kann die Kommission ein **Klageverfahren vor dem EuGH** einleiten.[37] Stellt der EuGH fest, dass ein Mitgliedstaat gegen das EU-Vergaberecht verstoßen

37 EuGH, Urteil v. 2.6.2005 – Rs. C-394/04.

hat, muss dieser Staat die Maßnahmen ergreifen, die sich aus dem Urteil des Gerichtshofes ergeben.[38] Dauert der Verstoß gegen das Vergaberecht an, muss der Mitgliedstaat dafür Sorge tragen, dass ein solcher Vertrag vom öffentlichen Auftraggeber gekündigt wird.[39] Da diese Kündigungsmöglichkeiten nach dem nationalen Recht bislang nicht vorgesehen waren, hatten die öffentlichen Auftraggeber kaum die Möglichkeit, diese bestehenden Verträge zu kündigen. Aus diesem Grunde ist die Regelung in § 133 GWB aufgenommen worden. Den öffentlichen Auftraggebern wird damit eine Kündigungsmöglichkeit für besondere Fälle eingeräumt.

II. Vorabentscheidungsersuchen

Von den Vertragsverletzungsverfahren zu unterscheiden sind die Vorabentscheidungsersuchen gemäß Art. 267 AEUV. Eine solche Vorlage an den EuGH kann das Gericht machen, das mit der Sache befasst ist, wenn es der Auffassung ist, dass nationales Recht nicht mit dem Unionsrecht vereinbar ist und es bei der Entscheidungsfindung darauf ankommt.[40] **62**

III. Prüfungsmöglichkeiten der Kartellbehörden

Die Prüfungsmöglichkeiten der Kartellbehörden sind von den Überprüfungsmöglichkeiten nach § 155 GWB **getrennt zu betrachten**. § 156 Abs. 3 GWB stellt ausdrücklich klar, dass die Befugnisse der Kartellbehörden zur Verfolgung von Verstößen insbesondere gegen die §§ 19 und 20 GWB unberührt bleiben. **63**

Die Vergabekammern können grundsätzlich nur Verstöße gegen Vergabevorschriften in Nachprüfungsverfahren aufgreifen. Demgegenüber können **Verstöße außerhalb von Vergabeverfahren und Nachprüfungsverfahren** nur durch die Kartellbehörden des Bundes und der Länder überprüft werden. Allerdings kann es dann zu Überschneidungen mit den Nachprüfungsverfahren kommen, wenn sich der Kartellrechtsverstoß auch in einem Vergabeverfahren auswirkt.[41] **64**

Anlage

Gesetzesbegründung (BT-Drs. 18/6281)

Seite 134

§ 155 entspricht dem bisherigen § 102 GWB. Der Grundsatz der Nachprüfung durch die Vergabekammern erfasst nunmehr gemäß Artikel 46, 47 der Richtlinie 2014/23/EU neben der Vergabe öffentlicher Aufträgen auch die Vergabe von Konzessionen.

---

38 EuGH, Urteil v. 18.11.2004 – Rs. C-126/03 (Heizkraftwerk München).
39 EuGH, Urteil v. 18.7.2007 – Rs. C-503/04 (Abfallentsorgung Braunschweig II).
40 Beispiele dafür: EuGH, Urteil v. 17.11.2015 – Rs. C-115/14 (RegioPost); Urteil v. 18.9.2014 – Rs. C-549/13 (Bundesdruckerei).
41 OLG Düsseldorf, Beschluss v. 27.6.2012 – VII-Verg 7/12; VK Münster, Beschluss v. 8.6.2012 – VK 6/12.

§ 156
Vergabekammern

(1) Die Nachprüfung der Vergabe öffentlicher Aufträge und der Vergabe von Konzessionen nehmen die Vergabekammern des Bundes für die dem Bund zuzurechnenden öffentlichen Aufträge und Konzessionen, die Vergabekammern der Länder für die diesen zuzurechnenden öffentlichen Aufträge und Konzessionen wahr.

(2) Rechte aus § 97 Absatz 6 sowie sonstige Ansprüche gegen Auftraggeber, die auf die Vornahme oder das Unterlassen einer Handlung in einem Vergabeverfahren gerichtet sind, können nur vor den Vergabekammern und dem Beschwerdegericht geltend gemacht werden.

(3) Die Zuständigkeit der ordentlichen Gerichte für die Geltendmachung von Schadensersatzansprüchen und die Befugnisse der Kartellbehörden zur Verfolgung von Verstößen insbesondere gegen die §§ 19 und 20 bleiben unberührt.

Übersicht

	Rn.
A. Allgemeines	1
B. Abgrenzung der Zuständigkeiten (Abs. 1)	7
I. Abgrenzungskriterien	7
II. Besondere Zuständigkeitsregelungen	8
III. Vergabekammern der Länder	9
IV. Verweisung bei Unzuständigkeit	10
1. Verweisung an die zuständige Vergabekammer	10
2. Verweisung an ein Verwaltungs- oder Zivilgericht	12
C. Ausschließliche Rechtswegzuweisung (Abs. 2)	13
I. Rechte aus § 97 Abs. 6 GWB	15
II. Sonstige Ansprüche	18
1. Öffentlicher Personenverkehr	24
2. Energiewirtschaftliche Konzession	31
3. Zulässigkeit kommunalwirtschaftlicher Betätigung	35
4. Verrat von Geschäfts- und Betriebsgeheimnissen	37
5. Verbot wettbewerbsbeschränkender Vereinbarungen	38
III. Verstoß im Vergabeverfahren	39
1. Beginn des Vergabeverfahrens	40
2. Abschluss des Vergabeverfahrens	48
D. Zuständigkeit der ordentlichen Gerichten und der Kartellbehörden (Abs. 3)	53
I. Zuständigkeit der ordentlichen Gerichte	53
II. Befugnisse der Kartellbehörden	55
Anlage Gesetzesbegründung (BT-Drs. 18/6281)	

A. Allgemeines

1 § 156 GWB ersetzt den **bisherigen § 104 GWB** und regelt die **Zuständigkeit** der Vergabekammern des Bundes und der Länder. Gleichzeitig dient diese Vorschrift der **Abgrenzung** zu den ordentlichen Gerichten und den Kartellbehörden.

2 Ergänzt wird § 156 GWB durch **§ 159 GWB**, der nähere Regelungen zur Verteilung der Zuständigkeiten zwischen den Vergabekammern des Bundes und der Länder enthält. Demgegenüber machen die **§§ 157, 158 GWB** nähere Vorgaben zu der Besetzung, der Einrichtung und der internen Organisation der Vergabekammern.

3 Bedingt durch die Einbeziehung der **Konzessionen** in das GWB, wird in § 156 Abs. 1 GWB – anders als noch in § 104 GWB a.F. – neben der Vergabe der öffentlichen Aufträge auch die Vergabe von Konzessionen angesprochen.

4 § 156 Abs. 1 GWB enthält nur eine **grobe Abgrenzungsregelung**. Öffentliche Aufträge und Konzessionen, die dem Bund zugerechnet werden, unterliegen der Nachprüfung durch die Vergabekammern des Bundes, während die öffentlichen Aufträge und Konzessionen, die den

Ländern zuzurechnen sind, der Nachprüfung durch die Vergabekammern der Länder unterliegt. Die Details zur Abgrenzung sind in § 159 GWB geregelt.

5 § 156 Abs. 2 GWB sieht eine **ausschließliche Rechtswegzuweisung** zu den Vergabekammern und den Beschwerdegerichten für die Durchsetzung von Rechten aus § 97 Abs. 6 GWB und den sonstigen Ansprüchen gegen öffentliche Auftraggeber vor.

6 Für die Geltendmachung von **Schadensersatzansprüchen** sind nach § 156 Abs. 3 GWB weiterhin die ordentlichen Gerichte zuständig, während der Verweis auf die §§ 19 und 20 GWB bedeutet, dass die Befugnisse der Kartellbehörden unverändert bestehen bleiben.

B. Abgrenzung der Zuständigkeiten (Abs. 1)

I. Abgrenzungskriterien

7 Die Abgrenzung der sachlichen Zuständigkeit zwischen den Vergabekammern des Bundes und der Länder erfolgt durch die **Zurechnung** des öffentlichen Auftrages bzw. der Konzession. Ist der öffentliche Auftrag oder die Konzession dem Bund zuzurechnen, nehmen die Vergabekammern des Bundes die Nachprüfung wahr, während die Vergabekammern der Länder sachlich zuständig sind, wenn der Auftrag oder die Konzession einem Land zuzurechnen ist. Einzelheiten dazu ergeben sich aus § 159 GWB, der durch Detailregelungen den § 156 GWB konkretisiert.

II. Besondere Zuständigkeitsregelungen

8 Neben dem allgemeinem Abgrenzungskriterium – Zurechnung des öffentlichen Auftrages oder der Konzession – gibt es noch eine Reihe von besonderen Fallkonstellationen, die sich mit dieser Formel nicht sicher regeln lassen. Abgrenzungsprobleme können beispielsweise auftreten, wenn **länderübergreifende Beschaffungen** durch mehrere Auftraggeber erfolgen oder ein öffentlicher Auftraggeber **sowohl dem Bund als auch einem oder mehreren Ländern zugeordnet** werden kann, wie dies beispielsweise bei den Rabattverträgen der gesetzlichen Krankenkassen der Fall ist. Die Zuständigkeit einer Vergabekammer ist in diesen Fällen anhand von § 159 GWB zu ermitteln. Darüber hinaus gibt es Sonderfälle wie die **VO (EG) 1370/2007**, die Regelungen für die Vergabe von Aufträgen und Konzessionen im Bereich des öffentlichen Personennahverkehrs enthält.

III. Vergabekammern der Länder

9 Die örtliche Zuständigkeit einer Vergabekammer innerhalb eines Landes ergibt sich aus Vorschriften außerhalb des GWB. In den Ländern sind dazu **Rechtsverordnungen** erlassen worden, aus denen sich die Anzahl, der Sitz und die örtliche Zuständigkeit der Vergabekammer ergibt. In Nordrhein-Westfalen gibt es beispielsweise zwei Vergabekammern mit Sitz in Köln und Münster, während es in anderen Bundesländern wie dem Saarland oder Thüringen nur eine Vergabekammer gibt, die landesweit zuständig ist.

IV. Verweisung bei Unzuständigkeit

1. Verweisung an die zuständige Vergabekammer

10 Nachprüfungsanträge, die nicht bei der sachlich oder örtlich zuständigen Vergabekammer eingelegt werden, werden in der Regel an die zuständige Vergabekammer verwiesen oder der Auftraggeber wird aufgefordert, seinen Nachprüfungsantrag unmittelbar bei der zuständigen Vergabekammer neu zu stellen. Die Frage einer zuständigkeitsbedingten Verweisung zwi-

schen den Vergabekammern des Bundes und der Länder ist gesetzlich nicht geregelt.[1] Wiederholt ist deshalb eine **entsprechende Anwendung der §§ 83 S. 1 VwGO, 17a Abs. 2 GVG** für sachgerecht gehalten worden.[2] Denn das Vergabenachprüfungsverfahren – so die Rechtsprechung – sei dem Verwaltungsgerichtsverfahren angenähert, weshalb die VwGO zur Ausfüllung von Gesetzeslücken herangezogen werden könne. Diese geht in § 83 S. 2 VwGO von der Unanfechtbarkeit von Verweisungsbeschlüssen ebenso aus wie § 281 Abs. 2 S. 2 ZPO, dessen Abs. 1 alternativ als Grundlage für eine Verweisungsentscheidung herangezogen werden könnte. Da die Rechtsfolgen gleich sind, kommt es nicht darauf an, aufgrund welcher Rechtsnorm die Verweisung erfolgt.

Bei der Entscheidung, das Nachprüfungsverfahren an eine andere Vergabekammer zu verweisen, handelt es sich um eine **Zwischenentscheidung** der Vergabekammer, gegen die die sofortige Beschwerde nicht statthaft ist.[3] Ebenso wenig kommt eine **Zurückverweisung an die ursprüngliche Vergabekammer** in Betracht, weil diese mit dem Grundgedanken der Verfahrensbeschleunigung in § 167 GWB nicht vereinbar ist und die Herstellung der Rechtssicherheit für die Beteiligten noch länger verzögern würde.[4] 11

2. Verweisung an ein Verwaltungs- oder Zivilgericht

Die Nachprüfungsverfahren vor den Vergabekammern sind keine ordentlichen Gerichtsverfahren, da die Vergabekammern keine Gerichte i.S.d. § 17 GVG sind. Eine Verweisung des Nachprüfungsverfahrens in ein ordentliches Klageverfahren kommt deshalb nicht in Betracht.[5] Eine Verweisung des Nachprüfungsantrags an ein Verwaltungsgericht unter entsprechender Anwendung des § 17a GVG kommt ebenfalls nicht in Betracht. Da nur Gerichte untereinander Rechtsstreitigkeiten verweisen können, die Vergabekammern aber organisatorisch Teil von Verwaltungsbehörden sind.[6] 12

C. Ausschließliche Rechtswegzuweisung (Abs. 2)

Nach § 156 Abs. 2 GWB können die Rechte aus § 97 Abs. 6 GWB und sonstige Ansprüche gegen Auftraggeber nur vor den Nachprüfungsinstanzen, also den Vergabekammern und den Beschwerdegerichten, geltend gemacht werden. Für den Primärrechtsschutz enthält die Regelung somit eine ausschließliche und abschließende Rechtswegzuweisung.[7] Daraus folgt, dass oberhalb der Schwellenwerte der Rechtsweg zu den Verwaltungs- oder Zivilgerichten ausdrücklich ausgeschlossen ist. 13

Entgegen dem eindeutigen Wortlaut bleiben aber neben den Vergabekammern und Beschwerdegerichten die **Aufsichtsbehörden** und die **Vergabeprüfstellen** für den Rechtsschutz im Vergabeverfahren weiterhin zuständig. Während sich das für die Aufsichtsbehörden bereits aus § 155 GWB ergibt, kann dies auch für die Vergabeprüfstellen angenommen werden. Im Gesetzgebungsverfahren im Jahre 2009 sind die Vergabeprüfstellen ersatzlos im GWB gestrichen worden. Der Gesetzgeber hat aber in seiner Begründung[8] vermerkt, dass auf die gesetzliche Regelung zwar verzichtet werde, gleichwohl soll aber die grundsätzliche Prüfungsmöglichkeit durch Vergabeprüfstellen auch ohne ausdrückliche Erwähnung im GWB bestehen bleiben. 14

1 LSG Nordrhein-Westfalen, Beschluss v. 28.4.2009 – L 21 KR 40/09 SFB; VK Sachsen, Beschluss v. 12.2.2010 – 1/SVK/002-10.
2 OLG Dresden, Beschluss v. 26.6.2012 – Verg 3/12; OLG Jena, Beschluss v. 16.7.2007 – 9 Verg 4/07; OLG Düsseldorf, Beschluss v. 18.1.2005 – VII-Verg 104/04.
3 OLG Düsseldorf, Beschluss v. 18.1.2005 – VII-Verg 104/04.
4 VK Bund, Beschluss v. 1.2.2011 – VK 3 – 135/10; Beschluss v. 8.6.2006 – VK 2 – 114/05.
5 OLG Celle, Beschluss v. 4.5.2001 – 13 Verg 5/00; VK Baden-Württemberg, Beschluss v. 25.7.2014 – 1 VK 29/14.
6 VK Baden-Württemberg, Beschluss v. 26.1.2007 – 1 VK 82/06; VK Brandenburg, Beschluss v. 14.3.2003 – VK 14/03.
7 OLG Frankfurt, Beschluss v. 16.9.2015 – 3-10 0 119/15.
8 Gesetzesbegründung, VergRModG 2009, BT-Drs.16/10117, 22.

I. Rechte aus § 97 Abs. 6 GWB

15 Der ausschließlichen Rechtswegzuweisung nach § 156 Abs. 2 GWB unterfallen insbesondere die Rechte aus § 97 Abs. 6 GWB. Nach § 97 Abs. 6 GWB haben die Unternehmen, die sich um öffentliche Aufträge oder Konzessionen bewerben, einen Anspruch darauf, dass die Bestimmungen über das Vergabeverfahren eingehalten werden. § 97 Abs. 6 GWB ersetzt inhaltsgleich den § 97 Abs. 7 GWB a.F., der den Verfahrensbeteiligten ein **konstitutiv wirkendes subjektives Recht** auf Einhaltung der Bestimmungen des Vergabeverfahrens vermittelte.

16 Das OLG Düsseldorf[9], aber auch andere Oberlandesgerichte und die Vergabekammern, haben wiederholt zur alten Rechtslage definiert, dass zu den *„**Bestimmungen über das Vergabeverfahren** die Vorschriften der Vergabeverordnungen, die durch Verweisung in der VgV und den §§ 97 Abs. 6 und 7 und § 127 GWB Rechtssatzqualität erlangt haben, ferner die das Verfahren betreffenden Gebote des Wettbewerbs, der Transparenz und der Gleichbehandlung (§ 97 Abs. 1 und Abs. 2 GWB) sowie bestimmte ungeschriebene Vergaberegeln, wie das Gebot der Fairness in Vergabeverfahren"* zählen. Vergabevorschriften sind die Vorschriften des GWB, der VgV[10], der Vergabe- und Vertragsordnung[11], der SektVO und dasjenige europäische Recht, auf dem diese nationalen Regelungen beruhen.[12] Bestimmungen über das Vergabeverfahren können nach Auffassung des OLG Karlsruhe[13] zudem auch noch allgemeine Verwaltungsgrundsätze sowie die Vergabebedingungen des Auftraggebers in den Vergabeunterlagen sein.

17 Die Reichweite dieser „Definitionen" hat erhebliche Auswirkungen. Ein Unternehmen kann vor einer Nachprüfungsinstanz nur die Verletzung solcher „Bestimmungen" geltend machen.[14] Wird dem Auftraggeber hingegen vorgehalten, dass er andere Rechte **aus anderen Gesetzen oder Vorschriften**, die nicht zum „Vergaberecht" zählen, unbeachtet lässt, findet keine Nachprüfung statt. Vielmehr muss dieser Unternehmer sich in diesen Fällen gegebenenfalls an die Verwaltungs- oder Zivilgerichte wenden. Eine Besonderheit besteht hingegen, wenn die Vorschrift im Rahmen einer Inzident-Kontrolle zur Überprüfung gestellt wird.

II. Sonstige Ansprüche

18 Allerdings kann ein Unternehmer auch noch sonstige Ansprüche gegen den Auftraggeber, die auf die Vornahme oder das Unterlassen einer Handlung in einem Vergabeverfahren gerichtet sind, zur Überprüfung stellen. Als sonstige Ansprüche kommen auch außervergaberechtliche Rechtsnormen in Betracht.

19 Nach Auffassung des BGH[15] sind die Nachprüfungsinstanzen verpflichtet, im Rahmen von Nachprüfungsverfahren, Vorschriften, die selbst nicht zu den Bestimmungen über das Vergabeverfahren gemäß § 97 Abs. 6 GWB zu rechnen sind, inzident zu prüfen (**Inzident-Kontrolle**). Im konkreten Fall ging es um die Auslegung und Anwendung des § 16 Abs. 1 KrW-/AbfG und die Frage, ob Dienstleistungskonzessionen nach dieser Bestimmung überhaupt zulässig sind.

20 Nach Auffassung des OLG Düsseldorf[16] spricht auch einiges dafür, **kartellrechtliche Verstöße** des Auftraggebers, die ohne zeitaufwendige Untersuchung einwandfrei festzustellen sind, in einem Nachprüfungsverfahren zu berücksichtigen. Vergabekammern wären dann – neben den Kartellbehörden, die für solche Rechtsverstöße gemäß § 156 Abs. 3 GWB zustän-

9 OLG Düsseldorf, Beschluss v. 26.7.2002 – VII-Verg 22/02; Beschluss v. 22.5.2002 – VII-Verg 6/02; VK Sachsen, Beschluss v. 6.3.2014 – 1/SVK/047-13; VK Münster, Beschluss v. 8.6.2012 – VK 6/12; VK Baden-Württemberg, Beschluss v. 25.1.2011 – 1 VK 70/10.
10 Nunmehr auch die KonzVgV.
11 Nunmehr allein die VOB/A.
12 OLG Brandenburg, Beschluss v. 7.10.2010 – Verg W 12/10.
13 OLG Karlsruhe, Beschluss v. 1.4.2011 – 15 Verg 1/11.
14 *Diemon-Wies/Graiche*, NZBau 2009, 410.
15 BGH, Beschluss v. 18.6.2012 – X ZB 9/11.
16 OLG Düsseldorf, Beschluss v. 27.6.2012 – VII- Verg 7/12.

dig sind – ebenfalls zuständig (parallele Zuständigkeit). Einen allgemeinen Rechtssatz des Inhalts, wonach außervergaberechtliche (im konkreten Fall waren es entsorgungsrechtliche) Normen im Nachprüfungsverfahren nicht zu prüfen sind, gibt es demnach nicht.[17]

Soweit jedoch ein Bieter **gegen einen Mitbewerber** vorgehen will, hat er § 156 Abs. 3 GWB zu beachten, d.h. solche Rechtsverletzungen sind entweder vor den Zivilgerichten oder den Kartellbehörden geltend zu machen.[18] **21**

Eine Inzident-Kontrolle von sonstigen Ansprüchen findet aber nur statt, wenn ohne die Überprüfung dieser Rechtsnormen die Vergabe **nicht abschließend erfolgen kann**. Als sonstige Ansprüche außerhalb des originären Vergaberechts sind solche zu prüfen, die einen **Bezug zum Vergabeverfahren** haben, was anzunehmen ist, soweit sie zeitlich mit der Vergabe zusammentreffen und sie Auswirkungen auf den Wettbewerb haben.[19] In einem konkreten Fall der VK Münster[20] ging es u.a. um die Berücksichtigung des § 46 EnWG (Konzessionen für die Nutzung der Strom- und Gasnetze im Gemeindegebiet) bei der Vergabe eines Beratungsvertrages, der mit einem Anteilserwerb an einer neu gegründeten Gesellschaft verknüpft war. Die Vergabe von Konzessionen unterfiel zum Zeitpunkt der Entscheidung nicht dem Vergaberecht. Eine Ausschreibungspflicht nach GWB wurde aber angenommen, weil der Vertrag auch Dienstleistungen zum Gegenstand hatte, die wertmäßig den maßgeblichen Schwellenwert erreichten oder überschritten.[21] Wenn also gleichzeitig eine Verknüpfung mit der konkreten Vergabe (Beratungsvertrag) vorliegt, unterliegen auch solche nicht originär vergaberechtlichen Vorschriften der Nachprüfung durch die Vergabekammern in einem Nachprüfungsverfahren. Wenn diese Handlungen zeitlich mit der Vergabe zusammenfallen und Einfluss auf den Wettbewerb haben, hat ein Unternehmen Anspruch auf Überprüfung in einem Nachprüfungsverfahren vor einer Vergabekammer. **22**

Als **Faustregel** kann gelten, dass ein zeitlicher Zusammenhang mit den außervergaberechtlichen Rechtsnormen feststellbar ist, wenn der Wettbewerb ohne Beantwortung dieser Frage nicht entschieden werden kann und der Umfang der Prüfung zumutbar erscheint. **23**

1. Öffentlicher Personenverkehr

Mit der **VO (EG) 1370/2007** wurde ein „Sondervergaberecht" für die Vergabe von Leistungen im Bereich des öffentlichen Personenverkehrs geschaffen. Die VO (EG) 1370/2007 ist seit dem 3.12.2009 unmittelbar geltendes Recht in der Bundesrepublik Deutschland und nicht etwa eine Richtlinie, die noch der Umsetzung bedarf. Art. 5 Abs. 7 VO (EG) 1370/2007 verpflichtet die Mitgliedstaaten, die erforderlichen Maßnahmen sicherzustellen, dass die gemäß Art 5 Abs. 2 bis 6 VO (EG) 1370/2007 getroffenen Entscheidungen wirksam und rasch auf Antrag einer Person überprüft werden können. Das OLG Düsseldorf hat dazu ausgeführt: *„Diese Regelung muss durch die Mitgliedstaaten ausgefüllt werden, was in der Bundesrepublik Deutschland bisher nicht geschehen ist. Es ist daher mangels einer ausdrücklichen nationalen Regelung unklar, ob die Nachprüfung nach Art. 5 Abs. 7 VO gegenwärtig durch die nach §§ 102 ff. GWB gebildeten Vergabekammern und -senate oder durch andere Gerichte zu erfolgen hat."*[22] Denkbar, so das OLG Düsseldorf, wäre auch eine Nachprüfung durch die Verwaltungsgerichte. **24**

Im Anschluss an diese Entscheidung des OLG Düsseldorf ist im Bereich der **gemeinwirtschaftlichen Busdienstleistungen** mit § 8a Abs. 2 PBefG eine solche Regelung geschaffen worden. Damit sind die Vergabekammern im Bereich der Busdienstleistungen eindeutig als Nachprüfungsinstanzen i.S.d. Art. 5 Abs. 7 VO (EG) 1370/2007 bestimmt worden, wobei das **25**

17 OLG Düsseldorf, Beschluss v. 6.2.2013 – VII-Verg 32/12; Beschluss v. 7.12.2012 – VII-Verg 69/11; Beschluss v. 1.8.2012 – VII-Verg 105/11.
18 BGH, Beschluss v. 3.7.2008 – I ZR 145/05.
19 OLG Düsseldorf, Beschluss v. 9.4.2014 – VII-Verg 8/14; Beschluss v. 13.8.2008 – VII-Verg 42/07; VK Münster, Beschluss v. 8.6.2012 – VK 6/12.
20 VK Münster, Beschluss v. 8.6.2012 – VK 6/12.
21 OLG Düsseldorf, Beschluss v. 9.1.2013 – VII-Verg 26/12.
22 OLG Düsseldorf, Beschluss v. 21.7.2010 – VII-Verg 19/10.

Erreichen oder Überschreiten der Schwellenwerte nicht erforderlich ist. Demzufolge sind die Vergabekammern gemäß § 8a Abs. 2 PBefG für die Nachprüfung zuständig, soweit eine Direktvergabe nach Art. 5 Abs. 2 VO (EG) 1370/2007 erfolgt oder ein Wettbewerbliches Verfahren nach Art. 5 Abs. 3 VO (EG) 1370/2007 durchgeführt wird oder ein Auftrag nach Art. 5 Abs. 4 VO (EG) 1370/2007 vergeben werden soll. **Öffentliche Aufträge im Busdienstleistungsbereich**, die unmittelbar dem GWB unterfallen, werden von Art. 5 Abs. 1 VO (EG) 1370/2007 erfasst.[23]

26 Die **Konzessionen** waren in Art. 5 Abs. 1 S. 2 VO (EG) 1370/2007 bislang vom Anwendungsbereich ausgenommen. Nach § 149 Nr. 12 GWB werden die Konzessionen über Personenbeförderungen i.S.d. § 1 PBefG weiterhin vom Anwendungsbereich ausgenommen. Für solche Personenverkehrsdienste gelten aber die Sonderregelungen nach § 8b PBefG und Art. 5 Abs. 3 VO (EG) 1370/2007.

27 Allerdings ist eine Vergabekammer nur für die Nachprüfung von **gemeinwirtschaftlichen Auftragsvergaben** zuständig. Für sogenannte eigenwirtschaftliche Busdienstleistungen, d.h. der Busdienstleister finanziert sich aus den Fahrgeldeinnahmen, einigen Ausgleichsleistungen und sonstigen Erträgen unabhängig von finanziellen Mitteln aus dem öffentlichen Haushalt, findet keine Vergabenachprüfung statt.[24]

28 Im Bereich der öffentlichen Personenverkehrsdienstleistungen im **Eisenbahnverkehr** gilt ebenfalls die VO (EG) 1370/2007. Art. 5 Abs. 6 VO (EG) 1370/2007 erlaubt die Direktvergabe öffentlicher Dienstleistungsaufträge im Eisenbahnverkehr, soweit es keine nationalen Rechte gibt, die eine solche Direktvergabe untersagen. Das ist in der Bundesrepublik Deutschland der Fall, weil Teil 4 des GWB regelt, welche Verfahren einzuhalten sind, wenn öffentliche Aufträge an Eisenbahnverkehrsunternehmen vergeben werden sollen. Art. 10 lit. i RL 2014/24/EU nimmt zwar öffentliche Aufträge, die zum Gegenstand Personenverkehrsdienste auf Schiene oder per Untergrundbahn haben, vom Anwendungsbereich der Richtlinie aus. Soweit die VO (EG) 1370/2007 aber die Möglichkeit einräumt, im nationalen Recht von den Vorschriften der VO (EG) 1370/2007 abzuweichen, sollen die Mitgliedstaaten – wie Erwägungsgrund 27 ausdrücklich klarstellt – weiterhin in ihren nationalen Rechtsvorschriften vorsehen können, dass solche öffentlichen Aufträge durch ein Vergabeverfahren vergeben werden müssen, das ihren allgemeinen Vorschriften für die öffentliche Auftragsvergabe entspricht. **§ 131 Abs. 1 GWB** sieht vor, dass die Verfahrensarten aus dem GWB im Falle von öffentlichen Aufträgen im Eisenbahnverkehr zur Anwendung kommen.

29 Der **BGH**[25] hatte bereits geurteilt, dass die Schienenpersonennahverkehrsleistungen von Teil 4 des GWB erfasst werden, weil der **Ausnahmekatalog** des § 100 Abs. 2 GWB a.F. abschließend sei und eben für diese Leistungen keine Ausnahmen vorsehe. Nach Auffassung des BGH begründen die Verordnungen, und zwar zunächst die VO (EG) 1191/69[26], die durch die VO (EG) 1370/2007 ersetzt wurde, kein Sonderrecht für die Schienenpersonennahverkehrsleistungen. Von einem durch die Verordnung begründeten, die Anwendung des vierten Teils des GWB auf den Eisenbahnbereich ausschließenden Sonderrechts könnte nur ausgegangen werden, wenn der Abschluss von entsprechenden Verträgen zwischen öffentlichen Auftraggebern und Eisenbahnverkehrsunternehmen im Wege förmlicher Vergabeverfahren sich schlechthin nicht in Einklang mit den Zielen der Verordnung (Schutz der Eisenbahnunternehmen vor unkompensierten finanziellen Lasten und Abbau von Wettbewerbsverfälschungen) bringen ließe. Davon kann nach Auffassung des BGH keine Rede sein. Daraus hat der BGH geschlossen, dass trotz der VO (EG) 1370/2007 die Eisenbahndienstleistungen nicht den

---

23 OLG Frankfurt, Beschluss v. 30.1.2014 – 11 Verg 15/13; *Hübner*, VergabeR 2011, 811; *Wagner-Cardenal/Dierkes*, NZBau 2014, 738.

24 *Diemon-Wies*, VergabeR 2013, 305.

25 BGH, Beschluss v. 8.2.2011 – X ZB 4/10 (Abellio).

26 Verordnung (EWG) Nr. 1191/69 des Rates vom 26. Juni 1969 über das Vorgehen der Mitgliedstaaten bei mit dem Begriff des öffentlichen Dienstes verbundenen Verpflichtungen auf dem Gebiet des Eisenbahn-, Straßen- und Binnenschiffsverkehrs (EG-ABl. L 156 vom 28.6.1969).

nationalen Regelungen zur Vergabe solcher Aufträge (also GWB und VgV) entzogen sind, soweit diese Vergabe der Leistungen in den Anwendungsbereich des vierten Teils des GWB fällt.

§ 131 GWB bezieht sich nur auf **öffentliche Aufträge**. Auf Dienstleistungskonzessionen über öffentliche Personenverkehrsleistungen im Eisenbahnverkehr – die nicht unter das Personenbeförderungsgesetz fallen und somit nicht von § 149 Nr. 12 GWB erfasst werden – sind die für die Vergabe von Konzessionen geltenden Regelungen im vierten Teil des GWB und in der KonzVgV anwendbar. 30

2. Energiewirtschaftliche Konzession

Die Überprüfung von Konzessionsverträgen nach § 46 EnWG fällt nur in bestimmten Ausnahmekonstellationen in die Zuständigkeit der Vergabekammern. **Grundsätzlich** ist in § 102 Abs. 1 EnWG geregelt, dass die Zivilgerichte zuständig sind.[27] Liegen jedoch die im Erwägungsgrund 16 der RL 2014/23/EU genannten **Ausnahmetatbestände** vor, fallen diese Konzessionen wieder in den Anwendungsbereich des GWB. 31

Konzessionsverträge sind Vereinbarungen zwischen den Kommunen und Energieversorgern über die Nutzung der öffentlichen Verkehrswege in den Gemeinden für die Verlegung und den Betrieb eines örtlichen Energieversorgungsnetzes für die allgemeine Versorgung der Bevölkerung mit Strom oder Gas (vgl. Anhang II RL 2014/23/EU, wonach die Bereitstellung und das Betreiben solcher Netze erfasst werden). § 46 EnWG regelt die Vergabe dieser Aufträge, die rechtlich als Konzessionen eingestuft werden, weil der Netzbetreiber von der Gemeinde kein Geld dafür erhält, sondern er sich vielmehr über die Inanspruchnahme Dritter (in der Regel der Endnutzer) finanzieren muss. 32

Die Vergabe von Konzessionen kann nach § 155 GWB Gegenstand einer Nachprüfung durch Vergabekammern sein. Jedoch ist § 155 GWB im Lichte der RL 2014/23/EU einschränkend anzuwenden. Der Erwägungsgrund 16 der RL 2014/23/EU bestimmt: 33

> „Außerdem sollten Vereinbarungen über die Gewährung von Wegerechten hinsichtlich der Nutzung öffentlicher Liegenschaften für die Bereitstellung oder den Betrieb fester Leitungen oder Netze, über die eine Dienstleistung für die Allgemeinheit erbracht werden soll, ebenfalls nicht als Konzession im Sinne dieser Richtlinie gelten, sofern derartige Vereinbarungen weder eine Lieferverpflichtung auferlegen, noch den Erwerb von Dienstleistungen durch den öffentlichen Auftraggeber für sich selbst oder für Endnutzer vorsehen".

Handelt es sich um reine **Gestattungen**, ohne dass eine Beschaffungsabsicht dahintersteht, sind diese Wegenutzungsrechte dem Anwendungsbereich des GWB entzogen. Kommt es der Gemeinde, also dem Konzessionsgeber, hingegen darauf an, Dienstleistungen entweder für sich oder für den Endverbraucher zu erwerben, und gestattet die Gemeinde gerade deshalb dem Energieversorger, die Netze zu nutzen, liegt kein Ausschluss nach dem Erwägungsgrund 16 vor. Vielmehr kann dann eine Dienstleistungskonzession „in einem Dreiecksverhältnis" vorliegen. Die Gemeinde erfüllt ihre Aufgaben gegenüber der Allgemeinheit, indem sie unter Inanspruchnahme der Energieversorgungsunternehmen für die Versorgung der Bevölkerung mit Strom und Gas sorgt. Soweit also die Ausnahmen aus dem Erwägungsgrund 16 vorliegen, die sich im Einzelfall nur aufgrund der konkreten Vertragsgestaltung erschließen lassen, unterliegen die Konzessionen über Wegerechte nach § 46 EnWG dem Vergabenachprüfungsregime des vierten Teils des GWB.

Etwas anderes ergibt sich auch nicht aus der Rechtsprechung des **OLG Düsseldorf**[28]. Gegenstand dieser Rechtsprechung war die Gründung einer öffentlich-privaten Partnerschaft mit einem Energieversorgungsunternehmen (erste Stufe), um sich dann gemeinsam auf eine Wegekonzession nach § 46 EnWG (zweite Stufe) zu bewerben. Soweit der Vertrag auf der ersten Stufe Dienstleistungen enthält und der maßgebliche Schwellenwert erreicht oder überschritten wird, liegt ein öffentlicher Auftrag i.S.d. Teil 4 des GWB vor, der der Nachprüfung durch 34

27 Vgl. auch OVG Nordrhein-Westfalen, Beschluss v. 10.2.2012 – 11 B 1187/11.
28 OLG Düsseldorf, Beschluss v. 9.1.2013 – VII-Verg 26/12.

die Vergabekammern nach § 155 GWB unterfällt. Allein das war Gegenstand des Streitverfahrens, das deshalb zu Recht in die Zuständigkeit der Nachprüfungsinstanzen fiel.

3. Zulässigkeit kommunalwirtschaftlicher Betätigung

35 § 107 GO NRW[29] regelt die wirtschaftliche Betätigung einer Kommune. Auch bei dieser Vorschrift handelt es sich um eine „außervergaberechtliche Rechtsnorm", die aber dennoch mittelbar in einem Nachprüfungsverfahren von einer Vergabekammer geprüft werden kann. Eine solche Überprüfung kann erforderlich werden, wenn sich ein **Auftraggeber**, der dem § 107 GO NRW unterliegt, **als Bieter** an einem Vergabeverfahren beteiligt. Beispielsweise kann ein solcher öffentlicher Auftraggeber, der für die Abfalleinsammlung in seinem Bereich (Gemeinde- oder Verbandsgebiet) zuständig ist, in Konkurrenz zu anderen privaten Unternehmen treten, wenn er außerhalb seines Zuständigkeitsbereichs solche Aufgaben übernehmen will und sich deshalb als Bieter an einem Vergabeverfahren beteiligt. In einem solchen Fall steht er im Wettbewerb mit den privaten Unternehmen.[30]

36 Das **OLG Düsseldorf**[31] hat in mehreren Entscheidungen den Rechtsweg zu den Nachprüfungsinstanzen gemäß § 156 Abs. 2 GWB als eröffnet angesehen, obwohl sich auf § 107 GO NRW keine Ansprüche gegen einen öffentlichen Auftraggeber in einem Vergabeverfahren stützen lassen. Das OLG Düsseldorf hat die Rechtswegzuständigkeit der vergaberechtlichen Nachprüfungsinstanzen in diesen Fällen dennoch bejaht, da es in der Sache stets um einen **Verstoß gegen das Wettbewerbsgebot** (§ 97 Abs. 1 S. 1 GWB) gehe.[32] Das wird man auch nach Aufhebung des § 2 Nr. 1 Abs. 2 VOL/A 2006 weiterhin annehmen können, denn das nach früherem Rechtszustand an den Auftraggeber gerichtete Gebot, wettbewerbsbeschränkende Verhaltensweisen zu unterbinden, geht im Wettbewerbsgrundsatz des § 97 Abs. 1 S. 1 GWB auf.[33] In der Sache ging es häufig um die Frage, ob die grenzüberschreitende Tätigkeit noch von § 107 GO NRW gedeckt wird oder diese Privilegierung der kommunalen Abfallentsorgungstätigkeit bei Überschreiten der Zuständigkeitsgrenzen nicht mehr zulässig ist, weil damit bei der konkreten Ausschreibung ein Eingriff in den Wettbewerb erfolgte.

4. Verrat von Geschäfts- und Betriebsgeheimnissen

37 Aus den allgemeinen Vorgaben, dass wettbewerbsbeschränkende und unlautere Verhaltensweisen bei öffentlichen Auftragsvergaben zu bekämpfen sind, hat das OLG Brandenburg[34] den Schluss gezogen, dass auch **Verstöße gegen § 17 UWG** der Nachprüfung durch die Vergabekammern und Oberlandesgerichte unterliegen können. Nach § 17 Abs. 2 UWG ist es unzulässig und sogar strafbewehrt, wenn sich jemand zu Zwecken des Wettbewerbs ein Geschäfts- oder Betriebsgeheimnis unbefugt beschafft und verwendet. Konkret lag dem OLG Brandenburg der Fall vor, in dem sich der Antragsteller eines Nachprüfungsverfahrens das Angebot eines Konkurrenten beschafft hatte und zu eigenen Gunsten auswertete. Das Verhalten des Antragstellers stellte sich nach Auffassung des OLG Brandenburg als unlauter dar, was zur Folge hatte, dass das Angebot nach § 25 Abs. 1 Nr. 1 lit. f VOL/A 2002 (nunmehr § 124 Abs. 1 Nr. 4 GWB) auszuschließen war.

5. Verbot wettbewerbsbeschränkender Vereinbarungen

38 Das OLG Düsseldorf[35] hat auch die Entstehung und Teilnahme einer **Bietergemeinschaft** an der Vergabe eines öffentlichen Auftrags mitunter kartellrechtlich kritisch gesehen und geprüft, ob diesbezüglich ein **Verstoß gegen § 1 GWB** vorliegt. Die Bildung einer Bietergemein-

---

29 Oder vergleichbare Vorschriften anderer Bundesländer.
30 *Burgi*, NZBau 2003, 543; *Hertwig*, NZBau 2009, 355; *Ortner*, VergabeR 2009, 852.
31 OLG Düsseldorf, Beschluss v. 17.6.2002 – VII-Verg 18/02; Beschluss v. 2.1.2000 – VII-Verg 3/99.
32 OLG Düsseldorf, Beschluss v. 13.8.2007 – VII-Verg 42/07; VK Münster, Beschluss v. 31.10.2007 – VK 23/07; Beschluss v. 31.10.2007 – VK 22/07; Beschluss v. 4.10.2004 – VK 21/04; VK Saarland, Beschluss v. 12.12.2005 – 3 VK 03/2005 und 04/2005.
33 OLG Düsseldorf, Beschluss v. 9.11.2011 – VII-Verg 35/11.
34 OLG Brandenburg, Beschluss v. 6.10.2005 – Verg W 7/05.
35 OLG Düsseldorf, Beschluss v. 9.11.2011 – VII-Verg 35/11.

schaft und die Abgabe eines gemeinsamen Angebots kann freilich gegen § 1 GWB verstoßen, wenn sie eine spürbare Verhinderung, Einschränkung oder Verfälschung des Wettbewerbs bezweckt oder bewirkt.[36] Daraus folgt, dass im Nachprüfungsverfahren gegebenenfalls auch kartellrechtliche Fragen im Zusammenhang mit der Bildung einer Bietergemeinschaft zur Überprüfung gestellt werden können.[37]

III. Verstoß im Vergabeverfahren

Die Zuständigkeit der vergaberechtlichen Nachprüfungsinstanzen ist nach dem Wortlaut von § 156 Abs. 2 GWB („in einem Vergabeverfahren") an die weitere Voraussetzung geknüpft, dass es sich bei dem Gegenstand des Rechtsstreits um Verstöße handelt, die **in einem laufenden Vergabeverfahren** erfolgen. Rechtsverstöße, die zeitlich vor der Einleitung eines Vergabeverfahrens oder nach dem Abschluss eines Vergabeverfahrens liegen, werden nicht erfasst.[38] Die Festlegung des zeitlichen Rahmens ist für die Bieter und Antragsteller deshalb von entscheidender Bedeutung. 39

1. Beginn des Vergabeverfahrens

Der Begriff „Beginn des Vergabeverfahrens" ist inhaltlich (**materiell**) zu verstehen. Hiernach befindet sich der Auftraggeber in einem Vergabeverfahren, wenn er zur Deckung eines fälligen oder demnächst fälligen Bedarfs an Waren, Bau- oder Dienstleistungen entschlossen ist und mit organisatorischen und/oder planenden Maßnahmen begonnen hat zu regeln, auf welche Weise und mit welchen gegenständlichen Leistungsanforderungen das Beschaffungsvorhaben eingeleitet und durchgeführt und wie die Person oder der Personenkreis des oder der Leistenden ermittelt und mit dem Endziel des Abschlusses eines entgeltlichen und verbindlichen Vertrages ausgewählt werden soll.[39] 40

Es kommt somit nicht darauf an, dass der öffentliche Auftraggeber **formal**, d.h. durch die Veröffentlichung einer Bekanntmachung im EU-Amtsblatt, ein Vergabeverfahren eingeleitet hat. Denn gerade in dem Unterlassen derartiger Formalien kann ein besonders schwerwiegender Vergaberechtsverstoß liegen, sodass eine formale Betrachtungsweise letztlich dazu führen kann, dass Bietern der Rechtsschutz gänzlich versagt bleibt. 41

Noch nicht einem materiellen Vergabeverfahren zuzurechnen sind jedoch Kontaktaufnahmen mit potenziellen Vertragspartnern, welche sich ohne konkrete Beschaffungsinitiative auf Marktsondierung oder Marktbeobachtung beschränken oder der Vorbereitung eines politischen Willensbildungsprozesses dienen.[40] Die Schwelle von der bloßen **Markterkundung** zum Beginn eines Vergabeverfahrens im materiellen Sinn wird dann überschritten, wenn der Auftraggeber seinen internen Beschaffungsbeschluss objektiv erkennbar nach außen durch Maßnahmen umsetzt, welche konkret zu einem Vertragsschluss mit einem auszuwählenden Unternehmen führen sollen.[41] Im Falle eines Kreistagsbeschlusses, der lediglich eine interne Beschaffungsentscheidung enthält, muss diese noch durch die Verwaltung (extern) umgesetzt werden.[42] 42

Ein Nachprüfungsverfahren kann auch nicht schon dann mit Erfolg eingeleitet werden, wenn allein die Gefahr droht, dass der Auftraggeber einen öffentlichen Auftrag ohne ein nach dem vierten Teil des GWB vorgeschriebenes Vergabeverfahren vergeben werde. Für einen **vorbeugenden Rechtsschutz** ist das Nachprüfungsverfahren nicht geschaffen.[43] 43

---

36 OLG Düsseldorf, Beschluss v. 29.7.2015 – VII-Verg 5/15 und VII-Verg 6/15; Beschluss v. 28.1.2015 – VII-Verg 31/14; Beschluss v. 17.12.2014 – VII-Verg 22/14; Beschluss v. 17.2.2014 – VII-Verg 4/14.
37 So auch VK Münster, Beschluss v. 22.3.2013 – VK 3/13.
38 OLG Düsseldorf, Beschluss v. 22.5.2002 – VII-Verg 6/02.
39 OLG Düsseldorf, Beschluss v. 11.3.2002 – VII-Verg 43/01; Beschluss v. 20.6.2001 – VII-Verg 3/01; BayObLG, Beschluss v. 22.1.2002 – Verg 18/01.
40 OLG Naumburg, Beschluss v. 8.10.2009 –1 Verg 9/09; OLG Düsseldorf, Beschluss v. 20.6.2001 – VII-Verg 3/01.
41 OLG München, Beschluss v. 19.7.2012 – Verg 8/12.
42 OLG Düsseldorf, Beschluss v. 17.12.2014 – VII-Verg 26/14.
43 OLG Koblenz, Beschluss v. 15.8.2014 – 1 Verg 7/14; OLG Düsseldorf, Beschluss v. 19.7.2006 – VII-Verg 26/06.

44 Die Zulässigkeit eines Nachprüfungsantrages setzt ein **materiell schon begonnenes Vergabeverfahren** voraus. Dies erfordert einerseits einen internen Beschaffungsentschluss des Auftraggebers, andererseits aber auch schon eine externe Umsetzung jener Entscheidung, die darin bestehen muss, dass der Auftraggeber in einer Weise, die geeignet ist, nach außen wahrgenommen zu werden, bestimmte Maßnahmen ergreift, um das leistende Unternehmen mit dem Ziel eines Vertragsschlusses zu ermitteln und auszuwählen.[44]

45 Bei Auftragsvergaben **ohne geregeltes Vergabeverfahren** ist auf die nach außen wahrnehmbar hervorgetretenen Anstalten des Auftraggebers abzustellen, einen Auftragnehmer mit dem Ziel eines Vertragsschlusses auszuwählen.[45] In **förmlichen Verfahren mit Bekanntmachung** ist die erste Maßnahme, zu deren Vornahme die Vergabestelle in einem Vergabeverfahren verpflichtet ist, die Absendung der Bekanntmachung an das Amt für Veröffentlichungen der Europäischen Union.[46] Ein nach Aufhebung des offenen Verfahrens durchgeführtes Verhandlungsverfahren ohne Teilnahmewettbewerb ist ein eigenständiges förmliches Vergabeverfahren; mangels Vergabebekanntmachung ist für den maßgeblichen Beginn des Verfahrens auf die erste nach außen gerichtete Erklärung des öffentlichen Auftraggebers über die Neuausschreibung abzustellen.[47] Von dem Beginn eines Vergabeverfahrens i.S.d. § 97 GWB kann aber nur dann die Rede sein, wenn hinreichend sicher ist, dass Gegenstand des zu vergebenden Auftrags ein solcher i.S.d. § 99 GWB sein wird.[48]

46 Nachprüfbar sind damit jedenfalls **alle Willensäußerungen** des Auftraggebers im Zusammenhang mit einem Auftrag, die auf irgendeine Weise den interessierten Personen zur Kenntnis gelangt sind, sofern sie über das Stadium der Vorbereitung und Sondierung hinausgegangen sind und Rechtswirkungen entfalten können.[49] Schon die Aufnahme konkreter Vertragsverhandlungen mit einem Interessenten stellt eine solche Willensäußerung dar.[50] Ein Vergabeverfahren kann auch dadurch begonnen werden, dass die Vertragsentwürfe abgestimmt werden, die Beschlussempfehlungen der intern zuständigen Organe jedoch noch ausstehen.[51]

47 Ausgehend von einem materiellen Verständnis des Vergabeverfahrens unterliegt darüber hinaus auch schon die (interne) **Entscheidung des Auftraggebers, kein förmliches Vergabeverfahren einzuleiten**, der Nachprüfung durch die Nachprüfungsinstanzen.[52] Andernfalls wären gerade besonders schwere Vergabeverstöße – wie z.B. das rechtswidrige Unterbleiben einer Ausschreibung – der Nachprüfung durch die Vergabekammern entzogen.

2. Abschluss des Vergabeverfahrens

48 Aus der Formulierung in § 156 Abs. 2 GWB „in einem Vergabeverfahren" bedeutet auch, dass der Rechtsschutz vor der Vergabekammer grundsätzlich nur **während eines laufenden Vergabeverfahrens** gewährt wird.

49 Der Rechtsschutz endet mit dem Abschluss eines Vergabeverfahrens, also mit der **Erteilung des – wirksamen – Zuschlags**. Ein wirksam erteilter Zuschlag kann gemäß § 168 Abs. 2 GWB nicht aufgehoben werden. Ein Nachprüfungsantrag, der erst zu diesem Zeitpunkt bei der Vergabekammer gestellt wird, ist unzulässig und führt nicht mehr zur Einleitung eines Nachprüfungsverfahrens.

50 Nach Zuschlagserteilung kann jedoch die **Rechtmäßigkeit einer Aufhebung des Vergabeverfahrens** bzw. einer **Wiederaufnahme des Vergabeverfahrens** Gegenstand eines

---

44 OLG Düsseldorf, Beschluss v. 29.10.2008 – VII-Verg 35/08.
45 OLG Düsseldorf, Beschluss v. 21.7.2010 – VII-Verg 19/10.
46 OLG München, Beschluss v. 12.11.2010 – Verg 21/10; OLG Naumburg, Beschluss v. 8.10.2009 – 1 Verg 9/09.
47 OLG Naumburg, Beschluss v. 18.8.2011 – 2 Verg 3/11.
48 OLG Düsseldorf, Beschluss v. 4.3.2009 – VII-Verg 67/08.
49 EuGH, Beschluss v. 1.11.2005 – Rs. C-26/03 (Stadt Halle).
50 OLG Düsseldorf, Beschluss v. 23.2.2005 – VII-Verg 78/04; Beschluss v. 11.3.2002 – VII-Verg 43/01.
51 OLG Düsseldorf, Beschluss v. 2.3.2011 – VII-Verg 48/10.
52 EuGH, Beschluss v. 2.6.2005 – Rs. C-15/04; BGH, Beschluss v. 1.2.2005 – X ZB 27/04; OLG Düsseldorf, Beschluss v. 13.6.2007 – VII-Verg 2/07; Beschluss v. 18.10.2006 – VII-Verg 36/06; Beschluss v. 19.7.2006 – VII-Verg 26/06; Beschluss v. 12.1.2004 – VII-Verg 71/03.

Nachprüfungsverfahrens sein und wiederum die Zuständigkeit der Vergabekammer begründen.[53] Auch im Falle von **wesentlichen Auftragsänderungen** i.S.d. § 132 GWB kann ein Unternehmer die Überprüfung solcher Maßnahmen durch eine Vergabekammer einfordern.

Auch die **Unwirksamkeit** eines bereits geschlossenen Vertrages kann Gegenstand der Nachprüfung sein. Schließt der Auftraggeber einen Vertrag unter Verstoß gegen die Informations- und Wartepflicht des § 134 GWB oder erteilt der öffentliche Auftraggeber im Wege einer unzulässigen Direktvergabe den Auftrag unmittelbar an ein Unternehmen i.S.v. § 135 GWB, so kommt eine Überprüfung durch die Vergabenachprüfungsinstanzen in Betracht. 51

Nach Vertragsschluss kann ein **wirksam erteilter Zuschlag** nicht mehr aufgehoben werden. Rechtsschutz vor den vergaberechtlichen Nachprüfungsinstanzen ist dann nicht mehr zu erlangen. Das gilt auch für die neue Regelung in § 133 GWB, wonach eine **Kündigung** des Vertrages durch den öffentlichen Auftraggeber während der Vertragslaufzeit aus besonderen Gründen zulässig ist. Soweit eine solche Kündigung ausgesprochen wird, sind zur Überprüfung nicht die Vergabekammern zuständig, sondern die Zivilgerichte. Denn der Rechtsschutz vor den Nachprüfungsinstanzen ist zeitlich – von den genannten Besonderheiten der Unwirksamkeit des Vertragsschlusses, der De-facto-Vergabe und der Aufhebungsentscheidung abgesehen – nur „in einem Vergabeverfahren" möglich. 52

D. Zuständigkeit der ordentlichen Gerichten und der Kartellbehörden (Abs. 3)

I. Zuständigkeit der ordentlichen Gerichte

Nach § 156 Abs. 3 GWB bleibt die Zuständigkeit der ordentlichen Gerichte für die Geltendmachung von **Schadensersatzansprüchen** uneingeschränkt bestehen. Schadensersatzansprüche von Bietern können sich aus der Haftung aus Verschulden bei Vertragsschluss (culpa in contrahendo, §§ 311, 280, 241 BGB), aus unerlaubter Handlung (§ 823 Abs. 1 und Abs. 2 BGB), aus der Verletzung von Sonderrechten (z.B. UWG) bzw. aus kartellrechtlichen Anspruchsgrundlagen ergeben. Für Schadensersatzansprüche nach §§ 180, 181 GWB sind ebenfalls die ordentlichen Gerichte ausschließlich zuständig. 53

Nach § 179 Abs. 1 GWB sind die Zivilgerichte in einem nachfolgenden Schadensersatzprozess an die bestandskräftigen Feststellungen der Nachprüfungsinstanzen **gebunden**. 54

II. Befugnisse der Kartellbehörden

Von dem Grundsatz, dass der primäre Vergaberechtsschutz bei den Vergabekammern und den Beschwerdegerichten konzentriert werden soll, lässt § 156 Abs. 3 GWB eine Ausnahme zu. Danach sollen die Befugnisse der Kartellbehörden nach §§ 1 bis 96 GWB unberührt bleiben. Die in § 48 GWB näher bezeichneten Kartellbehörden bleiben damit befugt, nach § 54 Abs. 1 S. 1 GWB auf Antrag oder von Amts wegen tätig zu werden. 55

Die Verletzung der kartellrechtlichen Vorschriften, insbesondere der §§ 19 und 20 GWB, ist grundsätzlich in einem Abwehrprozess vor den Kartellgerichten zu rügen und gegebenenfalls festzustellen. Bei Vergaberechtsverstößen, die sich gleichzeitig als kartellrechtliche Verstöße qualifizieren lassen, kann die **parallele Zuständigkeit der Kartellbehörden und der Vergabekammern** gegeben sein.[54] Als Faustformel kann darauf abgestellt werden, ob sich der Verstoß des Auftraggebers gegen kartellrechtliche Bestimmungen, wie die §§ 19 und 20 GWB, auch auf ein konkretes Vergabeverfahren auswirkt oder nicht.[55] Nur wenn eine Auswirkung auf eine konkrete Vergabe feststellbar ist, sind die Vergabekammern für die Sicherstellung des Primärrechtsschutzes zuständig. 56

---

53 BGH, Beschluss v. 20.3.2014 – X ZB 18/13; Beschluss v. 18.12.2003 – X ZB 43/02.
54 OLG Düsseldorf, Beschluss v. 27.6.2012 – VII-Verg 7/12.
55 VK Münster, Beschluss v. 8.6.2012 – VK 6/12.

57 Durch das **VergRModG** wurde in § 104 Abs. 3 GWB a.F. ausdrücklich der Verweis auf die §§ 19 und 20 GWB aufgenommen und somit klargestellt, dass sich trotz der Regelungen der 7. GWB-Novelle an den Befugnissen der Kartellbehörden im Falle eines unzulässigen Verhaltens eines marktstarken öffentlichen Auftraggebers nichts ändert.[56] Dieser Verweis ist in § 156 Abs. 3 GWB übernommen worden.

Anlage

Gesetzesbegründung (BT-Drs. 18/6281)

Seite 134

§ 156 entspricht dem bisherigen § 104 GWB. Auch bei der Zuständigkeit der Vergabekammern wurde gemäß Artikel 46, 47 der Richtlinie 2014/23/EU neben der Vergabe öffentlicher Aufträge auch die Vergabe von Konzessionen berücksichtigt.

56 Gesetzesbegründung, VergRModG 2009, BT-Drs. 16/10117, 22.

§ 157
Besetzung, Unabhängigkeit

(1) Die Vergabekammern üben ihre Tätigkeit im Rahmen der Gesetze unabhängig und in eigener Verantwortung aus.

(2) Die Vergabekammern entscheiden in der Besetzung mit einem Vorsitzenden und zwei Beisitzern, von denen einer ein ehrenamtlicher Beisitzer ist. Der Vorsitzende und der hauptamtliche Beisitzer müssen Beamte auf Lebenszeit mit der Befähigung zum höheren Verwaltungsdienst oder vergleichbar fachkundige Angestellte sein. Der Vorsitzende oder der hauptamtliche Beisitzer muss die Befähigung zum Richteramt haben; in der Regel soll dies der Vorsitzende sein. Die Beisitzer sollen über gründliche Kenntnisse des Vergabewesens, die ehrenamtlichen Beisitzer auch über mehrjährige praktische Erfahrungen auf dem Gebiet des Vergabewesens verfügen. Bei der Überprüfung der Vergabe von verteidigungs- oder sicherheitsspezifischen Aufträgen im Sinne des § 104 können die Vergabekammern abweichend von Satz 1 auch in der Besetzung mit einem Vorsitzenden und zwei hauptamtlichen Beisitzern entscheiden.

(3) Die Kammer kann das Verfahren dem Vorsitzenden oder dem hauptamtlichen Beisitzer ohne mündliche Verhandlung durch unanfechtbaren Beschluss zur alleinigen Entscheidung übertragen. Diese Übertragung ist nur möglich, sofern die Sache keine wesentlichen Schwierigkeiten in tatsächlicher oder rechtlicher Hinsicht aufweist und die Entscheidung nicht von grundsätzlicher Bedeutung sein wird.

(4) Die Mitglieder der Kammer werden für eine Amtszeit von fünf Jahren bestellt. Sie entscheiden unabhängig und sind nur dem Gesetz unterworfen.

Übersicht

	Rn.
A. Allgemeines	1
B. Rechtliche Stellung der Vergabekammer (Abs. 1)	3
I. Unabhängigkeit	3
II. Spruchrichterprivileg	8
III. Gesetzesbindung	9
IV. Aussetzungs- und Verwerfungskompetenz	10
C. Besetzung der Vergabekammer (Abs. 2)	11
I. Grundsatz (S. 1)	11
II. Ausnahme für verteidigungs- oder sicherheitsspezifische öffentliche Aufträge (S. 5)	14
III. Qualifikation (S. 2 bis 4)	16
1. Vorsitzender und hauptamtliche Beisitzer	16
2. Besondere Anforderungen an die Beisitzer	18
D. Übertragung der Entscheidungsbefugnis (Abs. 3)	19
I. Übertragung durch Beschluss	20
II. Voraussetzungen	24
1. Keine wesentlichen Schwierigkeiten	25
2. Keine grundsätzliche Bedeutung	27
3. Zeitpunkt	28
E. Amtszeit und Unabhängigkeit der Mitglieder (Abs. 4)	29
I. Amtszeit (S. 1)	29
II. Unabhängigkeit (S. 2)	31
III. Ausschluss wegen Befangenheit	33
1. Rechtsgrundlage	34
2. Besorgnis der Befangenheit	38
3. Rechtsschutz	43
Anlage Gesetzesbegründung (BT-Drs. 18/6281)	

A. Allgemeines

§ 157 GWB entspricht dem bisherigen **§ 105 GWB a.F.** Die Vorschrift enthält wichtige Grundsätze zur rechtlichen **Stellung der Mitglieder** der Vergabekammern und zur **Struktur der Besetzung** der Vergabekammern. Neben der sachlichen, in § 157 Abs. 1 GWB festgeschriebenen Unabhängigkeit der Vergabekammern als Spruchkörper, wird in § 157 Abs. 4 GWB die persönliche Unabhängigkeit sämtlicher Mitglieder der Vergabekammer geregelt. § 157 Abs. 2 GWB enthält die Anforderungen an die Qualifikation der Mitglieder einer Vergabekammer 1 und § 157 Abs. 3 GWB enthält Verfahrensregelungen über die Befugnis zur Übertragung des Verfahrens auf den Vorsitzenden oder den hauptamtlichen Beisitzer zur alleinigen Entscheidung. § 157 Abs. 2 S. 5 GWB enthält eine Verfahrensvereinfachung für die Überprüfung von Vergaben im verteidigungs- und sicherheitsrelevanten Bereich.

2 Im Gesetzgebungsverfahren war zunächst beabsichtigt, folgenden Satz neu in § 157 Abs. 4 GWB aufzunehmen: „§ 839 Abs. 2 des Bürgerlichen Gesetzbuches gilt für die Tätigkeit der Mitglieder der Vergabekammer entsprechend." Dieses **Haftungsprivileg** wurde insbesondere von den Vergabekammern aus den Ländern gefordert, letztlich vom Bundesgesetzgeber aber nicht im GWB verankert. Das sogenannte Spruchrichterprivileg in § 839 Abs. 2 BGB unterstützt und schützt die Unabhängigkeit der Richterinnen und Richter. Die gleiche Problematik besteht in den Nachprüfungsverfahren für die Mitglieder der Vergabekammern, insbesondere auch für die ehrenamtlichen Mitglieder, die nicht in einem Beamtenverhältnis stehen. Eine Anwendung des Spruchrichterprivilegs auf Mitglieder der Vergabekammer entspräche auch der Bewertung durch den EuGH. Der EuGH hat die nationalen Vergabekammern in der Bundesrepublik Deutschland als Gerichte i.S.d. Art. 267 AEUV eingeordnet.[1] Im Gesetzgebungsverfahren hat sich diese Auffassung aber nicht durchgesetzt.

B. Rechtliche Stellung der Vergabekammer (Abs. 1)

I. Unabhängigkeit

3 Die Vergabekammern sind nach nationalem Recht keine Gerichte, sondern **Verwaltungsbehörden**. Nach Auffassung des BGH[2] sind Vergabekammern gerichtsähnliche Instanzen, da sie in grundsätzlich kontradiktorisch ausgetragenen Verfahren streitentscheidende Verwaltungsakte erlassen, die funktional gerichtlichen Entscheidungen entsprechen und auch wie solche – vor einem Rechtsmittelgericht – anzufechten sind. Demgegenüber werden sie auf europäischer Ebene als **Gerichte i.S.v. Art. 267 AEUV** angesehen.[3] Diese Zwitterstellung der Vergabekammern verursacht eine Vielzahl von rechtlichen Problemen, die im Einzelfall zu entscheiden sind. Beispielsweise ist hinsichtlich der Durchführung von Vergabenachprüfungsverfahren zu entscheiden, ob die Verfahrensgrundsätze aus der VwGO, der ZPO oder dem VwfVG zur Anwendung kommen.

4 Soweit die Vergabekammern als **Verwaltungsbehörden** eingeordnet werden, sind sie Teil der Exekutive und unterliegen als solche nach den Landesorganisationsgesetzen der Fach- und Rechtsaufsicht anderer, in der Regel den übergeordneten Behörden. Nach § 157 Abs. 1 GWB üben die Vergabekammern aber ihre Tätigkeit „im Rahmen der Gesetze unabhängig und in eigener Verantwortung" aus. § 157 Abs. 4 S. 2 GWB bestimmt zudem, dass die Mitglieder der Kammer „unabhängig" entscheiden und „nur dem Gesetz unterworfen" sind. Das Gesetz garantiert also die Unabhängigkeit für die Tätigkeit der Vergabekammern insgesamt wie auch für jedes Mitglied der Vergabekammer.

5 Der Begriff der **Unabhängigkeit** ist dahingehend zu verstehen, dass die Vergabekammern, obwohl sie Teil der Exekutive sind, im Rahmen ihrer Tätigkeit nicht der Aufsicht übergeordneter Behörden unterliegen. Die Vergabekammer ist als Institution unabhängig von Anordnungen oder Weisungen übergeordneter Behörden, wie beispielsweise den Ministerien. Durch den Zusatz, wonach die Vergabekammern ihre Tätigkeit „in eigener Verantwortung" ausüben, wird die Unabhängigkeit der Vergabekammer als Spruchkörper oder Institution noch zusätzlich unterstrichen.

6 Über die sachliche Unabhängigkeit der Vergabekammer als Spruchkörper hinaus, garantiert § 157 Abs. 4 S. 2 GWB zudem die **unabhängige individuelle Entscheidung** jedes einzelnen Mitglieds der Kammer.

---

1 EuGH, Urteil v. 18.9.2014 – Rs. C-549/13 (Bundesdruckerei).
2 BGH, Beschluss v. 25.10.2011 – X ZB 5/10.
3 EuGH, Urteil v. 18.9.2014 – Rs. C-549/13 (Bundesdruckerei).

Die **„richterliche" Unabhängigkeit** der Mitglieder der Vergabekammer ist erforderlich, weil in Art. 2 Abs. 9 RL 89/665/EWG[4] eine Nachprüfung der Vergabeverfahren durch ein Gericht oder durch eine „unabhängige Stelle" verlangt wird. Insofern muss jedenfalls dann, wenn die Nachprüfung durch eine Verwaltungsbehörde erfolgt, die Unabhängigkeit des Spruchkörpers gewährleistet sein. 7

II. Spruchrichterprivileg

Im **Gesetzgebungsverfahren 2015/2016** ist intensiv darüber diskutiert worden, ob den Mitgliedern der Vergabekammern das sogenannte Spruchrichterprivileg zustehen sollte.[5] Die Einbeziehung des § 839 Abs. 2 BGB war zunächst geplant, ist aber dann fallen gelassen worden. Nach dem richterlichen Haftungsprivileg gemäß § 839 Abs. 2 BGB ist ein Beamter, wenn er bei dem Urteil in einer Rechtssache seine Amtspflicht verletzt, für den daraus entstehenden Schaden nur dann verantwortlich, wenn die Pflichtverletzung in einer Straftat besteht. Die Mitglieder der Vergabekammern setzen sich bzw. ihren Dienstherrn bei jeder Entscheidung einem erheblichen Haftungsrisiko aus, insbesondere bei der Gewährung von Akteneinsicht. Je nach Auftragsgegenstand können die Vergabeakten derart aussagekräftig sein und beispielsweise Kalkulationsdaten, Zulieferpreise oder technisches Know-how enthalten, die ein Konkurrent auf dem Markt aus Gründen des Wettbewerbs nicht erhalten sollte. Die Vergabekammer steht somit bei der Entscheidung über die Akteneinsicht in einem Konflikt zwischen der Wahrung des Rechts der Parteien auf Akteneinsicht und dem Schutz des Trägers der Vergabekammer vor Haftungsanforderungen eines Verfahrensbeteiligten. Ein Haftungsprivileg hätte diesen Konflikt gelöst. Der Bundesgesetzgeber hat sich hingegen gegen dieses Haftungsprivileg entschieden. 8

III. Gesetzesbindung

Die Vergabekammern üben nach § 157 Abs. 1 GWB ihre Tätigkeit **„im Rahmen der Gesetze"** aus, wodurch klargestellt wird, dass die Vergabekammern das verfassungsrechtliche Prinzip der Gesetzmäßigkeit der Verwaltung i.S.v. Art. 20 Abs. 3 GG zu beachten haben. Die Vergabekammern sind also bei ihren Entscheidungen an die Gesetze, insbesondere an die Vorschriften aus dem Vergaberecht gebunden. Aus der Gesetzesbindung folgt auch die Pflicht zur verfassungskonformen und richtlinienkonformen Auslegung der vergaberechtlichen Normen. 9

IV. Aussetzungs- und Verwerfungskompetenz

Die Vergabekammern sind im nationalen Bereich keine Gerichte i.S.v. Art. 92 GG, Art. 100 Abs. 1 GG. Daraus folgt, dass sie bei Zweifeln an der Verfassungsmäßigkeit einer Rechtsnorm nicht die Befugnisse eines Gerichts haben. Die Vergabekammern haben insofern **keine Aussetzungs- oder Verwerfungskompetenz**, sondern sie müssen entscheiden.[6] Demgegenüber stehen den Vergabekammern im europäischen Bereich weitergehende Befugnisse zu. Insbesondere kann eine Normverwerfungskompetenz für den Fall, dass innerstaatliche Normen nicht mit dem Unionsrecht vereinbar sind, bestehen.[7] 10

4 In der Fassung nach RL 2007/66/EG.
5 Empfehlungen der Ausschüsse BR-Drs. 367/1/15.
6 VK Münster, Beschluss v. 6.4.2005 – VK 7/05.
7 VK Rheinland-Pfalz, Beschluss v. 23.2.2015 – VK 1 -39/14; VK Arnsberg, Beschluss v. 22.10.2013 – VK 18/13.

C. Besetzung der Vergabekammer (Abs. 2)

I. Grundsatz (S. 1)

11 In § 157 Abs. 2 GWB werden die personelle Besetzung der Vergabekammern und auch die Qualifikationsvoraussetzungen für deren Mitglieder geregelt. Die Vorschrift gilt unmittelbar für die **Vergabekammer des Bundes**, während die Ländervergabekammern nach § 158 Abs. 2 GWB eigene Regelungen hinsichtlich der Einrichtung, Organisation und der Besetzung treffen können. Die **Länder** haben dabei aber die Vorgaben des GWB, beispielsweise des § 157 Abs. 2 GWB zur fachlichen Qualifikation der Vergabekammermitglieder zu beachten, und insbesondere bei dem Vorsitzenden und dem hauptamtlichen Beisitzer zu berücksichtigen, dass es sich um Beamte auf Lebenszeit handelt. Diese Merkmale ergeben sich aus der RL 89/665/EWG[8] und sind deshalb sowohl vom Bundesgesetzgeber im GWB, aber auch von den Ländern im Rahmen des § 158 Abs. 2 GWB zu beachten.

12 Die Vergabekammer entscheidet als **Dreiergremium**, das sich aus einem Vorsitzenden und zwei Beisitzern zusammensetzt, wobei einer der Beisitzer hauptamtlich tätig sein muss, während der andere Beisitzer aus den Reihen der ehrenamtlichen Beisitzer ausgewählt wird. Unabhängig davon kann eine Vergabekammer aber grundsätzlich über mehr als drei Mitglieder verfügen, die je nach den Vorgaben in einem Geschäftsverteilungsplan eingesetzt werden. Allerdings werden hinsichtlich der Geschäftsverteilungen innerhalb der Vergabekammern keine Anforderungen gestellt, wie sie bei den Gerichten gelten. Zu Beginn eines Geschäftsjahres wird somit nicht die Zusammensetzung der Spruchkörper festgelegt. Auch dies hängt mit der Stellung der Vergabekammern als Verwaltungsbehörden zusammen, obwohl sie gerichtsähnlich konzipiert sind.

13 Die Einbeziehung von **ehrenamtlichen Beisitzern** rechtfertigt sich aus der Erkenntnis, dass ehrenamtliche Beisitzer durch ihre praktische Erfahrung auf technischen und betriebswirtschaftlichen Gebieten dazu beitragen, rechtlich zutreffende, aber auch praktisch sachgerechte Entscheidungen zu treffen. Außerdem verfügen sie in der Regel über praktische Erfahrungen im Zusammenhang mit Vergaben.

II. Ausnahme für verteidigungs- oder sicherheitsspezifische öffentliche Aufträge (S. 5)

14 Abweichend von § 157 Abs. 2 S. 1 GWB kann im Falle von verteidigungs- oder sicherheitsspezifischen öffentlichen Aufträgen i.S.v. § 104 GWB die Vergabekammer in der Besetzung mit einem Vorsitzenden und **zwei hauptamtlichen Beisitzern** entscheiden. Die Einbindung eines ehrenamtlichen Beisitzers ist in diesem Bereich fakultativ und kann deshalb vom Vorsitzenden abgeändert werden. Hintergrund dieser im Jahre 2011 neu ins GWB aufgenommenen Regelung ist die Umsetzung der RL 2009/81/EG, die die Nachprüfung der Vergabe von verteidigungs- und sicherheitsrelevanten Aufträgen ermöglichte.

15 Solche Nachprüfungsverfahren betreffen in der Regel **Verschlusssachen**, die nur von sicherheitsüberprüften Personen bearbeitet werden dürfen. Die Vergabekammermitglieder, die solche Verfahren durchführen, müssen somit entsprechend den Vorgaben des SÜG sicherheitsüberprüft sein, was auf die ehrenamtlichen Beisitzer in der Regel nicht zutrifft.

III. Qualifikation (S. 2 bis 4)

1. Vorsitzender und hauptamtliche Beisitzer

16 Der Vorsitzende und der hauptamtliche Beisitzer müssen **Beamte auf Lebenszeit mit der Befähigung zum höheren Verwaltungsdienst** sein, wobei auch vergleichbare fachkundige Angestellte in einer Vergabekammer eingesetzt werden dürfen.

8 In der Fassung nach RL 2007/66/EG.

17 Zudem müssen entweder der Vorsitzende oder der hauptamtliche Beisitzer die **Befähigung zum Richteramt** i.S.d. § 5 DRiG haben, wobei in der Regel der Vorsitzende diese Befähigung haben sollte. Diese Vorgabe ist zwingend und kann nicht durch eine vergleichbare Fachkunde ersetzt werden, wie sich Art. 2 Abs. 9 RL 89/665/EWG[9] entnehmen lässt: „Zumindest der Vorsitzende der unabhängigen Stelle muss die juristischen und beruflichen Qualifikationen eines Richters besitzen." **Sinn und Zweck** dieser Regelung ist es, den juristischen Sachverstand des Spruchkörpers zu gewährleisten. Denn die Tatsache, dass die Vergabekammern als erste Nachprüfungsinstanz tätig werden und ihre Entscheidungen von den Oberlandesgerichten als zweite Nachprüfungsinstanz überprüft werden, führt unweigerlich dazu, dass bereits die Ausgangsentscheidungen formal als Urteile gefertigt werden und die Verfahren, insbesondere die mündlichen Verhandlungen, wie Gerichtsverfahren durchgeführt werden. Schon aus diesen Gründen ist juristischer Sachverstand zwingend erforderlich.

2. Besondere Anforderungen an die Beisitzer

18 Die Anforderungen an die hauptamtlichen und/oder ehrenamtlichen Beisitzer werden in § 157 Abs. 2 GWB als **Sollvorschrift** formuliert, sind also nicht zwingend. Die ehrenamtlichen Beisitzer sollen insbesondere über mehrjährige praktische Erfahrungen auf dem Gebiet des Vergabewesens verfügen. Gründliche Kenntnisse im Vergabewesen sind anzunehmen, wenn die Beisitzer längere Tätigkeiten im Zusammenhang mit dem Vergabewesen nachweisen können. Die praktischen Erfahrungen können vielfältig erworben sein, beispielsweise in einer Verbandstätigkeit, bei einem öffentlichen Auftraggeber oder in einem Unternehmen.

D. Übertragung der Entscheidungsbefugnis (Abs. 3)

19 § 157 Abs. 3 GWB regelt die Voraussetzungen, unter denen die Kammer das Verfahren dem Vorsitzenden oder dem hauptamtlichen Beisitzer zur alleinigen Entscheidung übertragen kann. Die Regelung soll eine **Beschleunigung des Verfahrens** bezwecken, da die Durchführung eines Nachprüfungsverfahrens mit mehreren Vergabekammermitgliedern organisatorisch mit erheblichem Aufwand verbunden sein kann. Von dieser Möglichkeit ist bislang, soweit ersichtlich, wenig Gebrauch gemacht worden, da diese weitestgehend unpraktikabel ist.

I. Übertragung durch Beschluss

20 Die Übertragung des Verfahrens auf den Vorsitzenden oder den hauptamtlichen Beisitzer liegt im pflichtgemessen **Ermessen** der Vergabekammer, soweit die Voraussetzungen vorliegen. Die Verfahrensbeteiligten haben keinen rechtlichen Anspruch auf die Übertragung.

21 Formal ist ein Übertragungsbeschluss der gesamten Vergabekammer in der gemäß § 157 Abs. 2 GWB vorgegebenen **Besetzung** erforderlich. Der Beschluss muss **schriftlich** abgefasst werden und den Beteiligten **bekannt** gegeben werden. Eine **Begründung** verlangt das Gesetz nicht.

22 Dieser Beschluss ist **unanfechtbar**, d.h. es gibt keine Rechtsmittel gegen eine solche Entscheidung. Die Verfahrensbeteiligten müssen diese Entscheidung hinnehmen und können keine sofortige Beschwerde beim Oberlandesgereicht einreichen. Durch diese Übertragung tritt das einzelne Mitglied vollumfänglich an die Stelle der Vergabekammer und darf deshalb deren Befugnisse umfassend allein ausüben.

23 Das Gesetz bestimmt nicht, ob ein solcher Beschluss **rückgängig** gemacht werden kann. Soweit aber im Verlauf eines Nachprüfungsverfahrens neue tatsächliche Umstände auftreten oder die Rechtslage sich komplexer darstellt, als zu Beginn des Verfahrens angenommen, ist der Übertragungsbeschluss jedenfalls dann aufzuheben, wenn auch das zunächst bestimmte Kammermitglied keine Einwände erhebt.

9 In der Fassung nach RL 2007/66/EG.

II. Voraussetzungen

24 **1. Keine wesentlichen Schwierigkeiten**

Eine Übertragung des Verfahrens auf ein einzelnes Kammermitglied setzt voraus, dass die Sache in tatsächlicher oder rechtlicher Hinsicht keine wesentlichen Schwierigkeiten aufweist und die Entscheidung auch nicht von grundsätzlicher Bedeutung ist. Der Terminus **„keine besonderen Schwierigkeiten in tatsächlicher und rechtlicher Hinsicht"** entstammt dem Prozessrecht, wie beispielsweise § 348 Abs. 1 Nr. 1 ZPO oder § 84 VwGO. Im Unterschied zu diesen Vorschriften wird in § 157 Abs. 3 GWB auf **„wesentliche"** Schwierigkeiten abgestellt. Gemeint sind damit aber in beiden Fällen überdurchschnittliche Schwierigkeiten, und zwar nicht unbedingt in quantitativer, sondern vielmehr in qualitativer Hinsicht. Insofern können diese Vorschriften aus dem Prozessrecht als Auslegungshilfen herangezogen werden.

25 In **tatsächlicher Hinsicht** treten insbesondere dann Schwierigkeiten auf, wenn der Auftraggeber kein formal ordnungsgemäßes Vergabeverfahren nach dem vierten Teil durchgeführt hat. Aber auch Vergaben, in denen die Ausschreibungsunterlagen technisch, fachlich oder auch wirtschaftlich sehr anspruchsvoll und umfangreich sind, eignen sich nicht für eine Übertragung auf ein einzelnes Vergabekammermitglied.

26 In **rechtlicher Hinsicht** bedeuten häufig außergewöhnliche Fragestellungen wesentliche Schwierigkeiten, die eine Vergabekammer als Ganzes entscheiden sollte. Demgegenüber bieten sich die Fälle, in denen der Nachprüfungsantrag offensichtlich unzulässig oder unbegründet ist, als einfach gelagerte Sachverhalte zur Übertragung auf ein einzelnes Kammermitglied an.

2. Keine grundsätzliche Bedeutung

27 Eine Übertragung ist nicht möglich, wenn der anhängige Rechtsstreit Grundsatzfragen berührt oder eine Rechtsfortbildung von allgemeinem Interesse erforderlich wird. Gleichfalls kann gelten, wenn es um grundlegende wirtschaftliche Interessen für ein Wirtschaftsunternehmen geht.

3. Zeitpunkt

28 § 157 Abs. 3 GWB enthält keine Regelung über den Zeitpunkt der Übertragung. Dem Beschleunigungseffekt dienlich ist eigentlich nur eine **möglichst frühe Übertragung** zu Beginn des Nachprüfungsverfahrens. Nur dadurch kann die Einhaltung der Frist des § 167 Abs. 1 GWB gewährleistet werden. Zu diesem Zeitpunkt ist allerdings häufig – von den Fällen der offensichtlichen Unzulässigkeit oder Unbegründetheit abgesehen – nicht erkennbar, welche tatsächlichen oder rechtlichen Schwierigkeiten das Verfahren noch mit sich bringt. Da im Gesetz kein Zeitpunkt für die Übertragung genannt wird, ist eine Übertragung aber **nach einer mündlichen Verhandlung** auch noch zulässig, wenn sich herausstellt, dass noch eine weitere Verhandlung erforderlich ist, die aber keine besonderen Schwierigkeiten aufweisen wird. Insgesamt hat die Regelung vor dem Hintergrund des Beschleunigungsgrundsatzes **kaum praktische Relevanz**.

E. Amtszeit und Unabhängigkeit der Mitglieder (Abs. 4)

I. Amtszeit (S. 1)

29 Die Mitglieder der Vergabekammer werden jeweils für eine feste Amtszeit von **fünf Jahren** bestellt. Während dieser Zeit sind sie gegen ihren Willen nicht abrufbar. Diese Frist ergibt sich unmittelbar aus dem Gesetz und kann deshalb nur im Einvernehmen mit dem Kammermitglied verkürzt werden. Diese Amtszeit gilt sowohl für die hauptamtlichen als auch für die ehrenamtlichen Mitglieder einer Vergabekammer.

Durch diese gesetzliche Festlegung wird einerseits die **Unabhängigkeit** des Spruchkörpers „Vergabekammer" gestärkt, aber auch die **Kontinuität** der Spruchpraxis gewährleistet. Gleichzeitig wird insbesondere in Bezug auch auf die hauptamtlichen Mitglieder einer Vergabekammer erreicht, dass diese innerhalb der Behörden nicht einfach gegen ihren Willen umgesetzt werden. Denn durch eine hohe personelle Fluktuation auf einem solchen Arbeitsplatz würde der Rechtsschutz vor den Vergabekammern nachteilig beeinflusst, was zu erheblicher Rechtsunsicherheit führen würde. 30

II. Unabhängigkeit (S. 2)

Während § 157 Abs. 1 GWB die institutionelle Unabhängigkeit und Weisungsfreiheit der Vergabekammern als Spruchkörper garantiert, ist die **individuelle sachliche Unabhängigkeit** der einzelnen Mitglieder der Vergabekammern in § 157 Abs. 4 GWB zusätzlich abgesichert. Im Ergebnis ist damit die Unabhängigkeit der Vergabekammermitglieder mit der richterlichen Unabhängigkeit i.S.d. Art. 97 Abs. 1 GG vergleichbar. 31

Die individuelle sachliche Unabhängigkeit jedes Kammermitglieds bezieht sich lediglich auf Entscheidungen im Zusammenhang mit den **Nachprüfungsverfahren**. Demgegenüber unterliegen die Kammermitglieder in anderen, außerhalb der Nachprüfungsverfahren stehenden dienstlichen Belangen weiterhin der Weisungsbefugnis der Vorgesetzten. 32

III. Ausschluss wegen Befangenheit

Zu der Frage, nach welchen Vorschriften Befangenheitsanträge gegen Mitglieder der Vergabekammern zu behandeln sind, bestehen **unterschiedliche Auffassungen**. Dies hängt wiederum mit der Stellung der Vergabekammern zusammen, die zwar gerichtsähnlich ausgestaltet sind, aber als Verwaltungsbehörden gesetzlich eingeordnet wurden. Demzufolge können entweder die Regelungen zur Befangenheit aus den Verwaltungsverfahrensgesetzen zur Anwendung kommen oder die Vorschriften aus den Prozessordnungen für Gerichte wie die ZPO oder die VwGO. 33

1. Rechtsgrundlage

Das OLG Jena[10] vertrat dazu die Auffassung, dass der Gesetzgeber sich bei der Neuregelung des vierten Teils des GWB bewusst dafür entschieden habe, die erste Stufe des Nachprüfungsverfahrens als Verwaltungsverfahren auszugestalten. Hinsichtlich der Entscheidung über Ablehnungsgesuche gegen Mitglieder der Vergabekammer erscheine dabei eine entsprechende Anwendung der Regelungen des **Verwaltungsverfahrensgesetzes** bei Ablehnungsgesuchen gegen Ausschussmitglieder als sachgerecht. 34

Demgegenüber vertrat das OLG Düsseldorf[11] die Auffassung, dass die einschlägigen Vorschriften der **VwGO** und nicht des Verwaltungsverfahrensgesetzes anzuwenden sind. Dem nicht nur rechtsstaatlich ausgestalteten, sondern sogar gerichtsähnlich erstinstanzlichen Vergabenachprüfungsverfahren liege die Vorstellung eines fairen Verfahrens zugrunde, bei dem die Nachprüfung von unbeteiligten, nicht vorbefassten Dritten vorgenommen wird. Obgleich die Vergabekammern organisatorisch in der Exekutive angesiedelt sind und Ähnlichkeiten zum Verwaltungsverfahren bestehen, hält der Senat für den Fall der Ablehnung von Vergabekammermitgliedern – abweichend zu der in dem Beschluss des OLG Jena zum Ausdruck gebrachten Auffassung – die analoge Anwendung der einschlägigen Vorschriften der VwGO für angemessen.

Folgt man der Auffassung des OLG Düsseldorf, so gilt gemäß § 54 Abs. 1 VwGO analog i.V.m. § 45 Abs. 1 ZPO, dass ebenfalls die Vergabekammer als „Gericht" über das Ablehnungsge- 35

10 OLG Jena, Beschluss v. 22.12.1999 – 6 Verg 3/99; so auch das OLG Naumburg, Beschluss v. 31.1.2011 – 2 Verg 1/11; ähnlich OLG Frankfurt, Beschluss v. 26.8.2008 – 11 Verg 8/08; Beschluss v. 2.3.2007 – 11 Verg 15/06; OLG Schleswig, Beschluss v. 4.5.2001 – 6 Verg 2/01.

11 OLG Düsseldorf, Beschluss v. 23.1.2006 – VII-Verg 96/05.

such entscheidet. Dabei wird das abgelehnte Mitglied gemäß Geschäftsverteilungsplan vertreten. Demzufolge hat bei dieser Entscheidung ein stellvertretendes Mitglied mitzuwirken.

36 In einer weiteren Entscheidung vertrat das **OLG Düsseldorf**[12] hingegen die Auffassung, dass die Befangenheitsanträge, die sich gegen eine Vergabekammer richten, nach dem **Verwaltungsverfahrensgesetz** zu beurteilen seien. Aufgrund des Charakters der Vergabekammern als Kollegialorgan sind für das Verfahren der Prüfung der Befangenheit die auf Ausschüsse und andere kollegiale Einrichtungen bezogenen Bestimmungen des § 88 VwVfG i.V.m. § 20 Abs. 4 VwVfG heranzuziehen, wonach der Ausschuss, also die Vergabekammer, ohne Mitwirkung des Mitglieds entscheidet, um dessen Befangenheit es geht.[13]

37 Diese unterschiedlichen Rechtsstandpunkte führen aber letztlich **nicht zu unterschiedlichen Ergebnissen** in der Sache. Denn die Befangenheit eines Mitglieds der Vergabekammer oder eines Gerichts ist von den anderen Mitgliedern zu beurteilen, wobei die betroffene Person nicht mitwirken darf. Darüber hinaus ist in entsprechender Anwendung des § 44a VwGO die Entscheidung über die Ablehnung eines Befangenheitsgesuches nicht als Verwaltungsakt anzusehen, sodass eine solche Entscheidung nicht selbstständig anfechtbar ist, sondern nur gemeinsam mit der folgenden Sachentscheidung der Vergabekammer angefochten werden kann.[14]

2. Besorgnis der Befangenheit

38 Die Besorgnis der Befangenheit entsteht, wenn ein Grund vorliegt, der geeignet ist, an der unparteiischen Amtsausübung eines Amtsträgers **zu zweifeln**. Diese Voraussetzung ist gegeben, wenn aufgrund objektiv feststellbarer Tatsachen die subjektiv vernünftigerweise mögliche Besorgnis nicht auszuschließen ist, ein bestimmter Amtsträger werde in der Sache nicht unparteiisch, unvoreingenommen oder unbefangen entscheiden.[15] Geeignet, Misstrauen gegen eine unparteiische Amtsausübung des Richters zu rechtfertigen, sind nur **objektive Gründe**, die vom Standpunkt des Ablehnenden aus bei vernünftiger Betrachtung die Befürchtung wecken können, der Richter stehe der Sache nicht unvoreingenommen und damit nicht unparteiisch gegenüber.[16] Ein im Rahmen der richterlichen Aufklärung gebotenes richterliches Verhalten begründet niemals einen Ablehnungsgrund, selbst wenn dadurch die Prozesschancen einer Partei verringert werden. Auch vorläufige Meinungsäußerungen, durch die sich der Richter noch nicht abschließend festgelegt hat, bilden in der Regel keinen Ablehnungsgrund.[17]

39 Die pauschale Ablehnung eines Spruchkörpers wegen Besorgnis der Befangenheit ist nicht zulässig. Vielmehr müssen die Sachverhalte, die die Besorgnis der Befangenheit begründen, für jedes einzelne Mitglied des Spruchkörpers **dargelegt** werden.[18]

40 Im Fall des OLG Düsseldorf[19] ging es um einen Befangenheitsantrag gegen eine **ehrenamtliche Beisitzerin** einer Vergabekammer. Diesbezüglich war das OLG Düsseldorf der Auffassung, dass auch ein kollegiales Verhältnis eines Mitglieds des Spruchkörpers, wie beispielsweise zu einem von einem Verfahrensbeteiligten eingeschalteten **Privatsachverständigen**, nur dann ein Grund sei, an der Objektivität zu zweifeln, wenn über dieses bloße kollegiale Verhältnis hinaus ein enges persönliches Verhältnis des zur Entscheidung berufenen Mitglieds zum gegnerischen Verfahrensbeteiligten oder zu den von ihm zugezogenen Hilfspersonen, wie einem Sachverständigen, bestehen würde. Ein solches persönliches Näheverhältnis wurde im konkreten Fall nicht angenommen.

---

12 OLG Düsseldorf, Beschluss v. 14.11.2012 – VII-Verg 42/12.
13 VK Bund, Beschluss v. 13.8.2015 – VK 2-35/15.
14 OLG Düsseldorf, Beschluss v. 28.4.2008 – VII-Verg 24/08.
15 OLG Frankfurt, Beschluss v. 2.3.2007 – 11 Verg 15/06; OLG Jena, Beschluss v. 22.12.1999 – 6 Verg 3/99.
16 OLG Frankfurt, Beschluss v. 26.8.2008 – 11 Verg 8/08.
17 OLG Frankfurt, Beschluss v. 26.8.2008 – 11 Verg 8/08.
18 VK Düsseldorf, Beschluss v. 8.3.2011 – VK 45/2010.
19 OLG Düsseldorf, Beschluss v. 14.11.2012 – VII-Verg 42/12.

Die VK Münster[20] beschäftigte sich mit einem Ablehnungsgesuch eines ihrer ehrenamtlichen Beisitzer und gab diesem statt. Der ehrenamtliche Beisitzer, ein Vertreter der Handwerkskammer, war zunächst als Beisitzer für das konkrete Nachprüfungsverfahren bestellt worden, stellte dann aber fest, dass ein Unternehmen beigeladen werden sollte, das in der Handwerksrolle der Handwerkskammer als Unternehmen eingetragen war. Allein die Eintragung der Beigeladenen in der **Handwerksrolle** vermag zwar objektiv nicht geeignet sein, einem Mitglied der Handwerkskammer eine unvoreingenommene Amtsausübung zu unterstellen. Allerdings meinte die VK Münster, dass bereits dem „bösen Anschein" entgegengewirkt werden sollte. 41

Das KG[21] betonte in einer Entscheidung, dass eine Vergabekammer als eine gerichtsähnliche Nachprüfungsinstanz allen Beteiligten gegenüber zur Neutralität verpflichtet sei. Eine Vergabekammer, die einen Nachprüfungsantrag nicht zustellt, sondern telefonisch mit einer Vergabestelle Kontakt aufnimmt, verhält sich zumindest fragwürdig. Unterrichtet die Vergabekammer die Vergabestelle in einer Phase, in der der Vertragsschluss kurz bevorsteht, vom Eingang eines Nachprüfungsantrags, kann dies möglicherweise die Entscheidung der Vergabestelle insbesondere in zeitlicher Hinsicht beeinflussen. Aus der Sicht eines Bieters können derartige **interne Korrespondenzen zwischen Vergabekammer und Vergabestelle** deshalb geeignet sein, Zweifel an der Unvoreingenommenheit der Nachprüfungsbehörde zu wecken. 42

3. Rechtsschutz

Die Entschließung der Vergabekammer im Falle der Ablehnung eines ihrer Mitglieder wegen Besorgnis der Befangenheit kann nicht mit der **sofortigen Beschwerde** angefochten werden.[22] Die Entscheidung ist kein Verwaltungsakt und deshalb nicht selbstständig anfechtbar und im Übrigen können auch sogenannte Zwischenentscheidungen der Vergabekammer nicht separat angefochten werden. Abgesehen von dem Sonderfall der **Kostenentscheidungen** – und der Entscheidung über den Umfang der Akteneinsicht[23] – können alle anderen Entscheidungen der Vergabekammer, die nicht Endentscheidungen sind, nicht mit der sofortigen Beschwerde angegriffen werden.[24] Die Verfahrensbeteiligten können somit nur die nachteilige Endentscheidung der Vergabekammer in der Sache mit einer sofortigen Beschwerde angreifen und dann auch die Zwischenentscheidung über den Befangenheitsantrag überprüfen lassen. 43

Anlage

Gesetzesbegründung (BT-Drs. 18/6281)

Seite 134

§ 157 entspricht dem bisherigen § 105 GWB.

20 VK Münster, Beschluss v. 21.3.2005 – VK 7/05.
21 KG, Beschluss v. 4.4.2002 – KartVerg 5/02.
22 OLG Düsseldorf, Beschluss v. 28.4.2008 – VII-Verg 24/08; Beschluss v. 23.1.2006 – VII-Verg 96/05.
23 OLG Düsseldorf, Beschluss v. 28.12.2007 – VII-Verg 40/07.
24 OLG Düsseldorf, Beschluss v. 23.1.2006 – VII-Verg 96/05.

§ 158
Einrichtung, Organisation

(1) Der Bund richtet die erforderliche Anzahl von Vergabekammern beim Bundeskartellamt ein. Einrichtung und Besetzung der Vergabekammern sowie die Geschäftsverteilung bestimmt der Präsident des Bundeskartellamts. Ehrenamtliche Beisitzer und deren Stellvertreter ernennt er auf Vorschlag der Spitzenorganisationen der öffentlich-rechtlichen Kammern. Der Präsident des Bundeskartellamts erlässt nach Genehmigung durch das Bundesministerium für Wirtschaft und Energie eine Geschäftsordnung und veröffentlicht diese im Bundesanzeiger.

(2) Die Einrichtung, Organisation und Besetzung der in diesem Abschnitt genannten Stellen (Nachprüfungsbehörden) der Länder bestimmen die nach Landesrecht zuständigen Stellen, mangels einer solchen Bestimmung die Landesregierung, die die Ermächtigung weiter übertragen kann. Die Länder können gemeinsame Nachprüfungsbehörden einrichten.

Übersicht Rn.

A. Allgemeines ... 1
B. Vergabekammern des Bundes (Abs. 1) ... 4
I. Anzahl und Sitz der Vergabekammern (S. 1) ... 4
II. Einrichtung, Besetzung und Geschäftsverteilung (S. 2) ... 5
III. Ernennung der ehrenamtlichen Mitglieder (S. 3) ... 8
IV. Geschäftsordnung (S. 4) ... 12
C. Vergabekammern der Länder (Abs. 2 S. 1) ... 15
D. Gemeinsame Vergabekammern (Abs. 2 S. 2) ... 22
Anlage
Gesetzesbegründung (BT-Drs. 18/6281)

A. Allgemeines

§ 158 GWB ersetzt im Wortlaut unverändert den **§ 106 GWB a.F.** 1

§ 158 Abs. 1 GWB regelt die Einrichtung und Organisation der **Vergabekammern des Bundes**, während § 158 Abs. 2 GWB Regelungen für die Einrichtung und Organisation der **Vergabekammern in den Bundesländern** enthält. § 158 GWB verpflichtet den Bund und die Länder zur Einrichtung von Vergabekammern, während sich § 157 GWB mit der internen Besetzung der Vergabekammern sowie deren Stellung als unabhängiger Spruchkörper beschäftigt. 2

Die **Zuständigkeiten** zwischen den Vergabekammern auf Bundes- und Landesebene werden nach §§ 156,159 GWB abgegrenzt. 3

B. Vergabekammern des Bundes (Abs. 1)

I. Anzahl und Sitz der Vergabekammern (S. 1)

Der Bund hat insgesamt **zwei Vergabekammern** eingerichtet, die beim **Bundeskartellamt in Bonn** angesiedelt und für die Nachprüfung öffentlicher Aufträge des Bundes zuständig sind. Die erforderliche Anzahl der Vergabekammern ergibt sich aus der Anzahl der Vergabenachprüfungsverfahren, die durchschnittlich zu bearbeiten sind. Bis zum Juli 2013 verfügte das Bundeskartellamt noch über drei Vergabekammern. Aufgrund der rückläufigen Anzahl der Nachprüfungsverfahren (im Jahre 2012 waren es bundesweit nach der Statistik des Bundeswirtschaftsministeriums noch 893 Nachprüfungsanträge, wovon 142 Anträge in die Zuständigkeit der Bundeskammern fielen) erfolgte die Reduzierung auf zwei Spruchkörper. 4

II. Einrichtung, Besetzung und Geschäftsverteilung (S. 2)

5 Die Einrichtung und die Besetzung der Vergabekammern des Bundes sowie deren Geschäftsverteilung bestimmt der **Präsident des Bundeskartellamtes**. Die hauptamtlichen Kammermitglieder werden folglich durch den Präsidenten ausgesucht und bestimmt. Einzelheiten zur Besetzung und Zuständigkeit der Vergabekammern des Bundes ergeben sich aus der **Geschäftsordnung**. Beispielsweise gehören gemäß § 1 Abs. 1 der Geschäftsordnung der Vergabekammern des Bundes vom 15.7.2005 ein Vorsitzender, mindestens zwei hauptamtliche Beisitzer und mindestens vier ehrenamtliche Beisitzer sowie weitere Mitarbeiter einer Kammer an.

6 Unabhängig davon entscheidet eine Vergabekammer aber immer gemäß § 157 Abs. 2 GWB mit **einem Vorsitzenden** und **zwei hauptamtlichen Beisitzern**, von denen einer ein ehrenamtlicher Beisitzer ist. In Ausnahmefällen, wie beispielsweise bei der Überprüfung der Vergaben von verteidigungs- oder sicherheitsspezifischen Aufträgen oder soweit die Sache keine wesentlichen Schwierigkeiten bereitet, kann die Kammer von dieser Besetzungsvorgabe gemäß § 157 Abs. 2 und Abs. 3 GWB abweichen.

7 Die **hauptamtlichen Mitglieder** werden durch den Präsidenten ausgesucht, wobei die Qualifikationsanforderungen zu beachten sind, die sich aus § 157 Abs. 2 GWB ergeben. Der Vorsitzende oder der hauptamtliche Beisitzer müssen die **Befähigung zum Richteramt** haben. In der Regel soll dies der Vorsitzende sein. Ob die hauptamtlichen Mitglieder einer Kammer daneben noch in anderen Aufgabengebieten innerhalb der Behörde eingesetzt werden, entscheidet sich nicht nach dem GWB, sondern dies unterliegt allein der Organisationshoheit der Behörde.

III. Ernennung der ehrenamtlichen Mitglieder (S. 3)

8 Die ehrenamtlichen Mitglieder der Bundesvergabekammern und deren Stellvertreter werden auf **Vorschlag der Spitzenorganisationen der öffentlich-rechtlichen Kammern** vom Präsidenten des Bundeskartellamtes ernannt. Zu den Spitzenorganisationen gehören insbesondere der Deutsche Industrie- und Handelstag, der Zentralverband des Deutschen Handwerks, die Bundesarchitektenkammer, die Bundesingenieurkammer sowie vergleichbare Institutionen. Sinn und Zweck des Vorschlagsrechts besteht darin, dass bei der Besetzung der Bundesvergabekammern neben dem juristischen Sachverstand, der durch die hauptamtlichen Mitglieder eingebracht wird, auch wirtschaftlicher Sachverstand in der Kammer vorhanden ist.

9 Die Mitglieder der Vergabekammern werden gemäß § 157 Abs. 4 GWB alle **fünf Jahre** ernannt, sodass in diesen Abständen auch ein entsprechendes Vorschlagsverfahren durchzuführen ist.

10 Da die ehrenamtlichen Beisitzer **„auf Vorschlag"** zu ernennen sind, kann der Präsident des Bundeskartellamtes nur Personen benennen, die tatsächlich vorgeschlagen wurden. Werden von den Spitzenorganisationen mehr Personen vorgeschlagen als benötigt, besteht ein **Auswahlermessen**. Allerdings müssen die ausgewählten ehrenamtlichen Beisitzer nicht einer konkret genannten Kammer zugewiesen werden. Vielmehr bestimmt die Geschäftsordnung, dass die ehrenamtlichen Mitglieder auch mehreren Kammern angehören können. Dies ist auch sinnvoll, da somit der spezifische Sachverstand eines ehrenamtlichen Mitgliedes genutzt werden kann. Liegt der Schwerpunkt des ehrenamtlichen Mitglieds beispielsweise im Baubereich, erscheint es sachdienlich, ihn auch in entsprechenden Nachprüfungsverfahren aus dem Bereich der VOB/A einzusetzen.

11 Auch die **Anzahl der ehrenamtlichen Mitglieder** muss gewährleisten, dass die Vergabekammern ordnungsgemäß und effektiv innerhalb der Zeitvorgaben des § 167 Abs. 1 GWB die Nachprüfungsverfahren abarbeiten können. Insofern ist die Benennung von mehreren ehrenamtlichen Beisitzern sinnvoll.

IV. Geschäftsordnung (S. 4)

Der Präsident des Bundeskartellamtes erlässt weiterhin die Geschäftsordnung für die Bundesvergabekammern, die nach Genehmigung durch das Bundesministerium für Wirtschaft und Energie im Bundesanzeiger zu veröffentlichen ist. 12

Die Geschäftsordnung ist reines **Innenrecht**, wonach die interne Organisation und die Verfahrensabläufe in einer Vergabekammer geregelt werden. Die Geschäftsordnung darf grundsätzlich nicht vom normierten materiellen Recht, wie den Regelungen im vierten Teil des GWB, abweichen, kann diese aber näher konkretisieren. 13

Zunehmend wird darüber diskutiert, ob hinsichtlich der Geschäftsverteilungen innerhalb der Vergabekammern **ähnliche Anforderungen** zu stellen sind **wie bei den Gerichten**. § 21e GVG bestimmt, dass die Zusammensetzung der Spruchkörper zu Beginn des Geschäftsjahres durch das Präsidium festgelegt werden muss und Änderungen nur in Ausnahmefällen möglich sind. Die Vergabekammern sind gemäß § 1 Abs. 1 VwVfG Teil einer Verwaltungsbehörde und mithin den Bestimmungen des VwVfG unterworfen, also eben nicht dem GVG. Nach Auffassung des BGH[1] sollen die Vergabekammern keine Gerichte i.S.d. Art. 92 GG sein, der EuGH[2] hat hingegen Vergabekammern wiederholt als Gerichte i.S.v. Art. 267 AEUV eingeordnet. Sieht man die Vergabekammern weiterhin im nationalen Bereich als Teil einer Verwaltungsbehörde, muss die interne Geschäftsverteilung nicht den Anforderungen des § 21e GVG entsprechen. Der BGH[3] hat es jedenfalls im Jahre 2001 für ausreichend angesehen, dass aufgrund einer verwaltungsinternen Geschäftsordnung bestimmt wurde, dass ein ehrenamtliches Mitglied den Beschluss der Vergabekammer nicht unterschreiben muss. 14

C. Vergabekammern der Länder (Abs. 2 S. 1)

§ 158 Abs. 2 GWB befasst sich mit der **Errichtung, Organisation und Besetzung von Vergabekammern in den Bundesländern**. Diese obliegt entweder den nach Landesrecht zuständigen Stellen oder – soweit das Landesrecht keine diesbezüglichen Zuständigkeitsregelungen enthält – der jeweiligen Landesregierung, wobei die Landesregierung diese Ermächtigung weiterdelegieren kann. 15

Durch die Bezeichnung **„Nachprüfungsbehörden"** wurde sichergestellt, dass die Länder neben den Vergabekammern auch andere Behörden, wie die Vergabeprüfstellen, einrichten können. Die **Vergabeprüfstellen** waren anfangs in § 103 GWB 2007 genannt, mit der Reform des GWB im Jahre 2009 aber ersatzlos gestrichen worden, da diese Vergabeprüfstellen nur eine untergeordnete Rolle im Rechtsschutzsystem gespielt haben. 16

§ 158 Abs. 2 GWB enthält eine **Sonderregelung für die Länder**, die ansonsten das Verwaltungsverfahren ihrer Behörden selbst bestimmen können (Art. 83 und 84 GG). Die Länder führen die für das Nachprüfungsverfahren maßgeblichen bundesrechtlichen Bestimmungen als eigene Angelegenheiten aus. Die weitere Gestaltung sowie die behördeninterne Organisation und Besetzung der Vergabekammern bleibt den Ländern überlassen, wobei sie aber die Vorgaben des GWB, beispielsweise des § 157 Abs. 2 GWB zur fachlichen Qualifikation der Vergabekammermitglieder, einhalten müssen. 17

Die Länder müssen die **gesetzlichen Vorgaben des Teil 4 des GWB** zu den Nachprüfungsverfahren beachten, da diese Vorschriften aufgrund der konkurrierenden Gesetzgebungskompetenz des Bundes gemäß Art. 74 Abs. 1 Nr. 11 GG (Recht der Wirtschaft) erlassen wurden, sodass abweichende Landesregelungen nach Art. 72 Abs. 1 GG unzulässig sind. 18

---

1 BGH, Beschluss v. 25.10.2011 – X ZB 5/10.
2 EuGH, Urteil v. 13.12.2012 – Rs. C-465/11; Urteil v. 18.9.2014 – Rs. C-549/13 (Bundesdruckerei).
3 BGH, Beschluss v. 12.6.2001 – X ZB 10/01; i.d.S. auch OLG Düsseldorf, Beschluss v. 5.9.2001 – Verg 18/01.

19 Die Bundesländer haben aufgrund dieser bundesgesetzlichen Vorgaben entsprechende **Landesgesetze oder Rechtsverordnungen** erlassen. In Nordrhein-Westfalen wurde aufgrund dieser Regelung in der Zuständigkeitsverordnung[4], bestimmt, dass es zwei Vergabekammern geben soll, und zwar die Vergabekammer Westfalen bei der Bezirksregierung Münster und die Vergabekammer Rheinland mit Sitz bei der Bezirksregierung Köln. In Bayern wurden ebenfalls zwei Vergabekammern eingerichtet, und zwar bei den Mittelinstanzen in Mittelfranken (Vergabekammer Nordbayern) und in Oberbayern (Vergabekammer Südbayern). In den meisten Bundesländern sind die Vergabekammern entweder bei den Mittelinstanzen oder bei den Ministerien eingerichtet worden.

20 In den **Zuständigkeitsverordnungen** wird in der Regel bestimmt, welche Stelle für den Erlass der Geschäftsordnung zuständig ist. In den Geschäftsordnungen werden dann – so wie im Falle der Bundeskammern – die Einzelheiten der Geschäftsverteilung innerhalb der Vergabekammer geregelt.

21 Demgegenüber können die Länder aber **keine abweichenden Verfahrensregelungen** in ihren Geschäftsordnungen bestimmen, sondern sie sind gemäß § 170 GWB an die bundesrechtlichen Regelungen im zweiten Abschnitt (§§ 160 bis 170 GWB) gebunden.

D. Gemeinsame Vergabekammern (Abs. 2 S. 2)

22 In § 158 Abs. 2 S. 2 GWB wird den Ländern die Möglichkeit eröffnet, gemeinsame Nachprüfungsbehörden einzurichten. Aufgrund einer Zusammenfassung könnte der Sachverstand gebündelt und die Kosten minimiert werden. Aufgrund der föderalen Struktur in der Bundesrepublik Deutschland ist aber bislang von dieser Möglichkeit kein Gebrauch gemacht worden.

Anlage

Gesetzesbegründung (BT-Drs. 18/6281)

Seite 134

§ 158 entspricht dem bisherigen § 106 GWB.

4 Verordnung über die Einrichtung und Zuständigkeit der Vergabekammern im Nachprüfungsverfahren für die Vergabe öffentlicher Aufträge in Nordrhein-Westfalen vom 2.12.2014, GV. NRW, Ausgabe 2014 Nr. 39 vom 16.12.2014.

§ 159
Abgrenzung der Zuständigkeit der Vergabekammern

(1) Die Vergabekammer des Bundes ist zuständig für die Nachprüfung der Vergabeverfahren

1. des Bundes;

2. von öffentlichen Auftraggebern im Sinne des § 99 Nummer 2, von Sektorenauftraggebern im Sinne des § 100 Absatz 1 Nummer 1 in Verbindung mit § 99 Nummer 2 und Konzessionsgebern im Sinne des § 101 Absatz 1 Nummer 1 in Verbindung mit § 99 Nummer 2, sofern der Bund die Beteiligung überwiegend verwaltet oder die sonstige Finanzierung überwiegend gewährt hat oder über die Leitung überwiegend die Aufsicht ausübt oder die Mitglieder des zur Geschäftsführung oder zur Aufsicht berufenen Organs überwiegend bestimmt hat, es sei denn, die an dem Auftraggeber Beteiligten haben sich auf die Zuständigkeit einer anderen Vergabekammer geeinigt;

3. von Sektorenauftraggebern im Sinne des § 100 Absatz 1 Nummer 2 und von Konzessionsgebern im Sinne des § 101 Absatz 1 Nummer 3, sofern der Bund auf sie einen beherrschenden Einfluss ausübt; ein beherrschender Einfluss liegt vor, wenn der Bund unmittelbar oder mittelbar die Mehrheit des gezeichneten Kapitals des Auftraggebers besitzt oder über die Mehrheit der mit den Anteilen des Auftraggebers verbundenen Stimmrechte verfügt oder mehr als die Hälfte der Mitglieder des Verwaltungs-, Leitungs- oder Aufsichtsorgans des Auftraggebers bestellen kann;

4. von Auftraggebern im Sinne des § 99 Nummer 4, sofern der Bund die Mittel überwiegend bewilligt hat;

5. die im Rahmen der Organleihe für den Bund durchgeführt werden;

6. in Fällen, in denen sowohl die Vergabekammer des Bundes als auch eine oder mehrere Vergabekammern der Länder zuständig sind.

(2) Wird das Vergabeverfahren von einem Land im Rahmen der Auftragsverwaltung für den Bund durchgeführt, ist die Vergabekammer dieses Landes zuständig. Ist in entsprechender Anwendung des Absatzes 1 Nummer 2 bis 5 ein Auftraggeber einem Land zuzuordnen, ist die Vergabekammer des jeweiligen Landes zuständig.

(3) In allen anderen Fällen wird die Zuständigkeit der Vergabekammern nach dem Sitz des Auftraggebers bestimmt. Bei länderübergreifenden Beschaffungen benennen die Auftraggeber in der Vergabebekanntmachung nur eine zuständige Vergabekammer.

Übersicht Rn.

A. Allgemeines ... 1
B. Zuständigkeit der Bundeskammer (Abs. 1) ... 5
I. Grundsatz ... 5
II. Zuständigkeiten im Einzelnen ... 6
1. Vergabeverfahren des Bundes (Nr. 1) ... 9
2. Vom Bund beherrschte Auftraggeber (Nr. 2 und Nr. 3) ... 10
a) Auftraggeber nach § 99 Nr. 2 GWB (Nr. 2) ... 12
b) Sektorenauftraggeber nach § 100 Abs. 1 Nr. 2 GWB und Konzessionsgeber nach § 101 Abs. 1 Nr. 3 GWB (Nr. 3) ... 15
3. Auftraggeber i.S.v. § 99 Nr. 4 GWB (Nr. 4) ... 18
4. Organleihe (Nr. 5) ... 20
5. Parallele Zuständigkeit (Nr. 6) ... 21
C. Zuständigkeit der Vergabekammern der Länder (Abs. 2) ... 28
I. Auftragsverwaltung (S. 1) ... 29
II. Generalklausel (S. 2) ... 31
D. Zuständigkeit nach dem Sitz des Auftraggebers (Abs. 3 S. 1) ... 33
E. Zuständigkeit bei länderübergreifenden Beschaffungen (Abs. 3 S. 2) ... 39
I. Länderübergreifende Beschaffungen ... 39
II. Benennung durch den Auftraggeber ... 42
Anlage
Gesetzesbegründung (BT-Drs. 18/6281)

A. Allgemeines

1 § 159 GWB befasst sich mit der **Abgrenzung der Vergabekammer des Bundes zu den Vergabekammern der Länder**. Grundsätzlich richtet sich diese Entscheidung nach der Einordnung des öffentlichen Auftrages oder der Konzession. Die Frage ist, welchem „Auftraggeber" der öffentliche Auftrag zuzuordnen ist und ob dieser Auftraggeber dem „Bund" oder einem „Land" zugehörig ist. Maßgeblich hierfür ist die objektive Rechtslage, nicht die Angaben in der Bekanntmachung.[1]

2 Aufgrund der neuen Systematik in Teil 4 des GWB sind nunmehr auch die **Sektorenauftraggeber und die Konzessionsgeber** zusätzlich zu den öffentlichen Auftraggebern genannt worden. Zudem wurde die Vorschrift im ersten Absatz um Nr. 6 ergänzt, wonach die Vergabekammer des Bundes auch dann zuständig ist, wenn eine oder mehrere Vergabekammern der Länder ebenfalls zuständig sind.

3 § 159 GWB ersetzt den **bisherigen § 106a GWB**, der mit dem VergRModG 2009 in das GWB eingefügt wurde. Gleichzeitig hat der Gesetzgeber den **§ 18 VgV a.F.** aufgehoben. § 18 VgV a.F. enthielt zunächst die Regelungen zur Abgrenzung der Zuständigkeiten zwischen den Vergabekammern des Bundes und der Länder, die dann aber in das GWB übernommen wurden, da der Gesetzgeber alle Regelungen im Zusammenhang mit den Nachprüfungsverfahren im vierten Teil des GWB bündeln wollte. Da der aufgehobene § 18 VgV weitgehend inhaltlich identisch mit § 106a GWB a.F. war und diese Regelung dem neuen § 159 GWB entspricht, kann auch die dazu ergangene Rechtsprechung weiterhin berücksichtigt werden.

4 Da die Auftraggeber nicht immer eindeutig und ohne weitere Ermittlungen **dem Bund oder einem Land** zugeordnet werden können, sind die ergänzenden Regelungen in § 159 GWB erforderlich. Denn ein öffentlicher Auftraggeber kann vom Bund und einem Land oder mehreren Ländern beherrscht oder finanziert werden, sodass eine klare Zuordnung notwendig wird, um die Zuständigkeit der Nachprüfungsinstanz bestimmen zu können. Für den Fall, dass die Einordnung ergibt, dass **sowohl der Bund als auch ein oder mehrere Länder zuständig** sind, wird neu in § 159 Abs. 1 Nr. 6 GWB geregelt, dass dann die Bundesvergabekammer für die Nachprüfung zuständig ist.

B. Zuständigkeit der Bundeskammer (Abs. 1)

I. Grundsatz

5 § 159 Abs. 1 Nr. 1 bis 6 GWB befasst sich ausschließlich mit der Zuständigkeit der Vergabekammer des Bundes und bestimmt unter Rückgriff auf die Begriffe des öffentlichen Auftraggebers, des Sektorenauftraggebers und des Konzessionsgebers, in welchen Fällen den Bundesvergabekammern die Nachprüfung obliegt.

II. Zuständigkeiten im Einzelnen

6 § 159 Abs. 1 GWB legt die Zuständigkeit der Vergabekammer des Bundes für alle Aufträge fest, die vom Bund als **öffentlichem Auftraggeber** vergeben werden, und regelt dann Besonderheiten im etwaigen Einzelfall. Weiterhin sind in § 159 Abs. 1 GWB nunmehr auch die **Sektorenauftraggeber** und die **Konzessionsgeber** als Auftraggeber genannt worden. Die weiteren Einzelheiten zur Ermittlung des Auftraggebers ergeben sich aus den jeweiligen Nummern des § 159 Abs. 1 GWB.

7 Dabei hat der Gesetzgeber den § 106a Abs. 1 Nr. 6 a.F., der sich auf die Vergabe von **Baukonzessionen** bezog, ersatzlos fallen gelassen, da die Vergabe von Konzessionen nun abschließend in der RL 2014/23/EU geregelt ist.

---

1 OLG Frankfurt, Beschluss v. 2.12.2014 – 11 Verg 7/14; OLG Jena, Beschluss v. 26.9.2013 – 9 Verg 4/13; VK Bund, Beschluss v. 25.5.2012 – VK 3-54/12; *Brauer*, NZBau 2009, 297 (298).

Neu aufgenommen hat der Gesetzgeber § 159 Abs. 1 Nr. 6 GWB, der eine Zuständigkeitsregelung für die Fälle enthält, in denen **sowohl die Vergabekammer des Bundes als auch eine oder mehrere Vergabekammern der Länder** zuständig sind, weil eine eindeutige Zuordnung nicht möglich ist. 8

1. Vergabeverfahren des Bundes (Nr. 1)

Die Vergabekammer des Bundes ist für alle Nachprüfungen von Vergabeverfahren zuständig, 9 die vom **Bund** oder einer **Bundesbehörde** unmittelbar vergeben werden. Dazu gehören auch die Bundesministerien und nachgeordnete Bundesbehörden, wie z.B. das Bundesamt für Wehrtechnik und Beschaffung, die Bundeswehrverwaltung, das Bundesverwaltungsamt, das Bundesamt für Bauwesen und Raumordnung, das Bundesbeschaffungsamt oder die Wasser- und Schifffahrtsverwaltung des Bundes.

2. Vom Bund beherrschte Auftraggeber (Nr. 2 und Nr. 3)

§ 159 Abs. 1 Nr. 2 und Nr. 3 GWB bezieht sich auf Auftraggeber, die als **juristische Personen** 10 **des öffentlichen oder des privaten Rechts** eingeordnet werden können. Dabei handelt es sich zunächst um öffentliche Auftraggeber, die bereits in § 98 Nr. 2 GWB a.F. genannt waren. Neu hinzugekommen sind die Sektorenauftraggeber und die Konzessionsgeber. Die Differenzierung zwischen öffentlichen Auftraggebern, Sektorenauftraggebern und Konzessionsgebern ergibt sich aus den §§ 99, 100 und 101 GWB.

§ 159 Abs. 1 Nr. 3 GWB bezieht auch – anders als § 159 Abs. 1 Nr. 2 GWB – **Sektorenauf-** 11 **traggeber und Konzessionsgeber** mit ein, die als **juristische Personen des Privatrechts** einzuordnen sind. Demzufolge werden natürliche Personen und damit auch Personenzusammenschlüsse und Gesamthandsgemeinschaften wie die KG oder die GmbH & Co. KG erfasst.[2]

a) Auftraggeber nach § 99 Nr. 2 GWB (Nr. 2)

§ 159 Abs. 1 Nr. 2 GWB erfordert, dass der Bund die Beteiligung überwiegend verwaltet oder 12 die sonstige Finanzierung überwiegend gewährt hat oder über die Leitung überwiegend die Aufsicht ausübt oder die Mitglieder des zur Geschäftsführung oder zur Aufsicht berufenen Organs überwiegend bestimmt hat.

Allen genannten Bedingungen ist gemeinsam, dass der Bund **überwiegend**, also zu mehr als 50 %, an dem jeweiligen Auftraggeber **beteiligt** sein muss. Die Beteiligung des Bundes kann sich in zwei Varianten verwirklichen. In der ersten Variante verwaltet der Bund die Beteiligung am öffentlichen Auftraggeber überwiegend oder gewährt überwiegend die Finanzierung des öffentlichen Auftraggebers, Sektorenauftraggebers oder Konzessionsgebers.

Die zweite Variante betrifft die Beteiligung des Bundes durch **Aufsicht über die Leitung** des 13 öffentlichen Auftraggebers, Sektorenauftraggebers oder Konzessionsgebers. Übt der Bund über die Leitung des Auftraggebers oder über dessen geschäftsführende Mitglieder die überwiegende Aufsicht aus, ist bei Vergabeverfahren dieser öffentlichen Auftraggeber, Sektorenauftraggeber und Konzessionsgeber die Vergabekammer des Bundes für die Nachprüfung zuständig. Für das Merkmal „über ihre Leitung Aufsicht ausübt" reicht nach Auffassung des OLG Düsseldorf[3] aus, wenn die Aufsicht durch den Bund in einem Ausmaß besteht, die es dem Bund ermöglicht, die Entscheidungen der Gesellschaft auch in Bezug auf öffentliche Aufträge zu beeinflussen. Mit einer ähnlichen Begründung hat das OLG Düsseldorf[4] auch die Träger der gesetzlichen Unfallversicherung als öffentlicher Auftraggeber definiert, die der Aufsicht staatlicher Stellen – im konkreten Fall der Aufsicht des Landes – unterliege. Dass auch diese Abgrenzung nicht immer zu eindeutigen Ergebnissen führen muss, zeigte die Rechtspre-

2 *Dippel*, in: Hattig/Maibaum, Kartellvergaberecht, § 98 GWB Rn. 136; *Diehr*, in: Reidt/Stickler/Glahs, Vergaberecht, § 98 GWB Rn. 102.
3 OLG Düsseldorf, Beschluss v. 30.4.2003 – VII-Verg 67/02.
4 OLG Düsseldorf, Beschluss v. 6.7.2005 – VII-Verg 22/05.

chung zu den Rabattverträgen der gesetzlichen Krankenkassen. Insofern war es sinnvoll, dass der Gesetzgeber § 159 Abs. 1 Nr. 6 GWB neu eingefügt hat.[5]

14 Der letzte Halbsatz in § 159 Abs. 1 Nr. 2 GWB regelt die Möglichkeit, dass sich die an dem Auftraggeber Beteiligten auch **auf die Zuständigkeit einer anderen Vergabekammer** intern **einigen** können. Dies stellt der Gesetzgeber den an einer juristischen Person des öffentlichen oder privaten Rechts Beteiligten frei. Auch bei einer überwiegenden Beteiligung des Bundes kann ein Auftraggeber – Gleiches gilt jetzt auch für den Sektorenauftraggeber und den Konzessionsgeber – die Zuständigkeit einer anderen Vergabekammer festlegen. Dies kann auch die Vergabekammer eines Bundeslandes sein. Möglich ist auch, dass eine solche Vereinbarung nur für eine konkrete Vergabe erfolgt. Einschränkend ist aber die Bestimmung wohl dahingehend auszulegen, dass die intern bestimmte Vergabekammer auch an sich zuständig sein muss. Die Beteiligten können also nicht etwa die Zuständigkeit einer gänzlich anderen Vergabekammer vereinbaren.[6] Letztlich sind solche internen Vereinbarungen, die Auswirkungen auf die Zuständigkeit einer Behörde haben, nicht unproblematisch. Denn die Zuständigkeiten der Behörden sind gesetzlich geregelt, um Rechtssicherheit für das Außenverhältnis zu schaffen. Private Vereinbarungen können eigentlich keine gesetzlichen Vorgaben ersetzen.

b) Sektorenauftraggeber nach § 100 Abs. 1 Nr. 2 GWB und Konzessionsgeber nach § 101 Abs. 1 Nr. 3 GWB (Nr. 3)

15 § 159 Abs. 1 Nr. 3 GWB erfasst die Sektorenauftraggeber und die Konzessionsgeber. Damit sind Sektorenauftraggeber gemeint, die als natürliche oder juristische Personen des privaten Rechts eine Sektorentätigkeit gemäß § 102 GWB ausüben, wenn diese Tätigkeit auf der Grundlage von besonderen oder ausschließlichen Rechten ausgeübt wird, die von einer zuständigen Behörde gewährt wurden, oder ein öffentlicher Auftraggeber gemäß § 99 Nr. 1 bis 3 GWB auf diese Personen einzeln oder gemeinsam einen beherrschenden Einfluss ausüben kann. Diese Auftraggeber wurden bislang von § 98 Nr. 4 GWB a.F. erfasst. Zudem werden diese Sektorenauftraggeber (i.S.d. § 100 Abs. 1 Nr. 2 GWB) über die Bezugnahme auf § 101 Abs. 1 Nr. 3 GWB als Konzessionsgeber einbezogen, wenn sie eine Konzession zum Zweck der Ausübung ihrer Tätigkeit vergeben.

16 Die vorstehend genannten Sektorenauftraggeber, die einen öffentlichen Auftrag oder eine Konzession vergeben, unterfallen dem § 159 Abs. 1 Nr. 3 GWB, sofern der Bund auf diese einen **beherrschenden Einfluss** ausübt. Ein beherrschender Einfluss liegt vor, wenn der Bund unmittelbar oder mittelbar die Mehrheit des gezeichneten Kapitals des Auftraggebers besitzt oder über die Mehrheit der mit den Anteilen des Auftraggebers verbundenen Stimmrechte verfügt oder mehr als die Hälfte der Mitglieder des Verwaltungs-, Leitungs- oder Aufsichtsorgans des Auftraggebers bestellen kann. Diese Definition deckt sich mit § 100 Abs. 3 GWB, der für Sektorenauftraggeber gilt, und wird wiederholt in § 101 Abs. 2 GWB für Konzessionsgeber, die als Sektorenauftraggeber i.S.v. § 100 Abs. 1 Nr. 2 GWB tätig sind.

17 Eine lediglich **„mittelbare" Einflussnahme** durch Kapitalbeteiligung, über die Mehrheit der Stimmrechte oder durch Aufsicht reicht aus. Der Bund muss nicht zwingend selbst die Anteile und die Stimmrechte an der Gesellschaft halten oder die Bestellung der Mitglieder der Aufsichtsgremien vornehmen. Damit sollen auch sogenannte **Auftraggeberketten**, die durch Ausgliederungen oder Beteiligungsgesellschaften entstehen, aber weiterhin vom Bund beherrscht werden, von § 159 Abs. 1 Nr. 3 GWB erfasst werden. Demzufolge wird man auch diejenigen Sektorenauftraggeber im Zuständigkeitsbereich der Vergabekammer des Bundes einordnen, bei denen der Bund nicht direkt, sondern lediglich durch Muttergesellschaften oder Dritte an der Kapitalbeteiligung usw. beteiligt ist.

---

5 Vgl. dazu Rn. 25.

6 *Reidt*, in: Reidt/Stickler/Glahs, Vergaberecht, § 106a GWB Rn. 12.

3. Auftraggeber i.S.v. § 99 Nr. 4 GWB (Nr. 4)

§ 159 Abs. 1 Nr. 4 GWB erfasst natürliche oder juristische Personen des privaten Rechts sowie juristische Personen des öffentlichen Rechts, soweit diese nicht bereits unter § 99 Nr. 2 GWB fallen. Diese Regelung bezieht sich auf **Subventionsempfänger**, die im Rahmen von Förderprogrammen Mittel vom Bund erhalten. Liegen diese Mittel des Bundes oberhalb von 50 %, so begründet dies die Zuständigkeit der Vergabekammer des Bundes. 18

Diese Mittel müssen für ganz **bestimmte Maßnahmen**, die in § 99 Nr. 4 GWB aufgeführt sind, zur Verfügung gestellt werden. Beispielsweise für die Errichtung von Krankenhäusern, Sport-, Erholungs- oder Freizeiteinrichtungen usw. 19

4. Organleihe (Nr. 5)

Die Regelung stellt klar, dass in den Fällen, in denen eine **Organleihe** für den Bund vorliegt, das Land also im Namen des Bundes handelt, diese Vergabeverfahren ebenfalls der Nachprüfung durch die Vergabekammern des Bundes unterliegen. Eine Organleihe liegt vor, wenn das Land im Namen des Bundes die Aufgaben erledigt, aber nicht selbst verantwortlich wird, sondern nur in Vertretung für den Bund handelt. Der Bund bleibt dann Auftraggeber. Für Nachprüfungen in diesem Bereich ist dann die Zuständigkeit der Vergabekammer des Bundes gegeben, auch wenn Länderbehörden die Ausschreibung durchführen. 20

5. Parallele Zuständigkeit (Nr. 6)

Mit § 159 Abs. 1 Nr. 6 GWB wird eine Lücke im bisherigen § 106a GWB geschlossen. In den Fällen, in denen **sowohl die Vergabekammer des Bundes als auch eine oder mehrere Vergabekammern der Länder** zuständig sind, erfolgt die Nachprüfung nach dem Willen des Gesetzgebers nunmehr durch die Vergabekammer des Bundes. Diese Auffangzuständigkeit setzt voraus, dass neben einer oder mehreren Vergabekammern der Länder auch die Vergabekammer des Bundes zuständig ist. 21

Sie gilt nicht für den Fall, dass nur mehrere Ländervergabekammern zuständig sind. Bei **länderübergreifenden Beschaffungen** benennen die Auftraggeber gemäß § 159 Abs. 3 S. 2 GWB in der Vergabebekanntmachung nur eine zuständige Vergabekammer, und zwar die eines Landes. 22

Die Zuständigkeitskonzentration bei einer Vergabekammer dient der **Verfahrenskonzentration und -beschleunigung** in Fällen, in denen aufgrund der Zuständigkeit unterschiedlicher Beschwerdeinstanzen die Gefahr divergierender Entscheidungen besteht. Durch die Ergänzung einer ausschließlichen Zuständigkeit der Vergabekammer des Bundes wird in diesen Fällen sichergestellt – so die Gesetzesbegründung[7] –, dass alle Nachprüfungsanträge bei derselben Vergabekammer gestellt werden und gleichzeitig die Zuständigkeit der Vergabekammer des Bundes gemäß § 159 Abs. 1 Nr. 1 bis 5 gewahrt bleibt. 23

Die Problematik, dass mehrere Vergabekammern zuständig sind, stellte sich wiederholt bei der Nachprüfung von Ausschreibungen der **gesetzlichen Krankenkassen**. Die Vergabekammern des Bundes[8] hatten ihre Zuständigkeit angenommen, weil sie der Auffassung waren, dass die überwiegende Finanzierung der gesetzlichen Krankenkassen durch den Bund aufgrund der bundesgesetzlichen Regelungen in §§ 3, 5, 220 ff. SGB V gewährt wird. Demgegenüber vertreten einige Vergabekammern der Länder[9] die Auffassung, dass der Bund nur den gesetzlichen Rahmen aufstelle und die direkte Finanzierung durch den Bund nur ein Ausgleich für versicherungsfremde Leistungen sei, während die Länder nach Art. 87 Abs. 2 S. 2 GG, § 90 Abs. 2 und § 3 SGB IV die Aufsicht über die gesetzlichen Krankenkassen ausübten und sich aus der Gesamtschau der Zuständigkeiten der gesetzlichen Krankenkassen schließen 24

7 Gesetzesbegründung, BT-Drs. 18/6281, 134.
8 VK Bund, Beschluss v. 20.2.2015 – VK 2-3/15; Beschluss v. 10.9.2014 – VK 1-66/14; Beschluss v.15.11.2007 – VK 2-102/07; Beschluss v. 14.11.2007 – VK 3-124/07; so auch OLG Düsseldorf, Beschluss v. 1.8.2012 – VII-Verg 15/12.
9 VK Westfalen, Beschluss v. 22.4.2015 – VK 1-12/15; VK Brandenburg, Beschluss v. 11.2.2014 – VK 29/13; VK Arnsberg, Beschluss v. 3.12.2009 – VK 30/09; VK Düsseldorf, Beschluss v. 31.10.2007 – VK 31/07.

lasse, dass sie Länder- und nicht Bundesstellen seien, sodass danach die Vergabekammern der Länder zuständig sein müssten.

25 Das OLG Düsseldorf[10] vertrat zur Abgrenzung der Zuständigkeiten im Bereich der Rabattverträge der gesetzlichen Krankenkassen die Auffassung, dass eine Schwerpunktbildung danach, ob die Finanzierung oder die Beaufsichtigung im Vordergrund steht, nicht vorzunehmen sei. Die Kriterien der überwiegenden Finanzierung und der überwiegenden Beaufsichtigung ständen gleichrangig nebeneinander. Die Abgrenzung in diesen und vergleichbaren Fällen sei daher nach **allgemeinen verfahrensrechtlichen Grundsätzen** vorzunehmen, wie sie konkret ihren Niederschlag in § 35 ZPO gefunden haben. Nach dieser Norm obliegt dem Kläger oder Antragsteller die Wahl, seinen Antrag bei dem aus seiner Sicht zuständigen Gericht (Vergabekammer) zu stellen. Einem Antragsteller stand somit gemäß § 35 ZPO analog das **Wahlrecht** zu, sich für eine der beiden zuständigen Vergabekammern zu entscheiden.[11]

26 Dieses Wahlrecht des Antragstellers entfällt zukünftig aufgrund der Neuregelung in § 159 Abs. 1 Nr. 6 GWB. Liegt eine parallele Zuständigkeit vor und wurde davon abweichend keine andere Vergabekammer vom Auftraggeber bestimmt, gilt die **Auffangzuständigkeit**, sodass dann die Vergabekammer des Bundes zuständig ist. Das Wahlrecht des Antragstellers kann zulässigerweise schon durch die Benennung der Vergabekammer des Bundes in der Auftragsbekanntmachung eingeschränkt werden.[12] Die Festlegung auf eine Kammer begegnet keinen durchgreifenden Bedenken, sondern ist aufgrund des Beschleunigungsgrundsatzes durchaus geboten.

27 Für den Fall einer unzulässigen **De-facto-Vergabe** gilt § 159 Abs. 1 Nr. 6 GWB in der Weise, dass die Vergabekammer des Bundes im Wege der Auffangzuständigkeit zuständig sein wird.

C. Zuständigkeit der Vergabekammern der Länder (Abs. 2)

28 In Abgrenzung zu § 159 Abs. 1 GWB regelt § 159 Abs. 2 GWB die Zuständigkeiten der Vergabekammern der Länder.

I. Auftragsverwaltung (S. 1)

29 Im Bereich der Auftragsverwaltung für den Bund handeln die Länder selbst als Auftraggeber, was dazu führt, dass sie bei Vergabeverfahren der Nachprüfung der Vergabekammern des Landes unterliegen.

30 Die **Auftragsverwaltung** nach Art. 85 GG ist eine Form der Landesverwaltung. Auch wenn die Landesverwaltung im Innenverhältnis zum Bund nur im Rahmen ihrer Zuweisung handeln darf, handelt es sich im Außenverhältnis um eine eigenständige Verwaltung des Landes. Das Land handelt im eigenen Namen und übt damit Landesstaatsgewalt aus, und zwar unabhängig davon, ob das Land das Auftragsverhältnis zum Bund offenlegt.[13] Der Bund wird demzufolge in vermögensrechtlichen Angelegenheiten bei diesen Aufgaben von den Behörden der Länder gerichtlich und außergerichtlich vertreten. Bekanntestes Beispiel ist die Auftragsverwaltung im Bereich der **Bundesautobahnen**. Die Vergabe von Bau- und Instandsetzungsarbeiten an Bundesautobahnen erfolgt durch die Behörden des Landes und fällt damit in die Zuständigkeit der Vergabekammern der Länder.[14]

---

10 OLG Düsseldorf, Beschluss v. 19.12.2007 – VII-Verg 51/07.

11 OLG Düsseldorf, Beschluss v. 18.12.2013 – VII-Verg 24/13; OLG Dresden, Beschluss v. 26.6.2012 – Verg 3/12.

12 OLG Dresden, Beschluss v. 26.6.2012 – Verg 4/12.

13 VK Baden-Württemberg, Beschluss v. 21.11.2002 – 1 VK K 59/02.

14 BGH, Beschluss v. 20.3.2014 – X ZB 18/13; OLG München, Beschluss v. 9.4.2015 – Verg 1/15; OLG Rostock, Beschluss v. 9.10.2013 – 17 Verg 6/13; VK Sachsen, Beschluss v. 17.5.2013 – 1/SVK/016-13; OLG Celle, Beschluss v. 6.6.2011 –13 Verg 2/11; OLG Düsseldorf, Beschluss v. 25.11.2009 – VII-Verg 27/09; Beschluss v. 14.9.2009 – VII-Verg 20/09; OLG Brandenburg, Beschluss v. 19.2.2008 – Verg W 22/07; VK Baden-Württemberg, Beschluss v. 23.3.2006 – 1 VK 6/06.

II. Generalklausel (S. 2)

31 § 159 Abs. 2 S. 2 GWB enthält die Generalklausel für die Zuständigkeit der Vergabekammern der Länder. Ausgehend von den Regelungen in § 159 Abs. 1 Nr. 2 bis 5 GWB ist zu ermitteln, ob es sich um Auftraggeber handelt, die dem **Land zuzurechnen** sind. Kann in entsprechender Anwendung der Bestimmungen festgestellt werden, dass die dort genannten Auftraggeber den Ländern zuzuordnen sind, weil sie beispielsweise überwiegend von einem Land finanziert werden, dann begründet dies die Zuständigkeit der Vergabekammer eines Landes.

32 Kann hingegen anhand der dort genannten Kriterien **nicht sicher festgestellt werden**, ob die Vergabekammer des Bundes oder eine Vergabekammer eines Landes zuständig ist, so würde der neu eingefügte § 159 Abs. 1 Nr. 6 GWB die Zuständigkeit der Vergabekammer des Bundes begründen.

D. Zuständigkeit nach dem Sitz des Auftraggebers (Abs. 3 S. 1)

33 Kann die zuständige Vergabekammer weder nach § 159 Abs. 1 GWB noch nach § 159 Abs. 2 GWB ermittelt werden, bestimmt § 159 Abs. 3 S. 1 GWB die zuständige Vergabekammer nach dem **Sitz des Auftraggebers**. Entscheidend ist somit, wo der Auftraggeber, der Sektorenauftraggeber oder der Konzessionsgeber seinen Sitz hat. Die Regelung definiert wiederum eine **Auffangzuständigkeit** für die Fälle, die weder unter § 159 Abs. 1 GWB noch unter § 159 Abs. 2 GWB fallen.

34 Aufgrund der Neuregelung in § 159 Abs. 1 Nr. 6 GWB fallen die Fälle, in denen nach Anwendung der Bestimmungen in § 159 Abs. 1 Nr. 2 bis 5 GWB feststeht, dass eine **Doppelzuständigkeit** von Bundesvergabekammer und Landesvergabekammer vorliegt, aus dem Anwendungsbereich des § 159 Abs. 3 S. 1 GWB heraus. Denn der Gesetzgeber hat für eine solche Fallkonstellation den Vorrang der Bundesvergabekammer bestimmt. Demzufolge bleiben die Fälle, in denen mehrere Vergabekammern eines Landes zuständig sein können, übrig. Hier bestimmt sich dann die Zuständigkeit der Vergabekammer nach dem Sitz des Auftraggebers.

35 Selbst dann, wenn nur ein Auftraggeber ein Vergabeverfahren durchführt, kann es Schwierigkeiten bereiten, den Sitz des Auftraggebers eindeutig zu bestimmen. In den Ländern, in denen nur eine Vergabekammer für sämtliche Auftragsvergaben des Landes zuständig ist, ist das unproblematisch, wenn alle Tochtergesellschaften oder Niederlassungen des Auftraggebers in dem jeweiligen Land ansässig sind. In anderen Bundesländern, in denen **mehrere Vergabekammern** vorhanden sind, wie beispielsweise in Bayern oder Nordrhein-Westfalen, ist sorgfältig zu unterscheiden, welche Tochtergesellschaft oder Niederlassung die Vergabe durchführt. In Nordrhein-Westfalen befindet sich beispielsweise der Sitz der Straßenbauverwaltung im Zuständigkeitsbereich der Vergabekammer Westfalen. Ausschreibungen, die landesweit erfolgen, wie Anschaffungen für die Autobahnmeistereien oder Streusalz für die Autobahnen, fallen damit in die Zuständigkeit der Vergabekammer Westfalen. Die Straßenbauverwaltung in Nordrhein-Westfalen agiert aber mit mehreren Niederlassungen, die in unterschiedlichen Kammerbezirken ihren Sitz haben. Werden somit Straßenbaumaßnahmen durch eine der jeweiligen Niederlassungen vergeben, so entscheidet diejenige Vergabekammer, in deren Bezirk sich der Sitz der Niederlassung befindet. Entscheidendes Abgrenzungskriterium ist in der Regel die Frage, welche Niederlassung des Auftraggebers tatsächlich den Vertrag nach erfolgter Ausschreibung mit dem Bieter abschließt.

36 Problematisch können auch die Fälle werden, in denen es **mehrere Auftraggeber** gibt, die in **unterschiedlichen Kammerbezirken** ihren Sitz haben und lediglich für das Vergabeverfahren gemeinsam agieren. Bekanntestes Beispiel dafür sind die Ausschreibungen im Schienenpersonennahverkehr, die von mehreren Zweckverbänden eines Landes oder von Zweckverbänden mehrerer Länder durchgeführt werden, wobei üblicherweise ein Zweckverband mit der Federführung beauftragt wird. Bekannt sind aber auch Einkaufsgemeinschaften der Kommunen, wie beispielsweise die gemeinsame Beschaffung von Plaketten für Kraftfahr-

zeug-Zulassungsstellen,[15] die eine gemeinsame Ausschreibungen durchführen, die Verträge aber anschließend mit jedem einzelnen Mitglied der Einkaufsgemeinschaft separat schließen. In der Regel wird bereits **in der Auftragsbekanntmachung** diejenige Vergabekammer **bestimmt**, die im Falle einer Nachprüfung zuständig sein soll. Häufig wird die Vergabekammer genannt, in deren Bezirk die federführende Vergabestelle ihren Sitz hat. Für den Fall, dass länderübergreifend beschafft wird, wird dies ausdrücklich in § 159 Abs. 3 S. 2 GWB zugelassen. Diese Möglichkeit besteht aber auch im Falle der gemeinsamen Beschaffung innerhalb eines Bundeslandes, wenn mehrere Vergabestellen, wie beispielsweise mehrere Kommunen oder Zweckverbände, beteiligt sind.

37 Ergibt sich die Zuständigkeit der Vergabekammer **nicht bereits aus der Auftragsbekanntmachung oder den Vergabeunterlagen**, wie beispielsweise im Falle von sogenannten De-facto-Vergaben oder von Vergaben, die unzulässigerweise unterhalb der Schwelle erfolgen, und sind **mehrere Auftraggeber vorhanden**, dann kann die Auswahlentscheidung nach dem allgemeinen Prozessrecht erfolgen. Gemäß § 35 ZPO hat der Kläger unter mehreren zuständigen Gerichten die **Wahl** und trifft diese durch die Erhebung der Klage.[16] Der Antragsteller kann somit durch die Einreichung eines Nachprüfungsantrages bei einer an sich aber zuständigen Vergabekammer das zuständige „Gericht" bestimmen.

38 Eine ähnliche Auffassung vertrat auch das OLG München[17] in einem Fall, in dem **mehrere europäische Staaten** an der Beschaffung beteiligt waren. Gegenstand der Vergabe war die Lieferung von Leittechnik für die Zentralwarte von Kraftwerken, die von einem Unternehmen (Antragsgegner) betrieben wurde, welches aufgrund eines Staatsvertrages zwischen dem Freistaat Bayern und der Republik Österreich gegründet worden war. Das OLG München vertrat die Auffassung, dass auch bei echten grenzüberschreitenden Aufträgen weder nach dem Schwerpunkt der Leistung noch nach dem Schwerpunkt der Produktkapazitäten entschieden werden kann. Auch eine entsprechend § 106a Abs. 3 S. 2 GWB a.F. mögliche Auswahl der Nachprüfungsinstanzen war nicht erfolgt. Die Zuständigkeit, so das OLG München, bestimme sich deshalb nach den **allgemeinen Prozessgrundsätzen**. Das Vergabeverfahren sei dem Zivilrecht zugeordnet, es handele sich um ein vorvertragliches Auswahlverfahren eigener Art, dessen Rechtmäßigkeit sich nach dem Vergaberecht richte. Als Rechtsgrundlage für die Bestimmung der internationalen Zuständigkeit griff das OLG München auf die Regelung des EuGVVO zurück, wonach der Sitz der Antragsgegnerin in Bayern sowohl die internationale als auch die örtliche Zuständigkeit der Vergabekammer Südbayern begründe. Zugleich folgerte das OLG München daraus, dass der Nachprüfungsantrag den Zulässigkeitsanforderungen des GWB entsprechen müsse.

E. Zuständigkeit bei länderübergreifenden Beschaffungen (Abs. 3 S. 2)

I. Länderübergreifende Beschaffungen

39 § 159 Abs. 3 S. 2 GWB bestimmt, dass bei länderübergreifenden Beschaffungen die Auftraggeber in der Vergabebekanntmachung eine **zuständige Vergabekammer bestimmen**. Die Vorschrift bezieht sich wiederum auf Vergaben, bei denen mehrere Länder betroffen sein können. Beispielsweise kann es sich um Ausschreibungen im Bereich von Schienenpersonennahverkehrsleistungen handeln, wenn die ausgeschriebenen Linien über Ländergrenzen hinweg führen. Aber auch Rabattverträge der Krankenversicherungen konnten darunterfallen.

40 Erforderlich ist die Benennung der Vergabekammer in der **Vergabebekanntmachung**. Die Vergabebekanntmachung ist die Bekanntmachung nach Vergabe des öffentlichen Auftrags oder der Konzession, vgl. § 39 VgV, § 38 SektVO und § 21 KonzVgV. Zu diesem Zeitpunkt ist ein Nachprüfungsantrag allerdings in der Regel nicht (mehr) zulässig. Die Benennung der zu-

15 OLG Düsseldorf, Beschluss v. 22.5.2002 – VII-Verg 6/02.
16 OLG Düsseldorf, Beschluss v. 19.12.2007 – VII-Verg 51/07.
17 OLG München, Beschluss v. 12.5.2011 – Verg 26/10.

ständigen Vergabekammer erst in der Vergabebekanntmachung wäre sinnlos. Es ist daher davon auszugehen, dass der Gesetzgeber die Formulierung in § 169 Abs. 3 S. 2 GWB unbesehen aus § 106a Abs. 3 S. 2 GWB a.F. übernommen und es versäumt hat, die Regelung an die neue Terminologie anzupassen. Die Regelung ist daher dahingehend zu verstehen, dass mit der Vergabebekanntmachung die **Auftragsbekanntmachung** gemeint ist.

Da durch die Neuregelung in § 159 Abs. 1 Nr. 6 GWB nunmehr aber eine grundsätzliche **Auffangzuständigkeit** zugunsten der Vergabekammer des Bundes begründet wurde, kommt § 159 Abs. 3 S. 2 GWB wohl nicht mehr zur Anwendung, wenn sich die Zuständigkeiten von Ländervergabekammer und Bundesvergabekammer überschneiden. **41**

II. Benennung durch den Auftraggeber

Liegt eine ausschließlich länderübergreifende Beschaffung vor und ist kein Auftraggeber beteiligt, der dem Bund zugerechnet werden kann, dann dürfen die an der Vergabe beteiligten Auftraggeber sich auf eine an sich zuständige Vergabekammer verständigen und diese in der Bekanntmachung benennen. Die Benennung muss in der **Vergabebekanntmachung**[18] erfolgen, sodass bereits zu Beginn der Ausschreibung die Zuständigkeit der Vergabekammer feststeht. **42**

Diesbezüglich ist es wohl ausreichend, wenn die (federführende) Vergabestelle die zuständige Vergabekammer in dem jeweiligen **EU-Bekanntmachungsformular** an der dafür vorgesehenen Stelle einträgt. Mit dieser Eintragung trifft der Auftraggeber zugleich auch eine Auswahl zwischen mehreren jeweils zuständigen Vergabekammern. **43**

Die Zuständigkeit einer an sich unzuständigen Vergabekammer kann die dann fehlerhafte Benennung jedoch nicht begründen. Die Benennung ist also **nicht konstitutiv** für die Zuständigkeit der genannten Vergabekammer.[19] Benennt der Auftraggeber eine tatsächlich unzuständige Vergabekammer, muss die angerufene Vergabekammer den Rechtsstreit an die tatsächlich zuständige Vergabekammer verweisen.[20] **44**

Anlage

Gesetzesbegründung (BT-Drs. 18/6281)

Seite 134

§ 159 entspricht im Wesentlichen dem bisherigen § 106a. Die Aufzählung weiterer Auftraggeber in § 159 Nummer 2 und 3 geht zurück auf die neue Systematik der Auftraggeber im Sinne der §§ 98 ff. und der damit einhergehenden Differenzierung zwischen öffentlichen Auftraggebern, Sektorenauftraggebern und Konzessionsgebern. Der neu eingefügte § 159 Absatz 1 Nummer 6 bestimmt die Zuständigkeit der Vergabekammer des Bundes, wenn die Nachprüfung von Vergabeverfahren sowohl in die Zuständigkeit der Vergabekammer des Bundes als auch in die Zuständigkeit von Vergabekammern der Länder fällt. Die Zuständigkeitskonzentration bei einer Vergabekammer dient der Verfahrenskonzentration und -beschleunigung in Fällen, in denen aufgrund der Zuständigkeit unterschiedlicher Beschwerdeinstanzen die Gefahr divergierender Entscheidungen besteht. Durch die Ergänzung einer ausschließlichen Zuständigkeit der Vergabekammer des Bundes wird in diesen Fällen sichergestellt, dass alle Nachprüfungsanträge bei derselben Vergabekammer gestellt werden und gleichzeitig die Zuständigkeit der Vergabekammer des Bundes gemäß § 159 Absatz 1 Nummer 1 bis 6 gewahrt bleibt.

---

18 Siehe zur verfehlten Terminologie Rn. 40.
19 *Brauer*, NZBau 2009, 297 (299).
20 Vgl. hierzu § 156 Rn. 10 f.

Teil 4

Vergabe von öffentlichen Aufträgen und Konzessionen

Kapitel 2
Nachprüfungsverfahren

Abschnitt 2
Verfahren vor der Vergabekammer

§ 160
Einleitung, Antrag

(1) Die Vergabekammer leitet ein Nachprüfungsverfahren nur auf Antrag ein.

(2) Antragsbefugt ist jedes Unternehmen, das ein Interesse an dem öffentlichen Auftrag oder der Konzession hat und eine Verletzung in seinen Rechten nach § 97 Absatz 6 durch Nichtbeachtung von Vergabevorschriften geltend macht. Dabei ist darzulegen, dass dem Unternehmen durch die behauptete Verletzung der Vergabevorschriften ein Schaden entstanden ist oder zu entstehen droht.

(3) Der Antrag ist unzulässig, soweit

1. **der Antragsteller den geltend gemachten Verstoß gegen Vergabevorschriften vor Einreichen des Nachprüfungsantrags erkannt und gegenüber dem Auftraggeber nicht innerhalb einer Frist von zehn Kalendertagen gerügt hat; der Ablauf der Frist nach § 134 Absatz 2 bleibt unberührt,**
2. **Verstöße gegen Vergabevorschriften, die aufgrund der Bekanntmachung erkennbar sind, nicht spätestens bis zum Ablauf der in der Bekanntmachung benannten Frist zur Bewerbung oder zur Angebotsabgabe gegenüber dem Auftraggeber gerügt werden,**
3. **Verstöße gegen Vergabevorschriften, die erst in den Vergabeunterlagen erkennbar sind, nicht spätestens bis zum Ablauf der Frist zur Bewerbung oder zur Angebotsabgabe gegenüber dem Auftraggeber gerügt werden,**
4. **mehr als 15 Kalendertage nach Eingang der Mitteilung des Auftraggebers, einer Rüge nicht abhelfen zu wollen, vergangen sind.**

Satz 1 gilt nicht bei einem Antrag auf Feststellung der Unwirksamkeit des Vertrags nach § 135 Absatz 1 Nummer 2. § 134 Absatz 1 Satz 2 bleibt unberührt.

Übersicht

		Rn.
A.	Allgemeines	1
B.	Antragserfordernis und Antragswirkungen (Abs. 1)	6
C.	Antragsbefugnis (Abs. 2)	12
I.	Unternehmen	15
II.	Interesse am Auftrag oder der Konzession	18
III.	Verletzung in eigenen Rechten	22
IV.	Drohender Schaden	28
D.	Rügeobliegenheit (Abs. 3)	34
I.	Bedeutung	39
II.	Rügepflichtiges Verhalten	44
III.	Anforderungen	47
1.	Person des Rügenden	47
2.	Form und Inhalt	49
3.	Zugang beim Auftraggeber	52
IV.	Erkannte Verstöße (S. 1 Nr. 1)	55
1.	Kenntnis der Vergaberechtsverstöße	57
2.	Rügefrist	62
V.	Erkennbare Verstöße (S. 1 Nr. 2 und Nr. 3)	67
1.	Erkennbarkeit	69
2.	Bekanntmachung/ Vergabeunterlagen	74
3.	Rügefrist bei aus der Bekanntmachung erkennbaren Verstößen (Nr. 2)	77
4.	Rügefrist bei aus den Vergabeunterlagen erkennbaren Verstößen (Nr. 3)	80
VI.	Ausnahmen	83
1.	Gesetzliche Ausnahme für De-facto-Vergaben (S. 2)	83
2.	Weitere Ausnahmen der Rechtsprechung	86
E.	Reaktionsfrist (Abs. 3 S. 1 Nr. 4)	90
F.	Verwirkung	95
G.	Darlegungs- und Beweislast	99
Anlage	Gesetzesbegründung (BT-Drs. 18/6281)	

A. Allgemeines

1 Die §§ 160 ff. GWB regeln das Verfahren vor den Vergabekammern, namentlich die Einleitung, Durchführung und Beendigung des Nachprüfungsverfahrens. In § 160 GWB sind die Anforderungen für die Einleitung des Verfahrens normiert.

2 Die Vorschrift übernimmt im Wesentlichen die Regelungen aus **§ 107 GWB a.F.**

3 In Abs. 1 der Vorschrift ist der **Antragsgrundsatz** des Vergabenachprüfungsverfahrens festgelegt. Weiterhin stellt § 160 GWB mit der **Antragsbefugnis** in Abs. 2 und den **Rügeobliegenheiten bzw. der Reaktionspflicht auf Nichtabhilfemitteilungen** in Abs. 3 zentrale Zugangsvoraussetzungen für das Vergabenachprüfungsverfahren auf. Deren praktische Relevanz zeigt sich insbesondere in den zahlreichen dazu ergangenen Entscheidungen der Vergabekammern und -senate, aber auch des Bundesgerichtshofs, des Bundesverfassungsgerichts und des Europäischen Gerichtshofs.

4 Ihre wesentlichen Änderungen hat die Vorschrift mit der **Vergaberechtsnovellierung 2009** erfahren. Dabei wurden insbesondere die einzelnen Rügetatbestände konkreter gefasst und in ihrer jetzigen Form aufgenommen. Zudem wurde die Reaktionsfrist in § 160 Abs. 3 S. 1 Nr. 4 GWB neu eingeführt.

5 Mit der **Vergaberechtsnovelle 2016** wurde allerdings ein wesentlicher Streitpunkt gesetzgeberisch geklärt, indem das Kriterium der Unverzüglichkeit in § 160 Abs. 3 S. 1 Nr. 1 GWB nun nicht mehr enthalten ist. Dieses wurde durch eine Rügefrist von zehn Tagen ersetzt. Im Übrigen wurden einige, aber durchaus nicht unwesentliche Schärfungen in § 160 GWB vorgenommen. So ist in § 160 Abs. 3 S. 1 Nr. 1 GWB jetzt klargestellt, dass der Antrag unzulässig ist, wenn der Bieter Verstöße „vor Einreichung des Antrages" erkannt und nicht gerügt hat. In § 160 Abs. 3 S. 1 Nr. 3 GWB wurden zudem die Wörter „in der Bekanntmachung" gestrichen.

B. Antragserfordernis und Antragswirkungen (Abs. 1)

6 Die Vergabekammer wird nach § 160 Abs. 1 GWB nur **auf Antrag** tätig. Die Einleitung eines Vergabenachprüfungsverfahrens von Amts wegen ist damit nicht möglich. Mit Antragstellung wird der Nachprüfungsantrag rechtshängig.[1] Einer zusätzlichen Handlung der Vergabekammer bedarf es dazu entgegen dem Wortlaut der Norm („leitet ein") nicht. Auch die Übermittlung des Antrages an den Auftraggeber gemäß § 163 Abs. 2 S. 3 GWB hat keine verfahrensbegründende Funktion. Sie löst lediglich das Zuschlagsverbot nach § 169 Abs. 1 GWB aus. Mit Antragstellung beginnt auch die Entscheidungsfrist der Vergabekammer nach § 167 Abs. 1 S. 1 GWB.

7 Der Antrag ist dabei jeweils auf den konkreten **Streitgegenstand** begrenzt, also auf das Begehren, das sich aus dem Antrag ergibt, und dem zu dessen Begründung vorgetragenen Sachverhalt.[2] Der bei der Vergabekammer anhängige Streitgegenstand kann anderweitig von keiner Partei noch einmal anhängig gemacht werden.[3] Wichtig ist, dass sich auch das Zuschlagsverbot nur so weit erstreckt. Besteht ein Auftrag also beispielsweise aus mehreren Losen, so ist der Auftraggeber frei, in nicht streitbefangenen Losen den Zuschlag zu erteilen. Bieter sollten in diesen Fällen klar formulieren, ob sich der Nachprüfungsantrag auf alle, mehrere oder einzelne Lose bezieht. Versäumen sie dies, so wären zudem u.U. alle Lose streitbefangen, wodurch der Nachprüfungsantrag u.U. teilweise unzulässig oder unbegründet würde und mit den entsprechenden Kostenfolgen zu verwerfen oder abzulehnen wäre.

8 Aus dem Antragsgrundsatz ergibt sich gleichzeitig die **Dispositionsbefugnis** des Antragstellers. Ein gestellter Antrag kann durch ihn (auch teilweise) zurückgenommen werden, selbst

1 Vgl. BGH, Beschluss v. 9.2.2004 – X ZB 44/03, Rn. 22, eine Unterscheidung zwischen Anhängigkeit des Antrages und seiner Rechtshängigkeit findet nicht statt.
2 VK Bund, Beschluss v. 28.10.2010 – VK 3-93/10; vgl. auch OLG München, Beschluss v. 17.1.2013 – Verg 30/12.
3 VK Bund, Beschluss v. 28.10.2010 – VK 3-93/10.

nach einer – noch nicht bestandskräftigen – Entscheidung der Vergabekammer.[4] Eine Zustimmung des Antragsgegners oder der Beigeladenen ist nicht erforderlich, nach nicht unumstrittener Ansicht auch nicht in der Beschwerdeinstanz.[5] Das Verfahren ist bei erfolgter Rücknahme ohne Entscheidung in der Sache beendet, eine schon ergangene Entscheidung der Vergabekammer ist wirkungslos.[6] Ein zurückgenommener Antrag kann allerdings erneut bei der Vergabekammer gestellt werden.[7] Zu beachten ist dann natürlich, dass zum Zeitpunkt der neuerlichen Antragstellung die Zulässigkeitsvoraussetzungen noch vorliegen müssen.

Da der Antragsteller in formeller Hinsicht und der Antragsgegner in materieller Hinsicht über den Verfahrensgegenstand verfügen können, sind auch **Vergleiche** vor der Vergabekammer (oder den Senaten) denkbar und in der Praxis anerkannt.[8] Da in der Regel Dritte – mit meist gegensätzlichen Interessen – am Verfahren beteiligt und von dessen Ausgang betroffen sind, kommen Vergleiche in der Praxis aber nicht sehr häufig vor. Denn ein Vertrag zulasten Dritter ist auch im Vergabenachprüfungsverfahren nicht möglich. Die Dritten müssten – sofern ihre Rechtsposition betroffen ist – in den Vergleich mit einbezogen werden.[9] Eine Betroffenheit liegt nicht nur dann vor, wenn etwa der Zuschlagsbieter selbst ausgeschlossen werden soll. Auch eine Begünstigung des Antragstellers, beispielsweise durch vergleichsweise Bejahung seiner Eignung, ohne dass er die erforderlichen Nachweise und Erklärungen vorlegen konnte, verletzt den Beigeladenen in seinen subjektiven Rechten aus § 97 Abs. 6 GWB.[10] In der Praxis kommen daher am häufigsten Vergleiche über Kosten des Verfahrens oder in Bezug auf die Bedingungen der Auftragsvergabe vor. Ob einem vor den Vergabekammern geschlossenen Vergleich gleichzeitig verfahrensbeendende Wirkung zukommt, wird neuerdings angezweifelt.[11] Die Diskussion dazu ist aber noch im Fluss, gute Gründe sprechen für eine Verfahrensbeendigung.[12] Ist ein Vergleich wirksam geschlossen, entfaltet er nur zwischen den beteiligten Parteien Bindungswirkung.[13] Auch die Vergabekammer soll in einem denkbaren, weiteren Vergabenachprüfungsverfahren diesen Vergleich zu beachten haben und darf die vergleichsweise geregelten Punkte nicht im Wege der Amtsermittlung aufgreifen und eine vom Vergleich abweichende Entscheidung treffen.[14] 9

Antragserweiterungen oder **Antragsänderungen** im Vergabenachprüfungsverfahren sind grundsätzlich möglich.[15] Das Problem stellt sich insbesondere bei „sich überholenden" Vergabenachprüfungsverfahren. Der Auftraggeber ist durch ein anhängiges Vergabenachprüfungsverfahren nicht gehindert, das Vergabeverfahren weiter bis zum Zuschlag zu betreiben. Nur die Erteilung des Zuschlages selbst ist ihm verwehrt (§ 169 Abs. 1 GWB). Dadurch ist es denkbar, dass während des Vergabenachprüfungsverfahrens weitere Vergabeverstöße aus folgenden Verfahrensstufen hinzutreten. Wendet sich ein Antragsteller beispielsweise gegen die Vorgaben der Vergabeunterlagen oder der Bekanntmachung und gibt vorsichtshalber gleichwohl ein Angebot ab, so kann es durchaus vorkommen, dass das Vergabenachprüfungsverfahren bis zum Abschluss der Wertung noch nicht beendet ist. Der Antragsteller steht dann ggf. vor der Situation, auch gegen die Vergabeentscheidung vorgehen zu wollen. Es stellt sich die Frage, ob dieser Vortrag in das laufende Verfahren eingebracht werden kann 10

---

4 Vgl. BGH, Beschluss v. 24.3.2009 – X ZB 29/08, es findet dann nur noch eine Entscheidung hinsichtlich der Kosten statt.
5 OLG Naumburg, Beschluss v. 17.8.2007 – 1 Verg 5/07; vgl. auch BGH, Beschluss v. 24.3.2009 – X ZB 29/08, der zumindest § 269 Abs. 1 ZPO nicht analog anwendet; a.A. OLG Koblenz, Beschluss v. 15.8.2006 – 1 Verg 7/06.
6 OLG Düsseldorf, Beschluss v. 9.11.2009 – VII-Verg 35/09; OLG Dresden, Beschluss v. 16.11.2006 – WVerg 15/06.
7 OLG Düsseldorf, Beschluss v. 29.12.2001 – VII-Verg 22/01; möglich etwa bei mangels Rüge noch nicht zulässigen Anträgen.
8 OLG Frankfurt, Beschluss v. 16.10.2012 – 11 Verg 9/11; *Bastius,* in: Müller-Wrede, Taschenkommentar GWB-Vergaberecht, § 124 Rn. 38.
9 *Bastius,* in: Müller-Wrede, Taschenkommentar GWB-Vergaberecht, § 124 Rn. 38.
10 *Dreher/Glöckle*, NZBau 2015, 529 (530).
11 *Conrad*, ZfBR, 2014, 658 (660). Grund soll der vergaberechtliche Beschleunigungsgrundsatz sein, der einem etwaigen Streit über die Wirksamkeit des Vergleiches und damit auch die wirksame Beendigung des Vergabenachprüfungsverfahrens entgegenstünde.
12 Mit den besseren Argumenten entgegengetreten ist *Dreher/Glöckle*, NZBau, 2015, 459 (462 f.).
13 OLG Frankfurt, Beschluss v. 16.10.2012 – 11 Verg 9/11; *Conrad*, ZfBR, 2014, 658 (661).
14 OLG Frankfurt, Beschluss v. 16.10.2012 – 11 Verg 9/11.
15 Vgl. etwa OLG Jena, Beschluss v. 26.3.2007 – 9 Verg 2/07.

oder ein eigenständiges Vergabenachprüfungsverfahren eingeleitet werden muss. Letzteres wird teilweise wegen des Beschleunigungsgrundsatzes in § 167 Abs. 2 S. 1 GWB angenommen.[16] Dies ist nicht unproblematisch, da sich das Mitwirkungsgebot der Beteiligten nur auf solche Sachverhalte beziehen kann, die ihnen auch bekannt sind. Zudem verzögert ein weiteres Vergabenachprüfungsverfahren gleichsam die Auftragsvergabe. Umgekehrt wird teilweise die Verfahrensförderungspflicht sogar verfahrensübergreifend beurteilt. Ein Antrag soll danach unzulässig sein, wenn der Vortrag schon in einem früheren Verfahren hätte geltend gemacht werden können.[17] Deswegen kann das Einbringen von Verstößen späterer Verfahrensstufen, die dem Antragsteller bei Antragstellung noch gar nicht bekannt sein konnten, nicht per se mit dem Hinweis auf die Verfahrensförderungspflicht ausgeschlossen werden. Die Vergabekammer hat dann zumindest eine Trennung der Verfahren zu prüfen.[18] Hat allerdings ein Antrag schon auf einer früheren Stufe Erfolg und ist deswegen das Verfahren aufzuheben oder zurückzuversetzen, ist eine Befassung mit (den dann erledigten) Fehlern nachfolgender Verfahrensabschnitte wegen § 167 GWB nicht geboten.[19] Keine Änderung eines Antrages ist dagegen das Nachschieben von weiteren rechtlichen Begründungen, die den ursprünglich gestellten Antrag stützen sollen.

11 Die **formellen Anforderungen** an den Antrag sind in § 161 GWB geregelt. Danach ist der Antrag insbesondere schriftlich zu stellen und unverzüglich zu begründen. Die Begründung muss gemäß § 161 Abs. 2 GWB die Bezeichnung des Antragsgegners, eine Beschreibung der behaupteten Rechtsverletzung mit Sachverhaltsdarstellung und die Bezeichnung der verfügbaren Beweismittel enthalten sowie darlegen, dass die Rüge gegenüber dem Auftraggeber erfolgt ist. Der Antrag soll zudem ein bestimmtes Begehren enthalten. Tenorierungsfähige Anträge sind wegen des Amtsermittlungsgrundsatzes der Vergabekammern allerdings nicht erforderlich.[20] Es ist ausreichend, dass sich das Begehren aus der Begründung des Antrages ergibt.

C. Antragsbefugnis (Abs. 2)

12 § 160 Abs. 2 GWB dient der Umsetzung von **Art. 1 Abs. 4 RL 89/665/EWG und 92/13/EWG**.[21]

13 Die Norm garantiert zum einen den Zugang zu den Vergabekammern, begrenzt diesen aber gleichzeitig. § 160 Abs. 2 GWB stellt dabei eine Ausformung des **allgemeinen Rechtsschutzinteresses** dar und trägt so dem Umstand Rechnung, dass das Vergabenachprüfungsverfahren in erster Linie dem Individualrechtsschutz dient. Dadurch sollen zunächst sogenannte „Popularanträge" ausgeschlossen werden, mit denen ein Antragsteller keine eigenen Rechte geltend macht. Zudem muss sich die Rechtsstellung des Antragstellers im Ergebnis des Verfahrens zumindest verbessern können. Der Auftraggeber soll so vor aussichtslosen und den Zuschlag verzögernden Nachprüfungsverfahren bewahrt werden.[22]

14 § 160 Abs. 2 GWB verlangt **kumulativ** ein Interesse am Auftrag oder der Konzession, die Darlegung einer Rechtsverletzung von Rechten aus § 97 Abs. 6 GWB sowie einen durch diese Rechtsverletzung verursachten Schaden. § 160 Abs. 2 GWB ist durch die Vergabekammern **von Amts wegen** zu beachten. Liegen die Voraussetzungen nicht vor, ist der Antrag unzulässig und allein deswegen zu verwerfen.

16 Vgl. VK Niedersachsen, Beschluss v. 18.9.2012 – VgK-36/12.
17 VK Bund, Beschluss v. 28.9.2010 – VK 3-93/10.
18 Eine Trennung und Verbindung von Verfahren ist grundsätzlich analog § 93 VwGO, § 147 ZPO möglich.
19 Vgl. VK Sachsen, Beschluss v. 4.2.2013 – 1/SVK/039-12.
20 VK Bund, Beschluss v. 23.12.2005 – VK 1-155/05.
21 Zuletzt jeweils geändert durch RL 2007/66/EG.
22 Vgl. Stellungnahme des Bundesrates, VgRÄG, BT-Drs. 13/9340, 40.

I. Unternehmen

Nach § 160 Abs. 2 GWB sind nur **Unternehmen** antragsbefugt. Dies sind zunächst alle potenziellen Auftragnehmer, egal ob es sich um natürliche oder juristische Personen oder Personenvereinigungen handelt. Auch der Rechtsnachfolger eines Bieters kann einen Nachprüfungsantrag stellen.[23] 15

Bietergemeinschaften und **Bewerbergemeinschaften** können nur gemeinsam ein Vergabenachprüfungsverfahren betreiben, ein einzelnes Mitglied einer Bieter- bzw. Bewerbergemeinschaft ist nach herrschender Auffassung allein nicht antragsbefugt.[24] Da die Bietergemeinschaft nur gemeinschaftlich ein Angebot abgegeben hat, hat sie auch nur als Ganzes ein Interesse am Auftrag.[25] Möglich ist aber die Ermächtigung eines einzelnen Mitgliedes durch alle Mitglieder der Bietergemeinschaft, den Antrag im Namen der Bietergemeinschaft zu stellen.[26] In entsprechender Anwendung der im Zivilprozessrecht anerkannten gewillkürten Prozessstandschaft wird dafür die Ermächtigung durch die am Verfahren nicht teilnehmenden Mitglieder der Bietergemeinschaft sowie ein schutzwürdiges Eigeninteresse der Antragstellerin gefordert.[27] 16

Ein **Unterauftragnehmer** kann dagegen keinen eigenen Antrag stellen.[28] Dieser hat kein eigenes Interesse am (Gesamt-)Auftrag. Sein mittelbares Interesse genügt nicht. 17

II. Interesse am Auftrag oder der Konzession

Der Antragsteller muss (noch) ein **Interesse** am Auftrag oder der Konzession haben. Das Interesse ist weit auszulegen. Es liegt in der Regel vor, wenn der Bieter vor Stellung des Nachprüfungsantrages am Vergabeverfahren durch Abgabe eines eigenen Angebotes teilgenommen und einen Vergabeverstoß ordnungsgemäß gerügt hat.[29] Das Interesse wird auch durch die Teilnahme an einem Teilnahmewettbewerb bereits ausreichend dokumentiert.[30] 18

Grundsätzlich lässt auch der **Ablauf der Bindefrist** des Angebotes das Interesse am Auftrag nicht entfallen. Denn mit dem Nachprüfungsantrag bringt der Bieter deutlich zum Ausdruck, dass er auch weiterhin ein grundsätzliches Interesse am Auftrag hat.[31] Der Auftraggeber hat in diesen Fällen zudem weiterhin die Möglichkeit, das Angebot zu bezuschlagen.[32] Auch muss der Antragsteller nicht von sich aus die Bindefrist seines Angebots gegenüber dem Auftraggeber verlängern, vielmehr hat der Auftraggeber die Verlängerung der Bindefrist zu besorgen.[33] Etwas anderes kann allerdings dann gelten, wenn der Antragsteller die Aufforderung des Auftraggebers zur Verlängerung der Bindefrist ablehnt.[34] Wird jedoch gerade die Bindefristverlängerung beanstandet und ihr deswegen nicht zugestimmt, entfällt das Interesse am Auftrag wiederum nicht.[35] 19

---

23 Vgl. OLG Schleswig, Beschluss v. 13.4.2006 – 1 (6) Verg 10/05; nach VK Niedersachsen, Beschluss v. 4.10.2012 – VgK-38/2012 kann auch der Insolvenzverwalter einen Antrag stellen.
24 EuGH, Urteil v. 4.10.2007 – Rs. C-492/06 (San Raffaele), Rn. 25; Urteil v. 8.9.2005 – Rs. C-129/04 (Sofibail), Rn. 28; OLG Düsseldorf, Beschluss v. 18.11.2009 – VII-Verg 19/09.
25 VK Nordbayern, Beschluss v. 20.11.2014 – 21.VK-3194-31/14.
26 OLG Düsseldorf, Beschluss v. 30.3.2005 – VII-Verg 101/04; *Dicks*, in: Ziekow/Völlink, Vergaberecht, § 107 GWB Rn. 10.
27 OLG Frankfurt, Beschluss v. 23.1.2007 – 11 Verg 11/06: Eigeninteresse bejaht, weil dem Mitglied der Bietergemeinschaft ein Erfolg der Nachprüfung in gleicher Weise zukommt; *Dicks*, in: Ziekow/Völlink, Vergaberecht, § 107 GWB Rn. 10.
28 BVerfG, Beschluss v. 23.4.2009 – 1 BvR 3424/08; OLG Düsseldorf, Beschluss v. 5.11.2014 – VII-Verg 20/14; Beschluss v. 29.10.2008 – VII-Verg 35/08; VK Bremen, Beschluss v. 26.5.2015 – 16 VK 3/15.
29 BVerfG, Beschluss v. 29.7.2004 – 2 BvR 2248/03.
30 VK Sachsen, Beschluss v. 10.10.2008 – 1/SVK/051-08.
31 OLG Düsseldorf, Beschluss v. 12.12.2012 – VII-Verg 38/12; OLG Jena, Beschluss v. 30.3.2009 – 9 Verg 12/08.
32 Vgl. OLG Dresden, Beschluss v. 30.1.2007 – WVerg 0001/07.
33 Vgl. OLG München, Beschluss v. 23.6.2009 – Verg 8/09, das von einer stillschweigenden Verlängerung ausgeht, solange der Antragsteller sein Angebot nicht zurückzieht; OLG Jena, Beschluss v. 30.3.2009 – 9 Verg 12/08.
34 *Summa*, in: Heiermann/Zeiss, Vergaberecht, § 107 GWB Rn. 67.
35 *Summa*, in: Heiermann/Zeiss, Vergaberecht, § 107 GWB Rn. 68.

20 Hat sich der Antragsteller **nicht mit einem eigenen Angebot bzw. Teilnahmeantrag am Verfahren beteiligt**, so widerspricht auch dies nicht zwangsläufig einem Interesse am Auftrag.[36] Wendet sich der Antragsteller gerade gegen die Bedingungen der Auftragsvergabe, so ist dies sogar folgerichtig. Denn es ist weder gerechtfertigt noch zumutbar, von einem Antragsteller zur Darlegung seiner Antragsbefugnis die Einreichung eines Angebots zu verlangen, dessen Grundlagen er im Vergabenachprüfungsverfahren als rechtswidrig bekämpft, so dass bei einem Erfolg des Nachprüfungsbegehrens die zur Angebotserstellung aufgewendete Zeit und Mühe als unnötig vertan erscheinen muss.[37] Dies ist vor allem vor dem Hintergrund des teils erheblichen Aufwandes für eine Angebotserstellung gerechtfertigt. Allerdings werden dann zum Teil höhere Anforderungen an die Darlegung des Interesses gestellt.[38] Richtigerweise reicht es, wenn das Unternehmen schlüssig vortragen kann, gerade durch den Vergabefehler an der Abgabe eines Angebotes oder auch nur eines besseren Angebotes gehindert worden zu sein.[39] Gründe können dabei etwa der jeweilige Loszuschnitt, die aufgestellten Eignungskriterien, unklare Vorgaben der Leistungsbeschreibung bzw. unklare Wertungskriterien, eine nicht produktneutrale Ausschreibung usw. sein. Diese Fehler sind in der Regel erheblich, d.h. kalkulationsrelevant, sodass der Antragsteller bei einem vermeintlichen Verstoß an der Abgabe eines optimal kalkulierten und wirtschaftlichen Angebotes gehindert ist. Teilweise wird es sogar schon für ausreichend erachtet, dass das Interesse durch eine Rüge und den anschließenden Nachprüfungsantrag dokumentiert wird.[40]

21 Hat ein Vergabeverfahren nicht stattgefunden (sog. **De-facto-Vergabe**), so besteht das Interesse bei jedem Unternehmen, welches sich am Verfahren hätte beteiligen können. Dazu ist es ausreichend, wenn das Unternehmen zu der in Betracht kommenden Branche gehört und damit generell dafür eingerichtet ist, Aufträge dieser Art auszuführen.[41] Ist dies nicht der Fall – etwa bei Newcomern –, muss der Antragsteller darlegen, in welcher Weise er sich die erforderlichen Mittel beschafft hätte.[42] Dies kann auch dadurch erfolgen, dass der Antragsteller Kooperationspartner benennt, die er hätte binden können.[43]

III. Verletzung in eigenen Rechten

22 Der Antragsteller muss eine Verletzung in eigenen, d.h. **bieterschützenden Rechten** aus § 97 Abs. 6 GWB durch Nichtbeachtung von Vergabevorschriften geltend machen. Damit ist eine sog. „Popularklage" (eigentlich ja „Popularantrag") ohne eigene Rechtsbetroffenheit ausgeschlossen. Denn das Vergabenachprüfungsverfahren dient dem Individualrechtsschutz der Bieter und nicht der allgemeinen Überprüfung von Vergabeverfahren. Die Vergabekammern sind keine Rechtsaufsichtsbehörden.

23 Gemäß § 97 Abs. 6 GWB haben die Unternehmen Anspruch darauf, dass der Auftraggeber **die Bestimmungen des Vergabeverfahrens** einhält. Dazu zählen im Wesentlichen die Vorschriften des Vierten Teils, Kapitel 1 des GWB, der VgV (die nun den Regelungsbereich der früheren VgV, der VOL/A, der VOF und Teile der VOB/A umfasst), der SektVO, der VSVgV und der VOB/A.

24 Daneben kann sich eine Rechtsverletzung auch aus anderen**, außerhalb des Vergaberechts liegenden Normen** ergeben. Anknüpfungspunkt ist hier § 156 Abs. 2 GWB, der auch die

36 Vgl. EuGH, Urteil v. 12.2.2004 – Rs. C-230/02 (Grossmann), Rn. 28 ff.
37 OLG Düsseldorf, Beschluss v. 29.2.2012 – VII-Verg 75/11.
38 VK Berlin, Beschluss v. 13.6.2011 – VK B 2-7/11, wonach der Antragsteller in substanziierter Weise vorzutragen hat, inwieweit er die geforderten Eignungsnachweise erbringen und die Leistungen zu einem angemessenen Preis anbieten könnte.
39 Statt vieler vgl. etwa OLG Düsseldorf, Beschluss v. 21.12.2011 – VII-Verg 74/11; VK Baden-Württemberg, Beschluss v. 3.6.2011 – 1 VK 25/11; *Kirch*, in: Hattig/Maibaum, Kartellvergaberecht, § 107 GWB Rn. 32; *Summa*, in: Heiermann/Zeiss, Vergaberecht, § 107 GWB Rn. 56.
40 OLG Düsseldorf, Beschluss v. 29.2.2012 – VII-Verg 75/11; *Dicks*, in: Ziekow/Völlink, Vergaberecht, § 107 GWB Rn. 12.
41 *Dicks*, in: Ziekow/Völlink, Vergaberecht, § 107 GWB Rn 15.
42 Vgl. OLG Saarbrücken, Beschluss v. 29.1.2014 – 1 Verg 3/13; i.E. ebenso OLG Düsseldorf, Beschluss v. 21.3.2012 – VII-Verg 92/11; *Dicks*, in: Ziekow/Völlink, Vergaberecht, § 107 GWB Rn 15.
43 OLG Saarbrücken, Beschluss v. 29.1.2014 – 1 Verg 3/13.

Überprüfung „sonstige Ansprüche" auf Tun oder Unterlassen in einem Vergabeverfahren den Vergabekammern zuweist. Zwar verweist § 160 Abs. 2 GWB nicht explizit auf diese Norm, dies dürfte aber nur ein Redaktionsversehen darstellen, da der Prüfumfang der Vergabekammern denknotwendigerweise kongruent mit den von den Antragstellern verfolgbaren Rechten sein muss. In der Praxis haben sich die Vergabekammern und -senate unter anderem mit Vorschriften aus dem Kommunalverfassungsrecht, dem Kreislaufwirtschafts- und Abfallgesetz oder mit patentrechtlichen Vorschriften beschäftigt.[44] Ebenso geprüft wurden wettbewerbliche Tätigkeitsverbote.[45] Nicht sicher ist, ob kartellrechtliche Vorgaben durch die Vergabekammern geprüft werden müssen.[46] Auch arbeitsrechtliche Vorschriften können eine Rolle spielen.[47] Erforderlich ist aber stets ein vergaberechtlicher Anknüpfungspunkt.[48] Das heißt, die Normen müssen sich in irgendeiner Weise auf die Stellung des Antragstellers im Vergabeverfahren auswirken können.

Einzelne Vertragsklauseln können durch die Vergabenachprüfungsinstanzen dagegen grundsätzlich nicht auf ihre **zivilrechtliche Wirksamkeit** hin überprüft werden. Diese gehören nicht zum eigentlichen Vergabeverfahrensrecht, sondern enthalten Regelungen zum Inhalt des später abzuschließenden Vertrages. Die Korrektur einer unangemessenen Klausel erfolgt über das allgemeine Zivilrecht nach Abschluss des Vertrages.[49] Etwas anderes gilt nur dann, wenn durch die vertraglichen Regelungen die vertraglichen Risiken des abzuschließenden Vertrages in unangemessener Weise auf den Bieter verlagert werden.[50] Dies kann mit einem Vergabenachprüfungsverfahren überprüft werden.[51] Ob in einem Vergabenachprüfungsverfahren auch Fragen der **Höhe der Vergütung** für erbrachte Planungsleistungen nach § 77 Abs. 2 VgV i.V.m. HOAI geltend gemacht werden können, ist noch nicht abschließend geklärt.[52] **Schadensersatzansprüche** gegen den Auftraggeber können gemäß § 156 Abs. 2 GWB vor den Vergabekammern nicht geltend gemacht werden. Gleiches gilt für Ansprüche des Auftraggebers nach § 180 GWB. Insoweit entfalten aber die Entscheidungen der Vergabenachprüfungsinstanzen gemäß § 179 Abs. 1 GWB Bindungswirkung für nachfolgende zivilrechtliche Schadensersatzprozesse. 25

Kann der Antragsteller die Möglichkeit einer Verletzung von Normen des Vergabeverfahrens hinreichend substanziiert dartun, so liegt in der Regel auch eine Betroffenheit in eigenen Rechten vor. Allerdings ist zu beachten, dass nicht allen vergaberechtlichen Vorschriften auch **Drittwirkung** zukommt. Dies bedeutet, dass sich ein Unternehmen zwar in der Regel darauf berufen kann, dass die vergaberechtlichen Normen ihm gegenüber rechtsfehlerfrei angewandt werden. Es kann aber nicht in jedem Fall gleichzeitig verlangen, dass der Auftraggeber die Normen auch gegenüber möglichen Konkurrenten korrekt anwendet. Normen, die lediglich Ordnungsfunktion haben oder lediglich den Interessen der Allgemeinheit bzw. des Auf- 26

---

44 Etwa OLG Düsseldorf, Beschluss v. 13.8.2008 – VII-Verg 42/07 (Gemeinderecht); Beschluss v. 21.2.2005 – VII-Verg 91/04 (Patentrecht); OLG Dresden, Beschluss v. 4.11.2014 – Verg 5/14 (Arzneimittelrecht); VK Bund, Beschluss v. 23.3.2015 – VK 1-14/15 (Kommunalverfassungsrecht); dagegen abgelehnt für vermeintl. Verstoß gegen das beihilferechtliche Durchführungsverbot des Art. 108 Abs. 3 S. 3 AEUV: OLG Naumburg, Beschluss v. 6.12.2012 – 2 Verg 5/12; im Einzelfall ebenfalls abgelehnt VK Nordbayern, Beschluss v. 3.8.2012 – 21.VK – 3194 – 12/12.

45 VK Südbayern, Beschluss v. 22.12.2014 – Z3-3-3194-1-51-11/14 zu Art. 5 Abs. 2 lit. b VO (EG) 1370/2007.

46 Offen gelassen OLG Düsseldorf, Beschluss v. 27.6.2012 – VII-Verg 7/12; ablehnend VK Bund, Beschluss v. 1.3.2012 – VK 2-5/12; bejahend LG Frankfurt a.M., Beschluss v. 16.9.2015 – 3-10 O 119/15; gegen eine Prüfungspflicht spricht aber die Regelung in § 156 Abs. 3 GWB.

47 VK Sachsen, Beschluss v. 7.3.2014 – 1/SVK/048-13.

48 So auch *Dicks,* in: Ziekow/Völlink, Vergaberecht, § 107 GWB Rn. 21.

49 VK Sachsen, Beschluss v. 21.4.2015 – 1/SVK/010-15; wohl auch ohne nähere Begründung VK Arnsberg, Beschluss v. 6.2.2013 – VK 21/12 (Rettungsdienst): *„... ist nicht zu prüfen"*; *Vavra* in: Kulartz/Marx/Portz/Prieß, VOL/A, § 9 Rn. 19.

50 OLG Dresden, Beschluss v. 26.7.2013 – Verg 5/13.

51 Dies gilt auch im Anwendungsbereich der VgV, egal ob man nun die Grundsätze des außergewöhnlichen Wagnisses heranzieht (etwa OLG Dresden, Beschluss v. 26.7.2013 – Verg 5/13, durch Antragsrücknahme gegenstandslos, Beschluss v. 2.8.2011 – Verg 4/11; ebenso OLG Jena, Beschluss v. 22.8.2011 – 9 Verg 2/11) oder auf die Unzumutbarkeit abstellt (vgl. OLG Düsseldorf, Beschluss v. 10.4.2013 – VII-Verg 50/12; Beschluss v. 20.2.2013 – VII-Verg 44/12; OLG München, Beschluss v. 6.8.2012 – Verg 14/12; OLG Koblenz, Beschluss. v. 29.11.2012 – 1 Verg 6/12).

52 Dafür OLG München, Beschluss v. 20.3.2013 – Verg 5/13; OLG Koblenz, Urteil v. 6.7.2012 – 8 U 45/11, die in der Vorschrift auch eine verfahrensrechtliche Vorgabe für die Durchführung des Vergabeverfahrens sehen; a.A. OLG Frankfurt, Beschluss v. 23.7.2014 – 13 U 44/12, der BGH hat die Revision gegen diese Entscheidung zugelassen.

traggebers dienen, kann ein Antragsteller nicht geltend machen.[53] Bekanntestes Beispiel sind hier etwa die Vorgaben in den Vergabeordnungen zur Prüfung der Angebote im Hinblick auf unangemessen niedrige Preise. Nach (noch) herrschender Meinung dienen diese in erster Linie dem Schutz des Auftraggebers. Nur in Ausnahmefällen kann ein Antragsteller geltend machen, das Angebot eines Mitbewerbers sei unauskömmlich und deswegen auszuschließen.[54]

27 Die Rechtsverletzung muss durch ein bereits vorliegendes oder zumindest verbindlich angekündigtes Verhalten des Auftraggebers verursacht werden.[55] Sogenannter **vorbeugender Rechtsschutz** ist unzulässig: Allgemeine Hinweise auf mögliche zukünftige Vergabeverstöße oder vergaberechtswidrige Handlungen sind damit noch nicht angreifbar.[56] Ebenfalls (noch) nicht angreifbar sind lediglich interne Willensbildungen des Auftraggebers im Vorfeld einer Auftragsvergabe, die noch der externen Umsetzung bedürfen.[57] Etwas anderes gilt aber dann, wenn der Auftraggeber ein formelles Verfahren gerade nicht durchführt – sog. Defacto-Vergabe. Dann ist es ausreichend, dass sich der öffentliche Auftraggeber zur Deckung eines bestimmten Bedarfs entschlossen und mit dem Ziel eines Vertragsschlusses mit organisatorischen oder planerischen Schritten zur Durchführung des Beschaffungsvorganges begonnen hat (Vergabeverfahren im materiellen Sinn).[58] Ebenfalls angreifbar sind schon verbindliche Vorgaben des Auftraggebers, die notwendigerweise einen späteren Vergaberechtsfehler, etwa eine vergaberechtswidrige Angebotswertung, nach sich ziehen werden.[59] Dies gilt selbst für Vorgaben, die sich materiell erst in einem späteren Verfahren auswirken können, wenn sie bereits im laufenden Verfahren Auswirkungen auf die Kalkulation der Angebote haben können.[60]

IV. Drohender Schaden

28 Dem Antragsteller muss durch die Verletzung der Vergabevorschriften ein **Schaden** entstanden sein oder noch zu entstehen drohen.[61] Bei dem Schaden muss es sich um einen Vermögensschaden im Sinne der §§ 249 ff. BGB handeln.[62] Dies ist in der Regel der Verlust des Auftrages, um den sich der Bieter im Rahmen des Vergabeverfahrens bewirbt oder bewerben will. Nicht ausreichend sind dagegen nutzlose Aufwendungen, die einem Bieter durch die erfolglose Teilnahme an einem Vergabeverfahren entstanden sind. [63]

29 Allerdings muss der Antragsteller dazu nicht im Sinne einer zwingenden Kausalität darlegen, dass ohne das beanstandete Verhalten sein eigenes Angebot hätte bezuschlagt werden müssen.[64] Vielmehr soll durch das Kriterium nur verhindert werden, dass ein Antragsteller, der auch bei rechtmäßigem Verhalten **keine Aussicht auf Berücksichtigung seines Angebotes** gehabt hätte, ein – verzögerndes – Nachprüfungsverfahren einleiten kann.[65] An die Darlegung werden daher – wie insgesamt bei der Antragsbefugnis – keine hohen Anforderungen gestellt. Es reicht aus, wenn der Antragsteller schlüssig darlegt, dass sich seine Chancen auf

---

53 OLG Karlsruhe, Beschluss v. 22.7.2011 – 15 Verg 8/11; VK Sachsen, Beschluss v. 6.3.2014 – 1/SVK/047-13.

54 Dazu OLG Karlsruhe, Beschluss v. 22.7.2011 – 15 Verg 8/11; OLG Düsseldorf, Beschluss v. 29.9.2008 – VII-Verg 50/08; weniger streng VK Sachsen, Beschluss v. 17.11.2011 – 1/SVK/042-11; OLG Düsseldorf, Beschluss v. 31.10.2012 – VII-Verg 17/12 scheint diese Spruchpraxis nunmehr wegen EuGH, Urteil v. 29.3.2012 – Rs. C-599/10 (SAG ELV Slovensko u.a.), Rn. 28 infrage zu stellen. Dies ist nicht erforderlich, da die Entscheidung des EuGH den Fall betrifft, in dem ein Bieter wegen eines unauskömmlichen Angebotes ausgeschlossen werden sollte.

55 OLG Naumburg, Beschluss v. 3.11.2005 – 1 Verg 9/05.

56 OLG Koblenz, Beschluss v. 15.8.2014 – 1 Verg 7/14; OLG München, Beschluss v. 15.3.2012 – Verg 2/12; VK Sachsen, Beschluss v. 4.2.2013 – 1/SVK/039-12.

57 OLG Düsseldorf, Beschluss v. 17.12.2014 – VII-Verg 26/14 für Vorgehen gegen einen Kreistagsbeschluss.

58 OLG München, Beschluss v. 19.7.2012 – Verg 8/12; VK Sachsen, Beschluss v. 27.4.2015 – 1/SVK/12-15.

59 VK Bund, Beschluss v. 29.12.2009 – VK 2-207/09.

60 Vgl. VK Sachsen, Beschluss v. 4.2.2013 – 1/SVK/039-12.

61 Die Regelung geht über die Vorgaben der Richtlinie hinaus, ist europarechtlich aber unbedenklich: EuGH, Urteil v. 19.6.2003 – Rs. C-249/01 (Hackermüller), Rn. 19.

62 *Byok,* in: Byok/Jaeger, Vergaberecht, § 107 GWB Rn. 43.

63 *Summa,* in: Heiermann/Zeiss, § 108 GWB Rn. 85; diese können allenfalls in den Fällen des § 168 Abs. 2 S. 2 GWB eine Rolle spielen.

64 BVerfG, Beschluss v. 29.7.2004 – 2 BvR 2248/03.

65 Stellungnahme des Bundesrates, VgRÄG, BT-Drs. 13/9340, 40 (zu § 117 Abs. 2 S. 2 GWB a.F.).

Zuschlagserteilung durch den einzelnen Vergaberechtsverstoß zumindest verschlechtert haben könnten.[66] Dies kann richtigerweise auch dann der Fall sein, wenn der Antragsteller geltend macht, durch einen Vergabefehler schon an der Teilnahme an einem Vergabeverfahren gehindert zu sein oder kein wirtschaftliches Angebot abgeben zu können.[67] Umgekehrt kann in solchen Fällen ein potenzieller Schaden nicht allein deswegen ausgeschlossen werden, weil der Antragsteller – vorsichtshalber – ein Angebot abgegeben hat.[68] Kann ein Antragsteller darlegen, dass er ohne den Vergaberechtsverstoß möglicherweise ein anderes, wirtschaftlicheres Angebot abgegeben hätte, so ist die Antragsbefugnis zu bejahen.[69]

Ob ein Schaden dann vorliegt, wenn der Auftraggeber ein **Verfahren nicht europaweit, aber national bekannt gemacht** hat, ist umstritten. Teilweise wird darin kein Schaden gesehen, wenn der Bieter sich gleichwohl in einem nationalen Verfahren beteiligt hat bzw. beteiligen konnte.[70] Mit zunehmendem Auseinanderfallen der Rechtsregime im Oberschwellen- und Unterschwellenbereich dürfte jedoch auch die Relevanz für die Wahl des richtigen Vergaberegimes steigen. Zudem wird der Weg zu den Vergabekammern im Falle einer nur national bekannt gemachten Vergabe zumindest erschwert.[71] Die Wahl einer unzulässigen Verfahrensart kann eine mögliche Verminderung der Zuschlagschancen dagegen begründen.[72] 30

Nur wenn ein Angebot selbst bei Korrektur des geltend gemachten Vergabefehlers **keine Chance auf Zuschlag** hat, ist der Antrag unzulässig.[73] Bei einem Ausschluss des Angebotes des Antragstellers auf einer der Wertungsstufen kann dies nur dann der Fall sein, wenn der Antragsteller diesen Ausschluss nicht angegriffen hat und auch nicht mehr angreifen kann. Andernfalls ist die Frage der Rechtmäßigkeit des Ausschlusses gerade streitbefangen und im Rahmen der Begründetheit des Falles zu prüfen. Eine Ablehnung des Antrages als unzulässig kann dann nicht erfolgen. Ebenso kann dem Bieter nicht allein deswegen die Chance auf den Zuschlag abgesprochen werden, weil sich sein Angebot nach der Wertung (bisher) auf einem abgeschlagenen Rang befindet. Es reicht der schlüssige Vortrag, dass der Antragsteller ohne die Vergaberechtsverstöße zumindest auf einen aussichtsreicheren Platz kommen könnte.[74] Die Anforderungen, die an die Substanziierung dieses Vortrags gestellt werden, sind in der Rechtsprechung nicht einheitlich. So wird teilweise verlangt, dass der Antragsteller hier dezidierter vortragen müsse, wie er eine aussichtsreiche Position erreichen könne.[75] Richtigerweise sollten auch hier keine übertriebenen Anforderungen gestellt werden. Ob die Vergabeverstöße tatsächlich zu einem Schaden führen können, ist erst im Rahmen der Begründetheit zu beurteilen.[76] Beispielsweise ist die Antragsbefugnis zu bejahen, wenn der Antragsteller sich explizit gegen Verstöße der Wertungsentscheidung wendet (und der Preis nicht das einzige Zuschlagskriterium ist). Denn die Vergabekammer kann eine Wertung anstelle des Auftragge- 31

---

66 BVerfG, Beschluss v. 29.7.2004 – 2 BvR 2248/03; BGH, Beschluss v. 10.11.2009 – X ZB 8/09, Rn. 32.

67 Vgl. EuGH, Urteil v. 12.2.2004 – Rs. C-230/02 (Grossmann), Rn. 28 ff.; OLG Brandenburg, Beschluss v. 27.3.2012 – Verg W 13/11; i.E. ebenso OLG Dresden, Beschluss v. 24.7.2012 – Verg 2/12; *Kirch*, in: Hattig/Maibaum, Kartellvergaberecht, § 107 GWB Rn. 60; a.A. etwa OLG Saarbrücken, Beschluss v. 7.5.2008 – 1 Verg 5/07, wonach der Antragsteller darlegen muss, welches Angebot er in einem fehlerfrei durchgeführten Vergabeverfahren abgegeben hätte.

68 Vgl. BGH, Beschluss v. 10.11.2009 – X ZB 8/09, Rn. 35.

69 Vgl. VK Bund, Beschluss v. 1.6.2012 – VK 1-49/12; VK Hessen, Beschluss v. 26.4.2007 – 69d-VK-08/2007.

70 Vgl. OLG Düsseldorf, Beschluss v. 21.3.2012 – VII-Verg 92/11; OLG Frankfurt, Beschluss v. 16.6.2015 – 11 Verg 3/15; OLG Koblenz, Beschluss v. 4.2.2009 – 1 Verg 4/08; offen gelassen BGH, Beschluss v. 10.11.2009 – X ZB 8/09, Rn. 34; zu streng insoweit OLG Saarbrücken, Beschluss v. 29.1.2014 – 1 Verg 3/13, welches sogar für einen ausländischen Bieter fordert, dass dieser sich grenzüberschreitend in nationalen Bekanntmachungsorganen über Ausschreibungen informiert.

71 So auch KG, Beschluss v. 10.10.2002 – 2 KartVerg 13/02; VK Sachsen, Beschluss v. 3.5.2012 – 1/SVK/008-12.

72 BGH, Beschluss v. 10.11.2009 – X ZB 8/09, Rn. 33 ff. für die Wahl des Verhandlungsverfahren statt eines offenen Verfahrens; anders OLG Brandenburg, Beschluss v. 27.3.2012 – Verg W 13/11 bei offenem Verfahren anstatt Verhandlungsverfahren.

73 Vgl. VK Bund, Beschluss v. 11.6.2012 – VK 3-51/12.

74 Statt vielen OLG Brandenburg, Beschluss v. 9.2.2010 – Verg W 10/09; VK Nordbayern, Beschluss v. 6.9.2012 – 21.VK-3194-15/12.

75 Vgl. VK Baden-Württemberg, Beschluss v. 28.5.2009 – 1 VK 21/09.

76 Vgl. etwa OLG München, Beschluss v. 12.11.2012 – Verg 23/12; OLG Düsseldorf, Beschluss v. 1.10.2012 – VII-Verg 34/12; vgl. auch EuGH, Urteil v. 12.2.2004 – Rs. C-230/02 (Grossmann), Rn. 28 ff.; BVerfG, Beschluss v. 29.7.2004 – 2 BvR 2248/03; BGH, Beschluss v. 10.11.2009 – X ZB 8/09.

bers nicht selbst vornehmen. Auch die Begründung, dass alle vor ihm liegenden Angebote ausgeschlossen werden müssten, reicht zur Darlegung des Schadens.

32 Schließlich ist weitgehend anerkannt, dass auch die Möglichkeit einer sog. **„Zweiten Chance"** ausreicht, um einen drohenden Schaden zu begründen. Macht der Antragsteller geltend, dass das Vergabeverfahren insgesamt nicht wirksam durch einen Zuschlag beendet werden könne, also aufzuheben oder zurückzuversetzen sei, ist es möglich, dass er bei erneuter Ausschreibung ein chancenreicheres Angebot abgeben kann.[77] Hervorzuheben ist hier insbesondere die Entscheidung des BGH, wonach ein Bieter auch dann einen Schaden geltend machen kann, wenn sein Angebot zwar zwingend auszuschließen ist, alle anderen Angebote aber ebenfalls auszuschließen sind.[78]

33 Weitere Sonderfälle: **Fehler im Informationsschreiben** nach § 134 GWB können einen Schaden nur dann begründen, wenn diese ursächlich für einen (drohenden) Schaden des Antragstellers im Vergabeverfahren, z.B. die Nichtberücksichtigung der Bewerbung des Antragstellers, waren.[79] Wird der Antragsteller also nicht gehindert, rechtzeitig einen Nachprüfungsantrag zu stellen, der nach Zustellung das Zuschlagsverbot auslöst, ist der Primärrechtsschutz eröffnet und das Ziel des § 134 GWB erreicht.[80] Ein Schaden liegt dann nicht vor. Schließlich führen **Dokumentationsmängel** nur dann zu einer Rechtsverletzung des Bieters, wenn dies gerade Umstände betrifft, die sich auf die Rechtsstellung des Antragstellers ausgewirkt haben können.[81]

D. Rügeobliegenheit (Abs. 3)

34 § 160 Abs. 3 GWB stellt mit der „Pflicht" (eigentlich eine Obliegenheit), Vergabeverstöße vor Antragstellung zu rügen, eine zentrales Erfordernis für einen Vergabenachprüfungsantrag auf.

35 Die einzelnen Rügetatbestände wurden durch das **VergRModG 2009** geändert und erweitert.[82] Im Rahmen der **Novelle 2016** wurden die einzelnen Rügetatbestände beibehalten, jedoch inhaltlich geschärft. Zudem enthält § 160 Abs. 3 S. 1 Nr. 1 GWB nun erstmals eine konkrete Rügefrist von zehn Tagen. Diese ersetzt den vorher enthaltenen Begriff der Unverzüglichkeit. Neben den drei Rügetatbeständen enthält § 160 Abs. 3 S. 2 GWB eine gesetzliche Ausnahme von der Rügepflicht für De-facto-Vergaben.

36 **Sinn und Zweck** der Rüge ist es, dem Auftraggeber vor Antragseinreichung noch einmal die Möglichkeit zu geben, den geltend gemachten Vergaberechtsverstößen von selbst abzuhelfen und so ein verzögerndes Vergabenachprüfungsverfahren zu vermeiden.[83] Dies wird allgemein mit dem vorvertraglichen Vertrauensverhältnis gerechtfertigt, welches durch die Teilnahme an einem Vergabeverfahren begründet wird und die Beteiligten zur gegenseitigen Rücksichtnahme verpflichtet.[84] Zudem soll ein Bieter nicht darauf spekulieren können, dass sich ein Verfahrensverstoß möglicherweise zu seinen Gunsten auswirken wird.[85]

37 Die einzelnen Rügetatbestände sind **nebeneinander anwendbar**.[86] Das heißt insbesondere, dass bei Kenntnis eines Verstoßes im Vorfeld der Angebotsabgabe eine Rüge nach § 160 Abs. 3 S. 1 Nr. 1 GWB innerhalb von zehn Tagen erhoben werden muss. Der Bieter kann dann

77 Vgl. BGH, Beschluss v. 10.11.2009 – X ZB 8/09, Rn. 32; OLG Düsseldorf, Beschluss v. 30.6.2011 – VII-Verg 25/11; Beschluss v. 12.3.2008 – VII-Verg 56/07; *Dicks,* in: Ziekow/Völlink, Vergaberecht, § 107 GWB Rn. 24.
78 BGH, Beschluss v. 26.9.2006 – X ZB 14/06, Rn. 29 ff.
79 VK Sachsen, Beschluss v. 18.3.2015 – 1/SVK/001-15; VK Bund, Beschluss. v. 10.10.2013 – VK 1-83/13.
80 OLG Düsseldorf, Beschluss. v. 7.1.2002 – Verg 36/01.
81 OLG Karlsruhe, Beschluss v. 25.7.2014 – 15 Verg 5/14; OLG München, Beschluss v. 2.11.2012 – Verg 26/12.
82 Zur Historie vgl. *Byok,* in: Byok/Jaeger, Vergaberecht, § 107 GWB Rn. 54 ff.
83 Gesetzesbegründung, VgRÄG, BT-Drs. 13/9340, 17.
84 Vgl. *Dicks* in: Ziekow/Völlink, Vergaberecht, § 107 GWB Rn. 37 m.w.N. aus der Rechtsprechung.
85 Gesetzesbegründung, VgRÄG, BT-Drs. 13/9340, 17.
86 OLG Karlsruhe, Beschluss v. 25.7.2014 – 15 Verg 5/14.

nicht bis zum Ende der Angebotsfrist (Nr. 2 und Nr. 3) warten. Dies entspricht auch dem Sinn und Zweck einer möglichst frühzeitigen Fehlerkorrektur.[87]

Schließlich ist in § 160 Abs. 3 S. 3 GWB angeordnet, dass **§ 134 Abs. 1 S. 2 GWB** unberührt bleibt. Diese Regelung ist einigermaßen unklar. Die Vorschrift, auf die hier verwiesen wird, trifft Anordnungen für die Information von Bewerbern, die in einem Verfahren mit vorgeschaltetem Teilnahmewettbewerb schon nicht zur Angebotsabgabe aufgefordert worden sind, darüber aber noch nicht informiert wurden. Es ist nicht im Ansatz ersichtlich, inwieweit diese Verpflichtung des Auftraggebers durch die Rügeobliegenheit der Bieter entfallen können sollte.[88] § 160 Abs. 3 S. 3 GWB ist mit der Novelle 2009 (damals § 107 Abs. 3 S. 3 GWB a.F.) in das Gesetz aufgenommen worden, eine Begründung findet sich in den Gesetzesmaterialien nicht. Die durchaus nachvollziehbare Vermutung, dass es sich um ein Redaktionsversehen handeln müsse und eigentlich auf den jetzigen § 134 Abs. 2 S. 1 GWB hätte verwiesen werden sollen,[89] lässt sich nun nicht mehr aufrechterhalten. Denn ein solcher Verweis findet sich jetzt ausdrücklich in § 160 Abs. 3 S. 1 Nr. 1 GWB, wohingegen der Verweis in § 160 Abs. 3 S. 3 GWB nicht berichtigt wurde. 38

I. Bedeutung

Bei der Rüge handelt sich um eine Obliegenheit des Antragstellers. Der Auftraggeber muss den Bieter auch nicht auf das Rügeerfordernis hinweisen.[90] § 160 Abs. 3 GWB regelt dabei nicht nur die verfahrensrechtliche Konsequenz einer fehlenden Rüge, sondern stellt gleichzeitig eine Präklusionsregel, d.h. einen materiellen Rechtsausschluss, für das Vergabenachprüfungsverfahren auf. 39

Die Rüge ist zum einen eine zwingend von den Vergabeammern von Amts wegen zu beachtende **Sachentscheidungsvoraussetzung**. Ohne die vorherige Rüge ist ein Antrag unzulässig und allein deswegen zu verwerfen.[91] Die Rüge kann auch nicht im Laufe des Vergabenachprüfungsverfahrens nachgeholt werden.[92] Der Wortlaut ist nunmehr in § 160 Abs. 3 S. 1 Nr. 1 GWB noch eindeutiger gefasst. Dieser stellt nun klar, dass ein Antrag unzulässig ist, soweit der Antrag „vor Antragstellung" erkannt und nicht gerügt worden ist. Nicht mehr vertretbar erscheint daher die Auffassung, bei einem ohne vorherige Rüge erhobenem Nachprüfungsantrag müsse die Rüge dann in der Regel am selben Tag nachgeholt werden.[93] Möglich ist nur, den Antrag zurückzunehmen und nach erfolgter Rüge noch einmal zu stellen. Dabei müssen natürlich zum Zeitpunkt der erneuten Antragstellung die übrigen Zulässigkeitsvoraussetzungen noch vorliegen. 40

Daneben kommt der Rüge eine **Präklusionswirkung** zu. Auf Vergaberechtsverstöße, die der Antragsteller nicht vorab gegenüber dem Auftraggeber gerügt hat, kann er sich im Vergabenachprüfungsverfahren nicht mehr berufen.[94] Er hat sich dann rügelos auf das Verfahren eingelassen. Umfasst sind davon auch spätere Vergabeverstöße, die auf der ungerügten Vorgabe beruhen.[95] Dies gilt dagegen nicht für Vergabeverstöße, die erst in Phasen des Vergabeverfahrens ergangen sind, welche dem präkludierten Verstoß zeitlich nachfolgen.[96] Mit anderen Worten: Ist eine erneute Entscheidung des Auftraggebers erforderlich und wendet er nicht 41

---

87 *Weyand*, Vergaberecht, Stand 14.9.2015, § 107 GWB Rn. 772.
88 So auch *Jäger*, NZBau 2009, 558 (562).
89 So *Hattig*, in: Hattig/Maibaum, Kartellvergaberecht, § 107 GWB Rn. 182 f.; in der Sache ist dies richtig, da der Auftraggeber nicht den Ablauf der Rügefrist abwarten muss, sondern den Zuschlag gleichwohl erteilen kann (siehe auch Rn. 65).
90 OLG München, Beschluss v. 4.4.2008 – Verg 4/08.
91 Nach OLG Düsseldorf, Beschluss v. 21.10.2015 – VII-Verg 28/14 kann die Frage auch nicht dahingestellt bleiben mit der Argumentation, der Antrag sei jedenfalls unbegründet.
92 Ebenso *Kirch*, in: Hattig/Maibaum, Kartellvergaberecht, § 107 GWB Rn. 81; *Summa*, in: Heiermann/Zeiss, Vergaberecht, § 107 GWB Rn. 173.
93 So aber beispielsweise OLG Düsseldorf, Beschluss v. 5.12.2006 – VII-Verg 56/06.
94 OLG München, Beschluss v. 5.4.2012 – Verg 3/12; KG, Beschluss v. 20.4.2011 – Verg 2/11; OLG Koblenz, Beschluss v. 10.6.2010 – 1 Verg 3/10; Beschluss v. 3.4.2008 – 1 Verg 1/08.
95 VK Bund, Beschluss v. 24.4.2012 – VK 1-25/12; *Summa*, in: Heiermann/Zeiss, Vergaberecht, § 107 GWB Rn. 289 ff.
96 EuGH, Urteil v. 11.11.2007 – Rs. C-241/06 (Lämmerzahl), Rn. 57.

lediglich (nicht mehr angreifbare) Vorgaben an, so kann eine Präklusion nicht eintreten. Beispiele dazu: Wird ein Antragsteller vom weiteren Verfahren wegen fehlender Erklärungen oder Nachweise ausgeschlossen, kann er sich nicht mehr darauf berufen, dass deren Forderung nicht zulässig gewesen sei. Auch einen erkennbaren Verstoß gegen das Gebot der Produktneutralität kann der Antragsteller nicht mehr geltend machen, wenn sich bei der Wertung herausstellt, dass sein Angebot die Spezifikationen der Ausschreibung nicht erfüllt.[97] Präkludierte Vergabefehler können von der Vergabekammer auch nicht mehr im Wege der **Amtsermittlung** aufgegriffen werden.[98] Anderer Ansicht ist das OLG Schleswig, mit der Begründung, dass die Vergabekammern nach § 168 Abs. 2 S. 1 GWB unabhängig auf das Vergabeverfahren einwirken und an Anträge nicht gebunden sind.[99] Dies überzeugt nicht, da die Rügeobliegenheit gleichzeitig den Interessen des Auftraggebers an einem zügigen Verfahrensabschluss dient und er sich daher auf den Rechtsausschluss berufen können muss.[100] Etwas anderes kann nur dann gelten, wenn die Vergabeverstöße so gravierend sind, dass das Vergabeverfahren nicht wirksam durch Zuschlag beendet werden kann.[101] Eine weitere rechtliche Begründung für einen bereits gerügten Vergaberechtsverstoß ist nicht von der Ausschlusswirkung erfasst.[102]

42 Aus dem Wortlaut der Norm („soweit") geht schließlich hervor, dass sich die Rügeverpflichtung auf **jeden einzelnen Vergaberechtsverstoß** bezieht. Die Voraussetzungen sind daher für jeden geltend gemachten Verstoß einzeln zu prüfen.

43 Eine Rüge kann auch mit Wirkung für die Zukunft **zurückgenommen** werden.[103] Denn der Auftraggeber hat dann keine Veranlassung mehr, sein Verhalten zu überprüfen. Die Rüge ist dann für das Vergabenachprüfungsverfahren unbeachtlich. Eine neue Rüge ist allerdings möglich. Das Problem wird dann aber die Einhaltung der jeweiligen Rügefrist sein.

II. Rügepflichtiges Verhalten

44 **Gegenstand einer Rüge** kann immer nur ein konkretes Verhalten des Auftraggebers sein. Deswegen sind Rügen in Bezug auf ein mögliches, zukünftiges Verhalten des Auftraggebers (vorsorgliche Rügen oder Verdachtsrügen) ebenso wenig zulässig wie in Bezug auf lediglich vorbereitende Handlungen.[104] Die Rügeverpflichtung wird beispielsweise nicht schon durch Hinweise auf ein fehlerhaftes Verhalten von Mitbewerbern ausgelöst. Eine Rüge ist erst dann erforderlich, wenn der Bieter durch Mitteilung des Auftraggebers Klarheit darüber bekommt, dass dieser dieses Verhalten nicht mit der gesetzlich gebotenen Rechtsfolge – etwa einem Ausschluss des Angebotes – behandelt.[105]

45 Der Antragsteller muss ein und **denselben Fehler nicht mehrfach** gegenüber dem Auftraggeber **rügen**, selbst dann nicht, wenn dieser in Reaktion auf eine erste Rüge sein Vorbringen weiter vertieft und dem Bieter damit zusätzliche Informationen liefert oder einen Ausschluss auf einen weiteren Ausschlussgrund stützt.[106] Etwas anderes kann aber dann gelten, wenn der Auftraggeber auf eine erste Rüge – beispielsweise zur Zuschlagsfähigkeit des Angebotes

97 OLG Koblenz Beschluss v. 3.4.2008 – 1 Verg 1/08.
98 OLG Naumburg, Beschluss v. 18.8.2011 – 2 Verg 3/11; VK Sachsen, Beschluss v. 2.10.2012 – 1/SVK/022-12; *Summa,* in: Heiermann/Zeiss, Vergaberecht, § 107 GWB Rn. 294.
99 OLG Schleswig, Beschluss v. 15.4.2011 – 1 Verg 10/10, das OLG hat die Sache dem BGH nicht vorgelegt, da die Frage nicht entscheidungserheblich war.
100 Vgl. VK Sachsen, Beschluss v. 2.10.2012 – 1/SVK/022-12.
101 VK Sachsen, Beschluss v. 28.8.2015 – 1/SVK/020-15 für den Fall, dass keinerlei Eignungsnachweise wirksam gefordert sind; *Summa,* in: Heiermann/Zeiss, Vergaberecht, § 107 GWB Rn. 315.
102 Vgl. VK Sachsen, Beschluss v. 5.2.2013 – 1/SVK/039-12.
103 OLG Dresden, Beschluss v. 25.2.2014 – Verg 9/13.
104 OLG Düsseldorf, Beschluss v. 17.12.2014 – VII-Verg 26/14; Beschluss v. 17.11.2012 – VII-Verg 11/12; OLG München, Beschluss v. 15.3.2012 – 1 Verg 2/12; OLG Koblenz, Beschluss v. 18.9.2003 – 1 Verg 4/03; VK Düsseldorf, Beschluss v. 7.1.2015 – VK-5/2014.
105 Ebenso *Summa,* in: Heiermann/Zeiss, Vergaberecht, § 107 GWB Rn. 202 ff. mit Verweis auf die abweichende Entscheidung des OLG Karlsruhe, Beschluss v. 8.1.2010 – 15 Verg 1/10; zu einem Grenzfall – Unterbreitung einer Beschlussvorlage an den Kreistag – VK Baden-Württemberg, Beschluss v. 2.2.2010 – 1 VK 75/09.
106 OLG Koblenz, Beschluss v. 18.9.2003 – 1 Verg 4/03.

des Bestbieters – dem Antragsteller erstmals mitteilt, dass sein Angebot auszuschließen sei. Dies hat mit dem zunächst geltend gemachten Vergaberechtsverstoß nichts zu tun und ist daher gleichwohl zu rügen.[107] Etwas anderes gilt auch, wenn der Auftraggeber einen Verfahrensabschnitt komplett wiederholt. Dann muss auch der Bieter einen entdeckten Verfahrensverstoß neu rügen.[108] Diese im Grunde richtige Auffassung wird teilweise überdehnt, indem auch bei einer Wiederholung des identischen Verfahrensverstoßes eine erneute Rügeobliegenheit angenommen wird.[109] Dabei wird aber übersehen, dass dann schon tatsächlich keine Wiederholung vorliegen dürfte, sondern allenfalls eine Bestätigung. Es würde den Rechtsschutz aber unzumutbar erschweren, wenn der Bieter so durch den Auftraggeber in eine erneute Rügeobliegenheit gezwungen werden könnte.[110]

Die Rügeverpflichtungen wurden mittlerweile auch auf Verfahren angewandt, die nicht direkt Teil 4 des GWB unterfallen. So haben mehrere Gerichte entschieden, dass auch im **Unterschwellenbereich** vor Beantragung des Erlasses einer einstweiligen Verfügung (bzw. eines anderen Rechtsmittels) eine Rüge auszusprechen ist.[111] Auch in Verfahren nach der **VO (EG) 1370/2007** soll eine Rüge entsprechend § 160 Abs. 3 GWB erforderlich sein.[112] 46

III. Anforderungen

1. Person des Rügenden

Die Rüge muss deutlich den **Absender erkennen lassen**.[113] Wird die Rüge **für einen Dritten** erhoben, muss dies nach außen erkennbar sein und es muss eine wirksame Bevollmächtigung vorliegen. § 174 S. 1 BGB (Vollmachtsurkunde) ist aber weder unmittelbar noch entsprechend anzuwenden, sodass eine Vollmachtsurkunde der Rüge nicht beigefügt werden muss.[114] 47

Bei einer **Bietergemeinschaft** müssen alle Mitglieder rügen. Wenn ein Mitglied als Vertreter der Bietergemeinschaft bestellt ist, muss dieser mit Vollmacht und im Namen der gesamten Bietergemeinschaft rügen.[115] Gleiches muss für eine **Bewerbergemeinschaft** gelten. Ein bloß intern gebliebenes Einverständnis der Mitglieder mit der Rüge eines einzelnen Mitgliedes genügt dazu nicht.[116] Die im Rahmen des Vergabeverfahrens abgegebene Vollmacht zum Abschluss von Rechtsgeschäften soll nach Auffassung der Rechtsprechung zur Bevollmächtigung auch für ein Rügeverfahren ebenfalls nicht ausreichend sein.[117] 48

2. Form und Inhalt

Eine besondere **Form** für die Rüge schreibt § 160 Abs. 3 GWB nicht vor. Deswegen sind grundsätzlich auch mündliche Rügen[118] oder Rügen per E-Mail oder Telefax[119] möglich. Bei mündlich erhobenen Rügen besteht allerdings die Gefahr, dass deren konkreter Inhalt im Rah- 49

---

107 In diesem Sinne wohl auch OLG Koblenz, Beschluss v. 18.9.2003 – 1 Verg 4/03 (Fehleridentität); großzügiger dagegen OLG Brandenburg, Beschluss v. 4.6.2010 – 11 Verg 4/10.
108 OLG Koblenz, Beschluss v. 18.9.2003 – 1 Verg 4/03.
109 VK Mecklenburg-Vorpommern, Beschluss v. 28.2.2012 – 2 VK 8/11; so wohl auch *Byok,* in: Byok/Jaeger, Vergaberecht, § 107 GWB Rn. 109.
110 Vgl. insoweit auch EuGH, Urteil v. 11.10.2007 – Rs. C-241/06 (Lämmerzahl); i.E. ebenso *Summa,* in: Heiermann/Zeiss, Vergaberecht, § 107 GWB Rn. 146.
111 OLG Saarbrücken, Urteil v. 28.1.2015 – 1 U138/14; LG Bielefeld, Urteil v. 27.2.2014 – 1 O 23/14; LG Wiesbaden, Beschluss v. 12.7.2012 – 4 O 17/12; LG Berlin, Urteil v. 5.12.2011 – 52 O 254/11.
112 OLG Rostock, Beschluss v. 20.11.2013 – 17 Verg 7/13; noch offengelassen VK Sachsen, Beschluss v. 8.8.2013 – 1/SVK/025-13.
113 VK Sachsen, Beschluss v. 4.9.2014 – 1/SVK/026-14.
114 OLG Düsseldorf, Beschluss v. 5.12.2001 – VII-Verg 31/01; VK Sachsen, Beschluss v. 4.10.2011 – 1/SVK/037-11; *Dicks,* in: Ziekow/Völlink, Vergaberecht, § 107 GWB Rn. 52.
115 *Kadenbach,* in: Willenbruch/Wieddekind, Vergaberecht, § 107 GWB Rn. 52.
116 OLG Dresden, Beschluss v. 23.7.2013 – Verg 4/13.
117 VK Sachsen, Beschluss v. 1.6.2006 – 1/SVK/045-06; ebenso *Summa,* in Heiermann/Zeiss, Vergaberecht, § 107 GWB Rn. 129; a.A. VK Nordbayern, Beschluss v. 12.10.2006 – 21-VK-3194-25/06.
118 OLG Brandenburg, Beschluss v. 13.9.2011 – Verg W 10/11; OLG Celle, Beschluss v. 30.9.2010 – 13 Verg 10/10; OLG Jena, Beschluss v. 31.8.2009 – 9 Verg 6/09.
119 Vgl. BGH, Beschluss v. 9.2.2004 – X ZB 44/03.

men des Vergabenachprüfungsverfahrens ggf. nicht ausreichend dargelegt werden kann. Deswegen sollte die Rüge in der Praxis schriftlich oder zumindest per E-Mail erfolgen.

50 Die Rüge muss nicht zwingend als solche bezeichnet sein.[120] Erforderlich ist allerdings, dass aus ihr für den Auftraggeber unmissverständlich hervorgeht, **welches Verhalten** als Vergaberechtsverstoß angesehen wird und **inwiefern** der Bieter vom Auftraggeber **Abhilfe verlangt**.[121] Die Fülle von vergaberechtlichen Entscheidungen zeigt, dass hier Bieter oft zu ungenau formulieren. Allgemeine Fragen und Hinweise, Kritik oder Unverständnis stellen genauso wenig eine ausreichende Rüge dar, wie die Ankündigung, man werde das nicht hinnehmen.[122] Zurückhaltung, um es sich mit dem Auftraggeber nicht „zu verscherzen", kann dazu führen, dass ein Vergabenachprüfungsverfahren nicht mehr erfolgreich betrieben werden kann. Für den Auftraggeber muss deutlich werden, welcher Vergabeverstoß nach Auffassung des Bieters vorliegt und dass dieser beseitigt werden soll.[123] Der Bieter muss nach vorzuziehender Ansicht den Auftraggeber dabei nicht darauf hinweisen, dass er bei Nichtabhilfe der gerügten Vergaberechtsverstöße die Vergabekammern anrufen wird und dem Auftraggeber eine „letzte Chance" geben will.[124] Die gegenteilige (ggf. überholte?) Auffassung[125] findet weder im Wortlaut des § 160 Abs. 3 GWB eine Stütze, noch erfordert es der Sinn und Zweck der Norm. Da die Rüge Zulässigkeitsvoraussetzung eines Nachprüfungsantrages ist und damit regelmäßig auch dessen Vorbereitung dient, braucht der Auftraggeber darauf nicht noch einmal explizit hingewiesen zu werden.

51 Im Übrigen sind auch an den **Inhalt** einer Rüge keine übertriebenen Anforderungen zu stellen.[126] Insbesondere sind rechtliche Ausführungen des Rügenden oder die Subsumtion unter eine vergaberechtliche Norm nicht erforderlich.[127] Dies gilt umso mehr, wenn es sich um einen nicht anwaltlich vertretenen Bieter handelt.[128] Allerdings muss auch die Rüge eine gewisse Substanz aufweisen. So sind Rügen **„ins Blaue"** hinein, d.h. pauschale, nicht spezifizierte Behauptungen ohne tatsächliche Anhaltspunkte unzulässig.[129] Nicht ausreichend ist daher die stichwortartige Aufzählung von mehreren Verstößen ohne jegliche Begründung, die nicht mehr Bezug zum konkreten Vergabeverfahren hat als das *„Stichwortverzeichnis am Ende eines Vergaberechtskommentars"*.[130] Der Bieter steht aber meist vor dem Problem, dass er nur geringen Einblick in das Vergabeverfahren, insbesondere in die Wertung des Auftraggebers, hat. Dies gilt erst recht im Anwendungsbereich der VOL/A und der VOF (nunmehr in der VgV normiert). In der Regel enthalten auch die Begründungen der Vorabinformationsschreiben nach § 134 GWB nur wenige Informationen. Auch die Verwertung von Angebotsinhalten der Mitbieter ist mit Risiken verbunden.[131] Nach der in der Rechtsprechung verwendeten Faustformel darf der Bieter daher behaupten, was er auf der Grundlage seines – oft nur beschränkten – Informationsstands redlicherweise für wahrscheinlich oder möglich halten darf, insbesondere dann, wenn es um Vergabeverstöße geht, die sich ausschließlich in der Sphäre der Vergabestelle abspielen oder das Angebot eines Mitbewerbers betreffen.[132] Die Vergabekam-

120 OLG Jena, Beschluss v. 31.8.2009 – 9 Verg 6/09.
121 OLG Celle, Beschluss v. 30.9.2010 – 13 Verg 10/10; OLG Düsseldorf, Beschluss v. 7.12.2011 – VII-Verg 81/11; *Byok*, in: Byok/Jaeger, Vergaberecht, § 107 GWB Rn. 77.
122 Mit zahlreichen Nachweisen aus der Rechtsprechung: *Weyand*, Vergaberecht, Stand 14.9.2015, § 107 GWB Rn. 494 ff.
123 OLG München, Beschluss v. 10.12.2009 – Verg 16/09.
124 OLG München, Beschluss v. 10.12.2009 – Verg 16/09; Beschluss v. 5.11.2009 – Verg 15/09; *Byok*, in: Byok/Jaeger, Vergaberecht, § 107 GWB Rn. 97.
125 OLG Brandenburg, Beschluss v. 17.2.2005 – Verg W 11/04.
126 Statt vieler OLG Brandenburg, Beschluss v. 29.5.2012 – Verg W 5/12; *Byok*, in: Byok/Jaeger, Vergaberecht, § 107 GWB Rn. 97; *Dicks*, in: Ziekow/Völlink, Vergaberecht, § 107 GWB Rn. 53.
127 OLG Dresden, Beschluss v. 21.10.2005 – WVerg 5/05.
128 OLG München, Beschluss v. 6.12.2012 – Verg 29/12.
129 OLG München, Beschluss v. 12.10.2012 – Verg 16/12; OLG Brandenburg, Beschluss v. 16.2.2012 – Verg W 1/12; *Kadenbach*, in: Willenbruch/Wieddekind, Vergaberecht, § 107 GWB Rn. 60.
130 VK Niedersachsen, Beschluss v. 12.6.2015 – VgK-17/2015.
131 Vgl. OLG Brandenburg, Beschluss v. 6.10.2005 – Verg W 7/05: Ein Bieter hatte das ihm zugespielte Angebot in das Vergabenachprüfungsverfahren eingebracht und war wegen Verstoß gegen das Wettbewerbsprinzip selbst ausgeschlossen worden.
132 vgl. OLG Frankfurt, Beschluss v. 9.7.2010 – 11 Verg 5/10.

mern stellen teilweise bei Vergabeverfahren für Liefer- und Dienstleistungen (ehemals VOL/A und VOF), in denen die Angebote nicht öffentlich submittiert werden, geringere Substanziierungsanforderungen.[133] Der Antragsteller muss aber zumindest **tatsächliche Anknüpfungstatsachen oder Indizien** vortragen, die einen hinreichenden Verdacht auf einen bestimmten Vergaberechtsverstoß begründen.[134] Die Grenzen sind dabei fließend und die Spruchpraxis der einzelnen Kammern und Senate unterschiedlich „streng". Dies führt in der Praxis zu einem beträchtlichen Maß an Rechtsunsicherheit, auch für den Auftraggeber, da Bieter teilweise mit Rügen erfolgreich in das Verfahren kommen, deren Substanz doch überschaubar ist. Beruft sich ein Antragsteller auf die viel bemühte „Marktkenntnis", ohne zu unterlegen, was sich aus dieser konkret für Mängel im Angebot eines anderen Bieters ergeben sollten, so bleibt der Vortrag gleichsam eine Behauptung und damit substanzlos. Etwas anderes gilt, wenn ein Antragsteller konkret vortragen kann, aufgrund welcher Umstände er Veranlassung zu der Vermutung hat, dass ein anderer Bieter beispielsweise die Eignungsanforderungen nicht erfüllt oder ein vom Leistungsverzeichnis abweichendes Produkt angeboten hat. Nicht ausreichend ist auch der Vortrag, dass die Erfahrung aus der Teilnahme an zahlreichen Vergabeverfahren diesen oder jenen Mangel vermuten lasse. Erforderlich ist immer der Bezug zum konkreten Verfahren. Substanzlos ist auch eine Rüge, bei der sich die Vermutung der Unvollständigkeit der Angebotsunterlagen auf einen *„ausgesprochen schlanken Umfang"* der Angebotsunterlagen eines Bieters stützt.[135]

3. Zugang beim Auftraggeber

Die Rüge ist **gegenüber dem Auftraggeber** zu erheben. Ausnahmsweise kann auch gegenüber einem vom Auftraggeber eingesetzten Dritten (etwa einem eingesetzten Planungsbüro) wirksam gerügt werden, wenn dieser im Vergabeverfahren gegenüber den Bietern als Vertreter des Auftraggebers aufgetreten ist.[136] **52**

Bisher wurde weitgehend vertreten, dass die Rüge erst mit **Zugang beim Auftraggeber** wirksam ist. Der Zugang sollte damit zwingend noch vor Erhebung des Nachprüfungsantrages vorliegen müssen. Maßgeblich ist § 130 BGB, unabhängig davon, ob die Rüge als Willenserklärung oder geschäftsähnliche Handlung angesehen wird.[137] Danach gilt eine Rüge als zugegangen, wenn sie so in den Bereich des Empfängers gelangt ist, dass dieser unter normalen Verhältnissen die Möglichkeit hat, vom Inhalt der Erklärung Kenntnis zu nehmen. Rügen, die nach Dienstschluss bei der Vergabestelle eingehen, sollten der Vergabestelle daher erst am nächsten Arbeitstag zugegangen sein.[138] Diese Auffassung lässt sich nunmehr zumindest für den Rügetatbestand des § 160 Abs. 3 S. 1 Nr. 1 GWB nicht mehr aufrechterhalten. Dieser enthält jetzt eine konkrete Frist. Für die Einhaltung der Rügefrist kommt es damit nicht mehr darauf an, ob der Auftraggeber die Rüge noch am selben Tag zur Kenntnis nehmen kann. Eine gesetzliche Frist kann der Bieter bis zur letzten Sekunde ausschöpfen. Damit ist auch eine Rüge kurz vor Mitternacht noch fristgemäß.[139] Allerdings muss die Rüge immer noch vor Stellung eines Nachprüfungsantrages erfolgen. **53**

Eine **Wartefrist** zwischen Erhebung der Rüge und Stellung eines Antrages bei der Vergabekammer existiert nicht. Der Bieter muss insbesondere nicht abwarten, ob bzw. wie der Auftraggeber auf seine Rüge reagiert. Er kann vielmehr unmittelbar nach Zugang der Rüge einen Antrag auf Vergabenachprüfung stellen. Der Antrag auf Nachprüfung ist dann ohne Prob- **54**

---

133 OLG Celle, Beschluss v. 13.1.2011 – 13 Verg 15/10; VK Münster, Beschluss v. 25.1.2011 – VK 10/10.

134 OLG Brandenburg, Beschluss v. 29.5.2012 – Verg W 5/12; OLG Düsseldorf, Beschluss v. 13.4.2011 – VII-Verg 58/10; OLG Frankfurt, Beschluss v. 9.7.2010 – 11 Verg 5/10.

135 OLG Dresden, Beschluss v. 30.1.2007 – WVerg 0001/07.

136 VK Sachsen, Beschluss v. 1.4.2010 – 1/SVK/007-10; VK Baden-Württemberg, Beschluss v. 29.6.2009 – 1 VK 27/09; einschränkend *Dicks,* in: Ziekow/Völlink, Vergaberecht, § 108 GWB Rn. 52 mit Verweis auf OLG Düsseldorf, Beschluss v. 8.10.2003 – VII-Verg 32/01.

137 OLG Düsseldorf, Beschluss v. 7.12.2011 – VII-Verg 81/11.

138 OLG Düsseldorf, Beschluss v. 7.12.2011 – VII-Verg 81/11; OLG Dresden, Beschluss v. 11.9.2006 – WVerg 13/06; VK Sachsen, Beschluss v. 11.4.2012 – 1/SVK/005-12 für Rüge freitags um 16:36 Uhr.

139 Siehe hierzu Rn. 66.

leme zulässig.[140] Droht die Zuschlagsfrist noch nicht unmittelbar abzulaufen, ist dem Bieter gleichwohl zu empfehlen, eine etwaige Entscheidung des Auftraggebers abzuwarten. Hilft dieser der Rüge ab, so kann ein schon gestellter Vergabenachprüfungsantrag zwar als zulässig, aber unnötigerweise verfrüht angesehen werden, mit der Folge, dass der Antragsteller möglicherweise die Kosten des erledigten Verfahrens zu tragen hat.[141]

IV. Erkannte Verstöße (S. 1 Nr. 1)

55 Hat ein Antragsteller einen Verstoß gegen Vergabevorschriften im Vergabeverfahren erkannt, so hat er diesen innerhalb von zehn Tagen zu rügen, wenn er ihn noch erfolgreich zum Gegenstand eines Vergabenachprüfungsverfahrens machen will.

56 Die konkret bemessene Zehn-Tages-Frist ist im Rahmen des VergRModG 2016 neu aufgenommen worden und ersetzt den Begriff der Unverzüglichkeit in § 107 Abs. 3 S. 1 Nr. 1 GWB a.F. Damit ist ein wesentlicher Streitpunkt der letzten Jahre entschärft.[142]

1. Kenntnis der Vergaberechtsverstöße

57 § 160 Abs. 3 S. 1 Nr. 1 GWB stellt – anders als Nr. 2 und Nr. 3, bei denen schon Erkennbarkeit ausreicht – auf die **positive Kenntnis** des Vergaberechtsverstoßes ab.[143] Nach einer Entscheidung des BGH besteht dabei noch insoweit Einigkeit, dass für den Beginn der Rügeverpflichtung sowohl die vollständige Kenntnis der Tatsachen, aus denen die Beanstandung im Nachprüfungsverfahren abgeleitet wird, als auch eine zumindest laienhafte rechtliche Bewertung, dass diese Tatsachen zu einer Missachtung von Bestimmungen über das Vergabeverfahren führen, erforderlich ist.[144] Vermutungen reichen daher nicht aus, um die erforderliche Kenntnis zu begründen, ebenso wenig schadet nach herrschender Auffassung fahrlässige oder grob fahrlässige Unkenntnis.[145] Daraus folgt, dass auch eine Pflicht, sich durch Nachforschung Kenntnis der Verstöße zu verschaffen, nicht besteht.[146]

58 Bei **Zweifeln an der Rechtslage** ist positive Kenntnis ausgeschlossen.[147] Ebenfalls nicht ausreichend ist es, dass ein Bieter mit einer bestimmten Vorgabe der Ausschreibung nicht einverstanden ist.[148] Nicht erforderlich ist allerdings die Kenntnis eines völlig zweifelsfreien und in jeder Beziehung sicher nachweisbaren Vergabefehlers.[149] Ausreichend ist vielmehr das Wissen um einen Sachverhalt, der den Schluss auf einen Vergaberechtsverstoß erlaubt und der es bei vernünftiger Betrachtung als gerechtfertigt erscheinen lässt, das Vergabeverfahren als fehlerhaft zu beanstanden.[150] Der Kenntnis des Verstoßes soll es dabei gleichstehen, wenn sich ihr der Bieter willentlich verschließt.[151] An diese Ausnahme sind aber strenge Anforderungen zu

---

140 OLG Düsseldorf, Beschluss v. 11.5.2011 – VII-Verg 10/11; OLG Frankfurt, Beschluss v. 5.10.2010 – 11 Verg 7/10.

141 OLG Düsseldorf, Beschluss v. 11.5.2011 – VII-Verg 10/11; OLG Frankfurt, Beschluss v. 5.10.2010 – 11 Verg 7/10; VK Sachsen, Beschluss v. 5.7.2011 – 1/SVK/026-11, wonach ein Antrag aber dann nicht verfrüht ist, wenn der Auftraggeber mitgeteilt hat, den Zuschlag erst später, als in der Information nach § 134 GWB mitgeteilt wurde, erteilen zu wollen. Ein gleichwohl nach Ablauf der ursprünglich mitgeteilten Frist erteilter Zuschlag wäre dadurch nicht unwirksam, sodass dem Antragsteller diese Rechtsunsicherheit nicht zugemutet werden kann.

142 Siehe hierzu Rn. 63.

143 Nach EuGH, Urteil v. 28.1.2010 – Rs. C-406/08 (Uniplex), Rn. 32, entspricht dies den Anforderungen an Art. 1 Abs. 1 Rechtsmittelrichtlinie 89/665/EWG.

144 BGH, Beschluss v. 26.9.2006 – X ZB 14/06, Rn. 35; dem folgend etwa nur OLG Brandenburg, Beschluss v. 28.8.2012 – Verg W 19/11; OLG Karlsruhe, Beschluss v. 6.4.2011 – 15 Verg 3/11; OLG Dresden, Beschluss v. 23.4.2009 – WVerg 11/08.

145 OLG Frankfurt, Beschluss v. 5.10.2010 – 11 Verg 7/10; *Byok*, in: Byok/Jaeger, Vergaberecht, § 107 GWB Rn. 74; *Dicks*, in: Ziekow/Völlink, Vergaberecht, § 107 GWB Rn. 40.

146 OLG Brandenburg, Beschluss v. 28.8.2012 – Verg W 19/11; OLG Dresden, Beschluss v. 23.4.2009 – WVerg 11/08; OLG Jena, Beschluss v. 30.3.2009 – 9 Verg 12/08; *Byok*, in: Byok/Jaeger, Vergaberecht, § 107 GWB Rn. 75.

147 OLG Düsseldorf, Beschluss v. 16.12.2009 – VII-Verg 32/09; *Byok*, in: Byok/Jaeger, Vergaberecht, § 107 GWB Rn. 74.

148 OLG Karlsruhe, Beschluss v. 6.4.2011 – 15 Verg 3/11.

149 OLG Koblenz, Beschluss v. 3.4.2008 – 1 Verg 1/08; *Byok*, in: Byok/Jaeger, Vergaberecht, § 107 GWB Rn. 74.

150 OLG Karlsruhe, Beschluss v. 6.2.2007 – 17 Verg 7/06.

151 BGH, Beschluss v. 26.9.2006 – X ZB 14/06, Rn. 35; OLG Dresden, Beschluss v. 23.4.2009 – WVerg 11/08; jeweils im konkreten Fall bejaht: OLG Karlsruhe, Beschluss v. 6.2.2007 – 17 Verg 7/06; VK Südbayern, Beschluss v. 6.5.2009 – Z3-3-3194-1-14-04/09; *Kadenbach*, in: Willenbruch/Wieddekind, Vergaberecht, § 107 GWB Rn. 61.

stellen. Insbesondere darf dies nicht dazu führen, dass tatsächlich auf die Erkennbarkeit des Verstoßes (vgl. § 160 Abs. 3 S. 1 Nr. 2 und Nr. 3 GWB) abgestellt wird. Der Vergabefehler muss sich geradezu aufdrängen. Hat ein Bieter beispielsweise schon mehrere Fehler der Vergabeunterlagen gerügt, so kann daraus nicht geschlossen werden, dass er die Vergabeunterlagen schon vollständig durchdrungen und auch andere Verstöße der Vergabeunterlagen erkannt hat.[152] Die Abgrenzung zwischen nur vermuteten und erkannten Vergaberechtsverstößen ist äußerst schwierig. Eine umstrittene Rechtslage oder fehlende höchstrichterliche Entscheidungen schließen eine rechtliche Würdigung eines Verhaltens als rechtsfehlerhaft aber nicht von vornherein aus. Für eine Kenntnis im Sinne des § 160 Abs. 3 S. 1 Nr. 1 GWB kann es nicht als erforderlich angesehen werden, dass der Bieter ein Verhalten als definitiv vergaberechtswidrig einordnet. Fragwürdig ist in diesem Zusammenhang insbesondere die Konsequenz, bei lediglich vermuteten jedoch nicht positiv erkannten Verstößen gegen Vergaberecht auf die Rügeverpflichtung gänzlich zu verzichten.[153] Denn mit Antragstellung wird gerade die Rechtswidrigkeit einzelner Verhaltensweisen des Auftraggebers geltend gemacht, deshalb muss denknotwendigerweise spätestens zu diesem Zeitpunkt die Vermutung zu einer ausreichenden Kenntnis gereift sein.[154] Insoweit darf die erforderliche Kenntnis nicht mit der Gewissheit über das Bestehen des Vergaberechtsverstoßes verwechselt werden. Diese gewinnt der Antragsteller freilich erst am Ende des Nachprüfungs- bzw. Beschwerdeverfahrens. Zu verlangen ist also mindestens ein Zustand, in dem ein beanstandetes Vergabeverhalten auch in rechtlicher Hinsicht als problematisch eingestuft wird und nicht nur bloße Rechtszweifel bestehen.[155]

Bei der Beurteilung ist auf die individuellen Fähigkeiten abzustellen und somit in jedem Ver- **59**
fahren eine **Einzelfallentscheidung** zu treffen. **Kriterien** sind die Erfahrung mit öffentlichen Vergabeverfahren, die Schwierigkeit der Sach- und Rechtslage, die Fachkunde der Mitarbeiter bzw. das Vorhandensein einer eigenen Rechtsabteilung in Großunternehmen. Bei Bietern ohne besondere Erfahrung mit öffentlichen Vergabeverfahren oder ausländischen Bietern wird eine rechtliche Beurteilung erst nach Einholung von Rechtsrat möglich sein.[156] Großkonzerne mit eigener Rechtsabteilung und fachkundigen, in Ausschreibung erfahrenen Mitarbeitern werden anwaltliche Hilfe nur in Ausnahmefällen, also bei besonderer Sach- und Rechtslage und außergewöhnlichen Verstößen, benötigen.[157]

Bei **juristischen Personen** muss die Kenntnis nicht zwingend beim vertretungsberechtigten **60**
Organ vorliegen. Vielmehr ist es ausreichend, wenn derjenige Kenntnis hat, der befugt ist, für ein Unternehmen im konkreten Vergabeverfahren verbindliche Erklärungen abzugeben.[158] Auch die Kenntnis eines Wissensvertreters, also desjenigen, der nach der Geschäftsorganisation berufen ist, bestimmte Aufgaben in eigener Verantwortung zu erledigen und Informationen zur Kenntnis zu nehmen und weiterzugeben, ist ausreichend.[159]

§ 160 Abs. 3 S. 1 Nr. 1 GWB gilt zudem nur für Verstöße, die **vor Einreichen des Vergaben- 61**
achprüfungsverfahrens erkannt worden sind. Damit ist die Vorschrift jetzt noch deutlicher gefasst. Zuvor war in § 107 Abs. 3 S. 1 Nr. 1 GWB a.F. von „Verstößen im Vergabeverfahren" die Rede. Inhaltlich hat sich dadurch allerdings nichts geändert. Denn schon nach der Rechtsprechung zur alten Fassung musste ein Bieter Verstöße, die er erst im Vergabenachprüfungsverfahren erkannt hat, nicht mehr rügen. Vielmehr konnten diese auch bisher sofort in das Vergabenachprüfungsverfahren eingebracht werden.[160] Ist eine Rüge nicht erforderlich, so

152 Vgl. OLG Dresden, Beschluss v. 23.4.2009 – WVerg 11/08.
153 So aber OLG Düsseldorf, Beschluss v. 16.12.2009 – VII-Verg 32/09; *Dicks,* in: Ziekow/Völlink, Vergaberecht, § 107 GWB Rn. 40.
154 So i.E. auch *Summa,* in: Heiermann/Zeiss, Vergaberecht, § 107 GWB Rn. 227.
155 OLG Karlsruhe, Beschluss v. 6.2.2007 – 17 Verg 7/06.
156 OLG München, Beschluss v. 3.11.2011 – Verg 14/11; *Byok,* in: Byok/Jaeger, Vergaberecht, § 107 GWB Rn. 75 m.w.N.
157 OLG Frankfurt, Beschluss v. 15.7.2008 – 11 Verg 4/08; OLG Bremen, Beschluss v. 3.4.2007 – Verg 2/07.
158 VK Baden-Württemberg, Beschluss v. 20.5.2009 – 1 VK 18/09; i.E. ebenso VK Bund, Beschluss v. 6.7.2011 – VK 3-80/11.
159 *Dicks,* in: Ziekow/Völlink, Vergaberecht, § 107 GWB Rn. 42 m.w.N. und Abgrenzungsbeispielen.
160 Vgl. BGH, Beschluss v. 26.9.2006 – X ZB 14/06, Rn. 37; KG, Beschluss v. 18.3.2010 – 2 Verg 12/09; dies gilt selbst dann, wenn der Antrag zunächst unzulässig war: OLG Frankfurt, Beschluss v. 8.12.2009 – 11 Verg 6/09.

muss der Vortrag auch nicht innerhalb von zehn Tagen entsprechend § 160 Abs. 3 S. 1 Nr. 1 GWB in das Verfahren eingebracht werden. Die Vorschrift ist im Nachprüfungsverfahren nicht, auch nicht analog anwendbar.[161] Der Antragsteller kann mit dem Vorbringen nur ausgeschlossen werden, wenn er seine Verfahrensförderungspflicht aus § 167 Abs. 2 S. 1 GWB verletzt.[162]

2. Rügefrist

62 Der Vergaberechtsverstoß ist innerhalb von **zehn Tagen** nach Kenntnis zu rügen.

63 Die Rügefrist wurde durch das VergRModG 2016 neu eingefügt. Sie ersetzt den vorher in § 107 Abs. 3 S. 1 Nr. 1 GWB a.F. enthaltenen Begriff der **Unverzüglichkeit**. Im Referentenentwurf des BMWi war zunächst überhaupt keine Frist für die Rüge mehr vorgegeben. Die Vorgabe einer konkreten Frist dürfte im Vergleich zur bisherigen Rechtslage zu erheblich mehr Rechtssicherheit aufseiten der Bieter als auch aufseiten der Auftraggeber führen. Denn die Ausfüllung des Kriteriums der Unverzüglichkeit in § 107 Abs. 3 S. 1 Nr. 1 GWB a.F. war von mehreren Unwägbarkeiten betroffen. Teile der obergerichtlichen Rechtsprechung, denen die Literatur wohl überwiegend gefolgt ist, gingen aufgrund einer Entscheidung des EuGH schon davon aus, dass die deutsche Umsetzung von Art. 1 Abs. 1 RL 89/665/EWG **europarechtswidrig** und daher nicht anzuwenden war.[163] Der EuGH hatte entschieden, dass Art. 1 Abs. 1 RL 89/665/EWG einer nationalen Bestimmung entgegensteht, auf deren Grundlage ein nationales Gericht einen Nachprüfungsantrag in Anwendung des nach Ermessen beurteilten Kriteriums der Unverzüglichkeit der Verfahrenseinleitung wegen Fristversäumnis zurückweisen kann.[164] Diese Rechtsprechung des EuGH war letztlich auch der Grund für die gesetzliche Novellierung.[165] Darüber hinaus war auch die Spruchpraxis der Vergabenachprüfungsinstanzen zur Frage, welche Frist noch als unverzüglich anzusehen ist, sehr uneinheitlich.[166] Insofern ist eine gesetzlich geregelte Frist zu begrüßen.

64 Mit der Rügefrist von zehn Tagen sollen insbesondere die Zulässigkeitsanforderungen des § 160 Abs. 3 S. 1 Nr. 1 GWB sowie die **Informations- und Wartepflicht gemäß § 134 Abs. 1 und Abs. 2 GWB** besser aufeinander abgestimmt werden.[167] Die Mindeststillhaltefrist des Auftraggebers beträgt gemäß § 134 Abs. 2 GWB je nach Übermittlungsart fünfzehn bzw. (bei Übermittlung auf elektronischem Wege oder per Fax) zehn Tage. Diese Mindestüberlegungsfrist soll durch die Rügefrist von zehn Tagen gewährleistet und gestärkt werden. Im Einzelfall werden Stillhaltefrist des Auftraggebers und Rügefrist der Bieter gleichwohl nicht parallel laufen. Denn während § 134 Abs. 2 GWB auf die Absendung der Vorabinformation abstellt, ist für den Beginn der Rügefrist die Kenntnis des Verstoßes ausschlaggebend. Diese können im Einzelfall natürlich (auch erheblich) voneinander abweichen.

65 Insoweit ist auch die neu aufgenommene Klarstellung in § 160 Abs. 3 S. 1 Nr. 1 Hs. 2 GWB zu begrüßen. Danach bleibt der Ablauf der **Stillhaltefrist** nach § 134 Abs. 2 GWB unberührt. Denn die Rügefrist konkretisiert nur die Rügeobliegenheit der Bieter, berührt aber nicht die

---

161 So auch *Byok,* in: Byok/Jaeger, Vergaberecht, § 107 GWB Rn. 108; a.A. für § 107 Abs. 3 S. 1 Nr. 1 GWB a.F. wohl OLG Brandenburg, Beschluss v. 10.1.2012 – Verg W 18/11 (unverzüglich).

162 OLG Frankfurt, Beschluss v. 10.6.2011 – 11 Verg 4/11.

163 OLG Koblenz, Beschluss v. 16.9.2013 – 1 Verg 5/13; OLG Celle, Beschluss v. 26.4.2010 – 13 Verg 4/10 (nicht tragend); VK Südbayern, Beschluss v. 18.3.2015 – Z3-3-3194-1-62-12/14; VK Arnsberg, Beschluss v. 25.8.2010 – VK 15/10; VK Hamburg, Beschluss v. 7.4.2010 – VK BSU 2/10; VK Rheinland-Pfalz, Beschluss v. 20.4.2010 – VK 2-9/10; VK Saarland, Beschluss v. 1.3.2010 – 1 VK 03/2010; *Byok,* in: Byok/Jaeger, Vergaberecht, § 107 GWB Rn. 64 ff.; *Summa,* in: Heiermann/Zeiss, Vergaberecht, § 107 GWB Rn. 182 ff.; a.A. OLG Rostock, Beschluss v. 20.10.2010 – 17 Verg 5/10; OLG Dresden, Beschluss v. 7.5.2010 – WVerg 6/10; dem sind gefolgt VK Niedersachsen, Beschluss v. 14.2.2012 – VgK-05/2012; VK Bund, Beschluss v. 9.1.2012 – VK 1-162/11; VK Brandenburg, Beschluss v. 17.10.2011 – VK 39/11; VK Baden-Württemberg, Beschluss v. 9.6.2011 – 1 VK 26/11; VK Sachsen-Anhalt, Beschluss v. 25.5.2011 – 1 VK LSA 58/10.

164 EuGH, Urteil v. 28.1.2010 – Rs. C-406/08 (Uniplex), Rn. 41 ff.; Urteil v. 28.1.2010 – Rs. C-456/08 (Kommission/Irland), Rn. 74 ff.

165 Vgl. Gesetzesbegründung, BT-Drs. 18/6281, 132.

166 Diese ging von wenigen Tagen bis zu zwei Wochen, vgl. zu den Einzelheiten *Hofmann,* in: Müller-Wrede, Taschenkommentar GWB-Vergaberecht, § 107 Rn. 32.

167 Vgl. Gesetzesbegründung, BT-Drs. 18/6281, 132.

Möglichkeit des Auftraggebers, den Zuschlag zu erteilen. Dieser kann vielmehr den Zuschlag – wie im Informationsschreiben nach § 134 Abs. 1 GWB angekündigt – erteilen. Ein Zuwarten auf eine Rüge ist nicht erforderlich. Mit (wirksamer) Erteilung des Zuschlages ist auch ein Vergabenachprüfungsverfahren nicht mehr zulässig, § 168 Abs. 2 S. 1 GWB. Dies bedeutet im Ergebnis, dass ein Bieter zwar maximal zehn Tage Zeit zur Rüge hat, diese Frist aber im Einzelfall nicht völlig ausschöpfen kann, wenn er noch einen Vergabenachprüfungsantrag bei der Vergabekammer stellen will. Zu beachten ist insoweit auch, dass die Zuschlagssperre des § 169 Abs. 1 GWB erst mit Übermittlung des Antrages an den Auftraggeber eintritt. Zudem hat die Vergabekammer den Antrag vor Übermittlung noch darauf zu überprüfen, ob dieser offensichtlich unzulässig oder unbegründet ist, § 163 Abs. 2 S. 1 GWB. Die Bieter müssen also unbedingt den vom Auftraggeber mitgeteilten Zeitpunkt des frühestmöglichen Vertragsschlusses im Auge behalten, um eine Rüge und einen Vergabenachprüfungsantrag noch rechtzeitig platzieren zu können. Ob damit in Zukunft der Sinn der Rüge, dem Auftraggeber noch die Möglichkeit zur Überprüfung und ggf. der Abhilfe zu geben, noch eine große Rolle spielt, oder vielmehr die Rüge zum reinen Formalismus verkommt, wird abzuwarten sein. Zumindest bei Rügen aufgrund der Vorabinformation nach § 134 Abs. 1 GWB kann Bietern, die tatsächlich auf eine Abhilfe hoffen, daher nur empfohlen werden, so schnell wie möglich zu rügen, damit der Auftraggeber noch Zeit zur Reaktion hat. Die Zehn-Tages-Frist wird daher vor allem für die Fälle von Bedeutung sein, in denen Bieter im Laufe des Vergabeverfahrens Kenntnis von Vergabeverstößen erlangt haben.

Die Frist **beginnt** mit Kenntnis des Vergaberechtsverstoßes. Der Tag, an dem die Kenntnisnahme erfolgt, wird gemäß § 31 Abs. 1 VwVfG i.V.m. § 187 Abs. 1 BGB als fristauslösendes Ereignis nicht mitgezählt. Die Rügefrist beginnt daher erst am Tag nach der Kenntnis und endet am zehnten Tag um 24:00 Uhr. Auf den Zugang der Rüge, also die Möglichkeit der Kenntnis des Auftraggebers unter normalen Umständen, kommt es nicht an. Fällt das Fristende auf einen Feiertag, Sonnabend oder Sonntag, so verlängert sich die Frist gemäß § 31 Abs. 3 VwVfG (bzw. § 193 BGB) bis auf den nächsten Werktag. Auch insoweit besteht ein Unterschied zur Wartefrist in § 134 Abs. 2 GWB. Für deren Ablauf ist es unerheblich, wenn das Ende auf einen Sonnabend, Sonntag oder Feiertag fällt.[168] **66**

V. Erkennbare Verstöße (S. 1 Nr. 2 und Nr. 3)

Anders als § 160 Abs. 3 S. 1 Nr. 1 GWB stellen Nr. 2 und Nr. 3 nicht auf die positive Kenntnis, sondern nur auf die Erkennbarkeit der Vergaberechtsverstöße ab. Nummer 2 bezieht sich dabei auf Fehler, die aus der Vergabebekanntmachung erkennbar sind, und Nr. 3 auf Fehler, die sich erst aus den Vergabeunterlagen ergeben. **67**

Im Hinblick auf **europarechtliche Vorgaben** ist die Vorschrift unbedenklich.[169] **68**

1. Erkennbarkeit

Die Bestimmung des Begriffs der **Erkennbarkeit** begegnet ähnlichen Problemen wie die Auslegung der Kenntnis. Erkennbar ist ein Vergaberechtsverstoß, wenn sich die zugrunde liegenden Tatsachen aus der Bekanntmachung bzw. den Vergabeunterlagen ergeben und von einem durchschnittlichen Bieter als Verstoß gegen Bestimmungen des Vergabeverfahrens erkannt werden können.[170] Auch die Erkennbarkeit muss also sowohl in tatsächlicher als auch in rechtlicher Hinsicht vorliegen. Wann dies der Fall sein wird, ist auch hier sehr schwer abzugrenzen. Erforderlich ist immer eine Betrachtung des Einzelfalles, sowohl im Hinblick auf den Bieterkreis als auch bezogen auf das konkrete Verfahren. Die einzelnen Vergabenachprüfungsinstanzen sind zudem unterschiedlich streng. Teilweise sind hier Tendenzen auszumachen, nach denen die Rügeverpflichtungen insgesamt nur noch restriktiv ausgelegt und spar- **69**

---

168 VK Bund, Beschluss v. 30.1.2015 – VK 2-115/14.
169 EuGH, Urteil v. 12.3.2015 – Rs. C-538/13 (eVigilo), Rn. 55; so auch *Byok*, in: Byok/Jaeger, Vergaberecht, § 107 GWB Rn. 79; a.A. *Jäger*, NZBau 2009, 558 (560).
170 OLG Düsseldorf, Beschluss v. 12.10.2011 – VII-Verg 46/11.

sam angewandt werden.[171] Dies führt im Ergebnis dazu, dass die Rügeverpflichtungen nach § 160 Abs. 3 S. 1 Nr. 2 und Nr. 3 GWB teilweise leerlaufen. Erforderlich ist dies nicht, da die Pflicht zur vorherigen Rüge grundsätzlich richtlinienkonform ist.[172] Hierbei darf aber nicht übersehen werden, dass es in erster Linie Aufgabe des Auftraggebers ist, ein vergaberechtskonformes Vergabeverfahren durchzuführen. Diese Verantwortung darf nicht über § 160 Abs. 3 S. 1 Nr. 2 und Nr. 3 GWB auf den Bieter verlagert werden. Nach Sinn und Zweck der Rüge wird ihm aber aufgrund des vorvertraglichen Vertrauensverhältnisses zugemutet, den Auftraggeber auf die Vergabeverstöße aufmerksam zu machen, die ihm auffallen müssen.

70 Überwiegend wird bei der Feststellung der Erkennbarkeit auf einen **objektiven Maßstab** abgestellt. Erkennbar sind danach Verstöße, die bei üblicher Sorgfalt und den üblichen Kenntnissen von einem durchschnittlichen Unternehmen erkannt werden.[173] Beim Maßstab der Erkennbarkeit ist also nicht auf den Vergaberechtsexperten, sondern vielmehr auf diejenigen abzustellen, die Adressaten der Bekanntmachung sind, nämlich die Bieter; diese prägen den objektiven Empfängerhorizont, aus dem heraus die Erkennbarkeit zu beurteilen ist.[174] So wird auch eine Entscheidung des EuGH zu verstehen sein, wonach Fristen für ein Nachprüfungsverfahren erst dann beginnen können, wenn ein durchschnittlich fachkundiger Bieter den relevanten Sachverhalt (nachvollziehen konnte oder) hätte nachvollziehen können müssen.[175] Andere Teile der Rechtsprechung berücksichtigen dagegen (zusätzlich) die individuellen vergaberechtlichen Kenntnisse des jeweiligen Antragstellers,[176] etwa ob ein Unternehmen schon (erhebliche) Erfahrungen mit öffentlichen Aufträgen hat und daher gewisse Rechtskenntnisse vorausgesetzt werden können.[177]

71 In **tatsächlicher Hinsicht** ist die Erkennbarkeit meist weniger problematisch, da sich die relevanten Sachverhalte in der Regel unmittelbar aus den Vergabeunterlagen oder der Bekanntmachung ergeben. Etwas anderes gilt aber dann, wenn beispielsweise erhebliche technische Kompetenz und Marktkenntnis erforderlich sind, etwa um eine versteckte, fehlende Produktneutralität zu erkennen.[178] Ebenso nicht erkennbar sind Unklarheiten in den Verdingungsunterlagen, wenn bei objektiver Lesart mehrere Auslegungen vertretbar sind.[179] Offensichtliche Widersprüche fallen allerdings nicht darunter, insbesondere solche, die dem Bieter bei der Erstellung des Angebotes auffallen müssen.

72 Weit größere Abgrenzungsprobleme werden sich in aller Regel bei der Erkennbarkeit in **rechtlicher Hinsicht** ergeben. Hier ist grundsätzlich von einem anwaltlich noch nicht beratenen Bieter auszugehen.[180] Maßstab kann aber genauso wenig der rechtlich völlig ahnungslose Bieter sein. Vielmehr wird ein durchschnittlicher Bieter, der sich nicht zum ersten Mal an einer Ausschreibung beteiligt, schon über eine gewisse Erfahrung in Vergabeverfahren verfügen. Insgesamt stellt sich die Frage, inwiefern eine unübersichtliche bzw. schwierige Rechtslage oder divergierende Entscheidungen der Vergabenachprüfungsbehörden einer Erkennbarkeit in rechtlicher Hinsicht entgegenstehen. Auf die entsprechenden Ausführungen zu § 160 Abs. 3 S. 1 Nr. 1 GWB[181] wird sinngemäß verwiesen. Erforderlich, aber auch ausreichend ist, dass ein durchschnittlicher Bieter einen Sachverhalt zumindest als rechtlich problematisch ein-

171 So in OLG Düsseldorf, Beschluss v. 21.10.2015 – VII-Verg 28/14; vgl. auch Beschluss v. 22.1.2014 – VII-Verg 26/13.
172 Siehe Rn. 68.
173 OLG Frankfurt, Beschluss v. 11.6.2013 – 11 Verg 3/13; OLG Celle, Beschluss v. 16.6.2011 – 13 Verg 3/11; offengelassen OLG München, Beschluss v. 29.7.2010 – Verg 9/10; *Summa* in Heiermann/Zeiss, Vergaberecht, § 107 GWB Rn. 253.
174 VK Bund, Beschluss v. 10.2.2011 – VK 3 – 8/11.
175 EuGH, Urteil v. 12.3.2015 – Rs. C-538/13 (eVigilo), Rn. 55.
176 So insbesondere OLG Düsseldorf, Beschluss v. 19.6.2013 – VII-Verg 8/13; Beschluss v. 18.10.2006 – VII-Verg 35/06; VK Brandenburg, Beschluss v. 10.2.2012 – VK 1/12 (gegenstandslos); einschränkend auch VK Berlin, Beschluss v. 26.4.2011 – VK B 2-3/11; VK Schleswig-Holstein, Beschluss v. 28.10.2011 – VK-SH 16/11.
177 VK Schleswig-Holstein, Beschluss v. 14.9.2015 – VK-SH 11/15.
178 Vgl. OLG Frankfurt, Beschluss v. 11.6.2013 – 11 Verg 3/13; VK Südbayern, Beschluss v. 19.5.2014 – Z3-3-3194-1-08-03/14, im konkreten Fall Erkennbarkeit bejaht.
179 So auch VK Münster, Beschluss v. 24.6.2011 – VK 6/11.
180 OLG Frankfurt, Beschluss v. 11.6.2013 – 11 Verg 3/13.
181 Siehe Rn. 58.

stufen würde. Dies soll der Fall sein, wenn sich der Verstoß bei Beachtung der gebotenen Sorgfalt bereits als vergaberechtswidrig erschließt.[182] Zu weitgehend ist dagegen, dass ein Bieter den Sachverhalt als definitiv vergaberechtswidrig einordnen können muss. Denn dies wird er im Zweifel erst nach Abschluss des Vergabenachprüfungsverfahrens beurteilen können. Ebenfalls zu weitgehend ist die Begrenzung auf Rechtsverstöße, die auf der allgemeinen Überzeugung der Vergabepraxis beruhen und jedem ins Auge fallen.[183] Jedenfalls Vergaberechtsverstöße, die sich schon durch bloßes **Lesen der einschlägigen Normen** und einen Vergleich mit dem Text der Vergabeunterlagen ohne Weiteres feststellen lassen, sind für einen durchschnittlichen Bieter erkennbar.[184] Auch Verstöße, die dem Antragsteller bei der Kalkulation ins Auge springen oder dem Bieter bei der **Erstellung des Angebotes** Probleme bereiten und dem Verfahren quasi *„auf die Stirn geschrieben"* sind, müssen zu einer Erkennbarkeit führen.[185] Beruht der Verstoß dagegen auf einer Auslegung der Gesetze oder der Spruchpraxis der Vergabenachprüfungsinstanzen, so ist zu fragen, ob die Entscheidung dem relevanten Bieterkreis schon bekannt sein wird. Auch bei **Grundsatzentscheidungen des EuGH oder des BGH** ist dies nur mit einigem Nachlauf der Fall.[186] Etwas anderes gilt dann, wenn die Problematik so intensiv und zahlreich in der Rechtsprechung und der einschlägigen Kommentarliteratur behandelt und thematisiert wurde, dass ein durchschnittliches Unternehmen, das nicht unerfahren ist mit öffentlichen Aufträgen, sich vor diesem Thema nicht verschließen kann.[187]

Als **erkennbare Vergaberechtsverstöße** wurden etwa angenommen: die Wahl der falschen Verfahrensart,[188] die Wahl der falschen Vergabeordnung,[189] das vollständige Unterlassen einer Losaufteilung,[190] das vollständige Fehlen einer Gewichtung der Wertungskriterien, insbesondere das gänzliche Fehlen einer Umrechnungsformel für die Bewertung des Kriteriums Preis.[191] Das Gleiche muss auch dann gelten, wenn Wertungskriterien derart unbestimmt sind, dass ein Bieter sein Angebot nicht daran ausrichten kann. Nicht erkennbar wird dagegen die Frage sein, ob eine konkrete Umrechnungsformel vergaberechtskonform ist.[192] Als nicht erkennbar wurde auch das Erfordernis der Bekanntgabe der Unter-Unterkriterien angenommen.[193] Erkennbar ist ein potenzieller Verstoß gegen das Gebot der produktneutralen Ausschreibung, wenn unübersehbar ein Leitfabrikat oder eine bestimmte Herkunft (ohne den Zusatz oder gleichwertig) gefordert ist.[194] Die Frage der Zulässigkeit von eignungsbezogenen Zuschlagskriterien ist zumindest nach der Vergaberechtsnovelle nicht mehr erkennbar, da das frühere strikte Verbot der Vermischung von Eignungs- und Zuschlagskriterien mittlerweile aufgeweicht wurde.[195] Art. 67 Abs. 2 S. 2 lit. a RL 2014/24/EU lässt in bestimmten Fällen nun die Berücksichtigung der Organisation, Qualifikation und der Ausbildung des Personals als Wertungskriterien zu. Die Kenntnis der ausdifferenzierten Rechtsprechung zur Wertung von Nebenangeboten (Vorgabe von Mindestbedingungen) kann dagegen kaum von einem durchschnittlichen Bieter verlangt werden.[196] Hier zeigt die Praxis, dass selbst Auftraggeber dieses 73

182 BGH, Beschluss v. 26.9.2006 – X ZB 14/06.
183 So aber OLG Düsseldorf, Beschluss v. 22.1.2014 – VII-Verg 26/13.
184 OLG Celle, Beschluss v. 16.6.2011 – 13 Verg 3/11; OLG Koblenz, Beschluss v. 7.11.2007 – 1 Verg 6/07; *Summa*, in: Heiermann/Zeiss, Vergaberecht, § 107 GWB Rn. 261.
185 VK Nordbayern, Beschluss v. 5.2.2013 – 21.VK-3194-34/12; VK Baden-Württemberg, Beschluss v. 13.9.2012 – 1 VK 32/12; so auch *Dicks*, in: Ziekow/Völlink, Vergaberecht, § 107 GWB Rn. 49.
186 Vgl. VK Sachsen, Beschluss v. 10.4.2014 – 1/SVK/007-14.
187 OLG Karlsruhe, Beschluss v. 5.11.2014 – 15 Verg 6/14.
188 OLG Frankfurt, Beschluss v. 5.3.2014 – 11 Verg 2/14.
189 OLG Frankfurt, Beschluss v. 5.3.2014 – 11 Verg 2/14; VK Sachsen, Beschluss v. 18.3.2015 – 1/SVK/001-15.
190 OLG Celle, Beschluss v. 8.9.2011 – 13 Verg 4/11; VK Bund, Beschluss v. 26.7.2013 – VK 2-46/13.
191 VK Sachsen, Beschluss v. 12.6.2015 – 1/SVK/016-15.
192 OLG Düsseldorf, Beschluss v. 29.4.2015 – VII-Verg 35/14; Beschluss v. 22.1.2014 – VII-Verg 26/13; VK Südbayern, Beschluss v. 24.7.2015 – Z3-3-3194-1-28-04/15.
193 OLG Düsseldorf, Beschluss v. 19.6.2013 – VII-Verg 8/13.
194 VK Sachsen, Beschluss v. 22.9.2014 – 1/SVK/029-14; VK Rheinland-Pfalz, Beschluss v. 19.10.2010 – VK 2 – 36/10; a.A. OLG Düsseldorf, Beschluss v. 9.1.2013 – VII-Verg 33/12, vgl. dazu auch Rn 58.
195 So schon zur alten Rechtslage OLG Düsseldorf, Beschluss v. 29.4.2015 – VII-Verg 35/14; a.A. noch OLG Karlsruhe, Beschluss v. 5.11.2014 – 15 Verg 6/14.
196 A.A. aber OLG Celle, Beschluss v. 11.2.2010 – 13 Verg 16/09.

Erfordernis oft nicht kennen. Unterschiedlich sind auch die Entscheidungen zur Frage der Erkennbarkeit der (Nicht-)Anwendung vergaberechtlicher Tariftreueerklärungen.[197]

2. Bekanntmachung/Vergabeunterlagen

74 Unter **Bekanntmachung** ist nicht nur die Bekanntmachung der Ausschreibung im Supplement des Amtsblattes der Europäischen Union zu verstehen. Vielmehr fällt darunter jede Form der Veröffentlichung, also auch in Tageszeitungen, in amtlichen Veröffentlichungsblättern oder auf Internetportalen.[198] Ob auch die Inhalte einer **Vorinformation** nach § 38 VgV oder § 12 EU Abs. 2 und Abs. 3 VOB/A eine Rügemöglichkeit auslösen können, wird nicht einheitlich beantwortet.[199] Aufgrund der Unverbindlichkeit der Vorinformation ist der Betroffene zur Rüge jedenfalls nicht verpflichtet.

75 Die **Vergabeunterlagen** umfassen nach § 29 Abs. 1 VgV bzw. § 8 EU Abs. 1 VOB/A das Anschreiben, die Bewerbungs- bzw. Teilnahmebedingungen sowie die Vertragsunterlagen, d. h. die Leistungsbeschreibung und Vertragsbedingungen.

76 Die Verstöße müssen sich allein aus der Bekanntmachung bzw. den Vergabeunterlagen ergeben. Sind dazu **weitergehende Informationen erforderlich**, so wird eine Rügeobliegenheit nicht ausgelöst. Dies gilt auch dann, wenn in der Bekanntmachung explizit darauf verwiesen wird. Erkennbar sind Verstöße insbesondere dann nicht, wenn sie sich erst aus der Vergabedokumentation ergeben. Verwechselt werden darf dies aber nicht mit den Fällen, in denen sich eine regelmäßig nicht zulässige Vorgabe mit entsprechender Begründung, welche sich wiederum im Vergabevermerk befindet, ausnahmsweise rechtfertigen lässt. Für solche Fälle wird teilweise vertreten, dass ein Bieter einen Vergabeverstoß gar nicht erkennen könne, wenn er – was regelmäßig der Fall ist – nicht die in der Vergabedokumentation niedergelegte Begründung kenne. Ein Beispiel ist eine produktspezifische Ausschreibung, die nur in Ausnahmefällen mit einer entsprechenden Begründung zulässig ist, vgl. § 31 Abs. 6 VgV, § 7 EU Abs. 2 VOB/A.[200] Diese Auffassung ist abzulehnen. Denn der Verstoß ergibt sich hier nicht erst aus der Begründung des Auftraggebers. Aus dieser lässt sich allenfalls ersehen, dass der Auftraggeber ggf. doch rechtmäßig gehandelt hat. Ist aber eine Vorgabe des Auftraggebers grundsätzlich unzulässig, so kann ein Bieter nicht darauf vertrauen, dass der Auftraggeber in seiner Vergabedokumentation einen rechtfertigenden Grund niedergelegt haben werde. Die gegenteilige Auffassung würde dazu führen, dass die Bieter, da sie in die Vergabedokumentation und die dort niedergelegten Gründe regelmäßig während des Vergabeverfahrens keine Einsicht nehmen können, sich zunächst rügelos auf das Verfahren einlassen und erst nach Zuschlagsentscheidung Vergabefehler geltend machen könnten. Dies würde dem Sinn und Zweck des § 160 Abs. 3 S. 1 Nr. 2 und Nr. 3 GWB entgegenstehen, der es dem Auftraggeber im Sinne der Verfahrensbeschleunigung frühzeitig ermöglichen soll, Fehler in den Vergabeunterlagen zu beheben.[201]

3. Rügefrist bei aus der Bekanntmachung erkennbaren Verstößen (Nr. 2)

77 Rügen gegen Verstöße, die aus der Bekanntmachung erkennbar sind, sind bis zum Ende der in der Bekanntmachung benannten **Frist zur Angebotsabgabe oder zur Bewerbung** zu erheben.

78 Wird die Frist zur Angebotsabgabe durch den Auftraggeber ohne erneute Bekanntmachung **verlängert**, ist strittig, welche Frist gilt. Ausgehend vom Wortlaut wird teilweise angenom-

197 Ablehnend OLG Karlsruhe, Beschluss. v. 5.11.2014 – 15 Verg 6/14; a.A. VK Schleswig-Holstein, Beschluss v. 14.9.2015 – VK-SH 11/15.
198 OLG Karlsruhe, Beschluss v. 16.12.2009 – 15 Verg 5/09; *Byok*, in: Byok/Jaeger, Vergaberecht, § 107 GWB Rn. 82; *Kadenbach*, in: Willenbruch/Wieddekind, Vergaberecht, § 107 GWB Rn. 76.
199 Zustimmend VK Sachsen, Beschluss v. 10.2.2012 – 1/SVK/050-11; wohl auch VK Bund, Beschluss v. 25.2.2010 – VK 3-9/10; dagegen wohl ablehnend VK Bund, Beschluss v. 7.4.2011 – VK 1-23/11.
200 Vgl. OLG Düsseldorf, Beschluss v. 9.1.2013 – VII-Verg 33/12.
201 Wie hier VK Sachsen, Beschluss v. 22.9.2014 – 1/SVK/029-14; VK Südbayern, Beschluss v. 8.8.2014 – Z 3-3-3194-1-31-06/14 für eine Rahmenvereinbarung mit einer Laufzeit von mehr als vier Jahren.

men, dass die in der Bekanntmachung angegebene Frist weiterhin gilt.[202] Die gegenteilige Auffassung nimmt unter Berufung auf den Grundsatz von Treu und Glauben die verlängerte Angebotsfrist als Rügefrist an, da es sich um Gründe handelt, die aus dem Bereich des Auftraggebers stammen.[203] Dies ist zumindest für die Fälle, in denen die Verlängerung wegen einer Änderung der Vergabebedingungen erfolgt und der Bieter sich damit auch länger mit der Erstellung und Kalkulation des Angebotes befassen darf, einleuchtend und damit vorzugswürdig. Erfolgt eine Berichtigung der Frist mittels erneuter europaweiter Bekanntmachung, gilt unstrittig diese Frist.[204]

Die Frist ist nicht gewahrt, wenn die **Rüge zusammen mit dem Angebot** abgegeben wird. 79
Da der Auftraggeber das Angebot vor der Abgabefrist nicht öffnen darf, ist mit einer rechtzeitigen Kenntnisnahme nach den gewöhnlichen Umständen nicht zu rechnen und damit auch der erforderliche Zugang der Rüge ausgeschlossen.[205]

4. Rügefrist bei aus den Vergabeunterlagen erkennbaren Verstößen (Nr. 3)

Verstöße, die aus den Vergabeunterlagen erkennbar sind, sind bis zum Ablauf der **Frist zur** 80
Bewerbung oder zur Angebotsabgabe zu rügen.

Für diesen Rügetatbestand wurde im Zuge der Vergaberechtsnovelle 2016 der **Bezug auf die** 81
Bekanntmachung gestrichen. Der Grund dafür ist, dass bei Verfahren mit vorherigem Teilnahmewettbewerb eine Angebotsfrist in der Regel noch nicht in der Bekanntmachung angegeben ist.[206] Gleichwohl sollen aus den Vergabeunterlagen erkennbare Verstöße auch in Verfahren mit vorherigem Teilnahmewettbewerb bis zum Ende der Angebotsfrist gerügt werden. Der Auftraggeber soll frühzeitig Sicherheit über die Wirksamkeit seiner Ausschreibungsbedingungen erlangen. Insoweit ist die schon vor der Vergaberechtsnovelle 2016 unzutreffende Auffassung überholt, dass bei Verfahren mit vorgeschaltetem Teilnahmewettbewerb eine Rüge der Verstöße, die aus den Vergabeunterlagen erkennbar sind, nicht erforderlich sei.[207]

Da kein Bezug auf die Bekanntmachung genommen wird, stellt sich auch nicht das **Problem** 82
der verlängerten Angebotsfrist. Allerdings gilt auch hier, dass Rügen, die mit dem Angebot abgegeben werden, nicht rechtzeitig erfolgt sind.[208]

VI. Ausnahmen

1. Gesetzliche Ausnahme für De-facto-Vergaben (S. 2)

§ 160 Abs. 3 S. 2 GWB enthält einen gesetzlichen Ausnahmetatbestand für sog. **De-facto-** 83
Vergaben. Dies sind Fälle, in denen der Auftraggeber einen Auftrag direkt und ohne das gebotene Vergabeverfahren vergeben hat. Will der Antragsteller die Unwirksamkeit eines solchen Vertrages nach § 135 Abs. 1 Nr. 2 GWB feststellen lassen, so bedarf es einer vorherigen Rüge nicht. § 135 Abs. 1 Nr. 2 GWB ist – nach umstrittener, aber vorzugswürdiger Meinung –

202 KG, Beschluss v. 11.7.2000 – KartVerg 7/00; VK Baden-Württemberg, Beschluss v. 9.12.2010 – 1 VK 56/10; *Summa,* in: Heiermann/Zeiss, Vergaberecht, § 107 GWB Rn. 264.

203 OLG Düsseldorf, Beschluss v. 29.4.2009 – VII-Verg 76/08; dem folgend VK Düsseldorf, Beschluss v. 14.6.2011 – VK-16/2011-B; *Byok,* in: Byok/Jaeger, Vergaberecht, § 107 GWB Rn. 84; *Kadenbach,* in: Willenbruch/Wieddekind, Vergaberecht, § 107 GWB Rn. 80; *Dicks,* in: Ziekow/Völlink, Vergaberecht, § 107 GWB Rn. 51.

204 *Summa,* in: Heiermann/Zeiss, Vergaberecht, § 107 GWB Rn. 265; *Kühn*, VergabeR 2015, 22 (26), der zudem auf das Gebot effektiven Rechtsschutzes nach den RL 89/665/EWG und RL92/13/EWG, beide zuletzt geändert durch RL 2007/66/EG, abstellt.

205 OLG Düsseldorf, Beschluss v. 7.12.2011 – VII-Verg 81/11.

206 Vgl. Gesetzesbegründung, BT-Drs. 18/628, 132.

207 So aber OLG Düsseldorf, Beschluss v. 21.10.2015 – VII-Verg 28/14; a.A. zur alten Rechtslage OLG Naumburg, Beschluss v. 18.8.2011 – 2 Verg 3/11; VK Südbayern, Beschluss v. 13.10.2014 – Z3-3-3194-1-37-08/14.

208 Vgl. hierzu Rn. 79.

auch auf Fälle anwendbar, in denen ein Vertragsschluss noch unmittelbar bevorsteht.[209] In § 160 Abs. 3 S. 2 GWB wurde die vorherige Rechtsprechung der Vergabesenate übernommen.[210] Denn die Rügeobliegenheit ist Ausdruck des vorvertraglichen Vertrauensverhältnisses[211] und soll dem Auftraggeber die Möglichkeit der Abhilfe geben. Besteht aber ein solches Verhältnis nicht, weil der Auftraggeber einen Auftrag ohne Vergabeverfahren – also de facto – vergibt, kann er sich auch auf ein Vertrauensverhältnis nicht berufen.[212]

84 § 135 Abs. 1 Nr. 2 GWB stellt nunmehr – anders als noch die Vorgängerregelung in § 101b Abs. 1 Nr. 2 GWB a.F. – darauf ab, ob der Auftraggeber den Auftrag **ohne eine vorherige Veröffentlichung einer Bekanntmachung** im Amtsblatt der Europäischen Union und ohne dass ihm dies aufgrund Gesetzes gestattet wäre, vergeben hat. Damit werden Art. 2d Abs. 1 lit. a RL 89/665/EWG und RL 92/13/EWG, jeweils in der Fassung der RL 2007/66/EG, nunmehr richtlinienkonform umgesetzt.[213] Bisher wurde in § 101b Abs. 1 Nr. 2 GWB a.F. lediglich darauf abgestellt, ob der Auftraggeber den Auftrag unmittelbar und „ohne Beteiligung anderer Unternehmen am Vergabeverfahren" vergeben hat. Damit galt die Vorschrift dem Wortlaut nach nicht für die Fälle, in denen der Auftraggeber mehrere Unternehmen aufgefordert hat bzw. ein förmliches, aber kein den Anforderungen des GWB genügendes Verfahren durchgeführt hat. Die Vergabesenate haben § 101b Abs. 1 Nr. 2 GWB zwar insoweit entsprechend angewandt. Strittig war aber, ob in diesen Fällen auch die Rügeverpflichtung entfiel.[214] Dieses Problem stellt sich nach der Neuregelung nicht mehr. Es ist klargestellt, dass in allen Fällen eine Rügeverpflichtung nicht besteht, in denen der Auftraggeber keine Bekanntmachung im Amtsblatt der Europäischen Union veröffentlich hat. Darunter fällt also auch beispielsweise die Durchführung eines nationalen anstatt eines gebotenen europaweiten Verfahrens. Auch in diesen Fällen ist eine Rüge somit grundsätzlich nicht erforderlich.

85 Probleme stellen sich allerdings dann, wenn der Antragsteller zunächst selbst **am Verfahren teilgenommen** hat und sich erst dann mit dem Vortrag der De-facto-Vergabe gegen das Verfahren wendet, wenn er nicht zum Zuge kommt.[215] Bisher wurde eine Rügepflicht in diesen Fällen teilweise bejaht.[216] Ob sich dies nach dem jetzigen Wortlaut noch aufrechterhalten lässt, ist fraglich. Der Wortlaut der Norm gibt dies nun nicht mehr her, da er einschränkungslos alle Verfahren ohne vorherige Bekanntmachung von der Rügeverpflichtung ausnimmt. Auch hat der Gesetzgeber insoweit eine Anpassung im Rahmen der neuesten Novelle nicht vorgenommen, obwohl ihm dies möglich gewesen wäre. Dies kann aber insbesondere in den Fällen zu unbilligen Ergebnissen führen, in denen der Bieter die Vergaberechtswidrigkeit des Verfahrens ohne vorherige europaweite Vergabebekanntmachung, an dem er auch beteiligt war, positiv erkannt hat. Zu einer Rügeverpflichtung käme man in diesen Fällen nur, wenn nicht erst der Vertragsschluss (ohne europaweite Bekanntmachung), sondern schon die Wahl des (nicht europaweiten) Verfahrens als Anknüpfungspunkt der Rügeverpflichtung gesehen wird. Der vergaberechtswidrige Vertragsschluss wäre daraus nur die zwingende Konsequenz und damit gleichfalls von der Präklusionswirkung umfasst. Zu denken ist zudem an eine Verwir-

---

209 Wie hier OLG München, Beschluss v. 19.7.2012 – Verg 8/12; OLG Hamburg, Beschluss v. 14.12.2010 – 1 Verg 5/10; VK Sachsen, Beschluss v. 27.4.2015 – 1/SVK/012-15; *Kriener,* in: Müller-Wrede, Taschenkommentar GWB-Vergaberecht, § 101b Rn. 5b; a.A. OLG Schleswig, Beschluss v. 15.3.2013 – 1 Verg 4/12; KG, Beschluss v. 13.9.2012 – Verg 4/12; VK Südbayern, Beschluss v. 22.12.2014 – Z3-3-3194-1-51-11/14; *Fett,* in: Willenbruch/Wieddekind, Vergaberecht, § 101b GWB Rn 8.

210 So etwa OLG Brandenburg, Beschluss v. 15.9.2009 – Verg W 13/08.

211 Siehe hierzu Rn. 36.

212 OLG Brandenburg, Beschluss v. 22.4.2010 – Verg W 5/10.

213 Vgl. Gesetzesbegründung, BT-Drs. 18/6281, 119; zur Kritik an der Vorgängerregelung in § 101b Abs. 1 Nr. 2 GWB a.F. vgl. *Zeiss,* in: Heiermann/Zeiss, Vergaberecht, § 101b Rn. 22 ff.

214 OLG Düsseldorf, Beschluss v. 11.1.2012 – VII-Verg 67/11; Beschluss v. 14.4.2010 – VII-Verg 60/09 für lediglich nationale statt europaweiter Ausschreibung; vgl. auch OLG Brandenburg, Beschluss v. 20.9.2011 – Verg W 11/11; VK Düsseldorf, Beschluss v. 9.1.2013 – VK-29/2012; offengelassen OLG München, Beschluss v. 19.7.2012 – Verg 8/12.

215 Vgl. zu solchen Fällen VK Südbayern, Beschluss v. 16.12.2014 – Z3-3-3194-1-43-09/14.

216 OLG Rostock, Beschluss v. 20.11.2013 – 17 Verg 7/13; OLG Brandenburg, Beschluss v. 28.8.2012 – Verg W 19/11 m.w.N.; dies entspricht der Rechtsprechung vor Einführung des § 107 Abs. 3 S. 2 GWB a.F., wonach durch die Beteiligung an einem Vergabeverfahren ein zur Rüge verpflichtendes vorvertragliches Vertrauensverhältnis entsteht.

kung[217]. Eine analoge Anwendung für die Fälle des § 135 Abs. 1 Nr. 1 GWB – also einer unzureichenden Vorabinformation – scheidet aufgrund des eindeutigen Wortlautes aus und ist auch sachlich nicht geboten.[218]

2. Weitere Ausnahmen der Rechtsprechung

Darüber hinaus lässt die Rechtsprechung in sehr engen Grenzen **gesetzlich nicht normierte Ausnahmen** von der Rügeobliegenheit zu. 86

Dies wurde etwa dann bejaht, wenn eine Rüge ihren Zweck nicht mehr erfüllen kann, weil der Auftraggeber von vornherein eindeutig zu erkennen gegeben hat, dass er **unumstößlich an seiner Entscheidung festhält** und auch auf eine Rüge unter keinen Umständen davon abrücken wird. Die Rüge würde dann zur bloßen Förmelei verkommen.[219] Dies ist freilich nicht allein deswegen der Fall, weil die Vergabestelle ihre Entscheidung verteidigt.[220] Allerdings soll es ausreichen, wenn der Auftraggeber eine identische Rüge gegenüber einem anderen Bieter bereits zurückgewiesen hat.[221] 87

Dagegen kann die **drohende Zuschlagserteilung** nur ausnahmsweise eine vorherige Rüge entbehrlich machen, nämlich nur dann, wenn dadurch die Rechtsschutzmöglichkeiten des Antragstellers ganz vereitelt werden würden.[222] Dies ist nicht allein deswegen der Fall, weil am nächsten Tag die Zuschlagserteilung droht.[223] Kritisch ist daher eine Entscheidung zu sehen, wonach ein Auftraggeber sich auf eine unterbliebene Rüge nicht berufen kann, weil er durch Versendung des Vorabinformationsschreibens vor den Osterfeiertagen die Zeit für Rüge und Stellen des Nachprüfungsantrages faktisch auf drei Werktage reduziert hat.[224] Da die Rüge auch noch unmittelbar vor der Einreichung eines Vergabenachprüfungsantrages erfolgen kann, ist eine Vereitelung des Rechtsschutzes überhaupt nur denkbar, wenn dem Auftraggeber die Rüge vor Ablauf der Zuschlagsfrist ohnehin nicht mehr wirksam zugehen kann – etwa außerhalb dessen Geschäftszeiten – oder die Zuschlagsfrist bereits abgelaufen, der Zuschlag aber noch nicht erteilt worden ist. Ob dann eine Übersendung des Antrages durch die Vergabekammer überhaupt noch rechtzeitig erfolgen kann (§ 173 Abs. 1 GWB), ist eine andere Frage. Der Bieter sollte sich auf derartige Ausnahmen daher nicht verlassen, sondern vor Einreichung eines Nachprüfungsantrages den sicheren Weg gehen und gleichwohl rügen. 88

Eine Rüge ist nicht deswegen entbehrlich, weil der Auftraggeber den Bieter **zur Rücknahme** einer erhobenen Rüge **bewegt**, zumindest dann nicht, wenn die Grenzen des § 123 BGB nicht erreicht sind.[225] Ebenso entfällt die Verpflichtung zur Rüge nicht deswegen, weil der Antragsteller **zunächst meint**, dass sich eine Vorgabe des Auftraggebers **nicht zu seinen Ungunsten auswirken** wird.[226] 89

E. Reaktionsfrist (Abs. 3 S. 1 Nr. 4)

Grundsätzlich ist der Antrag auf Vergabenachprüfung nicht fristgebunden, d.h. der Antrag kann – vorbehaltlich der Fälle des § 135 Abs. 1 GWB – bis zur Erteilung des Zuschlages zulässigerweise erhoben werden, danach ist er unzulässig. Allerdings enthält § 160 Abs. 3 S. 1 Nr. 4 GWB eine Reaktionspflicht der Bieter im Falle der Nichtabhilfe einer Rüge. Danach ist ein Antrag unzulässig, soweit nicht innerhalb von fünfzehn Tagen nach der Mitteilung des Auftraggebers, einer Rüge nicht abhelfen zu wollen, der Vergabenachprüfungsantrag gestellt wurde. 90

---

217 Siehe hierzu Rn. 95.
218 So auch *Byok,* in: Byok/Jaeger, Vergaberecht, § 107 GWB Rn. 102.
219 OLG Düsseldorf, Beschluss v. 11.1.2012 – VII-Verg 67/11; OLG Celle, Beschluss v. 15.12.2005 – 13 Verg 14/05; OLG Dresden, Beschluss v. 21.10.2005 – WVerg 5/05; *Byok,* in: Byok/Jaeger, Vergaberecht, § 107 GWB Rn. 106.
220 OLG Dresden, Beschluss v. 30.1.2007 – WVerg 0001/07.
221 OLG Düsseldorf, Beschluss v. 11.1.2012 – VII-Verg 67/11.
222 VK Düsseldorf, Beschluss v. 7.1.2015 – VK-5/2014; VK Nordbayern, Beschluss v. 30.9.2010 – 21.VK-3194-33/10.
223 VK Bund, Beschluss v. 26.8.2004 – VK 1-165/04.
224 So OLG Düsseldorf, Beschluss v. 5.11.2015 – VII-Verg 20/14.
225 VK Sachsen, Beschluss v. 9.12.2013 – 1/SVK/035-13.
226 VK Sachsen, Beschluss v. 22.9.2014 – 1/SVK/029-14.

Daneben regelt § 135 Abs. 2 GWB eine Frist für die Feststellung der Unwirksamkeit eines bereits erteilten Zuschlages. Auf die dortigen Ausführungen[227] wird insoweit verwiesen. Beide Regelungen dienen der **Rechtssicherheit** und dem **Rechtsfrieden**, wonach der Auftraggeber nach Ablauf einer gewissen Zeit grundsätzlich von der Wirksamkeit seiner Entscheidungen ausgehen kann. Der Auftraggeber soll frühzeitig Klarheit über die Rechtmäßigkeit des Verfahrens erhalten.[228]

91 Bei der Frist nach § 160 Abs. 3 S. 1 Nr. 4 GWB handelt es sich um eine **Ausschlussfrist**, d.h. nach Ablauf der Frist ist ein Vergabenachprüfungsantrag unzulässig. Eine Wiedereinsetzung in den vorigen Stand ist denkbar.[229] Da es sich um eine echte **Rechtsbehelfsfrist** handelt,[230] geht die herrschende Meinung – mit unterschiedlicher Begründung – zudem davon aus, dass die Frist nur dann zu laufen beginnt, wenn der Auftraggeber in der Bekanntmachung[231] auf die Frist und deren Ausschlussfolgen, ggf. auf die Stelle, bei der Auskünfte zu erhalten sind, **explizit hingewiesen hat**.[232] Nach Ansicht der VK Bund ist die Angabe der Vergabekammer als auskunftsfähige Stelle i.S.v. Abschnitt VI.4.4 des Bekanntmachungsformulars jedoch nicht ausreichend.[233] Fehlen diese Angaben, gilt auch nicht die Jahresfrist entsprechend § 58 Abs. 2 VwGO,[234] die aber ohnehin nur in Ausnahmefällen abgelaufen sein dürfte. Ist eine ordnungsgemäße Belehrung in der Bekanntmachung dagegen schon erfolgt, bedarf es eines erneuten Hinweises auf die Frist in der Nichtabhilfeentscheidung nicht mehr.[235]

92 Voraussetzung für die Anwendbarkeit von § 160 Abs. 3 S. 1 Nr. 4 GWB ist zunächst, dass inhaltlich überhaupt eine Rüge des Bieters vorliegt. Antworten der Vergabestelle auf Hinweise, Bedenken und Anregungen können die Frist daher nicht auslösen. Ebenso gilt dies bei Antworten auf eine vorsorgliche und deshalb nach dem Gesetz nicht erforderliche Rüge.[236] Die Frist beginnt nach dem Wortlaut mit **„Eingang"** der Mitteilung, der Rüge nicht abhelfen zu wollen. Soweit ersichtlich, wird von der Rechtsprechung auf den Zugang, also auf die Möglichkeit zur Kenntnisnahme nach regelmäßigen Umständen, abgestellt.[237] Dafür sprechen auch gute Gründe, insbesondere natürlich die Auslösung einer Rechtsbehelfsfrist. In welcher Form die Mitteilung erfolgt, ist unbeachtlich. Sie kann also auch mündlich erfolgen,[238] wobei dann der Auftraggeber ggf. Nachweisprobleme im Rahmen des Vergabenachprüfungsverfahrens haben kann.[239] Die Nichtabhilfe muss jedoch eindeutig hervorgehen.[240] Eine auf eine Rüge erfolgte Zurückversetzung unter Beibehaltung der gerügten Vorgaben ist keine solche eindeutige Nichtabhilfe.[241] Die Nichtabhilfe muss zudem gegenüber dem rügenden Bieter ergehen. Eine wie auch immer geartete Wissenszurechnung – etwa aus Mitteilungen gegenüber anderen Bietern, von denen der Rügende erfahren konnte – findet nicht statt.[242]

---

227 *Gnittke/Hattig* zu § 135 Rn. 80 ff.
228 Gesetzesbegründung, VergRModG 2009, BT-Drs. 16/10117, 22.
229 *Weyand*, Vergaberecht, Stand 14.9.2015, § 107 GWB Rn. 859; *Kadenbach,* in: Willenbruch/Wieddekind, Vergaberecht, § 107 GWB Rn. 90.
230 OLG Celle, Beschluss v. 4.3.2010 – 13 Verg 1/10; OLG Brandenburg, Beschluss v. 13.9.2011 – Verg W 10/11.
231 Die entsprechenden Angaben sind unter Abschnitt VI.4.3 bzw. VI.4.4 des Bekanntmachungsformulars zu vermerken, vgl. Anhang II VO (EU) 2015/1986.
232 Im Wege richtlinienkonformer Auslegung OLG Celle, Beschluss v. 4.3.2010 – 13 Verg 1/10; OLG Düsseldorf, Beschluss v. 9.12.2009 – VII-Verg 37/09; dagegen in analoger Anwendung § 58 VwGO, § 79 VwVfG: VK Sachsen, Beschluss v. 11.12.2009 – 1/SVK/054-09.
233 VK Bund, Beschluss v. 30.10.2009 – VK 2-180/09; offengelassen VK Sachsen, Beschluss v. 19.4.2012 – 1/SVK/009-12; a.A. VK Rheinland-Pfalz, Beschluss v. 3.9.2010 – VK 2-28/10).
234 *Dirksen*, VergabeR 2013, 410 (413).
235 So auch *Dirksen*, VergabeR 2013, 410 (414); dafür, dies *„möglichst"* aufzunehmen, ist VK Hessen, Beschluss v. 24.10.2011 – 69d-VK-38/2011.
236 OLG Düsseldorf, Beschluss v. 17.11.2012 – VII-Verg 11/12.
237 So ausdrücklich VK Bund, Beschluss v. 30.1.2015 – VK2-115/14; z.T. wird jedenfalls der Begriff des „Zugangs" verwendet, vgl. OLG Karlsruhe, Beschluss v. 8.1.2010 – 15 Verg 1/10; wie hier auch *Byok,* in: Byok/Jaeger, Vergaberecht, § 107 GWB Rn. 129.
238 Vgl. VK Hessen, Beschluss v. 24.10.2011 – 69d-VK-38/2011.
239 Zur Darlegungs- und Beweislast siehe Rn. 99.
240 *Byok,* in: Byok/Jaeger, Vergaberecht, § 107 GWB Rn. 124.
241 OLG Dresden, Beschluss v. 17.1.2014 – Verg 7/13.
242 VK Sachsen, Beschluss v. 13.12.2013 – 1/SVK/038-13.

93 Bei der **Berechnung der Frist** wird gemäß § 31 Abs. 1 VwVfG i.V.m. § 187 Abs. 1 BGB der Tag des Zugangs (bzw. Eingangs) als fristauslösendes Ereignis nicht mitgezählt.[243] Die Rechtsbehelfsfrist beginnt daher erst am Tag nach Zugang und endet am fünfzehnten Tag um 24:00 Uhr. Fällt das Fristende auf einen Feiertag, Sonnabend oder Sonntag, so verlängert sich die Frist gemäß § 31 Abs. 3 VwVfG (bzw. § 193 BGB) bis auf den nächsten Werktag. Zu beachten ist aber, dass der Auftraggeber keinesfalls fünfzehn Tage abwarten muss, bis er den Zuschlag erteilen kann. Die Frist nach § 134 Abs. 1 GWB bleibt auch hier unberührt, auch wenn dies – anders als in § 160 Abs. 3 S. 1 Nr. 1 .Hs. 2 GWB – nicht explizit klargestellt wurde. Der Antrag muss daher noch rechtzeitig vor dem Ende der Zuschlagsfrist gestellt werden. Dabei ist auch zu beachten, dass der Antrag von der Vergabekammer nach § 163 Abs. 2 S. 1 GWB noch darauf geprüft werden muss, ob er offensichtlich unzulässig oder unbegründet ist und vor allem an den Auftraggeber übermittelt werden muss. Andernfalls tritt die Zuschlagssperre nach § 169 S. 1 GWB nicht ein. Steht der Zuschlag unmittelbar bevor, vielleicht sogar schon am nächsten Tag, sollte sich der Bieter im eigenen Interesse bei der Vergabekammer nach deren Geschäftszeiten erkundigen.

94 Zu beachten ist außerdem, dass die Fünfzehn-Tages-Frist bei **mehreren Rügen** und **mehreren Nichtabhilfen** für jeden Vergaberechtsverstoß einzeln eingehalten sein muss. Eine erneute Rüge des gleichen Verstoßes, etwa mit einer weitergehenden Begründung, und die darauf erfolgte Nichtabhilfe, setzen die Frist des § 160 Abs. 3 S. 1 Nr. 4 GWB nicht erneut in Gang. Der Antragsteller muss dann innerhalb von fünfzehn Tagen seit der ersten Nichtabhilfe einen Antrag stellen.

F. Verwirkung

95 In engen Ausnahmefällen kann der Antrag auf Vergabenachprüfung nach den Grundsätzen von Treu und Glauben (§ 242 BGB) **verwirkt** sein. Dies ist dann der Fall, wenn der Antragsteller sein Recht längere Zeit nicht geltend gemacht hat und der Auftraggeber nach dem gesamten Verhalten des Antragstellers davon ausgehen durfte, dass dieser das Recht auch in Zukunft nicht mehr geltend machen wird.[244] Entscheidend ist also nicht allein der Zeitablauf, vielmehr müssen Umstände hinzukommen, die ein entsprechendes Vertrauen des Auftraggebers begründen können.

96 Dies wurde etwa in einem Fall bejaht, in dem sich ein Bieter an einem nicht europaweit ausgeschriebenen Verfahren beteiligt und erst **Monate nach der Information**, dass der **Zuschlag auf das Angebot eines anderen Bieters** erteilt werden soll, einen Antrag auf Nachprüfung gestellt hat.[245] Allein die Beteiligung eines Bieters an einer – vergaberechtswidrigen – Direktvergabe begründet dagegen nicht zwingend einen ausreichenden Vertrauenstatbestand. Der Auftraggeber soll dann nicht darauf vertrauen können, dass der Bieter keine Schutzansprüche geltend macht, da er aufgrund der Schwere des Vergabeverstoßes nicht schutzwürdig ist.[246]

97 Eine Verwirkung bejaht wurde in einem Fall, in dem der Antragsteller sich zunächst mit mehreren Rügen gegen die Vergabeunterlagen gewandt hatte, die aber vom Auftraggeber zurückgewiesen wurden. Der Antragsteller hatte dann von einer Angebotsabgabe abgesehen und

243 VK Bund, Beschluss v. 30.1.2015 – VK 2-115/14; VK Sachsen, Beschluss v. 19.4.2012 – 1/SVK/009-12.

244 OLG Brandenburg, Beschluss v. 15.9.2009 – Verg W 13/08; *Dicks*, in: Ziekow/Völlink, § 107 GWB Rn. 61; i.E. ebenso OLG München, Beschluss v. 13.6.2013 – Verg 1/13, welches in einem besonders gelagerten Fall angenommen hat, dass sich ein Bieter nicht auf die Unwirksamkeit eines Vertrages nach § 135 Abs. 2 GWB berufen kann.

245 OLG Brandenburg, Beschluss v. 15.9.2009 – Verg W 13/08.

246 Vgl. zu unterschiedlichen Konstellationen VK Südbayern, Beschluss v. 22.12.2014 – Z 3-3-3194-1-51-11/14, Antragsteller war Vertragspartner einer Direktvergabe und hatte, nachdem diese von einem Dritten angegriffen worden war, wiederum andere Direktvergaben angegriffen; Beschluss v. 16.12.2014 – Z3-3-3194-1-43-09/14, der Auftraggeber hatte lediglich drei Bieter zur Angebotsaufgabe aufgefordert, ein Bieter hat – nachdem ihm mitgeteilt wurde, dass er nicht zum Zug kommt – Nachprüfungsantrag gestellt und die Direktvergabe angegriffen.

erst **kurz vor Zuschlagserteilung einen Vergabenachprüfungsantrag gestellt.**[247] Etwas anderes gilt aber dann, wenn der Auftraggeber auf eine Rüge eines Bieters gegen die Vergabeunterlagen schlicht nicht reagiert. Der Bieter darf diesen Verstoß auch in einem späteren Nachprüfungsverfahren noch aufgreifen. Der Auftraggeber ist dann nicht schutzwürdig.[248]

98 Auch kann sich ein Ausschluss nach dem **Grundsatz des widersprüchlichen Verhaltens** (venire contra factum proprium) ergeben, wenn der Antragsteller die Vergaberechtswidrigkeit von Vorgaben geltend macht, die erst auf seine Anregung in die Vergabeunterlagen aufgenommen wurden und ihm eine Angebotsabgabe überhaupt erst ermöglicht haben.[249]

G. Darlegungs- und Beweislast

99 Die Verteilung der Darlegungs- und Beweislast folgt dem allgemein gültigen Grundsatz, dass derjenige, der sich auf für ihn günstige Tatsachen beruft, diese auch darlegen und beweisen muss.

100 Aufgrund des Amtsermittlungsgrundsatzes trifft die Beteiligten keine prozessuale Beweislast, da die Vergabekammer den Sachverhalt von Amts wegen aufzuklären hat. Nur wenn sich keine eindeutigen Tatsachen feststellen lassen, geht dies zulasten des Beweisbelasteten.[250] Nach diesem Grundsatz obliegt es **grundsätzlich dem Antragsteller**, die Zulässigkeitsvoraussetzungen des § 160 Abs. 2 und Abs. 3 GWB darzulegen.

101 Bei der **Rüge** ist allerdings zu differenzieren. Es besteht noch insoweit Einigkeit, dass der Antragsteller darlegen muss, dass er gegenüber dem Auftraggeber gerügt hat und diesem die Rüge zugegangen ist (vgl. auch § 161 Abs. 2 GWB).[251] Ob sich dies auch auf die Rechtzeitigkeit der Rüge bezieht, ist strittig.[252] Aus dem Vortrag des Antragstellers muss sich richtigerweise zumindest schlüssig ergeben, dass die Rüge rechtzeitig, d.h. innerhalb von zehn Tagen im Fall des § 160 Abs. 3 S. 1 Nr. 1 GWB bzw. bis zum Ende der Angebots- oder Bewerbungsfrist in den Fällen des § 160 Abs. 3 S. 1 Nr. 2 und Nr. 3 GWB, erfolgt ist. Im Bestreitensfall trägt der Antragsteller richtigerweise auch die Beweislast für den Zeitpunkt des Zugangs der Rüge beim Auftraggeber. Will sich der Auftraggeber dagegen auf einen früheren Beginn der Rügefrist, also etwa auf eine frühere Kenntnis des Antragstellers hinsichtlich der Vergaberechtsverstöße berufen, so hat er dies darzulegen und zu beweisen.[253] Dazu reicht es nicht, dass der Antragsteller die Bekanntmachung bzw. die Vergabeunterlagen abgerufen und schon einige Rügen erhoben hat. Daraus kann nicht geschlossen werden, dass er die Unterlagen vollständig durchdrungen und sämtliche Fehler erkannt hat.[254] Gleiches gilt für den Beginn der Fünfzehn-Tage-Frist nach § 160 Abs. 3 S. 1 Nr. 4 GWB. Auch hier ist der Auftraggeber beweispflichtig, wenn er einen zeitigeren Zugang des Nichtabhilfeschreibens geltend machen will.[255]

102 Bei einer Übersendung von Schriftstücken per **Telefax** stellt sich mitunter das Problem des wirksamen Zugangs, wenn der Empfänger behauptet, dieses nicht erhalten zu haben. Selbst ein positiver Sendebericht („OK-Bericht") begründet weder einen Beweis noch einen An-

---

247 VK Brandenburg, Beschluss v. 16.8.2013 – VK12/13; die Nichtabhilfe der Rügen hatte mangels Hinweis in der Bekanntmachung die Frist des § 160 Abs. 3 S. 1 Nr. 4 GWB nicht auslösen können.

248 VK Sachsen, Beschluss v. 13.12.2013 – 1/SVK/038-13.

249 VK Sachsen, Beschluss v. 21.4.2015 – 1/SVK/010-15.

250 Ebenso *Dicks,* in: Ziekow/Völlink, Vergaberecht, § 107 GWB Rn. 60.

251 VK Schleswig-Holstein, Beschluss v. 28.10.2011 – VK-SH 16/11; *Hattig,* in: Hattig/Maibaum, Kartellvergaberecht, § 107 GWB Rn. 185.

252 Nach BGH, Beschluss v. 1.2.2005 – X ZB 27/04, ist die Zulässigkeit des Antrags nicht von einer entsprechenden Darlegung durch den Antragsteller abhängig, dieser muss auch nicht einen etwaigen Verdacht ausräumen, verspätet gerügt zu haben. Daraus wird z.T. gefolgert, dass der Antragsteller die Rechtzeitigkeit des Zugangs der Rüge nicht darlegen und beweisen muss, vgl. *Byok,* in: Byok/Jaeger, Vergaberecht, § 107 GWB Rn. 113 m.w.N.; a.A. *Hattig,* in Hattig/Maibaum, Kartellvergaberecht, § 107 GWB Rn. 185; *Summa*, in: Heiermann/Zeiss, Vergaberecht, § 108 GWB Rn. 47.

253 BGH, Beschluss v. 1.2.2005 – X ZB 27/04; OLG Brandenburg, Beschluss v. 28.8.2012 – Verg W 19/11; VK Sachsen, Beschluss v. 5.2.2013 – 1/SVK/039-12.

254 Vgl. OLG Dresden, Beschluss v. 23.4.2009 – WVerg 11/08; im Ergebnis ebenso OLG Brandenburg, Beschluss v. 28.8.2012 – Verg W 19/11.

255 OLG Celle, Beschluss v. 8.9.2011 – 13 Verg 4/11.

scheinsbeweis, sondern ist allenfalls Indiz.[256] Allerdings werden vereinzelt demjenigen, der sich auf den Nichtzugang eines ordnungsgemäß abgesandten Schreibens beruft, höhere Anforderungen hinsichtlich des Bestreitens auferlegt, die pauschale Behauptung des Nichtzugangs reicht dann nicht.[257] Der Versender sollte sich gleichwohl den Erhalt des Telefaxes umgehend bestätigen lassen oder telefonisch nachfragen, um Auseinandersetzungen über diese Frage zu vermeiden.

Anlage

Gesetzesbegründung (BT-Drs. 18/6281)

Seite 134

§ 160 entspricht im Wesentlichen dem bisherigen § 107 GWB.

Der frühere § 107 Absatz 3 Satz 1 Nummer 1 wird in § 160 Absatz 3 Nummer 1 neu gefasst. Im Grundsatz bleibt die Rügeobliegenheit im Vergabeverfahren gemäß § 107 Absatz 3 Satz 1 Nummer 1 zwar bestehen, konkretisiert wird allerdings mit einer Dauer von 10 Kalendertagen die Frist, innerhalb derer der Antragsteller nach Erkennen den im Nachprüfungsverfahren geltend gemachten Verstoß im Vergabeverfahren gerügt haben musste. Diese Änderung trägt der Rechtsprechung des Europäischen Gerichtshofs Rechnung, der zufolge eine Bestimmung, nach der ein Verfahren unverzüglich eingeleitet werden muss, als nicht mit Artikel 1 Absatz 1 der Richtlinie

Seite 135

89/665/EWG in der Fassung der Richtlinie 2007/66/EG vereinbar angesehen werden kann (EuGH, Urteil vom 28. Januar 2010, Rs. C-406/08 „Uniplex (UK) Ltd.", Rn. 43). Die Länge einer Ausschlussfrist ist für den Betroffenen nicht vorhersehbar, wenn sie in das Ermessen des zuständigen Gerichts gestellt wird (EuGH, Urteil vom 28. Januar 2010, Rs. C-456/08, Rn. 75). Die neue Fassung des Absatz 3 Satz 1 Nummer 1 beseitigt die bisher bestehende Rechtsunsicherheit. Nach Einreichen des Nachprüfungsantrags erkannte Vergaberechtsverstöße unterliegen dagegen keiner Rügeobliegenheit (vgl. BGH, Beschluss vom 26. September 2006, X ZB 14/06; OLG Düsseldorf, Beschluss vom 19. Juli 2006, VII-Verg 27/06; VK Bund, Beschluss vom 10. November 2014, VK 1-88/14, m. w. N.; Dicks in: Ziekow/Völlink, 2. Aufl., § 107 GWB, Rn. 40 a. E. bzw. Fn. 133). Die Mindestüberlegungsfrist des Bieters wird durch § 134 gewährt, der Artikel 2a Absatz 2 der Richtlinie 2007/66/EG (Stillhaltefrist) umsetzt. Danach ist je nach Übermittlungsart des Vorabinformationsschreibens eine Frist von 10 bis 15 Kalendertagen vorgesehen, in der betroffene Bieter vor Vertragsschluss des öffentlichen Auftraggebers mit dem obsiegenden Bieter geschützt sind. Denn nach § 168 Absatz 2 Satz 1 führt der wirksam erteilte Zuschlag dazu, dass Nachprüfungsanträge nicht mehr statthaft sind. Diese Schutzfunktion der Stillhaltefrist des § 134 wird durch die Streichung des Erfordernisses der „Unverzüglichkeit" gestärkt und nicht mehr in ihrer praktischen Wirksamkeit beeinträchtigt. Die neue Fristbestimmung von 10 Kalendertagen trägt der Stillhalte- und Überlegungsfrist nach Artikel 2a Absatz 2 der Richtlinie 2007/66/EG Rechnung, die mindestens 10 Kalendertage ab Eingang der Vorabinformation betragen muss. Durch die Neufassung werden die Zulässigkeitsanforderungen des § 160 Absatz 3 Satz 1 Nummer 1 und die Informations- und Wartepflicht gemäß § 134 Absatz 1 und 2 besser aufeinander abgestimmt.

In § 160 Absatz 3 Satz 1 Nummer 3 werden die Wörter „in der Bekanntmachung" gestrichen. Damit werden Vergabeverfahren mit vorgeschaltetem Teilnahmewettbewerb auch in der Angebotsphase in den Anwendungsbereich der Vorschrift einbezogen. Die Angebotsfrist wird in Verhandlungsverfahren und nicht offenen Verfahren mit Teilnahmewettbewerb regelmäßig nicht in der Bekanntmachung benannt (vgl. VK Bund, Beschluss vom 12. Dezember 2013, VK 1 – 101/13). Mit Streichung des Bezugs auf die Bekanntmachung ist nunmehr gewährleistet, dass auch in Vergabeverfahren mit vorgeschaltetem Teilnahmewettbewerb eine Rügeobliegenheit der ausgewählten Teilnehmer in Bezug auf in den Vergabeunterlagen erkennbare Vergabeverstöße bis zum Ablauf der Angebotsfrist besteht.

---

256 BGH, Beschluss v. 21.7.2011 – IX ZR 148/10; OLG Jena, Beschluss v. 9.9.2002 – 6 Verg 4/02.
257 OLG Jena, Beschluss v. 9.9.2002 – 6 Verg 4/02; VK Bund, Beschluss v. 3.4.2006 – VK 2-14/06; a.A. VK Schleswig-Holstein, Beschluss v. 28.10.2011 – VK-SH 16/11.

§ 161
Form, Inhalt

(1) Der Antrag ist schriftlich bei der Vergabekammer einzureichen und unverzüglich zu begründen. Er soll ein bestimmtes Begehren enthalten. Ein Antragsteller ohne Wohnsitz oder gewöhnlichen Aufenthalt, Sitz oder Geschäftsleitung im Geltungsbereich dieses Gesetzes hat einen Empfangsbevollmächtigten im Geltungsbereich dieses Gesetzes zu benennen.

(2) Die Begründung muss die Bezeichnung des Antragsgegners, eine Beschreibung der behaupteten Rechtsverletzung mit Sachverhaltsdarstellung und die Bezeichnung der verfügbaren Beweismittel enthalten sowie darlegen, dass die Rüge gegenüber dem Auftraggeber erfolgt ist; sie soll, soweit bekannt, die sonstigen Beteiligten benennen.

Übersicht

	Rn.
A. Allgemeines	1
B. Formelle Voraussetzungen des Antrags (Abs. 1)	7
I. Antragsteller	7
II. Schriftform (S. 1)	9
III. Einreichung bei der Vergabekammer (S. 1)	18
IV. Unverzügliche Begründung(S. 1)	22
V. Bestimmtes Begehren (S. 2)	28
VI. Ausländischer Antragsteller (S. 3)	33
C. Inhaltliche Anforderungen an die Begründung des Antrags (Abs. 2)	37
I. Mindestinhalt der Begründung (Hs. 1)	37
II. Bezeichnung des Antragsgegners	41
III. Beschreibung der behaupteten Rechtsverletzung mit Sachverhaltsdarstellung	49
IV. Bezeichnung der verfügbaren Beweismittel	55
V. Darlegung der Rüge	62
VI. Benennung der sonstigen Beteiligten (Hs. 2)	65
Anlage Gesetzesbegründung (BT-Drs. 18/6281)	

A. Allgemeines

Die Vorschrift legt neben der **Schriftform** (Abs. 1 S. 1) vor allem den **Mindestinhalt** des Nachprüfungsantrags (Abs. 2) fest. Sie orientiert sich an den entsprechenden Regelungen für den Inhalt von Klageschriften (vgl. § 253 Abs. 2 ZPO, § 82 VwGO). 1

Die Festlegung des Mindestinhalts der Begründung der Antragsschrift dient der **Beschleunigung** des Nachprüfungsverfahrens. Genügt der Antrag den Anforderungen an seinen Mindestinhalt nicht, ist der Antrag **unzulässig**, soweit es nicht nur um Soll-Bestimmungen geht. Darunter fällt nach § 161 Abs. 2 Hs. 2 GWB die Benennung der sonstigen Beteiligten, die erfolgen *soll*, um möglicherweise gegenläufige Interessen anderer Beteiligter, insbesondere eines gegebenenfalls beizuladenden Unternehmens, so früh wie möglich zu berücksichtigen und die Beiladung veranlassen zu können.[1] 2

§ 161 Abs. 1 S. 3 GWB enthält für einen **ausländischen Antragsteller** die gesetzliche Verpflichtung, einen inländischen Empfangsbevollmächtigten zu bestellen. Dies dient der Beschleunigung des Verfahrens. 3

§ 161 GWB ist damit, wie aus der Gesetzesbegründung[2] bereits deutlich wird, eine Ausprägung des Beschleunigungsgrundsatzes und hier insbesondere der **Verfahrensförderungspflicht der Beteiligten** (§ 167 Abs. 2 GWB). Es soll von Anfang an ein sachlich fundiertes Verfahren in Gang kommen. 4

1 Gesetzesbegründung, VgRÄG, BT-Drs. 13/9340, 18.
2 Gesetzesbegründung, VgRÄG, BT-Drs. 13/9340, 18.

5 § 161 GWB regelt die Form des Nachprüfungsantrags und legt des Weiteren die inhaltlichen Mindestanforderungen an einen Antrag fest. Praktisch bedeutsam ist die Vorschrift vor allem, weil sowohl **Verstöße** gegen die Form als auch gegen die Nichteinhaltung der Mindestanforderungen den **Antrag unzulässig** machen können.[3] Soweit ein die Unzulässigkeit des Nachprüfungsantrags begründender Verstoß wegen der unzureichenden Form des Nachprüfungsantrags oder gegen die für den Nachprüfungsantrag einzuhaltenden Mindestanforderungen vorliegt, dürfte es sich regelmäßig auch um einen offensichtlichen Verstoß i.S.d. § 163 Abs. 2 S. 1 GWB handeln, sodass die Vergabekammer in diesen Fällen bereits von einer Übermittlung des Antrags absehen wird.

6 Auch wenn sich § 161 GWB in Bezug auf Form und Inhalt des Nachprüfungsantrags an zivil- bzw. verwaltungsgerichtlichen Klageschriften orientiert, ist der Antrag dennoch an die Verwaltung gerichtet und das Nachprüfungsverfahren vor der Vergabekammer ein **Verwaltungsverfahren**.[4] Dementsprechend gelten für den Antrag, soweit Teil 4 des GWB nicht ausdrücklich abweichende Regelungen trifft, die Regelungen der Verwaltungsverfahrensgesetze des Bundes und der Länder.

B. Formelle Voraussetzungen des Antrags (Abs. 1)

I. Antragsteller

7 Ein Nachprüfungsantrag kann von jedem **Unternehmen im kartellrechtlichen Sinn** gestellt werden, das als Bieter in einem Vergabeverfahren in Betracht kommt. Maßgeblich für die Unternehmenseigenschaft ist der durch die ständige Rechtsprechung des BGH geprägte funktionale Unternehmensbegriff, der *„jedwede Tätigkeit im geschäftlichen Verkehr"* erfasst, wobei Gewinnerzielungsabsicht und Rechtsform ohne Bedeutung sind.[5]

8 Ob das betreffende Unternehmen in dem konkreten Vergabeverfahren, das den Gegenstand des Nachprüfungsantrags bildet, als **Bieter** aufgetreten ist, ist für die bei § 161 GWB allein maßgebliche Frage von Form und Mindestinhalt des Nachprüfungsantrags unerheblich; die Rolle des Antragstellers im streitgegenständlichen Vergabeverfahren ist vielmehr eine Frage der Antragsbefugnis (§ 160 Abs. 2 GWB) und dementsprechend dort relevant.

II. Schriftform (S. 1)

9 Nach § 161 Abs. 1 GWB muss der Nachprüfungsantrag der Schriftform genügen. Ein **mündlich oder fernmündlich** gestellter Antrag ist unzulässig. Der Antrag muss als Schriftstück bei der Vergabekammer eingehen.

10 Ein per **Telefax** eingereichter Nachprüfungsantrag erfüllt das Schriftformerfordernis des § 161 Abs. 1 S. 1 GWB.[6] Dies gilt auch für die Übermittlung des Antrags per Computerfax.[7]

11 Auch eine Übermittlung des Nachprüfungsantrags per **E-Mail** ist möglich, soweit eine entsprechende gesetzliche Verpflichtung zur Schaffung eines Zugangs für elektronische Dokumente besteht.[8] Bei Übermittlung des Nachprüfungsantrags per E-Mail muss dieser zur Wahrung der Schriftform allerdings mit einer qualifizierten elektronischen Signatur versehen sein (§ 3a Abs. 2 VwVfG).

12 Der Nachprüfungsantrag ist gemäß § 23 VwVfG in **deutscher Sprache** einzureichen.[9] Die Einreichung des Nachprüfungsantrags in einer anderen Sprache führt jedoch nicht automa-

---

3 Siehe hierzu Rn. 13, 38 und 64.
4 BGH, Beschluss v. 9.12.2003 – X ZB 14/03.
5 BGH, Beschluss v. 22.3.1976 – GSZ 2/75.
6 VK Bund, Beschluss v. 15.12.2011 – VK3-155/11; VK Sachsen, Beschluss v. 23.4.2004 – 1/SVK/026-04.
7 Siehe hierzu BGH, Beschluss v. 14.10.2014 – XI ZB 13/13 zur Wahrung der Schriftform im Anwaltsprozess bei eingescannter Unterschrift.
8 Vgl. hierzu für den Bund § 2 Abs. 1 EGovG.
9 Zur vorrangigen Geltung von Vorschriften des VwVfG siehe Rn. 6.

tisch zur Unzulässigkeit des Nachprüfungsantrags. Vielmehr ist gemäß § 23 Abs. 2 VwVfG von der Vergabekammer unverzüglich die Vorlage einer Übersetzung zu verlangen. Bis zur Vorlage der Übersetzung kann der Nachprüfungsantrag nicht übermittelt werden. Soweit die Übersetzung nicht unverzüglich – ggf. innerhalb einer von der Vergabekammer hierfür gesetzten Frist – vorliegt, ist der Antrag als offensichtlich unzulässig zurückzuweisen.

Weitere Voraussetzung für die Erfüllung des Schriftformerfordernisses ist, dass der Nachprü- 13
fungsantrag vom Antragsteller oder seinem Bevollmächtigten **eigenhändig unterschrieben** ist. Das **Fehlen der Unterschrift** macht den Antrag grundsätzlich unzulässig, da das Schriftformerfordernis eine zwingende Regelung über den Mindestinhalt des Nachprüfungsantrags darstellt. Nur durch das Unterschriftserfordernis wird sichergestellt, dass der Antrag vom Antragsteller oder seinem Bevollmächtigten autorisiert ist und es sich um einen ernst gemeinten Antrag handelt, der nicht lediglich einen Entwurf darstellt.

Würde die Vergabekammer in diesem Fall allerdings den Nachprüfungsantrag wegen fehlen- 14
der Unterschrift als unzulässig verwerfen, könnte der Antragsteller unverzüglich nach Verwerfung seines Antrags den inhaltsgleichen, diesmal unterschriebenen Antrag erneut stellen. Zur Vermeidung dieser Förmelei wird es daher der Vergabekammer im Rahmen ihrer Amtsermittlungspflicht (§ 163 Abs. 1 GWB) in der Regel obliegen, den Antragsteller auf die fehlende Unterschrift hinzuweisen und ihm die (kurzfristige) Möglichkeit zur Nachholung einzuräumen. Bis zur **Nachholung der Unterschrift** hat jedoch die Übermittlung des Nachprüfungsantrags zu unterbleiben, da ein dem Schriftformerfordernis genügender Antrag nicht vorliegt. Wird die Unterschrift innerhalb der von der Vergabekammer gesetzten Frist nachgeholt, steht der Übermittlung wegen mangelnder Schriftform nichts mehr im Wege. Wird die Unterschrift innerhalb der gesetzten Frist nicht nachgeholt, ist der Antrag als offensichtlich unzulässig i.S.d. § 163 Abs. 2 GWB zu verwerfen.

Auch das **OLG Dresden**[10] vertritt die Auffassung, dass ohne Unterschrift kein zulässiges 15
Nachprüfungsverfahren in Gang kommen könne, sieht die Unterschrift aber bis zur Entscheidung der Vergabekammer als nachholbar an. Ausdrücklich offen lässt das OLG Dresden dabei die Frage, ob die Vergabekammer den Antrag wegen fehlender Unterschrift als offensichtlich unzulässig i.S. des § 163 Abs. 2 GWB hätte verwerfen können.

Kein Fall der Nichteinhaltung des Unterschriftserfordernisses und damit auch kein unzulässi- 16
ger Antrag liegen hingegen vor, wenn der Antrag als solcher zwar **nicht unterschrieben** ist, sich aber aus der Antragsschrift oder aus den beigefügten Unterlagen **eindeutig und unmissverständlich ergibt**, dass der Antrag vom Antragsteller herrührt (Urheberschaft) und mit dessen Willen an die Vergabekammer gelangt ist (Verkehrswille). Dies kann etwa dann der Fall sein, wenn ein dem Antrag beigefügtes Anschreiben oder Begleitschreiben handschriftlich unterzeichnet ist.

Die Wahrung des Unterschriftserfordernisses kann zudem im Fall der **Bietergemeinschaft** 17
problematisch sein, wenn der Nachprüfungsantrag ausdrücklich im Namen der Bietergemeinschaft gestellt wird, aber nicht von allen Mitgliedern der Bietergemeinschaft autorisiert ist. In der Rechtsprechung wird diese Problematik im Rahmen der Antragsbefugnis (§ 160 Abs. 2 GWB) behandelt.[11] Streng genommen kann sich die Zulässigkeitsfrage hier aber auch im Rahmen des Unterschriftserfordernisses stellen. Denn ein Unternehmen kann einen Nachprüfungsantrag nicht mit Wirkung für oder gegen die übrigen Mitglieder der Bietergemeinschaft unterzeichnen, wenn es hierzu nicht ausdrücklich von den übrigen Mitgliedern der Bietergemeinschaft ermächtigt ist (fehlende Aktivlegitimation). Dabei ist es grundsätzlich **nicht erforderlich, dass alle Mitglieder der Bietergemeinschaft** den Nachprüfungsantrag **unterzeichnen**. Es ist vielmehr als ausreichend anzusehen, wenn das vertragliche Innenverhältnis der Bietergemeinschaft den Antragsteller auch zur Durchführung eines vergaberechtlichen Nachprüfungsverfahrens im Namen der Bietergemeinschaft ermächtigt. Dies ist jedoch oft

10 OLG Dresden, Beschluss v. 16.10.2001 – WVerg 0007/01.

11 OLG Düsseldorf, Beschluss v. 30.3.2005 – VII-Verg 101/04; Beschluss v. 20.12.2004 – VII-Verg 101/04; OLG Hamburg, Beschluss v. 10.10.2003 – 1 Verg 2/03.

nicht der Fall, da sich das vertragliche Innenverhältnis der Bietergemeinschaft häufig nur auf die Abgabe von das Vergabeverfahren betreffenden Erklärungen gegenüber der Vergabestelle erstreckt. Soweit also für die Vergabekammer aus dem Nachprüfungsantrag ersichtlich ist, dass der Antrag für die Bietergemeinschaft gestellt werden soll, aber nicht von allen Mitgliedern der Bietergemeinschaft unterzeichnet wurde, kann die Vergabekammer vor Übermittlung des Antrags klären, ob der Antragsteller von den übrigen Mitgliedern der Bietergemeinschaft **zur Antragstellung ermächtigt** wurde. Bei unmittelbar bevorstehender Zuschlagserteilung empfiehlt es sich allerdings, den Antrag zur Auslösung des Zuschlagsverbots (§ 169 Abs. 1 GWB) zunächst zu übermitteln und erst nach Aufklärung der Frage, ob eine Ermächtigung seitens der übrigen Mitglieder der Bietergemeinschaft vorliegt, über die Zulässigkeitsfrage zu entscheiden. Wird hingegen der Antrag nicht für die Bietergemeinschaft gestellt, sondern **ausdrücklich nur von bestimmten, (aber nicht allen) Mitgliedern** der Bietergemeinschaft, ist zumindest das Unterschriftserfordernis gewahrt; die Zulässigkeit des Nachprüfungsantrags ist dann im Rahmen der Antragsbefugnis zu klären. Die vorstehenden Ausführungen sind sinngemäß – bis auf die auf die Ausführungen in Bezug auf die Auslösung des Zuschlagsverbots – auf Nachprüfungsanträge übertragbar, die im Rahmen eines Teilnahmewettbewerbs durch **Bewerbergemeinschaften** gestellt werden.

III. Einreichung bei der Vergabekammer (S. 1)

18 Der Nachprüfungsantrag muss gemäß § 161 Abs. 1 S. 1 GWB bei der Vergabekammer gestellt werden.

19 Ein beim **Auftraggeber** oder einer für diesen als **Vertreterin** agierenden Vergabestelle eingereichter Nachprüfungsantrag vermag dementsprechend keinerlei Rechtswirkungen zugunsten des Antragstellers zu entfalten. In einem solchen Fall besteht insbesondere kein Anspruch des Antragstellers auf Weiterleitung seines Antrags an die zuständige Vergabekammer. Der für die Durchführung des Nachprüfungsverfahrens unzuständige Auftraggeber bzw. die unzuständige Vergabestelle können in diesem Fall jedoch gehalten sein, im Rahmen der **Beratungs- und Auskunftspflicht** (§ 25 VwVfG) den Antragsteller auf die zuständige Vergabekammer als richtige Adressatin des Nachprüfungsantrags hinzuweisen.

20 Das Stellen des Nachprüfungsantrags bei der für die Nachprüfung **zuständigen Vergabekammer** wird an sich für den Antragsteller kein Problem darstellen, da die für die Nachprüfung zuständige Vergabekammer gemäß § 37 Abs. 3 VgV in der Auftragsbekanntmachung und in den Vergabeunterlagen zu benennen ist.

21 Dennoch kann es, z.B. bei falscher Benennung der zuständigen Vergabekammer in der Bekanntmachung oder den Vergabeunterlagen, vorkommen, dass ein Nachprüfungsantrag bei einer **unzuständigen Vergabekammer** eingereicht wird. In diesem Fall ist die unzuständige Vergabekammer nach dem allgemeinen Rechtsgedanken des § 17a Abs. 2 GVG in Verbindung mit dem Beschleunigungsgrundsatz (§ 167 GWB) verpflichtet, das Nachprüfungsverfahren an die zuständige Vergabekammer zu **verweisen**[12], wobei auch im Falle der Übermittlung des Antrags durch die unzuständige Kammer das Zuschlagsverbot gemäß § 169 Abs. 1 GWB ausgelöst wird und auch nach Verweisung bestehen bleibt.[13] Die Auslösung des **Zuschlagsverbots** durch die unzuständige Vergabekammer ist sachgerecht, da andernfalls die Rechtsschutzmöglichkeiten des antragstellenden Bieters unzumutbar eingeschränkt würden, wenn im Verlauf der rechtlichen Auseinandersetzung über die zuständige Vergabekammer der Zuschlag wirksam erteilt werden könnte.

---

12 OLG Düsseldorf, Beschluss v. 18.1.2005 – VII-Verg 104/04.

13 OLG Bremen, Beschluss v. 17.8.2000 – Verg 2/00; VK Sachsen, Beschluss v. 1.9.2004 – 1/SVK/066-04; VK Münster, Beschluss v. 9.8.2001 – VK 19/01.

IV. Unverzügliche Begründung(S. 1)

§ 161 Abs. 1 S. 1 GWB eröffnet dem Antragsteller die Möglichkeit, seinen Nachprüfungsantrag erst nach dessen Einreichung zu begründen, und betrifft somit den Zeithorizont für die Vorlage einer Begründung bei der Vergabekammer, während der erforderliche Inhalt der Begründung in § 161 Abs. 2 GWB geregelt ist.[14] 22

Die Vorschrift nimmt Rücksicht auf **Belange des Antragstellers**, dem in der Regel nur kurze Überlegungsfristen über das Ob und Wie der Einleitung eines Nachprüfungsverfahrens zur Verfügung stehen. Sie betrifft vor allem jene Fallkonstellationen, in denen ein Antrag unvollständig eingereicht wird oder gemäß § 161 Abs. 2 GWB erforderliche Begründungsinhalte fehlen. Hat z.B. ein Antragsteller seinen Antrag vorab per Fax ohne Anlagen an die Vergabekammer gesandt, so soll dies nicht dazu führen, dass der Antrag wegen offensichtlicher Unzulässigkeit nicht dem Auftraggeber übermittelt und kostenpflichtig verworfen wird. Vielmehr hat es der Antragsteller in der Hand, die fehlenden Anlagen nachzureichen oder Darlegungen nachzuholen. Er muss dies jedoch i.S.d. Beschleunigungsgrundsatzes (§ 167 Abs. 2 GWB) unverzüglich tun.[15] 23

Das **Fehlen** einer den Anforderungen des § 161 Abs. 2 GWB **genügenden Antragsbegründung** kann die Vergabekammer nicht ohne Weiteres zum Anlass einer Antragszurückweisung nehmen. Zwar dient § 161 Abs. 2 GWB dem besonderen Beschleunigungsprinzip des Nachprüfungsverfahrens (vgl. § 167 GWB). Dennoch ist es der Vergabekammer verwehrt, einen Nachprüfungsantrag ohne Weiteres wegen formaler Mängel zu verwerfen, wenn es nach der gegebenen Sachlage nicht ausgeschlossen ist, dass der formale Mangel umgehend behoben wird. In einem solchen Fall obliegt es der Vergabekammer, den Antragsteller auf den formalen Fehler hinzuweisen und ihm **Gelegenheit zur kurzfristigen Abhilfe** einzuräumen.[16] In der Praxis wird von dieser Möglichkeit jedoch nicht allzu häufig Gebrauch gemacht, da die Nachprüfungsanträge in den meisten Fällen bereits mit Begründung eingereicht werden. Dies ist schon deshalb empfehlenswert, da die Vergabekammer die für die Übermittlung des Antrags erforderliche Prüfung gemäß § 163 Abs. 2 GWB (Übermittlung des Antrags nur, wenn dieser nicht offensichtlich unzulässig oder unbegründet ist) in aller Regel nur auf der Grundlage einer umfassenden Antragsbegründung durchführen kann. Lediglich für den Fall des Fehlens von Anlagen oder der fehlenden Bezeichnung von verfügbaren Beweismitteln kann die Vergabekammer möglicherweise in der Lage sein – dies hängt aber immer vom Einzelfall ab –, die Prüfung nach § 163 Abs. 2 GWB vorzunehmen und den Antrag trotz unvollständiger Begründung zu übermitteln. 24

Die Begründung des Nachprüfungsantrags hat, soweit sie nicht bereits mit der Einreichung erfolgt ist, **unverzüglich** zu erfolgen. Diese Voraussetzung ist erfüllt, wenn die Begründung ohne schuldhaftes Zögern (§ 121 BGB) nachgereicht wird.[17] Angesichts des das Nachprüfungsverfahren beherrschenden Beschleunigungsgrundsatzes und der damit verbundenen kurzen Entscheidungsfristen der Vergabekammer sind an die Unverzüglichkeit strenge Maßstäbe anzulegen. Was noch als unverzüglich i.S.d. § 161 Abs. 1 S. 1 GWB gelten kann, hängt von den **Umständen des Einzelfalles** ab, wie etwa der erforderlichen Einholung von Rechtsrat oder einer sich schwierig gestaltenden Sachverhaltsrecherche. Deutlich überschritten ist die Grenze der Unverzüglichkeit jedenfalls 21 Tage nach Einreichung des Nachprüfungsantrags bei der Vergabekammer.[18] In Anlehnung an die Neuregelung zur Rügeobliegenheit bei erkannten Vergabeverstößen (§ 160 Abs. 3 Nr. 1 GWB) dürfte in diesen Fällen eine zeitliche Obergrenze bei **maximal zehn Tagen** anzusetzen sein, wobei sich diese Frist – je nach den Umständen des Einzelfalles – bis auf wenige Tage verkürzen kann. Der Antragsteller wird in Fällen einer Antragstellung ohne oder mit unvollständiger Begründung allerdings immer zu 25

---

14 Zum Inhalt der Begründung siehe Rn. 37 ff.
15 VK Bund, Beschluss v. 15.12.2011 – VK3-155/11; VK Sachsen, Beschluss v. 8.11.2001 – 1/SVK/104-01.
16 OLG Jena, Beschluss v. 23.1.2003 – 6 Verg 11/02.
17 VK Sachsen, Beschluss v. 8.11.2001 – 1/SVK/104-01.
18 VK Baden-Württemberg, Beschluss v. 2.12.2004 – 1 VK 74/04.

überlegen haben, ob er überhaupt einen (in der Regel nicht übermittlungsfähigen) Nachprüfungsantrag stellt oder besser abwartet, bis er die rechtlichen und tatsächlichen Grundlagen für den Nachprüfungsantrag geklärt hat.

26 Der Fall der unzureichenden Begründung eines Nachprüfungsantrags ist von den Fällen zu unterscheiden, in denen der Antragsteller aufgrund seines **begrenzten** (und nicht mehr erweiterbaren) **Informationsstandes** nicht mehr vortragen kann. Bei einer derartigen Sachverhaltskonstellation darf der Antragsteller im Nachprüfungsverfahren behaupten, was er auf der Grundlage seines – oft nur beschränkten – Informationsstandes redlicherweise für wahrscheinlich oder möglich halten darf.[19]

27 Ebenfalls keine Frage der unverzüglichen Begründung ist die Fallkonstellation, dass ein Unternehmen einen Antrag nebst Begründung stellt, der sich auf verschiedene Vergabeverstöße stützt, nachträglich jedoch weitere Vergabeverstöße in das Nachprüfungsverfahren eingeführt und begründet werden. Diese **nachträglich** in das Nachprüfungsverfahren **eingeführten Vergabeverstöße** können unproblematisch in das Verfahren eingeführt werden, wenn sie dem Antragsteller vorher nicht bekannt waren und nach Bekanntwerden unverzüglich im Rahmen des laufenden Nachprüfungsverfahrens geltend gemacht werden.[20] Andernfalls kann die Zulässigkeit der Einführung solcher Verstöße in das Nachprüfungsverfahren unter dem Aspekt der Verfahrensförderungspflicht der Beteiligten gemäß § 167 Abs. 2 GWB u.U. problematisch sein.

V. Bestimmtes Begehren (S. 2)

28 Die Vorschrift des § 161 Abs. 1 S. 2 GWB regelt, dass der Nachprüfungsantrag ein bestimmtes Begehren enthalten soll.

29 Es handelt sich hier um eine **Sollvorschrift**, also um kein für die Zulässigkeit des Antrags zwingendes Erfordernis.

30 Die Antragsschrift muss lediglich klar erkennen lassen, worin das **Verfahrensziel** des Antragstellers besteht; der Formulierung eines bestimmten Antrags bedarf es nicht.[21] Insbesondere die Stellung bestimmter oder gar tenorierungsfähiger Anträge, also solcher Anträge, die die Entscheidungsformel (Tenor) des Beschlusses der Vergabekammer schon vorgeben, ist nicht erforderlich. Dies ergibt sich bereits aus § 168 Abs. 1 S. 2 GWB, wonach die Vergabekammer an Anträge nicht gebunden ist und unabhängig von etwaigen Anträgen auf die Rechtmäßigkeit des Vergabeverfahrens einwirken kann.

31 Auch wenn sich somit aus dem Sachvortrag des Antragstellers nicht ergeben muss, durch welche Maßnahmen der Vergabekammer die geltend gemachte Rechtsverletzung beseitigt werden soll, muss dem Nachprüfungsantrag zumindest zu entnehmen sein, **welche Rechtsverletzungen** den Gegenstand der Nachprüfung durch die Vergabekammer bilden sollen. Dies ergibt sich aus der Vorschrift des § 161 Abs. 2 GWB, die den Antragsteller zur Beschreibung der behaupteten Rechtsverletzung verpflichtet.[22]

32 Trotz fehlender Verpflichtung des Antragstellers, ein bestimmtes Begehren im Nachprüfungsantrag zu benennen, kann es für den Antragsteller dennoch **ratsam** sein, möglichst konkrete Maßnahmen zu beantragen, damit sich die Vergabekammer im Rahmen der Anordnung geeigneter Maßnahmen i.S.d. § 168 Abs. 1 GWB hieran zumindest orientieren kann. Welche Maßnahmen konkret beantragt werden, hängt von der durch den Antragsteller geltend gemachten Rechtsverletzung, seinem Rechtsschutzziel und dem Stadium des Vergabeverfahrens ab. So kann der Antragsteller beispielsweise die Aufhebung der Ausschreibung oder eine Untersagung der Zuschlagserteilung, die Änderung der Leistungsbeschreibung, die Wiederho-

---

19 BGH, Beschluss v. 26.9.2006 – X ZB 14/06.
20 OLG Stuttgart, Beschluss v. 24.3.2000 – 2 Verg 2/99; OLG Jena, Beschluss v. 22.12.1999 – 6 Verg 3/99; OLG Celle, Beschluss v. 30.4.1999 – 13 Verg 1/99.
21 OLG Düsseldorf, Beschluss v. 18.7.2001 – Verg 16/01.
22 Siehe hierzu Rn. 49 ff.

lung der Wertung unter Berücksichtigung seines Angebots, eine neuerliche Wertung unter Beachtung der bekannt gemachten Zuschlagskriterien, die Feststellung der Unwirksamkeit der Zuschlagserteilung oder die Feststellung einer Rechtsverletzung beantragen.

VI. Ausländischer Antragsteller (S. 3)

Nach § 161 Abs. 1 S. 3 GWB muss ein ausländischer Antragsteller, der im Geltungsbereich des GWB weder über einen Wohnsitz noch einen gewöhnlichen Aufenthalt, einen Sitz oder eine Geschäftsleitung verfügt, einen **Empfangsbevollmächtigten** im Geltungsbereich des GWB benennen. 33

Diese gesetzliche Festlegung ist dem **Beschleunigungsgrundsatz** (§ 167 GWB) geschuldet, denn angesichts der kurzen Entscheidungsfristen der Vergabekammer sollen verfahrensverzögernde Auswirkungen, die sich im Zusammenhang mit erforderlichen Zustellungen oder der Erreichbarkeit eines ausländischen Antragstellers ergeben können, von vornherein ausgeschlossen werden.[23] 34

Der Empfangsbevollmächtigte muss in der Lage sein, Mitteilungen und Erklärungen, die das Nachprüfungsverfahren betreffen, mit Wirkung für und gegen den Antragsteller entgegenzunehmen. Die **Nichtbenennung eines Bevollmächtigten** führt grundsätzlich zur Unzulässigkeit des Antrags. In diesem Fall wird man jedoch die Vergabekammer vor der Verwerfung des Nachprüfungsantrags, jedenfalls wenn der ausländische Antragsteller erreichbar ist, für verpflichtet halten müssen, den Antragsteller auf diese Bestimmung **hinzuweisen**, um ihm die Gelegenheit zur Benennung eines Bevollmächtigten zu geben. Ist der ausländische Antragsteller hingegen nicht erreichbar, reagiert er auf den Hinweis der Vergabekammer nicht oder verweigert er die Benennung, ist der Nachprüfungsantrag als offensichtlich unzulässig zu verwerfen.[24] 35

Soweit ein **beigeladenes Unternehmen** keinen Sitz im Geltungsbereich des GWB hat, kann es zur Beschleunigung des Verfahrens, und hier insbesondere der Bewirkung von Zustellungen, zwar zweckmäßig sein, §161 Abs. 1 S. 3 GWB analog anzuwenden, also auch insoweit die Benennung eines Empfangsbevollmächtigten zu verlangen. Eine analoge Anwendung auf das gemäß § 162 GWB beizuladende Unternehmen begegnet dennoch Bedenken, da die verfahrensrechtliche Stellung von beigeladenem Unternehmen und antragstellendem Unternehmen nicht unmittelbar vergleichbar ist und somit eine analoge Anwendung der Regelung auf das beigeladene Unternehmen zumindest kritisch zu sehen ist. 36

C. Inhaltliche Anforderungen an die Begründung des Antrags (Abs. 2)

I. Mindestinhalt der Begründung (Hs. 1)

§ 161 Abs. 2 Hs. 1 GWB legt i.V.m. § 160 Abs. 2 und Abs. 3 GWB fest, welchen Mindestanforderungen die Antragsbegründung genügen muss. 37

Es handelt sich hier um eine **zwingende Vorschrift**, deren Nichteinhaltung den Nachprüfungsantrag unzulässig macht.[25] Diese Konsequenz entspricht dem Willen des Gesetzgebers, das Nachprüfungsverfahren so schnell wie möglich entscheidungsreif zu machen. Die Begründung des Nachprüfungsantrags dient der Festlegung des Verfahrensgegenstandes vor der Vergabekammer und der Eingrenzung des aus der Sicht des Antragstellers entscheidungserheblichen Streitstoffes. Für den Antragsteller ist der Begründungsinhalt des von ihm eingereichten Nachprüfungsantrags deshalb bedeutsam, weil die Begründung des Nachprüfungsantrags die **Grundlage für die Entscheidung der Vergabekammer über die Zustellung des Nachprüfungsantrags** bildet. Denn nur wenn der Nachprüfungsantrag nicht offensicht- 38

23 VK Sachsen-Anhalt, Beschluss v. 7.7.2004 – 1 VK LVwA 38/04.
24 VK Sachsen-Anhalt, Beschluss v. 7.7.2004 – 1 VK LVwA 38/04.
25 Gesetzesbegründung, VgRÄG, BT-Drs. 13/9340, 18.

lich unzulässig oder unbegründet ist, wird die Vergabekammer gemäß § 163 Abs. 2 S. 3 GWB die Übermittlung veranlassen.

39 **Maßstab** für den Mindestinhalt der Begründung ist § 160 Abs. 2 und Abs. 3 GWB. Aus der Antragsbegründung des Antragstellers muss somit für die Vergabekammer zumindest implizit erkennbar sein, dass der Antragsteller

- ein Interesse am Auftrag hat,
- durch die Nichtbeachtung von Vergabevorschriften in seinen Rechten verletzt ist,
- ihm hierdurch ein Schaden entstanden ist oder zumindest droht und
- er den Vergabeverstoß unverzüglich gerügt hat.[26]

40 Dieser notwendige Begründungsumfang ist in § 161 Abs. 2 GWB zwar nur zum Teil explizit dargelegt, er ergibt sich aber aus **Sinn und Zweck** des Gesetzes, da ein Antrag, dem es an einem der vorgenannten Merkmale fehlt, von der Vergabekammer als offensichtlich unzulässig zurückzuweisen wäre. Trotz der vorgenannten Inhaltserfordernisse in Bezug auf die Begründung sind an das Begründungserfordernis im Hinblick darauf, dass im Verfahren vor der Vergabekammer kein Anwaltszwang besteht und wegen Art. 19 Abs. 4 GG der Zugang zu den Gerichten nicht unbillig erschwert werden darf, aber **keine allzu hohen Anforderungen** zu stellen, vielmehr ist auch eine laienhafte Darstellung des Begehrens als ausreichend anzusehen.[27]

II. Bezeichnung des Antragsgegners

41 § 161 Abs. 2 GWB spricht von der Bezeichnung des Antragsgegners. Hierbei handelt es sich um den **Auftraggeber,** da sich der Nachprüfungsantrag gegen ihn als Verfahrensbeteiligten (§ 162 GWB) richtet. Ebenso ist es zulässig, wenn sich der Antrag gegen eine vom Auftraggeber **mit der Durchführung des Vergabeverfahrens betraute Vergabestelle** richtet.[28] Es empfiehlt sich allerdings in jedem Fall, den Antragsgegner **möglichst präzise** mit Adresse und, soweit möglich, mit Telefon- und Telefaxnummer zu bezeichnen, damit die Vergabekammer möglichst unverzüglich und ohne eigene Ermittlungen die Übermittlung des Antrags veranlassen kann.

42 Ein Antrag, der den Antragsgegner (Auftraggeber) **nicht bezeichnet**, ist unzulässig, da ihm die Verbindlichkeit fehlt. Die lediglich fehlerhafte Bezeichnung des Auftraggebers führt hingegen nicht zur Unzulässigkeit des Antrags.[29] Die Falschbezeichnung kann jedoch dazu führen, dass die Vergabekammer den Nachprüfungsantrag an den fehlerhaft bezeichneten Auftraggeber übermittelt und somit das Zuschlagsverbot des § 169 Abs. 1 GWB nicht in Kraft tritt.[30]

43 Bedient sich der Auftraggeber hingegen eines von ihm hierzu **bevollmächtigten Dritten als Vergabestelle** und benennt der Antragsteller in seinem Nachprüfungsantrag die Vergabestelle als Auftraggeber, hat dies keine Auswirkungen auf Verfahrenshandlungen, die durch die Vergabekammer oder den Antragsteller gegenüber der Vergabestelle vorgenommen wurden. In diesem Fall ist lediglich das Rubrum des Nachprüfungsantrags durch die Vergabekammer oder das Beschwerdegericht von Amts wegen zu **berichtigen**.[31] Das OLG Naumburg[32] nimmt allerdings die Rubrumsberichtigung dergestalt vor, dass Antragsgegner ausschließlich die Vergabestelle ist. Es spricht indes auch nichts gegen eine Rubrumsberichtigung, die als Antragsgegner den Auftraggeber und die für ihn handelnde Vergabestelle ausdrücklich benennt.

44 Der Nachprüfungsantrag ist auch nicht zwingend wegen **fehlender passiver Prozessführungsbefugnis** unzulässig, wenn der Auftraggeber dort falsch bezeichnet ist. In derartigen

---

26 VK Sachsen, Beschluss v. 25.11.2004 – 1/SVK/110-04.
27 OLG München, Beschluss v. 29.9.2009 – Verg 12/09.
28 OLG Naumburg, Beschluss v. 16.10.2007 – Verg 6/07.
29 OLG Brandenburg, Beschluss v. 19.12.2002 – Verg W 12/02.
30 BayObLG, Beschluss v. 1.7.2003 – Verg 3/03.
31 OLG Brandenburg, Beschluss v. 7.12.2010 – Verg W 16/10; OLG Naumburg, Beschluss v. 16.10.2007 – 1 Verg 6/07.
32 OLG Naumburg, Beschluss v. 16.10.2007 – Verg 6/07.

Fällen kann die Vergabekammer das Rubrum des Nachprüfungsantrags (und damit auch das Rubrum der Hauptsacheentscheidung) von Amts wegen jedenfalls dann **berichtigen**, soweit aus dem Nachprüfungsantrag klar ersichtlich ist, gegen wen sich der Nachprüfungsantrag materiell richtet, wer also Auftraggeber ist. In diesem Fall ist die Vergabekammer gehalten, das Rubrum des Nachprüfungsantrags **auszulegen**, und hat dementsprechend die Übermittlung an den richtigen Auftraggeber zu veranlassen.[33]

Eine **entsprechende Auslegung** des Nachprüfungsantrags ist allerdings nur dann möglich, 45 wenn sich der richtige Antragsgegner unzweifelhaft aus dem Nachprüfungsantrag ergibt. Andernfalls ist die Vergabekammer im Rahmen ihrer Amtsermittlungspflicht nach § 163 Abs. 1 GWB lediglich gehalten, den Antragsteller auf die fehlerhafte oder unklare Bezeichnung des Antragsgegners hinzuweisen; die Übermittlung kann die Vergabekammer in diesem Fall erst veranlassen, wenn der Auftraggeber vom Antragsteller eindeutig bezeichnet wurde. Die zur Aufklärung verpflichtende Amtsermittlungspflicht der Vergabekammer setzt aber erst ein, wenn der Antragsgegner für die Vergabekammer offensichtlich fehlerhaft oder unklar bezeichnet wurde. Soweit die Vergabekammer die Falschbezeichnung nicht als solche zu erkennen vermag, wird sie den Antrag schlicht dem falschen Antragsgegner übermitteln, ohne dass das Zuschlagsverbot des § 169 Abs. 1 GWB gegenüber dem tatsächlichen Auftraggeber in Kraft treten kann.

Es ist einem Bieter, der einen Nachprüfungsantrag stellen will, hingegen nicht zumutbar, **Ungewissheiten hinsichtlich des Auftraggebers** aufzuklären, wenn der Auftraggeber diese 46 Ungewissheiten selbst verschuldet hat. Kann mithin ein Antragsteller den Antragsgegner nicht mit letzter Sicherheit benennen, weil die Bekanntmachung und die Aufforderung zur Angebotsabgabe diesbezüglich widersprüchliche Angaben enthalten, gehen insoweit unklare oder widersprüchliche Angaben zulasten des Auftraggebers.[34]

Handelt es sich hingegen um eine **Falschbezeichnung des Auftraggebers**, die nicht durch 47 Auslegung von Amts wegen zu korrigieren ist, und ändert bzw. erweitert der Antragsteller daraufhin in einem späteren Verfahrensstadium den Antragsgegner, so liegt hierin eine Parteiänderung oder eine Parteierweiterung und nicht lediglich eine Berichtigung der Antragsgegnerbezeichnung. In einem solchen Falle gelten vor der Änderung bzw. Erweiterung vorgenommene Verfahrenshandlungen nicht gegenüber dem neuen Antragsgegner.[35] Dies betrifft insbesondere das durch Zustellung des Nachprüfungsantrags gemäß § 169 Abs. 1 GWB ausgelöste Zuschlagsverbot. Insoweit betont das BayObLG[36] in seiner Entscheidung ausdrücklich, dass das Zuschlagsverbot nur bei wirksamer Übermittlung des Nachprüfungsantrags an den richtigen Auftraggeber ausgelöst werden kann. Auch für die Wahrung der Fristen des § 135 Abs. 2 und Abs. 3 GWB kann die korrekte Bezeichnung des Auftraggebers bedeutsam sein.[37]

Die Parteiänderung oder Parteierweiterung kann insbesondere dann problematisch sein, 48 wenn der Vergabeverstoß gegenüber dem neuen Antragsgegner nicht gerügt wurde und es somit an einem Zulässigkeitserfordernis (§ 160 Abs. 3 GWB) fehlt. Hier stellt sich die Frage, ob eine **Rüge ausnahmsweise entbehrlich** ist. Letztlich wird die Entscheidung über die Entbehrlichkeit der Rüge immer von den Umständen des Einzelfalles abhängen. Im Falle der Parteiänderung oder Parteierweiterung wird man die Entbehrlichkeit zumindest dann bejahen können, wenn dem neuen Antragsgegner das Nachprüfungsverfahren bekannt war und er bereits hat erkennen lassen, dass eine Abhilfe für ihn nicht in Betracht kommt.

---

33 VK Bund, Beschluss v. 28.9.2005 – VK 2-120/05; Beschluss v. 6.7.2006 – VK 3-54/06; Beschluss v. 26.1.2005 – VK 3-224/04; OLG Brandenburg, Beschluss v. 19.12.2002 – Verg W 12/02.

34 VK Bund, Beschluss v. 20.6.2007 – VK 3-55/07.

35 BayObLG, Beschluss v. 1.7.2003 – Verg 3/03; das BayObLG spricht zwar von Prozesshandlungen, das Gleiche muss aber auch für Verfahrenshandlungen im Rahmen des Vergabekammerverfahrens gelten.

36 BayObLG, Beschluss v. 1.7.2003 – Verg 3/03.

37 Siehe hierzu OLG Naumburg, Beschluss v. 6.12.2012 – 2 Verg 5/12 zu der Konstellation, dass Auftrag durch mehrere Auftraggeber vergeben werden soll, der Nachprüfungsantrag aber nicht alle Auftraggeber bezeichnet.

III. Beschreibung der behaupteten Rechtsverletzung mit Sachverhaltsdarstellung

49 Die Sachverhaltsdarstellung darf in dem Antrag nicht völlig fehlen und muss zumindest so erfolgen, dass sich aus ihr die **konkrete Möglichkeit einer Rechtsverletzung** zum Nachteil des Antragstellers ergibt.[38] Der Antragsteller muss also deutlich machen, welche Handlung oder Unterlassung des Auftraggebers einen Verstoß gegen Vergabevorschriften darstellt. Die Darlegungspflicht des Antragstellers erstreckt sich jedoch nur auf solche Tatsachen, die dem Antragsteller bekannt sind. Insoweit ist zu berücksichtigen, dass der Antragsteller bestimmte Sachverhaltselemente gar nicht vortragen kann, weil sie sich auf interne Vorgänge der Vergabestelle beziehen, die dem Antragsteller in aller Regel nicht bekannt sind.[39]

50 Das OLG Koblenz hält eine Antragsbegründung bereits für **unzureichend** i.S.d. § 161 Abs. 2 GWB und damit den Nachprüfungsantrag für unzulässig, wenn sich aus der Begründung keine konkrete Rechtsverletzung ergibt, sondern nur die **abstrakte Möglichkeit eines Verstoßes gegen das Vergaberecht** in den Raum gestellt wird. Dabei ist nach Ansicht des OLG Koblenz[40] insbesondere auch schlüssig darzulegen, dass aus der Rechtsverletzung ein Schaden entstanden ist oder droht (§ 160 Abs. 2 S. 2 GWB). Auch das Fehlen einer verständlichen Sachverhaltsschilderung und der fehlende Vortrag von Tatsachen, aus denen sich die Einhaltung der Rügeobliegenheit (§ 160 Abs. 3 GWB) ergibt, führt nach Ansicht des OLG Koblenz ohne Weiteres zur Unzulässigkeit des Nachprüfungsantrags.

51 Dem OLG Koblenz ist in den grundlegenden Aussagen zu den Anforderungen an die Begründung des Nachprüfungsantrags zuzustimmen. Vor dem Hintergrund der geringen inhaltlichen Anforderungen an das Vorabinformationsschreiben nach § 134 GWB[41] sowie des Umstands, dass sich Vergabeverstöße oft in der Sphäre der Vergabestelle abspielen und somit dem Bieter oft erst nach Akteneinsicht bekannt werden, dürfen die **Anforderungen** an die Darlegungslast des Antragstellers allerdings auch **nicht überspannt** werden.[42] So wird der Antragsteller z.B. Einzelheiten der Angebotswertung, die ihm zumeist erst durch Akteneinsicht im Verlauf des Nachprüfungsverfahrens zur Kenntnis gelangen, in der Regel nicht zum Gegenstand eines substanziierten Sachverhaltsvortrags bei Einreichung des Nachprüfungsantrags machen können.[43] Dennoch kann der Antragsteller auch im vorgenannten Fall, insbesondere wenn sich seine Beanstandung auf Fehler der Angebotswertung beschränkt, auf eine **Sachverhaltsdarstellung nicht völlig verzichten** und sich nur auf **pauschale Behauptungen** – einen sogenannten „Antrag ins Blaue" – beschränken.[44] Der Antragsteller muss daher auch in diesem Fall zumindest diejenigen tatsächlichen Anhaltspunkte vorbringen, aus denen er ein vergaberechtswidriges Verhalten der Vergabestelle ableitet. Insbesondere reichen bloße Anregungen des Antragstellers, die auf ein Tätigwerden der Vergabekammer von Amts wegen abzielen, nicht aus.[45]

52 Vom Antragsteller kann und muss zudem verlangt werden, dass er **ihm bekannte Tatsachen** (z.B. bestimmte Inhalte der Bekanntmachung oder der Leistungsbeschreibung) zur Grundlage seiner Antragsbegründung macht, wenn er aus diesen Tatsachen die Verletzung seiner Rechte ableitet. Denn es ist nicht Aufgabe der Vergabekammer, ohne einen konkreten Hinweis des Antragstellers eine mit dem Nachprüfungsantrag allgemein mitgeteilte Tatsache auf ihre Vergaberechtskonformität zu untersuchen, wenn sich der Antragsteller zur Begründung der von

---

38 OLG Jena, Beschluss v. 16.1.2002 – 6 Verg 7/01.

39 Siehe hierzu auch Rn. 51.

40 OLG Koblenz, Beschluss v. 22.3.2001 – Verg 9/00, Beschluss v. 10.8.2000 – 1 Verg 2/00.

41 Vgl. zu den geringen inhaltlichen Anforderungen nach der alten, aber im Wesentlichen unveränderten Rechtslage BayObLG, Beschluss v. 22.4.2004 – Verg 8/02; OLG Koblenz, Beschluss v. 25.3.2002 – 1 Verg 1/02, sowie *Gnittke/Hattig* zu § 134 Rn. 61.

42 OLG Düsseldorf, Beschluss v. 13.4.2011 – VII-Verg 58/10.

43 VK Niedersachsen, Beschluss v. 20.8.2002 – 203-VgK-12/2002.

44 KG, Beschluss v. 29.2.2012 – Verg 8/11; VK Südbayern, Beschluss v. 19.7.2008 – Z3-3-3194-1-02-01/08; VK Sachsen, Beschluss v. 24.3.2003 – 1/SVK/018-03; zu der insoweit vergleichbaren Situation bei der Rüge siehe OLG Frankfurt, Beschluss v. 7.8.2007 – 11Verg 3/07.

45 VK Bund, Beschluss v. 16.7.2013 – VK3-47/13.

ihm geltend gemachten Rechtsverletzung nicht konkret auf diese Tatsache beruft.[46] So dürfte z.B. eine Antragsbegründung nicht den Anforderungen des § 161 Abs. 2 Hs. 1 GWB entsprechen, wenn sich die Begründung abstrakt darauf beruft, die Leistungsbeschreibung sei nicht eindeutig und erschöpfend, ohne konkret zu benennen, welche Bestandteile der Leistungsbeschreibung gemeint sind. Diese Anforderung an den Begründungsinhalt begegnet auch vor dem Hintergrund des im Nachprüfungsverfahren vor der Vergabekammer grundsätzlich geltenden Untersuchungsgrundsatzes nach § 163 Abs. 1 GWB keinen Bedenken, da im Nachprüfungsverfahren seitens der Vergabekammer keine allgemeine und umfassende Rechtmäßigkeitskontrolle des Vergabeverfahrens stattfindet.[47]

Eine Verpflichtung der Vergabekammer, dem Antragsteller eine **Frist zur Beseitigung** einer unzureichenden Beschreibung der Rechtsverletzung oder einer mangelhaften Sachverhaltsdarstellung zu setzen, kann nur im Ausnahmefall angenommen werden. Eine solche Verpflichtung kommt nur in Betracht, wenn es sich um einen formalen Mangel handelt (z.B. keine Darlegung der erfolgten Rüge) und sich aus dem Nachprüfungsantrag bereits Anhaltspunkte dafür ergeben, dass der Mangel umgehend behoben werden kann.[48] Für den Fall einer lediglich ungenügenden Bezeichnung der verfügbaren Beweismittel wird man von der Vergabekammer allerdings verlangen können, dennoch auf solche Beweismittel zurückzugreifen.[49] 53

Eine **allgemeine Pflicht der Vergabekammer**, den Antragsteller vor Zurückweisung des Antrags auf dessen offensichtliche Unzulässigkeit – also auf das Fehlen einer unzureichenden Beschreibung der Rechtsverletzung oder einer mangelhaften Sachverhaltsdarstellung – **hinzuweisen**, besteht auch vor dem Hintergrund der Rechtsprechung des EuGH[50] nicht. Die Entscheidung des EuGH stellt lediglich fest, dass ein Verstoß gegen die seinerzeit geltende EU-Rechtsmittelrichtlinie 89/665/EWG vorliegt, wenn einem Bieter aufgrund einer Entscheidung der Nachprüfungsinstanz der Zugang zum Nachprüfungsverfahren wegen des zwingenden Ausschlusses seines Angebots verwehrt wird, ohne ihm rechtliches Gehör zu dem der Entscheidung zugrunde liegenden Ausschlussgrund zu gewähren. Die Entscheidung des EuGH betrifft somit materielle Fragen des Vergabeverfahrens, nicht aber formelle Fragen der Einleitung eines Nachprüfungsverfahrens. Die Formvorschrift des § 161 Abs. 2 GWB würde ausgehöhlt, wenn jeder Antragsteller vor Zurückweisung seines Antrags auf das Fehlen gemäß § 161 Abs. 2 GWB zwingender Begründungsinhalte seines Antrags hingewiesen werden müsste und ihm Gelegenheit zur Abhilfe einzuräumen wäre. Die Annahme einer solchen Verpflichtung stünde im Übrigen auch in Widerspruch zu dem das Nachprüfungsverfahren beherrschenden Beschleunigungsgrundsatz (§ 167 GWB). 54

IV. Bezeichnung der verfügbaren Beweismittel

Die nach § 161 Abs. 2 GWB bestehende Verpflichtung des Antragstellers, in der Antragsbegründung die verfügbaren Beweismittel zu bezeichnen, ist Ausdruck der allgemeinen **Mitwirkungspflicht** der Beteiligten nach § 167 Abs. 2 GWB und dient der **Beschleunigung** des Nachprüfungsverfahrens nach § 167 Abs. 1 GWB. Bereits mit der Antragsbegründung soll die Vergabekammer beurteilen können, welche entscheidungserheblichen Tatsachen nachgewiesen werden müssen und wie dieser Nachweis erfolgen kann. Die Vergabekammer wird damit bereits in einem frühen Stadium des Verfahrens in die Lage versetzt, den entscheidungserheblichen Sachverhalt gezielt aufzuklären. 55

Der Antragsteller hat allerdings nur die ihm tatsächlich **verfügbaren Beweismittel** zu bezeichnen. Beweismittel, die der Antragsteller nicht kennt, sind nicht verfügbar i.S.d. § 161 Abs. 2 GWB und können daher auch nicht bezeichnet werden. Der Antragsteller muss auch 56

46 So für den Fall der Leistungsbeschreibung OLG Koblenz, Beschluss v. 10.8.2000 – 1 Verg 2/00.
47 Siehe hierfür *Gaus* zu § 163 Rn. 18.
48 So für den Fall der fehlenden Rügedarlegung OLG Jena, Beschluss v. 23.1.2003 – 6 Verg 11/02.
49 Siehe hierzu Rn. 55 ff.
50 EuGH, Urteil v. 19.6.2003 – Rs. C-249/01 (Hackermüller).

keine Aktivitäten entfalten, um die Beweismittel erst noch zu erlangen. Soweit es sich um schriftliche Beweismittel handelt, über die der Antragsteller die körperliche Verfügungsgewalt besitzt (z.B. den Bekanntmachungstext, die Leistungsbeschreibung, schriftliche Äußerungen der Vergabestelle), empfiehlt es sich, diese Schriftstücke bereits mit dem Nachprüfungsantrag nicht nur zu bezeichnen, sondern auch einzureichen.

57 Unter den **Begriff der Beweismittel** fällt alles, was geeignet ist, die vom Antragsteller geltend gemachte Rechtsverletzung und den hierzu vorgetragenen Sachverhalt zu beweisen. Eine diesbezüglich nicht abschließende Aufzählung enthält § 26 Abs. 1 VwVfG (Einholung von Auskünften, Anhörung von Beteiligten, Vernehmung von Zeugen und Sachverständigen, Beiziehung von Urkunden und Akten, Augenschein). Die in der Praxis bedeutsamsten Beweismittel sind die Beiziehung der Vergabeakte, die gemäß § 163 Abs. 2 S. 3 GWB durch die Vergabekammer von Amts wegen veranlasst wird, die Anhörung der Beteiligten, die über Schriftsätze und im Rahmen der mündlichen Verhandlung erfolgt, sowie sehr selten die Vernehmung von Zeugen und Sachverständigen.

58 Im Rahmen des § 161 Abs. 2 GWB kommen Beweismittel nicht in Betracht, die entweder **ungeeignet** sind, weil sie der Logik und der aktuellen wissenschaftlichen Erkenntnis widersprechen, oder die durch eine **Straftat erlangt** wurden. Die erstgenannten ungeeigneten Beweismittel sind schon keine Beweismittel im materiellen Sinn, weil durch sie nichts bewiesen werden kann, während die letztgenannten Beweismittel zwar materiell zur Beweisführung geeignet wären, aber einem Verwertungsverbot unterliegen.

59 Streitig ist hingegen, ob auch Beweismittel ungeeignet und damit nicht verwertbar sind, die durch den **Verstoß gegen Rechtsvorschriften** erlangt wurden (z.B. Verstoß eines Mitarbeiters der Vergabestelle gegen die Verschwiegenheitspflicht) oder deren „Veröffentlichung" im Nachprüfungsverfahren eine rechtswidrige Verletzung von Betriebs- oder Geschäftsgeheimnissen bedeuten würde. Insbesondere für den Fall der Verletzung der Verschwiegenheitspflicht eines Mitarbeiters der Vergabestelle träte für den Antragsteller eine unzumutbare Rechtsschutzverkürzung ein, wenn die (rechtswidrig) erteilte Information eines Mitarbeiters der Vergabestelle im Nachprüfungsverfahren nicht verwertet werden dürfte. Zudem hätte es die Vergabestelle so in der Hand, ihr zum Nachteil gereichende Tatsachen dem Nachprüfungsverfahren zu entziehen. Anderer Auffassung ist das OLG Brandenburg[51], wonach dem Antragsteller durch die Vergabestelle zugespielte Teile der Angebote anderer Bieter im Nachprüfungsverfahren nicht berücksichtigt werden dürfen.

60 Des Weiteren stellt sich die Frage, wie Beweismittel zu behandeln sind, die für die Aufklärung des entscheidungserheblichen Sachverhalts erforderlich sind und dem Antragsteller bekannt waren, gleichwohl von ihm aber im Nachprüfungsantrag **nicht bezeichnet** wurden. In diesem Fall stellt sich für die Vergabekammer das Problem, ob sie die entsprechenden Beweise erheben darf oder sogar erheben muss. In der Regel wird sich diese Frage nicht bereits mit Einreichung des Nachprüfungsantrags stellen, sondern erst im weiteren Verlauf des Nachprüfungsverfahrens, da erst dann offensichtlich werden kann, dass der Antragsteller bekannte Beweismittel nicht benannt hat. Da es hier – anders als bei der Sachverhaltsdarstellung – nicht um die Tatsachen als solche geht, sondern lediglich um ihren Beweis, wird man in diesem Fall (anders als bei der mangelhaften Beschreibung der Rechtsverletzung oder der mangelhaften Sachverhaltsdarstellung) von der Vergabekammer verlangen können, auf diese Beweismittel zuzugreifen. Dies folgt aus dem Untersuchungsgrundsatz nach § 163 Abs. 1 GWB, welcher der Vergabekammer grundsätzlich abverlangt, zur Erforschung des Sachverhalts auch auf nicht benannte Beweismittel zurückzugreifen. Dabei ist aber zu berücksichtigen, dass der Amtsermittlungsgrundsatz durch das VergRModG 2009 eingeschränkt wurde und sich die Vergabekammer nunmehr bei der Erforschung des Sachverhaltes auf Umstände beschränken kann, die von den Beteiligten vorgebracht wurden oder der Vergabekammer „sonst bekannt sein" müssen (§ 163 Abs. 1 S. 2 GWB).

51 OLG Brandenburg, Beschluss v. 6.10.2005 – Verg W 7/05.

Die Verpflichtung der Kammer zur Erforschung des Sachverhalts hat jedenfalls dort ihre **Grenzen**, wo die Mitwirkungs- und Verfahrensförderungspflicht der Beteiligten nach § 167 Abs. 2 GWB einsetzt. Dementsprechend ist die Vergabekammer nicht gehalten, Beweismittel heranzuziehen, die sich ihr aufgrund des vorgetragenen Sachverhalts nicht aufdrängen. 61

V. Darlegung der Rüge

Nach § 161 Abs. 2 GWB muss der Antragsteller in seiner Begründung auch darlegen, dass die **Rüge gegenüber dem Auftraggeber** erfolgt ist. Die Darlegung der Rüge ist erforderlich, damit die Vergabekammer die Zulässigkeit des Nachprüfungsantrags feststellen kann. Denn ein Nachprüfungsantrag, der die Rügeobliegenheit gemäß § 160 Abs. 3 GWB nicht wahrt, ist unzulässig. Zudem grenzt die Rüge den Streitgegenstand ein, da vom Antragsteller mit seinem Nachprüfungsantrag nur solche Vergabeverstöße – vorausgesetzt, die Vergabeverstöße waren bekannt bzw. erkennbar i.S.d. § 160 Abs. 3 GWB – geltend gemacht werden können, die zuvor gegenüber der Vergabestelle gerügt wurden. Macht der Antragsteller folglich mit der Einreichung des Nachprüfungsantrags Vergabeverstöße geltend, die er trotz bestehender Rügeobliegenheit gemäß § 160 Abs. 3 GWB zuvor nicht gegenüber der Vergabestelle gerügt hat, ist der Antrag insoweit unzulässig.[52] 62

Ob der Antragsteller neben der Tatsache, dass er die von ihm geltend gemachten Vergabeverstöße gerügt hat, auch die **Rechtzeitigkeit** der Rüge darlegen muss, wird man jedenfalls bei Sachverhaltskonstellationen annehmen müssen, die berechtigte Zweifel an der Rechtzeitigkeit der Rüge aufkommen lassen. So hat der Antragsteller in den Fällen des § 160 Abs. 3 Nr. 2 und Nr. 3 GWB (aufgrund der Bekanntmachung oder aus den Vergabeunterlagen erkennbare Verstöße) darzulegen, dass er die Rüge innerhalb der dort festgelegten Fristen (Bewerbungsfrist, Angebotsfrist) erhoben hat. Rügt der Antragsteller einen Vergabeverstoß im Rahmen der Angebotswertung erst nach Erhalt des Informationsschreibens nach § 134 GWB, wird die Vergabekammer, wenn die Rüge rechtzeitig nach Erhalt des Schreibens erhoben wurde, annehmen dürfen, dass der Antragsteller diesen Vergabeverstoß nicht bereits vorher gekannt hat. Gleichwohl kann den Antragsteller hierzu im weiteren Verlauf des Nachprüfungsverfahrens eine Darlegungslast treffen, wenn der Zeitpunkt der Kenntniserlangung im Nachprüfungsverfahren streitig gestellt wird. 63

Ob bei **vollständig fehlender Darlegung zur Rüge** die Vergabekammer den Nachprüfungsantrag als offensichtlich unzulässig verwerfen kann, wird unterschiedlich beurteilt.[53] Zumindest der Wortlaut des § 161 Abs. 1 S. 1 GWB („unverzüglich zu begründen") spricht aber dafür, dass es der Vergabekammer verwehrt ist, einen Nachprüfungsantrag ohne Weiteres wegen formaler Mängel zu verwerfen. Dies gilt jedenfalls dann, wenn nach der bestehenden Sachlage nicht ausgeschlossen werden kann, dass der formale Mangel umgehend behoben wird. In einem solchen Fall obliegt es der Vergabekammer, den Antragsteller auf den formalen Fehler **hinzuweisen** und ihm Gelegenheit zur kurzfristigen Abhilfe in Gestalt einer „unverzüglichen Begründung" einzuräumen.[54] Jedenfalls ist der Nachprüfungsantrag, soweit er keine Darlegungen zur Rüge enthält, dann nicht unzulässig, wenn der Sachverhalt, aus der sich die Erfüllung der Rügeobliegenheit ergibt, auch ohne Hinweis der Vergabekammer noch rechtzeitig in das Nachprüfungsverfahren eingebracht wird.[55] 64

---

52 Zu weiteren Einzelheiten der Rügeobliegenheit siehe *Hofmann* zu § 160 Rn. 34 ff.
53 In diese Richtung tendierend OLG Koblenz, Beschluss v. 10.8.2000 – 1 Verg 2/00; VK Baden-Württemberg, Beschluss v. 6.4.2010 – 1 VK 19/10; VK Bund, Beschluss v. 7.6.2004 – VK 1-69/04; Beschluss v. 9.7.2003 – VK 1-67/03.
54 OLG Jena, Beschluss v. 23.1.2003 – 6 Verg 11/02.
55 OLG Dresden, Beschluss v. 27.1.2009 – WVerg 10/08.

VI. Benennung der sonstigen Beteiligten (Hs. 2)

65 Schließlich regelt § 161 Abs. 2 Hs. 2 GWB, dass in der Antragsbegründung auch die sonstigen Beteiligten benannt werden sollen, soweit sie dem Antragsteller bekannt sind.

66 Die gesetzliche Aufforderung an den Antragsteller zur Benennung der sonstigen Beteiligten ist als **Sollvorschrift** formuliert, d.h., eine unterlassene Benennung bleibt für den Antragsteller ohne unmittelbare rechtliche Konsequenzen und kann damit insbesondere nicht die Unzulässigkeit des Nachprüfungsantrags zur Folge haben.

67 Mittelbar nachteilige Rechtsfolgen für den Antragsteller, der die Benennung der sonstigen Beteiligten unterlässt, könnten allenfalls aus der **Verletzung der Verfahrensförderungspflicht** nach § 167 Abs. 2 GWB entstehen. Solche mittelbar nachteiligen Rechtsfolgen dürften aber im Einzelfall selten eintreten, da die Vergabekammer die Informationen zu den sonstigen Beteiligten auch der (unverzüglich vorzulegenden) Vergabeakte entnehmen kann und sich insbesondere für eine Beiladung nicht auf die Angaben des Antragstellers, sondern in der Regel auf den Akteninhalt stützen wird.

68 Der Begriff der **sonstigen Beteiligten** wird in § 161 Abs. 2 Hs. 2 GWB nicht näher erläutert. Hiermit ist jedenfalls nicht der Antragsgegner bzw. Auftraggeber gemeint, da dessen Benennung gemäß § 161 Abs. 2 Hs. 1 GWB obligatorisch ist[56]. Aus der Gesetzesbegründung ergibt sich aber, dass mit den sonstigen Beteiligten jene Unternehmen gemeint sind, deren Interessen durch die Vergabekammerentscheidung schwerwiegend berührt werden können und die dementsprechend gemäß § 162 GWB durch die Vergabekammer beizuladen sind.

69 In der Praxis empfiehlt es sich, die **Beiladung** nicht bereits aufgrund der Angaben des Antragstellers in seinem Nachprüfungsantrag vorzunehmen. Denn sowohl der Grund für die Beiladung als auch die genaue Bezeichnung des oder der Beizuladenden (Name, Anschrift) können seitens der Vergabekammer erst durch die Vorlage der Vergabeakte verifiziert werden. Eine Beiladung allein auf der Grundlage von Angaben des Antragstellers beinhaltet daher das Risiko einer fehlerhaften Beiladung, deren Korrektur vor dem Hintergrund des Beschleunigungsgrundsatzes nach § 167 GWB nicht wünschenswert ist und daher vermieden werden sollte.

Anlage

Gesetzesbegründung (BT-Drs. 18/6281)

Seite 135

§ 161 entspricht dem bisherigen § 108. In der Überschrift wird klargestellt, dass § 161 nicht nur Vorgaben zur Form, sondern auch zum Inhalt regelt.

56 Siehe hierzu Rn. 41 ff.

§ 162
Verfahrensbeteiligte, Beiladung

Verfahrensbeteiligte sind der Antragsteller, der Auftraggeber und die Unternehmen, deren Interessen durch die Entscheidung schwerwiegend berührt werden und die deswegen von der Vergabekammer beigeladen worden sind. Die Entscheidung über die Beiladung ist unanfechtbar.

Übersicht

	Rn.
A. Allgemeines	1
B. Vergabekammer	3
C. Notwendig Beteiligte (S. 1)	7
I. Antragsteller	9
II. Auftraggeber	12
D. Weitere Beteiligte (S. 1)	15
I. Unternehmen	17
II. Schwerwiegende Interessenberührung	19
E. Ermessensentscheidung	33
F. Zeitpunkt der Beiladung	38
G. Rechtsfolgen der Beiladung	43
H. Dauer und Widerruf der Beiladung	47
I. Ende der Beiladung	47
II. Widerruf der Beiladung	48
I. Grenzüberschreitende Beiladung	54
J. Rechtsschutz (S. 2)	55
Anlage Gesetzesbegründung (BT-Drs. 18/6281)	

A. Allgemeines

1 Die Vorschrift wurde seit ihrer Einfügung in das GWB im Jahr 1999 **nicht verändert**[1]. Vorschriften mit **ähnlichen Regelungen** zur Beiladung finden sich in § 65 VwGO, § 59 ff. ZPO, § 54 GWB und § 13 Abs. 2 VwVfG. Diese Regelungen sind älter, sodass die Anwendungserfahrungen dieser Vorschriften in die Formulierung der Beiladung nach GWB eingeflossen sind. Das GWB folgt sprachlich der VwGO.

2 Da das Vergabenachprüfungsverfahren gemäß § 168 Abs. 3 S. 1 GWB wie auch das Verwaltungsverfahren gemäß § 9 VwVfG auf den Erlass eines Verwaltungsaktes gerichtet ist, bleiben die **Regelungen des VwVfG** des Bundes oder der Länder für das Nachprüfungsverfahren anwendbar, soweit das in Teil 4 des GWB keine spezielleren Regelungen trifft. § 13 Abs. 2 VwVfG weist formal und inhaltlich mit § 54 GWB die größte Nähe zur Regelung des § 162 GWB auf.

B. Vergabekammer

3 Die Begrifflichkeit **„die Vergabekammer"** meint die Dienststelle der Vergabekammer, nicht bestimmte Mitglieder der Vergabekammer als gemäß § 88 VwVfG gemeinschaftlich handelnden Spruchkörper in der gemäß § 168 GWB über die Hauptsache entscheidenden Zusammensetzung.

4 Die Vergabekammer ist zwar europarechtlich ein **Gericht** im Sinne des Art. 267 AEUV[2], gehört aber nach bundesdeutscher Regelung nicht zur Judikative, sondern als Verwaltungsbehörde zur Exekutive. Sie ist daher kein Gericht, dessen Zusammensetzung gemäß Art. 101 Abs. 1 S. 2 GG gesetzlich vorzubestimmen ist oder in einer Geschäftsordnung mit mittelbarer Außenwirkung verbindlich festgelegt werden müsste. Auf europarechtlicher Ebene fehlt eine dem Art. 101 Abs. 1 S. 2 GG entsprechende Besetzungsvorgabe. Soweit einzelne Vergabekammern gleichwohl Geschäftsordnungen mit gerichtsähnlichen Regelungen zur Geschäftsverteilung vorhalten, werden sich Verfahrensbeteiligte mangels Außenwirkung der Geschäftsordnung nicht wirksam darauf berufen können.

---

1 BGBl. I 1998 S. 2515.
2 EuGH, Urteil v. 18.9.2014 – Rs. C-549/13 (Bundesdruckerei).

5 Es ist daher nicht erforderlich, dass die Vergabekammer als ein vorab personell bestimmtes **Kollegialorgan** in förmlicher Weise über die Beiladung oder sogar über die Übermittlung des soeben eingegangenen Nachprüfungsantrags entscheidet. Allerdings wird die Beiladungsentscheidung üblicherweise formlos zwischen einem Vorsitzenden und einem hauptamtlichen Beisitzenden intern abgestimmt und immer schriftlich allen Verfahrensbeteiligten mitgeteilt.[3]

6 Die Vergabekammer kann im Interesse der Verfahrensbeschleunigung die **personelle Zusammensetzung** des Entscheidungsteams auch während eines laufenden Nachprüfungsverfahrens verändern. Den ehrenamtlichen Beisitzenden kann sie frei auswählen und erst im laufenden Nachprüfungsverfahren hinzuziehen, allerdings mit dem für die interne Einarbeitung erforderlichen Vorlauf vor der mündlichen Verhandlung. Sinnvollerweise sollten die Teilnehmer der mündlichen Verhandlung den Beschluss unterzeichnen.

C. Notwendig Beteiligte (S. 1)

7 Unmittelbar verfahrensbeteiligt sind notwendigerweise **Antragsteller** und **Auftraggeber**. Für sie wird in der Literatur auch die Bezeichnung „geborene Verfahrensbeteiligte" verwendet. Abgeleitet vom gerichtlichen Sprachgebrauch hat sich für den Auftraggeber in den Nachprüfungsverfahren die abweichende Bezeichnung „Antragsgegner" durchgesetzt.

8 Antragsteller und Auftraggeber erhalten ihre **verfahrensrechtliche Rechtsstellung** aufgrund der Regelung des § 162 S. 1 GWB bereits **mit Eingang des Nachprüfungsantrags** gemäß § 160 Abs. 1 GWB, selbst wenn die Vergabekammer entscheiden sollte, ihn nicht dem Auftraggeber zu übermitteln. Voraussetzung ist jedoch, dass das bei der Vergabekammer eingegangene Schriftstück trotz aller etwaiger formeller und inhaltlicher Mängel als Nachprüfungsantrag erkennbar ist. Der Antrag muss also mindestens schriftlich gemäß § 161 GWB bei der Vergabekammer eingegangen sein. Abweichungen von der Schriftform sind nur im gesetzlich ausdrücklich vorgesehenen Rahmen erlaubt. Die elektronische Form ist nach § 3a Abs. 2 VwVfG zulässig. Es bedarf danach eines elektronischen Dokuments mit einer qualifizierten elektronischen Signatur nach Signaturgesetz, die den Urheber des Signaturschlüsselsatzes erkennen lässt (ähnlich § 126a BGB). Der Nachprüfungsantrag muss den Antragsteller und den Auftraggeber benennen und erkennen lassen, welche konkrete Vergabeentscheidung angegriffen werden soll. Außerdem muss es dem Antragsteller erkennbar darum gehen, die Vergabekammer in ihrer Funktion als Wettbewerbsbehörde und nicht etwa als (kostenfreie) Aufsichtsbehörde mit dem Fall zu befassen.[4]

I. Antragsteller

9 Tauglich als Antragsteller sind alle Unternehmen, die an dem Auftrag **unmittelbar interessiert** sind. Das betrifft zunächst diejenigen Unternehmen, die konkret ein Angebot abgegeben haben, daneben diejenigen Unternehmen, die sich an der Angebotsabgabe durch angebliche Vergabefehler des Auftraggebers gehindert sehen.

10 **Unterauftragnehmer** kommen nicht als tauglicher Antragsteller in Betracht, da sie nicht unmittelbar an dem Auftrag interessiert sind, sondern nur mittelbar über den Hauptauftragnehmer[5].

11 Bei der **Bietergemeinschaft** bzw. – für den Fall des Teilnahmewettbewerbs – der **Bewerbergemeinschaft** ist die Sonderkonstellation möglich, dass nicht nur die Bieter- oder Bewerbergemeinschaft einen Nachprüfungsantrag stellt, sondern neben der Bieter- oder Bewerbergemeinschaft auch ein Mitglied der Bieter- oder Bewerbergemeinschaft mit der Darstellung, durch Vergabefehler des Auftraggebers, etwa die unterlassene Fachlosbildung, sei es ihm nicht möglich gewesen, sich als einzelner Unternehmer ohne Hinzuziehung der anderen Teil-

3 *Diemon-Wies*, in: Hattig/Maibaum, Kartellvergaberecht, § 109 GWB Rn. 14.
4 *Kadenbach,* in: Willenbruch/Wieddekind, Vergaberecht, § 109 GWB Rn. 4.
5 OLG Düsseldorf, Beschluss v. 22.12.2010 – VII-Verg 43/10; *Bungenberg*, in: Pünder/Schellenberg, Vergaberecht, § 109 GWB Rn. 8.

nehmer der Bieter- oder Bewerbergemeinschaft um den Auftrag zu bewerben[6]. In diesem besonderen Fall ist ein einzelnes Mitglied der Bieter- oder Bewerbergemeinschaft tauglicher Antragsteller und damit Verfahrensbeteiligter. Die Bieter- oder Bewerbergemeinschaft, zu welcher der Antragsteller gehört, wäre beizuladen.

II. Auftraggeber

Auftraggeber ist die in § 98 bis 101 GWB bezeichnete Gebietskörperschaft oder juristische Person. 12

Handelt eine **zentrale Vergabestelle** für einen Auftraggeber, etwa für mehrere Behörden eines Bundeslandes, so ist das Bundesland Auftraggeber.[7] 13

Handelt die zentrale Vergabestelle als **Einkaufsgemeinschaft** für mehrere Auftraggeber, z.B. mehrere Kommunen, wird sie in der EU-Bekanntmachung im Zweifel offenlegen, für welche Auftraggeber die konkret zu vergebende Leistung beschafft werden soll. Die klare Benennung der Auftraggeber ist wichtig. Beschließt die Vergabekammer eine Maßnahme nach § 168 GWB, so ist die Maßnahme nur dann allen Auftraggebern gegenüber wirksam, wenn sie auch allen Auftraggebern zugestellt werden kann. Legen die Auftraggeber die Vertretung der Vergabestelle unter Abschnitt I.4 der EU-Bekanntmachung nicht offen, so ist die Vergabestelle im Nachprüfungsverfahren formal der Auftraggeber[8] im Sinne des § 162 GWB. Die durch diese Vergabestelle vertretenen Auftraggeber müssen sich das Verhalten ihrer in Abschnitt I.1 der EU-Bekanntmachung genannten Kontaktstelle zurechnen lassen.[9] 14

D. Weitere Beteiligte (S. 1)

Verfahrensbeteiligt sind ferner diejenigen, die die Vergabekammer **beigeladen** hat. Damit außer Antragsteller und Auftraggeber weitere Personen zum Nachprüfungsverfahren hinzugezogen werden, bedarf es also einer gestaltenden Rechtshandlung der Vergabekammer. Die Literatur spricht daher von den gekorenen Beteiligten. 15

Die **Beiladung** ist ein verfahrensrechtlicher Verwaltungsakt.[10] § 162 GWB beschreibt den Vorgang rückblickend. Da die Vergabekammer aber früh über die Beiladung entscheiden muss, trifft sie die Beiladungsentscheidung aufgrund einer konkreten Prognose aus der Sicht ex ante mit den aufgrund der Entscheidung in einem frühen Verfahrensstadium unvermeidbaren Unsicherheiten. 16

I. Unternehmen

Die Vergabekammer lädt Unternehmen bei. Diese Begrifflichkeit ist abschließend.[11] Der in § 162 GWB gewählte **Begriff** des Unternehmens macht deutlich, dass Verbände oder sonstige Dritte nicht beigeladen werden können. Der Unternehmensbegriff ist wettbewerblich und funktional[12] zu verstehen, daher nicht auf die handelsrechtliche Form des Unternehmens 17

---

6 VK Niedersachsen, Beschluss v. 7.10.2015 – VgK -31/2015.

7 Zur richtigen Bezeichnung und Heilung einer Falschbezeichnung durch Rubrumsberichtigung o.Ä. vgl. etwa BGH, Beschluss v. 20.3.2014 – X ZB 18/13, Rn. 18, Bau einer Bundesautobahn durch Land im Auftrag des Bundes, Rubrumsänderung möglich; OLG Naumburg, Beschluss v. 6.12.2012 – 2 Verg 5/12, nur einer von vier Auftraggebern wird im Antrag genannt, keine Rubrumsänderung möglich; OLG Celle Beschluss v. 24.9.2014 – 13 Verg 9/14; Beschluss v. 10.6.2013 – 13 Verg 6/13; Beschluss v. 8.11.2012 – 13 Verg 7/12; ergänzend VK Niedersachsen, Beschluss v. 14.9.2015 – VgK-29/2015.

8 OLG Schleswig, Beschluss v. 30.10.2012 – 1 Verg 5/12, und OLG Naumburg, Beschluss v. 6.12.2012 – Verg 5/12, jeweils offengelegte Mehrheit von Auftraggebern; OLG Karlsruhe, Beschluss v. 16.11.201215 – Verg 9/12, zentrale Beschaffungsgesellschaft; VK Bund, Beschluss v. 27.3.2009 – VK 3-46/09, Bündelung von Krankenkassen.

9 OLG Naumburg, Beschluss v. 23.2.2012 – 2 Verg 15/11 für eine von Bund und Land gemeinsam beauftragte Bundesstraße.

10 *Bungenberg,* in: Pünder/Schellenberg, Vergaberecht, § 109 GWB Rn. 17.

11 *Portz,* in: Kulartz/Kus/Portz, GWB-Vergaberecht, § 109 Rn. 5.

12 *Bungenberg,* in: Pünder/Schellenberg, Vergaberecht, § 109 GWB Rn. 5.

bezogen. Er umfasst das Unternehmen in der konkreten Form, in der es sich um den Zuschlag bemüht.

18 Eine aus mehreren Mitgliedern bestehende **Bietergemeinschaft** ist im Sinne des § 162 GWB ein Unternehmen.[13] Die in § 59 und § 61 GWB enthaltene Differenzierung zwischen Unternehmen und **Vereinigungen von Unternehmen** wird wegen des weiten wettbewerblichen Unternehmensbegriffs hier nicht verwendet. In atypischen Fällen wurden sogar Körperschaften wegen einer Verletzung der Planungshoheit beigeladen.[14]

II. Schwerwiegende Interessenberührung

19 Durch die Entscheidung **schwerwiegend berührt** werden diejenigen Unternehmen, deren rechtliche oder wirtschaftliche Belange durch den Gegenstand des Nachprüfungsverfahrens oder die Entscheidung der Vergabekammer unter Berücksichtigung der Stellung des betreffenden Unternehmens im Vergabeverfahren in besonderer Weise betroffen sind.[15] Die gesetzliche Formulierung „berührt" erfasst formal sowohl Verschlechterungen als auch Verbesserungen der Interessen, gemeint ist aber nach der Begründung zu § 119 des Gesetzentwurfs von 1997[16] die Beteiligung derjenigen, die durch eine für sie nachteilige Entscheidung der Vergabekammer eine Verletzung ihrer eigenen Rechte erfahren und – bei Nichtbeteiligung – ein weiteres Überprüfungsverfahren beantragen könnten. Damit sind alle Unternehmen berührt, deren Chancen auf den Zuschlag ebenso groß sind wie die Chancen des Antragstellers. Es handelt sich weniger um eine rechtliche als vielmehr um eine tatsächliche Klassifikation.[17]

20 Der Kreis beiladungsfähiger Unternehmen ist formal auf die Unternehmen begrenzt, die ein **Angebot abgegeben** haben. Für das Unternehmen, dem der Auftraggeber den **Zuschlag** erteilen wollte, liegt immer eine schwerwiegende Rechtsbeeinträchtigung vor. Durch das Zuschlagsverbot verzögert sich mindestens der Zeitpunkt des Vertragsschlusses, mit Folgen für die interne Auftragsablaufplanung, Verlängerung der Bindefrist, Auswirkungen auf Nachunternehmer und dergleichen mehr[18]. Überdies besteht für dieses Unternehmen die Gefahr, den bereits sicher gewähnten Auftrag verlieren zu können.

21 Bei einem **offensichtlich unbegründeten Nachprüfungsantrag** kann die Vergabekammer dennoch davon absehen, dieses Unternehmen beizuladen,[19] weil die beabsichtigte Entscheidung in der Sache die wirtschaftliche Position dieses Unternehmens nicht verändert, erst recht nicht schwerwiegend beeinträchtigt, und eine schnelle Entscheidung über den offensichtlich unbegründeten Nachprüfungsantrag Vorrang hat. Nur der für den Zuschlag vorgesehene Unternehmer hat als Beigeladener ein Interesse daran, dem Verfahren vor der Vergabekammer auf der Seite des Auftraggebers beizutreten. Nur für ihn ist daher die gelegentlich verwendete Bezeichnung aus der ZPO, er sei Streitgenosse des Auftraggebers, zutreffend, nicht jedoch für die anderen Beigeladenen.[20]

22 Lädt die Vergabekammer **den Erstplatzierten nicht bei** und verpflichtet die Vergabestelle zu einer neuen Entscheidung, so kann der nicht Beigeladene gegen die Entscheidung der Vergabekammer auch nach deren Bestandskraft Beschwerde erheben,[21] weil die Bestandskraft des Beschlusses nur zwischen den Beteiligten gilt.

23 Unternehmen, die **wegen derselben Vergabe ebenfalls einen Nachprüfungsantrag gestellt** haben, sind beizuladen, um eine einheitlich bestandskräftige Entscheidung herbeizuführen. Durch diese wechselseitige Beiladung[22], die sinnvollerweise durch eine gemeinsame

13 LSG Mecklenburg-Vorpommern, Beschluss v. 24.8.2009 – L 6 B 172/09 m. w. N.
14 OLG Düsseldorf, Beschluss v. 13.2.2007 – VII-Verg 2/07 (Ahlhorn).
15 OLG Düsseldorf, Beschluss v. 26.6.2002 – VII-Verg 24/02.
16 Gesetzesbegründung, VgRÄG, BT-Drs. 13/9340, 18.
17 *Dreher* in: Immenga/Mestmäcker, Wettbewerbsrecht, § 109 GWB Rn. 7; *Freund*, NZBau 2005, 266 ff.
18 *Herlemann/Thiele,* in: Dreher/Motzke, Vergaberecht, § 109 GWB Rn. 5.
19 VK Saarland, Beschluss v. 1.3.2005 – 1VK 1/2005.
20 *Kadenbach,* in: Willenbruch/Wieddekind, Vergaberecht, § 109 GWB Rn. 7
21 OLG Dresden, Beschluss v. 12.6.2015 – Verg 2/15.
22 OLG Hamburg, Beschluss v. 2.10.2012 – 1 Verg 2/12; *Lausen*, VergabeR 2002, 117 (123).

Terminierung ergänzt werden sollte, tritt ein ähnlicher Effekt ein wie bei der Verbindung der Verfahren gemäß § 93 VwGO. Dadurch werden möglicherweise sogar Unternehmen beigeladen, die kein Angebot abgegeben haben. Unternehmen, die vortragen, sie hätten ein Angebot abgeben wollen, seien aber durch angebliche Fehler des Auftraggebers daran gehindert worden, können einen zulässigen Nachprüfungsantrag stellen.[23]

Die Vergabekammer lädt nur die Unternehmen bei, für welche sie die schwerwiegende Interessenberührung erwartet. Mit dem Tatbestandsmerkmal **„schwerwiegend"** weicht § 162 GWB von den Regelungen in der VwGO und im VwVfG einschränkend ab. Das weist darauf hin, dass der Beteiligtenkreis eher klein zu halten ist. Der in der Literatur verwendete Begriff der Möglichkeit[24] oder der in der Rechtsprechung verwendete Begriff der abstrakten Eignung unabhängig von den Erfolgsaussichten[25] fassen den Kreis der zu Beteiligenden zu weit. Allerdings darf der Kreis der zu Beteiligenden nicht so eng gezogen werden, dass nicht beteiligte Unternehmen gegen die vom Auftraggeber vorzunehmende Umsetzung der Entscheidung der Vergabekammer, also z.B. eine neue Wertung, selbst ein Nachprüfungsverfahren anstrengen können.[26] Mehrere nacheinander stattfindende Nachprüfungsverfahren wegen einer Vergabe würden das Vergabeverfahren stärker beeinträchtigen und verzögern als ein Verfahren mit einem etwas größeren Beteiligtenkreis. 24

Soweit vertreten wird[27], es seien auch die Unternehmen beizuladen, die aufgrund der Entscheidung der Vergabekammer zur **Zurückversetzung des Vergabeverfahrens** jetzt neu zu berücksichtigen seien, ist dem zu widersprechen. Die jetzt neu zu berücksichtigenden Unternehmen werden durch die Entscheidung der Vergabekammer zwar im Wortsinn berührt, aber im obigen Sinne nicht beeinträchtigt. Ihre Beiladung ist daher nicht erforderlich, behindert eher eine straffe Verfahrensführung. Soweit sie am Auftrag nicht mehr interessiert sind, können sie die Verlängerung der Bindefrist ablehnen, um die der Auftraggeber die Anbieter üblicherweise bittet, sobald ihm der Nachprüfungsantrag übermittelt worden ist. 25

Für weitere ggf. Beizuladende neben dem für den Zuschlag vorgesehenen Unternehmen ist die Schwelle der möglichen schwerwiegenden Beeinträchtigung erreicht, wenn der Nachprüfungsantrag **voraussichtlich zulässig** ist und wenn deren **Zuschlagschancen bei korrekter Wertung**[28] nach Rechtsauffassung der Vergabekammer nicht schlechter erscheinen als die des Antragstellers. Dabei darf und wird sich die Vergabekammer unter dem Zeitdruck des § 167 GWB regelmäßig auf die Wertung des Auftraggebers beziehen[29]. Die auf diesem Wege beigeladenen Unternehmen können ihre Argumente in das Vergabenachprüfungsverfahren einführen, auch wenn sie selbst keine Rüge erhoben haben. Dadurch werden diese Beigeladenen unter Umständen mittelbar **Nutznießer** des vom Antragsteller erhobenen Nachprüfungsantrags. Das wäre jedoch auch ohne Beiladung der Fall, wenn die Vergabekammer den Auftraggeber verpflichtet, die Wertung erneut durchzuführen,[30] oder wenn sie sogar das Vergabeverfahren in den Stand vor Aufforderung zur Angebotsabgabe zurückversetzt. Hat der Beigeladene z.B. nicht den Ausschluss seines Angebotes gerügt, die Vergabekammer aber auf den Vortrag des Antragstellers hin die Ausschlusskriterien als rechtswidrig angesehen und eine neue Wertung vorgegeben, so kann auch der Beigeladene von dieser neuen Wertung profitieren und den Zuschlag erhalten. Der Beigeladene bleibt aber immer davon abhängig, ob der Antragsteller seinen Nachprüfungsantrag aufrechterhält. Mit der Rücknahme des Nachprüfungsantrags, die auch noch vor dem Beschwerdegericht erfolgen kann, wird sogar die bereits getroffene, aber bis dahin nicht in Bestandskraft erwachsene Entscheidung der Ver- 26

23 OLG Düsseldorf, Beschluss v. 12.6.2013 – VII-Verg 7/13; VK Niedersachen, Beschluss v. 7.10.2015 – VgK-31/2015; Beschluss v. 17.3.2011 – VK-65/2010.
24 A.A. *Reidt,* in Reidt/Stickler/Glahs, Vergaberecht, § 109 GWB Rn.11; ebenso *Bungenberg,* in: Pünder/Schellenberg, Vergaberecht, § 109 GWB Rn. 10.
25 OLG Naumburg, Beschluss v. 9.12.2004 – 1 Verg 21/04.
26 *Lausen*, VergabeR 2002, 117 (119).
27 *Dreher,* in: Immenga/Mestmäcker, Wettbewerbsrecht, § 109 GWB Rn. 9; *Portz*, in: Kulartz/Kus/Portz, GWB-Vergaberecht, § 109 Rn. 21
28 So auch *Reidt,* in: Reidt/Stickler/Glahs, Vergaberecht, § 109 GWB Rn. 16.
29 Anders einmal VK Niedersachsen, Beschluss v. 9.10.2015 – VgK-39/2015.
30 *Weyand,* Vergaberecht, § 109 GWB Rn. 12.

gabekammer wirkungslos[31] und der Beigeladene verliert die durch den Antragsteller gewonnene und sicher gewähnte Rechtsposition.

27 Für die Vergabekammer kann die Einschätzung des Beigeladenen zu fachspezifischen Fragen wie der Eindeutigkeit des Leistungsverzeichnisses für einen Kreis fachkundiger Unternehmen hilfreich sein. Einen **eigenen Anspruch** auf Beiladung haben die nicht für den Zuschlag vorgesehenen Unternehmen nicht.[32]

28 Sind mehrere **Lose** Gegenstand des Vergabenachprüfungsverfahrens, so empfiehlt es sich, die Beiladung auf bestimmte Lose zu beschränken. Das reduziert das Kostenrisiko der Beteiligten, weil alle Gebühren dann nur nach dem Auftragswert des Loses berechnet werden, für die die Beiladung erfolgte. Es ist auch hilfreich, um den Streitgegenstand zu fokussieren. Jeder Beigeladene äußert sich dann nur zu den Losen, für die er aussichtsreich angeboten hat.

29 Bei einer **sehr hohen Zahl von Unternehmen**, die für eine Beiladung in Betracht kommen, wird teilweise[33] vertreten, die Entscheidung der Vergabekammer zur Beiladung auf den Kreis der Beizuladenden zu verlagern. Die Vergabekammer wählt in diesem Fall den Weg der **öffentlichen Bekanntmachung** gemäß § 67 Abs. 1 S. 4 VwVfG, dass ein Nachprüfungsverfahren anhängig ist. Die öffentliche Bekanntmachung ist zulässig, wenn mehr als 50 Ladungen vorzunehmen sind. Den am Ausgang des Verfahrens interessierten Unternehmen eröffnet die Vergabekammer somit die Möglichkeit, einen Beiladungsantrag zu stellen. Die Beiladung wird dann auf diejenigen Unternehmen beschränkt, die einen solchen Antrag stellen und überdies der Vergabekammer beiladungsfähig erscheinen.[34] Bei mehr als 50 auf Erforderlichkeit zu prüfenden Beiladungen ist das Verfahren gut vertretbar.

30 Die Vergabekammer wird somit aus dem Kreis der Unternehmen diejenigen beiladen, die in einzelnen streitbefangenen Losen **für den Zuschlag vorgesehen** waren. Hinzu kommen die Unternehmen, die in der Wertung **einen Rang vor dem Antragsteller** belegt haben. Je abgeschlagener der Antragsteller in der Rangliste der anbietenden Unternehmen lag, desto länger wird eine solche Liste der beizuladenden Unternehmen, bis zu der Grenze, an der die Antragsbefugnis gemäß § 160 Abs. 2 GWB problematisch wird.[35] Die Schwelle der fehlenden Antragsbefugnis ist aber je nach Sachvortrag hoch anzusetzen, da nach Rechtsprechung des BGH die Antragsbefugnis auch dann besteht, wenn alle Angebote auszuschließen sind.[36]

31 Richtet sich der Nachprüfungsantrag bereits **gegen die Gestaltung der Vergabe- und Vertragsunterlagen**, so muss der Antragsteller ihn aufgrund der vorgegebenen Zeitabläufe für die Rüge und wegen der drohenden Präklusion des Nachprüfungsantrags nach Rügezurückweisung gelegentlich so früh erheben, dass die Wertung der Angebote zum Zeitpunkt der Nachprüfungsentscheidung noch nicht abgeschlossen ist,[37] oder im Teilnahmewettbewerb noch keine Angebote, sondern nur Teilnahmeanträge vorliegen. In diesem Fall könnte die Vergabekammer entweder alle Unternehmen beiladen oder von der Beiladung vollständig absehen. Die Beiladung aller Unternehmen verzögert das Nachprüfungsverfahren unangemessen, erhöht überdies das Kostenrisiko des Antragstellers signifikant, da die Unternehmen, die keine Rüge erhoben haben, eher auf der Seite des Antragsgegners dem Nachprüfungsverfahren beitreten, und jedes beigeladene Unternehmen die Möglichkeit haben muss, anwaltlichen Beistand hinzuzuziehen. Die Vergabekammer ist daher aufgrund ihrer Fürsorgepflicht auch gegenüber dem Antragsteller gehalten, den Kreis der Beizuladenden gering zu halten.[38]

---

31 BGH, Beschluss v. 24.3.2009 – X ZB 29/08, Rn. 12; OLG Naumburg, Beschluss v. 9.7.2014 – 2 Verg 3/14; OLG Düsseldorf, Beschluss v. 9.11.2009 – VII-Verg 35/09; *Weyand,* Vergaberecht, § 107 GWB Rn. 34.

32 *Herlemann/Thiele,* in: Dreher/Motzke, Vergaberecht, § 109 GWB Rn. 6.

33 *Herlemann/Thiele,* in: Dreher/Motzke, Vergaberecht, § 109 GWB Rn. 7.

34 *Herlemann/Thiele,* in: Dreher/Motzke, Vergaberecht, § 109 GWB Rn. 7.

35 *Reidt,* in: Reidt/Stickler/Glahs, Vergaberecht, § 107 GWB Rn. 36 m.w.N.; *Kadenbach,* in: Willenbruch/Wieddekind, Vergaberecht, § 107 GWB Rn. 39.

36 BGH, Beschluss v. 26.9.2006 – X ZB 14/06.

37 Vgl. VK Niedersachsen, Beschluss v. 18.9.2012 – VgK-36/2012; Beschluss v. 26.8.2014 – VgK-31/2014; Beschluss v. 30.9.2015 – VgK-30/2015.

38 *Summa,* in: Heiermann/Zeiss, Vergaberecht § 109 GWB Rn. 16.

32 Die Vergabekammer wird die Entscheidung über die Beiladung regelmäßig **nach dem durch das Zuschlagsverbot fixierten Stand des Vergabeverfahrens** treffen. Hat der Auftraggeber bis dahin noch keine Bieterinformation gemäß § 134 Abs. 1 GWB versandt, sollte die Vergabekammer auf die Beiladung weiterer Unternehmen verzichten.[39] Der Auftraggeber ist gemäß § 169 GWB formal nur an der Erteilung des Zuschlags gehindert. Er könnte die Vergabe trotz laufenden Nachprüfungsverfahrens bis zur Zuschlagsreife fortführen, wird aber mit Beginn des Nachprüfungsverfahrens weitere nach außen wirksame Entscheidungen wie die Bieterinformation gemäß § 134 Abs. 1 GWB unterlassen. Damit lässt sich aus der Menge der anbietenden Unternehmen nicht mehr ermitteln, wessen Unternehmensinteresse das Nachprüfungsverfahren schwerwiegend berührt. Die Gegenauffassung des OLG Dresden[40] übersieht, dass ein Angebot mit einem niedrigen Preis nicht automatisch in besonderem Maße für den Zuschlag in Betracht kommt, sondern zuvor auch dieser Anbieter auf Eignung und sein Preis auf Angemessenheit zu prüfen ist.

E. Ermessensentscheidung

33 § 162 GWB äußert sich nicht ausdrücklich dazu, ob die Vergabekammer ein Ermessen hat, ein Unternehmen beizuladen. Die Regelung stellt ausschließlich darauf ab, dass der von der Vergabekammer bereits Beigeladene Verfahrensbeteiligter geworden ist. Von einem solchen Ermessen ist jedoch auszugehen. § 13 Abs. 2 VwVfG räumt der Verwaltungsbehörde ein Ermessen bei der Hinzuziehung Dritter als Beteiligter ein.

34 Das VwVfG reduziert das Ermessen allerdings zu einer **Pflicht**, wenn der Ausgang des Verfahrens rechtsgestaltende Wirkung für den Dritten hat und wenn förmlich beantragt wird, den Dritten hinzuzuziehen. Daraus wird zum Teil eine Differenzierung in **notwendige Beiladung** und **einfache Beiladung** abgeleitet.[41] Diese Differenzierung ist künstlich, weil nicht aus dem einheitlichen Tatbestand des § 162 GWB begründbar. Die Differenzierung umschreibt allerdings die von der Vergabekammer regelmäßig zu treffende Entscheidung im Ergebnis richtig.

35 § 162 GWB weicht aufgrund des Beschleunigungsgrundsatzes vom Antragserfordernis des VwVfG ab und konzentriert die Entscheidungspflicht bei der Vergabekammer. Die Vergabekammer muss früh **von Amts wegen** entscheiden, wessen Interessen durch die künftige Entscheidung schwerwiegend berührt werden.

36 Die teilweise[42] vorgeschlagene Vorgehensweise, die Beizuladenden zunächst über das anhängige Nachprüfungsverfahren **zu unterrichten** und sie dann **auf Antrag beizuladen**, ist abzulehnen. Das wichtige Ziel der Bestandskraft für alle wird möglicherweise verfehlt, wenn die Beizuladenden das Angebot nicht nutzen. Da für den Antrag auf Beiladung keine gesetzliche Ausschlussfrist existiert, ist der erst spät hinzutretende Beigeladene nicht daran gehindert, das Nachprüfungsverfahren mit einem Hinweis auf die für ihn unzureichende Einarbeitungszeit weiter zu verzögern. Das widerspricht dem Beschleunigungsgrundsatz.

37 Soweit der Antragsteller in § 161 Abs. 2 GWB die **sonstigen Beteiligten benennen** soll, handelt es sich nur um eine Information nach eigener Einschätzung ohne bindende Wirkung für die Vergabekammer. Ein gleichwohl gestellter Antrag wäre unschädlich, verpflichtet die Vergabekammer nicht zu einer förmlichen Ablehnung im Beschluss mit Auswirkung auf die Kostenlastentscheidung, erst recht nicht zu einer rechtsmittelbewehrten Zwischenentscheidung. Sie muss den Antrag aufgrund ihrer eingeschränkten Amtsermittlungspflicht gemäß § 163 GWB inhaltlich prüfen.

39 OLG Celle, Beschluss v. 1.7.2014 – 13 Verg 4/14, vorgehend VK Niedersachsen, Beschluss v. 28.2.2015 – VgK-01/2014 (Nachprüfung vor Angebotsabgabe).
40 OLG Dresden, Beschluss v. 12.6.2015 – Verg 2/15, für Beiladung des Anbieters mit dem geringsten Preis.
41 *Reidt,* in: Reidt/Stickler/Glahs, Vergaberecht, § 109 GWB Rn. 22 f; *Lausen*, VergabeR 2002, 117 (121).
42 *Weyand*, Vergaberecht, § 109 GWB Rn. 19.

F. Zeitpunkt der Beiladung

38 Die Beiladung soll **möglichst früh** erfolgen. Das folgt nicht nur aus dem den Auftraggeber und den für den Zuschlag vorgesehenen Beigeladenen schützenden Beschleunigungsgrundsatz gemäß § 167 GWB, sondern zusätzlich aus dem Verfahrensanspruch aller Beigeladenen auf rechtliches Gehör bzw. Gelegenheit zur Stellungnahme aus § 166 Abs. 1 S. 2 GWB.

39 Die ermessensfehlerfreie Entscheidung über die Beiladung setzt jedoch **hinreichende Kenntnis** des Sachverhalts voraus. Konkret muss die Vergabekammer die Vergabeakte daraufhin ausgewertet haben, wessen Interessen voraussichtlich durch die zu diesem Zeitpunkt noch nicht feststehende Entscheidung schwerwiegend berührt werden. Die Vergabekammer kann daher in sachgerechter Weise nicht bereits mit Übermittlung des Nachprüfungsantrags über die Beiladung entscheiden.[43] Die erforderliche Sachverhaltskenntnis gewinnt sie erst, wenn ihr die Vergabeakte und die Antragserwiderung vorliegen.[44]

40 Die von Reidt[45] und Portz[46] geforderte Beiladung **umgehend nach Information des Auftraggebers über den Nachprüfungsantrag** zwänge die Vergabekammer zur unkritischen Übernahme des Vortrags der Antragstellerin. Sie würde der Vergabekammer die wichtige und verfahrensbeschleunigende Möglichkeit nehmen, vor der weitere Kosten auslösenden Beiladung auf eine einvernehmliche Verfahrensbeendigung zum Beispiel durch Rücknahme des Nachprüfungsantrags oder Abhilfe durch den Auftraggeber hinzuwirken. Darüber hinaus wird dem Antragsteller zumindest bei Dienstleistungsverträgen nur das Unternehmen bekannt sein, welches für den Zuschlag vorgesehen ist. Die Vergabekammer kann jedoch bei pflichtgemäßer Ausübung ihres Ermessens gehalten sein, mehr Unternehmen beizuladen. Sie entscheidet innerhalb ihrer kurzen Bearbeitungsfrist gemäß § 167 GWB über den Kreis der beizuladenden Unternehmen verfahrensökonomisch einheitlich.

41 Die Beiladung muss so rechtzeitig erfolgen, dass der Beizuladende gemäß § 165 Abs. 1 S. 2 GWB die **Gelegenheit hat, Stellung zu nehmen**. Die Stellungnahme dient der Vorbereitung der mündlichen Verhandlung, also muss die Gelegenheit zur Stellungnahme vorher bestehen. Bei der gesetzlichen Vorgabe eines innerhalb von fünf Wochen abzuwickelnden Nachprüfungsverfahrens ergeben sich daraus zwei Folgerungen für die rechtzeitige Beiladung. Sie sollte möglichst zum Ende der zweiten Woche erfolgen. Ein Abstand von knapp zwei Wochen zwischen Beiladung und mündlicher Verhandlung muss dem Beigeladenen zur Einarbeitung in den Vortrag des Antragstellers genügen.[47]

42 Diese Zeitfenster sind nicht normiert, ergeben sich aber aus den bei Einhaltung der gesetzlichen Entscheidungsfrist notwendigen Abläufen im Nachprüfungsverfahren. Um dieses innerhalb der Frist des § 167 Abs. 1 GWB abschließen zu können, hat sich **folgender Zeitplan bewährt**: Die erste Woche dient dem Auftraggeber zur Versendung der Vergabeunterlagen sowie der Antragserwiderung. Die zweite Woche dient der Vergabekammer zur Einarbeitung in die Vergabeakten des Auftraggebers bei zeitgleicher Vorbereitung und Gewährung der Akteneinsicht für den Antragsteller, sowie der Gelegenheit zur ergänzenden Stellungnahme für den Antragsteller. Danach lädt die Vergabekammer bei, gewährt dem Beigeladenen in der dritten Woche auf Antrag Akteneinsicht und gibt ihm Gelegenheit zur Stellungnahme. In der vierten Woche findet die mündliche Verhandlung statt. In der fünften Woche setzt die Vergabekammer den schriftlichen Beschluss ab. Daraus ergeben sich die oben genannten zeitlichen Vorgaben mehr oder weniger als Sachzwang, von denen sich die Vergabekammer durch eine Verlängerungsverfügung gemäß § 167 Abs. 1 S. 2 GWB befreien kann.[48] Rechtsprechung,

43 Vgl. *Lausen*, VergabeR 2002, 117 (119).
44 A.A. *Portz* in: Kulartz/Kus/Portz, GWB-Vergaberecht, § 109 Rn. 9; *Reidt,* in: Reidt/Stickler/Glahs, Vergaberecht, § 109 GWB Rn. 27.
45 *Reidt,* in: Reidt/Stickler/Glahs, Vergaberecht, § 109 GWB Rn. 27.
46 *Portz* in: Kulartz/Kus/Portz, GWB-Vergaberecht, § 109 Rn. 9.
47 So auch OLG Schleswig, Beschluss v. 15.4.2014 – 1 Verg 4/13.
48 2014 wurden laut Statistik des BMWi ca. 38 % der Verfahren bundesweit verlängert, 2013 ca. 43 %, http://www.bmwi.de/DE/Themen/Wirtschaft/Oeffentliche-Auftraege-und-Vergabe/vergabestatistik.html.

welche die gewährte Gelegenheit zur Stellungnahme des Beigeladenen als unzureichend angesehen hat und daraus inhaltliche Mindestanforderungen beschreibt, gibt es bisher nicht.

G. Rechtsfolgen der Beiladung

Durch die Beiladung erhält der Beigeladene konstitutiv **alle Rechte und Lasten eines Beteiligten**.[49] Zu den Rechten gehören insbesondere das Recht auf Akteneinsicht gemäß § 165 Abs. 1 GWB und das Recht auf eigene Stellungnahmen gemäß § 166 Abs. 1 S. 2 GWB. Die Last besteht vor allem darin, dass die Entscheidung der Vergabekammer auch gegenüber dem Beigeladenen bindend ist.[50] 43

Die **Befugnis, eigene Anträge zu stellen**, normiert § 160 Abs. 1 GWB ausdrücklich nur für den Antragsteller. Mittelbar folgt aus § 182 Abs. 3 GWB auch für die anderen Verfahrensbeteiligten, also Antragsgegner und Beigeladene, die Befugnis, Anträge zu stellen und sich somit dem dort beschriebenen Risiko auszusetzen, im Verfahren zu unterliegen.[51] Die eigene Antragsbefugnis des Beigeladenen trägt zur Verfahrensstraffung bei. Erhält der Beigeladene im Rahmen der Akteneinsicht erstmals Kenntnis von Vergabeverstößen, muss er keinen eigenen Nachprüfungsantrag stellen. Er kann sein Anliegen in das anhängige Nachprüfungsverfahren einbringen. Deshalb entfällt grundsätzlich die Antragsbefugnis für einen weiteren eigenen Nachprüfungsantrag des Beigeladenen.[52] Nur wenn Antragsteller und Auftraggeber das Nachprüfungsverfahren übereinstimmend für erledigt erklären, lebt das mögliche Rechtsschutzinteresse des Beigeladenen an einem eigenen Nachprüfungsantrag wieder auf. 44

Die **übereinstimmende Erledigungserklärung** ist nicht von der Zustimmung des Beigeladenen abhängig[53]. Mit einer solchen Erledigung oder auch mit der Antragsrücknahme können Auftraggeber und Antragsteller eine vom Beigeladenen im Nachprüfungsverfahren erhoffte Verbesserung der eigenen Position verhindern. Das gilt selbst dann, wenn der Beigeladene bis zur einvernehmlichen Erledigung bereits eigene Anträge gestellt haben sollte. Der Beigeladene kann zwar aufgrund der erfolgten Beiladung wie ein Antragsteller agieren. Das gilt auch, wenn er zuvor keine Rüge erhoben hat oder wenn ein eigener Nachprüfungsantrag des Beigeladenen aus anderen Gründen unzulässig wäre. Er bleibt allerdings von dem zulässigerweise erhobenen Nachprüfungsantrag des Antragstellers abhängig. Es gibt keine gesetzliche Basis dafür, dass sich die Stellung des Beigeladenen im Nachprüfungsverfahren zu einer dem Antragsteller gleichen Rechtsstellung verfestigt.[54] 45

Das Antragsrecht umfasst auch die Befugnis, eine **Vorabentscheidung** der Vergabekammer gemäß § 169 Abs. 2 GWB zu beantragen. Die Beschwerde gegen Entscheidungen der Vergabekammer steht gemäß § 171 Abs. 1 GWB allen Beteiligten offen, somit auch dem zum Entscheidungszeitpunkt noch Beigeladenen[55], soweit die weiteren Voraussetzungen für die Beschwerde erfüllt sind. 46

H. Dauer und Widerruf der Beiladung

I. Ende der Beiladung

Die Beiladung ist zeitlich begrenzt auf die **Dauer des Nachprüfungsverfahrens**. Sie endet mit dem Nachprüfungsverfahren, sei es durch Antragsrücknahme, Abhilfe, übereinstimmende Erledigungserklärung, Beschluss oder Kostenbeschluss. Die zum Zeitpunkt der ab- 47

49 *Lausen*, VergabeR 2002, 117 (122).
50 OLG Dresden, Beschluss v. 12.6.2015 – Verg 2/15; VK Münster, Beschluss v. 13.3.2012 – VK2/12, ZfBR 2012, 728 Ls.; *Weyand*, Vergaberecht, § 109 GWB Rn. 7.
51 Vgl. OLG Frankfurt, Beschluss v. 4.3.2015 – 1 Verg 2/14.
52 *Dreher* in: Immenga/Mestmäcker, Wettbewerbsrecht, § 109 GWB Rn. 20; *Lausen*, VergabeR 2002, 117 (122).
53 *Dreher* in: Immenga/Mestmäcker, Wettbewerbsrecht § 109 GWB Rn. 21.
54 A.A. *Summa*, in: Heiermann/Zeiss, Vergaberecht, § 109 GWB Rn. 21.
55 OLG Frankfurt, Beschluss v. 12.12.2014 – 11 Verg 8/14, NZBau 2015, 514; OLG Naumburg, Beschluss v. 29.10.2013 – 2 Verg 3/13.

schließenden Hauptsacheentscheidung der Vergabekammer bestehende Beiladung lebt im Fall einer Beschwerde vor dem Oberlandesgericht aufgrund der gesetzlich unmittelbar angeordneten Rechtsfolge (§ 174 GWB) wieder auf, ohne dass es einer gestaltenden Verfahrenshandlung bedarf.

II. Widerruf der Beiladung

48 Die Vergabekammer kann die Beiladung trotz fehlender Ermächtigungsgrundlage im GWB widerrufen.[56] Dogmatisch muss neben der Beiladung auch eine gegenläufige Entscheidung möglich sein. **Rechtsgrundlage** ist mangels spezieller Regelung im GWB § 49 Abs. 2 Nr. 3 VwVfG als subsidiär anzuwendende allgemeine Regelung, weil die Beiladung wie oben ausgeführt ein verfahrensrechtlicher Verwaltungsakt ist.

49 **Praktisch relevant** ist die Option selten, es sei denn, die Zahl der Beigeladenen ist so groß, dass eine öffentliche Bekanntmachung erforderlich war und die Reduzierung der Zahl der Verfahrensbeteiligten wichtig ist, um die technische Leistungsfähigkeit der Vergabekammer zu gewährleisten.

50 Der Widerruf der Beiladung ist **materiell rechtmäßig**, wenn die Vergabekammer im weiteren Nachprüfungsverfahren feststellt, dass einzelne Unternehmen nicht oder deutlich weniger als der Antragsteller für den Zuschlag in Betracht kommen und der Aufwand der weiteren Beteiligung der ursprünglich Beigeladenen den Widerruf der Beiladung in der kurzen Zeit bis zum Beschluss der Vergabekammer sachlich rechtfertigt.

51 Die Vergabekammer entscheidet über den Widerruf der Beiladung in der gleichen **Form** wie über die Beiladung.

52 Ein **Verzicht des Beigeladenen** auf seine Rechtsstellung als Beigeladener hat keine unmittelbare Außenwirkung zwischen den Verfahrensbeteiligten, da es sich bei der Beiladung um ein Gestaltungsrecht handelt, welches ausschließlich der Vergabekammer zusteht.

53 Der im Zeitpunkt der Hauptsacheentscheidung gemäß § 168 GWB nicht mehr Beigeladene ist grundsätzlich[57] nicht zur **Beschwerde** gegen die Entscheidung der Vergabekammer berechtigt[58]. Erhebt ein anderer Verfahrensbeteiligter Beschwerde vor dem OLG, so kann das OLG kraft seiner Verfahrensherrschaft neu darüber entscheiden, wer beizuladen ist.[59]

I. Grenzüberschreitende Beiladung

54 Für Beigeladene, die keine ladungsfähige Anschrift in Deutschland haben, wird wie für den Antragsteller ohne deutschen Firmensitz ein **inländischer Empfangsbevollmächtigter** in der Bundesrepublik Deutschland zu benennen sein (§ 161 Abs. 1 S. 2 GWB).

J. Rechtsschutz (S. 2)

55 Nach § 162 S. 2 GWB ist die Entscheidung über die Beiladung **unanfechtbar**. Das gilt erkennbar sowohl für die erfolgte Beiladung als auch für die abgelehnte[60] Beiladung.

56 Ob auch der **Widerruf** der erfolgten Beiladung unanfechtbar sein soll, ist bisher nicht Gegenstand der Rechtsprechung geworden. Der Duktus des Gesetzes spricht für eine einheitliche Handhabung. Ähnliche berechtigte Schutzvorschriften vor einer Verzögerung des Verfahrens

---

56 *Herlemann/Thiele*, in: Dreher/Motzke, Vergaberecht, § 109 GWB Rn. 8.
57 Ausnahme OLG Dresden, Beschluss v. 12.6.2015 – Verg 2/15.
58 A.A. OLG Koblenz, Beschluss v. 25.11.2008 – 15 Verg 13/08; wie hier *Kadenbach*, in: Willenbruch/ Wieddekind, Vergaberecht, § 109 GWB Rn. 24.
59 OLG Naumburg, Beschluss v. 17.6.2003 – 1 Verg 9/03; Beschluss v. 9.9.2003 – 1 Verg 5/03; *Portz*, in: Kulartz/Kus/Portz, GWB-Vergaberecht, § 109 Rn. 4; *Lausen*, VergabeR 2002, 117 (119).
60 KG, Beschluss v. 18.10.2012 – Verg 8/11; OLG Karlsruhe, Beschluss v. 25.11.2008 – 15 Verg 13/08, ZfBR 2009, 493; OLG Düsseldorf, Beschluss v. 30.4.2008 – VII-Verg 23/08; Beschluss v. 13.2.2007 – VII-Verg 2/07; OLG Frankfurt, Beschluss v. 28.6.2005 – 11 Verg 9/05.

finden sich z.B. in § 44a VwGO. Der andere in § 71 ZPO beschrittene Weg, einen Zwischenstreit über die Nebenintervention mit Zwischenurteil und anschließender Beschwerde zuzulassen, würde dem Beschleunigungsgrundsatz aus § 167 GWB zuwiderlaufen. Der Antragsteller hat somit kaum eine Möglichkeit, die Erteilung des Zuschlags durch Verlängerung des Nachprüfungsverfahrens zu verzögern. Vom Antragsgegner, der den Zuschlag baldmöglichst erteilen will, erwartet das GWB keine Verfahrensverzögerung, belässt ihm und dem Beigeladenen[61] an anderen Stellen, insbesondere in § 165 Abs. 4 GWB, die Möglichkeit, die seiner Auffassung nach zu umfassende Akteneinsicht mit einem Zwischenstreit anzugreifen[62].

Anlage

Gesetzesbegründung (BT-Drs. 18/6281)

Seite 135

§ 162 entspricht dem bisherigen § 109.

61 OLG Frankfurt, Beschluss v. 12.12.2014 – 11 Verg 8/14, NZBau 2015, 514.

62 OLG Düsseldorf, Beschluss v. 5.3.2008 – VII-Verg 12/08; Beschluss v. 28.12.2007 – VII-Verg 40/07, VergabeR 2008, 281; *Kus* in: Kulartz/Kus/Portz, GWB-Vergaberecht, § 111 GWB Rn. 65; *Bungenberg,* in: Pünder/Schellenberg, Vergaberecht, § 111 GWB Rn. 29; *Reidt,* in: Reidt/Stickler/Glahs, Vergaberecht, § 111 GWB Rn. 50.

§ 163
Untersuchungsgrundsatz

(1) Die Vergabekammer erforscht den Sachverhalt von Amts wegen. Sie kann sich dabei auf das beschränken, was von den Beteiligten vorgebracht wird oder ihr sonst bekannt sein muss. Zu einer umfassenden Rechtmäßigkeitskontrolle ist die Vergabekammer nicht verpflichtet. Sie achtet bei ihrer gesamten Tätigkeit darauf, dass der Ablauf des Vergabeverfahrens nicht unangemessen beeinträchtigt wird.

(2) Die Vergabekammer prüft den Antrag darauf, ob er offensichtlich unzulässig oder unbegründet ist. Dabei berücksichtigt die Vergabekammer auch einen vorsorglich hinterlegten Schriftsatz (Schutzschrift) des Auftraggebers. Sofern der Antrag nicht offensichtlich unzulässig oder unbegründet ist, übermittelt die Vergabekammer dem Auftraggeber eine Kopie des Antrags und fordert bei ihm die Akten an, die das Vergabeverfahren dokumentieren (Vergabeakten). Der Auftraggeber hat die Vergabeakten der Kammer sofort zur Verfügung zu stellen. Die §§ 57 bis 59 Absatz 1 bis 5 sowie § 61 gelten entsprechend.

Übersicht

	Rn.
A. Allgemeines	1
B. Amtsermittlung (Abs. 1 S. 1)	3
C. Einschränkung der Amtsermittlung (Abs. 1 S. 2 bis 4)	13
I. Beteiligtenvortrag und eigene Kenntnis (S. 2)	14
II. Keine Pflicht zur umfassenden Rechtmäßigkeitskontrolle (S. 3)	18
III. Keine unangemessene Beeinträchtigung (S. 4)	23
V. Beweislast	25
D. Geschäftsabläufe (Abs. 2)	27
I. Vorab-Prüfung (S. 1)	28
II. Zeitraum der Vorab-Prüfung	34
III. Schutzschrift (S. 2)	38
IV. Antragsübermittlung und Aktenanforderung (S. 3)	41
V. Vorlage der Vergabeakten (S. 4)	46
VI. Kostenvorschuss	48
VII. Verweise auf weitere Vorschriften (S. 5)	50
E. Rechtsschutz	52
Anlage Gesetzesbegründung (BT-Drs. 18/6281)	

A. Allgemeines

1 Die Vorschrift wurde **1999** mit der Einführung des Nachprüfungsverfahrens eingefügt.[1] **2009** wurde sie überarbeitet, indem in Abs. 1 die S. 2 und 3 eingefügt wurden und Abs. 2 neu gefasst wurde.[2] Seitdem sind Schutzschriften ausdrücklich bei der Entscheidung über die Übermittlung des Nachprüfungsantrags zu berücksichtigen.

2 Das **GWB 2016** übernimmt die Vorgängerfassung unverändert. Die Vorschrift beschreibt in Abs. 1 die Verpflichtungen der Vergabekammer im Rahmen der Amtsermittlung, während sie in Abs. 2 darüber hinaus der Vergabekammer konkrete Verfahrensabläufe vorgibt.

B. Amtsermittlung (Abs. 1 S. 1)

3 Die Vergabekammer erforscht den Sachverhalt von Amts wegen. Die Formulierung des § 163 Abs. 1 S. 1 GWB ist identisch mit § 86 Abs. 1 S. 1. Hs. 1 VwGO. Die sprachlich modernere Fassung gemäß § 24 Abs. 1 S. 1 VwVfG oder die Regelung des § 57 GWB blieben unberücksichtigt. Der Satz ist zwar nicht als Verpflichtung, sondern im Indikativ formuliert, begründet gleichwohl eine **Verpflichtung der Vergabekammer**, den relevanten Sachverhalt von Amts

1 BGBl. I 1998 S. 2515.
2 BGBl. I 2009 S. 794.

wegen zu erforschen. § 163 GWB ist damit stringenter als die Ermessensregelung in § 57 GWB.[3]

4 Die Amtsermittlung **entbindet die Vergabekammer** von der Verpflichtung, mit den für die Sachentscheidung erforderlichen Ermittlungen des relevanten Sachverhalts zu warten, bis einer der Verfahrensbeteiligten durch eigenen Sachvortrag zur Aufklärung Anlass gegeben hat. Zugleich macht die Amtsermittlung die Vergabekammer **unabhängig** von sachlich nicht weiterführenden Ausforschungsanträgen eines Verfahrensbeteiligten.[4] Die Vergabekammer tritt nicht schon dann in die Beweiserhebung ein, wenn eine entscheidungserhebliche Tatsache streitig ist, sondern vielmehr erst dann, wenn ihr das Vorliegen entscheidungserheblicher Tatsachen ernsthaft zweifelhaft erscheint.[5]

5 Da die Statthaftigkeit eines Nachprüfungsverfahrens nicht vereinbart werden darf, hat die Vergabekammer immer im Wege der Amtsermittlung zu überprüfen, ob der **Schwellenwert** erreicht oder überschritten ist[6]. Erweist sich die Kostenschätzung des Auftraggebers als unzureichend, so hat die Vergabekammer auf der Basis des in den Vergabeakten vorgefundenen Materials eine eigene Kostenschätzung zu erstellen[7].

6 Der Vergabekammer stehen für die Amtsermittlung gemäß § 57 bis 59 Abs. 1 bis 5 sowie § 61 GWB, auf die § 163 Abs. 2 S. 5 GWB verweist, alle **Beweismittel** zur Verfügung.

7 Nicht bewährt hat sich die Sachverhaltsaufklärung durch **Sachverständigengutachten**, obgleich zivilrechtlich orientierte Rechtsanwälte diesen Beweis immer wieder gerne anbieten. Allein die Auswahl des Sachverständigen und erst recht die Zeit bis zur Erstellung des Gutachtens sprengen den gemäß § 167 Abs. 1 GWB zur abschließenden schriftlichen Entscheidung gewährten Zeitraum.[8]

8 Ebenso hat die **Zeugenaussage** nur eine geringe praktische Bedeutung. Was der Auftraggeber nicht dokumentiert, was der Anbieter nicht gerügt hat, ist selten so relevant, dass es von Zeugen in das Nachprüfungsverfahren eingeführt werden müsste. Um die **Beeidigung** eines Zeugen müsste die Vergabekammer gemäß § 57 Abs. 6 GWB das Amtsgericht ersuchen.

9 Auch der **Augenschein** wird selten angewandt. Bewährt hat sich dagegen die **Vorlage oder Einholung von Urkunden**.

10 Dabei verzichtet die Vergabekammer in der Regel auf gerichtsähnliche Beweisbeschlüsse oder andere förmliche Ermittlungshandlungen und holt die erbetenen **Auskünfte** selbst von den Verfahrensbeteiligten oder Dritten ein.[9] Die Vergabekammer ist daher befugt, etwa Providerauskünfte zum Zugang von E-Mails einzuholen.[10] Ebenso kann sie prüfen, ob das Angebot des für den Zuschlag vorgesehenen Beigeladenen an denselben Fehlern leidet wie das Angebot des aus diesem Grund ausgeschlossenen Antragstellers[11]. Letzteres verschließt sich meist der Kenntnis des Antragstellers, die ungleiche Prüftiefe kann daher nur von der Vergabekammer aufgedeckt werden. Sie ist dazu nicht auf den Vortrag der Beteiligten angewiesen. Sie kann bei vorgetragenen konkreten Eignungszweifeln die Staatsanwaltschaft um einen Sachstandsbericht bestimmter Ermittlungen bitten.[12]

11 Der Versuch eines Antragstellers, die im Rahmen der Vorbereitung des Nachprüfungsantrags gleichermaßen erforderliche wie aufwendige Sachverhaltsaufklärung auf die Vergabekammer zu delegieren, verstößt gegen die **Mitwirkungspflicht** gemäß § 167 Abs. 2 GWB. Nach OLG München[13] darf der Antragsteller in der Rüge und im Nachprüfungsantrag keine pauschalen

---

3 *Ohlerich,* in: Kulartz/Kus/Portz, GWB-Vergaberecht, § 110 Rn. 9.
4 *Ohlerich,* in: Kulartz/Kus/Portz, GWB-Vergaberecht, § 110 Rn. 4.
5 VK Schleswig-Holstein, Beschluss v. 6.5.2015 – VK-SH 04/15.
6 OLG Brandenburg, Beschluss v. 30.1.2014 – Verg W 2/14.
7 VK Niedersachsen, Beschluss v. 22.4.2015 – VgK-6/2015.
8 Vgl. VK Niedersachsen, Beschluss v. 20.12.2010 – VgK-48/2009.
9 Vgl. VK Niedersachsen, Beschluss v. 22.9.2014 – VgK-32/2014.
10 Vgl. VK Bund, Beschluss v. 3.2.2014 – VK 2-1/14.
11 VK Niedersachsen, Beschluss v. 8.11.2013 – VgK-34/2013.
12 VK Niedersachsen, Beschluss v. 18.10.2005 – VgK-47/2005.
13 OLG München, Beschluss v. 7.8.2007 – Verg 08/07.

und unsubstanziierten Behauptungen in der Erwartung aufstellen, die Amtsermittlungspflicht der Vergabekammer werde zum Nachweis eines Vergabeverstoßes führen. Die Vergabekammer ist bei einem Vortrag „ins Blaue hinein" von der Notwendigkeit einer vollständigen Sachaufklärung von Amts wegen entbunden.[14] Somit stehen Amtsermittlungspflicht und Sachvortrag in einer Wechselwirkung. Je unzureichender der Sachvortrag, desto geringer sind die Anforderungen an die ergänzende Amtsermittlungspflicht[15].

§ 163 GWB erwähnt in Abs. 1 S. 1 nicht ausdrücklich, dass die Vergabekammer sich bei der Aufklärung auf den **wettbewerbsrechtlich relevanten Sachverhalt** beschränkt. Die Vergabekammer klärt nur die Gesichtspunkte auf, welche für die Zulässigkeit und Begründetheit eines Nachprüfungsantrages sowie zur Entscheidung, ob und welche Maßnahmen die Vergabekammer verhängt, erforderlich sind. Die Vorgabe der Amtsermittlung ermöglicht daher der Vergabekammer die zur Einhaltung der engen Frist gemäß § 167 GWB erforderliche straffe Verfahrensführung. 12

C. Einschränkung der Amtsermittlung (Abs. 1 S. 2 bis 4)

§ 163 Abs. 1 S. 2 bis 4 GWB beschränkt in Übernahme einer älteren Rechtsprechung des BGH[16] den Umfang der erforderlichen Erforschung. 13

I. Beteiligtenvortrag und eigene Kenntnis (S. 2)

§ 163 Abs. 1 S. 2 GWB gestattet der Vergabekammer die Beschränkung der Prüfung auf den **Vortrag der Beteiligten**. Hinzu tritt, was der Vergabekammer ergänzend **„bekannt sein muss"**. Die Vergabekammer muss die angeforderten Vergabeakten des Auftraggebers gründlich durcharbeiten, auch daraufhin überprüfen, ob sie vollständig sind, und ggf. weitere Akten nachfordern. 14

Die in der Gesetzesbegründung zu § 110 GWB a.F.[17] erwähnte Verpflichtung zur Auswertung der Vergabekammer vorliegender **Presseartikel** setzt voraus, dass die in der Regel örtlich großräumig zuständige Vergabekammer auf solche meist nur regional verfügbaren Presseartikel ohne Sachvortrag der Verfahrensbeteiligten zurückgreifen kann. Das wird eher selten der Fall sein. Überdies bleibt unklar, welche Zeitungen die Vergabekammer verpflichtend auszuwerten hat. 15

Die Regelung meint wohl, dass sich die Vergabekammer **nicht mutwillig Fakten verschließen** darf, die ihr aus vorangegangenen Vergabenachprüfungsverfahren oder anderen dienstlichen Belangen bekannt sind oder hätten bekannt sein müssen. Maßstab für ein „Kennen müssen" der Vergabekammer kann nur ein zum Schadensersatz führendes Verhalten im Sinne einer Amtspflichtverletzung gemäß § 839 BGB sein. 16

An die Stelle des tatbestandlich zu prüfenden Mitverschuldens des Geschädigten tritt hier die Möglichkeit des Verfahrensbeteiligten, den Sachverhalt, den die Vergabekammer seiner Ansicht nach auch ohne Sachvortrag des Verfahrensbeteiligten hätte kennen müssen, selbst vorzutragen. Die Möglichkeit des Vortrags verdichtet sich aufgrund der Verfahrensförderpflicht gemäß § 167 Abs. 2 GWB regelmäßig zu einer Verpflichtung der Verfahrensbeteiligten, den **gesamten bekannten und objektiv als relevant erkennbaren Sachverhalt vorzutragen**, und nicht auf die Amtskenntnis der Vergabekammer zu vertrauen. Die in § 167 GWB umfangreich beschriebene Verfahrensförderpflicht der Verfahrensbeteiligten begrenzt somit den Inhalt der eingeschränkten Amtsermittlungspflicht. Die Vergabekammer muss nicht prüfen, was zu wenig, zu spät oder zu abseitig, also erkennbar nicht relevant vorgetragen wird. 17

14 VK Niedersachsen, Beschluss v. 26.8.2014 – VgK-31/2014.
15 VK Sachsen, Beschluss v. 8.7.2014 – 1/SVK/020-14.
16 BGH, Beschluss v. 9.2.2004 – XZB 44/03; Urteil v. 19.12.2000 – X ZB 14/00.
17 Gesetzesbegründung, VergRModG 2009, BT-Drs. 16/10117, 22.

II. Keine Pflicht zur umfassenden Rechtmäßigkeitskontrolle (S. 3)

18 § 163 Abs. 1 S. 3 GWB stellt klar, dass die Vergabekammer nicht zu einer umfassenden Rechtmäßigkeitskontrolle verpflichtet ist. Die Vergabekammer handelt zwar als Behörde, aber während Behörden grundsätzlich im öffentlichen Interesse und nicht im Privatinteresse handeln, ist es im Vergabenachprüfungsverfahren umgekehrt. Das Nachprüfungsverfahren erfüllt das öffentliche Interesse an einem fairen Wettbewerb, indem es unterlegenen Unternehmen die Möglichkeit verschafft, eine mögliche Verletzung ihrer individuellen Chancen auf den Zuschlag verwaltungsrechtlich überprüfen zu lassen.

19 § 163 Abs. 1 S. 3 GWB verdeutlicht, dass die Vergabekammer **im Interesse des unterlegenen Anbieters**, nicht aber im öffentlichen Interesse tätig wird, sie daher keinen gesetzlichen Auftrag hat, das Handeln der Vergabestelle umfassend zu überprüfen.[18] Der Antrag und das Vorbringen des Antragstellers bilden grundsätzlich den Rahmen der Sachverhaltserforschung und der Rechtmäßigkeitskontrolle, zu der die Vergabekammer und das Oberlandesgericht befugt sind.[19] Das Nachprüfungsverfahren unterscheidet sich insoweit grundlegend von der Aufsichtsbeschwerde etwa im Kommunalrecht.

20 Allerdings haben die Nachprüfungsinstanzen gelegentlich nicht der Versuchung widerstehen können, die Amtsermittlungspflicht gemeinsam mit der in § 168 Abs. 1 S. 2 GWB verliehenen Befugnis, auf die Rechtmäßigkeit des Vergabeverfahrens einzuwirken, als Argument für aufsichtsähnliches Handeln zu verwenden. Voraussetzung war, dass jeweils **evidente Fehler der Vergabestelle** erkennbar waren. Das ist nicht zu beanstanden. § 163 Abs. 1 S. 3 GWB untersagt nicht die umfassende Rechtmäßigkeitskontrolle, sondern entbindet die Nachprüfungsinstanzen nur von der Verpflichtung einer umfassenden Rechtmäßigkeitskontrolle. Der Ansatz des Gesetzgebers, das öffentliche Interesse durch individuelle Rechtsschutzverfahren zu sichern, ist zwar bei komplexen Sachverhalten wie der Vergabe öffentlicher Aufträge mindestens ebenso effektiv wie die in § 155 GWB immerhin erwähnte staatliche Aufsicht, führt aber im Einzelfall zwangsläufig zu ungerechten Ergebnissen. Die Kontrollinstanzen müssen dann unter Berücksichtigung des eingeschränkten gesetzlichen Auftrags entscheiden, ob das Ergebnis noch hinnehmbar ist.[20]

21 In diesem Sinne ist dieses Vorgehen von der **Rechtsprechung des EuGH**[21] gedeckt. Der EuGH hat sogar eine über den einzelnen Auftrag hinausgehende Amtsermittlung bestätigt. Es verstoße nicht gegen die RL 89/665/EWG, wenn die für das Nachprüfungsverfahren zuständige Instanz von Amts wegen die rechtswidrigen Aspekte einer anderen Entscheidung des Auftraggebers als der vom Bieter angefochtenen aufgreife. Folglich können die Vergabekammern **offensichtliche und schwerwiegende Vergaberechtsverstöße** im Rahmen ihrer Entscheidung berücksichtigen, obwohl diese Verstöße von der Antragstellerin nicht gerügt wurden.[22] Nach der Rechtsprechung kommt ein Einschreiten der Vergabekammer von Amts wegen nur in Betracht, wenn ein Fehler vorliegt, der es unmöglich macht, das Vergabeverfahren fortzusetzen, z.B. weil eine vergaberechtskonforme Wertung der vorliegenden Angebote und ein entsprechender Zuschlag auf der Grundlage der vorliegenden Ausschreibung nicht möglich ist.[23] Allerdings darf die Vergabekammer **nicht gerügte Vergabeverstöße** im Wege der Amtsermittlung zugunsten des Antragstellers erst aufgreifen, wenn bereits ein aus anderen Gründen zulässiger Nachprüfungsantrag vorliegt.[24]

---

18 *Herlemann/Thiele*, in: Dreher/Motzke, Vergaberecht, § 110 GWB Rn 6; *Diemon-Wies*, in: Hattig/Maibaum, Kartellvergaberecht, § 110 GWB Rn. 27.

19 OLG Celle, Beschluss v. 12.1.2012 – 13 Verg 8/11; OLG München, Beschluss v. 9.8.2010 – Verg 13/10; OLG Koblenz, Beschluss v. 4.2.2009 – 1 Verg 4/08.

20 Zurückweisung trotz ungerechtfertigter nationaler Vergabe: VK Niedersachsen, Beschluss v. 27.1.2009 – VgK-51/2008.

21 EuGH, Urteil v. 19.6.2003 – Rs. C-315/01, Rn. 56.

22 OLG Celle, Beschluss v. 17.11.2011 – 13 Verg 6/11; Beschluss v. 8.11.2001 – 13 Verg 9/01; OLG Schleswig, Beschluss v. 15.4.2011 – 1 Verg 10/10; a.A. OLG Naumburg, Beschluss v. 18.8.2011 – 2 Verg 3/11 unter 2c.

23 OLG Celle, Beschluss v. 17.11.2011 – 13 Verg 6/11; Beschluss v. 11.2.2010 – 13 Verg 16/9.

24 VK Niedersachsen, Beschluss v. 27.1.2009 – VgK-51/2008.

Ergibt sich aus der Amtsermittlung dagegen, dass der Nachprüfungsantrag aus Gründen, die der **Antragsteller nicht erkannt und der Auftraggeber übersehen** hat, unzulässig oder unbegründet ist, darf die Vergabekammer diese Fehler immer ermitteln und ihrer Entscheidung zugrunde legen. Der Nachprüfungsantrag darf die Chance des Antragstellers auf den Zuschlag nicht über das objektiv gegebene Maß hinaus verbessern.[25] 22

III. Keine unangemessene Beeinträchtigung (S. 4)

§ 163 Abs. 1 S. 4 GWB verpflichtet die Vergabekammer, den Beschleunigungsgrundsatz und die Amtsermittlungspflicht angemessen gegeneinander **abzuwägen**. Das Vergabeverfahren steht nicht einseitig im Vordergrund.[26] Die Vergabekammer soll nicht jede Beeinträchtigung des Vergabeverfahrens vermeiden, sondern nur dessen unangemessene Beeinträchtigung. 23

Unangemessen beeinträchtigt die Vergabekammer das Vergabeverfahren, wenn sie die Erteilung des Zuschlags verzögert, ohne dass aus der Sicht ex ante ein hinreichender Anhaltspunkt für einen zulässigen und möglicherweise begründeten Nachprüfungsantrag vorliegt. Eine von Verfahrensbeteiligten einklagbare Rechtspflicht der Vergabekammer wird damit nicht begründet, jedenfalls nicht, solange die Vergabekammer sich in den Zeiträumen gemäß § 167 Abs. 1 GWB bewegt. 24

V. Beweislast

Die Beweislast ist aufgrund der dem Auftraggeber obliegenden **Dokumentationspflichten** im Nachprüfungsverfahren ungleich und insoweit abweichend von den allgemein geltenden Beweisregeln der ZPO verteilt. Der Auftraggeber muss in seiner Dokumentation nachweisen, dass er die im Rahmen der Verhältnismäßigkeit gebotenen Schritte unternommen hat, um die Angebote im Rahmen der Wertung auf formelle Fehler, fehlende Eignung der Anbieter und unangemessen niedrige Preise zu prüfen[27]. Aus der Dokumentation muss sich auch die transparente und diskriminierungsfreie Behandlung aller Anbieter ergeben. Ebenso hat er z.B. anhand einer erläuterten Matrix zu begründen, warum er welches Unternehmen für den Zuschlag ausgewählt hat. 25

Dokumentationsmängel wirken sich stets zulasten des Auftraggebers aus. Damit obliegt ihm ein wesentlicher Schwerpunkt bei der Darlegungs- und somit im Nachprüfungsverfahren auch der Beweislast. Erst nachrangig zur Dokumentationspflicht gilt der allgemeine zivilprozessrechtliche Grundsatz, dass derjenige, der aus einem bestimmten Sachverhalt rechtliche Ansprüche herleitet, diesen Sachverhalt auch zu beweisen hat. So hat der Antragsteller nachzuweisen, dass er eine Rüge mündlich erhoben oder per Mail versandt hat, der Antragsgegner kann den Gegenbeweis, die Rüge nicht erhalten zu haben, durch Vorlage der Logfiles antreten.[28] 26

D. Geschäftsabläufe (Abs. 2)

§ 163 GWB beschreibt in Abs. 2 Geschäftsabläufe, die die Vergabekammer einzuhalten hat. 27

I. Vorab-Prüfung (S. 1)

§ 163 Abs. 2 S. 1 und S. 2 GWB beschreiben eine Vorab-Prüfung auf **offensichtliche Unzulässigkeit** oder auf **offensichtliche Unbegründetheit**. Das Wort „offensichtlich" bezieht sich sowohl auf die Unzulässigkeit als auf die Unbegründetheit, auch wenn es sprachlich nur einmal aufgeführt ist. 28

---

25 OLG München, Beschluss v. 9.8.2010 – Verg 13/10; *Herlemann/Thiele*, in: Dreher/Motzke, Vergaberecht, § 110 GWB Rn. 9.
26 A.A. *Ohlerich,* in: Kulartz/Kus/Portz, GWB-Vergaberecht, § 110 Rn. 25.
27 Vgl. VK Münster, Beschluss v. 14.1.2010 – VK 24/09.
28 VK Bund, Beschluss v. 5.11.2012 – VK 3-120/12.

29 Der Begriff der **Offensichtlichkeit** wird für das GWB nicht näher definiert. Das Verständnis der Rechtsprechung über den Begriff der Offensichtlichkeit variiert je nach Gesetzeskontext erheblich. Gemäß § 214 Abs. 1 Nr. 1 BauGB soll ein Mangel der bauleitplanerischen Abwägung bereits offensichtlich sein, wenn der Mangel aus der aktenmäßigen Zusammenstellung und Aufbereitung des Abwägungsmaterials in den Verwaltungsakten erkennbar ist[29]. Bei der Erstellung eines Bebauungsplanes sind das beträchtliche Aktenvolumina. Eine so weitgehende Definition des Begriffs der Offensichtlichkeit scheidet hier aus. Der Vergabekammer liegen zum Zeitpunkt der Vorab-Prüfung die Akten der Vergabestelle nicht vor. Es kann sich daher nur um eine Schlüssigkeitsprüfung mit geringer Prüftiefe[30] handeln.

30 Die Vergabekammer hat vorläufig anzunehmen, dass die **Sachverhaltsdarstellung** des Antragstellers vollständig zutrifft. Erweist sich der Nachprüfungsantrag unter dieser Annahme zweifellos schon als vollständig unzulässig oder unbegründet, so liegt eine offensichtliche Unzulässigkeit bzw. Unbegründetheit vor.[31] Ein voraussichtlich auch nur teilweise zulässiger und begründeter Nachprüfungsantrag ist dagegen zu übermitteln. Ein Nachprüfungsantrag, dessen Erfolg von weiteren einzuholenden Informationen abhängt, die der Antragsteller nicht bereits mit dem Nachprüfungsantrag hätte vorlegen müssen, ist gleichfalls zu übermitteln.

31 In der Praxis wird die Vergabekammer prüfen, ob der **Schwellenwert** zur Begründung der eigenen Zuständigkeit erreicht oder überschritten ist, ob der Antragsteller ein **Angebot** abgegeben hat oder hätte abgeben wollen, ob er rechtzeitig nach Erhalt der ablehnenden Information eine hinreichend konkrete **Rüge** erhoben hat, ob zwischen Rügezurückweisung und Erhebung des Nachprüfungsantrags mehr als 15 Kalendertage vergangen sind, und ob bei einer Bietergemeinschaft diese **wirksam vertreten** ist[32]. Die Vergabekammer kann vorab nicht prüfen, ob der Vertrag bereits geschlossen worden ist. Nicht alle Auftraggeber erteilen den Zuschlag zum frühestmöglichen Zeitpunkt. Eine Abfrage beim Auftraggeber vor Übermittlung des Nachprüfungsantrags und Eintritt des Zuschlagsverbots kann den Zuschlag beschleunigen.

32 Ein Nachprüfungsantrag übersteht daher die Vorab-Prüfung im Zweifel unbeschadet, dem der Antragsteller eine EU-Bekanntmachung, ein Angebotsschreiben, ein Schreiben des Auftraggebers über den Ausschluss des Angebots oder eine Bieterinformation gemäß § 134 GWB und eine Rüge, soweit vorhanden auch die Rügezurückweisung, beifügt. Empfehlenswert ist auch eine Information, ab wann der Zuschlag droht.

33 Die Vergabekammer entscheidet als Behörde. Daher ist hier wie bei der Beiladung gemäß § 162 GWB für die Übermittlung des Nachprüfungsantrags weder eine **förmliche Entscheidung durch Beschluss noch eine förmliche Kollegialentscheidung** in der Zusammensetzung des Spruchkörpers gemäß § 168 GWB erforderlich.[33] Die Entscheidung, den Nachprüfungsantrag nicht zu übermitteln, wird dagegen wegen der größeren Bedeutung intern kollegial abgestimmt werden.

II. Zeitraum der Vorab-Prüfung

34 Die Vergabekammer muss diese Schlüssigkeitsprüfung durchführen, bevor der Nachprüfungsantrag dem Antragsgegner übermittelt wird, also bevor das **Zuschlagsverbot** gemäß § 169 Abs. 1 GWB eintritt. Ein Zeitraum, innerhalb dessen diese Prüfung abzuschließen ist, wird vom Gesetzgeber nicht genannt.

35 Es bleibt der Vergabekammer unbenommen, vom Antragsteller **Unterlagen nachzufordern**, die geeignet sind, die Zulässigkeit des Nachprüfungsantrags besser einschätzen zu können. Die Vergabekammer sollte möglichst nur solche Unterlagen anfordern, von denen sie berechtigterweise annehmen kann, dass diese Unterlagen dem Antragsteller bereits vorliegen,

---

29 BVerwG, Urteil v. 21.8.1981 – 4 C 57/80, BVerwGE 64, 33; OVG Lüneburg, Urteil v. 29.8.1996 – 1 K 3875/95.
30 *Ohlerich*, in: Kulartz/Kus/Portz, GWB-Vergaberecht, § 110 Rn. 39.
31 VK Hessen, Beschluss v. 28.1.2014 – 69d-VK-01/2014.
32 OLG Frankfurt, Beschluss v. 2.10.2013 – 11 Verg 10/13.
33 A.A. *Herlemann/Thiele*, in: Dreher/Motzke, Vergaberecht, § 110 GWB Rn. 15.

daher von ihm binnen weniger Stunden beschafft werden können oder aber dem Nachprüfungsantrag bei Erfüllung der Verfahrensförderpflicht gemäß § 167 Abs. 2 GWB auch ohne ausdrückliche Anforderung hätten beigefügt werden müssen. Jede Nachforderung von Unterlagen vor Übermittlung des Nachprüfungsantrags verzögert die Vorab-Prüfung. Sie erhöht damit das Risiko des Antragstellers, dass der Zuschlag wirksam vor Übermittlung des Nachprüfungsantrags erteilt wird.[34]

Die scheinbar den Antragsteller belastende Regelung dient letztendlich dessen Interesse, weil dem Antragsteller so die Gelegenheit gegeben wird, einen ansonsten aus formalen Gründen **zurückzuweisenden Nachprüfungsantrag** in einen **übermittlungsfähigen Zustand** zu versetzen. Es entspricht insbesondere anwaltlicher Sorgfaltspflicht, Nachprüfungsanträge so vorzubereiten, dass eine Nachforderung nicht erforderlich ist. Würde die Vergabekammer den Nachprüfungsantrag ohne inhaltliche Prüfung übermitteln und somit das Zuschlagsverbot verhängen, würde sie gegen § 163 Abs. 1 S. 4 GWB verstoßen und den Ablauf des Vergabeverfahrens unangemessen beeinträchtigen. 36

In der Regel ist die Vorab-Prüfung **innerhalb von 24 Stunden** mit dienstüblichen Bürozeiten nach Eingang des Nachprüfungsantrags abgeschlossen. Besonders kritisch sind daher Nachprüfungsanträge am Freitagnachmittag bei beabsichtigter Zuschlagserteilung am Montag. Das hat der Antragsteller bereits bei der Fertigung des Nachprüfungsantrags zu berücksichtigen. Er sollte die Hinweise der zuständigen Vergabekammer in deren Internet-Auftritt berücksichtigen und sollte einen Nachprüfungsantrag, den er zu ungewöhnlichen Zeiten erheben muss, zuvor der Vergabekammer telefonisch ankündigen. 37

III. Schutzschrift (S. 2)

Nach § 163 Abs. 2 S. 2 GWB ist die Vergabekammer verpflichtet, eine Schutzschrift des Auftraggebers zu berücksichtigen. **Schutzschriften** sind vorbeugende Verteidigungsmittel für Eilverfahren, in denen die Mitwirkung des Antragsgegners nicht vorgesehen ist. Sie sind zum Beispiel aus der einstweiligen Verfügung gemäß § 935 ZPO bekannt. Auch bei der Übermittlung des Nachprüfungsantrags ist die Mitwirkung des Auftraggebers nicht vorgesehen. 38

Die **Wirkung** der Schutzschrift erscheint im Vergaberecht gelegentlich unklar, denn sie soll einen Dritten (die Vergabekammer) mit Argumenten überzeugen, die primär gegenüber einem potenziellen Vertragspartner und damit einer gemäß § 311 Abs. 2 BGB im Rahmen der vorvertraglichen Rücksichtspflicht zu informierenden Person vorzubringen sind. Wenn der Auftraggeber alle ihm zur Verfügung stehenden Argumente in der **Rügezurückweisung** dargelegt hat, besteht kein sachlicher Grund, dieselben Argumente erneut in einer Schutzschrift darzustellen. Gleichwohl gibt es erfolgreiche Gegenbeispiele.[35] Der Antragsteller sollte eine Rügezurückweisung immer als Anlage zur Antragsschrift vorlegen, sich keinesfalls dem Verdacht aussetzen, er würde vergaberechtlich relevanten Schriftverkehr mit dem Auftraggeber zurückhalten, um die Übermittlung des Nachprüfungsantrags zu erleichtern. Er weist mit Vorlage der Rügezurückweisung überdies nach, die Antragsfrist gemäß § 160 Abs. 3 S. 1 Nr. 4 GWB eingehalten zu haben. 39

Wenn die Argumente des Auftraggebers allerdings **Betriebs- oder Geschäftsgeheimnisse** des Beizuladenden gemäß § 165 Abs. 2 GWB betreffen, daher weder vor noch im Vergabenachprüfungsverfahren dem Antragsteller mitgeteilt werden dürfen, ist die Schutzschrift grundsätzlich besser als die Rügezurückweisung geeignet, die Übermittlung eines Nachprüfungsantrags zu verhindern. Ob die Vergabekammer auf diesen Parteivortrag hin ohne Vorlage der vollständigen Vergabeunterlagen die Übermittlung des Nachprüfungsantrags ablehnt, ist von ihr im Einzelfall zu entscheiden. 40

---

34 OLG Jena, Beschluss v. 26.9.2013 – 9 Verg 4/13; vgl. *Prieß*, NZBau 9/2013, Editorial.

35 OLG Frankfurt, Beschluss v. 4.3.2015 – 11 Verg 2/14; Beschluss v. 5.3.2014 – 11 Verg 2/14; VK Thüringen, Beschluss v. 2.4.2013 – 250-4004-3167/2013-E–016-EF.

IV. Antragsübermittlung und Aktenanforderung (S. 3)

41 § 163 Abs. 2 S. 3 GWB beschreibt auch das förmliche Vorgehen der Vergabekammer nach Eingang des Nachprüfungsantrags und Abschluss der Vorab-Prüfung. Die Vergabekammer übermittelt eine **Kopie des Nachprüfungsantrags**. Die frühere Regelung in § 120 Abs. 2 S. 1 GWB a.F., der Nachprüfungsantrag sei zuzustellen, erwies sich wegen der langen Postläufe als nicht praktikabel. Technisch bewährt und vom Gesetzgeber wohl auch gemeint ist die Übermittlung per Fernkopie (Fax) an die in der EU-Bekanntmachung oder den Vergabeunterlagen genannte Kontaktstelle.

42 Der Nachprüfungsantrag ist bereits **übermittelt**, wenn er in den Geschäftsbereich des Auftraggebers gelangt ist. Es ist unerheblich, ob der Auftraggeber das eingegangene Fax gelesen hat. Es obliegt ihm, seine Faxgeräte bzw. Faxeingangsserver auf Eingang wichtiger Schriftstücke zu kontrollieren. Die unmittelbare Rechtsfolge der Übermittlung, das Zuschlagsverbot, ergibt sich aus § 169 Abs. 1 GWB. In der Regel wird sich die Vergabekammer nicht nur auf das Sendeprotokoll des Faxgerätes verlassen, sondern zusätzlich mit dem übermittelten Nachprüfungsantrag ein Empfangsbekenntnis anfordern. Ein technisch fehlerhaft übermitteltes Fax, welches nicht vollständig lesbar, dessen Gegenstand aber erkennbar ist, führt gleichfalls zum Zuschlagsverbot.

43 Der Begriff der Übermittlung erlaubt allerdings mehr als nur den Faxversand. Die qualitativen Anforderungen nach § 3a Abs. 2 VwVfG § 126a BGB (schriftformersetzend) oder § 126b BGB (Textform = lesbare Erklärung auf dauerhaftem Datenträger, in der die Person des Erklärenden genannt ist) werden nicht gefordert. Ein Verordnungsvorbehalt wie in § 130a ZPO zur Bestimmung der geeigneten Form des Dokuments besteht nicht. Es wäre daher möglich, den Nachprüfungsantrag auch elektronisch als Anhang einer **E-Mail** von einer und an eine nicht durch qualifizierte elektronische Signatur verifizierte E-Mail-Adresse zu übermitteln. Die E-Mail ist zwar eine lesbare Erklärung, benennt auch die Person des Erklärenden. Sie ist erst dann auf einem dauerhaften Datenträger gespeichert, wenn der Empfänger sie vom Datenserver in seinen Machtbereich herunterlädt.[36] Die Vergabekammer dürfte nicht auf den Zugang der Übermittlung vertrauen, müsste vielmehr Maßnahmen ergreifen, die den Zugang gewährleisten[37], im Zweifel diesen ausdrücklich erfragen. Diese Form der ungesicherten Übermittlung wird daher bisher selten angewandt. Das wird sich erst mit der verbindlichen Einführung des elektronischen Vergabeverfahrens oder einer dem § 14 FamFG ähnlichen Regelung[38] ändern.

44 Regelmäßig wird nur der Nachprüfungsantrag ohne **Anlagen** übermittelt. Das genügt zur Auslösung des Zuschlagsverbots. Im Übrigen ergibt sich aus der obigen Darstellung zu den notwendigen Anlagen eines Nachprüfungsantrags,[39] dass die zu übersendenden Anlagen dem Auftraggeber bekannt sind, es daher keiner weiteren Übersendung bedarf.

45 Nach § 163 Abs. 2 S. 3 GWB hat die Vergabekammer bei dem Auftraggeber die **Vergabeakten** anzufordern. Nach der Legaldefinition sind unter Vergabeakten diejenigen Akten zu verstehen, die das Vergabeverfahren dokumentieren. Das OLG Düsseldorf[40] hat definiert, wann das Vergabeverfahren beginnt. Es beginnt, wenn sich der öffentliche Auftraggeber dazu entschließt, einen (gegenwärtigen oder künftigen) Bedarf nicht durch Eigenleistung, sondern durch Beschaffen von Lieferungen oder Leistungen als Nachfrage auf dem Markt zu decken (interner Beschaffungsentschluss) und er darüber hinaus zweckbestimmt äußerlich wahrnehmbare Anstalten trifft, den Auftragnehmer mit dem Ziel eines Vertragsabschlusses auszuwählen (externe Umsetzung). Damit beginnt das Vergabeverfahren nicht erst mit der EU-Bekanntmachung, sondern ggf. bereits früher z.B. mit dem Beschluss einer kommunalen Vertre-

---

36 Vgl. *Einsele*, in: Münchener Kommentar zum BGB, § 126b Rn. 5.
37 BGH, Beschluss v. 17.7.2013 – I ZR 64/13.
38 vgl. BGH, Beschluss v. 18.3.2015 – XII ZB 424/14, NJW 2015, 1527 f.
39 Siehe Rn. 32.
40 OLG Düsseldorf, Beschluss v. 17.12.2014 – VII-Verg 26/14.

tung, die Leistung zu beschaffen. Auch dieser Beschluss gehört mit der begründenden Vorlage in die Vergabeakte.[41]

V. Vorlage der Vergabeakten (S. 4)

Der Auftraggeber hat die Vergabeakten der Kammer sofort zur Verfügung zu stellen. Der Begriff **„sofort"** ist als Steigerung des Begriffs „unverzüglich" zu lesen[42]. Der Auftraggeber soll damit verpflichtet werden, die bis dahin erstellten Vergabeakten ohne Bedenkzeit und ohne Ergänzung der bis dahin möglicherweise unvollständigen Vergabeakten zu versenden. In der Praxis wird der Vergabestelle jedoch eine Zeit von etwa einem Werktag zugestanden, um die vorhandenen Vergabeakten zu kopieren und damit auch im laufenden Nachprüfungsverfahren arbeitsfähig zu bleiben. **46**

Der Auftraggeber hat die **Originalunterlagen** zu versenden. Er darf der Vergabekammer keine Kopie der Unterlagen vorlegen. Es besteht die konkrete Gefahr, dass auch bei sorgfältig angefertigten Kopien durch verloren gegangene Rückseiten vergaberechtlich relevante Informationen verloren gehen[43]. **47**

VI. Kostenvorschuss

Die Vergabekammer kann die Übermittlung des Nachprüfungsantrags von der Erhebung eines Kostenvorschusses abhängig machen. Die **Ermächtigungsgrundlage** liegt in § 182 Abs. 1 GWB in Verbindung mit einer statischen Verweisung auf das inzwischen aufgehobene und durch das Bundesgebührengesetz ersetzte BVwKostG. § 16 BVwKostG enthielt die Befugnis, die Vornahme von Amtshandlungen von der Zahlung eines Kostenvorschusses abhängig zu machen. Der Regelung entspricht heute § 15 BGebG. **48**

Nicht alle Vergabekammern erheben einen Vorschuss. Bei **anwaltlicher Versicherung**, den Kostenvorschuss alsbald zu begleichen, wird der Nachprüfungsantrag in der Regel vorab übermittelt. Die Vergabekammern, die den Vorschuss anfordern, begrenzen ihn in der Regel auf die Mindestgebühr von 2.500 Euro. **49**

VII. Verweise auf weitere Vorschriften (S. 5)

Der Verweis auf die § 57 bis 59 Abs. 1 bis 5 sowie § 61 GWB führt auf einen Kettenverweis zur **Beweiserhebung**, der die Regeln der ZPO zur Anwendung bringt. Praktisch relevant sind jedoch weder die Zeugenbefragung[44], noch die Beschlagnahme, noch das qualifizierte Auskunftsverlangen. **50**

Gemäß dem Verweis auf § 61 GWB ist die Entscheidung der Vergabekammer nach § 168 Abs. 1 GWB zu **begründen** und mit einer **Belehrung** über das zulässige Rechtsmittel zu versehen. Die Entscheidung ist den Beteiligten nach den Vorschriften des Verwaltungszustellungsgesetzes **zuzustellen**. Durch den Verweis ist auch das Verfahren zur Zustellung von Entscheidungen der Vergabekammer an Firmen, die keinen Sitz im Inland haben, geregelt. Für Antragsteller trifft § 161 Abs. 1 S. 2 GWB eine besondere Regelung, die die aufwendige öffentliche Zustellung durch Bekanntmachung im Bundesanzeiger vermeidet. **51**

E. Rechtsschutz

Ein angeblicher Verstoß der Vergabekammer gegen die Verpflichtung zur eingeschränkten Amtsermittlung oder zum Inhalt der Vorab-Prüfung ist **nicht selbstständig anfechtbar**. Der Unterlegene hat sich gegen den Beschluss der Vergabekammer in der Hauptsache zu wenden. **52**

---

41 VK Niedersachsen, Beschluss v. 22.4.2015 – VgK-6/2015.
42 *Herlemann/Thiele*, in: Dreher/Motzke, Vergaberecht, § 110 GWB Rn 19.
43 VK Niedersachsen, Beschluss v. 12.12.2011 – VgK-52/2011, Ziffer 2c.
44 A.A. *Herlemann/Thiele*, in: Dreher/Motzke, Vergaberecht, § 110 GWB Rn. 20.

Das Oberlandesgericht entscheidet in der Regel abschließend selbst, hat aber ebenso die Möglichkeit, die Angelegenheit zur Vergabekammer zurückzuverweisen mit der Auflage, den Sachverhalt vollständig zu ermitteln.[45] Die Regelung des § 178 GWB ist nicht auf die Rechtsauffassung des Gerichts beschränkt, sondern könnte bei Bedarf auch die Arbeit am Sachverhalt umfassen.

Anlage

Gesetzesbegründung (BT-Drs. 18/6281)

Seite 135

§ 163 entspricht dem bisherigen § 110.

45 BGH, Beschluss v. 10.11.2009 – XZB 8/09 (Endoskopie), Rn. 57.

§ 164
Aufbewahrung vertraulicher Unterlagen

(1) Die Vergabekammer stellt die Vertraulichkeit von Verschlusssachen und anderen vertraulichen Informationen sicher, die in den von den Parteien übermittelten Unterlagen enthalten sind.

(2) Die Mitglieder der Vergabekammern sind zur Geheimhaltung verpflichtet; die Entscheidungsgründe dürfen Art und Inhalt der geheim gehaltenen Urkunden, Akten, elektronischen Dokumente und Auskünfte nicht erkennen lassen.

Übersicht Rn.

A. Allgemeines 1
B. Verschlusssachen und andere vertrauliche Informationen (Abs. 1) 4
C. Behandlung der Unterlagen 9
D. Verwahrung von Verschlusssachen und Anspruch auf rechtliches Gehör 13
E. Verpflichtung zur Geheimhaltung (Abs. 2) 19
Anlage
Gesetzesbegründung (BT-Drs. 18/6281)

A. Allgemeines

1 § 164 GWB regelt die Aufbewahrung vertraulicher Unterlagen durch die Vergabekammern und übernimmt unverändert die Regelung aus **§ 110a GWB a.F.** Die Regelung ist mit dem Gesetz zur Änderung des Vergaberechts für die Bereiche Verteidigung und Sicherheit vom 7.12.2011[1] neu in das GWB aufgenommen worden und dient der Umsetzung von **Art. 56 Abs. 10 RL 2009/81/EG**. Durch die Richtlinie wurden – bisher vom Vergaberecht nur beschränkt erfasste – verteidigungs- und sicherheitsrelevante Dienstleistungen dem Vergaberecht und der Überprüfung durch die Vergabekammern unterworfen. Diese Aufträge enthalten naturgemäß oftmals Verschlusssachen, die nach den geltenden Verwaltungsvorschriften vor nicht autorisiertem Zugriff geschützt werden müssen.[2] Damit dies sichergestellt werden kann, haben auch die Vergabekammern die Vertraulichkeit dieser Unterlagen zu gewährleisten.

2 Eine Beschränkung dieser Verpflichtung auf **verteidigungs- und sicherheitsrelevante Aufträge** im Sinne des § 104 GWB ist dem Wortlaut der Norm nicht zu entnehmen. Im Zusammenhang mit § 104 Abs. 1 und Abs. 2 GWB dürfte aber ein Anwendungsbereich außerhalb des Geltungsbereiches der Richtlinie nicht bestehen.

3 § 164 GWB ist nach seiner Stellung und dem Wortlaut nur für das Verfahren vor den Vergabekammern anwendbar, soll aber auch im **Beschwerdeverfahren** gelten.[3]

B. Verschlusssachen und andere vertrauliche Informationen (Abs. 1)

4 § 164 Abs. 1 GWB gilt für Verschlusssachen und andere vertrauliche Informationen.

5 Eine Definition enthält die RL 2009/81/EG zumindest für den Begriff der **Verschlusssache**. Dies sind nach **Art. 1 Nr. 8 RL 2009/81/EG** Informationen (bzw. Materialien), denen unabhängig von Form, Beschaffenheit oder Art der Übermittlung ein Geheimhaltungsgrad zugewiesen ist oder für die eine Schutzbedürftigkeit anerkannt wurde und die im Interesse der nationalen Sicherheit und nach den in dem betreffenden Mitgliedstaat geltenden Rechs- und Verwaltungsvorschriften gegen Missbrauch, Zerstörung, Entfernung, Bekanntgabe, Verlust

1 BGBl. I 2011 S. 2570.
2 Vgl. Erwägungsgrund 20 RL 2009/81/EG.
3 Vgl. *Summa*, in: Heiermann/Zeiss, Vergaberecht, § 110a GWB Rn. 3; *Dicks*, in: Ziekow/Völlink, Vergaberecht, § 110a GWB Rn. 3.

oder Zugriff durch Unbefugte oder jede andere Art der Preisgabe an Unbefugte geschützt werden müssen. Damit unterscheidet sich die europarechtliche Definition von der nationalen Definition des **SÜG**. Nach der dort enthaltenen gesetzlichen Definition sind Verschlusssachen im öffentlichen Interesse geheimhaltungsbedürftige Tatsachen, Gegenstände oder Erkenntnisse, unabhängig von ihrer Darstellungsform (§ 4 Abs. 1 SÜG). Die Einstufung der Verschlusssachen nach dem SÜG erfolgt entsprechend ihrer Schutzbedürftigkeit als STRENG GEHEIM[4], GEHEIM[5], VS-VERTRAULICH[6] und VS-NUR FÜR DEN DIENSTGEBRAUCH[7].

6 Während die europarechtliche Definition also auf nationale Sicherheitsinteressen abstellt, sind nach der Definition des SÜG allgemein Nachteile für Interessen der Bundesrepublik oder eines der Länder ausreichend, um die Einstufung als Verschlusssache zu rechtfertigen. Insoweit wird teilweise eine **richtlinienkonforme Auslegung des Begriffs der Verschlusssachen** gefordert.[8] Da § 164 GWB aber – und insoweit auch in Übereinstimmung mit Art. 56 Abs. 10 RL 2009/81/EG – über Verschlusssachen hinaus auch für andere vertrauliche Informationen anwendbar ist, ist eine solche Auslegung hier nicht geboten. Denn im Ergebnis ergibt sich dadurch keine Einengung von Bieterrechten.

7 Ausweislich der Definition ist es unbeachtlich, in welcher **Form** die Informationen vorliegen. Dazu zählen Schriftstücke, Zeichnungen, Karten, Fotokopien, Lichtbildmaterial, elektronische Dateien und Datenträger, elektrische Signale, Geräte, technische Einrichtungen oder das gesprochene Wort, aber auch Zwischenmaterial, wie Vorentwürfe, Stenogramme, Tonträger, Folien oder Fehldrucke.[9]

8 **Andere vertrauliche Informationen** sind solche, die im Hinblick auf ihre Geheimhaltungsbedürftigkeit der Einstufung als Verschlusssache gleichkommen. Als Beispiele werden etwa Anlagen zu Angeboten genannt, die vom Staat, wenn er die Verfügungsgewalt über sie hätte, sofort als Verschlusssachen eingestuft würden.[10] Das Interesse der Wahrung von Betriebs- und Geschäftsgeheimnissen i.S.d. § 165 Abs. 2 GWB ist dazu allerdings nicht ausreichend.[11]

C. Behandlung der Unterlagen

9 Der Umgang mit Verschlusssachen ist in den entsprechenden **Verwaltungsvorschriften des Bundes (VSA)**[12] **bzw. der Länder** vorgegeben.[13] Diese enthalten detaillierte Regelungen über die Behandlung von Verschlusssachen sowie die erforderlichen organisatorischen, materiellen, technischen und IT-spezifischen Maßnahmen.

10 Für Vergabekammern, die organisatorisch nicht an eine Einrichtung angebunden sind, die bereits über die erforderlichen Infrastrukturen verfügt, dürfte der Aufwand beachtlich sein. Die **einzuhaltenden Sicherheitsvorkehrungen** steigen dabei mit der Einstufung der Verschlusssache. Dies beginnt damit, dass ab der Einstufung VS-VERTRAULICH nur noch Personen Zugang zu den Unterlagen haben dürfen, die sich einer Sicherheitsüberprüfung nach

---

4 § 4 Abs. 2 Nr. 1 SÜG: wenn die Kenntnisnahme durch Unbefugte den Bestand oder lebenswichtige Interessen der Bundesrepublik Deutschland oder eines ihrer Länder gefährden kann.

5 § 4 Abs. 2 Nr. 2 SÜG: wenn die Kenntnisnahe durch Unbefugte die Sicherheit der Bundesrepublik Deutschland oder einer ihrer Länder gefährden kann.

6 § 4 Abs. 2 Nr. 3 SÜG: wenn die Kenntnisnahme durch Unbefugte für die Interessen der Bundesrepublik Deutschland oder eines ihrer Länder schädlich sein kann.

7 § 4 Abs. 2 Nr. 4 SÜG: wenn die Kenntnisnahme durch Unbefugte für die Interessen der Bundesrepublik Deutschland oder eines ihrer Länder nachteilig sein kann.

8 Vgl. *Schreyer-Leydecker*, NZBau 2012, 533 (538).

9 Vgl. § 2 Abs. 1 und Abs. 2 VS-Anweisung des Bundes.

10 *Summa*, in: Heiermann/Zeiss, Vergaberecht, § 110a GWB Rn. 7.

11 So auch *Summa*, in: Heiermann/Zeiss, Vergaberecht, § 110a GWB Rn. 6.

12 Allgemeine Verwaltungsvorschriften des Bundesministeriums des Innern zum materiellen und organisatorischen Schutz von Verschlusssachen (VS-Anweisung – VSA) v. 31.3.2006.

13 Welche der Vorschriften anzuwenden ist, richtet sich danach, ob eine der Vergabekammern des Bundes oder eine Ländervergabekammer mit der Sache befasst ist.

dem SÜG unterzogen haben. Dies betrifft auch die Mitglieder der Vergabekammern, da diese keine Richter i.S.d. § 2 Abs. 3 Nr. 2 SÜG sind.[14]

§ 157 Abs. 2 S. 5 GWB bietet daher bei Verfahren zur Vergabe **verteidigungs- oder sicherheitsspezifischer öffentlicher Aufträge** im Sinne des § 104 GWB die Möglichkeit, dass die Vergabekammer abweichend vom Regelfall in der Besetzung mit einem Vorsitzenden und zwei hauptamtlichen Beisitzern entscheidet. Dies trägt dem Umstand Rechnung, dass möglicherweise sicherheitsüberprüfte ehrenamtliche Beisitzer nicht immer kurzfristig vor Ort zur Verfügung stehen und auch der Versand von Verschlusssachen an nicht ortsansässige ehrenamtliche Beisitzer nicht ohne Weiteres möglich ist.[15] **11**

Weiter sind spezielle **VS-Registraturen** erforderlich und selbstverständlich müssen auch die **Verwahrräume** bestimmten Sicherheitsanforderungen entsprechen. VS-Verwahrstellen sind beispielsweise Stahlschränke und Aktensicherungsräume, die außerhalb der Arbeitszeit zu überwachen oder durch eine Alarmanlage technisch zu sichern sind. Auch die **Versendung der Verschlusssachen** darf nur durch VS-Kuriere oder in bestimmten Fällen durch private Zustelldienste erfolgen. Dies alles dürfte es den Vergabekammern zumindest erschweren, eine Entscheidung innerhalb der fünfwöchigen Entscheidungsfrist zu treffen. **12**

D. Verwahrung von Verschlusssachen und Anspruch auf rechtliches Gehör

Mit der Pflicht der Vergabekammer, die Verschlusssachen zu verwahren, stellt sich automatisch die Frage, ob und welche Informationen sie dem Antragsteller zur Verfügung stellen kann. Das Problem besteht nicht nur in Bezug auf die ggf. zu gewährende Akteneinsicht. Es ist zumindest nicht gänzlich auszuschließen, dass die vom Auftraggeber übersandten Schriftsätze Informationen enthalten, die als Verschlusssache eingestuft sind oder einzustufen wären. **13**

Nach **Art. 56 Abs. 10 UAbs. 4 RL 2009/81/EG** legen die Mitgliedstaaten fest, wie die Nachprüfung die Vertraulichkeit von Verschlusssachen mit der Einhaltung der Verteidigungsrechte in Einklang bringt, und gewährleisten dabei, dass das Verfahren insgesamt dem Recht auf ein faires Verfahren entspricht. Dies darf zumindest nicht als vollumfänglich geglückt angesehen werden. § 164 GWB erklärt sich nicht zum Verhältnis von berechtigten Geheimhaltungsinteressen der Auftraggeber und Anspruch auf effektiven Rechtschutz der Bieter. Die Interessen in Einklang zu bringen, wird daher den Vergabenachprüfungsinstanzen überlassen bleiben. **14**

Nach der (noch) gültigen Rechtsprechung des OLG Düsseldorf scheidet bisher ein sog. **„In camera"-Verfahren** im Anwendungsbereich des GWB aus. Das bedeutet, die Vergabekammer kann ihre Entscheidung auf Unterlagen nur insoweit stützen, als ihr Inhalt vorgetragen und zum Gegenstand des Verfahrens gemacht wurde.[16] Eine Verwertung der Unterlagen, ohne den Beteiligten dazu rechtliches Gehör zu gewähren, war damit ausgeschlossen. Dass dieser Grundsatz auch für Vergaben i.S.d. § 104 Abs. 1 GWB uneingeschränkte Gültigkeit hat, darf bezweifelt werden.[17] Die Geheimhaltung von Vorgängen, deren Bekanntwerden dem Wohl des Bundes oder eines deutschen Landes Nachteile bereiten würde, ist ein legitimes Interesse des Allgemeinwohls.[18] Dies kann es auch rechtfertigen, den Anspruch des Einzelnen auf rechtliches Gehör einzuschränken, wenn der begrenzte Verzicht darauf seinen Rechtsschutz ausnahmsweise verbessert.[19] In Fällen, in denen die Sicherheitsinteressen eine Weitergabe von Verschlusssachen an die übrigen Beteiligten des Verfahrens verbieten, kann ein „In-camera"-Verfahren daher geeignet sein, den Rechtsschutz des Bieters überhaupt zu gewährleisten. **15**

---

14 Vgl. auch Gesetzesbegründung, Gesetz zur Änderung des Vergaberechts für die Bereiche Verteidigung und Sicherheit, BT-Drs. 17/7275, 18.
15 Gesetzesbegründung, Gesetz zur Änderung des Vergaberechts für die Bereiche Verteidigung und Sicherheit, BT-Drs. 17/7275, 18.
16 OLG Düsseldorf, Beschluss v. 28.12.2007 – VII-Verg 40/07.
17 So auch *Roth/Lamm*, NZBau 2012, 609 (611 f.).
18 BVerfG, Beschluss v. 27.10.1999 – 1 BvR 385/90, Rn. 87.
19 BVerfG, Beschluss v. 27.10.1999 – 1 BvR 385/90, Rn. 94.

16 In Bezug auf § 165 Abs. 2 GWB wurde zur Rechtslage vor der Einführung des § 110a GWB a.F. vertreten, dass das **Recht auf Einsicht in die Vergabeakten** eingeschränkt sein kann, soweit Belange der inneren und/oder äußeren Sicherheit tangiert sein könnten bzw. die Aktenbestandteile dem Geheimschutz unterliegen.[20] Diese Fälle waren aber wegen der Bereichsausnahme des § 100 Abs. 2 lit. d GWB in der Fassung vor dem 14.12.2011 ohnehin von der Anwendbarkeit des Vergaberechts weitestgehend ausgeschlossen. Würde diese Rechtsprechung weiterhin Gültigkeit beanspruchen, wäre eine Einsicht in die Vergabeakte in vielen Fällen wahrscheinlich faktisch ausgeschlossen. Durch die Ausweitung des Vergaberechts auf den Bereich der sicherheitsrelevanten Beschaffung hat sich der Normgeber aber gerade entschlossen, auch diese Bereiche dem Wettbewerb zu öffnen und damit eine gewisse Transparenz herzustellen. Es scheint daher nach Änderung der Rechtslage nicht mehr möglich, sämtliche Verschlusssachen von dem Recht auf Akteneinsicht auszunehmen, nur weil es sich um Verschlusssachen handelt. Auch § 164 GWB kann nicht die Grundlage dafür bieten, eine Akteneinsicht komplett zu verweigern.[21] Vielmehr hat die Vergabekammer – wie immer nach § 165 Abs. 1 GWB – eine Abwägung zu treffen.

17 Dabei wird auch zu berücksichtigen sein, inwiefern die Bieter bereits im Vergabeverfahren **Zugang zu Verschlusssachen** erhalten haben. Mit Art. 7 RL 2009/81/EG wird den Mitgliedstaaten explizit die Möglichkeit gegeben, Wirtschaftsteilnehmern Auflagen zum Schutz von Verschlusssachen zu machen, die die Auftraggeber im Zuge des Verfahrens zur Vergabe eines Auftrages weitergeben. Bei der nationalen Umsetzung in § 7 VSVgV wurde diese Möglichkeit zu einer Verpflichtung der Auftraggeber konkretisiert. Auftraggeber müssen die entsprechenden Maßnahmen, Anforderungen und Auflagen in der Bekanntmachung oder den Vergabeunterlagen festlegen. Muss der Zugang zu den Verschlusssachen schon für die Erstellung des Teilnahmeantrages oder des Angebotes gewährt werden, müssen die Erklärungen vor Gewährung des Zugangs zu den Verschlusssachen vorliegen. Andernfalls muss der Bieter ausgeschlossen werden. Es ist nicht recht ersichtlich, weswegen dann in einem Nachprüfungsverfahren nicht entsprechend dem bisherigen Wissensstand Zugang zu Verschlusssachen gewährt werden kann. Dies muss zumindest für Inhalte gelten, die den Bietern im Rahmen der Ausschreibung ohnehin zur Verfügung gestellt werden. Darüber hinaus ist eine Beschränkung der Akteneinsicht denkbar.[22] Dabei sind die widerstreitenden Belange gegeneinander abzuwägen.

18 Aufgrund der eindeutigen Verpflichtung der Vergabekammer in § 164 Abs. 1 GWB, die Vertraulichkeit von Verschlusssachen „sicherzustellen“, dürfte eine Weitergabe von **als VS-VERTRAULICH oder höher eingestuften Verschlusssachen** an nicht sicherheitsüberprüfte Antragsteller nicht zulässig sein. § 10 Abs. 3 VSA legt insoweit eindeutig fest, dass Zugang nur Personen erhalten können, die eine Überprüfung nach dem SÜG durchgeführt haben und so zum Zugang ermächtigt sind. Der Verordnungsgeber hat zudem in § 7 VSVgV sowie in § 36 Abs. 2 und § 35 Abs. 2 VSVgV besondere Regelungen geschaffen, um die Vertraulichkeit der Unterlagen während des Vergabeverfahrens zu gewährleisten. Insofern erscheint es nicht sachgerecht, diese Schranken in einem Vergabenachprüfungsverfahren völlig zu negieren. Die Hinweise, dass dies insbesondere im Hinblick auf Verfahrensbevollmächtigte problematisch sein kann, sind berechtigt.[23] Das Problem stellt sich aber nicht zwingend erst im Vergabenachprüfungsverfahren. Kommt der Bieter schon im Vergabeverfahren mit Verschlusssachen in Berührung, darf er dessen Inhalt aufgrund der vom Auftraggeber zwingend vorzusehenden Verpflichtung nach § 7 Abs. 2 Nr. 2 VSVgV nicht ohne Weiteres weitergeben.

---

20 Vgl. *Summa*, in: Heimermann/Zeiss, Vergaberecht, § 111 GWB Rn. 24.
21 Vgl. *Byok*, NVwZ 2012, 70 (75); *Roth/Lamm*, NZBau 2012, 609 (611).
22 So auch OLG Düsseldorf, Beschluss v. 8.6.2011 – VII-Verg 49/11.
23 Vgl. *Summa*, in: Heimermann/Zeiss, Vergaberecht, § 110a GWB Rn. 16; *Byok*, NVwZ 2012, 70 (75).

E. Verpflichtung zur Geheimhaltung (Abs. 2)

§ 165 Abs. 2 GWB stellt klar, dass die Mitglieder der Vergabekammer zur Geheimhaltung verpflichtet sind und auch die Entscheidung der Vergabekammer Art und Inhalt der geheim gehaltenen Urkunden, Akten, elektronischen Dokumente und Auskünfte nicht erkennen lassen dürfen. Die Regelung entspricht § 99 Abs. 2 S. 10 VwGO. 19

Die Regelung verbietet der Vergabekammer zumindest dem Wortlaut nach nicht, ihre **Entscheidung auch auf die geheim gehaltenen Unterlagen zu stützen**. Wie bereits ausgeführt ist damit auch die Rechtsprechung des OLG Düsseldorf der Unzulässigkeit eines „In camera"-Verfahrens im Vergabenachprüfungsverfahren neu zu überdenken.[24] Die Schwierigkeit wird für die Vergabekammern bei der Abfassung der Beschlüsse darin bestehen, ohne Bezugnahme auf Inhalte von vertraulichen Unterlagen gleichwohl eine schlüssige Begründung zu formulieren. 20

Anlage

Gesetzesbegründung (BT-Drs. 18/6281)

Seite 135

§ 164 entspricht dem bisherigen § 110a.

24 Vgl. etwa OLG Düsseldorf, Beschluss v. 28.12.2007 – VII-Verg 40/07.

§ 165
Akteneinsicht

(1) Die Beteiligten können die Akten bei der Vergabekammer einsehen und sich durch die Geschäftsstelle auf ihre Kosten Ausfertigungen, Auszüge oder Abschriften erteilen lassen.

(2) Die Vergabekammer hat die Einsicht in die Unterlagen zu versagen, soweit dies aus wichtigen Gründen, insbesondere des Geheimschutzes oder zur Wahrung von Betriebs- oder Geschäftsgeheimnissen geboten ist.

(3) Jeder Beteiligte hat mit Übersendung seiner Akten oder Stellungnahmen auf die in Absatz 2 genannten Geheimnisse hinzuweisen und diese in den Unterlagen entsprechend kenntlich zu machen. Erfolgt dies nicht, kann die Vergabekammer von seiner Zustimmung auf Einsicht ausgehen.

(4) Die Versagung der Akteneinsicht kann nur im Zusammenhang mit der sofortigen Beschwerde in der Hauptsache angegriffen werden.

Übersicht Rn.

A. Allgemeines ... 1
B. Recht auf Akteneinsicht (Abs. 1) ... 4
I. Gegenstand ... 4
II. Voraussetzungen ... 8
1. Antragsberechtigung ... 8
2. Antrag ... 9
3. Form ... 10
4. Eröffnung des Nachprüfungsverfahrens ... 11
5. Keine Präklusion ... 12
III. Praktische Durchführung ... 13
C. Umfang und Grenzen ... 17
I. Grundlagen ... 17
II. Allgemeine Einschränkungen ... 20
III. Versagung der Akteneinsicht (Abs. 2) ... 24
1. Normadressat ... 24
2. Entscheidungsmaßstab ... 27
3. Wichtige Gründe ... 30
a) Geheimschutz ... 31
b) Betriebs- oder Geschäftsgeheimnisse ... 35
4. Entscheidung der Vergabekammer ... 38
D. Hinweis der Verfahrensbeteiligten (Abs. 3) ... 46
E. Rechtsschutz (Abs. 4) ... 54
I. Rechtsmittel gegen die Versagung der Akteneinsicht ... 54
II. Rechtsmittel gegen die Stattgabe der Akteneinsicht ... 56
Anlage
Gesetzesbegründung (BT-Drs. 18/6281)

A. Allgemeines

1 Das Recht auf Akteneinsicht ist von zentraler Bedeutung für einen **effektiven Rechtsschutz** und die Durchsetzung der Bieterrechte im öffentlichen Auftragswesen. Das Recht auf Akteneinsicht dient zudem der **Verfahrenstransparenz**, da den am Vergabeverfahren beteiligten Bietern die das Vergabeverfahren betreffenden Unterlagen des Auftraggebers grundsätzlich nicht bekannt sind.[1] Oft wird der Antragsteller im Nachprüfungsverfahren erst nach erfolgter Akteneinsicht in die Lage versetzt, die mit seinem Nachprüfungsantrag geltend gemachten Vergaberechtsverstöße substanziiert vorzutragen.[2] Das Recht auf Akteneinsicht ist aber nicht nur für den Antragsteller im Nachprüfungsverfahren, sondern auch für die gemäß § 162 GWB beigeladenen Unternehmen von Bedeutung. Für beigeladene Unternehmen kann eine Akteneinsicht geboten sein, um sich gegen das Vorbringen des Antragstellers auf der gleichen Tatsachengrundlage verteidigen zu können.

2 Die Akteneinsicht wird **durch die Vergabekammer gewährt** und kann sich, soweit die Einsichtnahme in die Vergabeakten betroffen ist, nur auf jene Akten erstrecken, die der Vergabe-

1 Gesetzesbegründung, VgRÄG, BT-Drs. 13/9340, 18.
2 OLG Celle, Beschluss v. 10.9.2001 – 13 Verg 12/01.

kammer nach Zustellung des Nachprüfungsantrags vom Auftraggeber gemäß § 163 Abs. 2 S. 3 GWB zur Verfügung gestellt wurden.[3] Soweit Akten der Vergabekammer nicht oder unvollständig vorgelegt werden, hat die Vergabekammer durch entsprechende Maßnahmen eine **vollständige Vorlage zu erwirken** (§ 163 Abs. 2 S. 5 GWB i.V.m. §§ 57 bis 59 Abs. 1 bis 5 GWB sowie § 61 GWB).

3 Große praktische Bedeutung erlangt das Recht auf Akteneinsicht zudem auch im Hinblick auf Vergabefehler, die **mit dem Nachprüfungsantrag noch nicht geltend gemacht** wurden, weil diese Vergabefehler auf Vorgängen innerhalb der Sphäre der Vergabestelle beruhen, deren Kenntnis sich dem Bieter regelmäßig entzieht. Eine Kenntnis dieser Vergabefehler erlangt der Bieter in diesen Fällen erst durch Akteneinsicht. Die auf diesem Wege erkannten Vergabefehler kann der antragstellende Bieter in das bereits anhängige Nachprüfungsverfahren einbringen, ohne dass es hierfür einer Rüge bedürfte. Denn die Rügeobliegenheit gilt nur für bis zur Einleitung des Nachprüfungsverfahrens erkannte Vergabeverstöße.[4]

B. Recht auf Akteneinsicht (Abs. 1)

I. Gegenstand

4 Dem Gesetzeswortlaut nach können die Beteiligten die Akten bei der Vergabekammer einsehen und sich durch die Geschäftsstelle auf ihre Kosten Ausfertigungen, Auszüge oder Abschriften erteilen lassen. Dabei spricht § 165 GWB allgemein von einem Recht auf Akteneinsicht der Beteiligten, ohne die dem Einsichtsrecht unterliegenden Akten näher zu definieren.

5 Aus der allgemeinen Bezugnahme der Vorschrift auf **„die Akten"** ergibt sich aber, dass die vom Einsichtsrecht umfassten Unterlagen zum einen die von der Vergabestelle auf der Grundlage des § 163 Abs. 2 S. 3 GWB übermittelten **Vergabeakten** umfassen, also die Dokumentation aller Vorgänge im Rahmen eines Vergabeverfahrens, die notwendig sind, um die Rechtmäßigkeit des Verfahrens beurteilen zu können. Damit gehören zu den Vergabeakten alle Bestandteile einer ordnungsgemäßen Dokumentation im Sinne der vergaberechtlichen Vorgaben (z.B. § 8 VgV). Zum anderen umfasst der Begriff „die Akten" aber auch die bei der Vergabekammer geführten **Verfahrensakten** sowie alle anderen bei der Vergabekammer im Rahmen des konkreten Nachprüfungsverfahrens vorhandenen Unterlagen, wie z.B. beigezogene Akten anderer Behörden, Gutachten, Fotos, Karten usw.

6 Kein Einsichtsrecht besteht, soweit es sich um **Entwürfe von Beschlüssen, Vorbereitungsarbeiten oder Abstimmungspapiere** der Vergabekammer handelt.

7 Das Einsichtsrecht in die bei der Vergabekammer geführten **Verfahrensakten** ist allerdings in der **Praxis** von geringer Bedeutung, da die Verfahrensakten im Wesentlichen den Nachprüfungsantrag sowie die Schriftsätze der Verfahrensbeteiligten enthalten, also Schriftstücke, die den Verfahrensbeteiligten ohnehin durch die Vergabekammer übermittelt werden. Dementsprechend ist ein Antrag auf Einsicht in die Verfahrensakten in der Praxis eher selten. Praktische Bedeutung kann eine Einsicht in die Verfahrensakten dann erlangen, wenn es um die Wahrung von Fristen geht, wie z.B. die Fünf-Wochen-Frist des § 167 Abs. 1 S. 1 GWB, die Ausschlussfristen des § 167 Abs. 2 S. 2 GWB und § 160 Abs. 3 S. 1 Nr. 4 GWB oder die Frist für die Einlegung der sofortigen Beschwerde gemäß § 172 Abs. 1 S. 1 GWB.

II. Voraussetzungen

1. Antragsberechtigung

8 Das Recht auf Akteneinsicht besteht zugunsten der am Nachprüfungsverfahren **Beteiligten**. Dies sind gemäß § 162 GWB der Antragsteller, der Antragsgegner und die beigeladenen Unternehmen. Dritte, die (noch) nicht beigeladen sind, haben kein Recht auf Akteneinsicht.

---

3 Zum Gesamtumfang der vom Einsichtsrecht betroffenen Akten siehe Rn. 4 ff.
4 BGH, Beschluss v. 26.9.2006 – X ZB 14/06; OLG Düsseldorf v. 9.4.2003 – VII-Verg 66/02 m.w.N.

2. Antrag

9 Die Gewährung von Akteneinsicht durch die Vergabekammer ist kein Automatismus, sondern setzt immer ein entsprechend vorgetragenes Begehren in Gestalt eines Antrags des jeweiligen Verfahrensbeteiligten voraus. In der Praxis wird die Gewährung von Akteneinsicht in der Regel bereits mit Einreichung des Nachprüfungsantrags oder im weiteren Verlauf des Nachprüfungsverfahrens beantragt.

3. Form

10 Für die Beantragung von Akteneinsicht gelten **keine Formvorschriften**, es empfiehlt sich aber die Schriftform.

4. Eröffnung des Nachprüfungsverfahrens

11 Die Gewährung von Akteneinsicht durch die Vergabekammer setzt voraus, dass die Kammer ein Nachprüfungsverfahren überhaupt eröffnet hat, den Antrag also nicht als offensichtlich unzulässig oder unbegründet einstuft (§ 163 Abs. 2 S. 1 GWB), ihn im Anschluss an diese Prüfung an den Auftraggeber oder seinen Vertreter übermittelt und dabei zugleich die Akten gemäß § 163 Abs. 2 S. 3 GWB angefordert[5]. Wird der Nachprüfungsantrag aus vorgenannten Gründen nicht übermittelt, kann der Antragsteller kein Rechtsschutzinteresse in Bezug auf die Akteneinsicht geltend machen, sodass ein Recht auf Akteneinsicht in diesem Fall nicht besteht.[6] Dies gilt allerdings nicht, soweit bestimmte Aktenbestandteile für die Beurteilung der Zuverlässigkeit erheblich sind.[7]

5. Keine Präklusion

12 Dem Antrag auf Akteneinsicht ist seitens der Vergabekammer grundsätzlich auch dann stattzugeben, wenn er in einem **späten Verfahrensstadium** gestellt wird. Es wird aber in diesem Fall durch die Vergabekammer zu prüfen sein, ob ein daraufhin erfolgter Vortrag des Beteiligten nach § 167 Abs. 2 S. 2 GWB unberücksichtigt zu bleiben hat. Dies kann z.B. der Fall sein, wenn sich der Antragsteller trotz durch die Vergabekammer gesetzter Fristen nicht zu einem Sachvortrag der Vergabestelle eingelassen hat, auf den er sich (fristgerecht) hätte einlassen können, wenn er auf den Sachvortrag hin unverzüglich die Gewährung von Akteneinsicht begehrt hätte.[8] Andererseits kann keinem Beteiligten abverlangt werden, die Akteneinsicht präventiv zu beantragen, wenn aufgrund des bisher im Nachprüfungsverfahren erfolgten Sachvortrags kein Anlass für eine Akteneinsicht bestand. In diesem Fall begegnen auch ein in einem späten Verfahrensstadium gestellter Antrag auf Akteneinsicht und ein daraufhin erfolgter Sachvortrag keinen Bedenken im Hinblick auf § 167 Abs. 2 S. 2 GWB.

III. Praktische Durchführung

13 Dem Gesetzeswortlaut entsprechend können die Beteiligten die Akten bei der Vergabekammer **einsehen**. Das Gesetz beschränkt somit das Recht auf Akteneinsicht der Beteiligten in örtlicher Hinsicht auf die Geschäftsstelle der Vergabekammer. Es besteht insbesondere kein Anspruch der Beteiligten auf die **Mitnahme oder Übersendung** von Akten oder Aktenbestandteilen.

14 Der Gesetzeswortlaut legt zudem den Schluss nahe, eine Akteneinsicht könne ausschließlich in den **Räumlichkeiten der Vergabekammer** stattfinden. Dem ist aber lediglich für den Fall zuzustimmen, dass der den Antrag auf Akteneinsicht stellende Beteiligte ausdrücklich verlangt, die Akteneinsicht bei der Vergabekammer vorzunehmen. Ein Einverständnis des jeweils

5 VK Bund, Beschluss v. 10.7.2002 – VK 2-24/02.
6 VK Mecklenburg-Vorpommern, Beschluss v. 5.3.2012 – 2 VK 9/11; VK Brandenburg, Beschluss v. 27.3.2008 – VK 5/08.
7 KG, Beschluss v. 29.2.2012 – Verg 8/11.
8 Hierzu KG, Beschluss v. 18.10.2012 – Verg 7/12.

betroffenen Beteiligten vorausgesetzt, ist es der Vergabekammer, unabhängig von der gesetzlichen Festlegung eines Mindestanspruchs im Hinblick auf die praktische Durchführung der Akteneinsicht, nicht verwehrt, auch andere Wege zu beschreiten, die dem Recht auf Akteneinsicht gleichermaßen Geltung verschaffen.

15 In der **Praxis** der Vergabekammern hat es sich bewährt, den Beteiligten auf ihre Kosten **Kopien der Akten**, soweit darin keine Geheimnisse i.S. des § 165 Abs. 2 GWB enthalten sind, per Post oder Telefax zu übermitteln. Diese Vorgehensweise trägt einerseits dem Beschleunigungsgrundsatz (§ 167 GWB) Rechnung und spart andererseits Auslagen, die durch die Anreise zum Sitz der Vergabekammer entstehen würden und gemäß § 182 GWB durch den (oder die) unterliegenden Beteiligten zu tragen wären. Anders ist zu verfahren, wenn die Akten Dokumente enthalten, die durch ihren Urheber als **Verschlusssache** gekennzeichnet und dementsprechend mit einem Geheimhaltungsgrad versehen wurden. In diesen Fällen ist bei einer Weitergabe dieser Dokumente die Allgemeine Verwaltungsvorschrift des Bundesministeriums des Innern zum materiellen Schutz von Verschlusssachen (VS-Anweisung – VSA) vom 31.3.2006 zu beachten.[9]

16 Im Rahmen der praktischen Durchführung der Akteneinsicht können Aktenbestandteile, die **dem Einsichtsrecht nicht unterliegen** – entweder weil es bereits an den grundlegenden Voraussetzungen für eine Akteneinsicht fehlt[10] oder ein **Versagungsgrund** i.S. des § 165 Abs. 2 GWB vorliegt[11] –, den Akten entnommen oder aber durch Schwärzungen in zuvor angefertigten Aktenkopien unkenntlich gemacht werden.

C. Umfang und Grenzen

I. Grundlagen

17 Der **Umfang** des Rechts auf Akteneinsicht orientiert sich am **Zweck des Nachprüfungsverfahrens**, das für sämtliche Teilnehmer eines Vergabeverfahrens eine wettbewerbliche, transparente und diskriminierungsfreie Vergabeentscheidung gewährleisten soll.[12]

18 Das OLG Jena[13] leitet aus dieser grundlegenden Zweckbestimmung des § 165 GWB weitreichende Einsichtsrechte für die Beteiligten ab und erstreckt das Einsichtsrecht auf **sämtliche Aktenbestandteile**, aus denen inhaltliche Aussagen zur Wertung der im Einzelfall noch konkurrierenden Angebote herzuleiten sind. Dementsprechend soll ein Bieter, um die Nachvollziehbarkeit eines von der Vergabestelle als vorzugswürdig erklärten Angebots inhaltlich überprüfen zu können, auch Einsicht in solche Aktenbestandteile erhalten, die Rückschlüsse auf die Kalkulation und ggf. auf andere Betriebsinterna erlauben.

19 Die sehr weitreichende Ansicht des OLG Jena ist in Rechtsprechung und Literatur indes auf **Kritik** gestoßen, da sie den Interessen des Antragstellers im Nachprüfungsverfahren einen deutlichen Vorrang gegenüber den Interessen der übrigen am Nachprüfungsverfahren und am Vergabeverfahren Beteiligten einräumt, sodass selbst das OLG Jena mittlerweile von seiner Ansicht abgerückt ist.[14] Im Nachgang zur Entscheidung des OLG Jena, die auf die Zeit kurz nach Einführung des Nachprüfungsverfahrens auf der Grundlage des Teil 4 des GWB zum 1.1.1999 datiert, sind zahlreiche Beschlüsse der Vergabekammern des Bundes und der Länder sowie der Vergabesenate der Oberlandesgerichte ergangen, die dem Recht auf Akteneinsicht zusätzliche Konturen verliehen haben und den Umfang des Rechts auf Akteneinsicht in allgemeiner und spezieller Hinsicht konkretisieren.[15] Allgemein hat sich dabei folgender Grundsatz

9 Zur Sicherstellung der Vertraulichkeit von Verschlusssachen und anderer vertraulicher Informationen durch die Vergabekammer siehe *Hofmann* zu § 164.
10 Hierzu Rn. 20 ff.
11 Hierzu Rn. 24 ff.
12 So grundlegend OLG Jena, Beschluss v. 26.10.1999 – 6 Verg 3/99.
13 OLG Jena, Beschluss v. 26.10.1999 – 6 Verg 3/99.
14 OLG Jena, Beschluss v. 11.1.2007 – 9 Verg 9/06.
15 Siehe hierzu Rn. 20 ff.

herausgebildet: Das Akteneinsichtsrecht besteht nur in dem Umfang, wie es zur Durchsetzung der subjektiven Rechte des betreffenden Verfahrensbeteiligten **erforderlich** ist.[16] So hat z.B. ein Bieter, der mangels Eignung vom Vergabeverfahren ausgeschlossen wurde und diesen Ausschluss im Rahmen eines Nachprüfungsverfahrens angreift, keinen Anspruch auf Einsicht in die Wirtschaftlichkeitsbewertung der übrigen Angebote.[17]

II. Allgemeine Einschränkungen

Eine grundlegend allgemeine Einschränkung des Rechts auf Akteneinsicht ergibt sich aus der bieterschützenden (subjektiven) Ausrichtung des Nachprüfungsverfahrens, die den Rechtsschutz des antragstellenden Bieters **auf die Geltendmachung der Verletzung eigener Rechte begrenzt** (vgl. § 160 Abs. 2 GWB). Für die übrigen Verfahrensbeteiligten, insbesondere die gemäß § 162 GWB beigeladenen Unternehmen, besteht das Recht auf Akteneinsicht in dem Umfang, wie es zur Verteidigung der eigenen, durch das Nachprüfungsverfahren berührten Interessen erforderlich ist. Das Akteneinsichtsrecht besteht demnach nur soweit, wie es zur Durchsetzung der subjektiven Rechte des betreffenden Verfahrensbeteiligten erforderlich ist. Der Gegenstand des Nachprüfungsverfahrens bildet somit den Maßstab für den Umfang der zu gewährenden Akteneinsicht.[18] 20

Aus dem Korrespondenzverhältnis zwischen subjektiven Bieterrechten und dem Recht auf Akteneinsicht folgt zudem, dass dem Antragsteller bei **unzulässigem Nachprüfungsantrag** mangels Rechtsschutzbedürfnisses grundsätzlich kein Recht auf Akteneinsicht zusteht.[19] Das Gesetz will ein Akteneinsichtsrecht nicht demjenigen einräumen, dem das Nachprüfungsverfahren verwehrt ist. Gleiches gilt auch bei einem offensichtlich unbegründeten Antrag.[20] 21

Eine Versagung der Akteneinsicht im Fall der Unzulässigkeit des Nachprüfungsantrags geht allerdings dann zu weit, wenn gerade die Vergabeakten **zur Klärung der Zulässigkeitsfrage beitragen können**. In diesem Fall steht dem Antragsteller ein Akteneinsichtsrecht jedenfalls insoweit zu, als die Vergabeakten die Unzulässigkeit des Nachprüfungsantrags dokumentieren.[21] Auch im Falle eines wegen wirksamer Zuschlagserteilung auf den ersten Blick unzulässigen Nachprüfungsantrags wird die Vergabekammer in der Regel eine Übermittlung des Nachprüfungsantrags an den Auftraggeber oder seinen Vertreter vornehmen und die Vergabeakten (zumindest in den relevanten Teilen) anfordern, weil sich die Frage der wirksamen Zuschlagserteilung erst aufgrund einer Einsichtnahme der Kammer in die Vergabeakten zuverlässig beantworten lässt. In diesem Fall ist die Vergabekammer gehalten, soweit entsprechende Akteneinsicht beantragt wurde, auch dem Antragsteller die relevanten Aktenbestandteile zu übermitteln. Gleiches gilt für den Fall einer seitens der Vergabestelle geltend gemachten Nicht-Statthaftigkeit des Nachprüfungsantrags wegen Nichterreichen der maßgeblichen Auftragsschwellenwerte (§ 106 GWB). Auch hier kann eine Akteneinsicht in die Grundlage der Auftragswertschätzung geboten sein. 22

Dementsprechend bestehen auch keine Bedenken, einem Antragsteller Einsicht in die den **Zuschlag dokumentierenden Aktenbestandteile** zu gewähren, wenn die Vergabestelle geltend macht, der Nachprüfungsantrag sei aufgrund vor Stellung des Nachprüfungsantrags erfolgter Zuschlagserteilung unzulässig, der Antragsteller dies hingegen bestreitet. Andererseits ist die Akteneinsicht zu versagen, wenn die Vergabekammer zu dem Ergebnis kommt, der Nachprüfungsantrag ist aus Gründen unzulässig, die gegenüber dem Antragsteller bereits dokumentiert sind und demnach **dem Antragsteller auch ohne Akteneinsicht bereits be-** 23

16 OLG Brandenburg, Beschluss v. 10.11.2011 – Verg W 13/11; OLG Jena, Beschluss v. 11.1.2007 – 9 Verg 9/06.
17 VK Bund, Beschluss v. 7.12.2005 – VK 1-146/05.
18 OLG Naumburg, Beschluss v. 1.6.2011 – 2 Verg 3/11; OLG Jena, Beschluss v. 11.1.2007 – 9 Verg 9/06; OLG Stuttgart, Beschluss v. 12.4.2000 – 2 Verg 3/00; VK Bund, Beschluss v. 23.1.2004 – VK 2-132/03.
19 VK Mecklenburg-Vorpommern, Beschluss v. 26.8.2014 – 2 VK 10/14; KG, Beschluss v. 29.2.2012 – Verg 8/11; BayObLG, Beschluss v. 19.12.2000 – Verg 7/00; VK Bund, Beschluss v. 1.7.2002 – VK 1-33/02.
20 VK Schleswig-Holstein, Beschluss v. 17.3.2006 – VK-SH 02/06.
21 OLG Frankfurt, Beschluss v. 12.12.2014 – 11 Verg 8/14; KG, Beschluss v. 29.2.2012 – Verg 8/11; OLG München, Beschluss v. 8.11.2010 – Verg 20/10.

kannt sind. Dies kann z.B. bei Nichteinhaltung der Rügeobliegenheit (§ 160 Abs. 3 GWB) der Fall sein oder wenn mit dem Nachprüfungsantrag ausschließlich die Verletzung nicht bieterschützender Normen geltend gemacht wird und es somit an der Antragsbefugnis (§ 160 Abs. 2 GWB) fehlt.

III. Versagung der Akteneinsicht (Abs. 2)

1. Normadressat

24 Gemäß § 165 Abs. 2 GWB hat die Vergabekammer die Einsicht in Unterlagen zu versagen, soweit dies aus wichtigen Gründen, insbesondere des Geheimschutzes oder zur Wahrung von Betriebs- oder Geschäftsgeheimnissen geboten ist. Diese Einschränkung des Akteneinsichtsrechts ist notwendig, um berechtigte Interessen des Auftraggebers oder eines am Vergabeverfahren Beteiligten zu schützen und um Rechtsmissbrauch zu verhindern.[22]

25 Normadressat des § 165 Abs. 2 GWB ist die **Vergabekammer**, d.h., die Vergabekammer hat über das Vorliegen oder Nichtvorliegen eines wichtigen Grundes zu entscheiden und dementsprechend dem Antrag auf Akteneinsicht (vollumfänglich oder partiell) stattzugeben oder abzulehnen. Dabei hat die Vergabekammer nicht nur etwaige Geheimhaltungsinteressen der am Nachprüfungsverfahren Beteiligten, namentlich der Vergabestelle, des Antragstellers und der Beigeladenen, zu berücksichtigen, sondern darüber hinaus auch die Geheimhaltungsinteressen aller anderen am Vergabeverfahren beteiligten Bieter oder Bewerber.

26 Die Versagung der Akteneinsicht im **Beschwerdeverfahren** richtet sich gemäß § 175 Abs. 2 ebenfalls nach § 165 Abs. 2 GWB, wobei im Rahmen der Abwägungsentscheidung des Gerichts zusätzlich § 72 Abs. 2 S. 4 GWB zu beachten ist.[23]

2. Entscheidungsmaßstab

27 Allgemeiner Maßstab für die Entscheidungsfindung der Vergabekammer und damit für den Umfang des Akteneinsichtsrechts sind die **Umstände des konkreten Vergabeverfahrens**.

28 Innerhalb des zur Nachprüfung bei der Vergabekammer anhängigen Vergabeverfahrens ist eine **Abwägung** zwischen den Geheimhaltungsinteressen der Vergabestelle und den teilnehmenden Bietern einerseits und dem Interesse des Antragstellers an einem effektiven Rechtsschutz andererseits vorzunehmen. Dass es hierbei zu Interessenkollisionen kommt, liegt auf der Hand. Der antragstellende Bieter hat in der Regel ein Interesse daran, Einblick in sämtliche Aktenbestandteile zu erhalten, die im Zusammenhang mit der ihn benachteiligenden Entscheidung der Vergabestelle stehen, um die von ihm mit dem Nachprüfungsantrag geltend gemachten Rechtsverletzungen zu konkretisieren oder zusätzliche, erst aufgrund der Akteneinsicht erkennbare Rechtsverletzungen in das Verfahren einzubringen. Dem stehen etwaige **Geheimhaltungsinteressen** der Vergabestelle oder der anderen Bieter hinsichtlich ihrer angebots- und unternehmensbezogenen Daten entgegen. Die anderen Bieter können ein berechtigtes Interesse daran haben, dass diese Daten dem Antragsteller, der gleichzeitig auch Wettbewerber ist, nicht zugänglich gemacht werden.

29 Bei diesen **Daten**, an denen andere Bieter ein **Geheimhaltungsinteresse** haben, handelt es sich zumeist um Angebotsbestandteile, wie z.B. Preis- oder Produktangaben, Kalkulationsgrundlagen, Lösungsvorschläge bei funktionalen Ausschreibungen, Inhalte von Nebenangeboten oder Änderungsvorschlägen, technische Ausstattung von Unternehmen.

3. Wichtige Gründe

30 Im Rahmen der Abwägungsentscheidung der Vergabekammer über Vorliegen oder Nichtvorliegen eines wichtigen Grundes nennt § 165 Abs. 2 GWB **beispielhaft** einige wichtige

22 Gesetzesbegründung, VgRÄG, BT-Drs. 13/9340, 18.
23 OLG Naumburg, Beschluss v. 1.6.2011 — 2 Verg 3/11.

Gründe, die jeweils Geheimhaltungsinteressen der Vergabestelle und der am Vergabeverfahren teilnehmenden Bieter betreffen.

a) Geheimschutz

31 Der erste in § 165 Abs. 2 GWB genannte Beispielsfall ist der Geheimschutz. Hier handelt es sich in aller Regel um Akteninhalte, an deren Geheimhaltung der Auftraggeber ein **berechtigtes Interesse** hat.[24]

32 Entscheidend ist, ob das Geheimhaltungsinteresse des Auftraggebers durch **berechtigte** und für die Vergabekammer **nachvollziehbare Gründe** gedeckt ist. Dies kann z.B. in Bezug auf bestimmte interne Vorgänge des Auftraggebers (Haushaltsansätze, zukünftige Einkaufsstrategien o.Ä.) der Fall sein. In der Praxis spielen die vorgenannten Beispiele allerdings kaum eine Rolle, da derartige Interna des Auftraggebers in der Regel keinen Bezug zu möglichen Rechtsverletzungen eines Bieters aufweisen und daher für eine Einsicht in diese Aktenbestandteile ohnehin kein Rechtsschutzbedürfnis besteht. Von größerer Bedeutung in der Praxis ist hingegen die Konstellation, dass ein Auftraggeber seine Angebotswertung als geheimhaltungsbedürftig kennzeichnet, weil sie Geschäftsgeheimnisse anderer Bieter enthält. In diesem Fall handelt es sich jedoch in erster Linie um Geheimhaltungsinteressen der Bieter[25] und allenfalls mittelbar um Geheimschutzinteressen des Auftraggebers.

33 Daneben wird man unter den Begriff des „Geheimschutzes" in § 165 Abs. 2 GWB auch **Interna des Auftraggebers** zu verstehen haben, die von ihm mit einem Geheimhaltungsgrad im Sinne der Allgemeinen Verwaltungsvorschrift des Bundesministeriums des Innern zum materiellen Schutz von Verschlusssachen (VS-Anweisung – VSA) vom 31.3.2006 versehen wurden. In diesen Fällen scheidet eine Akteneinsicht nicht per se aus, sondern unterliegt hinsichtlich ihrer Gewährung demselben Abwägungsprozess, der auch für alle anderen Aktenbestandteile gilt, die für eine Akteneinsicht in Betracht kommen.[26] Wenn im Rahmen der Akteneinsicht indes Dokumente übermittelt werden sollen, die unter die VS-Anweisung fallen, sind die hierfür geltenden besonderen Regelungen der VS-Anweisung zu beachten.[27]

34 Ebenfalls kein Fall von Geheimschutzinteressen des Auftraggebers sind z.B. die in § 117 Nr. 3 GWB genannten Aufträge, die z.B. in Übereinstimmung mit den Rechts- und Verwaltungsvorschriften der Bundesrepublik Deutschland für geheim erklärt werden oder deren Ausführung nach diesen Vorschriften **besondere Sicherheitsmaßnahmen** erfordert. Denn hier handelt es sich um Fälle, in denen das Nachprüfungsverfahren von vornherein nicht statthaft ist und somit ein Anspruch auf Akteneinsicht gar nicht erst entsteht. In Betracht kommt hier allerdings – soweit die Anwendung des § 117 Nr. 3 GWB durch den Antragsteller mit dem Nachprüfungsantrag angegriffen wird – ein Einsichtsrecht in jene Aktenbestandteile, in denen der Auftraggeber die Gründe für die Anwendung dieser Norm dokumentiert. Die vorstehenden Ausführungen gelten sinngemäß auch für alle anderen vom GWB erfassten **Ausnahmebereiche** (insbesondere §§ 116, 117, 137, 138, 139, 140, 145, 149, 150 GWB), soweit es gerade um die Dokumentation der Gründe für die Nichtanwendung des Teil 4 des GWB geht.

b) Betriebs- oder Geschäftsgeheimnisse

35 Die zweite in § 165 Abs. 2 GWB genannte Beispielsgruppe, nämlich die Wahrung von Betriebs- oder Geschäftsgeheimnissen, spielt in der Praxis eine weitaus größere Rolle als die Geheimschutzinteressen des Auftraggebers. Bei dieser Beispielsgruppe handelt es sich in aller Regel um Aktenbestandteile, an deren Geheimhaltung in erster Linie ein **berechtigtes Interesse** der am Vergabeverfahren teilnehmenden Bieter oder Bewerber besteht. Maßgeblich ist insoweit die Frage, ob die fraglichen Aktenbestandteile dem betriebsbezogenen Vertraulichkeitsbereich eines am Vergabeverfahren Beteiligten zuzuordnen sind und nach dessen erkenn-

24 Vgl. Gesetzesbegründung, VgRÄG , BT-Drs. 13/9340, 18.
25 Siehe Rn. 35 ff.
26 Siehe hierzu Rn. 38 ff.
27 Zur Sicherstellung der Vertraulichkeit von Verschlusssachen und anderer vertraulicher Informationen durch die Vergabekammer siehe *Hofmann* zu § 164.

barem Willen geheim gehalten werden sollen.[28] In Rn. 29 ist beispielhaft eine Reihe von Angebotsbestandteilen genannt, die ein entsprechendes Geheimhaltungsinteresse der am Vergabeverfahren teilnehmenden Bieter zu begründen vermag.

36 Bei **Betriebs- oder Geschäftsgeheimnissen** handelt es sich um alle auf ein Unternehmen bezogenen Tatsachen, Umstände und Vorgänge, die nicht offenkundig, sondern nur einem begrenzten Personenkreis zugänglich sind und an deren Nichtverbreitung das Unternehmen ein schutzwürdiges wirtschaftliches Interesse hat. Unter den Begriff der Betriebsgeheimnisse fallen jene Tatsachen, welche die technische Seite des Unternehmens betreffen, also das allgemeine technische Know-how, wie z.B. Produktionsmethoden und Verfahrensabläufe. Der Begriff der Geschäftsgeheimnisse umfasst hingegen den kaufmännischen Bereich des Unternehmens, wie z.B. Kalkulationen, Marktstrategien und Kundenlisten.

37 Soweit eine **Tatsache offenkundig**, also nicht nur einem beschränkten Personenkreis bekannt ist, kann sie kein Geheimnis i.S. des § 165 Abs. 2 GWB sein, da es dann am notwendigen Geheimhaltungsinteresse mangelt. Dies trifft z.B. auf sogenannte marktbekannte Umstände zu, also das Unternehmen betreffende Tatsachen, die jedenfalls im Marktumfeld des Unternehmens bekannt sind.

4. Entscheidung der Vergabekammer

38 Um der Vergabekammer zumindest erste Anhaltspunkte für etwaige Geheimhaltungsinteressen der am Nachprüfungsverfahren Beteiligten zu geben, regelt § 165 Abs. 3 S. 1 GWB, dass bereits mit Übersendung der Akten auf die in § 165 Abs. 2 GWB genannten Geheimnisse **hinzuweisen** ist. Diese Hinweise der Vergabestelle entheben die Vergabekammer jedoch nicht von der Verpflichtung, eine **eigene Prüfung** dahin gehend vorzunehmen, ob im konkreten Fall Geheimhaltungsinteressen der am Vergabeverfahren Beteiligten, namentlich der Vergabestelle und sämtlicher Bieter, verletzt würden. Da die Vergabeakten in weiten Bereichen Geheimnisse der Bieter enthalten (z.B. technische Inhalte bei Nebenangeboten, Preise), die nicht ohne Weiteres zur Disposition der Vergabestelle stehen, hat die Vergabekammer hier im Rahmen einer Abwägungsentscheidung besonders zu prüfen, ob die von der Vergabestelle als geheimhaltungsbedürftig bezeichneten Tatsachen zu erweitern oder einzuschränken sind.

39 Bei **Zweifeln** über die Geheimhaltungsbedürftigkeit hat die Vergabekammer eine Stellungnahme des Geheimnisträgers, also der Vergabestelle oder des Bieters, einzuholen. Soweit sich dieser in seiner Stellungnahme auf die Geheimhaltungsbedürftigkeit beruft, ist dies gegenüber der Vergabekammer nachvollziehbar zu begründen.

40 Gelangt die Vergabekammer trotz gegenteiliger Einlassung des Geheimnisträgers zu der Auffassung, dass Geheimhaltungsinteressen **nicht verletzt** werden, und beruft sich der Geheimnisträger weiterhin auf sein Geheimhaltungsinteresse, kann die Vergabekammer insoweit zunächst keine Akteneinsicht gewähren. Die Vergabekammer hat in diesem Fall zunächst eine rechtsmittelfähige **Zwischenentscheidung** zu treffen und kann Akteneinsicht erst nach Ablauf der Rechtsmittelfrist bzw. abschließender bestätigender Entscheidung des Beschwerdegerichts gewähren oder muss – soweit das Beschwerdegericht die Zwischenentscheidung der Vergabekammer aufhebt – die Akteneinsicht versagen.[29]

41 Gelangt die Vergabekammer zu dem Schluss, dass durch Einsicht in bestimmte Aktenbestandteile Geheimhaltungsinteressen **verletzt** werden, hat die Vergabekammer, wie sich aus dem Begriff „geboten" ergibt, abzuwägen, ob eine Akteneinsicht dennoch in Betracht kommt. Dabei besteht allerdings **kein Regel-Ausnahme-Verhältnis** zugunsten der Akteneinsicht und zulasten schützenswerter Geheimnisse. Denn durch das Nachprüfungsverfahren darf der Geheimwettbewerb nicht eingeschränkt werden, ansonsten bestünde die Gefahr des Missbrauchs von Nachprüfungsverfahren mit dem Ziel der Ausforschung der Konkurrenz.[30]

---

28 OLG Düsseldorf, Beschluss v. 28.12.2007 – VII-Verg 40/07; OLG Jena, Beschluss v. 26.10.1999 – 6 Verg 3/99.
29 Siehe auch Rn. 54 ff.; vgl. OLG Frankfurt, Beschluss v. 12.12.2014 – 11 Verg 8/14, sowie grundlegend OLG Düsseldorf, Beschluss v. 28.12.2007 – VII-Verg 40/07;
30 VK Bund, Beschluss v. 20.12.1999 – VK 1-29/99; a.A. *Kus*, VergabeR 2003, 129 ff.

Im Rahmen der von der Vergabekammer zu treffenden Abwägungsentscheidung ist zu prüfen, ob das **Geheimhaltungsinteresse** des Betroffenen hinter noch wichtigeren Interessen des Akteneinsicht begehrenden Beteiligten **zurückzutreten** hat. Dabei ist insbesondere maßgeblich, welche Bedeutung die Kenntnis grundsätzlich geheimhaltungsbedürftiger Tatsachen für die Geltendmachung von Vergaberechtsverstößen hat, insbesondere ob die geltend gemachten Verstöße entscheidungserheblich sind. Außerdem ist bei der Abwägung auch zu berücksichtigen, ob ein effektiver Rechtsschutz des Akteneinsicht Begehrenden durch andere, das Geheimhaltungsinteresse des Betroffenen ganz oder zumindest teilweise wahrende Art und Weise gewährleistet werden kann.[31] 42

Bei der Entscheidung über Ablehnung oder Stattgabe eines Antrags auf Akteneinsicht steht der Vergabekammer **kein Ermessens- oder Beurteilungsspielraum** zu.[32] Maßstab der Vergabekammer für Stattgabe oder Ablehnung eines Akteneinsichtsantrags ist somit ausschließlich das Ergebnis der Interessenabwägung. 43

Vor dem Hintergrund der Gewährung effektiven Rechtsschutzes (Art. 19 Abs. 4 GG) und rechtlichem Gehör (Art. 103 Abs. 1 GG) sowie der Transparenz des Vergabeverfahrens (§ 97 Abs. 1 S. 1 GWB) darf die Versagung der Akteneinsicht in der Regel aber **nicht so weit gehen**, dass den Beteiligten **nur noch formale Bestandteile** der Akte (z.B. Vergabebekanntmachung, Verdingungsunterlagen) zugänglich gemacht werden, die der Bieter ohnehin zumeist kennt und die für die von ihm geltend gemachten Rechtsverletzungen ohne Bedeutung sind. Grundsätzlich sollte die Vergabekammer daher zumindest die für die geltend gemachte Rechtsverletzung des Antragstellers maßgeblichen Aktenbestandteile, in aller Regel also die seitens der Vergabestelle vorgenommene Angebotswertung, im Rahmen der Akteneinsicht zur Verfügung stellen. Soweit diese Aktenbestandteile schützenswerte Geheimnisse anderer Bieter (z.B. Preise, technische Details) enthalten, was oft der Fall ist, hat die Vergabekammer durch entsprechende **Schwärzungen** in den Aktenkopien den berechtigten Schutzinteressen der betroffenen Beteiligten Rechnung zu tragen. Entscheidend für den rechtsschutzsuchenden Antragsteller ist letztlich, dass er erkennen kann, auf welchen Erwägungen die ihn benachteiligende Entscheidung der Vergabestelle basiert. 44

Soweit eine Akteneinsicht auch in **entscheidungserhebliche Aktenbestandteile** aus berechtigten Gründen ganz oder teilweise versagt wird, ist die Vergabekammer gehindert, diese Aktenbestandteile ihrer Entscheidung zugrunde zu legen. In diesem Fall ist es der Vergabekammer auch nicht möglich, diese Aktenbestandteile im sogenannten **„In camera"-Verfahren**[33] zu verwerten und der Entscheidung zugrunde zu legen. Denn wegen der entsprechend anzuwendenden Sonderregelung des § 72 Abs. 2 S. 3 GWB, der auch im Nachprüfungsverfahren vor der Vergabekammer gilt, dürfen, sofern eine Akteneinsicht abgelehnt wird oder unzulässig ist, Unterlagen der Entscheidung nur insoweit zugrunde gelegt werden, als ihr Inhalt vorgetragen worden ist.[34] Die Ablehnung der „In camera"-Verwertung bedeutet, dass bei einer Versagung der Akteinsicht die Vergabekammer ihre Entscheidung nur auf der Grundlage von Tatsachen treffen darf, die allen Verfahrensbeteiligten bekannt sind. 45

D. Hinweis der Verfahrensbeteiligten (Abs. 3)

Gemäß § 165 Abs. 3 S. 1 GWB hat jeder Verfahrensbeteiligte, also Antragsteller, Antragsgegner und Beigeladene, mit Übersendung seiner Akten oder Stellungnahmen auf die in § 165 Abs. 2 GWB genannten Geheimnisse hinzuweisen und diese in den Unterlagen entsprechend kenntlich zu machen. Da die Verfahrensbeteiligten bei den von ihnen eingereichten Unterla- 46

31 OLG Naumburg, Beschluss v. 1.6.2011 – 2 Verg 3/11.
32 OLG Düsseldorf, Beschluss v. 28.12.2007 – VII-Verg 40/07.
33 Siehe hierzu BVerfG, Beschluss v. 27.10.1999 – 1 BvR 385/90 zu § 99 VwGO.
34 OLG München, Beschluss v. 8.11.2010 — Verg 20/10, sowie grundlegend OLG Düsseldorf, Beschluss v. 28.12.2007 – VII-Verg 40/07; a.A. *Ramm*, VergabeR 2007, 739 ff.; offengelassen in EuGH, Urteil v. 14.2.2008 – Rs. C-450/06.

gen am besten deren schutzbedürftige Bestandteile beurteilen können, trifft sie auch die Obliegenheit, diese Bestandteile entsprechend zu kennzeichnen.[35]

47 Bei **nicht erfolgter Kenntlichmachung** kann die Vergabekammer nach § 165 Abs. 3 S. 2 GWB von einer Zustimmung des betroffenen Beteiligten zur uneingeschränkten Einsicht durch alle weiteren Verfahrensbeteiligten ausgehen.

48 Die Obliegenheit der Verfahrensbeteiligten zur Kenntlichmachung der sie betreffenden Geheimnisse umfasst jedoch **nicht die Befugnis**, der Vergabekammer diese Unterlagen von vornherein **vorzuenthalten**, zumal die Vergabekammer die Möglichkeit haben muss, auf eine Freigabe möglicherweise entscheidungserheblicher „Sperrvermerke" der Verfahrensbeteiligten hinzuwirken. Dies umfasst gegebenenfalls auch den Erlass einer auf die Freigabe der als geheimhaltungsbedürftig gekennzeichneten Bestandteile gerichteten (rechtsmittelfähigen) Zwischenentscheidung der Vergabekammer.[36]

49 Die Verfahrensbeteiligten **erleichtern** durch die Kennzeichnung die der Vergabekammer gemäß § 165 Abs. 2 GWB obliegende **Prüfpflicht**. Denn Inhalte, die schon von den Verfahrensbeteiligten als nicht geheimhaltungsbedürftig eingeschätzt werden, können grundsätzlich auch kein Geheimnis dieser Beteiligten sein. Etwas anderes gilt allerdings dann, wenn die Geheimhaltung zwar nicht im Interesse des Beteiligten liegt, dafür aber ein öffentliches Interesse an der Geheimhaltung besteht.

50 Im Rahmen der Kennzeichnungsobliegenheit des § 165 Abs. 3 GWB ist jedoch zu berücksichtigten, dass jeder Verfahrensbeteiligte **nur über die ihn selbst betreffenden Geheimnisse disponieren** kann. Relevant ist dies vor allem bei der Übermittlung der Vergabeakten durch den Auftraggeber. Wenn hier Geheimnisse anderer Bieter (z.B. bestimmte Angebotsinhalte) durch den Auftraggeber nicht gekennzeichnet wurden, kann die Zustimmungsfiktion des § 165 Abs. 3 S. 2 GWB nicht greifen. Die Vergabekammer hat hier in **Zweifelsfällen** eine Stellungnahme des betroffenen Beteiligten einzuholen, wenn sie nicht bereits von sich aus über Vorliegen oder Nichtvorliegen eines Geschäftsgeheimnisses entscheiden kann. Dabei kann die Vergabekammer bei bestimmten Angebotsinhalten (z.B. Preise bei Lieferaufträgen, konkrete technische Inhalte von Nebenangeboten oder Änderungsvorschlägen, Fabrikate und Preise für Produkte, die zur Erbringung der Leistung eingesetzt werden sollen) in aller Regel von deren Geheimhaltungsbedürftigkeit ausgehen, sodass sich eine Nachfrage der Vergabekammer bei dem betroffenen Beteiligten u.U. erübrigt. Wegen der Unzulässigkeit einer „in camera"-Verwertung[37] empfiehlt sich eine Nachfrage aber dann, wenn die Vergabekammer bei ihrer Entscheidung die (möglicherweise) geheimhaltungsbedürftigen Inhalte zugrunde legen will.

51 Denkbar ist auch, dass die Vergabeakten **Geheimnisse von nicht am Nachprüfungsverfahren beteiligten Dritten** enthalten (z.B. Geschäftsgeheimnisse eines Nachunternehmers). Auch in diesem Fall kann die Vergabekammer nicht ohne Weiteres von der Zustimmung des Betroffenen zur Akteneinsicht ausgehen, sondern muss, soweit es sich um (potenziell) entscheidungserhebliche Tatsachen handelt, die Geheimhaltungsbedürftigkeit eigenständig prüfen und ggf. eine Stellungnahme des Betroffenen einholen.

52 An die Kennzeichnung dürfen **keine überzogenen Anforderungen** gestellt werden. Bei umfangreichen Unterlagen muss nicht jedes einzelne Blatt gekennzeichnet werden, es reicht vielmehr ein allgemeiner Hinweis auf die Geheimhaltungsbedürftigkeit der Unterlagen insgesamt oder bestimmter Teile der Unterlagen.[38]

53 In Anbetracht des Wortlauts der Vorschrift kann von den Verfahrensbeteiligten nicht verlangt werden, bereits im Rahmen der von ihnen vorgenommenen Kennzeichnung auch eine nachvollziehbare **Darlegung und Begründung für die Geheimhaltungsbedürftigkeit** zu verlangen.[39] Es wäre wenig praktikabel, von den Beteiligten bereits im Vorhinein Darlegungen

---

35 Gesetzesbegründung, VgRÄG, BT-Drs. 13/9340, 19.
36 Siehe hierzu Rn. 40.
37 Siehe Rn. 45.
38 A.A. wohl OLG Celle, Beschluss v. 10.9.2001 – 13 Verg 12/01.
39 A.A. OLG Jena, Beschluss v. 12.12.2001 – 6 Verg 5/01; OLG Celle, Beschluss v. 10.9.2001 – 13 Verg 12/01.

und Begründungen für das Vorliegen eines schützenswerten Geheimnisses zu verlangen, obwohl noch nicht absehbar ist, inwieweit eine Einsicht in diese Unterlagen zur Durchsetzung subjektiver Rechte der Beteiligten überhaupt erforderlich ist. Wenn eine Einsichtnahme aus den vorgenannten Gründen erforderlich sein sollte, kann die Vergabekammer, soweit sie überhaupt Zweifel an der Geheimhaltungsbedürftigkeit hat, innerhalb kurzer Fristen von dem betroffenen Beteiligten eine Begründung anfordern und auf dieser Grundlage eine Entscheidung über die Gewährung der Akteneinsicht treffen.

E. Rechtsschutz (Abs. 4)

I. Rechtsmittel gegen die Versagung der Akteneinsicht

Die Versagung der Akteneinsicht durch die Vergabekammer ist **nicht isoliert anfechtbar**. 54
Dies gilt sowohl für die teilweise als auch für die vollständige Versagung. Die Versagung der Akteneinsicht kann gemäß § 165 Abs. 4 GWB nur im Zusammenhang mit der sofortigen Beschwerde in der Hauptsache angegriffen werden. Die Beteiligten müssen folglich, wenn sie die ablehnende Entscheidung der Vergabekammer angreifen wollen, die Hauptsacheentscheidung abwarten und die Versagung der Akteneinsicht zunächst hinnehmen.[40]

Diese durch den Gesetzgeber gezogene Konsequenz ist **sachgerecht**, denn letztlich wird nur 55
der Verfahrensbeteiligte die Verweigerung der Akteneinsicht angreifen wollen (und vor dem Beschwerdegericht die erforderliche Beschwer geltend machen können), der in der Hauptsache ganz oder teilweise unterlegen ist. Die Vorschrift des § 165 Abs. 4 GWB vermeidet damit eine **Zersplitterung des Nachprüfungsverfahrens** und dient zugleich der Verfahrensbeschleunigung.[41] Des Weiteren entspricht § 165 Abs. 4 GWB dem allgemeinen verwaltungsgerichtlichen Grundsatz, dass behördliche Entscheidungen nicht isoliert, sondern nur mit dem gegen die Sachentscheidung zulässigen Rechtsbehelf angegriffen werden können (vgl. § 44a VwGO).

II. Rechtsmittel gegen die Stattgabe der Akteneinsicht

Um einen durch das Gesetz nicht geregelten Fall handelt es sich hingegen, wenn die Vergabe- 56
kammer dem Antrag auf Akteneinsicht stattgeben will, obwohl sich ein Verfahrensbeteiligter auf Geheimschutzinteressen beruft. Bei dieser Konstellation kann die Gewährung der Akteneinsicht für den betroffenen Beteiligten zu einem endgültigen Rechtsverlust führen, da seine Geheimnisse bekannt gegeben werden. Diese Konsequenz wäre mit der **Rechtsschutzgarantie** des Art. 19 Abs. 4 GG schwerlich vereinbar. Dementsprechend lässt die Rechtsprechung auch bei § 44a VwGO, dessen Rechtsgedanken § 165 Abs. 4 GWB abbildet, Ausnahmen zu, wenn die nachträgliche Geltendmachung von Rechtsverletzungen durch behördliche Verfahrensverhandlungen zu irreversiblen Schäden führt.[42]

Auch die einem Akteneinsichtsantrag stattgebende Entscheidung der Vergabekammer muss 57
daher einer **eigenständigen gerichtlichen Überprüfung** zugänglich sein, da eine lediglich im Zusammenhang mit der Hauptsache zulässige Überprüfung einen effektiven Rechtsschutz des betroffenen Beteiligten vereiteln würde, sofern durch einen Vollzug, namentlich durch eine faktisch gestattete Einsichtnahme in die Akten, Rechte des von der Akteneinsicht nachteilig Betroffenen in einer durch die Hauptsacheentscheidung nicht wiedergutzumachenden Weise beeinträchtigt werden können. Dementsprechend hat die Vergabekammer eine **Zwischenentscheidung** zu treffen. Der betroffene Beteiligte kann in diesem Fall gegen die der Akteneinsicht stattgebende Zwischenentscheidung der Vergabekammer die **sofortige Be-**

40 BayObLG, Beschluss v. 10.10.2000 – Verg 5/00.
41 Gesetzesbegründung, VgRÄG, BT-Drs. 13/9340, 19.
42 BVerfG, Beschluss v. 24.10.1990 – 1 BvR 1028/90.

schwerde gemäß § 171 Abs. 1 GWB einlegen.[43] Die Vergabekammer ist dann bis zu einer abschließenden Entscheidung des Beschwerdegerichts gehindert, dem Akteneinsichtsantrag stattzugeben.

58 Die Vergabekammer ist hingegen nicht gehindert, das **Nachprüfungsverfahren in der Hauptsache** trotz des anhängigen Rechtsstreits über die Akteneinsicht **fortzusetzen**. Aufgrund des im Nachprüfungsverfahren geltenden Beschleunigungsgrundsatzes (§ 167 GWB) dürfte es für die Vergabekammer sogar geboten sein, das Nachprüfungsverfahren – zunächst ohne Gewährung von Akteneinsicht in Bezug auf die streitigen Unterlagen – fortzuführen. Die unter Geheimschutzaspekten streitigen Aktenbestandteile können von der Kammer dann allerdings zunächst nicht im Rahmen einer abschließenden Entscheidung „in camera" verwertet werden.[44] Kommt es bei einer solchen Fallkonstellation auf die streitbefangenen Aktenbestandteile an, wird die Vergabekammer zunächst keine Hauptsacheentscheidung treffen und die **Entscheidungsfrist gemäß § 167 Abs. 1 S. 2 GWB verlängern**, bis das zuständige Oberlandesgericht über das Rechtsmittel gegen die der Akteneinsicht stattgebende Zwischenentscheidung der Vergabekammer entschieden hat.

Anlage

Gesetzesbegründung (BT-Drs. 18/6281)

Seite 135

§ 165 entspricht dem bisherigen § 111.

43 OLG Frankfurt, Beschluss v. 12.12.2014 – 11 Verg 8/14; OLG Düsseldorf, Beschluss v. 28.12.2007 – VII-Verg 40/07 m.w.N.

44 Zur Unzulässigkeit dieser Verwertungsmethode vgl. OLG München, Beschluss v. 8.11.2010 – Verg 20/10, sowie grundlegend OLG Düsseldorf, Beschluss v. 28.12.2007 – VII-Verg 40/07; siehe auch Rn. 45.

§ 166
Mündliche Verhandlung

(1) Die Vergabekammer entscheidet aufgrund einer mündlichen Verhandlung, die sich auf einen Termin beschränken soll. Alle Beteiligten haben Gelegenheit zur Stellungnahme. Mit Zustimmung der Beteiligten oder bei Unzulässigkeit oder bei offensichtlicher Unbegründetheit des Antrags kann nach Lage der Akten entschieden werden.

(2) Auch wenn die Beteiligten in dem Verhandlungstermin nicht erschienen oder nicht ordnungsgemäß vertreten sind, kann in der Sache verhandelt und entschieden werden.

Übersicht

	Rn.
A. Allgemeines	1
B. Grundsatz der mündlichen Verhandlung (Abs. 1 S. 1 und S. 2)	4
I. Erfordernis der mündlichen Verhandlung (S. 1)	4
II. Gelegenheit zur Stellungnahme (S. 2)	15
C. Ausnahme (Abs. 1 S. 3)	19
I. Allgemeines	19
II. Zustimmung der Beteiligten	22
III. Unzulässiger oder offensichtlich unbegründeter Antrag	27
D. Mündliche Verhandlung ohne die Beteiligten (Abs. 2)	35
Anlage Gesetzesbegründung (BT-Drs. 18/6281)	

A. Allgemeines

Die Vorschrift des § 166 GWB (zuvor § 112 GWB a.F.) ist im Zuge der GWB-Novelle zur Umsetzung der neuen EU-Vergaberichtlinien **nicht verändert worden**[1]. 1

Gegenstand der Regelung des § 166 GWB ist die mündliche Verhandlung vor der Vergabekammer. Die Vorschrift dient zum einen der Wahrung des Anspruchs auf **rechtliches Gehör**, zum anderen der **Verfahrensbeschleunigung**. 2

§ 166 Abs. 1 S. 1 und S. 2 GWB betreffen das Erfordernis der mündlichen Verhandlung und des rechtlichen Gehörs im Nachprüfungsverfahren. § 166 Abs. 1 S. 3 GWB enthält eine Ausnahme von dem an sich zwingenden Gebot der mündlichen Verhandlung. § 166 Abs. 2 GWB regelt den Fall, dass die Beteiligten zur mündlichen Verhandlung vor der Vergabekammer nicht erschienen sind. 3

B. Grundsatz der mündlichen Verhandlung (Abs. 1 S. 1 und S. 2)

I. Erfordernis der mündlichen Verhandlung (S. 1)

Nach § 166 Abs. 1 S. 1 GWB hat grundsätzlich eine mündliche Verhandlung vor der Vergabekammer stattzufinden. Dies entspricht der Regelung des § 128 Abs. 1 ZPO. 4

Aus dem Gebot folgt, dass **Grundlage der Entscheidung** der Vergabekammer nur das sein darf, was Gegenstand der mündlichen Verhandlung war.[2] Darauf hat der Vorsitzende der Kammer aufgrund der das Nachprüfungsverfahren beherrschenden Amtsmaxime in der Verhandlung **hinzuweisen**. Fehlt es daran und fehlt deshalb der entsprechende eindeutige Vortrag, so kann dies ein Verfahrensfehler sein, der den Betroffenen ggf. zur sofortigen Beschwerde nach § 171 GWB berechtigt. Erst recht gilt dies, wenn eine entscheidungserhebliche Tatsache vorgetragen wurde, die Vergabekammer diese aber in der Entscheidung unbeachtet lässt. 5

1 Vgl. Gesetzesbegründung, BT-Drs. 18/6281, 135.
2 Vgl. auch *Heuvels*, in: Loewenheim/Meessen/Riesenkampff, Kartellrecht, § 112 GWB Rn. 3.

6 Obwohl in § 166 Abs. 1 S. 1 GWB das Verfahren vor der Vergabekammer nicht näher ausgestaltet ist, erfordert der gerichtsähnliche Charakter des Verfahrens[3] jedenfalls die **Einhaltung grundsätzlicher Förmlichkeiten**.[4] Die wesentlichen Bestimmungen der VwGO bzw. des VwVfG sind ergänzend heranzuziehen.[5] Dies gilt zunächst im Hinblick auf § 102 VwGO, nach dessen Abs. 1 der Termin zur mündlichen Verhandlung von Amts wegen bestimmt wird.

7 Die Pflicht zu einer **förmlichen Ladung** besteht nicht.[6] Die Geschäftsordnung der Vergabekammer des Bundes bestimmt in § 5 Abs. 3, dass eine Ladung „nach Möglichkeit mit Telefax mit der Aufforderung zur unverzüglichen Empfangsbestätigung, ansonsten durch die Post oder einen Kurier" erfolgt. Aufgrund des Beschleunigungsgebotes wird man aber die **Regelladungsfrist** von grundsätzlich mindestens zwei Wochen regelmäßig verkürzen dürfen (§ 102 Abs. 1 S. 2 VwGO).[7] § 6 GO der Vergabekammer des Bundes sieht eine **Mindestfrist** von drei Tagen vor.

8 Über den **Verhandlungsgang** sind die Bestimmungen der §§ 103 ff. VwGO entsprechend heranzuziehen. Zur Frage der **Öffentlichkeit** der Verhandlung sieht zumindest die Geschäftsordnung der Vergabekammern des Bundes in deren § 6 Abs. 1 vor,[8] dass die Verhandlung nicht öffentlich ist. Dies hat auch für alle anderen Vergabekammern zu gelten, da die Öffentlichkeit nur im Beschwerdeverfahren durch den Verweis von § 175 Abs. 2 GWB auf § 73 Nr. 1 GWB angeordnet ist.[9] Zudem kann hier auf eine entsprechende Anwendung des § 68 Abs. 1 S. 1 VwVfG zurückgegriffen werden. Der Termin muss daher nicht öffentlich bekannt gegeben werden.

9 Gemäß § 166 Abs. 1 S. 1 GWB und im Einklang mit dem Beschleunigungsgrundsatz soll sich die mündliche Verhandlung **auf einen Termin beschränken**. Auf diese Weise kann die Vergabekammer schnell zu einer Entscheidung kommen. Hiernach kommt ein sog. „Durchlauftermin" vor der Kammer nicht in Betracht, die Erstreckung der Verhandlung auf mehrere Tage wird jedoch durch die Sollvorschrift nicht ausgeschlossen. Aus dem Grundsatz ergibt sich die Verpflichtung für die Kammer, den Termin so vorzubereiten, dass darin erschöpfend und möglichst abschließend verhandelt werden kann. Insbesondere ist die Kammer dabei – wie auch i.R.d. § 86 Abs. 3 VwGO bzw. § 139 ZPO – verpflichtet, durch Anordnungen, Verfügungen, Hinweisbeschlüsse usw. auf die Beteiligten einzuwirken, die für wesentlich gehaltenen Aufklärungsmittel, wie z.B. Urkunden, sonstige Belege, Zeugen, ggf. Sachverständige, im Termin bereitzuhalten, soweit dies für eine mögliche Entscheidung auf der Grundlage mündlicher Verhandlung in einem Termin nötig erscheint. Auf Antrag kann Schriftsatznachlass im Sinne von § 283 ZPO gewährt werden. Entsprechend kann die Vergabekammer nach neuem Sachvortrag des Gegners auf Antrag auch eine Frist einräumen, innerhalb derer der Antragsteller seinen Antrag zurücknehmen kann.

---

3 Dazu auch *Horn/Graef*, NZBau 2002, 142, (143 f.).

4 Gesetzesbegründung, VgRÄG, BT-Drs. 13/9340, 20; KG, Beschluss v. 10.10.2001 – Kart Verg 7/01; OLG Düsseldorf, Beschluss v. 5.9.2001 – Verg 18/01; Beschluss v. 13.4.1999 – Verg 1/99.

5 So auch *Frister*, in: Ziekow/Völlink, Vergaberecht, § 112 GWB Rn. 2; gegen eine Anwendung der Regeln der ZPO spricht, dass die Vergabekammer durch Verwaltungsakt entscheidet (§ 168 Abs. 3 S. 1 GWB) und – wie im Verwaltungsverfahren – der Amtsermittlungsgrundsatz gilt. Für eine vorrangige Anwendung der Vorschriften über das Kartellverfahren hinsichtlich der *„Auslegung von Tatbestandsmerkmalen des Vergabekammerverfahrensrechts"*: *Brauer*, in: Kulartz/Kus/Portz, GWB-Vergaberecht, § 112 Rn. 3.; *Reidt*, in: Reidt/Stickler/Glahs, Vergaberecht, § 112 GWB Rn. 7, hält das Verfahren gemäß § 10 VwVfG für im Wesentlichen formfrei, soweit keine speziellen Rechtsvorschriften oder Geschäftsordnungen bestehen.

6 So auch *Summa*, in: Heiermann/Zeiss, Vergaberecht, § 112 GWB Rn. 11 f.; *Bungenberg*, in: Pünder/Schellenberg, Vergaberecht, § 112 GWB Rn. 12; nach *Summa* genügt daher auch eine Ladung per E-Mail mit Bestätigung des Empfangs.

7 Vgl. *Summa* in: Heiermann/Zeiss, Vergaberecht, § 112 GWB Rn. 10, 13: Eine Ladungsfrist von höchstens einer Woche reicht aus.

8 Geschäftsordnung der Vergabekammern des Bundes v. 15.07.2005 (Bekanntmachung Nr. 41/2005 BAnz. Nr. 151 vom 12.8.2005, S. 12296 ff.).

9 So auch *Summa*, in: Heiermann/Zeiss, Vergaberecht, § 112 GWB Rn. 5; *Reidt*, in: Reidt/Stickler/Glahs, Vergaberecht, § 112 GWB Rn. 9; a.A. *Otting*, in: Bechtold, GWB, 6. Auflage 2010, § 112 Rn. 3; *Dreher*, in: Immenga/Mestmäcker, Wettbewerbsrecht, § 112 GWB Rn. 6; *Brauer*, in: Kulartz/Kus/Portz, GWB-Vergaberecht, § 112 Rn. 5.

Das **Verbot der Vorwegnahme einer Beweiswürdigung** gilt allerdings auch im Nachprüfungsverfahren. Die Vergabekammer kann daher einen Beweisantrag nicht aus dem Grund ablehnen, er sei nicht sinnvoll oder erfolgversprechend.[10] 10

Da Vergabekammern vergleichsweise selten **Beweisbeschlüsse** erlassen und **Zeugen** laden, empfiehlt es sich für die Beteiligten insbesondere, präsente Zeugen zum Termin von sich aus mitzubringen. 11

Im Übrigen gilt für das Verfahren der **Untersuchungsgrundsatz** nach § 163 GWB. Die aus dem Untersuchungsgrundsatz erwachsenden Befugnisse der Vergabekammer werden durch die Vorschrift des § 163 Abs. 2 S. 5 GWB konkretisiert, welche die entsprechende Anwendung der Normen zu Ermittlungen, Beweiserhebung, Beschlagnahme von Beweismitteln, Auskunftsverlangen, Einstweilige Anordnungen, Verfahrensabschluss, Begründung der Verfügung und Zustellung der Verfügung in den §§ 57 bis 59 Abs. 1 bis 5 sowie § 61 GWB eröffnet. 12

Hinsichtlich des **Ablaufs der Verhandlung** gibt es keine Regeln, sodass die Vergabekammer über einen relativ weiten Gestaltungsspielraum verfügt. 13

Schließlich folgt aus der **Mündlichkeit** auch, dass die Verhandlung unmittelbar vor dem erkennenden Spruchkörper stattzufinden hat. Daher muss die Vergabekammer in der Besetzung entscheiden, in der sie mündlich verhandelt hat (vgl. § 166 VwGO).[11] Anderes gilt nur, wenn aufgrund der Aktenlage entschieden wird (§ 166 Abs. 1 S. 2 GWB). 14

II. Gelegenheit zur Stellungnahme (S. 2)

§ 166 Abs. 1 S. 2 GWB legt ein **grundlegendes Erfordernis** für die mündliche Verhandlung vor der Vergabekammer fest. Allen Beteiligten muss die Gelegenheit zur Stellungnahme eingeräumt werden. Diese Bestimmung ist zwingend. 15

Eine **Missachtung** durch die Vergabekammer während der Verhandlung führt wegen der Schwere der Rechtsverletzung zur Aufhebung einer dennoch getroffenen Entscheidung aufgrund einer sofortigen Beschwerde nach § 171 GWB, denn § 166 Abs. 1 S. 2 GWB konkretisiert den verfassungsrechtlichen Grundsatz des rechtlichen Gehörs (Art. 103 Abs. 1 GG).[12] 16

Das Recht steht jedem zu, der **Beteiligter** i.S.d. § 162 GWB ist, also Antragsteller, Antragsgegner und ggf. dem Beigeladenen. 17

Findet ein **Beschwerdeverfahren** statt, ist die Gewähr rechtlichen Gehörs durch mündliche Verhandlung und Gelegenheit zur Stellungnahme vor dem Beschwerdegericht erfolgt. Ein Anspruch auf Zurückverweisung an die Vergabekammer, um vor dieser rechtliches Gehör in einer erneuten mündlichen Verhandlung zu erlangen, besteht nicht.[13] 18

C. Ausnahme (Abs. 1 S. 3)

I. Allgemeines

§ 166 Abs. 1 S. 3 GWB ermöglicht eine Abweichung vom Erfordernis der mündlichen Verhandlung vor der Vergabekammer, nämlich die **Entscheidung nach Lage der Akten**. Die Vergabekammer hat über diese Abweichung nach pflichtgemäßem **Ermessen** zu entscheiden.[14] Eine entsprechende Möglichkeit besteht u.a. auch nach § 251a ZPO. 19

Grundsätzlich verlangt eine Entscheidung nach Lage der Akten, dass die Akten inhaltlich für die Entscheidung der Vergabekammer Bedeutsames **hinreichend bzw. lückenlos** auswei- 20

10 Vgl. OLG Düsseldorf, Beschluss v. 29.4.2009 – VII-Verg 73/08; Beschluss v. 20.1.2006 – VII-Verg 98/05.
11 Vgl. BayObLG, Beschluss v. 2.12.2002 – Verg 24/02; OLG Düsseldorf, Beschluss v. 5.9.2001 – Verg 18/01.
12 Vgl. OLG Brandenburg, Beschluss v. 12.1.2010 – Verg W 5/09; zur Geltung des Art. 103 Abs. 1 GG im Nachprüfungsverfahren: OLG Koblenz, Beschluss v. 22.3.2001 – 1 Verg 9/00; OLG Düsseldorf, Beschluss v. 2.3.2005 – VII-Verg 70/04.
13 Vgl. OLG Brandenburg, Beschluss v. 12.1.2010 – Verg W 5/09.
14 Gesetzesbegründung, VgRÄG, BT-Drs. 13/9340, 19; BayObLG, Beschluss v. 20.8.2001 – Verg 11/01-12/m.

sen. Möglich ist dies z.B., wenn Rechtsfragen auf der Grundlage eines feststehenden Sachverhalts zu entscheiden sind, also in Fällen, in denen die mündliche Verhandlung mit hinreichender Sicherheit keine weiteren Erkenntnisse bringt.

21 Eine Entscheidung ohne mündliche Verhandlung kann nur in den in § 166 Abs. 1 S. 3 GWB **abschließend**[15] **aufgeführten Fällen** infrage kommen, also wenn die Beteiligten in Kenntnis des ihnen zustehenden Anspruchs auf rechtliches Gehör auf dessen Wahrnehmung verzichten, wenn der Nachprüfungsantrag unzulässig[16] oder wenn dieser offensichtlich unbegründet ist. Vorbereitende **Zwischenentscheidungen** wie etwa die Gestattung der Akteneinsicht oder Beweisbeschlüsse bedürfen hingegen grundsätzlich keiner mündlichen Verhandlung.[17]

II. Zustimmung der Beteiligten

22 Nach § 166 Abs. 1 S. 3 GWB kommt eine Entscheidung der betreffenden Vergabesache ohne mündliche Verhandlung zunächst dann in Betracht, wenn alle Beteiligten, also auch die Beigeladenen (vgl. § 162 GWB), der Entscheidung nach Lage der Akten zugestimmt haben.[18]

23 Als Verfahrenshandlung muss die Einwilligung **inhaltlich klar und eindeutig** ggü. der Vergabekammer erklärt werden.

24 Die Übermittlung kann **mündlich, schriftlich oder in sonstiger Form** erfolgen,[19] und zwar entweder **aus eigener Initiative** sämtlicher Beteiligter oder nachdem die Vergabekammer entweder bei Zustellung des Antrages (vgl. § 163 Abs. 2 S. 1 GWB) oder spätestens nach Eingang der Akten, ggf. auch nach ihrer ersten Durchsicht, die Beteiligten auf die Möglichkeit der Zustimmung zur Entscheidung nach Aktenlage **hinweist**. Mit diesem Hinweis ist regelmäßig die Aufforderung an die Beteiligten verbunden, innerhalb einer bestimmten kurzen Frist zu erklären, ob zugestimmt wird. Wird dies von einem Verfahrensbeteiligten verneint oder schweigt einer der Beteiligten dazu, so muss eine mündliche Verhandlung stattfinden.

25 Die erklärte Zustimmung ist grundsätzlich **unwiderruflich**[20] und **bedingungsfeindlich**[21].

26 Die Zustimmung zu einer Entscheidung nach Lage der Akten wird **selten erteilt**. Das folgt schon daraus, dass die mündliche Verhandlung oftmals Gelegenheit bietet, den Vortrag zur Sach- und Rechtslage zu ergänzen oder zu pointieren. Für Rechtsanwälte gilt deshalb als „goldene Regel", niemals ohne Not auf eine mündliche Verhandlung zu verzichten. Auch wird durch eine nicht erteilte Zustimmung Druck auf die Kammer erhöht, das Verfahren zügig vorzubereiten und zu entscheiden.

III. Unzulässiger oder offensichtlich unbegründeter Antrag

27 Nach § 166 Abs. 1 S. 3 GWB kann auf die mündliche Verhandlung ferner verzichtet werden, wenn der Antrag unzulässig oder offensichtlich unbegründet ist[22].

---

15 OLG Jena, Beschluss v. 9.9.2002 – 6 Verg 4/02.

16 Es ist nicht erforderlich, dass auch die Unzulässigkeit offensichtlich ist, vgl. OLG Brandenburg, Beschluss v. 5.10.2004 – W 12/04.

17 OLG Jena, Beschluss v. 9.9.2002 – 6 Verg 4/02; *Gröning*, in: Motzke/Pietzcker/Prieß, VOB/A, 1. Auflage, § 102 GWB Rn. 30.

18 Vgl. *Frister*, in: Ziekow/Völlink, Vergaberecht, § 112 GWB Rn. 9 weist darauf hin, dass die Zustimmung, anders als der Wortlaut nahelegt, nicht zur Entscheidung nach Lage der Akten erteilt werden muss, sondern zur Entscheidung ohne mündliche Verhandlung. Dies ergebe sich aus der Gesetzesbegründung (VgRÄG, BT-Drs. 13/9340, 17 zu § 122 GWB), nachdem die Vorschrift ausdrücklich an § 128 Abs. 2 ZPO angelehnt sei.

19 So auch *Bungenberg*, in: Pünder/Schellenberg, Vergaberecht, § 112 GWB Rn. 18; *Frister*, in: Ziekow/Völlink, Vergaberecht, § 112 GWB Rn. 9.

20 So auch *Otting*, in: Bechtold, GWB, 6. Auflage 2010, § 112 Rn. 4; *Dreher*, in: Immenga/Mestmäcker, Wettbewerbsrecht, § 112 GWB Rn. 9; *Brauer*, in: Kulartz/Kus/Portz, GWB-Vergaberecht, § 112 Rn. 13; *Reidt*, in: Reidt/Stickler/Glahs, Vergaberecht, § 112 GWB Rn. 14; *Bungenberg*, in: Pünder/Schellenberg, Vergaberecht, § 112 GWB Rn. 18; *Frister*, in: Ziekow/Völlink, Vergaberecht, § 112 GWB Rn. 9.

21 Vgl. *Heuvels*, in: Loewenheim/Meessen/Riesenkampff, Kartellrecht, § 112 GWB Rn. 8; *Frister*, in: Ziekow/Völlink, Vergaberecht, § 112 GWB Rn. 9.

22 Vgl. dazu OLG Brandenburg für einen Fall der teilweisen Unzulässigkeit und i.Ü. offensichtlichen Unbegründetheit, Beschluss v. 30.4.2013 – Verg W 3/13.

Der **offensichtlichen Unzulässigkeit** bedarf es hingegen nicht.[23] Die Vergabekammer kann also, auch wenn sie den Nachprüfungsantrag mangels offensichtlicher Unzulässigkeit oder Unbegründetheit zugestellt hat[24] (§ 163 Abs. 2 S. 1 GWB), diesen ohne mündliche Verhandlung als unzulässig zurückweisen.[25] Hier hat ausnahmsweise das Gebot der Verfahrensbeschleunigung Vorrang. 28

Die Annahme einer solchen Unzulässigkeit oder offensichtlichen Unbegründetheit kommt aber nur in **Ausnahmefällen** in Betracht, wenn sie für jedes Mitglied der Vergabekammer eindeutig feststeht.[26] Materiellrechtlicher Maßstab dafür ist, dass die Vergabekammer nach genauer Prüfung der Sach- und Rechtslage oder auch erst nach weiteren Ermittlungen die Unzulässigkeit feststellt. Regelmäßig ist eine mündliche Verhandlung dann verzichtbar, wenn die Unzulässigkeit eindeutig ist und in einer mündlichen Verhandlung neue Erkenntnisse nicht mehr zu erwarten sind.[27] Das folgt schon aus dem Grundsatz der Verfahrensökonomie. Denn der Antragsteller wird unter diesen Umständen prüfen, ob er den Antrag nicht zur Vermeidung unnötiger Kosten zurücknimmt. Die Kammer wird so davon entlastet, eine schriftliche Entscheidung absetzen zu müssen. 29

Auch wenn keine Hinweispflicht besteht, so kann doch in Ausnahmefällen bei offensichtlicher Unbegründetheit die **vorherige Gewährung rechtlichen Gehörs** geboten sein. Dies muss jedenfalls dann gelten, wenn die offensichtliche Unbegründetheit auf Erkenntnissen beruht, die zwar nicht dem Rechtsschutzbegehren des Antragstellers entsprechen, die sich aber aus Anlass der Rechtsprechung durch die Vergabekammer aufdrängen.[28] 30

Zu beachten ist weiterhin, dass die Vergabekammer prüfen und ggf. aufgliedern muss, ob **mehrere Rügen** erhoben worden sind. Für jede dieser Rügen ist die Zulässigkeit isoliert zu prüfen. Eine insofern nur teilweise Unzulässigkeit des Nachprüfungsantrags berechtigt nicht zum Verzicht auf die Durchführung einer mündlichen Verhandlung gemäß § 166 Abs. 1 S. 3 GWB.[29] 31

Der Unzulässigkeit gleich steht die **Rücknahme** des Antrags durch den Antragsteller, soweit eine Sachentscheidung der Vergabekammer nicht mehr in Betracht kommt.[30] 32

Die Zurückweisung des Nachprüfungsantrags ohne mündliche Verhandlung wegen Unzulässigkeit oder offensichtlicher Unbegründetheit kann auch vom **Antragsgegner** oder einem **Beigeladenen** beantragt werden. 33

In den Fällen der Entscheidung ohne mündliche Verhandlung wegen Unzulässigkeit oder offensichtlicher Unbegründetheit des Antrags besteht regelmäßig keine **Pflicht** der Vergabekammer, den Beteiligten vorher einen **Hinweis zu erteilen**.[31] Dies dürfte allerdings in der Praxis gleichwohl die Regel sein. 34

---

23 BayObLG, Beschluss v. 20.8.2001 – Verg 11/01-12/m; OLG Koblenz, Beschluss v. 22.3.2001 – 1 Verg 9/00; vgl. auch VK Niedersachsen, Beschluss v. 15.1.2002 – 203-VgK-24/2001; *Byok*, in: Byok/Jaeger, Vergaberecht, § 112 GWB Rn. 6.

24 Die Vergabekammer darf hingegen nicht zustellen, wenn ein Fall offensichtlicher Unzulässigkeit gegeben ist, vgl. OLG Frankfurt, Beschluss v. 2.10.2013 – 11 Verg 10/13.

25 Vgl. auch VK Schleswig-Holstein, Beschluss v. 23.8.2012 – VK-SH 21/12; *Heuvels*, in: Loewenheim/Meessen/Riesenkampff, Kartellrecht, § 112 GWB Rn. 9.

26 Vgl. für den Fall der Unzuständigkeit gemäß § 156 Abs. 2 GWB (§ 104 Abs. 2 GWB a.F.): VK Brandenburg, Beschluss v. 10.2.2003 – VK 80/02.

27 Vgl. VK Hessen, Beschluss v. 12.2.2014 – 69d-VK55/2013; Beschluss v. 25.6.2013 – 69d VK-13/2013. Für den Fall offensichtlicher Unbegründetheit kann nichts anderes gelten.

28 Vgl. VK Hessen, Beschluss v. 25.6.2013 – 69d-VK-13/2013.

29 Vgl. OLG Celle, Beschluss v. 31.7.2008 – 13 Verg 3/08.

30 BayObLG, Beschluss v. 29.9.1999 – Verg 5/99; VK Thüringen, Beschluss v. 28.8.2002 – 216-4002.20-024/02-MGN; anders hingegen der Fall des OLG Düsseldorf, Beschluss v. 2.3.2005 – VII-Verg 70/04: Der Antragsteller, der einen Nachprüfungsantrag wegen fehlerhafter Wertung seines Angebots anstrengte, teilte der Vergabekammer mit, dass sich mit der zwischenzeitlichen Aufhebung der Ausschreibung das Nachprüfungsverfahren wohl erledigt habe. Gleichzeitig behielt sich der Antragsteller jedoch vor, ggf. einen Feststellungsantrag nach § 168 Abs. 2 S. 2 GWB (§ 114 Abs. 2 S. 2 GWB a.F.) zu stellen. Den daraufhin erfolgten Einstellungsbeschluss wertete der Senat als Verletzung des rechtlichen Gehörs, da die Vergabekammer eine angemessene Frist zur Erklärung hätte setzen müssen. Der Senat verwies die Sache an die Vergabekammer zurück.

31 So auch *Summa*, in: Heiermann/Zeiss, Vergaberecht, § 112 GWB Rn. 17.

D. Mündliche Verhandlung ohne die Beteiligten (Abs. 2)

35 Eine besondere Regelung trifft § 166 Abs. 2 GWB, wonach auch dann, wenn die Beteiligten in dem Verhandlungstermin **nicht erscheinen oder nicht ordnungsgemäß vertreten** sind, verhandelt und entschieden werden kann. Hierdurch unterscheidet sich die Regelung vom Versäumnisverfahren im Zivilrechtsstreit gemäß §§ 330 ff. ZPO, da es tatsächlich eine **Verhandlung zur Sache** gibt und die Entscheidung auch i.Ü. wie eine sonstige Entscheidung nach mündlicher Verhandlung behandelt wird.

36 Allerdings gelten die grundlegenden Voraussetzungen für das **Versäumnisverfahren im Zivilprozess** auch hier: Es muss ein Termin zur mündlichen Verhandlung bestimmt und die Beteiligten müssen ordnungsgemäß mit angemessener Frist geladen worden, aber dennoch in der Verhandlung säumig sein. Unter „Säumigkeit" fällt auch die nicht ordnungsgemäße Vertretung durch einen rechtsgeschäftlich oder gesetzlich bestellten Vertreter. Der Fall, dass nur einer der Beteiligten säumig ist, wird in § 166 Abs. 2 GWB nicht ausdrücklich geregelt. Jedoch wird man auch in diesem Fall davon ausgehen können, dass die Verhandlung insoweit nicht vom Erscheinen der Partei abhängig sein soll, sondern vielmehr auch ohne sie durchgeführt werden kann.[32]

37 Im Interesse der beschleunigten Verfahrensabwicklung hat die säumige Partei das **Risiko des Fehlens** in der Verhandlung zu tragen und zwar selbst dann, wenn ihr Fehlen unverschuldet ist.[33] Aufgrund dieser gravierenden Folgen der Säumnis wird die Vergabekammer bereits in der Ladung zum Termin auf diese Möglichkeit **hinzuweisen** haben, um den Beteiligten das bestehende Risiko aufzuzeigen.[34]

38 Jedenfalls muss die Vergabekammer bei der Ausübung ihres **Ermessens** berücksichtigen, ob in einer erneut anzuberaumenden Verhandlung wesentliche neue Erkenntnisse zu erwarten wären, die der weiteren Aufklärung des Sachverhalts dienen könnten.[35] In diesem Fall muss sie – schon wegen des geltenden Amtsermittlungsgrundsatzes – auf eine Entscheidung nach Lage der Akten verzichten und neu terminieren. Voraussetzung sollte jedoch stets sein, dass eine Entscheidung ohne Neuterminierung den Abwesenden beschwert.[36]

Anlage

Gesetzesbegründung (BT-Drs. 18/6281)

Seite 135

§ 166 entspricht dem bisherigen § 112.

32 Vgl. *Frister*, in: Ziekow/Völlink, Vergaberecht, § 112 GWB Rn. 14; so auch *Heuvels*, in: Loewenheim/Meessen/Riesenkampff, Kartellrecht, § 112 GWB Rn. 13.

33 So auch *Otting*, in: Bechtold, GWB, 6. Auflage 2010, § 112 Rn. 5; *Dreher*, in: Immenga/Mestmäcker, Wettbewerbsrecht, § 112 GWB Rn. 16; *Brauer*, in: Kulartz/Kus/Portz, GWB-Vergaberecht, § 112 Rn. 7.

34 Vgl. *Bungenberg*, in: Pünder/Schellenberg, Vergaberecht, § 112 GWB Rn. 22; *Frister*, in: Ziekow/Völlink, Vergaberecht, § 112 GWB Rn. 5.

35 So auch *Summa*, in: Heiermann/Zeiss, Vergaberecht, § 112 GWB Rn. 24.

36 Vgl. *Summa*, in: Heiermann/Zeiss, Vergaberecht, § 112 GWB Rn. 22.

§ 167
Beschleunigung

(1) Die Vergabekammer trifft und begründet ihre Entscheidung schriftlich innerhalb einer Frist von fünf Wochen ab Eingang des Antrags. Bei besonderen tatsächlichen oder rechtlichen Schwierigkeiten kann der Vorsitzende im Ausnahmefall die Frist durch Mitteilung an die Beteiligten um den erforderlichen Zeitraum verlängern. Dieser Zeitraum soll nicht länger als zwei Wochen dauern. Er begründet diese Verfügung schriftlich.

(2) Die Beteiligten haben an der Aufklärung des Sachverhalts mitzuwirken, wie es einem auf Förderung und raschen Abschluss des Verfahrens bedachten Vorgehen entspricht. Den Beteiligten können Fristen gesetzt werden, nach deren Ablauf weiterer Vortrag unbeachtet bleiben kann.

Übersicht

	Rn.
A. Allgemeines	1
B. Pflichten der Vergabekammer zur Verfahrensbeschleunigung (Abs. 1)	5
I. Entscheidungsfrist (S. 1)	5
II. Fristverlängerung (S. 2 und S. 3)	10
1. Schriftliche und begründete Mitteilung (S. 4)	16
2. Zeitpunkt der Mitteilung (S. 2 bis 4)	19
C. Mitwirkungspflichten der Beteiligten (Abs. 2)	20
I. Mitwirkungspflichten (S. 1)	21
II. Fristsetzung und Ausschluss verspäteten Vorbringens (S. 2)	24
Anlage Gesetzesbegründung (BT-Drs. 18/6281)	

A. Allgemeines

1 Die Vorschrift des § 167 GWB (zuvor § 113 GWB a.F.) ist im Zuge der GWB-Novelle 2016 zur Umsetzung der neuen EU-Vergaberichtlinien **nicht verändert** worden.

2 § 167 GWB regelt Einzelheiten der **Verfahrensbeschleunigung** im Vergabenachprüfungsverfahren. Der Beschleunigungsgrundsatz des Vergaberechts soll einen Ausgleich zum Zuschlagsverbot gemäß § 169 Abs. 1 GWB bieten und in dessen Folge drohende Investitionsblockaden zeitlich begrenzen.[1]

3 § 167 Abs. 1 GWB regelt die aus dem Beschleunigungsgrundsatz folgenden **Pflichten der Vergabekammer**, § 167 Abs. 2 GWB jene der am Verfahren vor der Vergabekammer Beteiligten. In Ergänzung zu § 168 Abs. 3 S. 1 GWB sind § 167 Abs. 1 GWB darüber hinaus Formvorgaben für die Entscheidung der Vergabekammer, nämlich das Schriftformerfordernis und die Pflicht zur schriftlichen Begründung, zu entnehmen. Nicht in § 167 Abs. 1 GWB geregelt ist hingegen, welche Mitglieder der Vergabekammer die Entscheidung der Vergabekammer unterschreiben müssen.[2] Im Fall eines Fortsetzungsfeststellungsantrags (§ 168 Abs. 2 GWB) ist § 167 GWB gemäß § 168 Abs. 2 S. 3 GWB nicht anwendbar. Entscheidend ist insofern die formale Antragsumstellung durch den Antragsteller.[3]

4 Mit dem VergRModG 2009 ist in Abs. 1 ein S. 3 eingefügt worden, wonach die ausnahmsweise zulässige Verlängerung der Fünf-Wochen-Entscheidungsfrist den Zeitraum von zwei Wochen möglichst nicht überschreiten soll.

---

1 Gesetzesbegründung, VgRÄG, BT-Drs. 13/9340, 19.
2 BGH, Beschluss v. 12.6.2001 – X ZB 10/01; vgl. *Kadenbach* zu § 168 Rn. 55.
3 OLG Naumburg, Beschluss v. 4.9.2001 – 1 Verg 8/01.

B. Pflichten der Vergabekammer zur Verfahrensbeschleunigung (Abs. 1)

I. Entscheidungsfrist (S. 1)

5 In § 167 Abs. 1 S. 1 GWB ist die Verpflichtung der Vergabekammer festgelegt, die Entscheidung der anhängigen Fälle innerhalb einer Frist von fünf Wochen ab Eingang des Nachprüfungsantrags zu treffen und schriftlich zu begründen. Bei Fristüberschreitung gilt der Antrag nach § 117 Abs. 2 GWB als abgelehnt (Ablehnungsfiktion).[4]

6 Die Frist des § 167 Abs. 1 GWB gilt **analog** auch für Fälle, in denen das Verfahren gemäß § 178 S. 2 GWB vom Beschwerdegericht an die Vergabekammer **zurückverwiesen** wird.

7 Maßgebend für den Beginn der fünfwöchigen Frist ist der **Eingang des Antrags** bei der Vergabekammer.[5] Voraussetzung ist, dass der Antrag vom Antragsteller eingereicht wird.[6] Nicht erforderlich ist dagegen, dass er die Formanforderungen des § 161 GWB erfüllt.[7] Bei offensichtlich unzulässigen Anträgen erfolgt zwar keine Zustellung. Daher greift auch nicht das Zuschlagsverbot des § 169 Abs. 1 GWB ein, sodass es an einer Gefahr von Investitionsblockaden fehlt. Gleichwohl ist nach dem Gesetzeswortlaut allein auf den Eingang des Antrags abzustellen. Auf die Zulässigkeit eines Nachprüfungsantrags kann es mithin nicht ankommen. Diese Auslegung folgt aus dem in der Vorschrift zum Ausdruck kommenden unbedingten Beschleunigungsgrundsatz. Die Vergabestelle soll schnell Rechtssicherheit darüber haben, ob die angegriffene Vergabe rechtmäßig oder rechtswidrig gewesen ist. Das erfordert, dass der Fristenlauf des § 167 Abs. 1 S. 1 GWB sicher durch ein objektives Ereignis (Eingang des Antrags) in Gang gesetzt wird. Etwaige Versäumnisse auf der Antragstellerseite können dabei insoweit nicht zulasten der Vergabestelle gehen. Insoweit ist es konsequent, für den Fristbeginn eben nicht auf den Eingang einer etwa nach gemäß § 161 Abs. 1 S. 1 GWB unverzüglich nachgereichten Begründung abzustellen.[8] Wird der Antrag bei einer nicht zuständigen Vergabekammer eingereicht, sind §§ 83 VwGO, 17a GVG entsprechend anwendbar, mit der Folge, dass die Frist erst bei Eingang des Antrags bei der zuständigen Kammer zu laufen beginnt.[9]

8 Für die **Fristberechnung** gelten über § 31 Abs. 1 VwVfG die §§ 187 ff. BGB. Entsprechend § 187 Abs. 1 BGB **beginnt** die Frist am Tag nach Eingang des Antrags bei der Vergabekammer.[10] Sie **endet** mit Ablauf desjenigen Wochentages, der die Bezeichnung des Wochentages des Antragseingangs trägt (§ 188 Abs. 2 BGB).

9 Innerhalb der Fünf-Wochen-Frist des § 167 Abs. 1 S. 1 GWB muss die Vergabekammer das Nachprüfungsverfahren durch **wirksame Entscheidung** zum Abschluss bringen.[11] Dies bedeutet, dass sie in diesem Zeitraum alle Entscheidungen zu treffen und Handlungen vorzunehmen hat, die nach Lage des Falles erforderlich sind, also neben jenen der §§ 163 bis 166 GWB auch die in § 169 GWB benannten. Innerhalb der Frist müssen ferner die Gründe der Entscheidung abgesetzt werden. Nicht erforderlich ist dagegen die förmliche Zustellung der Entschei-

---

4 Zu den Voraussetzungen des § 171 Abs. 2 GWB siehe *Lischka* zu § 171 Rn. 39 ff.

5 So schon: OLG Düsseldorf, Beschluss v. 13.4.1999 – Verg 1/99.

6 Und nicht mittels ohnehin unzulässiger Verweisung durch ein Gericht gemäß § 17a GVG, vgl. OLG Düsseldorf, Beschluss v. 11.3.2002 – Verg 43/01; so auch *Bungenberg*, in: Pünder/Schellenberg, Vergaberecht, § 113 GWB Rn. 4.

7 *Dreher*, in: Immenga/Mestmäcker, Wettbewerbsrecht, § 113 GWB Rn. 8; *Ohlerich*, in: Kulartz/Kus/Portz, GWB-Vergaberecht, § 113 Rn. 9; *Reidt*, in: Reidt/Stickler/Glahs, Vergaberecht, § 113, GWB Rn. 7; a.A. *Otting*, in: Bechtold, GWB, 6. Auflage 2010, § 113 Rn. 1; *Boesen*, Vergaberecht, § 113 GWB Rn. 9.

8 Ebenso mit ausführlicher Begründung auch *Summa*, in: Heiermann/Zeiss, Vergaberecht, § 113 GWB Rn. 5 ff.; *Bungenberg*, in: Pünder/Schellenberg, Vergaberecht, § 113 Rn. 5; a.A. *Frister*, in: Ziekow/Völlink, Vergaberecht, § 113 GWB Rn. 5; *Otting*, in: Bechtold, GWB, 6. Auflage 2010, § 113 Rn. 1; *Boesen*, Vergaberecht, § 113 GWB Rn. 10.

9 OLG Bremen, Beschluss v. 17.8.2000 – Verg 2/2000; LSG Nordrhein-Westfalen, Beschluss v. 28.4.2009 – L 21 KR 40/09; VK Baden-Württemberg, Beschluss v. 20.1.2009 – 1 VK 67/08; *Summa*, in: Heiermann/Zeiss, Vergaberecht, § 113 GWB Rn. 11; davon abzugrenzen ist der vom OLG Düsseldorf (Beschluss v. 11.3.2002 – Verg 43/01) entschiedene Fall, in dem das LG einen bei ihm eingegangenen – schon wegen des Rechtsweges unzulässigen – Antrag auf Erlass einer einstweiligen Anordnung an die Vergabekammer verwies.

10 Vgl. OLG Dresden, Beschluss v. 17.6.2005 – WVerg 8/05.

11 OLG Dresden, Beschluss v. 5.4.2001 – WVerg 8/00.

dung innerhalb der Fünf-Wochen-Frist.[12] Anders als in § 172 Abs. 1 GWB wird im Wortlaut des § 167 Abs. 1 GWB eine solche nicht verlangt. Die Vergabekammer muss aber das ihrerseits Erforderliche zur Einleitung der Zustellung getan haben. Zu fordern ist deshalb zumindest eine Bekanntgabe der Entscheidung per Telefax an die Beteiligten unterhalb der Fünf-Wochen-Frist. Zusätzlich ist die Einhaltung der Fünf-Wochen-Frist von Amts wegen zu dokumentieren.[13]

II. Fristverlängerung (S. 2 und S. 3)

Nach § 167 Abs. 1 S. 2 GWB kann von der Fünf-Wochen-Frist unter bestimmten Voraussetzungen abgewichen werden, nämlich im Fall besonderer tatsächlicher oder rechtlicher Schwierigkeiten, die bei Hinzutreten zusätzlicher Umstände der Situation einen Ausnahmecharakter geben. 10

Bei komplizierten Fällen wird die Frist von fünf Wochen häufig nicht ausreichen, um zu einer sachgerechten Entscheidung zu gelangen. Das Beschleunigungsgebot darf nicht dazu führen, dass der Maßstab der erforderlichen Überzeugung des Gerichts abgesenkt oder Beweismittel nicht eingeholt werden, obwohl dies erforderlich wäre. Eine besonders hohe **Arbeitsbelastung**, eine **nicht vollständige oder nicht ordnungsgemäße Besetzung** der Vergabekammer oder andere nicht in der zu entscheidenden Sache liegende Ursachen berechtigen hingegen nicht zur Verlängerung der Fünf-Wochen-Frist.[14] Eine Ausnahme hiervon stellt nach Auffassung des OLG Bremen der Fall dar, in dem die Fünf-Wochen-Frist durch Einreichen des Nachprüfungsantrages bei einer **unzuständigen Vergabekammer** beginnt und der zuständigen Vergabekammer durch die weiterleitungsbedingte Verzögerung eine zur sachgerechten Entscheidungsfindung ausreichende Zeit nicht verbleibt.[15] Bei besonderen **Schwierigkeiten tatsächlicher Art**, z.B. bei der Aufklärung des der Entscheidung zugrunde liegenden Sachverhalts oder bei der Erlangung der nötigen Beweismittel, ist vorrangig die Möglichkeit einer Fristsetzung an die Beteiligten (§ 167 Abs. 2 S. 2 GWB) in Betracht zu ziehen, sofern die Schwierigkeiten auf deren fehlender Mitwirkung beruhen. **Rechtliche Schwierigkeiten** besonderer Art sind allenfalls dann denkbar, wenn die rechtliche Einordnung und Entscheidung der Sache von der Klärung außergewöhnlich komplexer Rechtsfragen abhängt, etwa bei außerhalb des Vergaberechts liegenden Vorfragen oder bei komplexen Vergabestrukturen (etwa Mischleistungen, bestehend aus Planung, Bau und Bewirtschaftung einschließlich Finanzierung bei Langfristverträgen mit Public-Private-Partnership-Struktur). 11

Sollte ausnahmsweise ein Grund für eine Fristverlängerung vorliegen, so sind die Beteiligten **zu benachrichtigen**, wobei diese **Mitteilung** eine empfangsbedürftige Willenserklärung ist. Nach anderer Auffassung bedürfe die Verfügung des Vorsitzenden der Vergabekammer zur Verlängerung des Entscheidungszeitraums zu ihrer verfahrensrechtlichen Wirksamkeit weder der Verkündung noch des Zugangs bei allen Verfahrensbeteiligten, sondern müsse lediglich ordnungsgemäß in den Geschäftsgang gelangen.[16] Begründet wird dies mit einem Analogieschluss zu § 275 Abs. 1 StPO. Diese Auffassung ist abzulehnen. Denn es fehlt bereits an einem 12

---

12 OLG Düsseldorf, Beschluss v. 8.5.2002 – VII-Verg 8-15/01; OLG Frankfurt, Beschluss v. 25.9.2000 – 11 Verg 2/99; *Summa*, in: Heiermann/Zeiss, Vergaberecht, § 113 GWB Rn. 19 ff.; *Frister*, in: Ziekow/Völlink, Vergaberecht, § 113 GWB Rn. 9; *Dreher*, in: Immenga/Mestmäcker, Wettbewerbsrecht, § 113 GWB Rn. 10; a.A. *Reidt*, in: Reidt/Stickler/Glahs, Vergaberecht, § 113 GWB Rn. 5; unentschieden: OLG Düsseldorf, Beschluss v. 22.1.2001 – Verg 24/00; KG, Beschluss v. 7.11.2001 – Kart Verg 08/01.

13 OLG Düsseldorf, Beschluss v. 22.1.2001 – Verg 24/00.

14 Wie hier *Ohlerich*, in: Kulartz/Kus/Portz, GWB-Vergaberecht, § 113 Rn. 12 f.; *Boesen*, Vergaberecht, § 113 GWB Rn. 20; a.A. VK Sachsen, Beschluss v. 13.6.2002 – 1/SVK/042-02 (Erkrankung von Vergabekammermitgliedern); VK Südbayern, Beschluss v. 19.1.2001 – 27-12/00 (urlaubsbedingte Abwesenheit); *Weyand*, Vergaberecht, § 113 GWB Rn. 11; *Reidt*, in: Reidt/Stickler/Glahs, Vergaberecht, § 113 GWB Rn. 8 ff.; *Otting*, in: Bechtold, GWB, 6. Auflage 2010, § 113 Rn. 3; *Dreher*, in: Immenga/Mestmäcker, Wettbewerbsrecht, § 113 GWB Rn. 11; differenzierend: *Summa*, in: Heiermann/Zeiss, Vergaberecht, § 113 GWB Rn. 40 f, der die Verlängerung wegen Überlastung der Kammer oder Urlaub eines Kammermitgliedes für unzulässig hält, eine Verlängerung wegen Erkrankung jedoch für zulässig; ähnlich *Bungenberg*, in: Pünder/Schellenberg, Vergaberecht, § 113 GWB Rn. 16 f.

15 OLG Bremen, Beschluss v. 17.8.2000 – Verg 2/2000.

16 Vgl. *Gröning*, in: Dreher/Motzke, Vergaberecht, § 113 GWB Rn. 10 m.w.N.

vergleichbaren Sachverhalt als Analogievoraussetzung. Anders als das Strafgericht entscheidet die Vergabekammer gemäß § 168 Abs. 3 GWB durch Verwaltungsakt. Verwaltungsakte erlangen ihrerseits erst durch Bekanntgabe an Wirksamkeit. Die Beibringung der Verfügung zu den Akten unter Verzicht auf Zugang reicht aber auch wegen der Ablehnungsfiktion des § 171 Abs. 2 GWB im Nachprüfungsverfahren nicht aus. Der Schutz subjektiver Rechte, denen das Nachprüfungsverfahren auch dient, würde hierdurch in bedenklicher Weise eingeschränkt. Zur Wahrung effektiven Rechtsschutzes ist daher eine Mitteilung nebst Zugang zu verlangen. Die Mitteilung muss die Dauer der Fristverlängerung und – aus Gründen der Transparenz – auch das Datum des nunmehrigen Fristendes[17] enthalten.

13 Der **Umfang der Fristverlängerung** hängt von den Umständen des Einzelfalls ab, wobei wiederum der Beschleunigungsgrundsatz zu beachten ist. § 167 Abs. 1 S. 3 GWB enthält insoweit jedoch eine verfahrensrechtlich bedeutsame Konkretisierung. Danach soll die Fristverlängerung einen Zeitraum von zwei Wochen „möglichst" nicht überschreiten. Diese neu eingeführte Frist dient nach der gesetzgeberischen Begründung der (weiteren) Verfahrensbeschleunigung. Obwohl eine größere Verlängerung somit nicht völlig ausgeschlossen wird, folgt daraus doch, dass das Prüfungs- und Begründungserfordernis für die Vergabekammer erheblich zunimmt. Eine Verlängerung der Entscheidungsfrist um mehr als zwei Wochen wird mithin auf wenige Ausnahmefälle beschränkt bleiben. Auch darf die genannte Zwei-Wochen-Verlängerungsfrist nicht als Regelfrist missverstanden werden: Jede Verlängerung steht unter dem Gebot des Beschleunigungsgrundsatzes. Sie muss so lang wie nötig, aber so kurz wie möglich sein.

14 Eine **erneute Fristverlängerung** ist nicht zulässig.[18] Der Verweis auf die Möglichkeit, über § 169 Abs. 2 GWB unbeschadet der verlängerten Frist einen baldigen Zuschlag herbeiführen zu können, kann ebenso wenig überzeugen wie das Argument, die Verlängerung der Frist könne bei der zuständigen Aufsichtsbehörde angegriffen werden.[19] Zum einen stellen aufsichtsrechtliche Maßnahmen kein effektives „Rechtsmittel" dar. Zum anderen wird der ausdrückliche Wille des Gesetzgebers missachtet, wonach eine Verlängerung nur in besonderen Ausnahmefällen in Betracht kommt. Obgleich der Gesetzgeber diese Zielsetzung durch die Einführung des Satzes 4 – und der Soll-Begrenzung auf zwei Wochen – nochmals verdeutlicht hat. Daher muss vom Vorsitzenden bei der Fristbemessung auch besonders sorgfältig geprüft werden, ob die Verlängerung tatsächlich hinreichend ist, um zu einer sachgerechten Entscheidung zu gelangen. Ist die gesetzte Frist übermäßig lang, steht den Beteiligten die Möglichkeit einer Untätigkeitsbeschwerde zu.[20] Insbesondere bei einer – nach der hier vertretenen Auffassung unzulässigen – mehrmaligen Verlängerung der Entscheidungsfrist durch die Vergabekammer würde i.Ü. als Rechtsfolge auch die Ablehnungsfiktion des § 171 Abs. 2 GWB in Betracht kommen. Die Beschwerdefrist würde danach mit Ablauf der ersten – zulässigen – Fristverlängerung zu laufen beginnen. Um hier insoweit für Rechtsklarheit und Rechtssicherheit zu sorgen, wäre wünschenswert gewesen, wenn sich der Gesetzgeber dieser Problematik bei der Revision des GWB im Zuge der Vergaberechtsreform angenommen hätte. Das gilt insbesondere vor dem Hintergrund des zu beobachtenden geradezu „inflationären" Gebrauchmachens von der mehrfachen Fristverlängerung durch verschiedene deutsche Vergabekammern.

---

17 Zur Angabe eines kalendermäßig bestimmten Datums auch: *Summa*, in: Heiermann/Zeiss, Vergaberecht, § 113 GWB Rn. 42.

18 Wie hier: *Boesen*, Vergaberecht, § 113 GWB Rn. 27, vgl. dazu auch KG, Beschluss v. 17.10.2013 – Verg 9/13 mit Verweis auf die Vorinstanz; a.A. *Summa*, in: Heiermann/Zeiss, Vergaberecht, § 113 GWB Rn. 43; *Frister*, in: Ziekow/Völlink, Vergaberecht, § 113 GWB Rn. 14; *Dreher*, in: Immenga/Mestmäcker, Wettbewerbsrecht, § 113 GWB Rn. 11; *Reidt*, in: Reidt/Stickler/Glahs, Vergaberecht, § 113 GWB Rn. 15; *Bungenberg*, in: Pünder/Schellenberg, Vergaberecht, § 113 GWB Rn. 19; das OLG Saarbrücken führt in seinem Beschluss v. 5.7.2006 – Verg 6/05 zwar an, dass die Zulässigkeit einer bloß einmaligen Verlängerung im Gesetzeswortlaut keine Stütze findet, lässt die Frage der Zulässigkeit einer mehrmaligen Fristverlängerung jedoch letztlich dahinstehen; das OLG Düsseldorf hat in seinem Beschluss v. 9.6.2010 – VII-Verg 9/10 eine mehrmalige Fristverlängerung unbeanstandet gelassen, sich zu deren Zulässigkeit jedoch nicht geäußert.

19 Vgl. *Weyand*, Vergaberecht, § 113 GWB Rn. 10.

20 Vgl. OLG Düsseldorf, Beschluss v. 7.3.2012 – VII-Verg 82/11.

Denn sowohl die im Gesetz ausdrücklich vorgesehene Regelentscheidungsfrist von fünf Wochen wie auch der gesamte Beschleunigungsgrundsatz werden dadurch konterkariert.

Wird die Frist nicht verlängert, **entscheidet** aber die Kammer dennoch **nach Ablauf der fünf Wochen**, so ist diese Entscheidung nichtig, da die Vergabekammer mangels eines unbeschiedenen Antrags offensichtlich nicht mehr zuständig ist (§ 44 Abs. 1 VwVfG i.V.m. § 160 Abs. 1 GWB). Das ursprüngliche Verfahren wird durch die Fiktion der Entscheidung gemäß § 171 Abs. 2 GWB beendet.[21] Der weitere Rechtsschutz orientiert sich ausschließlich an der Ablehnungsfiktion des § 171 Abs. 2 GWB. Ließe man auch nach Fristablauf Entscheidungen der Vergabekammer zu, so verlöre die strikte Fristenregelung des § 167 Abs. 1 GWB ihren Sinn.[22] Das Gleiche würde für das verlängerte Zuschlagsverbot im Beschwerdeverfahren gelten, dessen Frist sich ebenfalls an der fingierten Ablehnung nach Ablauf der ursprünglichen Fünf-Wochen-Frist orientiert. 15

1. Schriftliche und begründete Mitteilung (S. 4)

Der Vorsitzende hat nach § 167 Abs. 1 S. 3 GWB die Verpflichtung, die von ihm vorgenommene Verlängerungsverfügung schriftlich zu begründen. Andernfalls ist die Fristverlängerung unwirksam und die Ablehnungsfiktion des § 171 Abs. 2 GWB greift ein.[23] Die materielle Richtigkeit der Begründung ist dagegen nicht Wirksamkeitsvoraussetzung der Fristverlängerung.[24] Die schriftliche Begründung soll dazu dienen, die Zahl der Fristverlängerungen möglichst gering zu halten.[25] 16

Die Begründung muss **alle Einzelgesichtspunkte** enthalten, die aus der Sicht der Vergabekammer die Verlängerung erforderlich werden lassen. Ferner muss die **Zeitspanne** der Verlängerung erläutert werden. 17

Auch wenn § 167 Abs. 1 S. 2 und S. 3 GWB keinen entsprechenden Passus enthalten, ist die schriftliche Begründung allen Beteiligten **mitzuteilen**.[26] 18

2. Zeitpunkt der Mitteilung (S. 2 bis 4)

Nicht ausdrücklich geregelt ist in § 167 Abs. 1 S. 2 bis 4 GWB, wann die Fristverlängerung vorzunehmen ist. Dass dies noch rechtzeitig vor Ablauf der ursprünglichen Fünf-Wochen-Frist des § 167 Abs. 1 S. 1 GWB geschehen muss,[27] ergibt sich aus § 171 Abs. 2 GWB. Danach ist die sofortige Beschwerde auch dann zulässig, wenn über den Antrag auf Nachprüfung nicht innerhalb der Frist des § 167 Abs. 1 GWB entschieden ist und er daher kraft gesetzlicher – unwiderleglicher – Vermutung als abgelehnt gilt. Entscheidend für die Wirksamkeit der Fristverlängerung ist der **Zugang der Mitteilung** bei den Verfahrensbeteiligten. Dies ergibt sich schon aus dem Wortlaut des § 167 Abs. 1 S. 2 GWB („Frist *durch* Mitteilung [...] verlängern").[28] Darüber hinaus ist die sofortige Beschwerde durch den Antragsteller sofort nach Ablauf der Frist 19

---

21 OLG Düsseldorf, Beschluss v. 20.6.2001 – Verg 3/1; dazu auch KG, Beschlüsse v. 18.12.2014 – Verg 21/13 und Verg 22/13; *Summa*, in: Heiermann/Zeiss, Vergaberecht, § 113 GWB Rn. 28 ff.

22 Wie hier *Schweda*, in: Langen/Bunte, Kartellrecht, § 113 GWB Rn. 7; *Ohlerich*, in: Kulartz/Kus/Portz, GWB-Vergaberecht, § 113 Rn. 26; differenzierend: *Otting*, in: Bechtold, GWB, 6. Auflage 2010, § 113 Rn. 5. *Boesen*, Vergaberecht, § 113 GWB Rn. 35 ff.; *Braun*, NZBau 2003, 134, 136.

23 Wie hier *Dreher*, in: Immenga/Mestmäcker, Wettbewerbsrecht, § 113 GWB Rn. 11; a.A. *Ohlerich*, in: Kulartz/Kus/Portz, GWB-Vergaberecht, § 113 Rn. 26, hält die Begründung nicht für ein Wirksamkeitserfordernis. Dagegen spricht aber, dass § 167 Abs. 1 S. 3 GWB gerade nicht als Soll-, sondern als zwingende Vorschrift ausgestaltet wurde.

24 Vgl. OLG Düsseldorf, Beschluss v. 7.3.2012 – VII-Verg 82/11; ausführlich: OLG Koblenz, Beschluss v. 31.8.2001 – 1 Verg 3/01; KG, Beschluss v. 19.4.2012 – Verg 7/11; *Summa*, in: Heiermann/Zeiss, Vergaberecht, § 113 GWB Rn. 47 ff.

25 Gesetzesbegründung, VgRÄG, BT-Drs. 13/9340, 19.

26 A.A. *Bungenberg*, in: Pünder/Schellenberg, Vergaberecht, § 113 GWB Rn. 20; *Dreher*, in: Immenga/Mestmäcker, Wettbewerbsrecht, § 113 GWB Rn. 11.

27 Vgl. OLG Frankfurt, Beschluss v. 24.9.2013 – 11 Verg 12/13; a.A. vgl. *Gröning*, in: Dreher/Motzke, Vergaberecht, GWB § 113 Rn. 11 f., die jedoch abzulehnen ist: Die Verlängerung bereits abgelaufener Fristen steht der Rechtssicherheit entgegen.

28 A.A. *Ohlerich*, in: Kulartz/Kus/Portz, GWB-Vergaberecht, § 113 Rn. 16; a.A. OLG Düsseldorf, Beschluss v. 9.6.2010 – VII-Verg 9/10; VK Berlin, Beschluss v. 6.5.2002 – VK B2-11/02; *Weyand*, Vergaberecht, § 113 GWB Rn. 14. *Gröning*, in: Motzke/Pietzcker/Prieß, VOB/A, 1. Auflage, § 116 GWB Rn. 41.

des § 167 Abs. 1 S. 2 und 3 GWB möglich, sodass das Übermittlungsrisiko für die Mitteilung der Fristverlängerung zulasten der Vergabekammer gehen muss.[29]

C. Mitwirkungspflichten der Beteiligten (Abs. 2)

20 Der Beschleunigungsgrundsatz in seiner besonderen vergaberechtlichen Ausprägung begründet nicht nur für die Vergabekammer Pflichten. Auch von den Verfahrensbeteiligten kann die nötige Mitwirkung an dem vor der Vergabekammer anhängigen Verfahren i.R.d. § 167 Abs. 2 S. 1 GWB eingefordert werden.[30]

I. Mitwirkungspflichten (S. 1)

21 Nach § 167 Abs. 2 S. 1 GWB sind die Verfahrensbeteiligten zwingend verpflichtet („haben"), an der **Aufklärung des Sachverhaltes** mitzuwirken. Insbesondere der Antragsteller muss daher die sein Begehren rechtfertigenden Tatsachen substantiiert vortragen und Möglichkeiten der Beweiserhebung aufzeigen.[31] Die Verfahrensbeteiligten müssen alle Angriffs- und Verteidigungsmittel so bald wie möglich vorbringen.[32] Als nicht mehr rechtzeitig ist dabei insbesondere solcher Vortrag zu bewerten, der erstmalig in der mündlichen Verhandlung erfolgt und eine Verfahrensverzögerung nach sich zieht. Führt dieses Vorbringen etwa dazu, dass weitere Bieter zusätzlich zum Nachprüfungsverfahren beigeladen und ihnen rechtliches Gehör gewährt werden müsste, wodurch eine erhebliche Verfahrensverzögerung ausgelöst würde, ist das Vorbringen als verspätet zurückzuweisen.[33]

22 Gleiches gilt für den Fall von **erst im Nachprüfungsverfahren erkannten Vergabeverstößen**: Ob davon auszugehen ist, dass bei Verstößen, die der Bieter erstmals im Zusammenhang mit dem Vortrags des Auftraggebers im Nachprüfungsverfahren erkennt, die Pflicht zur unverzüglichen Rüge i.S. des § 107 Abs. 3 S. 1 Nr. 1 GWB a.F. ausnahmsweise entfällt (bisher wohl überwiegende Meinung[34]), ist durch die Neufassung der Vorschrift in § 160 Abs. 3 Nr. 1 GWB geklärt. Erfasst sind nur Rügen, die vor Absendung des Nachprüfungsantrags, erkannt werden. Gleichwohl müssen auch solche nachträglichen Rügen im Nachprüfungsverfahren so rechtzeitig vorgebracht werden, dass ihre Berücksichtigung nicht zu einer Verzögerung des Nachprüfungsverfahrens führt.[35] Der Vergabekammer soll die schnellstmögliche Ermittlung von Tatsachen erleichtert werden, um aufgrund eines umfassend festgestellten Sachverhalts die richtige rechtliche Einordnung zu ermöglichen.

23 Bedeutung erlangt die Verfahrensförderungspflicht der Beteiligten insbesondere aufgrund ihrer Wechselwirkung mit dem im Nachprüfungsverfahren geltenden **Amtsermittlungsgrundsatz**.[36] Dieser ist jedoch im vergaberechtlichen Nachprüfungsverfahren insoweit relativiert, als die Aufklärungs- und Ermittlungspflicht der Vergabekammer nur so weit geht, wie der Sach- und Rechtsvortrag der Beteiligten dazu „bei verständiger Betrachtung einen hinreichenden Anlass bietet."[37] Auch verringert sich die Aufklärungspflicht der Nachprüfungsorgane, wenn ein Verfahrensbeteiligter seiner Förderungspflicht nicht nachkommt. Dabei ist für die Auftraggeberseite davon auszugehen, dass diese ihre Mitwirkungspflichten mit Vorlage einer den Anforderungen entsprechenden Vergabeakte umfassend erfüllt hat. Zur „Prozess-

---

29 A.A. OLG Düsseldorf, Beschluss v. 9.6.2010 – VII-Verg 9/10.
30 Vgl. OLG Frankfurt, Beschluss v. 2.12.2014 – 11 Verg 7/14; OLG Düsseldorf, Beschluss v. 19.11.2003 – Verg 22/03.
31 Vgl. BGH, Beschluss v. 19.12.2000 – X ZB 14/00; OLG Düsseldorf, Beschluss v. 28.8.2001 – Verg 27/01; Beschluss v. 18.7.2001 – Verg 16/01; Beschluss v. 16.5.2001 – Verg 24/01.
32 Vgl. OLG Frankfurt, Beschluss v. 7.8.2007 – 11 Verg 3/07, wonach neuer Sachvortrag nach der mündlichen Verhandlung im Beschwerdeverfahren grundsätzlich außer Betracht zu bleiben hat; ferner VK Rheinland-Pfalz, Beschluss v. 22.3.2000 – VK 2/00; *Otting*, in: Bechtold, GWB, 6. Auflage 2010, § 113 Rn. 7; *Ohlerich*, in: Kulartz/Kus/Portz, GWB-Vergaberecht, § 113 Rn. 24.
33 Vgl. VK Sachsen, Beschluss v. 8.7.2014 – 1/SVK/020-14; siehe auch nachfolgend Rn. 26.
34 Vgl. nachfolgend Fn. 43 m.w.N., wobei hier immer zu prüfen ist, ob der Verstoß auch tatsächlich erst im Nachprüfungsverfahren erkannt worden ist!
35 So zu Recht: OLG Frankfurt, Beschluss v. 2.12.2014 – 11 Verg 7/14.
36 So zu Recht VK Sachsen, Beschluss v. 8.9.2014 – 1/SVK/020-14.
37 VK Sachsen, Beschluss v. 28.10.2008 – 1/SVK/054-08.

hilfe" gegenüber dem Antragsteller ist die Vergabestelle auch im Nachprüfungsverfahren nicht verpflichtet.

II. Fristsetzung und Ausschluss verspäteten Vorbringens (S. 2)

Nach § 167 Abs. 2 S. 2 GWB hat die Vergabekammer das Recht, einem oder mehreren Betei- 24
ligten Fristen zu setzen, um die notwendige zeitnahe Aufklärung des Sachverhalts zu erwirken. Diese Fristsetzung kann mittels eines sog. Auflagenbeschlusses erfolgen, in dem Beteiligten die zu klärenden Fragen mitgeteilt werden und für die Beantwortung eine Frist gesetzt wird.

Angesichts der in § 167 Abs. 2 S. 1 GWB ohnehin kurz bemessenen Frist besteht für die Kam- 25
mer die Pflicht, die Frist für die Mitwirkung ebenfalls kurz zu halten – im Allgemeinen nicht mehr als eine oder höchstens zwei Wochen. Die Frist muss gleichwohl im Verhältnis zum Aufwand der geforderten Mitwirkung **angemessen** sein. Das folgt bereits aus dem Recht der Beteiligten auf ausreichendes rechtliches Gehör (Art. 103 Abs. 1 GG). Das Vorbringen der Beteiligten während der gesetzten Frist ist in jedem Fall bei der Entscheidungsfindung zu berücksichtigen.[38]

Soweit es in § 167 Abs. 2 S. 2 GWB heißt, dass **nach Ablauf der Frist weiterer Vortrag** un- 26
beachtet bleiben kann, so erfasst dies zum einen den Fall, dass die gewünschte Aufklärung bzw. Mitwirkung vor Fristablauf unterbleibt. Zum anderen gilt § 167 Abs. 2 S. 2 GWB aber auch für Fälle, in denen sich die Beteiligten **zunächst nicht vollständig und abschließend** äußern. Wegen der Folge des Ausschlusses weiteren rechtlichen Gehörs ist es notwendig, die Beteiligten auf diese Rechtsfolge hinzuweisen, und zwar spätestens mit der Fristsetzung.[39] Ob nach Fristablauf ein weiterer Vortrag unbeachtet bleibt, liegt im pflichtgemäßen **Ermessen** der Vergabekammer[40] und ist ggf. in der Entscheidung der Kammer zu begründen. Von einer ermessensfehlerfreien Nichtberücksichtigung weiteren Sachvortrags ist jedenfalls dann auszugehen, wenn von der Vergabekammer eine Ausschlussfrist gesetzt worden ist und die mündliche Verhandlung ohne weiteren Schriftsatznachlass beendet worden ist.[41] Die Beteiligten können schriftsätzlich oder im Termin zur mündlichen Verhandlung zu Protokoll der Kammer Verspätung rügen und die Nichtberücksichtigung des verspäteten Vorbringens beantragen. Die Vergabekammer wird von dem Ausschlussrecht Gebrauch machen, wenn das nicht erfolgte oder verspätete Vorbringen für die vollständige Aufklärung des Sachverhalts von Bedeutung ist und ihr selbst die Aufklärung nur unter großem Aufwand möglich ist. Fehlerhaft ist die Zurückweisung bei nur unerheblicher Verspätung oder wenn die Berücksichtigung den Rechtsstreit nicht verzögern würde.[42] § 269 ZPO ist sinngemäß anzuwenden.

Ob zudem – über das Erfordernis, dass der Rechtsstreit nicht verzögert werden darf, hinaus – 27
eine **unverzügliche Rüge** zu fordern und insofern § 160 Abs. 3 S. 1 GWB in entsprechender Weise anzuwenden ist, ist anhand der bisherigen Rechtsprechung nicht eindeutig zu beantworten.[43] Jedenfalls ist eine Rüge nach Einleitung des Nachprüfungsverfahrens dann verspätet, sofern sie erstmals in einem nicht nachgelassenen Schriftsatz erhoben wird, obwohl die zu ihrer Erhebung notwendige Tatsachenkenntnis schon während des Nachprüfungsverfahrens vorgelegen hat.[44]

Um die gesetzgeberisch intendierte Beschleunigung der Überprüfung eines Vergabeverfah- 28
rens auf Verstöße effektiv zu gewährleisten, kann ausnahmsweise sogar eine **verfahrens-**

---

38 Vgl. OLG Koblenz, Beschluss v. 22.3.2001 – 1 Verg 9/00.
39 So auch: *Bungenberg*, in: Pünder/Schellenberg, Vergaberecht, § 113 GWB Rn. 28.
40 So nunmehr auch VK Sachsen, Beschluss v. 2.8.2001 – 1/SVK/70-01.
41 VK Saarland, Beschluss v. 24.2.2014 – 3 VK 02/2013.
42 Für Fälle einer Verfahrensverzögerung vgl. OLG Frankfurt, Beschluss v. 2.12.2014 – 11 Verg 7/14; VK Sachsen, Beschluss v. 8.7.2014 – 1/SVK/020-14.
43 Soweit es um „nachgeschobene" Rügen geht, bejahend: OLG Celle, Beschluss v. 10.1.2008 – Verg 11/07; ablehnend: OLG Frankfurt, Beschluss v. 2.12.2014 – 11 Verg 7/14; OLG Schleswig, Beschluss v. 20.3.2008 – Verg 6/07, wobei es in sich im entschiedenen Fall nicht um „nachgeschobene" Rügen handelte; dies ist stets zu prüfen bzw. vom Antragsteller nachzuweisen; abwägend *Summa*, in: Heiermann/Zeiss, Vergaberecht, § 113 GWB Rn. 61.
44 Vgl. OLG Frankfurt, Beschluss v. 10.6.2011 – 11 Verg 4/11.

übergreifende Betrachtung erforderlich sein. So hat etwa die VK Bund einen Nachprüfungsantrag mit der Begründung zurückgewiesen, es stelle eine Extremform eines Verstoßes gegen die Verfahrensförderungspflicht dar, wenn ein rechtlicher Aspekt über einen längst bekannten Sachverhalt nicht nur verspätet in einem Verfahren vorgebracht werde, sondern wenn gestützt darauf sogar ein neues Nachprüfungsverfahren eingeleitet wird, das mit gänzlich neuen Fristen einhergehe und daher in ganz erheblicher Weise eine Verzögerung verursache.[45] Dem ist beizupflichten.

29 Die Entscheidung über den Ausschluss weiteren Vortrags wegen Verspätung ist **nicht selbstständig angreifbar**.[46] Über die Nichtberücksichtigung wird nicht gesondert beschlossen, sondern sie fließt in die Begründung der Hauptsacheentscheidung ein. Für das anschließende Verfahren vor dem Beschwerdegericht sind die Regelungen des § 128a VwGO und des § 528 ZPO entsprechend heranzuziehen, sodass ein einmal zu Recht ausgeschlossenes Vorbringen auch in der Beschwerdeinstanz ausgeschlossen bleibt.[47] Andernfalls würde die Disziplinierungsfunktion des § 167 Abs. 2 GWB beeinträchtigt.

Anlage

Gesetzesbegründung (BT-Drs. 18/6281)

Seite 135

§ 167 entspricht dem bisherigen § 113.

45 Vgl. VK Bund, Beschluss v. 28.9.2010 – VK 3-93/10.
46 Gesetzesbegründung, VgRÄG, BT-Drs. 13/9340, 19.
47 Wie hier *Ohlerich*, in: Kulartz/Kus/Portz, GWB-Vergaberecht, § 113 Rn. 34.; a.A. *Otting*, in: Bechtold, GWB, 6. Auflage 2010, § 113 GWB Rn. 7; *Boesen*, Vergaberecht, § 113 GWB Rn. 65, für die umfassende Berücksichtigung sämtlichen Vorbringens in der Beschwerdeinstanz.

§ 168
Entscheidung der Vergabekammer

(1) Die Vergabekammer entscheidet, ob der Antragsteller in seinen Rechten verletzt ist und trifft die geeigneten Maßnahmen, um eine Rechtsverletzung zu beseitigen und eine Schädigung der betroffenen Interessen zu verhindern. Sie ist an die Anträge nicht gebunden und kann auch unabhängig davon auf die Rechtmäßigkeit des Vergabeverfahrens einwirken.

(2) Ein wirksam erteilter Zuschlag kann nicht aufgehoben werden. Hat sich das Nachprüfungsverfahren durch Erteilung des Zuschlags, durch Aufhebung oder durch Einstellung des Vergabeverfahrens oder in sonstiger Weise erledigt, stellt die Vergabekammer auf Antrag eines Beteiligten fest, ob eine Rechtsverletzung vorgelegen hat. § 167 Absatz 1 gilt in diesem Fall nicht.

(3) Die Entscheidung der Vergabekammer ergeht durch Verwaltungsakt. Die Vollstreckung richtet sich, auch gegen einen Hoheitsträger, nach den Verwaltungsvollstreckungsgesetzen des Bundes und der Länder. Die §§ 61 und 86a Satz 2 gelten entsprechend.

Übersicht Rn.

A. Allgemeines ... 1
B. Gegenstand der Entscheidung (Abs. 1) ... 4
I. Rechtsverletzung/Prüfungsmaßstab (S. 1 Hs. 1) ... 4
II. Aussetzung und Vorlage an den EuGH ... 8
III. Befugnisse der Vergabekammer (S. 1 Hs. 2) ... 13
1. Korrigierende Maßnahmen ... 15
2. Anweisung zur Aufhebung ... 23
3. Anweisung zur Aufhebung der Aufhebung ... 26
4. Anweisung zur Einleitung eines förmlichen Vergabeverfahrens ... 30
5. Verpflichtung zur Zuschlagserteilung ... 31
IV. Keine Antragsbindung (S. 2) ... 34
C. Erledigung des Verfahrens (Abs. 2) ... 38
I. Keine Aufhebung eines wirksam erteilten Zuschlags (S. 1) ... 38
II. Fortsetzungsfeststellungsverfahren (S. 2) ... 41
1. Erledigung ... 41
2. Umstellung auf einen Fortsetzungsfeststellungsantrag ... 48
3. Wegfall des Beschleunigungsgebotes ... 50
D. Form (Abs. 3 S. 1 und S. 3) ... 51
E. Vollstreckung (Abs. 3 S. 2 und S. 3) ... 59
Anlage
Gesetzesbegründung (BT-Drs. 18/6281)

A. Allgemeines

§ 168 GWB ist die zentrale Vorschrift, in welcher die **Entscheidung der Vergabekammer** im Vergabenachprüfungsverfahren geregelt wird. 1

Die Norm hat im Zuge der **Vergaberechtsmodernisierung** keine inhaltliche Änderung erfahren. Lediglich der ursprüngliche Verweis auf den § 113 GWB a.F. ist angepasst worden. Insoweit ist die zu § 114 GWB a.F. ergangene Rechtsprechung ohne Einschränkungen übertragbar. 2

Abs. 1 bestimmt zunächst den **Rahmen der Entscheidungsbefugnis** der Vergabekammer. Diese Entscheidungskompetenz findet ihre Schranken im **Verhältnismäßigkeitsgrundsatz**, d.h. die Vergabekammer darf nur solche Maßnahmen anordnen, die geeignet sind, festgestellte Rechtsverletzungen zu beseitigen.[1] Dabei wird in S. 2 ausdrücklich herausgestellt, dass die Vergabekammer an Anträge nicht gebunden ist und auch **unabhängig** von diesen die Rechtmäßigkeit eines Vergabeverfahrens überprüfen kann. In Abs. 2 wird sodann in S. 1 klargestellt, dass ein Vergabeverfahren einer Nachprüfung durch die Vergabekammer nicht mehr 3

1 OLG Frankfurt, Beschluss v. 3.7.2013 – 11 Verg 11/13; VK Sachsen, Beschluss v. 10.4.2014 – 1/SVK/007-14.

zugänglich ist, wenn bereits ein **wirksamer Zuschlag** erteilt worden ist. S. 2 setzt sich mit den alternativen Formen der **Erledigung** des Nachprüfungsverfahrens auseinander. Abs. 3 schließlich regelt die Form der Entscheidung und deren Durchsetzbarkeit im Wege der **Vollstreckung**.

B. Gegenstand der Entscheidung (Abs. 1)

I. Rechtsverletzung/Prüfungsmaßstab (S. 1 Hs. 1)

4 Gemäß § 168 Abs. 1 S. 1 GWB muss die Vergabekammer zunächst prüfen, ob der Antragsteller in seinen Rechten verletzt ist. Es genügt nicht, dass eine bieterschützende Vorschrift missachtet wird. Der Antragsteller muss sich auf diese Verletzung vielmehr auch konkret **berufen können**, d.h. die Vorschrift muss zu seinen Lasten verletzt sein.[2]

5 Die vergaberechtliche Nachprüfung ist **keine allgemeine Rechtmäßigkeitsaufsicht**; sowohl im Unionsrecht[3] als auch in dessen Umsetzung im nationalen Recht soll die Durchsetzung des Vergaberechts durch die Eröffnung eines individuellen Rechtsschutzes derjenigen Personen erreicht werden, denen durch einen behaupteten Verstoß ein Schaden entstanden ist oder zu entstehen droht.[4] Ist sicher auszuschließen, dass sich ein festgestellter Vergabeverstoß auf die Auftragschancen des Antragstellers ursächlich ausgewirkt haben kann, droht also keine Interessensschädigung (Schaden), bedarf es keines Eingreifens der Vergabekammer. Der Vergabekammer fehlt damit die Befugnis, das Vergabeverfahren anzuhalten und auf diese Weise den vom Gesetz angestrebten möglichst raschen Abschluss des Beschaffungsvorhabens zu verzögern.[5]

6 Der Prüfungsmaßstab der Vergabekammer ist also auf eine **rechtsschutzorientierte Rechtmäßigkeitskontrolle** beschränkt. Anders als die Widerspruchsbehörde im Verwaltungsverfahren kann sie keine **Zweckmäßigkeitskontrolle** durchführen und tritt nicht an die Stelle des Auftraggebers.

7 **Rechte**, deren Verletzung von der Vergabekammer festgestellt werden können, ergeben sich vorrangig aus Teil 4 des GWB, der Vergabeverordnungen sowie den vergaberechtlichen Richtlinien der EU.

II. Aussetzung und Vorlage an den EuGH

8 Der Gesetzgeber hat in den §§ 160 bis 168 GWB keine explizite Möglichkeit der Aussetzung eines Nachprüfungsverfahrens vor der Vergabekammer, beispielsweise zur Klärung einer entscheidungserheblichen Vorfrage, die im Rahmen einer sofortigen Beschwerde bei einem Beschwerdegericht anhängig ist, vorgesehen. Vor diesem Hintergrund wurde bis zur Entscheidung des EuGH[6] überwiegend die Auffassung vertreten, dass Vergabekammern keine **Aussetzungsbefugnis** zustehe, da eine Aussetzung des Verfahrens dem Beschleunigungsgebot des § 167 GWB widerspräche.[7] Zudem stützten sich die eine Vorlagemöglichkeit ablehnenden Vergabekammern darauf, dass sich aus Art. 267 AEUV eine Verpflichtung zur Anrufung des Gerichtshofes nur für Gerichte ergebe und Vergabekammern keine Gerichte oder gerichts-

---

2 OLG München, Beschluss v. 5.11.2009 – Verg 15/09.
3 vgl. Art. 1 Abs. 3 i.V.m. Erwägungsgrund 17 RL 89/665/EWG i.d.F. der RL 2007/66/EG.
4 OLG Celle – Beschluss v. 12.1.2012 – 13 Verg 8/11; OLG Koblenz, Beschluss v. 4.2. 2009 – 1 Verg 4/08.
5 OLG Düsseldorf, Beschluss v. 28.1.2015 – VII-Verg 31/14; OLG Naumburg, Beschluss v. 12.4.2012 – 2 Verg 1/12; OLG Koblenz, Beschluss v. 2.2.2011 – 1 Verg 1/11; VK Bund, Beschluss v. 3.3.2015 – VK 1-4/15.
6 EuGH, Urteil v. 18.9.2014 – Rs. C-549/13 (Bundesdruckerei), Rn. 23.
7 So beispielsweise VK Baden-Württemberg, Beschluss v. 25.7.2014 – 1 VK 29/14, VK Bund, Beschluss v. 5.11.2013 – VK 2-100/13, VK Düsseldorf, Beschluss v. 9.1.2013 – VK-29/2012-L; VK Sachsen, Beschluss v. 29.8.2008 – 1/SVK/042-08; bereits bejahend VK Südbayern, Beschluss v. 18.6.2012 – Z3-3194-1-22-05/12, OLG München, Beschluss v. 18.10.2012 – Verg 13/12.

ähnliche Einrichtungen seien[8], sondern unabhängige verwaltungsinterne Behörden[9]. Diese Rechtsprechung ist durch die Entscheidung des EuGH[10] überholt, mit welcher der Gerichtshof ausgeurteilt hat, dass die Vergabekammern als „Gericht" im Sinne von Art. 267 AEUV zu qualifizieren und ihre Vorabentscheidungsersuchen zulässig sind.

Ungeklärt ist dabei die Frage geblieben, ob eine Vergabekammer, die nach deutschem Rechts- 9
verständnis Verwaltungsbehörde ist, lediglich vorlageberechtigtes Gericht i.S.d. Art. 267 Abs. 2 AEUV ist, oder ob gar die Vergabekammer zur Vorlage **verpflichtet** ist. Gegen eine solche Pflicht zur Anrufung des Gerichtshofs spricht gemäß Art. 267 Abs. 3 AEUV, dass eine Vergabekammerentscheidung mit Rechtsmitteln des innerstaatlichen Rechts angefochten werden kann. Eine solche Vorlagepflicht besteht also allenfalls für Vergabesenate von **Oberlandesgerichten** oder im Falle des § 179 Abs. 2 S. 2 GWB für den **BGH**, weil dessen Entscheidung nicht anfechtbar ist[11]. Die nationalen Gerichte haben nach ständiger Rechtsprechung gemäß Art. 267 AEUV ein unbeschränktes Recht zur Vorlage an den Gerichtshof, wenn eine bei ihnen anhängige Rechtssache Fragen nach der Auslegung oder der Gültigkeit der unionsrechtlichen Bestimmungen aufwirft und sie eine Entscheidung darüber zur Entscheidung des ihnen unterbreiteten Rechtsstreits für erforderlich halten.[12] Den nationalen Gerichten steht es zudem frei, diese Möglichkeit in jedem Moment des Verfahrens, den sie für geeignet halten, wahrzunehmen.[13]

Die Entscheidung einer Vergabekammer, eine als entscheidungserheblich angesehene Rechts- 10
frage dem Gerichtshof gemäß Art. 267 AEUV vorzulegen, ist **nicht isoliert anfechtbar**.[14]

Da die Vergabekammern keine Gerichte im Sinne des Art. 92 GG des Grundgesetzes sind, ha- 11
ben sie auch nicht die Möglichkeit, gemäß Art. 100 GG das **BVerfG** anzurufen.[15]

III. Befugnisse der Vergabekammer (S. 1 Hs. 2) 12

Hat die Vergabekammer eine Rechtsverletzung zulasten des Antragstellers festgestellt, so 13
trifft sie **geeignete Maßnahmen**, um diese zu beseitigen und eine Schädigung der betroffenen Interessen zu verhindern. § 168 Abs. 1 S. 1 Hs. 2 GWB räumt der Vergabekammer einen **weiten Ermessensspielraum** bei der Auswahl der geeigneten Maßnahmen ein.

Die Prüfungs- und Entscheidungskompetenz der Vergabekammer wird durch den Grundsatz 14
der **Verhältnismäßigkeit** begrenzt.[16] Die Vergabekammer darf sich nicht als allgemeine Kontrollinstanz verstehen, die unabhängig von der Verletzung subjektiver Rechte des Antragstellers abstrakt für die Aufrechterhaltung oder Wiederherstellung der objektiven Rechtmäßigkeit des Vergabeverfahrens sorgt.[17] Ihr steht **keine allgemeine Rechtmäßigkeitskontrolle** zu.[18] Insoweit enthält § 168 Abs. 1 S. 1 Hs. 2 GWB eine Zweckbindung, dass die Maßnahme zur Beseitigung der Rechtsverletzung und der Abwendung der Schädigung betroffener Interessen geeignet, erforderlich und angemessen sein muss.[19]

---

8 VK Düsseldorf, Beschluss v. 9.1.2013 – VK-29/2012-L, VK Sachsen, Beschluss v. 29.8.2008 – 1/SVK/042-08; VK Südbayern, Beschluss v. 3.4.2009 – Z3-3-3194-1-49-12/08.
9 VK Sachsen-Anhalt, Beschluss v. 21.12.2015 – 2 VK LSA 033-15.
10 EuGH, Urteil v. 18.9.2014 – Rs. C-549/13 (Bundesdruckerei), Rn. 23.
11 Zur Frage, wann ein letztinstanzliches Gericht an den EuGH vorlegen muss, vgl. BVerfG, Beschluss v. 6.12.2006 – 1 BvR 2085/03.
12 VK Südbayern, Beschluss v. 8.4.2016 – Z3-3-3194-1-57-11/15.
13 EuGH, Urteil v. 6.11.2014 – Rs. C-42/13, Rn. 26.
14 OLG München, Beschluss v. 18.10.2012 – Verg 13/12.
15 *Summa*, in: Heiermann/Zeiss, Vergaberecht, § 114 GWB Rn. 52.
16 VK Sachsen, Beschluss v. 17.5.2011 – 1/SVK/012-11.
17 OLG Frankfurt, Beschluss v. 16.6.2015 – 11 Verg 3/15; OLG München, Beschluss v. 9.8.2010 – Verg 13/10.
18 OLG Düsseldorf, Beschluss v. 16.12.2015 – VII-Verg 25/15; OLG Koblenz, Beschluss v. 4.2.2009 – 1Verg 4/08.
19 VK Sachsen, Beschluss v. 10.4.2014 – 1/SVK/007-14; VK Düsseldorf, Beschluss v. 2.11.2011 – VK-24/2011-L.

1. Korrigierende Maßnahmen

15 Im Rahmen ihrer Abwägung muss die Vergabekammer neben dem Rechtsschutzinteresse des Antragstellers aber auch das Interesse des Auftraggebers an einer **zügigen Auftragsvergabe**, als auch die Interessen der konkurrierenden Bieter/Bewerber an der Erhaltung ihrer Wettbewerbsposition beachten.

16 In der Rechtsprechung ist in diesem Zusammenhang umstritten, ob eine Vergabekammer auch **vorbeugend** tätig werden kann, ob sich also ein Antragsteller nur gegen eine bereits erfolgte, oder auch schon gegen eine unmittelbar bevorstehende rechtswidrige Vergabe wenden kann. Nach jüngerer Auffassung in der Rechtsprechung kann eine Vergabekammer einem Auftraggeber auch untersagen, eine geplante Beauftragung eines anderen Unternehmens zu vollziehen, und kann anordnen, dass ein Auftrag nicht ohne ein wettbewerblich geregeltes Verfahren vergeben werden darf.[20] Nach dieser Auffassung muss sich ein Bieter nicht auf den erfolgten Vertragsschluss verweisen lassen, sondern kann auch schon im Vorfeld des Vertragsschlusses gegen eine geplante Vergabe vorgehen. Kritisch ist in diesem Zusammenhang die Entscheidung des OLG Düsseldorf[21] zu sehen, nach der einer Vergabekammer jedwede vorbeugende, nicht in einem Vergabeverfahren ergehende und auf ein künftiges Beschaffungsverhalten des Auftraggebers gerichtete Entscheidung untersagt wäre. Letztlich wird es für die Inanspruchnahme von Rechtschutz jeweils darauf ankommen, inwieweit ein Auftraggeber einen internen Beschaffungsbeschluss bereits objektiv erkennbar nach außen durch Maßnahmen umsetzt, die Rechtswirkungen entfalten können.[22]

17 Aus dem eingangs erwähnten Grundsatz der Verhältnismäßigkeit folgt, dass die Vergabekammer, wenn mehrere Maßnahmen zur Beseitigung der Rechtsverletzung in Betracht kommen, immer das **mildeste Mittel** wählen muss.[23] Das bedeutet zum einen, dass sie keine Maßnahmen ergreifen oder dem Auftraggeber auferlegen darf, die ihrerseits vergaberechtswidrig sind und andere Teilnehmer des Vergabeverfahrens in deren subjektiven Rechten verletzen. Zum anderen folgt daraus, dass vorrangig **korrigierende Maßnahmen** anzuordnen sind, sofern dies transparent und nicht diskriminierend möglich ist.[24] Eine Vergabekammer darf dabei niemals Entscheidungen treffen, die nach der Gesetzessystematik dem Auftraggeber zugewiesen sind.[25] Nur wenn die Anordnung einer korrigierenden Maßnahme die Rechtsverletzung nicht beseitigen würde, ist als **Ultima Ratio** eine Aufhebung des Vergabeverfahrens anzuordnen.

18 In der Praxis läuft dies häufig darauf hinaus, dass dem Auftraggeber aufgegeben wird, den Wertungsvorgang unter Berücksichtigung der Rechtsaufassung der Vergabekammer zu **wiederholen**.[26] Als weiterreichende Maßnahme kann angeordnet werden, dass das Vergabeverfahren ab dem Zeitpunkt zu wiederholen ist, zu dem sich der festgestellte Vergaberechtsverstoß erstmals zum Nachteil des Antragstellers ausgewirkt haben kann.

19 Die Vergabekammer kann beispielsweise auch den Auftraggeber verpflichten, rechtwidrige Angebotsteile oder -ergänzungen oder bestimmte Eignungskriterien[27] **unberücksichtigt** zu lassen. Zu beachten ist allerdings, dass die Entscheidung der Vergabekammer zur Zurückstufung der Wertung eine etwaige Selbstbindung der Vergabestelle nur in Bezug auf die Rechtsverletzung bricht. An eine Wertung, die nicht Gegenstand des Nachprüfungsverfahrens war, bleibt die Vergabestelle nach den allgemeinen Grundsätzen gebunden.

---

20 OLG München, Beschluss v. 19.7.2012 – Verg 8/12; OLG Hamburg, Beschluss v. 14.12.2010 – 1 Verg 5/10; VK Bund, Beschluss v. 18.2.2016 – VK 2-137/15; VK Sachsen, Beschluss v. 27.4.2015 – 1/SVK/012-15; indirekt für den Fall, dass ein materielles Vergabeverfahren bereits anzunehmen ist: OLG Celle, Beschluss v. 30.10.2014 – 13 Verg 8/14; a.A. OLG Schleswig, Beschluss v. 15.3.2013 – 1 Verg 4/12; KG, Beschluss v. 13.9.2012 – Verg 4/12.

21 OLG Düsseldorf, Beschluss v. 10.3.2014 – VII-Verg 11/14.

22 EuGH, Urteil v. 11.1.2005 – Rs. C-26/03 (Stadt Halle), Rn. 36 ff.

23 OLG Schleswig, Beschluss v. 15.4.2011 – 1 Verg 10/10; VK Niedersachsen, Beschluss v. 9.10.2015 – VgK-39/2015; VK Sachsen, Beschluss v. 19.4.2012 – 1/SVK/009-12.

24 BGH, Beschluss v. 26.9.2006 – X ZB 14/06.

25 OLG Koblenz, Beschluss v. 25.2.2015 – Verg 5/14.

26 VK Sachsen, Beschluss v. 9.12.2014 – 1/SVK/038-14; VK Südbayern, Beschluss v. 29.10.2013 – Z3-3-3194-1-25-08/13; VK Niedersachsen, Beschluss v. 24.4.2013 – VgK-07/2013.

27 VK Bund, Beschluss v. 25.1.2012 – VK 1-174/11.

Geeignete Maßnahme im Sinne des § 168 Abs. 1 GWB zur Beseitigung einer von einer Vergabekammer festgestellten Rechtsverletzung kann auch sein, dem Bieter erstmalig die **Gelegenheit** einzuräumen, ein **Angebot im Rahmen eines Vergabeverfahrens abzugeben**, in dem der Bieter zu Unrecht nicht berücksichtigt wurde.[28] 20

Die Vergabekammer kann dem Auftraggeber auch ausdrücklich den **Zuschlag untersagen**, insbesondere wenn infolge unklarer Ausschreibungsbedingungen nicht gewährleistet ist, dass sämtliche Bieter diese im gleichen Sinne verstanden und berücksichtigt haben.[29] Diese Untersagung des Zuschlags wird im Falle einer sofortigen Beschwerde vom Suspensiveffekt des § 173 Abs. 1 S. 1 GWB nicht erfasst und kann nur im Wege des § 173 Abs. 3 GWB i.V.m. § 121 GWB aufgehoben werden.[30] 21

Die Nachprüfung der Vergabe öffentlicher Aufträge und Konzessionen durch die Vergabekammer ist auf den sog. **Primärrechtsschutz** beschränkt, weshalb die Zuerkennung von Schadensersatz nicht von § 168 Abs. 1 GWB erfasst, sondern den ordentlichen Gerichten zugewiesen ist (vgl. § 156 Abs. 3 GWB, § 13 GVG).[31] Die zivilrechtliche Klage eines übergangenen Bieters in einem mit Zuschlagserteilung beendeten Vergabeverfahren auf Ersatz des positiven Interesses wegen einer vermeintlich vergaberechtswidrigen Auswahl des Auftragnehmers ist grundsätzlich auch dann zulässig, wenn der Bieter die ihm eröffnete Möglichkeit der Inanspruchnahme von Primärrechtsschutz nicht genutzt hat.[32] 22

2. Anweisung zur Aufhebung

Die Entscheidungsbefugnis der Vergabekammer umfasst auch die Anweisung des Auftraggebers, eine Ausschreibung aufzuheben. Eine Verpflichtung des Auftraggebers, die Ausschreibung aufzuheben, kommt auch hier wieder nur als **Ultima Ratio** in Betracht,[33] wenn das bisherige Verfahren mit derart gravierenden Mängeln behaftet ist, dass dieses im Rahmen einer chancengleichen und wettbewerbsgerechten Eignungs- und Angebotsprüfung nicht mehr heilbar ist. Es muss sich also um eine alternativlose Situation handeln, in der die Rechtsverletzung im laufenden Vergabeverfahren nicht korrigiert werden kann.[34] 23

Von einer solchen ist **beispielsweise** auszugehen: bei einer fehlerhaften EU-Bekanntmachung[35], bei unklaren oder fehlerhaften Leistungsbeschreibungen,[36] Preisermittlungsgrundlagen oder bei Zuschlagskriterien[37], auf die von vornherein kein sachgerechtes Angebot abgegeben werden kann, oder wenn eine unrichtige Vergabeart[38] gewählt worden ist. 24

Dabei ist allerdings der **Verhältnismäßigkeitsgrundsatz** strikt zu beachten; eine Aufhebung der Ausschreibung darf nur angeordnet werden, wenn keine mildere, gleich geeignete Maßnahme zur Verfügung steht. Dies erfordert auch die RL 89/665/EWG, die in Art. 2 Abs. 1 lit. b den Nachprüfungsinstanzen – ausdrücklich – die Möglichkeit gibt, vergaberechtlich fehlerhafte Teile einer Ausschreibung zu eliminieren, sofern der *„Rest"* noch taugliche Grundlage einer Vergabeentscheidung bleibt.[39] 25

---

28 VK Sachsen, Beschluss v. 19.4.2012 – 1/SVK/009-12; VK Bund, Beschluss v. 9.1.2008 – VK 3-145/07.
29 OLG Koblenz, Beschluss v. 29.11.2012 – 1 Verg 6/12; OLG Düsseldorf, Beschluss v. 7.11.2012 – VII-Verg 12/12; VK Bund, Beschluss v. 22.7.2015 – VK 2-61/15.
30 OLG Düsseldorf, Beschluss v. 12.9.2008 – VII-Verg 52/08.
31 BGH, Urteil v. 27.11.2007 – X ZR 18/07; Beschluss v. 19.12.2000 – X ZB 14/00, 72; VK Schleswig-Holstein, Beschluss v. 4.2.2008 – VK-SH 28/07.
32 OLG Naumburg, Urteil v. 23.12.2014 – 2 U 74/14.
33 OLG Frankfurt, Beschluss v. 16.6.2015 – 11 Verg 3/15; OLG Saarbrücken, Beschluss v. 15.10.2014 – 1 Verg 1/14.
34 OLG Schleswig, Beschluss v. 15.4.2011 – 1 Verg 10/10; OLG Rostock, Beschluss v. 6.3.2009 – 17 Verg 1/09, VK Arnsberg, Beschluss v. 6.2.2013 – VK 21/12.
35 VK Sachsen, Beschluss v. 19.5.2015 – 1/SVK/014-15.
36 OLG München, Beschluss v. 10.12.2009 – Verg 16/09; VK Rheinland-Pfalz, Beschluss v. 23.11.2011 – VK 1-34/11.
37 VK Sachsen, Beschluss v. 12.6.2015 – 1/SVK/016-15.
38 BGH, Beschluss v. 10.11.2009 – X ZB 8/09.
39 OLG Schleswig, Beschluss v. 30.6.2005 – 6 Verg 5/05; BayObLG, Beschluss v. 17.2.2005 – Verg 27/04.

3. Anweisung zur Aufhebung der Aufhebung

26 Die Vergabekammer kann neben den dargestellten korrigierenden Maßnahmen oder der Anweisung, eine Ausschreibung aufzuheben, den Auftraggeber bei fortbestehender Vergabeabsicht auch anweisen, seine Aufhebungsentscheidung aufzuheben („***Aufhebung der Aufhebung***“).[40] Mit einer Aufhebung der Aufhebungsentscheidung verstößt die Vergabekammer also nicht gegen die wirtschaftliche Dispositionsfreiheit des Antragsgegners. Die Anweisung zur Aufhebung der Aufhebung ist zunächst **grundsätzlich möglich und zulässig**, da der Aufhebungsentscheidung keine verfahrensbeendende Wirkung zukommt und sie nicht, wie der Zuschlag (§ 168 Abs. 2 S. 2 GWB), der Aufhebung durch die Vergabekammer entzogen wird.[41]

27 Die Anordnung einer Fortsetzung des Vergabeverfahrens, z.B. mit dem Ziel einer neuen Wertung, kann im Einzelfall nur dann in Betracht kommen, wenn die Aufhebung nur **zum Schein** erfolgt ist[42] oder einen Fall einer **rechtsmissbräuchlichen Verfahrenslenkung** darstellt oder ein **Verstoß gegen die vergaberechtlichen Grundsätze** der Transparenz und der Diskriminierungsfreiheit vorliegt, dessen Intensität mit dem Fall einer rechtsmissbräuchlichen Verfahrenslenkung vergleichbar ist.[43]

28 Bei fortbestehender Vergabeabsicht können die Nachprüfungsinstanzen die Aufhebung der Aufhebungsentscheidung des Auftraggebers zudem dann anordnen, wenn die Aufhebungsentscheidung auf einem **fehlerhaften Ermessensgebrauch** des Auftraggebers beruht, offen ist, zu welchem Ergebnis die korrekte Ermessensausübung durch den Auftraggeber führt, und ihm mehrere Handlungsalternativen verbleiben.[44] Die Vergabekammer verpflichtet den Auftraggeber in diesen Fällen, das Verfahren wieder aufzunehmen und im Einklang mit den Vorschriften des Vergaberechts fortzuführen.[45]

29 In der Regel aber setzt der **Grundsatz der Vertragsfreiheit** der Regelungskompetenz der Vergabekammern eine Grenze.[46] So kann der Auftraggeber nicht gezwungen werden, ein Vergabeverfahren abzuschließen und einen der Ausschreibung entsprechenden Auftrag zu erteilen, wenn er beispielsweise eine Aufhebung des Verfahrens auf vernünftige, sachliche und nicht diskriminierende Gründe stützen kann.[47] Solche Gründe können z.B. darin legen, dass sich der Beschaffungsbedarf geändert hat[48], das Ziel einer Ausschreibung wegen Zeitablaufs nicht mehr erreicht werden kann, Haushaltsmittel nicht mehr sachgerecht eingesetzt werden können[49] oder dass das Vergabeverfahren fehlerbehaftet ist und deshalb ohnehin zurückversetzt werden müsste.[50]

4. Anweisung zur Einleitung eines förmlichen Vergabeverfahrens

30 Ebenso wie die Vergabekammer befugt ist, anzuordnen, dass eine von der Vergabestelle verfügte Aufhebung der Ausschreibung rückgängig gemacht (und das Vergabeverfahren anschließend fortgesetzt) wird, kommt bei sicherem Beschaffungsbedarf und fortbestehender Vergabeabsicht auch die Anordnung in Betracht, innerhalb einer bestimmten Frist ein förmliches Vergabeverfahren einzuleiten, was insbesondere gilt, wenn nach **mehrmaliger zeitlich**

---

40 OLG Bremen, Beschluss v. 29.1.2016 – 2 Verg 3/15 (zu den Aufhebungsmöglichkeiten eines VOF-Verfahrens); OLG München, Beschluss v. 31.10.2012 – Verg 19/12; Beschluss v. 28.8.2012, Verg 11/12; VK Südbayern, Beschluss v. 15.3.2016 – Z3-3-3194-1-03-01/16.

41 BGH, Beschluss v. 18.2.2003 – X ZB 43/02; VK Bund, Beschluss v. 7.7.2015 – VK 2-49/15.

42 BGH, Beschluss v. 20.3.2014 – X ZB 18/13; OLG Frankfurt, Beschluss v. 4.8.2015 – 11 Verg 4/15; VK Westfalen; Beschluss v. 6.5.2015 – VK 1-11/15; VK Bund, Beschluss v. 8.2.2011– VK 2-134/10.

43 OLG Celle, Beschluss v. 10.3.2016 – 13 Verg 5/15; VK Westfalen, Beschluss v. 14.4.2016 – VK 1-9/16; VK Nordbayern, Beschluss v. 15.3.2016 – 21.VK-3194-42/15; VK Niedersachsen, Beschluss v. 23.7.2015 – VgK-15/2015.

44 OLG München, Beschluss v. 31.10.2012 – Verg 19/12.

45 BGH, Beschluss v. 18.2.2003 – X ZB 43/02, 10.

46 *Brauer,* in: Ziekow/Völlink, Vergaberecht, § 114 GWB Rn.14

47 VK Münster, Beschluss v. 5.8.2014 – VK 10/14.

48 VK Südbayern, Beschluss v. 20.7.2015 – Z3-3-3194-1-17-03/15.

49 OLG Celle, Beschluss v. 15.7.2010 – 13 Verg 9/10; OLG Düsseldorf, Beschluss v. 22.7.2005 – VII-Verg 37/05; VK Bund, Beschluss v. 4.7.2012 – VK 1-64/12.

50 VK Westfalen, Beschluss v. 6.5.2015 – VK 1-11/15; VK Bund, Beschluss v. 4.7.2012 – VK 1-64/12.

begrenzter Interimsvergabe an den ehemaligen Leistungserbringer eine weitere Vergabe an diesen ohne gemeinschaftsrechtskonformes Verfahren nicht mehr hinnehmbar ist.[51] Kritisch ist in diesem Zusammenhang die Entscheidung des OLG Düsseldorf[52] zu sehen, nach der eine Nachprüfungsentscheidung, die dem Auftraggeber aufgibt, umgehend mit einer Vergabebekanntmachung ein förmliches Vergabeverfahren zu beginnen, nichtig sein soll.

5. Verpflichtung zur Zuschlagserteilung

In der Rechtsprechung ist **umstritten**, ob in Ausnahmefällen eine Verpflichtung des Auftraggebers in Betracht kommen kann, dem Antragsteller den Zuschlag zu erteilen. 31

Nach **Auffassung der Befürworter** kann in Ausnahmefällen, in denen unter Beachtung aller dem Auftraggeber zustehenden Wertungs- und Beurteilungsspielräume die Erteilung des Zuschlags an den Antragsteller die einzige rechtmäßige Entscheidung ist, eine dementsprechende Anweisung an den Auftraggeber in Betracht kommen.[53] Voraussetzung dafür ist das Fortbestehen des Vergabewillens des Auftraggebers und eine Reduzierung des Handlungs-, Wertungs- und Beurteilungsspielraums auf null.[54] Betont wird im Übrigen aber, dass die Nachprüfungsinstanzen nicht in die Beschaffungsautonomie und Vertragsfreiheit des öffentlichen Auftraggebers eingreifen dürfen.[55] 32

Vertreter der ablehnenden Rechtsauffassung berufen sich darauf, dass zum einen einem Ausspruch auf Zuschlagserteilung entgegensteht, dass nach der Rechtsprechung des BGH[56] ein Bieter keinen Anspruch darauf hat, dass in einem Vergabeverfahren ein der Ausschreibung entsprechender Auftrag erteilt wird.[57] Zum anderen wird eingewandt, dass für den Auftraggeber grundsätzlich kein Kontrahierungszwang besteht, denn ein solcher würde der wirtschaftlichen Dispositionsfreiheit des Auftraggebers widersprechen.[58] Im Ergebnis wird wohl die Zuschlagsverpflichtung besonders gelagerten Ausnahmefällen vorbehalten bleiben, bei denen das Fortbestehen der Beschaffungsabsicht der Vergabestelle außer Frage steht.[59] 33

IV. Keine Antragsbindung (S. 2)

Gemäß § 168 Abs. 1 S. 2 GWB ist die Vergabekammer nicht an die gestellten Anträge gebunden und kann unabhängig von diesen auf die Rechtmäßigkeit des Vergabeverfahrens einwirken.[60] Maßgeblich ist insoweit das erkennbare **Antragsziel.**[61] Sie kann daher auch andere als die von der Antragstellerin ausdrücklich gerügten Vergabeverstöße ihrer Entscheidung zugrunde legen. § 168 Abs. 1 S. 2 GWB ergänzt also den **Amtsermittlungsgrundsatz** des § 163 GWB, führt jedoch nicht zu einer uneingeschränkten Prüfungskompetenz. 34

Wegen der Ausrichtung des Nachprüfungsverfahrens auf den Schutz subjektiver Rechte bleibt die Vergabekammer auf die Prüfung von Rechtsverstößen beschränkt, die den **Antragsteller belasten**.[62] Das heißt, § 168 Abs. 1 S. 2 GWB ermächtigt die Vergabekammer nur dazu, vom Antragsteller zur Begründung seines Nachprüfungsantrages nicht herangezogene, ihn aber gleichwohl belastende Rechtsverstöße der Kammerentscheidung zugrunde zu legen. Es muss sich also immer um Rechtsverstöße handeln, die den Antragsteller – auch wenn er sie unter 35

---

51 OLG Schleswig, Beschluss v. 7.10.2011 – 1 Verg 1/11; VK Sachsen, Beschluss v. 31.8.2011 – 1/SVK/030-2011.
52 OLG Düsseldorf, Beschluss v. 10.3.2014 – VII-Verg 11/14.
53 *Brauer,* in: Ziekow/Völlink, Vergaberecht, § 114 GWB Rn.14.
54 KG, Beschluss v. 20.2.2014 – Verg 10/13; OLG Frankfurt, Beschluss v. 14.5.2013 – 11 Verg 4/13; OLG München, Beschluss v. 15.3.2012 – Verg 2/12; VK Sachsen, Beschluss v. 6.9.2013 – 1/SVK/028-13.
55 OLG München, Beschluss v. 15.3.2012 – Verg 2/12.
56 Zuletzt BGH, Beschluss v. 20.3.2014 – X ZB 18/13.
57 VK Bund, Beschluss v. 24.1.2011 – VK 3-150/10.
58 OLG München, Beschluss v. 28.8.2012 – Verg 11/12; Beschluss v. 3.11.2011 – Verg 14/11.
59 Bejahend beispielsweise im Falle wiederholter rechtswidriger Interimsvergaben: VK Sachsen, Beschluss v. 25.8.2010 – 1/SVK/023-10.
60 VK Niedersachsen, Beschluss v. 23.7.2015 – VgK-15/2015; zur Entscheidungsbefugnis der Beschwerdeinstanz und dem Grundsatz „ne ultra petita": OLG Schleswig, Beschluss v. 30.4.2015 – 1 Verg 7/14.
61 Zuletzt VK Mecklenburg-Vorpommern, Beschluss v. 17.12.2014 – 2 VK 17/14.
62 OLG Dresden, Beschluss v. 8.11.2002 – WVerg 19/02.

Umständen nicht gesehen hat – in seinen Rechten verletzt haben. Eine darüber hinausgehende Auslegung des § 168 Abs. 1 S. 2 GWB wäre mit dem auf den Schutz subjektiver Rechte ausgerichteten Charakter des Nachprüfungsverfahrens im Ergebnis nicht vereinbar.[63]

36 Insoweit ergeben sich für die Prüfungsbefugnis der Vergabekammer hinsichtlich der Feststellung der Rechtsverletzung **zwei Einschränkungen**: Ein nicht gerügter Verstoß muss subjektive Rechte des Antragstellers **verletzen**[64] und das Vorbringen darf **nicht präkludiert** sein.[65] Sind mithin lediglich Dritte in ihren Rechten betroffen, so bleibt nur die Möglichkeit, dass diese selbst einen Nachprüfungsantrag stellen.[66] Anderes kann nur in Ausnahmefällen bei schwerwiegenden Verstößen gelten, bei denen eine Fortsetzung des Verfahrens ohne Korrektur nicht zu vertreten wäre.[67]

37 Nach mittlerweile überwiegender Meinung in der Rechtsprechung darf die Vergabekammer darüber hinaus von der durch § 168 Abs. 1 S. 2 GWB geschaffenen Ermächtigung nur unter der Einschränkung Gebrauch machen, dass der **Nachprüfungsantrag zulässig** ist.[68] Dies wird mit dem Charakter des Nachprüfungsverfahrens als subjektives Rechtsschutzverfahren begründet. Die Norm betreffe danach nur die Entscheidung der Vergabekammer in der Sache selbst und setze die Zulässigkeit des Nachprüfungsantrags voraus. Zudem diene das Nachprüfungsverfahren nicht der allgemeinen Rechtmäßigkeitskontrolle.

C. Erledigung des Verfahrens (Abs. 2)

I. Keine Aufhebung eines wirksam erteilten Zuschlags (S. 1)

38 Hat der Auftraggeber bereits vor Anrufung der Vergabekammer den Zuschlag wirksam erteilt, so kann die Vergabekammer diesen gemäß § 168 Abs. 2 S. 1 GWB nicht aufheben. Durch die Aufnahme des Wortes „wirksam" in den Tatbestand des § 168 Abs. 2 GWB wird die Rechtsfolge der Unwirksamkeit nach § 135 GWB auf den Zuschlag erstreckt.

39 § 168 Abs. 2 S. 1 GWB definiert also die **Grenzen des vergaberechtlichen Primärrechtsschutzes**: Das Nachprüfungsverfahren ist nur parallel zu einem laufenden Vergabeverfahren zulässig, denn ab Zuschlagserteilung kann das Verfahrensziel der Nachprüfung nicht mehr erreicht werden, sodass das gemäß § 160 Abs. 2 S. 1 GWB notwendige rechtliche Interesse am Auftrag (oder der Konzession) entfällt und ein Nachprüfungsantrag unzulässig ist.[69] Kann das infolge eines behaupteten Vergaberechtsverstoßes bestehende Interesse eines Bieters allein noch auf **Schadensersatz** gerichtet sein, weil das Vergabeverfahren durch wirksame Auftragsvergabe beendet ist, steht nur noch der Weg zu den hierfür ggf. zuständigen Zivilgerichten offen.[70]

40 Der **Begriff des Zuschlags** im Sinne von § 168 Abs. 2 GWB wird in der Rechtsprechung gelegentlich unterschiedlich verstanden. Nach der wohl herrschenden und richtigen Auffassung stellt der Zuschlag nichts anderes als die fristgerechte Annahmeerklärung nach allgemeinem Vertragsrecht (§§ 145 ff. BGB) dar,[71] die als empfangsbedürftige Willenserklärung dem Bieter zugehen muss. Daher stellt eine **modifizierte Annahme** des Angebots unter Erweiterungen, Einschränkungen und sonstigen Änderungen gemäß § 150 Abs. 2 BGB eine Ablehnung, verbunden mit einem neuen Antrag dar. Dieser Antrag des Auftraggebers auf Abschluss eines

---

63 OLG Celle, Beschluss v. 17.11.2011 – 13 Verg 6/11; OLG München, Beschluss v. 9.8.2010 – Verg 13/10.
64 VK Westfalen, Beschluss v. 18.3.2015 – VK 1-6/15.
65 VK Sachsen, Beschluss v. 9.12.2013 – 1/SVK/035-13.
66 OLG Düsseldorf, Beschluss v. 16.12.2015 – VII-Verg 25/15.
67 OLG Celle, Beschluss v. 17.11.2011 – 13 Verg 6/11.
68 OLG Naumburg, Beschluss v. 18.8.2011 – 2 Verg 3/11; OLG Celle, Beschluss v. 11.2.2010 – 13 Verg 16/09; VK Sachsen, Beschluss v. 9.12.2013 – 1/SVK/035-13; VK Brandenburg, Beschluss v. 29.1.2013 – VK 42/12; anders noch OLG Naumburg, Beschluss v. 12.6.2001 – 1 Verg 3/01.
69 Vgl. den Wortlaut: „Antragsbefugt ist ein Unternehmen, das ein Interesse am Auftrag hat".
70 KG, Beschluss v. 19.4.2012 – Verg 7/11; OLG Celle, Beschluss v. 4.3.2010 – 13 Verg 1/10.
71 OLG Frankfurt, Beschluss v. 24.9.2013 – 11 Verg 12/13; OLG Naumburg, Beschluss v. 16.10.2007 – 1 Verg 6/07; VK Sachsen, Beschluss v. 15.3.2016 – 1/SVK/045-15 sowie Beschluss v. 10.9.2015 – 1/SVK/022-15 (zu VOF-Verfahren).

abgeänderten Vertrages bedarf zu seiner Wirksamkeit deshalb noch einer Annahmeerklärung des Bieters, die dem Auftraggeber wiederum zugehen muss.[72] Erteilt der Auftraggeber den Zuschlag vor dem von ihm im Informationsschreiben angegebenen **„frühesten Zeitpunkt des Vertragsschlusses"**, ist nach Auffassung der VK Bund die Zuschlagserteilung damit zunächst schwebend wirksam und ein Vertrag insoweit von Anfang an unwirksam.[73]

II. Fortsetzungsfeststellungsverfahren (S. 2)

1. Erledigung

41 Erledigt sich ein bereits anhängiges Nachprüfungsverfahren, bevor die Vergabekammer in der Sache entschieden hat, kann diese auf Antrag eines Beteiligten (**Fortsetzungsfeststellungsantrag**) feststellen, ob eine Rechtsverletzung vorgelegen hat. Maßnahmen zur Beseitigung der Rechtsverletzung im Sinne des § 168 Abs. 1 S. 1 GWB können in diesen Fällen nicht mehr getroffen werden. Sinn und Zweck des § 168 Abs. 2 S. 2 GWB ist es, bereits im Verfahren erarbeitete Ergebnisse zu erhalten und so eine nochmalige, der Prozessökonomie widersprechende, zivilgerichtliche Überprüfung derselben Sach- und Rechtslage zu vermeiden.[74]

42 Dem Wortlaut nach bezieht sich § 168 Abs. 2 S. 2 GWB ausschließlich auf Fälle der Erledigung eines bereits **anhängigen**, aber noch nicht beendeten Nachprüfungsverfahrens.[75] In den Fällen der **Antragseinreichung nach Erledigung** kann hingegen der Antragsteller nur noch auf Schadensersatz klagen, sodass ihm das Rechtsschutzbedürfnis fehlt, da das Regelungsziel der Prozessökonomie nicht erreicht werden kann.[76]

43 Als **erledigendes Ereignis** nennt § 168 Abs. 2 S. 2 GWB die rechtswirksame Erteilung des Zuschlags, die Aufhebung oder Einstellung des Vergabeverfahrens oder die Erledigung auf „sonstige Weise".

44 Eine Erledigung durch **Erteilung des Zuschlages** nach Stellung des Nachprüfungsantrages kann wegen der Sperrwirkung des Antrages gemäß § 169 Abs. 1 S. 1 GWB nur in eng begrenzten Ausnahmefällen in Betracht kommen. Bis zur Zustellung des Nachprüfungsantrags oder Information über den Antrag in Textform kann der Auftraggeber den Zuschlag wirksam erteilen, und zwar selbst dann, wenn er von dem Antrag und dessen Eingang bei der Vergabekammer Kenntnis hat. Eine Erledigung durch Erteilung des Zuschlags kann also nur in Betracht kommen, wenn der Zuschlag in der Zeit zwischen Eingang des Nachprüfungsantrags bei der Vergabekammer und der Übermittlung des Antrages oder einer entsprechenden Information an den Auftraggeber (Beginn des Zuschlagsverbots nach § 169 Abs. 1 GWB) erteilt wird.[77] Danach ist der Zuschlag gemäß § 169 Abs. 1 GWB i.V.m. § 134 BGB nichtig, soweit das Zuschlagsverbot nicht durch Eilbeschluss gemäß § 169 Abs. 2 S. 1, 3 GWB wieder aufgehoben wurde.

45 In der Praxis häufiger sind die Fälle, in denen die Erledigung des Nachprüfungsantrags durch **Aufhebung oder Einstellung** des Vergabeverfahrens eintritt.[78] Der Auftraggeber kann das Ausschreibungsverfahren auch noch während eines Vergabenachprüfungsverfahrens aufheben. Diese Kompetenz ist Ausfluss seiner (vergabe-)verfahrensrechtlichen Dispositionsbefugnis: Zivilrechtlich betrachtet stellt nämlich die Ausschreibung lediglich eine Aufforderung zur Angebotsabgabe dar, die keinen Kontrahierungszwang für den Auftraggeber in dem Sinne begründet, auf eines der eingehenden Angebote einen Zuschlag erteilen und damit einen

---

72 BGH, Beschluss v. 9.2.2004 – XZ B 44/03; OLG Naumburg, Beschluss v. 16.10.2007 – 1 Verg 6/07; VK Westfalen, Beschluss v. 12.3.2015 – VK 1-05/15.

73 VK Bund, Beschluss v. 7.7.2015 – VK 2-49/15.

74 OLG Düsseldorf, Beschluss v. 28.4.2004 – VII-Verg 8/04; VK Schleswig-Holstein, Beschluss v. 25.1.2012 – VK-SH 24/11 m.w.N.

75 OLG Düsseldorf, Beschluss v. 24.9.2014 – VII-Verg 19/14; VK Südbayern, Beschluss v. 29.4.2010 – Z3-3-3194-1-03-01/10; *Kus*, in: Niebuhr/Kulartz/Kus/Portz, Vergaberecht, 1. Aufl., § 114 GWB Rn. 63 ff.

76 BayObLG, Beschluss v. 7.10.1999 – Verg 3/99.

77 OLG Düsseldorf, Beschluss v. 9.11.2011 – VII-Verg 35/11; *Brauer*, in: Ziekow/Völlink, Vergaberecht, § 114 GWB Rn. 32.

78 OLG Celle, Beschluss v. 10.3.2016 – 13 Verg 5/15.

Vertrag abschließen zu müssen.[79] Dies gilt selbst dann, wenn kein Aufhebungsgrund vorliegt, also die Voraussetzungen für eine rechtmäßige Aufhebung nach VOB/A bzw. VOL/A nicht vorliegen.[80]

46 Eine Erledigung in **sonstiger Weise** liegt vor, wenn das Nachprüfungsverfahren gegenstandslos wird, wenn beispielsweise der Auftraggeber dem Nachprüfungsantrag durch Behebung des angegriffenen Vergaberechtsverstoßes **abhilft**,[81] oder wenn Antragsteller und Auftraggeber den Nachprüfungsantrag **übereinstimmend für erledigt erklären**.[82] Die einseitige **Rücknahme** des Nachprüfungsantrags wegen fehlender Erfolgsaussichten führt hingegen nicht zur Erledigung des Antrags im Sinne des § 168 Abs. 2 S. 2 GWB.[83] Eine Erledigung setzt zumindest eine **Erledigungserklärung** des Antragstellers voraus. Wenn der Antragsteller sein Primärbegehren aufrechterhält und nicht nach Eintritt des erledigenden Ereignisses seinen Nachprüfungsantrag auf einen Fortsetzungsfeststellungsantrag umstellt, so ist dieser Antrag als unzulässig abzuweisen.[84] Die Vergabekammer darf in einem solchen Fall nicht unter Hinweis auf eine angebliche Gegenstandslosigkeit oder Erledigung des Nachprüfungsverfahrens von einer Entscheidung innerhalb der Entscheidungsfrist absehen.[85]

47 Schließlich bleibt zu erwähnen, dass auch im vergaberechtlichen Nachprüfungsverfahren eine Verfahrensbeendigung durch **Vergleich** geläufig und jedenfalls dann unbedenklich ist, wenn über die Interessen der am Vergleichsabschluss beteiligten Bieter hinaus keine Interessen unbeteiligter Dritter tangiert werden können.[86] Ob der Abschluss eines Vergleiches, in welchem sich der Antragsteller zur Antragsrücknahme verpflichtet, als Erledigung in sonstiger Weise zu verstehen ist, ist rechtsdogmatisch fraglich.[87] In der Praxis werden solche Vergleiche häufig als Antragsrücknahme behandelt, die das Verfahren unmittelbar beenden.[88] Die Bindungswirkung eines von den Beteiligten geschlossenen und von der Vergabekammer protokollierten Vergleichs geht dabei nicht so weit wie die Bindungswirkung eines Beschlusses der Vergabekammer, da der Vergleich immer nur die beteiligten Parteien bindet, nicht aber Dritte.[89]

2. Umstellung auf einen Fortsetzungsfeststellungsantrag

48 Das Fortsetzungsfeststellungsverfahren nach § 168 Abs. 2 S. 2 GWB setzt ausdrücklich den **Antrag** eines Beteiligten (Fortsetzungsfeststellungsantrag) voraus, um festzustellen, ob eine Rechtsverletzung vorgelegen hat. Antragsberechtigt sind dabei alle Beteiligten des Nachprüfungsverfahrens. Hierzu zählt also auch der Beigeladene, auch er kann einen Feststellungsantrag erzwingen, und zwar sogar gegen den Willen von Antragsteller und Auftraggeber.[90] Fehlt ein solcher Feststellungsantrag, wird der ursprüngliche Nachprüfungsantrag als unzulässig zurückgewiesen.[91]

49 Ungeschriebenes Tatbestandsmerkmal eines Fortsetzungsfeststellungsantrages ist weiterhin ein **Feststellungsinteresse**.[92] Dieses kann beim Vorliegen eines jeden Interesses rechtlicher, wirtschaftlicher oder ideeller Art bejaht werden, insbesondere dann, wenn der Feststellungs-

79 VK Südbayern, Beschluss v. 16.9.2015 – Z3-3-3194-1-27-04/15; VK Saarland, Beschluss v. 1.10.2007 – 1 VK 02/2007.
80 BGH, Beschluss v. 18.2.2003 – X ZB 43/02, 11; *Burbulla*, ZfBR 2009, 134.
81 OLG Celle, Beschluss v. 30.10.2014 – 13 Verg 8/14; OLG München, Beschluss v. 19.7.2012 – Verg 8/12; VK Sachsen, Beschluss v. 9.3.2012 – 1/SVK/003-12.
82 VK Bund, Beschluss v. 17.11.2014 – VK 2-79/14; Beschluss v. 17.11.2014 – VK 2-77/14.
83 OLG Naumburg, Beschluss v. 4.9.2001 – Verg 8/01; *Antweiler*, NZBau 2005, 35.
84 OLG Düsseldorf, Beschluss v. 28.3.2012 – VII-Verg 37/11; VK Hessen, Beschluss v. 2.7.2012 – 69d-VK-23/2012.
85 OLG Düsseldorf, Beschluss v. 28.3.2012 – VII-Verg 37/11.
86 OLG Frankfurt, Beschluss v. 16.10.2012 – 11 Verg 9/11.
87 Dazu eingehend *Conrad*, ZfBR 2014, 658 (659); *Dreher/Glöckle*, NZBau 2015, 459 (461); *dies.*, NZBau 2015, 529 (531).
88 VK Hessen, Beschluss v. 25.2.2011 – 69d-VK-02/2011; a.A. OLG Frankfurt, Beschluss v. 25.5.2012 – 11 Verg 1/12 (geht bei Antragsrücknahme auf Basis eines Vergleiches von Erledigung aus).
89 OLG Frankfurt, Beschluss v. 16.10.2012 – 11 Verg 9/11.
90 VK Bund, Beschluss v. 17.11.2014 – VK 2-77/14.
91 VK Hessen, Beschluss v. 2.7.2012 – 69d-VK-23/2012.
92 OLG München, Beschluss v. 19.7.2012 – Verg 8/12; VK Sachsen, Beschluss v. 27.7.2014 – 1/SVK/020-13.

antrag der Vorbereitung einer Schadensersatzforderung dient,[93] oder mit ihm ein Rehabilitationsinteresse verfolgt wird oder eine drohende Wiederholungsgefahr abgewendet werden soll. Ein solches Feststellungsinteresse ist beispielsweise gegeben, wenn die Feststellung zur Vorbereitung eines Schadensersatzanspruchs dient und ein solcher Prozess mit hinreichender Sicherheit zu erwarten ist und nicht offenbar aussichtslos erscheint.[94] Die beantragte Feststellung muss geeignet sein, die Rechtsposition des Antragstellers in einem der genannten Bereiche zu verbessern und eine Beeinträchtigung seiner Rechte auszugleichen oder wenigstens zu mildern.[95]

3. Wegfall des Beschleunigungsgebotes

Mit Umstellung des Antrages auf Erlass einer Feststellungsentscheidung ist die Vergabekammer gemäß § 168 Abs. 2 S. 3 GWB nicht mehr an die **Fünf-Wochen-Frist** des § 167 Abs. 1 S. 1 GWB gebunden, da die Eilbedürftigkeit zur Verhinderung einer Investitionsblockade nach erfolgter Zuschlagserteilung nicht mehr besteht.[96] Maßgeblich ist insofern die formale Antragsumstellung durch den Antragsteller. Einer Fristverlängerung nach § 167 Abs. 1 S. 2 GWB bedarf es dann nicht mehr. **50**

D. Form (Abs. 3 S. 1 und S. 3)

Gemäß § 168 Abs. 3 S. 1 GWB ergeht die Entscheidung der Vergabekammer durch Beschluss in Form eines **Verwaltungsakts** und ist – als solcher – der Auslegung zugänglich.[97] **51**

Dementsprechend finden bestimmte Regelungen, die für Verwaltungsakte gelten, auf den Beschluss der Vergabekammer Anwendung. So ist dieser nach § 167 Abs. 1 S. 1 GWB **schriftlich zu begründen**. Zudem muss die Entscheidung nach § 37 Abs. 1 VwVfG[98] **inhaltlich hinreichend bestimmt**, also eindeutig tenoriert sein.[99] **52**

Weitere Formanforderungen ergeben sich aus der in § 168 Abs. 3 S. 3 GWB geforderten entsprechenden Anwendung des § 61 GWB. Die Entscheidung ist demgemäß mit einer **Rechtsmittelbelehrung** zu versehen und den Beteiligten nach den Vorschriften des Verwaltungszustellungsgesetzes **zuzustellen**. **53**

Weiter ergibt sich aus dem Umstand, dass der Beschluss einen Verwaltungsakt darstellt, dass er auch nach Eintritt seiner **Unanfechtbarkeit** (Bestandskraft) von der Vergabekammer abänderbar ist.[100] Dies ergibt sich aus dem (allgemeinen) Verwaltungsverfahrensrecht, also dem jeweiligen Bundes- bzw. Landesverwaltungsgesetz.[101] Berichtigt werden können analog § 118 VwGO beispielsweise Schreib- oder Rechenfehler, fehlerhafte Parteibezeichnungen oder ähnliche offenbare Unrichtigkeiten, solange diese als „Irrtümer in der Erklärung" zu werten sind. Irrtümer in der Willensbildung sind hingegen nicht korrigierbar.[102] Daraus, dass die Entscheidung der Vergabekammer im Rechtssinn ein Verwaltungsakt ist, folgt auch, dass dieser nichtig sein kann, soweit er an einem besonders schwerwiegenden Fehler leidet und dies bei verständiger Würdigung aller in Betracht kommenden Umstände offenkundig ist.[103] **54**

---

93 OLG München, Beschluss v. 19.7.2012 – Verg 8/12; VK Sachsen, Beschluss v. 19.6.2015 – 1/SVK/009-15; *Summa*, in: Heiermann/Zeiss, Vergaberecht, § 114 GWB Rn. 129 ff.
94 OLG München, Beschluss v. 19.7.2012 – Verg 8/12; VK Südbayern, Beschluss v. 22.5.2015 – Z3-3-3194-1-63-12/14; VK Sachsen, Beschluss v. 19.6.2015 – 1/SVK/009-15.
95 *Antweiler*, NZBau 2005, 35.
96 VK Sachsen, Beschluss v. 19.6.2015 – 1/SVK/009-15.
97 OLG Schleswig, Beschluss v. 15.4.2014 – 1 Verg 4/13; VK Münster, Beschluss v. 13.3.2012 – VK 2/12; einschränkend insoweit VK Südbayern, Beschluss v. 11.3.2015 – Z3-3-3194-1-65-12/14.
98 Für die Vergabekammern der Länder sind die entsprechenden landesrechtlichen Vorschriften heranzuziehen. Dies gilt auch für die folgenden Zitierungen von Vorschriften des VwVfG.
99 Vgl. hierzu: OLG Schleswig, Beschluss v. 13.2.2001 – 6 Verg 1/01.
100 VK Niedersachsen, Beschluss v. 5.6.2014 – VgK-13/2014.
101 OLG Schleswig, Beschluss v. 2.8.2004 – 6 Verg 15/03.
102 *Brauer*, in: Ziekow/Völlink, Vergaberecht, § 114 GWB Rn. 54.
103 OLG Düsseldorf, Beschluss v. 10.3.2014 – VII-Verg 11/14 mit Verweis auf § 44 Abs. 1 VwVfG NRW.

55 Letztlich muss die Entscheidung der Vergabekammer gemäß § 37 Abs. 3 VwVfG **unterschrieben** sein. Dabei ist eine Unterschrift von den Mitgliedern der Vergabekammer notwendig, die an der mündlichen Verhandlung mitgewirkt haben. Ob im Falle der Verhinderung eines Kammermitgliedes dessen Unterschrift durch einen vom Vorsitzenden zu unterzeichnenden **Verhinderungsvermerk** ersetzt werden kann, richtet sich vorrangig nach den jeweiligen Geschäftsordnungen der Vergabekammern und ist dort unterschiedlich geregelt.[104] Zumeist ist allein die Unterschrift des Behördenleiters, das heißt des Vorsitzenden, erforderlich,[105] sodass die fehlende Unterschrift eines ehrenamtlichen Beisitzers i.d.R. unschädlich ist.[106] Das Fehlen einer notwendigen Unterschrift führt dazu, dass der Beschluss der Vergabekammer nicht wirksam wird, sondern nur als Entwurf vorliegt. Insoweit empfiehlt es sich, im Zweifelsfalle auf der Nachholung der Unterschrift innerhalb der Fünf-Wochen-Frist zu bestehen, denn sonst greift die Ablehnungsfiktion des § 171 Abs. 2 Hs. 2 GWB.[107]

56 Nach §§ 168 Abs. 3 S. 3 i.V.m. 61 GWB sind die Entscheidungen der Vergabekammer **schriftlich zu begründen** und mit einer **Belehrung** über das zulässige Rechtsmittel (Rechtsmittelbelehrung) zu versehen. Als Rechtsmittel ist hier die sofortige Beschwerde gemeint, wie sie in den §§ 171 ff. GWB im Einzelnen geregelt ist. Im Vergabeverfahren muss die Belehrung über das Rechtsmittel der sofortigen Beschwerde sich auch auf den Anwaltszwang[108] erstrecken und darauf hinweisen, ob die sofortige Beschwerde bei dem zuständigen Oberlandesgericht ggf. auch elektronisch erhoben werden kann.[109] Ob eine unrichtige Belehrung zur Folge hat, dass die Rechtsmittelfrist nicht zu laufen beginnt und stattdessen analog die Ein-Jahres-Frist des § 58 Abs. 2 VwGO gilt[110], oder lediglich dem Beschwerdeführer eine Wiedereinsetzung in den vorigen Stand gemäß §§ 120 Abs. 2, 73 Nr. 2 GWB i.V.m. §§ 233 f. ZPO zu gewähren ist[111], ist bislang noch nicht höchstrichterlich entschieden. Diese Frist erscheint zwar mit Blick auf den im Nachprüfungsverfahren geltenden Beschleunigungsgrundsatz und das ggf. faktisch fortdauernde Zuschlagsverbot des § 115 Abs. 1 GWB höchst problematisch, mangels einer anderen gesetzlichen Regelung scheint dieses Ergebnis aber unvermeidlich.

57 Durch den Verweis von § 168 Abs. 3 S. 3 GWB auf die entsprechende Anwendung des § 61 Abs. 1 S. 2 GWB ergibt sich, dass Entscheidungen der Vergabekammer gegenüber einem Unternehmen (Antragsteller oder Beigeladener) **mit Sitz außerhalb des Geltungsbereichs des GWB** demjenigen zuzustellen sind, den das Unternehmen der Vergabekammer als Zustellungsbevollmächtigten benannt hat. Hat das Unternehmen keine zustellungsbevollmächtigte Person benannt, so besagt weiter § 61 Abs. 1 S. 3 GWB, dass die Entscheidung durch Bekanntmachung im Bundesanzeiger zugestellt wird.

58 Zwar kann eine Zustellung gemäß § 168 Abs. 3 GWB i.V.m. § 61 Abs. 1 S. 1 GWB auch per **Telefax** erfolgen. Es muss dabei allerdings für den Empfänger erkennbar sein, ob die Übermittlung per Telefax zum Zwecke der Zustellung oder nur zum Zwecke der Information erfolgt.[112] Ist es bei einer Vergabekammer üblich, dass nach Übersendung der Entscheidung an die Verfahrensbeteiligten eine förmliche Zustellung folgt, kommt der für den Fristbeginn erforderliche Zustellungswille erst mit der förmlichen Zustellung zum Ausdruck.[113]

104 OLG Schleswig, Beschluss v. 2.8.2004 – 6 Verg 15/03.
105 Vgl. OLG Düsseldorf, Beschluss v. 5.9.2001 – Verg 18/01.
106 *Brauer*, in: Ziekow/Völlink, Vergaberecht, § 114 GWB Rn. 51.
107 OLG Düsseldorf, Beschluss v. 5.9.2001 – Verg 18/01; *Fett*, NZBau, 2005, 141.
108 OLG Celle, Beschluss v. 31.5.2007 – 13 Verg 1/07.
109 VGH Kassel, Beschluss v. 13.1.2012 – 3 A 1582/11.Z; OVG Berlin-Brandenburg, Beschluss v. 2.2.2011 – 2 N 10.10.
110 OLG Celle, Beschluss v. 31.5.2007 – 13 Verg 1/07; *Summa*, in: Heiermann/Zeiss, Vergaberecht, § 117 GWB Rn. 6 ff.
111 So noch *Müller-Wrede*, in: Ingenstau/Korbion, VOB, 15. Auflage, § 117 GWB Rn. 23.
112 BGH, Beschluss v. 10.11.2009 – X ZB 8/09.
113 OLG Celle, Beschluss v. 17.7.2009 – 13 Verg 3/09.

E. Vollstreckung (Abs. 3 S. 2 und S. 3)

Vollstreckbar sind nur die **verfügenden Entscheidungen** einer Vergabekammer, nicht die feststellenden, da diese keinen vollstreckungsfähigen Inhalt haben. Nach § 168 Abs. 3 S. 2 GWB richtet sich die Vollstreckung der Entscheidung der Vergabekammer auch gegen sog. **Hoheitsträger nach den Verwaltungsvollstreckungsgesetzen** des Bundes und der Länder.[114] Insoweit empfiehlt es sich, wenn sich die Vollstreckung nach Landesrecht richtet, zu überprüfen, ob die landesrechtlichen Vorschriften bestimmen, dass Rechtsbehelfe gegen Maßnahmen in der Verwaltungsvollstreckung keine aufschiebende Wirkung haben.[115] § 173 GWB findet in diesen Fällen keine Anwendung. Sofern das Landesrecht – wie etwa in Nordrhein-Westfalen, im Saarland oder in Sachsen-Anhalt auf § 80 Abs. 5 VwGO verweist, kann der Beschwerdeführer ggf. beim Oberlandesgericht beantragen, die aufschiebende Wirkung seines Rechtsmittels anzuordnen. Im Übrigen aber hat die Einlegung der sofortigen Beschwerde nach § 173 Abs. 1 S. 1 GWB aufschiebende Wirkung gegenüber eingeleiteten Vollstreckungsmaßnahmen. 59

Eine Vollstreckung kann eingeleitet werden, wenn konkrete Anhaltspunkte für einen **gegenwärtigen oder künftigen Verstoß** gegen eine durchsetzbare Handlungs- oder Unterlassungspflicht vorliegen.[116] 60

Voraussetzung für eine Vollstreckung ist die **Bestandskraft** des Beschlusses.[117] Die Entscheidung einer Vergabekammer erwächst formell durch Ablauf der Beschwerdefrist in Bestandskraft. Materiell umfasst die Bestandskraft jedenfalls den Entscheidungsgegenstand, also die Inhalte, mit denen sich die Entscheidung der Vergabekammer befasst hat.[118] 61

Die Vollstreckung der Entscheidungen der Vergabenachprüfungsinstanzen kann nur auf **Antrag** erfolgen. Dies ergibt sich zwar nicht aus dem Wortlaut des § 168 Abs. 3 S. 2 GWB, wohl aber aus der Überlegung, dass das Nachprüfungsverfahren vor der Vergabekammer gerichtsähnlich ausgestaltet ist und primär die Gewährung subjektiven Rechtsschutzes für die Betroffenen bezweckt. Fehlt es an einem zulässigen Antrag bzw. wird der Antrag auf Anordnung von Vollstreckungsmaßnahmen zurückgenommen, fehlt es an einer formellen Voraussetzung für die Fortführung des Vollstreckungsverfahrens; dieses ist einzustellen.[119] 62

Als **(Zwangs-)Mittel** zur Durchsetzung ihrer Entscheidung stehen der Vergabekammer gemäß § 9 VwVG und den entsprechenden Vorschriften der Länder die Ersatzvornahme (§ 10 VwVG), das Zwangsgeld (§ 11 VwVG) und der unmittelbaren Zwang (§ 12 VwVG) zur Verfügung. 63

In der Praxis wird aber gegen den öffentlichen Auftraggeber als Vollstreckungsschuldner nur das **Zwangsgeld** als Zwangsmittel in Betracht kommen. Ein solches ist denkbar, wenn ein öffentlicher Auftraggeber einem aus einer Entscheidung der Vergabekammer resultierenden Zuschlagsverbot zuwiderhandelt,[120] nicht jedoch schon, wenn der Auftraggeber derzeit abweichender Meinung ist, denn dann kann nicht ohne Weiteres unterstellt werden, dass er sich nicht der Entscheidung der Vergabekammer fügen werde.[121] 64

Durch die Bezugnahme auf § 86a GWB in § 168 Abs. 3 GWB können nunmehr Zwangsgelder in einer Spanne von **1.000 Euro bis 10 Millionen Euro** verhängt werden, wodurch nunmehr die Anordnungen der Vergabekammer effektiver durchgesetzt werden können. Das Zwangsgeld muss in einem angemessenen Verhältnis zu seinem Zweck stehen. Dabei ist das Zwangs- 65

114 Vgl. OLG Düsseldorf, Beschluss v. 25.7.2002 – Verg 33/02.
115 Vgl. hierzu *Summa*, in: Heiermann/Zeiss, Vergaberecht, § 114 GWB Rn. 69.
116 *Summa*, in: Heiermann/Zeiss, Vergaberecht, § 114 GWB Rn. 62 ff., 65.
117 OLG Düsseldorf, Beschluss v. 10.3.2014 – VII-Verg 11/14; VK Münster, Beschluss v. 13.3.2012 – VK 2/12.
118 VK Münster, Beschluss v. 13.3.2012 – VK 2/12.
119 OLG Naumburg, Beschluss v. 27.4.2005 – 1 Verg 3/05.
120 *Gause*, in: Willenbruch/Wieddekind, Vergaberecht, § 114 GWB Rn. 15.
121 VK Sachsen, Beschluss v. 31.8.2011 – 1/SVK/030-2011.

mittel so zu bestimmen, dass der Einzelne und die Allgemeinheit nicht unverhältnismäßig beeinträchtigt werden.[122]

Anlage

Gesetzesbegründung (BT-Drs. 18/6281)

Seite 135

§ 168 entspricht dem bisherigen § 114.

122 VK Arnsberg, Beschluss v. 6.2.2014 – VK 22/13.

§ 169
Aussetzung des Vergabeverfahrens

(1) Informiert die Vergabekammer den Auftraggeber in Textform über den Antrag auf Nachprüfung, darf dieser vor einer Entscheidung der Vergabekammer und dem Ablauf der Beschwerdefrist nach § 172 Absatz 1 den Zuschlag nicht erteilen.

(2) Die Vergabekammer kann dem Auftraggeber auf seinen Antrag oder auf Antrag des Unternehmens, das nach § 134 vom Auftraggeber als das Unternehmen benannt ist, das den Zuschlag erhalten soll, gestatten, den Zuschlag nach Ablauf von zwei Wochen seit Bekanntgabe dieser Entscheidung zu erteilen, wenn unter Berücksichtigung aller möglicherweise geschädigten Interessen sowie des Interesses der Allgemeinheit an einem raschen Abschluss des Vergabeverfahrens die nachteiligen Folgen einer Verzögerung der Vergabe bis zum Abschluss der Nachprüfung die damit verbundenen Vorteile überwiegen. Bei der Abwägung ist das Interesse der Allgemeinheit an einer wirtschaftlichen Erfüllung der Aufgaben des Auftraggebers zu berücksichtigen; bei verteidigungs- oder sicherheitsspezifischen Aufträgen im Sinne des § 104 sind zusätzlich besondere Verteidigungs- und Sicherheitsinteressen zu berücksichtigen. Die Vergabekammer berücksichtigt dabei auch die allgemeinen Aussichten des Antragstellers im Vergabeverfahren, den Auftrag oder die Konzession zu erhalten. Die Erfolgsaussichten des Nachprüfungsantrags müssen nicht in jedem Fall Gegenstand der Abwägung sein. Das Beschwerdegericht kann auf Antrag das Verbot des Zuschlags nach Absatz 1 wiederherstellen; § 168 Absatz 2 Satz 1 bleibt unberührt. Wenn die Vergabekammer den Zuschlag nicht gestattet, kann das Beschwerdegericht auf Antrag des Auftraggebers unter den Voraussetzungen der Sätze 1 bis 4 den sofortigen Zuschlag gestatten. Für das Verfahren vor dem Beschwerdegericht gilt § 176 Absatz 2 Satz 1 und 2 und Absatz 3 entsprechend. Eine sofortige Beschwerde nach § 171 Absatz 1 ist gegen Entscheidungen der Vergabekammer nach diesem Absatz nicht zulässig.

(3) Sind Rechte des Antragstellers aus § 97 Absatz 6 im Vergabeverfahren auf andere Weise als durch den drohenden Zuschlag gefährdet, kann die Kammer auf besonderen Antrag mit weiteren vorläufigen Maßnahmen in das Vergabeverfahren eingreifen. Sie legt dabei den Beurteilungsmaßstab des Absatzes 2 Satz 1 zugrunde. Diese Entscheidung ist nicht selbständig anfechtbar. Die Vergabekammer kann die von ihr getroffenen weiteren vorläufigen Maßnahmen nach den Verwaltungsvollstreckungsgesetzen des Bundes und der Länder durchsetzen; die Maßnahmen sind sofort vollziehbar. § 86a Satz 2 gilt entsprechend.

(4) Macht der Auftraggeber das Vorliegen der Voraussetzungen nach § 117 Nummer 1 bis 3 oder § 150 Nummer 1 oder 6 geltend, entfällt das Verbot des Zuschlags nach Absatz 1 fünf Werktage nach Zustellung eines entsprechenden Schriftsatzes an den Antragsteller; die Zustellung ist durch die Vergabekammer unverzüglich nach Eingang des Schriftsatzes vorzunehmen. Auf Antrag kann das Beschwerdegericht das Verbot des Zuschlags wiederherstellen. § 176 Absatz 1 Satz 1, Absatz 2 Satz 1 sowie Absatz 3 und 4 ist entsprechend anzuwenden.

Übersicht

		Rn.
A.	Allgemeines	1
B.	Zuschlagsverbot (Abs. 1)	6
C.	Gestattung des vorzeitigen Zuschlags (Abs. 2)	17
I.	Voraussetzungen	23
II.	Abwägung	28
III.	Interesse an wirtschaftlicher Erfüllung der Aufgaben des Auftraggebers (S. 2)	33
IV.	Allgemeine Aussichten auf Auftrags- oder Konzessionserhalt und Erfolgsaussichten des Nachprüfungsverfahrens (S. 3 und S. 4)	36
VI.	Rechtsschutz (S. 5 und S. 6)	40
1.	Wiederherstellung des Zuschlagsverbots (S. 5)	42
2.	Gestattung des sofortigen Zuschlags (S. 6)	51
VII.	Verfahren vor dem Beschwerdegericht (S. 7)	55
VIII.	Unzulässigkeit der sofortigen Beschwerde (S. 8)	56

D. Gefährdung von Rechten des Antragstellers auf andere Weise als durch drohenden Zuschlag (Abs. 3) 57
I. Antragsvoraussetzungen (S. 1) ... 57
II. Beurteilungsmaßstäbe (S. 2) 62
III. Anfechtung (S. 3) 64
V. Verwaltungsvollstreckung (S. 4 und S. 5) 65
E. Besonderheiten für Vergaben mit Verteidigungs- oder Sicherheitsaspekten (Abs. 4) 67
Anlage
Gesetzesbegründung (BT-Drs. 18/6281)

A. Allgemeines

1 § 169 GWB entspricht weitestgehend dem **bisherigen § 115 GWB**. Lediglich in Abs. 4 wurden die entsprechenden neuen Ausnahmevorschriften der RL 2014/23/EU, 2014/24/EU und 2014/25/EU übernommen.

2 § 169 GWB enthält in Abs. 1 das zentrale Verbot, das einen effektiven vergaberechtlichen Primärrechtsschutz überhaupt erst ermöglicht – das **Zuschlagsverbot**. Dieses löst einen Suspensiveffekt bezüglich der Zuschlagserteilung aus. § 169 Abs. 1 GWB entspricht damit Art. 1 und Art. 2 Abs. 1 lit. a RL 89/665/EWG, die ebenso wie Art. 19 Abs. 4 GG einen effektiven Rechtsschutz im Nachprüfungsverfahren fordern.[1] Dieser Suspensiveffekt tritt mit Information des Auftraggebers in Textform über den Nachprüfungsantrag durch die Vergabekammer ein. Einer (förmlichen) Zustellung des Nachprüfungsantrags durch die Vergabekammer, wie es noch vor der GWB-Novellierung 2009 erforderlich war, bedarf es nicht mehr. Bis zum Ablauf der Beschwerdefrist, also noch über die Zustellung des Vergabekammerbeschlusses hinaus, entfaltet dieses Zuschlagsverbot seine Wirkung und wahrt so dem Antragsteller die Chance, den Zuschlag noch erhalten zu können.

3 In § 169 Abs. 2 S. 1 bis 4 GWB wird dann das „Gegengewicht" zu dieser umfassenden Rechtsschutzmöglichkeit geregelt – die Voraussetzungen, unter denen eine **Aussetzung des Zuschlagsverbots** möglich ist. Zu beachten ist, dass § 169 Abs. 2 S. 2 GWB seit Inkrafttreten des Gesetz zur Änderung des Vergaberechts für die Bereiche Verteidigung und Sicherheit[2] dahin gehend erweitert wurde, dass bei Vergaben in den Bereichen Verteidigung und Sicherheit besondere Verteidigungs- und Sicherheitsinteressen in die Abwägung der Vergabekammer nach § 169 Abs. 2 S. 1 Hs. 2 GWB einfließen. Diese Klarstellung erfolgte in Umsetzung von Art. 56 Abs. 5 RL 2009/81/EG. § 169 Abs. 2 S. 5 und S. 6 GWB regeln dann die Rechtsmittel gegen die Entscheidung der Vergabekammer über die Aussetzung des Zuschlagsverbots vor dem Beschwerdegericht. § 169 Abs. 2 S. 7 GWB trifft diesbezüglich Verfahrensregelungen, während § 169 Abs. 2 S. 8 GWB schließlich eine sofortige Beschwerde im Rechtsschutzregime des § 169 Abs. 2 GWB für unzulässig erklärt. § 169 Abs. 2 GWB hat damit durch das VergRModG 2009 erhebliche Veränderung erfahren, die zu einer Erstarkung der Rechte des Auftraggebers und der Beigeladenen geführt haben.[3] Diese Erstarkung der Rechte des Auftraggebers ist auch im Zuge der aktuellen Novellierung beibehalten worden.

4 In § 169 Abs. 3 GWB sind vorläufige, nicht näher konkretisierte **Eingriffsmöglichkeiten** geregelt, mit denen die Vergabekammer, auf besonderen Antrag des Antragstellers, dessen Rechte aus § 97 Abs. 6 GWB, die auf andere Weise als durch den drohenden Zuschlag gefährdet sind, schützen kann.

5 Durch den im Zuge des VergRModG 2009 eingeführten § 169 Abs. 4 GWB wird schließlich geregelt, dass bei **verteidigungs- oder sicherheitsrelevanten Beschaffungen** das Zuschlagsverbot nach § 169 Abs. 1 GWB fünf Werktage nach Zustellung eines entsprechenden Schriftsatzes an den Antragsteller entfällt. Das Verbot des Zuschlages kann in diesen Fällen nur auf Antrag durch das Beschwerdegericht wiederhergestellt werden.

---

1 BayObLG, Beschluss v. 13.8.2004 – Verg 17/04.
2 Gesetz zur Änderung des Vergaberechts für die Bereiche Verteidigung und Sicherheit vom 7.12.2011 (BGBl. 2011 S. 2570 ff.).

B. Zuschlagsverbot (Abs. 1)

§ 169 Abs. 1 GWB verbietet dem Auftraggeber ab Information über den Antrag auf Nachprüfung durch die Vergabekammer, bis zu deren Entscheidung und während der nachfolgenden Beschwerdefrist des § 172 Abs. 1 GWB, den Zuschlag zu erteilen. 6

Voraussetzung für die Entstehung der Zuschlagssperre des § 169 Abs. 1 GWB ist allein die **Information des Auftraggebers**; solange diese nicht erfolgt ist, darf die Vergabestelle den Auftrag ungeachtet des begonnenen Nachprüfungsverfahrens erteilen.[3] Ein Zuschlagsverbot gemäß § 169 Abs. 1 GWB wird mithin noch nicht ausgelöst, wenn der Antragsteller selbst den Auftraggeber noch vor der Zustellung durch die Vergabekammer über den Nachprüfungsantrag informiert. Erteilt der Auftraggeber nach dieser Information dennoch den Zuschlag, bevor ihr der Nachprüfungsantrag durch die Vergabekammer zugestellt worden ist, ist der Zuschlag wirksam.[4] 7

Für den **Zugang** der Information über den Vergabenachprüfungsantrag ist auf den Eingang beim Auftraggeber und nicht die Kenntnisnahme durch den zuständigen Mitarbeiter abzustellen. Anderenfalls hinge es von Zufälligkeiten ab, wann ein dem Auftraggeber per Telefax übermitteltes Schriftstück an den zuständigen Bearbeiter gelangt. § 169 Abs. 1 GWB spricht vom Zuschlagsverbot mit Übermittlung des Nachprüfungsantrages an den „Auftraggeber" (als Institution) und nicht an den einzelnen hierfür zuständigen Sachbearbeiter.[5] 8

Im Zuge des VergRModG 2009 ist durch die Aufnahme der Möglichkeit der Information des Auftraggebers in **Textform** über den Nachprüfungsantrag eine Vereinfachung des Nachprüfungsverfahrens erzielt worden, da die Übermittlung des oft umfangreichen Nachprüfungsantrages an den Auftraggeber nicht mehr erforderlich ist. Allerdings ergibt sich für die Vergabekammer aus § 163 Abs. 2 S. 3 GWB die Verpflichtung zur Übermittlung einer Kopie des Antrages. Die Voraussetzungen für ein Zuschlagsverbot nach § 169 Abs. 1 GWB liegen ab dem Zeitpunkt vor, an dem die Vergabekammer den Auftraggeber per Telefax, Computerfax oder E-Mail, d.h. in Textform über den Nachprüfungsantrag informiert hat. Eine eigenhändige Unterschrift oder qualifizierte elektronische Signatur ist nicht erforderlich.[6] Verwendet die Vergabekammer ein Telefax, ist mit dem vollständigem Empfang des Datensatzes des Faxes das Schreiben als zugegangen anzusehen, auch wenn ein Ausdruck erst später erfolgen sollte.[7] 9

§ 169 Abs. 1 GWB ist ein **Verbotsgesetz** im Sinne des § 134 BGB. Ein entgegen dem gesetzlichen Verbot des § 169 Abs. 1 GWB erteilter Zuschlag ist nichtig (§ 134 BGB), ohne dass es wie in den Fällen des § 135 Abs. 1 Nr. 1 und Nr. 2 GWB einer nach rechtzeitigem Antrag ausgesprochenen Feststellung der Vergabekammer bedürfte. Diese Rechtsfolge tritt unabhängig davon ein, ob der Auftraggeber von einem gesetzlichen Zuschlagsverbot ausgeht oder nicht.[8] 10

Das gilt selbst dann, wenn die Information des Auftraggebers über den Nachprüfungsantrag durch eine **unzuständige Vergabekammer** erfolgte.[9] Das Eintreten des Zuschlagsverbots ist dem Wortlaut des § 169 Abs. 1 GWB nach allein davon abhängig, dass eine Vergabekammer einen Nachprüfungsantrag zugestellt hat, anderenfalls bestünde unzumutbare Rechtsunklarheit.[10] Eine unzuständige Vergabekammer wird ggf. den Antrag an die eigentlich zuständige Kammer verweisen können bzw. müssen. Jedenfalls aus einem allgemeinen Rechtsgedanken, der in § 83 VwGO, § 17a Abs. 2 GVG ausgedrückt ist, ergibt sich die Möglichkeit und die Pflicht, einen Nachprüfungsantrag an eine eigentlich zuständige Vergabekammer des Bundes oder eines anderen Bundeslandes zu verweisen.[11] 11

---

3 OLG Frankfurt, Beschluss v. 6.3.2013 – 11 Verg 7/12; VK Rheinland-Pfalz, Beschluss v. 4.7.2012 – VK 1-13/12.
4 OLG Frankfurt, Beschluss v. 6.3.2013 – 11 Verg 7/12.
5 OLG Düsseldorf, Beschluss v. 27.3.2013 – VII-Verg 53/12; VK Brandenburg, Beschluss v. 6.8.2013 – VK 11/13.
6 *Herrmann*, in: Ziekow/Völlink, Vergaberecht, § 115 GWB Rn. 7.
7 VK Bund, Beschluss v. 5.3.2010 – VK 1-16/10.
8 OLG Düsseldorf, Beschluss v. 27.3.2013 – VII-Verg 53/12; Gesetzesbegründung, VgRÄG, BT-Drs. 13/9340, 20.
9 VK Bund, Beschluss v. 18.9.2008 – VK 3-122/08.
10 VK Bund, Beschluss v. 18.9.2008 – VK 3-122/08; Beschluss v. 18.9.2008 – VK 3-119/08.
11 OLG Dresden, Beschluss v. 26.6.2012 – Verg 3/12; *Brauer*, in: Ziekow/Völlink, Vergaberecht, § 114 GWB Rn. 6.

12 Die Anhängigkeit eines Nachprüfungsverfahrens hat entgegen der missverständlichen Überschrift des § 169 GWB nicht die **Aussetzung des Vergabeverfahrens** zur Folge, es darf durchaus bis zur Zuschlagsreife fortgesetzt werden. Dem Auftraggeber ist nicht untersagt, seinen Wertungsvorgang oder sein Verhandlungsverfahren fortzusetzen, oder auch Beanstandungen des Antragstellers oder eigene Erkenntnisse aufzugreifen und Fehler im Verfahren zu beseitigen.[12] Lediglich der Zuschlag darf nicht erteilt werden.

13 Verwirft die Vergabekammer den Nachprüfungsantrag ohne eine Information an den Auftraggeber als **offensichtlich unzulässig**, tritt kein Zuschlagsverbot ein, das in der Beschwerdeinstanz verlängert werden könnte.[13] Dem Antragsteller bleibt nur, den Beschluss mit der sofortigen Beschwerde anzugreifen. Das Beschwerdegericht kann dann entsprechend § 169 Abs. 1 GWB durch Information des Auftraggebers das Zuschlagsverbot erstmalig in Kraft setzen.

14 Das Zuschlagsverbot des § 169 Abs. 1 GWB gilt **bis zur Entscheidung der Vergabekammer** und sodann unabhängig vom Inhalt der Entscheidung weitere zwei Wochen **bis zum Ablauf der Beschwerdefrist** gemäß § 172 Abs. 1 GWB. Diese beginnt gemäß § 172 Abs. 1 Alt. 1 GWB mit der wirksamen Zustellung der Entscheidung an die Verfahrensbeteiligten. Maßgeblich ist die Zustellung beim jeweiligen Verfahrensbeteiligten, was zu unterschiedlichen Daten bei den Rechtsmittelfristen führen kann. Das Zuschlagsverbot endet in einem solchen Fall mit dem Ablauf der letzten noch laufenden Frist. Entscheidet die Vergabekammer nicht innerhalb der regelmäßigen oder verlängerten Frist gemäß § 167 Abs. 1 GWB über den anhängigen Antrag, so gilt dieser gemäß § 171 Abs. 2 GWB als abgelehnt (Ablehnungsfiktion). In diesem Fall beginnt die Beschwerdefrist nach § 172 Abs. 1 S. 2 GWB mit dem Zeitpunkt der Ablehnungsfiktion des § 171 Abs. 2 GWB. Die Dauer des Zuschlagsverbots gemäß § 169 Abs. 1 GWB bezieht sich wegen der Verweisung auf den gesamten § 172 Abs. 1 GWB auch auf diese Fälle. Im Übrigen endet das Zuschlagsverbot bei Rücknahme des Vergabenachprüfungsantrages oder bei Erledigung des Nachprüfungsverfahrens in sonstiger Weise (insbesondere bei übereinstimmender Erledigungserklärung) sowie bei Rechtsmittelverzicht mit Bestandskraft der Entscheidung der Vergabekammer.

15 Im Falle einer **Beschwerdeeinlegung** endet das Zuschlagsverbot zwei Wochen nach Ablauf der Beschwerdefrist, es sei denn, die aufschiebende Wirkung wird gemäß § 173 Abs. 1 S. 3 GWB verlängert.

16 Soweit das Zuschlagsverbot des § 169 Abs. 1 GWB dazu führt, dass die **Zuschlags- und Bindefrist** der Angebote abläuft, ohne dass der Auftraggeber den Zuschlag erteilen kann, muss er die Bieter zur Verlängerung der Zuschlags- und Bindefrist rechtzeitig auffordern, da sie sich nicht automatisch verlängert. Versäumt er dies, hat das Verstreichen der Frist zur Folge, dass das Angebot erlischt. Der Bieter, der den Zuschlag erhalten soll, kann danach frei darüber entscheiden, ob er seinerseits den dann als Angebot des Auftraggebers zu wertenden Zuschlag annehmen will oder nicht.[14]

C. Gestattung des vorzeitigen Zuschlags (Abs. 2)

17 Gemäß § 169 Abs. 2 S. 1 GWB kann die Vergabekammer dem Auftraggeber auf seinen Antrag oder auf Antrag des Zuschlagsbieters gestatten, den Zuschlag zu erteilen, noch bevor die Vergabekammer ihre Hauptsacheentscheidung gemäß § 168 GWB getroffen hat.

18 Durch das **VergRModG 2009** und das **Gesetz zur Änderung des Vergaberechts für die Bereiche Verteidigung und Sicherheit**[15] ist § 169 Abs. 2 GWB wiederholt neu gefasst und in den S. 2 bis 4 um verschiedene Vorgaben für eine Interessenabwägung ergänzt worden.

---

12 VK Niedersachsen, Beschluss v. 18.9.2012 – VgK-36/2012; VK Münster, Beschluss v. 9.7.2010 – VK 3/10.

13 OLG Dresden, Beschluss v. 4.7.2002 – WVerg 0011/02; OLG Koblenz, Beschluss v. 25.3.2002 – 1 Verg 1/02.

14 BGH, Urteil v. 28.10.2003 – X ZR 248/02; OLG Dresden, Beschluss v. 28.7.2011 – WVerg 5/11; OLG Naumburg, Beschluss v. 16.10.2007 – 1 Verg 6/07.

15 Gesetz zur Änderung des Vergaberechts für die Bereiche Verteidigung und Sicherheit vom 7.12.2011 (BGBl. 2011 S. 2570 ff.).

Die Praxis der Vergabekammern hatte gezeigt, dass Anträge auf Vorabgestattung des Zuschlags kaum gestellt und in der Regel negativ beschieden wurden. Die Änderungen sollten diese Situation zugunsten der im öffentlichen Interesse liegenden Auftragsvergabe verbessern.[16]

Ungeachtet dessen bleibt aber stets zu berücksichtigen, dass durch die Gestattung des vorzeitigen Zuschlags dem Antragsteller der Primärrechtsschutz **irreversibel** genommen und er auf den Sekundärrechtsschutz verwiesen wird.[17] Wegen dieses schwerwiegenden Eingriffs können § 169 Abs. Abs. 2 S. 1 und 2 GWB nur dahin gehend verstanden werden, dass eine Gestattung des Zuschlags grundsätzlich nur in besonderen Ausnahmefällen erfolgen darf, wenn also ein dringendes Interesse besteht, welches deutlich das Interesse an einer ordnungsgemäßen Durchführung des Nachprüfungsverfahrens übersteigt.[18] 19

Gestattet die Vergabekammer gemäß §169 Abs. 2 S. 1 GWB den Zuschlag, darf der Auftraggeber diesen nicht sofort erteilen, sondern muss gemäß § 169 Abs. 2 S. 1 GWB **zwei weitere Wochen** abwarten. Dies ermöglicht den von der Zuschlagsgestattung Betroffenen, einen Antrag auf Wiederherstellung des Zuschlagsverbotes (§ 169 Abs. 2 S. 2 GWB) zu stellen. 20

Die Entscheidung der Vergabekammer über die Gestattung des Zuschlags gemäß § 169 Abs. 2 S. 1 GWB ergeht als **Verwaltungsakt** (§ 168 Abs. 3 S. 1 GWB analog). 21

Wird über einen Antrag auf Gestattung des Zuschlags bis zur Entscheidung in der Hauptsache **nicht entschieden**, läuft dieser ins Leere und erledigt sich damit.[19] 22

I. Voraussetzungen

Voraussetzung für eine vorzeitige Zuschlagsgestattung durch die Vergabekammer ist ein **Antrag** des Auftraggebers oder des Zuschlagsbieters. 23

Da es sich bei diesem Antrag um ein Eil(zwischen)verfahren handelt, in dem der Vergabekammer für eine Amtsermittlung so gut wie keine Zeit bleibt, sind Auftraggeber und Zuschlagsbieter gehalten, **alle entscheidenden Tatsachen** mit Antragstellung vorzubringen (§ 167 Abs. 2 GWB). Die für eine vorzeitige Gestattung notwendigen Tatsachen hat der Auftraggeber im Einzelnen darzulegen und zu beweisen.[20] 24

Die Gestattung des Zuschlags kommt nur in Betracht, sofern der Auftraggeber bereits **ein Unternehmen ausgewählt** hat, dem der Zuschlag erteilt werden soll, und er darüber die übrigen Bieter gemäß § 134 GWB informiert hat, da es anderenfalls einen Zuschlag „nach Ablauf von zwei Wochen" nicht geben kann.[21] 25

Ein Gestattungsantrag kann sowohl vom **Auftraggeber** als auch von dem **Zuschlagsbieter** gestellt werden. Allerdings kann sich der Zuschlagsbieter nicht auf das Interesse der Allgemeinheit an einer raschen Auftragsvergabe berufen, denn er verfolgt lediglich seine eigenen Interessen. Es gibt keinen ersichtlichen Grund, die wirtschaftlichen Interessen des Zuschlagsbieters höherrangig zu bewerten als die des Antragstellers. Die Interessen der am Verfahren beteiligten Konkurrenten sind vielmehr gleichrangig. 26

Die Regelungen des § 169 Abs. 2 S. 1 bis 4 GWB sehen für ein Gestattungsverfahren – im Gegensatz zum Hauptsacheverfahren (§ 166 Abs. 1 S. 1 GWB) – eine zwingende **mündliche Verhandlung** nicht vor,[22] dementsprechend wird in der Praxis über den Antrag auf vorzeitige Gestattung des Zuschlages häufig im schriftlichen Verfahren entschieden. 27

16 VK Berlin, Beschluss v. 27.4.2010 – VK B 2 3/10 E II.
17 *Opitz*, NZBau 2005, 213.
18 OLG Celle, Beschluss v. 31.1.2011 – 13 Verg 21/10; OLG München, Beschluss v. 9.9.2010 – Verg 16/10.
19 OLG Celle, Beschluss v. 31.1.2011 – 13 Verg 21/10; VK Brandenburg, Beschluss v. 16.8.2013 – VK 12/13.
20 OLG Celle, Beschluss v. 31.1.2011 – 13 Verg 21/10; VK Schleswig-Holstein, Beschluss v. 11.9.2009 – VK-SH 14/09.
21 VK Berlin, Beschluss v. 18.3.2010 – VK B 2 3/10 E.
22 OLG Düsseldorf, Beschlüsse v. 9.5.2011 – VII-Verg 40/11 und VII-Verg 41/11; VK Berlin, Beschluss v. 18.3.2010 – VK B 2 3/10 E.

II. Abwägung

28 Die Entscheidung der Vergabekammer über die Gestattung der Zuschlagserteilung ist eine **Ermessensentscheidung** („kann") auf Grundlage einer summarischen Prüfung. In dieser ist eine **Interessenabwägung** unter Berücksichtigung aller möglicherweise geschädigten Interessen des Antragstellers durch eine vorzeitige Zuschlagserteilung und dem Interesse der Allgemeinheit an einer zügigen Beendigung des Vergabeverfahrens durchzuführen.[23] Der Zuschlag kann gestattet werden, wenn das Interesse am Abschluss des Vertrages so stark ist, dass nicht bis zur Entscheidung (in spätestens fünf Wochen zuzüglich zwei Wochen Rechtsmittelfrist) gewartet werden kann, der Vollzug der Vergabe muss also außergewöhnlich eilbedürftig sein.[24] Die nachteiligen Folgen einer Verzögerung der Vergabe bis zum Abschluss des Nachprüfungsverfahrens müssen die Vorteile des Vergaberechtsschutzes deutlich überwiegen.

29 Im Rahmen der Interessenabwägung über eine Zuschlagsgestattung ist zu betrachten, dass eine vorzeitige Zuschlagsgestattung nur in **Ausnahmefällen**[25] in Betracht kommt, da hierdurch dem Antragsteller der gemeinschaftsrechtlich gewährte Primärrechtsschutz irreversibel abgeschnitten wird und der Bieter auf den Sekundärrechtsschutz verwiesen wird. An dieser, nicht zuletzt auf verfassungsrechtlichen Erwägungen beruhenden Ausgangsposition, hat sich auch durch die teilweise Neufassung des § 115 (a.F.) GWB im Jahre 2009 nichts Entscheidendes geändert.[26]

30 Sind in die Interessenabwägung **Nachteile** einzubeziehen, die dadurch entstehen, dass das Zuschlagsverbot weiterhin besteht, so ist allein die zeitliche Verzögerung um die Dauer des fünfwöchigen Nachprüfungsverfahrens sowie der sich anschließenden zweiwöchigen Rechtsmittelfrist nicht geeignet, einen vorzeitigen Zuschlag zu begründen.[27] Zudem ist bei der Abwägung zu berücksichtigen, ob eine zeitliche Verzögerung, die einen schnellen Zuschlag erfordert, sich auf Umstände stützt, die der Auftraggeber **selbst herbeigeführt** hat, anderenfalls würde man den Auftraggeber privilegieren, der zögerlich und schleppend die Vergabe betreibt.[28] Im Regelfall ist davon auszugehen, dass die kurzen Fristen im Nachprüfungsverfahren und das Beschleunigungsgebot des § 167 Abs. 1 GWB den Interessen des Auftraggebers und der Allgemeinheit bereits hinreichend Rechnung tragen.

31 Etwas anderes kann gelten, wenn durch den Suspensiveffekt die **Auftragsdurchführung unmöglich** wäre, so beispielsweise, wenn der reibungslose Ablauf einer kurz bevorstehenden Großveranstaltung erheblich beeinträchtigt oder gar generell infrage gestellt würde,[29] die Erfüllung öffentlicher Aufgaben[30] oder beispielsweise die Aufrechterhaltung der öffentlichen Sicherheit[31] mit hinreichender Wahrscheinlichkeit beeinträchtigt würde.[32] **Finanzielle Nachteile** des Auftraggebers können allenfalls dann in die Abwägung mit einfließen, wenn sie in erheblicher Höhe auftreten und den Auftraggeber unabhängig vom Auftragswert der Ausschreibung außergewöhnlich stark belasten, da dies anderenfalls zu dem Ergebnis führen

23 OLG Düsseldorf, Beschluss v. 20.7.2015 – VII-Verg 37/15; VK Hessen, Beschluss v. 24.2.2014 – 69d-VK-05/2014; VK Nordbayern, Beschluss v. 1.3.2013 – 21.VK-3194-08/13; *Herrmann*, in: Ziekow/Völlink, Vergaberecht, § 115 GWB Rn. 14.

24 VK Schleswig-Holstein, Beschluss v. 11.9.2009 – VK-SH 14/09 mit Verweis auf Gesetzesbegründung, VgRÄG, BT-Drs. 13/9340, 20 ff., 50.

25 OLG Dresden, Beschluss v. 15.5.2014 – Verg 2/14.

26 VK Baden-Württemberg, Beschluss v. 12.6.2014 – 1 VK 24/14; VK Hessen, Beschluss v. 24.2.2014 – 69d-VK-05/2014; VK Sachsen, Beschluss v. 17.8.2012 – 1/SVK/021-12.

27 OLG München, Beschluss v. 9.9.2010 – Verg 16/10; VK Nordbayern, Beschluss v. 1.3.2013 – 21.VK-3194-08/13.

28 VK Hessen, Beschluss v. 24.2.2014 – 69d-VK-05/2014; VK Sachsen, Beschlüsse v. 13.8.2009 – 1/SVK/034-09 und 1/SVK/034-09G.

29 VK Hessen, Beschluss v. 27.4.2009 – 69d-VK-10/2009; VK Bund, Beschluss v. 30.9.2005 – VK 3-130/05.

30 VK Arnsberg, Beschluss v. 16.12.2013 – VK 21/13; VK Brandenburg, Beschluss v. 12.4.2002 – VK 15/02.

31 OLG Celle, Beschluss v. 31.1.2011 – 13 Verg 21/11; VK Hessen, Beschluss v. 24.2.2014 – 69d-VK-05/2014.

32 Vgl. etwa VK Bund, Beschluss v. 5.9.2002 – VK 2-68/02; VK Hessen, Beschluss v. 11.2.2002 – 69d-VK-48/2001.

würde, dass in Fällen mit erheblichem finanziellem Umfang und herausragender wirtschaftlicher Bedeutung der Grundsatz des § 169 Abs. 1 GWB regelmäßig außer Kraft gesetzt wäre.[33]

Hat der Auftraggeber die Möglichkeit, die Interessen der Allgemeinheit an einem raschen Abschluss des Vergabeverfahrens dadurch zu wahren, dass er eine **Interimslösung** ergreift, stellt sich dies gegenüber einer vorzeitigen Zuschlagserteilung als das **mildere Mittel** dar und kann gegen die Gestattung des vorzeitigen Zuschlags sprechen.[34] 32

III. Interesse an wirtschaftlicher Erfüllung der Aufgaben des Auftraggebers (S. 2)

§ 169 Abs. 2 S. 2 GWB ist erst im Laufe des Gesetzgebungsverfahrens zum **VergRModG 2009** in § 169 Abs. 2 GWB aufgenommen worden, in der Gesetzesbegründung werden dazu keine gesonderten Ausführungen gemacht.[35] 33

In § 169 Abs. 2 S. 2 GWB konkretisiert der Gesetzgeber das überwiegende Interesse der Allgemeinheit durch die Benennung eines weiteren **Beispiels**. Sicherlich sollte durch diese explizite Erwähnung das Interesse des Auftraggebers an der verzögerungsfreien und wirtschaftlichen Erfüllung seiner öffentlichen Aufgabe gestärkt werden. 34

Bei **verteidigungs- oder sicherheitsspezifischen öffentlichen Aufträgen** sind nach § 169 Abs. 2 S. 2 Hs. 2 GWB bei dieser Interessenabwägung zusätzlich besondere Verteidigungs- und Sicherheitsinteressen zu berücksichtigen. 35

IV. Allgemeine Aussichten auf Auftrags- oder Konzessionserhalt und Erfolgsaussichten des Nachprüfungsverfahrens (S. 3 und S. 4)

Mit dem **VergRModG 2009** wurde in den Tatbestand des § 169 Abs. 2 GWB der S. 3 neu aufgenommen, dass die Vergabekammer auch die allgemeinen Aussichten des Antragstellers im Vergabeverfahren, den Auftrag zu erhalten, berücksichtigt. Das **VergRModG 2016** ergänzte die Regelung um die allgemeinen Aussichten auf den Erhalt der Konzession. 36

Die Aussicht auf Auftrags- oder Konzessionserhalt, d.h. die Platzierung und die Chance des antragstellenden Bieters, den Zuschlag zu erhalten, soll nach der Regelung ein **wichtiges Indiz** für die Entscheidungsfindung der Kammer sein.[36] 37

Durch den sich anschließenden § 169 Abs. 2 S. 4 GWB wird klargestellt, dass die Vergabekammer die Erfolgsaussichten des Nachprüfungsverfahrens berücksichtigen kann, dazu allerdings **nicht verpflichtet** ist. Sie darf deshalb grundsätzlich auch (lediglich) auf der Grundlage der Abwägung der beteiligten Interessen die Voraberteilung des Zuschlags gestatten.[37] Als Argument hierfür wird in der amtlichen Begründung angeführt, dass Konstellationen denkbar seien, in denen die summarische Prüfung der Erfolgsaussichten im Nachprüfungsverfahren die Erteilung des Vorabzuschlags ungebührlich verzögern würde und damit dem überwiegenden Interesse der Allgemeinheit an einem raschen Abschluss des Vergabeverfahrens nicht ausreichend Rechnung getragen würde.[38] Dabei soll die prozessuale Durchsetzung des subjektiv-öffentlichen Rechts auf Einhaltung der Vergabevorschriften durch die Möglichkeit der Beschwerde zum Oberlandesgericht sichergestellt sein. Nach herrschender Meinung aber ist der **Verzicht** auf die Berücksichtigung der Erfolgsaussichten **auf Fallkonstellationen begrenzt**, 38

33 VK Arnsberg, Beschluss v. 16.12.2013 – VK 21/13; LSG Nordrhein-Westfalen, Beschluss v. 30.1.2009 – L 21 KR 1/08 SFB; VK Südbayern, Beschluss v. 29.7.2010 – Z3-3-3194-1-39-06/10.

34 OLG Düsseldorf, Beschluss v. 20.7.2015 – VII-Verg 37/15; Beschluss v. 24.1.2014 – VII-Verg 3/14; VK Schleswig-Holstein, Beschluss v. 11.9.2009 – VK-SH 14/09.

35 Gesetzesbegründung, VergRModG 2009, BT-Drs. 16/10117, 23.

36 Gesetzesbegründung, VergRModG 2009, BT-Drs. 16/10117, 23; *Kühnen*, NZBau 2009, 357 (359).

37 So beispielsweise VK Berlin, Beschluss v. 27.4.2010 – VK B 2 3/10 E II; VK Münster, Beschluss v. 22.1.2010 – VK 29/09 E.

38 Gesetzesbegründung, VergRModG 2009, BT-Drs. 16/10117, 24 ff.

in denen einerseits eine Klärung der Erfolgsaussichten noch Zeit in Anspruch nimmt und zum anderen der Auftraggeber besonders dringlich auf die Leistung angewiesen ist.[39]

39 Allerdings könnte selbst die mangelnde Erfolgsaussicht eines Nachprüfungsantrags **für sich genommen** die Gestattung des vorzeitigen Zuschlags **nicht rechtfertigen**, ohne dass ein besonderes Beschleunigungsinteresse des Auftraggebers hinzutritt.[40] Ist der Nachprüfungsantrag dahingegen voraussichtlich begründet, kommt eine vorzeitige Gestattung des Zuschlages nur in krassen Ausnahmefällen in Betracht, denn andernfalls würde dies dem Gebot des effektiven Rechtsschutzes zuwiderlaufen. Es müsste absehbar sein, dass bei einer Ablehnung des entsprechenden Antrages für die Allgemeinheit massive Nachteile eintreten würden, die durch eine Korrektur des Vergabeverfahrens nicht kompensiert werden könnten.[41]

VI. Rechtsschutz (S. 5 und S. 6)

40 Gegen Entscheidungen der Vergabekammer über die Vorabgestattung des Zuschlags kann der Antragsteller lediglich einen **Antrag an das Beschwerdegericht** richten, das Verbot des Zuschlags wiederherzustellen (§ 169 Abs. 2 S. 5 GWB). Ein Auftraggeber hingegen kann bei dem Beschwerdegericht gegen die Ablehnung des Antrages auf Vorabgestattung des Zuschlages nach § 169 Abs. 2 S. 6 GWB vorgehen.

41 Bei diesen Anträgen handelt es sich um ein **eigenständiges Rechtsmittel** (eigenständiges Beschwerdeverfahren).[42] Aus dem Gesetzeswortlaut folgt, dass eine sofortige Beschwerde i.S.d. § 171 GWB gegen Entscheidungen der Vergabekammer über Anträge auf Gestattung des vorzeitigen Zuschlages nicht zulässig ist – dies ergibt sich auch aus § 169 Abs. 2 S. 8 GWB.[43]

1. Wiederherstellung des Zuschlagsverbots (S. 5)

42 Der Antrag auf Wiederherstellung des Zuschlagsverbots ist vor dem **Beschwerdegericht** zu stellen.

43 **Antragsberechtigt** sind alle durch die vorzeitige Zuschlagsgestattung beschwerten Beteiligten des Nachprüfungsverfahrens, also neben dem Antragsteller auch die Beigeladenen (beispielsweise sofern ihnen nicht der Zuschlag erteilt werden soll).

44 Diese haben gemäß § 169 Abs. 2 S. 2 Hs. 1 GWB die Möglichkeit, innerhalb der **Zwei-Wochen-Frist** des § 169 Abs. 2 S. 1 GWB beim Beschwerdegericht einen Antrag auf Wiederherstellung des Zuschlagsverbots zu stellen.

45 Dieser Antrag hat **keinen Suspensiveffekt**. Wenn das Beschwerdegericht bis zum Ablauf der Zwei-Wochen-Frist noch keine Entscheidung getroffen hat, darf der Zuschlag erteilt werden. Gemäß § 169 Abs. 2 S. 2 Hs. 2 GWB bleibt § 168 Abs. 2 S. 1 GWB unberührt, das heißt, der Zuschlag bleibt selbst dann wirksam und kann vom Beschwerdegericht nicht mehr aufgehoben werden, wenn dieses später feststellt, dass die Gestattung des Zuschlages nicht gerechtfertigt war. Ist es dem Beschwerdegericht nicht möglich, innerhalb der Zwei-Wochen-Frist eine sachgerechte Entscheidung zu treffen, kann es im Wege einer Zwischenverfügung das Zuschlagsverbot einstweilig bis zur Entscheidung über den Antrag nach § 169 Abs. 2 S. 5 GWB verlängern.[44]

46 Verfahrensbeteiligte, die verhindern wollen, dass der Auftraggeber den Zuschlag erteilt, sind also gut beraten, **schnellstmöglich nach Zustellung des Beschlusses** über die vorzeitige

---

39 Vgl. OLG Düsseldorf, Beschluss v. 9.5.2011 – VII-Verg 42/11; OLG Celle, Beschluss v. 31.1.2011 – 13 Verg 21/10; VK Baden-Württemberg, Beschluss v. 12.6.2014 – 1 VK 24/14; *Gause*, in: Willenbruch/Wieddekind, Vergaberecht, § 115 GWB Rn. 5.
40 OLG Frankfurt, Beschluss v. 5.3.2014 – 11 Verg 1/14.
41 VK Sachsen-Anhalt, Beschluss v. 27.3.2014 – 2 VK LSA 04/14.
42 *Herrmann*, in: Ziekow/Völlink, Vergaberecht, § 115 GWB Rn.37.
43 VK Berlin, Beschluss v. 18.3.2010 – VK B 2 3/10 E.
44 *Herrmann*, in: Ziekow/Völlink, Vergaberecht, § 115 GWB Rn. 38; OLG München, Beschluss v. 9.9.2010 – Verg 16/10.

Zuschlagsgestattung den Antrag auf Wiederherstellung des Zuschlagsverbots beim zuständigen Beschwerdegericht einzureichen, damit dieses noch vor Ablauf der Wartefrist entscheiden kann. In diesem Antrag sollte möglichst nachvollziehbar dargelegt werden, warum die von der Vergabekammer angenommene Eilbedürftigkeit des Zuschlags falsch ist. Dafür sollte der Antragsteller alle entscheidungserheblichen Tatsachen, insbesondere die Gründe für die fehlende Eilbedürftigkeit, glaubhaft machen. Es genügt also nicht die bloße Behauptung.

Bei der Wiederherstellung des Zuschlagsverbots hat das Beschwerdegericht die gleichen **Entscheidungskriterien** anzuwenden wie bei der Gestattung des Zuschlags durch die Vergabekammer nach § 169 Abs. 2 S. 1 GWB.[45] Auch die Entscheidung über die Wiederherstellung des Zuschlagsverbots hat folglich unter Berücksichtigung aller möglicherweise geschädigten Interessen sowie des Interesses der Allgemeinheit an einem raschen Abschluss des Vergabeverfahrens danach zu ergehen, ob die nachteiligen Folgen einer Verzögerung der Vergabe bis zum Abschluss der Nachprüfung die damit verbundenen Vorteile überwiegen. In die vorzunehmende Abwägung sind darüber hinaus (erneut) auch die **summarisch zu prüfenden Erfolgsaussichten** des Nachprüfungsantrags einzubeziehen (§ 169 Abs. 2 S. 4 GWB), die im Rahmen der zu treffenden Abwägung in Abhängigkeit der Wahrscheinlichkeit eines Erfolgs zu gewichten sind.[46] 47

Ist der **Nachprüfungsantrag** bei der in Eilverfahren gebotenen summarischen Prüfung mit hoher Wahrscheinlichkeit **unbegründet**, und ist die Eilbedürftigkeit der Zuschlagserteilung glaubhaft gemacht worden (vgl. § 169 Abs. 2 S. 7 GWB), war die Zuschlagsgestattung in der Regel statthaft und das Beschwerdegericht wird von einer Wiederherstellung des Zuschlagsverbots absehen.[47] Der Auftraggeber kann in einem solchen Fall den Zuschlag sofort erteilen, da weitere Rechtsmittel hiergegen gemäß § 171 Abs. 1 GWB nicht mehr zur Verfügung stehen. Der Antragsteller kann dann seinen Nachprüfungsantrag nur noch auf einen Fortsetzungsfeststellungsantrag umstellen (§ 168 Abs. Abs. 2 S. 2 GWB). 48

Dem Auftraggeber ist im auf Wiederherstellung des Zuschlagsverbots gerichteten Verfahren durch das Beschwerdegericht **rechtliches Gehör** zu gewähren.[48] 49

Die Entscheidung des Beschwerdegerichts ist schriftlich zu **begründen** und mit einer Entscheidung über die **Kosten** des Verfahrens vor dem Beschwerdegericht und die **Aufwendungen** der Verfahrensbeteiligten zu versehen. Diese sind von dem unterliegenden Antragsteller zu tragen.[49] 50

2. Gestattung des sofortigen Zuschlags (S. 6)

Hat die Vergabekammer den Antrag auf Gestattung des vorzeitigen Zuschlags abgelehnt, kann der dadurch beschwerte Auftraggeber beim Beschwerdegericht beantragen, dass dieses den sofortigen Zuschlag gestattet. § 169 Abs. 2 S. 6 GWB stellt das prozessuale Gegenstück zu § 169 Abs. 2 S. 5 GWB dar und führt so zur Ausgewogenheit des einstweiligen Rechtsschutzes. 51

Das Beschwerdegericht hat bei seiner Entscheidung dieselben **Kriterien** zugrunde zu legen wie die Vergabekammer gemäß § 169 Abs. 2 S. 1 GWB. 52

Gibt das Beschwerdegericht dem Antrag statt, so kann der Auftraggeber den Zuschlag sofort erteilen. Eine **Wartefrist** gibt es nicht, weil die Entscheidung des Beschwerdegerichts unanfechtbar ist. 53

Der Antrag auf Vorabgestattung des Zuschlages ist wie ein neues Angriffsmittel anzusehen.[50] 54
Dem Auftraggeber können deshalb die **Kosten** eines erfolglosen Antrags auf vorzeitige Zu-

45 OLG Düsseldorf, Beschluss v. 9.5.2011 – VII-Verg 45/11.
46 OLG Düsseldorf, Beschluss v. 12.2.2013 – VII-Verg 1/13.
47 OLG Düsseldorf, Beschluss v. 9.5.2011 – VII-Verg 45/11.
48 *Summa*, in: Heiermann/Zeiss, Vergaberecht, 3. Auflage, § 115 GWB Rn. 66.
49 OLG Düsseldorf, Beschluss v. 9.5.2011 – VII-Verg 45/11.
50 *Herrmann*, in: Ziekow/Völlink, Vergaberecht, § 115 GWB Rn. 38.

schlagsgestattung auferlegt werden, auch wenn der Bieter seinen Nachprüfungsantrag zurückgenommen hat.[51]

VII. Verfahren vor dem Beschwerdegericht (S. 7)

55 Für die durch die Anträge nach § 169 Abs. 2 S. 5 und S. 6 GWB ausgelösten Verfahren vor dem Beschwerdegericht verweist § 169 Abs. 2 S. 7 GWB auf § 176 Abs. 2 S. 1 und S. 2 GWB. Danach sind die Anträge schriftlich zu stellen und zugleich zu begründen. Außerdem sind die zur Begründung vorzutragenden Tatsachen sowie der Grund für die Eilbedürftigkeit bei einem Antrag nach § 169 Abs. 2 S. 6 GWB glaubhaft zu machen. Dazu können alle zulässigen Beweismittel i.S.d. § 294 Abs.1 ZPO herangezogen werden (Zeugen, Sachverständige, Urkunden), insbesondere auch eine Versicherung an Eides statt.

VIII. Unzulässigkeit der sofortigen Beschwerde (S. 8)

56 Eine sofortige Beschwerde nach § 171 Abs. 1 GWB ist gegen Entscheidungen der Vergabekammer gemäß § 169 Abs. 2 S. 8 GWB nicht zulässig. § 169 Abs. 2 S. 8 GWB verdeutlicht nochmals ausdrücklich, dass gegen Entscheidungen der Vergabekammer nur die in § 169 Abs. 2 S. 5 und S. 6 GWB vorgesehenen Rechtsmittel zulässig sind. Bei diesen Anträgen handelt es sich also um eigenständige Rechtsmittel (eigenständige Beschwerdeverfahren).[52]

D. Gefährdung von Rechten des Antragstellers auf andere Weise als durch drohenden Zuschlag (Abs. 3)

I. Antragsvoraussetzungen (S. 1)

57 § 169 Abs. 3 GWB eröffnet dem Antragsteller die Möglichkeit, bei der Vergabekammer „**weitere vorläufige Maßnahmen**" zur einstweiligen Sicherung seiner Rechte aus § 97 Abs. 6 GWB zu beantragen.

58 Aus dem Wortlaut der Norm ergibt sich, dass die Entscheidung der Vergabekammer an **zwei Voraussetzungen** geknüpft ist. Sie kann zum einen nur dann in Betracht, wenn die Rechte eines Unternehmens aus § 97 Abs. 6 GWB durch andere Maßnahmen als den Zuschlag (noch) gefährdet sind. Das heißt, einem solchen Antrag fehlt das Rechtsschutzbedürfnis, wenn der Antragsteller seine Rechtsposition durch eine Entscheidung nach § 169 Abs. 3 GWB nicht mehr verbessern kann. Zum anderen dürfen die Rechte des Antragstellers nicht bereits durch das bestehende Zuschlagsverbot gemäß § 169 Abs. 1 GWB ausreichend geschützt sein. Eine solche Rechtsgefährdung wäre beispielsweise denkbar bei einer bevorstehenden Interimsvergabe, Aufhebung oder Doppelausschreibung, oder wenn Betriebs- und Geschäftsgeheimnisse des Antragstellers beispielsweise in einem Verhandlungsverfahren oder durch eine bevorstehende Submission gefährdet erscheinen.[53] In solchen Fällen könnte als vorläufige Maßnahme beispielsweise das einstweilige Ruhen des Vergabeverfahrens angeordnet werden.

59 Die **vorläufigen Maßnahmen**, mit denen die Vergabekammer nach § 169 Abs. 3 GWB in das Verfahren eingreift, dürfen im Ergebnis nicht weiter gehen, als der Antragsteller bei der endgültigen Entscheidung erreichen will und kann. Außerdem macht der Begriff der „vorläufigen Maßnahmen" deutlich, dass der Eingriff der Vergabekammer nur vorläufigen Charakter haben darf und nicht bereits die Hauptsache vorwegnehmen darf. Dies ist besonders in solchen Fällen zu beachten, in denen das Nachprüfungsverfahren ein bereits abgeschlossenes Vergabeverfahren zum Gegenstand hat und der Antragsteller die Feststellung der Unwirksamkeit eines Vertrages nach § 135 GWB beantragt. Hier wird nicht nur zu berücksichtigen sein,

---

51 OLG München, Beschluss v. 24.1.2012 – Verg 16/11.
52 *Herrmann*, in: Ziekow/Völlink, Vergaberecht, § 115 GWB Rn. 31.
53 OLG Düsseldorf, Beschluss v. 11.1.2012 – VII-Verg 58/11; OLG Brandenburg, Beschluss v. 6.10.2006 – Verg W 6/06; VK Brandenburg, Beschluss v. 23.2.2010 – VK 8/10.

dass das Auftragsvolumen nicht zum Nachteil des möglicherweise erfolgreichen Antragstellers verringert wird, sondern auch, dass der Auftraggeber gerade bei Verträgen mit kurzer Laufzeit ein Interesse daran hat, dringende Leistungen aus dem streitigen Vertrag abzurufen.

Antragsbefugt im Sinne des § 169 Abs. 3 GWB ist nur der Antragsteller des Hauptsacheverfahrens, soweit er die Verletzung ihm zustehender, von § 97 Abs. 6 GWB geschützter Rechtspositionen geltend macht. Zudem ist ein **gesonderter, schriftlich begründeter Antrag** erforderlich. 60

Obwohl sich die Vorschrift des § 169 Abs. 3 GWB dem Wortlaut nach lediglich auf das Nachprüfungsverfahren vor der Vergabekammer bezieht, ist sie nach herrschender Meinung auch analog auf das **Beschwerdeverfahren** anwendbar. Denn sie dient der Umsetzung des gemeinschaftsrechtlichen Gebots der Gewährung effektiven Rechtsschutzes, welches nach Art. 2 Abs. 1 lit. a RL 89/665/EWG auch erfordert, dass die Mitgliedsstaaten für ihre Nachprüfungsinstanzen Befugnisse zur Anordnung vorläufiger rechtssichernder Maßnahmen vorsehen. Das Gebot der Gewährung effektiven Rechtsschutzes gilt für alle Instanzen unterschiedslos. Das Fehlen einer entsprechenden Vorschrift in den Vorschriften zum Beschwerdeverfahren bzw. eines Verweises erscheint planwidrig.[54] 61

II. Beurteilungsmaßstäbe (S. 2)

Bei der Prüfung, ob die Voraussetzungen des § 169 Abs. 3 GWB vorliegen, hat die Vergabekammer den **Entscheidungsmaßstab des § 169 Abs. 2 S. 1 GWB** zugrunde zu legen. Ein Antrag wird mithin nur dann Erfolg haben, wenn die beantragte vorläufige Maßnahme unter Abwägung aller betroffenen Interessen zur Sicherung der Interessen des Antragstellers notwendig ist. 62

Da § 169 Abs. 3 S. 2 GWB nur auf § 169 Abs. 2 S. 1 GWB verweist, der die **Erfolgsaussichten** in der Hauptsache oder die **allgemeinen Aussichten** des Antragstellers im Vergabeverfahren nicht im Blick hat, erscheint es bedenklich, diese Aspekte als zusätzliche Abwägungsgesichtspunkte zu berücksichtigen.[55] 63

III. Anfechtung (S. 3)

Gemäß § 169 Abs. 3 S. 3 GWB bestehen gegen die von der Vergabekammer getroffenen Entscheidungen, anders als bei einer Entscheidung nach § 169 Abs. 2 GWB, keine selbstständigen Anfechtungsmöglichkeiten. Die Entscheidung kann daher nur im Zuge einer sofortigen Beschwerde gegen die Entscheidung der Vergabekammer zur Hauptsache entsprechend § 171 GWB angegriffen werden. 64

V. Verwaltungsvollstreckung (S. 4 und S. 5)

Mit dem im Zuge des VergRModG 2009 eingeführten S. 4 in § 169 Abs. 3 GWB wird klargestellt, dass die weiteren vorläufigen Maßnahmen nach § 169 Abs. 3 GWB mit den Mitteln der Verwaltungsvollstreckung durchgesetzt werden können. 65

Ebenso wie bei der Vollstreckung in der Hauptsache gemäß § 168 Abs. 3 GWB ist es auch hier sachgerecht, den **Zwangsgeldrahmen des § 86a GWB** zu übernehmen.[56] Durch die Bezugnahme auf § 86a GWB in § 169 Abs. 3 S. 5 GWB können gegen den Auftraggeber Zwangsgelder in einer Spanne von 1.000 Euro bis 10 Millionen Euro verhängt werden. Damit können Anordnungen der Vergabekammer effektiver durchgesetzt werden, als dies mit den durch die Verwaltungsvollstreckungsgesetze festgelegten geringeren Zwangsgeldern möglich wäre. 66

---

54 OLG Düsseldorf, Beschluss v. 20.10.2008 – VII-Verg 46/08; OLG Naumburg, Beschluss v. 31.7.2006 – 1 Verg 6/06; OLG Celle, Beschluss v. 15.7.2004 – 13 Verg 11/04.

55 A.A. VK Niedersachsen, Beschluss v. 21.8.2006 – VgK-18/2006.

56 Gesetzesbegründung, VergRModG 2009, BT-Drs. 16/10117, 24 ff.

E. Besonderheiten für Vergaben mit Verteidigungs- oder Sicherheitsaspekten (Abs. 4)

67 § 169 Abs. 4 GWB ist erst im Zusammenhang mit dem **VergRModG 2009** in die Norm aufgenommen worden. Dadurch wollte, ausweislich der amtlichen Begründung,[57] der Gesetzgeber **dem Umstand Rechnung tragen**, dass der automatische Suspensiveffekt nach § 169 Abs. 1 GWB für Sachverhalte, in denen strittig ist, ob eine Ausnahme von der Vergaberechtspflichtigkeit vorliegt, zu unangemessenen Zeitverzögerungen zulasten der wesentlichen Sicherheitsinteressen des Staates führen kann.

68 Mit Inkrafttreten des **Gesetz zur Änderung des Vergaberechts für die Bereiche Verteidigung und Sicherheit**[58] wurde in § 115 Abs. 4 GWB a.F. zunächst die Bezugnahme auf den vormaligen § 100 Abs. 2 lit. d GWB bzw. den späteren § 100 Abs. 8 Nr. 1 bis 3 GWB in das Gesetz aufgenommen. Damit wurde eine Möglichkeit des Auftraggebers, ein kraft Gesetzes eingetretenes Zuschlagsverbot durch eine **bloße Behauptung**, die keiner Überprüfung unterzogen werden kann, zu Fall zu bringen, installiert. Aus diesem Grunde mag durchaus bezweifelt werden, ob § 169 Abs. 4 S. 1 GWB, der an dieser Ausnahmeregel festhält, damit dem Gebot eines wirksamen Rechtsschutzes entspricht oder diesem zuwiderläuft.[59]

69 Nach der jetzigen Formulierung der Norm entfällt auf Antrag des Auftraggebers das Verbot des Zuschlages nach § 169 Abs. 1 GWB **fünf Werktage nach Zustellung** eines entsprechenden Schriftsatzes an den Antragsteller. Weiter folgt aus der Formulierung „die Zustellung *ist* durch die Vergabekammer unverzüglich nach Eingang des Schriftsatzes *vorzunehmen*", dass dieser **kein Entschließungsermessen** zusteht. Ihre Tätigkeit beschränkt sich auf die reine Zustellung des Schriftsatzes.

70 Dem Antragsteller verbleibt in einem solchen Fall lediglich die Möglichkeit, sich mit einem **Antrag auf Wiederherstellung des Verbotes des Zuschlages** an das Beschwerdegericht zu wenden. Dieses kann dem Antrag des Antragstellers zur Wahrung des Primärrechtsschutzes, der Dringlichkeit halber ohne vorherige Anhörung des Auftraggebers, jedoch unter Nachholung rechtlichen Gehörs, nach entsprechender Ermessensausübung in der Weise entsprechen, dass das Zuschlagsverbot einstweilen bis zur Entscheidung über den Antrag der Antragstellerin nach § 169 Abs. 4 S. 2 GWB wiederhergestellt wird.[60]

71 Im Ergebnis kehrt § 169 Abs. 4 GWB das Regel-Ausnahme-Prinzip des in § 169 Abs. 1 und Abs. 2 GWB normierten Rechtsschutzes zulasten des Antragstellers um und **verkürzt den Rechtsschutz** auf eine Instanz, denn die Entscheidung des Beschwerdegerichts ist ihrerseits nicht weiter anfechtbar.[61] Zwar schreibt § 169 Abs. 4 S. 3 GWB durch den Verweis auf § 176 Abs. 3 S. 1 GWB eine Entscheidung des Beschwerdegerichts innerhalb von (nur) fünf Wochen vor. Da das Zuschlagsverbot aber bereits fünf Tage nach Zustellung des Schriftsatzes des Auftraggebers, in dem dieser sich auf das Vorliegen der Voraussetzungen nach § 172 Nr. 1 bis 3 oder § 150 Nr. 1 oder Nr. 6 GWB beruft, entfällt, ist diese Rechtsschutzmöglichkeit nur dann effektiv, wenn das Beschwerdegericht auch innerhalb dieser kurzen Frist tätig wird. Insoweit werden hinsichtlich dieser Regelung völlig zu Recht erhebliche Zweifel an der **Vereinbarkeit** des § 169 Abs. 4 S. 1 GWB **mit den Rechtsmittelrichtlinien** geäußert, weil das Gebot eines wirksamen Rechtschutzes infrage gestellt wird.[62]

57 Gesetzesbegründung, VergRModG 2009, BT-Drs. 16/10117, 24.
58 Gesetz zur Änderung des Vergaberechts für die Bereiche Verteidigung und Sicherheit v. 7.12.2011, in Kraft getreten am 14.12.2011 (BGBl. 2011, Teil 1, Nr. 64, 2570 ff.).
59 OLG Koblenz, Beschluss v. 15.9.2010 – 1 Verg 7/10; *Herrmann*, in: Ziekow/Völlink, Vergaberecht, § 115 GWB Rn. 46.
60 OLG Düsseldorf, Beschluss v. 7.6.2010 – VII-Verg 26/10.
61 *Herrmann*, in: Ziekow/Völlink, Vergaberecht, § 115 GWB Rn. 45.
62 OLG Düsseldorf, Beschluss v. 8.6.2011 – VII-Verg 49/11; OLG Koblenz, Beschluss v. 15.9.2010 – 1 Verg 7/10.

Anlage

Gesetzesbegründung (BT-Drs. 18/6281)

Seite 135

§ 169 entspricht weitestgehend dem bisherigen § 115. In § 169 Absatz 4 wurden die entsprechenden neuen Ausnahmevorschriften der Richtlinien 2014/23/EU, 2014/24/EU, 2014/25/EU übernommen.

§ 170
Ausschluss von abweichendem Landesrecht

Soweit dieser Unterabschnitt Regelungen zum Verwaltungsverfahren enthält, darf hiervon durch Landesrecht nicht abgewichen werden.

Übersicht Rn.

A. Allgemeines 1
B. Ausschluss von abweichendem Landesrecht 5
Anlage
Gesetzesbegründung (BT-Drs. 18/6281)

A. Allgemeines

1 § 170 GWB schließt den Abschnitt 2 „Verfahren vor der Vergabekammer" im Kapitel 2 „Nachprüfungsverfahren" in Teil 4 des GWB ab.

2 Die Verfahrensregelungen in §§ 160 bis 169 GWB entsprechen weitestgehend den bisherigen Regelungen. § 170 GWB stimmt im Wortlaut mit dem bisherigen **§ 115a GWB a.F.** überein[1]. Obwohl der Wortlaut („Unterabschnitt") durch die neue Einordnung in „Kapitel" und „Abschnitte" nicht der neuen Systematik folgt, sind die bisherigen Wertungen zu § 115a GWB a.F. grundsätzlich übertragbar.

3 Die Vorschrift hat durch das **VergRModG 2009** Eingang in das GWB gefunden.[2] Der Gesetzentwurf der Bundesregierung[3] wurde durch eine veränderte Systematik im Sinne der Stellungnahme des Bundesrates[4] angepasst.[5] Die Gesetzgebungskompetenz ergab sich aus Art. 84 Abs. 1 S. 5 GG, welcher dem Bund in Ausnahmefällen wegen eines besonderen Bedürfnisses nach bundeseinheitlicher Regelung die Möglichkeit gibt, ein Verwaltungsverfahren ohne Abweichungsmöglichkeit für die Länder zu regeln.

4 Bei Nachprüfungsverfahren handelt es sich um ein eben solches **Verwaltungsverfahren**[6], welches gemäß § 168 Abs. 3 GWB[7] durch Verwaltungsakt entschieden wird.[8] Die bundeseinheitliche Regelung sollte insbesondere Rechtsunsicherheiten vermeiden und den Interessen kleiner und mittelständischer Unternehmen dienen, was nach der Einschätzung des Gesetzgebers durch eine Vielzahl unterschiedlicher Regelungen des Nachprüfungsverfahrens auf Länderebene beeinträchtigt wäre.[9]

B. Ausschluss von abweichendem Landesrecht

5 Die Vorschrift schließt Abweichungen von den Verfahrensvorgaben der §§ 160 bis 169 GWB durch Landesrecht aus.[10]

---

1 Vgl. Gesetzesbegründung, BT-Drs. 18/6281, 135.
2 Zur historischen Entwicklung vgl. *Antweiler*, in: Dreher/Motzke, Vergaberecht, § 115a GWB Rn. 3; *Dreher*, in: Immenga/Mestmäcker, Wettbewerbsrecht, § 115a GWB Rn. 1 f.; *Bungenberg*, in: Pünder/Schellenberg, Vergaberecht, § 115a GWB Rn. 1.
3 Gesetzesbegründung, VergRModG 2009, BT-Drs. 16/10117, 26.
4 Gesetzesbegründung, VergRModG 2009, BT-Drs. 16/10117, 36; hierzu *Antweiler*, in: Dreher/Motzke, Vergaberecht, § 115a GWB Rn. 2.
5 Kritisch hinsichtlich des Bedarfs einer Anpassung *Antweiler*, in: Dreher/Motzke, Vergaberecht, § 115a GWB Rn. 3.
6 *Antweiler*, in: Dreher/Motzke, Vergaberecht, § 115a GWB Rn. 3, mit Verweis auf BGH, Beschluss v. 29.9.2009 – X ZB 1/09 sowie Beschluss v. 9.12.2003 – X ZB 14/03.
7 § 114 Abs. 3 GWB. a.F.
8 *Bungenberg*, in: Pünder/Schellenberg, Vergaberecht, § 115a GWB Rn. 2.
9 Gesetzesbegründung, VergRModG 2009, BT-Drs. 16/10117, 26.
10 Zur Abgrenzung vom Vollstreckungs- und Beschwerdeverfahren vgl. *Dreher*, in: Immenga/Mestmäcker, Wettbewerbsrecht, § 115a GWB Rn. 7.

6 Dieser Ausschluss betrifft lediglich den **Oberschwellenbereich**[11] und beschränkt sich auf die Untersagung einer von diesen wesentlichen Verfahrensgrundsätzen abweichende Ausgestaltung in den Ländern.[12]

7 **Hintergrund** sind die andernfalls denkbaren unterschiedlichen Ausgestaltungen in 16 Ländern und beim Bund, welche nach Einschätzung des Gesetzgebers die Wahrnehmung des Rechtsschutzes faktisch behindern könnten.[13] Die Gesetzesbegründung beschränkt sich auf Ausführungen zum Nachprüfungsverfahren und die Stellungnahme des Bundesrates bestärkt diese Beschränkung.

8 Teilweise wird aus dieser Vorschrift dennoch eine **Sperrwirkung für Regelungen in Tariftreue- und Vergabegesetzen** der Länder geschlossen.[14] Dies soll insbesondere für landesrechtliche Prüfbehörden[15] gelten, soweit diese ein *„zusätzliches Prüfverfahren mit eigenen Feststellungen und Entscheidungen einer Landesbehörde zu vergaberechtlichen Fragen in einem Vergabeverfahren oberhalb der Schwellenwerte"* durchführen. Hierbei wird zum einen verkannt, dass die Prüfbehörden der Länder keineswegs eine Nachprüfung der Vergabeverfahren vornehmen, sondern lediglich die Einhaltung bestimmter Vorgaben (insbesondere der vergabespezifischen Mindestlöhne). Zum anderen setzt es sich nicht mit der Auffassung auseinander, die den Ländern sogar die Einrichtung von Vergabeprüfstellen zugesteht.[16] Die Verfahren vor den Vergabekammern werden davon nicht berührt. Bei der nun in § 129 GWB für zwingende Ausführungsbedingungen vorgesehenen und gegenüber § 97 Abs. 4 S. 3 GWB a.F. eingeschränkten Gesetzgebungskompetenz können die Bundesländer daher weiterhin die Kontrolle dieser Ausführungsbedingungen vorsehen, ohne einen Verstoß gegen § 170 GWB zu begründen.

Anlage

Gesetzesbegründung (BT-Drs. 18/6281)

Seite 135

§ 170 entspricht dem bisherigen § 115a.

11 *Dreher*, in: Immenga/Mestmäcker, Wettbewerbsrecht, § 115a GWB Rn. 8.

12 *Reidt* in: Reidt/Stickler/Glahs, Vergaberecht, § 115a GWB Rn. 6 f.

13 Gesetzesbegründung, VergRModG 2009, BT-Drs. 16/10117, 26.

14 *Dreher*, in: Immenga/Mestmäcker, Wettbewerbsrecht, § 115a GWB Rn. 1 f.; *Dreher*, NZBau 2014, 1 (2); a.A. *Burgi*, NZBau 2015, 597 (599).

15 Hier: Prüfbehörde Tariftreue- und Vergabegesetz NRW (TVgG – NRW)

16 *Bungenberg*, in: Pünder/Schellenberg, Vergaberecht, § 115a GWB Rn. 3, mit Verweis auf *Reidt*, in: Reidt/Stickler/Glahs, Vergaberecht, § 115a GWB Rn. 4.

Teil 4

Vergabe von öffentlichen Aufträgen und Konzessionen

Kapitel 2
Nachprüfungsverfahren

Abschnitt 3
Sofortige Beschwerde

§ 171
Zulässigkeit, Zuständigkeit

(1) Gegen Entscheidungen der Vergabekammer ist die sofortige Beschwerde zulässig. Sie steht den am Verfahren vor der Vergabekammer Beteiligten zu.

(2) Die sofortige Beschwerde ist auch zulässig, wenn die Vergabekammer über einen Antrag auf Nachprüfung nicht innerhalb der Frist des § 167 Absatz 1 entschieden hat; in diesem Fall gilt der Antrag als abgelehnt.

(3) Über die sofortige Beschwerde entscheidet ausschließlich das für den Sitz der Vergabekammer zuständige Oberlandesgericht. Bei den Oberlandesgerichten wird ein Vergabesenat gebildet.

(4) Rechtssachen nach den Absätzen 1 und 2 können von den Landesregierungen durch Rechtsverordnung anderen Oberlandesgerichten oder dem Obersten Landesgericht zugewiesen werden. Die Landesregierungen können die Ermächtigung auf die Landesjustizverwaltungen übertragen.

Übersicht Rn.

A. Allgemeines ... 1
I. Anwendbares Verfahrensrecht ... 5
II. Unselbstständige Anschlussbeschwerde ... 6
III. Begrenzte Einlegung der sofortigen Beschwerde ... 8
IV. Prüfungsumfang des Beschwerdegerichts ... 10
1. Vortrag der Beteiligten ... 12
2. Begründeter Anlass im Sachverhalt ... 13
V. Neuer Vortrag im Beschwerdeverfahren ... 14
VI. Rücknahme der sofortigen Beschwerde ... 17
B. Statthaftigkeit (Abs. 1 und Abs. 2) ... 18
I. Entscheidungen der Vergabekammer (Abs. 1 S. 1) ... 19
1. Definition und Abgrenzungsmaßstäbe ... 20
2. Einzelfälle ... 23
a) Endentscheidungen ... 24
b) Nicht beschwerdefähige Zwischenentscheidungen ... 28
aa) Ausdrücklich angeordneter Ausschluss ... 29
bb) Weitere nicht beschwerdefähige Zwischenentscheidungen ... 30
c) Rückausnahme: beschwerdefähige Zwischenentscheidungen ... 34
aa) Gleichstellung zu einer Endentscheidung ... 35
bb) Besonders schwerer Eingriff in Verfahrensrechte ... 38
II. Nach Ablauf der Entscheidungsfrist/Ablehnungsfiktion (Abs. 2) ... 39
1. Fingierter ablehnender Beschluss ... 40
a) Maßgeblicher Zeitpunkt ... 40
aa) Kein Fall des § 171 Abs. 2 GWB bei rechtzeitiger Fristverlängerung ... 41
bb) Entscheidung der Vergabekammer vor Fristablauf ... 44
b) Keine Anwendbarkeit der Ablehnungsfiktion ... 45
2. Entscheidung der Vergabekammer nach Fristablauf ... 48
C. Weitere Zulässigkeitsvoraussetzungen ... 52
I. Beschwerdeberechtigung (Abs. 1 S. 2) ... 53
1. Beteiligte des Vergabekammerverfahrens ... 54
2. Rechtsschutz zu Unrecht nicht Beigeladener ... 55
II. Beschwerdebefugnis ... 57
1. Regelfall: formelle und materielle Beschwer ... 58
2. Ausnahmefall: materielle Beschwer eines Beigeladenen ausreichend ... 59
III. Sonstige Zulässigkeitsvoraussetzungen ... 60
D. Zuständigkeit (Abs. 3) ... 62
E. Besondere Zuweisung der Vergabesachen (Abs. 4) ... 63
I. Zuweisung an andere Oberlandesgerichte (S. 1) ... 63

II. Übertragung der Ermächtigung an die Landesjustizverwaltungen (S. 2) 65
Anlage Gesetzesbegründung (BT-Drs. 18/6281)

A. Allgemeines

1 § 171 GWB ist Grundnorm[1] der zweiten Stufe des Rechtsschutzes in Vergabesachen, der sofortigen Beschwerde als Rechtsmittel[2] gegen Entscheidungen der Vergabekammer. In Abs. 1 und Abs. 2 des § 171 GWB wird die **Statthaftigkeit** und in § 171 Abs. 3 und Abs. 4 GWB die **Zuständigkeit** für dieses Rechtsmittel festgelegt. Eine sofortige Beschwerde kann gemäß § 171 Abs. 1 GWB gegen Entscheidungen der Vergabekammer eingelegt werden. § 171 Abs. 2 GWB erweitert die Statthaftigkeit einer sofortigen Beschwerde auf die Fälle, in denen die Vergabekammer nicht innerhalb der Frist des § 167 Abs. 1 GWB entschieden hat. Die sofortige Beschwerde richtet sich dann gegen einen fingierten ablehnenden Beschluss der Vergabekammer. § 171 Abs. 3 GWB weist die Zuständigkeit für die sofortige Beschwerde als spezialgesetzliche Sonderzuweisung den Oberlandesgerichten zu.[3] Die zeitweilig in § 116 Abs. 3 GWB a.F. vorgesehene Zuständigkeit der Landessozialgerichte für Streitigkeiten über Rechtsbeziehungen im Sinne des § 69 SGB V[4] hat der Gesetzgeber durch das Gesetz zur Neuregelung des Arzneimittelmarktes mit Wirkung vom 1.1.2011 wieder aufgehoben,[5] so dass eine einheitliche Zuständigkeit der Oberlandesgerichte in Vergabesachen besteht. § 171 Abs. 4 GWB gestattet schließlich die Konzentration der örtlichen Zuständigkeit für Vergabesachen bei einzelnen Oberlandesgerichten oder dem Obersten Landesgericht.

2 Zuständig für die sofortige – also innerhalb einer zweiwöchigen Notfrist einzulegende – Beschwerde sind mit den Oberlandesgerichten **ordentliche Gerichte**. Dies wird auch damit begründet, dass sich der Rechtsschutz vor den ordentlichen Gerichten bereits im Kartellrecht bewährt hat.[6] Daher wurde das vergaberechtliche Beschwerdeverfahren vergleichbar dem kartellrechtlichen Beschwerdeverfahren ausgestaltet und insbesondere mittels verkürzter Fristen mit zusätzlichen Beschleunigungsmechanismen versehen.[7] Diese Zuweisung des Rechtsschutzes zu den ordentlichen Gerichten entspricht auch der regelmäßig vorliegenden Eröffnung des Zivilrechtswegs in vergaberechtlichen Streitigkeiten unterhalb der Schwellenwerte des § 106 GWB.[8]

3 § 171 GWB gewährleistet mit der Eröffnung der sofortigen Beschwerde gegen Beschlüsse der Vergabekammer den **verfassungs-, europa- und völkerrechtlich geforderten Rechtsschutz**. Das Government Procurement Agreement verpflichtet in seinen Art. XX bis XXII, die Überprüfung von Vergabeentscheidungen vor einem unparteiischen Gremium zu gewährleisten. Diese Pflicht findet sich ebenfalls in Art. 1 und Art. 2 RL 89/665/EWG, wobei jedoch der dort geforderte gerichtliche Rechtsschutz schon gewährleistet ist, wenn er durch ein Gericht i.S.d. Art. 234 EGV erfolgt.[9] Der Rechtsschutz muss hierbei gemäß Art. 1 und Art. 2

1 OLG Düsseldorf, Beschluss v. 23.1.2006 – VII-Verg 96/05; Beschluss v. 18.1.2000 – Verg 2/00; *Kirch*, in: Hattig/Maibaum, Kartellvergaberecht, § 116 GWB Rn. 5.
2 Der Devolutiveffekt ist in der Verlagerung des Rechtsschutzes auf das OLG, der Suspensiveffekt in der – allerdings gemäß § 173 GWB zeitlich beschränkten – aufschiebenden Wirkung zu sehen.
3 Eine Sonderzuweisung liegt deshalb vor, weil die Vergabekammer durch Verwaltungsakt entscheidet; vgl. auch OLG Rostock, Beschluss v. 2.7.2008 – 17 Verg 4/07; a.A. auf einen regelmäßig privatrechtlichen Charakter vergaberechtlicher Streitigkeiten abstellend: *Dieck-Bogatzke*, in: Pünder/Schellenberg, Vergaberecht, § 116 GWB Rn. 75 ff.
4 Gesetz zur Weiterentwicklung der Organisationsstruktur der gesetzlichen Krankenversicherungen, BGBl. I 2008 S. 2426.
5 Siehe auch Art. 2 Abs. 2 VergRModG 2016, der die nunmehr gegenstandslose Regelung des § 207 SGG ersatzlos gestrichen hat.
6 Vgl. Gesetzesbegründung, VgRÄG, BT-Drs. 13/9340, 20.
7 Vgl. Gesetzesbegründung, VgRÄG, BT-Drs. 13/9340, 20.
8 Vgl. hierzu BVerwG, Beschluss v. 2.5.2007 – 6 B 10.07.
9 Vgl. Art. 2 Abs. 9 RL 89/665/EWG; siehe hierzu auch EuGH, Urteil v. 17.9.1997 – Rs. C-54/96 (Dorsch Consult), wonach schon die zum damaligen Zeitpunkt eingerichteten Vergabeüberwachungsausschüsse als Gericht i.S.d. Art. 234 EGV anzusehen waren.

RL 89/665/EWG wirksam und rasch ausgestaltet sein.[10] Eine Verweisung auf Sekundärrechtsschutz genügt diesen Vorgaben nicht.[11] Dies spiegelt auch die verfassungsrechtlichen Vorgaben wider. Denn der vorliegend aufgrund der durch Verwaltungsakt erfolgenden Entscheidung der Vergabekammer anwendbare Art. 19 Abs. 4 GG fordert die Gewährleistung effektiven Rechtsschutzes.[12] Allerdings hat der EuGH entschieden, dass Art. 2 RL 89/665/EWG nicht dahin auszulegen ist, dass auch dem öffentlichen Auftraggeber gerichtlicher Rechtsschutz gegen die Entscheidungen der für Nachprüfungsverfahren auf dem Gebiet der Vergabe öffentlicher Aufträge zuständigen Grundinstanzen, die keine Gerichte sind, offenstehen muss. Diese Bestimmung hindere die Mitgliedstaaten allerdings nicht daran, in ihren jeweiligen Rechtsordnungen gegebenenfalls einen derartigen Rechtsschutz – wie vorliegend im vergaberechtlichen Beschwerdeverfahren geschehen – zugunsten öffentlicher Auftraggeber vorzusehen.[13]

Rechtsmittel gegen die Entscheidungen der OLG über sofortige Beschwerden gemäß § 171 GWB stehen nicht zur Verfügung.[14] Daher ist bei Verletzung des Anspruchs auf rechtliches Gehör durch die Beschwerdeentscheidung die **Anhörungsrüge** gemäß §§ 175 Abs. 2, 71a GWB statthaft.[15] 4

I. Anwendbares Verfahrensrecht

Das i.R.d. Beschwerdeverfahrens anwendbare Verfahrensrecht ist vorrangig den **§§ 171 bis 178 GWB** zu entnehmen. Diese Regelungen werden durch die **Verweisung des § 175 Abs. 2 GWB** ergänzt. Demnach finden sowohl Vorschriften aus dem Vergabekammerverfahren – §§ 165 und 167 Abs. 2 S. 1 GWB – als auch Vorschriften aus dem Kartellbeschwerdeverfahren Anwendung. Diese Verweisung ist jedoch nicht abschließend.[16] Darüber hinaus auftretende Lücken im Prozessrecht sind unter Berücksichtigung der Besonderheiten des vergaberechtlichen Nachprüfungsverfahrens im jeweiligen Einzelfall auszufüllen.[17] Hierbei sind jedoch vorrangig Regeln der **ZPO** auf ihre Übertragbarkeit zu untersuchen.[18] Dies folgt aus der Zuweisung des Rechtsschutzes gegen die Entscheidungen der Vergabekammer an die ordentlichen Gerichte und der Bezugnahme des § 73 Nr. 2 GWB auf die Regelungen der ZPO. 5

II. Unselbstständige Anschlussbeschwerde

Die Einlegung einer sofortigen Beschwerde eröffnet den weiteren Verfahrensbeteiligten neben der fristgebundenen Einlegung einer eigenen sofortigen Beschwerde auch die Möglich- 6

10 Siehe auch EuGH, Urteil v. 4.7.2013 – Rs. C-100/12 (Fastweb); Urteil v. 19.12.2010 – Rs. C-568/08; Urteil v. 3.4.2008 – Rs. C-444/06; Urteil v. 11.1.2005 – Rs. C-26/03 (Stadt Halle); Urteil v. 24.6.2004 – Rs. C-212/02; Urteil v. 19.6.2003 – Rs. C-410/01; Urteil v. 18.6.2002 – Rs. C-92/00 (Hospital Ingenieure); Urteil v. 28.10.1999 – Rs. C-81/98; vgl. auch EuG, Beschluss v. 4.2.2014 – Rs. T-644/13 R.

11 EuGH, Urteil v. 28.10.1999 – Rs. C-81/98.

12 BVerfG, Beschluss v. 29.7.2004 – 2 BvR 2248/03; siehe allerdings bezüglich der Anwendbarkeit des allgemeinen Justizgewährungsanspruchs in Vergabeverfahren unterhalb der Schwellenwerte: BVerfG, Beschluss v. 13.6.2006 – 1 BvR 1160/03.

13 EuGH, Urteil v. 21.10.2010 – Rs. C-570/08, Slg 2010, I-10131.

14 BGH, Beschluss v. 16.9.2003 – X ZB 12/03; a.A. *Giedinghagen/Schoop*, VergabeR 2007, 32 ff.; siehe im Übrigen hinsichtlich einer Streitwertfestsetzung durch das Oberlandesgericht: BGH, Beschluss v. 21.10.2003 – X ZB 10/03.

15 KG, Beschluss v. 14.3.2014 – Verg 10/13; *Raabe*, in: Willenbruch/Wieddekind, Vergaberecht, § 116 GWB Rn. 2; siehe hierzu auch BVerfG, Urteil v. 26.2.2008 – 1 BvR 2327/07. Ob neben der Anhörungsrüge noch eine Gegenvorstellung statthaft ist – i.d.S. OLG Brandenburg, Beschluss v. 25.8.2008 – Verg W 12/08 –, erscheint im Hinblick auf den Grundsatz der Rechtsmittelklarheit zweifelhaft, vgl. etwa BGH, Beschluss v. 22.10.2015 – VI ZR 25/14.

16 OLG Dresden, Beschluss v. 4.7.2008 – WVerg 0003/08; *Stickler*, in: Reidt/Stickler/Glahs, Vergaberecht, Vorb. zu §§ 116 bis 124 GWB Rn. 3.

17 Vgl. einerseits die Anwendbarkeit der ZPO für die Kostenentscheidung unter Hinweis auf das Verfahren vor einem ordentlichen Gericht annehmend: BGH, Beschluss v. 9.2.2004 – X ZB 44/03, andererseits sowohl Regelungen der ZPO als auch der VwGO erwähnend: BGH, Beschluss v. 25.10.2005 – X ZB 25/05; Beschluss v. 9.12.2003 – X ZB 14/03.

18 Vgl. *König*, in: Heuvels/Höß/Kuß/Wagner, Vergaberecht, § 116 GWB Rn. 6; *Dieck-Bogatzke*, in: Pünder/Schellenberg, Vergaberecht, § 116 GWB Rn. 35; für eine vorrangige Heranziehung der VwGO: OLG Düsseldorf, Beschluss v. 28.12.2007 – VII-Verg 40/07; Beschluss v. 28.8.2001 – Verg 27/01; *Stickler*, in: Reidt/Stickler/Glahs, Vergaberecht, Vorb. zu §§ 116 bis 124 GWB Rn. 3.

keit, eine unselbstständige Anschlussbeschwerde einzulegen.[19] Zwar wird eine unselbstständige Anschlussbeschwerde für das vergaberechtliche Beschwerdeverfahren im GWB nicht ausdrücklich zugelassen. Gleichwohl ist deren Ableitung **im Wege der Analogie** auch im vergaberechtlichen Beschwerdeverfahren geboten. Denn im Fall der Einlegung einer sofortigen Beschwerde durch den Beschwerdeführer entsteht eine neue Prozesssituation für Beteiligte, die eine für sie teilweise nachteilige Entscheidung unter der Voraussetzung hingenommen haben, dass die Entscheidung bestandskräftig wird.[20] Dies rechtfertigt die entsprechende Zulassung der unselbstständigen Anschlussbeschwerde auch im vergaberechtlichen Beschwerdeverfahren. Zwar kann die unselbstständige Anschlussbeschwerde ein Beschwerdeverfahren verzögern, sodass der Beschleunigungsgrundsatz gegen deren Zulassung spricht.[21] Allerdings führt eine Rücknahme der sofortigen Beschwerde entsprechend § 524 Abs. 4 ZPO dazu, dass auch die Anschlussbeschwerde wirkungslos wird.[22] Demnach kann die unselbstständige Anschlussbeschwerde lediglich zu Verzögerungen innerhalb des Rechtshängigkeitszeitraums der sofortigen Beschwerde führen, sodass ihre Zulassung auch unter Berücksichtigung des Beschleunigungsgrundsatzes geboten ist.

7 Die **Frist** für die Einlegung der unselbstständigen Anschlussbeschwerde beträgt zwei Wochen nach Zustellung der Beschwerdebegründung.[23] Im Hinblick auf die Fristenklarheit ist hierbei der Fristbeginn ab der gerichtlichen Zustellung und nicht ab der Übermittlung durch den Beschwerdeführer nach § 172 Abs. 4 GWB maßgeblich.[24] Eine analoge Anwendung der Frist des § 524 Abs. 2 S. 2 ZPO – des Ablaufs der für die Erwiderung gesetzten Frist – wird hingegen dem Beschleunigungsgrundsatz nicht gerecht werden.[25] Die Anschlussbeschwerde kann auch bedingt erhoben werden[26] und muss sich gegen dieselbe Entscheidung wie die sofortige Beschwerde richten.[27] Zulässigkeitsvoraussetzung einer Anschlussbeschwerde ist darüber hinaus, dass gegenläufige Rechtsschutzziele zwischen der Beschwerde und der Anschlussbeschwerde verfolgt werden. Daher kann auch die Erhebung einer Anschlussbeschwerde im Verhältnis zwischen Antragsteller und Beigeladenem möglich sein.[28]

---

19 OLG Frankfurt, Beschluss v. 8.4.2014 – 11 Verg 1/14; Beschluss v. 16.5.2000 – 11 Verg 1/99; OLG Naumburg, Beschluss v. 18.8.2011 – 2 Verg 3/11; Beschluss v. 4.9.2008 – 1 Verg 4/08; Beschluss v. 17.2.2004 – 1 Verg 15/03; OLG Dresden, Beschluss v. 4.7.2008 – WVerg 0003/08; OLG München, Beschluss v. 15.3.2005 – Verg 002/05; OLG Düsseldorf, Beschluss v. 25.2.2004 – VII-Verg 9/02; Beschluss v. 8.5.2002 – VII-Verg 8-15/01; BayObLG, Beschluss v. 5.11.2002 – Verg 22/02; *Jaeger*, in: Byok/Jaeger, Vergaberecht, § 116 GWB Rn. 27; *Kirch*, in: Hattig/Maibaum, Kartellvergaberecht, § 116 GWB Rn. 37; *Stockmann*, in: Immenga/Mestmäcker, Wettbewerbsrecht, § 116 GWB Rn. 12; *Dieck-Bogatzke*, in: Pünder/Schellenberg, Vergaberecht, § 116 GWB Rn. 57; *Raabe*, in: Willenbruch/Wieddekind, Vergaberecht, § 116 GWB Rn. 36; *Dicks*, in: Ziekow/Völlink, Vergaberecht, § 116 GWB Rn. 8; a.A. *König*, in: Heuvels/Höß/Kuß/Wagner, Vergaberecht, § 116 GWB Rn. 37 ff.

20 Mit vergleichbarer Argumentation für das WEG-Verfahren: BGH, Beschluss v. 18.5.1978 – ZB 30/76.

21 I.d.S. *König*, in: Heuvels/Höß/Kuß/Wagner, Vergaberecht, § 116 GWB Rn. 38.

22 Vgl. § 524 Abs. 4 ZPO, § 127 Abs. 5 VwGO; siehe auch OLG Naumburg, Beschluss v. 13.2.2012 – 2 Verg 14/11; OLG Jena, Beschluss v. 4.5.2005 – 9 Verg 03/05.

23 OLG Jena, Beschluss v. 20.6.2005 – 9 Verg 03/05; OLG Düsseldorf, Beschluss v. 6.10.2004 – VII-Verg 56/04; Beschluss v. 25.2.2004 – VII-Verg 9/02; *Otting*, in: Bechtold, GWB, § 116 Rn. 2; *Stockmann*, in: Immenga/Mestmäcker, Wettbewerbsrecht, § 116 GWB, Rn. 12; *Storr*, in: Löwenheim/Meessen/Riesenkampff, GWB, § 116 Rn. 9; siehe aber die neuere Rechtsprechung des OLG Düsseldorf, Beschluss v. 21.7.2010 – VII-Verg 19/10, die auf den Ablauf der Erwiderungsfrist hindeutet.

24 *Raabe*, in: Willenbruch/Wieddekind, Vergaberecht, § 116 GWB Rn. 37.

25 A.A., den Ablauf der Erwiderungsfrist als maßgeblichen Zeitpunkt andeutend: OLG Dresden, Beschluss v. 4.7.2008 – WVerg 0003/08; OLG München, Beschluss v. 15.3.2005 – Verg 02/05; wohl auch OLG Naumburg, Beschluss v. 4.9.2008 – 1 Verg 4/08; *Dicks*, in: Ziekow/Völlink, Vergaberecht, § 116 GWB Rn. 9; offenlassend OLG Frankfurt, Beschluss 8.4.2014 – 11 Verg 1/14.

26 OLG München, Beschluss v. 9.8.2012 – Verg 10/12; OLG Frankfurt, Beschluss v. 19.12.2006; BayObLG, Beschluss v. 9.8.2004 – Verg 15/04; s. bezüglich eines Antrags auf Verlängerung der aufschiebenden Wirkung im Rahmen einer unselbstständigen Anschlussbeschwerde: OLG Jena, Beschluss v. 4.5.2005 – 9 Verg 03/05.

27 OLG Düsseldorf, Beschluss v. 5.9.2001 – Verg 18/01; *Jaeger*, in: Byok/Jaeger, GWB, § 116 Rn. 27; *Dicks*, in: Ziekow/Völlink, Vergaberecht, § 116 GWB Rn. 8.

28 OLG München, Beschluss v. 21.5.2010 – Verg 2/10; OLG Celle, Beschluss v. 5.9.2007 – 13 Verg 9/07; OLG Jena, Beschluss v. 5.12.2001 – 6 Verg 4/01; *Dieck-Bogatzke*, in: Pünder/Schellenberg, Vergaberecht, § 116 GWB Rn. 59; *Raabe*, in: Willenbruch/Wieddekind, Vergaberecht, § 116 GWB Rn. 38; *Dicks*, in: Ziekow/Völlink, Vergaberecht, § 116 GWB Rn. 8; a.A. *Gröning*, in: Motzke/Pietzcker/Prieß, VOB/A, 1. Auflage, § 116 GWB Rn. 18.

III. Begrenzte Einlegung der sofortigen Beschwerde

Der Beschwerdeführer kann die Entscheidung der Vergabekammer auch nur **teilweise anfechten**. Dies folgt in Bezug auf die Kostenentscheidung bereits aus § 182 Abs. 1 S. 2 GWB i.V.m. § 22 VwKostG.[29] Aber auch Teile der Kostenentscheidungen[30] können ebenso wie Teile der Sachentscheidung der Vergabekammer isoliert zum Gegenstand der sofortigen Beschwerde gemacht werden. Das folgt aus § 172 Abs. 2 S. 2 Nr. 1 GWB, der in der Beschwerdeschrift die Angabe fordert, „inwieweit" die Entscheidung der Vergabekammer angefochten wird. 8

Zulässigkeitsvoraussetzung einer nur teilweise erfolgenden Anfechtung der Vergabekammerentscheidung wird jedoch sein, dass sich die Beschwerde gegen einen **abgrenzbaren Teil des Hauptsachetenors** richtet,[31] der einen eigenständigen Streitgegenstand darstellt. Der Streitgegenstand des Vergabekammerverfahrens wird wiederum regelmäßig durch das jeweilige aktive Tun oder Unterlassen des Auftraggebers im Vergabeverfahren gebildet, welches gegen bieterschützende Bestimmungen nach § 97 Abs. 6 GWB verstößt.[32] 9

IV. Prüfungsumfang des Beschwerdegerichts

Der Prüfungsumfang des Beschwerdegerichts ist im Spannungsfeld zwischen Dispositionsmaxime und dem von §§ 175 Abs. 2, 70 Abs. 1 GWB für anwendbar erklärten Untersuchungsgrundsatz zu bestimmen. 10

Für einen **Vorrang der Dispositionsmaxime** nicht nur bei der Verfahrenseinleitung und -beendigung, sondern auch bei der Bestimmung des Prüfungsumfangs spricht die subjektiv-bieterbezogene Ausgestaltung des vergaberechtlichen Nachprüfungsverfahrens. Denn bereits die Regelung des § 172 Abs. 2 GWB deutet mit der Bezugnahme auf die Angabe des Rechtsmittelziels ebenso wie die Regelung des § 160 Abs. 3 GWB darauf hin, dass das Vergabenachprüfungsverfahren im Kern subjektiv-bieterbezogen ausgestaltet ist. Demnach wird das Vergabeverfahren nicht von Amts wegen auf alle denkbaren Vergaberechtsverstöße untersucht.[33] Dies steht auch im Einklang mit § 163 GWB, der die Dispositionsmaxime betont. 11

1. Vortrag der Beteiligten

Angesichts des Vorrangs der Dispositionsmaxime ist das Beschwerdegericht nicht befugt, solche vermeintlichen Vergaberechtsverstöße zu untersuchen, die Teil des Streitgegenstands des Vergabekammerverfahrens waren, aber vom Beschwerdeführer nicht mit der sofortigen Beschwerde angegriffen werden.[34] Wenn nämlich der Beschwerdeführer entscheidet, dass die von ihm selbst in das Vergabekammerverfahren eingeführten vermeintlichen Vergaberechtsverstöße nicht mehr zum Gegenstand der Untersuchung gehören sollen, ist kein Grund dafür erkennbar, weshalb der Untersuchungsgrundsatz dennoch deren Berücksichtigung gestatten soll. Daraus folgt gleichzeitig, dass der Vortrag der Beteiligten einen **zentralen Maßstab zur** 12

29 OLG Rostock, Beschluss v. 2.8.2005 – 17 Verg 7/05; OLG Dresden, Beschluss v. 14.2.2003 – WVerg 11/01; BayObLG, Beschluss v. 20.1.2003 – Verg 29/02.

30 OLG Naumburg, Beschluss v. 15.6.2006 – 1 Verg 5/06.

31 OLG Düsseldorf, Beschluss v. 26.11.2003 – Verg 53/03; *Jaeger*, in: Byok/Jaeger, Vergaberecht, § 116 GWB Rn. 5; *Stockmann*, in: Immenga/Mestmäcker, Wettbewerbsrecht, § 116 GWB Rn. 6; *Dieck-Bogatzke*, in: Pünder/Schellenberg, Vergaberecht, § 116 GWB Rn. 36; s.a. *Stickler*, in: Reidt/Stickler/Glahs, Vergaberecht, § 116 GWB Rn. 6 unter Hinweis auf die verwaltungsverfahrensrechtlichen Maßstäbe für die isolierte Anfechtung von Nebenbestimmungen.

32 OLG Rostock, Beschluss v. 25.6.2001 – 17W 8/01; OLG Düsseldorf, Beschluss v. 30.5.2001 – Verg 23/00. Dies wird vorrangig auf dem Vortrag des Antragstellers beruhen, kann angesichts des Untersuchungsgrundsatzes jedoch auch einen von der Vergabekammer von Amts wegen ermittelten Sachverhalt umfassen, der einen Vergaberechtsverstoß begründet.

33 OLG Frankfurt, Beschluss v. 8.2.2005 – 11 Verg 24/04; OLG Düsseldorf, Beschluss v. 29.12.2001 – Verg 22/01; Beschluss v. 28.8.2001 – Verg 27/01.

34 *Stickler*, in: Reidt/Stickler/Glahs, Vergaberecht, § 117 GWB Rn. 14 f.; *Raabe*, in: Willenbruch/Wieddekind, Vergaberecht, § 117 GWB Rn. 20.

Auslegung des Untersuchungsgrundsatzes darstellt.[35] Demnach ist der Vergabesenat verpflichtet, solchen Vergaberechtsverstößen im Wege des Untersuchungsgrundsatzes nachzugehen, die sich bei verständiger Würdigung des Vortrags der Beteiligten erschließen.[36] Hierbei ist wiederum nur solcher Vortrag zugrunde zu legen, der nicht gemäß § 160 Abs. 3 GWB präkludiert ist.[37]

2. Begründeter Anlass im Sachverhalt

13 Damit ist allerdings die Berücksichtigung von Vergaberechtsverstößen noch nicht ausgeschlossen, die von keinem der Beteiligten geltend gemacht werden. Vielmehr sind auch solche Vergaberechtsverstöße vom Untersuchungsgrundsatz umfasst, für deren Berücksichtigung der Sachverhalt begründeten Anlass bietet.[38] Dies wird insbesondere dann der Fall sein, wenn sich der **Verstoß objektiv aufdrängt**.[39] Hingegen ist eine ungefragte Fehlersuche durch das Beschwerdegericht nicht mehr vom Untersuchungsgrundsatz umfasst.

V. Neuer Vortrag im Beschwerdeverfahren

14 Im Beschwerdeverfahren ist neuer Tatsachenvortrag **grundsätzlich möglich**.[40] Dies folgt neben dem Fehlen von Ausschlussvorschriften aus dem Beschleunigungsgrundsatz, da andernfalls ein neues Nachprüfungsverfahren vor der Vergabekammer eingeleitet werden müsste.[41] Zudem streitet der Untersuchungsgrundsatz entscheidend dafür, dass das Beschwerdeverfahren nicht durch den Streitgegenstand des Vergabekammerverfahrens begrenzt ist.[42] Gleichwohl darf nach Ablauf der Frist des § 172 Abs. 1 GWB kein den Streitgegenstand erweiternder Vortrag erfolgen, wenn dieser schon vor Fristablauf bekannt war.[43] Folglich ist neuer Tatsachenvortrag grundsätzlich nur innerhalb eines in der Beschwerdefrist geltend gemachten Sachverhaltskomplexes, der einen Vergaberechtsverstoß darstellen soll, zulässig.[44]

15 Gleichwohl ist neuer Vortrag **nicht uneingeschränkt zulässig**. Dies folgt aus § 160 Abs. 3 GWB. Demnach kann i.R.d. Beschwerdeverfahrens neuer Vortrag grundsätzlich nur insoweit zulässig sein, als keine Präklusion für diesen Vortrag eingetreten ist.[45] Hierbei ist allerdings zu berücksichtigen, dass § 160 Abs. 3 GWB für während eines Nachprüfungsverfahrens erkannte Vergaberechtsverstöße keine – und auch keine entsprechende[46] – Anwendung findet.[47] Nicht durch § 160 Abs. 3 GWB ausgeschlossen ist neuer Vortrag folglich dann, wenn dieser erst aus der Entscheidung der Vergabekammer oder erst aus Erkenntnissen im Beschwerdeverfahren – etwa durch erweiterte Akteneinsicht – folgt.[48]

---

35 Vgl. OLG Koblenz, Beschluss v. 22.7.2014 – 1 Verg 3/14; *Raabe*, in: Willenbruch/Wieddekind, Vergaberecht, § 117 GWB Rn. 19.

36 OLG Saarbrücken, Beschluss v. 6.4.2005 – 1 Verg 1/05; OLG Düsseldorf, Beschluss v. 29.12.2001 – Verg 22/01; siehe auch OLG Düsseldorf, Beschluss v. 17.11.2004 – VII-Verg 46/04.

37 Siehe in diesem Zusammenhang: KG, Beschluss v. 13.3.2008 – 2 Verg 18/07; BayObLG, Beschluss v. 28.5.2003 – Verg 06/03; vgl. hierzu näher Rn. 14 ff.

38 BGH, Beschluss v. 12.6.2001 – X ZB 10/01; siehe auch *Hunger*, in: Kulartz/Kus/Portz, GWB-Vergaberecht, § 117 Rn. 50 f.; *Dicks*, in: Ziekow/Völlink, Vergaberecht, § 117 GWB Rn. 15.

39 OLG Düsseldorf, Beschluss v. 28.4.2008 – VII-Verg 1/08.

40 KG, Beschluss v. 13.3.2008 – 2 Verg 18/07; BayObLG, Beschluss v. 28.5.2003 – Verg 06/03; *Jaeger*, in: Byok/Jaeger, Vergaberecht, § 117 GWB Rn. 18; *Hunger*, in: Kulartz/Kus/Portz, GWB-Vergaberecht, § 117 Rn. 42.

41 OLG Celle, Beschluss v. 12.5.2005 – 13 Verg 5/05.

42 Siehe hierzu oben unter Rn. 10 ff.

43 Das OLG Brandenburg, Beschluss v. 21.6.2012 – Verg W 4/12, hat eine nach Ablauf der Beschwerdefrist erfolgte Umstellung der Beschwerde – nunmehr gegen die Gebührenfestsetzung gerichtet – als nach Fristablauf unzulässige Erweiterung des Streitgegenstandes angesehen.

44 Siehe auch *Jaeger*; in: Byok/Jaeger, Vergaberecht, § 117 GWB Rn. 18; *Kirch*, in: Hattig/Maibaum, Kartellvergaberecht, § 117 GWB Rn. 24; *Stickler*, in: Reidt/Stickler/Glahs, Vergaberecht, § 117 GWB Rn. 16.

45 KG, Beschluss v. 13.3.2008 – 2 Verg 18/07.

46 Trotz der Mitwirkungspflichten im Beschwerdeverfahren daher wohl zu weitgehend: OLG Celle, Beschluss v. 10.1.2008 – 13 Verg 11/07.

47 BGH, Beschluss v. 26.9.2006 – X ZB 14/06; OLG Düsseldorf, Beschluss v. 28.4.2008 –Verg 1/08; KG, Beschluss v. 13.3.2008 – 2 Verg 18/07.

48 BayObLG, Beschluss v. 28.5.2003 – Verg 6/03; *Stockmann*, in: Immenga/Mestmäcker, Wettbewerbsrecht, § 117 GWB Rn. 14; *Stickler*, in: Reidt/Stickler/Glahs, Vergaberecht, § 117 GWB Rn. 16.

16 Allerdings wird Vortrag, der von der Vergabekammer rechtmäßig gemäß § 167 Abs. 2 S. 2 GWB als **präkludiert** ausgeschlossen wurde, im Beschwerdeverfahren dennoch zulässig vorgetragen werden können.[49] Zwar deutet Sinn und Zweck des § 167 Abs. 2 GWB i.V.m. dem Beschleunigungsgrundsatz darauf hin, dass vor der Vergabekammer rechtmäßig ausgeschlossener Vortrag auch vor dem Beschwerdegericht grds. keine Berücksichtigung finden kann. Andernfalls würde die Einleitung von Beschwerdeverfahren bereits deshalb erwogen werden, um mit solchem Vortrag nunmehr die Entscheidung der Vergabekammer anzugreifen. In diesem Fall hätte es jedoch näher gelegen, schon auf die Aufnahme von § 167 Abs. 2 S. 2 GWB in das Verfahrensrecht des Vergabekammerverfahrens zu verzichten. Allerdings finden sich für das Beschwerdeverfahren keine etwa mit § 531 Abs. 1 ZPO oder § 128a Abs. 2 VwGO vergleichbaren Regelungen. Mangels eindeutiger gesetzlicher Anhaltspunkte scheint daher die Annahme einer Fortwirkung von § 167 Abs. 2 S. 2 GWB auch im Beschwerdeverfahren vor dem Hintergrund der kurzen Zeitdauer eines Vergabekammerverfahrens und des teilweise nur unter hohem Zeitdruck möglichen Tatsachenvortrags nicht gerechtfertigt.

VI. Rücknahme der sofortigen Beschwerde

17 Die sofortige Beschwerde kann bis zur Rechtskraft der Beschwerdeentscheidung zurückgenommen werden. Mangels ausdrücklicher Regelung für das vergaberechtliche Beschwerdeverfahren sind die für die Rücknahme maßgeblichen Verfahrensregelungen der **ZPO** zu entnehmen.[50] Da das GWB kein Zustimmungserfordernis des Gegners vorsieht, liegt es dabei nahe, § 516 Abs. 1 ZPO heranzuziehen, der die Rücknahme nicht von einer Zustimmung des Gegners abhängig macht.[51] Andernfalls wäre – etwa bei entsprechender Anwendung von § 92 Abs. 1 oder § 126 VwGO – eine Rücknahme nach Stellung der Anträge in der mündlichen Verhandlung nur noch mit Zustimmung des Gegners möglich. Das stünde im Widerspruch zum Beschleunigungsgrundsatz. Der der Rücknahme folgende Ausspruch über den Verlust des Rechtsmittels und die Kostenfolge richtet sich nach §§ 175 Abs. 2, 78 S. 2 GWB und 516 Abs. 3 ZPO.[52]

B. Statthaftigkeit (Abs. 1 und Abs. 2)

18 Die Statthaftigkeit der sofortigen Beschwerde regelt § 171 GWB in Abs. 1 und 2. Danach kann eine sofortige Beschwerde gemäß § 171 Abs. 1 GWB gegen Entscheidungen der Vergabekammer eingelegt werden, wobei damit im Regelfall nur Hauptsachentscheidungen der Vergabekammer gemeint sind.[53] Im Hinblick auf die besondere Bedeutung des Beschleunigungsgrundsatzes sieht § 171 Abs. 2 GWB darüber hinaus jedoch auch vor, dass eine sofortige Beschwerde auch dann statthaft ist, wenn die Vergabekammer nicht rechtzeitig innerhalb der fünfwöchigen bzw. verlängerten Frist des § 167 Abs. 1 GWB entscheidet.[54] Die sofortige Beschwerde richtet sich dann gegen einen fingierten ablehnenden Beschluss der Vergabekammer. Da die Einlegung der sofortigen Beschwerde auch in diesem Fall fristgebunden ist – nämlich zwei Wochen nach Ablauf der Entscheidungsfrist der Vergabekammer – muss hierauf bei der anwaltlichen Fristenkontrolle besonders geachtet werden.

---

49 OLG Koblenz, Beschluss v. 10.8.2000 – 1 Verg 2/00; *Kirch*, in: Hattig/Maibaum, Kartellvergaberecht, § 117 GWB Rn. 30; *Raabe*, in: Willenbruch/Wieddekind, Vergaberecht, § 117 GWB Rn. 31; a.A. *Kullack*, in: Heiermann/Riedl/Rusam, VOB, § 117 GWB Rn. 14; *Hunger*, in: Kulartz/Kus/Portz, GWB-Vergaberecht, § 117 Rn. 44; *Stickler*, in: Reidt/Stickler/Glahs, Vergaberecht, § 117 GWB Rn. 16; wohl auch BayObLG, Beschluss v. 28.5.2003 – Verg 6/03.

50 Vgl. hierzu oben unter Rn. 5.

51 OLG Naumburg, Beschluss v. 13.2.2012 – 2 Verg 14/11; *Summa*, in: Heiermann/Zeiss, Vergaberecht, § 116 GWB Rn. 86; a.A. für eine entsprechende Heranziehung von § 92 Abs. 1 VwGO: OLG Düsseldorf, Beschluss v. 28.8.2001 – Verg 27/01; *Jaeger*, in: Byok/Jaeger, Vergaberecht, § 116 GWB Rn. 36; *Raabe*, in: Willenbruch/Wieddekind, Vergaberecht, § 116 GWB Rn. 51; für eine entsprechende Heranziehung von § 269 Abs. 1 ZPO: LSG Baden-Württemberg, Beschluss v. 23.1.2009 – L 11 WB 5971/08.

52 OLG München, Beschluss v. 16.7.2012 – Verg 06/12; OLG Düsseldorf, Beschluss v. 12.1.2006 – VII-Verg 35/05.

53 Vgl. hierzu im Einzelnen nachfolgend unter Rn. 19 ff.

54 Vgl. hierzu im Einzelnen nachfolgend unter Rn. 39 ff.

I. Entscheidungen der Vergabekammer (Abs. 1 S. 1)

19 Die sofortige Beschwerde ist gemäß § 171 Abs. 1 GWB gegen Entscheidungen der Vergabekammer zulässig.

1. Definition und Abgrenzungsmaßstäbe

20 **Beschwerdefähige Entscheidungen** der Vergabekammer i.S.d. § 171 Abs. 1 S. 1 GWB sind solche, gegen die bei Hinwegdenken einer unterstellten Beschwerdefähigkeit kein effektiver Rechtsschutz im vergaberechtlichen Nachprüfungsverfahren möglich wäre.[55] Der Begriff des effektiven Rechtsschutzes ist hierbei wiederum vergaberechtsspezifisch auszulegen. Denn dem vergaberechtlichen Nachprüfungsverfahren ist ein Interessengegensatz immanent: Die Sicherung der effektiven Beschaffung durch möglichst schnelle Nachprüfungsverfahren steht den Interessen der Beteiligten an einem möglichst effektiven Rechtsschutzsystem gegenüber. Durch die starke Betonung des **Beschleunigungsgrundsatzes** hat sich der Gesetzgeber für eine hohe Gewichtung der effektiven Beschaffung im vergaberechtlichen Rechtsschutzsystem entschieden.[56] Diese Wertung muss daher auch der entscheidende Abgrenzungsmaßstab bei der Untersuchung der beschwerdefähigen Entscheidungen der Vergabekammer sein, die im Wege einer Abwägung der Rechtsschutzinteressen mit den Anforderungen des Beschleunigungsgrundsatzes zu ermitteln sind.[57]

21 Demnach unterliegen grundsätzlich nur **Endentscheidungen** – also das Verfahren vor der Vergabekammer abschließende Hauptsacheentscheidungen – der sofortigen Beschwerde.[58] Alle weiteren – nachfolgend als Zwischenentscheidungen bezeichneten – Entscheidungen der Vergabekammer sind hingegen grundsätzlich nicht selbstständig beschwerdefähig, sondern müssen mit den damit verbundenen Effektivitätseinbußen im Wege der sofortigen Beschwerde gegen die Endentscheidung angegriffen werden. Dies folgt daraus, dass andernfalls Verfahrensverzögerungen durch solche Beschwerdeverfahren zu befürchten wären, die durch der Endentscheidung vorgelagerte Streitigkeiten eintreten würden. Denn in diesem Fall wäre das – noch nicht abgeschlossene – Vergabekammerverfahren während der Dauer des Beschwerdeverfahrens nicht mehr effektiv fortführbar.

22 Gleichwohl ist zur Gewährleistung des effektiven Rechtsschutzes eine Rückausnahme erforderlich: Wenn nämlich eine **Zwischenentscheidung** einer abschließenden Hauptsacheentscheidung unter Zugrundelegung einer materiellen Betrachtung gleichkommt oder einen besonders schweren Eingriff in Rechte von Beteiligten enthält, liegt eine Beschwerdefähigkeit auch dieser Entscheidung vor.[59] Denn in diesen Ausnahmefällen überwiegen die Rechtsschutzinteressen der Beteiligten die Anforderungen der effektiven Beschaffung, da der von den §§ 171 ff. GWB vorgesehene Rechtsschutz nicht mehr hinreichend effektiv wäre.[60]

2. Einzelfälle

23 Die voranstehenden Maßstäbe werden nachfolgend auf die jeweiligen Entscheidungen der Vergabekammer angewendet:

---

55 Vgl. auch OLG Düsseldorf, Beschluss v. 28.12.2007 – VII-Verg 40/07; *Raabe*, in: Willenbruch/Wieddekind, Vergaberecht, § 116 GWB Rn. 4.
56 Siehe auch die Erwägungen bei KG, Beschluss v. 15.4.2004 – 2 Verg 6/04.
57 Vgl. auch eine Interessenabwägung vorschlagend *Stockmann*, in: Immenga/Mestmäcker, Wettbewerbsrecht, § 116 GWB Rn. 9.
58 OLG Düsseldorf, Beschluss v. 28.12.2007 – VII-Verg 40/07; Beschluss v. 18.1.2000 – Verg 2/00.
59 Vgl. die erweiternde Auslegung bei OLG Düsseldorf, Beschluss v. 28.12.2007 – VII-Verg 40/07.
60 Vgl. hinsichtlich des Effektivitätsgrundsatzes im Nachprüfungsverfahren auch BVerfG, Beschluss v. 29.7.2004 – 2 BvR 2248/03.

a) Endentscheidungen

Endentscheidungen der Vergabekammern sind beschwerdefähig. Daher sind alle **verfahrensabschließenden Hauptsacheentscheidungen** der Vergabekammer über den Nachprüfungsantrag der sofortigen Beschwerde zugänglich.[61] Dies sind die Hauptsacheentscheidungen der Vergabekammer gemäß § 168 Abs. 1 und Abs. 2 S. 2 GWB.[62] Gleiches gilt für die Zurückweisung eines Nachprüfungsantrags als offensichtlich unzulässig oder unbegründet gemäß § 163 Abs. 2 GWB, sofern eine über die Nichtzustellung hinausgehende abschließende Sachentscheidung getroffen wird.[63] Wird gegen einen den Nachprüfungsantrag als offensichtlich unzulässig oder unbegründet zurückweisenden Beschluss sofortige Beschwerde eingelegt, kommt eine Anordnung der Zustellung durch das Oberlandesgericht in Betracht.[64] Soweit die Vergabekammer über die gestellten Anträge in der Hauptsacheentscheidung nur lückenhaft entschieden hat, ist eine Beschlussergänzung entsprechend § 321 ZPO zu beantragen.[65] 24

Die **Kostenentscheidung** wird über die Regelungen der § 182 Abs. 1 S. 2 GWB i.V.m. § 22 VwKostG einer abschließenden Hauptsacheentscheidung gleichgestellt und kann daher ebenfalls im Wege der sofortigen Beschwerde angegriffen werden.[66] Hierbei ist als Teil der Kostengrundentscheidung auch die Entscheidung der Vergabekammer über die Notwendigkeit der Hinzuziehung eines Verfahrensbevollmächtigten[67] der sofortigen Beschwerde zugänglich. Da § 99 Abs. 1 ZPO keine entsprechende Anwendung findet, kann der Antragsteller auch isoliert gegen die Kostenentscheidung sofortige Beschwerde einlegen.[68] Eine mündliche Verhandlung ist in diesen gegen eine Nebenentscheidung der Vergabekammer gerichteten Fällen nicht erforderlich.[69] 25

Angesichts der auf verfahrensabschließende Entscheidungen begrenzten Auslegung des § 171 Abs. 1 GWB unterliegen auch Entscheidungen der Vergabekammer i.R.d. Vollstreckung nach § 168 Abs. 3 S. 2 GWB der sofortigen Beschwerde.[70] 26

Eine beschwerdefähige Endentscheidung der Vergabekammer liegt darüber hinaus auch dann vor, wenn die Kammer **nach Ablauf der Frist des § 167 Abs. 1 GWB** und daher rechtswidrig 27

61 OLG Düsseldorf, Beschluss v. 29.4.2003 – Verg 53/02; Beschluss v. 18.1.2000 – Verg 2/00; *Raabe*, in: Willenbruch/Wieddekind, Vergaberecht, § 116 GWB Rn. 5.

62 OLG Düsseldorf, Beschluss v. 18.1.2000 – Verg 2/00.

63 OLG Jena, Beschluss v. 22.7.2015 – 2 Verg 2/15; OLG Schleswig, Beschluss v. 25.10.2007 – 1 Verg 7/07; OLG Naumburg, Beschluss v. 6.4.2005 – 1 Verg 2/05; OLG Düsseldorf, Beschluss v. 18.1.2000 – Verg 2/00; *Raabe*, in: Willenbruch/Wieddekind, Vergaberecht, § 116 GWB Rn. 6; vgl. hinsichtlich des Rechtsschutzes gegen eine nicht erfolgende Übermittlung gemäß § 163 Abs. 2 GWB als Zwischenentscheidung nachfolgend unter Rn. 33.

64 OLG Schleswig, Beschluss v. 25.10.2007 – 1 Verg 7/07; KG, Beschluss v. 15.4.2004 – 2 Verg 6/04; Beschluss v. 10.12.2002 – KartVerg 16/02; Beschluss v. 26.10.1999 – Kart Verg 8/99; OLG Koblenz, Beschluss v. 25.3.2002 – 1 Verg 1/02; siehe auch OLG Dresden, Beschluss v. 4.7.2002 – WVerg 0011/02.

65 BayObLG, Beschluss v. 8.3.2001 – Verg 5/00; *Raabe*, in: Willenbruch/Wieddekind, Vergaberecht, § 116 GWB Rn. 16.

66 Vgl. etwa OLG Düsseldorf, Beschluss v. 23.12.2014 – VII-Verg 37/13; Beschluss v. 3.1.2011 – VII-Verg 42/10; Beschluss v. 12.7.2010 – VII-Verg 17/10; OLG Celle, Beschluss v. 10.6.2013 – 13 Verg 6/13; Beschluss v. 13.2.2002 – 13 Verg 2/02; OLG Frankfurt, Beschluss v. 11.4.2012 – 11 Verg 6/11; OLG Rostock, Beschluss v. 2.8.2005 – 17 Verg 7/05; OLG Jena, Beschluss v. 30.1.2002 – 6 Verg 9/01.

67 Vgl. OLG Düsseldorf, Beschluss v. 3.1.2011 – VII-Verg 42/10; Beschluss v. 20.7.2000 – Verg 1/00; OLG Frankfurt, Beschluss v. 30.3.2010 – 11 Verg 3/10; OLG Dresden, Beschluss v. 22.2.2010 – WVerg 0001/10; OLG München, Beschluss v.11.6.2008 – Verg 6/08; OLG Stuttgart, Beschluss v. 19.7.2000 – 2 Verg 4/00.

68 OLG Düsseldorf, Beschluss v. 28.1.2011 – VII-Verg 60/10. Eine entsprechende Anwendung von § 99 Abs. 1 ZPO scheitert bereits daran, dass andernfalls die Kostengrundentscheidung nicht durch ein unabhängiges Gericht überprüft werden könnte, vgl. OLG München, Beschluss v. 11.6.2008 – Verg 6/08; siehe allerdings OLG Frankfurt, Beschluss v. 22.7.2008 – 11 Verg 7/08, eine isolierte Anfechtung einer Kostenentscheidung eines Eilantrags nach § 169 Abs. 3 S. 1 GWB ablehnend, kritisch dazu *Summa*, in: Heiermann/Zeiss, Vergaberecht, § 116 GWB Rn. 17.

69 OLG Düsseldorf, Beschluss v. 23.12.2014 – VII-Verg 37/13; Beschluss v. 28.1.2011 – VII-Verg 60/10; OLG München, Beschluss v. 10.9.2012 – Verg 17/12; OLG Karlsruhe, Beschluss v. 11.7.2011 – 15 Verg 5/11; jedenfalls für die Gebührenfestsetzung: OLG Brandenburg, Beschluss v. 12.3.2013 – Verg W 1/13.

70 BGH, Beschluss v. 29.6.2010 – X ZB 15/08; OLG Düsseldorf, Beschluss v. 10.3.2014 – VII-Verg 11/14; Beschluss v. 29.4.2003 – Verg 53/02; *Jaeger*, in: Byok/Jaeger, Vergaberecht, § 116 GWB Rn. 12; *Hunger*, in: Kulartz/Kus/Portz, GWB-Vergaberecht, § 116 Rn. 6; siehe auch KG, Beschluss v. 24.10.2001 – KartVerg 10/01; *Dieck-Bogatzke*, in: Pünder/Schellenberg, Vergaberecht, § 116 GWB Rn. 52; vgl. bzgl. vorläufigen Rechtsschutzes OLG Naumburg, Beschluss v. 17.3.2005 – 1 Verg 3/05.

dennoch eine Endentscheidung erlässt, obwohl gemäß § 171 Abs. 2 GWB bereits ein fingierter ablehnender Beschluss ergangen ist. Denn in diesem Fall ist eine Aufhebungsmöglichkeit gegen diese Entscheidung im Wege der sofortigen Beschwerde erforderlich, um den Anschein einer bestandskräftigen Entscheidung der Vergabekammer verhindern zu können.[71]

b) Nicht beschwerdefähige Zwischenentscheidungen

28 Alle weiteren Entscheidungen der Vergabekammer sind hingegen regelmäßig nicht beschwerdefähig.

aa) Ausdrücklich angeordneter Ausschluss

29 Die fehlende Beschwerdefähigkeit folgt teilweise bereits aus einem gesetzlich – angesichts der Anforderungen des Beschleunigungsgrundsatzes nicht abschließend[72] – angeordneten Ausschluss der sofortigen Beschwerde. Unanfechtbar sind demnach:

- Die Übertragung der Sache gemäß § 157 Abs. 3 S. 1 GWB auf den Vorsitzenden oder hauptamtlichen Beisitzer.
- Die Entscheidung über die Beiladung gemäß § 162 S. 2 GWB. Hierbei ist sowohl eine erfolgte als auch eine nicht erfolgte Beiladung von der Rechtsmittelsperre des § 162 S. 2 GWB umfasst.[73] Dies folgt schon aus dem Wortlaut des § 162 S. 2 GWB, wonach die Unanfechtbarkeit der „Entscheidung über die Beiladung" angeordnet wird.[74]
- Die Versagung der Akteneinsicht ist gemäß § 165 Abs. 4 GWB nicht isoliert angreifbar.[75]
- Entscheidungen der Vergabekammer gemäß § 169 Abs. 2 S. 8 GWB über eine vorzeitige Zuschlagsgestattung.
- Weitere vorläufige Maßnahmen gemäß § 169 Abs. 3 S. 3 GWB.

bb) Weitere nicht beschwerdefähige Zwischenentscheidungen

30 Angesichts der nicht abschließenden gesetzlichen Ausschlüsse der Beschwerdefähigkeit sind auch sonstige Zwischenentscheidungen der Vergabekammer **regelmäßig nicht beschwerdefähig**.[76]

31 Dies sind etwa die Verlängerung der fünfwöchigen Entscheidungsfrist durch den Vorsitzenden gemäß § 167 Abs. 1 GWB[77], Beweisbeschlüsse[78] sowie terminvorbereitende Maßnahmen des Vorsitzenden.[79] Auch gegen die Verweisung des Nachprüfungsverfahrens an eine andere Vergabekammer steht keine sofortige Beschwerde offen, da die Verweisung das Nachprüfungsverfahren nicht abschließt.[80] Die Anforderung der Vergabeakten durch die Vergabekammer ist ebenfalls nicht anfechtbar.[81] Gleiches gilt für die Entscheidung über die Ablehnung eines

71 Vgl. hierzu näher nachfolgend unter Rn. 48 ff. sowie *Hunger*, in: Kulartz/Kus/Portz, GWB-Vergaberecht, § 116 Rn. 5.

72 OLG Düsseldorf, Beschluss v. 23.1.2006 – VII-Verg 96/05; *Hunger*, in: Kulartz/Kus/Portz, GWB-Vergaberecht, § 116 Rn. 8.

73 KG, Beschluss v. 8.10.2007 – 2 Verg 14/07; OLG Frankfurt, Beschluss v. 28.6.2005 – 11 Verg 9/05.

74 Vgl. jedoch hinsichtlich der Beiladungsbefugnis des Beschwerdegerichts und der weiteren Rechtsschutzmöglichkeiten zu Unrecht nicht Beigeladener nachfolgend unter Rn. 55 f.

75 OLG Frankfurt, Beschluss v. 12.12.2014 – 11 Verg 8/14; *Hunger*, in: Kulartz/Kus/Portz, GWB-Vergaberecht, § 116 Rn. 15.

76 *Kirch*, in: Hattig/Maibaum, Kartellvergaberecht, § 116 GWB Rn. 14; *Hunger*, in: Kulartz/Kus/Portz, GWB-Vergaberecht, § 117 Rn. 8; *Storr*, in: Löwenheim/Meessen/Riesenkampff, GWB, § 116 Rn. 5; *Raabe*, in: Willenbruch/Wieddekind, Vergaberecht, § 116 GWB Rn. 11; *Dicks*, in: Ziekow/Völlink, Vergaberecht, § 116 GWB Rn. 6.

77 OLG Naumburg, Beschluss v. 13.8.2007 – 1 Verg 8/07; *Hunger*, in: Kulartz/Kus/Portz, GWB-Vergaberecht, § 116 Rn. 14; *König*, in: Heuvels/Höß/Kuß/Wagner, Vergaberecht, § 116 GWB Rn. 21, der die Unstatthaftigkeit der Beschwerde bereits aus der nicht der „Vergabekammer", sondern dem Vorsitzenden gesetzlich zugewiesenen Entscheidung ableitet.

78 OLG Jena, Beschluss v. 9.9.2002 – 6 Verg 4/02.

79 *Dicks*, in: Ziekow/Völlink, Vergaberecht, § 116 GWB Rn. 7.

80 OLG Düsseldorf, Beschluss v. 18.1.2005 – VII-Verg 104/04; *Dieck-Bogatzke*, in: Pünder/Schellenberg, Vergaberecht, § 116 GWB Rn. 42; vgl. jedoch *Hunger*, in: Kulartz/Kus/Portz, GWB-Vergaberecht, § 116 Rn. 16, der bei offensichtlicher Willkürlichkeit der Verweisung eine Statthaftigkeit der Beschwerde annimmt, dies ebenfalls andeutend OLG Dresden, Beschluss v. 26.6.2012 – Verg 3/12.

81 *Hunger*, in: Kulartz/Kus/Portz, GWB-Vergaberecht, § 116 Rn. 13.

Mitglieds der Vergabekammer wegen Besorgnis der Befangenheit.[82] Hierbei wird auch die Ablehnung eines Sachverständigen trotz der Verweisung in den §§ 163 Abs. 2 S. 5, 57 Abs. 2 GWB, § 406 Abs. 5 ZPO auf die sofortige Beschwerde nicht beschwerdefähig sein. Denn § 57 Abs. 2 GWB ordnet lediglich eine sinngemäße Anwendung von § 406 ZPO an, sodass unter Berücksichtigung des Beschleunigungsgrundsatzes gerade kein Zwischenverfahren über § 406 Abs. 5 ZPO eröffnet sein wird.[83]

Ebenso wenig können **Fristsetzungen** gemäß § 167 Abs. 2 S. 2 GWB angefochten werden.[84] 32
Es ist regelmäßig auch nicht möglich, die Vergabekammer im Wege der Beschwerde zu einer bestimmten Verfahrenshandlung wie etwa einer Aktenbeschlagnahme zu veranlassen.[85] Die Beschwerdefähigkeit eines Beschlusses kann auch nicht dadurch begründet werden, dass die Rechtsmittelbelehrung einer Zwischenentscheidung der Vergabekammer auf die sofortige Beschwerde hinweist.[86]

Die Entscheidung, dass der **Nachprüfungsantrag** gemäß § 163 Abs. 2 S. 3 GWB **übermittelt werden soll**, beendet das Nachprüfungsverfahren nicht, sondern eröffnet dieses und ist 33
daher auch nicht selbstständig anfechtbar.[87] Gleiches gilt grundsätzlich für die nicht erfolgende Übermittlung eines Nachprüfungsantrags durch die Vergabekammer.[88] Die hierdurch eintretende Gefahr des Verlustes des Primärrechtsschutzes durch eine zwischenzeitlich erfolgende Zuschlagserteilung folgt aus dem durch das Gesetz vorgegebenen Rechtsschutzsystem. Daher ist grundsätzlich erst gegen die den Nachprüfungsantrag infolge Unzulässigkeit oder Unbegründetheit zurückweisende Entscheidung der Vergabekammer die sofortige Beschwerde statthaft, es sei denn, die nicht erfolgende Übermittlung gemäß § 163 Abs. 2 S. 3 GWB ist unter keinem Gesichtspunkt mehr begründbar.[89]

c) Rückausnahme: beschwerdefähige Zwischenentscheidungen

In **eng begrenzten Ausnahmefällen** kann jedoch auch gegen die grundsätzlich nicht be- 34
schwerdefähigen Zwischenentscheidungen im Wege einer materiellen Betrachtungsweise die sofortige Beschwerde statthaft sein. Dies ist dann der Fall, wenn diese Entscheidungen einer verfahrensabschließenden Entscheidung gleichzustellen sind oder ein besonders schwerer Eingriff in Rechte eines Verfahrensbeteiligten erfolgt. Denn in beiden Fällen überwiegen die Rechtsschutzinteressen des betroffenen Beteiligten ausnahmsweise auch unter Berücksichtigung des Beschleunigungsgrundsatzes.

aa) Gleichstellung zu einer Endentscheidung

Die in Beschlussform erfolgende Zwischenfeststellung der Vergabekammer, dass sich das 35
Nachprüfungsverfahren **erledigt** habe, ist beschwerdefähig.[90] Zwar wird durch eine derartige

---

82 OLG Düsseldorf, Beschluss v. 28.4.2008 – VII-Verg 24/08; Beschluss v. 23.1.2006 – VII-Verg 96/05; OLG Jena, Beschluss v. 22.12.1999 – 6 Verg 3/99.

83 A.A. OLG Celle, Beschluss v. 25.5.2010 – 13 Verg 7/10f; *Kirch*, in: Hattig/Maibaum, Kartellvergaberecht, § 116 GWB Rn. 21; *Summa*, in: Heiermann/Zeiss, Vergaberecht, § 116 GWB Rn. 34.

84 *Hunger*, in: Kulartz/Kus/Portz, GWB-Vergaberecht, § 116 Rn. 17; die Vergabekammer ist gleichwohl im Rahmen ihrer Ermessensentscheidung über die Berücksichtigung verspäteten Vortrags verpflichtet, nochmals die Frist auf eine Unangemessenheit im Hinblick auf den Grundsatz rechtlichen Gehörs zu überprüfen.

85 OLG Düsseldorf v. 10.6.2009 – VII-Verg 17/09; *Summa*, in: Heiermann/Zeiss, Vergaberecht, § 116 GWB Rn. 38

86 OLG Frankfurt, Beschluss v. 22.7.2008 – 11 Verg 7/08; OLG Düsseldorf, Beschluss v. 23.1.2006 – VII-Verg 96/05; *Stockmann*, in: Immenga/Mestmäcker, Wettbewerbsrecht, § 116 GWB Rn. 9; *Summa*, in: Heiermann/Zeiss, Vergaberecht, § 116 GWB Rn. 10; *Raabe*, in: Willenbruch/Wieddekind, Vergaberecht, § 116 GWB Rn. 4.

87 OLG Düsseldorf, Beschluss v. 18.1.2000 – Verg 2/00; *Kirch*, in: Hattig/Maibaum, Kartellvergaberecht, § 116 GWB Rn. 24; *Dieck-Bogatzke*, in: Pünder/Schellenberg, Vergaberecht, § 116 GWB Rn. 40; *Dicks*, in: Ziekow/Völlink, Vergaberecht, § 116 GWB Rn. 7.

88 KG, Beschluss v. 29.3.2007 – 2 Verg 6/07; Beschluss v. 15.4.2004 – 2 Verg 6/04; OLG Dresden, Beschluss v. 4.7.2002 – WVerg 0011/02; *Hunger*, in: Kulartz/Kus/Portz, GWB-Vergaberecht, § 116 Rn. 9; siehe aber auch OLG Schleswig, Beschluss v. 25.10.2007 – 1 Verg 7/07.

89 Vgl. hierzu näher nachfolgend unter Rn. 37.

90 Vgl. für eine Erledigungsfeststellung infolge Zuschlagserteilung OLG Jena, Beschluss v. 9.9.2002 – 6 Verg 4/02; *Kirch*, in: Hattig/Maibaum, Kartellvergaberecht, § 116 GWB Rn. 21; *König*, in: Heuvels/Höß/Kuß/Wagner, Vergaberecht, § 116 GWB Rn. 19; *Hunger*, in: Kulartz/Kus/Portz, GWB-Vergaberecht, § 116 Rn. 4; *Dieck-Bogatzke*, in: Pünder/Schellenberg, Vergaberecht, § 116 GWB Rn. 36; siehe bezüglich einer Zwischenfeststellung auch OLG Jena, Beschluss v. 16.7.2003 – 6 Verg 3/03.

Entscheidung das Nachprüfungsverfahren nicht beendet. Die damit verbundene Vorwegnahme eines Teils der Endentscheidung stellt die Feststellung einer Endentscheidung jedoch materiell gleich. Die Beschwerdefähigkeit des Feststellungsbeschlusses ist die Folge.

36 Gleiches gilt für die **Aussetzung** des Nachprüfungsverfahrens, denn auch diese stellt vor Ablauf der Frist des § 167 Abs. 1 GWB eine angesichts der Zeitumstände und des Beschleunigungsgrundsatzes abschließende Entscheidung der Vergabekammer dar.[91] Dies ist jedoch dann nicht der Fall, wenn mit dem Aussetzungsbeschluss ein Vorabentscheidungsersuchen gemäß Art. 267 AEUV an den EuGH ergeht.[92]

37 Auch im Fall einer **sachwidrigen Verzögerung** der Entscheidung über die Übermittlung oder der Entscheidung über die Zurückweisung des Nachprüfungsantrags wird zur Vermeidung von Rechtsschutzlücken trotz des Fehlens einer abschließenden Entscheidung dennoch eine Beschwerdemöglichkeit eröffnet sein.[93] Denn andernfalls droht infolge Zuschlagserteilung der Verlust des Primärrechtsschutzes. Ein derartiger Verlust des Primärrechtsschutzes kann wiederum nur bei einer sachgemäßen Behandlung des Nachprüfungsantrags durch die Vergabekammer gerechtfertigt sein. Dies ist dann nicht der Fall, wenn die Übermittlung des Nachprüfungsantrags oder die Bekanntgabe der Entscheidung über die Zurückweisung des nicht übermittelten Nachprüfungsantrags sachwidrig verzögert wird.[94] Eine derartige sachwidrige Verzögerung wird jedoch nur in eng begrenzten Ausnahmefällen annehmbar sein und angesichts der vor einer Zustellung erforderlichen Prüfung gemäß § 163 Abs. 2 S. 3 GWB das Fehlen jedes sachlichen Grundes erfordern.[95] Unter diesen Voraussetzungen ist nach hier vertretener Auffassung auch dann eine Beschwerdemöglichkeit eröffnet, wenn die vielfache Verlängerung der Entscheidungsfrist eine sachlich nicht zu rechtfertigende Untätigkeit der Vergabekammer mit der Folge eines der Rechtsverweigerung gleichkommenden Verfahrensstillstands auslöst.[96]

bb) Besonders schwerer Eingriff in Verfahrensrechte

38 Eine Beschwerdefähigkeit infolge besonders schweren Eingriffs in Rechte eines Verfahrensbeteiligten durch eine Zwischenentscheidung kann auch dann vorliegen, wenn durch die **Gewährung von Akteneinsicht** Rechte der Verfahrensbeteiligten in einer durch die Hauptsacheentscheidung nicht wiedergutzumachenden Weise beeinträchtigt werden würden.[97] Dies kommt insbesondere in Betracht, wenn durch eine Einsicht in Kalkulationsgrundlagen eine ernsthafte und lang andauernde Gefährdung des Wettbewerbs sowie der Verdrängung von

91 OLG Düsseldorf, Beschluss v. 11.3.2002 – Verg 43/01; *Hunger*, in: Kulartz/Kus/Portz, GWB-Vergaberecht, § 116 Rn. 4; *Dieck-Bogatzke*, in: Pünder/Schellenberg, Vergaberecht, § 116 GWB Rn. 37.

92 OLG München, Beschluss v. 18.10.2012 – Verg 13/12; *Kirch*, in: Hattig/Maibaum, Kartellvergaberecht, § 116 GWB Rn. 28.

93 Siehe auch *Kirch*, in: Hattig/Maibaum, Kartellvergaberecht, § 116 GWB Rn. 23; siehe auch, im Ergebnis aber offenlassend und teilweise die vorrangige Einlegung anderer Rechtsbehelfe fordernd: KG, Beschluss v. 29.3.2007 – 2 Verg 6/07; OLG Bremen, Beschluss v. 12.3.2007 – Verg 3/06; OLG Dresden, Beschluss v. 4.7.2002 – WVerg0011/02; auch ohne eine sachwidrige Verzögerung Rechtschutzmöglichkeiten andeutend, im Ergebnis aber offenlassend: OLG Schleswig, Beschluss v. 25.10.2007 – 1 Verg 7/07; a.A. *Stickler*, in: Reidt/Stickler/Glahs, Vergaberecht, § 116 GWB Rn. 9; *Hunger*, in: Kulartz/Kus/Portz, GWB-Vergaberecht, § 116 Rn. 10, wonach insoweit eine vergleichbare Konstellation wie bei sonstiger verzögerter Sachbearbeitung in anderen Gerichtsverfahren vorliege und ein Antragsteller daher Amtshaftungsansprüche geltend machen müsse.

94 Vgl. eine Verzögerung des gerichtlichen Rechtsschutzes durch Langsamkeit oder Untätigkeit der Vergabekammer als Grund für die Regelung des § 171 Abs. 2 GWB anführend: Gesetzesbegründung, VgRÄG, BT-Drs. 13/9340, 20.

95 *Summa*, in: Heiermann/Zeiss, Vergaberecht, § 116 GWB Rn. 49.

96 OLG Düsseldorf, Beschluss v. 7.3.2012 – VII-Verg 82/11; vgl. *Jaeger*, in: Byok/Jaeger, Vergaberecht, § 116 GWB Rn. 8; a.A. *König*, in: Heuvels/Höß/Kuß/Wagner, Vergaberecht, § 116 GWB Rn. 26, der den Rechtsschutz über § 171 Abs. 2 GWB hinreichend gewährleistet sieht.

97 OLG Frankfurt, Beschluss v. 12.12.2014 – 11 Verg 8/14; OLG Düsseldorf, Beschluss v. 28.12.2007 – VII-Verg 40/07; siehe auch ohne diese Einschränkung, aber unter Verweis auf den Beschluss v. 28.1.2007: OLG Düsseldorf, Beschluss 5.3.2008 – VII-Verg 12/08; ebenso *Kirch*, in: Hattig/Maibaum, Kartellvergaberecht, § 116 GWB Rn. 20, 27; *Dieck-Bogatzke*, in: Pünder/Schellenberg, Vergaberecht, § 116 GWB Rn. 45; *Raabe*, in: Willenbruch/Wieddekind, Vergaberecht, § 116 GWB Rn. 15; siehe aber OLG Hamburg, Beschluss v. 2.12.2004 – 1 Verg 2/04.

Wettbewerbern folgt.[98] Ebenso ist die Anforderung eines Kostenvorschusses vor Zustellung des Nachprüfungsantrags mit der sofortigen Beschwerde anfechtbar, da eine etwaige unrechtmäßige Anforderung zur zwischenzeitlichen Zuschlagserteilung führen kann.[99]

II. Nach Ablauf der Entscheidungsfrist/Ablehnungsfiktion (Abs. 2)

§ 171 Abs. 2 GWB fingiert einen ablehnenden Beschluss der Vergabekammer für den Fall, 39 dass diese nicht innerhalb der Entscheidungsfrist des § 167 Abs. 1 GWB über den Nachprüfungsantrag entscheidet. § 171 Abs. 2 GWB stellt also die gesetzliche Fiktion einer mit ablehnendem Inhalt getroffenen Vergabekammerentscheidung auf. Dieser fingierte ablehnende Beschluss der Vergabekammer kann im Wege der sofortigen Beschwerde angegriffen werden; geschieht das nicht innerhalb der zweiwöchigen Frist nach Ablauf der Entscheidungsfrist, wird die ablehnende fingierte Entscheidung bestandkräftig.

1. Fingierter ablehnender Beschluss

a) Maßgeblicher Zeitpunkt

Ein ablehnender Beschluss wird gemäß § 171 Abs. 2 GWB fingiert, wenn die Vergabekammer 40 über einen Nachprüfungsantrag nicht innerhalb der Frist des § 167 Abs. 1 GWB entschieden hat. Die Frist des § 167 Abs. 1 GWB beträgt fünf Wochen, sofern die Vergabekammer die Entscheidungsfrist nicht gemäß § 167 Abs. 1 S. 2 GWB verlängert. Daher fingiert § 171 Abs. 2 GWB dann einen ablehnenden Beschluss, wenn die Vergabekammer nicht innerhalb der Fünf-Wochen-Frist oder innerhalb der verlängerten Entscheidungsfrist über den Nachprüfungsantrag entschieden hat.

aa) Kein Fall des § 171 Abs. 2 GWB bei rechtzeitiger Fristverlängerung

Ein ablehnender Beschluss wird fingiert, wenn die Vergabekammer die **Frist des § 167 Abs. 1** 41 **GWB nicht vor deren Ablauf verlängert**. Gegen den dann mangels rechtzeitiger Fristverlängerung fingierten ablehnenden Beschluss der Vergabekammer ist die sofortige Beschwerde gemäß § 171 Abs. 2 GWB zulässig.

Eine für § 171 Abs. 2 GWB maßgebliche Verlängerung der Frist setzt nicht voraus, dass die 42 **Verlängerungsmitteilung** allen Beteiligten zugegangen ist. Vielmehr wird die Frist schon dadurch verlängert, dass die aktenkundig gemachte Entscheidung des Vorsitzenden über die Fristverlängerung in den Geschäftsgang gegeben worden ist.[100] Zwar deutet der Wortlaut des § 167 Abs. 1 S. 2 GWB, wonach die Fristverlängerung „durch Mitteilung an die Beteiligten" erfolgt, darauf hin, dass erst durch Zugang bei allen Beteiligten die Entscheidungsfrist verlängert ist. Allerdings müsste sich der Antragsteller im Vergabekammerverfahren dann zunächst bei allen Beteiligten darüber informieren, wann die Fristverlängerung jeweils zugegangen ist, bevor entschieden werden kann, ob die Fristverlängerung rechtzeitig erfolgt ist. Die damit einhergehenden Unsicherheiten sind jedoch weder im Hinblick auf das Gebot der Rechtsmittelklarheit noch im Hinblick auf den Beschleunigungsgrundsatz gerechtfertigt.

Für die Wirksamkeit der Fristverlängerung ist hingegen unerheblich, ob die **materiellen** 43 **Voraussetzungen des § 167 Abs. 1 S. 2 GWB** erfüllt sind, also besondere tatsächliche oder

98 Vgl. auch *Stockmann*, in: Immenga/Mestmäcker, Wettbewerbsrecht, § 116 GWB Rn. 10; siehe hierzu und zum Prüfungsmaßstab auch OLG Frankfurt, Beschluss v. 12.12.2014 – 11 Verg 8/14, wonach für den Antragsteller die *„Offenlegung bestimmter Aktenteile wegen des Geheimschutzes oder des Schutzes seiner Betriebs- und Geschäftsgeheimnisse zu einem Eingriff in seine Rechte führen [müsse], ohne dass die damit verbundenen schwerwiegenden wirtschaftlichen Nachteile wieder ausgeglichen werden könnten"*.

99 OLG Düsseldorf, Beschluss v. 18.2.2010 – VII-Verg 18/10.

100 OLG Düsseldorf, Beschluss v. 9.6.2010 – VII-Verg 9/10; KG, Beschluss v. 6.11.2003 – 2 Verg 12/03; im Ergebnis offenlassend OLG Hamburg, Beschluss v. 9.7.2010 – 1 Verg 1/10; *Hunger*, in: Kulartz/Kus/Portz, GWB-Vergaberecht, § 116 Rn. 45; *Raabe*, in: Willenbruch/Wieddekind, Vergaberecht, § 116 GWB Rn. 24; a.A. *Maier*, in: Kulartz/Kus/Portz, GWB-Vergaberecht, § 113 Rn. 17, 20; *Storr*, in: Löwenheim/Meessen/Riesenkampff, GWB, § 116 Rn. 7; *Reidt*, in: Reidt/Stickler/Glahs, Vergaberecht, § 113 GWB Rn. 13

rechtliche Schwierigkeiten der Fristverlängerung zugrunde lagen.[101] Andernfalls wäre die erforderliche Rechtssicherheit bei der Fristberechnung nicht gewährleistet. Daher fingiert § 171 Abs. 2 GWB keinen ablehnenden Beschluss, wenn lediglich die materiellen Voraussetzungen der Fristverlängerung nicht erfüllt waren.

bb) Entscheidung der Vergabekammer vor Fristablauf

44 Die Vergabekammer hat i.S.d. § 171 Abs. 2 GWB dann rechtzeitig über einen Nachprüfungsantrag entschieden, wenn der Beschluss vor Fristablauf **aktenkundig abgesetzt** wurde. Die Zustellung der Entscheidung muss dagegen nicht innerhalb der Entscheidungsfrist erfolgen.[102] Ein Beschluss ist dann aktenkundig abgesetzt, wenn er mit den erforderlichen Unterschriften[103] versehen in den Geschäftsgang gegeben worden ist.[104] Hierauf deutet schon der Wortlaut der von § 171 Abs. 2 GWB in Bezug genommenen Bestimmung des § 167 Abs. 1 GWB hin, wonach die Vergabekammer ihre Entscheidung innerhalb der Frist „trifft". Zudem erfordert auch das Gebot der Rechtsmittelklarheit einen einheitlichen Zeitpunkt zur Ermittlung des Fristablaufs für die sofortige Beschwerde. Da die von § 171 Abs. 2 GWB in Bezug genommene Regelung des § 167 GWB auch eine Begründung des Beschlusses innerhalb der Entscheidungsfrist fordert, wird die Absetzung eines Beschlusses ohne Begründung nicht zur Fristwahrung ausreichen.[105]

b) Keine Anwendbarkeit der Ablehnungsfiktion

45 § 171 Abs. 2 GWB führt jedoch dann nicht zum Vorliegen eines fingierten ablehnenden Beschlusses, wenn die Entscheidung der Vergabekammer **nicht der Entscheidungsfrist des § 167 Abs. 1 GWB unterfällt**. Denn in diesem Fall ist mit der fehlenden Anwendbarkeit der Frist des § 167 Abs. 1 GWB bereits eine Tatbestandsvoraussetzung des § 171 Abs. 2 GWB nicht erfüllt.

46 Die Frist des § 167 Abs. 1 GWB findet wiederum gemäß § 168 Abs. 2 S. 3 GWB dann keine Anwendung, wenn sich das Nachprüfungsverfahren vor Ablauf der Entscheidungsfrist **erledigt** und ein **Feststellungsantrag** gestellt wird.[106] Die Entscheidung über den Feststellungsantrag unterliegt daher keiner Entscheidungsfrist, so dass der Verweis des § 171 Abs. 2 GWB auf die Entscheidungsfrist des § 167 Abs. 1 GWB leerläuft. Entscheidender Zeitpunkt für die Frage, ob eine Erledigung vor Ablauf der Beschwerdefrist erfolgt ist, ist die Umstellung auf einen Feststellungsantrag. Zwar tritt die Erledigung bereits mit dem Abschluss des erledigenden Ereignisses ein.[107] Allerdings fordert § 168 Abs. 2 S. 2 GWB neben der Erledigung das Vorliegen eines Antrags auf Feststellung der Erledigung, damit die Frist des § 167 Abs. 1 GWB keine Anwendung findet. Da wiederum erst die Nichtanwendbarkeit der Frist des § 167 Abs. 1 GWB den Eintritt der Ablehnungsfiktion gemäß § 171 Abs. 2 GWB ausschließt, wird

101 OLG Düsseldorf, Beschluss v. 7.3.2012 – VII-Verg 82/11; Beschluss v. 2.1.2012 – VII-Verg 70/11; OLG Naumburg, Beschluss v. 13.8.2007 – 1 Verg 8/07; OLG Brandenburg, Beschluss v. 9.9.2004 – Verg W 9/04; OLG Koblenz, Beschluss v. 31.8.2001 – 1 Verg 3/01; siehe auch *Stickler*, in: Reidt/Stickler/Glahs, Vergaberecht, § 116 GWB Rn. 17.

102 OLG Naumburg, Beschluss v. 13.10.2006 – 1 Verg 7/06; OLG Saarbrücken, Beschluss v. 29.4.2003 – 5 Verg 4/02; siehe auch OLG Düsseldorf, Beschluss v. 8.5.2002 – VII-Verg 8-15/01; OLG Frankfurt, Beschluss v. 25.9.2000 – 11 Verg 2/99; *Jaeger*, in: Byok/Jaeger, Vergaberecht, § 116 GWB Rn. 16; *Kirch*, in: Hattig/Maibaum, Kartellvergaberecht, § 116 GWB Rn. 32; *Stockmann*, in: Immenga/Mestmäcker, Wettbewerbsrecht, § 116 GWB Rn. 6; *Raabe*, in: Willenbruch/Wieddekind, Vergaberecht, § 116 GWB Rn. 37; Dicks, in: Ziekow/Völlink, Vergaberecht, § 116 GWB Rn. 17; a.A. *Stickler*, in: Reidt/Stickler/Glahs, Vergaberecht, § 116 GWB Rn. 16.

103 OLG Saarbrücken, Beschluss v. 29.4.2003 – 5 Verg 4/02; OLG Düsseldorf, Beschluss v. 12.3.2003 – VII-Verg 49/02; Beschluss v. 22.1.2001 – Verg 24/00; BayObLG, Beschluss v. 30.3.2001; vgl. wegen des aus einer nicht ordnungsgemäßen Besetzung der Vergabekammer resultierenden Fehlens der erforderlichen Unterschriften: OLG Hamburg, Beschluss v. 10.10.2003 – 1 Verg 2/03. Wer die Entscheidung zu unterschreiben hat, folgt aus den Geschäftsordnungen der Vergabekammer; zumeist sind das der Vorsitzende und der hauptamtliche Beisitzer.

104 Vgl. hierzu OLG Saarbrücken, Beschluss v. 29.4.2003 – 5 Verg 4/02; OLG Düsseldorf, Beschluss v. 22.1.2001 – Verg 24/00.

105 KG, Beschluss v. 7.11.2001 – KartVerg 08/01; *Jaeger*, in: Byok/Jaeger, Vergaberecht, § 116 GWB Rn. 15; *Dicks*, in: Ziekow/Völlink, Vergaberecht, § 116 GWB Rn. 17.

106 OLG Dresden, Beschluss v. 14.3.2005 – WVerg 3/05; OLG Naumburg, Beschluss v. 4.9.2001 – 1 Verg 8/01.

107 Vgl. bezüglich einer Klaglosstellung durch Neuvornahme einer Angebotswertung OLG Düsseldorf, Beschluss v. 20.12.2006 – VII-Verg 109/04.

folglich sowohl eine Erledigung als auch eine Antragsumstellung innerhalb der Frist erforderlich sein.[108] Sind diese Voraussetzungen erst nach Ablauf der Frist des § 167 Abs. 1 GWB erfüllt, liegt daher bereits ein fingierter ablehnender Beschluss nach § 171 Abs. 2 GWB vor.

Ferner findet § 171 Abs. 2 GWB dann keine Anwendung, wenn die Vergabekammer innerhalb der Frist des § 167 Abs. 1 GWB keine **Kostengrundentscheidung** getroffen hat. Denn in diesem Fall liegt kein Fehlen der von § 171 Abs. 2 GWB geforderten Entscheidung über den Antrag auf Nachprüfung – der Hauptsacheentscheidung – vor.[109] Entsprechendes gilt für eine fehlende Entscheidung über die Notwendigkeit der Hinzuziehung von Verfahrensbevollmächtigten.[110] 47

2. Entscheidung der Vergabekammer nach Fristablauf

Mit dem Ablauf der Entscheidungsfrist des § 167 Abs. 1 GWB **endet die Entscheidungsbefugnis der Vergabekammer** in der Hauptsache.[111] Eine nachträgliche Möglichkeit der Fristverlängerung gemäß § 167 Abs. 1 GWB besteht ebenfalls nicht.[112] Dies folgt neben der durch § 171 Abs. 2 GWB i.V.m. § 172 Abs. 1 GWB ab diesem Zeitpunkt dem Oberlandesgericht zugewiesenen Entscheidungskompetenz auch aus Rechtssicherheitserwägungen. Andernfalls wären die Beschwerdefristen und das Ende des Zuschlagsverbots des § 169 GWB nicht mehr mit hinreichender Klarheit berechenbar. 48

Nach dem Ablauf der Entscheidungsfrist verliert die Vergabekammer ihre Entscheidungsbefugnis, ein dennoch nachträglich ergehender **Beschluss** ist **rechtswidrig.** Der Antragsteller muss daher auch bei nachträglich ergangenem Beschluss gegen die fingierte ablehnende Entscheidung im Wege der sofortigen Beschwerde vorgehen und insbesondere die zweiwöchige Beschwerdefrist einhalten. Andernfalls wird der fingierte ablehnende Beschluss bestandskräftig. Soweit teilweise dennoch eine bis zum Ablauf der Beschwerdefrist fortbestehende Entscheidungskompetenz unter Hinweis auf ein Interesse an einer inhaltlichen Klärung des Streitstoffs angenommen wird,[113] kann dem im Hinblick auf die zwingende Rechtsfolge des § 171 Abs. 2 a.E. GWB nicht gefolgt werden. Eine Nichtigkeit des nachträglich ergehenden Beschlusses wird allerdings mangels Offensichtlichkeit der Unzuständigkeit nicht angenommen werden können.[114] Denn die Überschreitung der Entscheidungsfrist ist erst anhand einer in den Akten der Vergabekammer dokumentierten Übergabe eines mit den erforderlichen Unterschriften versehenen Beschlusses in den Geschäftsgang ermittelbar. 49

Der nach dem Voranstehenden rechtswidrige, aber nicht nichtige Beschluss kann im Falle einer verfristeten Stattgabe des Nachprüfungsantrags im Wege der **sofortigen Beschwerde** aufgehoben werden, um den Anschein einer bestandskräftigen verfahrensabschließenden Entscheidung der Vergabekammer auszuschließen.[115] Erlässt die Vergabekammer dagegen nach Fristablauf eine den Nachprüfungsantrag zurückweisende Entscheidung, besteht im Falle der bereits eingetretenen Bestandskraft des fiktiven Ablehnungsbeschlusses kein Rechtsschutzbedürfnis. Denn mit der sofortigen Beschwerde kann der Beschwerdeführer jedenfalls keine Aufhebung der ablehnenden Entscheidung der Vergabekammer erreichen.[116] 50

---

108 A.A. wohl nur die Antragsumstellung als maßgeblich erachtend: OLG Naumburg, Beschluss v. 4.9.2001 – 1 Verg 8/01.

109 OLG Dresden, Beschluss v. 14.3.2005 – WVerg 3/05.

110 KG, Beschluss v. 10.8.2011 – Verg 5/11.

111 OLG München, Beschluss v. 4.4.2008 – Verg 4/08; OLG Dresden, Beschluss v. 17.6.2005 – WVerg 0008/05; OLG Düsseldorf, Beschluss v. 20.6.2001 – Verg 3/01; OLG Celle, Beschluss v. 20.4.2001 – 13 Verg 7/01; a.A. OLG Rostock, Beschluss v. 17.10.2001 – 17 W 18/00; *Stockmann*, in: Immenga/Mestmäcker, Wettbewerbsrecht, § 116 GWB Rn. 7; differenzierend *Braun*, NZBau 2003, 134 (136 f.).

112 OLG Düsseldorf, Beschluss v. 20.6.2001 – Verg 3/01; OLG Celle, Beschluss v. 20.4.2001 – 13 Verg 7/01.

113 *Stockmann*, in: Immenga/Mestmäcker, Wettbewerbsrecht, § 116 GWB Rn. 13.

114 KG, Beschluss v. 7.11.2001 – KartVerg 8/01; offengelassen von OLG Dresden, Beschluss v. 17.6.2005 – WVerg 8/05; a.A. *König*, in: Heuvels/Höß/Kuß/Wagner, Vergaberecht, § 116 GWB Rn. 28; *Hunger*, in: Kulartz/Kus/Portz, GWB-Vergaberecht, § 116 Rn. 45 ff.

115 In diesem Sinne OLG München, Beschluss v. 4.4.2008 – Verg 4/08; OLG Düsseldorf, Beschluss v. 12.3.2003 – Verg 49/02; BayObLG, Beschluss v. 30.3.2001 – Verg 3/01.

116 OLG Dresden, Beschluss v. 17.6.2005 – WVerg 8/05; *Dieck-Bogatzke*, in: Pünder/Schellenberg, Vergaberecht, § 116 GWB Rn. 55

51 Die Vergabekammer bleibt trotz fehlender Entscheidungsbefugnis gleichwohl für die **Kostenentscheidung** zuständig, wenn der fingierte ablehnende Beschluss bestandskräftig wird. Denn in diesem Fall ist weiterhin eine Kostenentscheidung erforderlich, da deren Inhalt nicht vollständig von § 171 Abs. 2 GWB vorgegeben wird.

C. Weitere Zulässigkeitsvoraussetzungen

52 Die Zulässigkeit einer sofortigen Beschwerde erfordert neben deren Statthaftigkeit das Vorliegen einer Beschwerdeberechtigung,[117] einer Beschwerdebefugnis[118] sowie weiterer allgemeiner Zulässigkeitsvoraussetzungen.[119]

I. Beschwerdeberechtigung (Abs. 1 S. 2)

53 Beschwerdeberechtigt sind gemäß § 171 Abs. 1 S. 2 GWB die am Verfahren vor der Vergabekammer Beteiligten.

1. Beteiligte des Vergabekammerverfahrens

54 Beteiligte des Vergabekammerverfahrens sind gemäß § 162 GWB zunächst der **Antragsteller** und der **Auftraggeber**. Soweit eine Bietergemeinschaft beteiligt war, steht das Beschwerderecht nur der Bietergemeinschaft als solcher zu.[120] Darüber hinaus sind auch die von der Vergabekammer gemäß § 162 GWB **Beigeladenen** beschwerdeberechtigt.[121] Soweit eine Beiladung durch die Vergabekammer also tatsächlich erfolgt ist, begründet alleine diese Beiladung unabhängig von ihrer Rechtmäßigkeit die Beschwerdeberechtigung.[122]

2. Rechtsschutz zu Unrecht nicht Beigeladener

55 Ist hingegen eine Beiladung durch die Vergabekammer zu Unrecht unterblieben, so sprechen gewichtige Gründe dafür, dass eine **Beiladungsbefugnis des Beschwerdegerichts** besteht.[123] Zwar streitet der Wortlaut des § 174 GWB „die am Verfahren vor der Vergabekammer Beteiligten" gegen eine eigene Beiladungsbefugnis des Beschwerdegerichts. Zur Vermeidung von Rechtsschutzlücken wird gleichwohl im Wege der teleologischen Auslegung eine Beiladungsbefugnis anzunehmen sein. Andernfalls wäre das rechtliche Gehör für einen zu Unrecht nicht Beigeladenen nicht gewährleistet. Die Annahme einer nachträglichen Beiladungsbefugnis der Vergabekammer erscheint demgegenüber schon aus systematischen Erwägungen nicht angezeigt. Denn mit der Einlegung einer sofortigen Beschwerde wird schon unter Beschleunigungsgesichtspunkten die alleinige Zuständigkeit des Beschwerdegerichts für das Nachprüfungsverfahren vorliegen.[124]

56 Darüber hinaus wird dem zu Unrecht nicht Beigeladenen ein **eigenes Beschwerderecht** gegen die Hauptsacheentscheidung der Vergabekammer zustehen.[125] Zwar spricht der Wortlaut des § 171 Abs. 1 GWB, der die Beschwerdeberechtigung nur den am Vergabekammerverfah-

---

117 Vgl. hierzu nachfolgend unter Rn. 53 ff.
118 Vgl. hierzu nachfolgend unter Rn. 57 ff.
119 Vgl. hierzu nachfolgend unter Rn. 60 f.
120 *Dicks,* in: Ziekow/Völlink, Vergaberecht, § 116 GWB Rn. 10.
121 Vgl. bezüglich der hiervon ebenfalls umfassten Rechtsschutzmöglichkeiten von Bewerber- oder Bietergemeinschaften EuGH, Urteil v. 23.1.2003 – Rs. C-57/01.
122 *Stickler,* in: Reidt/Stickler/Glahs, Vergaberecht, § 116 GWB Rn. 21.
123 OLG Naumburg, Beschluss v. 15.7.2008 – 1 Verg 5/08; Beschluss v. 9.12.2004 – 1 Verg 21/04; OLG Düsseldorf, Beschluss v. 30.4.2008 – VII-Verg 23/08; Beschluss v. 13.2.2007 – VII-Verg 2/07; Beschluss v. 26.6.2002 – Verg 24/02; OLG Koblenz, Beschluss v. 23.11.2004 – 1 Verg 6/04; OLG Brandenburg, Beschluss v. 21.1.2003 – Verg W 15/02; OLG Rostock, Beschluss v. 20.9.2000 – 17 W 12/00.
124 *Stockmann,* in: Immenga/Mestmäcker, Wettbewerbsrecht, § 116 GWB Rn. 16.
125 *Summa,* in: Heiermann/Zeiss, Vergaberecht, § 116 GWB Rn. 52; *Stockmann,* in: Immenga/Mestmäcker, Wettbewerbsrecht, § 116 GWB Rn. 15 ff.; *Dieck-Bogatzke,* in: Pünder/Schellenberg, Vergaberecht, § 116 GWB Rn. 62; *Stickler,* in: Reidt/Stickler/Glahs, Vergaberecht, § 116 GWB Rn. 23; *Dicks,* in: Ziekow/Völlink, Vergaberecht, § 116 GWB Rn. 14; *a.A.: Jaeger,* in: Byok/Jaeger, Vergaberecht, § 116 GWB Rn. 30 f.; *Kirch,* in: Hattig/Maibaum, Kartellvergaberecht, § 116 GWB Rn. 45 ff.; *Storr,* in: Löwenheim/Meessen/Riesenkampff, GWB, § 116 Rn. 12.

ren Beteiligten zuspricht, gegen ein derartiges Beschwerderecht. Das steht jedoch einer ergänzenden Auslegung dieser Vorschrift nicht schon grundsätzlich entgegen, zumal der Bundesgerichtshof die vergleichbare Vorschrift des § 63 Abs. 2 GWB im Kartellbeschwerdeverfahren ergänzend hin zu einem eigenen Beschwerderecht des nicht Beigeladenen auslegt.[126] Zwar ist diese Auslegung im Kartellbeschwerdeverfahren auch Folge des gesetzgeberischen Ziels, Freigabeentscheidungen in der Fusionskontrolle nach europäischem Vorbild mithilfe eines Drittbeschwerderechts einer gerichtlichen Kontrolle zugänglich zu machen.[127] Eine vergleichbar breite Kontrolle ist im vergaberechtlichen Beschwerdeverfahren im Hinblick auf den Beschleunigungsgrundsatz gerade nicht gewollt. Gleichwohl wird das Recht des zu Unrecht nicht Beigeladenen auf Gleichbehandlung sowie der Beschleunigungsgrundsatz dennoch für ein eigenes Beschwerderecht streiten. Denn der zu Unrecht nicht Beigeladene könnte wegen der nur inter partes bindenden Entscheidung der Vergabekammer ohnehin ein neues Nachprüfungsverfahren einleiten, falls der Auftraggeber die Entscheidung der Vergabekammer zu seinem Nachteil umsetzen sollte. Dann ist jedoch kein Grund erkennbar, warum nicht sogleich das Beschwerdeverfahren für ihn eröffnet sein sollte.

II. Beschwerdebefugnis

57 Die Zulässigkeit einer sofortigen Beschwerde erfordert ferner das Vorliegen einer Beschwerdebefugnis des Beschwerdeberechtigten. Die Beschwerdebefugnis setzt wiederum eine Beschwerde voraus.

1. Regelfall: formelle und materielle Beschwer

58 Ein Beschwer ist grds. nur dann gegeben, wenn sowohl eine formelle als auch eine materielle Beschwer vorliegen.[128] Eine **formelle Beschwer** liegt vor, wenn die Entscheidung der Vergabekammer vom Rechtsschutzziel des Beschwerdeführers abweicht. Allerdings kann die formelle Beschwer nicht schon alleine anhand einer Abweichung der Entscheidung von den gestellten Anträgen ermittelt werden.[129] Denn angesichts der fehlenden Antragsbindung der Vergabekammer muss eine Abweichung von den gestellten Anträgen nicht zwingend der Verwirklichung des Rechtsschutzziels des Antragenden entgegenstehen. Entscheidend ist daher für das Vorliegen einer Beschwer, ob der Tenor der Vergabekammerentscheidung[130] vom Rechtsschutzziel des Beschwerdeführers nachteilig abweicht.[131] Nicht beschwert ist daher derjenige, der sein Rechtsschutzziel erreicht hat, auch wenn die Vergabekammer dieses Ergebnis mit unerwünschten Feststellungen oder Rechtsausführungen begründet hat.[132] Die **materielle Beschwer** setzt voraus, dass der Beschwerdeführer eine Verletzung seiner subjektiven Rechte gemäß § 97 Abs. 6 GWB bei unterstellter Fehlerhaftigkeit der Entscheidung der Vergabekammer geltend machen kann.[133]

2. Ausnahmefall: materielle Beschwer eines Beigeladenen ausreichend

59 Lediglich in Ausnahmefällen kann eine Beschwerdebefugnis auch dann angenommen werden, wenn nur eine materielle Beschwer besteht. Dies ist dann der Fall, wenn für einen Beigeladenen mangels aktiver Beteiligung am Nachprüfungsverfahren **kein Rechtsschutzziel er-**

---

126 Vgl. BGH, Beschluss v. 7.11.2006 – KVR 37/05 (pepcom).
127 BGH, Beschluss v. 7.11.2006 – KVR 37/05 (pepcom).
128 *Hunger*, in: Kulartz/Kus/Portz, GWB-Vergaberecht, § 116 Rn. 24; *Storr*, in: Löwenheim/Meessen/Riesenkampff, GWB, § 116 Rn. 11; siehe auch OLG Hamburg, Beschluss v. 8.1.2007 – 1 Verg 7/06; a.A. OLG Saarbrücken, Beschluss v. 29.5.2002 – 5 Verg 1/01, wonach entweder formelle oder materielle Beschwer ausreichen sollen.
129 Vgl. auch *Dicks*, in: Ziekow/Völlink, Vergaberecht, § 116 GWB Rn. 11; siehe aber eine Beschwer bei unzureichend gestellten Anträgen, denen die Vergabekammer vollumfänglich entspricht, ablehnend: OLG Frankfurt, Beschluss v. 28.2.2006 – 11 Verg 15/05 und 16/05.
130 *Jaeger*, in: Byok/Jaeger, Vergaberecht, § 116 GWB Rn. 32; *Stockmann*, in: Immenga/Mestmäcker, Wettbewerbsrecht, § 116 GWB Rn. 21.
131 *Wilke*, NZBau 2005, 326 (328).
132 *Dicks*, in: Ziekow/Völlink, Vergaberecht, § 116 GWB Rn. 13.
133 OLG Düsseldorf, Beschluss v. 20.12.2006 – VII-Verg 109/04.

mittelbar ist.[134] Daher ist für die Beschwerdebefugnis eines Beigeladenen ausreichend, wenn dieser bei unterstellter Fehlerhaftigkeit der Entscheidung eine Verletzung seiner subjektiven Rechte gemäß § 97 Abs. 6 GWB geltend machen kann. Dies ist jedenfalls dann der Fall, wenn der Beschwerdeführer damit rechnen muss, den Zuschlag nicht mehr zu erhalten, den er ohne Entscheidung der Vergabekammer mit hinreichender Wahrscheinlichkeit erhalten hätte.[135]

III. Sonstige Zulässigkeitsvoraussetzungen

60 Weitere Zulässigkeitsvoraussetzungen neben der Statthaftigkeit der sofortigen Beschwerde, Beschwerdeberechtigung und Beschwerdebefugnis sind das Vorliegen der allgemeinen Prozessvoraussetzungen, das Fehlen von Prozesshindernissen, die form- und fristgerechte Einlegung der sofortigen Beschwerde sowie das Vorliegen des allgemeinen Rechtsschutzbedürfnisses.[136] Die Übermittlung der Beschwerdeschrift gemäß § 172 Abs. 4 GWB stellt hingegen keine Zulässigkeitsvoraussetzung dar.[137]

61 Im Rahmen der **Begründetheit** der sofortigen Beschwerde – nämlich dem Vorliegen eines zulässigen und begründeten Nachprüfungsantrags – ist dann das Vorliegen eines oberhalb der Schwellenwerte durch einen öffentlichen Auftraggeber zu vergebenden öffentlichen Auftrags, für den keine Ausnahmetatbestände vorliegen, zu prüfen.[138] Denn diese Anforderungen stellen spezifische Zulässigkeitsvoraussetzungen eines Nachprüfungsantrags dar.

D. Zuständigkeit (Abs. 3)

62 § 171 Abs. 3 S. 1 GWB weist die Zuständigkeit für die sofortige Beschwerde gegen Entscheidungen der Vergabekammer den **Oberlandesgerichten** zu. Sachlich und örtlich ausschließlich zuständig ist hierbei das für den Sitz der Vergabekammer zuständige Oberlandesgericht. Maßgebend ist also der jeweilige Oberlandesgerichtsbezirk, sofern von der Möglichkeit des § 171 Abs. 4 GWB kein Gebrauch gemacht worden ist. Gemäß § 171 Abs. 3 S. 2 GWB ist bei den betreffenden Oberlandesgerichten ein **Vergabesenat** zu bilden. Diese Regelungen sollen die Spezialisierung und damit die Zügigkeit der Entscheidungen fördern.[139] Eine Prorogation ist schon angesichts der ausschließlichen Zuständigkeit ausgeschlossen.[140]

E. Besondere Zuweisung der Vergabesachen (Abs. 4)

I. Zuweisung an andere Oberlandesgerichte (S. 1)

63 Nach § 171 Abs. 4 S. 1 GWB kann die örtliche Zuständigkeit für sofortige Beschwerden durch Rechtsverordnung von den Landesregierungen anderen Oberlandesgerichten als den für den

134 OLG Jena, Beschluss v. 22.7.2015 – 2 Verg 2/15; Beschluss v. 7.10.2003 – 6 Verg 6/03; Beschluss v. 16.7.2003 – 6 Verg 3/03; OLG Düsseldorf, Beschluss v. 9.1.2013 – VII-Verg 26/12; Beschluss v. 20.12.2006 – VII-Verg 109/04; OLG Naumburg, Beschluss v. 18.8.2011 – 2 Verg 3/11; OLG München, Beschluss v. 21.5.2010 – Verg 2/10; OLG Frankfurt, Beschluss v. 23.1.2007 – 11 Verg 11/06; OLG Saarbrücken, Beschluss v. 29.5.2002 – 5 Verg 1/01; OLG Dresden, Beschluss v. 5.1.2001 – WVerg 0011/00 und WVerg 0012/00; *Jaeger*, in: Byok/Jaeger, Vergaberecht, § 116 GWB Rn. 34; *Kirch*, in: Hattig/Maibaum, Kartellvergaberecht, § 116 GWB Rn. 49; *König*, in: Heuvels/Höß/Kuß/Wagner, Vergaberecht, § 116 GWB Rn. 34. Daher erscheint auch die Annahme fehlender Beschwerdebefugnis eines sich im Vergabekammerverfahren nicht aktiv beteiligenden Beigeladenen zu weitgehend; i.d.S. aber *Stockmann*, in: Immenga/Mestmäcker, Wettbewerbsrecht, § 116 GWB Rn. 23.

135 OLG München, Beschluss v. 21.5.2010 – Verg 2/10; Beschluss v. 10.12.2009 – Verg 16/09; OLG Saarbrücken, Beschluss v. 27.4.2011 – 1 Verg 5/10; Beschluss v. 27.5.2009 – 1 Verg 2/09.

136 OLG Jena, Beschluss v. 14.12.2001 – 6 Verg 4/01; *Stockmann*, in: Immenga/Mestmäcker, Wettbewerbsrecht, § 116 GWB Rn. 23; vgl. insoweit das allgemeine Rechtsschutzbedürfnis für die Beschwerde eines Beigeladenen nach der Vornahme einer dem Rechtsschutzziel des Antragstellers entsprechenden Angebotsneuwertung infolge einer damit einhergehenden Erledigung ablehnend: OLG Düsseldorf, Beschluss v. 20.12.2006 – VII-Verg 109/04.

137 Vgl. hierzu § 172 Rn. 38.

138 OLG Düsseldorf, Beschluss v. 17.4.2008 – VII-Verg 15/08; a.A. dies der Zulässigkeit der sofortigen Beschwerde zuordnend: OLG Naumburg, Beschluss v. 26.2.2004 – 1 Verg 17/03; OLG Koblenz, Beschluss v. 16.12.1999 – 1 Verg 1/99.

139 Vgl. Gesetzesbegründung, VgRÄG, BT-Drs. 13/9340, 20.

140 Vgl. § 40 ZPO; siehe auch *Stickler*, in: Reidt/Stickler/Glahs, GWB-Vergaberecht, § 116 GWB Rn. 28.

Sitz der Vergabekammer zuständigen Oberlandesgerichten zugewiesen werden. So kann in einem Bundesland mit mehreren Oberlandesgerichten durch Verordnung der Landesregierung etwa die **Zuständigkeit eines Oberlandesgerichts** für alle in dem Land ansässigen Vergabekammern bestimmt werden. Die hierdurch ermöglichte Konzentration der örtlichen Zuständigkeit für Vergabesachen soll der Spezialisierung und damit auch der Zügigkeit der Entscheidungen dienen.

Eine **landesübergreifende Zuständigkeitsübertragung** ist von § 171 Abs. 4 GWB im Gegensatz zu der vergleichbaren Regelung des § 92 Abs. 2 GWB nicht vorgesehen. Diese Nichtregelung trotz der in der Gesetzesbegründung enthaltenen Bezugnahme auf § 92 GWB deutet auf eine erschöpfende Regelung gemäß Art. 72 Abs. 1 i.V.m. Art. 74 Abs. 1 Nr. 1 GG hin. Daher wird mangels Ermächtigung und mangels Landeskompetenz eine landesübergreifende Zuständigkeitsübertragung auf der Grundlage des § 171 Abs. 4 unzulässig sein.[141] Demnach kann die Zuständigkeit eines Oberlandesgerichts auf der Grundlage des § 171 Abs. 4 GWB nicht für mehrere Bundesländer festgelegt werden. 64

II. Übertragung der Ermächtigung an die Landesjustizverwaltungen (S. 2)

In § 171 Abs. 4 S. 2 GWB wird den Landesregierungen gestattet, die Konzentrationsermächtigung des § 171 Abs. 4 S. 1 GWB auf die Landesjustizverwaltungen zu übertragen. Diese Übertragung kann gemäß Art. 80 Abs. 1 S. 4 GG nur mittels einer Rechtsverordnung der Landesregierung erfolgen. 65

Anlage

Gesetzesbegründung (BT-Drs. 18/6281)

Seite 136

§ 171 entspricht dem bisherigen § 116.

141 *Boesen*, GWB-Vergaberecht, § 116 Rn. 7; a.A. *Stockmann*, in: Immenga/Mestmäcker, Wettbewerbsrecht, § 116 GWB Rn. 28, 29; *Hunger*, in: Kulartz/Kus/Portz, GWB-Vergaberecht, § 116 Rn. 56.

§ 172
Frist, Form, Inhalt

(1) Die sofortige Beschwerde ist binnen einer Notfrist von zwei Wochen, die mit der Zustellung der Entscheidung, im Fall des § 171 Absatz 2 mit dem Ablauf der Frist beginnt, schriftlich bei dem Beschwerdegericht einzulegen.

(2) Die sofortige Beschwerde ist zugleich mit ihrer Einlegung zu begründen. Die Beschwerdebegründung muss enthalten:

1. die Erklärung, inwieweit die Entscheidung der Vergabekammer angefochten und eine abweichende Entscheidung beantragt wird,

2. die Angabe der Tatsachen und Beweismittel, auf die sich die Beschwerde stützt.

(3) Die Beschwerdeschrift muss durch einen Rechtsanwalt unterzeichnet sein. Dies gilt nicht für Beschwerden von juristischen Personen des öffentlichen Rechts.

(4) Mit der Einlegung der Beschwerde sind die anderen Beteiligten des Verfahrens vor der Vergabekammer vom Beschwerdeführer durch Übermittlung einer Ausfertigung der Beschwerdeschrift zu unterrichten.

Übersicht

	Rn.
A. Allgemeine Grundlagen	1
B. Beschwerdefrist (Abs. 1)	4
I. Regelfall	7
II. Beschwerdefrist bei fingierter ablehnender Entscheidung	14
III. Wiedereinsetzung	17
C. Beschwerdebegründung (Abs. 2)	21
I. Begründung zugleich mit Einlegung (S. 1)	21
II. Schriftliche Einlegung	23
III. Begründungserfordernisse (S. 2)	26
1. Rechtsmittelziel (Nr. 1)	26
2. Angabe der Tatsachen und Beweismittel (Nr. 2)	29
3. Mindestmaß an sachlicher Begründung	31
D. Unterzeichnung der Beschwerdeschrift (Abs. 3)	33
E. Unterrichtungspflicht (Abs. 4)	35
Anlage Gesetzesbegründung (BT-Drs. 18/6281)	

A. Allgemeine Grundlagen

In § 172 GWB werden mit Ausnahme von Abs. 4 Zulässigkeitsvoraussetzungen der sofortigen Beschwerde geregelt.[1] Die Beschwerdefrist beträgt gemäß § 172 Abs. 1 GWB zwei Wochen. § 172 Abs. 2 GWB legt **Mindestanforderungen an die Beschwerdebegründung** fest. § 172 Abs. 3 i.V.m. § 175 Abs. 1 S. 1 GWB begründet einen Anwaltszwang für das sofortige Beschwerdeverfahren. Zudem fordert § 172 Abs. 4 GWB vom Beschwerdeführer eine Unterrichtung der weiteren Verfahrensbeteiligten über die Einlegung der sofortigen Beschwerde, deren Nichterfüllung jedoch keinen Einfluss auf die Zulässigkeit der Beschwerde hat. Die Abs. 1 bis 3 des § 172 GWB regeln mithin Zulässigkeitsvoraussetzungen der Beschwerde; § 172 Abs. 4 GWB stellt demgegenüber eine reine Ordnungsvorschrift dar. 1

Die Überschrift dieser Vorschrift hat das **VergRModG 2016** durch den Zusatz „Inhalt" ergänzt, um klarzustellen, dass § 172 GWB nicht nur Frist- und Formvorgaben enthält.[2] 2

Sind die **Zulässigkeitsvoraussetzungen** des § 172 Abs. 1 bis 3 GWB **nicht erfüllt**, etwa weil die Beschwerde nicht in der gebotenen Form oder Frist eingelegt oder begründet worden ist oder die Begründung nicht die Mindestanforderungen des § 117 Abs. 2 S. 2 GWB erfüllt, 3

1 Vgl. hinsichtlich der weiteren Zulässigkeitsvoraussetzungen der sofortigen Beschwerde § 171 Rn. 18 ff.
2 Gesetzesbegründung, BT-Drs. 18/6281, 136.

verwirft das Oberlandesgericht die Beschwerde ohne Sachprüfung. Eine mündliche Verhandlung ist dabei in entsprechender Anwendung von § 522 ZPO nicht erforderlich.[3]

B. Beschwerdefrist (Abs. 1)

4 § 172 Abs. 1 GWB bestimmt die **Frist** für die Einlegung der sofortigen Beschwerde. Diese beträgt zwei Wochen und beginnt im Regelfall mit der Zustellung der Entscheidung der Vergabekammer. Lediglich dann, wenn die Vergabekammer nicht innerhalb der Frist des § 167 Abs. 1 GWB entschieden hat, ist der Ablauf dieser Entscheidungsfrist für den Fristbeginn maßgeblich.

5 Da die Beschwerdefrist eine **Notfrist** darstellt, ist weder eine Verkürzung noch eine Verlängerung dieser Frist möglich.[4]

6 Die Frist für die Einlegung einer **unselbstständigen Anschlussbeschwerde** wird nicht mit der für die Erwiderung gesetzten Frist gekoppelt werden können, sondern beträgt unter Beschleunigungsgesichtspunkten zwei Wochen ab der gerichtlichen Zustellung der sofortigen Beschwerde.[5]

I. Regelfall

7 Entscheidet die Vergabekammer innerhalb der Frist des § 167 Abs. 1 GWB, ist § 172 Abs. 1 Hs. 1 GWB für die Fristberechnung maßgeblich. Demnach beginnt die Beschwerdefrist mit der **Zustellung** der Entscheidung der Vergabekammer.[6]

8 Da die Entscheidung der Vergabekammer gemäß § 168 Abs. 3 S. 1 GWB als Verwaltungsakt ergeht, finden für diese Zustellung die **Vorschriften des Verwaltungszustellungsgesetzes** gemäß § 168 Abs. 3 S. 3 GWB i.V.m. § 61 GWB Anwendung.[7]

9 Eine Zustellung per **Telefax** ist hierbei gemäß § 5 Abs. 4 VwZG insbesondere an Rechtsanwälte möglich, erfolgt jedoch erst dann, wenn mittels unterzeichnetem Empfangsbekenntnis der Zeitpunkt der empfangsbereiten Kenntnisnahme des Beschlusses bestätigt wird.[8]

10 Eine **Heilung von Zustellungsmängeln** ist gemäß § 8 VwZG möglich.[9] Für eine Heilung muss die Übermittlung des Schriftstücks insbesondere von einem Zustellungswillen getragen sein, der regelmäßig aus dem objektiven Erklärungsgehalt ableitbar ist.[10] Deshalb wird die Beschwerdefrist des § 172 Abs. 1 GWB nicht dadurch in Lauf gesetzt, dass die Vergabekammer eine Beschlussabschrift „vorab" per Telefax übersendet, wenn für den Empfänger zu erkennen ist, dass die Übermittlung per Telefax nur zur Information und nicht zum Zwecke der Zustellung erfolgt.[11] Die Annahme eines Zustellungswillens bei der Übermittlung per Telefax kann auch durch eine darauf folgende Zustellung per Post etwa mittels Zustellungsurkunde widerlegt werden. Soweit bei der vorangegangenen Übermittlung per Telefax ein Empfangsbekenntnis beigefügt war und die Entscheidung gleichwohl auch förmlich auf dem Postweg

---

3 OLG Düsseldorf, Beschluss v. 17.3.2009 – VII-Verg 1/09.

4 *Stockmann*, in: Immenga/Mestmäcker, Wettbewerbsrecht, § 117 GWB Rn. 2; vgl. auch § 224 ZPO.

5 Vgl. hierzu § 171 Rn. 7.

6 Ist die Entscheidung der Vergabekammer wegen offensichtlicher Unrichtigkeit nachträglich korrigiert worden, löst die Zustellung des Berichtigungsbeschlusses nur dann eine gesonderte Beschwerdefrist aus, wenn sich erst aus der berichtigten Fassung der Entscheidung die Beschwer der Partei oder des Verfahrensbeteiligten ergibt, OLG Düsseldorf, Beschluss v. 17.3.2009 – VII-Verg 1/09.

7 OLG Schleswig, Beschluss v. 27.9.2002 – 6 Verg 3/2002.

8 OLG Karlsruhe, Beschluss v. 13.6.2008 – 15 Verg 3/08; OLG Düsseldorf, Beschluss v. 12.1.2006 – VII-Verg 86/05; Beschluss v. 19.1.2005 – VII-Verg 58/04.

9 OLG Rostock, Beschluss v. 20.9.2006 – 17 Verg 8/06; OLG Naumburg, Beschluss v. 17.2.2004 – 1 Verg 15/03; *Kirch*, in: Hattig/Maibaum, Kartellvergaberecht, § 117 GWB Rn. 6; *Hunger*, in: Kulartz/Kus/Portz, GWB-Vergaberecht, § 117 Rn. 4; siehe aber eine Heranziehung von § 189 ZPO erwähnend *Stockmann*, in: Immenga/Mestmäcker, Wettbewerbsrecht, § 117 GWB Rn. 4.

10 OLG Koblenz, Beschluss v. 15.5.2003 – 1 Verg 3/03; OLG Schleswig, Beschluss v. 27.9.2002 – 6 Verg 3/2002.

11 BGH, Beschluss v. 10.11.2009 – X ZB 8/09; siehe auch OLG Dresden, Beschluss v. 10.6.2010 – WVerg 0004/10.

zugestellt wird, beginnt die Beschwerdefrist wegen des widersprüchlichen Verhaltens der Vergabekammer mit der zuletzt bewirkten Zustellung.[12]

Die **Berechnung der Frist** des § 172 Abs. 1 S. 1 Hs. 1 GWB erfolgt gemäß §§ 175 Abs. 2, 73 Nr. 2 GWB, § 222 ZPO, §§ 186 ff. BGB. Daher zählt der Tag der Zustellung als Ereignis i.S.d. § 187 Abs. 1 BGB bei der Fristbestimmung nicht mit.[13] Die Frist endet gemäß § 188 Abs. 2 BGB mit dem Ablauf des Tages der übernächsten Woche, der durch seine Benennung dem Tag der bewirkten Zustellung entspricht. Fällt das Fristende auf einen Sonnabend, Sonntag oder einen allgemeinen Feiertag, ist gemäß § 222 Abs. 2 ZPO der Ablauf des nächsten Werktages maßgeblich.[14] Da die Zustellung beim jeweiligen Beteiligten maßgeblich ist, können die Rechtsmittelfristen zu unterschiedlichen Daten enden.[15] Das Zuschlagsverbot des § 169 GWB endet hierbei mit dem Ablauf der letzten noch laufenden Frist.[16] 11

Die Entscheidung der Vergabekammer muss gemäß § 168 Abs. 3 S. 3 GWB i.V.m. § 61 GWB eine **Rechtsmittelbelehrung** enthalten. 12

Bei Vorliegen einer **fehlenden oder unrichtigen Rechtsmittelbelehrung** wird überwiegend vertreten, dass keine Beschwerdefrist in Gang gesetzt wird, sondern die Ein-Jahres-Frist des § 58 VwGO Anwendung findet.[17] Dies erfordere der effektive Rechtsschutz, da andernfalls mit dem Ablauf des Zuschlagsverbots des § 169 Abs. 1 GWB auch ein wirksamer Zuschlag erteilt werden könnte.[18] Trotz dieser gewichtigen Gründe streitet allerdings die Systematik des Gesetzes gegen die Anwendbarkeit des § 58 VwGO. Denn § 172 Abs. 1 Alt. 2 GWB sieht sogar bei Fehlen einer Rechtsmittelbelehrung im Fall eines fingierten ablehnenden Beschlusses eine Beschwerdefrist von zwei Wochen vor. Sowohl im Fall einer fehlenden oder unrichtigen Rechtsmittelbelehrung als auch bei Überschreitung der Entscheidungsfrist mit der Folge des § 171 Abs. 2 GWB liegt wiederum ein Rechtsverstoß der Vergabekammer vor. Dieser soll jedoch im Fall des § 171 Abs. 2 GWB keine Fristverlängerung nach sich ziehen und wird daher auch im Fall einer fehlenden oder unrichtigen Rechtsmittelbelehrung nicht als Anknüpfungspunkt für eine ggü. § 172 Abs. 1 Alt. 2 GWB großzügigere Frist dienen können.[19] Angesichts dieser Systematik des Gesetzes wird daher auch der nur im Fall der Lückenhaftigkeit der Verfahrensregelungen des vierten Teils des GWB zugelassene Rückgriff auf andere Verfahrensordnungen und damit auch auf die VwGO nicht in Betracht kommen.[20] Demnach sprechen trotz der damit einhergehenden Einschränkung des Rechtsschutzes gewichtige Gründe dafür, dass auch bei fehlender oder unrichtiger Rechtsmittelbelehrung die Frist des § 172 Abs. 1 Alt. 1 GWB ab Zustellung des Beschlusses beginnt. 13

12 OLG Rostock, Beschluss v. 25.9.2013 – 17 Verg 3/13.

13 OLG Koblenz, Beschluss v. 15.5.2003 – 1 Verg 3/03.

14 OLG Koblenz, Beschluss v. 15.5.2003 – 1 Verg 3/03 *Raabe*, in: Willenbruch/Wieddekind, Vergaberecht, § 116 GWB Rn. 9.

15 *Jaeger*, in: Byok/Jaeger, Vergaberecht, § 117 GWB Rn. 8.

16 *Stockmann*, in: Immenga/Mestmäcker, Wettbewerbsrecht, § 117 GWB Rn. 5.

17 OLG Düsseldorf, Beschluss v. 2.11.2011 – VII-Verg 76/11; OLG Celle, Beschluss v. 31.5.2007 – 13 Verg 1/07; Beschluss v. 20.4.2001 – 13 Verg 7/01 (obiter dictum); *Jaeger*, in: Byok/Jaeger, Vergaberecht, § 117 GWB Rn. 7; *Hunger* in: Kulartz/Kus/Portz, GWB-Vergaberecht, § 117 Rn. 5; *Raabe*, in: Willenbruch/Wieddekind, Vergaberecht, § 116 Rn. 7; *Dicks*, in: Ziekow/Völlink, Vergaberecht, § 117 GWB Rn. 4; a.A. *Müller-Wrede*, in: Ingenstau/Korbion, VOB, 15. Aufl., § 116 GWB Rn. 4; *Wilke*, NZBau 2005, 325, 328 (wonach eine Wiedereinsetzung in den vorigen Stand in Betracht zu ziehen sei).

18 OLG Celle, Beschluss v. 31.5.2007 – 13 Verg 1/07, auf die Möglichkeit einer Verwirkung sowie den Beginn der Beschwerdefrist bei Heilung der unrichtigen Rechtsmittelbelehrung hinweisend.

19 Denkbar wäre die Heranziehung des § 58 VwGO daher wohl dann, wenn entgegen § 172 Abs. 1 Alt. 2 GWB auch bei einem fingierten ablehnenden Beschluss die Frist des § 58 VwGO gelten sollte. Dies wird jedoch nicht der Fall sein, vgl. hierzu näher unter Rn. 16.

20 Der über § 168 Abs. 3 GWB in Bezug genommene § 61 GWB verweist nicht auf die VwGO.

II. Beschwerdefrist bei fingierter ablehnender Entscheidung

14 Sofern die Vergabekammer **nicht innerhalb der Frist des § 167 Abs. 1 GWB** entscheidet, fingiert § 171 Abs. 2 GWB eine ablehnende Entscheidung.[21] Wird gegen eine gemäß § 171 Abs. 2 GWB fingierte Entscheidung keine sofortige Beschwerde eingelegt, wird diese Entscheidung bestandskräftig. Die Vergabekammer entscheidet innerhalb der Frist des § 167 Abs. 1 GWB, wenn vor deren Ablauf der mit den erforderlichen Unterschriften versehene Beschluss dokumentiert in den Geschäftsgang gegeben wird.[22]

15 **Fristbeginn** für eine sofortige Beschwerde gegen diesen fingierten ablehnenden Beschluss ist gemäß § 172 Abs. 1 Alt. 2 GWB der Ablauf der Frist des § 167 Abs. 1 GWB. Für den Fristbeginn ist § 187 Abs. 2 BGB maßgeblich.[23] Demnach beginnt die zweiwöchige Frist mit dem Beginn des auf das Ende der Entscheidungsfrist des § 167 Abs. 1 GWB folgenden Tages. Die Frist endet gemäß § 188 Abs. 2 BGB mit Ablauf des Tages der übernächsten Woche, der durch seine Benennung dem Tag des Fristbeginns vorhergeht. Auch hier findet § 222 Abs. 2 ZPO Anwendung.

16 Damit löst eine fingierte ablehnende Entscheidung gemäß § 171 Abs. 2 GWB die Frist des § 172 Abs. 1 Alt. 2 GWB aus, ohne dass die Beteiligten über Rechtsmittel belehrt werden. Die damit einhergehende **Verringerung der Effektivität des Rechtsschutzes** wird jedoch ausweislich der dennoch von § 172 Abs. 1 Alt. 2 GWB angeordneten Zwei-Wochen-Frist dem Beschleunigungsgrundsatz untergeordnet. Trotz gewichtiger Argumente gegen die damit verbundene Verkürzung des Rechtsschutzes[24] wird angesichts der fehlenden Ansatzpunkte für eine ergänzende Auslegung des § 172 Abs. 1 Alt. 2 GWB jedoch eine Anwendbarkeit des § 58 VwGO nicht in Betracht kommen.[25] Vielmehr wird die den Beschwerdeführer im Fall von Verfahrensfehlern der Vergabekammer ohne Anwendung des § 58 VwGO erheblich benachteiligende gesetzliche Regelung der Beschwerdefristen wohl noch durch die besondere Bedeutung effektiver Beschaffung und das daraus abzuleitende besondere Beschleunigungsbedürfnis für den Rechtsschutz begründbar sein.

III. Wiedereinsetzung

17 Eine **unverschuldete Versäumung** der in § 172 Abs. 1 GWB geregelten Fristen kann auf Antrag zur Wiedereinsetzung in den vorigen Stand führen.

18 Grundlage der Wiedereinsetzung in den vorigen Stand ist die Verweisung des § 175 Abs. 2 GWB i.V.m. § 73 Nr. 2 GWB auf die Vorschriften der ZPO über die Wiedereinsetzung, also die **§§ 230 ff. ZPO**. Eine Wiedereinsetzung erfordert hiernach insb., dass der Beschwerdeberechtigte die Beschwerdefrist ohne zurechenbares Verschulden versäumt hat. Dies kommt etwa bei einer falschen Auskunft der zuständigen gerichtlichen Vermittlungsstelle über die Telefaxnummer in Betracht.[26]

---

21 Siehe aber *Stockmann*, in: Immenga/Mestmäcker, Wettbewerbsrecht, § 117 GWB Rn. 3, der im Fall einer rechtswidrig nach Ablauf der Entscheidungsfrist ergangenen und zugestellten Entscheidung einen erneuten Beginn der Beschwerdefrist erwägt. Das Rechtsschutzinteresse des Beschwerdeberechtigten wird jedoch nicht höher gewichtet werden können als die Fristenklarheit, da das Gesetz mit der Regelung des § 172 Abs. 1 Alt. 2 GWB für den Beschwerdeberechtigten erhebliche Rechtsschutzeinschränkungen zum Zwecke der Verfahrensbeschleunigung hinnimmt.

22 Vgl. hierzu näher § 171 Rn. 42.

23 Vgl. *Kirch*, in: Hattig/Maibaum, Kartellvergaberecht, § 117 GWB Rn. 7; *Stickler*, in: Reidt/Stickler/Glahs, Vergaberecht, § 117 GWB Rn. 6; *Raabe*, in: Willenbruch/Wieddekind, Vergaberecht, § 117 GWB Rn. 10.

24 Vgl. insoweit *Hunger*, in: Kulartz/Kus/Portz, GWB-Vergaberecht, § 117 Rn. 20 ff., für eine Anwendbarkeit des § 58 VwGO.

25 Siehe auch OLG Düsseldorf, Beschluss v. 5.9.2001 – Verg 18/01; *Kirch*, in: Hattig/Maibaum, Kartellvergaberecht, § 117 GWB Rn. 9; *König*, in: Heuvels/Höß/Kuß/Wagner, Vergaberecht, § 116 GWB Rn. 8; *Raabe*, in: Willenbruch/Wieddekind, Vergaberecht, § 116 Rn. 11; *Dicks*, in: Ziekow/Völlink, Vergaberecht, § 117 GWB Rn. 6.

26 BayObLG, Beschluss v. 13.8.2004 – Verg 17/04; siehe hinsichtlich weiterer gewährter Wiedereinsetzungen etwa OLG Düsseldorf, Beschluss v. 29.3.2006 – VII-Verg 77/05; BayObLG, Beschluss v. 2.12.2002 – Verg 24/02: siehe aber auch OLG Düsseldorf, Beschluss v. 25.7.2006 – VII-Verg 97/05; OLG Koblenz, Beschluss v. 5.12.2005 – 1 Verg 5/05; Beschluss v. 22.4.2002 – 1 Verg 1/02.

19 Angesichts der aus der Gesetzessystematik folgenden erheblichen Einschränkung des Rechtsschutzes bei Verfahrensfehlern der Vergabekammer[27] kommt der Wiedereinsetzung in den vorigen Stand im vergaberechtlichen Beschwerdeverfahren **besondere Bedeutung zur Gewährleistung eines fairen Verfahrens** zu. Eine Wiedereinsetzung wird daher insbesondere dann in Betracht zu ziehen sein, wenn die Vergabekammer ihren Beschluss ohne bzw. mit einer fehlerhaften Rechtsmittelbelehrung zugestellt oder über den Nachprüfungsantrag nicht innerhalb der Entscheidungsfrist des § 167 Abs. 1 GWB mit der dann eintretenden Folge des § 171 Abs. 2 GWB entschieden hat.[28] Denn in diesen Fällen wird die rechtzeitige Einlegung der sofortigen Beschwerde durch Verfahrensfehler der Vergabekammer erschwert. Allerdings wird die deshalb mit besonderer Fairness zu prüfende Wiedereinsetzung[29] dennoch nur ausnahmsweise dann in Betracht kommen, wenn der Beschwerdeberechtigte zumutbare Möglichkeiten zur Erkundigung über die tatsächlich anzuwendende Beschwerdefrist ausgeschöpft und selbst hinreichende Fristenkontrolle durchgeführt hat.[30]

20 Eine Wiedereinsetzung führt nach hier vertretener Auffassung allerdings nicht dazu, dass das Zuschlagsverbot des § 169 GWB **rückwirkend** zur **Nichtigkeit** eines zwischenzeitlich erteilten Zuschlags führt.[31] Zwar führt eine Wiedereinsetzung in den vorigen Stand dazu, dass die versäumte Handlung als vorgenommen gilt. Daraus wird teilweise abgeleitet, dass die aufschiebende Wirkung des § 173 GWB rückwirkend eintritt und wegen der damit einhergehenden Fortgeltung des Zuschlagsverbots des § 169 GWB ein zwischenzeitlich erteilter Zuschlag nichtig ist.[32] Diese Konsequenz dürfte jedoch im vergaberechtlichen Beschwerdeverfahren zu weit greifen. Zwar ist auch nach der Rechtsprechung des Bundesgerichtshofs nicht ausgeschlossen, dass sich eine Wiedereinsetzung rückwirkend auch im Verhältnis zwischen Dritten auswirken kann.[33] Allerdings muss auch berücksichtigt werden, dass gegen eine Übertragung dieser Grundsätze auf das vergaberechtliche Beschwerdeverfahren entscheidend der Beschleunigungsgrundsatz streitet. Müsste nämlich entsprechend § 234 Abs. 3 ZPO noch bis zum Ablauf eines Jahres nach dem Ende der Beschwerdefrist mit der Nichtigkeit des zwischenzeitlich erteilten Zuschlags gerechnet werden, wäre die effektive Beschaffung nicht mehr hinreichend gesichert.

C. Beschwerdebegründung (Abs. 2)

I. Begründung zugleich mit Einlegung (S. 1)

21 Die Beschwerde ist gemäß § 172 Abs. 2 S. 1 GWB zugleich mit ihrer Einlegung zu begründen. Folglich müssen sowohl die sofortige Beschwerde als auch ihre Begründung innerhalb der Notfrist beim Beschwerdegericht eingelegt werden.

27 Sowohl bei fehlender als auch bei unrichtiger Rechtsmittelbelehrung sowie bei einer Überschreitung der Entscheidungsfrist spricht die Gesetzessystematik trotz des Verfahrensfehlers der Vergabekammer für die Anwendbarkeit der zweiwöchigen Frist des § 172 Abs. 1 GWB; vgl. hierzu näher oben unter Rn. 13.

28 Siehe für eine Wiedereinsetzung im Fall des § 171 Abs. 2 GWB OLG Düsseldorf, Beschluss v. 12.3.2003 – Verg 49/02; Beschluss v. 5.9.2001 – Verg 18/01; anders dagegen im Fall einer vor Fristablauf eintretenden Kenntnis über den Zeitpunkt des Eingangs des Nachprüfungsantrags bei der Vergabekammer OLG Dresden, Beschluss v. 17.6.2005 – WVerg 0008/05; siehe auch Wiedereinsetzung im Fall des § 171 Abs. 2 GWB unter anderem mit Hinweis auf eine anwaltliche Vertretung ablehnend OLG Celle, Beschluss v. 20.4.2001 – 13 Verg 7/01.

29 Siehe den Ausgleich von Rechtsschutzeinschränkungen durch Fehler von Gerichten auch im Wege einer mit besonderer Fairness zu prüfenden Wiedereinsetzung fordernd: BVerfG, Beschluss v. 4.5.2004 – 1 BvR 1892/03; Beschluss v. 2.5.2003 – 1 Vollz (Ws) 9/03.

30 Vgl. hierzu OLG Düsseldorf, Beschluss v. 11.11.2009 – VII-Verg 23/09.

31 *Jaeger*, in: Byok/Jaeger, Vergaberecht, § 117 GWB Rn. 9; *Summa*, in: Heiermann/Zeiss, Vergaberecht, § 116 GWB Rn. 32; *König*, in: Heuvels/Höß/Kuß/Wagner, Vergaberecht, § 117 GWB Rn. 10; *Stockmann*, in: Immenga/Mestmäcker, Wettbewerbsrecht, § 117 GWB Rn. 6; *Stickler*, in: Reidt/Stickler/Glahs, Vergaberecht, § 117 GWB Rn. 7; *Raabe*, in: Willenbruch/Wieddekind, Vergaberecht, § 117 GWB Rn. 4.; a.A. BayObLG, Beschluss v. 13.8.2004 – Verg 17/04.

32 BayObLG, Beschluss v. 13.8.2004 – Verg 17/04 unter Hinweis u.a. auf BGH, Urteil v. 1.10.1958 – IV ZR 61/58.

33 Vgl. BGH, Beschluss v. 8.10.1986 – I ZR 41/86 und kritisch dazu *Vollkommer*, JR 1987, 225.

22 Allerdings erfolgt eine Begründung i.S.d. § 172 Abs. 2 S. 1 GWB auch dann noch zugleich mit der Einlegung, wenn sie **nach der Einlegung**, aber **vor Ablauf der Notfrist** erfolgt.[34] In diesem Fall sind beide Schriftsätze als einheitliche Beschwerde anzusehen.[35] Denn der Beschwerdeführer darf die Rechtsmittelfrist ohnehin ausschöpfen, sodass der Beschleunigungsgrundsatz dieser Auslegung nicht entgegensteht.[36] Folglich wird die Beschwerde auch dann rechtzeitig eingelegt, wenn Antrag und Begründung innerhalb der Notfrist eingehen und jeweils von der gemäß § 172 Abs. 3 GWB berechtigten Person unterzeichnet sind.[37]

II. Schriftliche Einlegung

23 Die sofortige Beschwerde ist gemäß § 172 Abs. 1 GWB **schriftlich** bei dem Beschwerdegericht einzulegen. Damit wird das für Rechtsmittelschriften geltende Schriftformerfordernis in Bezug genommen. Demnach ist insbesondere auch die Einlegung per Telefax möglich.[38] Die Verwendung elektronischer Dokumente hängt regelmäßig vom Vorliegen entsprechender Verordnungen auf Landesebene ab.[39] Eine Einlegung zu Protokoll der Geschäftsstelle ist hingegen unzulässig.[40]

III. Begründungserfordernisse (S. 2)

24 § 172 Abs. 2 S. 2 GWB[41] statuiert zur Beschleunigung des Beschwerdeverfahrens[42] zwingende Bestandteile der Beschwerdebegründung. Der Beschwerdeführer muss das **Rechtsmittelziel** sowie die zur Erreichung dieses Ziels erforderlichen **Tatsachen und Beweismittel** angeben. Darüber hinaus folgt aus der Zusammenschau von § 172 Abs. 2 S. 2 Nr. 1 und Nr. 2 GWB, dass ein **Mindestmaß an sachlicher Begründung** in der Beschwerdeschrift enthalten sein muss.

25 **Fehlt** nach Ablauf der Beschwerdefrist **einer dieser Bestandteile** der Beschwerdebegründung, ist die Beschwerde unzulässig.[43]. Sofern der Beschwerdeführer innerhalb der Beschwerdefrist den Begründungsmangel – etwa auf einen gerichtlichen Hinweis hin – heilt, führt der anfängliche Begründungsmangel nicht zur Unzulässigkeit der sofortigen Beschwerde.[44]

1. Rechtsmittelziel (Nr. 1)

26 Zwingendes Begründungserfordernis ist gemäß § 172 Abs. 2 S. 2 Nr. 1 GWB, dass der Beschwerdeführer erklärt, inwieweit[45] er die Entscheidung der Vergabekammer angreift und eine abweichende Entscheidung beantragt.

---

34 OLG Brandenburg, Beschluss v. 2.12.2003 – Verg W 6/03; *Stockmann*, in: Immenga/Mestmäcker, Wettbewerbsrecht, § 117 GWB Rn. 8; *Hunger*, in: Kulartz/Kus/Portz, GWB-Vergaberecht, § 117 Rn. 29; *Storr*, in: Loewenheim/Meessen/Riesenkampff, GWB, § 117 Rn. 7.

35 OLG Brandenburg, Beschluss v. 2.12.2003 – Verg W 6/03.

36 *Stockmann*, in: Immenga/Mestmäcker, Wettbewerbsrecht, § 117 GWB Rn. 8.

37 *Otting*, in: Bechtold, GWB, § 117 Rn. 4.

38 BayObLG, Beschluss v. 19.12.2000 – Verg 7/00; *Stockmann*, in: Immenga/Mestmäcker, Wettbewerbsrecht, § 117 GWB Rn. 6.

39 Vgl. allerdings für eine im Einzelfall ausnahmsweise zulässige Übermittlung per PDF BGH, Beschluss v. 15.7.2008 – X ZB 8/08.

40 *Wilke*, NZBau 2005, 326 (328).

41 Siehe auch die vergleichbare Regelung des § 66 GWB.

42 OLG Koblenz, Beschluss v. 13.2.2006 – 1 Verg 1/06.

43 OLG Frankfurt , Beschluss v. 18.4.2006 – 11 Verg 1/06; *Kirch*, in: Hattig/Maibaum, Kartellvergaberecht, § 117 GWB Rn. 18; *Stockmann*, in: Immenga/Mestmäcker, Wettbewerbsrecht, § 117 GWB Rn. 8.

44 OLG Koblenz, Beschluss v. 54.2006 – 1 Verg 1/06; *Raabe*, in: Willenbruch/Wieddekind, Vergaberecht, § 117 GWB Rn. 15; siehe im Hinblick auf eine für abgrenzbare Anträge teilweise eintretende Unzulässigkeit infolge Verfehlung der diesbezüglichen Begründungserfordernisse OLG Brandenburg, Beschluss v. 5.1.2006 – Verg W 12/05.

45 Hinsichtlich der bereits ausweislich des Wortlauts des § 116 GWB a.F. – „inwieweit" – zugelassenen begrenzten Einlegung der sofortigen Beschwerde siehe § 171 Rn. 8 f.

27 Ein **ausdrücklicher Antrag** ist zwar sinnvoll, aber – trotz des Wortlauts des § 172 Abs. 2 GWB „beantragt" – nicht erforderlich.[46] Denn angesichts der §§ 175 Abs. 2, 70 Abs. 1 GWB ist das Beschwerdegericht nicht an die gestellten Anträge gebunden. Dementsprechend kann auch aus einer Beschwerdebegründung ohne ausdrückliche Antragstellung ableitbar sein, welche abweichende Entscheidung erstritten – und damit „beantragt" i.S.d. § 172 Abs. 2 GWB – werden soll.

28 Daher muss der Beschwerdebegründung das Rechtsmittelziel entnommen werden können.[47] An die **Konkretisierung dieses Rechtsmittelziels** sind wiederum keine strengen Anforderungen zu stellen. Entscheidend ist, dass aus der Beschwerdebegründung im Wege der Auslegung hinreichend klar und bestimmt ermittelbar ist, in welchem Umfang die Entscheidung der Vergabekammer angegriffen wird.[48]

2. Angabe der Tatsachen und Beweismittel (Nr. 2)

29 Die Beschwerdebegründung muss ferner zwingend die Tatsachen und Beweismittel angeben, die **zur Begründung des Rechtsmittelziels** erforderlich sind. Dies folgt aus dem Wortlaut des § 172 Abs. 2 S. 2 Nr. 2 GWB, der die Angabe solcher Tatsachen und Beweismittel fordert, „auf die sich die Beschwerde stützt". Folglich fordert § 172 Abs. 2 S. 2 Nr. 2 GWB dann eine Angabe der Tatsachen und Beweismittel, wenn mittels dieser Tatsachen und Beweismittel eine von der Entscheidung der Vergabekammer abweichende Entscheidung des Beschwerdegerichts herbeigeführt werden soll.[49] Denn nur in diesem Fall „stützt" sich die Beschwerde auf die Tatsachen und Beweismittel. Hiervon sind allerdings nicht nur neue Tatsachen und Beweismittel umfasst, sondern die, die der Beschwerdeführer als streitig erachten musste.[50]

30 Allerdings ist im Fall einer **alleine gegen die rechtliche Würdigung** der Vergabekammer gerichteten Beschwerde eine Angabe von Tatsachen oder Beweismitteln nicht erforderlich.[51] Hinsichtlich solcher Tatsachen und Beweismittel, über die **mangels Entscheidungserheblichkeit nicht** von der Vergabekammer **entschieden** wurde, die jedoch bereits Streitgegen-

---

46 KG, Beschluss v. 28.9.2009 – 2 Verg 8/09; OLG Frankfurt, Beschluss v. 18.4.2006 – 11 Verg 1/06; OLG Naumburg, Beschluss v. 16.9.2002 – 1 Verg 2/02; OLG Jena, Beschluss v. 22.12.1999 – 6 Verg 3/99; OLG Düsseldorf, Beschluss v. 13.4.1999 – Verg 1/99; *Jaeger*, in: Byok/Jaeger, Vergaberecht, § 117 GWB Rn. 13; *Stickler*, in: Reidt/Stickler/Glahs, Vergaberecht, § 117 GWB Rn. 12.

47 OLG Frankfurt, Beschluss v. 18.4.2006 – 11 Verg 1/06; OLG Naumburg, Beschluss v. 16.9.2002 – 1 Verg 2/02; OLG Jena, Beschluss v. 22.12.1999 – 6 Verg 3/99; *Jaeger*, in: Byok/Jaeger, Vergaberecht, § 117 GWB Rn. 13; *Kullack*, in: Heiermann/Riedel/Rusam, VOB, § 116 GWB Rn. 11; *Raabe*, in: Willenbruch/Wieddekind, Vergaberecht, § 116 GWB Rn. 16. Dies in einem Sachverhalt bezweifelnd, in dem mit der Beschwerde eine „Überweisung" an die Vergabekammer beantragt wurde und auch aus der Beschwerdebegründung nicht deutlich wurde, über welchen Antrag die Vergabekammer nach einer Zurückverweisung entscheiden soll, OLG Brandenburg, Beschluss v. 18.2.2010 – Verg W 2/10.

48 OLG Düsseldorf, Beschluss v. 14.11.2012 – VII-Verg 8/12; OLG Frankfurt, Beschluss v. 18.4.2006 – 11 Verg 1/06; *Kirch*, in: Hattig/Maibaum, Kartellvergaberecht, § 117 GWB Rn. 17; *Storr*, in: Loewenheim/Meessen/Riesenkampff, GWB, § 117 Rn. 8; *Raabe*, in: Willenbruch/Wieddekind, Vergaberecht, § 117 GWB Rn. 19; das OLG Frankfurt, Beschluss v. 18.4.2006 – 11 Verg 1/06, hat im Fall eines auch mittels der Beschwerdebegründung im Wege der Auslegung nicht eindeutig ermittelbaren Rechtschutzziels – nämlich entweder isolierte Kostenbeschwerde oder Verfolgung der Sachanträge aus dem Vergabekammerverfahren – eine Unzulässigkeit angenommen. Das OLG Brandenburg, Beschluss v. 21.6.2012 – Verg W 4/12, hat eine nach Ablauf der Beschwerdefrist erfolgte Umstellung der Beschwerde – nunmehr gegen die Gebührenfestzsetzung gerichtet – als nach Fristablauf unzulässige Erweiterung des Streitgegenstandes angesehen.

49 *Raabe*, in: Willenbruch/Wieddekind, Vergaberecht, § 116 GWB Rn. 26.

50 OLG Koblenz, Beschluss v. 3.4.2008 – 1 Verg 1/08; Beschluss v. 15.3.2001 – 1 Verg 1/01; *Schmidt*, in: Immenga/Mestmäcker, Wettbewerbsrecht, § 66 GWB Rn. 14: siehe etwa OLG Frankfurt, Beschluss v. 18.4.2006 – 11 Verg 1/06, wonach das Fehlen von geeigneten Beweismitteln und jeden sachlichen Ausführungen den Anforderungen an eine Beschwerdebegründung zumindest dann nicht genügt, wenn dieses Fehlen von der Vergabekammer maßgeblich herangezogene, nicht widerlegte Zweifel an der wirtschaftlichen Leistungsfähigkeit der Beschwerdeführerin betrifft.

51 Vgl. OLG Frankfurt, Beschluss v. 26.6.2012 – 11 Verg 12/11; Beschluss v. 21.2.2012 – 11 Verg 11/11; KG, Beschluss v. 28.9.2009 – 2 Verg 8/09; *Stockmann*, in: Immenga/Mestmäcker, Wettbewerbsrecht, § 117 GWB Rn. 11; *Raabe*, in: Willenbruch/Wieddekind, Vergaberecht, § 117 GWB Rn. 26; siehe auch *Jaeger*, in: Byok/Jaeger, Vergaberecht, § 117 GWB Rn. 17, der in diesem Fall Rechtsausführungen fordert; offen OLG Koblenz, Beschluss v. 13.2.2006 – 1 Verg 1/06, wonach das gänzliche Fehlen von Beweismitteln oder Tatsachen zur Unzulässigkeit führen solle, gleichzeitig aber eine Rückausnahme im Fall einer unveränderten Übernahme des von der Vergabekammer dargestellten Sach- und Streitstandes andeutend.

stand des Vergabekammerverfahrens waren, erscheint auch der konkrete Verweis auf Vortrag in Schriftsätzen aus dem Vergabekammerverfahren zulässig.[52] Zur Unzulässigkeit wird die Vorgabe des § 172 Abs. 2 S. 2 Nr. 2 GWB daher nur dann führen, wenn keine Tatsachen und Beweismittel in der Beschwerdebegründung enthalten sind, obwohl deren Bedeutung für die Beschwerdebegründung eindeutig erkennbar ist.[53]

3. Mindestmaß an sachlicher Begründung

31 Darüber hinaus muss die Beschwerdeschrift ein Mindestmaß an sachlicher Begründung enthalten.[54] Diese Voraussetzung wird allerdings nicht aus § 172 Abs. 2 S. 2 Nr. 2 GWB ableitbar sein.[55] Denn diese Regelung fordert die Angabe von Tatsachen und Beweismitteln, soweit sich die Beschwerde hierauf stützt. Der Begriff „stützt" deutet zwar eine Verknüpfung von Tatsachen und Rechtsmittelziel an. Gleichwohl folgt daraus noch nicht zwingend, dass diese Verknüpfung zwischen Tatsachen und Rechtsmittelziel auch mit einem Mindestmaß an sachlicher Begründung erläutert werden muss. Vielmehr wird das Erfordernis eines Mindestmaßes an sachlicher Begründung aus der von § 172 Abs. 2 S. 2 GWB geforderten „Begründung" ableitbar sein. Denn nur wenn die Verknüpfung der angegebenen Tatsachen mit dem Rechtsmittelziel erkennbar ist, wird vom Vorliegen einer Begründung ausgegangen werden können.[56]

32 Ein derartiges Fehlen eines Mindestmaßes an sachlicher Begründung wird wiederum nur in eng begrenzten Ausnahmefällen in Betracht kommen.[57] Erforderlich wird sein, dass zwar das Rechtsmittelziel erkennbar,[58] nicht aber die für dessen Beurteilung erforderliche **Verknüpfung mit der Entscheidung der Vergabekammer** herstellbar ist.[59] Dies ist nicht schon dann der Fall, wenn keine schlüssige zusammenhängende Darstellung des Sachverhalts und der maßgeblichen Rechtsfragen erfolgt. Vielmehr wird die Annahme einer fehlenden Begründung regelmäßig erst bei einem dem Fehlen jeder Begründung gleichstellbaren Fehlen verständlicher Ausführungen möglich sein.[60]

D. Unterzeichnung der Beschwerdeschrift (Abs. 3)

33 Soweit die sofortige Beschwerde nicht von einer juristischen Person des öffentlichen Rechts eingelegt wird, verlangt § 172 Abs. 3 GWB deren Unterzeichnung durch einen **Rechtsanwalt**. Fehlt eine derartige Unterschrift nach Ablauf der Beschwerdefrist, ist die Beschwerde unzulässig.[61]

---

52 OLG Düsseldorf, Beschluss v. 10.12.2008 – VII-Verg 51/08; OLG Stuttgart, Beschluss v. 9.8.2001 – 2 Verg 3/01; anders hingegen bei einem pauschalen Verweis auf Vortrag vor der Vergabekammer OLG Brandenburg, Beschluss v. 5.1.2006 – Verg W 12/05.

53 *Jaeger*, in: Byok/Jaeger, Vergaberecht, § 117 GWB Rn. 17.

54 OLG Frankfurt, Beschluss v. 18.4.2006 – 11 Verg 1/06; OLG Brandenburg, Beschluss v. 5.1.2006 – Verg W 12/05; wohl auch OLG Koblenz, Beschluss v. 3.4.2008 – 1 Verg 1/08; Beschluss v. 13.2.2006 – 1 Verg 1/06; Beschluss v. 15.3.2001 – 1 Verg 1/01.

55 Diese Vorschrift jedoch als Ausgangspunkt erwähnend OLG Koblenz, Beschluss v. 3.4.2008 – 1 Verg 1/08; Beschluss v. 13.2.2006 – 1 Verg 1/06; Beschluss v. 15.3.2001 – 1 Verg 1/01; siehe auch OLG Frankfurt, Beschluss v. 18.4.2006 – 11 Verg 1/06.

56 Vgl. zu der Ableitung des Mindestmaßes an sachlicher Begründung *Schmidt*, in: Immenga/Mestmäcker, Wettbewerbsrecht, § 66 GWB Rn. 14.

57 *Schmidt*, in: Immenga/Mestmäcker, Wettbewerbsrecht, § 66 GWB Rn. 14; siehe auch OLG Koblenz, Beschluss v. 3.4.2008 – 1 Verg 1/08.

58 Andernfalls läge bereits ein Fall des § 172 Abs. 2 S. 2 Nr. 1 GWB vor.

59 OLG Frankfurt, Beschluss v. 18.4.2006 – 11 Verg 1/06; gleichwohl kann eine nur begrenzt verständliche Beschwerdebegründung dazu führen, dass eine rechtzeitige Entscheidung über den Antrag nach § 173 Abs. 1 S. 3 GWB nicht möglich ist; vgl. OLG Düsseldorf, Beschluss v. 28.1.2004 – Verg 35/03.

60 Siehe etwa OLG Frankfurt, Beschluss v. 18.4.2006 – 11 Verg 1/06, wonach eine Beschwerdebegründung nicht hinreichend ist, wenn sich der erkennende Senat nicht einmal ein grobes Bild vom zugrunde liegenden Sachverhalt bilden kann; siehe auch OLG Koblenz, Beschluss v. 3.4.2008 – 1 Verg 1/08; strengere Anforderungen andeutend, aber im Ergebnis offenlassend OLG Brandenburg, Beschluss v. 7.10.2010 – Verg W 12/10, wonach eine erst unter Heranziehung der Entscheidung der Vergabekammer teilweise verständliche Begründung möglicherweise nicht ausreiche.

61 OLG Celle, Beschluss v. 31.5.2007 – 13 Verg 1/07.

34 Für **juristische Personen des öffentlichen Rechts** findet der Anwaltszwang hingegen keine Anwendung. Gleichwohl wird aus § 175 Abs. 1 S. 2 GWB zu folgern sein, dass die Beschwerdeschrift von einem Beamten oder Angestellten unterzeichnet sein muss, der die Befähigung zum Richteramt besitzt.[62] Denn ausweislich der Gesetzesbegründung soll die in § 175 Abs. 1 S. 2 GWB vorgesehene Vertretung durch Personen mit der Befähigung zum Richteramt denselben Zweck wie der Anwaltszwang erfüllen.[63] Dann ist aber kein Grund erkennbar, weshalb dies nicht auch für die Beschwerdeschrift gelten soll. Demnach wird § 172 Abs. 3 S. 2 GWB für juristische Personen des öffentlichen Rechts die Befreiung vom Anwaltszwang und § 175 Abs. 1 S. 2 GWB die Anordnung einer Vertretung durch Personen mit Befähigung zum Richteramt für alle Verfahrenshandlungen – und damit auch für die Einlegung der Beschwerde – entnehmbar sein.[64]

E. Unterrichtungspflicht (Abs. 4)

35 Der Beschwerdeführer ist gemäß § 172 Abs. 4 GWB verpflichtet, die Beteiligten des Vergabekammerverfahrens im Wege der Übermittlung einer Ausfertigung der Beschwerdeschrift von der Einlegung der Beschwerde zu unterrichten.

36 Auch dies soll durch frühzeitige Kenntnis der Beteiligten von der Einlegung und dem Inhalt einer Beschwerde dem **Beschleunigungsgrundsatz** dienen.[65]

37 Mangels Regelungen über Zustellungen im Parteibetrieb unterliegt diese Unterrichtung keinen **Formvorgaben**, ist also insbesondere auch per Fax möglich.[66] Unabhängig von der Übermittlung durch den Beschwerdeführer erfolgt darüber hinaus die Zustellung der Beschwerde durch das Gericht.[67]

38 **Übermittelt** der Beschwerdeführer die Beschwerdeschrift entgegen § 172 Abs. 4 GWB **nicht an die anderen Beteiligten**, führt dies nicht zur Unzulässigkeit der sofortigen Beschwerde.[68] Ebenso wenig führt ein Verstoß gegen § 172 Abs. 4 GWB zur Wirksamkeit eines trotz Einlegung der sofortigen Beschwerde erteilten Zuschlags.[69] Denn für eine Verknüpfung der von § 173 Abs. 1 S. 1 GWB ohne jede Einschränkung angeordneten aufschiebenden Wirkung der sofortigen Beschwerde mit einer durch § 172 Abs. 4 GWB herbeigeführten Kenntnis des Auftraggebers fehlen die erforderlichen eindeutigen Anhaltspunkte im Gesetz.

---

62 *König*, in: Heuvels/Höß/Kuß/Wagner, Vergaberecht, § 117 GWB, Rn. 16; *Stockmann*, in: Immenga/Mestmäcker, Wettbewerbsrecht, § 117 GWB Rn. 16; *Hunger*, in: Kulartz/Kus/Portz, GWB-Vergaberecht, § 117 Rn. 55; *Stickler*, in: Reidt/Stickler/Glahs, Vergaberecht, § 117 GWB Rn. 23; *Raabe*, in: Willenbruch/Wieddekind, Vergaberecht, § 117 GWB Rn. 19; *Dicks*, in: Ziekow/Völlink, Vergaberecht, § 117 GWB Rn. 16; a.A. *Jaeger*, in: Byok/Jaeger, Vergaberecht, § 117 GWB Rn. 3.

63 Gesetzesbegründung, VgRÄG, BT-Drs. 13/9340, 21.

64 *Hunger*, in: Kulartz/Kus/Portz, GWB-Vergaberecht, § 117 Rn. 56; *Stickler*, in: Reidt/Stickler/Glahs, Vergaberecht, § 117 GWB Rn. 23.

65 Gesetzesbegründung, VgRÄG, BT-Drs. 13/9340, 21; OLG Jena, Beschluss v. 23.8.2004 – 9 Verg 1/04.

66 *Stickler*, in: Reidt/Stickler/Glahs, Vergaberecht, § 117 GWB Rn. 20.

67 *Hunger*, in: Kulartz/Kus/Portz, GWB-Vergaberecht, § 117 Rn. 64.

68 OLG Naumburg, Beschluss v. 2.8.2012 – 2 Verg 3/12; Beschluss v. 1.9.2004 – 1 Verg 11/04; Beschluss v. 13.4.1999 – Verg 1/99; OLG Düsseldorf, Beschluss v. 5.7.2012 – VII-Verg 13/12; Beschluss v. 9.6.2004 – VII-Verg 11/04; OLG Saarbrücken, Beschluss v. 7.5.2008 – 1 Verg 5/07; OLG Jena, Beschluss v. 20.6.2005 – 9 Verg-3/05; OLG Celle, Beschluss v. 2.9.2004 – 13 Verg 14/04; BayObLG, Beschluss v. 28.5.2003 – Verg 06/03; Beschluss v. 22.1.2002 – Verg 18/01; *Jaeger*; in: Byok/Jaeger, Vergaberecht, § 117 GWB Rn. 20; *König*, in: Heuvels/Höß/Kuß/Wagner, Vergaberecht, § 116 GWB Rn. 19; *Hunger*, in: Kulartz/Kus/Portz, GWB-Vergaberecht, § 117 Rn. 61; *Dieck-Bogatzke*, in: Pünder/Schellenberg, Vergaberecht, § 116 GWB Rn. 17; *Raabe*, in: Willenbruch/Wieddekind, Vergaberecht, § 116 GWB Rn. 36.

69 OLG Brandenburg, Beschluss v. 30.4.2013 – Verg W 3/13; OLG Saarbrücken, Beschluss v. 7.5.2008 – 1 Verg 5/07; OLG Frankfurt, Beschluss v. 20.2.2003 – 11 Verg-1/02; ebenso, im Ergebnis aber offenlassend OLG Dresden, Beschluss v. 17.6.2005 – WVerg 0008/05; *Jaeger*, in: Byok/Jaeger, Vergaberecht, § 117 GWB Rn. 21; *König*, in: Heuvels/Höß/Kuß/Wagner, Vergaberecht, § 116 GWB Rn. 19; *Stickler*, in: Reidt/Stickler/Glahs, Vergaberecht, § 117 GWB Rn. 21; *Raabe*, in: Willenbruch/Wieddekind, Vergaberecht, § 116 GWB Rn. 36; a.A. OLG Naumburg, Beschluss v. 16.1.2003 – 1 Verg 10/02; Beschluss v. 2.6.1999 – 10 Verg 1/99.

Anlage

Gesetzesbegründung (BT-Drs. 18/6281)

Seite 136

§ 172 entspricht dem bisherigen § 117. In der Überschrift wird klargestellt, dass § 161 nicht nur Vorgaben zur Frist und Form, sondern auch zum Inhalt regelt.

§ 173
Wirkung

(1) Die sofortige Beschwerde hat aufschiebende Wirkung gegenüber der Entscheidung der Vergabekammer. Die aufschiebende Wirkung entfällt zwei Wochen nach Ablauf der Beschwerdefrist. Hat die Vergabekammer den Antrag auf Nachprüfung abgelehnt, so kann das Beschwerdegericht auf Antrag des Beschwerdeführers die aufschiebende Wirkung bis zur Entscheidung über die Beschwerde verlängern.

(2) Das Gericht lehnt den Antrag nach Absatz 1 Satz 3 ab, wenn unter Berücksichtigung aller möglicherweise geschädigten Interessen die nachteiligen Folgen einer Verzögerung der Vergabe bis zur Entscheidung über die Beschwerde die damit verbundenen Vorteile überwiegen. Bei der Abwägung ist das Interesse der Allgemeinheit an einer wirtschaftlichen Erfüllung der Aufgaben des Auftraggebers zu berücksichtigen; bei verteidigungs- oder sicherheitsspezifischen Aufträgen im Sinne des § 104 sind zusätzlich besondere Verteidigungs- und Sicherheitsinteressen zu berücksichtigen. Das Gericht berücksichtigt bei seiner Entscheidung auch die Erfolgsaussichten der Beschwerde, die allgemeinen Aussichten des Antragstellers im Vergabeverfahren, den öffentlichen Auftrag oder die Konzession zu erhalten, und das Interesse der Allgemeinheit an einem raschen Abschluss des Vergabeverfahrens.

(3) Hat die Vergabekammer dem Antrag auf Nachprüfung durch Untersagung des Zuschlags stattgegeben, so unterbleibt dieser, solange nicht das Beschwerdegericht die Entscheidung der Vergabekammer nach § 176 oder § 178 aufhebt.

Übersicht

	Rn.
A. Allgemeines	1
B. Aufschiebende Wirkung (Abs. 1 S. 1)	5
I. Eintritt der aufschiebenden Wirkung	5
II. Aufschiebung Wirkung ohne Kenntnis der Beteiligten und ohne Zustellung	7
III. Aufschiebende Wirkung bei (offensichtlicher) Unzulässigkeit oder Unbegründetheit der Beschwerde	8
IV. Umfang der aufschiebenden Wirkung	9
V. Aufschiebende Wirkung bei unterlassener Zustellung des Nachprüfungsantrags durch die Vergabekammer	11
VI. Aufschiebende Wirkung bei Wiedereinsetzung	13
C. Befristung der aufschiebenden Wirkung (Abs. 1 S. 2)	16
I. Ablehnungsfiktion	20
II. Fehlende oder fehlerhafte Rechtsmittelbelehrung	23
D. Antrag auf Verlängerung der aufschiebenden Wirkung (Abs. 1 S. 3)	25
I. Antragsbefugnis	28
II. Form und Frist	31
III. Rechtsschutzbedürfnis	35
E. Entscheidung über den Verlängerungsantrag (Abs. 2)	36
F. Zuschlagsverbot (Abs. 3)	47
Anlage Gesetzesbegründung (BT-Drs. 18/6281)	

A. Allgemeines[1]

Die mit der Überschrift „Wirkung" versehene Vorschrift des § 173 GWB regelt die Rechtsfolgen der beim Oberlandesgericht eingelegten sofortigen Beschwerde. Angeordnet wird die **aufschiebende Wirkung,** d.h. ein Suspensiveffekt der sofortigen Beschwerde gegen die Entscheidung der Vergabekammer (Abs. 1 S. 1). Des Weiteren bestimmt die Norm die grundsätzliche Befristung der aufschiebenden Wirkung (Abs. 1 S. 2) und die Voraussetzungen für einen 1

1 Die Kommentierung basiert zu großen Teilen auf der Kommentierung des § 118 GWB im Taschenkommentar GWB-Vergaberecht (zweite Auflage, hrsg. v. Müller-Wrede) durch Herrn *Frank Bastius*, Vorsitzender Richter am OLG Dresden (Vergabesenat), bei dem wir uns für die Zurverfügungstellung des Manuskriptes herzlich bedanken.

Erhalt des Suspensiveffekts bis zur Entscheidung über die Beschwerde (Abs. 1 S. 3, Abs. 2 und Abs. 3).

2 Die Vorschrift dient dem **vorläufigen Rechtsschutz** eines Bieters, in der Regel des Antragstellers im Nachprüfungsverfahren. Sie soll unter den dort festgelegten Voraussetzungen verhindern, dass der Auftraggeber durch die Zuschlagserteilung während des laufenden Beschwerdeverfahrens vollendete Tatsachen schafft, und so einen effektiven Primärrechtsschutz des Bieters sicherstellen. § 173 GWB dehnt zu diesem Zweck das mit Zustellung des Nachprüfungsantrags eintretende **Zuschlagsverbot** gemäß § 169 Abs. 1 GWB aus. Ein entgegen diesem Zuschlagsverbot erfolgender Vertragsschluss wäre wegen des Verstoßes gegen ein gesetzliches Verbot gemäß § 134 BGB nichtig. Ohne die Regelung des § 173 GWB könnte der Auftraggeber dagegen nach Beendigung des Nachprüfungsverfahrens in erster Instanz vor der Vergabekammer und nach Ablauf der Beschwerdefrist (vgl. §§ 169 Abs. 1, 172 Abs. 1 GWB) den Zuschlag wirksam erteilen. Ein wirksam erteilter Zuschlag kann gemäß § 168 Abs. 2 S. 1 GWB nicht mehr aufgehoben werden; es verbliebe eine erhebliche Lücke beim europa- und verfassungsrechtlich zu gewährleistenden effektiven Primärrechtsschutz.

3 § 173 GWB entspricht nahezu vollständig der Vorgängerregelung in **§ 118 GWB a.F.** Im Zuge der Änderung des Teils 4 des Gesetzes gegen Wettbewerbsbeschränkungen in Umsetzung der im Jahr 2014 neu erlassenen Vergaberichtlinien[2] durch das VergRModG 2016 wurde der Wortlaut der Norm weitestgehend identisch übernommen. Lediglich die Worte „oder die Konzession" wurden in Abs. 2 S. 3 zusätzlich eingefügt, die allerdings keine Auswirkungen auf den Inhalt der Norm haben.[3] Die zu § 118 GWB a.F. ergangene Rechtsprechung und vorliegende Literatur kann daher weiterhin Geltung beanspruchen.

4 Wie schon die Vorgängernorm setzt § 173 GWB die Vorgaben der **Rechtsmittelrichtlinien 89/776/EWG und 92/13/EWG**, insbesondere von Art. 2 Abs. 1 lit. a, Abs. 3 und Abs. 4, um. Die ausdrückliche Erwähnung der Berücksichtigung von besonderen **Verteidigungs- und Sicherheitsinteressen** in Abs. 2 S. 2 erfolgt in Umsetzung von Art. 56 Abs. 5 RL 2009/81/EG.

B. Aufschiebende Wirkung (Abs. 1 S. 1)

I. Eintritt

5 Wie die Rechtsfolgen aus § 169 Abs. 1 GWB, so treten auch die aus § 173 Abs. 1 S. 1 GWB **kraft Gesetzes** ein, ohne dass es eines Antrages bedarf. Es kommt nur darauf an, dass eine sofortige Beschwerde gegen den Beschluss der Vergabekammer eingelegt worden ist. Ist dies der Fall, so ist ohne weiteres Zutun der Beteiligten der Vollzug des Kammerbeschlusses gehemmt.

6 Die sofortige Beschwerde löst die Rechtsfolgen des § 173 Abs. 1 S. 1 GWB mit ihrem **Eingang bei dem (zuständigen) Oberlandesgericht** aus. Durch eine Einlegung der Beschwerde entweder bei der Vergabekammer oder bei einem nicht zuständigen Oberlandesgericht entsteht die aufschiebende Wirkung allerdings erst und nur dann, wenn die Beschwerde innerhalb der Frist des § 172 Abs. 1 GWB an das zuständige Oberlandesgericht geleitet wird.

II. Kenntnis der Beteiligten und Zustellung

7 Es kommt nicht darauf an, ob die Beteiligten und insbesondere der Auftraggeber von der sofortigen Beschwerde Kenntnis erlangen oder ob die Beschwerdeschrift auf Veranlassung des Senats förmlich zugestellt worden ist.[4] Dies gilt nach dem eindeutigen Wortlaut von § 173 Abs. 1 S. 1 GWB trotz der Regelung in § 172 Abs. 4 GWB, dass mit der Einlegung der Be-

---

2 RL 2014/24/EU, RL 2014/25/EU und RL 2014/23/EU.

3 Sofern im Folgenden auf Rechtsprechung oder Literatur Bezug genommen wird, bezieht sich diese daher ohne weitere Anmerkungen stets auf die Vorgängervorschrift § 118 GWB a.F. bzw. auf andere Vorschriften des GWB, die wortgleich übernommen wurden.

4 *Hunger*, in: Kulartz/Kus/Portz, GWB-Vergaberecht, § 118 Rn. 4 f.

schwerde die anderen Beteiligten des Verfahrens vor der Vergabekammer vom Beschwerdeführer durch Übermittlung einer Ausfertigung der Beschwerdeschrift zu unterrichten sind.[5] Ein Verstoß gegen diese Informationspflicht zieht keine Sanktionen nach sich.[6]

III. Unzulässigkeit oder Unbegründetheit der Beschwerde

Irrelevant für die Entstehung der aufschiebenden Wirkung ist, ob die sofortige Beschwerde unzulässig oder unbegründet ist. Dies muss aufgrund des auch in diesem Punkt eindeutigen Wortlauts und aus Gründen der Rechtssicherheit sogar bei offensichtlicher Unzulässigkeit oder Unbegründetheit der sofortigen Beschwerde gelten, solange diese nur fristgerecht beim zuständigen Beschwerdegericht eingelegt wurde.[7] Andernfalls würde die Festlegung, in welchen Fällen noch eine offensichtliche Unzulässigkeit oder Unbegründetheit anzunehmen ist und in welchen Fällen es sich nur um eine „normale" Unzulässigkeit oder Unbegründetheit handelt, willkürlich erfolgen.[8] Das erscheint auch hinnehmbar, ohne dass der Auftraggeber ungebührlich lange an der Erteilung eines beabsichtigten und berechtigten Zuschlags gehindert würde. Nach § 173 Abs. 1 S. 3 GWB bedarf es nach Ablauf von zwei Wochen (§ 173 Abs. 1 S. 2 GWB) ohnehin eines Senatsbeschlusses, soll die aufschiebende Wirkung der Beschwerde gegen einen ablehnenden Beschluss der Vergabekammer weiter verlängert werden. Eine solche Verlängerung ist in den Fällen erkennbarer Aussichtslosigkeit des Rechtsmittels gem. § 173 Abs. 2 S. 3 GWB aber nicht zu erwarten. 8

IV. Umfang

Sinn und Folge der aufschiebenden Wirkung gemäß § 173 Abs. 1 S. 1 GWB ist in erster Linie die Gewährleistung, dass auch nach Ablauf der Beschwerdefrist zunächst noch ein **Zuschlagsverbot während des laufenden Beschwerdeverfahrens** gilt, um effektiven Primärrechtsschutz des Bieters und seine Zuschlagschancen weiterhin zu erhalten.[9] Im Falle eines trotzdem erteilten Zuschlags tritt gemäß § 134 BGB Nichtigkeit des Vertrags, als Rechtsgeschäft, das gegen ein gesetzliches Verbot verstößt, ein.[10] Der Auftraggeber sollte sich daher in einem entsprechenden Fall nach Abschluss des Nachprüfungsverfahrens in erster Instanz vor Zuschlagserteilung erkundigen, ob eine sofortige Beschwerde eingelegt worden ist. Da der Wortlaut der Vorschrift keine Beschränkung auf das Zuschlagsverbot vorsieht, umfasst die aufschiebende Wirkung gegenüber der Entscheidung der Vergabekammer darüber hinaus jede tatsächliche oder rechtliche Maßnahme zur Verwirklichung der angefochtenen Entscheidung, die sich zum Nachteil des Rechtsmittelführers auswirken könnte.[11] 9

Obgleich § 173 Abs. 1 S. 1 GWB einen umfassenden Suspensiveffekt anordnet, wird die aufschiebende Wirkung gegenüber der Entscheidung der Vergabekammer dadurch begrenzt, dass diese nicht insgesamt, sondern **nur in Teilen angefochten** wird. Trotz lediglich teilweiser Anfechtung tritt eine umfassende aufschiebende Wirkung der sofortigen Beschwerde nur ein, wenn es sich bei dem umstrittenen Auftrag um einen unteilbaren Auftrag handelt bzw. ein Verfahrensgegenstand vorliegt.[12] Wegen der geltenden Dispositionsmaxime[13] reicht die aufschiebende Wirkung ansonsten aber nur so weit, wie der Beschwerdeführer es bestimmt. 10

---

5 *Losch*, in: Ziekow/Völlink, Vergaberecht, § 118 GWB Rn. 8; a.A. dagegen OLG Naumburg, Beschluss v. 16.1.2003 – 1 Verg 10/02.
6 *Raabe*, in: Willenbruch/Wieddekind, Vergaberecht, § 118 GWB Rn. 4.
7 Vgl. § 172 Abs. 1 GWB und Rn. 6.
8 *Hunger*, in: Kulartz/Kus/Portz, GWB-Vergaberecht, § 118 Rn. 6.
9 *Vavra*, in: Dreher/Motzke, Vergaberecht, § 118 GWB Rn. 4.
10 *Hunger*, in: Kulartz/Kus/Portz, GWB-Vergaberecht, § 118 Rn. 2; *Raabe*, in: Willenbruch/Wieddekind, Vergaberecht, § 118 GWB Rn. 2.
11 *Losch*, in: Ziekow/Völlink, Vergaberecht, § 118 GWB Rn. 5.
12 *Stockmann*, in: Immenga/Mestmäcker, Wettbewerbsrecht, § 118 GWB Rn. 7.
13 *Stockmann*, in: Immenga/Mestmäcker, Wettbewerbsrecht, § 118 GWB Rn. 7; *Losch*, in: Ziekow/Völlink, Vergaberecht, § 118 GWB Rn. 6.

Greift er die Kammerentscheidung etwa nur bezüglich einzelner Lose[14] an oder nur Nebenentscheidungen, insbesondere über Kosten, so beschränkt sich auch der Suspensiveffekt seiner Beschwerde hierauf.[15]

V. Unterlassene Zustellung des Nachprüfungsantrags

11 Hat die Vergabekammer davon abgesehen, den Auftraggeber in der von § 169 Abs. 1 GWB vorgeschriebenen Textform von dem Nachprüfungsantrag zu informieren, weil sie diesen für offensichtlich unzulässig oder offensichtlich unbegründet gehalten hat (vgl. § 163 Abs. 2 S. 3 GWB), dann fehlt es im Verfahren vor der Vergabekammer an einem Zuschlagsverbot. Dementsprechend ist nach allgemeiner Auffassung auch der **Anwendungsbereich des § 173 Abs. 1 S. 1 GWB nicht eröffnet**.[16] Das ergibt sich zwar nicht unmittelbar aus dem Wortlaut der Regelung. Da diese aber lediglich ein sich aus § 169 Abs. 1 GWB ergebendes Zuschlagsverbot fortschreibt, setzt sie ein solches voraus. Für ein Zuschlagsverbot bedarf es daher der erstmaligen Übermittlung des Nachprüfungsantrags durch den Vergabesenat entsprechend § 169 Abs. 1 GWB.[17]

12 Ob das Oberlandesgericht dabei den **Maßstab des § 163 Abs. 2 GWB**, also lediglich Prüfung auf offensichtliche Unzulässigkeit oder Unbegründetheit,[18] oder den **Maßstab des § 173 Abs. 2 GWB**, der eine umfassende Interessenabwägung einschließlich Prüfung der Erfolgsaussichten der Beschwerde vorsieht,[19] anlegen muss, ist umstritten. Die besseren Gründe sprechen freilich für eine Prüfung lediglich auf offensichtliche Unzulässigkeit und Unbegründetheit, um ein schnelles Zuschlagsverbot zu bewirken. Die Interessenabwägung im Sinne des § 173 Abs. 2 GWB nimmt deutlich mehr Zeit in Anspruch als die Vorprüfung nach § 163 Abs. 2 GWB, und nach dem gesetzlichen Leitbild von § 169 Abs. 1 GWB soll das Zuschlagsverbot im Nachprüfungsverfahren bereits durch jeden Nachprüfungsantrag ausgelöst werden, der nicht offensichtlich erfolglos ist. Dieser Nachprüfungsantrag ist dem Auftraggeber gemäß § 163 Abs. 2 S. 3 GWB zu übermitteln, ohne dass der Vergabekammer irgendwelche Abwägungsspielräume zustünden. Beachtet die Kammer diese gesetzlichen Vorgaben nicht, muss der Vergabesenat ihnen Geltung verschaffen, d.h. jeden Nachprüfungsantrag dem Auftraggeber übermitteln, der nicht offensichtlich unzulässig oder unbegründet ist. Da in dem Fall der Übermittlung des Nachprüfungsantrags durch das Oberlandesgericht erst zu diesem Zeitpunkt das Zuschlagsverbot bewirkt wird, bleibt ein bereits vorher erteilter Zuschlag aber wirksam (§§ 178 S. 4, 168 Abs. 2 S. 1 GWB).

VI. Wiedereinsetzung

13 Versäumt der unterlegene Bieter die Einlegung der sofortigen Beschwerde innerhalb der Notfrist des § 172 Abs. 1 GWB, kann die aufschiebende Wirkung des § 173 Abs. 1 S. 1 GWB nicht entstehen. Er kann jedoch ggf. einen Wiedereinsetzungsantrag stellen, da die Wiedereinsetzungsvorschriften in §§ 230 ff. ZPO gemäß § 175 Abs. 2 i.V.m. § 73 Nr. 2 GWB anwendbar sind. Folge der Wiedereinsetzung in den vorigen Stand ist die Fiktion, dass die versäumte Rechtshandlung als rechtzeitig vorgenommen gilt, in diesem Fall also, dass die sofortige Beschwerde als rechtzeitig eingelegt gilt.[20]

14 Eine materielle Wirkung in dem Sinne, dass ein zum Zeitpunkt der Wiedereinsetzungsentscheidung **bereits erteilter Zuschlag nachträglich nichtig** wird, entfaltet die Wiedereinsetzung aber nicht, da mit Ablauf der Beschwerdefrist (vgl. § 169 Abs. 1 GWB) in dem Moment

14 *Vavra*, in: Dreher/Motzke, Vergaberecht, § 118 GWB Rn. 7; *Hunger*, in: Kulartz/Kus/Portz, GWB-Vergaberecht, § 118 Rn. 8; *Raabe*, in: Willenbruch/Wieddekind, Vergaberecht, § 118 GWB Rn. 5.
15 *Losch*, in: Ziekow/Völlink, Vergaberecht, § 118 GWB Rn. 25.
16 A.A. *Vavra*, in: Dreher/Motzke, Vergaberecht, § 118 GWB Rn. 17.
17 OLG Koblenz, Beschluss v. 25.3.2002 – 1 Verg 1/02; OLG Düsseldorf, Beschluss v. 30.8.2001 – Verg 32/01.
18 So z.B. *Bastius*, in: Müller-Wrede, Taschenkommentar GWB-Vergaberecht, § 118 Rn. 11; *Raabe*, in: Willenbruch/Wieddekind, Vergaberecht, § 118 GWB Rn. 39.
19 So z.B. *Hunger*, in: Kulartz/Kus/Portz, GWB-Vergaberecht, § 118 Rn. 28.
20 BayObLG, Beschluss v. 13.8.2004 – Verg 17/04.

der Zuschlagserteilung kein Zuschlagsverbot und damit kein gesetzliches Verbot im Sinne des § 134 BGB vorlag.[21]

Sofern der Zuschlag noch nicht erteilt wurde, tritt mit Gewährung der Wiedereinsetzung **rückwirkend** grundsätzlich die **aufschiebende Wirkung** ein. Da aber die gesetzlich vorgesehene Dauer des Suspensiveffekts (vgl. § 173 Abs. 1 S. 2 GWB) bereits abgelaufen sein dürfte, ist der Beschwerdeführer gut beraten, gleichzeitig mit dem Antrag auf Wiedereinsetzung einen Antrag auf Verlängerung der aufschiebenden Wirkung gemäß § 173 Abs. 1 S. 3 GWB[22] zu stellen.[23] 15

C. Befristung der aufschiebenden Wirkung (Abs. 1 S. 2)

Die aufschiebende Wirkung der Beschwerde endet kraft Gesetzes **zwei Wochen nach Ablauf der Beschwerdefrist**, § 173 Abs. 1 S. 2 GWB. 16

Nach § 172 Abs. 1 GWB beträgt die **Beschwerdefrist** zwei Wochen und beginnt mit der Zustellung der Entscheidung der Vergabekammer. Abzustellen ist hier auf die **förmliche Zustellung** der Entscheidung mit Zustellungswillen und nicht schon auf eine erkennbar formlose und rein informatorische Übersendung der Beschlussabschrift, die die Vergabekammer möglicherweise per Fax vorab schickt.[24] Sofern eine Zustellung an mehrere Beteiligte erfolgt, kommt es auf die letzte Zustellung an.[25] 17

Für die **Fristberechnung** finden über §§ 175 Abs. 2, 73 Nr. 2 GWB die Regelungen in § 222 ZPO und §§ 187 ff. BGB Anwendung. Das heißt insbesondere, Fristbeginn ist der auf den Tag der Zustellung nächstfolgende Kalendertag und die Frist endet, wenn das Ende der Frist auf einen Sonntag, Feiertag oder Sonnabend fällt, mit Ablauf des nächsten Werktages. 18

Die aufschiebende Wirkung der Beschwerde entfällt, wenn sich das Verfahren über die sofortige Beschwerde durch Rücknahme oder anderweitig **erledigt**.[26] 19

I. Ablehnungsfiktion

Sofern die Vergabekammer nicht über den Nachprüfungsantrag entschieden hat, gilt dieser als abgelehnt, vgl. § 171 Abs. 2 GWB. In diesem Fall ist hinsichtlich des Beginns der Beschwerdefrist gemäß § 172 Abs. 1 GWB naturgemäß nicht auf die Zustellung der Entscheidung abzustellen, sondern auf den **Ablauf der Frist, innerhalb derer die Vergabekammer gemäß § 167 Abs. 1 GWB hätte entscheiden müssen**. Auch wenn dies auf den ersten Blick nicht interessengerecht erscheinen mag, da der Antragsteller zunächst von der unterbliebenen Entscheidung keine sichere Kenntnis haben kann und ihm dadurch Erkundigungspflichten aufgezwungen werden könnten[27], ist der Wortlaut der Vorschriften insofern eindeutig. 20

Auf den zweiten Blick besteht auch **kein Bedürfnis**, dem Antragsteller bei Fristversäumung die Möglichkeit einer **Wiedereinsetzung in den vorigen Stand** gemäß §§ 175 Abs. 2, 73 Nr. 2 GWB, 223 ff. ZPO zu gewähren.[28] Die Ablehnungsfiktion des § 171 Abs. 2 GWB tritt nämlich bereits dann ein, wenn die Vergabekammer nicht innerhalb der Frist des § 167 Abs. 1 GWB „entschieden" hat. Die Entscheidung der Vergabekammer ergeht gemäß § 168 Abs. 3 GWB aber durch **Verwaltungsakt** und ein solcher wird gemäß § 43 Abs. 1 S. 1 VwVfG erst 21

---

21 So auch *Hunger*, in: Kulartz/Kus/Portz, GWB-Vergaberecht, § 118 Rn. 25; *Raabe*, in: Willenbruch/Wieddekind, Vergaberecht, § 118 GWB Rn. 8, und im Ergebnis auch BayObLG, Beschluss v. 10.9.2004 – Verg 19/04; a.A. aber noch BayObLG, Beschluss v. 13.8.2004 – Verg 17/04.
22 Siehe hierzu Kapitel D.
23 *Hunger*, in: Kulartz/Kus/Portz, GWB-Vergaberecht, § 118 Rn. 25.
24 BGH, Beschluss. v. 10.11.2009 – X ZB 8/09.
25 So auch *Vavra*, in: Dreher/Motzke, Vergaberecht, § 118 GWB Rn. 8; *Stockmann*, in: Immenga/Mestmäcker, Wettbewerbsrecht, § 118 GWB Rn. 10.
26 *Losch*, in: Ziekow/Völlink, Vergaberecht, § 118 GWB Rn. 9.
27 So *Bastius*, in: Müller-Wrede, Taschenkommentar GWB-Vergaberecht, § 118 Rn. 13; *Dicks*, in: Ziekow/Völlink, Vergaberecht, § 117 GWB Rn. 6.
28 So aber *Bastius*, in: Müller-Wrede, Taschenkommentar GWB-Vergaberecht, § 118 Rn. 13.

in dem Zeitpunkt wirksam, in dem er dem Betroffenen bekannt gegeben wird. Erst mit der individuellen Bekanntgabe an den Betroffenen beginnen für ihn auch Rechtsmittelfristen zu laufen. Allenfalls bei Vorliegen besonderer Umstände, etwa treuwidrige Vereitelung der Bekanntgabe oder anderweitige sichere Kenntnis des Betroffenen vom Verwaltungsakt, muss sich dieser im Hinblick auf den Fristbeginn so behandeln lassen, als sei ihm der Verwaltungsakt bekannt gegeben worden.[29] Dies bedeutet, dass die Ablehnungsfiktion des § 171 Abs. 2 GWB für den Antragsteller eintritt, wenn ihm eine Vergabekammerentscheidung nicht rechtzeitig innerhalb der Entscheidungsfrist (§ 167 Abs. 1 GWB) zugestellt worden ist. Die bloß rechtzeitige Abgabe einer Entscheidung in den Geschäftsgang hindert den Eintritt der Ablehnungsfiktion hingegen nicht, weil die Entscheidung eben nicht rechtzeitig zugestellt wurde. Hierdurch ist der Antragsteller keineswegs belastet, denn auf diese Weise ist ihm eine rechtssichere Bestimmung der Beschwerdefrist ohne Weiteres möglich. Sollte die verspätet abgesetzte Kammerentscheidung seinem Nachprüfungsantrag stattgeben, wirkt diese gleichwohl für ihn. Zwar ist die Vergabekammer nach Ablauf der Entscheidungsfrist nicht befugt, neben der gesetzlich fingierten Ablehnung des Nachprüfungsantrags eine weitere Sachentscheidung zu treffen. Die verspätete Kammerentscheidung ist wegen der bereits eingetretenen Ablehnungsfiktion zwar rechtswidrig, allerdings nicht nichtig, sodass sie in Bestandskraft erwächst, wenn Auftraggeber und/oder Beigeladene sie nicht rechtzeitig mit der sofortigen Beschwerde angreifen.[30]

22 Die **hiergegen** vorgebrachten Argumente erschöpfen sich letztlich in der reinen Zweckmäßigkeitserwägung, der Zustellungszeitpunkt ihrer Entscheidung liege oftmals außerhalb des Einflussbereichs der Vergabekammer, die als Normadressatin des Beschleunigungsgebots nur für den von ihr kontrollierbaren Bereich zur Einhaltung der Entscheidungsfrist verpflichtet sein könne.[31] Diese (herrschende) Auffassung verkennt jedoch, dass sich der Gesetzgeber ausdrücklich für eine Ausgestaltung der Vergabekammerentscheidung als Verwaltungsakt entschieden hat. Schutzwürdig ist damit allerdings nicht die Kammer als den Verwaltungsakt erlassende Behörde, sondern der vom Verwaltungsakt Betroffene. Mit Blick auf den Beginn der Beschwerdefrist gemäß § 172 Abs. 1 GWB i.V.m. § 171 Abs. 2 GWB fokussiert sich die Betroffenheit allein auf den Antragsteller, denn nur er ist durch die Ablehnungsfiktion beschwert. Allein für ihn ist die rechtssichere Bestimmung des genauen Eintrittszeitpunkts der Ablehnungsfiktion von rechtsschutzwahrender Bedeutung. Es ist Sache der Vergabekammer als Erlassbehörde, die rechtzeitige Zustellung ihrer Entscheidung zu gewährleisten oder eine rechtzeitige Verlängerung der Entscheidungsfrist zu bewirken (§ 167 Abs. 1 S. 2 GWB). Auftraggeber und Beigeladene sind insoweit nicht annähernd so schutzbedürftig wie der Antragsteller. Allein im Fall einer rechtzeitigen Zustellung eines stattgebenden Beschlusses nur beim Antragsteller sind Auftraggeber und Beigeladene durch eine verspätete Zustellung an sie beschwert, weil der stattgebende Kammerbeschluss sie belastet, die Ablehnungsfiktion hingegen zu ihren Gunsten wirkt. Gegen diesen – wenn auch verspätet zugestellten – Kammerbeschluss können Auftraggeber und/oder Beigeladene indes sofortige Beschwerde innerhalb einer Frist einlegen, deren Beginnzeitpunkt sie ab der Zustellung rechtssicher bestimmen können.

II. Fehlende oder fehlerhafte Rechtsmittelbelehrung

23 Da die §§ 168 Abs. 3 S. 3, 61 Abs. 1 S. 1 GWB eine Belehrung über das zulässige Rechtsmittel vorsehen, stellt sich die Frage, wie zu verfahren ist, wenn der Kammerbeschluss keine oder eine unvollständige oder gar eine fehlerhafte Rechtsmittelbelehrung enthält. In Beantwortung dieser Frage wird vertreten, dass eine solchermaßen unzureichende Rechtsmittelbelehrung die **Beschwerdefrist gar nicht erst in Lauf** zu setzen vermöge.[32] Begründet wird dies

29 *Kopp/Ramsauer*, VwVfG, § 43 Rn. 34, 36.
30 *Dicks*, in: Ziekow/Völlink, Vergaberecht, § 116 GWB Rn. 3 m.w.N. auch zur Gegenauffassung.
31 So insbesondere *Frister*, in: Ziekow/Völlink, Vergaberecht, § 113 GWB Rn. 9; *Hunger*, in: Kulartz/Kus/Portz, GWB-Vergaberecht, § 116 Rn. 45, *Ohlerich*, in: Kulartz/Kus/Portz, GWB-Vergaberecht, § 113 Rn. 25; jeweils m.w.N. und unter Bezugnahme auf OLG Naumburg, Beschluss v. 13.10.2006 – 1 Verg 6/06.
32 OLG Celle, Beschluss. v. 31.5.2007 – 13 Verg 1/07.

damit, dass nur auf diese Weise ein effektiver Primärrechtsschutz gewährleistet sei. Folge dieser Auffassung ist, dass ein Zuschlag wegen der fortwirkenden Sperrwirkung aus § 169 Abs. 1 GWB und der mangels Beginn auch nicht nach § 173 Abs. 1 S. 2 GWB ablaufenden Frist auf unabsehbare Zeit wirksam nicht erteilt werden könnte. Nach anderer Auffassung soll entsprechend § 58 Abs. 2 VwGO zu verfahren sein und dementsprechend ein Kammerbeschluss **binnen Jahresfrist** angefochten werden können.[33] Dann wäre nur in dieser Zeit ein Zuschlag wirksam nicht möglich. Eine weitere Ansicht stellt einen Mangel in der Rechtsmittelbelehrung einer nicht ergangenen Entscheidung der Vergabekammer gleich und sieht den **Nachprüfungsantrag als nach §§ 167 Abs. 1, 171 Abs. 2 GWB abgelehnt** an.[34] Schließlich ist in Betracht zu ziehen, die Beschwerdefrist ohne Rücksicht auf das Fehlen der Rechtsmittelbelehrung als in Lauf gesetzt anzusehen und dem Beschwerdeführer bei Unkenntnis von dieser Frist und von einer möglichen Beschwerde nach Maßgabe der §§ 175 Abs. 2, 73 Nr. 2 GWB, 233 ff. ZPO **Wiedereinsetzung in den vorigen Stand** zu gewähren.

Die letztgenannte Auffassung trägt den **schutzwürdigen Belangen der betroffenen Bieter** nur unzureichend Rechnung und untergräbt **Sinn und Zweck der Rechtsmittelbelehrung**. Denn sie lässt die durch die bloße Zustellung des Kammerbeschlusses ausgelöste Rechtsmittelfrist unberührt und eröffnet demzufolge die Möglichkeit, mit einem wirksamen Zuschlag ein Faktum zu schaffen, das wegen § 168 Abs. 2 S. 1 GWB nicht aus der Welt geschafft werden kann. Eine zeitlich unbegrenzt mögliche Beschwerde als Folge der erstgenannten Ansicht schießt über das Ziel hinaus. Kein Bieter kann annehmen, dass ein bis auf Mängel in der Rechtsmittelbelehrung ordnungsgemäß ergangener und zugestellter Kammerbeschluss zeitlich unbeschränkt anfechtbar sein soll. Abgesehen davon ist ein dann zeitlich unbefristet wirkendes Zuschlagsverbot nicht sachgerecht. Die Problemlösung über eine Gleichstellung mit einem nach §§ 167 Abs. 1, 171 Abs. 2 GWB als abgelehnt fingierten Nachprüfungsantrag wirft die Frage auf, wie dann mit einem stattgebenden und fristgerecht ergangenen Beschluss verfahren werden soll, der mit einer unzureichenden Rechtsmittelbelehrung versehen ist und der von einem Beigeladenen oder vom Auftraggeber angefochten wird. Es bedarf schon einiger Phantasie, um in den stattgebenden Beschluss eine Ablehnung hineinzulesen. Die Annahme, es sei der Anwendungsbereich des § 58 Abs. 2 VwGO eröffnet, vermeidet die mit den anderen Lösungsansätzen einhergehenden Schwierigkeiten und berücksichtigt zudem, dass zwischen dem mit einem Verwaltungsakt endenden Kammerverfahren und einem allgemeinen Verwaltungsverfahren eine gewisse Nähe besteht, die sich nicht zuletzt eben auch in der Tatsache ausdrückt, dass es einer Rechtsmittelbelehrung bedarf. Dieser Meinung ist daher zu folgen. 24

D. Antrag auf Verlängerung der aufschiebenden Wirkung (Abs. 1 S. 3)

Da die aufschiebende Wirkung der sofortigen Beschwerde gemäß § 173 Abs. 1 S. 2 GWB zwei Wochen nach Ablauf der Beschwerdefrist entfällt, das Beschwerdeverfahren aber in aller Regel länger andauert, kann der vor der Vergabekammer Obsiegende grundsätzlich noch während des laufenden Beschwerdeverfahrens Maßnahmen zur Verwirklichung der angefochten Entscheidung treffen, mithin der Auftraggeber den Zuschlag erteilen. Um die Schaffung vollendeter Tatsachen zu verhindern, kann das Beschwerdegericht daher gemäß § 173 Abs. 1 S. 3 GWB auf Antrag des Beschwerdeführers die aufschiebende Wirkung bis zur Entscheidung über die Beschwerde verlängern. 25

Die Verlängerung der aufschiebenden Wirkung durch das Beschwerdegericht erfolgt nur **auf Antrag**, eine Anordnung von Amts wegen ist nicht möglich.[35] Der Antrag gilt auch nicht als mit der Einlegung der sofortigen Beschwerde automatisch mitgestellt.[36] 26

33 Vgl. z.B. *Hunger*, in: Kulartz/Kus/Portz, GWB-Vergaberecht, § 118 Rn. 18 ff.
34 *Stickler*, in: Reidt/Stickler/Glahs, Vergaberecht, § 118 GWB Rn. 9.
35 *Stockmann*, in: Immenga/Mestmäcker, Wettbewerbsrecht, § 118 GWB Rn. 11.
36 OLG Düsseldorf, Beschluss v. 6.11.2000 – Verg 20/00.

27 Die Verlängerung der aufschiebenden Wirkung der sofortigen Beschwerde erfordert, dass die Vergabekammer den Nachprüfungsantrag **ausdrücklich abgelehnt** hat oder die **Ablehnungsfiktion** gemäß § 171 Abs. 2 GWB eingetreten ist.[37] § 173 Abs. 1 S. 3 GWB spricht von einer Ablehnung des Nachprüfungsantrags. Umfasst ist hiervon auch der Fall einer **teilweisen Ablehnung des Nachprüfungsantrags**, wenn also die Kammerentscheidung hinter dem zurückbleibt, was der Antragsteller erzielen wollte, sodass hinsichtlich des nicht zugebilligten Teils ein Verlängerungsantrag statthaft ist.[38]

I. Antragsbefugnis

28 Der regelmäßige Anwendungsfall von § 173 Abs. 1 S. 3 GWB ist die Verhinderung der Zuschlagserteilung des Auftraggebers während des Beschwerdeverfahrens auf das Angebot des Beigeladenen, nachdem der **Antragsteller** in erster Instanz unterlegen ist.

29 Nur im Ausnahmefall ist hingegen der **Beigeladene** zum Antrag auf Verlängerung der aufschiebenden Wirkung befugt. Zwar ist er beschwerdeberechtigt, wenn ihn die Kammerentscheidung beschwert, sei es formell wie im Falle einer Antragstellung, der die Vergabekammer nicht gefolgt ist, sei es materiell wie im Falle einer den Beigeladenen in der Sache belastenden Entscheidung der Kammer.[39] Die Beschwerde eines Beigeladenen löst auch die in § 173 Abs. 1 S. 1 und S. 2 GWB beschriebenen Folgen aus. Dementsprechend gibt § 173 Abs. 1 S. 3 GWB neben dem Antragsteller auch dem Beigeladenen das Recht, die weitere Verlängerung der aufschiebenden Wirkung zu beantragen, soweit er Beschwerdeführer ist. Dies setzt nach seinem Wortlaut allerdings voraus, dass die Vergabekammer den **Nachprüfungsantrag abgelehnt** hat. Direkt erfasst ist damit die seltene Konstellation, dass sich der beschwerdeführende Beigeladene – gleich einem streitgenössischen Nebenintervenienten – dem Nachprüfungsantrag im Vergabekammerverfahren angeschlossen hat.[40] Regelmäßig divergieren allerdings die Interessen vom Beigeladenen und vom Antragsteller, sodass der Beigeladene im Falle der Ablehnung des Nachprüfungsantrags gerade nicht beschwert ist. Einem Antrag auf Verlängerung der aufschiebenden Wirkung gegen die ihn begünstigende Entscheidung der Vergabekammer fehlt damit regelmäßig das Rechtsschutzbedürfnis, weil eine Verschlechterung der Zuschlagschancen des Beigeladenen nicht zu besorgen ist. Eine Vereitelung seiner Zuschlagschancen droht dem Beigeladenen auch nicht im Falle eines **stattgebenden Kammerbeschlusses**. Wird darin die Zuschlagserteilung untersagt, folgt dies unmittelbar aus § 173 Abs. 3 GWB. Die Schaffung vollendeter Tatsachen, der mit einem Antrag auf Verlängerung der aufschiebenden Wirkung begegnet werden müsste, droht aber auch nicht, wenn die Vergabekammer anderes verfügt, etwa die Rückversetzung des Vergabeverfahrens oder die Wiederholung der Angebotswertung. Eine anderweitige Zuschlagserteilung setzt dann nämlich voraus, dass der Auftraggeber zuvor ein Vorabinformationsschreiben gemäß § 134 GWB an den Beigeladenen richtet, sodass dieser innerhalb der Stillhaltefrist gegen die neue ihn belastende Vergabeentscheidung die Nachprüfung beantragen kann und auf diese Weise das Zuschlagsverbot auslöst. Entgegen weit verbreiteter (wohl herrschender) Auffassung[41] fehlt es für eine analoge Anwendung von § 173 Abs. 1 S. 3 GWB auf diese Fälle des stattgebenden Kammerbeschlusses bereits an einer planwidrigen Rechtsschutzlücke. Es ist kein Bedürfnis dafür erkennbar, dem Beigeladenen im Wege einer entsprechenden Anwendung von § 173 Abs. 1 S. 3 über den klaren Wortlaut hinaus ein „prozessuales Zuschlagsverbot" zu verschaffen, das ihn in Erwartung der geänderten Vergabeentscheidung zu seinen Lasten besser stellt als den Antragsteller, der gegen die ursprüngliche Vergabeentscheidung mittels Nachprüfungsantrags innerhalb der Stillhaltefrist vorgehen musste. Eine Rechtsschutzlücke, die dem Beigeladenen eine Antragsbefugnis auf Verlängerung der aufschiebenden Wirkung im Wege

37 KG, Beschluss v. 21.11.2014 – Verg 22/13.
38 So auch *Dieck-Bogatzke*, in: Pünder/Schellenberg, Vergaberecht, § 118 GWB Rn. 4.
39 OLG Naumburg, Beschluss v. 21.6.2010 – 1 Verg 12/09.
40 OLG Naumburg, Beschluss v. 3.4.2012 – 2 Verg 3/12.
41 Etwa OLG Naumburg, Beschluss v. 3.4.2012 – 2 Verg 3/12; siehe zum Streitstand *Hunger*, in: Kulartz/Kus/Portz, GWB-Vergaberecht, § 118 Rn. 31.

der analogen Anwendung von § 173 Abs. 1 S. 3 GWB verschaffen muss, besteht allerdings in der seltenen Fallkonstellation, dass der angefochtene Vergabekammerbeschluss den Auftraggeber **zur Zuschlagserteilung an den Antragsteller verpflichtet**. Allein in dieser Sonderkonstellation steht für den Beigeladenen eine anderweitige Zuschlagserteilung nach Ablauf des zweiwöchigen Suspensiveffekts gemäß § 173 Abs. 1 S. 2 GWB zu befürchten. Es bedarf dann nicht notwendig einer neuen Vergabeentscheidung des Auftraggebers, die ihrerseits die Vorabinformationspflicht des § 134 GWB auslöst. Da die Vergabekammer zudem nicht lediglich die Untersagung des Zuschlags verfügt, sondern vielmehr eine Verpflichtungsentscheidung zur Zuschlagserteilung getroffen hat, greift auch nicht das Zuschlagsverbot des § 173 Abs. 3 GWB.[42] Zur Gewährleistung eines effektiven Primärrechtsschutzes auch des Beigeladenen ist er (allein) in diesem Ausnahmefall zum Antrag auf Verlängerung der aufschiebenden Wirkung befugt.

Ein durch den **Auftraggeber** gestellter Verlängerungsantrag ist unstatthaft.[43] Zum einen 30
kann dieser kein schützenswertes Interesse an der aufschiebenden Wirkung bezüglich der Entscheidung, mit der er obsiegt hat, haben. Zum anderen sind seine entsprechenden Rechte ausreichend durch § 176 GWB geschützt.

II. Form und Frist

Für den Antrag auf Verlängerung der aufschiebenden Wirkung ist keine besondere **Form** vor- 31
geschrieben, sodass dieser theoretisch auch mündlich oder telefonisch gestellt werden kann, was freilich praxisfern ist. Zum Teil wird eine Übertragung des Schriftformgebots aus § 176 Abs. 2 S. 1 oder § 161 Abs. 1 S. 1 GWB vertreten.[44] Aufgrund des eindeutigen Wortlauts der Vorschrift, die gerade nicht wie in den vorgenannten Normen die Schriftform anordnet, ist dies allerdings abzulehnen.[45] Wegen des gemäß § 175 Abs. 1 GWB geltenden Anwaltszwangs ist der Antrag durch einen Rechtsanwalt zu stellen.[46]

Der Antrag ist nach dem Wortlaut des Gesetzes nicht an eine **Frist** gebunden. Er muss insbe- 32
sondere nicht bereits in der Beschwerdeschrift enthalten sein, auch wenn dies zweckmäßig und in der Praxis der Regelfall ist. Da die aufschiebende Wirkung erst durch Einlegung der sofortigen Beschwerde ausgelöst wird, ist ein Antrag auf Verlängerung der aufschiebenden Wirkung frühestens ab dem Zeitpunkt der Einlegung möglich. Allerdings kann ein zuvor gestellter Antrag durch Aufrechterhaltung nachträglich zulässig werden.[47]

Ist im Gesetz auch keine bestimmte Frist für einen Verlängerungsantrag normiert, so ergibt 33
sich eine **zeitliche Beschränkung** doch aus der Tatsache, dass eine Verlängerung der aufschiebenden Wirkung der Beschwerde begrifflich voraussetzt, dass es nicht bereits zu einer Beendigung dieser Wirkung gekommen ist. Ein erfolgreicher Antrag nach § 173 Abs. 1 S. 3 GWB kann daher nur bis zum Ablauf der Frist des § 173 Abs. 1 S. 2 GWB gestellt werden.[48] Es besteht keine Veranlassung, über den Wortlaut des Gesetzes hinaus die aufschiebende Wirkung der Beschwerde nicht lediglich zu verlängern, sondern wiederherzustellen. Dies gilt entgegen anders vertretener Ansicht[49] auch dann, wenn der Zuschlag noch nicht erteilt und das Vergabeverfahren daher nicht mit den Folgen des § 168 Abs. 2 GWB beendet ist.[50] Fristverlängerungen kommen auch außerhalb des Vergaberechts vor, etwa nach §§ 520 Abs. 2, 551 Abs. 2 und 575 Abs. 2 ZPO. Für jede dieser Vorschriften ist zu Recht anerkannt, dass die

---

42 *Hunger*, in: Kulartz/Kus/Portz, GWB-Vergaberecht, § 118 Rn. 31.
43 OLG Naumburg, Beschluss v. 7.1.2014 – 2 Verg 1/14; a.A. *Dieck-Bogatzke*, in: Pünder/Schellenberg, Vergaberecht, § 118 GWB Rn. 13.
44 So noch *Bastius*, in: Müller-Wrede, Taschenkommentar GWB-Vergaberecht, § 118 Rn. 19; *Losch*, in: Ziekow/Völlink, Vergaberecht, § 118 GWB Rn. 17f.
45 So auch *Stockmann*, in: Immenga/Mestmäcker, Wettbewerbsrecht, § 118 GWB Rn. 12.
46 Vgl. auch *Stockmann*, in: Immenga/Mestmäcker, Wettbewerbsrecht, § 118 GWB Rn. 12.
47 So auch *Stockmann*, in: Immenga/Mestmäcker, Wettbewerbsrecht, § 118 GWB Rn. 13.
48 So auch schon OLG Düsseldorf, Beschluss v. 6.11.2000 – Verg 20/00.
49 Vgl. z.B. *Stockmann*, in: Immenga/Mestmäcker, Wettbewerbsrecht, § 118 GWB Rn. 14.
50 Ebenso *Vavra*, in: Dreher/Motzke, Vergaberecht, § 118 GWB Rn. 21; *Raabe*, in: Willenbruch/Wieddekind, Vergaberecht, § 118 GWB Rn. 17.

Verlängerung einer bereits abgelaufenen Frist von vornherein ausscheidet und nur eine Wiedereinsetzung in den vorigen Stand nach Maßgabe der §§ 233 ff. ZPO in Betracht kommen kann. Die Möglichkeit der **Wiedereinsetzung in den vorigen Stand** gemäß §§ 233 ff. ZPO wird zum Teil auch für den Fall der Versäumung der Frist des § 173 Abs. 1 S. 3 GWB angenommen.[51] Da die Frist des § 173 Abs. 1 S. 3 GWB jedoch weder in § 233 ZPO ausdrücklich erwähnt noch als Notfrist bezeichnet ist, ist eine Wiedereinsetzung in den vorigen Stand gemäß §§ 233 ff. ZPO ebenfalls ausgeschlossen.[52] Insbesondere in den Fällen, in denen der Auftraggeber zunächst eine Stillhalteerklärung abgegeben hat und diese dann zurückzieht, ist eine nachträgliche Verlängerung bzw. Wiederherstellung der aufschiebenden Wirkung aber geboten.[53]

34 Die Frist des § 173 Abs. 1 S. 2 GWB kann durch den Antragstellenden **vollständig ausgeschöpft** werden. Sofern es dem Beschwerdegericht in der Folge nicht mehr möglich ist, in der verbleibenden Zeit bis zum Ablauf der aufschiebenden Wirkung den anderen Beteiligten rechtliches Gehör zu verschaffen und nach der gemäß § 173 Abs. 2 GWB erforderlichen Interessenabwägung über den Verlängerungsantrag zu entscheiden, kann es die aufschiebende Wirkung auch zunächst **vorläufig** bis zur Entscheidung über den Verlängerungsantrag **verlängern**.[54] Diese Art von „Hängebeschlüssen" oder „Zwischenverfügungen" erfolgt in der Praxis recht häufig. Der Antrag auf vorläufige Verlängerung sollte vorsorglich stets mit dem Antrag auf (endgültige) Verlängerung der aufschiebenden Wirkung gestellt werden.

III. Rechtsschutzbedürfnis

35 Zum Teil wird dem den Antrag auf Verlängerung der aufschiebenden Wirkung Stellenden ein Rechtsschutzbedürfnis für die Entscheidung des Beschwerdegerichts über die Verlängerung abgesprochen, sofern in dem Vergabeverfahren aus rechtlichen oder tatsächlichen Gründen **in absehbarer Zeit kein Zuschlag erteilt werden kann**.[55] Damit würden dem Beschwerdeführer allerdings untragbare Unwägbarkeiten aufgebürdet, da er bereits keine Gewähr dafür hat, rechtzeitig zu erkennen, wann ein Zuschlag wieder droht. Da zudem eine Verlängerung der aufschiebenden Wirkung nach Ablauf der Frist des § 173 Abs. 1 S. 2 GWB grundsätzlich nicht mehr zulässig beantragt werden kann,[56] entstünde auf diese Weise eine nicht hinnehmbare Lücke im Primärrechtsschutz, wenn man nicht ausnahmsweise eine nachträgliche Wiederherstellung des wegen Fristablaufs (§173 Abs. 1 S. 2 GWB) entfallenen Suspensiveffekts gestattet.[57]

E. Entscheidung über den Verlängerungsantrag (Abs. 2)

36 Das Beschwerdegericht trifft die Entscheidung über den Verlängerungsantrag in der Regel **ohne mündliche Verhandlung** durch Beschluss. Aufgrund des für den vorläufigen Rechtsschutz geltenden Beschleunigungsgrundsatzes und da nicht „über die Beschwerde" entschieden wird, ist dies mit §§ 175 Abs. 2, 69 Abs. 1 GWB vereinbar.[58]

---

51 So z.B. noch *Bastius*, in: Müller-Wrede, Taschenkommentar GWB-Vergaberecht, § 118 Rn. 21.
52 So auch *Raabe*, in: Willenbruch/Wieddekind, Vergaberecht, § 118 GWB Rn. 20.
53 In diese Richtung argumentierend auch OLG Düsseldorf, Beschluss v. 6.11.2000 – Verg 20/00, jedoch ausdrücklich offenlassend.
54 *Losch*, in: Ziekow/Völlink, Vergaberecht, § 118 GWB Rn. 22 f.
55 So z.B. OLG Frankfurt, Beschluss v. 6.8.2015 – 11 Verg 7/15 (allerdings in dem speziellen Fall der noch bis nach Abschluss des Beschwerdeverfahrens laufenden Jahresfrist des Art. 7 Abs. 2 VO (EG) 1370/2007); *Vavra*, in: Dreher/Motzke, Vergaberecht, § 118 GWB Rn. 18.
56 Siehe Rn. 33.
57 *Stockmann*, in: Immenga/Mestmäcker, Wettbewerbsrecht, § 118 GWB Rn. 15; *Raabe*, in: Willenbruch/Wieddekind, Vergaberecht, § 118 GWB Rn. 14.
58 OLG Jena, Beschluss v. 8.6.2000 – 6 Verg 2/00; *Raabe*, in: Willenbruch/Wieddekind, Vergaberecht, § 118 GWB Rn. 41.

Bescheidet das Oberlandesgericht den Antrag auf Verlängerung der aufschiebenden Wirkung positiv, so tritt die **verlängernde Wirkung mit Erlass der Entscheidung** ein, ohne dass es auf die Kenntnis der Beteiligten hiervon oder auf eine Zustellung ankommt.[59] 37

Den **Maßstab der Entscheidung** des Beschwerdegerichts über die Verlängerung der aufschiebenden Wirkung regelt § 173 Abs. 2 GWB. Danach lehnt das Gericht den Antrag nach § 173 Abs. 1 S. 3 GWB ab, wenn unter Berücksichtigung aller möglicherweise geschädigten Interessen die nachteiligen Folgen einer Verzögerung der Vergabe bis zur Entscheidung über die Beschwerde die damit verbundenen Vorteile überwiegen. Das Gericht führt also im Rahmen seiner Entscheidung eine **umfassende Interessensabwägung** durch. Die Vorgängernorm des § 173 GWB, § 118 GWB a.F., sah in ihrer bis 2009 geltenden Fassung dagegen zunächst eine Prüfung der Erfolgsaussichten der sofortigen Beschwerde als vorrangig zu berücksichtigendes Kriterium bei der Entscheidung des Gerichts vor, an die sich eine Interessenabwägung anschließen sollte. Die Prüfung des Gerichts über den Verlängerungsantrag erfolgte daher in der Regel in einer **Zweistufenprüfung** (erste Stufe: Prüfung der Erfolgsaussichten der Beschwerde, zweite Stufe: Interessenabwägung). Seit der Änderung des § 118 GWB im Jahr 2009 stellen die Erfolgsaussichten der sofortigen Beschwerde jedoch nur noch eines von mehreren Kriterien, aber nicht mehr das vorrangig zu prüfende Kriterium bei der Entscheidung des Gerichtes über den Antrag nach § 118 Abs. 1 S. 3 GWB a.F. bzw. nun § 173 Abs. 1 S. 3 GWB dar.[60] 38

Trotzdem kommt den **summarisch zu prüfenden Erfolgsaussichten der sofortigen Beschwerde**, die gerade anders als im Eilverfahren nach § 169 Abs. 2 GWB im Rahmen der Entscheidung über den Antrag nach § 173 Abs. 1 S. 3 GWB zwingend zu berücksichtigen sind (§ 173 Abs. 2 S. 3 GWB), ein erhebliches Gewicht zu. Ein Verlängerungsantrag ohne Erfolgsaussichten der Beschwerde wird daher in der Regel abgewiesen.[61] Die Interessenabwägung nach § 173 Abs. 2 GWB ist nämlich kein Instrument des Bieterschutzes in der Weise, dass etwa dem Antragsteller die Möglichkeit eröffnet würde, die Zuschlagserteilung trotz fehlender Erfolgsaussichten seines Nachprüfungsbegehrens zu verhindern.[62] Hingegen wird bei einem voraussichtlich erfolgreichen Rechtsmittel der Antrag auf Verlängerung seiner aufschiebenden Wirkung zumeist positiv entschieden. Jedenfalls müssen die abzuwägenden Interessen des Auftraggebers oder der Allgemeinheit an einem raschen Abschluss des Verfahrens umso schwerer wiegen, je höher die Wahrscheinlichkeit des Erfolges der Beschwerde ist.[63] Bei offenen Erfolgsaussichten muss dagegen eine offene Interessenabwägung im Einzelfall erfolgen,[64] die gemäß § 173 Abs. 2 S. 3 GWB insbesondere auch die allgemeinen Aussichten des Antragstellers im Vergabeverfahren, den öffentlichen Auftrag oder die Konzession zu erhalten, zu berücksichtigen hat.[65] 39

Außerhalb der im Gesetz eigens genannten **Verteidigungs- und Sicherheitsinteressen** kommt den **Belangen der Allgemeinheit**, die in die Abwägung einzustellen sind, eine doppelte Bedeutung zu. Zum einen werden diese im Gesetz insoweit erwähnt, als es um die wirtschaftliche Erfüllung der Aufgaben des Auftraggebers geht (§ 173 Abs. 2 S. 2 GWB). Andererseits ist das im Einzelfall hiermit durchaus nicht deckungsgleiche Interesse an einem raschen Abschluss des Vergabeverfahrens angesprochen (§ 173 Abs. 2 S. 3 GWB). 40

Mit der **wirtschaftlichen Erfüllung der Aufgaben des Auftraggebers** ist der Umstand erwähnt, dass jede öffentliche Auftragsvergabe darauf abzielt, den Zuschlag auf das wirtschaftlichste Angebot zu erteilen. Ist zu besorgen, dass das Vergabeverfahren in der Weise, in der es von der Vergabestelle nach dem Inhalt der Ausschreibung oder der Art und Weise der Angebotswertung betrieben wird, die Verwirklichung dieses Ziels nicht sicherzustellen vermag 41

59 *Raabe*, in: Willenbruch/Wieddekind, Vergaberecht, § 118 GWB Rn. 59.
60 A.A. *Vavra*, in: Dreher/Motzke, Vergaberecht, § 118 GWB Rn. 24.
61 OLG Düsseldorf, Beschluss v. 9.4.2014 – VII-Verg 8/14, m.w.N.
62 *Gröning*, VergabeR 2003, 290 (293).
63 OLG Düsseldorf, Beschluss v. 12.10.2011 – VII-Verg 74/11.
64 Vgl. auch *Raabe*, in: Willenbruch/Wieddekind, Vergaberecht, § 118 GWB Rn. 56.
65 *Hunger*, in: Kulartz/Kus/Portz, GWB-Vergaberecht, § 118 Rn. 62; *Losch*, in: Ziekow/Völlink, Vergaberecht, § 118 GWB Rn. 40.

oder gar erkennbar gefährdet, so können Erwägungen der Wirtschaftlichkeit eine Verlängerung der aufschiebenden Wirkung der Beschwerde nahelegen. Dabei bleibt aber zu berücksichtigen, dass das Vergabenachprüfungsverfahren nicht auf eine allgemeine Rechtmäßigkeitskontrolle, sondern darauf gerichtet ist, in zulässiger Weise erhobenen Beanstandungen von Bietern nachzugehen. Auf diese und die Einwendungen der Vergabestelle kommt es dann auch an, wenn die Wirtschaftlichkeit der Vergabe zu beurteilen ist. Ebenfalls der wirtschaftlichen Erfüllung der Aufgaben zuzurechnen ist der Umstand, dass eine weitere Verlängerung der aufschiebenden Wirkung der Beschwerde mit der Folge einer weiteren Verzögerung der Erteilung des Zuschlags dazu führen kann, dass auf den Auftraggeber **Mehrkosten** zukommen können. Das kann insbesondere bei der Vergabe von Bauleistungen der Fall sein, bei denen die Rechtsprechung dem Bieter, der letztlich den Auftrag erhält, im Einzelfall einen in Anlehnung an § 2 Abs. 5 VOB/B zu bestimmenden Mehrpreis zuerkennt.[66] Der Anspruch umfasst die Mehrkosten, die ursächlich auf eine Verschiebung der Bauzeit zurückzuführen sind. Da eine solche mit einer durch das Nachprüfungsverfahren und eine Verlängerung der aufschiebenden Wirkung der Beschwerde bedingten Verzögerung der Auftragserteilung nicht selten einhergehen wird, ist eine daraus resultierende Forderung in die Überlegungen nach § 173 Abs. 1 S. 3 und Abs. 2 GWB mit einzubeziehen. Allerdings bedarf es hierzu ins Einzelne gehender und belastbarer Darlegungen der Beteiligten.[67] Keinesfalls darf die bloße abstrakte Gefahr eines Mehrpreises zum Anlass genommen werden, von einem solchen auszugehen und ihn in die von § 173 Abs. 2 GWB vorgegebene Abwägung einzustellen.

42 Das ebenfalls zu berücksichtigende allgemeine **Interesse an einem raschen Abschluss des Vergabeverfahrens** ist betroffen, wenn die ordnungsgemäße Erfüllung einer zur Wahrung öffentlicher Belange notwendig zu erbringenden Leistung gefährdet erscheint, sollte der Auftrag nicht alsbald erteilt werden.[68] Soweit dies nicht wegen der Natur der Aufgabe offensichtlich ist, hat der Auftraggeber hierzu vorzutragen. Kann einem Bedürfnis nach einer zeitnahen Leistungserbringung durch einen Interimsvertrag, der die vorübergehende Aufgabenerfüllung gewährleistet, entsprochen werden, so ist ein solcher zu schließen.[69] Im Zweifel sind Verzögerungen in der Auftragsvergabe, die bei einem Nachprüfungsverfahren im Allgemeinen unvermeidlich sind, hinzunehmen. Nach allgemeiner Auffassung kann sich ein Auftraggeber nicht auf eine besondere Eilbedürftigkeit der Zuschlagserteilung berufen, wenn die Zeitnot daraus resultiert, dass der Auftraggeber das Vergabeverfahren zu spät begonnen hat.[70] Sofern wegen eines zeitnah anberaumten Verhandlungstermins nur eine geringfügige Verzögerung des Verfahrens zu erwarten ist und andere nachteilige Folgen nicht ersichtlich sind, kommt dem Interesse des Auftraggebers regelmäßig kein großes Gewicht zu.[71]

43 Für die Fälle, in denen das Beschwerdegericht im Rahmen der Interessensabwägung zu dem Ergebnis gelangt, dass in der Hauptsache voraussichtlich eine **Divergenzvorlage an den BGH** oder ein **Vorabentscheidungsersuchen an den EuGH** stattfinden muss, wird zum Teil vertreten, dies rechtfertige eine Ablehnung des Antrags auf Verlängerung der aufschiebenden Wirkung trotz Bejahung der Erfolgsaussichten der Beschwerde, da eine solche abzusehende längere Verzögerung des Vergabeverfahrens der Allgemeinheit regelmäßig nicht zumutbar sei.[72] Andere halten dies nicht für überzeugend, weil die Entscheidung über den Verlängerungsantrag im Falle der Divergenzvorlage an den BGH gemäß § 179 Abs. 2 S. 4 GWB (§ 124

---

66 BGH, Urteil v. 8.3.2012 – VII ZR 202/09; Urteil v. 20.7.2010 – VII ZR 213/08; Urteil v. 10.9.2009 – VII ZR 152/08.

67 OLG Düsseldorf, Beschluss v. 12.10.2011 – VII-Verg 74/11.

68 Bejaht z.B. für die Vergabe von Rettungsdienstleistungen (OLG München, Beschluss v. 2.7.2009 – Verg 5/09) und hinsichtlich des dringenden Interesses an einer gesicherten und modernen Kommunikationsstruktur bei Auslandseinsätzen (OLG Düsseldorf, Beschluss v. 11.4.2011 – VII-Verg 27/11).

69 KG, Beschluss v. 31.8.2009 – 2 Verg 6/09.

70 *Raabe*, in: Willenbruch/Wieddekind, Vergaberecht, § 118 GWB Rn. 56; *Losch*, in: Ziekow/Völlink, Vergaberecht, § 118 GWB Rn. 43.

71 Vgl. OLG Celle, Beschluss v. 5.2.2015 – 13 Verg 1/15.

72 OLG München, Beschluss v. 2.7.2009 – Verg 5/09; OLG Düsseldorf, Beschluss v. 30.11.2009 – VII-Verg 41/09; *Vavra*, in: Dreher/Motzke, Vergaberecht, § 118 GWB Rn. 25; *Hunger*, in: Kulartz/Kus/Portz, GWB-Vergaberecht, § 118 Rn. 62.

Abs. 2 S. 4 GWB a.F.) gerade unabhängig von der Vorlagepflicht getroffen werden soll.[73] Der Fall, dass der Vergabesenat die Beschwerde summarisch auf der Grundlage einer von einem anderen Vergabesenat abweichenden Rechtsauffassung für unbegründet hält, könne zu einer offenen Erfolgsprognose und damit im Ergebnis auch zu einer Verlängerung der aufschiebenden Wirkung Anlass geben, weil die Divergenzentscheidung noch nicht bekannt sei.[74] Die Verlängerung der aufschiebenden Wirkung sei hier auch im Allgemeininteresse an der Klärung der Rechtsfrage und im Interesse der Funktionsfähigkeit des Vorlageverfahrens angezeigt. Erst recht gelte dies bei einer Rechtsfrage, deren Klärung vom Ergebnis eines Vorabentscheidungsersuchens an den EuGH nach Art. 267 AEUV abhängt. Diese Argumentationslinie blendet indes die **Funktion des Vergabeverfahrens** als Mittel einer zwar geordneten, d.h. prozedural festgelegten, zur ordnungsgemäßen Aufgabenerfüllung aber unabdingbaren Beschaffungstätigkeit der öffentlichen Hand gänzlich aus. Insbesondere im Fall einer in der Hauptsache erforderlichen Vorlage an den EuGH wird der Zeitraum der Verzögerung unabsehbar,[75] sodass auch eine Interimsvergabe, die grundsätzlich ebenfalls wettbewerblich zu erfolgen hat,[76] das Problem nicht löst. Gerade weil die Erfolgsaussichten aufgrund der nicht vorhersehbaren Vorabentscheidung des EuGH bzw. Divergenzentscheidung des BGH als offen gelten (müssen), muss der befasste Vergabesenat hier eine umfassende Abwägung aller möglicherweise geschädigten Interessen vornehmen und auf dieser Grundlage über die Verlängerung des Suspensiveffekts entscheiden.

Eine ablehnende wie auch eine zusprechende Entscheidung über einen Verlängerungsantrag enthält keine **Entscheidung über die Kosten**. Diese ist erst mit der Beschwerdeentscheidung nach den Grundsätzen der §§ 175 Abs. 2, 78 GWB zu treffen. 44

Gegen eine Entscheidung nach § 173 Abs. 1 S. 3 GWB ist **kein Rechtsmittel** eröffnet. 45

Eine **Vorlage an den BGH** und eine solche **an den EuGH** scheiden in dem Eilverfahren nach § 173 Abs. 1 S. 3 GWB aus. Für Vorlagen an den BGH ergibt sich dies ausdrücklich aus § 179 Abs. 2 S. 4 GWB und folgt für Vorlagen an den EuGH nach Maßgabe von Artikel 267 AEUV ebenfalls aus der Eilbedürftigkeit der Entscheidung. Allerdings kann ein Vergabesenat, der mit einer abschließenden Sachentscheidung nach § 178 GWB befasst ist, eine von einem anderen Senat im Rahmen eines Eilverfahrens nach § 173 Abs. 1 S. 3 GWB getroffene abweichende Entscheidung zum Anlass einer Vorlage nehmen.[77] Schon der Wortlaut der Ausnahmeregelung für die Vorlageverpflichtung in § 179 Abs. 2 S. 4 GWB („im Verfahren nach § 173 Abs. 1 S. 3 GWB") umfasst diesen Fall ebenso wenig wie ihr Sinn und Zweck. Die Ausnahmevorschrift des § 179 Abs. 2 S. 4 GWB trägt der besonderen Beschleunigungsnotwendigkeit in den Eilverfahren Rechnung, die durch eine Vorlage an den BGH und die damit verbundene Verzögerung bis zur (Eil)Entscheidung konterkariert würde. Dieser Grund gilt aber von vorneherein dann nicht, wenn ein Vergabesenat in einer Hauptsacheentscheidung – und nicht im Eilverfahren selbst – von einer in einem Eilverfahren ergangenen Entscheidung abweichen will.[78] 46

F. Zuschlagsverbot (Abs. 3)

In ihrem durch den Wortlaut nahegelegten Anwendungsbereich erfasst die Regelung Beschlüsse der Vergabekammer, in denen der Vergabestelle ausdrücklich die Erteilung des Zuschlags untersagt worden ist. Eine hiergegen eingelegte Beschwerde lässt dieses Zuschlagsverbot unberührt, solange es nicht vom Vergabesenat in einer Vorabentscheidung nach § 176 GWB oder in einer abschließenden Entscheidung nach § 178 GWB aufgehoben worden ist. 47

---

73 *Raabe*, in: Willenbruch/Wieddekind, Vergaberecht, § 118 GWB Rn. 58; im Ergebnis auch *Losch*, in: Ziekow/Völlink, Vergaberecht, § 118 GWB Rn. 44.
74 Vgl. auch OLG Brandenburg, Beschluss v. 7.12.2010 – Verg W 16/10.
75 Zutreffend OLG Düsseldorf, Beschluss v. 30.11.2009 – VII-Verg 21/09.
76 OLG Dresden, Beschluss v. 25.1.2008 – WVerg 10/07.
77 So auch *Dieck-Bogatzke*, in: Pünder/Schellenberg, Vergaberecht, § 124 GWB Rn. 10; *Dicks*, in: Ziekow/Völlink, Vergaberecht, § 124 GWB Rn. 12; a.A. noch *Bastius*, in: Müller-Wrede, Taschenkommentar GWB-Vergaberecht, § 118 Rn. 41.
78 OLG Düsseldorf, Beschluss v. 16.4.2008 – VII-Verg 57/07.

Weiter ist davon auszugehen, dass der Gesetzgeber in § 173 Abs. 3 GWB Beschwerden des durch die Anordnung der Vergabekammer unmittelbar belasteten Auftraggebers vor Augen hatte. Dieser könnte, gäbe es § 173 Abs. 3 GWB nicht, aufgrund der aufschiebenden Wirkung seiner Beschwerde den Zuschlag erteilen. Dies soll während des laufenden Beschwerdeverfahrens bzw. ohne Entscheidung über seinen Antrag nach § 176 GWB ausgeschlossen werden.

48 Die Klarheit der Vorschrift ist aber nur eine vermeintliche. Zum einen ist von einer Untersagung des Zuschlags nicht nur der Auftraggeber betroffen. Vielmehr geht es insoweit auch um **beigeladene Mitbieter**, die nicht an einer Untersagung des Zuschlags schlechthin, sondern lediglich daran interessiert sind, dass dieser nicht dem Antragsteller des Nachprüfungsverfahrens erteilt wird. Zum anderen enden in der Rechtspraxis der Vergabekammern mehr Verfahren damit, dass dem Auftraggeber eine **Wiederholung der Angebotswertung** aufgegeben oder angeordnet wird, dass das Vergabeverfahren in ein der Wertung vorgelagertes Stadium **zurückversetzt** werde, als dass es ausdrücklich zu einer Untersagung des Zuschlags kommt. Eine solche Entscheidung bleibt nicht nur im Einzelfall hinter dem Antrag des Antragstellers zurück, sondern kann auch einen Beigeladenen belasten, der nach den bisherigen Vorstellungen des Auftraggebers den Zuschlag erhalten soll und für dessen Angebot gegebenenfalls von der Vergabekammer sogar der Ausschluss verfügt worden ist.

49 Sowohl der ausdrücklichen Untersagung des Zuschlags als auch der Vorgabe einer Wiederholung der Angebotswertung oder der Zurückversetzung in ein anderes der Zuschlagserteilung vorgelagertes Verfahrensstadium wie auch der Anordnung der Aufhebung der Ausschreibung ist **gemeinsam**, dass die Vergabestelle **bis auf Weiteres den Zuschlag nicht wirksam erteilen kann**. Im erstgenannten Falle ist das ausdrücklich angeordnet, in den anderen Fällen ist dies eine logische Folge der Anordnung.[79] Jedenfalls in der erstgenannten Fallkonstellation ist nicht zu besorgen, dass bis zu einer anderslautenden Sachentscheidung nach §§ 176, 178 GWB ein wirksamer Zuschlag erteilt wird. Das mit den anderen Fallkonstellationen verbundene Zuschlagsverbot aus § 173 Abs. 3 GWB endet zwar nicht notwendig erst mit einer durch eine abweichende Senatsentscheidung geschaffenen Änderung. Soweit das Zuschlagsverbot aus der Anordnung einer Wertungswiederholung resultiert, entfällt es im Grunde mit dem Abschluss eben dieser Wertung.[80] Es ist dem Auftraggeber nämlich unbenommen, im laufenden Beschwerdeverfahren die ihm von der Vergabekammer auferlegte Wiederholung der Wertung vorzunehmen und zu einem Abschluss zu bringen. Allerdings greift dann der Schutz des § 134 Abs. 1 GWB mit der dort verankerten Notwendigkeit, die Bieter erneut über die dann beabsichtigte Vergabe zu informieren. Zwar ist dieser Schutz nicht vollkommen, was schon die Ausnahmeregelung in § 134 Abs. 3 GWB zeigt. Es ist aber kein Bedürfnis dafür erkennbar, insbesondere dem Beigeladenen im Wege einer entsprechenden Anwendung von § 173 Abs. 1 S. 3 GWB über dessen klaren Wortlaut hinaus stets ein „prozessuales Zuschlagsverbot" zu verschaffen. Eine dies erfordernde Rechtsschutzlücke besteht nur in der seltenen Fallkonstellation, dass der angefochtene Vergabekammerbeschluss den Auftraggeber unmittelbar zur Zuschlagserteilung an den Antragsteller verpflichtet.[81]

Anlage

Gesetzesbegründung (BT-Drs. 18/6281)

Seite 136

§ 173 entspricht dem bisherigen § 118.

---

79 OLG Celle, Beschluss v. 10.4.2007 – 13 Verg 5/07.

80 OLG Düsseldorf, Beschluss v. 9.3.2007 – VII-Verg 5/07.

81 Siehe näher hierzu Rn. 29; anderer Ansicht noch *Bastius*, in: Müller-Wrede, Taschenkommentar GWB-Vergaberecht, § 118 Rn. 37.

§ 174
Beteiligte am Beschwerdeverfahren

An dem Verfahren vor dem Beschwerdegericht beteiligt sind die an dem Verfahren vor der Vergabekammer Beteiligten.

Übersicht Rn.

A. Allgemeines 1
B. Beteiligte 4
I. Antragsteller und Antragsgegner 4
II. Beigeladene 6
III. Rechte der Beteiligten 10
Anlage
Gesetzesbegründung (BT-Drs. 18/6281)

A. Allgemeines

1 § 174 GWB entspricht wortgleich **§ 119 GWB a.F.**

2 Die Regelung stellt sicher, dass alle diejenigen, die **am Verfahren vor der Vergabekammer beteiligt waren**, ohne Weiteres auch **Beteiligte des Beschwerdeverfahrens** sind. Die Beteiligtenstellung im Beschwerdeverfahren hängt also insbesondere weder davon ab, dass die Betroffenen zu Recht am Nachprüfungsverfahren beteiligt worden sind, etwa die Voraussetzungen einer Beiladung nach § 162 GWB tatsächlich vorlagen, noch davon, dass sie sich aktiv am Nachprüfungsverfahren beteiligt haben oder sich (über einen Rechtsanwalt, § 175 Abs. 1 GWB) am Beschwerdeverfahren beteiligen.

3 Umgekehrt beschränkt § 174 GWB nicht die **Möglichkeit zur Beteiligung weiterer Personen** durch das Beschwerdegericht, etwa durch zusätzliche Beiladungen[1].

B. Beteiligte

I. Antragsteller und Antragsgegner

4 Antragsteller und Antragsgegner des Nachprüfungsverfahrens sind im Regelfall auch im Beschwerdeverfahren als **Beschwerdeführer bzw. Beschwerdegegner** beteiligt.

5 Hat jedoch gegen eine dem Nachprüfungsantrag (teilweise) stattgebende Entscheidung innerhalb der Beschwerdefrist nur eine **Beigeladene** Beschwerde eingelegt, ist die Vergabestelle als Antragsgegnerin des Nachprüfungsverfahrens im Beschwerdeverfahren lediglich als weitere Beteiligte zu behandeln.[2]

II. Beigeladene

6 Es entspricht heute ganz h.M., dass das Beschwerdegericht **befugt** ist, den zunächst durch das Nachprüfungsverfahren bestimmten Beteiligtenkreis[3] durch weitere Beiladungen zu erweitern.[4]

1 Siehe unten Rn. 6.
2 OLG Frankfurt, Beschluss v. 8.2.2005 – 11 Verg 24/04.
3 Siehe oben Rn. 2.
4 KG, Beschlüsse v. 7.12.2009 – 2 Verg 10/09 und 2 Verg 11/09; OLG Düsseldorf, Beschluss v. 13.11.2000 – Verg 14/00; *Summa*, in: Heiermann/Zeiss, Vergaberecht, § 119 GWB Rn. 7; *König*, in: Heuvels/Höß/Kuß/Wagner, Vergaberecht, § 119 GWB Rn. 4, 5; *Röwekamp*, in: Kulartz/Kus/Portz, GWB-Vergaberecht, § 120 Rn. 4; *Kuhlig*, in: Willenbruck/Wieddekind, Vergaberecht, 13. Los, § 119 GWB Rn. 8; *Frister*, in: Ziekow/Völlink, Vergaberecht, § 119 GWB Rn. 3 ff.; zur Gegenansicht siehe *Röwekamp*, in: Kulartz/Kus/Portz, GWB-Vergaberecht, § 120 Rn. 3.

7 Wenn die Interessen eines noch nicht durch die Vergabekammer beigeladenen Unternehmens durch die Entscheidung des Beschwerdegerichts **schwerwiegend berührt** werden können (vgl. § 162 GWB), muss das Beschwerdegericht dieses Unternehmen beiladen. Dies gilt selbst dann, wenn die Vergabekammer im Nachprüfungsverfahren eine Beiladung ausdrücklich abgelehnt hatte.[5] Dabei können nicht nur andere Bieter, deren Zuschlagschancen sich bei einem Erfolg des Nachprüfungsantrags vermindern, beigeladen werden, sondern – entsprechend §§ 13 Abs. 2 VwVfG, 65 VwGO – auch sonstige Dritte, deren Interessen durch die Entscheidung schwerwiegend berührt werden.[6]

8 Die Beiladung erfolgt durch – nicht anfechtbaren – **Beschluss**.

9 Überwiegend wird die Auffassung vertreten, dass der Vergabesenat auch eine von der Vergabekammer veranlasste Beiladung wieder **aufheben** kann.[7] Dem ist zuzustimmen für den Fall, dass durch die Entscheidung tatsächlich keine Rechtsposition des Beigeladenen (mehr) betroffen werden kann. Ob die Beiladung hingegen auch bereits dann aufgehoben werden kann, wenn der Beigeladene gegen eine Entscheidung der Vergabekammer, wonach sein Angebot zwingend auszuschließen ist, kein eigenes Rechtsmittel eingelegt hat,[8] erscheint zweifelhaft. Wenn ein im Nachprüfungsverfahren Beigeladener, der in dem Wissen, dass der Antragsgegner die ihn belastende Entscheidung der Vergabekammer angefochten hat, etwa aus Kostengründen kein eigenes Rechtsmittel einlegt, kann dies nicht als endgültiger Verzicht auf das ihm auch im Beschwerdeverfahren zustehende rechtliche Gehör ausgelegt werden. Kosteninteressen der anderen Beteiligten stehen dem nicht entgegen, da einem nicht aktiven Beteiligten auch kein Kostenerstattungsanspruch zusteht.[9]

III. Rechte der Beteiligten

10 Alle Beteiligten haben **grundsätzlich dieselben verfahrensmäßigen Rechte**, ohne Rücksicht darauf, ob sie selbst Beschwerdeführer bzw. Beschwerdegegner oder nur sonstige Beteiligte sind.[10] Sie können Schriftsätze einreichen und sich an der mündlichen Verhandlung beteiligen. Insbesondere haben sie ein Recht auf Akteneinsicht nach Maßgabe der §§ 165, 175 Abs. 2 i.V.m. § 71 Abs. 1 S. 3 GWB[11]. Ihnen sind alle Zwischen- und Endentscheidungen sowie prozessleitenden Verfügungen zuzustellen.[12]

11 Dabei steht dem **Beigeladenen**, der nicht selbst Rechtsmittelführer ist, keine Dispositionsbefugnis über den Gegenstand des Beschwerdeverfahrens zu; er hat also insbesondere keinen Einfluss darauf, ob die Beschwerde zurückgenommen wird oder Antragsteller und Antragsgegner das Verfahren einvernehmlich (durch übereinstimmende Erledigungserklärung oder Vergleich) beenden.[13]

12 Zur **kostenrechtlichen Behandlung** von Beigeladenen vgl. § 175 Rn. 76 ff.

---

5 OLG Düsseldorf, Beschluss v. 26.6.2002 – Verg 24/02; *König*, in: Heuvels/Höß/Kuß/Wagner, Vergaberecht, § 120 GWB Rn 5.

6 OLG Düsseldorf, Beschluss v. 13.2.2007 – VII-Verg 2/07; *Dieck-Bogatzke*, in: Pünder/Schellenberg, Vergaberecht, § 119 GWB Rn. 7; *Weber*, in: Schulte/Just, Kartellrecht, § 119 GWB Rn. 4; *Frister*, in: Ziekow/Völlink, Vergaberecht, § 119 GWB Rn. 7.

7 *König*, in: Heuvels/Höß/Kus/Wagner, Vergaberecht, § 119 GWB Rn. 6; *Raabe* in: Willenbruch/Wieddekind, Vergaberecht, 13. Los, § 119 GWB Rn. 9

8 So *König*, in: Heuvels/Höß/Kus/Wagner, Vergaberecht, § 119 GWB Rn. 6; *Raabe* in: Willenbruch/Wieddekind, Vergaberecht, 13. Los, § 119 GWB Rn. 9.

9 Siehe hierzu § 175 Rn. 78 ff.

10 Vgl. OLG Frankfurt, Beschluss v. 8.2.2005 – 11 Verg 24/04.

11 Vgl. *Kuhlig*, in: Willenbruch/Wieddekind, 13. Los, § 119 GWB Rn. 11.

12 *König*, in: Heuvels/Höß/Kuß/Wagner, Vergaberecht, § 119 GWB Rn. 10; *Röwekamp*, in: Kulartz/Kus/Portz, GWB-Vergaberecht, § 120 Rn. 6; *Frister*, in: Ziekow/Völlink, Vergaberecht, § 119 GWB Rn. 8.

13 *Raabe* in: Willenbruch/Wieddekind, Vergaberecht, 13. Los, § 119 GWB Rn. 12; *Frister*, in: Ziekow/Völlink, Vergaberecht, § 119 GWB Rn. 8.

Anlage

Gesetzesbegründung (BT-Drs. 18/6281)

Seite 136

§ 174 entspricht dem bisherigen § 119.

§ 175
Verfahrensvorschriften

(1) Vor dem Beschwerdegericht müssen sich die Beteiligten durch einen Rechtsanwalt als Bevollmächtigten vertreten lassen. Juristische Personen des öffentlichen Rechts können sich durch Beamte oder Angestellte mit Befähigung zum Richteramt vertreten lassen.

(2) Die §§ 69, 70 Absatz 1 bis 3, § 71 Absatz 1 und 6, §§ 71a, 72, 73 mit Ausnahme der Verweisung auf § 227 Absatz 3 der Zivilprozessordnung, die §§ 78, 165 und 167 Absatz 2 Satz 1 sind entsprechend anzuwenden.

Übersicht Rn.

A. Allgemeines ... 1
B. Vertretungsregelungen (Abs. 1) ... 5
C. Anwendbare Verfahrensvorschriften (Abs. 2) ... 9
I. Mündlichkeit (§ 69 GWB) ... 9
1. Durchführung ... 9
2. Entbehrlichkeit ... 13
II. Amtsermittlung (§ 70 Abs. 1–3 GWB) ... 18
1. Erforschung von Amts wegen (Abs. 1) ... 18
2. Hinwirkungspflicht des Vorsitzenden (Abs. 2) ... 22
3. Fristsetzung (Abs. 3) ... 23
III. Beschluss (§ 71 Abs. 1 und Abs. 6 GWB) ... 26
1. Materielle Anforderungen (Abs. 1) ... 26
2. Begründung und Rechtsmittelbelehrung (Abs. 6) ... 34
IV. Anhörungsrüge (§ 71a GWB) ... 37
V. Akteneinsichtsrecht (§§ 72, 165 GWB) ... 45
VI. Vorschriften des GVG und der ZPO (§ 73 GWB) ... 54
1. Verweis auf Regelungen des GVG (Nr. 1) ... 54
2. Verweis auf Regelungen der ZPO (Nr. 2) ... 57
VII. Kosten (§ 78 GWB) ... 61
1. Grundsatz ... 61
2. Entscheidung in der Sache ... 63
a) Erfolglose Beschwerde ... 63
b) Ganz oder teilweise erfolgreiche Beschwerde ... 64
3. Anderweitige Erledigung des Beschwerdeverfahrens ... 69
a) Erledigung der Hauptsache ... 69
b) Rücknahme der Beschwerde ... 72
c) Rücknahme des Nachprüfungsantrags im Beschwerdeverfahren ... 73
4. Beigeladene ... 76
a) Aktive Beigeladene ... 76
b) Passive Beigeladene ... 78
5. Haftung mehrerer Beteiligter ... 82
6. Eilverfahren ... 83
7. Streitwert ... 86
VIII. Verfahrensförderung (§ 167 Abs. 2 S. 1 GWB) ... 90
Anlage
Gesetzesbegründung (BT-Drs. 18/6281)

A. Allgemeines[1]

Die Regelung des § 175 GWB befasst sich in ihrem Abs. 1 mit dem vor dem Beschwerdesenat 1 bestehenden sogenannten **Anwaltszwang**. Sie legt fest, welcher der Beteiligten sich vor dem Beschwerdesenat durch einen Rechtsanwalt vertreten lassen muss und bei wem die anderweitige Vertretung ausreichend ist. Vergleichbare Anforderungen für das Verfahren vor den Vergabekammern fehlen.

Abs. 2 enthält eine Reihe von Verweisungen auf Bestimmungen des **GWB außerhalb des** 2 **Teil 4** zum kartellrechtlichen Beschwerdeverfahren und dem Verfahren vor den Vergabekam-

1 Die Kommentierung basiert zum großen Teil auf der Kommentierung des § 120 GWB im Taschenkommentar zum GWB-Vergaberecht (zweite Auflage, hrsg. v. Müller-Wrede) durch Herrn *Frank Bastius*, Vorsitzender Richter am OLG Dresden (Vergabesenat), bei dem wir uns für die Zurverfügungstellung des Manuskriptes herzlich bedanken.

mern. Durch diese gelangen auch Vorschriften des **GVG** und der **ZPO** zur Anwendung. Da trotz der Verweisung die Verfahrensregelungen des Beschwerdeverfahrens nur lückenhaft geregelt sind, greift die Praxis bei Bedarf auch auf (andere) Vorschriften der ZPO oder der VwGO zurück.

3 Die Vorschrift des § 175 GWB entspricht nahezu vollständig der bis 2016 geltenden Vorgängerregelung in **§ 120 GWB a.F.** Im Zuge der Änderung des Teil 4 des GWB in Umsetzung der im Jahr 2014 neu erlassenen Vergaberichtlinien[2] durch das VergRModG 2016 wurde der Wortlaut der Norm weitestgehend identisch übernommen. Lediglich die Formulierung in § 120 Abs. 2 a.E. GWB a.F. zur Geltung der zitierten außerhalb des Teils 4 geregelten Vorschriften des GWB *„finden entsprechende Anwendung"* wurde in § 175 Abs. 2 a.E. GWB hin zu *„sind entsprechend anzuwenden"* geändert. Dies hat keine Auswirkungen auf den Inhalt der Norm. Die zu § 120 GWB a.F. ergangene Rechtsprechung und vorliegende Literatur kann daher weiterhin Geltung beanspruchen.[3]

4 Abgesehen davon, dass allgemein ein effektiver Primärrechtsschutz gewährleistet sein muss, existieren **keine speziellen europarechtlichen Regelungen**, die durch § 175 GWB umgesetzt werden müssten.

B. Vertretungsregelungen (Abs. 1)

5 Der sich aus § 175 Abs. 1 S. 1 GWB ergebende Grundsatz ist der, dass sich die Beteiligten im Verfahren der sofortigen Beschwerde durch einen Rechtsanwalt als Bevollmächtigten vertreten lassen müssen, sog. **Anwaltszwang**. Gemeint sind damit **Rechtsanwälte**, die über eine Zulassung nach § 12 BRAO verfügen. Eine solche kann nach § 4 BRAO auch einem Rechtsanwalt erteilt werden, der die Eingliederungsvoraussetzungen des Gesetzes über die Tätigkeit europäischer Rechtsanwälte in Deutschland (EuRAG)[4] erfüllt. Einer besonderen Zulassung bei einem Oberlandesgericht bedarf es – wie auch im Anwendungsbereich des § 78 Abs. 1 ZPO – nicht. Da – anders als in § 138 StPO, § 67 VwGO, § 73 SGG – im Gesetz nicht eigens erwähnt, stehen **Hochschullehrer** Rechtsanwälten nicht gleich.

6 Eine Sonderregelung enthält § 175 Abs. 1 S. 2 GWB für **juristische Personen des öffentlichen Rechts** – nicht jedoch für öffentliche Auftraggeber, Sektorenauftraggeber und Konzessionsgeber generell[5] –, die sich durch **Beamte oder Angestellte mit Befähigung zum Richteramt** (§ 5 DRiG) vertreten lassen dürfen. Dies gilt unabhängig davon, ob die juristische Person als öffentlicher Auftraggeber oder in einer anderen Funktion am Beschwerdeverfahren beteiligt ist. Eine Beteiligung als **Beigeladener** ist ebenso denkbar[6] wie eine solche als Antragsteller.[7] Weil im Gesetz nicht gefordert, ist es nicht notwendig, dass der Beamte oder Angestellte gerade bei der Körperschaft beschäftigt ist, für die er im Beschwerdeverfahren handelt.[8] Juristische Personen des öffentlichen Rechts sind Körperschaften, Anstalten und Stiftungen des öffentlichen Rechts.

7 Die **Beschwerdeschrift** muss in den Fällen des § 175 Abs. 1 S. 1 GWB von einem **Rechtsanwalt**, in den Fällen des § 175 Abs. 1 S 2 GWB von der Person unterzeichnet werden, die über die **Befähigung zum Richteramt** verfügt. Dies folgt aus § 172 Abs. 3 GWB, der bei verständiger Würdigung seines Inhalts in diesem Sinne und nicht dahin zu verstehen ist, dass es gar keiner Unterschrift bedarf oder jedenfalls keiner einer im Sinne des § 175 Abs. 1 S. 2 GWB

2 RL 2014/24/EU, RL 2014/25/EU und RL 2014/23/EU.
3 Sofern im Folgenden auf Rechtsprechung oder Literatur Bezug genommen wird, bezieht sich diese daher ohne weitere Anmerkungen stets auf die Vorgängervorschrift § 120 GWB a.F. bzw. auf andere Vorschriften des GWB, die wortgleich übernommen wurden.
4 BGBl. I 2000 S. 182.
5 Vgl. auch *Stockmann*, in: Immenga/Mestmäcker, Wettbewerbsrecht, § 120 GWB Rn. 4.
6 OLG Düsseldorf, Beschluss v. 13.2.2007 – VII-Verg 2/07 (Ahlhorn), zur Beiladung einer Kommune, deren Interessen von einem ein Grundstück betreffenden Vertrag berührt werden.
7 Vgl. OLG Dresden, Beschluss v. 12.10.2010 – WVerg 9/10, zur Möglichkeit der Angebotsabgabe durch eine Hochschule.
8 A.A. *Stickler*, in: Reidt/Stickler/Glahs, Vergaberecht, § 120 GWB Rn. 4.

qualifizierten Person, soweit es um eine juristische Person des öffentlichen Rechts geht.[9] Ein Grund dafür, dass für die Beschwerdeeinlegung andere Maßstäbe für die Vertretung gelten sollen als für die weiteren Verfahrenshandlungen, ist nicht erkennbar.[10] Es genügt nicht, wenn die Beschwerdeschrift einer juristischen Person des öffentlichen Rechts nur die Unterschrift einer nach den allgemeinen Regeln zur Vertretung berechtigten Person trägt.[11] Eine nicht den Anforderungen des § 175 Abs. 1 GWB genügende Beschwerdeschrift macht die Beschwerde unzulässig.

Auch im Übrigen ist **schriftsätzliches Vorbringen** von Beteiligten im Beschwerdeverfahren 8
nur beachtlich, wenn es von einer der Personen des § 175 Abs. 1 GWB herrührt. Dies bedeutet allerdings weder, dass dem nicht genügende Schriftsätze den anderen Beteiligten nicht zugänglich zu machen sind, noch dass dem, der nicht in diesem Sinne ordnungsgemäß vertreten ist, Schriftsätze der anderen Beteiligten vorzuenthalten wären. Letzteres gilt namentlich für Beigeladene, denen die Möglichkeit gegeben werden muss, darüber zu entscheiden, auch noch in einem späteren Verfahrensstadium – und sei es erst in der mündlichen Verhandlung – einen Rechtsanwalt hinzuzuziehen. Ein Beteiligter, der in der mündlichen Verhandlung nur in Person erschienen, nicht aber den Anforderungen des § 175 Abs. 1 GWB entsprechend vertreten ist, kann in dieser keine verfahrenserheblichen Erklärungen abgeben. Er steht insoweit dem gleich, der den Termin überhaupt nicht wahrnimmt.

C. Anwendbare Verfahrensvorschriften (Abs. 2)

I. Mündlichkeit (§ 69 GWB)

1. Durchführung

§ 175 Abs. 2 GWB erklärt § 69 GWB für entsprechend anwendbar und verlangt damit im Re- 9
gelfall eine Entscheidung aufgrund einer **mündlichen Verhandlung** (§ 69 Abs. 1 Hs. 2 GWB).

Zu der mündlichen Verhandlung sind **alle Beteiligten** zu laden, nicht nur die, die sich zur Zeit 10
der Terminbestimmung im Sinne des § 175 Abs. 1 GWB ordnungsgemäß haben vertreten lassen.

Unter den Voraussetzungen der §§ 175 Abs. 2 GWB, § 227 Abs. 1 ZPO ist ein Termin auf An- 11
trag zu **verlegen**. Nimmt ein Beteiligter den Termin zur mündlichen Verhandlung trotz ordnungsgemäßer Ladung nicht wahr oder erscheint er ohne einen Vertreter nach § 175 Abs. 1 GWB, so kann gegen ihn **kein Versäumnisurteil** ergehen. Das sehen die Vorschriften, auf die in § 175 Abs. 2 GWB verwiesen ist, nicht vor. Auf der anderen Seite bedarf es aber auch selbst dann, wenn keiner der Beteiligten erschienen ist, nicht der Verlegung des Termins. Denn § 69 Abs. 1 Hs. 2 GWB gebietet nur, den Beteiligten durch eine ordnungsgemäße Ladung die Gelegenheit zu geben, einer mündlichen Verhandlung beizuwohnen und sich dort einzubringen; die Verhandlung kann aber auch ohne sie stattfinden.[12]

War ein Beteiligter **ohne sein Verschulden** an der Terminwahrnehmung oder **daran gehin-** 12
dert, sich im Sinne des § 175 Abs. 1 GWB vertreten zu lassen, muss die mündliche Verhandlung wieder eröffnet werden, solange eine abschließende Sachentscheidung des Senats nach § 178 GWB noch nicht getroffen worden ist. Ein Grund, der, wäre er rechtzeitig bekannt gewesen, nach § 175 Abs. 2 GWB, § 227 Abs. 1 ZPO Anlass zu einer Terminverlegung hätte geben müssen, macht einen neuen Termin notwendig, wenn das Unterbleiben einer rechtzeitigen Unterrichtung des Senats nicht vorwerfbar ist.

9 *Raabe*, in: Willenbruch/Wieddekind, Vergaberecht, § 120 GWB Rn. 4; *Frister*, in: Ziekow/Völlink, Vergaberecht, § 120 GWB Rn. 4.
10 So auch *Frister*, in: Ziekow/Völlink, Vergaberecht, § 120 GWB Rn. 4.
11 So aber *Dieck-Bogatzke*, in: Pünder/Schellenberg, Vergaberecht, § 117 GWB Rn. 9.
12 *Stickler*, in: Reidt/Stickler/Glahs, Vergaberecht, § 120 GWB Rn. 9.

2. Entbehrlichkeit

13 Eine mündliche Verhandlung ist nach § 69 Abs. 1 Hs. 2 GWB entbehrlich, wenn die Beteiligten sich mit einer Entscheidung ohne eine solche einverstanden erklärt haben. Hierfür bedarf es des **Einverständnisses**, d. h. der vorherigen Zustimmung, aller am Verfahren gemäß § 174 GWB Beteiligten. Das Einverständnis ist unter Wahrung der Form des § 175 Abs. 1 GWB zu erklären und nur dann beachtlich. Umgekehrt ist der Vergabesenat auch bei formgerechter Erklärung des Einverständnisses aller Beteiligten nicht gezwungen, in das schriftliche Verfahren überzugehen.[13] Denn die Regelung stellt die Entscheidung über das Absehen von einer mündlichen Verhandlung in das **Ermessen** des Senats. In Ermangelung von § 128 Abs. 2 ZPO entsprechenden Regelungen ist die von einem Beteiligten erklärte Einverständniserklärung nicht widerruflich, und dies auch nicht bei Vorliegen besonderer Umstände. Ebenso wenig ist sie in ihrer Wirkung auf einen bestimmten Zeitraum beschränkt.

14 Eine mündliche Verhandlung ist auch noch **in anderen Fällen** entbehrlich, ohne dass es hierfür einen gesetzlichen Anknüpfungspunkt in § 175 Abs. 2 GWB und den dort in Bezug genommenen Vorschriften gäbe. Allgemein anerkannt ist dies bei einer **unzulässigen Beschwerde**.[14] Hiervon zu unterscheiden ist eine die Formen und Fristen wahrende und damit zulässige Beschwerde gegen einen Beschluss, in dem die Vergabekammer den Nachprüfungsantrag des Antragstellers für unzulässig gehalten hat. Über diese Beschwerde ist mündlich zu verhandeln. Zu weit ginge es überdies, § 522 ZPO insgesamt und nicht nur hinsichtlich seines Abs. 1, in dem die zivilprozessuale Zurückweisung einer unzulässigen Berufung ohne mündliche Verhandlung verankert ist, auf das Vergabenachprüfungsverfahren zu übertragen und eine Zurückweisung der Beschwerde ohne mündliche Verhandlung auch unter den Voraussetzungen des § 522 Abs. 2 ZPO zu gestatten. Das bedeutet, dass selbst über eine nach übereinstimmender Auffassung aller Senatsmitglieder unbegründete Beschwerde, die keine rechtsgrundsätzlichen Fragen aufwirft, mündlich zu verhandeln ist.

15 Einer mündlichen Verhandlung bedarf es nicht, wenn nach einer Beschwerderücknahme oder nach Erklärungen zur übereinstimmenden Erledigung der Hauptsache eine **Entscheidung nur noch über die Kosten** zu treffen ist.[15] Nichts anderes gilt aber auch dann, wenn Gegenstand der Anfechtung mit der Beschwerde lediglich die **Kostenentscheidung im Beschluss der Vergabekammer** ist.[16] Die Kostenentscheidung des Kammerbeschlusses kann unter mehreren Gesichtspunkten zum Gegenstand eines Verfahrens der Beschwerde werden, sei es, dass es um die Kostenverteilung dem Grunde nach geht (§ 182 Abs. 3 GWB), sei es, dass die Gebührenhöhe in Rede steht (§ 182 Abs. 2 GWB), sei es schließlich, dass über die Hinzuziehung eines Rechtsanwalts unter dem Gesichtspunkt notwendiger Kosten zu befinden ist (§ 182 Abs. 4 GWB). Dass die Kostenentscheidung als Nebenentscheidung des Kammerbeschlusses zur Hauptsache des Senatsverfahrens wird, ist formal zwar richtig, ändert aber nichts daran, dass es nicht um die gesetzeskonforme Vergabe, sondern lediglich darum geht, die Kammerentscheidung in einem Nebenpunkt zu überprüfen. Das legt es nahe, von einer mündlichen Verhandlung abzusehen, wie dies auch außerhalb des Vergaberechts gilt.

16 Eine mündliche Verhandlung ist ferner nicht geboten, wenn eine **Eilentscheidung** über einen Antrag nach § 173 Abs. 1 S. 3 GWB oder einen solchen nach § 176 GWB zu treffen ist[17], eine notwendige **Beiladung** im Rahmen der §§ 174, 162 GWB anzuordnen oder über ein **Akteneinsichtsgesuch** gemäß §§ 175 Abs. 2, 165 GWB[18] zu befinden ist. Zwar ist dies nur in § 176 Abs. 3 S. 2 GWB ausdrücklich so bestimmt. Da eine Entscheidung nach § 176 GWB aber sehr

---

13 *Stockmann*, in: Immenga/Mestmäcker, Wettbewerbsrecht, § 120 GWB Rn. 6; so auch *Vavra*, in: Dreher/Motzke, Vergaberecht, § 120 GWB Rn. 8.
14 OLG München, Beschluss v. 4.5.2012 – Verg 5/12; *Frister*, in: Ziekow/Völlink, Vergaberecht, § 120 GWB Rn. 5.
15 OLG Düsseldorf, Beschluss v. 20.7.2000 – Verg 2/99; *Kulartz*, in: Kulartz/Kus/Portz, GWB-Vergaberecht, § 120 Rn. 12; *Dieck-Bogatzke*, in: Pünder/Schellenberg, Vergaberecht, § 120 GWB Rn. 3.
16 Vgl. OLG Düsseldorf, Beschluss v. 13.1.2014 – VII-Verg 11/13; *Dieck-Bogatzke*, in: Pünder/Schellenberg, Vergaberecht, § 120 GWB Rn. 3; *Frister*, in: Ziekow/Völlink, Vergaberecht, § 120 GWB Rn. 5; a.A. unter Verweis auf den Wortlaut des § 69 Abs. 1 GWB *Raabe*, in: Willenbruch/Wieddekind, Vergaberecht, § 120 GWB Rn. 17.
17 OLG Jena, Beschluss v. 8.6.2000 – 6 Verg 2/00.
18 OLG Frankfurt, Beschluss v. 12.12.2014 – 11 Verg 8/14; OLG Jena, Beschluss v. 8.6.2000 – 6 Verg 2/00.

weitreichende Folgen hat und mit einer vorzeitigen Gestattung des Zuschlags einer Vorwegnahme der Entscheidung in der Hauptsache gleichkommt, ist ein Rückschluss von der Entbehrlichkeit einer mündlichen Verhandlung dort auf die Entbehrlichkeit einer solchen auch bei den anderen hier in Rede stehenden Anwendungsfällen erlaubt. Denn keiner dieser Anwendungsfälle geht in seinen Auswirkungen über die aus § 176 GWB hinaus.

Gleiches gilt für die Sonderkonstellation, dass der Senat beschließt, einen von der Vergabekammer – rechtswidrig – **nicht übermittelten Nachprüfungsantrag** zur Wahrung eines effektiven Primärrechtsschutzes seinerseits dem Auftraggeber zu übermitteln.[19] 17

II. Amtsermittlung (§ 70 Abs. 1–3 GWB)

1. Erforschung von Amts wegen (Abs. 1)

Inhalt dieser Bestimmung ist die Verpflichtung des Beschwerdegerichts, den Sachverhalt **von Amts wegen** zu erforschen. Das deutet darauf hin, dass es uneingeschränkt Aufgabe und Verpflichtung des Vergabesenats sein soll, die entscheidungserheblichen Tatsachen zu ermitteln und für beweisbedürftig gehaltene Umstände auch ohne Antrag eines der Beteiligten von Amts wegen aufzuklären. Aber schon der Blick in § 163 Abs. 1 GWB zeigt, dass die Untersuchungspflicht nicht schrankenlos greifen soll. In § 163 Abs. 1 S. 2 GWB ist der Vergabekammer die Befugnis gegeben, von einer umfassenden Rechtmäßigkeitskontrolle abzusehen und sich auf das zu beschränken, was von den Beteiligten vorgebracht worden oder sonst bekannt geworden ist. Da der Vergabesenat als zweite Rechts- und Tatsacheninstanz die Entscheidung der Vergabekammer auf ihre Richtigkeit zu prüfen hat, liegt es schon von daher gesehen nahe, den Umfang der Nachforschungen für den Senat in gleicher Weise zu begrenzen. So verfährt die Rechtsprechung auch tatsächlich mit den §§ 175 Abs. 2, 70 Abs. 1 GWB. Andere als die **vorgetragenen Tatsachen und Beweismittel** – es bedarf zu diesen keines förmlichen Beweisantrages – sind nur zu berücksichtigen, wenn hierzu begründeter Anlass besteht.[20] Das Beschwerdeverfahren dient ebenso wenig wie das Kammerverfahren einer **allgemeinen Rechtmäßigkeitskontrolle** zur Herstellung einer objektiven Rechtmäßigkeit des Vergabeverfahrens. Vergaberechtsfehler von Amts wegen aufzugreifen, kommt nur in Betracht, wenn es sich um solche handelt, die es unmöglich machen, eine mit den Grundzügen der öffentlichen Auftragsvergabe konforme Auswahl unter den Bietern zu treffen.[21] Dabei haben sich die Ermittlungen am Rechtsschutzbegehren des Antragstellers auszurichten und sollen daher im Grundsatz nicht darauf abzielen, bislang von keiner Seite ins Spiel gebrachte Umstände aufzugreifen, die diesem Begehren entgegenstehen. Etwas anderes gilt nur dann, wenn diese Umstände sich aufdrängen und schlechterdings nicht zu übersehen sind. 18

Die Richtigkeit dieser Selbstbeschränkung ergibt sich schon daraus, dass für den Vergabesenat wie auch die Vergabekammer – für diese so ausdrücklich in § 163 Abs. 1 S. 4 GWB bestimmt – gelten muss, das Vergabeverfahren nicht mehr als notwendig zu beeinträchtigen. Die Wahrung des Gebotes der **Verhältnismäßigkeit** ist ein allgemeiner Grundsatz staatlichen Handelns, wie er aus Art. 1 Abs. 3 und Art. 20 Abs. 3 GG abgeleitet wird. 19

Die Eingrenzung der Untersuchungspflicht hat auch noch einen weiteren Grund und dieser ergibt sich aus § 160 Abs. 3 GWB. Die Vorschrift legt dem Antragsteller die Verpflichtung auf, vor Einleitung eines Nachprüfungsverfahrens von ihm als vergaberechtswidrig empfundene Vorgaben oder Verfahrensweisen zu beanstanden. Es handelt sich nicht lediglich um eine Obliegenheit, an deren Verletzung keine Sanktionen geknüpft wären, sondern um eine echte Zulässigkeitsvoraussetzung des Nachprüfungsantrags. Diese würde unterlaufen, wenn schon nicht die Vergabekammer, so aber doch jedenfalls der Vergabesenat gehalten wäre, umfassende Nachforschungen von Amts wegen anzustellen. Im Grundsatz hat daher zu gelten, dass 20

19 OLG Frankfurt, Beschluss v. 4.2.2016 – 11 Verg 3/16.
20 BGH, Urteil v. 12.6.2001 – X ZB 10/01.
21 OLG Düsseldorf, Beschluss v. 16.12.2015 – VII-Verg 25/15; OLG Celle, Beschluss v. 12.1.2012 – 13 Verg 8/11.

nach Maßgabe von § 160 Abs. 3 GWB **präkludierte Vergaberechtsverstöße** der von Amts wegen vorzunehmenden Ermittlung und Prüfung entzogen sind.[22]

21 Eine weitere Frage ist die, ob die Vergabesenate nur Verstößen gegen vergaberechtliche Bestimmungen nachzugehen haben oder ob es ihnen auch obliegt, andere Rechtsverletzungen aufzugreifen. Es gibt keinen allgemeinen Rechtssatz des Inhalts, dass **außervergaberechtliche Normen** in einem Vergabenachprüfungsverfahren nicht zu prüfen wären.[23] Da aber eine allgemeine Rechtmäßigkeitskontrolle nicht gewollt ist, muss es sich bei den Rechtsvorschriften außerhalb des Vergaberechts um solche mit **Bezug zum Vergaberecht** handeln.[24] Nicht einzubeziehen sind materiell-rechtliche Gebots- und Verbotsnormen, die nicht in irgendeiner Weise das Vergabeverfahren, seine nähere Ausgestaltung oder die Rechtsstellung der am Verfahren Beteiligten regeln.

2. Hinwirkungspflicht des Vorsitzenden (Abs. 2)

22 Nach dieser Vorschrift hat der Vorsitzende des Vergabesenats im Kern darauf hinzuwirken, dass **Formfehler** und **Unklarheiten** beseitigt sowie **sachliche Anträge** gestellt werden. Den Vorsitzenden trifft eine **Hinwirkungspflicht**.[25] Die Grenze ist dort überschritten, wo es um ein aus dem bisherigen Sachvortrag nicht erkennbar gewordenes Rechtsschutzinteresse geht, das überhaupt erst durch das Eingreifen des Vorsitzenden Gegenstand des Rechtsstreits werden könnte. Darüber hinaus kann ein Formfehler, der zu einer schon nicht zulässigen Beschwerde geführt hat, nicht nachträglich geheilt werden. Verwiesen sei hier etwa auf §§ 172 Abs. 3, 175 Abs. 1 GWB.

3. Fristsetzung (Abs. 3)

23 Die Regelung macht es möglich, den Beteiligten Fristen zur Äußerung über **aufklärungsbedürftige Punkte**, zur Bezeichnung von **Beweismitteln** und zur Vorlage von **Urkunden** zu setzen und bei erfolglosem Fristablauf **nach Lage der Akten** zu entscheiden. Voraussetzung ist eine **Fristsetzung** durch den Vergabesenat in seiner vollen Besetzung durch Beschluss, nicht lediglich durch eine Verfügung des Vorsitzenden.

24 Die **Entscheidung nach Lage der Akten** soll es nach dem Wortlaut der Regelung nur möglich machen, ohne Berücksichtigung nicht beigebrachter Beweismittel zu entscheiden. Dies erscheint in mehrfacher Weise sprachlich missglückt. Zum einen kann es nicht nur um Beweismittel gehen. Vielmehr müssen naturgemäß auch nicht erfolgte Ausführungen zu aufklärungsbedürftigen Punkten unberücksichtigt bleiben. Denn auf diese bezieht sich die Befugnis zur Fristsetzung ebenso. Zum anderen sind nicht nur überhaupt nicht beigebrachte Beweismittel, sondern auch solche erfasst, die nicht in der Frist beigebracht worden sind. Anderenfalls verlöre die Fristsetzung einen Teil ihres Sinns.

25 Letztlich stellt die Vorschrift aber in das **Ermessen** des Senats, verspätet, aber immerhin noch benannten **Beweisangeboten** nachzugehen. Dieses Ermessen muss auch ausgeübt werden. Ein nicht fristgerecht eingehender Sachvortrag und ein nicht fristgerecht eingeführtes Beweismittel sind also nicht von vornherein unbeachtlich. In Ausübung des Ermessens wird insbesondere maßgeblich darauf abzustellen sein, ob die bis zur mündlichen Verhandlung des Vergabesenats verbleibende Zeit ungeachtet der Fristversäumung ausreicht, den angebotenen Beweis zu erheben. Darüber hinaus wirft verspätet in das Beschwerdeverfahren eingeführter Sachvortrag immer auch die Frage auf, ob das nachgeschobene Vorbringen nicht doch deshalb der Verwertung unterliegt, weil der Untersuchungsgrundsatz der §§ 175 Abs. 2, 70 Abs. 1 GWB dies gebietet. Ist das, was in dem späteren Schriftsatz enthalten ist, unter den Beteiligten nicht in Streit, so ist ebenso in die Entscheidung einzubeziehen, wie dies für einen offenkundigen Umstand gilt, der in dem Schriftsatz aufgezeigt worden ist.

---

22 OLG Frankfurt, Beschluss v. 16.10.2012 – 11 Verg 9/11.
23 BGH, Beschluss v. 18.6.2012 – X ZB 9/11; OLG Düsseldorf, Beschluss v. 1.8.2012 – VII-Verg 105/11.
24 OLG Düsseldorf, Beschluss v. 1.8.2012 – VII-Verg 105/11.
25 *Stockmann*, in: Immenga/Mestmäcker, Wettbewerbsrecht, § 120 GWB Rn. 11; *Vavra*, in: Dreher/Motzke, Vergaberecht, § 120 GWB Rn. 14.§

III. Beschluss (§ 71 Abs. 1 und Abs. 6 GWB)

1. Materielle Anforderungen (Abs. 1)

Der Vergabesenat entscheidet durch **Beschluss** (§ 71 Abs. 1 S. 1 GWB). In diesen fließt seine aus dem Gesamtergebnis des Verfahrens gewonnene Überzeugung ein. 26

Überzeugung ist mehr als nur eine überwiegende Wahrscheinlichkeit, wie sie für eine Glaubhaftmachung genügt, und weniger als eine jegliche Zweifel ausschließende absolute Sicherheit der betreffenden Tatsache. Erforderlich, aber auch ausreichend ist vielmehr, dass das Gericht nach seiner freien Überzeugung einen für das praktische Leben brauchbaren Grad an Gewissheit erlangt hat, der vernünftige Zweifel ausschließt.[26] 27

Regelmäßig dürfen in die Entscheidung nur Gesichtspunkte einfließen, zu denen die Beteiligten sich äußern konnten (§ 71 Abs. 1 S. 2 GWB). Ob sie vom Recht einer Stellungnahme tatsächlich Gebrauch gemacht haben, ist ohne Bedeutung, solange hierzu – auch in zeitlicher Hinsicht – nur hinreichend Gelegenheit bestanden hat. Daher sind **Überraschungsentscheidungen**, die sich auf Umstände stützen, die von den Beteiligten nicht oder jedenfalls so nicht thematisiert worden sind und die der Senat auch nicht offengelegt und im Termin erörtert hat,[27] unzulässig. Der Anspruch auf Gewährung des rechtlichen Gehörs im Vergabenachprüfungsverfahren verlangt aber nicht, dass das erkennende Gericht in seinen Entscheidungsgründen auf alle von den Verfahrensbeteiligten vorgebrachten Einwendungen eingeht. Es ist vielmehr davon auszugehen, dass das Gericht auch ohne ausdrückliche Erwähnung jeder Einzelheit das von ihm entgegengenommene Vorbringen der Verfahrensbeteiligten in seine Erwägungen einbezogen hat.[28] 28

Nur im Falle von **Beigeladenen** kommt ausnahmsweise die Verwertung des Inhalts von Unterlagen in Betracht, auch ohne dass ihnen Gelegenheit zur Äußerung gewährt worden ist (§ 71 Abs. 1 S. 3 GWB). Es bedarf hierzu eines wichtigen Grundes, der es einem anderen Beteiligten gestattet, zur Wahrung insbesondere von **Betriebs- und Geschäftsgeheimnissen**, aber auch aus anderen Gründen der Geheimhaltung die Einsicht in Akten zu verweigern und noch nicht einmal zum Inhalt der Akten vorzutragen. Wegen der damit einhergehenden Einschränkungen in den Rechten des Beigeladenen aus Art. 103 Abs. 1 GG versteht es sich von selbst, dass an das Vorliegen eines derart wichtigen Grundes ein strenger Maßstab anzulegen ist. 29

Ohnedies gilt die hiernach mögliche Rechtsbeschränkung nicht für die **Beigeladenen**, die an dem Beschwerdeverfahren derart beteiligt sind, dass die Entscheidung auch ihnen gegenüber **nur einheitlich ergehen kann** (§ 71 Abs. 1 S. 4 GWB). Die Formulierung bringt den Willen des Gesetzgebers nur unvollkommen zum Ausdruck. Es geht darum, den Beigeladenen zu schützen, soweit der Beschluss des Vergabesenats – sei es durch Ausschluss des Angebots des Beigeladenen, sei es durch Verpflichtung der Vergabestelle, den Zuschlag auf ein Angebot eines anderen Bieters zu erteilen – in seine Rechtsposition eingreift oder ihn rechtlich in derselben Weise berührt wie den Antragsteller bzw. den Antragsgegner.[29] 30

Zum möglichen **Inhalt** einer Entscheidung des Vergabesenats besagt § 71 Abs. 1 GWB nichts. Hierzu macht § 178 GWB Aussagen. 31

Keine Aussage macht § 71 Abs. 1 GWB auch zu den **Beweismitteln**, deren sich der Vergabesenat bedienen darf, und zu der Frage, welchen der Beteiligten die (materielle) **Beweislast** dann trifft, wenn ein Sachverhalt nicht mit der für eine richterliche Überzeugungsbildung erforderlichen Sicherheit aufgeklärt werden kann. Die statthaften Beweismittel ergeben sich aus § 73 Nr. 2 GWB und den dort enthaltenen Verweisen auf den **Zeugen- und Sachverständigenbeweis** sowie die anderen Beweismittel (**Augenschein, Urkunden, Parteivernehmung**). Neben der Parteivernehmung im Sinne einer Vernehmung von Antragsteller oder An- 32

---

26 So schon BGH, Urteil v. 14.1.1993 – IX ZR 238/91.
27 OLG Düsseldorf, Beschluss v. 16.12.2015 – VII-Verg 25/15.
28 OLG Hamburg, Beschluss v. 29.4.2014 – 1 Verg 4/13; OLG München, Beschluss v. 19.3.2012 – Verg 14/11.
29 Vgl. *Stockmann*, in: Immenga/Mestmäcker, Wettbewerbsrecht, § 120 GWB Rn. 13.

tragsgegner kommt auch die Vernehmung eines Beigeladenen in Betracht, der als einem Streithelfer vergleichbar die Stellung eines Zeugen innehat. Außerdem können die Beteiligten formlos angehört werden.

33 Die (materielle) **Beweislast** richtet sich nach den Vorschriften, deren Verletzung in Rede steht. Die materielle Unaufklärbarkeit geht zulasten desjenigen Verfahrensbeteiligten, der sich auf bestimmte ihm günstige Tatsachen beruft.[30] Zum besseren Verständnis sei auf einige Beispiele in der Rechtsprechung verwiesen: Will der Auftraggeber einen Bieter wegen wettbewerbswidriger Absprachen ausschließen, muss regelmäßig der Nachweis geführt sein, dass solche Absprachen erfolgt sind.[31] Weist die Konzernverbundenheit mehrerer Unternehmen, die sich an einer Ausschreibung mit Angeboten beteiligt haben, hingegen auf eine widerlegbare Vermutung der Absprache, so ist es Sache des betreffenden Bieters, diese Widerlegung zu führen.[32] Sollen Bieter wegen einer schweren Verfehlung, die ihre Unzuverlässigkeit nach sich ziehen könnte, ausgeschlossen werden, so bedarf es der Feststellung, dass eine solche Verfehlung tatsächlich begangen ist.[33] Beanstandet ein Bieter schließlich das Preisangebot eines anderen Bieters als unauskömmlich, so hat er die Richtigkeit dieser Behauptung zu beweisen.[34]

2. Begründung und Rechtsmittelbelehrung (Abs. 6)

34 Der Beschluss des Vergabesenats bedarf einer **Begründung**. Er entfaltet aber auch ohne eine solche volle Wirksamkeit.

35 Der Beschluss ist nach §§ 175 Abs. 2, 73 Nr. 2 GWB ferner allen am Verfahren Beteiligten von Amts wegen förmlich zuzustellen, wobei die Einzelheiten der **Zustellung** den §§ 166 ff. ZPO zu entnehmen sind.

36 Das in § 71 Abs. 6 GWB weiter verankerte Gebot, den Senatsbeschluss mit einer **Rechtsmittelbelehrung** zu versehen, kann bei einer dem Wortlaut des Gesetzes entsprechenden Handhabung nur durch den Hinweis erfüllt werden, dass ein Rechtsmittel nicht gegeben ist. Das Gesetz sieht allein die Vorlage der Sache an den Bundesgerichtshof nach Maßgabe von § 179 Abs. 2 GWB oder die Vorlage an den Europäischen Gerichtshof gemäß Art. 267 AEUV vor. Die Vorlage ist kein Rechtsmittel; sie geschieht im laufenden Verfahren. Die Praxis verfährt im Allgemeinen so, dass von einer Rechtsmittelbelehrung im Senatsbeschluss gänzlich abgesehen wird.

IV. Anhörungsrüge (§ 71a GWB)

37 Die unter dem Stichwort „Anhörungsrüge" eröffnete Möglichkeit der Abhilfe bei **Verletzung des Anspruchs auf rechtliches Gehör** kann die Rechtskraft der Entscheidung des Vergabesenats durchbrechen und zu einer neuerlichen Sachprüfung führen. Diese Prüfung sowohl der Zulässigkeit einer auf die vermeintliche Verletzung rechtlichen Gehörs gestützten Rüge als auch ihrer Begründetheit erfolgt durch den **Vergabesenat**, dessen Entscheidung in dieser Weise angegriffen wird, selbst.

38 Das Verfahren nach § 71a GWB ist im Falle **instanzbeendigender Entscheidungen** des Vergabesenates statthaft. Es ist hierauf aber nicht beschränkt. Da eine Verlängerungsentscheidung nach § 173 Abs. 1 S. 3 und Abs. 2 GWB und die vorzeitige Gestattung des Zuschlages gemäß § 176 GWB in ihren Auswirkungen auf die Rechtstellung der Beteiligten einer abschließenden Sachentscheidung durchaus gleichkommen können, ist auch in diesen Fällen Raum für eine Anhörungsrüge. Dies gilt aber nicht für andere **Zwischenentscheidungen** des Sena-

---

30 *Dieck-Bogatzke*, in: Pünder/Schellenberg, Vergaberecht, § 120 GWB Rn. 6.
31 OLG München, Beschluss v. 17.1.2011 – Verg 2/11.
32 OLG Düsseldorf, Beschluss v. 13.4.2011 – VII-Verg 4/11.
33 OLG Düsseldorf, Beschluss v. 9.4.2008 – VII-Verg 2/08.
34 OLG München, Beschluss v. 11.5.2007 – Verg 4/07.

tes, sei es etwa die Anordnung einer weiteren Beiladung nach §§ 174, 162 GWB, sei es die Gewährung von Akteneinsicht nach §§ 175 Abs. 2, 72 GWB.[35]

Das Abhilfeverfahren wird nicht von Amts wegen, sondern nur auf eine **Rüge** eines sich nachteilig betroffen fühlenden Beteiligten in Gang gesetzt. 39

Die Rüge ist **fristgebunden** (zwei Wochen nach Kenntnis der behaupteten Rechtsbeeinträchtigung, die nicht notwendig erst durch die förmliche Zustellung des Senatsbeschlusses ausgelöst wird)[36] und kann ohne Rücksicht auf diese Kenntnis nach Ablauf eines Jahres seit Bekanntgabe des Senatsbeschlusses zulässigerweise überhaupt nicht mehr erhoben werden. Die Bekanntgabe erfolgt durch förmliche Zustellung des Senatsbeschlusses. Da es sich bei der Anhörungsrüge nicht um ein Rechtsmittel im eigentlichen Sinne, sondern um einen Rechtsbehelf eigener Art handelt,[37] ist sie nicht in die **Belehrung** nach § 71 Abs. 6 GWB aufzunehmen. 40

Überdies bedarf die Rüge der **Schriftform**. Ersatzweise kann sie zur **Niederschrift der Geschäftsstelle des Vergabesenats** erhoben werden. In der Rüge sind die Umstände zu benennen, aus denen der Rügende die Verletzung rechtlichen Gehörs zu entnehmen glaubt. Ist die Rüge nicht in der gesetzlichen Frist und Form erklärt worden oder fehlen in ihr Ausführungen zu einer Verletzung rechtlichen Gehörs, so ist sie – nach entsprechendem Hinweis an den Rügenden – als unzulässig zu verwerfen, ohne dass es einer Anhörung der anderen Verfahrensbeteiligten bedarf. Dies kann ohne mündliche Verhandlung geschehen. 41

Unbegründet ist die Rüge, wenn die vermeintliche Verletzung rechtlichen Gehörs nach Auffassung des Vergabesenats tatsächlich nicht zu verzeichnen ist. Auch für diese Entscheidung bedarf es keiner mündlichen Verhandlung. Ebenso wenig ist notwendigerweise eine Stellungnahme der anderen Verfahrensbeteiligten einzuholen. Geboten erscheint allein der vorherige Hinweis auf die beabsichtigte Verfahrensweise an den Rügenden. 42

Sieht der Vergabesenat eine Verletzung des Anspruchs auf rechtliches Gehör hingegen als gegeben an, hilft er der Rüge dadurch ab, dass er das Verfahren in das Stadium vor Schluss der mündlichen Verhandlung **zurückversetzt**. Die Zurückversetzung erfolgt durch einen Senatsbeschluss, dem nunmehr auch eine Anhörung der übrigen Verfahrensbeteiligten vorauszugehen hat. Dann ist neuerlich in der Sache mündlich zu verhandeln, soweit nicht eine mündliche Verhandlung nach Maßgabe von § 69 Abs. 1 GWB entbehrlich ist und durch ein schriftliches Verfahren ersetzt werden kann.[38] 43

Die Anhörungsrüge ist auch außerhalb des Anwendungsbereichs des GWB an die Stelle der in der Rechtsprechung bis dahin unter bestimmten Voraussetzungen für zulässig gehaltenen **Gegenvorstellung** getreten.[39] Daher ist für eine nicht form- und fristgebundene Gegenvorstellung oder einen anderen außerordentlichen und außergesetzlichen Rechtsbehelf kein Raum mehr. 44

V. Akteneinsichtsrecht (§§ 72, 165 GWB)

Das Gesetz enthält für das Akteneinsichtsrecht im Verfahren vor dem Vergabesenat einen Verweis auf **zwei Vorschriften**, die sich mit derselben Thematik befassen, aber nicht inhaltsgleich ausgestaltet sind. Da ein gesetzlich angeordneter Vorrang der einen oder der anderen Bestimmung fehlt, gleichwohl aber ein praktisches Bedürfnis nicht von der Hand zu weisen ist, den Umfang des Akteneinsichtsrechts im Beschwerdeverfahren eindeutig festzulegen, ist es unerlässlich, das **Verhältnis** des Akteneinsichtsrechts aus § 72 GWB und des Akteneinsichtsrechts aus § 165 GWB zu klären.[40] 45

Im Ausgangspunkt ist nicht einzusehen, dass der Umfang des Akteneinsichtsrechts im Verfahren vor der Vergabekammer – für diese gilt nur § 165 GWB – und im Verfahren vor dem Verga- 46

35 OLG München, Beschluss v. 9.8.2012 – Verg 10/12.
36 OLG Naumburg, Beschluss v. 30.8.2012 – 2 Verg 3/12.
37 *Schmidt*, in: Immenga/Mestmäcker, Wettbewerbsrecht, § 71a GWB Rn. 9.
38 Vgl. OLG Frankfurt, Beschluss v. 1.4.2015 – 11 Verg 7/14.
39 Vgl. BVerfG, Beschluss v. 30.4.2003 – 1 PBvU 1/02.
40 Vgl. auch *Stockmann*, in: Immenga/Mestmäcker, Wettbewerbsrecht, § 120 GWB Rn. 14.

besenat unterschiedlich ausgestaltet sein sollte. Beide Verfahren sind auf **dasselbe Ziel** gerichtet, nämlich die Ordnungsgemäßheit der Vergabe in den Grenzen der Einwendungen der Beteiligten und der offenkundigen Umstände und Tatsachen sicherzustellen. Dies legt es nahe, auch im Verfahren des Vergabesenats vorrangig auf § 165 GWB zurückzugreifen.[41]

47 So wenig es in der Sache einleuchtet, die Akteneinsicht vor der Vergabekammer und vor dem Vergabesenat unterschiedlich zu handhaben, so sehr verlangt das **Gesetz** aber eben dies durch die Anwendbarkeit von § 72 GWB nur durch den Vergabesenat. Im Beschwerdeverfahren wird für die Akteneinsicht daher nach einer Lösung zu suchen sein, die den Anforderungen beider gesetzlicher Bestimmungen Rechnung trägt.

48 § 165 GWB geht in seinem Abs. 1 von einer umfassenden Befugnis aus, die Akten der Vergabekammer einzusehen. Da die Vorschrift nicht zwischen den Akten der Kammer im eigentlichen Sinne und den Beiakten, Urkunden und sonstigen Unterlagen, die von den Beteiligten herrühren, unterscheidet, erstreckt sich das Einsichtsrecht ohne Weiteres auch auf diese. § 165 Abs. 2 GWB macht hiervon nur dann eine Ausnahme, wenn wichtige Gründe namentlich der **Geheimhaltung** oder der **Wahrung von Betriebs- oder Geschäftsgeheimnissen** dies gebieten, wobei es den Beteiligten obliegt, hierzu Angaben zu machen.

49 Demgegenüber gewährt § 72 Abs. 1 GWB ein uneingeschränktes Recht zur Akteneinsicht nach seinem Wortlaut nur in die **Gerichtsakten**. Die Einsichtnahme auch in Beiakten, Vorakten, Gutachten und Auskünfte ist nach § 72 Abs. 2 GWB von der ausdrücklich erklärten Zustimmung der Stelle abhängig, von der diese Unterlagen stammen. In Vergabenachprüfungsverfahren geht es dabei insbesondere um die Unterlagen der Vergabestelle mit den darin enthaltenen Angeboten der Bieter. Es bedarf dann der **Zustimmung** des betroffenen Bieters. Wird die Einsicht abgelehnt oder ist sie unzulässig, dürfen diese Unterlagen gemäß § 72 Abs. 2 S. 3 GWB der Entscheidung nur insoweit zugrunde gelegt werden, als ihr Inhalt vorgetragen worden ist, ein **In-camera-Verfahren** scheidet daher aus. Über die Verweigerung der Zustimmung zur Einsicht in die Unterlagen kann nur ein **Senatsbeschluss** hinweghelfen, dem eine Abwägung der widerstreitenden Interessen vorauszugehen hat.[42] Der Senatsbeschluss kann sich ebenso wie die Zustimmung darauf beschränken, einen Teil der Unterlagen zur Einsicht freizugeben.

50 Die Abwägung ist es nicht, die die §§ 72, 165 GWB voneinander unterscheidet. Denn auch im Rahmen des § 165 GWB ist eine solche geboten.[43] Der maßgebliche Unterschied besteht im Erfordernis der **Zustimmung**. Da ein Schweigen nicht als Zustimmung zu verstehen ist, bedarf es für § 72 GWB einer ausdrücklichen Erklärung des betroffenen Bieters, die nur bei **ungerechtfertigter Weigerung** durch einen Senatsbeschluss ersetzt werden kann.

51 Dem Bedürfnis, die §§ 72, 165 GWB zu harmonisieren, kann nicht dadurch entsprochen werden, dass die sich aus ihrem Wortlaut unabweisbar ergebenden Unterschiede negiert werden. Eine Akteneinsicht, die nicht schon im Verfahren der Vergabekammer beantragt und gewährt worden ist, kann danach vom Vergabesenat **nur unter den Voraussetzungen des § 72 GWB** bewilligt werden. Die Vorschrift hat dann auch nicht lediglich eine lückenausfüllende Funktion,[44] sondern ist allein maßgeblich, wenn es um Akteneinsicht durch den Vergabesenat geht. Dieser hat in der Praxis entsprechende Ersuchen allerdings in einem geringeren Umfang als die Vergabekammer zu bescheiden. Denn die Mehrzahl der Anträge auf Akteneinsicht wird schon an die Vergabekammer gerichtet und dort auch positiv beschieden.

52 Es stellt sich allerdings die Frage, wie mit durch die Vergabekammer **abgelehnten Akteneinsichtsanträgen** zu verfahren ist. Eine isolierte Beschwerde gegen die Ablehnung ist nicht statthaft (§ 165 Abs. 4 GWB). Wird jetzt der Antrag auf Akteneinsicht im Verfahren des Verga-

---

41 So ausdrücklich *Vavra*, in: Dreher/Motzke, Vergaberecht, § 120 GWB Rn. 20, die für die Verweisung auf § 72 GWB von einem offensichtlichen gesetzgeberischen Versehen spricht; *Kulartz*, in: Kulartz/Kus/Portz, GWB-Vergaberecht, § 120 Rn. 31; *Dieck-Bogatzke*, in: Pünder/Schellenberg, Vergaberecht, § 120 GWB Rn. 8; *Frister*, in: Ziekow/Völlink, Vergaberecht, § 120 GWB Rn. 16.

42 Instruktiv zum Ganzen OLG Düsseldorf, Beschluss v. 28.12.2007 – VII-Verg 40/07.

43 OLG Brandenburg, Beschluss v. 1.11.2011 – Verg W 12/11.

44 So aber *Stickler*, in: Reidt/Stickler/Glahs, Vergaberecht, § 120 GWB Rn. 13.

besenates wiederholt, dann kann sich der Prüfungsmaßstab für den Senat nur aus § 165 GWB und nicht auch aus § 72 GWB ergeben. Es ist kein Grund dafür erkennbar, die erschwerten Voraussetzungen des § 72 GWB auf eine schon bei der Kammer beantragte und dort am Ende zu Unrecht versagte Akteneinsicht zu übertragen. Bei diesem Verständnis erfassen die §§ 175 Abs. 2, 72 GWB nur die Fälle, in denen **erstmals im Beschwerdeverfahren** Akteneinsicht begehrt wird.

Das als subjektives Recht ausgestaltete Akteneinsichtsrecht aus § 72 Abs. 1 und Abs. 2 GWB **53** steht nicht nur dem Antragsteller des Nachprüfungsverfahrens, sondern auch den **Beigeladenen** zu.[45] Dass § 72 Abs. 3 GWB dies für die Beigeladenen nach § 67 Abs. 1 Nr. 3 GWB (im kartellrechtlichen Beschwerdeverfahren) in das Ermessen des Gerichts stellt, besagt für die Beigeladenen nach §§ 162, 174 GWB nichts.

VI. Vorschriften des GVG und der ZPO (§ 73 GWB)

1. Verweis auf Regelungen des GVG (Nr. 1)

Für das Verfahren vor dem Vergabesenat sind die sich aus den §§ 169 bis 201 GVG ergeben- **54** den Regelungen über die **Öffentlichkeit** der Verhandlung, die **Sitzungspolizei**, die **Gerichtssprache**, die **Beratung** und die **Abstimmung** sowie über den **Rechtsschutz in überlangen Verfahren** maßgeblich. Weil sie thematisch nicht einschlägig bzw. weggefallen sind, gelten die Anordnungen in den §§ 170, 171, 187 und 199 GVG nicht.

In den Grundzügen ist danach festzuhalten, dass der Vergabesenat **öffentlich verhandelt** **55** und auch der das Verfahren abschließende Beschluss nach § 178 GWB öffentlich zu verkünden ist. Dem Vorsitzenden obliegt die **Aufrechterhaltung der Ordnung in den Sitzungen**, die regelmäßig in **deutscher Sprache** und ggf. unter Hinzuziehung eines **Dolmetschers** durchzuführen sind.

Die Bezugnahme auf Bestimmungen des GVG ist nicht vollständig. So geht die Rechtspre- **56** chung nach § 17a GVG vor, um ein Verfahren, das von der Vergabekammer als Vergabesache behandelt worden ist, thematisch aber keine solche, sondern ein allgemeiner Zivilrechtsstreit ist, an das zuständige Landgericht zu verweisen.[46] § 17a GVG ist es auch, der die **Verweisung** eines Vergabenachprüfungsverfahrens von einer Vergabekammer an eine andere möglich macht,[47] und dies in Verbindung mit § 83 VwGO und § 281 ZPO, auf die in den §§ 175 Abs. 2, 73 GWB gleichfalls nicht verwiesen ist.

2. Verweis auf Regelungen der ZPO (Nr. 2)

Ferner gelten die Bestimmungen der ZPO über **57**

- die **Ausschließung und die Ablehnung eines Richters** (§§ 41 ff. ZPO),
- die **Prozessbevollmächtigten** und die **Beistände** (§§ 78 ff. ZPO mit den sich aus §§ 175 Abs. 1, 172 Abs. 3 GWB ergebenden Besonderheiten),
- die **Zustellung von Amts wegen** (§§ 166 ff. ZPO),
- **Ladungen, Termine** und **Fristen** (§§ 214 ff. ZPO ohne § 227 Abs. 3 ZPO mit der dort enthaltenen Sonderregelung für Terminierungen in der Zeit vom 1. Juli bis zum 31. August eines jeden Jahres),
- die **Anordnung des persönlichen Erscheinens der Parteien** (§ 141 ZPO),
- die **Verbindung mehrerer Prozesse** (§ 147 ZPO),
- die Erledigung des **Zeugen- und des Sachverständigenbeweises** (§§ 373 ff. und 402 ff. ZPO) sowie

45 A. A. *Dieck-Bogatzke*, in: Pünder/Schellenberg, Vergaberecht, § 120 GWB Rn. 9.
46 BGH, Beschluss v. 23.1.2012 – X ZB 5/11; OLG Frankfurt, Beschluss v. 8.5.2012 – 11 Verg 2/12; OLG Düsseldorf, Beschluss v. 7.3.2012 – VII-Verg 78/11.
47 OLG Dresden, Beschluss v. 26.6.2012 – Verg 3/12.

- die sonstigen **Arten des Beweisverfahrens** (§§ 371 ff. ZPO durch Augenschein, §§ 415 ff. ZPO durch Urkunden, §§ 445 ff. ZPO durch Parteivernehmung) und schließlich
- über die **Wiedereinsetzung in den vorigen Stand** wegen Versäumung einer Frist (§§ 233 ff. ZPO).

58 Nicht verwiesen ist damit u. a. auf Bestimmungen, die die Entscheidung des Rechtsstreits durch einen **Einzelrichter** möglich machen (§§ 348, 348a, 526 ZPO).[48] Ebenso wenig gelten die **Verspätungsvorschriften** der §§ 296, 530, 531 ZPO[49] oder die Regelungen über **Versäumnisurteile** in den §§ 330 ff. ZPO.

59 Auf der anderen Seite ist anerkannt, dass auch ohne ausdrückliche Bezugnahme auf § 524 ZPO eine **Anschlussbeschwerde** eingelegt werden kann. Denn in der vorgenannten wie auch in ähnlich lautenden Regelungen in der VwGO kommt nur ein allgemeiner Verfahrensgrundsatz zum Ausdruck, der ohne Weiteres auf Vergabenachprüfungsverfahren übertragen werden kann. Die Grenze ist aber da überschritten, wo die Anschlussbeschwerde auf die Überprüfung der Sachentscheidung der Vergabekammer gerichtet ist, die Beschwerde hingegen nur deren Kostenentscheidung betrifft. Dann ist die Anschlussbeschwerde unstatthaft.[50]

60 Daneben bedarf es im Einzelfall des Rückgriffs auf weitere Vorschriften der ZPO wie auch der VwGO, soweit diese mit den Besonderheiten des Vergabenachprüfungsverfahrens in Einklang stehen. So wird neben der ausdrücklich in § 73 Nr. 2 GWB in Bezug genommenen Verbindung mehrerer Nachprüfungsverfahren auch eine **Verfahrenstrennung** entsprechend § 145 Abs. 1 ZPO möglich sein. Demgegenüber werden die Vorschriften über die **Unterbrechung** des Rechtsstreits nach Maßgabe der §§ 239 ff. ZPO nur sehr eingeschränkt auf das Vergabenachprüfungsverfahren übertragen werden können, weil dies mit dessen Beschleunigungsnotwendigkeit im Allgemeinen nicht in Einklang stehen wird. Geht nach Schluss der mündlichen Verhandlung des Vergabesenats ein Schriftsatz ein, so ist darüber befinden, ob die **mündliche Verhandlung wiedereröffnet** wird.[51] Zwar fehlt im GWB und in den Vorschriften, auf die in § 175 Abs. 2 GWB verwiesen ist, eine ausdrückliche Befugnis für eine dahin gehende Anordnung. Entsprechende gesetzliche Regelungen an anderer Stelle – genannt seien hier nur die §§ 156, 296a ZPO – stellen aber nicht mehr als eine besondere Ausprägung des sich aus Art. 103 Abs. 1 GG ergebenden **Anspruchs auf rechtliches Gehör** dar. Im Anwendungsbereich des GWB kann unmittelbar auf diesen Verfassungsartikel zurückgegriffen werden.

VII. Kosten (§ 78 GWB)

1. Grundsatz

61 Während die ältere Rechtsprechung[52] auf die Kosten des Beschwerdeverfahrens die Vorschriften der §§ 91 ff. ZPO analog angewandt hatte, richtet sich die Kostenverteilung seit Inkrafttreten des VergRModG 2009 aufgrund der ausdrücklichen Verweisung des § 175 Abs. 2 GWB (bisher § 120 Abs. 2 GWB a.F.) nach der für Kartellverwaltungsverfahren geschaffenen Vorschrift des **§ 78 GWB**:

> Im Beschwerdeverfahren und im Rechtsbeschwerdeverfahren kann das Gericht anordnen, dass die Kosten, die zur zweckentsprechenden Erledigung der Angelegenheit notwendig waren, von einem Beteiligten ganz oder teilweise zu erstatten sind, wenn dies der Billigkeit entspricht. Hat ein Beteiligter Kosten durch ein unbegründetes Rechtsmittel oder durch grobes Verschulden veranlasst, so sind ihm die Kosten aufzuerlegen. Im Übrigen gelten die Vorschriften der Zivilprozessordnung über das Kostenfestsetzungsverfahren und die Zwangsvollstreckung aus Kostenfestsetzungsbeschlüssen entsprechend.

48 Vgl. auch *Raabe*, in: Willenbruch/Wieddekind, Vergaberecht, § 120 GWB Rn. 29.
49 OLG Celle, Beschluss v. 21.1.2016 – 13 Verg 8/15.
50 OLG Dresden, Beschluss v. 14.11.2012 – Verg 8/11.
51 OLG Düsseldorf, Beschluss v. 1.8.2012 – VII-Verg 10/12.
52 BGH, Beschluss v. 26.9.2006 – X ZB 14/06 m.w.N.

Es entspricht ganz h.M.[53], dass diese Vorschrift über ihren Wortlaut hinaus sowohl die **außergerichtlichen Kosten** aller Beteiligten als auch die **Gerichtskosten** betrifft. 62

Dabei ist zu beachten, dass §§ 175, 78 GWB lediglich die Kosten des **Beschwerdeverfahrens** vor dem Vergabesenat regelt. Über die Kosten des vorangegangenen Nachprüfungsverfahrens vor der Vergabekammer ist, wenn die Entscheidung der Vergabekammer ganz oder teilweise aufgehoben wird oder der Nachprüfungsantrag während des Beschwerdeverfahrens zurückgenommen wird[54], nach Maßgabe des § 182 GWB zu entscheiden.

2. Entscheidung in der Sache

a) Erfolglose Beschwerde

Ein eindeutige Regelung ergibt sich aus § 78 GWB lediglich für den Fall einer erfolglosen Beschwerde: In diesem Fall „sind" gemäß S. 2 dem Beschwerdeführer die Kosten des Beschwerdeverfahrens aufzuerlegen, und zwar unter Einschluss der außergerichtlichen Kosten des Beschwerdegegners. Darauf, ob die Beschwerde als unbegründet oder als unzulässig zurückgewiesen wurde, kommt es nicht an.[55] 63

b) Ganz oder teilweise erfolgreiche Beschwerde

Wird der Beschwerde ganz oder teilweise stattgegeben, ist nach § 78 S. 1 GWB eine **Billigkeitsentscheidung** zu treffen. 64

Bei erfolgreicher Beschwerde wird es regelmäßig der Billigkeit entsprechen, dem **Beschwerdegegner** (sowie ggf. den Beigeladenen[56]) die Gerichtskosten sowie die außergerichtlichen Kosten des Beschwerdeführers aufzuerlegen.[57] Entsprechend ist bei teilweisem Erfolg der Beschwerde regelmäßig eine entsprechende Quotelung der Kosten angebracht. 65

Eine **abweichende Kostenregelung** (insbesondere hinsichtlich der Erstattungsfähigkeit außergerichtlicher Kosten) kommt unter Billigkeitsgesichtspunkten etwa dann in Betracht, wenn der obsiegende Beschwerdeführer schuldhaft zusätzliche Kosten verursacht hat (z.B. Fristversäumnis oder verspäteter Sachvortrag), wobei bei grobem Verschulden die zwingende Regelung des § 78 S. 2 GWB eingreift. 66

Die Rechtsprechung des BGH in Kartellverwaltungsverfahren[58], auch einem **obsiegenden Beschwerdeführer** einen Kostenerstattungsanspruch zu versagen, wenn über Grundsatzfragen entschieden wurde, deren Klärung auch in seinem Interesse lag, dürfte angesichts der anderen Interessenlage der Beteiligten auf das Beschwerdeverfahren vor dem Vergabesenat nicht übertragbar sein.[59] 67

Kein Anlass zu einer abweichenden Kostenregelung besteht auch im Falle eines (sofortigen) **Anerkenntnisses** der unterliegenden Beteiligten. Der Rechtsgedanke des § 93 ZPO ist hier nicht entsprechend anwendbar.[60] 68

---

53 BGH, Beschluss v. 8.2.2011 – X ZB 4/10 (Abellio); *Wiese*, in: Kulartz/Kus/Portz, GWB-Vergaberecht, § 128 Rn. 65; *Summa*, in: Heiermann/Zeiss, Vergaberecht, § 120 GWB Rn. 54.

54 Siehe dazu unten Rn. 72 ff.

55 *Summa*, in: Heiermann/Zeiss, Vergaberecht, § 120 GWB Rn. 56; *Hardraht/Schulz*, in: Willenbruch/Wieddekind, Vergaberecht, 15. Los, § 78 GWB Rn. 9.

56 Siehe dazu unten Rn. 76 ff.

57 *Summa*, in: Heiermann/Zeiss, Vergaberecht, § 120 GWB Rn. 59; *Wiese*, in: Kulartz/Kus/Portz, GWB-Vergaberecht, § 128 Rn. 71; *Hardraht/Schulz*, in: Willenbruch/Wieddekind, Vergaberecht,15. Los, § 78 GWB Rn. 7.

58 BGH, Beschluss v. 11.3.1997, KZR 39/95.

59 *Summa*, in: Heiermann/Zeiss, Vergaberecht, § 120 GWB Rn. 61; *Hardraht/Schulz* in: Willenbruch/Wieddekind, Vergaberecht,15. Los, § 78 GWB Rn. 7; a.A. *Wiese*, in: Kulartz/Kus/Portz, GWB-Vergaberecht, § 128 Rn. 71.

60 OLG Frankfurt, Beschluss v. 4.8.2015 – 11 Verg 4/15.

3. Anderweitige Erledigung des Beschwerdeverfahrens

a) Erledigung der Hauptsache

69 Erklären die Parteien die Hauptsache übereinstimmend für erledigt, ist über die Kosten des Beschwerdeverfahrens gemäß § 78 GWB nach **billigem Ermessen** zu entscheiden[61], wobei die Rechtsprechung[62] dabei die zu § 91a ZPO entwickelten Grundsätze entsprechend anwendet.

70 Es kommt also grundsätzlich auf die **Erfolgsaussichten** der Beschwerde im Zeitpunkt des erledigenden Ereignisses an.[63] Dabei ist jedoch nur eine summarische Prüfung vorzunehmen. Das Verfahren über die Kosten dient keiner abschließenden Klärung von Tatsachen- oder Rechtsfragen, sondern soll lediglich zu einer dem jeweiligen Sach- und Streitstand angemessenen Kostenverteilung führen. Erscheint danach der Verfahrensausgang offen, so sind die Kosten im Zweifel gegeneinander aufzuheben[64]

71 Dieselben Grundsätze gelten auch ohne ausdrückliche Erledigungserklärung, wenn sich das Verfahren – etwa durch Erteilung des Zuschlags oder Aufhebung des Vergabeverfahrens durch die Vergabestelle – **faktisch erledigt** hat.[65]

b) Rücknahme der Beschwerde

72 Auch im Falle der Beschwerderücknahme ist – anders als etwa bei der Rücknahme eines Rechtsmittels im Zivilprozess – nach § 78 GWB über die Kosten des Beschwerdeverfahrens nach **Billigkeit** zu entscheiden. Die Kosten sind daher grundsätzlich demjenigen aufzuerlegen, der ohne die Rücknahme voraussichtlich unterlegen wäre. Das Gericht ist allerdings nicht verpflichtet, nach Rücknahme des Rechtsmittels noch in eine Sachprüfung einzutreten. Ist der Verfahrensausgang offen, entspricht es im Regelfall der Billigkeit, dem Beschwerdeführer die Kosten des Verfahrens unter Einschluss der außergerichtlichen Kosten des Gegners aufzuerlegen, weil er sich durch die Rücknahme selbst in die Position des Unterlegenen begeben hat.[66]

c) Rücknahme des Nachprüfungsantrags im Beschwerdeverfahren

73 Der Antragsteller kann – ohne Rücksicht auf seine Parteirolle im Nachprüfungsverfahren – auch im Beschwerdeverfahren den Nachprüfungsantrag jederzeit zurücknehmen, solange und soweit noch eine formell bestandskräftige sachliche Entscheidung über diesen Antrag aussteht.[67]

74 Ausgangspunkt für die Kostenentscheidung nach § 78 GWB ist auch in diesem Fall grundsätzlich die (bisherige) **Erfolgsaussicht** der Beschwerde bei summarischer Prüfung. Bei offener

---

61 Teilweise wird die Auffassung vertreten, dass in diesem Fall einheitlich über die Kosten des gesamten Verfahrens, unter Einschluss des Verfahrens vor der Vergabekammer, zu entscheiden sei, so *Summa*, in: Heiermann/Zeiss, Vergaberecht, § 120 GWB Rn. 65; *Weber*, in: Schulte/Just, Kartellrecht, § 128 GWB Rn. 88; jeweils unter Berufung auf eine Entscheidung des BGH zum Kartellverwaltungsrecht (Beschluss v. 19.6.2007 – KVR 23/98); a.A. KG, Beschluss v. 18.3.2010 – 2 Verg 7/09. Da aber auch in diesem Fall jedenfalls die gesetzlichen Wertungen des § 128 GWB a.F. zu berücksichtigen waren (vgl. BGH, Beschluss v. 25.1.2012 – X ZB 3/11; *Summa*, a.a.O.) und nach der Neufassung des § 182 Abs. 4 S. 3 GWB ausdrücklich für den Fall der Erledigung auch im Nachprüfungsverfahren eine Kostenverteilung nach Billigkeit stattzufinden hat, ist die praktische Bedeutung dieser Streitfrage gering.

62 OLG Naumburg, Beschluss v. 22.9.2014 – 2 Verg 2/13; OLG Düsseldorf, Beschluss v. 25.4.2012 – VII-Verg 107/11.

63 Vgl. *Hardraht/Schulz*, in: Willenbruch/Wieddekind, Vergaberecht, 15. Los, § 78 GWB Rn. 10 ff.

64 *Bechtold*, GWB, § 78 Rn. 8; *Summa*, in: Heiermann/Zeiss, Vergaberecht, § 120 GWB Rn. 66 bis 68; *Wiese*, in: Kulartz/Kus/Portz, GWB-Vergaberecht, § 128 Rn. 75; *Weber*, in: Schulte/Just, Kartellrecht, § 128 GWB Rn. 91.

65 OLG Frankfurt, Beschluss v. 4.3.2015 – 11 Verg 10/14; KG, Beschluss v. 25.11.2014 – Verg 17/13.

66 BGH, Beschluss v. 16.3.2015 – KVR 75/13; Beschluss v. 7.11.2006 – KVR 19/06 (jeweils für das Kartellverwaltungsverfahren); OLG Bremen, Beschluss v. 27.11.2012 – 2 Verg 2/12; *Wiese*, in: Kulartz/Kus/Portz, GWB-Vergaberecht, § 128 Rn. 76, 77; *Weber*, in: Schulte/Just, Kartellrecht, § 128 GWB Rn. 90; a.A. wohl *Hardraht/Schultz*, in: Willenbruch/Wieddekind, Vergaberecht, 15. Los, § 78 GWB Rn. 12: nur wenn die Beschwerde wegen absehbarer Erfolglosigkeit zurückgenommen wird, ansonsten Kostenaufhebung. Teilweise wird dieses Ergebnis auch auf den Rechtsgedanken des § 516 Abs. 3 ZPO analog gestützt (OLG Karlsruhe, Beschluss v. 9.9.2011 – 15 Verg 9/11). Die Entscheidung des OLG München v. 23.9.2010 – Verg 18/10, nach der jedenfalls für die Gerichtskosten § 516 Abs. 3 ZPO ohne Weiteres analog anwendbar sei, dürfte allerdings durch den Beschluss des BGH v. 8.2.2011 – X ZB 4/10 (Abellio), wonach § 78 GWB auch für die Gerichtskosten gilt, überholt sein.

67 BGH, Beschluss v. 24.3.2009 – X ZB 29/08.

Erfolgsaussicht dürfte – wie bei der Rücknahme der Beschwerde – zu berücksichtigen sein, dass sich der Antragsteller durch die Rücknahme in die unterlegene Position begeben hat. Sind andere Motive bekannt – wie etwa der Abschluss eines außergerichtlichen Vergleichs – kann dies zu einer anderen Wertung führen.[68]

Eine Kostenentscheidung ist auch dann zu treffen, wenn die Rücknahme Teil einer **außergerichtlichen Einigung** ist, in deren Rahmen sich die Parteien auch über die Kosten geeinigt haben.[69] . Allerdings dürfte es in einem solchen Fall im Zweifel der Billigkeit entsprechen, die von den Parteien selbst als angemessen angesehene Kostenregelung zu übernehmen.[70] 75

4. Beigeladene

a) Aktive Beigeladene

Ein Beigeladener ist kostenrechtlich **wie der Antragsteller oder Antragsgegner** eines Nachprüfungsverfahrens zu behandeln, wenn er die durch die Beiladung begründete Stellung im Beschwerdeverfahren auch nutzt, indem er sich an diesem Verfahren beteiligt.[71] In diesem Fall entspricht es regelmäßig der Billigkeit, ihm im Falle des Obsiegens einen Anspruch auf Ersatz seiner außergerichtlichen Kosten zuzubilligen und ihn im Falle des Unterliegens an den Kosten der obsiegenden Partei sowie den Gerichtskosten zu beteiligen. 76

Dabei hat eine entsprechende Kostenentscheidung zugunsten bzw. zulasten eines aktiven Beigeladenen nicht nur im Falle einer Sachentscheidung zu ergehen, sondern auch, wenn das Verfahren **auf andere Weise beendet** wird, etwa durch Erledigung in der Hauptsache oder Rücknahme der Beschwerde.[72] 77

b) Passive Beigeladene

Hat sich ein Beigeladener hingegen nicht aktiv am Beschwerdeverfahren beteiligt, steht ihm weder ein Erstattungsanspruch zu, noch trifft ihn eine Kostenlast. 78

Die **Abgrenzung** zwischen einem in diesem Sinne „aktiven" und einem „passiven" Beigeladenen kann im Einzelfall schwierig sein. Unzweifelhaft „aktiv" und damit je nach Ausgang des Verfahrens (mit)kostenpflichtig bzw. kostenerstattungsberechtigt ist der Beigeladene, der selbst ein Rechtsmittel eingelegt oder in der mündlichen Verhandlung Anträge gestellt hat. 79

Umgekehrt reicht es nicht aus, wenn sich die Verfahrensbeteiligung auf **bloße Informationsbeschaffung** beschränkt, etwa durch Akteneinsicht oder Anwesenheit bei der mündlichen Verhandlung als Zuhörer.[73] 80

Das **Einreichen von Schriftsätzen** kann als aktive Beteiligung ausreichen, wenn dadurch das Verfahren gefördert wird.[74] Eine andere Wertung ist möglicherweise dann geboten, wenn sich ein Beigeladener zwar zunächst mit eigenen Schriftsätzen am Verfahren beteiligt, in der mündlichen Verhandlung aber auf Nachfragen ausdrücklich von einer Antragstellung absieht.[75] 81

5. Haftung mehrerer Beteiligter

Sind mehrere Beteiligte kosten(erstattungs)pflichtig, haben sie die Kosten des Beschwerdeverfahrens (nicht hingegen die des Nachprüfungsverfahrens, vgl. § 182 Abs. 3 S. 2 GWB) **nach Kopfteilen** zu tragen.[76] 82

---

68 Vgl. OLG Frankfurt, Beschluss v. 15.7.2015 – 11 Verg 1/15.
69 OLG Naumburg, Beschluss v. 9.7.2014 – 2 Verg 3/14.
70 A.A. jedenfalls für die Gerichtskosten OLG Naumburg, Beschluss v. 9.7.2014 – 2 Verg 3/14.
71 BGH, Beschluss v. 26.9.2006 – X ZB 14/06.
72 Vgl. OLG Naumburg, Beschluss v. 23.12.2014 – 2 Verg 14/11; OLG Düsseldorf, Beschluss v. 25.4.2012 – VII-Verg 107/11.
73 OLG Celle, Beschluss v. 27.8.2008 – 13 Verg 2/08.
74 Vgl. OLG Frankfurt, Beschluss v. 11.6.2013 – 11 Verg 3/13; OLG Celle, Beschluss v. 12.1.2012 – 13 Verg 8/11.
75 OLG Naumburg, Beschluss v. 23.12.14 – 2 Verg 14/11.
76 BGH, Beschluss v. 8.2.2011 – X ZB 4/10 (Abellio); OLG Frankfurt, Beschluss v. 16.6.2015 – 11 Verg 3/15; OLG Naumburg, Beschluss v. 22.12.2011 – 2 Verg 10/11; OLG Düsseldorf, Beschluss v. 11.5.2011 – VII-Verg 8/11.

6. Eilverfahren

83 Die Kosten für Eilverfahren gemäß §§ 173 und 176 GWB (bisher §§ 118 und 121 GWB) gehören zu den **Kosten des Beschwerdeverfahrens**; über sie ist nach h.M. [77] im Rahmen der (Kosten-)Entscheidung über die Hauptsache mitzubefinden.

84 Allerdings ist die Kostenentscheidung **nicht notwendig einheitlich zu treffen**.[78] Ist nur der Antrag auf Verlängerung der aufschiebenden Wirkung nach § 173 GWB erfolglos geblieben, können die Kosten des Eilverfahrens ganz oder teilweise auch dem in der Hauptsache obsiegenden Antragsteller auferlegt werden, etwa wenn der Eilantrag unzulässig war[79] Freilich sollte zugunsten eines in der Hauptsache obsiegenden Antragstellers, dessen Eilantrag erfolglos war, nicht außer Acht gelassen werden, wenn ein vergaberechtswidriges Verhalten des Antragsgegners erst die Einleitung des Nachprüfungs- und Beschwerdeverfahrens und die Stellung eines Eilantrages zur Verhinderung eines vorzeitigen Zuschlags erforderlich gemacht hat.

85 Bei **Obsiegen des in der Hauptsache unterliegenden Antragstellers im Eilverfahren** wird im Hinblick auf den Entscheidungsmaßstab des § 173 Abs. 2 GWB (Interessenabwägung hinsichtlich der Folgen der Eilentscheidung bei nur summarischer Prüfung der Erfolgsaussichten der Beschwerde) nur in Ausnahmefällen eine von der Hauptsacheentscheidung abweichende Kostenverteilung in Betracht kommen.

7. Streitwert

86 Der Streitwert für das Beschwerdeverfahren beträgt nach § 50 Abs. 2 GKG **5 % der Bruttoauftragssumme** .

87 Will der Antragsteller im Nachprüfungsverfahren mit der begehrten Nichtigerklärung eines im Wege der De-facto-Vergabe geschlossenen Vertrages auch erreichen, dass der Gesamtgegenstand dieses Vertrages in einem künftigen Vergabeverfahren **losweise** vergeben wird, beschränkt sich allerdings die für den Streitwert maßgebliche Auftragssumme auf den Wert der Lose, an deren Erbringung der Antragsteller interessiert ist.[80]

88 Solange kein Auftrag erteilt wurde, ist die **Bruttoauftragssumme des Bieters** maßgeblich, der das Nachprüfungsverfahren eingeleitet hat.[81] Hat dieser noch kein mit Preisen versehenes Angebot abgegeben, kann der vom Auftraggeber geschätzte Auftragswert herangezogen werden.[82] Bei längerfristigen Dienstleistungs- oder Lieferaufträgen erscheint es sachgerecht, grundsätzlich auf den Gesamtwert über die vorgesehene Vertragsdauer abzustellen, allerdings – entsprechend § 3 Abs. 11 VgV – beschränkt auf 48 Monate.[83]

89 Soll eine Dienstleistung nach den Vergabeunterlagen über einen festgelegten Zeitraum hinweg erbracht und der Vergabestelle darüber hinaus ein **einseitiges Optionsrecht zur Verlängerung der Laufzeit des Vertrages** eingeräumt werden, ist für die Streitwertbemessung auch der mögliche Verlängerungszeitrum zu berücksichtigen. Wegen der Ungewissheit der

---

77 OLG Düsseldorf, Beschluss v. 20.7.2015 – VII-Verg 37/15; Beschluss v. 8.9.2011 – VII-Verg 48/11; OLG Karlsruhe, Beschluss v. 7.5.2014 – 15 Verg 4/13; OLG Frankfurt, Beschluss v. 5.3.2014 – 11 Verg 1/14; Beschluss v. 29.5.2012 – 11 Verg 5/12; OLG Saarbrücken, Beschluss v. 2.4.2013 – 1 Verg 1/13; OLG Celle, Beschluss v. 18.2.2013 – 13 Verg 1/13; *Summa, in:* Heiermann/Zeiss, Vergaberecht, § 120 GWB Rn. 54; *Weber*, in: Schulte/Just, Kartellrecht, § 120 GWB Rn. 97; *Hardraht/Schulz*, in: Willenbruch/Wieddekind, Vergaberecht, 15. Los, § 78 GWB Rn. 68; a.A. jedenfalls für den Fall, dass ein Eilantrag nach § 176 (bisher § 121) GWB auf Gestattung des vorzeitigen Zuschlages abgelehnt wird, KG, Beschluss v. 26.9.2014 – Verg 5/14; differenzierend auch *Stickler*, in: Reidt/Stickler/Glahs, Vergaberecht, § 118 GWB Rn. 29.

78 *Wiese*, in: Kulartz/Kus/Portz, GWB-Vergaberecht, § 128 Rn. 179; *Weber*, in: Schulte/Just, Kartellrecht, § 128 GWB Rn. 98.

79 OLG Celle, Beschluss v. 10.6.2010 – 13 Verg 18/09; vgl. auch OLG Karlsruhe, Beschluss v. 7.5.2014 – 15 Verg 4/13; OLG Düsseldorf, Beschluss v. 1.8.2012 – VII-Verg 15/12.

80 BGH, Beschluss v. 19.7.2011 – X ZB 4/10.

81 BGH, Beschluss v. 25.10.2005 – X ZB 15/05.

82 *Wiese*, in: Kulartz/Kus/Portz, GWB-Vergaberecht, § 128 Rn. 56.

83 Vgl. OLG Düsseldorf, Beschluss v. 15.6.2005 – VII-Verg 5/05; *Wiese*, in: Kulartz/Kus/Portz, GWB-Vergaberecht, § 128 Rn. 60.

Verlängerung ist für den auf diesen Zeitraum entfallenden – ggf. zu schätzenden – Auftragswert allerdings regelmäßig ein Abschlag von 50 % zu veranschlagen.[84]

VIII. Verfahrensförderung (§ 167 Abs. 2 S. 1 GWB)

Die Vorschrift legt den Beteiligten die Verpflichtung auf, an der Aufklärung des Sachverhaltes **mitzuwirken**, wie es einem auf **Förderung und raschen Abschluss des Verfahrens** bedachten Vorgehen entspricht. 90

Es handelt sich allerdings um eine bloße **Obliegenheit** des Beschwerdeführers, des Beschwerdegegners und der Beigeladenen, an deren Verletzung keine Rechtsfolgen geknüpft sind. Denn anders als in § 296 Abs. 2 ZPO vorgesehen, ist es dem Gericht nicht erlaubt, dem Verstoß gegen die allgemeine Prozessförderungspflicht den Ausschluss des solchermaßen verspäteten Vorbringens folgen zu lassen. Allerdings ist dem Vergabesenat durch § 70 Abs. 3 GWB die Möglichkeit eröffnet, **Fristen** zur Äußerung über aufklärungsbedürftige Punkte und zur Vorlage von Urkunden zu setzen. Das wird auch der Grund dafür sein, warum der Gesetzgeber in § 175 Abs. 2 GWB nur auf § 167 Abs. 2 S. 1 GWB und nicht auch auf § 113 Abs. 2 S. 2 GWB verwiesen hat, der der Vergabekammer Fristsetzungen zur Aufklärung des Sachverhaltes gestattet. 91

Anlage

Gesetzesbegründung (BT-Drs. 18/6281)

Seite 136

§ 175 entspricht dem bisherigen § 120.

84 BGH, Beschluss v. 18.3.2014 – X ZB 12/13.

§ 176
Vorabentscheidung über den Zuschlag

(1) Auf Antrag des Auftraggebers oder auf Antrag des Unternehmens, das nach § 134 vom Auftraggeber als das Unternehmen benannt ist, das den Zuschlag erhalten soll, kann das Gericht den weiteren Fortgang des Vergabeverfahrens und den Zuschlag gestatten, wenn unter Berücksichtigung aller möglicherweise geschädigten Interessen die nachteiligen Folgen einer Verzögerung der Vergabe bis zur Entscheidung über die Beschwerde die damit verbundenen Vorteile überwiegen. Bei der Abwägung ist das Interesse der Allgemeinheit an einer wirtschaftlichen Erfüllung der Aufgaben des Auftraggebers zu berücksichtigen; bei verteidigungs- oder sicherheitsspezifischen Aufträgen im Sinne des § 104 sind zusätzlich besondere Verteidigungs- und Sicherheitsinteressen zu berücksichtigen. Das Gericht berücksichtigt bei seiner Entscheidung auch die Erfolgsaussichten der sofortigen Beschwerde, die allgemeinen Aussichten des Antragstellers im Vergabeverfahren, den öffentlichen Auftrag oder die Konzession zu erhalten, und das Interesse der Allgemeinheit an einem raschen Abschluss des Vergabeverfahrens.

(2) Der Antrag ist schriftlich zu stellen und gleichzeitig zu begründen. Die zur Begründung des Antrags vorzutragenden Tatsachen sowie der Grund für die Eilbedürftigkeit sind glaubhaft zu machen. Bis zur Entscheidung über den Antrag kann das Verfahren über die Beschwerde ausgesetzt werden.

(3) Die Entscheidung ist unverzüglich, längstens innerhalb von fünf Wochen nach Eingang des Antrags zu treffen und zu begründen; bei besonderen tatsächlichen oder rechtlichen Schwierigkeiten kann der Vorsitzende im Ausnahmefall die Frist durch begründete Mitteilung an die Beteiligten um den erforderlichen Zeitraum verlängern. Die Entscheidung kann ohne mündliche Verhandlung ergehen. Ihre Begründung erläutert Rechtmäßigkeit oder Rechtswidrigkeit des Vergabeverfahrens. § 175 ist anzuwenden.

(4) Gegen eine Entscheidung nach dieser Vorschrift ist ein Rechtsmittel nicht zulässig.

Übersicht Rn.

A. Allgemeines ... 1
I. Zweck und Rechtsnatur des Vorabgestattungsverfahrens ... 4
II. Anwendungsbereich ... 7
B. Entscheidung (Abs. 1) ... 14
I. Gegenstand (S. 1) ... 15
II. Maßstab (S. 1 bis 3) ... 16
1. Interesse der Allgemeinheit (S. 2 Hs. 1 und S. 3 Var. 3) ... 17
2. Verteidigungs- und Sicherheitsinteressen (S. 2 Hs. 2) ... 19
3. Erfolgsaussichten der sofortigen Beschwerde (S. 3 Var. 1) ... 22
4. Aussichten des Antragstellers im Vergabeverfahren (S. 3 Var. 2) ... 25
5. Abwägung ... 28
C. Anforderungen an den Antrag ... 34
I. Antragsberechtigung (Abs. 1 S. 1) ... 35
II. Formalien und Inhalt (Abs. 2 S. 1 und S. 2) ... 37
D. Verfahren ... 46
I. Mögliche Aussetzung des Beschwerdeverfahrens (Abs. 2 S. 3) ... 47
II. Entscheidungsfrist (Abs. 3 S. 1) ... 50
III. Form und Inhalt der Entscheidung (Abs. 3 S. 1 und S. 3) ... 55
IV. Mündliche Verhandlung (Abs. 3 S. 2) ... 60
V. Sonstige Verfahrensvorschriften (Abs. 3 S. 4) ... 63
VI. Kosten und Gebühren ... 64
VII. Rechtsmittel (Abs. 4) ... 66
Anlage
Gesetzesbegründung (BT-Drs. 18/6281)

A. Allgemeines

1 Mit dem VergRModG 2016 ersetzt der bislang nicht vergebene § 176 GWB die Regelung in **§ 121 GWB a.F.** Abgesehen von redaktionellen Anpassungen an die neuen Bestimmungen des Teil 4 des GWB ist die Norm jedoch unverändert geblieben.

2 § 176 GWB bildet mit seiner Regelung eines Vorabgestattungsverfahrens im Rahmen des Beschwerdeverfahrens das Pendant zu der Vorschrift des **§ 169 Abs. 2 GWB** auf der Ebene der Vergabekammern. Ebenso wie bei jener Norm eröffnet § 176 GWB dem Auftraggeber und dem für den Zuschlag ausgewählten Unternehmen die Möglichkeit, durch einen entsprechenden Antrag eine Vorabentscheidung über die Gestattung der Fortführung des Vergabeverfahrens bzw. der Zuschlagserteilung zu erwirken. Abweichend vom Wortlaut des § 169 Abs. 2 S. 4 GWB sieht § 176 Abs. 1 S. 3 GWB allerdings ausdrücklich vor, dass auch die Erfolgsaussichten des Beschwerdeverfahrens bei der Entscheidung zu berücksichtigen sind.[1]

3 Die **praktische Bedeutung** des Vorabentscheidungsverfahrens ist gering geblieben. So sind ausweislich der statistischen Meldungen der Vergabesenate nach § 129a GWB a.F. im Berichtszeitraum 2011 drei, in 2012 zwei, im Jahr 2013 vier und im Jahr 2014 insgesamt sechs Vorabgestattungsanträge gestellt worden.[2] Diese mit der Entwicklung der Vorjahre im Wesentlichen korrespondierenden Zahlen werden insbesondere mit den strengen Anforderungen des § 176 GWB einerseits und der Wirkung eines Unterliegens des öffentlichen Auftraggebers nach § 177 GWB zu erklären sein.

I. Zweck und Rechtsnatur des Vorabgestattungsverfahrens

4 § 176 GWB dient ebenso wie § 169 Abs. 2 GWB der **Vermeidung nicht hinzunehmender, „unerträglicher"[3] Verzögerungen** des Vergabeverfahrens. Der Gesetzgeber hat erkannt, dass die Gewährung umfänglichen Rechtsschutzes zu zeitlichen Verwerfungen führen kann, die wiederum den Beschaffungszweck eines Vergabeverfahrens gefährden oder gar vereiteln können. Um diesen Problemen zu begegnen, ist das Vorabgestattungsverfahren geschaffen worden.

5 Im Hinblick auf seine konkrete Ausgestaltung in § 176 GWB (Interessenabwägung, Glaubhaftmachung etc.) ähnelt das Verfahren am ehesten den **Eilverfahren nach §§ 935, 940 ZPO und §§ 80 Abs. 5, 123 VwGO**.[4] Gleichzeitig ist es – wie insbesondere § 176 Abs. 2 S. 3 GWB zeigt – aber zwingend abhängig vom Vorliegen eines Hauptsacheverfahrens, d.h. einer sofortigen Beschwerde gegen eine Vergabekammerentscheidung in einem Nachprüfungsverfahren und insoweit als bloßes **Zwischenverfahren** konstruiert.[5] Der wesentliche Unterschied zu den bekannten Eilverfahren besteht allerdings darin, dass das Vorabgestattungsverfahren – jedenfalls wenn es um die Vorabgestattung des Zuschlags geht – in der Regel zu einer Vorwegnahme der Hauptsache führt, während dies nach der ZPO und der VwGO gerade den streng zu beurteilenden Ausnahmefall darstellt.[6]

6 Dieser Besonderheit hat das Beschwerdegericht bei seiner Entscheidung Rechnung zu tragen, indem es **strenge Maßstäbe** an die vorzunehmende Interessenabwägung anlegt. Im Ergebnis muss damit die Vorabgestattung nach § 176 GWB die Ausnahme und die Entscheidung des Beschwerdegerichts nach § 178 GWB die Regel bleiben.[7] Anderenfalls stellte § 176 GWB eine nicht hinzunehmende Verkürzung der Rechtsschutzgarantie des Art. 19 Abs. 4 GG dar. Unter Beachtung dieser Einschränkung begegnet die Regelung dann allerdings auch **keinen**

1 Zur Frage, welche Rolle die Einschränkung des § 169 Abs. 2 S. 4 GWB tatsächlich bei der Abwägung der Vergabekammer spielt, vgl. *Kadenbach* zu § 169 Rn. 38.
2 Zu finden unter www.bmwi.de.
3 Vgl. Gesetzesbegründung, VgRÄG, BT-Drs. 13/9340, 21.
4 Vgl. Gesetzesbegründung, VgRÄG, BT-Drs. 13/9340, 21.
5 Vgl. *Schweda*, in: Langen/Bunte, Kartellrecht, § 121 GWB Rn. 1.
6 Vgl. daher schon *Gröning*, ZIP 1998, 370 (375): *„sinnverkehrtes Eilverfahren"*.
7 Vgl. OLG Frankfurt, Beschluss v. 5.3.2014 – 11 Verg 1/14.

europarechtlichen Bedenken.[8] Insbesondere lässt sich die in § 176 GWB vorgesehene Interessenabwägung zumindest sinngemäß auch den Rechtsmittelrichtlinien in deren Art. 2 Abs. 5 RL 89/665/EWG und Art. 2 Abs. 4 RL 92/13/EWG entnehmen.

II. Anwendungsbereich

7 In zeitlicher Hinsicht ist § 176 GWB, wie sich etwa § 176 Abs. 2 S. 3 GWB entnehmen lässt, erst **ab Anhängigkeit eines Beschwerdeverfahrens** anwendbar.[9] Dabei ist es allerdings statthaft, den Antrag nach § 176 GWB mit der Einlegung der sofortigen Beschwerde zu verbinden. Der Anwendungsbereich des § 176 GWB **endet mit** dem **Entfall des Zuschlagsverbots** bzw. der **Wirksamkeit anderweitiger Maßnahmen** der Nachprüfungsinstanzen. Jedenfalls nach einer Entscheidung des Beschwerdegerichts in der Sache ist damit kein Raum mehr für eine Entscheidung nach § 176 GWB, der Antrag ist erledigt.[10] Aber auch, wenn das Nachprüfungsverfahren aus einem anderen Grund beendet worden ist, ist ein Antrag nach § 176 GWB nicht mehr zulässig. Dies kann etwa der Fall sein, wenn der Auftraggeber die nach § 168 Abs. 1 S. 1 GWB von der Vergabekammer getroffenen Maßnahmen erfüllt hat und damit das zumindest inzident in der Vergabekammerentscheidung angeordnete Zuschlagsverbot entfallen ist.[11] Eine hilfsweise Antragstellung nach § 176 GWB für den Fall des Unterliegens im Beschwerdeverfahren ist ebenfalls unzulässig, da mit Entscheidungsreife der Hauptsache der dem § 176 GWB zugrunde liegende Regelungszweck einer Verhinderung von Verzögerungen nicht mehr zu erfüllen ist.[12]

8 In sachlicher Hinsicht müssen verschiedene Konstellationen unterschieden werden. Die Grundkonstellation des § 176 GWB liegt vor, wenn die Vergabekammer dem **Nachprüfungsantrag stattgegeben** und dem öffentlichen Auftraggeber die Erteilung des Zuschlags untersagt hat, vgl. § 173 Abs. 3 GWB.

9 § 176 GWB kann allerdings auch Anwendung finden, wenn die Vergabekammer den **Nachprüfungsantrag zurückgewiesen** hat.[13] Voraussetzung für den Antrag nach § 176 GWB ist dann aber das Bestehen eines Zuschlagsverbotes.[14] Nach § 173 Abs. 1 S. 1 und S. 2 GWB hat die sofortige Beschwerde aufschiebende Wirkung gegenüber der Entscheidung der Vergabekammer, die zwei Wochen nach Ablauf der Beschwerdefrist entfällt. In besonders eilbedürftigen Fällen kann es daher statthaft sein, bereits während des durch die Einlegung der sofortigen Beschwerde gesetzlich verlängerten Zuschlagsverbots von mindestens zwei Wochen den Antrag nach § 176 GWB zu stellen.[15] Zu denken ist hier etwa an Eilbeschaffungen in dringenden Krisensituationen, beispielsweise die Vergabe von Aufträgen zur kurzfristigen Lieferung von Arzneimitteln bei Pandemien.

10 Ebenfalls denkbar ist ein Antrag nach § 176 GWB bei einer **Verlängerung des Zuschlagsverbots** durch das Beschwerdegericht nach § 173 Abs. 1 S. 3 GWB. In diesem Fall ist aber zusätzlich zu verlangen, dass seit der Entscheidung über die Verlängerung der aufschiebenden Wirkung neue Tatsachen bekannt geworden oder aufgetreten sind, die eine von der Entschei-

---

8 Vgl. schon OLG Celle, Beschluss v. 13.3.2002 – 13 Verg 4/02; ferner *Vavra*, in: Dreher/Motzke, Vergaberecht, § 121 GWB Rn. 2; *Wilke*, in: Montag/Säcker, MüKo Wettbewerbsrecht, § 121 GWB Rn. 3.

9 Vgl. *Vavra*, in: Dreher/Motzke, Vergaberecht, § 121 GWB Rn. 13.

10 Vgl. OLG Karlsruhe, Beschluss v. 11.11.2011 – 15 Verg 11/11; OLG München, Beschluss v. 9.8.2010 – Verg 13/10.

11 Vgl. *Herrmann*, in: Ziekow/Völlink, Vergaberecht, § 121 GWB Rn. 7.

12 Vgl. *Vavra*, in: Dreher/Motzke, Vergaberecht, § 121 GWB Rn. 8.

13 Vgl. OLG Celle, Beschluss v. 16.6.2011 – 13 Verg 3/11; a.A. *Herrmann*, in: Ziekow/Völlink, Vergaberecht, § 121 GWB Rn. 4.

14 Vgl. *Weber*, in: Schulte/Just, Kartellrecht, § 121 GWB Rn. 5.

15 Vgl. OLG Düsseldorf, Beschluss v. 29.9.2008 – VII-Verg 50/08; *Wilke*, in: Montag/Säcker, MüKo Wettbewerbsrecht, § 121 GWB Rn. 7; *Weber*, in: Schulte/Just, Kartellrecht, § 121 GWB Rn. 5; *Opitz*, NZBau 2005, 213 (215); a.A. OLG Naumburg, Beschluss v. 15.12.2000 – 1 Verg 11/00; *Vavra*, in: Dreher/Motzke, Vergaberecht, § 121 GWB Rn. 7, die meinen, nur bei von den Nachprüfungsinstanzen angeordnetem, nicht hingegen dem sich aus dem Gesetz ergebenden Zuschlagsverbot könne das Beschwerdegericht den Zuschlag gestatten. Für eine derartige Einschränkung gibt der Wortlaut des § 121 GWB aber nichts her. Auch der Vergleich mit anderen Eilverfahren (vgl. etwa § 80a Abs. 3 VwGO) zeigt, dass der gesetzlich vorgesehene Suspensiveffekt keinesfalls „in Stein gemeißelt" ist.

dung nach § 173 Abs. 1 S. 3 GWB abweichende Beurteilung und damit eine vorzeitige Gestattung der Zuschlagserteilung rechtfertigen.[16] Ist dies nicht der Fall, fehlt es einem Antrag nach § 176 GWB wegen des mit § 173 Abs. 2 GWB vergleichbaren Prüfprogramms am erforderlichen Rechtsschutzbedürfnis.[17]

11 Hat das Beschwerdegericht die aufschiebende Wirkung der sofortigen Beschwerde hingegen im Wege einer Zwischenentscheidung nur einstweilen bis zu einer Entscheidung nach § 173 Abs. 1 S. 3 GWB verlängert (sog. **Schiebe- oder Hängebeschluss**), ist ein Antrag auf Vorabgestattung des Zuschlags nach § 176 GWB ohne Weiteres statthaft.[18] Denn das dergestalt vorläufig ausgesprochene Zuschlagsverbot dient allein der effektiven Rechtsschutzgewährung im Sinne des Art. 19 Abs. 4 GG, ohne dass das Beschwerdegericht seiner Entscheidung bereits eine vertiefte Prüfung der Erfolgsaussichten der sofortigen Beschwerde zugrunde gelegt hätte. Mithin bedarf es auch nicht des Vortrags neuer Tatsachen, um einen Antrag nach § 176 GWB stellen zu können.

12 Eine zumindest analoge Anwendung des § 176 GWB kommt auch in Betracht, wenn die Vergabekammer dem Auftraggeber nach § 168 Abs. 1 S. 1 GWB **Auflagen** erteilt hat,[19] beispielsweise in einem frühen Stadium des Vergabeverfahrens aufgegeben hat, das Verfahren nur unter Abänderung der Vergabeunterlagen entsprechend der Rechtsauffassung der Vergabekammer oder nur unter Einbeziehung eines bereits im Teilnahmewettbewerb ausgeschiedenen Unternehmens und Neubewertung der Teilnahmeanträge fortzusetzen. Auch in diesen Fällen kann der Auftraggeber ein anzuerkennendes Interesse an einer raschen Fortsetzung des Vergabeverfahrens unter Beseitigung dieser Auflagen haben.[20]

13 Gleiches gilt, wenn zwischen den Verfahrensbeteiligten **streitig** ist, **ob ein Zuschlag bereits rechtswirksam erteilt worden ist**.[21] In diesem Fall kann der Auftraggeber durch Beschluss der Vergabekammer daran gehindert sein, einen eilbedürftigen Auftrag (weiterhin) ausführen zu lassen. Dann muss es dem Auftraggeber aber auch möglich sein, analog § 176 GWB die Gestattung des weiteren Vollzugs des Auftrags zu erwirken.[22] Dies gilt insbesondere für Konstellationen, in denen sich das antragstellende Unternehmen auf eine Unwirksamkeit des geschlossenen Vertrages nach § 135 Abs. 1 GWB beruft. Dabei muss im Rahmen der Zulässigkeit des Antrags nicht zwischen den Fallgestaltungen der rechtswidrigen De-facto-Vergabe und Verstößen gegen die Informations- und Wartepflicht des § 134 GWB unterschieden werden. Denn ob der Auftraggeber den Auftrag tatsächlich zu Unrecht unter gänzlichem Verzicht auf ein Vergabeverfahren vergeben hat, ist ausschließlich eine Frage der Begründetheit des Nachprüfungsantrags und damit letztlich auch des Antrags nach § 176 GWB. Wollte man dies anders sehen, schnitte man bei dem von dem antragstellenden Unternehmen vorgebrachten und von der Vergabekammer aufgegriffenen Vorwurf einer De-facto-Vergabe dem Auftraggeber jegliche Möglichkeit einer von § 176 GWB gerade bezweckten zügigen Auftragsdurchführung ab. Im Ergebnis bedeutete dies eine Schlechterstellung von Aufträgen, die sich bereits in der Durchführungsphase befinden, gegenüber noch nicht vergebenen Aufträgen ohne sachlichen Grund.[23]

16 Vgl. *Wilke*, in: Montag/Säcker, MüKo Wettbewerbsrecht, § 121 GWB Rn. 9.
17 Vgl. *Vavra*, in: Dreher/Motzke, Vergaberecht, § 121 GWB Rn. 10; a.A. *Stockmann*, in: Immenga/Mestmäcker, Wettbewerbsrecht, § 121 GWB Rn. 11.
18 Vgl. *Vavra*, in: Dreher/Motzke, Vergaberecht, § 121 GWB Rn. 13.
19 Vgl. *Wilke*, in: Montag/Säcker, MüKo Wettbewerbsrecht, § 121 GWB Rn. 11; *Opitz*, NZBau 2005, 213 (215).
20 Vgl. auch *Kullack/Schüttpelz*, in: Heiermann/Riedl/Rusam, VOB, § 121 GWB Rn. 6.
21 Vgl. auch OLG Dresden, Beschluss v. 11.7.2000 – WVerg 5/00; *Wilke*, in: Montag/Säcker, MüKo Wettbewerbsrecht, § 121 GWB Rn. 5.
22 Vgl. auch *Vavra*, in: Dreher/Motzke, Vergaberecht, § 121 GWB Rn. 9.
23 So auch OLG Dresden, Beschluss v. 25.9.2000 – WVerg 4/00, das daher nach § 121 GWB analog die Wirksamkeit der Zuschlagserteilung festgestellt hat; vgl. ähnlich auch OLG Dresden, Beschluss v. 11.7.2000 – WVerg 5/00.

B. Entscheidung (Abs. 1)

14 § 176 Abs. 1 GWB benennt die dem Beschwerdegericht eingeräumten Möglichkeiten einer Vorabgestattung und den der Entscheidung zugrunde zu legenden Maßstab.

I. Gegenstand (S. 1)

15 Ausweislich des Wortlauts des § 176 Abs. 1 S. 1 GWB kann das Beschwerdegericht sowohl den **Fortgang des Vergabeverfahrens** als auch den **Zuschlag** gestatten. Es ist daher nicht ersichtlich, dass nur eine Entscheidung über die Vorabgestattung des Zuschlags in Betracht käme – wenngleich dies praktisch der weitaus häufigste Fall sein dürfte. Demnach kann das Beschwerdegericht auch die bloße Gestattung des Fortgangs des Vergabeverfahrens aussprechen.[24] In Betracht kommt dies insbesondere in Fällen, in denen die Vergabekammer nach § 168 Abs. 1 S. 1 GWB verbindliche Anordnungen gegenüber dem Auftraggeber beschlossen hat, deren Umsetzung zu einer unerträglichen Verzögerung des Vergabeverfahrens führen würde.[25] Wird einem Auftraggeber beispielsweise aufgegeben, die Auswahl der nach einem Teilnahmewettbewerb zur Angebotsabgabe aufzufordernden Unternehmen zu wiederholen, obgleich er bereits Angebote abgefordert hat, so kann dieser Verfahrensrückschritt bei zeitkritischen Vergaben durchaus das Vergabeziel gefährden. Besonders deutlich wird dies in den Fällen, in denen die Vergabekammer ausnahmsweise sogar die Aufhebung des Vergabeverfahrens angeordnet hat.[26] Der demnach bestehende praktische Anwendungsbereich für die Vorabgestattung des Fortgangs des Vergabeverfahrens dürfte sich folglich auf Nachprüfungsverfahren beschränken, die nicht erst im Stadium der Vorabinformation nach § 134 GWB, sondern bereits in früheren Verfahrensschritten eingeleitet werden.

II. Maßstab (S. 1 bis 3)

16 § 176 Abs. 1 S. 1 bis 3 GWB stellt die – mit § 173 Abs. 2 GWB identischen[27] – Maßstäbe auf, die das Gericht seiner Entscheidung über die Vorabgestattung zugrunde zu legen hat. Danach kommt es darauf an, ob unter Berücksichtigung aller möglicherweise geschädigten Interessen die nachteiligen Folgen einer Verzögerung der Vergabe bis zur Entscheidung über die Beschwerde die damit verbundenen Vorteile überwiegen. Ist dies der Fall, so hat das Beschwerdegericht die Vorabgestattung auszusprechen, anderenfalls den Antrag zurückzuweisen. Angesichts des detailliert vorgegebenen Prüfprogramms verbleibt dem Beschwerdegericht insoweit kein Ermessen mehr.

1. Interesse der Allgemeinheit (S. 2 Hs. 1 und S. 3 Var. 3)

17 Nach § 176 Abs. 1 S. 2 Hs. 1 GWB ist das Interesse der Allgemeinheit an einer **wirtschaftlichen Erfüllung** der Aufgaben des Auftraggebers bei der Abwägung zu berücksichtigen. Ergänzt wird diese Vorgabe durch § 176 Abs. 1 S. 3 Var. 3 GWB, wonach auch das Interesse der Allgemeinheit an einem **raschen Abschluss** des Vergabeverfahrens zu berücksichtigen ist. In der Regel werden sich beide Kriterien nicht trennscharf unterscheiden lassen. Vielmehr dürfte sich das zu berücksichtigende Interesse an einer wirtschaftlichen Erfüllung der Aufgaben des Auftraggebers angesichts des Zwecks der Vorschrift in der Regel bereits in dem Interesse an einem raschen Abschluss des Vergabeverfahrens wiederfinden. Denn jede zu einer unwirtschaftlichen Aufgabenerfüllung führende Verzögerung begründet zugleich ein allgemeines Interesse an einem raschen Abschluss des Vergabeverfahrens. Umgekehrt muss das Interesse der Allgemeinheit an einem raschen Abschluss des Vergabeverfahrens allerdings nicht zwingend ein wirtschaftliches sein. Ein Interesse an einem raschen Abschluss des Vergabeverfah-

---

24 Vgl. BayObLG, Beschluss v. 1.10.2001 – Verg 6/01; a.A. *Vavra*, in: Dreher/Motzke, Vergaberecht, § 121 GWB Rn. 4.
25 Vgl. *Wilke*, in: Montag/Säcker, MüKo Wettbewerbsrecht, § 121 GWB Rn. 11.
26 Vgl. etwa VK Rheinland-Pfalz, Beschluss v. 23.11.2011 – VK 2-34/11.
27 Vgl. daher ergänzend auch *Stoye/Gielen* zu § 173 Rn. 36 ff.

rens ist vielmehr anzuerkennen, wenn nach Art der fraglichen Investition und der betroffenen Rechtsgüter ein drängender Bedarf besteht, was insbesondere dann anzunehmen sein kann, wenn Risiken für die Gesundheit und die Sicherheit der Bevölkerung im Raum stehen.[28] Insofern können bei der Vergabe von verteidigungs- oder sicherheitsspezifischen Aufträgen durchaus auch Überschneidungen mit den in § 176 Abs. 1 S. 2 Hs. 2 GWB angesprochenen Verteidigungs- und Sicherheitsinteressen ergeben. Stets ist allerdings zu beachten, dass die mit einem Nachprüfungsverfahren verbundenen zeitlichen Verzögerungen vom Auftraggeber grundsätzlich hinzunehmen sind und nicht bereits per se ein Interesse der Allgemeinheit im Sinne des § 176 Abs. 1 GWB begründen.[29] Nach Sinn und Zweck der Regelung müssen vielmehr besondere Umstände hinzutreten, die die zu erwartenden Verzögerungen im konkreten Fall als unerträglich erscheinen lassen.[30]

18 Zusammenfassend können bei der Abwägung danach insbesondere folgende Sachlagen für ein Interesse der Allgemeinheit angeführt werden:

- Die drohende Verzögerung ist geeignet, die Aufgabenerfüllung oder Funktionsfähigkeit des öffentlichen Auftraggebers – insbesondere in Bereichen der **Daseinsvorsorge**[31] – für einen nicht nur unerheblichen Zeitraum spürbar zu beeinträchtigen, bspw. bei der zur Aufrechterhaltung eines angemessenen Verkehrsangebots aufgrund einer unvorhersehbaren technischen Schwierigkeit erforderlichen Neubeschaffung von Verkehrszügen. Ein weiteres, aktuelles Beispiel ist zudem die Gefahr der mangelnden Bewältigung eines unerwartet starken Zustroms von international Schutzsuchenden (sog. Flüchtlingskrise).
- Die Vergabe der Leistungen ist im Sinne eines **Fixgeschäftes** so streng fristgebunden, dass die drohende Verzögerung zur Unmöglichkeit führen oder die Leistungen jedenfalls massiv entwerten würde, beispielsweise der Umbau eines Stadions anlässlich eines anstehenden Großereignisses nicht rechtzeitig fertig würde.
- Die drohende Verzögerung führt dazu, dass **Sicherheits-, Gesundheits- oder Verteidigungsinteressen** der Allgemeinheit gefährdet werden, bspw. Medikamente zur Bekämpfung einer Pandemie der Bevölkerung nicht rechtzeitig zur Verfügung gestellt werden.
- Die drohende Verzögerung führt dazu, dass der Auftraggeber – etwa durch Schadensersatzansprüche von Unternehmen, Preissteigerungen, Entgehen von Fördermitteln o.Ä. – **außergewöhnlich wirtschaftlich belastet** wird, beispielsweise Fluggesellschaften infolge nicht termingerechter Eröffnung eines Flughafens berechtigte Schadensersatzansprüche in mehrstelliger Millionenhöhe geltend machen können.

2. Verteidigungs- und Sicherheitsinteressen (S. 2 Hs. 2)

19 Nach § 176 Abs. 1 S. 2 Hs. 2 GWB sind im Rahmen der Entscheidung bei verteidigungs- oder sicherheitsspezifischen Aufträgen im Sinne des § 104 GWB zusätzlich besondere Verteidigungs- und Sicherheitsinteressen zu berücksichtigen.

20 In vielen Fällen wird der Anwendungsbereich des Teil 4 des GWB bei derartigen Aufträgen nach § 145 GWB zwar nicht eröffnet sein. Da aber gerade die Frage der Anwendbarkeit des Vergaberechts streitig und vor den Nachprüfungsinstanzen überprüft werden kann, hat die Regelung gleichwohl einen **Anwendungsbereich**, wenngleich sich dieser im Wesentlichen mit dem zuvor dargestellten Interesse der Allgemeinheit an einem raschen Abschluss des Vergabeverfahrens decken dürfte. Denn Verteidigungs- und Sicherheitsinteressen sind zugleich stets Interessen der Allgemeinheit.

21 Wie bereits dem Wortlaut des § 176 Abs. 1 S. 2 Hs. 2 GWB zu entnehmen ist, genügen allgemeine Verteidigungs- und Sicherheitsinteressen allerdings nicht zur Begründung eines Überwiegens der nachteiligen Folgen einer Verzögerung der Vergabe. Es bedarf vielmehr **besonderer** Verteidigungs- und Sicherheitsinteressen. Beispielsweise kann danach die fortlaufende,

28 Vgl. OLG Saarbrücken, Beschluss v. 30.7.2007 – 1 Verg 3/07.
29 Vgl. OLG Frankfurt, Beschluss v. 5.3.2014 – 11 Verg 1/14.
30 Vgl. auch OLG Karlsruhe, Beschluss v. 4.5.2007 – 17 Verg 5/07.
31 Vgl. auch OLG Frankfurt, Beschluss v. 5.3.2014 – 11 Verg 1/14.

regelmäßige Erneuerung und Ergänzung von Militär- und Polizeiausrüstung (bspw. die Beschaffung neuer Schusswaffen) eine Eilbedürftigkeit grundsätzlich nicht begründen. In Betracht kommen aber Leistungen, die aufgrund äußerer Umstände kurzfristig erbracht werden müssen. So kann etwa die lokale Errichtung eines BOS-Digitalfunknetzes wegen der Schnittstellenproblematik mit anderen bereits mit Digitalfunk arbeitenden Sicherheitsbehörden durchaus eine Eilbedürftigkeit begründen, um die Sicherheit der Bevölkerung durch Aufrechterhaltung bzw. Schaffung einer Kommunikationsstruktur zu gewährleisten.

3. Erfolgsaussichten der sofortigen Beschwerde (S. 3 Var. 1)

Anders als im Vorabgestattungsverfahren vor der Vergabekammer nach § 169 Abs. 2 S. 4 GWB sind im Rahmen des § 176 GWB stets auch die Erfolgsaussichten der sofortigen Beschwerde zu berücksichtigen. Das Beschwerdegericht hat insofern eine Prüfung des im Zeitpunkt der Entscheidung gegebenen Sach- und Streitstandes vorzunehmen. **22**

Diese Prüfung ist zwangsläufig wegen des maßgeblichen Entscheidungszeitpunktes nur eine vorläufige, im Regelfall muss sie allerdings entgegen der ganz herrschenden Meinung über eine mit dem Begriff **„summarisch"** bezeichnete überschlägige Prüfung hinausgehen.[32] Denn die Entscheidung über die Vorabgestattung führt – jedenfalls soweit es um die Vorabgestattung des Zuschlags geht – zu einem endgültigen Rechtsverlust des antragstellenden Unternehmens. Angesichts dieses irreversiblen Charakters des Vorabgestattungsverfahrens bedarf es vor dem Hintergrund der Rechtsschutzgarantie des Art. 19 Abs. 4 GG grundsätzlich einer dem Hauptsacheverfahren angenäherten vertieften Prüfung der Sach- und Rechtslage,[33] wofür im Ergebnis auch die Wirkungen des § 177 GWB sprechen.[34] **23**

Entsprechend diesen Maßstäben hat das Beschwerdegericht der Beurteilung der Erfolgsaussichten zwar – von kurzfristig in der Fünf-Wochen-Frist einzuholenden Angaben abgesehen – den bisherigen Sach- und Streitstand ohne weitergehende langwierige Beweiserhebungen,[35] aber **unter Berücksichtigung der glaubhaft gemachten Tatsachen** zugrunde zu legen. In rechtlicher Hinsicht hat es den so ermittelten Sachverhalt allerdings – auch bei schwierigen Rechtsfragen – **abschließend zu würdigen**. Dies gilt nicht zuletzt wegen § 177 GWB, der den Auftraggeber verpflichtet, die sich aus der Entscheidung des Gerichts ergebenden Maßnahmen zur Herstellung der Rechtmäßigkeit des Verfahrens zu ergreifen. Dabei kann es aber nicht gewollt sein, dass der Auftraggeber Maßnahmen ergreift, die sich bei gewissenhafter rechtlicher Prüfung als rechtswidrig herausstellen würden. **24**

4. Aussichten des Antragstellers im Vergabeverfahren (S. 3 Var. 2)

Nach § 176 Abs. 1 S. 3 Var. 2 GWB sind ferner die allgemeinen Aussichten des Antragstellers, den Auftrag im Vergabeverfahren zu erhalten, zu berücksichtigen. **25**

Der Wortlaut der Norm ist missverständlich, weil mit „**Antragsteller**" sowohl das den Nachprüfungsantrag erhebende Unternehmen gemeint sein kann als auch der den Antrag nach § 176 GWB stellende Auftraggeber bzw. das nach § 134 GWB benannte Unternehmen. Sinn und Zweck der Vorschrift lassen es aber nur zu, darunter das den Nachprüfungsantrag erhebende Unternehmen zu verstehen. Denn der öffentliche Auftraggeber als potenzieller Antragsteller nach § 176 GWB kann naturgemäß schon keine Aussichten auf Erhalt des Auftrags haben. **26**

---

32 Vgl. *Wilke*, in: Montag/Säcker, MüKo Wettbewerbsrecht, § 121 GWB Rn. 28; für die h.M. vgl. hingegen etwa OLG Karlsruhe, Beschluss v. 4.5.2007 – 17 Verg 5/07; OLG Düsseldorf, Beschluss v. 16.3.2005 – VII-Verg 5/05; KG, Beschluss v. 6.2.2003 – 2 Verg 1/03; *Opitz*, NZBau 2005, 213 (215); für das vergleichbare Verfahren nach § 173 Abs. 1 S. 3 GWB ferner OLG Brandenburg, Beschluss v. 14.5.2005 – Verg W 8/05; OLG Jena, Beschluss v. 26.10.1999 – 6 Verg 3/99, NZBau 2000, 354 (355); *Kühnen*, NZBau 2009, 357 (359 f.).

33 Für das Verfahren nach § 80 Abs. 5 VwGO vgl. BVerfG, Beschluss v. 14.5.1985 – 1 BvR 233/81, 1 BvR 341/81; *Schoch*, in: Schoch/Schneider/Bier, VwGO, § 80 Rn. 411, jeweils m.w.N.

34 Vgl. in diese Richtung auch *Kullack/Schüttpelz*, in: Heiermann/Riedl/Rusam, VOB, § 121 GWB Rn. 10.

35 Zu § 118 Abs. 1 S. 3 GWB a.F. vgl. insoweit BayObLG, Beschluss v. 10.11.1999 – Verg 8/99.

27 In die Abwägung einzustellen sind daher die Aussichten des rechtsschutzsuchenden Unternehmens im Vergabeverfahren. Dabei dürfte ein **engerer Maßstab** anzulegen sein als bei der Antragsbefugnis im Sinne des § 160 Abs. 2 GWB, die bloß abstrakte Möglichkeit der Auftragserteilung kann keinen besonderen, im Rahmen der Entscheidung zu berücksichtigenden Umstand darstellen. Entscheidend ist vielmehr, welchen Platz das antragstellende Unternehmen derzeit im Vergabeverfahren einnimmt und wie ernsthaft dementsprechend seine Chancen zu beurteilen sind, den Auftrag zu erhalten.

5. Abwägung

28 Nach Erhebung des abwägungsrelevanten Materials entsprechend den vorstehenden Ausführungen hat das Beschwerdegericht seine Entscheidung zu treffen. Gemäß § 176 Abs. 1 S. 1 GWB ist Maßstab für die Entscheidung, ob unter Berücksichtigung aller möglicherweise geschädigten Interessen die nachteiligen Folgen einer Verzögerung der Vergabe bis zur Entscheidung über die Beschwerde die damit verbundenen Vorteile überwiegen.

29 Der Wortlaut des § 176 Abs. 1 GWB sieht dabei zunächst keine besondere **Gewichtung** der zu berücksichtigenden Umstände vor. Nichtsdestotrotz kommt den Erfolgsaussichten der sofortigen Beschwerde eine entscheidende Rolle zu.[36]

30 Bleibt der **Nachprüfungsantrag** nach der Würdigung des Beschwerdegerichts voraussichtlich **erfolglos**, so verbietet sich eine weitere Interessenabwägung wegen des irreversiblen Charakters der Vorabgestattung und der verbleibenden Ungewissheit zwar nicht.[37] Die Anforderungen an die Darstellung der für eine Zuschlagsgestattung sprechenden Umstände sind dann allerdings entsprechend gering.[38]

31 Ist hingegen zu erwarten, dass das antragstellende Unternehmen mit seinem **Nachprüfungsantrag** im Ergebnis **Erfolg** haben wird, so gelten die umgekehrten Maßstäbe. Auch in diesem Fall ist eine Interessenabwägung wegen des vorläufigen Charakters der Prüfung nicht von vorneherein ausgeschlossen.[39] Unter Rechtsstaatsgesichtspunkten kann eine Vorabgestattung dann aber nur in Betracht kommen, wenn einem relativ geringfügigen Rechtsverstoß schwerwiegende Gründe für eine kurzfristige Vergabe gegenüberstehen oder das antragstellende Unternehmen ohnehin nur geringe Aussichten auf Erhalt des Auftrags hat.[40]

32 Bleiben die **Erfolgsaussichten** der sofortigen Beschwerde – etwa aufgrund noch ungeklärter Sachverhaltsfragen – trotz vertiefter rechtlicher Würdigung im Ergebnis **offen**, so ist die Entscheidung anhand einer Abwägung der sich gegenüberstehenden Interessen und der Aussichten des antragstellenden Unternehmens im Vergabeverfahren zu treffen. Um eine Vorabgestattung zu rechtfertigen, müssen die nachteiligen Folgen einer Verzögerung dabei überwiegen.[41] Es genügt wegen des irreversiblen Charakters der Entscheidung folglich nicht, dass die nachteiligen Folgen ebenso gewichtig sind wie der mit dem Abwarten einer Entscheidung über die sofortige Beschwerde verbundene Vorteil der Rechtssicherheit und Rechtsstaatlichkeit. Letztlich liegt in dieser gesetzlichen Konstruktion auch die besondere „Gefahr" eines Antrags nach § 176 GWB. Denn der Auftraggeber nimmt sich bei offenen Erfolgsaussichten der sofortigen Beschwerde durch einen Antrag nach § 176 GWB wegen der Regelung des § 177 GWB unter Umständen die Möglichkeit, noch eine für ihn positive Hauptsacheentscheidung zu erwirken.

33 Auch wenn dies vom Auftraggeber oder dem nach § 134 GWB benannten Unternehmen so beantragt wird, dürfte eine **Teilzuschlagsgestattung** in Fällen offener Erfolgsaussichten

---

36 Vgl. *Vavra*, in: Dreher/Motzke, Vergaberecht, § 121 GWB Rn. 16.

37 Vgl. OLG München, Beschluss v. 9.9.2010 – Verg 16/10 zu § 115 GWB; einschränkend OLG Celle, Beschluss v. 3.6.2010 – 13 Verg 6/10: *„bedarf es nicht"*; ebenso *Vavra*, in: Dreher/Motzke, Vergaberecht, § 121 GWB Rn. 17; *Wilke*, in: Montag/Säcker, MüKo Wettbewerbsrecht, § 121 GWB Rn. 29.

38 Vgl. OLG Düsseldorf, Beschluss v. 9.7.2012 – VII-Verg 18/12; Beschluss v. 17.4.2008 – VII-Verg 15/08.

39 Enger hingegen *Herrmann*, in: Ziekow/Völlink, Vergaberecht, § 121 GWB Rn. 14: *„Interessenabwägung entbehrlich"*.

40 Vgl. *Kullack/Schüttpelz*, in: Heiermann/Riedl/Rusam, VOB, § 121 GWB Rn. 11; a.A. *Vavra*, in: Dreher/Motzke, Vergaberecht, § 121 GWB Rn. 18.

41 Vgl. *Schweda*, in: Langen/Bunte, Kartellrecht, § 121 GWB Rn. 7.

nicht in Betracht kommen.[42] Denn wird dem Auftraggeber gestattet, einem Unternehmen den Zuschlag für eine Teilmenge des Auftrags – also beispielsweise zunächst für ein Jahr anstelle der ausgeschriebenen fünf Jahre – zu erteilen, so ist schon zweifelhaft, wie der Auftraggeber auf der Grundlage des ausgeschriebenen Gesamtauftrags das bei Vergabe einer Teilmenge wirtschaftlichste Angebot ermitteln möchte. So ist durchaus denkbar, dass die Unternehmen hohe Anfangsinvestitionen haben, die sie beispielsweise über den Preis für fünf Jahre verteilen, die aber bei einer nur einjährigen Beauftragung zu einer gänzlich anderen Wertungsreihenfolge führten. Zudem besteht das Problem, dass durch eine Vergabe eines Teilauftrags auch der ursprünglich ausgeschriebene Auftrag verändert würde und eine Zuschlagserteilung auf der Grundlage der eingereichten Angebote nicht mehr möglich wäre. Infolgedessen kann der Vergabesenat diesbezüglich keine teilweise Zuschlagsvergabe gestatten. Der Auftraggeber muss entweder eine – risikobehaftete – Vorabentscheidung über eine Zuschlagsgestattung für den gesamten Auftrag beantragen oder das Beschwerdeverfahren abwarten und ggf. im Wege der Interimsvergabe operieren.[43]

C. Anforderungen an den Antrag

Beim Vorabgestattungsverfahren handelt es sich um ein – auch wegen der drastischen Folgen des § 177 GWB – nur auf Antrag eingeleitetes Zwischenverfahren. § 176 GWB stellt dabei bestimmte Anforderungen bezüglich Antragsberechtigung, Form und Inhalt des Antrags auf. **34**

I. Antragsberechtigung (Abs. 1 S. 1)

Nach § 176 Abs. 1 S. 1 GWB kann das Beschwerdegericht eine Vorabentscheidung auf Antrag des **Auftraggebers** oder auf Antrag des **Unternehmens** treffen, das nach § 134 GWB vom Auftraggeber als das Unternehmen benannt ist, das den Zuschlag erhalten soll. Da im Regelfall der Auftraggeber auch Hüter der im Rahmen der Abwägung besonders zu berücksichtigenden Interessen der Allgemeinheit ist, liegt es nahe, dass er den Antrag auf Vorabentscheidung stellt. Wegen der Wirkungen des § 177 GWB ist dies aber zugleich äußerst risikobehaftet. Das für den Zuschlag ausgewählte Unternehmen kann den Antrag hingegen ohne derartige Bedenken stellen, da bei Ablehnung des Antrags § 177 GWB nach dessen eindeutigem Wortlaut keine Anwendung findet.[44] **35**

Es ist nicht erforderlich, dass der Antragsteller des Vorabentscheidungsverfahrens auch **selbst sofortige Beschwerde eingelegt** hat.[45] Vielmehr genügt es, dass überhaupt eine sofortige Beschwerde anhängig ist.[46] **36**

II. Formalien und Inhalt (Abs. 2 S. 1 und S. 2)

Nach § 176 Abs. 2 S. 1 GWB ist der Antrag auf Vorabentscheidung schriftlich zu stellen und gleichzeitig zu begründen. **37**

Schriftlichkeit bedeutet aufgrund des nach § 176 Abs. 3 S. 4 GWB i.V.m. § 175 Abs. 1 S. 1 GWB geltenden Anwaltszwangs, dass die Antragsschrift von dem ausstellenden Rechtsanwalt unterzeichnet sein muss. Nur bei juristischen Personen des öffentlichen Rechts kann dies gemäß § 175 Abs. 1 S. 2 GWB auch durch Beamte oder Angestellte mit Befähigung zum Richteramt geschehen. **38**

---

42 A.A. OLG Düsseldorf, Beschluss v. 11.9.2000 – Verg 7/00; in diese Richtung auch *Vavra*, in: Dreher/Motzke, Vergaberecht, § 121 GWB Rn. 25; *Wilke*, in: Montag/Säcker, MüKo Wettbewerbsrecht, § 121 GWB Rn. 33.
43 Zur Interimsvergabe vgl. OLG Düsseldorf, Beschluss v. 20.7.2015 – VII-Verg 37/15; Beschluss v. 30.5.2011 – VII-Verg 39/11; *Schweda*, in: Langen/Bunte, Kartellrecht, § 121 GWB Rn. 7; ganz allgemein dazu vgl. *Marx/Hölzl*, NZBau 2010, 535.
44 Zur Berechtigung dieser Beschränkung vgl. § 177 Rn. 5.
45 Vgl. OLG Frankfurt, Beschluss v. 6.6.2013 – 11 Verg 8/13; OLG Saarbrücken, Beschluss v. 2.4.2013 – 1 Verg 1/13.
46 Vgl. OLG Frankfurt, Beschluss v. 5.3.2014 – 11 Verg 1/14; OLG Düsseldorf, Beschluss v. 6.5.2011 – VII-Verg 26/11.

39 Der **nicht fristgebundene** Antrag nach § 176 GWB kann mit oder jederzeit nach Einlegung einer sofortigen Beschwerde gestellt werden.[47] Im Regelfall wird die Eilbedürftigkeit aber von Beginn an bestehen, so dass die Glaubhaftmachung derselben bei einem erst später gestellten Antrag erschwert sein dürfte. Gleichwohl mag es auch Konstellationen geben, in denen sich die Eilbedürftigkeit erst kurzfristig ergibt und ein dementsprechend erst einige Zeit nach Beschwerdeeinlegung gestellter Antrag angezeigt ist.

40 Der Antrag auf Vorabentscheidung ist mit seiner Stellung auch zu **begründen**. Es sind folglich mit Antragstellung bereits die Tatsachen anzugeben, die zum Erfolg des Antrags führen sollen, insbesondere also Tatsachen zu benennen, die die besondere Eilbedürftigkeit des Verfahrensfortgangs, die Rechtmäßigkeit des Vergabeverfahrens und das Überwiegen der Nachteile durch eine weitere Verzögerung begründen. Wird der Antrag nicht gleichzeitig mit der Einlegung begründet, so ist er bis zum Eingang einer Begründung als unzulässig zu behandeln[48] und kann auf dieser Grundlage – allerdings ohne die Folgewirkungen des § 177 GWB und mit der Möglichkeit der jederzeitigen Wiederholung – zurückgewiesen werden.

41 Die vorzubringenden Tatsachen und der Grund für die Eilbedürftigkeit sind nach § 176 Abs. 2 S. 2 GWB **glaubhaft zu machen**. Mit dieser Bestimmung wird auf § 294 ZPO Bezug genommen, wonach alle Beweismittel einschließlich der Versicherung an Eides statt zulässig sind. Insbesondere im Hinblick auf die nicht ohne Weiteres aus den ohnehin der Entscheidung zugrunde zu legenden Vergabeakten ersichtliche Eilbedürftigkeit und das Überwiegen der Nachteile einer weiteren Verzögerung der Vergabe ist die Erweiterung der Beweismittel um die eidesstattliche Versicherung sinnvoll, um dem Beschleunigungszweck des Vorabentscheidungsverfahrens gerecht zu werden.

42 Entgegen der Formulierung des § 176 Abs. 2 S. 2 GWB stehen die Mittel der Glaubhaftmachung allerdings nicht nur dem **Antragsteller** des Vorabentscheidungsverfahrens zur Verfügung, auch das das Nachprüfungsverfahren betreibende **Unternehmen** ist seinerseits zur bloßen Glaubhaftmachung berechtigt.

43 Mit der Bezugnahme auf die Glaubhaftmachung und § 294 ZPO ist nicht nur eine Erweiterung der zugelassenen Beweismittel verbunden. Gegenüber dem im Übrigen geltenden Regelbeweismaß der vollen Überzeugung von der Wahrheit einer Tatsache gemäß § 286 ZPO kann das Beschwerdegericht die behauptete Tatsache danach schon dann – allerdings auch nur dann – zugrunde legen, wenn es ihr Bestehen für **wahrscheinlicher** hält als das Gegenteil.[49]

44 Trotz der Formulierung des § 176 Abs. 2 S. 2 GWB müssen mit der Antragstellung nur solche Tatsachen glaubhaft gemacht werden, die zwischen den Beteiligten **streitig** sind oder **voraussichtlich streitig werden**. Der sich ohne Weiteres aus den Vergabeakten ergebende Sachverhalt bedarf daher regelmäßig keiner gesonderten Glaubhaftmachung – wenngleich es zumindest guter Übung entsprechen sollte, dem Vergabesenat jedenfalls die für die Entscheidung relevanten Aktenbestandteile zu benennen, um gerade bei umfangreichen Verfahren das Verfahren zu beschleunigen.

45 Im Übrigen gilt nach § 176 Abs. 3 S. 4 GWB i.V.m. §§ 175 Abs. 2, 70 Abs. 1 GWB auch im Vorabentscheidungsverfahren der **Untersuchungsgrundsatz**. Das Gericht hat daher den Sachverhalt von Amts wegen zu erforschen, ohne dabei an das Vorbringen der Beteiligten gebunden zu sein. Gleichwohl befreit dies die Beteiligten nicht gänzlich von ihren Mitwirkungsobliegenheiten und insbesondere nicht von der Pflicht zur Glaubhaftmachung. Das Beschwerdegericht kann die Beteiligten auch unter Fristsetzung zur Glaubhaftmachung bestimmter Umstände auffordern und im Fall der Nichterfüllung der Auflage den Antrag auf dieser Grundlage zurückweisen, vgl. §§ 176 Abs. 3 S. 4, 175 Abs. 2, 70 Abs. 3 S. 2 GWB.

---

47 Vgl. OLG Frankfurt, Beschluss v. 6.6.2013 – 11 Verg 8/13.

48 Vgl. *Vavra*, in: Dreher/Motzke, Vergaberecht, § 121 GWB Rn. 12; *Wilke*, in: Montag/Säcker, MüKo Wettbewerbsrecht, § 121 GWB Rn. 17; einschränkend hingegen *Stockmann*, in: Immenga/Mestmäcker, Wettbewerbsrecht, § 121 GWB Rn. 9.

49 Vgl. dazu *Huber*, in: Musielak/Voit, ZPO, § 294 Rn. 3 m.w.N.

D. Verfahren

Das Vorabentscheidungsverfahren ist als Zwischenverfahren ausgestaltet und unterliegt den Vorgaben von § 176 Abs. 2 S. 3 GWB und Abs. 3 GWB. 46

I. Mögliche Aussetzung des Beschwerdeverfahrens (Abs. 2 S. 3)

Nach § 176 Abs. 2 S. 3 GWB kann das Verfahren über die sofortige Beschwerde bis zur Entscheidung über den Antrag auf Vorabgestattung ausgesetzt werden. Dem Beschwerdegericht soll damit ermöglicht werden, sich auf das besonders eilige Vorabgestattungsverfahren zu konzentrieren, ohne parallel das Hauptsacheverfahren weiter fördern zu müssen. 47

Maßstab für die im Ermessen des Vergabesenats stehende Entscheidung sollte sein, inwiefern eine Aussetzung im Hinblick auf diesen Zweck förderlich ist. Eine Aussetzung dürfte danach ausscheiden, wenn das Beschwerdeverfahren bereits entscheidungsreif ist oder demnächst entscheidungsreif wird. Dann ist es vielmehr angezeigt, in der Hauptsache zu entscheiden und damit die Erledigung des Vorabentscheidungsantrags herbeizuführen. Bedarf es im Hauptsacheverfahren hingegen noch einer längeren Beweisaufnahme, so ist in der Regel eine Aussetzung geboten. 48

Die Aussetzung erfolgt durch **Beschluss**, der nicht anfechtbar ist.[50] 49

II. Entscheidungsfrist (Abs. 3 S. 1)

Um dem Zweck des Vorabentscheidungsverfahrens gerecht zu werden, sieht § 176 Abs. 3 S. 1 Hs. 1 GWB vor, dass die Entscheidung unverzüglich nach Eingang des entsprechenden Antrags zu treffen und zu begründen ist. 50

Unverzüglich bedeutet dabei entsprechend § 121 Abs. 1 S. 1 BGB ohne schuldhaftes Zögern. § 176 Abs. 3 S. 1 GWB versteht darunter im Regelfall eine Frist von **längstens fünf Wochen**. Da das Beschwerdeverfahren anders als das Verfahren vor der Vergabekammer in § 167 Abs. 1 S. 1 GWB im Übrigen keine Entscheidungsfrist kennt, kann es daher mit einem Vorabentscheidungsverfahren erheblich beschleunigt werden.[51] 51

Der Vergabesenat ist allerdings **nicht berechtigt**, die fünfwöchige Frist, die mit dem Eingang des Antrags beim Beschwerdegericht beginnt, in jedem Fall **auszuschöpfen**. Ohne schuldhaftes Zögern meint vielmehr, dass eine Entscheidung in dem Zeitpunkt zu treffen ist, in dem dies unter Beachtung der rechtsstaatlichen Anforderungen, also insbesondere nach Gewährung rechtlichen Gehörs gemäß § 176 Abs. 3 S. 4 GWB i.V.m. §§ 175 Abs. 2, 71 Abs. 1 S. 2 GWB möglich ist. 52

In besonders gelagerten Ausnahmefällen kann der Vorsitzende die Entscheidungsfrist durch begründete Mitteilung an die Beteiligten gemäß § 176 Abs. 3 S. 1 Hs. 2 GWB um den erforderlichen Zeitraum **verlängern**. Zwar steht der Eilcharakter der Entscheidung einer Verlängerung im Regelfall entgegen. Angesichts des irreversiblen Charakters der Entscheidung kann es aber geboten sein, gegebenenfalls doch eine angemessene Verlängerung der Entscheidungsfrist zu verfügen. 53

Die Einhaltung der Entscheidungsfrist kann von den Verfahrensbeteiligten nicht erzwungen werden. Ein **Verstoß** gegen § 176 Abs. 3 S. 1 GWB bleibt daher in der Regel folgenlos.[52] Allenfalls kämen eine Verzögerungsrüge nach § 198 GVG und ein darauf gestützter Entschädigungsanspruch sowie eine Verfassungsbeschwerde in Betracht. Da der Auftraggeber nach § 198 Abs. 6 Nr. 2 GVG in der Regel allerdings nicht Anspruchsberechtigter sein dürfte, zu- 54

---

50 Vgl. *Stockmann*, in: Immenga/Mestmäcker, Wettbewerbsrecht, § 121 GWB Rn. 25.

51 Der Gesetzgeber ging bei Einführung des Vorabentscheidungsverfahrens – wie sich zeigte: nicht realitätsfern – von einer durchschnittlichen Verfahrensdauer der sofortigen Beschwerde von neun Monaten aus, vgl. Gesetzesbegründung, VgRÄG, BT-Drs. 13/9340, 21.

52 Vgl. *Opitz*, NZBau 2005, 213 (215).

gleich aber in den meisten Fällen das größte Interesse an einer zügigen Entscheidung hat, wird die Verzögerungsrüge in diesem Bereich praktisch kaum bedeutsam werden. Auch die Verfassungsbeschwerde dürfte insoweit kaum praktikabel sein.[53]

III. Form und Inhalt der Entscheidung (Abs. 3 S. 1 und S. 3)

55 Die Vorabentscheidung des Vergabesenats ergeht durch **zuzustellenden Beschluss** (§§ 176 Abs. 3 S. 4, 175 Abs. 2, 71 Abs. 1 S. 1 GWB).

56 Der Beschluss ist nach § 176 Abs. 3 S. 1 GWB mit einer **Begründung** zu versehen, die nach § 176 Abs. 3 S. 3 GWB die Rechtmäßigkeit oder Rechtswidrigkeit des Verfahrens erläutert. Hintergrund dieser Regelung ist § 177 GWB, wonach der Auftraggeber, um nicht die Rechtsfolge der Beendigung des Vergabeverfahrens in Kauf nehmen zu müssen, die sich aus der Vorabentscheidung ergebenden Maßnahmen zur Herstellung der Rechtmäßigkeit des Verfahrens zu ergreifen hat. Im Fall des Unterliegens des Auftraggebers ist das Beschwerdegericht daher gehalten, entsprechend deutlich zu machen, was der Auftraggeber zur Herstellung der Rechtmäßigkeit des Verfahrens zu tun hat. Nur eine dergestalt eindeutige *„rechtsgutachterliche"*[54] Begründung der Entscheidung ermöglicht es dem Auftraggeber mit der notwendigen Rechtssicherheit, die Folgen des § 177 GWB zu verhindern. Eine Ausnahme gilt insoweit nur dann, wenn der Antrag auf Vorabentscheidung bereits als unzulässig abgelehnt wird. In diesem Fall greift die Rechtsfolge des § 177 GWB nicht ein, sodass es dem Auftraggeber auch nicht verwehrt ist, jederzeit einen erneuten Antrag auf Vorabentscheidung zu stellen.[55] Folglich bedarf es auch keiner alle materiellen Gesichtspunkte erörternden Begründung durch den Vergabesenat.[56]

57 Das Gericht hat allerdings eine vertiefte Begründung auch dann zu liefern, wenn es dem **Antrag auf Vorabentscheidung stattgibt**. Dies folgt schon daraus, dass § 176 Abs. 3 S. 3 GWB auch die Erläuterung der Rechtmäßigkeit des Vergabeverfahrens fordert. Während im Fall des Unterliegens des Auftraggebers die Begründungspflicht wegen § 177 GWB schon aus Rechtsstaatsgesichtspunkten geboten sein dürfte, fehlt es bei einem Obsiegen des Auftraggebers an einer derartigen Notwendigkeit. Insbesondere lässt sich dem Grundgesetz nicht entnehmen, dass jede – auch eine mit ordentlichen Rechtsmitteln nicht mehr anfechtbare letztinstanzliche – gerichtliche Entscheidung mit einer Begründung zu versehen ist.[57] Insofern ist es durchaus ungewöhnlich, dass § 176 Abs. 3 S. 3 GWB den Vergabesenaten vorschreibt, worauf sich ihre Begründung beziehen muss.[58] Nichtsdestotrotz kommt der Begründung auch im Fall des Obsiegens des Auftraggebers eine wichtige Bedeutung zu, weil sie durch die Erläuterung der Rechtmäßigkeit des Verfahrens Rechtsfrieden schaffen kann und dem unterlegenen Unternehmen zudem vor Augen führen sollte, dass sein Vorbringen zur Kenntnis genommen und erwogen worden ist.[59]

58 Im Fall der Stattgabe ist der **Tenor** der Entscheidung auf die Gestattung des weiteren Fortgangs des Verfahrens und / oder der Zuschlagserteilung gerichtet. Er kann beispielsweise lauten: „Dem öffentlichen Auftraggeber (bzw. im Regelfall Antragsteller/Antragsgegner bzw. Beschwerdeführer/Beschwerdegegner) wird der weitere Fortgang des Vergabeverfahrens und die Erteilung des Zuschlags gestattet." Anderenfalls lautet der Tenor etwa: „Der Antrag auf weiteren Fortgang des Vergabeverfahrens/Erteilung des Zuschlags wird zurückgewiesen."

---

53 Dies schon deswegen, weil Auftraggeber häufig nicht selbst Grundrechtsträger des hier allein in Betracht kommenden Art. 19 Abs. 4 GG sein werden.
54 So *Gröning*, ZIP 1998, 370 (376).
55 Vgl. *Vavra*, in: Dreher/Motzke, Vergaberecht, § 121 GWB Rn. 11.
56 Vgl. *Stockmann*, in: Immenga/Mestmäcker, Wettbewerbsrecht, § 121 GWB Rn. 23.
57 Vgl. BVerfG, Beschluss v. 5.9.2007 – 2 BvR 1855/07; Beschluss v. 22.5.2001 – 1 BvR 1512/97 und 1677/97; Beschluss v. 28.2.1979 – 2 BvR 84/79.
58 Vgl. auch *Gröning*, ZIP 1998, 370 (376).
59 Zur diesbezüglichen, aus Art. 103 Abs. 1 GG abgeleiteten verfassungsrechtlichen Pflicht der Gerichte vgl. BVerfG, Urteil v. 8.7.1997 – 1 BvR 1621/94.

Im Regelfall wird der Vergabesenat den Beschluss mit **weiteren Auflagen** beziehungsweise **Hinweisen** versehen. Im Fall der Stattgabe ist es denkbar, dass der Auftraggeber aufgefordert wird, eine etwaige Zuschlagserteilung dem Gericht anzuzeigen.[60] Ferner kann das die Nachprüfung betreibende Unternehmen aufgefordert werden zu erklären, ob es an seinem Nachprüfungsantrag festhält.[61] Wird der Antrag hingegen zurückgewiesen, dürfte es sich regelmäßig anbieten, dem Auftraggeber und ggf. dem beigeladenen Unternehmen aufzugeben, sich zum weiteren Fortgang des Beschwerdeverfahrens zu verhalten.[62] Dem Auftraggeber sollte jedenfalls bei einem von ihm gestellten Antrag auf Vorabentscheidung zudem mit Blick auf § 177 GWB aufgegeben werden, binnen zwei Wochen zu den von ihm etwaig ergriffenen Maßnahmen vorzutragen.[63] 59

IV. Mündliche Verhandlung (Abs. 3 S. 2)

Nach § 176 Abs. 3 S. 2 GWB kann die Entscheidung ohne mündliche Verhandlung ergehen. 60

Schon der Wortlaut spricht dafür, dass das Absehen von einer mündlichen Verhandlung den **Ausnahmefall** bildet.[64] Dies dürfte angesichts des irreversiblen Charakters der Entscheidung auch sachgerecht sein.[65] Gleichwohl kann der Vergabesenat in bestimmten Fällen sein Ermessen dahin ausüben, von einer mündlichen Verhandlung abzusehen. Dies dürfte sich etwa anbieten, wenn die Erfolgsaussichten der sofortigen Beschwerde offensichtlich sind und eine mündliche Verhandlung keine weitere Aufklärung oder Förderung des Verfahrens erwarten lässt.[66] 61

Darüber hinaus steht es den **Verfahrensbeteiligten** auch frei, auf mündliche Verhandlung zu verzichten, §§ 176 Abs. 3 S. 4, 175 Abs. 2, 69 Abs. 1 Hs. 2 GWB. Der Vergabesenat ist zudem nach § 69 Abs. 2 GWB berechtigt, auch bei Ausbleiben der Beteiligten im Verhandlungstermin zu entscheiden. Im Gegensatz zu § 102 Abs. 2 VwGO bedarf es insofern auch keines vorherigen Hinweises in der Ladung.[67] In jedem Fall ist den Beteiligten vor einer Entscheidung allerdings rechtliches Gehör zu gewähren.[68] 62

V. Sonstige Verfahrensvorschriften (Abs. 3 S. 4)

Nach § 176 Abs. 3 S. 4 GWB findet § 175 GWB auch im Vorabentscheidungsverfahren Anwendung. Nach dessen Abs. 1 müssen sich die Beteiligten durch eine postulationsfähige Person vertreten lassen.[69] § 175 Abs. 2 GWB wiederum verweist auf zahlreiche allgemeine prozessuale Regelungen des GWB. Insbesondere folgt daraus auch für das Vorabentscheidungsverfahren die entsprechende Anwendbarkeit der Vorschriften zur mündlichen Verhandlung in § 69 GWB, zum Untersuchungsgrundsatz in § 70 Abs. 1 bis 3 GWB, zum Anspruch auf rechtliches Gehör in § 71 Abs. 1 S. 2 GWB, zur Akteneinsicht nach §§ 72, 165 GWB, zur Mitwirkungspflicht der Beteiligten sowie der entsprechenden Anwendbarkeit ausgewählter Vorschriften des GVG und der ZPO nach § 73 GWB. 63

60 Vgl. etwa OLG Celle, Beschluss v. 3.6.2010 – 13 Verg 6/10.
61 Vgl. z.B. OLG Düsseldorf, Beschluss v. 17.4.2008 – VII-Verg 15/08.
62 Vgl. etwa OLG Düsseldorf, Beschluss v. 1.8.2005 – VII-Verg 41/05.
63 Vgl. beispielsweise OLG Düsseldorf, Beschluss v. 9.7.2012 – VII-Verg 18/12.
64 A.A. offenbar *Wilke*, in: Montag/Säcker, MüKo Wettbewerbsrecht, § 121 GWB Rn. 22.
65 Vgl. auch *Vavra*, in: Dreher/Motzke, Vergaberecht, § 121 GWB Rn. 23; *Schweda*, in: Langen/Bunte, Kartellrecht, § 121 GWB Rn. 11.
66 Vgl. auch Gesetzesbegründung, VgRÄG, BT-Drs. 13/9340, 22.
67 Vgl. *K. Schmidt*, in: Immenga/Mestmäcker, Wettbewerbsrecht, § 69 GWB Rn. 4.
68 Vgl. *Kullack/Schüttpelz*, in: Heiermann/Riedl/Rusam, VOB, § 121 GWB Rn. 14.
69 Vgl. weiterführend *Stoye/Gielen* zu § 175 Rn. 5 ff.

VI. Kosten und Gebühren

64 Eine **Kostenentscheidung** ist im Vorabentscheidungsverfahren nicht veranlasst, da es sich um ein unselbstständiges Zwischenverfahren handelt.[70] Die Kosten dieses Verfahrens sind vielmehr Kosten des Beschwerdeverfahrens, über die im Rahmen der einheitlichen Kostenentscheidung über die Hauptsache zu entscheiden ist.[71] Daran ändert auch der Verweis des über § 176 Abs. 3 S. 4 GWB Anwendung findenden § 175 Abs. 2 GWB auf § 78 GWB nichts.[72] Denn § 78 GWB besagt nichts über die Frage, in welchem Stadium des Verfahrens über die Kosten zu entscheiden ist. Im Übrigen ordnet § 175 GWB ohnehin nur die entsprechende Geltung dieser Vorschrift an.

65 **Gebührenrechtlich** handelt es sich bei Beschwerde- und Vorabentscheidungsverfahren allerdings um selbstständige Angelegenheiten.[73] Nach Nr. 1630 KV GKG fallen 3,0 Gebühren für das Verfahren auf Vorabentscheidung an, die sich bei Rücknahme des Antrags gemäß Nr. 1631 KV GKG auf 1,0 reduzieren. Hinsichtlich der Rechtsanwaltsgebühren gilt nach Vorb. 3.2 Abs. 2 S. 3 VV RVG dessen erster Abschnitt.

VII. Rechtsmittel (Abs. 4)

66 Nach § 176 Abs. 4 GWB ist ein Rechtsmittel gegen Entscheidungen im Vorabgestattungsverfahren nicht zulässig. Als außerordentliche Rechtsbehelfe kommen allenfalls die Anhörungsrüge im Sinne des § 71a GWB bei Verletzung der Gewährung rechtlichen Gehörs sowie die Verfassungsbeschwerde an ein Verfassungsgericht in Betracht.

Anlage

Gesetzesbegründung (BT-Drs. 18/6281)

Seite 136

§ 176 entspricht dem bisherigen § 121.

---

70 Vgl. *Wilke*, in: Montag/Säcker, MüKo Wettbewerbsrecht, § 121 GWB Rn. 39; in diese Richtung wohl auch BGH, Urteil v. 25.10.2005 – ZB 15/05.

71 Vgl. OLG Celle, Beschluss v. 3.6.2010 – 13 Verg 6/10; OLG Düsseldorf, Beschluss v. 17.4.2008 – VII-Verg 15/08; BayObLG, Beschluss v. 23.3.2004 – Verg 3/04; OLG Bremen, Beschluss v. 22.10.2001 – Verg 2/2001; *Vavra*, in: Dreher/Motzke, Vergaberecht, § 121 GWB Rn. 30; a.A. KG, Beschluss v. 26.9.2014 – Verg 5/14; Beschluss v. 6.2.2003 – 2 Verg 1/03; OLG Naumburg, Beschluss v. 15.12.2000 – 1 Verg 11/00.

72 Zweifelnd *Kullack/Schüttpelz*, in: Heiermann/Riedl/Rusam, VOB, § 121 GWB Rn. 22.

73 Vgl. *Wilke*, in: Montag/Säcker, MüKo Wettbewerbsrecht, § 121 GWB Rn. 39; vgl. auch OLG Naumburg, Beschluss v. 25.2.2015 – 2 Verg 2/14.

§ 177
Ende des Vergabeverfahrens nach Entscheidung des Beschwerdegerichts

Ist der Auftraggeber mit einem Antrag nach § 176 vor dem Beschwerdegericht unterlegen, gilt das Vergabeverfahren nach Ablauf von zehn Tagen nach Zustellung der Entscheidung als beendet, wenn der Auftraggeber nicht die Maßnahmen zur Herstellung der Rechtmäßigkeit des Verfahrens ergreift, die sich aus der Entscheidung ergeben; das Verfahren darf nicht fortgeführt werden.

Übersicht Rn.

A. Allgemeines ... 1
B. Anwendungsbereich ... 3
C. Herstellung der Rechtmäßigkeit ... 6
D. Beendigungsfiktion ... 9
E. Keine Fortsetzung des ursprünglichen Verfahrens ... 11
Anlage
Gesetzesbegründung (BT-Drs. 18/6281)

A. Allgemeines

1 § 177 GWB knüpft an **§ 176 GWB** an und regelt den Fall, dass der Auftraggeber mit einem Antrag auf Vorabentscheidung vor dem Vergabesenat unterliegt. Nach § 177 GWB obliegt es dem Auftraggeber dann, binnen zehn Tagen die sich aus der Entscheidung des Beschwerdegerichts ergebenden Maßnahmen zur Herstellung der Rechtmäßigkeit des Vergabeverfahrens zu ergreifen. Anderenfalls gilt das Vergabeverfahren als beendet, das Beschwerdeverfahren erledigt sich.[1] Eine Fortführung des ursprünglichen Vergabeverfahrens wird dem Auftraggeber durch § 177 Hs. 2 GWB ausdrücklich verboten.

2 Die Bestimmung dient dazu, abschließend **Klarheit** über die Rechtmäßigkeit des Vergabeverfahrens zu schaffen, und damit auch der **Verfahrensbeschleunigung**.[2] Denn durch das Zusammenspiel von §§ 176, 177 GWB führt ein Antrag auf Vorabentscheidung jedenfalls durch den Auftraggeber in der Regel zu einer Vorwegnahme der Hauptsache. Zugleich dürfte die drastische Rechtsfolge des § 177 GWB aber auch eine spürbare[3] **Entlastung der Vergabesenate** bewirken.[4] Denn die öffentlichen Auftraggeber werden nur im echten Eilfall zu dem Mittel des Antrags auf Vorabentscheidung greifen, da sie anderenfalls Gefahr laufen, trotz offener Erfolgsaussichten der sofortigen Beschwerde einen endgültigen Rechtsverlust zu erleiden.

B. Anwendungsbereich

3 § 177 GWB ist ausweislich seines Wortlauts nur anwendbar, wenn der Auftraggeber mit einem **Antrag auf Vorabentscheidung nach § 176 GWB** unterlegen ist. Der Antrag muss also **zurückgewiesen** worden sein. Darunter fällt auch die Situation, in der das Beschwerdegericht den Antrag nur teilweise zurückgewiesen hat.[5] Dies ist etwa denkbar, wenn dem Auftraggeber die Zuschlagserteilung nur unter einer Auflage – beispielsweise der Einholung eines bisher nicht eingeholten Eignungsnachweises vom für den Zuschlag ausgewählten Unterneh-

---

1 Vgl. *Vavra*, in: Dreher/Motzke, Vergaberecht, § 122 GWB Rn. 14; *Stockmann*, in: Immenga/Mestmäcker, Wettbewerbsrecht, § 122 GWB Rn. 6.
2 Vgl. *Summa*, in: Heiermann/Zeiss, Vergaberecht, § 122 GWB Rn. 1; *Schweda*, in: Langen/Bunte, Kartellrecht, § 122 GWB Rn. 1.
3 Zur Statistik der Anträge nach § 176 GWB vgl. § 176 Rn. 3.
4 Vgl. auch *Summa*, in: Heiermann/Zeiss, Vergaberecht, § 122 GWB Rn. 4.
5 A.A. *Stockmann*, in: Immenga/Mestmäcker, Wettbewerbsrecht, § 122 GWB Rn. 5.

men – gestattet worden ist. Kommt der Auftraggeber dieser Auflage nicht binnen zehn Tagen nach, ist das Vergabeverfahren daher nach § 177 GWB beendet.

4 Ist dem **Antrag nach § 176 GWB** hingegen ohne Einschränkung **stattgegeben** worden, greift § 177 GWB nicht ein. § 177 GWB findet außerdem dann keine Anwendung, wenn das Gericht den Antrag aus formalen Gründen als **unzulässig zurückgewiesen** hat. Wie man schon dem Wortlaut des § 177 GWB entnehmen kann, ist vielmehr erforderlich, dass sich der Vergabesenat inhaltlich mit der Rechtmäßigkeit oder Rechtswidrigkeit des Vergabeverfahrens befasst hat und eine **Sachentscheidung** getroffen hat.[6] Denn nur in diesem Fall enthält die Entscheidung auch die für die Rechtsfolge des § 177 GWB bedeutsamen Hinweise auf die zur Herstellung der Rechtmäßigkeit des Vergabeverfahrens zu ergreifenden Maßnahmen. Dies ist wiederum die Voraussetzung für ein rechtssicheres Vorgehen des Auftraggebers, den die Rechtsfolge des § 177 GWB nur dann treffen darf, wenn er in Kenntnis möglicher Abhilfemöglichkeiten untätig bleibt.

5 § 177 GWB findet nach seinem eindeutigen Wortlaut auch dann keine Anwendung, wenn das nach § 134 GWB **für den Zuschlag benannte Unternehmen** den Antrag auf Vorabentscheidung nach § 176 GWB gestellt hat und damit unterlegen ist.[7] Seine sachliche Berechtigung findet diese Einschränkung in dem Umstand, dass anderenfalls der Auftraggeber die Konsequenzen eines zu Unrecht gestellten Vorabentscheidungsantrags des beigeladenen Unternehmens tragen müsste, ohne dieses Risiko selbst veranlasst zu haben. Eine – ggf. vom Vergabesenat im Beschluss nach § 176 GWB deklaratorisch auszusprechende – **analoge Anwendung** des § 177 GWB könnte allenfalls dann in Betracht gezogen werden, wenn der Vorabentscheidungsantrag nur deshalb von dem beigeladenen Unternehmen in offenkundiger Absprache mit dem öffentlichen Auftraggeber gestellt worden ist, um die Rechtswirkungen des § 177 GWB zu umgehen. Denn darin könnte ein rechtsmissbräuchliches Vorgehen gesehen werden, welches im Ergebnis jedenfalls eine Zurechnung des Vorabentscheidungsersuchens zum Auftraggeber und damit das Eingreifen von § 177 GWB rechtfertigte. Allerdings ist nicht ersichtlich, dass es seit Einführung des Antragsrechts des beigeladenen Unternehmens mit dem VergRModG 2009 einer derartigen Sanktion bislang praktisch bedurft hätte.

C. Herstellung der Rechtmäßigkeit

6 Der öffentliche Auftraggeber entgeht der verfahrensbeendenden Wirkung des § 177 GWB nur dann, wenn er binnen zehn Tagen die sich zur Herstellung der Rechtmäßigkeit des Verfahrens aus der Entscheidung des Beschwerdegerichts ergebenden Maßnahmen ergriffen hat. Der Umfang der notwendigen Verfahrenskorrektur kann sich dabei sowohl aus dem Tenor als auch insbesondere aus den ausführlichen Entscheidungsgründen ergeben.[8]

7 Die **Frist** von zehn Tagen beginnt mit der Zustellung der Entscheidung beim Auftraggeber, auf die Zustellung bei den anderen Beteiligten kann es schon aus Gründen der Rechtssicherheit für den Auftraggeber nicht ankommen.[9] Es genügt, dass der Auftraggeber innerhalb der dann folgenden zehn Tage die entsprechenden Maßnahmen zur Korrektur des Verfahrens vollständig ergreift.[10] Dies bedeutet, dass er alles in seiner Sphäre Stehende zur Herstellung der Rechtmäßigkeit des Vergabeverfahrens zu veranlassen hat. Nicht notwendig ist hingegen, dass die dadurch eingeleiteten Maßnahmen vollständig abgeschlossen sind.[11] So genügt es beispielsweise, dass der Auftraggeber bei einer Verpflichtung zur Nachforderung von Unterla-

---

6 Vgl. *Summa*, in: Heiermann/Zeiss, Vergaberecht, § 122 GWB Rn. 8; *Wilke*, in: Montag/Säcker, MüKo Wettbewerbsrecht, § 122 GWB Rn. 5.

7 Vgl. *Vavra*, in: Dreher/Motzke, Vergaberecht, § 121 GWB Rn. 5; *Weber*, in: Schulte/Just, Kartellrecht, § 122 GWB Rn. 2.

8 Vgl. *Stockmann*, in: Immenga/Mestmäcker, Wettbewerbsrecht, § 122 GWB Rn. 7; *Weber*, in: Schulte/Just, Kartellrecht, § 122 GWB Rn. 4.

9 Vgl. *Wilke*, in: Montag/Säcker, MüKo Wettbewerbsrecht, § 122 GWB Rn. 7.

10 Vgl. *Wilke*, in: Montag/Säcker, MüKo Wettbewerbsrecht, § 122 GWB Rn. 13.

11 Vgl. *Vavra*, in: Dreher/Motzke, Vergaberecht, § 122 GWB Rn. 11; *Summa*, in: Heiermann/Zeiss, Vergaberecht, § 122 GWB Rn. 8; *Weber*, in: Schulte/Just, Kartellrecht, § 122 GWB Rn. 5; enger hingegen *Stockmann*, in: Immenga/Mestmäcker, Wettbewerbsrecht, § 122 GWB Rn. 7.

gen jene bei den Unternehmen angefordert hat. Es kommt dann nicht mehr darauf an, ob diese zudem noch innerhalb der zehn Tage bei ihm eingehen und gewertet werden können. Es ist ebenfalls nicht entscheidend, wann der Auftraggeber dem Beschwerdegericht beziehungsweise den anderen Verfahrensbeteiligten die Umsetzung der Korrekturmaßnahmen anzeigt.[12] Maßgeblich ist allein, dass er sie noch innerhalb der zehntägigen Frist tatsächlich umgesetzt hat. Für die Fristberechnung finden die §§ 187 ff. BGB Anwendung.[13] Die Frist ist nicht verlängerbar.[14]

Ein **Zwang zur Herstellung der Rechtmäßigkeit** des Vergabeverfahrens durch den Auftraggeber folgt aus der Entscheidung nach § 176 GWB nicht. Der Auftraggeber ist vielmehr – unter Berücksichtigung seiner haushalterischen Verantwortung – frei, die entsprechenden Maßnahmen zu ergreifen oder die Verfahrensbeendigung in Kauf zu nehmen. Will der Auftraggeber den Auftrag allerdings weiterhin vergeben, so dürfte er im Regelfall darauf angewiesen sein, die vom Beschwerdegericht dargestellten Maßnahmen zu ergreifen, um nicht ein gänzlich neues Vergabeverfahren mit dem damit verbundenen Zeitverlust einleiten zu müssen. Bleibt der Auftraggeber hingegen untätig, so kann dies gegebenenfalls **Schadensersatzansprüche** der am Vergabeverfahren beteiligten Unternehmen nach sich ziehen.[15] Dies kommt insbesondere dann in Betracht, wenn der Auftraggeber das Vorabentscheidungsverfahren missbräuchlich zur ihm anderweitig versperrten Verfahrensbeendigung nutzt.[16] 8

D. Beendigungsfiktion

Lehnt das Beschwerdegericht den Antrag nach § 176 GWB ab, so gilt das Vergabeverfahren gemäß § 177 GWB nach Ablauf von zehn Tagen nach Zustellung der den Antrag ablehnenden Entscheidung als beendet, sofern der Auftraggeber nicht die Maßnahmen zur Behebung der festgestellten Vergabefehler ergreift. Ist die Frist von zehn Tagen abgelaufen, ohne dass der Auftraggeber in hinreichendem Maße tätig geworden ist, gilt das Vergabeverfahren kraft **gesetzlicher Fiktion** als beendet. Einer erneuten Entscheidung des Vergabesenats bedarf es insofern nicht. Es kommt zudem weder eine Wiedereinsetzung in Betracht, noch kann der Auftraggeber selbst die Beendigung aufheben.[17] Ist allerdings streitig, ob das Vergabeverfahren mangels rechtzeitiger Umsetzung der Maßnahmen nach § 177 GWB beendet ist, entscheidet das Beschwerdegericht darüber im Rahmen der Hauptsache.[18] 9

Die Beendigungsfiktion greift sowohl ein, wenn der Auftraggeber gänzlich **untätig geblieben** ist, als auch, wenn er die vom Beschwerdegericht aufgezeigten **Maßnahmen nur unzureichend ergriffen** hat. Die Beendigungsfiktion findet ebenso Anwendung in Fällen, in denen die Herstellung der Rechtmäßigkeit überhaupt nicht zu bewirken ist, da das Vergabeverfahren an **irreparablen Fehlern** leidet.[19] In dieser Konstellation wird das Beschwerdegericht zwar entweder gar keine Maßnahmen zur Herstellung der Rechtmäßigkeit benennen oder die Aufhebung der Ausschreibung anordnen. Da damit das Vergabeverfahren aber nicht automatisch beendet ist, bedarf es auch insofern der analogen Anwendung des § 177 GWB. 10

---

12 Vgl. *Stockmann*, in: Immenga/Mestmäcker, Wettbewerbsrecht, § 122 GWB Rn. 7.

13 Vgl. *Vavra*, in: Dreher/Motzke, Vergaberecht, § 122 GWB Rn. 12.

14 Vgl. *Stockmann*, in: Immenga/Mestmäcker, Wettbewerbsrecht, § 122 GWB Rn. 6; *Wilke*, in: Montag/Säcker, MüKo Wettbewerbsrecht, § 122 GWB Rn. 15.

15 Vgl. *Vavra*, in: Dreher/Motzke, Vergaberecht, § 122 GWB Rn. 13.

16 Vorausgesetzt, der Antrag auf Vorabentscheidung wird in diesem Fall nicht bereits mangels Rechtsschutzbedürfnisses als unzulässig zurückgewiesen mit der Folge einer Unanwendbarkeit des § 177 GWB, vgl. dazu die Kommentierung zu § 176 GWB.

17 Vgl. *Summa*, in: Heiermann/Zeiss, Vergaberecht, § 122 GWB Rn. 13; *Wilke*, in: Montag/Säcker, MüKo Wettbewerbsrecht, § 122 GWB Rn. 16.

18 Vgl. *Stockmann*, in: Immenga/Mestmäcker, Wettbewerbsrecht, § 122 GWB Rn. 9; *Vavra*, in: Dreher/Motzke, Vergaberecht, § 122 GWB Rn. 16.

19 Vgl. *Weber*, in: Schulte/Just, Kartellrecht, § 122 GWB Rn. 8. Ebenso *Kullack/Schüttpelz*, in: Heiermann/Riedl/Rusam, VOB, § 122 GWB Rn. 5 sowie *Wilke*, in: Montag/Säcker, MüKo Wettbewerbsrecht, § 122 GWB Rn. 12, nach denen die Wirkung des § 177 GWB jedoch sofort eintreten solle; dagegen zu Recht *Herrmann*, in: Ziekow/Völlink, Vergaberecht, § 122 GWB Rn. 5.

E. Keine Fortsetzung des ursprünglichen Verfahrens

11 § 177 Hs. 2 GWB schließt eine unveränderte Fortführung des bisherigen Vergabeverfahrens ausdrücklich aus. Entweder ergreift der Auftraggeber die sich aus der Vorabentscheidung ergebenden Maßnahmen oder das Vergabeverfahren ist nach Ablauf von zehn Tagen aufgrund der gesetzlichen Fiktion zwingend beendet. Durch die Formulierung „darf nicht fortgeführt werden" statuiert § 177 Hs. 2 GWB eindeutig ein **gesetzliches Verbot** im Sinne des § 134 BGB.[20] Ein unter Missachtung dieser Vorschrift dennoch erteilter Zuschlag ist dementsprechend nichtig.[21]

Anlage

Gesetzesbegründung (BT-Drs. 18/6281)

Seite 136

§ 177 entspricht dem bisherigen § 122.

20 Vgl. *Schweda*, in: Langen/Bunte, Kartellrecht, § 122 GWB Rn. 2; *Herrmann*, in: Ziekow/Völlink, Vergaberecht, § 122 GWB Rn. 6.

21 Vgl. *Weber*, in: Schulte/Just, Kartellrecht, § 122 GWB Rn. 7.

§ 178
Beschwerdeentscheidung

Hält das Gericht die Beschwerde für begründet, so hebt es die Entscheidung der Vergabekammer auf. In diesem Fall entscheidet das Gericht in der Sache selbst oder spricht die Verpflichtung der Vergabekammer aus, unter Berücksichtigung der Rechtsauffassung des Gerichts über die Sache erneut zu entscheiden. Auf Antrag stellt es fest, ob das Unternehmen, das die Nachprüfung beantragt hat, durch den Auftraggeber in seinen Rechten verletzt ist. § 168 Absatz 2 gilt entsprechend.

Übersicht

	Rn.
A. Allgemeines	1
I. Übersicht	1
II. Entstehungsgeschichte und Normzweck	6
III. Europarechtlicher Hintergrund	8
B. Beschwerdeentscheidung (S. 1)	9
I. Entscheidungsfindung	9
II. Beschwerdegegenstand	11
III. Inhalt der Beschwerdeentscheidung	20
1. Unzulässige Beschwerde	20
2. Unbegründete Beschwerde	21
3. Begründete Beschwerde	22
a) Zurückverweisung	23
b) Eigene Sachentscheidung	25
aa) Bindung an die Anträge	25
bb) Geeignete Maßnahmen	26
4. Teilweise erfolgreiche Beschwerde	31
IV. Tenorierung	32
C. Feststellung einer Rechtsverletzung (S. 3 und S. 4)	34
I. Tatbestände	34
1. Feststellung einer Rechtsverletzung nach S. 4	37
2. Feststellung einer Rechtsverletzung nach S. 3	40
II. Feststellungsinteresse	42
III. Entscheidung	44
D. Form	46
E. Nebenentscheidungen	50
F. Rechtsschutz	54
Anlage Gesetzesbegründung (BT-Drs. 18/6281)	

A. Allgemeines

I. Übersicht

1 § 178 GWB entspricht dem bisherigen § 123 GWB in der Fassung vor Inkrafttreten des VergRModG 2016. § 178 GWB hat die **abschließende Sachentscheidung** des Vergabesenates zum Gegenstand. Sie schließt die gerichtliche Stufe des dem Primärrechtsschutz dienenden Nachprüfungsverfahrens ab.

2 **Zwischenentscheidungen**, wie die Verlängerung der aufschiebenden Wirkung einer Beschwerde (§ 173 Abs. 1 S. 3 und Abs. 2 GWB), die vorzeitige Gestattung des Zuschlags (§ 176 GWB), die Anordnung von Beiladungen (§§ 162, 174 GWB) oder die Gewährung von Akteneinsicht (§§ 175 Abs. 2 i.V.m. 165, 72 GWB) sind gesondert normiert.

3 § 178 GWB regelt die Beschwerdeentscheidung des Vergabesenates nur **sehr eingeschränkt**. Lediglich zwei Komplexe werden näher ausgestaltet:

4 In S. 1 und S. 2 der Vorschrift wird die Kompetenz des Vergabesenates im Falle einer **begründeten Beschwerde** normiert. Danach ist die Entscheidung der Vergabekammer aufzuheben und das Beschwerdegericht hat entweder in der Sache selbst zu entscheiden oder aber die Vergabekammer zu verpflichten, unter Berücksichtigung der Rechtsauffassung des Vergabesenats über die Sache neu zu entscheiden. Die Vorschrift enthält damit keine Regelung über eine unzulässige sowie unbegründete Beschwerde. Auch die teilweise erfolgreiche Beschwerde ist nicht erfasst.

5 In S. 3 und S. 4 regelt die Vorschrift die auf Antrag erfolgende **Feststellung einer Rechtsverletzung**. Danach hat das Beschwerdegericht auf Antrag festzustellen, ob der Antragsteller durch den Auftraggeber in seinen Rechten verletzt worden ist. Durch die Verweisung in S. 4 auf § 168 Abs. 2 GWB gilt dies entsprechend für den Fall der Erledigung des Nachprüfungsverfahrens. Im Zusammenhang mit der Bindungswirkung des § 179 Abs. 1 GWB soll damit eine nochmalige gerichtliche Prüfung derselben Sach- und Rechtsfragen vermieden werden.[1] Auf diese Weise kann der Sekundärrechtsschutz in einem späteren Schadenersatzprozess vorbereitet werden.

II. Entstehungsgeschichte und Normzweck

6 Die Regelung wurde erstmalig mit der Schaffung einer gerichtlichen Überprüfung von Vergabeentscheidungen im Zuge der Neugestaltung des Nachprüfungsverfahrens durch das **VgRÄG** in das Gesetz eingefügt und blieb seitdem unverändert. Weder führte das VergRModG 2009 zu Änderungen, noch sind solche durch das VergRModG 2016 erfolgt.

7 Nach dem Willen des Gesetzgebers[2] sollte die Vorschrift die **Beschwerdeentscheidung strukturieren**. Falsche Entscheidungen der Vergabekammer sollten aufgehoben werden. Ist ein Unternehmen, das die Nachprüfung beantragt hat, in seinen Rechten verletzt worden, so sollte das Gericht auf Antrag auch dies feststellen. Die Feststellung sollte für ein anschließendes Schadensersatzverfahren von Bedeutung sein.

III. Europarechtlicher Hintergrund

8 Die Regelung setzt zwar keine konkreten Vorgaben des europäischen Rechts um. Das VgRÄG diente jedoch insgesamt der Umsetzung einer Vielzahl **europäischer Richtlinien** auf dem Gebiet der Vergabe öffentlicher Aufträge[3]. Im Rahmen dessen war auch ein gerichtlicher Rechtsschutz für Vergabeentscheidungen sicherzustellen. So verlangte Art. 2 Abs. 9 RL 89/665/EWG[4] letztlich eine Nachprüfung durch eine unabhängige Instanz, die ein Gericht im Sinne des Art. 234 EGV (Art. 267 AEUV) ist. Die Vorschrift des § 123 GWB a.F. (§ 178 GWB) diente im Kontext der Regelungen der §§ 116 ff. GWB a.F. (§ 171 ff. GWB), mit denen das Nachprüfungsverfahren mit der Schaffung einer gerichtlichen Überprüfung von Vergabeentscheidungen neu gestaltet wurde, diesem Zweck.

B. Beschwerdeentscheidung (S. 1)

I. Entscheidungsfindung

9 Das Beschwerdegericht prüft zunächst von Amts wegen die **Zulässigkeit** der Beschwerde.[5] Die Beschwerde muss statthaft im Sinne von § 171 Abs. 1 und Abs. 2 GWB sein. Im Rahmen dessen ist auch zu prüfen, ob eine beschwerdefähige Entscheidung der Vergabekammer vorliegt. Weiter müssen Beschwerdeberechtigung (§ 171 Abs. 1 S. 2 GWB) sowie Beschwerdebefugnis (und die hierfür erforderliche Beschwer) gegeben sein. Unproblematisch wird in der Regel die Prüfung der Zuständigkeit des angerufenen Gerichts gemäß § 171 Abs. 3 und Abs. 4 GWB (Vergabesenat beim Oberlandesgericht) sein. Schließlich muss die Beschwerde innerhalb der Notfrist des § 172 Abs. 1 GWB sowie in der Form gemäß § 172 Abs. 2 und Abs. 3 GWB eingelegt sein.

---

1 Gesetzesbegründung, VgRÄG, BT-Drs. 13/9340, 22.
2 Gesetzesbegründung, VgRÄG, BT-Drs. 13/9340, 22.
3 RL 89/665/EWG, RL 92/13/EWG, RL 93/36/EWG, RL 93/37/EWG und RL 93/38/EWG.
4 Durch die RL 2007/66/EG insoweit unverändert.
5 *Möllenkamp*, in: Kulartz/Kus/Portz/Prieß, GWB-Vergaberecht, § 123 Rn. 2; *Dieck-Bogatzke*, in: Pünder/Schellenberg, Vergaberecht, § 123 GWB Rn. 2.

10 Erst wenn die Zulässigkeit der Beschwerde feststeht, erfolgt die Prüfung der **Begründetheit** der Beschwerde. Hierbei prüft das Beschwerdegericht wiederum von Amts wegen[6] zunächst die Zulässigkeit des Nachprüfungsantrages.[7] Der Anwendungsbereich des Vergabenachprüfungsverfahrens muss eröffnet sein (§§ 106 ff. GWB), die Antragsbefugnis gemäß § 160 Abs. 2 GWB muss gegeben sein und die Schriftform des § 161 GWB muss eingehalten sein. Schließlich darf der Antrag nicht gemäß § 160 Abs. 3 S. 1 Nr. 1 bis 3 GWB wegen Verletzung von Rügeobliegenheiten oder nach § 160 Abs. 3 S. 1 Nr. 4 GWB wegen Fristablaufs unzulässig sein. Der Antrag ist auch unzulässig, sobald das Vergabeverfahren durch wirksame Erteilung des Zuschlags abgeschlossen ist.[8] Im Rahmen der Prüfung der Begründetheit des Nachprüfungsantrages prüft das Beschwerdegericht sodann, ob ein Verstoß gegen Vergabevorschriften im Sinne von § 97 Abs. 6 GWB gegeben sowie ob der Antragsteller dadurch in seinen Rechten verletzt worden ist.

II. Beschwerdegegenstand

11 Gegenstand des Beschwerdeverfahrens ist in **formeller Hinsicht** die Entscheidung der Vergabekammer. Diese ist in tatsächlicher und rechtlicher Hinsicht zu überprüfen. In der Regel handelt es sich hierbei um eine Entscheidung gemäß § 168 GWB. Es kann dies aber auch eine gemäß § 171 Abs. 2 GWB fingierte Ablehnung des Nachprüfungsantrages sein, wenn die Vergabekammer über einen Antrag nicht innerhalb der Frist des § 167 Abs. 1 GWB entschieden hat. Schließlich kann sich die Beschwerde auch gegen andere Entscheidungen richten, beispielsweise wenn die Ablehnung einer beantragten Akteneinsicht selbstständig anfechtbar ist[9] oder eine isolierte Kostenentscheidung angefochten wird[10].

12 Von diesen Sonderfällen abgesehen sind in **materieller Hinsicht** die vom Antragsteller geltend gemachten Vergaberechtsverletzungen im Sinne von § 97 Abs. 6 GWB Gegenstand des Beschwerdeverfahrens. Diese sind aufgrund des Beschwerdevorbringens vom Beschwerdegericht zu prüfen.[11] In diesem Zusammenhang werden regelmäßig zwei Problemstellungen diskutiert: einerseits die Frage, ob das Beschwerdegericht an die Anträge des Beschwerdeführers gebunden ist, andererseits das Problem, ob das Beschwerdegericht sämtliche im Raum stehenden Vergaberechtsverletzungen zu prüfen hat.

13 Die Frage, ob das Beschwerdegericht an die Anträge des Beschwerdeführers gebunden ist, hat mit dem hier erörterten Gegenstand des Beschwerdeverfahrens nichts zu tun. Gegenstand des Beschwerdeverfahrens ist nicht der vom Beschwerdeführer begehrte konkrete Rechtsfolgenausspruch des Beschwerdegerichts, sondern die vom Antragsteller geltend gemachte Vergaberechtsverletzung.[12] Die Frage der **Bindung an die Anträge** des Beschwerdeführers stellt sich damit erst im Zusammenhang mit der Bestimmung der im Ergebnis der Prüfung anzuordnenden geeigneten Maßnahmen[13], um eine Rechtsverletzung zu beseitigen.[14]

14 Noch nicht abschließend geklärt erscheint die Frage, ob das Beschwerdegericht bei seiner Entscheidung **sämtliche von ihm erkannten Vergaberechtsverletzungen** berücksichtigen kann, unabhängig davon, ob diese bereits Gegenstand der Erörterungen der Beteiligten gewesen sind.[15] Die Antwort auf diese Frage ist im Spannungsfeld zwischen Dispositionsmaxime und Untersuchungsgrundsatz (§§ 175 Abs. 2 i.V.m. § 70 Abs. 1 GWB) zu suchen,[16] wobei die

---

6 *Dieck-Bogatzke*, in: Pünder/Schellenberg, Vergaberecht, § 123 GWB Rn. 2.
7 *Jaeger*, in: Byok/Jaeger, Vergaberecht, § 123 GWB Rn. 4; *Brauer*, in: Ziekow/Völlink, Vergaberecht, § 123 GWB Rn. 4.
8 BGH, Beschluss v. 19.12.2000 – X ZB 14/00 – Rn. 25.
9 OLG Düsseldorf, Beschluss v. 28.12.2007 – VII-Verg 40/07, Rn. 21.
10 Z.B. OLG Dresden, Beschluss v. 10.8.2010 – WVerg 8/10.
11 OLG Brandenburg, Beschluss v. 12.1.2010 – Verg W 5/09, Rn. 97.
12 OLG Brandenburg, Beschluss v. 12.1.2010 – Verg W 5/09, Rn. 97.
13 Im Sinne von § 168 Abs. 1 S. 1 GWB.
14 Siehe unten Rn. 25.
15 *Jaeger*, in: Byok/Jaeger, Vergaberecht, § 123 GWB Rn. 4; wohl auch *Raabe*, in: Willenbruch/Wieddekind, Vergaberecht, § 123 GWB Rn. 8.
16 Vgl. hierzu *Raabe*, in: Willenbruch/Wieddekind, Vergaberecht, § 123 GWB Rn. 2 f.

subjektiv-bieterbezogene Ausgestaltung des Vergabenachprüfungsverfahrens für den Vorrang der Dispositionsmaxime spricht.[17] Der Gegenstand der Prüfung durch das Beschwerdegericht wird durch die Erklärung des Beschwerdeführers gemäß § 172 Abs. 2 S. 2 Nr. 1 GWB, inwieweit die Entscheidung der Vergabekammer angefochten und eine abweichende Entscheidung beantragt wird, konkretisiert. Hierdurch entscheidet der allein dispositionsbefugte Beschwerdeführer darüber, was Gegenstand der Entscheidungsfindung des Beschwerdeverfahrens sein soll.[18] Daran ist das Beschwerdegericht gebunden. Demnach sind selbst solche Vergaberechtsverletzungen, welche vor der Vergabekammer noch Gegenstand der Prüfung waren, mit der Beschwerdebegründung aber nicht mehr geltend gemacht werden, vom Beschwerdegericht nicht zu prüfen.[19] Ein Antragsteller, der seine aus einer Vergaberechtsverletzung entstehenden Rechte nicht wahrnimmt, kann eine Beeinträchtigung dieser subjektiven Rechte nicht geltend machen.[20] Erst recht findet eine **allgemeine Rechtmäßigkeitskontrolle** des Vergabeverfahrens durch das Beschwerdeverfahren nicht statt,[21] wozu nicht einmal die Vergabekammer berufen ist (§ 168 Abs. 1 S. 3 GWB).

15 Auch der **Untersuchungsgrundsatz** zwingt nicht dazu, allen denkbaren Vergaberechtsverstößen von Amts wegen nachzugehen. Freilich hat das Beschwerdegericht gemäß §§ 175 Abs. 2 i.V.m. § 70 Abs. 1 GWB den Sachverhalt von Amts wegen zu erforschen. Allerdings gilt dies nur in den vom Beschwerdeführer gezogenen Grenzen des Gegenstandes des Beschwerdeverfahrens. Dem Beschwerdegericht obliegt eine Aufklärungs- und Ermittlungspflicht nur insoweit, als der Vortrag der Beteiligten reicht.[22] Im Übrigen ist zu differenzieren zwischen der geltend gemachten Vergaberechtsverletzung und der zu ihrer Begründung dargelegten Tatsachengrundlage. Ob und in Anwendung welcher konkreten Vorschrift eine Vergaberechtsverletzung gegeben ist, ergibt sich aus der vom Beschwerdegericht vorzunehmenden Subsumtion dieser Tatsachen unter den Tatbestand einer Vergaberechtsverletzung. Zur Aufklärung dieser Tatsachengrundlage ist das Beschwerdegericht von Amts wegen verpflichtet. Das Beschwerdegericht hat aber nicht von Amts wegen nach Vergaberechtsverletzungen zu suchen.[23]

Damit gilt für den **Prüfungsumfang** des Beschwerdegerichts Folgendes:

16 Ausgeschlossen bleiben zunächst wegen einer Verletzung von Rügeobliegenheiten gemäß § 160 Abs. 2 GWB **präkludierte Vergaberechtsverletzungen**. Dies gilt auch dann, wenn sonst der Vergabesenat gleichsam sehenden Auges an einem Vergabeverfahren mitwirken würde, welches sich außerhalb der Vergabevorschriften bewegt.[24]

17 Jedenfalls zu berücksichtigen sind die mit der **Beschwerdebegründung aufgegriffenen Vergaberechtsverletzungen**, die bereits im Verfahren vor der Vergabekammer geltend gemacht worden sind, unabhängig davon, ob diese auch Gegenstand der Entscheidung der Vergabekammer geworden sind.

18 Erst während des Nachprüfungsverfahrens erkannte Vergaberechtsverletzungen können noch geltend gemacht werden und sind dann auch vom Beschwerdegericht zu prüfen.[25] Allerdings müssen derartig **nachgeschobene Vergaberechtsverletzungen** so rechtzeitig geltend gemacht werden, dass sie nicht zu einer Verzögerung des Nachprüfungsverfahrens führen. Dies folgt aus einer entsprechenden Anwendung des § 160 Abs. 3 S. 1 GWB.[26] Ein Bieter ist des-

---

17 *Lischka*, in: Müller-Wrede, Taschenkommentar GWB-Vergaberecht, § 116 Rn. 11 f.

18 OLG Frankfurt, Beschluss v. 15.7.2008 – 11 Verg 4/08, Rn. 65; vgl. *Raabe*, in: Willenbruch/Wieddekind, Vergaberecht, § 123 GWB Rn. 5.

19 *Lischka*, in: Müller-Wrede, Taschenkommentar GWB-Vergaberecht, § 116 Rn. 12.

20 OLG Naumburg, Beschluss v. 18.8.2011 – 2 Verg 3/11, Rn. 55.

21 *Summa*, in: Heiermann/Zeiss, Vergaberecht, § 123 GWB Rn. 6.

22 Ähnlich: OLG Düsseldorf, Beschluss v. 29.12.2001 – Verg 22/01, Rn. 51.

23 *Möllenkamp*, in: Kulartz/Kus/Portz/Prieß, GWB-Vergaberecht, § 123 Rn. 5; *Raabe*, in: Willenbruch/Wieddekind, Vergaberecht, § 123 GWB Rn. 5.

24 Vgl. OLG Naumburg, Beschluss v. 18.8.2011 – 2 Verg 3/11, Rn. 57; a.A. KG, Beschluss v. 15.4.2004 – 2 Verg 22/03; vgl. *Raabe*, in: Willenbruch/Wieddekind, Vergaberecht, § 123 GWB Rn. 8.

25 Vgl. BGH, Beschluss v. 26.9.2006 – X ZB 14/06, Rn. 13.; *Möllenkamp*, in: Kulartz/Kus/Portz/Prieß, GWB-Vergaberecht, § 123 Rn. 7; *Raabe*, in: Willenbruch/Wieddekind, Vergaberecht, § 123 GWB Rn. 9.

26 OLG Celle, Beschluss v. 10.1.2008 – 13 Verg 11/07, Rn. 89; Beschluss v. 8.3.2007 – 13 Verg 2/07, Rn. 15.

halb mit der Geltendmachung einer neu erkannten Vergaberechtsverletzung im Beschwerdeverfahren präkludiert, wenn er diese vor der Vergabekammer nicht eingeführt hat, obwohl ihm dies möglich gewesen wäre.[27]

Ohne Geltendmachung im Nachprüfungsverfahren sind Vergaberechtsverletzungen nicht 19
zu prüfen.[28] Das Beschwerdegericht hat möglichen – auch offensichtlichen – Anhaltspunkten für Vergaberechtsverletzungen nicht von Amts wegen nachzugehen.[29]

III. Inhalt der Beschwerdeentscheidung

1. Unzulässige Beschwerde

Eine unzulässige Beschwerde ist zu **verwerfen**.[30] Allerdings ist zuvor stets rechtliches Gehör 20
zu gewähren. Dem Beschwerdeführer muss Gelegenheit gegeben werden, Zulässigkeitsmängel[31] zu beheben, beispielsweise im Falle der Versäumung der Beschwerdefrist aus § 172 Abs. 1 GWB Wiedereinsetzung in den vorigen Stand zu beantragen[32]. Er kann auch im Kosteninteresse die Beschwerde zurücknehmen.

2. Unbegründete Beschwerde

Kommt das Beschwerdegericht nach Abschluss seiner Prüfung inhaltlich zu demselben Ergeb- 21
nis wie die Vergabekammer, ist die Beschwerde unbegründet. Die unbegründete Beschwerde ist **zurückzuweisen**. Unerheblich ist es hierbei, wenn das Beschwerdegericht mit einer anderen Begründung als die Vergabekammer zu diesem Ergebnis gelangt.[33]

3. Begründete Beschwerde

Ist die Beschwerde begründet, ist gemäß § 178 S. 1 GWB zunächst die Entscheidung der Ver- 22
gabekammer **aufzuheben**. Das Beschwerdegericht hat darüber hinaus zwei **Entscheidungsalternativen**. Es kann in der Sache selbst entscheiden oder aber das Verfahren an die Vergabekammer zurückverweisen, indem es die Vergabekammer verpflichtet, unter Berücksichtigung der Rechtsauffassung des Beschwerdegerichts über die Sache neu zu entscheiden.

a) Zurückverweisung

Steht dem Beschwerdegericht hiernach zwar ein **Ermessen** zu, stehen diese Entscheidungsal- 23
ternativen dennoch entgegen der Formulierung des Gesetzes nicht gleichberechtigt nebeneinander.[34] Dem Grundsatz der Beschleunigung kommt hierbei wesentliche Bedeutung zu. Eine Aufhebung und Zurückverweisung des Vergabeverfahrens kommt deshalb nur in **Ausnahmefällen** in Betracht, etwa wenn die Sache noch nicht entscheidungsreif ist. Ist die Sache dagegen spruchreif, hat das Beschwerdegericht selbst zu entscheiden.[35] Eine Aufhebung und Zurückverweisung kommt der Durchführung eines neuen Nachprüfungsverfahrens vor der Vergabekammer gleich. Eine damit verbundene zeitliche Verzögerung kann dann gerechtfertigt sein, wenn im Verfahren vor der Vergabekammer eine inhaltliche Aufbereitung des Vergabeverfahrens noch nicht stattgefunden hat, etwa deshalb, weil die Vergabekammer den Nachprüfungsantrag (zu Unrecht) als offensichtlich unzulässig angesehen hat.[36] Auch soweit

27 OLG Brandenburg, Beschluss v. 10.1.2012 – Verg W 18/11, Rn. 36.
28 *Summa*, in: Heiermann/Zeiss, Vergaberecht, § 123 GWB Rn. 8.
29 OLG Koblenz, Beschluss v. 4.2.2009 – 1 Verg 4/08, Rn. 37; a.A. OLG München, Beschluss v. 29.9.2009 – Verg 12/09, Rn. 76; OLG Düsseldorf, Beschluss v. 5.5.2008 – VII-Verg 5/08, Rn. 24.
30 *Raabe*, in: Willenbruch/Wieddekind, Vergaberecht, § 123 GWB Rn. 11; *Brauer*, in: Ziekow/Völlink, Vergaberecht, § 123 GWB Rn. 5.
31 Siehe oben Rn. 9.
32 §§ 233 ff. ZPO i.V.m. §§ 73 Nr. 2 sowie 175 Abs. 2 GWB.
33 *Möllenkamp*, in: Kulartz/Kus/Portz/Prieß, GWB-Vergaberecht, § 123 Rn. 10.
34 *Jaeger*, in: Byok/Jaeger, Vergaberecht, § 123 GWB Rn. 6; *Möllenkamp*, in: Kulartz/Kus/Portz/Prieß, GWB-Vergaberecht, § 123 Rn. 12; *Brauer*, in: Ziekow/Völlink, Vergaberecht, § 123 GWB Rn. 7.
35 OLG Brandenburg, Beschluss v. 12.1.2010 – Verg W 5/09, Rn. 97.
36 OLG Brandenburg, Beschluss v. 18.2.2010 – Verg W 2/10. Rn. 48.

die Vergabekammer den Sachverhalt[37] noch nicht aufgeklärt hat,[38] kommt eine Zurückverweisung in Betracht.[39]

b) Eigene Sachentscheidung

24 Je nachdem, wie die aufzuhebende Entscheidung der Vergabekammer ausgefallen ist, kommen **inhaltlich verschiedene Entscheidungen** des Beschwerdegerichts in Betracht. Hat die Vergabekammer über den Vergabeantrag in der Sache entschieden, diesen zurückgewiesen oder aber diesem stattgegeben, hat das Beschwerdegericht sowohl die Zulässigkeit als auch die Begründetheit des Antrages zu prüfen. Hat die Vergabekammer den Nachprüfungsantrag zu Unrecht als unzulässig verworfen, hat das Beschwerdegericht neben der Zulässigkeit erstmalig auch die Begründetheit des Antrages zu prüfen, wenn nicht ausnahmsweise eine Zurückverweisung in Betracht kommt.

aa) Bindung an die Anträge

25 Kommt das Beschwerdegericht zu dem Ergebnis, dass der Nachprüfungsantrag zulässig und begründet ist, und kommt eine Zurückverweisung nicht in Betracht, stellt sich die Frage nach der **Entscheidungskompetenz** des Beschwerdegerichts. Hierher gehört die Problematik der Bindung an die Anträge. Die heute herrschende Ansicht[40] geht (mit z.T. unterschiedlicher Begründung) zutreffend davon aus, dass das Beschwerdegericht **nicht an die Anträge der Beteiligten gebunden** ist. Dies ergibt sich unmittelbar aus § 178 S. 1 und S. 2 GWB. Danach hat das Beschwerdegericht die Entscheidung der Vergabekammer aufzuheben und selbst zu entscheiden. Das Beschwerdegericht hat an Stelle der Vergabekammer die materiell richtige Entscheidung zu treffen.[41] Diese nun vom Beschwerdegericht zu treffende Entscheidung ist inhaltlich damit jene gemäß § 168 GWB. Daraus ergeben sich für das Beschwerdegericht dieselben Kompetenzen wie für die Vergabekammer.[42] Auch das Beschwerdegericht hat mithin – wie sonst die Vergabekammer – die geeigneten Maßnahmen zu treffen, um eine Rechtsverletzung zu beseitigen und eine Schädigung der betroffenen Interessen zu verhindern, ohne an die Anträge der Parteien gebunden zu sein (§ 168 Abs. 1 GWB). Der Verweisung in § 178 S. 4 GWB auf (ausschließlich) § 168 Abs. 2 GWB kommt hierbei keine eigenständige Bedeutung zu.[43]

bb) Geeignete Maßnahmen

26 Welche Maßnahmen zur Beseitigung der Rechtsverletzung und zur Verhinderung einer Schädigung zu treffen sind, hängt vom **Einzelfall** ab. Dementsprechend sind verschiedene Gestaltungen denkbar.[44] Durchweg aber steht dem Beschwerdegericht wie auch der Vergabekammer ein weiter **Entscheidungsspielraum** zur Verfügung.[45] Dieser Spielraum ist allerdings gleichwohl in mehrfacher Weise eingeschränkt, denn das Beschwerdegericht rückt nicht in die Stellung des Auftraggebers ein. Die wirtschaftliche Dispositionsfreiheit ist zu wahren und ein dem Auftraggeber durch die Vergabevorschriften eingeräumtes Ermessen wie auch ein entsprechender Beurteilungsspielraum sind zu beachten.[46]

27 Zum einen ist der **Grundsatz der Verhältnismäßigkeit** zu wahren mit der sich aus ihm ergebenden Verpflichtung, von den zu Gebote stehenden Maßnahmen diejenigen zu treffen, die

37 Z.B. in Bezug auf umfangreiche und komplizierte technische Sachverhalte.
38 Ggf. durch Einholung eines Sachverständigengutachtens.
39 OLG Frankfurt, Beschluss v. 5.10.2010 – 11 Verg 7/10, Rn. 80.
40 *Dieck-Bogatzke*, in: Pünder/Schellenberg, Vergaberecht, § 123 GWB Rn. 4; *Raabe*, in: Willenbruch/Wieddekind, Vergaberecht, § 123 GWB Rn. 16; a.A. *Jaeger*, in: Byok/Jaeger, Vergaberecht, § 123 GWB Rn. 3.
41 KG, Beschluss v. 28.9.2009 – 2 Verg 8/09, Rn. 5.
42 OLG Schleswig, Beschluss v. 30.4.2015 – 1 Verg 7/14, Rn. 51; *Raabe*, in: Willenbruch/Wieddekind, Vergaberecht, § 123 GWB Rn. 16; *Brauer*, in: Ziekow/Völlink, Vergaberecht, § 123 GWB Rn. 8.
43 *Dieck-Bogatzke*, in: Pünder/Schellenberg, Vergaberecht, § 123 GWB Rn. 4.
44 Vgl. z.B. *Raabe*, in: Willenbruch/Wieddekind, Vergaberecht, § 123 GWB Rn. 14.
45 OLG Celle, Beschluss v. 10.1.2008 – 13 Verg 11/07, Rn. 97.
46 *Jaeger*, in: Byok/Jaeger, Vergaberecht, § 123 GWB Rn. 7; *Vavra*, in: Dreher/Motzke, Vergaberecht, § 123 GWB Rn. 6; *Kirch*, in: Hattig/Maibaum, Kartellvergaberecht, § 123 GWB Rn. 13.

den Ablauf des Vergabeverfahrens am wenigsten beeinträchtigen.[47] Der Grundsatz der Verhältnismäßigkeit staatlichen Handelns gilt auch ohne ausdrückliche Regelung (wie in § 163 Abs. 1 S. 4 GWB für die Vergabekammer). Ist lediglich die Angebotswertung fehlerhaft, weil etwa die Zuschlagskriterien falsch angewendet worden sind, genügt es, das Verfahren in das Stadium vor dieser Wertung zurückzuversetzen.[48] Weisen die Ausschreibungsunterlagen einen Mangel auf, sind diese abzuändern mit der Gelegenheit für die Bieter, ein neues Angebot zu unterbreiten.[49] Ist ein Angebot wegen vermeintlicher Unvollständigkeit zu Unrecht ausgeschlossen worden, so genügt es, der Vergabestelle aufzugeben, das Vergabeverfahren unter Einbeziehung dieses Angebots fortzusetzen. Eine Verpflichtung des Auftraggebers, die Ausschreibung aufzuheben, kommt nur dann in Betracht, wenn dies unabweislich ist und keine milderen Maßnahmen zur Verfügung stehen, um den festgestellten Vergabefehler zu beseitigen.[50] Nur wenn es sich um einen derart schwerwiegenden Mangel des Vergabeverfahrens handelt, dass dieses schlechterdings nicht mit einer rechtskonformen Vergabe enden kann, kann ausnahmsweise auf die Aufhebung der Ausschreibung erkannt werden.[51] Dies könnte etwa der Fall sein bei unklaren Leistungsbeschreibungen, Preisermittlungsgrundlagen oder Zuschlagskriterien, auf die von vornherein ein sachgerechtes Angebot nicht abgegeben werden kann, oder wenn eine von vornherein fehlerhafte Vergabeart gewählt worden ist.[52]

Das Beschwerdegericht darf sich bei seiner Entscheidung zudem nicht über einen dem Auftraggeber zustehenden **Beurteilungsspielraum** hinwegsetzen.[53] Ein solcher ist von den Nachprüfungsinstanzen nur eingeschränkt überprüfbar. Ein Beurteilungsspielraum kommt namentlich in Betracht, soweit es um die Bewertung der Eignung eines Bieters geht (§ 122 GWB). Im Rahmen der insoweit anzustellenden Prognose haben sich die Vergabenachprüfungsinstanzen auf die Klärung zu beschränken, ob die Vergabestelle von einem vollständig und zutreffend ermittelten Sachverhalt ausgegangen ist, allgemeine Wertungsgrundsätze beachtet und auch im Übrigen keine sachfremden Erwägungen anstellt hat.[54] Dies gilt auch, wenn im Zuge einer Gleichwertigkeitsprüfung festzustellen ist, ob eine Abweichung in der technischen Spezifikation dem ausgeschriebenen Produkt gleichwertig ist.[55] Überhaupt ist im Zusammenhang mit der Wertung der Angebote von einem Beurteilungsspielraum der Vergabestelle auszugehen.[56] 28

Schließlich darf das Beschwerdegericht bei seiner Entscheidung ein der Vergabestelle eingeräumtes **Ermessen** nicht durch ein eigenes Ermessen ersetzen.[57] Kommen verschiedene Maßnahmen zur Beseitigung der Rechtsverletzung in Betracht, darf das Beschwerdegericht eine konkrete Maßnahme nicht anordnen. Ein Ermessen des Auftraggebers ist beispielsweise betroffen, wenn es darum geht, ob der Auftraggeber durch die Beschwerdeentscheidung verpflichtet werden darf, einem bestimmten Bieter den Zuschlag zu erteilen. Es steht dem Auftraggeber frei, auch außerhalb der durch vergaberechtliche Vorschriften gezogenen Grenzen die Ausschreibung aufzuheben und auf diese Weise – gegebenenfalls unter Inkaufnahme von Schadensersatzansprüchen – von einer Vergabe abzusehen.[58] Eine Anordnung der Zuschlagserteilung kommt allenfalls dann in Betracht, wenn es bei fortbestehender Vergabeabsicht 29

47 OLG Düsseldorf, Beschluss v. 30.4.2003 – VII-Verg 64/02, Rn. 4.
48 OLG Naumburg, Beschluss v. 30.8.2012 – 2 Verg 3/12; OLG Düsseldorf, Beschluss v. 11.4.2012 – VII-Verg 95/11.
49 OLG Koblenz, Beschluss v. 4.4.2012 – 1 Verg 2/11; OLG Düsseldorf, Beschluss v. 21.3.2012 – VII-Verg 92/11.
50 OLG Düsseldorf, Beschluss v. 30.4.2003 – VII-Verg 64/02, Rn. 4; siehe auch BGH, Beschluss v. 10.11.2009 – X ZB 8/09, Rn. 56.
51 OLG Schleswig, Beschluss v. 15.4.2011 – 1 Verg 10/10; OLG Dresden, Beschluss v. 28.3.2006 – WVerg 4/06.
52 OLG Schleswig, Beschluss v. 20.3.2008 – 1 Verg 6/07, Rn. 51.
53 *Raabe*, in: Willenbruch/Wieddekind, Vergaberecht, § 123 GWB Rn. 17.
54 OLG Düsseldorf, Beschluss v. 9.6.2010 – VII-Verg 14/10, Rn. 43; OLG Frankfurt, Beschluss v. 24.2.2009 – 11 Verg 19/08, Rn. 90; KG, Beschluss v. 27.11.2008 – 2 Verg 4/08.
55 OLG München, Beschluss v. 7.4.2011 – Verg 5/11, Rn. 137; OLG Celle, Beschluss v. 3.6.2010 – 13 Verg 6/10, Rn. 94.
56 OLG Koblenz, Beschluss v. 2.10.2012 – 1 Verg 4/12, Rn. 74; OLG Celle, Beschluss v. 12.1.2012 – 13 Verg 8/11, Rn. 37; OLG Düsseldorf, Beschluss v. 29.12.2001 – Verg 22/01, Rn. 61.
57 KG, Beschluss v. 21.12.2009 – 2 Verg 11/09, Rn. 52.
58 BGH, Beschluss v. 18.2.2003 – X ZB 43/02, Rn. 19; Urteil v. 5.11.2002 – X ZR 232/00, Rn. 19; Urteil v. 8.9.1998 – X ZR 48/97, Rn. 32.

keine andere Möglichkeit einer rechtmäßigen Zuschlagserteilung gibt.[59] Um eine Ermessensentscheidung geht es auch bei der Aufhebung der Ausschreibung durch den Auftraggeber.[60]

30 Einen bereits **erteilten Zuschlag** kann auch das Beschwerdegericht nicht aufheben (§ 178 S. 4 i.V.m. § 168 Abs. 2 GWB).

4. Teilweise erfolgreiche Beschwerde

31 Ist eine Beschwerde nur teilweise begründet, im Übrigen aber unbegründet, dann gilt für den begründeten Teil nichts anderes als für eine insgesamt begründete Beschwerde. Wegen des unbegründeten Teils erfolgt die Zurückweisung der Beschwerde.

IV. Tenorierung

32 Die Entscheidung der Vergabekammer ist aufzuheben (nicht abzuändern). Die vom Beschwerdegericht gemäß § 168 Abs. 1 GWB für geeignet erachteten **Maßnahmen** zur Beseitigung der Rechtsverletzung sind im Tenor **konkret und eindeutig zu bezeichnen**. Hierbei ist auf eine besonders sorgfältige und klare Formulierung zu achten.[61] Hierzu können beispielsweise Formulierungen verwendet werden, mit denen das Vergabeverfahren vor den Zeitpunkt der Vergaberechtsverletzung zurückversetzt wird.[62]

33 Im Falle einer gemäß § 171 Abs. 2 GWB **fingierten Ablehnung** des Nachprüfungsantrages bedarf es keiner ausdrücklichen Aufhebung, weil es eine Entscheidung der Vergabekammer nicht gibt.[63] Teilweise wird aber tenoriert, die *„auf § 116 Abs. 2 GWB*[64] *beruhende Ablehnung des Nachprüfungsantrags"*[65] oder den *„fingierte(n), den Nachprüfungsantrag des Antragstellers zurückweisende(n) Beschluss der Vergabekammer"* aufzuheben[66].

C. Feststellung einer Rechtsverletzung (S. 3 und S. 4)

I. Tatbestände

34 Über die eigentliche Beschwerdeentscheidung hinaus hat das Beschwerdegericht auf **Antrag festzustellen, ob eine Rechtsverletzung vorgelegen hat**. Hierfür sieht § 178 GWB zwei Tatbestände vor. Zum einen hat das Beschwerdegericht nach § 178 S. 3 GWB auf Antrag festzustellen, ob das Unternehmen, das die Nachprüfung beantragt hat, durch den Auftraggeber in seinen Rechten verletzt ist. Darüber hinaus gilt nach § 178 S. 4 GWB für das Beschwerdeverfahren § 168 Abs. 2 GWB entsprechend, sodass das Beschwerdegericht auf Antrag eines Beteiligten festzustellen hat, ob eine Rechtsverletzung vorgelegen hat, wenn sich das Nachprüfungsverfahren durch Erteilung des Zuschlags, durch Aufhebung oder durch Einstellung des Vergabeverfahrens oder in sonstiger Weise erledigt hat.

35 Dies ist allerdings **streitig**. Die wohl vorherrschende Ansicht[67] geht davon aus, § 178 S. 3 GWB ermögliche keine über die Voraussetzungen des § 168 Abs. 2 GWB hinausgehende Feststellung einer Rechtsverletzung. Ein Feststellungsantrag sei auch im Beschwerde-

---

59 OLG Schleswig, Beschluss v. 30.4.2015 – 1 Verg 7/14, Rn. 51; OLG München, Beschluss v. 23.12.2010 – Verg 21/10, Rn. 40; BayObLG, Beschluss v. 5.11.2002 – Verg 22/02, Rn. 38.

60 OLG Karlsruhe, Beschluss v. 27.7.2009 – 15 Verg 3/09, Rn. 20; siehe auch BGH, Beschluss v. 20.3. 2014 – X ZB 18/13, Rn. 20; Beschluss v. 10.11.2009 – X ZB 8/09, Rn. 56.

61 *Vavra*, in: Dreher/Motzke, Vergaberecht, § 123 GWB Rn. 6.

62 Z.B. KG, Beschluss v. 7.8.2015 – Verg 1/15: *„... das Vergabeverfahren unter Aufhebung des Ausschlusses der Antragstellerin durch das Schreiben des Antragsgegners vom ... in den Stand unmittelbar vor Bewertung der Angebote zurückversetzt wird."*

63 KG, Beschluss v. 4.4.2002 – KartVerg 5/02.

64 Nunmehr § 171 Abs. 2 GWB.

65 OLG Düsseldorf, Beschluss v. 20.6.2001 – Verg 3/01.

66 Vgl. KG, Beschluss v. 7.8.2015 – Verg 1/15.

67 *Summa*, in: Heiermann/Zeiss, Vergaberecht, § 123 GWB Rn. 39; *Möllenkamp*, in: Kulartz/Kus/Portz/Prieß, GWB-Vergaberecht, § 123 Rn. 24; *Raabe*, in: Willenbruch/Wieddekind, Vergaberecht, § 123 GWB Rn. 22; *Brauer*, in: Ziekow/Völlink, Vergaberecht, § 123 GWB Rn. 13.

verfahren stets nur dann zulässig, wenn sich der Nachprüfungsantrag durch Erteilung des Zuschlags oder auf andere Weise erledigt habe. Dies ergebe sich aus der Verweisung in § 178 S. 4 GWB auf § 168 Abs. 2 GWB. § 178 S. 3 GWB diene lediglich der Regelung der Einzelheiten des Feststellungsverfahrens.[68]

Freilich ist das Gesetz wenig stringent, wenn es auf diese Weise dem Antragsteller im Beschwerdeverfahren einen weitergehenden Rechtsschutz einräumt als im Verfahren vor der Vergabekammer.[69] Nicht eingewandt werden kann dagegen allerdings, das eigentliche Rechtsschutzziel bestehe auch vor dem Beschwerdegericht allein in einer Beseitigung der Vergaberechtsverletzung. Denn § 178 S. 3 GWB enthält gerade die ausdrückliche Regelung einer weitergehenden Rechtsschutzmöglichkeit. Dies ist angesichts der **eindeutigen Regelung** als Entscheidung des Gesetzgebers hinzunehmen. Über den Gesetzeswortlaut, der eben zwei unterschiedliche Tatbestände normiert, kann man sich auch nicht mit dem Argument hinwegsetzen, es handele sich insoweit um eine misslungene Formulierung der Verweisung. In diesem Punkt ist der Gesetzestext in sich stimmig: S. 3 des § 178 GWB wäre sonst überflüssig, die Verweisung auf § 168 Abs. 2 GWB wäre ausreichend.[70] Deshalb ist mit der Gegenansicht davon auszugehen, dass die Feststellung einer Rechtsverletzung auch beantragt und ausgesprochen werden kann, wenn keine Erledigung im Sinne von § 168 Abs. 2 S. 2 GWB eingetreten ist.[71] Zwar mag sich auch aus einer Beschwerdeentscheidung, deren Tenor sich auf die Anordnung der geeigneten Maßnahmen zur Beseitigung der Rechtsverletzung gemäß § 178 S. 1 i.V.m. § 168 Abs. 1 GWB beschränkt, mittelbar ergeben, dass der Antragsteller in seinen Rechten verletzt worden ist,[72] was vor dem Hintergrund der Bindungswirkung aus § 179 Abs. 1 GWB die Geltendmachung von Sekundärrechtsschutz ausreichend vorbereiten kann. Dennoch ist ein weitergehendes Interesse des Antragstellers an einer ausdrücklichen Feststellung der Rechtsverletzung anzuerkennen, selbst wenn dies letztlich nur dazu dient, klare, unangreifbare Verhältnisse (für vergleichbare zukünftige Situationen oder im Zusammenhang mit der in einem Schadenersatzprozess geltend zu machenden Bindungswirkung gemäß § 179 Abs. 1 GWB) zu schaffen. Die Auslegung, § 178 S. 3 GWB ermögliche keine über die Voraussetzungen des § 168 Abs. 2 GWB hinausgehende Feststellung einer Rechtsverletzung, erfolgt gegen den Wortlaut des Gesetzes. 36

1. Feststellung einer Rechtsverletzung nach S. 4

Für einen derartigen Antrag hat sich die Bezeichnung „**Fortsetzungsfeststellungantrag**"[73] durchgesetzt. Dieser Antrag ist vergleichbar mit der Fortsetzungsfeststellungsklage gemäß § 113 Abs. 1 S. 4 VwGO. Die zu dieser Vorschrift entwickelten Grundsätze können daher im Vergabenachprüfungsverfahren herangezogen werden.[74] Der Antrag kann auch hilfsweise gestellt werden.[75] 37

Antragsberechtigt ist jeder Beteiligte, auch ein Beigeladener.[76] So soll auch der Auftraggeber antragsberechtigt für die Feststellung sein, dass die geltend gemachte Vergaberechtsverletzung nicht vorgelegen hat (negativer Fortsetzungsfeststellungsantrag).[77] Der Wortlaut von § 168 Abs. 2 S. 2 GWB lässt dies zu. 38

68 *Vavra*, in: Dreher/Motzke, Vergaberecht, § 123 GWB Rn. 7.
69 *Möllenkamp*, in: Kulartz/Kus/Portz/Prieß, GWB-Vergaberecht, § 123 Rn. 24.
70 *Jaeger*, in: Byok/Jaeger, Vergaberecht, § 123 GWB Rn. 12.
71 OLG Düsseldorf, Beschluss v. 29.7.2009 – VII-Verg 18/09, Rn. 28; *Jaeger*, in: Byok/Jaeger, Vergaberecht, § 123 GWB Rn. 12; *Bastius*, in: Müller-Wrede, Taschenkommentar GWB-Vergaberecht, § 116 Rn. 29.
72 *Summa*, in: Heiermann/Zeiss, Vergaberecht, § 123 GWB Rn. 41: *„spätestens beim Lesen der Entscheidungsgründe"*. *Möllenkamp*, in: Kulartz/Kus/Portz/Prieß, GWB-Vergaberecht, § 123 Rn. 26, 28.
73 *Möllenkamp*, in: Kulartz/Kus/Portz/Prieß, GWB-Vergaberecht, § 123 Rn. 23.
74 *Dieck-Bogatzke*, in: Pünder/Schellenberg, Vergaberecht, § 123 GWB Rn. 13; *Raabe*, in: Willenbruch/Wieddekind, Vergaberecht, § 123 GWB Rn. 21.
75 BGH, Beschluss v. 20.3.2014 – X ZB 18/13, Rn. 23.
76 *Jaeger*, in: Byok/Jaeger, Vergaberecht, § 123 GWB Rn. 14; siehe auch *Raabe*, in: Willenbruch/Wieddekind, Vergaberecht, § 123 GWB Rn. 30.
77 *Dieck-Bogatzke*, in: Pünder/Schellenberg, Vergaberecht, § 123 GWB Rn. 19; *Raabe*, in: Willenbruch/Wieddekind, Vergaberecht, § 123 GWB Rn. 31.

39 Zudem ist der Antrag nur zulässig, wenn sich das Nachprüfungsverfahren durch Erteilung des Zuschlags, durch Aufhebung oder durch Einstellung des Vergabeverfahrens oder in sonstiger Weise **erledigt** hat.[78]

2. Feststellung einer Rechtsverletzung nach S. 3

40 Dieser Antrag wird auch als „**Zwischenfeststellungsantrag**" bezeichnet.[79] Diese Bezeichnung ist irreführend, weil sie an die Zwischenfeststellungsklage gemäß § 256 Abs. 2 ZPO erinnert, die – im Gegensatz zu § 178 S. 3 GWB – unabhängig von einem Feststellungsinteresse zulässig ist.[80]

41 Im Unterschied zum Fortsetzungsfeststellungsantrag ist für die Feststellung einer Rechtsverletzung nach § 178 S. 3 GWB allein der **Antragsteller antragsberechtigt**.

II. Feststellungsinteresse

42 Beide Tatbestände verlangen als ungeschriebene Zulässigkeitsvoraussetzung das Vorliegen eines **Feststellungsinteresses**.[81] Dieses ist gegeben bei jedem nach vernünftigen Erwägungen und nach Lage des Falles anzuerkennenden Interesse rechtlicher, wirtschaftlicher oder ideeller Art, wobei die beantragte Feststellung geeignet sein muss, die Rechtsposition des Antragstellers in einem der genannten Bereiche zu verbessern und eine Beeinträchtigung seiner Rechte auszugleichen oder wenigstens zu mildern.[82]

43 Ein solches Feststellungsinteresse ist insbesondere anerkannt, wenn der Antrag im Hinblick auf die Bindungswirkung des § 179 Abs. 1 GWB der Vorbereitung einer **Schadensersatzforderung** dient.[83] In der Regel genügt es, dass der Antragsteller vorträgt, er beabsichtige, Schadensersatzansprüche gegen den Auftraggeber geltend zu machen.[84] Allerdings darf ein solcher Schadensersatzprozess nicht völlig aussichtslos erscheinen.[85] Ein Feststellungsinteresse ist auch anzuerkennen, wenn mit dem Feststellungsantrag der **Gefahr einer Wiederholung** begegnet werden soll.[86] Allein für die Klärung abstrakter Rechtsfragen ist ein Feststellungsinteresse nicht anzuerkennen.[87] Im Übrigen wird wegen weiterer Einzelheiten auf die Kommentierung zu § 168 Abs. 2 GWB[88] verwiesen.

III. Entscheidung

44 Das Feststellungsbegehren betrifft lediglich die Frage der **Verletzung vergaberechtlicher Bestimmungen**.[89] Nur darüber ist zu entscheiden. Ist der jeweilige Feststellungsantrag zulässig und begründet, stellt das Beschwerdegericht fest, dass der Antragsteller (§ 178 S. 3 GWB) bzw. der jeweilige Beteiligte (§ 178 S. 4 i. V. m. § 168 Abs. 2 GWB) durch das konkrete Handeln des Auftraggebers im Vergabeverfahren in seinen Rechten aus § 97 Abs. 6 GWB verletzt worden ist.[90] Das rechtsverletzende Verhalten ist im Tenor genau zu beschreiben.[91]

45 Die feststellende Entscheidung entfaltet **Bindungswirkung** gemäß § 179 Abs. 1 GWB.

---

78 Wegen der Einzelheiten siehe *Kadenbach* zu § 168 Rn. 41 ff.

79 *Jaeger*, in: Byok/Jaeger, Vergaberecht, § 123 GWB Rn. 12; *Brauer*, in: Ziekow/Völlink, Vergaberecht, § 123 GWB Rn. 12.

80 BGH, Urteil v. 21.2.1992 – V ZR 273/90, Rn. 12.

81 *Jaeger*, in: Byok/Jaeger, Vergaberecht, § 123 GWB Rn. 13; *Möllenkamp*, in: Kulartz/Kus/Portz/Prieß, GWB-Vergaberecht, § 123 Rn. 29; *Raabe*, in: Willenbruch/Wieddekind, Vergaberecht, § 123 GWB Rn. 21.

82 OLG Düsseldorf, Beschluss v. 31.10.2012 – VII-Verg 1/12, Rn. 30; Beschluss v. 8.6.2011 – VII-Verg 2/11, Rn. 46; Beschluss v. 4.5.2009 – VII-Verg 68/08, Rn. 126.

83 Gesetzesbegründung, VgRÄG, BT-Drs. 13/9340, 22.

84 OLG Koblenz, Beschluss v. 4.2.2009 – 1 Verg 4/08, Rn. 29.

85 OLG Jena, Beschluss v. 30.3.2009 – 9 Verg 12/08, Rn. 72.

86 OLG Düsseldorf, Beschluss v. 4.5.2009 – VII-Verg 68/08, Rn. 126.

87 Z.B. Wirksamkeit eines Vertrages: OLG Schleswig, Beschluss v. 15.3.2013 – 1 Verg 4/12.

88 *Kadenbach* zu § 168 Rn. 41 ff.

89 BGH, Beschluss v. 20.3.2014 – X ZB 18/13, Rn. 26.

90 Beispiel zur Tenorierung: BGH, Beschluss v. 20.3.2014 – X ZB 18/13.

91 *Dieck-Bogatzke*, in: Pünder/Schellenberg, Vergaberecht, § 123 GWB Rn. 18.

D. Form

Gemäß § 71 Abs. 1 i.V.m. § 175 GWB entscheidet das Beschwerdegericht durch **Beschluss**. Dieser ist gemäß § 71 Abs. 6 i.V.m. § 175 GWB zu begründen. Der Beschluss ist den Beteiligten zuzustellen (§ 71 Abs. 6 i.V.m. § 175 GWB). 46

Anforderungen an die Fassung der **Begründung** sind nicht normiert, sodass auf allgemein geltende Grundsätze zurückzugreifen ist. Die Vorschriften über Form und Inhalt des Urteils gemäß §§ 313 f. ZPO finden entsprechende Anwendung.[92] 47

Üblicherweise enthalten auch die Gründe von Beschwerdeentscheidungen in Vergabesachen unter der Gliederungsziffer I. eine (einem Urteilstatbestand vergleichbare) **Darstellung des Sach- und Streitstandes** und unter der Ziffer II. die (den Entscheidungsgründen eines Urteils entsprechende) **Begründung der Entscheidung**. Zwingend ist dies nicht. Vor allem eine ausführliche Darstellung des Sach- und Streitstandes erscheint entbehrlich, ist doch die Entscheidung des Beschwerdegerichts nicht anfechtbar. Sofern man vorrangig zivilprozessuale Grundsätze heranzieht, ergibt sich dies aus § 313a Abs. 1 ZPO, wonach es des **Tatbestandes** nicht bedarf, wenn ein Rechtsmittel gegen die Entscheidung unzweifelhaft nicht zulässig ist. Will man in erster Line Vorschriften der VwGO zur entsprechenden Anwendung heranziehen, bedarf es eines Tatbestands ebenfalls nicht.[93] Beschlüsse nach der VwGO müssen keinen Tatbestand gemäß § 117 Abs. 2 Nr. 4, Abs. 3 VwGO enthalten, weil diese Regelungen für Beschlüsse gemäß § 122 VwGO nicht entsprechend gelten.[94] Aber selbst wenn man verlangen würde, dass aus dem Beschluss erkennbar sein muss, von welchen tatsächlichen Grundlagen das Beschwerdegericht bei seiner Entscheidung ausgegangen ist, wäre es hierfür ausreichend, dass sich die tatsächlichen Grundlagen für die Entscheidung (mittelbar) aus der Begründung ergeben oder wenn auf den Tatbestand der angefochtenen Entscheidung Bezug genommen wird.[95] Von derartigen Erleichterungen sollte Gebrauch gemacht werden. 48

Allerdings ist im Hinblick auf § 179 Abs. 1 GWB hierbei zu beachten, dass auch **Tatsachenfeststellungen** an der Bindungswirkung in einem nachfolgenden Schadenersatzprozess teilnehmen[96] und im Folgeprozess nicht mehr durch neuen Tatsachenvortrag und Beweisantritt infrage gestellt werden können[97]. Derartige tatsächliche Feststellungen müssen sich der Entscheidung des Beschwerdegerichts eindeutig entnehmen lassen. 49

E. Nebenentscheidungen

Das Beschwerdegericht hat auch über die **Kosten** des Beschwerdeverfahrens zu entscheiden. Diese von Amts wegen[98] zu treffende Entscheidung richtet sich nach §§ 78 i.V.m. 175 Abs. 2 GWB. Dies gilt auch für die Kosten der Beigeladenen (§ 174 GWB). Danach hat das Beschwerdegericht eine Entscheidung zu treffen, die der Billigkeit entspricht. Regelmäßig entspricht es der Billigkeit, die Kostentragungslast am Ausgang des Verfahrens auszurichten, also nach Obsiegen und Unterliegen der Beteiligten zu entscheiden.[99] Es sind aber darüber hinaus stets alle Umstände des Einzelfalls zu berücksichtigen.[100] Das Vorliegen besonderer Umstände kann zu einer abweichenden Kostenverteilung führen. Die bis zur Einführung dieser Regelung[101] zur Kostenentscheidung verschiedentlich vertretenen Auffassungen sind überholt.[102] 50

92 BGH, Beschluss v. 20.3.2014 – X ZB 18/13, Rn. 8.
93 *Clausing*, in: Schoch/Schneider/Bier, VwGO, § 122 Rn. 7.
94 BVerwG, Urteil v. 21.8.1997 – 2 C 37/96, Rn. 14.
95 BVerwG, Urteil v. 21.8.1997 – 2 C 37/96, Rn. 14.
96 OLG Naumburg, Beschluss v. 27.2.2014 – 2 Verg 5/13, Rn. 35; KG, Urteil v. 20.5.2011 – 7 U 125/10, Rn. 18; OLG Düsseldorf, Urteil v. 15.12.2008 – 27 U 1/07, Rn. 65.
97 OLG Naumburg, Urteil v. 23.4.2007 – 1 U 47/06, Rn. 22.
98 *Jaeger*, in: Byok/Jaeger, Vergaberecht, § 123 GWB Rn. 22.
99 *Krohn*, in: Dreher/Motzke, Vergaberecht, § 128 GWB Rn. 55.
100 Vgl. zur Anwendung des Rechtsgedanken des § 93 ZPO: OLG Frankfurt, Beschluss v. 4.8.2015 – 11 Verg 4/15, Rn. 12.
101 Durch das VergRModG 2009.
102 Vgl. *Stockmann*, in: Immenga/Mestmäcker, Wettbewerbsrecht, § 123 GWB Rn. 22.

Die Kosten einer erfolglosen Beschwerde hat der Beschwerdeführer zu tragen; Kosten, die durch grobes Verschulden veranlasst wurden, sind dem Veranlasser aufzuerlegen (§ 78 S. 2 GWB).[103]

51 Eines **Ausspruchs zur Vollstreckbarkeit** bedarf es nicht.

52 Schließlich wird mit der Beschwerdeentscheidung üblicherweise zugleich der **Streitwert** festgesetzt. Dieser beträgt gemäß § 50 Abs. 2 GKG fünf Prozent der Bruttoauftragssumme.

53 Da Beschwerdeentscheidungen der Vergabesenate bei den Oberlandesgerichten unanfechtbar sind (vgl. nachfolgend), bedarf eine solche Entscheidung entgegen § 71 Abs. 6 i.V.m. § 175 Abs. 2 GWB keiner **Rechtsmittelbelehrung**.[104]

F. Rechtsschutz

54 Die Beschwerdeentscheidungen der Vergabesenate bei den Oberlandesgerichten sind **unanfechtbar**.[105] Das Gesetz sieht ein Rechtsmittel nicht vor. Die Beschwerdegerichte entscheiden mithin abschließend.

55 Davon unberührt bleibt die Möglichkeit einer **Anhörungsrüge** gemäß § 175 Abs. 2 i.V.m. § 71 a GWB. Auf diesem Wege kann allerdings lediglich Abhilfe bei Verletzung des Anspruchs auf rechtliches Gehör geltend gemacht werden. [106]

Anlage

Gesetzesbegründung (BT-Drs. 18/6281)

Seite 136

§ 178 entspricht dem bisherigen § 123.

103 Siehe *Mockel* zu § 175 Rn. 66.
104 *Möllenkamp*, in: Kulartz/Kus/Portz/Prieß, GWB-Vergaberecht, § 123 Rn. 9.
105 BGH, Beschluss v. 16.9.2003 – X ZB 12/03.
106 OLG Frankfurt, Beschluss v. 20.1.2016 – 11 Verg 8/15, Rn. 3.

§ 179
Bindungswirkung und Vorlagepflicht

(1) Wird wegen eines Verstoßes gegen Vergabevorschriften Schadensersatz begehrt und hat ein Verfahren vor der Vergabekammer stattgefunden, ist das ordentliche Gericht an die bestandskräftige Entscheidung der Vergabekammer und die Entscheidung des Oberlandesgerichts sowie gegebenenfalls des nach Absatz 2 angerufenen Bundesgerichtshofs über die Beschwerde gebunden.

(2) Will ein Oberlandesgericht von einer Entscheidung eines anderen Oberlandesgerichts oder des Bundesgerichtshofs abweichen, so legt es die Sache dem Bundesgerichtshof vor. Der Bundesgerichtshof entscheidet anstelle des Oberlandesgerichts. Der Bundesgerichtshof kann sich auf die Entscheidung der Divergenzfrage beschränken und dem Beschwerdegericht die Entscheidung in der Hauptsache übertragen, wenn dies nach dem Sach- und Streitstand des Beschwerdeverfahrens angezeigt scheint. Die Vorlagepflicht gilt nicht im Verfahren nach § 173 Absatz 1 Satz 3 und nach § 176.

Übersicht

	Rn.
A. Allgemeines	1
I. Übersicht	1
II. Entstehungsgeschichte und Normzweck	4
III. Europarechtlicher Hintergrund	6
B. Bindungswirkung (Abs. 1)	7
I. Anwendungsbereich	7
II. Voraussetzungen	11
1. Schadensersatzprozess	11
2. Vorangegangenes Nachprüfungsverfahren	12
3. Bestandskräftige Vorentscheidung	13
4. Entscheidungserhebliche Vorfrage	23
5. Parteienidentität	25
III. Reichweite	28
C. Divergenzvorlage (Abs. 2)	35
I. Verfahren und Entscheidung des Oberlandesgerichts	36
1. Vorlagepflicht (S. 1)	36
2. Voraussetzungen (S. 1)	40
a) Oberlandesgericht im Nachprüfungsverfahren	40
b) Entscheidung eines anderen Oberlandesgerichts oder des BGH	42
c) Divergenz	48
d) Keine Ausnahme von der Vorlagepflicht (S. 4)	54
3. Verfahren	56
4. Entscheidung	59
II. Verfahren und Entscheidung des BGH	64
1. Verfahren (S. 2 und S. 3)	64
2. Entscheidung	68
a) Eigene Sachentscheidung	68
b) Übertragung der Entscheidung	74
Anlage Gesetzesbegründung (BT-Drs. 18/6281)	

A. Allgemeines

I. Übersicht

1 § 179 GWB entspricht dem **bisherigen § 124 GWB** in der Fassung vor Inkrafttreten des VergRModG 2016. § 179 GWB enthält zwei voneinander unabhängige Regelungskomplexe, in Abs. 1 des sekundären und in Abs. 2 des primären vergaberechtlichen Rechtsschutzes, die allenfalls in einer ähnlichen Zielrichtung Gemeinsames haben.[1]

2 Abs. 1 normiert die **Bindungswirkung** der Entscheidungen der Vergabenachprüfungsinstanzen für sich anschließende Schadensersatzprozesse vor den Zivilgerichten. Er soll die im Vergabenachprüfungsverfahren gewonnenen Erkenntnisse für nachfolgende Schadensersatzprozesse nutzbar machen und dient damit der Prozessökonomie. Er soll zugleich widerspre-

1 *Knauff*, in: Müller-Wrede, Taschenkommentar GWB-Vergaberecht, § 124 Rn. 1; *Dicks*, in: Ziekow/Völlink, Vergaberecht, § 124 GWB Rn. 1.

chende Entscheidungen zwischen den Vergabenachprüfungsinstanzen und den Zivilgerichten verhindern. In diesem Sinne dient er mittelbar auch der Einheitlichkeit der Rechtsprechung.

3 Abs. 2 regelt die sog. **Divergenzvorlage** und verpflichtet ein Oberlandesgericht, welches von einer Entscheidung eines anderen Oberlandesgerichts oder des BGH abweichen will, zur Vorlage der Sache an den BGH. Der BGH entscheidet dann anstelle des Oberlandesgerichts, kann sich aber auch auf die Entscheidung der Divergenzfrage beschränken. Die Regelung dient der Sicherung einer einheitlichen Rechtsprechung in Vergabesachen. Es ist dies die einzige Möglichkeit einer Befassung des BGH mit vergaberechtlichen Nachprüfungsverfahren.

II. Entstehungsgeschichte und Normzweck

4 Die Regelung wurde erstmalig mit der Schaffung einer gerichtlichen Überprüfung von Vergabeentscheidungen im Zuge der Neugestaltung des Nachprüfungsverfahrens durch das VgRÄG in das Gesetz eingefügt. Sie blieb seitdem im Wesentlichen unverändert. Lediglich in Abs. 2 wurde durch das **VergRModG 2009** S. 3 eingefügt. Durch das **VergRModG 2016** sind keine inhaltlichen Änderungen erfolgt.

5 Nach dem Willen des Gesetzgebers[2] ist die in Abs. 1 der Vorschrift angeordnete Bindungswirkung der Entscheidungen der Vergabenachprüfungsinstanzen erforderlich, damit eine **nochmalige gerichtliche Prüfung** derselben Sach- und Rechtsfragen vermieden wird. Die Vorlagepflicht in Abs. 2 der Vorschrift gewährleistet eine **bundeseinheitliche Rechtsprechung** in Vergabesachen. Der eingefügte S. 3 in Abs. 2 der Vorschrift sollte es dem BGH ermöglichen, sich auf die Entscheidung über die vorgelegte Divergenzfrage zu beschränken. Bedarf der Fall nach Auffassung des BGH der weiteren Sachverhaltsaufklärung, dann kann er die Divergenzfrage entscheiden und die Entscheidung über die Hauptsache an das vorlegende Oberlandesgericht übertragen.[3]

III. Europarechtlicher Hintergrund

6 Die Regelung setzt zwar **keine konkreten Vorgaben** des europäischen Rechts um. Das VgRÄG diente jedoch insgesamt der Umsetzung einer Vielzahl Europäischer Richtlinien auf dem Gebiet der Vergabe öffentlicher Aufträge[4]. Die Vorschrift des § 123 GWB a.F. (nun § 178 GWB) diente im Kontext der Regelungen der §§ 116 ff. GWB a.F. (nun § 171 ff. GWB), mit denen das Nachprüfungsverfahren mit der Schaffung einer gerichtlichen Überprüfung von Vergabeentscheidungen neu gestaltet wurde, diesem Zweck.[5]

B. Bindungswirkung (Abs. 1)

I. Anwendungsbereich

7 Ist in einem **Schadensersatzprozess vor einem Zivilgericht**[6] eine Vergaberechtsverletzung zu prüfen, kommt im Falle eines vorangegangenen Vergabenachprüfungsverfahrens die Bindungswirkung aus § 179 Abs. 1 GWB in Betracht. Das Vergabenachprüfungsverfahren dient allein dem primären Rechtsschutz. Mit ihm kann erreicht werden, dass eine Vergaberechtsverletzung gemäß § 97 Abs. 6 GWB beseitigt und eine Schädigung der betroffenen Interessen verhindert wird.[7] Die Vergabenachprüfungsinstanzen können jedoch nicht über Schadensersatzansprüche entscheiden.[8] Für diesen sekundären Rechtsschutz sind allein die Zivilgerichte

2 Gesetzesbegründung, VgRÄG, BT-Drs. 13/9340, 22.
3 Gesetzesbegründung, VergRModG 2009, BT-Drs. 16/10117, 24.
4 RL 89/665/EWG, RL 92/13/EWG, RL 93/36/EWG, RL 93/37/EWG und RL 93/38/EWG.
5 Vgl. § 178 Rn. 8.
6 In Betracht kommen Ansprüche aus §§ 280 Abs. 1, 241 Abs. 2, 311 Abs. 2 BGB (früher: culpa in contrahendo) sowie aus § 181 GWB, ggf. auch §§ 823 Abs. 2 BGB.
7 Vgl. § 168 Abs. 1 GWB; BayObLG, Beschluss v. 21.5.1999 – Verg 1/99, Rn. 71.
8 BGH, Beschluss v. 19.12.2000 – X ZB 14/00, Rn. 25.

zuständig (§ 13 GVG). § 156 Abs. 3 GWB stellt dies klar, wonach die Zuständigkeit der Zivilgerichte für Schadensersatzansprüche unberührt bleibt. § 179 Abs. 1 GWB stellt die Brücke zwischen primärem und sekundärem Rechtsschutz dar, indem die im Vergabenachprüfungsverfahren gewonnenen Ergebnisse der Prüfung einer Vergaberechtsverletzung gemäß § 97 Abs. 6 GWB in einen ggf. nachfolgenden Schadensersatzprozess vor dem Zivilgericht übertragen werden.

Hierbei ergänzt und erweitert § 179 Abs. 1 GWB die nach anderen prozessualen Vorschriften geltenden Bindungswirkungen. So können auch die Vergabenachprüfungsinstanzen gemäß § 121 VwGO bzw. § 322 ZPO an die Rechtskraft **verwaltungsgerichtlicher oder zivilgerichtlicher Entscheidungen** gebunden sein. Ist die im Vorprozess rechtskräftig festgestellte Rechtsfolge eine im Vergabenachprüfungsverfahren erhebliche Vorfrage, so sind die Nachprüfungsinstanzen an die rechtskräftige Entscheidung aus dem Vorprozess gebunden. Im Nachprüfungsverfahren ist dann der Inhalt der rechtskräftigen Entscheidung aus dem Vorprozess ohne Sachprüfung zugrunde zu legen.[9] 8

§ 179 Abs. 1 GWB kann nicht entnommen werden, dass die Geltendmachung von Schadensersatzansprüchen wegen Vergaberechtsverletzungen die vorherige Durchführung eines **Nachprüfungsverfahrens** voraussetzt.[10] Ein von einem Vergaberechtsverstoß Betroffener kann mithin jederzeit unmittelbar Schadensersatzklage vor dem Zivilgericht erheben. Allerdings kann der Kläger im Schadensersatzprozess einem Mitverschuldenseinwand ausgesetzt sein, ein Nachprüfungsverfahren hätte den Schaden geringer gehalten oder vermieden.[11] 9

Ist ein **Nachprüfungsverfahren nicht vorausgegangen**, haben die Zivilgerichte in eigener Kompetenz über die Frage der Einhaltung der bis zur wirksamen Auftragserteilung zu beachtenden Vergaberegeln zu befinden.[12] 10

II. Voraussetzungen

1. Schadensersatzprozess

§ 179 Abs. 1 GWB setzt voraus, dass „wegen eines Verstoßes gegen Vergabevorschriften Schadensersatz begehrt wird." Die Bindungswirkung kann mithin nur in einem Rechtsstreit vor einem Zivilgericht eintreten, in dem der **Schadensersatzanspruch** aus einer Vergaberechtsverletzung geltend gemacht wird. Werden Ansprüche aus anderen Gründen hergeleitet, kommt eine Bindungswirkung nicht in Betracht. 11

2. Vorangegangenes Nachprüfungsverfahren

Weiter muss ein Verfahren vor der Vergabekammer stattgefunden haben, d.h. dem Schadensersatzprozess muss ein Vergabenachprüfungsverfahren vorausgegangen sein. 12

3. Bestandskräftige Vorentscheidung

Als gemäß § 179 Abs. 1 GWB Bindungswirkung entfaltende **Vorentscheidung** kommen Beschlüsse der Vergabekammer gemäß § 168 GWB, Beschwerdeentscheidungen des Vergabesenates beim Oberlandesgericht gemäß § 178 GWB und die Entscheidungen des BGH nach § 179 Abs. 2 GWB in Betracht. 13

Die Entscheidung der Vergabekammer muss **formell bestandskräftig** sein. Als Verwaltungsakt[13] wird die Vergabekammerentscheidung bestandskräftig, wenn sie unangefochten bleibt oder die gegen sie erhobene Beschwerde durch das Beschwerdegericht als unzulässig verwor- 14

---

9 OLG Düsseldorf, Beschluss v. 22.12.2004 – VII-Verg 81/04, Rn. 73; siehe auch BGH, Urteil v. 16.1.2008 – XII ZR 216/05, Rn. 9.

10 OLG Naumburg, Urteil v. 23.12.2014 – 2 U 74/14, Rn. 25; OLG Düsseldorf, Urteil v. 15.12.2008 – I-27 U 1/07, Rn. 116.

11 *Summa*, in: Heiermann/Zeiss, Vergaberecht, §104 GWB Rn. 63.

12 BGH, Beschluss v. 19.12.2000 – X ZB 14/00, Rn. 25.

13 § 168 Abs. 3 S. 1 GWB.

fen wird. Sie wird zwar auch bestandskräftig, wenn eine Beschwerde als unbegründet zurückgewiesen wird, in diesem Falle muss jedoch die Beschwerdeentscheidung vorrangig Bindungswirkung entfalten, was relevant werden kann, wenn das Beschwerdegericht der Vergabekammer zwar im Ergebnis folgt, die Beschwerde jedoch mit einer anderen Begründung als die Vergabekammer zurückweist. Nach Rücknahme der Beschwerde wird die Vergabekammerentscheidung ebenfalls bestandskräftig. Mit einer (zulässigen) Rücknahme des Nachprüfungsantrages wird eine noch nicht bestandskräftige Entscheidung der Vergabekammer gegenstandslos,[14] sodass dieser keine Bindungswirkung zukommen kann.

15 Der Wortlaut des § 179 Abs. 1 GWB verlangt zwar keine (formell) **rechtkräftigen Entscheidungen des Beschwerdegerichtes bzw. des BGH**. Diese Entscheidungen sind jedoch mangels Rechtsmittel per se unanfechtbar und damit rechtskräftig. Sie stehen daher einer bestandskräftigen Entscheidung gleich.

16 Bindungswirkung kann nur eine **Entscheidung in der Hauptsache** entfalten. Es wird dies in der Regel die verfahrensbeendende Entscheidung sein. Isolierte **Kostenentscheidungen**[15] und auch **Zwischenentscheidungen** gemäß §§ 169 Abs. 2, Abs. 4 S. 2, 173 Abs. 1 S. 3 sowie 176 GWB erzeugen keine Bindungswirkung, weil sie nicht die Feststellung einer Vergaberechtsverletzung im Sinne von § 168 Abs. 1 GWB zum Gegenstand haben.[16] Sie beruhen auf einer Interessenabwägung und treffen keine endgültigen Feststellungen über eine Vergaberechtsverletzung.[17]

17 Wird ein **Vergabenachprüfungsantrag lediglich als unzulässig verworfen**, soll mangels Sachentscheidung eine Bindungswirkung gemäß § 179 Abs. 1 GWB per se ausscheiden.[18] Auch eine solche Prozessentscheidung kommt aber als Vorentscheidung grundsätzlich in Betracht. Richtig ist zwar, dass für eine geltend gemachte Vergaberechtsverletzung die Bindungswirkung gemäß § 179 Abs. 1 GWB nicht entstehen kann, wenn ein Vergabenachprüfungsantrag als unzulässig verworfen wird. Eine Bindungswirkung scheidet dann in Bezug auf die Vergaberechtsverletzung aber nur deshalb aus, weil eine Vergaberechtsverletzung durch die Nachprüfungsinstanzen nicht geprüft worden ist.[19] Ob eine Entscheidung, welche den Vergabenachprüfungsantrag als unzulässig verworfen hat, Bindungswirkung im späteren Schadensersatzprozess haben kann, ist keine Frage der Vorentscheidung, sondern vielmehr ein Problem der entscheidungserheblichen Vorfrage,[20] und entscheidet sich danach, ob das Zivilgericht im Schadensersatzprozess bei der Prüfung des Schadensersatzbegehrens eine Sach- oder Rechtsfrage zu beurteilten hat, welche bereits durch die Nachprüfungsinstanzen in der Vorentscheidung beantwortet worden ist.

18 Eine den Antrag **abweisende Sachentscheidung**, welche die Zulässigkeit des Antrages verfahrensfehlerhaft dahinstehen lässt, ist der Bindungswirkung fähig.[21]

19 Ebenso entfaltet eine Entscheidung Bindungswirkung, wenn die Vergabekammer bzw. das Beschwerdegericht für sich in Anspruch nimmt, **sämtliche erkannten Vergaberechtsverletzungen** unabhängig davon zu berücksichtigen, ob diese bereits Gegenstand der Erörterungen der Beteiligten gewesen sind,[22] und infolgedessen in der Vorentscheidung auch eine vom Antragsteller nicht geltend gemachte Vergaberechtsverletzung feststellt.[23] Die Voraussetzungen des § 179 Abs. 1 GWB liegen in diesem Fall vor. Eine nochmalige Prüfung der Ent-

14 OLG Düsseldorf, Beschluss v. 9.11.2009 – VII-Verg 35/09, Rn. 10.
15 OLG München, Beschluss v. 8.7.2015 – Verg 4/15, Rn. 21.
16 *Dicks*, in: Ziekow/Völlink, Vergaberecht, § 124 GWB Rn. 5.
17 *Antweiler*, in: Dreher/Motzke, Vergaberecht, § 124 GWB Rn. 10.
18 *Jaeger*, in: Byok/Jaeger, Vergaberecht, § 124 GWB Rn. 4; *Röwekamp*, in: Kulartz/Kus/Portz/Prieß, GWB-Vergaberecht, § 124 Rn. 5; *Raabe*, in: Willenbruch/Wieddekind, Vergaberecht, § 124 GWB Rn. 6; *Dicks*, in: Ziekow/Völlink, Vergaberecht, § 124 GWB Rn. 4.
19 OLG Naumburg, Urteil v. 27.11.2014 – 2 U 152/13, Rn. 26.
20 Vgl. Rn. 23.
21 Vgl. für den Zivilprozess BGH, Urteil v. 16.1.2008 – XII ZR 216/05.
22 Vgl. hierzu § 178 Rn. 14.
23 *Dicks*, in: Ziekow/Völlink, Vergaberecht, § 124 GWB Rn. 4.

scheidung aus dem Vergabenachprüfungsverfahren soll im Schadensersatzprozess vor dem Zivilgericht gerade vermieden werden.

20 Unerheblich ist es, ob im Vergabenachprüfungsverfahren eine Entscheidung nach § 168 Abs. 1 bzw. § 178 S. 1 und S. 2 GWB ergangen ist oder die **Feststellung einer Rechtsverletzung** nach § 168 Abs. 2 S. 2 bzw. § 178 S. 3 oder S. 4 GWB erfolgt ist. Es genügt, wenn sich die Feststellung der Vergaberechtsverletzung allein aus den Gründen ergibt.

21 Gilt ein Vergabenachprüfungsantrag gemäß § 171 Abs. 2 GWB als abgelehnt, weil die Vergabekammer über einen Antrag auf Nachprüfung **nicht innerhalb der Frist des § 167 Abs. 1 GWB** entschieden hat, fehlt es an einer Sachentscheidung schlechthin, sodass § 179 Abs. 1 GWB nicht zur Anwendung kommen kann.

22 Verweist das Beschwerdegericht die Sache gemäß § 178 S. 2 Alt. 2 GWB an die Vergabekammer zurück, so soll eine Bindungswirkung der Beschwerdeentscheidung ausgeschlossen sein, weil § 179 Abs. 1 GWB nur auf **verfahrensabschließende Entscheidungen** Anwendung finde. Gleiches soll gelten, wenn der BGH nach einer Vorlage gemäß § 179 Abs. 2 GWB sich auf die Entscheidung der Divergenzfrage beschränkt und dem Beschwerdegericht die Entscheidung in der Hauptsache überträgt.[24] Zwingend ist dies nicht. Dem Wortlaut der Vorschrift lässt sich eine Beschränkung auf verfahrensabschließende Entscheidungen jedenfalls nicht entnehmen. So ist es denkbar, dass nach einer Zurückverweisung der Sache durch das Beschwerdegericht gemäß § 178 S. 2 Alt. 2 GWB das Verfahren vor der Vergabekammer ohne Sachentscheidung endet. In diesem Falle muss der Entscheidung des Beschwerdegerichts, sofern die weiteren Voraussetzungen der Bindungswirkung gegeben sind, ebenfalls Bindungswirkung zukommen.

4. Entscheidungserhebliche Vorfrage

23 Weiter ist es erforderlich, dass das Zivilgericht im Schadensersatzprozess bei der Prüfung des Schadensersatzbegehrens eine Sach- oder Rechtsfrage zu beurteilten hat, welche bereits durch die Nachprüfungsinstanzen in der Vorentscheidung beantwortet worden ist (**Vorfrage**). Die Bindungswirkung beschränkt sich auf diesen Gegenstand der inhaltlichen Prüfung in der Vorentscheidung.[25]

24 Nach wohl herrschender Meinung[26] soll **allein eine Vergaberechtsverletzung** Vorfrage in diesem Sinne sein, weil auf diese die Prüfung der Vergabekammer wie des Beschwerdegerichts gerichtet ist. Die Bindungswirkung soll sich allein auf die Entscheidung über den gerügten Verstoß gegen Vergabevorschriften beziehen.[27] Zwingend ist dies jedoch nicht. So weist *Antweiler*[28] zutreffend darauf hin, dass die Entscheidung aus dem Vergabenachprüfungsverfahren, mit der ein (z.B. wegen verspäteter Rüge oder wegen fehlender Antragsbefugnis) unzulässiger Nachprüfungsantrag verworfen wurde, in einem späteren Schadensersatzprozess zwar keine Bindungswirkung in Bezug auf die Feststellung eines Vergaberechtsverstoßes, wohl aber hinsichtlich der Gründe für die Unzulässigkeit des Nachprüfungsantrages (der Bieter habe nicht rechtzeitig Rüge erhoben bzw. sei nicht antragsbefugt) in Betracht komme.[29] Dem Wortlaut des § 179 Abs. 1 GWB lässt sich eine Beschränkung der Bindungswirkung allein auf die Feststellung der Vergaberechtsverletzung nicht entnehmen.[30] Dies entspricht auch dem Willen des Gesetzgebers, der mit dieser Regelung „eine nochmalige gerichtliche Prüfung derselben Sach- und Rechtsfragen" vermeiden wollte.[31] Ob es tatsächlich Konstellationen ge-

24 *Knauff*, in: Müller-Wrede, Taschenkommentar GWB-Vergaberecht, § 124 Rn. 9.
25 BayObLG, Beschluss v. 21.5.1999 – Verg 1/99, Rn. 71.
26 OLG München, Beschluss v. 8.7.2015 – Verg 4/15, Rn. 21; *Jaeger*, in: Byok/Jaeger, Vergaberecht, § 124 GWB Rn. 4; *Röwekamp*, in: Kulartz/Kus/Portz/Prieß, GWB-Vergaberecht, § 124 Rn. 2.
27 OLG Düsseldorf, Urteil v. 15.12.2008 – I-27 U 1/07, Rn. 65: und nicht etwa auf einzelne Umstände wie Eignung oder Leistungsfähigkeit.
28 *Antweiler*, in: Dreher/Motzke, Vergaberecht, § 124 GWB Rn. 13.
29 In diesem Sinne wohl auch *Dieck-Bogatzke*, in: Pünder/Schellenberg, Vergaberecht, § 124 GWB Rn. 2; a.A. *Jaeger*, in: Byok/Jaeger, Vergaberecht, § 124 GWB Rn. 4; *Dicks*, in: Ziekow/Völlink, Vergaberecht, § 124 GWB Rn. 4.
30 *Antweiler*, in: Dreher/Motzke, Vergaberecht, § 124 GWB Rn. 13.
31 Gesetzesbegründung, VgRÄG, BT-Drs. 13/9340, 22.

ben kann, in denen bei verspäteter Rüge bzw. wegen fehlender Antragsbefugnis im Vergabenachprüfungsverfahren Schadensersatzansprüche in Betracht kommen, ist kein Problem der hier erörterten Vorfrage als Voraussetzung für die Bindungswirkung.[32]

5. Parteienidentität

25 In persönlicher Hinsicht setzt die Bindungswirkung voraus, dass die Parteien des Schadensersatzprozesses zugleich auch **Beteiligte des Vergabenachprüfungsverfahrens** (§ 162 GWB) waren. Anspruchssteller und Anspruchsgegner im Schadensersatzprozess müssen (unabhängig von der konkreten prozessualen Stellung als Kläger oder Beklagter) Antragsteller oder Antragsgegner im Vergabenachprüfungsverfahren gewesen sein. Unbeteiligten Dritten gegenüber kann die Bindungswirkung (weder zu deren Gunsten noch zu deren Lasten) nicht eintreten.

26 Ob sich die Bindungswirkung auch auf im Nachprüfungsverfahren **Beigeladene** beziehen kann, ist umstritten.[33] Der Wortlaut von § 179 Abs. 1 GWB steht einer Bindungswirkung in Bezug auf einen Beigeladenen nicht entgegen. Die Vorschrift differenziert nicht zwischen Antragsteller und Antragsgegner einerseits sowie Beigeladenen andererseits. Anknüpfungspunkte für eine einschränkende Auslegung sind nicht ersichtlich. Sinn und Zweck der Regelung, eine nochmalige gerichtliche Prüfung derselben Sach- und Rechtsfragen durch das Zivilgericht im Schadensersatzprozess zu vermeiden,[34] sprechen dafür, auch Beigeladene der Bindungswirkung zu unterwerfen. Die Frage der Bindungswirkung zugunsten des Beigeladenen ist jedoch letztlich wiederum kein Problem der Personenidentität. Sie ist vielmehr danach zu beantworten, ob die Identität zwischen dem Gegenstand der inhaltlichen Prüfung in der Vorentscheidung aus dem Vergabenachprüfungsverfahren einerseits und der Vergaberechtsverletzung, aus der im Schadensersatzprozess der geltend gemachte Anspruch hergeleitet wird, andererseits tatsächlich gegeben ist. Treffen Vergabekammer oder Beschwerdegericht in der Entscheidung im Vergabenachprüfungsverfahren Feststellungen im Sinne von § 168 Abs. 1 GWB über eine Vergaberechtsverletzung (auch) in Bezug auf den Beigeladenen, dann können diese Bindungswirkung entfalten.

27 Umstritten ist weiter, ob sich auch der Auftraggeber im Schadensersatzprozess gegen den Antragsteller des Nachprüfungsverfahrens wegen **Missbrauchs seines Antrags- oder Beschwerderechts** (§ 180 Abs. 1 und Abs. 3 GWB) auf eine Bindungswirkung berufen kann.[35] Auch dies ist aber wiederum keine Frage der Parteienidentität, die zweifelsohne gegeben ist. Bezüglich der Bindungswirkung wird zu differenzieren sein. Macht ein Auftraggeber beispielsweise Schadensersatz wegen Rechtsmissbrauchs gemäß § 180 GWB geltend, scheitert eine Bindung daran, dass der Auftraggeber keinen Schadensersatz geltend macht, der aus einer Vergaberechtsverletzung hergeleitet wird. § 179 Abs. 1 GWB setzt aber voraus, dass „wegen eines Verstoßes gegen Vergabevorschriften Schadensersatz begehrt wird".[36] Im Schadenersatzprozess des Bieters gegen den Auftraggeber kann jedoch auch Letzterem die Bindungswirkung zugutekommen, wenn die Vergabenachprüfungsinstanz eine Vergaberechtsverletzung verneint hat.

---

32 Auch insoweit zu Recht *Antweiler*, in: Dreher/Motzke, Vergaberecht, § 124 GWB Rn. 13.

33 Offengelassen: BGH, Urteil v. 27.11.2007 – X ZR 18/07, Rn. 42; dagegen *Knauff*, in: Müller-Wrede, Taschenkommentar GWB-Vergaberecht, § 124 Rn. 11; *Raabe*, in: Willenbruch/Wieddekind, Vergaberecht, §§ 124 GWB Rn. 7; *Dicks*, in: Ziekow/Völlink, Vergaberecht, § 124 GWB Rn. 8; dafür *Antweiler*, in: Dreher/Motzke, Vergaberechtskommentar, § 124 GWB Rn. 14; *Stockmann*, in: Immenga/Mestmäcker/Stockmann, Wettbewerbsrecht, § 124 GWB Rn. 7; *Röwekamp*, in: Kulartz/Kus/Portz/Prieß, GWB-Vergaberecht, § 124 Rn. 6.

34 Gesetzesbegründung, VgRÄG, BT-Drs. 13/9340, 22.

35 Dagegen *Dicks*, in: Ziekow/Völlink, Vergaberecht, § 124 GWB Rn. 8; dafür *Antweiler*, in: Dreher/Motzke, Vergaberecht, § 124 GWB Rn. 8; *Stockmann*, in: Immenga/Mestmäcker/Stockmann, Wettbewerbsrecht, § 124 GWB Rn. 6; *Röwekamp*, in: Kulartz/Kus/Portz/Prieß, GWB-Vergaberecht, § 124 Rn. 3.

36 *Dieck-Bogatzke*, in: Pünder/Schellenberg, Vergaberecht, § 124 GWB Rn. 8.

III. Reichweite

Im Schadensersatzprozess entfaltet die Feststellung der Vergaberechtsverletzung Bindungswirkung.[37] Diese beschränkt sich auf den **Gegenstand der inhaltlichen Prüfung** in der Vorentscheidung.[38] Das Ergebnis der Prüfung nimmt hierbei an der Bindungswirkung unabhängig davon teil, ob eine Vergaberechtsverletzung festgestellt oder deren Vorliegen abgelehnt worden ist. In diesem Sinne entfaltet sowohl eine positive als auch eine negative Feststellung einer Vergaberechtsverletzung Bindungswirkung. 28

Die Bindungswirkung des § 179 Abs. 1 GWB geht ihrem Umfang nach über die **Rechtskraftwirkung** der §§ 121 VwGO bzw. 322 ZPO hinaus. Sinn und Zweck der Regelung ist die Vermeidung der nochmaligen gerichtlichen Prüfung derselben Sach- und Rechtsfragen im Schadensersatzprozess vor dem Zivilgericht.[39] Dieses Ziel wird nur erreicht, wenn über den bloßen Rechtsfolgenausspruch im Tenor der Entscheidung hinaus auch die tragenden rechtlichen Erwägungen und die dazugehörigen Tatsachenfeststellungen an der Bindungswirkung teilnehmen.[40] Hierzu gehört auch die Frage, ob ein im Vergabeverfahren benachteiligtes Unternehmen in bieterschützenden Rechten verletzt worden ist.[41] 29

Dies gilt allerdings nur für jene Erwägungen, **auf denen die Entscheidung im Nachprüfungsverfahren beruht**.[42] Nicht tragende weitergehende rechtliche Erwägungen („obiter dicta") nehmen an der Bindungswirkung nicht teil. 30

In tatsächlicher Hinsicht kommt es darauf an, ob die Feststellungen für die von der Vergabekammer bzw. vom Beschwerdegericht gewählte rechtliche Begründung relevant waren. **Tatsächliche Feststellungen**, die für die Entscheidung über das Bestehen oder Nichtbestehen der Vergaberechtsverletzung nicht erforderlich sind, nehmen an der Bindungswirkung nicht teil. 31

Feststellungen, die der Bindungswirkung unterfallen, können im Folgeprozess nicht mehr durch **neuen Tatsachenvortrag** und Beweisantritt infrage gestellt werden.[43] 32

Die Bindungswirkung aus § 179 Abs. 1 GWB hat das Zivilgericht im Schadensersatzprozess zwingend **von Amts wegen** zu berücksichtigten. Es hat seiner Entscheidung das Ergebnis der Prüfung einer Vergaberechtsverletzung durch die Vergabekammer bzw. das Beschwerdegericht zugrunde zu legen. Ist im Vergabenachprüfungsverfahren die vom (jetzigen) Kläger geltend gemachte Vergaberechtsverletzung verneint worden, ist die Schadensersatzklage abzuweisen. Ist im Vergabenachprüfungsverfahren eine Vergaberechtsverletzung zugunsten des Klägers festgestellt worden, steht dies auch für den Schadensersatzprozess fest. 33

Die **weitergehenden Voraussetzungen der Anspruchsnorm** für den geltend gemachten Schadensersatz[44], wie z.B. Verschulden, Kausalität, Schaden dem Grund wie der Höhe nach, hat das Zivilgericht selbstständig zu prüfen[45]. Hierauf kann die Bindungswirkung aus § 179 Abs. 1 GWB keinen Einfluss haben. 34

C. Divergenzvorlage (Abs. 2)

Da ein Rechtsmittel gegen Beschwerdeentscheidungen der Oberlandesgerichte (§ 178 GWB) zum BGH nicht vorgesehen ist, könnte es in Vergabesachen zu divergierenden letztinstanzlichen Entscheidungen kommen.[46] Um dies zu vermeiden und eine bundeseinheitliche Recht- 35

37 OLG Naumburg, Urteil v. 23.4.2007 – 1 U 47/06, Rn. 22.
38 BayObLG, Beschluss v. 21.5.1999 – Verg 1/99, Rn. 71.
39 Gesetzesbegründung, VgRÄG, BT-Drs. 13/9340, 22.
40 OLG Naumburg, Beschluss v. 27.2.2014 – 2 Verg 5/13, Rn. 35; KG, Urteil v. 20.5.2011 – 7 U 125/10, Rn. 18; OLG Düsseldorf, Urteil v. 15.12.2008 – I-27 U 1/07, Rn. 65.
41 OLG Düsseldorf, Urteil v. 15.12.2008 – I-27 U 1/07, Rn. 65.
42 *Jaeger*, in: Byok/Jaeger, Vergaberecht § 124 GWB Rn. 2.
43 OLG Naumburg, Urteil v. 23.4.2007 – 1 U 47/06, Rn. 22.
44 §§ 280 Abs. 1, 241 Abs. 2, 311 Abs. 2 BGB, § 181 GWB, ggf. auch § 823 Abs. 2 BGB.
45 BGH, Beschluss v. 20.3.2014 – X ZB 18/13, Rn. 26.
46 OLG Düsseldorf, Beschluss v. 30.4.2008 – VII-Verg 57/07, Rn. 81.

sprechung in Vergabesachen zu sichern, sieht § 179 Abs. 2 GWB eine Vorlagepflicht der Oberlandesgerichte zum BGH vor.

I. Verfahren und Entscheidung

1. Vorlagepflicht (S. 1)

36 Will ein Oberlandesgericht im Rahmen einer Beschwerdeentscheidung in einem Vergabeverfahren von einer Entscheidung eines anderen Oberlandesgerichts oder des BGH abweichen, so hat es die Sache zwingend dem BGH vorzulegen. Sind die Vorlagevoraussetzungen gegeben, besteht für das Oberlandesgericht eine **Vorlagepflicht** unabhängig von etwaigen Anträgen oder Stellungnahmen der Verfahrensbeteiligten.[47]

37 Die Parteien haben keine prozessuale Möglichkeit, eine **Vorlage zu erzwingen**.[48] Wie alle Beschwerdeentscheidungen der Vergabesenate bei den Oberlandesgerichten sind auch Vorlageentscheidungen nach § 179 Abs. 2 S. 1 GWB **unanfechtbar**.

38 Ein Verstoß gegen die Vorlagepflicht berührt den Anspruch auf den gesetzlichen Richter gemäß Art. 101 Abs. 1 S. 2 GG, allerdings nicht das Gebot rechtlichen Gehörs nach Art. 103 Abs. 1 GG.[49] Ob eine Verletzung der Vorlagepflicht mit einer **Anhörungsrüge** in entsprechender Anwendung von § 175 Abs. 2 i.V.m. § 71a GWB geltend gemacht werden kann, erscheint daher zweifelhaft, weil nur die Verletzung des rechtlichen Gehörs Rügegegenstand sein kann, nicht aber auch die Verletzung anderer Verfahrensgrundrechte.[50]

39 In Betracht kommt dagegen eine **Verfassungsbeschwerde**.[51] Die Nichtbeachtung der Vorlagepflicht stellt nach der Rechtsprechung des BVerfG allerdings nur dann einen Verstoß gegen Art. 101 Abs. 1 S. 2 GG dar, wenn sie willkürlich erfolgt oder wenn die ablehnende Entscheidung nicht mehr verständlich erscheint und offensichtlich unhaltbar ist.[52]

2. Voraussetzungen (S. 1)

a) Oberlandesgericht im Nachprüfungsverfahren

40 Nach dem eindeutigen Wortlaut der Vorschrift können allein die **Oberlandesgerichte** als Beschwerdegerichte im Vergabenachprüfungsverfahren zur Vorlage verpflichtet sein. Eine Vorlage in anderen Verfahren kommt nicht in Betracht.

41 Ebenfalls steht fest, dass die **Vergabekammern** zu einer Vorlage weder berechtigt noch verpflichtet sind. Sie können mit ihren Entscheidungen von der vergaberechtlichen Rechtsprechung der Oberlandesgerichte bzw. des BGH abweichen. Die Einheitlichkeit der Rechtsprechung wird durch die eröffnete Beschwerde zu den Oberlandesgerichten gewahrt, welche im Rahmen der Beschwerdeentscheidung über eine Vorlage zu entscheiden haben.

b) Entscheidung eines anderen Oberlandesgerichts oder des BGH

42 Es muss von einer Entscheidung des BGH oder eines anderen Oberlandesgerichts abgewichen werden. § 179 Abs. 2 GWB kann damit nicht zur Anwendung kommen, wenn von **Entscheidungen des eigenen Oberlandesgerichts** abgewichen werden soll. Selbst dann, wenn ein Vergabesenat von der Entscheidung eines **anderen Senates desselben Oberlandesgerichts** abweichen will, fehlt es an einer Abweichung von der Entscheidung eines anderen Gerichts im Sinne von § 179 Abs. 2 GWB. Eine rechtlich durchsetzbare Möglichkeit zur Lösung einer solchen – allerdings wohl nur sehr fernliegenden – Divergenz gibt es nicht.

---

47 BGH, Beschluss v. 24.2.2003 – X ZB 12/02, Rn. 7.

48 *Knauff*, in: Müller-Wrede, Taschenkommentar GWB-Vergaberecht, § 124 Rn. 21.

49 BGH, Beschluss v. 19.1.2006 – I ZR 151/02,Rn. 6: für Vorlagepflicht nach Art. 234 Abs. 1 und Abs. 3 EG.

50 Offengelassen BGH, Beschluss v. 19.1.2006 – I ZR 151/02, Rn. 6; vgl. zu § 321a ZPO *Vollkommer*, in: Zöller, ZPO, § 321a Rn. 3a; *Musielak*, in: Musielak/Voit, ZPO, § 321a Rn. 6; siehe auch *Knauff*, in: Müller-Wrede, Taschenkommentar GWB-Vergaberecht, § 124 Rn. 21.

51 *Dieck-Bogatzke*, in: Pünder/Schellenberg, Vergaberecht, § 124 GWB Rn. 15; *Knauff*, in: Müller-Wrede, Taschenkommentar GWB-Vergaberecht, § 124 Rn. 21.

52 BVerfG, Nichtannahmebeschluss v. 2.3.2009 – 2 BvR 1032/08, Rn. 10 (zu § 121 Abs. 2 GVG).

43 Als Entscheidung, von der abgewichen werden soll, kommen auch Entscheidungen in Betracht, die **nicht in einem Vergabenachprüfungsverfahren** ergangen sind.[53] Denkbar sind vor allem Schadensersatzprozesse wegen Vergaberechtsverletzungen vor den Zivilgerichten, aber auch generell alle Rechtsstreitigkeiten, in denen eine Entscheidung unter Anwendung vergaberechtlicher Vorschriften ergeht.[54]

44 Überwunden ist die Auffassung, die Vorlagepflicht beschränke sich auf eine Entscheidungserheblichkeit der abweichenden Rechtsauffassung in dem Sinne, dass allein eine Entscheidung in der Hauptsache von der unterschiedlichen Beurteilung der Rechtsfrage abhinge.[55] Deshalb können auch Entscheidungen, welche **keine Hauptsachenentscheidung** treffen, zu einer Divergenz im Sinne von § 179 Abs. 2 GWB führen, beispielsweise solche in kostenrechtlichen Fragen. Für die gegenteilige Auffassung besteht nach der Rechtsprechung des BGH keine Veranlassung. § 179 Abs. 2 S. 1 GWB gehört zu den Regelungen über die sofortige Beschwerde und bezieht sich wörtlich allgemein auf vom Oberlandesgericht zu treffende Beschwerdeentscheidungen. Sinn und Zweck der Vorschrift, eine bundeseinheitliche Rechtsprechung in Vergabesachen zu sichern, schließt die bundeseinheitliche Beurteilung von vergaberechtsbezogenen Gebührenfragen zwanglos ein.[56]

45 Auch eine **Vorlageentscheidung** selbst stellt eine Entscheidung im Sinne des § 179 Abs. 2 S. 1 GWB dar. Dass es sich insoweit nicht um eine das Verfahren abschließende Entscheidung handelt, ist unerheblich.[57] Hat ein anderes Oberlandesgericht eine Vorlageentscheidung gemäß § 179 Abs. 2 GWB wegen Divergenz zu einer Entscheidung eines anderen Oberlandesgerichts erlassen, ist ein drittes Oberlandesgericht in jedem Falle zur Vorlage verpflichtet, weil es entweder von der Entscheidung des einen oder von der Entscheidung des anderen Oberlandesgerichts abweicht.[58]

46 Als andere Entscheidung, von der abgewichen werden soll, kommt auch eine **Eilentscheidung** gemäß § 173 Abs. 1 S. 3 oder § 176 GWB in Betracht. § 179 Abs. 2 S. 4 GWB, wonach für derartige Entscheidungen eine Vorlage an den BGH ausdrücklich ausgeschlossen ist, steht dem nicht entgegen.[59] In den genannten Eilverfahren werden im Interesse der Verfahrensbeschleunigung Divergenzen hingenommen.[60] Dieser Grund gilt aber von vornherein dann nicht, wenn ein Vergabesenat mit seiner Entscheidung von einer in einem Eilverfahren ergangenen Entscheidung abweichen will.[61] Abgesehen davon ist bereits nach dem eindeutigen Wortlaut der Vorschrift nur in den genannten Eilverfahren eine Vorlagepflicht ausgeschlossen.

47 § 179 Abs. 1 GWB findet darüber hinaus analoge Anwendung, wenn von der ober- bzw. höchstrichterlichen Rechtsprechung einer **anderen Gerichtsbarkeit** abgewichen werden soll.[62] Eine divergierende letztinstanzliche Rechtsprechung, welche durch die Regelung des § 179 Abs. 2 GWB gerade verhindert werden soll, kann auch dadurch entstehen, dass ein Gericht einer anderen Gerichtsbarkeit eine vergaberechtliche Streitigkeit entscheidet und hierbei in einer vergaberechtlichen Frage eine andere Auffassung vertritt; die Divergenz bliebe ungelöst, ließe man nicht auch in derartigen Fällen eine Vorlage an den BGH zu.[63]

---

53 KG, Beschluss v. 10.12.2002 – KartVerg 16/02, Rn. 17.
54 *Dicks*, in: Ziekow/Völlink, Vergaberecht, § 124 GWB Rn. 11; *Dieck-Bogatzke*, in: Pünder/Schellenberg, Vergaberecht, § 124 GWB Rn. 13.
55 So noch OLG München, Beschluss v. 16.11.2006 – Verg 14/06, Rn. 104; OLG Düsseldorf, Beschluss v. 17.5.2004 – VII-Verg 72/03, Rn. 6.
56 BGH, Beschluss v. 23.9.2008 – X ZB 19/07, Rn. 5.
57 A.A. OLG Brandenburg, Beschluss v. 27.2.2003 – Verg W 2/03, Rn. 18.
58 Freilich würde in einem solchen Fall zu erwägen sein, vor einer Vorlage die Entscheidung des BGH in dem Verfahren des anderen vorlegenden Oberlandesgerichts abzuwarten.
59 So aber OLG Schleswig, Beschluss v. 8.9.2006 – 1 Verg 6/06, Rn. 47; OLG Celle, Beschluss v. 1.7.2004 – 13 Verg 8/04, Rn. 27.
60 Gesetzesbegründung, VgRÄG, BT-Drs. 13/9340, 22.
61 OLG Düsseldorf, Beschluss v. 30.4.2008 – VII-Verg 57/07, Rn. 89.
62 *Dicks*, in: Ziekow/Völlink, Vergaberecht, § 124 GWB Rn. 12; a.A. *Knauff*, in: Müller-Wrede, Taschenkommentar GWB-Vergaberecht, § 124 Rn. 17; *Raabe*, in: Willenbruch/Wieddekind, Vergaberecht, § 124 GWB Rn. 15.
63 OLG Rostock, Beschluss v. 2.7.2008 – 17 Verg 4/07, Rn. 24; OLG Düsseldorf, Beschluss v. 30.4.2008 – VII-Verg 57/07, Rn. 83.

c) Divergenz

48 Die Vorlagepflicht gemäß § 179 Abs. 2 S. 1 GWB entsteht, sobald die beabsichtigte Entscheidung zu einer Divergenz im Vergleich zu einer anderen Entscheidung der ober- bzw. höchstrichterlichen Rechtsprechung führt.

49 Zu einer Divergenz kommt es nach ständiger Rechtsprechung des BGH, wenn ein Oberlandesgericht als tragende Begründung seiner Entscheidung einen **Rechtssatz** zugrunde legen will, der mit einem die Entscheidung eines anderen Oberlandesgerichts bzw. des BGH tragenden Rechtssatz **nicht übereinstimmt**.[64] Es reicht nicht aus, wenn beide Entscheidungen durch die übereinstimmende Anwendung eines Rechtssatzes zu unterschiedlichen Ergebnissen gelangen.[65] Maßgeblich ist, ob der Inhalt eines Rechtsbegriffs unterschiedlich verstanden wird. Ist demgegenüber die Auslegung unterschiedlicher Sachverhalte entscheidend, kommt eine Vorlage nicht in Betracht.[66]

50 Nach der Rechtsprechung des BGH[67] kommt es für das Vorliegen einer Divergenz im Sinne des § 179 Abs. 2 GWB nicht darauf an, ob die Entscheidung, von der abgewichen werden soll, auf einem im Wesentlichen **gleichen oder vergleichbaren Sachverhalt** beruht,[68] ob also eine Rechtsfrage bei einem im Wesentlichen gleichen oder vergleichbar gelagerten Sachverhalt anders entschieden werden soll.[69] An dem Erfordernis eines im Wesentlichen gleichen oder vergleichbar gelagerten Sachverhalts ist angesichts der Auslegungshoheit des BGH zu § 179 Abs. 2 GWB[70] nicht mehr festzuhalten.[71] Allerdings können unterschiedliche Sachverhalte zu Modifikationen der auf sie anzuwendenden Rechtssätze führen,[72] die eine Divergenz im Sinne von § 179 Abs. 2 GWB ausschließen.[73]

51 Die Rechtsfrage, deren abweichende Beantwortung zur Divergenz führt, muss in jedem Falle auch **entscheidungserheblich** sein. Die Entscheidung muss gerade auf dieser abweichenden Rechtsfrage beruhen[74]. Ist eine Entscheidung auf mehrere Gründe gestützt, sind nur dann alle Gründe entscheidungserheblich, wenn diese Begründungen gleichberechtigt nebeneinander stehen.[75] Nicht tragende weitergehende rechtliche Erwägungen („obiter dicta") können keine Vorlagepflicht auslösen.[76]

52 Ist die zur Divergenz mit einer Entscheidung eines anderen Oberlandesgerichts führende Rechtsfrage zwischenzeitlich durch eine Entscheidung des BGH **geklärt**, besteht keine Vorlagepflicht im Sinne von § 179 Abs. 2 GWB.[77] Eine abweichende frühere Entscheidung eines anderen Oberlandesgerichts ist unbeachtlich, da dem Ziel von § 179 Abs. 2 GWB, eine bundeseinheitliche Rechtsprechung in Vergabesachen zu sichern, genüge getan ist. In diesem Sinne einschränkend soll § 179 Abs. 2 GWB auch dahin auszulegen sein, dass das Beschwerdege-

---

64 BGH, Beschluss v. 20.3.2014 – X ZB 18/13, Rn. 10 (Abellio); Beschluss v. 8.2.2011 – X ZB 4/10, Rn. 9; Beschluss v. 1.12.2008 – X ZB 31/08, Rn. 9.
65 BGH, Beschluss v. 18.2.2003 – X ZB 43/02, Rn. 12.
66 OLG Jena, Beschluss v. 7.10.2003 – 6 Verg 6/03.
67 BGH, Beschluss v. 20.3.2014 – X ZB 18/13, Rn. 10; Beschluss v. 8.2.2011 – X ZB 4/10 (Abellio), Rn. 9; Beschluss v. 1.12.2008 – X ZB 31/08, Rn. 9.
68 OLG Dresden, Beschluss v. 4.7.2008 – WVerg 3/08, Rn. 50.
69 OLG Düsseldorf, Beschluss v. 23.1.2006 – VII-Verg 96/05, Rn. 18; KG, Beschluss v. 15.4.2002 – KartVerg 3/02, Rn. 22.
70 *Jaeger*, in: Byok/Jaeger, Vergaberecht, § 124 GWB Rn. 7; *Röwekamp*, in: Kulartz/Kus/Portz/Prieß, GWB-Vergaberecht, § 123 Rn. 12.
71 *Raabe*, in: Willenbruch/Wieddekind, Vergaberecht, § 124 GWB Rn. 17.
72 *Röwekamp*, in: Kulartz/Kus/Portz/Prieß, GWB-Vergaberecht, § 123 Rn. 12.
73 Vgl. die Ausführungen von *Jaeger*, in: Byok/Jaeger, Vergaberecht, § 124 GWB Rn. 7, zu BGH, Beschluss v. 10.11.2009 – X ZB 8/09, BGHZ 183, 95 bis 112; siehe auch *Dicks*, in: Ziekow/Völlink, Vergaberecht, § 124 GWB Rn. 13.
74 KG, Beschluss v. 10.12.2002 – KartVerg 16/02, Rn. 16; Beschluss v. 15.4.2002 – KartVerg 3/02, Rn. 22.
75 BGH, Beschluss v. 10.11.2009 – X ZB 8/09, Rn. 17.
76 OLG Düsseldorf, Beschluss v. 21.10.15 – VII-Verg 35/15, Rn. 32; KG, Beschluss v. 15.4.2002 – KartVerg 3/02, Rn. 22.
77 OLG Dresden, Beschluss v. 10.7.2003 – WVerg 16/02, Rn. 30.

richt ohne eine Vorlage an den BGH in der Sache selbst zu entscheiden hat, wenn der EuGH die streitige Rechtsfrage in einem anderen Verfahren bereits entschieden hat.[78]

Eine Vorlagepflicht soll auch entfallen, wenn das Oberlandesgericht, von dessen Entscheidung abgewichen werden soll, auf Nachfrage erklärt, an seiner Entscheidung **nicht mehr festhalten zu wollen**.[79] Dem mag man unter dem Gesichtspunkt, dass dem Sinn und Zweck der Vorschrift des § 179 Abs. 2 GWB, eine einheitliche bundesweite Vergaberechtsprechung zu sichern, genüge getan sein dürfte, zustimmen. Bedenken bestehen jedoch, weil zum einen gegen den Wortlaut des § 179 Abs. 2 GWB verstoßen wird und zum anderen die an sich zu einer Vorlage zwingende Divergenz in einem verfahrensrechtlich nicht gestalteten und nur wenig nachprüfbaren Rahmen beseitigt wird.[80] Für die Rechtssicherheit wäre es sicher zuträglicher, wenn sich die notwendige Vereinheitlichung der Rechtsprechung in gesicherten, prozessual geregelten Bahnen vollzieht, wozu auch die öffentliche und transparente Auseinandersetzung mit den divergierenden Rechtsfragen in schriftlichen Entscheidungen gehört. 53

d) Keine Ausnahme von der Vorlagepflicht (S. 4)

Die Vorlagepflicht ist gemäß § 179 Abs. 2 S. 4 GWB im Verfahren zur **Verlängerung der aufschiebenden Wirkung** des Nachprüfungsantrages gemäß § 173 Abs. 1 S. 3 GWB und im Fall einer **Vorabentscheidung über den Zuschlag** nach § 176 GWB im Hinblick auf die mit einer Vorlage verbundenen Verzögerung ausdrücklich ausgeschlossen. In diesen Eilverfahren werden im Interesse der Beschleunigung Divergenzen hingenommen.[81] Gleiches gilt auch in Verfahren auf **Wiederherstellung des Zuschlagsverbots** durch das Beschwerdegericht nach § 169 Abs. 2 S. 5 GWB.[82] 54

Schließlich muss dies auch für Entscheidungen über Beschwerden gegen **Zwischenentscheidungen** der Vergabekammer, wie z.B. für eine Beschwerde gegen eine Entscheidung über Akteneinsicht, gelten, weil in derartigen Zwischenverfahren ein den Eilverfahren nach den §§ 173 Abs. 1 S. 3 sowie 176 GWB vergleichbares Beschleunigungsbedürfnis besteht.[83] 55

3. Verfahren

Darüber, ob eine Beschwerdesache dem BGH gemäß § 179 Abs. 2 S. 1 GWB vorgelegt werden soll, hat das Oberlandesgericht nach der Rechtsprechung des BGH nicht allein auf der Grundlage der Ausführungen der Beteiligten in der Beschwerdebegründung bzw. -erwiderung zu befinden. Vielmehr hat das Oberlandesgericht nach ordnungsgemäßer Durchführung des Beschwerdeverfahrens, unter **Berücksichtigung aller dabei gewonnenen tatsächlichen und rechtlichen Erkenntnisse** über die Erforderlichkeit der Vorlage zu entscheiden und hierbei die für das Beschwerdeverfahren gültigen Verfahrensgrundsätze zu beachten.[84] 56

Insoweit gelten dieselben **Verfahrensvorschriften** wie im Falle einer Beschwerdeentscheidung nach § 178 GWB. Auf die Ausführungen zu § 175 GWB kann verwiesen werden. Hierzu gehört auch die Sicherung des rechtlichen Gehörs gemäß § 175 Abs. 2 i.V.m. § 69 Abs. 1 GWB. Nach der Rechtsprechung des BGH setzt eine zulässige Divergenzvorlage nach § 179 Abs. 2 GWB grundsätzlich die Durchführung einer **mündlichen Verhandlung** vor dem Vergabesenat voraus.[85] Hält das Oberlandesgericht eine Vorlage für erforderlich, so muss es deshalb im Rahmen der mündlichen Verhandlung (oder in sonstiger geeigneter Weise) den 57

---

78 OLG Düsseldorf, Beschluss v. 6.2.2008 – VII-Verg 37/07, Rn. 41 unter Hinweis auf BGH, Beschluss v. 27.11.1984 – 1 StR 376/84 – für die Vorlagepflicht nach § 121 Abs. 2 GVG; siehe auch *Röwekamp*, in: Kulartz/Kus/Portz/Prieß, GWB-Vergaberecht, § 124 Rn. 13; *Raabe*, in: Willenbruch/Wieddekind, Vergaberecht, § 124 GWB Rn. 20; ablehnend *Summa*, in: Heiermann/Zeiss, Vergaberecht, § 124 GWB Rn. 25 ff.

79 *Röwekamp*, in: Kulartz/Kus/Portz/Prieß, GWB-Vergaberecht, § 124 Rn. 12.

80 *Raabe*, in: Willenbruch/Wieddekind, Vergaberecht, § 124 GWB Rn. 18.

81 Gesetzesbegründung, VgRÄG, BT-Drs. 13/9340, 22.

82 OLG Düsseldorf, Beschluss v. 9.5.2011 – VII-Verg 45/11, Rn. 4.

83 OLG Düsseldorf, Beschluss v. 28.12.2007 – VII-Verg 40/07, Rn. 23.

84 BGH, Beschluss v. 24.2.2003 – X ZB 12/02, Rn. 6.

85 BGH, Beschluss v. 20.3.2014 – X ZB 18/13, Rn. 8.

Beteiligten auch Gelegenheit geben, sich zu den dafür ausschlaggebenden Umständen zu äußern.[86]

58 Eine **Beschränkung der Divergenzvorlage** ist in entsprechender Anwendung der für die Zulässigkeit von Teilurteilen und die wirksame Beschränkung der Revisionszulassung geltenden höchstrichterlichen Grundsätze möglich. Zulässig kann eine solche Vorlage damit nur dann sein, wenn die Gefahr einander widersprechender Entscheidungen – auch infolge abweichender Beurteilung durch das Rechtsmittelgericht – ausgeschlossen ist.[87] Das Oberlandesgericht darf beispielsweise einen hilfsweise gestellten Fortsetzungsfeststellungsantrag gemäß § 178 S. 4 GWB i. V. m. § 168 Abs. 2 GWB nicht zum Gegenstand einer Divergenzvorlage machen und zugleich den Hauptantrag abschließend entscheiden. Hierbei entsteht die Gefahr, dass im Rahmen der Entscheidung des Hauptantrages eine Frage entschieden wird, die sich dem BGH bei der Entscheidung über die Vorlage noch einmal stellen kann, wobei eine Gefahr der widersprüchlichen Bewertung von Streitstoff ausreicht.[88] Ist die Beschränkung der Vorlage danach unzulässig, ist von einer unbeschränkten Zulassung auszugehen und die Divergenzvorlage erstreckt sich auf den gesamten Streitstoff des Beschwerdeverfahrens.[89]

4. Entscheidung

59 Die Vorlageentscheidung erfolgt durch **Beschluss**.

60 Der **Tenor** beschränkt sich darauf, dass die Sache dem BGH vorgelegt wird. Die Formulierung einer konkreten Vorlagefrage sieht § 179 Abs. 2 GWB nicht vor,[90] ist aber unschädlich.[91] Das Beschwerdegericht kann den BGH nicht verpflichten, sich auf die Beantwortung einer vorformulierten Frage zu beschränken.[92]

61 Es erfolgt **keine Kostenentscheidung oder Streitwertfestsetzung**. Beides ist der verfahrensabschließenden Beschwerdeentscheidung vorbehalten, welche durch den BGH oder, wenn sich dieser auf die Beantwortung der Divergenzfrage beschränkt und die Entscheidung in der Hauptsache dem Oberlandesgericht überträgt, durch Letzteres erfolgt.

62 Der Beschluss ist zu **begründen**, wobei insbesondere auch die Vorlagevoraussetzungen gemäß § 179 Abs. 2 S. 1 GWB darzulegen sind. Hierzu gehört die Divergenz zu einer Entscheidung eines anderen Oberlandesgerichts oder des BGH unter Darstellung der eigenen Rechtsauffassung[93] wie auch die Entscheidungserheblichkeit.

63 Einer **Rechtsmittelbelehrung** bedarf es nicht, da auch die Vorlageentscheidung nach § 179 Abs. 2 S. 1 GWB wie alle Beschwerdeentscheidungen der Vergabesenate bei den Oberlandesgerichten unanfechtbar sind.

II. Verfahren und Entscheidung des BGH

1. Verfahren (S. 2 und S. 3)

64 Dem BGH fällt mit dem Vorlagebeschluss nicht nur die vom Oberlandesgericht formulierte Divergenzfrage, sondern der **gesamte Streitstoff** des Beschwerdeverfahrens zur Entscheidung an.[94]

65 Der BGH prüft zunächst die **Zulässigkeit der Vorlage** und im Rahmen dessen insbesondere die beabsichtigte **Divergenz** zu einer bereits bestehenden Rechtsprechung. Fehlt es an einer Divergenz, spricht der BGH die Unzulässigkeit der Vorlage im Tenor seines Beschlusses aus.[95]

86 BGH, Beschluss v. 24.2.2003 – X ZB 12/02, Rn. 7.
87 BGH, Beschluss v. 20.3.2014 – X ZB 18/13, Rn. 13 f.
88 BGH, Beschluss v. 20.3.2014 – X ZB 18/13, Rn. 14.
89 BGH, Beschluss v. 20.3.2014 – X ZB 18/13, Rn. 16.
90 BGH, Beschluss v. 19.12.2000 – X ZB 14/00, Rn. 22.
91 BGH, Beschluss v. 24.2.2003 – X ZB 12/02, Rn. 4.
92 BGH, Beschluss v. 20.3.2014 – X ZB 18/13, Rn. 12
93 *Dieck-Bogatzke*, in: Pünder/Schellenberg, Vergaberecht, § 124 GWB Rn. 7.
94 BGH, Beschluss v. 20.3.2014 – X ZB 18/13, Rn. 11.
95 BGH, Beschluss v. 18.2.2003 – X ZB 44/02.

Bezüglich der vom Oberlandesgericht angenommenen Entscheidungserheblichkeit der Divergenz ist der BGH dagegen gebunden.[96]

66 Der BGH prüft im Rahmen der Zulässigkeit auch die Einhaltung der für das Beschwerdeverfahren vor dem Oberlandesgericht gültigen **Verfahrensgrundsätze**, die das Oberlandesgericht unabhängig davon, ob es das Verfahren selbst zu einem Ende bringt oder ob es die Sache dem BGH vorlegt, zu beachten hat.[97] Bei Nichtbeachtung dieser Grundsätze sei im Falle eines unbehebbaren Mangels, z.B. wenn die Beteiligten von der Vorlegungsabsicht nicht in Kenntnis gesetzt worden sind und ihnen keine Gelegenheit zur Stellungnahme gegeben worden ist, die Vorlage als unzulässig anzusehen.[98]

67 Ist die Vorlage zulässig, hat der BGH nach § 179 Abs. 2 S. 2 und S. 3 GWB zwei Möglichkeiten. Er kann selbst anstelle des Oberlandesgerichts entscheiden oder aber sich auf die Entscheidung der Divergenzfrage beschränken und dem Beschwerdegericht die Entscheidung in der Hauptsache übertragen. Hierbei steht dem BGH ein Ermessen zu, welches dadurch eingeschränkt ist, dass eine **Übertragung der Hauptsacheentscheidung** auf das Oberlandesgericht nur erfolgen kann, wenn dies nach dem Sach- und Streitstand des Beschwerdeverfahrens angezeigt erscheint.[99] Auch hier kommt dem Grundsatz der Beschleunigung eine wesentliche Bedeutung zu. Eine Übertragung der Hauptsacheentscheidung auf das Oberlandesgericht sollte daher auf Fälle beschränkt sein, denen es an der Entscheidungsreife fehlt. Hier gelten die gleichen Grundsätze wie für die Entscheidung des Beschwerdegerichts gemäß § 178 GWB, nach Aufhebung der Entscheidung der Vergabekammer in der Sache selbst zu entscheiden oder die Vergabekammer zu verpflichten, unter Berücksichtigung der Rechtsauffassung des Gerichts über die Sache erneut zu entscheiden.

Entscheidet der BGH **in der Sache selbst**, ist er auch dem gemäß § 175 Abs. 2 GWB i.V.m. § 69 GWB geregelten Beschwerdeverfahren unterworfen. Dies ergibt sich bereits daraus, dass der BGH gemäß § 179 Abs. 2 S. 2 GWB anstelle des vorlegenden Oberlandesgerichts entscheidet.[100] Demgegenüber nimmt der BGH für sich in Anspruch, sein Verfahren unter Beachtung der rechtsstaatlichen Grundsätze und unter Heranziehung der ansonsten das Verfahren vor dem BGH bestimmenden Regeln so zu gestalten, dass es dem jeweiligen Streitfall gerecht wird.[101] Durch die Regelung in § 179 Abs. 2 S. 2 GWB, wonach der BGH anstelle des vorlegenden Oberlandesgerichts entscheidet, werde diesem lediglich die Entscheidungskompetenz zugewiesen, nicht aber das von ihm als Beschwerdegericht zu beachtende Verfahren geregelt. Dass der BGH mit dieser Begründung eine mündliche Verhandlung nicht für erforderlich hält und (trotz Annahme des Fehlens einer näheren Ausgestaltung des Verfahrens durch das GWB)[102] auch nicht mithilfe einer Analogie zur Anwendung der Verfahrensvorschriften der §§ 175 Abs. 2 i.V.m. 69 GWB kommt, muss befremden.[103]

2. Entscheidung

a) Eigene Sachentscheidung

68 Will der BGH selbst anstelle des Oberlandesgerichts entscheiden, fällt er die Beschwerdeentscheidung gemäß § 178 GWB, wie sie sonst das Oberlandesgericht treffen müsste.[104] Der BGH wird dann als das **Beschwerdegericht** im Sinne von § 178 GWB tätig.[105] Er rückt in die

96 *Stockmann*, in: Immenga/Mestmäcker/Stockmann, Wettbewerbsrecht, § 124 GWB Rn. 13; *Röwekamp*, in: Kulartz/Kus/Portz/Prieß, GWB-Vergaberecht, § 124 Rn. 17.
97 BGH, Beschluss v. 24.2.2003 – X ZB 12/02, Rn. 6.
98 BGH, Beschluss v. 24.2.2003 – X ZB 12/02, Rn. 8.
99 *Knauff*, in: Müller-Wrede, Taschenkommentar GWB-Vergaberecht, § 124 Rn. 25.
100 *Knauff*, in: Müller-Wrede, Taschenkommentar GWB-Vergaberecht, § 124 Rn. 24.
101 BGH, Beschluss v. 19.12.2000 – X ZB 14/00, Rn. 44.
102 BGH, Beschluss v. 19.12.2000 – X ZB 14/00, Rn. 44.
103 *Summa*, in: Heiermann/Zeiss, Vergaberecht, § 123 GWB Rn. 37; siehe auch *Raabe*, in: Willenbruch/Wieddekind, Vergaberecht, § 124 GWB Rn. 29; *Dicks*, in: Ziekow/Völlink, Vergaberecht, § 124 GWB Rn.15 zu Bedenken im Hinblick auf Art. 6 EMRK.
104 BGH, Beschluss v. 20.3.2014 – X ZB 18/13, Rn. 12.
105 BGH, Beschluss v. 19.12.2000 – X ZB 14/00, Rn. 22.

Stellung des Vergabesenates beim Oberlandesgericht mit allen Befugnissen und Verpflichtungen ein.

69 Der BGH hat daher – wie auch der Vergabesenat beim Oberlandesgericht – wiederum **zwei Entscheidungsalternativen**. Er kann in der Sache selbst entscheiden oder aber die Vergabekammer verpflichten, unter Berücksichtigung seiner Rechtsauffassung über die Sache neu zu entscheiden (§ 178 GWB).

70 Demgegenüber wird teilweise für den Fall, dass keine eigene Sachentscheidung ergeht, aus § 179 Abs. 2 S. 3 GWB (als speziellerer Vorschrift zu § 178 S. 2 Alt. 2 GWB) geschlossen, dass eine **Rückverweisung nicht an die Vergabekammer**, sondern ausschließlich an das vorlegende Oberlandesgericht möglich sei.[106] Dies überzeugt nicht. Dass nach der Vorstellung des Gesetzgebers das Nachprüfungsverfahren nach einer Divergenzvorlage nicht nochmals vor die Vergabekammern gelangen soll, lässt sich weder dem Wortlaut noch den Gesetzesmaterialien entnehmen. § 179 Abs. 2 S. 3 GWB ist insoweit auch nicht lex specialis zu § 178 S. 2 Alt. 2 GWB, sondern überträgt dem BGH insoweit jene Kompetenzen, welche nach § 178 GWB dem Beschwerdegericht zustehen[107]. Die Entscheidung in der Hauptsache, welche der BGH bei Beschränkung auf die Entscheidung der Divergenzfrage gemäß § 179 Abs. 2 S. 3 GWB dem Oberlandesgericht als Beschwerdegericht überträgt, ist nichts anderes als die Beschwerdeentscheidung gemäß § 178 GWB, mit allen in dieser Vorschrift geregelten Kompetenzen. Bedarf der vorgelegte Fall nach Auffassung des BGH der weiteren Sachverhaltsaufklärung, etwa, weil die Sache noch nicht entscheidungsreif ist,[108] sind keine Gesichtspunkte erkennbar, die dafür sprechen, der Sachverhaltsaufklärung durch das Oberlandesgericht den Vorzug gegenüber einer Erledigung durch die Vergabekammer zu geben.

71 Entscheidet der BGH selbst, hat nunmehr der BGH als Beschwerdegericht anstelle der Vergabekammer die materiell richtige Entscheidung zu treffen. Diese Entscheidung ist inhaltlich jene gemäß § 168 GWB. Daraus ergeben sich für den BGH **dieselben Kompetenzen wie für die Vergabekammer**. Auch der BGH hat mithin – wie sonst die Vergabekammer – die geeigneten Maßnahmen zu treffen, um eine Rechtsverletzung zu beseitigen und eine Schädigung der betroffenen Interessen zu verhindern (§ 168 Abs. 1 GWB). Insoweit kann auf die Kommentierung zu § 178 GWB[109] verwiesen werden.

72 Die eigentliche Vorlagefrage hat der BGH im Rahmen seiner eigenen **Sachentscheidung** zu beantworten. Kommt der BGH bei seiner Prüfung zu dem Ergebnis, dass es mangels Entscheidungserheblichkeit auf die vom Oberlandesgericht angenommene Vorlagefrage nicht (mehr) ankommt, braucht er diese nicht zu beantworten.[110] Mag das vorlegende Oberlandesgericht die Vorlagefrage auch als entscheidungserheblich angesehen haben, im Rahmen der eigenen Sachentscheidung des BGH würden nicht entscheidungsrelevante Ausführungen hierzu lediglich ein obiter dictum darstellen. Als solches würden diese Ausführungen in Zukunft eine Vorlagepflicht im Sinne von § 179 Abs. 1 GWB nicht begründen können, falls ein Oberlandesgericht von diesen abweichen wollte.[111]

73 Für **Form und Inhalt** der eigenen Sachentscheidung des BGH gelten die Ausführungen zur Beschwerdeentscheidung gemäß § 178 GWB entsprechend.[112]

106 *Knauff*, in: Müller-Wrede, Taschenkommentar GWB-Vergaberecht, § 124 Rn. 27.
107 Vgl. hierzu § 178 Rn. 25.
108 Beispielsweise weil die Vergabekammer den Sachverhalt (z.B. in Bezug auf umfangreiche und komplizierte technische Sachverhalte) noch nicht aufgeklärt hat (ggf. durch Einholung eines Sachverständigengutachtens); siehe auch OLG Frankfurt, Beschluss v. 5.10.2010 – 11 Verg 7/10, Rn. 80.
109 § 178 Rn. 26.
110 *Knauff*, in: Müller-Wrede, Taschenkommentar GWB-Vergaberecht, § 124 Rn. 23.
111 *Knauff*, in: Müller-Wrede, Taschenkommentar GWB-Vergaberecht, § 124 Rn. 23.
112 Siehe hierzu § 178 Rn. 24 ff.

b) Übertragung der Entscheidung

Wenn dies nach dem Sach- und Streitstand des Beschwerdeverfahrens angezeigt scheint, kann sich der BGH gemäß § 179 Abs. 2 S. 3 GWB auf die Entscheidung der Divergenzfrage beschränken und dem Beschwerdegericht die **Entscheidung in der Hauptsache übertragen**. 74

Die Entscheidung ergeht durch **Beschluss**. Dieser beschränkt sich auf die Beantwortung der Vorlagefrage sowie auf die Übertragung der Entscheidung in der Hauptsache an das Beschwerdegericht. 75

Es erfolgt keine **Kostenentscheidung** oder **Streitwertfestsetzung**. Beides ist der verfahrensabschließenden Beschwerdeentscheidung vorbehalten. 76

Anlage

Gesetzesbegründung (BT-Drs. 18/6281)

Seite 136

§ 179 entspricht dem bisherigen § 124.

§ 180
Schadensersatz bei Rechtsmissbrauch

(1) Erweist sich der Antrag nach § 160 oder die sofortige Beschwerde nach § 171 als von Anfang an ungerechtfertigt, ist der Antragsteller oder der Beschwerdeführer verpflichtet, dem Gegner und den Beteiligten den Schaden zu ersetzen, der ihnen durch den Missbrauch des Antrags- oder Beschwerderechts entstanden ist.

(2) Ein Missbrauch des Antrags- oder Beschwerderechts ist es insbesondere,

1. die Aussetzung oder die weitere Aussetzung des Vergabeverfahrens durch vorsätzlich oder grob fahrlässig vorgetragene falsche Angaben zu erwirken;

2. die Überprüfung mit dem Ziel zu beantragen, das Vergabeverfahren zu behindern oder Konkurrenten zu schädigen;

3. einen Antrag in der Absicht zu stellen, ihn später gegen Geld oder andere Vorteile zurückzunehmen.

(3) Erweisen sich die von der Vergabekammer entsprechend einem besonderen Antrag nach § 169 Absatz 3 getroffenen vorläufigen Maßnahmen als von Anfang an ungerechtfertigt, hat der Antragsteller dem Auftraggeber den aus der Vollziehung der angeordneten Maßnahme entstandenen Schaden zu ersetzen.

Übersicht

	Rn.
A. Allgemeines	1
B. Schadensersatz bei Rechtsmissbrauch (Abs. 1 und Abs. 2)	7
I. Anspruchsteller	8
II. Anspruchsgegner	10
III. Anspruchsvoraussetzungen	11
1. Ungerechtfertigter Antrag oder Beschwerde	14
2. Rechtsmissbrauch (Abs. 2)	20
a) Falsche Angaben (Nr. 1)	24
b) Behinderungs- und Schädigungsabsicht (Nr. 2)	27
aa) Behinderungsabsicht (Alt. 1)	28
bb) Schädigungsabsicht (Alt. 2)	31
c) Antragsrücknahme gegen Geld oder andere Vorteile (Nr. 3)	34
3. Haftung für Dritte	38
4. Verschulden	40
IV. Rechtsfolge	42
1. Schadensersatz	42
2. Mitverschulden	45
3. Versagung des Rechtsschutzes	46
V. Verjährung	48
VI. Verfahrensfragen	52
1. Zuständigkeit	52
2. Darlegungs- und Beweislast	54
VII. Sonstige Anspruchsnormen	58
C. Schadensersatz bei ungerechtfertigter vorläufiger Maßnahme (Abs. 3)	60
I. Ungerechtfertigte Maßnahmen	64
II. Vollziehung	66
III. Keine weiteren Anspruchsvoraussetzungen	68
IV. Rechtsfolge	69
V. Verjährung und Verfahrensfragen	71
Anlage Gesetzesbegründung (BT-Drs. 18/6281)	

A. Allgemeines

Der Regelungsgehalt der Vorschrift hat sich im Vergleich zu seiner Vorgängervorschrift des **§ 125 GWB a.F.** in keiner Weise verändert. Sie sanktioniert weiterhin den Missbrauch des Nachprüfungsverfahrens. 1

Erweist sich ein Nachprüfungsantrag oder eine sofortige Beschwerde als, wie es das Gesetz formuliert, „von Anfang an ungerechtfertigt", so muss der Antragsteller bzw. der Beschwerdeführer nach § 180 Abs. 1 GWB dem Verfahrensgegner bzw. den übrigen Verfahrensbeteiligten den **Schaden ersetzen**, der ihm/ihnen durch den **Rechtsmissbrauch** entstanden ist. Einzelne (typische) **Beispiele** für ein rechtsmissbräuchlich eingesetztes Nachprüfungsverfah- 2 ren werden in § 180 Abs. 2 GWB der Vorschrift genannt. § 180 Abs. 3 GWB erweitert den Schadensersatzanspruch auf die Fälle, in denen sich die von der Vergabekammer nach § 169 Abs. 3 GWB getroffenen **vorläufigen Maßnahmen**, die zur vorübergehenden Aussetzung des Vergabeverfahrens führen, als von Anfang an ungerechtfertigt erweisen.

3 § 180 GWB stellt damit eine **eigene vergaberechtliche Anspruchsnorm** für Fälle dar, die – im Falle einer sittenwidrigen Schädigung – bereits von § 826 BGB bzw. bei einem Prozessbetrug von § 823 Abs. 2 BGB i.V.m. § 263 StGB erfasst werden.

4 Für Klagen, mit denen der Anspruch aus § 180 GWB geltend gemacht wird, sind ausschließlich die **ordentlichen Gerichte** (Zivilgerichte) zuständig.[1]

5 Der Gesetzgeber des ursprünglichen GWB-Vergaberechts ging offenbar davon aus, dass dem Nachprüfungsverfahren wegen des typischerweise hohen wirtschaftlichen Interesses der konkurrierenden Bieter an öffentlichen Aufträgen eine **spezifische Missbrauchsgefahr** drohen werde.[2] Die in der Vorschrift statuierte besondere Schadensersatzpflicht sollte demnach dafür sorgen, dass Unternehmen, welche die mit dem Vergaberechtsänderungsgesetz eingeführten Rechtsschutzmöglichkeiten missbrauchen, nicht nur das allgemeine Kostenrisiko eines Nachprüfungsverfahrens, sondern auch nachfolgende hohe Schadensersatzforderungen befürchten müssen. Willkürlichen Nachprüfungsverfahren und der damit verbundenen Gefahr eines missbräuchlichen Blockierens der Auftragsvergabe und notwendiger staatlicher Investitionen sollte auf diese Weise wirksam begegnet werden.

6 Abgesehen von einer möglichen Präventivwirkung hat die Missbrauchssanktion die ihr zugedachte Funktion jedoch bislang nicht erfüllt: In der **Rechtsprechung** der Zivilgerichte hat die Vorschrift jedenfalls keine Rolle gespielt, reine Schadensersatzurteile nach § 180 GWB sind bislang nicht bekannt geworden. Das mag auch daran liegen, dass die Voraussetzungen des Schadensersatzanspruchs schwer zu beweisen sind. In der vergaberechtlichen Spruchpraxis spielt die Vorschrift aber immerhin insoweit eine Rolle, als die Zulässigkeit eines Nachprüfungsverfahrens von den Vergabekammern und -senaten mit dem Hinweis verneint wird, dass der Nachprüfungsantrag rechtsmissbräuchlich i.S.d. § 180 GWB sei.[3]

B. Schadensersatz bei Rechtsmissbrauch (Abs. 1 und Abs. 2)

7 Der Anspruch auf Schadensersatz nach § 180 Abs. 1 GWB setzt objektiv einen „von Anfang an" erfolglosen vergaberechtlichen Rechtsbehelf und subjektiv die Motivation des Antragstellers bzw. Beschwerdeführers voraus, das Nachprüfungsverfahren nicht – oder zumindest nicht in erster Linie – zur Überprüfung des Vergabeverfahrens einleiten zu wollen, sondern vielmehr, um eigennützige, sachfremde oder drittschädigende Interessen zu verfolgen.

I. Anspruchsteller

8 Anspruchsteller gemäß § 180 GWB kann jeweils die andere Seite in einem Nachprüfungsverfahren sein. Der gesetzliche Wortlaut spricht insoweit lediglich von „**Gegner und den Beteiligten**". Bei rechtsmissbräuchlich durch den Antragsteller eingesetztem Nachprüfungsantrag bzw. sofortiger Beschwerde kann Anspruchsteller aus § 180 GWB also der öffentliche Auftraggeber und/oder ein Beigeladener sein. Beim Missbrauch der sofortigen Beschwerde durch den öffentlichen Auftraggeber können Anspruchsinhaber der Antragsteller und/oder ein Beigeladener sein und beim Missbrauch der sofortigen Beschwerde durch einen Beigeladenen können sich der Antragsteller, der öffentliche Auftraggeber und/oder ein anderer Beigeladener auf einen Anspruch nach § 180 GWB berufen.

---

1 Siehe hierzu Rn. 52.
2 Gesetzesbegründung, VgRÄG, BT-Drs. 13/9340, 22.
3 Siehe hierzu Rn. 46.

Ein Unternehmen, das die Vergabekammer entgegen § 162 GWB **nicht zu dem Verfahren beigeladen** hat, obwohl seine Interessen durch die beantragte Entscheidung der Vergabekammer schwerwiegend berührt werden können, kommt hingegen als berechtigter Anspruchsteller nicht in Betracht. § 180 Abs. 1 GWB weist nach seinem eindeutigen Wortlaut nur einem Verfahrensbeteiligten den Anspruch zu: Der Begriff des bzw. der „Beteiligten" bezeichnet in Teil 4 des GWB – wie ein Blick auf die §§ 162, 165, 166, 167, 171, 174 und 182 GWB zeigt – die Beteiligten des Nachprüfungs- oder Beschwerdeverfahrens und ist daher in einem streng prozessual-formellen Sinne zu verstehen. Nicht beigeladene Unternehmen können daher keinen Schadensersatz nach § 180 GWB verlangen.[4] 9

II. Anspruchsgegner

Der Anspruch nach § 180 Abs. 1 GWB richtet sich gegen den **Antragsinhaber**, also gegen denjenigen Bieter, auf dessen Antrag ein Nachprüfungsverfahren eingeleitet wurde, wenn die Zulässigkeit oder Berechtigung dieses Antrags infrage steht. Geht es um einen Missbrauch des Rechts der sofortigen Beschwerde gegen die Entscheidung der Vergabekammer, ist Anspruchsgegner der **Beschwerdeführer**, also entweder der Antragsteller oder der öffentliche Auftraggeber. Hat (auch) ein von der Vergabekammer **beigeladenes Unternehmen** die sofortige Beschwerde eingelegt, kann der Anspruch auch gegenüber diesem Verfahrensbeteiligten bestehen. 10

III. Anspruchsvoraussetzungen

Der Schadensersatzanspruch nach § 180 Abs. 1 GWB knüpft zunächst daran an, dass sich der Nachprüfungsantrag nach § 160 GWB oder die sofortige Beschwerde nach § 171 GWB als **von Anfang an ungerechtfertigt** erweist. 11

Für sich genommen kann der Umstand, dass das **Begehren** des Anspruchstellers oder Beschwerdeführers **sachlich nicht gerechtfertigt** ist und dem Gegner über das Verfahren hinaus **Nachteile** erwachsen (z.B. dass sich eine Auftragsvergabe und die Durchführung des Auftrags wegen des Nachprüfungsverfahrens verzögert oder dem Auftragnehmer Mehrkosten wegen gestiegener Materialpreise entstehen), grundsätzlich noch keine Schadensersatzpflicht begründen. Auch unter diesen Umständen kann dem Antragsteller bzw. dem Beschwerdeführer bei dessen subjektiver Redlichkeit nicht vorgeworfen werden, das Nachprüfungs- oder Beschwerdeverfahren als staatliches, gesetzlich eingerichtetes und geregeltes Verfahren einzuleiten oder zu betreiben. Für die Folgen einer (nur fahrlässigen) Fehleinschätzung der Rechtslage haftet der Betreffende daher außerhalb der schon im Verfahrensrecht vorgesehenen Sanktionen grundsätzlich nicht. Denn der Schutz des Prozessgegners wird regelmäßig durch das staatliche Verfahren nach Maßgabe seiner gesetzlichen Ausgestaltung gewährleistet.[5] 12

Für die vergaberechtlichen Nachprüfungsverfahren muss das umso mehr gelten, weil ein Bieter zu dem Zeitpunkt, zu dem er ein Nachprüfungsverfahren einleitet, oft noch keine sichere Kenntnis von den geltend gemachten Vergaberechtsverstößen besitzt. Diese stellt sich zumeist erst nach der Akteneinsicht gemäß § 165 GWB ein. Wegen dieses typischen **Informationsdefizits zu Beginn eines Nachprüfungsverfahrens** – das insbesondere in Verfahren nach der VgV auftreten kann, bei denen die Bieter gemäß § 55 Abs. 2 S. 2 VgV nicht zum Eröffnungstermin zugelassen sind und auch die Preise der anderen Angebote nicht erfahren[6] – 13

---

4 Ebenso *Freytag*, in: Gabriel/Krohn/Neun, Handbuch des Vergaberechts, § 36 Rn. 11; für einen weiten Beteiligtenbegriff dagegen *Schneider*, in: Heuvels/Höß/Kuß/Wagner, Vergaberecht, § 125 GWB Rn. 9.

5 Vgl. BGH, Urteil v. 15.7.2005 – GSZ 1/04.

6 Vgl. auch VK Sachsen, Beschluss v. 25.11.2009 – 1/SVK/051-09. Nach der VOB/A 2016 dürfen die Bieter bei Vergaben unterhalb der Schwellenwerte am Eröffnungstermin teilnehmen.(§ 14 Abs. 1 VOB/A 2016). Bei Bauvergaben oberhalb der Schwellenwerte stellt der öffentliche Auftraggeber im offenen und nicht offenen Verfahren nunmehr den Bietern nach § 14 EU Abs. 6 VOB/A 2016 die in der Niederschrift nach § 14 Abs. 3 Nr. 1 VOB/A 2016 aufzunehmenden Informationen elektronisch zur Verfügung.

richten sich die formalen Anforderungen an einen Nachprüfungsantrag im Wesentlichen danach, welche Kenntnisse der Bieter bezüglich der gerügten Vergabeverstöße hat oder haben kann.[7] Ein Antragsteller genügt seiner Darlegungslast – ausgenommen bei reinen Vermutungen – daher auch dann, wenn er lediglich Indizien oder aber tatsächliche Anhaltspunkte in seinem Antrag aufzeigt, die ihn zu dem Schluss bewogen haben, dass die Vergabestelle sich rechtswidrig verhalten habe.[8] Ist es demnach zulässig, dass der Antragsteller seinen Nachprüfungsantrag zunächst lediglich auf Indizien stützt, kann hieraus nicht seine Haftung hergeleitet werden, wenn sie sich im Nachhinein (und sei es sämtlich) als tatsächlich unzutreffend erweisen. Zu der Unzulässigkeit oder Unbegründetheit des Begehrens des Antragstellers müssen daher für den Anspruch aus § 180 GWB **besondere Umstände** hinzukommen. Diese müssen die Würdigung zulassen, dass der Antragsteller sein Nachprüfungsrecht missbräuchlich einsetzt; denn § 180 Abs. 1 GWB sieht einen Ausgleich allein für durch den Missbrauch des Antrags- oder Beschwerderechts verursachte Schäden vor. Die Schwelle liegt damit durchaus hoch: § 180 GWB erfasst allein eine rücksichtslose Ausnutzung einer lediglich formellen Rechtsposition.[9] Diese liegt z.B. dann vor, wenn sich ein Antragsteller sachliche oder zeitliche Zwänge der Vergabestelle zunutze machen will, um für sich daraus Vorteile zu ziehen.

1. Ungerechtfertigter Antrag oder Beschwerde

14 Die erste Voraussetzung des Schadensersatzanspruchs nach § 180 Abs. 1 GWB, wonach der Nachprüfungsantrag oder die sofortige Beschwerde von Anfang an ungerechtfertigt gewesen sein muss, ist objektiver Natur.

15 **Ungerechtfertigt** ist das Rechtsmittel, wenn es unzulässig oder unbegründet ist. „**Von Anfang an** ungerechtfertigt" ist es, wenn es bei richtiger Beurteilung der tatsächlichen und rechtlichen Gegebenheiten des Einzelfalles keinen Erfolg haben konnte, weil die Voraussetzungen hierfür im Zeitpunkt der Antragstellung objektiv nicht vorlagen.[10] Ein zusätzliches ungeschriebenes „**Offensichtlichkeitsmerkmal**", wie es teilweise in der Literatur[11] gefordert wird, ist nicht zu berücksichtigen.[12]

16 Von Anfang an ungerechtfertigt ist ein Rechtsmittel **beispielsweise** dann, wenn die Antragsbefugnis des Antragstellers fehlte, der behauptete Verstoß gegen das Vergaberecht nicht rechtzeitig gerügt wurde oder der mit dem Antrag verfolgte Anspruch bzw. der mit der Beschwerde gerügte Rechtsfehler tatsächlich nicht bestand.

17 Die Frage, ob das mit dem Nachprüfungsantrag oder der sofortigen Beschwerde verfolgte Begehren von Anfang an ungerechtfertigt war, ist anhand der möglichen Erkenntnisse in der letzten möglichen Verhandlung in der Tatsacheninstanz des Schadensersatzprozesses zu beantworten. Sie muss bezogen auf den **Zeitpunkt** beantwortet werden, zu dem der betreffende Antrag vor der Vergabekammer oder die Beschwerde vor dem Oberlandesgericht (bei Antragserweiterung oder -änderung nach einer Vorlage gemäß § 179 Abs. 2 GWB auch vor dem Bundesgerichtshof) erstmals gestellt wurde. Das ergibt sich aus der gesetzlichen Formulierung („von Anfang an ungerechtfertigt"). Auf **nachträgliche Umstände**, die ein zunächst zulässiges und begründetes Begehren unzulässig oder unbegründet machen, kann die Schadensersatzklage also nicht gestützt werden.

18 Bei **mehreren erhobenen Vorwürfen** kann ein Anknüpfungspunkt für ein Schadensersatzbegehren bereits dann vorliegen, wenn jedenfalls einer von diesen den gestellten Antrag nicht rechtfertigt.

19 Ein von Anfang an ungerechtfertigter Nachprüfungsantrag liegt auch dann vor, wenn der Antragsteller das Nachprüfungsverfahren mit der **Behauptung eines Vergabefehlers** einleitet,

---

7 OLG Dresden, Beschluss v. 6.6.2002 – WVerg 4/02.
8 Vgl. OLG München, Beschluss v. 7.8.2007 – Verg 8/07.
9 Vgl. BayObLG, Beschluss v. 20.12.1999 – Verg 8/99.
10 Vgl. BGH, Urteil v. 7.6.1988 – IX ZR 278/87, zu § 945 ZPO.
11 *Noch*, Vergaberecht kompakt, S. 84.
12 *Freytag*, in: Gabriel/Krohn/Neun, Handbuch des Vergaberechts, § 36 Rn.14 f.; *Verfürth*, in: Kulartz/Kus/Portz, GWB-Vergaberecht, § 125 Rn. 10.

die sich im weiteren Nachprüfungsverfahren nicht beweisen lässt. Das gilt selbst dann, wenn es dem Antragsteller daraufhin gelingt – etwa aufgrund der wegen seines Nachprüfungsantrags gewährten Akteneinsicht nach § 165 GWB –, einen anderen (begründeten) Vergaberechtsverstoß des öffentlichen Auftraggebers geltend zu machen und damit seinem Antrag zum Erfolg zu verhelfen.

2. Rechtsmissbrauch (Abs. 2)

Die zweite Voraussetzung des Schadensersatzanspruchs betrifft die Frage, ob der Anspruchsgegner von seinem Nachprüfungsrecht in missbräuchlicher Weise Gebrauch gemacht hat. § 180 GWB sanktioniert also eine subjektiv verwerfliche Zielrichtung. 20

Was unter **„Missbrauch"** zu verstehen ist, definiert das Gesetz nicht, § 180 Abs. 2 GWB nennt aber einige typische Beispiele („insbesondere") für von § 180 Abs. 1 GWB erfasste Missbrauchsfälle. 21

Andere **gesetzlich nicht genannte Missbrauchsfälle** müssen mit diesen Beispielen in Qualität und Schwere vergleichbar sein.[13] Ob dies der Fall ist, muss durch die Auslegung des Wortlauts bzw. von Sinn und Zweck der Vorschrift und einer vergleichenden Wertung mit den in § 180 Abs. 2 GWB genannten Beispielen ermittelt werden. Die Grenze zum Rechtsmissbrauch i.S.v. § 180 GWB ist erst dann überschritten, wenn die rücksichtslose Ausnutzung einer formellen Rechtsposition anzunehmen ist.[14] Ein von den gesetzlichen Regelbeispielen nicht erfasster Missbrauchsfall liegt z.B. vor, wenn ein Antragsteller das Nachprüfungsverfahren als Druckmittel einsetzt, um die Vergabestelle in grob eigennütziger Weise zu einer (Geld-)Leistung zu veranlassen, auf die er keinen Anspruch hat und die er billigerweise nicht erheben kann,[15] oder wenn ein Antragsteller sich das Recht, ein Nachprüfungsverfahren einzuleiten, „abkaufen" lässt.[16] 22

Die **Missbrauchshandlung** kann schon das Stellen des Nachprüfungsantrags oder das Einreichen der sofortigen Beschwerde selbst sein. Ein Rechtsmissbrauch kann aber auch durch sonstige Verfahrenshandlungen verwirklicht werden, mit denen der Antragsteller oder der Beschwerdeführer auf das (weitere) Verfahren vor der Vergabekammer oder dem Vergabesenat beim Oberlandesgericht Einfluss zu nehmen sucht. Das können beispielsweise sein: die Begründung des Nachprüfungsantrags oder der sofortigen Beschwerde, der Tatsachenvortrag und sonstige Angaben, das Bestreiten des gegnerischen Vortrags einschließlich der Nichterklärung hierzu, weitere Sachanträge, insbesondere das nachträgliche „Auffüllen" des Rechtsschutzbegehrens mit der Behauptung weiterer Vergaberechtsverstöße, Beweisantritte, Vertagungsanträge oder die Ablehnung von Mitgliedern der Vergabekammer bzw. des Vergabesenats sowie von Sachverständigen. 23

a) Falsche Angaben (Nr. 1)

Nach § 180 Abs. 2 Nr. 1 GWB liegt ein Missbrauch des Nachprüfungsrechts insbesondere darin, die Aussetzung oder die weitere Aussetzung des Vergabeverfahrens durch vorsätzlich oder grob fahrlässig vorgetragene falsche Angaben zu erwirken. Es muss also zu der Information des Auftraggebers über den Nachprüfungsantrag und das hierdurch bewirkte Zuschlagsverbot nach § 169 Abs. 1 GWB bzw. zur Ablehnung der vorzeitigen Zuschlagserteilung nach § 169 Abs. 2 GWB und § 176 GWB oder zum Fortdauern des Zuschlagsverbots nach § 173 Abs. 1 S. 3 GWB gekommen sein, weil der Antragsteller oder Beschwerdeführer falsche Angaben gemacht hat. 24

Der Antragsteller oder Beschwerdeführer muss dabei **gewusst** haben, dass die Angaben falsch sind (bei vorsätzlichem Missbrauch) oder die objektive Unrichtigkeit der Angaben **nicht erkannt** haben, weil er die im Verkehr erforderliche **Sorgfalt** in besonders schwerem Maße 25

13 VK Baden-Württemberg, Beschluss v. 16.1.2009 – 1 VK 64/08.
14 Siehe hierzu bereits Rn. 13; vgl. VK Baden-Württemberg, Beschluss v. 16.1.2009 – 1 VK 64/08.
15 VK Brandenburg, Beschluss v. 20.12.2005 – 1 VK 75/05.
16 OLG Düsseldorf, Beschluss v. 14.5.2008 – VII-Verg 27/08.

außer Acht gelassen hat (bei grob fahrlässigem Missbrauch). Er muss demnach diejenige Umsicht und Sorgfalt vernachlässigt haben, die in der konkreten Lage nach dem Urteil besonnener und gewissenhafter Beteiligter an einem Vergabeverfahren der betreffenden Art erwartet werden können.[17] Ein **grob fahrlässiges** Handeln liegt dann vor, wenn schon die einfachsten, ganz nahe liegenden Überlegungen, die hiernach erforderlich sind, nicht angestellt werden, und nicht beachtet wird, was im gegebenen Fall jedem einleuchten muss, wobei auch subjektive, in der Person des Handelnden begründete Umstände zu berücksichtigen sind.[18] Unerheblich ist dabei, ob der Antragsteller bzw. der Beschwerdeführer bewusst oder grob fahrlässig verkannt hat, dass er rechtswidrig handelt. Gerade vor dem Hintergrund, dass Nachprüfungsanträge sich vor der Akteneinsicht häufig auf Indizien und auf im Markt bekannte, tatsächliche Anhaltspunkte stützen müssen,[19] darf bedingt vorsätzliches oder grob fahrlässiges Handeln nur nach einer sorgfältigen Gesamtwürdigung sämtlicher Umstände des Einzelfalles angenommen werden.

26 Die falschen Angaben müssen schließlich **ursächlich** für die (weitere) Aussetzung des Vergabeverfahrens im Sinne eines Kausalzusammenhangs gewesen sein. Wäre es ohnehin zu einer (weiteren) Aussetzung des Vergabeverfahrens gekommen, liegt ein Missbrauch nach dem Fallbeispiel des § 180 Abs. 2 Nr. 1 GWB nicht vor.

b) Behinderungs- und Schädigungsabsicht (Nr. 2)

27 Nach § 180 Abs. 2 Nr. 2 GWB liegt ein Missbrauch des Antrags- und Beschwerderechts auch insbesondere darin, die Überprüfung einer Auftragsvergabe mit dem Ziel zu beantragen, das Vergabeverfahren zu behindern oder die Konkurrenten um den Auftrag zu schädigen. Bei dieser Variante müssen also die Behinderung des Vergabeverfahrens oder die angestrebten Nachteile zulasten eines oder mehrerer Konkurrenten nicht tatsächlich eingetreten sein. Es reicht aus, dass der Antragsteller bzw. Beschwerdeführer ein entsprechendes Ziel mit seinem Rechtsbehelf verfolgt.

aa) Behinderungsabsicht (Alt. 1)

28 Unter **„Behinderung"** eines Vergabeverfahrens fallen in erster Linie vor allem durch das Zuschlagsverbot des § 169 Abs. 1 GWB bewirkte Verzögerungen der Auftragsvergabe. Erfasst sind aber auch sonstige, den Ablauf des Vergabeverfahrens erschwerende Umstände, z.B. dass dessen Abwicklung komplizierter, fehleranfälliger oder aufwendiger wird. Eine derartige Behinderung muss gerade das vorrangige Ziel sein, aus dem heraus der Betreffende das Nachprüfungsverfahren eingeleitet, die sofortige Beschwerde erhoben oder eine sonstige Vorgehensweise innerhalb des Nachprüfungsverfahrens gewählt hat. Ein Rechtsmissbrauch i.S.d. § 180 GWB setzt demnach voraus, dass es wegen eines Nachprüfungsantrags nach § 160 GWB oder einer sofortigen Beschwerde nach § 171 GWB zu einem Rechtsschutzverfahren kommt und sich das sanktionierte Verhalten in diesem Verfahren abspielt. Bei einer Entscheidung des Vergabesenats nach § 173 Abs. 1 GWB stellt sich das Problem im Übrigen in vergleichbarer Schärfe nicht, da Ursache der Verfahrensverzögerung die auf einer umfassenden Abwägung beruhende Entscheidung des Gerichts selbst ist; ein Missbrauchsvorwurf kann dann allenfalls auf § 180 Abs. 2 Nr. 1 GWB gestützt werden.

29 Ist die Behinderung des Vergabeverfahrens nach der Vorstellung des Antragsgegners nur eine – wenn auch unvermeidliche – **Nebenfolge** seines Handelns, dürfte das noch nicht die erste Alternative des § 180 Abs. 2 Nr. 2 GWB verwirklichen. Es reicht jedoch aus, dass der Anspruchsgegner die Behinderung des Vergabeverfahrens als Erfolg anstrebt, um ein anderes Ziel zu erreichen. Der Anspruchsgegner muss auch nicht als sicher annehmen, dass es zu der gewollten Behinderung des Vergabeverfahrens kommen wird; es reicht aus, wenn er eine Behinderung des Vergabeverfahrens als Folge seines Handelns für möglich hält.[20]

---

17 BGH, Urteil v. 15.11.1971 – VIII ZR 62/70.
18 St. Rspr., z.B. BGH, Urteil v. 13.12.2004 – II ZR 17/03.
19 Siehe hierzu bereits Rn. 13.
20 Vgl. allgemein schon BGH, Urteil v. 6.2.1963 – 3 StR 58/62.

30 Als sog. innere Tatsache, zu denen Beweggründe, Überlegungen und Willensentscheidungen zählen, ist die **Behinderungsabsicht** einem unmittelbaren Beweis kaum zugänglich.[21] Die Missbrauchsabsicht des Antragstellers oder Beschwerdeführers muss sich daher regelmäßig aus objektiven Umständen ergeben, die den Schluss zulassen, dass mit der Einleitung des Nachprüfungsverfahrens, dem Erheben der sofortigen Beschwerde oder sonstiger Verfahrenshandlungen das Ziel verfolgt wurde, den Fortgang des Vergabeverfahrens zu behindern. Dabei muss es sich schon insoweit um ganz besondere Umstände handeln, als der Antragsteller/Beschwerdeführer mit dem Nachprüfungsverfahren regelmäßig das Ziel verfolgt, selbst den Zuschlag zu erhalten.[22]

bb) Schädigungsabsicht (Alt. 2)

31 Auch bei der zweiten Alternative des § 180 Abs. 2 Nr. 2 GWB muss eine bestimmte Zielrichtung oder Absicht festgestellt werden. Der Anspruchsgegner muss mit seinem Nachprüfungsantrag oder einem sonstigen Antrag im Rahmen des Nachprüfungsverfahrens vor der Vergabekammer oder dem Vergabesenat beabsichtigen, einem oder mehreren Konkurrenten einen Nachteil zuzufügen.

32 Der **beabsichtigte Nachteil** muss nicht auf die Verletzung bestimmter Rechte oder Rechtsgüter zielen; es genügt, dass eine nachteilige Einwirkung auf die Vermögenslage eines Wettbewerbers um den öffentlichen Auftrag,[23] einschließlich der Belastung des fremden Vermögens mit einem Verlustrisiko, angestrebt wird. Auf den tatsächlichen Eintritt des erstrebten Erfolges kommt es wie bei der ersten Alternative von § 180 Abs. 2 Nr. 2 GWB nicht an.

33 **Indizien** für eine beabsichtigte Schädigung von Wettbewerbern können z.B. falsche – diffamierende – Angaben über die Eignung eines Konkurrenten sein, wenn daraus ersichtlich wird, dass die Angaben einer tatsächlichen Grundlage entbehren und es einzig darum geht, den Konkurrenten in ein schlechtes Licht zu rücken.

c) Antragsrücknahme gegen Geld oder andere Vorteile (Nr. 3)

34 Nach § 180 Abs. 2 Nr. 3 GWB stellt es schließlich einen Missbrauch des Nachprüfungsrechts dar, einen Antrag in der Absicht zu stellen, ihn später gegen Geld oder andere Vorteile zurückzunehmen.

35 Angesichts des Zwecks der Vorschrift, dem Missbrauch der Rechtsschutzmöglichkeiten umfassend entgegenzuwirken, ist unter **„Antrag"** nicht nur der Nachprüfungsantrag i.S.v. § 160 GWB, sondern auch die sofortige Beschwerde i.S.v. § 171 GWB sowie jeder sonstige Antrag im Rahmen des Nachprüfungsverfahrens zu verstehen.[24] Dafür spricht auch der Wortlaut der Vorschrift („einen Antrag") im Gegensatz etwa zu §§ 160 Abs. 3, 161, 163 Abs. 2 („der Antrag"; gemeint ist hier der Antrag auf Nachprüfung nach § 160 Abs. 1 GWB) oder zu § 169 GWB („eines Antrags auf Nachprüfung").

36 Der Missbrauchstatbestand des § 180 Abs. 2 Nr. 3 GWB ist verwirklicht, wenn ein Antrag innerhalb des Nachprüfungsverfahrens in der Absicht gestellt wurde, ihn gegen Geld oder andere Vorteile wieder zurückzunehmen. Die Absicht muss daher **schon vorgelegen haben**, als der Antrag gestellt wurde.

37 Vorausgesetzt wird eine nachweisbare **Kausalität** zwischen der Antragstellung und seiner Rücknahme aus finanziellem Interesse (sog. „pekuniären Motiven").[25] Davon ist z.B. auszugehen, wenn der Antragsteller der Vergabestelle zunächst anbietet, sich gegen eine unberechtigte und überzogene Geldzahlung (angebliche Anwaltskosten in Höhe von einem Sechstel des voraussichtlichen Gesamthonorars) aus dem Vergabeverfahren endgültig zurückzuziehen,

21 BVerfG, Urteil v. 30.6.1993 – 2 BvR 459/93.
22 Vgl. VK Sachsen, Beschluss v. 22.8.2001 – 1 SVK 79/01, zu einer bereits durch Antragstellung und weitere objektive Umstände dokumentierten Behinderungsabsicht.
23 BGH, Urteil v. 13.9.2004 – II ZR 276/02.
24 Ebenso *Antweiler,* in: Dreher/Motzke, Vergaberecht, § 125 GWB Rn. 19; a.A. *Schneider,* in: Heuvels/Höß/Kuß/Wagner, Vergaberecht, § 125 GWB Rn. 26.
25 VK Sachsen, Beschluss v. 21.3.2002 – 1/SVK/011-02; Beschluss v. 12.7.2000 – 1/SVK/52-00.

und das Nachprüfungsverfahren als Druckmittel benutzt, um dieser Forderung Nachdruck zu verleihen.[26] Grundsätzlich steht das GWB-Vergaberecht aber einer **Einigung der Verfahrensbeteiligten** im Wege des Vergleichs nicht entgegen, auch wenn die Vergleichsmöglichkeit im Nachprüfungsverfahrensrecht nicht ausdrücklich geregelt ist.[27] Der Versuch einer einvernehmlichen Einigung bleibt als solcher damit grundsätzlich unsanktioniert,[28] sodass darin – und sei es auch gegen Zahlung einer Geldsumme – nicht ohne Weiteres ein Missbrauch der Verfahrensrechte gesehen werden kann. Auch § 180 GWB hindert Antragsteller und Antragsgegner nicht daran, das Nachprüfungsverfahren durch einen Vergleich zu beenden, der einen Interessensausgleich zwischen beiden Parteien schafft, z.B. indem die Verfahrenskosten gleichmäßig zwischen den Parteien aufgeteilt werden.[29] Aus einem vor Einleitung eines Nachprüfungsverfahrens unterbreiteten Vorschlag, von einem Nachprüfungsverfahren gegen Zahlung einer Geldsumme abzusehen, kann daher noch weniger zwingend geschlossen werden, dass der dann doch eingereichte Nachprüfungsantrag nur aus dem Motiv heraus eingereicht wurde, grob eigennützig Geld aus einer Rücknahme des Antrags zu erzielen. Insoweit können erst spezifische Umstände die Annahme rechtfertigen, dass die Schwelle zum Rechtsmissbrauch durch einen Vergleichsvorschlag überschritten ist.[30]

3. Haftung für Dritte

38 § 180 Abs. 1 GWB sanktioniert der Sache nach eine unerlaubte Handlung i.S.d. § 823 Abs. 1 BGB. Handelt der Anspruchsgegner nicht selbst oder durch seine Organe, für deren Verhalten er nach § 31 BGB einzustehen hat, kann deshalb **§ 831 BGB** zur Anwendung kommen, wenn die Durchführung des Nachprüfungsverfahrens insgesamt oder bestimmte Verfahrenshandlungen Hilfspersonen übertragen worden sind. § 831 BGB verpflichtet denjenigen, der einen anderen zu einer Verrichtung bestellt, zum Ersatz des Schadens, den der andere in Ausführung der Verrichtung einem Dritten widerrechtlich zufügt.

39 Bei den von § 180 Abs. 1 GWB erfassten Sachverhalten kommt vor allem in Betracht, dass der prozessbevollmächtigte **Rechtsanwalt** eine Prozessführung wählt, die als Missbrauch des Antrags- oder Beschwerderechts zu qualifizieren ist. Wenn diese mit dem Anspruchsgegner abgesprochen ist oder dieser ihr zugestimmt hat, ist das Absprechen bzw. die Zustimmung bereits eine Handlung des Anspruchsgegners selbst, welche die Schadensersatzpflicht dem Grunde nach auslöst. Anderenfalls haftet der Antragsteller oder Beschwerdeführer für das Handeln seines für ihn tätigen Rechtsanwalts, wenn dieser als „Verrichtungsgehilfe" i.S.d. § 831 BGB anzusehen ist. Das dabei vorausgesetzte Weisungsrecht des Antragstellers oder Beschwerdeführers braucht nicht ins Einzelne zu gehen. Es genügt, dass der Antragsteller/Beschwerdeführer die Tätigkeit des Rechtsanwalts jederzeit beschränken oder entziehen oder nach Zeit und Umfang bestimmen kann.[31] **Selbstständige Unternehmen** fallen aber aus dem Anwendungsbereich des § 831 BGB heraus,[32] denn sie sind für ihr Verhalten selbst verantwortlich und ihr Vertragspartner darf sich in den Grenzen des Vertrauensgrundsatzes darauf verlassen, dass sie ihren Sorgfaltspflichten nachkommen werden; eine allgemeine Pflicht zur Überwachung und Kontrolle anderer gibt es nicht. Nach der hier vertretenen Ansicht lässt sich daher auch die Haftung des Antragstellers/Beschwerdeführers für Handlungen seines Rechtsanwalts nicht über § 831 BGB begründen. Eine Ersatzpflicht tritt ohnehin nach § 831 Abs. 1 S. 2 BGB dann nicht ein, wenn der Anspruchsgegner bei der Auswahl der bestellten Person die im Verkehr erforderliche Sorgfalt beobachtet oder wenn der Schaden auch bei Anwendung dieser Sorgfalt entstanden sein würde.[33]

---

26 VK Brandenburg, Beschluss v. 20.12.2005 – 1 VK 75/05.
27 VK Berlin, Beschluss v. 5.6.2007 – 1 VK B 2-17/07.
28 VK Baden-Württemberg, Beschluss v. 16.1.2009 – 1 VK 64/08.
29 VK Sachsen, Beschluss v. 21.3.2002 – 1/SVK/011-02; Beschluss v. 12.7.2000 – 1/SVK/52-00; vgl. auch VK Brandenburg, Beschluss v. 20.12.2005 – 1 VK 75/05.
30 VK Baden-Württemberg, Beschluss v. 16.1.2009 – 1 VK 64/08.
31 BGH, Urteil v. 30.6.1966 – VII ZR 23/65.
32 BGH, Urteil v. 12.12.1957 – II ZR 88/57.
33 *Scharen*, in: Willenbruch/Wieddekind, Vergaberecht, § 125 GWB Rn. 10.

4. Verschulden

40 Der Schadensersatzanspruch des § 180 Abs. 1 GWB setzt ein entsprechendes Verschulden des Anspruchsgegners voraus.

41 Wie vor allem die Beispiele in § 180 Abs. 2 Nr. 2 und Nr. 3 GWB zeigen, kann der Missbrauch des Antrags- oder Beschwerderechts regelmäßig nur **vorsätzlich** begangen werden. Je nach Sachverhalt kann jedoch auch **grob fahrlässiges Verhalten** ausreichen, wie aus der zweiten Alternative von § 180 Abs. 2 Nr. 1 GWB deutlich wird. Der erforderliche Vorsatz ist zudem bereits dann gegeben, wenn der Anspruchsgegner die Umstände kannte, die seine fragliche Handlung als missbräuchlich erscheinen lassen, und wenn er den Schaden wollte, ihn also zumindest in Kauf genommen hat (bedingter Vorsatz). Der Vorsatz braucht sich nicht auf den konkreten Kausalverlauf und den genauen Umfang des Schadens zu erstrecken, er muss lediglich Art und Richtung des Schadens umfassen.[34] Um die Schadensersatzfolge nach § 180 Abs. 1 GWB auszulösen, muss der Anspruchsgegner also nicht in dem Bewusstsein gehandelt haben, das Antrags- oder Beschwerderecht zu missbrauchen. Es ist zudem nicht erforderlich, dass der Anspruchsgegner gewusst hat oder hätte wissen können oder müssen, dass der Nachprüfungsantrag oder die sofortige Beschwerde keinen Erfolg haben wird.

IV. Rechtsfolge

1. Schadensersatz

42 Wer das Antrags- und Beschwerderecht missbraucht hat, muss dem Geschädigten den durch den Missbrauch entstandenen Schaden bzw. die hierdurch entstandenen Nachteile ersetzen. Nach **§ 249 Abs. 1 BGB** ist deshalb an sich der Zustand wiederherzustellen, der bestehen würde, wenn der Anspruchsgegner das Antrags- und Beschwerderecht nicht missbraucht hätte. Eine solche tatsächliche Wiederherstellung wird in der Regel nicht möglich sein. Nach §§ 251 Abs. 1, 253 Abs. 1 BGB wird deshalb regelmäßig Geldersatz (nur) für den Vermögensschaden geschuldet, der adäquat kausal auf der betreffenden Handlung beruht.

43 Der **Schaden** wird **ermittelt** durch einen Vergleich der Vermögenslage (einschließlich der vermögenswerten Aussichten), die aufseiten des Anspruchstellers vor dem Missbrauch bestand, und derjenigen Vermögenslage, die als Folge des Missbrauchs tatsächlich eingetreten ist.

44 Dieser Schaden muss (zumindest auch) durch den Missbrauch verursacht worden sein. Schäden, die einen Beteiligten durch die Einwirkung Dritter während eines missbräuchlich eingeleiteten Nachprüfungs- oder Beschwerdeverfahrens und ohne das Zutun des sich missbräuchlich verhaltenden Antragstellers oder Beschwerdeführers zugefügt werden, lösen keine Schadensersatzpflicht nach § 180 GWB aus. **Kausal** ist der Missbrauch demnach dann, wenn der Missbrauch nicht hinweggedacht werden kann, ohne dass zugleich der konkret eingetretene Schaden entfiele. Nachteile, die bei objektiver nachträglicher Bewertung zwar als Erfolg gelten können, zu denen es aber nicht im Allgemeinen, sondern wegen besonders eigenartiger, unwahrscheinlicher und nach dem gewöhnlichen Verlauf der Dinge außer Betracht zu lassender Umstände gekommen ist, sind jedoch nicht zu ersetzen.[35]

Beispiele für ersatzfähige Schäden: Mehrkosten bei der Ausführung des Auftrags, wenn dessen Vergabe sich durch den Missbrauch verzögert hat; zusätzliche Finanzierungskosten; Mehrkosten aufgrund von gestiegenen Lohn- oder Materialkosten; Gewinn, der entgangen ist, weil der Missbrauch dazu geführt hat, dass ein anderer Auftrag nicht angenommen oder ausgeführt wurde. Wenn der Missbrauch dazu geführt hat, dass ein Konkurrent den ausgeschriebenen Auftrag nicht erhalten hat, obwohl er ihn hätte erhalten müssen, ist auch der insoweit entgangene Gewinn oder ein entsprechender Deckungsbeitrag zu erstatten.

---

34 BGH, Urteil v. 14.6.2000 – VIII ZR 218/99; Urteil v. 20.11.1990 – VI ZR 6/90.
35 BGH, Urteil v. 11.1.2005 – X ZR 163/02.

2. Mitverschulden

45 Der Ersatzanspruch kann wie jeder andere Schadensersatzanspruch gemäß § 254 BGB durch ein Mitverschulden des Anspruchstellers gemindert sein oder ganz entfallen, wenn der Anspruchsteller die ihn in eigenen Angelegenheiten treffende Sorgfalt nicht beachtet hat und er hierdurch in vorhersehbarer und vermeidbarer Weise zur Entstehung des geltend gemachten Schadens beigetragen hat. Der Einwand, den Anspruchsteller treffe ein Mitverschulden an dem entstandenen Schaden, ist nicht etwa deshalb von vornherein unbeachtlich, weil dem Anspruchsgegner angesichts des Missbrauchs der schwerwiegendere Vorwurf zu machen ist. Für die Haftungsverteilung ist in erster Linie das **Maß der Verursachung** maßgeblich, in dem die Beteiligten zur Schadensentstehung beigetragen haben; das beiderseitige Verschulden ist nur ein Faktor der bei § 254 BGB vorzunehmenden Abwägung.[36] Es kommt danach entscheidend darauf an, ob das Verhalten des Schädigers oder das des Geschädigten den Eintritt des Schadens in wesentlich höherem Maße wahrscheinlich gemacht hat.[37] In den von § 180 Abs. 1 GWB erfassten Konstellationen kann insbesondere eine Minderung nach § 254 Abs. 2 S. 1 BGB in Betracht kommen. Hiernach kann ein Mitverschulden auch darin bestehen, dass der Geschädigte es unterlässt, den zu ersetzenden Schaden gering zu halten. Das kann je nach den Umständen des Einzelfalles auch bedeuten, dass der Geschädigte verpflichtet ist, ein Deckungsgeschäft vorzunehmen.[38]

3. Versagung des Rechtsschutzes

46 Im **Ausnahmefall** kann die missbräuchliche Inanspruchnahme des vergaberechtlichen Rechtsschutzes nicht nur eine Schadensersatzpflicht begründen, sondern dazu führen, dass der vergaberechtliche Rechtsschutz zu versagen ist, also die Unzulässigkeit des Antrags oder der Beschwerde zur Folge hat.[39]

47 Das soll in Betracht kommen, wenn das Nachprüfungsverfahren dazu verwendet wird, die Vergabestelle in grob eigennütziger Weise zu einer Leistung zu veranlassen, auf die kein Anspruch besteht und billigerweise auch nicht erhoben werden kann.[40] In dem konkreten Fall hatte der Bieter bereits im Vorfeld des später eingeleiteten Nachprüfungsverfahrens angeboten, sich endgültig aus dem Vergabeverfahren zurückzuziehen, wenn die Vergabestelle einen bestimmten Geldbetrag bezahlen würde.[41] Ähnlich sind Konstellationen zu beurteilen, in denen ein Antragsteller die Rücknahme seines Nachprüfungsantrags von bestimmten Zusagen, auf die er keinen Anspruch hat, oder der Zahlung einer Entschädigungssumme abhängig macht.[42]

V. Verjährung

48 Der Schadensersatzanspruch aus § 180 Abs. 1 GWB unterliegt der Verjährung. Hinsichtlich Dauer, Hemmung, Ablaufhemmung, Neubeginn und Rechtsfolgen der Verjährung gelten die **allgemeinen zivilrechtlichen Vorschriften** der §§ 194 bis 218 BGB.

49 Die **regelmäßige Verjährungsfrist** beträgt drei Jahre. Sie beginnt mit dem Schluss des Jahres, in dem die folgenden zwei Voraussetzungen erfüllt sind: Erstens: Der Anspruch muss entstanden sein. Das ist auch für erst später entstehende Vermögenseinbußen der Fall, sobald dem Anspruchsteller ein erster Schaden entstanden ist und ein erster Teilbetrag im Wege der Leistungsklage geltend gemacht werden kann.[43] Zweitens muss der Anspruchsteller von allen Umständen Kenntnis erlangt haben, dass die Anspruchsvoraussetzungen erfüllt sind, oder

---

36 Vgl. schon BGH, Urteil v. 20.1.1998 – VI ZR 59/97; Urteil v. 9.7.1968 – VI ZR 171/67.
37 BGH, Urteil v. 12.7.1988 – VI ZR 283/87.
38 BGH, Urteil v. 17.1.1997 – V ZR 285/95.
39 OLG Düsseldorf, Beschluss v. 14.5.2008 – VII-Verg 27/08; VK Baden-Württemberg, Beschluss v. 16.1.2009 – 1 VK 64/08.
40 Diese Möglichkeit andeutend bereits BayObLG, Beschluss v. 20.12.1999 – Verg 8/99.
41 Vgl. VK Brandenburg, Beschluss v. 20.12.2005 – 1 VK 75/05.
42 OLG Düsseldorf, Beschluss v. 14.5.2008 – VII-Verg 27/08.
43 Vgl. z.B. BGH, Urteil v. 18.12.1997 – IX ZR 180/96.

aber es muss dem Anspruchsteller als grobe Fahrlässigkeit vorzuwerfen sein, dass er diese Kenntnis nicht hat (§§ 195, 199 Abs. 1 BGB).

Das Gesetz sieht ferner eine **zeitliche Höchstgrenze** vor, nach deren Ablauf der Anspruch in jedem Fall verjährt ist. Diese zeitliche Grenze beträgt zehn Jahre seit der Entstehung des Anspruchs oder dreißig Jahre seit dem Missbrauch (§ 199 Abs. 3 S. 1 BGB). Nach § 199 Abs. 3 S. 2 BGB ist die früher endende Frist maßgeblich. 50

Der Eintritt der Verjährung berechtigt den Anspruchsgegner, die Erfüllung des Anspruchs gemäß § 214 Abs. 1 BGB zu **verweigern**. Der Einwand der Verjährung wird im Schadensersatzprozess nur berücksichtigt, wenn der Anspruchsgegner sich darauf beruft oder er ihn dem Anspruchsteller gegenüber bereits früher geltend gemacht hat. 51

VI. Verfahrensfragen

1. Zuständigkeit

Eine auf § 180 Abs. 1 GWB gestützte Schadensersatzklage ist **vor den Zivilgerichten** zu erheben (vgl. § 104 Abs. 2 S. 2 GWB und insbesondere § 124 Abs. 1 GWB: „das ordentliche Gericht"); die Vergabekammern und Vergabesenate sind hierfür nicht zuständig.[44] Mit dem Nachprüfungsverfahren kann nur in das laufende Vergabeverfahren eingegriffen bzw. eine Rechtsverletzung des Antragstellers nach § 168 Abs. 1 und Abs. 2 GWB (ggf. mit der Folge der Unwirksamkeit eines abgeschlossenen Vertrages gemäß § 135 Abs. 1 GWB) festgestellt, nicht aber ein Schadensersatzanspruch geltend gemacht werden. Für eine auf § 180 GWB gestützte Klage ist **in erster Instanz sachlich** ausschließlich das Landgericht zuständig (§ 87 Abs. 1 S. 1 GWB). Ein Antrag auf Feststellung einer Schadensersatzverpflichtung nach § 180 GWB vor der Vergabekammer oder dem Vergabesenat ist daher nicht statthaft.[45] 52

Die Schadensersatzklage kann im **allgemeinen Gerichtsstand des Anspruchsgegners**, also in der Regel vor dem Gericht, in dessen Bezirk der Anspruchsgegner wohnt bzw. seinen Sitz hat, oder – da der Sache nach eine unerlaubte Handlung zu beurteilen ist – vor dem Gericht erhoben werden, in dessen Bezirk nach der Behauptung des Klägers der mit Anlass der Klage ausmachende Missbrauch begangen worden ist (§ 32 ZPO). 53

2. Darlegungs- und Beweislast

Die Darlegungs- und Beweislast ist im Schadensersatzprozess wie folgt verteilt: Als Anspruchsteller hat der **Kläger** alle streitigen Umstände zu beweisen, aus denen sich ergibt, dass die anspruchsbegründenden Voraussetzungen (Fehlen einer Rechtfertigung für den Nachprüfungsantrag oder für die sofortige Beschwerde von Anfang an, Missbrauch des Antrags- oder Beschwerderechts durch konkret zu benennende Handlung, Verschulden, Vermögensnachteil, Kausalität) vorliegen. Der Anspruchsteller muss grundsätzlich auch die hierfür erforderlichen Tatsachen vortragen. Die Umstände, die den Vorwurf eines Mitverschuldens nach § 254 BGB begründen oder die den Eintritt der Verjährung ergeben, hat dagegen der **Anspruchsgegner** darzulegen und zu beweisen. 54

Der Anspruchsteller kann von seiner Beweislast **teilweise** durch § 179 Abs. 1 GWB **befreit** sein, soweit die Vergabekammer unanfechtbar festgestellt hat, dass ein Verstoß gegen Vergabevorschriften vorliegt bzw. nicht vorliegt. Nach § 179 Abs. 1 GWB ist das Zivilgericht, das über einen Schadensersatzanspruch wegen Verstoßes gegen Vergabevorschriften befinden muss, an diese unanfechtbare Entscheidung der Vergabekammer (bzw. des Vergabesenats oder des nach § 179 Abs. 2 GWB angerufenen Bundesgerichtshofs) gebunden. Dabei ist nicht nur der Tenor (die Entscheidungsformel), sondern es sind auch die Entscheidungsgründe samt der dazugehörigen tatbestandlichen Feststellungen der Entscheidung der ordentlichen Gerichte über den Schadensersatzanspruch zwingend zugrunde zu legen,[46] dies aber nur inso- 55

44 OLG Naumburg, Beschluss v. 14.3.2014 – 2 Verg 1/14.
45 OLG Naumburg, Beschluss v. 14.3.2014 – 2 Verg 1/14.
46 Siehe *Damaske* zu § 179 Rn. 29.

weit, als eine Feststellung über die Rechtswidrigkeit einer Handlung der Vergabestelle im Ausschreibungsverfahren getroffen worden ist. Weil die doppelte Prüfung der Frage, ob ein Vergaberechtsverstoß vorliegt, vermieden werden soll, ist eine Bindung auch an die Entscheidung der Nachprüfungsinstanzen zu bejahen, dass kein Vergaberechtsverstoß gegeben ist.[47]

56 Die **Bindungswirkung** erstreckt sich aber auch nur auf die Frage eines Verstoßes. Allein in diesem Punkt können sich Nachprüfungsverfahren und Schadensersatzprozess überschneiden. Denn die Entscheidung im Nachprüfungsverfahren dreht sich allein um die Rechtsverletzung. Im Zivilprozess ist der Schadensersatzanspruch aber noch nicht mit der Darlegung eines Vergabeverstoßes abgedeckt, sondern es müssen weitere Anspruchsvoraussetzungen dargelegt werden.[48] Das Zivilgericht, das über einen Schadensersatzanspruch nach § 180 GWB zu befinden hat, muss also seiner Entscheidung zugrunde legen, dass ein Verstoß gegen bieterschützende Vorschriften vorliegt. Ob sich aber daraus ein Anspruch auf Schadensersatz gegenüber dem Auftraggeber ergibt, ob also aufseiten des Auftraggebers z.B. ein Verschulden vorliegt und dadurch kausal ein Schaden verursacht worden ist oder ob aus anderen Gründen ein Schadensersatzanspruch ausgeschlossen ist, wird von dem Zivilgericht in eigener Verantwortung entschieden.[49] Im Prozess um einen Anspruch aus § 180 GWB kann die Bindungswirkung eine Rolle spielen, wenn die Entscheidung der Vergabekammer bestandskräftig gewordene Feststellungen zu den Voraussetzungen des Anspruchs nach § 180 Abs. 1 GWB, also etwa zur fehlenden Rechtfertigung des Nachprüfungsantrags oder der sofortigen Beschwerde, enthält.

57 Im Übrigen hilft die **Bindungswirkung** des § 179 Abs. 1 GWB dem Anspruchsgläubiger nicht weiter. Denn die Vorschrift ordnet eine Bindungswirkung von bestandskräftigen Entscheidungen im Nachprüfungsverfahren ausdrücklich nur für Schadensersatzklagen an, die auf einen Verstoß des Anspruchsgegners gegen Vergabevorschriften gestützt sind. Eine Entscheidung der Vergabekammer im Nachprüfungsverfahren oder des Vergabesenats im Beschwerdeverfahren ist aber auch in Fällen, in denen ihr keine Bindungswirkung zukommt, ein **tatsächlicher Umstand**, den das Zivilgericht bei der Beweiswürdigung nach § 286 ZPO im Schadensersatzprozess berücksichtigen muss. Ein Kläger in einem Schadensersatzprozess kann sich also zur Rechtfertigung seines Anspruchs in der Sache auf die Ergebnisse eines Nachprüfungsverfahrens berufen, und zwar auch dann, wenn er hieran nicht beteiligt ist.[50]

VII. Sonstige Anspruchsnormen

58 Die Schadensersatzpflicht des § 180 Abs. 1 und Abs. 2 GWB stellt aus der Sicht des Gesetzgebers eine „spezielle Ausprägung" der sittenwidrigen Schädigung nach **§ 826 BGB** und des Prozessbetrugs nach **§ 823 Abs. 2 BGB i.V.m. § 263 StGB** dar.[51] § 180 GWB verdrängt diese Ansprüche nicht.[52]

59 Ferner können Ansprüche aus **§ 181 GWB** oder aufgrund von **§§ 280 Abs. 1, 241 Abs. 2, 311 Abs. 2 BGB** bestehen. Hinsichtlich des Anspruchs aus §§ 280 Abs. 1, 241 Abs. 2, 311 Abs. 2 BGB entfaltet § 180 GWB jedoch soweit eine Sperrwirkung, als zumindest grob fahrlässiges Handeln vorauszusetzen ist.[53]

C. Schadensersatz bei ungerechtfertigter vorläufiger Maßnahme (Abs. 3)

60 Nach § 180 Abs. 3 GWB muss der Antragsteller dem Auftraggeber den aus der Vollziehung der auf seinen Antrag angeordneten Maßnahmen entstandenen Schaden ersetzen, wenn sich

47 Siehe hierfür *Damaske* zu § 179 Rn. 28.
48 VK Südbayern, Beschluss v. 8.2.2002 – 41-11/01.
49 Siehe hierzu *Damaske* zu § 179 Rn. 33 f.
50 OLG Dresden, Urteil v. 10.2.2004 – 20 U 1697/03.
51 Gesetzesbegründung, VgRÄG, BT-Drs. 13/9340, 22.
52 Ebenso *Hesshaus*, VergabeR 2008, 372 (378).
53 *Freytag*, in Gabriel/Krohn/Neun, Handbuch des Vergaberechts, § 36 Rn. 40; *Hesshaus*, VergabeR 2008, 372 (378).

die von der Vergabekammer nach § 169 Abs. 3 GWB getroffenen vorläufigen Maßnahmen als von Anfang an ungerechtfertigt erweisen.

Die Regelung in § 180 Abs. 3 GWB begründet damit ähnlich wie die Regelung des § 945 ZPO eine **verschuldensunabhängige Haftung** für denjenigen, der zunächst nur vorläufige Maßnahmen erwirkt. Er erhält das Risiko eines durch die getroffenen Maßnahmen entstandenen Schadens zugewiesen, wenn sich später herausstellt, dass die einstweiligen Maßnahmen von Anfang an ungerechtfertigt waren. Die Vorschrift ist § 945 ZPO nachgebildet und setzt anders als § 180 Abs. 1 GWB **keinen Missbrauchstatbestand** voraus.[54] **61**

Mit einem **Antrag nach § 169 Abs. 3 S. 1 GWB** kann der Antragsteller eines Nachprüfungsverfahrens vorläufige Maßnahmen beantragen, wenn er seine Rechte aus § 97 Abs. 6 GWB allein durch das Zuschlagsverbot nach § 169 Abs. 1 GWB nicht ausreichend geschützt sieht, seine Rechtsposition also „in anderer Weise als durch den Zuschlag" (vgl. § 169 Abs. 3 S. 1 GWB) gefährdet ist. Als derartige **vorläufige Maßnahmen** kommen hiernach etwa in Betracht: die Verlegung des Termins zur Angebotsabgabe bzw. das Verschieben des Submissionstermins und der Verlängerung der Zuschlagsfrist;[55] das Verbot, die streitgegenständlichen Leistungen bis zum Abschluss des Nachprüfungsverfahrens weiter fortzuführen;[56] das vorläufige Verbot der Aufhebung eines Vergabeverfahrens.[57] **62**

Die Entscheidung der Vergabekammer über derartige sonstige vorläufige Maßnahmen ist nach § 169 Abs. 3 S. 3 GWB **nicht selbstständig anfechtbar**. Zum Schutz des Antragsgegners ist daher eine anderweitige Regelung für den Fall vonnöten, dass die vorläufige Maßnahme, obwohl sie beschlossen wurde, bei vollständiger Berücksichtigung aller tatsächlichen Gegebenheiten nach der bestehenden Rechtslage nicht hätte getroffen werden dürfen – wenn sich also im Hauptverfahren über den Nachprüfungsantrag herausstellt, dass der zusätzliche Stopp einzelner Maßnahmen der Vergabestelle nicht gerechtfertigt war, mit dem der Antragsteller über das automatische Zuschlagsverbot hinaus in das Vergabeverfahren vorläufig bremsend eingegriffen hat. Für diesen Fall hat der Gesetzgeber eine strenge Haftung in Form der Schadensersatzpflicht nach § 169 Abs. 3 GWB konstruiert, die nur den Antragsteller des Nachprüfungsverfahrens trifft und nur zugunsten des öffentlichen Auftraggebers, also nicht auch zugunsten eines Beigeladenen, besteht. Voraussetzung ist dabei, dass die Vergabekammer genau dem Antrag auf Erlass einer vorläufigen Maßnahme entspricht und nicht weitergehende Maßnahmen verhängt hat. **63**

I. Ungerechtfertigte Maßnahmen

Die Schadensersatzpflicht nach § 180 Abs. 3 GWB entsteht dem Grunde nach, wenn die nach § 169 Abs. 3 S. 1 GWB von der Vergabekammer bzw. – entgegen dem Wortlaut – von dem Vergabesenat beschlossene Maßnahme **von Anfang an ungerechtfertigt** war.[58] Insoweit gilt das in Rn. 14 ff. Ausgeführte entsprechend. **64**

Ausgehend von den Voraussetzungen des § 169 Abs. 3 S. 1 GWB kann sich die beantragte und beschlossene Maßnahme hier allerdings aus zwei Gründen als von Anfang an ungerechtfertigt erweisen: einmal, weil im Nachprüfungsverfahren die Rechte des Antragstellers aus § 97 Abs. 6 GWB überhaupt **nicht betroffen** waren, zum anderen, weil – bei festzustellender Rechtsverletzung durch den öffentlichen Auftraggeber – die Maßnahme zur vorläufigen Wahrung der Rechte des Antragstellers im Vergabeverfahren **nicht geboten** war. Das gilt nicht nur in Fällen, in denen sich im Nachhinein herausstellt, dass der Hauptsacheantrag des Bieters von Anfang an unzulässig oder unbegründet war. Die Haftung nach § 180 Abs. 3 GWB besteht vielmehr auch dann, wenn sich im Schadensersatzprozess bei objektiver Bewertung der maßgeblichen Tatumstände ergibt, dass die getroffene vorläufige Maßnahme bei zutreffender **65**

54 Gesetzesbegründung, VgRÄG, BT-Drs. 13/9340, 22.
55 OLG Naumburg, Beschluss v. 9.8.2006 – 1 Verg 11/06; VK Sachsen, Beschluss v. 23.4.2004 – 1/SVK/026-04.
56 VK Niedersachsen, Beschluss v. 29.4.2005 – VgK-19/2005.
57 VK Sachsen, Beschluss v. 4.3.2002 – 1/SVK/019-02.
58 Vgl. OLG Naumburg, Beschluss v. 9.8.2006 – 1 Verg 11/06; OLG Celle, Beschluss v. 15.7.2004 – 13 Verg 11/04.

Beachtung des maßgeblichen Bewertungsmaßstabs nach § 169 Abs. 2 S. 1 GWB[59] nicht hätte getroffen werden dürfen.

II. Vollziehung

66 Der Anspruch nach § 180 Abs. 3 GWB setzt darüber hinaus noch die Vollziehung der auf den Antrag des Antragstellers hin beschlossenen vorläufigen Maßnahme voraus.

67 **Vollziehung** meint hier, dass die angeordnete Maßnahme mit Willen des Antragstellers tatsächlich ergriffen bzw. in Gang gesetzt worden ist, wobei der Beginn der hierzu erforderlichen Handlung genügt.[60] Hat die Vergabekammer als vorläufige Maßnahme z.B. die Verlängerung der Angebotsfrist angeordnet,[61] ist die Anordnung bereits vollzogen, wenn der öffentliche Auftraggeber die Mitteilung über die Verlängerung der Frist versendet. Auch eine freiwillige Befolgung durch den Auftraggeber ohne Vollstreckungsmaßnahmen dürfte ausreichend sein.[62]

III. Keine weiteren Anspruchsvoraussetzungen

68 Weitere Voraussetzungen existieren nicht. Nach dem eindeutigen Wortlaut der Vorschrift ist insbesondere **kein Verschulden** aufseiten des Antragstellers bzw. **kein Missbrauch** des Antragsrechts erforderlich. Das erklärt sich daraus, dass der zum Schadensersatz Verpflichtete auf relativ einfache Art für ihn günstige gerichtliche Maßnahmen erwirken kann, dafür muss er dann das volle und verschuldensunabhängige Risiko tragen, falls sich die erwirkte Maßnahme als unberechtigt herausstellt.

IV. Rechtsfolge

69 Nach § 180 Abs. 3 GWB muss der Antragsteller dem öffentlichen Auftraggeber den als adäquate Folge der Vollziehung entstandenen **Schaden ersetzen**. Weil die Vollziehung die Ursache des Schadens sein muss, kann nicht schon Ersatz der Nachteile verlangt werden, die beispielsweise nur deshalb entstanden sind, weil die Anordnung der Vergabekammer bekannt wurde.[63]

70 Auch der Schadensersatzanspruch aus § 180 Abs. 3 GWB kann durch ein **Mitverschulden** des öffentlichen Auftraggebers gemindert sein und unter Umständen sogar ganz entfallen. Ein Ausschluss oder eine Minderung ist insbesondere dann in Betracht zu ziehen, wenn ein schuldhaftes Verhalten des öffentlichen Auftraggebers dem Antragsteller Anlass gibt, eine weitere vorläufige Maßnahme zu beantragen.[64]

V. Verjährung und Verfahrensfragen

71 Zur **Verjährung** des Anspruchs aus § 180 Abs. 3 GWB vgl. Rn. 48 ff. Zu § 945 ZPO wird allerdings auch eine Verjährung nach § 852 BGB vertreten.[65]

72 Zur **Darlegungs- und Beweislast** vgl. Rn. 54 ff.

73 Zum sachlich und örtlich **zuständigen Gericht** vgl. Rn. 52 f.

---

59 Siehe hierfür *Kadenbach* zu § 169 Rn. 28 ff.
60 Vgl. BGH, Urteil v. 20.7.2006 – IX ZR 94/03 (zu § 945 ZPO).
61 Vgl. OLG Naumburg, Beschluss v. 9.8.2006 – 1 Verg 11/06; OLG Celle, Beschluss v. 15.7.2004 – 13 Verg 11/04.
62 So zu § 945 ZPO: OVG Berlin-Brandenburg, Urteil v. 23.5.2013 – OVG 5 B 3.10.
63 Vgl. BGH, Urteil v. 7.6.1988 – IX ZR, zu § 945 ZPO.
64 Vgl. BGH, Urteil v. 7.6.1988 – IX ZR, zu § 945 ZPO.
65 Zehn bzw. dreißig Jahre, so das OVG Berlin-Brandenburg, Urteil v. 23.5.2013 – 5 B 3.10; unter Berufung auf die zivilgerichtliche Rechtsprechung: vgl. etwa BGH, Beschluss v. 26. 10.2006 – IX ZR 148/04 und Urteil v. 15.5.2003 – IX ZR 283/02, jeweils zu § 852 BGB a.F. (= drei Jahre); so ohne Begründung auch *Baumbach/Lauterbach/Albers/Hartmann*, ZPO, § 945 Rn. 6 und 17, und *Redeker*, in: Redeker/von Oertzen, VwGO, § 123 Rn. 34.

Anlage

Gesetzesbegründung (BT-Drs. 18/6281)

Seite 136

§ 180 entspricht inhaltlich dem bisherigen § 125.

§ 181
Anspruch auf Ersatz des Vertrauensschadens

Hat der Auftraggeber gegen eine den Schutz von Unternehmen bezweckende Vorschrift verstoßen und hätte das Unternehmen ohne diesen Verstoß bei der Wertung der Angebote eine echte Chance gehabt, den Zuschlag zu erhalten, die aber durch den Rechtsverstoß beeinträchtigt wurde, so kann das Unternehmen Schadensersatz für die Kosten der Vorbereitung des Angebots oder der Teilnahme an einem Vergabeverfahren verlangen. Weiterreichende Ansprüche auf Schadensersatz bleiben unberührt.

Übersicht

		Rn.
A.	Allgemeines	1
I.	Europarechtliche Vorgaben	1
II.	Regelungsinhalt	5
B.	Schadensersatzanspruch (S. 1)	10
I.	Geltungsbereich	11
II.	Anspruchsvoraussetzungen	13
1.	Anspruchsberechtigter	13
2.	Anspruchsgegner	16
3.	Verletzungshandlung	19
a)	Bieterschutz	20
aa)	Bieterschützende Vorschriften	20
bb)	Nicht bieterschützende Vorschriften	26
cc)	Insbesondere: Unauskömmliche Angebote	29
b)	Verletzungshandlung durch Dritte	33
c)	Kein Verschulden	38
4.	Notwendige Folge des Verstoßes	40
a)	„Echte Chance"	41
b)	Verstoß ursächlich für Beeinträchtigung der echten Chance	47
c)	Einwand rechtmäßigen Alternativverhaltens	49
5.	Schaden	53
a)	Erstattungsfähiger Schaden	53
b)	Mitverschulden	58
III.	Verjährung	62
IV.	Zuständigkeit	63
V.	Darlegungs- und Beweislast	66
C.	Weiterreichende Schadensersatzansprüche (S. 2)	69
I.	Anspruchsziel	69
II.	Culpa in contrahendo (§§ 280 Abs. 1, 241 Abs. 2, 311 Abs. 2 BGB)	72
1.	Anspruchsinhalt	72
2.	Anspruchsvoraussetzungen	80
a)	Anspruchsberechtigter	80
b)	Anspruchsgegner	81
c)	Vorvertragliches Schuldverhältnis	83
d)	Verhaltenspflichten des Auftraggebers und der Bewerber	86
e)	Verletzungshandlung	96
f)	Verschulden	98
g)	Pflichtverletzung/Kausalität	101
3.	Schaden	107
a)	Ersatz des negativen Interesses	108
b)	Ersatz des positiven Interesses	113
c)	Ersatz des Entschädigungsbetrages	117
d)	Rechtmäßiges Alternativverhalten	119
e)	Mitverschulden	120
4.	Verjährung	123
5.	Zuständigkeit	124
6.	Darlegungs- und Beweislast	127
III.	Schadensersatz wegen unerlaubter Handlung (§ 823 BGB)	130
1.	Verletzung von Rechtsgütern und Rechten (§ 823 Abs. 1)	130
2.	Verletzung eines Schutzgesetzes (§ 823 Abs. 2)	132
a)	Schutzgesetz	132
b)	Zurechenbarer Schaden	137
IV.	Schadensersatz wegen sittenwidriger vorsätzlicher Schädigung (§ 826 BGB)	140
V.	Schadensersatz wegen Missbrauchs von Marktmacht (§§ 33 Abs. 2, 20 GWB)	143
VI.	Schadensersatz wegen unlauterer geschäftlicher Handlungen (§ 9 UWG)	147
Anlage	Gesetzesbegründung (BT-Drs. 18/6281)	

A. Allgemeines

I. Europarechtliche Vorgaben

1 Die Vorschrift legt die Voraussetzungen für einen auf das **negative Interesse** gerichteten Schadensersatzanspruch einheitlich für alle Auftrags- und Konzessionsvergaben fest.

2 Damit übernimmt der deutsche Gesetzgeber entsprechende **europarechtliche Vorgaben**. Hiernach müssen die Mitgliedstaaten Möglichkeiten vorsehen, dass denjenigen Wirtschaftsteilnehmern, die durch einen Verstoß gegen das Vergaberecht geschädigt worden sind, Schadensersatz zuerkannt werden kann (vgl. Art. 2 Abs. 1 lit. c RL 2007/66/EG, Art. 2 Abs. 7 RL 92/13/EWG). Zwingend erforderlich war diese Umsetzung an sich nicht,[1] da bereits das Haftungsinstitut der culpa in contrahendo[2] sicherstellt, dass einem durch einen Vergaberechtsverstoß Geschädigten Schadensersatz zuerkannt werden kann. Die aktuelle Vorschrift des § 181 GWB ist identisch mit der Regelung des § 126 GWB a.F.[3]

3 Bei der Bestimmung in Art. 2 Abs. 1 lit. c RL 2007/66/EG (bzw. Art. 2 Abs. 7 RL 92/13/EWG) handelt es sich um eine Konkretisierung des **Grundsatzes der Haftung des Staates für Schäden**, die dem Einzelnen durch dem Staat zuzurechnende Verstöße gegen das Unionsrecht entstehen.[4] Nach der Rechtsprechung des EuGH hat ein geschädigter Einzelner demnach einen Entschädigungsanspruch, wenn drei Voraussetzungen erfüllt sind:

1. Die unionsrechtliche Norm, gegen die verstoßen worden ist, bezweckt die Verleihung von Rechten an den Einzelnen,
2. der Verstoß gegen diese Norm ist hinreichend qualifiziert und
3. zwischen diesem Verstoß und dem dem Einzelnen entstandenen Schaden besteht ein unmittelbarer Kausalzusammenhang.[5]

4 Sind diese Voraussetzungen erfüllt, ist es in Ermangelung einschlägiger Unionsvorschriften Sache jedes Mitgliedstaates, in seiner internen Rechtsordnung die Kriterien zu bestimmen, auf deren Grundlage der Schaden aufgrund eines Verstoßes gegen das Unionsrecht im Bereich des Auftragswesens festzustellen und zu bemessen ist.[6] Dabei sind der Äquivalenz- und der Effektivitätsgrundsatz zu beachten. Die Verfahrensregelungen für Rechtsbehelfe, die den Schutz der den Einzelnen aus dem Gemeinschaftsrecht erwachsenden Rechte gewährleisten sollen, dürfen demnach nicht weniger günstig ausgestaltet sein als die für entsprechende Rechtsbehelfe, die nur innerstaatliches Recht betreffen (**Äquivalenzgrundsatz**). Darüber hinaus darf die Ausübung der durch die Gemeinschaftsrechtsordnung verliehenen Rechte nicht praktisch unmöglich gemacht oder übermäßig erschwert werden (**Effektivitätsgrundsatz**).

II. Regelungsinhalt

5 § 181 S. 1 GWB ist eine **eigenständige Anspruchsgrundlage**,[7] die grundsätzlich unabhängig von der Durchführung eines Nachprüfungsverfahrens herangezogen werden kann.[8] Unter den in § 181 S. 1 GWB näher bestimmten Voraussetzungen „kann das Unternehmen Schadensersatz für die Kosten der Vorbereitung des Angebots oder der Teilnahme an einem Vergabeverfahren verlangen".

6 Ihr gemeinschaftsrechtliches Vorbild in Art. 2 Abs. 7 RL 92/13/EWG sieht für Unternehmen, die Schadensersatz für die Kosten der Vorbereitung eines Angebots oder der Teilnahme an ei-

---

1 Offenlassend BGH, Urteil v. 27.11.2007 – X ZR 18/07.
2 Vgl. hierzu Rn. 72 ff.
3 Gesetzesbegründung, BT-Drs. 18/6281, 136.
4 EuGH, Urteil v. 9.12.2010 – Rs. C-568/08 (Stadt Graz), Rn. 45.
5 EuGH, Urteil v. 9.12.2010 – Rs. C-568/08 (Stadt Graz), Rn. 30 ff.
6 EuGH, Urteil v. 9.12.2010 – Rs. C-568/08 (Stadt Graz), Rn. 33 m.w.N.
7 OLG Koblenz, Urteil v. 15.1.2007 – 12 U 1016/05; KG, Urteil v 14.8.2003 – 27 U 264/02; VK Südbayern, Beschluss v. 8.2.2002 – 41-11/01.
8 *Deling*, in: Müller-Wrede, Taschenkommentar GWB-Vergaberecht, § 126 Rn. 1; vgl. aber Rn. 60.

nem Vergabeverfahren verlangen, lediglich eine Beweiserleichterung in Form eines **vereinfachten Kausalitätsnachweises** vor. Hiernach muss ein Anspruchsteller nachweisen, dass ein Verstoß gegen die Vergabevorschriften vorliegt und dass er eine echte Chance gehabt hätte, den Zuschlag zu erhalten, diese aber durch den Rechtsverstoß beeinträchtigt wurde. Um die Erstattung seiner Kosten für die Teilnahme am Vergabeverfahren zu erlangen, muss der Antragsteller demnach also nicht nachweisen, dass er ohne den Rechtsverstoß den Zuschlag erhalten hätte. § 181 GWB übernimmt – wie schon § 126 GWB a.F. – den vereinfachten Kausalitätsnachweis, der europarechtlich nur für den Sektorenbereich vorgesehen war, für **alle Auftragsarten** und geht damit auch insoweit über den ursprünglichen gemeinschaftsrechtlichen Rahmen hinaus, innerhalb dessen für Liefer-, Bau- und allgemeine Dienstleistungsaufträge keine vergleichbare Erleichterung gewährt wurde.

Bedenken des Bundesrates, die sich auf das **hohe Haftungsrisiko** für die Auftraggeber durch die Regelung des damaligen § 126 GWB stützten, trug die Bundesregierung im Gesetzgebungsverfahren zum VgRÄG keine Rechnung: Es solle eine einheitliche Regelung für das gesamte Vergaberecht erfolgen, da ansonsten beispielsweise die Gemeinden ein anderes Haftungsrecht als ihre Stadtwerke (Sektorenauftraggeber) hätten, dies eine Verkomplizierung des Rechts bedeuten würde, die nicht verstanden würde.[9] Die Ausdehnung der Beweiserleichterung auf alle Auftragsarten verstößt im Übrigen auch nicht gegen Gemeinschaftsrecht. Denn letztlich wird damit der Zielrichtung der Vergaberichtlinien entsprochen, die dem Schutz der Bieter gilt.[10] Dass die unveränderte Übernahme des Tatbestandsmerkmals der **„echten Chance"** aus der Richtlinie dagegen problematisch ist, wie die zahlreichen Konkretisierungsbemühungen in der Folgezeit beweisen, hatte die Bundesregierung bereits im Gesetzgebungsverfahren zum VgRÄG offenbar jedenfalls im Ansatz gesehen. Nach dem Regierungsentwurf sollte es nämlich ausreichen, dass das Angebot des Bieters, der Schadensersatz begehrt, bei der Wertung der Angebote lediglich „in die engere Wahl" gekommen wäre. Zur Begründung verwies die Bundesregierung damals darauf, dass das Kriterium der „engeren Wahl" bereits in (dem damaligen) § 25 Nr. 3 Abs. 3 VOB/A eingeführt sei und dem Begriff der echten Chance inhaltlich entspreche.[11] Hiergegen wandte sich der Bundesrat und schlug stattdessen vor, den Begriff der „engeren Wahl" durch den der „echten Chance" zu ersetzen, weil das Kriterium der „engeren Wahl" darüber hinausgehe, was Art. 2 Abs. 7 RL 92/13/EWG verlange: Nur wer eine echte Chance gehabt hatte, nicht jedoch auch, wer nur in eine engere Wahl gekommen ist, habe einen gemeinschaftsrechtlichen Anspruch; es lägen insoweit unterschiedliche Grade der Stellung in der Bieterfolge vor.[12] In ihrer Gegenäußerung stimmte die Bundesregierung dem zu,[13] woraufhin der Gesetzentwurf mit diesem Inhalt durch das VgRÄG verabschiedet wurde. 7

Die vom Bundesrat ursprünglich erhoffte Beschränkung der Streitigkeiten ist indes durch die wortgetreue Übernahme der Vorgaben aus der Richtlinie nicht eingetreten. Bis zur **Grundsatzentscheidung des BGH**[14] war hoch umstritten, was unter einer „echten Zuschlagschance" – ein Begriff, der im deutschen Vergaberecht ansonsten keine Verwendung findet – zu verstehen war.[15] 8

Die Vorgängervorschrift des § 126 GWB a.F. ist durch das **VergRModG 2016** inhaltlich nicht verändert worden. Schon zuvor hatte das VergRModG 2009 die Vorschrift unverändert beibehalten, ihr Anwendungsbereich wurde damals nicht auf Auftragsvergaben unterhalb der Schwellenwerte ausgedehnt.[16] 9

9 Vgl. Gegenäußerung der Bundesregierung, VgRÄG, BT-Drs. 13/9340, 51 (zu Nr. 38).
10 BGH, Urteil v. 27.11.2007 – X ZR 18/07.
11 Gesetzesbegründung, VgRÄG, BT-Drs. 13/9340, 22 f.
12 Vgl. Gegenäußerung der Bundesregierung, VgRÄG, BT-Drs. 13/9340, 44 (zu Nr. 37).
13 Vgl. Gegenäußerung der Bundesregierung, VgRÄG, BT-Drs. 13/9340, 51 (zu Nr. 37).
14 BGH, Urteil v. 27.11.2007 – X ZR 18/07.
15 Siehe Rn. 44.
16 Zu Schadensersatzansprüchen unterhalb der Schwellenwerte siehe Rn. 77 und 125.

B. Schadensersatzanspruch (S. 1)

10 § 181 S. 1 GWB gewährt Unternehmen einen Anspruch auf Ersatz des Schadens, der dadurch entstanden ist, dass der Auftraggeber gegen eine den Schutz von Unternehmen bezweckende Vorschrift verstoßen hat und der Anspruchsteller ohne diesen Verstoß bei der Wertung der Angebote eine echte Chance gehabt hätte, den Zuschlag zu erhalten, diese aber durch den Rechtsverstoß des Auftraggebers beeinträchtigt wurde.

I. Geltungsbereich

11 Wie bei allen Vorschriften des Vierten Teils des GWB kommt die Anwendung des § 181 GWB bei Aufträgen in Betracht, welche nach § 106 GWB die **Schwellenwerte erreichen oder überschreiten** und nicht unter den **Ausnahmekatalog der §§ 107 bis 109 GWB** fallen.[17] Maßgeblich sind die Schwellenwerte, auf die im Rahmen von § 106 GWB verwiesen wird. Einer zusätzlichen Ermächtigung zum Erlass von Verordnungen wie etwa in Form des § 127 GWB a.F. bedarf es insofern nicht mehr. Bei Auftragsvergaben unterhalb der Schwellenwerte bzw. bei den in §§ 107 bis 109 GWB von der Anwendung des Vergaberechts befreiten Aufträgen kann Schadensersatz ausschließlich nach den allgemeinen zivilrechtlichen Vorschriften verlangt werden.[18]

12 Maßgeblich für die Anwendbarkeit des § 181 GWB ist demnach allein, ob der **Anwendungsbereich des EU-Vergaberechts**, das im Teil 4 des GWB in deutsches Recht umgesetzt wurde, eröffnet ist, nicht aber, ob der Auftraggeber tatsächlich ein europaweites Vergabeverfahren durchgeführt hat. Schon der Wortlaut des § 181 S. 1 GWB enthält keinen Anhaltspunkt dafür, dass die Vorschrift bei bestimmten Verstößen gegen bieterschützende Vergabebestimmungen nicht eingreifen und dass die Durchführung eines gemeinschaftsweiten Vergabeverfahrens Voraussetzung für ihre Anwendung sein soll.[19] Auch die Stellung der Vorschrift im Gesetz, die Entstehungsgeschichte der Norm[20] und ihr Sinn und Zweck bieten für ein derartiges Verständnis keinen Raum. Wäre die Einleitung eines europaweiten Vergabeverfahrens nach den §§ 97 ff. GWB Anwendungsvoraussetzung für § 181 S. 1 GWB, würde es überdies im Belieben der Vergabestelle stehen, sich der erweiterten Schadensersatzpflicht zu entziehen. Gerade grundlegende Verfahrensverstöße könnten dann nicht im Lichte der §§ 97 ff. GWB überprüft werden, sodass eine nicht zu tolerierende Rechtsschutzlücke entstünde.[21] § 181 GWB kann auch dann einschlägig sein, wenn etwa nach einer Aufhebung des Vergabeverfahrens keine Wertung der Angebote stattgefunden hat. Wenn es in § 181 GWB heißt „hätte das Unternehmen ohne diesen Verstoß bei der Wertung der Angebote eine echte Chance gehabt" folgt daraus nicht, dass eine Wertung der Angebote durch den Auftraggeber tatsächlich durchgeführt worden sein muss. § 181 S. 1 GWB setzt nach seinem Wortlaut („... und hätte das Unternehmen ohne diesen Verstoß ...") ohnehin eine hypothetische Ermittlung des Handlungsverlaufs voraus, wie er sich ohne den beanstandeten Verstoß zugetragen hätte. Unterbleibt ein europaweites Vergabeverfahren, ist dementsprechend darauf abzustellen, ob das abgegebene Gebot in einem hypothetischen Verfahren eine Zuschlagschance gehabt hätte, wenn die Vergabestelle den betreffenden Auftrag bei korrekter Handhabung gemeinschaftsweit ausgeschrieben hätte.[22] Die tatsächliche Durchführung eines EU-weiten Vergabeverfahrens kann damit insgesamt nicht Voraussetzung für den Anspruch aus § 181 GWB sein. Auch Teilnehmern eines nationalen Vergabeverfahrens, das EU-weit hätte bekannt gemacht werden müssen, steht damit der Weg offen, über § 181 S. 1 GWB Schadensersatz zu verlangen.

---

17 Vgl. zur alten Rechtslage BGH, Urteil v. 27.11.2007 – X ZR 18/07; OLG Stuttgart, Urteil v. 30.4.2007 – 5 U 4/06.
18 Vgl. hierzu Rn. 71 ff.
19 BGH, Urteil v. 27.11.2007 – X ZR 18/07.
20 Vgl. hierzu Rn. 6 ff.
21 Vgl. OLG Koblenz, Urteil v. 15.1.2007 – 12 U 1016/05.
22 BGH, Urteil v. 27.11.2007 – X ZR 18/07.

II. Anspruchsvoraussetzungen

1. Anspruchsberechtigter

Anspruchsberechtigter nach § 181 S. 1 GWB kann **jedes Unternehmen**, also jede natürliche oder juristische Person, u.U. auch eine im Vergabeverfahren als Bieterin auftretende Bietergemeinschaft sowie – bei richtlinienkonformer Auslegung des § 181 GWB – auch einzelne Mitglieder einer Bietergemeinschaft[23] sein. 13

Der Schadensersatzanspruch nach § 181 S. 1 GWB besteht jedoch nur dann, wenn das benachteiligte Unternehmen eine **„echte Chance"** gehabt hätte, den Zuschlag zu erhalten. Ob eine derartige „echte Chance" auf den Zuschlag bestanden hätte, lässt sich allein durch einen Vergleich der eingereichten Angebote feststellen. Der Anspruchsteller muss also überhaupt ein Angebot abgegeben haben, das den Zuschlag hätte erhalten können. Wenn das betroffene Unternehmen nicht in einem eigenen Angebot verbindlich gegenüber dem Auftraggeber erklärt hat, zu welchen Konditionen und Preisen es die nachgefragte Leistung erbringen will, fehlt eine Grundlage für den durchzuführenden Vergleich der Angebote. Im Nachhinein kann kaum verlässlich ermittelt werden, welchen Inhalt ein hypothetisches Angebot des Anspruchstellers gehabt hätte.[24] Denn echte Wettbewerbsbedingungen kann das Zivilgericht im Schadensersatzprozess nicht wirklichkeitsgerecht nachstellen.[25] Anspruchsberechtigt nach § 181 S. 1 GWB sind damit im Ergebnis nur solche Unternehmen, die sich mit einem eigenen Angebot an dem Vergabeverfahren beteiligt haben.[26] 14

Hieraus lässt sich aber nicht schlussfolgern, dass ein ungeschriebenes Tatbestandsmerkmal, nach dem die **Teilnahme am Vergabeverfahren** Voraussetzung für die Zuerkennung eines Anspruchs nach § 181 GWB ist, zu beachten sei.[27] Für den eher theoretischen Fall, dass der Anspruchsteller die Ausschreibungsunterlagen angefordert und mit der Ausarbeitung seines Angebots begonnen hat, es jedoch nicht zur Abgabe des Angebots gekommen ist, gilt daher, dass ein Sachverständiger auf Einheitspreise, Angebotsendpreise und sonstige Preisangaben schließen und so das Bestehen einer „echten Chance" auch ohne die Abgabe eines eigenen Angebots beurteilen könnte.[28] Auch wenn nach herrschender Meinung § 181 GWB auch in diesen und ähnlichen Fällen – etwa auch bei De-facto-Vergaben – anwendbar sein soll, so dürfte dann regelmäßig jedoch kein nach § 181 S. 1 GWB erstattungsfähiger Schaden entstanden sein bzw. der Anspruch an den weiteren Tatbestandsvoraussetzungen scheitern.[29] 15

2. Anspruchsgegner

Anspruchsgegner ist der **Auftraggeber**. Gemeint sind Auftraggeber i.S.d. § 98 GWB und damit die dort genannten öffentlichen Auftraggeber nach § 99 GWB (Gebietskörperschaften, Sondervermögen oder Verbände sowie die dort genannten juristischen Personen des öffentlichen oder privaten Rechts) sowie Sektorenauftraggeber (§ 100 GWB) und Konzessionsgeber (§ 101 GWB), die zur Anwendung des Vergaberechts verpflichtet sind. Der Wortlaut des § 181 GWB spricht wie auch die Vorgängerregelung in § 126 GWB von „Auftraggeber". Der Begriff Auftraggeber ist aber anders als in der alten Fassung des GWB nunmehr durch § 98 GWB legal definiert, sodass Zweifel, welche Auftraggeber erfasst sind, obsolet sind. 16

23 Vgl. EuGH, Urteil v. 6.5.2010 – Rs. C-145/08 und C-149/08, wonach der Sekundärrechtsschutz auch für einzelne Mitglieder einer Bietergemeinschaft eröffnet sein muss, die einen individuellen Schaden nachweisen können; bejahend auch *Freytag*, in: Gabriel/Krohn/Neun, Handbuch des Vergaberechts, § 36 Rn. 54 m.w.N.

24 So auch *Freytag*, in: Gabriel/Krohn/Neun, Handbuch des Vergaberechts, § 36 Rn. 53.

25 KG, Beschluss v. 20.12.2000 – KartVerg 14/00.

26 *Scharen*, in: Willenbruch/Wieddekind, Vergaberecht, § 126 GWB Rn. 3; nicht anspruchsberechtigt ist das Unternehmen, das den Auftrag tatsächlich erhalten hat bzw. Unternehmen, die als Nachunternehmer eines Bieters bei der Auftragsausfühtung mitwirken, *Freytag*, in: Gabriel/Krohn/Neun, Handbuch des Vergaberechts, § 36 Rn. 55.

27 Vgl. *Verfürth*, in: Kulartz/Kus/Portz, GWB-Vergaberecht, § 126 Rn. 28.

28 *Schneider*, in: Heuvels/Höß/Kuß/Wagner, Vergaberecht, § 126 GWB Rn. 19.

29 *Freytag*, in: Gabriel/Krohn/Neun, Handbuch des Vergaberechts, § 36 Rn. 53 m.w.N.

17 **Mehrere Auftraggeber** i.S.d. § 98 GWB können als gemeinschaftliche Auftraggeber als Gesamtschuldner haften.[30] Das ist dann der Fall, wenn sich verschiedene, von § 98 GWB erfasste juristische Personen als Auftraggeber in den Vergabeunterlagen bezeichnen und die Leistungsbeschreibung für sie alle zusammengefasste Leistungsteile enthält. Die gemeinschaftlichen Auftraggeber können im Innenverhältnis besondere Regelungen zu Haftungsfreistellungen und -erleichterungen für einzelne Gesamtschuldner vorsehen.

18 Wer **lediglich nach außen auftritt** oder als **mittelbarer Stellvertreter** im Interesse und für Rechnung eines Auftraggebers den Vertrag im eigenen Namen abschließt, ohne selbst die Voraussetzungen des § 98 GWB zu erfüllen, scheidet als Gegner des Anspruchs aus § 181 S. 1 GWB aus, soweit er selbst kein öffentlicher Auftraggeber im Sinne des § 98 GWB ist.[31] Auch **Hilfspersonen** eines Auftraggebers, etwa von diesem hinzugezogene Planungsbüros, Architekten etc., oder eine interne Vergabestelle, derer sich der Auftraggeber bei der Vergabe bedient, können nicht nach § 181 S. 1 GWB in Anspruch genommen werden.[32] Wegen des eindeutigen Wortlautes des § 181 S. 1 GWB ist eine Ausweitung der Haftung auf Personen neben dem Auftraggeber nicht möglich, auch nicht nach § 311 Abs. 2 und Abs. 3 BGB. In die Haftung nach § 181 S. 1 GWB einbezogen sind dagegen diejenigen Stellen, die ihrerseits die Voraussetzungen des § 98 GWB erfüllen, bei der Ausschreibung und/oder Auftragserteilung jedoch nur als Vertreter des Auftraggebers auftreten wollten, dieses aber vor oder spätestens bei dem Vertragsabschluss nicht hinreichend deutlich gemacht haben (vgl. § 164 Abs. 2 BGB).[33]

3. Verletzungshandlung

19 Die Verletzungshandlung, die nach § 181 GWB die Rechtsfolge Schadensersatz auslöst, besteht darin, dass der Auftraggeber oder Dritte, deren Handeln ihm rechtlich zugerechnet wird,[34] gegen eine den Schutz von Unternehmen bezweckende Vorschrift verstoßen hat.

a) Bieterschutz

aa) Bieterschützende Vorschriften

20 Der Schadensersatzanspruch nach § 181 S. 1 GWB setzt zunächst voraus, dass der Auftraggeber gegen eine Vorschrift verstoßen hat, die **„den Schutz von Unternehmen"** bezweckt. Vom Wortlaut der Vorschrift her begründen damit alle Handlungen einen Schadensersatzanspruch nach § 181 S. 1 GWB, die eine Rechtsnorm verletzen, die zugunsten von Unternehmen besteht. Der Anspruch setzt jedoch weiter voraus, dass die Verletzungshandlung die Zuschlagschance des betroffenen Unternehmens in einem Vergabeverfahren beeinträchtigt hat.

21 In § 181 S. 1 GWB werden als den Schutz von Unternehmen bezweckende Vorschriften die **Regelungen des Vergaberechts** angesprochen, also die Vorschriften des Teil 4 des GWB, der VgV, der VOB/A, der SektVO, der VSVgV und der KonzVgV sowie – soweit noch anwendbar – der VOL/A und VOF, sowie die Vorschriften der europäischen Vergaberichtlinien, die mangels rechtzeitiger oder nicht ordnungsgemäßer Umsetzung von dem in Anspruch genommenen Auftraggeber unmittelbar zu beachten sind.[35]

22 Da zudem nur solche Unternehmen anspruchsberechtigt nach § 181 S. 1 GWB sind, die in dem betroffenen Wettbewerb mit einem eigenem Angebot hervorgetreten sind,[36] die also **„Bieter"** im vergaberechtlichen Sinne sind,[37] kann sich der Anspruchsteller letztlich nur auf

30 OLG Frankfurt, Urteil v. 14.4.2000 – 10 U 145/99; vgl. jetzt auch die Regelung in § 120 Abs. 4 GWB zu zentralen Beschaffungstätigkeiten sowie in § 4 Abs. 2 S. 1 VgV zur gemeinsamen Haftung der Auftraggeber im Falle einer gelegentlichen gemeinsamen Auftragsvergabe.
31 So z.B. auch *Freytag*, in: Gabriel/Krohn/Neun, Handbuch des Vergaberechts, § 36 Rn. 57 m.w.N.
32 So z.B. auch *Freytag*, in: Gabriel/Krohn/Neun, Handbuch des Vergaberechts, § 36 Rn. 57 m.w.N.
33 So z.B. auch *Freytag*, in: Gabriel/Krohn/Neun, Handbuch des Vergaberechts, § 36 Rn. 58 m.w.N.
34 Siehe hierzu Rn. 33 ff.
35 BGH, Urteil v. 27.11.2007 – X ZR 18/07.
36 Siehe hierzu Rn. 15.
37 Zum Begriff eingehend OLG Naumburg, Beschluss v. 3.9.2009 – 1 Verg 4/09.

den Verstoß solcher vergaberechtlichen Vorschriften berufen, die den Schutz von Bietern beabsichtigen.

Nicht alle Normen des Vergaberechts sind jedoch als bieterschützend i.S.d. § 181 S. 1 GWB anzusehen. § 97 Abs. 6 GWB, wonach die Unternehmen einen Anspruch darauf haben, dass der Auftraggeber die Bestimmungen über das Vergabeverfahren einhält, verhält sich zu dieser Frage nicht. Ob eine verletzte Vorschrift den erforderlichen Bieterschutz bezweckt, ist daher in jedem Einzelfall durch **Auslegung** der jeweiligen Norm zu beantworten, die ihren Inhalt, ihren Zweck und ihre Entstehungsgeschichte berücksichtigen muss. 23

Allgemein bezweckt eine Vorschrift den Schutz eines Betroffenen – hier des Bieters –, wenn sie (zumindest auch) darauf abzielt, den Betroffenen zu **begünstigen** und es ihm ermöglichen soll, sich auf diese Begünstigung zu berufen, um so einen ihm sonst drohenden Schaden oder sonstigen Nachteil zu verhindern.[38] Im Vergaberecht können damit solche Vorschriften als bieterschützend angesehen werden, die nicht allein die Interessen der Allgemeinheit bzw. der öffentlichen Hand schützen, sondern (auch) den wirtschaftlichen Interessen der Unternehmen an einem (fairen, transparenten und allen Bietern formell gleiche Zuschlagschancen eröffnenden) echten Wettbewerb Rechnung tragen. Bieterschützend sind demnach vor allem diejenigen Vorschriften, die dem Gebot der Fairness, der Transparenz und der Gleichbehandlung dienen und auch sonst Ausdruck der in § 97 Abs. 1 bis 4 GWB dargestellten Grundsätze sind.[39] 24

Vergaberechtliche Vorschriften, die ausschließlich **haushaltsrechtlichen, ordnungsrechtlichen oder gesamtwirtschaftspolitischen Charakter** haben und damit allein Belange der Allgemeinheit schützen, sind nicht bieterschützend.[40] Für die Annahme eines bieterschützenden Charakters einer Vorschrift schadet es nicht, wenn die betreffende Vorschrift neben den Bieterinteressen auch oder sogar in erster Linie die Interessen der Allgemeinheit schützt. Die meisten vergaberechtlichen Vorschriften sollen zwar den öffentlichen Haushalt in rechtlicher oder wirtschaftlicher Hinsicht schützen, stellen jedoch zugleich zugunsten der hieran interessierten Unternehmen sicher, dass öffentliche Aufträge in einem geordneten Wettbewerb, in förmlichen Verfahren mit transparenten Regeln zu fairen Bedingungen vergeben werden. Dementsprechend kommt den in § 97 Abs. 1 und Abs. 2 GWB genannten vergaberechtlichen Grundsätzen der Transparenz, der Verhältnismäßigkeit, des Wettbewerbs sowie der Gleichbehandlung aller Bieter zentrale Bedeutung für den Bieterschutz zu.[41] Sie gewährleisten u.a. ein geregeltes Vergabeverfahren,[42] die Auswahl der anwendbaren Bestimmungen,[43] die Beachtung der Bekanntmachungsvorschriften[44] oder die Einhaltung der vom Auftraggeber aufgestellten Eignungskriterien,[45] den Zuschlag auf das wirtschaftlichste Angebot[46] sowie die Einhaltung der sonstigen wettbewerblichen Rahmenbedingungen einschließlich der Informations- und Dokumentationspflichten des Auftraggebers und stellen damit einen tauglichen Anknüpfungspunkt für eine Schadensersatzklage nach § 181 S. 1 GWB dar. 25

bb) Nicht bieterschützende Vorschriften

Als nicht bieterschützend sind in der Rechtsprechung folgende Normen der Vergabe- und Vertragsordnungen angesehen worden: § 17 Nr. 3 Abs. 2 lit. k VOL/A 2002[47], § 23 EG VOL/A[48] und § 14 VOF[49]. Dementsprechend dürfte auch § 39 VgV mit der Verpflichtung zur **Bekannt-** 26

---

38 Vgl. z.B. VK Baden-Württemberg, Beschluss v. 11.9.2003 – 1 VK 52/03 sowie die Nachweise bei *Freytag*, in: Gabriel/Krohn/Neun, Handbuch des Vergaberechts, § 36 Rn. 61.
39 OLG Koblenz, Urteil v. 15.1.2007 – 12 U 1016/05.
40 OLG Koblenz, Urteil v. 15.1.2007 – 12 U 1016/05 sowie die Nachweise bei *Freytag*, in: Gabriel/Krohn/Neun, Handbuch des Vergaberechts, § 36 Rn. 63.
41 Zu allen drei Prinzipien vgl. BGH, Beschluss v. 1.2.2005 – X ZB 27/04.
42 Vgl. BGH, Beschluss v. 1.2.2005 – X ZB 27/04; VK Bund, Beschluss v. 12.12.2002 – VK 1-83/02.
43 vgl. VK Düsseldorf, Beschluss v. 30.9.2002 – VK-26/2002-L zur anwendbaren Vergabe- und Vertragsordnung.
44 VK Münster, Beschluss v. 21.8.2003 – VK 18/03.
45 OLG Düsseldorf, Beschluss v. 24.6.2002 – Verg 26/02.
46 VK Bund, Beschluss v. 14.4.2004 – VK 3-41/04.
47 OLG Düsseldorf, Beschluss v. 2.12.2003 – VII-Verg 67/03, zur Angebotssprache.
48 LG Leipzig, Beschluss v. 24.1.2007 – 06 HK O 1866/062, zu § 28a VOL/A 2006.
49 OLG Jena, Beschluss v. 16.1.2002 – 6 Verg 7/01, zu § 17 Abs. 1 VOF 2000.

machung der Auftragsvergabe keine bieterschützende Wirkung zugesprochen bekommen.

27 Auch ein Verstoß gegen den **Vertraulichkeitsgrundsatz**, wenn die Wertung bereits vorgenommen und eine Vorentscheidung über den Zuschlag getroffen wurde, wird nicht als eine Verletzung einer bieterschützenden Norm angesehen.[50]

28 Auch § 5 EU Abs. 1 VOB/A, wonach Bauleistungen so zu vergeben sind, dass eine **einheitliche Ausführung** und **zweifelsfreie umfassende Haftung** für Mängelansprüche erreicht wird, sodass sie in der Regel mit den zur Leistung gehörenden Lieferungen vergeben werden sollen, ist keine bieterschützende Vorschrift.[51]

cc) Insbesondere: Unauskömmliche Angebote

29 **Umstritten** ist in der Rechtsprechung vor allem, ob das Zuschlagsverbot auf ein Angebot mit einem unangemessen niedrigen Preis sowie die Pflicht zur Überprüfung ungewöhnlich niedriger Angebote (§ 16 EG Abs. 6 Nr. 1 und Nr. 2 VOB/A 2012; § 19 EG Abs. 6 VOL/A, nunmehr geregelt in § 60 VgV, § 54 SektVO und § 16d Abs. 1 Nr. 1 und Nr. 2 sowie § 16d EU Abs. 1 Nr. 1 bis 3 VOB/A) neben dem Schutz des Auftraggebers auch einen Bieterschutz vermittelt.

30 Zum Teil wird Letzteres **bejaht**: Auch die Konkurrenten, die bei einem echten Wettbewerb ihre Preise aufgrund einer ordnungsgemäßen Kalkulation berechnen, sollten geschützt werden.[52]

31 Nach der **Gegenauffassung** stellen § 16d EU Abs. 1 Nr. 1 VOB/A ebenso wie die entsprechende Vorschrift des § 60 Abs. 3 VgV insoweit keine bieterschützenden Vorschriften dar. Es entspreche nicht ihrem Schutzzweck, den an einem Vergabeverfahren beteiligten Bietern auskömmliche Preise zu garantieren. Allein der Auftraggeber solle davor bewahrt werden, einem Angebot den Zuschlag zu erteilen, das die ordnungsgemäße Auftragserfüllung gefährde bzw. eine qualitativ schlechte Leistung oder unberechtigte Nachforderung erwarten lasse, weil der Bieter nicht mehr kostendeckend und somit zuverlässig und vertragsgerecht leistet.[53]

32 **Vermittelnd** zwischen den beiden Extrempositionen hat sich die Auffassung durchgesetzt, dass man eine Ausnahme vom grundsätzlich nicht bieterschützenden Charakter der Vorschriften zu Unterkostenangeboten in eng begrenzten Fällen annehmen kann: Beispielsweise dann, wenn das betreffende Angebot in der zielgerichteten Absicht erfolgt, einen oder mehrere Wettbewerber **vom Markt zu verdrängen**.[54] Bieterschützende Wirkung soll die Vorschrift auch in den Fällen entfalten, in denen ein Unterkostenangebote den Bieter selbst in solche Schwierigkeiten bringt, dass er einen **Auftrag nicht vertragsgemäß durchführen kann**.[55]

b) Verletzungshandlung durch Dritte

33 Der Auftraggeber haftet aus § 181 S. 1 GWB nicht nur für eigenes Fehlverhalten, sondern auch für das Verhalten Dritter, deren Handeln ihm rechtlich **zugerechnet** wird.

34 Ist der Auftraggeber eine Gebietskörperschaft (z.B. Kommune) oder eine juristische Person (z.B. städtische GmbH), wird ihm das Handeln seiner **Organe** zugerechnet (§§ 31, 89 BGB, z.B. der Geschäftsführer einer städtischen GmbH).

---

50 VK Baden-Württemberg, Beschluss v. 1.9.2015 – 1 VK 30/15.

51 KG, Beschluss v. 7.8.2015 – Verg 1/15, zu § 5 EG Abs. 1 VOB/A 2012.

52 Vgl. für § 25 Nr. 3 Abs. 1 VOB/A 2006 (= § 16d EU Abs. 1 Nr. 1 S. 1 VOB/A) OLG Saarbrücken, Beschluss v. 2.8.2004 – Verg 16/04; BayObLG, Beschluss v. 3.7.2002 – Verg 13/02; OLG Düsseldorf, Beschluss v. 17.6.2002 – Verg 18/02; VK Sachsen, Beschluss v. 1.10.2002 – 1/SVK/084-02.

53 Vgl. zu § 25 Nr. 3 Abs. 1 VOB/A 2006 und § 25 Nr. 2 Abs. 3 VOL/A 2006: OLG Düsseldorf, Beschluss v. 28.9.2006 – VII-Verg 49/06; VK Sachsen, Beschluss v. 23.11.2012 – 1/SVK/034-12; VK Bund, Beschluss v. 21.9.2006 – VK 1-100/06; VK Schleswig-Holstein, Beschluss v. 15.5.2006 – VK-SH 10/06; VK Düsseldorf, Beschluss v. 2.5.2006 – VK-17/2006-B.

54 OLG Brandenburg, Beschluss v. 14.1.2013 – Verg W 13/12 m.w.N.; OLG Düsseldorf, Beschluss v. 14.10.2009 – VII-Verg 40/09; VK Rheinland-Pfalz, Beschluss v. 11.9.2015 – VK 1 – 19/15; VK Sachsen, Beschluss v. 23.11.2012 – 1/SVK/034-12; zur entsprechenden Vorschrift in § 27 Abs. 2 SektVO 2009 VK Bund, Beschluss v. 26.11.2013 – VK 2-104/13.

55 OLG Brandenburg, Beschluss v. 14.1.2013 – Verg W 13/12 m.w.N.; OLG Düsseldorf, Beschluss v. 28.9.2006 – VII-Verg 49/06.

Vergabeverfahren werden jedoch zumeist von hiermit beauftragten Mitarbeitern (Vergabestellen) des Auftraggebers oder von externen Personen, z.B. Architekten oder Planungsbüros, die zur Auftragsvergabe hinzugezogen werden, durchgeführt. Verletzen diese Personen eine den Schutz von Unternehmen bezweckende Vorschrift, so wird auch deren Handeln dem Auftraggeber entsprechend dem **Rechtsgedanken des § 278 BGB** zugerechnet.[56] Nach § 278 BGB muss ein Schuldner auch für diejenigen Personen einstehen, deren er sich zur Erfüllung seiner Verbindlichkeiten bedient. § 278 BGB beruht auf dem Gedanken, dass der Schuldner gegenüber dem Gläubiger für seinen Geschäfts- und Gefahrenkreis verantwortlich ist und dass zu diesem auch die von ihm eingesetzten Hilfspersonen gehören.[57] Die Vorschrift will den Gläubiger vor möglichen haftungsausschließenden Folgen einer arbeitsteiligen Wirtschaft schützen: Wer den Vorteil der Arbeitsteilung in Anspruch nimmt, soll auch deren Nachteil tragen, nämlich das Risiko, dass der an seiner Stelle handelnde Gehilfe schuldhaft rechtlich geschützte Interessen des Gläubigers verletzt.[58] § 278 BGB begründet also bei bestehenden Schuldverhältnissen eine Art von Erfolgshaftung für das Handeln für vom Schuldner eingesetzte Dritte. Die von § 278 BGB vorausgesetzte rechtliche Sonderbeziehung zwischen Schuldner und Gläubiger entsteht bei öffentlichen Auftragsvergaben spätestens mit der Anforderung der Ausschreibungsunterlagen durch einen Bieter; zwischen diesen und dem Ausschreibenden wird ein vorvertragliches Vertrauensverhältnis begründet.[59] 35

§ 831 BGB, der eine Haftung für **Hilfspersonen außerhalb bestehender Schuldverhältnisse**, also für unerlaubte Handlungen, begründet, ist dagegen nicht einschlägig. Dem Auftraggeber steht daher auch nicht der Entlastungsbeweis aus § 831 S. 2 BGB zur Seite, er habe die mit der Durchführung und Abwicklung des betreffenden Beschaffungsvorgangs beauftragten Personen sorgfältig ausgewählt. 36

Besteht die Verletzungshandlung schließlich in einer Willenserklärung einer (insoweit) **vertretungsberechtigten Person**, ergibt sich die Haftung des Auftraggebers aus § 164 Abs. 1 BGB. Hiernach wirkt eine Willenserklärung, die jemand innerhalb der ihm zustehenden Vertretungsmacht im Namen des Vertretenen – des Auftraggebers – abgibt, unmittelbar für und gegen den Vertretenen. 37

c) Kein Verschulden

Die Haftung des Auftraggebers aus § 181 S. 1 GWB setzt – schon wegen der zu fordernden richtlinienkonformen Umsetzung der Rechtsmittelrichtlinie – kein Verschulden voraus.[60] Hierfür spricht bereits der **Wortlaut** der Vorschrift, der ein Verschuldenserfordernis nicht erwähnt. Dies wird auch von der Mehrzahl der Autoren in der Literatur anerkannt.[61] 38

Auch der **BGH**[62] ist dieser Auffassung ausdrücklich gefolgt: § 181 Satz 1 GWB erfordere bereits seinem Wortlaut nach kein Verschulden. Zudem entspreche die vom Gesetzgeber gewählte Formulierung hinsichtlich der Verschuldensunabhängigkeit gesetzlichen Bestimmungen, in denen eine solche Haftungsverschärfung des Schuldners angeordnet sei. Die Entstehungsgeschichte der Norm zeige überdies, dass der Gesetzgeber von Anfang an eine verschuldensunabhängig konzipierte spezialgesetzliche Regelung schaffen wollte. Dass der Nachweis des Verschuldens des Auftraggebers in der Vorschrift nicht vorgesehen war, sei während des Gesetzgebungsverfahrens nicht infrage gestellt oder korrigiert worden. 39

56 So auch *Freytag*, in: Gabriel/Krohn/Neun, Handbuch des Vergaberechts, § 36 Rn. 64.
57 BGH, Urteil v. 8.2.1974 – V ZR 21/72.
58 BGH, Urteil v. 27.6.1985 – VII ZR 23/84.
59 BGH, Urteil v. 7.6.2005 – X ZR 19/02; siehe auch Rn. 83.
60 Vgl. EuGH, Urteil v. 30.9.2010 – Rs. C-314/09 (Stadt Graz), Rn. 45.
61 Vgl. nur *Franßen*, in: Byok/Jaeger, Vergaberecht, § 126 GWB Rn. 30; *Freytag*, in: Gabriel/Krohn/Neun, Handbuch des Vergaberechts, § 36 Rn. 75 ff. m.w.N.; *Verfürth*, in: Kulartz/Kus/Portz, GWB-Vergaberecht, § 126 Rn. 24 m.w.N.
62 BGH, Urteil v. 27.11.2007 – X ZR 18/07; vgl. auch OLG Koblenz, Urteil v. 15.1.2007 – 12 U 1016/05.

4. Notwendige Folge des Verstoßes

40 Weitere Voraussetzung für den Anspruch aus § 181 S. 1 GWB ist, dass der Verstoß des Auftraggebers gegen eine bieterschützende Vorschrift eine echte Chance des Anspruchstellers beeinträchtigt haben muss, bei der Wertung der Angebote den Zuschlag für die begehrte Leistung zu erhalten.

a) „Echte Chance"

41 § 181 S. 1 GWB setzt damit mittelbar voraus, dass der Anspruchsteller ohne den Vergaberechtsverstoß des Auftraggebers eine echte Chance gehabt hätte, den Zuschlag zu erhalten.

42 Der Anspruchsteller muss ein Angebot abgegeben haben, das nicht schon aus **formellen Gründen** zwingend **auszuschließen** war.[63] Ein Schadensersatzanspruch nach § 181 GWB scheidet – ebenso wie Ansprüche aus §§ 241 Abs. 2, 280 Abs. 1, 311 Abs. 2 BGB, gleichgültig, ob sie auf positives oder negatives Interesse gerichtet sind – regelmäßig aus, wenn das Angebot des Schadensersatz begehrenden Bieters zu Recht aus der Wertung genommen wurde, z.B. wegen des Fehlens geforderter Unterlagen und wegen unvollständiger Angaben zu mehreren Leistungspositionen.[64] Angebote, die etwa wegen Unvollständigkeit, fehlender fachlicher Eignung oder wegen unangemessen hoher oder niedriger Angebotspreise von der Wertung auszuschließen sind, haben somit von vornherein keine echte Chance auf die Zuschlagserteilung. Im Übrigen müssen die **wettbewerblichen Rahmenbedingungen** sicherstellen, dass vergleichbare Angebote eingereicht und gewertet werden können, das Beschaffungsvorhaben muss z.B. „ausschreibungsreif" sein[65] und die Leistungsbeschreibung darf keine Fehler enthalten.[66] Ist ein Vergabeverfahren überhaupt (noch) nicht durchgeführt worden und rügt ein Bieter den Verstoß gegen die Ausschreibungspflicht bzw. andere Vergaberechtsverstöße im Vorfeld des eigentlichen Vergabeverfahrens, greift § 181 S. 1 GWB nicht.[67]

43 Eine echte Chance auf den Zuschlag kann jedoch nicht schon darin gesehen werden, dass durch die Beachtung der Vergaberegeln eine **formelle Chancengleichheit** aller Bieter im Vergabeverfahren gewährleistet ist. Die zunächst seinen Konkurrenten in nichts nachstehenden allgemeinen Aussichten eines Bieters auf den Zuschlag müssen sich im Wettbewerb dadurch verdichtet haben, dass sich die Qualität seines Angebots derart von der anderer Bieter abhebt, dass es nach den konkreten Wettbewerbsbedingungen den Zuschlag erhalten kann. In diese Richtung deutet schon der im Regierungsentwurf zum VgRÄG verwendete Begriff der „engeren Wahl".[68]

44 Nachdem lange Zeit umstritten war, was unter dem Begriff **„echte Chance"** zu verstehen ist,[69] hat der BGH ihn dahingehend präzisiert, dass insoweit hypothetisch zu ermitteln ist, ob der Auftraggeber auf das fragliche Angebot innerhalb des ihm zustehenden Bewertungsspielraums den Zuschlag hätte erteilen dürfen. Maßgeblich ist dabei die (Ex-ante-)Sicht des Auftraggebers im Zeitpunkt der Zuschlagserteilung.[70] Der BGH hebt insoweit hervor, dass das Gesetz mit dem Attribut „echt" zum Ausdruck bringe, dass das betreffende Angebot **besonders qualifizierte Aussichten** auf die Zuschlagserteilung hätte haben müssen. Dafür reicht es nach Auffassung des BGH nicht aus, wenn das fragliche Angebot in die engere Wahl gelangt wäre.[71] Das ergebe bereits die historische Auslegung, da im Gesetzgebungsverfahren zum VgRÄG der Begriff der engeren Wahl auf Vorschlag des Bundesrates[72] gestrichen wurde.

---

63 OLG Düsseldorf, Urteil v. 30.1.2003 – I-5 U 13/02; *Freytag* in: Gabriel/Krohn/Neun, Handbuch des Vergaberechts, § 36 Rn. 71

64 OLG Koblenz, Beschluss v. 4.2.2009 – 1 Verg 4/08.

65 KG, Urteil v. 14.8.2003 – 27 U 264/02.

66 Vgl. BGH, Urteil v. 1.8.2006 – X ZR 146/03; siehe auch z.B. LG Magdeburg, Urteil v. 2.6.2010 – 36 O 25/10, sowie sich dessen Begründung zu eigen machend OLG Naumburg, Urteil v. 28.10.2010 – 1 U 52/10.

67 KG, Urteil v. 27.11.2003 – 2 U 174/02.

68 Gesetzesbegründung, VgRÄG, BT-Drs. 13/9340, 22 f.; vgl. Rn. 7.

69 Vgl. z.B. die Nachweise bei *Losch*, in: Ziekow/Völlink, Vergaberecht, § 126 GWB Rn. 17.

70 BGH, Urteil v. 27.11.2007 – X ZR 18/07.

71 So auch OLG Koblenz, Beschluss v. 4.2.2009 – 1 Verg 4/08.

72 Zur Entstehungsgeschichte vgl. Rn. 6 ff.

Hinzu komme, dass das Kriterium der engeren Wahl sich zwar in § 25 Nr. 3 Abs. 3 VOB/A 2006 (nunmehr § 16d EU Abs. 1 Nr. 4 VOB/A) finde, nicht aber in den entsprechenden Regelungen der anderen (damals geltenden) Vergabe- und Vertragsordnungen VOL/A und VOF. Dies hänge ersichtlich damit zusammen, so der BGH, dass es sich nicht überall als eigenständige Bewertungsstufe eigne. Selbst nach der Systematik des Wertungsprozesses nach der VOB/A handele es sich bei der engeren Wahl erst um eine Vorsichtung der einzelnen Angebote, die noch keinen Rückschluss darauf zulasse, ob jedes darin einbezogene Angebot große Aussichten auf den Zuschlag habe. Die Zugehörigkeit zu einer nahe zusammenliegenden Spitzengruppe – dies war ein weiteres, von der Literatur vorgeschlagenes Kriterium – sei generell wenig aussagekräftig dafür, ob tatsächlich die vom Gesetz vorausgesetzten Aussichten auf den Zuschlag bestünden. In Verfahren mit wenigen Teilnehmern sei dieses Kriterium schon von seinen Voraussetzungen her unpassend.

Dieser restriktiven Rechtsprechung wird in der **Literatur** durchaus ablehnend gegenübergestanden, da sie der Zielrichtung des § 181 S. 1 GWB nicht gerecht wird; außerdem sei das strenge Kausalitätserfordernis bei Schadensersatzansprüchen nach culpa in contrahendo ganz bewusst aufgegeben worden.[73] Bieter hätten schon dann eine echte Chance auf die Erteilung des Zuschlags, wenn sie die formellen Kriterien für die Berücksichtigung ihrer Angebote erfüllten. 45

Ob die Erteilung des Zuschlags an den Anspruchsteller innerhalb des dem Auftraggeber eröffneten Wertungsspielraums gestanden hätte, ist eine **Frage des Einzelfalles**, deren Antwort nur unter Berücksichtigung der für die Auftragserteilung vorgesehenen Wertungskriterien[74] und deren Gewichtung (Marge, Matrix, Punktsystem o.Ä.) **hypothetisch** ermittelt werden kann. Erst durch die Wertungsmaßstäbe und ihre ermessensfehlerfreie Anwendung kann der wirkliche Rang der einzelnen Angebote bestimmt und zuverlässig festgestellt werden, welches davon eine echte Chance auf den Zuschlag gehabt hätte, hätte sich der fragliche Verstoß nicht zugetragen.[75] Ist z.B. der Angebotspreis alleiniges Zuschlagskriterium, hat ein Bieter, dessen Angebot an zweiter Stelle hinter dem rein preislich gesehen günstigsten Anbieter liegt und damit zur Spitze der Bieterliste zählte, keine echte Chance auf den Zuschlag. Wegen des preislichen Abstands zu dem an erster Stelle liegenden Angebot wäre es in diesem Fall nicht vom Wertungsspielraum der Vergabestelle gedeckt gewesen, dem betreffenden Bieter den Zuschlag zu erteilen.[76] 46

b) Verstoß ursächlich für Beeinträchtigung der echten Chance

Zwischen dem Verstoß des Auftraggebers und der Beeinträchtigung einer „echten Chance" auf den Zuschlag muss ein **Kausalzusammenhang** bestehen. Der Verstoß des Auftraggebers gegen eine den Schutz von Unternehmen bezweckende Vorschrift muss also ursächlich dafür sein, dass die „echte Zuschlagschance", die das betroffene Unternehmen an sich gehabt hätte, beeinträchtigt worden ist. Ursächlich in diesem Sinne ist der Verstoß nur dann, wenn er nicht hinweggedacht werden kann, ohne dass die Beeinträchtigung der „echten Chance" in ihrer konkreten Gestalt entfiele.[77] 47

An der Kausalität **fehlt** es, wenn der Verstoß des Auftraggebers im Nachprüfungsverfahren beseitigt wird.[78] Auch in den Fällen, in denen der Auftraggeber zwar gegen eine den Schutz von Unternehmen bezweckende Vorschrift verstoßen, zwischenzeitlich die Ausschreibung jedoch aufgehoben hat, wird die Kausalkette zwischen einer möglichen Verletzung von Rechten der beteiligten Bieter im ursprünglichen Vergabeverfahren und der erforderlichen „echten Chance" unterbrochen. Da die Aufhebung des Vergabeverfahrens eine dem Auftraggeber 48

73 Vgl. *Antweiler*, in: Dreher/Motzke, Vergaberecht, § 126 GWB Rn. 11.
74 Z.B. gemäß § 58 VgV oder § 16d EU Abs. 2 Nr. 2 VOB/A.
75 BGH, Urteil v. 27.11.2007 – X ZR 18/07; vgl. auch OLG Celle, Beschluss v. 4.3.2010 – 13 Verg 1/10: der Anspruche stehe nur demjenigen Bieter zu, der als Sieger aus dem Vergabeverfahren hervorgegangen wäre.
76 BGH, Urteil v. 27.11.2007 – X ZR 18/07.
77 Vgl. nur BGH, Urteil v. 24.10.1985 – IX ZR 91/84; Urteil v. 4.7.1994 – II ZR 126/93; für vergaberechtliche Sachverhalte z.B. VK Brandenburg, Beschluss v. 9.9.2005 – VK 33/05; VK Bund, Beschluss v. 13.10.2004 – VK 2-151/04.
78 LG Leipzig, Beschluss v. 24.1.2007 – 06 HK O 1866/06.

gesetzlich eingeräumte Gestaltungsmöglichkeit darstellt, müssen die Bieter in jedem Vergabeverfahren damit rechnen, dass der Auftraggeber hiervon rechtmäßig Gebrauch macht.[79] Ansprüche nach § 181 S. 1 GWB entfallen dann.[80] Hebt der Auftraggeber das Verfahren dagegen ohne zureichende Gründe auf, führt dies ggf. zu einem Schadensersatzanspruch der Bieter aus culpa in contrahendo.[81]

c) Einwand rechtmäßigen Alternativverhaltens

49 Der sogenannte **Einwand des rechtmäßigen Alternativverhaltens** ist nach der Rechtsprechung des BGH generell zulässig. Er lässt die Schadensersatzpflicht entfallen, wenn die Folge der Pflichtverletzung dem Auftraggeber nicht dennoch wegen des Schutzzwecks der verletzten Norm billigerweise zugerechnet werden muss.[82] Dies muss für jeden Einzelfall gesondert entschieden werden.

50 In einem Vergabeverfahren, in dem ein **vergaberechtswidriges Wertungsschema** verwendet worden ist, greift der Schutz des § 241 Abs. 2 BGB schon dann ein, wenn die Vergabeunterlagen in der Weise fehlerhaft sind, dass eine vergaberechtskonforme Angebotswertung nicht mehr möglich ist. Im Wege einer fiktiven Alternativbetrachtung kann ein solches Vergabeverfahren nicht mit vergaberechtlich unbedenklichen Wertungskriterien vervollständigt und die hypothetische Prüfung daran angeschlossen werden, ob der Bieter auch in einem solchen als korrekt fingierten Fall seinen Prozessbevollmächtigten mit der Prüfung der Vergabeunterlagen beauftragt hätte. Der Auftraggeber kann sich gegenüber der Gebührenersatzforderung also nicht mit Erfolg darauf berufen, die fraglichen Kosten wären dem Bieter auch entstanden, wenn der Auftraggeber sich vergaberechtskonform verhalten hätte. Dies wäre mit dem Schutzzweck des § 241 Abs. 2 BGB nicht vereinbar.[83] Da die meisten vergaberechtlichen Vorschriften (zumindest auch) die haushaltsrechtlichen und wirtschaftlichen Interessen des Auftraggebers schützen, kann der Auftraggeber nämlich in aller Regel einwenden, er hätte bei Kenntnis des Vergaberechtsverstoßes eine tatsächlich bestehende, rechtlich nicht zu beanstandende Handlungsmöglichkeit gewählt.

51 Für die **Aufhebung** als Hauptanwendungsfall einer nicht genutzten Möglichkeit rechtmäßigen Alternativverhaltens hat der BGH diesen Einwand ausdrücklich durchgreifen lassen.[84] Soweit sich der Rechtsprechung des BGH entnehmen lässt, dass es insoweit ausreichend ist, wenn die Aufhebungsentscheidung von sachlichen und willkürfreien Gründen getragen ist, jedoch kein Aufhebungsgrund nach (jetzt) § 63 VgV und § 17 EU VOB/A vorliegt,[85] dürfte dies zu weitgehend sein. Die bloße Möglichkeit einer (potenziell rechtmäßigen) Aufhebung darf nach der hier vertretenen Ansicht nicht dazu führen, dass ein Schadensersatzanspruch nach § 181 S. 1 GWB verneint wird. Ansonsten wäre die Effektivität des Rechtsschutzes gefährdet.[86] Ist eine Ausschreibung tatsächlich nicht aufgehoben worden, kann der Einwand des rechtmäßigen Alternativverhaltens daher nur dann durchgreifen, wenn die Ausschreibung hätte aufgehoben werden müssen, ohne dass dem Auftraggeber insoweit ein Ermessensspielraum zustand.[87]

52 Ein Schadensersatzanspruch nach § 181 S. 1 GWB dürfte jedenfalls dann durchgreifen, wenn der Bieter im Vergabeverfahren gerade den Verstoß **gerügt** hat, auf den eine rechtmäßige Aufhebung hätte gestützt werden dürfen, oder der Auftraggeber in anderer Weise von dem

---

79 BGH, Urteil v. 8.9.1998 – X ZR 99/96.
80 Vgl. VK Brandenburg, Beschluss v. 9.9.2005 – 1 VK 33/05.
81 Siehe hierzu Rn. 72 ff.; vgl. z.B. zuletzt VK Nordbayern, Beschluss v. 15.3.2016 – 21.VK-3194-42/15.
82 So schon BGH, Urteil v. 24.10.1985 – IX ZR 91/84.
83 BGH, Urteil v. 9.6.2011 – X ZR 143/10.
84 BGH, Urteil v. 25.11.1992 – VIII ZR 170/91.
85 Vgl. BGH, Urteil v. 12.6.2001 – X ZR 150/99.
86 *Scharen*, in: Willenbruch/Wieddekind, Vergaberecht, § 126 GWB Rn. 24.
87 *Franßen, in: Byok/Jäger, Vergaberecht, § 126 GWB Rn. 29; Freytag*, in: Gabriel/Krohn/Neun, Handbuch des Vergaberechts, § 36 Rn. 80.

die Aufhebung begründenden Verstoß Kenntnis hatte, die Ausschreibung aber dennoch nicht aufheben wollte. An dieser Entscheidung muss sich der Auftraggeber festhalten lassen.[88]

5. Schaden

a) Erstattungsfähiger Schaden

Schließlich muss dem Anspruchsteller durch die Beeinträchtigung seiner echten Chance auf den Zuschlag ein Schaden in Form bestimmter Kosten entstanden sein. 53

Für die Frage, ob und in welcher **Höhe** ein ersatzfähiger Schaden entstanden ist, ist in erster Linie ein Vergleich anzustellen zwischen der Vermögenslage des Anspruchstellers, die infolge des haftungsbegründenden Ereignisses eingetreten ist, mit derjenigen Vermögenslage, die sich ohne dieses schädigende Ereignis eingestellt hätte (sog. Differenztheorie). 54

Für einen bei der Auftragsvergabe nichtberücksichtigten Bieter ist regelmäßig vor allem der Schaden von Interesse, den er dadurch erlitten hat, dass er den mit einer Auftragserteilung verbundenen Gewinn nicht realisieren konnte (sog. **positives Interesse**).[89] Der Anspruch aus § 181 S. 1 GWB ist auf das **negative Interesse**[90] gerichtet.[91] Im Gegensatz zum allgemeinen Schadensersatzrecht (§ 249 BGB) muss der Auftraggeber dem Bieter nach § 181 S. 1 GWB lediglich bestimmte Aufwendungen erstatten, die sich infolge des Vergabeverstoßes als nutzlos gezeigt haben („die Kosten der Vorbereitung des Angebots oder der Teilnahme an einem Vergabeverfahren"). Der Anspruchsteller ist also nicht so zu stellen, als ob er den Zuschlag erhalten hätte. § 181 S. 1 GWB gewährt weder einen Anspruch auf den Ersatz entgangenen Gewinns oder sonstiger tatsächlicher oder durch Schätzung bezifferbarer Nachteile, die dem Bieter dadurch entstanden sind, dass er den Zuschlag nicht erhalten hat. 55

Nach § 181 S. 1 GWB sind allein die „**Kosten der Vorbereitung des Angebots oder der Teilnahme an einem Vergabeverfahren**" zu ersetzen. Beide Alternativen überschneiden sich: Bei Auftragsvergaben, die in formellen Verfahren erfolgen, werden die Kosten für die Vorbereitung des Angebots regelmäßig auch Kosten für die Teilnahme an einem Vergabeverfahren sein. Die gesetzliche Formulierung ist daher dahin gehend zu verstehen, dass zu den erstattungsfähigen Kosten alle Aufwendungen in Geld gehören, die ein Unternehmen eingesetzt hat, um den betreffenden öffentlichen Auftrag zu erhalten, und die es ansonsten nicht gehabt hätte.[92] Hierunter fallen in erster Linie die Kosten für die Erarbeitung des eigenen Angebots (bzw. zuvor des Teilnahmeantrags), einschließlich der Kosten für die Beschaffung von (Eignungs-)Nachweisen oder geforderter Erklärungen, weiterhin die Kosten für die Angebotsübermittlung sowie die Kosten, die im Laufe des Vergabeverfahrens entstehen, um die eigene Chance auf den Zuschlag zu wahren, z.B. Kosten für Ortsbesichtigungen, Fahrtkosten für die Wahrnehmung von Aufklärungsgesprächen,[93] für die Teilnahme am Eröffnungstermin, für Aufklärungsgespräche und Verhandlungen mit dem Auftraggeber, mit Lieferanten, Nachunternehmern oder Planern. Demgegenüber sind Kosten, die im Zusammenhang mit der Vorbereitung der Ausführung der Leistung stehen, nicht berücksichtigungsfähig.[94] 56

Auch die sog. **Gemeinkosten**, etwa für die vergebliche Arbeitszeit der von einem Bieter für die Erstellung des Angebots eingesetzten Mitarbeiter, sind dagegen regelmäßig nicht erstattungsfähig. Denn für die angestellten Mitarbeiter musste der Bieter keine Kosten aufwenden, die ihm sonst erspart geblieben wären. Die Personalkosten für eigene fest angestellte Mitarbeiter wären als Sowieso- Kosten auch entstanden, wenn das Unternehmen nicht an der Aus- 57

---

88 Vgl. *Scharen*, in: Willenbruch/Bischoff, Vergaberecht, 1. Auflage, § 126 GWB Rn. 26, mit Verweis auf BGH, Urteil v. 3.2.2000 – III ZR 296/98.
89 Vgl. hierzu Rn. 113 ff.
90 Vgl. hierzu Rn. 107 ff.
91 Z.B. OLG Karlsruhe, Urteil v. 17.4.2008 – 8 U 228/06.
92 Vgl. auch OLG Koblenz, Urteil v. 15.1.2007 – 12 U 1016/05: *„alle mit der Angebotsabgabe verbundenen Kosten"*; siehe die Nachweise bei *Prieß/Bonitz*, NZBau 2013, 477 (480).
93 OLG Naumburg, Urteil v. 27.11.2014 – 2 U 152/13.
94 OLG Naumburg, Urteil v. 1.8.2013 – 2 U 151/12.

schreibung teilgenommen hätte.[95] Ein Vermögensschaden ist lediglich dann anzunehmen, wenn ein Bieter seine Mitarbeiter alternativ für einen anderen Zweck hätte einsetzen können und in diesem Fall Gewinne erzielt worden wären, die ihm nun entgehen; das muss der betroffene Bieter in dem Schadensersatzprozess entsprechend darlegen.[96] Dies wird zum Teil unter Bezugnahme auf die Reichweite des Schadensbegriffs aus § 181 GWB anders gesehen;[97] da dieser sich von dem zivilrechtlichen Schadensbegriff der §§ 249 ff. BGB unterscheide. Demnach könne ein Bieter gemäß § 181 GWB auch den Ersatz sämtlicher interner Personalkosten verlangen, die ihm zur Vorbereitung des Angebots angefallen sind. Voraussetzung ist zudem, dass der Bieter den Tätigkeitsbeitrag (Zeitaufwand für welche Tätigkeit) der an der Ausschreibung beteiligten Mitarbeiter hinsichtlich des Zeitaufwands und die ggf. entstandenen Sachkosten konkret nachweisen muss.[98]

b) Mitverschulden

58 Der Schadensersatzanspruch kann durch Mitverschulden des Anspruchstellers gemindert sein oder ganz entfallen (§ 254 BGB).

59 Ein **Mitverschulden** i.S.d. § 254 BGB liegt vor, wenn der Anspruchsteller die ihm in eigenen Angelegenheiten obliegende Sorgfalt nicht beachtet, hierdurch zur Entstehung der Kosten beigetragen hat und diese Schädigung für ihn vorhersehbar und vermeidbar war.

60 Ein Mitverschulden in diesem Sinne liegt an sich auch vor, wenn es der Antragsteller schuldhaft unterlassen hat, trotz Kenntnis vom Verstoß gegen die bieterschützende Vorschrift durch **rechtzeitige Rüge** oder **Nachprüfungsantrag** seine Zuschlagschance bzw. den Eintritt eines Schadens zu verhindern.[99] Dem wird entgegengehalten, dass sich eine derartige „Pflicht zur Nachprüfung" dem Gesetz ausdrücklich nicht entnehmen lasse.[100] Der Nichtgebrauch von Rechtsbehelfen kann jedoch gegen § 254 Abs. 2 BGB verstoßen. Der Geschädigte hat grundsätzlich im Rahmen des § 254 BGB geeignete und zumutbare Rechtsbehelfe zu ergreifen, um den ihm drohenden Schaden abzuwenden oder zu mindern.[101] Eine nicht fristgemäß i.S.v. § 160 Abs. 3 S. 1 Nr. 1 GWB erhobene Rüge kann daher den Einwand des Mitverschuldens begründen, sie kann den Schadensersatzanspruch nach § 181 S. 1 GWB jedoch nicht von vornherein entfallen lassen.[102] Dies wäre auch europarechtlich in Ansehung der Rechtsmittelrichtlinie problematisch.[103] Auch wenn einem Bieter der nach Erteilung des Auftrags an einen Dritten Schadensersatz in Form des positiven Interesses geltend macht, Mitverschulden vorzuwerfen sein kann, wenn er es schuldhaft unterlassen hat, trotz Kenntnis vom Verstoß gegen eine ihn schützende Vergabevorschrift durch rechtzeitige Rüge oder durch rechtzeitigen Nachprüfungsantrag seine Chance auf Erhalt des Zuschlags zu wahren, sind Maßstab hierfür nicht die Vorschriften des § 160 Abs. 3 GWB zur Rügeobliegenheit. Diese regeln die Zulässigkeit des vergaberechtlichen Nachprüfungsverfahrens.[104] Die Rügepflicht aus § 160 Abs. 3

---

95 OLG Naumburg, Urteil v. 27.11.2014 – 2 U 152/13.

96 *Scharen*, in: Willenbruch/Bischoff, Vergaberecht, 1. Auflage, § 126 GWB Rn. 22, mit Verweis auf BGH, Urteil v. 29.4.1977 – V ZR 236/74, und OLG Köln, Urteil v. 8.11.1991 – 19 U 50/91; so auch *Alexander*, in: Pünder/Schellenberg, Vergaberecht, § 126 GWB Rn. 48.

97 Mit dezidierter Begründung *Prieß/Bonitz*, NZBau 2013, 477 ff.

98 KG, Urteil v. 14.8.2003 – 27 U 264/02, für einen Schadensersatzanspruch aus culpa in contrahendo gemäß §§ 280 Abs. 1, 241 Abs. 2, 311 Abs. 2 BGB.

99 OLG Naumburg, Urteil v. 23.12.2014 – 2 U 74/14; so auch *Scharen*, in: Willenbruch/Bischoff, Vergaberecht, 1. Auflage, § 126 GWB Rn. 24 m.w.N.

100 OLG Dresden, Urteil v. 10.2.2004 – 20 U 1697/03, m.w.N; vgl. auch *Antweiler*, in: Dreher/Motzke, Vergaberecht, § 126 GWB Rn. 16 m.w.N.: Es gebe keinen Zwang zum Primärrechtsschutz.

101 BGH, Urteil v. 20.1.1994 – IX ZR 46/93; Urteil v. 23.5.1991 – III ZR 73/90; Urteil v. 26.1.1984 – III ZR 216/82.

102 OLG Naumburg, Urteil v. 23.12.2014 – 2 U 74/14 zu einem Anspruch aus §§ 280, 241 Abs. 2, 311 BGB; OLG Koblenz, Beschluss v. 6.6.2013 – 2 U 522/12; OLG Karlsruhe, Beschluss v. 17.4.2008 – 8 U 228/06; *Scharen*, in: Willenbruch/Bischoff, Vergaberecht, 1. Auflage, § 126 GWB Rn. 24; a.A. *Antweiler*, in: Dreher/Motzke, Vergaberecht, § 126 GWB Rn. 16.

103 EuGH, Urteil v. 26.11.2015 – Rs. C-166/14 (Medeval).

104 OLG Naumburg, Urteil v. 23.12.2014 – 2 U 74/14 zu einem Anspruch aus §§ 280, 241 Abs. 2, 311 BGB; vgl. auch *Freytag*, in: Gabriel/Krohn/Neun, Handbuch des Vergaberechts, § 36 Rn. 83.

GWB dient der Verfahrensbeschleunigung. Sie dient jedenfalls nicht dem Ausschluss von zivilrechtlichen Schadensersatzansprüchen.[105]

Eine unterlassene Rüge oder ein unterlassener Nachprüfungsantrag kann den Schadensersatzanspruch nur dann mindern oder ausschließen, wenn festgestellt werden kann, dass **bei rechtzeitigem Vorgehen** die **Zuschlagschance erhalten** geblieben wäre.[106] Der Anspruchsteller kann daneben insbesondere gegen seine Pflicht aus § 254 Abs. 2 S. 1 BGB verstoßen haben, den zu ersetzenden Schaden gering zu halten.[107] 61

III. Verjährung

Der Schadensersatzanspruch aus § 181 S. 1 GWB unterliegt der regelmäßigen Verjährungsfrist von drei Jahren.[108] 62

IV. Zuständigkeit

Eine auf § 181 GWB gestützte Schadensersatzklage ist vor den **Zivilgerichten** zu erheben (vgl. § 156 Abs. 3 GWB und § 179 Abs. 1 GWB). 63

Sachlich zuständig ist in erster Instanz ausschließlich das Landgericht (§ 87 Abs. 1 S. 1 GWB). Für Berufungen ist nach § 91 GWB der Kartellsenat zuständig. Gemäß § 89 GWB können in einzelnen Bundesländern durch Rechtsverordnung diese Rechtsstreitigkeiten einem Landgericht für die Bezirke mehrerer Landgerichte zugewiesen werden. So ist z.B. in Niedersachsen das Landgericht Hannover für die Bezirke aller Landgerichte für die sich aus dem GWB ergebenden bürgerlichen Rechtsstreitigkeiten zuständig.[109] Eine Zuständigkeit der Vergabekammer besteht nicht. 64

Die Klage ist am **allgemeinen Gerichtsstand** des Anspruchsgegners (Beklagten), also in der Regel vor dem Landgericht, in dessen Bezirk der Anspruchsgegner wohnt bzw. seinen Sitz hat (vgl. § 11 ZPO), zu erheben. Der Gerichtsstand der unerlaubten Handlung (§ 32 ZPO) ist nicht gegeben. 65

V. Darlegungs- und Beweislast

Die Darlegungs- und Beweislast ist im Schadensersatzprozess wie folgt verteilt: Als Anspruchsteller hat der **Kläger** (Bieter) alle Umstände zu beweisen, aus denen sich das Vorliegen der anspruchsbegründenden Voraussetzungen (Verstoß gegen bieterschützende Vorschrift, Bestehen einer echten Chance auf den Zuschlag, Beeinträchtigung der Zuschlagschance durch den Verstoß, Schaden) ergibt. Insbesondere muss der betroffene Bieter im Rahmen des Anspruchs aus § 181 S. 1 GWB darlegen und beweisen, dass die Zuschlagserteilung an ihn innerhalb des Bewertungsspielraums der Vergabestelle gelegen hätte.[110] Als Geschädigter trägt der Kläger auch die volle Beweislast für das Entstehen und die Höhe des Schadens. Das Gericht kann den Schaden auch gemäß § 287 ZPO durch Schätzung ermitteln, wenn hierfür ausreichende Grundlagen vorgetragen werden. Der Bieter hat also darzulegen, welche konkreten Kosten ihm im Zusammenhang mit der Teilnahme an dem Vergabeverfahren und durch die Angebotsvorbereitung entstanden sind. 66

Der **Auftraggeber** muss dagegen die Umstände darlegen und beweisen, die eine Zurechnung des Schadens unter dem Gesichtspunkt des rechtmäßigen Alternativverhaltens[111] ent- 67

---

105 OLG Hamm, Urteil v. 6.8.2015 – I 17 U 130/12 zu einem Schadensersatzanspruch bei unangemessen niedrig festgesetzten Entschädigungsbetrag.
106 Vgl. OLG München, Urteil v. 19.10.2000 – U (K) 1864/00; vgl. auch *Freytag*, in Gabriel/Krohn/Neun, Handbuch des Vergaberechts § 36 Rn. 83.
107 Zur Schadensminderungspflicht siehe Rn. 122.
108 Zu den Einzelheiten siehe § 180 Rn. 48 ff.
109 § 14 Verordnung zur Regelung von Zuständigkeiten in der Gerichtsbarkeit und der Justizverwaltung (ZustVO-Justiz).
110 BGH, Urteil v. 27.11.2007 – X ZR 18/07; OLG Naumburg, Urteil v. 23.12.2014 – 2 U 74/14.
111 Vgl. Rn. 49 ff.

fallen lassen bzw. die den Vorwurf des Mitverschuldens des Anspruchstellers begründen oder den Eintritt der Verjährung belegen. Hinsichtlich des Bestehens einer „echten Chance" auf den Zuschlag trifft ihn zudem die Pflicht, die zugrunde gelegten Wertungskriterien, sofern sie nicht in der Bekanntmachung oder in den Vergabeunterlagen mitgeteilt worden sind, sowie ggf. deren Gewichtung vorzutragen und ggf. substantiiert darzulegen, warum er dem Angebot des nach § 181 S. 1 GWB Schadensersatz begehrenden Bieters den Zuschlag nicht wertungsfehlerfrei hätte erteilen können.[112]

68 Hinsichtlich des behaupteten Verstoßes ist der Anspruchsteller gemäß § 179 Abs. 1 GWB seiner Beweislast enthoben, wenn er **Beteiligter eines Nachprüfungsverfahrens** war, in dem es (u.a.) um denjenigen Verstoß gegen die bieterschützende Vorschrift ging, der Anlass für den Schadensersatzprozess ist, und die Vergabekammer den Verstoß in ihrer vor Schluss der mündlichen Verhandlung des Schadensersatzprozesses bestandskräftig, also unanfechtbar gewordenen Entscheidung festgestellt hat. Nach § 179 GWB bindet die Entscheidung der Vergabekammer das wegen der Schadensersatzforderung angerufene Gericht. Die **Bindungswirkung** greift nicht nur bei einem nach § 168 Abs. 2 S. 2 GWB ergangenen Feststellungsbeschluss der Vergabekammer oder des Vergabesenats, sondern auch bei einer Entscheidung nach § 168 Abs. 1 GWB, soweit darin bestandskräftig die Feststellung getroffen wurde, dass das Vergabeverfahren wegen des in der Schadensersatzklage geltend gemachten Verstoßes rechtswidrig war und der Anspruchsteller dadurch in seinen Rechten verletzt wurde.[113] Eine Entscheidung der Vergabekammer, deren tragende Gründe sich allein darauf stützen, dass der Nachprüfungsantrag nach wirksamer Beendigung des Vergabeverfahrens und der Hilfsantrag mangels Feststellungsinteresse unzulässig gewesen ist, entfaltet keine (negative) Bindungswirkung im Hinblick auf materielle Verstöße gegen das Vergaberecht im Vergabeverfahren.[114]

C. Weiterreichende Schadensersatzansprüche (S. 2)

I. Anspruchsziel

69 Nach § 181 S. 2 GWB bleiben Schadensersatzansprüche, die über § 181 S. 1 GWB hinausgehen, unberührt.

70 Hiermit stellt das Gesetz nur bestätigend (deklaratorisch) klar, dass der im Vergabeverfahren benachteiligte Bieter **nicht auf die Geltendmachung des negativen Interesses beschränkt** ist.[115] Dem Anspruch aus § 181 S. 1 GWB kommt also keine Exklusivität zu, § 181 S. 1 GWB will die Rechtsschutzmöglichkeiten eines Bieters erweitern und nicht beschränken. Sonstige Schadensersatzansprüche sind für den betroffenen Bieter vor allem deshalb interessant, weil er auch über die von § 181 S. 1 GWB erfassten Kosten für das Vergabeverfahren hinausgehende Vermögensnachteile verlangen kann, insbesondere den entgangenen Gewinn, der wegen des Vergabeverstoßes des Auftraggebers nicht erzielt werden konnte. Der Bieter muss dann so gestellt werden, wie er stehen würde, wenn er den Zuschlag erhalten hätte.

71 Ergänzend **neben dem Anspruch aus § 181 S. 1 GWB** können Ansprüche aus Verschulden bei Vertragsschluss (culpa in contrahendo)[116] nach § 311 Abs. 2 BGB,[117] aus § 823 Abs. 1 BGB[118] und § 823 Abs. 2 BGB[119] sowie auch aus § 826 BGB (sittenwidrige Schädigung)[120] zur Anwendung kommen.[121]

112 BGH, Urteil v. 27.11.2007 – X ZR 18/07.
113 Vgl. z.B. OLG Naumburg, Urteil v. 23.4.2007 – 1 U 47/06.
114 OLG Naumburg, Urteil v. 27.11.2014 – 2 U 152/13.
115 BGH, Urteil v. 27.11.2007 – X ZR 18/07; vgl. auch Stellungnahme des Bundesrates, VgRÄG, BT-Drs. 13/9340, 44.
116 Vgl. Rn. 72 ff.
117 Vgl. BGH, Urteil v. 1.8.2006 – X ZR 146/03.
118 Vgl. Rn. 130 f.
119 Vgl. Rn. 132 ff.
120 Vgl. Rn. 140 f.
121 Vgl. im Einzelnen *Scharen*, in: Willenbruch/Bischoff, Vergaberecht, 1. Auflage, § 126 GWB Rn. 28, 68 ff., 76 f.

II. Culpa in contrahendo (§§ 280 Abs. 1, 241 Abs. 2, 311 Abs. 2 BGB)

1. Anspruchsinhalt

Neben § 181 S. 1 GWB kann ein Bieter Vermögensnachteile vor allem aus § 311 Abs. 2 BGB ersetzt verlangen, die letztlich aus dem **enttäuschten Vertrauen** herrühren, dass das Vergabeverfahren vergaberechtskonform durchgeführt werde. Es ist in der Rechtsprechung anerkannt, dass dem Bieter gegen den Auftraggeber ein Schadensersatzanspruch nach § 280 Abs. 1, § 241 Abs. 2, § 311 Abs. 2, 3 BGB zusteht, wenn dieser unter Missachtung von Vergabevorschriften seine Verpflichtung zur Rücksichtnahme auf die Rechte, Rechtsgüter und Interessen des Bieters schuldhaft verletzt und dem durch diese Vorschriften geschützten Unternehmen hierdurch ein Schaden zugefügt hat.[122] 72

Spätestens mit der Anforderung der Ausschreibungsunterlagen durch die Bieter entsteht zwischen diesen und dem Ausschreiben ein **vertragsähnliches Vertrauensverhältnis**.[123] Dieses Vertrauensverhältnis ist gemäß § 241 Abs. 2 BGB durch eine Reihe von Verhaltens-, Schutz-, Rücksichts- und Vertrauenspflichten geprägt. Der Bereich der öffentlichen Auftragsvergabe ist dabei durch die Besonderheit gekennzeichnet, dass der Ablauf der Vertragsverhandlungen und die dem Auftraggeber dabei auferlegten Verhaltenspflichten eingehend geregelt sind. Oberhalb der gemäß § 106 GWB vorgesehenen Schwellenwerte gelten die Bestimmungen des Teil 4 des GWB, der VgV, der KonzVgV, der SektVO, der VSVgV sowie des zweiten und dritten Abschnitts der VOB/A. Unterhalb dieser Werte sind die Vorschriften des ersten Abschnitts der VOB/A und der VOL/A einschlägig, sofern der Auftraggeber ankündigt, die Vergabe auf der Grundlage dieser Vorschriften durchzuführen. Zudem haben die Unternehmen gemäß § 97 Abs. 6 GWB Anspruch darauf, dass der Auftraggeber die Bestimmungen über das Vergabeverfahren einhält. An die daraus resultierenden Verhaltenspflichten knüpfen die Rücksichtnahmepflichten aus § 241 Abs. 2 BGB an.[124] 73

Bei **Verletzung dieser Pflichten** durch den Ausschreibenden können nach den Grundsätzen einer Haftung für Verschulden bei Vertragsverhandlungen (culpa in contrahendo) Schadensersatzansprüche des interessierten Bieters nach vertragsrechtlichen Grundsätzen entstehen.[125] Sie sind auf den Ersatz des Schadens gerichtet, den ein durch die Vergabevorschriften geschützter Bieter dadurch erlitten hat, dass der Auftraggeber durch Missachtung dieser Vorschriften seine Verpflichtung zur Rücksichtnahme auf die Rechte, Rechtsgüter und Interessen der Bieter und potenziellen Bieter verletzt hat.[126] Die Inanspruchnahme besonderen Vertrauens durch den Geschädigten ist damit keine Anspruchsvoraussetzung mehr.[127] 74

Durch die **Verrechtlichung des Vergaberechts** ist das Verhalten während der Anbahnung eines Vertrages bzw. das Führen der Vertragsverhandlungen durch Bestimmungen mit Normcharakter konkret geregelt.[128] Die bieterschützenden Bestimmungen in GWB, VgV, SektVO, VSVgV bzw. der KonzVgV sowie die der über § 2 VgV anzuwendende VOB/A-EU begründen konkrete rechtliche Pflichten, an deren Verletzung der Anspruch aus § 311 Abs. 2 i.V.m. § 241 Abs. 2 BGB unmittelbar anknüpfen kann.[129] 75

Mit dem Schadensersatzanspruch aus §§ 311 Abs. 2, 280 BGB korrespondiert ein **Unterlassungsanspruch**, soweit die Verletzungshandlung oder der pflichtwidrig geschaffene Zustand noch andauert.[130] Hingegen begründet eine solche Pflichtverletzung keinen Unterlassungsanspruch im Hinblick auf die Verletzung künftiger, noch nicht geschlossener Verträge.[131] Ein 76

122 OLG Naumburg, Urteil v. 23.12.2014 – 2 U 74/14, unter Berufung auf BGH, Urteil v. 15.1.2013 – X ZR 155/10; Urteil v. 5.6.2012 – X ZR 161/11, sowie OLG Naumburg, Urteil v. 27.11.2014 – 2 U 152/13.
123 Vgl. hierzu näher Rn. 83 f.
124 BGH, Urteil v. 9.6.2011 – X ZR 143/10.
125 BGH, Urteil v. 5.6.2012 – X ZR 161/11.
126 BGH, Urteil v. 9.6.2011 – X ZR 143/10.
127 Siehe Rn. 105.
128 *Gröning*, GRUR 2009, 266 (268).
129 *Gröning*, GRUR 2009, 266 (268).
130 Z.B. OLG Brandenburg, Beschluss v. 29.5.2008 – 12 U 235/07 m.w.N.
131 BGH, Urteil v. 5.6.2012 – X ZR 161/11.

potenzieller Bieter besitzt also keinen aus bürgerlich-rechtlichen Vorschriften herzuleitenden Anspruch darauf, dass die Verwendung bestimmter, als vergaberechtswidrig erachteter Vertragsbedingungen in etwaigen zukünftigen Vergabeverfahren unterlassen wird.[132]

77 **Unterhalb der Schwellenwerte** kann ein Bieter Schadensersatz wegen der Verletzung der Rücksichtnahmepflichten durch Missachtung der Vergabevorschriften durch den Auftraggeber nur dann geltend machen, wenn sich der Auftraggeber der jeweiligen Vergabe- und Vertragsordnung ausdrücklich unterworfen und ihr damit Außenwirkung verliehen hat.[133]

78 Ein aus der Verletzung der Ausschreibungsregeln und -bedingungen abgeleiteter Anspruch ist im Allgemeinen auf einen Ersatz des sog. **negativen Interesses**[134] beschränkt, also auf den Ersatz der durch die Beteiligung an der Ausschreibung entstandenen Aufwendungen (z.B. für die Erarbeitung des eigenen Angebots, für die Beschaffung von Nachweisen). Unter besonderen Voraussetzungen kann der Anspruch aber auch den Ersatz des sog. **positiven Interesses**[135], vor allem den durch die Nichterteilung des Auftrags entgangenen Gewinn, erfassen.[136] Auch einen Anspruch auf Entschädigung für Entwürfe oder Pläne, die mit dem Angebot vorgelegt werden (müssen), kann ein Bieter unter Umständen auf culpa in contrahendo stützen.[137]

79 Die Voraussetzungen, die § 311 Abs. 2 BGB für ein derartiges vorvertragliches Vertrauensverhältnis aufstellt, entsprechen denen, die früher in ständiger Rechtsprechung unter dem Begriff **„culpa in contrahendo"** entwickelt worden waren. Schadensersatzansprüche, die in der Vergangenheit aus dem gewohnheitsrechtlich anerkannten Rechtsinstitut der culpa in contrahendo hergeleitet wurden, sind jetzt auf § 311 Abs. 2 BGB zu stützen, der seit dem 1.1.2002 die normative Grundlage der Haftung aus culpa in contrahendo darstellt.[138] An der bisherigen Rechtsprechung zur Haftung aus culpa in contrahendo ist festzuhalten, weil § 311 Abs. 2 BGB an dem bisher angewandten Recht inhaltlich nichts ändern wollte.[139]

2. Anspruchsvoraussetzungen

a) Anspruchsberechtigter

80 Anders als bei der Haftung nach § 181 S. 1 GWB kann anspruchsberechtigt jeder sein, der an dem ausgeschriebenen Auftrag interessiert ist oder war, ferner jedoch auch der Ausschreibende oder spätere Auftraggeber.[140]

b) Anspruchsgegner

81 Dementsprechend kann der Anspruch nicht nur gegen einen Auftraggeber gerichtet werden, der einen öffentlichen Auftrag zu vergeben hat. Jeder **Ausschreibende oder Auftraggeber**, auch ein Privater,[141] kann Anspruchsgegner sein. Bei der Anwendung von §§ 280 Abs. 1, 241 Abs. 2, 311 Abs. 2 BGB kann daher die bisweilen schwierige Prüfung entfallen, ob eine und ggf. welche Alternative des § 98 GWB zu bejahen ist.

82 Werden in den Vergabeunterlagen einer öffentlichen Ausschreibung **verschiedene**, von § 98 GWB erfasste juristische Personen als **Auftraggeber** bezeichnet und enthält die Leistungsbeschreibung für alle Auftraggeber zusammengefasste Leistungsteile, sind alle Ausschreibenden gemeinschaftlich Auftraggeber. Sie haften deshalb im Falle von schuldhaften Vergaberechts-

132 BGH, Urteil v. 5.6.2012 – X ZR 161/11.
133 OLG Jena, Beschluss v. 8.12.2008 – 9 U 421/08, sowie *Gröning*, GRUR 2009, 266 (268 f.); vgl. Rn. 92 f.
134 Vgl. Rn. 107 ff.
135 Vgl. Rn. 113 ff.
136 BGH, Urteil v. 25.11.1992 – VIII ZR 170/91.
137 Vgl. Rn. 117.
138 Zuletzt etwa BGH, Urteil v. 5.6.2012 – X ZR 161/11; Urteil v. 9.6.2011 – X ZR 143/10.
139 BGH, Urteil v. 26.1.2010 – X ZR 86/08; Urteil v. 10.9.2009 – VII ZR 82/08; Urteil v. 27.6.2007 – X ZR 34/04.
140 Vgl. OLG Frankfurt, Urteil v. 7.11.2006 – 11 U 53/03 (Kart), für den Fall einer Submissionsabsprache; OLG Stuttgart, Urteil v. 23.8.2006 – 3 U 103/05, für den Fall eines Kalkulationsirrtums des Auftragnehmers.
141 Vgl. BGH, Urteil v. 15.4.2008 – X ZR 129/06; Urteil v. 21.2.2006 – X ZR 39/03; vgl. hierzu näher *Freytag*, in: Gabriel/Krohn/Neun, Handbuch des Vergaberechts, § 36 Rn. 97.

verstößen nach den Grundsätzen der culpa in contrahendo als Gesamtschuldner.[142] Als Anspruchsgegner kommt überdies auch jeder Bieter oder sonstige Interessent an dem ausgeschriebenen Auftrag in Betracht.

c) Vorvertragliches Schuldverhältnis

Der Anspruch aus § 311 Abs. 2 BGB setzt voraus, dass zwischen Anspruchsteller und Anspruchsgegner ein vorvertragliches Schuldverhältnis (sog. Sonderrechtsbeziehung) besteht. Ein solches Schuldverhältnis entsteht auch durch die Aufnahme von Vertragsverhandlungen (§ 311 Abs. 2 Nr. 1 BGB); und darum handelt es sich – in je nach Verfahrensart mehr oder minder stark formalisierter Form – bei der Durchführung eines Verfahrens zur Vergabe öffentlicher Aufträge.[143] 83

Die **Sonderrechtsbeziehung** beginnt, wenn ein Dritter bedingt durch ein nach außen gerichtetes Verhalten des Auftraggebers Vermögensdispositionen mit Blick auf den späteren Auftrag vornimmt.[144] Die von § 311 Abs. 2 BGB geforderte Sonderrechtsbeziehung wird spätestens mit der Anforderung der Ausschreibungsunterlagen durch die Bieter zwischen diesen und dem Ausschreibenden begründet.[145] Im Übrigen ist zwischen den einzelnen **Verfahrensarten** zu unterscheiden.[146] Bei einem nicht offenen Verfahren und einem Verhandlungsverfahren mit Teilnahmewettbewerb entsteht das Schuldverhältnis in der Regel mit Einreichung von Teilnahmeanträgen durch die Bewerber. Bei einem Verhandlungsverfahren ohne Teilnahmewettbewerb entsteht das Schuldverhältnis demgegenüber erst mit der Aufnahme von Vertragsverhandlungen auf Einladung des Auftraggebers oder mit Übermittlung der Unterlagen, über die verhandelt werden soll. Ob schon die bloße Bekanntmachung einer Ausschreibung ausreicht, um ein vorvertragliches Schuldverhältnis zu begründen, ist dagegen bislang höchstrichterlich noch nicht geklärt.[147] 84

Im Falle einer sog. **De-facto-Vergabe** (vgl. § 135 Abs. 1 Nr. 2 GWB) lässt sich ein Anspruch auf Schadensersatz mangels vorvertraglichen Schuldverhältnisses allerdings nicht auf §§ 311 Abs. 2, 241 Abs. 2, 280 Abs. 1 BGB stützen;[148] in Betracht kommt ein Anspruch aus § 823 Abs. 2 BGB i.V.m. §§ 97 Abs. 6, 127 Abs. 1 S. 1 GWB. 85

d) Verhaltenspflichten des Auftraggebers und der Bewerber

Das zwischen Ausschreibenden und Bewerbern begründete Vertrauensverhältnis ist für beide Seiten durch zahlreiche **Sorgfaltspflichten** gekennzeichnet. Dazu gehören insbesondere Aufklärungs-, Rücksichtnahme- und Mitteilungspflichten sowie die Pflicht zur Abwehr von Schäden. Welche konkrete Verhaltenspflichten die Vertragsparteien jeweils beachten müssen, richtet sich nach den Umständen des Einzelfalles, insbesondere nach der Natur des jeweiligen Schuldverhältnisses. 86

Im Anwendungsbereich des GWB-Vergaberechts werden die in Betracht kommenden Pflichten in erster Linie **durch die Bestimmungen konkretisiert**, die der Auftraggeber kraft Gesetzes bei der Durchführung des Vergabeverfahrens zu beachten hat, also die Regeln im Teil 4 des GWB und die Vorgaben der VgV sowie für den Baubereich diejenigen der VOB/A-EU, im Sektorenbereich der SektVO, im Bereich Verteidigung und Sicherheit der VSVgV und für Konzessionsvergaben der KonzVgV. Für Vergabeverfahren, die vor Inkrafttreten des VergRModG 2016 und der VergRModVO begonnen wurden, ergeben sich Verhaltenspflichten auch aus den Regeln der jeweils einschlägigen Vergabe- und Vertragsordnungen (VOB/A, VOL/A, VOF), soweit der öffentliche Auftraggeber nach §§ 4 bis 6 VgV a.F. zur Anwendung dieses Regelwerks verpflichtet ist (§§ 113, 106 Abs. 1 und Abs. 2 GWB a.F.). Unterhalb der Schwellenwerte sind die Vorschriften der VOB/A und der VOL/A – jeweils des 1. Abschnitts – einschlägig, 87

142 OLG Frankfurt, Urteil v. 14.4.2000 – 10 U 145/99, siehe hierzu auch Rn. 17.
143 Ausdrücklich BGH, Urteil v. 9.6.2011 – X ZR 143/10.
144 *Verfürth* in: Kulartz/Kus/Portz, GWB-Vergaberecht, § 126 Rn. 51.
145 St. Rspr., vgl. BGH, Urteil v. 7.6.2005 – X ZR 19/02; zuletzt OLG Koblenz, Urteil v. 6.2.2014 – 1 U 906/13.
146 Vgl. auch *Freytag*, in: Gabriel/Krohn/Neun, Handbuch des Vergaberechts, § 36 Rn. 95.
147 Dafür OLG Dresden, Urteil v. 9.3.2004 – 20 U 1544/03.
148 So auch *Freytag*, in: Gabriel/Krohn/Neun, Handbuch des Vergaberechts, § 36 Rn. 96.

sofern der Auftraggeber – was für viele Auftraggeber und Zuwendungsempfänger verpflichtend ist – ankündigt, die Vergabe auf der Grundlage dieser Vorschriften durchzuführen.[149] Daher kann auch unterhalb der Schwellenwerte ein Schadensersatzanspruch entstehen, wenn Vergabevorschriften missachtet und dadurch die vorvertraglichen Rücksichtnahmepflichten verletzt werden.[150]

88 Werden auf diese Weise formalisierte Vertragsverhandlungen auf der Grundlage der vom Auftraggeber ausgearbeiteten und den Bietern zur Teilnahme überlassenen **Vergabeunterlagen** geführt, trifft den Auftraggeber aus § 241 Abs. 2 BGB regelmäßig die Verpflichtung zu einer **vergaberechtskonformen Ausarbeitung** dieser Unterlagen. Dies hat beispielsweise zur Folge, dass keine Wirtschaftlichkeitskriterien aufgestellt werden dürfen, die eine ordnungsgemäße Wertung der Angebote nicht zulassen und deshalb bei der Beanstandung eine Aufhebung des Vergabeverfahrens unausweichlich machen.[151] Zugleich haben Bieter und Bewerber ein von § 241 Abs. 2 BGB geschütztes Interesse daran, dass der Auftraggeber das Vergabeverfahren so anlegt und durchführt, dass der ihnen entstehende teilweise beträchtliche Ausschreibungsaufwand entsprechend tatsächlich verwendet werden kann und nicht durch die Aufhebung zunichte gemacht wird, ohne dass er seinem eigentlichen Zweck entsprechend für den Wettbewerb um den ausgeschriebenen Auftrag eingesetzt werden kann.[152] Mit den für den Auftraggeber bestehenden Rücksichtnahmepflichten war es bislang ebenso unvereinbar, in die Wirtschaftlichkeitsprüfung Eignungskriterien einfließen zu lassen.[153]

89 Auch die Regeln der maßgeblichen **EU-Vergaberichtlinien** prägen das vorvertragliche Schuldverhältnis zwischen Auftraggeber und Unternehmen. Sie binden den öffentlichen Auftraggeber, wenn die fragliche Beschaffungsmaßnahme zu einem Zeitpunkt stattfindet, zu dem die maßgeblichen Richtlinien noch nicht oder unzureichend in deutsches Recht umgesetzt sind. Unter der Voraussetzung, dass die einschlägige Vorschrift der Richtlinie in einer für die Anwendung durch nationale Gerichte hinreichend bestimmten Weise formuliert ist, muss der Auftraggeber sich in seinem Verhalten nämlich so weit wie möglich an Wortlaut und Zweck der Richtlinie ausrichten, sodass das mit der Richtlinie verfolgte Ziel in größtmöglichem Umfang erreicht wird.[154] Entsprechendes kann gelten, wenn die betreffende Vorschrift der Richtlinie nur fehlerhaft oder unvollständig in deutsches Recht umgesetzt worden ist.[155]

90 Schließlich verlangt der **AEUV** von den Mitgliedstaaten die Beachtung bestimmter Grundfreiheiten, insbesondere des Diskriminierungsverbots (Art. 18 AEUV), der Warenverkehrs-, Niederlassungs- und die Dienstleistungsfreiheit (Art. 34 ff. AEUV, Art. 49 ff. AEUV und Art. 56 ff. AEUV). Sie bilden die Grundlagen des europäischen Vergaberechts, das in den Gründungsverträgen zur Europäischen Gemeinschaft, einschließlich der Protokolle und der allgemeinen Rechtsgrundsätze der Gemeinschaft (dem sog. Primärrecht), an sich keine besondere Erwähnung findet. Aus ihnen ergibt sich die Verpflichtung der Mitgliedstaaten, echten Wettbewerb um öffentliche Aufträge zuzulassen, unmittelbare oder mittelbare Diskriminierungen bei der Auftragsvergabe zu vermeiden und alle Regelungen oder Praktiken zu beseitigen, die den grenzüberschreitenden EU-weiten Verkehr beschränken. Die Mitgliedstaaten sind damit zugleich gehalten, die Vergabe öffentlicher Aufträge in transparenten Verfahren zu organisieren, die gleiche Zugangschancen für alle interessierten Unternehmen eröffnen und ihre Gleich-

---

149 BGH, Urteil v. 9.6.2011 – X ZR 143/10.

150 LG Erfurt, Urteil v. 13.6.2014 – 1 S 276/13; vgl. z.B. OLG Saarbrücken, Urteil v. vom 24.2.2016 – 1 U 60/15), wonach dem preisgünstigsten Bieter ein Anspruch auf Ersatz des positiven Interesses zusteht, wenn der Aufraggeber sein Angebot ausschließt, ohne zuvor fehlende Nachweise nach § 16 Abs. 1 Nr. 3 VOB/A 2012 (jetzt: § 16a EU VOB/A) unter Fristsetzung nachzufordern.

151 BGH, Urteil v. 9.6.2011 – X ZR 13/10.

152 BGH, Urteil v. 9.6.2011 – X ZR 13/10.

153 BGH, Urteil v. 9.6.2011 – X ZR 143/10, mit Verweis auf BGH, Urteil v. 8.9.1998 – X ZR 99/96; Urteil v.15.4.2008 – X ZR 129/06; vgl. jetzt aber z.B. die Regelung in § 56 Abs. 2 Nr. 2 VgV, wonach auch die Organisation, Qualifikation und Erfahrung des bei er Ausführung des Auftrags betrauten Personals als Zuschlagskriterium herangezogen werden darf, wenn die Qualität des eingesetzten Personals erheblichen Einfluss auf die Auftragsausführung haben kann.

154 BGH, Urteil v. 12.6.2001 – X ZR 150/99.

155 Zur „faktischen Vorwirkung" der EU-Vergaberichtlinie z.B. OLG Schleswig, Beschluss v. 28.8.2015 – 1 Verg 1/15; OLG Düsseldorf, Beschluss v. 19.11.2014 – Verg 30/14.

behandlung in allen Phasen des Vergabeverfahrens garantieren. Bei Beschaffungen, für die weder der Teil 4 des GWB noch die Vergaberichtlinien gelten, also für den praktisch bedeutsamen Bereich der Auftragsvergaben unterhalb der Schwellenwerte, können sich hieraus entsprechende Verhaltenspflichten für die Vergabestellen ergeben.[156] Bei Grundstücksveräußerungen durch die öffentliche Hand, die als solche nicht dem Vergaberecht unterfallen, soll ein vorvertragliches Schuldverhältnis mit Verhaltenspflichten in dem hier beschriebenen Sinne nicht vorliegen, weil zum einen das Vergaberecht nicht einschlägig ist und zum andern aufgrund der Formvorschriften in § 311b BGB regelmäßig kein annahmefähiges Angebot des Verkäufers vorliegt (fehlende notarielle Beurkundung).[157]

Eine objektive Verletzung von Rücksichtnahmepflichten kann auch in einem Verstoß gegen **Landesvergabegesetze** liegen. Auch die unterlassene Übermittlung der Vergabeakten an die in einzelnen Bundesländern als Nachprüfungsbehörde unterhalb der Schwellenwerte eingerichtete Vergabekammer und das Nicht-Abwarten einer in Landesvergabegesetzen statuierten Verpflichtung zum Abwarten vor Zuschlagserteilung verletzt Rücksichtnahmepflichten.[158] 91

Verhaltenspflichten des Auftraggebers im Rahmen des vorvertraglichen Schuldverhältnisses können sich aus durch die in der Bekanntmachung oder den Ausschreibungsunterlagen **selbst aufgestellten Bedingungen des Auftraggebers** ergeben. Formuliert der Auftraggeber entsprechende Bedingungen z.B. in der Bekanntmachung, in der Aufforderung zur Angebotsabgabe, in den Vergabeunterlagen oder in der Leistungsbeschreibung, so bindet er sich hierdurch selbst bzw. dürfen die Bieter und andere Unternehmen auf die Einhaltung dieser Bedingungen vertrauen. Auf diese Weise kann der Auftraggeber auch die VgV bzw. die SektVO, die VSVgV oder die KonzVgV oder die VOB/A oder den 1. Abschnitt der VOL/A als rechtlichen Rahmen für das Vergabeverfahren festlegen. Das kann beispielsweise durch die ausdrückliche Erklärung in der Bekanntmachung oder den Vergabeunterlagen geschehen, wonach die Beschaffung nach der einschlägigen Vergabeverordnung (VgV, SektVO, VSVgV oder KonzVgV) oder nach der VOB/A oder dem 1. Abschnitt der VOL/A erfolge. Unerheblich ist dabei, ob es sich um einen Auftraggeber im Sinne von § 98 GWB oder um einen privaten Auftraggeber handelt. Erklärt ein privater Auftraggeber ohne Einschränkung, dass er eine Ausschreibung nach den Regeln einer bestimmten Vergabeverordnung (VgV, SektVO, VSVgV oder KonzVgV) oder der VOB/A bzw. dem 1. Abschnitt der VOL/A führen werde, begründet er in gleicher Weise wie ein Auftraggeber im Sinne von § 98 GWB einen Vertrauenstatbestand bei den Teilnehmern der Ausschreibung.[159] 92

Im Übrigen kann sich die Geltung der betreffenden Vergabeverordnung (VgV, SektVO, VSVgV, KonzVgV) oder der VOB/A oder VOL/A (1. Abschnitt) auch aus tatsächlichem Handeln (durch sog. **konkludentes oder schlüssiges Verhalten**) des Auftraggebers ergeben, wenn dieses dahin gehend verstanden werden muss, dass die einschlägige Vergabeverordnung oder Vergabe- und Vertragsordnung für die entsprechende Beschaffungsmaßnahme gelten soll. Eine Beschaffungsmaßnahme kann sogar dann dem Willen der einschlägigen Vergabeverordnung oder einer Vergabe- und Vertragsordnung unterfallen, wenn der Auftraggeber einen ausdrücklichen Hinweis unterlässt, dass diese Regeln nicht gelten sollen. Voraussetzung hierfür ist jedoch, dass der Auftraggeber nach öffentlichem Recht, insbesondere Haushaltsrecht, verpflichtet ist, die Beschaffungsmaßnahme nach den Regeln der einschlägigen Vergabeverordnung oder einer Vergabe- und Vertragsordnung durchzuführen, und dies dem Anspruchsteller bekannt ist.[160] 93

Auch die **ständige Verwaltungspraxis** des Auftraggebers in der Vergangenheit, seine Beschaffungen stets nach den Regeln der einschlägigen Vergabeverordnung oder einer Vergabe- 94

156 Mitteilung der Kommission, ABl. 2006 C 294.
157 Vgl. hierzu mit weiteren Nachweisen OLG Brandenburg, Urteil v. 24.4.2014 – 6 W 149/11
158 LG Erfurt, Urteil v. 13.6.2014 – 1 S 276/13.
159 BGH, Urteil v. 21.2.2006 – X ZR 39/03.
160 Vgl. BGH, Urteil v. 12.6.2001 – X ZR 150/99; ferner auch OLG Düsseldorf, Beschluss v. 12.4.2006 – VII-Verg 4/06.

und Vertragsordnung durchzuführen, kann eine entsprechende Selbstbindung bewirken. Aufgrund dieser **Selbstbindung** kann auch dem ersten Abschnitt der VOB/A und der VOL/A und den verwaltungsinternen Regelungen über Verfahren und Kriterien der Vergabe eine mittelbare Außenwirkung zukommen. Verstöße gegen diese Regelungen können generell Ansprüche der Bieter nach den Grundsätzen des Verschuldens bei Vertragsschluss gemäß § 311 Abs. 2 BGB i.V.m. § 280 Abs. 1 BGB sowie Ansprüche aus unerlaubter Handlung begründen.[161] Der Auftraggeber – will er von der bislang geübten Verwaltungspraxis abweichen – ist daher gehalten, in die Ausschreibungsunterlagen einen entsprechenden Hinweis aufzunehmen.

95 **Erlasse, dienstliche Anweisungen, Zuwendungsbescheide, Vergabehandbücher usw.** und die darin enthaltenen Vorgaben können für das vorvertragliche Schuldverhältnis zwischen Auftraggeber und Unternehmen dann gelten, wenn der Auftraggeber ausdrücklich auf sie hingewiesen oder durch schlüssiges Verhalten kundgetan hat, hiernach verfahren zu wollen. Ein Bieter hat jedoch auch dann Anlass, auf die richtige Vergabe durch einen Auftraggeber zu vertrauen, wenn die Aufsichtsbehörde des Auftraggebers diesem bei einem formlosen Beschwerdeverfahren aufgegeben hatte, eine Neubewertung aller nicht ausgeschlossenen Angebote unter Berücksichtigung der Beschwerdebelange vorzunehmen.[162]

e) Verletzungshandlung

96 Die Schadensersatzpflicht wird dann ausgelöst, wenn der Anspruchsgegner gegen eine Verhaltenspflicht i.S.d. § 241 Abs. 2 BGB aus dem vorvertraglichen Schuldverhältnis verstößt, also eine Handlung vornimmt, die er nach den über das Schuldverhältnis maßgeblichen Regeln unterlassen müsste, oder ein Handeln unterlässt, das er nach dem Inhalt des Schuldverhältnisses vornehmen müsste.

97 Das Gleiche gilt für ein Handeln oder Unterlassen von Personen, für deren Verhalten **der Anspruchsgegner rechtlich einstehen muss**. Bei Gebietskörperschaften oder juristischen Personen als öffentlicher Auftraggeber sind das die Organe (§§ 31, 89 BGB).[163] Für das Handeln von Mitarbeitern (Vergabestellen), hinzugezogenen externen Personen (Architekten o.Ä.) oder sonstigen vertretungsberechtigten Dritten hat der Anspruchsgegner nach § 278 S. 1 BGB einzustehen, wenn er sich der/den betreffenden Person/en bei der Durchführung und Abwicklung der fraglichen Beschaffung bedient hat. Überlassen mehrere gemeinschaftliche Auftraggeber im Innenverhältnis die Durchführung des Vergabeverfahrens, insbesondere die Vergabeentscheidung, einem Mitauftraggeber, so müssen sie sich im Rahmen der Haftung nach den Grundsätzen der culpa in contrahendo dessen Verschulden und das Verschulden von dessen Beratern gemäß § 278 BGB wie eigenes Verschulden zurechnen lassen.[164] Der Hinweis des Auftraggebers, er habe die für ihn tätigen Personen sorgfältig ausgewählt (vgl. § 831 S. 2 BGB), entlastet ihn nicht. Denn dieser Entlastungsnachweis greift nur ein bei Schadensersatzansprüchen, welche die Folgen einer unerlaubten Handlung ausgleichen. Der Anspruch aus den §§ 280 Abs. 1, 241 Abs. 2, 311 Abs. 2 BGB gleicht aber nicht die Folgen einer unerlaubten Handlung aus, sondern zielt darauf ab, die Folgen einer Pflichtverletzung innerhalb eines vertragsähnlichen Schuldverhältnisses zu kompensieren. Besteht die Verletzungshandlung in einer Willenserklärung einer **vertretungsberechtigten Person**, ergibt sich die Haftung des Anspruchsgegners aus § 164 Abs. 1 BGB.

f) Verschulden

98 Während der Anspruch nach § 181 S. 1 GWB verschuldensunabhängig ausgestaltet ist,[165] erfordert der Schadensersatzanspruch gemäß §§ 280 Abs. 1, 241 Abs. 2, 311 Abs. 2 BGB im All-

161 OLG Brandenburg, Beschluss v. 17.12.2007 – 13 W 79/02.
162 LG Leipzig, Beschluss v. 30.4.2008 – 7 O 915/07.
163 Vgl. auch Rn. 34.
164 OLG Frankfurt, Urteil v. 14.4.2000 – 10 U 145/99, vgl. jetzt auch die Regelung in § 4 Abs. 2 VgV.
165 Siehe Rn. 38 f.

gemeinen ein Verschulden des Auftraggebers. Gemäß § 276 Abs. 1 S. 1 BGB tritt die Schadensersatzhaftung nur bei **vorsätzlicher oder fahrlässiger Verletzungshandlung** ein.

Die **Zurechnung** derjenigen Dritten oder interner Vergabestellen, die der Auftraggeber in die Durchführung des Vergabeverfahrens eingebunden oder hiermit beauftragt hat, erfolgt nach 99
§ 278 BGB.[166] Der Anspruchsgegner kann sich aber auf § 280 Abs. 1 S. 1 BGB berufen und geltend machen, dass ihm die Verletzungshandlung nicht vorgeworfen werden kann, weil sie für ihn bzw. für den für ihn Handelnden bei Anwendung der gebotenen Sorgfalt nicht voraussehbar und nicht vermeidbar war.

Ob an dem Verschuldenserfordernis für den Bereich der öffentlichen Auftragsvergabe **ober-** 100
halb der Schwellenwerte auch nach der neueren Rechtsprechung des EuGH festzuhalten ist, wonach die RL 89/665/EWG (Rechtsmittelrichtlinie) einer nationalen Regelung entgegensteht, die den Schadensersatzanspruch wegen Verstoßes eines Auftraggebers gegen Vergaberecht von der Schuldhaftigkeit des Verstoßes abhängig macht,[167] bleibt abzuwarten.[168] Der BGH jedenfalls hat die Problematik erkannt, musste sich hierzu jedoch bisher nicht äußern.[169]

g) Pflichtverletzung/Kausalität

Die Verletzungshandlung muss schließlich **ursächlich** für einen Schaden im Sinne eines Ver- 101
mögensnachteils bei dem Anspruchsteller gewesen sein (Kausalität), der als adäquate Folge der Pflichtverletzung angesehen werden kann und dessen Vermeidung die verletzte Pflicht dient.

Da die Schadensersatzpflicht nach den Grundsätzen der culpa in contrahendo allgemein ihren 102
Grund in der Gewährung von in Anspruch genommenem Vertrauen („Haftung für enttäuschtes Vertrauen") findet,[170] ging die Rechtsprechung lange Zeit davon aus, dass ein vergaberechtliches Fehlverhalten des Auftraggebers vor Vertragsschluss dessen Haftung nur dann begründen konnte, wenn ein **zusätzliches Vertrauenselement** aufseiten des Schadensersatz verlangenden Bieters vorlag.[171] Schadensersatz nach Aufhebung eines Vergabeverfahrens, für die kein vergaberechtlich anerkannter Grund (§ 17 VOL/A, § 63 VgV, § 17 VOB/A, § 17 EU VOB/A) vorlag, konnte ein Bieter nur dann verlangen, wenn er sich ohne Vertrauen auf die Rechtmäßigkeit des Vergabeverfahrens daran entweder gar nicht oder nicht so wie geschehen beteiligt hätte.[172]

Nach dieser Rechtsprechung war das Vertrauen auf die vergaberechtskonforme Abwicklung 103
des Vergabeverfahrens rechtlich dann **nicht mehr schutzwürdig**, wenn der Bieter bei der ihm im jeweiligen Fall zumutbaren Prüfung erkannt hatte oder hätte erkennen müssen, dass der Auftraggeber von den für ihn geltenden Regeln abweicht.[173] War dem Bieter bekannt, dass die Ausschreibung fehlerhaft war, fehlte es nach der damaligen Rechtsprechung jedenfalls an dem notwendigen Vertrauenstatbestand.[174] Bei einer solchen Kenntnis konnte der Bieter nicht mehr berechtigterweise darauf vertrauen, dass der mit der Erstellung des Angebots und der Teilnahme am Verfahren verbundene Aufwand nicht nutzlos war.[175] Darüber hinaus verdiente das Vertrauen eines Bieters aber auch dann keinen Schutz, wenn sich ihm die ernsthafte Gefahr eines Regelverstoßes des Auftraggebers aufdrängen muss, ohne dass die

166 OLG Naumburg, Urteil v. 26.10.2004 – 1 U 30/04; vgl. auch Rn. 97.
167 Vgl. EuGH, Urteil v. 30.9.2010 – Rs. C-314/09 (Stadt Graz), Rn. 45.
168 Ablehnend *Freytag*, in: Gabriel/Krohn/Neun, Handbuch des Vergaberechts, § 36 Rn. 104 ff.
169 BGH, Urteil v. 9.6.2011 – X ZR 143/10.
170 Vgl. *Heinrichs*, in: Palandt, BGB, § 276 Rn. 65 f.
171 Vgl. etwa BGH, Urteil v. 8.9.1998 – X ZR 99/96; *Freytag*, in: Gabriel/Krohn/Neun, Handbuch des Vergaberechts, § 36 Rn. 98 ff.
172 Vgl. BGH, Urteil v. 27.11.2007 – X ZR 18/07.
173 BGH, Urteil v. 12.6.2001 – X ZR 150/99.
174 BGH, Urteil v. 27.6.2007 – X ZR 34/04.
175 BGH, Urteil v. 1.8.2006 – X ZR 146/03; OLG Naumburg, Urteil v. 28.10.2010 – 1 U 52/10.

Abweichung schon sicher erschien.[176] Diese rigorose Rechtsprechung höhlte den Schadensersatzanspruch zu weitgehend zulasten der Bieter aus.[177]

104 Ein Anspruch auf Schadensersatz sollte demnach schließlich auch ausscheiden, wenn bestimmte **Vorgaben in den Vergabeunterlagen** oder ein **Verhalten der Vergabestelle unklar** war, z.B. ob sich die Vergabestelle eine Gesamtvergabe der in Lose aufgeteilten Leistung vorbehalten hatte oder nicht. In einer solchen Konstellation durfte ein Bieter nicht einfach eine von mehreren möglichen Auslegungsvarianten unterstellen, sondern musste sich um Aufklärung durch Einsichtnahme von Unterlagen, Nachfragen, Ortsbesichtigungen etc. bemühen.[178] Unterließ er die gebotenen Aufklärungshandlungen, dann musste er in Kauf nehmen, mit der Vergabeentscheidung in seiner subjektiven Erwartung (nicht in seinem berechtigten Vertrauen) enttäuscht zu werden.[179] Ein Schadensersatzanspruch aus §§ 280 Abs. 1, 241 Abs. 1, 311 Abs. 2 und Abs. 3 BGB stand ihm nach der früheren Linie der Rechtsprechung dann nicht zu.

105 Von dieser weitgehend auf dem tatbestandlichen Erfordernis eines Vertrauenselements beruhenden Rechtsprechung hat der **BGH** für den Bereich des Vergaberechts inzwischen ausdrücklich Abstand genommen.[180] An einem zusätzlichen Vertrauenselement hält der BGH für Schadensersatzansprüche, die auf ein vergaberechtliches Fehlverhalten des Auftraggebers vor Vertragsschluss gestützt sind, nicht fest. Zur Begründung verweist der BGH darauf, dass der aus § 280 Abs. 1 i.V.m. § 241 Abs. 2 und § 311 Abs. 2 Nr. 1 BGB hergeleitete Schadensersatzanspruch nach dem Wortlaut der gesetzlichen Regelung an die Verletzung einer aus dem Schuldverhältnis herrührenden Rücksichtnahmepflicht der Beteiligten anknüpft. Dafür, dass dem Gläubiger nur dann Schadensersatz zustehen solle, wenn er bei Verletzung einer solchen Rücksichtnahmepflicht zusätzlich gewährtes Vertrauen in Anspruch genommen hat, sei der gesetzlichen Regelung nichts zu entnehmen. Für das Recht der öffentlichen Auftragsvergabe bestehe auch kein Bedürfnis dafür, das Vertrauen des Bieters etwa als ungeschriebenes Tatbestandsmerkmal weiter zu fordern. Denn dieses Gebiet sei durch die Besonderheit gekennzeichnet, dass der Ablauf der Vertragsverhandlungen und die dem Auftraggeber dabei auferlegten Verhaltenspflichten eingehend geregelt seien. An die daraus resultierenden Verhaltenspflichten knüpften die Rücksichtnahmepflichten aus § 241 Abs. 2 BGB an. Der Inanspruchnahme besonderen Vertrauens als eines Tatbestands, an dessen Erfüllung die Haftung wegen Verschuldens bei Vertragsanbahnung überhaupt erst festgemacht werden könnte, bedürfe es deshalb nicht.[181]

106 **Maßgeblich** ist demnach allein, ob der Auftraggeber durch Missachtung von Vergabevorschriften seine Verpflichtung zur Rücksichtnahme auf die Rechte, Rechtsgüter und Interessen der potenziellen Bieter verletzt und einem durch diese Vorschriften geschützten Unternehmen hierdurch Schaden zugefügt hat. Der vom Bieter geltend gemachte Schadensersatzanspruch kann diesem daher nicht mehr mit dem Argument verweigert werden, er habe die Mangelhaftigkeit der Ausschreibung erkannt oder erkennen müssen, sodass er bei Angebotsabgabe nicht im Vertrauen darauf gehandelt hätte, dass das Vergabeverfahren insoweit nach den einschlägigen Vorschriften des Vergaberechts abgewickelt werden würde.[182] Hierin liegt eine erhebliche Erleichterung der betroffenen Bieter im Schadensersatzprozess.[183]

---

176 BGH, Urteil v. 27.6.2007 – X ZR 34/04; Urteil v. 1.8.2006 – X ZR 146/03; Urteil v. 3.6.2004 – X ZR 30/03; OLG Stuttgart, Urteil v. 30.4.2007 – 5 U 4/06.
177 Zu Recht kritisch daher *Deling*, in: Müller-Wrede, Taschenkommentar GWB-Vergaberecht, § 126 Rn. 33 ff.
178 OLG Naumburg, Urteil v. 2.7.2009 – 1 U 5/09.
179 OLG Naumburg, Urteil v. 2.7.2009 – 1 U 5/09; vgl. auch OLG Brandenburg, Urteil v. 20.4.2004 – 6 U 116/03.
180 Siehe hierzu auch *Freytag*, in: Gabriel/Krohn/Neun, Handbuch des Vergaberechts, § 36 Rn. 100.
181 Vgl. BGH, Urteil v. 5.6.2012 – X ZR 161/11; Urteil v. 9.6.2011 – X ZR 143/10; OLG Hamm, Beschluss v. 6.8.2015 – I 17 U 130/12, sowie *Gröning*, GRUR 2009, 266 (268).
182 BGH, Urteil v. 5.6.2012 – X ZR 161/11.
183 Vgl. Rn. 112 und *Gröning*, GRUR 2009, 266 (269).

3. Schaden

Der Schadensersatzanspruch kann alternativ[184] auf das sog. **negative Interesse**, je nach Sachverhalt aber auch auf das sog. **positive Interesse** gerichtet sein. 107

a) Ersatz des negativen Interesses

Mit dem Begriff **„negatives Interesse"** werden die Nachteile bezeichnet, die der Anspruchsteller infolge der Pflichtverletzung erlitten hat, weil er darauf vertraut hat, dass der Anspruchsgegner sich an die aus dem vorvertraglichen Schuldverhältnis ergebenden Regeln hält. Bei vergaberechtlichen Sachverhalten geht es daher um die Schäden, die aus dem Vertrauen herrühren, dass die Beschaffung nach den Vorschriften des EU-Vergaberechts, des GWB, der jeweiligen Vergabeverordnung (VgV, SektVO, VSVgV, KonzVgV), der VOB/A oder der VOL/A (1. Abschnitt) oder nach den eigenen Vergabebedingungen des Auftraggebers abgewickelt wird. Nach §§ 280 Abs. 1, 241 Abs. 2, 311 Abs. 2 BGB kann ein Bieter daher auch die Nachteile ausgeglichen verlangen, die ihm durch die Teilnahme an einer Ausschreibung entstanden sind. Das sind in erster Linie die bereits in Rn. 56 beispielhaft benannten Kosten. Ist dem Bieter wegen seiner Teilnahme am Vergabeverfahren ein anderes Geschäft entgangen, kann das negative Interesse u.U. auch den insoweit entgangenen Gewinn einschließen. 108

Hat der sich übergangen fühlende Bieter wegen der behaupteten Pflichtverletzung einen **Rechtsanwalt** eingeschaltet, können auch dessen **Gebühren** ersetzt verlangt werden.[185] Maßgeblich ist insoweit, dass der Bieter aufgrund der objektiv gegebenen Vergaberechtswidrigkeit Anlass hatte, anwaltliche Hilfe in Anspruch zu nehmen.[186] Die Erstattungsfähigkeit von Rechtsanwaltskosten ist grundsätzlich nicht von einer irgendwie gearteten Mahnung des Gläubigers bzw. von einer eigenen Rüge gegenüber dem Auftraggeber vor Einschaltung des Rechtsanwalts abhängig. Das kann allenfalls bei erkennbaren Vergabeverstößen im Sinne des § 160 Abs. 3 Nr. 2 und Nr. 3 GWB anders sein.[187] In solchen Fällen dürfte der Vorwurf des Mitverschuldens des Bieters gerechtfertigt sein.[188] Zur Frage der **Angemessenheit der Rechtsanwaltsgebühr** ist die Rechtsprechung des BGH[189] maßgeblich, wonach bei vergaberechtlichen Streitigkeiten nicht in jedem Fall pauschal von einer überdurchschnittlichen Schwierigkeit für die anwaltliche Tätigkeit ausgegangen werden könne. Auch vergaberechtliche Streitigkeiten seien hinsichtlich ihres Umfangs und Schwierigkeitsgrads unterschiedlich gelagert. Es erscheine daher nicht angemessen, diesen Fällen pauschal einen Schwierigkeitsgrad beizumessen, dem regelmäßig eine Gebühr im oberen oder obersten Bereich der einschlägigen Rahmengebühr zu entsprechen habe. Das gelte umso mehr mit Blick auf die anwaltliche Spezialisierung. Zweifelhaft könne ferner sein, den Aufwand bei der Vertretung im Vergabeverfahren generell auch daran zu messen, welche Probleme sich im anschließenden Nachprüfungsverfahren ergeben haben, weil die Auseinandersetzung hinsichtlich des Umfangs und Schwierigkeitsgrads dynamisch verlaufen sein kann. 109

Das „negative Interesse", also die Kosten der Teilnahme an dem Vergabeverfahren, kann regelmäßig jedoch nur der Bieter verlangen, der ohne den behaupteten Verstoß **den Zuschlag erhalten hätte**.[190] So hat beispielsweise die VK Schleswig-Holstein entschieden,[191], dass der Anspruch nur demjenigen Bieter zusteht, der als Sieger aus dem Vergabeverfahren hervorgegangen wäre.[192] Das ergibt sich daraus, dass mit der Ausschreibung ein Wettbewerbsverfahren eröffnet wird, bei dem sich die unter Umständen beträchtlichen Aufwendungen der Bieter für die Erstellung der Angebote nur bei dem Gewinner des Verfahrens amortisieren, während 110

184 Nicht kumulativ, OLG Jena, Urteil v. 27.2.2002 – 6 U 360/01.
185 BGH, Urteil v. 9.6.2011 – X ZR 143/10; LG Leipzig, Beschluss v. 19.8.2005 – 01 HK O 7069/04.
186 *Freytag*, in: Gabriel/Krohn/Neun, Handbuch des Vergaberechts, § 36 Rn 111.
187 BGH, Urteil v. 9.6.2011 – X ZR 143/10.
188 *Freytag*, in: Gabriel/Krohn/Neun, Handbuch des Vergaberechts, § 36 Rn 111.
189 BGH, Urteil v. 9.6.2011 – X ZR 143/10.
190 BGH, Urteil v. 9.6.2011 – X ZR 143/10; Urteil v. 27.11.2007 – X ZR 18/07; vgl. auch OLG Celle, Beschluss v. 4.3.2010 – 13 Verg 1/10.
191 VK Schleswig-Holstein, Beschluss v. 25.1.2012 – VK-SH 24/11.
192 Vgl. auch *Gröning*, GRUR 2009, 266 (268); anders allerdings OLG Naumburg, Urteil v. 27.11.2014 – 2 U 152/13.

die übrigen Teilnehmer in aller Regel auch für beträchtliche Ausgaben zur Vorbereitung ihres Angebots keinen Ersatz erhalten. Ein Verstoß gegen bieterschützende Bestimmungen zum Nachteil eines nachrangigen Bieters wird deshalb regelmäßig nicht kausal für den bei ihm durch die Angebotsaufwendungen zu verzeichnenden Vermögensverlust sein.[193]

111 Das gilt aber nicht ausnahmslos.[194] Einem Bieter, der den Zuschlag nicht erhalten hat, kann gleichwohl ein Anspruch auf Ersatz solcher Aufwendungen zustehen, die er nicht getätigt hätte, wenn er **gewusst hätte, dass sich die Vergabestelle über** die sie aus dem vorvertraglichen Vertrauensverhältnis treffenden (Aufklärungs-)Pflichten hinwegsetzt, sie es z.B. unterlässt, rechtzeitig bestimmte Informationen zu erteilen.[195] Neben den Fällen unterlassener Aufklärung kommt eine Schadensersatzverpflichtung des Auftraggebers daher gegenüber diesem Bieter z.B. bei einer rechtswidrigen Aufhebung des Verfahrens[196] oder auch bei einem Verfahrensfehler, der die Einleitung des Vergabeverfahrens als solche betrifft (etwa eine fehlerhafte Kostenschätzung), in Betracht. Wenn die Ausschreibung rechtswidrig aufgehoben wurde, weil der Auftraggeber keine ordnungsgemäße Kostenschätzung vorgenommen hatte, kann unterstellt werden, dass bei einer rechtmäßigen Vorgehensweise die Kosten in der Größenordnung der Angebotsendsummen entweder bereitgestellt worden wären oder auf eine Ausschreibung des Auftrages verzichtet worden wäre. In beiden Fällen hätten die Bieter ihre mit der Angebotsbestellung, -erläuterung und -aufklärung verbundenen Aufwendungen erspart. Es ist deshalb gerechtfertigt, in diesen Fällen nicht nur dem Bestbieter, d.h. dem Bieter, der bei einem ordnungsgemäßen Verlauf des Vergabeverfahrens den Zuschlag hätte erhalten müssen, sondern allen teilnehmenden Bietern einen Anspruch auf Erlass des negativen Interesses zuzusprechen.[197] Ein Anspruch aus culpa in contrahendo auf Erstattung der Kosten für die Teilnahme am Vergabeverfahren kann einem Bieter also auch dann zustehen, wenn er sich ohne Vertrauen auf die Rechtmäßigkeit des Vergabeverfahrens nicht oder nicht so, wie geschehen, daran beteiligt hätte.[198] Dies ist jedoch nur dann der Fall, wenn der Bieter sich in Kenntnis des tatsächlichen Ausschreibungsinhalts mit an Sicherheit grenzender Wahrscheinlichkeit nicht am Vergabeverfahren beteiligt und kein Angebot abgegeben hätte.[199] Entsprechende Umstände hat der Anspruchsteller (Kläger) in dem Schadensersatzprozess gesondert darzulegen. Es versteht sich aber nicht immer von selbst, dass ein Bieter gänzlich von der Bewerbung um einen Auftrag Abstand nimmt, bloß weil er erkennt, dass dieser z.B. fälschlicherweise nur national ausgeschrieben worden ist anstatt europaweit.[200]

112 Im Schadensersatzprozess musste der betroffene Bieter (Kläger) früher in aller Regel **nachweisen, dass er sich in Kenntnis** einer bestimmten Information, nämlich des vergaberechtswidrigen Verhaltens des Auftraggebers, **nicht am Vergabeverfahren beteiligt** bzw. wegen des Verstoßes ein **Nachprüfungsverfahren eingeleitet hätte**.[201] Der Kläger war also u.U. gehalten vorzutragen, dass er sich nicht am Vergabeverfahren solcher Auftraggeber beteilige, die das Vergaberecht nicht beachteten, da er bei solchen Auftraggebern immer damit rechnen müsse, zu Unrecht nicht den Zuschlag zu erhalten, und er keinen konkreten Anlass gesehen habe, an dem rechtmäßigen Verhalten des betreffenden Auftraggebers zu zweifeln.[202] Die Rechtsposition des betroffenen Bieters im Schadensersatzprozess ist mit der **Rechtsprechung des BGH** deutlich komfortabler geworden:[203] Da es nach der Rechtsprechung des BGH auf

193 BGH, Urteil v. 27.6.2007 – X ZR 34/04.
194 Vgl. etwa BGH, Urteil v. 9.6.2011 – X ZR 143/10, sowie die Nachweise bei *Gröning*, GRUR 2009, 266 (267, 269).
195 BGH, Urteil v. 27.11.2007 – X ZR 18/07; OLG Celle Beschluss v. 4.3.2010 – 13 Verg 1/10; OLG Koblenz, Urteil v. 15.1.2007 – 12 U 1016/0.
196 Vgl. hierzu BGH, Urteil v. 9.6.2011 – X ZR 143/10; OLG Naumburg, Urteil v. 27.11.2014 – 2 U 152/13.
197 OLG Naumburg, Urteil v. 27.11.2014 – 2 U 152/13.
198 BGH, Urteil v. 27.11.2007 – X ZR 18/07.
199 OLG Celle, Beschluss v. 4.3.2010 – 13 Verg 1/10; VK Schleswig-Holstein, Beschluss v. 25.1.2012 – VK-SH 24/11.
200 Vgl. BGH, Urteil v. 27.11.2007 – X ZR 18/07; zu Fällen, in denen das Ausschreibungsverfahren von Anfang an fehlerbehaftet war und deshalb keine echte Amortisationschance für getätigte Aufwendungen bestand: vgl. OLG Dresden, Urteil v. 10.2.2004 – 20 U 1697/03; OLG Schleswig, Beschluss v. 18.1.2001 – 11 U 139/99.
201 Vgl. BGH, Urteil v. 27.11.2007 – X ZR 18/07.
202 Vgl. *Weyand*, IBR 2008, 174 ff.
203 *Gröning*, GRUR 2009, 266 (269).

die Inanspruchnahme von Vertrauen nicht ankommt,[204] haben die betroffenen Bieter mit dem Nachweis etwa der Fehlerhaftigkeit der Vergabeunterlagen und in Anbetracht des Umstands, dass das Vergabeverfahren deswegen aufgehoben wurde, ihrer Darlegungslast für den Anspruch auf das negative Interesse genügt. Infolge dieser Pflichtverletzung ist die Aufwendung der Kosten für die Erstellung des Angebots fehlgeschlagen. Eine Anspruchskürzung könnte lediglich unter dem Gesichtspunkt des Mitverschuldens (§ 254 BGB) in Betracht kommen. Dabei müsste aber wiederum zugunsten des Bieters stets nach der Zumutbarkeit alternativen Verhaltens gefragt werden.[205]

b) Ersatz des positiven Interesses

Der Schadensersatzanspruch kann auch auf das „**positive Interesse**" oder „Erfüllungsinteresse" gerichtet sein. Mit diesen Begriffen werden diejenigen Vermögensnachteile benannt, die ein Anspruchsteller erleidet, weil er den Zuschlag nicht erhält oder erhalten hat. Der Anspruch zielt dann in erster Linie auf den entgangenen Gewinn eines nichtberücksichtigten Bieters, aber auch auf andere Teilaspekte des Entgelts, soweit sie der Anspruchsteller nicht realisieren konnte. Unabhängig davon, ob sich ein Überschuss des Angebotspreises über die aufzuwendenden Kosten feststellen lässt, kann daher ggf. ein Deckungsbeitrag zu den allgemeinen Betriebskosten des Anspruchstellers eingeklagt werden,[206] der bei Auftragserteilung erzielt worden wäre. Wenn die auftragsbezogenen Verluste höher als die mit dem eingeklagten Betrag abzudeckenden Fixkosten sind, dürfte es jedoch an einem Schaden fehlen.[207] **113**

Der Anspruch des bei der Zuschlagserteilung übergangenen Bieters auf das positive Interesse setzt zunächst unter Kausalitätsgesichtspunkten voraus, dass ihm bei ordnungsgemäßen Verlauf des Vergabeverfahrens der **Auftrag hätte erteilt werden müssen**.[208] Dies kann für den zweitplatzierten Bieter der Fall sein, wenn der Auftrag an einen Bieter erteilt wurde, dessen Angebot nicht den Anforderungen der Leistungsbeschreibung entspricht. Wenn der Bieter nachweist, dass er in rechtswidriger Weise übergangen wurde und bei rechtmäßiger Vergabeentscheidung der Zuschlag auf sein Angebot hätte erfolgen müssen, kann er Ersatz des positiven Interesses verlangen.[209] Er kann dann Ersatz des Gewinnausfalls verlangen.[210] Nach § 252 BGB umfasst der gegebenenfalls zu ersetzende Schaden grundsätzlich auch den entgangenen Gewinn, welcher nach dem gewöhnlichen Lauf der Dinge oder nach den besonderen Umständen, insbesondere nach den getroffenen Anstalten und Vorkehrungen, mit Wahrscheinlichkeit erwartet werden konnte. Die Tatsachen, aus denen sich die Prognose eines zukünftigen Gewinns ergibt, muss der Anspruchsteller nachweisen. Eine pauschale Berufung auf 5 % der Angebotssumme in Analogie zu § 649 S. 3 BGB ist nicht ausreichend. § 649 S. 3 BGB regelt die Kündigung im Werkvertragsrecht und enthält keinen in dieser Weise verallgemeinerungsfähigen Rechtsgedanken.[211] Der Auftraggeber kann sich gegenüber dem übergangenen Bieter nicht allein darauf berufen, ihm hätte wegen der vergaberechtswidrigen Ausgestaltung der Vergabeunterlagen der Zuschlag in einem ordnungsgemäßen Vergabeverfahren überhaupt nicht erteilt werden können. Ansonsten wäre der Auftraggeber von jeglicher Haftung für die Verwendung vergaberechtswidriger Unterlagen freigestellt.[212] Vielmehr soll nach der Rechtsprechung des BGH mit dem Vorbehalt der potenziell möglichen Zuschlagserteilung in erster Linie verhindert werden, dass ein Bieter, dessen Angebot selbst nicht ausschreibungs- **114**

204 Siehe Rn. 105.
205 Zu der gesamten Problematik siehe *Gröning*, GRUR 2009, 266 (269).
206 BGH, Urteil v. 2.10.2003 – III ZR 114/02; OLG Dresden, Urteil v. 27.1.2006 – 20 U 1873/05; OLG Schleswig, Urteil v. 12.10.2004 – 6 U 81/01; OLG Stuttgart, Beschluss v. 6.4.2004 – 2 Verg 2/04.
207 OLG Schleswig, Urteil v. 12.10.2004 – 6 U 81/01.
208 Vgl. BGH, Urteil v. 5.6.2012 – X ZR 161/11; Urteil v. 26.1.2010 – X ZR 86/08; OLG Köln, Urteil v. 23.7.2014 – 1-11 U 104/13 m.w.N.; vgl. zuletzt z.B. OLG Saarbrücken, Urteil v. 24.2.2016 – 1 U 60/15.
209 BGH, Urteil v. 1.8.2006 – X ZR 115/04; OLG Koblenz, Urteil v. 6.2.2014 – 1 U 906/13.
210 St. Rspr., vgl. BGH, Urteil v. 18.9.2007 – X ZR 89/04.
211 OLG Köln, Urteil v. 23.7.2014 – 11 U 104/13.
212 BGH, Urteil v. 5.6.2012 – X ZR 161/11.

konform ist und dem deshalb der Auftrag nicht hätte erteilt werden dürfen, Schadensersatz erhält.[213]

115 Für den Ersatz des positiven Interesses ist weiter erforderlich, dass der betreffende **Auftrag** tatsächlich an einen Konkurrenten des Anspruchstellers **vergeben worden ist**. Denn auch derjenige Bieter, der bei einer Ausschreibung das annehmbarste Angebot abgegeben hat, hat deshalb nicht von vornherein Anlass, darauf zu vertrauen, dass ihm der ausgeschriebene Auftrag erteilt wird und er sein positives Interesse hieraus realisieren kann. Ein sachlich gerechtfertigter Vertrauenstatbestand, der zu einem Ersatz des entgangenen Gewinns führt, kann vielmehr erst dann gegeben sein, wenn der ausgeschriebene Auftrag tatsächlich – wenn auch unter Verstoß gegen die einschlägigen Vergaberegeln – erteilt wurde. Erst dann erweist es sich als berechtigt, dass der betroffene Bieter auf die tatsächliche Durchführung des Auftrags und den hierdurch zu erlösenden Gewinn vertraut hat. Unterbleibt die Vergabe des Auftrags, kommt regelmäßig nur eine Entschädigung im Hinblick auf das Vertrauen in Betracht, um im Ergebnis nutzlose Aufwendungen für die Erstellung des Angebots und die Teilnahme am Ausschreibungsverfahren tätigen zu müssen.[214]

116 Die demnach erforderliche tatsächliche **Vergabe des Auftrags an einen Bieter** liegt vor, wenn der Auftraggeber mit einem oder mehreren Unternehmen einen Vertrag oder mehrere Verträge abgeschlossen hat und dieser Vertrag bei wirtschaftlicher Betrachtungsweise das gleiche Vorhaben und den gleichen Auftragsgegenstand betrifft.[215] Bei einer Wiederholung des Vergabeverfahrens nach Erkennen des Umstandes, dass die Leistungsbeschreibung mehrdeutig gewesen sein konnte, besteht aufgrund des fehlenden Kontrahierungszwanges regelmäßig kein Anspruch auf entgangenen Gewinn.[216] Daran fehlt es, wenn der vergebene Auftrag im Vergleich zu dem ausgeschriebenen Beschaffungsvorhaben wesentliche Änderungen aufweist, was nach wirtschaftlichen und technischen Kriterien und nicht nach formalen Aspekten zu beurteilen ist.[217] Ein Anspruch des übergangenen Bieters kann jedoch auch dann bestehen, wenn sich der ausgeschriebene und der tatsächlich erteilte Auftrag nicht decken, der übergangene Bieter aber auf Besonderheiten verweisen kann, die den Auftraggeber hätten veranlassen müssen, ihm – auch – den geänderten Auftrag zu erteilen.[218]

c) Ersatz des Entschädigungsbetrages

117 Nach § 8b EU Abs. 2 Nr. 1 S. 2 VOB/A ist einheitlich für alle Bieter in der Ausschreibung eine angemessene Entschädigung festzusetzen, wenn der Auftraggeber mit dem Angebot Entwürfe, Pläne, Zeichnungen, statische Berechnungen, Mengenberechnungen oder andere Unterlagen ausarbeitet. Diese Entschädigung steht jedem Bieter zu, der ein der Ausschreibung entsprechendes Angebot mit den geforderten Unterlagen rechtzeitig eingesetzt hat. Vergleichbare Regelungen enthalten § 8b EU Abs. 1 Nr. 1 S. 2 VOB/A und § 77 Abs. 2 VgV. Die Vorschriften gewähren einen Aufwendungsersatz ohne Gewinnanteil.[219] Pläne und Lösungsvorschläge werden regelmäßig bei größeren Bauvorhaben und bei Planungsleistungen oder bei PPP-Vorhaben verlangt. Wenn die Auftraggeber einen **unangemessen niedrigen Entschädigungsbetrag** festsetzen, kann sich aus §§ 280 Abs. 1, 241 Abs. 2, 311 BGB ein Anspruch auf eine angemessene Entschädigung ergeben. Die Entschädigungspflicht entsteht, sobald der Auftraggeber in der Ausschreibung Aufgaben auf den Bieter verlagert, die eigentlich ihm selbst obliegen. Wird eine solche Entschädigung nicht gewährt oder unangemessen niedrig festgesetzt, besteht in Einzelfällen ein Anspruch aus culpa in contrahendo, den der

213 BGH, Urteil v. 1.8.2006 – X ZR 115/04.
214 BGH, Urteil v. 5.11.2002 – X ZR 232/00; OLG Naumburg, Urteil v. 26.10.2004 – 1 U 30/04; OLG Dresden, Beschluss v. 10.7.2003 – WVerg 15/02.
215 BGH, Urteil v. 5.11.2002 – X ZR 232/00.
216 OLG Köln, Urteil v. 23.7.2014 – 11 U 104/13.
217 OLG Dresden, Urteil v. 9.3.2004 – 20 U 1544/03.
218 BGH, Urteil v. 5.11.2002 – X ZR 232/00.
219 OLG Hamm, Urteil v. 6.8.2015 – 17 U 130/12.

Bieter auf dem Zivilrechtsweg durchsetzen kann. Dies gilt jedenfalls dann, wenn die Vergabeunterlagen eine (höhere) Entschädigung nicht eindeutig ausschließen.[220]

Ist ein Entschädigungsbetrag in den Vergabeunterlagen **ausdrücklich ausgeschlossen** oder **auf eine bestimmte Höhe begrenzt** worden, ist dies nach Auffassung des BGH bindend und eine Anpassung kann nur während des Vergabeverfahrens durch Änderung der Vergabeunterlagen erfolgen. Die Bindung an die in den Vergabeunterlagen festgelegte pauschale Vergütung kann nur durch Rüge gegenüber dem Auftraggeber durch Einleitung eines Nachprüfungsverfahrens beseitigt werden. Erfolgt dies nicht, gibt es keine Grundlage für weitergehende Honoraransprüche, unabhängig davon, ob die Vergütung unangemessen niedrig ist.[221] **118**

d) Rechtmäßiges Alternativverhalten

Nach allgemeinem Schadensersatzrecht ist einem Schädiger in der Regel ein Schaden dann nicht zuzurechnen, wenn dieser auch bei rechtmäßigem Verhalten entstanden wäre.[222] Eine Schadensersatzpflicht aus §§ 280 Abs. 1, 241 Abs. 2, 311 Abs. 2 BGB besteht daher in der Regel dann nicht, wenn der Anspruchsgegner darlegen und beweisen kann, dass der Anspruchsteller die pflichtwidrig verursachten Aufwendungen auch dann gehabt oder einen Gewinn nicht gemacht hätte, wenn sich der Anspruchsgegner rechtmäßig verhalten hätte (sog. Einwand des rechtmäßigen Alternativverhaltens). Wegen der Einzelheiten wird auf die Ausführungen in Rn. 49 ff. verwiesen. **119**

e) Mitverschulden

Eigenes Mitverschulden kann den Schadensersatzanspruch des Anspruchstellers nach § 254 BGB mindern oder auch ganz entfallen lassen. **120**

Grundsätzlich kann der Vorwurf des Mitverschuldens auch darauf gestützt werden, dass es der Anspruchsteller unterlassen hat, eine **Rüge** gegen den fraglichen Verstoß zu erheben oder insoweit ein **Nachprüfungsverfahren** anzustrengen,[223] um so seine Chance auf den Zuschlag zu wahren. **121**

Praktisch relevant kann auch § 254 Abs. 2 S. 1 BGB sein, wonach der Gläubiger eines Schadensersatzanspruchs gehalten ist, den zu ersetzenden Schaden gering zu halten. Die Bieter sollten sich daher auf notwendige Aufwendungen beschränken. Unter dem Gesichtspunkt der **Schadensminderungspflicht** kann es außerdem geboten sein, die durch den entfallenden Auftrag frei gewordenen personellen oder maschinellen Produktionskapazitäten anderweitig einzusetzen (Übernahme von sog. Füllaufträgen) oder aber Kosten durch Kündigungen zu vermeiden.[224] **122**

4. Verjährung

Der Schadensersatzanspruch aus §§ 280 Abs. 1, 241 Abs. 2, 311 Abs. 2 BGB unterliegt der regelmäßigen Verjährungsfrist von drei Jahren.[225] **123**

5. Zuständigkeit

Eine auf §§ 280 Abs. 1, 241 Abs. 2, 311 Abs. 2 BGB gestützte Schadensersatzklage ist vor den **Zivilgerichten** zu erheben. **124**

Soweit es um die Verletzung einer Pflicht geht, die aufgrund des **GWB** besteht, weil für die konkrete Beschaffungsmaßnahme der Anwendungsbereich des Vergaberechts der §§ 97 ff. GWB eröffnet ist, ist erstinstanzlich ausschließlich das Landgericht sachlich zuständig (§ 87 Abs. 1 S. 2 i.V.m. S. 1 GWB). Bei den **sonstigen Beschaffungsmaßnahmen** ist entweder das **125**

220 OLG Hamm, Urteil v. 6.8.2015 – 17 U 130/12.
221 BGH, Urteil v. 19.4.2016 – X ZR 77/14.
222 BGH, Urteil v. 5.3.2002 – VI ZR 398/00; Urteil v. 26.10.1999 – X ZR 30/98; Urteil v. 25.11.1992 – VIII ZR 170/91.
223 Siehe hierzu bereits Rn. 60 f.
224 OLG Schleswig, Urteil v. 19.12.2003 – 4 U 4/2000.
225 Zu den Einzelheiten siehe § 180 Rn. 48 ff.

Amtsgericht oder das Landgericht erstinstanzlich zuständig; dies richtet sich nach dem jeweiligen Streitwert. Eine Zuständigkeit der Vergabekammern besteht nicht.

126 Die Klage ist im Allgemeinen am **Gerichtsstand des Anspruchsgegners**, also in der Regel vor dem Gericht, in dessen Bezirk er wohnt bzw. seinen Sitz hat (vgl. §§ 11 ff. ZPO), zu erheben.

6. Darlegungs- und Beweislast

127 Für die Darlegungs- und Beweislast gilt zunächst das insoweit zu § 181 S. 1 GWB Ausgeführte entsprechend.[226] Der **Anspruchsteller** muss hier diejenigen Tatsachen vortragen und beweisen, die das Zustandekommen eines Schuldverhältnisses, eine Verletzung einer dem Schutz des Anspruchstellers dienenden Pflicht, einen Vertrauenstatbestand, einen Schaden und die Kausalität belegen und aus denen sich insbesondere auch ergibt, dass ohne die Pflichtverletzung der Auftrag an den Anspruchsteller hätte erteilt werden müssen.[227] Dabei kann in einem Prozess über die Klage auf Ersatz des positiven Interesses ausreichend sein, wenn der Kläger einen begründeten Verdacht eines Vergabefehlers vorträgt und der Auftraggeber diesen pauschal bestreitet, ohne die Angebotsunterlagen vorzulegen. Die Zivilgerichte können den Auftraggeber zur Vorlage der Angebotsunterlagen verpflichten. Dem steht die Verpflichtung zur Geheimhaltungsbedürftigkeit der Angebote nach Zuschlagserteilung nicht mehr entgegen.[228] Beruft sich der Bieter darauf, er habe den Zuschlag erhalten müssen, weil das Angebot des bezuschlagten Unternehmens hätte ausgeschlossen werden müssen, ist der für das Vorliegen der Ausschlussgründe darlegungs- und beweispflichtig. Nur wenn der Bieter das nachweisen kann, kann ihm Schadensersatz zugesprochen werden.[229]

128 Die **Bindungswirkung** nach § 179 Abs. 1 GWB[230] ist zu beachten.[231] An eine Entscheidung einer Vergabeprüfstelle, eines Vergabeüberwachungsausschusses oder der Aufsichtsbehörde des Auftraggebers ist das Zivilgericht jedoch nicht gebunden.[232]

129 Bei einer Klage auf **Ersatz des positiven Interesses** kann der Anspruchsteller seiner Darlegungs- und Beweislast auf zweierlei Weise nachkommen: Er kann den behaupteten Schaden konkret gemäß §§ 249 Abs. 1, 251 Abs. 1 BGB berechnen. In diesem Fall muss er alle Einzelheiten darlegen und beweisen, die z.B. den behaupteten Gewinn ergeben.[233] Nach § 252 S. 2 BGB gilt aber bereits derjenige Gewinn als entgangen, welcher nach dem gewöhnlichen Lauf der Dinge mit Wahrscheinlichkeit erwartet werden konnte.[234] Der Anspruchsteller braucht daher nur die Umstände darzulegen, aus denen sich die Wahrscheinlichkeit eines entgangenen Gewinns ergibt, wobei an dieser Darlegung keine zu strengen Anforderungen gestellt werden dürfen. Bei der Beweisführung kommt ihm zudem die Erleichterung des § 287 ZPO zugute, die dem Gericht eine Schadensschätzung erlaubt und sie sogar gebietet, wenn feststeht, dass überhaupt ein Schaden entstanden ist, sich der Vollbeweis für die Höhe des Schadens jedoch nicht erbringen lässt. In diesem Zusammenhang darf das Gericht die Schätzung eines Mindestschadens nur dann ablehnen, wenn es hierzu an jeglichen greifbaren Anknüpfungstatsachen fehlt.

III. Schadensersatz wegen unerlaubter Handlung (§ 823 BGB)

1. Verletzung von Rechtsgütern und Rechten (§ 823 Abs. 1)

130 Ein Anspruch auf Schadensersatz aus § 823 Abs. 1 BGB kommt in vergaberechtlichen Sachverhalten nur unter dem Gesichtspunkt eines **Eingriffs in den eingerichteten und ausgeüb-**

226 Siehe hierzu Rn. 66 ff.
227 OLG Naumburg, Urteil v. 23.12.2014 – 2 U 74/14; OLG Saarbrücken, Urteil v. 2.7.2003 – 1 U 113/03.
228 OLG Koblenz, Urteil v. 6.2.2014 – 1 U 906/13.
229 OLG Naumburg, Urteil v. 23.12.2014 – 2 U 74/14.
230 Siehe Rn. 68.
231 OLG Naumburg, Urteil v. 26.10.2004 – 1 U 30/04.
232 OLG Naumburg, Urteil v. 26.10.2004 – 1 U 30/04.
233 Vgl. OLG Naumburg, Urteil v. 26.10.2004 – 1 U 30/04.
234 Vgl. OLG Dresden, Urteil v. 2.2.2010 – 16 U 1373/09.

ten Gewerbetrieb in Betracht. Der eingerichtete und ausgeübte Gewerbebetrieb zählt zu den sonstigen Rechten, die durch § 823 Abs. 1 BGB gegen rechtswidrige Eingriffe geschützt werden sollen. Der durch § 823 Abs. 1 BGB vermittelte Schutz des Betriebsinhabers soll jedoch die Fortsetzung der bisher rechtmäßig ausgeübten Tätigkeit sichern; Voraussetzung für den Anspruch ist daher eine unmittelbare Beeinträchtigung des Gewerbebetriebs als solchen;[235] ein bloßer Vermögensschaden wird dagegen über § 823 Abs. 1 BGB nicht ersetzt, da § 823 BGB das Vermögen als solches nicht schützt.[236] Wegen dieser Anforderungen kommt § 823 Abs. 1 BGB für vergaberechtliche Sachverhalte praktisch kaum Bedeutung zu.

Betriebsbezogene Eingriffe in den eingerichteten und ausgeübten Gewerbebetrieb können jedoch in der Verhängung einer **Vergabesperre** liegen. Der Auftraggeber kann daher dem von der Sperre betroffenen Unternehmen zum Schadensersatz nach § 823 Abs. 1 BGB verpflichtet sein, wenn er selbst oder eine Person, für deren Verhalten er nach § 831 BGB einzustehen hat, zu der Vergabesperre ohne einen rechtfertigenden Grund gegriffen hat.[237] Eine Vergabesperre ist jedenfalls dann gerechtfertigt, wenn in dem Unternehmen nachweislich schwere Verfehlungen begangen wurden.[238] Schwere Verfehlungen können vor allem auf den Geschäftsverkehr bezogene Verstöße gegen strafrechtliche Bestimmungen sein oder schwerwiegende Rechtsverstöße gegen Normen, die grundlegende Prinzipien des Vergaberechts schützen (Wettbewerb, Gleichbehandlung etc.). Bloße Meinungsverschiedenheiten hinsichtlich einer ordnungsgemäßen Vertragserfüllung, mögen sie auch Gegenstand eines Rechtsstreites oder eines selbstständigen Beweisverfahrens sein, stellen z.B. noch keine schwere Verfehlung in diesem Sinne dar.[239] Die Voraussetzungen sind jetzt ausdrücklich in § 126 GWB geregelt. **131**

2. Verletzung eines Schutzgesetzes (§ 823 Abs. 2)

a) Schutzgesetz

Ein Anspruch auf Schadensersatz aus § 823 Abs. 2 BGB setzt die rechtswidrige und schuldhafte Verletzung eines Schutzgesetzes i.S.v. § 823 BGB voraus. **Schutzgesetz** in diesem Sinne ist jede Rechtsnorm, die zumindest auch dem Schutz des Einzelnen oder eines abgrenzbaren Personenkreises vor einer Verletzung ihrer Rechtsgüter dient. Vorausgesetzt wird die rechtswidrige Verletzung einer in formellen Gesetzen, zu denen auch der Vertrag über die Arbeitsweise der Europäischen Union (AEUV) gehört, in Rechtsverordnungen, in autonomen Satzungen und in Tarifverträgen enthaltenen oder aufgrund Gewohnheitsrechts bestehenden Vorschrift durch den Anspruchsgegner, die zumindest auch den Individualinteressen des Anspruchstellers zu dienen bestimmt ist und den Anspruchsteller (auch) vor den Schäden schützen soll, die dieser im konkreten Fall ersetzt verlangt. **132**

Bei Beschaffungsvorgängen, die nach Teil 4 des GWB abzuwickeln sind, sind Schutzgesetze i.S.d. § 823 Abs. 2 BGB zunächst die Vorschriften des **Teil 4 des GWB** selbst, die Vorschriften der **VgV**, der **SektVO**, der **KonzVgV** und der **VSVgV** sowie die Vorschriften der einschlägigen **Vergabe- und Vertragsordnung**, soweit sie nicht eine reine Ordnungsfunktion haben oder ausschließlich aus hauswirtschaftlichen oder -rechtlichen Gründen erlassen sind oder nicht ausschließlich gesamtwirtschaftlichen Zielen dienen. Das folgt aus § 97 Abs. 6 GWB. Wegen der Einzelheiten wird auf die Kommentierung zu dem Anspruch aus §§ 280 Abs. 1, 241 Abs. 2, 311 Abs. 2 BGB verwiesen.[240] § 823 Abs. 2 BGB kann insbesondere dann in Betracht kommen, wenn ein notwendiges Vergabeverfahren nicht durchgeführt wurde.[241] An der Notwendigkeit, einen Schaden darzulegen, wird der Anspruch jedoch regelmäßig scheitern. **133**

Der Anspruch aus § 823 Abs. 2 BGB kann dagegen nicht darauf gestützt werden – was vor allem bei Auftragsvergaben unterhalb der Schwellenwerte von Bedeutung ist –, der An- **134**

---

235 BGH, Urteil v. 15.11.1982 – II ZR 206/81.
236 OLG Düsseldorf, Urteil v. 30.1.2003 – 5 U 13/02.
237 LG Berlin, Urteil v. 22.3.2006 – 23 O 118/04.
238 LG Berlin, Urteil v. 22.3.2006 – 23 O 118/04.
239 LG Düsseldorf, Urteil v. 16.3.2005 – 12 O 225/04.
240 Siehe Rn. 72 ff.
241 KG, Urteil v. 27.11.2003 – 2 U 174/02.

spruchsgegner habe bei seiner Beschaffungsmaßnahme die einschlägige **Haushaltsordnung** oder Vorschriften der aufgrund dieser einschlägigen **Vergabe- und Vertragsordnung** bzw. sonstige selbst gesetzte **eigene Vorgaben** missachtet. Die Regeln des Haushaltsrechts stellen keine Schutzgesetze zugunsten eines am Auftrag interessierten Unternehmens dar; die auf Grundlage der Haushaltsordnungen anwendbaren ersten Abschnitte der VOL/A und der VOB/A als solche enthalten keine Regeln mit Rechtssatzqualität, sondern verwaltungsinterne Regeln.[242] Die eigenen Vorgaben des Auftraggebers besitzen diese Qualität ebenfalls nicht.

135 Bei Beschaffungsmaßnahmen außerhalb der Geltung des GWB haben die Auftraggeber jedoch den **Gleichbehandlungsgrundsatz** des Art. 3 Abs. 1 GG zu beachten[243]. Einer staatlichen Stelle, die einen öffentlichen Auftrag vergibt, ist es daher verwehrt, das Vergabeverfahren oder die Kriterien der Vergabe willkürlich zu bestimmen.[244] Das Willkürverbot ist verletzt, wenn der Anspruchsteller keine faire Chance bekommen hat, den Auftrag zu erhalten.[245] Dementsprechend kann der Anspruchsteller den Schaden nach § 823 Abs. 2 BGB einklagen, der als adäquate Folge eines **Verstoßes gegen das Willkürverbot** entstanden ist.[246] Dabei ist festzustellen, ob die Ungleichbehandlung von Bietern oder Bewerbern noch als sachlich vertretbare Maßnahme angesehen werden kann. Hierbei spielt auch eine Rolle, ob der Anspruchsgegner von seinen selbst festgelegten Gesichtspunkten für die Auswahl des erfolgreichen Angebots ohne sachlichen Grund abgewichen ist. Denn die tatsächliche Vergabepraxis des Auftraggebers führt zu einer Selbstbindung, die den Vergabe- und Vertragsordnungen und den verwaltungsinternen Regelungen über Verfahren und Kriterien der Vergabe eine mittelbare Außenwirkung verleiht, sodass Verstöße hiergegen Ansprüche aus unerlaubter Handlung begründen können.[247] Die Ungleichbehandlung und der rechtfertigende Grund müssen zudem in einem angemessenen Verhältnis zueinander stehen, was eine differenzierte Prüfung des Einzelfalles erfordert. Als Verstoß gegen das Willkürverbot wurde z.B. angesehen, wenn die Leistungsbeschreibung derart lücken- und fehlerhaft ist, dass eine Vergleichbarkeit der auf ihr basierenden Angebote ausgeschlossen ist.[248]

136 Zudem haben Auftraggeber i.S.d. EU-Vergaberichtlinien nach der Rechtsprechung des EuGH auch bei der Vergabe von öffentlichen Aufträgen, die den jeweiligen Schwellenwert nicht erreichen oder für die der Teil 4 des GWB aus einem anderen Grund nicht gilt (z.B. wegen § 107 ff. GWB), die **Grundfreiheiten** zu beachten. Hierzu zählt insbesondere das Verbot der Diskriminierung aus Gründen der Staatsangehörigkeit (Art. 18 AEUV), die Warenverkehrsfreiheit (Art. 34 AEUV), die Niederlassungsfreiheit (Art. 49 AEUV) sowie die Dienstleistungsfreiheit (Art. 56 AEUV). Auf der Grundlage dieser gemeinschaftsrechtlichen Vorgaben sind die Auftraggeber verpflichtet, bei einer Beschaffung zugunsten der potenziellen Bieter einen angemessenen Grad von Öffentlichkeit herzustellen, der den Markt dem Wettbewerb öffnet.[249] Hiervon sind Aufträge ausgenommen, deren „**Binnenmarktrelevanz**"[250] fehlt, die also wegen besonderer Umstände, wie z.B. einer nur sehr geringfügigen wirtschaftlichen Bedeutung für die Wirtschaftsteilnehmer aus anderen Mitgliedstaaten, nicht von Interesse sind, sodass die Auswirkungen auf die Grundfreiheiten zu zufällig und mittelbar werden, als dass auf deren Verletzung geschlossen werden könnte.[251] Ob der fragliche Auftrag, dessen geschätzter Wert unter dem jeweiligen Schwellenwert liegt, für Unternehmen aus anderen Mitgliedstaaten von Interesse, also „binnenmarktrelevant", sein könnte, muss der Auftraggeber in jedem Einzelfall prüfen. Diese Prüfung unterliegt der gerichtlichen Kontrolle.[252] Der Auftraggeber hat hierzu eine Prognose darüber anzustellen, ob der Auftrag nach den konkreten Marktver-

242 Z.B. OLG Jena, Urteil v. 8.12.2008 – 9 U 431/08.
243 Vgl. aber zu Grundstücksveräußerungen OLG Brandenburg, Urteil v. 24.4.2012 – 6 W 149/11.
244 BVerfG, Beschluss v. 13.6.2006 – 1 BvR 1160/03.
245 BVerfG, Beschluss v. 13.6.2006 – 1 BvR 1160/03.
246 Vgl. OLG Stuttgart, Urteil v. 11.4.2002 – 2 U 240/01.
247 OLG Brandenburg, Beschluss v. 17.12.2007 – 13 W 79/07.
248 LG Frankfurt/Oder, Urteil v. 14.11.2007 – 13 O 360/07; LG Cottbus, Urteil v. 24.10.2007 – 5 O 99/07.
249 EuGH, Urteil v. 7.12.2000 – Rs. C-324/98 (Telaustria), Rn. 62.
250 Vgl. hierzu eingehend *Deling*, NZBau 2012, 17; *dies.*, NZBau 2011, 725.
251 EuGH, Urteil v. 21.7.2005 – Rs. C-231/03 (Coname), Rn. 20 m.w.N.; Urteil v. 20.10.2005 – Rs. C-264/03, Rn. 32.
252 OLG Düsseldorf, Beschluss v. 7.3.2012 – VII-Verg 78/11.

hältnissen, d.h. mit Blick auf die angesprochenen Branchenkreise und ihre Bereitschaft, Aufträge gegebenenfalls in Anbetracht ihres Volumens und des Ortes der Auftragsdurchführung auch grenzüberschreitend auszuführen, für ausländische Anbieter interessant sein könnte.[253] Kommt der Auftraggeber zu dem Schluss, dass dies der Fall ist, muss die Vergabe unter Einhaltung der aus dem Gemeinschaftsrecht abgeleiteten Grundanforderungen erfolgen.[254] Ein grenzüberschreitendes Interesse hat die Rechtsprechung z.B. für das Dreiländereck Passau ohne Weiteres bejaht.[255] Die genannten gemeinschaftsrechtlichen Vorgaben fordern im Interesse potenzieller Bieter, den **jeweiligen Beschaffungsbedarf** so **bekannt zu machen**, dass ein Interesse an dem jeweiligen Auftrag rechtzeitig bekundet werden kann,[256] die bedarfsgerechte Leistung diskriminierungsfrei zu bestimmen,[257] dem tatsächlich Interessierten zu ermöglichen, rechtzeitig ein der Nachfrage gerecht werdendes Angebot abzugeben und über den Zuschlag unparteiisch[258] und ohne Willkür eine sachgerechte Entscheidung zu treffen. Aus der Pflicht zur Beachtung dieser Grundsätze bei grenzüberschreitendem Interesse folgt nach ständiger Rechtsprechung des EuGH die Pflicht zur europaweiten Ausschreibung.[259] Da diese Vorgaben zugunsten von Unternehmen wirken sollen, die an öffentlichen Aufträgen interessiert sein könnten, können auch sie als Schutzgesetze i.S.v. § 823 Abs. 2 BGB angesehen werden. Hält sich ein Auftraggeber unter den genannten Voraussetzungen nicht an diese Vorgaben, kann auch ein hierdurch beeinträchtigtes Unternehmen aus § 823 Abs. 2 BGB Schadensersatz verlangen.

b) Zurechenbarer Schaden

Hinsichtlich der Voraussetzungen, die die **Kausalität** und den **Schaden** betreffen, wird auf 137
die Ausführungen in Rn. 101 ff. und 107 ff. verwiesen. Das **positive Interesse** kann auch hier in aller Regel nur dann als ein durch die Verletzung des Schutzgesetzes zurechenbarer Schaden angesehen werden, wenn der Anspruchsteller bei rechtmäßigem Vorgehen des Anspruchsgegners den Auftrag hätte erhalten müssen und der Auftrag tatsächlich anderweitig erteilt worden ist.

War der Verstoß des Auftraggebers allerdings für den Anspruchsteller erkennbar, kann der 138
Schadensersatzanspruch aus § 823 Abs. 2 BGB wegen **Mitverschuldens** nach § 254 BGB gemindert sein oder ganz entfallen. Bei § 823 Abs. 2 BGB ist Verschulden aufseiten des Anspruchsgegners Anspruchsvoraussetzung und daher vom Anspruchsteller vollumfänglich darzulegen und zu beweisen. Ist der Vergaberechtsverstoß durch Mitarbeiter oder sonstige Hilfspersonen gekommen, die der Auftraggeber bei der jeweiligen Auftragsvergabe eingesetzt hat, kann er sich nach § 831 BGB entlasten.

Hinsichtlich der **Darlegungs- und Beweislast** wird auf die Ausführungen in Rn. 127 ff. ver- 139
wiesen.

IV. Schadensersatz wegen sittenwidriger vorsätzlicher Schädigung (§ 826 BGB)

Ein Anspruch auf Schadensersatz aus § 826 BGB setzt voraus, dass der Auftraggeber einem 140
Bieter in einer gegen die guten Sitten verstoßenden Weise vorsätzlich Schaden zufügt.

§ 826 BGB kommt damit allein in **Ausnahmefällen** als Anspruchsgrundlage in Betracht, bei- 141
spielsweise in Bestechungsfällen bzw. bei kollusiven Zusammenwirken zwischen Auftraggeber und Bieter zum Nachteil anderer Bieter oder wenn der für den Auftraggeber tätige Projektsteuerer nach Angebotseröffnung das nicht wertbare Nebenangebot eines nachrangig

---

253 BGH, Urteil v. 30.8.2011 – X ZR 55/10; vgl. *Europäische Kommission*, Mitteilung zu Auslegungsfragen in Bezug auf das Gemeinschaftsrecht, das für die Vergabe öffentlicher Aufträge gilt, die nicht oder nur teilweise unter die Vergaberichtlinien fallen, ABl. Nr. C 179 v. 1.8.2006, S. 2, sowie EuG, Urteil v. 20.5.2010 – Rs. T-258/06, Rn. 80.
254 OLG Dresden, Beschluss v. 12.10.2010 – WVerg 009/10.
255 OLG München, Beschluss v. 30.6.2011 – Verg 5/09.
256 EuGH, Urteil v. 21.7.2005 – Rs. C-231/03 (Coname), Rn. 18.
257 EuGH, Urteil v. 3.12.2001 – Rs. C-59/00 (Vestergaard), Rn. 10.
258 EuGH, Urteil v. 7.12.2000 – Rs. C-324/98 (Telaustria), Rn. 62.
259 OLG Düsseldorf, Beschluss v. 7.3.2012 – VII-Verg 78/11.

platzierten Bieters in Absprache mit diesem inhaltlich ändert, er das Nebenangebot anschließend wertet und wegen des sich ergebenden Preisvorteils die Zuschlagserteilung an diesen Bieter empfiehlt.[260]

142 Grundsätzlich denkbar sind Schadensersatzansprüche nach § 826 BGB auch in Fällen der sog. **De-facto-Vergabe** (§ 135 Abs. 1 Nr. 2 GWB), wenn der Auftraggeber etwa den Vertrag ganz bewusst unter Verzicht auf eine eigentlich erforderliche Ausschreibung abschließt. Da dem potenziellen Bieter hier aber wegen der Umgehung des Vergabeverfahrens durch den Auftraggeber keinerlei Aufwendungen für die Verfahrensteilnahme entstanden sind und es infolge Fehlens einer Ausschreibung auch an einem geeigneten Beurteilungsmaßstab für die Frage fehlen dürfte, welchem potenziellem Bieter bei ordnungsgemäßer Verfahrensdurchführung der Zuschlag hätte erteilt werden müssen, wird der Anspruchsteller hier regelmäßig seinen Schaden wohl weder darlegen noch beweisen können.

V. Schadensersatz wegen Missbrauchs von Marktmacht (§§ 33 Abs. 2, 20 GWB)

143 Der Schadensersatzanspruch aus § 33 GWB setzt eine marktbeherrschende Stellung eines „**Unternehmens**" i.S.v. §§ 19 Abs. 2, 20 Abs. 1 GWB voraus. Der Auftraggeber ist aufgrund des funktionalen Unternehmensbegriffs der §§ 1, 130 GWB als „Unternehmen" in diesem Sinne anzusehen.

144 Die Frage, ob der Auftraggeber eine **marktbeherrschende Stellung** einnimmt, ist in zwei Stufen zu beantworten: Zunächst ist der relevante Markt in sachlicher und räumlicher Hinsicht festzulegen. In einem zweiten Schritt ist dann die Wettbewerbssituation zu bestimmen. Es kommt also auf die Nachfragemacht des Auftraggebers an. Maßgeblich ist, ob und inwieweit aus der Sicht der Anbieter die nachgefragte Leistung ihrer Art nach austauschbar ist und/oder andere Nachfrager existieren, denen sie angeboten werden kann. Für die am Auftrag interessierten Unternehmen wird regelmäßig eine derartige Ausweichmöglichkeit bestehen. Die praktische Bedeutung dieser Anspruchsgrundlage ist daher bei vergaberechtlichen Sachverhalten gering.

145 Auftraggeber, die eine marktbeherrschende Stellung innehaben, dürfen andere Unternehmen weder unbillig behindern noch ohne sachlich gerechtfertigten Grund gegenüber gleichartigen Unternehmen unterschiedlich behandeln. Ob eine derartige **unbillige Behinderung** oder eine **sachlich nicht gerechtfertigte Differenzierung** vorliegt, ist anhand einer Gesamtwürdigung aller Umstände unter Abwägung der Interessen aller Beteiligten und unter Berücksichtigung der auf die Freiheit des Wettbewerbs gerichteten Ziele des GWB zu beurteilen.

146 Aus §§ 33 Abs. 2, 20 GWB soll sich ein Anspruch eines Bieters auf Rücknahme einer ungerechtfertigten **Vergabesperre** ergeben können.[261]

VI. Schadensersatz wegen unlauterer geschäftlicher Handlungen (§ 9 UWG)

147 Das UWG verbietet in § 3 UWG unlautere geschäftliche Handlungen, die geeignet sind, die Interessen von Mitbewerbern spürbar zu beeinträchtigen. Eine nach §§ 3 oder 7 UWG unzulässige Handlung führt zu einem Schadensersatz des Anspruchs des Mitbewerbers nach § 9 UWG. Der Auftraggeber in einem Vergabeverfahren ist regelmäßig nicht Mitbewerber, sodass ein Anspruch gegen den Auftraggeber auf dieser Grundlage regelmäßig ausscheidet. Ein Schadensersatzanspruch nach § 9 UWG besteht u. a., wenn ein Mitbewerber einer gesetzlichen Vorschrift zuwiderhandelt, die auch dazu bestimmt ist, im Interesse der Marktteilnehmer das Marktverhalten zu regeln und der Verstoß geeignet ist, die Interessen von Verbrauchern, sonstigen Marktteilnehmern oder Mitbewerbern spürbar zu beeinträchtigen (§ 3 a UWG).

260 LG Köln, Urteil v. 17.11.2004 – 28 O (Kart) 449/04.
261 LG Düsseldorf, Urteil v. 16.3.2005 – 12 O 225/04.

Die Vorschriften des Vergaberechts stellen grundsätzlich **Rechtsnormen** i.S.d. § 3 a UWG dar.[262] Im Einzelfall können damit dem unterlegenen Bieter gegen den Bieter, der den Zuschlag erhalten soll, auch Schadensersatzansprüche aus § 9 UWG zustehen.[263] **148**

Anlage

Gesetzesbegründung (BT-Drs. 18/6281)

Seite 136

§ 181 entspricht inhaltlich dem bisherigen § 126.

262 Vgl. BGH, Urteil v. 3.7.2008 – I ZR 145/05 zur Vorgängernorm § 4 Nr. 11 UWG.
263 Vgl. zu alledem *Alexander*, in: Pünder/Schellenberg, Vergaberecht, § 126 GWB Rn. 93 f.

§ 182
Kosten des Verfahrens vor der Vergabekammer

(1) Für Amtshandlungen der Vergabekammern werden Kosten (Gebühren und Auslagen) zur Deckung des Verwaltungsaufwandes erhoben. Das Verwaltungskostengesetz vom 23. Juni 1970 (BGBl. I S. 821) in der am 14. August 2013 geltenden Fassung ist anzuwenden.

(2) Die Gebühr beträgt mindestens 2 500 Euro; dieser Betrag kann aus Gründen der Billigkeit bis auf ein Zehntel ermäßigt werden. Die Gebühr soll den Betrag von 50 000 Euro nicht überschreiten; sie kann im Einzelfall, wenn der Aufwand oder die wirtschaftliche Bedeutung außergewöhnlich hoch ist, bis zu einem Betrag von 100 000 Euro erhöht werden.

(3) Soweit ein Beteiligter im Verfahren unterliegt, hat er die Kosten zu tragen. Mehrere Kostenschuldner haften als Gesamtschuldner. Kosten, die durch Verschulden eines Beteiligten entstanden sind, können diesem auferlegt werden. Hat sich der Antrag vor Entscheidung der Vergabekammer durch Rücknahme oder anderweitig erledigt, ist die Hälfte der Gebühr zu entrichten. Die Entscheidung, wer die Kosten zu tragen hat, erfolgt nach billigem Ermessen. Aus Gründen der Billigkeit kann von der Erhebung von Gebühren ganz oder teilweise abgesehen werden.

(4) Soweit ein Beteiligter im Nachprüfungsverfahren unterliegt, hat er die zur zweckentsprechenden Rechtsverfolgung oder Rechtsverteidigung notwendigen Aufwendungen des Antragsgegners zu tragen. Die Aufwendungen der Beigeladenen sind nur erstattungsfähig, soweit sie die Vergabekammer aus Billigkeit der unterlegenen Partei auferlegt. Hat sich der Antrag durch Rücknahme oder anderweitig erledigt, erfolgt die Entscheidung, wer die zur zweckentsprechenden Rechtsverfolgung oder Rechtsverteidigung notwendigen Aufwendungen anderer Beteiligter zu tragen hat, nach billigem Ermessen; in Bezug auf die Erstattung der Aufwendungen der Beigeladenen gilt im Übrigen Satz 2 entsprechend. § 80 Absatz 1, 2 und 3 Satz 2 des Verwaltungsverfahrensgesetzes und die entsprechenden Vorschriften der Verwaltungsverfahrensgesetze der Länder gelten entsprechend. Ein gesondertes Kostenfestsetzungsverfahren findet nicht statt.

Übersicht Rn.

A. Allgemeines ... 1
I. Übersicht und Normzweck ... 1
II. Entstehungsgeschichte ... 6
III. Europarechtlicher Hintergrund ... 12
B. Kostenerhebung ... 13
I. Verweisung auf VwKostG (Abs. 1 S. 2) ... 16
II. Verfahrensgebühr ... 19
1. Grundsätze der Gebührenerhebung (Abs. 1) ... 21
2. Ermittlung der Verfahrensgebühr (Abs. 2) ... 23
a) Höhe der Gebühr ... 23
b) Ermäßigung der Mindestgebühr ... 28
c) Erhöhung der Höchstgebühr ... 32
3. Antragsrücknahme oder anderweitige Erledigung (Abs. 3 S. 4 und S. 6) ... 34
a) Hälfte der Gebühr (S. 4) ... 35
b) Absehen von der Gebührenerhebung (S. 6) ... 40
4. Ermessensentscheidung ... 46
III. Auslagen ... 52
IV. Gebührenbefreiung ... 55
V. Fälligkeit, Vorschuss ... 58
C. Kostentragungspflicht (Abs. 3) ... 60
I. Kostenlast wegen Unterliegens (S. 1) ... 62
1. Beteiligte ... 63
2. Unterliegen ... 64
II. Kostenlast wegen Verschuldens (S. 3) ... 70
III. Kostenlast bei Rücknahme oder anderweitiger Erledigung (S. 4 bis 6) ... 74
1. Erledigung des Nachprüfungsverfahrens ... 75
2. Auslegungsprobleme ... 77
3. Entscheidung nach billigem Ermessen ... 79
4. Verschulden als Billigkeitserwägung ... 82
5. Kostenlast des Beigeladenen ... 85
IV. Gesamtschuldnerische Kostenhaftung (S. 2) ... 86
1. Keine Billigkeit ... 87

2. Wirkung ... 88
3. Gebührenbefreiter Gesamtschuldner ... 89
D. Erstattung von Aufwendungen der Beteiligten (Abs. 4) ... 91
I. Neuregelung ... 92
II Aufwendungserstattung wegen Unterliegens (S. 1) ... 94
1. Beteiligte ... 95
2. Unterliegen ... 97
III. Aufwendungserstattung von Beigeladenen (S. 2) ... 99
IV. Aufwendungserstattung bei Antragsrücknahme oder anderweitiger Erledigung (S. 3) ... 102
V. Notwendige Aufwendungen ... 106
VI. Haftung mehrerer Kostenschuldner ... 112
E. Notwendigkeit der Hinzuziehung eines Rechtsanwalts ... 113
I. Allgemeine Grundsätze ... 115
II. Anwendbarkeit der verwaltungsrechtlichen Rechtsprechung ... 118
III. Rechtsprechung des BGH ... 122
IV. Instanzrechtsprechung ... 124
V. Einzelfallprüfung ... 128
1. Ausstattung des Beteiligten ... 131
2. Schwierigkeit der Sach- und Rechtsfragen ... 140
a) Sachverhaltsfragen ... 144
b) Rechtsfragen ... 145
c) Verfahrensfragen ... 149
d) Einzelfälle ... 152
3. Weitere Kriterien ... 154
a) Eilbedürftigkeit und Komplexität . 156
b) Waffengleichheit ... 157
c) Bedeutung des Auftrags ... 159
F. Rechtsschutz ... 160
Anlage
Gesetzesbegründung (BT-Drs. 18/6281)

A. Allgemeines

I. Übersicht und Normzweck

1 Neben der Entscheidung in der Sache gemäß § 168 GWB hat die Vergabekammer auch eine umfassende Regelung über die **Kosten ihres Verfahrens** zu treffen.

- So hat die Kammer für ihre Tätigkeit Kosten zu erheben und die Verfahrensgebühr festzusetzen (Abs. 1 und Abs. 2).
- Darüber hinaus hat die Kammer zu entscheiden, wer diese Verfahrenskosten zu tragen hat (Abs. 3).
- Gleichermaßen hat die Kammer darüber zu befinden, ob ein Beteiligter einem anderen Beteiligten dessen Aufwendungen für das Verfahren (in der Regel dessen Rechtsanwaltskosten) zu erstatten hat (Abs. 4).
- Schließlich hat die Vergabekammer im Rahmen der Kostenentscheidung auch auszusprechen, ob die Zuziehung des Rechtsanwalts eines Beteiligten notwendig war (Abs. 4 S. 4).

All diese Entscheidungen hat die Vergabekammer von **Amts wegen** zu treffen.[1] § 182 GWB enthält die umfassende Regelung dieser kostenrechtlichen Aspekte.

2 Die Abs. 1 und 2 regeln hierbei **Grund und Höhe** der bei der Vergabekammer anfallenden Kosten (Gebühren und Auslagen). Abs. 1 enthält zunächst die Rechtsgrundlage für die Erhebung von Kosten für Amtshandlungen der Vergabekammern. Zugleich unterwirft die Regelung die Kostenerhebung dem Kostendeckungsprinzip und erklärt die Vorschriften des VwKostG für anwendbar. Abs. 2 regelt den Rahmen für die zu erhebende Gebühr (2.500 bis 50.000 Euro) und sieht hierbei zugleich eine Ermäßigung aus Gründen der Billigkeit (auf bis zu 250 Euro) sowie eine Erhöhung (bis zu 100.000 Euro) im Einzelfall vor.

3 Darüber hinaus enthält § 182 GWB die differenzierte Ausgestaltung der Regelungen für die von der Vergabekammer zu treffende **Kostenentscheidung**. Das Gesetz unterscheidet hierbei begrifflich seit je zwischen den zusammenfassend als Kosten bezeichneten **Gebühren**

1 BayObLG, Beschluss v. 27.9.2002 – Verg 18/02, Rn. 7.

und Auslagen der Vergabekammer und den notwendigen **Aufwendungen** der Beteiligten.[2] Dementsprechend regelt die Vorschrift einerseits die Entscheidung bezüglich der bei der Vergabekammer angefallenen Kosten in Abs. 3 und andererseits die Entscheidung über die Erstattung der zur zweckentsprechenden Rechtsverfolgung bzw. Rechtsverteidigung notwendigen Aufwendungen der Beteiligten in Abs. 4. Beide Regelungsbereiche sind strikt auseinanderzuhalten.

Schließlich folgt aus der Verweisung in Abs. 4 S. 4 auf die Vorschriften des § 80 Abs. 1, Abs. 2 und Abs. 3 S. 2 VwVfG[3], dass die Vergabekammer im Rahmen der Kostenentscheidung auch auszusprechen hat, ob die **Zuziehung eines Rechtsanwalts** eines Beteiligten notwendig war. 4

Die Vorschrift enthält allein die Regelung der Kosten des Verfahrens vor der Vergabekammer. 5
Sie findet keine Anwendung auf die **Kosten des Beschwerdeverfahrens**. Insoweit gilt für Grund und Höhe der gerichtlichen Kosten das GKG und für die Kostenentscheidung selbst § 175 Abs. 2 i.V.m. § 78 GWB.

II. Entstehungsgeschichte

§ 182 GWB entspricht im Wesentlichen dem **bisherigen § 128 GWB** in der Fassung vor Inkrafttreten des VergRModG 2016. In § 182 Abs. 3 und Abs. 4 GWB erfolgten allerdings nicht unerhebliche Änderungen. 6

Erstmalig wurde die Regelung mit der Schaffung einer gerichtlichen Überprüfung von Vergabeentscheidungen im Zuge der Neugestaltung des Nachprüfungsverfahrens durch das **VgRÄG** in das Gesetz eingefügt. 7

Die **Abs. 1 und 2** blieben abgesehen von einer Anpassung des Gebührenrahmens durch das **VergRModG 2009** seitdem im Wesentlichen unverändert.[4] Die Erhöhung der Gebühren sollte dem Umstand Rechnung tragen, dass seinerzeit eine Deckung der Kosten des Nachprüfungsverfahrens durch die erzielten Gebühren und Auslagen gerade in Fällen von besonderer wirtschaftlicher Bedeutung nicht erzielt worden sei.[5] 8

Die **Abs. 3 und 4** wurden dagegen wiederholt in Reaktion auf Entwicklungen der Rechtsprechung geändert. So wurde durch das **VergRModG 2009** in Abs. 3 der aktuelle S. 3 eingefügt, wonach durch das Verschulden eines Beteiligten entstandene Kosten diesem auferlegt werden können. Ferner wurde S. 5 eingefügt, wonach die Kostenentscheidung nach billigem Ermessen erfolgt. Abs. 4 wurde durch das VergRModG 2009 neu gestaltet.[6] Die Erstattung notwendiger Aufwendungen wurde danach umfassend für alle Beteiligten geregelt und vom Obsiegen abhängig gemacht. In S. 2 wurde ausdrücklich der Aufwendungsersatz von Beigeladenen normiert, wobei dieser Billigkeitserwägungen unterworfen wurde. Ferner wurde in S. 3 der Aufwendungsersatz des Antragsgegners im Falle einer Antragsrücknahme geregelt. Die Gesetzesbegründung hielt es für entbehrlich, auch insoweit die Kostenentscheidung an Billigkeitsgrundsätze zu binden, weil die Regelung dem verwaltungsrechtlichen Kostengrundsatz nach § 155 Abs. 2, § 162 Abs. 1 VwGO entspreche und eine Rücknahme des Nachprüfungsantrags regelmäßig nur erfolge, wenn eine Abweisung des Antrages vermieden werden solle; zudem seien die vom Antragsteller zu tragenden Aufwendungen durch das Kriterium „zweckentsprechend" begrenzt.[7] 9

Schließlich findet mit der Einfügung von **S. 5 in Abs. 4** der Vorschrift durch das **VergRModG 2009** (sowie durch die Ausnahme von § 80 Abs. 3 S. 1 VwVfG in der Verweisung in S. 4 des Abs. 4) ein Kostenfestsetzungsverfahren bezüglich der Aufwendungen der Beteiligten vor der 10

2 BGH, Beschluss v. 25.1.2012 – X ZB 3/11, Rn. 10.
3 Beziehungsweise die entsprechenden Vorschriften der Verwaltungsverfahrensgesetze der Länder.
4 Vgl. im Einzelnen *Stockmann*, in: Immenga/Mestmäcker, Wettbewerbsrecht, § 128 GWB Rn. 2.
5 Gesetzesbegründung, VergRModG 2009, BT-Drs. 16/10117, 25.
6 Vgl. im Einzelnen *Stockmann*, in: Immenga/Mestmäcker, Wettbewerbsrecht, § 128 GWB Rn. 4.
7 Gesetzesbegründung, VergRModG 2009, BT-Drs. 16/10117, 25.

Vergabekammer nicht mehr statt. Ein Erstattungsberechtigter ist seitdem zur Durchsetzung seiner Kostenforderung auf eine Geltendmachung im Zivilrechtswege angewiesen.[8]

11 Durch das VergRModG 2016 erfolgten im Vergleich zur Vorgängervorschrift § 128 Abs. 3 S. 4 GWB a.F. weitere Änderungen. **Abs. 3 S. 4** enthält nunmehr eine generelle gebührenmäßige Privilegierung von Rücknahmen bzw. sonstigen Erledigungen des Nachprüfungsverfahrens.[9] Konsequenterweise hätte die Regelung in Abs. 2 der Vorschrift erfolgen sollen (was im Übrigen auch für S. 6 der Vorschrift gilt). Sie normiert lediglich einen Gebührentatbestand und gilt unabhängig davon, wer die Kosten des Verfahrens zu tragen hat. Durch das VergRModG 2016 wurde **Abs. 4 S. 3** neu gefasst. Die Neufassung der Regelung unterwirft die Entscheidung, wer im Falle einer Rücknahme oder anderweitigen Erledigung des Nachprüfungsantrages die zur zweckentsprechenden Rechtsverfolgung oder Rechtsverteidigung notwendigen Aufwendungen anderer Beteiligter zu tragen hat, einheitlich billigem Ermessen. Sie entspricht nunmehr inhaltlich der für die Kostentragung in Bezug auf die Kosten der Vergabekammer im Falle der Antragsrücknahme oder sonstigen Erledigung geltenden Regelung in Abs. 3 S. 5. Nach der Gesetzesbegründung soll damit der Gleichlauf der Regelungen für die Gebühren und Auslagen einerseits und die notwendigen Aufwendungen andererseits hergestellt werden.[10] Abs. 4 S. 3 stellt darüber hinaus nunmehr auch eine Grundlage zur Verfügung, die **notwendigen Aufwendungen eines Beteiligten** einem anderen aufzuerlegen. Damit wird auch die Regelungslücke für die Erstattung von Aufwendungen im Falle der sonstigen Erledigung geschlossen.[11]

III. Europarechtlicher Hintergrund

12 Die Regelung setzt **keine konkreten Vorgaben** des europäischen Rechts um.

B. Kostenerhebung

13 Gemäß § 182 Abs. 1 S. 1 GWB werden für Amtshandlungen der Vergabekammern Kosten zur Deckung des Verwaltungsaufwandes erhoben.

14 **Amtshandlung** der Vergabekammer ist jede Tätigkeit, welche die Vergabekammer im Rahmen eines Nachprüfungsverfahrens gemäß § 160 ff. GWB veranlasst.[12]

15 **Kosten** im Sinne dieser Vorschrift sind die von der Vergabekammer für das Verfahren festzusetzende Gebühr und die im Verfahren entstehenden Auslagen.

I. Verweisung auf VwKostG (Abs. 1 S. 2)

16 Gemäß § 182 Abs. 1 S. 2 GWB ist das **VwKostG** anzuwenden. Dieses enthält wichtige Regelungen, die damit auch für das Verfahren vor der Vergabekammer anzuwenden sind, wie z.B. die Vorschriften zur persönlichen Gebührenbefreiung (§ 8 VwKostG), über Auslagen (§ 10 VwKostG) oder zum Kostenvorschuss (§ 16 VwKostG).

17 Durch Art. 2 Abs. 78 des **Gesetzes zur Strukturreform des Gebührenrechts des Bundes** vom 7.8.2013[13] wurde die Regelung in der seinerzeit geltenden Fassung des § 128 Abs. 1 S. 2 GWB dahin geändert, dass nunmehr auf das „Verwaltungskostengesetz vom 23.6.1970 in der am 14.8.2013 geltenden Fassung" verwiesen wird. Damit wurde die bisherige Verweisung auf das mit Wirkung zum 15.8.2013 aufgehobene VwKostG als **starre Verweisung** auf die zuletzt geltende Fassung des VwKostG ausgestaltet.[14]

---

8 OLG Celle, Beschluss v. 8.12.2009 – 13 Verg 11/09, Rn. 4.
9 Gesetzesbegründung, BT-Drs. 18/6281, 136.
10 Gesetzesbegründung, BT-Drs. 18/6281, 136.
11 Gesetzesbegründung, BT-Drs. 18/6281, 136.
12 *Schröder*, in: Müller-Wrede, Taschenkommentar GWB-Vergaberecht, § 128 Rn. 2.
13 BGBl. I S. 3154.
14 Gesetzesbegründung, Begründung zum Gesetz zur Strukturreform des Gebührenrechts des Bundes, BT-Drs. 17/10422, 138.

18 Diese Verweisung in § 182 Abs. 1 GWB bezieht sich allein auf das **VwKostG des Bundes**[15]. Für ein Nachprüfungsverfahren vor einer Vergabekammer, welches sich nach den Verfahrensvorschriften eines Landes richtet, soll auch das jeweilige **Landesverwaltungskostengesetz** anzuwenden sein.[16] Dagegen spricht der eindeutige Wortlaut des Gesetzes. Anders als § 182 Abs. 4 S. 4 GWB enthält § 182 Abs. 1 GWB gerade keinen Verweis auf die landesrechtlichen Regelungen.[17]

II. Verfahrensgebühr

19 § 182 Abs. 2 GWB gibt einen regelmäßigen **Gebührenrahmen** von 2.500 bis 50.000 Euro vor, ermöglicht aber zugleich eine **Ermäßigung** der Gebühr auf bis zu 250 Euro aus Gründen der Billigkeit sowie im Einzelfall eine **Erhöhung** bis zu 100.000 Euro, wenn der Aufwand oder die wirtschaftliche Bedeutung außergewöhnlich hoch sind.

20 Eine Sonderregelung zur Verfahrensgebühr für den Fall einer **Antragsrücknahme** oder **anderweitigen Erledigung** enthält § 182 Abs. 3 GWB, wonach dann lediglich die Hälfte der Gebühr zu entrichten ist (S. 4) und aus Gründen der Billigkeit von der Erhebung von Gebühren ganz oder teilweise abgesehen werden kann (S. 6).

1. Grundsätze der Gebührenerhebung (Abs. 1)

21 Aus § 182 Abs. 1 GWB i.V.m. § 3 VwKostG ergeben sich die Grundsätze der Gebührenerhebung. Danach gilt zunächst das **Kostendeckungsprinzip**. Da nach § 182 Abs. 1 S. 1 GWB Gebühren nur zur Deckung des Verwaltungsaufwandes erhoben werden, sind nach § 3 VwKostG die Gebührensätze so zu bemessen, dass das Gebührenaufkommen den auf die Amtshandlungen entfallenden durchschnittlichen Personal- und Sachaufwand der Vergabekammer nicht übersteigt. Hierbei ist nicht auf den im Einzelfall entstandenen personellen und sachlichen Aufwand abzustellen; vielmehr soll die Gesamtheit der in einem bestimmten Zeitabschnitt für die Art der Behördenleistung erhobenen Gebühren den in diesem Zeitabschnitt anfallenden personellen und sachlichen Verwaltungsaufwendungen entsprechen.[18]

22 Ferner gilt der **Äquivalenzgrundsatz** (§ 3 VwKostG). Danach sind die Gebühren so zu bemessen, dass zwischen der den Verwaltungsaufwand berücksichtigenden Höhe der Gebühr einerseits und der Bedeutung, dem wirtschaftlichen Wert oder dem sonstigen Nutzen der Amtshandlung andererseits ein angemessenes Verhältnis besteht.[19]

2. Ermittlung der Verfahrensgebühr (Abs. 2)

a) Höhe der Gebühr

23 Die Höhe der Gebühr für das Verfahren vor der Vergabekammer ist unter Berücksichtigung ihres Aufwandes und der wirtschaftlichen Bedeutung der Sache zu bestimmen, wobei **vorrangig vom Wert** des Verfahrensgegenstandes auszugehen ist.[20] Der am Wert des Verfahrensgegenstandes orientierten Gebührenhöhe liegt die Erfahrung zugrunde, dass der Aufwand der Behörde tendenziell steigt, je gewichtiger die wirtschaftliche Bedeutung der Angelegenheit ist. Wenn der personelle und sachliche Aufwand im Einzelfall **außer Verhältnis** zum Wert des Verfahrensgegenstandes steht, sodass eine Korrektur geboten erscheint, ist auch der konkrete Aufwand im Einzelfall bei der Gebührenbemessung zu berücksichtigen.[21]

---

15 *Noelle*, in: Byok/Jaeger, Vergaberecht, § 128 GWB Rn. 7.
16 OLG Naumburg, Beschluss v. 20.9.2012 – 2 Verg 4/12, Rn. 128; OLG Jena, Beschluss v. 4.4.2003 – 6 Verg 4/03, Rn. 11.
17 *Krohn*, in: Dreher/Motzke, Vergaberecht, § 128 GWB Rn. 2.
18 BGH, Beschluss v. 25.10.2011 – X ZB 5/10, Rn. 14.
19 OLG Brandenburg, Beschluss v. 7.5.2008 – Verg W 2/08, Rn. 11.
20 BGH, Beschluss v. 25.10.2011 – X ZB 5/10, Rn. 14.
21 BGH, Beschluss v. 25.10.2011 – X ZB 5/10, Rn. 14.

24 Deshalb ist es nicht zu beanstanden, dass Vergabekammern die Verfahrensgebühr mithilfe einer **Tabelle** ermitteln,[22] in der dem Wert des ausgeschriebenen Auftrags gestaffelt Gebührenbeträge zugeordnet werden, die unter dem Gesichtspunkt verminderten oder erhöhten personellen bzw. sachlichen Aufwands abgewandelt werden können.[23] Für die Anwendung dieser Gebührentabellen sprechen auch Transparenz und Gleichbehandlung der Beteiligten aller Nachprüfungsverfahren.[24]

25 Um eine bundeseinheitliche Handhabung zu erzielen, haben die Vergabekammern des Bundes eine **Gebührentabelle** entwickelt, welche in Abhängigkeit von den Auftragssummen eine bestimmte Gebühr festlegt.[25] Die meisten Vergabekammern wenden diese Gebührentabelle der Vergabekammern des Bundes an.

Auftragswert in Euro	Basisgebühr in Euro
< 80.000	2.500
80.000	2.500
200.000	2.575
400.000	2.725
600.000	2.850
800.000	3.000
1.000.000	3.125
2.000.000	3.800
3.000.000	4.475
4.000.000	5.175
5.000.000	5.850
6.000.000	6.525
7.000.000	7.200
8.000.000	7.875
9.000.000	8.575
10.000.000	9.250
11.000.000	9.925
12.000.000	10.600
13.000.000	11.275
14.000.000	11.975
15.000.000	12.650
16.000.000	13.325
17.000.000	14.000
18.000.000	14.675
19.000.000	15.375

22 OLG München, Beschluss v. 15.10.2012 – Verg 18/12, Rn. 17; OLG Frankfurt, Beschluss v. 4.6.2008 – 11 Verg 8/07, Rn. 3; OLG Brandenburg, Beschluss v. 7.5.2008 – Verg W 2/08, Rn. 13; OLG Koblenz, Beschluss v. 16.2.2006 – 1 Verg 2/06, Rn. 11.

23 BGH, Beschluss v. 25.10.2011 – X ZB 5/10, Rn. 15.

24 OLG Brandenburg, Beschluss v. 7.5.2008 – Verg W 2/08, Rn. 13; OLG Koblenz, Beschluss v. 16.2.2006 – 1 Verg 2/06, Rn. 11.

25 OLG München, Beschluss v. 15.10.2012 – Verg 18/12, Rn. 17.

Auftragswert in Euro	Basisgebühr in Euro
20.000.000	16.050
22.000.000	17.400
24.000.000	18.775
26.000.000	20.125
28.000.000	21.475
30.000.000	22.850
32.000.000	24.200
34.000.000	25.575
36.000.000	26.925
38.000.000	28.275
40.000.000	29.650
50.000.000	36.450
60.000.000	43.250
70.000.000	50.000
> 70.000.000	50.000

Zwischenwerte können durch **lineare Interpolation** ermittelt werden.[26]

Die Vergabekammern des Bundes weisen jedoch darauf hin, dass die Tabelle lediglich einen **Anhaltspunkt** dafür liefert, welchem Auftragswert welche Gebühr zuzuordnen ist sowie dass die Zuordnung lediglich für Nachprüfungsverfahren gilt, die für die Vergabekammer mit einem durchschnittlichen sachlichen und personellen Aufwand verbunden sind.[27] 26

So rechtfertigt ein **über-** oder aber **unterdurchschnittlicher Verwaltungsaufwand** in personeller und/oder wirtschaftlicher Hinsicht ein Abweichen von den sich in Anwendung der Gebührentabelle ergebenden Beträgen. Hat beispielsweise die Vergabekammer nach Aktenlage ohne mündliche Verhandlung entschieden und sich darüber hinaus in ihrer Entscheidung allein mit der Zulässigkeit des Nachprüfungsantrags befasst, ist regelmäßig davon auszugehen, dass der personelle und sachliche Aufwand der Vergabekammer deutlich geringer ausfällt als in den *„Normalfällen"*, in denen üblicherweise nach mündlicher Verhandlung entschieden wird und neben der Zulässigkeit auch die Begründetheit des Nachprüfungsantrags zu beurteilen ist.[28] Auch ein teilweises Einräumen von Vergaberechtsverstößen durch den Antragsgegner und die Entbehrlichkeit einer mündlichen Verhandlung soll eine Herabsetzung des Tabellenwertes rechtfertigen.[29] Ebenso kann Berücksichtigung finden, wenn der Vergabekammer mehrere Nachprüfungsanträge unterschiedlicher Bieter vorlagen, die sich mit weitgehend übereinstimmenden vergaberechtlichen Beanstandungen gegen das streitbefangene Vergabeverfahren richteten,[30] wenn also der Sachverhalt und einzelne Fragestellungen der Vergabekammer aus Parallelverfahren bereits bekannt waren.[31] 27

26 OLG Düsseldorf, Beschluss v. 12.5.2004 – VII-Verg 23/04, Rn. 3.
27 Vgl. das auf der Internetseite des Bundeskartellamtes abrufbare Informationsblatt zum Rechtsschutz bei der Vergabe öffentlicher Aufträge – Stand April 2015.
28 OLG Jena, Beschluss v. 23.12.2011 – 9 Verg 3/11, Rn. 29.
29 OLG Naumburg, Beschluss v. 25.8.2011 – 2 Verg 4/11, Rn. 6: hier um 25 %.
30 OLG Düsseldorf, Beschluss v. 12.5.2004 – VII-Verg 23/04, Rn. 10.
31 *Krohn*, in: Dreher/Motzke, Vergaberecht, § 128 GWB Rn. 6.

b) Ermäßigung der Mindestgebühr

28 Im Rahmen ihrer Gebührenfestsetzung hat die Vergabekammer auch in Erwägung zu ziehen, den Mindestbetrag von 2.500 Euro zu ermäßigen. Dies ist aus Gründen der **Billigkeit** bis auf ein Zehntel, also 250 Euro, möglich.

29 Als Billigkeitsgrund kommt hier nur ein **weit unterdurchschnittlicher Verwaltungsaufwand** in personeller und/oder wirtschaftlicher Hinsicht in Betracht.[32] Ein solcher weit unterdurchschnittlicher Verwaltungsaufwand liegt beispielsweise vor, wenn die Vergabekammer im Falle eines offensichtlich unzulässigen oder unbegründeten Vergabenachprüfungsantrages (§ 163 Abs. 2 S. 3 GWB) keine verfahrenseinleitenden Maßnahmen treffen musste.[33]

30 Als Billigkeitsgründe kommen aber nur solche Umstände in Betracht, die **nicht bereits nach anderen Regelungen** in § 182 GWB zu einer Gebührenermäßigung führen.[34] So kann eine Ermäßigung nicht im Rahmen der Gebührenbemessung nach § 182 Abs. 2 GWB mit dem durch eine Rücknahme des Vergabenachprüfungsantrages reduzierten Verwaltungsaufwand begründet werden, weil dieser Umstand nach § 182 Abs. 3 S. 4 GWB zu einer Halbierung der Gebühr führt. Es darf nicht zu einer in der Sache ungerechtfertigten Doppelverwertung gleichartiger Gesichtspunkte kommen.[35]

31 Eine Reduzierung der Gebühr **unter 250 Euro** ist nicht zulässig.[36]

c) Erhöhung der Höchstgebühr

32 Der mit der Bearbeitung verbundene personelle und wirtschaftliche Aufwand kann auch zu einer Erhöhung der Verfahrensgebühr führen.[37] Eine Erhöhung über die Höchstgebühr von 50.000 Euro hinaus (auf einen Betrag von bis zu 100.000 Euro) kommt jedoch gemäß § 182 Abs. 2 S. 2 GWB im Einzelfall nur in Betracht, wenn der **Aufwand oder die wirtschaftliche Bedeutung außergewöhnlich hoch** sind. Allein diese Gründe rechtfertigen eine Erhöhung. Anders als bei der Ermäßigung der Mindestgebühr gemäß § 182 Abs. 2 S. 1 GWB spielen **Billigkeitserwägungen** hier keine Rolle. Wegen dieser bereits dem Wortlaut der Vorschrift nach hohen Anforderungen ist die Regelung **eng auszulegen**.[38] Eine Erhöhung kommt daher nur in Ausnahmefällen vor.

33 Ein solcher Fall kann **beispielsweise** gegeben sein, wenn der Auftragswert des Verfahrens um knapp das 16-Fache über dem Auftragswert liegt, für den der Höchstbetrag von 25.000 Euro anzusetzen ist,[39] oder wenn neben einer außergewöhnlich hohen wirtschaftlichen Bedeutung auch der Aufwand der Vergabekammer außergewöhnlich hoch war, weil drei fast ganztägige mündliche Verhandlungen mit nahezu zehn Zeugenvernehmungen sowie fünf mehrstündigen Akteneinsichten der Beteiligten notwendig waren.[40]

3. Antragsrücknahme oder anderweitige Erledigung (Abs. 3 S. 4 und S. 6)

34 Für den Fall einer Antragsrücknahme oder anderweitigen Erledigung des Verfahrens enthalten § 182 Abs. 3 S. 4 und S. 6 GWB Sonderregelungen für die Festsetzung der Verfahrensgebühr. Nach S. 4 der Vorschrift ist lediglich die **Hälfte der Gebühr** zu entrichten. Nach S. 6 kann aus Gründen der **Billigkeit** von der Erhebung von Gebühren ganz oder teilweise abgesehen werden. Beide Regelungen – also auch S. 6 – gelten nur im Falle einer Antragsrücknahme oder

---

32 BayObLG, Beschluss v. 6.6.2002 – Verg 12/02, Rn. 10; VK Schleswig-Holstein, Beschluss v. 5.9.2007 – VK-SH 21/07, Rn. 14.
33 VK Schleswig-Holstein, Beschluss v. 5.9.2007 – VK-SH 21/07, Rn. 14; siehe auch VK Sachsen, Beschluss v. 16.5.2003 – 1/SVK/035-03: 80%ige Ermäßigung bei Entscheidung ohne mündliche Verhandlung und ohne Beiladung dritter Unternehmen und ohne Zustellung eines Nachprüfungsantrages.
34 *Schröder*, in: Müller-Wrede, Taschenkommentar GWB-Vergaberecht, § 128 GWB Rn. 9.
35 BayObLG, Beschluss v. 6.6.2002 – Verg 12/02, Rn. 10.
36 So aber wohl VK Schleswig-Holstein, Beschluss v. 5.9.2007 – VK-SH 21/07, Rn. 14.
37 BayObLG, Beschluss v. 6.6.2002 – Verg 12/02, Rn. 10.
38 *Schröder*, in: Müller-Wrede, Taschenkommentar GWB-Vergaberecht, § 128 Rn.11.
39 OLG Brandenburg, Beschluss v. 7.5.2008 – Verg W 2/08, Rn. 15.
40 VK Sachsen, Beschluss v. 29.2.2004 – 1/SVK/157-03.

anderweitigen Erledigung des Verfahrens.[41] Dies folgt aus der systematischen Stellung der Vorschrift im Anschluss an S. 4 der Vorschrift.[42]

a) Hälfte der Gebühr (S. 4)

Hat sich der Nachprüfungsantrag vor Entscheidung der Vergabekammer durch Rücknahme oder anderweitig erledigt, ist lediglich die Hälfte der Gebühr gemäß § 182 Abs. 2 GWB zu entrichten. 35

Diese Regelung trägt dem Umstand Rechnung, dass in solchen Fällen in der Regel kein dem Auftragswert äquivalenter Aufwand entsteht, sondern der **Erledigungsaufwand** typischerweise geringer ist.[43] Die Regelung soll einen **Anreiz** für die Beteiligten, insbesondere für den Antragsteller, zu einer Rücknahme des Nachprüfungsantrages oder Abgabe einer Erledigungserklärung schaffen[44] und will so die leichtere Erledigung des Verfahrens privilegieren.[45] 36

Angemessen ist danach ein Betrag in Höhe der Hälfte der Gebühr, welche ohne Antragsrücknahme bzw. anderweitige Erledigung in dem Verfahren gemäß § 182 Abs. 2 GWB festzusetzen gewesen wäre.[46] In einem **ersten Schritt** ist daher die nach den oben genannten Grundsätzen in Anwendung einer Gebührentabelle und unter Berücksichtigung eines ggf. verminderten oder erhöhten personellen bzw. sachlichen Aufwands angemessene Gebühr für das Verfahren ohne Antragsrücknahme bzw. anderweitige Erledigung gemäß § 182 Abs. 2 GWB zu ermitteln. Sodann ist in einem **zweiten Schritt** die Gebühr nach § 182 Abs. 3 S. 4 GWB durch Halbierung zu bestimmen. Im Anschluss an die Halbierung der Gebühr kommt eine **weitere Herabsetzung** der Gebühr nur noch aus Gründen der Billigkeit gemäß § 182 Abs. 3 S. 6 GWB in Betracht.[47] 37

Auch insoweit darf es aber nicht zu einer ungerechtfertigten **Doppelverwertung** derselben Umstände kommen.[48] So darf der Umstand, dass die Vergabekammer infolge der Antragsrücknahme weder mündlich verhandeln noch eine Sachentscheidung treffen musste, nicht zum Anlass einer weiteren Gebührenermäßigung genommen werden, da diesen Umständen bereits durch die in § 182 Abs. 3 S. 4 GWB angeordnete Halbierung der Gebühr Rechnung getragen wird.[49] 38

Auf die Höhe der **Auslagen** hat die Vorschrift des § 182 Abs. 3 S. 4 GWB keine Auswirkungen. 39

b) Absehen von der Gebührenerhebung (S. 6)

Aus Gründen der Billigkeit kann nach § 182 Abs. 3 S. 6 GWB von der Erhebung von Gebühren ganz oder teilweise abgesehen werden. 40

Bei diesem **letzten Prüfungsschritt** der Gebührenfestsetzung ist das Verbot einer ungerechtfertigten **Doppelverwertung** derselben Umstände in besonderem Maße zu beachten.[50] Hier können nur noch Gesichtspunkte eine Rolle spielen, die nicht schon im Rahmen des § 182 Abs. 2 S. 1 Hs. 2 GWB berücksichtigt werden können oder gemäß § 182 Abs. 3 S. 4 GWB zu beachten sind.[51] Zur **Abgrenzung** wird vorgeschlagen, im Rahmen des § 182 Abs. 2 S. 1 Hs. 2 GWB bzw. § 182 Abs. 3 S. 4 GWB nur solche Umstände zu berücksichtigen, die mit dem Aufwand und der wirtschaftlichen Bedeutung des Verfahrens zusammenhängen, 41

41 OLG Saarbrücken, Beschluss v. 26.11.2004 – 1 Verg 7/04, Rn. 7.
42 *Brauer*, in: Kulartz/Kus/Portz/Prieß, GWB-Vergaberecht, § 128 Rn. 11; *Krohn*, in: Dreher/Motzke, Vergaberechtskommentar, § 128 GWB Rn. 16.
43 OLG Düsseldorf, Beschluss v. 9.2.2006 – VII-Verg 80/05, Rn. 5.
44 OLG Naumburg, Beschluss v. 14.4.2011 – 2 Verg 2/11, Rn. 32.
45 OLG München, Beschluss v. 30.1.2014 – Verg 10/13, Rn. 35.
46 OLG München, Beschluss v. 30.1.2014 – Verg 10/13, Rn. 35.
47 OLG Düsseldorf, Beschluss v. 9.2.2006 – VII-Verg 80/05, Rn. 6.
48 BayObLG, Beschluss v. 6.6.2002 – Verg 12/02, Rn. 10.
49 OLG Düsseldorf, Beschluss v. 9.2.2006 – VII-Verg 80/05, Rn. 6; BayObLG, Beschluss v. 29.9.1999 – Verg 5/99, Rn. 13.
50 BayObLG, Beschluss v. 6.6.2002 – Verg 12/02, Rn. 10.
51 BayObLG, Beschluss v. 6.6.2002 – Verg 12/02, Rn. 11.

während andere Billigkeitsgründe, die z. B. in den persönlichen Verhältnissen der Beteiligten oder der Verfahrenssituation begründet sind, unter § 182 Abs. 3 S. 6 GWB fallen.[52]

42 Ist über den durch eine Rücknahme bedingten typischerweise reduzierten Verwaltungsaufwand hinaus bei der Vergabekammer ein erheblich unterdurchschnittlicher personeller und sachlicher Aufwand angefallen (etwa weil der Antrag ersichtlich unzulässig war oder bereits in einem sehr frühen Verfahrensstadium zurückgenommen wurde), kann dies eine weitere **Reduzierung** der bereits um die Hälfte herabgesetzten Gebühr rechtfertigen.[53]

43 Eine fehlerhafte Sachbehandlung kann die **Niederschlagung der Gebühren** rechtfertigen.[54] Im Übrigen kommt ein gänzliches Absehen von einer Gebührenerhebung nur in Betracht, wenn kein irgendwie ins Gewicht fallender personeller und sachlicher Aufwand bei der Vergabekammer erforderlich geworden ist.[55]

44 Ein **teilweises Absehen** von der Gebührenerhebung soll auch bei sehr schlechten wirtschaftlichen Verhältnissen des Antragstellers möglich sein,[56] wenn die Erhebung der (vollen) Gebühr für den Kostenschuldner eine unbillige Härte darstellen würde.[57]

45 Von der Erhebung der **Auslagen** kann nicht abgesehen werden.

4. Ermessensentscheidung

46 Die Entscheidung über die Höhe der Gebühr liegt gemäß § 182 Abs. 2 GWB im pflichtgemäßen **Ermessen** der Vergabekammer. Die **Halbierung der Gebühr** bei Antragsrücknahme oder anderweitiger Erledigung gemäß § 182 Abs. 3 S. 4 GWB ist allerdings zwingend.

47 Auch wenn eine **Gebührentabelle** – wegen der mit deren Anwendung einhergehenden Selbstbindung der Vergabekammern –[58] sicher mehr als lediglich eine unverbindliche Richtschnur darstellt,[59] darf diese nicht als starre Regelung angesehen werden. Vielmehr muss die Vergabekammer auch bei Anwendung einer Gebührentabelle stets ihr Ermessen dadurch ausüben, dass sie Besonderheiten des Einzelfalles durch Zu- oder Abschläge Rechnung trägt.[60]

48 Auf eine Beschwerde hin kann die Gebührenentscheidung allein auf **Ermessensfehler** überprüft werden.[61] Damit dem Beschwerdegericht eine solche Prüfung möglich ist, muss die Entscheidung über die Festsetzung der Gebühr – freilich in der gebotenen Kürze – nachvollziehbar begründet werden.[62]

49 So ist es ermessensfehlerhaft, wenn die Vergabekammer von einem **falschen Auftragswert** ausgeht[63] oder **ohne jede Begründung** die Mindestgebühr überschreitet und die in der Tabelle für den jeweiligen Auftragswert ausgewiesene Gebühr anwendet, ohne zu prüfen, ob Anhaltspunkte für eine hiervon abweichende Festsetzung vorliegen.[64]

50 Hat die Vergabekammer ihr Ermessen **fehlerfrei** ausgeübt, kann die Gebührenfestsetzung der Vergabekammer **nicht durch eine eigene Ermessensentscheidung** des Beschwerde-

---

52 *Noelle*, in: Byok/Jaeger, Vergaberecht, § 128 GWB Rn. 47; *Krohn*, in: Dreher/Motzke, Vergaberecht, § 128 GWB Rn. 7.

53 OLG Frankfurt, Beschluss v. 2.10.2013 – 11 Verg 10/13, Rn. 25; BayObLG, Beschluss v. 6.6.2002 – Verg 12/02, Rn. 11; VK Thüringen, Beschluss v. 2.4.2013 – 250-4004-3167/2013-E-016-EF, Rn. 31.

54 OLG Frankfurt, Beschluss v. 2.10.2013 – 11 Verg 10/13, Rn. 25; BayObLG, Beschluss v. 6.6.2002 – Verg 12/02, Rn. 13.

55 OLG Saarbrücken, Beschluss v. 26.11.2004 – 1 Verg 7/04, Rn. 14: im Falle einer Rücknahme eines Antrages wegen offensichtlicher Unzulässigkeit.

56 *Summa*, in: Heiermann/Zeiss, Vergaberecht, § 123 GWB Rn. 77, unter Verweis auf VK Mecklenburg-Vorpommern, Beschluss v. 27.6.2000 – 1 VK 7/00.

57 *Krohn*, in: Dreher/Motzke, Vergaberecht, § 128 GWB Rn. 7.

58 OLG Hamburg, Beschluss v. 3.11.2008 – 1 Verg 3/08, Rn. 7.

59 Anders OLG München, Beschluss v. 15.10.2012 – Verg 18/12, Rn. 17.

60 OLG Frankfurt, Beschluss v. 4.6.2008 – 11 Verg 8/07, Rn. 3.

61 BGH, Beschluss v. 25.10.2011 – X ZB 5/10, Rn. 12.

62 OLG Frankfurt, Beschluss v. 4.6.2008 – 11 Verg 8/07, Rn. 3.

63 OLG München, Beschluss v. 15.10.2012 – Verg 18/12, Rn. 19.

64 OLG Hamburg, Beschluss v. 3.11.2008 – 1 Verg 3/08, Rn. 8.

gerichts ersetzt werden.[65] An eine fehlerfreie Ermessenausübung der Vergabekammer ist das Beschwerdegericht somit gebunden.

Nur wenn das Beschwerdegericht **Ermessensfehler** feststellt, ist es **zur eigenen Ermessensausübung berufen**. Das Beschwerdegericht kann dann die Gebührenfestsetzung selbst vornehmen[66] und muss die Sache nicht zur erneuten Ausübung des Ermessens an die Vergabekammer zurückverweisen.[67] Auch wenn die angefochtene Entscheidung der Vergabekammer nicht erkennen lässt, dass das Ermessen überhaupt ausgeübt worden ist, ist der Weg für eine eigene Ermessensentscheidung des Beschwerdegerichts eröffnet.[68] 51

III. Auslagen

Nach § 182 Abs. 1 GWB i.V.m. § 10 VwKostG ist auch die Erstattung von **Auslagen** vorgesehen, die im Zusammenhang mit dem Nachprüfungsverfahren vor der Vergabekammer entstehen. Die in § 10 VwKostG erfolgte Aufzählung verschiedener Auslagen ist **abschließend**. In Betracht kommen danach insbesondere: 52

- Telefonkosten (Nr. 1),
- Kosten für Ausfertigungen, Abschriften und Auszüge (Nr. 2),
- Aufwendungen für Übersetzungen (Nr. 3),
- Kosten für öffentliche Bekanntmachungen (Nr. 4),
- Vergütung von Sachverständigen, Dolmetschern und Übersetzern nach dem JVEG (Nr. 5),
- Reisekostenvergütungen und Kosten für die Bereitstellung von Räumen (Nr. 6),
- Kosten für die Beförderung und die Verwahrung von Sachen (Nr. 8).

Diese Auslagen können unabhängig davon, ob **Gebührenfreiheit** besteht, geltend gemacht werden (§ 10 Abs. 2 VwKostG). 53

Auslagen dürfen nur erhoben werden, soweit sie tatsächlich entstanden sind. Hier gilt das strikte **Kostendeckungsprinzip**.[69] 54

IV. Gebührenbefreiung

Eine persönliche Gebührenbefreiung ist bereits im Rahmen der **Kostenentscheidung** nach § 182 GWB zu beachten.[70] 55

Nach **§ 8 VwKostG** sind von der Zahlung der Gebühren befreit: 56

- die Bundesrepublik Deutschland und die bundesunmittelbaren juristischen Personen des öffentlichen Rechts, deren Ausgaben ganz oder teilweise aufgrund gesetzlicher Verpflichtung aus dem Haushalt des Bundes getragen werden,
- die Länder und die juristischen Personen des öffentlichen Rechts, die nach den Haushaltsplänen eines Landes für Rechnung eines Landes verwaltet werden,
- die Gemeinden und Gemeindeverbände, sofern die Amtshandlungen nicht ihre wirtschaftlichen Unternehmen betreffen.

Die Gebührenbefreiung greift damit zugunsten einer am Vergabenachprüfungsverfahren beteiligten Gemeinde nur dann ein, wenn die Amtshandlungen der Vergabekammer nicht ein **wirtschaftliches Unternehmen** der Gemeinde betreffen.[71] Ein vom Auftrag betroffener kommunaler Eigenbetrieb, der nach seiner Betriebssatzung neben angemessenen Rücklagen 57

65 Siehe zur vergleichbaren Überprüfung der Ermessensentscheidung nach § 93a Abs. 1 S. 2 ZPO a.F. BGH, Beschluss v. 28.2.2007 – XII ZB 165/06, Rn. 15.
66 OLG Naumburg, Beschluss v. 25.8.2011 – 2 Verg 4/11, Rn. 3.
67 A.A. OLG Frankfurt, Beschluss v. 4.6.2008 – 11 Verg 8/07, Rn. 4.
68 OLG Jena, Beschluss v. 23.12.2011 – 9 Verg 3/11, Rn. 29.
69 OLG Brandenburg, Beschluss v. 7.5.2008 – Verg W 2/08, Rn. 11.
70 OLG Brandenburg, Beschluss v. 12.7.2012 – Verg W 6/12, Rn. 5.
71 OLG Brandenburg, Beschluss v. 12.7.2012 – Verg W 6/12, Rn. 8.

mindestens eine marktübliche Verzinsung des Eigenkapitals erwirtschaften soll, ist wirtschaftlich tätig.[72]

V. Fälligkeit, Vorschuss

58 Da die Vergabekammer nur auf Antrag tätig wird, entsteht die Gebührenschuld mit Eingang des Antrages bei der Vergabekammer (§ 11 VwKostG). **Fällig** werden die Kosten mit der Bekanntgabe der Kostenentscheidung an den Kostenschuldner (§ 17 VwKostG).

59 Gemäß § 182 Abs. 1 GWB i.V.m. § 16 VwKostG kann die Durchführung des Nachprüfungsverfahrens von der Zahlung eines angemessenen **Vorschusses** abhängig gemacht werden. Hiervon machen nicht alle Vergabekammern Gebrauch.[73] Die Vergabekammern des Bundes verlangen bei Antragstellung einen Vorschuss in Höhe der Mindestgebühr von 2.500 Euro und machen die Übermittlung des Nachprüfungsantrages an den Auftraggeber grundsätzlich vom Nachweis der Vorschusszahlung abhängig.[74] Bei Rechtsanwälten lassen die Vergabekammern des Bundes die anwaltliche Versicherung der Zahlungsbereitschaft ausreichen.[75]

C. Kostentragungspflicht (Abs. 3)

60 § 182 Abs. 3 GWB enthält die differenzierte Regelung der Kostentragungspflicht bezüglich der bei der Vergabekammer angefallenen Kosten. S. 1 regelt als **Grundsatz**, dass derjenige Beteiligte, der im Verfahren unterliegt, die Kosten zu tragen hat. Nach S. 3 können abweichend davon Kosten, die durch **Verschulden** eines Beteiligten entstanden sind, diesem auferlegt werden. Die S. 4 bis 6 enthalten Vorschriften für die Fälle, in denen sich der Nachprüfungsantrag **durch Rücknahme oder anderweitig erledigt**. Die Entscheidung, wer die Kosten zu tragen hat, erfolgt in diesen Fällen nach billigem Ermessen (S. 5). Mehrere Kostenschuldner haften nach S. 2 als Gesamtschuldner.

61 Die Regelung bezieht sich ausschließlich auf die Kostentragungspflicht betreffend die **Gebühren und Auslagen** für das Verfahren vor der Vergabekammer und betrifft nicht die Entscheidung über die Erstattung der **zur zweckentsprechenden Rechtsverfolgung bzw. Rechtsverteidigung notwendigen Aufwendungen** der Beteiligten, welche in § 182 Abs. 4 GWB zu finden ist. Aus der Systematik des Gesetzes ergibt sich, dass beide Regelungsbereiche strikt auseinanderzuhalten sind.[76] So kann die Regelung in § 182 Abs. 3 S. 5 GWB, wonach die Entscheidung, wer die Kosten zu tragen hat, nach billigem Ermessen zu erfolgen hat, nicht als Grundlage dafür herangezogen werden, auch die notwendigen Aufwendungen eines Beteiligten einem anderen aufzuerlegen.[77]

I. Kostenlast wegen Unterliegens (S. 1)

62 § 182 Abs. 3 S. 1 GWB übernimmt den im deutschen Verfahrensrecht vorherrschenden **Kostengrundsatz**, wonach derjenige, der mit seiner Rechtsverfolgung unterliegt, die dadurch entstandenen Kosten zu tragen hat.

---

72 OLG Brandenburg, Beschluss v. 12.7.2012 – Verg W 6/12 Rn. 12.

73 *Hardraht/Schulz*, in: Willenbruch/Wieddekind, Vergaberecht, § 128 GWB Rn. 5.

74 § 4 Abs. 1 Geschäftsordnung der Vergabekammern des Bundes in der Fassung vom 15.7.2005 – Bundesanzeiger Nr. 151 vom 12.8.2005, S. 12296.

75 Vgl. das auf der Internetseite des Bundeskartellamtes abrufbare Informationsblatt zum Rechtsschutz bei der Vergabe öffentlicher Aufträge – Stand April 2015.

76 BGH, Beschluss v. 25.1.2012 – X ZB 3/11, Rn. 9.

77 BGH, Beschluss v. 25.1.2012 – X ZB 3/11, Rn. 9.

1. Beteiligte

Als Beteiligte im Sinne dieser Vorschrift und damit als **Kostenschuldner** können sowohl Antragsteller und Antragsgegner als auch Beigeladene[78] in Betracht kommen. Auch Beigeladene sind Verfahrensbeteiligte im Sinne dieser Vorschrift (§ 162 GWB).[79] 63

2. Unterliegen

Die Vorschrift knüpft allein an die Tatsache des Unterliegens an. Ein **Unterliegen** ist nur dann gegeben, wenn die Vergabekammer überhaupt eine Entscheidung getroffen hat.[80] Unproblematisch sind die Fälle eines unzulässigen bzw. unbegründeten Nachprüfungsantrages, in denen der Antragsteller unterliegt und deshalb die Kosten zu tragen hat. Ebenso unproblematisch hat der Antragsgegner die Kosten zu tragen, wenn dieser unterliegt, weil der zulässige und begründete Nachprüfungsantrag Erfolg hat. 64

Nach dem Wortlaut der Vorschrift („soweit") führt aber bereits jedes **Teilunterliegen** zu einer Kostenlast. Dann ist eine Quotelung nach dem Maß des jeweiligen Obsiegens und Unterliegens der Beteiligten veranlasst.[81] Bei der Beantwortung der Frage, ob und inwieweit ein Beteiligter in einer solchen Konstellation im Sinne von § 182 Abs. 3 S. 1 GWB unterliegt, ist zunächst von den gestellten Anträgen auszugehen. Allerdings ist ein Obsiegen bzw. Unterliegen nicht allein danach zu beurteilen, ob die Entscheidung der Vergabekammer den gestellten Anträgen folgt. Es entspricht heute vielmehr allgemeiner Ansicht, dass für die Kostentragung nicht schematisch auf die gestellten Anträge abzustellen ist, weil die Vergabekammer an diese nicht gebunden ist (§ 168 Abs. 1 S. 2 GWB).[82] Vielmehr richtet sich die Beurteilung eines Unterliegens in erster Linie danach, ob der Beteiligte sein Rechtsschutzziel materiell erreicht hat.[83] In diesem Sinne ist das Maß des Obsiegens bzw. Unterliegens daran zu orientieren, inwieweit der Beteiligte sein Begehren **unter wirtschaftlicher Betrachtung** durchsetzen konnte.[84] Deshalb führt nicht jeder teilweise Misserfolg eines Antragstellers mit einzelnen Rügen zu einem teilweisen Unterliegen. Für einen Antragsteller, der das Ausscheiden des Angebots des Beigeladenen aus der Wertung erreicht, ist es unerheblich, ob das Angebot des Beigeladenen nur aus einem oder aus allen von ihm angeführten Gründen auszuschließen ist.[85] Hat ein Antragsteller aber sein faktisch auf Erlangung des Zuschlags gerichtetes Ziel nicht erreicht, vielmehr mit einem Hilfsantrag lediglich durchgesetzt, dass eine Zuschlagserteilung auf das Angebot eines Beigeladenen unterbleibt und er in einem neuen Vergabeverfahren ein neues Angebot einreichen kann, kommt eine 50%ige Quotelung in Betracht.[86] 65

Die Beiladung als solche führt noch nicht zu einer **Kostenlast des Beigeladenen**, weil sie nicht zur aktiven Teilnahme verpflichtet. Einem Beigeladenen bleibt es unbenommen, überhaupt nicht oder nur als passiver Beobachter vor der Vergabekammer aufzutreten und somit von vornherein jegliches Kostenrisiko auszuschließen.[87] Ein in diesem Sinne passiver Beigeladener kann, da er weder gewinnt noch verliert, nicht mit Verfahrenskosten belastet werden.[88] Ein Beigeladener ist aber jedenfalls dann als unterlegener Beteiligter anzusehen, wenn er vor der Vergabekammer **zur Hauptsache einen Antrag gestellt hat** und damit nicht durchgedrungen ist.[89] Ein Beigeladener ist an den Kosten des Nachprüfungsverfahrens vor der Vergabekammer aber nicht nur zu beteiligen, wenn er in der Hauptsache einen Antrag gestellt hat 66

---

78 OLG Düsseldorf, Beschluss v. 23.11.2004 – VII-Verg 69/04, Rn. 6.
79 BGH, Beschluss v. 8.2.2011 – X ZB 4/10 (Abellio), Rn. 74.
80 BGH, Beschluss v. 25.10.2005 – X ZB 25/05, Rn. 9.
81 OLG Düsseldorf, Beschluss v. 22.2.2010 – VII-Verg 62/09, Rn. 24.
82 BGH, Beschluss v. 8.2.2011 – X ZB 4/10 (Abellio), Rn. 76.
83 BGH, Beschluss v. 8.2.2011 – X ZB 4/10 (Abellio), Rn. 76.
84 OLG Düsseldorf, Beschluss v. 12.5.2011 – VII-Verg 32/11, Rn. 38.
85 OLG Düsseldorf, Beschluss v. 12.5.2011 – VII-Verg 32/11, Rn. 39.
86 OLG Düsseldorf, Beschluss v. 22.2.2010 – VII-Verg 62/09, Rn. 25.
87 OLG Jena, Beschluss v. 4.4.2003 – 6 Verg 4/03, Rn. 10.
88 *Summa*, in: Heiermann/Zeiss, Vergaberecht, § 128 GWB Rn. 25.
89 BGH, Beschluss v. 8.2.2011 – X ZB 4/10 (Abellio), Rn. 74.

und die Vergabekammer gegen sein Begehren entschieden hat.[90] Es genügt bereits, wenn sich der Beteiligte mit dem Begehren, den Nachprüfungsantrag zurückzuweisen, an dem Nachprüfungsverfahren vor der Vergabekammer beteiligt hat.[91] Allerdings muss eine (dem Beitritt eines Streithelfers vergleichbare) Unterstützungshandlung erkennbar sein, an Hand derer festzustellen ist, welches Rechtsschutzziel ein Beigeladener in der Sache verfolgt.[92]

67 Die Rechtsschutzziele der einzelnen Beteiligten sind jeweils differenziert zu betrachten.[93] Hat letztlich **keiner der Beteiligten Erfolg**, so ist eine Aufteilung der Verfahrenskosten unter allen Beteiligten, die einen Antrag gestellt haben, geboten.[94]

68 Die Vergabekammer kann bei einem verhältnismäßig **geringfügigen Unterliegen** eines Beteiligten in Anwendung der sich aus § 92 Abs. 2 ZPO ergebenden Grundsätze die Kosten dem Verfahrensgegner insgesamt auferlegen.[95]

69 Bei **gleichwertigem Obsiegen bzw. Unterliegen** der Beteiligten kann angeordnet werden, dass die Kosten gegeneinander aufgehoben werden.[96]

II. Kostenlast wegen Verschuldens (S. 3)

70 § 182 Abs. 3 S. 3 GWB ermöglicht es der Vergabekammer als **Ausnahme zu § 182 Abs. 3 S. 1 GWB**, wonach allein das Unterliegen für die Kostentragungspflicht maßgeblich ist, und damit unabhängig vom Verfahrensausgang Kosten, die durch das Verschulden eines Beteiligten entstanden sind, diesem aufzuerlegen. Damit können einem in der Sache obsiegenden Beteiligten Kosten auferlegt werden.

71 § 182 Abs. 3 S. 2 GWB setzt voraus, dass ein Verhalten des Beteiligten **schuldhaft** (vorsätzlich oder fahrlässig) die ihm auferlegten Kosten **kausal** verursacht hat. Hierbei kommt sowohl vorprozessuales wie auch innerprozessuales Handeln des Beteiligten in Betracht.[97] Die Kostentragungspflicht wegen Verschuldens kann sich auf einzelne Auslagen (z.B. für Zeugen oder Sachverständige)[98] beziehen, aber auch auf die Kosten des Verfahrens insgesamt. Die Berücksichtigung eines Verschuldens kann auch zu einer Quotierung der Verfahrensgebühr führen.

72 Nach der Gesetzesbegründung sollte es die Änderung beispielsweise ermöglichen, das **„Verschulden" einer Antragstellung** zu berücksichtigen.[99] Dies ist denkbar, wenn der Nachprüfungsantrag gestellt wird, obwohl der Auftraggeber erkennbar zur Abhilfe bereit ist.[100]

73 Die Anwendung der Vorschrift kommt aber auch bei einem **Verschulden des Auftraggebers** in Betracht, etwa wenn dieser durch unzureichende Information einen Nachprüfungsantrag provoziert[101] oder durch eine fehlerhafte oder zögerliche Beantwortung der Rüge in vorwerfbarer Weise Anlass zur Einleitung des Nachprüfungsverfahrens gegeben hat.[102]

---

90 So noch OLG Naumburg, Beschluss v. 18.8.2011 – 2 Verg 3/11, Rn. 94; OLG Düsseldorf, Beschluss v. 23.11.2004 – VII-Verg 69/04, Rn. 6.
91 BGH, Beschluss v. 26.9.2006 – X ZB 14/06, Rn. 58.
92 OLG Celle, Beschluss v. 29.6.2010 – 13 Verg 4/10, Rn. 8.
93 OLG Naumburg, Beschluss v. 18.8.2011 – 2 Verg 3/11, Rn. 104.
94 OLG Naumburg, Beschluss v. 23.4.2003 – 1 Verg 1/03, Rn. 12.
95 BGH, Beschluss v. 26.9.2006 – X ZB 14/06, Rn. 58.
96 OLG Düsseldorf, Beschluss v. 29.12.2001 – Verg 22/01, Rn. 78.
97 *Summa*, in: Heiermann/Zeiss, Vergaberecht, § 128 GWB Rn. 32.
98 *Summa*, in: Heiermann/Zeiss, Vergaberecht, § 128 GWB Rn. 32.
99 Gesetzesbegründung, VergRModG 2009, BT-Drs. 16/10117, 24.
100 *Krohn*, in: Dreher/Motzke, Vergaberecht, § 128 GWB Rn. 21.
101 *Schröder*, in: Müller-Wrede, Taschenkommentar GWB-Vergaberecht, § 128 Rn. 20; *Summa*, in: Heiermann/Zeiss, Vergaberecht, § 128 GWB Rn. 34: falsche Auskunft zum Auftragswert provoziert wegen Unterschreitung des Schwellenwerts unzulässigen Nachprüfungsantrag.
102 *Krohn*, in: Dreher/Motzke, Vergaberecht, § 128 GWB Rn. 21.

III. Kostenlast bei Rücknahme oder anderweitiger Erledigung (S. 4 bis 6)

Auch wenn sich der Nachprüfungsantrag vor Entscheidung der Vergabekammer durch Rücknahme oder anderweitig erledigt, hat die Vergabekammer zu entscheiden, wer die Kosten des Verfahrens zu tragen hat.[103] 74

1. Erledigung des Nachprüfungsverfahrens

Erledigung des Nachprüfungsverfahrens tritt ein, wenn der auf Vornahme oder Unterlassung gerichtete Antrag des Antragstellers gegenstandslos wird und Primärrechtsschutz nicht mehr stattfinden kann.[104] Auf die Frage, ob der ursprüngliche Nachprüfungsantrag zulässig und begründet war, kommt es hierbei nicht an.[105] 75

Über die in § 168 Abs. 2 S. 2 GWB **ausdrücklich benannten Fälle** (wirksame Zuschlagserteilung, Aufhebung des Vergabeverfahrens, Einstellung des Vergabeverfahrens) hinaus kommt eine Erledigung insbesondere in Betracht, wenn der Auftraggeber die Entscheidung der Vergabekammer vor Beendigung des Nachprüfungsverfahrens umsetzt und den vom Antragsteller gerügten Vergabeverstoß behebt, denn auch die Heilung eines Vergabefehlers durch den Auftraggeber kann den Nachprüfungsantrag gegenstandslos werden lassen, weil das angestrebte Verfahrensziel bereits zwischenzeitlich erreicht worden ist und dem Antragsbegehren nicht mehr entsprochen werden kann.[106] 76

2. Auslegungsprobleme

Nach der früheren Fassung der Vorschrift entstandene Auslegungsprobleme[107] sind durch die mit dem VergRModG 2016 geschaffene Änderung geklärt. Diese Änderung beseitigt eine **Widersprüchlichkeit** zwischen dem bisherigen § 182 Abs. 3 S. 4 und S. 5 GWB, wonach bei Rücknahme oder anderweitiger Erledigung des Nachprüfungsantrags einerseits dem Antragsteller die Hälfte der Gebühr auferlegt werden, andererseits aber die Entscheidung, wer die Kosten zu tragen hat, nach billigem Ermessen erfolgen sollte.[108] Der widersprüchliche Wortlaut der früheren gesetzlichen Regelung beruhte auf Missverständnissen zwischen den Gesetzgebungsorganen im Gesetzgebungsverfahren.[109] 77

Zweck der Neuregelung in § 182 Abs. 3 GWB war es, dass in Fällen der Rücknahme oder sonstiger Erledigung des Nachprüfungsverfahrens stets nur die **Hälfte der Gebühr** zu entrichten ist.[110] § 182 Abs. 3 S. 4 GWB stellt dies nunmehr klar. Diese Vorschrift stellt damit lediglich einen privilegierenden Gebührentatbestand dar, der allein im Rahmen der Gebührenfestsetzung zu berücksichtigen ist. Zu der Frage, wer diese hälftige Gebühr zu tragen hat, enthält § 182 Abs. 3 S. 4 GWB keine Aussage. Diese Frage ist durch § 182 Abs. 3 S. 5 GWB zu beantworten. Dementsprechend erfolgt die Kostenentscheidung gemäß § 182 Abs. 3 S. 5 GWB nach billigem Ermessen.[111] 78

3. Entscheidung nach billigem Ermessen

Diese Entscheidung über die Kostenlast bezüglich der Kosten des Verfahrens vor der Vergabekammer erfolgt gemäß § 182 Abs. 3 S. 5 GWB nach billigem Ermessen. Sie orientiert sich grundsätzlich an dem voraussichtlichen Verfahrensausgang bei **summarischer Prüfung**.[112] 79

---

103 OLG München, Beschluss v. 10.9.2012 – Verg 17/12, Rn. 27.
104 OLG Naumburg, Beschluss v. 21.6.2010 – 1 Verg 12/09, Rn. 28, m.w.N.
105 OLG Düsseldorf, Beschluss v. 11.5.2011 – VII-Verg 10/11, Rn. 21.
106 OLG Naumburg, Beschluss v. 21.6.2010 – 1 Verg 12/09, Rn. 28.
107 *Summa*, in: Heiermann/Zeiss, Vergaberecht, § 128 GWB Rn. 41; *Hardraht/Schulz*, in: Willenbruch/Wieddekind, Vergaberecht, § 128 GWB Rn. 38f.
108 Gesetzesbegründung, BT-Drs. 18/6281, 136.
109 BGH, Beschluss v. 25.1.2012 – X ZB 3/11, Rn. 12; siehe auch *Hardraht/Schulz*, in: Willenbruch/Wieddekind, Vergaberecht, § 128 GWB Rn. 38.
110 Gesetzesbegründung, BT-Drs. 18/6281, 136.
111 Gesetzesbegründung, BT-Drs. 18/6281, 136.
112 BGH, Beschluss v. 25.1.2012 – X ZB 3/11, Rn. 13; OLG München, Beschluss v. 31.5.2012 – Verg 4/12, Rn. 18.

Bei offenem Ausgang dieser Prüfung liegt regelmäßig eine Kostenteilung nahe.[113] Von diesem Prüfungsschema kann unter dem Gesichtspunkt der **Billigkeit** abgewichen werden, wenn nach den Umständen des Einzelfalls die Belastung eines Beteiligten mit den Kosten des Verfahrens gerechtfertigt ist.[114]

80 Nach dem Willen des Gesetzgebers sollte die Regelung vor allem Konstellationen erfassen, in denen der Antragsteller in einem **materiellen Sinne obsiegt** hat und es daher unbillig ist, ihm die Kosten aufzuerlegen, etwa wenn der Auftraggeber nach Einleitung des Nachprüfungsverfahrens dem Begehren des Antragstellers abhilft und das Verfahren durch eine beiderseitige Erledigungserklärung beendet wird.[115] Erledigt sich das Nachprüfungsverfahren dadurch, dass der Auftraggeber der Rüge des Antragstellers abhilft oder das Vergabeverfahren aufhebt, entspricht es deshalb der Billigkeit, dem Auftraggeber die Kosten aufzuerlegen.[116]

81 Nichts anderes kann aber gelten, wenn sich der Antragsteller auf solch eine nachträgliche Entscheidung der Vergabestelle (Abhilfeentscheidung, Aufhebung des Vergabeverfahrens) hin aus **verfahrensökonomischen Gründen** zu einer Rücknahme seines Antrages entschließt.[117] Es entspricht deshalb nicht in jedem Falle billigem Ermessen, dass derjenige, der seinen Antrag zurücknimmt, die Kosten für das Verfahren vor der Vergabekammer zu tragen hat. Es lässt sich vor allem nicht verallgemeinern, dass ein Antragsteller durch die Rücknahme stets auf seinen Rechtsschutz verzichtet und dadurch zum Ausdruck bringt, dass das verfolgte Rechtsschutzziel nicht mehr durchgesetzt werden soll.[118] Davon kann nur dann ausgegangen werden, wenn der Grund für die Rücknahme darin liegt, dass die weitere Rechtsverfolgung als nicht mehr erfolgversprechend angesehen wird und eine Zurückweisung des Antrages vermieden werden soll. Dann führt aber bereits das Ergebnis der am voraussichtlichen Verfahrensausgang orientierten summarischen Prüfung zur Kostenlast des Antragstellers. Nennt der Antragsteller allerdings keinerlei Gründe für seine Antragsrücknahme, entspricht es der Billigkeit, diesem die Kosten aufzuerlegen.[119]

4. Verschulden als Billigkeitserwägung

82 Andererseits kann auch ein Verschulden im Sinne von § 182 Abs. 3 S. 3 GWB im Rahmen der Billigkeit nach § 182 Abs. 3 S. 5 GWB zu berücksichtigen sein.

83 Dies ist etwa dann der Fall, wenn die Antragstellung auf **unzureichende oder unrichtige Mitteilungen** der Vergabestelle zurückzuführen ist, beispielsweise wenn der Antragsteller zur Einreichung eines Nachprüfungsantrages dadurch veranlasst worden ist, dass die Antragsgegnerin in der Vergabebekanntmachung als Rechtsbehelf die Einreichung eines Nachprüfungsantrages bei der – konkret bezeichneten – Vergabekammer angegeben hat[120] oder wenn der Antragsgegner nicht nur in seinen Vergabeunterlagen, sondern nochmals dezidiert in der Zurückweisung der Rügen des Antragstellers den unzutreffenden Hinweis erteilt hat, der Antragsteller könne Rechtsschutz im Verfahren vor den Vergabekammern erlangen.[121]

84 Bei der Billigkeitsentscheidung kann aber auch eine Rolle spielen, ob der Antragsteller nicht **unnötigerweise verfrüht** – wenn auch prozessual zulässig – einen Nachprüfungsantrag eingereicht hat.[122]

---

113 BGH, Beschluss v. 25.1.2012 – X ZB 3/11, Rn. 13.
114 BGH, Beschluss v. 25.1.2012 – X ZB 3/11, Rn. 13; OLG München, Beschluss v. 2.9.2015 – Verg 6/15, Rn. 12f.
115 Gesetzesbegründung, BT-Drs. 18/6281, 136.
116 *Krohn*, in: Dreher/Motzke, Vergaberecht, § 128 GWB Rn. 25.
117 OLG Düsseldorf, Beschluss v. 13.4.2011 – VII-Verg 14/11, Rn. 15.
118 So aber OLG München, Beschluss v. 10.8.2010 – Verg 7/10, Rn. 4.
119 OLG Naumburg, Beschluss v. 9.7.2014 – 2 Verg 3/14, Rn. 4.
120 OLG Düsseldorf, Beschluss v. 13.4.2011 – VII-Verg 14/11, Rn. 16.
121 OLG München, Beschluss v. 2.9.2015 – Verg 6/15, Rn. 13.
122 OLG Düsseldorf, Beschluss v. 11.5.2011 – VII-Verg 10/11, Rn. 28.

5. Kostenlast des Beigeladenen

In Anwendung von § 182 Abs. 3 S. 5 GWB können die Verfahrenskosten auch Beigeladenen auferlegt werden. So entspricht es billigem Ermessen, dass ein **aktiv am Nachprüfungsverfahren** mitwirkender Beigeladener die Kosten des Verfahrens neben dem Antragsgegner zu tragen hat, wenn ein Interessengegensatz zum Antragsteller bestanden hat und Letzterer im Verfahren voraussichtlich obsiegt hätte.[123] 85

IV. Gesamtschuldnerische Kostenhaftung (S. 2)

Kommt die Vergabekammer zu dem Ergebnis, dass **mehrere Beteiligte zur Kostentragung verpflichtet** sind, hat sie deren gesamtschuldnerische Haftung gemäß § 182 Abs. 3 S. 2 GWB anzuordnen. 86

1. Keine Billigkeit

Die gesamtschuldnerische Haftung mehrerer Kostenschuldner ist hierbei **zwingend**. Für Billigkeitserwägungen ist im Rahmen der kraft Gesetzes zu erfolgenden Anordnung der gesamtschuldnerischen Haftung für die Kosten kein Raum. Auch das nach § 182 Abs. 3 S. 6 GWB der Vergabekammer eingeräumte Ermessen, von der Erhebung der Gebühren abzusehen, erstreckt sich nicht auf die vom Gesetz angeordnete gesamtschuldnerische Haftung.[124] 87

2. Wirkung

Haften danach mehrere Kostenschuldner als **Gesamtschuldner** auf die Verfahrenskosten, schulden sie die Kosten gemäß § 421 BGB in der Weise, dass jeder Kostenschuldner die gesamten Kosten zu zahlen hat, die Vergabekammer als Kostengläubigerin die Zahlung aber nur einmal zu fordern berechtigt ist. Die Vergabekammer kann die Zahlung der Kosten nach Belieben von jedem der Kostenschuldner ganz oder zu einem Teil fordern. Bis zur Zahlung der gesamten Kosten bleiben sämtliche Kostenschuldner verpflichtet. Die Anordnung der gesamtschuldnerischen Haftung hat zugleich die Ausgleichungspflicht des § 426 BGB unter den Kostenschuldnern zur Folge. Die gesamtschuldnerisch haftenden Kostenschuldner sind im Verhältnis zueinander zu gleichen Anteilen verpflichtet. Soweit ein Kostenschuldner die gesamten Kosten in voller Höhe ausgleicht, kann er von den anderen Kostenschuldnern Ausgleich verlangen. 88

3. Gebührenbefreiter Gesamtschuldner

Problematisch ist die Behandlung der Fälle, in denen ein Kostenschuldner nach § 8 VwKostG persönliche **Gebührenfreiheit** genießt. Der Umstand, dass einer der gesamtschuldnerisch haftenden Kostenschuldner von der Gebührenzahlungspflicht befreit ist, steht der Anordnung der gesamtschuldnerischen Kostentragungspflicht nicht entgegen. § 182 Abs. 3 GWB erlaubt es auch nicht, einem Beteiligten aufgrund der Tatsache, dass er mit einem gebührenbefreiten Beteiligten als Gesamtschuldner für die Verfahrenskosten haftet und der Innenausgleich zwischen beiden nach § 426 BGB stattfindet, keine und dem gebührenbefreiten Beteiligten sämtliche Verfahrenskosten aufzuerlegen.[125] 89

Die gesamtschuldnerische Haftung mehrerer Kostenschuldner hat die Vergabekammer zwingend anzuordnen. Dennoch darf ein Beteiligter nicht zur Erstattung eines Gebührenanteils herangezogen werden, welcher auf einen zwar gesamtschuldnerisch mithaftenden, von der persönlichen Gebührenzahlungspflicht jedoch **befreiten Kostenschuldner** entfällt.[126] Dies kann aber nicht im Rahmen der Kostenentscheidung erreicht werden, weil die Regelungen des § 182 GWB hierfür keine Grundlage bieten. Vielmehr hat die Vergabekammer zur Siche- 90

---

123 OLG Düsseldorf, Beschluss v. 10.5.2012 – VII-Verg 5/12, Rn. 7.
124 OLG Düsseldorf, Beschluss v. 23.11.2004 – VII-Verg 69/04, Rn. 16.
125 OLG Düsseldorf, Beschluss v. 23.11.2004 – VII-Verg 69/04, Rn. 16.
126 OLG Jena, Beschluss v. 4.4.2003 – 6 Verg 4/03, Rn. 11.

rung des Zwecks des § 8 VwKostG unter Beachtung der Ausgleichsgrundsätze des § 426 BGB den nicht persönlich von der Gebührenzahlungspflicht befreiten Beteiligten nur in Höhe seines Gebührenanteils zur Zahlung der Verfahrensgebühren mittels ihres **Kostenfestsetzungsbescheids** heranzuziehen.[127] Demgegenüber wird von einem Teil der Rechtsprechung[128] die Einstandspflicht des neben einem von der Gebührenzahlungspflicht befreiten Gesamtschuldner haftenden Beteiligten auf den auf diesen entfallenden Gebührenanteil bereits in der **Kostenentscheidung** dadurch beschränkt, dass im Rahmen der Festsetzung der Gebührenhöhe die Verfahrensgebühr vorab um den anteiligen Betrag gekürzt wird, der dem internen Haftungsanteil des von der Gebührenzahlungspflicht befreiten Gesamtschuldners entspräche. Teilweise wird auch eine Beschränkung der Außenhaftung des gesamtschuldnerisch haftenden Kostenschuldners in der Kostenentscheidung ausdrücklich angeordnet.[129]

D. Erstattung von Aufwendungen der Beteiligten (Abs. 4)

91 § 182 Abs. 4 GWB enthält in den S. 1 bis 3 die Regelung der Erstattung von Aufwendungen der Beteiligten im Verfahren vor der Vergabekammer. Soweit ein Beteiligter im Nachprüfungsverfahren unterliegt, hat er die zur zweckentsprechenden Rechtsverfolgung oder Rechtsverteidigung notwendigen Aufwendungen seines Verfahrensgegners zu tragen (S. 1). Aufwendungen der Beigeladenen sind nur erstattungsfähig, soweit sie die Vergabekammer aus Billigkeit der unterlegenen Partei auferlegt (S. 2). Hat sich der Antrag durch Rücknahme oder anderweitig erledigt, erfolgt die Entscheidung, wer die Aufwendungen anderer Beteiligter zu tragen hat, nach billigem Ermessen (S. 3).

I. Neuregelung

92 Die Regelung (§ 128 Abs. 4 GWB a.F.) wurde durch das **VergRModG 2016** erneut umgestaltet. In S. 3 der Vorschrift wurde die erst durch das **VergRModG 2009** normierte und allgemein für verfehlt gehaltene[130] Regelung **korrigiert**, wonach im Falle einer Antragsrückname zwingend der Antragsteller die zur zweckentsprechenden Rechtsverfolgung notwendigen Aufwendungen des Antragsgegners und der Beigeladenen zu erstatten hatte, während eine Regelung der Erstattung von Aufwendungen in anderen Fällen der Erledigung – im Gegensatz zur Regelung der Kostentragung in § 128 Abs. 3 S. 5 GWB a.F. – gänzlich fehlte.[131]

93 Die Neufassung der Regelung unterwirft die Entscheidung, wer die zur zweckentsprechenden Rechtsverfolgung oder Rechtsverteidigung notwendigen Aufwendungen anderer Beteiligter zu tragen hat, nunmehr **einheitlich billigem Ermessen** und entspricht damit auch im Falle der Antragsrücknahme oder sonstigen Erledigung der bisher geltenden Regelung für die Kostentragung in Bezug auf die Kosten der Vergabekammer in § 182 Abs. 3 S. 5 GWB. So wird der Gleichlauf der Regelungen für die Gebühren und Auslagen einerseits und die notwendigen Aufwendungen andererseits hergestellt. Zudem wird die Regelungslücke für die Erstattung von Aufwendungen im Falle der sonstigen Erledigung geschlossen.[132] Damit steht im Ergebnis einer (unnötig) langen Rechtsentwicklung nunmehr eine in sich geschlossene einheitliche Regelung der Kostentragungslast bezüglich der Kosten des Verfahrens vor der Vergabekammer einerseits und der Erstattung der notwendigen Aufwendungen der Beteiligten an-

127 OLG Düsseldorf, Beschluss v. 23.11.2004 – VII-Verg 69/04, Rn. 17.
128 OLG Dresden, Beschluss v. 25.1.2005 – WVerg 14/04, Rn. 8.
129 OLG Düsseldorf, Beschluss v. 21.10.2015 – VII-Verg 35/15: *„wobei sich der Haftungsanteil der Beigeladenen im Außenverhältnis auf 1/2 ermäßigt"*.
130 Vgl. nur *Summa*, in: Heiermann/Zeiss, Vergaberecht, § 128 GWB Rn. 59, 63, 66: *„völlig unausgegoren", „völlig unverständlich", „Murks des Gesetzgebers"*.
131 BGH, Beschluss v. 25.1.2012 – X ZB 3/11, Rn. 12 f.; OLG Düsseldorf, Beschluss v. 10.5.2012 – VII-Verg 5/12, Rn. 12; OLG München, Beschluss v. 30.11.2015 – Verg 7/15, Rn. 26; OLG Naumburg, Beschluss v. 14.4.2011 – 2 Verg 2/11, Rn. 41 ff.
132 Gesetzesbegründung, BT-Drs. 18/6281, 136.

dererseits zur Verfügung, die sich trotz verbleibender Ungereimtheiten struktureller[133] wie auch sprachlicher[134] Art in der Praxis als gut handhabbar herausstellen sollte.

II. Aufwendungserstattung wegen Unterliegens (S. 1)

94 § 182 Abs. 4 S. 1 GWB schreibt – wie § 182 Abs. 3 S. 1 GWB für die Kostenlast bezüglich der Verfahrenskosten – auch für die Erstattung der notwendigen Aufwendungen den im deutschen Verfahrensrecht vorherrschenden **Kostengrundsatz**, wonach derjenige, der mit seiner Rechtsverfolgung unterliegt, die dadurch entstandenen Kosten zu tragen hat, fest.

1. Beteiligte

95 § 182 Abs. 4 S. 1 GWB normiert für den Fall des Unterliegens eine Erstattungspflicht für alle Beteiligte. Als **Beteiligte** im Sinne dieser Vorschrift und damit als Erstattungspflichtige kommen daher sowohl Antragsteller und Antragsgegner als auch Beigeladene in Betracht. Auch Beigeladene sind Verfahrensbeteiligte im Sinne dieser Vorschrift (§ 162 GWB).[135]

96 Einen **Erstattungsanspruch** sieht die Regelung dagegen allein für Antragsteller und Antragsgegner vor. Nur diese können nach dieser Vorschrift einen Erstattungsanspruch gegen ihren Verfahrensgegner sowie gegen einen Beigeladenen haben. Für den Erstattungsanspruch eines Beigeladenen enthält § 182 Abs. 4 S. 2 GWB eine spezielle Regelung.

2. Unterliegen

97 Der **Begriff des Unterliegens** in § 182 Abs. 4 S. 1 GWB entspricht demjenigen in § 182 Abs. 3 S. 1 GWB, wobei auch hier dem Wortlaut der Vorschrift nach („soweit") jedes Teilunterliegen eines Beteiligten für dessen Erstattungspflicht genügt. Für die Beantwortung der Frage, ob und inwieweit ein Beteiligter im Sinne von § 182 Abs. 4 S. 1 GWB unterliegt, kann auf die obigen Ausführungen zu § 182 Abs. 3 S. 1 GWB verwiesen werden.[136]

98 Bei **gleichwertigem Obsiegen bzw. Unterliegen** der Beteiligten kann von einer Auferlegung notwendiger Aufwendungen der Beteiligten abgesehen werden.[137]

III. Aufwendungserstattung von Beigeladenen (S. 2)

99 Aufwendungen eines Beigeladenen sind nur erstattungsfähig, soweit sie die Vergabekammer aus **Billigkeit** der unterlegenen Partei auferlegt. Eine Erstattungspflicht entspricht nach allgemeiner Auffassung der Billigkeit, wenn der Beigeladene sich mit demselben Rechtsschutzziel wie der obsiegende Verfahrensbeteiligte am Nachprüfungsverfahren beteiligt hat.[138]

100 Hierfür ist es zunächst erforderlich, dass sich der Beigeladene **aktiv am Nachprüfungsverfahren beteiligt** hat.[139] Einem lediglich als passiver Beobachter vor der Vergabekammer auftretenden Beigeladenen einen Erstattungsanspruch zuzusprechen, entspricht nicht der Billigkeit. Auch die bloße **Teilnahme an einer mündlichen Verhandlung** rechtfertigt es noch nicht, einem Beigeladenen einen Erstattungsanspruch zuzuerkennen.[140] Eine aktive Beteiligung am Nachprüfungsverfahren liegt aber bereits dann vor, wenn sich der Beigeladene

---

133 So wären die in § 182 Abs. 3 GWB enthaltenen, lediglich die Höhe der Verfahrensgebühr regelnden S. 4 und 6 besser in § 182 Abs. 2 GWB aufgehoben.

134 § 182 Abs. 4 S. 1 GWB spricht immer noch von der Erstattung der Aufwendungen des *Antragsgegners*, während Einigkeit darin besteht, dass diese Regelung auch einen Erstattungsanspruch des Antragstellers normiert, vgl. *Krohn*, in: Dreher/Motzke, Vergaberecht, § 128 GWB Rn. 29; *Hardraht/Schulz*, in: Willenbruch/Wieddekind, Vergaberecht, § 128 GWB Rn. 57; a.A. wohl *Stockmann*, in: Immenga/Mestmäcker, Wettbewerbsrecht, § 128 GWB Rn. 27.

135 BGH, Beschluss v. 8.2.2011 – X ZB 4/10 (Abellio), Rn. 74.

136 Siehe oben Rn. 64 ff.

137 OLG Düsseldorf, Beschluss v. 29.12.2001 – Verg 22/01, Rn. 78.

138 OLG Düsseldorf, Beschluss v. 10.5.2012 – VII-Verg 5/12, Rn. 7; OLG Celle, Beschluss v. 29.6.2010 – 13 Verg 4/10, Rn. 5; OLG Brandenburg, Beschluss v. 9.2.2010 – Verg W 10/09, Rn. 46.

139 OLG Düsseldorf, Beschluss v. 10.5.2012 – VII-Verg 5/12, Rn. 7.

140 OLG Karlsruhe, Beschluss v. 24.7.2007 – 17 Verg 6/07, Rn. 82.

schriftsätzlich zu den streitigen Rechtsfragen äußert und die Zulässigkeit bzw. Begründetheit des Nachprüfungsantrags verneint,[141] beispielsweise einen Schriftsatz einreicht und an der mündlichen Verhandlung teilnimmt.[142] Eines förmlichen Antrags bedarf es nicht.[143] Es genügt bereits, wenn sich der Beteiligte mit dem Begehren, den Nachprüfungsantrag zurückzuweisen, an dem Nachprüfungsverfahren vor der Vergabekammer beteiligt hat.[144] Allerdings muss eine (dem Beitritt eines Streithelfers vergleichbare) Unterstützungshandlung erkennbar sein, an Hand derer festzustellen ist, welches Rechtsschutzziel ein Beigeladener in der Sache verfolgt.[145]

101 Darüber hinaus muss der Beigeladene **dasselbe Rechtsschutzziel** wie der obsiegende Verfahrensbeteiligte verfolgt haben,[146] also in einem Interessengegensatz zum unterlegenen Beteiligten stehen.[147] Der aktive Beigeladene gewinnt oder verliert – mit allen Kostenfolgen – gemeinsam mit dem Verfahrensbeteiligten, den er unterstützt.[148] Ein Erstattungsanspruch des Beteiligten kommt daher nur in Betracht, wenn der Verfahrensgegner des unterstützten Verfahrensbeteiligten unterlegen ist. Unterliegt etwa der Auftraggeber im Nachprüfungsverfahren vor der Vergabekammer, hat er die notwendigen Aufwendungen der beigeladenen Bieter, welche die geplante Zuschlagsentscheidung des Auftraggebers verteidigen, nicht zu tragen, denn die Beigeladenen stehen in seinem Lager, da sie im Gegensatz zu dem antragstellenden Bieter den vorgesehenen Zuschlag an sich erreichen wollen; wenn der Auftraggeber verliert, unterliegen sie daher mittelbar auch.[149]

IV. Aufwendungserstattung bei Antragsrücknahme oder anderweitiger Erledigung (S. 3)

102 Hat sich der Antrag durch Rücknahme oder anderweitig erledigt, erfolgt die Entscheidung, wer die zur zweckentsprechenden Rechtsverfolgung oder Rechtsverteidigung notwendigen Aufwendungen anderer Beteiligter zu tragen hat, nach **billigem Ermessen**; in Bezug auf die Erstattung der Aufwendungen der Beigeladenen gilt im Übrigen § 182 Abs. 4 S. 2 GWB entsprechend.

103 Nach der Neuregelung (§ 128 Abs. 4 GWB a.F.) durch das **VergRModG 2016** kommt ein Erstattungsanspruch nicht mehr nur bei Antragsrücknahme, sondern auch in Fällen **anderweitiger Erledigung** des Nachprüfungsverfahrens in Betracht.[150] Darüber hinaus ist nicht mehr allein der Antragsteller zwingend erstattungspflichtig, vielmehr richtet sich die Entscheidung, wer die notwendigen Aufwendungen anderer Beteiligter einschließlich der Beigeladenen zu tragen hat, einheitlich nach **billigem Ermessen**. Damit wurde eine Regelungslücke für den Aufwendungsersatz im Falle der sonstigen Erledigung, insbesondere der Erledigung durch Abhilfe seitens des Auftraggebers, geschlossen: § 182 Abs. 4 S. 3 GWB kann als Grundlage dafür herangezogen werden, die notwendigen Aufwendungen eines Beteiligten einem anderen aufzuerlegen; die Vorschrift erlaubt es, materielles Unterliegen unter dem Gesichtspunkt der Billigkeit auch für den Aufwendungsersatz zu berücksichtigen.[151]

104 Da diese Neufassung der Regelung für den Aufwendungsersatz im Falle der Antragsrücknahme bzw. anderweitigen Erledigung der bisherigen Regelung für die Kostentragungspflicht in Bezug auf die Kosten der Vergabekammer in § 182 Abs. 3 S. 5 GWB entspricht und dadurch der Gleichlauf der Regelungen für die Gebühren und Auslagen einerseits und die notwendigen Aufwendungen andererseits hergestellt werden soll, kann auf die **Ausführ-**

141 OLG Düsseldorf, Beschluss v. 10.5.2012 – VII-Verg 5/12,Rn. 8.
142 OLG München, Beschluss v. 16.7.2012 – Verg 6/12, Rn. 39.
143 OLG Düsseldorf, Beschluss v. 10.5.2012 – VII-Verg 5/12,Rn. 8.
144 BGH, Beschluss v. 26.9.2006 – X ZB 14/06, Rn. 58.
145 OLG Celle, Beschluss v. 29.6.2010 – 13 Verg 4/10, Rn. 8.
146 OLG Celle, Beschluss v. 29.6.2010 – 13 Verg 4/10, Rn. 5.
147 OLG Düsseldorf, Beschluss v. 10.5.2012 – VII-Verg 5/12, Rn. 7.
148 *Summa*, in: Heiermann/Zeiss, Vergaberecht, § 128 GWB Rn. 22.
149 OLG München, Beschluss v. 23.9.2010 – Verg 18/10, Rn. 4.
150 Siehe oben Rn. 92 f.
151 Gesetzesbegründung, BT-Drs. 18/6281, 136.

rungen zur Kostenlast bei Rücknahme oder anderweitiger Erledigung gemäß § 182 Abs. 3 S. 5 GWB verwiesen werden.[152] Danach orientiert sich die Billigkeitsentscheidung grundsätzlich an dem voraussichtlichen Verfahrensausgang bei **summarischer Prüfung.**[153] Bei offenem Ausgang kommt regelmäßig eine Kostenteilung in Betracht.[154] Hiervon kann nach den Umständen des Einzelfalls aus **Billigkeitsgründen** abgewichen werden.[155] Auch Verschuldensgesichtspunkte können zu einer abweichenden Entscheidung Anlass geben.

Wegen der Erstattungsfähigkeit der Aufwendungen der **Beigeladenen** verweist § 182 Abs. 4 S. 3 GWB auf S. 2 der Vorschrift, wonach diese Aufwendungen im Falle der Antragsrücknahme bzw. anderweitigen Erledigung ebenfalls nur erstattungsfähig sind, soweit sie die Vergabekammer aus Billigkeit der unterlegenen Partei auferlegt. Auch in diesen Fällen gilt mithin der Grundsatz, dass eine Erstattungsanordnung der Billigkeit entspricht, wenn der Beigeladene sich mit demselben Rechtsschutzziel wie der obsiegende Verfahrensbeteiligte aktiv am Nachprüfungsverfahren beteiligt hat.[156] Insoweit kann auf die obigen Ausführungen verwiesen werden.[157] **105**

V. Notwendige Aufwendungen

Erstattungsfähig sind nur die zur zweckentsprechenden Rechtsverfolgung oder Rechtsverteidigung *notwendigen Aufwendungen*. Auf diese Weise sollen die von einem Beteiligten zu tragenden Aufwendungen begrenzt werden.[158] **106**

Der Wortlaut entspricht den Regelungen in **§ 80 Abs. 1 S. 1 VwVfG**, auf den § 182 Abs. 4 S. 4 GWB ausdrücklich Bezug nimmt, sowie **§ 162 Abs. 1 VwGO**. Die verwaltungsgerichtliche Rechtsprechung zu diesen Vorschriften[159] kann daher für die Auslegung des Begriffes der zur zweckentsprechenden Rechtsverfolgung oder Rechtsverteidigung notwendigen Aufwendungen herangezogen werden. **107**

Notwendig sind danach alle Aufwendungen, die ein verständiger, weder besonders ängstlicher noch besonders unbesorgter Beteiligter im Hinblick auf die Bedeutung sowie die rechtliche und tatsächliche Schwierigkeit der Sache, die Gegenstand des Verfahrens ist, vernünftigerweise für erforderlich halten durfte.[160] Ob Aufwendungen notwendig waren, beurteilt sich weder nach der subjektiven Auffassung des Beteiligten noch aus der Sicht einer rechtskundigen Partei, sondern ist objektiv danach zu bestimmen, wie eine verständige Partei in gleicher Lage ihre Interessen wahrgenommen hätte.[161] Dabei ist auf den Zeitpunkt der die Aufwendungen verursachenden Handlung abzustellen (Betrachtung ex ante).[162] Es ist deswegen ohne Belang, ob sich die Handlung hinterher als unnötig herausstellt.[163] Darüber hinaus ist jeder Beteiligte verpflichtet, die Kosten so niedrig wie möglich zu halten.[164] **108**

---

152 Siehe oben Rn. 74 ff.
153 BGH, Beschluss v. 25.1.2012 – X ZB 3/11, Rn. 13; OLG München, Beschluss v. 31.5.2012 – Verg 4/12,Rn. 18.
154 BGH, Beschluss v. 25.1.2012 – X ZB 3/11, Rn. 13.
155 BGH, Beschluss v. 25.1.2012 – X ZB 3/11, Rn. 13; OLG München, Beschluss v. 2.9.2015 – Verg 6/15, Rn. 12f.
156 OLG Düsseldorf, Beschluss v. 10.5.2012 – VII-Verg 5/12, Rn. 7; OLG Celle, Beschluss v. 29.6.2010 – 13 Verg 4/10, Rn. 5; OLG Brandenburg, Beschluss v. 9.2.2010 – Verg W 10/09, Rn. 46.
157 Siehe oben Rn. 85.
158 Gesetzesbegründung, BT-Drs. 18/6281, 136.
159 *Schmidt*, in: Eyermann, VwGO, § 162 Rn. 3; *W.-R. Schenke*, in: Kopp/Schenke, VwGO, § 162 Rn. 3; *Olbertz*, in: Schoch/Schneider/Bier, VwGO, § 162 Rn. 14.
160 BayVGH, Urteil v. 26.1.2000 – 15 B 98.2516, Rn. 31; VK Schleswig-Holstein, Beschluss v. 23.2.2005 – VK-SH 05/04, Rn. 15; *Schmidt*, in: Eyermann, VwGO, § 162 Rn. 3; *W.-R. Schenke*, in: Kopp/Schenke, VwGO, § 162 Rn. 3; siehe auch *Landsberg*, in: Pünder/Schellenberg, Vergaberecht, § 128 GWB Rn. 32; *Hardraht/Schulz*, in: Willenbruch/Wieddekind, Vergaberecht, § 128 GWB Rn. 70.
161 BVerwG, Beschluss v. 11.4.2001 – 9 KSt 2/01, 11 A 13/97, Rn. 3; Urteil v. 10.4.1978 – VI C 27.77, Rn. 27; Beschluss v. 22.6.1993 – 1 ER 103/93, Rn. 4.
162 OLG Naumburg, Beschluss v. 28.6.2004 – 1 Verg 8/04, Rn. 19.
163 BVerwG, Beschluss v. 3.7.2000 – 11 A 1/99, 11 KSt 2/99, Rn. 3.
164 BVerwG, Beschluss v. 11.4.2001 – 9 KSt 2/01, 11 A 13/97, Rn. 3; Beschluss v. 22.6.1993 – 1 ER 103/93, Rn. 4; Beschluss v. 3.7.2000 – 11 A 1/99, 11 KSt 2/99, Rn. 3.

109 Zu den Aufwendungen gehören in erster Linie die **Rechtsanwaltskosten**, die allerdings nur erstattungsfähig sind, wenn die Vergabekammer im Rahmen der Kostenentscheidung ausgesprochen hat, dass die Zuziehung eines Rechtsanwalts notwendig war (§ 182 Abs. 4 S. 4 GWB i.V.m. § 80 Abs. 2 und 3 S. 2 VwVfG).

110 Darüber hinaus kommen als Aufwendungen in Betracht:

- von der Vergabekammer angeforderte Vorschüsse,
- Personalkosten,[165]
- Beistand eines sachkundigen Ingenieurs,[166]
- Reisekosten (auch zur Akteneinsicht),[167]
- Schreib- und Fotokopiekosten (nicht hingegen soweit Generalunkosten),[168]
- Porto- und Telekommunikationskosten,
- Kosten eines Kurierdienstes,[169]
- Privatgutachten (nur in Ausnahmefällen).[170]

111 Die Aufwendungen, die im Zusammenhang mit der **Beantwortung von Rügen** vor der Einleitung eines Nachprüfungsverfahrens entstehen, sind keine notwendigen Aufwendungen im Sinne von § 182 Abs. 4 GWB.[171]

VI. Haftung mehrerer Kostenschuldner

112 Sind im Ergebnis mehrere Beteiligte zur Erstattung von Aufwendungen verpflichtet, kommt die Anordnung einer gesamtschuldnerischen Haftung im Gegensatz zur Regelung der Kosten des Verfahrens vor der Vergabekammer in § 182 Abs. 3 S. 2 GWB nicht in Betracht. Da das Gesetz insoweit nicht ausdrücklich eine gesamtschuldnerische Haftung vorsieht, haften diese Beteiligten als **Teilschuldner**.[172]

E. Notwendigkeit der Hinzuziehung eines Rechtsanwalts

113 Schließlich hat die Vergabekammer im Rahmen ihrer Kostenentscheidung auch darüber zu entscheiden, ob die Hinzuziehung des Rechtsanwalts eines erstattungsberechtigten Beteiligten notwendig war. Diese Entscheidung ist für die Erstattungsfähigkeit der Kosten eines Rechtsanwalts im Verfahren vor der Vergabekammer **konstitutiv**.[173]

114 Dies folgt aus der Verweisung in § 182 Abs. 4 S. 4 GWB auf **§ 80 Abs. 3 S. 2 VwVfG**, wo es heißt: Die Kostenentscheidung bestimmt auch, ob die Zuziehung eines Rechtsanwalts oder eines sonstigen Bevollmächtigten notwendig war. § 80 Abs. 2 VwVfG wiederholt daneben den bereits in § 182 Abs. 4 S. 1 GWB enthaltenen Grundsatz, wonach die Gebühren und Auslagen eines Rechtsanwalts erstattungsfähig sind, wenn die Zuziehung eines Bevollmächtigten notwendig war.

---

165 *Losch*, in: Ziekow/Völlink, Vergaberecht, § 128 GWB Rn. 36c; ablehnend OLG München, Beschluss v. 8.6.2005 – Verg 3/05.
166 Ablehnend: OLG Düsseldorf, Beschluss v. 8.3.2005 – VII-Verg 4/05; siehe auch BVerwG, Beschluss v. 3.7.2000 – 11 A 1/99, 11 KSt 2/99, Rn. 4.
167 OLG Düsseldorf, Beschluss v. 12.1.2005 – VII Verg 96/04, Rn. 3; BayObLG, Beschluss v. 9.4.2002 – Verg 4/02, Rn. 10.
168 *Olbertz*, in: Schoch/Schneider/Bier, VwGO, § 162 Rn. 25.
169 BVerwG, Beschluss v. 22.6.1993 – 1 ER 103/93, Rn. 5.
170 BVerwG, Beschluss v. 16.11.2006 – 4 KSt 1003/06, 4 KSt 1003/06 (4 VR 1001/04), Rn. 8; Beschluss v. 11.4.2001 – 9 KSt 2/01, 11 A 13/97, Rn. 3.
171 OLG München, Beschluss v. 7.10.2005 – Verg 7/05, Rn. 18.
172 BGH, Beschluss v. 8.2.2011 – X ZB 4/10 (Abellio), Rn. 75.
173 Vgl. zum verwaltungsrechtlichen Vorverfahren BVerwG, Beschluss v. 29.10.1986 – 6 B 144/85, Rn. 4; siehe auch *Summa*, in: Heiermann/Zeiss, Vergaberecht, § 128 GWB Rn. 86.

I. Allgemeine Grundsätze

Zunächst gelten auch für die Rechtsanwaltskosten der Beteiligten im Verfahren vor der Vergabekammer die oben dargestellten **allgemeinen Grundsätze**[174] für die Erstattungsfähigkeit der zur zweckentsprechenden Rechtsverfolgung notwendigen Aufwendungen im Sinne von § 182 Abs. 1 GWB, wonach nur diejenigen Aufwendungen notwendig sind, die ein verständiger Beteiligter bei objektiver Betrachtung im Hinblick auf Bedeutung und Schwierigkeit der Sache vernünftigerweise für erforderlich halten durfte.[175] 115

Hierbei kommt es auf die Bewertung aus Sicht des Beteiligten zu Beginn des Nachprüfungsverfahrens an (Betrachtung **ex ante**),[176] weil in diesem Zeitpunkt über die Einschaltung von Verfahrensbevollmächtigten zu entscheiden ist.[177] 116

Weiter ist auch insoweit zu beachten, dass jeder Beteiligte verpflichtet ist, die Kosten **so niedrig wie möglich** zu halten.[178] 117

II. Anwendbarkeit der verwaltungsrechtlichen Rechtsprechung

Allerdings kann bei der Beurteilung der Notwendigkeit der Zuziehung eines Rechtsanwalts im Verfahren vor der Vergabekammer die **zu § 80 VwVfG** ergangene verwaltungsrechtliche Rechtsprechung über die Notwendigkeit der Zuziehung im verwaltungsrechtlichen Vorverfahren nicht ohne Weiteres übertragen werden.[179] 118

Die Notwendigkeit der Zuziehung eines Rechtsanwalts im **verwaltungsrechtlichen Vorverfahren** wird für den Widerspruch erhebenden Bürger in der Regel bejaht,[180] weil der Bürger nur in Ausnahmefällen in der Lage ist, seine Rechte im Widerspruchsverfahren ausreichend zu wahren.[181] Für die Behörde ist die Notwendigkeit der Zuziehung eines Bevollmächtigten dagegen in der Regel zu verneinen, weil bei ihr davon auszugehen ist, dass sie angesichts der Sach- und Fachkunde ihrer Bediensteten sowie der Möglichkeit, Rat übergeordneter Behörden einzuholen, eines Beistandes nicht bedarf.[182] Eine Behörde muss – auch in schwierigen Fällen – mit eigenem Fachpersonal so ausgestattet sein, dass sie ihre Verwaltungstätigkeit, zu der die Mitwirkung im Vorverfahren gehört, ohne fremde Unterstützung ausführen kann.[183] 119

Daraus, dass § 182 Abs. 4 S. 4 GWB auf eine **entsprechende** und nicht auf eine unmittelbare Anwendung der Vorschriften über die Kostenerstattung in Verwaltungsverfahren gemäß § 80 Abs. 2 VwVfG verweist, wird deshalb gefolgert, dass die Unterschiede im Verfahren vor der Vergabekammer zum verwaltungsgerichtlichen Vorverfahren nach § 80 VwVfG angemessen zu berücksichtigen sind. Das Vergabenachprüfungsverfahren ist ein gerichtsähnlich ausgestaltetes, kontradiktorisches Verfahren, dessen Ergebnisse zudem gemäß § 179 Abs. 1 GWB Bindungswirkung in einem nachfolgenden Schadenersatzprozess vor einem ordentlichen Gericht entfalten können.[184] Darüber hinaus ist das Nachprüfungsverfahren als beschleunigtes Verfahren ausgestaltet, indem vom Auftraggeber eine kurzfristige und gleichwohl in sachlicher wie rechtlicher Hinsicht fundierte umfassende Reaktion auf den Nachprüfungsantrag, sonstige Schriftsätze und Verfügungen der Vergabekammer erwartet wird.[185] 120

---

174 Siehe oben Rn. 106 ff.
175 OLG Naumburg, Beschluss v. 21.3.2013 – 2 Verg 1/13, Rn. 23.
176 OLG München, Beschluss v. 2.9.2015 – Verg 6/15, Rn. 22; Beschluss v. 24.1.2012 – Verg 16/11, Rn. 28; OLG Celle, Beschluss v. 9.2.2011 – 13 Verg 17/10, Rn. 5; OLG Naumburg, Beschluss v. 28.6.2004 – 1 Verg 8/04, Rn. 19.
177 OLG Frankfurt, Beschluss v. 30.7.2013 – 11 Verg 7/13, Rn. 8; OLG Naumburg, Beschluss v. 21.3.2013 – 2 Verg 1/13, Rn. 23.
178 OLG Naumburg, Beschluss v. 21.3.2013 – 2 Verg 1/13, Rn. 23.
179 *Ramsauer*, in: Kopp/Ramsauer, VwVfG, § 80 Rn. 42; OLG Dresden, Beschluss v. 22.2.2010 – WVerg 0001/10, Rn. 15; OLG Naumburg, Beschluss v. 28.6.2004 – 1 Verg 8/04, Rn. 14.
180 *Kallerhoff*, in: Stelkens/Bonk/Sachs, VwVfG, § 80 Rn. 81.
181 *Ramsauer*, in: Kopp/Ramsauer, VwVfG, § 80 Rn. 39.
182 *Ramsauer*, in: Kopp/Ramsauer, VwVfG, § 80 Rn. 42.
183 *Kallerhoff*, in: Stelkens/Bonk/Sachs, VwVfG, § 80 Rn. 85.
184 OLG Naumburg, Beschluss v. 21.3.2013 – 2 Verg 1/13, Rn. 24.
185 OLG Naumburg, Beschluss v. 28.6.2004 – 1 Verg 8/04, Rn. 14.

Deshalb darf weder von der restriktiven Tendenz bei der Erstattung von Rechtsanwaltsgebühren im verwaltungsrechtlichen Vorverfahren nach § 80 VwVfG ausgegangen werden, noch regelmäßig von der Notwendigkeit einer Zuziehung eines Rechtsanwalts.[186]

121 Vor dem Hintergrund dieser Besonderheiten des Nachprüfungsverfahrens und in Anwendung der oben genannten allgemeinen Grundsätze ist es gerechtfertigt, die Beurteilung der Notwendigkeit im Einzelfall **nicht zu streng** ausfallen zu lassen.[187] Freilich bleibt hierbei zu berücksichtigen, dass der Gesetzgeber hinsichtlich der Kostenerstattung auf § 80 VwVfG verwiesen hat.[188]

III. Rechtsprechung des BGH

122 Für die Beurteilung der Notwendigkeit der Hinzuziehung eines Rechtsanwalts im Verfahren vor der Vergabekammer ist nach der Rechtsprechung des BGH[189] maßgeblich, ob der Beteiligte unter Berücksichtigung der **Umstände des Einzelfalles** auch selbst in der Lage gewesen wäre, aufgrund der bekannten oder erkennbaren Tatsachen den Sachverhalt zu erfassen, der im Hinblick auf eine Missachtung von Bestimmungen über das Vergabeverfahren von Bedeutung ist, hieraus die für eine sinnvolle Rechtswahrung oder -verteidigung nötigen Schlüsse zu ziehen und das danach Gebotene gegenüber der Vergabekammer vorzubringen.

123 Ausdrücklich weist der BGH darauf hin, dass sich eine **schematische Betrachtungsweise** verbiete.[190] Vielmehr sind alle Umstände des Einzelfalles zu berücksichtigen. Folgende Gesichtspunkte können nach der Rechtsprechung des BGH hierbei bestimmend sein:

- Einfachheit oder Komplexität des Sachverhalts,
- Überschaubarkeit oder Schwierigkeit der zu beurteilenden Rechtsfragen,
- sachliche und personelle Ausstattung des Beteiligten.

IV. Instanzrechtsprechung

124 Soweit ersichtlich, folgen die Vergabesenate der Oberlandesgerichte der **Rechtsprechung des BGH**.[191] Sind die dogmatischen Grundlagen für die Beantwortung der Frage, ob die Hinzuziehung eines Rechtsanwalts notwendig war, damit höchstrichterlich als geklärt zu betrachten, ist die Anwendung dieser Grundsätze auf den Einzelfall nach wie vor nicht einfach, was die Vielzahl der sich mit diesem Problemkreis beschäftigenden vergaberechtlichen Entscheidungen belegt.

125 In der Rechtsprechung ist zunächst eine **Differenzierung** zwischen Auftraggeberseite (also regelmäßig Antragsgegnern) einerseits und den übrigen Beteiligten (regelmäßig den Bietern, also Antragstellern sowie Beigeladenen) andererseits auszumachen.

126 Die Beauftragung eines Rechtsanwalts durch den Antragsteller wird **in aller Regel als notwendig** erachtet.[192] Dies wird damit gerechtfertigt, dass die Einleitung eines Nachprüfungsverfahrens neben generellen Kenntnissen im Vergaberecht auch spezielle Kenntnisse und Erfahrungen mit den verfahrensmäßigen Besonderheiten des Nachprüfungsverfahrens

---

186 OLG München, Beschluss v. 24.1.2012 – Verg 16/11, Rn. 28; OLG Celle, Beschluss v. 9.2.2011 – 13 Verg 17/10, Rn. 5; a.A. OLG Naumburg, Beschluss v. 28.6.2004 – 1 Verg 8/04, Rn. 15, wonach die Notwendigkeit der Hinzuziehung eines Rechtsanwalts auch aufseiten der Vergabestelle regelmäßig anzuerkennen sei; so auch OLG Schleswig, Beschluss v. 15.7.2003 – 6 Verg 6/03, Rn. 7.

187 OLG Naumburg, Beschluss v. 28.6.2004 – 1 Verg 8/04, Rn. 15; OLG Düsseldorf, Beschluss v. 10.7.2013 – VII-Verg 40/12, Rn. 5: *„Eine kleinliche Beurteilung ist dabei unangebracht."*

188 OLG Dresden, Beschluss v. 22.2.2010 – WVerg 0001/10, Rn. 18.

189 BGH, Beschluss v. 26.9.2006 – X ZB 14/06, Rn. 61.

190 BGH, Beschluss v. 26.9.2006 – X ZB 14/06, Rn. 61.

191 OLG Karlsruhe, Beschluss v. 11.7.2011 – 15 Verg 5/11, Rn. 17; OLG Brandenburg, Beschluss v. 21.5.2012 – Verg W 1/12, Rn. 15; OLG Düsseldorf, Beschluss v. 23.12.2014 – VII-Verg 37/13, Rn. 10; OLG Naumburg, Beschluss v. 21.3.2013 – 2 Verg 1/13, Rn. 25; im Ergebnis auch OLG München, Beschluss v. 24.1.2012 – Verg 16/11, Rn. 28; OLG Celle, Beschluss v. 9.2.2011 – 13 Verg 17/10, Rn. 5; OLG Dresden, Beschluss v. 22.2.2010 – WVerg 0001/10, Rn. 15.

192 *Krohn*, in: Dreher/Motzke, Vergaberecht, § 128 GWB Rn. 41.

erfordert.[193] Zu Recht wird darauf hingewiesen, dass die Einleitung eines Vergabenachprüfungsverfahrens ohne die Hilfe eines mit den Anforderungen an die Antragsbegründung vertrauten Juristen mit erheblichen prozessualen Risiken verbunden ist.[194] Handelt es sich bei dem Antragsteller jedoch um ein Unternehmen, welches über **Mitarbeiter mit Kenntnissen und Erfahrungen** im Vergaberecht verfügt, weil es sich regelmäßig um öffentliche Aufträge bewirbt, oder gar eine Rechtsabteilung mit regelmäßig im Vergaberecht tätigen Volljuristen unterhält, kann die Notwendigkeit der Hinzuziehung eines Rechtsanwalts zu verneinen sein.[195] Entsprechendes gilt für **Beigeladene**.

Die Notwendigkeit der Hinzuziehung eines Rechtsanwalts auf **Auftraggeberseite** wird demgegenüber wesentlich kritischer geprüft.[196] Hierzu verhalten sich auch die meisten veröffentlichten Entscheidungen der vergaberechtlichen Rechtsprechung, die in der Regel im Ergebnis einer Einzelfallprüfung differenziert über die Notwendigkeit der Hinzuziehung befinden und dabei wesentlich häufiger als bei Antragstellern zu einer ablehnenden Entscheidung gelangen. 127

V. Einzelfallprüfung

Die Entscheidung, ob die Hinzuziehung des Rechtsanwalts eines erstattungsberechtigten Beteiligten notwendig war, ist jedoch für alle Beteiligte nach einem einheitlichen Maßstab zu treffen. Der BGH hat hierfür geeignete Kriterien vorgegeben.[197] Danach ist letztlich allein entscheidend, ob der erstattungsberechtigte Beteiligte – egal ob Antragsteller, Beigeladener oder Antragsgegner – das Verfahren vor der Vergabekammer in eigener Person hätte führen können, wobei **zwei Aspekte** in der Einzelfallprüfung konkret zu würdigen sind. Zunächst ist die **sachliche und personelle Ausstattung** des Beteiligten in den Blick zunehmen. Hiervon ausgehend ist anschließend die Frage zu beantworten, ob der Beteiligte mit diesen ihm zur Verfügung stehenden Mitteln auch **selbst in der Lage** gewesen wäre, das Verfahren vor der Vergabekammer zu bestreiten. Ausschlaggebend ist also, ob das dem jeweiligen Beteiligten verfügbare Personal juristisch hinreichend geschult und zur Bearbeitung der im jeweiligen Nachprüfungsverfahren relevanten Sach- und Rechtsfragen in der Lage ist.[198] Hierbei ist daran zu erinnern, dass es auf eine objektive Betrachtung ex ante aus Sicht eines verständig und auch kostensparend handelnden Beteiligten ankommt.[199] 128

Damit wäre es nur schwerlich zu vereinbaren, darauf abzustellen, ob sich das konkrete Nachprüfungsverfahren im Rahmen dessen hält, was der Auftraggeber bei sachgerechter Organisation und Ausstattung als vergaberechtliches **Alltagsgeschäft** behandeln kann oder ob es über diese „*Routine*" erkennbar hinausgeht.[200] 129

Unerheblich ist es, ob der anwaltliche Vertreter das Verfahren tatsächlich hinreichend **gefördert** hat oder ob die Vergabekammer das Vorbringen des Anwalts für **hilfreich oder zutreffend** hält.[201] Selbst unkooperatives Verhalten rechtfertigt nicht eine Sanktion in der Weise, dass der Vertretene die Kosten seines Anwalts selbst übernehmen muss.[202] 130

193 Vgl. *Vavra*, in: Hattig/Maibaum, Kartellvergaberecht, § 128 GWB Rn. 25.
194 *Summa*, in: Heiermann/Zeiss, Vergaberecht, § 128 GWB Rn. 91.
195 Vgl. *Stockmann*, in: Immenga/Mestmäcker, Wettbewerbsrecht, § 128 GWB Rn. 31.
196 *Losch*, in: Ziekow/Völlink, Vergaberecht, § 128 GWB Rn. 39.
197 BGH, Beschluss v. 26.9.2006 – X ZB 14/06, Rn. 61.
198 OLG Frankfurt, Beschluss v. 30.7.2013 – 11 Verg 7/13, Rn. 7; OLG München, Beschluss v. 24.1.2012 – Verg 16/11, Rn. 28.
199 Siehe oben Rn. 108.
200 OLG Dresden, Beschluss v. 14.11.2012 –Verg 8/11, Rn. 6.
201 OLG München, Beschluss v. 24.1.2012 – Verg 16/11, Rn. 30.
202 OLG München, Beschluss v. 24.1.2012 – Verg 16/11, Rn. 30.

1. Ausstattung des Beteiligten

131 Es liegt auf der Hand, dass die Frage der Notwendigkeit **unterschiedlich zu beantworten** ist, je nachdem, ob es sich bei dem erstattungsberechtigten Beteiligten um ein Großunternehmen oder einen kleinen Handwerksbetrieb[203] bzw. um eine zentrale Vergabestelle[204] oder um einen Auftraggeber handelt, der nur ausnahmsweise zu einer förmlichen Vergabe verpflichtet ist.

132 Nach der Rechtsprechung des BGH kommt im Hinblick auf die sachliche und personelle Ausstattung des Beteiligten gerade den **persönlichen Umständen** eines erstattungsberechtigten Beteiligten im Einzelfall eine entscheidende Bedeutung zu.[205] Hiernach ist stets konkret zu prüfen, ob das dem erstattungsberechtigten Beteiligten verfügbare Personal juristisch hinreichend geschult und zur Bearbeitung der im jeweiligen Nachprüfungsverfahren relevanten Sach- und Rechtsfragen in der Lage war,[206] ob dieser beispielsweise über eine Rechtsabteilung oder andere Mitarbeiter verfügt, von denen erwartet werden kann, dass sie gerade oder auch Fragen des Vergaberechts sachgerecht bearbeiten können,[207] oder ob allein der kaufmännisch gebildete Geschäftsinhaber sich des Falls annehmen muss[208] oder ob dem mit einem Justitiar ausgestatteten Antragsgegner auch ohne anwaltliche Hilfe eine Reaktion auf den Nachprüfungsantrag möglich war.[209]

133 Bei **größeren Auftraggebern**, die Vergaben nicht nur in Einzelfällen ausführen, geht die Rechtsprechung daher eher davon aus, dass diese auch ohne anwaltlichen Beistand in der Lage sind, ihre Interessen im Verfahren vor der Vergabekammer wahrzunehmen.[210] Von einer Antragsgegnerin, die Anstalt des öffentlichen Rechts ist und über ein eigenes Dezernat „Einkauf und Logistik" verfügt, ist deshalb regelmäßig zu erwarten, dass ihre für die Beschaffung verantwortlichen Mitarbeiter die wesentlichen vergaberechtlichen Normen kennen, die mit einer Auftragsvergabe verbundenen Rechtsfragen beantworten können und in der Lage sind, ihren Standpunkt vor der Vergabekammer zu vertreten.[211] Dies kann auch für eine Antragsgegnerin gelten, die zwei Volljuristen allein für das Vergaberecht beschäftigt,[212] sogar für eine kleine Kommune mit zwei Volljuristen.[213]

134 Bei Beteiligten, die Personen des Privatrechts sind, sind hierbei auch Umstände wie **Unternehmensgröße**, **Organisation** und **Tätigkeitsschwerpunkt** in die Prüfung der Notwendigkeit einer Hinzuziehung von Bevollmächtigten einzubeziehen.[214] Sind solche privatrechtlich organisierten Beteiligten nur ausnahmsweise in die Position eines Auftraggebers geraten (etwa gemäß § 99 Nr. 4 GWB wegen einer von der öffentlichen Hand übernommenen Teilfinanzierung des Vorhabens),[215] ist zu berücksichtigen, dass diese in der Regel auf eine Betätigung im Rahmen der Privatrechtsordnung und nicht auf die Bewältigung vergaberechtlicher Probleme in einem Nachprüfungsverfahren eingerichtet sind, sodass diese eher auf die Zuziehung eines Rechtsanwalts angewiesen sind als ein öffentlicher Auftraggeber, der mit öffentlicher Auftragsvergabe im Rahmen seiner originären Aufgaben befasst ist.[216]

---

203 Vgl. *Stockmann*, in: Immenga/Mestmäcker, Wettbewerbsrecht, § 128 GWB Rn. 31.
204 OLG Frankfurt, Beschluss v. 2.12.2014 – 11 Verg 7/14, Rn. 60: hbm Hessisches Baumanagement als Vergabestelle, Landesbetrieb mit Competence Centern Vergabe und Vertragswesen.
205 BGH, Beschluss v. 26.9.2006 – X ZB 14/06, Rn. 61.
206 OLG Frankfurt, Beschluss v. 30.7.2013 – 11 Verg 7/13, Rn. 7; OLG Celle, Beschluss v. 9.2.2011 – 13 Verg 17/10, Rn. 5.
207 OLG Frankfurt, Beschluss v. 4.8.2015 – 11 Verg 4/15, Rn. 15.
208 BGH, Beschluss v. 26.9.2006 – X ZB 14/06, Rn. 61.
209 OLG Dresden, Beschluss v. 30.9.2011 – Verg 7/11,Rn. 13.
210 OLG München, Beschluss v. 24.1.2012 – Verg 16/11, Rn. 28.
211 OLG Koblenz, Beschluss v. 8.6.2006 – 1 Verg 4/06 und 1 Verg 5/06, Rn. 9.
212 OLG Dresden, Beschluss v. 22.2.2010 – WVerg 0001/10, Rn. 23.
213 OLG Karlsruhe, Beschluss v. 16.6.2010 – 15 Verg 4/10, Rn. 55.
214 OLG Koblenz, Beschluss v. 7.7.2004 – 1 Verg 1 und 2/04, Rn. 61.
215 *Summa*, in: Heiermann/Zeiss, Vergaberecht, § 128 GWB Rn. 98: z.B. Sportverein, dessen Beschaffungsvorhaben deshalb dem Vergaberecht unterliegt, weil es mit mehr als 50 % aus öffentlichen Haushalten subventioniert wird.
216 OLG Koblenz, Beschluss v. 7.7.2004 – 1 Verg 1 und 2/04, Rn. 61.

135 Dass ein Beteiligter über eine mit vergaberechtlicher Kenntnis ausgestattete **Rechtsabteilung** verfügt, wird der Notwendigkeit der Hinzuziehung eines Rechtsanwaltes ebenfalls in der Regel entgegenstehen.[217] Allerdings sind auch insoweit die **Umstände des Einzelfalles** zu berücksichtigen.[218] Hierbei ist zu beachten, dass für eine interessengerechte Vertretung im Nachprüfungsverfahren Kenntnisse und Erfahrungen in kontradiktorischen Verfahren erforderlich sind, was nicht ohne Weiteres von Mitarbeitern einer Vergabeabteilung erwartet werden kann. Bilden gerade verfahrensrechtliche Aspekte den Schwerpunkt des Nachprüfungsverfahrens, kann dem Gesichtspunkt, dass spezialisierte Kanzleien in Nachprüfungsverfahren aufgrund ihrer forensischen Erfahrung gegenüber Mitarbeitern aus der Verwaltung eine verfahrensadäquatere Interessenvertretung gewährleisten, eine besondere Bedeutung zukommen.[219]

136 Die Notwendigkeit der Hinzuziehung eines Rechtsanwalts durch eine **Vergabestelle** im Nachprüfungsverfahren kann allerdings nicht mit fehlenden Rechtskenntnissen der Vergabestelle begründet werden. So wie jeder Amtsträger die zur Führung seines Amtes notwendigen Rechtskenntnisse haben oder sich verschaffen muss, ist von einem öffentlichen Auftraggeber, der mit der Vergabe öffentlicher Aufträge befasst ist, zu erwarten, dass die von ihm eingesetzten Mitarbeiter die dafür maßgeblichen Rechtsvorschriften – jedenfalls die vergabespezifischen Vorschriften des nationalen Gesetz- und Verordnungsgebers – kennen.[220]

137 Auch **Kapazitätsprobleme** der mit der Betreuung der Vergabe eingesetzten Mitarbeiter rechtfertigen die Hinzuziehung eines Rechtsanwalts nicht, denn insoweit handelt es sich um rein innerbetriebliche Organisationsfragen, die der Beteiligte in eigenem Interesse zu lösen hat.[221] Auch eine hohe Arbeitsbelastung der zuständigen Sachbearbeiter durch mehrere Nachprüfungsverfahren kann u.U. nicht ausreichen.[222] Fällt das mit der Verfahrensführung betraute Personal jedoch überraschend (etwa aus Krankheitsgründen) aus, kann dies die Notwendigkeit einer Hinzuziehung begründen.[223]

138 Bei der Beurteilung dieser Fragen kommt es auf die **Verhältnisse des konkret am Verfahren Beteiligten** an. Hat beispielsweise nicht die Auftraggeberin selbst, sondern ein Landesbetrieb als Vergabestelle das Vergabeverfahren durchgeführt, kann die Hinzuziehung eines Verfahrensbevollmächtigten durch die Antragsgegnerin im Nachprüfungsverfahren notwendig sein, wenn von der Antragsgegnerin selbst nicht zu erwarten ist, dass sie über im Vergaberecht geschultes Fachpersonal verfügt.[224]

139 Die Hinzuziehung eines Rechtsanwalts ist aber nicht als notwendig zu erachten, wenn ein Auftraggeber, der über eine eigene Vergabestelle verfügt, zu deren Aufgaben die Prüfung vergaberechtlicher Fragen gehört, die Verfahrensleitung wegen der besonderen Bedeutung des Auftrags einem **Spezialreferat** überträgt.[225]

2. Schwierigkeit der Sach- und Rechtsfragen

140 Ausgehend von der Ausstattung des Beteiligten ist die Frage zu beantworten, ob der Beteiligte vor diesem Hintergrund auch **selbst in der Lage** gewesen wäre, aufgrund der bekannten oder erkennbaren Tatsachen den Sachverhalt zu erfassen, der im Hinblick auf eine Verletzung von Bestimmungen über das Vergabeverfahren von Bedeutung ist, hieraus die für eine sinnvolle Rechtswahrung oder -verteidigung nötigen Schlüsse zu ziehen und das danach Ge-

217 OLG Frankfurt, Beschluss v. 4.8.2015 – 11 Verg 4/15, Rn. 15.
218 Z.B. OLG Brandenburg, Beschluss v. 21.5.2012 – Verg W 1/12, Rn. 16.
219 OLG München, Beschluss v. 28.2.2011 – Verg 23/10, Rn. 43.
220 OLG Koblenz, Beschluss v. 7.7.2004 – 1 Verg 1 und 2/04, Rn. 56; siehe auch OLG Dresden, Beschluss v. 14.11.2012 – Verg 8/11, Rn. 6.
221 OLG Celle, Beschluss v. 9.2.2011 – 13 Verg 17/10, Rn. 6.
222 OLG Dresden, Beschluss v. 22.2.2010 – WVerg 0001/10, Rn. 23.
223 *Summa*, in: Heiermann/Zeiss, Vergaberecht, § 128 GWB Rn. 113 – ob allerdings ein Urlaub hierfür ausreicht, erscheint zweifelhaft.
224 OLG Frankfurt, Beschluss v. 1.4.2015 – 11 Verg 7/14, Rn. 8.
225 OLG Düsseldorf, Beschluss v. 23.12.2014 – VII-Verg 37/13, Rn. 11.

botene gegenüber der Vergabekammer vorzubringen.[226] Dies ist nach dem individuellen Streitstoff des einzelnen Nachprüfungsverfahrens zu beurteilen.[227] Insbesondere Einfachheit oder Komplexität des Sachverhalts sowie Überschaubarkeit oder Schwierigkeit der zu beurteilenden Rechtsfragen können hierbei bestimmend sein.[228]

141 In der Rechtsprechung[229] wird regelmäßig danach entschieden, ob die Problematik des Nachprüfungsverfahrens mehr auf **auftragsbezogenen Sach- und Rechtsfragen** beruht. Dann besteht eher keine Notwendigkeit für die Hinzuziehung eines Rechtsanwalts. Treten dagegen zu auftragsbezogenen Rechtsfragen weitere, nicht einfach gelagerte Rechtsfragen hinzu, spricht dies eher für die Notwendigkeit der Hinzuziehung eines Rechtsanwalts.

142 Diese Differenzierung entspricht auch der **Intention des Gesetzgebers**, der davon ausgeht, dass für eine Klärung von rein auftragsbezogenen Sach- und Rechtsfragen oftmals keine Notwendigkeit der anwaltlichen Beratung besteht.[230] Soweit teilweise eine Entscheidung anhand der Schwierigkeit der im Nachprüfungsverfahren zu beurteilenden Sach- und Rechtsfragen für praktisch unbrauchbar gehalten wird, weil sich eine Grenze für die besondere Schwierigkeit solcher Verfahren kaum angeben lasse,[231] berücksichtigt dies nicht den konkreten Maßstab der vorzunehmenden Einzelfallprüfung.[232]

143 Teilt die **Vergabekammer** den Verfahrensbeteiligten mit, dass der Streitfall überdurchschnittliche rechtliche und tatsächliche Schwierigkeiten aufweise, könne von ihnen nicht erwartet werden, dass sie sich ohne Hinzuziehung eines Anwalts über diese Einschätzung hinwegsetzen.[233]

a) Sachverhaltsfragen

144 In tatsächlicher Hinsicht sollten die Beteiligten **grundsätzlich selbst in der Lage** sein, den zugrunde liegenden Sachverhalt, der im Hinblick auf den konkreten Gegenstand des Nachprüfungsverfahrens von Bedeutung ist, zu erfassen und im Verfahren vor der Vergabekammer vorzutragen. Insbesondere einem öffentlichen Auftraggeber dürfte es – auch aufgrund des möglichen Rückgriffs auf die eigene Vergabedokumentation –[234] keine Probleme bereiten, zum entscheidungserheblichen Sachverhalt ohne anwaltliche Hilfe vor der Vergabekammer vorzutragen. Von ihm wird lediglich erwartet, seine eigene Tätigkeit im Vergabeverfahren darzustellen und zu rechtfertigen.[235] Auch die Stellungnahme zu Tatsachenvortrag des Antragstellers dürfte in der Regel unproblematisch möglich sein.[236] Gerade **auftragsbezogene Sachfragen**, die ein öffentlicher Auftraggeber in aller Regel im Vergabeverfahren selbst zur Grundlage seiner Entscheidung gemacht hat, kann er auch im Rahmen eines Nachprüfungsverfahrens in eigener Person vortragen.[237] Dies gilt erst recht, wenn die Durchführung des Vergabeverfahrens anwaltlich begleitet und alle während des Vergabeverfahrens zu treffenden Entscheidungen dokumentiert worden sind.[238]

---

226 BGH, Beschluss v. 26.9.2006 – X ZB 14/06, Rn. 61.
227 OLG Dresden, Beschluss v. 30.9.2011 – WVerg 0007/11, Rn. 10.
228 BGH, Beschluss v. 26.9.2006 – X ZB 14/06, Rn. 61.
229 OLG Frankfurt, Beschluss v. 30.7.2013 – 11 Verg 7/13, Rn. 6; OLG Düsseldorf, Beschluss v. 23.12.2014 – VII-Verg 37/13, Verg 37/13, Rn. 10; Beschluss v. 10.7.2013 – VII-Verg 40/12, Rn. 5; OLG München, Beschluss v. 24.1.2012 – Verg 16/11, Rn. 28; OLG Celle, Beschluss v. 9.2.2011 – 13 Verg 17/10, Rn. 5; OLG Brandenburg, Beschluss v. 11.12.2007 – Verg W 6/07.
230 Gesetzesbegründung, VergRModG 2009, BT-Drs. 16/10117, 24.
231 So OLG Naumburg, Beschluss v. 28.6.2004 – 1 Verg 8/04, Rn. 15.
232 Vgl. zum konkreten Umfang der Einzelfallprüfung beispielhaft OLG Brandenburg, Beschluss v. 11.12.2007 – Verg W 6/07, Rn. 22 ff.; OLG Karlsruhe, Beschluss v. 11.7.2011 – 15 Verg 5/11, Rn. 18.
233 OLG Düsseldorf, Beschluss v. 3.1.2011 – VII-Verg 42/10, Rn. 14.
234 OLG Naumburg, Beschluss v. 21.3.2013 – 2 Verg 1/13, Rn. 28.
235 OLG Karlsruhe, Beschluss v. 16.6.2010 – 15 Verg 4/10, Rn. 55.
236 OLG Karlsruhe, Beschluss v. 16.6.2010 – 15 Verg 4/10, Rn. 55.
237 OLG Düsseldorf, Beschluss v. 23.12.2014 – VII-Verg 37/13, Rn. 11.
238 OLG Düsseldorf, Beschluss v. 23.12.2014 – VII-Verg 37/13, Rn. 11.

b) Rechtsfragen

145 Konzentriert sich die Problematik eines Nachprüfungsverfahren auf **auftragsbezogene Rechtsfragen** einschließlich der dazugehörenden Vergaberegeln, wird im Allgemeinen mehr dafür sprechen, dass der öffentliche Auftraggeber die erforderlichen Sach- und Rechtskenntnisse in seinem originären Aufgabenkreis ohnehin organisieren muss und daher auch im Nachprüfungsverfahren nicht notwendig eines anwaltlichen Bevollmächtigten bedarf.[239] Hat der Auftraggeber Vergabeentscheidungen getroffen und sich mit erhobenen Rügen von Bietern auseinandergesetzt, so kann erwartet werden, dass er sein Ergebnis auch dann noch selbst vertreten kann, wenn die Meinungsverschiedenheit gegenstandsgleich in ein Nachprüfungsverfahren übertragen wird.[240] Von ihm wird lediglich erwartet, den bereits vor Einleitung des Nachprüfungsverfahrens eingenommenen Standpunkt vor der Vergabekammer zu verteidigen.[241] Erschöpfen sich die Probleme in der Auseinandersetzung darüber, ob die Vergabestelle das von ihr im Rahmen des streitbefangenen Vergabeverfahrens ohnehin zu beachtende materielle Vergaberecht zutreffend angewandt hat, so wird die Beauftragung eines Rechtsanwaltes zur Vertretung des Auftraggebers vor der Vergabekammer regelmäßig nicht notwendig sein, denn dann ist der Kernbereich der Tätigkeit betroffen, deren Ergebnisse zu rechtfertigen eine Vergabestelle grundsätzlich auch ohne anwaltlichen Beistand in der Lage sein muss.[242] Dies kann auch dann gelten, wenn der Auftraggeber über kein eigenes Rechtsamt verfügt oder eine von einer Kommune beherrschte kleine Kapitalgesellschaft als Auftraggeber auftritt.[243]

146 Hat das Vergabeverfahren nicht nur Fragen aufgeworfen, welche mit dem Auftrag selbst zusammenhängen, sondern treten zu auftragsbezogenen Rechtsfragen **weitere, nicht einfach gelagerte Rechtsfragen** hinzu, spricht dies für die Notwendigkeit der Hinzuziehung eines Rechtsanwalts. Die Schwelle ist überschritten, wenn es um Rechtsfragen geht, mit denen sich die Mitarbeiter des erstattungsberechtigten Beteiligten nicht auskennen konnten und mussten,[244] die weder alltäglich noch von den Mitarbeitern ohne Weiteres zu beherrschen waren.[245] Von Bedeutung können insoweit Umfang und Schwierigkeit des Nachprüfungsverfahrens sein, insbesondere die Qualität der zu erörternden Rechtsfragen, die Anzahl der auf der Gegenseite beteiligten Antragsteller und der während des Verfahrens erhobenen Rügen.[246]

147 Die Hinzuziehung eines Rechtsanwalts ist insbesondere notwendig, wenn das Nachprüfungsverfahren eine vertiefte rechtliche Bewertung und Auseinandersetzung mit der **vergaberechtlichen Spruchpraxis** erfordert oder wenn eine gefestigte Spruchpraxis, auf die eine mit Ausschreibungen regelmäßig befasste Vergabestelle hätte zurückgreifen können, noch fehlt.[247] Gleiches gilt, wenn **Vorschriften** streitentscheidend sind, die neu und in Abkehr von der bisherigen Vergabepraxis gefasst worden sind.[248] Dass sich Rechtsfragen stellen, die auf einer höheren Rechtsebene als jener der Vergabeordnungen zu entscheiden sind, dürfte allerdings noch nicht ausreichen.[249]

148 Gehören zum Streitstoff **europarechtliche Vergaberechtsvorschriften,** wird die Notwendigkeit der Zuziehung eines Rechtsanwalts auch beim Auftraggeber regelmäßig zu bejahen

239 OLG Frankfurt, Beschluss v. 30.7.2013 – 11 Verg 7/13, Rn. 6; OLG Düsseldorf, Beschluss v. 23.12.2014 – VII-Verg 37/13, Rn. 10; OLG Celle, Beschluss v. 9.2.2011 – 13 Verg 17/10, Rn. 5; OLG Brandenburg, Beschluss v. 11.12.2007 – Verg W 6/07, Rn. 23.
240 OLG Koblenz, Beschluss v. 7.7.2004 – 1 Verg 1 und 2/04, Rn. 62.
241 OLG Karlsruhe, Beschluss v. 16.6.2010 – 15 Verg 4/10, Rn. 55.
242 OLG Dresden, Beschluss v. 14.11.2012 – 1 Verg 8/11, Rn. 5; Beschluss v. 30.9.2011 – WVerg 0007/11, Rn. 11; Beschluss v. 22.2.2010 – WVerg 0001/10, Rn. 16; OLG Celle, Beschluss v. 9.2.2011 – 13 Verg 17/10, Rn. 5; OLG Koblenz, Beschluss v. 8.6.2006 – 1 Verg 4/06 und 1 Verg 5/06, Rn. 9.
243 Z.B. OLG Karlsruhe, Beschluss v. 11.7.2011 – 15 Verg 5/11, Rn. 18: städtische GmbH mit im Verwaltungsbereich lediglich zwei Beschäftigten auf der Basis einer geringfügigen Beschäftigung, beherrschende Kommune ohne eigenes Rechtsamt.
244 OLG Celle, Beschluss v. 9.2.2011 – 13 Verg 17/10, Rn. 6.
245 OLG Düsseldorf, Beschluss v. 10.7.2013 – VII-Verg 40/12, Rn. 6.
246 OLG Koblenz, Beschluss v. 7.7.2004 – 1 Verg 1 und 2/04, Rn. 61.
247 OLG Naumburg, Beschluss v. 21.3.2013 – 2 Verg 1/13, Rn. 29.
248 OLG Naumburg, Beschluss v. 21.3.2013 – 2 Verg 1/13, Rn. 29.
249 So aber OLG Düsseldorf, Beschluss v. 10.7.2013 – VII-Verg 40/12, Rn. 5.

sein,[250] weil von diesem eine vertiefte Kenntnis europarechtlicher Bestimmungen nicht erwartet werden kann.[251]

c) Verfahrensfragen

149 Die Hinzuziehung eines Rechtsanwalts ist regelmäßig auch dann gerechtfertigt, wenn wesentliche Streitpunkte im Nachprüfungsverfahren sich gerade aus dessen prozessualer Ausgestaltung ergeben.[252] Dies gilt insbesondere dann, wenn eine Reihe prozessualer bzw. **verfahrensrechtlicher Fragen** von nicht unerheblicher Schwierigkeit vorliegt (richtiger Antragsgegner bzw. Abgrenzung Parteiwechsel/Parteiberichtigung, umstrittene Berechnung des Schwellenwertes, Einhaltung von Rügeobliegenheiten).[253]

150 Dies ist gerechtfertigt, weil das Nachprüfungsverfahren ein gerichtsähnliches kontradiktorisches Verfahren darstellt und zur sachgerechten Vertretung **forensische Kenntnisse und Erfahrungen** in einem kontradiktorischen Verfahren erforderlich sind,[254] die nicht ohne Weiteres von den Mitarbeitern eines öffentlichen Auftraggebers erwartet werden können.[255] Selbst juristisch ausgebildetes Personal kann im Nachprüfungsverfahren nicht ausreichend versiert sein.[256]

151 Allerdings ist **nicht jede verfahrensrechtliche Frage** ohne Weiteres Anlass zur Einschaltung eines anwaltlichen Bevollmächtigten, wie auch umgekehrt nicht jede Anwendung lediglich materiellen Vergaberechts nur deshalb gegen die Notwendigkeit der Zuziehung eines Rechtsanwalts spricht, weil das Problem in den Vergabeordnungen geregelt ist.[257] Ein nur einfach gelagertes verfahrensrechtliches Problem des Vergaberechtes genügt noch nicht.[258] Im Verfahren vor der Vergabekammer hat die Vergabestelle in aller Regel keine besonderen Verfahrenspflichten oder -obliegenheiten, die die Hinzuziehung eines externen juristischen Beraters notwendig machen.[259] Stets ist zu prüfen, ob dem Antragsgegner unter Berücksichtigung seiner konkreten Ausstattung eine sachgerechte Reaktion auch ohne anwaltliche Hilfe möglich gewesen wäre.[260]

d) Einzelfälle

152 Als einfache vergaberechtliche Fragestellungen, welche die Zuziehung eines anwaltlichen Bevollmächtigten **nicht als notwendig** erscheinen lassen, wurden angesehen:

- Auslegung der Ausschreibung,[261]
- bloße Fragen der Angebotswertung,[262]
- das Fehlen eines geforderten Eignungsnachweises,[263]
- die Frage, ob das Angebot der Antragstellerin zu Recht ausgeschlossen worden ist, weil es unvollständig war.[264]

250 OLG Düsseldorf, Beschluss v. 7.1.2004 – VII-Verg 55/02, Rn. 16.
251 OLG Frankfurt, Beschluss v. 30.7.2013 – 11 Verg 7/13, Rn. 8; OLG Dresden, Beschluss v. 30.9.2011 – WVerg 0007/11, Rn. 12.
252 OLG Frankfurt, Beschluss v. 30.7.2013 – 11 Verg 7/13, Rn. 7; OLG Dresden, Beschluss v. 30.9.2011 – WVerg 0007/11, Rn. 12; Beschluss v. 22.2.2010 – WVerg 0001/10, Rn. 15; kritisch zur eher schematischen Unterscheidung danach, ob die Streitfragen dem sog. „*materiellen*" Vergaberecht oder dem Prozessrecht des Nachprüfungsverfahrens zuzurechnen sind: OLG Naumburg, Beschluss v. 21.3.2013 – 2 Verg 1/13, Rn. 29.
253 OLG München, Beschluss v. 24.1.2012 – Verg 16/11, Rn. 31.
254 OLG München, Beschluss v. 24.1.2012 – Verg 16/11, Rn. 28.
255 OLG München, Beschluss v. 28.2.2011 – Verg 23/10, Rn. 43.
256 OLG Düsseldorf, Beschluss v. 20.7.2000 – Verg 1/00.
257 OLG Dresden, Beschluss v. 14.11.2012 – Verg 8/11, Rn. 6.
258 OLG Dresden, Beschluss v. 30.9.2011 – WVerg 0007/11, Rn. 13 – hier: Beanstandung des Informationsschreibens.
259 OLG Koblenz, Beschluss v. 7.7.2004 – 1 Verg 1 und 2/04, Rn. 57.
260 OLG Dresden, Beschluss v. 30.9.2011 – WVerg 0007/11,Rn. 13.
261 OLG Celle, Beschluss v. 9.2.2011 – 13 Verg 17/10, Rn. 6.
262 OLG Düsseldorf, Beschluss v. 29.10.2003 – Verg 1/03.
263 OLG Düsseldorf, Beschluss v. 11.1.2010 – VII-Verg 49/09.
264 OLG Frankfurt, Beschluss v. 30.3.2010 – 11 Verg 3/10, Rn. 16.

Die Zuziehung eines Anwalts wurde dagegen für **notwendig** befunden: 153

- mehrschichtige Eignungsfragen,[265]
- wenn das Wertungssystem des Auftraggebers, die Vervollständigung von Eignungsunterlagen und eine Abgrenzung von Nachunternehmerschaft und Eignungsleihe infrage stehen,[266]
- Auslegung des Angebots der Antragstellerin und des Begleitschreibens sowie der Vergabeunterlagen (es war in mehrfacher Hinsicht zu beantworten, ob das Angebot der Antragstellerin Änderungen an den Vergabeunterlagen vornahm, ob es ein Nebenangebot war oder mehrere Hauptangebote enthielt),[267]
- Abgrenzung zwischen Abweichung von den inhaltlich verbindlichen Vorgaben der Vergabeunterlagen, formeller Unvollständigkeit der Angebote und inhaltlicher Bewertung der Eignung der Antragstellerin,[268]
- Rügen wegen fehlender Gleichwertigkeit eines Nebenangebots, Würdigung von Prüfzertifikaten, Prüfung der Gleichwertigkeit, Ausschluss wegen fehlenden Angebotspreises, fehlerhafter Bewertung der Angebote,[269]
- Zulässigkeit der Bildung einer Bietergemeinschaft, Ausschluss wegen Unterpreisangebotes sowie wegen Nichtberücksichtigung der Vorgaben in den Ausschreibungsunterlagen,[270]
- Einhaltung der Rügeobliegenheit, der Beibringung von Nachweisen und Erklärungen und der vergaberechtswidrigen Doppelteilnahme eines Bieters als Einzelbewerber und als Bewerber mit einem anderen Unternehmen,[271]
- Abgrenzung Dienstleistungskonzession/Dienstleistungsauftrag, Frage eines unzulässigen Bieterwechsels, Abweichung von den Vorgaben des Leistungsverzeichnisses sowie Feststellung und Behandlung der Unangemessenheit von Preisen,[272]
- Zulässigkeit der Bildung der Bietergemeinschaft, Ausschluss wegen Unterpreisangebotes, Ausschluss wegen Nichtberücksichtigung der Vorgaben in den Ausschreibungsunterlagen.[273]

3. Weitere Kriterien

In der Rechtsprechung werden darüber hinaus noch weitere Gesichtspunkte genannt, die allein oder im Zusammenhang mit den oben erörterten Erwägungen die Hinzuziehung eines Rechtsanwalts im Verfahren vor der Vergabekammer rechtfertigen sollen. Dies erscheint im Einzelfall weder erforderlich noch sachgerecht. 154

So vermag allein der Hinweis auf die **Eilbedürftigkeit** der Verfahren vor der Vergabekammer sowie die **Komplexität** des Vergaberechts in Verbindung mit der Gewährleistung der Waffengleichheit es nicht zu rechtfertigen, die Notwendigkeit der Zuziehung eines Rechtsanwalts anzuerkennen, um der Vergabestelle eine sachgerechte Vertretung zu ermöglichen.[274] 155

a) Eilbedürftigkeit und Komplexität

Mit der erforderlichen Einzelfallprüfung nicht zu vereinbaren ist es, die Notwendigkeit einer Hinzuziehung damit zu begründen, dass es grundsätzlich immer noch zutrifft, dass die Nachprüfungsverfahren unter einem enormen **Beschleunigungs- und Zeitdruck** stehen und das Vergaberecht eine **komplexe Rechtsmaterie** mit Vorschriften aus dem nationalen Recht und 156

265 OLG Düsseldorf, Beschluss v. 3.1.2011 – VII-Verg 42/10.
266 OLG Düsseldorf, Beschluss v. 28.1.2011 – VII-Verg 60/10.
267 OLG Düsseldorf, Beschluss v. 10.7.2013 – VII-Verg 40/12, Rn. 6.
268 OLG Naumburg, Beschluss v. 21.3.2013 – 2 Verg 1/13, Rn. 29.
269 OLG München, Beschluss v. 28.2.2011 – Verg 23/10, Rn. 45.
270 OLG Brandenburg, Beschluss v. 21.5.2012 – Verg W 1/12, Rn. 16.
271 OLG Düsseldorf, Beschluss v. 31.5.2005 – VII-Verg 107/04,Rn. 2.
272 OLG München, Beschluss v. 11.6.2008 – Verg 6/08, Rn. 14.
273 OLG Brandenburg, Beschluss v. 21.5.2012 – Verg W 1/12, Rn. 16.
274 So aber wohl OLG München, Beschluss v. 24.1.2012 – Verg 16/11, Rn. 28.

dem Europarecht darstellt, welche nicht immer im Gleichklang stehen.[275] Diese Aussage ist zwar unbestreitbar, zur Beantwortung der Frage nach der Notwendigkeit der Zuziehung eines Rechtsanwaltes im Einzelfall ist sie aber ungeeignet. Das Argument ist eine Leerformel, die über die tatsächliche Notwendigkeit externer Beratung im konkreten Nachprüfungsverfahren nichts aussagt.[276] Die allein aus ihr abgeleitete Forderung, die Hinzuziehung eines Bevollmächtigten im Nachprüfungsverfahren grundsätzlich für notwendig zu erklären, widerspricht dem vom Gesetzgeber durch die Verweisung in § 182 Abs. 4 S. 3 GWB auf § 80 VwVfG zum Ausdruck gebrachten Willen, die Hinzuziehung von Bevollmächtigten durch den das Vergabeverfahren führenden Auftraggeber auf das Notwendige zu beschränken.[277]

b) Waffengleichheit

157 Gleiches gilt für das Argument der Gewährleistung der Waffengleichheit im Verfahren vor der Vergabekammer. Das Gebot der Waffengleichheit **erfordert die Hinzuziehung eines Verfahrensbevollmächtigten für sich genommen nicht**. Allein der Umstand, dass ein Antragsteller sich eines anwaltlichen Vertreters bedient, kann die Notwendigkeit der Hinzuziehung eines Verfahrensbevollmächtigten auf Auftraggeberseite nicht begründen.[278] Für die Beantwortung der nach den obigen Ausführungen allein maßgeblichen Frage, ob der Beteiligte mit den ihm zur Verfügung stehenden sachlichen und personellen Mitteln selbst in der Lage gewesen wäre, das Verfahren vor der Vergabekammer durchzuführen, spielt es keine Rolle, ob der Verfahrensgegner anwaltlich vertreten ist. Deshalb ist, wenn der Antragsteller bereits durch einen Rechtsanwalt vertreten war, dieser Gesichtspunkt der Waffengleichheit weder ergänzend[279] noch mit indizieller Wirkung für die Notwendigkeit einer Hinzuziehung eines Rechtsanwalts zu berücksichtigen.[280]

158 Bei der Frage, ob sich die Vergabestelle auf eine Vertretung durch ihr zwar vergaberechtlich, aber nicht in einem kontradiktorischen Verfahren geschultes Personal verweisen lassen muss, während sich der Bieter einer **auf das Vergaberecht spezialisierten Kanzlei** bedient, handelt es sich nicht um ein Problem des Gebotes der Waffengleichheit.[281] Sind die Mitarbeiter der Vergabestelle in einer solchen Situation nicht in der Lage, das Verfahren vor der Vergabekammer verfahrensadäquat zu gewährleisten, spricht allein dieser Umstand für die Notwendigkeit der Zuziehung eines Rechtsanwalts, nicht aber die Tatsache, dass sich der Bieter im Nachprüfungsverfahren von einer spezialisierten Kanzlei vertreten lässt.

c) Bedeutung des Auftrags

159 Häufig werden auch Bedeutung und Gewicht des Auftrags in die Bewertung einbezogen.[282] Auch diese Aspekte haben mit der Beantwortung der Frage nach der Notwendigkeit der Zuziehung eines Rechtsanwaltes im Einzelfall nichts zu tun. Ob die Mitarbeiter des erstattungsberechtigten Beteiligten in der Lage sind, dessen Interessen im Verfahren vor der Vergabekammer sachgerecht wahrzunehmen, ist nicht vom Wert des Auftrages abhängig. Deshalb rechtfertigt beispielsweise auch ein Auftragsvolumen von 42 Mio. EUR für sich allein nicht den Schluss auf die Notwendigkeit der Hinzuziehung eines Bevollmächtigten.[283]

---

275 OLG München, Beschluss v. 24.1.2012 – Verg 16/11, Rn. 28; OLG Celle, Beschluss v. 9.2.2011 – 13 Verg 17/10, Rn. 5.

276 OLG Koblenz, Beschluss v. 8.6.2006 – 1 Verg 4/06, 1 Verg 5/06, Rn. 13; *Summa*, in: Heiermann/Zeiss, Vergaberecht, § 128 GWB Rn. 97.

277 OLG Koblenz, Beschluss v. 7.7.2004 – 1 Verg 1 und 2/04, Rn. 59.

278 OLG Dresden, Beschluss v. 30.9.2011 – WVerg 0007/11, Rn. 14; a.A. OLG München, Beschluss v. 24.1.2012 – Verg 16/11, Rn. 28; OLG Celle, Beschluss v. 9.2.2011 – 13 Verg 17/10, Rn. 5.

279 So aber OLG Düsseldorf, Beschluss v. 10.7.2013 – VII-Verg 40/12, Rn. 6.

280 So aber OLG Naumburg, Beschluss v. 21.3.2013 – 2 Verg 1/13, Rn. 24.

281 So aber wohl OLG München, Beschluss v. 28.2.2011 – Verg 23/10, Rn. 43.

282 OLG Düsseldorf, Beschluss v. 31.5.2005 – VII-Verg 107/04, Rn. 2; OLG Koblenz, Beschluss v. 7.7.2004 – 1 Verg 1 und 2/04, Rn. 61; OLG München, Beschluss v. 11.6.2008 – Verg 6/08, Rn. 14: *„eine der umfangreichsten Ausschreibungen im Rahmen des bayerischen Schienenpersonennahverkehrs"*; OLG Naumburg, Beschluss v. 28.6.2004 – 1 Verg 8/04, Rn. 16: *„der erhebliche Umfang und der große Wert des Auftrages, mithin ein hohes finanzielles Risiko im Falle rechtlicher Fehler"*.

283 OLG Dresden, Beschluss v. 22.2.2010 – WVerg 0001/10, Rn. 22.

F. Rechtsschutz

Kostenentscheidungen der Vergabekammer können uneingeschränkt mit der **sofortigen Beschwerde** angefochten werden.[284] 160

Gemäß § 171 GWB ist die sofortige Beschwerde gegen Entscheidungen der Vergabekammer statthaft. Da die Beschwerde damit dem Wortlaut nach nicht auf Hauptsacheentscheidungen beschränkt ist, gilt dies auch für **Kostenentscheidungen**.[285] § 99 ZPO oder § 158 VwGO sind nicht anwendbar. Angefochten werden können danach sowohl isolierte Kostenentscheidungen[286] (beispielsweise nach Antragsrücknahme oder Erledigung) als auch Kostenentscheidungen als Teil einer Hauptsacheentscheidung. Im letzteren Fall kann der Beschwerdeführer die Entscheidung der Vergabekammer insgesamt, aber auch lediglich die Kostenentscheidung zur Überprüfung stellen. Schließlich kann er auch einzelne Teile einer Kostenentscheidung angreifen, z.B. nur die Festsetzung der Gebühren und Auslagen nach § 182 Abs. 1 GWB oder die Entscheidung über die Notwendigkeit der Hinzuziehung eines Rechtsanwalts.[287] 161

Anlage

Gesetzesbegründung (BT-Drs. 18/6281)

Seite 136

§ 182 entspricht im Wesentlichen dem bisherigen § 128 GWB.

In § 182 Absatz 3 Satz 4 werden die Wörter „hat der Antragsteller" durch das Wort „ist" ersetzt. Diese Änderung beseitigt eine Widersprüchlichkeit zwischen dem bisherigen § 128 Absatz 3 Satz 4 und § 128 Absatz 3 Satz 5 GWB, wonach bei Rücknahme oder anderweitiger Erledigung des Nachprüfungsantrags einerseits dem Antragsteller die Hälfte der Gebühr auferlegt werden, andererseits aber die Entscheidung, wer die Kosten zu tragen hat, nach billigem Ermessen erfolgen soll (vgl. BGH, Beschluss vom 25. Januar 2012, X ZB 3/11). Zweck der Regelung in § 182 Absatz 3 Satz 4 ist es, dass in Fällen der Rücknahme oder sonstiger Erledigung des Nachprüfungsverfahrens nur die Hälfte der Gebühr zu entrichten ist. Dabei kann es Konstellationen geben, in denen der Antragssteller in einem materiellen Sinne obsiegt hat und es daher unbillig ist, ihm die Kosten aufzuerlegen, etwa wenn der Auftraggeber nach Einleitung des Nachprüfungsverfahrens dem Begehren des Antragssteller abhilft und das Verfahren durch eine beiderseitige Erledigungserklärung beendet wird. Dementsprechend erfolgt die Kostenentscheidung gemäß Absatz 3 Satz 5 nach billigem Ermessen. Absatz 3 Satz 4 ordnet nunmehr an, dass in Fällen der Rücknahme oder sonstiger Erledigung des Nachprüfungsverfahrens nur die Hälfte der Gebühr zu entrichten ist. Zu der Frage, wer diese hälftige Gebühr zu tragen hat, enthält die Regelung keine Aussage. Diese Frage ist durch § 182 Absatz 3 Satz 4 und 5 zu beantworten.

§ 182 Absatz 4 Satz 3 wird ebenfalls neu gefasst. Die Neufassung der Regelung zum Aufwendungsersatz entspricht der im Falle der Antragsrücknahme oder sonstigen Erledigung geltenden Regelung in Absatz 3 Satz 5 für die Kostentragung in Bezug auf die Kosten der Vergabekammer. Dadurch wird der Gleichlauf der Regelungen für die Gebühren und Auslagen einerseits und die notwendigen Aufwendungen andererseits hergestellt. Zudem wird eine Regelungslücke für den Aufwendungsersatz im Falle der sonstigen Erledigung, insbesondere der Erledigung durch Abhilfe seitens des öffentlichen Auftraggebers, geschlossen: § 182 Absatz 4 Satz 3 kann als Grundlage dafür herangezogen werden, die notwendigen Aufwendungen eines Beteiligten einem anderen aufzuerlegen.

---

284 BGH, Beschluss v. 25.10.2011 – X ZB 5/10, Rn. 9

285 *Vavra*, in: Dreher/Motzke, Vergaberecht, § 116 GWB Rn. 9.

286 *Möllenkamp*, in: Kulartz/Kus/Portz/Prieß, GWB-Vergaberecht, § 123 Rn. 8.

287 OLG Düsseldorf, Beschluss v. 3.1.2011 – VII-Verg 42/10, Rn. 11.

Seite 137

Die Vorschrift erlaubt es, materielles Unterliegen unter dem Gesichtspunkt der Billigkeit auch für den Aufwendungsersatz zu berücksichtigen. Die von einem Beteiligten zu tragenden Aufwendungen sind durch das Kriterium „zweckentsprechend" begrenzt, siehe bereits § 182 Absatz 4 Satz 1 und § 78.

§ 183
Korrekturmechanismus der Kommission

(1) Erhält die Bundesregierung im Laufe eines Vergabeverfahrens vor Abschluss des Vertrags eine Mitteilung der Europäischen Kommission, dass diese der Auffassung ist, es liege ein schwerer Verstoß gegen das Recht der Europäischen Union zur Vergabe öffentlicher Aufträge oder zur Vergabe von Konzessionen vor, der zu beseitigen sei, teilt das Bundesministerium für Wirtschaft und Energie dies dem Auftraggeber mit.

(2) Der Auftraggeber ist verpflichtet, innerhalb von 14 Kalendertagen nach Eingang dieser Mitteilung dem Bundesministerium für Wirtschaft und Energie eine umfassende Darstellung des Sachverhalts zu geben und darzulegen, ob der behauptete Verstoß beseitigt wurde, oder zu begründen, warum er nicht beseitigt wurde, ob das Vergabeverfahren Gegenstand eines Nachprüfungsverfahrens ist oder aus sonstigen Gründen ausgesetzt wurde.

(3) Ist das Vergabeverfahren Gegenstand eines Nachprüfungsverfahrens oder wurde es ausgesetzt, so ist der Auftraggeber verpflichtet, das Bundesministerium für Wirtschaft und Energie unverzüglich über den Ausgang des Verfahrens zu informieren.

Übersicht Rn.

A. Allgemeines ... 1
I. Europarechtliche Vorgaben ... 5
II. Umsetzung in nationales Recht ... 8
1. Änderungen zur bisherigen Vorschrift ... 8
2. Regelungsgehalt der Vorschrift ... 10
B. Inhalt der Stellungnahmepflichten ... 12
C. Anwendungsvoraussetzungen für den Korrekturmechanismus ... 15
D. Widerlegung des schweren Verstoßes ... 20
Anlage
Gesetzesbegründung (BT-Drs. 18/6281)

A. Allgemeines

1 Die Vorschrift regelt den sogenannten **Korrekturmechanismus**. Damit wird das Recht der Kommission bezeichnet, von der Bundesregierung die Beseitigung eines schweren Verstoßes gegen das Gemeinschaftsrecht im Bereich des öffentlichen Auftragswesens zu verlangen.

2 Da die Europäische Kommission sich die notwendigen Informationen hierzu nicht unmittelbar selbst beschaffen darf, regelt die Vorschrift das entsprechende **Verfahren** hierzu.[1]

3 Mit dem Korrekturmechanismus besteht neben der Einleitung eines Nachprüfungsverfahrens eine weitere Möglichkeit für betroffene Unternehmen, die Rechtmäßigkeit des Vergabeverfahrens überprüfen zu lassen, indem sie die Europäische Kommission über vermutete Vergabeverstöße informieren und so ggf. ein Korrekturmechanismusverfahren auslösen.[2] Die praktische Relevanz für Unternehmen dürfte jedoch begrenzt sein, da Unternehmen **keinen Anspruch auf ein Einschreiten der Europäischen Kommission** geltend machen können. Den Vorschriften zum Korrekturmechanismus kommt nämlich keine Drittwirkung zu.[3]

4 Allerdings verfügt die Europäische Kommission mit dem Korrekturmechanismus über zusätzliche Kompetenzen, die ihre Möglichkeiten im Rahmen eines **Vertragsverletzungsverfahrens** nach Art. 258 AEUV ergänzen.[4] Da das Verfahren des Korrekturmechanismus nur vor Abschluss eines Vertrages greift (s.u.), steht es insofern neben dem Vertragsverletzungsver-

1 *Dittmann*, in: Ziekow/Völlink, Vergaberecht, § 129 GWB Rn. 5.
2 Vgl. *Wagner*, in: Heiermann/Zeiss, Vergaberecht, § 129 GWB Rn. 2.
3 *Freytag*, in: Gabriel/Krohn/Neun, Handbuch des Vergaberechts, § 37 Vertragsverletzungsverfahren Rn. 8 m.w.N.
4 Vgl. *Freytag*, in: Gabriel/Krohn/Neun, Handbuch des Vergaberechts, § 37 Vertragsverletzungsverfahren Rn. 1.

fahren, welches erst im Falle eines begangenen Verstoßes gegen den AEUV, also nach Vertragsschluss, eingeleitet werden kann.

I. Europarechtliche Vorgaben

5 Die nahezu wortidentischen **Art. 3 RL 89/665/EWG** sowie **Art. 8 RL 92/13/EWG** in der Fassung der RL 2007/66/EG verleihen der Europäischen Kommission jeweils in Abs. 1 das Recht, das Verfahren des Korrekturmechanismus anzuwenden, wenn sie vor Abschluss eines Vergabeverfahrens das Vorliegen eines schweren Vergaberechtsverstoßes als gegeben ansieht.

6 Nach Art. 3 Abs. 2 RL 89/665/EWG und Art. 8 Abs. 2 RL 92/13/EWG muss die **Kommission** in solchen Fällen dem Mitgliedstaat **mitteilen**, warum sie einen schweren Verstoß annimmt und dass sie dessen Beseitigung verlangt. Der Mitgliedstaat ist verpflichtet, innerhalb von 21 Tagen der Europäischen Kommission zu antworten.

7 Die **Mitteilungspflichten des Mitgliedstaates**, ob der Verstoß beseitigt oder nicht beseitigt oder das Verfahren ausgesetzt wurde, regeln Art. 3 Abs. 3 bis 5 RL 89/665/EWG und Art. 8 Abs. 3 bis 5 RL 92/13/EWG.

II. Umsetzung in nationales Recht

1. Änderungen zur bisherigen Vorschrift

8 Basierend auf Art. 3 RL 89/665/EWG und Art. 8 RL 92/13/EWG setzt § 183 GWB die Mitwirkungspflichten der Mitgliedstaaten selbst sowie hieraus resultierende Pflichten des betroffenen Auftraggebers um. Die Vorschrift ersetzt **§ 129 GWB a.F.** nahezu wortgleich. Da im Bereich der vergaberechtlichen Regelungen das Konzessionsvergaberecht in Form der RL 2014/23/EU hinzugekommen ist, war dies in § 183 Abs. 1 GWB zu berücksichtigen. Dementsprechend muss es sich nunmehr um einen Verstoß gegen das Recht der Europäischen Union zur Vergabe öffentlicher Aufträge oder zur **Vergabe von Konzessionen** handeln, den es zu beseitigen gilt.

9 In § 183 Abs. 3 GWB wurde klargestellt, dass der Auftraggeber dem Bundesministerium für Wirtschaft und Energie nicht nur über den Ausgang eines möglichen Nachprüfungsverfahrens, sondern **insgesamt über den Verfahrensausgang** der Auftragsvergabe zu berichten hat. Folglich wurde im letzten Halbsatz des Absatzes 3 das Wort „Nachprüfungsverfahrens" durch das Wort „Verfahrens" ersetzt.

2. Regelungsgehalt der Vorschrift

10 Geregelt wird einerseits der **Ablauf des Verfahrens**, wenn die Europäische Kommission vom Instrument des Korrekturmechanismus Gebrauch macht, und andererseits, wer die **Beteiligten** in diesem Verfahren sind. Die Voraussetzungen dafür, dass die Europäische Kommission das Instrument überhaupt anwenden darf, ergeben sich unmittelbar aus den Vorschriften der Rechtsmittelrichtlinien (s.u.).

11 Zunächst hat das Bundesministerium für Wirtschaft und Energie dem betroffenen Auftraggeber eine entsprechende **Mitteilung** zu machen. Der Auftraggeber wiederum ist verpflichtet, innerhalb von 14 Kalendertagen zu **antworten**. Kann der Auftraggeber nur einen Zwischenstand mitteilen, weil ein Nachprüfungsantrag gestellt oder das Verfahren aus sonstigen Gründen ausgesetzt wurde, muss er das Bundesministerium für Wirtschaft und Energie unverzüglich nach Verfahrensabschluss über das Ergebnis informieren.

B. Inhalt der Stellungnahmepflichten

12 Der Auftraggeber ist nach entsprechender Mitteilung des Bundesministeriums für Wirtschaft und Energie verpflichtet, diesem gegenüber eine umfassende Stellungnahme zum Sachverhalt abzugeben. Hieraus muss hervorgehen, **ob der behauptete Verstoß beseitigt wurde**

oder es ist darzulegen, **warum er nicht beseitigt wurde**. Die Frist hierfür beträgt 14 Kalendertage nach Eingang der Aufforderung durch das Bundesministerium für Wirtschaft und Energie.

13 Ist das Verfahren Gegenstand eines **Nachprüfungsverfahrens** oder wurde es aus sonstigen Gründen **ausgesetzt**, ist auch dies innerhalb der Frist mitzuteilen. Im letzteren Fall ist der Auftraggeber unverzüglich nach Beendigung des Verfahrens zur Mitteilung des Ausgangs an das Bundesministerium für Wirtschaft und Energie verpflichtet.

14 Die hierzu parallele Mitteilungspflicht des Mitgliedstaates gegenüber der Europäischen Kommission findet sich in Art. 3 Abs. 3 bis 5 RL 89/665/EWG und Art. 8 Abs. 3 bis 5 RL 92/13/EWG. Der Mitgliedstaat hat für seine Stellungnahme gegenüber der Europäischen Kommission eine Frist von **21 Kalendertagen** nach Eingang der Kommissionsmitteilung.

C. Anwendungsvoraussetzungen für den Korrekturmechanismus

15 Die Kommission kann von dem Instrument des Korrekturmechanismus nur Gebrauch machen, wenn die Anwendungsvoraussetzungen, die sich unmittelbar aus **Art. 3 RL 89/665/EWG bzw. Art. 8 RL 92/13/EWG** ergeben, vorliegen.

16 Die Anwendung des Korrekturmechanismus ist ausgeschlossen, wenn bereits ein abgeschlossener Vertrag, also ein öffentlicher Auftrag, vorliegt. Dies ergibt sich aus Art. 3 Abs. 1 RL 89/665/EWG und Art. 8 Abs. 1 RL 92/13/EWG. Demnach kann die Europäische Kommission die Beseitigung eines schweren Verstoßes im Bereich des öffentlichen Auftragswesens nur **vor Abschluss eines Vertrages** vom Mitgliedstaat verlangen (siehe § 183 Abs. 1 GWB).

17 Die Europäische Kommission muss zu der Auffassung gelangt sein, dass es sich um einen schweren Verstoß gegen das Gemeinschaftsrecht im Bereich des öffentlichen Auftragswesens handelt. Aus dem Wortlaut ergibt sich, dass die Europäische Kommission nicht in jedem Fall von dem Instrument des Korrekturmechanismus Gebrauch machen muss, sondern dass sie einen **Entscheidungsspielraum** hat. Erst wenn sie nach Abwägung aller Tatsachen zu dem Ergebnis gelangt, dass tatsächlich ein schwerer Verstoß vorliegt, kann sie überhaupt tätig werden.

18 Was unter einem „**schweren Verstoß**" zu verstehen ist, wird zunächst nicht definiert. Einen Hinweis gibt Erwägungsgrund 28 RL 2007/66/EG. Diese besagt, dass aufgrund der Erhöhung der Wirksamkeit der einzelstaatlichen Nachprüfungsverfahren der Korrekturmechanismus auf die „schweren Verstöße" gegen das Gemeinschaftsrecht im Bereich des öffentlichen Auftragswesens ausgerichtet werden sollte. Hieraus lässt sich folgern, dass Maßstab der Beurteilung der Grad der Wirksamkeit des nationalen Rechtsschutzes sein sollte. Demnach kommt nicht jeder Verstoß gegen vergaberechtliche Vorschriften des Gemeinschaftsrechts in Betracht. Leichte Verstöße, selbst wenn sie klar und eindeutig sind, dürften jedenfalls nicht genügen.[5] Als schwere Verstöße dürften insbesondere Verstöße zu betrachten sein, die die Grundprinzipien des europäischen Vergaberechts, nämlich die Gleichbehandlung und Nichtdiskriminierung einschließlich der daraus erwachsenden Transparenzpflicht verletzen.[6]

19 Der Verstoß muss gegen das Gemeinschaftsrecht **im Bereich des öffentlichen Auftragswesens** gerichtet sein. Hierzu zählen alle vergaberechtlichen Vorschriften der Europäischen Union, insbesondere die Vergaberichtlinien sowie die allgemeinen Grundsätze des AEUV, insbesondere Art. 18, 49 und 56 AEUV, soweit sie auf vergaberechtliche Verfahren Anwendung finden.[7]

---

5 *Freytag*, in: Gabriel/Krohn/Neun, Handbuch des Vergaberechts, § 37 Vertragsverletzungsverfahren Rn. 9.
6 *Wagner*, in: Heiermann/Zeiss, Vergaberecht, § 129 GWB Rn. 6.
7 *Dittmann*, in: Ziekow/Völlink, Vergaberecht, § 129 GWB Rn. 9.

D. Widerlegung des schweren Verstoßes

20 Sind der Mitgliedstaat oder der Auftraggeber der Auffassung, die Europäische Kommission irrt sich und ein schwerer Verstoß liegt gar nicht erst vor, wird man diesen die Möglichkeit einer entsprechenden Darstellung einräumen müssen.

21 Für Fälle, in denen ein vermuteter schwerer Vergabeverstoß tatsächlich nicht vorliegt und die Europäische Kommission sich nach Auffassung des Mitgliedstaates oder des Auftraggebers irrt, muss es diesen möglich sein, entsprechend **Stellung zu nehmen und die Gründe hierfür vorzutragen**. Demgemäß wäre dies nach § 183 Abs. 2 GWB durch den Auftraggeber darzulegen. Das Bundesministerium für Wirtschaft und Energie wiederum würde gemäß Art. 3 Abs. 3 lit. b RL 89/665/EWG oder Art. 8 Abs. 3 lit. b RL 92/13/EWG an die Europäische Kommission berichten.

22 Für den Fall einer **Nichteinigung** zwischen der Europäischen Kommission und dem Mitgliedstaat bliebe der Europäischen Kommission zur Klärung letztendlich nach Vertragsschluss die Einleitung eines Vertragsverletzungsverfahrens gemäß Art. 258 AEUV.

Anlage

Gesetzesbegründung (BT-Drs. 18/6281)

Seite 137

§ 183 entspricht weitestgehend dem bisherigen § 129 GWB. Gemäß Artikel 46 Absatz 7 und Artikel 47 Absatz 7 der Richtlinie 2014/23/EU wird nunmehr als Prüfungsmaßstab für den schweren Verstoß das Recht der Europäischen Union zur Vergabe von Konzessionen ergänzt. Im Hinblick auf Artikel 3 Absatz 5 der Richtlinie 89/665/EWG, Artikel 8 Absatz 5 der Richtlinie 92/13/EWG, jeweils in der Fassung der Richtlinie 2007/66/EG erfolgte eine Anpassung in Absatz 3 mit der Maßgabe, dass sich die Informationspflicht des Auftraggebers auf den Ausgang des Verfahrens insgesamt bezieht, das heißt, den Ausgang des Nachprüfungsverfahrens oder den Ausgang des Vergabeverfahrens nach Aussetzung aus sonstigen Gründen.

§ 184
Unterrichtungspflichten der Nachprüfungsinstanzen

Die Vergabekammern und die Oberlandesgerichte unterrichten das Bundesministerium für Wirtschaft und Energie bis zum 31. Januar eines jeden Jahres über die Anzahl der Nachprüfungsverfahren des Vorjahres und deren Ergebnisse.

Übersicht Rn.

A. Allgemeines 1
B. Europarechtliche Vorgaben 3
C. Regelungsinhalt 5
Anlage
Gesetzesbegründung (BT-Drs. 18/6281)

A. Allgemeines

Um das Funktionieren der nationalen Nachprüfungsverfahren auf der Grundlage der Rechtsmittelrichtlinien 89/665/EWG und 92/13/EWG in der Form der RL 2007/66/EWG nachvollziehen zu können, hat die Europäische Kommission das Recht, von den Mitgliedstaaten bestimmte Informationen in Bezug auf innerstaatlich durchgeführte Nachprüfungsverfahren von den Mitgliedstaaten zu verlangen. 1

Die den Mitgliedstaaten abverlangten Informationen sollen es der Europäischen Kommission ermöglichen, eine korrekte **Bewertung der Wirksamkeit der Rechtsmittelrichtlinien** vorzunehmen.[1] 2

B. Europarechtliche Vorgaben

Nach **Art. 12 Abs. 1 RL 92/13/EWG** und **Art. 4 RL 89/665/EWG** kann die Europäische Kommission von den Mitgliedstaaten Informationen über das Funktionieren der innerstaatlichen Nachprüfungsverfahren verlangen. 3

Darüber hinaus geben **Art. 12 Abs. 2 RL 92/13/EWG** und **Art. 4 Abs. 2 RL 89/665/EWG** der Europäischen Kommission das Recht, von den Mitgliedstaaten auf einer jährlichen Basis den Wortlaut aller Entscheidungen – zusammen mit entsprechenden Begründungen – zu verlangen, die die Nachprüfungsbehörden gemäß Art. 2d Abs. 3 RL 92/13/EWG und Art. 2d Abs. 3 RL 89/665/EWG getroffen haben. Danach kann eine Nachprüfungsbehörde einen rechtswidrig vergebenen Vertrag gleichwohl als nicht unwirksam erachten, wenn sie zu dem Schluss kommt, dass zwingende Gründe eines Allgemeininteresses es rechtfertigen, die Wirkung des Vertrages zu erhalten. 4

C. Regelungsinhalt

Um den europarechtlichen Verpflichtungen nachkommen zu können, wird den für die Nachprüfungsverfahren zuständigen Institutionen, nämlich den **Vergabekammern und Oberlandesgerichten**, nach § 184 GWB auferlegt, das Bundesministerium für Wirtschaft und Energie regelmäßig über die durchgeführten Nachprüfungsverfahren zu unterrichten. 5

Die Unterrichtung an das Bundesministerium für Wirtschaft und Energie hat **jährlich zum 31.12.** zu erfolgen. 6

1 Vgl. Erwägungsgrund 31 RL 2007/66/EWG.

7 **Gegenstand der Unterrichtungspflicht** sind Anzahl und Ergebnisse der Nachprüfungsverfahren des jeweiligen Vorjahres. Da Art. 2d Abs. 3 RL 92/13/EWG und Art. 2d Abs. 3 RL 89/665/EWG in der Bundesrepublik Deutschland nicht umgesetzt wurden, sind diese für die Unterrichtungspflicht der Nachprüfungsinstanzen gegenüber dem Bundesministerium für Wirtschaft und Energie ohne Bedeutung.

Anlage

Gesetzesbegründung (BT-Drs. 18/6281)

Seite 137

§ 184 entspricht dem bisherigen § 129a.

Teil 6

Übergangs- und Schlussbestimmungen

§ 186
Übergangsbestimmungen

(1) § 29 ist nach dem 31. Dezember 2017 nicht mehr anzuwenden.

(2) Vergabeverfahren, die vor dem 18. April 2016 begonnen haben, einschließlich der sich an diese anschließenden Nachprüfungsverfahren sowie am 18. April 2016 anhängige Nachprüfungsverfahren werden nach dem Recht zu Ende geführt, das zum Zeitpunkt der Einleitung des Verfahrens galt.

Übersicht Rn.

A. Allgemeines ... 1
B. Ziel der Übergangsbestimmung ... 3
C. Adressaten und Wirkung ... 5
D. Beginn des Vergabeverfahrens ... 6
Anlage
Gesetzesbegründung (BT-Drs. 18/6281)

A. Allgemeines

1 § 186 Abs. 2 GWB ist in Teil 6 „Übergangs- und Schlussbestimmungen" angesiedelt. Trotz der Überschrift des Teils stellt § 186 GWB mit der Überschrift „Übergangsbestimmungen" die einzige Vorschrift in diesem Teil dar. Lediglich § 186 Abs. 2 GWB betrifft die vergaberechtlichen Regelungen des Teil 4.

2 Die gesamte Vorschrift greift den Regelungsgehalt des bisherigen **§ 131 GWB a.F.** auf.[1] Die Regelung der Übergangsbestimmungen im GWB war auf zwei Absätze mit unterschiedlichen zeitlichen Bezugspunkten aufgeteilt. Hintergrund war die Einfügung des Abs. 2 durch das VergRModG 2009 und das Erfordernis einer weiteren Übergangsregelung und damit Abs. 3 durch das Gesetz zur Änderung des Vergaberechts für die Bereiche Verteidigung und Sicherheit[2].

B. Ziel der Übergangsbestimmung

3 Ziel der Vorschrift ist eine eindeutige Regelung zu der Frage, nach welchem Recht vor Inkrafttreten des Gesetzes begonnene Vergabeverfahren und Nachprüfungsverfahren zu Ende zu führen sind.[3] Anders als verschiedene Regelungen zum intertemporalen Verfahrensrecht (vgl. z.B. § 96 VwVfG) es vorsehen[4], muss der Auftraggeber nicht das nun geltende Recht auf laufende Vergabeverfahren anwenden und dadurch gegebenenfalls das Verfahren umstellen. Dies dient dem **Vertrauensschutz**[5] und ermöglicht den öffentlichen Auftraggebern eine Planung der Vergabeverfahren, welche damit unabhängig von gesetzgeberischen Entscheidungen zwischen Beginn und Abschluss des Vergabeverfahrens ist.

4 Eine derartige Regelung entspricht dabei den Vorgaben durch das **europäische Vergaberecht**. So stellte der EuGH fest, dass die RL 2004/18/EG nicht auf eine Entscheidung angewandt werden kann, die ein öffentlicher Auftraggeber bei der Vergabe eines öffentlichen Bau-

1 Die Gesetzesbegründung (BT-Drs. 18/6281, 137) verweist bei § 186 Abs. 1 GWB darauf, dass dieser wortgleich dem bisherigen § 131 Abs. 1 GWB entspricht. § 131 Abs. 1 GWB wurde durch das Gesetz zur Bekämpfung von Preismissbrauch im Bereich der Energieversorgung und des Lebensmittelhandels (BGBl. I 2007 S. 2966) eingefügt. Im Rahmen des Achten Gesetzes zur Änderung des Gesetzes gegen Wettbewerbsbeschränkungen (sog. 8. GWB-Novelle, BGBl. I 2013 S. 1738) wurde der Zeitpunkt der Nichtanwendbarkeit von § 29 GWB auf den 31.12. 2017 gelegt. Bis dahin war der 31.12.2012 vorgesehen.
2 BGBl. I 2011 S. 2570.
3 Vgl. Gesetzesbegründung, BT-Drs. 18/6281, 137.
4 BVerwG, Urteil v. 28.9.2011 – 3 C 39.10, Rn. 10; Urteil v. 9.8.2007 – 1 C 47.06, Rn. 29.
5 *Stockmann*, in: Immenga/Mestmäcker, Wettbewerbsrecht, § 131 GWB Rn. 1.

auftrags vor Ablauf der Frist zur Umsetzung dieser Richtlinie getroffen hat.[6] Hintergrund ist der Grundsatz der Rechtssicherheit.[7] Diesen Grundsatz behält der deutsche Gesetzgeber für das GWB bei.

C. Adressaten und Wirkung

5 Die Vorschrift verwendet den Begriff *„Vergabeverfahren"*, welcher mit der Überschrift von Kapitel 1 des Teil 4 übereinstimmt. Grundsätzlich sind damit alle Vergabeverfahren von Auftraggebern i.S.d. § 98 GWB erfasst. Für die bisher nicht im GWB enthaltenen Regelungen zu **Konzessionsvergabeverfahren** bedeutet dies – in logischer Fortsetzung der EuGH-Rechtsprechung – eine Fortsetzung des bisherigen Rechtszustands ohne ausdrückliche Regelung im GWB. Die übrigen Auftraggeber sowie die Vergabekammern haben die Vorgaben des GWB entsprechend dem Zeitpunkt für die jeweiligen Vergabeverfahren zu beachten.

D. Beginn des Vergabeverfahrens

6 Maßgeblich ist der Zeitpunkt, in dem das Vergabeverfahren begonnen hat. Laut Gesetzesbegründung ist ein Vergabeverfahren im Sinne dieser Übergangsregelung auch begonnen, wenn eine **Aufforderung zum Teilnahmewettbewerb** oder zur **Angebotsabgabe ohne vorherigen Teilnahmewettbewerb** erfolgt ist[8], was eine Abweichung zu den Begründungen zu den Vorgängerregelungen in § 131 Abs. 2[9] und Abs. 3 GWB a.F.[10] bedeutet.[11]

7 Da die Klarstellung nicht alle Sachverhalte erfasst, sondern lediglich die erwähnten Konstellationen ausdrücklich aufführt, ist der Beginn des Vergabeverfahrens nach allgemeinen Erwägungen zu bestimmen. Hierbei ist ein **materielles Verständnis** anzunehmen, bei dem neben einem internen Beschaffungsentschluss eine externe Umsetzung vorausgesetzt wird.[12] Im Gegensatz zu einer Absendung einer Bekanntmachung reicht die Veröffentlichung einer Vorinformation nicht aus.[13]

Anlage

Gesetzesbegründung (BT-Drs. 18/6281)

Seite 137

Teil 6 und der darin enthaltene § 186 regelt den Übergang für zum Zeitpunkt des Inkrafttretens des Gesetzes bereits begonnene Vergabe- oder Nachprüfungsverfahren und greift in seinem Regelungsgehalt den bislang geltenden Teil 6 mit dem bisherigen § 131 GWB auf. Dabei entspricht § 186 Absatz 1 wortgleich dem bisherigen § 131 Absatz 1 GWB. § 186 Absatz 2 schafft eine eindeutige Regelung zu der Frage, nach welchem Recht vor Inkrafttreten des Gesetzes begonnene Vergabeverfahren und Nachprüfungsverfahren zu Ende zu führen sind. Ein Vergabeverfahren ist im Sinne dieser Übergangsregelung auch begonnen, wenn eine Aufforderung zum Teilnahmewettbewerb oder zur Angebotsabgabe ohne vorherigen Teilnahmewettbewerb erfolgt ist.

---

6 EuGH, Urteil v. 15.10.2009 – Rs. C-138/08.

7 EuGH, Urteil v. 11.7.2013 – Rs. C-576/10, Rn. 53 sowie Urteil v. 15.10.2009 – Rs. C-138/08, Rn. 29, jeweils mit Verweis auf EuGH, Urteil v. 5.10.2000 – Rs. C-337/98, Rn. 40.

8 Vgl. Gesetzesbegründung, BT-Drs. 18/6281, 137.

9 Zu § 131 Abs. 8 GWB a.F.: Gesetzesbegründung, VergRModG 2009, BT-Drs. 16/10117, 25 f.

10 Zu § 131 Abs. 9 GWB a.F.: Gesetzesbegründung, Gesetz zur Änderung des Vergaberechts für die Bereiche Verteidigung und Sicherheit, BT-Drs. 17/7275, 19.

11 Diese nennen „eine Aufforderung zu Verhandlungen ohne vorherigen Teilnahmewettbewerb" als Bezugspunkt, wogegen sich die aktuelle Begründung auf Aufforderungen „zur Angebotsabgabe ohne vorherigen Teilnahmewettbewerb" bezieht.

12 OLG Düsseldorf, Beschluss v. 1.8.2012 – VII-Verg 10/12, Rn. 18 ff. m.w.N.; es ist allerdings darauf hinzuweisen, dass der EuGH möglicherweise bereits die internen Beschlüsse ausreichen lässt, sofern im weiteren Verlauf keine wesentlichen Änderungen eintreten: vgl. EuGH, Urteil v. 11.7.2013 – Rs. C-576/10, Rn. 54 ff.

13 *Sturhahn*, in: Pünder/Schellenberg, Vergaberecht, § 23 VgV Rn. 1 f. m.w.N.

- Form **173** 31
- Frist **173** 32
- Hängebeschlüsse **173** 34
- Interesse am raschen Abschluss des Vergabeverfahrens **173** 42
- Interesse an einer wirtschaftliche Erfüllung der Aufgaben des Auftraggebers **173** 41
- Interesse der Allgemeinheit **173** 40
- Teilweise Ablehnung des Nachprüfungsantrags **173** 27
- Verteidigungs- und Sicherheitsinteressen **173** 40
- Vorabentscheidung **173** 43

Antragsbefugnis **135** 66, **155** 31, **160** 12
- Abgeschlagener Rang **160** 31
- Ablauf der Bindefrist **160** 19
- Ausschluss des Angebotes **160** 31
- Außervergaberechtliche Normen **160** 24
- Bewerbergemeinschaften **160** 15
- Bietergemeinschaften **160** 15
- Darlegungs- und Beweislast **160** 99
- De-facto-Vergaben **160** 21
- Dokumentationsmängel **160** 33
- Drittwirkung **160** 26
- Drohender Schaden **160** 28
- Fehlende Angebotsabgabe **160** 20
- Fehlende europaweite Ausschreibung **160** 30
- Fehlerhafte Vorabinformation **160** 33
- Interesse am Auftrag **160** 18
- Kartellrecht **160** 24
- Newcomer **160** 21
- Popularklage **160** 22
- Rechtsverletzung **160** 22
- Schadensersatz **160** 25
- Unterauftragnehmer **160** 15
- Unternehmen **160** 15
- Unwirksamkeit **135** 65
- Vergütung **160** 25
- Vertragsklauselkontrolle **160** 25
- Vorbeugender Rechtsschutz **160** 27
- Zuschlagschance **160** 29

Antragsbefugns
- Zweite Chance **160** 32

Antragsgegner
- Aufwendung für Rechtsverfolgung **182** 95 f.
- Aufwendung für Rechtsverteidigung **182** 95 f.

Antragsteller
- Aufwendung für Auftragsgegner **182** 95 f.
- Aufwendung für Rechtsverfolgung **182** 95 f.
- Beschwerdeberechtigung **171** 54
- Bewerbergemeinschaft **162** 11
- Bietergemeinschaft **162** 11
- Nachunternehmer **162** 10
- Subunternehmer **162** 10
- Unterauftragnehmer **162** 10

Anwaltszwang **175** 1, 5
- Hochschullehrer **175** 5
- Rechtsanwalt **175** 5
- Sofortige Beschwerde **175** 5
- Vorabentscheidung über den Zuschlag **176** 37, 63

Anwendungsbereich
- Allgemeine Ausnahme **107** 1
- Arbeitnehmerüberlassung **107** 21
- Arbeitsvertrag **107** 16
- Audiovisuelle Mediendienste **116** 50
- Auftraggeber mit ausschließlichem Recht **116** 84
- Auftragsvergaben im Einsatzgebiet **145** 13
- Ausstrahlungszeit **137** 17 ff.
- Besondere Ausnahme **137** 1, **149** 1
- Besondere Ausnahmen für öffentliche Aufträge **116** 1
- Besondere Sicherheitsmaßnahme **117** 15, 20
- Besondere Verfahrensregeln **145** 30
- Darlehen **116** 79 f., **137** 28, 32
- Dual-use-Gut **107** 36
- Eisenbahnverkehr **156** 29
- Elektronische Kommunikationsdienste **116** 95
- Energiewirtschaftliche Konzession **156** 33
- Finanzdienstleistungen **145** 22
- Finanzielle Dienstleistung **116** 60, **137** 27 f.
- Forschung und Entwicklung **137** 14 ff.
- Forschungs- und Entwicklungsdienstleistungen **116** 38, **145** 26
- Geheimschutz **117** 15, 17
- Gemeinnützige Organisation **107** 22
- Gemeinnützige Vereinigung **107** 22
- Government-to-Government-Beschaffung **145** 18
- Grundstücksbezogene Geschäfte **107** 9
- Hörfunkmediendienste **116** 50
- Internationale Abkommen im Zusammenhang mit der Stationierung von Truppen **145** 36
- Internationale Abkommen zwischen EU-Mitgliedstaaten und Nicht-EWR-Staaten **145** 32, **150** 39
- Internationale Finanzierungseinrichtung **109** 12, **117** 36
- Internationale Organisation **109** 7, 9, 12, **117** 32, 36, **145** 39
- Internationale Organisationen **145** 40
- Internationale Übereinkunft **109** 4, **117** 25

- Internationale Vereinbarung **109** 4, **117** 25
- Internationale Verfahrensregel **109** 1
- Katastrophenschutzorganisation **107** 22
- Konzessionen **148** 1
- Kooperationsprogramme **145** 8
- Krankentransport **107** 22
- Kredit **116** 79 f., **137** 28, 32
- Mischvertrag **107** 15
- Nachrichtendienstliche Tätigkeiten **145** 4
- Öffentliche Kommunikationsnetze **116** 95
- Patientenbeförderung **107** 22
- Preisgabe sicherheitsrelevanter Auskünfte **107** 27, **117** 12
- Rechtsdienstleistung **116** 8, **137** 8 ff., **149** 4
- Rechtsschutz **107** 42, **109** 16, **117** 39, **145** 45, **150** 49
- Regierungsaufträge **145** 18
- Rettungsdienst **153** 20, 22 f., 25
- Rettungsdienstleistung **107** 22
- Schiedsgerichtsleistung **107** 6
- Schlichtungsleistung **107** 6
- Schwellenwerte **106** 1, 4, **155** 4, 18
- Sendung **137** 17 ff.
- Sicherheitsaspekt **117** 1
- Sicherheitsinteresse **107** 26, **117** 5
- Stationierung von Truppen **117** 30
- Verteidigungsaspekt **117** 1
- Verteidigungsauftrag **107** 33
- Verteidigungsgut **107** 36
- Völkerrechtliche Verpflichtung **109** 4
- Zentralbanken **116** 72
- Zivilschutzorganisation **107** 22

Anzahl der Teilnehmer
- Nicht offenes Verfahren **119** 36
- Verhandlungsverfahren mit Teilnahmewettbewerb **119** 51
- Verhandlungsverfahren ohne Teilnahmewettbewerb **119** 52

Apotheke **103** 89
Apothekenkonzession **105** 2
Äquivalenzgrundsatz **182** 22
Arbeitnehmerüberlassung **103** 125, **107** 21
Arbeitsbedingung
- Auftragsausführung **152** 82
- Mindestentgelt **152** 82

Arbeitsgemeinschaft
- Auftragnehmerwechsel **132** 115 ff.
- Auftragsänderung **132** 115 ff.
- Unternehmensumstrukturierung **132** 117

Arbeitsschutzrecht
- Auftragsausführung **128** 11, 14
- Ausführungsbedingung **128** 14

Arbeitsvertrag **107** 16
Architektenleistung **103** 135
- Berufsanfänger **122** 101
- Kleinere Büroorganisation **122** 101
- Newcomer **122** 101
- Niedrigstkostenvergabe **127** 54
- Niedrigstpreisvergabe **127** 54
- Preis **127** 54
- Subventionierte Auftraggeber **99** 99
- Zuschlagskriterium **122** 19

Arrangement **145** 34
Arzneimittelrabattvertrag
- Lieferauftrag **103** 95
- Öffentlicher Auftrag **103** 89 f.
- Rechtsweg **103** 91

Ärztekammern **99** 84
Aspekte der Innovation
- Konzession **151** 11

Aspekte der Qualität
- Konzession **151** 11

Audiovisuelle kommerzielle Kommunikation **149** 54
Audiovisueller Mediendienst **116** 50
- Abrufdienste **116** 53
- Ankauf von Sendezeit **116** 58
- Audiovisuelle kommerzielle Kommunikation **149** 54
- Audiovisuelle Mediendienste auf Abruf **116** 53
- Auf Abruf **149** 54
- Ausstrahlung von Sendungen **116** 57
- Ausstrahlungszeit **137** 23, **149** 58 f.
- Begriff **116** 53 f., **149** 53
- Bereitstellung von Sendungen **116** 57, **149** 58
- Beschaffung von Sendetechnik **116** 59
- Beschaffung von technischem Sendematerial **116** 59
- Besondere Ausnahme **149** 47
- Fernsehanstalt **149** 56
- Fernsehprogramme **116** 53, **149** 54
- Konzession **149** 47
- Lineare audiovisuelle Mediendienste **116** 53
- Mediendiensteanbieter **116** 55, **149** 55
- Mediendienstleister **149** 55
- Nichtlineare audiovisuelle Mediendienste **116** 53
- On Demand **116** 53
- Programmbezug **149** 51
- Programmfreiheit **116** 52
- Rundfunkanstalt **149** 56
- Rundfunk-Mediendienste **116** 53
- Sendematerial **116** 56, **149** 50, 57
- Sendung **116** 56, **137** 23, **149** 57, 59
- Sinn und Zweck **116** 52

– Vorbereitungsdienst **149** 52
Aufforderung zu Verhandlungen
– Loslimitierung **97** 199
Aufforderung zur Angebotsabgabe **152** 77
– Innovationspartnerschaft **119** 83
– Loslimitierung **97** 199
– Nicht offenes Verfahren **119** 38
Aufforderung zur Interessensbestätigung
– Beleg des Nichtvorliegens von Ausschlussgründen **124** 199
– Eignungskriterium **122** 10, 105 f.
– Eignungsnachweis **122** 107
– Loslimitierung **97** 199
Aufgabenbeschreibung **121** 78
– HOAI-Leistungen **121** 82
– Zuschlagskriterien **121** 83
Aufgabenträger **131** 5
Aufhebung
– Aufhebung **168** 26
– Aufhebung der Aufhebung **168** 26 ff.
– Echte Chance **181** 48
– Entscheidung **168** 23
– Erledigung **168** 43, 45, **175** 71
– Informationspflicht **134** 31
– Schadensersatz **181** 12, 48
– Scheinaufhebung **168** 27
– Vergabekammer **155** 24, **156** 50
– Verordnungsermächtigung **113** 12
– Wartepflicht **134** 31
Aufhebung der Aufhebung **168** 26
– Ermessensfehlgebrauch **168** 28
– Scheinaufhebung **168** 27
– Vertragsfreiheit **168** 29
Auflage
– Notmaßnahme **131** 35, 40
Auflagenbeschluss **167** 24
Aufschiebende Wirkung
– Sofortige Beschwerde **173** 1
– Vollstreckung **168** 59
Aufsicht über die Leitung
– Aktienrechtliche Abhängigkeitsvermutung **99** 75
– Fachaufsicht **99** 72
– Fusionskontrollrechtliche Vermutung **99** 75
– Rechtsaufsicht **99** 72
– Vermutungsregelungen **99** 75
Aufsichtsbehörde **155** 9, 48, **156** 14
– Bindungswirkung **181** 128
– Fachaufsicht **155** 49
– Rechtsaufsicht **155** 49
– Zuständigkeit **155** 51
Aufsichtsbeschwerde **155** 48
– Dienstaufsichtsbeschwerde **155** 50
– Fachaufsicht **155** 49
– Rechtsaufsicht **155** 49
– Unterschiede zum Nachprüfungsverfahren **155** 54
– Zuständigkeit **155** 51
Auftraggeber **98** 1
– Begriff **101** 9
– Beschwerdeberechtigung **171** 54
– Konzessionsgeber **98** 2
– Öffentlicher Auftraggeber **98** 2, **101** 9
– Sektorenauftraggeber **98** 2, **100** 1
– Verzeichnis der Auftraggeber **102** 7
– Zentrale Beschaffungsstellen **98** 10
Auftraggeber mit ausschließlichem Recht **116** 84
– DAWI-Leistungen **116** 93
– Interkommunale Zusammenarbeit **116** 91 f.
– Relatives Monopol **116** 90
– Sinn und Zweck der Freistellung **116** 87
Auftraggeber nach dem Bundesberggesetz **143** 1
– Aufsuchung **143** 11 f.
– Aufsuchung von Erdöl und Gas **143** 5 f.
– Auskunftspflicht **143** 18
– Bauauftrag **143** 10
– Befreiung **143** 22
– Dienstleistungsauftrag **143** 10
– Energieerzeugung **143** 14
– Erdöl **143** 4
– Exploration **143** 11
– Feste Brennstoffe **143** 4
– Förderung **143** 11
– Gas **143** 4
– Gewinnung **143** 11 f.
– Informationspflicht **143** 17
– Kohle **143** 4
– Konzession **143** 10
– Konzessionsgeber **143** 9
– Lieferauftrag **143** 10
– Nichtdiskriminierung **143** 15 f.
– Objektive Kriterien **143** 15
– Öffentliche Auftraggeber **143** 9
– Schwellenwert **143** 13
– Sektorenauftraggeber **143** 1, 7
– Wartepflicht **143** 17
– Wettbewerbsorientierte Auftragsvergabe **143** 15 f.
Auftraggeberkette **159** 17
Auftraggeberwechsel **132** 108 f.
– In-House-Vergabe **132** 114
– Vergabeunterlagen **132** 113
– Wesentliche Änderung **132** 111
– Zustimmung **132** 110
Auftragnehmerwechsel **132** 26
– Aktiengesellschaft **132** 31

- Arbeitsgemeinschaft **132** 115 ff.
- Ausnahmetatbestände **132** 62
- Bagatellklausel **132** 85
- De-minimis-Regelung **132** 85
- Erwerb **132** 73
- Genossenschaften mit beschränkter Haftung **132** 31
- Geringfügigkeitsklausel **132** 85
- Gesellschaften mit beschränkter Haftung **132** 31
- Insolvenz **132** 26, 73 f.
- Kapitalgesellschaften **132** 31
- Kündigung **132** 26
- Übernahme **132** 73
- Überprüfungsklausel **132** 63
- Umgehungsverbot **132** 66
- Unterauftragnehmer **132** 79
- Unternehmensumstrukturierung **132** 69
- Unvorhersehbarer Änderungsbedarf **132** 61
- Veräußerung von Geschäftsanteilen **132** 31, 73
- Wesentliche Änderung **132** 78
- Zusammenschluss **132** 73

Auftragsänderungen **132** 1 ff.
- Abfallentsorgung **132** 12
- Alternativpositionen **132** 59
- Änderung des wirtschaftlichen Gleichgewichts **132** 22
- Änderungen der Rechtslage **132** 56
- Arbeitsgemeinschaft **132** 115 ff.
- Auftraggeberwechsel **132** 108 f.
- Auftragnehmerwechsel **132** 26, 62
- Ausnahmetatbestände **132** 32
- Bagatelländerungen **132** 82 f.
- Bagatellklausel **132** 82 f.
- Bauverträge **132** 12
- Bauzeitverschiebung **132** 13
- Bedarfspositionen **132** 59
- Bekanntmachung **132** 90 f.
- Besondere Ausnahmen vom Anwendungsbereich **116** 24
- Darlegungslast **132** 14, 84
- Daseinsvorsorge **132** 12
- De-minimis-Regelung **132** 82 f.
- Erhebliche Ausweitung des Umfangs **132** 24
- Erheblicher Unterschied **132** 8
- Ersatzleistung **132** 45
- Essentialia negotii **132** 10
- Eventualpositionen **132** 59
- Geringfügigkeitsklausel **132** 82 f.
- Gesamtcharakter **132** 60
- Indexierungsklausel **132** 88 f.
- Informationspflicht **134** 37
- In-House-Vergabe **132** 31, 114
- Insolvenz **132** 26
- Insolvenz des Auftragnehmers **132** 73 f.
- Katalogtatbestände **132** 15
- Konkretisierungen **132** 93
- Kündigungsverzicht **132** 105
- Naturereignisse **132** 56
- Nichtausübung eines Kündigungsrechts **133** 42
- Öffentlich-öffentliche Zusammenarbeit **108** 99
- Öffentlich-private Partnerschaft **132** 9
- Öffentlich-rechtlicher Vertrag **132** 7
- Optionen **132** 33, 35
- Preisanpassungsklauseln **132** 33, 101
- Preiserhöhungen **132** 99
- Preissenkungen **132** 100
- Preisverhandlungen **132** 102
- Pressetext **132** 5 f., 27, 71
- Rabatterhöhung **132** 100
- Rechte des geistigen Eigentums **132** 11
- Reduktion des Leistungsumfangs **132** 97
- Rücknahme einer Kündigung **132** 107
- Sektorenauftraggeber **142** 12
- Soziale und andere besondere Dienstleistungen **130** 42 ff.
- Teilkündigung **132** 97
- Überprüfungsklausel **132** 33 f., 63
- Umgehungsverbot **132** 66, 80, 84, 112
- Universalverträge **132** 12
- Unternehmensumstrukturierung **132** 69
- Unvorhersehbarer Änderungsbedarf **132** 55 f.
- Veräußerung von Geschäftsanteilen **132** 31, 73
- Verfahrensvorbereitende Rechtsberatung **116** 24
- Vergabekammer **156** 50
- Vergleichsvertrag **132** 7
- Verkehrsdienstleistungen **132** 12
- Verteidigungs- oder sicherheitsspezifischer Auftrag **147** 4
- Vertragsdurchführungsklauseln **132** 95
- Vertragsverlängerungen **132** 103
- Vertragsverlängerungsoptionen **132** 35
- VOB/B **132** 12
- Wahlpositionen **132** 59
- Wasserversorgung **132** 12
- Wertgrenzen **132** 80
- Wesentliche Auftragsänderungen **132** 7
- Zusätzliche Bedingungen **132** 17
- Zusätzliche Leistungen **132** 39 ff.
- Zuständigkeit der Vergabekammern **155** 22

Auftragsausführung **128** 1, 4 f.
- Abgabe **128** 11 ff., **152** 82

– Allgemeine Ausführungsbedingung **128** 7 ff.
– Arbeitsbedingung **152** 82
– Arbeitsschutzrecht **128** 11, 14
– Ausführungsbedingung **152** 86, 90
– Ausführungsverpflichtung **152** 82
– Beitrag zur Sozialversicherung **128** 11
– Konzessionsvergabeverfahren **152** 80 f.
– Landesvergaberecht **128** 6
– Leistungsort **128** 22
– Mindestentgelt **128** 15 ff., **152** 82
– Räumlicher Geltungsbereich **128** 22
– Rechtsschutz **128** 44
– Sozialversicherungsbeitrag **152** 82
– Steuer **128** 11 ff., **152** 82
– Strategisches Ziel **153** 37
– Verpflichtung **128** 7 ff.
– Verteidigungs- oder sicherheitsspezifischer Auftrag **147** 4
– Völkerrechtliches Übereinkommen **152** 85
– Zweck **128** 4
Auftragsbekanntmachung
– Beleg des Nichtvorliegens von Ausschlussgründen **124** 199
– Betreiberwechsel **131** 53
– De-facto-Vergabe **135** 47 ff.
– Eignungskriterium **122** 10, 105, 110
– Eignungsnachweis **122** 107
– Gewichtung **127** 241, 244
– Innovationspartnerschaft **119** 81
– Länderübrgeifende Beschaffung **159** 42
– Loslimitierung **97** 199
– Nicht offenes Verfahren **119** 36
– Offenes Verfahren **119** 21
– Option **132** 37
– Verhandlungsverfahren mit Teilnahmewettbewerb **119** 51
– Wettbewerblicher Dialog **119** 66
– Zuschlagskriterium **127** 241, 244
Auftragsforschung **116** 40
– Besondere Ausnahme **149** 36
– Konzession **149** 36
Auftragsgegenstand
– Bestimmung **97** 15
– Wettbewerbsgrundsatz **97** 15
Auftragssperre **125** 14 ff.
– Begriff **125** 15
– Schwere Verfehlung **124** 44
Auftragsverwaltung **159** 29 f.
Auftragswert
– Öffentlicher Auftrag **103** 53
Aufwendung für Rechtsverfolgung oder -verteidigung
– Antragsteller **182** 95 f.
– Auftragsbezogene Rechtsfrage **182** 141, 145
– Auftragsbezogene Sachfrage **182** 141, 144
– Ausstattung **182** 131 f.
– Bedeutung des Auftrags **182** 159
– Beigeladener **182** 95 f., 99 ff., 105
– Beteiligter **182** 95
– BGH-Rechtsprechung **182** 122 f.
– Eilbedürftigkeit **182** 156
– Erledigung **182** 92, 102 ff.
– Ermessen **182** 93
– Europarechtliche Frage **182** 148
– Gesamtschuld **182** 112
– Gleichwertiges Obsiegen **182** 98
– Gleichwertiges Unterliegen **182** 98
– Größere Auftraggeber **182** 133
– Hinzuziehung eines Rechtsanwalts **182** 113, 128
– Instanzrechtsprechung **182** 124
– Kapazitätsprobleme **182** 137
– Komplexität **182** 156
– Kopierkosten **182** 110
– Kostenminderungspflicht **182** 117
– Notwendigkeit **182** 106 ff., 152 f.
– Personalkosten **182** 110
– Portokosten **182** 110
– Privatgutachten **182** 110
– Rechtsabteilung **182** 135
– Rechtsanwaltskosten **182** 109
– Rechtsfrage **182** 140
– Reisekosten **182** 110
– Rücknahme des Nachprüfungsantrags **182** 92, 102 ff.
– Rüge **182** 111
– Sachfrage **182** 140
– Teilschuld **182** 112
– Telekommunikationskosten **182** 110
– Unterliegen **182** 97
– Verfahrensrechtliche Fragen **182** 149 f.
– Vergabestelle **182** 136
– Verwaltungsrechtliche Rechtsprechung **182** 118 ff.
– Vorschuss **182** 110
– Waffengleichheit **182** 157 f.
Aufwendung für Rechtsverfolgung oder –verteidigung
– Unterliegen **182** 94
Aufwendungen für Rechtsverfolgung oder -verteidigung **182** 91
Augenschein **163** 9, **175** 32, 57
Ausbauarbeiten **103** 104
Ausbildung **152** 59
Ausfallsicherheitskonzept **127** 147

Ausführungsbedingung **128** 19
- Allgemeine Ausführungsbedingung **128** 7 ff.
- Außerordentliches Kündigungsrecht **97** 122
- Auszubildender **128** 24, 38
- Begriff **97** 120, **152** 86
- Bekanntmachung **128** 27, **152** 87
- Beschäftigungspolitischer Aspekt **152** 91
- Beschäftigungspolitischer Belang **128** 36, **152** 88
- Besondere Ausführungsbedingung **128** 19
- Bundesgesetz **129** 5
- Eignungskriterium **97** 120, **122** 14, **129** 6
- Flüchtling **128** 38
- Gleichstellung **128** 24, 39
- Inklusion **128** 35
- Innovationsbezogener Aspekt **128** 30
- Innovationsbezogener Belang **128** 29
- Integration **128** 35
- Kernarbeitsnorm **128** 37
- Konzession **153** 40
- Konzessionsbekanntmachung **152** 87
- Konzessionsvergabeverfahren **152** 86, 90
- Landesgesetz **129** 5
- Langzeitarbeitsloser **128** 24, 38
- Leistungsanforderungen **97** 120
- Leistungsbeschreibung **121** 89
- Mindestentgelt **128** 15
- Numerus clausus **97** 121
- Produktbezogene Anforderung **128** 33
- Produktionsbezogene Anforderung **128** 33
- Rechtsschutz **128** 44
- Schwarzarbeit **128** 40
- Sinn und Zweck **128** 19
- Sozialer Aspekt **118** 11, **152** 88, 91, **153** 46
- Sozialer Belang **128** 34 f.
- Sozialversicherte Mitarbeiter **128** 25
- Sozialversicherungspflichtiges Personal **128** 26
- Strategisches Ziel **97** 99, 120
- Umweltbezogener Aspekt **97** 124, **152** 88, 91, **153** 54
- Umweltbezogener Belang **128** 32
- Verbindung zum Auftragsgegenstand **97** 133, **128** 23 f., **129** 4, **152** 89
- Vergabesperre **97** 122
- Vergabeunterlagen **128** 27, **152** 87
- Verteidigungs- oder sicherheitsspezifischer Auftrag **147** 4
- Vertragsstrafe **97** 122
- Vertraulichkeitsschutz **128** 41 f., **152** 88
- Wirtschaftlicher Belang **128** 28, **152** 88
- Zuschlagskriterium **128** 23, **129** 6
- Zwingende Ausführungsbedingung **129** 1, 5

Ausführungsverpflichtung
- Konzessionsvergabeverfahren **152** 82

Ausgleichszahlung **103** 74
Auskunftsdatei **122** 81 f.
Auslage **182** 52
- Absehen von der Erhebung **182** 45
- Beförderungskosten **182** 52
- Bekanntmachungskosten **182** 52
- Dolmetscherkosten **182** 52
- Gebührenbefreiung **182** 53
- Höhe **182** 39
- Kopierkosten **182** 52
- Kostendeckungsprinzip **182** 54
- Reisekosten **182** 52
- Sachverständigenkosten **182** 52
- Telefonkosten **182** 52
- Übersetzungskosten **182** 52
- Verwahrungskosten **182** 52

Auslobungsverfahren **136** 2, 15
Ausnahme vom Anwendungsbereich
- De-facto-Vergabe **135** 54

Ausnahmen von der Konzessionsbekanntmachung **151** 28
- Auslegung **151** 29
- Ausschließliches Recht **151** 30
- Einzigartige künstlerische Leistung **151** 30
- Einzigartiges Kunstwerk **151** 30
- Erfolgloses Vergabeverfahren **151** 32
- Rechte des geistigen Eigentums **151** 30
- Technische Gründe **151** 30
- Ungeeigneter Teilnahmeantrag **151** 33
- Ungeeignetes Angebot **151** 34

Ausschließliches Recht
- Auftraggeber mit ausschließlichem Recht **116** 84
- Begriff **116** 88, **137** 46, **149** 88, 134 f.
- Bekanntmachung **149** 137
- Besondere Ausnahme **137** 33 ff., 46, **149** 75
- Branchenspezifische Transparenzverpflichtung **149** 90
- Definition **149** 80 f.
- Fehlerhaftes Verfahren **149** 89
- Gasnetz **149** 88
- Gesetz **149** 82
- Konzession **149** 75
- Konzessionsgeber **101** 33 ff.
- Lotteriedienstleistung **149** 131, 134, 136
- Meldepflicht **149** 91
- Mitteilung an die Europäische Kommission **137** 52
- Monopol **149** 76, 81, 135
- Oligopol **149** 76, 81, 135
- Relatives Monopol **116** 90
- Sektorentätigkeit **149** 83

– Sektorenvergaberecht **137** 33 ff.
– Stromnetz **149** 88
– Verordnung **149** 82
– Verwaltungsvorschrift **149** 82
– Wasserkonzession **149** 127
– Wasserkraft **149** 88
Ausschließlichkeitsrecht
– Abfallüberlassungspflicht **149** 82
Ausschluss
– Gleichbehandlung **97** 49
– Verhältnismäßigkeit **97** 34
Ausschlussgrund
– Eignung **122** 12
– Gesetzestreue **122** 23
– Zuverlässigkeit **122** 23
Ausschlussgründe
– Formelle Ausschlussgründe **119** 29
– Höchstfristen **126** 9
– Zeitraum **126** 1
Außervergaberechtliche Normen
– Sofortige Beschwerde **175** 21
Aussetzung des Vergabeverfahrens **169** 1
– Begriff **169** 12
– Verteidigungs- und sicherheitsspezifische öffentliche Aufträge **169** 5
– Vorabgestattung des Zuschlags **169** 17
– Zuschlagsverbot **169** 2, 6
Ausstrahlungszeit
– Audiovisueller Mediendienst **137** 23
– Begriff **137** 22
– Besondere Ausnahme **137** 17 ff.
– Sektorenhilfstätigkeit **137** 25
– Sektorenvergaberecht **137** 17 ff.
Auswahl der Teilnehmer
– Bewertungsmatrix **119** 51
– Innovationspartnerschaft **119** 82
– Nicht offenes Verfahren **119** 37
– Verhandlungsverfahren mit Teilnahmewettbewerb **119** 51
– Verhandlungsverfahren ohne Teilnahmewettbewerb **119** 52
Auswahlkriterien
– Nicht offenes Verfahren **119** 36
– Wettbewerblicher Dialog **119** 66
Ausweitung eines öffentlichen Dienstleistungsauftrages
– Direktvergabe **131** 40
– Notmaßnahme **131** 35, 40
Auszubildender
– Ausführungsbedingung **128** 24, 38

B

Bagatelländerung **132** 82 f.
– Berechnung **132** 86
Barrierefreiheit **97** 79, **121** 96
Bauauftrag **103** 97 ff.
– Ahlhorn **103** 111, 115
– Anlagenvertrag **103** 105
– Ausbauarbeit **103** 104
– Baukonzession **105** 7
– Bauträger-Modell **103** 110
– Bauverpflichtung **103** 108, 119
– Bauvorhaben **103** 102 ff.
– Bauwerk **103** 105 f.
– Begriff **136** 10
– Bestellbau **103** 109 ff.
– Einfluss **103** 113
– Erfordernis **103** 114 f., 117
– Europarecht **103** 98
– Gemischter Auftrag **103** 99
– Helmut Müller **103** 111
– Leasing-Modell **103** 110
– Miet-Modell **103** 110
– Montage **103** 104
– Planung **103** 100
– Präqualifizierungssystem **122** 72 ff.
– Schlüsselfertiger Bau **103** 101
– Sponsoring **103** 82
– Städtebaulicher Vertrag **103** 117
– Umbauarbeit **103** 104
– Vermietung **103** 104
– Vorbereitungsarbeit **103** 104
– Wirtschaftlicher Vorteil **103** 117
– Zugutekommen **103** 116
Baukonzession **101** 7, 44 f., **105** 8, 24 f.
– Bauauftrag **105** 7
– Bauleistungen **148** 26
– Begriff **105** 6, 26 ff., 119
– Dienstleistungskonzession **105** 40, 44 f.
– Eignung **105** 122
– Europäisches Primärrecht **105** 124
– Gleichbehandlung **105** 124
– Landesvergaberecht **105** 123
– Leistungsbeschreibung **105** 121
– Sponsoring **103** 82
– Transparenz **105** 122
– Transparenzgrundsatz **105** 125
– Unterauftrag **105** 36
– Unterschwellenbereich **105** 119
– Verfahren **151** 2
– Wettbewerb **105** 124
– Widmung **105** 82
Baukonzessionär **101** 3

Bauleistung
– Begriff **148** 26
– Öffentlich-öffentliche Zusammenarbeit **108** 82
– Preisverordnung **127** 105
– Zwingender Ausschlussgrund **123** 12
Bauverpflichtung **103** 108
Bauvorhaben **103** 102
Bauwerk **103** 46, 102, 105
Bauzeitverschiebung **132** 13
Bebauungspläne **103** 52
Bedarfspositionen **121** 31
– Auftragsänderungen **132** 59
Beendigungsfiktion **177** 9
Befähigung und Erlaubnis zur Berufsausübung
– Berufsregister **122** 26
– Eignungskriterium **122** 26
– Entsorgungsfachbetriebszertifikat **122** 35
– Handelsregister **122** 26 f.
– Handwerksrolle **122** 27
– Konzessionsvergabeverfahren **152** 32
– Mitgliederverzeichnis der Berufskammer **122** 27
– Partnerschaftsregister **122** 27
– Qualitätsmanagement **122** 35
– Rechtsanwalt **122** 34
– Umweltmanagement **122** 35
– Vereinsregister **122** 27
– Verhältnismäßigkeit **122** 32
Befähigung zur Berufsausübung **122** 2
– Konzessionsvergabeverfahren **152** 32
Befangenheit
– Besorgnis der Befangenheit **157** 38
– Handwerksrolle **157** 41
– Korrespondenz zur Vergabestelle **157** 42
– Persönliches Verhältnis **157** 40
– Rechtsschutz **157** 43
– Sofortige Beschwerde **157** 43
– Vergabekammer **157** 33
Beginn des Vergabeverfahrens
– Übergangsbestimmung **186** 7
Begründetheit
– Unwirksamkeit **135** 78
Beherbergungsgewerbe **130** 28
Beherrschender Einfluss
– Begriff **100** 33
– Entherrschungsvertrag **100** 40
– Gesetzliche Regulierungsbefugnisse **100** 39
– Hoheitsträger anderer Mitgliedstaaten **100** 42
– Konzessionsgeber **101** 33 f., 37
– Minderheitsbeteiligung **100** 38
– Möglichkeit **100** 35
– Nachträgliche Rechtmäßigkeitskontrolle **100** 38
– Paritätische Beteiligung **100** 38
– Sinn und Zweck **100** 32
– Staatsverbundenheit **100** 34
– Stimmrechtsbeschränkungen **100** 40
– Vermutungsregel **100** 5, 31, 36
– Vetorecht **100** 38
– Widerlegbarkeit **100** 40
Beherrschungsvermutung **138** 26
Behindertenschutz **97** 79
Behinderung
– Konzession **154** 14
– Verteidigungs- oder sicherheitsspezfischer Auftrag **147** 3, 8
Beiderseitige Erledigungserklärung **162** 45, **168** 46
Beigeladener
– Akteneinsicht **175** 53
– Aufwendung für Rechtsverfolgung **182** 95 f., 99 ff., 105
– Aufwendung für Rechtsverteidigung **182** 95 f., 99 ff., 105
– Beschwerdeberechtigung **171** 54
– Bindungswirkung **179** 26
– Kosten **175** 76
– Sofortige Beschwerde **174** 11, **175** 29 f.
Beihilfe **103** 23, 40, 64, 71, 73
– Begriff **97** 150
Beiladung **162** 1
– Anhörungsrüge **175** 38
– Antragsrecht **162** 44
– Aufhebung **174** 9
– Bietergemeinschaften **162** 18
– Einfache Beiladung **162** 34
– Ende der Beiladung **162** 47
– Ermessen **162** 33
– Grenzüberschreitende Beiladung **162** 54
– Losweise Vergabe **162** 28
– Mündliche Verhandlung **175** 16
– Notwendige Beiladung **162** 34
– Rechtsfolgen der Beiladung **162** 43
– Rechtsschutz **162** 55
– Schwerwiegende Interessenberührung **162** 19
– Sofortige Beschwerde **174** 6
– Übereinstimmende Erledigungserklärung **162** 45
– Unternehmen **162** 17
– Vereinigung von Unternehmen **162** 18
– Vorabentscheidung über den Zuschlag **162** 46
– Wechselseitige Beiladung **162** 22
– Widerruf der Beiladung **162** 48

– Zeitpunkt der Beiladung **162** 38
– Zuschlagsbieter **162** 20 f.
Beistand **175** 57
Beitrag zur Sozialversicherung
– Fakultativer Ausschlussgrund **123** 52
– Zwingender Ausschlussgrund **123** 51 f.
Bekanntmachung
– Auftragsänderung **132** 90 f.
– Ausführungsbedingung **128** 27
– De-facto-Vergabe **135** 47 ff.
– Drittschutz **153** 76
– Eignungskriterium **152** 36
– Energiewirtschaftlicher Wegenutzungsvertrag **148** 73
– E-Vergabe **97** 215
– Konzession **154** 9
– Konzessionsbekanntmachung **105** 114, **151** 4, 13, 15
– Korrekturbekanntmachung **131** 32, **152** 77
– Transparenzgrundsatz **97** 24
– Vergabebekanntmachung **135** 110, 112
– Vorab-Bekanntmachung **135** 116
– Vorinformation **151** 16
Beleg des Nichtvorliegens von Ausschlussgründen **124** 199 ff.
Beleihung **103** 34 ff.
– Konzession **148** 11
Beliehene **116** 36
Benachteiligte Person **118** 23
Benachteiligung **97** 36 f.
Bereicherung
– Leistungskondiktion **135** 140
– Unwirksamkeit **135** 140
Bereitstellung der Vergabeunterlagen
– Nicht offenes Verfahren **119** 39
Berichtigungsbekanntmachung
siehe Korrekturbekanntmachung
Berufliche Leistungsfähigkeit **122** 2, 42
– Konzessionsvergabeverfahren **152** 32
Berufsanfänger **122** 101
Berufsgenossenschaften **99** 83
Berufshaftpflichtversicherung **122** 37
Berufsregister **122** 27
Berufsständische Kammern **99** 65
Beschaffungsbezug **103** 45
Beschäftigungsgesellschaft **118** 31
Beschäftigungspolitik
– Ausführungsbedingung **128** 36
Beschäftigungspolitischer Aspekt
– Ausführungsbedingung **152** 91
Beschäftigungspolitischer Belang
– Ausführungsbedingung **152** 88
– Konzessionsvergabeverfahren **152** 88
Beschlagnahme **163** 50
Beschleunigung
– Ablehnungsfiktion **167** 5
– Amtsermittlungsgrundsatz **167** 23
– Auflagenbeschluss **167** 24
– Ausschluss verspäteten Vorbringens **167** 26, 29
– Begründung der Fristverlängerung **167** 16
– Entscheidungsfrist **167** 5
– Erneute Fristverlängerung **167** 14
– Fortsetzungsfeststellungsverfahren **168** 50
– Fristberechnung **167** 8
– Fristsetzung **167** 24
– Fristverlängerung **167** 10
– Mitteilung der Fristverlängerung **167** 12
– Mitwirkungspflichten **167** 20
– Rügeobliegenheit **167** 27
– Sofortige Beschwerde **175** 90
– Verfahrensförderungspflicht **167** 20
– Verfahrensübergreifende Betrachtung **167** 28
– Verspätete Entscheidung **167** 15
– Zeitpunkt der Fristverlängerung **167** 19
Beschluss
– Begründung **175** 34
– Rechtsmittelbelehrung **175** 36, 40
– Zustellung **175** 35
Beschränkte Ausschreibung **119** 11
Beschränkung der Teilnehmeranzahl
– Innovationspartnerschaft **119** 82
– Wettbewerblicher Dialog **119** 66
Beschwerde an die Europäische Kommission
– Vertragsverletzungsverfahren **135** 150 f.
Beschwerdebefugnis
– Formelle Beschwerde **171** 58
– Materielle Beschwerde **171** 58 f.
Beschwerdebegründung **172** 23
– Beweismittel **172** 29
– Mindestanforderung **172** 31
– Rechtsmittelziel **172** 26
– Tatsachen **172** 29
Beschwerdeberechtigung
– Antragsteller **171** 54
– Auftraggeber **171** 54
– Beigeladene **171** 54
Beschwerdeentscheidung **178** 1
– Allgemeine Rechtmäßigkeitskontrolle **178** 14
– Anfechtbarkeit **178** 54
– Anhörungsrüge **178** 55
– Ausspruch zur Vollstreckbarkeit **178** 51
– Begründete Beschwerde **178** 22
– Begründetheit **178** 10
– Begründung **178** 47
– Beschluss **178** 46

– Beschwerdegegenstand **178** 11
– Beurteilungsspielraum **178** 28
– Bindung an die Anträge **178** 13, 25
– Bindungswirkung **178** 45
– Dispositionsmaxime **178** 14
– Eigene Sachentscheidung **178** 23
– Entscheidungskompetenz **178** 4
– Entscheidungsspielraum **178** 26
– Ermessen **178** 29
– Form **178** 46
– Formeller Beschwerdegegenstand **178** 11
– Fortsetzungsfeststellungsantrag **178** 37
– Geeignete Maßnahmen **178** 26
– Inhalt der Entscheidung **178** 20
– Kosten **178** 50
– Materieller Beschwerdegegenstand **178** 12
– Nachschieben von Gründen **178** 18
– Nebenentscheidung **178** 50
– Prüfungsumfang **178** 16
– Rechtsmittelbelehrung **178** 53
– Rügepräklusion **178** 16
– Streitwert **178** 52
– Tenor **178** 32
– Unbegründete Beschwerde **178** 21
– Untersuchungsgrundsatz **178** 14 f.
– Unzulässige Beschwerde **178** 20
– Verhältnismäßigkeitsgrundsatz **178** 27
– Zulässigkeit **178** 9
– Zurückverweisung **178** 23
– Zwischenfeststellungsantrag **178** 40
Beschwerdefrist **172** 4
– Ablehnungsfiktion **169** 14, **172** 14
– Berechnung **172** 11
– Rechtsmittelbelehrung **172** 12
– Wiedereinsetzung **172** 17
Beschwerdegericht
– Bundesgerichtshof **179** 68
– Rechtsweg **156** 13
Beschwerdeschrift **175** 7
– Vertretung **175** 7
Beschwerdeverfahren
– Feststellungsantrag **178** 34
Besetzung **157** 1
– Ehrenamtliche Beisitzer **157** 13
– Hauptamtlicher Beisitzer **157** 12
– Qualifikation **157** 16 f.
– Vergabekammer des Bundes **157** 11
– Vergabekammern der Länder **157** 11
– Verschlusssache **157** 15
– Vorsitzender **157** 12
Besetzung der Vergabekammern
– Hauptamtliche Mitglieder **158** 7
– Vorsitzende **158** 7
Besetzung Sicherheitsspezifischer Auftrag
– Verteidigungsspezifischer Auftrag **157** 14
Besondere Ausnahme **149** 1
– Allgemeine Ausnahme **137** 3
– Andere Zwecke **137** 53 ff.
– Audiovisuelle Mediendienste **149** 47
– Ausschließliches Recht **137** 33 ff., 46, **149** 75
– Außerhalb der Europäischen Union **137** 57 f.
– Ausstrahlungszeit **137** 17 ff.
– Besondere Sicherheitsmaßnahme **117** 15, 20
– Besonderes Recht **137** 46
– Beweislast **137** 5
– Bieterschutz **137** 6
– Brennstoffe **137** 37 f.
– Darlegungslast **137** 5
– Darlehen **137** 28, 32, **149** 70
– Drittstaat **149** 138
– Elektronischer Kommunikationsdienst **149** 92
– Energie **137** 37 f., 41
– Europäisches Primärrecht **149** 3
– Finanzielle Dienstleistung **137** 27 f., **149** 60
– Forschung und Entwicklung **137** 14 ff.
– Forschungs- und Entwicklungsdienstleistungen **149** 32
– Geheimschutz **117** 15
– Hörfunkmediendienst **149** 47
– Internationale Organisation **117** 32
– Internationale Übereinkunft **117** 25
– Internationale Vereinbarung **117** 25
– Kredit **137** 28, 32, **149** 70
– Lotteriedienstleistung **149** 131
– Luftverkehrsdienst **149** 142
– Mitteilung an die Europäische Kommission **137** 52, 59
– Öffentlicher Sektorenauftraggeber **137** 7, 53 f.
– Öffentliches Kommunikationsnetz **149** 92
– Personenbeförderung **149** 142
– Preisgabe sicherheitsrelevanter Auskünfte **117** 12
– Privater Sektorenauftraggeber **137** 55
– Rechtsdienstleistung **137** 8 ff., **149** 4
– Rechtsschutz **117** 39, **137** 6
– Sektorenauftraggeber **137** 7
– Sektorentätigkeit **137** 1 f.
– Sektorenvergaberecht **137** 1
– Sendung **137** 17 ff.
– Sicherheitsaspekt **117** 1
– Sicherheitsinteresse **117** 5
– Sicherheitsspezifischer Auftrag **104** 4
– Sinn und Zweck **137** 4

- Stationierung von Truppen **117** 30
- Trinkwasserversorgung **137** 37 f.
- Verfahrensvorbereitende Rechtsberatung **116** 16
- Vermietung **137** 44
- Verteidigungs- oder sicherheitsspezifischer Auftrag **147** 3
- Verteidigungsaspekt **117** 1
- Wasser **137** 37 f.
- Wasserkonzession **149** 98
- Weiterveräußerung **137** 44

Besondere Ausnahmen vom Anwendungsbereich
- Audiovisuelle Mediendienste **116** 50
- Auftraggeber mit ausschließlichem Recht **116** 84
- Beglaubigungen **116** 32
- Bereitstellung oder Betrieb öffentlicher Kommunikationsnetze **116** 95
- Bereitstellung von elektronischen Kommunikationsdiensten **116** 95
- Beurkundungen **116** 32
- Darlehen **116** 79 f.
- Europäische Finanzstabilisierungsfazilität **116** 75
- Europäischer Stabilitätsmechanismus **116** 75
- Finanzielle Dienstleistungen **116** 60
- Finanzinstrumente **116** 65
- Forschungs- und Entwicklungsdienstleistungen **116** 38
- Hoheitliche Rechtsdienstleistungen **116** 35
- Hörfunkmediendienste **116** 50
- Kredite **116** 79 f.
- Öffentliche Aufträge **116** 1
- Prozessvertretung **116** 12
- Rechtsdienstleistungen **116** 8
- Schiedsgerichtsdienstleistungen **116** 15
- Schlichtungsdienstleistungen **116** 15
- Verfahrensvertretung **116** 12
- Verfahrensvorbereitende Rechtsberatung **116** 12
- Wertpapiere **116** 65
- Wettbewerbe **116** 7
- Zentralbanken **116** 72

Besondere Dienstleistung
- Bewerbungsverfahrensanspruch **153** 80, 83
- Drittschutz **153** 75
- Innovation **153** 64
- Interessenkonflikt **153** 69 f., 72 f.
- Konzession **154** 4
- Konzessionsänderung **154** 38
- Korruption **153** 69
- Losvergabe **153** 60
- Mittelstand **97** 159
- Mittelstandsschutz **153** 58
- Rechtsdienstleistung **137** 11
- Rechtsschutz **153** 78
- Rettungsdienst **153** 20, 22 f., 25
- Sozialer Aspekt **153** 49
- Strategisches Ziel **153** 35
- Teilhabeanspruch **153** 81 f.
- Umgehungsverbot **153** 29, 36
- Verteidigungs- oder sicherheitsspezifischer Auftrag **147** 4, 7
- Verwaltungsrechtliche Konzession **153** 78
- Vetternwirtschaft **153** 69
- Vorbehaltene Konzession **153** 17
- Zivilrechtliche Konzession **153** 78

Besondere Methode
- Verteidigungs- oder sicherheitsspezifischer Auftrag **147** 4

Besondere Methoden und Instrumente **120** 1
- Dynamisches Beschaffungssystem **120** 12
- Elektronische Auktion **120** 19
- Elektronischer Katalog **120** 26
- Ermessen **120** 41
- Rechtlicher Rahmen **120** 42
- Rechtsschutz **120** 40
- Zentrale Beschaffungstätigkeit **120** 32

Besondere oder ausschließliche Rechte **100** 13
- Auftrag **100** 27
- Begriff **100** 19
- Beispiele **100** 14
- Form des Begründungsaktes **100** 22
- Grundversorgende Energieversorgungsunternehmen **100** 25
- Konzessionen **100** 27
- Monopol **100** 16
- Negativabgrenzung **100** 26
- Oligopol **100** 16
- Sinn und Zweck **100** 18
- Tätigkeitsgenehmigungen **100** 17
- Übertragungsnetzbetreiber **100** 23
- Veräußerung von Geschäftsanteilen **100** 30
- Voraussetzungen **100** 20
- Wegenutzungsrechte **100** 15
- Zuständige Behörde **100** 18

Besondere Sicherheitsmaßnahmen **117** 15, 20
- Akteneinsicht **165** 34
- Beispiele **117** 21, **150** 15
- Geheimschutz **150** 15
- Konzessionen in den Bereichen Verteidigung und Sicherheit **150** 14
- Luftsicherheitsgesetz **150** 15
- Rechts- oder Verwaltungsvorschrift **150** 16
- Rechtsvorschrift **117** 22
- Sicherheitsempfindliche Tätigkeit **150** 15
- Verhältnismäßigkeit **117** 23, **150** 17

– Verwaltungsvorschrift **117** 22
Besondere Verfahrensregeln
– Agreement **145** 34
– Anwendungsbereich des Vergaberechts **145** 30
– Arrangement **145** 34
– Europäische Verteidigungsagentur **145** 34
– European Defence Agency **145** 34
– Internationale Abkommen im Zusammenhang mit der Stationierung von Truppen **145** 36, **150** 43
– Internationale Abkommen zwischen EU-Mitgliedstaaten und Nicht-EWR-Staaten **145** 32, **150** 39
– Internationale Organisationen **145** 40, 44, **150** 45
– Internationale Vereinbarung **145** 34
– Internationales Abkommen **145** 34
– Konzessionen in den Bereichen Verteidigung und Sicherheit **150** 37
– NATO Suppurt and Procurement Agency **145** 44
– NATO-Truppenstatut **145** 39, **150** 44
– North Atlantic Treaty Organization **150** 47
– Organisation Conjointe de Coopération en Matière d'Armement **145** 34, 44
Besonderes Instrument
– Verteidigungs- oder sicherheitsspezifischer Auftrag **147** 4
Besonderes Recht
– Begriff **137** 46
– Besondere Ausnahme **137** 46
– Konzessionsgeber **101** 33 ff.
– Mitteilung an die Europäische Kommission **137** 52
Bestechlichkeit
– Zwingender Ausschlussgrund **123** 9
Bestechung
– Zwingender Ausschlussgrund **123** 26
Bestellbau **103** 109
Bestimmung über das Vergabeverfahren **156** 15 f.
Beteiligte am Nachprüfungsverfahren *siehe Verfahrensbeteiligte*
Beteiligungskriterium **108** 41
– Direkte Kapitalbeteiligung **108** 42
– Gemeinsame Kontrolle **108** 67
– Gewinnerzielungsabsicht **108** 44
– Horizontale In-House-Vergabe **108** 54 f.
– Horizontale öffentlich-öffentliche Zusammenarbeit **108** 72, 75, 89
– Indirekte Kaptitalbeteiligung **108** 42
– Inverse In-House-Vergabe **108** 54 f.
– Konzession **101** 19
– Nicht beherrschende Kapitalbeteiligung **108** 45, 48
– Stille Gesellschaft **108** 44, 47
Betrauung **105** 29 f.
Betreiberwechsel
– Angabepflicht **131** 65
– Anwendungsbereich **131** 46
– Arbeitnehmer **131** 50, 60
– Auftragsbekanntmachung **131** 53
– Auskunftsanspruch **131** 65 f.
– Begriff **131** 47
– Betriebsübergang **131** 43, 49
– Betriebsvereinbarung **131** 56
– Eisenbahnverkehr **131** 43
– Ermessen **131** 51
– Missbrauchsverbot **131** 64
– Offenes Verfahren **131** 53
– Rechtsfolgenverweisung **131** 49
– Sozialstandards **131** 48, 56
– Tarifvertrag **131** 56
– Vergabeunterlagen **131** 44, 53, 59, 65
– Verhandlungsverfahren mit Teilnahmewettbewerb **131** 53
Betreuer
– Besondere Ausnahme **149** 24
– Konzession **149** 24
– Rechtsdienstleistung **149** 24
Betriebs- oder Geschäftsgeheimnis
– Akteneinsicht **165** 35, **175** 48
– Begriff **165** 36
– Fakultativer Ausschlussgrund **124** 184
– Informationspflicht **134** 72, 118
– Schutzschrift **163** 40
– Verrat von Betriebsgeheimnissen **156** 37
Betriebshaftpflichtversicherung **122** 37
Betriebskosten **105** 56, **127** 204
Betriebsrisiko **105** 65
– Amortisationsrisiko **105** 51
Beurteilungsspielraum
– Beschwerdeentscheidung **178** 28
– Eignungskriterium **152** 35
Beweisantizipation **166** 10
Beweislast **175** 33
Beweismittel
– Augenschein **163** 9
– Begriff **161** 57
– Beschlagnahme **163** 50
– Beweiserhebung **163** 50
– Bezeichnung der verfügbaren Beweismittel **161** 55
– Qualifiziertes Auskunftsverlangen **163** 50
– Sachverständigengutachten **163** 7
– Straftat **161** 58
– Ungeeignete Beweismittel **161** 58

– Untersuchungsgrundsatz **161** 60, **163** 6
– Urkundenbeweis **163** 9
– Verstoß gegen Rechtsvorschriften **161** 59
– Zeugenaussage **163** 8, 50
Bewerber **134** 52
– Zwingender Ausschlussgrund **123** 15
Bewerbergemeinschaft
– Antragsteller **162** 11
– Eignung **122** 130
– Fakultativer Ausschlussgrund **124** 8
– Mittelstand **97** 168
– Zuverlässigkeit **123** 16
– Zwingender Ausschlussgrund **123** 16
Bewerbungsbedingungen **119** 22
– Begriff **121** 91
– Eignungskriterien **121** 91
– Form der Angebote **121** 91
– Fristen **121** 91
– Leistungsbeschreibung **121** 91
– Muster **121** 91
– Offenes Verfahren **119** 22
– Patentrechte **121** 91
– Proben **121** 91
– Unvollständige Angebote **121** 91
– Zuschlagskriterium **127** 247
Bewerbungsverfahrensanspruch **153** 80, 83
Bewertungsmatrix
– Auswahl der Teilnehmer **119** 51
Bewertungsmethode **127** 21 ff.
– Absolute Bewertung **127** 25
– Bestimmtheit **127** 174
– Bewertungsskala **127** 240
– Ermessensspielraum **127** 23
– Flipping-Effekt **127** 28
– Gewichtungsregel **127** 21 ff.
– Gleichbehandlungsgrundsatz **127** 29
– Mittelwertmethode **127** 28
– Niedrigstkostenvergabe **127** 24
– Niedrigstpreisvergabe **127** 24
– Relative Bewertung **127** 26
– Umrechnungsformel **127** 27, 240
– Veröffentlichung **127** 240
– Verpflichtung **127** 22
– Wirtschaftlichkeitsgrundsatz **127** 28
Bewertungsskala **127** 240
Bieter **134** 42
– Zwingender Ausschlussgrund **123** 15
Bietergemeinschaft **119** 24
– Änderungen im Mitgliederbestand **97** 53
– Antragsteller **162** 11
– Beiladung **162** 18
– Eignung **97** 54, **122** 130
– Ersatz des Vertrauensschadens **181** 13
– Fakultatuver Ausschlussgrund **124** 8
– Gleichbehandlung **97** 52
– Marktanteil **124** 74 f.
– Markteintrittsfähigkeit **124** 76 ff.
– Mitgliederwechsel **97** 53
– Mittelstand **97** 168
– Nachprüfungsantrag **161** 17
– Parallelbeteiligung **124** 92 ff.
– Partielles Paralellangebot **124** 95
– Spürbarkeit **124** 74 f.
– Vereinigung von Unternehmen **162** 18
– Wettbewerbsbeschränkende Vereinbarung **124** 69 ff., 92 ff., **156** 38
– Zulässigkeit **124** 69 ff.
– Zuverlässigkeit **123** 16
– Zwingender Ausschlussgrund **123** 16
Bieterinformation
– E-Vergabe **97** 215
Bieterschützende Vorschrift **181** 20
– Ungewöhnlich niedriges Angebot **181** 29
Bieterschützender Charakter **123** 80
Bilanz **122** 37, 40
Bindefrist
– Zuschlagsverbot **169** 16
Bindungswirkung **156** 54, **179** 1
– Ablehnungsfiktion **179** 21
– Anwendungsbereich **179** 7
– Aufsichtsbehörde **181** 128
– Beigeladener **179** 26
– Beschwerdeentscheidung **178** 45
– Ersatz des Vertrauensschadens **181** 68
– Fortsetzungsfeststellungsantrag **179** 20
– Hauptsacheentscheidung **179** 16
– Kostenentscheidung **179** 16
– Neuer Tatsachenvortrag **179** 32
– Nicht tragende Erwägungen **179** 30
– Obiter dictum **179** 30
– Parteiidentität **179** 25
– Rechtskraftwirkung **179** 29
– Reichweite **179** 28
– Schadensersatz bei Rechtsmissbrauch **179** 27, **180** 56 f.
– Schadensersatzprozess **179** 7, 11
– Sinn und Zweck **179** 2, 29
– Tatsachenfeststellungen **179** 31
– Unzulässiger Nachprüfungsantrag **179** 17
– Verfahrensabschließende Entscheidung **179** 22
– Vergabeprüfstelle **181** 128
– Vergabeüberwachungsausschuss **181** 128
– Vorangegangenes Nachprüfungsverfahren **179** 12
– Voraussetzungen **179** 11
– Vorentscheidung **179** 13
– Vorfrage **179** 23

– Zwischenentscheidung **179** 16
Binnenmarktrelevanz **155** 42
– Konzession **105** 110, 113
– Schadensersatz wegen unerlaubter Handlung **181** 136
– Wasserkonzession **149** 116
Bonitätsbewertung **122** 81 f.
Breitbandnetz
– Besondere Ausnahme **149** 97
– Konzession **149** 97
– Öffentliches Kommunikationsnetz **149** 97
Brennstoffe
– Besondere Ausnahme **137** 37 f.
– Sektorenvergaberecht **137** 37 f.
– Verkehrsleistung **137** 43
Bücher-Lehrerprüfstück **127** 92
Buchpreisbindung
– Anwendungsbereich **127** 86 ff.
– Buch **127** 88
– Bücher-Lehrerprüfstück **127** 92
– Budgetausschreibung **127** 94
– Fremdsprachige Bücher **127** 89
– Kartographisches Produkt **127** 88
– Kombiniertes Objekt **127** 88
– Koppelungsgeschäft **127** 93
– Letztabnehmer **127** 87
– Musiknoten **127** 88
– Schulunterricht **127** 92
– Verbindliche Vorgaben **127** 90 ff.
Budgetausschreibung **127** 55 ff.
– Buchpreisbindung **127** 94
– Preisrecht **127** 57, 69
Bundesamt für Bauwesen und Raumordnung **159** 9
Bundesamt für Verfassungsschutz **145** 7
Bundesamt für Wehrtechnik und Beschaffung **159** 9
Bundesarchitektenkammer **99** 87
Bundesärztekammer **99** 87
Bundesbank **137** 31
Bundesberggesetz
siehe Auftraggeber nach dem Bundesberggesetz
Bundesbeschaffungsamt **159** 9
Bundeseisenbahnvermögen **99** 11
Bundeskriminalamt **145** 7
Bundesnotarkammer **99** 87
Bundespolizei **145** 7
Bundesrechtsanwaltskammer **99** 87
Bundesverwaltungsamt **159** 9
Bundeswehr **145** 7
– Auftragsvergaben im Einsatzgebiet **145** 13
– Forschungs- und Entwicklungsdienstleistungen **145** 29
– Nachrichtendienstliche Tätigkeiten **145** 7
Bundeswehrverwaltung **159** 9
Bundkörperschaft **99** 7

C

Cap and trade **103** 66
Caritasverbände **99** 87
Clausula rebus sic stantibus **135** 164
Compliance **125** 45
Computerprogramme **103** 93
Counter-intelligence activities **145** 5
Culpa in contrahendo
– Anspruchsgegner **181** 81
– Anspruchsteller **181** 80
– Aufklärungspflicht **181** 86
– Aufnahme von Vertragsverhandlungen **181** 83
– Darlegungs- und Beweislast **181** 127
– De-facto-Vergabe **181** 85
– Diskriminierungsverbot **181** 90
– Entgangener Gewinn **181** 108, 113, 129
– Entschädigung für die Angebotsbearbeitung **181** 117
– Erfüllungsgehilfe **181** 97
– Erfüllungsinteresse **181** 113, 129
– Europäisches Primärrecht **181** 90
– EU-Vergaberichtlinien **181** 89
– Kausalität **181** 101
– Konkludentes Verhalten **181** 93
– Konzession **105** 117
– Landesvergabegesetze **181** 91
– Mitteilungspflicht **181** 86
– Mittelbare Diskriminierung **181** 90
– Mitverschulden **181** 120
– Nachprüfungsantrag **181** 121
– Negatives Interesse **181** 78, 107 f.
– Nicht offenes Verfahren **181** 84
– Organhaftung **181** 97
– Örtliche Zuständigkeit **181** 126
– Pflicht zur Schadensabwehr **181** 86
– Positives Interesse **181** 78, 107, 113, 129
– Rechtmäßiges Alternativverhalten **181** 119
– Rechtsanwaltsgebühr **181** 109
– Rechtsfolge **181** 107
– Rücksichtnahmepflicht **181** 86
– Rügeobliegenheit **181** 121
– Sachliche Zuständigkeit **181** 125
– Schadensminderungspflicht **181** 122
– Schlüssiges Verhalten **181** 93
– Selbstbindung des Auftraggebers **181** 92
– Sonderrechtsbeziehung **181** 83
– Sorgfaltspflichten **181** 86

- Stellvertretung **181** 97
- Unmittelbare Diskriminierung **181** 90
- Unterlassungsanspruch **181** 76
- Unterschwellenbereich **181** 77
- Unwirksamkeit **135** 140
- Verhandlungsverfahren mit Teilnahmewettbewerb **181** 84
- Verhandlungsverfahren ohne Teilnahmewettbewerb **181** 84
- Verjährung **181** 123
- Verletzungshandlung **181** 96
- Verschulden **181** 98
- Vertrauenselement **181** 102
- Verwaltungspraxis **181** 94
- Vorvertragliches Schuldverhältnis **181** 83
- Zurechnung **181** 97, 99
- Zuständigkeit **156** 53, **181** 124

D

Darlegungs- und Beweislast
- Schadensersatz bei Rechtsmissbrauch **180** 54

Darlehen **116** 79 f.
- Besondere Ausnahme **137** 28, 32, **149** 70
- Konzession **149** 70
- Sektorenvergaberecht **137** 28, 32

Daseinsvorsorge **103** 24, 75, **132** 12
- In-House-Vergabe **108** 37
- Konzession **105** 68 f., 80, 96, 102, 104
- Öffentlicher Auftrag **103** 18
- Vorabentscheidung über den Zuschlag **176** 18

DAWI-Leistungen **116** 93

De-facto-Vergabe **135** 41
- Alleinstellung **135** 54, 56
- Auftragsbekanntmachung **135** 47 ff.
- Ausnahme vom Anwendungsbereich **135** 54
- Begriff **135** 8
- Bekanntmachung **135** 47 ff.
- Culpa in contrahendo **181** 85
- Dringlichkeit **135** 54, 57
- Gesetzliche Gestattung **135** 54
- Informationspflicht **134** 29
- Marktforschung **135** 56
- Rügeobliegenheit **135** 77
- Sittenwidrige vorsätzliche Schädigung **181** 142
- Unwirksamkeit **135** 41
- Vergabebekanntmachung **135** 113
- Verhandlungsverfahren ohne Teilnahmewettbewerb **135** 54
- Vorinformation **131** 34
- Wartepflicht **134** 29
- Zusätzliche Leistung **135** 54
- Zuständigkeit der Vergabekammern **155** 24

Delegierende Vereinbarung **108** 10

Demonstratorsysteme **145** 29
- Besondere Ausnahmen vom Anwendungsbereich **116** 41

Design for all **97** 79
- Barrierefreiheit **121** 96
- Design für Alle – Deutschland e.V. **121** 94
- European Institute Design for all Europe **121** 94
- Leistungsbeschreibung **121** 92, **152** 15
- Technische Spezifikationen **121** 94

Design für Alle
  siehe Design for all

Design für Alle – Deutschland e.V. **121** 94

Deutsche Bahn **99** 11, **102** 28

Deutsche Kommission Elektrotechnik Elektronik Informationstechnik in DIN und VDE **121** 75

Deutsche Post **99** 11, **102** 2

Deutsche Welle **99** 83

Deutsches Institut für Bautechnik **121** 73

Deutsches Institut für Normung **121** 75

Diakoniewerke **99** 84

Dialogphase **119** 68
- Ende **119** 68
- Preferred Bidder **119** 68
- Sukzessive Abschichtung **119** 68

Dienstaufsichtsbeschwerde **155** 50

Dienstleistung
- Allgemeines wirtschaftliches Interesse **105** 92 f.
- Begriff **105** 41
- Franchise-Vertrag **105** 41
- Leasingvertrag **105** 41
- Mietvertrag **105** 41
- Nicht wirtschaftliche Dienstleistung **105** 92
- Öffentlich-öffentliche Zusammenarbeit **108** 82
- Versicherungsvertrag **105** 41
- Werkvertrag **105** 41

Dienstleistung von allgemeinem wirtschaftlichen Interesse **103** 24

Dienstleistungsauftrag **103** 121 ff.
- Arbeitnehmerüberlassung **103** 125
- Begriff **136** 12
- Dienstleistungskonzession **105** 7, 43
- Dienstvertrag **136** 13
- Präqualifizierungssystem **122** 75 ff.
- Sponsoring **103** 82
- Verkehrsdienstleistung **103** 125
- Versicherungsdienstleistung **103** 125

– Werkvertrag **136** 13
Dienstleistungsfreiheit **155** 41
Dienstleistungsgutscheinsysteme **103** 84
Dienstleistungskonzession **105** 24, 39, **148** 25, 27
– Abfallentsorgung **148** 53
– Baukonzession **105** 40, 44 f.
– Begriff **105** 6, 37 f.
– Dienstleistungsauftrag **105** 43
– Eisenbahnverkehr **131** 19
– Energiewirtschaftlicher Wegenutzungsvertrag **148** 55 f., 59
– Gesundheitsleistung **148** 53
– Helmut Müller **148** 29
– Lieferleistung **105** 40
– Negativabgrenzung **105** 83
– Öffentliche Dienstleistung **148** 28
– Parking Brixen **148** 29
– Rettungsdienstleistung **148** 53
– Sponsoring **103** 82
– Taxikonzession **105** 42
– Tierkörperbeseitigung **148** 53
– Verkehrsleistung **148** 53
– Werkvertrag **105** 41
Direktvergabe
– Ausweitung eines öffentlichen Dienstleistungsauftrages **131** 40
– Berichtigungsbekanntmachung **131** 32
– Dienstleistungskonzession **131** 19
– Eisenbahnverkehr **131** 2, 14
– Integrierter öffentlicher Personenverkehrsdienst **131** 16
– Interner Betreiber **131** 14 f.
– Kontrollkriterium **131** 22
– Korrekturbekanntmachung **131** 32
– Mittelbare Kontrolle **131** 25
– Mutterunternehmen **131** 27
– Notmaßnahme **131** 35, 40
– Öffentlicher Dienstleistungsauftrag **131** 18
– Rechtlich getrennte Einheit **131** 20
– Schwesterunternehmen **131** 27
– Selbstausführungsgebot **131** 29
– Selbsterbringung **131** 15, 29
– Tätigkeitskriterium **131** 26
– Territorilitätskriterium **131** 26
– Tochtergesellschaften **131** 27
– Unterauftragnehmer **131** 27
– Unterauftragsvergabe **131** 29
– Vorinformation **131** 30
– Zuständige örtliche Behörde **131** 16
Diskriminierung **97** 36 f.
Diskriminierungsverbot
– Konzession **151** 9, **154** 8
– Mittelbare Diskriminierung **127** 159
– Offene Diskriminierung **127** 159
– Unmittelbare Diskriminierung **127** 159
– Versteckte Diskriminierung **127** 159
– Zuschlagskriterium **127** 158 f.
Dispositionsmaxime
– Beschwerdeentscheidung **178** 14
Divergenzvorlage **179** 1, 35
– Abweichung **179** 48
– Andere Gerichtsbarkeit **179** 47
– Anhörungsrüge **179** 38
– Anspruch auf Divergenzvorlage **179** 37
– Begründung **179** 62
– Beschluss **179** 59, 75
– Beschränkung der Divergenzvorlage **179** 58
– Beschwerdeberechtigung **179** 40
– Divergenz **179** 48
– Divergenzbegründung **179** 62
– Divergenzbeschluss **179** 59
– Divergenzfrage **179** 64, 72, 74
– Divergenzverfahren **179** 56, 64
– Eigene Sachentscheidung **179** 67 f.
– Eilentscheidung **179** 46
– Eilverfahren **179** 54
– Entscheidung der Divergenzfrage **179** 74
– Entscheidung des BGH **179** 68
– Entscheidung zur Vorlage **179** 59
– Entscheidungserheblichkeit **179** 51
– Ermessen **179** 67
– Fortsetzungsfeststellungsantrag **179** 58
– Hauptsacheentscheidung **179** 44
– Kostenentscheidung **179** 44, 61, 76
– Mündliche Verhandlung **179** 57
– Nicht tragende Erwägungen **179** 51
– Oberlandesgericht **179** 40
– Obiter dictum **179** 51
– Rechtsmittel **179** 37
– Rechtsmittelbelehrung **179** 63
– Rechtsschutz **179** 37
– Sinn und Zweck **179** 3, 5, 35
– Streitwert **179** 61, 76
– Tenor **179** 60
– Übertragung der Entscheidung **179** 67
– Verfahren **179** 56, 64
– Verfahrensvorschriften **179** 57
– Vergabekammer **179** 41
– Verlängerung der aufschiebenden Wirkung **179** 54
– Vorabentscheidung über den Zuschlag **179** 54
– Voraussetzungen **179** 40
– Vorlageentscheidung **179** 45
– Vorlagepflicht **179** 36
– Wiederherstellung des Zuschlagsverbots **179** 54

– Zwischenentscheidung **179** 55
Dokumentation
– Angebotswertung **127** 15
– Dokumentationsmängel **163** 26
– Konzession **151** 13
– Losvergabe **97** 194
– Transparenzgrundsatz **97** 25
– Untersuchungsgrundsatz **163** 25
Dringlichkeit
– Informationspflicht **134** 2
Drittstaat **103** 42 ff.
Dual Use
– Kriegsmaterial **104** 24, 29 f.
– Militärausrüstung **104** 24, 29 f.
– Sicherheitsspezifischer Auftrag **104** 24, 29
– Verteidigungs- oder sicherheitsspezifischer Auftrag **104** 30
– Verteidigungsspezifischer Auftrag **104** 24, 29
Dual-Use-Gut **103** 21, **107** 36
– Sicherheitsaspekt **117** 8
– Verteidigungsaspekt **117** 8
Dumping **97** 17
Dynamische Beschaffungssysteme **120** 12
– Anwendungsbereich **120** 17
– Ausschließlich elektronische Verfahren **120** 15
– Elektronische Mittel **120** 16
– Informationspflicht **134** 27
– Marktübliche Leistungen **120** 17
– Rahmenvereinbarungen **120** 18
– Zeitliche Befristung **120** 14
Dynamisches elektronisches Verfahren **120** 3

E

e-Certis **122** 54 ff.
– Zwingender Ausschlussgrund **123** 31
Echte Chance
– Aufhebung **181** 48
– Begriff **181** 44
– Engere Wahl **181** 44
– Ersatz des Vertrauensschadens **181** 41
Ehrenamtliche Mitglieder **158** 8
– Amtszeit **158** 9
– Vergabekammern des Bundes **158** 8
Ehrenamtlicher Beisitzer
– Amtszeit **157** 29
– Besetzung **157** 13
– Qualifikation **157** 18
Eigenbetriebe **99** 11
Eigenerklärung **122** 50 f.
– Begriff **152** 39
– Konzessionsvergabeverfahren **152** 39
Eigenwirtschaftliche Busdienstleistung **156** 27
Eignung **97** 3, **122** 1 f.
– Ausschlussgrund **122** 12
– Baukonzession **105** 122
– Befähigung zur Berufsausübung **122** 2
– Begriff **122** 1 f., 11
– Berufliche Leistungsfähigkeit **122** 2
– Bewerbergemeinschaft **122** 130
– Bietergemeinschaft **97** 54, **122** 130
– Bieterschützender Charakter **122** 132
– Drittschutz **153** 77
– Eignungskriterium **122** 2, **152** 28
– Eignungsleihe **122** 129
– Eignungsvermutung **122** 75
– Einstufiges Verfahren **152** 26
– Fakultativer Ausschlussgrund **152** 30
– Finanzielle Leistungsfähigkeit **122** 2
– Gesetzestreue **122** 7
– Konzession **122** 4, **154** 9
– Konzessionsvergabeverfahren **152** 25 ff.
– Mehr an Eignung **122** 18
– Mindestanforderung **122** 123 ff.
– Nachweis **152** 38
– Öffentlicher Auftrag **122** 4
– Präqualifizierungssystem **122** 3
– Prüfung **122** 113 ff.
– Prüfung der Eignung **119** 31
– Rechtsschutz **122** 132 f.
– Sicherheitsspezifischer Auftrag **122** 4
– Strategische Ziele **97** 105
– Teilnahmebedingung **152** 28
– Unternehmen **122** 13
– Verteidigungs- oder sicherheitsspezifischer Auftrag **147** 4
– Verteidigungsspezifischer Auftrag **122** 4
– Weniger an Eignung **122** 18
– Wirtschaftliche Leistungsfähigkeit **122** 2
– Zuverlässigkeit **122** 7
– Zweistufiges Verfahren **152** 26
– Zwingender Ausschlussgrund **152** 30
Eignungskriterien **119** 31, **122** 22
– Angemessen **152** 35
– Ausführungsbedingungen **97** 120, **129** 6
– Befähigung zur Berufsausübung **152** 32
– Begriff **97** 110
– Berufliche Leistungsfähigkeit **152** 32
– Bewerbungsbedingungen **121** 91
– Erlaubnis zur Berufsausübung **152** 32
– Finanzielle Leistungsfähigkeit **152** 32
– Konzessionsvergabeverfahren **152** 28, 31 f.
– Nicht offenes Verfahren **119** 36
– Numerus clausus **97** 111
– Offenes Verfahren **119** 22

– Qualitative Aspekte **97** 112
– Sektorenauftraggeber **142** 4
– Soziale und andere besondere Dienstleistungen **152** 37
– Strategische Ziele **97** 99, 110, **153** 37
– Technische Leistungsfähigkeit **152** 32
– Trennung von Eignungs- und Zuschlagskriterien **97** 110, 117
– Trennungsgebot **152** 31
– Umweltbezogene Aspekte **97** 114
– Verbindung mit Konzessionsgegenstand **152** 35
– Verbindung zum Auftrag **97** 129
– Vermischungsverbot **97** 110, 117
– Vorinformation **152** 37
– Wettbewerblicher Dialog **119** 66
– Wirtschaftliche Leistungsfähigkeit **152** 32
– Zuschlagskriterien **127** 110, **128** 42, **152** 31
Eignungskriterium **122** 2
– Änderung **122** 109, 111
– Angemessenheit **122** 9, 86 ff.
– Aufforderung zur Interessensbestätigung **122** 10, 105 f.
– Auftragsbekanntmachung **122** 10, 105, 110
– Ausführungsbedingung **122** 14
– Befähigung zur Berufsausübung **122** 26
– Begriff **122** 20
– Bekanntmachung **122** 102 ff., **152** 36
– Beleg **122** 49
– Berufliche Leistungsfähigkeit **122** 42 ff.
– Berufsanfänger **122** 101
– Beurteilungsspielraum **152** 35
– Eignungskriterias **122** 22
– Erlaubnis zur Berufsausübung **122** 26
– Finanzielle Leistungsfähigkeit **122** 36 ff.
– Gesetzestreue **122** 22
– Gewichtung **122** 112
– ILO-Kernarbeitsnorm **122** 15
– Kleinere Büroorganisation **122** 101
– Leistungsanforderung **122** 14
– Losvergabe **122** 94
– Newcomer **122** 100 f.
– No-Spy-Garantie **122** 16
– Qualitatives Eignungskriterium **122** 12
– Referenz **122** 98 f.
– Selbstbindung **122** 108 f.
– Tariftreueerklärung **122** 15
– Technische Leistungsfähigkeit **122** 42 ff.
– Veränderung **122** 108
– Verbindung mit dem Auftragsgegenstand **122** 2, 9
– Verbindung zum Auftragsgegenstand **122** 86 ff.
– Vergabeunterlagen **122** 110
– Verhältnismäßigkeit **122** 87
– Vorinformation **122** 10, 105
– Widerspruch **122** 110
– Wirtschaftliche Leistungsfähigkeit **122** 36 ff.
– Zeitpunkt **122** 95 ff.
– Zuschlagskriterium **122** 17 ff.
– Zuverlässigkeit **122** 22, **152** 29
Eignungsleihe **122** 129
– Fakultativer Ausschlussgrund **124** 10
– Konzessionsvergabeverfahren **152** 41
– Parallelbeteiligung **124** 86
– Selbstreinigung **125** 8
– Wettbewerbsbeschränkende Vereinbarung **124** 86
– Zwingender Ausschlussgrund **123** 17
Eignungsmängel **119** 84
Eignungsnachweis
– Aufforderung zur Interessensbestätigung **122** 107
– Auftragsbekanntmachung **122** 107
– Beleg **122** 49
– Berufliche Leistungsfähigkeit **122** 43 f.
– e-Certis **122** 54 ff.
– Eigenerklärung **122** 50 f.
– Einheitliche Europäische Eigenerklärung **119** 31, **122** 57 ff.
– Einzelnachweis **122** 52
– Konzessionsvergabeverfahren **152** 38
– Nicht offenes Verfahren **119** 36
– PQ-Verzeichnis **122** 52
– Präqualifikationssystem **122** 63
– Präqualifizierungssystem **122** 61 ff.
– Referenz **152** 39
– Technische Leistungsfähigkeit **122** 43 f.
– Verhältnismäßigkeit **122** 53
– Wirtschaftliche und technische Leistungsfähigkeit **122** 41
Eignungsprüfung **119** 31, **122** 113 ff.
– Beurteilungsspielraum **122** 115
– Einheitliche Europäische Eigenerklärung **119** 31
– Formelle Prüfung **122** 116 f.
– Konzession **151** 13
– Materielle Prüfung **122** 116 f.
– Nicht offenes Verfahren **119** 37, 40
– Offenes Verfahren **122** 120
– Selbstreinigung **125** 1
– Teilnahmewettbewerb **122** 122
– Verhandlungsverfahren ohne Teilnahmewettbewerb **119** 52
– Wettbewerblicher Dialog **119** 67
– Zeitpunkt **122** 119 ff.
Eignungsvermutung **122** 75

Eilentscheidung
– Divergenzvorlage **179** 46
Eilverfahren
– Kosten **175** 83 ff.
Eindeutiger grenzüberschreitender Bezug *siehe Binnenmarktrelevanz*
Eindeutiges grenzüberschreitendes Interesse **155** 42
Einfache Beiladung **162** 34
Eingekapselter Beschaffungsvorgang **103** 8, 50 ff., 55, 61, **136** 8
Einheimische Unternehmen **97** 43 f.
Einheitliche Europäische Eigenerklärung **119** 31, **122** 57 ff.
– Akzeptanzpflicht **122** 60
– Beleg des Nichtvorliegens von Ausschlussgründen **124** 200
– Formular **122** 59
– Innovationspartnerschaft **119** 82
– Konzessionsvergabeverfahren **152** 45
– Nicht offenes Verfahren **119** 40
– Präqualifizierungssystem **122** 84 f.
– Verwendungspflicht **122** 60
– Zwingender Ausschlussgrund **123** 31
Einkaufskooperationen **99** 8
Einrichtung des öffentlichen Rechts
– juristische Person des öffentlichen Rechts **101** 11
Einrichtung und Organisation der Vergabekammern **158** 1
– Anzahl der Vergabekammern **158** 4
– Besetzung **158** 5
– Ehrenamtliche Mitglieder **158** 8
– Geschäftsordnung **158** 12
– Geschäftsverteilung **158** 5
– Sicherheitsspezifischer Auftrag **158** 5
– Sitz der Vergabekammern **158** 4
– Vergabekammer des Bundes **158** 4
– Vergabekammern der Länder **158** 15
– Verteidigungsspezifischer Auftrag **158** 5
Einsatzgebiet **145** 16
– Anwendungsbereich des Vergaberechts **145** 13
– Einsatzerfordernis **145** 14
– Einsatzgebiet **145** 13, 16
– Europäisches Primärrecht **145** 17
– Konzessionsvergaben im Einsatzgebiet **150** 25
– Operational need **145** 14
– Sicherheitsspezifischer Auftrag **145** 13
– Surrounding geographic zone **145** 16, **150** 26
– Verteidigungsspezifischer Auftrag **145** 13
– Zivile Beschaffung **145** 15
– Zivile Beschaffungen **145** 15
Einstufiges Verfahren **151** 7
Einstweilige Verfügung
– Vorabentscheidung über den Zuschlag **176** 5
e-Invoicing **97** 218
Eisenbahnverkehr **131** 1
– Abellio **156** 29
– Anwendungsbereich **131** 5, **156** 29
– Aufgabenträger **131** 5
– Betreiberwechsel **131** 43
– Betriebsübergang **131** 43, 49
– Dienstleistungskonzession **131** 19
– Direktvergabe **131** 2, 14
– Eisenbahnverkehrsunternehmen **131** 8
– Hochbahn **131** 10
– In-House-Vergabe **131** 14
– Innovationspartnerschaft **131** 11
– Integrierter öffentlicher Personenverkehrsdienst **131** 16
– Interner Betreiber **131** 14 f.
– Konzession **156** 30
– Konzessionsgeber **131** 5
– Kraftfahrzeug **131** 10
– Nachrangige Dienstleistungen **131** 1
– Nicht offenes Verfahren **131** 11
– Nicht prioritäre Dienstleistungen **131** 1
– Notmaßnahme **131** 35
– Oberleitungsbus **131** 10
– Offenes Verfahren **131** 11
– Öffentlicher Auftrag **156** 30
– Öffentlicher Auftraggeber **131** 5
– Öffentlicher Dienstleistungsauftrag **131** 18
– Personenbeförderung **149** 151
– Persönlicher Anwendungsbereich **131** 5
– Sachlicher Anwendungsbereich **131** 8
– Schwebebahn **131** 10
– Sektorenauftraggeber **131** 5
– Selbsterbringung **131** 15, 20
– Sozialstandards **131** 48
– Straßenbahn **131** 10
– Untergrundbahn **131** 10
– Verfahrensart **131** 11
– Vergabekammer **156** 28
– Verhandlungsverfahren mit Teilnahmewettbewerb **131** 11
– Verhandlungsverfahren ohne Teilnahmewettbewerb **131** 13
– Vorinformation **131** 32
– Zuständige örtliche Behörde **131** 16
Elektrizität **102** 16
– Begriff **102** 18
– Feste Netze **102** 18
– Verkehrsleistung **137** 43

– Versorgung der Allgemeinheit **102** 18
Elektronische Auktion **120** 3
– Anwendungsbereich **120** 21
– Beginn des Verfahrens **120** 23
– Begriff **120** 22
– Schrittweise Wiederholung **120** 22
– Vollständige erste Bewertung aller Angebote **120** 25
– Wirtschaftlichstes Angebot **120** 24
Elektronischer Katalog **120** 26
– Austauschstandards **120** 27
– Begriff **120** 28
– Elektronisches Format **120** 30
– Grundlage der Leistungsbeschreibung **120** 29
– Kaufhaus des Bundes **120** 31
– Rahmenvereinbarungen **120** 31
– Verzeichnis der zu beschaffenden Leistungen **120** 28
Elektronischer Kommunikationsdienst **116** 95
– Begriff **116** 98, 100, **149** 96
– Besondere Ausnahme **149** 92
– Konzession **149** 92
– Telekommunikationsdienste **116** 100
Elektronisches Mittel **120** 16
– Begriff **97** 234 f.
– E-Vergabe **97** 212, 234 f.
Emissionszertifikat **103** 69 f.
– Cap and trade **103** 66
– Öffentlicher Auftrag **103** 66, 68 f.
– Verhandlungsverfahren ohne Teilnahmewettbewerb **103** 70
Ende des Vergabeverfahrens
– Vorabentscheidung über den Zuschlag **177** 1
Energie
– Besondere Ausnahme **137** 37 f., 41
– Sektorenvergaberecht **137** 37 f., 41
– Verkehrsleistung **137** 43
Energieverbrauch
– energieverbrauchsrelevante Leistungen **97** 84
Energieverbrauchsrelevante Leistung **97** 84, **127** 228
Energiewirtschaftliche Konzession **105** 101
– Anwendungsbereich des GWB-Vergaberechts **156** 33
– Vergabekammer **156** 31
Energiewirtschaftlicher Wegenutzungsvertrag **148** 56, 59
– Bekanntmachung **148** 73
– Fernwärme **148** 69
– In-House-Vergabe **148** 72
– Laufzeit **148** 73
– Rechtsrahmen **148** 70
Entgangener Gewinn
– Culpa in contrahendo **181** 78, 108, 113, 129
– Ersatz des Vertrauensschadens **181** 55
Entschädigung für die Angebotsbearbeitung **181** 117
Entscheidung **168** 1
– Ablehnungsfiktion **168** 55
– Allgemeine Rechtmäßigkeitskontrolle **168** 5
– Amtsermittlungsgrundsatz **168** 34
– Antragsbindung **168** 34
– Aufhebung **168** 17, 23 ff.
– Begründung **168** 54, 56
– Bestandskraft **168** 54, 61
– Bestimmtheit **168** 54
– Einleitung eines Vergabeverfahrens **168** 30
– Erledigung **168** 41 f.
– Form **168** 51
– Fortsetzungsfeststellungsverfahren **168** 41 f.
– Geeignete Maßnahme **168** 13
– Kontrahierungszwang **168** 33
– Korrigierende Maßnahme **168** 15, 17
– Nach Aktenlage **175** 24
– Nichtberücksichtigung **168** 19
– Normenkontrolle **168** 11
– Rechtsmittelbelehrung **168** 55 f.
– Rechtsverletzung **168** 4
– Unanfechtbarkeit **168** 54
– Unterschrift **168** 55
– Untersuchungsgrundsatz **168** 34
– Vergleich **168** 47
– Verhinderungsvermerk **168** 55
– Verwaltungsakt **168** 51
– Vollstreckung **168** 59
– Vorabentscheidung **168** 8 f.
– Wiederholung **168** 18
– Zuschlag **168** 38
– Zuschlagserteilung **168** 31 ff.
– Zustellung **168** 55, 57 f.
– Zweckmäßigkeitskontrolle **168** 6
Entscheidung der Vergabekammer **155** 35
– Begründung **163** 51
– Rechtsmittelbelehrung **163** 51
– Zustellung **163** 51
Entscheidungsfrist
– Ablehnungsfiktion **167** 5
– Begründung der Verlängerung **167** 16
– Erneute Fristverlängerung **167** 14
– Fristbeginn **167** 5
– Fristberechnung **167** 8
– Fristverlängerung **167** 10
– Mitteilung der Verlängerung **167** 12
– Unzuständige Vergabekammer **167** 10

– Vergabekammer **167** 5
– Verspätete Entscheidung **167** 15
– Zeitpunkt der Verlängerung **167** 19
Entsorgungskosten **127** 203
Erfüllungsgehilfe
– Culpa in contrahendo **181** 97
– Ersatz des Vertrauensschadens **181** 35
Erfüllungsinteresse
siehe Positives Interesse
Ergänzungspfleger **116** 33
– Besondere Ausnahme **149** 26
– Konzession **149** 26
– Rechtsdienstleistung **149** 26
Erlaubnis zur Berufsausübung
siehe Befähigung und Erlaubnis zur Berufsausübung
Erledigung
– Abhilfe **168** 46
– Aufhebung **175** 71
– Aufhebung des Verfahrens **168** 43, 45
– Aufwendung für Rechtsverfolgung **182** 102 ff.
– Aufwendung für Rechtsverteidigung **182** 102 ff.
– Beiderseitige Erledigungserklärung **168** 46
– Einstellung des Verfahrens **168** 43, 45
– Entscheidung **168** 41 f.
– Fortsetzungsfeststellungsantrag **168** 42
– Fortsetzungsfeststellungsverfahren **168** 41
– Gebühr **182** 20, 34
– Kosten des Verfahrens **182** 11, 20, 34, 74 f.
– Kostentragungspflicht **182** 60
– Rücknahme **168** 46
– Sonstige Weise **168** 43, 46
– Übereinstimmende Erledigungserklärung **168** 46
– Vergleich **168** 47
– Zuschlagserteilung **168** 43 f.
Ermittlungsverfahren **123** 29
Erneuerbare Energien **140** 27
Ersatz des Vertrauensschadens **181** 1
– Anspruchsberechtigter **181** 13
– Anspruchsgegner **181** 16
– Anwendungsbereich **181** 11
– Bietergemeinschaft **181** 13
– Bindungswirkung **181** 68
– Darlegungs- und Beweislast **181** 66
– Differenztheorie **181** 53
– Echte Chance **181** 7, 14, 41
– Einwand des rechtmäßigen Alternativverhaltens **181** 49
– Entgangener Gewinn **181** 55
– Erfüllungsgehilfe **181** 35
– Gemeinkosten **181** 57
– Hilfspersonen **181** 18
– Kausalität **181** 47
– Konkurrenz **181** 69
– Kosten der Teilnahme am Vergabeverfahren **181** 56
– Kosten der Vorbereitung des Angebots **181** 56
– Mittelbare Stellvertreter **181** 18
– Mitverschulden **181** 58
– Nachprüfungsantrag **181** 58
– Negatives Interesse **181** 1, 55
– Organhaftung **181** 34
– Örtliche Zuständigkeit **181** 65
– Positives Interesse **181** 55
– Rügeobliegenheit **181** 58
– Sachliche Zuständigkeit **181** 64
– Schaden **181** 53
– Stellvertreter **181** 37
– Verjährung **181** 62
– Verletzungshandlung **181** 19
– Verletzungshandlung durch Dritte **181** 33
– Verrichtungsgehilfe **181** 36
– Verschulden **181** 38
– Weiterreichende Ansprüche auf Schadensersatz **181** 69
– Zurechnung der Verletzungshandlung Dritter **181** 33
– Zuständigkeit **156** 53, **181** 63
Ersatzvornahme **168** 63
Essentialia negotii **132** 10
Europa 2020 **118** 5
– Innovationspartnerschaft **119** 75
– Monitoring **114** 2
– Statistikpflicht **114** 2
– Strategisches Ziel **97** 57
– Zuschlagskriterium **152** 76, **153** 65
Europäische Finanzstabilisierungsfazilität **116** 75, 78, **149** 63
– Besondere Ausnahme **149** 69
– Finanzielle Dienstleistung **149** 69
– Konzession **149** 69
Europäische Institut für Telekommunikationsnormen **121** 72
Europäische Komitee für Elektrotechnische Normung **121** 72
Europäische Komitee für Normung **121** 72
Europäische Normen **121** 72
Europäische Organisation für Technische Bewertung **121** 73
Europäische technische Bewertungen **121** 73
Europäische Verteidigungsagentur **109** 11
– Besondere Ausnahme **117** 35
– Besondere Verfahrensregeln **145** 34, 44
– Kooperationsprogramme **145** 10

– Verteidigungs- oder Sicherheitsaspekte **117** 35
Europäischer Stabilitätsmechanismus **116** 75, 77, **149** 63
– Besondere Ausnahme **149** 69
– Finanzielle Dienstleistung **149** 69
– Konzession **149** 69
Europäisches Bewertungsdokument **121** 73
Europäisches Patentamt **109** 11
– Besondere Ausnahme **117** 35
– Verteidigungs- oder Sicherheitsaspekte **117** 35
Europäisches Primärrecht **155** 41
– Allgemeine Ausnahme **107** 5
– Auslegungsmitteilungen **155** 45
– Baukonzession **105** 124
– Binnenmarktrelevanz **155** 42
– Dienstleistungsfreiheit **155** 41
– Eindeutiges grenzüberschreitendes Interesse **155** 42
– Konzession **105** 113
– Niederlassungsfreiheit **155** 41
– Öffentlicher Auftrag **103** 11
– Öffentlich-öffentliche Zusammenarbeit **108** 11
– Wasserkonzession **149** 101, 115
European Defence Agency
– Besondere Ausnahme **117** 35
– Besondere Verfahrensregeln **145** 34, 44
– Kooperationsprogramme **145** 10
– Verteidigungs- oder Sicherheitsaspekte **117** 35
European Institute Design for all Europe **121** 94
– Konzeption für alle Nutzer **121** 94
Eventualpositionen **121** 31
E-Vergabe **97** 212 ff.
– Angebot **97** 215
– Anwendungsbereich **97** 219 ff.
– Bekanntmachung **97** 215
– Bieterinformation **97** 215
– e-Invoicing **97** 218
– Elektronische Mittel **97** 234
– Elektronische Vergabeakte **97** 231
– Entstehungsgeschichte **97** 222
– Informationsplattform **120** 8
– Kommunikation **97** 215
– Kommunikationsplattform **120** 8
– Konzessionsvergabeverordnung **97** 228 ff.
– Regelungsstruktur **97** 227
– Sektorenverordnung **97** 228 f.
– Sinn und Zweck **97** 217
– Teilnahmeantrag **97** 215
– Umsetzungsfrist **97** 236
– Unterschwellenbereich **97** 221, **120** 10
– Vergabemanagementsysteme **120** 8
– Vergabeunterlagen **97** 215
– Vergabeverordnung **97** 228 f.
– Wahlfreiheit der Kommunikationsmittel **97** 216
Ex-ante-Transparenz **97** 24
– Bekanntmachung **97** 24
– Eindeutigkeit **97** 24
Experimentelle Entwicklung **116** 41, 45, **145** 29
– Besondere Ausnahme **149** 43
– Forschungs- und Entwicklungsdienstleistungen **149** 43
– Konzession **149** 43
Ex-post-Transparenz
– Dokumentation **97** 25
– Vergabevermerk **97** 25
– Vorabinformation **97** 25

F

Fachaufsicht **99** 72
– Aufsichtsbehörde **155** 49
Fachlos **97** 171, 175, 181
– Notfallrettung **97** 182
– Rettungsdienstleistung **97** 182
– Splitterlos **97** 185 ff.
– Trennbarkeit **97** 181
Fairer Handel **127** 128
Fakultativer Ausschlussgrund **124** 1 ff., **154** 17
– Abgabe **123** 52, **124** 4
– AEntG **124** 214 ff.
– Arbeitsrechtliche Verpflichtung **124** 15 ff., 20
– AufenthG **124** 219 ff.
– Auftragssperre **124** 44
– Beeinflussung **124** 178 ff.
– Beitrag zur Sozialversicherung **123** 52
– Beleg des Nichtvorliegens **124** 199 ff.
– Bewerbergemeinschaft **124** 8
– Bietergemeinschaft **124** 8, 69 ff., 92 ff.
– Eignungsleihe **124** 10, 86
– Einstellung **124** 36 ff.
– Ermessen **124** 202 ff.
– Geheimwettbewerb **124** 67 f.
– Geschützte Datenquelle **147** 16, **154** 29
– Höchstfrist **126** 17
– Insolvenz **124** 22 ff., 26 ff.
– Interessenkonflikt **124** 102 ff.
– Irreführende Information **124** 187 ff.
– Konzession **154** 15 f.
– Konzessionsvergabeverfahren **152** 30

– Korruptionsregister **124** 209
– Liquidation **124** 22 ff., 33 ff.
– Mangelhafte Erfüllung **124** 138 ff.
– MiLoG **124** 224 ff.
– Nachweis **147** 16
– Nationale Sicherheit **147** 12
– Nichtübermittlung von Nachweisen **124** 157 ff., 173 ff.
– Öffentliches Interesse **124** 205
– Parallelbeteiligung **124** 82 ff.
– Projektant **124** 109 ff.
– Rechtsfolge **124** 202 ff.
– Rechtsschutz **124** 235 f.
– Risiko für nationale Sicherheit **154** 26 f.
– Schlechte Erfahrung **124** 147
– SchwarzArbG **124** 229 ff.
– Schwere Verfehlung **124** 41 ff.
– Selbstreinigung **124** 207
– Sozialer Aspekt **153** 46
– Sozialrechtliche Verpflichtung **124** 15 ff., 20
– Sozialversicherungsbeitrag **124** 4
– Steuer **123** 52, **124** 4
– Strategische Ziele **97** 107 f.
– Täuschung **124** 157 ff., 164 ff.
– Umweltbezogener Aspekt **153** 56
– Umweltrechtliche Verpflichtung **124** 15 ff., 19
– Unterauftragnehmer **124** 9, 83 ff.
– Unternehmensbegriff **124** 7
– Verbindung zum Auftrag **97** 130
– Verbundene Unternehmen **124** 87 ff.
– Vergaberegister **124** 209
– Verhältnismäßigkeit **124** 11 ff.
– Verteidigungs- oder sicherheitsspezifischer Auftrag **147** 4, 9 ff., 15
– Vertrauenswürdigkeit **147** 11, 13, 15, **154** 24 f., 28
– Vertrauliche Information **124** 182 ff.
– Vorbefassung **124** 109 ff.
– Wettbewerbsbeschränkende Vereinbarung **124** 60 f., 63
– Zahlungsunfähigkeit **124** 22 ff.
– Zeitpunkt **124** 210 f.
– Zeitraum **124** 208
– Zurückhalten von Informationen **124** 157 ff., 168 ff.
Fernsehprogramm **149** 54
Fiduziarische Stiftungen **99** 11
Finanzdienstleistungen **145** 22
– Sicherheitsspezifischer Auftrag **145** 22
– Verteidigungsspezifischer Auftrag **145** 22
Finanzhilfe **103** 23, 71, 73, 76
Finanzielle Dienstleistung **116** 60
– Besondere Ausnahme **137** 27 f., **149** 60
– Bundesbank **137** 31
– Europäische Finanzstabilisierungsfazilität **149** 69
– Europäischer Stabilitätsmechanismus **149** 69
– Finanzinstrument **137** 30, **149** 65
– Konzession **149** 60
– Vorbereitende Tätigkeit **149** 67
– Wertpapier **137** 29, **149** 65
– Zentralbank **137** 31, **149** 68
– Zusammenhangsgeschäft **149** 67
Finanzielle Dienstleistungen
– Arrangeurleistung **149** 67
– Darlehen **116** 79
– Dienstleistungen der Zentralbanken **116** 72
– Eruopäischer Stabilitätsmechanismus **149** 63
– Europäische Finanzstabilisierungsfazilität **149** 63
– Finanzinstrumente **116** 65
– Haushaltsrecht **116** 83
– Kapitalmarkttypisches Vertrauensverhältnis **116** 66
– Kredite **116** 79
– Sinn und Zweck **116** 63
– Transaktionen mit dem Europäischen Stabilitätsmechanismus **116** 75, 77
– Transaktionen mit der Europäischen Finanzstabilisierungsfazilität **116** 75, 78
– Wertpapiere **116** 65
Finanzielle Leistungsfähigkeit *siehe Wirtschaftliche und finanzielle Leistungsfähigkeit*
Finanzierung des Immobiliengeschäfts **103** 94
Finanzinstrument
– Begriff **137** 30, **149** 65 f.
– Besondere Ausnahme **149** 65
– Finanzielle Dienstleistung **137** 30
– Konzession **149** 65
– Nicht übertragbares Wertpapier **149** 66
– Übertragbares Wertpapier **149** 66
– Wertpapier **149** 65
Finanzinstrumente **116** 65
– Begriff **116** 69
– Intermediäre Dienstleistungen **116** 71
– Kapitalmakrttypisches Vertrauensverhältnis **116** 66
– Zusammenhangsgeschäfte **116** 70
Fixgeschäft
– Vorabentscheidung über den Zuschlag **176** 18
Flächennutzungspläne **103** 52
Flipping-Effekt **127** 28
Flüchtling
– Ausführungsbedingung **128** 38

Flüchtlingskrise
– Vorabentscheidung über den Zuschlag **176** 18
Flughäfen **102** 35
– Begriff **102** 38
– Flughafenunternehmen **102** 39
Formelle Ausschlussgründe
– Offenes Verfahren **119** 29
Formelle Eignungsprüfung **122** 116 f.
Formelle Rechtskraft **123** 27
Forschung und Entwicklung
– Begriff **137** 15
– Besondere Ausnahme **137** 14 ff.
– Sektorenvergaberecht **137** 14 ff.
Forschungs- und Entwicklungsdienstleistungen **116** 41
– Angewandte Forschung **116** 41, **145** 29
– Anwendungsbereich des Vergaberechts **145** 26
– Auftragsforschung **116** 40, **149** 36
– Ausschließliches Eigentum **116** 47, **145** 29
– Begriff **116** 41, **149** 38
– Besondere Ausnahme **149** 32
– Besondere Ausnahmen vom Anwendungsbereich **116** 38
– Bundeswehr **145** 29
– Demonstratorsysteme **145** 29
– Eigentum **149** 45
– Experimentelle Entwicklung **116** 41, 45, **145** 29, **149** 43
– Forschung und Entwicklung **145** 29
– Forschungsförderung **149** 36
– Gemischte öffentliche Aufträge **116** 45
– Grundlagenforschung **116** 41, **145** 29
– Konzession **149** 32
– Meeresforschung **116** 45
– Meeresforschungsdienste **149** 43
– Militärforschung **116** 46, **149** 44
– Nutzungs- und Verwertungsrechte **149** 45
– Nutzungsrecht **145** 29
– Sicherheits- und Verteidigungsgüter **116** 46
– Sicherheitsgüter **149** 44
– Vergütung **149** 46
– Verteidigungs- oder sicherheitsspezifische öffentliche Aufträge **145** 26
– Verteidigungsgüter **149** 44
– Vollständige Vergütung **116** 48
Forschungs- und Entwicklungsphase **119** 85
Forschungsförderung
– Besondere Ausnahme **149** 36
– Konzession **149** 36
Fortsetzungsfeststellungsantrag
– Beschwerdeentscheidung **178** 37
– Divergenzvorlage **179** 58
– Feststellungsinteresse **178** 42
– Vorabgestattung des Zuschlags **169** 48
Fortsetzungsfeststellungsverfahren
– Abhilfe **168** 46
– Antrag **168** 48
– Aufhebung des Verfahrens **168** 43, 45
– Beiderseitige Erledigungserklärung **168** 46
– Beschleunigung **168** 50
– Einstellung des Verfahrens **168** 43, 45
– Erledigung **168** 41 f.
– Feststellungsinteresse **168** 49
– Rücknahme **168** 46
– Sonstige Weise **168** 43 f., 46
– Übereinstimmende Erledigungserklärung **168** 46
– Zuschlagserteilung **168** 43
Fossile Brennstoffe **102** 42, **143** 8
Franchise-Vertrag **105** 41
Frauenförderung **97** 79
Freiberufliche Leistung
– Leistungsbeschreibung **121** 78
– Niedrigstkostenvergabe **127** 54
– Niedrigstpreisvergabe **127** 54
Freihändige Vergabe **119** 11
Freistellung **102** 3 f.
– Antragsberechtigte **102** 5
– Voraussetzungen **102** 6
Freistellungsverfahren **140** 31
– Antrag **140** 32
– Antragsteller **140** 32
– Entscheidung der Kommission **140** 40
– Kosten **140** 36, 38
– Stellungnahme des Bundeskartellamtes **140** 35
– Zeitpunkt der Freistellung **140** 43
Funktechnik **145** 6
Funktionale Ausschreibung
– Kosten **127** 52
– Niedrigstkostenvergabe **127** 52 f.
– Niedrigstpreisvergabe **127** 52 f.
Funktionale Leistungsbeschreibung **121** 62
– Beispiele **121** 64
– Bestimmtheit **121** 55
– Eindeutige Leistungsbeschreibung **121** 30
– Erschöpfende Leistungsbeschreibung **121** 45
– Strategische Ziele **97** 103
– Verhandlungsverfahren **121** 62
– Wettbewerblicher Dialog **121** 62
Funktionelle Anforderung
– Konzessionsvergabeverfahren **152** 4 f.
– Technische Spezifikation **152** 4 f.
Funktionsanforderungen **121** 48, 54, 62
– Beispiele **121** 64
– Bestimmtheit **121** 55

– Leistungsbeschreibung **121** 54, **152** 11
– Strategische Ziele **97** 102
– Verbindung zum Auftrag **97** 128
– Verhandlungsverfahren **121** 62
– Wettbewerblicher Dialog **121** 62

G

Gas **102** 16, **103** 93
– Begriff **102** 18
– Feste Netze **102** 18
– Verkehrsleistung **137** 43
– Versorgung der Allgemeinheit **102** 18
Gasförderung **143** 8
Gaskonzessionen
siehe Energiewirtschaftlicher Wegenutzungsvertrag
Gaststätte **130** 28
Gebietskörperschaft **99** 31, 88
– Begriff **99** 2
– Öffentlicher Auftraggeber **99** 2 f.
Geborene Verfahrensbeteiligte **162** 7
Gebrauchsüberlassung **103** 95
Gebühr **123** 56, **182** 19
– Äquivalenzgrundsatz **182** 22
– Außergewöhnlich hohe wirtschaftliche Bedeutung **182** 32
– Außergewöhnlich hoher Aufwand **182** 32
– Billigkeit **182** 28 ff., 32, 37, 40
– Doppelverwertung **182** 38, 40
– Erledigung **182** 20, 34
– Ermessen **182** 46
– Gebührenbefreiung **182** 55
– Höhe **182** 23
– Kostendeckungsprinzip **182** 21
– Lineare Interpolation **182** 25
– Niederschlagung **182** 43
– Rücknahme des Nachprüfungsantrags **182** 20, 34
– Tabelle **182** 24 ff., 47
– Teilweise Absehen von der Erhebung **182** 44
– Vorabentscheidung über den Zuschlag **176** 65
Gebührenbefreiung **182** 55
Gebührentabelle **182** 25 ff., 47
Gegenspionage **145** 6
Gegenvorstellung **175** 44
Geheimkriterium **127** 231
Geheimschutz **117** 15, 17
– Beurteilungsspielraum **150** 13
– Formelle Voraussetzungen **117** 18, **150** 11
– GEHEIM **117** 19, **150** 12
– Konzessionen in den Bereichen Verteidigung und Sicherheit **150** 10
– Materielle Voraussetzungen **117** 19, **150** 12
– Sicherheitsüberprüfungsgesetz **117** 17
– Verschlusssache **117** 17
– VS-NUR FÜR DEN DIENSTGEBRAUCH **117** 19, **150** 12
– VS-VERTRAULICH **117** 19, **150** 10, 12
Geheimwettbewerb **97** 18, **119** 57, **124** 67 f.
– Informationspflicht **134** 72
Gekorene Verfahrensbeteiligte **162** 15
Geldbuße **123** 12
– Zwingender Ausschlussgrund **123** 19
Geldwäsche
– Zwingender Ausschlussgrund **123** 25
Gemeinde-Unfallversicherungen **99** 83
Gemeinkosten **181** 57
Gemeinnützige Organisation **107** 22, **130** 23, **153** 24
– Begriff **130** 23
– Hilfsorganisation **130** 23
Gemeinnützige Vereinigung **107** 22, **153** 24
Gemeinsame Kontrolle **108** 56 ff.
– Ausschlaggebender Einfluss **108** 62
– Beschlussfassendes Organ **108** 59 ff.
– Beteiligungskriterium **108** 67
– Coditel **108** 56
– Econord **108** 60 f.
– Horizontale In-House-Vergabe **108** 50
– Inverse In-House-Vergabe **108** 50, 68
– Leitungsorgan **108** 60 f.
– Private Kapitalbeteiligung **108** 67
– Wesentlichkeitskriterium **108** 38, 66
– Zuwiderlaufendes Interesse **108** 64
Gemeinsame technische Spezifikationen **121** 74
Gemeinsame Vergabekammern **158** 22
Gemeinschaftsunternehmen **139** 1
– Änderungen der Beteiligungsverhältnisse **139** 18
– Begriff **138** 14
– Beteiligte Auftraggeber **139** 11
– Bildung eines Gemeinschaftsunternehmens **139** 9
– Gründungsakt **139** 17
– Konzession **101** 17, **139** 7, **154** 51 ff.
– Sinn und Zweck **154** 55
– Stabilität des Gemeinschaftsunternehmens **139** 16
– Verbundenes Unternehmen **138** 14
– Wasserkonzession **149** 125
– Zusammenhang mit Sektorentätigkeit **139** 13

Gemeinwirtschaftliche Busdienstleistung **156** 25, 27
Gemeinwirtschaftliche Verpflichtung **149** 145 f.
Gemischte Konzession **110** 1, **111** 1, 24, **112** 1 ff., 23, **148** 31
- Einzelkonzession **112** 25
- Ermessen **112** 24
- Gemischter Auftrag **111** 24
- Gesamtkonzession **112** 25
- Hauptgegenstand **110** 8
- Objektiv unmöglich **112** 27
- Öffentlicher Auftraggeber **112** 29 f.
- Sektorenauftraggeber **112** 28, 30
- Sektorentätigkeit **112** 5
- Sicherheitsaspekt **112** 30
- Umgehungsverbot **112** 26
- Verteidigungsaspekt **112** 30

Gemischter Auftrag **103** 21, **110** 1, **111** 1, **112** 1 ff.
- Bauauftrag **103** 99
- Beispiel **112** 12
- Einzelauftrag **112** 10
- Ermessen **111** 20, **112** 9
- Gemischte Konzession **111** 24
- Gesamtauftrag **111** 7, **112** 13
- Getrennter Auftrag **111** 6, **112** 10 ff.
- Hauptgegenstand **110** 8, **111** 17
- Hauptsächliche Bestimmung **112** 14 f.
- Haupttätigkeit **112** 14 f.
- Konzession **111** 13, **112** 22
- Objektiv unmöglich **112** 18 ff.
- Öffentlicher Auftrag **103** 3
- Öffentlicher Auftraggeber **112** 21
- Sektorentätigkeit **112** 5 f., 16, 22
- Sektorenvergaberecht **111** 11 f.
- Sicherheitsaspekt **112** 16, 22
- Sicherheitsinteresse **103** 21, **111** 8, 10, 18
- Sicherheitsspezifischer Auftrag **111** 9 f., 18
- Trennbarer Auftrag **112** 6 f.
- Trennbarkeit **111** 4 f.
- Umgehungsverbot **111** 23, **112** 17
- Untrennbarkeit **111** 15 f., 21
- Verteidigungsaspekt **112** 16, 22
- Verteidigungsspezifischer Auftrag **111** 9 f., 18

Gemischtwirtschaftliche Unternehmen **103** 57
Genehmigung **103** 32
Genossenschaften **99** 35
Gerichtssprache **175** 54 f.
Gerichtsvollzieher
- Besondere Ausnahme **149** 31
- Konzession **149** 31
- Rechtsdienstleistung **149** 31

Geschäftsgeheimnis
- Akteneinsicht **175** 48
- Fakultativer Ausschlussgrund **124** 184
- Informationspflicht **134** 72, 118
- Verrat von Geschäftsgeheimnissen **156** 37

Geschützte Datenquelle **147** 16
Geschützte Werkstatt **118** 21
Geschütztes Beschäftigungsverhältnis
- Begriff **118** 34
- Schwellenwert **118** 43
- Vorbehaltener Auftrag **118** 33

Gesellschaft mit beschränkter Haftung
- In-House-Vergabe **108** 26

Gesellschaften mit beschränkter Haftung **99** 35
Gesellschaften mit beschränkter Haftung & Compagnie Kommanditgesellschaft **99** 36
Gesetz **103** 32
Gesetzestreue **122** 7, **152** 29
- Ausschlussgrund **122** 23
- Eignungskriterium **122** 22
- Zwingender Ausschlussgrund **123** 1

Gesetzesvorbehalt **123** 8
Gesetzliche Krankenkassen **99** 65, 83
Gesetzliche Krankenversicherung
- Vergabekammer des Bundes **159** 24

Gesetzliches Verbot **135** 143 ff.
Gestattung des vorzeitigen Zuschlags **169** 3 *siehe Vorabgestattung des Zuschlags*
Gesundheitsschutz **152** 59
Gewichtung
- Alibi-Kriterium **127** 61
- Auftragsbekanntmachung **127** 241, 244
- Diskriminierung **152** 78
- Gleichbehandlung **152** 69 f.
- Innovative Lösung **152** 75
- Konzessionsvergabeverfahren **152** 66 ff., 72
- Leistungsbezogenes Zuschlagskriterium **127** 58 ff.
- Pflicht **152** 70, 72
- Reihenfolge **152** 75
- Stromnetz Berkenthin **152** 71
- Stromnetz Heiligenhafen **152** 71
- Transparenz **152** 68 ff.
- Vergabebekanntmachung **127** 242
- Vergabeunterlagen **127** 245 ff.
- Veröffentlichung **127** 230 ff.
- Vorinformation **127** 243

Gewichtung der Zuschlagskriterien
- Konzessionsvergabeverfahren **152** 65

Gewichtungskoeffizient **127** 44 ff.
- Budgetausschreibung **127** 55 ff.
- Kosten **127** 47 ff.
- Niedrigstkostenvergabe **127** 50 ff.
- Niedrigstpreisvergabe **127** 50 ff.

– Preis **127** 47 ff.
– Verpflichtung **127** 46
Gewichtungsregel **127** 21 ff.
siehe Bewertungsmethode
Gleichbehandlung **97** 6, 36, **103** 42
– Anwendungsfälle **97** 42
– Ausschluss **97** 49
– Baukonzession **105** 124
– Benachteiligung **97** 36 f.
– Bietergemeinschaften **97** 52
– Bieterschützender Charakter **97** 55
– Definition **97** 38
– Diskriminierung **97** 36 f.
– Einheimische Unternehmen **97** 43 f.
– Konzession **151** 9
– Nachforderung **97** 50
– Nachverhandlungen **97** 51
– Ortsansässige Unternehmen **97** 43 f.
– Ortspräsenz **97** 44
– Projektanten **97** 46
– Rechtsschutz **97** 55
– Selbstbindung **97** 49
– Ungleichbehandlung **97** 39
– Verhandlungen **97** 51
– Verhandlungsphase **119** 56
– Vorfeld der Vergabe **97** 40
– Wissensvorsprünge **97** 45
– Zuschlagskriterium **127** 158
– Zuschneiden der Leistungsbeschreibung **97** 47
Gleichbehandlungsgrundsatz
siehe Gleichbehandlung
Gleichstellung
– Ausführungsbedingung **128** 24, 39
Gleichwertigkeitsnachweis **152** 17
Gleichwertigkeitszusatz **152** 16
Governance-Regelungen **114** 9
Government-to-Government-Beschaffungen **145** 18
Government-to-Government-Konzessionen **150** 22
Grenzüberschreitender Bezug
siehe Binnenmarktrelevanz
Grundlagenforschung **145** 29
– Besondere Ausnahmen vom Anwendungsbereich **116** 41
Grundpositionen **121** 35
Grundsätze
siehe Vergabegrundsätze
Grundstücksbezogene Geschäfte **107** 9
Gründungsgesellschaften **99** 37
Gütezeichen
– Umweltbezogener Aspekt **153** 56
– Zuschlagskriterium **127** 166

H

Häfen **102** 35
– Begriff **102** 37
Handelsgesellschaften **99** 36
Handelsregister **122** 27
– Auszug **122** 32
– Befähigung zur Berufsausübung **122** 27
– Begriff **122** 29
– Erlaubnis zur Berufsausübung **122** 27
Handwerksrolle **122** 30
– Befähigung zur Berufsausübung **122** 27
– Befangenheit **157** 41
– Erlaubnis zur Berufsausübung **122** 27
Hauptamtlicher Beisitzer
– Amtszeit **157** 29
– Besetzung **157** 12
– Qualifikation **157** 16 ff.
– Sicherheitsspezifischer Auftrag **157** 14
– Verteidigungsspezifischer Auftrag **157** 14
Hauptsacheentscheidung
– Bindungswirkung **179** 16
– Divergenzvorlage **179** 44
Hausarztzentrierte Versorgung **103** 90
Haushaltsrecht **97** 28
– Allgemeine Ausnahme **107** 5
– Rechtsdienstleistung **137** 12
Haushaltsrechtliche Lösung **155** 6
Hilfsorganisation
– Gemeinnützige Organisation **130** 23
– Rettungsdienstleistung **130** 23
Hinweispflicht der Vergabekammer
– Mangelhafte Sachverhaltsdarstellung **161** 54
– Unzureichende Beschreibung der behaupteten Rechtsverletzung **161** 54
Hochbahn **131** 10
Höchstausschlussdauer
– Selbstreinigung **125** 22
Höchstzahl
– Nicht offenes Verfahren **119** 38
Hoflieferantentum **97** 13
Hoheitliche Rechtsdienstleistungen **116** 35
– Beliehene **116** 36
– Verwaltungshelfer **116** 37
Höhere Gewalt **105** 53, 58
Honorarordnung für Architekten und Ingenieure
– Anwendungsbereich **127** 74 f.
– Europarecht **127** 73
– Honorarvereinbarung **127** 79 ff.
– Honorarzone **127** 76
– Überschreitung der Höchstsätze **127** 78
– Unterschreitung der Mindestsätze **127** 78 ff.

– Verbindliche Vorgaben **127** 76 ff.
– Zuschlag **127** 72 ff.
Honorarvereinbarung **127** 79 ff.
Honorarzone **127** 76
Hörfunkmediendienst **116** 50
– Ankauf von Sendezeit **116** 58
– Ausstrahlung von Sendungen **116** 57
– Ausstrahlungszeit **149** 58 f.
– Begriff **149** 53
– Bereitstellung von Sendungen **116** 57, **149** 58
– Beschaffung von Sendetechnik **116** 59
– Beschaffung von technischem Sendematerial **116** 59
– Besondere Ausnahme **149** 47
– Hörfunk-Sendematerial **149** 57
– Hörfunksendung **149** 57
– Konzession **149** 47
– Mediendiensteanbieter **149** 55
– Mediendienstleister **149** 55
– Programmbezug **149** 51
– Programmfreiheit **116** 52
– Rundfunkanstalt **149** 56
– Sendematerial **149** 57
– Sendung **149** 57, 59
– Sinn und Zweck **116** 52
– Vorbereitungsdienst **149** 52
Horizontale In-House-Vergabe **108** 5, 49
– Beteiligungskriterium **108** 54 f.
– Gemeinsame Kontrolle **108** 50
– Kontrollkriterium **108** 51
– Private Kapitalbeteiligung **108** 54 f.
– Wesentlichkeitskriterium **108** 52 f.
Horizontale öffentlich-öffentliche Zusammenarbeit **108** 1, 5, 71
– Bauleistung **108** 82
– Begründen **108** 83
– Besserstellung Privater **108** 88
– Bestimmung des prozentualen Anteils **108** 100
– Beteiligungskriterium **108** 72, 75, 89
– Dienstleistung **108** 82
– Erfüllen **108** 83
– Finanztransfer **108** 84, 87
– Fremdumsatz von Tochtergesellschaften **108** 93
– Gemeinsame Aufgabe **108** 81
– Hilfsgeschäft **108** 79, **138** 10
– Interkommunale Zusammenarbeit **108** 2, 71
– Kontrollkriterium **108** 73
– Kooperatives Konzept **108** 84
– Lecce **108** 72
– Lieferleistung **108** 82
– Markt **108** 92
– Öffentliches Interesse **108** 85 f.
– Piepenbrock **108** 72
– Private Kapitalbeteiligung **108** 75, 89
– Prognose über Geschäftsentwicklung **108** 103
– Stadtreinigung Hamburg **108** 2, 72, 85
– Tätigkeitsgestützter Wert **108** 102
– Vertrag **108** 74
– Wahrnehmung öffentlicher Aufgaben **108** 78
– Wasserkonzession **149** 123
– Wesentlichkeitsschwelle **108** 90 f.
– Zusammenarbeit **108** 77, 79, 84

I

ILO-Kernarbeitsnorm **97** 77, 95, **127** 128
– Eignungskriterium **122** 15
Immobilien **103** 94
In-camera-Verfahren **164** 15, 19, **165** 45, 58
– Sofortige Beschwerde **175** 49
Indexierungsklauseln **132** 88 f.
Industrie- und Handelskammer **122** 77
Infizierung
– Sektorenauftraggeber **136** 19
Infizierungstheorie
– Allgemeininteresse **99** 50
– Besonderer Gründungszweck **99** 42
– Nichtgewerblichkeit **99** 57
– Verbände **99** 85
Informationspflicht **134** 1
– Adressat **134** 40
– Alcatel Austria **134** 15
– Anwendungsbereich **134** 17
– Aufhebung **134** 31
– Auftraggeber nach dem Bundesberggesetz **143** 17
– Auftragsänderung **134** 37
– Ausnahme **134** 100
– Beginn **134** 8
– Betriebsgeheimnis **134** 72, 118
– Betroffener Bewerber **134** 7
– Beweislast **134** 83, 108
– Bewerber **134** 51
– Bieter **134** 42
– De-facto-Vergabe **134** 29
– Dringlichkeit **134** 2, 100, 106
– Dynamisches Beschaffungssystem **134** 27
– Einzelauftrag **134** 28
– E-Mail **134** 81
– Empfangsbestätigung **134** 82
– Ermessen **134** 113
– Fakultativer Inhalt **134** 77

– Form **134** 79, **135** 39
– Frühester Zeitpunkt des Vertragsschlusses **134** 74
– Geheimwettbewerb **134** 72
– Geschäftliches Interesse **134** 121
– Geschäftsgeheimnis **134** 72, 118
– Gesetzesvollzug **134** 118
– Gründe für Nichtberücksichtigung **134** 66
– Höhere Gewalt **134** 109
– Information über die Ablehnung der Bewerbung **134** 53, 56
– Inhalt der Information **134** 58
– Innovationspartnerschaft **134** 21
– Interimsvergabe **134** 32
– Konzession **134** 17
– Kündigung von öffentlichen Aufträgen **134** 48
– Lauterer Wettbewerb **134** 121
– Markterkundung **134** 22
– Mündliche Information **134** 79, 83
– Münzplättchen **134** 15
– Name des Unternehmens **134** 63
– Naturkatastrophe **134** 109
– Niedrigstpreisvergabe **134** 70
– Nur ein Unternehmen **134** 24
– Öffentliches Interesse **134** 120
– OK-Vermerk **134** 82
– Preisträger **134** 44
– Rahmenvereinbarung **134** 27
– Rechtsschutz **134** 122
– Schwellenwert **134** 17
– Sicherheitsinteresse **134** 120
– Sicherheitsspezifischer Auftrag **134** 111, 117
– Sinn und Zweck **134** 14
– Telefax **134** 81
– Textform **134** 79, 81
– Unterschwellenbereich **134** 18
– Unverzüglichkeit **134** 84, **135** 40
– Unvollständige Information **135** 33, 35
– Unvorhersehbarkeit **134** 106
– Unwirksamkeit **134** 1, **135** 5, 24 ff.
– Unzureichende Information **135** 33
– Unzutreffende Information **135** 33, 35
– Verfahrensart **134** 21
– Vergabekammer **156** 51
– Verhandlungsverfahren **134** 21
– Verhandlungsverfahren ohne Teilnahmewettbewerb **134** 2, 23, 100
– Verstoß **134** 5, **135** 24
– Verteidigungs- oder sicherheitsspezifischer Auftrag **147** 4
– Verteidigungsinteresse **134** 120
– Verteidigungsspezifischer Auftrag **134** 2, 111, 117
– Wettbewerb **134** 44
– Wettbewerblicher Dialog **134** 21
– Wiederholung der Angebotswertung **134** 33
– Zurückziehen des Angebots **134** 46
– Zurückziehen des Teilnahmeantrags **134** 54
– Zuschlagsbieter **134** 50
Informationsplattformen **120** 8
Ingenieurleistung
– Berufsanfänger **122** 101
– Kleinere Büroorganisation **122** 101
– Newcomer **122** 101
– Niedrigstkostenvergabe **127** 54
– Niedrigstpreisvergabe **127** 54
– Preis **127** 54
– Sektorenhilfstätigkeit **100** 11
– Subventionierte Auftraggeber **99** 99
In-House-Geschäft **103** 60
In-House-Vergabe **98** 9, **108** 1, 5
– Aktiengesellschaft **108** 23, 25, 30
– Auftraggeberwechsel **132** 114
– Auftragsänderung **132** 31, 114
– Beteiligungskriterium **108** 41, 54 f.
– Carbotermo **108** 24, 35
– Coditel **108** 56, 65
– Daseinsvorsorge **108** 37
– Eisenbahnverkehr **131** 14
– Energiewirtschaftlicher Wegenutzungsvertrag **148** 72
– Gemeinsame Kontrolle **108** 38, 50, 56 ff.
– Gesellschaft mit beschränkter Haftung **108** 26
– Horizontale In-House-Vergabe **108** 5, 49
– Inverse In-House-Vergabe **108** 5, 49
– Kontrollkriterium **108** 21, 51
– Konzession **101** 17
– Mittelbare Kontrolle **108** 30
– Öffentlicher Auftrag **103** 3, 41
– Parking Brixen **108** 23, 28
– Private Kapitalbeteiligung **108** 28, 41, 54 f.
– Stille Gesellschaft **108** 44, 47
– Teckal **108** 2
– Umgekehrt vertikale In-House-Vergabe **108** 5
– Unternehmen **103** 41
– Versicherungsverein auf Gegenseitigkeit **108** 24
– Wasserkonzession **149** 123
– Wesentlichkeitskriterium **108** 31, 52 f.
Inklusion
– Ausführungsbedingung **128** 35

Innovation **119** 75
– Abgrenzung **153** 68
– Ausführungsbedingung **128** 29 ff.
– Begriff **97** 89, **152** 76, **153** 65, 67
– Besondere Dienstleistung **153** 64
– Gewichtung **152** 75
– Konzession **153** 64
– Konzessionsvergabeverfahren **152** 88
– Nebenangebote **97** 90
– Varianten **97** 90
– Zuschlagskriterium **128** 30, **152** 75, **153** 66
Innovationsaspekte **97** 87
– Begriff **97** 89
– Innovationspartnerschaft **97** 90
– Nebenangebote **97** 90
– Varianten **97** 90
Innovationspartnerschaft **119** 16, 71
– Angebotswertung **119** 84
– Aufforderung zur Angebotsabgabe **119** 83
– Auftragsbekanntmachung **119** 81
– Ausschlussgründe **119** 84
– Auswahl der Teilnehmer **119** 82
– Beschränkung der Teilnehmeranzahl **119** 82
– Einheitliche Europäische Eigenerklärung **119** 82
– Eisenbahnverkehr **131** 11
– Europa 2020 **119** 75
– Forschungs- und Entwicklungsphase **119** 85
– Informationspflicht **134** 21
– Innovationsbegriff **119** 75
– Leistungsphase **119** 85
– Nicht offenes Verfahren **119** 74
– Niedrigstpreisvergabe **119** 84
– Offenes Verfahren **119** 74
– Sektorenauftraggeber **141** 7
– Soziale und andere besondere Dienstleistungen **130** 38
– Subsidiarität **119** 74
– Sukzessive Abschichtung **119** 83
– Teilnahmefrist **119** 81
– Verfahrensablauf **119** 80
– Verhandlungen **119** 83
– Verhandlungsverfahren **119** 74
– Voraussetzungen **119** 73
– Wartepflicht **134** 21
– Wettbewerblicher Dialog **119** 74
– Zuschlagskriterien **119** 84
– Zwischenziele **119** 85
Insolvenz **124** 22 ff., 26 ff., **132** 26
– Auftragnehmerwechsel **132** 73 ff.
– Auftragsänderung **132** 73
Insolvenzverwalter **116** 33
– Besondere Ausnahme **149** 26
– Konzession **149** 26
– Rechtsdienstleistung **149** 26
Institutionelle Auftraggeber **99** 1
Integration
– Ausführungsbedingung **128** 35
Integrationsabteilungen **118** 28
Integrationsbetrieb **118** 28
Integrationsunternehmen **118** 28, 42
Integrierter öffentlicher Personenverkehrsdienst **131** 16
Interessenkonflikt **124** 102 ff.
– Besondere Dienstleistung **153** 69 f., 72 f.
– Ermessen **124** 108
– Konzession **153** 69 f., 72 f.
– Selbstreinigung **125** 23
Interessensbestätigung
– Loslimitierung **97** 199
Interimsvergabe **134** 110
– Informationspflicht **134** 32
– Vorabentscheidung über den Zuschlag **176** 33
– Vorabgestattung des Zuschlags **169** 32
– Wartepflicht **134** 32
Interkommunale Zusammenarbeit **108** 2, 71
– Auftraggeber mit ausschließlichem Recht **116** 91 f.
International Electrotechnical Commission **121** 75
International Procurement Instrument **103** 44
International Standardization Organization **121** 75
Internationale Abkommen
– Anwendungsbereich des Vergaberechts **145** 32, **150** 39
– Begriff **145** 34
– Besondere Verfahrensregeln **145** 32, **150** 39
– Internationale Abkommen zwischen EU-Mitgliedstaaten und Nicht-EWR-Staaten **145** 32, **150** 39
– Konzessionen in den Bereichen Verteidigung und Sicherheit **150** 39
– Memorandum of Understanding **145** 34, **150** 41
– Sicherheitsspezifischer Auftrag **145** 32
– Verteidigungsspezifischer Auftrag **145** 32
Internationale Abkommen im Zusammenhang mit der Stationierung von Truppen
– Konzessionen in den Bereichen Verteidigung und Sicherheit **150** 43
– NATO-Truppenstatut **145** 39, **150** 44
– Sinn und Zweck **145** 38
Internationale Abkommen zwischen EU-Mitgliedstaaten und Nicht-EWR-Staaten
– Agreement **145** 34

- Anwendungsbereich des Vergaberechts **145** 32, **150** 39
- Arrangement **145** 34
- Europäische Verteidigungsagentur **145** 34
- Europäisches Primärrecht **145** 35, **150** 42
- European Defence Agency **145** 34
- Internationale Vereinbarung **145** 34
- Internationales Abkommen **145** 34
- Konzessionen in den Bereichen Verteidigung und Sicherheit **150** 39
- Organisation Conjointe de Coopération en Matière d'Armement **145** 34

Internationale Finanzierungseinrichtung **109** 12
- Besondere Ausnahme **117** 36
- Internationaler Währungsfonds **109** 12, **117** 36
- Überwiegende Kofinanzierung **109** 15, **117** 38
- Verteidigungs- oder Sicherheitsaspekte **117** 36

Internationale Normen **121** 75

Internationale Organisation
- Anwendungsbereich des Vergaberechts **145** 40
- Begriff **109** 11, **117** 35
- Besondere Ausnahme **117** 32, 36
- Europäische Verteidigungsagentur **109** 11, **117** 35
- Europäisches Patentamt **117** 35
- European Defence Agency **117** 35
- Finanzierung **109** 12, **117** 36
- North Atlantic Treaty Organization **109** 11, **117** 35
- Öffentlicher Auftrag **103** 3
- Überwiegende Kofinanzierung **109** 15, **117** 38
- Verteidigungs- oder Sicherheitsaspekte **117** 32, 36

Internationale Organisationen **109** 7, 9
- Begriff **145** 44, **150** 47
- Europäische Verteidigungsagentur **145** 44
- Europäisches Patentamt **109** 11
- European Defence Agency **145** 44
- Konzessionen in den Bereichen Verteidigung und Sicherheit **150** 45
- NATO Support and Procurement Agency **145** 44
- Nichtstaatliche internationale Organisationen **145** 44
- Non governmental organizations **145** 44
- North Atlantic Treaty Organization **145** 44, **150** 47
- Organisation Conjointe de Coopération en Matière d'Armement **145** 44
- Sicherheitsspezifischer Auftrag **145** 40

Internationale Übereinkunft **109** 4, **117** 25
- Projekt **117** 25
- Stationierung von Truppen **117** 30

Internationale Vereinbarung **109** 4, **117** 25, **145** 32
- Projekt **117** 25
- Stationierung von Truppen **117** 30

Internationale Verfahrensregel **109** 1
- Internationale Finanzierungseinrichtung **109** 12
- Internationale Organisation **109** 7, 9, 11 f.
- Internationale Übereinkunft **109** 4
- Internationale Vereinbarung **109** 4
- Konzession in den Bereichen Verteidigung und Sicherheit **109** 3
- Rechtsinstrument **109** 4
- Rechtsschutz **109** 16
- Verteidigungs- oder sicherheitsspezifischer öffentlicher Auftrag **109** 3

Internationaler Währungsfonds **109** 12
- Besondere Ausnahme **117** 36
- Verteidigungs- oder Sicherheitsaspekte **117** 36

Internationales Abkommen zwischen EU-Mitgliedstaaten und Nicht-EWR-Staaten
- Memorandum of Understanding **145** 34

Interner Betreiber
- Selbsterbringung **131** 20

Interssenkonflikt
- Vermutung **124** 107

Inverse In-House-Vergabe **108** 5, 49
- Beteiligungskriterium **108** 54 f.
- Gemeinsame Kontrolle **108** 50, 68
- Kontrollkriterium **108** 51
- Private Kapitalbeteiligung **108** 54 f.
- Wesentlichkeitskriterium **108** 52 f.

Investitionen **119** 79

Investitionsaufwendung **105** 55

J

Jahresumsatz **122** 37

Juristische Person des öffentlichen Rechts **99** 31
- Einrichtung des öffentlichen Rechts **101** 11
- Sofortige Beschwerde **175** 6

Juristische Personen **99** 28

K

Kartellbehörde **156** 55
- Vergabekammer **156** 56

Kartellrecht
- Inzidentprüfung **97** 17
- Wettbewerb **97** 17
Kartellrechtliche Lösung **155** 7
Kaskadensystem **119** 4
Katastrophenschutz **153** 21
- Begriff **130** 22
- Rettungsdienstleistung **130** 22
Katastrophenschutzorganisation **107** 22
Kaufhaus des Bundes **120** 31
Kernarbeitsnorm
- Ausführungsbedingung **128** 37
Kfz-Sachverständige **103** 16
Kleinere Büroorganisation **122** 101
Kollusion **135** 148 f.
Kommanditgesellschaften **99** 36
Kommunalabgabe **123** 56
Kommunale Dienstleistung **130** 29
Kommunale Selbstverwaltungsgarantie **108** 9
Kommunale Versorgungswerke **99** 11
Kommunale Zweckverbände **99** 87
Kommunalunternehmen **99** 33
Kommunikation
- E-Vergabe **97** 215
- Konzession **151** 13
Kommunikationsplattform **120** 8
Konstruktive Leistungsbeschreibung **121** 57
- Beispiele **121** 64
- Bestimmtheit **121** 58
- Eindeutige Leistungsbeschreibung **121** 30
- Erschöpfende Leistungsbeschreibung **121** 45
- Funktionale Leistungsbeschreibung **121** 58
- Konventionelle Leistungsbeschreibung **121** 58
Kontrahierungszwang **168** 33
Kontrollkriterium
- Aktiengesellschaft **108** 23, 25, 30
- Aufsichtsrecht **108** 22
- Ausschlaggebender Einfluss **108** 62
- Beschlussfassendes Organ **108** 59
- Carbotermo **108** 24
- Coditel **108** 65
- Eisenbahnverkehr **131** 22
- Ernennungsrecht **108** 22
- Gemeinsame Kontrolle **108** 56 ff.
- Gesellschaft mit beschränkter Haftung **108** 26
- Horizontale öffentlich-öffentliche Zusammenarbeit **108** 73
- In-House-Vergabe **108** 21
- Inverse In-House-Vergabe **108** 51
- Mittelbare Kontrolle **108** 30
- Parking Brixen **108** 28
- Private Kapitalbeteiligung **108** 28
- Vermutung **108** 21
- Versicherungsverein auf Gegenseitigkeit **108** 24
- Weisungsrecht **108** 22
- Wesentlichkeitskriterium **108** 66
- Zuwiderlaufendes Interesse **108** 64
Konventionelle Leistungsbeschreibung **121** 51
- Umdeutung **121** 56
Konzeption für alle Nutzer
- Barrierefreiheit **121** 96
- Design für Alle – Deutschland e.V. **121** 94
- European Institute Design for all Europe **121** 94
- Konzessionsvergabeverfahren **152** 3
- Leistungsbeschreibung **121** 92, **152** 3
- Technische Spezifikationen **121** 94
- Verteidigungs- oder sicherheitsspezifischer Auftrag **147** 3, 8
Konzeption für alle Verwendungsarten **121** 94
Konzernprivileg **138** 1
Konzession **105** 1 ff.
- Abfallentsorgung **105** 86
- Amortisationsrisiko **105** 51, 57, 74
- Änderung **153** 33
- Änderung der Konzession **154** 31
- Angebotsfrist **151** 13
- Angebotsrisiko **105** 49 f., 73 f.
- Anschubfinanzierung **105** 85
- Anwendungsbereich **148** 1
- Apotheke **105** 2
- Aspekte der Innovation **151** 11
- Aspekte der Qualität **151** 11
- Ausführungsbedingung **153** 40
- Ausgesetztsein **105** 67
- Ausgleichszahlung **148** 49
- Baukonzession **105** 6, 8, 24 ff., **148** 6, 25 f.
- Bauleistung **105** 20
- Begriff **105** 17 f., 24, **148** 6
- Begünstigter **105** 78
- Behinderung **154** 14
- Bekanntmachung **154** 9
- Beleihung **148** 11
- Beschaffung **105** 33
- Beschaffungsvorgang **105** 77, 103
- Beschaffungszweck **148** 40
- Besondere Dienstleistung **154** 4
- Betrauen **105** 29 f.
- Betrauung **105** 103, **148** 33
- Betreuungsleistungen für Sozialhilfebedürftige **148** 53
- Betriebskosten **105** 55 f.
- Betriebsrisiko **105** 49 f., 57 f., 65, 70, **148** 45
- Bewerbungsverfahrensanspruch **153** 80, 83

- Binnenmarktrelevanz **105** 110, 113
- Daseinsvorsorge **105** 68 f., 80, 96, 102, 104
- Dienstleistung **105** 20, 39
- Dienstleistungskonzession **105** 6, 24, 37 f., **148** 6, 25, 27
- Diskriminierung **153** 8
- Diskriminierungsverbot **151** 9, **154** 8
- Drittschutz **105** 127, **153** 75
- Drittvergütung **105** 104
- Eigentumsordnung **105** 105 f.
- Eignung **122** 4, **154** 9
- Eignungsprüfung **151** 13
- Einstufiges Verfahren **151** 7
- Energiewirtschaftliche Konzession **105** 101
- Energiewirtschaftlicher Wegenutzungsvertrag **148** 70
- Entgeltlicher Vertrag **148** 9
- Entgeltlichkeit **148** 18
- Erhebung von Entgelten **105** 32
- Erlaubnis **105** 94
- Eurawasser **148** 50
- Europäisches Primärrecht **105** 113, **151** 14
- Fachgesetz **105** 112
- Fakultativer Ausschlussgrund **154** 15 ff.
- Finanzierung **105** 85
- Freie Verfahrensgestaltung **154** 6
- Gegenleistung **105** 20
- Gemeinschaftsunternehmen **101** 17, **154** 51 ff.
- Gemischte Konzession **148** 31
- Gemischter Auftrag **111** 13
- Genehmigung **105** 94
- Gestattung **148** 42
- Gesundheitsfürsorge **105** 86
- Gleichbehandlung **153** 8
- Gleichbehandlungsgrundsatz **151** 9
- Grundsatz der freien Verfahrensgestaltung **151** 4, 6
- Höhere Gewalt **105** 53, 58
- In-House-Vergabe **101** 17
- Innovation **153** 64
- Interessenkonflikt **153** 69 f., 72 f.
- Investitionsaufwendung **105** 55
- Kommunikation **151** 13
- Konzessionsbekanntmachung **105** 114, **151** 4, 13, 15
- Konzessionsgeber **101** 13, **148** 80
- Konzessionsvergabeverordnung **101** 8
- Korruption **153** 69
- Korruptionsprävention **153** 71
- Kündigung von Konzessionen **154** 43 ff.
- Laufzeit **105** 35, **148** 23
- Leistungsbeschreibung **151** 13
- Leistungsverpflichtung **105** 81, 95
- Lieferkonzession **148** 27
- Lizenz **105** 94, 96
- Losvergabe **151** 12, **153** 60
- Markterkundung **154** 62 ff.
- Mehrstufiges Verfahren **151** 7
- Mitteilung an Bewerber **154** 9
- Mitteilung an Bieter **154** 9
- Mittelstand **97** 160
- Mittelstandsschutz **153** 58
- Nachfragerisiko **105** 49 f., 73 f.
- Nachprüfungsverfahren **105** 128
- Negativabgrenzung **105** 84
- Nicht offenes Verfahren **154** 7
- Norma-A **148** 50 f.
- Normale Betriebsbedingung **105** 52 ff.
- Objektives Kriterium **154** 20
- Offenes Verfahren **154** 7
- Öffentliche Ressource **105** 97, 99
- Öffentlicher Auftrag **103** 3, 25, 50, **136** 5, **148** 19
- Öffentlicher Bereich **105** 97 ff.
- Öffentlich-öffentliche Zusammenarbeit **101** 19
- Öffentlich-rechtlicher Vertrag **148** 14
- Pachtvertrag **105** 99
- Personenverkehrsleistung **154** 30
- Persönlicher Anwendungsbereich **148** 80
- Primärrechtsschutz **153** 9
- Privatisierungspflicht **105** 105
- Privatrechtlicher Vertrag **148** 14
- Prüfungsschema **154** 2
- Rahmenvereinbarung **154** 7
- Rechtsdienstleistung **149** 4
- Rechtsschutz **154** 59 ff.
- Rechtsweg **105** 118, 126
- Rettungsdienst **153** 20, 22 f., 25
- Rettungsdienstleistung **105** 42
- Sachlicher Anwendungsbereich **148** 5
- Schriftform **148** 16
- Schriftlichkeit **105** 18
- Schwellenwert **105** 107 f., **148** 77, **153** 5
- Sektorenauftraggeber **154** 5
- Selbstreinigung **154** 18
- Sonstige anwendbare Vorschriften **154** 1 ff.
- Soziale Aspekte **151** 11
- Soziale und andere besondere Dienstleistungen **153** 1 ff.
- Soziales Auswahlverhältnis **105** 87
- Sozialhilferechtliches Dreiecksverhältnis **105** 91, **148** 13
- Stadler **148** 51
- Strategisches Ziel **97** 69, **105** 16, **151** 11, **153** 35, 38
- Taxi **105** 3

- Teilhabeanspruch **153** 81 f.
- Teilnahmefrist **151** 13
- Telaustria **148** 3
- Telekommunikation **105** 80
- Textform **105** 18 f.
- Transparenz **153** 8
- Transparenzgrundsatz **151** 9
- Umgehungsverbot **105** 16, 21 f., **153** 13, 29, 36
- Umweltbezogene Aspekte **151** 11
- Unmittelbar dem Wettbewerb ausgesetzte Tätigkeit **154** 56 ff.
- Unterrichtung der Bewerber und Bieter **151** 13
- Unterschwellenbereich **105** 109 ff.
- Unwägbarkeit des Marktes **105** 63 ff.
- Verbundenes Unternehmen **101** 17, **154** 47 ff.
- Verfahren **151** 1
- Verfahrensart **151** 7
- Verfahrensgestaltung **105** 15, **153** 8, **154** 7
- Verfahrensregeln **153** 7
- Vergabebekanntmachung **151** 13
- Vergütungsabrede **148** 7
- Verhältnismäßigkeit **105** 115, **153** 8
- Verhandlung **151** 7
- Verhandlungsverfahren **154** 7
- Verhandlungsverfahren mit Teilnahmewettbewerb **151** 7
- Verlustrisiko **105** 75
- Vermeidung von Interessenkonflikten **151** 13
- Vernachlässigbarkeit **105** 71
- Vertrag **105** 22 f.
- Vertragsrisiko **148** 51
- Vertraulichkeit **151** 13
- Verwaltungsakt **105** 21 ff., 96, **148** 10
- Vetternwirtschaft **153** 69
- Volksfest **105** 96
- Voraussetzungen **148** 8
- Vorbehaltene Konzession **153** 17, **154** 12 ff.
- Vorvertragliches Schuldverhältnis **105** 117
- Wegenutzungsvertrag **105** 101, **148** 54
- Wegerecht **105** 100
- Weihnachtsmarkt **105** 96
- Wertung der Angebote **151** 13
- Wettbewerbsgrundsatz **105** 115, **151** 10
- Widmung **105** 82, 99
- Zeitraum für Ausschluss **154** 18
- Zusätzliche Zahlungen **105** 72
- Zuschlag **127** 4
- Zuschlagsbekanntmachung **151** 4
- Zuschlagskriterium **151** 13, **154** 9, 19
- Zuschusszahlung **148** 49
- Zuständigkeit der Vergabekammer **155** 20
- Zustimmungsbedürftiger Verwaltungsakt **148** 11
- Zwingender Ausschlussgrund **123** 2, **154** 15 f., 21 f.

Konzessionen in den Bereichen Verteidigung und Sicherheit **150** 1
- Andere Ausnahmevorschriften **150** 27
- Besondere Verfahrensregeln **150** 37
- Geheimschutz **150** 10
- Government-to-Government-Konzessionen **150** 22
- Internationale Abkommen im Zusammenhang mit der Stationierung von Truppen **150** 43
- Internationale Abkommen zwischen EU-Mitgliedstaaten und Nicht-EWR-Staaten **150** 39
- Internationale Organisationen **150** 45
- Internationale Verfahrensregel **109** 3
- Konzessionsvergaben im Einsatzgebiet **150** 25
- Kooperationsprogramme **150** 19
- Preisgabe von sicherheitsrelevanten Auskünften **150** 6
- Regierungskonzessionen **150** 22
- Schutz wesentlicher Sicherheitsinteressen **150** 30
- Schutzwürdige staatliche Sicherheitsbelange **150** 4

Konzessionsabgabe
- Endschaftsklausel **149** 108

Konzessionsänderung **153** 33, **154** 31
- Bagatellregelung **154** 37
- Besondere Dienstleistung **154** 38
- Sektorentätigkeit **154** 34
- Wasserkonzession **154** 35

Konzessionsausführung
- Umweltbezogener Aspekt **153** 56

Konzessionsbekanntmachung **105** 114, **151** 4, 13, 15
- Amtsblatt der Europäischen Union **151** 22
- Amtssprache **151** 23
- Änderung **152** 77
- Änderungsbekanntmachung **151** 25
- Ausführungsbedingung **152** 87
- Ausnahmen von der Konzessionsbekanntmachung **151** 28
- Eignungskriterium **152** 36
- Inhalt **151** 19
- Korrekturbekanntmachung **151** 25
- Nationale Bekanntmachung **151** 24
- Publikationsmedium **151** 22
- Sinn und Zweck **151** 17
- Vorinformation **151** 16

– Zuschlagskriterium **152** 73
Konzessionsgeber **148** 80
– Ausschließliches Recht **101** 33 ff.
– Baukonzession **101** 44 f.
– Baukonzessionär **101** 3
– Begriff **101** 1 f., 6, 12
– Beherrschender Einfluss **101** 33 f., 37
– Besonderes Recht **101** 33 ff.
– Einrichtung des öffentlichen Rechts **101** 11
– Juristische Person des öffentlichen Rechts **101** 11
– Konzession **101** 13
– Konzessionsvergabeverordnung **101** 8
– Landesrecht **101** 43
– Öffentlicher Auftraggeber **101** 9, 24 f., **148** 80 f.
– Öffentlicher Sektorenauftraggeber **101** 26, 28
– Öffentlich-öffentliche Zusammenarbeit **108** 6, 104 ff.
– Privater Sektorenauftraggeber **101** 31
– Sektorenauftraggeber **101** 26, 28, 31, **148** 80, 82, 84
– Sektorentätigkeit **101** 27, 29, 32
– Unterschwellenbereich **101** 42
– Vergeben der Konzession **101** 15, 20
– Verwaltungsrecht **101** 46, 48
– Wasser **101** 30
– Zivilrecht **101** 44
Konzessionsvergaben im Einsatzgebiet
– Konzessionen in den Bereichen Verteidigung und Sicherheit **150** 25
– Surrounding geographic zone **150** 26
Konzessionsvergaberecht
– Rechtsschutz **101** 38 ff.
Konzessionsvergabeverfahren **152** 1
– Auftragsausführung **152** 80 f.
– Ausführungsbedingung **152** 86, 90
– Ausführungsverpflichtung **152** 82
– Befähigung zur Berufsausübung **152** 32
– Berufliche Leistungsfähigkeit **152** 32
– Beschäftigungspolitischer Belang **152** 88
– Eigenerklärung **152** 39
– Eignung **152** 25 ff.
– Eignungskriterium **152** 31 f.
– Eignungsleihe **152** 41
– Eignungsnachweis **152** 38
– Einheitliche Europäische Eigenerklärung **152** 45
– Erlaubnis zur Berufsausübung **152** 32
– Fakultativer Ausschlussgrund **152** 30
– Finanzielle Leistungsfähigkeit **152** 32 f.
– Funktionelle Anforderung **152** 4 f.
– Gewichtung **152** 66 ff., 72
– Gewichtung der Zuschlagskriterien **152** 65
– Innovation **152** 88
– Konzeption für alle Nutzer **152** 3
– Konzessionsbekanntmachung **152** 73
– Leistungsbeschreibung **152** 2, 7
– Menschen mit Behinderung **152** 3
– Nebenangebot **152** 18 ff.
– Niedrigstpreisvergabe **152** 61
– Präqualifikationssystem **152** 42, 44
– Preis **152** 48, 60 f.
– Produktneutralität **152** 16
– Qualitativer Aspekt **152** 48, 55, 58
– Soziale und andere besondere Dienstleistungen **152** 37
– Sozialer Aspekt **152** 48, 55, 58, 88, 91
– Technische Anforderung **152** 4 f.
– Technische Leistungsfähigkeit **152** 32, 34
– Technische Spezifikation **152** 4 f.
– Umweltbezogener Aspekt **152** 48, 55, 58, 88, 91
– Ungewöhnlich niedriges Angebot **152** 62
– Verfahrensgarantie **152** 14
– Vergabeunterlagen **152** 73
– Wirtschafltlicher Gesamtvorteil **152** 47 f.
– Wirtschaftliche Leistungsfähigkeit **152** 32
– Wirtschaftlicher Belang **152** 88
– Wirtschaftlichstes Angebot **152** 47 f.
– Zugänglichkeitskriterium **152** 3
– Zuschlag **152** 46
– Zuschlagskriterium **152** 50, 73
– Zwingender Ausschlussgrund **152** 30
Konzessionsvergabeverordnung **101** 8
– Verordnungsermächtigung **113** 15
Kooperationsprogramme
– Anwendungsbereich des Vergaberechts **145** 8
– Europäische Verteidigungsagentur **145** 10
– European Defence Agency **145** 10
– Forschung und Entwicklung **145** 11
– Konzessionen in den Bereichen Verteidigung und Sicherheit **150** 19
– Lead nation concept **145** 10
– Organisation Conjointe de Coopération en Matière d'Armement **145** 10
– Sicherheitsspezifischer Auftrag **145** 8
– Verteidigungsspezifischer Auftrag **145** 8
Kopierkosten **182** 110
Koppelungsgeschäft **127** 93
Koppelungsnachlass **97** 201 f.
Körperschaften **99** 31
Korrekturbekanntmachung **122** 111, **131** 32, **152** 77
– Konzessionsbekanntmachung **151** 25
– Publikationsmedium **151** 26

– Wesentliche Änderung **131** 33
Korrekturmechanismus **183** 1
– Anwendungsvoraussetzungen **183** 15
– Drittwirkung **183** 3
– Konzession **183** 8
– Nachprüfungsverfahren **183** 9
– Rechtsschutz **183** 3
– Schwerer Verstoß **183** 18
– Stellungnahmepflichten **183** 12
– Verfahren **183** 9
– Vertragsverletzungsverfahren **183** 4
– Widerlegung **183** 20
Korruption
– Besondere Dienstleistung **153** 69
– Konzession **153** 69
– Prävention **153** 71
Korruptionsregister **124** 209
Kosten
– Abholungskosten **127** 203
– Aktiver Beigeladener **175** 76 f.
– Anerkenntnis **175** 68
– Anschaffungskosten **127** 202 f.
– Außergerichtliche Kosten **175** 62
– Beigeladener **175** 76
– Betriebskosten **127** 204
– Budgetausschreibung **127** 55 ff.
– Eilverfahren **175** 83 ff.
– Energiekosten **127** 204
– Entsorgungskosten **127** 203
– Erfolglose Beschwerde **175** 63
– Erfolgreiche Beschwerde **175** 64
– Erledigung der Hauptsache **175** 69
– Externe Effekte der Umweltbelastung **127** 205
– Freiberufliche Leistung **127** 54
– Funktionale Ausschreibung **127** 52
– Gerichtskosten **175** 62
– Gewichtung **127** 47 ff.
– Haftung mehrerer Beteiligter **175** 82
– Kosten-Wirksamkeitsansatz **127** 203
– Lebenszykluskostenrechnung **127** 203
– Nachprüfungsverfahren **175** 62
– Niedrigstkostenvergabe **127** 50 ff.
– Nutzungskosten **127** 203 f.
– Passiver Beigeladener **175** 78 ff.
– Preis **127** 202
– Recyclingkosten **127** 203
– Rücknahme der Beschwerde **175** 72
– Rücknahme des Nachprüfungsantrags **175** 73
– Sofortige Beschwerde **175** 61 f.
– Vorabentscheidung über den Zuschlag **176** 64
– Wartungskosten **127** 203 f.
– Zuschlagskriterium **127** 201 ff.
Kosten des Verfahrens **182** 1
– Amtshandlung **182** 13
– Äquivalenzgrundsatz **182** 22
– Aufwendung **182** 3
– Aufwendung für Rechtsverfolgung **182** 91
– Aufwendung für Rechtsverteidigung **182** 91
– Auslage **182** 3, 16, 39, 45
– Außergewöhnlich hohe wirtschaftliche Bedeutung **182** 32
– Außergewöhnlich hoher Aufwand **182** 32
– Beförderungskosten **182** 52
– Beigeladener **182** 66, 85, 99 ff., 105
– Bekanntmachungskosten **182** 52
– Beteiligte **182** 63
– Billigkeit **182** 28 ff., 32, 37, 40, 79, 82, 87
– Bundesverwaltungskostengesetz **182** 18
– Dolmetscherkosten **182** 52
– Doppelverwertung **182** 38, 40
– Erledigung **182** 11, 74 f.
– Ermessen **182** 79, 87
– Fälligkeit **182** 58
– Gebühr **182** 3, 19
– Gebührenbefreiung **182** 16, 55, 89 f.
– Gebührentabelle **182** 24 ff., 47
– Gerichtliche Kosten **182** 5
– Geringfügiges Unterliegen **182** 68
– Gesamtschuld **182** 60, 86, 88
– Gleichwertiges Obsiegen **182** 69
– Gleichwertiges Unterliegen **182** 69
– Hinzuziehung eines Rechtsanwalts **182** 4, 113, 128
– Höhe der Gebühren **182** 23
– Kopierkosten **182** 52
– Kostenbegriff **182** 13
– Kostendeckungsprinzip **182** 2, 21, 54
– Kostenerhebung **182** 13
– Kostenminderungspflicht **182** 117
– Kostentragungspflicht **182** 60
– Kostenvorschuss **182** 16
– Kurierdienst **182** 110
– Landesverwaltungskostengesetz **182** 18
– Niederschlagung **182** 43
– Personalkosten **182** 110
– Portokosten **182** 110
– Privatgutachten **182** 110
– Rechtsschutz **182** 160
– Reisekosten **182** 52, 110
– Rücknahme des Nachprüfungsantrags **182** 11, 34, 74
– Sachverständigenkosten **182** 52
– Sofortige Beschwerde **182** 161
– Teilunterliegen **182** 65
– Telefonkosten **182** 52

– Telekommunikationskosten **182** 110
– Übersetzungskosten **182** 52
– Unterliegen **182** 62, 64, 97
– Verschulden **182** 60, 70, 82
– Verwahrungskosten **182** 52
– Verwaltungskostengesetz **182** 16
– Vorschuss **182** 59, 110
Kostendeckungsprinzip **182** 2, 21, 54
Kostenentscheidung
– Bindungswirkung **179** 16
– Divergenzvorlage **179** 44, 61, 76
– Sofortige Beschwerde **157** 43
Kostenminderungspflicht **182** 117
Kostenobergrenze **127** 200
Kostentragungspflicht
– Aufwendung zur Rechtsverfolgung **182** 61
– Aufwendung zur Rechtsverteidigung **182** 61
– Auslage **182** 61
– Erledigung **182** 60
– Gebühr **182** 61
– Gesamtschuld **182** 60
– Rücknahme des Nachprüfungsantrags **182** 60
– Unterliegen **182** 60
– Verschulden **182** 60
Kraftfahrzeug **131** 10
Krankenhäuser **99** 83
Krankenkassen **99** 83, **103** 89
Krankentransport **107** 22
Kredit **116** 79 f.
– Besondere Ausnahme **137** 28, 32, **149** 70
– Konzession **149** 70
– Sektorenvergaberecht **137** 28, 32
Kriegsmaterial
– Agusta **104** 24
– Baugruppe **104** 27
– Drehtisch **104** 25 f.
– Dual Use **104** 24, 29 f.
– Einsatz **104** 24 ff., 29 f.
– Ersatzteil **104** 27
– InsTiimi **104** 25 f.
– Sonderwerkzeug **104** 28
– Werkzeug **104** 28
Kriegswaffenliste **104** 18, 20 ff.
– Abschließender Charakter **104** 21
– Auslegung **104** 23
– Erzeugung **104** 22
– Handel **104** 22
– Instandsetzung **104** 22
– Wartung **104** 22
Kriminelle Vereinigung **123** 23
Kundenwahlsysteme **103** 84
Kündigung
– Auftragnehmerwechsel **132** 26
– Auftragsänderung **132** 26
– Clausula rebus sic stantibus **135** 164
– Dauerschuldverhältnis **135** 161
– Feststellungsurteil **135** 166
– Kollusives Zusammenwirken **135** 169 f.
– Kündigungsgrund **135** 168
– Kündigungsverzicht **132** 105
– Missachtung des Vergaberecht **135** 169 f.
– Pflicht **135** 164
– Rücknahme einer Kündigung **132** 107
– Schadensersatz **135** 172
– Schwere Verletzung **135** 165
– Sittenwidriges Rechtsgeschäft **135** 159
– Störung der Geschäftsgrundlage **135** 161
– Teilkündigung **132** 97
– Vergütung **135** 171
– Verteidigungs- oder sicherheitsspezifischer Auftrag **147** 4
– Vertragliches Kündigungsrecht **135** 159
– Vertragsverletzungsverfahren **135** 155, 159
– Wichtiger Grund **135** 161
– Zwingender Ausschlussgrund **123** 39
Kündigung von Konzessionen **154** 43 ff.
Kündigung von öffentlichen Aufträgen **133** 1
– Anfechtung **133** 29
– Anspruch auf Kündigung **133** 33
– Aufhebungsvertrag **133** 18
– Auftragsänderung **133** 24
– Außerordentliche Kündigung **133** 18
– Bieterschützende Vorschrift **133** 33
– Effet utile **133** 7, 13
– Effizienzgebot **133** 7, 13
– Europarechtliche Kündigungspflicht **133** 7
– Informationspflicht **134** 48
– Kündigung aus wichtigem Grund **133** 16
– Ordentliche Kündigung **133** 18
– Pacta sunt servanda **133** 10
– Pflicht zur Kündigung **133** 9
– Rechtsfolgen **133** 34
– Rechtsschutz **133** 40
– Schadensersatz **133** 39
– Schwere Verletzung des Unionsrechts **133** 31
– Sinn und Zweck **133** 3
– Störung der Geschäftsgrundlage **133** 16
– Umfang der Kündigung **133** 25
– Unternehmensschützende Vorschrift **133** 33
– Vergabekammer **156** 52
– Vergütung **133** 35
– Verwaltungsrechtsweg **133** 40
– Zivilrechtsweg **133** 40, 44
– Zuständigkeit der Vergabekammern **133** 41, **155** 21
– Zwingende Ausschlussgründe **133** 27

– Zwingende Gründe des öffentlichen Interesses **133** 30
Kündigungsverzicht **132** 105

L

Ladung **175** 57
Länderübergreifende Beschaffung **156** 8, **159** 22, 39
– Auftragsbekanntmachung **159** 42
– Doppelte Zuständigkeit **159** 41
– Parallele Zuständigkeit **159** 41
– Vergabekanntmachung **159** 42
Landesbanken **116** 74
Landesvergabegesetze **170** 8
Landesvergaberecht
– Auftragsausführung **128** 6
– Mindestentgelt **128** 17
Landesversicherungsanstalten **99** 83
Landkreise **99** 6
Langzeitarbeitsloser **152** 59, **153** 48
– Ausführungsbedingung **128** 24, 38
Lead nation concept **145** 10
Leasing **103** 95
Leasingvertrag **105** 41
Lebenszyklus
– Sicherheitsspezifischer Auftrag **104** 53
– Verteidigungsspezifischer Auftrag **104** 53
Lebenszykluskosten
– Begriff **127** 203
– Umweltbezogener Aspekt **153** 55
Lehrer **103** 16
Leihe **103** 77
Leistungsanforderungen **121** 48, 51
– Ausführungsbedingungen **97** 120
– Beispiele **121** 52
– Eignungskriterium **122** 14
– Leistungsbeschreibung **121** 51, **152** 11
– Leistungsverzeichnis **121** 53
– Strategische Ziele **97** 102
– Verbindung zum Auftrag **97** 128
Leistungsbeschreibung **121** 1
– Allgemeine Preisbildungsfaktoren **121** 88
– Alternativpositionen **121** 35
– Änderung an den Vergabeunterlagen **121** 29
– Aufgabenbeschreibung **121** 78
– Ausführungsbedingungen **121** 89
– Auslegung **121** 28, **152** 23
– Barrierefreiheit **97** 79
– Baukonzession **105** 121
– Bedarfspositionen **121** 31
– Bedingungen der Leistungserbringung **121** 85, 89
– Bereitstellung der Leistungsbeschreibung **121** 98
– Bestandteile **121** 47
– Bewerbungsbedingungen **121** 91
– Bieterschützender Charakter **121** 100
– Design for all **121** 92, **152** 15
– Design für Alle – Deutschland e.V. **121** 94
– Dritte **121** 18
– Drittschutz **153** 77
– Eindeutig **121** 24 f., **152** 9 f.
– Erschöpfend **152** 9
– Erschöpfende Leistungsbeschreibung **121** 24, 41
– Europäische technische Bewertungen **121** 73
– European Institute Design for all Europe **121** 94
– Eventualpositionen **121** 31
– Freiberufliche Leistungen **121** 78
– Funktion **121** 15
– Funktionale Leistungsbeschreibung **121** 54
– Funktionsanforderungen **121** 48, 54, **152** 11
– Gestaltungsspielraum **121** 25
– Gleichwertigkeitsnachweis **152** 17
– Gleichwertigkeitszusatz **152** 16
– Grundpositionen **121** 35
– HOAI-Leistungen **121** 82
– Klimaleistungsstufe **152** 15
– Konformitätsbewertungsstelle **152** 15
– Konventionelle Leistungsbeschreibung **121** 51
– Konzeption für alle Nutzer **121** 92, **152** 3
– Konzeption für alle Verwendungsarten **121** 94
– Konzession **151** 13
– Konzessionsvergabeverfahren **152** 2, 7
– Leistungsanforderungen **121** 48, 51, **152** 11
– Leistungsprogramm **121** 54
– Leistungsverzeichnis **121** 53
– Produktneutralität **152** 16
– Qualitätsstufe **152** 15
– Rangverhältnis **121** 59
– Rechtsschutz **121** 100
– Sinn und Zweck **152** 8
– Strategisches Ziel **97** 99 ff., **153** 37
– Technisch richtige Leistungsbeschreibung **121** 29
– Technische Anforderungen **121** 68
– Technische Spezifikationen **121** 49, 65
– Umstände der Leistungserbringung **121** 85 f.

- Umweltleistungsstufe **152** 15
- Ungewöhnliches Wagnis **121** 21, 87
- Unklare Leistungsbeschreibung **121** 28
- Unmögliche Anforderungen **121** 20
- Unverhältnismäßiger Kostenaufwand **121** 25
- Unzumutbare Anforderungen **121** 20
- Vergabeunterlagen **152** 24
- Verteidigungs- oder sicherheitsspezifischer Auftrag **147** 3 f., 8
- Vertragsbedingungen **121** 90
- Wahlpositionen **121** 35
- Wettbewerbsgrundsatz **97** 15
- Zugänglichkeitskriterien für Menschen mit Behinderung **121** 92
- Zugänglichkeitskriterium **152** 3
- Zuschlagskriterium **121** 83

Leistungsbestimmungsrecht
- Losvergabe **97** 178

Leistungsbezogenes Zuschlagskriterium
- Gewichtung **127** 58 ff.

Leistungskondition **135** 140
Leistungsphase **119** 85
Leistungsprogramm **121** 54
Leistungsverweigerungsrecht **135** 61
Leistungsverzeichnis **121** 53
Lieferauftrag **103** 92 ff.
- Begriff **136** 9
- Beschaffung **103** 95
- Gebrauchsüberlassung **103** 95
- Immobilie **103** 94
- Leasing **103** 95
- Miete **103** 95
- Militärausrüstung **104** 10
- Nebenleistung **103** 96
- Pacht **103** 95
- Präqualifizierungssystem **122** 75 ff.
- Ratenkauf **103** 95
- Sponsoring **103** 82
- Ware **103** 92 f.

Lieferkonzessionen **148** 27
Lieferleistung
- Dienstleistungskonzession **105** 40
- Öffentlich-öffentliche Zusammenarbeit **108** 82

Lineare Interpolation **182** 25
Liquidation **124** 22 ff., 33 ff.
Losaufteilung
- Streitwert **175** 87

Loslimitierung **97** 20, 195 ff.
- Angebotslimitierung **97** 197
- Aufforderung zu Verhandlungen **97** 199
- Aufforderung zur Angebotsabgabe **97** 199
- Aufforderung zur Interessensbestätigung **97** 199
- Auftragsbekanntmachung **97** 199
- Ermessen **97** 198
- Nichtdiskriminierendes Kriterium **97** 200
- Objektives Kriterium **97** 200
- Sinn und Zweck **97** 195
- Vergabeunterlagen **97** 199
- Zulässigkeit **97** 196

Losvergabe **97** 171 f.
- Angebotslimitierung **97** 197
- Besondere Dienstleistung **153** 60
- Beurteilungsspielraum **97** 191
- Bieterschützender Charakter **97** 209
- Dokumentation **97** 194
- Eignungskriterium **122** 94
- Ermessen **153** 61
- Fachlos **97** 171, 175, 177, 181
- Großunternehmen **97** 210
- Konzession **151** 12, **153** 60
- Koppelungsnachlass **97** 201 f.
- Leistungsbestimmungsrecht **97** 178
- Loslimitierung **97** 20, 195 ff.
- Öffentliche Aufgabe **97** 206
- Postdienstleistung **97** 183
- Rechtsschutz **97** 209
- Reinigungsdienstleistung **97** 184
- Rettungsdienstleistung **97** 182
- Sinn und Zweck **97** 173
- Splitterlos **97** 185 ff.
- Technischer Grund **97** 176, 188 ff., **153** 63
- Teilbarkeit **97** 176 f., 179 f.
- Teillos **97** 171, 175, 177, 179 f.
- Trennbarkeit **97** 176 f., 181
- Unterauftragnehmer **97** 203 ff.
- Wirtschaftlicher Grund **97** 176, 188 ff., **153** 62
- Zuschlagslimitierung **97** 197

Lotteriedienstleistung
- Ausschließliches Recht **149** 134 ff.
- Besondere Ausnahme **149** 131
- Buchmacherdienst **149** 133
- Konzession **149** 131
- Spielkasino **149** 133

Luftverkehrsdienst
- Besondere Ausnahme **149** 142
- Gemeinwirtschaftliche Verpflichtung **149** 145 f.
- Konzession **149** 142

M

Mandatierende Vereinbarung **108** 10

Markterkundung **156** 42
– Informationspflicht **134** 22
– Konzession **154** 62 ff.
– Wartepflicht **134** 22
Marktforschung
– Alleinstellung **135** 56
– De-facto-Vergabe **135** 56
Marktpreis **127** 106
Marktverdrängungsabsicht **181** 32
Marktzugangsinstrument **103** 44
Materielle Eignungsprüfung **122** 116 f.
Maximalprinzip **127** 9
Mediationsverfahren **116** 23
Meeresforschung **116** 45
– Besondere Ausnahme **149** 43
– Forschungs- und Entwicklungsdienstleistungen **149** 43
– Konzession **149** 43
Mehr an Eignung **119** 28, **122** 18, **127** 131
Mehrstufiges Verfahren **151** 7
Memorandum of Understanding **145** 34
– Konzessionen in den Bereichen Verteidigung und Sicherheit **150** 41
Menschen mit Behinderung
– Begriff **118** 20
– Konzessionsvergabeverfahren **152** 3
– Vorbehaltener Auftrag **118** 20
– Zugänglichkeitskriterium **152** 3
Messegesellschaften **99** 83
Miete **103** 95
Mietvertrag
– Dienstleistung **105** 41
Militärausrüstung
– Augusta **104** 24
– Baugruppe **104** 27
– Begriff **104** 11, 14, 17 f.
– Drehtisch **104** 25 f.
– Dual-Use **104** 24, 29 f.
– Ersatzteil **104** 27
– InsTiimi **104** 25 f.
– Kriegsmaterial **104** 24 ff.
– Kriegswaffenliste **104** 18, 20 ff.
– Lieferung **104** 10
– Militärischer Zweck **104** 12 f.
– Munition **104** 16
– Sicherheitsspezifischer Auftrag **104** 9
– Sonderwerkzeug **104** 28
– Verteidigungsspezifischer Auftrag **104** 9
– Waffe **104** 15
– Werkzeug **104** 28
Militärischer Abschirmdienst **145** 7
Militärtechnologie
– Forschungs- und Entwicklungsdienstleistungen **149** 44
Mindestanforderung **122** 123 ff.
– Angemessenheit **122** 128
– Bestimmtheit **122** 126
– Selbstbindung **122** 127
– Verfahrensgarantie **152** 14
Mindestentgelt
– Auftragsausführung **128** 15 ff.
– Ausführungsbedingung **128** 15
– Landesvergaberecht **128** 17
– Mindestlohn **128** 16
– Tarifvertrag **128** 18
Mindestjahresumsatz **122** 39
Mindestlohn **97** 78
– Verhältnismäßigkeit **97** 138
Mindestumsatz **153** 58
Minimalprinzip **127** 9
Mischkalkulation
– Angebotstransparenz **97** 26
Mischvertrag **107** 15
Missbrauchsverbot
– Betreiberwechsel **131** 64
Mitgliederverzeichnis der Berufskammer **122** 27
Mitgliederwechsel
– bei Bietergemeinschaften **97** 53
Mittelbare Finanzierung **99** 65
– Krankenkassenbeiträge **99** 65
– Rundfunkgebühren **99** 65
– Zwangsbeiträge **99** 65
Mittelbare Kontrolle **108** 30
– Aktiengesellschaft **108** 30
– Eisenbahnverkehr **131** 25
– Wesentlichkeitskriterium **108** 30
Mittelbare Staatsverwaltung **99** 31
Mittelbare Vorbefassung **124** 118
Mittelbarer Projektant **124** 118
Mittelstand **97** 154 ff.
– Anwendungsbereich **97** 157 ff.
– Bauleistung **97** 155
– Begriff **97** 166, **153** 59
– Besondere Dienstleistung **97** 159
– Bewerbergemeinschaft **97** 168
– Bietergemeinschaft **97** 168
– Konzession **97** 160
– Losvergabe **97** 171 f.
– Mittelständisches Interesse **97** 165
– Öffentlicher Auftrag **97** 159
– Personenverkehrsleistung **97** 159
– Sektorenauftraggeber **97** 162
– Sicherheitsspezifischer Auftrag **97** 159
– Unterauftragnehmer **97** 169
– Verteidigungsspezifischer Auftrag **97** 159
– Vornehmliche Berücksichtigung **97** 167

Mittelstandsschutz
– Besondere Dienstleistung **153** 58
– Konzession **153** 58
– Mindestumsatz **153** 58
Mittelwertmethode **127** 28
Mitwirkungspflicht
– Vorabentscheidung über den Zuschlag **176** 63
Monitoring **114** 1
– Anwendungsbereich **114** 31
– Bieterschützender Charakter **114** 53
– Europa 2020 **114** 2
– Gesetzgebungskompetenz **114** 14
– Governance-Regelungen **114** 9
– Mitteilungsinhalt **114** 41
– Oberschwellenbereich **114** 32, 41
– Parlamentsvorbehalt **114** 52
– Persönlicher Anwendungsbereich **114** 31
– Rechtsschutz **114** 53
– Rechtsverordnung **114** 49
– Sachlicher Anwendungsbereich **114** 31
– Sinn und Zweck **114** 30
– Überwachungsbericht **114** 10
– Unterschwellenbereich **114** 37, 43
Monopol **149** 76, 81, 135
Mündliche Verhandlung **166** 1
– Akteneinsicht **175** 16
– Anhörungsrüge **175** 41 ff.
– Anzahl der Termine **166** 9
– Beiladung **175** 16
– Besetzung **166** 10
– Beweisantizipation **166** 10
– Durchlauftermin **166** 9
– Entbehrlichkeit **175** 13
– Entscheidung nach Lage der Akten **166** 19
– Förmliche Ladung **166** 7
– Gelegenheit zur Stellungnahme **166** 15
– Ladung **175** 10
– Mindestladungsfrist **166** 7
– Mündlichkeit **166** 10
– Öffentlichkeit **166** 8
– Ohne Beteiligte **166** 35
– Rechtlicher Rahmen **166** 6
– Regelladungsfrist **166** 7
– Sofortige Beschwerde **175** 9
– Stellungnahme **166** 15
– Unzulässige Beschwerde **175** 14
– Verbot der Beweisantizipation **166** 10
– Verbot der Vorwegnahme der Beweiswürdigung **166** 10
– Verhandlungsgang **166** 8
– Verhinderung **175** 12
– Verlängerung der aufschiebenden Wirkung **175** 16
– Verlegung **175** 11
– Versäumnisurteil **175** 11
– Vorabentscheidung über den Zuschlag **175** 16, **176** 60, 63
– Vorwegnahme der Beweiswürdigung **166** 10
– Wiedereröffnung **175** 60
Munition **104** 16
Münzplättchen **134** 15

N

Nachforderung
– Erklärung **97** 50
– Gleichbehandlung **97** 50
– Leistungsbezogene Unterlagen **97** 50
– Nachweise **97** 50
– Unternehmensbezogene Unterlagen **97** 50, **122** 118
Nachfragerisiko **105** 49 f., 73 f.
– Amortisationsrisiko **105** 74
– Nachverhandlung **105** 76
– Verlustrisiko **105** 75
Nachlasspfleger **116** 33
– Besondere Ausnahme **149** 26
– Konzession **149** 26
– Rechtsdienstleistung **149** 26
Nachprüfungsantrag
– Antagsteller **161** 33
– Antrag ins Blaue **161** 51
– Antragsänderungen **160** 10
– Antragsbefugnis **160** 12
– Antragserweiterungen **160** 10
– Antragsgegner **161** 41
– Antragsteller **161** 7
– Ausländischer Antragsteller **161** 33
– Begründung **161** 22
– Benennung der sonstigen Beteiligten **161** 65
– Beschreibung der behaupteten Rechtsverletzung **161** 50
– Bestimmtes Begehren **161** 28
– Bezeichnung der verfügbaren Beweismittel **161** 55
– Bietergemeinschaften **161** 17
– Computerfax **161** 9
– Darlegung der Rechtzeitigkeit der Rüge **161** 63
– Darlegung der Rüge **161** 62
– Dritte als Antragsgegner **161** 43
– Einreichung des Nachprüfungsantrags **161** 18
– E-Mail **161** 9

- Falschbezeichnung des Antragsgegners **161** 44
- Fehlen der Begründung **161** 24
- Fehlen der Bezeichnung des Antragsgegners **161** 42
- Fehlen der Darlegung der Rüge **161** 64
- Fehlen der Unterschrift **161** 14, 16
- Form **160** 11, **161** 1
- Hinweispflicht der Vergabekammer **161** 54
- Inhalt **161** 1, 37
- Nachbesserung der Beschreibung der behaupteten Rechtsverletzung **161** 53
- Nachbesserung der Sachverhaltsdarstellung **161** 53
- Nachholung der Unterschrift **161** 14
- Nachschieben von Vergabeverstößen **161** 27
- Offensichtliche Unbegründetheit **166** 27
- Offensichtliche Unzulässigkeit **166** 27, **167** 5
- Rücknahme **160** 8, **168** 46, **175** 73
- Sachverhaltsdarstellung **161** 49
- Schriftform **161** 9
- Sprache **161** 12
- Streitgegenstand **160** 7
- Telefax **161** 9
- Übermittlung des Nachprüfungsantrages **163** 41
- Unterschrift **161** 13
- Unverzüglichkeit der Begründung **161** 25
- Unzuständige Vergabekammer **161** 21
- Verwirkung **155** 28, **160** 95
- Wartefrist **160** 54
- Zuständige Vergabekammer **161** 20

Nachprüfungsbehörden **155** 1
- Aufsichtsbehörde **155** 48
- Aufsichtsbehörden **155** 9, 11
- Kartellbehörde **155** 63
- Oberlandesgerichte **155** 12
- Primärrechtsschutz **155** 13
- Sekundärrechtsschutz **155** 14
- Vergabekammern **155** 7, 11
- Vergabeprüfstellen **155** 8, 11, 55, **158** 15
- Vergabeüberwachungsausschüsse **155** 6, 56

Nachprüfungsinstanzen
- Oberlandesgericht **155** 15
- Vergabekammer **155** 15

Nachprüfungsverfahren
- Allgemeine Rechtmäßigkeitskontrolle **135** 78
- Antragsänderungen **160** 10
- Antragsbefugnis **135** 65
- Antragserfordernis **160** 6
- Antragserweiterungen **160** 10
- Aufschiebende Wirkung **155** 6
- Feststellungsinteresse **135** 65
- Haushaltsrechtliche Lösung **155** 6
- Kartellrechtliche Lösung **155** 7
- Kartellrechtliche Prüfung **155** 64
- Konzessionen **155** 2
- Kosten **175** 62
- Primärrechtsschutz **168** 22
- Rücknahme **160** 8
- Streitgegenstand **160** 7
- Unwirksamkeit **135** 59
- Vergabeüberwachungsauschüsse **155** 6
- Vergleich **160** 9
- Verwaltungsverfahren **170** 4
- Wettbewerbe **155** 3

Nachrangige Dienstleistung **116** 10
- Eisenbahnverkehr **131** 1
- Rechtsdienstleistung **149** 7
- Soziale und andere besondere Dienstleistungen **130** 3 f.

Nachrichtendienstliche Tätigkeiten **145** 4
- Anwendungsbereich des Vergaberechts **145** 4
- Begriff **145** 6
- Bundesamt für Verfassungsschutz **145** 7
- Bundeskriminalamt **145** 7
- Bundesnachrichtendienst **145** 7
- Bundespolizei **145** 7
- Bundeswehr **145** 7
- Counter-intelligence activities **145** 5
- Funktechnik **145** 6
- Gegenspionage **145** 6
- Militärischer Abschirmdienst **145** 7
- Nachrichtendienst **145** 7
- Spionage **145** 6
- Verschlüsselungstechnologie **145** 6

Nachschieben von Gründen
- Beschwerdeentscheidung **178** 18

Nachunternehmer
siehe Unterauftragnehmer

Nachverhandlungen **97** 51
- Gleichbehandlungsgrundsatz **97** 51

Nachweis
- Begriff **152** 39

Nationale Normen **121** 72

NATO Support and Procurement Agency **145** 44

NATO-Sicherheits-Investitionsprogramm **117** 31

NATO-Truppenstatut **117** 31
- Konzessionen in den Bereichen Verteidigung und Sicherheit **150** 44
- Verteidigungs- oder sicherheitsspezifische öffentliche Aufträge **145** 39

Naturkatastrophe
- Informationspflicht **134** 109

Natürliche Personen **99** 30, **103** 38
Nebenangebot
– Begriff **127** 188
– Konzessionsvergabeverfahren **152** 18 ff.
– Mindestanforderung **152** 21 f.
– Niedrigstkostenvergabe **127** 189 ff.
– Niedrigstpreisvergabe **127** 189 ff.
– Offenes Verfahren **119** 24
Negatives Interesse
– Begriff **181** 108
– Culpa in contrahendo **181** 107 f.
– Ersatz des Vertrauensschadens **181** 1, 55
Newcomer
– Antragsbefugnis **160** 21
– Architektenleistung **122** 101
– Berufsanfänger **122** 101
– Eignungskriterium **122** 100
– Ingenieurleistung **122** 101
– Kleinere Büroorganisation **122** 101
Nicht offenes Verfahren **119** 12, 34
– Angebotsfrist **119** 39
– Anzahl der Teilnehmer **119** 36
– Aufforderung zur Angebotsabgabe **119** 38
– Auftragsbekanntmachung **119** 36
– Auswahl der Teilnehmer **119** 37
– Auswahlkriterien **119** 36
– Bereitstellung der Vergabeunterlagen **119** 39
– Eignungskriterien **119** 36
– Eignungsnachweise **119** 36
– Eignungsprüfung **119** 37, 40
– Einheitliche Europäische Eigenerklärung **119** 40
– Eisenbahnverkehr **131** 11
– Höchstzahl **119** 38
– Konzession **154** 7
– Sektorenauftraggeber **141** 6
– Soziale und andere besondere Dienstleistungen **130** 38
– Teilnahmefrist **119** 37
– Teilnahmewettbewerb **119** 36
– Verteidigungs- oder sicherheitsspezifischer Auftrag **146** 4
– Zuschlag **119** 40
Nicht prioritäre Dienstleistungen *siehe Nachrangige Dienstleistungen*
Nicht rechtsfähige Stiftungen **99** 11
Nicht tragende Erwägungen *siehe Obiter dictum*
Nicht-einzelwirtschaftliches Kriterium
– Strategisches Ziel **97** 59
Nichtgewerblichkeit
– Gewinnerzielungsabsicht **99** 55
– Infizierungstheorie **99** 57
Nichtigkeit
– Frist **135** 85
– Gesetzliches Verbot **135** 143 ff.
– Sittenwidriges Rechtsgeschäft **135** 146 ff.
– Unwirksamkeit **135** 62
– Vertragsverletzungsverfahren **135** 154
Nichtstaatliche internationale Organisation **109** 11
– Besondere Ausnahme **117** 35
– Besondere Verfahrensregeln **145** 44
– Verteidigungs- oder Sicherheitsaspekte **117** 35
Nichtzahlung von Steuern, Abgaben oder Beiträgen **125** 22
– Selbstreinigung **125** 7
Niederlassungsfreiheit **155** 41
Niederschlagung **182** 43
Niedrigstkostenvergabe **127** 50 ff.
– Architektenleistung **127** 54
– Bewertungsmethode **127** 24
– Freiberufliche Leistung **127** 54
– Funktionale Ausschreibung **127** 52 f.
– Ingenieurleistung **127** 54
– Nebenangebot **127** 189 ff.
Niedrigstpreisvergabe **127** 50 ff.
– Architektenleitung **127** 54
– Bewertungsmethode **127** 24
– Freiberufliche Leistung **127** 54
– Funktionale Ausschreibung **127** 52 f.
– Ingenieurleistung **127** 54
– Innovationspartnerschaft **119** 84
– Konzessionsvergabeverfahren **152** 61
– Nebenangebot **127** 189 ff.
Non governmental organizations
– Besondere Verfahrensregeln **145** 44
Normenkontrolle **168** 11
North Atlantic Treaty Organization **109** 11
– Besondere Ausnahme **117** 35
– Besondere Verfahrensregeln **145** 44
– Konzessionen in den Bereichen Verteidigung und Sicherheit **150** 47
– Verteidigungs- oder Sicherheitsaspekte **117** 35
No-Spy-Garantie **122** 16
Notmaßnahme
– Auflage **131** 35, 40
– Auswahl der Betreiber **131** 42
– Ausweitung eines öffentlichen Dienstleistungsauftrages **131** 35, 40
– Dauer **131** 41
– Direktvergabe **131** 35
– Eisenbahnverkehr **131** 35
– Unterbrechung des Verkehrsdienstes **131** 38
– Verschulden **131** 39

– Vorinformation **131** 37
Notmaßnahmen
– Direktvergabe **131** 40
Notwendige Beiladung **162** 34
Nutzungskosten **127** 203 f.

O

Oberlandesgerichte
– Zuständigkeit **155** 15
Oberleitungsbus **131** 10
Oberschwellenbereich **106** 6
– Rechtsschutz **106** 8
Obiter dictum **179** 30
– Divergenzvorlage **179** 51
Objektives Kriterium **154** 20
Offene Handelsgesellschaften **99** 36
Offenes Verfahren **119** 12, 17
– Angebotsaufklärung **119** 24
– Angebotsfrist **119** 27
– Angebotsöffnung **119** 27
– Angebotswertung **119** 33
– Aufklärung **119** 24
– Auftragsbekanntmachung **119** 21
– Auftragsgegenstand **119** 21
– Ausschlussgründe **119** 29
– Bewerbungsbedingungen **119** 22
– Eignungskriterien **119** 22
– Eignungsprüfung **119** 31, **122** 120
– Einheitliche Europäische Eigenerklärung **119** 31
– Eisenbahnverkehr **131** 11
– Fakultative Ausschlussgründe **119** 30
– Formelle Ausschlussgründe **119** 29
– Konzession **154** 7
– Nebenangebote **119** 24
– Öffnung der Angebote **119** 27
– Sekotrenauftraggeber **141** 6
– Soziale und andere besondere Dienstleistungen **130** 38
– Submission **119** 27
– Ungewöhnlich niedrige Angebote **119** 32
– Verfahrensablauf **119** 21
– Vergabeunterlagen **119** 22
– Verhandlungen **119** 24
– Verhandlungsverbot **119** 24
– Verspätete Angebote **119** 27
– Verteidigungs- oder sicherheitsspezifischer Auftrag **146** 6
– Vertragsunterlagen **119** 22
– Vorabinformation **119** 33
– Wertung der Angebote **119** 33
– Wertungsstufen **119** 28
– Wirtschaftlichkeitswertung **119** 33
– Zuschlag **119** 33
– Zuschlagskriterien **119** 22
– Zwingende Ausschlussgründe **119** 30
Offensichtliche Unbegründetheit **163** 28
Offensichtliche Unzulässigkeit **163** 28
Offensive Handlungen **116** 20
Öffentliche Akquisition **103** 63 ff.
Öffentliche Aufgabe **97** 206
Öffentliche Auftraggeber **99** 1
– Abfallverbände **99** 87
– Abwasserverbände **99** 87
– Aktiengesellschaft **99** 35
– Aktienrechtliche Abhängigkeitsvermutung **99** 75
– Allgemeininteresse **99** 44
– Anstalten **99** 31
– Anwendungsbereich **115** 1, 3 f.
– Ärztekammern **99** 84
– Aufsicht über die Leitung **99** 70
– Auslegungsmaßstab **99** 25
– Bayerisches Rotes Kreuz **99** 83
– Beentjes **99** 15
– Berufsgenossenschaften **99** 83
– Berufsständische Kammern **99** 65
– Besonderer Gründungszweck **99** 39
– Bestimmung der Mitglieder **99** 77
– Bundesarchitektenkammer **99** 87
– Bundesärztekammer **99** 87
– Bundesnotarkammer **99** 87
– Bundesrechtsanwaltskammer **99** 87
– Bundkörperschaft **99** 7
– Caritasverbände **99** 87
– Deutsche Bahn **99** 11, 83
– Deutsche Post **99** 11
– Deutsche Welle **99** 83
– Diakoniewerke **99** 84
– Eigenbetriebe **99** 11
– Einkaufskooperationen **99** 8
– Einrichtungen des öffentlichen Rechts **99** 22
– Fachaufsicht **99** 72
– Fiduziarische Stiftungen **99** 11
– Funktionaler Auftraggeberbegriff **99** 14
– Fusionskontrollrechtliche Vermutung **99** 75
– Gebietskörperschaft **99** 3
– Gebietskörperschaften **99** 31, 88
– Geförderte Maßnahmen **99** 93
– Gemischte Verbandsmitgliedschaft **99** 85
– Genossenschaften **99** 35
– Gesellschaften mit beschränkter Haftung **99** 35
– Gesellschaften mit beschränkter Haftung & Compagnie Kommanditgesellschaft **99** 36
– Gesetzliche Krankenkassen **99** 65, 83

– Gesetzliche Unfallversicherung **159** 13
– Gewinnerzielungsabsicht **99** 55
– Glücksspielunternehmen **99** 83
– Gründungsgesellschaften **99** 37
– Handelsgesellschaften **99** 36
– Handwerkskammern **99** 83
– Hochschulen **99** 83
– Infizierungstheorie **99** 42, 50, 85
– Institutionelle Auftraggeber **99** 1, 14
– Juristische Personen **99** 28
– Juristische Personen des öffentlichen Rechts **99** 31
– Juristische Personen des Privatrechts **99** 35
– Kommanditgesellschaften **99** 36
– Kommunale Zweckverbände **99** 87
– Kommunalunternehmen **99** 33
– Konzessionsgeber **101** 9, 24 f.
– Körperschaften **99** 31
– Krankenhäuser **99** 83
– Krankenkassen **99** 83
– Landesbanken **99** 83
– Landesversicherungsanstalten **99** 83
– Landkreise **99** 6
– Landwirtschaftskammern **99** 83
– Messegesellschaften **99** 83
– Mittelbare Finanzierung **99** 65
– Mittelbare Staatsverwaltung **99** 31
– Nachträglicher Gründungszweck **99** 41
– Natürliche Personen **99** 30
– Nicht rechtsfähige Stiftungen **99** 11
– Nichtgewerblichkeit **99** 51
– Offene Handelsgesellschaften **99** 36
– Öffentliche Rundfunkanstalten **99** 33, 65
– Öffentlich-öffentliche Zusammenarbeit **108** 6, 16, 105
– Personalkörperschaften **99** 7
– Personengesellschaften **99** 37
– Planungsverbände **99** 87
– Projektgesellschaften **99** 83
– Realkörperschaften **99** 7
– Rechtsaufsicht **99** 72
– Rechtspersönlichkeit **99** 28
– Regiebetriebe **99** 11
– Religionsgemeinschaften **99** 7, 33, 83
– Rotes Kreuz **99** 83
– Rundfunkanstalten **99** 83
– Schulverbände **99** 87
– Sondervermögen **99** 10
– Staatliche Beherrschung **99** 58
– Stiftungen **99** 31
– Strafvollzugsanstalten **99** 83
– Studentenwerke **99** 83
– Subventionierte Auftraggeber **99** 89
– Tiefbaumaßnahmen **99** 96
– Überwiegende Finanzierung **99** 61
– Unfallversicherungsträger **99** 83
– Verbände **99** 85
– Verbandskörperschaften **99** 7
– Vereine **99** 35
– Vermutungsregelungen **99** 75
– Versorgungswerke **99** 11
– Verzeichnis der Einrichtungen des öffentlichen Rechts **99** 32
– Vorgesellschaften **99** 37
– Wasserversorgungsverbände **99** 87
– Wirtschaftsförderungsgesellschaften **99** 83
– Wohnungsbaugesellschaften **99** 83
– Wohnungsunternehmen **99** 83
– Zeitpunkt **99** 26
– Zweckverband **99** 7
– Zwingender Ausschlussgrund **123** 2

Öffentliche Ausschreibung **119** 11

Öffentliche Gewalt **103** 12
– Öffentlicher Auftrag **103** 12 ff.

Öffentliche Kommunikationsnetze **116** 95
– Begriff **116** 99
– Öffentliche Telekommunikationsnetze **116** 99

Öffentliche Personenverkehrsdienste
– Zuständigkeit der Vergabekammer **155** 30

Öffentliche Rundfunkanstalten **99** 33, 65

Öffentliche Telekommunikationsnetze **116** 99

Öffentliche Zusammenarbeit
– Horizontale Öffentlich-öffentliche Zusammenarbeit **108** 71

Öffentlicher Auftrag **103** 1 ff.
– Ahlhorn **103** 51
– Ambulanten-Hilfe-Zentrum **103** 18
– Anteilserwerb **103** 63 ff.
– Anteilsveräußerung **103** 54 ff.
– Anwendungsbereich **115** 1, 3 f.
– Arzneimittelrabattvertrag **103** 89 f.
– Auftragswert **103** 53
– Ausgleichszahlung **103** 74
– Auswahlentscheidung **103** 83
– Bauauftrag **103** 97 ff.
– Bebauungsplan **103** 52
– Begriff **103** 6, 8, **136** 3
– Beihilfe **103** 23, 40, 64, 71, 73
– Beleihung **103** 34 ff.
– Beschaffung **103** 45 ff., 89, 95
– Cap and trade **103** 66
– Daseinsvorsorge **103** 18, 75
– Dienstleistung von allgemeinem wirtschaftlichen Interesse **103** 24
– Dienstleistungsauftrag **103** 121 ff.
– Dienstleistungsgutscheinsystem **103** 84
– Drittstaat **103** 42 ff.

- Dual-Use-Gut **103** 21
- Eigenleistung **103** 10
- Eignung **122** 4
- Eingekapselte Beschaffung **136** 8
- Eingekapselter Beschaffungsvorgang **103** 8, 50 ff., 55, 61, 65
- Emissionszertifikat **103** 66, 68 ff.
- Entgeltlich **103** 77 ff., 89
- Erschließungsplan **103** 52
- Europäisches Primärrecht **103** 11
- Falk Pharma **103** 83, 90
- Finanzhilfe **103** 23, 71, 73, 76
- Flächennutzungsplan **103** 52
- Form **103** 28
- Gemischter Auftrag **103** 3, 21
- Gemischtwirtschaftliches Unternehmen **103** 57
- Gesetz **103** 32
- Hausarztzentrierte Versorgung **103** 90
- Hilfstätigkeit **103** 16
- Hoheitliche Handlungsform **103** 30
- In-House-Vergabe **103** 3, 41
- International Procurement Instrument **103** 44
- Internationale Organisation **103** 3
- Konzession **103** 3, 25, 50, **136** 5
- Kundenwahlsystem **103** 84
- Leihe **103** 77
- Leistungspflicht **103** 50
- Lieferauftrag **103** 92 ff.
- Loutraki **103** 56
- Marktzugangsinstrument **103** 44
- Mittelstand **97** 159
- Öffentliche Akquisition **103** 63 ff.
- Öffentliche Gewalt **103** 12 ff.
- Öffentlich-öffentliche Zusammenarbeit **103** 3, **108** 14
- Öffentlich-rechtlicher Vertrag **103** 33
- Open House **103** 89 f.
- Pflegeeinrichtung **103** 87
- Rahmenvereinbarung **103** 129
- Rechtsdienstleistung **103** 3
- Rechtskauf **103** 69
- Rekommunalisierung **103** 59
- Rettungsdienstleistung **103** 3, 17
- Reverstaatlichung **103** 59 ff.
- Sachkauf **103** 69
- Sachlich-zeitlicher Zusammenhang **103** 58
- Satzung **103** 32
- Schenkung **103** 77
- Selektivität **103** 84
- Sicherheitsinteresse **103** 20 ff.
- Sicherheitsspezifischer Auftrag **103** 3
- Sozialhilferechtliches Dreiecksverhältnis **103** 87 f.
- Sozialrechtliches Dreiecksverhältnis **103** 87, 89 f.
- Sponsoring **103** 81 f.
- Städtebaulicher Vertrag **103** 52, 117
- Strategisches Ziel **97** 69
- Synallagma **103** 29
- Unternehmen **103** 37 ff.
- Veräußerung **103** 48 f.
- Vermietung **103** 48 f.
- Verordnung **103** 32
- Verpachtung **103** 48 f.
- Verteidigungsspezifischer Auftrag **103** 3
- Vertrag **103** 26 ff.
- Vertragsverlängerung **103** 3
- Verwaltungsakt **103** 31 f.
- Vorhaben- und Erschließungsplan **103** 52
- Warenbörse **103** 70
- Zulassungssystem **103** 85, 88
- Zuständigkeit der Vergabekammern **155** 20
- Zuwendung **103** 23, 74
- Zwangsbefugnis **103** 15
- Zwingender Ausschlussgrund **123** 2

Öffentlicher Auftraggeber
- Konzessionsgeber **148** 80 f.

Öffentlicher Dienstleistungsauftrag
- Eisenbahnverkehr **131** 18

Öffentlicher Sektorenauftraggeber **137** 53 f.
- Öffentlich-öffentliche Zusammenarbeit **101** 18

Öffentliches Kommunikationsnetz
- Begriff **116** 98, **149** 96
- Besondere Ausnahme **149** 92
- Breitbandnetz **149** 97
- Konzession **149** 92

Öffentlichkeit
- Sofortige Beschwerde **175** 54 f.

Öffentlich-öffentliche Zusammenarbeit **108** 1, 7
- Auftragsänderung **108** 99
- Bestimmung des prozentualen Anteils **108** 100
- Beteiligungskriterium **101** 19
- Delegierende Vereinbarung **108** 10
- Europäische Institution **108** 13
- Europäisches Primärrecht **108** 11
- Gesellschaft bürgerlichen Rechts **108** 19
- Hilfsgeschäft **138** 10
- Horizontale In-House-Vergabe **108** 5, 49
- Horizontale öffentlich-öffentliche Zusammenarbeit **108** 1, 5
- In-House-Vergabe **108** 1, 5
- Interkommunale Zusammenarbeit **108** 2, 71

- Inverse In-House-Vergabe **108** 5, 49
- Juristische Person **108** 17
- Kommunale Selbstverwaltungsgarantie **108** 9
- Kontrollkriterium **108** 21
- Konzessionsgeber **108** 6, 104 ff.
- Mandatierende Vereinbarung **108** 10
- Nachträgliche Änderung **108** 97 f.
- Natürliche Person **108** 18
- Öffentlicher Auftrag **103** 3, **108** 14
- Öffentlicher Auftraggeber **108** 6, 16, 105
- Öffentlicher Sektorenauftraggeber **101** 18
- Private Kapitalbeteiligung **108** 72
- Privater Sektorenauftraggeber **101** 18
- Prognose über Geschäftsentwicklung **108** 103
- Sektorenauftraggeber **108** 6, 104 ff.
- Selbstverwaltungsgarantie **108** 9
- Stadt Mödling **108** 12
- Stadtreinigung Hamburg **108** 2
- Tätigkeitsgestützter Wert **108** 102
- Teckal **108** 2
- Umgehungsverbot **108** 12, 97
- Umgekehrt vertikale In-House-Vergabe **108** 5
- Unterauftragsvergabe **108** 12
- Verbundenes Unternehmen **138** 6, 16
- Vorwirkung **108** 95 f.
- Wasserkonzession **149** 123

Öffentlich-private Partnerschaft **132** 9
Öffentlich-rechtlicher Vertrag **103** 33, **132** 7
- Konzessionen **148** 14

Öffnung der Angebote
- Offenes Verfahren **119** 27

Öffnungsklausel **127** 67
Ölförderung **143** 8
Oligopol **149** 76, 81, 135
Open House **103** 89 f.
Option **132** 33, 35
- Auftragsbekanntmachung **132** 37
- Vergabeunterlagen **132** 36
- Verlängerungsoption **132** 38
- Vertragsverlängerung **132** 35

Ordentliches Gericht
- Schadensersatz **156** 53
- Vergabekammer **156** 53

Organhaftung
- Culpa in contrahendo **181** 97
- Ersatz des Vertrauensschadens **181** 34

Organisation Conjointe de Coopération en Matière d'Armement
- Besondere Verfahrensregeln **145** 34, 44
- Kooperationsprogramme **145** 10

Organisationsverschulden **123** 47
Ortsansässige Unternehmen **97** 43 f.
Ortspräsenz **97** 44

P

Pacht **103** 95
Pacta sunt servanda **135** 2, 155
Parallelbeteiligung **124** 82
- Bietergemeinschaft **124** 92 ff.
- Eignungsleihe **124** 86
- Partielles Parallelangebot **124** 95
- Unterauftragnehmer **124** 83 ff.
- Verbundene Unternehmen **124** 87 ff.

Parteivernehmung **175** 32, 57
Partielles Parallelangebot **124** 95
Partnerschaftsregister **122** 27
Patientenbeförderung **107** 22
Pauschalbetrag **135** 157
Personalkonzept **127** 138 ff.
Personalkörperschaften **99** 7
Personalkosten **182** 110
Personalreorganisationsmaßnahmen **125** 44
Personenbeförderung
- Baukonzession **149** 150
- Besondere Ausnahme **149** 142
- Dienstleistungskonzession **149** 150
- Eisenbahnverkehr **149** 151
- Hochbahn **149** 147
- Konzession **149** 142
- Kraftfahrzeug **149** 147
- Oberleitungsbus **149** 147
- Schwebebahn **149** 147
- Straßenbahn **149** 147
- Untergrundbahn **149** 147

Personengesellschaften **99** 37
Personenverkehrsleistung
- Konzession **154** 30
- Mittelstand **97** 159
- Verteidigungs- oder sicherheitsspezifischer Auftrag **147** 4

Pflegeeinrichtungen **103** 87
Pfleger
- Besondere Ausnahme **149** 24
- Konzession **149** 24
- Rechtsdienstleistung **149** 24

Pflegeversicherung **123** 54
Planung **103** 100
Planungsverbände **99** 87
Planungswettbewerb **103** 133
- Verhandlungsverfahren ohne Teilnahmewettbewerb **119** 45

Politikorientierte Vergabe
siehe Strategische Ziele

Popularklage **160** 22
Portokosten **182** 110
Positives Interesse
- Culpa in contrahendo **181** 107, 113, 129
- Ersatz des Vertrauensschadens **181** 55
- Schadensersatz wegen unerlaubter Handlung **181** 137
Postdienste **102** 2, **130** 30
Postdienstleistung
- Briefbeförderung **97** 183
- Losvergabe **97** 183
- Päckchenbeförderung **97** 183
- Paketbeförderung **97** 183
PQ-VOL **122** 79
Präqualifikationssystem **122** 8, 63
- Konzessionsvergabeverfahren **152** 42, 44
Präqualifikationsverzeichnis **122** 63
Präqualifizierungsdatenbank für den Liefer- und Dienstleistungsbereich **122** 79
Präqualifizierungssystem **122** 3, 61 ff.
- Akzeptanzpflicht **122** 69 ff., 74
- Antrag **122** 66
- Auftraggebereigenes Präqualifizierungssystem **122** 83
- Auskunftsdatei **122** 81 f.
- Bauauftrag **122** 72 ff.
- Begriff **122** 63 ff.
- Bonitätsbewertung **122** 81 f.
- Deutsche Industrie- und Handelskammer **122** 79
- Dienstleistungsauftrag **122** 75 ff.
- Eignungsvermutung **122** 75
- Einheitliche Europäische Eigenerklärung **122** 84 f.
- Industrie- und Handelskammer **122** 77
- Länderverzeichnisse **122** 80
- Lieferauftrag **122** 75 ff.
- PQ-VOL **122** 79
- Präqualifikationsverzeichnis **122** 63
- Präqualifizierungsdatenbank für den Liefer- und Dienstleistungsbereich **122** 79
- Sinn und Zweck **122** 67
- Unternehmer- und Lieferantenverzeichnis für öffentliche Aufträge **122** 80
- Verein für die Präqualifikation von Bauunternehmen **122** 73
- Verwendungspflicht **122** 68
Preferred Bidder
- Verhandlungsverfahren **119** 57
- Wettbewerblicher Dialog **119** 68
Preis
- Architektenleistung **127** 54
- Bruttopreis **127** 197
- Budgetausschreibung **127** 55 ff.
- Freiberufliche Leistung **127** 54
- Funktionale Ausschreibung **127** 52
- Gewichtung **127** 47 ff.
- Ingenieurleistung **127** 54
- Konzessionsvergabeverfahren **152** 48, 60 f.
- Kosten **127** 202
- Kostenobergrenze **127** 200
- Nettopreis **127** 197
- Niedrigstpreisvergabe **127** 50 ff.
- Preisanpassungsklausel **127** 199
- Skonto **127** 198
- Umsatzsteuer **127** 197
- Vorsteuerabzugsberechtigung **127** 197
- Zuschlagskriterium **127** 196 ff., **152** 48, 60 f.
Preisabsprachen **97** 17
Preisanpassungsklauseln **132** 33, 101
Preiserhöhung **132** 99
Preisgabe sicherheitsrelevanter Aufträge
- Beispiele **117** 14
Preisgabe sicherheitsrelevanter Auskünfte **107** 27
- Beispiele **150** 9
- Besondere Ausnahme **117** 12
- Ermessen **117** 13, **150** 8
- Konzessionen in den Bereichen Verteidigung und Sicherheit **150** 6
- Sicherheitsaspekt **117** 12
- Verteidigungsaspekt **117** 12
Preisgericht **136** 17
Preis-Leistungs-Verhältnis **127** 31 ff.
- Begriff **127** 33 ff.
- Kosten **127** 37
- Lebenszykluskosten **127** 37
- Leistungs-Kosten-Verhältnis **127** 40
Preisrecht
- Buchpreisbindung **127** 84 ff.
- Budgetausschreibung **127** 69
- Honorarordnung für Architekten und Ingenieure **127** 72 ff.
- Öffnungsklausel **127** 67
- Preisverordnung **127** 102 ff.
- Rechtsanwaltsvergütung **127** 96
- Rechtsanwaltsvergütungsgesetz **127** 95, 97
- Rechtsgrundverweis **127** 66
- Zuschlag **127** 62 ff.
Preissenkung **132** 100
Preisverordnung **127** 102 ff.
- Abgeleiteter Marktpreis **127** 106
- Anwendungsbereich **127** 104 f.
- Marktpreis **127** 106
- Öffentlicher Auftrag **127** 104
- Verbindliche Vorgabe **127** 106 f.

Pries-Leistungs-Verhältnis
– Leistungsbegriff **127** 38
Primärrechtsschutz **155** 13, **168** 22
– Informationspflicht **134** 14
– Konzession **153** 9
– Soziale und andere besondere Dienstleistungen **153** 9
Prioritäre Dienstleistungen
– Nicht prioritäre Dienstleistungen **116** 10
Private Kapitalbeteiligung
siehe Beteiligungskriterium
Privater Sektorenauftraggeber **137** 55
– Öffentlich-öffentliche Zusammenarbeit **101** 18
Privatisierung
– Zwang **97** 13
Produktneutralität
– Konzessionsvergabeverfahren **152** 16
– Leistungsbeschreibung **152** 16
– Wettbewerbsgrundsatz **97** 15
– Zuschlagskriterium **127** 165
Projektanten **97** 46
– Ausschluss **97** 46
– Wissensausgleich **97** 46
Prokurist **123** 48
Prozessbevollmächtigter **175** 57
Prozesstrennung **175** 60
Prozessverbindung **175** 57

Q

Qualifiziertes Auskunftsverlangen **163** 50
Qualifizierungsgesellschaften **118** 31
Qualitative Aspekte
– Bestimmt **127** 210
– Eignungskriterien **97** 112
– Erfahrungen **97** 113
– Konzessionsvergabeverfahren **152** 48, 55, 58
– Leistungsbezug **127** 211
– Qualifikation **97** 113, 117
– Qualität **127** 209
– Qualitätskontrolle **97** 112
– Qualitätssicherung **97** 112, **127** 212
– Qualitätssicherungssysteme **97** 112
– Technische Leistungsfähigkeit **97** 112
– Technischer Wert **127** 209
– Zuschlagskriterium **97** 117, **127** 207 ff., **152** 48, 55, 58
Qualitatives Eignungskriterium **122** 12
Qualitätsaspekte **97** 92
Qualitätsmanagement
– Befähigung zur Berufsausübung **122** 35
– Berufliche Leistungsfähigkeit **122** 47
– Erlaubnis zur Berufsausübung **122** 35
– Technische Leistungsfähigkeit **122** 47
– Zuschlagskriterium **127** 169
Qualitätssicherung **127** 212

R

Race to the signature **134** 6
Rahmenvereinbarung **103** 126, 128
– Begriff **103** 127
– Informationspficht **134** 27
– Konzession **154** 7
– Öffentlicher Auftrag **103** 129
– Soziale und andere besondere Dienstleistungen **130** 47
Ratenkauf **103** 95
Raumplanung **103** 135
Reaktionspflicht bei Nichtabhilfe der Rüge **160** 90
– Ausschlussfrist **160** 91
– Hinweis in der Bekanntmachung **160** 91
– Rechtsbehelfsfrist **160** 91
– Zugang **160** 92
Realkörperschaften **99** 7
Rechstdienstleistung
– Sachverständiger **149** 24
– Verwalter **149** 24
Rechte des geistigen Eigentums **132** 11
Rechtliches Gehör
– Sofortige Beschwerde **175** 37
– Vorabentscheidung über den Zuschlag **176** 60, 63
Rechtmäßigkeitskontrolle **168** 14
– Befugnis zur Rechtmäßigkeitskontrolle **163** 20
– Sofortige Beschwerde **175** 18 ff.
Rechtsanwalt **103** 16
– Befähigung zur Berufsausübung **122** 34
– Erlaubnis zur Berufsausübung **122** 34
Rechtsanwaltskosten **182** 109
Rechtsanwaltsvergütung **127** 95 f.
– Anwendungsbereich **127** 96
– Erfolgshonorar **127** 101
– Prozesspfleger **127** 96
– Rahmengebühr **127** 98
– Rechtsanwalt **127** 96
– Verbindliche Vorgabe **127** 98 ff.
– Vergütungsvereinbarung **127** 100
– Wertgebühr **127** 98
Rechtsanwaltsvergütungsgesetz **127** 97
– Anwendungsbereich **127** 97
– Insolvenzverwalter **127** 97

– Nachlassverwalter **127** 97
– Pfleger **127** 97
– Sachwalter **127** 97
– Schiedsrichter **127** 97
– Syndikusrechtsanwalt **127** 97
– Testamentsvollstrecker **127** 97
– Treuhänder **127** 97
– Verfahrensbeistand **127** 97
– Verfahrenspfleger **127** 97
– Vormund **127** 97
– Zwangsverwalter **127** 97
Rechtsaufsicht **99** 72
– Aufsichtsbehörde **155** 49
Rechtsbehelfsbelehrung
– Anwaltszwang **168** 56
– Entscheidung **168** 56
Rechtsberatung
– Soziale und andere besondere Dienstleistungen **130** 31
Rechtsdienstleistung **116** 8
– Anwaltliche Beratung **149** 14
– Anwaltliche Vertretung **149** 10
– Ausübung hoheitlicher Befugnisse **149** 28
– Befähigung zur Berufsausübung **122** 34
– Beglaubigung **116** 32, **149** 18
– Begriff **137** 9
– Besondere Ausnahme **137** 8 ff., **149** 4
– Besondere Dienstleistung **137** 11
– Betreuer **116** 33, **137** 13, **149** 24
– Beurkundung **116** 32, **149** 18
– Ergänzungspfleger **116** 33, **149** 26
– Erlaubnis zur Berufsausübung **122** 34
– Gerichtlich Bestellte **149** 23
– Gerichtsvollzieher **149** 31
– Haushaltsrecht **137** 12
– Herkunft des Anwalts **149** 12, 15
– Hoheitliche Befugnis **137** 13
– Hoheitliche Rechtsdienstleistungen **116** 35
– Insolvenzverwalter **116** 33, **149** 26
– Konzession **149** 4
– Nachlasspfleger **116** 33, **149** 26
– Nachrangige Dienstleistung **149** 7
– Nicht prioritäre Dienstleistung **149** 7
– Notar **137** 13, **149** 19
– Öffentliche Gewalt **149** 30
– Öffentlicher Auftrag **103** 3
– Pfleger **116** 33, **149** 24
– Prozessvertretung **116** 12
– Sachkundige **116** 33
– Sachverständiger **116** 33, **149** 26
– Sachwalter **116** 33, **149** 26
– Sektorenvergaberecht **137** 8 ff.
– Sequester **116** 33, **149** 26
– Sinn und Zweck **137** 10
– Soziale und andere besondere Dienstleistungen **149** 9
– Treuhänder **116** 33, **149** 26
– Umgangspfleger **116** 33, **149** 26
– Verfahrensbeistand **116** 33, **149** 24
– Verfahrenspfleger **116** 33, **149** 26
– Verfahrensvertretung **116** 12
– Verfahrensvorbereitende Rechtsberatung **116** 16
– Verwalter **116** 33
– Vorbereitung eines Verfahrens **149** 16
– Vorfeldberatung **149** 11
– Vormund **116** 33, **137** 13, **149** 24
– Zwangsverwalter **116** 33, **149** 26
Rechtskauf **103** 69
Rechtskraft **123** 27
Rechtsmäßigkeitskontrolle
– Verpflichtung zur Rechtmäßigkeitskontrolle **163** 18
Rechtsmittel
– Vorabentscheidung über den Zuschlag **176** 66
Rechtsmittelbelehrung
– Entscheidung **168** 55
– Sofortige Beschwerde **175** 36, 40
Rechtsschutz
– Oberschwellenbereich **106** 8
– Unterschwellenbereich **106** 8
Rechtsschutz unterhalb der Schwellenwerte **155** 36
– Einstweilige Verfügung **155** 38
– Gerichtliche Zuständigkeit **155** 38
– Telaustria **155** 41
– Verfügungsanspruch **155** 40
– Verfügungsgrund **155** 39
Rechtsschutzverfahren
– Aufsichtsbeschwerde **155** 48
– Dienstaufsichtsbeschwerde **155** 50
– kartellrechtliche Überprüfung **155** 63
– Überprüfungsverfahren **155** 55
– Überwachungsverfahren **155** 56
– Verhältnis der Rechtsschutzverfahren **155** 57
– Vertragsverletzungsverfahren **155** 60
– Vorabentscheidungsersuchen **155** 62
Rechtsweg
– Konzession **105** 118
Recyclingkosten **127** 203
Referenz
– Berufliche Leistungsfähigkeit **122** 45
– Eignungskriterium **122** 98
– Gleichartigkeit **122** 99
– Nachweis **152** 39
– Technische Leistungsfähigkeit **122** 45
– Vergleichbarkeit **122** 98

Regiebetriebe **99** 11
Regierungsaufträge **145** 18
Regierungskonzessionen **150** 22
Reinigungsdienstleistung
– Glasreinigung **97** 184
– Losvergabe **97** 184
– Unterhaltsreinigung **97** 184
Reisekosten **182** 110
Rekommunalisierung **103** 59
Relativer Sektorenauftraggeberbegriff **100** 8
Religionsgemeinschaften **99** 7, 33, 83
Rentenversicherung **123** 55
Rettungsdienstleistung **107** 22, **132** 12
– Allgemeine Ausnahme **153** 20, 22 f., 25
– Anwendungsbereich **107** 22
– Auftragsänderungen **132** 12
– Besondere Dienstleistung **153** 20, 22 f., 25
– Fachlos **97** 182
– Gemeinnützige Organisation **107** 22, **130** 23, **153** 24
– Gemeinnützige Vereinigung **107** 22, **153** 24
– Hilfsorganisation **130** 23
– Katastrophenschutz **130** 22, **153** 21
– Katastrophenschutzorganisation **107** 22
– Konzession **105** 42, **130** 24, **153** 20, 22 f., 25
– Krankentransport **107** 22
– Krankenwageneinsatz **130** 19
– Losvergabe **97** 182
– Notfallrettungsdienst **97** 182, **130** 19
– Öffentlicher Auftrag **103** 3, 17
– Patientenbeförderung **130** 19
– Qualifizierter Krankentransport **97** 182
– Soziale und andere besondere Dienstleistungen **130** 19 f.
– Zivilschutz **130** 22
– Zivilschutzorganisation **107** 22
Reverstaatlichung **103** 59 ff.
Rücknahme des Nachprüfungsantrags **175** 73
– Aufwendung für Rechtsverfolgung **182** 102 ff.
– Aufwendung für Rechtsverteidigung **182** 102 ff.
– Gebühr **182** 20, 34
– Kosten des Verfahrens **182** 11, 20, 34, 74
– Kostentragungspflicht **182** 60
Rüge
– Abhilfeverlangen **160** 49
– Absender **160** 47
– Adressat **160** 52
– Bewerbergemeinschaft **160** 47
– Bietergemeinschaft **160** 47
– Form **160** 49
– Für Dritte **160** 47
– Gegenstand **160** 44
– Inhalt **160** 51
– Rücknahme **160** 42
– Telefax **160** 102
– Verdachtsrüge **160** 44, 51
Rügeobliegenheit **155** 31, **160** 34
– Ausnahmen **160** 86
– Bekanntmachung **160** 74
– Darlegungs- und Beweislast **160** 99
– De-facto-Vergabe **135** 77, **160** 83
– Drohende Zuschlagserteilung **160** 88
– Erkennbare Vergabeverstöße **160** 73
– Erkennbarkeit **160** 69
– Fristbeginn **160** 66
– Information von Bewerbern **160** 38
– Maßstab der Erkennbarkeit **160** 70
– positive Kenntnis **160** 57
– Präklusionswirkung **160** 41
– rechtliche Erkennbarkeit **160** 72
– Rechtsrat **160** 59
– Rügefrist **160** 62, 77, 80
– Sachentscheidungsvoraussetzung **160** 39
– Sinn und Zweck **160** 36
– Sofortige Beschwerde **175** 20
– Stillhaltefrist **160** 65
– Tariftreueerklärung **160** 73
– tatsächliche Erkennbarkeit **160** 71
– Unterschwellenbereich **160** 46
– Untersuchungsgrundsatz **163** 21
– Unwirksamkeit **135** 65, 74
– Verfahren vor der Vergabekammer **167** 27
– Vergabeunterlagen **160** 75
– Verhältnis der Rügetatbestände **160** 37
– Verstöße im Nachprüfungsverfahren **160** 61
– Vorab-Bekanntmachung **135** 133
– Vorabprüfung der Vergabekammer **163** 31
– Vorinformation **160** 74
– Wiederholung der Rüge **160** 45
– Wissenszurechnung **160** 59
– Zugang **160** 79
– Zweifel an der Rechtslage **160** 58
Rundfunkanstalten **99** 83

S

Sachliche Zuständigkeit der Vergabekammern
– Öffentlicher Auftrag **155** 20
Sachverständigengutachten **163** 7
Sachverständiger **175** 32
– Besondere Ausnahme **149** 24, 26
– Konzession **149** 24, 26
– Rechtsdienstleistung **149** 24, 26
– Sofortige Beschwerde **175** 57

Sachwalter
- Besondere Ausnahme **149** 26
- Konzession **149** 26
- Rechtsdienstleistung **149** 26
- Treuhänder **116** 33
Sanktionsverfahren **135** 156
Satzung **103** 32
Schadensersatz
- Aufhebung **181** 12, 48
- Culpa in contrahendo **181** 72
- Ersatz des Vertrauensschadens **181** 1
- Kündigung **135** 172
- Missbrauch von Marktmacht **181** 143
- Schadensersatz wegen unerlaubter Handlung **181** 130
- Sittenwidrige vorsätzliche Schädigung **181** 140
- Unlautere geschäftliche Handlungen **181** 147
- Vorvertragliches Schuldverhältnis **181** 72
Schadensersatz bei Rechtsmissbrauch **180** 1, 7
- Anspruchsgegner **180** 10
- Anspruchsteller **180** 8
- Antragsrücknahme gegen Geld oder andere Vorteile **180** 34
- Behinderungsabsicht **180** 27 f.
- Bindungswirkung **179** 27, **180** 56 f.
- Darlegungs- und Beweislast **180** 54, 72
- Falsche Angaben **180** 24
- Haftung für Dritte **180** 38
- Kausalität **180** 44
- Konkurrenzen **180** 58
- Mitverschulden **180** 45, 70
- Nachträgliche Umstände **180** 17
- Nicht beigeladene Unternehmen **180** 9
- Offensichtlich ungerechtfertigt **180** 15
- Örtliche Zuständigkeit **180** 53, 73
- Rechtsfolge **180** 42, 69
- Regelbeispiele **180** 20
- Sachliche Zuständigkeit **180** 52, 73
- Schädigungsabsicht **180** 27, 31
- Sinn und Zweck **180** 5 f.
- Ungerechtfertigte sofortige Beschwerde **180** 14
- Ungerechtfertigte vorläufige Maßnahme **180** 60, 64
- Ungerechtfertigter Antrag **180** 14
- Verjährung **180** 48, 71
- Versagung des Rechtsschutzes **180** 46
- Verschulden **180** 40, 68
- Vollziehung **180** 66
- Voraussetzungen **180** 11
- Zeitpunkt **180** 17
- Zuständigkeit **156** 53, **180** 4, 52, 73
Schadensersatz bei ungerechtfertigter vorläufiger Maßnahme **180** 60, 68
- Darlegungs- und Beweislast **180** 72
- Missbrauch **180** 68
- Mitverschulden **180** 70
- Örtliche Zuständigkeit **180** 73
- Rechtsfolge **180** 69
- Sachliche Zuständigkeit **180** 73
- Ungerechtfertigte vorläufige Maßnahme **180** 64
- Verjährung **180** 71
- Vollziehung **180** 66
- Zuständigkeit **180** 73
Schadensersatz wegen Missbrauchs von Marktmacht **181** 143
- Marktbeherrschende Stellung **181** 144
- Sachlich nicht gerechtfertigte ungleiche Behandlung **181** 145
- Unbillige Behinderung **181** 145
- Unternehmensbegriff **181** 143
Schadensersatz wegen sittenwidriger vorsätzlicher Schädigung **181** 140
- De-facto-Vergabe **181** 142
Schadensersatz wegen unerlaubter Handlung **181** 130
- Binnenmarktrelevanz **181** 136
- Darlegungs- und Beweislast **181** 139
- Dienstleistungsfreiheit **181** 136
- Diskriminierungsverbot **181** 136
- Eindeutiger grenzüberschreitender Bezug **181** 136
- Eingriff in den eingerichteten und ausgeübten Gewerbebetrieb **181** 130
- EU-Primärrecht **181** 136
- Gleichbehandlungsgrundsatz **181** 135
- Haushaltsrecht **181** 134
- Kausalität **181** 137
- Mitverschulden **181** 138
- Niederlassungsfreiheit **181** 136
- Positives Interesse **181** 137
- Schaden **181** 137
- Schutzgesetz **181** 132
- Vergabesperre **181** 131
- Vermögensschaden **181** 130
- Verrichtungsgehilfe **181** 138
- Warenverkehrsfreiheit **181** 136
- Willkürverbot **181** 135
- Zuständigkeit **156** 53
Schadensminderungspflicht
- Culpa in contrahendo **181** 122
Schätzung des Auftrags- oder Vertragswerts **106** 5
Scheinaufhebung **168** 27
Scheinverhandlungen **119** 56

Schenkung **103** 77
Schiedsgerichtsleistung **107** 6
Schiedsrichtervertrag **116** 22
Schiedsvereinbarung **116** 22
Schienenpersonennahverkehr
– Vorinformation **131** 30
Schlechte Erfahrung
– Ausschlussgrund **124** 147
– Berufliche Leistungsfähigkeit **122** 46
– Technische Leistungsfähigkeit **122** 46
Schlichtungsleistung **107** 6
Schlüsselfertiger Bau **103** 101
Schulungskonzept **127** 143 ff.
Schulverbände **99** 87
Schutz wesentlicher Sicherheitsinteressen **117** 5
– Abwägung **150** 35
– Beispiele **150** 36
– Industriepolitische Interessen **150** 35
– Konzessionen in den Bereichen Verteidigung und Sicherheit **150** 30
– Verhältnismäßigkeit **150** 32
– Wirtschaftspolitische Interessen **150** 35
Schutzschrift **163** 38
– Betriebs- und Geschäftsgeheimnisse **163** 40
– Wirkung **163** 39
Schwarzarbeit
– Ausführungsbedingung **128** 40
Schwebebahn **131** 10
Schwebende Unwirksamkeit **135** 135 ff.
Schwellenwert
– Auftraggeber nach dem Bundesberggesetz **143** 13
– Konzession **105** 107 f., **153** 5
– Soziale und andere besondere Dienstleistungen **130** 37, **142** 17, **153** 5
Schwellenwerte **106** 1, **155** 4
– Bekanntmachung **106** 23
– Dynamische Verweisung **106** 11
– Festsetzung **106** 15
– Konzessionen **106** 22
– Oberschwellenbereich **106** 6
– Öffentliche Auftraggeber **106** 17
– Rechtsschutz **106** 8
– Schätzung des Auftrags- oder Vertragswerts **106** 5
– Sektorenauftraggeber **106** 20
– Unterschwellenbereich **106** 7
– Verteidigungs- und sicherheitsspezifische öffentliche Aufträge **106** 21
– Zentrale Regeriungsbehörden im Verteidigungsbereich **106** 19
– Zentrale Regierungsbehörden **106** 18
Schwere Verfehlung **124** 41 ff.
– Auftragssperre **124** 44
– Beurteilungsspielraum **124** 48
– Bewährungsstrafe **124** 51
– Ermittlungsverfahren **124** 51
– Freispruch **124** 51
– Juristische Person **124** 54
– Konzernverbund **124** 55
– Meinungsverschiedenheit **124** 52
– Nachweislichkeit **124** 57 ff.
– Personengesellschaft **124** 54
– Schwerwiegend **124** 46
– Verfehlungsbegriff **124** 45
– Wettbewerbsbeschränkende Vereinbarung **124** 66
– Zurechnung **124** 53 ff.
– Zuverlässigkeit **124** 43
Scientology-Klausel **97** 76
Sekotrentätigkeit
– Begriff **112** 8
– Besondere Ausnahme **137** 1
Sektenfilter **97** 76
Sektorenauftraggeber **100** 1
– Auftraggeber nach dem Bundesberggesetz **143** 1, 7
– Auftragsänderungen **142** 12
– Beherrschender Einfluss **100** 31
– Besondere Ausnahme **137** 7
– Besondere oder ausschließliche Rechte **100** 13
– Deutsche Bahn **102** 28
– Deutsche Post **102** 2
– Eignungskriterien **142** 4
– Fernwärme Wien **100** 7, **136** 19
– Grundversorgende Energieversorgungsunternehmen **100** 25
– Infizierung **100** 7, **136** 19
– Innovationspartnerschaft **141** 7
– Konzessionsgeber **101** 26, 28, 31, **148** 80, 82, 84
– Nicht offenes Verfahren **141** 6
– Offenes Verfahren **141** 6
– Öffentlicher Sektorenauftraggeber **137** 7, 53 f.
– Öffentlich-öffentliche Zusammenarbeit **101** 18, **108** 6, 104 ff.
– Personen des Privatrechts **100** 1, 12
– Privater Sektorenauftraggeber **137** 55
– Sektorenhilfstätigkeiten **100** 11
– Sektorentätigkeit **100** 10
– Sonstige anwendbare Vorschriften **142** 1
– Soziale und andere besondere Dienstleistungen **142** 15
– Staatsverbundenheit **100** 34

– Übertragungsnetzbetreiber **100** 23
– Verfahrensarten **141** 1
– Verhältnis der Verfahrensarten **141** 8
– Verhandlungsverfahren mit Teilnahmewettbewerb **141** 6, 8
– Verhandlungsverfahren ohne Teilnahmewettbewerb **141** 12
– Vermutungsregel **100** 5, 31, 36
– Wettbewerblicher Dialog **141** 6 f.
– Zuständige Behörde **100** 18
– Zwingende Ausschlussgründe **142** 8
Sektorenhilfstätigkeit **137** 25
Sektorentätigkeit **102** 1
– Abwasserbehandlung **102** 15
– Abwasserbeseitigung **102** 15
– Ausschließliches Recht **149** 83
– Außerhalb der Europäischen Union **137** 57 f.
– Automatische Systeme **102** 25
– Besondere Ausnahme **137** 2
– Bewässerungsvorhaben **102** 15
– Einspeisung **102** 45
– Eisenbahnen **102** 25
– Elektrizität **102** 16, 18
– Entwässerungsvorhaben **102** 15
– Erdöl **143** 8
– Feste Brennstoffe **143** 8
– Flughäfen **102** 35, 38
– Fossile Brennstoffe **102** 42
– Freistellung **102** 3 f.
– Gas **102** 16, 18, **143** 8
– Häfen **102** 35, 37
– Hochbahnen **102** 25
– Kohle **143** 8
– Konzessionsänderung **154** 34
– Kraftomnibusse **102** 25
– Postdienste **102** 2
– Schwebebahnen **102** 25
– Seilbahnen **102** 25
– Sektorenhilfstätigkeit **136** 21, **137** 25
– Straßenbahnen **102** 25
– Trinkwassereinspeisung **102** 13
– Trolleybusse **102** 25
– Untergrundbahnen **102** 25
– Verkehrsleistungen **102** 23
– Verkehrsträger **102** 25
– Wärme **102** 16
– Wasser **101** 30, **102** 8
– Wasserbauvorhaben **102** 15
Sektorenvergaberecht
– Andere Zwecke **137** 53 ff.
– Anwendungsbereich **136** 1
– Ausschließliches Recht **137** 33 ff.
– Außerhalb der Europäischen Union **137** 57 f.
– Ausstralungszeit **137** 17 ff.
– Bauauftrag **136** 10
– Besondere Ausnahme **137** 1
– Besonderes Recht **137** 46
– Brennstoffe **137** 37 f.
– Darlehen **137** 28, 32
– Dienstleistungsauftrag **136** 12
– Eignung **122** 4
– Energie **137** 37 f., 41
– Finanzielle Dienstleistung **137** 27 f.
– Forschung und Entwicklung **137** 14 ff.
– Gemeinschaftsunternehmen **138** 14
– Gemischter Auftrag **111** 11 f.
– Konzernprivileg **138** 1
– Konzession **154** 5
– Kredit **137** 28, 32
– Lieferauftrag **136** 9
– Öffentlicher Auftrag **136** 3
– Öffentlicher Sektorenauftraggeber **137** 53 f.
– Privater Sektorenauftraggeber **137** 55
– Rechtsdienstleistung **137** 8 ff.
– Sektorenhilfstätigkeit **137** 25
– Sektorentätigkeit **136** 18
– Sendung **137** 17 ff.
– Sinn und Zweck **137** 4
– Soziale und andere besondere Dienstleistungen **130** 39, **136** 14
– Strategisches Ziel **97** 69
– Trinkwasserversorgung **137** 37 f.
– Verbundenes Unternehmen **138** 1, 12 f.
– Vermietung **137** 44
– Vorbehaltener Auftrag **118** 14
– Wasser **137** 37 f.
– Weiterveräußerung **137** 44
– Wettbewerb **136** 2, 15
– Zuschlag **127** 4
– Zwingender Ausschlussgrund **123** 2
Sektorenverordnung
– Verordnungsermächtigung **113** 15
Sekundärrechtsschutz **155** 14
– Informationspflicht **134** 14
Sekundärzweck
siehe Strategische Ziele
Selbstausführungsgebot
– Direktvergabe **131** 29
Selbstbindung **97** 49
Selbsterbringung
– Wasserkonzession **149** 128
Selbstreinigung **125** 1
– Abgabe **123** 66 ff.
– Abmahnung **125** 47
– Aktive Zusammenarbeit **125** 34
– Anhängiges Vergabeverfahren **125** 19
– Anwendungsbereich **125** 13
– Audit-Struktur **125** 44

– Aufhebung **125** 47
– Auftragssperre **125** 14 ff.
– Berichtspflichten **125** 44
– Besondere Ausschlussgründe **125** 21
– Besondere Selbstreinigungstatbestände **125** 6
– Betrauung mit anderen Aufgaben **125** 47
– Beurteilungsspielraum **125** 61
– Bewertung **125** 54
– Bewertungsgegenstand **125** 57
– Bewertungsmaßstab **125** 59
– Bewertungsverfahren **125** 66
– Clearingstelle **125** 44
– Compliance-Abteilung **125** 44
– Compliance-Beauftragter **125** 45
– Darlegungslast **125** 50
– Dokumentation der Entscheidung **125** 70
– Eignungsleihe **125** 8
– Entscheidung **125** 67
– Entscheidungsbegründung **125** 68
– Ermittlungsbehörden **125** 36
– Fakultativer Ausschlussgrund **124** 207
– Fehlverhalten von Gesellschaftern **125** 48
– Form der Entscheidungsbegründung **125** 69
– Gleichbehandlungsgrundsatz **125** 11
– Höchstausschlussdauer **125** 22
– Interessenkonflikt **125** 23
– Kontrollpflichten **125** 44
– Konzession **125** 13, **154** 18
– Kündigung **125** 47
– Lohnkürzung **125** 47
– Maßnahmen zur Selbstreinigung **125** 24
– Nachweis **125** 49
– Nachweisverfahren **125** 74
– Nichtzahlung von Steuern, Abgaben oder Beiträgen **125** 7, 22
– Öffentliche Aufträge **125** 13
– Organisatorische Maßnahmen **125** 43
– Personalreorganisationsmaßnahmen **125** 44
– Personelle Maßnahmen **125** 46
– Präventive Maßnahmen **125** 39
– Prognose **125** 60
– Rechtsschutz **125** 78
– Revisionsabteilung **125** 44
– Rotation des Personals **125** 44
– Schadenswiedergutmachung **125** 27
– Sektorenauftraggeber **125** 13
– Selbstbindung des Auftraggebers **125** 72
– Sinn und Zweck **125** 9
– Sozialversicherungsbeitrag **123** 66 ff.
– Steuer **123** 66 ff.
– Technische Maßnahmen **125** 42
– Trennung von adminsitrativem und operativem Bereich **125** 44
– Verbände zur Förderung wirtschaftlicher Ethik **125** 45
– Vergabesperre **125** 14 ff.
– Verhältnismäßigkeitsgrundsatz **125** 9
– Verteidigungs- oder sicherheitsspezifischer Auftrag **147** 4
– Verteidigungs- oder sicherheitsspezifsicher Auftrag **125** 13
– Vier-Augen-Prinzip **125** 44
– Vorbefassung **125** 23
– Wertemanagement **125** 45
– Wettbewerbsgrundsatz **125** 12
– Zeitpunkt **123** 69, **125** 26
– Zeitpunkt der Entscheidung **125** 71
– Zeitpunkt des Nachweises **125** 53
– Zwingende Gründe des öffentlichen Interesses **125** 22
– Zwingender Ausschlussgrund **123** 37, 77
Selbstverwaltungsgarantie **108** 9
Selektivität **103** 84
Sendung
– Audiovisueller Mediendienst **137** 23
– Begriff **137** 20
– Beispiel **137** 21
– Besondere Ausnahme **137** 17 ff.
– Sektorenhilfstätigkeit **137** 25
– Sektorenvergaberecht **137** 17 ff.
Sequester **116** 33
– Besondere Ausnahme **149** 26
– Konzession **149** 26
– Rechtsdienstleistung **149** 26
Sicherheitsaspekt
siehe Verteidigungs- oder Sicherheitsaspekt
Sicherheitsempfindliche Tätigkeit **150** 15
Sicherheitsinteresse **107** 26
– Beispiele **117** 11
– Besondere Ausnahme **117** 5
– Erforderlichkeit **107** 37, **117** 9
– Gemischter Auftrag **111** 8, 10
– Kernfähigkeit **107** 37
– Öffentlicher Auftrag **103** 20 ff.
– Sicherheitsaspekt **117** 5
– Vergabevermerk **107** 40, **117** 10
– Verhältnismäßigkeit **107** 39
– Verteidigungsaspekt **117** 5
– Verteidigungsauftrag **107** 35
– VSVgV **107** 38
Sicherheitsspezifischer Auftrag
– Gemischter Auftrag **111** 9 f.
Sicherheitsüberprüfungsgesetz **117** 17
Sittenwidriges Rechtsgeschäft **135** 146 ff.
– Kollusion **135** 148 f.
– Kündigung **135** 159

Sitzungspolizei **175** 54
– Sofortige Beschwerde **175** 55
Sofortige Beschwerde **155** 33, **171** 1
– Ablehnung eines Richters **175** 57
– Ablehnungsfiktion **171** 39
– Abstimmung **175** 54
– Akteneinsicht **157** 43, **165** 25, 57, **175** 45 ff.
– Allgemeine Prozessvoraussetzungen **171** 60
– Allgemeines Rechtsschutzbedürfnis **171** 60
– Anhörungsrüge **175** 37
– Anschlussbeschwerde **171** 6, **175** 59
– Antragsgegner **174** 4
– Antragsteller **174** 4
– Anwaltszwang **175** 1, 5
– Aufhebung der Beiladung **174** 9
– Aufschiebende Wirkung **173** 1
– Augenschein **175** 32, 57
– Ausschluss eines Richters **175** 57
– Außervergaberechtliche Normen **175** 21
– Befangenheit **157** 43
– Begrenzte Einlegung **171** 8
– Begründetheit **171** 61
– Begründung **172** 21, **175** 34
– Beigeladener **174** 11, **175** 29 f.
– Beiladung **174** 6
– Beiladungsbefugnis **171** 55
– Beistand **175** 57
– Beratung **175** 54
– Beschleunigung **175** 90
– Beschluss **175** 26
– Beschwerdebefugnis **171** 57
– Beschwerdebegründung **172** 23
– Beschwerdeberechtigung **171** 53
– Beschwerdeentscheidung **182** 161
– Beschwerdeführer **174** 4
– Beschwerdegegner **174** 4
– Beschwerdeschrift **175** 7
– Beteiligte **174** 1 ff.
– Beweislast **175** 33
– Beweisverfahren **175** 57
– Endentscheidungen **171** 24
– Entscheidung nach Aktenlage **175** 24
– Form **171** 60, **172** 1, 23
– Formfehler **175** 22
– Frist **171** 60, **172** 1, 4, **175** 57
– Fristsetzung **175** 23, 90
– Gerichtssprache **175** 54 f.
– Gerichtsverfassungsgesetz **175** 54, 56
– Hinwirkungspflicht **175** 22
– Inhalt **172** 1, 21
– Juristische Person des öffentlichen Rechts **175** 6
– Konzentrationsermächtigung **171** 63
– Kosten **175** 61
– Kostenentscheidung **157** 43, **171** 25
– Ladung **175** 57
– Mündliche Verhandlung **175** 9
– Neuer Vortrag **171** 14
– Öffentlichkeit **175** 54 f.
– Örtliche Zuständigkeit **171** 62
– Parteivernehmung **175** 32, 57
– Persönliches Erscheinen **175** 57
– Prozessbevollmächtigter **175** 57
– Prozesshindernisse **171** 60
– Prozesstrennung **175** 60
– Prozessverbindung **175** 57
– Prüfungsumfang **171** 10
– Rechte der Beteiligten **174** 10
– Rechtliches Gehör **175** 37
– Rechtmäßigkeitskontrolle **175** 18 ff.
– Rechtsmittelbelehrung **175** 36, 40
– Rechtsmittelziel **172** 26
– Rücknahme **171** 17
– Rügeobliegenheit **175** 20
– Sachliche Zuständigkeit **171** 62
– Sachverständiger **175** 32, 57
– Sitzungspolizei **175** 54 f.
– Statthaftigkeit **171** 18
– Streitwert **175** 86
– Suspensiveffekt **173** 1
– Termin **175** 57
– Überlanges Verfahren **175** 54
– Überraschungsbeschluss **175** 28
– Übertragung der Entscheidungsbefugnis **157** 22
– Unklarer Antrag **175** 22
– Unterbrechung **175** 60
– Unterrichtungspflicht **172** 35
– Unterzeichnung **172** 33
– Urkunde **175** 32, 57
– Verfahrensvorschrift **175** 1
– Verfristete Entscheidung der Vergabekammer **171** 48
– Versäumnisurteil **175** 58
– Vertretung **175** 5 ff.
– Vorabentscheidung über den Zuschlag **176** 2
– Weitere vorläufige Maßnahmen **169** 61, 64
– Wiedereinsetzung in den vorigen Stand **175** 57
– Wiedereröffnung der mündlichen Verhandlung **175** 60
– Wirkung **173** 1
– Zeuge **175** 32, 57
– Zivilprozessordnung **175** 57
– Zuschlagsverbot **173** 2
– Zuständigkeit **171** 62

– Zustellung **175** 35, 57
– Zwischenentscheidung **157** 43, **171** 28
Sondervermögen **99** 10
Soziale Aspekte **97** 74, **153** 45
– Arbeitsschutz **97** 114
– Ausbildung **152** 59
– Ausbildungsmaßnahmen für Arbeitslose **97** 75
– Ausführungsbedingung **118** 11, **152** 91, **153** 46
– Beentjes **97** 74
– Behindertenschutz **97** 79
– Besondere Dienstleistung **153** 49
– Design for all **97** 79
– Entwicklungsländer **97** 76
– Fairer Handel **97** 85
– Fakultativer Ausschluss **153** 46
– Frauenförderung **97** 79
– Geschützte Werkstätten **97** 80
– Gesundheitsschutz **97** 75
– Illegales Verhalten **97** 77
– ILO-Kernarbeitsnormen **97** 77, 95
– Konzession **151** 11
– Konzessionsausführung **153** 46
– Konzessionsvergabeverfahren **152** 48, 55, 58, 88, 91
– Langzeitarbeitslose **97** 74, **152** 59, **153** 48
– Mindestlohn **97** 78
– Scientology-Klausel **97** 76
– Sektenfilter **97** 76
– Soziale Integration **97** 75, **152** 59
– Sozialstandards **131** 48, 56
– Sozialunternehmen **97** 80
– Tariftreueerklärung **97** 78, 138
– Verbindung zum Auftragsgegenstand **153** 51
– Verhältnismäßigkeit **127** 219
– Vorbehaltener Auftrag **118** 10
– Zuschlagskriterium **97** 119, **127** 213 ff., **152** 48, 55, 58, **153** 48
Soziale Dienstleistung
– Direkte Leistungsgewährung **105** 89
– Dreiecksverhältnis **105** 89
Soziale Integration **152** 59
Soziale und andere besondere Dienstleistungen **130** 1
– Andere besondere Dienstleistung **130** 25
– Angebotsfrist **130** 47
– Auftragsänderung **130** 42 ff.
– Bauleistung **130** 10
– Begriff **130** 11, 15, 25
– Beherbergungsgewerbe **130** 28
– Diskriminierung **153** 8
– Eignungskriterium **152** 37
– Gaststätte **130** 28
– Gleichbehandlung **153** 8
– Innovationspartnerschaft **130** 38
– Juristischer Bereich **130** 31
– Kommunale Dienstleistung **130** 29
– Konzession **130** 14, **153** 1 ff.
– Lieferleistung **130** 10
– Nachrangige Dienstleistung **130** 3 f.
– Nicht offenes Verfahren **130** 38
– Nicht prioritäre Dienstleistung **130** 3 f.
– Offenes Verfahren **130** 38
– Öffentlicher Auftraggeber **130** 39
– Personalbezogenes Zuschlagskriterium **130** 47
– Postdienst **130** 30
– Primärrechtsschutz **153** 9
– Prioritäre Dienstleistung **130** 3 f.
– Rahmenvereinbarung **130** 47
– Rechtsberatung **130** 31
– Rechtsdienstleistung **149** 9
– Rechtsschutz **130** 48
– Rettungsdienstleistung **130** 19 f.
– Schwellenwert **130** 37, **142** 17, **153** 5
– Sektorenauftraggeber **130** 39, **142** 15
– Sektorenvergaberecht **136** 14
– Sicherheitsspezfischer öffentlicher Auftrag **130** 40
– Soziale Dienstleistung **130** 15
– Teilnahmefrist **130** 47
– Transparenz **153** 8
– Umgehungsverbot **153** 13
– Verfahrensart **130** 38
– Verfahrensgestaltung **153** 8
– Verfahrensregeln **153** 7
– Verhältnismäßigkeit **153** 8
– Verhandlungsverfahren mit Teilnahmewettbewerb **130** 38
– Verhandlungsverfahren ohne Teilnahmewettbewerb **130** 38
– Veröffentlichung **130** 47
– Verteidigung **130** 40
– Verteidigungsspezifischer öffentlicher Auftrag **130** 40
– Vorinformation **151** 16
– Vorrangige Dienstleistung **130** 3 f.
– Wettbewerblicher Dialog **130** 38
– Zuschlagskriterium **130** 47
Sozialhilferechtliches Dreiecksverhältnis **103** 87, 89 f., **105** 89, **130** 6, **148** 13
– Konzession **105** 91
– Öffentlicher Auftrag **103** 87 f.
– Zulassungssystem **103** 88
Sozialunternehmen **118** 1
– Anerkennung **118** 32

– Begriff **118** 23, 27
– Benachteiligte Person **118** 24 f.
– Beschäftigungsgesellschaft **118** 31
– Integrationsabteilung **118** 28
– Integrationsbetrieb **118** 28
– Integrationsprojekt **118** 28
– Integrationsunternehmen **118** 28
– Qualifizierungsgesellschaft **118** 31
– Vorbehaltener Auftrag **118** 1
Sozialversicherte Mitarbeiter
– Ausführungsbedingung **128** 25
Sozialversicherung **123** 55
Sozialversicherungsbeitrag
– Auftragsausführung **152** 82
– Gesetzliche Sozialversicherung **123** 55
– Nichtnachkommen **123** 57
– Pflegeversicherung **123** 55
– Rentenversicherung **123** 55
– Selbstreinigung **123** 66 ff.
– Veruntreuung **123** 53
– Vorenthaltung **123** 53
– Zwingender Ausschlussgrund **123** 5, 53, 62
Sozialversicherungspflichtiges Personal
– Ausführungsbedingung **128** 26
Sparkassen **116** 74
Sparsamkeitsgebot **97** 28
Spionage **145** 6
Splitterlos **97** 185 ff.
Sponsoring
– Bauauftrag **103** 82
– Baukonzession **103** 82
– Dienstleistungsauftrag **103** 82
– Dienstleistungskonzession **103** 82
– Lieferauftrag **103** 82
– Öffentlicher Auftrag **103** 81
Spruchrichterprivileg **157** 2, 8
Staatliche Beherrschung
– Mittelbare Finanzierung **99** 65
– Überwiegende FInanzierung **99** 61
Staatsübergreifende Beschaffung **159** 38
Städtebaulicher Vertrag **103** 52, 117
Stadtplanerische Anforderungen **103** 117
Stadtplanung **103** 135
Stationierung von Truppen **117** 30
– Beispiele **117** 31
– NATO-Sicherheits-Investitionsprogramm **117** 31
– NATO-Truppenstatus **117** 31
Statistikpflicht **114** 1
– Anwendungsbereich **114** 31
– Bieterschützender Charakter **114** 53
– Europa 2020 **114** 2
– Gesetzgebungskompetenz **114** 14
– Mitteilungsinhalt **114** 41
– Oberschwellenbereich **114** 32, 41
– Parlamentsvorbehalt **114** 52
– Persönlicher Anwendungsbereich **114** 31
– Rechtsschutz **114** 53
– Rechtsverordnung **114** 49
– Sachlicher Anwendungsbereich **114** 31
– Sinn und Zweck **114** 30
– Unterschwellenbereich **114** 37, 43
Steuer
– Abgabe **123** 56
– Auftragsausführung **128** 11 f., **152** 82
– Ausschlussgrund **128** 13
– Begriff **123** 54
– Beitrag **123** 56
– Fakultativer Ausschlussgrund **123** 52
– Nichtnachkommen **123** 57
– Selbstreinigung **123** 66 ff.
– Steuerhinterziehung **123** 53
– Zwingender Ausschlussgrund **123** 5, 51 ff.
Steuerberater **103** 16
Steuerhinterziehung **123** 53
– Zwingender Ausschlussgrund **123** 11
Stiftungen **99** 31
Stille Gesellschaft **108** 44, 47
Stillhaltefrist **134** 1, **155** 33
– Rechtscharakter **134** 88
– Rechtsmittelfrist **134** 88
– Schutzzweck **134** 85
– Vorab-Bekanntmachung **135** 128 f.
– Vorabgestattung des Zuschlags **169** 20
Störung der Geschäftsgrundlage
– Kündigung **135** 161
Strafbefehl **123** 28
Straftat
– Zwingender Ausschlussgrund **123** 18, 20 f.
Strafvollzugsanstalten **99** 83
Straßenbahn **131** 10
Strategische Ziele **97** 56, 58
– Anforderungen **97** 125
– Arbeitsrechtliche Aspekte **97** 95
– Aspekte **97** 71
– Auftragsausführung **153** 37
– Ausführungsbedingungen **97** 99, 120
– Ausschlussgründe **97** 107
– Beentjes **97** 74
– Begriff **97** 59
– Beihilfeverbot **97** 149
– Beschäftigungspolitische Belange **97** 96
– Besondere Dienstleistung **153** 35
– Bieterschützender Charakter **97** 153
– Dienstleistungsfreiheit **97** 148
– Direkte Diskriminierung **97** 147
– Diskriminierung **97** 147
– Eignung **97** 105

- Eignungskriterien **97** 99, 110, **153** 37
- Europa 2020 **97** 57
- Europarechtliche Grundfreiheiten **97** 146
- Fakultative Ausschlussgründe **97** 107 f.
- Funktionale Leistungsbeschreibung **97** 103
- Funktionsanforderungen **97** 102
- Glaubensfreiheit **97** 152
- Gleichbehandlungsgebot **97** 152
- Indirekte Diskriminierung **97** 147
- Innovation **153** 64
- Innovationsaspekte **97** 87
- Konzession **97** 69, **105** 16, **153** 35, 38
- Leistungsanforderungen **97** 102
- Leistungsbeschreibung **97** 99 ff., **153** 37
- Mittelbare Diskriminierung **97** 147
- Niederlassungsfreiheit **97** 148
- Numerus clausus **97** 94
- Offene Diskriminierung **97** 147
- Öffentlicher Auftrag **97** 69
- Öffnungsklausel **97** 98
- Qualitätsaspekte **97** 92
- Rechtsschutz **97** 153
- Religionsfreiheit **97** 152
- Sektorenvergaberecht **97** 69
- Sicherheitsspezifischer Auftrag **97** 69
- Soziale Aspekte **97** 74, **153** 42 ff.
- Technische Leistungsfähigkeit **97** 111
- Transparenzanforderungen **97** 142
- Umgehungsverbot **153** 36
- Umweltbezogene Aspekte **97** 81, **153** 42 ff., 54
- Unmittelbare Diskriminierung **97** 147
- Verbindung **97** 126
- Vereinigungsfreiheit **97** 152
- Verfassungsrecht **97** 152
- Verhältnismäßigkeit **97** 137
- Versteckte Diskriminierung **97** 147
- Verteidigungsspezifischer Auftrag **97** 69
- Vertraulichkeitsschutz **97** 96
- Wettbewerbsanforderungen **97** 140
- Wirtschaftliche Belange **97** 96
- Zuschlagskriterien **97** 99, 116, **152** 55, 58, **153** 37, 39

Streitwert **175** 86
- Divergenzvorlage **179** 61, 76
- Losaufteilung **175** 87
- Sofortige Beschwerde **175** 86
- Vertragsverlängerung **175** 89

Strom **103** 93

Stromkonzession
  siehe Energiewirtschaftlicher Wegenutzungsvertrag

Subjektives Recht **97** 237 ff.
- Anspruch **97** 240 ff.
- Anspruchsgegner **97** 246 ff.
- Anspruchsinhaber **97** 243 ff.
- Bestimmungen über das Vergabeverfahren **97** 249 f.
- Teleologische Reduktion **97** 251 ff.
- Ungewöhnlich niedriges Angebot **97** 256 f.
- Unternehmen **97** 243 ff.

Submissionsbetrug
- Zwingender Ausschlussgrund **123** 22

Subunternehmer
  siehe Unterauftragnehmer

Subventionierte Auftraggeber **99** 89
- Architektenleistung **99** 99
- Bergbau **99** 96
- Errichtungsmaßnahmen **99** 97 f.
- Geförderte Maßnahmen **99** 93
- Ingenieurleistung **99** 99
- Schwellenwert **99** 99
- Tiefbaumaßnahmen **99** 96

Sukzessive Abschichtung **119** 55
- Innovationspartnerschaft **119** 83
- Wettbewerblicher Dialog **119** 68

Suspensiveffekt
  siehe Auschiebende Wirkung

T

Tariftreueerklärung **122** 15
- Rügeobliegenheit **160** 73
- Soziale Aspekte **97** 78, 138
- Verfassungsrecht **97** 152
- Verhältnismäßigkeit **97** 138

Tariftreuegesetze
  siehe Landesvergabegesetze

Tarifvertrag
- Auftragsausführung **128** 18

Tätigkeitskriterium **131** 26

Taxikonzession **105** 3, 42

Technische Anforderung
- Konzessionsvergabeverfahren **152** 4 f.
- Technische Spezifikation **121** 68, 71, **152** 4 f.

Technische Leistungsfähigkeit **122** 2
- Konzessionsvergabeverfahren **152** 32, 34
- Qualitative Aspekte **97** 112
- Strategische Ziele **97** 111

Technische Spezifikationen **121** 5, 49, 65
- Bauaufträge **121** 66
- Begriff **121** 69 f.
- Design for all **121** 94
- Design für Alle – Deutschland e.V. **121** 94

– Deutsche Kommission Elektrotechnik Elektronik Informationstechnik in DIN und VDE **121** 75
– Deutsches Institut für Bautechnik **121** 73
– Deutsches Institut für Normung **121** 75
– Dienstleistungsaufträge **121** 67
– Europäische Institut für Telekommunikationsnormen **121** 72
– Europäische Komitee für Elektronische Normung **121** 72
– Europäische Komitee für Normung **121** 72
– Europäische Normen **121** 72
– Europäische Organisation für Technische Bewertung **121** 73
– Europäisches Bewertungsdokument **121** 73
– European Institute Design for all Europe **121** 94
– Funktionelle Anforderungen **152** 4 f.
– Gemeinsame Technische Spezifikationen **121** 74
– International Electrotechnical Commission **121** 75
– International Standardization Organization **121** 75
– Internationale Normen **121** 75
– Konzeption für alle Nutzer **121** 94
– Konzeption für alle Verwendungsarten **121** 94
– Konzessionsvergabeverfahren **152** 4 f.
– Lieferaufträge **121** 67
– Nationale Normen **121** 72
– Technische Anforderungen **121** 68, 71, **152** 4 f.
– Zugänglichkeitskriterien für Menschen mit Behinderung **121** 94
Technische und berufliche Leistungsfähigkeit **122** 42
– Nachweis **122** 43 f.
– Qualitätsmanagement **122** 47
– Referenz **122** 45
– Schlechte Erfahrung **122** 46
– Umweltmanagement **122** 47
Teilhabeanspruch **153** 81 f.
Teilkündigung **132** 97
Teillos **97** 171, 175
– Teilbarkeit **97** 179 f.
Teilnahmeantrag
– E-Vergabe **97** 215
– Ungeeigneter Teilnahmeantrag **151** 33
Teilnahmebedingung **152** 28
Teilnahmefrist **130** 47
– Innovationspartnerschaft **119** 81
– Konzession **151** 13
– Nicht offenes Verfahren **119** 37
– Verhandlungsverfahren mit Teilnahmewettbewerb **119** 51
– Wettbewerblicher Dialog **119** 67
Teilnahmewettbewerb **134** 52
– Eignungsprüfung **122** 122
– Gewichtung **122** 112
– Nicht offenes Verfahren **119** 36
– Verhandlungsverfahren **119** 51
Teilnehmeranzahl
siehe Anzahl der Teilnehmer
Teilunterliegen **182** 65
Telefax
– Zustellung **168** 58
Telekommunikation **105** 80
Telekommunikationsdienste **116** 100
Telekommunikationskosten **182** 110
Tenorierung
– Vorabentscheidung über den Zuschlag **176** 58
Termin **175** 57
Territorialitätskriterium
– Eisenbahnverkehr **131** 26
Terrorismusfinanzierung **123** 24
Terroristische Vereinigung **123** 23
– Zwingender Ausschlussgrund **123** 23
Textform
– Konzession **105** 18 f.
Tiefbaumaßnahmen **99** 96
Transaktionen mit dem Europäischen Stabilitätsmechanismus **116** 75
Transaktionen mit der Europäischen Finanzstabilisierungsfazilität **116** 75
Transaktionen mit EFSF und ESM **116** 62
Transparenz **97** 6, 22
– AGB **97** 26
– Angebotstransparenz **97** 26
– Baukonzession **105** 122, 124 f.
– Bekanntmachung **97** 24
– Bieterschützender Charakter **97** 27
– Dokumentation **97** 25
– Eindeutigkeit **97** 24
– ex ante **97** 24
– ex-post **97** 25
– Konzession **151** 9
– Mischkalkulation **97** 26
– Rechtsschutz **97** 27
– Vergabevermerk **97** 25
– Verhandlungsphase **119** 55
– Verhandlungsverfahren **119** 55
Transparenzgrundsatz
siehe Transparenz
Trennung von Eignungs- und Zuschlagskriterien **97** 110, 117, **127** 130 ff.
– Ausfallsicherheitskonzept **127** 146 f.

- Geistige Dienstleistung **127** 134
- Personalkonzept **127** 138 ff.
- Projektleiter **127** 141
- Schulungskonzept **127** 143 ff.

Treuhänder
- Besondere Ausnahme **149** 26
- Konzession **149** 26
- Rechtsdienstleistung **149** 26

Trinkwasserversorgung
- Besondere Ausnahme **137** 37 f.
- Sektorenvergaberecht **137** 37 f.

Truppenstationierungsabkommen **145** 36

U

Übereinstimmende Erledigungserklärung **162** 45, **168** 46

Übergangsbestimmung **186** 2
- Adressat **186** 5
- Beginn des Vergabeverfahrens **186** 7
- Sinn und Zweck **186** 3

Überlanges Verfahren **175** 54

Übermaßverbot **97** 33

Überprüfungsklausel **132** 33 f.
- Auftragnehmerwechsel **132** 63

Überraschungsbeschluss **175** 28

Übertragung der Entscheidungsbefugnis
- Begründung **157** 21
- Besetzung **157** 21
- Ermessen **157** 20
- Form **157** 21
- Grundsätzliche Bedeutung **157** 27
- Rechtsschutz **157** 22
- Rückgängigmachung **157** 23
- Sofortige Beschwerde **157** 22
- Voraussetzungen **157** 24
- Wesentliche Schwierigkeiten **157** 24
- Zeitpunkt **157** 28

Überwachungsbericht **114** 10

Überwiegende Finanzierung **99** 61
- Ärztekammer Westfalen-Lippe **99** 65
- Finanzierungsbegriff **99** 62
- Krankenkassenbeiträge **99** 65
- Mittelbare Finanzierung **99** 65
- Rundfunkgebühren **99** 65
- Überwiegensbegriff **99** 68
- Zwangsbeiträge **99** 65

Umbauarbeiten **103** 104

Umgangspfleger **116** 33
- Besondere Ausnahme **149** 26
- Konzession **149** 26
- Rechtsdienstleistung **149** 26

Umgehungsverbot
- Auftraggeberwechsel **132** 112
- Auftragnehmerwechsel **132** 66
- Auftragsänderungen **132** 66, 80, 84
- Besondere Dienstleistung **153** 29, 36
- Gemischte Konzession **112** 26
- Gemischter Auftrag **111** 23, **112** 17
- Konzession **105** 16, 22, **153** 29, 36
- Öffentlich-öffentliche Zusammenarbeit **108** 12, 97
- Strategisches Ziel **153** 36
- Unterauftragsvergabe **108** 12

Umgekehrt vertikale In-House-Vergabe *siehe Inverse In-House-Vergabe*

Umrechnungsformel **127** 27
- Veröffentlichung **127** 240

Umweltbezogene Aspekte **97** 81, **153** 54
- Ausführungsbedingung **97** 124, **128** 32, **152** 88, 91, **153** 54
- Ausschlussgrund **153** 56
- Bestimmt **127** 227
- Eignungskriterien **97** 114
- Energieverbrauch **97** 84
- Energiewende **97** 84
- Erneuerbare Energien **97** 82
- Fakultativer Ausschlussgrund **153** 56
- Gütezeichen **153** 56
- Klimaleistungsstufen **97** 83
- Konzession **151** 11
- Konzessionsausführung **153** 56
- Konzessionsvergabeverfahren **152** 48, 55, 58, 88, 91
- Lärmpegel **97** 82
- Lebenszykluskosten **97** 83, **153** 55
- Lieferkettemanagement **97** 114
- Lieferkettenüberwachung **97** 114
- Stickoxidimmissionen **97** 82
- Umweltmanagement **97** 114
- Zuschlagskriterien **127** 220 ff., **152** 48, 55, 58

Umweltmanagement
- Befähigung zur Berufsausübung **122** 35
- Berufliche Leistungsfähigkeit **122** 47
- Erlaubnis zur Berufsausübung **122** 35
- Technische Leistungsfähigkeit **122** 47
- Umweltbezogene Aspekte **97** 114
- Zuschlagskriterium **127** 226

Unabhängigkeit **157** 1
- Befangenheit **157** 33
- Begriff **157** 5
- Gesetzesbindung **157** 9
- Individuelle Unabhängigkeit **157** 6, 31
- Insititutionelle Unabhängigkeit **157** 3
- Mitglieder **157** 6

– Spruchrichterprivileg **157** 2, 8
– Vergabekammer **157** 3
Unbefristeter Vertrag **132** 104
Unerlaubte Handlung
siehe Schadensersatz wegen unerlaubter Handlung
Ungewöhnlich niedriges Angebot
– Bieterschützender Charakter **97** 256 f., **181** 29
– Konzessionsvergabeverfahren **152** 62
– Marktverdrängungsabsicht **181** 32
– Offenes Verfahren **119** 32
Ungewöhnliches Wagnis **121** 21, 87
– Dienstleistungen **121** 23
– Lieferleistungen **121** 23
– Zulässigkeit **121** 22
Ungleichbehandlung **97** 38 f.
Universalverträge **132** 12
Universitäten **99** 83
Unmittelbar dem Wettbewerb ausgesetzte Tätigkeiten **140** 1
– Antragstellung **140** 32
– Bieterschützender Charakter **140** 46
– Eisenbahndienste **140** 12
– Energieversorgung **140** 12, 14
– Entscheidung der Kommission **140** 40
– Erzeugung von Strom aus erneuerbaren Energien **140** 27
– Erzeugung von Strom aus konventionellen Quellen **140** 2, 26
– Freistellung **140** 10
– Freistellungsverfahren **140** 31
– Gemischte Aufträge **140** 30
– Großhandel von Strom aus konventionellen Quellen **140** 2, 26
– Konzession **154** 56 ff.
– Kraft-Wärme-Kopplungsgesetz **140** 29
– Marktabgrenzung **140** 19
– Räumlich relevanter Markt **140** 22
– Rechtsschutz **140** 46
– Sachlich relevanter Markt **140** 20
– Sinn und Zweck **140** 4
– Trinkwasserversorgung **140** 12, 14
– Unmittelbarer Wettbewerb **140** 16
– Verkehr **140** 12
– Verkehrsbereich **140** 14
– Wettbewerbliche Kriterien **140** 25
– Zugangsbeschränkung **140** 11
Unmittelbarer Zwang **168** 63
Unterauftrag
– Baukonzession **105** 36
Unterauftragnehmer
– Antragsteller **162** 10
– Auftragnehmerwechsel **132** 79
– Direktvergabe **131** 27
– Fakultativer Ausschlussgrund **124** 9
– Losvergabe **97** 203 ff.
– Öffentliche Aufgabe **97** 206
– Parallelbeteiligung **124** 83 ff.
– Wettbewerbsbeschränkende Vereinbarung **124** 83 ff.
– Zwingender Ausschlussgrund **123** 17
Unterauftragsvergabe
– Direktvergabe **131** 29
– Umgehungsverbot **108** 12
Unterbrechung **175** 60
Untergewichtung
– Veröffentlichung **127** 239
Untergrundbahn **131** 10
Unterkriterium
– Begriff **127** 111
– Veröffentlichung **127** 239
– Verpflichtung zur Festlegung **127** 113
Unterliegen **182** 64
Unternehmen **123** 15
– Beihilfeempfänger **103** 40
– Drittstaat **103** 42 ff.
– Eignung **122** 13
– Gewinnerzielungsabsicht **103** 39
– In-House-Vergabe **103** 41
– International Procurement Instrument **103** 44
– Marktzugangsinstrument **103** 44
– Öffentlicher Auftrag **103** 37 ff.
Unternehmensbezogene Unterlage **122** 118
Unternehmensumstrukturierung **132** 69, 72, 76
– Arbeitsgemeinschaft **132** 117
– Eignungsanforderung **132** 77
– Insolvenz **132** 74
– Pressetext **132** 71
– Wesentliche Änderung **132** 78
Unternehmer- und Lieferantenverzeichnis für öffentliche Aufträge **122** 80
Unterrichtung der Bewerber und Bieter
– Konzession **151** 13
Unterrichtungspflicht der Nachprüfungsinstanz **184** 1
– Adressat **184** 5
– Frist **184** 6
– Gegenstand der Unterrichtung **184** 7
– Sinn und Zweck **184** 2
Unterschwellenbereich **106** 7
– Informationspflicht **134** 18
– Konzession **105** 118, 126
– Rechtsschutz **106** 8
– Rechtsweg **105** 126
– Wartepflicht **134** 18

Untersuchungsgrundsatz **155** 34, **163** 1
– Amtsermittlung **163** 3
– Anforderung der Vergabeakten **163** 45
– Antragsbindung **168** 34
– Augenschein **163** 9
– Berechnung des geschätzten Vertragswerts **163** 5
– Beschlagnahme **163** 50
– Beschwerdeentscheidung **178** 14 f.
– Beweiserhebung **163** 50
– Beweislast **163** 25
– Beweismittel **161** 60 f., **163** 6
– Dokumentationsmängel **163** 26
– Entscheidung **168** 34
– Geschäftsabläufe der Vergabekammer **163** 27
– Keine unangemessene Beeinträchtigung **163** 23
– Kostenvorschuss **163** 48
– Mitwirkungspflicht **163** 11
– Offensichtliche Unbegründetheit **163** 28
– Offensichtliche Unzulässigkeit **163** 28
– Qualifiziertes Auskunftsverlangen **163** 50
– Rechtmäßigkeitskontrolle **155** 34, **163** 18
– Rechtsschutz **163** 52
– Rügeobliegenheit **163** 21
– Sachverständigengutachten **163** 7
– Schätzung des Auftragswertes **163** 5
– Schutzschrift **163** 38
– Übermittlung des Nachprüfungsantrages **163** 41
– Urkundenbeweis **163** 9
– Vorabentscheidung über den Zuschlag **176** 45
– Vorabprüfung **163** 28
– Vorlage der Vergabeakten **163** 46
– Zeugenaussage **163** 8, 50
Unvorhersehbarer Änderungsbedarf
– Auftragnehmerwechsel **132** 61
– Erforderlichkeit **132** 58
– Gesamtcharakter **132** 60
– Unvorhersehbarkeit **132** 59
Unwirksamkeit **135** 1
– Antragsbefugnis **135** 66
– Aufösende Bedingung **135** 135
– Aufschiebende Bedingung **135** 135 f.
– Begründetheit **135** 78
– Bekanntmachung **135** 110, 112
– Bereicherung **135** 140
– Beschwerde an die Europäische Kommission **135** 150 f.
– Beweislast **135** 93
– Culpa in contrahendo **135** 140
– De-facto-Vergabe **135** 41, 153
– Dreißig-Tage-Frist **135** 86, 105 ff.
– Erkennbarkeit **135** 37 f.
– Europäisches Primärrecht **135** 50
– Fehlende Information **135** 28 f., 31 f.
– Feststellungsinteresse **135** 65
– Form **135** 39
– Frist **135** 80 ff.
– Fristbeginn **135** 95, 103, 109
– Fristberechnung **135** 94, 109, 130
– Fristende **135** 96, 104, 109
– Gesetzliches Verbot **135** 143 ff.
– Gestattung **135** 53 f.
– Informationspflicht **135** 5, 24 ff.
– Kenntnis **135** 9
– Kollusion **135** 148 f.
– Leistungskondiktion **135** 140
– Leistungsverweigerungsrecht **135** 61
– Nachprüfungsverfahren **135** 59
– Nichtigkeit **135** 62
– Pacta sunt servanda **135** 2
– Rechtsfolge **135** 134
– Rügeobliegenheit **135** 65, 74, 133
– Schadensersatz **135** 140
– Schwebende Unwirksamkeit **135** 135 ff.
– Sechs-Monate-Frist **135** 97
– Sittenwidriges Rechtsgeschäft **135** 146 ff.
– Unverzüglichkeit **135** 40
– Unvollständige Information **135** 28 f., 31 ff., 35
– Unzureichende Information **135** 33
– Unzutreffende Information **135** 33, 35
– Vergabebekanntmachung **135** 110, 112
– Verkürzung der Frist **135** 100
– Verlängerung der Frist **135** 101
– Verstoß **135** 52
– Verteidigungs- oder sicherheitsspezifischer Auftrag **147** 4
– Vertragsverletzungsverfahren **135** 102, 150 ff., 154
– Vorab-Bekanntmachung **135** 6, 18, 116
– Wartepflicht **135** 5, 24 ff.
– Wiedereinsetzung in den vorigen Stand **135** 83
Urkunde **175** 32, 57
Urkundenbeweis **163** 9

V

Venire contra factum proprium **155** 29
Veräußerung
– Besondere Ausnahme **137** 44
– Sektorenvergaberecht **137** 44

Veräußerung von Geschäftsanteilen
– Auftraggeberwechsel **132** 114
– Auftragsänderung **132** 114
Verbände **99** 85
– Abfallverbände **99** 87
– Abwasserverbände **99** 87
– Budnesnotarkammer **99** 87
– Bundesarchitektenkammer **99** 87
– Bundesärztekammer **99** 87
– Bundesrechtsanwaltskammer **99** 87
– Caritasverbände **99** 87
– Gebietskörperschaften **99** 88
– Kommunale Zweckverbände **99** 87
– Planungsverbände **99** 87
– Schulverbände **99** 87
– Wasserversorgungsverbände **99** 87
Verbandskörperschaften **99** 7
Verbot
– Beweisantizipation **166** 10
– Vorwegnahme der Beweisantizipation **166** 10
– Widersprüchliches Verhalten **155** 29
Verbundenes Unternehmen **138** 1
– Begriff **138** 15
– Beherrschung **138** 23
– Beherrschungsvermutung **138** 26
– Bieterschützender Charakter **138** 5
– Gemeinschaftsunternehmen **138** 14
– Konzession **101** 17, **154** 47 ff.
– Öffentlich-öffentliche Zusammenarbeit **138** 6, 16
– Parallelbeteiligung **124** 87 ff.
– Projektant **124** 118
– Rechtsschutz **138** 5
– Sektorenauftraggeber **138** 12 f.
– Sinn und Zweck **138** 3
– Umsatzschwelle **138** 28
– Vollkonsolidierung **138** 19
– Vorbefassung **124** 118
– Wasserkonzession **149** 125
– Wettbewerbsbeschränkende Vereinbarung **124** 87 ff.
– Wirtschaftlich zusammengeschlossenes Unternehmen **138** 32 f.
– Zwingender Ausschlussgrund **123** 49
Verein für die Präqualifikation von Bauunternehmen **122** 73
Vereine **99** 35
Vereinigung von Unternehmen **162** 18
Vereinsregister **122** 27
Verfahren vor der Vergabekammer
– Ablehnungsfiktion **167** 5
– Amtsermittlungsgrundsatz **167** 23
– Anzahl der Verhandlungstermine **166** 9
– Aufklärung des Sachverhalts **167** 21
– Auflagenbeschluss **167** 24
– Ausschluss verspäteten Vorbringens **167** 26, 29
– Beschleunigung **167** 1
– Beweisantizipation **166** 10
– Entscheidung nach Lage der Akten **166** 19
– Entscheidungsfrist **167** 5
– Fristberechnung **167** 8
– Fristsetzung **167** 24
– Gelegenheit zur Stellungnahme **166** 15
– Mitwirkungspflichten der Beteiligten **167** 20
– Mündliche Verhandlung **166** 1
– Rügeobliegenheit **167** 27
– Verbot der Beweisantizipation **166** 10
– Verbot der Vorwegnahme der Beweiswürdigung **166** 10
– Verfahrensförderungspflicht **167** 20
– Vorwegnahme der Beweiswürdigung **166** 10
Verfahrensarten **119** 1, 8
– Beschränkte Ausschreibung **119** 11
– Eisenbahnverkehr **131** 11
– Freihändige Vergabe **119** 11
– Hierarchie **97** 14, **119** 12
– Innovationspartnerschaft **119** 71
– Kaskadensystem **119** 4
– Konzession **151** 7
– Nicht offenes Verfahren **119** 12, 34
– Offenes Verfahren **119** 12, 17
– Öffentliche Ausschreibung **119** 11
– Rechtsschutz **119** 5
– Sektorenauftraggeber **119** 14, **141** 1
– Soziale und andere besondere Dienstleistungen **130** 38
– Unterschwellenbereich **119** 11
– Verhältnis **119** 12
– Verhandlungsverfahren **119** 16
– Verteidigungs- oder sicherheitsspezifischer Auftrag **146** 1 ff., **147** 3 f., 6
– Verteidigungs- und sicherheitsrelevante Aufträge **119** 14
– Vorrang des offenen und nicht offenen Verfahrens **119** 15
– Vorrang des wettbewerblichen Dialogs **119** 16
– Wettbewerblicher Dialog **119** 16, 58
– Wettbewerbsgrundsatz **97** 14
Verfahrensbeistand
– Besondere Ausnahme **149** 24
– Konzession **149** 24
– Rechtsdienstleistung **149** 24
Verfahrensbeteiligte **162** 1
– Antragsgegner **162** 7

– Antragsteller **162** 7, 9, 12
– Auftraggeber **162** 7, 12
– Beigeladene **162** 15
– Geborene Verfahrensbeteiligte **162** 7
– Gekorene Verfahrensbeteiligte **162** 15
– Notwendig Beteiligte **162** 7
– Vergabekammer **162** 3
Verfahrensförderungspflicht **167** 20
Verfahrensgarantie
– Mindestanforderung **152** 14
Verfahrenspfleger **116** 33
– Besondere Ausnahme **149** 26
– Konzession **149** 26
– Rechtsdienstleistung **149** 26
Verfahrensvorbereitende Rechtsberatung
– Auftragserweiterung **116** 24
– Besondere Ausnahme vom Anwendungsbereich **116** 16
– Hohe Wahrscheinlichkeit der Überleitung in ein Verfahren **116** 25
– Mediationsverfahren **116** 23
– Nachprüfungsverfahren **116** 30
– Offensive Handlungen **116** 20
– Rüge im Vergabeverfahren **116** 31
– Schiedsrichtervertrag **116** 22
– Schiedsvereinbarung **116** 22
– Verteidigungshandlungen **116** 21, 29
– Widerspruch **116** 31
Verfassungsbeschwerde
– Anhörungsrüge **179** 39
– Vorabentscheidung über den Zuschlag **176** 66
Vergabeakten
– Akteneinsicht **165** 5
– Anforderung der Vergabeakten **163** 45
– Vorlage der Vergabeakten **163** 46
Vergabebekanntmachung **135** 110, 112
– De-facto-Vergabe **135** 113
– Gewichtung **127** 242
– Konzession **151** 13
– Zuschlagskriterium **127** 242
Vergabefremdes Kriterium
siehe Strategische Ziele
Vergabegrundsätze **97** 6
– Bieterschützender Charakter **97** 21, 27, 32, 35, 55
– Rechtsschutz **97** 21, 32, 35, 55
– Transparenzgrundsatz **97** 22
– Verhältnismäßigkeitsgebot **97** 33
– Wettbewerbsgrundsatz **97** 10
– Wirtschaftlichkeitsgebot **97** 28
Vergabekammer **155** 7, **156** 1
– Abgrenzung der Zuständigkeit **156** 7, **159** 1
– Akteneinsicht **165** 2
– Allgemeine Rechtmäßigkeitskontrolle **168** 5
– Amtsermittlungsgrundsatz **168** 34
– Amtszeit **157** 29
– Antragsbindung **168** 34
– Aufhebung **155** 24, **156** 50
– Aufsichtsbehörde **156** 14
– Aufsichtsbehörden **155** 10
– Auftragsänderung **156** 50
– Befugnis **168** 13
– Beginn des Vergabeverfahrens **155** 25
– Begriff **162** 3
– Besetzung der Vergabekammer **158** 5
– Bestimmung über das Vergabeverfahren **156** 15 f.
– Busdienstleistung **156** 25
– De-facto-Vergaben **155** 24
– Divergenzvorlage **179** 41
– Doppelte Zuständigkeit **156** 8, **159** 4, 8
– Ehrenamtliche Mitglieder **158** 8
– Ehrenamtlicher Beisitzer **157** 13
– Eigenwirtschaftliche Busdienstleistung **156** 27
– Einrichtung und Organisation **158** 1
– Eisenbahnverkehr **156** 28
– Energiewirtschaftliche Konzession **156** 31
– Entscheidung **155** 35
– Gemeinwirtschaftliche Busdienstleistung **156** 25, 27
– Gerichtscharakter **155** 32, **157** 2 f., **158** 14, **162** 4, **168** 8 f.
– Geschäftsordnung **158** 12
– Geschäftsverteilung **158** 5
– Hauptamtliche Mitglieder **158** 7
– Hauptamtlicher Beisitzer **157** 12
– Informationspflicht **156** 51
– Inzident-Kontrolle **156** 19, 22 f.
– Kartellbehörde **156** 56
– Kartellrecht **156** 20
– Kollegialorgan **162** 5
– Konzession **156** 3
– Kündigung von öffentlichen Aufträgen **156** 52
– Länderübergreifende Beschaffung **156** 8, **159** 22
– Markterkundung **156** 42
– Normenkontrolle **157** 10, **168** 11
– Öffentlicher Personenverkehr **156** 24
– Ordentliches Gericht **156** 53
– Parallele Zuständigkeit **156** 8, **159** 4, 8
– Personelle Zusammensetzung **162** 6
– Prüfungskompetenz **155** 64
– Rechtmäßigkeitskontrolle **168** 14
– Rechtsweg **156** 13
– Schadensersatz **156** 53

– Sonstige Ansprüche **156** 18
– Staatsübergreifende Beschaffung **159** 38
– Übertragung der Entscheidungsbefugnis **157** 19
– Unwirksamkeit der Zuschlagserteilung **156** 51
– Vergabekammern der Länder **158** 15
– Vergabekammern des Bundes **158** 4
– Vergabeprüfstelle **156** 14
– Vergabeverfahren **156** 39
– Verrat von Betriebsgeheimnissen **156** 37
– Verrat von Geschäftsgeheimnissen **156** 37
– Versagung der Akteneinsicht **165** 25
– Verwaltungsbehörde **157** 3 f.
– Verweisung **156** 10, 12, **175** 56
– Verweisung bei Unzuständigkeit **169** 11
– Verwirkung des Antragsrechts **155** 28
– Vorabentscheidung **168** 8 f.
– Vorsitzende **157** 12, **158** 7
– Wartepflicht **156** 51
– Wettbewerbsbeschränkende Vereinbarung **156** 38
– Wirtschaftliche Betätigung von Gemeinden **156** 35
– Zuständigkeit **155** 15, **159** 1
– Zweckmäßigkeitskontrolle **168** 6
Vergabekammer des Bundes
– Anzahl und Sitz **158** 4
– Aufsicht über die Leitung **159** 13
– Auftraggeberkette **159** 17
– Baukonzession **159** 7
– Beherrschender Einfluss **159** 16
– Besetzung **157** 11, **158** 5
– Bund **159** 9
– Bundesamt für Bauwesen und Raumordnung **159** 9
– Bundesamt für Wehrtechnik und Beschaffung **159** 9
– Bundesbehörde **159** 9
– Bundesbeschaffungsamt **159** 9
– Bundesministerium **159** 9
– Bundesverwaltungsamt **159** 9
– Bundeswehrverwaltung **159** 9
– Doppelte Zuständigkeit **159** 8, 21, 34
– Ehrenamtliche Mitglieder **158** 8
– Einigung über Zuständigkeit **159** 14
– Einrichtung **158** 5
– Geschäftsordnung **158** 12
– Geschäftsverteilung **158** 5
– Gesetzliche Krankenversicherung **159** 24
– Gesetzliche Unfallversicherung **159** 13
– Hauptamtliche Mitglieder **158** 7
– Juristische Person des öffentlichen Rechts **159** 10
– Juristische Person des privaten Rechts **159** 10 f.
– Konzessionsgeber **159** 6
– Länderübergreifende Beschaffung **159** 22, 41
– Mittelbarer Einfluss **159** 17
– Öffentlicher Auftraggeber **159** 6
– Organleihe **159** 20
– Parallele Zuständigkeit **159** 8, 21, 34
– Sektorenauftraggeber **159** 6
– Sitz des Auftraggebers **159** 33
– Subventionsempfänger **159** 18
– Überwiegende Beteiligung **159** 12
– Vorsitzende **158** 7
– Wahlrecht **159** 25 f.
– Wasser- und Schifffahrtsverwaltung des Bundes **159** 9
– Zuständigkeit **159** 5
– Zuständigkeitsvereinbarung **159** 14
Vergabekammern der Länder **158** 15
– Auftragsverwaltung **159** 29 f.
– Besetzung **157** 11, **158** 15
– Einrichtung **158** 15
– Gemeinsame Vergabekammern **158** 22
– Landesübergreifende Beschaffung **159** 39
– Mehrere Auftraggeber **159** 36
– Organisation **158** 15
– Sitz des Auftraggebers **159** 33
– Vergabekammer Münster **158** 19
– Vergabekammer Nordbayern **158** 19
– Vergabekammer Rheinland **158** 19
– Vergabekammer Südbayern **158** 19
– Vergabekammer Westfalen **158** 19
– Zuständige Stelle **158** 20
– Zuständigkeit **156** 9, **159** 28
Vergabemanagementsysteme **120** 8
Vergabeprüfstelle **156** 14
– Bindungswirkung **181** 128
Vergabeprüfstellen **155** 8, 55, **158** 15
Vergaberechtsgrundsätze
– Rechtsschutz **97** 27
Vergaberegister **124** 209
Vergabesperre **125** 14 ff.
– Ausführungsbedingungen **97** 122
– Begriff **125** 15
– Rechtsschutz **125** 87
– Schadensersatz wegen unerlaubter Handlung **181** 131
– Verstoß gegen das Verbot des Missbrauchs von Marktmacht **181** 146
Vergabeüberwachungsausschuss **155** 6, 56
– Bindungswirkung **181** 128
Vergabeunterlagen **119** 22
– Auftraggeberwechsel **132** 113

– Ausführungsbedingung **128** 27, **152** 87
– Bereitstellung **119** 23
– Betreiberwechsel **131** 44, 53, 59, 65
– Bewerbungsbedingungen **119** 22
– Eignungskriterium **122** 110
– E-Vergabe **97** 215
– Gewichtung **127** 245 ff.
– Leistungsbeschreibung **152** 24
– Loslimitierung **97** 199
– Offenes Verfahren **119** 22
– Option **132** 36
– Vertragsunterlagen **119** 22
– Zuschlagskriterium **127** 245 ff., **152** 73
Vergabeverfahren **119** 7
– Abschluss **156** 48
– Beginn **155** 25 f., **156** 40 f., 43 ff.
– Markterkundung **156** 42
Vergabevermerk
– Sicherheitsinteresse **107** 40, **117** 10
– Transparenzgrundsatz **97** 25
– Verhandlungsphase **119** 55
– Verhandlungsverfahren **119** 55
Vergabeverordnung
– Verordnungsermächtigung **113** 15
Vergabeverordnung für die Bereiche Verteidigung und Sicherheit
– Verordnungsermächtigung **113** 15
Vergleich
– Erledigung **168** 47
Vergleichsvertrag **132** 7
Vergütungsvereinbarung **127** 100
Verhältnismäßigkeit **97** 6, 33, **131** 52
– Ausschluss **97** 34
– Befähigung zur Berufsausübung **122** 32
– Besondere Sicherheitsmaßnahmen **150** 17
– Bieterschützender Charakter **97** 32, 35
– Eignungskriterium **122** 87
– Eignungsnachweis **122** 53
– Erlaubnis zur Berufsausübung **122** 32
– Konzession **105** 16, 115
– Mindestlohn **97** 138
– Rechtsschutz **97** 35
– Rechtsstaatsprinzip **97** 33
– Schutz wesentlicher Sicherheitsinteressen **150** 32
– Tariftreueerklärung **97** 138
– Übermaßverbot **97** 33
Verhältnismäßigkeitsgebot *siehe Verhältnismäßigkeit*
Verhandlung
– Konzession **151** 7
Verhandlungen **119** 24
– Gleichbehandlungsgrundsatz **97** 51
– Innovationspartnerschaft **119** 83
– Offenes Verfahren **119** 24
– Verhandlungsverbot **119** 24
Verhandlungsphase **119** 53
– Geheimwettbewerb **119** 57
– Geschäftsgeheimnisse **119** 57
– Gleichbehandlung **119** 56
– Preferred bidder **119** 57
– Scheinverhandlungen **119** 56
– Sukzessives Abschichten **119** 55
– Transparenz **119** 55
– Vergabevermerk **119** 55
– Wettbewerb **119** 57
Verhandlungsverbot
– Offenes Verfahren **119** 24
– Verhandlungsverfahren **119** 54
– Verhandlungsverfahren mit Teilnahmewettbewerb **119** 51
– Wettbewerblicher Dialog **119** 70
Verhandlungsverfahren **119** 16, 41
– Auswahl der Teilnehmer **119** 50
– Geheimwettbewerb **119** 57
– Geschäftsgeheimnisse **119** 57
– Informationspflicht **134** 21
– Konzession **154** 7
– Preferred bidder **119** 57
– Scheinverhandlungen **119** 56
– Sukzessives Abschichten **119** 55
– Transparenz **119** 55
– Verfahrensablauf **119** 50
– Vergabevermerk **119** 55
– Verhandlungsgegenstand **119** 54
– Verhandlungspflicht **119** 53
– Verhandlungsphase **119** 53
– Voraussetzungen **119** 43
– Wartepflicht **134** 21
Verhandlungsverfahren mit Teilnahmewettbewerb **119** 44
– Anpassung bereits verfügbarer Lösungen **119** 44
– Anzahl der Teilnehmer **119** 51 f.
– Auftragsbekanntmachung **119** 51
– Auswahl der Teilnehmer **119** 51
– Eisenbahnverkehr **131** 11
– Erfolgloses Vorverfahren **119** 44
– Innovative Lösungen **119** 44
– Konzeptionelle Lösungen **119** 44
– Nichtbeschreibbarkeit **119** 44
– Sektorenauftraggeber **141** 6, 8
– Soziale und andere besondere Dienstleistungen **130** 38
– Teilnahmefrist **119** 51
– Verfahrensablauf **119** 51
– Verhandlungserfordernis **119** 44
– Verhandlungsphase **119** 53

- Verhandlungsverbot **119** 51
- Verteidigungs- oder sicherheitsspezifischer Auftrag **146** 4
- Voraussetzungen **119** 44

Verhandlungsverfahren ohne Teilnahmewettbewerb **119** 45
- Abschließende Aufzählung **141** 13
- Alleinstellungsmerkmal **119** 45, **135** 54
- Angebotsfrist **119** 52
- Anwendungsvoraussetzungen **141** 15
- Auslegung **141** 13
- Auswahl der Teilnehmer **119** 52
- Besonders günstige Bedingungen **119** 45
- De-facto-Vergabe **135** 54
- Dringliche, zwingende Gründe **119** 47
- Dringlichkeit **135** 54, 57
- Eignungsprüfung **119** 52
- Eisenbahnverkehr **131** 13
- Emissionszertifikat **103** 70
- Entwicklungszwecke **119** 45
- Erfolgloses Vorverfahren **119** 46
- Forschungszwecke **119** 45
- Informationspflicht **134** 2, 23
- Planungswettbewerb **119** 45
- Sektorenauftraggeber **141** 12
- Soziale und andere besondere Dienstleistungen **130** 38
- Untersuchungszwecke **119** 45
- Verfahrensablauf **119** 52
- Verhandlungsphase **119** 53
- Versuchszwecke **119** 45
- Verteidigungs- oder sicherheitsspezifischer Auftrag **146** 8
- Voraussetzungen **119** 45
- Warenbörse **103** 70, **119** 45
- Zusätzliche Leistung **119** 48 f., **135** 54

Verjährung
- Schadensersatz bei Rechtsmissbrauch **180** 48, 71
- Schadensersatz bei ungerechtfertigter vorläufiger Maßnahme **180** 71

Verkehrsdienstleistung **103** 125, **132** 12

Verkehrsleistung
- Bereitstellungen von Netzen **102** 28
- Betrieb von Netzen **102** 28
- Brennstoff **137** 43
- Elektrizität **137** 43
- Energie **137** 43
- Erbringung **102** 29
- Gas **137** 43
- Netze **102** 26
- Versorgung der Allgemeinheit **102** 26
- Wärme **137** 43
- Wasser **137** 43

Verlängerung der aufschiebenden Wirkung
- Divergenzvorlage **179** 54
- Mündliche Verhandlung **175** 16

Verlängerungsoption **132** 38

Verlustrisiko **105** 75

Vermeidung von Interessenkonflikten
- Konzession **151** 13

Vermengungsverbot
siehe Trennungsgebot

Vermietung
- Besondere Ausnahme **137** 44
- Sektorenvergaberecht **137** 44

Vermischung von Eignungs- und Zuschlagskriterien **119** 28

Vermischungsverbot
siehe Trennungsgebot

Verordnung **103** 32

Verordnungsermächtigung
- Ablauf des Verfahrens **113** 8
- Aufhebung **113** 12
- Auswahl der Angebote **113** 11
- Auswahl der Unternehmen **113** 11
- Bekanntmachung **113** 8
- Besondere Methoden und Instrumente **113** 9
- Bundesregierung **113** 1
- Freistellungsverfahren **113** 14
- Inkrafttreten **113** 3
- Kommunikation **113** 10
- Konzessionen **113** 5
- Konzessionsvergabeverordnung **113** 15
- Leistungsbeschreibung **113** 8
- Nebenangebote **113** 8
- Öffentliche Aufträge **113** 5
- Parlamentsvorbehalt **113** 2
- Prüfung der Angebote **113** 11
- Prüfung der Unternehmen **113** 11
- Schätzung des Auftragswertes **113** 7
- Schätzung des Vertragswertes **113** 7
- Sektorenverordnung **113** 15
- Soziale und andere besondere Dienstleistungen **113** 8
- Unteraufträge **113** 8
- Verfahrensarten **113** 8
- Vergabeverordnung **113** 15
- Vergabeverordnung für die Bereiche Verteidigung und Sicherheit **113** 15
- Verschweigensfrist **113** 2
- Verteidigungs- und sicherheitsspezifische Anforderungen **113** 13
- Vertragsschluss **113** 11
- Wettbewerbe **113** 5
- Zustimmungsvorbehalt **113** 1

Verrichtungsgehilfe
– Schadensersatz wegen unerlaubter Handlung **181** 138
Versäumnisurteil **175** 11, 58
Verschlüsselungstechnologie **145** 6
Verschlusssache
– Akteneinsicht **164** 13, 16, **165** 33
– Anforderungen an den Schutz von Verschlusssachen durch Unternehmen **164** 17
– Aufbewahrung vertraulicher Unterlagen **164** 4
– Auflagen zum Schutz von Verschlusssachen durch Unternehmen **164** 17
– Begriff **104** 43, **164** 5 f.
– Behandlung von Verschlusssachen **164** 9
– Beinhalten **104** 47
– Besetzung **157** 15
– Besetzung der Vergabekammer **164** 11
– Besondere Ausnahme **117** 17
– Dienstgebrauch **104** 44, 46
– Erfordern **104** 47
– Form **164** 7
– Geheim **104** 44
– Geheimhaltung **164** 19
– Geheimhaltungsgrad **104** 44
– In-camera-Verfahren **164** 15, 19
– Sicherheitsaspekt **117** 17
– Sicherheitsüberprüfungsgesetz **117** 17
– Streng geheim **104** 44
– Verfahrensbevollmächtigte **164** 18
– Versand der Verschlusssachen **164** 12
– Verteidigungsaspekt **117** 17
– Vertraulich **104** 44
– Weitergabe von Verschlusssachen **164** 18
– Zugang zu Verschlusssachen **164** 10
Verschlusssachenauftrag
– Begriff **104** 35 f.
– Merkmal **104** 38 ff.
– Schutzbedürftigkeit **104** 38 ff.
– Sicherheitsspezifischer Auftrag **104** 31 ff., 55 f., 59
– Überprüfbarkeit **104** 37
– Verschlusssache **104** 43
– Verteidigungsspezifischer Auftrag **104** 31 ff., 55 f., 59
Versicherungsdienstleistungen **103** 125, **145** 22
Versicherungsverein auf Gegenseitigkeit **108** 24
Versicherungsvertrag **105** 41
Verstoß gegen die Informationspflicht **134** 123
Verteidigungs- oder Sicherheitsaspekt **117** 1
– Besondere Sicherheitsmaßnahme **117** 20
– Besondere Sicherheitsmaßnahmen **117** 15
– Dual-Use-Gut **117** 8
– Geheimschutz **117** 15
– Gemischte Konzession **112** 30
– Gemischter Auftrag **112** 16, 22
– Preisgabe sicherheitsrelevanter Auskünfte **117** 12
– Rechtsschutz **117** 39
– Sicherheitsinteresse **117** 5
– Sicherheitsspezifischer öffentlicher Auftrag **117** 4
– Stationierung von Truppen **117** 30
– Verteidigungs- oder sicherheitsspezfischer öffentlicher Auftrag **117** 8
– Verteidigungsspezifischer öffentlicher Auftrag **117** 4
– Wiederherstellung des Zuschlagsverbots **169** 70
– Zuschlagsverbot **169** 67
Verteidigungs- oder sicherheitsspezifischer Auftrag **147** 1 f.
– Anwendungsbereich **144** 1
– Aufbewahrung vertraulicher Unterlagen **164** 11
– Auftragsänderung **147** 4
– Auftragsausführung **147** 4
– Ausführungsbedingung **147** 4
– Aussetzung des Vergabeverfahrens **169** 5
– Begriff **104** 1 f., 5 ff.
– Behinderung **147** 3, 8
– Besetzung **157** 14
– Besetzung der Vergabekammer **158** 5
– Besondere Ausnahme **104** 4, **145** 1 ff., **147** 3
– Besondere Dienstleistung **147** 4, 7
– Besondere Methode **147** 4
– Besonderes Instrument **147** 4
– Dual Use **104** 24, 29 f.
– Eignung **122** 4, **147** 4
– Einsatzgebiet **145** 13
– Fakultativer Ausschlussgrund **147** 4, 9 ff., 15
– Finanzdienstleistungen **145** 22
– Forschungs- und Entwicklungsdienstleistungen **145** 26
– Hauptamtlicher Beisitzer **157** 14
– Informationspflicht **134** 2, 117, **147** 4
– Interesse an wirtschaftlicher Erfüllung **169** 35
– Internationale Abkommen im Zusammenhang mit der Stationierung von Truppen **145** 36
– Internationale Abkommen zwischen EU-Mitgliedstaaten und Nicht-EWR-Staaten **145** 32
– Internationale Organisation **145** 44
– Internationale Verfahrensregel **109** 3

– Konzeption für alle Nutzer **147** 3, 8
– Kooperationsprogramme **145** 8
– Kriegsmaterial **104** 24 ff.
– Kriegswaffenliste **104** 20 ff.
– Kündigung **147** 4
– Lebenszyklus **104** 53
– Leistungsbeschreibung **147** 3 f., 8
– Militärausrüstung **104** 9
– Militärischer Zweck **104** 55 ff.
– Mittelstand **97** 159
– Nachrichtendienstliche Tätigkeiten **145** 4
– NATO-Truppenstatut **145** 39
– Nicht offenes Verfahren **146** 4
– Offenes Verfahren **146** 6
– Öffentlicher Auftrag **103** 3
– Öffentlicher Auftraggeber **146** 3
– Personenverkehrsleistung **147** 4
– Regierungsaufträge **145** 18
– Sektorenauftraggeber **146** 3
– Selbstreinigung **147** 4
– Sicherheitsaspekt **104** 2, **117** 4, 8
– Sicherheitsrelevant **104** 1
– Soziale und andere besondere Dienstleistungen **130** 40
– Strategisches Ziel **97** 69
– Unwirksamkeit **147** 4
– Verfahrensart **146** 1 ff., **147** 3 f., 6
– Verhandlungsverfahren mit Teilnahmewettbewerb **146** 4
– Verhandlungsverfahren ohne Teilnahmewettbewerb **146** 8
– Verschlusssachenauftrag **104** 31 ff., 55 f., 59
– Verteidigungsaspekt **104** 2, **117** 4, 8
– Verteidigungsrelevant **104** 1
– Vertrauenswürdigkeit **147** 11, 15
– Vorabentscheidung über den Zuschlag **176** 19
– Vorabgestattung des Zuschlags **169** 35
– Wartepflicht **147** 4
– Wettbewerblicher Dialog **146** 8
– Zeitraum für Ausschlüsse **147** 4
– Zusammenhang **104** 49 ff.
– Zuschlag **127** 4, **147** 4
– Zuständigkeit der Vergabekammern **155** 20
– Zwingender Ausschlussgrund **123** 2, **147** 4, 9 f.
Verteidigungsaspekt
siehe Verteidigungs- oder Sicherheitsaspekt
Verteidigungsauftrag **107** 33
– Auslegungsmitteilung **107** 35
– Beispiele **107** 41
– Dual-use-Gut **107** 36
– Erforderlichkeit **107** 37
– Sicherheitsinteresse **107** 35
– Vergabevermerk **107** 40
– Verhältnismäßigkeit **107** 39
– Verteidigungsgut **107** 36
– VSVgV **107** 38
Verteidigungsbeschaffungen **103** 20
Verteidigungsgut **107** 36
Verteidigungshandlungen **116** 21, 29
Verteidigungsspezifischer Auftrag **145** 40
– Gemischter Auftrag **111** 9 f.
Vertrag **103** 26
Vertragsbedingungen
– Leistungsbeschreibung **121** 90
Vertragsdurchführungsklauseln **132** 95
Vertragsunterlagen **119** 22
– Offenes Verfahren **119** 22
Vertragsverlängerung **132** 103
– Öffentlicher Auftrag **103** 3
– Unbestimmte Zeit **132** 104
Vertragsverletzungsverfahren **135** 150 ff., **155** 60
– Beschwerde an die Europäische Kommission **135** 150 f.
– De-facto-Vergabe **135** 153
– Frist **135** 85, 102
– Kündigung **135** 155, 159
– Maßnahme **135** 155
– Nichtigkeit **135** 154
– Pacta sunt servanda **135** 155
– Pauschalbetrag **135** 157
– Sanktionsverfahren **135** 156
– Unwirksamkeit **135** 154
– Zwangsgeld **135** 157
Vertrauensschaden
siehe Ersatz des Vertrauensschadens
Vertrauenswürdigkeit **147** 11, 15
– Fakultativer Ausschlussgrund **147** 11, 15
– Geschützte Datenquelle **147** 16
– Nachweis **147** 16
– Verteidigungs- oder sicherheitsspezifischer Auftrag **147** 11, 15
Vertrauliche Informationen
– Aufbewahrung vertraulicher Unterlagen **164** 4
– Begriff **164** 8
– Betriebsgeheimnisse **164** 8
– Geschäftsgeheimnisse **164** 8
Vertrauliche Unterlagen
– Akteneinsicht **164** 13
– Aufbewahrung vertraulicher Unterlagen **164** 1
– Geheimhaltung **164** 19
– In-camera-Verfahren **164** 15, 19
– Versand der Verschlusssachen **164** 12

Vertraulichkeitsschutz
- Ausführungsbedingung **128** 41 f., **152** 88
Verwalter
- Besondere Ausnahme **149** 24
- Konzession **149** 24
- Rechtsdienstleistung **149** 24
Verwaltungsakt **103** 31 f., **105** 21
- Konzession **105** 22 f., 96
- Zwingender Ausschlussgrund **123** 60
Verwaltungshelfer **116** 37
Verweisung **175** 56
Verwirkung
- Nachprüfungsantrag **155** 28
- Umstandsmoment **155** 28
- Zeitmoment **155** 28
Verzeichnis der Einrichtungen des öffentlichen Rechts **99** 32
Verzögerungsrüge **176** 54
Vetternwirtschaft
- Besondere Dienstleistung **153** 69
- Konzession **153** 69
Vier-Augen-Prinzip
- Selbstreinigung **125** 44
VOB/B **132** 12
Völkerrechtliche Verpflichtung **109** 4
Volksfest **105** 96
Vollkonsolidierung **138** 19
Vollstreckung
- Aufschiebende Wirkung **168** 59
- Bestandskraft **168** 61
- Entscheidung **168** 59
- Ersatzvornahme **168** 63
- Unmittelbarer Zwang **168** 63
- Zwangsgeld **168** 63 ff.
Vorab-Bekanntmachung **135** 6, 18, 116
- Ansicht des Auftraggebers **135** 117 ff.
- Frist **135** 128 f.
- Fristberechnung **135** 130
- Fristlänge **135** 130
- Fristverlängerung **135** 131
- Inhalt **135** 116, 125 f.
- Rügeobliegenheit **135** 133
- Stillhaltefrist **135** 128 f.
- Unwirksamkeit **135** 116
- Zeitpunkt des Vertragsschlusses **135** 132
Vorabentscheidung
- Rechtsschutz **168** 10
- Vergabekammer **168** 8 f.
- Vorlagepflicht **168** 9
Vorabentscheidung über den Zuschlag **176** 1
- Abwägung **176** 28
- Akteneinsicht **176** 63
- Anhörungsrüge **176** 66
- Antrag **176** 34
- Antragsbegründung **176** 40
- Antragsberechtigung **176** 35
- Antragsfrist **176** 39
- Anwaltszwang **176** 37, 63
- Anwendungsbereich **176** 7
- Auflage **176** 12
- Aussetzung des Beschwerdeverfahrens **176** 47
- Aussichten auf Auftragserhalt **176** 25
- Beendigungsfiktion **177** 9
- Beigeladene **162** 46
- Beschlussbegründung **176** 55
- Daseinsvorsorge **176** 18
- Divergenzvorlage **179** 54
- Einstweilige Verfügung **176** 5
- Entscheidung **176** 55
- Entscheidungsfrist **176** 50
- Entscheidungsmaßstab **176** 16
- Erfolgsaussichten der Beschwerde **176** 22
- Fixgeschäft **176** 18
- Flüchtlingskrise **176** 18
- Formale Anforderungen **176** 37
- Fortgang des Verfahrens **176** 15
- Fortsetzungsverbot **177** 11
- Gebühren **176** 65
- Gegenstand der Entscheidung **176** 15
- Glaubhaftmachung **176** 41
- Hängebeschluss **176** 11
- Herstellung der Rechtmäßigkeit **177** 6
- Interesse der Allgemeinheit **176** 17
- Interimsvergabe **176** 33
- Kosten **176** 64
- Mitwirkungspflicht **176** 63
- Mündliche Verhandlung **175** 16, **176** 60, 63
- Postulationsfähigkeit **176** 63
- Rechtliches Gehör **176** 60, 63
- Rechtsmittel **176** 66
- Schiebebeschluss **176** 11
- Sicherheitsinteressen **176** 19
- Sicherheitsspezifischer Auftrag **176** 19
- Sofortige Beschwerde **176** 2
- Teilweises Unterliegen des Auftraggebers **177** 3
- Teilzuschlag **176** 33
- Tenorierung **176** 58
- Unterliegen des Auftraggebers **177** 1, 3
- Untersuchungsgrundsatz **176** 45, 63
- Unzulässiger Antrag **177** 4
- Verfassungsbeschwerde **176** 54, 66
- Verlängerung des Zuschlagsverbots **176** 10
- Verteidigungsinteressen **176** 19
- Verteidigungsspezifischer Auftrag **176** 19
- Verzögerungsrüge **176** 54
- Vorwegnahme der Hauptsache **176** 5

- Zuschlag **176** 15
- Zuschlagsverbot **176** 7
- Zweck **176** 4

Vorabgestattung des Zuschlags **169** 17
- Abwägung **169** 28
- Abwägungsmaßstab **169** 29
- Antragsbegründung **169** 24
- Antragsberechtigte **169** 26
- Antragserfordernis **169** 23
- Aussicht auf Auftragserhalt **169** 36
- Aussicht auf Konzessionserhalt **169** 36
- Begründung **169** 55
- Beweismittel **169** 55
- Erfolgsaussichten des Nachprüfungsverfahrens **169** 38
- Ermessen **169** 28
- Form des Antrags **169** 55
- Fortsetzungsfeststellungsantrag **169** 48
- Gestattung des sofortigen Zuschlags **169** 51
- Interesse der Allgemeinheit an wirtschaftlicher Erfüllung der Aufgaben des Auftraggebers **169** 33
- Interimsvergabe **169** 32
- Kosten **169** 54
- Mündliche Verhandlung **169** 27
- Rechtsnatur der Entscheidung **169** 21
- Rechtsschutz **169** 40
- Sicherheitsspezifischer Auftrag **169** 35
- Sofortige Beschwerde **169** 56
- Stillhaltefrist **169** 20, 53
- Verfahren **169** 55
- Verschulden des Auftraggebers **169** 30
- Verteidigungsspezifischer Auftrag **169** 35
- Voraussetzungen **169** 23
- Wiederherstellung des Zuschlagsverbots **169** 42

Vorabgestattungsverfahren
siehe Vorabentscheidung über den Zuschlag

Vorabinformation
- Offenes Verfahren **119** 33
- Transparenzgrundsatz **97** 25

Vorabprüfung der Vergabekammer **163** 28
- Angebotsabgabe **163** 31
- Nachforderung von Unterlagen **163** 35
- Offensichtlich Unzulässigkeit **163** 28
- Offensichtliche Unbegründetheit **163** 28
- Rügeobliegenheit **163** 31
- Sachverhaltsdarstellung **163** 30
- Schutzschrift **163** 38
- Schwellenwertprüfung **163** 31
- Vertretung der Bietergemeinschaft **163** 31
- Zeitraum **163** 34

Vorbefasste
siehe Projektanten

Vorbefassung **124** 109
- Beweislast **124** 133 ff.
- Darlegungslast **124** 133 ff.
- Ermessen **124** 136 f.
- Fabricom **124** 112
- Fakultativer Ausschlussgrund **124** 109 ff.
- Mittelbare Vorbefassung **124** 118
- Selbstreinigung **125** 23
- Verbundene Unternehmen **124** 118
- Verhältnismäßigkeit **124** 126 ff.
- Vorgängerauftrag **124** 120
- Wettbewerbsverzerrung **124** 122 ff.

Vorbehaltene Konzession **118** 14, **153** 17, **154** 12 ff.
- Besondere Dienstleistung **153** 17

Vorbehaltener Auftrag
- Anerkannte Werkstatt **118** 21
- Benachteiligte Person **118** 24 f.
- Bieterschützender Charakter **118** 45
- Ermessen **118** 37 f.
- Europa 2020 **118** 5
- Geschützte Werkstatt **118** 21
- Geschütztes Beschäftigungsverhältnis **118** 33
- Integrationsunternehmen **118** 42
- Menschen mit Behinderung **118** 20
- Rechtsschutz **118** 45 ff.
- Schwellenwert **118** 40
- Sektorenauftraggeber **118** 14
- Sinn und Zweck **118** 1 f.
- Sozialunternehmen **118** 23
- Übereinkommen der Vereinten Nationen **118** 5
- Werkstatt für Menschen mit Behinderungen **118** 19

Vorbehaltener öffentlicher Auftrag **118** 1

Vorgesellschaften **99** 37

Vorhaben- und Erschließungsplan **103** 52

Vorinformation
- De-facto-Vergabe **131** 34
- Direktvergabe **131** 30
- Eignungskriterium **122** 10, 105, **152** 37
- Eisenbahnverkehr **131** 30
- Gesetzliches Verbot **131** 34
- Gewichtung **127** 243
- Konzession **151** 16
- Notmaßnahme **131** 37
- Soziale und andere besondere Dienstleistungen **151** 16
- Verletzung der Vorinformationspflicht **131** 34
- Zuschlagskriterium **127** 243

Vorlagepflicht
siehe Divergenzvorlage

Vorläufige Maßnahmen
– Schadensersatz bei Rechtsmissbrauch **180** 60
Vormund
– Besondere Ausnahme **149** 24
– Konzession **149** 24
– Rechtsdienstleistung **149** 24
Vorrangige Dienstleistung
– Soziale und andere besondere Dienstleistungen **130** 3 f.
Vorrangige Dienstleistungen **116** 10
Vorschuss **182** 59
Vorsitzende
– Qualifikation **157** 16 f.
Vorsitzender
– Besetzung **157** 12
Vorvertragliches Schuldverhältnis *siehe culpa in contrahendo*
Vorwegnahme der Hauptsache
– Vorabentscheidung über den Zuschlag **176** 5
Vorwirkung **108** 95 f.

W

Waffe **104** 15
Wahlpositionen **121** 35
– Auftragsänderungen **132** 59
Ware **103** 92 f.
– Begriff **103** 93
– Immobilie **103** 94
– Lieferauftrag **103** 92
Warenbörsen **103** 70
Wärme **102** 16
– Verkehrsleistung **137** 43
Wartefrist *siehe Stillhaltefrist*
Wartepflicht **134** 1
– Absendung der Information **134** 91, 93
– Anwendungsbereich **134** 17
– Aufhebung **134** 31
– Auftraggeber nach dem Bundesberggesetz **143** 17
– Beginn **134** 8
– Dauer **134** 8
– De-facto-Vergabe **134** 16, 29
– Fristbeginn **134** 90 f.
– Fristende **134** 96
– Innovationspartnerschaft **134** 21
– Interimsvergabe **134** 32
– Kalendertag **134** 97
– Konzession **134** 17
– Korrektur der Information **134** 98
– Markterkundung **134** 22
– Race to the signature **134** 6
– Schwellenwert **134** 17
– Sinn und Zweck **134** 16
– Stillhaltefrist **134** 1, 16, 85
– Unterschwellenbereich **134** 18
– Unwirksamkeit **134** 1, **135** 5, 24 ff.
– Verfahrensart **134** 21
– Vergabekammer **156** 51
– Verhandlungsverfahren **134** 21
– Verkürzung der Stillhaltefrist **134** 89
– Verlängerung der Stillhaltefrist **134** 89
– Verstoß **135** 24
– Verteidigungs- oder sicherheitsspezifischer Auftrag **147** 4
– Wartefrist **134** 16
– Wettbewerblicher Dialog **134** 21
– Wiederholung der Angebotswertung **134** 33
– Zugang der Information **134** 91, 95
Wartungskosten **127** 203 f.
Wasser **102** 8
– Abwasserbehandlung **102** 15
– Abwasserbeseitigung **102** 15
– Besondere Ausnahme **137** 37 f.
– Bewässerungsvorhaben **102** 15
– Entwässerungsvorhaben **102** 15
– Feste Netze **102** 9
– Konzession **149** 98
– Konzessionsgeber **101** 30
– Sektorentätigkeit **101** 30, **102** 8, **149** 112 f.
– Sektorenvergaberecht **137** 37 f.
– Trinkwasser **102** 11
– Trinkwassereinspeisung **102** 13
– Verkehrsleistung **137** 43
– Versorgung der Allgemeinheit **102** 10
– Wasserbauvorhaben **102** 15
Wasser- und Schifffahrtsverwaltung des Bundes **159** 9
Wasserkonzession **101** 30
– Abwasserbeseitigung **149** 109
– Anschlusszwang **149** 110
– Anspruch auf Untersagung der Vergabe **149** 130
– Ausschließliches Recht **149** 127
– Begriff **149** 106
– Benutzungszwang **149** 110
– Besondere Ausnahme **149** 98
– Betriebsrisiko **149** 110
– Binnenmarktrelevanz **149** 116
– Europäisches Primärrecht **149** 101, 115
– Gemeinschaftsunternehmen **149** 125
– Gleichbehandlung **149** 119
– Grernzüberschreitender Bezug **149** 116

– Horizontale öffentlich-öffentliche Zusammenarbeit **149** 123
– In-House-Vergabe **149** 123
– Konzessionsabgabe **149** 108
– Konzessionsänderung **154** 35
– Laufzeit **149** 121
– Löschwasservorhaltung **149** 108
– Nachprüfung **149** 114
– Nachprüfungsverfahren **149** 129
– Öffentlich-öffentliche Zusammenarbeit **149** 123
– Rechtsschutz **149** 129
– Sektorentätigkeit **149** 112 f.
– Selbsterbringung **149** 128
– Transparenzpflicht **149** 118
– Verbundenes Unternehmen **149** 125
– Zuschlagskriterium **149** 120
Wasserversorgung **132** 12
Wasserversorgungsverbände **99** 87
Wechsel des Betreibers der Personenverkehrsleistung
siehe Betreiberwechsel
Wegenutzungsvertrag **105** 101, **148** 54
– Zuständigkeit der Vergabekammer **155** 30
Wegerecht **105** 100
Weihnachtsmarkt **105** 96
Weitere vorläufige Maßnahmen **169** 57
– Abwägung **169** 62
– Anfechtung **169** 64
– Antragsbefugnis **169** 60
– Antragsvoraussetzungen **169** 57
– Begründung **169** 60
– Beurteilungsmaßstab **169** 62
– Form des Antrags **169** 60
– Rechtsgefährdung **169** 58
– Rechtsschutz **169** 64
– Sofortige Beschwerde **169** 61
– Verwaltungsvollstreckung **169** 65
Weniger an Eignung **122** 18
Werkstatt für Menschen mit Behinderungen
– Anerkannte Werkstatt **118** 21
– Anerkennung **118** 22, 32
– Begriff **118** 19
– Geschützte Werkstatt **118** 21
– Vorbehaltener Auftrag **118** 1, 19
Wertpapier **116** 65
– Begriff **116** 68, **137** 29, **149** 65
– Besondere Ausnahme **149** 65
– Finanzielle Dienstleistung **137** 29
– Intermediäre Dienstleistungen **116** 71
– Kapitalmarkttypisches Vertrauensverhältnis **116** 66
– Konzession **149** 65
– Nicht übertragbares Wertpapier **149** 66
– Übertragbares Wertpapier **149** 66
– Zusammenhangsgeschäfte **116** 70
Wertung der Angebote
– Konzession **151** 13
– Offenes Verfahren **119** 33
Wertungsmatrix **127** 21
Wertungsstufen **119** 28
Wesentliche Sicherheitsinteressen
– Beispiele **107** 41
Wesentlichkeitskriterium **108** 31
– Begünstigter **108** 36
– Berechnung **108** 32
– Bestimmung des prozentualen Anteils **108** 100
– Betrauung **108** 35
– Beweislast **108** 40
– Carbotermo **108** 35
– Daseinsvorsorge **108** 37
– Dienen **108** 36
– Fremdumsatz einer Tochtergesellschaft **108** 39
– Gemeinsame Kontrolle **108** 38, 66
– Horizontale In-House-Vergabe **108** 52 f.
– Inverse In-House-Vergabe **108** 52 f.
– Kontrollkriterium **108** 66
– Mittelbare Kontrolle **108** 30
– Prognose über Geschäftsentwicklung **108** 103
– Tätigkeit **108** 33 f.
– Tätigkeitsgestützter Wert **108** 102
– Umfang **108** 32
Wettbewerb **97** 6, **103** 131 f.
– Ablauf **136** 17
– Architektenleistung **103** 135
– Auftragsgegenstand **97** 15
– Auslobungsverfahren **136** 2, 15
– Baukonzession **105** 124
– Begriff **103** 131
– Bieterschützender Charakter **97** 21
– Definition **97** 10
– Dumping **97** 17
– Einschränkungen **97** 19
– Geheimwettbewerb **97** 18
– Hoflieferantentum **97** 13
– Informationspflicht **134** 44
– Kartellrecht **97** 17
– Konzession **105** 115, **151** 10
– Leistungsbeschreibung **97** 15
– Loslimitierung **97** 20
– Nachprüfungsverfahren **155** 3
– Planungswettbewerb **103** 133
– Preisabsprachen **97** 17
– Preisgericht **136** 17
– Produktneutralität **97** 15

– Raumplanung **103** 135
– Rechtsschutz **97** 21
– Sektorenvergaberecht **136** 2, 15
– Stadtplanung **103** 135
– Verfahrensarten **97** 13
– Verhandlungsphase **119** 57
– Wettbewerbsbeschränkende Abrede **97** 16
– Wettbewerbswidriges Verhalten **97** 16
– Zuständigkeit der Vergabekammer **155** 20
Wettbewerblicher Dialog **119** 16, 58
– Aufforderung zum Dialog **119** 67
– Aufforderung zur Angebotsabgabe **119** 69
– Auftragsbekanntmachung **119** 66
– Auswahlkriterien **119** 66
– Beschränkung der Teilnehmerzahl **119** 66
– Dialogphase **119** 68
– Eignungskriterien **119** 66
– Eignungsprüfung **119** 67
– Eisenbahnverkehr **131** 11
– Informationspflicht **134** 21
– Preferred Bidder **119** 68
– Sektorenauftraggeber **141** 6 f.
– Sektorenvergaben **119** 58
– Soziale und andere besondere Dienstleistungen **130** 38
– Sukzessive Abschichtung **119** 68
– Teilnahmefrist **119** 67
– Verfahrensablauf **119** 65
– Verhandlungen **119** 70
– Verhandlungsverbot **119** 70
– Verteidigungs- oder sicherheitsspezifischer Auftrag **119** 58, **146** 8
– Voraussetzungen **119** 62
– Wartepflicht **134** 21
– Zuschlag **119** 70
– Zuschlagskriterien **119** 66
Wettbewerbsbeschränkende Abrede **97** 16, **124** 62
– Dumping **97** 17
– Geheimwettbewerb **97** 18
– Preisabsprachen **97** 17
– Zwingender Ausschlussgrund **123** 14
Wettbewerbsbeschränkende Absprache
– Zwingender Ausschlussgrund **123** 22
Wettbewerbsbeschränkende Vereinbarung **124** 60 f., 63
– Anhaltspunkte **124** 96 ff.
– Bietergemeinschaft **124** 69 ff., 92 ff., **156** 38
– Eignungsleihe **124** 86
– Geheimwettbewerb **124** 67 f.
– Schwere Verfehlung **124** 66
– Unterauftragnehmer **124** 83 ff.
– Verbundene Unternehmen **124** 87 ff.
– Vergabekammer **156** 38
– Wettbewerbsbeschränkende Abrede **124** 62
Wettbewerbsgrundsatz
siehe Wettbewerb
Widmung **105** 82, 99
Wiedereinsetzung in den vorigen Stand
– Sofortige Beschwerde **175** 57
– Unwirksamkeit **135** 83
Wiederherstellung des Zuschlags
– Suspensiveffekt **169** 45
Wiederherstellung des Zuschlagsverbots
– Abwägung **169** 47
– Antragsberechtigung **169** 43
– Antragsfrist **169** 44
– Begründung **169** 55
– Beweismittel **169** 55
– Divergenzvorlage **179** 54
– Form des Antrags **169** 55
– Kosten **169** 50
– Sofortige Beschwerde **169** 56
– Verfahren **169** 55
– Verteidigungs- oder Sicherheitsaspekte **169** 70
– Zuständigkeit **169** 42
Wirkung der sofortigen Beschwerde **173** 1
– Ablehnungsfiktion **173** 20
– Aufschiebende Wirkung **173** 1
– Befristung **173** 16
– Eintritt der aufschiebenden Wirkung **173** 5
– Fehlende oder fehlerhafte Rechtsmittelbelehrung **173** 23
– Suspensiveffekt **173** 1
– Teilweise Anfechtung **173** 10
– Umfang der Wirkung **173** 9
– Unbegründetheit der sofortigen Beschwerde **173** 8
– Unterlassene Zustellung des Nachprüfungsantrags durch die Vergabekammer **173** 11
– Unzulässigkeit der sofortigen Beschwerde **173** 8
– Verlängerung der aufschiebenden Wirkung **173** 25
– Wiedereinsetzung **173** 13
– Zuschlagsverbot **173** 2
Wirtschaftliche Leistungsfähigkeit **122** 2
– Konzessionsvergabeverfahren **152** 32
Wirtschaftliche und finanzielle Leistungsfähigkeit
– Auskunftsdatei **122** 81 f.
– Begriff **122** 36
– Bilanz **122** 37, 40
– Bonitätsbewertung **122** 81 f.
– Eignungskriterium **122** 36 ff.
– Jahresumsatz **122** 37
– Mindestjahresumsatz **122** 39

Wirtschaftliche und technische Leistungsfähigkeit
- Berufshaftpflichtversicherung **122** 37
- Betriebshaftpflichtversicherung **122** 37
- Nachweis **122** 41
Wirtschaftlicher Belang
- Ausführungsbedingung **152** 88
- Konzessionsvergabeverfahren **152** 88
Wirtschaftlichkeit **97** 6
- Haushaltsrecht **97** 28
- Rechtsschutz **97** 32
- Zuschlag **97** 29
Wirtschaftlichkeitsgebot **97** 28
siehe Wirtschaftlichkeit
Wirtschaftlichkeitswertung
siehe Wertung der Angebote
Wirtschaftlichstes Angebot
- Elektronische Auktion **120** 24
Wirtschaftsförderungsgesellschaften **99** 83
Wirtschaftsprüfer **103** 16
Wissensvorsprünge **97** 45
Wohlfahrtsverbände **103** 38
Wohnungsbaugesellschaften **99** 83
Wohnungsunternehmen **99** 83

Z

Zahlungsunfähigkeit **124** 22 ff.
Zeitraum für Ausschlüsse **126** 1
- Anwendungsbereich **126** 6
- Besondere Ausschlussfristen **126** 7
- Bieterschützender Charakter **126** 43
- Fakultative Ausschlussgründe **126** 17
- Höchstfristen **126** 9
- Konzession **154** 18
- Rechtsschutz **126** 43
- Verteidigungs- oder sicherheitsspezifischer Auftrag **147** 4
- Zwingender Ausschlussgrund **123** 40, 78
Zentralbank **116** 72, **137** 31
- Besondere Ausnahme **149** 68
- Finanzielle Dienstleistung **149** 68
- Konzession **149** 68
Zentrale Beschaffungsstelle **98** 10, **120** 33
- Begriff **120** 33
- Zentrale Vergabestelle **120** 33
Zentrale Beschaffungstätigkeit **120** 32
- Anwendungsbereich **120** 35
- Beratungsleistungen **120** 38
- Kartellrechtlicher Vorbehalt **120** 39
- Nebenbeschaffungstätigkeiten **120** 38
- Unterstützungsleistungen **120** 38
- Zentrale Beschaffungsstelle **120** 33
- Zentrale Vergabestelle **120** 33
Zentrale Vergabestelle **120** 33
Zeuge **175** 32
- Sofortige Beschwerde **175** 57
Zeugenaussage **163** 8, 50
Zivile Beschaffungen **145** 15
Zivilschutz
- Begriff **130** 22
- Rettungsdienstleistung **130** 22
Zivilschutzorganisation **107** 22
Zollkriminalamt **145** 7
Zugänglichkeitskriterien für Menschen mit Behinderung
- Leistungsbeschreibung **121** 92
- Technische Spezifikationen **121** 94
Zulassungssystem **103** 74, 88
- Sozialhilferechtliches Dreiecksverhältnis **103** 88
Zulassungssysteme **103** 85
Zusammenhangsgeschäft **149** 67
Zusätzliche Leistung **132** 39 ff.
- Erforderlichkeit **132** 46
- Ersatzleistung **132** 45
- Schwierigkeit **132** 53 f.
- Technische Unmöglichkeit **132** 48 ff.
- Vorhersehbarkeit **132** 47
- Wirtschaftliche Unmöglichkeit **132** 48 ff.
- Zusatzkosten **132** 53 f.
Zuschlag **127** 1 ff.
- Absolute Bewertung **127** 25
- Angebotswertung **127** 10 ff.
- Anspruch **127** 251
- auf mehrere Angebote **119** 84
- Begriff **168** 40
- Beurteilungsspielraum **127** 17
- Bewertungsmethode **127** 21 ff.
- Drittschutz **153** 77
- Einzelwirtschaftlichkeit **127** 9
- Entscheidung **168** 38
- Gesamtwirtschaftlichkeit **127** 9
- Gewichtung **127** 44 ff.
- Gewichtungsregel **127** 21 ff.
- Gleichbehandlungsgrundsatz **127** 18
- Konzession **127** 4
- Konzessionsvergabeverfahren **152** 46
- Maximalprinzip **127** 9
- Minimalprinzip **127** 9
- Nicht offenes Verfahren **119** 40
- Offenes Verfahren **119** 33
- Preis-Leistungs-Verhältnis **127** 31 ff.
- Preisrecht **127** 62 ff.
- Rechtsschutz **127** 248 ff.
- Relative Bewertung **127** 26
- Sektorenvergaberecht **127** 4

– Subjektives Recht **127** 248
– Umrechnungsformel **127** 27
– Verteidigungs- oder sicherheitsspezifischer Auftrag **127** 4, **147** 4
– Wertungsmatrix **127** 21
– Wettbewerblicher Dialog **119** 70
– Wirtschaftlicher Gesamtvorteil **152** 47 f.
– Wirtschaftlichkeit **97** 29
– Wirtschaftlichstes Angebot **127** 5 ff., **152** 47 f.
– Zuschlagskriterium **127** 108 ff.

Zuschlagsbekanntmachung **151** 4

Zuschlagsfrist
– Zuschlagsverbot **169** 16

Zuschlagskriterium **127** 108 ff.
– Absteigende Reihenfolge **152** 65
– Abweichungen **119** 33
– Alibi-Kriterium **127** 61
– Änderung **152** 74 f.
– Anforderungen **127** 114 ff.
– Aufgabenbeschreibung **121** 83
– Auftragsbekanntmachung **127** 241, 244
– Ausführungsbedingung **128** 23, **129** 6
– Begriff **97** 110, **127** 108
– Bekannt und bewährt **127** 160
– Bekanntmachung **119** 22, **152** 73
– Bereitstellung **127** 127
– Beschäftigungsort des Personals **149** 120
– Bestimmen **127** 153
– Bestimmt **127** 178, **152** 64
– Bestimmtheit **127** 167 ff.
– Bewerbungsbedingungen **127** 247
– Design für alle **127** 215
– Diskriminierungsfrei **127** 158
– Diskriminierungsverbot **127** 158 f.
– Eigenleistungsanteil **127** 163
– Eignungskriterium **122** 17 ff., **127** 110, 130 ff., 134, **128** 42, **152** 31
– Energieeffizienz **127** 228
– Entsorgung **127** 127
– Ermessen **127** 109
– Erneuerbare Energien **127** 223
– Europa 2020 **152** 76, **153** 65
– Fairer Handel **127** 128, 217
– Festlegen **127** 153
– Geheimkriterium **127** 231
– Gesundheitsschutz **127** 215, **152** 59
– Gewichtung **127** 44 ff., **152** 65 ff., 72
– Gleichbehandlung **152** 75
– Gütezeichen **127** 166
– Handel **127** 128
– Hilfskriterium **127** 172
– Hoflieferantentum **127** 161
– ILO-Kernarbeitsnorm **127** 128
– Innovation **153** 66
– Innovationspartnerschaft **119** 84
– Innovative Lösung **152** 75
– Konzession **151** 13, **154** 9, 19
– Konzessionsbekanntmachung **152** 73
– Konzessionsvergabeverfahren **152** 50, 73
– Kosten **127** 47 ff., 201 ff.
– Langzeitarbeitslose **127** 216, **153** 48
– Lärmemission **127** 222
– Lebenszyklus **127** 124 ff.
– Leistungsbeschreibung **121** 83
– Leistungsbezogenes Zuschlagskriterium **127** 58 ff.
– Leistungsbezug **127** 129
– Mehr an Eignung **119** 28, **127** 131
– Mittelbare Diskriminierung **127** 159
– Nebenangebot **127** 183 ff.
– Numerus clausus **97** 116
– Objektives Kriterium **152** 51
– Offene Diskriminierung **127** 159
– Offenes Verfahren **119** 22
– Örtliche Nähe **127** 161
– Örtliche Verfügbarkeit **127** 162
– Ortsansässigkeit **127** 161
– Ortskenntnis **127** 161
– Personalbezogenes Zuschlagskriterium **130** 47
– Preis **119** 22, **127** 47 ff., 196 ff., **152** 48, 60 f.
– Produktneutralität **127** 165
– Qualifikation **97** 117
– Qualität **127** 209
– Qualitativer Aspekt **97** 117, **127** 207 ff., **152** 48, 55, 58
– Qualitätsmanagement **127** 169
– Qualitätssicherung **127** 212
– Rechtfertigung durch den Auftragsgegenstand **127** 118
– Reihenfolge **152** 75
– Rügeobliegenheit **127** 249
– Soziale Integration **152** 59
– Soziale und andere besondere Dienstleistungen **130** 47
– Sozialer Aspekt **97** 119, **127** 213 ff., **153** 48
– Sozialversicheurngspflichtiges Personal **127** 216
– Straßenfahrzeug **127** 229
– Strategisches Ziel **97** 99, 116, **152** 55, 58, **153** 37, 39
– Technischer Wert **127** 209
– Transparenz **152** 75
– Treibstoffverbrauch **127** 222
– Trennung von Eignungs- und Zuschlagskriterien **97** 110, 117

– Trennungsgebot **152** 31
– Überprüfbar **127** 179 f.
– Umweltbezogener Aspekt **127** 220 ff., **152** 48, 55, 58
– Umweltmanagement **127** 226
– Unmittelbare Diskriminierung **127** 159
– Untergewichtung **127** 239
– Unterkriterium **127** 111, 239
– Verbindung mit dem Auftragsgegenstand **127** 115 ff.
– Verbindung mit Konzessionsgegenstand **152** 52 ff.
– Verbindung zum Auftrag **97** 132
– Verbraucherfreundlichkeit **149** 120
– Vergabebekanntmachung **127** 242
– Vergabeunterlagen **119** 22, **127** 245 ff., **152** 73
– Verhältnismäßig **127** 181 f.
– Vermischung von Eignungs- und Zuschlagskriterien **119** 28
– Vermischungsverbot **97** 110, 117
– Veröffentlichung **127** 230 ff.
– Verpflichtung zur Festlegung **127** 112
– Versteckte Diskriminierung **127** 159
– Vorinformation **127** 243
– Wahlfreiheit **152** 52
– Wasserbezug **149** 120
– Wasserkonzession **149** 120
– Wasserqualität **149** 120
– Wettbewerblicher Dialog **119** 66
– Wettbewerbsbegriff **127** 156
– Wettbewerbsvorteil **127** 164
– Willkürverbot **127** 175 ff.
– Wirksame Überprüfung **152** 63
– Wirksamer Wettbewerb **127** 155 ff.
– Zeitpunkt der Bekanntgabe **152** 73
Zuschlagslimitierung **97** 197
Zuschlagsverbot **155** 33, **169** 2, 6, **173** 47
– Aussetzung des Zuschlagsverbots **169** 3
– Bindefrist **169** 16
– Dauer **169** 14
– Fehlen der Bezeichnung des Antragsgegners **161** 42
– Gestattung des vorzeitigen Zuschlags **169** 3
– Offensichtlich unzulässiger Nachprüfungsantrag **169** 13
– Sofortige Beschwerde **169** 15, **173** 2
– Textform **169** 9
– Unzuständige Vergabekammer **161** 21, **169** 11
– Verbotsgesetz **169** 10
– Verteidigungs- oder Sicherheitsaspekte **169** 67
– Vorabentscheidung über den Zuschlag **176** 7
– Vorabgestattung des Zuschlags **169** 17
– Zugang **169** 8
– Zuschlagsfrist **169** 16
– Zwangsgeld **168** 64
Zuschneiden der Leistungsbeschreibung **97** 47
Zuständige örtliche Behörde
– Begriff **131** 16
– Direktvergabe **131** 16
– Eisenbahnverkehr **131** 16
Zuständigkeit der Vergabekammer
– Konzessionen **155** 20
– Öffentliche Personenverkehrsdienste **155** 30
– Wegenutzungsverträge **155** 30
– Wettbewerbe **155** 20
Zuständigkeit der Vergabekammern
– Änderung eines öffentlichen Auftrags **155** 22
– Kündigung **155** 21
– Sicherheitsspezifischer Auftrag **155** 20
– Verteidigungsspezifischer Auftrag **155** 20
Zuständigkeitsvereinbarung **159** 14
Zustellung **175** 57
– Entscheidung **168** 57 f.
– Telefax **168** 58
Zuverlässigkeit
– Ausschlussgrund **122** 23
– Bewerbergemeinschaft **123** 16
– Bietergemeinschaft **123** 16
– Eignungskriterium **122** 7, 22, **152** 29
– Schwere Verfehlung **124** 43
– Selbstreinigung **125** 1
– Vergabesperre **125** 17
– Zwingender Ausschlussgrund **123** 1
Zuwendung **103** 23, 74
Zwangsgeld **135** 157, **168** 63
– Vollstreckung **168** 64 f.
– Zuschlagsverbot **168** 64
Zwangsverwalter **116** 33
– Besondere Ausnahme **149** 26
– Konzession **149** 26
– Rechtsdienstleistung **149** 26
Zweckverband **99** 7
Zwingender Ausschlussgrund **123** 1 ff.
– Abgabe **123** 51 f., 56
– Abschließender Charakter **123** 20
– Absehen **123** 7, 71 ff.
– Allgemeininteresse **154** 23
– Bauleistung **123** 12
– Beitrag zur Sozialversicherung **123** 51 f.
– Beleg **123** 13
– Bestechlichkeit **123** 9
– Bestechung **123** 9, 26

- Bewerber **123** 15
- Bewerbergemeinschaft **123** 16
- Bieter **123** 15
- Bietergemeinschaft **123** 16
- Bieterschützender Charakter **123** 79
- e-Certis **123** 31
- Eignungsleihe **123** 17
- Einheitliche Europäische Eigenerklärung **123** 31
- Ermessen **123** 37, 72
- Ermittlungsverfahren **123** 29
- Geldbuße **123** 12, 19
- Geldwäsche **123** 25
- Gerichstentscheidung **123** 60
- Gesetzestreue **123** 1
- Gesetzesvorbehalt **123** 8
- Kenntnis **123** 30 ff.
- Konzession **123** 2, **154** 15 f., 21 f.
- Konzessionsvergabeverfahren **152** 30
- Kriminelle Vereinigung **123** 23
- Kündigung **123** 39, **133** 27
- Nachforschung **123** 34
- Natürliche Person **123** 46
- Nichtentrichtung von Steuern und Sozialversicherungsbeiträgen **123** 5
- Nichtnachkommen **123** 57
- Offenes Verfahren **119** 30
- Öffentlicher Auftrag **123** 2
- Öffentlicher Auftraggeber **123** 2
- Öffentliches Interesse **123** 74 f.
- Organisationsverschulden **123** 47
- Prokurist **123** 48
- Rechtskräftige Verurteilung **123** 27
- Rechtsschutz **123** 79 f.
- Sektorenauftraggeber **142** 8
- Sektorenvergaberecht **123** 2
- Selbstreinigung **123** 37, 77
- Sicherheitsspezifischer Auftrag **123** 2
- Sonstige geeignete Weise **123** 63 f.
- Sozialversicherungsbeitrag **123** 5, 53, 62
- Steuer **123** 5, 51 ff.
- Steuerhinterziehung **123** 11, 53
- Strafbefehl **123** 28
- Straftat **123** 10, 18, 20 f.
- Submissionsbetrug **123** 22
- Terrorismusbekämpfung **123** 22
- Terrorismusfinanzierung **123** 24
- Überprüfung **123** 31
- Unterauftragnehmer **123** 17
- Unternehmen **123** 15, 45
- Unternehmensbezug **123** 50
- Unverhältnismäßigkeit **123** 76
- Urteil **123** 60
- Verbundenes Unternehmen **123** 49
- Verteidigungs- oder sicherheitsspezifischer Auftrag **123** 2, **147** 4, 9 f.
- Verurteilung **123** 18, 27
- Verwaltungsakt **123** 60
- Verwaltungsentscheidung **123** 60
- Veurteilung nach vergleichbaren Vorschriften **123** 41 ff.
- Wettbewerbsbeschränkende Abrede **123** 14
- Wettbewerbsbeschränkende Absprache **123** 22
- Zeitraum **123** 40, 78
- Zurechnung **123** 45
- Zuverlässigkeit **123** 1
- Zwingende Gründe des öffentlichen Interesses **125** 22, **133** 30

Zwischenentscheidung
- Anhörungsrüge **175** 38
- Bindungswirkung **179** 16
- Divergenzvorlage **179** 55
- Sofortige Beschwerde **157** 43

Zwischenfeststellungsantrag
- Beschwerdeentscheidung **178** 40
- Feststellungsinteresse **178** 42